Z
9663(31)

PANTHÉON LITTÉRAIRE.

LITTÉRATURE GRECQUE.

HISTOIRE.

OUVRAGES HISTORIQUES

DE

POLYBE, HÉRODIEN

ET

ZOZIME.

OUVRAGES HISTORIQUES

DE

POLYBE, HÉRODIEN

ET

ZOZIME,

AVEC NOTICES BIOGRAPHIQUES,

PAR J.-A.-C. BUCHON.

PARIS,
A. DESREZ, LIBRAIRE-ÉDITEUR,
RUE SAINT-GEORGES, 11.

M DCCC XXXVI.

A MONSIEUR LE LIEUTENANT-GÉNÉRAL,

COMTE DE GIRARDIN.

MON CHER COMTE,

 Toutes les fois que pour l'étude plus approfondie du passé qui m'amuse et du présent qui m'agite, j'ai eu besoin de renseignemens nets et précis sur quelque partie que ce soit de la science militaire, j'ai toujours trouvé en vous obligeance parfaite dans les communications, méthode dans l'exposé des faits, exactitude dans leur énoncé, connaissance rigoureuse de l'organisation de l'armée dans son passé, appréciation judicieuse de son état présent, vues éclairées et souvent nouvelles sur son avenir. C'est pour vous remercier de la facilité avec laquelle vous voulez bien me permettre de profiter de tous ces avantages que je vous prie d'accepter l'hommage de cette nouvelle édition du premier des écrivains militaires de l'antiquité, d'un grand historien que je veux vous faire aimer comme je l'aime, d'un homme de guerre ennemi de la guerre dont il professe les principes avec habileté, d'un politique ami de la morale qu'il commence par pratiquer lui-même.

 Polybe, qu'il n'est pas nécessaire de nommer pour le faire reconnaître à ces traits, a vécu dans une époque qui a beaucoup de ressemblance avec celle qui s'est si majestueusement, si dramatiquement, si rapidement déroulée sous nos yeux dans notre jeunesse. Ami du grand Scipion et du roi Massinissa, il avait vu la république romaine se relever des invasions d'Annibal, qui avait été sur le point de la frapper au cœur, et de saisir le sceptre du monde. Il avait vu les rois cliens des sénateurs, les états changer de maîtres et de nom, et les institutions civiles et littéraires se développer et grandir au milieu de la plus incessante activité militaire.

Nous avons eu aussi des rois parmi les cliens de la fière république et du grand empire; nous avons vu les états s'ébranler, se reconstruire et changer de forme et de nom; nous avons vu les lois sortir de la poussière ténébreuse des greffes, se séparer, se classer, s'organiser, prendre un corps et une vie à la parole puissante d'un soldat législateur, d'un homme du sens le plus droit, de l'imagination la plus vive, du génie le plus élevé qui ait peut-être apparu sur la scène du monde.

En revoyant cette édition de Polybe, je me suis souvent surpris à oublier les siècles qui nous séparent, et à le prendre un instant, lui, un des interprètes de la sagesse universelle, pour l'interprète de nos besoins du jour. Je suis sûr que vous me saurez gré de vous le présenter sous une forme plus abordable, et qu'il va devenir un de vos amis les plus assidus.

Agréez, mon cher comte, l'expression de la considération toute particulière avec laquelle

J'ai l'honneur d'être votre plus humble et dévoué serviteur et ami,

J.-A.-C. BUCHON.

Paris, le 20 mars 1836.

NOTICE SUR POLYBE,

NÉ A MÉGALOPOLIS VERS L'AN 202 AVANT J.-C. MORT VERS L'AN 120 AV. J.-C.

De tous les chefs-d'œuvre littéraires de l'antiquité que nous a ravis en partie ou en totalité la barbarie du moyen âge, aucun, certes, n'est plus à regretter que la vaste composition historique de Polybe. Grand citoyen, soldat éclairé, écrivain habile, homme d'état toujours moral, Polybe avait retracé l'histoire de la grandeur croissante de Rome républicaine, depuis le jour où elle fut envahie par les Gaulois, jusqu'à celui où elle triompha de Carthage, de Corinthe et de Numance, époque féconde en nobles caractères et en nobles exemples. Jusqu'au Xe siècle, cet ouvrage se retrouvait dans les bibliothèques. Il a disparu depuis, presque tout entier, sous les ruines de tant d'autres monumens. De quarante livres il ne nous reste plus que les cinq premiers en entier et quelques fragmens des autres. Tel qu'elle est, cette histoire est encore un précieux débris qui mérite d'être étudié avec soin, et qui sera vénéré par tous ceux qui apprécient le grand et l'honnête.

Suivant les recherches consciencieuses du savant Schweighäuser, Polybe était né à Mégalopolis, ville d'Arcadie, dans la troisième année de la CXLIVe olympiade qui répond à l'année 552 de la fondation de Rome et à l'année 202 avant l'ère vulgaire. Il eut pour père Lycortas qui, à la mort de Philopœmen, fut nommé préteur des Achéens au moment où Polybe devait atteindre sa vingtième année. Jusqu'alors Philopœmen lui-même lui avait servi de maître, comme Polybe en servit plus tard au jeune Scipion. Lorsque les Grecs accablés de la mort de Philopœmen célébrèrent ses obsèques avec des honneurs extraordinaires, les historiens anciens nous montrent le jeune Polybe chargé du rôle honorable de porter les cendres d'un héros son maître et son ami.

« On brûla le corps de Philopœmen, dit Plutarque, et après avoir recueilli ses cendres dans une urne, on partit de Messène [2] sans confusion et avec beaucoup d'ordre, en mêlant à ce convoi funèbre une sorte de pompe triomphale. Les Achéens marchaient couronnés de fleurs et fondant en larmes; ils étaient suivis des prisonniers messéniens chargés de chaînes. Polybe, fils du général Lycortas, entouré des plus considérables d'entre les Achéens, portait l'urne, qui était couverte de tant de bandelettes et de couronnes qu'on pouvait à peine l'apercevoir. La marche était fermée par les cavaliers revêtus de leurs armes, et montés sur des chevaux richement enharnachés » [1].

Dès l'âge de vingt-deux ans, l'an 574 de la fondation de Rome, son père, ayant été nommé ambassadeur auprès de Ptolémée Épiphane, lui et le jeune Aratus furent adjoints à l'ambassade; mais la mort de Ptolémée l'empêcha de faire alors le voyage d'Égypte.

« Pour remercier Ptolémée, dit Polybe [2], des armes et de l'argent qu'il avait envoyés, et pour recevoir ses six galères à soixante rames armées en guerre, les Achéens choisirent dans leur conseil Lycortas, Polybe et le jeune Aratus. Lycortas fut choisi par la raison qu'étant préteur dans le temps qu'on avait renouvelé l'alliance avec Ptolémée, il avait pris avec chaleur les intérêts de ce prince. On lui associa Polybe, quoiqu'il n'eût pas encore atteint l'âge prescrit par les lois [3], parce que c'était son père qui était député pour renouveler l'alliance avec le roi d'Égypte, et apporter dans l'Achaïe les armes et l'argent que ce prince avait donnés à la ligue des Achéens. Enfin, l'on joignit Aratus aux deux autres, parce que ses ancêtres avaient été fort aimés des Ptolémées. Cette ambassade ne sortit cependant pas de l'Achaïe, parce que, lorsqu'elle se disposait à partir, Ptolémée mourut. »

Pendant les dix années qui suivent, son nom est quelquefois mentionné par les autres historiens et par lui-même [4], comme ayant pris part aux conseils des Achéens et y ayant obtenu de l'influence par la sagesse de ses avis et l'éloquente fermeté de ses discours.

Dans l'année 585 de Rome, il fut nommé général de la cavalerie achéenne [5] destinée à porter secours aux Romains dans la guerre contre Persée; et, peu de temps après, il fut envoyé en ambassade auprès du consul romain Quintus-Marcius.

« Le décret sur la levée d'une armée en Thessalie pour se joindre aux Romains étant ratifié, dit Polybe [6], on résolut d'envoyer au consul des ambassadeurs pour l'informer de la résolution que la république avait prise, et savoir de lui où et quand il ju-

---

[1] Plutarque, vie de Philopœmen.
[2] Page 466.
[3] L'âge de trente ans était requis pour gérer les emplois de la république.
[4] P. 482.
[5] P. 482.
[6] P. 484.

[1] Que les Achéens venaient de conquérir, sous la conduite de Lycortas, successeur de Philopœmen dans le commandement des armées, et père de Polybe.

geait à propos que l'armée achéenne joignît la sienne. Polybe fut choisi pour cette ambassade avec quelques autres; mais on recommanda expressément à Polybe, en cas où le consul accepterait les secours de la république, de renvoyer au plus tôt les ambassadeurs pour en avertir, de peur que le secours n'arrivât trop tard. Il eut ordre aussi de prendre garde que, dans toutes les villes où l'armée devait passer, il y eût des vivres et des fourrages tout prêts, et que le soldat n'y manquât de rien...... Le consul, dit-il ailleurs, en remerciant les ambassadeurs du secours que la ligue des Achéens lui avait décerné, lui dit qu'une fois entré dans la Macédoine, il n'avait plus besoin des forces des alliés. »

Une occasion nouvelle parut s'offrir à Polybe pour employer au dehors, en faveur de sa patrie, les talens militaires qu'il avait acquis à l'école de Philopœmen et de son père. En 586 de Rome, les rois d'Égypte Ptolémée-Évergètes et Philométor demandèrent aux Achéens de vouloir bien leur envoyer un secours d'infanterie et de cavalerie commandé par Lycortas et Polybe. Dans le conseil tenu sur ce sujet à Corinthe, Polybe avait déjà parlé avec feu en faveur de cette demande [1]. Dans l'assemblée tenue à Sicyone, il parla avec plus d'autorité encore:

« Polybe, dit-il, répéta que les Romains n'avaient nul besoin de secours, qu'il devait en être cru, puisqu'il le savait du consul même qu'il avait vu l'année précédente dans la Macédoine; et il ajouta que quand même il serait nécessaire de secourir les Romains, cela ne devait pas empêcher que la république ne prêtât la main aux Ptolémées, puisque ces princes ne demandaient que mille fantassins et deux cents chevaux; et qu'une si petite diversion ne diminuerait pas beaucoup ses forces, puisqu'elle était en état de mettre sur pied, sans s'incommoder, 30 ou 40,000 hommes. Ce discours toucha la multitude, et il n'y eut personne qui ne se sentît porté à envoyer des secours au roi d'Égypte.»

Une ruse des orateurs qui lui étaient opposés vint détruire l'effet de son discours. Ils introduisirent sur le théâtre un faux courrier qui, de la part de Quintus Marcius, apportait une lettre par laquelle le consul exhortait les Achéens à s'entremettre pour amener la paix entre les Ptolémées et Antiochus. Polybe alors n'osant contredire la lettre qu'il croyait de Marcius, renonça au gouvernement des affaires publiques, et les Ptolémées ne reçurent pas les secours qu'ils demandaient. »

Cette conduite donna lieu à ses adversaires politiques, qui craignaient l'ascendant que lui donnaient sur ses concitoyens un noble caractère et une vie pure, et qui déjà avaient employé de petits moyens d'intrigues semblables à celui que je viens de mentionner, de l'accuser auprès des Romains de leur avoir été peu favorable. Aussi les Romains après la défaite de Persée, ne voulant pas laisser derrière eux des hommes qui contrariassent leur influence, exigèrent-ils que les Achéens envoyassent à Rome mille otages, pris dans les meilleures familles et parmi les personnages dont ils avaient le plus à redouter les talens; et le nom de Polybe fut placé en tête de cette liste.

Ce fut l'an 588 qu'il se rendit à Rome avec les mille otages.

Polybe chercha dans l'étude une consolation dans son exil. La famille de Scipion possédait une riche bibliothèque, ce fut l'occasion de sa liaison avec Polybe, qui avait avec les jeunes Scipion de fréquens entretiens sur les livres qu'ils lui prêtaient [1]. Cette liaison ne tarda pas à lui être d'un grand secours. L'ordre fut donné aux exilés grecs de quitter Rome, et on les répartit dans les différentes villes d'Italie; mais les deux fils de Paul Émile, Fabius et Publius Scipion, demandèrent, dit Polybe [2], avec instance au préteur que je demeurasse auprès d'eux; » et cette autorisation lui fut accordée.

Il a raconté d'une manière touchante quelques circonstances de cette liaison.

« Pendant les premiers momens de notre commerce littéraire, dit-il [3], une aventure assez singulière servit à serrer les liens de notre amitié. Un jour que Fabius allait au Forum et que nous nous promenions, Scipion et moi, d'un autre côté, ce jeune romain, d'une manière douce et tendre, et rougissant tant soit peu, se plaignit de ce que mangeant avec lui et son frère, j'adressais toujours la parole à Fabius et jamais à lui. « Je sens bien, me dit-il, que cette
» indifférence vient de la pensée où vous êtes,
» comme tous nos citoyens, que je suis un jeune
» homme inappliqué et qui n'ai rien du goût qui
» règne aujourd'hui dans Rome, parce qu'on ne voit
» pas que je m'attache aux exercices du Forum, et
» que je m'applique aux talens de la parole. Mais
» comment le ferais-je? On me dit perpétuellement
» que ce n'est point un orateur que l'on attend de
» la maison des Scipions, mais un général d'armée.
» Je vous avoue que votre indifférence pour moi
» me touche et m'afflige sensiblement. » Surpris d'un discours que je n'attendais pas d'un jeune homme de dix-huit ans : « Au nom des dieux, lui dis-je, Sci-
» pion, ne dites pas, ne pensez pas que si j'adresse
» ordinairement la parole à votre frère, ce soit faute
» d'estime pour vous. C'est uniquement parce qu'il
» est votre aîné, que depuis le commencement des
» conversations jusqu'à la fin je ne fais attention
» qu'à lui, et parce que je sais que vous pensez de
» même l'un et l'autre. Au reste je ne puis trop ad-
» mirer que vous reconnaissiez que la nonchalance
» ne sied pas à un Scipion. Cela fait voir que vos

---

[1] P. 495.
[2] P. 494.

[1] P. 521.
[2] P. 52.
[3] P. 522.

» sentimens sont fort au dessus de ceux du vulgaire.
» De mon côté je m'offre de tout mon cœur à votre
» service. Si vous me croyez propre à vous exciter à
» une vie digne du grand nom que vous portez, vous
» pouvez disposer de moi. Par rapport aux sciences
» pour lesquelles je vous vois du goût et de l'ardeur,
» vous trouverez des secours suffisans dans ce grand
» nombre de savans qui viennent tous les jours de
» la Grèce à Rome : mais pour le métier de la guerre,
» que vous regrettez de ne pas savoir, j'ose me flatter
» que je puis plus que personne vous être de quelque
» utilité. » Alors Scipion me prenant les mains, et
les serrant dans les siennes : « Oh, dit-il, quand
» verrai-je cet heureux jour, où libre de tout enga-
» gement, et vivant avec moi, vous voudrez bien
» vous appliquer à me former l'esprit et le cœur !
» C'est alors que je me croirai digne de mes ancêtres. »
Charmé et attendri de voir dans un jeune homme de
si noble sentimens, je ne craignis plus rien pour lui,
sinon que le haut rang que tenait sa famille dans Rome
et les grandes richesses qu'elle possédait, ne gâtassent
un si beau naturel. Au reste depuis ce temps-là il ne
put plus me quitter ; son plus grand plaisir fut d'être
avec moi ; et les différentes affaires où nous nous
sommes trouvés ensemble, ne faisant que serrer de
plus en plus les nœuds de notre amitié, il me respectait comme son propre père, et je le chérissais comme
mon propre enfant. »

Durant les seize années de son séjour à Rome, Polybe s'acquit l'estime de ses plus grands citoyens, sans
jamais cesser de prendre le plus vif intérêt aux affaires de sa patrie. Dès l'an 594 les Achéens avaient
envoyé à Rome une ambassade pour demander
comme une grâce le retour de cet illustre concitoyen [1], mais cette faveur leur avait été refusée.
Plus tard Polybe sut fléchir jusqu'au sévère Caton.

« L'affaire des bannis d'Achaïe, dit-il [2], fut alors
(en 603) fort agitée dans le sénat. Les uns voulaient
les renvoyer dans leur patrie, les autres s'y opposaient. Caton, que Scipion, à la prière de Polybe,
avait voulu fléchir en faveur de ces bannis, se lève
et prend la parole : « Il semble, dit-il, que nous
n'ayons rien à faire, à nous voir disputer pendant
une journée entière pour savoir si quelques gens
décrépits dans l'exil, seront enterrés par nos fossoyeurs ou par ceux de leur pays. » Le sénat cependant décréta leur renvoi. Polybe, peu de jours après,
demanda la permission de rester dans le sénat, pour
y solliciter le rétablissement des bannis dans les dignités dont ils jouissaient en Achaïe avant leur exil.
« Il me semble, Polybe, lui dit Caton en riant, qu'é-
chappé comme Ulysse de l'antre du Cyclope, vous
n'imitez pas sa sagesse, et que vous voulez y rester
pour prendre votre chapeau et votre ceinture que
vous y avez oubliés. »

Aussitôt qu'il eut complètement recouvré la liberté
il retourna dans sa chère patrie ; mais il ne la retrouvait plus après quinze ans telle qu'il l'avait

[1] P. 521.
[2] P. 548.

laissée. Tout y était intrigue et désordre, et la ruine
de la Grèce amenée par les Romains s'annonçait par
les discordes qui s'allumaient déjà entre eux-mêmes. Polybe ne put contempler froidement une telle anarchie
à laquelle il ne pouvait porter aucun remède, et il eut
recours à sa consolation accoutumée, l'étude. Il avait
déjà conçu l'idée de son grand ouvrage et en avait
amassé les matériaux. Les liaisons qu'il avait con-
tractées à Rome avec les principaux citoyens et avec
les cliens et otages royaux que la victoire y amenait,
lui avaient fourni d'amples moyens d'instruction.
Pour compléter tous ces renseignemens, il résolut
d'aller visiter lui-même les principaux lieux qu'il
avait à décrire, il commença par les Alpes.

« Je parle, dit-il [1], avec assurance de tous ces détails
relatifs à l'expédition d'Annibal, parce que je les ai
appris de témoins contemporains, et que je suis
allé moi-même dans les Alpes pour en prendre une
exacte connaissance. »

De là il passa dans les Gaules et l'Espagne et s'embarqua même sur les côtes de l'Océan.

« J'ose dire [2] que je me suis rendu digne d'attention par les peines que je me suis données et par
les dangers que j'ai courus en voyageant dans l'A-
frique, dans l'Espagne, dans les Gaules et sur la mer
extérieure (l'Océan) dont tous ces pays sont environnés, pour corriger les fautes que les anciens
avaient faites dans la description de ces lieux et
pour en procurer la connaissance aux Grecs. »

Il avait puisé sur les lieux même la connaissance
exacte des faits. « Cette circonstance, dit-il, (les forces
d'Annibal), a été gravée par son ordre sur la table
d'airain d'une colonne près du promontoire Lacinien
où je l'ai lue. »

A son retour de ses voyages, il accompagna son
jeune ami Scipion, dans les années 607 et 608, pendant toute son expédition contre Carthage, et profita
de son séjour en Afrique pour visiter toutes les
côtes ; mais des événemens importans le rappelaient
dans sa patrie. Les Romains assiégeaient Corinthe, il
arriva trop tard pour porter secours aux siens et ne
put qu'être témoin de la barbarie du vainqueur.

« Polybe, dit Strabon, en déplorant dans sa narration [3] les événemens qui se sont passés lors de
la destruction de Corinthe, rappelle, entre autres
choses, ce mépris tout militaire manifesté par les
Romains pour tous les ouvrages d'art et pour les
monumens publics ; présent à cette prise, il dit avoir
vu lui-même des tableaux jetés dans la poussière et
des soldats couchés dessus et jouant aux dés, et mentionne particulièrement parmi les tableaux un Bacchus peint par Aristide, tableau qui, à ce qu'on prétend, avait donné lieu à ce proverbe : « ce n'est rien
en comparaison de Bacchus ; » et un Hercule en proie
au venin sorti de la robe que Déjanire lui avait envoyée. Je n'ai pas vu ce dernier, ajoute Strabon,

[1] P. 100.
[2] P. 105.
[3] Ce morceau n'est pas parvenu jusqu'à nous.

mais j'ai vu le Bacchus placé dans le temple de Cérès à Rome, ouvrage d'une rare beauté, qui a péri depuis peu dans l'incendie de ce temple. »

Tout ce que purent faire son crédit et son éloquence en faveur de sa patrie soumise à la loi du vainqueur, fut de défendre la mémoire de son ancien ami, du guide de ses premières années, de l'illustre Philopœmen.

« Les Romains dit Plutarque, pendant les temps si malheureux de la Grèce où Corinthe fut détruite, avaient entrepris de faire abattre toutes les statues de Philopœmen et de le poursuivre lui-même en justice, comme s'il eût été vivant. On l'accusait d'avoir été l'ennemi des Romains et de s'être montré mal intentionné pour eux. Polybe répondit au plaidoyer de l'accusateur et obtint qu'on ne détruirait aucun des monuments élevés à la gloire d'un guerrier si célèbre. »

Polybe raconte ce fait et les honneurs qui lui furent ensuite rendus à lui-même par ses compatriotes en même temps que la confiance qui lui fut témoignée par les Romains. »

« Conformément à ce j'ai dit d'abord de ce préteur, dit Polybe [1], je fis de sa conduite une assez longue apologie. Je dis qu'à la vérité Philopœmen avait souvent refusé de se rendre d'abord aux ordres des Romains, mais qu'il ne s'en était jamais défendu que pour éclaircir ce qui était en contestation, et que jamais il ne s'en était défendu sans raison ; que l'on ne pouvait douter de son attachement pour les Romains, après les preuves qu'il en avait données pendant leurs guerres contre Philippe et Antiochus; que quelque puissant qu'il fût, tant par lui-même que par les forces de la ligue, jamais il ne s'était départi de l'alliance faite avec les Romains ; qu'enfin il avait donné les mains au décret, par lequel les Achéens , avant que les Romains passassent dans la Grèce, s'étaient engagés à déclarer pour eux la guerre à Antiochus, quoique alors presque tous les peuples de la Grèce fussent peu favorables à Rome. Ce discours fit impression sur les dix députés, et confondit l'accusateur. Ils décidèrent qu'on ne toucherait point aux statues de Philopœmen en quelques villes qu'elles se trouvassent. Profitant de la bonne volonté de Mummius, je lui demandai encore les statues d'Aratus, d'Achée et de Philopœmen, et elles me furent accordées, quoiqu'elles eussent déjà été transportées du Péloponèse dans l'Acarnanie. Les Achéens furent si charmés du zèle que j'avais témoigné en cette occasion pour l'honneur des grands hommes de ma patrie qu'ils m'érigèrent à moi-même une statue de marbre . . . .

. .Après avoir mis ordre aux affaires de l'Achaïe, les dix députés ordonnèrent au questeur qui devait vendre les biens de Diœus d'en laisser prendre à Polybe tout ce qu'il y trouverait à sa bienséance , sans rien exiger de lui et sans en rien recevoir. Mais non seulement il ne voulut rien accepter, il exhorta encore ses amis à ne rien souhaiter de ce qui serait vendu par le questeur ; car cet officier parcourait les villes de Grèce et y mettait à l'encan les biens de ceux qui étaient entrés dans les desseins de Diœus et de tous les autres qui, condamnés par les députés, n'avaient ni père et mère, ni enfans. Quelques-uns des amis de Polybe ne suivirent pas son avis, mais tous ceux qui le suivirent furent extrêmement loués. Au bout de dix mois, les députés se mettant en mer au commencement du printemps pour retourner en Italie, donnèrent ordre à Polybe de parcourir toutes les villes qui venaient d'être conquises, et d'accommoder leur différens jusqu'à ce que l'on s'y fut accoutumé au gouvernement qu'on y avait établi, et aux nouvelles lois qui y avaient été données. Polybe s'aquitta de cette commission avec tant de dextérié que la nouvelle forme de gouvernement fut acceptée, et que ni en général ni en particulier il ne s'éleva dans l'Achaïe aucune contestation. Aussi l'estime qu'on avait toujours pour cet historien s'augmenta beaucoup dans les derniers temps, à l'occasion de ce que nous venons de raconter. On le combla d'honneurs dans toutes les villes, et pendant sa vie et après sa mort. Cette reconnaissance lui était bien due, car sans le code des lois qu'il composa, pour pacifier les différens, tout eût été plein de trouble et de confusion. Il faut convenir aussi que c'est là le plus bel endroit de la vie de Polybe.

Ce fut dans ce moment de séjour dans sa patrie qu'il reprit avec plus d'ardeur la composition de son grand œuvre historique. Il avait la conscience des hautes fonctions dévolues à l'historien et n'omettait aucun effort pour s'en rendre digne. Qu'on lise ce qu'il dit lui-même de ces devoirs p. 9, 70, 92, et ce qu'il ajouta dans maint autre passage sur cette obligation d'étude, d'impartialité, de justice, de moralité, et on comprendra aisément pourquoi l'antiquité professa toujours une si complète vénération pour lui.

Dans l'année 611 de Rome, Polybe, âgé de cinquante neuf ans, retournera encore une fois en Égypte sous le règne de Ptolémée-Physcon qui en 608 avait succédé à Philométor, son frère.

A dater de ce jour on perd ses traces jusqu'à l'année 620 où il accompagna Scipion en Espagne et fut témoin de la prise de Numance. Il était âgé de soixante huit ans, mais il parait avoir possédé alors toutes les forces de son esprit, puisqu'il commença à écrire la guerre de Numance, ouvrage historique tout-à-fait distinct de son grand ouvrage.

Polybe mourut d'une chute de cheval, après quelques jours de maladie, en rentrant de la campagne à Mégalopolis, l'an 634 de Rome, à l'âge de quatre-vingt-deux ans.

Polybe avait composé :

1° Une histoire générale de la république romaine (en quarante livres.)

2°·Une histoire de Philopœmen en trois livres. Il en parle lui-même au xe livre de son histoire. «

---

[1] P. 565.

[1] Si dans un volume particulier je n'avais pas parlé de Philopœ-

3º Une histoire de la guerre de Numance.
4º Des commentaires sur la tactique. Il parle de cet ouvrage dans son histoire [1].
5º Un traité sur l'habitation sous l'équateur.

Il n'est rien parvenu jusqu'à nous des quatre derniers ouvrages; et nous ne possédons du premier que les cinq premiers livres en totalité et des débris fort imparfaits des autres. Il s'était conservé en entier, ainsi que je l'ai dit, jusqu'au Xe siècle. A cette époque Constantin Porphyrogénète fit faire un extrait par ordre de matières de plusieurs écrivains anciens; Polybe fut surtout mis à contribution, et cet extrait fit qu'on attacha moins d'importance peut-être à la conservation des ouvrages originaux. Il n'est resté que deux des titres de cet extrait : celui sur *les ambassades* et celui sur *les vices et vertus*.

La première édition qui fut donnée de Polybe en 1473 ne contenait que la traduction latine des cinq premiers livres par l'évêque Nicolas Perotto : le texte ne fut imprimé qu'en 1530. Jean Hervagius de Bâle réimprima l'édition de Perotto en 1549 en y ajoutant des débris des livres suivans jusqu'au XVIIe. Isaac Casaubon en publia une édition plus ample à Paris en 1609, en y ajoutant une nouvelle traduction latine. Jacques Gronovius republia en 1670 cette version de Casaubon, en trois volumes in-8º et en y ajoutant les notes de Fulvio Orsini sur les extraits des ambassades et celles de Valois sur les extraits des vices et vertus, et beaucoup d'autres de Casaubon et de lui. Jusque là les divers fragmens des 35 derniers livres avaient été publiés tels qu'ils avaient été découverts dans les divers manuscrits, sans être soumis à un classement unique. M. Schweighauser le premier publia à Leipzig, en 1792, 8 vol. in-8º une édition de Polybe dans laquelle tous les morceaux connus étaient rangés par livres et par dates. Son travail est fait avec le plus grand soin et une grande connaissance de la langue et de l'histoire.

Depuis la publication de la belle édition de Schweighauser de nouvelles additions assez importantes ont été faites au texte de Polybe. M. l'abbé Mai, bibliothécaire de la Vaticane, a publié dans le 2e volume de son *scriptorum veterum nova collectio è codicibus vaticanis edita*, de la page 369 à la page 461 in-4º, de nouveaux fragmens des divers livres de Polybe auxquels il a joint une traduction latine et quelques notes.

Le texte de ces nouvelles découvertes a été republié avec quelques corrections et de bonnes notes, mais sans traduction, en un volume in-8, à Altona par M. J. Frédéric Lucht.

Polybe a été traduit dans toutes les langues de l'Europe. Il en existe trois traductions en anglais, par Sheers, Edward Grimeston et Hompton; cette dernière, qui a eu plusieurs éditions, a été comprise dans la nouvelle collection in-8º des historiens grecs, latins et anglais, publiée à Londres.

La première traduction en français fut donnée par Louis Maigret, Paris 1 v. in-fº, 1541. Elle ne contenait que les deux premiers livres.

L'infatigable du Ryer a publié une traduction plus complète en 1655, traduction illisible comme toutes ses traductions, mais qui eut alors quatre éditions.

Dom Thuillier en a fait une nouvelle beaucoup meilleure, mais il l'a malheureusement encombrée d'un énorme amas de dissertations militaires du chevalier Folard, de telle sorte que ce qui eût pu être compris dans un volume in-8, forme 6 gros volumes in-4, publiés de 1727 à 1731 à Paris et républiés en 7 volumes in-4, avec un supplément de dissertations, à Amsterdam de 1759 à 1774.

Je me suis servi de la traduction de dom Thuillier; mais tout y était confus et en désordre; les travaux de M. Schweighauser m'ont servi de guide. J'ai suivi pied à pied le texte et l'ordre de M. Schweighauser en reclassant les fragmens de traduction de dom Thuillier à la place indiquée par le célèbre helléniste alsacien.

Un grand nombre d'additions, et même des livres entiers, ont été ajoutés par M. Schweighauser, qui n'avaient pas été traduits par dom Thuillier; ce sont en général les morceaux de Polybe qui avaient été cités par Plutarque, Athénée, Pausanias, et Strabon; je les ai ajoutés à la place indiquée, soit en me servant des meilleures traductions, soit en les traduisant moi-même.

Restaient les additions de Mai qui n'avaient jamais été traduites en français. J'en ai traduit une bonne partie moi-même, la reste a été traduit avec soin aussi, et revu par moi sur l'édition de M. Lucht, et j'ai placé ces fragmens au livre indiqué aussi, soit en l'intercalant à sa véritable place, lorsque ce n'était qu'un fragment intercalaire dont on possédait le commencement ou la fin, soit en les ajoutant à la fin de chaque livre et en les désignant par un signe particulier. Aucun soin n'a été négligé pour rendre cette idée de Polybe aussi complète et aussi utile que possible. C'est au reste la seule édition française dans laquelle l'histoire de Polybe soit classée par li-

---

men, et si je n'avais raconté ce qu'il a été, quels furent ses maîtres et par quelles études il se forma dans sa jeunesse, je me croirais obligé d'entrer ici dans ces détails; mais comme dans trois livres que j'ai consacrés à sa mémoire, en dehors de l'histoire présente, j'ai rappelé l'éducation qu'il avait reçue et ses actions les plus mémorables, il est à propos que j'omette dans cette histoire générale tout ce qui est relatif à ses premières années, et que je m'étende au contraire sur de nouveaux détails sur tout ce qu'il a fait dans son âge mur et que je n'avais touché qu'en passant dans mon précédent ouvrage. » (P. 302.)

[1] « Ce n'est pas seulement pour les échelles que la géométrie est nécessaire, elle l'est encore pour changer, selon les occasions, la figure du camp. Par ce moyen on pourra, en prenant quelque figure que ce soit, garder la même proportion entre le camp et ce qui doit y être contenu, et en gardant la même figure, augmenter ou diminuer l'aire du camp, eu égard toujours à ceux qui y entrent et qui en sortent, *comme nous l'avons fait voir dans nos commentaires sur la Tactique*. (p. 279 et 280).

vres et chronologiquement, conformément à l'édition de M. Schweighauser ; c'est la seule traduction aussi qui offre la traduction complète de tous les fragmens anciens et de ceux de l'abbé Mai, la seule enfin qui soit dégagée de tous ces encombremens inutiles de commentaires militaires et de plans, et où l'on puisse apprendre à apprécier, à estimer, à affectionner Polybe.

« Polybe, dit M. Daunou, a tant de droiture et de franchise ; il aime avec une telle constance la liberté, la vérité et la vertu, qu'on s'accoutume à son langage austère, et qu'on ne voit plus que l'intérêt moral de ses leçons. Quelquefois, animé par des affections pures, il prend un ton plus élevé ; les mouvemens de son âme se communiquent à son style, il devient éloquent à force de patriotisme et de probité.... Ses concitoyens lui ont élevé des statues ; d'illustres capitaines lui ont rendu des hommages ; tous les esprits justes et tous les cœurs honnêtes lui doivent le tribut d'une estime profonde. »

Olympiades.	A. de R.	A. de l'È. V.	PRINCIPAUX ÉVÉNEMENS DE LA VIE DE POLYBE.		ÉVÉNEMENS CONTEMPORAINS.
CXLIV 3	552	202	Sa naissance à Mégalopolis, en Arcadie, de Lycortas, préteur des Achéens.	552	Bataille de Zama, où Annibal est défait par Scipion.
CXLIX 3	572	182	Il porte aux obsèques de Philopœmen l'urne qui contient les cendres de ce grand homme, qui avait été le guide de son enfance.	554	Première guerre de Macédoine.
CL 1	574	180	Il est adjoint à son père et au jeune Aratus, envoyés en ambassade près de Ptolémée Épiphane.		
CLII 4	583	169	Il est nommé par les Achéens commandant de la cavalerie achéenne destinée à se joindre aux Romains dans la guerre contre Persée, et est envoyé en ambassade auprès du consul romain Q. Marcius.	559	Annibal se retire de Carthage à la cour d'Antiochus Massinissa, roi de Numidie, ami de Polybe.
CLIII 1	586	168	Les frères Ptolémée, rois d'Égypte, le demandent aux Achéens comme commandant d'un corps auxiliaire de cavalerie.	563	Lacédémone se joint à la ligue achéenne.
CLIII 3	588	166	Il est envoyé comme otage à Rome avec mille Achéens des familles les plus puissantes. Il s'y lie avec la famille des Scipion et particulièrement avec le jeune Scipion, auquel il rend les instructions reçues par lui de Philopœmen.	581	Ennius termine le douzième livre de ses Annales à 67 ans.
CLIV 3	592	162	Il donne des conseils à Démétrius, fils du roi Séleucus, et facilite sa fuite de Rome.	588	L'Andrienne, comédie de Térence.
CLV 1	594	160	Les Achéens envoient demander qu'on leur rende Polybe comme une grâce spéciale, mais ne peuvent l'obtenir.	589	Judas Macchabée.
CLV 4	597	157	Polybe obtient par son influence que les Locriens soient exempts de tout secours militaire dans l'expédition de Dalmatie.	598	Prusias défait Attale.
CLVII 3	604	150	Polybe et les exilés grecs sont renvoyés dans leur patrie, à la demande de Scipion et de Polybe.	605	Troisième guerre punique.
			Polybe retourne en Grèce et va de là visiter les Alpes, la Gaule, l'Espagne.		
CLVIII 2	607	147	Il accompagne Scipion au siége de Carthage. Il écrit son histoire romaine.	608	Carthage détruite par Scipion.
CLVIII 3	608	146	Il parcourt les côtes d'Afrique, et après la prise de Carthage revient à Corinthe, qui venait d'être prise. Il défend la mémoire et les statues de Philopœmen.	609	Corinthe détruite par Mummius.
CLVIII 4	609	145	Il est chargé par les Romains, à leur départ, de l'administration du pays.	613	Guerre de Numance.
CLIX 2	611	143	Il entreprend un voyage en Égypte sous le règne de Ptolémée Physcon.	617	Ptolémée Physcon ranime les arts à Alexandrie.
CLXI 3	620	134	Il accompagne Scipion à la prise de Numance, et écrit l'histoire de son expédition.	621	Prise de Numance et mort de Tibérius Gracchus.
CLXV 1	634	120	Il meurt d'une chute de cheval.	633	Mort de Caïus Gracchus.

NOTICE SUR HÉRODIEN,

IL VIVAIT AU TROISIÈME SIÈCLE DE L'ÈRE VULGAIRE.

On n'a sur Hérodien que le peu de renseignemens qu'il a fournis lui-même ; savoir : qu'il était fils d'un rhéteur nommé Apollonius, et qu'il suivait la profession de son père ; qu'il avait été souvent employé par les empereurs et avait exercé différentes charges [1].

Il a écrit en huit livres une histoire des empereurs sous lesquels il avait vécu depuis Marc-Aurèle jusqu'à Gordien, de l'an 181 à 238 de l'ère vulgaire. Il annonce que son histoire comprendra un espace de 71 ans; il est probable que la mort l'aura frappé avant qu'il l'eût terminée. C'est un monument d'autant plus important, qu'Hérodien, auteur grave et consciencieux, est presque l'unique témoin contemporain qui nous ait transmis les annales de cette époque de désordre et de violence.

Ange Politien en a fait une élégante traduction en latin, qui fut publiée en 1492 avant le texte.

Henry Étienne a publié à Paris, en 1581, une édition du texte d'Hérodien et de la traduction de Politien qu'il a revue.

[1] L. 1, c. 4.

La traduction française donnée par Mongault est facile, élégante même et fidèle. Je l'ai adoptée sans avoir rien à y changer.

« Le style d'Hérodien, dit Photius, quoique noble et majestueux, est clair et coulant. Il n'affecte point ces atticismes qui, par leur singularité vicieuse, font perdre les grâces de la naïveté. Il sait, toutefois, emprunter à propos les secours de l'art, et il ne lui échappe rien de négligé et de commun. Sa narration demeure dans de justes bornes. Elle n'est ni trop sèche, ni trop diffuse. Enfin on trouvera peu d'auteurs qui aient possédé plus parfaitement que lui tout ce qu'on peut souhaiter dans un historien. »

L'éloge de Photius est trop pompeux. Ce qu'on doit dire c'est qu'Hérodien est un écrivain clair, facile et consciencieux dans l'appréciation des faits, bien que sa narration soit un peu trop ornée. Ses notions géographiques sont imparfaites, et l'absence de dates et de détails jette souvent de l'obscurité sur son exposé des faits.

NOTICE SUR ZOSIME.

IL VIVAIT VERS LA FIN DU QUATRIÈME SIÈCLE.

Tout ce qu'on peut conjecturer de plus précis sur la date de la naissance de Zosime, c'est qu'il vivait à l'époque où s'annonça de la manière la plus manifeste la décadence de l'empire romain, par le partage qui en fut fait entre Arcadius et Honorius, fils de Théodose, c'est-à-dire vers l'an 395.

On est dans la même ignorance sur les circonstances de sa vie. Il paraît probable qu'il fut revêtu des dignités de comte et d'ex-avocat du fisc (κόμης καὶ ἀπεφισκοσυνήγορος) quoiqu'il fût resté fidèle sous les empereurs chrétiens à l'antique religion du polythéisme.

De même que Polybe avait écrit l'histoire de la grandeur romaine croissante, Zozime voulut écrire celle de la grandeur romaine décroissante. Cet ouvrage ne nous est parvenu que fort imparfait. Le premier livre n'est qu'une revue sommaire, d'Auguste à Dioclétien; dans les quatre suivans Zosime s'étend davantage sur les successeurs de Dioclétien jusqu'au temps où il écrivait le vi^e livre, dont nous ne possédons que quelques feuillets, se termine à l'an 410, seizième année du règne d'Honorius et troisième de l'association de Théodose le jeune à l'empire, soit qu'il ne l'ait pas terminé, soit que les manuscrits en aient été perdus.

Zosime était un polythéiste zélé, comme tous les religionnaires qui appartiennent aux époques de lutte. Touché du spectacle de misère et de dégradation qui l'entoure, il l'attribue à la fois et aux vices indolens de Constantin, qui transféra le siége impérial à Byzance, et à la protection donnée au christianisme nouveau. Son récit de la conversion de Constantin au christianisme ressemble peu à celui qu'en ont donné les auteurs chrétiens des siècles postérieurs.

Il est probable que son histoire ne fut pas connue pendant sa vie. Il n'y aurait pas eu de sécurité à tenir un semblable langage sous des empereurs chrétiens. Ce ne fut qu'après sa mort et sans doute en secret que les exemplaires durent se répandre. C'est ce qui explique la mutilation de plusieurs des livres, et la perte du sixième, qui devait être plus considérable que le reste de l'ouvrage.

Ce ne fut qu'en 1576 que Zosime fut publié pour la première fois à Bâle, in-folio, par Leunclavius; il a depuis été réimprimé plusieurs fois dans les collections complètes ou partielles des écrivains byzantins, et séparément.

La meilleure et plus complète édition que je connaisse est celle donnée à Leipzig en 1784, 1 vol. in-8, par J.-Fréd. Reitemeier. Elle contient un texte grec revu avec soin, une traduction latine, les notes de Reitemeier et celles de C.-G. Heyne. Je me suis servi de cette édition pour la collation de la traduction avec le texte et pour les éclaircissemens historiques.

Zosime a été traduit en français par le président Cousin, qui l'a joint à Xiphilin et à Zonare. J'ai revu cette traduction de manière à substituer un style plus clair à des locutions trop vieillies, et à en faire disparaître quelques erreurs.

Paris, le 12 septembre 1836.

J.-A.-C. BUCHON.

HISTOIRE GÉNÉRALE

DE LA

RÉPUBLIQUE ROMAINE.

PROLOGUE.

Si les historiens qui ont paru avant nous avaient omis de faire l'éloge de l'histoire, il serait peut-être nécessaire de commencer par là pour exciter tous les hommes à s'y appliquer; car quoi de plus propre à notre instruction que la connaissance des choses passées? Mais la plupart d'entre eux ont le soin de nous dire et de nous répéter presque à chaque page que, pour apprendre à gouverner, il n'y a pas de meilleure école, et que rien ne nous fortifie plus efficacement contre les vicissitudes de la fortune que le souvenir des malheurs où les autres sont tombés. On me blâmerait de revenir sur une matière que tant d'autres ont si bien traitée. Cela me conviendrait d'autant moins, que la nouveauté des faits que je me propose de raconter sera plus que suffisante pour attirer tous les hommes, sans distinction, à la lecture de mon ouvrage. Il n'y en aura point de si stupide et de si grossier, qui ne soit bien aise de savoir par quels moyens et par quelle sorte de gouvernement il a pu se faire que les Romains, en moins de cinquante-trois ans (1), soient devenus maîtres de presque toute la terre. Cet événement est sans exemple. D'un autre côté, quelle est la passion si forte pour les spectacles, ou pour quelque sorte de science que ce soit, qui ne cède à celle de s'instruire de choses si curieuses et si intéressantes.

Pour faire voir combien mon projet est grand et nouveau, jugeons de la république romaine par les états les plus célèbres qui l'ont précédée, dont les histoires sont venues jusqu'à nous, et qui sont dignes de lui être comparées. Les Perses se sont vu pendant quelque temps un empire assez étendu; mais ils n'ont jamais entrepris d'en reculer les bornes au-delà de l'Asie, qu'ils n'aient couru risque d'en être dépouillés. Les Lacédémoniens eurent de longues guerres à soutenir pour avoir l'autorité souveraine sur la Grèce; mais à peine en furent-ils, pendant douze ans, paisibles possesseurs. Le royaume des Macédoniens ne s'étendait que depuis les lieux voisins de la mer Adriatique jusqu'au Danube, c'est-à-dire sur une très-petite partie de l'Europe; et quoiqu'après avoir détruit l'empire des Perses ils aient réduit l'Asie sous leur obéissance, cependant, malgré la réputation qu'ils avaient d'être le plus puissant et le plus riche peuple du monde, une grande partie de la terre est échappée à leurs conquêtes. Jamais ils ne firent de projet sur la Sardaigne, ni sur la Sicile, ni sur l'Afrique, et les nations belliqueuses qui sont au couchant de l'Europe, leur étaient inconnues. Mais les Romains ne se bornèrent pas à quelques parties du monde; presque toute la terre fut soumise à leur domination, et leur puissance est venue au point que nous admirons aujourd'hui, et au-delà duquel il ne paraît pas qu'aucun peuple puisse jamais aller. C'est ce que l'on verra clairement par le récit que j'entreprends de faire, et qui mettra en évidence les avantages que les curieux peuvent tirer d'une exacte et fidèle histoire.

Celle-ci commencera, par rapport au temps, à la cent quarantième olympiade (2). Par rapport aux faits, nous la commencerons chez les Grecs, par la guerre que Philippe, fils de Démétrius et père de Persée, fit avec les Achéens aux peuples de l'Étolie, et que l'on appelle la guerre sociale; chez les Asiatiques, par celle qu'Antiochus et Ptolomée Philopator se déclarèrent pour la Cœlosyrie; dans l'Italie et l'Afrique, par celle des Romains contre les Carthaginois, et que d'ordinaire on appelle la guerre d'Annibal. Tous ces événemens forment la continuation de l'histoire d'Aratus le Sicyonien (3). Avant cela les choses qui se passaient dans le monde n'avaient entre elles nulle liaison; chacun avait, pour entreprendre et pour exécuter, ses raisons qui lui étaient particulières; chaque action était propre au lieu où elle s'était passée. Mais depuis, tous les faits se sont réunis comme en un seul corps: les affaires de l'Italie et de l'Afrique n'ont formé qu'un tout avec celles de l'Asie et de la Grèce; toutes se sont rapportées à une seule fin. C'est pour cela que nous avons fixé à ces temps-là le commencement de cette histoire; car ce ne fut qu'après avoir soumis les Carthaginois par la guerre dont nous parlions tout à l'heure, que les Romains, croyant s'être ouvert un chemin à la conquête de l'univers, osèrent porter leurs vues plus loin, et faire passer leurs armées dans la Grèce et dans le reste de l'Asie.

Si les états, qui se disputaient entre eux l'empire souverain, nous étaient bien connus, peut-

---

1 Voyez à la fin du volume mes notes sur Polybe. Les chiffres contenus dans le texte renverront toujours aux chiffres correspondans, à la fin de ce volume. J.-A.-C. BUCHON.

être ne serait-il pas nécessaire de commencer par montrer quel était leur projet, et quelles forces ils avaient lorsqu'ils s'engagèrent dans une si grande entreprise. Mais parce que la plupart des Grecs ne savent quelle était la forme du gouvernement des Romains et des Carthaginois, ni ce qui s'est passé parmi ces peuples, nous avons cru qu'il était à propos de faire précéder notre histoire par deux livres sur ce sujet, afin qu'il n'y ait personne qui, en la lisant, soit en peine de savoir par quelle politique, quelle force et quels secours, les Romains ont formé des projets qui les ont rendus maîtres de la terre et de la mer. Après la lecture de ce que nous dirons comme exposition dans ces deux livres, on verra que ce n'est pas sans raison qu'ils ont conçu le dessein de rendre leur empire universel, et que, pour exécuter ce projet, ils ne pouvaient prendre de mesures plus justes. Car ce qui distingue mon ouvrage de tout autre, c'est le rapport qu'il aura avec cet événement qui fait l'admiration de nos jours. Comme la fortune a fait pencher presque toutes les affaires du monde d'un seul côté, et semble ne s'être proposé qu'un seul but, ainsi je ramasserai pour les lecteurs, sous un seul point de vue, les moyens dont elle s'est servie pour l'exécution de ce dessein.

C'est là le principal motif qui m'a porté à écrire. Un autre a été, que je ne voyais personne de nos jours qui eût entrepris une histoire générale; cela m'aurait épargné bien des soins et bien de la peine. Il y a des auteurs qui ont décrit quelques guerres particulières; on en voit qui ont ramassé quelques événemens arrivés en même temps, mais il n'y a personne, au moins que je sache, qui, assemblant tous les faits et les rangeant par ordre, se soit donné la peine de nous en faire voir le commencement, les motifs, la fin. Il m'a paru qu'il ne fallait pas laisser dans l'oubli le plus beau et le plus utile ouvrage de la fortune. Quoique tous les jours elle invente quelque chose de nouveau, et qu'elle ne cesse d'exercer son pouvoir sur la vie des hommes, elle n'a jamais rien fait qui approche de ce que nous voyons aujourd'hui. Or, c'est ce que l'on n'apprend pas dans les historiens particuliers. On serait ridicule, si après avoir parcouru les villes les plus célèbres l'une après l'autre, ou les avoir vues peintes séparément, on s'imaginait pour cela connaître la forme de tout l'univers et en comprendre la situation et l'arrangement. Il en est de ceux qui, pour savoir une histoire particulière, se croient suffisamment instruits de tout, comme de ceux qui après avoir examiné les membres épars d'un beau corps, se mettraient en tête qu'il ne leur reste plus rien à apprendre sur sa force et sur sa beauté. Qu'on joigne ensemble et qu'on assortisse les parties, qu'on en fasse un animal parfait, soit pour le corps, soit pour l'âme, et qu'on le leur montre une seconde fois, ils reconnaîtront bientôt que la prétendue connaissance qu'ils en avaient d'abord était bien plus un songe qu'une réalité. Sur une partie on peut bien prendre quelque idée du tout, mais jamais une notion. De même l'histoire particulière ne peut donner que de faibles lumières sur l'histoire générale. Pour prendre goût à cette étude et en faire profit, il faut joindre et approcher les événemens; il faut en distinguer les rapports et les différences.

Nous commencerons le premier livre où finit l'histoire de Timée (4); je veux dire par la première expédition que les Romains firent hors l'Italie, ce qui arriva en la cent vingt-neuvième olympiade (5). Ainsi nous serons obligés de dire quand, comment et à quelle occasion, après s'être bien établis dans l'Italie, ils entreprirent d'entrer dans la Sicile, car c'est dans ce pays qu'ils portèrent d'abord leurs armes. Nous nous contenterons de dire simplement le sujet pour lequel ils sortirent de chez eux, de peur qu'à force de chercher cause sur cause, il ne nous en reste plus pour en faire le commencement et la base de notre histoire. Pour le temps, il nous faudra prendre une époque connue, dont tout le monde convienne et qui se distingue par elle-même, ce qui n'empêchera pas que, reprenant les choses d'un peu plus haut, nous ne rapportions, du moins en abrégé, tout ce qui s'est passé dans cet intervalle. Cette époque ne peut être ignorée ou même disputée, que tout ce que l'on raconte ensuite ne paraisse douteux et peu digne de foi; au lieu que, lorsqu'elle est une fois bien établie, on se persuade aisément que tout le reste est certain.

HISTOIRE GÉNÉRALE

DE LA

RÉPUBLIQUE ROMAINE.

LIVRE PREMIER.

CHAPITRE PREMIER.

Première expédition des Romains hors de l'Italie. — Messine est surprise par les Campaniens, et Rhégio par quatre mille Romains. — Rome punit cette dernière trahison. — Les Campaniens ou Mamertins, battus par Hiéron, préteur de Syracuse, implorent le secours des Romains et l'obtiennent, quoique coupables de la même perfidie que les Rhéginois. — Défaite des Syracusains et des Carthaginois. — Retraite de Hiéron.

Ce fût dans la dix-neuvième année après le combat naval donné près de la ville d'Ægospotamos dans l'Hellespont, et la seizième avant la bataille de Leuctres, l'année que les Lacédémoniens, par les soins d'Antalcide, firent la paix avec les Perses, que Denis l'ancien, après avoir vaincu les Grecs d'Italie sur les bords de l'Éllépore, fit le siège de Rhégio, et que les Gaulois s'emparèrent de Rome (6), à l'exception du Capitole; ce fut, dis-je, cette année que les Romains, ayant fait une trêve avec les Gaulois, aux conditions qu'il plut à ceux-ci d'exiger, après avoir contre toute espérance regagné leur patrie et avoir un peu augmenté leurs forces, déclarèrent ensuite la guerre à leurs voisins. Vainqueurs de tous les Latins, ou par leur courage ou par leur bonheur, ils portèrent la guerre chez les Samnites, qui, à l'orient et au septentrion, confinent le pays des Latins. Quelque temps après, et un an avant que les Gaulois fissent irruption dans la Grèce (7), fussent défaits à Delphes et se jetassent dans l'Asie, les Tarentins craignant que les Romains ne tirassent vengeance de l'insulte qu'ils avaient faite à leurs ambassadeurs, appelèrent Pyrrhus à leur secours. Les Romains ayant soumis les Tyrrhéniens et les Samnites, et ayant gagné plusieurs victoires sur les Gaulois répandus dans l'Italie, ils pensèrent alors à la conquête du reste de ce pays, qu'ils ne regardaient plus comme étranger, mais comme leur appartenant en propre, au moins pour la plus grande partie. Exercés et aguerris par les combats qu'ils avaient soutenus contre les Samnites et les Gaulois, ils entreprirent de marcher contre Pyrrhus, le chassèrent d'Italie, et défirent ensuite tous ceux qui avaient pris parti pour lui.

Après avoir vaincu leurs ennemis et subjugué tous les peuples de l'Italie, aux Gaulois près, ils conçurent le dessein d'assiéger les Romains qui étaient alors dans Rhégio.

Ces deux villes, Messine et Rhégio, toutes deux bâties sur le même détroit, eurent à peu près le même sort. Peu avant le temps dont nous venons de parler, les Campaniens qui étaient à la solde d'Agathoclès, charmés depuis long-temps de la beauté et des autres avantages de Messine, eurent la perfidie de s'en saisir, sous le beau semblant d'y vivre en bonne intelligence avec les citoyens. Ils y entrèrent comme amis; mais ils n'y furent pas plutôt, qu'ils chassèrent les uns, massacrèrent les autres, prirent les femmes et les enfans de ces malheureux, selon que le hasard les fit alors tomber entre leurs mains, et partagèrent entre eux ce qu'il y avait de richesses dans la ville et dans le pays.

Peu après, leur trahison trouva des imitateurs. L'irruption de Pyrrhus en Italie et les forces qu'avaient sur mer les Carthaginois, ayant jeté la crainte et l'épouvante parmi les Rhéginois, ils implorèrent la protection et le secours des Romains. Ceux-ci vinrent au nombre de quatre mille sous la conduite de Décius Campanus. Pendant quelque temps ils gardèrent fidèlement la ville; mais éblouis de ses agrémens et des richesses des citoyens, ils firent alliance avec eux, comme avaient fait les Campaniens avec les Messinois, chassèrent une partie des habitans, égorgèrent l'autre, et se rendirent maîtres de la ville.

Les Romains furent très-sensibles à cette perfidie. Ils ne purent y apporter de remède sur le champ, occupés qu'ils étaient aux guerres dont nous avons parlé; mais dès qu'ils les eurent terminées, ils mirent le siége devant Rhégio. La ville fut prise, et on passa au fil de l'épée le plus grand nombre de ces traîtres, qui, prévoyant ce qui devait leur arriver, se défendirent avec furie. Le reste, qui s'élevait à plus de trois cents, ayant été fait prisonnier et envoyé à Rome, y fut conduit sur le marché par les préteurs, battu de verges et mis à mort, exemple de punition que les Romains crurent nécessaire pour rétablir chez leurs alliés la bonne opinion de leur foi! On rendit aussi aux Rhéginois leur pays et leur ville. Pour les Mamertins, c'est-à-dire les peuples de la Campanie, qui s'étaient donné ce nom après avoir surpris Messine, tant qu'ils furent unis avec les Romains qui avaient envahi Rhégio, non seulement ils demeurèrent tranquilles possesseurs de leur ville et de leur pays, mais ils inquiétèrent fort les Carthaginois et les Syracusains pour les terres voisines, et obligèrent une grande partie de la Sicile à leur payer tribut. Mais ceux qui tenaient Rhégio n'eurent pas été plutôt assiégés, que les choses changèrent de face; car, privés de tout secours, ils furent eux-mêmes repoussés et renfermés dans leur ville par les Syracusains pour les raisons que je vais dire.

La dissension s'étant mise entre les citoyens de Syracuse et leurs troupes, celles-ci s'arrêtant autour de Mergana, élurent pour chefs Artémidore, et Hiéron qui dans la suite les gouverna. Ce dernier était alors fort jeune à la vérité, mais d'une prudence et d'une maturité qui annonçaient un grand roi. Honoré du commandement, il entra dans la ville par le moyen de quelques amis, et maître de ces gens qui ne cherchaient qu'à tout brouiller, il se conduisit avec tant de douceur et de grandeur d'âme, que les Syracusains, quoique mécontens de la faculté que s'étaient attribuée les soldats, ne laissèrent pas de le faire préteur d'un consentement unanime. Dès ses premières démarches, il fut aisé de juger que ce préteur aspirait à quelque chose de plus qu'à sa charge. En effet, voyant qu'à peine les troupes étaient sorties de la ville, que Syracuse était troublée par des esprits séditieux et amateurs de la nouveauté, et que Leptinus, distingué par son crédit et sa probité, avait pour lui tout le peuple, il épousa sa fille, dans le dessein d'avoir toujours dans la ville par cette alliance un homme sur lequel il pût compter, lorsqu'il serait obligé de marcher à la tête des armées. Pour se défaire ensuite des vétérans étrangers, esprits remuans et mal intentionnés, il mena l'armée contre les Mamertins comme contre des barbares qui occupaient Messine. Campé auprès de Centoripe, il range son armée en bataille le long du Cyamozore, tenant à l'écart la cavalerie et l'infanterie syracusaine, comme s'il en eût eu affaire dans un autre endroit. Il n'oppose aux Mamertins que les soldats étrangers, les laisse tous tailler en pièces, et pendant le carnage, il retourne tranquillement à Syracuse avec les troupes de la ville. L'armée ainsi purgée de tout ce qui pouvait y causer des troubles et des séditions, il leva par lui-même un nombre suffisant de troupes soldées, et remplit ensuite paisiblement les devoirs de sa charge. Les barbares, fiers de leurs premiers succès, se répandant dans la campagne, il marcha contre eux avec les troupes syracusaines qu'il avait bien armées et bien aguerries, et leur livra bataille dans la plaine de Mile sur le bord du Longanus. Une grande partie des ennemis resta sur la place, et les chefs furent faits prisonniers. Retourné à Syracuse, il y fut déclaré roi par tous les alliés.

La perte de cette bataille, jointe à la prise de Rhégio, dérangea entièrement les affaires des Mamertins. Les uns eurent recours aux Carthaginois, auxquelles ils se livrèrent eux et leur citadelle; les autres abandonnèrent la ville aux Romains, et les firent prier de venir à leur secours, « grâce, disait-on, qu'ils ne pouvaient refuser à des gens qui étaient de même nation qu'eux. » Les Romains hésitèrent long-temps sur ce qu'ils répondraient. Après avoir puni avec une extrême sévérité leurs propres citoyens pour avoir trahi les Rhéginois, ils ne pouvaient avec justice envoyer du secours aux Mamertins, qui s'étaient emparé par une semblable trahison, non seulement de Messine, mais encore de Rhégio. D'un autre côté, il était à craindre que les Carthaginois, déjà maîtres de l'Afrique, de plusieurs provinces de l'Ibérie et de toutes les îles des mers de Sardaigne et de Tyrrhénie, s'emparant encore de la Sicile, n'enveloppassent toute l'Italie et ne devinssent des voisins formidables; et on voyait facilement qu'ils subjugueraient bientôt cette île, si l'on ne secourait les Mamertins. Messine leur étant abandonnée, ils ne tarderaient pas long-temps à prendre Syracuse. Souverains, comme ils l'étaient, de presque tout le reste de la Sicile, cette expédition leur devait être aisée. Les Romains prévoyant ce malheur et jugeant qu'il ne fallait pas perdre Messine, ni permettre aux Carthaginois de se faire par là comme un pont pour passer en Italie, furent long-temps à délibérer. Le sénat même, partagé également entre le pour et le contre, ne voulut rien décider. Mais le peuple, accablé par les guerres précédentes et souhaitant avec ardeur de réparer ses pertes, poussé encore à cela tant par l'intérêt commun que par les avantages dont les préteurs flattaient chaque particulier, le peuple, dis-je, se déclara en faveur de cette entreprise, et on en dressa un plébiscite. Appius Claudius, l'un des consuls, fut choisi pour conduire le secours, et on le fit partir pour Messine. Les Mamertins aussitôt, partie par menaces, partie par surprise, chassèrent de la citadelle le préteur qui y commandait de la part des Carthaginois, appelèrent Appius et lui ouvrirent les portes de la ville; et l'infortuné préteur, soupçonné d'imprudence et de lâcheté, fut attaché à un gibet.

Les Carthaginois, pour reprendre Messine, firent avancer auprès du Pélore une armée navale, et placèrent leur infanterie du côté de Sénès. En même temps Hiéron profite de l'occasion qui se présentait de chasser tout-à-fait de la Sicile les barbares qui avaient envahi Messine. Il fait alliance avec les Carthaginois, et aussitôt part de Syracuse pour les aller joindre. Il campe vis-à-vis d'eux proche la montagne nommé Chalcidique, et ferme encore le passage aux assiégés par cet endroit. Cependant Appius, général de l'armée romaine, traverse hardiment le détroit pendant la nuit, et entre dans la ville. Mais la voyant pressée de tous côtés, et faisant réflexion que ce siège pourrait bien ne pas lui faire d'honneur, les ennemis étant maîtres sur terre et sur mer, pour dégager les Mamertins, il fit d'abord parler aux Carthaginois et aux Syracusains; mais on ne daigna pas seulement écouter ceux qu'il avait envoyés. Enfin la nécessité lui fit prendre le parti de hasarder une bataille et de commencer par attaquer les Syracusains. Il met son armée en marche, la range en bataille, et trouve heureusement Hiéron disposé à se battre. Le combat fut long. Appius remporta la victoire, repoussa les ennemis jusque dans leurs retranchemens; et après avoir abandonné la dépouille des morts aux soldats, il reprit le chemin de Messine.

Hiéron soupçonnant quelque chose de sinistre de cette affaire, aussitôt la nuit venue, retourna promptement à Syracuse. Cette retraite rendit Appius plus hardi; il vit bien qu'il n'y avait pas de temps à perdre et qu'il fallait attaquer les Carthaginois. Il donne ordre aux soldats de se tenir prêts, et dès la pointe du jour il va droit aux ennemis, en tue un grand nombre, et contraint le reste à se sauver dans les villes circonvoisines; puis, poussant sa fortune, il fait lever le siége, ravage les campagnes des Syracusains et de leurs alliés, sans que personne ose lui résister, et pour comble met enfin le siége devant Syracuse.

CHAPITRE II.

Matière des deux premiers livres qui servent comme de préambule à l'histoire de Polybe. — Jugement que cet historien porte sur Philinus et Fabius.

Telle fut la première expédition des Romains hors de l'Italie, et les raisons pour lesquelles ils la firent alors. Rien, ce me semble, n'était plus propre à établir la première époque de notre histoire. Nous avons remonté un peu haut, pour ne laisser aucun doute sur ce qui a donné lieu à cet événement. Car, pour mettre les lecteurs en état de bien juger du faîte de grandeur où l'empire romain est parvenu, il était bon d'examiner de suite comment et en quel temps les Romains, presque chassés de leur propre patrie, commencèrent à obtenir de plus heureux succès; en quel temps et comment, l'Italie subjuguée, ils pensèrent à étendre leurs conquêtes au dehors. Qu'on ne soit donc pas surpris si, dans la suite, parlant des états qui ont fait le plus de bruit dans le monde, je remonte à des temps plus reculés : c'est pour commencer aux choses qui font connaître pour quelles raisons, en quel temps et par quels moyens chaque peuple est arrivé au point où nous le voyons. Mais il est temps de revenir à notre sujet. Voici en peu de mots de quoi traiteront les deux premiers livres, qui seront comme le préambule de cet ouvrage.

Nous commencerons par la guerre que se firent en Sicile les Romains et la république de Carthage. Suivra la guerre d'Afrique, qui sera elle-même suivie de ce que firent dans l'Espagne Amilcar, Asdrubal et les Carthaginois. Ce fut alors que les Romains passèrent dans l'Illyrie et dans ces parties de l'Europe. Ensuite viendront les combats que les Romains eurent à soutenir dans l'Italie contre les Gaulois. Nous finirons le préambule et le second livre par la guerre appelée de Cléomène, laquelle se fit en ce temps là chez les Grecs. Nous n'entrerons pas dans le détail de ces guerres, notre dessein n'étant pas d'en écrire l'histoire, mais seulement de les présenter en raccourci sous les yeux, pour préparer à la lecture des faits que nous avons à raconter. Dans cet abrégé, nous ferons en sorte que les derniers événemens soient liés avec ceux qui commenceront notre histoire. Cette liaison justifiera la pensée que j'ai eue de rapporter en peu de mots ce qui se trouve chez les autres historiens, et facilitera l'intelligence de ce que je dois dire. Nous nous étendrons un peu plus sur la guerre des Romains et des Carthaginois en Sicile, car on aurait peine à en trouver une qui ait été plus longue, à laquelle on se soit préparé avec plus de soin, où les exploits se soient suivis de plus près, où les combats aient été en plus grand nombre, où il se soit passé de plus grandes choses. Comme les coutumes de ces deux états étaient alors fort simples, leurs richesses médiocres, et leurs forces égales, c'est par cette guerre, plutôt que par celles qui l'ont suivie, que l'on peut bien juger de la constitution particulière de ces deux républiques.

Une autre raison encore m'a engagé à un plus long détail sur cette guerre : c'est que Philinus (8) et Fabius (9), qui passent pour en avoir parlé le plus savamment, ne nous ont pas rapporté les choses avec autant de fidélité qu'ils le devaient. Je ne crois pas qu'il aient voulu mentir; leurs mœurs et la secte qu'ils professaient les mettent à couvert de ce soupçon; mais il me semble qu'il leur est arrivé ce qui arrive d'ordinaire aux amans à l'égard de leurs maîtresses. Le premier, suivant l'inclination qu'il avait pour les Carthaginois, leur fait honneur d'une sagesse, d'une prudence et d'un courage qui ne se démentent jamais, et représente les Romains comme d'une conduite tout opposée. Fabius, au contraire, donne toutes ces vertus aux Romains et les refuse toutes aux Carthaginois. Dans toute autre circonstance, une pareille disposition n'aurait peut-être rien que d'estimable. Il est d'un honnête homme d'aimer ses amis et sa patrie, de haïr ceux que ses amis haïssent, et d'aimer ceux qu'ils aiment. Mais ce caractère est incompatible avec le rôle d'historien. On est alors obligé de louer ses ennemis lorsque leurs actions sont vraiment louables, et de blâmer sans ménagement ses plus grands amis lorsque leurs fautes méritent le blâme. La vérité est à l'histoire ce que les yeux sont aux animaux. Si l'on arrache les yeux à ceux-ci, ils deviennent inutiles, et si de l'histoire on ôte la vérité, elle n'est plus bonne à rien. Soit amis, soit ennemis, on ne doit à l'égard des uns et des autres consulter que la justice. Tel même a été blâmé pour une chose, qu'il faut louer pour une autre; n'étant pas possible qu'une même personne vise toujours droit au but, ni vraisemblable qu'elle s'en écarte toujours. En un mot, il faut qu'un historien, sans aucun égard pour les auteurs des actions, ne forme son jugement que sur les actions mêmes.

Quelques exemples feront mieux sentir la solidité de ces maximes. Philinus, entrant en matière au commencement de son second livre, dit que les Carthaginois et les Syracusains mirent le siége devant Messine; qu'à peine les Romains furent arrivés par mer dans cette ville, qu'ils firent une sortie sur les Syracusains; qu'en ayant été repoussés avec perte ils rentrèrent dans Messine; que, revenus ensuite sur les Carthaginois, ils perdirent beaucoup des leurs, ou tués ou faits prisonniers. Il dit de Hiéron, qu'après la bataille, la tête lui tourna tellement, que non seulement il mit le feu à son camp et s'enfuit de nuit à Syracuse, mais encore abandonna toutes les forteresses qui étaient dans la campagne de Messine. Il n'épargne pas davantage les Carthaginois : à l'entendre, ils quittèrent leurs retranchemens aussitôt après le combat, se dispersèrent dans les villes voisines, et aucun d'eux n'osa se montrer au dehors. Les chefs, voyant les troupes saisies de frayeur, craignirent de s'exposer à une bataille décisive. Selon lui encore, les Romains, poursuivant les Carthaginois, ne se contentèrent pas de désoler la campagne, mais entreprirent aussi d'assiéger Syracuse. Tout cela est, à mon sens, fort mal assorti, et ne mérite pas même d'être examiné. Ceux qui, selon cet historien, assiégeaient Messine et remportaient des victoires, sont ceux-là mêmes qui prennent la fuite, qui se réfugient dans les villes, qui sont assiégés, qui tremblent de peur; et au contraire, ceux qu'il nous dépeignait comme vaincus et assiégés, il nous les fait voir ensuite poursuivant les ennemis, se rendant maîtres de tout le pays, et assiégeant Syracuse. Quel moyen d'accorder ensemble ces contradictions? Il faut de nécessité, ou que ce qu'il avance d'abord, ou que ce qu'il dit des évènemens qui ont suivi, soit faux. Or, ces événemens sont vrais. Il est sûr que les Carthaginois et les Syracusains ont déserté la campagne et que les Romains ont aussitôt mis le siége devant Syracuse. Il convient lui-même qu'Echetla, ville située entre les terres des Syracusains et celles des Carthaginois, fut aussi assiégée. On ne doit donc faire aucun fond sur ce qu'il avait assuré d'abord, à moins qu'on ne veuille croire que les Romains ont été en même temps et vaincus et vainqueurs. Tel est le caractère de cet historien d'un bout à l'autre de son ouvrage, et on verra en son temps que Fabius n'est pas exempt du même défaut. Mais laissons là enfin ces deux écrivains, et, par la jonction des faits, tâchons de donner aux lecteurs une idée juste de la guerre dont il est question.

CHAPITRE III.

M. Octacilius et M. Valerius font alliance avec Hiéron. — Préparatifs des Carthaginois. — Siége d'Agrigente. — Premier combat d'Agrigente. — Second combat et retraite d'Annibal.

Dès qu'à Rome on eut avis des succès d'Appius dans la Sicile, on créa consuls M. Octacilius et M. Valerius, et on leur donna ordre d'y aller prendre sa place. Leur armée consistait en quatre légions, sans compter les secours que l'on tirait ordinairement des alliés. Ces légions, chez les Romains, s'élèvent tous les ans, et sont composées de quatre mille hommes d'infanterie et de trois cents chevaux. A l'arrivée des consuls, plusieurs villes des Carthaginois et des Syracusains se rendirent à discrétion. La frayeur des Siciliens, jointe au nombre et à la force des légions romaines, faisant concevoir à Hiéron que celles-ci auraient le dessus, il dépêcha aux consuls des ambassadeurs pour traiter de paix et d'alliance. On n'eut garde de refuser leurs offres : on craignait que les Carthaginois, qui tenaient la mer, ne fermassent tous les passages pour les vivres ; crainte d'autant mieux fondée, que les premières troupes qui avaient traversé le détroit avaient beaucoup souffert de la disette. Une alliance avec Hiéron mettait de ce côté-là les légions en sûreté : on y donna d'abord les mains. Les conditions furent : que le roi rendrait aux Romains sans rançon ce qu'il avait fait de prisonniers sur eux, et qu'il leur paierait cent talens d'argent. Depuis ce temps, Hiéron, tranquille à l'ombre de la puissance des Romains, à qui dans l'occasion il envoyait des secours, régna paisiblement à Syracuse, gouvernant en roi qui ne cherche et n'ambitionne que l'amour et l'estime de ses sujets. Jamais prince ne s'est rendu plus recommandable, et n'a joui plus long-temps des fruits de sa richesse et de sa prudence.

On apprit à Rome avec beaucoup de joie l'alliance qui s'était faite avec le roi de Syracuse, et le peuple se fit un plaisir de la ratifier. On ne crut pas après cela qu'il fût nécessaire d'envoyer des troupes en Sicile ; deux légions suffisaient, parce que Hiéron s'étant rangé du parti de Rome, le poids de cette guerre n'était plus à beaucoup près si pesant, et que par là les armées auraient en abondance toutes sortes de munitions. Les Carthaginois voyant que Hiéron leur avait tourné le dos, et que les Romains avaient plus à cœur que jamais d'envahir la Sicile, pensèrent de leur côté à se mettre en état de leur tenir tête et de se maintenir dans cette île. Ils firent de grandes levées de soldats au-delà de la mer, dans la Ligurie, dans les Gaules, de plus grandes encore dans l'Espagne, et ils les envoyèrent toutes en Sicile ; et, comme Agrigente était la ville la plus forte et la plus importante de toutes celles qui leur appartenaient, ils y jetèrent tous leurs vivres et toutes leurs troupes, et en firent leur place de guerre.

Les consuls qui avaient fait la paix avec Hiéron étant de retour à Rome, on leur donna pour successeurs dans cette guerre L. Posthumius et Q. Mamilius, qui, ayant conçu d'abord où tendaient les préparatifs que les Carthaginois avaient faits à Agrigente, pour commencer la campagne par un exploit considérable, laissèrent là tout le reste, allèrent avec toute leur armée attaquer cette ville, campèrent à huit stades (10) de la place, et renfermèrent les Carthaginois dans ses murs. C'était alors le temps de la moisson. Un jour que les soldats, qui prévoyaient que le siège ne se terminerait pas sitôt, s'étaient débandés dans la campagne pour ramasser des grains, les Carthaginois les voyant ainsi dispersés, fondirent sur ces fourrageurs et les mirent aisément en fuite. Ensuite ils se partagèrent, les uns courant au camp pour le piller, les autres aux corps-de-garde pour les égorger. Ici, comme en plusieurs autres rencontres, les Romains ne durent leur salut qu'à cette discipline excellente, qui ne se trouve chez aucun autre peuple. Accoutumés à voir punir de mort quiconque lâche le pied dans le combat ou abandonne son poste, ils soutinrent le choc avec vigueur, quoique les ennemis fussent supérieurs en nombre ; il leur périt beaucoup de monde, mais il en périt bien plus du côté des Carthaginois, qui furent enfin enveloppés, lorsqu'ils touchaient presque au retranchement pour l'arracher. Une partie fut passée au fil de l'épée, le reste fut poursuivi avec perte jusque dans la ville. Ce combat rendit les Carthaginois plus réservés dans leurs sorties, et les Romains plus circonspects dans leurs fourrages. Les premiers ne se présentant plus que pour de légères escarmouches, les consuls partagèrent leur armée en deux corps : l'un fut posté devant le temple d'Esculape, l'autre campa du côté de la ville qui regarde Héraclée, et on fortifia l'intervalle qui était des deux côtés entre la ville et les légions. On tira du côté de la ville une ligne pour se défendre contre les sorties, et une du côté de la campagne pour arrêter les irruptions du dehors, et couper le passage à tous les secours que l'on pourrait tenter d'introduire. Des gardes avancées étaient distribuées sur tout le terrain qui restait entre les lignes et le camp, et d'espace en espace on avait pratiqué des fortifications aux endroits qui leur étaient propres. Les alliés amassaient les vivres et les autres munitions, et les apportaient à Erbesse, ville peu éloignée du camp, d'où les Romains les faisaient venir, de sorte qu'ils ne manquaient de rien.

Les choses demeurèrent dans le même état pendant cinq mois ou environ. Rien de décisif de part ni d'autre; tout se passait en escarmouches. Cependant les Carthaginois souffraient beaucoup de la famine, à cause de la foule d'habitans qui s'étaient retirés dans Agrigente, car il y avait au moins cinquante mille hommes. Annibal, qui les commandait, ne sachant plus où donner de la tête, envoyait coup sur coup à Carthage, pour avertir de l'extrémité où la ville était réduite, et demander du secours. On chargea sur des vaisseaux de nouvelles troupes et des éléphans, que l'on fit conduire en Sicile, et qui devaient aller joindre Hannon, autre commandant des Carthaginois. Celui-ci assembla toutes ses forces dans Héraclée, pratiqua dans Erbesse de sourdes menées qui lui en ouvrirent les portes, et priva par là les légions des vivres et des autres secours qui leur venaient de cette ville ; alors les Romains, assiégeans tout ensemble et assiégés, se trouvèrent dans une si grande disette de vivres et d'autres munitions, qu'ils mirent souvent en délibération s'ils ne lèveraient pas le siège ; et cela serait arrivé, sans le zèle et l'industrie du roi de Syracuse, qui fit passer dans leur camp un peu de tout ce qui leur était nécessaire. Hannon voyant d'un côté les légions romaines affaiblies par la peste et par la famine, et de l'autre ses troupes en état de combattre, après avoir donné ordre à la cavalerie numide de prendre les devans, de s'approcher du camp des ennemis, d'escarmoucher pour attirer leur cavalerie à un combat, et ensuite de reculer jusqu'à ce qu'il fût arrivé, Hannon, dis-je, part d'Héraclée avec ses éléphans, qui étaient au nombre de cinquante, et tout le reste de son armée. Les Numides, selon l'ordre qu'ils avaient reçu, en étant venus aux mains avec une des légions, la cavalerie romaine ne manqua pas d'accourir sur eux. Ceux-ci battent en retraite, comme il leur avait été ordonné, en attendant que les autres troupes les eussent joints. Alors ils font volte-face, environnent les ennemis, en jettent un grand nombre par terre, et poursuivent le reste jusque dans leur camp. Après cet exploit, Hannon s'empara d'une colline appelée Torus, qui dominait sur l'armée romaine, et qui en était éloignée de dix stades, et s'y logea.

Pendant deux mois il ne se fit chaque jour que de légères attaques qui ne décidaient rien. Cependant Annibal élevait des fanaux et envoyait souvent à Hannon pour lui faire connaître l'extrême disette où il se trouvait, et le nombre des soldats que la famine contraignait de déserter. Sur cela Hannon prend le parti de hasarder une bataille. Les Romains, pour les raisons que nous avons dites, n'y étaient pas moins disposés. Les armées de part et d'autre s'avancent entre les deux camps et le combat se donne : il fut long ; mais enfin les troupes à la solde des Carthaginois, qui se battaient à la première ligne, furent mises en fuite, et tombant sur les éléphans et sur les rangs qui étaient derrière eux, jetèrent le trouble et la confusion dans toute l'armée des Carthaginois. Elle plia de toutes parts. Il en resta une grande partie sur le champ de bataille ; quelques-uns se sauvèrent à Héraclée ; la plupart des éléphans et tout le bagage demeurèrent aux Romains. La nuit venue, on était si content d'avoir vaincu et en même temps si fatigué, que l'on ne pensa presque point à se tenir sur ses gardes. Annibal ne se voyant plus de ressource, profita de cette négligence pour faire un dernier effort. Au milieu de la nuit il sortit d'Agrigente avec les troupes étrangères, combla les lignes de grosses nattes et reconduisit son armée à la ville, sans que les Romains s'aperçussent de rien. A la pointe du jour ceux-ci ouvrant enfin les yeux, ne donnèrent d'abord que légèrement sur l'arrière-garde d'Annibal, mais peu après ils fondent tous aux portes ; n'y trouvant rien qui les arrête, ils se jettent dans la ville, la mettent au pillage, et font quantité de prisonniers et un riche butin.

CHAPITRE IV.

Les Romains se mettent en mer pour la première fois. — Manière dont ils s'y prirent. — Imprudence de Cn. Cornelius et d'Annibal. — Corbeau de C. Duillius. — Bataille de Myle. — Petit exploit et mort d'Amilcar. — Siéges de quelques villes de Sicile.

La nouvelle de la prise d'Agrigente remplit de joie le sénat, et lui donna de plus grandes idées qu'il n'avait eues jusqu'alors. C'était trop peu d'avoir sauvé les Mamertins, et de s'être enrichi dans cette guerre. On pensa tout de bon à chasser entièrement les Carthaginois de la Sicile : rien ne parut plus aisé et plus propre à étendre beaucoup la domination romaine. Toutes choses réussissaient assez à l'armée de terre. Les deux consuls nouveaux, L. Valerius et T. Octacilius, successeurs de ceux qui avaient pris Agrigente, faisaient dans la Sicile tout ce que l'on pouvait attendre d'eux. D'un autre côté, comme les Carthaginois primaient sans contredit sur la mer, on n'osait trop répondre du succès de la guerre. Il est vrai que, depuis la conquête d'Agrigente beaucoup de villes du milieu des terres, craignant l'infanterie des Romains, leur avaient ouvert leurs portes; mais il y avait un plus grand nombre de villes maritimes que la crainte de la flotte des Carthaginois leur avait enlevées. On balança long-temps entre les avantages et les inconvéniens de cette entreprise; mais enfin le dégât que faisait souvent dans l'Italie l'armée navale des Carthaginois, sans que l'on pût s'en venger sur l'Afrique, fixa les incertitudes, et il fut résolu que l'on se mettrait en mer aussi bien que les Carthaginois. Et c'est en partie ce qui m'a encore porté à m'étendre un peu sur la guerre de Sicile, pour ne pas laisser ignorer en quel temps, de quelle manière, et pour quelles raisons les Romains ont commencé à équiper une flotte.

Ce fut pour empêcher que cette guerre ne tirât en longueur, que la pensée leur en vint pour la première fois (11). Ils eurent d'abord cent galères à cinq rangs de rames, et vingt à trois rangs. La chose ne fut pas peu embarrassante. Ils n'avaient pas alors d'ouvriers qui sussent la construction de ces bâtimens à cinq rangs, et personne dans l'Italie ne s'en était encore servi. Mais c'est où se fait mieux connaître l'esprit grand et hardi des Romains. Sans avoir de moyens propres, sans en avoir même aucun de quelque nature qu'il fût, sans s'être jamais fait aucune idée de la mer, ils conçoivent ce projet pour la première fois, et l'exécutent avec tant de courage, que dès lors ils osent attaquer les Carthaginois, à qui de temps immémorial on n'avait contesté la supériorité sur la mer. Mais voici une autre preuve de la hardiesse prodigieuse des Romains dans les grandes entreprises : lorsqu'ils résolurent de faire passer leurs troupes à Messine, ils n'avaient ni vaisseaux pontés, ni vaisseaux de transport, pas même une félouque; mais seulement des bâtimens à cinquante rames, et des galères à trois rangs, qu'ils avaient empruntées des Tarentins, des Locriens, des Éléates et des Napolitains. Ce fut sur ces vaisseaux qu'ils osèrent transporter leurs armées.

Lorsqu'ils traversèrent le détroit, les Carthaginois étant venus fondre sur eux, et un vaisseau ponté qui s'était présenté d'abord au combat, ayant échoué et étant tombé en leur puissance, ils s'en servirent comme de modèle pour construire toute leur flotte : de sorte que sans cet accident, n'ayant aucune expérience de la marine, ils auraient été contraints d'abandonner leur entreprise. Pendant que les uns étaient occupés à la fabrication des vaisseaux, les autres amassaient des matelots et leur apprenaient à ramer. Ils les rangeaient la rame à la main sur le rivage dans le même ordre que sur les bancs. Au milieu d'eux était un commandant. Ils s'accoutumaient à se renverser en arrière, et à se baisser en devant tous ensemble, à commencer et à finir à l'ordre. Les matelots exercés, et les vaisseaux construits, ils se mirent en mer, s'éprouvèrent pendant quelque temps, et voguèrent le long de la côte d'Italie.

Cn. Cornelius qui commandait la flotte, après avoir donné ordre aux pilotes de cingler vers le détroit dès que l'on serait en état de partir, prit avec dix-sept vaisseaux la route de Messine, pour y tenir prêt tout ce qui serait nécessaire. Lorsqu'il y fut arrivé, une occasion s'étant présentée de surprendre la ville des Lipariens, il la saisit trop légèrement et s'approcha de la ville. A cette nouvelle, Annibal, qui était à Palerme, fit partir le sénateur Boode avec une escadre de vingt vaisseaux. Celui-ci avança pendant la nuit, et enveloppa dans le port celle du consul. Le jour venu, tout l'équipage se sauva à terre, et Cornelius épouvanté, ne sachant que faire, se rendit aux ennemis; après quoi les Carthaginois retournèrent vers Annibal, menant avec eux, et l'escadre des Romains, et le consul qui la commandait. Peu de jours après, quoique cette aventure fît beaucoup de bruit, il ne s'en fallut presque rien qu'Annibal ne tombât dans la même faute. Ayant appris que les Romains qui longeaient la côte d'Italie s'approchaient, il voulut savoir par lui-même combien ils étaient, et dans quel ordre ils s'avançaient. Il prit cinquante vaisseaux; mais en doublant le promontoire d'Italie, il rencontra les ennemis voguant en ordre de bataille. Plusieurs de ses vaisseaux furent pris; et ce fut un miracle qu'il put se sauver lui-même avec le reste.

Les Romains s'étant ensuite approchés de la Sicile, et y ayant appris l'accident qui était arrivé à Cornelius, envoyèrent à C. Duillius, qui commandait l'armée de terre, et l'attendirent. Sur le bruit que la flotte des ennemis n'était pas loin, ils se disposèrent à un combat naval. Mais comme leurs vaisseaux étaient mal construits, et d'une extrême pesanteur, quelqu'un suggéra l'idée de se servir de ce qui fut depuis ce temps-là appelé des corbeaux. Voici ce que c'était.

Une pièce de bois ronde, longue de quatre aunes, grosse de trois palmes de diamètre, était plantée sur la proue du navire : au haut de la poutre était une poulie; et autour, une échelle clouée à des planches de quatre pieds de largeur, sur six aunes de longueur, dont on avait fait un plancher, percé au milieu d'un trou oblong, qui embrassait la poutre à deux aunes de l'échelle. Des deux côtés de l'échelle sur la longueur, on avait attaché un garde-fou qui couvrait jusqu'aux genoux. Il y avait au bout du mât une espèce de pilon de fer pointu, au haut duquel était un anneau, de sorte que toute cette machine paraissait semblable à celles dont on se sert pour faire la farine. Dans cet anneau passait une corde, avec laquelle, par le moyen de la poulie qui était au haut de la poutre, on élevait les corbeaux lorsque les vaisseaux s'approchaient, et on les jetait sur les vaisseaux ennemis, tantôt du côté de la proue, tantôt sur les côtés, selon les différentes rencontres. Quand les corbeaux accrochaient un navire, si les deux étaient joints par leurs côtés, les Romains sautaient dans le vaisseau ennemi d'un bout à l'autre; s'ils n'étaient joints que par la proue, ils avançaient deux à deux au travers du corbeau. Les premiers se défendaient avec leurs boucliers des coups qu'on leur portait par devant; et les suivans, pour parer les coups portés de côté, appuyaient leurs boucliers sur le garde-fou.

Après s'être ainsi préparé, on n'attendait plus que le temps de combattre. Aussitôt que C. Duillius eût appris l'échec que l'armée navale avait reçu, laissant aux tribuns le commandement de l'armée de terre, il alla joindre la flotte, et sur la nouvelle que les ennemis faisaient du dégât sur les terres de Myle, il la fit avancer tout entière de ce côté-là. A l'approche des Romains, les Carthaginois mettent avec joie leurs cent trente vaisseaux à la voile; insultant presque au peu d'expérience des Romains, ils tournent tous la proue vers eux, sans daigner seulement se mettre en ordre de bataille. Ils allaient comme à un butin qui ne pouvait leur échapper. Leur chef était cet Annibal, qui de nuit s'était furtivement sauvé avec ses troupes de la ville d'Agrigente. Il montait une galère à sept rangs de rames, qui avait appartenu à Pyrrhus. D'abord les Carthaginois furent fort surpris de voir au haut des proues de chaque vaisseau un instrument de guerre auquel ils n'étaient pas accoutumés. Ils ne laissèrent cependant pas d'approcher de plus en plus, et leur avant-garde, pleine de mépris pour les ennemis, commença la charge avec beaucoup de vigueur; mais lorsqu'on fut à l'abordage, que les vaisseaux furent accrochés les uns aux autres par les corbeaux, que les Romains entrèrent au travers de cette machine dans les vaisseaux ennemis, et qu'ils se battirent sur leurs ponts; ce fut alors comme un combat sur terre. Une partie des Carthaginois fut taillée en pièces, les autres effrayés mirent bas les armes. Ils perdirent dans ce premier choc trente vaisseaux et tout l'armement. La galère capitainesse fut aussi prise, et Annibal au désespoir fut fort heureux de pouvoir se sauver dans une chaloupe. Le reste de la flotte des Carthaginois faisait voile dans le dessein d'attaquer les Romains; mais lorsqu'ils virent de près la défaite de ceux qui les avaient précédés, ils se tinrent à l'écart et hors de la portée des corbeaux. Cependant, à la faveur de la légèreté de leurs bâtimens, ils avancèrent les uns vers les côtés, les autres vers la poupe des vaissseaux ennemis, comptant se battre par ce moyen sans courir aucun risque; mais ne pouvant, de quelque côté qu'ils tournassent, éviter cette machine, dont la nouveauté les épouvantait, ils se retirèrent avec perte de cinquante vaisseaux. Une journée si heureuse redouble le courage et l'ardeur des Romains; ils se jettent dans la Sicile, font lever le siège de devant Égeste, qui était déjà réduite aux dernières extrémités, et prennent d'emblée la ville de Macella.

Après la bataille navale, Amilcar, chef de l'armée de terre des Carthaginois, ayant appris à Palerme, où il campait, que dans l'armée ennemie les Romains et leurs alliés n'étaient pas d'accord; que l'on y disputait qui des uns ou des autres auraient le premier rang dans les combats, et que les alliés campaient séparément entre Parope et Termine, il tomba sur eux avec toute son armée pendant qu'ils levaient le camp, et en tua près de trois mille. Il prit ensuite la route de Carthage, avec le reste des vaisseaux qui avait échappé au dernier combat, et de là il passa sur d'autres en Sardaigne, avec quelques capitaines de galères des plus expérimentés. Peu de temps après, ayant été enveloppé par les Romains dans je ne sais quel port de Sardaigne (car à peine les Romains eurent-ils commencé à se mettre en mer, qu'ils pensèrent à envahir cette île), et y ayant perdu quantité de vaisseaux, il fut pris par ceux de ses gens qui s'étaient sauvés et puni d'une mort honteuse.

Dans la Sicile les Romains ne firent la campagne suivante rien de mémorable. Mais A. Atilius Régulus et C. Sulpicius, consuls, s'étant venus mettre à leur tête, ils allèrent à Palerme, où les Carthaginois étaient en quartiers d'hiver. Étant près de la ville, ils rangent leur armée en bataille; mais les ennemis ne se présentant pas, ils marchent vers Ippana, et la prennent du premier assaut. La ville de Muttistrata, fortifiée par sa propre situation, soutint un long siège; mais elle fut enfin emportée. Celle des Camariniens, qui peu auparavant avait manqué de fidélité aux Romains, fut aussi prise après un siège en forme, et ses murailles renversées. Ils s'emparèrent encore d'Enna et de plusieurs autres petites villes des Carthaginois. Ensuite ils entreprirent d'assiéger celle des Lipariens.

CHAPITRE V.

Échec réciproque des Romains et des Carthaginois. — Bataille d'Ecnome. — Ordonnance des Romains et des Carthaginois. —Choc et victoire des Romains.

L'année suivante, Régulus aborde à Tyndaride, et y ayant aperçu la flotte des Carthaginois qui passait sans ordre, il part le premier avec dix vaisseaux, et donne ordre aux autres de le suivre. Les Carthaginois voyant les ennemis, les uns monter sur leurs vaisseaux, les autres en pleine mer, et l'avant-garde fort éloignée de ceux qui la suivaient, ils se tournent vers eux, les enveloppent, et coulent à fond tous leurs bâtimens, à l'exception de celui du consul qui courut lui-même grand risque; mais comme il était mieux fourni de rameurs, et plus léger, il se tira heureusement de ce danger. Les autres vaisseaux des Romains arrivent peu de temps après; ils s'assemblent et se rangent de front; ils chargent les ennemis, prennent dix vaisseaux, et en coulent huit à fond. Le reste se retira dans les îles de Lipari. Les deux partis se faisant honneur de la victoire, on pensa plus que jamais, de part et d'autre, à se créer des armées navales, et à se disputer l'empire de la mer. Pendant toute cette campagne, les troupes de terre ne firent rien que de petites expéditions qui ne valent pas la peine d'être remarquées.

L'été suivant on se met en mer. Les Romains mouillent à Messine avec trois cent trente vaisseaux pontés; de là, laissant la Sicile à leur droite, et doublant le cap Pachynus, ils cinglent vers Ecnome, parce que l'armée de terre était aux environs. Pour les Carthaginois, ils allèrent prendre terre à Lilybée avec trois cent cinquante vaisseaux pontés. De Lilybée ils allèrent à Héraclée de Minos. Le but des premiers était de passer en Afrique, d'en faire le théâtre de la guerre, et de réduire par là les Carthaginois à défendre, non la Sicile, mais leur propre patrie. Les Carthaginois au contraire, sachant qu'il était aisé d'entrer dans l'Afrique et de la subjuguer, ne craignaient rien tant que cette diversion, et voulaient l'empêcher par une bataille.

Comme ces vues opposées annonçaient un combat prochain, les Romains se tinrent prêts, et à accepter le combat, si on le leur présentait, et à faire irruption dans le pays ennemi, si l'on n'y mettait pas obstacle. Ils choisissent dans leurs troupes de terre ce qu'il y avait de meilleur, et divisent toute leur armée en quatre parties, dont chacune avait deux noms : la première s'appelait la première légion, et la première flotte, et ainsi des autres. Il n'y avait que la quatrième qui n'en eût pas. On l'appelait le corps des triaires, comme on a coutume de les appeler dans les armées de terre. Toute cette armée navale était composée de cent quarante mille hommes, chaque vaisseau portant trois cents rameurs et cent vingt soldats. Les Carthaginois, de leur côté, mirent aussi tous leurs soins à se disposer à un combat naval. Si l'on considère le nombre de vaisseaux qu'ils avaient, il fallait qu'ils fussent plus de cent cinquante mille hommes. Qui peut, je ne dis pas voir, mais entendre seulement parler d'un si grand nombre d'hommes et de vaisseaux, sans être frappé, et de l'importance de l'affaire qui va se décider, et de la puissance de ces deux républiques?

Les Romains faisant réflexion qu'ils devaient voguer obliquement, et que la force des ennemis consistait dans la légèreté de leurs vaisseaux, songèrent à prendre un ordre de bataille qui fût sûr, et qu'on eût peine à rompre. Pour cela, les deux vaisseaux à six rangs que montaient les deux consuls, Régulus et Manlius, furent mis de front à côté l'un de l'autre. Ils étaient suivis chacun d'une ligne de vaisseaux. La première flotte formait une ligne, et la seconde l'autre ; les bâtimens de chaque ligne s'écartant, et élargissant l'intervalle à mesure qu'ils se rangeaient, et tournant la proue en dehors. Les deux premières flottes ainsi rangées en forme de bec ou de coin, on forma de la troisième une troisième ligne qui fermait l'intervalle, et faisait front aux ennemis : en sorte que l'ordre de bataille avait la figure d'un triangle. Cette troisième flotte remorquait les vaisseaux de charge. Enfin ceux de la quatrième flotte ou les triaires, venaient après, tellement rangés, qu'ils débordaient des deux côtés la ligne qui les précédait : de cette manière, l'ordre de bataille représentait un coin ou un bec, dont le haut était creux et la base solide, mais fort dans son tout, propre à l'action et difficile à rompre.

Pendant ce temps-là les chefs des Carthaginois exhortèrent leurs soldats, leur faisant entendre en deux mots, qu'en gagnant la bataille ils n'auraient que la Sicile à défendre; mais que s'ils étaient vaincus, c'en était fait de leur propre patrie et de leurs familles ; ensuite fut donné l'ordre de mettre à la voile. Les soldats l'exécutèrent en gens persuadés de ce qu'on venait de leur dire. Leurs chefs, pour se conformer à l'ordonnance de l'armée romaine, partagent leur armée en trois corps, et en font trois simples lignes. Ils étendent l'aile droite en haute mer, comme pour envelopper les ennemis, et tournent les proues vers eux. L'aile gauche, composée d'un quatrième corps de troupes, était rangée en forme de tenaille, tirant vers la terre. Hannon, ce général, qui avait eu le dessous au siège d'Agrigente, commandait l'aile droite, et avait avec lui les vaisseaux et les galères les plus propres par leur légèreté à envelopper les ennemis. Le chef de l'aile gauche était cet Amilcar, qui avait déjà commandé Tyndaride.

Celui-ci ayant mis le fort du combat au centre de son armée, se servit d'un stratagème pendant la bataille. Comme les Carthaginois étaient rangés sur une simple ligne, et que les Romains commençaient par l'attaque du centre, alors, pour désunir leur armée, le centre des Carthaginois reçoit ordre de faire retraite. Il fuit en effet, et les Romains le poursuivent. La première et la seconde flotte, par cette manœuvre, s'éloignaient de la troisième, qui remorquait les vaisseaux, et de la quatrième, où étaient les triaires destinés à les soutenir. Quand elles furent à une certaine distance, alors du vaisseau d'Amilcar s'élève un signal, et aussitôt toute l'armée des Carthaginois fond en même temps sur les vaisseaux qui poursuivaient. Les Carthaginois l'emportaient sur les Romains par la légèreté de leurs vaisseaux, par l'adresse et la facilité qu'ils avaient, tantôt à approcher, tantôt à reculer; mais la vigueur des Romains dans la mêlée, leurs corbeaux pour accrocher les vaisseaux ennemis, la présence des généraux qui combattaient à leur tête, et sous les yeux desquels ils brûlaient de se signaler, ne leur inspiraient pas moins de confiance qu'en avaient les Carthaginois. Tel était le choc de ce côté-là.

En même temps Hannon qui, au commencement de la bataille, commandait l'aile droite à quelque distance du reste de l'armée, vient tomber sur les vaisseaux des triaires, et y jette le trouble et la confusion. Les Carthaginois qui étaient proche de la terre, quittent aussi leur poste, se rangent de front, en opposant leurs proues, et fondent sur les vaisseaux qui remorquaient. Ceux-ci lâchent aussitôt les cordes, et en viennent aux mains : de sorte que toute cette bataille était divisée en trois parties, qui faisaient autant de combats fort éloignés l'un de l'autre. Mais parce que, selon le premier arrangement, les parties étaient d'égale force, l'avantage fut aussi égal; comme il arrive d'ordinaire, lorsqu'entre deux partis les forces de l'un ne cèdent en rien aux forces de l'autre. Enfin le corps que commandait Amilcar, ne pouvant plus résister, fut mis en fuite, et Manlius attacha à ses vaisseaux ceux qu'il avait pris. Régulus arrive au secours des triaires et des vaisseaux de charge, menant avec lui les bâtimens de la seconde flotte qui n'avaient rien souffert. Pendant qu'il est aux mains avec la flotte d'Hannon, les triaires qui se rendaient déjà reprennent courage, et retournent à la charge avec vigueur. Les Carthaginois attaqués devant et derrière, embarrassés et enveloppés par le nouveau secours, plièrent et prirent la fuite.

Sur ces entrefaites, Manlius revient, et aperçoit la troisième flotte acculée contre le rivage par les Carthaginois de l'aile gauche. Les vaisseaux de charge et les triaires étant en sûreté, Régulus et lui se réunissent pour courir la tirer du danger où elle était ; car elle soutenait une espèce de siége, et elle aurait peu résisté si les Carthaginois, par la crainte d'être accrochés, et de mettre l'épée à la main, ne se fussent contentés de la resserrer contre la terre. Les consuls arrivent, entourent les Carthaginois, et leur enlèvent cinquante vaisseaux et leur équipage. Quelques-uns ayant viré vers la terre, trouvèrent leur salut dans la fuite. Ainsi finit ce combat en particulier. Mais l'avantage de toute la bataille fut entièrement du côté des Romains. Pour vingt-quatre de leurs vaisseaux qui périrent, il en périt plus de trente du côté des Carthaginois. Nul vaisseau équipé des Romains ne tomba en la puissance de leurs ennemis, et ceux-ci en perdirent soixante-quatre.

CHAPITRE VI.

Les Romains passent en Afrique, assiégent Aspis, et désolent la campagne. — Régulus reste seul dans l'Afrique, et bat les Carthaginois devant Adis. — Il propose des conditions de paix qui sont rejetées par le sénat de Carthage.

Après cette victoire, les Romains ayant fait de plus grosses provisions, radoubé les vaisseaux qu'ils avaient pris, et monté ces vaisseaux d'un équipage sortable à leur bonne fortune, cinglèrent vers l'Afrique. Les premiers navires abordèrent au promontoire d'Hermée qui, s'élevant du golfe de Carthage, s'avance dans la mer du côté de la Sicile. Ils attendirent là les bâtimens qui les suivaient; et après avoir assemblé toute leur flotte, ils longèrent la côte jusqu'à Aspis. Ils y débarquèrent, tirèrent leurs vaisseaux dans le port, les couvrirent d'un fossé et d'un retranchement, et sur le refus que firent les habitans d'ouvrir les portes de leur ville, ils y mirent le siège.

Ceux des ennemis, qui après la bataille étaient revenus à Carthage, persuadés que les Romains, enflés de leur victoire, ne manqueraient pas de faire bientôt voile vers cette ville, avaient mis sur mer et sur terre des troupes pour en garder la côte. Mais lorsqu'ils apprirent que les Romains avaient débarqué, et qu'ils assiégeaient Aspis, ils désespérèrent d'empêcher la descente, et ne songèrent plus qu'à lever des troupes et à garder Carthage et les environs. Les Romains, maîtres d'Aspis, y laissent une garnison suffisante pour la garde de la ville et du pays. Ils envoient ensuite à Rome pour y faire savoir ce qui était arrivé, et pour y prendre des ordres sur ce qui se devait faire dans la suite. En attendant ces ordres, toute l'armée fit du dégât dans la campagne. Personne ne faisant mine de les arrêter, ils ruinèrent plusieurs maisons de campagne magnifiquement bâties, enlevèrent quantité de bestiaux, et firent plus de vingt mille esclaves.

Sur ces entrefaites, arrivèrent de Rome des courriers, qui apprirent qu'il fallait qu'un des consuls restât avec des troupes suffisantes, et que l'autre conduisît à Rome le reste de l'armée. Ce fut Régulus qui demeura avec quarante vaisseaux, quinze mille fantassins, et cinq cents chevaux. Manlius prit les rameurs et les captifs, et rasant la côte de Sicile, arriva à Rome sans avoir couru aucun risque.

Les Carthaginois voyant que la guerre allait se faire avec plus de lenteur, élurent d'abord deux commandans, Asdrubal, fils de Hannon, et Bostar. Ensuite ils rappelèrent d'Héraclée Amilcar, qui se rendit aussitôt à Carthage avec cinq cents chevaux et cinq mille hommes d'infanterie. Celui-ci, en qualité de troisième commandant, tint conseil avec Asdrubal sur ce qu'il y avait à faire, et tous deux furent d'avis de ne pas souffrir que le pays fût impunément ravagé. Peu de jours après, Régulus se met en campagne, emporte du premier assaut les places qui n'étaient pas fortifiées, et assiége celles qui l'étaient. Arrivé devant Adis, place importante, il l'investit, presse les ouvrages, et fait le siège en forme. Pour donner du secours à la ville et défendre les environs du dégât, les Carthaginois font approcher leur armée, et campent sur une colline qui, à la vérité, dominait les ennemis, mais qui ne convenait nullement à leurs propres troupes. Leur principale ressource était la cavalerie et les éléphans, et ils laissent la plaine pour se poster dans des lieux hauts et escarpés. C'était montrer à leurs ennemis ce qu'ils devaient faire pour leur nuire. Régulus ne manqua pas de profiter de cette leçon. Habile et expérimenté, il comprit d'abord que ce qu'il y avait de plus fort et de plus à craindre dans l'armée des ennemis, devenait inutile par le désavantage de leur poste; et sans attendre qu'ils descendissent dans la plaine, et qu'ils s'y rangeassent en bataille, saisissant l'occasion, dès la pointe du jour, il fait monter à eux des deux côtés de la colline. La cavalerie et les éléphans des Carthaginois ne leur furent d'aucun usage. Les soldats étrangers se défendirent en gens de cœur, renversèrent la première légion, et la mirent en fuite. Mais dès qu'ils eurent été renversés eux-mêmes par les soldats qui montaient d'un autre côté, et qui les enveloppaient, tout le camp se dispersa. La cavalerie et les éléphans gagnent la plaine le plus vite qu'ils peuvent et se sauvent. Les Romains poursuivent l'infanterie pendant quelque temps, mettent le camp au pillage, puis se répandant dans le pays, ravagent impunément les villes qu'ils rencontrent. Ils se saisirent entre autres de Tunis, et y posèrent leur camp, tant parce que cette ville était très-propre à leurs desseins, qu'à cause que sa situation est très-avantageuse pour infester de là Carthage et les lieux voisins.

Après ces deux défaites, l'une sur mer et l'autre sur terre, causées uniquement par l'imprudence des généraux, les Carthaginois se trouvèrent dans un étrange embarras; car les Numides faisaient encore plus de ravages dans la campagne que les Romains. La terreur était si grande dans le pays, que tous les gens de la campagne se réfugièrent dans la ville. La famine s'y mit bientôt, à cause de la grande quantité de monde qui y était, et l'attente d'un siége jetait tous les esprits dans l'abattement et la consternation. Régulus, après ces deux victoires, se regardait presque comme maître de Carthage. Mais de crainte que le consul, qui devait bientôt arriver de Rome, ne s'attribuât l'honneur d'avoir fini cette guerre, il exhorta les Carthaginois à la paix. Il fut écouté avec plaisir. On lui envoya les principaux de Carthage, qui conférèrent avec lui; mais loin d'acquiescer à rien de ce qu'on leur disait, ils ne pouvaient, sans impatience, entendre les conditions insupportables que le consul voulait leur imposer. En effet, Régulus parlait en maître, et croyait que tout ce qu'il voulait bien accorder, devait être reçu comme une grâce et avec reconnaissance. Mais les Carthaginois voyant que, quand même ils tomberaient en la puissance des Romains, il ne pouvait rien leur arriver de plus fâcheux que les conditions qu'on leur proposait, se retirèrent non seulement sans avoir consenti à rien, mais encore fort offensés de la pesanteur du joug dont Régulus prétendait les charger. Le sénat de Carthage, sur le rapport de ses envoyés, résolut, quoique les affaires fussent désespérées, de tout souffrir et de tout tenter, plutôt que de rien faire qui fût indigne de la gloire que leurs grands exploits leur avaient acquise.

CHAPITRE VII.

Xantippe arrive à Carthage; son sentiment sur la défaite des Carthaginois. — Bataille de Tunis. — Ordonnance des Carthaginois. — Ordonnance des Romains. — La bataille se donne, et les Romains la perdent. — Réflexions sur cet événement. — Xantippe retourne dans sa patrie. — Nouveaux préparatifs de guerre.

Dans ces conjonctures arrive à Carthage un de ces soldats mercenaires, qui avaient été envoyés en Grèce, conduisant une grosse recrue, où il y avait un nommé Xantippe, Lacédémonien, instruit à la manière de son pays, et par conséquent fort versé dans le métier de la guerre. Celui-ci informé en détail de la défaite des Carthaginois, et considérant les préparatifs qui leur restaient, le nombre de leur cavalerie et de leurs éléphans, pensa en lui-même, et dit à ses amis, que si les Carthaginois avaient été vaincus, ils ne devaient s'en prendre qu'à l'incapacité de leurs chefs. Ce mot se répand parmi le peuple et passe bientôt du peuple aux généraux. Les magistrats font appeler cet homme; il vient et justifie clairement ce qu'il avait avancé. Il leur fait voir pourquoi ils avaient été battus, et comment, en choisissant toujours la plaine, soit dans les marches, soit dans les campemens, soit dans les ordonnances de bataille, ils se mettraient en état non seulement de ne rien craindre de leurs ennemis, mais encore de les vaincre. Les chefs applaudissent, conviennent de leurs fautes et lui confient le commandement de l'armée.

Sur le petit mot de Xantippe on avait déjà commencé parmi le peuple à parler avantageusement et à espérer quelque chose de cet étranger. Mais quand il eut rangé l'armée à la porte de la ville, qu'il en eut fait mouvoir quelque partie en ordre de bataille, qu'il lui eut fait faire l'exercice selon les règles, on lui reconnut tant de supériorité, que l'on éclata en cris de joie, et que l'on demanda d'être au plutôt mené aux ennemis, persuadé que sous la conduite de Xantippe on n'avait rien à redouter. Quelqu'animés et pleins de confiance que parussent les soldats, les chefs leur dirent encore quelque chose pour les encourager de plus en plus, et peu de jours après l'armée se mit en marche. Elle était de douze mille hommes d'infanterie, de quatre mille chevaux et d'environ cent éléphans. Les Romains furent d'abord surpris de voir les Carthaginois marcher et camper dans la plaine, mais cela ne les empêcha pas de souhaiter d'en venir aux mains. Ils approchent et campent le premier jour à dix stades des ennemis. Le jour suivant les chefs des Carthaginois tinrent conseil sur ce qu'ils avaient à faire. Mais les soldats impatiens s'attroupaient par bandes, et criant à haute voix le nom de Xantippe, demandaient qu'on les menât vite au combat. Cette impétuosité jointe à l'empressement de Xantippe, qui ne recommandait rien tant que de saisir l'occasion, détermine les chefs : ils donnent ordre à l'armée de se tenir prête, et permission à Xantippe de faire tout ce qu'il jugerait à propos. Revêtu de ce pouvoir, il range les éléphans sur une simple ligne à la tête, derrière il place la phalange à une distance raisonnable; des troupes à la solde, il en insère une partie dans l'aile droite, et l'autre, composée de ce qu'il y avait de plus agile, fut jetée sur l'une et l'autre aile avec la cavalerie.

A la vue de cette armée rangée en bataille, les Romains marchent en bonne contenance. Les éléphans les épouvantèrent; mais pour parer au choc auquel ils s'attendaient, on mit au front les troupes armées à la légère: derrière elles, de grosses compagnies, et la cavalerie sur les deux ailes. De cette manière le corps de bataille fut moins étendu que l'on n'avait coutume de le faire, mais il avait plus d'épaisseur. Cette ordonnance était excellente pour résister au choc des éléphans, mais elle ne défendait pas contre la cavalerie des Carthaginois, qui était beaucoup plus nombreuse que celle des Romains.

Les deux armées ainsi rangées, on n'attendit plus que le temps de charger. Xantippe ordonne de faire avancer les éléphans, et d'enfoncer les rangs des ennemis, et en même temps commande à la cavalerie des deux ailes d'envelopper et de donner. Les Romains alors font, selon la coutume, grand cliquetis de leurs armes, et s'excitant par des cris de guerre, en viennent aux prises. La cavalerie romaine ne tint pas long-temps, elle était trop inférieure en nombre à celle des Carthaginois. L'infanterie de l'aile gauche, pour éviter le choc des éléphans et faire voir combien elle craignait peu les soldats étrangers, attaque l'aile droite des Carthaginois, la renverse et la poursuit jusqu'au camp. De ceux qui étaient opposés aux éléphans, les premiers furent foulés aux pieds et écrasés. Le reste du corps de bataille tint ferme quelque temps à cause de son épaisseur; mais dès que les derniers rangs eurent été entourés par la cavalerie et contraints de lui faire face, et que ceux qui avaient passé au travers des éléphans eurent rencontré la phalange des Carthaginois qui était encore en entier et en ordre, alors il n'y eut plus de ressource pour les Romains. La plupart furent écrasés sous le poids énorme des éléphans: le reste, sans sortir de son rang, fut criblé des traits de la cavalerie. A peine y en eut-il quelques-uns qui échappèrent par la fuite; mais comme c'était dans un pays plat qu'ils fuyaient, les éléphans et la cavalerie en tuèrent une partie : cinq cents ou environ qui fuyaient avec Régulus, atteints par les ennemis, furent emmenés prisonniers. Les Carthaginois perdirent en cette occasion huit cents soldats étrangers qui étaient opposés à l'aile gauche des Romains, et de ceux-ci il ne se sauva que les deux mille, qui en poursuivant l'aile droite des ennemis s'étaient tirés de la mêlée. Tout le reste demeura sur la place, à l'exception de Régulus et de ceux qui le suivaient dans sa fuite. Les compagnies qui avaient échappé au carnage, se retirèrent comme par miracle à Aspis. Pour les Carthaginois, après avoir dépouillé les morts, ils rentrèrent triomphans dans Carthage, traînant après eux le général des Romains et cinq cents prisonniers.

Que l'on fasse de sérieuses réflexions sur cet événement, il fournit de belles leçons pour le règlement des mœurs. Le malheur qui arrive ici à Régulus, nous apprend que dans le sein même de la prospérité, l'on doit toujours être en garde contre l'inconstance de la fortune. Il n'y a que quelques jours que ce général dur et impitoyable ne voulait se relâcher sur rien, ni faire aucune grâce à ses ennemis, et aujourd'hui le voilà réduit à implorer leur compassion et leur clémence. On reconnaît ici combien Euripide avait autrefois raison de dire que:

<small>Un bon conseil vaut mieux qu'une pesante armée.</small>

Un seul homme, un seul avis met en pé route une armée courageuse, une armée qui paraissait invincible, pendant qu'il rétablit une république dont la chute semblait certaine, et relève le courage de troupes qui avaient perdu jusqu'au sentiment de leurs défaites. C'est à mes lecteurs de mettre à profit cette petite digression. On s'instruit de ses devoirs, ou par ses propres malheurs, ou par les malheurs d'autrui : le premier moyen est plus efficace, mais l'autre est plus doux. On ne doit prendre celui-là que lorsqu'on y est obligé, parce qu'il expose à trop de peines et à trop de dangers; au lieu que celui-ci est à rechercher, parce que, sans aucun risque, on apprend quel on doit être. Après cela peut-on ne pas convenir que l'histoire est l'école où il y a le plus à profiter pour les mœurs, puisqu'elle seule nous met à portée, sans inquiétude et sans péril, de juger de ce que nous avons de meilleur à faire.

Après des succès si avantageux, les Carthaginois n'omirent rien pour témoigner leur joie, soit par des actions de grâces rendues solennellement aux Dieux, soit par les devoirs d'amitié qu'ils se rendirent les uns aux autres. Mais Xantippe, qui avait eu tant de part au rétablissement de cette république, n'y fit pas un long séjour après sa victoire. Il eut la prudence de s'en retourner dans sa patrie. Une action si brillante et si extraordinaire, dans un pays étranger, l'eût mis en butte aux traits mordans de l'envie et de la calomnie : au lieu que dans son pays, où on a des parens et des amis pour aider à les repousser, ils sont beaucoup moins redoutables. On donne encore une autre raison de la retraite de Xantippe. Nous aurons ailleurs une occasion plus propre de dire ce que nous en pensons.

Les affaires d'Afrique ayant pris un autre tour que les Romains n'avaient espéré, on pensa tout de bon à Rome à remettre la flotte sur pied, et à tirer de danger le peu de troupes qui s'étaient échappées du carnage. Les Carthaginois, au contraire, pour se soumettre ces troupes-là mêmes, faisaient le siége d'Aspis: mais elles se défendirent avec tant de courage et de valeur, qu'ils furent obligés de se retirer. Sur l'avis qu'ils reçurent ensuite que les Romains équipaient une flotte qui devait encore venir dans l'Afrique, ils radoubèrent leurs anciens vaisseaux, en construisirent de neufs, et quand ils en eurent deux cents, ils mirent à la voile pour observer l'arrivée des ennemis.

CHAPITRE VIII.

Victoire navale des Romains, et tempête dont elle fut suivie. — Où les précipite leur génie entreprenant. — Prise de Palerme.

Au commencement de l'été, les Romains mirent en mer trois cent cinquante vaisseaux, sous le commandement de deux consuls, M. Emilius et Servius Fulvius. Cette flotte côtoya la Sicile pour aller en Afrique. Au promontoire d'Hermée, elle rencontra celle des Carthaginois, et du premier choc elle la mit en fuite et gagna cent quatorze vaisseaux, avec leur équipage; puis reprenant à Aspis la troupe de jeunes soldats qui y étaient restés, elle revint en Sicile. Elle avait déjà fait une grande partie de la route, et touchait presque aux Camariniens, lorsqu'elle fut assaillie d'une tempête si affreuse qu'il n'y a point d'expressions pour la décrire. De quatre cent soixante-quatre vaisseaux, il ne s'en sauva que quatre-vingt. Les autres furent, ou submergés, ou emportés par les flots, ou brisés contre les rochers et les caps. Toute la côte n'était couverte que de cadavres et de vaisseaux fracassés. On ne voit dans l'histoire aucun exemple d'un naufrage plus déplorable. Ce ne fut pas tant la fortune que les chefs qui en furent cause. Les pilotes avaient souvent assuré qu'il ne fallait pas voguer le long de cette côte extérieure de la Sicile, qui regarde la mer d'Afrique, parce qu'elle est oblique, et que d'ailleurs on n'y peut aborder que très-difficilement ; de plus, que des deux constellations contraires à la navigation, Orion et le Chien, l'une n'était pas encore passée, et l'autre commençait à paraître. Mais les chefs ne voulurent rien écouter, dans l'espérance qu'ils avaient que les villes qui sont situées le long de la côte, épouvantées par la terreur de leur dernier succès, les recevraient sans résistance. Leur imprudence leur coûta cher ; ils ne la reconnurent que lorsqu'il n'était plus temps.

Tel est en général le génie des Romains. Ils n'agissent jamais qu'à force ouverte. Ils s'imaginent que tout ce qu'ils se proposent doit-être conduit à sa fin, comme par une espèce de nécessité, et que rien de ce qui leur plaît n'est impossible. Souvent, à la vérité, cette politique leur réussit; mais ils ont aussi quelquefois de fâcheux revers à essuyer, principalement sur mer. Ailleurs, comme ils n'ont affaire que contre des hommes et des ouvrages d'hommes, et qu'ils n'usent de leurs forces que contre des forces de même nature, ils le font pour l'ordinaire avec succès, et il est rare que l'exécution ne réponde pas au projet; mais quand ils veulent, pour ainsi dire, forcer les élémens à leur obéir, ils portent la peine de leur témérité. C'est ce qui leur arriva pour lors, ce qui leur est arrivé plusieurs fois, et ce qui leur arrivera, tant qu'ils ne mettront pas un frein à cet esprit audacieux, qui leur persuade que sur terre et sur mer tout temps doit leur être favorable.

Le naufrage de la flotte des Romains, et la victoire gagnée par terre sur eux quelque temps auparavant, ayant fait croire aux Carthaginois qu'ils étaient en état de faire tête à leurs ennemis sur mer et sur terre, ils se portèrent avec plus d'ardeur à mettre deux armées sur pied. Ils envoient Asdrubal en Sicile, et grossissent son armée des troupes qui étaient venues d'Héraclée, et de cent quarante éléphans. Ensuite ils équipent deux cents vaisseaux, et les fournissent de tout ce qui leur était nécessaire. Asdrubal arrive à Lilybée sans trouver d'obstacle; il y exerce les éléphans et les soldats, et se dispose ouvertement à tenir la campagne. Ce fut avec beaucoup de douleur que les Romains apprirent le naufrage de leurs vaisseaux, par ceux qui s'en étaient échappés. Mais ce malheur ne leur abattit pas le courage : ils firent construire de nouveau deux cent vingt bâtimens, et ce que l'on aura peine à croire, en trois mois cette grande flotte fut prête à mettre à la voile. Elle y mit en effet sous le commandement des deux nouveaux consuls, A. Attilius et C. Cornelius. Le détroit traversé, ils reprennent à Messine les restes du naufrage, cinglent vers Palerme, et mettent le siège devant cette ville, la plus importante qu'aient les Carthaginois dans la Sicile. On commence les travaux des deux côtés, puis on fait jouer les machines. La tour située sur le bord de la mer s'écroule aux premiers coups; les soldats montent à l'assaut par cette brèche, et emportent de force la nouvelle ville. L'ancienne, courant risque de subir le même sort, leur fut livrée par les habitans. Les Romains y laissèrent une garnison, et retournèrent à Rome.

CHAPITRE IX.

Autre tempête funeste aux Romains. — Bataille de Palerme.

L'été suivant, les consuls, C. Servilius et C. Sempronius, à la tête de toute la flotte, traversèrent la Sicile, et passèrent jusqu'en Afrique. Rasant la côte, ils firent plusieurs descentes, mais qui aboutirent à peu de chose. A l'île des Lotophages appelée Ménix, et peu éloignée de la petite Syrte, leur peu d'expérience pensa leur être funeste. La mer s'étant retirée, laissa leurs vaisseaux sur des bancs de sable. Ils ne savaient comment se retirer de cet embarras. Mais quelque temps après, la mer étant revenue, ils soulagèrent un peu leurs vaisseaux, en jetant les objets les plus lourds, et se retirèrent à peu près comme s'ils eussent pris la fuite. Arrivés en Sicile, ils doublèrent le cap de Lilybée et abordèrent à Palerme. De là passant le détroit, ils cinglaient vers Rome, lorsqu'une horrible tempête s'éleva et leur fit perdre cent cinquante vaisseaux. De quelque émulation que les Romains se piquassent, des pertes si grandes et si fréquentes, leur firent perdre l'envie de lever une nouvelle flotte, et se bornant aux armées de terre, ils envoyèrent en Sicile Lucius Cecilius et Cn. Furius, avec les légions, et soixante vaisseaux seulement pour le transport des vivres. Les malheurs des Romains tournèrent à l'avantage des Carthaginois, qui reprirent sur la mer la primauté que les premiers leur avaient disputée. Ils comptaient aussi beaucoup, et avec raison, sur leurs troupes de terre; car les Romains, depuis la défaite de leur armée d'Afrique, s'étaient fait des éléphans une idée si effrayante, que pendant les deux années suivantes qu'ils campèrent souvent dans les campagnes de Lilybée et de Sélinonte, ils se tinrent toujours à cinq ou six stades des ennemis, sans oser se présenter à un combat, sans oser même descendre dans les plaines. Il est vrai que pendant ce temps-là ils assiégèrent Therme et Lipare; mais ce ne fut qu'en se postant sur des hauteurs presque inaccessibles. Cette frayeur fit changer de résolution aux Romains, et les fit revenir en faveur des armées navales. Après l'élection des deux consuls, C. Attilius et L. Manlius, on construisit cinquante vaisseaux, et on leva des troupes pour faire une puissante flotte.

Asdrubal, chef des Carthaginois, témoin de l'épouvante où avait été l'armée romaine dans les dernières batailles rangées, et instruit qu'un des consuls était retourné en Italie avec la moitié des troupes, et que Cecilius, avec l'autre moitié, séjournait à Palerme, Asdrubal, dis-je, pour couvrir et favoriser les moissons des alliés, partit de Lilybée et se porta sur les confins de la campagne de Palerme. Cecilius, qui vit son assurance, retint, pour l'irriter de plus en plus, ses soldats au dedans des portes. Asdrubal, fier de ce que le consul n'osait venir à sa rencontre, à ce qu'il croyait, s'avance avec toute son armée, et franchissant les détroits, entre dans le pays. Il ravage les moissons jusqu'aux portes, sans que le consul s'ébranle. Mais quand il eut passé la rivière qui coule devant la ville, Cecilius, qui n'attendait que ce moment, détacha des soldats armés à la légère pour le harceler et le contraindre de se mettre en bataille. Il s'y mit, et aussitôt le général romain range devant le mur et devant le fossé quelques archers, avec ordre, si les éléphans approchaient, de lancer sur eux une grêle de traits; en cas qu'ils fussent pressés, de se sauver dans le fossé, et d'en sortir ensuite pour lancer de nouveaux traits sur les éléphans. Il ordonne en même temps aux mineurs de la place de leur porter des traits, et de se tenir en bon ordre aux pieds du mur, en dehors. Lui, se tient avec un corps de troupes à la porte opposée, à l'aile gauche des ennemis, et envoie toujours de nouveaux secours à ses archers. Quand le choc se fut un peu plus échauffé, les conducteurs des éléphans, jaloux de la gloire d'Asdrubal, et voulant par eux-mêmes avoir l'honneur du succès, s'avancèrent contre ceux qui combattaient les premiers, les renversèrent et les poursuivirent jusqu'au fossé. Les éléphans approchent; mais blessés par ceux qui tiraient des murailles, percés des javelots et des lances que jetaient sur eux, à coup sûr et en grand nombre, ceux qui bordaient le fossé, couverts de traits et de blessures, ils entrent en fureur, se tournent et fondent sur les Carthaginois, foulent aux pieds les soldats, confondent les rangs et les dissipent. Pendant ce désordre, Cecilius, avec des troupes fraîches et rangées, tombe en flanc sur l'aile gauche des ennemis troublés, et les met en déroute. Un grand nombre resta sur la place; les autres échappèrent par une fuite précipitée. Il prit dix éléphans avec les Indiens qui les conduisaient. Le reste, qui avait jeté bas ses conducteurs, enveloppé après le combat, tomba aussi en la puissance du consul. Après cet exploit, il passa pour constant que c'était à Cecilius que l'on était redevable du courage qu'avaient repris les troupes, et du pays que l'on avait conquis.

CHAPITRE X.

Les Romains lèvent une nouvelle armée navale, et concertent le siége de Lilybée. — Situation de la Sicile. — Siége de Lilybée. — Trahison en faveur des Romains découverte. — Secours conduit par Annibal. — Combat sanglant aux machines.

Cette nouvelle, portée à Rome, y fit beaucoup de plaisir, moins parce que la défaite des éléphans avait beaucoup affaibli les ennemis, que parce que cette défaite avait fait revenir la confiance aux soldats. On reprit donc le premier dessein, d'envoyer des consuls avec une armée navale, et de mettre fin à cette guerre, s'il était possible. Tout étant disposé, les consuls partent avec deux cents vaisseaux, et prennent la route de Sicile. C'était la quatorzième année de cette guerre. Ils arrivent à Lilybée, joignent à leurs troupes celles de terre, qui étaient dans ces quartiers, et concertent le projet d'attaquer la ville, dans l'espérance qu'après cette conquête il leur serait aisé de transporter la guerre en Afrique. Les Carthaginois pénétraient toutes ces vues, et faisaient les mêmes réflexions. C'est pourquoi, regardant tout le reste comme rien, ils ne pensèrent qu'à secourir Lilybée, résolus à tout souffrir plutôt que de perdre cette place, unique ressource qu'ils eussent dans la Sicile; au lieu que toute cette île, à l'exception de Drépane, était en la puissance des Romains. Mais de peur que ce que ce que nous avons à dire ne soit obscur pour ceux qui ne connaissent pas bien le pays, nous profiterons de cette occasion pour en offrir un aperçu suffisant à nos lecteurs.

Toute la Sicile est située, par rapport à l'Italie et à ses limites, comme le Péloponèse par rapport à tout le reste de la Grèce, et aux éminences qui la bornent. Ces deux pays sont différens, en ce que celui-là est une île, et celui-ci une presqu'île; car on peut passer par terre dans le Péloponèse, et on ne peut entrer en Sicile que par mer. Sa figure est celle d'un triangle : les pointes de chaque angle sont autant de promontoires. Celui qui est au midi, et qui s'avance dans la mer de Sicile, s'appelle Pachynes; le Peloro est celui qui, situé au septentrion, borne le détroit au couchant, et est éloigné d'Italie d'environ douze stades; enfin, le troisième se nomme Lilybée. Il regarde l'Afrique; sa situation est commode pour passer de là à ceux des promontoires de Carthage dont nous avons parlé plus haut. Il en est éloigné de mille stades ou environ, et tourné au couchant d'hiver; il sépare la mer d'Afrique de celle de Sardaigne.

Sur ce dernier cap est la ville de Lilybée, dont les Romains firent le siége. Elle est bien fermée de murailles, et entourée d'un fossé profond que la mer remplit, et qu'on ne peut traverser pour aller sur le port, sans beaucoup d'habitude et d'expérience. Les Romains ayant établi leurs quartiers devant la ville, de l'un et de l'autre côté, et ayant fortifié l'espace qui était entre les deux camps, d'un fossé, d'un retranchement et d'un mur, ils commencèrent l'attaque par la tour la plus proche de la mer, et qui regardait la mer d'Afrique. De nouveaux ouvrages succédant toujours aux premiers, et s'avançant de plus en plus, ils culbutèrent enfin six tours qui étaient du même côté que la précédente, et entreprirent de jeter bas les autres à coups de bélier. Comme ce siége se poussait avec beaucoup de vigueur, que parmi les tours il y en avait chaque jour quelqu'une qui menaçait ruine, et d'autres qui étaient renversées; que les ouvrages se poussaient de plus en plus, et jusqu'au dedans de la ville; les assiégés étaient dans une épouvante et une consternation extrêmes, quoique la garnison fût de plus de dix mille soldats étrangers, sans compter les habitans, et qu'Imilcon qui commandait fît tout ce qui était possible pour se bien défendre, et arrêter les progrès des assiégeans. Il relevait les brèches, il faisait des contre-mines. Chaque jour il se portait de côté et d'autre; il guettait le moment où il pourrait mettre le feu aux machines, et, pour le pouvoir faire, livrait jour et nuit des combats, plus sanglans quelquefois, et plus meurtriers que ne le sont ordinairement les batailles rangées.

Pendant cette généreuse défense, quelques-uns des principaux officiers des soldats étrangers, complotèrent entre eux de livrer la ville aux Romains. Persuadés de la soumission de leurs soldats, ils passent de nuit dans le camp des Romains, et font part au consul de leur projet. Un Achéen, nommé Alexon, qui autrefois avait sauvé Agrigente d'une trahison que les troupes à la solde des Syracusains avaient tramée contre cette ville, ayant découvert le premier la conspiration, en alla informer le commandant des Carthaginois. Celui-ci aussitôt assemble les autres officiers; il les exhorte; l emploie les prières les plus pressantes et les plus belles promesses, pour les engager à demeurer fermes dans son parti, et à ne point entrer dans le complot. Il ne les eut pas plutôt gagnés, qu'il les envoie vers les autres étrangers, Gaulois et autres. Pour leur aider à persuader les premiers, il leur joignit un homme qui avait servi avec les Gaulois, et qui par là leur était fort connu. C'était Annibal, fils de cet Annibal qui était mort en Sardaigne. Il députa vers les autres soldats mercenaires Alexon, qu'ils considéraient beaucoup, et en qui ils avaient de la confiance. Ces députés assemblent la garnison, l'exhortent à être fidèle, se rendent garans des promesses que le commandant faisait à chacun des soldats, et les gagnent si bien, que les traîtres étant revenus sur les murs pour porter leurs compagnons à accepter les offres des Romains, on eut horreur de les écouter, et on les chassa à coups de pierres et de traits. C'est ainsi que les Carthaginois, trahis par les soldats étrangers, se virent sur le point de périr sans ressource, et qu'Alexon, qui auparavant par sa fidélité avait conservé aux Agrigentins leur ville, leur pays, leurs lois et leurs libertés, fut encore le libérateur des Carthaginois.

A Carthage, quoique l'on ne sût rien de ce qui se passait, on pensa néanmoins à pourvoir aux besoins de Lilybée. On équipa cinquante vaisseaux, dont on confia le commandement à Annibal, fils d'Amilcar, commandant de galères, et ami intime d'Adherbal ; et après une exhortation convenable aux conjonctures présentes, on lui donna ordre de partir sans délai, et de saisir en homme de cœur le premier moment favorable qui se présenterait de se jeter sur la place assiégée. Annibal se met en mer avec dix mille soldats bien armés, mouille à Éguse, entre Lilybée et Carthage, et attend là un vent frais. Ce vent souffle ; Annibal déploie toutes les voiles, et arrive à l'entrée du port. L'embarras des Romains fut extrême. Un événement si subit ne leur donnait pas le loisir de prendre des mesures, et d'ailleurs, s'ils se fussent mis en devoir de fermer le passage à cette flotte, il était à craindre que le vent ne les poussât avec les ennemis jusque dans le port de Lilybée. Ils furent donc réduits à admirer l'audace avec laquelle ces vaisseaux les bravaient. D'un autre côté les assiégés, assemblés sur les murailles, attendaient, avec une inquiétude mêlée de joie, comment ce secours inespéré arriverait jusqu'à eux. Ils l'appellent à grands cris, et l'encouragent par leurs applaudissemens. Annibal entre dans le port, tête levée, et y débarque ses soldats, sans que les Romains osassent se présenter ; ce qui fit plus de plaisir aux Lilybéens que le secours même, quelque capable qu'il fût d'augmenter et leurs forces et leurs espérances. Imilcon, dans le dessein qu'il avait de mettre le feu aux machines des assiégeans, et voulant faire usage des bonnes dispositions où paraissaient être les habitans et les soldats fraîchement débarqués, ceux-là parce qu'ils se voyaient secourus, ceux-ci parce qu'ils n'avaient encore rien souffert, convoque une assemblée des uns et des autres, et, par un discours où il promettait à ceux qui se signaleraient, et à tous en général, des présens et des grâces de la part de la république des Carthaginois, il sut tellement enflammer leur zèle et leur courage, qu'ils crièrent tous qu'il n'avait qu'à faire d'eux, sans délai, tout ce qu'il jugerait à propos. Le commandant, après leur avoir témoigné qu'il leur savait gré de leur bonne volonté, congédia l'assemblée et leur dit de prendre au plutôt quelque repos, et du reste d'attendre les ordres de leurs officiers.

Peu de temps après, il assembla les principaux d'entre eux ; il leur assigna les postes qu'ils devaient occuper ; leur marqua le signal et le temps de l'attaque, et ordonna aux chefs de s'y trouver de grand matin avec leurs soldats. Ils s'y rendirent à point nommé. Au point du jour on se jette sur les ouvrages, par plusieurs côtés. Les Romains, qui avaient prévu la chose, et qui se tenaient sur leurs gardes, courent partout où leur secours était nécessaire, et font une vigoureuse résistance. La mêlée devient bientôt générale, et le combat sanglant, car de la ville il vint au moins vingt mille hommes, et dehors il y en avait encore un plus grand nombre. L'action était d'autant plus vive, que les soldats, sans garder de rang, se battaient pêle-mêle, et ne suivaient que leur impétuosité. On eût dit que dans cette multitude, homme contre homme, rang contre rang, s'étaient défiés l'un l'autre à un combat singulier. Mais les cris et le fort du combat étaient aux machines. C'était ce que les deux partis s'étaient proposé dès le commencement, en prenant leurs postes. Ils ne se battaient avec tant d'émulation et d'ardeur les uns que pour renverser ceux qui gardaient les machines; les autres que pour ne point les perdre: ceux-là que pour mettre en fuite; ceux-ci que pour ne point céder. Les uns et les autres tombaient morts sur la place même qu'ils avaient occupée d'abord. Il y en avait parmi eux qui, la torche à la main et portant des étoupes et du feu, fondaient de tous côtés sur les machines avec tant de fureur, que les Romains se virent réduits aux dernières extrémités. Comme cependant il se faisait un grand carnage des Carthaginois, leur chef, qui s'en aperçut, fit sonner la retraite, sans avoir pu venir à bout de ce qu'il avait projeté; et les Romains, qui avaient été sur le point de perdre tous leurs préparatifs, restèrent enfin maîtres de leurs ouvrages, et les conservèrent sans en avoir perdu aucun. Cette affaire finie, Annibal se mit en mer pendant la nuit, et, dérobant sa marche, prit la route de Drépane, où était Adherbal, chef des Carthaginois. Drépane est une place avantageusement située, avec un beau port, à cent vingt stades de Lilybée, et que les Carthaginois ont toujours eu fort à cœur de se conserver.

CHAPITRE XI.

Audace étonnante d'un Rhodien, qui est enfin pris par les Romains. — Incendie des ouvrages. — Bataille de Drépane.

A Carthage, on attendait avec impatience des nouvelles de ce qui se passait à Lilybée. Mais les assiégés étaient trop resserrés, et les assiégeans gardaient trop exactement l'entrée du port, pour que personne pût en sortir. Cependant un certain Annibal, surnommé le Rhodien, homme distingué, et qui avait été témoin oculaire de tout ce qui s'était fait au siége, osa se charger de cette commission. Ses offres furent acceptées, quoique l'on doutât qu'il en vînt à son honneur. Il équipe une galère particulière, met à la voile, passe dans une des îles qui sont devant Lilybée, et le lendemain, un vent frais s'étant élevé, il passe au travers des ennemis que son audace étonne, il entre dans le port à la quatrième heure du jour, et se dispose, dès le lendemain, à revenir sur ses pas. Le consul, pour lui opposer une garde plus sûre, tient prêts,

pendant la nuit, dix de ses meilleurs vaisseaux, et du port, lui et toute son armée observent les démarches du Rhodien. Ces dix vaisseaux étaient placés aux deux côtés de l'entrée, aussi près du sable que l'on pouvait en approcher; les rames levées, ils étaient comme prêts à voler et à fondre sur Annibal. Celui-ci, malgré toutes ces précautions, vient effrontément, insulte à ses ennemis, et les déconcerte par sa hardiesse et la légèreté de sa galère. Non seulement il passe au travers sans rien en souffrir, lui ni son monde, mais il approche d'eux, il tourne à l'entour, il fait lever les rames et s'arrête, comme pour les attirer au combat: personne n'osant se présenter, il reprend sa route, et brave ainsi avec une seule galère toute la flotte des Romains. Cette manœuvre, qu'il fit souvent dans la suite, fut d'une grande utilité pour les Carthaginois et pour les assiégés; car par là on fut instruit à Carthage de tout ce qu'il était important de savoir; à Lilybée, on commença à bien espérer du siége; et la terreur se répandit parmi les assiégeans. Cette hardiesse du Rhodien venait de ce qu'il avait appris par expérience quelle route il fallait tenir entre les bancs de sable qui sont à l'entrée du port. Pour cela, il gagnait d'abord la haute mer: puis approchant comme s'il revenait d'Italie, il tournait tellement sa proue du côté de la tour qui est sur le bord de la mer, qu'il ne voyait pas celles qui regardent l'Afrique. C'est aussi le seul moyen qu'il y ait pour prendre avec un bon vent l'entrée du port.

L'exemple du Rhodien fut suivi par d'autres qui savaient les mêmes routes. Les Romains, que cela n'accommodait pas, se mirent en tête de combler cette entrée: mais la chose était au dessus de leurs forces. La mer avait là trop de profondeur. Rien de ce qu'ils y jetaient ne demeurait où il était nécessaire. Les flots, la rapidité du courant emportaient et dispersaient les matériaux avant même qu'ils arrivassent au fond. Seulement dans un endroit, où il y avait des bancs de sable, ils firent à grande peine une levée. Une galère à quatre rangs voltigeant pendant la nuit, y fut arrêtée et tomba entre leurs mains. Comme elle était construite d'une façon singulière, ils l'armèrent à plaisir, et s'en servirent pour observer ceux qui entraient dans le port, et surtout le Rhodien. Par hasard il entra pendant une nuit, et peu de temps après il repartit en plein jour. Voyant que cette galère faisait les mêmes mouvemens que lui, et la reconnaissant, il fut d'abord épouvanté, et fit ses efforts pour gagner les devans. Près d'être atteint, il fut obligé de faire face et d'en venir aux mains; mais les Romains étaient supérieurs, et en nombre et en forces. Maîtres de cette belle galère, ils l'équipèrent de tout point, et depuis ce temps-là personne ne put plus entrer dans le port de Lilybée.

Les assiégés ne se lassaient point de rétablir ce qu'on leur détruisait. Il ne restait plus que les machines des ennemis, dont ils n'espéraient plus pouvoir se délivrer, lorsqu'un vent violent et impétueux soufflant contre le pied des ouvrages, ébranla les galeries, et renversa les tours qui étaient devant pour les défendre. Cette conjoncture ayant paru à quelques soldats grecs fort avantageuse pour ruiner tout l'attirail des assiégeans, ils découvrirent leur pensée au commandant, qui la trouva excellente. Il fit aussitôt disposer tout ce qui était nécessaire à l'exécution. Ces jeunes soldats courent ensemble, et mettent le feu en trois endroits. Le feu se communiqua avec d'autant plus de rapidité, que ces ouvrages étaient dressés depuis long-temps, et que le vent soufflant avec violence, et poussant d'une place à l'autre les tours et les machines, portait l'incendie de tous côtés avec une vitesse extrême. D'ailleurs les Romains ne savaient quel parti prendre pour remédier à ce désordre. Ils étaient si effrayés, qu'ils ne pouvaient ni voir ni comprendre ce qui se passait. La suie, les étincelles ardentes, l'épaisse fumée que le vent leur poussait dans les yeux, les aveuglaient. Il en périt un grand nombre, avant qu'ils pussent même approcher des endroits qu'il fallait secourir. Plus l'embarras des Romains était grand, plus les assiégés avaient d'avantages. Pendant que le vent soufflait sur ceux-là tout ce qui pouvait leur nuire, ceux-ci qui voyaient clair, ne jetaient ni sur les Romains ni sur les machines rien qui portât à faux; au contraire, le feu faisait d'autant plus de ravages, que le vent lui donnait plus de force et d'activité. Enfin la chose alla si loin, que les fondemens des tours furent réduits en cendre, et les têtes des béliers fondues. Après cela, il fallut renoncer aux ouvrages, et se contenter d'entourer la ville d'un fossé et d'un retranchement, et de fermer le camp d'une muraille, en attendant que le temps fît naître quelque occasion de faire plus. Dans Lilybée, on releva des murailles ce qui en avait été détruit, et l'on ne s'inquiéta plus du siége.

Quand on eut appris à Rome que la plus grande partie de l'armement avait péri, ou dans la défense des ouvrages, ou dans les autres opérations du siége, ce fut à qui prendrait les armes. On y leva une armée de dix mille hommes, et on l'envoya en Sicile. Le détroit traversé, elle gagna le camp à pied. Et alors le consul Publius Claudius ayant convoqué les tribuns: « Il est temps, leur dit-il, d'aller avec » toute la flotte à Drépane. Adherbal qui y » commande les Carthaginois, n'est pas prêt à » nous recevoir. Il ne sait pas qu'il nous est » venu du secours, et après la perte que nous » venons de faire, il est persuadé que nous ne » pouvons mettre une flotte en mer. » Chacun approuvant ce dessein, il fit embarquer, avec ce qu'il avait déjà de rameurs, ceux qui venaient de lui arriver. En fait de soldats, il ne prit que les plus braves qui, à cause du peu de longueur du trajet et que d'ailleurs le butin paraissait immanquable, s'étaient offerts d'eux-mêmes. Il met à la voile au milieu de la nuit sans être aperçu des assiégés. D'abord la flotte marcha ramassée et toute ensemble, ayant la terre à droite. A la pointe du jour, l'avant-garde étant déjà à la vue de Drépane, Adherbal, qui ne s'attendait à rien moins, fut d'abord étonné: mais y faisant plus d'attention, et voyant que c'était la flotte ennemie, il résolut de n'épargner ni soins ni peines pour empêcher que les Romains ne l'assiégeassent ainsi haut la main. Il assembla aussitôt son armement sur le rivage, et un héraut, par son ordre, y ayant appelé tout ce qu'il y avait de soldats étrangers dans la ville, il leur fit voir en deux mots combien la victoire était aisée s'ils avaient du cœur, et ce qu'ils avaient à craindre d'un siége, si la vue du danger les intimidait. Tous s'écriant que, sans différer, on les menât au combat; après avoir loué leur bonne volonté, il donna ordre de se mettre en mer, et de suivre en poupe le vaisseau qu'il montait, sans en détourner les yeux. Il part ensuite le premier, et conduit sa flotte sous des rochers qui bordaient le côté du port opposé à celui par lequel l'ennemi entrait. Publius surpris de voir que les ennemis, loin de se rendre ou d'être épouvantés, se disposaient à combattre, fit revirer en arrière tout ce qu'il avait de vaisseaux, ou dans le port, ou à l'embouchure, ou qui étaient près d'y entrer. Ce mouvement causa un désordre infini dans l'équipage, car les bâtimens qui étaient dans le port, heurtant ceux qui y entraient, brisaient leurs bancs, et fracassaient ceux des vaisseaux sur lesquels ils tombaient. Cependant, à mesure que quelque vaisseau se débarrassait, les officiers le faisaient aussitôt ranger près de la terre, la proue opposée aux ennemis. D'abord le consul s'était mis à la queue de sa flotte, mais alors prenant le large, il alla se poster à l'aile gauche. En même temps Adherbal ayant passé avec cinq grands vaisseaux au-delà de l'aile gauche des Romains, du côté de la pleine mer, tourna sa proue vers eux, et envoya ordre à tous ceux qui venaient après lui et s'alongeaient sur la même ligne, de faire la même chose. Tous s'étant rangés en front, le mot donné, toute l'armée s'avance dans cet ordre vers les Romains qui, rangés proche de la terre, attendaient les vaisseaux qui sortaient du port, disposition qui leur fut très-pernicieuse. Les deux armées proche l'une de l'autre, et le signal levé par les deux amiraux, on commença à charger. Tout fut d'abord assez égal de part et d'autre, parce que l'on ne se servait des deux côtés que de l'élite des armées de terre; mais les Carthaginois gagnèrent peu à peu le dessus. Aussi avaient-ils pendant tout le combat bien des avantages sur les Romains : leurs vaisseaux étaient construits de manière à se mouvoir en tout sens avec beaucoup de légèreté; leurs rameurs étaient experts, et enfin ils avaient eu la sage précaution de se ranger en bataille en pleine mer. Si quelques-uns des leurs étaient pressés par l'ennemi, ils se retiraient sans courir aucun risque, et avec des vaisseaux si légers, il leur était aisé de prendre le large. L'ennemi s'avançait-il pour les poursuivre, ils se tournaient, voltigeaient autour, ou lui tombaient sur le flanc, et le choquaient sans cesse, pendant que le vaisseau romain pouvait à peine revirer à cause de sa pesanteur et du peu d'expérience des rameurs; ce qui fut cause qu'il y en eut un grand nombre de coulés à fond; tandis que si un des vaisseaux carthaginois était en péril, on pouvait en sûreté aller à son secours, en se glissant derrière la poupe des vaisseaux. Les Romains n'avaient rien de tout cela. Lorsqu'ils étaient pressés, comme ils se battaient près de la terre, ils n'avaient pas d'endroit où se retirer. Un vaisseau serré en devant, se brisait sur les bancs de sable, ou échouait contre la terre. Le poids énorme de leurs navires, et l'ignorance des rameurs, leur ôtaient encore le plus grand avantage qu'on puisse avoir en combattant sur mer : savoir, de glisser au travers des vaisseaux ennemis, et d'attaquer en queue ceux qui sont déjà aux mains avec d'autres. Pressés contre le rivage, et ne s'étant pas réservé le moindre petit espace pour se glisser par derrière, ils ne pouvaient porter de secours où il était nécessaire; de sorte que la plupart des vaisseaux restèrent en partie immobiles sur les bancs de sable, ou furent brisés contre la terre. Il ne s'en échappa que trente, qui étant auprès du consul, prirent la fuite avec lui, en se dégageant le mieux qu'ils purent le long du rivage. Tout le reste, au nombre de quatre-vingt-treize, tomba avec les équipages en la puissance des Carthaginois, à l'exception de quelques soldats qui s'étaient sauvés du débris de leurs vaisseaux. Cette victoire fit chez les Carthaginois autant d'honneur à la prudence et à la valeur d'Adherbal, qu'elle couvrit de honte et d'ignominie le consul romain, dont la conduite, en cette occasion, était inexcusable; car il ne tint pas à lui que sa patrie ne tombât dans de fort grands embarras.

Aussi fut-il traduit devant des juges, et condamné à une grosse amende.

CHAPITRE XII.

Junius passe en Sicile. — Nouvelle disgrâce des Romains à Lilybée. — Ils évitent heureusement deux batailles. — Perte entière de leurs vaisseaux. — Junius entre dans Éryce. — Description de cette ville.

Cet échec, quelque considérable qu'il fût, ne ralentit pas chez les Romains la passion qu'ils avaient de tout soumettre à leur domination. On ne négligea rien de ce qui se pouvait faire pour cela, et l'on ne s'occupa que des mesures qu'il fallait prendre pour continuer la guerre. Des deux consuls qui avaient été créés cette année, on choisit Lucius Junius pour conduire à Lilybée des vivres et d'autres munitions pour l'armée qui assiégeait cette ville, et on lui donna soixante vaisseaux pour les escorter. Junius étant arrivé à Messine, et y ayant grossi sa flotte de tous les bâtimens qui lui étaient venus du camp et du reste de la Sicile, partit en diligence pour Syracuse. Sa flotte était de cent vingt vaisseaux longs, et d'environ huit cents de charge. Il donna la moitié de ceux-ci avec quelques-uns des autres aux questeurs, avec ordre de porter incessamment des provisions au camp, et resta à Syracuse pour y attendre les bâtimens qui n'avaient pu le suivre depuis Messine, et pour y recevoir les grains que les alliés du milieu des terres devaient lui fournir.

Vers ce même temps Adherbal, après avoir envoyé à Carthage tout ce qu'il avait gagné d'hommes et de vaisseaux par la dernière victoire, forma une escadre de cent vaisseaux, trente des siens, et soixante-dix que Carthalon qui commandait avec lui avait amenés, mit cet officier à leur tête et lui donna ordre de cingler vers Lilybée, de fondre à l'improviste sur les vaisseaux ennemis qui y étaient à l'ancre, d'en enlever le plus qu'il pourrait, et de mettre le feu au reste. Carthalon se charge avec plaisir de cette commission; il part au point du jour, brûle une partie de la flotte ennemie, et disperse l'autre. La terreur se répand dans le camp des Romains. Ils accourent avec de grands cris à leurs vaisseaux; mais pendant qu'ils portent là du secours, Imilcon qui s'était aperçu le matin de ce qui se passait, tombe sur eux d'un autre côté avec ses soldats étrangers. On peut juger quelle fut la consternation des Romains, lorsqu'ils se virent ainsi enveloppés.

Carthalon ayant pris quelques vaisseaux et en ayant brisé quelques autres; s'éloigna un peu de Lilybée, et alla se poster sur la route d'Héraclée pour observer la nouvelle flotte des Romains, et l'empêcher d'aborder au camp. Informé ensuite, par ceux qu'il avait envoyés à la découverte, qu'une assez grande flotte approchait, composée de vaisseaux de toute sorte, il avance au devant des Romains pour présenter la bataille, croyant qu'après son premier exploit il n'avait qu'à paraître pour vaincre. D'un autre côté les corvettes qui prennent les devans, annoncèrent à l'escadre qui venait de Syracuse que les ennemis n'étaient pas loin. Les Romains ne se croyant pas en état de hasarder une bataille, virèrent de bord vers une petite ville de leur domination, où il n'y avait pas à la vérité de port, mais où des rochers s'élevant de terre formaient tout autour un abri fort commode. Ils y débarquèrent, et y ayant disposé tout ce que la ville put leur fournir de catapultes et de balistes, ils attendirent les Carthaginois. Ceux-ci ne furent pas plutôt arrivés qu'ils pensèrent à les attaquer. Ils s'imaginaient que dans la frayeur où étaient les Romains, ils ne manqueraient pas de se retirer dans cette bicoque, et de leur abandonner leurs vaisseaux. Mais l'affaire ne tournant pas comme ils avaient espéré, et les Romains se défendant avec vigueur, ils se retirèrent de ce lieu où d'ailleurs ils étaient fort mal à leur aise, et emmenant avec eux quelques vaisseaux de charge qu'ils avaient pris, ils allèrent gagner je ne sais quel fleuve, où ils demeurèrent, pour observer quelle route prendraient les Romains.

Junius ayant terminé à Syracuse tout ce qu'il y avait à faire, doubla le cap Pachynus, et cingla vers Lilybée, ne sachant rien de ce qui était arrivé à ceux qu'il avait envoyés devant. Cette nouvelle étant venue à Carthalon, il mit en diligence à la voile, dans le dessein de livrer bataille au consul pendant qu'il était éloigné des autres vaisseaux. Junius aperçut de loin la flotte nombreuse des Carthaginois ; mais trop faible pour soutenir un combat, et trop proche de l'ennemi pour prendre la fuite, il prit le parti d'aller jeter l'ancre dans des lieux escarpés et absolument inabordables, résolu à tout souffrir plutôt que de livrer son armée à l'ennemi. Carthalon se garda bien de donner bataille aux Romains dans des lieux si difficiles ; il se saisit d'un promontoire, y mouilla l'ancre, et ainsi placé entre les deux flottes des Romains, il examinait ce qui se passait dans l'une et dans l'autre.

Une tempête affreuse commençant à menacer, les pilotes carthaginois, gens habiles dans les routes et experts sur ces sortes de cas, prévirent ce qui allait arriver. Ils en avertirent Carthalon et lui conseillèrent de doubler au plutôt le cap Pachynus, et de se mettre là à l'abri de l'orage. Le commandant se rendit prudemment à cet avis. Il fallut beaucoup de peine et de travail pour passer jusqu'au-delà du cap, mais enfin on passa, et on y mit la flotte à couvert. La tempête éclate enfin. Les deux flottes romaines se trouvant dans des endroits exposés et découverts, en furent si cruellement maltraitées, qu'il n'en resta pas même une planche dont on pût faire usage. Cet accident, qui relevait les affaires des Carthaginois et affermissait leurs espérances, acheva d'abattre les Romains, déjà affaiblis par les pertes précédentes ; ils quittèrent la mer et tinrent la campagne, cédant aux Carthaginois une supériorité qu'ils ne pouvaient plus leur disputer, peu surs même d'avoir par terre tout l'avantage sur eux.

Sur cette nouvelle, on ne put s'empêcher à Rome et au camp de Lilybée de répandre des larmes sur le malheur de la république ; mais cela ne fit pas abandonner le siège que l'on avait commencé. Les munitions continuèrent à venir par terre, sans que personne fût empêché d'en apporter, et l'attaque fut poussée le plus vivement qu'il était possible. Junius ne fut pas plutôt arrivé au camp après son naufrage que pénétré de douleur, il chercha par quel exploit considérable il pourrait réparer la perte qu'il venait de faire. Une petite occasion se présenta ; il fit entamer dans Éryce des menées, qui lui livrèrent et la ville et le temple de Vénus. Éryce est une montagne située sur la côte de Sicile qui regarde l'Afrique, entre Drépane et Palerme, plus voisine de Drépane et plus inaccessible de ce côté-là. C'est la plus haute montagne de Sicile après le mont Etna. Elle se termine en une plate-forme, sur laquelle on a bâti le temple de Vénus Érycine, le plus beau sans contredit et le plus riche de tous les temples de Sicile. Au dessous du sommet est la ville, où l'on ne peut monter que par un chemin très-long et très-escarpé, de quelque côté que l'on y vienne. Junius ayant commandé quelques troupes sur le sommet et sur le chemin de Drépane, gardait avec soin ces deux postes, persuadé qu'en se tenant simplement sur la défensive il retiendrait paisiblement sous sa puissance, et la ville et toute la montagne.

CHAPITRE XIII.

Prise d'Ercte par Amilcar. — Différentes tentatives des deux généraux l'un contre l'autre. — Amilcar assiége Éryce. — Nouvelle flotte des Romains, commandée par C. Luctatius. — Bataille d'Éguse.

La dix huitième année de cette guerre, les Carthaginois ayant fait Amilcar, surnommé Barcas, général de leurs armées, ils lui donnèrent le commandement de la flotte. Celui-ci partit aussitôt pour aller ravager l'Italie ; il fit du dégât dans le pays des Locriens et des Brutiens ; de là il prit avec toute la flotte la route de Palerme, et s'empara d'Ercte, place située sur la côte de la mer, entre Éryce et Palerme, et très-commode pour y loger une armée, même pour long-temps ; car c'est une montagne qui s'élevant de la plaine jusqu'à une assez grande hauteur, est escarpée de tous côtés, et dont le sommet a au moins cent stades de circonférence. Au dessous de ce sommet, tout autour, est un terrain très-fertile, où les vents de mer ne se font pas sentir, et où les bêtes vénimeuses sont tout-à-fait inconnues. Du côté de la mer et du côté de la terre, ce sont des précipices affreux, entre lesquels ce qu'il reste d'espace est facile à garder. Sur la montagne s'élève encore une butte qui peut servir comme de donjon, et d'où il est aisé d'observer ce qui se passe dans la plaine. Le port a beaucoup de fond, et semble fait exprès pour la commodité de ceux qui vont de Drépane et de Lilybée en Italie. On ne peut approcher de cette montagne que par trois endroits, dont deux sont du côté de la terre et un du côté de la mer, et tous trois fort difficiles. Ce fut sur ce dernier qu'Amilcar vint camper. Il fallait qu'il fût aussi intrépide qu'il l'était pour se jeter ainsi au milieu de ses ennemis, n'ayant ni ville alliée, ni espérance d'aucun secours. Malgré cela, il ne laissa pas de livrer de grosses batailles aux Romains, et de leur donner de grandes alarmes; car d'abord se mettant là en mer, il alla désolant toute la côte d'Italie, et pénétra jusqu'au pays des Cuméens : ensuite les Romains étant venus par terre se camper à environ cinq stades de son armée devant la ville de Palerme, pendant près de trois ans il leur livra une infinité de différens combats.

Décrire ces combats en détail, c'est ce qui ne serait pas possible. On doit juger à peu près de cette guerre comme d'un combat de forts et vigoureux athlètes. Quand ils en viennent aux mains pour emporter une couronne, et que sans cesse ils se font plaie sur plaie, ni eux-mêmes, ni les spectateurs ne peuvent raisonner sur chaque coup qui se porte ou qui se reçoit, bien qu'on puisse aisément, sur la vigueur, l'émulation, l'expérience, la force et la bonne constitution des combattans, se former une juste idée du combat. Il faut dire la même chose de Junius et d'Amilcar. C'étaient tous les jours de part et d'autre des piéges, des surprises, des approches, des attaques; mais un historien qui voudrait expliquer pourquoi et comment tout cela se faisait, entrerait dans des détails qui seraient fort à charge au lecteur, et ne lui seraient d'aucune utilité : qu'on donne une idée générale de tout ce qui se fit alors, et du succès de cette guerre, en voilà autant qu'il en faut pour juger de l'habileté des généraux. En deux mots, on mit des deux côtés tout en usage, stratagèmes qu'on avait appris par l'histoire, ruses de guerre que l'occasion et les circonstances présentes suggéraient, hardiesse, impétuosité, rien ne fut oublié ; mais il ne se fit rien de décisif, et cela pour bien des raisons. Les forces de part et d'autre étaient égales ; les camps bien fortifiés et inaccessibles ; l'intervalle qui les séparait fort petit ; d'où il arriva qu'il se donnait bien tous les jours des combats particuliers, mais jamais un général : toutes les fois qu'on en venait aux mains, on perdait du monde; mais dès que l'on sentait l'ennemi supérieur, on se jetait dans les retranchemens pour se mettre à couvert, et ensuite on retournait à la charge. Enfin la fortune, qui présidait à cette espèce de lutte, transporta nos athlètes dans une autre arène, et pour les engager dans un combat plus périlleux, les resserra dans un lieu plus étroit.

Malgré la garde que faisaient les Romains sur le sommet et au pied du mont Éryce, Amilcar trouva moyen d'entrer dans la ville qui était entre les deux camps. Il est étonnant de voir avec quelle résolution et quelle constance les Romains qui étaient au dessus soutinrent ce siége, et à combien de dangers ils furent exposés ; mais on n'a pas moins de peine à concevoir comment les Carthaginois purent se défendre, attaqués comme ils l'étaient par dessus et par dessous, et ne pouvant recevoir de convois que par un seul endroit de la mer dont ils pouvaient disposer. Toutes ces difficultés, jointes à la disette de toutes choses, n'empêchèrent pas qu'on n'employât au siége de part et d'autre tout l'art et toute la vigueur dont on était capable, et qu'on ne fît toute sorte d'attaques et de combats. Enfin ce siége finit non par l'épuisement des deux partis, causé par les peines qu'ils y souffraient, comme l'assure Fabius, car ils soutinrent ces peines avec une constance si grande, qu'il ne paraissait pas qu'ils les sentissent ; mais après deux ans de siége, on mit fin d'une autre manière à cette guerre, et avant qu'un des deux peuples l'emportât sur l'autre. C'est là tout ce qui se passa à Éryce, et ce que firent les armées de terre.

A considérer Rome et Carthage ainsi acharnées l'une contre l'autre, ne croirait-on pas voir deux de ces braves et vaillans oiseaux, qui, affaiblis par un long combat, et ne pouvant plus faire usage de leurs ailes, se soutiennent par leur seul courage, et ne cessent de se battre, jusqu'à ce que s'étant joints l'un l'autre, ils se soient meurtris à coups de bec, et que l'un des deux ait remporté la victoire? Des combats presque continuels avaient réduit ces deux états à l'extrémité; de grandes dépenses continuées pendant long-temps avaient épuisé leurs finances; cependant les Romains tiennent bon contre leur mauvaise fortune. Quoiqu'ils eussent depuis près de cinq ans abandonné la mer, tant à cause des pertes qu'ils y avaient faites, que parce que les troupes de terre leur paraissaient suffisantes, voyant néanmoins que la guerre ne prenait pas le train qu'ils avaient espéré, et qu'Amilcar réduisait à rien tous leurs efforts, ils se flattèrent qu'une troisième flotte serait plus heureuse que les deux premières, et que si elle était bien conduite elle terminerait la guerre avec avantage. La chose en effet eut tout le succès qu'ils s'étaient promis. Sans se rebuter d'avoir été deux fois obligés de renoncer aux armées navales, premièrement par la tempête qu'elles avaient essuyées au sortir du port de Palerme, et ensuite par la malheureuse journée de Drépane, ils en remirent une troisième sur pied, qui, fermant aux Carthaginois le côté de la mer par lequel ils recevaient leurs vivres, mit enfin la victoire de leur côté, et finit heureusement la guerre. Or, ce fut moins leur force que leur courage qui leur fit prendre cette résolution; car ils n'avaient pas dans leur épargne de quoi fournir aux frais d'une si grande entreprise; mais le zèle du bien public et la générosité des principaux citoyens, suppléèrent à ce défaut. Chaque particulier selon son pouvoir, ou deux ou trois réunis ensemble, se chargèrent de fournir une galère tout équipée, à la seule condition que, si la chose tournait à bien, on leur rendrait ce qu'ils auraient avancé. Par ce moyen on assembla deux cents galères à cinq rangs, que l'on construisit sur le modèle de la rhodienne; et dès le commencement de l'été, C. Luctatius ayant été fait consul, prit le commandement de cette flotte. Il aborda en Sicile lorsqu'on l'y attendait le moins, se rendit maître du port de Drépane, et de toutes les baies qui sont aux environs de Lilybée, tous lieux restés sans défense par la retraite des vaisseaux Carthaginois, fit ses approches autour de Drépane, et disposa tout pour le siège. Pendant qu'il faisait son possible pour la serrer de près, prévoyant que la flotte ennemie ne tarderait pas à venir, et ayant toujours devant les yeux ce que l'on aurait pensé d'abord, que la guerre ne finirait que par un combat naval, sans perdre un moment, chaque jour il dressait son équipage aux exercices qui le rendaient propre à son dessein, et par son assiduité à l'exercer dans le reste des affaires de marine, de simples matelots, il fit en fort peu de temps d'excellens soldats.

Les Carthaginois fort surpris que les Romains osassent reparaître sur mer, et ne voulant pas que le camp d'Érice manquât d'aucune des munitions nécessaires, équipèrent sur le champ des vaisseaux, et les ayant fournis de grains et d'autres provisions, ils firent partir cette flotte, dont ils donnèrent le commandement à Hannon. Celui-ci cingla d'abord vers l'île d'Hières, dans le dessein d'aborder à Éryce sans être aperçu des ennemis, d'y décharger ces vaisseaux, d'ajouter à son armée navale ce qu'il y avait de meilleurs soldats étrangers et d'aller avec Amilcar présenter la bataille aux ennemis. Cette flotte approchant, Luctatius ayant pensé en lui-même quelles pouvaient être les vues de l'amiral, il choisit dans son armée de terre les troupes les plus braves et les plus aguerries, et fit voile vers Éguse, île située devant Lilybée. Là, après avoir exhorté son monde à bien faire, il avertit les pilotes qu'il y aurait combat le lendemain matin. Au point du jour voyant que le vent, favorable aux Carthaginois, lui était fort contraire, et que la mer était extrêmement agitée, il hésita d'abord sur le parti qu'il avait à prendre; mais faisant ensuite réflexion, que, s'il donnait le combat pendant ce gros temps, il n'aurait affaire qu'à l'armée navale, et à des vaisseaux chargés ; qu'au contraire s'il attendait le calme, et laissait Hannon se joindre avec le camp d'Éryce, il aurait à combattre contre des vaisseaux légers et contre l'élite de l'armée de terre, et, ce qui était alors plus formidable, contre l'intrépidité d'Amilcar ; déterminé par toutes ces raisons, il résolut de saisir l'occasion présente. Comme les ennemis approchaient à pleines voiles, il s'embarque à la hâte. L'équipage, plein de force et de vigueur, se joue de la résistance des flots ; l'armée se range sur une ligne, la proue tournée vers l'ennemi. Les Carthaginois arrêtés au passage, ferlent les voiles, et s'encourageant les uns les autres, en viennent aux mains. Ce n'était plus de part ni d'autre ces mêmes flottes qui avaient combattu à Drépane, et par conséquent il fallait que le succès du combat fût différent. Les Romains avaient appris l'art de construire les vaisseaux. De l'approvisionnement ils n'avaient laissé dans leurs bâtimens que ce qui était nécessaire au combat ; leur équipage avait été soigneusement exercé ; ils avaient embarqué l'élite des soldats de terre, gens à ne jamais lâcher pied. Du côté des Carthaginois, ce n'était pas la même chose. Leurs vaisseaux pesamment chargés étaient peu propres à combattre, les rameurs nullement exercés et pris comme ils s'étaient présentés ; les soldats nouvellement enrôlés et qui ne savaient encore ce que c'était que les travaux et les périls de la guerre. Ils comptaient si fort que les Romains n'auraient plus jamais la hardiesse de revenir sur mer, qu'ils avaient entièrement négligé leur marine. Aussi eurent-ils le dessous presque de tous côtés dès la première attaque. Cinquante de leurs vaisseaux furent coulés à fond ; soixante-dix furent pris avec leur équipage, et les autres n'eussent pas échappé, si le vent, venant heureusement à changer dans le temps même qu'ils couraient le plus de risque, ne leur eût donné moyen de se sauver dans l'île d'Hières. Le combat fini, Luctatius prit la route de Lilybée, où les vaisseaux qu'il avait gagnés et les prisonniers qu'il avait faits, au nombre de dix mille, ou peu s'en faut, ne lui donnèrent pas peu d'embarras.

CHAPITRE XIV.

Traité de paix entre Rome et Carthage.—Réflexions sur cette guerre.—Sort des deux états après la conclusion de la paix.

A Carthage on fut fort surpris quand la nouvelle y vint que Hannon avait été battu. Si, pour avoir sa revanche, il n'eût fallu que du courage et une forte passion de l'emporter sur les Romains ; on était autant que jamais disposé à la guerre. Mais on ne savait comment s'y prendre. Les ennemis étant maîtres de la mer, on ne pouvait envoyer de secours à l'armée de Sicile : dans l'impuissance où l'on se voyait de la secourir, on était forcé de la livrer, pour ainsi dire, et de l'abandonner. Il ne restait plus ni troupes, ni chefs pour les conduire. Enfin on envoya promptement à Amilcar, et l'on remit tout à sa disposition. Celui-ci se conduisit en sage et prudent capitaine. Tant qu'il vit quelque lueur d'espérance, tout ce que la bravoure et l'intrépidité pouvaient faire entreprendre, il l'entreprit : il tenta, autant que général ait jamais fait, tous les moyens d'avoir raison de ses ennemis. Mais voyant les affaires désespérées, et qu'il n'y avait plus de ressources, il ne pensa plus qu'à sauver ceux qui lui étaient soumis ; prudent et éclairé, il céda aux conjonctures présentes, et dépêcha des ambassadeurs pour traiter d'alliance et de paix ; car un général ne porte à juste titre ce beau nom, qu'autant qu'il connaît également, et le temps de vaincre et celui de renoncer à la victoire. Luctatius ne se fit pas prier ; il savait trop bien à quelle extrémité il était lui-même réduit, et combien cette guerre était onéreuse au peuple romain. Elle fut donc terminée à ces conditions : que sous le bon plaisir du peuple romain, il y aurait alliance entre lui et les Carthaginois, pourvu que ceux-ci se retirassent de toute la Sicile ; qu'ils n'eussent point de guerre avec Hiéron ; qu'ils ne prissent point les armes contre les Syracusains, ni contre leurs alliés ; qu'ils rendissent aux Romains sans rançon tous les prisonniers qu'ils avaient faits sur eux ; qu'ils payassent aux Romains pendant vingt ans deux mille deux cents talens eubéens d'argent. Ce traité ne fut d'abord pas accepté à

Rome; on envoya sur les lieux dix personnes pour examiner les affaires de plus près. Ceux-ci ne changèrent rien à l'ensemble de ce qui avait été fait, mais ils étendirent un peu plus les conditions. Ils abrégèrent le temps de paiement, ajoutèrent mille talens à la somme, et exigèrent de plus que les Carthaginois abandonnassent toutes les îles qui sont entre la Sicile et l'Italie.

Ainsi finit la guerre des Romains contre les Carthaginois au sujet de la Sicile, après avoir duré pendant vingt-quatre ans sans interruption : guerre la plus longue, la moins interrompue, et la plus importante dont nous ayons jamais entendu parler; guerre dans laquelle, sans parler des autres exploits que nous avons rapportés plus haut, il se livra deux batailles, dans l'une desquelles il y avait plus de cinq cents galères à cinq rangs, et dans l'autre près de sept cents. Les Romains en perdirent sept cents, en comptant celles qui périrent dans les naufrages, et les Carthaginois cinq cents. Après cela, ceux qui admirent les batailles navales et les flottes d'Antigonus, de Ptolomée et de Démétrius, pourront-ils, sans une surprise extrême, réfléchir sur ce que l'histoire nous apprend de cette expédition? Si l'on compare les quinquerèmes dont on s'y est servi, avec les trirèmes que les Perses ont employées contre les Grecs, et celles que les Athéniens et les Lacédémoniens ont équipées les uns contre les autres, on conviendra qu'il n'y eut jamais sur mer des armées de cette force. Ce qui prouve ce que nous avons avancé d'abord : que quelques Grecs assurent sans raison que les Romains ne doivent leurs succès qu'à la fortune et à un pur hasard. Après s'être formés aux grandes entreprises par des expéditions de cette importance, ils ne pouvaient rien faire de mieux que de se proposer la conquête de l'univers, et ce projet ne pouvait manquer de leur réussir.

Quelqu'un me demandera peut-être : d'où vient que, maîtres du monde entier, et par conséquent plus puissans qu'ils n'étaient alors, les Romains ne peuvent plus équiper tant de vaisseaux ni mettre en mer de si nombreuses flottes? Nous éclaircirons cette question lorsque nous en viendrons à l'explication de leur gouvernement. C'est une matière dont on ne doit parler qu'exprès, et qui mérite toute sorte d'attention; matière qui, quoique très-curieuse, a pourtant été, si je l'ose dire, inconnue jusqu'à présent, par la faute des historiens; les uns n'ayant pas su ce qu'il en était, les autres n'en ayant parlé que d'une manière embarrassée et dont on ne peut tirer aucun fruit. Au reste, il est aisé de voir que c'était le même esprit qui dans cette guerre animait les deux républiques. Mêmes desseins de part et d'autre, même grandeur de courage, même passion de dominer. A l'égard des soldats, on ne peut disconvenir que les Romains n'eussent tout l'avantage sur les Carthaginois; mais ceux-ci, de leur côté, avaient un chef qui l'emporta de beaucoup en conduite et en valeur sur tous ceux qui commandèrent de la part des Romains. Ce chef est Amilcar, surnommé Barcas, père de cet Annibal qui dans la suite fit la guerre aux Romains.

Après la paix, ces deux états eurent à peu près le même sort. Pendant que les Romains étaient occupés dans une guerre civile qui s'était élevée entre eux et les Falisques, et qui fut bientôt heureusement terminée par la réduction de la ville de ces rebelles, les Carthaginois en avaient aussi une fort considérable à soutenir contre les soldats étrangers, et contre les Numides et les Africains qui étaient entrés dans leur révolte. Après s'être vus souvent dans de grands périls, ils coururent enfin risque, non seulement d'être dépouillés de leurs biens, mais encore de périr eux-mêmes et d'être chassés de leur propre patrie. Arrêtons-nous ici un peu, sans cependant nous écarter du dessein que nous nous sommes proposé d'abord, de ne rapporter des choses que les principaux chefs, et en peu de mots. Cette guerre, pour bien des raisons, vaut la peine que nous ne passions pas dessus si légèrement; par ce qui s'y est fait, on apprendra ce que c'était que cette guerre à laquelle beaucoup de gens donnent le nom d'inexpiable. Nous y verrons quelles mesures et quelles précautions doivent prendre de loin ceux qui se servent de troupes étrangères : elle nous fera comprendre quelle différence on doit mettre entre un mélange confus de nations étrangères et barbares, et des troupes qui ont eu une éducation honnête et qui ont été nourries et élevées dans les mœurs et les coutumes du pays ; enfin, ce qui s'est passé dans ce temps-là nous fournira des éclaircissemens sur les véritables raisons qui ont fait naître entre les Romains et les Carthaginois cette guerre sanglante qu'ils se sont faite du temps d'Annibal; éclaircissemens qui donneront aux curieux d'autant plus de satisfaction, que ni les historiens, ni même les deux partis opposés ne sont d'accord sur ce point.

CHAPITRE XV.

Origine de la guerre des étrangers contre les Carthaginois. — Embarras que donne la conduite d'une armée composée de différentes nations. — Insolence des étrangers. — Vains efforts pour les apaiser. — La guerre se déclare.

Le traité de paix conclu et ratifié, Amilcar conduisit l'armée du camp d'Éryce à Lilybée, et là se démit du commandement. Gescon, gouverneur de la ville se chargea du soin de renvoyer ces troupes en Afrique; mais prévoyant ce qui pouvait arriver, il s'avisa d'un expédient fort sage. Il partagea ces troupes, et ne les laissa s'embarquer que partie à partie, et par intervalles, afin de donner aux Carthaginois le temps de les payer à mesure qu'elles arriveraient et de les renvoyer chez elles avant que les autres débarquassent. Les Carthaginois, épuisés par les dépenses de la guerre précédente, et se flattant qu'en gardant ces mercenaires dans la ville, ils en obtiendraient quelque grâce sur la solde qui leur était due, reçurent et enfermèrent dans leurs murailles tous ceux qui abordaient. Mais le désordre et la licence régnèrent bientôt partout; nuit et jour on en ressentit les tristes effets. Dans la crainte où l'on était que cette multitude de gens ramassés ne poussât encore les choses plus loin, on pria leurs officiers de les mener tous à Sicca, de leur faire accepter à chacun une pièce d'or pour les besoins les plus pressans, et d'attendre là qu'on leur eût préparé tout l'argent qu'on était convenu de leur donner, et que le reste de leurs gens les eussent joints. Ces chefs consentirent volontiers à cette retraite; mais comme ces étrangers voulurent laisser à Carthage tout ce qui leur appartenait, selon qu'il s'était pratiqué auparavant, et par la raison qu'ils devaient y revenir bientôt pour recevoir le paiement de leur solde, cela inquiéta les Carthaginois. Ils craignirent que ces soldats réunis, après une longue absence, à leurs enfans et à leurs femmes, ne refusassent absolument de sortir de la ville, ou n'y revinssent pour satisfaire à leur tendresse, et que par là on ne revît les mêmes désordres. Dans cette pensée ils les contraignirent, malgré leurs représentations, d'emmener avec eux à Sicca tout ce qu'ils avaient à Carthage. Là cette multitude vivant dans une inaction et un repos où elle ne s'était pas vue depuis longtemps, fit impunément tout ce qu'elle voulut; effet ordinaire de l'oisiveté, la chose du monde que l'on doit le moins souffrir dans des troupes étrangères, et qui est comme la première cause des séditions. Quelques-uns d'eux occupèrent leur loisir à supputer l'argent qui leur était encore redu, et, augmentant la somme de beaucoup, dirent qu'il fallait l'exiger des Carthaginois. Tous se rappelant les promesses qu'on leur avait faites dans les occasions périlleuses, fondaient là-dessus de grandes espérances, et en attendaient de grands avantages. Quand ils furent tous rassemblés, Hannon, qui commandait pour les Carthaginois en Afrique, arrive à Sicca ; et loin de remplir l'attente des étrangers, il dit: que la république ne pouvait leur tenir parole; qu'elle était accablée d'impôts; qu'elle souffrait d'une disette affreuse de toutes choses, et qu'elle leur demandait qu'ils lui fissent remise d'une partie de ce qu'elle leur devait. A peine avait-il cessé de parler, que cette soldatesque se mutine et se révolte. D'abord chaque nation s'attroupe en particulier, ensuite toutes les nations ensemble; le trouble, le tumulte, la confusion étaient tels que l'on peut s'imaginer parmi des troupes de pays et de langage différens.

Si les Carthaginois, en prenant des soldats de toute nation, n'ont en vue que de se faire des armées plus souples et plus soumises, cette coutume n'est pas à mépriser ; des troupes ainsi ramassées ne s'ameutent pas sitôt pour s'exciter mutuellement à la rébellion, et les chefs ont moins de peine à s'en rendre maîtres. Mais d'un autre côté, si l'on considère l'embarras où l'on est quand il s'agit d'instruire, de calmer, de désabuser ces sortes d'esprits, toutes les fois que la colère ou la révolte les agite et les transporte, on conviendra que cette politique est très-mal entendue. Ces troupes une fois emportées par quelques-unes de ces passions, dépassent toutes bornes : ce ne sont plus des hommes, ce sont des bêtes féroces ; il n'est pas de violence qu'on n'en doive attendre. Les Carthaginois en firent dans cette occasion une triste expérience. Cette multitude était composée d'Espagnols, de Gaulois, de Liguriens, de Baléares, de Grecs de toute caste, la plupart déserteurs et valets, et surtout d'Africains. Les assembler en un même lieu, et là les haranguer, cela n'était pas possible ; car comment leur faire entendre ce que l'on avait à leur dire ? Il est impossible qu'un général sache tant de langues : il l'est encore plus de faire dire quatre ou cinq fois la même chose par des interprètes. Reste donc de se servir pour cela de leurs officiers, et c'est ce que fit Hannon. Mais qu'arriva-t-il ? souvent ou ils n'entendaient pas ce qu'il leur disait, ou les capitaines, après être convenus de quelque chose avec lui, rapportaient à leurs gens tout le contraire, les uns par ignorance, les autres par malice. Aussi ne voyait-on qu'incertitude, que défiance, que cabale partout. D'ailleurs ces étrangers soupçonnaient que ce n'était pas sans dessein que les Carthaginois, au lieu de leur députer les chefs qui avaient été témoins de leurs services en Sicile et auteurs des promesses qui leur avaient été faites, leur avaient envoyé un homme qui ne s'était trouvé dans aucune des occasions où ils s'étaient signalés. La conclusion fut : qu'ils rejetèrent Hannon ; qu'ils n'ajoutèrent aucune foi à leurs officiers particuliers, et qu'irrités contre les Carthaginois, ils avancèrent vers Carthage au nombre de plus de vingt mille hommes, et prirent leurs quartiers à Tunis, à vingt-six stades de la ville (12).

Ce fut alors, mais trop tard, que les Carthaginois reconnurent les fautes qu'ils avaient faites. C'en était déjà deux grandes de n'avoir point, en temps de guerre, employé les troupes de la ville, et d'avoir rassemblé en un même endroit une si grande multitude de soldats mercenaires ; mais ils avaient encore plus grand tort de s'être défaits des enfans, des femmes et des effets de ces étrangers. Tout cela leur eût tenu lieu d'otages, et en les gardant ils auraient pu sans crainte prendre des mesures sur ce qu'ils avaient à faire, et amener plus facilement ces troupes à ce qu'ils en auraient souhaité ; au lieu que dans la frayeur où le voisinage de cette armée les jeta, pour calmer sa fureur il fallut en passer par tout ce qu'elle voulut. On envoyait des vivres en quantité, tels qu'il lui plaisait, et au prix qu'elle y mettait. Le sénat députait continuellement quelques-uns de ses membres pour les assurer qu'ils n'avaient qu'à demander, qu'on était prêt à tout faire pour eux, pourvu que ce qu'ils demanderaient fût possible. L'épouvante dont ils sentirent les Carthaginois frappés accrut leur audace et leur insolence à un point que, chaque jour, ils imaginaient quelque chose de nouveau, persuadés d'ailleurs qu'après les exploits militaires qu'ils avaient faits en Sicile, ni les Carthaginois, ni aucun peuple du monde, n'oseraient se présenter en armes devant eux. Dans cette confiance, quand on leur eut accordé leur solde, ils voulurent qu'on leur remboursât le prix des chevaux qui avaient été tués ; après cela, qu'on leur payât les vivres, qui leur étaient dus depuis long-temps, au prix qu'ils se vendaient pendant la guerre, qui était un prix exorbitant : c'était tous les jours nouvelles exactions de la part des brouillons et des séditieux dont cette populace était remplie, et nouvelles exactions auxquelles la république ne pouvait satisfaire. Enfin, les Carthaginois promettant de faire pour eux tout ce qui serait en leur pouvoir, on convint de s'en rapporter sur la contestation à un des officiers-généraux qui avaient été en Sicile.

Amilcar était un de ceux sous qui ils avaient servi dans cette île ; mais il leur était suspect parce que n'étant pas venu les trouver comme député, et s'étant, suivant eux, volontairement démis du commandement, il était en partie cause qu'on avait si peu d'égards pour eux. Gescon était tout-à-fait à leur gré. Outre qu'il avait commandé en Sicile, il avait toujours pris leurs intérêts à cœur, mais surtout lorsqu'il fut question de les renvoyer. Ce fut donc lui qu'ils prirent pour arbitre du différend. Gescon se fournit d'argent, se met en mer et débarque à Tunis. D'abord il s'adresse aux chefs; ensuite il fait des assemblées par nation; il réprimande sur le passé, il admoneste sur le présent, mais il insiste particulièrement sur l'avenir, les exhortant à ne pas se départir de l'amitié qu'ils devaient avoir pour les Carthaginois, à la solde desquels ils portaient depuis longtemps les armes. Il se disposait, enfin, à acquitter les dettes, et à en faire le paiement par nation, lorsqu'un certain Campanien, nommé Spendius, autrefois esclave chez les Romains, homme fort et hardi jusqu'à la témérité, craignant que son maître, qui le cherchait, ne l'attrapât, et ne lui fît souffrir les supplices et la mort qu'il méritait selon les lois romaines, dit et fit tout ce qu'il put pour empêcher l'accommodement. Un certain Mathos, Africain, s'était joint à lui. C'était un homme libre à la vérité, et qui avait servi dans l'armée; mais comme il avait été un des principaux auteurs des troubles passés, de crainte d'être puni et de son crime et de celui où il avait engagé les autres, il était entré dans les vues de Spendius, et, tirant à part les Africains, leur faisait entendre: qu'aussitôt que les autres nations auraient été payées, et se seraient retirées, les Carthaginois devaient éclater contre eux, et les punir de manière à épouvanter tous leurs compatriotes. Là-dessus les esprits s'échauffent et s'irritent. Comme Gescon ne payait que la solde, et remettait à un autre temps le paiement des vivres et des chevaux, sur ce prétexte frivole ils s'assemblent en tumulte. Spendius et Mathos se déchaînent contre Gescon et les Carthaginois. Les Africains n'ont d'oreilles et d'attention que pour eux. Si quelqu'autre se présente pour leur donner conseil, avant que d'entendre si c'est pour ou contre Spendius, sur-le-champ ils l'accablent de pierres. Quantité d'officiers, et un grand nombre de particuliers, perdirent la vie dans ces cohues, où il n'y avait que le mot : frappe! que toutes les nations entendissent, parce qu'elles frappaient sans cesse, et surtout lorsque, pleines de vin, elles s'assemblaient après dîner; car alors, dès que quelqu'un avait dit le mot fatal : frappe! on frappait de tous côtés si brusquement, que quiconque y était venu était tué sans pouvoir échapper. Ces violences éloignant d'eux tout le monde, ils mirent à leur tête Mathos et Spendius.

Gescon, au milieu de ce tumulte, demeurait inébranlable : plein de zèle pour les intérêts de sa patrie, et prévoyant que la fureur de ces séditieux la menaçait d'une ruine entière, il leur tenait tête, même au péril de sa vie. Tantôt il s'adressait aux chefs, tantôt il assemblait chaque nation en particulier, et tâchait de l'apaiser. Mais les Africains étant venus demander avec hauteur les vivres qu'ils prétendaient leur être dus, pour châtier leur insolence il leur dit d'aller les demander à Mathos. Cette réponse les piqua tellement, qu'à peine l'eurent-ils entendue ils se jetèrent sur l'argent qui avait été apporté, sur Gescon et sur les Carthaginois qui l'accompagnaient. Mathos et Spendius, persuadés que la guerre ne manquerait pas de s'allumer s'il se commettait quelque attentat éclatant, irritaient encore cette populace téméraire. L'équipage et l'argent des Carthaginois furent pillés; Gescon et ses gens liés ignominieusement et jetés dans un cachot; la guerre hautement déclarée contre les Carthaginois, et le droit des gens violé par la plus impie de toutes les conspirations. Tel fut le commencement de la guerre contre les étrangers, et qu'on appelle aussi la guerre d'Afrique (13).

CHAPITRE XVI.

Extrémité où se trouvent les Carthaginois, et dont ils sont eux-mêmes la cause. — Siéges d'Utique et d'Hippone-Zaryte. — Incapacité du général Hannon. — Amilcar est mis à sa place. — Bel exploit de ce grand capitaine.

Mathos, après cet exploit, dépêcha de ses gens aux villes d'Afrique pour les porter à recouvrer leur liberté, à lui envoyer des secours, et à se joindre à lui. Presque tous les Africains entrèrent dans cette révolte. On envoya des vivres et des troupes, qui se partagèrent les opérations. Une partie mit le siège devant Utique, et l'autre devant Hippone-Zaryte, parce que ces deux villes n'avaient pas voulu prendre part à leur rébellion. Une guerre si peu attendue, chagrina extrêmement les Carthaginois. A la vérité ils n'avaient besoin que de leur territoire pour les nécessités de la vie; mais les préparatifs de guerre et les grandes provisions ne se faisaient que sur les revenus qu'ils tiraient de l'Afrique : outre qu'ils étaient accoutumés à ne faire la guerre qu'avec des troupes étrangères. Tous ces secours non seulement leur manquaient alors, mais se tournaient contre eux. La paix faite, ils se flattaient de respirer un peu, et de se délasser des travaux continuels que la guerre de Sicile leur avait fait essuyer, et ils en voyaient s'élever une autre plus grande et plus formidable que la première. Dans celle-là ce n'était que la Sicile qu'ils avaient disputée aux Romains; mais celle-ci était une guerre civile, où il ne s'agissait de rien moins que de leur propre salut et de celui de la patrie. Outre cela point d'armes, point d'armée navale, point de vaisseaux, point de munitions, point d'amis ou d'alliés dont ils pussent le moins du monde espérer du secours. Ils sentirent alors combien une guerre intérieure est plus fâcheuse qu'une guerre qui se fait au loin et delà la mer. Et la cause principale de tous ces malheurs, c'étaient eux-mêmes. Dans la guerre précédente ils avaient traité les Africains avec la dernière dureté: exigeant des gens de la campagne, sur des prétextes qui n'avaient que l'apparence de la raison, la moitié de tous les revenus, et des habitans des villes une fois plus d'impôts qu'ils n'en payaient auparavant, sans faire quartier ni grâce à aucun, quelque pauvre qu'il fût. Entre les intendans des provinces ce n'était pas de ceux qui se conduisaient avec douceur et avec humanité, qu'ils faisaient le plus de cas; mais de ceux qui leur amassaient le plus de vivres et de munitions, et auprès de qui l'on trouvait le moins d'accès et d'indulgence.

Hannon par exemple, était un homme de leur goût. Des peuples ainsi maltraités n'avaient pas besoin qu'on les portât à la révolte, c'était assez qu'on leur en annonçât une pour s'y joindre. Les femmes mêmes, qui jusqu'alors avaient vu sans émotion traîner leurs maris et leurs parens en prison pour le paiement des impôts, ayant fait serment entre elles dans chaque ville de ne rien cacher de leurs effets, se firent un plaisir d'employer à la solde des troupes tout ce qu'elles avaient de meubles et de parures, et par là fournirent à Mathos et à Spendius des sommes si abondantes, que non seulement ils payèrent aux soldats étrangers le reste de la solde qu'ils leur avaient promise pour les engager dans leur révolte, mais qu'ils eurent de quoi soutenir les frais de la guerre sans discontinuation. Tant il est vrai que, pour bien gouverner, il ne faut pas se borner au présent, mais qu'on doit porter aussi ses vues sur l'avenir, et y faire même plus d'attention.

Malgré des conjonctures si fâcheuses, les Carthaginois ayant choisi pour chef Hannon, qui leur avait déjà auparavant soumis cette partie de l'Afrique qui est vers Hecatontapyle, ils assemblèrent des étrangers, firent prendre les armes aux citoyens qui avaient l'âge compétent, exercèrent la cavalerie de la ville et équipèrent ce qu'il leur restait de galères à trois et à cinq rangs, et de plus grandes barques. Mathos, de son côté, ayant reçu des Africains soixante dix mille hommes, et en ayant fait deux corps, poussait paisiblement ses deux sièges. Le camp qu'il avait à Tunis était aussi en sûreté ; et par ces deux postes il coupait aux Carthaginois toute communication avec l'Afrique extérieure; car la ville de Carthage s'avance dans le golfe, et forme une espèce de péninsule, environnée presque tout entière, partie par la mer et partie par un lac. L'isthme qui la joint à l'Afrique, est large d'environ vingt-cinq stades. Utique est située vers le côté de la ville qui regarde la mer; de l'autre côté sur le lac est Tunis. De ces deux postes, les étrangers resserraient les Carthaginois dans leurs murailles, et les y harcelaient sans cesse. Tantôt de jour, tantôt de nuit, ils venaient jusqu'au pied des murs, et par là répandaient la terreur parmi les habitans.

Hannon pendant ce temps-là s'appliquait sans relâche à amasser des munitions. C'était là tout son talent. A la tête d'une armée ce n'était rien. Nulle présence d'esprit pour saisir les occasions, nulle expérience, nulle capacité pour les grandes affaires. Quand il se prépara à secourir Utique, il avait un si grand nombre d'éléphans que les ennemis se croyaient perdus; il en avait au moins cent. Les commencemens de cette expédition furent très-heureux; mais il en profita si mal, qu'il pensa perdre ceux au secours desquels il était venu. Il avait fait apporter de Carthage des catapultes, des traits, en un mot tous les préparatifs d'un siége; et étant campé devant Utique, il entreprit d'attaquer les retranchemens des ennemis. Les éléphans s'étant jetés dans le camp avec impétuosité, les assiégeans, qui n'en purent soutenir le choc, sortirent tous, la plupart blessés à mort. Ce qui échappa, se retira vers une colline escarpée et couverte d'arbres. Hannon, accoutumé à faire la guerre à des Numides et à des Africains, qui au premier échec prennent la fuite et s'éloignent de deux et trois journées, crut avoir pleine victoire, et que les ennemis ne s'en relèveraient jamais. Sur cette pensée il ne songea plus ni à ses soldats, ni à la défense de son camp. Il entra dans la ville, et ne pensa plus qu'à se bien traiter. Les étrangers réfugiés sur la colline étaient de ces soldats formés par Amilcar aux entreprises hardies, et qui avaient appris dans la guerre de Sicile tantôt à reculer, tantôt, faisant volte-face, à retourner à la charge et à faire cette manœuvre plusieurs fois en un même jour. Ces soldats voyant que le général carthaginois s'était retiré dans la ville, et que les troupes, contentes de leur premier succès s'écartaient nonchalamment de leur camp, ils fondirent en rangs serrés sur le retranchement, firent main basse sur grand nombre de soldats, forcèrent les autres à fuir honteusement sous les murs et les portes de la ville, et s'emparèrent de tous les équipages, de tous les préparatifs, et de toutes les provisions que Hannon avait fait venir de Carthage. Ce ne fut pas la seule affaire où ce général fit paraître son incapacité. Peu de jours après il était auprès de Gorza; les ennemis vinrent se camper proche de lui : l'occasion se présenta de les défaire deux fois en bataille rangée, et deux fois, par surprise, il la laissa échapper sans que l'on pût dire pourquoi.

Les Carthaginois se lassèrent enfin de ce maladroit officier, et mirent Amilcar à sa place. Ils lui firent une armée composée de soixante-dix éléphans, de tout ce que l'on avait amassé d'étrangers, des déserteurs des ennemis, de la cavalerie et de l'infanterie de la ville; ce qui montait environ à dix mille hommes. Dès sa première action il étourdit si fort les ennemis, que les armes leur tombèrent des mains, et qu'ils levèrent le siége d'Utique. Aussi cette action était-elle digne des premiers exploits de ce capitaine, et de ce que sa patrie attendait de lui. En voici le détail.

Sur le col qui joint Carthage à l'Afrique, sont répandues çà et là des collines fort difficiles à franchir, et entre lesquelles on a pratiqué des chemins qui conduisent dans les terres. Quelques forts que fussent déjà tous ces passages par la disposition des collines, Mathos les faisait encore garder exactement; outre que le Macar, fleuve profond, qui n'est guéable presque nulle part, et sur lequel il n'y a qu'un seul pont, ferme en certains endroits l'entrée de la campagne à ceux qui sortent de Carthage. Ce pont même était gardé et on y avait bâti une ville : de sorte que non seulement une armée, mais même un homme seul pouvait à peine passer dans les terres sans être vu des ennemis. Amilcar, après avoir essayé tous les moyens de vaincre ces obstacles, s'avisa enfin d'un expédient. Ayant pris garde que lorsque certains vents viennent à s'élever, l'embouchure du Macar se couvre de sable, et qu'il s'y forme comme une espèce de banc, il dispose tout pour le départ de l'armée, sans rien dire de son dessein à personne; ces vents soufflent; il part la nuit, et se trouve au point du jour à l'autre côté du fleuve, sans avoir été aperçu, au grand étonnement et des ennemis et des assiégés. Il traverse ensuite la plaine, et marche droit à la garde du pont. Spendius vient au devant de lui ; et environ dix mille hommes de la ville bâtie auprès du pont s'étant joints aux quinze mille d'Utique, ces deux corps se disposent à se soutenir l'un l'autre. Lorsqu'ils furent en présence, les étrangers, croyant les Carthaginois enveloppés, s'exhortent, s'encouragent et en viennent aux mains. Amilcar s'avance vers eux, ayant à la première ligne les éléphans, derrière eux la cavalerie avec les armés à la légère, et à la troisième ligne les hommes pesamment armés. Mais les ennemis fondant avec précipitation sur lui, il change la disposition de son armée, fait aller ceux de la tête à la queue, et ayant fait venir des deux côtés ceux qui étaient à la troisième ligne, il les oppose aux ennemis. Les Africains et les étrangers s'imaginent que c'est par crainte qu'ils reculent ; ils quittent leur rang courent sur eux, et chargent vivement. Mais dès que la cavalerie eut fait volte-face, qu'elle se fut approchée des soldats pesamment armés, et eut couvert tout le reste des troupes ; alors les Africains qui combattaient épars et sans ordre, effrayés de ce mouvement extraordinaire, quittent prise d'abord et prennent la fuite. Ils tombent sur ceux qui les suivaient, ils y jettent la consternation et les entraînent ainsi à leur perte. On met à leur poursuite la cavalerie et les éléphans, qui en écrasent sous leurs pieds la plus grande partie. Il périt dans ce combat environ six mille hommes, tant Africains qu'étrangers, et on fit deux mille prisonniers. Le reste se sauva, partie dans la ville bâtie au bout du pont, partie au camp d'Utique. Amilcar, après cet heureux succès, poursuit les ennemis. Il prend d'emblée la ville où les ennemis s'étaient réfugiés, et qu'ils avaient ensuite abandonnée pour se retirer à Tunis. Battant ensuite le pays, il se soumit les villes, les unes par composition, les autres par force. Ces progrès dissipèrent la crainte des Carthaginois, qui commencèrent pour lors à avoir un peu moins mauvaise opinion de leurs affaires.

CHAPITRE XVII.

Parti que prennent Mathos et Spendius. — Naravase quitte les révoltés pour se joindre à Amilcar. — Bataille gagnée par ce général, et son indulgence envers les prisonniers. — Les Carthaginois perdent la Sardaigne. — Fraude et cruauté des chefs des rebelles. — Réflexions sur cet événement.

Pour Mathos, il continuait toujours le siége d'Hippone, conseillant à Autarite, chef des Gaulois, et à Spendius de serrer toujours les ennemis, d'éviter les plaines à cause du nombre de leurs chevaux et de leurs éléphans, de côtoyer le pied des montagnes, et de les attaquer toutes les fois qu'ils les verraient dans quelque embarras. Dans cette vue il envoya chez les Numides et chez les Africains, pour les engager à secourir ces deux chefs, et à ne pas manquer l'occasion de secouer le joug que les Carthaginois leur imposaient. Spendius de son côté, à la tête de six mille hommes tirés des différentes nations qui étaient à Tunis, et de deux mille Gaulois commandés par Autarite, les seuls qui étaient restés à ce chef après la désertion de ceux qui s'étaient rangés sous les enseignes des Romains au camp d'Éryce, Spendius, dis-je, selon le conseil de Mathos, côtoyait toujours de près les Carthaginois en suivant le pied des montagnes. Un jour qu'Amilcar était campé dans une plaine environnée de montagnes, le secours qu'envoyaient les Numides et les Africains vint joindre l'armée de Spendius ; le général de Carthage se trouva fort embarrassé, ayant en tête les Africains, les Numides en queue, et en flanc l'armée de Spendius : car comment se tirer de ce mauvais pas?

Il y avait alors dans l'armée de Spendius un certain Numide nommé Naravase, homme des plus illustres de sa nation, et plein d'ardeur militaire, qui avait hérité de son père de beaucoup d'inclination pour les Carthaginois, mais qui leur était encore beaucoup plus attaché, depuis qu'il avait connu le mérite d'Amilcar. Croyant que l'occasion était belle de se gagner l'amitié de ce peuple, il vient au camp, ayant avec lui environ cent Numides. Il approche des retranchemens, et reste là sans crainte, et faisant signe de la main. Amilcar surpris lui envoie un cavalier. Il dit qu'il demandait une conférence avec ce général. Comme celui-ci hésitait et avait peine à se fier à cet aventurier, Naravase donne son cheval et ses armes à ceux qui l'accompagnaient, et entre dans le camp, tête levée et avec un air d'assurance à étonner tous ceux qui le regardaient. On le reçut néanmoins, et on le conduisit à Amilcar : il lui dit qu'il voulait du bien à tous les Carthaginois en général, mais qu'il souhaitait surtout d'être ami d'Amilcar ; qu'il n'était venu que pour lier amitié avec lui, disposé de son côté à entrer dans toutes ses vues et à partager tous ses travaux. Ce discours joint à la confiance et à l'ingénuité avec laquelle ce jeune homme parlait, donna tant de joie à Amilcar, que non seulement il voulut bien l'associer à ses actions, mais qu'il lui fit serment de lui donner sa fille en mariage, pourvu qu'il demeurât fidèle aux Carthaginois.

L'alliance faite, Naravase vint, amenant avec lui environ deux mille Numides qu'il commandait. Avec ce secours Amilcar met son armée en bataille ; Spendius s'était aussi joint aux Africains pour combattre et était descendu dans la plaine. On en vient aux mains. Le combat fut opiniâtre, mais Amilcar eut le dessus. Les éléphans se signalèrent dans cette occasion, mais Naravase s'y distingua plus que personne. Autarite et Spendius prirent la fuite. Dix mille des ennemis restèrent sur le champ de bataille, et on fit quatre mille prisonniers. Après cette action, ceux des prisonniers qui voulurent prendre parti dans l'armée des Carthaginois, y furent bien reçus, et on les revêtit des armes qu'on avait pris sur les ennemis. Pour ceux qui ne le voulurent pas, Amilcar les ayant assemblés, leur dit : qu'il leur pardonnait toutes les fautes passées, et que chacun d'eux pouvait se retirer où bon lui semblerait ; mais que si dans la suite on en prenait quelqu'un portant armes offensives contre les Carthaginois, il n'y aurait aucune grâce à espérer pour lui.

Vers ce même temps, les étrangers qui gardaient l'île de Sardaigne, imitant Mathos et Spendius, se révoltèrent contre les Carthaginois qui y étaient, et ayant enfermé dans la citadelle Bostar chef des troupes auxiliaires, ils le tuèrent, lui et tout ce qu'il y avait de ses concitoyens. Les Carthaginois jetèrent encore les yeux sur Hannon, et l'envoyèrent là avec une armée ; mais ses propres troupes l'abandonnèrent pour se tourner du côté des rebelles, qui se saisirent ensuite de sa personne et l'attachèrent à une croix. On inventa aussi de nouveaux supplices contre tous les Carthaginois qui étaient dans l'île, il n'y en eut pas un d'épargné. Après cela on prit les villes, on envahit toute l'île, jusqu'à ce qu'une sédition s'étant élevée, les naturels du pays chassèrent tous ces étrangers, et les obligèrent à se retirer en Italie. C'est ainsi que les Carthaginois perdirent la Sardaigne, île, de l'aveu de tout le monde, très-considérable par sa grandeur, par la quantité d'hommes dont elle est peuplée, et par sa fertilité. Nous n'en dirons rien davantage, nous ne ferions que répéter ce que d'autres ont dit avant nous.

Mathos, Spendius et Autarite voyant l'humanité dont Amilcar usait envers les prisonniers, craignirent que les Africains et les étrangers, gagnés par cet attrait, ne courussent chercher l'impunité qui leur était offerte ; ils tinrent conseil pour chercher ensemble par quel nouvel attentat ils pourraient mettre le comble à la rébellion : le résultat fut qu'on les convoquerait tous, et que l'on ferait entrer dans l'assemblée un messager comme apportant de Sardaigne une lettre de la part des gens de la même faction qui étaient dans cette île. La chose fut exécutée, et la lettre portait : qu'ils observassent de près Gescon et tous ceux qu'il commandait, et contre qui ils s'étaient révoltés à Tunis ; qu'il y avait dans l'armée des pratiques secrètes en faveur des Carthaginois. Sur cette nouvelle prétendue, Spendius recommande à ces nations de ne pas se laisser éblouir à la douceur qu'Amilcar avait eue pour les prisonniers : qu'en les renvoyant, son but n'était pas de les sauver, mais de se rendre par là maître de ceux qui restaient, et de les envelopper tous dans la même punition, dès qu'il les aurait en sa puissance ; qu'ils se gardassent bien de renvoyer Gescon ; que ce serait une honte pour eux de lâcher un homme de cette importance et de ce mérite ; qu'en le laissant aller ils se feraient un très-grand tort, puisqu'il ne manquerait pas de se tourner contre eux, et de devenir leur plus grand ennemi. Il parlait encore, lorsqu'un autre messager, comme arrivant de Tunis, apporta une lettre semblable à la première. Sur quoi Autarite prenant la parole, dit: qu'il n'y avait pas d'autre moyen de rétablir les affaires, que de ne jamais plus rien espérer des Carthaginois; que quiconque attendrait quelque chose de leur amitié, ne pouvait avoir qu'une alliance feinte avec les étrangers; qu'ainsi il les priait de n'avoir d'oreilles, d'attention ni de confiance que pour ceux qui les porteraient aux dernières violences contre les Carthaginois, et de regarder comme traîtres et comme ennemis tous ceux qui leur inspireraient des sentimens contraires; que son avis était que l'on fît mourir, dans les plus honteux supplices, Gescon, tous ceux qui avaient été pris, et tous ceux que l'on prendrait dans la suite sur les Carthaginois. Cet Autarite avait dans les conseils un très-grand avantage, parce qu'ayant appris par un long commerce avec les soldats, à parler phénicien, la plupart de ces étrangers entendaient ses discours; car la longueur de cette guerre avait rendu le phénicien si commun, que les soldats, pour l'ordinaire, en se saluant, ne se servaient pas d'autre langue. Il fut donc loué tout d'une voix, et il se retira comblé d'éloges. Vinrent ensuite des individus de chaque nation, lesquels, par reconnaissance pour les bienfaits qu'ils avaient reçus de Gescon, demandaient qu'on lui fît grâce au moins des supplices. Comme ils parlaient tous ensemble et chacun en sa langue, on n'entendit rien de ce qu'ils disaient: mais dès qu'on commença à entrevoir qu'ils priaient qu'on épargnât les supplices à Gescon, et que quelqu'un de l'assemblée eût crié, *frappe! frappe!* ces malheureux furent assommés à coups de pierres, et emportés par leurs proches comme des gens qui auraient été égorgés par des bêtes féroces. Les soldats de Spendius se jettent ensuite sur ceux de Gescon, qui étaient au nombre d'environ sept cents. On les mène hors des retranchemens: on les conduit à la tête du camp, où d'abord on leur coupe les mains en commençant par Gescon, cet homme qu'ils mettaient peu de temps auparavant au dessus de tous les Carthaginois, qu'ils reconnaissaient avoir été leur protecteur, qu'ils avaient pris pour arbitre de leurs différends; et après leur avoir coupé les oreilles, rompu et brisé les jambes, on les jeta tout vifs dans une fosse. Cette nouvelle pénétra de douleur les Carthaginois: ils envoyèrent ordre à Amilcar et à Hannon de courir au secours et à la vengeance de ceux qui avaient été si cruellement massacrés. Ils dépêchèrent encore des hérauts d'armes pour demander à ces impies les corps morts. Mais loin de livrer ces corps, ils menacèrent que les premiers députés ou hérauts d'armes qu'on leur enverrait, seraient traités comme l'avait été Gescon. En effet, cette résolution passa ensuite en loi, qui portait que: tout Carthaginois, que l'on prendrait, perdrait la vie dans les supplices, et que tout allié des Carthaginois leur serait renvoyé les mains coupées; et cette loi fut toujours observée à la rigueur.

Après cela, n'est-il pas vrai de dire que si le corps humain est sujet à certains maux qui s'irritent quelquefois jusqu'à devenir incurables, l'âme en est encore beaucoup plus susceptible? Comme dans le corps il se forme des ulcères que les remèdes enveniment, et dont les remèdes ne font que hâter les progrès, et qui, d'un autre côté, laissés à eux-mêmes, ne cessent de ronger les parties voisines jusqu'à ce qu'il ne reste plus rien à dévorer: de même, dans l'âme, il s'élève certaines vapeurs malignes, il s'y glisse certaine corruption, qui porte les hommes à des excès dont on ne voit pas d'exemple parmi les animaux les plus féroces. Leur faites-vous quelque grâce? les traitez-vous avec douceur? C'est piège et artifice, c'est ruse pour les tromper. Ils se défient de vous, et vous haïssent d'autant plus, que vous faites plus d'efforts pour les gagner. Si l'on se raidit contre eux, et que l'on oppose violence à violence, il n'est point de crimes, point d'attentats, dont ils ne soient capables de se souiller; ils font gloire de leur audace, et la fureur les transporte jusqu'à leur faire perdre tout sentiment d'humanité. Les mœurs déréglées et la mauvaise éducation ont sans doute grande part à ces horribles désordres; mais bien des choses contribuent encore à produire dans l'homme cette disposition. Ce qui semble y contribuer davantage, ce sont les mauvais traitemens et l'avarice des chefs. Nous en avons un triste exemple dans ce qui s'est passé pendant tout le cours de la guerre des étrangers, et dans la conduite des Carthaginois à leur égard.

CHAPITRE XVIII.

Nouvel embarras des Carthaginois. — Siège de Carthage par les étrangers. — Secours que Hiéron fournit à cette ville. — Fidélité des Romains à son égard. — Famine horrible dans le camp des étrangers, qui demandent la paix. — Trompés, ils reprennent les armes, sont défaits et taillés en pièces. — Siége de Tunis où Annibal est pris et pendu. — Bataille décisive. — La Sardaigne cédée aux Romains.

Amilcar ne sachant plus comment réprimer l'audace effrénée de ses ennemis, se persuada qu'il n'en viendrait à bout, qu'en joignant ensemble les deux armées que les Carthaginois avaient en campagne, et qu'en exterminant entièrement ces rebelles. C'est pourquoi, ayant fait venir Hannon, tous ceux qui s'opposèrent à ses armes furent passés au fil de l'épée, et il fit jeter aux bêtes tous ceux qu'on lui amenait prisonniers. Les affaires des Carthaginois commençaient à prendre un meilleur train, lorsque par un revers de fortune étonnant, elles retombèrent dans le premier état. Les généraux furent à peine réunis, qu'ils se brouillèrent ensemble; et cela alla si loin que non seulement ils perdirent des occasions favorables de battre l'ennemi, mais qu'ils lui donnèrent souvent prise sur eux. Sur la nouvelle de ces dissensions, les magistrats en éloignèrent un, et ne laissèrent que celui que l'armée aurait choisi. Outre cela les convois qui venaient des endroits qu'ils appellent les Emporées, et sur lesquels ils faisaient beaucoup de fond, tant pour les vivres que pour les autres munitions, furent tous submergés par une tempête; outre qu'alors l'île de Sardaigne, dont ils tiraient de grands secours, s'était soustraite à leur domination. Et ce qui fut le plus fâcheux, c'est que les habitans d'Hippone-Zaryte et d'Utique, qui seuls des peuples d'Afrique avaient soutenu cette guerre avec vigueur, qui avaient tenu ferme du temps d'Agathocles et de l'irruption des Romains, et n'avaient jamais pris de résolution contraire aux intérêts des Carthaginois, non seulement les abandonnèrent alors et se jetèrent dans le parti des Africains, mais encore conçurent pour ceux-ci autant d'amitié et de confiance, que de haine et d'aversion pour les autres. Ils tuèrent et précipitèrent du haut de leurs murailles environ cinq cents hommes qu'on avait envoyés à leur secours; ils firent le même traitement au chef, livrèrent la ville aux Africains, et ne voulurent jamais permettre aux Carthaginois, quelque instance qu'ils leur en fissent, d'enterrer leurs morts.

Mathos et Spendius, après ces événemens, portèrent leur ambition jusqu'à vouloir mettre le siège devant Carthage même. Amilcar s'associa alors dans le commandement Annibal, que le sénat avait envoyé à l'armée, après que Hannon en eût été éloigné par les soldats, à cause de la mésintelligence qu'il y avait entre les généraux. Il prit encore avec soi Naravase, et accompagné de ces deux capitaines, il bat la campagne pour couper les vivres à Mathos et à Spendius. Dans cette expédition, comme dans bien d'autres, Naravase lui fut d'une extrême utilité. Tel était l'état des affaires par rapport aux armées de dehors.

Les Carthaginois serrés de tous les côtés, furent obligés d'avoir recours aux villes alliées. Hiéron, qui avait toujours l'œil au guet pendant cette guerre, leur accordait tout ce qu'ils demandaient de lui. Mais il redoubla de soins dans cette occasion, voyant bien que, pour se maintenir en Sicile et se conserver l'amitié des Romains, il était de son intérêt que les Carthaginois eussent le dessus, de peur que les étrangers prévalant ne trouvassent plus d'obstacles à l'exécution de leurs projets, en quoi l'on doit remarquer sa sagesse et sa prudence; car c'est une maxime qui n'est pas à négliger: de ne pas laisser croître une puissance jusqu'au point qu'on ne lui puisse contester les choses même qui nous appartiennent de droit.

Pour les Romains, exacts observateurs du traité qu'ils avaient fait avec les Carthaginois, ils leur donnèrent tous les secours qu'ils pouvaient souhaiter, quoique d'abord ces deux états eussent eu quelques démêlés ensemble, sur ce que les Carthaginois avaient traité comme ennemis ceux qui passant d'Italie en Afrique portaient des vivres à leurs ennemis, et ils en avaient mis environ cinq cents en prison. Ces hostilités avaient fort déplu aux Romains. Cependant comme les Carthaginois rendirent de bonne grâce ces prisonniers aux députés qu'on leur avait envoyés, ils gagnèrent tellement l'amitié des Romains, que ceux-ci, par reconnaissance, leur remirent tous les prisonniers qu'ils avaient faits sur eux dans la guerre de Sicile, et qui leur étaient restés. Depuis ce temps-là les Romains se portèrent d'eux-mêmes à leur accorder tout ce qu'ils demandaient. Ils permirent à leurs marchands de leur porter les provisions nécessaires, et défendirent d'en porter à leurs ennemis. Quoique les étrangers révoltés en Sardaigne les appelassent dans cette île, ils n'en voulurent rien faire; et ils demeurèrent fidèles au traité, jusqu'à refuser ceux d'Utique pour sujets, quoiqu'ils vinssent d'eux-mêmes se soumettre à leur domination. Tous ces secours mirent les Carthaginois en état de défendre leur ville contre les efforts de Mathos et de Spendius, qui d'ailleurs étaient là aussi assiégés pour le moins qu'assiégeans; car Amilcar les réduisait à une si grande disette de vivres, qu'ils furent obligés de lever le siége.

Peu de temps après, ces deux chefs des rebelles ayant assemblé l'élite des étrangers et des Africains, entre lesquels était Zarxas et le corps qu'il commandait, ce qui faisait en tout cinquante mille hommes, ils résolurent de se remettre en campagne, de serrer l'ennemi partout où il irait, et de l'observer. Ils évitaient les plaines, de peur des éléphans et de la cavalerie de Naravase; mais ils tâchaient de gagner les premiers les lieux montueux et les défilés. Ils ne cédaient aux Carthaginois ni en projets, ni en hardiesse, quoique faute de savoir la guerre ils fussent souvent vaincus. On vit alors d'une manière bien sensible combien une expérience, fondée sur la science de commander, l'emporte sur une aveugle et brutale pratique de la guerre. Amilcar, tantôt attirait une partie de leur armée à l'écart, et comme un habile joueur, l'enfermait de tous côtés et la mettait en pièces; tantôt, faisant semblant d'en vouloir à toute l'armée, il conduisait les uns dans des embuscades qu'ils ne prévoyaient point, et tombait sur les autres, de jour ou de nuit, lorsqu'ils s'y attendaient le moins, et jetait aux bêtes tout ce qu'il faisait sur eux de prisonniers. Un jour enfin que l'on ne pensait point à lui, s'étant venu camper proche des étrangers, dans un lieu fort commode pour lui et fort désavantageux pour eux, il les serra de si près que, n'osant combattre et ne pouvant fuir à cause d'un fossé et d'un retranchement dont il les avait enfermés de tous côtés, ils furent contraints, tant la famine était grande dans leur camp, de se manger les uns les autres, Dieu punissant par un supplice égal l'impie et barbare traitement qu'ils avaient fait à leurs semblables. Quoiqu'ils n'osassent ni donner bataille, parce qu'ils voyaient leur défaite assurée et la punition dont elle ne manquerait pas d'être suivie, ni parler de composition, à cause des crimes qu'ils avaient à se reprocher, ils soutinrent cependant encore quelque temps la disette affreuse où ils étaient, dans l'espérance qu'ils recevraient de Tunis les secours que leurs chefs leur promettaient. Mais enfin n'ayant plus ni prisonniers, ni esclaves à manger, rien n'arrivant de Tunis, et la multitude commençant à menacer les chefs, Autarite, Zarxas et Spendius prirent le parti d'aller se rendre aux ennemis, et de traiter de la paix avec Amilcar. Ils dépêchèrent un héraut pour avoir un sauf-conduit, et étant venus trouver les Carthaginois, Amilcar fit avec eux ce traité : « Que les Carthaginois choisiraient » d'entre les ennemis ceux qu'ils jugeraient à » propos, au nombre de dix, et renverraient » tous les autres, chacun avec son habit. » Ensuite il dit : qu'en vertu du traité il choisissait tous ceux qui étaient présens, et mit ainsi en la puissance des Carthaginois Autarite, Spendius et les autres chefs les plus distingués.

Les Africains, qui ne savaient rien des conditions du traité, ayant appris que leurs chefs étaient retenus, soupçonnèrent de la mauvaise foi, et dans cette pensée coururent aux armes. Ils étaient alors dans un lieu qu'on appelle la

Hache, parce que, par sa figure, il ressemble assez à cet instrument, Amilcar les y enveloppa tellement de ses éléphans et de toute l'armée, qu'il ne s'en sauva pas un seul, et ils étaient plus de quarante mille. C'est ainsi qu'il releva une seconde fois les espérances des Carthaginois, qui désespéraient déjà de leur salut. Ils battirent ensuite la campagne, lui, Naravase et Annibal, et les Africains se rendirent d'eux-mêmes.

Maîtres de la plupart des villes, ils vinrent à Tunis assiéger Mathos. Annibal prit son quartier au côté de la ville qui regardait Carthage, et Amilcar le sien au côté opposé. Ensuite, ayant conduit Spendius et les autres prisonniers auprès des murailles, ils les firent attacher à des croix, à la vue de toute la ville. Tant d'heureux succès endormirent la vigilance d'Annibal, et lui firent négliger la garde de son camp. Mathos ne s'en fut pas plutôt aperçu, qu'il tomba sur les retranchemens, tua grand nombre de Carthaginois, chassa du camp toute l'armée, s'empara de tous les bagages, et fit Annibal lui-même prisonnier. On mena aussitôt ce général à la croix où Spendius était attaché. Là on lui fit souffrir les supplices les plus cruels, et après avoir détaché Spendius, on le mit à sa place, et on égorgea autour du corps de Spendius trente des principaux Carthaginois, comme si la fortune n'eût suscité cette guerre que pour fournir tour à tour aux deux armées des occasions éclatantes de se venger l'une de l'autre. Amilcar, à cause de la distance qui était entre les deux camps, n'apprit que tard la sortie que Mathos avait faite, et après en avoir été informé, il ne courut pas pour cela au secours; les chemins étaient trop difficiles; mais il leva le camp, et, côtoyant le Macar, il alla se poster à l'embouchure de ce fleuve.

Nouvelle consternation chez les Carthaginois, nouveau désespoir. Ils commençaient à reprendre courage, et les voilà retombés dans les mêmes embarras, qui n'empêchèrent cependant pas qu'ils ne travaillassent à s'en tirer. Pour faire un dernier effort, ils envoyèrent à Amilcar trente sénateurs, le général Hannon, qui avait déjà commandé dans cette guerre, et tout ce qu'il leur restait d'hommes en âge de porter les armes, en recommandant aux sénateurs d'essayer tous les moyens de réconcilier ensemble les deux généraux, de les obliger à agir de concert, et de n'avoir devant les yeux que la situation où se trouvait la république. Après bien des conférences, enfin ils vinrent à bout de réunir ces deux capitaines, qui, dans la suite, n'agissant que dans un même esprit, firent tout réussir à souhait. Ils engagèrent Mathos dans quantité de petits combats, tantôt en lui dressant des embuscades, tantôt en le poursuivant, soit autour de Lepta, soit autour d'autres villes. Ce chef, se voyant ainsi harcelé, prit enfin la résolution d'en venir à un combat général. Les Carthaginois, de leur côté, ne souhaitant rien avec plus d'ardeur : les deux partis appelèrent à cette bataille tous leurs alliés, et rassemblèrent des places toutes leurs garnisons, comme devant risquer le tout pour le tout. Quand on se fut disposé, on convint du jour et de l'heure, et on en vint aux mains. La victoire se tourna du côté des Carthaginois. Il resta sur le champ de bataille grand nombre d'Africains; une partie se sauva dans je ne sais quelle ville, qui se rendit peu de temps après, Mathos fut fait prisonnier; les autres parties de l'Afrique se soumirent aussitôt. Il n'y eut qu'Hippone-Zaryte et Utique qui, s'étant, dès le commencement de la guerre, rendues indignes de pardon, refusèrent alors de se soumettre; tant il est avantageux, même dans de pareilles fautes, de ne point passer certaines bornes, et de ne se porter pas à des excès impardonnables! Mais Hannon ne se fut pas plutôt présenté devant l'une, et Amilcar devant l'autre, qu'elles furent contraintes d'en passer par tout ce qu'ils voulurent. Ainsi finit cette guerre, qui avait fait tant de mal aux Carthaginois, et dont ils se tirèrent si glorieusement, que non seulement ils se remirent en possession de l'Afrique, mais châtièrent encore, comme ils méritaient d'être châtiés, les auteurs de la révolte, car cette guerre ne se termina que par les honteux supplices que la jeunesse de la ville fit souffrir à Mathos et à ses troupes le jour du triomphe.

Telle fut la guerre des étrangers contre les Carthaginois, laquelle dura trois ans et quatre mois ou environ; il n'y en a point, au moins que je sache, où l'on ait porté plus loin la barbarie et l'impiété. Comme vers ce temps-là les étrangers de Sardaigne étaient venus d'eux-mêmes offrir cette île aux Romains, ceux-ci conçurent le dessein d'y passer. Les Carthaginois le trouvant fort mauvais, parce que la Sardaigne leur appartenait à plus juste titre, et se disposant à punir ceux qui avaient livré cette île à une autre puissance, c'en fut assez pour déterminer les Romains à déclarer la guerre aux Carthaginois, en prétextant que ce n'était pas contre les peuples de Sardaigne que ceux-ci faisaient des préparatifs, mais contre eux. Les Carthaginois qui étaient sortis comme par miracle de la dernière guerre, et qui n'étaient point du tout en état de se mettre mal avec les Romains, cédèrent au temps, et aimèrent mieux leur abandonner la Sardaigne, et ajouter douze cents talens à la somme qu'ils leur payaient, que de s'engager à soutenir une guerre dans les circonstances où ils étaient. Cette affaire n'eut pas d'autre suite.

LIVRE SECOND.

CHAPITRE PREMIER.

Récapitulation du livre précédent. — Mort d'Amilcar; Asdrubal lui succède dans le commandement des armées. — Siége de Mydionie par les Étoliens. — Combat entre les Étoliens et les Illyriens. — Puissance de la fortune. — Mort d'Agron, roi des Illyriens. — Teuta sa femme lui succède. — Phénice livrée par les Gaulois aux Illyriens, et remise en liberté par les Étoliens et les Achéens. — Imprudence des Épirotes.

On a vu dans le livre précédent en quel temps les Romains, après s'être établis dans l'Italie, pensèrent à établir leurs conquêtes au dehors; comment ils passèrent en Sicile, et pourquoi ils eurent, au sujet de cette île, la guerre avec les Carthaginois; et comment ils commencèrent à se faire des armées navales, et ce qui se passa dans ces deux états pendant tout le cours de cette guerre, qui chassa les Carthaginois de la Sicile et la soumit toute aux Romains, à l'exception du pays qui obéissait à Hiéron. On a vu encore comment s'est allumée la guerre entre les troupes étrangères et la république de Carthage; jusqu'où les premiers ont porté leurs excès, et ce qu'ont produit les différens événemens de cette horrible révolte jusqu'à la victoire, qui extermina la plupart des séditieux et fit rentrer les autres dans leur devoir. Passons maintenant à ce qui s'est fait ensuite, sans nous écarter de la brièveté que nous nous sommes d'abord proposée.

La guerre d'Afrique terminée, les Carthaginois envoyèrent en Espagne une armée sous la conduite d'Amilcar. Celui-ci partit avec Annibal son fils, âgé pour lors de neuf ans, traversa le détroit formé par les colonnes d'Hercule, et rétablit dans l'Espagne les affaires de sa république. Pendant neuf ans qu'il resta dans ce pays, il soumit à Carthage un grand nombre de peuples, les uns par les armes, les autres par les négociations; enfin il finit ses jours d'une manière digne de ses premiers exploits, les armes à la main et sur un champ de bataille, où, ayant en tête une armée très-nombreuse et très-aguerrie, il fit des prodiges de courage et de valeur. Les Carthaginois donnèrent ensuite le commandement à Asdrubal, parent d'Amilcar, et commandant des galères.

Ce fut vers ce temps-là que les Romains passèrent pour la première fois dans l'Illyrie. Cette expédition doit être considérée avec soin si l'on veut entrer dans notre projet et connaître bien les progrès et l'établissement de la domination des Romains. Voici donc pourquoi ils prirent cette résolution: Agron, roi d'Illyrie, et fils de Pleurate, avait sur terre et sur mer de plus grandes armées qu'eussent jamais eues ses prédécesseurs. A force d'argent, Démétrius, père de Philippe, avait gagné sur ce roi qu'il porterait du secours aux Mydioniens, que les Étoliens assiégeaient pour se venger de ce qu'ils avaient refusé de les associer à leur république. Pour cela, ils avaient levé une puissante armée, et, s'étant allés camper tout autour de la ville, ils employèrent pour la réduire toutes sortes de machines. Déjà Mydionie était aux dernières extrémités, et les assiégés semblaient chaque jour devoir se rendre, lorsque le préteur des Étoliens voyant son temps prêt à expirer, dit à ses troupes : qu'ayant essuyé toutes les fatigues et tous les périls du siége, il était en droit de demander : qu'après que la ville serait emportée, on lui confiât le soin du butin, et qu'on lui accordât l'inscription des armes (14). Quelques-uns, mais surtout ceux qui aspiraient à la même distinction, se récrièrent sur cette demande, et détournèrent les soldats de rien décider là-dessus avant que la fortune fît connaître à qui cette faveur serait due. Il fut cependant réglé que le nouveau préteur, qui prendrait la ville, partagerait avec son prédécesseur le soin du butin et l'inscription des armes.

Le lendemain de cette décision, jour auquel le nouveau préteur devait être élu et entrer en charge, selon la coutume des Étoliens, arrivent pendant la nuit, proche de Mydionie, cent bâtimens portant cinq mille Illyriens, qui, débarquant sans bruit au point du jour, et s'étant rangés en bataille à leur manière, s'en vont, partagés en connétablies, droit au camp des Étoliens. Ceux-ci furent d'abord frappés d'une descente si subite et si hardie, mais ils ne rabattirent pour cela rien de leur ancienne fierté; ils comptaient sur le nombre et la valeur de leurs troupes, et firent bonne contenance. Ce qu'ils avaient d'infanterie pesamment armée et de cavalerie (et ils avaient beaucoup de l'un et de l'autre), ils le mirent en bataille dans la plaine à la tête du camp. Il y avait là quelques postes élevés et avantageux; ils les firent occuper par une partie de la cavalerie et des soldats armés à la légère. Mais ceux-ci ne purent tenir contre les Illyriens, qui au premier choc les accablèrent de leur nombre et de leur pesanteur, et menèrent battant la cavalerie jusqu'aux soldats pesamment armés des Étoliens. Fondant ensuite des hauteurs sur les troupes rangées dans la plaine, ils les renversèrent avec d'autant plus de facilité, que les Mydioniens firent en même temps sur elles une vigoureuse sortie. Il en resta une grande partie sur le champ de bataille; mais on fit un plus grand nombre de prisonniers, et on se rendit maître des armes et de tout le bagage. Les Illyriens, après avoir exécuté l'ordre de leur roi, chargèrent le butin sur leurs bâtimens, et reprirent la route de leur pays. Ainsi fut sauvée Mydionie, lorsqu'elle s'y attendait le moins.

On convoqua ensuite une assemblée des citoyens, où l'on discuta entre autres choses l'affaire de l'inscription des armes, et on y régla : que l'on suivrait la loi que les Étoliens venaient d'établir, en sorte que l'inscription des armes serait commune, et au préteur qui était actuellement en charge, et à ceux qui le seraient dans la suite. La fortune montre bien ici quel est son pouvoir sur les choses humaines, en favorisant tellement les Mydioniens, qu'ils couvrent leurs ennemis de la même infamie dont ils s'attendaient à être eux-mêmes couverts, et la défaite inopinée des Étoliens nous apprend : que l'on ne doit pas délibérer sur l'avenir, comme s'il était déjà présent; qu'il ne faut point compter par avance sur des choses qui peuvent encore changer ; et qu'étant hommes, nous devons en toute occasion, mais surtout dans la guerre, nous attendre à quelque évènement que nous n'aurons pu prévoir.

Au retour de la flotte, Agron s'étant fait faire par les chefs le récit du combat, fut dans une joie extrême d'avoir rabaissé la fierté des Étoliens : mais s'étant adonné au vin et à d'autres plaisirs semblables, il y gagna une pleurésie, qui le mit en peu de jours au tombeau.

Le royaume passa entre les mains de Teuta sa femme, qui confia à ses amis l'administration des affaires. Cette reine, suivant les habitudes de légèreté de son sexe, ne pensait qu'à la victoire que ses sujets venaient de remporter. Sans égard pour les états voisins, elle permit d'abord à ses sujets de se livrer à la piraterie. Ensuite ayant équipé une flotte, et levé une armée aussi nombreuse que la première, elle exerça de côté et d'autre, par ses généraux, toutes sortes d'hostilités.

Les Éléens et les Messéniens furent les premiers à s'en ressentir. Jamais ces deux pays n'étaient en repos ni en sûreté contre les Illyriens, parce que la côte étant fort étendue, et les villes dont ils dépendent, bien avant dans les terres, les secours qu'ils en pouvaient tirer étaient trop faibles et trop lents pour empêcher la descente des Illyriens, qui par cette raison fondaient sur eux sans crainte, et mettaient tout au pillage. Ils avaient poussé un jour jusqu'à Phénice, ville d'Épire, pour y chercher des vivres. Là s'abouchant avec des Gaulois qui y étaient en garnison, à la solde des Épirotes, au nombre d'environ huit cents, ils prirent avec eux des mesures pour se rendre maîtres de la ville. Les Gaulois donnent les mains au complot; les Illyriens font une descente, emportent la ville d'assaut, et s'emparent de tout ce qu'ils y trouvent. A cette nouvelle les Épirotes se mettent sous les armes. Arrivés à Phénice, ils campent devant la ville, ayant devant eux la rivière, et pour être plus en sûreté ils enlèvent les planches du pont qui était dessus. Sur l'avis qu'ils reçoivent ensuite que Skerdilaïde arrivait par terre à la tête de cinq mille Illyriens, qu'il faisait filer par les détroits qui sont proche d'Antigonée, ils envoient un détachement à la garde de cette ville, et du reste se tranquillisent, font bonne chère aux dépens du pays, et ne s'embarrassent pas du service du camp. Les Illyriens avertis que les Épirotes avaient divisé leurs forces, et que le service se faisait avec nonchalance, partent de nuit, jettent des planches sur le pont, passent dessus, puis s'emparant d'un poste avantageux ils demeurent là jusqu'au jour. Alors on se met de part et d'autre en bataille devant la ville. Les Épirotes sont défaits. On en tua un grand nombre; beaucoup plus furent faits prisonniers; le reste se sauva chez les Atintaniens.

Après cette défaite, ne voyant plus chez eux-mêmes de quoi se soutenir, ils députèrent aux Étoliens et aux Achéens pour les supplier de venir à leur secours. Ces peuples touchés de compassion se mettent en marche, et vont à Hélicrane; là se rendent aussi les Illyriens qu'avait amenés Skerdilaïde, et qui s'étaient emparés de Phénice. Ils se postent auprès des Étoliens et des Achéens dans le dessein de leur donner bataille. Mais outre que le terrain était désavantageux, ils reçurent de Teuta des lettres qui les obligeaient de revenir incessamment dans l'Illyrie, parce qu'une partie de ce royaume s'était tournée du côté des Dardaniens. Ainsi après avoir ravagé l'Épire, ils firent une trêve avec les Épirotes; leur rendirent, avec la ville de Phénice, ce qu'ils avaient pris sur eux d'hommes libres, pour une somme d'argent; et ayant chargé sur des barques les esclaves et le reste de leur bagage, les uns se mirent en mer, les autres, que Skerdilaïde avait amenés, s'en retournèrent à pied par les défilés d'Antigonée. Cette expédition répandit une extrême frayeur parmi les Grecs qui habitaient le long de la côte. Auparavant ils craignaient pour leurs campagnes; mais depuis que Phénice, la ville de tout l'Épire la plus forte et la plus puissante, avait passé sous d'autres lois d'une façon si extraordinaire, ils crurent qu'il n'y avait plus de sûreté ni pour eux-mêmes ni pour leurs villes.

Les Épirotes remis en liberté, loin de se venger des Illyriens, ou de marquer leur reconnaissance aux états qui les avaient secourus, envoyèrent des ambassadeurs à Teuta, et de concert avec les Acarnaniens, firent alliance avec cette reine, alliance en vertu de laquelle ils prirent dans la suite les intérêts des Illyriens contre les deux peuples qui les en avaient délivrés; aussi grossièrement ingrats à l'égard de leurs bienfaiteurs, qu'ils avaient auparavant été peu habiles à se conserver Phénice! Que nous tombions quelquefois dans des malheurs que nous n'avons pu ni prévoir ni éviter, c'est une suite de l'humanité; nous n'en sommes pas responsables; on en rejette la faute ou sur la fortune, ou sur quelque trahison; mais quand le péril est évident et que l'on n'y tombe que faute de jugement et de prudence, alors on ne doit s'en prendre qu'à soi-même. Un revers de fortune attendrit, est excusé, attire du secours; une sottise, une grossière imprudence ne méritent de la part des gens sages que de l'indignation et des reproches. C'est aussi la justice que les Grecs rendirent aux Épirotes. Sachant que les Gaulois passaient communément pour suspects, pouvaient-ils sans témérité leur confier en garde une ville riche, puissante et qui par mille endroits excitait leur cupidité? Pourquoi ne se pas défier d'un corps de troupes chassé de son pays pas sa propre nation, pour les perfidies qu'ils avaient faites à leurs amis et à leurs parens, dont plus de trois mille hommes, reçus ensuite par les Carthaginois qui étaient alors en guerre, avaient pris occasion d'un soulèvement des soldats contre les chefs au sujet de la solde, pour piller Agrigente, où ils avaient été mis pour la garder; qui jetés ensuite dans Éryce pour la défendre contre les Romains qui l'assiégeaient, après avoir inutilement tenté de la leur livrer par trahison, s'étaient venus rendre dans leur camp; qui jetés ensuite dans Éryce sur leur bonne foi par les Romains, avaient pillé le temple de Vénus Érycine; qui enfin aussitôt après la guerre de Sicile, connus par les Romains pour des traîtres et des perfides, avaient été dépouillés de leurs armes, mis sur des vaisseaux et chassés de toute l'Italie? Après cela était-il de la prudence de confier à des gens de cette trempe la garde d'une république et d'une ville très-puissante? Et les Épirotes ne furent-ils pas bien les artisans de leurs malheurs? cette imprudence valait la peine d'être remarquée; elle apprendra, qu'en bonne politique, il ne faut jamais introduire une trop forte garnison, surtout lorsqu'elle est composée d'étrangers et de barbares.

CHAPITRE II.

Plaintes portées au sénat romain contre les Illyriens. — Succès de l'ambassade envoyée de sa part à Teuta, leur reine. — Les Illyriens entrent par surprise dans Épidamne, et en sont chassés. — Combat naval auprès de Paxès, et prise de Corcyre par les Illyriens. — Descente des Romains dans l'Illyrie. — Exploits de Fulvius et de Posthumius, consuls romains. — Traité de paix entre eux et la reine.

Long-temps avant la prise de Phénice, les Illyriens avaient assez souvent inquiété ceux qui par mer venaient d'Italie. Mais pendant leur séjour dans cette ville, il s'en détacha de la flotte plusieurs, qui courant sus aux marchands, pillaient, tuaient et emmenaient des prisonniers. D'abord le sénat ne fit pas grand compte des plaintes qu'on lui portait contre ces pirates. Mais alors ces plaintes devenant plus fréquentes, il envoya en Illyrie Caïus et Lucius Coruncanius pour s'assurer des faits. Quand Teuta vit, au retour de ses vaisseaux, le nombre et la beauté des effets qu'ils avaient apportés de Phénice, ville alors la plus riche et la plus florissante de l'Épire, cela ne fit que redoubler la passion qu'elle avait de s'enrichir des dépouilles des Grecs. Les troubles intestins dont son propre royaume était agité, la retinrent un peu de temps; mais dès qu'elle eut ramené à leur devoir ceux de ses sujets qui s'étaient révoltés, elle mit le siège devant Issa, la seule ville qui refusât de la reconnaître.

Ce fut alors qu'arrivèrent les ambassadeurs romains. Dans l'audience qu'on leur donna, il se plaignirent des torts que leurs marchands avaient soufferts de la part des corsaires illyriens. La reine les laissa parler sans les interrompre, affectant des airs de hauteur et de fierté. Quand ils eurent fini, sa réponse fut: qu'elle tâcherait d'empêcher que leur république n'eût dans la suite sujet de se plaindre de son royaume en général; mais que ce n'était pas la coutume des rois d'Illyrie de défendre à leurs sujets d'aller en course pour leur utilité particulière. A ce mot le feu monte à la tête au plus jeune des ambassadeurs, et avec une liberté à qui il ne manquait que d'avoir été prise à propos : « Chez nous, madame, dit-il, une de nos plus belles coutumes, » c'est de venger en commun les torts faits » aux particuliers; et nous ferons, s'il plaît » aux Dieux, en sorte que vous vous portiez » bientôt de vous-même à reformer les coutumes des rois illyriens. » La reine prit cette réponse en femme, c'est-à-dire en très-mauvaise part. Elle en fut tellement irritée, que, sans égard pour le droit des gens, elle fit poursuivre les ambassadeurs et tuer celui qui l'avait offensée. Là-dessus les Romains font des préparatifs de guerre, lèvent des troupes et équipent une flotte.

Au commencement du printemps, Teuta ayant fait construire un plus grand nombre de bâtimens qu'auparavant, envoya encore porter la destruction dans la Grèce. Une partie passa à Corcyre, les autres allèrent mouiller à Épidamne, sous prétexte d'y prendre de l'eau et des vivres, mais en effet dans le dessein de surprendre la ville. Les Épidamniens les laissèrent entrer imprudemment et sans précaution; ils abordent les habits relevés, un pot dans la main comme pour prendre de l'eau, et un poignard dans le pot. Ils égorgent la garde de la porte, et se rendent bientôt maîtres de l'entrée. Alors des renforts accourent promptement de leurs vaisseaux, selon le projet qui avait été pris, et avec ces nouvelles forces il leur fut aisé de s'emparer de la plus grande partie des murailles. Mais les habitans, quoique pris à l'improviste, se défendirent avec tant de vigueur que les Illyriens, après avoir long-temps disputé le terrain, furent obligés de se retirer. La négligence des Épidamniens dans cette occasion, pensa leur coûter leur propre patrie; mais leur courage, en les tirant du danger, leur apprit à être plus vigilans et plus attentifs à l'avenir.

Les Illyriens repoussés mirent aussitôt à la voile, et ayant joint ceux qui les devançaient, ils cinglèrent droit à Corcyre, y firent une descente, et entreprirent d'assiéger cette ville. L'épouvante fut grande parmi les citoyens, qui ne se croyant pas en état de résister et de se soutenir par eux-mêmes, envoyèrent implorer l'assistance des Achéens et des Étoliens. Il s'y trouva en même temps des ambassadeurs de la part des Apolloniates et des Épidamniens, qui priaient instamment qu'on les secourût, et qu'on ne souffrit point qu'ils fussent chassés de leur pays par les Illyriens. Ces demandes furent favorablement écoutées: les Achéens avaient sept vaisseaux de guerre; on les équipa de tout point, et l'on se mit en mer. On comptait bien faire lever le siège de Corcyre. Mais les Illyriens ayant reçu des Acarnaniens sept vaisseaux, en vertu de l'alliance qu'ils avaient faite avec eux, vinrent au devant des Achéens, et leur livrèrent bataille auprès de Paxos. Les Acarnaniens avaient en tête les Achéens, et de ce côté-là le combat fut égal; on se retira de part et d'autre sans s'être fait d'autre mal que quelques blessures. Pour les Illyriens, ayant lié leurs vaisseaux quatre à quatre, ils approchèrent des ennemis. D'abord il ne semblait pas qu'ils se souciassent fort de se défendre. Ils prêtaient même le flanc, comme pour aider aux ennemis à les battre. Mais quand on se fut joint, l'embarras des ennemis ne fut pas médiocre, accrochés qu'ils étaient par ces vaisseaux liés ensemble, et suspendus aux éperons des leurs. Alors les Illyriens sautent dessus les ponts des Achéens, et les accablent de leur grand nombre. Ils prirent quatre galères à quatre rangs, et en coulèrent à fond une de cinq rangs avec tout l'équipage. Sur celle-ci était un Cérynien nommé Marcus, qui, jusqu'à cette fatale journée, s'était acquitté envers la république de tous les devoirs d'un excellent citoyen. Ceux qui avaient eu affaire aux Acarnaniens, voyant que les Illyriens avaient le dessus, cherchèrent leur salut dans la légèreté de leurs vaisseaux, et poussés par un vent frais, arrivèrent chez eux sans courir de risque. Cette victoire enfla beaucoup le courage des Illyriens; mais autant elle leur donna de facilité à continuer le siège de Corcyre, autant elle ôta aux assiégés toute espérance de le soutenir avec succès. Ils tinrent ferme quelques jours, mais enfin ils s'accommodèrent, et reçurent garnison, et avec cette garnison Démétrius de Pharès. Après quoi les Illyriens retournèrent à Épidamne, et en reprirent le siège.

C'était alors à Rome le temps d'élire les consuls. Caius Fulvius ayant été choisi, eut le commandement de l'armée navale, qui était de deux cents vaisseaux; et Aulus Posthumius son collègue, celui de l'armée de terre. Caius voulait d'abord cingler droit à Corcyre, croyant y arriver à temps pour donner du secours; mais quoique la ville se fût rendue, il ne laissa pas de suivre son premier dessein, tant pour connaître au juste ce qui s'y était passé, que pour s'assurer de ce qui avait été mandé à Rome par Démétrius qui, ayant été desservi auprès de Teuta, et craignant son ressentiment, avait fait dire aux Romains qu'il leur livrerait Corcyre et tout ce qui était en sa disposition.

Les Romains débarquent dans l'île, et y sont bien reçus. De l'avis de Démétrius on leur abandonne la garnison illyrienne, et on se rend à eux à discrétion, dans la pensée que c'était l'unique moyen de se mettre à couvert pour toujours des insultes des Illyriens. De Corcyre, Caius fait voile vers Apollonie, emmenant avec lui Démétrius, pour exécuter d'après ses avis tout ce qui lui restait à faire. En même temps Posthumius part de Brindes, et traverse la mer avec son armée de terre, composée de vingt mille hommes de pied et de deux mille chevaux. A peine les deux consuls paraissent ensemble devant Apollonie, que les habitans les reçoivent à bras ouverts, et se rangent sous leurs lois. De là, sur la nouvelle que les Illyriens assiégeaient Épidamne, ils prennent la route de cette ville, et au bruit qu'ils approchent, les Illyriens lèvent tumultueusement le siége, et prennent la fuite. Les Épidamniens une fois pris sous leur protection, ils pénètrent dans l'Illyrie, et rangent à la raison les Ardyéens. Là se trouvent des députés de plusieurs peuples, entre autres des Partheniens et des Atintaniens qui les reconnaissent pour leurs maîtres. Ensuite ils marchent à Issa, qui était aussi assiégée par les Illyriens, font lever le siége, et reçoivent les Isséens dans leur alliance. Le long de la côte ils emportèrent d'assaut quelques villes d'Illyrie ; entre autres Nytrie, où ils perdirent beaucoup de soldats, quelques tribuns et le questeur. Ils y prirent vingt brigantins qui emportaient du pays un gros butin. Des assiégeans d'Isse, les uns, en considération de Démétrius, furent ménagés, et demeurèrent dans l'île de Pharos ; tous les autres furent dispersés, et se retirèrent à Arbon. Pour Teuta, elle se sauva avec un très-petit nombre des siens à Rizon, petite place propre à la mettre en sûreté, éloignée de la mer, sur la rivière qui porte le même nom que la ville.

Les Romains ayant ainsi augmenté dans l'Illyrie le nombre des sujets de Démétrius, et étendu plus loin sa domination, se retirèrent à Épidamne avec leur flotte et leur armée de terre. Caius ramena à Rome la plus grande partie des deux armées, et Posthumius, ayant ramassé quarante vaisseaux, et levé une armée sur plusieurs villes des environs, prit là ses quartiers d'hiver pour pouvoir protéger les Ardyéens et les autres peuples qui s'étaient mis sous la sauve-garde des Romains.

Le printemps venu, il vint à Rome des ambassadeurs de la part de Teuta, lesquels, au nom de leur maîtresse, proposèrent ces conditions de paix : « quelle paierait le tribut qui » lui avait été imposé ; qu'à l'exception de peu » de places, elle céderait toute l'Illyrie et ce qui était de plus d'importance, surtout par rapport aux Grecs, « qu'au-delà du Lisse, elle ne » pourrait mettre sur mer que deux brigantins » sans armes. » Ces conditions acceptées, Posthumius envoya des députés chez les Étoliens et les Achéens qui leur firent connaître pourquoi les Romains avaient entrepris cette guerre et passé dans l'Illyrie. Ils racontèrent ce qui s'y était fait, ils lurent le traité de paix conclu avec les Illyriens, et retournèrent ensuite à Corcyre, très-contens du bon accueil qu'on leur avait fait chez ces deux nations. En effet, ce traité dont ils avaient apporté la nouvelle, délivrait les Grecs d'une grande crainte ; car ce n'était pas seulement contre quelques parties de la Grèce que les Illyriens se déclaraient ; ils étaient ennemis de toute la Grèce. Tel fut le premier passage des armées romaines dans l'Illyrie, et la première alliance qui se fit par ambassades entre les Grecs et le peuple romain. Depuis ce temps-là il y eut encore des ambassadeurs envoyés de Rome à Corinthe et à Athènes, et ce fut alors pour la première fois que les Corinthiens reçurent les Romains dans les combats isthmiques. Revenons maintenant aux affaires d'Espagne que nous avons laissées.

CHAPITRE III.

Construction de Carthage-la-Neuve par Asdrubal. — Traité des Romains avec ce grand capitaine. — Abrégé de l'histoire des Gaulois. — Description de la partie de l'Italie qu'ils occupaient.

Asdrubal, revêtu du commandement des armées, se fit beaucoup d'honneur dans cette dignité par son intelligence et par sa conduite. Entre les services qu'il rendit à l'état, un des plus importans, et qui contribua le plus à étendre la puissance de sa république, fut la construction d'une ville, que quelques-uns appellent Carthage, et les autres Ville-Neuve, ville dans la situation la plus heureuse, soit pour les affaires d'Espagne, soit pour celles de l'Afrique. Nous aurons ailleurs une occasion plus favorable de décrire cette situation, et les avantages que ces deux pays en peuvent tirer. Les grandes conquêtes qu'Asdrubal avait déjà faites, et le degré de puissance où il était parvenu, firent prendre aux Romains la résolution de penser sérieusement à ce qui se passait en Espagne. Ils se trouvèrent coupables de s'être endormis sur l'accroissement de la domination des Carthaginois, et songèrent tout de bon à réparer cette faute.

Ils n'osèrent pourtant alors ni leur prescrire des lois trop dures, ni prendre les armes contre eux; ils avaient assez à faire de se tenir en garde contre les Gaulois, dont ils étaient menacés, et que l'on attendait presque de jour en jour. Il leur parut qu'il était plus à propos d'user de douceur avec Asdrubal, jusqu'à ce que par une bataille ils se fussent débarrassés des Gaulois, ennemis qui n'épiaient que l'occasion de leur nuire, et dont il fallait nécessairement qu'ils se défissent, non seulement pour se rendre maîtres de l'Italie, mais encore pour demeurer paisibles dans leur propre patrie. Ils envoyèrent donc des ambassadeurs à Asdrubal, et dans le traité qu'ils firent avec lui, sans faire mention du reste de l'Espagne, ils exigeaient seulement qu'il ne portât pas la guerre au-delà de l'Èbre : ces conditions acceptées, ils tournèrent toutes leurs forces contre les Gaulois.

A propos de ce peuple, nous ne ferons pas mal d'en donner ici l'histoire en raccourci, et de la reprendre au temps où il s'était emparé d'une partie de l'Italie. Le dessein que je me suis proposé dans mes deux premiers livres, réclame cette esquisse. D'ailleurs, outre que cette histoire est digne d'être connue, et transmise à la postérité, elle est encore nécessaire pour connaître quel pays Annibal eut la hardiesse de traverser, et à quels peuples il osa se fier, lorsqu'il forma le projet de renverser l'empire romain. Mais montrons d'abord quel est, et comment est situé, par rapport au reste de l'Italie, le terrain que les Gaulois occupaient; cette description aidera beaucoup à faire concevoir ce qu'il y aura de remarquable dans les actions qui s'y sont passées.

Toute l'Italie forme un triangle, dont l'un des côtés, qui est à l'orient, est terminé par la mer d'Ionie et le golfe Adriatique qui lui est adjacent, et l'autre, qui est au midi et à l'occident, par la mer de Sicile et celle de Tyrrhénie. Ces deux côtés, se joignant ensemble, font la pointe du triangle, et cette pointe, c'est ce promontoire d'Italie qu'on appelle Cocinthe, et qui sépare la mer d'Ionie de celle de Sicile. Au troisième côté, qui regarde le septentrion et le milieu des terres, sont les Alpes, chaîne de montagnes qui, depuis Marseille et les lieux qui sont au dessus de la mer de Sardaigne, s'étend sans interruption jusqu'à l'extrémité de la mer Adriatique, à l'exception d'un petit terrain où elles finissent, avant que de se joindre à cette mer. C'est du pied de ces montagnes, qui doivent être regardées comme la base du triangle, et du côté du midi, que commencent ces plaines dont nous avons à parler, plaines situées dans la partie septentrionale de l'Italie, et qui par leur fertilité et leur étendue surpassent tout ce que l'histoire nous a jamais appris d'aucun pays de l'Europe. Elles sont aussi en forme de triangle. La jonction des Apennins et des Alpes auprès de la mer de Sardaigne, au-dessus de Marseille, fait la pointe du triangle. Les Alpes bornent le côté du septentrion à la longueur de 2,200 stades, et au midi sont les Apennins qui s'étendent à 3,600. La base de ce triangle est la côte du golfe Adriatique, et cette côte, qui s'étend depuis Sène jusqu'à l'extrémité du golfe, est longue de plus de 2,500 stades, en sorte que ces plaines ne renferment guère moins de 10,000 stades dans leur circonférence.

Pour la fertilité du pays, il n'est pas facile de l'exprimer. On y recueille une si grande abondance de grains, que nous avons vu le médèmne de froment, mesure de Sicile, à quatre oboles, et le médèmne d'orge à deux. La métrète de vin s'y donne pour une égale mesure d'orge. Le mil et le panis y croissent à foison;

les chênes répandus çà et là fournissent une si grande quantité de glands que, quoiqu'en Italie on tue beaucoup de porcs, tant pour la vie ordinaire que pour les provisions de guerre, cependant la plus grande partie se tire de ces plaines. Enfin les besoins de la vie y sont à si bon marché, que les voyageurs, dans les hôtelleries, ne demandent pas ce que leur coûtera chaque chose en particulier, mais combien il en coûte par tête; et ils en sont souvent quittes pour un semisse, qui ne fait que la quatrième partie d'une obole; rarement il en coûte davantage, quoiqu'on y donne suffisamment tout ce qui est nécessaire. Je ne dis rien du nombre d'hommes dont ce pays est peuplé, ni de la grandeur et de la beauté de leur corps, ni de leur courage dans les actions de la guerre, on en doit juger par ce qu'ils ont fait. Les deux côtés des Alpes, dont l'un regarde le Rhône et le septentrion, et l'autre les campagnes dont nous venons de parler, ces deux côtés, dis-je, sont habités, le premier par les Gaulois transalpins, et le second par les Taurisques, les Agones et plusieurs autres sortes de barbares. Ces Transalpins ne sont point une nation différente des Gaulois. Ils ne sont ainsi appelés, que parce qu'ils demeurent au-delà des Alpes. Au reste, quand je dis que ces deux côtés sont habités, je ne parle que des lieux bas et des douces collines, car pour les sommets de ces montagnes, personne, jusqu'à présent, n'y a fixé son habitation; la difficulté d'y monter, et les neiges dont ils sont toujours couverts, les rendent inhabitables. Tout le pays, depuis le commencement de l'Apennin, au dessus de Marseille, et sa jonction avec les Alpes, tant du côté de la mer de Tyrrhénie jusqu'à Pise, qui est la première ville de l'Étrurie au couchant, que du côté des plaines jusques aux Arretins, tout ce pays, dis-je, est habité par les Liguriens; au-delà sont les Tyrrhéniens, et après eux les Umbriens, qui occupent les deux versans de l'Apennin, après lesquels cette chaîne de montagnes, qui est éloignée de la mer Adriatique d'environ 500 stades, se courbant vers la droite, quitte les plaines, et traversant par le milieu tout le reste de l'Italie, va gagner la mer de Sicile.

Ces plaines, dont l'Apennin s'écarte, s'étendent jusqu'à la mer et à la ville de Séne.

Le Pô, que les poètes ont tant célébré sous le nom d'Éridan, prend sa source dans les Alpes, à la pointe du dernier triangle, dont nous avons parlé; il prend d'abord son cours vers le midi, et se répand dans les plaines; mais à peine y est-il entré, qu'il se détourne du côté du levant, et va par deux embouchures se jeter dans la mer Adriatique. Il se partage dans la plaine, mais de telle sorte, que le bras le plus gros est celui qui coule vers les Alpes et la mer Adriatique. Il roule autant d'eau qu'aucune autre rivière d'Italie, parce que tout ce qui sort d'eau des Alpes et des Apennins, du côté des plaines, tombe dans son lit, qui est fort large et fort beau, surtout lorsqu'au retour de la belle saison, il est rempli par les neiges fondues qui s'écoulent des montagnes dont nous parlions tout à l'heure. On remonte ce fleuve sur des vaisseaux, par l'embouchure nommée Olana, depuis la mer jusqu'à l'espace d'environ 2,000 stades. Au sortir de sa source, il n'a qu'un lit, et le conserve jusque chez les Trigaboles, où il se divise en deux. L'embouchure de l'un s'appelle Padoa, et celle de l'autre Olana, où est un port qui, pour la sûreté de ceux qui y abordent, ne le cède à aucun autre de la mer Adriatique. Ce fleuve est appelé, par les gens du pays, Bodencus.

On me dispensera bien de discuter ici tout ce que les Grecs racontent de ce fleuve, l'affaire de Phaéton et sa chute, les larmes des peupliers, la nation noire qui habite le long du fleuve, et qui porte encore le deuil de Phaéton, et en un mot tout ce qui regarde cette histoire tragique, et peut-être d'autres semblables. Une exacte recherche de ces sortes de choses ne convient pas à un préambule. Cependant nous en dirons ce qu'il faudra dans une autre occasion, ne fût-ce que pour faire connaître l'ignorance de Timée sur les lieux que nous venons de décrire.

Ces plaines, au reste, étaient autrefois occupées par les Tyrrhéniens, lorsque maîtres du pays où est Capoue et Nole, et qu'on appelle les champs Phlégréens, ils se rendirent célèbres par la généreuse résistance qu'ils firent à l'ambition de plusieurs voisins. Ainsi, ce qui se lit dans les historiens des dynasties de ce peuple, il ne faut point l'entendre du pays qu'ils occupent à présent, mais des plaines dont j'ai parlé, et qui leur fournissaient toutes les facilités possibles pour s'agrandir. Depuis, les Gaulois qui leur étaient voisins, et qui ne voyaient qu'avec un œil jaloux la beauté du pays, s'étant mêlés avec eux par le commerce, tout d'un coup, sur un léger prétexte, fondirent avec une grosse armée sur les Tyrrhéniens, les chassèrent des environs du Pô, et s'y mirent en leur place. Vers la source de ce fleuve étaient les Laëns et les Lébiciëens; ensuite les Insubriens, nation puissante et fort étendue; et après eux les Cénomans; auprès de la mer Adriatique les Vénètes, peuple ancien qui avait à peu près les mêmes coutumes et le même habillement que les autres Gaulois, mais qui parlait une autre langue. Ces Vénètes sont célèbres chez les poëtes tragiques, qui ont débité sur eux force prodiges. Au-delà du Pô, autour de l'Apennin, les premiers qui se présentaient étaient les Anianes, ensuite les Boïens; après eux, vers la mer Adriatique, les Lingonais, et enfin, sur la côte, les Sénonais. Voilà les nations les plus considérables qui ont habité les lieux dont nous avons parlé.

CHAPITRE IV.

Prise de Rome par les Gaulois. — Différentes entreprises de ce peuple contre les Romains.

Tous ces peuples étaient répandus par villages qu'ils ne fermaient point de murailles. Ils ne savaient ce que c'était que des meubles. Leur manière de vie était simple; point d'autre lit que de l'herbe, ni d'autre nourriture que de la viande. La guerre et l'agriculture faisaient toute leur étude; toute autre science ou art leur était inconnu. Leurs richesses consistaient en or et en troupeaux, les seules choses qu'on peut facilement transporter d'un lieu en un autre à son choix, ou selon les différentes conjonctures. Ils s'appliquaient surtout à s'attacher un grand nombre de personnes, parce qu'on n'était puissant et formidable chez eux

qu'en proportion du nombre des cliens dont on disposait à son gré. D'abord ils ne furent pas seulement maîtres du pays, mais encore de plusieurs voisins qu'ils se soumirent par la terreur de leurs armes. Peu de temps après, ayant vaincu les Romains et leurs alliés en bataille rangée, et les ayant mis en fuite, ils les menèrent battant pendant trois jours jusqu'à Rome, dont ils s'emparèrent, à l'exception du Capitole; mais les Vénètes s'étant jetés sur leur pays, ils s'accommodèrent avec les Romains, leur rendirent leur ville, et coururent au secours de leur patrie (15). Ils se firent ensuite la guerre les uns aux autres. Leur grande puissance excita aussi la jalousie de quelques-uns des peuples qui habitaient les Alpes. Piqués de se voir si fort au dessous d'eux, ils s'assemblèrent, prirent les armes, et firent souvent des excursions sur leur pays.

Pendant ce temps-là les Romains s'étaient relevés de leurs pertes, et avaient pour la seconde fois composé avec les Latins. Trente ans après la prise de Rome, les Gaulois s'avancèrent jusqu'à Albe avec une grande armée (16). Les Romains surpris, et n'ayant pas eu le temps de faire venir les troupes de leurs alliés, n'osèrent aller au devant d'eux. Mais douze ans après (17), les Gaulois étant revenus avec une armée nombreuse, les Romains, qui s'y attendaient, assemblent leurs alliés, s'avancent avec ardeur, et brûlent d'en venir aux mains. Cette fermeté épouvanta les Gaulois, il y eut différens sentimens parmi eux sur ce qu'il y avait à faire; mais la nuit venue, ils firent une retraite qui approchait fort d'une fuite. Depuis ce temps-là ils restèrent chez eux, sans remuer, pendant treize ans. Ensuite voyant les Romains croître en puissance et en force, ils conclurent avec eux un traité de paix. Ils se tinrent ainsi en paix pendant environ trente années (18). Mais, menacés d'une guerre de la part des peuples de delà les Alpes, et craignant d'en être accablés, ils leur envoyèrent tant de présens, et surent si bien faire valoir la liaison qu'il y avait entre eux et les Gaulois d'en deçà les Alpes, qu'il leur firent tomber les armes des mains. Ils leur persuadèrent ensuite de reprendre les armes contre les Romains, et s'engagèrent à courir avec eux tous les risques de cette guerre. Réunis ensemble, ils passent par la Tyrrhénie, gagnent les peuples de ce pays à leur parti, font un riche butin sur les terres des Romains, et en sortent sans que personne fasse mine de les inquiéter. De retour chez eux, une sédition s'élève sur le partage du butin; c'est à qui aura la meilleure part, et leur avidité leur fait perdre la plus grande partie et du butin et de leur armée. Cela est assez ordinaire aux Gaulois lorsqu'ils ont fait quelque capture, surtout quand le vin et la débauche leur échauffent la tête.

Quatre ans après cette expédition, les Samnites et les Gaulois, ayant joint ensemble leurs forces, livrèrent bataille aux Romains dans le pays des Camertins (19), et en défirent un grand nombre. Les Romains, irrités par cet échec, revinrent peu de jours après avec toutes leurs troupes dans le pays des Sentinates. Dans cette bataille, les Gaulois perdirent la plus grande partie de leurs troupes et le reste fut obligé de s'enfuir en déroute dans son pays. Ils revinrent encore dix ans après (20) avec une grande armée pour assiéger Arretium. Les Romains accoururent pour secourir les assiégés, et livrèrent bataille devant la ville; mais ils furent vaincus, et Lucius qui les commandait y perdit la vie. Manius Curius, son successeur, leur envoya demander les prisonniers, mais contre le droit des gens ils mirent à mort ceux qui étaient venus de sa part. Les Romains, outrés, se mettent sur le champ en campagne; les Sénonais se présentent; la bataille se livre; les Romains victorieux en tuent la plus grande partie, chassent le reste, et se rendent maîtres de tout le pays. C'est dans cet endroit de la Gaule qu'ils envoyèrent pour la première fois une colonie et qu'ils bâtirent une ville nommée Séne du nom des Sénonais, qui l'avaient les premiers habitée. Nous avons dit où elle est située, savoir: près de la mer Adriatique, à l'extrémité des plaines qu'arrose le Pô.

La défaite des Sénonais fit craindre aux Boïens qu'eux-mêmes et leur pays n'eussent le même sort. Ils levèrent une armée formidable et exhortèrent les Tyrrhéniens à se joindre à eux. Le rendez-vous était près du lac Vadémon, et ils s'y mirent en bataille. Presque tous les Tyrrhéniens y périrent, et il n'y eut que quelques Boïens qui échappèrent par la fuite. Mais l'année suivante ils se liguèrent une seconde fois, et, ayant enrôlé toute la jeunesse, ils donnèrent bataille aux Romains. Ils y furent entièrement défaits, et contraints malgré toute leur fierté à demander la paix aux Romains, et à faire un traité avec eux. Tout ceci se passa trois ans avant que Pyrrhus entrât dans l'Italie, et cinq ans avant la déroute des Gaulois à Delphes. De cette fureur de guerre, que la fortune semblait avoir soufflé aux Gaulois, les Romains tirèrent deux grands avantages. Le premier fut, qu'accoutumés à être battus par les Gaulois, ils ne pouvaient ni rien voir ni rien craindre de plus terrible que ce qui leur était arrivé; et c'est pour cela que Pyrrhus les trouva si exercés et si aguerris. L'autre avantage fut, que les Gaulois réduits et domptés, ils furent en état de réunir toutes leurs forces, contre Pyrrhus d'abord, pour défendre l'Italie, et ensuite contre les Carthaginois, pour leur enlever la Sicile.

Pendant les quarante-cinq ans qui suivirent ces défaites, les Gaulois restèrent tranquilles, et vécurent en bonne intelligence avec les Romains. Mais après que le temps eut fait sortir de ce monde ceux qui avaient été témoins oculaires de leurs malheurs, les jeunes gens qui leur succédèrent, gens brutaux et féroces, et qui jamais n'avaient ni connu ni éprouvé le mal, commencèrent à remuer, comme il arrive ordinairement. Ils cherchèrent querelle aux Romains pour des bagatelles, et entraînèrent dans leur parti les Gaulois des Alpes (21). D'abord le peuple n'eut point de part à ces mouvemens séditieux; tout se tramait secrètement entre les chefs. De là vint que les Transalpins s'étant avancés avec une armée jusqu'à Ariminum, le peuple, chez les Boïens, ne voulut pas marcher avec eux. Il se révolta contre ses chefs, s'éleva contre ceux qui venaient d'arriver, et tua ses propres rois Atis et Galatus. Il y eut même une bataille rangée, où ils se massacrèrent les uns les autres. Les Romains, épouvantés de l'irruption des Gaulois, se mirent en campagne; mais apprenant qu'ils s'étaient défaits eux-mêmes, ils reprirent la route de leur pays.

Cinq ans après, sous le consulat de Marcus Lepidus, les Romains partagèrent entre eux les terres du Picenum, d'où ils avaient chassé les Sénonais. Ce fut C. Flaminius, qui, pour captiver la faveur du peuple, introduisit cette nouvelle loi, qu'on peut dire avoir été la principale cause de la corruption des mœurs des Romains, et ensuite de la guerre qu'ils eurent avec les Sénonais. Plusieurs peuples de la nation gauloise entrèrent dans la querelle, surtout les Boïens, qui étaient limitrophes des Romains. Ils se persuadèrent que ce n'était plus pour commander et pour faire la loi, que les Romains les attaquaient, mais pour les perdre et les détruire entièrement. Dans cette pensée (22), les Insubriens et les Boïens, les deux plus grandes tribus de la nation, se liguent ensemble et envoient chez les Gaulois qui habitaient le long des Alpes et du Rhône, et qu'on appelait Gésates, parce qu'ils servaient pour une certaine solde, car c'est ce que signifie proprement ce mot. Pour gagner leurs deux rois Concolitan et Aneroeste, et les engager à armer contre les Romains, ils leur font présent d'une somme considérable; ils leur mettent devant les yeux la grandeur et la puissance de ce peuple: ils les flattent par la vue des richesses immenses qu'une victoire gagnée sur lui ne manquera pas de leur procurer; ils leur promettent solennellement de partager avec eux tous les périls de cette guerre; ils leur rappellent les exploits de leurs ancêtres, qui, ayant pris les armes contre les Romains, les avaient complétement battus, et avaient pris d'emblée la ville de Rome, qui en étaient restés les maîtres, ainsi que de tout ce qui était dedans, pendant sept mois, et qui, après avoir cédé et rendu la ville, non seulement sans y être forcés (23); mais même avec reconnaissance de la part des Romains, étaient retournés sains et saufs, et chargés de butin dans leur patrie.

Cette harangue échauffa tellement les esprits, que jamais on ne vit sortir de ces provinces une armée plus nombreuse, et composée de soldats plus braves et plus belliqueux. Au bruit de ce soulèvement, on tremble à Rome pour l'avenir: tout y est dans le trouble et dans la frayeur. On lève des troupes; on fait des magasins de vivres et de munitions; on mène l'armée jusque sur les frontières, comme si les Gaulois étaient déjà dans le pays, quoiqu'ils ne fussent pas encore sortis du leur.

CHAPITRE V.

Traité des Romains avec Asdrubal. — Irruption des Gaulois dans l'Italie. — Préparatifs des Romains.

En Espagne la puissance des Carthaginois s'étendait et s'affermissait de plus en plus pendant tous ces mouvemens, sans que les Romains pussent y mettre obstacle. Les Gaulois les pressaient l'épée dans les reins; comment veiller sur ce qui se passait dans un royaume éloigné? Ce qui leur importait le plus, était de se mettre en sûreté contre les Gaulois; ils y donnèrent tous leurs soins. Après avoir mis des bornes aux conquêtes des Carthaginois par un traité fait avec Asdrubal, et dont nous avons parlé plus haut, ils ne pensèrent plus qu'à finir une bonne fois avec l'ennemi le plus proche.

Huit ans après le partage des terres du Picenum (24), les Gésates et les autres Gaulois franchirent les Alpes et vinrent camper sur le Pô. Leur armée était nombreuse et superbement équipée. Les Insubriens et les Boïens soutinrent aussi constamment le parti qu'ils avaient pris; mais les Vénètes et les Cénomans se rangèrent du côté des Romains, gagnés par les ambassadeurs qu'on leur avait envoyés, ce qui obligea les rois gaulois de laisser dans le pays une partie de leur armée pour le garder contre ces peuples. Ils partent ensuite, et prennent leur route par la Tyrrhénie, ayant avec eux cinquante mille hommes de pied, vingt mille chevaux, et autant de chariots. Sur la nouvelle que les Gaulois avaient passé les Alpes, les Romains firent marcher Lucius Emilius, l'un des consuls, à Ariminum, pour arrêter les ennemis par cet endroit. Un des préteurs fut envoyé dans la Tyrrhénie. Caïus Atilius, l'autre consul, était allé devant dans la Sardaigne. Tout ce qui resta de citoyens dans Rome, était consterné, et croyait toucher au moment de sa perte. Cette frayeur n'a rien qui doive surprendre; l'extrémité où les Gaulois les avaient autrefois réduits était encore présente à leurs esprits. Pour éviter un semblable malheur, ils assemblent ce qu'ils avaient de troupes; ils font de nouvelles levées; ils mandent à leurs alliés de se tenir prêts; ils font venir des provinces de leur domination les registres où étaient marqués les jeunes gens en âge de porter les armes, afin de connaître toutes leurs forces. On donna aux consuls la plus grande partie des troupes, et ce qu'il y avait de meilleur parmi elles. Des vivres et des munitions, on en avait fait un si grand amas, que l'on n'a point d'idée qu'il s'en soit jamais fait un pareil. Il leur venait des secours, et de toutes sortes, et de tous les côtés; car telle était la terreur que l'irruption des Gaulois avait répandue dans l'Italie, que ce n'était plus pour les Romains que les peuples croyaient porter les armes; ils ne pensaient plus que c'était à la puissance de cette république que l'on en voulait; c'était pour eux-mêmes, pour leur patrie, pour leurs villes, qu'ils craignaient; et c'est pour cela qu'ils étaient si prompts à exécuter tous les ordres qu'on leur donnait.

Faisons le détail des préparatifs de cette guerre et des troupes que les Romains avaient alors. De là on jugera en quel état étaient les affaires de ce peuple, lorsque Annibal osa l'attaquer; et combien ses forces étaient formidables, lorsque ce général des Carthaginois eut l'audace de lui tenir tête; quoiqu'il ait fait assez heureusement pour le jeter dans de très-grands embarras. Quatre légions romaines, chacune de cinq mille deux cents hommes de pied et de trois cents chevaux, partirent avec les consuls; il y avait encore avec eux du côté des alliés, trente mille hommes d'infanterie et quatre mille chevaux, tant des Sabins que des Tyrrhéniens, que l'alarme générale avait fait accourir au secours de Rome, et que l'on envoya sur les frontières de la Tyrrhénie avec un préteur pour les commander. Les Umbriens et les Sarsinates vinrent aussi de l'Apennin au nombre de vingt mille, et avec eux autant de Vénètes et de Cénomans, que l'on mit sur les frontières de la Gaule, afin que se jetant sur les terres des Boïens, ils rappelassent chez eux ceux qui en étaient sortis, et les détachassent ainsi des autres. Ce furent là les troupes destinées à la garde du pays. A Rome on tenait prêt, de peur d'être surpris, un corps d'armée, qui dans l'occasion tenait lieu de troupes auxiliaires, et qui était composé de vingt mille piétons romains et de quinze cents chevaux, de trente mille piétons des alliés et de deux mille hommes de cavalerie. Les registres envoyés au sénat portaient quatre-vingt mille hommes de pied et cinq mille chevaux parmi les Latins, et chez les Samnites soixante-dix mille piétons et sept mille chevaux. Les Iapyges et les Mésapyges fournissaient outre cela cinquante mille fantassins et seize mille cavaliers; les Lucaniens trente mille hommes de pied et trois mille chevaux; les Marses, les Maruciniens, les Férentiniens et les Vestiniens vingt mille hommes de pied et quatre mille chevaux. Dans la Sicile et à Tarente il y avait encore deux légions, composées chacune de quatre mille hommes de pied et de deux cents chevaux. Les Romains et les Campaniens faisaient ensemble deux cent cinquante mille hommes d'infanterie, et vingt-trois mille de cavalerie. De sorte que l'armée campée devant Rome était de plus de cent cinquante mille hommes de pied et de dix mille chevaux, et ceux qui étaient en état de porter les armes, tant parmi les Romains que parmi les alliés, s'élevaient à sept cent mille hommes de pied et soixante-dix mille chevaux. Ce sont pourtant là ceux qu'Annibal vint attaquer jusque dans l'Italie, quoiqu'il n'eût pas vingt mille hommes, comme nous le verrons plus au long dans la suite.

A peine les Gaulois furent-ils arrivés dans la Tyrrhénie, qu'ils y portèrent le ravage sans crainte, et sans que personne les arrêtât. Ils s'avancèrent enfin vers Rome. Déjà ils étaient aux environs de Clusium, ville à trois journées de cette capitale, lorsqu'ils apprennent que l'armée romaine, qui était dans la Tyrrhénie, les suivait de près et allait les atteindre. Ils retournèrent aussitôt sur leurs pas pour en venir aux mains avec elle. Les deux armées ne furent en présence que vers le coucher du soleil, et campèrent à fort peu de distance l'une de l'autre. La nuit venue, les Gaulois allument des feux, et ayant donné ordre à leur cavalerie, dès que l'ennemi l'aurait aperçue le matin, de suivre la route qu'ils allaient prendre, ils se retirent sans bruit vers Fésule, et prennent là leurs quartiers, dans le dessein d'y attendre leur cavalerie; et quand elle aurait rejoint le gros de l'armée, de fondre à l'improviste sur les Romains. Ceux-ci à la pointe du jour voyant cette cavalerie, croient que les Gaulois ont pris la fuite, et se mettent à la poursuivre. Ils approchent, les Gaulois se montrent et tombent sur eux : l'action s'engage avec vigueur, mais les Gaulois plus braves et en plus grand nombre eurent le dessus. Les Romains perdirent là au moins six mille hommes; le reste prit la fuite, la plupart vers un certain poste avantageux, où ils se cantonnèrent. D'abord les Gaulois pensèrent à les y forcer; c'était le bon parti, mais ils changèrent de sentiment. Fatigués et harassés par la marche qu'il avaient faite la nuit précédente, ils aimèrent mieux prendre quelque repos; laissant seulement une garde de cavalerie autour de la hauteur où les fuyards s'étaient retirés, et remettant au lendemain à les assiéger, en cas qu'ils ne se rendissent pas d'eux-mêmes.

Pendant ce temps-là Lucius Emilius, qui avait son camp vers la mer Adriatique, ayant appris que les Gaulois s'étaient jetés dans la Tyrrhénie, et qu'ils approchaient de Rome, vint en diligence au secours de sa patrie, et arriva fort à propos. S'étant campé proche des ennemis, les fuyards virent les feux de dessus leur hauteur, et se doutant bien de ce que c'était, ils reprirent courage. Ils envoient au plus vite quelques-uns des leurs sans armes pendant la nuit et à travers une forêt pour annoncer au consul ce qui leur était arrivé. Emilius, sans perdre de temps à délibérer, commande aux tribuns, dès que le jour commencerait à paraître, de se mettre en marche avec l'infanterie; lui-même se met à la tête de la cavalerie, et marche droit vers la hauteur. Les chefs des Gaulois avaient aussi vu les feux pendant la nuit, et conjecturant que les ennemis étaient proche, ils tinrent conseil. Anéroeste leur roi dit qu'après avoir fait un si riche butin (car ce butin était immense en prisonniers, en bestiaux et en bagages), il n'était pas à propos de s'exposer à un nouveau combat, ni de courir le risque de perdre tout; qu'il valait mieux pour eux retourner dans leur patrie; qu'après s'y être déchargés de leur butin, ils seraient plus en état, si on le trouvait bon, de reprendre les armes contre les Romains. Tous se rangeant à cet avis, avant le jour ils lèvent le camp, et prennent leur route le long de la mer, par la Tyrrhénie. Quoique Lucius eut réuni à ses troupes celles qui s'étaient réfugiées sur la hauteur, il ne crut pas pour cela qu'il fût de la prudence de hasarder une bataille rangée; il prit le parti de suivre les ennemis, et d'observer les temps et les lieux où il pourrait les incommoder et regagner le butin.

CHAPITRE VI.

Bataille et victoire des Romains contre les Gaulois proche de Télamon.

Le hasard voulut que dans ce temps-là même Caïus Atilius venant de Sardaigne débarquât ses légions à Pise, et les conduisit à Rome par une route contraire à celle des Gaulois. A Télamon, ville des Tyrrhéniens, quelques fourrageurs gaulois étant tombés dans l'avant-garde du consul, les Romains s'en saisirent. Interrogés par Atilius, ils racontèrent tout ce qui s'était passé, qu'il y avait dans le voisinage deux armées, et que celle des Gaulois était fort proche, ayant en queue celle d'Emilius. Le consul fut touché de l'échec que son collègue avait souffert; mais il fut charmé d'avoir surpris les Gaulois dans leur marche, et de les voir entre deux armées. Sur-le-champ il commande aux tribuns de ranger les légions en bataille, de donner à leur front l'étendue que les lieux permettraient, et d'aller militairement au devant de l'ennemi. Sur le chemin il y avait une hauteur, au pied de laquelle il fallait que les

Gaulois passassent. Atilius y courut avec la cavalerie, et se logea sur le sommet, dans le dessein de commencer le premier le combat, persuadé que par là il aurait la meilleure part à la gloire de l'événement. Les Gaulois, qui croyaient Atilius bien loin, voyant cette hauteur occupée par les Romains, ne soupçonnèrent rien autre chose, sinon que pendant la nuit Emilius avait battu la campagne avec sa cavalerie pour s'emparer le premier des postes avantageux. Sur cela ils détachèrent aussi là leur et quelques soldats armés à la légère pour chasser les Romains de la hauteur. Mais ayant su d'un prisonnier que c'était Atilius qui l'occupait, ils mettent au plus vite l'infanterie en bataille, et la disposent de manière que rangée dos à dos, elle faisait front par devant et par derrière; ordre de bataille qu'ils prirent sur le rapport du prisonnier et sur ce qui se passait actuellement, pour se défendre et contre ceux qu'ils savaient être à leur poursuite, et contre ceux qu'ils auraient en tête.

Emilius avait bien ouï parler du débarquement des légions à Pise, mais il ne s'attendait pas qu'elles seraient si proche; il n'apprit sûrement le secours qui lui était venu que par le combat qui se donna sur la hauteur. Il y envoya aussi de la cavalerie, et en même temps il conduisit aux ennemis l'infanterie, rangée à la manière ordinaire.

Dans l'armée des Gaulois, les Gésates, et après eux les Insubriens faisaient front du côté de la queue, qu'Emilius devait attaquer; ils avaient à dos les Taurisques et les Boïens, qui faisaient face du côté par où Atilius devait venir. Les chariots bordaient les ailes, et le butin fut mis sur une des montagnes voisines, avec un détachement pour le garder. Cette armée à deux fronts n'était pas seulement terrible à voir, elle était encore très-propre pour l'action. Les Insubriens y paraissaient avec leurs braies, et n'ayant autour d'eux que des saies légères. Les Gésates, aux premiers rangs, soit par vanité, soit par bravoure, avaient même jeté bas tout vêtement, et, entièrement nus, ne gardèrent que leurs armes, de peur que les buissons qui se rencontraient là en certains endroits ne les arrêtassent et ne les empêchassent d'agir. Le premier choc se fit sur la hauteur, et fut vu des trois armées, à cause de la nombreuse cavalerie qui de part et d'autre y combattit. Atilius perdit la vie dans la mêlée, où il se distinguait par son intrépidité et sa valeur, et sa tête fut rapportée au roi des Gaulois. Malgré cela, la cavalerie romaine fit si bien son devoir, qu'elle emporta le poste, et gagna une pleine victoire sur celle des ennemis.

L'infanterie s'avança ensuite l'une contre l'autre. Ce fut un spectacle fort singulier et aussi surprenant pour ceux qui, sur le récit d'un fait, peuvent par imagination se le mettre comme sous les yeux, que pour ceux qui en étaient témoins; car une bataille entre trois armées à la fois est assurément une action d'une espèce et d'une manœuvre bien particulières. D'ailleurs aujourd'hui, comme alors, il n'est pas aisé de démêler si les Gaulois attaqués de deux côtés s'étaient formés de la manière la moins avantageuse ou la plus convenable. Il est vrai qu'ils avaient à combattre de deux côtés; mais aussi rangés dos à dos, ils se mettaient mutuellement à couvert de tout ce qui pouvait les prendre en queue. Et ce qui devait le plus contribuer à la victoire, tout moyen de fuir leur était interdit; et, une fois défaits, il n'y avait plus pour eux de salut à espérer; car tel est l'avantage de l'ordonnance à deux fronts.

Quant aux Romains, voyant les Gaulois serrés entre deux armées et enveloppés de toutes parts, ils ne pouvaient que bien espérer du combat; mais d'un autre côté, la disposition de ces troupes et le bruit qui s'y faisait, les jetait dans l'épouvante. La multitude des cors et des trompettes y était innombrable, et toute l'armée ajoutant à ces instrumens ses cris de guerre, le vacarme était tel que les lieux voisins, qui le renvoyaient, semblaient d'eux-mêmes joindre des cris au bruit que faisaient les trompettes et les soldats. Ils étaient effrayés aussi de l'aspect et des mouvemens des soldats des premiers rangs, qui en effet frappaient autant par la beauté et la vigueur de leurs corps, que par leur nudité; outre qu'il n'y en avait point dans les premières compagnies, qui n'eût le cou et les bras ornés de colliers et de bracelets d'or. A l'aspect de cette armée, les Romains ne purent à la vérité se défendre de quelque frayeur, mais l'espérance d'un riche butin enflamma leur courage.

Les archers s'avancèrent sur le front de la première ligne, selon la coutume des Romains, et commencent l'action par une grêle épouvantable de traits. Les Gaulois des derniers rangs n'en souffrirent pas extrêmement, leurs braies et leurs saies les en défendirent; mais ceux des premiers, qui ne s'attendaient pas à ce prélude, et qui n'avaient rien sur leur corps qui les mît à couvert, en furent très-incommodés. Ils ne savaient que faire pour parer les coups. Leur bouclier n'était pas assez large pour les couvrir; ils étaient nus, et plus leurs corps étaient grands, plus il tombait de traits sur eux. Se venger sur les archers mêmes des blessures qu'ils recevaient, cela était impossible, ils en étaient trop éloignés; et d'ailleurs comment avancer au travers d'un si grand nombre de traits? Dans cet embarras, les uns transportés de colère et de désespoir, se jettent inconsidérément parmi les ennemis, et se livrent involontairement à la mort; les autres pâles, défaits, tremblans, reculent et rompent les rangs qui étaient derrière eux. C'est ainsi que dès la première attaque furent rabaissés l'orgueil et la fierté des Gésates.

Quand les archers se furent retirés, les Insubriens, les Boïens et les Taurisques en vinrent aux mains. Ils se battirent avec tant d'acharnement, que malgré les plaies dont ils étaient couverts, on ne pouvait les arracher de leur poste. Si leurs armes eussent été les mêmes que celle des Romains, ils remportaient la victoire. Ils avaient à la vérité comme eux des boucliers pour parer, mais leurs épées ne leur rendaient pas les mêmes services. Celles des Romains taillaient et perçaient, au lieu que les leurs ne frappaient que de taille.

Ces troupes ne soutinrent le choc que jusqu'à ce que la cavalerie romaine fût descendue de la hauteur, et les eût prises en flanc. Alors l'infanterie fut taillée en pièces, et la cavalerie s'enfuit en déroute. Quarante mille Gaulois restèrent sur la place, et on fit au moins dix mille prisonniers, entre lesquels était Concolitan, un de leurs rois. Anéroeste se sauva avec quelques-uns des siens, en je ne sais quel endroit, où il se tua lui et ses amis de sa propre main. Emilius ayant ramassé les dépouilles, les envoya à Rome, et rendit le butin à ceux à qui il appartenait. Puis marchant à la tête des légions par la Ligurie, il se jetta sur le pays des Boïens, y laissa ses soldats se gorger de butin, et revint à Rome peu de jours après avec l'armée. Tout ce qu'il avait pris de drapeaux, de colliers et de bracelets, il l'employa à la décoration du Capitole; le reste des dépouilles et les prisonniers servirent à orner son triomphe. C'est ainsi qu'échoua cette formidable irruption des Gaulois, qui menaçait d'une ruine entière non seulement toute l'Italie, mais Rome même.

Après ce succès, les Romains ne doutant point qu'ils ne fussent en état de chasser les Gaulois de tous les environs du Pô, ils firent de grands préparatifs de guerre, levèrent des troupes, et les envoyèrent contre eux sous la conduite de Q. Fulvius et de Titus Manlius, qui venaient d'être créés consuls. Cette irruption épouvanta les Boïens, et ils se rendirent à discrétion. Du reste les pluies furent si grosses, et la peste ravagea tellement l'armée des Romains, qu'ils ne firent rien de plus pendant cette campagne.

L'année suivante, Publius Furius et Caius Flaminius se jetèrent encore dans la Gaule, par le pays des Anamares, peuple assez peu éloigné de Marseille(25). Après leur avoir persuadé de se déclarer en leur faveur, ils entrèrent dans le pays des Insubriens, par l'endroit où l'Addua se jette dans le Pô. Ayant été fort maltraités au passage et dans leurs campemens, et mis hors d'état d'agir, ils firent un traité avec ce peuple et sortirent du pays. Après une marche de plusieurs jours, ils passèrent le Cluson, entrèrent dans le pays des Cénomans, leurs alliés, avec lesquels ils revinrent fondre par le bas des Alpes, sur les plaines des Insubriens, où ils mirent le feu et saccagèrent tous les villages. Les chefs de ce peuple voyant les Romains dans une résolution fixe de les exterminer, prirent enfin le parti de tenter la fortune, et de risquer le tout pour le tout. Pour cela, ils rassemblent en un même endroit tous leurs drapeaux, même ceux qui étaient relevés d'or, qu'ils appelaient les drapeaux immobiles, et qui avaient été tirés du temple de Minerve. Ils font provision de toutes les munitions nécessaires, et, au nombre de cinquante mille hommes, ils vont hardiment et avec un appareil terrible se camper devant les ennemis.

Les Romains, de beaucoup inférieurs en nombre, avaient d'abord dessein de faire usage dans cette bataille, des troupes gauloises qui étaient dans leur armée. Mais, sur la réflexion qu'ils firent que les Gaulois ne se font pas un scrupule d'enfreindre les traités, et que c'était contre des Gaulois que le combat devait se donner, ils craignirent d'employer ceux qu'ils avaient dans une affaire si délicate et si importante, et pour se précautionner contre toute trahison, ils les firent passer au-delà de la rivière, et plièrent ensuite les ponts. Pour eux, ils restèrent en deçà, et se mirent en bataille sur le bord, afin qu'ayant derrière eux une rivière qui n'était pas guéable, ils n'espérassent de salut que de la victoire.

Cette bataille est célèbre par l'intelligence avec laquelle les Romains s'y conduisirent. Tout l'honneur en est dû aux tribuns, qui instruisirent l'armée en général, et chaque soldat en particulier de la manière dont on devait combattre. Ceux-ci, dans les combats précédens, avaient observé que le feu et l'impétuosité des Gaulois, tant qu'ils n'étaient pas entamés, les rendait, à la vérité, formidables dans le premier choc; mais que leurs épées n'avaient pas de pointe, qu'elles ne frappaient que de taille et qu'un seul coup; que le fil s'en émoussait, et qu'elles se pliaient d'un bout à l'autre; que si les soldats, après le premier coup, n'avaient pas le temps de les appuyer contre terre et de les redresser avec le pied, le second n'était d'aucun effet. Sur ces remarques, les tribuns donnent à la première ligne les piques des triaires qui sont à la seconde, et commandent à ces derniers de se servir de leurs épées. On attaque de front les Gaulois, qui n'eurent pas plutôt porté les premiers coups, que leurs sabres leur devinrent inutiles. Alors les Romains fondent sur eux l'épée à la main, sans que ceux-ci puissent faire aucun usage des leurs, au lieu que les Romains, ayant des épées pointues et bien affilées, frappent d'estoc et non pas de taille. Portant donc alors des coups et sur la poitrine et au visage des Gaulois, et faisant plaie sur plaie, ils en jetèrent la plus grande partie sur le carreau. La prévoyance des tribuns leur fut d'un grand secours dans cette occasion; car le consul Flaminius ne paraît pas, dans ce danger, s'être conduit avec courage. Rangeant son armée en bataille sur le bord même de la rivière, et ne laissant par là aux cohortes aucun espace pour reculer, il ôtait à la manière de combattre des Romains ce qui lui est particulier. Si, pendant le combat, les ennemis avaient pressé et gagné tant soit peu de terrain sur son armée, elle eût été renversée et culbutée dans la rivière. Heureusement le courage des Romains les mit à couvert de ce danger. Ils firent un butin immense, et enrichis de dépouilles considérables, ils reprirent le chemin de Rome.

L'année suivante les Gaulois envoyèrent demander la paix; mais les deux consuls, Marcus Claudius et Cn. Cornélius ne jugèrent pas à propos qu'on la leur accordât. Les Gaulois rebutés se disposèrent à faire un dernier effort. Ils allèrent lever à leur solde chez les Gésates, le long du Rhône, environ trente mille hommes qu'ils tinrent en haleine, en attendant que les ennemis vinssent. Au printemps les consuls entrent dans le pays des Insubriens, et s'étant campés proche d'Acerres, ville située entre le Pô et les Alpes, ils y mettent le siège. Comme ils s'étaient les premiers emparés des postes avantageux, les Insubriens ne purent aller au secours; cependant, pour en faire lever le siège, ils firent passer le Pô à une partie de leur armée, entrèrent dans les terres des Adréens, et assiégèrent Clastidium. A cette nouvelle, Marcus Claudius à la tête de la cavalerie et d'une partie de l'infanterie, court au secours des assiégés. Sur le bruit que les

Romains approchent, les Gaulois laissent là Clastidium, viennent au devant des ennemis et se rangent en bataille. La cavalerie fond sur eux avec impétuosité, ils soutiennent avec fermeté le premier choc; mais cette cavalerie les ayant ensuite enveloppés et attaqués en queue et en flanc, ils plièrent de toutes parts. Une partie fut culbutée dans la rivière, le plus grand nombre fut passé au fil de l'épée. Les Gaulois qui étaient dans Acerres abandonnèrent la ville aux Romains, et se retirèrent à Milan, qui est la capitale des Insubriens.

Cornélius se met sur-le-champ aux trousses des fuyards, et paraît tout d'un coup devant Milan. Sa présence tint d'abord les Gaulois en respect; mais il n'eut pas sitôt repris la route d'Acerres, qu'ils fondent sur lui, chargent vivement son arrière-garde, en tuent une bonne partie, et mettent l'autre partie en fuite. Le consul fait avancer l'avant-garde, et l'encourage à faire tête aux ennemis, l'action s'engage, les Gaulois fiers de l'avantage qu'ils venaient de remporter, tiennent ferme quelque temps; mais, bientôt enfoncés, ils prirent la fuite vers les montagnes. Cornélius les y poursuivit, ravagea le pays et emporta de force la ville de Milan. Après cette déroute, les chefs des Insubriens, ne prévoyant plus d'occasion de se relever, se rendirent aux Romains à discrétion.

Ainsi se termina la guerre contre les Gaulois. Il ne s'en est pas vu de plus formidable, si l'on en veut juger par l'audace désespérée des combattans, par les combats qui s'y sont livrés, et par le nombre de ceux qui y ont perdu la vie en bataille rangée; mais à la regarder du côté des vues qui ont porté les Gaulois à prendre les armes et l'imprudence avec laquelle chaque chose s'y est faite, il n'y eut jamais de guerre plus méprisable, par la raison que ces peuples, je ne dis pas dans la plupart de leurs actions, mais généralement dans tout ce qu'ils entreprennent, suivent plutôt leur impétuosité qu'ils ne consultent les règles de la raison et de la prudence. Aussi furent-ils chassés en peu de temps de tous les environs du Pô, à quelques endroits près qui sont au pied des Alpes; et cet événement m'a fait croire qu'il ne fallait pas laisser dans l'oubli leur première irruption, les faits qui se sont passés depuis, et leur dernière défaite.

Ces jeux de la fortune sont du ressort de l'histoire, et il est bon de les transmettre a nos descendans, pour leur apprendre à ne pas craindre les incursions subites et irrégulières des Barbares. Ils verront par là qu'elles durent peu, et qu'il est aisé de se défaire de ces sortes d'ennemis, pourvu qu'on leur tienne tête, et que l'on mette plutôt tout en œuvre, que de leur rien céder de ce qui nous appartient. Je suis persuadé que ceux qui nous ont laissé l'histoire de l'irruption des Perses dans la Grèce et des Gaulois à Delphes, ont beaucoup contribué au succès des combats que les Grecs ont soutenus pour maintenir leur liberté. Car lorsqu'on se représente les choses extraordinaires qui se firent alors, et la multitude innombrable d'hommes, qui, malgré leur valeur et leur formidable appareil de guerre, furent vaincus par des troupes qui surent dans les combats leur opposer la résolution, l'adresse et l'intelligence; il n'y a plus de magasins, plus d'arsenaux, plus d'armées qui épouvantent ou qui fassent perdre l'espérance de pouvoir défendre son pays et sa patrie. Or, comme les Gaulois n'ont pas seulement autrefois jeté la terreur dans la Grèce, mais que cela est encore arrivé plusieurs fois de nos jours, de là une nouvelle raison pour moi de reprendre de plus haut, et de rapporter en abrégé les principaux points de leur histoire. Revenons maintenant à celle des Carthaginois.

CHAPITRE VII.

Annibal succède à Asdrubal. — Abrégé de l'histoire des Achéens. — Pourquoi les peuples du Péloponèse prirent le nom des Achéens. — La forme de leur gouvernement rétablie dans la Grande-Grèce. — Ils réconcilient les Lacédémoniens avec les Thébains.

Asdrubal avait gouverné l'Espagne pendant huit ans, et par la douceur et la politesse dont il usa envers les puissances du pays, plus que par les armes, il avait fort étendu la puissance de sa république, lorsqu'une nuit il fut égorgé dans sa tente par un Gaulois qui voulait se venger de quelques injustices que ce général lui avait faites. Annibal, quoique jeune, avait déjà donné tant de preuves de son esprit et de son courage, que les Carthaginois le jugèrent digne de succéder à Asdrubal. Il n'eut pas été plutôt élevé à cette dignité, qu'à ses démarches il fut aisé de voir qu'il ne manquerait pas de faire la guerre aux Romains : il la leur fit en effet peu de temps après. Dès lors les Carthaginois et les Romains commencèrent à se suspecter les uns les autres, et à se chercher querelle; ceux-là n'épiant que les occasions de se venger des pertes qu'ils avaient faites en Sicile, ceux-ci se tenant en garde contre les mesures qu'ils voyaient prendre aux autres; dispositions des deux côtés, qui marquaient clairement que la guerre ne tarderait pas à s'allumer entre ces deux états.

Jusques ici nous avons rapporté de suite les affaires qui se sont passées en Sicile et en Afrique, et les événemens qu'elles ont produits. Nous voici enfin arrivés au temps où les Achéens, le roi Philippe et d'autres alliés entreprirent contre les Étoliens la guerre que l'on appelle *sociale*; où commença la seconde guerre entre les Romains et les Carthaginois, appelées par la plupart des historiens les guerres d'Annibal; et où par conséquent nous avons promis de commencer notre propre histoire. Mais, avant que d'en venir là, disons quelque chose des affaires de la Grèce, et amenons les jusqu'au temps où nous sommes, afin que ce préambule serve également pour tous les pays. Car ce n'est pas seulement ce qui est arrivé chez les Grecs ou chez les Perses, que je me suis proposé d'écrire, comme d'autres ont fait avant moi, mais tout ce qui s'est passé dans toutes les parties du monde connu : dessein pour l'exécution duquel le siècle où nous vivons m'a fourni des secours particuliers, dont je parlerai dans un autre endroit. Touchons donc au moins légèrement, avant que d'entrer en matière, ce qui regarde les peuples et les lieux les plus célèbres de l'univers.

A l'égard des Asiatiques et des Égyptiens, il suffira de parler de ce qui s'est passé chez eux depuis le temps dont nous venons de parler. Car outre que plusieurs auteurs ont écrit l'histoire des faits antérieurs à ce temps, et que ces faits ne sont ignorés de personne, de nos jours même il n'est arrivé aucun changement dans ces deux états, et la fortune n'y a rien introduit qui soit extraordinaire, ou qui vaille la peine qu'on fasse mention de ce qui a précédé. Il n'en est pas de même des Achéens et de la famille royale des Macédoniens : nous ne pouvons nous dispenser d'en reprendre l'histoire de plus haut, celle-ci étant entièrement éteinte, et la république des Achéens au contraire ayant fait dans notre siècle des progrès prodigieux, grâce à l'union qui règne entre toutes ses parties. Dès le temps passé bien des gens avaient tâché de persuader cette union aux peuples du Péloponèse; mais comme c'était plutôt leur intérêt particulier que celui de la liberté commune qui les faisait agir, la division restait toujours la même : au lieu qu'aujourd'hui la concorde s'y est si heureusement établie, qu'entre eux il y a non seulement alliance et amitié, mais mêmes lois, mêmes poids, mêmes mesures, même monnaie, mêmes magistrats, mêmes sénateurs, mêmes juges. En un mot, à cela près que tous les peuples du Péloponèse ne sont pas renfermés dans les mêmes murailles, tout le reste, soit en général, soit dans chaque ville en particulier, est égal et parfaitement uniforme.

Commençons par examiner de quelle manière le nom des Achéens est devenu dominant dans tout le Péloponèse. Ce n'est certainement pas par l'étendue du pays, ni par le nombre des villes, ni par les richesses, ni par le courage des peuples. Car ceux qui dès l'origine portent ce nom, ne sont distingués par aucune de ces qualités. L'Arcadie et la Laconie occupent beaucoup plus de terrein, et sont beaucoup plus peuplées que l'Achaïe. On n'y céderait non plus à aucune autre partie de la Grèce pour la valeur. D'où vient donc qu'aujourd'hui c'est un honneur pour les Arcadiens, les Lacédémoniens et tous les peuples du Péloponèse, d'avoir pris les lois des Achéens, et d'en porter le nom? Attribuer cela à la fortune, serait chose ridicule et folle. Il vaut mieux en chercher la cause, puisque sans cause il ne se fait rien de bon ni de mauvais. Or cette cause c'est à mon sens qu'il n'est point de république, où l'égalité, la liberté, en un mot une parfaite démocratie se trouvent avec moins de mélange que dans celle des Achéens. Entre les peuples du Péloponèse dont elle est composée, il y en a qui d'abord se présentèrent d'eux-mêmes ; d'autres en plus grand nombre eurent besoin qu'on leur fît voir l'intérêt qu'ils avaient d'y entrer ; il fallut user de violence pour y attirer encore quelques autres, qui, aussitôt après, furent bien aises d'y avoir été contraints. Car les anciens citoyens n'avaient aucun privilége sur ceux qui étaient associés de nouveau. Tout était égal pour les uns comme pour les autres. De cette manière, la république parvint bientôt où elle aspirait. Rien n'était plus puissant que les deux moyens dont elle se servait pour cela, je veux dire l'égalité et la douceur. C'est à ces deux choses que les Péloponésiens doivent cette parfaite union, qui fait le bonheur dont nous voyons qu'ils jouissent présentement.

Or cette forme de gouvernement s'observait long-temps auparavant chez les peuples de l'Achaïe. Voici une ou deux preuves de ce fait, entre mille que je pourrais en rapporter. Après que dans cette partie d'Italie, qu'on appelle la Grande-Grèce, le collége des Pythagoriciens eut été mis en cendres, cette violence causa de grands mouvemens parmi les peuples : cela ne pouvait manquer d'arriver, après un incendie où avaient péri misérablement les principaux de chaque ville. On ne vit ensuite dans les villes grecques de ces contrées que meurtres, que séditions, que troubles de toute espèce. Alors, quoique l'on envoyât des députés de presque toutes les parties de la Grèce pour rétablir la paix, il n'y eut que les Achéens, à la foi desquels on voulut bien se remettre et s'abandonner. Et ce ne fut pas seulement en cette occasion que le gouvernement des Achéens fut goûté dans la Grande-Grèce ; quelque temps après on l'y adopta d'un consentement unanime. Les Crotoniates, les Sybarites, les Cauloniates commencèrent de concert par élever un temple à Jupiter Homorius, et bâtirent un édifice public, pour y tenir les assemblées et les délibérations ; ils prirent ensuite les lois et les coutumes des Achéens, et convinrent entre eux de se conformer en tout à leur gouvernement. Si dans la suite ils le quittèrent, ce ne fut que parce que la tyrannie de Denis de Syracuse et la puissance des Barbares voisins les y contraignirent.

Après la fameuse défaite des Lacédémoniens à Leuctres, les Thébains, contre l'attente de tout le monde, voulant s'ériger en maîtres de la Grèce, il s'éleva quelques troubles dans tout le pays, mais particulièrement entre ces deux peuples, les premiers ne voulant pas se confesser vaincus, et les autres ne voulant point les reconnaître victorieux. Pour terminer cette contestation, les uns et les autres ne prirent pas d'autres arbitres que les Achéens, portés qu'ils étaient à ce choix, non par la puissance de ceux-ci, car c'était presque le plus petit état de la Grèce; mais par la bonne foi et la probité qui éclataient dans toutes leurs actions, de l'aveu de tous les peuples où ils étaient connus. Alors toute leur puissance ne consistait que dans la bonne volonté d'en acquérir. Ils n'avaient encore rien fait ni rien entrepris de mémorable pour l'accroître, faute d'un chef qui fût capable d'exécuter leurs projets. Dès qu'ils en avaient élu un qui promettait quelque chose, les Lacédémoniens aussitôt, et plus encore les Macédoniens, s'efforçaient d'étouffer ses desseins, et d'en empêcher l'exécution. Mais quand dans la suite ils eurent enfin trouvé des chefs tels qu'ils désiraient, ils ne furent pas long-temps à rendre leur république illustre par cette action digne d'une éternelle mémoire, je veux dire par l'union qu'ils surent si bien ménager entre tous les peuples du Péloponèse. Le premier auteur de ce projet, fut Aratus le Sicyonien. Philopœmen le poussa et le conduisit à sa fin, et c'est à Lycortas et à ceux qui sont entrés dans ses vues, que l'on est redevable du temps pendant lequel cette union s'est conservée. Je tâcherai dans le cours de cet ouvrage de m'arrêter où il conviendra, sur ce que chacun d'eux a fait, et sur les moyens dont ils se sont servis, en marquant le temps où chaque chose est arrivée. A présent je me borne à un récit succint d'Aratus, parce qu'il a laissé de fidèles mémoires sur ce qui le regardait : nous traiterons de ce qui touche les autres, avec plus de soin et d'exactitude. Or, je crois que pour faciliter aux lecteurs l'intelligence de ce que je dois rapporter, je ne puis mieux commencer qu'aux temps où les Achéens distribués dans les villes par le roi de Macédoine, formèrent un nouveau gouvernement par l'union que ces villes contractèrent entre elles, gouvernement par lequel cette nation a fait monter sa puissance au point où nous la voyons de nos jours, et dont je parlais il n'y a pas long-temps.

CHAPITRE VIII.

Premiers commencemens de la république des Achéens. — Maxime fondamentale de son gouvernement. — Exploits d'Aratus. — Alliance des Étoliens avec Antigonus Gonatas.

Ce fut en la cent vingt-quatrième olympiade (26) que les Patriciens et les Duméens commencèrent à s'unir d'intérêts, c'est-à-dire au temps où moururent Ptolemée, fils de Lagus, Lysimachus, Seleucus et Ptolemée Ceraunus. Avant ce temps-là, tel était l'état des Achéens. Ils avaient eu d'abord pour roi le fils d'Oreste, nommé Tisamène, qui, chassé de Sparte au retour des Héraclides, se rendit maître de l'Achaïe. Ses descendans y régnèrent successivement jusqu'à Ogygès, sous les enfans duquel ils changèrent le gouvernement en république, mécontens de ce que ces enfans ne les gouvernaient pas selon les lois, mais en maîtres. Ils se maintinrent dans cet état jusqu'aux temps d'Alexandre et de Philippe, quoique leurs affaires eussent varié selon les différentes conjonctures. Cette république était composée de douze villes, qui subsistent encore, à l'exception d'Olen et d'Élyce qui, avant la bataille de Leuctres, fut engloutie par la mer. Ces villes sont Patres, Dyme, Phares, Tritée, Léontium, Ægire, Pellène, Ægium, Boure, Céraunie, Olen et Élyce. Depuis Alexandre et avant l'olympiade citée ci-dessus, les Achéens furent si maltraités,

surtout par les rois de Macédoine, que les villes furent divisées les unes des autres, et eurent des intérêts différens, d'où il arriva que Démétrius, Cassander, et depuis eux Antigonus Gonatas, mirent garnison dans quelques-unes, et que d'autres furent occupées et soumises par des tyrans. Car c'est de cet Antigonus que sont venus la plupart des tyrans de la Grèce. Mais vers la cent vingt-quatrième olympiade, les villes d'Achaïe commencèrent à revenir à leur première union, environ dans le temps de l'irruption de Pyrrhus en Italie. Les premières villes qui se joignirent, furent Dyme, Patres, Tritée et Phares, et c'est pour cela qu'il ne reste plus à présent de monument de cette jonction. Environ cinq ans après, les Ægéens ayant chassé leur garnison, entrèrent dans la république. Après eux les Bouriens firent mourir leur tyran. Les Caryniens se joignirent aussi en même temps. Iscas, leur tyran, voyant la garnison chassée d'Ægium, le roi des Bouriens massacré par Marcus et les Achéens, et qu'on allait fondre bientôt sur lui de tous côtés, se démit du gouvernement, après avoir reçu des Achéens des assurances pour sa vie, et laissa cette ville se joindre aux autres.

On me demandera peut-être pourquoi je remonte si haut. C'est pour faire connaître comment et en quel temps s'est établi, pour la seconde fois, le gouvernement dont usent aujourd'hui les Achéens, et quels sont les hommes qui, les premiers qui ont travaillé à ce rétablissement. C'est en second lieu, afin de justifier par l'histoire même de cette nation, ce que nous avons avancé de l'esprit de son gouvernement; savoir : qu'il consiste uniquement à s'attirer les peuples par l'égalité dont on jouit dans cette république, et à ne jamais quitter les armes contre ceux qui, par eux mêmes ou par des rois, veulent les réduire en servitude. C'est par cette maxime qu'ils sont parvenus au point où nous les voyons, agissant tantôt par eux-mêmes et tantôt par leurs alliés. Ce qu'ils ont fait par ceux-ci dans la suite, pour l'établissement de leur république, doit encore se rapporter à l'esprit du gouvernement; car quoiqu'ils aient souvent partagé avec les Romains les plus belles entreprises, ils n'ont cependant jamais souhaité qu'il leur en revînt quelque avantage en particulier. L'unique récompense qu'ils se soient jamais proposée en aidant leurs alliés, a toujours été la liberté commune et l'union du Péloponèse. C'est ce que l'on verra plus clairement par les faits.

Toutes les villes que nous avons nommées plus haut étaient restées sous une même forme de gouvernement pendant vingt ans, créant chaque année un secrétaire commun et deux préteurs. On jugea ensuite à propos de n'en créer qu'un, et de lui confier le soin des affaires. Le premier à qui cette charge échut (27), fut un Carynien nommé Marcus. Pendant la quatrième année de ce gouvernement, Aratus le Sicyonien, quoiqu'il n'eût encore que vingt ans, délivra par sa valeur et par son courage sa patrie du tyran qui l'opprimait (28), et charmé dès le commencement de la forme de république des Achéens, il y établit les mêmes lois. Élu préteur pour la seconde fois, huit ans après, il surprit par adresse l'Acrocorinthe où commandait Antigonus, et s'en rendit maître (29). Par là il délivra d'une grande crainte tous les peuples du Péloponèse, et mit en liberté tous les Corinthiens qu'il joignit à la république des Achéens. Il fit la même chose pour les Mégariens, dans la ville desquels il était encore entré par surprise, un an avant cette défaite des Carthaginois qui leur fit perdre entièrement la Sicile, et où ils furent contraints de payer tribut aux Romains. Ayant fait en peu de temps de grands progrès, tout le reste du temps qu'Aratus fut à la tête de la république, il ne se proposa d'autre but dans tous ses desseins et dans toutes ses entreprises, que de chasser les Macédoniens du Péloponèse, d'y abolir les monarchies, et d'assurer à ses compatriotes la liberté où il les avait établis, et dont leurs pères avaient joui. Tant qu'Antigonus Gonatas vécut, Aratus ne cessa de s'opposer à ses intrigues. Il ne s'opposa pas avec moins de fermeté et de constance à l'avidité et à l'ambition des Étoliens. Il avait besoin de toute sa vigilance contre la hardiesse et l'injustice de ces deux ennemis, car un complot était déjà formé entre eux pour perdre les Achéens.

Après la mort d'Antigonus, les Achéens ayant fait alliance avec les Étoliens, et s'étant joints avec eux dans la guerre contre Démétrius, les anciennes inimitiés se dissipèrent, et firent place à l'alliance et à l'amitié. La mort de Démétrius, qui arriva la dixième année de son règne, et vers le temps de la première irruption des Romains dans l'Illyrie, avança encore le projet des Achéens, car tous les petits rois du Péloponèse se virent par cette mort dans une fâcheuse extrémité. Ils avaient perdu leur chef, pour ainsi dire, et celui dont ils attendaient toute leur récompense. D'un autre coté Aratus les pressait, résolu de leur faire entièrement abandonner l'autorité et la domination. Il comblait de présens et d'honneurs ceux qui entraient dans ses sentimens : ceux qui résistaient, il les menaçait des plus grands malheurs. Il fit tant qu'enfin ces petits rois se déterminèrent à se démettre de leur royauté, à rendre la liberté à leurs peuples, et à se joindre à la république des Achéens (30). Lysiadas de Mégalopolis, homme prudent et sage, prévoyant bien ce qui devait arriver, se dépouilla de bon gré de la puissance royale, du vivant même de Démétrius, et entra dans le gouvernement des Achéens. Il fut suivi d'Aristomachus, tyran des Argiens, de Xénon, tyran des Hermioniens, et de Cléonyme, tyran des Phliasiens.

Ces jonctions ayant augmenté considérablement la puissance des Achéens, les Étoliens, naturellement méchans et avides d'acquérir, en conçurent de la jalousie. Comme ils avaient autrefois partagé les villes des Acarnaniens avec Alexandre, et qu'ils s'étaient proposé de partager encore celles des Achéens avec Antigonus Gonatas, ils espérèrent encore pouvoir faire la même chose. Dans cette vue ils eurent la témérité de faire alliance avec Antigonus, qui commandait alors dans la Macédoine, et qui était tuteur du jeune Philippe, et avec Cléomène, roi des Lacédémoniens. Ils voyaient qu'Antigonus, qui était paisible maître de la Macédoine, avait une haine mortelle contre les Achéens, et se déclarait ouvertement leur ennemi, parcequ'ils lui avaient emporté l'Acrocorinthe par surprise: ils croyaient que s'ils pouvaient inspirer cette haine aux Lacédémoniens, et joindre les forces de ce peuple aux leurs, les Achéens ainsi enveloppés et attaqués à propos seraient facilement accablés. La chose n'aurait pas manqué de réussir selon leur projet; mais ils ne pensaient pas à ce qui méritait pourtant toutes leurs réflexions, c'est qu'ils avaient affaire à Aratus, l'homme du monde qui s'entendait le mieux à se tirer des conjonctures les plus embarrassantes. Ils eurent beau vouloir embrouiller les affaires et faire une guerre injuste aux Achéens, rien de ce qu'ils avaient projeté ne leur réussit. Tous leurs efforts ne servirent qu'à augmenter la puissance d'Aratus qui était alors à la tête des affaires, et celle de la nation, Aratus s'opposant à tous leurs desseins, et renversant tous leurs projets. Nous allons voir comment les choses se passèrent.

CHAPITRE IX.

Guerre de Cléomène. — Raisons qu'avait Aratus pour l'entreprendre. — Il pense à se liguer avec Antigonus. — Députation de la part des Mégalopolitains pour ce sujet.

Aratus, voyant que, si les Étoliens avaient honte de déclarer ouvertement la guerre aux Achéens, ce n'était qu'à cause des services qu'ils venaient tout récemment d'en recevoir dans la guerre contre Démétrius, mais que cela ne les empêchait pas d'avoir des intelligences secrètes avec les Lacédémoniens; qu'ils portaient tellement envie aux Achéens qu'après que Cléomène leur avait enlevé par surprise trois villes alliées et associées à leur gouvernement, savoir Tégée, Mantinée et Orchomène, non seulement ils n'en avaient point été fâchés, mais encore ils lui avaient assuré cette conquête; que, quoique autrefois la passion de s'agrandir leur fît saisir le plus léger prétexte pour faire prendre les armes contre des gens qui ne leur avaient fait aucun tort, ils ne faisaient cependant alors nulle difficulté de violer les traités, et perdaient volontairement des villes fort importantes, uniquement pour mettre Cléomène plus en état de faire du tort aux Achéens; sur ces considérations, lui et les autres magistrats voulurent bien n'entreprendre de guerre contre personne, mais ils résolurent en même temps de s'opposer de toutes leurs forces aux projets des Lacédémoniens. C'est pourquoi, dès que Cléomène, en bâtissant Athénée dans le pays des Mégalopolitains, se fût déclaré ouvertement ennemi de la république, alors les Achéens assemblèrent le conseil, et il y fut résolu que l'on se déclarerait aussi ouvertement contre les Lacédémoniens. Telle fut l'origine de la guerre appelée de Cléomène, et c'est à cette époque qu'elle commença (31).

Ce fut alors que les Achéens prirent pour la première fois les armes contre les Lacédémoniens. Il leur parut beau de ne devoir la défense de leur ville et de leurs pays qu'à eux-mêmes, et de n'implorer le secours de personne. Par là aussi ils se conservaient dans l'amitié qu'ils devaient à Ptolémée pour les bienfaits qu'ils en avaient reçus. La guerre faisait déjà des progrès. Déjà Cléomène avait aboli l'ancienne forme du gouvernement; ce n'était plus un roi légitime, mais un tyran, qui poussait cette guerre avec toute l'habileté et la vigueur possibles. Aratus avait prévu ces révolutions, et, craignant les maux que la méchanceté et l'audace des Étoliens pourraient attirer sur sa république, il crut qu'il devait commencer par rompre leurs projets. Il connaissait Antigonus pour un roi appliqué aux affaires, prudent et d'une fidélité à toute épreuve; porté à faire des alliances et fidèle à les observer; au lieu que les autres rois ne croyant pas que la haine et l'amitié viennent de la nature, n'aiment ou ne haïssent qu'autant qu'ils trouvent leur intérêt dans l'une ou l'autre de ces dispositions. Il prit donc le parti de s'aboucher avec Antigonus, de le porter à joindre ensemble leurs forces, et de lui faire voir quelle serait la suite et le succès de cette jonction. Il ne crut pourtant pas qu'il fût à propos de s'ouvrir là-dessus à tout le monde. Deux raisons l'obligeaient à se tenir sur la réserve; car il devait s'attendre que Cléomène et les Étoliens s'opposeraient à son dessein; et de plus il n'aurait pu demander ouvertement du secours aux ennemis, sans abattre le courage des Achéens, qui par là n'auraient pas manqué de sentir qu'Aratus ne comptait pas beaucoup sur leurs forces et sur leur valeur. Ces raisons firent qu'il pensa à exécuter son projet le plus secrètement qu'il lui serait possible; ce qui fut cause qu'il dit et fit bien des choses au dehors qui paraissaient contraires à son dessein, et qui cependant ne tendaient qu'à le couvrir. C'est aussi pour cela qu'on ne trouve pas certains faits dans ses mémoires.

Quand il vit, d'un côté que les Mégalopolitains soutenaient la guerre à regret, parce qu'ils ne recevaient aucun secours de la part des Achéens, qui étaient aussi fort pressés; et de l'autre, que depuis les bienfaits qu'ils avaient reçus de Philippe fils d'Amyntas, ils étaient fort prévenus en faveur de la maison royale de Macédoine, il ne douta point que, se sentant accablés, ils n'eussent au plus tôt recours à Antigonus, et n'implorassent les forces des Macédoniens. Il communiqua son secret à Nicophanès et à Cercidas, deux Mégalopolitains, qui avaient chez son père droit d'hospitalité, tous deux fort propres à son dessein. Par leur entremise il lui fut aisé de persuader aux Mégalopolitains d'envoyer des députés aux Achéens, et de les presser d'envoyer demander du secours à Antigonus. Les Mégalopolitains choisirent pour députés Nicophanès et Cercidas, et leur ordonnèrent d'aller d'abord chez les Achéens, et de là aussitôt chez Antigonus, en cas que les Achéens y consentissent.

Les Achéens l'ayant bien voulu, Nicophanès entra en conférence avec Antigonus. Sur sa patrie il ne dit que peu de chose, et que ce qu'il ne pouvait se dispenser de dire; mais il s'étendit beaucoup sur les affaires présentes, selon les avis et les instructions qu'il avait reçues d'Aratus. Il fit voir à ce prince ce que l'on devait attendre de la ligue qu'avaient faite ensemble les Étoliens et Cléomène, et où elle tendait; que les Achéens seraient les premiers à en souffrir; mais qu'il avait aussi des mesures à prendre pour s'en mettre lui-même à couvert; qu'il était évident que les Achéens attaqués de deux côtés ne pouvaient manquer de succomber; qu'il était encore plus visible que les Étoliens et Cléomène, après s'être rendus maîtres des Achéens, ne s'en tiendraient pas à cette conquête; que la Grèce entière suffirait à peine pour rassasier la passion qu'ils avaient de s'agrandir, loin qu'ils voulussent la contenir dans les bornes du Péloponèse; que Cléomène pour le présent semblait se contenter de commander dans cette province; mais qu'il ne s'y serait pas plutôt établi qu'il ambitionnerait de dominer sur toute la Grèce, à quoi il ne pouvait parvenir que par la ruine des Macédoniens : qu'il n'avait donc qu'à se tenir sur ses gardes, et à examiner lequel des deux convenait mieux à ses intérêts, ou de se joindre avec les Achéens et les Béotiens pour disputer à Cléomène dans le Péloponèse l'empire de la Grèce; ou, en négligeant de se lier avec une nation très-puissante, de défendre dans la Thessalie son royaume contre tous les peuples de l'Étolie et de la Béotie joints aux Achéens et aux Lacédémoniens: que si les Étoliens, par reconnaissance pour les services qu'ils avaient reçus des Achéens du temps de Démétrius, se tenaient en repos comme à présent, eux les Achéens prendraient les armes contre Cléomène; que si la fortune leur était favorable, ils n'auraient pas besoin d'être secourus; mais que, si elle leur était contraire, et qu'outre cela les Étoliens vinssent tomber sur eux, il prît garde de ne point laisser échapper l'occasion, et de secourir le Péloponèse pendant qu'on pouvait le sauver : qu'au reste il pouvait être sûr de la fidélité et de la reconnaissance des Mégalopolitains; qu'Aratus trouverait des assurances qui plairaient aux deux partis, et qu'il aurait aussi le soin de lui donner avis du temps où il faudrait venir à son secours. Antigonus trouva les avis d'Aratus fort sages et fort sensés, et suivit dans la suite les affaires avec beaucoup d'attention. Il manda aux Mégalopolitains qu'il ne manquerait pas de les secourir, si les Achéens le trouvaient bon.

Les ambassadeurs à leur retour remirent la lettre du roi, et se louèrent fort de l'accueil favorable qu'il leur avait fait, et des bonnes dispositions où il semblait être. Les Mégalopolitains rassurés par ce récit, coururent au conseil des Achéens pour les presser de faire venir Antigonus, et de le mettre à la tête des affaires. Aratus, de son côté, s'étant fait instruire en particulier par Nicophanès des sentimens où était le roi à l'égard des Achéens et de lui-même, ne se possédait pas de joie. Il voyait par là combien il avait eu raison de former ce projet, et que d'ailleurs Antigonus n'était pas tant au nombre de ses ennemis que les Étoliens l'avaient espéré. Il lui semblait encore très-avantageux que les Mégalopolitains voulussent charger Antigonus du soin des affaires par l'entremise des Achéens. A la vérité il souhaitait fort n'avoir pas besoin de secours; mais, en cas qu'il fût contraint d'en demander, il aimait encore mieux le faire par les Achéens en corps que par lui-même; car il craignait qu'Antigonus, après avoir défait Cléomène et les Macédoniens, ne conçût de mauvais desseins contre la république des Achéens, et que ceux-ci ne le rendissent responsable de tout le mal qui en arriverait; ce qu'ils croiraient faire avec d'autant plus de justice, qu'il était l'auteur de l'injure faite à la maison royale des Macédoniens par la prise de l'Acrocorinthe. C'est pourquoi, après que les Mégalopolitains eurent montré dans le conseil des Achéens la lettre du roi et qu'ils eurent prié de l'appeler au plus tôt, tout le peuple commençant à goûter ce sentiment, Aratus entra dans le conseil, parla avec éloge de la protection que le roi voulait bien leur accorder, et approuva fort la résolution que voulait prendre le peuple. Mais il s'arrêta beaucoup à faire voir qu'il fallait essayer de défendre par eux-mêmes la ville et le pays; que rien ne serait plus glorieux, rien de plus conforme à leurs intérêts; que si la fortune refusait de les favoriser, il ne fallait avoir recours à leurs amis qu'après avoir de leur côté mis tout en usage, et ne les appeler qu'à la dernière extrémité.

Il n'y eut personne qui n'approuvât cet avis, et l'on conclut qu'on devait s'y arrêter et soutenir cette guerre par soi-même. Mais, après que Ptolémée, désespérant de conserver les Achéens dans son parti, et espérant beaucoup plus des Lacédémoniens pour le dessein qu'il avait de traverser les vues des rois de la Macédoine, se fut mis en tête de fournir des secours à Cléomène pour l'animer contre Antigonus; après que les Achéens dans une marche en furent venus aux mains avec Cléomène et eurent été vaincus par lui près de Lycée; qu'ils eurent été défaits une seconde fois dans les plaines de Mégalopolis, appelées Laodicéennes; que Leusiadas eut été battu; que toutes leurs troupes eurent été mises en déroute pour une troisième fois aux environs de Dyme près de l'endroit qu'on appelle Hécatombée; alors, les affaires ne souffrant plus de délai, ils furent obligés de recourir unanimement à Antigonus. Aratus envoya son propre fils comme ambassadeur, et confirma ce qui avait été réglé pour le secours. Une chose embarrassait : Antigonus ne semblait pas devoir venir au secours d'Aratus, qu'on ne lui eût auparavant rendu l'Acrocorinthe, et que la ville même de Corinthe ne lui eût été donnée pour en faire sa place de guerre, et cependant les Achéens n'osaient livrer Corinthe aux Macédoniens contre le gré des habitans. On différa donc de délibérer sur ce point jusqu'à ce qu'on eût examiné quelles sûretés on pourrait donner.

CHAPITRE X.

Aratus rend l'Acrocorinthe à Antigonus. — Les Achéens prennent Argos. — Prise de plusieurs villes par Antigonus. — Cléomène surprend Messène.

Cléomène, ayant répandu la terreur de ses armes par les succès dont nous avons parlé, passait ensuite d'une ville à l'autre sans crainte, gagnant les unes par douceur, les autres par menaces. Après s'être ainsi emparé de Caphie, de Pellène, de Phenée, d'Argos, de Phlie, de Cléone, d'Épidaure, d'Hermione, de Trésène, et enfin de Corinthe, il alla camper devant Sicyone. Ces expéditions tirèrent les Achéens d'un très-grand embarras. Car, les Corinthiens ayant fait dire à Aratus et aux Achéens de sortir de la ville, et ayant député vers Cléomène pour la lui livrer, ce fut pour les Achéens une occasion favorable, dont Aratus se servit heureusement pour céder l'Acrocorinthe à Antigonus. En lui donnant cette place, la maison royale n'avait plus rien à lui reprocher; il donnait une sûreté suffisante de la fidélité avec laquelle il agirait envers Antigonus par la suite, et outre cela il fournissait à ce roi une place de guerre contre les Lacédémoniens. Dès que Cléomène eut avis du traité fait entre Antigonus et les Achéens, il leva son camp de devant Sycione, alla le mettre à l'isthme, et fit entourer d'un fossé et d'un retranchement tout l'espace qui est entre l'Acrocorinthe et les monts Oniens, se tenant déjà comme assuré de l'empire du Péloponèse.

Antigonus se tenait prêt depuis long-temps et n'attendait que l'occasion d'agir, jugeant bien, sur les conjonctures présentes, que Cléomène et son armée n'étaient pas loin. Il était encore dans la Thessalie, lorsqu'il envoya dire à Aratus et aux Achéens de s'acquitter de ce qu'ils lui avaient promis. Il vint ensuite par l'Eubée à l'isthme. Car les Étoliens, non contens de ce qu'ils avaient fait, voulurent encore empêcher Antigonus de porter du secours. Ils lui défendirent de passer avec son armée dans Pyle, et lui dirent que s'il le faisait, ils s'y opposeraient à main armée. Ces deux capitaines marchaient donc l'un contre l'autre, Antigonus s'efforçant d'entrer dans le Péloponèse, et Cléomène tâchant de lui en fermer l'entrée. Malgré les pertes qu'avaient faites les Achéens, ils n'abandonnèrent pas pour cela leur premier projet, et ne cessèrent pas d'espérer une meilleur fortune. Mais, dès qu'un certain Argien nommé Aristote se fut déclaré contre le parti de Cléomène, ils coururent à son secours, et sous la conduite de Tixomène prirent par adresse la ville d'Argos. C'est à ce succès qu'on doit principalement attribuer l'heureux changement qui se fit dans les affaires des Achéens. Ce fut là ce qui arrêta l'impétuosité de Cléomène, et ralentit le courage de ses soldats, comme il est aisé de voir par la suite. Car, quoiqu'il se fût emparé le premier des postes les plus avantageux, qu'il eût des vivres et des munitions en plus grande quantité qu'Antigonus, qu'il fût plus hardi et plus avide de gloire, cependant il n'eut pas plus tôt appris que la ville des Argiens avait été emportée par les Achéens, qu'il oublia ses premiers succès, se mit en marche, et fit une retraite fort semblable à une fuite,

dans la crainte que les ennemis ne l'enveloppassent de tous côtés. Il entra dans Argos par surprise; mais il en fut ensuite chassé courageusement par les Achéens et par les Argiens mêmes, qui avaient du dépit de lui en avoir auparavant ouvert les portes. Ce projet renversé, il prit sa route par Mantinée, et s'en retourna ainsi à Sparte.

Sa retraite ouvrit l'entrée du Péloponèse à Antigonus, qui prit aussitôt possession de l'Acrocorinthe. De là, sans s'arrêter, il marcha sur Argos, d'où, après avoir loué la valeur des habitans et réglé les affaires de la ville, il partit promptement et mena son armée en Arcadie. Il chassa les garnisons de tous les forts qui avaient été élevés par ordre de Cléomène dans le pays des Égéens et des Belminates, et, y ayant mis une garnison mégalopolitaine, il vint à l'assemblée des Achéens à Égée. Il y rendit compte de sa conduite; il proposa ses vues sur l'avenir, et on lui donna le commandement sur tous les alliés. Ensuite, après être resté quelque temps en quartier d'hiver autour de Sycione et de Corinthe, le printemps venu, il fit marcher son armée et arriva en trois jours à Tégée, où les troupes des Achéens le vinrent joindre. Il y plaça son camp, et commença à en faire le siège, qui fut poussé par les Macédoniens avec tant de vigueur, que les Tégéates ne pouvant ni le soutenir, ni se défendre contre les mines des assiégeans, en vinrent en peu de temps à une composition. Antigonus s'étant assuré de la ville, passe à de nouveaux exploits, et se hâte d'arriver dans la Laconie. Il s'approche de Cléomène qui en gardait les frontières, et tâche de l'engager à un combat par quelques escarmouches. Cependant il apprend par ses coureurs qu'il venait à Cléomène du secours d'Orchomène. Il lève aussitôt le camp, et s'avance vers cette ville. Il l'emporte d'assaut et va mettre le siège devant Mantinée, qui prit d'abord l'épouvante et ouvrit ses portes. Il marcha aussitôt vers Érée et Telphysse, dont les habitans se soumirent volontairement. Enfin, l'hiver approchant, il revint à Égée pour se trouver à l'assemblée des Achéens. Il renvoya les Macédoniens prendre leurs quartiers d'hiver dans leur pays. Pour lui, il resta à Égée pour délibérer avec les Achéens sur les affaires présentes.

Dans le temps qu'il y était, Cléomène voyant que les troupes étaient licenciées, qu'Antigonus n'avait avec lui à Égée que des soldats étrangers, qu'il était éloigné de Mélagopolis de trois journées de chemin, que cette ville était difficile à garder, à cause de sa grandeur et du peu de monde qu'il y avait, qu'actuellement elle était mal gardée, parce qu'Antigonus était proche, et, ce qui le flattait davantage, que les deux batailles de Lycée et de Laodicée avaient fait périr la plupart des habitans en âge de porter les armes, il gagna quelques fuyards Messéniens qui se trouvaient alors dans la ville, et, par leur moyen y entra pendant une nuit sans être aperçu de personne. Mais à peine le jour parut, que les Mégalopolitains se défendirent avec tant de courage, que Cléomène non seulement fut chassé, mais courut encore risque d'une défaite entière. Même affaire lui était encore arrivée trois mois auparavant, lorsqu'il entra par ruse dans la ville par l'endroit qu'on appelle Colée. Mais alors, comme son armée était plus nombreuse, et qu'il s'était emparé le premier des postes les plus avantageux, il vint à bout de son dessein. Il chassa les Mégalopolitains et se rendit maître de la ville, qu'il saccagea et qu'il détruisit avec tant de cruauté, que l'on avait perdu toute espérance qu'elle pût jamais être habitée. Je crois qu'il n'en usa avec tant de rigueur, que parce qu'en ce temps-là il ne pouvait ni chez les Mégalopolitains, ni chez les Stymphaliens, trouver personne qui fût d'humeur à épouser ses intérêts au préjudice de la patrie. Il n'y eut que chez les Clitoriens, peuple courageux et passionné pour la liberté, qu'il se rencontra un scélérat nommé Thearcès, qui se couvrit de cette infamie. Aussi les Clitoriens soutiennent-ils, et avec raison, que ce traître n'est pas sorti de chez eux, et que c'était un enfant qui leur était resté des soldats qu'on leur avait envoyés d'Orchomène.

Comme dans ce qui regarde la guerre de Cléomène, j'ai cru devoir préférer Aratus à tout autre historien, et que quelques-uns donnent la préférence à Phylarque, qui souvent raconte des choses tout opposées, je ne puis me dispenser de justifier mon choix : il est important que le faux n'ait pas dans des écrits publics le même poids et le même degré d'autorité que le vrai. En général, cet historien a écrit beaucoup de choses sans discernement et sur les premiers mémoires qui lui sont tombés entre les mains ; mais, sans entrer ici en discussion, et sans le démentir sur une grande partie de ce qu'il dit, contentons-nous de considérer ce qu'il rapporte sur le temps dont nous parlons. Cela suffira de reste pour faire connaître quel esprit il a apporté à la composition de son histoire, et combien il était peu propre à ce genre d'ouvrage. Pour montrer quelle a été la cruauté d'Antigonus, des Macédoniens, d'Aratus et des Achéens, il dit que les Mantinéens n'eurent pas été plutôt subjugués, qu'ils tombèrent dans des maux extrêmes ; que cette ville, la plus ancienne et la plus grande de toute l'Arcadie, fut affligée de si horribles calamités, que tous les Grecs en étaient hors d'eux-mêmes, et fondaient en larmes. Il n'omet rien pour toucher ses lecteurs de compassion, il nous parle de femmes qui s'embrassent, de cheveux arrachés, de mamelles découvertes ; il nous représente les pleurs et les sanglots des hommes et des femmes, des enfans et de leurs vieux parens qui étaient enlevés pêle-mêle. Or, tout ce qu'il fait là pour mettre les événemens fâcheux comme sous les yeux de ses lecteurs, il le fait dans tout le cours de son histoire. Manière d'écrire basse et efféminée que l'on doit mépriser, pour ne s'attacher qu'à ce qui est propre à l'histoire, et en fait toute l'utilité.

Il ne faut pas qu'un historien cherche à toucher ses lecteurs par du merveilleux, ni qu'il imagine les discours qui ont pu se tenir, ni qu'il s'étende sur les suites de certains événemens. Il doit laisser cela aux poètes tragiques, et se renfermer dans ce qui s'est dit et fait véritablement, quelque peu important qu'il paraisse. Car la tragédie et l'histoire ont chacune leur but, mais fort différent l'un de l'autre. Celle-là se propose d'exciter l'admiration dans l'esprit des auditeurs, et de le toucher agréablement par des discours qui approchent le plus qu'il est possible de la vraisemblance ; mais il faut que celle-ci par des discours et des actions vraies instruise et persuade. Dans la tragédie, comme il n'est question que de divertir les spectateurs, on emploie le faux sans ménagement, pourvu qu'il soit vraisemblable : mais dans l'histoire, où il s'agit d'être utile, il ne faut que du vrai. Outre cela Phylarque ne nous dit souvent ni la cause des événemens qu'il rapporte, ni la manière dont ils sont arrivés. Sans cela néanmoins on ne peut raisonnablement ni être touché de compassion, ni se passionner sur rien. C'est un spectacle fort triste que de voir frapper de verges un homme libre; cependant, si ce n'est que la punition d'un crime qu'il a commis, cela passe avec raison pour justice ; et si cela se fait pour corriger et instruire, non seulement on loue, mais on remercie encore ceux qui ont ordonné cette punition. Mettre à mort des citoyens, c'est un crime abominable et digne des derniers supplices; cependant on fait mourir publiquement un voleur ou un adultère sans crainte d'en être puni, et il n'y a point de récompense trop grande pour un homme qui délivre sa patrie d'un traître ou d'un tyran. Tant il est vrai que pour juger d'un événement, on ne doit pas tant s'arrêter aux choses qui se sont faites, qu'aux raisons et aux vues qu'on a eues en les faisant, et aux différences qui sont entre elles. Voici donc la vérité du fait.

CHAPITRE XI.

Les Mantinéens quittent la ligue des Achéens et sont reconquis par Aratus. — Ils joignent la perfidie à une seconde désertion et ils en sont punis. — Mort d'Aristomaque, tyran d'Argos.

Les Mantinéens se séparèrent d'abord volontairement des Achéens, pour se livrer eux et leur patrie aux Étoliens, et ensuite à Cléomène. Ils avaient pris ce parti et se gouvernaient selon les lois des Lacédémoniens, lorsque, quatre ans avant qu'Antigonus les subjuguât, ils furent conquis par les Achéens, et leur ville emportée par l'adresse et les ruses d'Aratus. Or dans ce temps-là même il est si peu vrai que leur séparation ait eu pour eux des suites fâcheuses, que ce dernier événement devint célèbre par le changement subit qui s'était fait dans le génie de ces deux peuples. En effet Aratus n'eut pas sitôt été maître de la ville, qu'il défendit à ses troupes de toucher à rien de ce qui ne leur appartenait pas et en suite, ayant assemblé les Mantinéens, il leur dit de ne rien craindre, et de demeurer comme ils étaient ; que tant qu'ils resteraient unis à la république des Achéens, il ne leur serait fait aucun mal. Un bienfait si peu espéré et si extraordinaire changea entièrement la disposition des esprits. On oublia les combats qui venaient de se donner, et les pertes qu'on y avait faites; on se fréquenta les uns les autres, on se donna réciproquement des repas, c'était à qui se témoignerait le plus de bienveillance et d'amitié. Et certes les Mantiniens devaient cela aux Achéens et à leur chef, par qui ils avaient été traités avec tant de douceur et d'humanité, que je ne sais si jamais personne est tombé au pouvoir d'ennemis plus doux et plus indulgens, ni si l'on peut se tirer de plus grands malheurs avec moins de perte.

Dans la suite voyant les séditions qui s'élevaient parmi eux, et ce que machinaient contre eux les Étoliens et les Lacédémoniens, ils dépêchèrent des députés aux Achéens pour leur demander du secours. On leur tira au sort trois cents hommes, qui laissant leur patrie et leurs biens, partirent aussitôt pour Mantinée, et y restèrent pour défendre la patrie et la liberté de ce peuple. Les Achéens ajoutèrent encore à cette garde deux cents soldats mercenaires, qui devaient faire à Mantinée la même fonction. Peu de temps après une nouvelle sédition s'étant élevée parmi eux ils appelèrent les Lacédémoniens, les mirent en possession de leur ville, et égorgèrent tous les Achéens qui s'y trouvèrent. On ne pouvait commettre une infidélité plus grande et plus criminelle. Car après avoir effacé de leur souvenir les bienfaits qu'ils avaient reçus des Achéens, et l'alliance qu'ils avaient contractée avec eux, il fallait du moins ne leur faire aucun tort, et donner un sauf-conduit à ceux de cette nation qu'ils avaient dans leur ville. C'est ce que le droit des gens ne permet pas de refuser même à ses ennemis. Les Mantinéens osent néanmoins violer ce droit, et se rendent coupables du plus grand des crimes, et cela pour persuader Cléomène et les Lacédémoniens de la bonne volonté qu'ils avaient à leur égard. Oser massacrer de leurs propres mains des gens qui les ayant auparavant conquis eux-mêmes, leur avaient pardonné leur désertion, et qui alors n'étaient chez eux que pour les mettre eux et leur liberté à couvert de toute insulte! se peut-il rien de plus odieux et de plus perfide? Quelle vengeance peut-on tirer de cet attentat qui paraisse en approcher? On dira peut-être qu'après en avoir fait la conquête on devait les vendre à l'encan avec leurs enfans et leurs femmes. Mais selon les lois de la guerre on punit de cette peine ceux mêmes qui n'ont rien fait de criminel. Il aurait donc fallu faire souffrir aux Mantinéens un supplice plus rigoureux; de sorte que quand même il leur serait arrivé ce que dit Phylarque, les Grecs n'auraient pas dû en être touchés de compassion; au contraire ils auraient dû applaudir à la punition qu'on aurait faite de ce crime. Cependant on ne leur fit rien autre chose que mettre leurs biens au pillage, et vendre les personnes libres à l'encan. Malgré cela Phylarque, pour dire quelque chose de merveilleux, invente une fable, et une fable qui n'a aucune apparence. Il pense si peu à ce qu'il écrit, qu'il ne fait seulement pas attention à ce qui se passa presque en même temps à l'égard des Tégéates. Car après que les Achéens les eurent conquis, ils ne leur firent rien de semblable à ce qu'il rapporte des Mantinéens. Cependant si c'est par cruauté qu'ils traitèrent ceux-ci avec tant de rigueur, apparemment qu'ayant fait la conquête des autres dans le même temps, ils ne les auraient pas plus épargnés. Puisqu'ils n'ont donc traité plus rigoureusement que les seuls Mantinéens, il faut que ceux-ci aient été plus coupables.

Il conte encore qu'Aristomaque, Argien, personnage d'une naissance illustre, descendu de tyrans, et lui-même tyran d'Argos, étant tombé entre les mains d'Antigonus et des Achéens, fut relégué à Cenchrée, et qu'on l'y fit mourir dans les supplices les plus injustes et les plus cruels qu'on ait jamais fait souffrir à personne. Toujours semblable à lui-même, et gardant toujours le même style, il feint qu'Aristomaque pendant les supplices jetait des cris dont tous les environs retentissaient; que les uns eurent horreur de ce crime que d'autres ne pouvaient le croire; qu'il y en eut qui indignés coururent à la maison où ces cruautés s'exerçaient. Mais c'en est assez sur les déclamations tragiques de cet historien. Pour moi je crois que quand Aristomaque n'aurait fait aucune injustice aux Achéens, ses mœurs seules et les crimes dont il a déshonoré sa patrie, le rendaient digne des derniers supplices. Phylarque a beau dire, pour en donner une grande idée, et pour inspirer à ses lecteurs les sentimens d'indignation où Aristomaque souffrant était lui-même, qu'il n'était pas seulement tyran, mais qu'il était encore né de tyrans; c'est ce qu'il pouvait avancer de plus fort et de plus atroce contre son héros. Ce nom seul renferme tout ce que l'on peut imaginer de plus exécrable. A l'entendre seulement prononcer, on conçoit tous les crimes et toutes les injustices qui se peuvent commettre. Je veux qu'on ait fait souffrir à ce personnage des tourmens très-cruels, comme l'assure notre historien, mais un seul jour de sa vie devait lui en attirer encore de plus cruels. Je parle de celui où Aratus entra par surprise dans Argos, accompagné d'un corps d'Achéens. Après y avoir soutenu de rudes combats pour remettre les Argiens en liberté, et en avoir été chassé, parce que les conjurés qui étaient dans la ville, retenus par la crainte du tyran, n'avaient osé se déclarer; Aristomaque, sous prétexte qu'il y avait des habitans qui étaient entrés dans la conspiration, et avaient favorisé l'irruption des Achéens, se saisit de quatre-vingts des premiers citoyens, tous innocens de la trahison dont il les soupçonnait, et les fit égorger sous les yeux de leurs amis et de leurs parens.

Je laisse là les crimes du reste de sa vie, et ceux de ses ancêtres. On ne tarirait pas sur une si belle matière. Concluons que ce n'est point une chose indigne que ce tyran ait souffert quelque chose de ce qu'il avait fait souffrir aux autres; mais qu'il serait indigne qu'il n'en eût rien souffert, et qu'il fût mort dans l'impunité. On ne doit pas non plus se récrier contre Antigonus et Aratus, de ce qu'après l'avoir pris de bonne guerre, ils l'ont fait mourir dans les supplices. Ils l'auraient traité de cette manière pendant la paix, que les gens sensés leur en auraient su bon gré. Que ne méritait-il donc pas après avoir ajouté à tant d'autres horreurs la perfidie qu'il a faite aux Achéens? Réduit peu de temps auparavant aux dernières extrémités par la mort de Démétrius, et s'étant dépouillé du titre de tyran, il avait contre toute espérance trouvé un asile dans la douceur et la générosité des Achéens, qui non seulement l'avaient mis à couvert des peines qui étaient dues à sa tyrannie, mais l'avaient encore admis dans leur république, et lui avaient fait l'honneur de lui donner un commandement dans leurs armées. Le souvenir de ces bienfaits s'évanouit presque aussitôt qu'il les eut reçus. Dès qu'il vit quelque possibilité de se rétablir par le moyen de Cléomène, il ne tarda guère à soustraire sa patrie aux Achéens, à quitter leur parti dans un temps où ceux-ci avaient le plus besoin de secours, et à se ranger du côté des ennemis. Après une pareille infamie, ce n'était pas à Cenchrée, qu'il le fallait appliquer aux tourmens et le faire mourir pendant la nuit, on devait le traîner partout, et donner son supplice et sa mort en spectacle à tout le Péloponèse. Cependant on se contenta de le jeter dans la mer, pour je ne sais quel crime qu'il avait commis à Cenchrée.

CHAPITRE XII.
Fidélité des Mégalopolitains pour les Achéens, leurs alliés.— Autres méprises de Phylarque.

Le même historien, persuadé qu'il est de son devoir de rapporter les mauvaises actions, exagère et raconte avec chaleur les maux qu'ont endurés les Mantinéens, et ne dit pas un mot de la générosité avec laquelle ils furent soulagés par les Mégalopolitains; comme si le récit des mauvaises actions appartenait plus à l'histoire que celui des actions vertueuses; comme si le lecteur tirait moins d'instructions des faits louables que de ceux que l'on doit avoir en horreur. Pour faire valoir la générosité et la modération dont Cléomène usa envers les Mégalopolitains, Phylarque décrit la manière dont il prit leur ville, l'ordre qu'il y mit pour qu'il ne lui fût fait aucun tort; il parle des courriers que ce roi leur dépêcha aussitôt à Messène, pour leur demander qu'en reconnaissance des ménagemens qu'il avait eus pour leur patrie, ils voulussent bien s'unir d'intérêts et agir de concert avec lui. Il n'oublie pas non plus que les Mégalopolitains ne purent pas souffrir qu'on achevât la lecture de la lettre du roi, et qu'ils assommèrent les messagers à coups de pierre. Mais, ce qui est inséparable de l'histoire, ce qui lui est propre, savoir les faits où l'on voit briller la constance et la générosité, il ne daigne pas seulement en faire la moindre mention. Il en avait cependant ici une belle occasion. Ceux-là passent pour honnêtes gens, pour gens d'honneur, qui pensent bien de leurs amis et de leurs alliés, et qui ont le courage de faire connaître ce qu'ils en pensent: on loue, on remercie, on récompense ceux qui, pour la défense de leurs amis et de leurs alliés, regardent d'un œil sec leur ville assiégée et leur patrie ravagée. Que devons-nous donc penser des Mégalopolitains? Ne méritent-ils pas que nous en ayons l'idée du monde la plus grande et la plus magnifique? D'abord ils virent leur pays désolé par Cléomène; leur fidélité pour les Achéens leur fit ensuite perdre entièrement leur patrie, et enfin, malgré une occasion presque miraculeuse qui se présenta de la recouvrer, ils aimèrent mieux rester privés de leur pays, de leurs tombeaux, de leurs sacrifices, de leur patrie, de leurs biens, en un mot de tout ce que les hommes ont de plus cher, que de manquer à ce qu'ils devaient à leurs alliés. S'est-il jamais rien fait, ou se peut-il rien faire de plus héroïque? Est-il quelqu'action sur laquelle un historien puisse à plus juste titre arrêter un lecteur? Pour porter les hommes à garder la foi des traités et à former des républiques justes et solides, y a-t-il un fait plus propre que celui-là? Cependant Phylarque n'en dit pas un mot; c'est que manquant de discernement, il ne savait pas choisir et distinguer les faits qui avaient le plus d'éclat, et qu'il convient le plus à un historien de rapporter.

Il dit encore que, sur le butin fait à Mégalopolis, les Lacédémoniens prirent six mille talens, dont selon la coutume il devait en revenir deux mille à Cléomène. Qui ne sera pas surpris ici de voir cet auteur ignorer ce que tout le monde sait des richesses et des forces des Grecs, chose cependant dont un historien doit être parfaitement instruit? Pour moi j'ose assurer que quand on vendrait tous les biens et les mobiliers des peuples du Péloponèse, en exceptant néanmoins les hommes, on ne ramasserait pas une pareille somme. Et je ne parle pas seulement de ces temps malheureux, où cette province fut entièrement ruinée par les rois de Macédoine, et encore plus par les guerres civiles, mais même de nos jours, où cependant les Péloponésiens vivent dans une parfaite union, et sont dans l'abondance de toutes choses. Ce que j'avance ici, ce n'est pas sans raison. En voici la preuve. Il n'y a personne qui ne sache que, quand les Athéniens, pour faire avec les Thébains la guerre aux Lacédémoniens, envoyèrent dix mille hommes et équipèrent cent galères, on ordonna qu'il se ferait une estimation des terres, des maisons, et de tout le reste des biens de l'Attique, pour lever ensuite l'argent nécessaire aux frais de la guerre. La chose fut exécutée, et l'estimation ne monta en tout qu'à cinq mille sept cent cinquante talens. Après cela peut-on douter de ce que je viens d'avancer du Péloponèse ?

Que l'on ait tiré alors de Mégalopolis plus de trois cents talens, c'est ce que l'on n'aurait osé assurer, quelque envie que l'on eût d'exagérer les choses; car il est constant que la plupart des hommes libres et des esclaves s'étaient retirés à Messène. Et une autre preuve à laquelle il n'y a point de réplique : selon Phylarque lui-même, les Mantinéens ne le cèdent aux peuples d'Arcadie ni en forces ni en richesses. Cependant après que leur ville eut été prise, quoique personne n'en fût sorti, et qu'il ne fût pas aisé aux habitans de rien cacher, tout le butin, en comptant même les hommes, ne dépassa pas trois cents talens.

Ce qu'il assure au même endroit est encore plus surprenant, disant que, dix jours avant la bataille, il vint un ambassadeur de la part de Ptolémée dire à Cléomène, que ce prince ne jugeait plus à propos de lui fournir de l'argent, et qu'il l'exhortait à faire la paix avec Antigonus; que celui-ci, après avoir entendu l'ambassadeur, jugea qu'il fallait au plus tôt livrer la bataille avant que cette nouvelle parvint à la connaissance de l'armée, parce qu'il ne croyait pas pouvoir par lui-même payer ses troupes. Or, si dans ce temps-là il avait eu six mille talens, il aurait surpassé Ptolémée même en richesses ; quand même il n'en aurait eu que trois cents, c'aurait été autant qu'il en fallait pour soutenir tranquillement la guerre contre Antigonus. Notre historien n'y pense donc pas, lorsqu'après avoir fait Cléomène si puissamment riche, il le met en même temps dans la nécessité de tout attendre du secours de Ptolémée. Il a commis grand nombre de fautes pareilles par rapport au temps dont nous parlons, et dans tout le cours de son ouvrage. Mais ce que nous venons de dire suffit pour en faire juger, et d'ailleurs le dessein que je me suis d'abord proposé ne me permet pas d'en relever d'avantage.

CHAPITRE XIII.

Irruption de Cléomène dans le pays des Argiens. — Détail des forces de Cléomène et d'Antigonus. — Prélude de la bataille. — Disposition des deux armées.

Après la prise de Mégalopolis, pendant qu'Antigonus prenait ses quartiers d'hiver à Argos, Cléomène au commencement du printemps assembla ses troupes, et leur ayant dit, pour les animer à bien faire, tout ce que les conjonctures demandaient, il se jeta sur le pays des Argiens. Il y eut bien des gens qui regardèrent cet acte comme téméraire, parce que les avenues de la province étaient bien fortifiées. Mais à penser juste, il n'avait rien à craindre, et il fit en homme sage. Les troupes d'Antigonus congédiées, il était aisé de juger premièrement qu'il pouvait sans risque fondre sur le pays; et que quand il aurait porté le pillage jusqu'au pied des murailles, les Argiens sous les yeux desquels cela se passerait, ne manqueraient pas d'en savoir mauvais gré à Antigonus, et d'en faire des plaintes amères : que si Antigonus pour calmer le murmure du peuple sortait de la ville et hasardait une bataille avec ce qu'il avait actuellement de troupes, Cléomène avait tout lieu de croire qu'il remporterait aisément la victoire; et qu'au contraire, si Antigonus demeurait dans son premier dessein et restait tranquille, son irruption ayant donné l'épouvante aux ennemis, et inspiré de la confiance à ses troupes, il pourrait sans danger se retirer dans son pays. Tout cela ne manqua pas d'arriver comme il l'avait prévu. Les Argiens ne purent voir sans impatience leur pays saccagé; assemblés par troupes ils blâmaient hautement la conduite d'Antigonus. Ce prince, en grand capitaine, ne voulant rien entreprendre qu'avec bonne raison, se tint en repos. Cléomène suivant son projet ravage le pays, et par là jette l'épouvante parmi les ennemis, encourage ses troupes contre le péril, et retourne dans son pays sans avoir rien eu à souffrir.

L'été venu, les Macédoniens et les Achéens étant sortis de leurs quartiers, Antigonus se mit à la tête de son armée, et s'avança vers la Laconie. Il avait avec lui une phalange de Macédoniens composée de dix mille hommes, trois mille rondachers, trois cents chevaux; mille Agrianiens et autant de Gaulois; des étrangers au nombre de trois mille fantassins et trois cents chevaux, autant de fantassins et de cavaliers du côté des Achéens, tous hommes choisis, et mille Mégalopolitains armés à la façon des Macédoniens, et commandés par Cercidas, un de leurs citoyens. Les alliés étaient les Béotiens, au nombre de deux mille hommes de pied et deux cents chevaux; mille fantassins et cinquante chevaux des Épirotes; autant d'Acarnaniens, et seize cents Illyriens que commandait Démétrius de Pharos, en sorte que toute cette armée montait à vingt-huit mille hommes de pied et douze cents chevaux. Cléomène s'attendant à cette irruption, avait fortifié tous les passages par des gardes, des fossés et des abattis d'arbres, et avait mis son camp à Sélasie, ayant environ vingt mille hommes. Il conjecturait sur de bonnes raisons que ce serait par là que les ennemis s'efforceraient d'entrer dans le pays; en quoi il ne fut pas trompé. Le détroit est formé par deux montagnes, dont l'une s'appelle l'Éva et l'autre l'Olympe. Le fleuve Oenus coule entre les deux, et sur le bord est le chemin qui conduit à Sparte. Cléomène ayant tiré une ligne devant ces montagnes avec un retranchement, posta sur le mont Éva son frère Euclidas à la tête des alliés, et se mit lui sur le mont Olympe avec les Lacédémoniens et les étrangers. Au bas, le long du fleuve, des deux côtés il logea de la cavalerie avec une partie des étrangers.

Antigonus en arrivant voit que tous les passages étaient fortifiés, et que Cléomène avait assigné avec tant d'habileté les bons postes aux parties de son armée les plus propres à les défendre, que son camp ressemblait à un gros de soldats sous les armes et prêts à combattre; qu'il n'avait rien oublié pour se mettre également en état d'attaquer et de défendre; qu'enfin la disposition de son camp était aussi avantageuse que les approches en étaient difficiles. Tout cela lui fit perdre l'envie d'attaquer l'ennemi, et d'en venir sitôt aux mains. Il alla camper à peu de distance, et se couvrit du Gorgyle. Il resta là pendant quelques jours à reconnaître la situation des différens postes, et le caractère des nations qui composaient l'armée ennemie. Quelquefois il faisait mine d'avoir certains desseins, et tenait en suspens les ennemis sur ce qu'il devait exécuter. Mais comme ils étaient partout sur leurs gardes, et que tous les côtés étaient également hors d'insulte, l'on convint enfin de part et d'autre qu'il en fallait venir à une bataille décisive. Il plut à la fortune de mettre aux mains ces deux grandes armées, qui ne cédaient en rien l'une à l'autre.

Contre ceux qui étaient au mont Éva, Antigonus fit marcher les Macédoniens armés de boucliers d'airain, et les Illyriens par cohortes alternativement. Cette première ligne était conduite par Alexandre fils d'Acmète, et Démétrius de Pharos. La seconde ligne était d'Acarnaniens et de Crétois. Derrière eux étaient deux mille Achéens tenant lieu de corps de réserve. Sa cavalerie, il la rangea sur la rivière, pour l'opposer à la cavalerie ennemie, et la fit soutenir de mille piétons achéens et d'autant de Mégalopolitains. Pour lui, prenant les étrangers et les Macédoniens, il marcha vers le mont Olympe pour attaquer Cléomène. Les étrangers étaient à la première ligne. La phalange macédonienne suivait partagée en deux, une partie derrière l'autre; parce que le terrain ne lui permettait pas de s'étendre sur un plus grand front. Le signal donné aux Illyriens pour commencer l'attaque au mont Éva, était un linge qu'on devait élever proche du mont Olympe, parce qu'ils avaient passé le Gorgyle pendant la nuit, et s'étaient attachés au pied de la montagne. Pour les Mégalopolitains et la cavalerie, c'était une cotte d'armes de couleur de pourpre qu'on élèverait en l'air d'auprès du roi.

CHAPITRE XIV.

Bataille de Sélasie entre Cléomène et Antigonus.

Lorsque le temps de l'attaque fut venu, que le signal eut été donné aux Illyriens, que chacun eut été averti de ce qu'il devait faire, tous se montrèrent et commencèrent le choc au mont Éva. Alors les hommes armés à la légère qui avaient d'abord été joints à la cavalerie du côté de Cléomène, voyant que les derrières des cohortes achéennes n'étaient pas couverts, vinrent les charger en queue. Ceux qui s'efforçaient de gagner le haut de la montagne se virent alors fort pressés et dans un grand péril, menacés en même temps de front par Euclidas qui était en haut, et chargés en queue par les étrangers, qui donnaient avec fureur. Philopœmen comprit le danger, et prévoyant ce qui allait arriver, il voulut d'abord en avertir les chefs, qui ne daignèrent seulement pas l'écouter, par la raison qu'il n'avait jamais commandé, et qu'il était fort jeune. Alors ayant pressé avec instance ses concitoyens, il fond avec impétuosité sur les ennemis. Les étrangers, qui chargeaient en queue, entendant les cris et voyant la cavalerie aux mains, quittèrent les Illyriens pour courir à leurs premiers postes et secourir la cavalerie de leur parti. Pendant ce temps-là les Illyriens, les Macédoniens et ceux qui avec eux étaient à la première ligne, débarrassés de ce qui les arrêtait, montèrent hardiment et avec confiance contre les ennemis. Cela fit connaître dans la suite, que si l'attaque réussit de ce côté-là, on en eut l'obligation à Philopœmen. On dit qu'après l'action Antigonus ayant demandé à Alexandre, qui commandait la cavalerie, pourquoi il avait commencé le choc avant que le signal fût donné; celui-ci ayant répondu que ce n'était pas lui, mais un jeune soldat de Mégalopolis qui avait commencé contre ses ordres, il dit : « Ce jeune homme en saisis- » sant l'occasion s'est conduit en grand capi- » taine, et vous capitaine, vous vous êtes con- » duit en jeune homme. »

Euclidas voyant les cohortes venir à lui, ne pensa plus à se servir de l'avantage du poste qu'il occupait, tandis qu'il devait venir de loin au-devant des ennemis, fondre sur eux, rompre les rangs, reculer petit à petit, et gagner ainsi sans danger la hauteur. Par cette manœuvre il eût jeté la confusion dans les rangs des ennemis, il les eût empêchés de faire usage de leurs armes et de leur ordre de bataille, et favorisé comme il l'était par la situation des lieux, il les eût entièrement mis en fuite. Mais se flattant que la victoire ne pouvait lui manquer, il fit tout le contraire de ce que je viens de dire. Il resta sur le sommet où il avait été d'abord posté, croyant apparemment qu'on ne pouvait laisser monter trop haut les ennemis, afin de les faire fuir ensuite par une descente raide et escarpée. Cependant il n'en fut rien. Au contraire, comme il ne s'était pas gardé de terrain pour reculer, et que les cohortes approchèrent entières et en bon ordre, il se vit enfin si serré, qu'il fut obligé de combattre sur la croupe même de la montagne. Ses troupes ne soutinrent pas long-temps la pesanteur de l'armure et de l'ordre de bataille. Les Illyriens aussitôt se mirent en état de combattre, mais Euclidas qui n'avait de terrain ni pour reculer ni pour la changer de place, fut bientôt renversé et obligé de prendre la fuite par les descentes raides et escarpées qui achevèrent de mettre son armée en déroute.

Pendant ce temps-là la cavalerie était aux mains. Celle des Achéens se battait vivement, et surtout Philopœmen, parce que cette bataille devait décider de leur liberté. Celui-ci eut dans cette action un cheval tué sous lui, et combattant à pied, il reçut un coup qui lui traversa les deux cuisses.

Au mont Olympe, les deux rois firent commencer le combat par les soldats armés à la légère et les étrangers, dont ils avaient environ chacun cinq mille. Comme l'action se passait sous les yeux des deux rois et des deux armées, ces troupes s'y signalèrent, soit qu'elles combattissent par parties, soit que la mêlée fut générale. Homme contre homme, rang contre rang se battaient avec la plus grande opiniâtreté. Cléomène, voyant que son frère avait été mis en fuite, et que la cavalerie qui était dans la plaine commençait à plier, craignit que l'armée ennemie ne vînt fondre sur lui de tous les côtés, et se crut obligé de renverser tous les retranchemens de son camp, et d'en faire sortir par un côté toute son armée de front. Les trompettes ayant donné aux hommes armés à la légère le signal de se retirer de l'espace qui était entre les deux camps, les phalanges s'approchent avec de grands cris de part et d'autre, tournent leurs sarisses et (32) commencent à charger. L'action fut vive. Tantôt les Macédoniens reculaient pressés par la valeur des Lacédémoniens, tantôt ceux-ci étaient repoussés par la pesanteur de la phalange macédonienne. Enfin les troupes d'Antigonus s'avançant piques baissées, et tombant sur les Lacédémoniens avec cette violence qui fait la force de la phalange doublée, les chassèrent de leurs retranchemens. Ce fut une déroute générale : une grande partie des Lacédémoniens furent tués, le reste prit la fuite en désordre. Il ne resta autour de Cléomène que quelques cavaliers, avec lesquels il se retira à Sparte; de là, dès que la nuit fut venue, il descendit à Gytium, où il s'embarqua sur les vaisseaux qu'il faisait tenir prêts depuis long-temps, et fit voile avec ses amis pour Alexandrie.

Antigonus entra d'emblée dans Sparte. On ne peut rien ajouter à la douceur et à la générosité dont il usa envers les Lacédémoniens. Il remit leur république dans l'état où leurs pères la leur avaient laissée, et peu de jours après, sur la nouvelle qu'il reçut que les Illyriens s'étaient jetés sur la Macédoine et la ravageaient, il en partit avec toute son armée. Ainsi se termina cette grande affaire, lorsqu'on s'y attendait le moins. Ce sont là les jeux ordinaires de la fortune. Si Cléomène eût reculé la bataille de quelques jours, ou si retiré à Sparte il y eût un peu attendu une occasion favorable de rétablir ses pertes, il se serait maintenu dans la royauté.

A Tégée Antigonus remit encore la république dans son premier état, et partit deux jours après pour Argos, où il arriva au temps que l'on célébrait les jeux néméens. De là, après avoir reçu de la république des Achéens en général et de chaque ville en particulier tout ce qui pouvait immortaliser sa gloire et son nom, il s'avança à grandes journées vers la Macédoine. Il y surprit les Illyriens, et les défit en bataille rangée. Mais les efforts qu'il fit en animant ses soldats et en criant pendant l'action, lui causèrent une perte de sang, laquelle fut suivie de je ne sais quelle maladie dont il ne releva point. C'était un prince sur l'habileté et la probité duquel tous les Grecs avaient fondé de grandes espérances. Il laissa en mourant le royaume à Philippe fils de Démétrius. Je me suis un peu étendu sur cette guerre, parce que ces temps-là touchant à ceux dont nous devons faire l'histoire, j'ai cru qu'il serait utile et même nécessaire, suivant mon premier dessein, de faire voir clairement quel était alors l'état des Lacédémoniens et des Grecs.

Vers le même temps Ptolémée étant mort, Ptolémée Philopator lui succéda. Après la mort de Seleucus fils de Seleucus Callinicus, qu'on appelait aussi Pogon, Antiochus son frère régna dans la Syrie. Il arriva à ces rois à peu près la même chose qu'à ceux qui après la mort d'Alexandre avaient possédé ces royaumes, c'est-à-dire que, comme Seleucus, Ptolémée et Lysimachus moururent vers la cent vingt-quatrième olympiade; ceux-ci moururent vers la cent trente-neuvième.

Après avoir jeté les fondemens de toute notre histoire, et avoir montré dans ce prélude en quel temps, de quelle manière et pour quelles raisons les Romains, n'ayant plus rien à conquérir dans l'Italie, commencèrent à étendre au dehors leur domination, et osèrent disputer aux Carthaginois l'empire de la mer;

après avoir encore fait connaître quel était alors l'état où étaient les Grecs, les Macédoniens et les Carthaginois; puisque nous sommes enfin arrivés aux temps où nous nous étions proposé d'abord de venir, je veux dire à ces temps où les Grecs devaient entreprendre la guerre sociale, les Romains celle d'Annibal, et les rois d'Asie celle de la Cœlosyrie, nous ne ferons pas mal de finir ce livre où finissent les événemens précédens, et où sont morts les princes qui en ont été les auteurs.

LIVRE TROISIÈME.

CHAPITRE Ier.

But que Polybe se propose en écrivant l'histoire de son temps. — Distribution des événemens qu'il doit raconter.

On a vu dans le premier livre, que nous commencerions cet ouvrage par la guerre sociale, celle d'Annibal et celle de la Cœlosyrie. Nous y avons dit aussi pourquoi, remontant à des temps plus reculés, nous écririons les deux livres qui précèdent celui-ci. Il faut maintenant rapporter ces guerres, et rendre compte, tant des raisons pourquoi elles ont été entreprises, que de celles pour lesquelles elles sont devenues si considérables. Mais auparavant disons un mot sur le dessein de cet ouvrage.

Dans tout ce que nous avons entrepris de raconter, notre unique but a été de faire voir comment, en quel temps et pourquoi toutes les parties de la terre connues ont été réduites sous l'obéissance des Romains; événement dont le commencement est connu, le temps déterminé, et le succès avoué et reconnu de tout le monde. Pour parvenir à ce but, il est bon de faire mention en peu de mots des choses principales qui se sont passées entre le commencement et la fin; rien n'est plus capable de donner une juste idée de toute l'entreprise; car comme la connaissance du tout sert beaucoup pour acquérir celle des choses particulières, et que réciproquement la connaissance des choses particulières aide beaucoup à connaître le tout, nous ne pouvons mieux faire, à mon sens, que d'instruire le lecteur de ces deux manières.

J'ai déjà fait voir quel était en général mon dessein, et jusqu'où je devais le conduire. Tout ce qui s'est passé en particulier commence aux guerres dont nous avons parlé, et finit au renversement de la monarchie macédonienne; et entre le commencement et la fin il s'est écoulé cinquante-trois ans, pendant lesquels tant et de si grands événemens sont arrivés, qu'on n'en a jamais vu de pareils dans un égal nombre d'années. En commençant donc à la cent quarantième olympiade, voici l'ordre que je garderai.

Après que nous aurons expliqué pourquoi les Carthaginois firent aux Romains la guerre qu'on appelle d'Annibal, nous dirons de quelle manière les premiers se jetèrent sur l'Italie, et y ébranlèrent la domination des Romains jusqu'au point de les faire craindre pour leur propre patrie, et de voir les Carthaginois maîtres de la capitale de cet empire. Nous verrons ensuite Philippe roi de Macédoine venir se joindre aux Carthaginois, après qu'il eut fini la guerre qu'il faisait vers le même temps contre les Étoliens, et qu'il eut pacifié les affaires de la Grèce. Après cela, Antiochus et Ptolémée Philopator (33) se disputeront la Cœlosyrie, et se feront la guerre pour ce royaume. Puis les Rhodiens et Prusias se déclareront contre les Bysantins, et les forceront à se désister du péage qu'ils exigeaient de ceux qui naviguaient dans le Pont. Là nous interromprons le fil de notre narration, pour examiner la forme du gouvernement des Romains, et on verra qu'il ne pouvait être mieux constitué, non seulement pour se rétablir dans l'Italie et dans la Sicile, et pour soumettre les Espagnes et les Gaules, mais encore pour défaire entièrement les Carthaginois, et penser à conquérir tout l'univers. Cela sera suivi d'une petite digression sur la ruine de Hiéron, roi de Syracuse, d'où nous passerons en Égypte pour dire les troubles qui y arrivèrent, lorsqu'après la mort de Ptolémée, Antiochus et Philippe, conspirant ensemble pour se partager le royaume laissé au fils de ce roi, tâchèrent par fraude et par violence de se rendre maîtres, celui-ci de l'Égypte et de la Carie, celui-là de la Cœlosyrie et de la Phénicie.

Suivra un récit abrégé de ce qui se passa entre les Romains et les Carthaginois dans l'Espagne, dans la Lybie et dans la Sicile, d'où nous nous transporterons en Grèce, où les affaires changèrent alors de face. Nous y verrons les batailles navales d'Attalus et des Rhodiens contre Philippe; de quelle manière les Romains firent la guerre à ce prince; quelles en furent les causes, et quel en fut le succès. Nous joindrons à cela ce que produisit la colère des Étoliens, lorsqu'ayant appelé Antiochus d'Asie, ils allumèrent le feu de la guerre entre les Achéens et les Romains. Nous dirons les causes de cette guerre, et ensuite nous suivrons Antiochus en Europe. D'abord il est obligé de se retirer de la Grèce; puis défait il abandonne tout le pays qui est en deçà du mont Taurus; et enfin les Romains après avoir réprimé l'audace des Gaulois, se rendent maîtres de l'Asie, sans que personne la leur ose contester, et délivrent l'Asie citérieure de la crainte des Barbares et de la violence des Gaulois. Nous exposerons après cela les malheurs dont les Étoliens et les Céphalléniens furent accablés; d'où nous passerons aux guerres qu'Eumènes eut à soutenir contre Prusias et les Gaulois de Grèce, et à celle d'Ariarathe contre Pharnace. Après quoi nous dirons quelque chose de l'union et du gouvernement des Péloponésiens, et des progrès que fit l'état des Rhodiens. Nous ferons ici une récapitulation, où toute l'histoire et les faits qu'on y aura vus seront représentés en peu de mots. Nous ajouterons à tout cela l'expédition d'Antiochus Épiphanes dans l'Égypte, la guerre de Persée et la ruine entière de la monarchie macédonienne.

Par là on verra en détail par quelle conduite les Romains sont venus à bout de soumettre toute la terre à leur domination. Si l'on devait juger de ce qu'il y a de louable ou de répréhensible dans les hommes ou dans les états par le bonheur ou le malheur des événemens, je devrais borner là mon ouvrage, puisque mon dessein est rempli, que les cinquante-trois ans finissent à ces derniers événemens, que la puissance romaine fut alors à son plus haut point et que tout le monde était forcé de reconnaître qu'il ne restait plus qu'à leur obéir et à exécuter leurs ordres. Mais l'heureux ou malheureux succès des batailles ne suffit pas pour donner une juste idée des vainqueurs ni des vaincus; souvent les plus heureux, faute d'en avoir fait un bon usage ont été cause de très-grands malheurs, de même qu'il y a eu bon nombre de gens à qui des accidens très-fâcheux ont été d'une très-grande utilité, parce qu'ils ont su les supporter avec courage. Outre les événemens, il faut donc encore considérer quelle a été la conduite des Romains, comment ils ont gouverné l'univers, les différens sentimens qu'on a eu pour ceux qui étaient à la tête des affaires, les penchans et les inclinations dominantes des particuliers, tant dans le foyer domestique, que par rapport au gouvernement. Par ce moyen notre siècle connaîtra si l'on doit se soustraire à la domination romaine ou s'y soumettre; et les siècles à venir jugeront si elle était digne de louange ou de blâme. C'est de là que dépend presque tout le fruit que l'on pourra tirer de cette histoire, tant pour le présent que pour l'avenir. Car ne nous imaginons pas que les chefs d'armées n'ont en faisant la guerre, d'autre but que de vaincre et de subjuguer, ni que l'on ne doit juger d'eux que par leurs victoires et par leurs conquêtes. Il n'y a personne qui fasse la guerre dans la seule vue de triompher de ses ennemis. On ne se met pas sur mer pour passer simplement d'un endroit à un autre. Les sciences et les autres arts ne s'apprennent pas uniquement pour en avoir la connaissance. On cherche en tout ce que l'on fait, ou l'agréable, ou l'honnête, ou l'utile. Cet ouvrage ne sera donc parfait et accompli qu'autant qu'il apprendra quel fut, après la conquête du monde entier par les Romains, l'état de chaque peuple en particulier, jusqu'au temps où de nouveaux troubles se sont élevés, et qu'il s'est fait un nouveau changement dans les affaires. C'est sur ce changement que je me suis proposé d'écrire. L'importance des faits et les choses extraordinaires qui s'y sont passées, m'y ont engagé. Mais la plus forte raison, c'est que j'ai contribué à l'exécution de certaines choses, et que j'ai été le conducteur de beaucoup d'autres.

Ce fut dans ce soulèvement que les Romains allèrent porter la guerre chez les Celtibériens et les Vacéens; que les Carthaginois la firent à Massinissa, roi dans l'Afrique; qu'en Asie Attalus et Prusias se la déclarèrent l'un à l'autre; qu'Oropherne aidé par Démétrius chassa du trône Ararathe, roi de Cappadoce, et que celui-ci y remonta par ses seules forces; que Séleucus, fils de Démétrius, après avoir régné douze ans dans la Syrie, perdit le royaume et la vie par la conspiration des autres rois; que les Romains permirent aux Grecs, accusés d'être les auteurs de la guerre de Persée, de retourner dans leur patrie, après qu'ils eurent reconnu leur innocence; que peu de temps après, ces mêmes Romains attaquèrent les Carthaginois, d'abord pour les obliger à changer de pays, mais ensuite dans le dessein de les détruire entièrement, pour des raisons que nous déduirons dans la suite; qu'enfin vers le même temps les Macédoniens ayant renoncé à l'alliance des Romains, et les Lacédémoniens s'étant détachés de la république des Achéens, on vit le malheur commun de la Grèce commencer et finir tout ensemble.

Tel est le dessein que je me suis proposé. Fasse la fortune que ma vie soit assez longue pour l'exécuter et le conduire à sa perfection! Je suis cependant persuadé que, quand même je viendrais à manquer, il ne serait pas abandonné, et que d'habiles gens charmés de sa beauté se feraient un devoir de le remplir. Maintenant que pour donner aux lecteurs une connaissance générale et particulière de toute cette histoire, nous avons rapporté sommairement les principaux faits sur lesquels nous devons dans la suite nous étendre, il est temps de rappeler ce que nous avons promis, et de reprendre le commencement de notre sujet.

CHAPITRE II.

Quelles furent les vraies causes de la guerre d'Annibal. — Réfutation de l'historien Fabius sur ces causes.

Quelques historiens d'Annibal donnent deux raisons de la seconde guerre que les Romains déclarèrent aux Carthaginois. La première est, selon eux, le siège mis par ceux-ci devant Sagonte; et l'autre, l'infraction du traité par lequel ils avaient solennellement promis de ne pas s'étendre au-delà de l'Ebre. Pour moi, j'accorderai bien que ce furent là les commencemens de la guerre, mais je ne puis convenir que c'en aient été les motifs. En effet, c'est comme si l'on disait que l'invasion d'Alexandre en Asie, a été la cause de la guerre contre les Perses, et que la guerre des Romains contre Antiochus, est venue de la descente que ce roi fit à Démétriade. Ces deux causes, loin d'être les vraies, ne sont pas même probables. Car qui pourrait penser que l'invasion d'Alexandre ait été la cause de plusieurs choses que ce prince, et avant lui Philippe son père, avaient faites pour se disposer à la guerre contre les Perses? On doit dire la même chose de ce que les Étoliens firent contre les Romains avant qu'Antiochus vînt à Démétriade. Pour raisonner de la sorte, il faut n'avoir jamais connu la différence qu'il y a entre commencement, cause et prétexte, et ne savoir pas que ces deux derniers sont ce qui dans toutes choses précède tout, et que le commencement n'est que le dernier des trois. J'appelle commencement les premières démarches que l'on fait, les premiers mouvemens que l'on se donne pour exécuter ce que l'on a jugé devoir faire; mais les causes, c'est ce qui précède tout jugement et toute délibération. Ce sont les pensées qui se présentent, les dispositions que l'on prend, les raisonnemens qui se font en conséquence, et sur lesquels on se détermine à juger et à former un dessein. Ce que je vais dire éclaircira ma pensée.

Rien n'est plus facile à découvrir que les vrais motifs de la guerre contre les Perses. Le premier fut le retour des Grecs, qui, revenant sous la conduite de Xénophon, des satrapies de l'Asie supérieure, et traversant toute l'Asie avec laquelle ils étaient en guerre, n'avaient néanmoins trouvé personne qui osât s'opposer à leur retraite. Le second fut le passage d'Agésilas, roi de Lacédémone, en Asie, où il ne rencontra rien qui mit obstacle à ses desseins, quoique d'ailleurs il fût obligé d'en sortir sans avoir rien fait, rappelé qu'il était dans la Grèce par les troubles dont elle était alors agitée; car Philippe considérant d'un côté la mollesse et la lâcheté des Perses, et de l'autre les grandes ressources qu'il avait lui et les siens pour la guerre, excité d'ailleurs par l'éclat et la grandeur des avantages qu'il retirerait de la conquête de cet empire; après s'être concilié la faveur des Grecs, prit enfin son essor, conçut le dessein d'aller porter la guerre chez les Perses, et disposa tout pour cette expédition, sous prétexte de venger les Grecs des injures qu'ils en avaient reçues. Il est donc hors de doute que les deux choses que nous avons rapportées les premières, ont été les causes de la guerre contre les Perses, que la dernière n'en a été que le prétexte, et qu'enfin le commencement a été l'irruption d'Alexandre dans l'Asie.

Il est clair encore qu'il n'y a point d'autre cause de la guerre des Romains contre Antiochus, que l'indignation des Étoliens. Ceux-ci, croyant que les Romains, enflés du succès qu'avait eu leur guerre contre Philippe, les méprisaient, comme j'ai dit plus haut, non seulement appelèrent à leurs secours Antiochus, mais la colère les emporta jusqu'à prendre la résolution de tout entreprendre et de tout souffrir pour se venger. Le prétexte fut de remettre les Grecs en liberté; c'est à quoi ils exhortaient et animaient sans raison toutes les villes, les parcourant avec Antiochus l'une après l'autre. Et enfin le commencement fut la descente d'Antiochus à Démétriade.

Je me suis arrêté long-temps sur cette distinction, non que j'eusse en vue de censurer les historiens, mais parce que l'instruction des lecteurs le demandait. Car de quelle utilité est pour les malades un médecin qui ne connaît pas les causes des maladies? Que peut-on attendre d'un ministre d'état, qui ne connaît ni la raison ni l'origine des affaires qui arrivent dans un royaume? Comme il n'y a pas d'apparence que le premier donne jamais de remède convenable, il n'est pas non plus possible que l'autre, sans la connaissance de ce que nous venons de dire, prenne prudemment un parti. C'est pour cela qu'on ne doit rien rechercher avec tant de soin que les causes des événemens; car souvent une bagatelle, un rien donnent lieu à des événemens très-importans et, en tout, on ne remédie à rien plus aisément qu'aux premiers mouvemens et aux premières pensées.

Selon Fabius, historien romain, ce fut l'avarice et l'ambition démesurée d'Asdrubal, jointes à l'injure faite aux Sagontins, qui furent la cause de la seconde guerre punique. Fabius prétend que ce général, s'étant acquis une domination fort étendue en Espagne, eut le projet, à son retour dans l'Afrique, d'abolir les lois de sa république, et de l'ériger en monarchie; que les principaux magistrats, s'étant aperçus de son dessein, y furent unanimement opposés: qu'Asdrubal alors sortit d'Afrique, et que de retour en Espagne, il la gouverna à sa fantaisie, sans aucun égard pour le sénat de Carthage; qu'Annibal, qui dès l'enfance était entré dans les vues de son oncle, et avait là ché de les suivre, tint la même conduite que lui, quand on lui eut confié le gouvernement de l'Espagne ; et que ce fut pour se conformer à ces vues d'Asdrubal qu'il fit la guerre aux Romains malgré les Carthaginois, dont il n'y eut pas un seul, du moins entre les plus distingués, qui approuvât ce qu'Annibal avait fait à l'égard de Sagonte. Fabius ajoute, qu'après la prise de cette ville, les Romains vinrent en Afrique, dans le dessein, ou de se faire livrer Annibal, ou de déclarer la guerre aux Carthaginois.

Mais si l'on demandait à cet historien : pourquoi, en supposant que l'entreprise d'Annibal eût déplu aux Carthaginois, cette république n'a pas saisi une occasion si favorable de se délivrer de la guerre qui la menaçait ? ce que pouvaient faire les Carthaginois de plus juste et de plus avantageux que de se rendre à ce que les Romains demandaient d'eux ? si en abandonnant l'auteur des injustices faites aux Sagontins, ils ne s'étaient pas défaits par les Romains de l'ennemi commun de leur état, ils n'auraient pas assuré la tranquillité à leur patrie, et étouffé le feu de la guerre, lorsque pour se venger il ne leur en aurait coûté qu'un sénatus-consulte ? Si l'on fait, dis-je, cette question à notre historien, il est clair qu'il n'aura rien à répondre, puisque les Carthaginois ont été si éloignés d'une si sage conduite, qu'après avoir fait la guerre sous les ordres d'Annibal pendant dix-sept ans de suite, ils ne la finirent que lorsqu'il n'y eut plus rien à espérer, et qu'ils virent enfin leur patrie à deux doigts de sa perte.

Au reste, si j'ai fait ici mention de Fabius et de son histoire, ce n'est pas de peur que la vraisemblance qu'il jette sur ce qu'il dit n'en impose à ses lecteurs ; car il n'y a point de lecteur, qui, sans qu'on l'avertisse, ne puisse voir par lui-même combien cet historien est peu judicieux ; mais pour recommander à ceux entre les mains de qui ses livres tomberont, de ne point s'arrêter au titre ; et d'examiner les faits mêmes qu'il rapporte ; car on voit des gens qui, faisant moins d'attention à ce qu'il débite qu'à lui-même, et se laissant prévenir par ce préjugé qu'il était contemporain et sénateur, aussitôt se persuadent qu'on doit ajouter foi à tout ce qu'il raconte. Mon sentiment est qu'on ne doit pas tout à fait mépriser son autorité, mais que seule elle n'est pas suffisante, et qu'il faut considérer les choses mêmes qu'il écrit pour juger ensuite si on doit l'en croire ou non. Je reviens à mon sujet.

CHAPITRE III.

Première cause de la seconde guerre punique, la haine d'Amilcar Barcas contre les Romains : seconde cause, la nouvelle exaction des Romains sur les Carthaginois : troisième cause, la conquête de l'Espagne par Amilcar.

Je crois donc qu'entre les causes pour lesquelles les Romains ont fait la guerre aux Carthaginois, la première est le ressentiment d'Amilcar, surnommé Barcas, et père d'Annibal ; car, quoiqu'il eût été défait en Sicile, son courage n'en fut point abattu. Les troupes qu'il avait commandées à Éryce étaient encore entières, et dans les mêmes sentimens que leur chef. Si cédant aux temps, il avait fait la paix après la bataille qu'avaient perdue sur mer les Carthaginois, son indignation restait toujours la même, et n'attendait que le moment d'éclater. Il aurait même pris les armes aussitôt après, sans la guerre que les Carthaginois eurent à soutenir contre les soldats mercenaires. Mais il fallut d'abord penser à cette révolte, et s'en occuper tout entier. Ces troubles apaisés, les Romains étant venus à déclarer la guerre aux Carthaginois, ceux-ci n'hésitèrent pas à se mettre en défense, persuadés qu'ayant la justice de leur côté, ils ne manqueraient pas d'avoir le dessus, comme j'ai dit dans les livres qui précèdent, et sans lesquels on ne pourrait comprendre ni ce que je dis ici, ni ce que je dois dire dans la suite. Mais comme les Romains eurent fort peu d'égards à cette justice, les Carthaginois furent obligés de s'accommoder aux conjonctures. Accablés et n'ayant plus de ressources, ils consentirent, pour avoir la paix, à abandonner la Sardaigne, et à ajouter douze cents talens au tribut qu'ils payaient déjà.

Et l'on ne doit point douter que cette nouvelle exaction n'ait été la seconde cause de la guerre qui l'a suivie ; car Amilcar, animé par sa propre indignation et par celle que ses concitoyens en avaient conçue, n'eut pas plus tôt affermi la tranquillité de sa patrie par la défaite des révoltés, qu'il tourna toutes ses pensées vers l'Espagne, s'imaginant bien qu'elle serait pour lui d'un puissant secours dans la guerre qu'il méditait contre les Romains.

Les rapides progrès qu'il fit dans ce vaste pays, doivent être regardés comme la troisième cause de la seconde guerre punique : les Carthaginois ne s'y engagèrent que parce qu'avec le secours des troupes espagnoles, ils crurent avoir de quoi tenir tête aux Romains.

Quoiqu'Amilcar soit mort dix ans avant que cette guerre commençât, il est cependant aisé de prouver qu'il en a été le principal auteur. Entre les raisons sans nombre dont on pourrait se servir pour cela, je n'en citerai qu'une qui rendra la chose évidente. Après qu'Annibal eut été vaincu par les Romains, et qu'il fut sorti de sa patrie pour s'aller réfugier chez Antiochus, les Romains, sachant ce que méditaient contre eux les Étoliens, envoyèrent des ambassadeurs chez ce prince dans le dessein de le sonder, et de voir quelles pouvaient être ses vues. Les ambassadeurs ayant découvert qu'il prêtait l'oreille aux propositions des Étoliens, et qu'il n'épiait que l'occasion de se déclarer contre les Romains, tâchèrent de lui rendre Annibal suspect, et pour cela lui firent assidûment leur cour. La chose réussit selon leurs souhaits. Antiochus continua à se défier d'Annibal, et ses soupçons ne firent qu'augmenter. Enfin l'occasion se présenta de s'éclairer l'un l'autre sur cette défiance. Annibal se défendit du mieux qu'il put. Mais voyant que ses raisons ne satisfaisaient pas Antiochus, il lui tint enfin ce discours : « Quand mon père se disposa à entrer en Espagne avec une armée, je n'avais alors que neuf ans ; j'étais auprès de l'autel pendant qu'il sacrifiait à Jupiter. Après les libations et les autres cérémonies prescrites, Amilcar ayant fait retirer tous les ministres du sacrifice, me fit approcher, et me demanda en me caressant si je n'aurais pas envie de le suivre à l'armée. Je répondis, avec cette vivacité qui convenait à mon âge, non seulement que je ne demandais pas mieux, mais que je le priais instamment de me le permettre ; là-dessus il me prit la main, me conduisit à l'autel, et m'ordonna de jurer, sur les victimes, que jamais je ne serais ami des Romains. Jugez par là quelles sont mes dispositions. Quand il ne s'agira que de susciter des affaires aux Romains, vous pouvez compter sur moi comme sur un homme qui vous sera sincèrement dévoué : quand vous penserez à transiger et à faire la paix avec eux, n'attendez pas que l'on vous prévienne contre moi, mais méfiez-vous et tenez-vous sur vos gardes, je ferai certainement tout ce qui sera en moi pour traverser vos desseins. » Ce discours, qui paraissait être sincère et partir du cœur, dissipa tous les soupçons qu'Antiochus avait auparavant conçus sur la fidélité d'Annibal.

On conviendra que ce témoignage de la haine d'Amilcar et de tous les projets qu'il avait formés contre les Romains, est précis et sans réplique. Mais cette haine paraît encore plus dans ce qu'il fit ensuite, car il leur suscita deux ennemis, Asdrubal son gendre, et Annibal son fils, qui étaient tels, qu'après cela il ne pouvait rien faire de plus, pour montrer l'excès de la haine qu'il leur portait. Asdrubal mourut avant que de pouvoir mettre son dessein à exécution, mais Annibal trouva dans la suite l'occasion ; de se livrer avec éclat à l'inimitié que lui avait transmise son père contre les Romains. De là, ceux qui gouvernent doivent apprendre combien il leur importe de pénétrer les motifs qui portent les puissances à traiter de paix ou à faire alliance avec eux. A moins que les circonstances ne soient impérieuses on doit se tenir sur la réserve, et avoir toujours les yeux ouverts sur leurs démarches ; mais si leur soumission est sincère, on peut en disposer comme de ses sujets et de ses amis, et leur demander avec confiance tous les services qu'elles sont capables de rendre. Telles sont donc les causes de la guerre d'Annibal. En voici les commencemens.

CHAPITRE IV.

Annibal est nommé général des armées. — Ses conquêtes en Espagne. — Il se brouille avec les Romains sur un mauvais prétexte. — Prise de Sagonte par Annibal. — Victoire remportée par les Romains sur Démétrius.

Les Carthaginois étaient fort sensibles à la perte qu'ils avaient faite de la Sicile; mais ils avaient encore plus de peine à supporter celle de la Sardaigne, et l'augmentation du tribut qu'on leur avait imposé. C'est pour cela qu'après qu'ils eurent soumis la plus grande partie de l'Espagne, tout ce qui leur était rapporté contre les Romains était toujours bien reçu. Lorsqu'ils eurent appris la mort d'Asdrubal, qu'ils avaient fait gouverneur d'Espagne après la mort d'Amilcar, d'abord ils attendirent pour lui nommer un successeur, qu'ils sussent de quel côté pencheraient les troupes; et dès que la nouvelle fut venue que d'un consentement unanime elles s'étaient choisi Annibal pour chef, aussitôt le peuple s'étant assemblé, confirma l'élection, et l'on donna à Annibal le commandement des armées. Élevé à cette dignité, il pensa d'abord à soumettre les Olcades. Il vint camper à Althée, la principale ville de la nation, et en fit le siège avec tant de vigueur et d'impétuosité, qu'il en fut bientôt maître. Les autres villes épouvantées ouvrirent d'elles-mêmes leurs portes. Il les vendit ensuite à prix d'argent; et s'étant ainsi amassé de grandes richesses, il vint prendre son quartier d'hiver à Carthagène. Généreux à l'égard de ceux qui servaient sous lui, payant libéralement les soldats, et leur promettant des récompenses, il se gagna les cœurs, et donna de grandes espérances aux troupes. L'été venu, il ouvre la campagne par une expédition chez les Vacéens. Il prend d'emblée la ville de Salmantique. Arbucale, qui était grande, bien peuplée, et défendue par des habitans d'une grande valeur, lui résista long-temps; mais enfin il l'emporta. Il courut un grand danger en revenant. Les Carpésiens, nation la plus puissante du pays, avaient pris les armes, et les peuples voisins, soulevés par ceux des Olcades et des Salmantiquois qui s'étaient sauvés par la fuite, étaient accourus à leur secours. Si Annibal eût été obligé de les combattre en bataille rangée, sa défaite était immanquable. Mais il eut la prudence de se retirer au petit pas, de mettre le Tage devant lui, et de se réduire à disputer aux ennemis le passage de ce fleuve. Cette conduite lui réussit. Les Barbares s'efforcèrent de passer la rivière par plusieurs endroits; mais la plupart, au débarquement, furent écrasés par les quarante éléphans qui marchaient le long des bords. Dans la rivière même il y en eut beaucoup qui périrent sous les pieds de la cavalerie, qui rompait plus aisément le cours de l'eau, et du haut de ses chevaux combattait avec avantage contre l'infanterie. Enfin Annibal passa lui-même le fleuve, et fondant sur ces barbares, il en tua plus de quarante mille sur le champ de bataille.

Ce carnage intimida tellement tous les peuples d'en deçà de l'Èbre, qu'il n'y resta personne, hors les Sagontins, qui osât faire mine de résister aux Carthaginois. Annibal se donna pourtant bien de garde d'attaquer Sagonte. Fidèle aux avis d'Amilcar, son père, il ne voulait pas se brouiller ouvertement avec les Romains, qu'il ne fût auparavant paisible possesseur du reste de l'Espagne. Pendant ce temps-là les Sagontins craignant pour eux, et prévoyant le malheur qui devait leur arriver, envoyaient à Rome courriers sur courriers, pour informer exactement les Romains des progrès que faisaient les Carthaginois. On fut long-temps à Rome sans faire grande attention à ces progrès; mais alors on fit partir des ambassadeurs pour s'éclairer sur la vérité des faits.

Annibal après avoir poussé ses conquêtes jusqu'où il s'était proposé, revint faire prendre à son armée ses quartiers d'hiver à Carthagène, qui était comme la ville capitale de la nation, et comme le palais de cette partie de l'Espagne qui obéissait aux Carthaginois. Là, il rencontra les ambassadeurs romains, et leur donna audience. Ceux-ci prenant les Dieux à témoins, lui recommandèrent de ne pas toucher à Sagonte, qui était sous leur protection, et de demeurer exactement en-deçà de l'Èbre, selon le traité fait avec Asdrubal. Annibal, jeune alors, et passionné pour la guerre, heureux dans ses projets, et animé depuis long-temps contre les Romains, répondit, comme s'il eût pris le parti des Sagontins: qu'une sédition s'était depuis peu élevée parmi eux, qu'ils avaient pris les Romains pour arbitres, et que ces Romains avaient injustement condamné à mort quelques-uns des magistrats; qu'il ne laisserait pas cette injustice impunie; que de tout temps la coutume des Carthaginois avait été de prendre la défense de ceux qui étaient injustement persécutés. Et en même temps il dépêchait au sénat de Carthage pour savoir comment il en agirait avec les Sagontins, qui fiers de l'alliance des Romains, en usaient mal avec quelques-uns des sujets de la république. En un mot, il ne raisonnait pas et n'écoutait que la colère et l'emportement qui l'aveuglaient. Au lieu des vraies raisons qui le faisaient agir, il se rejetait sur des prétextes frivoles, égarement ordinaire de ceux qui, s'inquiétant peu de la justice, n'écoutent que les passions par lesquelles ils se sont laissés prévenir. Combien n'eût-il pas mieux fait de dire: qu'il fallait que les Romains rendissent la Sardaigne aux Carthaginois, et les déchargeassent du tribut qu'ils leur avaient injustement imposé, dans les temps malheureux où ceux-ci avaient été chassés de cette île, et qu'il n'y aurait de paix entre eux et les Carthaginois qu'à cette condition! Il est résulté de là que, pour avoir caché la vraie raison qui lui mettait les armes à la main, et en avoir allégué une qui n'avait nul fondement, il a passé pour avoir commencé la guerre, non seulement contre le bon sens, mais encore contre toutes les règles de la justice.

Les ambassadeurs ne pouvant plus douter qu'il ne fallût prendre les armes, firent voile pour Carthage, dans le dessein de demander aux Carthaginois, comme ils avaient fait à Annibal, l'observation du traité conclu avec son oncle. Mais ils ne pensaient pas qu'en cas que ce traité fût violé, la guerre dût se faire dans l'Italie; ils croyaient plutôt que ce serait en Espagne, et que Sagonte en serait le théâtre. Le sénat romain, qui se flattait de la même espérance, prévoyant que cette guerre serait importante, de longue durée, et fort éloignée de la patrie, crut qu'avant toutes choses il fallait mettre ordre aux affaires d'Illyrie.

Démétrius de Pharos, oubliant les bienfaits qu'il avait reçus des Romains, et allant même jusqu'à les mépriser, parce qu'il avait vu la frayeur où les avaient jetés les Gaulois, et qu'il voyait celle où les jetaient actuellement les Carthaginois, espérant d'ailleurs beaucoup des rois de Macédoine, qui dans la guerre de Cléomènes s'étaient joints à Antigonus, s'était avisé vers ce temps-là de ravager et de renverser les villes d'Illyrie qui appartenaient aux Romains, de passer avec cinquante frégates au-delà du Lisse, contre la foi des traités, et de porter le ravage dans la plupart des îles Cyclades. Ces désordres attirèrent l'attention des Romains, qui voyaient la maison royale de Macédoine dans un état florissant; et ils mirent tous leurs soins à pacifier et à s'assurer les provinces situées à l'orient de l'Italie. Ils se persuadaient qu'il serait encore temps de prévenir Annibal, lorsqu'ils auraient fait repentir les Illyriens de leur faute, et châtié l'ingratitude et la témérité de Démétrius. Ils se trompaient: Annibal les prévint, et se rendit maître de Sagonte, ce qui fut cause que la guerre ne se fit pas en Espagne, mais aux portes de Rome et dans toute l'Italie.

Cependant les Romains, suivant leur premier projet, envoyèrent une armée en Illyrie, sous la conduite de L. Émilius, vers le printemps de la première année de la cent quarantième olympiade. Annibal alors sortit de Carthagène, et s'avança vers Sagonte. Cette ville est située à sept stades de la mer, sur le pied des montagnes où se joignent les frontières de Celtibérie, et qui s'étendent jusqu'à la mer. C'est le pays le plus fertile de toute l'Espagne. Annibal vint camper devant cette ville, et en poussa le siége avec vigueur. Il prévoyait que de la prise de cette ville il tirerait pour la suite les plus grands avantages; que par là il ôterait toute espérance aux Romains de faire la guerre dans l'Espagne; qu'après avoir jeté l'épouvante dans les esprits, ceux qu'il avait déjà subjugués seraient plus dociles, et ceux qui ne dépendaient encore de personne, plus circonspects; que ne laissant pas d'ennemi derrière lui, sa marche en serait plus sûre et plus tranquille; qu'il y amasserait de l'argent pour l'exécution de ses desseins; que le butin que les soldats en rapporteraient les rendrait plus vifs et plus ardens à le suivre; et qu'enfin, avec les dépouilles qu'il enverrait à Carthage, il se gagnerait la bienveillance de ses concitoyens. Animé par ces puissans motifs, il n'épargnait rien pour venir heureusement à bout du siége de Sagonte. Il donnait lui-même l'exemple aux troupes, et se trouvait à tous les travaux. Tantôt il exhortait les soldats, tantôt il s'exposait aux dangers les plus évidens. Enfin, après huit mois de soins et de peines, il emporta la ville d'assaut, et y fit un butin prodigieux d'argent, de prisonniers et de meubles. Il mit de côté l'argent pour servir à ses desseins; il distribua aux soldats, chacun selon son mérite, ce qu'il avait fait de prisonniers, et envoya les meubles à Carthage. Le succès répondit à tout ce qu'il avait projeté. Les soldats devinrent plus hardis à s'exposer; les Carthaginois se rendirent avec plaisir à tout ce qu'il demandait d'eux, et, avec l'argent dont il s'était abondamment fourni, il entreprit beaucoup de choses qui lui réussirent.

Sur la nouvelle que les Romains se disposaient à venir dans l'Illyrie, Démétrius jeta dans Dimale une forte garnison et toutes les munitions nécessaires. Il fit mourir dans les autres villes les gouverneurs qui lui étaient opposés, mit à leur place les personnes sur la fidélité desquelles il pouvait compter, et choisit entre ses sujets six mille des hommes les plus braves pour garder Pharos. Le consul romain arrive dans l'Illyrie, et comme les ennemis comptaient beaucoup sur la force de Dimale, qu'ils croyaient imprenable, et sur les provisions qu'ils avaient faites pour la défendre, il résolut, pour étonner les ennemis, d'ouvrir la campagne par le siége de cette ville. Il exhorte les chefs chacun en particulier, et pousse les ouvrages en plusieurs endroits avec tant de chaleur, qu'au septième jour la ville fut prise d'assaut. C'en fut assez pour faire tomber les armes des mains des ennemis. Ils vinrent aussitôt de toutes les villes se rendre aux Romains, et se mettre sous leur protection. Le consul les reçut tous aux conditions qu'il crut les plus convenables, et aussitôt mit à la voile pour aller à Pharos attaquer Démétrius même. Mais ayant appris que la ville était forte, que la garnison était nombreuse et composée de soldats d'élite, et qu'elle avait des vivres et des munitions en abondance, il craignit que le siége ne fût difficile et ne traînât en longueur. Pour éviter ces inconvéniens, il eut recours à un stratagème. Il prit terre pendant la nuit dans l'île avec toute son armée. Il en cacha la plus grande partie dans des bois et dans des lieux couverts, et le jour venu, il se remit en mer, et entra tête levée dans le port le plus voisin de la ville avec vingt vaisseaux. Démétrius l'aperçut, et croyant se jouer d'une si petite armée, il marcha vers ce port pour s'opposer à la descente des ennemis. A peine en fut-on venu aux mains, que le combat s'échauffant, il arrivait continuellement de la ville des troupes fraîches au secours. Enfin toutes se présentèrent au combat. Ceux des Romains qui avaient débarqué pendant la nuit, s'étant mis en marche par des lieux couverts, arrivèrent en ce moment. Entre la ville et le port il y a une hauteur escarpée. Ils s'en emparèrent, et arrêtèrent de là ceux qui de la ville venaient pour soutenir les combattans. Alors Démétrius ne songea plus à empêcher le débarquement; il assembla ses troupes, les exhorta à faire leur devoir, et les mena vers la hauteur dans le dessein de combattre en bataille rangée. Les Romains, qui virent que les Illyriens approchaient avec impétuosité et en bon ordre, vinrent sur eux, et les chargèrent avec une vigueur étonnante. Pendant ce temps-là les Romains qui venaient de descendre à terre, attaquaient aussi par derrière. Les Illyriens enveloppés de tous côtés, se virent dans un désordre et une confusion extrême. Enfin pressés de front et en queue, ils furent obligés de prendre la fuite. Quelques-uns se sauvèrent dans la ville, la plupart se répandirent dans l'île par des chemins écartés. Démétrius monta sur des frégates qu'il avait à l'ancre dans des endroits cachés, et faisant voile pendant la nuit, arriva heureusement chez Philippe, où il passa le reste de ses jours.

C'était un prince hardi et brave, mais d'une bravoure brutale et sans prudence. La fin de sa vie ne démentit point son caractère. Il périt à Messène, qu'il avait entrepris de prendre du consentement de Philippe, pour s'être exposé témérairement dans un combat. Mais nous parlerons de tout cela en détail, lorsqu'il en sera temps.

Emilius, après cette victoire, entra d'emblée dans Pharos, et la rasa : puis s'étant rendu maître du reste de l'Illyrie, et y ayant donné ses ordres, l'été fini, il revint à Rome, et y entra en triomphe. On lui fit tous les honneurs, et il reçut tous les applaudissemens que méritaient l'adresse et le courage avec lesquels il s'était conduit dans les affaires d'Illyrie.

CHAPITRE V.

Guerre des Romains contre les Carthaginois. — Ambassade des Romains à Carthage. — Différens traités faits entre les Romains et les Carthaginois.

Lorsque l'on apprit à Rome la prise de Sagonte, on n'y délibéra point si l'on ferait la guerre aux Carthaginois. Quelques historiens disent que cela fut mis en délibération, et ils rapportent même les discours qui se tinrent pour et contre. Mais c'est la chose du monde la moins vraisemblable. Comment se serait-il pu faire que les Romains, qui l'année précédente avaient déclaré la guerre aux Carthaginois s'il leur arrivait de mettre le pied sur les terres des Sagontins, après la prise de la ville même, doutassent, hésitasssent un moment s'ils feraient la guerre, ou non? Comment passer à ces historiens ce qu'ils disent: que les sénateurs consternés de cette nouvelle, menèrent au sénat des enfans de douze ans, et que ces enfans à qui l'on avait fait part de tout ce qui s'y était passé, ne s'ouvrirent ni à leurs parens ni à leurs amis sur le secret qui leur avait été confié? il n'y a dans tout cela ni vérité ni apparence même de vérité, à moins que l'on n'ajoute, ce qui est ridicule, que les Romains ont reçu de la fortune le privilége d'apporter la prudence en naissant. De pareilles histoires ne valent pas la peine d'être réfutées plus au long, si toutefois on peut appeler histoires ce que nous débitent là-dessus Chéréas et Sosile. Ces contes m'ont tout l'air d'avoir été pris dans quelque boutique de barbier, ou répétés d'après la plus vile populace.

Dès que l'on connut à Rome l'attentat d'Annibal contre Sagonte, on envoya sur-le-champ deux ambassadeurs à Carthage, avec ordre de proposer deux choses, dont l'une ne pouvait être acceptée par les Carthaginois qu'à leur honte et à leur préjudice; et l'autre était pour Rome et pour Carthage le commencement d'une affaire très-embarrassante et très-meurtrière; car leurs instructions portaient : ou de demander qu'on leur livrât Annibal et ceux qui avaient part à ses desseins, ou de déclarer la guerre. Les ambassadeurs arrivés à Carthage, déclarèrent en plein sénat leurs intentions. Les Carthaginois ne les entendirent qu'avec horreur, et donnèrent au plus capable commission de défendre la cause de la république. Celui-ci ne parla pas plus du traité fait avec Asdrubal que si il n'eût jamais été fait, ou que s'il eût été fait sans ordre du sénat. Il justifia son silence sur cet article, en disant que, si les Carthaginois n'avaient aucun égard pour le traité d'Asdrubal, ils ne faisaient en cela que suivre l'exemple du peuple romain, qui dans la guerre de Sicile cassa un traité fait par Luctatius, sous prétexte qu'il avait été conclu sans son autorité. Les Carthaginois appuyaient beaucoup sur le traité qui avait mis fin à la guerre de Sicile et y revenaient à tout moment, prétendant qu'il n'y avait rien qui regardât l'Espagne : qu'à la vérité il y était marqué que de part ni d'autre on ne ferait aucun tort aux alliés; mais que, dans le temps, du traité les Sagontins n'étaient point encore alliés du peuple romain ; et là-dessus on ne cessait de relire le traité. Les Romains refusèrent absolument de répondre à cette apologie. Ils dirent que cette discussion pouvait avoir lieu, si Sagonte était encore dans son premier état, qu'en ce cas les paroles suffiraient peut-être pour terminer le différend ; mais que cette ville ayant été saccagée contre la foi des traités, les Carthaginois ne pouvaient, qu'en livrant les auteurs de l'infraction, se justifier de l'infidélité dont ils étaient accusés; qu'autrement il fallait qu'ils tombassent d'accord de la part qu'ils avaient dans l'infraction, sans se défendre comme ils faisaient, par des termes vagues et généraux qui ne décidaient rien. Il était à propos, ce me semble, que je ne passasse pas trop légèrement sur cet endroit. On peut se trouver dans des délibérations où il serait important de savoir au juste ce qui se passa dans cette occasion; et d'ailleurs les historiens ont parlé de cette affaire avec tant d'ignorance et de partialité, que, sans ce que je viens de dire, je ne sais où l'on pourrait prendre une connaissance exacte des traités qui se sont faits jusqu'à présent entre les Romains et les Carthaginois; car il y en a plusieurs.

Le premier est du temps de L. Junius Brutus et de Marcus Horatius, les deux premiers consuls qui furent créés après l'expulsion des rois, et par l'ordre desquels fut consacré le temple de Jupiter Capitolin, vingt-huit ans avant l'invasion de Xerxès dans la Grèce. Le voici tel qu'il m'a été possible de l'expliquer, car la langue latine de ces temps-là est si différente de celle d'aujourd'hui, que les plus habiles ont bien de la peine à entendre certaines choses.

« Entre les Romains et leurs alliés, et entre
» les Carthaginois et leurs alliés, il y aura al-
» liance à ces conditions : que ni les Romains
» ni leurs alliés ne navigueront au-delà du
» beau promontoire, s'ils n'y sont poussés
» par la tempête, ou contraints par leurs en-
» nemis : qu'en cas qu'ils y aient été poussés
» par force, il ne leur sera permis d'y rien
» acheter ni d'y rien prendre, sinon ce qui
» sera précisément nécessaire pour le radou-
» bement de leurs vaisseaux, ou le culte des
» Dieux; et qu'ils en partiront au bout de
» cinq jours : que les marchands qui viendront
» à Carthage ne paieront aucun droit, à l'ex-
» ception de ce qui se paie au crieur et au scribe;
» que tout ce qui sera vendu en présence de ces
» deux témoins, la foi publique en sera ga-
» rant au vendeur; que tout ce qui se vendra
» en Afrique ou dans la Sardaigne..... Que
» si quelques Romains abordent en Sicile, on
» leur fera bonne justice en tout ; que les
» Carthaginois s'abstiendront de faire aucun
» ravage chez les Antiates, les Ardéates, les
» Laurentins, les Circéens, les Terraciniens,
» et chez quelque peuple des Latins que ce soit
» qui obéisse au peuple Romain; qu'ils ne fe-
» ront aucun tort aux villes même qui ne se-
» ront pas sous la domination romaine ; que
» s'ils en prennent quelqu'une, ils la rendront
» aux Romains en son entier ; qu'ils ne bâ-
» tiront aucune forteresse dans le pays des La-
» tins ; que s'ils y entrent à main armée, ils
» n'y passeront pas la nuit ».

Ce beau promontoire c'est celui de Carthage, qui regarde le Septentrion, et au-delà duquel les Carthaginois ne veulent pas que les Romains passent sur de longs vaisseaux vers le midi, de peur que ceux-ci, comme je crois, ne connaissent les campagnes qui sont aux environs de Bysance et de la petite Syrie, et qu'ils appellent Emporium le marché, à cause de leur fertilité. Ils consentent néanmoins que ceux que la tempête ou les ennemis y auront poussés, y prennent ce qui leur sera nécessaire pour radouber leurs vaisseaux ou pour les sacrifices, pourvu que ce soit sans violence, et qu'ils en partent après cinq jours. Pour ce qui regarde Carthage, tout le pays qui est en deçà du beau promontoire d'Afrique, la Sardaigne et la Sicile, dont les Carthaginois sont les maîtres, il est permis aux marchands romains d'aller dans tous ces pays, et on leur promet, sous la foi publique, que partout on leur fera bonne justice. Au reste dans ce traité on parle autrement de la Sardaigne et de l'Afrique que de la Sicile, car on parle des deux premières comme en étant les maîtres ; mais à l'égard de la Sicile on distingue, les conventions ne tombant que sur ces parties de la Sicile qui obéissent aux Carthaginois. De la part des Romains, les conventions qui regardent le pays latin sont conçues de la même manière. Ils ne font point mention du reste de l'Italie, parce qu'il ne leur était pas soumis.

Il y eut encore depuis un autre traité, dans lequel les Carthaginois comprirent les Tyriens et les Uticéens, et où l'on ajoute au beau promontoire, Mastie et Tarséion, au-delà desquels on défend aux Romains de piller et de bâtir une ville. Mais rapportons les termes du traité.

« Entre les Romains et leurs alliés, et entre les Carthaginois, les Tyriens, les Uticéens et les alliés de tous ces peuples, il y aura alliance à ces conditions : que les Romains ne pilleront, ni ne trafiqueront, ni ne bâtiront de ville au-delà du beau promontoire, de Mastie et de Tarséion : que si les Carthaginois prennent dans le pays latin quelque ville qui ne soit pas de la domination romaine, ils garderont pour eux l'argent et les prisonniers, et remettront la ville aux Romains ; que si des Carthaginois prennent quelque homme faisant partie des peuples qui sont en paix avec les Romains par un traité écrit, sans pourtant leur être soumis, ils ne le feront pas entrer dans les ports des Romains ; que s'il y entre et qu'il soit pris par un Romain, on lui donnera liberté de se retirer ; que cette condition sera aussi observée du côté des Romains ; que si ceux-ci prennent dans un pays qui appartient aux Carthaginois de l'eau ou des fourrages, ils ne s'en serviront pas pour faire tort à aucun de ceux qui ont paix et alliance avec les Carthaginois... Que si cela ne s'observe pas, il ne sera pas permis de se faire justice à soi-même ; que si quelqu'un le fait, cela sera regardé comme un crime public ; que les Romains ne trafiqueront pas ni ne bâtiront pas de ville dans la Sardaigne ni dans l'Afrique ; qu'il ne leur sera permis d'y aller que pour prendre des vivres ou pour radouber leurs vaisseaux ; que s'ils y sont portés par la tempête, ils ne pourront y rester que cinq jours ; que dans la partie de la Sicile qui obéit aux Carthaginois et à Carthage, un Romain aura pour son commerce et ses actions la même liberté qu'un citoyen ; qu'un Carthaginois aura le même droit à Rome. »

On voit encore dans ce traité que les Carthaginois parlent de l'Afrique et de la Sardaigne comme de deux pays qui leur sont soumis, et qu'ils ôtent aux Romains tout prétexte d'y mettre le pied ; qu'au contraire en parlant la partie de la Sicile, ils désignent la partie qui leur obéit. Les Romains font la même chose à l'égard du pays latin, en défendant aux Carthaginois de toucher aux Antiates, aux Ardéates, aux Circéens et Terraciniens, qui sont les peuples du pays latin qui occupent les villes maritimes.

Au temps de la descente de Pyrrhus, avant que les Carthaginois pensassent à la guerre de Sicile, les Romains firent avec eux un troisième traité, où l'on voit les mêmes conventions que dans les précédens ; mais on ajoute : « Que si les uns ou les autres font alliance par écrit avec Pyrrhus, ils mettront cette condition : qu'il leur sera permis de porter du secours à ceux qui seront attaqués ; que quel que soit celui des deux qui ait besoin de secours, ce seront les Carthaginois qui fourniront les vaisseaux, soit pour le voyage, soit pour le combat ; mais que les uns et les autres paieront à leurs frais la solde à leurs troupes ; que les Carthaginois secourront les Romains même sur mer, s'il en est besoin ; et qu'on ne forcera point l'équipage à sortir d'un vaisseau malgré lui. »

Ces traités étaient confirmés par des sermens. Au premier les Carthaginois jurèrent par les Dieux de leurs pères, et les Romains une pierre en main, suivant un ancien usage, par Mars et Enyalius. Le jurement par une pierre se faisait ainsi : celui qui confirmait un traité par un serment, après avoir juré sur la foi publique, prenait une pierre dans la main et prononçait ces paroles : « Si je jure vrai, qu'il m'arrive du bien ; si je pense autrement que je ne jure, que tous les autres jouissent tranquillement de leur patrie, de leurs lois, de leurs biens, de leurs pénates, de leurs tombeaux, et que moi seul je sois brisé comme l'est maintenant cette pierre, » et en même temps il jetait la pierre.

Ces traités subsistent encore, et se conservent sur des tables d'airain au temple de Jupiter Capitolin dans les archives des Édiles. Il n'est cependant pas étonnant que Philin ne les ait pas connus ; de notre temps même il y avait de vieux Romains et de vieux Carthaginois, qui quoique bien instruits des affaires de leur république, n'en avaient aucune connaissance. Mais qui ne sera surpris que Philin ait osé écrire tout le contraire de ce que l'on voit dans ces anciens monumens : qu'il y avait entre les Romains et les Carthaginois un traité, par lequel toute la Sicile était interdite à ceux-là, et à ceux-ci toute l'Italie; et que les Romains avaient violé le traité et leur serment, lorsqu'ils avaient fait leur première descente en Sicile. Il parle de ce traité comme s'il l'avait vu de ses propres yeux, quoique jamais pareil traité n'ait existé, et qu'il ne se trouve nulle part. Nous avions déjà dit quelque chose de ces traités dans notre introduction; mais il fallait ici un détail plus exact, pour tirer d'erreur ceux à qui Philin en avait imposé.

A regarder cependant la descente que les Romains firent dans la Sicile du côté de l'alliance qu'ils avaient faite avec les Mamertins, et du secours qu'ils avaient porté à ce peuple, malgré la perfidie avec laquelle il avait surpris Messène et Rhégio, il ne serait pas aisé de la justifier de tout reproche. Mais on ne peut dire sans une ignorance grossière, que cette descente fût contraire à un traité précédent.

Après la guerre de Sicile on fit un quatrième traité, dont voici les conditions : « Que les Carthaginois sortiront de la Sicile » et de toutes les îles qui sont entre la Sicile » et l'Italie; que de part ni d'autre on ne fera » aucun tort aux alliés; que l'on ne commandera rien dans la domination les uns » des autres; que l'on n'y bâtira point publiquement; qu'on n'y lèvera point de soldats; » qu'on ne fera point d'alliance avec les alliés » de l'autre parti; que les Carthaginois paieront pendant dix ans deux mille deux cents » talens, et cent d'abord après le traité; que » les Carthaginois rendront sans rançon tous » les prisonniers qu'ils ont faits sur les Romains. »

La guerre d'Afrique terminée, les Romains ayant porté un décret pour déclarer la guerre aux Carthaginois, on ajouta ces deux conditions : « Que les Carthaginois abandonneront » la Sardaigne, et qu'ils paieront douze » cents talens au-delà de la somme marquée » ci-dessus. »

Enfin dans le dernier traité, qui fut celui que l'on fit avec Asdrubal dans l'Espagne, on convint de ce nouvel article : « Que les Carthaginois ne feraient pas la guerre au-delà » de l'Èbre. » Tels sont les traités conclus entre les Romains et les Carthaginois jusqu'au temps d'Annibal, où l'on voit que les Romains pouvaient passer en Sicile sans violer leurs sermens. Mais il faut avouer qu'au temps où ils conclurent le traité relatif à la Sardaigne, ils n'avaient ni cause ni prétexte plausible de susciter une seconde guerre aux Carthaginois. Il est de notoriété publique, que ce fut contre la foi des traités que l'on força les Carthaginois, dans des circonstances fâcheuses, à sortir de la Sardaigne et à payer le tribut énorme dont nous avons parlé. En vain les Romains objectent que leurs marchands furent maltraités en Afrique pendant la guerre des soldats mercenaires. Cette faute était pardonnée depuis que les Romains ayant reçu des Carthaginois dans leurs ports, leur avaient remis par reconnaissance et sans rançon tous les prisonniers Carthaginois qu'ils avaient chez eux.

CHAPITRE VI.

Lequel des deux peuples est cause de la seconde guerre punique. — Raisons de part et d'autre. — Utilité de l'histoire. — Avantages d'une histoire générale sur une histoire particulière.

Il nous reste à examiner à qui, des Romains ou des Carthaginois, l'on doit attribuer la guerre d'Annibal. Nous avons vu ce que disaient ceux-ci pour se justifier : voyons maintenant, non pas ce que disaient les Romains de ce temps-là, car ils étaient alors si indignés du sac de Sagonte, qu'ils ne pensaient point aux raisons qu'on leur prête aujourd'hui; mais ce que ceux de nos jours ne cessent de répéter. Ils disent donc premièrement : que les Carthaginois avaient grand tort de ne faire aucun cas des conventions faites avec Asdrubal; qu'il n'en était pas de ce traité-là comme de celui de Luctatius, où l'on avait ajouté : « Qu'il serait authentique et inviolable, si le peuple le ratifiait; » au lieu qu'Asdrubal avait fait le sien avec pleine autorité ; que ce traité portait en termes exprès: « Que les Carthaginois ne passeraient pas à » main armée au-delà de l'Èbre. » Il est vrai, comme l'assurent les Romains, que dans le traité fait au sujet de la Sicile, il était porté : « Que les alliés des deux nations seraient en » sûreté chez l'une comme chez l'autre, » et que par ces alliés on ne doit pas seulement entendre ceux qui l'étaient alors, comme le prétendent les Carthaginois; car on aurait ajouté : « Que l'on ne ferait point d'autres » alliés que ceux que l'on avait déjà ; » ou bien : « que les alliés que l'on ferait après le » traité n'y étaient pas compris. » Puis donc que l'on ne s'est exprimé ni de l'une ni de l'autre façon, il est évident que les alliés des deux états, soit présens, soit à venir, devaient chez l'un et l'autre être en sûreté. Cela est d'autant plus raisonnable, qu'il n'y a pas d'apparence qu'on dût conclure un traité par lequel on s'ôtât la liberté de faire de nouveaux alliés ou de nouveaux amis, toutes les fois qu'on le trouverait à sa bienséance, ou de défendre ceux qu'on aurait pris de nouveau sous sa protection. On ne prétendait donc rien autre chose de part et d'autre, sinon qu'à l'égard des alliés présens il ne leur serait fait aucun tort, et qu'il ne serait permis en aucune manière aux deux états de se faire des alliés l'un chez l'autre, et par rapport aux alliés à venir: « Qu'on ne lèverait point de soldats; que l'on » ne commanderait rien dans les provinces ni » chez les alliés les uns des autres, et que les » alliés des deux états seraient chez l'une t » l'autre en sûreté. »

Il est encore de la dernière évidence que long-temps avant Annibal, Sagonte s'était mise sous la protection des Romains. Une raison incontestable, et dont les Carthaginois même conviennent, c'est qu'une sédition s'étant élevée parmi les Sagontins, ce ne fut pas les Carthaginois, quoique voisins et maîtres de l'Espagne, qu'ils prirent pour arbitres, mais les Romains ; et que ce fut aussi par leur entremise qu'ils remirent le bon ordre dans leur république. Concluons de toutes ces raisons: que si la destruction de Sagonte est la cause de la guerre, on doit reconnaître que c'est injustement et contre la foi des traités faits, l'un avec Lutatius, et l'autre avec Asdrubal, que les Carthaginois prirent les armes, puisque le premier portait que les alliés des deux nations seraient en sûreté chez l'une comme chez l'autre ; et que le second défendait de porter la guerre au-delà de l'Èbre. Mais s'il est vrai que les Carthaginois n'aient déclaré la guerre que parce que, chassés de la Sardaigne, ils avaient en même temps été grevés d'un nouveau tribut, et pour saisir l'occasion favorable de se venger de ceux qui dans un temps où ils ne pouvaient résister, leur avaient fait cette insulte, il faut absolument tomber d'accord que la guerre que les Carthaginois firent aux Romains, sous la conduite d'Annibal, était très-juste.

Des gens peu judicieux diront peut-être, en lisant ceci, qu'il était assez inutile de s'étendre si fort sur ces sortes de choses. J'avoue que si l'homme, dans quelque circonstance que ce soit, pouvait se suffire à lui-même, la connaissance des choses passées ne serait peut-être que curieuse et point du tout nécessaire. Mais il n'y a point de mortel qui puisse dire cela ni de lui-même, ni d'une république entière. Quelque heureux et tranquille que soit le présent, la prudence ne permet pas qu'on se promette avec assurance le même bonheur et la même tranquillité pour l'avenir. Il n'est donc pas seulement beau, il est encore nécessaire de savoir les choses qui se sont passées avant nous. Sans la connaissance de ce que d'autres ont fait, comment pourra-t-on, dans les injustices qui nous seront faites à nous-mêmes ou à notre patrie, trouver des secours ou des alliés ? Si l'on veut acquérir ou entreprendre quelque chose de nouveau, comment gagnera-t-on des gens qui entrent dans nos projets, et qui nous aident à les exécuter? En cas que l'on soit content de l'état où l'on est, comment portera-t-on les autres à nous l'assurer et à nous y conserver? Ceux avec qui nous vivons s'accommodent presque toujours au présent. Ils ne parlent et n'agissent que comme des personnages de théâtre; de sorte que leurs vues sont difficiles à découvrir ; et que la vérité est souvent cachée sous d'épaisses ténèbres. Il n'en est pas de même des actions passées. Elles nous font clairement connaître quels ont été les sentimens et les dispositions de leurs auteurs. C'est par là que nous connaissons de qui nous devons espérer des faveurs, des bienfaits, du secours, et de qui nous devons craindre tout le contraire. Enfin, c'est par les choses passées que nous apprenons à prévoir qui aura compassion de nos malheurs, qui prendra part à notre indignation, qui sera le vengeur des injustices que l'on nous a faites. Et qu'y a-t-il de plus utile, soit pour nous en particulier, soit pour la république en général ? Ceux donc qui lisent ou qui écrivent l'histoire, ne doivent pas tant s'appliquer au récit des actions mêmes, qu'à ce qui s'est fait auparavant, en même temps et après. Otez de l'histoire les raisons pour lesquelles tel événement est arrivé, les moyens que l'on a employés, le succès dont il a été suivi, le reste n'est plus qu'un exercice d'esprit, dont le lecteur ne pourra rien tirer pour son instruction. Tout se réduira à un plaisir stérile que la lecture donnera d'abord, mais qui ne produira aucune utilité.

Ceux qui s'imaginent qu'un ouvrage comme le mien, composé d'un grand nombre de gros livres, coûtera trop à acheter et à lire, ne savent apparemment pas combien il est plus aisé d'acheter et de lire quarante livres, qui apprennent par ordre et avec clarté ce qui s'est fait en Italie, en Sicile et en Afrique depuis Pyrrhus, où finit l'histoire de Timée, jusqu'à la prise de Carthage, et ce qui s'est passé dans les autres parties du monde depuis la fuite de Cléomène, roi de Sparte, jusqu'au combat donné entre les Romains et les Achéens à la pointe du Péloponèse, que de lire et d'acheter les ouvrages qui ont été faits sur chacun des événemens en particulier ; car sans compter que ces ouvrages sont en bien plus grand nombre que mes livres, on n'y peut rien apprendre de certain : les faits n'y sont pas rapportés avec les mêmes circonstances ; on n'y dit rien des choses qui se sont faites dans le même temps ; cependant, en les comparant ensemble, il est assez ordinaire de se former une autre manière de voir que lorsqu'on les examine séparément. Une troisième raison, c'est qu'il est impossible même d'y indiquer les choses les plus importantes. Nous l'avons déjà dit, ce qu'il y a de plus nécessaire dans l'histoire, ce sont les choses qui ont suivi les faits et celles qui se sont passées en même temps, et plus encore les causes qui les ont précédés. C'est ainsi que nous savons que la guerre de Philippe a donné occasion à celle d'Antiochus, celle d'Annibal à celle de Philippe, et celle de Sicile à celle d'Annibal, et qu'entre ces guerres il y a eu grand nombre de divers événemens, qui tendaient tous à une même fin. Or, on ne peut apprendre tout cela que dans une histoire générale ; celle des guerres particulières, comme de Persée et de Philippe, nous laisse dans une parfaite ignorance de toutes ces choses ; à moins qu'en lisant de simples descriptions de batailles, on ne croie voir l'économie et la conduite de toute une guerre. Or, rien ne serait plus mal fondé. Concluons donc, qu'autant il est plus avantageux de savoir que d'écouter, autant mon ouvrage l'emportera sur des histoires particulières. Retournons à notre sujet.

CHAPITRE VII.

Guerre déclarée. — Annibal pourvoit à la sûreté de l'Afrique et de l'Espagne. — Précautions qu'il prend avant de se mettre en marche. — Il s'avance vers les Pyrénées. — Digression géographique.

Les ambassadeurs romains laissèrent parler les Carthaginois sans leur rien répondre. Quand ils eurent fini, le plus ancien de l'ambassade, montrant son sein aux sénateurs, leur dit qu'il y avait apporté pour eux la guerre ou la paix et qu'ils n'avaient qu'à choisir laquelle des deux ils voulaient qu'il en fît sortir. « Celle qu'il vous plaira », répliqua le roi des Carthaginois. L'ambassadeur ayant repris qu'il en ferait sortir la guerre, tout le sénat répondit d'une voix qu'il l'acceptait ; et aussitôt l'assemblée se sépara. Annibal était alors à Carthagène en quartiers d'hiver. Il commença par renvoyer les Espagnols dans leurs villes : son dessein était de se gagner par là leur amitié, et de se concilier leurs services pour la suite. Il marqua ensuite à son frère Asdrubal de quelle manière il fallait qu'il s'y prît pour gouverner l'Espagne, et pour se mettre en garde contre les Romains, en cas que lui Annibal vînt à s'éloigner. Il prit après cela des mesures pour qu'il n'arrivât aucun trouble dans l'Afrique, faisant passer à cet effet, par une conduite pleine de sagesse, des soldats d'Afrique en Espagne et d'Espagne en Afrique, afin que cette communication des deux peuples, serrât, pour ainsi dire, les liens d'une mutuelle fidélité. Ceux d'Espagne qui passèrent en Afrique, furent les Thersites, les Mastiens, les Ibères des montagnes et les Olcades; ce qui faisait en tout douze cents chevaux et treize mille huit cent cinquante fantassins. Il y fit aussi passer des Baléares, peuple ainsi appelés, aussi bien que leur île, parce qu'il se bat avec la fronde. La plupart de ces nations furent placées dans la Métagonie, les autres furent envoyés à Carthage. Il tira des Métagonitains quatre mille hommes de pied, qu'il fit aller à Carthage, pour y tenir lieu d'ôtages et de troupes auxiliaires.

Il laissa à Asdrubal son frère en Espagne cinquante vaisseaux à cinq rangs, deux à quatre et cinq à trois. Trente-deux des premiers, et les cinq derniers avaient leur équipage. La cavalerie était composée de quatre cent cinquante Liby-phéniciens et Africains, de trois cents Lorgites, de dix-huit cents hommes tant Numides que Massyliens, Masséliens, Maciens et Mauritaniens, peuples qui habitent vers l'Océan; et l'infanterie consistait en onze mille huit cent cinquante Africains, trois cents Liguriens et cinq cents Baléares. Il laissait outre cela vingt-un éléphans. Je prie que l'on ne soit pas surpris de voir ici un détail plus exact de ce que fit Annibal en Espagne que dans les auteurs mêmes qui en ont écrit en particulier, et qu'on ne me mette pas pour cela au nombre de ceux qui s'étudient à farder leurs mensonges pour les rendre croyables. Je n'ai fait cette énumération que parce que je l'ai crue très-authentique, l'ayant trouvée à Licinium écrite sur une table d'airain par ordre d'Annibal, pendant qu'il était dans l'Italie. Je ne pouvais suivre de meilleurs mémoires.

Annibal ayant ainsi pourvu à la sûreté de l'Afrique et de l'Espagne, n'attendit plus que l'arrivée des courriers que les Gaulois lui envoyaient, car il les avait priés de l'informer de la fertilité du pays qui est au pied des Alpes et le long du Pô; quel était le nombre des habitans; si c'était des gens belliqueux; s'il leur restait quelque indignation contre les Romains pour la guerre que ceux-ci leur avaient faite auparavant, et que nous avons rapportée dans le livre précédent, pour disposer le lecteur à entendre ce que nous avions à dire dans la suite. Il comptait beaucoup sur les Gaulois, et se promettait de leurs secours toutes sortes de succès. Pour cela, il dépêcha avec soin à tous les petits rois des Gaules, tant à ceux qui régnaient en deçà qu'à ceux qui demeuraient dans les Alpes mêmes, jugeant bien qu'il ne pouvait porter la guerre en Italie qu'en surmontant toutes les difficultés qu'il y aurait à passer dans les pays dont nous venons de parler, et qu'en faisant entrer les Gaulois dans son entreprise. Enfin les courriers arrivèrent, et lui apprirent quelles étaient les dispositions et l'attente des Gaulois, la hauteur extraordinaire des Alpes, et les fatigues qu'il devait s'attendre à essuyer dans ce passage, qui n'était cependant pas absolument impossible. Le printemps venu, Annibal fit sortir ses troupes des quartiers d'hiver. Les nouvelles qu'il reçut de Carthage sur ce qui s'y était fait en sa faveur, exaltèrent son courage, et sûr de la bonne volonté de ses concitoyens, il commença pour lors à exhorter ouvertement les soldats à faire la guerre aux Romains. Il leur représenta de quelle manière les Romains avaient demandé qu'on les leur livrât, lui et tous les officiers de l'armée. Il leur parla avec avantage de la fertilité du pays où ils allaient entrer, de la bonne volonté des Gaulois, et de l'alliance qu'ils devaient faire ensemble. Les troupes lui ayant témoigné qu'elles étaient prêtes à le suivre partout, il loua leur courage, leur annonça le jour du départ, et congédia l'assemblée. Tout cela s'étant fait pendant les quartiers d'hiver, et tout étant réglé pour la sûreté de l'Afrique et de l'Espagne, au jour marqué il se met en marche à la tête de quatre-vingt-deux mille hommes de pied et environ douze mille chevaux. Ayant passé l'Èbre, il soumet à son pouvoir les Ibergètes, les Bargusiens, les Érénésiens, les Andosiens, c'est-à-dire les peuples qui habitent depuis l'Èbre jusqu'aux monts Pyrénées. Après s'être rendu maître en peu de temps de tous ces peuples, et avoir pris quelques villes d'assaut, non sans livrer de sanglans combats et perdre beaucoup des siens, il laissa Hannon en deçà de l'Èbre pour y commander, et pour retenir aussi dans le devoir les Bargusiens, dont il se défiait, principalement à cause de l'amitié qu'ils avaient pour les Romains.

Il détacha de son armée dix mille hommes de pied et mille chevaux, qu'il laissa à Hannon, avec les bagages de ceux qui devaient marcher avec lui. Il renvoya un pareil nombre de soldats chacun dans sa patrie, premièrement pour s'y ménager l'amitié des peuples, et en second lieu pour faire espérer et aux soldats qu'il gardait, et à ceux qui restaient dans l'Espagne, qu'il leur serait aisé d'obtenir leur congé; motif puissant pour les porter à prendre les armes dans la suite, s'il arrivait qu'il eût besoin de leur secours. Son armée se trouvant alors déchargée de ses bagages, et composée de cinquante mille hommes de pied et de neuf mille chevaux, il lui fait prendre sa marche par les monts Pyrénées pour aller passer le Rhône. Cette armée n'était pas à la vérité extrêmement nombreuse, mais c'étaient de bons soldats, des troupes merveilleusement exercées par les guerres continuelles qu'elles avaient faites en Espagne.

Mais de peur que par l'ignorance des lieux on ait de la peine à suivre le récit que je vais faire, il est à propos que j'indique de quel endroit partit Annibal, par où il passa, et en quelle partie de l'Italie il arriva. Pour cela il ne faut pas se contenter de nommer par leurs noms les lieux, les fleuves et les villes, comme font quelques historiens, qui s'imaginent que cela suffit pour donner une connaissance distincte des lieux. Quand il s'agit de lieux connus, je conviens que pour en renouveler le souvenir, c'est un grand secours que d'en voir les noms; mais quand il est question de ceux qu'on ne connaît point du tout, il ne sert pas plus de les nommer, que si l'on faisait entendre le son d'un instrument, ou tout autre chose qui ne signifierait rien; car l'esprit n'ayant pas sur quoi s'appuyer, et ne pouvant rapporter ce qu'il entend à rien de connu, il ne lui reste qu'une notion vague et confuse. Il faudrait donc trouver une méthode par laquelle on conduisît le lecteur à la connaissance des choses inconnues, en les rapportant à des idées solides et qui lui seraient familières.

La première, la plus étendue et la plus universelle notion qu'on puisse donner, c'est celle par laquelle on conçoit, pour peu d'intelligence que l'on ait, la division de cet univers en quatre parties, et l'ordre que ces parties gardent entre elles, savoir: l'orient, le couchant, le midi et le septentrion. Une autre notion, c'est celle par laquelle, plaçant par l'esprit les différens endroits de la terre sous quelqu'une de ces quatre parties, nous rapportons les lieux qui nous sont inconnus, à des idées connues et familières. Après avoir fait cela pour le monde en général, il n'y a plus qu'à partager de la même manière la terre que nous connaissons. Celle-ci est partagée en trois parties. La première est l'Asie, la seconde l'Afrique, la troisième l'Europe. Ces trois parties se terminent au Tanaïs, au Nil et au détroit des Colonnes d'Hercule. L'Asie contient tout le pays qui est entre le Nil et le Tanaïs, et sa situation par rapport à l'univers est entre le levant d'été et le midi. L'Afrique est entre le Nil et les Colonnes d'Hercule, dans cette partie de l'univers qui est au midi et au couchant d'hiver jusqu'au couchant équinoxial, qui tombe aux Colonnes d'Hercule. Ces deux parties considérées en général occupent le côté méridional de la mer Méditerranée, depuis l'orient jusqu'au couchant.

L'Europe, qui leur est opposée, s'étend vers le septentrion, et occupe tout cet espace depuis l'orient jusqu'au couchant. Sa partie la plus considérable est au septentrion entre le Tanaïs et Narbonne, laquelle au couchant n'est pas fort éloignée de Marseille, ni des embouchures par lesquelles le Rhône se décharge dans la mer de Sardaigne. C'est à partir de Narbonne et autour du Rhône jusqu'aux monts Pyrénées qu'habitent les Gaulois, depuis la Méditerranée jusqu'à l'Océan. Le reste de l'Europe depuis ces montagnes jusqu'au couchant et aux colonnes d'Hercule, est borné en partie par notre mer et en partie par la mer extérieure. La partie qui est le long de la Méditerranée jusqu'aux Colonnes d'Hercule, s'appelle Ibérie. Le côté qui est sur la mer extérieure ou la grande mer, n'a point encore de nom connu, parce que ce n'est que depuis peu qu'on l'a découvert. Il est occupé par des nations barbares, qui sont en grand nombre, et dont nous parlerons en particulier dans la suite. Or, comme personne jusqu'à nos jours n'a pu distinguer clairement si l'Éthiopie, où l'Asie et l'Afrique se joignent, est un continent qui s'étend vers le midi ou est environnée de la mer, nous ne connaissons rien non plus de l'espace qui est entre le Tanaïs et Narbonne jusqu'au septentrion. Peut-être que dans la suite en multipliant nos investigations nous en apprendrons quelque chose. Mais on peut hardiment assurer que tous ceux qui en parlent ou qui en écrivent aujourd'hui, parlent et écrivent sans savoir, et ne nous débitent que des fables. Voilà ce que j'avais à dire pour rendre ma narration plus claire à ceux qui n'ont aucune connaissance des lieux : ils peuvent maintenant rapporter ce qu'on leur dira aux différentes parties de la terre, en se réglant sur celles de l'univers en général. Car comme en regardant on a coutume de tourner le visage vers l'endroit qui nous est désigné; de même en lisant il faut nous transporter en esprit dans tous les lieux dont on nous parle. Mais il est temps de reprendre la suite de notre histoire.

CHAPITRE VIII.

Chemin qu'Annibal eut à faire pour passer de Carthage-la-neuve en Italie. — Les Romains se disposent à porter la guerre en Afrique. — Troubles que leur suscitent les Boïens. — Annibal arrive au Rhône, et le passe.

Les Carthaginois, dans le temps qu'Annibal partit, étaient maîtres de toutes les provinces d'Afrique qui sont sur la Méditerranée, depuis les autels des Philéniens, qui sont le long de la grande Syrte, jusqu'aux colonnes d'Hercule, ce qui fait une côte de plus de seize mille stades de longueur. Puis ayant passé le détroit où sont les Colonnes d'Hercule, ils se soumirent toute l'Espagne jusqu'aux rochers où du côté de notre mer aboutissent les monts Pyrénées, qui divisent les Ibères d'avec les Gaulois. Or de ces rochers aux Colonnes d'Hercule il y a environ huit mille stades; car on en compte trois mille depuis les Colonnes jusqu'à Carthagène ou la nouvelle Carthage, comme d'autres l'appellent. Depuis cette ville jusqu'à l'Èbre il y en a deux mille deux cents; depuis là jusqu'à Emporium seize cents, et tout autant d'Emporium au passage du Rhône; car les Romains ont distingué cette route avec soin par des espaces de huit stades. Depuis le passage du Rhône en allant vers ses sources jusqu'au commencement des Alpes, d'où l'on va en Italie, on compte quatorze cents stades. Les hauteurs des Alpes, après lesquelles on se trouve dans les plaines d'Italie, qui sont le long du Pô, s'étendent encore à douze cents stades. Il fallait donc qu'Annibal traversât environ neuf mille stades pour venir de la nouvelle Carthage en Italie. Il avait déjà fait presque la moitié de ce chemin; mais ce qu'il lui en restait à faire était le plus difficile.

Il se préparait à faire passer à son armée les détroits des monts Pyrénées, où il craignait fort que les Gaulois ne l'arrêtassent; lorsque les Romains apprirent par les ambassadeurs envoyés à Carthage, ce qui s'y était dit et résolu, et qu'Annibal avait passé l'Èbre avec une armée. Aussitôt on prit la résolution d'envoyer en Espagne une armée sous le commandement de Publius Cornelius, et une autre en Afrique sous la conduite de Tibérius Sempronius. Pendant que ces deux consuls levaient des troupes et faisaient les autres préparatifs, on se pressa de finir ce qui regardait les colonies, qu'on avait auparavant décidé d'envoyer dans la Gaule Cisalpine. On enferma les villes de murailles, et on donna ordre à ceux qui devaient y habiter, de s'y rendre dans l'espace de trente jours. Ces colonies étaient chacune de six mille personnes ; une fut placée en deçà du Pô, et fut appelée Plaisance, et l'autre au-delà du même fleuve, et on lui donna le nom de Crémone.

A peine ces colonies furent-elles établies, que les Gaulois appelés Boïens, qui déjà autrefois avaient cherché à rompre avec les Romains, sans avoir pu rien exécuter faute d'occasion, apprenant que les Carthaginois approchaient, et se promettant beaucoup de leur secours, se détachèrent des Romains, et leur abandonnèrent les ôtages qu'ils avaient donnés après la dernière guerre. Ils entraînèrent dans leur révolte les Insubriens, qu'un ancien ressentiment contre les Romains disposait déjà à une sédition, et tous ensemble ravagèrent le pays que les Romains avaient partagé. Les fuyards furent poursuivis jusqu'à Mutine, autre colonie des Romains. Mutine elle-même fut assiégée. Ils y investirent trois Romains distingués qui avaient été envoyés pour faire le partage des terres, savoir. C. Luctatius, personnage consulaire, et deux préteurs. Ceux-ci demandèrent à être écoutés, et les Boïens leur donnèrent audience ; mais au sortir de la conférence, ils eurent la perfidie de s'en saisir, dans la pensée que par leur moyen ils pourraient recouvrer leurs ôtages. Sur cette nouvelle Lucius Manlius, qui commandait une armée dans le pays, se hâta d'aller au secours. Les Boïens le sentant proche, dressèrent des embuscades dans une forêt, et dès que les Romains y furent entrés, ils fondirent sur eux de tous les côtés, et tuèrent une grande partie de l'armée romaine. Le reste prit la fuite dès le commencement du combat. On se rallia à la vérité quand on eut gagné les hauteurs, mais de telle sorte, qu'à peine cela pouvait-il passer pour une honnête retraite. Ces fuyards furent poursuivis par les Boïens, qui les investirent dans un bourg appelé Tanès. La nouvelle vint à Rome que la quatrième armée était enfermée et assiégée par les Boïens : sur le champ on envoya à son secours les troupes qu'on avait levées pour Publius, et on en donna le commandement à un préteur. On ordonna ensuite à Publius de faire pour lui de nouvelles levées chez les alliés. Telle était la situation des affaires dans les Gaules à l'arrivée d'Annibal, comme nous l'avions déjà dit dans nos premiers livres.

Au commencement du printemps les consuls romains, ayant fait tous les préparatifs nécessaires à l'exécution de leurs desseins, se mirent en mer, Publius avec soixante vaisseaux pour aller en Espagne, et Tibérius Sempronius avec cent soixante vaisseaux longs à cinq rangs, pour se rendre en Afrique. Celui-ci s'y prit d'abord avec tant d'impétuosité, fit des préparatifs si formidables à Lilybée, assembla de tous côtés des troupes si nombreuses, qu'on eût dit qu'en débarquant il voulait mettre le siège devant Carthage même. Publius longeant la côte de Ligurie, arriva le cinquième jour dans le voisinage de Marseille, et ayant abordé à la première embouchure du Rhône, qu'on appelle l'embouchure de Marseille, il mit ses troupes à terre. Il apprit là qu'Annibal avait passé les Pyrénées ; mais il croyait ce général encore bien éloigné, tant à cause des difficultés que les lieux lui devaient opposer, que du grand nombre des Gaulois au travers desquels il fallait qu'il marchât. Cependant Annibal, après avoir obtenu des Gaulois, en partie par argent, en partie par force, tout ce qu'il voulait, arriva au Rhône avec son armée, ayant à sa droite la mer de Sardaigne. Sur la nouvelle que les ennemis étaient arrivés, Publius, soit que la célérité de cette marche lui parût incroyable, soit qu'il voulût s'instruire exactement de la vérité de la chose, envoya à la découverte trois cents cavaliers des plus braves, et y joignit, pour les guider et soutenir, les Gaulois qui servaient pour lors à la solde des Marseillais. Pendant ce temps-là, il fit rafraîchir son armée, et délibérait avec les tribuns quels postes on devait occuper, et où il fallait donner bataille aux ennemis.

Annibal, arrivé à environ quatre journées de l'embouchure du Rhône, entreprit de le passer, parce que ce fleuve n'avait là que la simple largeur de son lit. Pour cela il commença par se concilier l'amitié de tous ceux qui habitaient sur les bords, et acheta d'eux tous leurs canots et chaloupes, dont ils ont grand nombre, à cause de leur commerce par mer. Il acheta outre cela tout le bois qui était propre à construire encore de pareils bâtimens, et dont il fit en deux jours une quantité extraordinaire de bateaux, chacun s'efforçant de se mettre en état de n'avoir pas besoin de secours étranger pour passer le fleuve. Tout était déjà préparé, lorsqu'un grand nombre de Barbares s'assembla sur l'autre bord pour s'opposer au passage des Carthaginois. Annibal alors faisant réflexion qu'il n'était pas possible d'agir par force contre une si grande multitude d'ennemis, et que cependant il ne pouvait rester là, sans courir risque d'être enveloppé de tous les côtés, détacha à l'entrée de la troisième nuit une partie de son armée sous le commandement d'Hannon, fils du roi Bomilcar, et lui donna pour guides quelques gens du pays. Ce détachement remonta le fleuve jusqu'à environ deux cents stades, où il trouva une petite île qui partageait la rivière en deux: on s'y logea; on y coupa du bois dans une forêt voisine, et les uns façonnant les pièces nécessaires, les autres les joignant ensemble, en peu de temps ils fabriquèrent autant de radeaux qu'il en fallait pour passer le fleuve, et le passèrent en effet sans que personne s'y opposât. Ils s'emparèrent ensuite d'un poste avantageux, et y restèrent tout ce jour-là pour se délasser et se disposer à exécuter l'ordre qu'Annibal leur avait donné.

Ce général faisait aussi de son côté tout ce qu'il pouvait pour faire passer le reste de l'armée. Mais rien ne l'embarrassait plus que ses éléphans, qui étaient au nombre de trente-sept. Cependant, à la cinquième nuit, ceux qui avaient traversé les premiers s'étant avancés sur l'autre bord vers les Barbares à la pointe du jour, alors Annibal, dont les soldats étaient prêts, disposa tout pour le passage. Les soldats pesamment armés devaient monter sur les plus grands bateaux, et l'infanterie légère sur les plus petits. Les plus grands étaient au dessus et les plus petits au dessous; afin que ceux-là soutenant la violence du cours de l'eau, ceux-ci en eussent moins à souffrir. On pensa encore à faire suivre les chevaux à la nage,

et pour cela un homme, sur le derrière des bateaux, en tenait par la bride trois ou quatre de chaque côté. Par ce moyen, dès le premier passage, on en jeta un assez grand nombre sur l'autre bord. A cet aspect, les Barbares sortent en foule et sans ordre de leurs retranchemens, persuadés qu'il leur serait aisé d'arrêter les Carthaginois au débarquement. Cependant Annibal voit sur l'autre bord une fumée s'élever; c'était le signal que devaient donner ceux qui étaient passés les premiers, lorsqu'ils seraient près des ennemis. Il ordonne aussitôt que l'on se mette sur la rivière, donnant ordre à ceux qui étaient sur les plus grands bateaux de se raidir tant qu'ils pourraient contre la rapidité du fleuve. On vit alors le spectacle du monde le plus effrayant et le plus capable d'inspirer la terreur. Sur les bateaux les uns s'encourageaient mutuellement avec de grands cris, les autres luttaient pour ainsi dire contre la violence des flots. Les Carthaginois restés sur le bord animaient leurs compagnons par des cris ; les Barbares, sur l'autre bord, demandaient à combattre en faisant des hurlemens affreux. En même temps les Carthaginois, qui étaient de l'autre côté du fleuve, fondent tout d'un coup sur les Barbares; les uns mettent le feu au camp, les autres en plus grand nombre chargent ceux qui gardaient le passage. Les Barbares sont effrayés; une partie court aux tentes pour arrêter l'incendie, le reste se défend contre l'ennemi. Annibal animé par le succès, à mesure que ses gens débarquaient, les rangea en bataille, les exhorta à bien faire, et les mena aux ennemis qui, épouvantés et déjà mis en désordre par un événement si imprévu, furent tout d'un coup enfoncés et obligés de prendre la fuite.

CHAPITRE IX.

Discours de Magile, roi gaulois, et d'Annibal aux Carthaginois. — Combat entre deux partis envoyés à la découverte. — Passage des éléphans. — Extravagance des historiens sur le passage des Alpes par Annibal.

Annibal maître du passage, et en même temps victorieux, pensa aussitôt à faire passer ce qui restait de troupes sur l'autre bord, et campa cette nuit le long du fleuve. Le matin, sur le bruit que la flotte des Romains était arrivée à l'embouchure du Rhône, il détacha cinq cents chevaux numides pour reconnaître où étaient les ennemis, combien ils étaient, et ce qu'ils faisaient. Puis, après avoir donné ses ordres pour le passage des éléphans, il assembla son armée, fit approcher Magile, petit roi qui l'était venu trouver des environs du Pô, et fit expliquer aux soldats par un interprète les résolutions que les Gaulois avaient prises, toutes très-propres à donner du cœur et de la confiance aux soldats; car sans parler de l'impression que devait faire sur eux la présence de gens qui les appelaient à leur secours, et qui leur promettaient de partager avec eux la guerre contre les Romains, il semblait qu'on ne pouvait se défier de la promesse que les Gaulois faisaient de les conduire jusqu'en Italie par des lieux où ils ne manqueraient de rien, et par où leur marche serait courte et sure. Magile leur faisait encore des descriptions magnifiques de la fertilité et de l'étendue du pays où ils allaient entrer, et vantait surtout la disposition où étaient les peuples de prendre les armes en leur faveur contre les Romains.

Magile retiré, Annibal s'approcha, et commença par rappeler à ses soldats ce qu'ils avaient fait jusqu'alors. Il dit que: quoiqu'ils se fussent trouvés dans des actions extraordinaires et dans les occasions les plus périlleuses, ils n'avaient jamais manqué de réussir, parce que dociles à ses conseils, ils n'avaient rien entrepris que sur ses lumières; qu'ils ne craignissent rien pour la suite; qu'après avoir passé le Rhône et s'être acquis des alliés aussi affectionnés que ceux qu'ils voyaient eux-mêmes, ils avaient déjà surmonté les plus grands obstacles; qu'ils ne s'inquiétassent point des détails de l'entreprise; qu'ils n'avaient qu'à s'en reposer sur lui; qu'ils fussent toujours prompts à exécuter ses ordres; et qu'ils ne pensassent qu'à faire leur devoir, et à ne point dégénérer de leur première valeur. Toute l'armée applaudit, et témoigna beaucoup d'ardeur. Annibal la loua de ses bonnes dispositions, fit des vœux aux Dieux pour elle, lui donna ordre de se tenir prête à décamper le lendemain matin, et congédia l'assemblée.

Sur ces entrefaites arrivent les Numides qui avaient été envoyés à la découverte. La plupart avaient été tués, le reste mis en fuite. A peine sortis du camp, ils étaient tombés dans la marche des coureurs romains, envoyés aussi par Publius pour reconnaître les ennemis, et ces deux corps s'étaient battus avec tant d'opiniâtreté, qu'il périt d'une part environ cent quarante chevaux tant Romains que gaulois, et de l'autre plus de deux cents Numides. Après ce combat les Romains en poursuivant s'approchèrent des retranchemens des Carthaginois, examinèrent tout de leurs propres yeux, et coururent aussitôt pour informer le consul de l'arrivée des ennemis. Publius, sans perdre de temps, mit tout le bagage sur les vaisseaux, et fit marcher le long du fleuve toute son armée dans le dessein d'attaquer les Carthaginois.

Le lendemain à la pointe du jour, Annibal posta toute sa cavalerie du côté de la mer comme en réserve, et donna ordre à l'infanterie de se mettre en marche. Pour lui, il attendit que les éléphans et les soldats qui étaient restés sur l'autre bord eussent rejoint. Or voici comme les éléphans passèrent. Après avoir fait plusieurs radeaux, d'abord on en joignit deux l'un à l'autre, qui faisaient ensemble cinquante pieds de largeur, et on les mit au bord de l'eau, où ils étaient retenus avec force et arrêtés à terre. Au bout qui était hors de l'eau on en attacha deux autres, et l'on poussa cette espèce de pont sur la rivière. Il était à craindre que la rapidité du fleuve n'emportât tout l'ouvrage. Pour prévenir ce malheur, on retint le côté exposé au courant par des cordes attachées aux arbres qui bordaient le rivage. Quand on eut porté ces radeaux à la longueur d'environ deux cents pieds, on en construisit deux autres beaucoup plus grands que l'on joignit aux derniers. Ces deux furent liés fortement l'un à l'autre; mais ils ne le furent pas tellement aux plus petits, qu'il ne fût aisé de les détacher. On avait encore attaché beaucoup de cordes aux petits radeaux, par le moyen desquelles les nacelles destinées à les remorquer pussent les affermir contre l'impétuosité de l'eau, et les amener jusqu'au bord avec les éléphans. Les deux grands radeaux furent ensuite couverts de terre et de gazon, afin que ce pont fût semblable en tout au chemin qu'avaient à faire les éléphans pour en approcher. Sur terre ces animaux s'étaient toujours laissés manier à leurs conducteurs; mais ils n'avaient encore osé mettre les pieds dans l'eau. Pour les y faire entrer, on mit à leur tête deux éléphans femelles, qu'ils suivaient sans hésiter. Ils arrivent sur les derniers radeaux, on coupe les cordes qui tenaient ceux-ci attachés aux deux plus grands, les nacelles remorquent et emportent bientôt les éléphans loin des radeaux qui étaient couverts de terre. D'abord ces animaux effrayés, inquiets, allèrent et vinrent de côté et d'autre. Mais l'eau dont ils se voyaient environnés leur fit peur, et les retint en place. C'est ainsi qu'Annibal, en joignant des radeaux deux à deux, trouva le secret de faire passer le Rhône à la plupart de ses éléphans. Je dis à la plupart; car ils ne passèrent pas tous de la même façon. Il y en eut qui au milieu du trajet tombèrent de frayeur dans la rivière. Mais leur chute ne fut funeste qu'aux conducteurs. Pour eux la force et la longueur de leurs trompes les tira de danger. En élevant ces trompes au dessus de l'eau, ils respiraient, et éloignaient tout ce qui pouvait leur nuire, et par ce moyen ils vinrent droit au bord malgré la rapidité du fleuve.

Quand les éléphans furent passés, Annibal fit d'eux et de la cavalerie son arrière-garde, et marcha le long du fleuve, prenant sa route de la mer vers l'Orient, comme s'il eût voulu entrer dans le centre des terres européennes; car le Rhône a ses sources sur le versant occidental des Alpes et au dessus du golfe Adriatique, et coule du nord au sud. Il prend son cours vers le couchant d'hiver, et se décharge dans la mer de Sardaigne. Ses eaux traversent toute une vallée, dont les Gaulois appelés Ardyens occupent le côté septentrional, et le côté méridional est bordé par les racines des Alpes, qui sont vers le septentrion. Cette vallée est séparée des plaines des environs du Pô par les Alpes, qui s'étendent depuis Marseille jusqu'à l'extrémité du golfe Adriatique, et qu'Annibal, venant du Rhône, traversa pour entrer dans l'Italie.

Quelques historiens, pour vouloir étonner leurs lecteurs par des choses prodigieuses, en nous parlant de ces montagnes, tombent, sans y penser, dans deux défauts qui sont très-contraires à l'histoire; ils content de pures fables, et se contredisent. Ils commencent par nous représenter Annibal comme un capitaine d'une hardiesse et d'une prudence inimitables; cependant, à en juger par leurs écrits, on ne peut se défendre de lui attribuer la conduite du monde la moins sensée. Lorsqu'engagés dans leurs fables ils sont en peine de trouver un dénoûment, ils ont recours aux dieux et aux demi-dieux, artifice indigne de l'histoire, qui doit rouler toute sur des faits réels. Ils nous peignent les Alpes comme si raides et si escarpées, que, loin de pouvoir les faire passer à de la cavalerie, à une armée, à des éléphans, à peine l'infanterie légère en tenterait-elle le passage. Selon ces historiens, les pays d'alentour sont si déserts, que si un dieu ou demi-dieu n'était venu montrer le chemin à Annibal, sa perte et celle de toute son armée était inévitable. N'est-ce pas là visiblement débiter des fables et se contredire? Car ce général n'eût-il pas été le plus inconsidéré et le plus étourdi des hommes, s'il se fût mis en marche à la tête d'une armée nombreuse, et sur laquelle il fondait les plus belles espérances, sans savoir ni par où il devait aller, ni la nature des lieux où il passerait, ni les peuples chez lesquels il tomberait? Il eût été même plus qu'inconsidéré s'il eût tenté une entreprise, qui non seulement n'était pas raisonnable, mais pas même possible. D'ailleurs conduisant Annibal avec une armée dans des lieux inconnus, ils lui font faire, dans un temps où il avait tout à espérer, ce que d'autres feraient à peine, quand ils auraient tout perdu sans ressource, et qu'ils seraient réduits à la dernière extrémité. Lorsqu'ils nous disent encore que dans ces Alpes ce ne sont que déserts, que rochers escarpés, que chemins impraticables, c'est une fausseté manifeste. Avant qu'Annibal en approchât, les Gaulois habitant les rives du Rhône avaient passé plus d'une fois ces montagnes, et venaient tout récemment de les passer pour se joindre aux Gaulois des environs du Pô contre les Romains. Et de plus les Alpes même ne sont-elles pas habitées par un peuple très-nombreux ? C'était là ce qu'il fallait savoir, au lieu de nous faire descendre du ciel je ne sais quel demi-dieu qui veut bien avoir la complaisance de servir de guide aux Carthaginois. Semblables aux poètes tragiques qui, pour avoir choisi des sujets faux et extraordinaires, ont besoin pour la catastrophe de leurs pièces de quelque dieu ou de quelque machine, ces historiens emploient aussi des dieux et des demi-dieux, parce qu'ils se sont d'abord engoués de faits qui n'ont ni vérité ni vraisemblance; car comment finir raisonnablement des actions dont les commencemens étaient contre la raison? Quoi qu'en disent ces écrivains, Annibal conduisit cette grande affaire avec beaucoup de prudence. Il s'était informé exactement de la nature et de la situation des lieux où il s'était proposé d'aller; il savait que les peuples où il devait passer n'attendaient que l'occasion de se révolter contre les Romains; enfin, pour n'avoir rien à craindre de la difficulté des chemins, il s'y faisait conduire par des gens du pays, qui s'offraient d'autant plus volontiers pour guides, qu'ils avaient les mêmes intérêts et les mêmes espérances. Je parle avec assurance de toutes ces choses, parce que je les ai apprises de témoins contemporains, et que je suis allé moi-même dans les Alpes pour en prendre une exacte connaissance.

CHAPITRE X.

Annibal sur sa route remet sur le trône un petit roi gaulois, et en est récompensé. — Les Allobroges lui tendent des piéges à l'entrée des Alpes. — Il leur échappe, mais avec beaucoup de risque et de perte.

Trois jours après le décampement des Carthaginois, le consul romain arriva à l'endroit du fleuve par où les ennemis l'avaient passé. Sa surprise fut d'autant plus grande, qu'il s'était persuadé que jamais ils n'auraient la hardiesse de prendre cette route pour aller en Italie, tant à cause de la multitude des Barbares dont ces régions sont peuplées, que du peu de fonds qu'on peut faire sur leurs promesses. Comme cependant ils l'avaient fait, il retourna au plus vite à ses vaisseaux, et embarqua son armée. Il envoya son frère en Espagne, et revint par mer en Italie pour arriver aux Alpes par la Tyrrhénie avant Annibal. Celui-ci, après quatre jours de marche, vint près d'un endroit appelé l'Isle, lieu fertile en blés et très-peuplé, et à qui l'on a donné ce nom, parce que le Rhône et l'Isère coulant des deux côtés, l'entourent et la rétrécissent en pointe à leur confluent. Cette île ressemble assez, et pour la grandeur et pour la forme, au Delta d'Égypte, avec cette différence néanmoins, qu'un des côtés du Delta est fermé par la mer, où se déchargent les fleuves qui ferment les deux autres, et qu'ici ce sont des montagnes presque inaccessibles qui bornent un des côtés de l'île.

Annibal trouva dans cette île deux frères qui, armés l'un contre l'autre, se disputaient le royaume. Le plus vieux mit Annibal dans ses intérêts, et le pria de lui aider à se maintenir dans la possession où il était. Le Carthaginois n'hésita point; il voyait trop combien cela lui serait avantageux. Il prit donc les armes, et se joignit à l'aîné pour chasser le cadet. Il fut bien récompensé du secours qu'il avait donné au vainqueur. On fournit à son armée des vivres et des munitions en abondance. On renouvela ses armes, qui étaient vieilles et usées. La plupart de ses soldats furent vêtus, chaussés, et mis en état de franchir plus aisément les Alpes. Mais le plus grand service qu'il en tira, fut que ce roi se mit avec ses troupes à la suite de celles d'Annibal, qui n'entrait qu'en tremblant dans les terres des Gaulois nommés Allobroges, et les escorta jusqu'à l'endroit d'où ils devaient entrer dans les Alpes.

Il avait déjà marché pendant dix jours, et avait fait environ huit cents stades de chemin le long du fleuve; déjà il se disposait à mettre le pied dans les Alpes, lorsqu'il se vit dans un danger auquel il était très difficile d'échaper. Tant qu'il fut dans le plat pays, les chefs des Allobroges ne l'inquiétèrent pas dans sa marche, soit qu'ils redoutassent la cavalerie carthaginoise, ou que les Barbares, dont elle était accompagnée, les tinssent en respect. Mais quand ceux-ci se furent retirés, et qu'Annibal commença à entrer dans les détroits des montagnes, alors les Allobroges coururent en grand nombre s'emparer des lieux qui commandaient ceux par où il fallait nécessairement que l'armée d'Annibal passât. C'en était fait de son armée, si leurs pièges eussent été plus couverts ; mais comme ils se cachaient mal, ou point du tout, s'ils firent grand tort à Annibal, ils ne s'en firent pas moins à eux-mêmes.

Ce général, averti du stratagème des Barbares, campa au pied des montagnes, et envoya quelques-uns de ses guides gaulois pour reconnaître la disposition des ennemis. Ils revinrent dire à Annibal que, pendant le jour, les ennemis gardaient exactemement leurs postes, mais que pendant la nuit ils se retiraient dans une ville voisine. Aussitôt le Carthaginois dresse son plan sur ce rapport; il fait en plein jour avancer son armée près des défilés, et campe assez proche des ennemis. La nuit venue, il donne ordre d'allumer des feux, laisse la plus grande partie de son armée dans le camp, et avec un grand corps d'élite il perce les détroits et occupe les postes que les ennemis avaient abandonnés. Au point du jour les Barbares se voyant dépostés, quittèrent d'abord leur dessein ; mais comme les bêtes de charge et la cavalerie, serrées dans ces détroits, ne suivaient que de loin, ils saisirent cette occasion pour fondre de plusieurs côtés sur cette arrière-garde. Il périt là grand nombre de Carthaginois, beaucoup moins cependant sous les coups des Barbares, que par la difficulté des chemins. Ils y perdirent surtout beaucoup de chevaux et de bêtes de charge, qui dans ces défilés et sur ces rochers escarpés se soutenaient à peine et tombaient au premier choc. Le plus grand désastre vint des chevaux blessés, qui tombaient dans ces sentiers étroits, et qui en roulant poussaient et renversaient les bêtes de charge et tout ce qui marchait derrière.

Annibal, pour remédier à ce désordre, qui, par la perte de ses munitions, allait l'exposer au risque de ne pas trouver de salut, même dans la fuite, courut au secours des siens à la tête de ceux qui pendant la nuit s'étaient rendus maîtres des hauteurs, et tombant d'en haut sur les ennemis, il en tua un grand nombre ; mais dans le tumulte et la confusion qu'augmentaient encore le choc et les cris des combattans, il perdit aussi beaucoup de monde. Malgré cela la plus grande partie des Allobroges fut enfin défaite, et le reste réduit à prendre la fuite. Il fit ensuite passer ces défilés, quoiqu'avec beaucoup de peine, à ce qui lui était resté de chevaux et de bêtes de charge ; puis se faisant suivre de ceux qui lui parurent le moins fatigués du combat, il alla attaquer la ville d'où les ennemis étaient venus fondre sur lui. Elle ne lui coûta pas beaucoup à prendre. Tous les habitans, dans l'espérance du butin qu'ils croyaient faire, l'avaient abandonnée. Il la trouva presque déserte. Cette conquête lui fut d'un grand avantage. Il tira de cette ville quantité de chevaux, de bêtes de charge et de prisonniers, et outre cela du blé et de la viande pour deux ou trois jours, sans compter que par là il se fit craindre de ces montagnards, et leur ôta l'envie d'interrompre une autre fois sa marche.

Il campa dans cet endroit, et s'y reposa un jour entier. Le lendemain on continua de marcher. Pendant quelques jours la marche fut assez tranquille. Au quatrième, voici un nouveau péril qui se présente ! Les peuples qui habitaient sur cette route, inventent une ruse pour le surprendre. Ils viennent au devant de lui portant à la main des rameaux d'olivier et des couronnes sur la tête. C'est le signal de paix et d'amitié chez ces barbares, comme le caducée chez les Grecs. Cela parut suspect à Annibal; il s'informa exactement quel était leur dessein, quel motif les amenait. Ils répondirent : qu'ayant su qu'il avait pris une ville sur leurs voisins, et qu'il avait terrassé tous ceux qui avaient osé lui tenir tête, ils venaient le prier de ne leur faire point de mal, et lui promettre de ne pas chercher à lui nuire, et s'il doutait de leur bonne foi, qu'ils étaient prêts à donner des otages.

Annibal hésita long-temps sur le parti qu'il devait prendre. D'un côté, en acceptant les offres de ces peuples, il y avait lieu d'espérer que cette condescendance les rendrait plus réservés et plus traitables. De l'autre, en les rejetant, il était immanquable qu'il s'attirerait ces barbares sur les bras. D'après ces deux raisons, il fit du moins semblant de consentir à les mettre au nombre de ses alliés. Aussitôt on lui amena des otages, on le fournit de bestiaux, on s'abandonna entièrement à lui sans aucune précaution, sans aucune marque de défiance. Annibal, de son côté, se fia tellement à leur bonne foi apparente, qu'il les prit pour guides dans les défilés qui restaient à franchir. Ils marchèrent donc à la tête des troupes pendant deux jours. Quand on fut entré dans un vallon, qui de tous côtés était fermé par des rochers inaccessibles, ces perfides s'étant réunis vinrent fondre sur l'arrière-garde d'Annibal. Ce vallon eût sans doute été le tombeau de toute l'armée, si le général carthaginois, à qui il était resté quelque défiance, et qui s'était précautionné contre la trahison, n'eût mis à la tête les bagages avec la cavalerie, et les hommes pesamment armés à l'arrière-garde. Cette infanterie soutint l'effort des ennemis, et sans elle la perte eût été beaucoup plus grande. Mais malgré ce secours il périt là un grand nombre d'hommes, de chevaux et de bêtes de charge; car ces barbares, avançant sur les hauteurs à mesure que les Carthaginois avançaient dans la vallée, tantôt roulaient et tantôt jetaient de grosses pierres qui répandirent tant de terreur parmi les troupes, qu'Annibal fut obligé de se tenir pendant toute une nuit avec la moitié de son armée sur un rocher fort et découvert pour veiller à la défense des chevaux et des bêtes de charge; encore cette nuit suffit-elle à peine pour les faire défiler.

Le lendemain les ennemis s'étant retirés, il rejoignit sa cavalerie, et s'avança vers la cime des Alpes. Dans cette route il ne se rencontra plus de barbares qui l'attaquassent en corps; quelques pelotons seulement voltigeaient en quelques endroits, et se présentant, tantôt à la queue, tantôt à la tête, enlevaient quelques bagages. Les éléphans lui furent alors d'un grand secours. C'était assez qu'ils parussent pour effrayer les ennemis et les mettre en fuite. Après neuf jours de marche, il arriva enfin au sommet des montagnes. Il y demeura deux jours, tant pour faire reprendre haleine à ceux qui y étaient parvenus heureusement, que pour donner aux traîneurs le temps de rejoindre le gros de l'armée. Pendant ce séjour, on fut agréablement surpris de voir contre toute espérance paraître la plupart des chevaux et des bêtes de charge qui sur la route s'étaient débarrassés de leurs fardeaux, et qui, sur les traces de l'armée, étaient venus droit au camp.

CHAPITRE XI.

Annibal achève de passer les Alpes. — Difficultés qu'il eut à essuyer. — Pourquoi jusqu'ici Polybe a omis certaines choses qui cependant paraissaient essentielles à l'histoire.

On était alors à la fin de l'automne, et déjà la neige avait couvert le sommet des montagnes. Les soldats consternés par le souvenir des maux qu'ils avaient soufferts, et ne se figurant qu'avec effroi ceux qu'ils avaient encore à endurer, semblaient perdre courage. Annibal les assemble; et comme du haut des Alpes, qui semblent être la citadelle de l'Italie, on voit à découvert toutes ces vastes plaines que le Pô arrose de ses eaux, il se servit de ce beau spectacle, unique ressource qui lui restait, pour remettre ses soldats de leur frayeur. En même temps il leur montra du doigt le point où Rome était située, et leur rappela quelle était pour eux la bonne volonté des peuples qui habitaient le pays qu'ils avaient sous les yeux. Le lendemain il lève le camp, et commence à descendre. A la vérité, hors quelques voleurs qui s'étaient embusqués, il n'eut point là d'ennemis à repousser; mais l'escarpement des lieux et la neige lui firent perdre presqu'autant de monde qu'il en avait perdu en montant. La descente était étroite, raide et couverte de neige. Pour peu que l'on manquât le vrai chemin, l'on tombait dans des précipices affreux. Cependant le soldat endurci à ces sortes de périls, soutint encore courageusement celui-ci. Enfin on arrive à un défilé qui s'étend à la longueur d'un stade et demi, et que les éléphans ni les bêtes de charge ne pouvaient franchir. Outre que le sentier était trop étroit, la pente, déjà rapide auparavant, l'était encore devenue davantage depuis peu par un nouvel éboulement des terres. Ce fut alors que les troupes furent saisies de frayeur, et que le courage commença à leur manquer. La première pensée qui vint à Annibal fut d'éviter le défilé par quelque détour. Mais la neige ne lui permit pas d'en sortir. Il y fut arrêté par un incident particulier, et qui est propre à ces montagnes. Sur la neige de l'hiver précédent, il en était tombé de nouvelle : celle-ci, étant molle et peu profonde, se laissait aisément soulever : mais quand elle eut été foulée, et que l'on marcha sur celle de dessous qui était ferme et qui résistait, les pieds ne pouvant s'assurer, les soldats chancelans faisaient presqu'autant de chutes que de pas, comme il arrive quand on met le pied sur un terrain couvert de glace. Cet accident en produisait un autre plus fâcheux encore. Quand les soldats étaient tombés et qu'ils voulaient s'aider de leurs genoux, ou s'accrocher à quelque chose pour se relever, ils entraînaient avec eux tout ce qu'ils avaient pris pour se retenir. Pour les bêtes de charge, après avoir cassé la glace en se relevant, elles restaient comme glacées elles-mêmes dans les trous qu'elles avaient creusés, sans pouvoir, sous le pesant fardeau qu'elles portaient, vaincre la dureté de la neige qui était tombée là depuis plusieurs années. Il fallut donc chercher un autre expédient.

Il prit le parti de camper à la tête du défilé, et pour cela il en fit ôter la neige. On creusa ensuite par ses ordres un chemin dans le rocher même, et ce travail fut poussé avec tant de vigueur, qu'au bout du jour où il avait été entrepris, les bêtes de charge et les chevaux descendirent sans beaucoup de peine. On les envoya aussitôt dans des pâturages, et l'on établit le camp dans la plaine, où il n'était pas tombé de neige. Restait à élargir assez le chemin pour que les éléphans y pussent passer. On donna cette tâche aux Numides, que l'on partagea par bandes qui se succédaient les unes aux autres, et qui purent à peine finir en trois jours. Au bout de ce temps les éléphans descendirent, exténués par la faim, et ne pouvant qu'avec peine se soutenir ; car quoique sur le penchant des Alpes il se trouve des deux côtés des arbres et des forêts, et que la terre y puisse être cultivée, il n'en est pas de même de leur cime et des lieux voisins. Couverts de neige pendant toutes les saisons, comment pourraient-ils rien produire? L'armée descendit la dernière, et au troisième jour elle entra enfin dans la plaine, mais de beaucoup inférieure en nombre à ce qu'elle était au sortir de l'Espagne. Sur la route elle avait beaucoup perdu de monde, soit dans les combats qu'il fallut soutenir, soit au passage des rivières. Les rochers et les défilés des Alpes lui avaient encore fait perdre un grand nombre de soldats, mais incomparablement plus de chevaux et de bêtes de charge. Il y avait cinq mois et demi qu'Annibal était parti de la nouvelle Carthage, en comptant les quinze jours que lui avait coûtés le passage des Alpes, lorsqu'il planta ses étendards dans les plaines du Pô et parmi les Insubriens, sans que la diminution de son armée eût ralenti ne rien de son audace. Cependant il ne lui restait plus que douze mille Africains et huit mille Espagnols d'infanterie, et six mille chevaux. C'est de lui-même que nous savons cette circonstance, qui a été gravée par son ordre sur une colonne près du promontoire Lacinien.

Du côté des Romains, Publius Scipion, qui, comme nous l'avons dit plus haut, avait envoyé en Espagne Cnéius, son frère, et lui avait recommandé de tout tenter pour en chasser Asdrubal, Scipion, dis-je, débarqua au port de Pise avec quelques troupes, dont il augmenta le nombre en passant par la Tyrrhénie, où il prit les légions qui, sous le commandement des préteurs, avaient été envoyées là pour faire la guerre aux Boïens. Avec cette armée, il vint aussi camper dans les plaines du Pô, pressé d'un ardent désir d'en venir aux mains avec le général carthaginois.

Mais laissons pour un moment ces deux chefs d'armée en Italie, où nous les avons amenés, et avant d'entamer le récit des combats qu'ils se sont livrés, justifions en peu de mots le silence que nous avons gardé jusqu'ici sur certaines choses qui sont du domaine de l'histoire; car on ne manquera pas d'être en peine de savoir pourquoi, après m'être fort étendu sur plusieurs endroits de l'Afrique et de l'Espagne, je n'ai parlé ni du détroit que forment les colonnes d'Hercule, ni de la mer qui est au-delà, ni de ce qu'il y a de particulier sur cette mer, ni des îles britanniques, ni de la manière de faire l'étain, ni de l'or ni de l'argent que l'Espagne produit, choses cependant sur lesquelles les auteurs qui en ont écrit fort au long ne sont pas trop d'accord entre eux.

Il est vrai, je n'ai rien dit sur toutes ces matières. Ce n'est pas que je les crusse étrangères à l'histoire; mais deux raisons m'ont détourné d'en parler. Premièrement, une narration interrompue par autant de digressions qu'il se serait présenté de sujets à traiter eût été rebutante, et aurait écarté le lecteur du but que je m'étais proposé. En second lieu, il m'a paru que toutes ces curiosités valaient bien la peine qu'on les traitât exprès et en particulier. Le temps et l'occasion viendront d'en dire tout ce que nous avons pu en découvrir de plus assuré.

Que l'on ne soit donc pas surpris dans la suite, si, en parlant de quelques lieux, nous n'entrons pas dans le détail de certaines circonstances. Vouloir que partout et en toute occasion un historien s'arrête sur ces sortes de singularités, c'est ressembler à une espèce de friands, qui, portant la main à tous les plats, ne savourent aucun morceau à loisir, et qui par cette diversité de mets nuisent plutôt à leur santé, qu'ils ne l'entretiennent et ne la fortifient. Il en est de même de ceux qui n'aiment l'histoire qu'autant qu'elle est parsemée de particularités détachées du sujet principal. Ils n'ont le loisir d'en goûter aucune comme elle doit être goûtée, et il ne leur en reste rien dont ils puissent faire usage.

Il faut cependant convenir que, de toutes les parties de l'histoire, il n'en est point qui ait plus besoin d'être traitée au long et avec quelque exactitude que ces particularités-là mêmes que nous avons cru devoir remettre à un autre temps. Entre plusieurs exemples que je pourrais citer, en voici un qui ne souffre pas de réplique. De tous les historiens qui ont décrit la situation et les propriétés des lieux qui sont aux extrémités de cette terre que nous habitons, il y en a très-peu qui ne se soient souvent trompés. Or on ne doit épargner aucun de ces historiens. Il faut les réfuter tous, non légèrement et en passant, mais en leur opposant des argumens solides et certains. On ferait cependant mal de les reprendre avec mépris et avec hauteur. Il est juste au contraire de les louer, en corrigeant les fautes que le peu de connaissance qu'ils avaient leur a fait commettre. Eux-mêmes, s'ils revenaient au monde, changeraient et redresseraient sur beaucoup de points leurs propres ouvrages. Dans le temps qu'ils vivaient, il était rare de trouver des Grecs qui s'intéressassent beaucoup à l'étude des lieux qui bornent la terre. Il n'était pas même possible d'en acquérir la connaissance. On ne pouvait alors se mettre sur mer sans s'exposer à une infinité de dangers. Les voyages sur terre étaient encore plus périlleux. Quelque nécessité, ou quelque inclination qui vous conduisît dans ces lieux, vous n'en reveniez guère plus instruit. Comment examiner tout par ses yeux dans des endroits qui sont tout-à-fait barbares, où il ne règne qu'une solitude affreuse, où vous ne pouvez tirer aucun éclaircissement de la part de ceux qui les habitent, et dont le langage vous est inconnu? Je suppose que quelqu'un eût surmonté tous ces obstacles; mais eût-il été assez raisonnable pour ne pas débiter des choses incroyables, pour se renfermer dans l'exacte vérité, pour ne raconter que ce qu'il aurait vu? On ne serait donc pas équitable de relever avec aigreur des historiens, pour s'être quelquefois trompés, ou pour avoir manqué de nous donner, sur les extrémités de la terre, des lumières qu'il n'était pas seulement difficile, mais même impossible qu'ils eussent eux-mêmes. Louons ces auteurs, admirons-les plutôt d'avoir été jusqu'à un certain point, et de nous avoir aidés à faire de nouvelles découvertes. Mais aujourd'hui que par la conquête de l'Asie par Alexandre, et celle de presque tout le reste du monde par les Romains, il n'est point d'endroit dans l'univers où l'on ne puisse aller par mer ou par terre, et que de grands hommes, déchargés du soin des affaires publiques et du commandement des armées, ont employé les momens de leur loisir à ces sortes de recherches, il faut que ce que nous en voulons dire soit beaucoup plus exact et et plus assuré. Nous tâcherons aussi de nous acquitter de cette tâche dans cet ouvrage, lorsque l'occasion s'en présentera, et nous prierons alors nos lecteurs curieux de s'instruire de nous donner toute leur attention. J'ose dire que je m'en suis rendu digne par les peines que je me suis données, et par les dangers que j'ai courus, en voyageant dans l'Afrique, dans l'Espagne, dans les Gaules, et sur la mer extérieure dont tous ces pays sont environnés, pour corriger les fautes que les anciens avaient faites dans la description de ces lieux, et pour en procurer la connaissance aux Grecs. Mais terminons ici cette digression, et voyons les combats qui se livrent en Italie entre les Romains et les Carthaginois.

CHAPITRE XII.

État de l'armée d'Annibal après le passage des Alpes. — Prise de Turin. — Sempronius vient au secours de Scipion. — Annibal dispose ses soldats au combat.

Annibal arrivé dans l'Italie avec l'armée que nous avons vue plus haut, campa au pied des Alpes, pour donner quelque repos à ses troupes. Elles en avaient un extrême besoin. Les fatigues qu'elles avaient essuyées à monter et à descendre par des chemins si difficiles, la disette de vivres, un délabrement affreux les rendaient presque méconnaissables. Il y en avait même un grand nombre que la faim et les travaux continuels avaient réduits au désespoir. On n'avait pu transporter entre des rochers autant de vivres qu'il en fallait pour une armée si nombreuse, et la plupart de ceux que l'on y avait transportés y étaient restés avec les bêtes de charge. Aussi quoiqu'Annibal, après le passage du Rhône, eût avec lui trente-huit mille hommes de pied et plus de huit mille chevaux; quand il eut passé les monts, il n'avait guère que la moitié de cette armée; et cette moitié était si changée par les fatigues qu'elle avait essuyées, qu'on l'aurait prise pour une troupe de sauvages.

Le premier soin qu'eut alors Annibal fut de relever leur courage, et de leur fournir de quoi réparer leurs forces et celles des chevaux. Lorsqu'il les vit en bon état, il tâcha d'abord d'engager les peuples du territoire de Turin, peuples situés au pied des Alpes, et qui étaient en guerre avec les Insubriens, à faire alliance avec lui. Ne pouvant par ses exhortations vaincre leur défiance, il alla camper devant la principale de leurs villes, l'emporta en trois jours, et fit passer au fil de l'épée tous ceux qui lui avaient été opposés. Cette expédition jeta une si grande terreur parmi les barbares voisins, qu'ils vinrent tous d'eux-mêmes se rendre à discrétion. Les autres Gaulois qui habitaient ces plaines auraient bien souhaité se joindre à Annibal, selon le projet qu'ils en avaient d'abord formé; mais comme les légions romaines étaient déjà sorties du pays, et avaient évité les embuscades qui leur avaient été dressées, ils aimèrent mieux se tenir en repos; et d'ailleurs il y en avait parmi eux qui étaient obligés de prendre les armes pour les Romains. Annibal alors jugea qu'il n'y avait point de temps à perdre, et qu'il fallait avancer dans le pays, et hasarder quelque exploit, qui pût établir la confiance parmi les peuples qui auraient envie de prendre parti en sa faveur.

Il était tout occupé de ce projet, lorsqu'il eut avis que Publius avait déjà passé le Pô avec son armée, et qu'il était proche. Il n'y avait que peu de jours qu'il avait laissé ce consul aux bords du Rhône; la route depuis Marseille jusque dans la Thyrrhénie est longue et difficile à tenir, et depuis la mer de Tyrrhénie jusqu'aux Alpes en traversant l'Italie, c'est une marche très longue et très-pénible pour une armée. Cependant comme cette nouvelle se confirmait de plus en plus, il fut étonné que Publius eût entrepris cette route, et l'eût faite avec tant de diligence. Publius fut dans le même étonnement à l'égard d'Annibal. Il croyait d'abord que ce grand capitaine n'oserait pas tenter le passage des Alpes avec une armée composée de tant de nations différentes; ou que s'il le tentait, il ne manquerait pas d'y périr. Mais quand on lui vint dire qu'Annibal non seulement était sorti des Alpes sain et sauf, mais assiégeait encore quelques villes d'Italie, il fut extrêmement frappé de la hardiesse et de l'intrépidité de ce général. A Rome, ce fut la même surprise, lorsqu'on y apprit ces nouvelles. A peine avait-on entendu parler de la prise de Sagonte, et envoyé un des consuls en Afrique pour assiéger Carthage, et l'autre en Espagne contre Annibal, qu'on apprend que ce même Annibal est dans l'Italie à la tête d'une armée, et qu'il y assiège des villes. Cela parut un paradoxe. L'épouvante fut grande, on envoya sur le champ à Lilybée pour dire à Tiberius que les ennemis étaient en Italie, qu'il laissât les affaires dont il était chargé, pour venir au plus tôt au secours de la patrie. Tiberius sur ces ordres fit reprendre à sa flotte la route de Rome, et pour les troupes de terre, il ordonna de les mettre en marche, et leur marqua le jour où l'on devait se trouver à Ariminum. C'est une ville située sur la mer Adriatique à l'extrémité des plaines qu'arrose le Pô, du côté du midi. Au milieu de ce soulèvement général et de l'étonnement où jetaient des événemens si extraordinaires, on était extrêmement inquiet et attentif sur ce qui en résulterait.

Cependant Annibal et Publius s'approchaient l'un de l'autre, et tous deux animaient leurs troupes par les plus puissans motifs que la conjoncture présente leur offrait. Voici la manière dont Annibal s'y prit. Il assembla son armée, et fit amener devant elle tout ce qu'il avait fait de jeunes prisonniers sur les peuples qui l'avaient harcelé dans le passage des Alpes. Pour les rendre propres au dessein qu'il s'était proposé, il les avait chargés de chaînes, leur avait fait souffrir la faim, avait donné ordre qu'on les meurtrît de coups. Dans cet état, il leur présenta les armes que les rois gaulois prennent lorsqu'ils se disposent à un combat singulier. Il fit mettre aussi devant eux des chevaux et des saies très-riches, et ensuite il leur demanda qui d'entre eux voulait se battre contre l'autre, à la condition, que le vainqueur emporterait pour prix de la victoire les dépouilles qu'ils voyaient, et que le vaincu serait délivré par la mort des maux qu'il avait à souffrir. Tous ayant élevé la voix et demandé à combattre, il ordonna qu'on tirât au sort, et que ceux sur qui le sort tomberait entrassent en lice. A cet ordre, les jeunes prisonniers lèvent les mains au ciel, et conjurent les Dieux de les mettre au nombre des combattans. Quand enfin le sort se fut déclaré, autant ceux qui devaient se battre eurent de joie, autant les autres furent consternés. Après le combat ceux des prisonniers qui n'en avaient été que spectateurs, félicitaient tout autant le vaincu que le vainqueur, parce qu'au moins la mort avait mis fin aux peines qu'ils étaient contraints de souffrir. Ce spectacle fit aussi la même impression sur la plupart des Carthaginois, qui comparant l'état du mort avec les maux de ceux qui restaient, portaient compassion à ceux-ci, et croyaient l'autre heureux.

Annibal ayant par cet exemple mis son armée dans la disposition qu'il souhaitait, s'avança au milieu de l'assemblée, et dit qu'il leur avait donné ce spectacle, afin qu'ayant vu dans ces infortunés prisonniers l'état où ils étaient eux-mêmes réduits, ils jugeassent mieux de ce qu'ils avaient à faire dans les conjonctures présentes : que la fortune leur proposait à peu près un même combat à soutenir, et les mêmes prix à remporter. Qu'il fallait ou vaincre, ou mourir, ou vivre misérablement sous le joug des Romains ; que victorieux, ils emporteraient pour prix, non des chevaux et des saies, mais toutes les richesses de la république romaine, c'est-à-dire tout ce qui était le plus capable de les rendre les plus heureux des hommes : qu'en mourant au champ d'honneur, le pis qui leur pouvait arriver serait de passer, sans avoir rien souffert, de la vie à la mort, en combattant pour la plus belle de toutes les conquêtes ; mais que si l'amour de la vie leur faisait tourner le dos à l'ennemi, ou commettre quelque autre lâcheté, il n'y avait pas de maux et de peines auxquels ils ne dussent s'attendre ; qu'il n'était personne parmi eux qui, se rappelant le chemin qu'il avait fait depuis Carthage-la-Neuve, les combats où il s'était trouvé dans la route, et les fleuves qu'il avait passés, fût assez stupide pour espérer qu'en fuyant il reverrait sa patrie ; qu'il fallait donc renoncer entièrement à cette espérance, et entrer pour eux-mêmes dans les sentimens où ils étaient tout-à-l'heure à l'égard des prisonniers ; que comme ils félicitaient également le vainqueur et celui qui était mort les armes à la main, et portaient compassion à celui qui vivait après sa défaite, de même il fallait qu'en combattant leur premier but fût de vaincre ; et s'ils ne pouvaient vaincre, de mourir glorieusement sans aucun retour sur la vie ; que s'ils en venaient aux mains dans cet esprit, il leur répondait de la victoire et de la vie ; que jamais armée n'avait manqué d'être victorieuse, lorsque par choix ou par nécessité elle avait pris ce parti ; et qu'au contraire des troupes qui, comme les Romains, étaient proche de leur patrie, et avaient, en fuyant, une retraite sure, ne pouvaient pas manquer de succomber sous l'effort de gens qui n'espéraient rien que de la victoire. Le spectacle et la harangue produisirent tout l'effet qu'Annibal s'en était proposé. On vit le courage renaître dans le cœur du soldat. Le général, après avoir loué ses troupes de leurs bonnes dispositions, congédia l'assemblée, et donna ordre qu'on se tînt prêt à marcher le lendemain.

CHAPITRE XIII.

Harangue de Scipion. — Bataille du Tésin. — Trahison des Gaulois à l'égard des Romains.

Publius s'était déjà avancé au-delà du Pô, et pour passer le Tésin, il avait ordonné que l'on y jetât un pont. Mais avant que d'aller plus loin, ayant assemblé les troupes, il fit sa harangue. Il s'étendit d'abord beaucoup sur la grandeur et la majesté de l'empire romain, et sur les exploits de leurs ancêtres : venant ensuite au sujet pour lequel ils avaient pris les armes, il dit : que quand bien même jusqu'à ce jour ils n'auraient jamais essayé leurs forces contre personne, maintenant qu'ils savaient que c'était aux Carthaginois qu'ils avaient affaire, dès lors ils devaient compter sur la victoire ; que c'était une chose indigne qu'un peuple vaincu tant de fois par les Romains, contraint de leur payer un tribut servile et depuis si long-temps assujéti à leur domination, osât se révolter contre ses maîtres. « Mais à
» présent, ajouta-t-il, que nous avons éprouvé
» qu'il n'ose, pour ainsi dire, nous regarder
» en face, quelle idée, si nous pensons juste,
» devons-nous avoir des suites de cette guerre ?
» La première tentative de la cavalerie nu-
» mide contre la nôtre, lui a fort mal réussi.
» Elle y a perdu une grande partie de ses
» soldats, et le reste s'est enfui honteusement
» jusqu'à son camp. Le général et toute son
» armée n'ont pas été plus tôt avertis que nous
» étions proche, qu'ils se sont retirés, et ils
» l'ont fait de telle façon que c'était autant une
» fuite qu'une retraite. C'est par crainte que,
» contre leur dessein, ils ont pris la route des
» Alpes. Annibal est dans l'Italie, mais la plus
» grande partie de son armée est ensevelie sous
» les neiges des Alpes, et ce qui en est échappé
» est dans un état à n'en pouvoir attendre au-
» cun service. La plupart des chevaux ont suc-
» combé à la longueur et aux fatigues de la
» marche, et le peu qui en reste ne peut être
» d'aucun usage. Pour vaincre de tels ennemis
» vous n'aurez qu'à vous montrer. Et pen-
» sez-vous que j'eusse quitté ma flotte, que
» j'eusse abandonné les affaires d'Espagne
» où j'avais été envoyé, et que je fusse ac-
» couru à vous avec tant de diligence et d'ar-
» deur, si de bonnes raisons ne m'eussent
» persuadé que le salut de la République
» dépendait du combat que nous allons livrer
» et que la victoire était sure. « Ce discours soutenu par l'autorité de celui qui le prononçait, et qui d'ailleurs ne contenait rien que de vrai, fit naître dans tous les soldats un ardent désir de combattre. Le consul ayant témoigné combien cette ardeur lui faisait de plaisir, congédia l'assemblée, et avertit qu'on se tînt prêt à marcher au premier ordre.

Le lendemain les deux armées s'avancèrent l'une contre l'autre le long du Tésin, du côté qui regarde les Alpes, les Romains ayant le fleuve à leur gauche, et les Carthaginois à leur droite. Le second jour, les fourrageurs de part et d'autre ayant donné avis que l'ennemi était proche, chacun campa dans l'endroit où il était. Le troisième, Publius avec sa cavalerie, soutenue des troupes armées à la légère, et Annibal avec sa cavalerie seule, marchèrent chacun de son côté dans la plaine pour reconnaître les forces l'un de l'autre. Quand on vit, à la poussière qui s'élevait, que l'on n'était pas loin, on se mit en bataille. Publius fait marcher en avant les archers avec la cavalerie gauloise, forme son front du reste de ses troupes, et avance au petit pas. Annibal vint au devant de lui, ayant au centre l'élite des cavaliers à chevaux bridés, et la cavalerie numide sur les deux ailes, pour envelopper l'ennemi. Les chefs et la cavalerie ne demandant qu'à combattre, on commence à charger. Au premier choc les troupes armées à la légère eurent à peine lancé leurs premiers traits, qu'épouvantés par la cavalerie carthaginoise qui venait sur eux et craignant d'être foulés aux pieds des chevaux, ils plièrent et s'enfuirent par les intervalles qui séparaient les escadrons. Les deux corps de bataille s'avancent ensuite, et en viennent aux mains. Le combat se soutient long-temps à forces égales. De part et d'autre beaucoup de cavaliers mirent pied à terre, de sorte que l'action fut d'infanterie comme de cavalerie. Pendant ce temps là les Numides enveloppent et surprennent par les derrières les gens de trait, qui d'abord avaient échappés à la cavalerie, et les écrasent sous les pieds de leurs chevaux. Ils tombent ensuite sur les derrières du centre des Romains, et le mettent en fuite. Les Romains perdirent beaucoup de monde dans ce combat; la perte fut encore plus grande du côté des Carthaginois. Une partie des premiers s'enfuit en déroute; le reste se rallia auprès du consul.

Publius décampe aussitôt, traverse les plaines et se hâte d'arriver au pont du Pô, et de le faire passer à son armée, ne se croyant pas en sûreté, blessé dangereusement comme il l'était, dans un pays plat et dans le voisinage d'un ennemi qui lui était de beaucoup supérieur en cavalerie. Annibal attendit quelque temps que Publius mît en œuvre son infanterie; mais voyant qu'il sortait de ses retranchemens, il le suivit jusqu'au pont du Pô. Il ne put aller plus loin; le consul après avoir passé le pont, en avait fait enlever la plupart des planches. Il fit prisonniers environ six cents hommes, que les Romains avaient postés à la tête du pont pour favoriser la retraite; et sur le rapport qu'ils lui firent que Publius était déjà loin, il rebroussa chemin le long du fleuve, pour trouver un endroit où il pût aisément jeter un pont. Après deux jours de marche, il fit faire un pont de bateaux, et ordonna à Asdrubal de passer avec l'armée. Il passa lui-même ensuite, et donna audience aux ambassadeurs qui lui étaient venus des lieux voisins; car aussitôt après la journée du Tésin tous les Gaulois du voisinage, suivant leur premier projet, s'empressèrent à l'envie de se joindre à lui, de le fournir de munitions, et de grossir son armée. Tous ces ambassadeurs furent reçus avec beaucoup de politesse et d'amitié.

Quand l'armée eut traversé le Pô, Annibal au lieu de le remonter, comme il avait fait auparavant, le descendit dans le dessein d'atteindre l'ennemi; car Publius avait aussi passé ce fleuve, et s'étant retranché auprès de Plaisance, qui est une colonie des Romains, il se faisait là panser lui et les autres blessés, sans aucune inquiétude pour ses troupes qu'il croyait avoir mises à couvert de toute insulte. Cependant Annibal, au bout de deux jours de marche depuis le Pô, arriva sur les ennemis et le troisième il rangea son armée en bataille sous leurs yeux. Personne ne se présentant, il se retrancha à environ cinquante stades des Romains. Alors les Gaulois qui s'étaient joints à Annibal, voyant les affaires des Carthaginois sur un si bon pied, complotèrent ensemble de tomber sur les Romains et restant dans leurs tentes ils épiaient le moment de les attaquer. Après avoir soupé, ils se retirèrent dans leurs retranchemens, et s'y reposèrent la plus grande partie de la nuit. Mais à la petite pointe du jour ils sortirent au nombre de deux mille hommes de pied et d'environ deux cents chevaux, tous bien armés, et fondirent sur les Romains qui étaient les plus proches du camp. Ils en tuèrent un grand nombre, en blessèrent aussi beaucoup, et apportèrent les têtes de ceux qui étaient morts au général carthaginois.

Annibal reçut ce présent avec reconnaissance. Il les exhorta à continuer à se signaler, leur promit des récompenses proportionnées à leurs services, et les renvoya dans leurs villes, pour publier parmi leurs concitoyens les avantages qu'il avait jusqu'ici remportés, et pour les porter à faire alliance avec lui. Il n'était pas besoin de les y exhorter. Après l'insulte que ceux-ci venaient de faire aux Romains, il fallait que les autres, bon gré mal gré, se rangeassent du parti d'Annibal. Ils vinrent en effet s'y ranger, amenant avec eux les Boïens, qui lui livrèrent les trois Romains que la république avait envoyés pour faire le partage des terres, et qu'ils avaient arrêtés contre la foi des traités, comme j'ai rapporté plus haut. Le Carthaginois fut fort sensible à leur bonne volonté; il leur donna des assurances de l'alliance qu'il faisait avec eux, et leur rendit les trois Romains en les avertissant de les tenir sous bonne garde, pour retirer de Rome par leur moyen les ôtages qu'ils y avaient envoyés, selon ce qu'ils avaient d'abord projeté.

CHAPITRE XIV.

Scipion passe la Trébie, et perd son arrière-garde.—Les Gaulois prennent le parti d'Annibal.—Mouvemens que cette défection cause à Rome.—Annibal entre par surprise dans Clastidium.—Combat de cavalerie.—Conseil de guerre entre les deux consuls.—Ruse d'Annibal.

Cette trahison de deux mille Gaulois donna de grandes inquiétudes à Publius, qui craignait avec raison que ces peuples, déjà indisposés contre les Romains, n'en prissent occasion de se déclarer tous en faveur des Carthaginois. Pour aller au devant de cette conspiration, vers les trois heures après minuit, il leva le camp et s'avança vers la Trébie et les hauteurs qui en sont voisines, comptant que dans un poste si avantageux et au milieu de ses alliés on n'aurait pas l'audace de venir l'attaquer. Sur l'avis que le consul était décampé, Annibal envoya à sa poursuite la cavalerie numide, qu'il fit suivre peu après par l'autre cavalerie, qu'il suivait lui-même avec toute l'armée. Les Numides entrèrent dans le camp des Romains, et le trouvant désert et abandonné, ils y mirent le feu. Ce fut un bonheur pour l'armée romaine : car si les Numides, sans perdre de temps, l'eussent poursuivie et eussent atteint les bagages, en plaine comme ils étaient, ils auraient fort incommodé les Romains; mais lorsqu'ils les joignirent, la plupart avaient déjà passé la Trébie. Il ne restait plus que l'arrière-garde, dont ils tuèrent une partie, et firent le reste prisonniers.

Publius passa la rivière, et mit son camp auprès des hauteurs; il se fortifia d'un fossé et d'un retranchement en attendant les troupes que Sempronius lui amenait. Il prit grand soin de sa blessure afin de se tenir en état de combattre, si l'occasion s'en présentait. Cependant Annibal s'approche, et campe à quarante stades du consul; là les Gaulois qui habitaient dans ces plaines, partageant avec les Carthaginois les mêmes espérances, leur apportèrent des vivres et munitions en abondance, prêts eux-mêmes à entrer pour leur part dans tous les travaux et tous les périls de cette guerre.

Quand on apprit à Rome l'action qui s'était passée entre la cavalerie, on y fut d'autant plus surpris que l'on ne s'attendait pas à cette nouvelle; mais au reste on trouva des raisons pour ne pas regarder cela comme une entière défaite. Les uns s'en prirent à une trop grande précipitation de la part du consul; les autres à la perfidie des Gaulois alliés, qui à dessein ne s'étaient pas défendus, perfidie qu'ils en soupçonnaient d'après l'infidélité que ces peuples venaient tout récemment de commettre; mais comme l'infanterie était encore en son entier, on se flattait qu'il n'y avait encore rien à craindre pour le salut de la république. Aussi lorsque Sempronius traversa Rome avec ses légions, on crut que, dès qu'il serait arrivé au camp, la présence seule d'une si puissante armée mettrait Annibal en fuite, et terminerait la guerre.

Toutes les troupes s'étant rendues à Ariminum, selon qu'on s'y était engagé par serment, Tiberius à leur tête fit diligence pour rejoindre son collègue. Il campa près de lui, fit rafraîchir son armée, qui depuis Lilybée jusqu'à Ariminum avait marché pendant quarante jours de suite, et donna ordre que l'on disposât tout pour une bataille. Pendant que l'on s'y préparait, il visitait souvent Publius, et se faisait rendre compte de ce qui s'était passé, et ils tenaient conseil ensemble sur ce qu'il y avait à faire. Annibal, pendant leurs délibérations, trouva moyen d'entrer dans Clastidium, dont le gouverneur pour les Romains lui ouvrit les portes. Maître de la garnison et des magasins, il distribua les vivres à ses soldats, et réunit les prisonniers à ses troupes, sans leur faire aucun mal, afin de donner un exemple de la douceur dont il voulait user, pour que ceux qu'on prendrait dans la suite espérassent trouver leur salut dans sa clémence. Afin de gagner aussi aux Carthaginois tous ceux que les Romains avaient mis dans les emplois publics, il récompensa magnifiquement le traître, qui lui avait livré Clastidium. Peu après, ayant découvert que quelques Gaulois d'entre le Pô et la Trébie, qui avaient fait alliance avec lui, [continuaient à entretenir des liaisons avec les Romains, comme pour avoir un refuge assuré de quelque côté que la fortune se rangeât, il détacha deux mille hommes de pied et mille chevaux tant gaulois que numides, avec ordre de porter le ravage sur leurs terres. Cet ordre fut exécuté sur le champ, et le butin fut grand. Les Gaulois coururent aussitôt aux retranchemens des Romains pour demander du secours.

Sempronius, qui attendait depuis long-temps l'occasion d'agir, saisit ce prétexte; il envoie la plus grande partie de sa cavalerie avec mille archers à pied, qui passent en hâte la Trébie, attaquent ceux qui emportaient le butin, et les obligent à prendre la fuite et à se retirer derrière leurs retranchemens; la garde du camp court au secours de ceux qui étaient poursuivis, repousse les Romains, et les contraint à leur tour à fuir vers leur camp. Sempronius alors met en mouvement toute sa cavalerie et ses archers, et les Gaulois sont encore forcés de faire retraite. Annibal, qui n'était pas prêt à une action générale, et qui d'ailleurs ne croyait pas qu'un général sage et prudent dût, sans un dessein prémédité et à toute occasion, hasarder une bataille générale, se contenta d'arrêter la fuite de ses gens, et de leur faire tourner front aux ennemis, leur défendant par ses officiers et par des trompettes de combattre ni de poursuivre. Les Romains s'arrêtèrent pendant quelque temps; mais enfin ils se retirèrent, après avoir perdu quelque peu de leur monde, et en avoir tué un plus grand nombre du côté des Carthaginois.

Sempronius, énorgueilli et triomphant de ce succès, aurait fort souhaité d'en venir à quelque chose de décisif; mais quelque envie qu'il eût de profiter de la blessure de Scipion, pour disposer de tout à son gré, il ne laissa pas que de lui demander son avis, qu'il ne trouva pas conforme au sien. Publius pensait au contraire qu'il fallait attendre que les troupes eussent été exercées pendant l'hiver, et que l'on en tirerait plus de services la campagne suivante: que les Gaulois étaient trop légers et trop inconstans pour demeurer unis aux Carthaginois; et que dès que ceux-ci ne pourraient rien entreprendre, ceux-là ne manqueraient pas de se tourner contre eux. Il espérait, après que sa blessure serait guérie, être de quelque utilité dans une affaire générale; enfin il le priait instamment de ne pas passer outre. Sempronius ne pouvait s'empêcher de reconnaître que les avis de son collègue étaient justes et sensés; mais la passion de se distinguer et l'assurance qu'il croyait avoir de réussir, l'emportèrent sur la raison et sur la prudence. Il avait résolu, avant que Publius pût se trouver à l'action, et que le temps de créer de nouveaux consuls, qui approchait, fût venu, de finir cette guerre par lui-même, et comme il ne cherchait pas le temps des affaires, mais le sien, il ne pouvait pas manquer de prendre de mauvaises mesures.

Annibal pensait comme Publius sur la conjoncture présente; mais il en concluait tout le contraire et pressait le temps du combat : premièrement pour profiter de la disposition où étaient les Gaulois en sa faveur ; en second lieu, parce qu'il n'aurait à combattre que contre de nouvelles levées sans expérience ; et enfin pour ne pas laisser à Publius le temps de se trouver à l'action. Mais sa plus forte raison était de faire quelque chose, et de ne pas laisser le temps se perdre inutilement ; car rien n'est plus important pour un général qui entre avec une armée dans un pays ennemi et qui entreprend une conquête extraordinaire, que de renouveler par des exploits continuels les espérances de ses alliés. Il ne pensa donc plus qu'à se disposer à une bataille, bien sûr que Sempronius ne manquerait pas de l'accepter.

Il avait reconnu depuis long-temps le terrain qui était entre les deux armées. C'était une plaine rase et découverte, où coulait un ruisseau, dont les rives assez hautes étaient encore hérissées de ronces et d'épines fort serrées. Ce ruisseau lui parut propre pour y dresser une embuscade, et en effet il lui était aisé de se cacher. Les Romains étaient bien en garde contre les lieux couverts, parce que c'est ordinairement dans ces sortes d'endroits que les Gaulois se couvrent et se cachent ; mais ils ne se défiaient pas d'un terrain plat et ras. Cependant une embuscade y est plus sure que dans des bois. Outre que l'on y découvre de loin, il s'y rencontre quantité de petites hauteurs derrière lesquelles on est suffisamment à couvert. Il ne faut souvent que de petits bords de ruisseaux, des roseaux, des ronces, quelque sorte d'épines pour cacher non seulement de l'infanterie, mais même de la cavalerie : et il n'est pas besoin pour cela d'une grande habileté. Il n'y a qu'à coucher par terre les armes qui se voient de loin, et à mettre les casques dessous.

CHAPITRE XV.

Bataille de la Trébie.

Le général des Carthaginois tint donc un conseil de guerre, où il fit part à Magon et aux autres officiers du dessein qu'il avait.

Chacun y ayant applaudi, aussitôt après le souper de l'armée, il fit appeler Magon son frère, jeune à la vérité, mais vif, ardent et entendu dans le métier, le fit chef de cent chevaux et de cent hommes de pied, et lui ordonna de choisir dans toute l'armée les soldats les plus braves, et de venir le trouver dans sa tente avant la nuit. Quand il les eut exhortés tous à se signaler dans le poste qu'il devait leur assigner, il leur dit de prendre chacun dans leur compagnie neuf d'entre leurs compagnons qu'ils connaissaient les plus braves, et de venir le joindre à certain endroit du camp. Ils y vinrent tous, au nombre de mille chevaux et d'autant d'hommes de pied. Il leur donna des guides, marqua à son frère le moment où il devait fondre sur l'ennemi, et les envoya au lieu qu'il avait choisi pour l'embuscade.

Le lendemain au point du jour, il assemble la cavalerie numide, gens endurcis à la fatigue ; il l'exhorte à bien faire, promet des gratifications à ceux qui se distingueraient, et leur donne ordre à tous de passer au plutôt la rivière, d'approcher du camp des ennemis, et de les provoquer par des escarmouches, pour les mettre en mouvement. En cela ses vues étaient de prendre l'ennemi dans un temps où il n'aurait pas encore pris de nourriture et où il ne s'attendrait à rien moins qu'à une bataille. Il convoque ensuite le reste des officiers, les anime au combat, et leur ordonne de prescrire à tous les soldats de prendre leur repas, et de disposer leurs armes et leurs chevaux.

Dès que Sempronius vit la cavalerie numide, il ne manqua pas de mettent en avant la sienne, et de lui donner ordre d'en venir aux mains. Elle fut suivie de six mille archers à pied. Il sortit enfin lui-même des retranchemens avec tout le reste de ses troupes. Il était si fier de la nombreuse armée qu'il commandait, et de l'avantage qu'il avait remporté le jour précédent, qu'il s'imaginait que pour vaincre il n'avait qu'à se présenter. On était alors en plein hiver, il neigeait ce jour-là même, et faisait un froid glacial, et l'armée romaine s'était mise en marche sans avoir pris aucune nourriture. Les soldats partirent avec empressement et grand désir de combattre; mais quand ils eurent passé la Trébie, enflée ce jour-là par les torrens qui s'y étaient précipités des montagnes voisines pendant la nuit, et où ils avaient de l'eau jusque sous les aisselles, le froid et la faim (car le jour était alors avancé) les avaient étrangement affaiblis. Les Carthaginois au contraire avaient bu et mangé sous leurs tentes, avaient disposé leurs chevaux, et s'étaient frottés d'huile, et revêtus de leurs armes auprès du feu.

Quand les Romains furent sortis de la rivière, Annibal, qui attendait ce moment, envoya en avant, au secours de ses Numides, les soldats armés à la légère et les frondeurs des îles baléares, au nombre d'environ huit mille hommes, et il les suivit à la tête de toute l'armée. A un mille de son camp, il rangea sur une ligne son infanterie, qui faisait près de vingt mille hommes tant Gaulois qu'Espagnols et Africains. La cavalerie, qui, en comptant les Gaulois alliés, s'élevait à plus de dix mille hommes, fut distribuée sur les ailes, où il plaça aussi les éléphans, en partie devant la gauche, en partie devant la droite.

Sempronius de son côté rappela sa cavalerie, qui se fatiguait inutilement contre les Numides, cavaliers habiles et accoutumés à fuir en désordre au premier choc, et à revenir à la charge aussi hardiment qu'ils y étaient venus. Son ordonnance fut celle dont les Romains ont coutume de se servir. Il avait à ses ordres seize mille Romains et vingt mille alliés, nombre auquel s'élève une armée complète, lorsqu'il s'agit de batailles générales, et que les deux consuls se trouvent réunis ensemble. Il jeta sur les deux ailes sa cavalerie, qui était de quatre mille chevaux, et s'avança fièrement vers l'ennemi, au petit pas, et en ordre de bataille.

Quand on fut en présence, les soldats armés à la légère de part et d'autre engagèrent l'action. Autant cette première charge fut désavantageuse aux Romains, autant fut-elle favorable aux Carthaginois. Du côté des premiers, c'étaient des soldats qui depuis le matin souffraient du froid et de la faim, et dont les traits avaient été lancés pour la plupart dans le combat contre les Numides. Ce qui leur en restait, était si appesanti par l'eau dont ils avaient été trempés, qu'ils ne pouvaient être d'aucun usage. La cavalerie, toute l'armée étaient également hors d'état d'agir. Rien de tout cela ne se trouvait du côté des Carthaginois. Frais, vigoureux, pleins d'ardeur, rien ne les empêchait de faire leur devoir.

Aussi dès que les soldats armés à la légère se furent retirés par les intervalles, et que l'infanterie pesamment armée en fut venue aux mains, alors la cavalerie carthaginoise, qui surpassait de beaucoup la romaine en nombre et en vigueur, tomba sur celle-ci avec tant de force et d'impétuosité, qu'en un moment elle l'enfonça et la mit en fuite. Les flancs de l'infanterie romaine découverts, les soldats armés à la légère des Carthaginois et les Numides revinrent à la tête de leurs gens, fondirent sur les flancs des Romains, y mirent le désordre, et empêchèrent qu'ils ne se défendissent contre ceux qui les attaquaient de front. De la part des soldats pesamment armés, dans les premiers rangs et dans ceux qui les suivaient, la résistance fut plus longue et le combat plus égal. Ce fut aussi le moment où les Numides sortirent de leur embuscade, chargèrent en queue les légions qui combattaient au centre, et y jetèrent une confusion extrême. Les deux ailes attaquées de front par les éléphans, et tout autour par les soldats armés à la légère, furent culbutées dans la rivière. La seconde ligne ne put tenir un moment contre les Numides, qui étaient venus fondre sur elle par ses derrières. Il n'y eut que la première ligne qui tint une heureuse nécessité l'ayant forcée à se faire jour à travers les Gaulois et les Africains, dont elle fit un grand carnage. Mais après la défaite de ses ailes, voyant qu'elle ne pouvait ni les secourir, ni retourner au camp, dont la cavalerie numide, la rivière et la pluie ne lui permettaient pas de reprendre le chemin, serrée et gardant ses rangs, elle prit la route de Plaisance, où elle se retira sans danger et au nombre au moins de dix mille hommes. La plupart des autres qui restaient périrent sur les bords de la rivière, écrasés par les éléphans ou par la cavalerie. Ceux qui purent échapper, tant fantassins que cavaliers, se joignirent au corps dont nous venons de parler, et le suivirent à Plaisance. Les Carthaginois poursuivirent l'ennemi jusqu'à la rivière, d'où, arrêtés par la rigueur de la saison, ils revinrent à leurs retranchemens. La victoire fut complète, et la perte peu considérable. Quelques Espagnols seulement et quelques Africains restèrent sur le champ de bataille, les Gaulois furent les plus maltraités; mais tous souffrirent beaucoup de la pluie et de la neige. Beaucoup d'hommes et de chevaux périrent de froid, et de tous les éléphans on n'en put sauver qu'un seul.

CHAPITRE XVI.

Préparatifs des Romains pour réparer leur perte. — Exploits de Corn. Scipion dans l'Espagne. — Adresse d'Annibal pour attirer à son parti les Gaulois. — Passage du marais de Clusium.

Sempronius, pour cacher sa honte et sa défaite, envoya à Rome des courriers qui n'y dirent autre chose si ce n'est qu'ils s'était livré une bataille, et que sans le mauvais temps l'armée romaine eût remporté la victoire. D'abord on ne pensa point à se défier de cette nouvelle. Mais on apprit bientôt tout le détail de l'action : que les Carthaginois occupaient le camp des Romains; que tous les Gaulois avaient fait alliance avec Annibal; que les légions avaient fait retraite et s'étaient réfugiées dans les villes, et qu'elles n'avaient de munitions que ce qui leur en venait de la mer par le Pô. On fut extrêmement surpris d'un événement si tragique, et pour en prévenir les suites on fit de grands préparatifs pour la campagne suivante. On mit des garnisons dans les places; on envoya des troupes en Sardaigne et en Sicile; on en fit marcher aussi sur Tarente, et dans tous les postes les plus propres à arrêter l'ennemi, enfin on équipa soixante quinquerèmes. On choisit pour consuls Cn. Servilius et Caïus Flaminius, qui firent des levées chez les alliés, et envoyèrent des vivres à Ariminum et dans la Tyrrhénie, où la guerre devait se faire. Ils dépêchèrent aussi vers Hiéron pour lui demander du secours, et ce roi leur fournit cinq cents Crétois et mille soldats à pavois. Enfin il n'y eut point de mesure que l'on ne prît, point de mouvement que l'on ne se donnât; car tels sont les Romains en général et en particulier, que, plus ils ont de raisons de craindre, plus ils sont redoutables.

Dans la même campagne Cn. Cornélius Scipion, à qui Publius son frère avait laissé, comme nous avons déjà dit, le commandement de l'armée navale, étant parti des embouchures du Rhône avec toute sa flotte, et ayant pris terre en Espagne vers Emporium, assiégea, sur la côte jusqu'à l'Èbre, toutes les villes qui refusèrent de se rendre, et traita avec beaucoup de douceur celles qui se soumirent de bon gré. Il veilla à ce qu'il ne leur fût fait aucun tort; il mit bonne garnison dans les nouvelles conquêtes qu'il avait faites, puis pénétrant dans les terres à la tête de son armée, qu'il avait déjà grossie de beaucoup d'Espagnols devenus ses alliés à mesure qu'il avançait dans le pays, tantôt il recevait dans son amitié, tantôt il prenait par force les villes qui se rencontraient sur sa route. A Cisse, Hannon à la tête d'un corps de Carthaginois vint camper devant lui; Cornélius lui livra bataille, la gagna, et fit un butin très-considérable, parce que c'était là qu'avaient laissé leurs équipages tous ceux qui étaient passés en Italie. Outre cela il se fit des alliés de tous les peuples d'en deçà de l'Èbre, et fit prisonniers Hannon même, et Andobale qui commandait les Espagnols. Celui-ci avait une espèce de royaume dans le pays, et avait toujours été fort attaché aux intérêts des Carthaginois.

Sur l'avis qu'Asdrubal reçut de ce qui était arrivé, il passa l'Èbre et courut au secours d'Hannon. Les troupes navales des Romains n'étaient point sur leurs gardes; elles se tranquillisaient en songeant à l'avantage qu'avait remporté l'armée de terre. Il saisit habilement cette occasion, prend avec lui un détachement d'environ huit mille hommes de pied et mille chevaux; il surprend ces troupes dispersées de côté et d'autre, en passe un grand nombre au fil de l'épée, et pousse les autres jusqu'à leurs vaisseaux. Il se retira ensuite, et repassant l'Èbre, il prit son quartier d'hiver à la nouvelle Carthage, où il donna tous ses soins à de nouveaux préparatifs, et à la garde des pays d'en deçà du fleuve. Cn. Cornélius de retour à la flotte, punit selon la sévérité des lois ceux qui avaient négligé le service; puis ayant réuni les deux armées, celle de mer et celle de terre, il alla prendre ses quartiers à Tarragone. Là partageant le butin en parties égales aux soldats, il se gagna leur amitié, et leur fit souhaiter avec ardeur que la guerre continuât. Tel était l'état des affaires en Espagne.

Le printemps venu, Flaminius se mit en marche, prit sa route par la Tyrrhénie, et vint camper droit à Arétium, pendant que Servilius alla à Ariminum pour fermer aux ennemis les passages de ce côté-là. Pour Annibal, qui avait pris ses quartiers d'hiver dans la Gaule cisalpine, il retenait dans des cachots les prisonniers romains qu'il avait faits dans la dernière bataille, et leur donnait à peine le nécessaire; au lieu qu'il usait de toute la douceur possible à l'égard de ceux qu'il avait pris sur leurs alliés. Il les assembla un jour, et leur dit que ce n'était pas pour leur faire la guerre qu'il était venu, mais pour prendre leur défense contre les Romains; qu'il fallait donc, s'ils entendaient leurs intérêts, qu'ils embrassassent son parti, puisqu'il n'avait passé les Alpes que pour remettre l'Italie en liberté, et les aider à rentrer dans les villes et dans les terres d'où les Romains les avaient chassés. Après ce discours, il les renvoya sans rançon dans leur patrie. C'était une ruse pour détacher des Romains les peuples d'Italie, pour les porter à s'unir avec lui et soulever en sa faveur tous ceux dont les villes ou les ports sont sous la domination romaine.

Ce fut aussi dans ce même quartier d'hiver qu'il s'avisa d'un stratagème vraiment carthaginois. Il était environné de peuples légers et inconstans, et la liaison qu'il avait contractée avec eux était encore toute récente. Il avait à craindre que changeant à son égard de dispositions, ils ne lui dressassent des piéges et n'attentassent à sa vie. Pour la mettre en sûreté, il fit faire des perruques et des habits pour tous les âges, il prenait tantôt l'un tantôt l'autre, et se déguisait si souvent, que non seulement ceux qui ne le voyaient qu'en passant, mais ses amis mêmes avaient peine à le reconnaître.

Cependant les Gaulois souffraient impatiemment que la guerre se fît dans leur pays; à les entendre, ce n'était que pour se venger des Romains, quoiqu'au fond ce ne fût que par l'envie qu'ils avaient de s'enrichir à leurs dépens. Annibal s'aperçut de cet empressement, et se hâta de décamper pour le satisfaire; dès que l'hiver fut passé, il consulta ceux qui connaissaient le mieux le pays, pour savoir quelle route il prendrait pour aller aux ennemis. On lui dit qu'il y en avait deux, une fort longue et connue des Romains; l'autre à travers certains marais, difficile à tenir, mais courte, et par où Flaminius ne l'attendrait pas: celle-ci se trouva plus conforme à son inclination naturelle, il la préféra. Au bruit qui s'en répandit dans l'armée, chacun fut effrayé; il n'y eut personne qui ne tremblât à la vue des mauvais chemins et des abîmes où l'on allait se précipiter.

Annibal, bien informé que les lieux où il devait passer, quoique marécageux, avaient un fond ferme et solide, leva le camp, et forma son avant-garde des Africains, des Espagnols, et de tout ce qu'il avait de meilleures troupes; il y entremêla le bagage, afin que l'on ne manquât de rien dans la route. Il ne crut pas devoir s'en embarrasser pour la suite, parce que s'il arrivait qu'il fût vaincu, il n'aurait plus besoin de rien, et que s'il était victorieux, il aurait tout en abondance. Le corps de bataille était composé de Gaulois, et la cavalerie faisait l'arrière-garde; il en avait donné la conduite à Magon, avec ordre de faire avancer de gré ou de force les Gaulois, en cas que par lâcheté ils fissent mine de se rebuter et de vouloir rebrousser chemin; les Espagnols et les Africains traversèrent sans beaucoup de peine. On n'avait point encore marché dans ce marais, il fut assez ferme sous leurs pieds; et puis c'étaient des soldats durs à la fatigue, et accoutumés à ces sortes de travaux. Il n'en fut pas de même quand les Gaulois passèrent: le marais avait été foulé par ceux qui les avaient précédés; ils ne pouvaient avancer qu'avec une peine extrême, et peu faits à ces marches pénibles, ils ne supportaient celle-ci qu'avec la plus vive impatience. Cependant il ne leur était pas possible de retourner en arrière; la cavalerie les poussait sans cesse en avant. Il faut convenir que toute l'armée eut beaucoup à souffrir : pendant quatre jours et trois nuits elle eut les pieds dans l'eau, sans pouvoir prendre un moment de sommeil. Mais les Gaulois souffrirent plus que tous les autres; la plupart des bêtes de somme moururent dans la boue; elles ne laissèrent pas, même alors, d'être de quelque utilité; hors de l'eau, sur les ballots qu'elles portaient, on dormait au moins une partie de la nuit; quantité de chevaux y perdirent le sabot. Annibal lui-même, monté sur le seul éléphant qui lui restait, eut toutes les peines du monde à en sortir; un mal d'yeux qui lui survint le tourmenta beaucoup; et comme la circonstance ne lui permettait pas de s'arrêter pour se guérir, cet accident lui fit perdre un œil.

CHAPITRE XVII.

Caractère de Flaminius. — Réflexions de Polybe sur l'étude qu'Annibal en fit. — Bataille de Thrasimène.

Après être sorti de ce marais comme par miracle, le général carthaginois campa auprès pour donner quelque relâche à ses troupes, et parce que Flaminius avait établi ses quartiers devant Arétium dans la Tyrrhénie; là il s'informa avec soin de la disposition où étaient les Romains, et de la nature du pays qu'il avait à traverser pour aller à eux. On lui dit que le pays était bon, et qu'il y avait de quoi faire un riche butin; et à l'égard de Flaminius, que c'était un homme doué d'un grand talent pour s'insinuer dans l'esprit de la populace, mais qui, sans en avoir aucun ni pour le gouvernement ni pour la guerre, se croyait très-habile dans l'un et dans l'autre. De là Annibal conclut que s'il pouvait passer au-delà du camp de ce consul, et porter le ravage dans la campagne sous ses yeux, celui-ci, soit de peur d'encourir les railleries du soldat, soit par chagrin de voir le pays ravagé, ne manquerait pas de sortir de ses retranchemens, d'accourir contre lui, de le suivre partout où il le conduirait, et de se hâter de battre l'ennemi par lui-même, avant que son collègue pût partager avec lui la gloire de l'entreprise, tous mouvemens dont il voulait tirer avantage pour attaquer le consul.

On doit convenir que toutes ces réflexions étaient dignes d'un général judicieux et expérimenté. C'est être ignorant et aveugle dans la science de commander les armées, que de penser qu'un général ait quelque chose de plus important à faire que de s'appliquer à connaître les inclinations et le caractère de son antagoniste. Comme dans un combat singulier ou de rang contre rang, on ne peut se promettre la victoire, si l'on ne parcourt des yeux tout son adversaire pour découvrir quelle est la partie de son corps la moins couverte; de même il faut qu'un général cherche attentivement dans celui qui lui est opposé, non quelle est la partie de son corps la moins défendue, mais quel est dans son caractère le faible et le penchant par où l'on peut plus aisément le surprendre; il est beaucoup de généraux qui, mous, paresseux, sans mouvement et sans action, négligent non seulement les affaires de l'état, mais encore les leurs propres; il en est d'autres tellement passionnés pour le vin, qu'ils ne peuvent se mettre au lit sans en avoir pris avec excès. Quelques-uns se livrent à l'amour des femmes avec tant d'emportement, qu'ils n'ont pas honte de sacrifier à cet infâme plaisir des villes entières, leurs intérêts, leur vie même; d'autres sont lâches et poltrons, défaut déshonorant dans quelque homme que ce soit, mais le plus pernicieux de tous dans un général. Des troupes, sous un tel chef, passent le temps sans rien entreprendre, et l'on ne peut lui en confier le commandement sans s'exposer aux plus grands malheurs. La témérité, une confiance inconsidérée, une colère brutale, la vanité, l'orgueil, sont encore des défauts qui donnent prise à l'ennemi sur un général, et juste sujet à ses amis de s'en défier. Il n'y a point de piéges, point d'embuscades où il ne tombe, point d'hameçons où il ne morde. Si l'on pouvait connaître les faibles d'autrui, et qu'en attaquant ses ennemis on prît leur chef par l'endroit qui prête le plus à la surprise, en très-peu de temps on subjuguerait toute la terre. Otez d'un vaisseau le pilote qui le gouverne, bientôt le vaisseau et son équipage tomberont sous la puissance des ennemis : il en est de même d'une armée dont on surprend le général par adresse et par artifice.

C'est ainsi qu'Annibal prenant adroitement Flaminius par son faible, l'attira dans ses filets. A peine eut-il levé son camp d'autour de Fiésoles et passé un peu au-delà du camp des Romains, qu'il se mit à dévaster tout. Le consul irrité, hors de lui-même, prit cette conduite du Carthaginois pour une insulte et un outrage ; quand il vit ensuite la campagne ravagée, et la fumée annonçant de tous côtés la ruine entière de la contrée, ce triste spectacle le toucha jusqu'à lui faire répandre des larmes ; alors ce fut en vain que son conseil de guerre lui dit qu'il ne devait pas se presser de marcher sur les ennemis, qu'il n'était pas à propos d'en venir si tôt aux mains avec eux, qu'une cavalerie si nombreuse méritait toute son attention, qu'il ferait mieux d'attendre l'autre consul et d'attendre jusqu'à ce que les deux armées pussent combattre ensemble ; non seulement il n'eut aucun égard à ces remontrances, mais il ne pouvait même supporter ceux qui les lui faisaient. « Que pensent et que disent à présent nos concitoyens, leur disait-il, en voyant les campagnes saccagées presque jusqu'aux portes de Rome, pendant que, derrière les ennemis, nous demeurons tranquilles dans notre camp » ? et sur le champ il se met en marche, sans attendre l'occasion favorable, sans connaître les lieux, emporté par un violent désir d'attaquer au plus tôt l'ennemi, comme si la victoire eût été déjà certaine et acquise. Il avait même inspiré une si grande confiance à la multitude, qu'il avait moins de soldats que de gens qui le suivaient dans l'espérance du butin, et qui portaient des chaînes, des liens et autres appareils semblables.

Cependant Annibal s'avançait toujours vers Rome par la Tyrrhénie, ayant Cortone et les montagnes voisines à sa gauche et le lac de Trasimène à sa droite. Pour enflammer de plus en plus la colère de Flaminius, en quelqu'endroit qu'il passât, il réduisait tout en cendres ; quand il vit enfin que ce consul approchait, il reconnut les postes qui pourraient le plus lui convenir, et se tint prêt à livrer bataille ; sur sa route il trouva un vallon fort uni ; deux chaînes de montagnes le bordaient dans sa longueur ; il était fermé au fond par une colline escarpée et de difficile accès, et à l'entrée était un lac entre lequel et le pied des montagnes il y avait un défilé étroit qui conduisait dans le vallon ; il passa par ce sentier, gagna la colline du fond, et s'y plaça avec les Espagnols et les Africains ; à droite, derrière les hauteurs, il plaça les Baléares et les autres gens de traits : il posta la cavalerie et les Gaulois derrière les hauteurs de la gauche, et les étendit de manière que les derniers touchaient au défilé par lequel on entrait dans le vallon ; il passa une nuit entière à dresser ses embuscades, après quoi il attendit tranquillement qu'on vînt l'attaquer.

Le consul marchait derrière avec un empressement extrême de rejoindre l'ennemi. Le premier jour, comme il était arrivé tard, il campa auprès du lac, et le lendemain, dès la pointe du jour, il fit entrer son avant-garde dans le vallon ; il s'était élevé ce matin-là un brouillard fort épais. Quand la plus grande partie des troupes romaines fut entrée dans le vallon, et que l'avant-garde toucha presque au quartier d'Annibal, ce général tout d'un coup donne le signal du combat, l'envoie à ceux qui étaient en embuscade, et fond en même temps de tous côtés sur les Romains. Flaminius et les officiers subalternes, surpris d'une attaque si brusque et si imprévue, ne savent où porter du secours ; enveloppés d'un épais brouillard et pressés de front, sur les derrières et en flanc par l'ennemi qui fondait sur eux d'en haut et de plusieurs endroits, non seulement ils ne pouvaient se porter où leur présence était nécessaire, mais il ne leur était pas même possible d'être instruits de ce qui se passait. La plupart furent tués dans la marche même et avant qu'on eût le temps de les mettre en bataille, trahis pour ainsi dire par la stupidité de leur chef. Pendant que l'on délibérait encore sur ce qu'il y avait à faire, et lorsqu'on s'y attendait le moins, on recevait le coup de la mort. Dans cette confusion, Flaminius abattu, désespéré, fut environné par quelques Gaulois qui le firent expirer sous leurs coups. Près de quinze mille Romains perdirent la vie dans ce vallon, pour n'avoir pu ni agir ni se retirer. Car c'est chez eux une loi inviolable de ne fuir jamais, et de ne jamais quitter son rang. Il n'y en eut pas dont le sort soit plus déplorable que ceux qui furent surpris dans le défilé. Poussés dans le lac, les uns voulant se sauver à la nage avec leurs armes furent suffoqués; les autres en plus grand nombre avancèrent dans l'eau tant qu'ils purent, et s'y enfoncèrent jusqu'au cou ; mais quand la cavalerie y fut entrée, voyant leur perte inévitable, ils levaient les mains au dessus du lac, demandaient qu'on leur sauvât la vie, et faisaient pour l'obtenir les prières les plus humbles et les plus touchantes, mais en vain. Les uns furent égorgés par les ennemis, et les autres s'exhortant mutuellement à ne pas survivre à une aussi honteuse défaite, se donnaient la mort à eux-mêmes. De toute l'armée il n'y eut qu'environ six mille hommes qui renversèrent le corps qui les combattait de front. Cette troupe eût été capable d'aider beaucoup à rétablir les affaires, mais elle ne pouvait connaître en quel état elles étaient. Elle poussa toujours en avant, dans l'espérance de rencontrer quelques partis des Carthaginois, jusqu'à ce qu'enfin, sans s'en apercevoir, elle se trouva sur les hauteurs. De là, comme le brouillard était tombé, voyant leur armée taillée en pièces et l'ennemi maître de la campagne, ils prirent le parti, qui seul leur restait à prendre, de se retirer serrés et en bon ordre à certaine bourgade de la Tyrrhénie. Maharbal eut ordre de les poursuivre, et de prendre avec lui les Espagnols et les gens de trait. Il se mit à leur poursuite, les assiégea et les réduisit à une si grande extrémité, qu'ils mirent bas les armes et se rendirent, sans autre condition, sinon qu'ils auraient la vie sauve. Ainsi finit le combat qui se livra dans la Tyrrhénie entre les Romains et les Carthaginois.

CHAPITRE XVIII.

Distinction que fait Annibal entre les prisonniers romains et ceux d'entre leurs alliés. — Grande consternation à Rome. — Défaite de quatre mille cavaliers romains. — Fabius est fait dictateur.

Quand on eut amené devant Annibal tous les prisonniers, tant ceux que Maharbal avait forcés de se rendre, que ceux que l'on avait faits dans le vallon, et qui tous ensemble montaient à plus de quinze mille, il dit aux premiers que Maharbal n'avait pas été en droit de traiter avec eux sans l'avoir consulté, et prit de là occasion d'accabler les Romains d'injures et d'opprobres. Il distribua ensuite ces prisonniers entre les rangs de son armée, pour les tenir sous bonne garde. Ceux d'entre les alliés des Romains furent traités avec plus d'indulgence; il les renvoya tous dans leur patrie sans en rien exiger, leur répétant ce qu'il leur avait déjà dit, qu'il n'était pas venu pour faire la guerre aux Italiens, mais pour les délivrer du joug des Romains. Il fit prendre ensuite du repos à ses troupes et rendit les derniers devoirs aux principaux de son armée, qui au nombre de trente étaient restés sur le champ de bataille. De son côté la perte ne fut en tout que de quinze cents hommes, la plupart Gaulois. Encouragé par cette victoire, il concerta avec son frère et ses confidens les mesures qu'il avait à prendre pour pousser plus loin ses conquêtes.

A Rome, quand la nouvelle de cette triste journée y eut été répandue, l'infortune était trop grande pour que les magistrats pussent la pallier ou l'adoucir; on assembla le peuple, et on la lui déclara telle qu'elle était. Mais à peine, du haut de la tribune aux harangues, un préteur eut-il prononcé ces quatre mots : « Nous avons été vaincus dans une grande » bataille, » que la consternation fut telle, que ceux des auditeurs qui avaient été présens à l'action crurent le désastre beaucoup plus grand qu'il ne leur avait paru dans le moment même du combat. Cela venait de ce que les Romains n'ayant, depuis un temps immémorial, ni entendu parler de bataille, ni perdu de bataille, ne pouvaient avouer leur défaite sans être touchés jusqu'à l'excès d'un malheur si peu attendu. Il n'y eut que le sénat qui, malgré ce funeste événement, ne perdit pas de vue son devoir. Il pensa sérieusement à chercher ce que chacun aurait à faire pour arrêter les progrès du vainqueur.

Quelque temps après la bataille, C. Servilius qui campait autour d'Ariminum, c'est-à-dire vers la mer Adriatique, sur les confins de la Gaule cisalpine et du reste de l'Italie, assez près des bouches du Pô, C. Servilius, dis-je, averti qu'Annibal était entré dans la Tyrrhénie, et qu'il était campé proche de Flaminius, aurait bien voulu joindre celui-ci avec toute son armée. Mais comme elle était trop pesante pour une si longue marche, il détacha quatre mille chevaux sous le commandement de C. Centenius, avec ordre de prendre les devans, et en cas de besoin de secourir Flaminius. Annibal n'eut pas plus tôt reçu cet avis, qu'il envoya au devant du secours qui arrivait aux Romains Maharbal avec les soldats armés à la légère et quelque cavalerie. Au premier choc Centenius perdit presque la moitié de ses soldats; il se retira avec le reste sur une hauteur; mais Maharbal les y poursuivit, et le lendemain les fit tous prisonniers. Cette nouvelle vint à Rome trois jours après celle de la bataille, c'est-à-dire dans un temps où la blessure que la première avait faite, était encore toute sanglante. Le peuple, le sénat même en fut consterné. On laissa là les affaires de l'année, on ne songea point à créer de nouveaux consuls, on crut qu'une conjoncture si accablante demandait un dictateur.

Quoiqu'Annibal eût lieu de concevoir les plus grandes espérances, il ne jugea cependant pas à propos d'approcher encore de Rome. Il se contenta de parcourir la campagne, et de ravager le pays en s'avançant vers Adria; il traversa l'Ombrie et le Picénum, et arriva dans le territoire d'Adria après dix jours de marche. Il fit dans cette route un si grand butin, que l'armée ne pouvait ni le mener, ni le porter. Chemin faisant il passa au fil de l'épée une multitude d'habitans. Ennemi implacable des Romains, il avait ordonné que l'on égorgeât tout ce qu'il s'en rencontrerait en âge de porter les armes, sans leur faire plus de quartier que l'on n'en fait ordinairement dans les villes que l'on prend d'assaut. Campé près d'Adria, dans ces plaines si fertiles en toutes sortes de vivres, il prit grand soin de refaire son armée, qu'un quartier d'hiver passé dans la Gaule cisalpine dans la fange et la saleté, et son passage à travers les marais de Clusium, avaient mise dans un très-mauvais état; hommes et chevaux, presque tous étaient couverts d'une espèce de gale qui vient de la faim qu'on a soufferte. Ils trouvèrent dans ce beau pays de quoi ranimer leurs forces et leur courage, et la dépouille des vaincus fournit au général autant d'armes qu'il lui en fallait pour en munir ses Africains. Ce fut aussi en ce temps-là qu'il envoya par mer à Carthage, pour y faire le récit de ce qu'il avait fait depuis qu'il était dans l'Italie, car jusqu'alors il ne s'était point encore approché de la mer. Ces nouvelles firent un plaisir extrême aux Carthaginois, on s'appliqua plus que jamais aux affaires d'Espagne et d'Italie, et l'on n'omit rien de ce qui pouvait en accélérer le succès.

Chez les Romains, on élut pour dictateur Quintus Fabius, personnage aussi distingué par sa sagesse que par sa naissance. De notre temps même on appelait les rejetons de cette famille Maximi, c'est-à-dire très-grands, titre glorieux que le premier Fabius leur avait mérité par ses grands exploits. Il est bon de remarquer que la dictature est différente du consulat. Le consul n'est accompagné que de douze licteurs, le dictateur en a vingt-quatre à sa suite. Le premier ne peut entreprendre certaines choses sans l'autorité du sénat: toute autorité cesse, dès que le dictateur est nommé. De tous les magistrats, il n'y a que les tribuns qui soient alors conservés, comme nous ferons voir plus au long dans un autre endroit. On créa en même tems pour maître général de la cavalerie Marcus Minucius. Cette sorte d'officier est à la vérité au dessous du dictateur; mais lorsque celui-ci est occupé, l'autre est chargé de remplir ses fonctions, et exerce son autorité.

Annibal changeait de temps en temps de quartiers sans s'écarter de la mer Adriatique. Il fit laver les chevaux avec du vin vieux, qui se trouvait là en abondance, et les remit en état de servir. Il fit guérir aussi les plaies des soldats qui étaient blessés, il donna aux autres le temps et les moyens de réparer leurs forces; et quand il les vit tous sains et vigoureux, il se mit en route, et traversa les terres du Pretutium et d'Adria, les pays des Marrucins et des Frentans. Partout où il passait, il pillait, massacrait, réduisait tout en cendres. De là il entra dans l'Apulie, qui est divisée en trois parties, dont chacune a son nom particulier. Les Dauniens en occupent une, et les Messapiens une autre. Il entra dans la Daunie, et commença par ravager Lucérie, colonie romaine. Puis ayant mis son camp à Hippone, il parcourut sans obstacle le pays des Argyripiens et toute la Daunie.

CHAPITRE XIX.

Fabius se borne à la défensive; les raisons qu'il avait pour ne rien hasarder. — Caractère opposé de M. Minucius Rufus, comaître général de la cavalerie. — Éloge de la Campanie. — Annibal y porte le ravage.

Pendant qu'Annibal était dans ces parages, Fabius créé dictateur, après avoir offert des sacrifices aux Dieux, partit de Rome, suivi de Minucius et de quatre légions qu'on avait levées pour lui. Lorsqu'il eut joint sur les frontières de la Daunie les troupes qui étaient venues d'Ariminum au secours de cette province, il ôta à Servilius le commandement de l'armée de terre, et le renvoya bien escorté à Rome, avec ordre, si les Carthaginois remuaient par mer, de courir où son secours serait nécessaire. Ensuite il se mit en marche avec le général de la cavalerie, et alla camper en un lieu nommé Aigues, à cinquante stades du camp des Carthaginois.

Fabius arrivé, Annibal, pour jeter l'épouvante dans cette nouvelle armée, sort de son camp, approche des retranchemens des Romains, et se met en bataille. Il resta quelque temps en position; mais comme personne ne se présentait, il retourna dans son camp. Car Fabius avait pris la résolution, et rien dans la suite ne fut capable de la lui faire quitter, de ne rien hasarder témérairement, de ne pas courir les risques d'une bataille, et de s'appliquer uniquement à mettre ses troupes à couvert de tout danger. D'abord ce parti ne lui fit pas honneur, il courut des bruits désavantageux sur son compte, on le regarda comme un homme lâche, timide, et qui craignait l'ennemi; mais on ne fut pas long-temps à reconnaître que, dans les circonstances présentes, le parti qu'il avait pris était le plus sage et le plus judicieux que l'on pût prendre. La suite des événemens justifia bientôt la solidité de ses réflexions. L'armée carthaginoise était composée de soldats exercés dès leur jeunesse aux travaux et aux périls de la guerre. Elle était commandée par un général nourri et élevé parmi ses soldats, instruit dès l'enfance dans la science des armes. Elle avait déjà gagné plusieurs batailles dans l'Espagne, et battu les Romains et leurs alliés deux fois de suite. C'était avec cela des hommes qui, ne pouvant tirer d'ailleurs aucun secours, n'avaient de ressource et d'espérance que dans la victoire. Rien de tout cela ne se trouvait du côté des Romains. Si Fabius eût hasardé une action générale, sa défaite était immanquable. Il fit donc mieux de s'en tenir à l'avantage qu'avaient les Romains sur leurs ennemis, et de régler là-dessus l'état de la guerre. Cet avantage était de recevoir par leurs derrières autant de vivres, de munitions et de troupes qu'ils en auraient besoin, sans crainte que ces secours pussent leur manquer.

Sur ce projet, le dictateur se borna pendant toute la campagne à harceler toujours les ennemis, et à s'emparer des postes qu'il savait être les plus favorables à son dessein. Il ne souffrit pas que les soldats allassent au fourrage; il les retint toujours réunis et serrés, uniquement attentif à étudier les lieux, le temps et les occasions. Quand quelques fourrageurs du côté des Carthaginois approchaient de son camp, comme pour l'insulter, il les attaquait. Il en tua ainsi un assez grand nombre. Par ces petits avantages il diminuait peu à peu l'armée ennemie, et relevait le courage de la sienne, que les pertes précédentes avaient intimidée. Mais on ne put jamais obtenir de lui qu'il marquât le temps et le lieu d'un combat général. Cette conduite ne plaisait pas à Minucius. Bassement populaire, il se pliait aux sentimens du soldat, et décriait le dictateur comme un homme sans courage et sans résolution. On ne pouvait trop tôt lui faire naître l'occasion d'aller à l'ennemi, et de lui donner bataille.

Les Carthaginois après avoir saccagé la Daunie et passé l'Apennin, s'avancèrent jusque chez les Samnites, pays riche et fertile, qui depuis long-temps jouissait d'une paix profonde, et où les Carthaginois trouvèrent une si grande abondance de vivres, que malgré la consommation et le gaspillage qu'ils en firent, ils ne purent les épuiser. De là ils firent des incursions sur Bénévent, colonie des Romains, et prirent Venusia, ville bien fortifiée, et où ils firent un butin prodigieux. Les Romains les suivaient toujours à une ou deux journées de distance sans vouloir ni les joindre ni les combattre. Cette affectation d'éviter le combat sans cesser de tenir la campagne, porta le général carthaginois à se répandre dans les plaines de Capoue. Il se jeta en particulier sur Falerne, persuadé qu'il arriverait une de ces deux choses, ou qu'il forcerait les ennemis à combattre, ou qu'il ferait voir à tout le monde qu'il était pleinement le maître, et que les Romains lui abandonnaient le plat pays; après quoi il espérait que les villes épouvantées quitteraient le parti des Romains. Car jusqu'alors, quoiqu'ils eussent été vaincus dans deux batailles, aucune ville d'Italie ne s'était rangée du côté des Carthaginois. Toutes étaient demeurées fidèles, même celles qui avaient le plus souffert, tant les alliés avaient de respect et de vénération pour la république romaine.

Au reste Annibal raisonnait sagement. Les plaines les plus estimées de l'Italie, soit pour l'agrément, soit pour la fertilité, sont sans contredit celles d'autour de Capoue. On y est voisin de la mer. Le commerce y attire du monde de presque toutes les parties de la terre. C'est là que se trouvent les villes les plus célèbres et les plus belles d'Italie; le long de la côte, Sinuesse, Cumes, Pouzoles, Naples, Nuceria; dans les terres du côté du septentrion, Calénum, et Téano; à l'orient et au midi la Daunie et Nole; et au milieu de ce pays, Capoue, la plus riche et la plus magnifique de toutes. Après cela doit-on s'étonner que les mythologues aient tant célébré ces belles plaines, qu'on appelait aussi champs Phlégréens, autres plaines fameuses, et qui surpassaient en beauté toutes les autres; de sorte qu'il n'est pas surprenant que les Dieux en aient entre eux disputé la possession. Mais outre tous ces avantages, c'est encore un pays très-fort, et où il est très-difficile d'entrer. D'un côté il est couvert par la mer, et tout le reste est fermé par de hautes montagnes, où l'on ne peut pénétrer, en venant des terres, que par trois gorges étroites et presque inaccessibles; l'une du côté des Samnites, l'autre du côté d'Ériban, et la troisième du côté des Hirpiniens. Les Carthaginois campés dans cette partie de l'Italie, allaient de dessus ce théâtre ou épouvanter tout le monde par une entreprise si hardie et si extraordinaire, ou rendre publique et manifeste la lâcheté des Romains, et faire voir qu'ils étaient absolument les maîtres de la campagne.

Sur ces réflexions Annibal sortit du Samnium, et passant le détroit du mont Ériban, vint camper sur l'Athurnus, qui divise la Campanie en deux parties presque égales; il mit son camp du côté de Rome, et fit porter le ravage par ses fourrageurs dans toute la plaine, sans que personne s'y opposât. Fabius fut surpris de la hardiesse de ce général, mais elle ne fit que l'affermir dans sa première résolution. Minucius au contraire et les autres officiers subalternes, croyant avoir surpris l'ennemi en lieu propre à lui donner bataille, étaient d'avis que l'on ne pouvait trop se hâter pour le joindre dans la plaine, et sauver une si grande contrée de la fureur du soldat. Le dictateur fit semblant d'être dans le même dessein, et d'avoir le même empressement; mais, quand il fut à Falerne, content de se faire voir au pied des montagnes et de marcher à côté des ennemis, pour ne pas paraître leur abandonner la campagne, il ne voulut point avancer dans la plaine, et craignit de s'exposer à une bataille rangée, tant pour les raisons que nous avons déjà vues, que parce que les Carthaginois étaient de beaucoup supérieurs en cavalerie.

Après qu'Annibal eut assez tenté le dictateur et qu'il eut fait un butin immense dans la Campanie, il leva son camp, pour ne point consommer les provisions qu'il avait amassées, et pour les mettre en sûreté dans l'endroit où il prendrait ses quartiers d'hiver. Car ce n'était point assez que son armée, pour le présent, ne manquât de rien, il voulait qu'elle fût toujours dans l'abondance. Il reprit le chemin par lequel il était venu, chemin étroit et où il était très-aisé de l'inquiéter. Fabius, sur la nouvelle de sa marche, envoie au devant de lui quatre mille hommes pour lui couper le passage, avec ordre, si l'occasion s'en présentait, de tirer avantage de l'heureuse situation de leur poste. Il alla lui-même ensuite, avec la plus grande partie de son armée, se placer sur la colline qui commandait les défilés. Les Carthaginois arrivent et campent dans la plaine au pied même des montagnes. Les Romains s'imaginaient emporter d'emblée le butin, et croyaient même qu'aidés du lieu ils pourraient terminer la guerre. Fabius ne pensait plus qu'à voir quels postes il occuperait, par qui et par où il ferait commencer l'attaque.

CHAPITRE XX.

Stratagème d'Annibal pour tromper Fabius. — Bataille gagnée en Espagne sur Asdrubal par Cn. Scipion. — Publius, son frère est envoyé en Espagne. — Les Romains passent l'Èbre pour la première fois.

Tous ces beaux projets devaient être exécutés le lendemain ; mais Annibal jugeant de ce que les ennemis pouvaient faire en cette occasion, ne leur en donna pas le temps. Il fit appeler Asdrubal, qui avait à ses ordres les pionniers de l'armée, et lui ordonna de ramasser le plus qu'il pourrait de morceaux de bois sec et d'autres matières combustibles, de les lier en faisceaux, d'en faire des torches, de choisir dans tout le butin environ deux mille des plus forts bœufs, et de les conduire à la tête du camp. Cela fait, il dit à cette troupe de manger et de se reposer. Vers la troisième veille de la nuit, il fait sortir du camp les pionniers, et leur ordonne d'attacher les torches aux cornes des bœufs, de les allumer, et de pousser ces animaux à grands coups jusques au sommet d'une montagne qu'il leur montra, et qui s'élevait entre son camp et les défilés où il devait passer. A la suite des pionniers il fit marcher les soldats armés à la légère pour leur aider à presser les bœufs, avec ordre, quand ces animaux seraient en train de courir, de se répandre à droite et à gauche, de gagner les hauteurs avec grand bruit, de s'emparer du sommet de la montagne, et de charger les ennemis en cas qu'ils les y rencontrassent. En même temps il s'avance vers les défilés, ayant à son avant-garde l'infanterie pesamment armée, au centre la cavalerie suivie du butin, et à l'arrière-garde les Espagnols et les Gaulois.

A la lueur de ces torches, les Romains qui gardaient les défilés croient qu'Annibal prend sa route vers les hauteurs, quittent leur poste et courent pour le prévenir. Arrivés proche des bœufs, ils ne savent que penser de cette manœuvre, ils se forment du péril où ils sont une idée terrible, et attendent de là quelque événement sinistre. Sur la hauteur, il y eut quelque escarmouche entre les Carthaginois et les Romains ; mais les bœufs se jetant entre les uns et les autres les empêchaient de se joindre, et en attendant le jour on se tint de part et d'autre en repos. Fabius fut surpris de cet événement. Soupçonnant qu'il y avait là quelque ruse de guerre, il ne bougea point de ses retranchemens, et attendit le jour, sans se départir de la résolution qu'il avait prise de ne point s'engager dans une action générale. Cependant Annibal profite de son stratagème. La garde des défilés n'eut pas plus tôt quitté son poste, qu'il les fit traverser à son armée et au butin, tout passa sans le moindre obstacle. Au jour, de peur que les Romains, qui étaient sur les hauteurs, ne maltraitassent ses soldats armés à la légère, il les soutint d'un gros d'Espagnols, qui, ayant jeté sur le carreau environ mille Romains, descendirent avec ceux qu'ils étaient allés secourir. Sorti par cette ruse du territoire de Falerne, il campa ensuite paisiblement où il voulut, et n'eut plus d'autre embarras que de chercher où il prendrait ses quartiers d'hiver.

Cet événement répandit la terreur dans toutes les villes d'Italie, tous les peuples désespéraient de pouvoir jamais se délivrer d'un ennemi si pressant. La multitude s'en prenait à Fabius. Quelle lâcheté, disait-on, de n'avoir point usé d'une occasion si avantageuse ! Tous ces mauvais bruits ne firent aucune impression sur le dictateur. Obligé quelques jours après de retourner à Rome pour quelques sacrifices, il ordonna expressément à Minucius de penser beaucoup moins à remporter quelque avantage sur les Carthaginois, qu'à empêcher qu'ils n'en remportassent sur lui. Mais ce chef fit si peu attention à cet ordre, que, pendant qu'il le recevait, il n'était occupé que de la pensée de combattre. Tel était l'état des affaires en Italie.

En Espagne, Asdrubal ayant équipé les trente vaisseaux que son frère lui avait laissés, et en ayant ajouté dix autres, fit partir de la nouvelle Carthage quarante voiles, dont il avait donné le commandement à Amilcar ; puis ayant fait sortir les troupes de terre des quartiers d'hiver, il se mit à leur tête, et faisant longer la côte aux vaisseaux, il les suivit de dessus le rivage dans le dessein de joindre les deux armées, lorsqu'on serait proche de l'Èbre. Cnéius, averti de ce projet des Carthaginois, pensa d'abord à aller au devant d'eux par terre ; mais quand il sut combien l'armée des ennemis était nombreuse, et les grands préparatifs qu'ils avaient faits, il équipa trente-cinq vaisseaux, qu'il fit monter par les soldats de l'armée de terre qui étaient les plus propres au service de mer ; puis ayant mis à la voile, après deux jours de navigation depuis Tarragone, il aborda aux environs des embouchures de l'Èbre. Lorsqu'il fut à environ dix milles de l'ennemi, il envoya deux frégates de Marseille à la découverte. Car les Marseillais étaient toujours les premiers à s'exposer, et leur intrépidité lui fut d'un grand secours. Personne n'était plus attaché aux intérêts des Romains que ce peuple, qui dans la suite leur a souvent donné des preuves de son affection, mais qui se signala dans la guerre d'Annibal. Ces deux frégates rapportèrent que la flotte ennemie était à l'embouchure de l'Èbre. Sur le champ Cnéius fit force de voiles pour la surprendre ; mais Asdrubal informé depuis longtemps par les sentinelles que les Romains approchaient, rangeait ses troupes en bataille sur le rivage, et donnait ses ordres pour que l'équipage montât sur les vaisseaux. Quand les Romains furent à portée, on sonna la charge, et aussitôt on en vint aux mains. Les Carthaginois soutinrent le choc avec valeur pendant quelque temps ; mais ils plièrent bientôt. La vue des troupes, qui étaient sur la côte, fut beaucoup moins utile aux soldats de l'équipage pour leur inspirer de la hardiesse et de la confiance, qu'elle ne leur fut nuisible, en leur faisant espérer que c'était pour eux une retraite aisée, en cas qu'ils eussent le dessous. Après qu'ils eurent perdu deux vaisseaux avec l'équipage, et que quatre autres eurent été désemparés, ils se retirèrent vers la terre. Mais poursuivis avec chaleur par les Romains, ils s'approchèrent le plus qu'ils purent du rivage, puis sautant de leurs vaisseaux, il se sauvèrent vers leur armée de terre. Les Romains avancèrent hardiment vers le rivage ; et ayant lié à l'arrière de leurs vaisseaux tous ceux des ennemis qu'ils purent mettre en mouvement, ils mirent à la voile, extrêmement satisfaits d'avoir vaincu du premier choc, de s'être soumis toute la côte de cette mer, et d'avoir gagné vingt-cinq vaisseaux. Depuis cet avantage les Romains commencèrent à mieux espérer de leurs affaires en Espagne.

Quand on reçut à Carthage la nouvelle de cette défaite, on équipa soixante-dix vaisseaux ; car on ne croyait pouvoir rien entreprendre qu'on ne fût maître de la mer. Cette flotte cingla d'abord vers la Sardaigne, et de la Sardaigne elle vint aborder à Pise en Italie, où l'on espérait s'aboucher avec Annibal. Les Romains vinrent au devant avec cent-vingt vaisseaux longs à cinq rangs ; mais les Carthaginois, informés qu'ils étaient en mer, retournèrent à Carthage par la même route. Servilius, amiral de la flotte romaine, les poursuivit pendant quelque temps dans l'espérance de les combattre ; mais il avait trop de chemin à faire pour les atteindre. D'abord il alla à Lilybée, de là il passa en Afrique dans l'île de Cercine, d'où, après avoir fait payer contribution aux habitans, il revint sur ses pas, prit en passant l'île de Cossyre, mit garnison dans sa petite ville, et aborda à Lilybée, où ayant mis ses bâtimens en sûreté, il rejoignit peu de temps après l'armée de terre.

Sur la nouvelle de la victoire que Cnéius avait remportée sur mer, le sénat persuadé que les affaires d'Espagne méritaient une attention particulière, et qu'il était non seulement utile mais nécessaire de presser les Carthaginois dans ce pays-là, et d'y allumer la guerre de plus en plus, mit en mer vingt vaisseaux sous la conduite de Publius Scipion, qui avait déjà été choisi pour cette guerre, et lui donna ordre de joindre au plus tôt Cnéius, son frère, pour agir avec lui de concert. Il craignait que les Carthaginois dominant dans ces contrées, et y amassant des munitions et de l'argent en abondance, ne se rendissent maîtres de la mer, et qu'en fournissant de l'argent et des troupes à Annibal, ils ne l'aidassent à subjuguer l'Italie. C'est pour cela que cette guerre leur parut si importante, qu'ils envoyèrent une flotte et qu'ils en donnèrent le commandement à Publius Scipion, qui, arrivé en Espagne et joint à son frère, rendit de très-grands services à la république. Jusqu'alors les Romains n'avaient osé passer l'Èbre ; ils croyaient avoir assez fait de s'être gagné l'alliance et l'amitié des peuples d'en deçà ; mais sous Publius ils traversèrent ce fleuve et portèrent leurs armes bien au-delà. Le hasard même sembla pour lors agir de concert avec eux. Ayant effrayé les peuples qui habitaient l'endroit du fleuve qu'ils avaient choisi pour le passer, ils s'avancèrent jusqu'à Sagonte et campèrent à cinq milles de cette ville proche d'un temple consacré à Vénus, poste également avantageux, et parce qu'il les mettait hors d'insulte et parce que la flotte qui les côtoyait leur fournissait commodément tout ce qui leur était nécessaire. Or, voici ce qui arriva dans cet endroit.

CHAPITRE XXI.

Trahison d'Abilyx. — Annibal leve son camp, et prend ses quartiers d'hiver autour de Gérunium. — Combat où Minucius a l'avantage.

Pendant qu'Annibal était en marche pour aller en Italie, dans toutes les villes d'Espagne dont il se défiait, il eut la précaution de prendre des otages, et ces otages étaient les enfans des familles les plus distinguées, qu'il avait tous mis comme en dépôt dans Sagonte, tant parce que la ville était fortifiée, qu'à cause de la fidélité des habitans qu'il y avait laissés. Certain Espagnol nommé Abilyx, personnage distingué, et qui se donnait pour l'homme de sa nation le plus dévoué aux intérêts des Carthaginois, jugeant, à la situation des affaires, que les Romains pourraient bien avoir le dessus, conçut un dessein tout-à-fait digne d'un Espagnol et d'un barbare : c'était de livrer les otages aux Romains. Il se flattait qu'après leur avoir rendu un si grand service, et leur avoir donné une preuve si éclatante de son affection pour eux, il ne manquerait pas d'en être magnifiquement récompensé.

Ravi et uniquement occupé de ce perfide projet, il va trouver Bostar, qu'Asdrubal avait envoyé là pour arrêter les Romains au passage de l'Èbre ; mais qui n'ayant osé rien hasarder, retiré à Sagonte, s'était campé du côté de la mer, homme simple d'ailleurs et sans détours, naturellement doux, facile, et qui ne se défiait de rien. Le traître tourne la conversation sur les otages, et lui dit qu'après le passage de l'Èbre par les Romains, les Carthaginois ne pouvaient plus par la crainte contenir les Espagnols dans le devoir ; que les circonstances actuelles demandaient qu'ils s'étudiassent à se les attacher par l'amitié ; que pendant que les Romains étaient devant Sagonte, et qu'ils la serraient de près, s'il en retirait les otages et les rendait à leurs parens et aux villes d'où ils étaient venus, il ferait évanouir les espérances des assiégeans, qui ne cherchaient à retirer ces otages des mains de ceux qui les avaient en leur puissance, que pour les remettre à ceux qui les avaient livrés ; que par là il gagnerait aux Carthaginois les cœurs des Espagnols, qui, charmés des sages mesures qu'il aurait prises pour la sûreté de ce qu'ils avaient de plus cher, seraient pénétrés de la plus vive reconnaissance; que s'il voulait le charger de cette commission, il ferait infiniment valoir ce bienfait aux yeux de ses compatriotes; qu'en amenant ces enfans dans leur pays, il concilierait aux Carthaginois l'affection non seulement des parens, mais encore de tout le peuple, à qui il ne manquerait pas de peindre avec les plus vives couleurs la douceur et la générosité dont les Carthaginois usaient envers leurs alliés; que lui Bostar devait s'attendre à une récompense magnifique de la part de ces parens, qui après avoir contre toute espérance recouvré ce qu'ils aimaient le plus au monde, piqués d'une noble émulation, s'efforceraient de surpasser en générosité celui qui, étant à la tête des affaires, leur aurait procuré cette satisfaction. Abilyx, par ces raisons et d'autres de même force, ayant amené Bostar à son sentiment, convint avec lui du jour où il viendrait prendre les enfans et se retira.

La nuit suivante il entra dans le camp des Romains, où il joignit quelques Espagnols qui servaient dans leur armée et par qui il se fit présenter aux deux généraux. Après un long discours, où il leur fit sentir quel serait le zèle et l'attachement de la nation espagnole, si par eux elle pouvait recouvrer ses ôtages, il promit de les leur mettre entre les mains. A cette promesse Publius est transporté de joie, il promet au traître de grands présens, et lui marque le jour, l'heure et le lieu où on l'attendait. Abilyx ensuite prend avec lui quelques amis et retourne vers Bostar. Il en reçoit les ôtages, sort de Sagonte pendant la nuit pour cacher sa route, passe au-delà du camp des Romains, se rend au lieu dont il était convenu, et livre tous les ôtages aux deux Scipions. Publius lui fit l'accueil le plus honorable, et le chargea de conduire les enfans chacun dans leur patrie. Il eut cependant la précaution de se faire accompagner par quelques personnes sûres. Dans toutes les villes que parcourait Abilyx, et où il remettait les ôtages, il élevait jusqu'aux cieux la douceur et la grandeur d'âme des Romains,
et opposait à ces belles qualités la défiance et la dureté des Carthaginois; et ajoutant à cela qu'il avait lui-même abandonné leur parti, il entraîna grand nombre d'Espagnols dans celui des Romains. Bostar, pour un homme d'un âge avancé, passa pour avoir donné puérilement dans un piége si grossier, et cette faute le jeta ensuite dans de grands embarras. Les Romains, au contraire, en tirèrent de très-grands avantages pour l'exécution de leurs desseins; mais comme la saison était alors avancée, de part et d'autre on distribua les armées dans les quartiers d'hiver. Laissons là les affaires d'Espagne et retournons à Annibal.

Ce général averti par ses espions qu'il y avait quantité de vivres aux environs de Lucérie et de Gérunium, et que cette dernière ville était disposée pour y faire des magasins, choisit là ses quartiers d'hiver, et passant au-delà du mont Livourne, y conduisit son armée. Arrivé à Gérunium, qui n'est qu'à environ un mille de Lucérie, il tâcha d'abord de gagner les habitans par la douceur, et leur offrit même des gages de la sincérité des promesses qu'il leur faisait; mais n'en étant point écouté, il mit le siège devant la ville. Il s'en fit bientôt ouvrir les portes, et passa tous les assiégés au fil de l'épée; quant à la plupart des maisons et aux murs, il les laissa dans leur entier, pour en faire des magasins dans ses quartiers d'hiver. Il fit ensuite camper son armée devant la ville, et fortifia le camp d'un fossé et d'un retranchement. De là il envoyait les deux tiers de son armée au fourrage, avec ordre à chacun d'apporter une certaine mesure de blé à ceux qui étaient chargés de le serrer; la troisième partie de ses troupes lui servait pour garder le camp et pour soutenir les fourrageurs en cas qu'ils fussent attaqués. Comme ce pays est tout en plaines, que les fourrageurs étaient sans nombre et que la saison était propre au transport des grains, tous les jours on lui amassait une quantité prodigieuse de blé.

Cependant Minucius laissé par Fabius à la tête de l'armée romaine, la conduisait toujours de hauteurs en hauteurs, dans l'espérance de trouver de là quelque occasion de tomber sur celle des Carthaginois; mais sur l'avis que l'ennemi avait pris Gérunium, qu'il fourrageait le pays et qu'il s'était retranché devant la ville, il quitta les hauteurs et descendit au promontoire d'où l'on va dans la plaine. Arrivé à une colline qui est dans le pays des Larinatiens et que l'on appelle Caléla, il campa autour, résolu d'en venir aux mains à quelque prix que ce fût. A l'approche des Romains, Annibal laisse aller un tiers de ses troupes au fourrage, et s'avance avec le reste jusqu'à certaine hauteur éloignée des ennemis d'environ deux milles, et s'y rallie. De là il tenait les ennemis en respect et mettait ses fourrageurs à couvert. La nuit venue, il détacha environ deux mille lanciers pour s'emparer d'une hauteur avantageuse, et qui commandait de près le camp des Romains. Au jour, Minucius les fit attaquer par ses troupes légères; le combat fut opiniâtre : les Romains emportèrent la hauteur et y logèrent toute leur armée. Comme les deux camps étaient l'un près de l'autre, Annibal pendant quelque temps retint auprès de lui la plus grande partie de son armée; mais il fut enfin obligé d'en détacher une partie pour mener paître les bêtes de somme et d'en envoyer une autre au fourrage, toujours attentif à son premier projet, qui était de ne point consommer son butin et de faire de grands amas de vivres, afin que pendant le quartier d'hiver les hommes, les bêtes de charge, les chevaux surtout ne manquassent de rien; car c'était sur sa cavalerie qu'il fondait principalement ses espérances.

Minucius s'étant aperçu que la plus grande partie de l'armée carthaginoise était répandue dans la campagne, choisit l'heure du jour qui lui parut la plus commode, mit en marche son armée, s'approcha du camp des Carthaginois, rangea en bataille ses soldats pesamment armés, et, partageant par pelotons ses troupes légères et la cavalerie, il les envoya contre les fourrageurs, avec défense d'en faire aucun prisonnier. Annibal alors se trouva fort embarrassé; il n'était en état ni d'aller en bataille au devant des ennemis, ni de porter du secours à ses fourrageurs. Aussi les Romains détachés en tuèrent-ils un grand nombre; et ceux qui étaient en bataille poussèrent leur mépris pour l'armée carthaginoise jusqu'à arracher la palissade qui la couvrait, et à l'assiéger presque dans son camp. Annibal fut surpris de ce revers de fortune, mais il n'en fut point déconcerté. Il repoussa ceux qui approchaient, et défendit du mieux qu'il put ses retranchemens. Plus hardi quand Asdrubal fut venu à son secours avec quatre mille des fourrageurs qui étaient de retour au camp, il avança contre les Romains, mit ses troupes en bataille à la tête du camp, et fit tant qu'il se tira, quoique avec peine, du danger dont il avait été menacé, mais non sans avoir perdu beaucoup de monde à ses retranchemens, et un plus grand nombre de ceux qu'il avait envoyés au fourrage.

Après cet exploit, le général romain se retira plein de belles espérances pour l'avenir. Le lendemain les Carthaginois eurent à peine quitté leur camp, qu'il vint s'en emparer. Annibal avait quitté ce camp, de crainte que les Romains n'y accourussent pendant la nuit, et que, le trouvant mal défendu, ils n'enlevassent les bagages et les munitions qu'il y avait amassés, sauf à y rentrer quand les Romains en seraient sortis. Depuis ce temps-là, autant les fourrageurs carthaginois se tinrent sur leurs gardes, autant ceux des Romains allèrent tête levée et avec confiance.

CHAPITRE XXII.

Minucius est fait dictateur comme Fabius, et prend la moitié de l'armée. — Annibal lui dresse un piège, il y tombe, et, confus de sa défaite, il rend ses troupes à Fabius, et se soumet à ses ordres. — Les deux dictateurs cèdent le commandement à L. Emilius, et à Caïus Terentius Varron.

A Rome, quand on apprit ce qui s'était passé à l'armée d'Italie, et que l'on exagérait bien au-delà du vrai, ce fut une joie qui ne se peut exprimer. Comme jusqu'alors on n'avait presque rien espéré de cette guerre, on crut que les affaires allaient changer de face. Et d'ailleurs cet avantage fit penser que, si jusqu'à présent les troupes n'avaient rien fait, ce n'était pas qu'elles manquassent de bonne volonté; mais qu'il ne fallait s'en prendre qu'à la timide circonspection et à la prudence excessive du dictateur, sur le compte duquel on ne ménagea plus les termes. Chacun en parla sans façon comme d'un homme qui par lâcheté n'avait osé rien entreprendre, quelque occasion qui se fût présentée. On conçut au contraire une si grande estime du général de la cavalerie, que l'on fit alors ce qui jamais ne s'était fait à Rome. Dans la persuasion où l'on était qu'il terminerait bientôt la guerre, on le nomma aussi dictateur. Il y eut donc deux dictateurs pour la même expédition, chose auparavant inouïe chez les Romains.

Quand la nouvelle vint à Minucius, et des applaudissemens qu'il avait reçus, et de la dignité suprême où il avait été élevé, le désir qu'il avait d'affronter l'ennemi et de le combattre n'eut plus de bornes. Pour Fabius, de retour à l'armée, il reprit ses premières allures. Le dernier avantage remporté sur les Carthaginois, loin de lui faire quitter sa prudente et sage lenteur, ne servit qu'à l'y affermir. Mais il ne put soutenir long-temps l'orgueil et la fierté de son collègue; il se lassa des contradictions qu'il avait à en essuyer, et, rebuté de lui entendre toujours demander une bataille, il lui proposa cette alternative, ou de prendre un temps pour commander seul, ou de partager les troupes, et de faire de celles qui le suivraient tel usage qu'il jugerait à propos. Minucius choisit de grand cœur le dernier parti. Il prit la moitié de l'armée, se sépara, et campa à environ douze stades de Fabius.

Annibal, tant par le rapport des prisonniers que par la séparation des deux camps, vit bientôt que les généraux romains ne s'accordaient pas, et que la division venait de l'impétuosité de Minucius, et de la passion qui le possédait de se distinguer. Comme cette disposition ne pouvait lui être que très-avantageuse, il concentra toute son attention sur Minucius, et s'appliqua uniquement à chercher les moyens de réprimer son audace et de prévenir ses efforts. Entre son camp et celui de Minucius il y avait une hauteur, d'où l'on pouvait fort incommoder l'ennemi. Il prit la résolution de s'en emparer le premier. Mais se doutant que son antagoniste, fier encore de son premier succès, ne manquerait pas de se présenter pour le surprendre, il eut recours à un stratagème. Quoique la plaine, que commandait la colline, fût rase et toute découverte, il avait observé qu'il s'y trouvait quantité de coupures et de cavités où l'on pouvait cacher du monde. Il y cacha cinq cents chevaux et cinq mille fantassins, distribués en pelotons de deux et de trois cents hommes; et de peur que cette embuscade ne fût découverte le matin par les fourrageurs ennemis, dès la petite pointe du jour il fit occuper la colline par les soldats armés à la légère.

Minucius croit l'occasion belle, il envoie son infanterie légère, et lui donne ordre de disputer ce poste avec vigueur. Il la fait suivre de sa cavalerie, il la suit lui-même avec les légionnaires, et dispose toutes choses comme dans le dernier combat. Le soleil levé, les Romains étaient si occupés de ce qui se passait à la colline, qu'ils ne firent nulle attention à l'embuscade. Annibal de son côté y envoyait aussi continuellement de nouvelles troupes. Il les suivit incontinent avec la cavalerie et le reste de son armée. La cavalerie de part et d'autre ne tarda point à charger. L'infanterie légère des Romains fut enfoncée par la cavalerie carthaginoise, beaucoup supérieure en nombre, et se réfugiant vers les légionnaires y jeta le trouble et la confusion. Alors Annibal donne le signal à ses troupes embusquées: elles fondent de tous côtés sur les Romains; ce ne fut plus seulement leur infanterie légère qui courait risque d'être entièrement défaite, c'était toute leur armée. Fabius vit de son camp le péril où elle était exposée. Il sortit à la tête de ses troupes, et vint en hâte au secours de son collègue. Les Romains déjà en déroute se rassurent, reprennent courage, se rallient et se retirent vers Fabius. Une grande partie de l'infanterie légère périt dans cette action; mais il y périt encore plus de légionnaires, et des plus braves de l'armée. Annibal se garda bien d'entreprendre un nouveau combat contre des troupes fraîches, et qui venaient en bon ordre. Il cessa de poursuivre, et se retira. Après ce combat, l'armée romaine eut de quoi se convaincre que la vaine confiance de Minucius avait été la cause de son malheur, et qu'elle ne devait son salut qu'à la sage circonspection de son collègue ; et l'on sentit aussi à Rome combien la vraie science de commander et une conduite toujours judicieuse l'emportent sur une bravoure téméraire et une folle démangeaison de se signaler. Cet échec fit rentrer les Romains en eux-mêmes; les deux armées se rejoignirent et ne firent plus qu'un seul camp. On se conduisit d'après les avis et les lumières de Fabius, et l'on exécuta ponctuellement ses ordres. Du côté des Carthaginois, on tira une ligne entre la colline et le camp. On mit sur le sommet une garde que l'on défendit d'un bon retranchement, et l'on ne s'occupa plus que du soin de chercher des quartiers d'hiver.

Au printemps suivant, on élut à Rome pour consuls Lucius Emilius et Caïus Terentius, et les deux dictateurs se démirent de leur charge. Les deux consuls précédens, Cn. Servilius et Marcus Régulus, successeur de Flaminius dans cette dignité, envoyés à l'armée par Emilius en qualité de proconsuls, y prirent le commandement, et disposèrent de tout à leur gré. Emilius, ayant tenu conseil avec le sénat, fit faire de nouvelles levées, pour suppléer à ce qui manquait aux légions, et en les envoyant à l'armée, il fit défense à Servilius d'engager une action générale, sous quelque prétexte que ce fût ; mais il lui ordonna de livrer de petits combats vifs et fréquens, pour exercer les nouvelles troupes et les disposer à une bataille décisive; la république en effet n'avait par le passé souffert de si grandes pertes que parce que l'on avait mené aux combats des gens nouvellement enrôlés, et qui n'étaient ni exercés ni aguerris.

Par ordre encore du sénat, Lucius Posthumius partit comme préteur avec une légion, pour obliger par une diversion les Gaulois, qui s'étaient ligués avec Annibal, de s'en séparer, et de pourvoir à la sûreté de leur propre pays. On fit aussi revenir en Italie la flotte qui hivernait à Lilybée, et l'on embarqua pour l'Espagne toutes les munitions nécessaires aux armées que les deux Scipions y commandaient ; enfin on donna tous les soins possibles aux préparatifs de la campagne où l'on allait entrer. Servilius suivit exactement les ordres du consul, et c'est ce qui nous dispensera de nous étendre sur ce qu'il a fait; rien de grand ni de mémorable, mais quantité d'escarmouches et de petits combats, où les deux proconsuls se conduisirent avec beaucoup de sagesse et de valeur.

CHAPITRE XXIII.

Annibal s'empare de la citadelle de Cannes et réduit les Romains à la nécessité de combatre. — Préparatifs pour cette bataille, — Harangues de part et d'autre pour disposer les troupes à une action décisive.

Les deux armées passèrent ainsi l'hiver et tout le printemps en présence l'une de l'autre. Le temps de la moisson venu, Annibal décampe de Gérunium, et, pour mettre les ennemis dans la nécessité de combattre, il s'empare de la citadelle de Cannes, où les Romains avaient enfermé les vivres et autres munitions qu'ils avaient apportées de Cannusium, et d'où ils tiraient leurs convois. Cette ville avait été entièrement détruite l'année précédente; Annibal, par la prise de cette place, jeta l'armée romaine dans un embarras très-grand. Outre qu'il était maître des vivres, il se voyait dans un poste qui par sa situation commandait sur toute la contrée. Les proconsuls dépêchèrent à Rome courriers sur courriers, et mandèrent que, s'ils approchaient de l'ennemi, il ne leur était plus possible de battre en retraite ; que tout le pays était ruiné, que les alliés étaient en suspens, et attendaient avec impatience à quoi l'on se déterminerait; qu'on leur fît savoir au plus tôt ce que l'on jugeait à propos qu'ils fissent. L'avis du sénat fut de livrer la bataille; mais on écrivit à Servilius de suspendre encore, et l'on envoya Emilius pour la donner. Tout le monde jeta les yeux sur ce consul ; personne ne parut plus capable d'exécuter avec succès une si grande entreprise. Une vie constamment vertueuse, et les grands services qu'il avait rendus à la république quelques années auparavant dans la guerre contre les Illyriens, réunirent tous les suffrages en sa faveur. On fit encore dans cette occasion ce qui ne s'était pas encore fait, on composa l'armée de huit légions, chacune de cinq mille hommes, sans les alliés.

Car, comme nous avons déjà dit, les Romains ne lèvent jamais que quatre légions, dont chacune est d'environ quatre mille hommes et de deux cents chevaux. Ce n'est que dans les conjonctures les plus importantes qu'ils y mettent cinq mille des uns et trois cents des autres. Pour les troupes des alliés, leur infanterie est égale à celle des légions; mais il y a trois fois plus de cavalerie. On donne à chaque consul la moitié de ces troupes auxiliaires, et deux légions. On les envoie chacun de leur côté; et la plupart des batailles ne se donnent que par un consul, deux légions et le nombre d'alliés que nous venons de marquer. Il arrive très-rarement que l'on se serve de toutes ses forces en même temps et pour la même expédition; ici les Romains emploient non seulement quatre mais huit légions : il fallait qu'ils craignissent extrêmement les suites de cette affaire.

Le sénat fit sentir à Emilius de quel avantage serait pour la république une victoire complète, et au contraire de combien de malheurs une défaite serait suivie. On l'exhorta de prendre bien son temps pour une action décisive, et de s'y conduire avec cette valeur et cette prudence qu'on admirait en lui, en un mot, d'une manière digne du nom romain. Dès que les consuls furent arrivés au camp, ils firent assembler les troupes, leur déclarèrent les intentions du sénat, et leur dirent, pour les animer à bien faire, tout ce que les conjonctures présentes leur suggérèrent de plus pressant. Emilius, touché lui-même des malheurs de la république, en fit le sujet de sa harangue. Il était important de rassurer les troupes contre les revers qu'elles avaient éprouvés, et de dissiper l'épouvante qu'elles en avaient conçue.

Il dit donc à ses soldats que, si dans les combats précédens ils avaient eu du dessous, ils pouvaient par bien des raisons faire voir qu'ils n'en étaient pas responsables; mais que dans la bataille qui s'allait donner, pour peu qu'ils eussent de courage, rien ne pourrait mettre obstacle à la victoire; qu'auparavant deux consuls ne commandaient pas la même armée; que l'on ne s'était servi que de troupes levées depuis peu, sans exercice, sans expérience, et qui en étaient venues aux mains avec l'ennemi sans presque l'avoir vu; que celles qui avaient été battues sur la Trébie, arrivées le soir de la Sicile, avaient été rangées en bataille le lendemain, dès la pointe du jour; qu'à la journée de Thrasymène, loin d'avoir vu l'ennemi avant le combat, elles n'avaient pu, à cause du brouillard, l'apercevoir, même en combattant. « Mais aujourd'hui, ajouta-t-il,
» vous voyez toutes choses dans une situation
» bien différente. Non seulement les deux
» consuls de l'année présente marchent à vo-
» tre tête, et partagent avec vous tous les pé-
» rils; mais encore les deux de l'année passée
» ont bien voulu se rendre aux prières que
» nous leur avons adressées de demeurer et de
» combattre avec nous. Vous connaissez les
» armes des ennemis, leur manière de se for-
» mer, leur nombre. Depuis deux ans il ne
» s'est presque point passé de jour que vous
» n'ayez mesuré vos épées avec les leurs. Des
» circonstances différentes doivent produire
» un succès différent. Il serait étrange, que
» dis-je! il est impossible qu'en combattant à
» forces égales dans des rencontres particu-
» lières, vous ayez été le plus souvent vic-
» torieux, et que, supérieurs en nombre
» de plus de la moitié, vous soyez défaits
» dans une bataille générale. Romains, il ne
» vous manque plus pour la victoire que de
» vouloir vaincre. Mais ce serait vous faire in-
» jure que de vous exhorter à le vouloir. Si je
» parlais à des soldats mercenaires, ou à des
» alliés, qui obligés, en vertu des traités,
» de prendre les armes pour une autre puis-
» sance, courent tous les risques d'un com-
» bat, sans avoir presque rien à en craindre
» ou à en espérer, ce serait à ces sortes de sol-
» dats qu'il faudrait tâcher d'inspirer le désir
» de vaincre. Mais en parlant à des troupes
» qui, comme vous, vont combattre pour eux-
» mêmes, pour leur patrie, leurs femmes et
» leurs enfans; et pour qui une bataille doit

» avoir des suites si funestes ou si avantageu-» ses, il est inutile de les exhorter, il suffit de les » avertir de ce que l'on attend d'elles ; car qui » n'aime mieux vaincre, ou, si cela se peut, » mourir du moins les armes à la main, que de » vivre et de voir ce qu'il a de plus cher dans » l'infamie et dans l'oppression? Mais qu'est-» il besoin d'un si long discours? Figurez-» vous par vous-mêmes quelle différence il y » a entre une victoire et une défaite; les avan-» tages que l'une vous procure, les maux » que l'autre entraîne après elle, et pensez, » en combattant, qu'il ne s'agit pas ici de la » perte des légions, mais de tout l'empire. Si » vous êtes vaincus, Rome n'a plus de res-» sources pour tenir tête à l'ennemi. Ses soins, » ses forces, ses espérances, tout est réuni dans » votre armée. Faites en sorte que le succès ré-» ponde à son attente, et que votre reconnais-» sance égale les bienfaits que vous en avez re-» çus. Que toute la terre sache aujourd'hui que » si les Romains ont perdu quelques batailles, » ce n'est pas qu'ils eussent moins de courage » et de valeur que les Carthaginois; mais parce » que les conjonctures où l'on se trouvait, ne » permettaient pas qu'on leur opposât des com-» battans qui fussent accoutumés aux devoirs » et aux périls de la guerre. » Après cette ha-rangue, Emilius congédia l'assemblée.

Le lendemain ce consul se mit en marche, pour aller où il avait eu avis que les ennemis campaient. Il y arriva le deuxième jour, et mit son camp à environ six milles de celui des Carthaginois. Comme c'était une plaine fort unie et toute découverte, et que la cavalerie ennemie était de beaucoup supérieure à celle des Romains, il ne jugea pas à propos d'enga-ger le combat dans cet endroit; il voulait qu'on attirât l'ennemi dans un terrain où l'infante-rie pût avoir le plus de part à l'action. Varron, général sans expérience, fut d'un avis con-traire ; de là la division parmi les chefs : rien ne pouvait arriver de plus pernicieux et de plus funeste. Le lendemain, jour où com-mandait Varron, car c'est l'usage des Consuls romains de commander tour à tour, ce con-sul décampa, et prit la résolution d'avancer plus près des ennemis, quelque chose que pût lui dire son collègue pour l'en détourner.

Annibal vient au devant de lui avec ses sol-dats armés à la légère et sa cavalerie, fond sur ses troupes encore en sa marche, fait une charge furieuse, et jette un grand désordre parmi les Romains. Le consul soutint ce premier choc avec un corps de soldats pesam-ment armés. Il fit ensuite charger les gens de trait et la cavalerie, et eut soin d'y mêler quelques cohortes de légionnaires. Cette pré-caution, que les Carthaginois avaient négligé de prendre, lui donna tout l'avantage du com-bat. La nuit mit fin à cette action, qui ne réussit pas à Annibal comme il l'avait espéré.

Le lendemain Emilius, qui n'était pas d'a-vis de combattre, et qui cependant ne pouvait sans péril retirer de là son armée, en fit cam-per les deux tiers le long de l'Aufide, seule rivière qui traverse l'Apennin, chaîne de montagnes qui partage toutes les rivières qui arrosent l'Italie, et dont les unes se jettent dans la mer de Toscane, et les autres dans la mer Adriatique. L'Aufide prend sa source du côté de la première, et passant au travers de l'Apennin va se jeter dans l'autre. Emilius fit passer le fleuve au reste de l'armée, et la re-trancha à l'orient de l'endroit où il l'avait passé, environ à treize cents pas du premier camp et un peu plus loin de celui des enne-mis; par cette disposition il se mit à portée de soutenir ses fourrageurs, et d'inquiéter ceux des Carthaginois. Annibal prévoyant que cette manœuvre mènerait à une bataille géné-rale, jugea prudemment que le dernier échec ne lui permettait pas de hasarder une action décisive, sans avoir relevé le courage de ses troupes. Les ayant donc fait assembler : « Car-» thaginois, leur dit-il, jetez les yeux sur » tout le pays qui vous environne, et dites-» moi, si les Dieux vous donnaient le choix, » ce que vous pourriez souhaiter de plus avan-» tageux, supérieurs en cavalerie comme » vous l'êtes, que de disputer l'empire du » monde dans un pareil terrain? » Tous con-vinrent, et la chose était évidente, qu'ils ne feraient pas un autre choix.

» Rendez donc, continua-t-il, rendez grâce » aux Dieux d'avoir amené ici les ennemis pour

» vous faire triompher d'eux. Sachez-moi gré
» aussi d'avoir réduit les Romains à la néces-
» sité de combattre. Quelque favorable que soit
» pour nous le champ de bataille, il faut né-
» cessairement qu'ils l'acceptent, ils ne peu-
» vent plus l'éviter. Il ne me conviendrait pas de
» parler plus long-temps pour vous encourager
» à faire votre devoir. Cela était bon lorsque
» vous n'aviez point encore essayé vos forces
» avec les Romains, et j'eus soin alors de vous
» montrer, par une foule d'exemples, qu'ils
» n'étaient pas si formidables que l'on pensait.
» Mais après trois grandes victoires consécuti-
» ves, que faut-il, pour exalter votre courage
» et vous inspirer de la confiance, que le sou-
» venir de vos propres exploits? Par les com-
» bats précédens vous vous êtes rendus maî-
» tres du plat pays et de toutes les richesses
» qui y étaient. C'est ce que je vous avais pro-
» mis d'abord, et je vous ai tenu parole.
» Mais dans le combat d'aujourd'hui, il s'agit
» des villes et des richesses qu'elles contien-
» nent. Si vous êtes vainqueurs, toute l'Italie
» passe sous le joug. Plus de peines, plus de
» périls pour vous. La victoire vous met en pos-
» session de toutes les richesses des Romains,
» et assujettit toute la terre à votre domina-
» tion. Combattons donc. Il n'est plus question
» de parler, il faut agir : j'espère de la pro-
» tection des Dieux que vous verrez dans peu
» l'effet de mes promesses. » Ce discours fut
accueilli par les applaudissemens de toute l'assemblée, et Annibal, après l'avoir louée de
sa bonne volonté, la congédia.

Il campa aussitôt, et se retrancha sur le
bord du fleuve où était le plus grand camp
des Romains. Le lendemain il ordonna aux
troupes de se reposer et de se tenir prêtes, et le
jour suivant il rangea son armée en bataille
sur le bord du fleuve, comme s'il eût défié
l'ennemi. Mais Emilius sentit le désavantage
du terrain, et voyant d'ailleurs que la disette
des vivres obligerait bientôt Annibal à lever
le camp, il ne s'ébranla pas, et se contenta de
faire bien garder ses deux camps. Annibal
resta quelque temps en bataille. Comme
personne ne se présentait, il fit rentrer l'armée dans ses retranchemens, et détacha les
Numides contre ceux du plus petit camp, qui
venaient à l'Aufide chercher de l'eau. Cette
cavalerie passa jusqu'au retranchement même,
et empêcha les Romains d'approcher de la rivière. Cela piqua Varron jusqu'au vif. Le soldat, qui n'avait pas moins d'ardeur de combattre, souffrait avec la dernière impatience
que l'on différât ; car l'homme une fois déterminé à braver les plus grands périls pour parvenir à ce qu'il souhaite, ne souffre rien avec
plus de chagrin que le retard de l'exécution.

Quand le bruit se répandit dans Rome que
les deux armées étaient en présence, et que
chaque jour il se faisait des escarmouches,
l'inquiétude et la crainte saisirent tous les esprits. Les défaites passées faisaient trembler
pour l'avenir, et on prévenait par l'imagination
tous les malheurs auxquels on serait exposé si
on était vaincu. On n'entendit plus parler
que des oracles prononcés sur Rome. Tous les
temples, toutes les maisons particulières étaient
pleines d'apparitions extraordinaires et de
prodiges, pour lesquels on faisait des prières
et des sacrifices aux Dieux ; car dans les calamités publiques les Romains apportent un soin
extrême à calmer la colère des Dieux et des
hommes, et de toutes les cérémonies prescrites
pour ces sortes d'occasions, il n'en est aucune
qu'ils refusent d'observer sous aucun prétexte,
quelque basse et méprisable qu'elle paraisse.

CHAPITRE XXIV.

Bataille de Cannes.

Le lendemain, jour où Varron avait le
commandement, ce consul, aussitôt que le
jour commence à poindre, faisant porter devant lui ses faisceaux, fait sortir à la fois les
troupes des deux camps. Il range en bataille
celles du plus grand à mesure qu'elles traversent le fleuve, et y joint celles du plus petit,
qu'il dispose à la suite sur la même ligne ; de
manière à ce que le front de bataille de toute
l'armée soit tourné vers le midi. Il place la cavalerie romaine à l'aile droite, et l'appuie au
fleuve même ; l'infanterie près d'elle et dans
le même ordre, les cohortes bien plus serrées
qu'à l'ordinaire, et sur un ordre bien plus

profond qu'étendu. Il place devant tout le front de bataille et à une légère distance les soldats armés à la légère. Il y avait dans cette armée, en comptant les alliés, quatre-vingt mille hommes de pied et un peu plus de six mille chevaux.

Annibal en même temps fit passer l'Aufide aux frondeurs et aux soldats armés à la légère, et les posta devant l'armée. Le reste ayant passé la rivière par deux endroits, sur le bord à l'aile gauche il mit la cavalerie espagnole et gauloise pour l'opposer à la cavalerie romaine, et ensuite, sur la même ligne, une moitié de l'infanterie africaine pesamment armée, l'infanterie espagnole et gauloise, l'autre moitié de l'infanterie africaine, et enfin la cavalerie numide qui formait l'aile droite.

Après qu'il eut ainsi rangé toutes ces troupes sur une seule ligne, il marcha au devant des ennemis, suivi de l'infanterie espagnole et gauloise, qui se détachait du centre du corps de bataille, et comme elle était jointe en droite ligne avec le reste, en se séparant, elle forma au centre comme le convexe d'un croissant, ce qui ôta à ce centre beaucoup de sa hauteur; le dessein du général étant de commencer le combat par les Espagnols et les Gaulois, et de les faire soutenir par les Africains.

Cette dernière infanterie était armée à la romaine, ayant été revêtue par Annibal des armes qu'on avait prises sur les Romains à la journée de Gérunium. Les Espagnols et les Gaulois avaient le bouclier; mais leurs épées étaient fort différentes. Celle des premiers n'était pas moins propre à frapper d'estoc que de taille; au lieu que celle des Gaulois ne frappe que de taille, et à certaine distance. Ces troupes étaient rangées par cohortes alternativement; les Gaulois nus, les Espagnols couverts de chemises de lin couleur de pourpre, ce qui fut pour les Romains un spectacle extraordinaire qui les épouvanta. L'armée des Carthaginois était de dix mille chevaux, et d'un peu plus de quarante mille hommes de pied.

Emilius commandait à la droite des Romains, Varron à la gauche; les deux consuls de l'année précédente, Servilius et Atilius, étaient au centre. Du côté des Carthaginois, Asdrubal avait sous ses ordres la gauche, Hannon la droite, et Annibal ayant avec lui Magon son frère, s'était réservé le commandement du centre. Ces deux armées n'eurent rien à souffrir du soleil, lorsqu'il fut levé : l'une étant tournée au midi, comme j'ai déjà remarqué, et l'autre au septentrion.

L'action commença par les soldats armés à la légère, qui de part et d'autre avaient été mis à la tête; ce premier choc ne donna aucun avantage à l'un ni à l'autre parti. Mais dès que la cavalerie espagnole et gauloise de la gauche se fut approchée, le combat s'échauffant, les Romains se battirent avec furie, et plutôt en barbares qu'en Romains; car ce ne fut point tantôt en reculant, tantôt en revenant à la charge selon les lois de leur tactique; à peine en furent-ils venus aux mains, qu'ils sautèrent de cheval, et saisirent chacun son adversaire. Cependant les Carthaginois eurent le dessus. La plupart des Romains demeurèrent sur la place, après s'être défendus avec la dernière valeur; le reste fut poursuivi le long du fleuve, et taillé en pièces sans pouvoir obtenir de quartier.

L'infanterie pesamment armée prit ensuite la place de troupes légères, et en vint aux mains. Les Espagnols et les Gaulois tinrent ferme d'abord, et soutinrent le choc avec vigueur; mais ils cédèrent bientôt à la pesanteur des légions, et ouvrant le croissant tournèrent le dos et se retirèrent. Les Romains les suivent avec impétuosité, et rompent d'autant plus aisément la ligne des Gaulois, qu'elle avait là fort peu de hauteur, et que l'on fortifiait leurs cohortes par des détachemens qui venaient des ailes au centre où se livrait le fort du combat; car toute la ligne ne combattit point en même temps, mais ce fut par le centre que commença l'action; parce que les Gaulois étant rangés en forme de croissant, laissaient les ailes loin derrière eux, et présentèrent le convexe du croissant aux Romains. Ceux-ci suivent donc, et entrent en si grand nombre dans la partie du centre qui était au fond, que la plus grande partie de l'armée romaine fut enfermée des deux côtés entre les Africains, qui tournant une partie de la droite à la gauche, et l'autre de la gauche à la droite, chargèrent les ennemis en flanc des deux côtés. C'est ce qu'Annibal avait prévu : que les Romains poursuivant les Gaulois ne manqueraient pas d'être enveloppés par les Africains. Les Romains alors ne pouvant plus combattre par phalange, ne se défendirent plus que séparés et par pelotons, qui tâchaient de faire front à ceux par lesquels ils étaient attaqués en flanc.

Emilius avait échappé au carnage qui s'était fait à l'aile droite au commencement du combat. Voulant, selon la parole qu'il avait donnée, se trouver partout, et voyant que c'était l'infanterie légionnaire qui déciderait du sort de la bataille, il pousse à cheval au travers de la mêlée, écarte, tue tout ce qui se présente, et cherche en même temps à ranimer l'ardeur des soldats romains. Annibal, qui pendant toute la bataille était resté dans la mêlée, faisait la même chose de son côté.

La cavalerie numide de l'aile droite, sans faire ni souffrir beaucoup, ne laissa pas d'être utile dans cette occasion par sa manière de combattre ; car fondant de tous côtés sur les ennemis, elle leur donna assez à faire pour qu'ils n'eussent pas le temps de penser à secourir leurs gens. Mais lorsque l'aile gauche, où commandait Asdrubal, eut mis en déroute toute la cavalerie de l'aile droite des Romains, à un très-petit nombre près, et qu'elle se fut jointe aux Numides, la cavalerie auxiliaire n'attendit pas qu'on tombât sur elle, et lâcha pied.

On dit qu'alors Asdrubal fit une chose qui prouve sa prudence et son habileté et qui contribua au succès de la bataille. Comme les Numides étaient en grand nombre, et que ces troupes ne sont jamais plus utiles que lorsqu'on fuit devant elles ; il leur donna les fuyards à poursuivre, et mena la cavalerie espagnole et gauloise à la charge pour secourir l'infanterie africaine. Il fondit sur les Romains par les derrières, et faisant charger sa cavalerie en troupes dans la mêlée par plusieurs endroits, il donna de nouvelles forces aux Africains et fit tomber les armes des mains des ennemis. Ce fut alors que L. Emilius, citoyen qui pendant toute sa vie, ainsi que dans ce dernier combat avait noblement rempli ses devoirs envers son pays, succomba enfin tout couvert de plaies mortelles.

Les Romains combattaient toujours, et faisant front à ceux dont ils étaient environnés, ils résistèrent tant qu'ils purent ; mais les troupes qui étaient à la circonférence diminuant de plus en plus, ils furent enfin resserrés dans un cercle plus étroit, et passés tous au fil de l'épée. Atilius et Servilius, deux personnages d'une grande probité, et qui s'étaient signalés dans le combat en vrais Romains, furent aussi tués dans cette occasion.

Pendant le carnage qui se faisait au centre, les Numides poursuivirent les fuyards de l'aile gauche. La plupart furent taillés en pièces, d'autres furent jetés en bas de leurs chevaux ; quelques-uns se sauvèrent à Venuse, du nombre desquels était Varron, le général romain, cet homme abominable dont la magistrature coûta si cher à sa patrie. Ainsi finit la bataille de Cannes, bataille où l'on vit de part et d'autre des prodiges de valeur, comme il est aisé de le justifier.

De six mille chevaux dont la cavalerie Romaine était composée, il ne se sauva à Venuse que soixante-dix Romains avec Varron, et de la cavalerie auxiliaire il n'y eut qu'environ trois cents hommes qui se jetèrent dans différentes villes ; dix mille hommes de pied furent à la vérité faits prisonniers, mais ils n'étaient pas au combat. Il ne sortit de la mêlée pour se sauver dans les villes voisines qu'environ trois mille hommes, tout le reste, au nombre de soixante-dix mille, mourut au champ d'honneur.

Les Carthaginois eurent la principale obligation de cette victoire, aussi bien que des précédentes, à leur cavalerie, et donnèrent par là à tous les peuples qui devaient naître après eux cette leçon éclatante : qu'en temps de guerre il vaut beaucoup mieux avoir moitié moins d'infanterie et être supérieur en cavalerie, que d'avoir des forces en tout égales à celles de son ennemi.

Annibal perdit dans cette action environ quatre mille Gaulois, quinze cents Espagnols et Africains, et deux cents chevaux.

Je viens de dire que les dix mille hommes faits prisonniers n'étaient pas au combat : c'est que L. Émilius avait laissé dans son camp dix mille hommes de pied, afin que si Annibal menait à la bataille toute son armée sans laisser de garde à son camp, ce corps de réserve pût aller se jeter sur le bagage des ennemis, ou que si ce général, prévoyant l'avenir, détachait un corps de troupes pour garder son camp, il eût d'autant moins d'ennemis à combattre. Or, voici comment ces dix mille hommes furent faits prisonniers. Dès le commencement du combat, selon l'ordre qu'on leur avait donné, ils avaient été attaquer les Carthaginois qu'Annibal avait laissés pour la garde du camp. Ceux-ci se défendirent, quoiqu'avec assez de peine ; mais quand la bataille fut entièrement terminée, ce général accourut au secours de ses gens, repoussa les Romains et les enveloppa dans leur propre camp. Deux mille chevaux qui avaient pris la fuite et s'étaient retirés dans les forteresses répandues dans le pays eurent le même sort. Forcés dans leurs postes par les Numides, ils furent tous emmenés prisonniers.

Après cette victoire, les affaires prirent l'aspect qu'on s'attendait leur voir prendre dans les deux partis. Elle rendit les Carthaginois maîtres de presque toute cette partie de l'Italie qu'on appelle l'ancienne et la grande Grèce. Les Tarentins se rendirent d'abord : les Argyripains et quelques peuples de la Campanie appelèrent Annibal chez eux. Tous les autres inclinaient déjà à se livrer aux Carthaginois, qui de leur côté n'espéraient rien moins que de prendre Rome d'emblée. Les Romains ne crurent pas seulement alors avoir perdu sans ressource l'empire d'Italie, ils tremblaient pour eux-mêmes et pour leur patrie, dans la pensée qu'Annibal viendrait incessamment à Rome. La fortune même sembla en quelque sorte vouloir mettre le comble au malheur des Romains, et disputer à Annibal la gloire de les détruire. A peine avait-on appris à Rome la défaite de Cannes, qu'on y reçut la nouvelle que le préteur envoyé dans la Gaule cisalpine y était malheureusement tombé dans une embuscade, et que son armée y avait été toute entière taillée en pièces par les Gaulois.

Tous ces coups n'empêchèrent pas le sénat de prendre toutes les mesures possibles pour sauver l'état. Il releva le courage du peuple ; il pourvut à la sûreté de la ville ; il délibéra dans la conjoncture présente avec courage et avec fermeté ; la suite le fit bien connaître. Quoiqu'alors il fût notoire que les Romains étaient vaincus et obligés de renoncer à la gloire des armes, cependant la forme même du gouvernement, et les sages conseils du sénat, non seulement les ont remis en possession de l'Italie par la défaite des Carthaginois, mais leur ont encore en peu de temps assujetti toute la terre. C'est pourquoi, lorsqu'après avoir rapporté dans ce livre-ci toutes les guerres qui se sont faites en Espagne et en Italie pendant la cent quarantième olympiade, et dans le suivant tout ce qui s'est passé en Grèce pendant cette même olympiade, nous serons arrivés à notre époque, nous ferons alors un livre particulier sur la forme du gouvernement romain. C'est un devoir dont je ne puis me dispenser sans ôter à l'histoire une des parties qui lui convient le plus. Mais j'y suis encore porté par l'utilité qu'en tireront les personnes constituées en autorité, ou pour réformer des états déjà établis, ou pour en établir de nouveaux.

LIVRE QUATRIÈME.

CHAPITRE PREMIER.

Récapitulation du livre précédent. — Guerre de Philippe contre les Étoliens et les Lacédémoniens. — Raisons de cette guerre.

Nous avons fait voir dans le livre précédent pour quels sujets s'était une seconde fois allumée la guerre entre les Romains et les Carthaginois; comment Annibal était entré en Italie, les batailles qui se sont livrées entre ces deux peuples, et entr'autres celle que les Romains perdirent près de la ville de Cannes et sur le bord de l'Aufide. Venons maintenant à ce qui s'est fait dans la Grèce pendant le même espace de temps, c'est-à-dire pendant la cent quarantième olympiade. Mais auparavant nous rappellerons en peu de mots au souvenir de nos lecteurs ce que nous en avons déjà dit par avance dans le second livre, et surtout ce que nous y avons remarqué des Achéens, parce que cet état a fait du temps de nos pères et de notre temps même des progrès inconcevables.

Commençant donc par Tisamène, un des enfans d'Oreste, nous avons dit que ce peuple avait été gouverné par des rois de cette famille jusqu'à Ogygès; qu'ensuite il s'était mis en république, et qu'il s'était fait des lois qu'on ne pouvait trop estimer; qu'aussitôt après cet établissement il avait été dispersé en villes et en bourgades par les rois de Lacédémone, et qu'il s'était réuni une seconde fois et avait repris le gouvernement républicain. Nous avons rapporté ensuite quelles mesures il avait prises pour inspirer le même dessein aux autres villes, et pour réunir tous les peuples du Péloponèse sous un même nom et sous un seul gouvernement. Après avoir parlé de ce projet en général, nous avons rapporté en peu de mots les faits particuliers en suivant l'ordre des temps, jusqu'à celui où Cléomène, roi de Lacédémone, fut chassé de son royaume. Enfin après un récit succinct de ce qui s'était passé jusqu'à la mort d'Antigonus, de Seleucus et de Ptolémée, qui moururent tous trois presque en même temps, je promis de commencer mon histoire par ce qui était arrivé après la mort de ces rois.

Cette époque m'a paru la plus belle et la plus intéressante que je pusse prendre; car premièrement c'est là que se termine l'ouvrage d'Aratus, et ce que nous dirons des affaires de la Grèce n'en sera qu'une continuation. D'ailleurs les temps suivans touchent de si près aux nôtres, que nous en avons vu nous-mêmes une partie, et nos pères l'autre. Ainsi ou j'aurai vu de mes propres yeux les faits dont j'écrirai l'histoire, ou je les aurai appris de témoins oculaires; car je n'aurais pas voulu remonter aux temps plus reculés, dont on ne peut rapporter que ce que l'on a entendu dire à des gens qui l'ont oui dire à d'autres, et dont on ne peut rien savoir ni rien assurer qu'avec incertitude. Mais ce qui m'a surtout déterminé à choisir cette époque, c'est que la fortune semble avoir pris plaisir à changer alors par tout le monde la face de toutes choses.

Ce fut dans ce temps-là que Philippe, fils de Demetrius, quoiqu'encore enfant, fut élevé sur le trône de Macédoine; qu'Achéus eut le rang et la puissance royale dans le pays d'en-deçà du mont Taurus; qu'Antiochus, surnommé le Grand, succéda dans la plus tendre enfance à Séleucus son frère roi de Syrie, mort peu d'années auparavant; qu'Ariarathe régna en Cappadoce, que Ptolémée Philopator se rendit maître de l'Égypte; que Lycurgue fut fait roi de Lacédémone; et qu'enfin les Carthaginois avaient depuis peu donné à Annibal le commandement de leurs armées.

Tous les états alors ayant donc ainsi changé de maîtres, on devait voir naître de nouveaux événemens. Cela est naturel, et cela ne manqua pas aussi d'arriver. Les Romains et les Carthaginois soutinrent les uns contre les autres la guerre dont nous avons fait l'histoire ; en même temps Antiochus et Ptolémée se disputèrent la Cœlosyrie ; les Achéens et Philippe firent la guerre aux Étoliens et aux Lacédémoniens pour le sujet que je vais dire.

Il y avait déjà long-temps que les Étoliens étaient las de vivre en paix et sur leurs propres biens, eux qui étaient accoutumés à vivre aux dépens de leurs voisins, et qui ont besoin de beaucoup de choses, que leur vanité naturelle à laquelle ils s'abandonnent leur fait rechercher avec avidité : ce sont des bêtes féroces plutôt que des hommes ; sans distinction pour personne, rien n'est exempt de leurs hostilités. Cependant tant qu'Antigonus vécut, la crainte qu'ils avaient des Macédoniens les retint. Mais dès qu'il fut mort, et qu'il n'eut laissé pour successeur que Philippe, qui n'était encore qu'un enfant, ils levèrent le masque, et ne cherchèrent plus que quelque prétexte spécieux pour se jeter sur le Péloponèse. Outre que depuis long-temps ils étaient habitués à piller cette province, ils ne croyaient pas qu'il y eût de peuple qui pût avec plus d'avantage qu'eux faire la guerre aux Achéens.

Pendant qu'ils pensaient à exécuter ce projet, le hasard leur en fournit cette occasion. Certain Dorimaque natif de Trichon, fils de ce Nicostrate qui trahit si indignement toute une assemblée générale des Béotiens, jeune homme vif et avide du bien d'autrui, selon le caractère de sa nation, fut envoyé par ordre de la république à Phigalée, ville du Péloponèse sur les frontières des Messéniens, et dépendante de la république Étolienne. Ce n'était, à ce que l'on disait, que pour garder la ville et le pays ; mais c'était en effet pour examiner et rapporter ce qui se passait dans le Péloponèse. Pendant qu'il était là, il y arriva quantité de pirates, à qui ne pouvant d'abord permettre de butiner, parce que la paix ménagée entre les Grecs par Antigonus durait encore, il leur permit enfin d'enlever les troupeaux des Messéniens, quoique ceux-ci fussent amis et alliés de la république. Ces pirates n'exercèrent d'abord leur pillage qu'aux extrémités de la province. Mais leur audace ne s'en tint point là. Ils entrèrent dans le pays, attaquèrent les maisons pendant la nuit, lorsqu'on s'y attendait le moins, et eurent la témérité de les forcer.

Les Messéniens trouvèrent ce procédé fort étrange, et envoyèrent en faire des plaintes à Dorimaque. Celui-ci qui était bien aise que ceux qu'il commandait s'enrichissent et l'enrichissent lui-même, n'eut d'abord aucun égard aux plaintes des députés : il avait une trop grande part au butin. Le pillage continuant et les députés demandant avec chaleur qu'on leur fît justice, il dit qu'il viendrait lui-même à Messène, et rendrait justice à ceux qui se plaignaient des Étoliens. Il y vint en effet. Mais quand ceux qui avaient été maltraités se présentèrent devant lui, ils ne purent en tirer que des railleries, des insultes et des menaces. Une nuit même qu'il était encore à Messène, les pirates s'approchant de la ville, escaladèrent la maison de campagne de Chiron, égorgèrent tous ceux qui firent résistance, chargèrent les autres de chaînes, firent sortir les bestiaux et emmenèrent tout ce qui s'en rencontra.

Jusque là les Éphores avaient souffert, quoiqu'avec beaucoup de douleur, et le pillage des pirates et la présence de leur chef ; mais enfin se croyant encore insultés, ils donnent ordre à Dorimaque de comparaître devant l'assemblée des magistrats. Sciron, homme de mérite et de considération, était alors éphore à Messènes ; son avis fut de ne pas laisser Dorimaque sortir de la ville qu'il n'eût rendu tout ce qui avait été pris aux Messéniens, et qu'il n'eût livré à la vindicte publique les auteurs de tant de meurtres qui s'étaient commis. Tout le conseil trouvant cet avis fort juste, Dorimaque se mit en colère, et dit que l'on n'avait guère d'esprit si l'on s'imaginait insulter sa personne ; que ce n'était pas lui, mais la république des Étoliens que l'on insultait ; que c'était une chose indigne, qui allait attirer sur les Messéniens une tempête épouvantable, et qu'un tel attentat ne pourrait demeurer impuni.

Il y avait dans ce temps-là à Messène certain personnage nommé Babyrtas, homme tout-à-fait dans les intérêts de Dorimaque, et qui avait la voix et le reste du corps si semblables à lui, que s'il eût eu sa coiffure et ses vêtemens, on l'aurait pris pour lui-même, et Dorimaque savait bien cela. Celui-ci donc s'échauffant et traitant avec hauteur les Messéniens, Sciron ne put se contenir : « Tu crois donc, » Babyrtas, lui dit-il d'un ton de colère, que » nous nous soucions fort de toi et de tes mena- » ces ? » Ce mot ferma la bouche à Dorimaque, et l'obligea de permettre aux Messéniens de tirer vengeance des torts qu'on leur avait faits. Il s'en retourna en Étolie, mais si piqué du mot de Sciron, que sans autre prétexte raisonnable il déclara la guerre aux Messéniens.

CHAPITRE II.

Discours de Dorimaque pour irriter les Étoliens contre Messène. — Hostilités des Étoliens. — Aratus se charge du commandement. — Portrait de ce préteur.

Ariston était alors préteur chez les Étoliens : mais comme il était trop accablé d'infirmités pour se mettre à la tête d'une armée, et qu'il était d'ailleurs parent de Dorimaque et de Scopas, il céda en quelque sorte au premier le commandement. Dorimaque n'osa pas dans les assemblées publiques porter ses concitoyens à déclarer la guerre aux Messéniens. Il n'en avait aucun prétexte plausible, et tout le monde connaissait le sujet qui l'irritait si fort contre cette république. Il prit donc un autre parti, qui fut d'engager secrètement Scopas à entrer dans le dépit qu'il avait contre les Messéniens. Il lui représenta qu'il n'avait rien à craindre du côté des Macédoniens, parce que Philippe, qui était à la tête des affaires, avait à peine dix-sept ans; que les Lacédémoniens n'étaient pas assez amis des Messéniens pour prendre leur parti; et qu'enfin les Éléens, attachés aux Étoliens comme ils étaient, ne manqueraient pas dans cette occasion d'entrer dans leurs intérêts et de leur prêter du secours; d'où il concluait que rien ne pourrait les empêcher d'entrer dans Messène. Il ajouta, ce qui devait faire le plus d'impression sur un Étolien, qu'il y aurait un butin immense à faire dans ce pays, où personne n'était en garde contre une descente, et qui pendant la guerre de Cléomène avait été le seul qui n'eût rien souffert : que cette expédition leur attirerait la faveur et les applaudissemens de tout le peuple d'Étolie : que si les Achéens refusaient le passage sur leurs terres, ils n'auraient pas le droit de se plaindre si on se l'ouvrait par force; que s'ils ne remuaient pas, ils ne mettraient aucun obstacle à leur projet; qu'enfin ils ne manqueraient pas de prétexte contre les Messéniens, qui depuis long-temps avaient eu l'injustice de promettre le secours de leurs armes aux Achéens et aux Macédoniens.

Ces raisons et d'autres semblables que Dorimaque entassa sur le même sujet, persuadèrent si bien Scopas et ses amis, que, sans attendre une assemblée du peuple, sans consulter les magistrats, sans rien faire de ce qui convenait en pareille occasion, sur leurs propres lumières et ne suivant que leur passion, ils déclarèrent la guerre tout à la fois aux Messéniens, aux Épirotes, aux Achéens, aux Acarnaniens et aux Macédoniens. Sur le champ ils firent embarquer des pirates, qui ayant rencontré vers Cythère un vaisseau du roi de Macédoine, le firent entrer dans un port d'Étolie, et vendirent les pilotes, les rameurs et le vaisseau même. Montés sur les vaisseaux des Céphalléniens ils ravagèrent la côte d'Épire; firent des tentatives sur Tyrée, ville de l'Acarnanie; ils envoyèrent des partis dans le Péloponèse, et prirent au milieu des terres des Mégalopolitains le château de Clarios, dont ils se servirent pour y vendre à l'encan leur butin, et pour y garder celui qu'ils faisaient. Mais le château fut en peu de jours forcé par Timoxène, préteur des Achéens, et par Taurion, qu'Antigonus avait laissé dans le Péloponèse pour y veiller sur les intérêts des rois de Macédoine. Car Antigonus obtint à la vérité des Achéens la ville de Corinthe dans le temps de Cléomène; mais loin de leur rendre Orchomène qu'il avait emporté d'assaut, il la garda, dans le dessein, à mon avis, non seulement d'être maître de l'entrée du Péloponèse; mais encore d'en mettre le pays à couvert d'insultes par le moyen de cette ville, où il y avait une garnison et toutes sortes de munitions.

Dorimaque et Scopas ayant observé le temps où Timoxène devait bientôt sortir de la préture, et où Aratus choisi pour lui succéder l'année suivante n'était point encore entré en charge; ils assemblèrent à Rios tout ce qu'ils purent d'Étoliens; et après y avoir disposé des pontons et équipé les vaisseaux des Céphalléniens, ils firent passer cette armée dans le Péloponèse; et marchèrent droit à Messène; prenant leur route par le pays des Patréens, des Pharéens et des Tritéens. Passant sur ces terres, à les entendre, ils n'avaient garde de faire aucun tort aux Achéens; mais la soldatesque avide de butin ne put s'empêcher de piller; elle pilla et ravagea tout jusqu'à ce qu'on fût arrivé à Phégalée, d'où elle se jeta tout d'un coup et avec insolence sur le pays des Messéniens, sans nul égard pour l'amitié et l'alliance qu'ils avaient avec ce peuple depuis très-long-temps; sans aucun respect pour le droit des gens. L'avidité du butin l'emporta sur toutes choses, il saccagèrent tout impunément; sans que les Messéniens osassent se présenter devant eux pour les arrêter.

C'était alors le temps où se devait tenir l'assemblée des Achéens. Ils vinrent à Égion, et quand le conseil fut formé, les Patréens et les Pharéens firent le détail du pillage que les Étoliens en passant avaient fait sur leurs terres. Les Messéniens demandèrent aussi par des députés qu'on vînt à leur secours, et qu'on les vengât des torts et des injustices qu'ils avaient souffertes. Le conseil fut sensiblement touché des plaintes des uns et du malheur des autres; mais ce qui le frappa le plus, ce fut que les Étoliens eussent osé entrer dans l'Achaïe avec une armée, sans que personne leur eût accordé le passage, et qu'ils ne pensassent point à réparer cette injure. On résolut donc de secourir les Messéniens, et pour cela on donna ordre au préteur de faire prendre les armes aux Achéens, et cette résolution fut ratifiée.

Timoxène, dont la préture n'était point encore expirée, ne comptant pas trop sur les Achéens, qui n'avaient pas eu soin d'exercer leurs recrues, refusait de lever des soldats, et ne voulait pas se charger de cette expédition. En effet depuis que Cléomène avait été chassé du trône de Lacédémone, les peuples du Péloponèse fatigués par les guerres précédentes, et ne s'attendant pas que la paix dont ils jouissaient durerait si peu, avaient fort négligé tout ce qui regarde la guerre. Mais Aratus outré de l'insolence des Étoliens, et irrité depuis long-temps contre eux, prit la chose avec plus de chaleur. Il fit prendre les armes aux Achéens, ne souhaitant rien avec plus d'ardeur que d'en venir aux mains avec les Étoliens. Ayant donc reçu de Timoxène le sceau public cinq jours avant qu'il dût le recevoir, il envoya ordre aux villes d'enrôler tous ceux qui étaient en âge de porter les armes, et leur indiqua Mégalopolis pour lieu de rendez-vous.

Mais avant que d'entrer dans le détail de cette guerre, il sera bon de dire en peu de mots quel était le caractère particulier de ce préteur. Aratus était l'homme du monde le plus propre à être à la tête des affaires, parlant bien, pensant juste, se taisant à propos. Jamais personne ne posséda mieux l'art de dissimuler dans les dissensions civiles, de s'attacher les amis, de s'attirer des alliés. Fin et adroit pour négocier, surprendre l'ennemi, lui tendre des pièges, infatigable et intrépide pour les faire réussir. Entre une infinité d'exemples qu'on pourrait citer pour faire voir que ce portrait est peint d'après nature, on n'a qu'à voir de quelle manière il se rendit maître de Sicyone et de Mantinée, comment il chassa les Étoliens de Pellène, et surtout de quelle ruse il se servit pour entrer dans l'Acrocorinthe. Mais ce même Aratus à la tête d'une armée n'était plus reconnaissable; il n'avait plus ni esprit pour former des projets, ni résolution pour les conduire à leur fin, la vue seule du péril le déconcertait. Ainsi quoiqu'il ait rempli le Péloponèse de ses trophées, il est néanmoins certain que c'était un très-médiocre capitaine.

Aussi voit-on qu'il y a parmi les hommes une variété infinie non seulement de corps, mais d'esprits. Souvent le même homme aura d'excellentes dispositions pour certaines choses, qui employé à des choses différentes, n'en aura aucune. Bien plus il arrive souvent qu'à l'égard même des choses de même espèce, le même homme sera très-intelligent pour certaines et très-borné pour d'autres, qu'il sera brave jusqu'à la témérité en certaines occasions, et en d'autres lâche jusqu'à la poltronerie. Ce ne sont point là des paradoxes. Rien de plus ordinaire, rien de plus connu, du moins de ceux qui sont capables de réflexion. Tel à la chasse attaque avec valeur la bête la plus formidable, qui sous les armes et en présence de l'ennemi, n'a ni cœur ni courage. Il y en a qui se tireront avec honneur d'un combat singulier; joignez-les à d'autres dans un ordre de bataille, les armes leur tomberont des mains. La cavalerie thessalienne, par exemple, est invincible en bataille rangée; mais hors de là on n'en peut tirer aucun service. Les Étoliens font tout le contraire. Rien n'approche des Crétois, soit sur mer, soit sur terre, quand il s'agit d'embuscade, de pillage, d'attaques nocturnes, quand il s'agit en un mot de ruse et d'adresse; et quand ils sont en bataille devant l'ennemi, c'est la lâcheté même. Les Achéens et les Macédoniens au contraire ne sont bons qu'en bataille. Après cela mes lecteurs ne devront pas être surpris si j'attribue quelquefois aux mêmes personnes des dispositions toutes contraires, même à l'égard de choses qui paraissent semblables. Je reviens à mon sujet.

CHAPITRE III.

Les Messéniens se plaignent des Étoliens, et sont écoutés. — Ruse de Scopas et de Dorimaque. — Aratus perd la bataille de Caphyes.

Quand les troupes furent assemblées à Mégalopolis, comme l'avait ordonné le conseil des Achéens, les Messéniens se présentèrent une seconde fois, demandant qu'on les vengeât de la perfidie qui leur avait été faite; mais lorsqu'ils eurent témoigné vouloir porter les armes dans cette guerre, et être enrôlés avec les Achéens, les chefs de ceux-ci ne voulurent point y consentir, et dirent qu'ils ne pouvaient les recevoir dans leur alliance sans l'agrément de Philippe et des autres alliés. La raison de ce refus, c'est qu'alors subsistait encore l'alliance jurée du temps de Cléomène, et ménagée par Antigonus entre les Achéens, les Épirotes, les Phocéens, les Macédoniens, les Béotiens, les Arcadiens et les Thessaliens. Les Achéens dirent cependant qu'ils feraient marcher des troupes à leur secours, pourvu néanmoins qu'ils donnassent leurs enfans en ôtage et les missent en dépôt à Lacédémone, pour assurance que jamais ils ne feraient la paix avec les Étoliens sans le consentement des Achéens. Les Lacédémoniens mirent aussi des troupes en campagne en qualité d'alliés, et campèrent sur les frontières des Mégalopolitains, mais moins pour y faire l'office d'alliés que pour être spectateurs de la guerre et voir quel en serait l'événement.

Quand Aratus eut ainsi disposé tout ce qui regardait les Messéniens, il envoya des députés aux Étoliens pour les instruire de ce qui avait été résolu, et leur ordonna de sortir des terres des Messéniens, et de ne pas mettre le pied dans l'Achaïe, sous peine d'être traités comme ennemis. Aussitôt Scopas et Dorimaque sachant que les Achéens étaient sous les armes, et ne jugeant pas qu'il fût de leur intérêt de désobéir aux ordres de cette république, envoyèrent des courriers à Cylène pour prier Ariston, préteur des Étoliens, de faire conduire à l'île de Philias, tous les vaisseaux de charge qui étaient sur la côte, et partirent deux jours après avec leur butin, prenant leur route vers le pays des Éléens, dont les Étoliens avaient toujours été fort amis, parce que par leur moyen le Péloponèse leur était ouvert pour y piller et y faire du butin.

Aratus différa deux jours de se mettre en marche, croyant légèrement que les Étoliens quitteraient le pays, comme ils en avaient fait semblant. Il congédia même l'armée des

Achéens et les troupes de Lacédémone ; et ne se réservant que trois mille hommes de pied, trois cents chevaux, et les troupes que commandait Taurion, il s'avança vers Patras, ne voulant qu'inquiéter les Étoliens. Dorimaque informé qu'Aratus le suivait de près avec un corps de troupes, fut assez embarrassé. D'un côté il craignait que les Achéens ne fondissent sur lui pendant qu'il s'embarquerait et que ses troupes seraient dispersées : mais comme de l'autre il ne souhaitait rien tant que d'allumer la guerre, il fit accompagner le butin par les gens qu'il jugea propres à cette escorte et leur donna ordre de le mener droit à Rios, comme devant là s'embarquer ; puis, marchant lui-même d'abord vers le même endroit, comme pour escorter le butin, il se détourna tout d'un coup, et prit sa route vers Olympie.

Sur l'avis qu'il reçut là, que Taurion était près de Clitorie, voyant bien que son butin ne pourrait partir de Rios sans péril et sans combat, il crut ne pouvoir mieux faire que d'attaquer sur le champ Aratus, qui n'avait que fort peu de troupes, et qui ne s'attendait à rien moins qu'à une bataille. Car il pensait en lui-même que, s'il était assez heureux pour vaincre, il aurait du temps de reste pour ravager le pays et partir de Rios sans danger, pendant qu'Aratus prendrait de nouvelles mesures pour rassembler ses Achéens ; ou que si ce préteur n'osait en venir aux mains, il lui serait encore aisé de se retirer quand il le jugerait à propos. Plein de ces pensées, il se mit en marche et vint camper près de Méthydrion, dans le pays des Mégalopolitains. Le voisinage de l'ennemi étourdit si fort les chefs des Achéens, qu'on peut dire qu'ils en perdirent la tête. Quittant Clitorie ils campèrent proche Caphyes ; et lorsque les Étoliens partant de Méthydrion furent passés au-delà d'Orchomène, ils se retranchèrent dans la plaine de Caphyes, ayant devant eux la rivière qui la traverse. Comme outre la rivière, il y avait encore plusieurs fossés difficiles à franchir pour aller aux Achéens, les Étoliens n'osant pas suivre leur premier projet et les attaquer, marchèrent en bon ordre par des lieux escarpés jusqu'à Oligyrte, croyant assez faire que d'empêcher qu'on ne les obligeât de combattre.

Déjà l'avant-garde approchait des hauteurs, et la cavalerie qui formait l'arrière-garde traversant la plaine, arrivait au pied de la montagne appelée Propous, lorsqu'Aratus détacha sa cavalerie et les soldats armés à la légère sous le commandement d'Épistrate Acarnanien, avec ordre d'insulter l'arrière-garde, et de tenter un peu les ennemis. Cependant s'il avait dessein d'engager un combat, il ne fallait ni fondre sur l'arrière-garde, ni attendre que l'armée ennemie eût traversé toute la plaine ; c'était l'avant-garde qu'il fallait charger lorsqu'elle y fut entrée. De cette manière le combat se serait livré sur un terrain plat et uni, où par conséquent les Étoliens armés pesamment et en marche eussent eu beaucoup de peine à se défendre contre de la cavalerie, et où des armes et une disposition toute contraire eussent donné aux Achéens toute la facilité et tout l'avantage possible. Au lieu que n'ayant su profiter ni du terrain ni de l'occasion, ils attaquèrent l'ennemi lorsque tout lui était plus favorable.

Aussi le succès du combat répondit-il au projet qu'on en avait formé. Dès que les soldats armés à la légère eurent commencé l'escarmouche, la cavalerie Étolienne gagna en bon ordre le pied de la montagne, et se hâta de joindre l'infanterie. Aratus aussitôt sans voir pourquoi la cavalerie se pressait d'avancer, sans prévoir ce qui allait arriver, crut qu'elle prenait la fuite, et fit marcher des ailes les soldats pesamment armés pour appuyer les troupes légères ; puis fit pivoter promptement toute l'armée sur une des ailes. La cavalerie Étolienne n'eut pas plus tôt traversé la plaine et atteint l'infanterie, qu'elle se posta au pied de la montagne, l'infanterie à ses côtés, criant à ceux qui étaient encore en marche d'accourir à leur secours. Quand ils se crurent en assez grand nombre, ils fondirent serrés sur les premiers rangs de la cavalerie Achéenne et les soldats des armés à la légère ; et quand leur nombre se fut augmenté, ils fondirent d'en haut sur les Achéens : le combat fut long-temps opiniâtre, mais enfin les Achéens furent mis en fuite ; et les soldats pesamment armés qui venaient à leur secours dispersés et sans ordre, ne sachant ce qui s'était passé pendant le combat, ou tombant au milieu de ceux qui fuyaient, furent entraînés par eux ; ce qui fit qu'il ne demeura sur la place qu'environ cinq cents Achéens, et qu'il y en eut plus de deux mille qui prirent la fuite.

Les Étoliens firent alors ce que la conjoncture les avertissait de faire. Ils se mirent à la poursuite des Achéens avec des cris dont toute la plaine retentissait. Ceux-ci fuyaient vers leur infanterie pesamment armée, croyant qu'elle avait gardé le poste où elle avait été mise d'abord ; mais voyant qu'elle l'avait abandonné, et qu'elle était déjà loin, fuyant en désordre, les uns quittèrent leurs rangs et se retirèrent dans les villes voisines; les autres rencontrant la phalange qui venait à leur secours, n'attendirent pas que les ennemis fussent à leur poursuite, leur propre frayeur leur fit prendre la fuite, et les dispersa de côté et d'autre dans les villes des environs. Orchomène et Caphyes, qui étaient proches, en sauvèrent un grand nombre. Sans ces deux villes, toute l'armée aurait couru grand risque d'être taillée en pièces. Telle fut la fin du combat livré près de Caphyes.

Quand les Mégalopolitains eurent avis que les Étoliens étaient campés près de Méthydrion, ils s'assemblèrent en grand nombre au son des trompettes, et vinrent pour secourir les Achéens : mais le combat s'était livré la veille, et au lieu de combattre les ennemis avec des gens qu'ils croyaient pleins de vie, ils ne servirent qu'à leur rendre les derniers devoirs. Ayant donc creusé un fossé dans la plaine de Caphyes, ils y jetèrent les morts avec toute la religion que ces malheureux pouvaient attendre d'alliés tendres et affectionnés.

Cet avantage inespéré que les Étoliens avaient remporté par le moyen de leur cavalerie et de leurs troupes légères, leur donna la facilité de traverser impunément le Péloponèse. Ils eurent la hardiesse d'attaquer la ville de Pellène, ils ravagèrent les terres des Sicyoniens, et enfin se retirèrent par l'isthme.

Voilà la cause et le motif de cette guerre des alliés, et son commencement fut le décret que ces alliés assemblés à Corinthe portèrent, par les conseils de Philippe.

CHAPITRE IV.

Chefs d'accusation contre Aratus. — Il se justifie. — Décret du conseil des alliés contre les Étoliens. — Projet ridicule de ce peuple. — Les Illyriens traitent avec lui. — Dorimaque se présente devant Cynèthe, ville d'Arcadie. — État funeste de cette ville. — Trahison de quelques-uns de ses habitans.

Quelques jours après leur défaite, les Achéens s'assemblèrent, tous en général et chacun en particulier fort indisposés contre Aratus, qu'ils accusaient unanimement du mauvais succès du combat. Ce qui irrita davantage le peuple, furent les chefs d'accusation que les ennemis de ce préteur étalèrent dans le conseil contre lui : ils disaient que la première faute qu'il avait commise en cela, et dont il ne pouvait se justifier, avait été de hasarder de pareilles entreprises, où il savait qu'il avait souvent échoué, et de les hasarder dans un temps où il n'avait encore aucune autorité ; qu'une autre faute plus grande que la première, était d'avoir congédié les Achéens lorsque les Étoliens faisaient le plus de ravages dans le Péloponèse, quoiqu'il sût que Scopas et Dorimaque ne cherchaient qu'à embrouiller les affaires et à soulever une guerre ; qu'en troisième lieu il avait eu très grand tort d'en venir aux mains avec les ennemis avec si peu de troupes et sans aucune nécessité, pendant qu'il pouvait se mettre en sûreté dans les villes voisines, rassembler les Achéens, et alors attaquer les Étoliens, en cas qu'il crût y trouver de l'avantage ; qu'enfin c'était une faute impardonnable puisqu'il avait résolu de combattre, d'avoir été assez imprudent pour charger les Étoliens, au pied d'une montagne avec des soldats armés à la légère, au lieu de profiter de la plaine et de faire agir l'infanterie pesamment armée, ce qui lui aurait infailliblement procuré la victoire.

Mais dès qu'Aratus se fut présenté, qu'il eut fait souvenir le peuple de ce qu'il avait fait auparavant pour la République ; que, pour se justifier des accusations intentées contre lui, il eût fait voir qu'il n'était pas la cause de ce qui était arrivé; qu'il eut demandé pardon des fautes qu'il aurait pu commettre malgré lui dans cette occasion; qu'il eut prié qu'on délibérât sur les affaires avec calme et sans passion; le peuple changea tout d'un coup à son égard, et prit des dispositions si généreuses et si favorables, qu'il s'irrita contre les accusateurs d'Aratus, et ne suivit dans tout ce qui se fit ensuite que les avis de ce Préteur.

Tout ceci arriva dans la cent trente-neuvième olympiade. Ce que nous allons rapporter appartient à la suivante.

Le résultat du conseil des Achéens fut que l'on enverrait des députés vers les Épirotes, les Béotiens, les Phocéens, les Acarnaniens et Philippe, pour leur apprendre de quelle manière les Étoliens, contre la foi des traités, étaient entrés dans l'Achaïe à main armée déjà deux fois, et pour les presser, en vertu des traités, de venir à leur secours; que l'on engagerait les Messéniens à faire alliance avec eux; que le préteur leverait cinq mille hommes de pied et cinq cents chevaux; que l'on secourerait les Messéniens, si les Étoliens entraient sur leurs terres; qu'enfin on conviendrait avec les Lacédémoniens et les Messéniens du nombre de cavalerie et d'infanterie qu'ils seraient obligés de fournir pour la guerre commune. C'est par ces décrets que les Achéens se mirent au dessus du malheur qui leur était arrivé, qu'ils continuèrent à protéger les Messéniens, et qu'ils demeurèrent fermes dans leur première résolution. Les députés s'acquittèrent de leur commission, Aratus leva des soldats dans l'Achaïe selon le décret de l'assemblée, et les Lacédémoniens et les Messéniens convinrent de donner chacun deux mille cinq cents hommes de pied et deux cent cinquante chevaux. Toute l'armée fut de dix mille hommes de pied et de mille chevaux.

Les Étoliens, quand ils en furent venus à délibérer, conçurent le dessein de traiter de la paix avec les Lacédémoniens, les Messéniens et tous les autres alliés pour les séparer des Achéens, et de faire la paix avec ceux-ci, s'ils renonçaient à l'alliance des Messéniens; sinon, de leur déclarer la guerre. C'était le projet du monde le plus ridicule, qui consistait à être alliés des Achéens et des Messéniens, et cependant à leur faire la guerre; supposé qu'ils demeurassent unis; et à faire la paix en particulier avec les Achéens, en cas qu'ils se tournassent contre les Messéniens. Ce projet est si étrange, qu'on ne conçoit pas comment il a pu leur venir dans l'esprit. Les Épirotes et Philippe ayant entendu les députés, reçurent les Messéniens dans leur alliance. Ils furent d'abord fort irrités de ce qu'avaient osé faire les Étoliens; mais leur surprise dura peu. Ils savaient que ces sortes de perfidies étaient assez ordinaires à ce peuple. Leur colère s'évanouit bientôt, et on résolut de faire la paix avec lui. Tant il est vrai que l'on pardonne plus aisément une injustice continuée, qu'une autre qui arriverait rarement, et à laquelle on ne s'attendrait pas.

C'est ainsi que les Étoliens pillaient continuellement la Grèce, et portaient la guerre chez plusieurs peuples sans qu'on en sût la raison. Et quand on les en accusait, ils ne daignaient pas seulement se défendre. Ils se moquaient de ceux qui leur demandaient raison de ce qu'ils avaient fait, ou même de ce qu'ils avaient dessein de faire. Les Lacédémoniens se joignirent à eux par une alliance secrète, sans que ni la liberté qu'ils avaient recouvrée par le secours d'Antigonus et des Achéens, ni les obligations qu'ils avaient aux Macédoniens et à Philippe pussent les en détourner.

Déjà la jeunesse d'Achaïe était sous les armes, et les Lacédémoniens et les Messéniens s'étaient joints pour venir au secours, lorsque Scerdilaïdas et Démétrius de Pharos, partis d'Illyrie avec quatre-vingt-dix frégates, passèrent au-delà du Lisse, contre les conditions du traité fait avec les Romains. Ils abordèrent d'abord à Pyle et tâchèrent de prendre cette ville, mais sans succès. Ensuite Démétrius prenant de la flotte cinquante vaisseaux, se jeta sur les îles Cyclades. Il en gagna quelques unes à force d'argent, et en ravagea d'autres. Scerdilaïdas retournant en Illyrie avec le reste de la flotte, prit terre à Naupacte, s'assurant qu'il n'avait rien à craindre d'Amynas roi des Athamains, dont il était parent. Après avoir fait un traité avec les Étoliens par le moyen d'Agelaus, par lequel traité les Étoliens s'engageaient à partager avec lui les dépouilles qu'ils remporteraient, il s'engagea de son côté à se joindre à eux pour fondre ensemble sur l'Achaïe. Agelaus, Dorimaque et Scopas entrèrent dans ce traité, et tous quatre s'étant fait ouvrir par adresse les portes de Cynèthes, assemblèrent dans l'Étolie la plus grande armée qu'ils purent, et l'ayant grossie des Illyriens, ils se jetèrent sur l'Achaïe.

Ariston, Préteur des Étoliens, se tenait en repos chez lui, faisant semblant de ne rien savoir de ce qui se passait ; et publiant que loin de faire la guerre aux Achéens, il observait exactement la paix conclue entre les deux peuples ; dessein absurde de croire pouvoir cacher sous des paroles ce qui est démenti par des faits publics ! Dorimaque prenant sa route par l'Achaïe, se présenta tout à coup devant Cynèthes dans l'Arcadie. Cette ville était depuis long-temps déchirée par des séditions intestines, qui allaient jusqu'à s'égorger et à se bannir les uns les autres. On pillait les biens, on faisait de nouveaux partages des terres. A la fin ceux des habitans qui soutenaient le parti des Achéens, devinrent tellement supérieurs en forces, qu'ils occupèrent la ville, en gardèrent les murailles, et se firent donner un commandant par les Achéens.

Cynèthe était en cet état lorsque peu de jours avant que les Étoliens arrivassent, ceux qui avaient été obligés de sortir y envoyèrent demander qu'on voulût bien les y recevoir, et faire la paix avec eux. Les habitans crurent que cela était sincère, et voulant ne faire cette paix qu'avec l'agrément des Achéens, ils dépêchèrent vers eux pour savoir ce qu'ils en penseraient. Les Achéens ne firent aucune difficulté, s'imaginant que c'était un moyen de se bien mettre dans l'esprit des deux partis, puisque déjà ceux qui étaient dans la ville embrasseraient les intérêts des Achéens ; et que ceux qui voulaient y rentrer, n'étant redevables de tout leur bonheur qu'au consentement que les Achéens avaient donné à leur retour, ne manqueraient pas de leur en témoigner par un parfait attachement leur profonde reconnaissance. Aussitôt les habitans envoyèrent la garnison et le commandant pour conclure la paix et reconduire les exilés dans la ville, après avoir cependant pris d'eux toutes les assurances sur lesquelles on croit ordinairement devoir le plus compter.

Ces trois cents exilés, car il y en avait presque autant, n'attendirent pas qu'il se présentât un sujet ou du moins un prétexte de se déclarer contre la ville et contre leurs libérateurs. A peine y furent-ils entrés, qu'ils complotèrent contre eux. Je crois même que dans le temps qu'on se jurait sur les victimes une fidélité inviolable, ces perfides roulaient déjà dans leur esprit l'attentat qu'ils devaient commettre contre les Dieux et contre leurs concitoyens. Car ils ne furent pas si tôt rentrés dans le gouvernement, qu'ils firent venir les Étoliens dans le dessein de perdre et ceux qui les avaient sauvés, et la patrie dans le sein de laquelle ils avaient été élevés. Or voici la trahison qu'ils eurent l'audace de tramer.

CHAPITRE V.

Les Étoliens s'emparent de Cynèthe, et y mettent le feu. — Démétrius de Pharos et Taurion se mettent à leur poursuite, mais trop tard. — Faiblesse d'Aratus. — Caractère des Cynéthéens. — Pourquoi ils ressemblent si peu au reste des peuples de l'Arcadie.

Entre les exilés il y en avait quelques-uns qui avaient eu le commandement dans la guerre, et qu'on appelle pour cela polémarques. C'est à ces magistrats qu'il appartient de fermer les portes de la ville, de garder les clés tant qu'elles sont fermées, et d'y faire la garde pendant le jour. Les Étoliens avec des échelles étaient toujours prêts, et épiaient l'occasion. Un jour ces polémarques ayant massacré ceux qui étaient de garde avec eux, et ouvert les portes, une partie des Étoliens entra par là dans la ville, pendant que l'autre escaladait les murailles. Les habitans épouvantés ne savaient quelles mesures prendre. Ils ne pouvaient courir aux portes et les défendre, parce qu'il fallait repousser ceux qui montaient par les murailles ; et ils ne pouvaient aller aux murailles sans abandonner les portes. Ainsi les Étoliens furent bientôt maîtres de la ville. Ils y commirent de grands désordres ; mais ils firent cependant une chose dont on ne peut trop les louer; ce fut de commencer le carnage par tuer ceux qui leur avaient livré la ville, et de piller d'abord leurs biens. Tous les autres habitans furent ensuite traités de la même manière. Enfin s'étant logés dans les maisons des citoyens, ils fouillèrent partout, pillèrent tout ce qui s'y trouvait, et tous ceux des habitans qu'ils soupçonnaient d'avoir quelque meuble précieux ou quelque autre chose considérable cachée, ils leur faisaient souffrir mille tourmens pour les leur faire découvrir.

Cynèthe ainsi saccagée, ils y mirent une garnison, levèrent leur camp, et s'en allèrent à Luysse. Arrivés au temple de Diane qui est entre Cynèthe et Clitorie, ils tâchèrent d'enlever les troupeaux de la déesse, et de piller tout ce qui se rencontrait autour du temple. Les Luyssiates eurent la prudence de leur donner quelques meubles et quelques ornemens sacrés, et par là les empêchèrent de se souiller par une impiété, et de faire un plus grand tort dans le pays. De là les Étoliens allèrent mettre le camp devant Clitorie.

Pendant ce temps-là Aratus préteur des Achéens envoyait demander du secours à Philippe, levait lui-même des troupes, assemblait les forces que les Lacédémoniens et Messéniens lui fournissaient en vertu des traités. D'abord les Étoliens tâchèrent de persuader aux Clitoriens de rompre avec les Achéens, et d'entrer dans leur alliance. N'en étant point écoutés, ils les assiégent et tentent d'escalader les murailles. Les Clitoriens se défendirent et les repoussèrent avec tant de valeur, qu'ils furent obligés de lever le siège et de faire retraite. En revenant vers Cynèthe, ils amenèrent avec eux les troupeaux sacrés de Diane. Ils auraient bien voulu livrer cette ville aux Éléens. Mais ceux-ci n'ayant pas voulu l'accepter, ils prirent dessein de la garder pour eux-mêmes, et en donnèrent le commandement à Euripide. Ensuite sur l'avis qu'ils reçurent qu'il venait des troupes de Macédoine au secours de cette ville, ils y mirent le feu et se retirèrent. De là ils vinrent une seconde fois à Rios pour s'embarquer et retourner dans leur pays.

Taurion qui avait appris l'invasion des Étoliens et ce qu'ils avaient fait à Cynèthe, voyant que Démétrius de Pharos, parti des îles Cyclades, était débarqué à Cenchrée, pria ce prince de secourir les Achéens, de transporter par l'isthme ses frégates, et de tomber sur les Étoliens. Demétrius alors avait fait un riche butin dans les Cyclades, mais il en fuyait honteusement poursuivi par les Rhodiens. Il écouta d'autant plus volontiers la proposition, que Taurion se chargeait de faire les frais du transport des frégates. Il passa donc l'isthme, mais il était parti deux jours trop tard pour rejoindre les Étoliens. Il se contenta de piller quelques endroits de leur côte, et cingla vers Corinthe.

On ne tira pas non plus grand secours des Lacédémoniens, quoiqu'ils eussent reçu ordre d'en envoyer. Il vint de ce pays-là quelque cavalerie et quelques hommes de pied, seulement pour qu'on ne dît pas qu'ils avaient refusé le secours qu'on leur avait demandé. Aratus avec ses Achéens se conduisit aussi dans cette occasion plus en politique qu'en capitaine. Il se tint tranquille. Le souvenir de l'échec qu'il avait reçu le retint, il donna à Dorimaque et à Scopas tout le loisir de faire tout ce qu'ils jugeraient à propos, et de retourner chez eux. Cependant ils opérèrent leur retraite par des endroits où il lui eût été fort aisé de les charger. C'était des défilés où un trompette aurait suffi pour remporter la victoire.

Mais quelques mauvais traitemens que les Cynéthéens eussent soufferts, on ne les plaignait pas. C'était le peuple du monde qui méritait le plus d'être maltraité. Ce sont cependant des Arcadiens, peuple célèbre dans toute la Grèce par son amour pour la vertu, par la régularité de ses mœurs, par son zèle pour l'hospitalité, par sa douceur et sa politesse, et surtout par son respect envers les Dieux. Pourquoi donc les Cynéthéens, Arcadiens eux-mêmes, surpassaient-ils alors tous les autres Grecs en cruauté et en impiété ? C'est ce qu'il sera bon d'éclaircir en peu de mots.

Pour moi je suis persuadé que c'est parce

que les Cynéthéens sont les premiers et les seuls d'Arcadie qui aient abandonné ce que les anciens, sages et éclairés sur ce qui convenait à la paix de leur pays, avaient prudemment établi, savoir : l'exercice de la belle musique, qui n'est qu'utile aux autres hommes, mais qui est absolument nécessaire aux Arcadiens; car je ne reconnais point Éphore, et cet auteur s'oublie lui-même, lorsqu'il dit, au commencement de son ouvrage, que la musique n'a été inventée que pour tromper les hommes et leur faire illusion. Il ne faut pas croire que les anciens Crétois et Lacédémoniens aient pris sans raison, pour animer leurs soldats à la guerre, la flûte et des airs au lieu d'une trompette, ni que les premiers Arcadiens, si austères du reste dans leurs mœurs, aient eu tort de croire la musique nécessaire à leur république. Cependant ils en étaient si persuadés, qu'ils voulurent non seulement que les enfans la suçassent pour ainsi dire avec le lait, mais encore que les jeunes gens y fussent exercés jusqu'à l'âge de trente ans ; car tout le monde sait que ce n'est presque que chez les Arcadiens que l'on entend les enfans chanter des hymnes en l'honneur des Dieux et des héros de leur patrie, et qu'ils y sont obligés par les lois. Ce n'est aussi que chez eux que l'on apprend les airs de Philoxène et de Timothée, qu'en plein théâtre, chaque année, aux fêtes de Bacchus, on danse au son des flûtes, et que l'on s'exerce à des combats chacun selon son âge, les enfans à des combats d'enfans, les jeunes gens à des combats d'hommes. Ils croient pouvoir sans honte ignorer toutes les autres sciences; mais ils ne peuvent ni refuser d'apprendre à chanter, parce que les lois les y obligent, ni s'en défendre sous prétexte de le savoir, parce qu'ils croiraient par là se déshonorer. Ces petits combats donnés chaque année au son des flûtes selon les règles de la guerre, et ces danses faites aux dépens du public, ont encore une autre utilité : c'est que par-là les jeunes gens font connaître à leurs concitoyens de quoi ils sont capables.

Je ne puis me persuader que nos pères, par cette institution, n'aient eu en vue que l'amusement et le plaisir des Arcadiens. C'est parce qu'ils avaient étudié leur naturel, et qu'ils voyaient que leur vie dure et laborieuse avait besoin d'être adoucie par quelque exercice agréable. L'austérité des mœurs de ce peuple en fut encore une autre raison, défaut qui lui vient de l'air froid et triste qu'il respire dans la plupart des endroits de cette province. Car nos inclinations pour l'ordinaire sont conformes à l'air qui nous environne. C'est de là qu'on voit dans les nations différentes et éloignées les unes des autres une si grande variété non seulement de coutumes, de visages et de couleurs, mais encore d'inclinations. Ce fut donc pour adoucir et tempérer la dureté et la férocité des Arcadiens qu'ils introduisirent les chansons et les danses, et qu'ils établirent outre cela des assemblées et des sacrifices publics tant pour les hommes que pour les femmes, et des chœurs d'enfans de l'un et de l'autre sexe. En un mot ils mirent tout en œuvre pour cultiver les mœurs et humaniser le caractère intraitable de leurs concitoyens.

Les Cynéthéens avaient plus besoin que personne de ce secours ; l'air qu'ils respirent et le terrain qu'ils occupent, sont les plus désagréables de toute l'Arcadie. Pour avoir négligé cet art, ils passèrent bientôt des querelles et des contestations à une si grande férocité, qu'il n'y a point de canton dans la Grèce où il se soit commis des désordres plus grands et plus continuels. Enfin ils étaient devenus si odieux au reste de l'Arcadie, qu'après le carnage que nous avons rapporté, lorsqu'ils envoyèrent des députés à Lacédémone, dans toutes les villes d'Arcadie où ceux-ci passèrent, on leur fit aussitôt dire par un héraut qu'ils se retirassent. On fit plus à Mantinée. Car dès qu'ils furent sortis, les habitans se purifièrent, et portant des victimes firent des processions autour de la ville et du territoire.

Tout ceci soit dit pour justifier les mœurs et les usages des Arcadiens, pour faire voir à ce peuple que ce n'est pas sans raison que l'exercice de la musique y a été établi, et pour les porter à ne jamais le négliger. Je souhaite aussi que les Cynéthéens profitent de cette digression, et qu'avec l'aide des Dieux, ils se tout ce qui peut adoucir leur caractère, et surtout à la musique. C'est le seul moyen qu'ils aient pour se défaire de cet esprit sauvage et féroce qu'ils avaient dans ce temps-là. En voilà assez sur les Cynéthéens. Je reprends mon récit.

CHAPITRE VI.

Sédition à Lacédémone. — Trois éphores soulèvent la jeunesse contre les Macédoniens. — Sage réponse de Philippe sur ce soulèvement. — Les alliés déclarent la guerre aux Étoliens.

Quand les Étoliens eurent fait dans le Péloponnèse tout le ravage que nous avons vu, ils revinrent chez eux sans opposition. Pendant ce temps-là Philippe était à Corinthe avec une armée pour secourir les Achéens. Comme il était arrivé trop tard, il dépêcha vers tous les alliés pour les presser de lui faire venir à Corinthe ceux avec qui ils souhaitaient qu'on délibérât sur les intérêts communs. Il se mit lui-même en marche, et s'avança vers Tégée, sur l'avis qu'il avait eu qu'il y avait une sédition à Lacédémone, et que les citoyens s'égorgeaient les uns les autres. Ce peuple accoutumé à être gouverné par des rois, et à obéir à des chefs, n'eut pas été plus tôt mis en liberté par Antigonus, qu'il se mit en tête que tous étaient égaux et avaient les mêmes droits.

D'abord deux des éphores tinrent secrète la disposition où ils étaient. Trois autres s'entendaient avec les Étoliens, persuadés que Philippe était trop jeune pour gouverner le Péloponnèse. Mais les Étoliens étant sortis de cette province, et Philippe étant arrivé de Macédoine plus tôt qu'ils ne pensaient, les trois derniers commencèrent à se défier d'un des deux autres nommé Adimante, qui n'approuvait pas le dessein qu'ils projetaient, et qu'ils lui avaient communiqué. Ils craignirent qu'il ne les trahît auprès de Philippe, et ne lui découvrît leur cabale. Pour prévenir ce malheur ils assemblèrent quelques jeunes gens, et firent publier que ceux qui étaient en âge de porter les armes se trouvassent au temple de Minerve, pour prendre les armes contre les Macédoniens qui approchaient. Un ordre si peu attendu mit en révolution toute la jeunesse. Adimante affligé de ce tumulte, se hâta d'arriver le premier; et quand la jeunesse fut assemblée : « lorsque nous apprîmes, dit-il, que les Étoliens nos ennemis déclarés mettaient le pied sur nos frontières, c'était alors que l'on devait publier de ces sortes de décrets et faire des levées, mais aujourd'hui que ce sont les Macédoniens, nos amis et nos défenseurs, qui viennent à notre secours, leur roi à leur tête, est-il prudent de nous soulever contre eux ? » A peine avait-il achevé que quelques jeunes gens lui passèrent leurs épées au travers du corps. Ils égorgèrent encore Sthénélas Alcamène, Thyeste, Bionidas et un grand nombre d'autres citoyens. Polyphonte et quelques autres prévoyant les suites de cette affaire, se retirèrent sagement vers Philippe.

Aussitôt après ce massacre, les éphores qui en avaient été les principaux auteurs, envoyèrent à Philippe pour se plaindre de ces meurtres et pour le prier de ne pas venir à Lacédémone que le soulèvement n'y fût apaisé et que tout n'y fût tranquille; qu'il devait être persuadé qu'ils feraient pour les Macédoniens tout ce que la justice et l'amitié demanderaient d'eux. Ces députés rencontrèrent Philippe près du mont Parthénion, et suivirent exactement leurs instructions. Philippe, après les avoir entendus, leur dit de retourner promptement dans leur pays et de dire aux éphores qu'il allait continuer sa route et camper à Tégée, et qu'ils envoyassent sur le champ des gens de poids et d'autorité pour délibérer ensemble sur ce qu'il y avait à faire. Ceux-ci retournèrent chez eux, selon l'ordre que le roi leur avait donné, et firent connaître ses intentions. Aussitôt les principaux de Lacédémone envoyèrent à Philippe dix citoyens qui, étant arrivés à Tégée et admis dans le conseil du roi, Ogias à leur tête, commencèrent par faire le procès à Adimante, promirent à Philippe de garder exactement le traité d'alliance fait avec lui, et l'assurèrent qu'il n'avait point d'amis qui embrassassent ses intérêts avec plus de chaleur et d'affection que les Lacédémoniens. Après ce discours et quelque autre semblable ils prirent congé.

Le conseil du roi se trouva fort partagé. Quelques-uns informés de la sédition qui s'était élevée à Lacédémone, et sachant qu'Adimante n'avait été tué que parce qu'il embrassait le parti des Macédoniens, et que d'ailleurs les Lacédémoniens avaient eu dessein d'appeler les Étoliens, conseillaient à Philippe de faire un exemple de ce peuple, et de le traiter comme Alexandre avait traité les Thébains aussitôt qu'il fut monté sur le trône de Macédoine. D'autres plus anciens dirent que la faute ne méritait pas une punition si rigoureuse, qu'il fallait châtier ceux qui étaient la cause de la sédition, les dépouiller de leurs charges, et en revêtir ceux qui étaient attachés au roi.

Philippe répondit à tout cela d'une manière fort prudente et fort judicieuse, si cependant l'on doit croire que la réponse vînt de lui. Car il n'est guère vraisemblable qu'un jeune homme de dix-sept ans ait été capable de porter son jugement sur des affaires de cette importance. Mais un historien doit toujours attribuer les décisions à ceux qui sont à la tête des affaires, sauf à ses lecteurs à juger que les conseils sur lesquels les décisions sont fondées viennent de ceux qui sont auprès du roi, et surtout de ceux qu'il admet à ses délibérations. Il est très-probable que ce que le roi prononça alors, c'était Aratus qui le lui avait suggéré.

Le roi répondit donc que dans les hostilités que se faisaient les alliés les uns aux autres en particulier, tout ce qu'il avait à faire c'était d'y mettre ordre de bouche ou par lettres, et de faire sentir qu'il en était averti; qu'il n'y avait que les fautes qui pouvaient blesser l'alliance en général, qu'il fût obligé de corriger sur les avis du conseil public; que les Lacédémoniens n'ayant rien fait de notoire contre cette alliance en général, et promettant au contraire de s'acquitter fidèlement de leurs devoirs envers les Macédoniens, il ne convenait pas d'en agir avec eux à la rigueur; que son père ne les avait pas maltraités, quoiqu'il les eût vaincus comme ennemis; qu'il ne pouvait donc lui, sans offenser la raison et la justice, les perdre sans ressource pour un si frivole motif.

Aussitôt qu'on eut conclu qu'il ne fallait plus penser à ce qui était arrivé, le roi envoya Pétrée, un de ses favoris, avec Omias à Lacédémone, pour exhorter le peuple à lui être fidèle ainsi qu'aux Macédoniens, et pour donner et recevoir les serments accoutumés. Après cela il se mit en marche et revint à Corinthe. Tous les alliés furent charmés de la manière dont il en avait usé avec les Lacédémoniens.

A Corinthe il tint conseil sur les affaires présentes avec ceux qui lui étaient venus des villes alliées, et délibéra avec eux sur les mesures qu'il fallait prendre à l'égard des Étoliens. Les Béotiens les accusaient d'avoir pendant la paix pillé le temple de Minerve Itonia; les Phocéens de s'être mis en campagne pour emporter de force Ambryson et Daulion; les Épirotes d'avoir ravagé leur province; les Acarnaniens d'avoir fait de sourdes menées contre la ville de Thyrée, et d'avoir osé l'insulter de nuit; les Achéens d'avoir envahi Clarion dans le pays des Mégalopolitains, d'avoir ravagé les terres des Patréens et des Pharéens, d'avoir mis Cynèthe au pillage, d'avoir pillé le temple de Diane proche de Louysse, d'avoir assiégé Clitorie, d'avoir tenté sur mer de s'emparer de Pyles, et sur terre de Mégalopolis d'Illyrie, qui ne faisait que commencer à se repeupler. Après avoir entendu toutes ces accusations, le conseil conclut unanimement qu'il fallait déclarer la guerre aux Étoliens.

Dans le décret qu'on en fit, et à la tête duquel on avait déduit toutes les accusations précédentes, le conseil déclarait qu'en faveur des alliés on se réunirait pour reprendre sur les Étoliens quelque ville ou quelque pays qu'ils eussent envahi depuis la mort de Démétrius père de Philippe; que ceux qui par force avaient été contraints d'entrer dans le gouvernement des Étoliens, seraient tous rétablis dans leur gouvernement naturel, et qu'ils seraient remis en possession de leur pays et de leurs villes, sans garnison, sans impôt, parfaitement libres et sans autres lois que celles de leurs pères; enfin que l'on remettrait en vigueur les lois des amphictyons, et qu'on leur rendrait le temple dont les Étoliens avaient voulu se rendre les maîtres. Ce décret fut ratifié la première année de la cent quarantième olympiade, et ce fut le commencement de la guerre appelée sociale ou des alliés, commencement qui ne pouvait être ni plus juste ni plus propre à réparer les désordres passés.

CHAPITRE VII.

Philippe vient au conseil des Achéens. — Scopas est fait préteur chez les Étoliens. — Philippe retourne en Macédoine. — Il attire Scerdilaïdas dans le parti des alliés.

Le conseil envoya aussitôt des députés aux alliés, afin que tous donnassent leur suffrage au décret, et prissent les armes contre les Étoliens. Philippe écrivit aussi aux Étoliens, pour les avertir que s'ils avaient de quoi se justifier, ils n'avaient qu'à se présenter à l'assemblée publique ; mais qu'ils se trompaient grossièrement, si, après avoir, sans un décret public, porté le ravage chez tous leurs voisins, ils s'imaginaient que ceux qui avaient été maltraités laisseraient ces brigandages impunis, ou qu'en se vengeant ils passeraient pour avoir les premiers commencé la guerre. Cette lettre reçue, les chefs des Étoliens, qui se flattaient de l'espoir que Philippe ne viendrait pas, prirent jour pour venir trouver le roi à Rhios. Puis sur l'avis qu'il était arrivé, ils lui firent savoir par une lettre qu'avant l'assemblée du peuple, ils n'avaient pas droit de rien décider par eux-mêmes sur les affaires d'état. Pour les Achéens, ils confirmèrent le décret dans une assemblée à Égion, et ordonnèrent par un héraut de faire la guerre aux Étoliens. Le roi vint à ce conseil ; il y fit un long discours, qui fut parfaitement bien reçu, et on lui renouvela toutes les protestations d'amitié et de fidélité qui avaient autrefois été faites à ses ancêtres.

Vers le même temps, les Étoliens assemblés pour le choix des magistrats, donnèrent la préture à ce Scopas, qui avait été la cause de tous les maux que nous avons rapportés. Je ne sais que dire d'un pareil procédé. Ne point faire la guerre en vertu d'un décret public, mais aller en corps d'armée ravager les terres de ses voisins ; ne point punir les auteurs de ce trouble, mais au contraire leur donner les premières charges, rien ne me paraît plus méprisable et plus odieux. Car comment pourrait-on qualifier autrement cette conduite ? Un exemple rendra le tort des Étoliens plus sensible. Quand Phébidas, par trahison, fut entré dans la citadelle de Thèbes, les Lacédémoniens se contentèrent de punir l'auteur de la perfidie, et laissèrent la garnison dans la place. Était-ce assez pour réparer l'insulte, que de châtier celui qui l'avait faite ? Il était cependant en leur pouvoir de chasser la garnison, et il était de l'intérêt des Thébains qu'elle fût chassée. De même du temps de la paix faite par Antalcidas, ils publièrent qu'ils laissaient les villes en liberté, et qu'ils leur permettaient de se conduire par leurs lois, sans cependant en retirer les gouverneurs qui y étaient de leur part. Après avoir ruiné les Mantinéens leurs amis et leurs alliés ; à les entendre, ils ne leur avaient fait aucun tort en les tirant d'une ville pour les disperser dans plusieurs. N'est-ce pas une folie et une folie jointe à une noire méchanceté que de vouloir que tout le monde soit aveugle, parce que l'on fait semblant de fermer les yeux ? Cette conduite à peu près semblable dans les deux républiques, attira de grands malheurs sur l'une et sur l'autre, et ceux qui voudront bien gouverner, soit leurs affaires particulières ou les affaires générales, se donneront bien garde de les imiter.

Philippe après avoir réglé les affaires des Achéens, reprit avec son armée la route de Macédoine pour faire au plus tôt les préparatifs de la guerre. Ce prince, par le décret dont nous avons parlé, se fit beaucoup d'honneur non seulement parmi les alliés, mais dans toute la Grèce, et l'on conçut de grandes espérances de sa douceur et de sa grandeur d'âme.

Toutes ces choses se passaient dans le temps qu'Annibal, maître de tout le pays d'au-delà de l'Èbre, se disposait à faire le siége de Sagonte. On voit ici que si dès le commencement j'avais joint les affaires des Grecs avec les premiers mouvemens d'Annibal, j'aurais été obligé dans le premier livre, pour suivre l'ordre des temps, de les entremêler avec les troubles d'Espagne, et que comme les guerres d'Italie, d'Espagne et d'Asie ont eu chacune un commencement qui leur était propre, et se sont terminées de la même manière, il était plus à propos que je parlasse en particulier de chacune, jusqu'à ce que j'arrivasse au temps où jointes et mêlées l'une avec l'autre, elles commencèrent à tendre au même but. Par cette méthode on montrera plus clairement les commencemens de chaque guerre. On découvrira aussi plus aisément leur jonction, dont nous avons déjà rapporté la manière et le sujet. Ensuite nous n'aurons plus qu'à faire une histoire commune de toutes. Or cette jonction se fit sur la fin de la guerre que nous racontons, dans la troisième année de la cent quarantième olympiade. Ainsi après cette guerre, suivant l'ordre des temps, nous parlerons de toutes les autres en commun. Mais pour ce qui a précédé, il faut le traiter en particulier, comme je viens de dire. Seulement je prie qu'on se rappelle ce qui est arrivé dans le même temps, et dont j'ai parlé dans le premier livre, afin que l'on suive plus facilement le fil de ma narration, et qu'on soit plus frappé des choses qu'elle contient.

Pour revenir à Philippe, pendant ses quartiers d'hiver dans la Macédoine il s'appliqua surtout à lever des troupes, et à mettre son royaume en sûreté contre les Barbares qui le menaçaient. Il eut aussi une conférence seul à seul avec Scerdilaïdas, pour le porter à se joindre aux autres alliés et à lui. Celui-ci se laissa d'abord gagner par les promesses que le roi lui fit de l'aider à mettre ordre aux affaires d'Illyrie, et par le mal qu'il lui dit des Étoliens, dont on n'en pouvait assez dire. Les injustices qui se font d'état à état ne diffèrent de celles que les particuliers se font les uns aux autres, qu'en ce que les premières sont en plus grand nombre et d'une plus grande conséquence. A l'égard des sociétés particulières qui lient entre eux les brigands et les voleurs, elles ne se détruisent pour l'ordinaire que parce que ceux qui les composent ne s'en tiennent pas aux conventions qu'ils ont faites. C'est ce qui arriva alors aux Étoliens. Ils étaient convenus avec Scerdilaïdas qu'il aurait une partie du butin, s'il se jetait avec eux sur l'Achaïe. Il se laissa persuader, et fit ce qu'on demandait de lui. Les Étoliens pillent Cynèthe, ils font un riche butin d'hommes et de troupeaux, et ne pensent seulement pas à lui dans le partage de ces dépouilles. Dans l'indignation où il était, Philippe n'eut besoin que de lui rappeler en peu de mots dans la mémoire l'infidélité des Étoliens. Il exigea néanmoins qu'on lui donnât vingt talens chaque année, et trente frégates pour attaquer les Étoliens par mer.

CHAPITRE VIII.

Les Acarnaniens entrent dans l'alliance. — Éloge de ce peuple. — Mauvaise foi des Épirotes. — Fautes que font les Messéniens en ne se joignant pas aux autres alliés. — Avis important aux Péloponésiens.

Pendant que Philippe travaillait de son côté, les députés envoyés aux alliés allèrent d'abord dans l'Acarnanie, et présentèrent le décret. Il y fut universellement approuvé et ratifié. Les Acarnaniens coururent aussitôt aux armes, quoiqu'il n'y eût pas de peuple qui pût plus légitimement s'en dispenser, affecter des délais et craindre de se brouiller avec ses voisins. Outre que l'Acarnanie est limitrophe à l'Étolie, rien n'est plus aisé à conquérir que cette province, et peu de temps avant cette guerre leur haine pour les Étoliens leur avait attiré de très-grands maux. Mais les gens bien nés s'exposent à tout, sacrifient tout pour le devoir. Or quelque faibles que soient par eux-mêmes les Acarnaniens, il n'y a pas de peuple, parmi les Grecs, qui ait le devoir plus à cœur. On peut hardiment compter sur eux dans les plus fâcheuses conjonctures; on ne voit nulle part dans la Grèce plus d'amour pour la liberté, et plus de fermeté pour s'y maintenir.

Les Épirotes écoutèrent les députés et ratifièrent le décret; mais lâches et de mauvaise foi, ils convinrent en même temps qu'ils attendraient pour faire la guerre aux Étoliens que le roi la leur fît, et aux députés des Étoliens ils dirent qu'ils voulaient vivre en paix avec eux. On envoya aussi des députés vers le roi Ptolémée, et on le pria de n'aider ni d'argent ni d'autres munitions les Étoliens contre Philippe et les alliés.

Pour les Messéniens, quoique ce fût pour eux que l'on avait entrepris cette guerre, ils firent réponse aux députés qu'ils n'entreraient point dans cette guerre que la ville de Phigalée, qui était sur leurs frontières, n'eût été enlevée aux Étoliens, dont elle dépendait. Ce furent Oénis et Nicippus, éphores des Messéniens, et quelques autres qui tenaient pour l'oligarchie, qui firent prendre ce parti au peuple malgré toute la répugnance qu'il y avait. Il s'en fallait beaucoup, au moins selon moi, que ce fût le meilleur qu'il y eût à prendre. Il est vrai que la guerre est un grand mal, mais elle n'est pas si à craindre qu'on doive plutôt tout souffrir que de l'avoir. Si rien n'est préférable à la paix, pourquoi donc faisons-nous tant valoir le droit d'égalité, la liberté de dire ce que nous pensons, et le nom de liberté? Louons-nous les Thébains de s'être soustraits aux guerres qu'il fallait soutenir contre les Mèdes pour le salut de toute la Grèce, et d'avoir craint les Perses jusqu'à se soumettre à leur domination? Pindare, d'accord avec les Thébains, conseille, pour maintenir la tranquillité publique, de chercher la brillante lumière du repos. Voilà de grands mots, mais qui n'expriment, comme on eut lieu de le reconnaître peu de temps après, qu'une maxime honteuse, et qui fut très-funeste à la patrie de ce poète. Rien n'est plus estimable que la paix, quand elle ne blesse en rien nos droits ni notre honneur; si elle nous déshonore et nous réduit en servitude, rien n'est plus infamant et plus préjudiciable.

Mais la faction de ceux qui parmi les Messéniens étaient pour l'oligarchie, ne faisant attention qu'à ses intérêts particuliers, recherchaient toujours la paix avec trop d'empressement. Il est vrai que par là ils se sont souvent épargné de mauvaises affaires, et ont évité beaucoup de dangers; mais enfin ce penchant pour la paix fut porté si loin qu'il mit leur patrie à deux doigts de sa perte. La raison en est, à ce qu'il me semble, que les Messéniens ont pour voisins les deux peuples les plus puissans du Péloponnèse, j'ose dire même de toute la Grèce, savoir: les Arcadiens et les Lacédémoniens, et qu'ils n'ont pas gardé à leur égard la conduite qu'il convenait de garder. Depuis leur établissement dans la Messénie, les Lacédémoniens avaient contre eux une haine irréconciliable sans que l'honneur leur inspirât rien, pour se venger noblement de cette haine. Les Arcadiens au contraire les aimaient et les protégeaient, et cette amitié qu'il fallait cultiver, ils la négligeaient. Tant que ces deux voisins se faisaient la guerre l'un à l'autre, ou l'allaient faire ailleurs, les Messéniens tranquilles jouissaient d'une paix profonde et des commodités que le pays leur fournissait. Mais dès que les Lacédémoniens de retour chez eux n'avaient plus rien à faire, ils ne songeaient qu'à leur nuire et qu'à les inquiéter; et comme les Messéniens n'étaient pas en état de s'opposer à une puissance si formidable et qu'ils ne s'étaient pas auparavant ménagé des amis capables de tout entreprendre pour les secourir, ils étaient contraints ou de leur rendre les services les plus bas, ou, s'ils ne pouvaient se résoudre à la servitude, d'abandonner leur patrie et de fuir au loin avec leurs femmes et leurs enfans. C'est ce qui leur est arrivé bien des fois, et encore depuis assez peu de temps.

Fassent les Dieux que les Péloponnésiens s'affermissent tellement dans l'état où ils sont maintenant, que jamais ils n'aient besoin de l'avis que je vais leur donner; mais s'il arrive qu'ils soient menacés de quelque révolution, je ne vois pour les Messéniens et pour les Mégalopolitains qu'une seule voie pour se maintenir long-temps dans leur pays, c'est, selon la pensée d'Épaminondas, de se joindre ensemble de manière que rien ne soit capable de rompre ou d'altérer tant soit peu leur union. Ils n'ont qu'à remonter aux temps qui les ont précédés, pour se convaincre des avantages de cette société. Entre autres choses que les Messéniens firent pour marquer aux Mégapolitains leur reconnaissance, au temps d'Aristomène ils élevèrent une colonne près de l'autel de Jupiter Lycien, sur laquelle, d'après le témoignage de Callisthène, étaient inscrits ces quatre vers:

Il n'a pas été permis qu'un roi injuste restât impuni.
Messène, grâce à Jupiter, a découvert celui qui l'avait trahie,

Un parjure ne saurait échapper à la divinité. Salut, toi Jupiter! continue à protéger les Arcadiens.

Il me paraît que les Messéniens dans cette inscription ne prient les Dieux de sauver l'Arcadie que parce qu'elle était pour eux comme une seconde patrie après la perte de la leur propre. En effet, pendant la guerre d'Aristomène, après qu'ils eurent été chassés de leur patrie, les Arcadiens ne se contentèrent pas de les recevoir chez eux et de les ranger au nombre des citoyens, ils donnèrent encore leurs filles en mariage à ceux des jeunes Messéniens qui étaient en âge de se marier. Outre cela, ils firent une exacte recherche de la trahison dont Aristocrate leur roi s'était rendu coupable dans le combat appelé la journée du fossé, le tuèrent, et éteignirent toute sa race.

Mais sans recourir aux vieux temps, ce qui s'est passé depuis l'union de Mégalopolis avec Messène, prouve assez ce que je viens d'avancer. Après la bataille de Mantinée, où la mort d'Épaminondas rendit la victoire douteuse, bien que les Lacédémoniens ne voulussent pas que les Messéniens fussent compris dans le traité, parce qu'ils espéraient se rendre bientôt maîtres de Messène; les Mégalopolitains et tous ceux qui étaient unis avec les Arcadiens pressèrent si fort les alliés d'admettre les Messéniens, de recevoir leurs serments, et de les faire entrer dans le traité de paix, qu'enfin ils l'emportèrent, et que les Lacédémoniens furent les seuls de toute la Grèce qui en fussent exclus. Après cela, doutera-t-on dans la postérité que le conseil que nous donnons aux Messéniens et aux Mégalopolitains soit bien fondé? Aussi ne le leur ai-je donné qu'afin que, n'oubliant jamais les maux que leur patrie a soufferts de la part des Lacédémoniens, ils vivent toujours les uns avec les autres dans une parfaite intelligence et se gardent une fidélité inviolable, et que la terreur de cet ennemi ni le désir de la paix ne les portent jamais à se séparer les uns des autres. Revenons à notre sujet.

CHAPITRE IX.

Députation des Spartiates vers les Étoliens.—Sparte demeure fidèle à Philippe.—Sédition qui s'élève dans cette ville, et pourquoi.—On y crée de nouveaux rois, qui font la guerre aux Achéens.

Les Lacédémoniens reçurent les députés des alliés assez selon leurs coutumes; aveuglés par leur folie et leur mauvaise volonté, ils les renvoyèrent sans leur rien répondre : tant ce que l'on dit est vrai, qu'une audace effrénée renverse l'esprit et ne forme que des projets chimériques. Cependant on élut à Sparte de nouveaux éphores. Ceux qui avaient d'abord embrouillé les affaires, et qui avaient été la cause des meurtres, envoyèrent un message vers les Étoliens pour en faire venir un député. Ceux-ci écoutèrent avec plaisir les propositions des Lacédémoniens, et leur envoyèrent Machatas avec quelques autres. Ce député se présenta aux éphores, qui demandèrent que l'on fît parler Machatas dans une assemblée du peuple, que l'on créât des rois selon l'ancien usage, et que l'on ne souffrît point que, contre les lois, l'empire des Héraclides fût anéanti. Les éphores ne goûtaient point du tout ces demandes, mais ne pouvant résister à l'empressement que l'on témoignait, et craignant que les jeunes gens ne causassent quelque tumulte, ils dirent sur l'article des rois qu'on en délibérerait, et accordèrent une assemblée à Machatas.

Le peuple s'assemble, Machatas fait une longue harangue, où, pour engager les Lacédémoniens à se joindre avec les Étoliens, il eut l'impudence de charger les Macédoniens de cent crimes imaginaires, et de donner aux Étoliens des louanges qu'ils n'avaient jamais méritées. Quand il se fut retiré, le conseil se trouva très-embarrassé. Quelques-uns opinaient en faveur des Étoliens, et souhaitaient qu'on fît alliance avec eux; quelques autres étaient d'un avis contraire. Mais quelques anciens ayant représenté au peuple les bienfaits qu'il avait reçus d'Antigonus et des Macédoniens, et les maux au contraire que leur avaient causés Charixène et Timée, lorsque les Étoliens fondant en grand nombre et à main armée sur leurs terres les avaient ravagées, en avaient mis dans les fers les habitans, et s'étaient voulu emparer de Sparte par fraude et par violence, en se servant pour cela du ministère des exilés. Le peuple changea aussitôt de sentiment, et se laissa enfin persuader de demeurer fidèle à Philippe et aux Macédoniens, ce qui fit que Machatas reprit le chemin de son pays sans avoir rien fait.

Cette résolution déplut infiniment à ceux qui d'abord avaient été la cause de tous les troubles. Pour la rendre inutile, ils gagnèrent quelques jeunes gens, et imaginèrent l'expédient du monde le plus impie. C'était alors le temps où il se devait faire je ne sais quel sacrifice à Minerve, et pour cela il fallait que la jeunesse en âge de porter les armes accompagnât la victime au temple de cette déesse, et que les éphores fissent eux-mêmes la cérémonie dans ce temple. Quand l'heure du sacrifice fut venue, quelques jeunes soldats se jetèrent tout d'un coup sur les éphores et les massacrèrent. Ainsi ce temple, qui jusque-là avait été un asile pour ceux qui s'y réfugiaient, quand même ils eussent été condamnés à la mort, fut alors tellement méprisé et profané, que l'on y vit couler le sang de tous les éphores autour de l'autel et de la table sacrée. On égorgea de même Gyridas et quelques vieillards; on mit en fuite tous ceux qui étaient opposés aux Étoliens, on choisit parmi eux des éphores, et on conclut l'alliance avec ce peuple.

Ce qui porta les Lacédémoniens à de si grands excès fut la haine qu'ils avaient pour les Achéens, leur ingratitude à l'égard des Macédoniens, leur inconsidération à l'égard de tout le monde. Leur amitié pour Cléomène n'y eut pas moins de part, car ils espéraient toujours que ce prince s'échapperait et reviendrait chez eux. Ce qui fait voir que quand on a su se bien mettre dans l'esprit des hommes, on a beau être absent, l'inclination qu'ils ont conçue pour vous ne s'éteint jamais, et n'attend au contraire que le moment de s'enflammer. Il y avait déjà trois ans, depuis la fuite de Cléomène, que les Lacédémoniens, rentrés dans le gouvernement de leurs pères, n'avaient pas pensé à se nommer des rois; mais dès qu'ils eurent avis que ce prince était mort, le peuple et le conseil des éphores souhaitèrent avec ardeur qu'on en élût. Ceux des éphores qui s'entendaient avec les soldats auteurs de l'alliance faite avec les Étoliens, en nommèrent un avec toutes les formes requises. C'était Agésipolis, encore enfant à la vérité, mais fils d'Agésipolis qui avait eu pour père Cléombrote, lequel avait commencé à régner lorsque Léonidas fut chassé de son royaume, et qui lui avait succédé parce qu'il touchait de fort près par sa naissance à cette famille. On donna pour tuteur à Agésipolis Cléomène, fils de Cléombrote, et frère d'Agésipolis, son père. De l'autre maison royale, quoiqu'il restât deux enfans qu'Archidamus, fils d'Eudamidas, avait eus de la fille de Hippomédon, que cet Hippomédon, fils d'Agésilas et petit fils d'Eudamidas, fût plein de vie, et qu'il y en eût encore plusieurs autres, quoique dans un degré plus éloigné, cependant on ne pensa point à eux, et on mit sur le trône Lycurgue, parmi les ancêtres duquel il n'y avait jamais eu de rois, et la qualité de successeur d'Hercule et de roi de Sparte ne lui coûta qu'autant de talens qu'il y avait d'éphores, tant les grandes dignités s'achètent partout à peu de frais. Aussi ce ne furent pas les enfans des enfans de ceux qui avaient fait cette folie qui en portèrent la peine, mais bien eux-mêmes.

Machatas ayant appris ce qui s'était passé à Lacédémone, y revint une seconde fois pour pousser les Éphores et les rois à déclarer la guerre aux Achéens. Il leur fit entendre qu'il n'y avait que cela seul qui pût pacifier les troubles qu'excitaient ceux des Lacédémoniens qui ne voulaient point d'alliance avec les Étoliens, et ceux des Étoliens qui faisaient tous leurs efforts pour détourner cette alliance. Après avoir réussi dans sa négociation par la sottise de ceux avec qui il traitait, il retourna dans son pays. Aussitôt Lycurgue, à la tête d'un corps de troupes, auquel il avait joint quelques soldats de la ville, se jeta sur l'Argie, qui, se tranquillisant sur l'état présent de leur gouvernement, ne s'attendait à rien moins qu'à une invasion de la part des Lacédémoniens. Il prit d'emblée Polychne,

Prasie, Leuce et Cyphante; et, s'emparant de Glympe et de Zarace, enleva ces deux villes à la république des Argiens.

Après cette expédition, les Lacédémoniens firent publier qu'il fallait faire la guerre aux Achéens. Machatas souleva encore contre eux plusieurs autres peuples par les mêmes discours qu'il avait tenus aux Lacédémoniens. Tout réussissant à souhait pour les Étoliens, ils entreprirent hardiment la guerre. Il n'en fut pas de même des Achéens. Philippe, qui était toute leur espérance, étant encore occupé aux préparatifs, les Épirotes se faisaient attendre, et les Messéniens ne se donnaient aucun mouvement, et pendant ce temps-là les Étoliens profitant de la folie des Éléens et des Lacédémoniens, leur suscitaient la guerre de tous les côtés.

Le temps de la préture d'Aratus finissait alors, et son fils Aratus fut mis en sa place par les Achéens. Scopas, préteur des Étoliens, avait au moins fait la moitié de son temps. Car les Étoliens avaient élu leurs magistrats aussitôt après l'équinoxe d'automne, et les Achéens vers le lever des Pléiades. L'été commençant, et le jeune Aratus ayant pris le commandement, ce ne fut que guerres de toutes parts. Annibal marchait contre Sagonte et se disposait à en faire le siège; les Romains, sous la conduite de L. Emilius, furent envoyés en Illyrie contre Démétrius de Pharos, comme nous avons dit dans le premier livre; Antiochus pensait à la conquête de la Cœlésyrie, que Théodotus s'était chargé de lui livrer; Ptolémée faisait des préparatifs contre Antiochus. Lycurgue, marchant sur les traces de Cléomène, assiégeait l'Athénée des Mégalopolitains; les Achéens rassemblaient de la cavalerie et de l'infanterie étrangère pour la guerre dont ils étaient menacés de tous côtés; Philippe partait de Macédoine à la tête de dix mille Macédoniens pesamment armés, et de cinq mille hommes de troupes légères; et dans ce même temps où l'on se disposait partout à prendre les armes, les Rhodiens déclarèrent aussi la guerre aux Bysantins. Voyons pour quel sujet.

CHAPITRE X.

Description de Byzance.

Byzance, par rapport à la mer, est de toutes les villes du monde celle où l'on peut vivre le plus en sûreté et dans la plus grande abondance de toutes choses; mais, eu égard à la terre, c'est aussi, de toutes les villes, celle où ces deux avantages se trouvent le moins. Par rapport à la mer, située à l'entrée du Pont, elle le commande tellement qu'aucun marchand ne peut y aborder ni en sortir malgré les Byzantins qui, par conséquent, sont les maîtres de tout ce que ce riche et fertile pays produit et reçoit pour les nécessités et commodités de la vie; car, pour les nécessités de la vie, il produit les cuirs et un grand nombre de bons esclaves, et pour les commodités, le miel, la cire, les viandes salées de toute espèce et il reçoit de ce que nous avons de trop, l'huile et toutes sortes de vins; pour le blé, tantôt il nous en fournit, tantôt nous lui en fournissons, selon le besoin. Il fallait donc nécessairement ou que les Grecs fussent privés de toutes ces choses, ou que le commerce leur en devînt inutile, si les Byzantins leur voulaient du mal, ou s'ils se liaient d'intérêt avec les Galates ou plutôt avec les Thraces, ou encore s'ils quittaient le pays. Car le détroit est si resserré et les barbares des environs en si grand nombre, qu'assurément nous ne pourrions jamais le franchir pour entrer dans le Pont. Je veux donc bien que les Byzantins soient les premiers à profiter des avantages que leur procure l'heureuse situation de leur ville, qu'ils puissent faire sortir tout ce qu'ils ont de trop et faire entrer tout ce qui leur manque sans peine ni péril. Comme cependant on doit convenir que c'est à eux qu'on est redevable de bien des choses, il est juste qu'on les regarde comme des bienfaiteurs communs, et que non seulement les Grecs aient de la reconnaissance, mais encore qu'ils leur prêtent du secours contre les insultes des Barbares.

Mais arrêtons-nous un peu à la description de cette ville, et faisons voir d'où lui vient l'abondance de toutes les choses dont elle jouit. Car il y a peu de gens qui en soient instruits, parce qu'elle est située un peu au-delà des pays qu'on a coutume d'aller voir; nous voudrions bien que tout le monde connût et vît même de ses propres yeux ce qu'il y a dans chaque pays de rare et de singulier; mais puisque cela ne se peut pas, nous souhaiterions du moins qu'on en eût une idée qui approchât le plus près qu'il serait possible de la vérité. La mer qu'on appelle le Pont [a environ vingt-deux mille stades de circonférence. Elle a deux bouches diamétralement opposées, l'une du côté de la Propontide, l'autre du côté des Palus-Méotides lesquels ont huit mille stades de tour. Comme plusieurs grands fleuves viennent se décharger dans ces deux lits, et qu'il en vient encore un plus grand nombre et de plus grands de l'Europe, quand les Palus-Méotides en sont remplis, ils s'écoulent dans le Pont par une des bouches et celui-ci se jette par l'autre dans la Propontide; la bouche des Palus-Méotides s'appelle le Bosphore Cimmérien, large de trente stades sur soixante de longueur. Cette mer est partout fort basse. La bouche du Pont est appelée Bosphore de Thrace, et a cent vingt stades de longueur. Sa largeur n'est pas égale partout. La bouche par où l'on sort de la Propontide, commence à l'espace qu'il y a entre Chalcédoine et Byzance, et qui est de quatorze stades. Celle par où l'on sort du Pont s'appelle Hiéron. C'est là qu'on dit que Jason revenant de la Colchide, sacrifia pour la première fois aux douze Dieux. Cet endroit, quoique situé dans l'Asie, n'est distant de l'Europe que de douze stades, au bout desquelles, vis-à-vis, on trouve le temple de Sérapis, dans la Thrace.

Les eaux des Palus-Méotides et du Pont sortent sans cesse de leur lit, et cela vient de deux causes. La première, qui n'est ignorée de personne, c'est parce que plusieurs fleuves tombant dans un lit borné tout à l'entour, l'eau grossit et s'élève toujours; et si elle n'a point d'issue pour sortir, il faut nécessairement qu'à force de s'élever et de s'augmenter, elle se répande par-dessus les bords dans un espace plus large que son lit, ou s'il y a des sorties, qu'elle s'écoule. L'autre cause est la grande quantité de sable que les fleuves apportent avec eux dans les grandes pluies, et qui, pressant l'eau, l'élève et l'oblige de sortir par les issues; et comme les fleuves entrent sans cesse et apportent des sables, il faut aussi que l'écoulement des eaux soit perpétuel. Telles sont les vraies raisons pour lesquelles les eaux du Pont ne restent pas dans leur lit, raisons non fondées sur le rapport des marchands, mais tirées de la nature même des choses, et qui par conséquent ne laissent rien à désirer.

Pendant que nous sommes sur ce sujet examinons bien tout ce que la nature y a fait. La plupart des historiens n'y ont pas fait attention; mais je crois qu'il sera d'autant plus à propos de rapporter les raisons de tout, et de n'omettre rien qui puisse arrêter ceux qui sont curieux de ces sortes de recherches, que cela convient parfaitement à notre siècle. Car puisqu'il n'y a plus de coin du monde où nos voyageurs ne pénètrent par mer ou par terre, on ne doit plus, sur ce que l'on ne sait pas, s'en rapporter aux poètes et aux conteurs de fables, comme ont fait nos prédécesseurs, qui sur la plupart des choses contestées ne nous citent que ces témoins infidèles; il faut tirer de l'histoire même de quoi persuader nos lecteurs.

Je dis donc que les Palus-Méotides et le Pont se remplissent de sables depuis longtemps, et qu'ils en seront entièrement comblés, à moins qu'il n'y arrive quelque changement dans ce qui s'y fait, et que les fleuves ne discontinuent d'y charrier des sables. Car la succession des temps étant infinie, et ces lits tout-à-fait bornés, il est évident que quand même il n'y tomberait que peu de sables, ils seraient dans la suite entièrement remplis. C'est une loi de la nature que tout ce qui étant borné croît ou se corrompt continuellement pendant un temps infini, bien qu'il ne croisse que peu ou qu'il ne se corrompe que légèrement, arrive nécessairement à sa perfection ou périsse entièrement. Or ce n'est pas un peu de sable, c'est une quantité prodigieuse de sable que les fleuves apportent dans ces deux lits, ce qui fait croire qu'ils seront bientôt comblés. Cet amoncellement de sables fait même déjà des progrès sensibles, et les Palus-Méotides commencent à se remplir. Ils n'ont plus que sept ou cinq brasses de profondeur dans la plupart des endroits; en sorte qu'on ne peut plus naviguer dessus avec de grands vaisseaux sans guide. D'ailleurs quoique selon tous les anciens cette mer fût autrefois jointe au Pont, ce n'est plus maintenant qu'une eau douce; celle de la mer a été absorbée par les sables et a cédé la place à celle des fleuves. Il arrivera la même chose à l'égard du Pont. Cela commence même dès à présent. Si peu de gens s'en aperçoivent, c'est à cause de la grandeur du lit; mais pour peu qu'on y fasse attention, il est aisé de s'en apercevoir; car l'Ister qui, venant d'Europe, se décharge par plusieurs embouchures dans le Pont, y a déjà formé, du limon qu'il entraîne avec lui, un banc éloigné de la terre d'environ mille stades, et contre lequel les vaisseaux échouent souvent pendant la nuit lorsqu'on y pense le moins.

La raison pour laquelle le sable ne s'amasse point auprès de la terre, mais est poussé loin en avant, c'est sans doute que les fleuves poussent en avant le sable et tout ce qu'ils roulent dans leurs eaux, à proportion que la violence et l'impétuosité de leur cours ont plus de force que la mer et la repoussent. Mais quand cette impétuosité est ralentie par la hauteur et la quantité des eaux de la mer, alors il est naturel que ce que les fleuves entraînent avec eux tombe en bas et s'arrête. Voilà pourquoi les monceaux de sable que forment les grands et les rapides fleuves, ou sont éloignés de la terre, ou commencent proche de la terre à une grande profondeur, et qu'au contraire ceux des fleuves qui sont plus petits et qui coulent lentement s'amasssent proche des embouchures. Une preuve de ce que je dis, c'est que dans les grandes pluies, les fleuves les plus médiocres tombant avec force dans la mer, poussent ce qu'ils apportent plus ou moins loin à proportion de leur impétuosité ou de leur faiblesse.

Ce que nous avons dit de la grandeur de la digue formée par les fleuves dans le Pont, et de la quantité de pierres, de bois et de terre que ces fleuves y transportent, tout cela ne doit surprendre personne. On voit souvent même de petits torrens se faire en peu de temps un passage au travers des montagnes, emporter avec eux toutes sortes de matières, et remplir certains endroits à un point qu'ils les changent tout-à-fait, et qu'en y passant quelques jours après on ne les reconnaît plus. On doit donc être beaucoup moins surpris que de grands fleuves, qui coulent perpétuellement, élèvent des digues dans le Pont, et puissent un jour le combler entièrement. Cela n'est pas seulement vraisemblable, il faut de toute nécessité que cela arrive. En voici la preuve : autant que l'eau des Palus-Méotides est plus douce que celle de notre mer, ainsi pour rendre le Pont marécageux et rempli d'eau douce comme les Palus-Méotides, il ne reste plus rien, sinon qu'il y ait entre le temps qu'il a fallu pour remplir ceux-ci et le temps nécessaire pour remplir celui-là, la même proportion qu'il y a entre les grandeurs différentes de ces deux lits. Cela se fera même d'autant plus tôt, que les fleuves qui se déchargent dans le Pont sont plus grands et en plus grande quantité.

J'ai cru devoir mettre ici ces réflexions pour convaincre ceux qui ne peuvent se persuader que cette mer se remplit et se comblera un jour de telle sorte que ce ne sera plus qu'un lac et un marais. Elles serviront aussi à nous prévenir contre les prétendus prodiges que nous débitent ceux qui courent les mers, à empêcher que n'écoutions avec avidité comme des enfans sans expérience tout ce qui se dit, et à nous donner quelques idées d'après lesquelles nous soyons en état de juger de la vérité ou de la fausseté de ce que l'on nous rapporte. Reprenons maintenant notre description de Byzance.

CHAPITRE XI.

L'historien continue de décrire la situation et les avantages de Byzance. — Guerres que les Byzantins ont à soutenir.

Nous avons dit que le détroit qui joint le Pont avec la Propontide est long de cent vingt stades, depuis Hiéron, du côté du Pont, jusqu'à l'endroit où est Byzance, au côté opposé. Dans cet espace, sur un promontoire apppartenant à l'Europe, et éloigné de l'Asie d'environ cinq stades, est un temple de Mercure; c'est l'endroit le plus resserré du détroit, et où l'on dit que Darius, dans son expédition contre les Scythes, fit jeter un pont. Depuis le Pont jusqu'au temple de Mercure, comme la distance entre les bords est assez égale, le cours de l'eau est aussi assez uniforme; mais arrivant à ce temple, et y étant resserrée par le promontoire, elle s'y brise et se jette ensuite du côté de l'Asie, d'où elle retourne du côté de l'Europe aux promontoires qui sont vers les Hesties. De là changeant encore son cours, elle coule vers l'Asie au promontoire appelé le Bœuf, où l'on rapporte qu'Io s'arrêta pour la première fois après avoir passé le détroit. Enfin de ce promontoire du Bœuf l'eau prend son cours vers Byzance où, se partageant, la plus petite partie va former le golfe appelé la Corne, et la plus grande vient de l'autre côté, où est Calcédoine. Mais cette partie n'a plus à beaucoup près la même force; car après avoir été jetée et rejetée tant de fois, et trouvant là de quoi s'étendre, elle s'affaiblit enfin, et, n'étant plus repoussée par ses bords qu'à angle obtus, elle quitte Calcédoine et suit le détroit.

C'est ce qui donne à Byzance un fort grand avantage sur Calcédoine pour la situation, quoiqu'à juger de ces deux villes par les yeux elles paraissent également bien situées. On ne peut aborder qu'avec peine à Calcédoine, et le cours de l'eau vous emporte à Byzance, quelque chose que vous fassiez pour vous en défendre. Pour preuve de cela, c'est que quand on veut passer de Calcédoine à Byzance, on ne peut traverser le détroit en droite ligne; mais on remonte jusqu'au Bœuf et à Chrisopolis, même ville dont les Athéniens s'emparèrent autrefois par les conseils d'Alcibiade, et où ils levèrent les premiers un impôt sur ceux qui passaient dans le Pont; de là on on n'a qu'à s'abandonner au cours de l'eau, et on est nécessairement porté à Byzance. La même chose arrive soit qu'on navigue au dessus ou au dessous de cette ville. Qu'un vaisseau poussé par un vent du midi y vienne de l'Hellespont, la route est facile en côtoyant l'Europe; qu'un vent du nord au contraire en pousse un autre du Pont dans l'Hellespont en longeant encore la côte de l'Europe, il cinglera droit et sans danger de Byzance dans le détroit de la Propontide, où est Abydos et Sestos. C'est tout le contraire par rapport à Calcédoine, parce que la côte est inégale et que d'ailleurs l'île de Cyzique avance beaucoup dans la mer. Pour y venir de l'Hellespont, on est obligé de longer la côte de l'Europe; et quand on est proche de Byzance, de se détourner pour prendre la route de Calcédoine, ce qui n'est pas facile. Nous en avons dit la raison. De même en sortant de son port, il est absolument impossible de cingler droit vers la Thrace; car outre le cours de l'eau qu'il faudrait forcer, on aurait encore à surmonter, ou le vent du midi qui pousse vers le Pont, ou le vent du nord qui en fait sortir; et, soit qu'on vienne de Byzance à Calcédoine, ou qu'on aille de Calcédoine en Thrace, on ne peut pas éviter l'un ou l'autre de ces vents. Mais après avoir expliqué les avantages que les Byzantins tirent du côté de la mer, voyons les désavantages auxquels ils sont exposés du côté de la terre.

D'une mer à l'autre ils sont environnés de la Thrace et sont perpétuellement en guerre avec les peuples de ce pays. Qu'après de grands préparatifs de guerre, ils obligent une fois les Thraces de mettre bas les armes, le nombre d'hommes et de souverains est si grand, qu'une victoire ne peut les dompter tous. Qu'ils en aient vaincu un, trois plus puissans viennent les attaquer jusque dans leur pays. En vain ils font des traités et consentent à leur payer des tributs. Ils ne peuvent rien accorder à un, que cela même ne leur suscite une guerre avec plusieurs autres. En un mot, c'est une guerre dont ils ne peuvent se délivrer, et qui leur coûte néanmoins beaucoup à soutenir ; car quoi de plus dangereux qu'un mauvais voisin, et y a-t-il guerre plus cruelle que celle que font les Barbares ?

Outre ces guerres et les calamités dont elles ont coutume d'être suivies, ils souffrent encore du côté de la terre une peine à peu près semblable à celle que souffre Tantale chez les poètes. Quand ils ont bien cultivé leurs terres, et qu'ils sont prêts de recueillir les beaux fruits qu'elles portent, ces Barbares font une irruption, en gâtent une partie et emportent l'autre, et ne laissent aux Byzantins que le regret d'avoir travaillé et dépensé beaucoup à mettre leurs terres en état de produire de belles moissons, qu'ils ont la douleur de voir enlever. Cette guerre continuelle avec les Thraces n'a pas empêché qu'ils n'aient toujours gardé aux Grecs une exacte fidélité. Mais le comble de leur malheur fut la descente que firent les Gaulois dans leur pays sous la conduite de Comontorius. Ces Gaulois étaient du nombre de ceux qui sous Brennus étaient sortis de leur pays, et qui s'étant échappés du péril dont ils étaient menacés à Delphes, s'enfuirent vers l'Hellespont, où ils s'arrêtèrent. Les environs de Byzance leur parurent si délicieux, qu'ils ne pensèrent point à passer en Asie. Ils se rendirent ensuite maîtres de la Thrace ; et ayant établi le siège de leur empire à Tyle, ils réduisirent les Byzantins aux dernières extrémités. Dans la plus ancienne irruption que fit Comontorius, le premier de leurs rois, les Byzantins lui donnèrent tantôt trois, tantôt cinq, tantôt dix mille pièces d'or pour empêcher qu'il ne fît du dégât sur leurs terres. Enfin la somme alla jusqu'à quatre-vingts talens par an, qu'ils payèrent jusqu'à la chute de cette monarchie, laquelle arriva sous Cavarus. Les Gaulois tombèrent à leur tour sous la puissance des Thraces, qui ne firent quartier à aucun, et qui en éteignirent entièrement la race.

Pendant que les Byzantins étaient accablés des tributs qu'on levait sur eux, ils dépêchèrent d'abord chez les Grecs, pour les prier d'avoir compassion de leur malheur et de venir à leur secours. La plupart ne daignèrent seulement pas les écouter, ce qui les obligea à exiger un impôt de ceux qui passaient dans le Pont ou qui en sortaient. Cet impôt étant fort onéreux, tout le monde en rejeta la faute sur les Rhodiens, qui passaient alors pour les plus puissans sur la mer, et de là vint la guerre dont nous avons à parler ; car les Rhodiens ouvrirent enfin les yeux sur le tort que faisait à leurs voisins et à eux le paiement qu'exigeaient les Byzantins. D'abord après s'être fait des alliés, ils envoyèrent des ambassadeurs à Byzance pour demander la révocation de l'impôt. Les Byzantins n'eurent aucun égard à leur demande. Hécatondore et Olympiodore qui étaient alors à la tête des affaires, soutinrent aux ambassadeurs de Rhodes que c'était avec juste raison qu'on levait cet impôt. Les ambassadeurs se retirèrent sans avoir pu rien obtenir. On résolut aussitôt à Rhodes de déclarer la guerre aux Byzantins. On commença par envoyer des messages à Prusias, pour l'engager à entrer dans cette guerre. On savait que ce roi avait des raisons pour ne pas être ami des Byzantins. Ceux-ci firent la même chose de leur côté. Ils envoyèrent solliciter du secours à Attale et à Achée. Le premier ne demandait pas mieux ; mais resserré par Achée dans les états de ses pères, il ne pouvait les secourir que faiblement : Achée promit aussi de les soutenir. Comme il était maître de tout le pays en deçà du mont Taurus, et qu'il avait pris depuis peu le titre de roi, de si grandes forces enflèrent autant le courage des Byzantins, qu'elles inspirèrent de crainte aux Rhodiens et à Prusias. D'ailleurs Achée était parent de cet Antiochus, qui avait succédé au royaume de Syrie ; et voici pourquoi il s'était acquis cette grande domination dont nous venons de parler.

CHAPITRE XII.

Achée se fait déclarer roi. — Prusias, mécontent des Byzantins se joint aux Rhodiens pour leur faire la guerre. — Mauvaise fortune des Byzantins. — Fin de la guerre. — État des affaires dans l'île de Crète. — Les Synopéens se défendent contre Mithridate.

Seleucus père d'Antiochus étant mort, laissa le royaume à l'aîné de ses enfans, qui s'appelait comme lui Séleucus. Environ deux ans avant la guerre dont nous parlions tout à l'heure, ce jeune prince apprit qu'Attale s'était soumis tout le pays d'en deçà du mont Taurus. Comme ce pays était de sa domination, il se mit en marche avec une grande armée pour le reconquérir, et Achée son parent ne manqua pas de l'accompagner. Séleucus ayant été tué dans cette guerre par Apatorius, Gaulois, et par Nicanor, Achée vengea aussitôt la mort de son parent par celle de ses deux assassins, prit le commandement des troupes, et se comporta avec tant de sagesse et de grandeur d'âme que, quoique les conjonctures et l'inclination des troupes concourussent à lui mettre le diadème sur la tête, il le refusa pour le conserver à Antiochus le plus jeune des enfans de Séleucus. Après avoir reconquis tout le pays usurpé par Attale, qu'il renferma dans la ville de Pergame, et avoir réduit sous sa puissance tout le reste, tant d'heureux succès lui enflèrent le cœur, et sa probité naturelle succomba sous le poids d'une si grande fortune. Il prit le diadème, se fit appeler roi, et se rendit redoutable aux rois et aux autres puissances du pays situé en deçà du Taurus, et qu'il venait de subjuguer. C'était principalement sur ce roi que les Byzantins comptaient lorsqu'ils entreprirent la guerre contre les Rhodiens et Prusias.

Disons aussi un mot des raisons qu'avait Prusias pour ne pas vouloir de bien aux Byzantins. Il leur reprochait premièrement qu'après lui avoir décerné des statues, non seulement ils avaient oublié de les dresser, mais s'en étaient encore moqués. Il leur faisait encore un crime de s'être employés avec chaleur pour réconcilier Achée avec Attale, réconciliation qui ne pouvait lui être que très-désavantageuse. Un troisième sujet de ressentiment, c'est qu'à la célébration des jeux consacrés à Minerve, les Byzantins avaient envoyé de leurs citoyens pour faire avec Attale des sacrifices, et qu'ils ne lui avaient envoyé personne lorsqu'il avait célébré la fête des Sotéries. Pendant que la colère couvait dans son cœur, les Rhodiens vinrent lui donner l'occasion de la faire éclater, et il la saisit avec joie. Il convint avec les ambassadeurs que les Rhodiens attaqueraient les Byzantins par mer, et que lui leur ferait par terre tout le mal qu'il pourrait. C'est ainsi que commença la guerre des Rhodiens contre les Byzantins.

Ceux-ci comptant toujours qu'Achée viendrait à leur secours, commencèrent la guerre avec vigueur. Ils firent venir Tibitès de Macédoine, bien résolus de donner autant d'affaires à Prusias qu'il leur en donnerait. Ce prince irrité marche contre eux et s'empare d'Hiéron, place située à l'entrée du Pont, et que les Byzantins avaient depuis peu achetée fort cher, tant à cause de l'heureuse situation de la place, que pour mettre à couvert de toute insulte les marchands qui naviguaient sur le Pont, leurs esclaves et leur commerce de mer. Il gagna aussi sur eux la partie de la Mysie, que les Byzantins possédaient depuis long-temps dans l'Asie. Les Rhodiens de leur côté équipèrent six vaisseaux, auxquels ils en joignirent quatre que leurs alliés leur avaient fournis; et ayant donné le commandement de cette escadre à Xénophante, ils se mirent sur l'Hellespont. Neuf de ces vaisseaux restèrent à l'ancre auprès de Sestos pour incommoder ceux qui naviguaient dans le Pont, et Xénophante avec le dixième alla harceler Byzance, pour voir si la crainte de la guerre n'y porterait point au repentir. Ayant trouvé de la résistance, il retourna vers les autres vaisseaux, et toute l'escadre reprit la route de Rhodes.

Alors les Byzantins envoyèrent presser Achée de les secourir, et firent faire de nouvelles instances à Tibitès, auquel ils croyaient que le royaume de Byzance appartenait autant qu'à Prusias, dont il était oncle. Cette résolution des Byzantins engagea les Rhodiens à faire tous leurs efforts pour avancer les affaires. Comme les Byzantins ne soutenaient cette guerre avec tant de fermeté et de constance que parce qu'ils comptaient sur le secours d'Achée, et que d'ailleurs ce prince souhaitait fort de tirer des mains de Ptolémée Andromaque son père qui était détenu dans Alexandrie, les Rhodiens envoyèrent demander Andromaque à Ptolémée. Ils avaient déjà auparavant fait cette démarche; mais ils la firent alors sérieusement, jugeant bien qu'après avoir rendu ce service à Achée, ils en obtiendraient facilement tout ce qu'ils voudraient. Les ambassadeurs ne trouvèrent pas d'abord Ptolémée disposé à relâcher Andromaque, de la détention duquel il espérait faire un jour bon usage. Il lui restait encore quelques différends à vider avec Antiochus, et avec Achée qui, s'étant depuis peu fait appeler roi, pouvait décider en maître de certaines choses importantes. Car cet Andromaque, outre qu'il était père d'Achée, était encore frère de Laodicée femme de Seleucus. Néanmoins son penchant pour les Rhodiens, et le désir qu'il avait de les favoriser en tout, l'emporta sur toute autre considération. Il leur permit de prendre Andromaque, et de le remettre entre les mains d'Achée son fils. Ils le remirent aussitôt, et décernèrent outre cela quelques honneurs à Achée, et par là ruinèrent entièrement toutes les espérances des Byzantins. Ce ne fut pas le seul malheur qui leur arriva. Tibitès mourut dans le voyage de Macédoine à Byzance. Cette mort rompit encore toutes leurs mesures, et leur fit perdre toute espérance. Ces revers de fortune inspirèrent une nouvelle ardeur à Prusias. Pendant qu'il pressait les Byzantins du côté de l'Asie, les Thraces qu'il avait pris à sa solde les serraient tellement du côté de l'Europe, qu'ils n'osaient sortir de leurs portes : de sorte que n'ayant plus rien à espérer, ils ne cherchaient plus qu'un honnête prétexte de sortir de cette guerre.

Sur ces entrefaites Cavarus roi des Gaulois vint à Byzance ; et, souhaitant que cette guerre fût terminée, il employa sa médiation avec tant de zèle, qu'enfin Prusias et les Byzantins consentirent à un accommodement. Au premier avis que les Rhodiens en reçurent, pour conduire leur projet à sa fin, ils députèrent Aridicès vers les Byzantins, et le firent accompagner par Polémoclès avec trois galères, comme pour présenter aux Byzantins la guerre ou la paix. A leur arrivée la paix se conclut, Cothon fils de Calligiton étant alors grand-prêtre à Byzance. Le traité avec les Rhodiens portait simplement : « que les Byzantins n'exigeraient » aucun tribut de ceux qui navigueraient » dans le Pont ; et que moyennant cela les » Rhodiens vivraient avec eux en paix. »

Le traité avec Prusias portait, « que dorénavant il y aurait paix et amitié perpétuelle » entre Prusias et les Byzantins ; que Prusias » n'exercerait aucune sorte d'hostilités contre » les Byzantins, ni ceux-ci contre Prusias ; » que ce roi rendrait aux Byzantins sans rançon » toutes leurs terres, ainsi que les forteresses, » les peuples et les prisonniers qu'il avait pris » sur eux ; et outre cela les vaisseaux qu'il leur » avait gagnés au commencement de la guerre, » tout ce qu'il y avait d'armes dans les forts qu'il » avait emportés, et le bois, le marbre et la » tuile qu'il avait enlevés du lieu sacré, lorsque » craignant l'arrivée de Tibitès il avait pris des » forteresses tout ce qui lui paraissait bon à » quelque chose ; qu'enfin Prusias serait obligé » de faire rendre aux laboureurs de Mysie, » pays de leur domination, tout ce que les » Bithyniens leur avaient pris. » Ainsi commença, ainsi finit la guerre entre Prusias et les Byzantins.

Vers le même temps les Cnossiens firent demander par des ambassadeurs aux Rhodiens les vaisseaux qu'avait Polémoclès, en les priant d'y joindre trois vaisseaux qui ne fussent point armés en guerre. Les Rhodiens les leur accordèrent. Quand ces vaisseaux furent arrivés à l'île de Crète, les Éleuthernéens conçurent des soupçons, parce que Polémoclès avait fait mourir Timarque, un de leurs citoyens, pour faire plaisir aux Cnossiens. Ils demandèrent d'abord qu'on leur fît raison de cet attentat, puis ils déclarèrent la guerre aux Rhodiens.

Peu de temps auparavant les Lyttiens avaient été frappés d'un malheur extraordinaire dans lequel toute l'île de Crète était enveloppée. Les Cnossiens s'étant joints aux Gortyniens, s'étaient rendus maîtres de toute cette île, à l'exception de la ville des Lyttiens. Cette résistance d'une seule ville les irrita. Ils résolurent d'y mettre le siège et de la renverser de fond en comble, pour faire un exemple et inspirer de la terreur aux autres Crétois. Ceux-ci d'abord prirent tous les armes pour défendre les Lyttiens. Mais il s'éleva entre eux, comme c'est l'ordinaire parmi ce peuple, quelque jalousie pour je ne sais quelles bagatelles, et cette jalousie dégénéra bientôt en une sédition. D'un autre côté les Polyrrhéniens, les Cérètes, les Lampéens, les Oriens et les Arcadiens abandonnèrent de concert les Cnossiens, et convinrent entre eux de prendre la défense des Lyttiens. La division se mit aussi parmi les Gortyniens : les plus âgés se déclarant pour les Cnossiens, les plus jeunes pour les Lyttiens. Les Cnossiens épouvantés de ce soulèvement de leurs alliés, firent venir à leur secours un corps de mille Étoliens ; après quoi les plus âgés de Gortyne s'emparèrent de la citadelle, y firent entrer pêle-mêle les Cnossiens et les Étoliens, chassèrent une partie de leurs jeunes gens, tuèrent l'autre, et livrèrent la ville aux Cnossiens.

Les Lyttiens quelque temps après étant sortis en grand nombre de leur pays pour quelque expédition, les Cnossiens en eurent avis, et aussitôt s'emparèrent de Lytte, où il n'y avait personne pour la défense ; ils firent transporter les femmes et les enfans à Cnosse, brulèrent et renversèrent toute la ville, et retournèrent chez eux. Les Lyttiens à leur retour furent si consternés en voyant les ruines de leur patrie, qu'aucun d'eux n'eut la force d'y entrer. Ils tournèrent tout autour en poussant des cris lamentables sur leur malheur et sur celui de leur ville, puis rebroussant chemin, ils s'allèrent jeter entre les bras des Lampéens, qui les reçurent avec beaucoup de bonté. De citoyens devenus en un jour étrangers, ils firent avec leurs alliés la guerre aux Cnossiens. Ce fut ainsi que Lytte, colonie et alliée des Lacédémoniens, la plus ancienne ville de Crète, et de qui sans contredit étaient sortis les plus grands hommes de cette île, périt sans ressource et de la manière du monde la plus étonnante.

Les Polyrrhéniens, les Lampéens et leurs alliés étaient alors en guerre avec les Cnossiens, dont les Étoliens prenaient la défense. Pour contrebalancer ce secours, ils expédièrent des ambassadeurs vers les Achéens et vers Philippe, qui n'étaient point amis des Étoliens, pour les prier de faire alliance avec eux, et de leur prêter des secours. L'alliance fut aussitôt conclue, et on leur envoya quatre cents Illyriens sous le commandement de Plator, deux cents Achéens et cent Phocéens. Ce secours avança beaucoup les affaires des Polyrrhéniens et de leurs alliés. En fort peu de temps les Éleuthernéens, les Cudoniates et les Aptéréens renfermés dans l'enceinte de leurs murailles, furent forcés de quitter l'alliance des Cnossiens, et de prendre les armes en faveur de ceux qui les attaquaient. Après quoi les Polyrrhéniens et leurs alliés envoyèrent à Philippe et aux Achéens cinq cents Crétois. Les Étoliens, peu de temps auparavant, en avaient reçu mille des Cnossiens, en sorte que ce furent les Crétois qui soutinrent cette guerre pour les uns et pour les autres. Les transfuges de Gortyne s'emparèrent aussi alors non seulement du port de Phestie, mais aussi de celui de leur propre ville, et de là ils faisaient la guerre aux habitans. Tel était l'état des affaires dans l'île de Crète.

Ce fut encore vers ce temps que Mithritrade déclara la guerre aux Sinopéens, guerre qui fut comme le commencement et l'occasion de tous les malheurs qui sont enfin tombés sur ce peuple. Ils envoyèrent des ambassadeurs à Rhodes pour demander du secours. Les Rhodiens choisirent pour cela trois citoyens, à qui ils donnèrent cent quarante mille drachmes. Sur cette somme on fournit aux Sinopéens tout ce qui leur était nécessaire, mille tonneaux de vin, trois cents livres de crins cordés, cent livres de cordes à boyaux préparées, trois mille pièces d'or au coin de la république, quatre catapultes, et des hommes pour les faire jouer. Les ambassadeurs, après avoir obtenu ce secours, retournèrent à Sinope, où, dans la crainte que Mithridate n'assiégeât la ville par terre et par mer, on se disposait à soutenir la guerre de l'un et de l'autre côté.

Sinope est située à la droite du Pont en allant vers le Phase. Elle est bâtie sur une presqu'île qui s'avance dans la mer, et couvre entièrement l'isthme qui joint cette presqu'île à l'Asie, et qui n'est que d'environ deux stades. Le reste de la presqu'île qui s'avance dans la mer est un terrain plat, et d'où il est aisé d'approcher de la ville, mais les bords tout autour du côté de la mer, sont escarpés, et il n'y a que très-peu d'endroits où l'on puisse aborder. Les Sinopéens craignant que Mithridate n'attaquât la ville du côté de l'Asie, et qu'il ne fît une descente par mer au côté opposé et ne s'emparât des plaines et des postes qui dominent la ville, fortifièrent de pieux et de fossés tous les endroits de la presqu'île où l'on pouvait aborder, firent porter des armes dans les endroits qu'il était facile d'insulter, et y postèrent des troupes. Comme cette presqu'île n'est pas d'une grande étendue, avec peu de monde il est aisé de la défendre.

CHAPITRE XIII.

Les Étoliens tentent de surprendre Égyre, ils manquent leur entreprise. — Euripidas leur préteur, pour se venger, ravage différentes contrées de la Grèce. — Faute de Philippe. — Irruption de Scopas sur la Macédoine.

Retournons à la guerre sociale. Philippe partit de Macédoine et se jeta dans la Thessalie et dans l'Épire, pour passer de là dans l'Étolie. Vers le même temps Alexandre et Dorimaque voulant surprendre Égire, assemblèrent environ douze cents Étoliens à OEnanthie, ville d'Étolie, située vis-à-vis d'Égire, et, ayant disposé des pontons, ils n'attendaient plus qu'un temps propre pour exécuter leur dessein. Un Étolien qui avait vécu long-temps à Égire, s'aperçut que les gardes de la porte d'Égion ne pensaient qu'à boire et à se divertir. Il était venu souvent trouver Dorimaque, qu'il connaissait homme à pareilles entreprises, pour lui persuader d'entrer furtivement dans Égire. Cette ville bâtie sur le golfe de Corinthe entre Égion et Sicyone, à environ sept stades de la mer dans le Péloponnèse, est située sur des hauteurs escarpées et inaccessibles, d'où la vue s'étend sur le Parnasse et sur d'autres lieux circonvoisins. Dès que Dorimaque voit le temps favorable, il se met en mer, et loge pendant la nuit ses gens près du fleuve qui coule aux pieds de la ville; puis s'avance avec Alexandre, Archidamus et les Étoliens par le chemin qui conduit d'Égion à Égire. En même temps le traître Étolien s'étant détaché avec vingt des plus hardis, et ayant gagné par des chemins détournés qu'il connaissait parfaitement, le haut des rochers, entra dans la ville par un aqueduc. Les gardes de la porte dormaient tranquillement. On les égorgea dans leurs lits; on brisa à coups de haches les barres des portes. Les Étoliens entrent, se jettent inconsidérément dans la ville, et crient d'abord victoire. Ce fut ce qui sauva les habitans et ce qui perdit les Étoliens, qui s'imaginaient que, pour être maîtres d'une ville, c'était assez que d'être au dedans des portes. Dans cette pensée ils s'arrêtèrent quelque temps sur la place, puis se répandirent dans la ville, et ne respirant que le pillage, se précipitèrent dans les maisons pour les saccager.

Le jour commençait alors à paraître. Ceux des habitans qui ne s'attendaient à rien moins qu'à cette entreprise, et dans les maisons desquels les ennemis étaient entrés, s'enfuirent épouvantés hors de la ville, ne doutant plus que les Étoliens n'en fussent absolument les maîtres. Mais les autres, chez qui l'on n'était pas encore entré, entendirent le bruit, crièrent au secours, et montèrent tous à la citadelle. Le nombre s'augmentant toujours de plus en plus, leur courage et leur hardiesse s'accrut à proportion, au lieu que le gros des Étoliens, dont une partie s'était dispersée, était en désordre. Dorimaque sentit le péril auquel ses gens étaient exposés. Il les fit marcher vers la citadelle, dans la pensée que cette troupe d'Égiriens, effrayée de l'audace avec laquelle on les attaquerait, serait bientôt renversée. Alors les Égiriens s'animent les uns les autres, et se battent avec valeur. Comme la citadelle n'avait point de murailles, l'action se passa de près et d'homme à homme. On peut juger de la chaleur du combat par les dispositions des combattans, les uns ayant à défendre leur patrie et leurs enfans, les autres ne pouvant sauver leur vie que par la victoire. Enfin les Étoliens tournèrent le dos, et les Égiriens qui les virent ébranlés saisissant l'occasion, se mirent à leur poursuite avec tant d'ardeur, que les Étoliens en fuyant s'écrasaient et se foulaient aux pieds les uns les autres, sous les portes de la ville. Alexandre fut tué dans cette action, et Dorimaque étouffé au passage. Le reste des Étoliens fut en partie écrasé sous les portes, d'autres en fuyant se précipitèrent du haut des rochers, le peu qui put regagner les vaisseaux mit honteusement à la voile sans armes et sans espérance de se venger. Ce fut ainsi que les Égiriens, qui par leur négligence avaient pensé perdre leur patrie, la recouvrèrent par leur courage et leur intrépidité.

En ce même temps Euripidas, que les Étoliens avaient envoyé pour commander les Éléens, ravagea les terres des Dyméens, des Pharéens et des Tritéens, et fit dans l'Élide un butin considérable. Mycus le Dyméen, qui était alors lieutenant du préteur des Achéens, et qui avait assemblé de grandes forces pour venger tous ces peuples dépouillés, le poursuivit comme il se retirait. Mais il tomba par trop de vivacité dans une embuscade, où quarante de ses gens furent tués et deux cents faits prisonniers. Ce succès exalta les espérances d'Euripidas. Il se mit en marche quelques jours après, et emporta un fort des Dyméens, nommé Tichos, situé près du cap Araxe, et bâti, selon la fable, par Hercule, qui en voulait faire une place de guerre contre les Éléens. Après cet échec, les peuples de Dyme, de Pharé et de Tritée ne se croyant pas en sûreté, depuis que leur fort avait été pris, donnèrent avis aux préteurs des Achéens de ce qui s'était passé, et lui demandèrent du secours; puis ils envoyèrent des ambassadeurs pour le même sujet. Mais Aratus ne pouvait alors lever des soldats étrangers, parce que les Achéens avaient manqué de leur payer quelque reste qui leur était dû depuis la guerre de Cléomène : et d'ailleurs ce préteur, pour le dire en un mot, n'avait ni esprit pour former des entreprises, ni courage pour les exécuter; ce qui fut cause de ce que Lycurgue prit l'Athénée, citadelle de Mégalopolis, et qu'Euripidas s'empara encore dans la suite de Gorgon et de Telphussie.

Comme il n'avait donc rien à espérer d'Aratus, les Dyméens, les Pharéens et les Tritéens résolurent de ne plus rien donner aux Achéens, mais de lever par eux-mêmes des soldats étrangers. Ils en levèrent trois cents d'infanterie et cinquante chevaux, pour mettre leur pays à couvert d'insulte. Cette résolution était assez avantageuse à leurs intérêts particuliers, mais très-préjudiciable au bien commun de la nation. Par-là ils mettaient les armes à la main à tous ceux qui ne cherchaient qu'un prétexte pour se jeter dessus et la ruiner. Le préteur fut la principale cause de ce décret odieux, par sa négligence et les délais perpétuels qu'il apportait, lorsqu'il s'agissait de secourir ceux qui avaient recours à lui.

Au reste il n'y a personne qui en pareille occasion n'eût fait et ne fasse comme ces peuples. On tient à ses alliés et à ses amis tant qu'on espère d'eux du secours ; mais lorsque dans le péril on s'en voit abandonné, on fait ce qu'on peut pour se tirer soi-même d'embarras. Ainsi je ne blâme pas ces peuples d'avoir fait en particulier des levées de soldats étrangers ; mais ils avaient grand tort de refuser à la république ce qu'ils avaient coutume de lui payer. Qu'ils veillassent à leur intérêt particulier, cela était juste ; mais cela ne devait pas empêcher qu'ils ne contribuassent au bien commun lorsque les occasions s'en présenteraient. Ils y étaient d'autant plus obligés, qu'en vertu des lois ils n'auraient pas manqué de regagner ce qu'ils auraient donné, et qu'ils avaient eu la principale part dans la fondation et l'établissement de la république achéenne.

Pendant que ces choses étaient en cet état dans le Péloponnèse, Philippe ayant traversé la Thessalie était venu en Épire, où après avoir joint grand nombre d'Épirotes aux Macédoniens, trois cents frondeurs qui lui étaient arrivés d'Achaïe, et trois cents Crétois que lui avaient fournis les Polyrrhéniens, il vint par l'Épire dans le pays des Ambraciotes. Si d'abord il s'était jeté avec toutes ses forces sur l'Étolie, il aurait tout d'un coup terminé la guerre; mais s'étant arrêté, d'après les conseils des Épirotes, à assiéger Ambracie, il donna aux Étoliens le temps non seulement d'attendre de pied ferme, mais encore de prendre leurs sûretés pour l'avenir. En cela les Épirotes consultaient bien moins le bien des alliés que leur intérêt particulier. Ils ne prièrent Philippe de commencer par là son expédition que parce que souhaitant avec ardeur de gagner Ambracie sur les Étoliens, il n'y avait pour cela d'autre moyen que de se rendre maître d'Ambracie, et tenir de là la ville en échec. Ce château est bien bâti, fermé de murailles et fortifié d'ouvrages avancés. Il est dans des marais, et on ne peut en approcher que par un chemin qui était fait de terres rapportées. Il commande avantageusement et le pays et la ville des Ambraciotes.

Philippe donc s'était campé devant Ambracie, et se disposait à en faire le siège, lorsque Scopas ayant avec un corps d'Étoliens traversé la Thessalie, se jeta sur la Macédoine, porta le ravage dans les plaines de Piérie, et fit marcher vers Dié tout le butin qu'il avait fait. Comme les habitants avaient abandonné cette ville, il en renversa les murailles, les maisons et l'académie. Il mit le feu aux galeries qui étaient autour du temple, il réduisit en cendres tous les présents qui y étaient, ou pour l'ornement ou pour la commodité de ceux qui venaient aux fêtes publiques, et abattit les tableaux des rois. Quoique dès le commencement de la guerre il eût attaqué les dieux aussi bien que les hommes, quand il fut de retour en Étolie, loin d'être puni de ses impiétés, on l'y regarda comme un homme qui avoit bien mérité de la république, on l'y reçut avec de grands honneurs, on n'en parla qu'avec admiration. Il remplit lui-même les Étoliens de nouvelles espérances, et grossit leurs exploits par son éloquence ; de sorte qu'ils se persuadèrent que dorénavant personne n'oserait plus se présenter devant les Étoliens, et qu'eux au contraire ravageraient impunément non seulement le Péloponnèse, comme ils avaient coutume de faire, mais encore la Thessalie et la Macédoine.

CHAPITRE XIV.

Conquêtes de Philippe dans l'Étolie. — Il passe l'Achéloüs, se rend maître d'Itorie, de Péanion, d'Élée. — Il retourne en Macédoine pour en chasser les ennemis.

Ces nouvelles firent sentir à Philippe que ce serait lui qui porterait la peine de l'ignorance et de l'ambition des Épirotes. Il continua cependant le siège d'Ambracie. Il fit élever des chaussées, et pressa les habitants avec tant de vigueur, que la peur les saisit, et qu'au bout de quarante jours ils capitulèrent. La garnison, qui était de cinq cents Étoliens, fut mise hors de la citadelle, avec assurance qu'il ne lui serait fait aucune insulte, et la citadelle même, Philippe la donna aux Épirotes, et contenta ainsi leur passion. Il se mit aussitôt en marche par Charadre, dans le dessein de traverser le golfe Ambracien, qui est fort proche du Temple des Acarnaniens appelé Action. Ce golfe vient de la mer de Sicile entre l'Épire et l'Acarnanie. Son entrée est très étroite, à peine a-t-elle cinq stades de largeur. Plus avant dans les terres il est large de cent stades, et long de trois cents en comptant depuis la mer. Il sépare l'Épire de l'Acarnanie, ayant celui-là au septentrion et celle-ci au midi. Philippe fit passer le golfe à son armée, traversa l'Acarnanie, y grossit son armée de deux mille hommes de pied Acarnaniens et de deux cents chevaux, et alla se retrancher devant Phoétée, ville d'Étolie. En deux jours il avança tellement les ouvrages, que les habitants effrayés se rendirent à composition. Ce qu'il y avait d'Étoliens dans la garnison sortit sain et sauf. La nuit suivante, cinq cents Étoliens vinrent au secours de la ville, ne sachant pas qu'elle eût été prise. Philippe, qui avait pressenti leur arrivée, se logea dans certains postes avantageux, tailla en pièces la plus grande partie de ces troupes : le reste fut fait prisonnier, très-peu lui échappèrent. Puis ayant fait distribuer à son armée du blé pour trente jours, (car les magasins de la ville en étaient pleins,) il s'avança vers Strate, et campa à dix stades de la ville le long de l'Achéloüs. De là il ravagea impunément le pays, sans que personne osât lui résister.

Dans ce temps-là les affaires tournaient mal pour les Achéens. Sur le bruit que Philippe était proche, ils lui envoyèrent des ambassadeurs pour le prier de vouloir bien les secourir. Ils eurent audience de lui à Strate, et entre autres choses que portaient les instructions, ils lui firent voir les avantages que son armée tirerait de cette guerre, que pour cela il n'avait qu'à doubler le cap de Rhios et à se jeter sur l'Élide. Philippe, après les avoir entendus, dit qu'il verrait ce qu'il aurait à faire, et cependant donna ordre qu'on les retînt, sous prétexte qu'il avait quelque chose à leur communiquer, puis il leva le camp et marcha vers Métropolis et Conope. Alors les Étoliens se réfugièrent dans la citadelle de Métropolis, et quittèrent la ville. Philippe y fit mettre le feu, et avança sans s'arrêter vers Conope.

La cavalerie étolienne se présenta pour lui disputer le passage du fleuve, à vingt stades de la ville, elle espérait ou qu'elle arrêterait le roi, ou que du moins le passage coûterait cher à son armée. Philippe qui prévit leur dessein, commanda aux soldats armés de boucliers, couverts de cuir, de se jeter dans le fleuve, et de le traverser par bataillons et en faisant la tortue. Cela fut exécuté. Quand la première troupe fut passée, la cavalerie étolienne chargea, mais comme cette troupe ne s'ébranlait pas, et que la seconde et la troisième passaient pour l'appuyer, les Étoliens ne jugèrent pas à propos d'engager le combat, ils reprirent le chemin de la ville, et n'osèrent plus dans la suite faire les fanfarons que derrière des murailles. Le roi passa donc l'Achéloüs, porta le ravage dans la campagne, et s'approcha d'Itorie. C'est une place également fortifiée par la nature et par l'art, et située sur la route où le roi devait passer. La garnison épouvantée, n'attendit pas pour déloger que Philippe fût arrivé. La citadelle fut rasée, et les fourrageurs eurent ordre de faire la même chose de tous les autres forts du pays. Les défilés passés, il marcha lentement, donnant aux troupes le temps de piller la campagne; et quand elles se furent suffisamment fournies de tout ce qui leur était nécessaire, il vint aux Oeniades, et de là à Péanion, qu'il résolut d'abord de prendre. Il le prit en effet après quelques assauts vigoureux. Cette ville n'était pas d'un grand circuit, cela n'allait pas jusqu'à sept stades; mais à juger de cette ville par ses maisons, ses murailles et ses tours, elle n'en était pas indifférente. Les murailles furent renversées, et les bâtimens démolis. Quant aux matériaux, le roi les fit transporter par le fleuve sur des radeaux jusqu'aux Oeniades. Les Étoliens avaient d'a-

bord fortifié la citadelle de cette ville de murailles, ils l'avaient fournie de toutes sortes de munitions; cependant ils n'eurent pas la résolution de soutenir le siége, à l'approche de Philippe ils se retirèrent. Maître de cette ville il passa à un fort du pays des Calydoniens nommé Éléc, fortifié de murailles et plein de munitions de guerre, données par Attalus aux Étoliens. Les Macédoniens prirent encore ce fort d'emblée, et ayant ravagé toutes les terres des Calydoniens, ils revinrent aux Oeniades. Philippe ayant considéré la situation de cette ville, et l'avantage qu'il en tirerait, surtout pour passer dans le Péloponnèse, il lui prit envie de la fermer de murailles. En effet, cette ville est située sur le bord de la mer à l'extrémité de l'Acarnanie, où cette province se joint à l'Étolie vers la tête du golfe de Corinthe. Sur la côte opposée dans le Péloponnèse sont les Dyméens, et l'Araxe n'en est éloigné que de cent stades. Le roi fit donc fortifier la citadelle, il fit fermer de murailles l'arsenal et le port, et pensait à joindre tout cela à la citadelle, se servant pour la construction des bâtimens des matériaux qu'il avait fait venir de Péanion.

Il était tout occupé de ces projets, lorsqu'un courrier vint de Macédoine lui apprendre que les Dardaniens, soupçonnant qu'il avait des vues sur le Péloponnèse, levaient des troupes et faisaient de grands préparatifs de guerre, dans le dessein d'entrer dans la Macédoine. Sur cet avis, il ne balança point à courir au secours de son royaume. Il renvoya les ambassadeurs des Achéens, les assurant qu'aussitôt qu'il aurait mis ordre aux affaires de la Macédoine, avant toutes choses il ferait son possible pour secourir leur république. Il partit en diligence, et prit pour retourner la même route qu'il avait prise pour venir. Comme il se disposait à passer le golfe d'Ambracie, pour aller d'Acarnanie en Épire, il rencontra Démétrius de Pharos, qui, chassé d'Illyrie par les Romains, se sauvait sur une simple chaloupe. Nous avons déjà rapporté l'histoire de cette défaite. Philippe le reçut avec bonté et lui dit de prendre la route de Corinthe, et de venir en Macédoine par la

Thessalie. Au premier avis qu'il était arrivé à Pella dans la Macédoine, les Dardaniens furent effrayés, et congédièrent leur armée, quoiqu'elle fût presque dans ce royaume. Cette retraite des Dardaniens fit que Philippe donna congé à tous les Macédoniens, et les envoya faire leur moisson ; après quoi il alla dans la Thessalie, et passa le reste de l'été à Larisse.

CHAPITRE XV.

Dorimaque fait préteur des Étoliens, ravage l'Épire. — Marche de Philippe. — Déroute des Éléens au mont Apelaure.

Vers ce temps-là Paul-Émile, après avoir subjugué l'Illyrie, entra triomphant dans Rome. Ce fut aussi alors qu'arriva la prise de Sagonte par Annibal, après laquelle ce général distribua ses troupes en quartiers d'hiver. Quand on eut appris cette nouvelle à Rome, on envoya des ambassadeurs à Carthage pour demander Annibal, et en même temps on se disposa à la guerre, en créant pour consuls Publius Cornélius et Tibérius Sempronius. Nous avons déjà dit quelque chose de tout cela dans le premier livre. Ceci n'est que pour rafraîchir la mémoire de ces faits, et pour joindre ensemble ceux qui sont arrivés vers le même temps. Ainsi finit la première année de la cent quarantième olympiade.

Le temps des comices étant venu, les Étoliens choisirent pour Préteur Dorimaque. Il ne fut pas plus tôt revêtu de cette dignité, qu'il se mit en campagne, et ravagea le haut Épire avec la dernière violence, moins pour son intérêt particulier que pour causer du dommage aux Épirotes. Arrivé à Dodone, il mit le feu aux galeries du Temple, dissipa les présens qui y étaient suspendus, et renversa le temple même. On ne connaît chez ce peuple ni les lois de la guerre, ni celles de la paix. Tout ce qui leur vient en pensée, ils l'exécutent sans aucun égard ni pour le droit des gens, ni pour les lois particulières. Après cette belle expédition Dorimaque retourna en Étolie.

L'hiver durait encore, et personne dans une saison si fâcheuse ne s'attendait à voir Philippe en campagne, lorsque ce prince partit de Larisse avec une armée composée de trois mille chalcaspides, ainsi nommés du bouclier d'airain qu'ils portent, de deux mille fantassins à rondaches, de trois cents Crétois, et de quatre cents chevaux de sa suite. Il passa de la Thessalie dans l'Eubée, de là à Cyne, puis traversant la Béotie et les terres de Mégare, il arriva à Corinthe sur la fin de l'hiver. Sa marche fut si prompte et si secrète, que les Péloponnésiens n'en eurent aucun soupçon. A Corinthe il fit fermer les portes, mit des sentinelles sur les chemins, fit venir de Sicyone le vieux Aratus, et écrivit au Préteur et aux villes d'Achaïe, pour leur faire savoir quand et où il fallait que les troupes se trouvassent sous les armes. Il partit ensuite, et alla camper dans le pays des Phliasiens proche Dioscore.

En même temps Euripidas avec deux cohortes d'Éléens, des pirates et des étrangers au nombre d'environ douze cents hommes et cent chevaux, partit de Psophis et passa par Phénice et Stymphale, sans rien savoir de ce que Philippe avait fait. Son dessein était de piller le pays des Sycioniens, et il devait en effet y entrer, parce que la nuit même que le roi avait mis son camp proche Dioscore, Euripidas avait passé outre. Heureusement quelques Crétois de l'armée de Philippe, qui avaient quitté leurs rangs et couraient de côté et d'autre pour fourrager, tombèrent sur sa route. Il reconnut d'abord qu'il était parmi les ennemis : mais sans rien dire de ce qui se passait, il fit faire volte-face à ses troupes, et reprenant le chemin par lequel il était venu, il voulait et espérait même prévenir les Macédoniens, et s'emparer des défilés qui se rencontrent au-delà des Stympaliens. Le roi ne savait rien de tout cela. Suivant son projet il lève son camp le matin, dans le dessein de passer proche Stymphale pour aller à Caphies, où il avait mandé que serait le rendez-vous des troupes.

Quand la première ligne des Macédoniens fut arrivée à la hauteur d'où le mont Apelaure commence à s'élever, et qui n'est éloignée de Stymphale que de dix stades, il trouva que la première ligne des Éléens y arrivait en même temps. Sur l'avis qu'Euripidas en reçut, suivi de quelques cavaliers il se déroba au péril qui le menaçait, et par des chemins détournés s'enfuit à Psophis. Le gros des Éléens, étonné de se voir sans chef, fit halte sans savoir bien ni que faire, ni de quel côté se tourner. Leurs officiers croyaient d'abord que c'était quelques Achéens qui étaient venus à leur secours. Les chalcaspides leur firent venir cette pensée, parce que les Mégalopolitains s'étaient servis de boucliers d'airain dans la bataille contre Cléomène, sorte d'armes que le roi Antigonus leur avait fait prendre. Trompés par ce rapport d'armes, ils se tranquillisaient et s'approchaient toujours des collines voisines; mais quand les Macédoniens furent plus près, les Éléens virent alors le danger où ils étaient, ils jetèrent aussitôt leurs armes et s'enfuirent en déroute. On en fit douze cents prisonniers, le reste périt partie par l'épée des Macédoniens, partie en se précipitant du haut des rochers. Il y en eut tout au plus cent qui se sauvèrent. Philippe envoya les dépouilles et les prisonniers à Corinthe, et continua sa route. Cet événement surprit agréablement les peuples du Péloponnèse; c'était une chose assez singulière qu'ils apprissent en même temps et que Philippe arrivait et qu'il était victorieux.

Il passa par l'Arcadie, où il eut beaucoup de peine à monter l'Olygyrte au travers des neiges dont il était couvert. Il arriva cependant la nuit du troisième jour à Caphies, où il fit reposer son armée pendant deux jours. Il se fit joindre là par le jeune Aratus et les Achéens qu'il avait assemblés, de sorte que son armée était environ de dix mille hommes. Il prit par Clitorie la route de Psophis; de toutes les villes où il passait, il emportait des armes et des échelles. Psophis est une ville ancienne d'Arcadie dans l'Azanide. Par rapport au Péloponnèse en général, elle est au milieu; mais par rapport à l'Arcadie, Psophis est dans la partie occidentale, et joint presque de ce côté-là les frontières d'Achaïe. Elle commande avantageusement les Éléens, avec qui elle ne faisait alors qu'une même république. Philippe campa sur des hauteurs qui sont vis-à-vis de la ville, et d'où l'on a vue non seulement sur la place, mais encore sur les lieux circonvoisins. Il fut frappé de la forte situation de cette ville, et ne savait quel parti prendre. Du côté d'occident elle est fermée par un torrent impétueux, qui, tombant des hauteurs voisines, s'est fait en peu de temps un lit fort large, où l'on ne trouve pas de gué la plus grande partie de l'hiver, et qui par là rend cette ville presque inaccessible et imprenable : l'Érimanthe la couvre du côté d'Orient, fleuve grand et rapide, et sur lequel on rapporte une infinité d'histoires. Du côté du midi le torrent se jette dans l'Érimanthe, ce qui fait comme trois fleuves qui couvrent trois faces de cette ville. Enfin au septentrion s'élève une colline fortifiée et bien fermée de murailles, qui tient lieu d'une bonne et forte citadelle. Toute la ville était entourée de murailles hautes et bien bâties, et il y avait une garnison de la part des Éléens, que commandait Euripidas qui s'y était retiré.

CHAPITRE XVI.

Escalade de Psophis. — Libéralité de Philippe à l'égard des Éléens. — Nonchalance de ce peuple à se conserver dans son ancien état. — Reddition de Thalamas.

Philippe, à la vue de ces obstacles, demeura quelque temps en suspens. Tantôt il renonçait au dessein qu'il avait eu de faire le siège de cette ville, tantôt il le reprenait par la considération des avantages qu'il en tirerait en cas qu'il réussît; car autant cette ville devait être formidable aux Achéens et aux Arcadiens tant que les Éléens en seraient les maîtres, autant leur devait-elle être avantageuse dès qu'ils la leur auraient enlevée. Il se résolut donc à l'assiéger. Pour cela il donna ordre aux Macédoniens de prendre leur repas dès le point du jour, et de se tenir prêts. Le matin il passa l'Érymanthe sur un pont, les assiégés en furent si étonnés que personne ne s'opposa à son passage. Il approche de la ville avec un appareil et une assurance qui y jettent l'épouvante. Euripidas et les habitans sont effrayés, jusqu'à-lors ils avaient cru que les ennemis n'oseraient pas mettre le siège devant une ville si forte, et si capable de le soutenir long-temps surtout dans une saison peu propre à ces sortes d'entreprises. Une autre chose les embarrassait, ils craignaient que Philippe n'eût quelque intelligence dans la ville, et qu'ils ne fussent tralis par quelques uns des habitans. Cependant comme ces soupçons se trouvèrent sans fondement, la plupart coururent à la défense des murailles.

Les mercenaires au service des Éléens firent une sortie par une porte qui est au haut de la ville pour surprendre les ennemis. Mais le roi avait donné ses ordres pour que les échelles fussent dressées en trois endroits différens, il avait aussi partagé ses Macédoniens en trois corps. Le signal se donna par les trompettes, et aussitôt on monta de tous côtés à l'assaut. Les assiégés se défendirent d'abord avec valeur, et jetèrent plusieurs des assiégeans en bas des échelles, mais les traits et les autres munitions dont ils n'avaient pris que pour cet assaut, leur manquèrent bientôt, et d'ailleurs ils avaient à faire à gens qu'il n'était pas aisé d'épouvanter. A peine un Macédonien était-il tombé de l'échelle, que le suivant prenait sa place. Les assiégés abandonnèrent enfin la ville, et se retirèrent dans la citadelle. Les Macédoniens montèrent sur les murailles, et les mercenaires, qui avaient fait la sortie, pressés par les Crétois, jetèrent honteusement leurs armes et prirent la fuite. On les mena battant jusqu'à la ville, et l'on entra pêle-mêle avec eux, en sorte que la place fut prise en même temps de tous les côtés. Les Psophidiens, leurs femmes et leurs enfans, Euripidas et tous ceux qui échappèrent aux assiégeans, se sauvèrent dans la citadelle. Tous leurs meubles furent pillés, et les maisons furent occupées par les Macédoniens.

Ceux qui s'étaient réfugiés dans la citadelle n'y avaient pas de quoi subsister. Ils virent bien que leur ruine était inévitable, s'ils ne se rendaient au plus tôt à Philippe. Ils lui envoyèrent un héraut pour le prier de permettre qu'on lui fît une députation. Les magistrats de la ville et Euripidas allèrent le trouver. On fit un traité, par lequel on leur accordait l'impunité à tous, tant citoyens qu'étrangers. Les députés retournèrent à la citadelle avec ordre de n'en laisser sortir personne que l'armée ne fût sortie de la ville, de peur que des soldats peu dociles aux ordres du prince, ne leur fissent quelque violence. Comme il tombait alors de la neige, Philippe fut obligé de rester là quelques jours, pendant lesquels il fit appeler ce qu'il y avait d'Achéens dans la ville. Dans cette assemblée il s'étendit beaucoup sur la forte situation de Psophis, et sur les avantages qu'on pourrait tirer de cette place dans les conjonctures présentes, sur la distinction qu'il faisait des Achéens par dessus les autres Grecs et sur le penchant particulier qu'il se sentait pour eux. Et ce qui mit le comble à toute cette bienveillance, il leur fit présent et les mit en possession de la ville, ajoutant qu'il les favoriserait de tout son pouvoir, et qu'il ne laisserait échapper aucune occasion de les obliger. Aratus et le peuple le remercièrent avec toutes les marques possibles de la plus vive reconnaissance, et il congédia l'assemblée. Il partit ensuite et marcha vers Lasion. Alors les Psophidiens quittèrent la citadelle, et vinrent chacun reprendre leur maison. Euripidas retourna à Corinthe, et de là en Étolie. Prostaüs de Sicyone fut fait gouverneur de la citadelle de Psophis, et on lui donna une assez bonne garnison. Pythias de Pellène commanda dans la ville.

Le bruit de cette conquête effraya la garnison de Lasion. A peine apprit-elle que le roi approchait, qu'elle abandonna la place. Le roi y entra d'emblée, et par un surcroît de bonté pour les Achéens, il en gratifia leur république. Strate fut de même désertée par les Éléens et le roi la rendit aux Telphusiens. Il arriva à Olympie après cinq jours de marche. Il y sacrifia aux Dieux, et fit un festin aux officiers de son armée. Les troupes se reposèrent là trois jours, au bout desquels il décampa et vint à Élée. Les fourrageurs se répandirent dans la campagne. Pour lui il mit son camp à Artémise. Après avoir fait là un grand butin, il reprit la route de Dioscyre. Le pays fut ravagé. On fit quantité de prisonniers, mais ceux qui se sauvèrent dans les villages voisins et dans les postes fortifiés, étaient encore en plus grand nombre. Aussi est-il vrai que le pays des Éléens est le plus peuplé et le plus fertile de tout le Péloponnèse. Il y a telles familles parmi ce peuple, qui ayant quelques biens à la campagne, aiment tant à les cultiver, que depuis deux ou trois générations on n'en a vu personne mettre le pied dans Élée.

Cet amour pour la campagne s'est accru par le grand soin qu'ont eu les magistrats de ceux qui y font leur demeure. Dans chaque endroit il y a des juges pour y faire rendre la justice, et l'on veille exactement à ce que les besoins de la vie ne leur manquent pas. Il y a beaucoup d'apparence que ce qui les a portés à prendre tous ces soins et à établir ces lois, c'est la grande étendue du pays, et principalement la vie sainte qu'on y menait autrefois, lorsque toute la Grèce regardant l'Élide comme sacrée, à cause des combats olympiques qui s'y célébraient, les habitans vivaient tranquilles à l'ombre de cette glorieuse distinction, et sans rien craindre des maux que la guerre entraîne avec elle. Mais depuis que les Arcadiens ont prétendu que Lasion et la Pisatide leur appartenaient, les Éléens obligés, pour se défendre, de changer leur genre de vie, n'ont rien fait pour recouvrer leurs anciennes immunités. Ils sont toujours restés dans l'état où la guerre les avait mis. Pour parler ingénument, je trouve cette nonchalance très blâmable. Nous demandons la paix aux dieux dans nos prières, pour l'avoir il n'y a rien à quoi l'on ne s'expose, c'est de tous les biens celui à qui ce titre est le moins contesté; se peut-il faire sans une extrême imprudence que les Éléens aient négligé ce bien précieux jusqu'à ne pas se donner le moindre mouvement pour l'obtenir des Grecs, et le perpétuer chez eux : Ils sont d'autant plus coupables, qu'ils n'avaient pour cela rien à faire, qui ne fût dans les règles de la justice et de la bienséance.

Ce genre de vie, dira-t-on, les exposait aux insultes de ceux qui sans égard pour les traités leur auraient cherché querelle. Mais cela serait arrivé rarement, et en ce cas toute la Grèce aurait couru à leur secours. A l'égard des petites incursions qu'on aurait pu faire sur eux, il leur aurait été aisé, riches, comme ils n'auraient pas manqué de le devenir dans une paix perpétuelle, de s'en garantir, en mettant des étrangers en garnison dans certains lieux quand il aurait été nécessaire : au lieu qu'aujourd'hui pour avoir craint ce qui n'arrive presque jamais, ils sont affligés de guerres continuelles qui désolent leur pays et les dépouillent de tous leurs biens. Les Éléens ne trouveront pas mauvais que je les aie ici exhortés à recouvrer leurs droits, l'occasion n'a jamais été plus favorable. Quoi qu'il en soit, il reste encore dans ce pays quelques vestiges de son ancienne manière de vivre, et les peuples y conservent encore beaucoup de penchant pour la campagne. C'est pour cela que quand Philippe y vint, quoiqu'il fît beaucoup de prisonniers, il y eut un plus grand nombre de personnes qui s'enfuirent dans la ville.

Les Éléens retirèrent la plus grande partie de leurs effets, de leurs esclaves et de leurs troupeaux dans un fort nommé Thalamas, place qu'ils avaient choisie, tant parce que les avenues en sont étroites et qu'il est difficile d'en approcher, que parce qu'il est éloigné de tout commerce. Sur l'avis que le roi reçut que grand nombre d'Éléens s'étaient réfugiés dans ce château, résolu de tout tenter et de tout hasarder, il commença par poster ses étrangers dans tout les lieux par où il pouvait aisément faire passer son armée. Puis laissant le bagage et la plus grande partie de son armée dans les retranchemens, il entra dans les défilés avec les pavoiseurs et les troupes légères. Il parvint jusqu'au château-fort sans rencontrer personne qui lui disputât le passage. Les assiégés, qui n'entendaient rien à la guerre, qui n'avaient point de munitions, et entre lesquels il y avait quantité de gens de la lie du peuple, craignirent un assaut et se rendirent d'abord. On comptait parmi eux deux cents mercenaires ramassés de tous côtés, qu'Amphidamus préteur des Éléens avait amenés avec lui. Philippe gagna là une grande quantité de meubles, plus de cinq mille esclaves, et une quantité infinie de bétail. Après cette expédition il revint à son camp. Son armée était si enrichie et si chargée du butin, que ne la jugeant en état de rien entreprendre, il retourna à Olympie, et y campa.

CHAPITRE XVII.

Apelles, tuteur de Philippe, tourmente les Achéens. — Éloge de Philippe. — Escalade d'Aliphère, ville d'Arcadie. — Conquêtes du roi de Macédoine dans Triphylie. — Les Lépréates chassent de chez eux Phylidéas, général des Étoliens.

Apelles, un des tuteurs qu'Antigonus avait laissés à Philippe, et qui pouvait beaucoup sur l'esprit du roi, fit, pour réduire les Achéens au sort des Thessaliens, une chose qu'on ne peut trop détester. Les Thessaliens passaient pour vivre selon leurs lois particulières, et pour avoir un gouvernement différent de celui des Macédoniens. Il n'y avait cependant aucune différence, les uns et les autres ne faisaient rien sans ordre des officiers royaux. Dans cette vue il résolut d'inquiéter et de tourmenter ce qu'il y avait d'Achéens dans l'armée. Il commença par permettre aux Macédoniens de chasser les Achéens des logemens où ils étaient entrés les premiers, et d'enlever leur butin. Après cela pour les moindres sujets il les faisait frapper par des valets. Si quelques-uns de la même nation le trouvaient mauvais, ou se disposaient à les secourir, lui-même les conduisait en prison. Il croyait pouvoir par cette conduite accoutumer insensiblement les Achéens à ne pas se plaindre de ce qu'ils auraient à souffrir de la part du roi. Cependant cet homme se trouvant dans l'armée d'Antigonus peu de temps auparavant, avait été témoin que Cléomène avait inutilement tenté d'user des voies les plus violentes pour réduire les Achéens à se soumettre à ses ordres. Quelques jeunes Achéens se mutinèrent, allèrent trouver Aratus, et lui découvrirent le dessein d'Apelles. Aratus courut aussitôt vers Philippe; dans une affaire de cette nature il était important d'étouffer le mal dans sa naissance, et de ne pas différer. Le roi, après l'avoir entendu, dit aux jeunes Achéens de ne point s'alarmer, et qu'il n'arriverait plus rien de semblable dans la suite, en même temps il défendit à Apelles de rien commander aux Achéens sans avoir consulté leur préteur. Par cette affabilité jointe à toute l'activité et la valeur imaginable, Philippe se gagnait le cœur non seulement de tous les soldats, mais encore de tous les peuples du Péloponnèse. Aussi la nature semblait avoir pris plaisir à le former tel qu'un prince doit être pour faire des conquêtes et étendre un royaume. Il avait l'esprit fin, la mémoire heureuse, une grâce toute singulière, la démarche haute et majestueuse, et par dessus tout cela une activité infatigable et une valeur héroïque. Comment toutes ces belles qualités se sont évanouies, comment de roi né pour faire le bonheur de ses sujets, il est devenu un odieux tyran, c'est ce qui ne se peut expliquer en peu de paroles. Une occasion plus favorable se présentera de parler de ce changement, et d'en rechercher les causes.

D'Olympie le roi alla à Pharée, de là à Telphyse, et ensuite à Érée; où ayant vendu son butin, il fit réparer le pont qui était sur l'Alpée, pour s'ouvrir un chemin dans la Triphylie. Les Éléens ruinés avaient été demander du secours aux Étoliens, et Dorimaque, préteur de ceux-ci, leur avait envoyé six cents hommes sous le commandement de Philidas. Ce capitaine étant arrivé à Élée, y prit cinq cents des étrangers qui y étaient, mille hommes de la ville et un corps de Tarentins, et vint avec ces forces dans la Triphylie, province ainsi nommée de Triphyle, né en Arcadie. Elle est dans le Péloponnèse près de la mer entre les Éléens et les Messéniens, du côté de la mer d'Afrique, à l'extrémité de l'Achaïe vers le couchant d'hiver. Ses villes sont Samique, Léprée, Hypane, Typanée, Pyrge, Æpie, Bolax, Styllangie, Phrixe. Les Éléens commencèrent leur expédition par la conquête de ces villes. Ils prirent ensuite Aliphère, qui dépendait de l'Arcadie, et Mégalopolis, dont le tyran Alliadas, quoique Mégalopolitain lui-même, avait fait un échange avec eux pour quelques intérêts personnels. Phylidas ayant envoyé les Éléens à Léprée, et les étrangers à Aliphère, alla lui-même chez Typanéates avec ses troupes d'Étolie, et attendit là ce qui devait arriver.

Philippe débarrassé de son butin, passa l'Alphée, qui coule près d'Érée, et vint à Aliphère. Cette ville est située sur une montagne escarpée de tous côtés, et haute de plus de dix stades. Au sommet est la citadelle et une statue d'airain de Minerve, d'une beauté et d'une grandeur extraordinaire. Pourquoi cette statue a été mise en cet endroit, aux dépens de qui elle a été faite, d'où elle est venue, qui a fait ce vœu, ce sont toutes questions qu'il est mal aisé de décider, les gens mêmes du pays n'en savent rien de certain. On convient seulement que ce miracle de l'art a pour auteurs Hécatodore et Sostrate, et que c'est leur chef-d'œuvre. Le roi choisit un jour clair et serein, et au point du jour il donna ordre aux mercenaires de marcher devant par plusieurs endroits, pour soutenir ceux qui devaient porter les échelles. Il partage les Macédoniens, leur ordonne de suivre les autres de près, et à tous, dès que le soleil se montrerait, de monter la montagne. Cet ordre fut exécuté par les Macédoniens avec une vivacité et une valeur étonnantes. Les assiégés coururent de tous côtés, et principalement aux endroits où l'on voyait les Macédoniens s'approcher. Pendant ce temps-là Philippe, sans que personne s'en fût aperçu, était monté avec une troupe de gens choisis à la citadelle par je ne sais quelles coupées en précipices. Le signal se donne, et aussitôt tous en même temps vont à l'escalade. Le faubourg de la citadelle n'était pas défendu, le roi s'en saisit, et y mit le feu. Cela fit trembler ceux qui défendaient les murailles, car la citadelle prise, il ne leur restait plus aucune ressource. Dans cette crainte ils laissent les murailles de la ville, et se sauvent dans la citadelle, les Macédoniens se rendent maîtres de la ville. Bientôt après, la citadelle envoya une députation au roi, à qui l'on en ouvrit les portes, sous la condition que la garnison aurait la vie sauve.

Des conquêtes si rapides jetèrent la frayeur dans toute la Thriphylie. On y tint conseil sur l'état présent de la patrie. Pour comble de disgrâce Phylidas sortit de Typanée, et s'en alla à Léprée pillant en passant ses propres alliés. Car ce fut alors la récompense qu'eurent les alliés des Étoliens; ils furent non seulement abandonnés lorsqu'ils avaient le plus besoin de secours; mais pillés et trahis, ils en souffrirent plus qu'ils n'auraient souffert d'ennemis victorieux. Les Typanéates se rendirent à Philippe, Ypane fit de même. La terreur se répandit de la Triphylie chez les Phiabiens, qui de dépit contre les Étoliens, dont l'alliance leur était devenue odieuse, s'emparèrent à main armée du lieu où s'assemblaient les Polémarques. Il y avait dans Phialie des pirates Étoliens, qui demeuraient là pour être à portée de piller le pays des Messéniens. D'abord ils eurent quelque dessein de s'emparer de la ville: mais comme ils virent tous les habitans assemblés pour la défendre, ils changèrent de sentiment. Ils prirent des assurances de la part de la ville, et en sortirent avec leur bagage. Après quoi les Phialiens, envoyèrent des ambassadeurs à Philippe, et le reçurent dans la ville.

Pendant ce temps-là les Lépréates s'étant saisis d'une partie de leur ville prièrent les Éléens, les Étoliens et les troupes qui leur étaient aussi venues de Lacédémone, de sortir de la citadelle et de la ville. D'abord Phylidas fit la sourde oreille, et restait dans la ville comme pour la tenir en respect. Mais quand Taurion avec des troupes fut venu de la part du roi à Phialie, et que Philippe lui-même s'en fut approché, les armes tombèrent des mains à Phylidas, les Lépréates au contraire ranimèrent leurs espérances. Quoiqu'il y eût dans la ville mille Éléens, mille hommes tant Étoliens que pirates, cinq cents mercenaires, deux cents Lacédémoniens, et que leur citadelle eût été occupée, ils ne se laissèrent point abattre, ils eurent la fermeté d'entreprendre de se rétablir dans leur patrie. Ce courage et l'approche des Macédoniens épouvanta Phylidas, il sortit de la ville, et avec lui les Éléens et les Lacédémoniens. Les Crétois qui étaient venus pour les Spartiates, s'en retournèrent chez eux par la Messénie, Phylidas se retira à Samique, et les Lépréates remis en possession de leur pays, envoyèrent des ambassadeurs au roi, et lui livrèrent leur ville.

CHAPITRE XVIII.

Philippe subjugue toute la Triphylie en six jours. — Troubles excités à Lacédémone par Chilon. — Les Lacédémoniens sortent de Mégalopolis. — Artifice d'Apelles contre Aratus, le père et le fils. — L'Élide ravagée par Philippe.

Philippe fit ensuite marcher à Léprée une partie de son armée, et ne se réserva que les soldats à petits boucliers et les troupes légères, avec lesquels il tâcha de rejoindre Philidas. Il le rejoignit, et lui emporta tout son bagage. Phylidas pressa sa marche pour s'échapper, et se jeta dans Samique. Aussitôt le roi campa devant cette place, il rappela de Léprée le reste de son armée, et fit semblant de vouloir faire le siége. Les Étoliens et les Éléens, qui n'avaient pour se défendre que leurs mains, craignirent les suites d'un siége, et demandèrent quartier. Philippe leur accorda de sortir avec leurs armes, et ils se retirèrent à Elée. D'autres peuples du voisinage vinrent aussi trouver le roi, qui sans tirer l'épée joignit à ses conquêtes Phrixe, Stillagie, Bolax, Pyrge et Épitalie. Il retourna ensuite à Léprée. Toute la Triphylie ne lui coûta que six jours à conquérir. A Léprée il fit assembler les citoyens, les exhorta à demeurer fidèles, mit garnison dans la citadelle, fit Ladique l'Acarnanien gouverneur de cette province, et partit pour Erée, où il partagea le butin à toutes ses troupes, et s'étant fourni là des provisions nécessaires, il prit quoique au milieu de l'hiver la route de Mégalopolis.

Pendant que Philippe soumettait à sa domination la Triphylie, Chilon le Lacédémonien, qui par sa naissance se croyait bien fondé à prétendre à la royauté, avait peine à supporter que les éphores eussent donné la préférence à Lycurgue. Pour se venger, il prit la résolution d'embrouiller les affaires. Rien ne lui parut plus propre à son dessein, que de suivre les traces de Cléomène, et de proposer comme lui un nouveau partage des terres, attrait infaillible, à ce qu'il pensait, pour ranger la multitude dans son parti. Il fit part de son dessein à ses amis, et en ayant trouvé deux cents aussi entreprenants que lui, il ne songeait plus qu'à exécuter son projet. Lycurgue et les éphores qui l'avaient élevé à la royauté, étaient le plus grand obstacle qu'il eût à vaincre, ils furent le premier objet de sa colère. Un jour trouvant à table les éphores, il les fit tous égorger : supplice dont ils étaient bien dignes; la fortune en voulant les punir ne pouvait mieux choisir la peine. Ces hommes méritaient bien de mourir d'une telle main et pour un tel sujet.

Chilon après s'être défait des éphores, alla chez Lycurgue. Celui-ci était chez lui, mais il échappa à son ennemi. Quelques amis et voisins le firent évader, et il se sauva par des chemins détournés à Pellène dans le territoire de Tripolis. Chilon était au désespoir; Lycurgue pris, rien ne devait plus s'opposer à sa fortune. Mais quoiqu'il eût manqué son coup, il s'était trop avancé pour reculer. Il entra dans la place, et passa au fil de l'épée tous ceux qu'il rencontra de ses ennemis. Il exhorta ses parens et ses amis à se joindre à lui, et tâcha d'animer les autres par les plus belles promesses. Mais loin de se remuer en sa faveur, chacun au contraire s'élevant contre lui, il se retira secrètement, traversa la Laconie et se réfugia chez les Achéens.

Les Lacédémoniens craignant que Philippe ne vînt à eux, mirent la récolte de l'année à couvert, et se retirèrent de Mégalopolis après en avoir rasé l'Athenée. C'est ainsi que ce peuple, qui, pendant qu'il se gouvernait par les lois de Lycurgue formait une si belle république, et s'était rendu si puissant, s'affaiblissait peu à peu depuis la bataille de Leuctres, et penchait à sa ruine, jusqu'à ce qu'enfin accablé d'infortunes, déchiré par des séditions intestines, inquiété par de fréquens partages de terres et par des exils, il se soumit à la tyrannie de Nabis, lui qui jusqu'alors ne pouvait pas même entendre prononcer le mot de servitude. Mais assez d'écrivains ont traité de l'ancienne splendeur et de la chute des Lacédémoniens. Ce qu'il y a de très-certain, c'est ce qui s'est passé dans cette république depuis que Cléomène eut renversé de fond en comble l'ancien gouvernement. Nous rapporterons chaque chose en son temps. De Mégalopolis le roi vint par Tégée à Argos, où il passa le reste de l'hiver, applaudi et admiré autant pour la vertu qui le guidait dans toutes ses actions, que pour ses exploits dans la guerre où il s'était signalé au-delà de ce qu'on devait attendre d'un prince de son âge.

Pour revenir à Apelles, la défense que Philippe lui avait faite de rien commander aux Achéens sans la participation de leur chef, ne lui fit pas perdre de vue le premier dessein qu'il avait conçu de faire passer peu à peu les Achéens sous le joug. Mais les Aratus l'embarrassaient. Philippe avait de la considération pour eux, principalement pour le père, qui avait été connu d'Antigonus, dont le crédit sur les Achéens était grand, et qui à une adresse remarquable joignait une intelligence profonde des affaires. Pour surprendre ces deux personnages, voici l'expédient dont il s'avisa. Il s'informa exactement qui étaient ceux qui ne goûtaient pas la manière de gouverner des Aratus, il les fit venir chez lui des villes voisines, et là il n'y a point de caresses qu'il ne leur fît pour s'insinuer dans leurs esprits, et gagner leur amitié. Il leur ménageait aussi les bonnes graces de Philippe, en faisant entendre à ce Prince que s'il s'en tenait aux conseils des Aratus, il ne pourrait agir avec les Achéens que conformément au traité d'alliance fait avec eux; au lieu que s'il voulait l'en croire, et s'attachait ceux qu'il lui présentait, il disposerait à son gré de tous les peuples du Péloponnèse. Le temps des comices approchant, comme il cherchait à faire tomber la Préture à quelqu'un de ses nouveaux amis, et à en faire exclure les Aratus, il persuada au roi de faire semblant d'aller à Élée, et sous ce prétexte de se trouver à Égium au temps des comices des Achéens. Le roi se rendit à ce conseil. Apelles alla aussi à Égium au temps qu'il fallait, et à force de prières et de menaces, il vint à bout, quoiqu'avec peine, de faire élire pour préteur Epérate de Pharée, à l'exclusion de Timoxène, pour qui les Aratus briguaient cette dignité.

Après cela Philippe se mit en marche, et passant par Patres et par Dymes. il arriva à Tichos, château du pays des Dyméens, et où peu de tems auparavant Euripidas s'était jeté, comme nous avons déjà dit plus haut. Le roi, pour remettre ce poste aux Dyméens, campa devant avec toutes ses forces. Les Eléens, qui le gardaient, ne tinrent pas long-temps contre la frayeur que cet appareil leur donna. Ils ouvrirent à Philippe les portes de cette forteresse, peu étendue à la vérité, puisqu'elle n'a pas plus d'un stade et demi de circuit, mais d'une force peu commune: car les murailles n'ont pas moins de trente coudées de hauteur. Philippe la rendit aux Dyméens, fit le dégât dans l'Elide, y fit un grand butin, et revint à Dymes avec son armée.

CHAPITRE XIX.

Apelles accuse injustement les Aratus, il est démenti. — Inquiétudes de ce personnage. — Ordre établi par Antigonus dans la maison royale. — Philippe se retire à Argos, et y passe l'hiver.

Apelles, non content d'avoir donné aux Achéens un préteur de sa main, entreprit encore d'indisposer le roi contre les Aratus, et de lui faire perdre toute l'amitié qu'il avait pour eux. Il eut pour cela recours à une calomnie. Amphidamas, préteur des Eléens, avait été pris à Thalamas avec tous ceux qui s'y étaient réfugiés, comme nous avons déjà rapporté. Arrivé à Olympie avec les autres prisonniers, il employa quelques amis auprès du roi pour avoir la liberté de lui parler. Il l'obtint, et dit à Philippe qu'il avait assez d'autorité sur les Eléens pour les engager à faire alliance avec les Macédoniens. Philippe le crut, le renvoya sans rançon, et lui donna ordre de dire aux Eléens que s'ils prenaient ce parti, tout ce qu'on avait pris sur eux leur serait rendu gratuitement, que leur pays serait défendu contre toute insulte du dehors, et que sans garnison, sans impôt, libres de toute charge, ils continueraient de vivre selon leur lois et leurs usages. Quelque éblouissantes, quelque considérables que fussent ces offres, les Eléens, les écoutèrent sans paraître en être touchés, et ce fut cette occasion que saisit Apelles pour prévenir le roi contre les Aratus.

Il lui fit entendre qu'il devait se défier de l'amitié que semblaient avoir pour lui ces chefs des Achéens; qu'ils ne lui étaient pas en effet favorables; qu'eux seuls avaient détourné les Eléens d'entrer dans son alliance; que lorsqu'il renvoya Amphidamas d'Olympie en Élide, ils s'étaient abouchés avec ce préteur, et lui avaient dit qu'il n'était point de l'intérêt du Péloponnèse que Philippe fût maître des Éléens, et que c'était la raison pour laquelle ceux-ci rejetaient ses offres avec hauteur, s'en tenaient à leur alliance avec les Étoliens, et soutenaient la guerre contre les Macédoniens.

Sur la foi de ce discours le roi fait appeler les Aratus, et donne ordre à Apelles de répéter devant eux tout ce qu'il venait de dire. Apelles répéta les mêmes choses, et les soutint avec une hardiesse étonnante. Comme le roi gardait le silence, il ajouta que puisqu'ils étaient si ingrats et si indignes des bienfaits de Philippe, ce prince allait assembler le conseil des Achéens, et qu'après y avoir justifié sa conduite, il reprendrait la route de Macédoine. Là-dessus Aratus le père prit la parole, et dit au roi qu'en général il ferait bien de ne point ajouter foi légèrement et sans examen aux rapports qu'on lui ferait ; mais que quand ces rapports regardaient quelqu'un de ses amis ou de ses alliés, il ne pouvait être trop sur ses gardes ; que rien n'était plus utile ni plus digne d'un roi ; qu'il le priait de faire appeler ceux devant qui Apelles avait mal parlé des Achéens, de l'obliger à se trouver lui-même au milieu de ces personnes, en un mot d'essayer tous les moyens possibles de connaître la vérité, avant de rien découvrir de cette affaire aux Achéens.

Le roi trouva cet avis fort bon, et dit qu'il ne négligerait rien pour s'éclaircir du fait ; on se sépara. Quelques jours s'étaient passés, sans qu'Apelles fournît aucune preuve de ce qu'il avait avancé, lorsqu'un incident arriva, dont les Aratus surent profiter. Pendant que Philippe ravageait les terres des Éléens, ce peuple, à qui Amphidamas était suspect, avait résolu de s'en saisir, de le charger de chaînes et de le reléguer dans l'Étolie. Amphidame ayant pressenti leur dessein, s'était d'abord retiré à Olympie ; mais sur l'avis qu'il reçut que Philippe était à Dymes pour le partage du butin, il alla l'y trouver. Les Aratus, à qui la conscience ne reprochait rien, apprirent avec joie qu'Amphidamas était arrivé d'Élide. Sur le champ, ils prièrent le roi de le faire appeler, disant que personne ne savait mieux les chefs d'accusation dont on les chargeait puisque c'était avec lui que le complot s'était fait, que d'ailleurs il était intéressé à déclarer la vérité puisqu'il n'était chassé de son pays qu'à cause de Philippe, qui était par conséquent alors son unique refuge, et le seul dont il pût espérer son salut. Le conseil plut au roi, Amphidame est appelé, et dément l'accusation sur tous ces chefs. Depuis ce moment-là, l'estime et la confiance de Philippe pour Aratus ne fit que s'accroître et s'augmenter, et il rabattit au contraire de la bonne opinion qu'il avait eue d'Apelles, quoique prévenu depuis long-temps en sa faveur, il fermât souvent les yeux sur la conduite de ce tuteur.

Cette disgrâce ne découragea pas cet esprit artificieux. Il en voulait à Taurion, qui gouvernait dans le Péloponnèse, et cherchait les moyens de le perdre.. Il ne dit cependant rien contre lui, au contraire il en fit des éloges, et représenta au roi que cet homme lui serait utile dans ses expéditions. Louanges malignes, sous lesquelles il cachait son dessein, qui était d'en mettre un autre à la tête des affaires du Péloponnèse. Nouvelle espèce de calomnie pour nuire à ceux à qui l'on veut du mal ; artifice malin et perfide inventé par les courtisans, qui, par jalousie et par avarice, ne cherchent qu'à se détruire les uns les autres. Apelles déclamait encore à toute occasion contre Alexandre, capitaine des gardes. C'était assez qu'il ne fût pas de son choix pour qu'il lui déplût. En un mot, tout ce que Antigonus avait réglé, il voulait le changer. Cependant autant ce prince pendant sa vie avait bien gouverné le royaume et sagement élevé son fils ; autant eut-il soin, avant de mourir, de prévoir l'avenir et d'étendre sa prévoyance sur tout. Dans son testament il rendait compte aux Macédoniens de ce qu'il avait fait, leur donnait des règles pour la conduite des affaires, et leur marquait qui l'on devait en charger, de sorte qu'il ne laissait aux courtisans aucun prétexte de jalousie et de sédition. Entre ceux qu'il avait auprès de lui, il choisit Appelles pour tuteur, Léontius pour chef de l'"infanterie, Mégaléas pour chancelier, Taurion pour gouverneur du Péloponnèse et Alexandre pour capitaine des gardes. Appelles, déjà maître de Léontius et de Mégaléas, aurait fort souhaité exclure Alexandre et Taurion du maniement des affaires, pour les gérer lui-même ou par ses amis, et il en serait venu à bout, s'il ne se fût pas brouillé avec Aratus ; mais il fut bientôt puni de son imprudence et de son ambition. Car il souffrit peu de temps après ce qu'il voulait faire souffrir aux autres. Nous rapporterons ailleurs cet événement, et nous tâcherons d'en détailler toutes les circonstances. Il est temps de finir ce Livre. Philippe après tous les exploits que nous venons de raconter, renvoya ses troupes en Macédoine, et passa l'hiver à Argos avec ses amis.

LIVRE CINQUIÈME.

CHAPITRE PREMIER.

Philippe regagne l'amitié des Aratus, et obtient par leur crédit des secours de la part des Achéens. — Il prend le parti de faire la guerre par mer. — Trois de ses premiers officiers conspirent contre lui.

L'année de la préture du jeune Aratus finit, selon la manière de compter des Achéens, au lever des Pléiades, et Épérate lui succéda, Dorimaque était alors préteur chez les Étoliens. Ce fut vers ce même temps qu'Annibal au commencement de l'été, ayant ouvertement déclaré la guerre aux Romains, partit de Carthage-la-Neuve, passa l'Èbre, et prit sa route vers l'Italie, que les Romains envoyèrent Tibérius Sempronius en Afrique avec une armée, et Publius Cornelius en Espagne ; et qu'Antiochus et Ptolémée ne pouvant terminer par des conférences leur contestation sur la Cœlosyrie, se disposèrent à la décider par les armes.

Philippe n'ayant ni vivres ni argent pour se mettre en campagne, fit assembler le conseil des Achéens par leurs magistrats, et l'assemblée se tint à Égium selon la coutume. Là le roi, qui voyait qu'Aratus indigné de l'affront qu'il avait reçu aux derniers comices par les intrigues d'Appelles, n'usait en sa faveur ni de son crédit ni de son autorité, et qu'Épérate, naturellement inhabile à tout, était méprisé de tout le monde, il ouvrit les yeux sur les mauvaises manœuvres d'Apelles et de Léontius, et résolut de se bien remettre dans l'esprit d'Aratus. Pour cela il persuada aux magistrats de transférer l'assemblée à Sicyone, où voyant à son aise les deux Aratus, et chargeant Apelles seul de tout ce qui s'était passé à leur préjudice, il les exhorta à ne pas se départir des sentimens qu'ils avaient conçus d'abord pour lui. Il entra ensuite dans l'assemblée, où, par le crédit de ces deux magistrats, il obtint des Achéens tout ce qu'il souhaitait. Il fut ordonné que les Achéens lui donneraient cinquante talens le premier jour qu'il se mettrait en marche, et aux troupes la paie de trois mois avec dix mille mesures de blé : et tant qu'il serait dans le Péloponnèse, dix-sept talens par mois. Ainsi se termina cette assemblée, et les Achéens qui la composaient se retirèrent chacun dans leurs villes.

Les troupes sorties des quartiers d'hiver, Philippe après avoir pris conseil de ses amis, jugea à propos de faire la guerre par mer. Sa raison fut que c'était le seul moyen d'accabler bientôt et de tous côtés ses ennemis, qui ne pourraient point se secourir les uns les autres, dispersés comme ils étaient dans différens pays, et craignant d'ailleurs pour eux-mêmes un ennemi dont ils ignoraient les desseins, et qui par mer pouvait bientôt tomber sur eux : car c'était aux Étoliens, aux Lacédémoniens et aux Éléens que Philippe devait faire la guerre. Ce dessein pris, il assembla les vaisseaux des Achéens et les siens propres à Léchée, où par un exercice continuel il accoutuma son infanterie macédonienne à ramer. Il trouva dans ses soldats toute la docilité et toute l'ardeur possible. Car les Macédoniens ne se distinguent pas seulement par leur courage et leur valeur dans les batailles rangées sur terre, ils sont encore très-propres au service de mer, si l'occasion s'en présente. Ce sont des gens exercés à creuser des fossés, à élever des retranchemens, endurcis aux travaux les plus pénibles, tels enfin qu'Hésiode représente les Éacides :

Plus contens sous les armes que dans les festins.

Pendant que le roi et les troupes macédoniennes s'occupaient à Corinthe aux exercices de la marine, et disposaient tout pour la campagne, Apelles ne pouvant ni regagner les bonnes grâces du roi, ni supporter le mépris où il était tombé, fit complot avec Léontius et Mégaléas de se trouver dans toutes les affaires avec le roi ; mais de s'y comporter de manière à traverser tous ses desseins. Il prit pour lui d'aller à Chalcis, et d'y faire en sorte qu'il n'en vînt au roi nulle munition. Il fit part de ce pernicieux projet aux deux autres conjurés, et partit pour Chalcis sous de vains prétextes, dont il colora au roi son départ. Il fut là si fidèle à la foi qu'il avait donnée aux compagnons de sa perfidie, et il y sut si adroitement abuser de l'autorité que son ancienne faveur lui donnait sur les peuples, qu'enfin le roi dénué de tout se vit réduit à mettre en gage sa vaisselle, et à vivre sur l'argent qu'on lui prêta.

Quand les vaisseaux furent assemblés, et que les Macédoniens se furent formés à l'exercice de la rame, Philippe, ayant distribué des vivres et de l'argent aux soldats, mit à la voile, et aborda le second jour à Patras. Son armée était de six mille Macédoniens et de douze cents mercenaires. Dorimaque, préteur des Étoliens, avait alors envoyé cinq cents Néocrètes au secours des Éléens sous le commandement d'Agélas et de Scopas : et les Éléens craignant que Philippe ne pensât à mettre le siége devant Cyllène, firent des levées de mercenaires, disposèrent les soldats de la ville à la défense, et fortifièrent cette place avec soin. Là-dessus le roi, pour avoir du secours dans le besoin, et pour se mettre en sureté contre les entreprises des Éléens, prit le parti de laisser dans Dymes les mercenaires d'Achaïe, ce qu'il avait de Crétois, quelque cavalerie gauloise, et environ deux mille hommes d'élite de l'infanterie achéenne, et après avoir fait savoir aux Messéniens, aux Épirotes, aux Acarnaniens et à Scerdilaïdas d'équiper leurs vaisseaux et de venir au devant de lui, il partit de Patras au jour marqué, et alla prendre terre à Pronos dans la Céphallénie.

Comme cette petite place était forte, et que d'ailleurs le pays était étroit, il passa outre jusqu'à Palée. Ce pays était alors plein de blé, et fort en état de nourrir l'armée. C'est pourquoi il fit débarquer ses troupes, et campa devant la ville. On tira les vaisseaux à sec, on les environna d'un fossé et d'un retranchement, et il envoya les Macédoniens au fourrage. Lui-même en attendant que ses alliés eussent rejoint, et qu'on formât l'attaque, se mit à reconnaître la place, et à voir de quel côté on pourrait avancer les ouvrages et approcher les machines. Deux raisons le portaient à ce siége. Par-là il enlevait aux Étoliens un poste, hors duquel ils ne pouvaient plus faire de descentes dans le Péloponnèse, et piller les côtes d'Épire et d'Acarnanie : car c'était des vaisseaux de Céphallénie qu'ils se servaient pour ces sortes d'expéditions. Et en second lieu, il s'acquérait ainsi qu'à ses alliés une place, d'où l'on pouvait très-commodément faire des incursions sur le pays ennemi. Car la Céphallénie est située sur le golfe de Corinthe, en s'étendant vers la mer de Sicile. Elle est limitrophe au Septentrion et à l'Occident du Péloponnèse, surtout du pays des Éléens et des parties méridionales et occidentales de l'Épire, de l'Étolie et de l'Acarnanie.

Il ne se pouvait rencontrer une situation plus heureuse pour rassembler ses alliés, pour incommoder ses ennemis, et mettre ses amis à couvert de toute insulte. Aussi le roi souhaitait-il passionnément de réduire cette île sous sa dénomination. Ayant remarqué que Palée était défendue de presque tous les côtés ou par la mer, ou par des précipices, et qu'on ne pouvait en approcher que par une plaine du côté de Zacynthe, ce fut par-là qu'il pensa à faire ses approches et à former l'attaque.

CHAPITRE II.

Siége de Palée. — Irruption de Philippe dans l'Étolie. — Ravages que font les Macédoniens dans cette province. — Therme prise d'emblée.

Philippe prenait ainsi des arrangemens, lorsqu'arrivèrent quinze bâtimens de la part de Scerdilaïdas, qui n'avait pu en envoyer que ce petit nombre, à cause des troubles qu'excitaient dans l'Illyrie les principaux de la nation. Arriva aussi le secours qu'il attendait des Épirotes, des Acarnaniens et des Messéniens. Depuis la prise de Phialée ces derniers n'avaient plus de prétexte qui les dispensât de partager cette guerre avec les autres alliés.

Quand tout fut prêt pour le siége, et que les batteries de balistes et de catapultes eurent été dressées au lieu d'où il était plus aisé de repousser les assiégés, le roi ayant animé les Macédoniens à bien faire, donna ordre que l'on approchât des murailles les machines, et qu'à leur faveur on creusât des mines. Les Macédoniens se portèrent à ce travail avec tant d'ardeur, qu'en fort peu de temps les murailles furent percées à la longueur de deux arpens. Alors le roi s'approcha de la ville, et exhorta les assiégés à faire la paix avec lui. N'en étant point écouté, il fit mettre le feu aux arcs-boutans qui soutenaient le mur sappé; cette partie de mur tombe, et l'infanterie à rondache, selon l'ordre qu'elle en avait reçu, marche la première en cohortes. Trois jeunes soldats avaient déjà franchi la brèche : mais Léontius, qui commandoit cette infanterie, se souvenant de la parole qu'il avait donnée aux autres conjurés, les empêcha de passer plus avant. Comme il avait aussi gagné et corrompu les principaux officiers, et que lui-même, loin d'agir avec vigueur, affectait de paraître épouvanté du danger, quoique l'on pût fort aisément s'emparer de la ville, l'on fut chassé de la brèche, et grand nombre de Macédoniens furent blessés. Avec des chefs tremblans de frayeur et des soldats couverts de blessures, on ne pouvait plus rester devant la place, le roi leva le siége, et prit conseil de ses amis sur ce qu'il avait à faire.

Pour forcer Philippe à quitter ce siége, Lycurgue et Dorimaque avec un égal nombre d'Étoliens s'étaient jetés, celui-là sur le pays des Messéniens, et celui-ci sur la Thessalie. Sur quoi les Acarnaniens et les Messéniens envoyèrent des ambassadeurs au roi. Les Acarnaniens pressaient Philippe de tomber sur l'Étolie, et de porter sans crainte le ravage dans toute la province, qu'il n'y avait pas de moyen pour empêcher Dorimaque d'entrer dans la Macédoine. Ceux de Messène demandaient du secours, et représentaient au roi que, pendant que les vents Étésiens soufflaient en un jour il passerait de Céphallénie à Messène, que l'on fondrait sur Lycurgue, qui ne s'attendait à rien moins, et que ce préteur ne pourrait éviter la défaite. Ainsi raisonnait Gorgus leur ambassadeur, et Léontius l'appuyait de toutes ses forces; toujours selon les vues de la conjuration, et pour arrêter le cours des exploits de Philippe. Car il est vrai qu'il était facile de passer à Messène, mais il n'était pas possible d'en revenir tant que les vents Étésiens souffleraient : d'où il serait arrivé qu'en suivant le conseil de Gorgus, le roi renfermé dans la Méssénie aurait été hors d'état de rien entreprendre de tout le reste de l'été pendant que les Étoliens parcourant toute la Thessalie et l'Épire, ravageraient ces deux pays sans aucun obstacle. Tels étaient les pernicieux conseils que Gorgus et Léontius donnaient au roi. Celui d'Aratus fut tout opposé. Il dit qu'il fallait marcher vers l'Étolie, et y porter la guerre, que les Étoliens, étaient en expédition, Dorimaque à leur tête, et que par conséquent Philippe serait le maître de faire dans leur patrie tels ravages qu'il lui plairait.

Cet avis prévalut. Léontius avait perdu toute confiance auprès de son prince, depuis qu'il s'était si lâchement comporté au dernier siège, et qu'il lui avait donné de si mauvais conseils dans cette occasion. Le roi écrivit à Épérate de lever des troupes chez les Achéens, et d'aller au secours des Messéniens, et partant de Céphallénie, il aborda le second jour à Leucade, pendant la nuit. Après avoir tout disposé à l'isthme de Dioryete, on y fit passer les vaisseaux. De là il entra dans le golfe d'Ambracie, qui, comme nous avons déjà dit, sortant de la mer de Sicile, pénètre fort avant dans les terres d'Étolie. Il aborda un peu avant le jour à Limnée, et aussitôt il donna ordre aux soldats de prendre leur repas, de se décharger de la plus grande partie de leurs équipages, et de se tenir prêts à marcher. Pendant ce temps-là il chercha des guides, et s'instruisit à fond de la carte du pays.

Aristophane, préteur des Acarnaniens, le vint trouver là avec toutes les forces de la province. Ces peuples avaient autrefois eu beaucoup à souffrir des Étoliens, et ne respiraient que la vengeance. L'arrivée des Macédoniens leur parut une occasion favorable. Tous prirent les armes, et non seulement ceux à qui les lois l'ordonnent, mais encore quelques vieillards. Les Épirotes n'étaient pas moins irrités contre les Étoliens, et ils avaient les mêmes raisons de l'être; mais comme le pays est grand, et que Philippe était arrivé tout-à-coup, ils n'eurent pas le temps d'assembler leurs troupes à propos. De la part des Étoliens Dorimaque n'avait pris que la moitié des troupes, il croyait que c'en serait assez pour défendre les villes et le plat pays de toute insulte.

Le soir, Philippe ayant laissé les équipages sous bonne garde, partit de Limnée, et au bout d'environ soixante stades il fit halte, pour donner à son armée le temps de prendre son repas et de se reposer; puis il marcha toute la nuit, et arriva au point du jour au fleuve Achéloüs, entre Conope et Strate, dans la vue de se jeter subitement et à l'improviste dans Therme. Léontius vit bien que Philippe viendrait à bout de son dessein, et que les Étoliens auraient le dessous. Sa conjecture était fondée premièrement sur l'arrivée subite et non attendue de Philippe dans l'Étolie; et en second lieu sur ce que les Étoliens n'aient pu soupçonner que Philippe hasardât d'attaquer une place aussi forte que Therme, ils n'avaient ni prévu cette attaque, ni fait les préparatifs nécessaires pour s'en défendre. Ces considérations jointes à la parole qu'il avait donnée aux conjurés, lui firent conseiller au roi de s'arrêter à l'Achéloüs, et d'y donner à son armée, qui avait marché toute la nuit, quelque temps pour respirer, conseil dont le but était de procurer aux Étoliens le loisir de se disposer à la défense. Aratus au contraire, qui savait que l'occasion passe et s'échappe rapidement, et que l'avis de Léontius était une trahison manifeste, conjura Philippe de saisir le moment favorable, et de partir sans délai.

Le roi déjà piqué contre Léontius, sur le champ se met en marche, passe l'Achéloüs, va droit à Therme, et porte le ravage partout où il passe. Dans sa route il laissa à gauche Strate, Agrinie, Thestie, et à droite Conope, Lysimachie, Trichonie et Phoétée. Arrivé à Métape, ville située à l'entrée du lac de Trichonie, et à près de soixante stades de Therme, il fit entrer cinq cents hommes dans cette place que les Étoliens avaient abandonnée, et s'en rendit le maître. C'était un poste fort avantageux pour couvrir tout ce qui entrait ou sortait du détroit qui conduit au lac, parce que les bords de ce lac ne sont qu'une chaîne de montagnes escarpées et couvertes de grands bois, au travers desquels on ne passe que par un défilé fort étroit. Son armée traversa le défilé, les mercenaires à l'avant-garde, ensuite les Illyriens, après eux l'infanterie à pavois et la phalange; les Crétois formaient l'arrière-garde; sur la droite et hors du chemin, marchaient les Crétois soutenus par les troupes légères. La gauche était couverte par le lac pendant près de trente stades; au sortir du défilé, il rencontra un bourg appelé Pamphie, où ayant aussi jeté quelques forces, il s'avança vers Therme par un chemin très-âpre et très-difficile, creusé entre des rochers fort escarpés, de sorte qu'on ne peut passer en quelques endroits sans courir risque d'y périr. Cependant il y a près de trente stades à monter. Les Macédoniens franchirent ces précipices en si peu de temps, qu'il était encore grand jour lorsqu'ils arrivèrent à Therme. Philippe mit là son camp, et envoya aussitôt ses troupes piller les villages voisins et la plaine de Therme; on pilla de même les maisons de la ville, où l'on trouva non seulement du blé et d'autres provisions de bouche, mais encore quantité de meubles précieux; car comme c'était là que les Étoliens chaque année faisaient leurs marchés et leurs assemblées solennelles, tant pour le culte des Dieux que pour l'élection des magistrats, on y apportait tout ce que l'on avait de plus riche pour nourrir et recevoir ceux qui y abordaient. Une autre raison pour laquelle il y avait là tant de richesses, c'est que les Étoliens ne croyaient pas pouvoir les mettre en lieu plus sûr. Jamais ennemi n'avait osé en approcher, et sa situation rendait cette ville si forte, qu'elle passait pour la citadelle de toute l'Étolie. La paix profonde dont on jouissait là depuis un temps immémorial, n'avait pas peu de part à cette grande abondance de biens dont regorgeaient les maisons bâties près du temple et les lieux circonvoisins.

CHAPITRE III.

Excès que commirent les soldats de Philippe dans Therme. — Réflexions de Polybe sur ce triste événement.

Après avoir fait pendant cette nuit un butin immense, les Macédoniens tendirent leurs tentes. Le matin on résolut d'emporter tout ce qui s'y trouverait d'un plus grand prix. On amassa le reste par monceaux à la tête du camp, et on y mit le feu, on prit de même les armes qui étaient suspendues aux galeries du temple, on mit de côté les meilleures pour s'en servir au besoin, on en changea quelques-unes, et le reste qui montait à plus de quinze mille fut réduit en cendres. Jusque là il n'y avait rien que de juste, rien qui ne fût selon les lois de la guerre; mais ce qui se fit ensuite je ne sais comment le qualifier. Transportés de fureur par le souvenir des ravages qu'avaient faits les Étoliens à Dios et à Dodone,

ils mirent le feu aux galeries, brisèrent tous les vœux qui y étaient appendus, et entre lesquels il y en avait d'une beauté et d'un prix extraordinaire. On ne se contenta pas de brûler les toits, on rasa le temple, les statues, dont il y avait au moins deux mille, furent renversées. On en mit en pièces un grand nombre, on n'épargna que celles qui avaient des inscriptions, ou qui représentaient les Dieux. Et on écrivit sur les murailles ce vers célèbre, un des premiers essais de la muse spirituelle de Samus fils de Chrysogone, et qui avait été élevé avec le roi.

Vois-tu Dios? c'est de là que le coup est parti (32).

L'horreur qu'avaient inspirée à Philippe et à ses amis les sacrilèges commis à Dios par les Étoliens, leur persuadait sans doute qu'il était permis de s'en venger par les mêmes crimes, et que ce qu'ils faisaient n'était qu'une juste représaille. On me permettra de penser autrement, et il est facile à chacun de voir si j'ai raison ou non. Sans chercher des exemples ailleurs que dans la même famille royale de Macédoine, quand Antigonus eut vaincu en bataille rangée Cléomène, roi des Lacédémoniens, et se fut rendu maître de Sparte, il pouvait alors disposer à son gré de la ville et des habitans; cependant loin de sévir contre les vaincus, il les rétablit dans la forme de gouvernement qu'ils avaient reçue de leurs pères, et ne retourna en Macédoine qu'après avoir fait de grands biens et à la Grèce en général, et aux Lacédémoniens même qu'il venait de se soumettre. Aussi passa-t-il alors pour un bienfaiteur, et après sa mort pour un libérateur, et s'acquit non seulement chez les Lacédémoniens, mais parmi tous les peuples de la Grèce, une réputation et une gloire immortelle.

Ce Philippe, qui le premier a reculé les bornes du royaume de Macédoine, à qui la famille royale est redevable de toute sa splendeur, et qui défit les Athéniens à Chéronée, ce Philippe a moins fait par les armes que par la modération et la douceur. Car dans cette guerre il ne vainquit par les armes que ceux qui les avaient prises contre lui; mais ce fut par sa douceur et son équité qu'il subjugua les Athéniens, et Athènes même. Dans la guerre, la colère ne l'emportait point au-delà des bornes, il ne gardait les armes que jusqu'à ce qu'il trouvât occasion de donner des marques de sa clémence et de sa bonté. De là vint qu'il rendit les prisonniers sans rançon, qu'il eut soin des morts, qu'il fit porter par Antipater leurs os à Athènes, et qu'il donna des habits à la plupart des prisonniers qu'il avait relâchés. Ce fut par cette sage et profonde politique qu'il fit à peu de frais une conquête très-importante. Une telle grandeur d'âme étonna l'orgueil des Athéniens, et d'ennemis qu'ils étaient, ils devinrent les alliés les plus fidèles et les plus dévoués à ses intérêts.

Que dirai-je d'Alexandre? Irrité contre Thèbes jusqu'à vendre à l'encan ses habitans, et raser la ville, tant s'en fallut qu'il oubliât le respect qu'il devait aux Dieux, qu'il eut soin que l'on ne commit pas, même par imprudence, la moindre faute contre les temples et les autres lieux sacrés. Il passe en Asie pour y venger les Grecs des outrages qu'ils avaient reçus des Perses, les coupables sont punis comme ils le méritaient; mais tous les endroits consacrés aux Dieux sont épargnés et respectés, bien que ce fût contre ces endroits-là mêmes que les Perses s'étaient le plus acharnés dans la Grèce. Il eût été à souhaiter que Philippe, toujours attentif à ces grands exemples, eût eu plus à cœur de paraître avoir succédé à une modération si sage qu'à la couronne. Il avait grand soin que l'on sût que le sang d'Alexandre et de Philippe coulait dans ses veines, mais se montrer l'imitateur de leurs vertus, c'est à quoi il pensait le moins. Aussi dans un âge plus avancé, sa réputation fut-elle aussi différente de la leur, que sa manière de régner l'avait été. Cette différence de conduite est sensible dans ces événemens. Pendant qu'il s'emporte aux mêmes excès que ceux qu'il punit dans les Étoliens, et qu'il remédie à un mal par un autre, il croit ne rien faire que de juste: partout il décrie Scopas et Dorimaque comme des sacrilèges, pour les attentats qu'ils avaient commis à Dios et à Dodone contre la divinité, et quoiqu'il soit aussi criminel qu'eux, il ne peut s'imaginer qu'on le mettra au rang de l'un et de l'autre. Cependant les lois de la guerre y sont formelles, elles obligent souvent de renverser les citadelles et les villes, de combler les ports, de prendre les hommes et les vaisseaux, d'enlever les moissons et autres biens de ce genre, pour diminuer les forces des ennemis et augmenter les nôtres, mais détruire ce qui, eu égard à la guerre que nous faisons, ne nous procure aucun avantage, ou n'avance pas la défaite des ennemis, brûler des temples, briser des statues et autres pareils ornemens d'une ville, il n'y a qu'un homme furieux et hors de lui-même qui soit capable d'un tel emportement. Ce n'est pas pour perdre et ruiner ceux qui nous ont fait tort que l'on doit leur déclarer la guerre, si l'on est équitable : c'est pour les contraindre à réparer leurs fautes; le but de la guerre n'est pas d'envelopper dans la même ruine les innocens et les coupables ; mais plutôt de sauver les uns et les autres. Il n'appartient qu'à un tyran de mériter par ses mauvaises actions et par la haine qu'il a pour ses sujets d'en être haï, et de n'avoir de leur part qu'une obéissance forcée ; mais il est d'un roi de faire en sorte par la sagesse de sa conduite, par ses bienfaits et par sa douceur, que son peuple le chérisse et se fasse un plaisir d'obéir à ses lois.

Pour bien juger de la faute que fit alors le roi de Macédoine, on n'a qu'à se représenter quelle idée les Étoliens se fussent formée de ce prince, il eût tenu une route tout opposée, et qu'il n'eût ni brûlé les galeries, ni brisé les statues, ni profané les autres ornemens du temple. Pour moi je m'imagine qu'ils l'eussent rangé au nombre des princes les plus accomplis. Leur conscience les y aurait portés par les reproches qu'elle leur aurait faits des sacrilèges commis à Dios et à Dodone; et comme d'ailleurs ils auraient senti que, quand même Philippe, maître alors de faire ce qu'il lui aurait plu, les eût traités avec la dernière rigueur, il ne leur aurait que rendu justice; ils n'auraient pas manqué de louer sa générosité et son grand cœur. En se condamnant eux-mêmes, ils auraient admiré et le respect que le roi eût témoigné pour la divinité, et la force d'âme avec laquelle il eût commandé à sa colère. En effet il y a sans comparaison plus d'avantages à vaincre par la générosité et par la justice que par les armes. On se soumet à celles-ci par nécessité, à celles-là par inclination ; il en coûte beaucoup pour ramener par les armes les ennemis à leur devoir : la vertu le fait sans péril ni dépense. Enfin c'est à leurs sujets que les princes qui vainquent par les armes doivent la plus grande partie des heureux succès ; s'ils vainquent par la vertu, ils méritent seuls tout l'honneur de la victoire.

On dira peut-être que Philippe était alors si jeune, qu'on ne peut raisonnablement le rendre responsable du sac de Therme, et que ses amis, entre autres Aratus et Démétrius de Pharos, en sont plus coupables que lui. Sans avoir vécu de ce temps-là, on n'aura pas de peine à découvrir lequel de ces deux confidens a poussé son maître à cette extrémité. Outre qu'Aratus, par caractère, était prudent et modéré, et que la témérité et l'inconsidération formaient le fond du caractère de Démétrius, il se présentera dans la suite un cas pareil et bien attesté qui nous instruira du génie de ces deux personnages. Maintenant retournons à notre sujet.

CHAPITRE IV.

Philippe sort de Therme, il est suivi dans sa retraite. — Sacrifices en actions de grâces. — Troubles dans le camp. — Punition de ceux qui en étaient les auteurs. — Légères expéditions des ennemis de Philippe et de ses alliés.

Philippe ayant pris tout ce qui se pouvait emporter, sortit de Therme et reprit le chemin par lequel il était venu. Le butin et les soldats pesamment armés marchaient à la tête, les Acarnaniens et les mercenaires à l'arrière-garde. On se hâta de passer les défilés, parce que l'on prévoyait que les Étoliens profiteraient de la difficulté des chemins pour insulter l'arrière-garde. Cela ne manqua point. Ils s'assemblèrent au nombre de trois mille, commandés par Alexandre de Trichonie. Tant que le roi fut sur les hauteurs, ils n'osèrent approcher, et se tinrent cachés dans des lieux couverts. Mais dès que l'arrière-garde se fut mise en marche, ils se jetèrent dans Therme, et chargèrent en queue.

Plus le tumulte croissait dans les derniers rangs, plus les Étoliens, que la nature des lieux encourageait, redoublaient leurs coups. Le roi, qui s'attendait à cette attaque, avait, avant d'opérer sa descente, fait porter derrière une colline, une troupe d'Illyriens et de fantassins choisis, qui fondant sur les ennemis qui poursuivaient en tuèrent cent trente, et n'en firent guère moins de prisonniers ; le reste s'enfuit en désordre par des sentiers détournés. L'arrière-garde en passant mit le feu à Pamphie, et ayant traversé sans danger les défilés se joignit aux Macédoniens. Philippe l'attendait à Métape. Le lendemain du jour où elle arriva, ayant fait raser cette place, il se mit en marche et campa proche d'Acres ; le lendemain portant le ravage où il passait, il alla camper devant Conope, où il demeura le jour suivant, après lequel il marcha le long de l'Achéloüs jusqu'à Strate, où ayant passé la rivière, il se logea hors de la portée du trait, et harcela de là les troupes qu'on lui avait dit s'y être jetées au nombre de trois mille fantassins, quatre cents chevaux d'Étolie et cinq cents Crétois. Personne n'ayant le courage de sortir des portes, il fit avancer son avant-garde, et prit la route de Limnée, où étaient ses vaisseaux.

L'arrière-garde avait à peine quitté la ville, que quelques cavaliers étoliens vinrent inquiéter les traînards. Ils furent suivis d'un corps de Crétois et de quelque infanterie étolienne, qui se joignit à la cavalerie. Le combat s'échauffant, l'arrière-garde fut obligée de faire volte-face et d'en venir aux mains. D'abord on combattit à forces égales ; mais les mercenaires de Philippe étant venus au secours, les ennemis plièrent, et l'infanterie pêle-mêle avec la cavalerie étolienne prit la fuite. Les troupes du roi en poursuivirent la plupart jusqu'aux portes et au pied des murailles, et en passèrent environ cent au fil de l'épée. Depuis cette affaire ceux qui étaient dans la ville n'osèrent plus remuer, et l'arrière-garde joignit tranquillement le reste de l'armée et les vaisseaux.

A Limnée le roi s'étant campé commodément, offrit aux Dieux des sacrifices en action de grâces des heureux succès dont ils avaient favorisé ses entreprises, et fit un festin aux officiers. Quelque témérité qu'il y eût en apparence à affronter des lieux escarpés, où jamais personne avant lui n'avait osé pénétrer avec une armée, non seulement ce prince en approcha, mais en revint sans risque et après avoir heureusement exécuté tout ce qu'il s'était proposé. Aussi sa joie ne pouvait être plus grande dans le festin qu'il donna aux officiers. Il n'y eut que Léontius et Mégaléas qui, ayant conjuré avec Apelles d'arrêter ses progrès, se firent un vrai chagrin du bonheur de leur prince, et de n'avoir pu empêcher que tous ses desseins ne réussissent selon ses souhaits; mais quelque chagrin qu'ils eussent, ils ne laissèrent pas de venir au festin comme les autres.

Ils ne purent dissimuler, et chacun s'aperçut d'abord qu'ils ne prenaient point autant de part que le reste de la compagnie à la joie d'une si heureuse expédition. Mais ce que l'on ne faisait que soupçonner d'abord, ils le firent éclater quand le repas fut plus avancé, et que le vin eut échauffé la tête des convives. Troublés par le vin, le repas ne fut pas plus tôt fini, qu'ils cherchèrent Aratus avec empressement. Ils le joignirent, et après les injures ils eurent bientôt recours aux pierres. On s'amasse chacun pour soutenir son parti, tout le camp est en tumulte. Le bruit en vient aux oreilles du roi : il envoie pour savoir ce qui se passe, et pour remédier au désordre. Aratus raconte le fait, atteste tous ceux qui étaient présens, se retire du tumulte et se réfugie dans sa tente. Pour Léontius, il se glissa je ne sais comment au travers de la foule, et s'échappa.

Le roi exactement informé de ce qui s'était passé, fit appeler Mégaléas et Crinon et leur fit une sévère réprimande; mais ceux-ci loin d'en paraître touchés, ajoutèrent une nouvelle faute à la première, en protestant qu'il n'en resteraient point là, et qu'ils se vengeraient d'Aratus. Cette menace irrita le roi de telle sorte, qu'il les condamna à une amende de vingt talens et les fit jeter en prison. Le lendemain il envoya chercher Aratus, l'ex-horta à demeurer sans crainte, et lui promit de mettre bon ordre à cette affaire. Léontius averti de ce qui était arrivé à Mégaléas, vint suivi de quelques soldats à la tente du roi, persuadé que ce jeune prince aurait peur de ce cortège, et changerait bientôt de résolution. Arrivé devant le roi : « Qui a été assez hardi, demanda-t-il, pour porter les mains sur Mégaléas et pour le mettre en prison? — C'est moi, » répondit fièrement le roi. Léontius fut effrayé, il prononça tout bas quelques paroles, et se retira fort en colère.

On mit ensuite à la voile, on traversa le golfe, et la flotte arriva en peu de temps à Leucade. Là le roi, après avoir donné ordre aux officiers nommés pour la distribution du butin de remplir leur charge en diligence, assembla ses amis pour examiner avec eux l'affaire de Mégaléas. Aratus s'éleva contre ce traître, et reprenant l'histoire de sa vie de plus haut, il assura et prouva par témoins un meurtre indigne qu'il avait commis après la mort d'Antigonus, la conspiration où il était entré avec Apelles, et les machinations dont il s'était servi pour faire échouer le siège de Pallée. Mégaléas ne pouvant rien alléguer pour sa défense, fut condamné tout d'une voix. Crinon demeura en prison, et Léontius se rendit caution de l'amende imposée à Mégaléas. Voilà où aboutit cette conjuration d'Apelles et de Léontius. Ils comptaient épouvanter Aratus, écarter tous les amis de Philippe, et mener ensuite les affaires selon qu'il conviendrait le mieux à leurs intérêts, et tous leurs projets furent renversés.

Lycurgue ne fit rien de mémorable dans la Messénie. Il retourna à Sparte; mais s'étant remis peu de temps après en campagne, il prit Tégée. Après la ville il voulut attaquer la citadelle, où s'étaient retirés les habitans et la garnison; mais il fut obligé de lever le siège et de reprendre la route de Sparte.

Les Éléens firent aussi des courses sur le pays des Dyméens. Ceux-ci envoyèrent de la cavalerie pour les arrêter; mais elle tomba dans une embuscade et y fut taillée en pièces. Nombre de Gaulois y périrent, et entre les soldats de la ville on fit prisonniers Polymède l'Égéen, et deux citoyens de Dymée, Agésipolis et Mégaclès.

A l'égard de Dorimaque, nous avons déjà dit qu'il n'avait fait prendre d'abord les armes aux Étoliens que parce qu'il s'était persuadé qu'il pillerait impunément la Thessalie, et qu'il forcerait Philippe de lever le siége de Palée; mais trouvant dans cette province Chrysogone et Patrée disposés à lui tenir tête, il n'osa s'exposer à un combat dans la plaine, et pour l'éviter il se tint toujours au pied des montagnes, jusqu'à ce que les Macédoniens se fussent eux-mêmes jetés dans l'Etolie : il fallut qu'il quittât alors la Thessalie pour venir au secours de son propre pays. Il y arriva trop tard, les Macédoniens en étaient déjà sortis.

CHAPITRE V.

Le roi de Macédoine désole la Laconie. — Les Messéniens viennent pour l'y joindre, et s'en retournent après un petit échec. — Description de Sparte.

Le roi étant parti de Leucade, et ayant ravagé sur son passage le pays des Hyanthéens, aborda avec toute sa flotte à Corinthe. Il fit tirer ses vaisseaux à sec au port de Léchée, y débarqua ses troupes, et écrivit aux villes alliées du Péloponnèse pour leur marquer le jour où leurs troupes devaient être en armes à Tégée. Après avoir donné ses ordres, sans s'arrêter à Corinthe, il mit ses Macédoniens en marche, et passant par Argos arriva le douzième jour à Tégée, où il prit tout ce qu'il y avait d'Achéens assemblés, et marcha par les hauteurs pour fondre sur le pays des Lacédémoniens sans en être aperçu. Après quatre jours de marche par des lieux déserts, il monta les collines situées vis-à-vis de la ville, et laissant à sa droite Ménélée, il alla droit à Amycle. Les Lacédémoniens virent de la ville passer cette armée, et la frayeur s'empara aussitôt des esprits. Ils avaient appris le sac de Therme et les exploits de Philippe dans l'Étolie, et ces nouvelles leur donnaient de grandes inquiétudes sur ce qui les menaçait. De plus, certain bruit s'était répandu que Lycurgue devait être envoyé au secours des Étoliens; on n'avait donc garde de s'attendre que la guerre pût venir en si peu de temps d'Étolie à Lacédémone, surtout conduite par un prince dont la grande jeunesse ne devait pas naturellement inspirer beaucoup de craintes. Il n'était pas possible qu'un événement si subit et si imprévu ne jetât l'épouvante parmi les Lacédémoniens. Cette frayeur leur était commune avec tous les ennemis de ce prince, qui en effet menait les affaires avec un courage et une diligence fort au-dessus de son âge. Il part du milieu de l'Étolie, traverse en une nuit le golfe d'Ambracie, et aborde à Leucade. Il reste là deux jours, le troisième il en part de grand matin, le jour suivant il ravage la côte d'Étolie et mouille à Léchée. Il continue sa route, et au septième jour on le voit proche Ménélée, sur les montagnes qui commandent Lacédémone. La plupart en croyaient à peine leurs propres yeux, et les Lacédémoniens ne savaient qu'en penser, ni quel parti prendre.

Dès le premier jour Philippe campa devant Amycles. C'est une place de Laconie, autour de laquelle se voient de très-beaux arbres, et où l'on recueille des fruits excellens. Elle est à vingt stades de Lacédémone. Dans la ville du côté de la mer est un temple d'Apollon, le plus beau qui soit dans la province. Le lendemain Philippe porta le ravage dans les terres et vint jusqu'à l'endroit appelé le camp de Pyrrhus. Les deux jours suivans il ravagea les lieux circonvoisins, et alla camper à Carnion, de là à Aisne, contre laquelle ayant fait de vains efforts, il décampa, et parcourant tout le pays qui est du côté de la mer de Crète, il y mit tout à feu et à sang jusqu'à Ténare. Il prit de là sa route vers un mouillage des Lacédémoniens nommé Gythie, éloigné de Sparte de trente stades, et où les vaisseaux sont en sûreté. Il le laissa en passant à droite et alla mettre le camp devant Élie, dans le pays le plus grand et le plus beau de la Laconie, et d'où il détacha des fourrageurs qui saccagèrent tous les environs, et ruinèrent tout ce qui était sur terre. Il vint pillant et ravageant tout jusques à Acrie, Leuce et Boée.

Les Messéniens n'eurent pas plus tôt reçu les lettres de Philippe, qui leur mandait de ever des troupes, que se piquant d'émulation ils se mirent en campagne au nombre de deux mille hommes de pied et de deux cents chevaux, tous gens choisis. Ils arrivèrent à Tégée plus tard que Philippe, la longue route qu'ils avaient eue à faire en était la cause. Ce retardement les affligea. Ils craignirent que sur les soupçons qu'on avait autrefois conçus de leur fidélité, on ne les accusât d'être venus lentement à dessein. Pour rejoindre plus tôt le roi, ils traversèrent le pays d'Argos. Arrivés à Glympes, place située sur les confins d'Argos et de la Laconie, ils campèrent devant, mais sans prudence et sans précaution. Ils ne songèrent ni à fortifier leur camp, ni à choisir un poste avantageux, comme s'ils eussent été sûrs de la bonne volonté des habitans, ils ne soupçonnèrent pas même qu'il pût leur arriver aucun mal. Lycurgue apprit que les Messéniens étaient devant les murailles de Glympes, et alla au devant d'eux avec ses mercenaires et quelques Lacédémoniens. Il les joignit au point du jour, et les chargea vivement. Les Messéniens, quoique sortis de Tégée sans avoir assez de monde pour se défendre, quoique combattant sans écouter les conseils des plus expérimentés d'entre eux, ne laissèrent pas de se tirer adroitement du danger. Dès qu'ils virent l'ennemi, ils laissèrent là leurs bagages, et se retirèrent dans le fort. Il n'y eut que la plupart des chevaux et des bagages qui tombèrent entre les mains de Lycurgue. A huit cavaliers près qui furent tués, tous les hommes se sauvèrent sans qu'on pût en faire un seul prisonnier.

Après cet échec les Messéniens retournèrent par Argos chez eux, et Lycurgue glorieux de ce petit succès revint à Lacédémone pour s'y tenir prêt à se défendre contre Philippe. Lui et ses amis furent d'avis de faire en sorte que le roi ne sortît pas du pays sans qu'on le mît dans la nécessité de combattre. Mais ce prince ayant décampé d'Élie, s'avança en ravageant la campagne, et après quatre jours de marche arriva une seconde fois à Amycles vers le milieu du jour. Sur le champ Lycurgue donne des ordres à ses officiers et à ses amis pour le combat, sort de la ville et s'empare des postes aux environs de Ménélée; son armée était au moins de deux mille hommes. Il recommande à la garnison de la ville d'être toujours sur ses gardes, afin qu'au premier signal on pût faire sortir les troupes de plusieurs côtés, et les ranger en bataille vers l'Eurotas, à l'endroit où ce fleuve est le moins éloigné de la ville. Telle était la disposition des Lacédémoniens.

Mais de peur que faute de connaître les lieux, on ne trouve de la confusion et de l'obscurité dans ce que je dois rapporter, il est bon d'en décrire la nature et la situation. C'est ce que j'ai toujours observé dans tout le cours de cet ouvrage, en indiquant les lieux inconnus par la liaison qu'ils ont avec ceux que l'on connaît déjà, et dont les auteurs ont parlé; car comme il est ordinaire, soit sur terre ou sur mer, d'être trompés par la différence des lieux, et que notre dessein n'est pas tant de raconter ce qui s'est fait, que d'expliquer la manière dont chaque chose s'est passée, nous ne parlerons d'aucun événement, surtout de ceux qui concernent la guerre, sans faire la description des lieux où il s'est passé. Nous nous ferons même un devoir de les désigner par les ports, les mers et les îles qui sont auprès, par les temples, les montagnes, les terres que l'on voit dans leur voisinage, et même par leur situation à l'égard du ciel, parce que c'est ce qu'il y a de plus connu aux hommes. Ce n'est que par ce moyen, comme nous l'avons déjà dit, qu'on peut donner à ses lecteurs la connaissance des lieux qu'ils ne connaissent pas.

Voyons donc quelle est la nature des lieux dont il est question. Lacédémone, si on la considère en général, est une ville toute ronde et tellement située dans une plaine, qu'on y voit cependant certains endroits inégaux et élevés. Du côté de l'orient, l'Eurotas coule auprès; cette rivière est si profonde pendant la plus grande partie de l'année, qu'on ne peut la passer à gué. A l'orient d'hiver, au-delà de la rivière, sont des montagnes escarpées, rudes et d'une hauteur extraordinaire, sur lesquelles est bâtie Ménélée. Ces montagnes dominent de beaucoup sur l'espace qu'il y a entre la ville et la rivière, espace qu'arrose l'Eurotas en coulant au pied des montagnes, et qui en tout n'a pas plus d'un stade et demi de largeur.

CHAPITRE VI.

Combats gagnés par Philippe près de Lacédémone. — Il passe dans la Phocide. — Nouvelle intrigue des conjurés.

Il fallait nécessairement que Philippe à son retour traversât ce défilé, ayant à droite la rivière et Lycurgue qui occupait les montagnes, et à gauche la ville et les Lacédémoniens déjà prêts à combattre et rangés en bataille. Ceux-ci eurent recours encore à un autre stratagème. Ils arrêtèrent par le moyen d'une digue le cours de la rivière au dessus de l'espace dont nous avons parlé, et firent écouler les eaux entre la ville et les collines, pour empêcher que ni la cavalerie ni les gens de pied mêmes n'y pussent marcher. Il ne restait plus au roi d'autre ressource que de faire défiler l'armée le long du pied des montagnes, mais comment se défendre en défilant sur un petit front? C'aurait été s'exposer à une ruine entière. A la vue de ce danger Philippe tint conseil avec ses amis. On conclut tout d'une voix que dans la conjoncture présente il était absolument nécessaire de déloger Lycurgue des postes qu'il occupait autour de Ménélée. Le roi se fait suivre des mercenaires, de l'infanterie à rondaches et des Illyriens, passe la rivière et s'avance vers les montagnes. Lycurgue, qui voit le dessein du roi, fait mettre ses soldats sous les armes, et les anime à bien faire leur devoir. Il donne aussitôt le signal aux troupes de la ville, qui sortent en même temps et se rangent en bataille sous les murs, la cavalerie à leur droite. Quand Philippe fut près de Lycurgue, il détacha d'abord contre lui les mercenaires. La victoire sembla pencher au commencement du côté des Lacédémoniens, que les armes et la situation des lieux favorisaient : l'infanterie à rondaches vint heureusement au secours des combattans, et Philippe lui-même avec les Illyriens ayant chargé en flanc les ennemis, alors les mercenaires du roi, encouragés par le secours qu'ils recevaient, retournèrent à la charge beaucoup plus vivement qu'ils n'y avaient été, et les troupes de Lycurgue craignant le choc des soldats pesamment armés, tournèrent honteusement le dos. Cent restèrent sur la place ; il y eut un peu plus de prisonniers, le reste s'enfuit dans la ville. Lycurgue lui-même suivi de peu de soldats s'y retira pendant la nuit par des chemins détournés. Les Illyriens furent logés dans les postes que Lycurgue occupait, et Philippe revint vers ses troupes avec les soldats armés à la légère et les pavoiseurs.

Pendant le combat, la phalange conduite par Aratus arrivait d'Amycles et s'approchait de la ville, le roi passa vite la rivière pour être à portée de secourir sa phalange avec les troupes légères et les pavoiseurs, jusqu'à ce que les soldats pesamment armés fussent sortis des défilés. Les troupes de la ville vinrent attaquer la cavalerie auxiliaire de Philippe l'action fut chaude, et l'infanterie armée de rondaches se battit avec valeur, la victoire fut encore pour Philippe, et la cavalerie lacédémonienne fut poursuivie jusques aux portes de la ville. Le roi passa ensuite la rivière, et marcha à la suite de sa phalange. Au sortir des défilés, comme il était tard, il fut contraint d'y camper; et c'était justement l'endroit que les guides avaient choisi pour cela. C'est aussi le poste d'où l'on peut le plus aisément passer au-delà de la ville, et faire des courses dans la Laconie, car il est à l'entrée du défilé dont nous venons de parler, et soit que l'on vienne de Tégée ou de quelque autre endroit de la terre-ferme à Lacédémone, on ne peut éviter de passer par cet endroit, qui est à deux stades au plus de cette ville, et sur le bord de la rivière. Le côté qui regarde l'Eurotas et la ville est couvert tout entier par une montagne fort haute et inaccessible, mais dont le sommet est une plaine unie, où il se trouve de la terre et de l'eau en abondance. Une armée peut y entrer, elle en peut sortir très-facilement. En un mot en occupant ce terrain on est en sûreté du côté de la ville, et l'on est avec cela maître de l'entrée et de la sortie des défilés.

Philippe se logea là tranquillement, et dès le lendemain ayant envoyé devant ses bagages, il fit descendre son armée dans la plaine, et la rangea en bataille à la vue de la ville. Il resta là quelque temps, puis tournant d'un côté il prit la route de Tégée. Quand il fut arrivé à l'endroit où s'était donnée la bataille entre Antigonus et Cléomène, il y campa. Le lendemain ayant reconnu les lieux et sacrifié aux Dieux sur le mont Olympe et l'Éva, il fortifia son arrière-garde et continua sa marche. A Tégée il fit vendre tout le butin, et s'en alla par Argos à Corinthe. Il y avait là des ambassadeurs de Rhodes et de Chios envoyés pour conclure un traité de paix avec les Étoliens, et les chargea en les congédiant de les y disposer. Il descendit à Léchée, pour passer de là dans la Phocide, où il avait dessein d'entreprendre quelque chose de plus important.

La conjuration de Léontius, de Mégaléas et de Ptolémée n'était pas encore éteinte. Comptant toujours épouvanter Philippe, et couvrir par là leurs crimes passés, ils font circuler parmi les soldats armés de pavois et ceux de la garde du roi des discours de cette sorte : qu'ils s'exposaient pour le salut commun à tout ce que la guerre avait de plus pénible et de plus périlleux, que cependant on ne leur rendait point justice, et qu'on n'observait pas à leur égard l'ancien usage dans la distribution du butin. Les jeunes gens échauffés par ces discours séditieux, se divisent par bandes, pillent les logemens des principaux d'entre les amis du roi, et s'emportent jusqu'à forcer les portes de sa maison et à en briser les tuiles. Grand tumulte aussitôt dans la ville. Philippe averti vient de Léchée en diligence. Il assemble les Macédoniens dans le théâtre, et par un discours mêlé de douceur et de sévérité il leur fait sentir le tort qu'ils avaient. Dans le trouble et la confusion où tout était alors, les uns disaient qu'il fallait saisir et punir les auteurs de la sédition, les autres qu'il valait mieux calmer les esprits doucement, et ne plus penser à ce qui s'était passé. Le roi, qui savait d'où le mal venait dissimula, dans le moment, fit semblant d'être satisfait, et ayant exhorté ses troupes à l'union et à la paix, il reprit le chemin de Léchée. Depuis ce soulèvement il ne lui fut plus facile d'exécuter dans la Phocide ce qu'il avait projeté.

Léontius ne voyant plus rien à espérer après les tentatives qu'il avait faites sans succès, eut recours à Apelles. Il envoya courriers sur courriers pour lui apprendre les peines qu'il avait essuyées depuis qu'il s'était brouillé avec le roi, et pour le presser de venir le joindre. Cet Apelles pendant son séjour dans la Chalcide, y disposait de tout avec une autorité odieuse. A l'entendre on eût dit que le roi jeune encore n'était presque gouverné que par lui, n'était maître de rien, que le maniement des affaires lui appartenait, et qu'il avait plein pouvoir de faire tout à son gré. Les magistrats de Macédoine et de Thessalie, les officiers préposés au gouvernement des affaires lui rapportaient tout, et dans toutes les villes de Grèce à peine faisait-on mention du prince, soit qu'on eût des décrets à dresser, soit qu'il s'agît de décerner des honneurs, soit qu'il fallût faire des présens. Apelles avait tout en son pouvoir, disposait de tout à son gré.

Il y avait long-temps que Philippe était informé de cette conduite, et qu'il la supportait avec peine, et Aratus de son côté le pressait d'y mettre ordre. Mais le roi dissimulait sans faire connaître à personne de quel côté il penchait, et à quoi il se déterminerait. Apelles, qui ne savait rien de ce qui se préparait contre lui, persuadé au contraire qu'il ne paraîtrait pas plus tôt devant le roi, qu'on le consulterait sur tout, accourut de la Chalcide au secours de Léontius. Quand il arriva à Corinthe, Léontius, Ptolémée et Mégaleas, qui commandaient les proviscus et les corps les plus distingués, engagèrent la jeunesse à aller au devant de lui. Apelles accompagné d'une nombreuse escorte d'officiers et de soldats, vint d'abord descendre au logis du roi, où il prétendait entrer comme autrefois. Mais un licteur qui avait le mot l'arrête brusquement, en lui disant que le roi était occupé. Étonné d'une réception si extraordinaire, il délibère long-temps sur le parti qu'il avait à prendre, et enfin se retire tout confus. Le brillant cortège dont il s'était fait suivre se dissipa sur le champ, et il ne fut suivi jusqu'à son logis que de ses seuls domestiques. C'est ainsi qu'ordinairement, et surtout dans les cours des rois la fortune se joue des hommes. Il ne faut que peu de jours pour voir tout ensemble et leur élévation et leur chute. Selon qu'il plaît au prince de leur être contraire ou favorable, aujourd'hui ils sont heureux, demain ils seront dignes de compassion, semblables à des jetons, qui d'un moment à l'autre passent de la plus petite à la plus grande valeur, au gré de celui qui calcule. Cette disgrâce d'Apelles fit trembler Mégaléas, qui ne pensa plus qu'à se mettre à l'abri, par la fuite, du péril dont il était lui-même menacé. Le roi ne laissa pas que de s'entretenir quelquefois avec Apelles, et de lui laisser quelques autres honneurs semblables; mais il l'exclut du conseil et du nombre de ceux qu'il invitait à souper avec lui. Il le prit encore avec lui lorsqu'il partit de Léchée, pour terminer certaines affaires dans la Phocide; mais comme les choses n'y tournaient pas comme il l'aurait désiré, il revint bientôt d'Élatée à Corinthe. Pour dire encore un mot de Mégaléas, laissant Léontius engagé pour vingt talens dont il avait répondu pour ses complices, il s'enfuit à Athènes, où les officiers de l'armée refusant de le recevoir, il prit le parti de retourner à Thèbes.

CHAPITRE VII.

Les conjurés sont punis. — Le roi continue la guerre contre les Étoliens.

De Cirrha le roi mit à la voile avec sa garde, et alla prendre terre au port de Sicyone. Les magistrats lui offrirent un logement, mais il préféra celui d'Aratus, qu'il ne quittait point, et donna ordre à Apelles de s'en aller à Corinthe. Ce fut à Sicyone que Philippe ayant appris que Mégaléas avait pris la fuite, chargea Taurion du commandement des rondachers, que commandait Léontius, et l'envoya en Triphylie, comme s'il y eût eu là quelque affaire pressante; et dès qu'il fut parti, il fit mettre Léontius en prison pour le paiement des vingt talens dont il s'était fait garant. Léontius fit savoir cette nouvelle à l'infanterie, dont il avait été le chef, qui aussitôt envoya une députation au roi pour le prier qu'au cas où l'on chargerait Léontius de quelque nouvelle accusation, qui eût mérité qu'on le mît en prison, il ne décidât rien qu'elle ne fût présente : que s'il lui refusait cette grâce, elle prendrait ce refus pour un mépris et une injure insigne (telle était la liberté dont les Macédoniens usaient toujours avec leur roi); mais que si Léontius n'était renfermé que pour le paiement des vingt talens, elle offrait de payer en commun cette somme. Ce témoignage d'affection ne fit qu'irriter la colère du roi, et accélérer la mort de Léontius.

Sur ces entrefaites arrivèrent d'Étolie les ambassadeurs de Rhodes et de Chios, après avoir fait consentir les Étoliens à une trêve de trente jours : ils assurèrent au roi que ce peuple était disposé à la paix. Philippe accepta la trêve, et écrivit aux alliés d'envoyer leurs plénipotentiaires à Patras pour traiter de la paix avec les Étoliens. Il partit aussi de Léchée pour s'y trouver, et y arriva après deux jours de navigation. Il reçut alors des lettres envoyées par Mégaléas, de la Phocide aux Étoliens, dans lesquelles ce perfide exhortait les Étoliens de ne rien craindre et de continuer la guerre, que Philippe était réduit aux extrémités faute de munitions et vivres, et il ajoutait à cela des choses fort injurieuses pour ce prince. Sur la lecture de ces lettres, Philippe, jugeant qu'Apelles en était le principal auteur, le fit saisir et partir au plus tôt pour Corinthe, lui, son fils et un jeune homme qu'il aimait. Alexandre eut ordre d'aller à Thèbes, et de faire ajourner Mégaléas devant les magistrats pour l'obliger à payer la somme dont il avait répondu. Cet ordre fut exécuté, mais Mégaléas n'attendit pas que les juges décidassent, il se donna lui-même la mort. Apelles, son fils et le jeune homme qu'il aimait mourrurent aussi peu de temps après. Ainsi périrent les conjurés, fin que leurs crimes, et principalement leur insolence à l'égard d'Aratus, leur avaient justement attirée.

Cependant les Étoliens souhaitaient toujours avec ardeur que la paix se conclût. Ils étaient las d'une guerre où rien n'avait répondu à leur attente. Ils s'étaient flattés de n'avoir affaire qu'à un roi jeune et sans expérience, et croyaient s'en jouer comme d'un enfant, et Philippe au contraire leur avait fait connaître qu'en sagesse et en résolution il était un homme fait, et qu'eux s'étaient conduits en enfans dans toutes leurs entreprises. Mais ayant appris le soulèvement des rondachers, et la catastrophe de la conjuration d'Apelles et de Léontius, ils reculèrent le jour où ils devaient se trouver à Rhios, dans l'espérance qu'il s'élèverait à la cour quelque sédition dont le roi ne se tirerait qu'avec peine. Philippe saisit d'autant plus volontiers cette occasion de continuer la guerre, qu'il en espérait un heureux succès, et qu'il était venu dans le dessein d'empêcher la paix. Ainsi loin de porter les alliés qui étaient venus à Rhios à en traiter, il les encouragea à continuer la guerre, ensuite il mit à la voile et retourna encore à Corinthe. Il permit aux Macédoniens de s'en aller par la Thessalie prendre leurs quartiers d'hiver dans leur pays, puis côtoyant l'Attique sur l'Euripe, il alla de Cenchrée à Démétriade, où il trouva Ptolémée, le seul qui restait des conjurés, et le fit condamner à mort par une assemblée de Macédoniens.

Tout ceci arriva au temps qu'Annibal campait en Italie sur le Pô, et qu'Antiochus, après s'être soumis la plus grande partie de la Cœlosyrie, avait envoyé ses troupes en quartiers d'hiver. Ce fut aussi alors que Lycurgue roi des Lacédémoniens s'enfuit en Étolie pour se dérober à la colère des éphores, qui trompés par un faux bruit que ce roi avait dessein de faire quelques innovations, s'étaient assemblés pendant la nuit, et étaient venus chez lui pour se saisir de sa personne ; mais sur le pressentiment qu'il eut de cette violence, il prit la fuite avec sa famille. L'hiver venu, Philippe s'en retourna en Macédoine.

Chez les Achéens, Épérate était également méprisé des soldats de la république et des étrangers, personne n'obéissait à ses ordres. le pays était ouvert et sans défense. Pyrrhias envoyé par les Étoliens au secours des Éléens, remarqua ce désordre. Il avait avec lui quatorze cens Étoliens, les mercenaires au service des Éléens, environ mille hommes de pied de sa république et deux cents chevaux, ce qui faisait en tout environ trois mille hommes. Avec ces forces il ravagea non seulement le pays des Pharéens et des Dyméens, mais encore toutes les terres des Patréens. Il alla enfin camper sur une montagne qui commande Patras, et que l'on appelle Pachanaïque, et de là il mit à feu et à sang tout le pays qui s'étend jusqu'à Rhios et Égée. Les villes abandonnées et ne recevant pas de secours étaient à l'extrémité, et ne pouvaient payer leur contingent qu'avec peine. Les troupes étrangères, dont on reculait de jour en jour le paiement, servaient comme on les payait. Ce mécontentement réciproque jeta les affaires dans un tel désordre, que les soldats mercenaires désertèrent : désertion qui n'arriva que par la lâcheté et la faiblesse du chef. Heureusement pour les Achéens, le temps de sa préture expirait, il quitta cette charge au commencement de l'été, et Aratus le père fut mis à sa place. Telle était la situation des affaires dans l'Europe.

CHAPITRE VIII.

Pourquoi l'historien a distingué les affaires de la Grèce de celles de l'Asie. — Importance de bien commencer un ouvrage. — Vanité rabaissée des auteurs qui promettent beaucoup. — Conduite déplorable de Ptolémée Philopator. — Piége que lui tend Cléomène, roi de Lacédémone.

Passons maintenant en Asie, puisque le temps et la suite des affaires semble nous y conduire, et voyons ce qui est arrivé dans cette même olympiade. Nous parlerons d'abord, selon notre premier projet, de la guerre que se firent Antiochus et Ptolémée au sujet de la Cœlosyrie. Il est vrai que cette guerre se faisait en même temps que celle des Grecs ; mais il était à propos de point interrompre les affaires de la Grèce, et d'en séparer les autres. Il n'est point à craindre pour cela que mes lecteurs aient peine à prendre une exacte connaissance du temps où chaque chose s'est passée. Il suffit, pour qu'ils la prennent, que je leur fasse remarquer en quel tems de l'olympiade dont il s'agit, les affaires ont commencé et se sont terminées. Mais afin que la narration fût suivie et distincte, il était d'une extrême importance de ne pas entasser pêle-mêle dans cette olympiade, les faits arrivés dans la Grèce et dans l'Asie. Quand nous en serons aux olympiades suivantes, alors nous rapporterons à chaque année ce qui s'y est fait.

En effet comme nous ne nous sommes pas bornés à quelque histoire particulière, mais que notre projet, le plus grand, si je l'ose dire, qu'on ait jamais formé, embrasse l'histoire de tous les peuples, nous avons dû prendre garde, en l'exécutant, que l'ordre de tout l'ouvrage en général et celui des parties, fût si clair que personne ne s'y trompât. C'est dans cette vue que nous allons reprendre d'un peu haut le règne d'Antiochus et de Ptolémée, et que nous en commencerons l'histoire par des choses connues, et dont tout le monde convient. On ne peut trop exactement suivre cette méthode; car ce que les anciens ont dit, que c'est avoir fait la moitié d'un ouvrage que de l'avoir commencé, ils ne l'ont dit que pour nous faire entendre qu'en toutes choses notre principal soin doit être de bien commencer. Cette maxime des anciens paraît un paradoxe, mais elle est encore à mon avis au dessous de la vérité. On peut assurer hardiment que le commencement n'est pas seulement la moitié d'une entreprise, mais qu'il a encore un rapport essentiel avec la fin. Comment bien commencer un ouvrage, sans l'avoir conduit d'esprit jusqu'à la fin, et sans avoir connu d'où on le commencera, jusqu'où on le poussera, et quel en sera le but? Comment récapitulera-t-on bien à la fin tout ce que l'on a dit, sans avoir su dès le commencement d'où, comment et pourquoi l'on est venu jusqu'à un certain point? Puis, comme les commencemens ne sont pas seulement liés avec le milieu, mais encore avec la fin, on doit y faire une très-grande attention, soit qu'on écrive ou qu'on lise une histoire générale, et c'est ce que nous tâcherons d'observer.

Au reste je sais bien que d'autres historiens promettent comme moi une histoire générale, et se vantent d'avoir conçu le plus grand projet qu'on se soit jamais proposé. Éphore est de ce nombre, il est le premier et le seul qui l'ait entrepris. (33) Pour les autres, on me dispensera d'en rien dire, et de les nommer. Je dirai seulement que quelques historiens de notre temps se croient bien fondés à croire leur histoire générale, pour nous avoir donné en trois ou quatre pages la guerre des Romains contre les Carthaginois. Mais il faudrait être bien ignorant pour ne savoir pas qu'en Espagne et en Afrique, en Sicile et en Italie, il s'est fait dans le même temps un grand nombre d'exploits très-éclatans; et qu'après la première guerre punique, la plus célèbre et la plus longue qui se soit faite, est celle qu'Annibal soutint contre les Romains; guerre si considérable, qu'elle attira l'attention de tous les états, et qu'elle fit trembler dans l'attente du résultat qu'elle aurait. Cependant l'on voit des historiens qui expliquant moins les faits que ces peintres, qui dans quelques républiques les tracent sur les murailles à mesure qu'ils arrivent, se vantent d'embrasser tout ce qui s'est passé chez les Grecs et chez les Barbares. D'où vient que l'effet répond si mal aux promesses? C'est qu'il n'est rien de plus aisé que de promettre les plus grandes choses, que tout le monde est en état de le faire, et qu'il ne faut pour cela qu'un peu de hardiesse; mais qu'il est difficile d'exécuter en effet quelque chose de grand, qu'il se rencontre rarement des gens qui en soient capables, et qu'à peine s'en trouve-t-il qui en sortant de la vie aient mérité cet éloge. Ceci ne plaira pas à ces auteurs qui admirent leurs productions avec tant de complaisance; mais il était à propos de les humilier. Je reviens à mon sujet.

Ptolémée surnommé Philopator ayant après la mort de son père fait mourir Magas son frère et ses partisans, s'assit sur le trône de l'Égypte. Par la mort de Magas il croyait s'être mis par lui-même à couvert de tous périls domestiques, il croyait que la fortune l'avait défendu contre toute crainte du dehors, depuis qu'elle avait enlevé de cette vie Antigonus et Seleucus, et ne leur avait laissé qu'Antiochus et Philippe, encore enfans, pour successeurs. Dans cette sécurité il se livra tout entier aux plaisirs. Nul soin, nulle étude n'en interrompait le cours. Ni ses courtisans, ni ceux qui avaient des charges dans l'Égypte n'osaient l'approcher. A peine daignait il faire la moindre attention à ce qui se passait dans les états voisins de son royaume. C'était cependant sur quoi ses prédécesseurs veillaient bien plus que sur les affaires mêmes de l'intérieur de l'Égypte. Maîtres de la Cœlosyrie et de Cypre, ils tenaient les rois de Syrie en respect par mer et par terre, ainsi que les villes les plus considérables, les postes et les ports qui sont le long de la côte depuis la Pamphilie jusqu'à l'Hellespont, et les lieux voisins de Lysimachie leur étaient soumis; de là ils observaient les puissances de l'Asie et les îles mêmes. Dans la Thrace et la Macédoine, comment aurait-on osé remuer pendant qu'il commandait dans Ène, dans Maronée et dans des villes encore plus éloignées? Avec une domination si étendue, ayant encore pour barrière devant eux les princes qui régnaient au loin hors de l'Égypte, leur propre royaume était en sûreté. C'était donc avec grande raison qu'ils tenaient toujours les yeux ouverts sur ce qui se passait au dehors; Ptolémée au contraire dédaignait de se donner cette peine, l'amour et le vin faisaient toutes ses délices, comme toutes ses occupations. Après cela l'on ne doit pas être surpris qu'en très-peu de temps on ait attenté en plusieurs occasions et à sa couronne et à sa vie.

Le premier qui l'ait fait est Cléomène de Sparte. Tant que Ptolémée-Évergète vécut, comme il avait fait alliance avec ce prince, et que d'ailleurs il comptait en être secouru pour recouvrer le royaume de ses pères, il se tint en repos. Mais quelque temps après sa mort, quand dans la Grèce les affaires tournèrent de manière que tout semblait l'y appeler comme par son nom, qu'Antigonus fut mort, que les Achéens eurent pris les armes, que les Lacédémoniens se furent unis avec les Étoliens contre les peuples d'Achaïe et de Macédoine, alors il demanda avec empressement de sortir d'Alexandrie. Il supplia le roi de lui donner des troupes et des munitions suffisantes pour s'en retourner. Ne pouvant obtenir cette grâce, il pria qu'on le laissât du moins partir avec sa famille, et qu'on lui permît de profiter de l'occasion favorable qui se présentait de rentrer dans son royaume. Ptolémée était trop occupé de ses plaisirs pour daigner prêter l'oreille à cette prière de Cléomène. Sans prévoyance pour l'avenir, nulle raison, nulle prière ne put le tirer de sa sotte et ridicule indolence.

Sosibe, qui alors avait dans le royaume une très-grande autorité, assembla ses amis, et dans ce conseil on résolut de ne donner à Cléomène ni flotte ni provisions; ils croyaient cette dépense inutile, parce que depuis la mort d'Antigonus les affaires du dehors du royaume ne leur paraissaient d'aucune importance. D'ailleurs ce conseil craignait qu'Antigonus n'étant plus, et n'y ayant plus personne pour résister à Cléomène, ce prince après s'être soumis en peu de temps la Grèce, ne devînt pour l'Égypte un ennemi fâcheux et redoutable, d'autant plus qu'il avait étudié à fond l'état du royaume, qu'il avait un souverain mépris pour le roi, et qu'il voyait quantité de parties du royaume séparées et fort éloignées, sur lesquelles on pouvait trouver mille occasions de tomber, car il y avait un assez grand nombre de vaisseaux à Samos, et à Éphèse bon nombre de soldats. Ce furent là les raisons sur lesquelles on ne jugea pas à propos d'accorder à Cléomène ce qu'il demandait. D'un autre côté laisser partir après un refus méprisant un prince de cette considération, c'était s'en faire un ennemi qui se souviendrait de cette insulte. Il ne restait donc plus qu'à le retenir malgré lui; mais cette pensée fut universellement rejetée. Il ne fallut pas délibérer pour cela, on vit d'abord qu'il n'y avait pas de sûreté à loger dans le même parc le loup et les brebis. Sosibe surtout craignait qu'on ne prît ce parti, et en voici la raison.

CHAPITRE IX.

Conjuration contre Bérénice. — Archidama, roi de Sparte est tué par Cléomène. — Ce prince est saisi lui-même et mis en prison. — Il en sort et se tue. — Théodore, gouverneur de la Cœlosyrie, livre sa province à Antiochus.

Dans le temps que l'on cherchait les moyens de mettre à mort Magas et Bérénice, les auteurs de ce projet craignant surtout que l'audace de cette princesse ne fît échouer leur dessein, tâchaient de se gagner les courtisans, et leur faisaient de grandes promesses en cas que leur projet réussît. Sosibe en fit particulièrement à Cléomène, qu'il savait avoir besoin du secours du roi, et qu'il connaissait homme d'esprit et capable de conduire prudemment une affaire importante. Il lui fit aussi part de son dessein. Cléomène voyant son embarras, et qu'il appréhendait surtout les troupes étrangères et mercenaires, l'exhorta à ne rien craindre, et lui promit que les mercenaires loin de lui nuire, lui seraient au contraire d'un grand secours. Comme Sosibe était surpris de cette promesse, ne voyez-vous pas, lui dit Cléomène, qu'il y a ici trois mille mercenaires à la solde du Péloponèse et environ mille Crétois, à qui au moindre signe je ferai prendre les armes pour vous? Et avec ce corps de troupes qu'avez-vous à craindre? Les soldats de la Syrie et de la Carie vous épouvanteraient-ils? Ce discours fit plaisir à Sosibe, et l'affermit dans le dessein qu'il avait contre Bérénice. Mais se rappelant ensuite la mollesse de Ptolémée, les paroles de Cléomène, sa hardiesse à entreprendre et son pouvoir sur les soldats étrangers, il aima mieux porter le roi et ses amis à se saisir de Cléomène et à le renfermer. Une occasion s'offrit de mettre ce projet à exécution.

Un certain Nicagoras de Messène avait par son père droit d'hospitalité chez Archidamas roi de Sparte. Avant l'affaire dont nous parlons, ils se voyaient rarement. Mais quand Archidamas se fut enfui de Sparte, de peur d'y être pris par Cléomène, et qu'il fut venu à Messène, non seulement Nicagoras lui donna un logement et les autres choses nécessaires à la vie; mais il n'y avait point de momens dans le jour où ils ne se trouvassent ensemble, leur union devint la plus intime. Cléomène dans la suite ayant donné à Archidamas quelque espérance qu'il le laisserait retourner à Sparte, et qu'il vivrait bien avec lui, ce fut Nicagoras qui négocia cette paix, et qui en dressa les conditions. Lorsqu'elles eurent été acceptées de part et d'autre, Archidamas comptant sur les conditions ménagées par Nicagoras, revient à Sparte; mais il rencontre en chemin Cléomène, qui se jette sur lui et le tue, sans toucher néanmoins à Nicagoras, ni aux autres qui accompagnaient Archidamas. Au dehors Nicagoras témoignait être reconnaissant à Cléomène de l'avoir épargné; mais il était très-piqué de cette perfidie dont l'on pourrait soupçonner qu'il était auteur.

Quelque temps après il débarqua à Alexandrie avec des chevaux qu'il y venait vendre. En descendant du vaisseau, il rencontra sur le port Cléomène, Pantée et Hippitas qui s'y promenaient. Cléomène vint le joindre, l'embrassa tendrement et lui demanda pour quelle affaire il était venu. « J'amène des chevaux, » répondit Nicagoras. « C'était plutôt de beaux garçons et des danseuses qu'il fallait amener', reprit Cléomène, voilà ce qu'aime le roi d'aujourd'hui. » Nicagoras sourit sans dire mot. A quelques jours de là, ayant fait connaissance avec Sosibe à l'occasion des chevaux, pour le prévenir contre Cléomène il lui fit part de la plaisanterie de ce prince contre Ptolémée. Voyant ensuite que Sosibe l'écoutait avec plaisir, il lui découvrit encore la haine qu'il avait pour Cléomène. Sosibe charmé de le voir dans ces dispositions, lui fit des largesses, lui en promit d'autres pour la suite, et obtint qu'il écrirait une lettre contre Cléomène, qu'il la laisserait cachetée, et que quelques jours après son départ un esclave comme envoyé de sa part lui apporterait cette lettre. Nicagoras consent à tout. Il part, un esclave apporte la lettre, et sur le champ Sosibe s'en fait suivre et va trouver Ptolémée. L'esclave dit que Nicagoras lui avait laissé cette lettre avec ordre de la rendre à Sosibe. On ouvre la lettre, et on y lit que Cléomène était dans le dessein, si on ne lui permettait pas de se retirer, et si on ne lui donnait pour cela des troupes et les provisions nécessaires, d'exciter quelque soulèvement dans le royaume. Aussitôt Sosibe presse le roi et ses amis de prévenir le traître, de prendre de justes mesures contre lui, et de l'enfermer. Cela fut exécuté. On donna à Cléomène une grande maison, où il était gardé, ayant ce seul avantage au dessus des autres prisonniers, qu'il vivait dans une plus vaste prison. Dans cette situation, où il ne voyait rien à espérer pour l'avenir, il résolut de tout tenter pour se mettre en liberté; non qu'il se flattât de réussir, dénué comme il l'était de tous les moyens nécessaires pour une si difficile entreprise; mais parce qu'il voulait mourir glorieusement, et ne rien souffrir d'indigne de ses premiers exploits. Peut-être aussi fut-il alors animé de ce sentiment si ordinaire aux grands hommes, qu'il ne faut pas mourir d'une mort commune et sans gloire, mais après quelque action éclatante qui fasse parler de nous dans la postérité.

Il observa donc le temps que le roi devait aller à Canope, et fit alors courir parmi ses gardes que le roi devait bientôt le mettre en liberté. Sous ce prétexte il fait faire des festins aux siens et fait distribuer à ses gardes de la viande, des couronnes et du vin. Ceux-ci mangent et boivent comme si on ne leur eût rien dit que de vrai. Quand le vin les eut mis hors d'état d'agir, Cléomène vers le milieu du jour prend ses amis [1] et ses domestiques, et ils passent tous le poignard à la main au travers des gardes sans en être aperçus. Sur la place ils rencontrent Ptolémée, gouverneur de la ville. Ils jettent la terreur parmi ceux qui l'accompagnent, l'arrachent de dessus son char, l'enferment, et crient au peuple de secouer le joug et de se remettre en liberté. Chacun fut si effrayé d'une action si hardie, qu'on n'osa pas se joindre aux conjurés. Ceux-ci tournèrent aussitôt vers la citadelle pour en forcer les portes. Ils se flattaient que les prisonniers leur prêteraient la main; mais ils se flattaient en vain. Les officiers avaient prévu cet accident, et avaient barricadé les portes. Alors les conjurés se portèrent à un désespoir vraiment digne des Lacédémoniens, ils se percèrent eux-mêmes de leurs poignards. Ainsi mourut Cléomène, prince d'un commerce agréable, d'une intelligence et d'une habileté singulières pour les affaires, grand capitaine et grand roi.

Peu de temps après cet événement, Théodore gouverneur de la Cœlosyrie, Étolien de nation, prit le dessein d'aller trouver Antiochus, et de lui livrer les villes de son gouvernement. Deux choses le poussèrent à cette trahison, son mépris pour la vie molle et efféminée du roi, et l'ingratitude de la cour, qui bien qu'il eût rendu de grands services à son prince, et surtout dans la guerre contre Antiochus au sujet de la Cœlosyrie, non seulement ne lui avait donné aucune récompense, mais l'avait rappelé à Alexandrie, où il avait couru risque de perdre la vie. Sa proposition fut bien reçue, comme l'on peut croire, et la chose fut bientôt réglée. Mais il est bon de faire pour la maison royale d'Antiochus ce que nous avons fait pour celle de Ptolémée, et de remonter jusqu'au temps où ce prince commença de régner, pour venir ensuite à ce qui donna lieu à la guerre dont nous devons parler.

CHAPITRE X.

Antiochus succède à Séleucus son père. — Caractère d'Hermias, ministre de ce roi. — Sa jalousie contre Épigène. — Antiochus épouse Laodice fille de Mithridate. — Révolte de Molon.

Antiochus, le plus jeune fils de Séleucus, surnommé Callinique, après que son père fut mort, et que Séleucus son frère aîné lui eut succédé, se retira d'abord dans la haute Asie, jusqu'à ce que son frère ayant été tué par trahison au-delà du mont Taurus, où nous avons déjà dit qu'il avait passé avec une armée, il revint prendre possession du royaume. Il fit Achéus gouverneur du pays d'en deçà du mont Taurus, et donna le gouvernement des hautes provinces du royaume à Molon et à Alexandre son frère. Le premier fut gouverneur de la Médie, et l'autre de la Perse. Ces deux gouverneurs méprisaient fort la jeunesse du roi, et comme d'une part ils espéraient qu'Achée entrerait volontiers dans leurs vues, et que de l'autre ils craignaient la cruauté et les artifices d'Hermias, qui était alors à la tête des affaires, ils se mirent en tête d'abandonner Antiochus, et de soustraire à sa domination les hautes provinces. Cet Hermias était de Carie, et Séleucus frère d'Antiochus lui avait confié le soin des affaires de l'état, lorsqu'il partit pour le mont Taurus. Élevé à ce haut degré de puissance, il ne pouvait souffrir que d'autres que lui fussent en faveur à la cour. Naturellement cruel, des plus petites fautes il en faisait des crimes, et les punissait rigoureusement. Quelquefois c'était des accusations calomnieuses qu'il intentait lui-même et sur lesquelles il décidait en juge inexorable. Mais il n'en voulait à personne plus qu'à Épigène qui avait ramené les troupes qui avaient une confiance entière en lui. Un ministre jaloux ne pouvait voir ces grandes qualités et ne les pas haïr. Il l'observait et n'épiait que l'occasion de le desservir auprès du prince. Le conseil qui se tint sur la révolte de Molon lui parut favorable à son dessein. Antiochus y ayant ordonné à chacun de dire comment il croyait qu'on devait se conduire dans cette affaire, Épigène parla le premier et dit qu'il n'y avait pas un moment à différer, que le roi devait sur le champ se transporter en personne sur les lieux, qu'il prendrait là le temps convenable pour agir contre les révoltés ; que quand il y serait, ou Molon n'aurait pas la hardiesse de remuer sous les yeux du prince et d'une armée, ou, s'il persistait dans son dessein, les peuples ne manqueraient pas de le livrer bientôt au roi.

Il parlait encore, lorsqu'Hermias transporté de colère dit qu'il y avait long-temps qu'Épigène trahissait en secret le royaume, mais qu'heureusement il s'était découvert par l'avis qu'il venait de donner, qui ne tendait qu'à faire partir le roi avec peu de troupes, et à mettre sa personne entre les mains des révoltés. Il s'arrêta là, content d'avoir jeté comme cette première semence de calomnie ; mais c'était là plutôt un mouvement d'aigreur qui lui échappait, qu'un effet de la haine implacable dont il était dévoré. Son avis fut donc qu'il ne fallait pas marcher contre Molon. Ignorant et sans expérience des choses de la guerre, il craignit de courir les risques de cette expédition, Ptolémée était pour lui beaucoup moins redoutable. On pouvait sans rien craindre attaquer un prince qui ne s'occupait que de ses plaisirs. Le conseil ainsi épouvanté, il fit donner la conduite de la guerre contre Molon à Xénon et à Théodote Hémiolien, et pressa Antiochus de penser à reconquérir la Cœlosyrie, par là il venait à son but, qui était que le jeune prince enveloppé pour ainsi dire de tous les côtés de guerres, de combats et de périls, et ayant besoin de ses services, n'eût pas le temps de penser ni à le punir de ses fautes passées, ni à le dépouiller de ses dignités.

Il forgea ensuite une lettre qu'il feignit lui avoir été envoyée par Achée et la remit au roi. Cette lettre portait que Ptolémée pressait Achéus de s'emparer du royaume ; qu'il le fournirait de vaisseaux et d'argent s'il prenait le diadème et prétendait ouvertement à la souveraineté qu'il avait déjà en effet, mais dont il s'enviait à lui-même le titre en rejetant la couronne que la fortune lui présentait. Sur cette lettre le roi résolut de marcher à la conquête de la Cœlosyrie. Quand il fut à Séleucie près de Zeugma, Diognète amiral y arriva de Cappadoce, amenant avec lui Laodice fille de Mithridate, pour la remettre entre les mains d'Antiochus à qui elle était destinée pour femme. Ce Mithridate se vantait de descendre d'un des sept Perses qui avaient tué Magus, et d'avoir conservé la domination que ses pères avaient reçue de Darius, et qui s'étendait jusqu'au Pont-Euxin. Antiochus suivi d'un nombreux cortége alla au devant de la princesse, et les noces se firent avec la magnificence qu'on devait attendre d'un grand roi. Ensuite il vint à Antioche pour y proclamer reine Laodice, et s'y disposer à la guerre.

Pour reprendre l'histoire de Molon, il attira dans son parti les peuples de son gouvernement, partie en leur faisant espérer un grand butin, partie en intimidant les chefs par des lettres menaçantes qu'il feignait avoir reçues du roi. Il avait encore disposé son frère à agir de concert avec lui, et s'était mis en sûreté contre les satrapes voisins, dont il avait à force de largesses acheté l'amitié : ces précautions prises, il se met en marche à la tête d'une grande armée et va au devant des troupes du roi. Xénon et Théodote craignant qu'il ne fondît sur eux se retirèrent dans les villes. Molon se rendit maître du pays des Apolloniates et y trouva des vivres en abondance. Dès auparavant il était formidable par l'étendue de son gouvernement. Car c'est chez les Mèdes que sont tous les haras de chevaux du roi. Il y a du blé et des bestiaux sans nombre ; la force et la grandeur du pays est inexplicable.

En effet la Médie occupe le milieu de l'Asie, mais comparée avec les autres parties, il n'y en a point qu'elle ne surpasse et en étendue et par la hauteur des montagnes dont elle est couverte. Outre cela elle commande à des nations très-fortes et très-nombreuses. Du côté d'orient sont les plaines de ce désert qui est entre la Perse et la Parrhasie, les portes Caspiennes et les montagnes des Tapyriens, dont la mer d'Hircanie n'est pas fort éloignée, au midi elle est limitrophe à la Mésopotamie et aux Apolloniates. Elle touche aussi à la Perse et elle est défendue de ce côté-là par le Zagre, montagne haute de cent stades, et partagée en différens sommets qui forment ici des gouffres, et là des vallées qu'habitent les Cosséens, les Corbréens, les Carhiens et plusieurs autres sortes de barbares qui sont en réputation pour la guerre. Elle joint du côté de l'occident les Ataopatiens, peuple peu éloigné des nations qui s'étendent jusqu'au Pont-Euxin. Enfin au septentrion elle est bornée par les Éliméens, les Ariaraces, les Caddusiens et les Matianes, et domine sur cette partie du Pont qui touche aux Palus-Méotides. De l'orient à l'occident règne une chaîne de montagnes entre lesquelles sont creusées des campagnes toutes remplies de villes et de bourgs.

Molon, maître d'un pays si vaste et si approchant d'un grand royaume, ne pouvait pas manquer d'être redoutable. Mais quand les généraux de Ptolémée lui eurent abandonné le plat pays, et que les premiers succès eurent enflé le courage de ses troupes, ce fut alors que la terreur de son nom se répandit partout, et que les peuples d'Asie désespérèrent de pouvoir lui résister. D'abord il eut dessein de passer le Tigre pour assiéger Séleucie; mais comme Zeuxis avait fait enlever tous les bateaux qui étaient sur ce fleuve, il se retira au camp appelé de Ctésiphon, et amassa des provisions pour y passer l'hiver.

CHAPITRE XI.

Progrès de la révolte de Molon. — Xénète général d'Antiochus passe le Tigre pour attaquer le rebelle, et il est vaincu.

Le roi ayant eu avis des progrès de Molon et de la retraite de ses généraux, voulait retourner contre ce rebelle et cesser la guerre contre Ptolémée. Mais Hermias s'en tint à son premier projet, et envoya contre Molon Xénète, Achéen qu'il fit nommer généralissime. « Il faut, disait-il, faire la guerre à des révoltés par des généraux; mais c'est au roi de marcher contre des rois et de combattre pour l'empire. » Ayant le jeune prince comme à ses ordres, il continua de marcher, et assembla les troupes à Apamée, de là il fut à Laodicée. Le roi partit de cette ville avec toute l'armée, et traversant le désert il entra dans une vallée fort étroite entre le Liban et l'Antiliban, et qu'on appelle la vallée de Marsyas. Dans l'endroit le plus resserré sont des marais et des lacs sur lesquels on cueille des roseaux odoriférans. Le détroit est commandé de deux côtés par deux châteaux, dont l'un s'appelle Broque et l'autre Gerrhe, et qui ne laissent entre eux qu'un passage assez étroit. Le roi marcha plusieurs jours dans cette vallée, s'empara des villes voisines, et arriva enfin à Gerrhe. Mais Théodote, Étolien logé dans les deux châteaux, avait fortifié de fossés et de palissades le défilé qui conduit au lac, et avait mis bonne garde partout. Le roi voulut d'abord entrer par force dans les châteaux; mais comme il souffrit là plus de mal qu'il n'en faisait, parce que ces deux places étaient fortes, et que Théodote ne se laissait pas corrompre, il abandonna son dessein.

Dans l'embarras où il était, il reçut encore la nouvelle que Xénète avait été entièrement défait, et que Molon avait soumis à sa domination toutes les hautes provinces. Sur cet avis, il partit au plus tôt des deux châteaux pour venir mettre ordre à ses propres affaires; car ce Xénète, qu'il avait envoyé pour généralissime, se voyant revêtu d'une puissance qu'il n'aurait jamais osé espérer, traitait ses amis avec hauteur, et ne suivait, dans ses entreprises, qu'une aveugle témérité. Il prit cependant la route de Séleucie, et ayant fait venir Diogène et Pythiade, l'un, gouverneur de la Susiane, et l'autre de la mer Rouge, il mit ses troupes en campagne, et alla placer son camp sur le bord du Tigre, en présence des ennemis. Là, il apprit de plusieurs soldats qui du camp de Molon étaient passés au sien à la nage, que s'il traversait le fleuve toute l'armée de Molon se rangerait sous ses étendarts, parce qu'elle haïssait autant Molon, qu'elle aimait Antiochus. Encouragé par cette nouvelle, il résolut de passer le fleuve. Il fit d'abord semblant de vouloir jeter un pont sur le Tigre dans un endroit où il y avait une espèce d'île; mais comme il ne disposait rien de ce qui était nécessaire pour cela, Molon ne se mit pas en peine de l'empêcher. Il se hâta ensuite de rassembler et d'équiper des bateaux; puis ayant choisi les meilleures troupes de toute son armée, soit dans la cavalerie, soit dans l'infanterie, et laissé Zeuxis à la garde du camp, il descendit environ quatre-vingts stades plus bas que n'était Molon, fit passer son corps de troupes sans aucune résistance, et campa de nuit dans un lieu avantageux, couvert presque tout entier par le Tigre, et défendu aux autres endroits par des marais et des fondrières impraticables.

Molon détacha sa cavalerie pour arrêter ceux qui passaient et tailler en pièces ceux qui étaient déjà passés. Cette cavalerie approcha en effet, mais il ne fallut pas d'ennemis pour la vaincre. Ne connaissant pas les lieux, elle se précipita d'elle-même dans les fondrières qui la mirent hors d'état de combattre, et où la plupart périrent. Xénète toujours persuadé que les rebelles n'attendaient que sa présence pour se joindre à lui, avança le long du fleuve et campa sous leurs yeux. Alors Molon, soit par stratagème, soit qu'il craignit qu'il n'arrivât quelque chose de ce qu'espérait Xénète, laisse le bagage dans les retranchemens, décampe pendant la nuit et prend le chemin de la Médie. Xénète croit que Molon ne prend la fuite que parce qu'il craint d'en venir aux mains, et qu'il se défie de ses troupes. Il s'empare de son camp, et y fait venir la cavalerie et les bagages qu'il avait laissés sous la garde de Zeuxis. Il assemble ensuite l'armée et l'exhorte à bien espérer des suites de la guerre, puisque Molon avait déjà tourné le dos. Il leur donne ordre de prendre soin d'eux et de se tenir prêts, parce que de grand matin il se mettrait à la poursuite des ennemis. L'armée pleine de confiance et regorgeant de vivres, fait bonne chère, boit à l'excès, et par suite néglige la victoire.

Après avoir marché quelque temps, Molon ait prendre le repas à ses troupes et revient sur ses pas. Toute l'armée ennemie était éparse et ensevelie dans le vin, il se jette au point du jour sur les retranchemens. Xénète effrayé s'efforce inutilement d'éveiller ses soldats. Il se présente témérairement au combat et y perd la vie. La plupart des soldats furent massacrés sur leurs couvertures, le reste se jeta dans le fleuve pour passer au camp qui était sur l'autre bord, et y périt pour la plus grande partie. C'était une confusion et un tumulte horrible dans les deux camps. Les troupes étonnées d'un accident si imprévu étaient hors d'elles-mêmes. Le camp qui était de l'autre côté n'était éloigné de celui d'où l'on sortait que de la largeur du fleuve, et l'envie de se sauver était telle, qu'elle fermait les yeux sur la rapidité du Tigre et sur la difficulté de le traverser. Les soldats, uniquement occupés de la conservation de leur vie, se jetaient eux-mêmes dans le fleuve. Ils y jetaient aussi les chevaux et les bagages, comme si le fleuve, par je ne sais quelle providence, eût dû compatir à leur peine, et les transporter sans péril de l'autre côté. On voyait flotter entre les nageurs, des chevaux, des bêtes de charge, des bagages de toute sorte, c'était le spectacle du monde le plus affreux et le plus lamentable.

Le camp de Xénète enlevé, Molon passa le fleuve sans que personne se présentât pour l'arrêter, car Zeuxis avait aussi pris la fuite, il se rend encore maître de ce second camp, puis part avec son armée pour Séleucie. Il entre d'emblée dans la place, parce que Zeuxis et Diomédon qui y commandaient l'avaient abandonnée; il continue d'avancer et se soumet toutes les hautes provinces sans coup férir. Maître de la Babylonie et du gouvernement qui s'étend jusqu'à la mer Rouge, il vient à Suse, et emporte la ville d'assaut; mais contre la citadelle ses efforts furent inutiles. Diogène l'avait prévenu et s'y était jeté. Il abandonna donc cette entreprise, et ayant laissé des troupes pour en faire le siège, il ramène son armée à Séleucie sur le Tigre. Après avoir fait reposer ses troupes là et les avoir encouragées, il se remit en campagne et subjugua tout le pays qui est le long du fleuve jusqu'à Europe, et la Mésopotamie jusqu'à Dures.

CHAPITRE XII.

Antiochus marche contre Molon, mais sans Épigène, dont Hermiasse défait enfin. — Le roi passe le Tigre, fait lever le siége de Dure. — Combat près d'Apollonie.

Le bruit de ces conquêtes fit une seconde fois renoncer Antiochus aux vues qu'il avait sur la Cœlesyrie, il prit de nouveau la résolution de marcher contre le rebelle. On assembla un second conseil, où le roi ordonna que chacun dît ce qu'il jugeait à propos que l'on fît contre Molon. Épigène prit encore le premier la parole, et dit qu'autrefois, avant que les ennemis eussent fait de si grands progrès, il avait été d'avis qu'on marchât contre eux sans différer, et qu'il persistait dans ce sentiment. Hermias ne put encore ici retenir sa colère. Il s'emporta contre Épigène, lui fit mille reproches aussi faux qu'injustes, sans oublier de faire de lui-même un magnifique éloge. Il pria ensuite le roi de ne pas suivre un avis si déraisonnable, et de ne pas abandonner le projet qu'il avait formé sur la Cœlosyrie. Cet avis révolta toute l'assemblée. Antiochus en fut aussi choqué. Il fit tout ce qu'il put pour réconcilier ces deux hommes, et il eut assez de peine à y réussir. Le résultat du conseil fut que rien n'était plus important ni plus nécessaire que de s'en tenir à l'avis d'Épigène, et il fut résolu qu'on prendrait les armes contre Molon. A peine cette résolution fut-elle prise, qu'Hermias changea tout d'un coup, on l'eût pris pour un autre homme. Non seulement il se rendit, mais il dit encore que dès qu'un conseil avait décidé, il n'était plus permis de disputer, et il donna en effet tous ses soins aux préparatifs de cette guerre. Quand les troupes furent assemblées à Apamée, une sédition s'y étant élevée pour quelques paiemens qui leur étaient dus, Hermias qui s'aperçut que le roi craignait que cette sédition n'eût quelque résultat funeste, s'offrit de payer à ses frais ce qui était dû à l'armée, s'il voulait remercier Épigène de ses services. Il ajouta qu'il importait au roi que cet officier ne servît point, parce qu'après les contestations qu'ils avaient eues ensemble, il était impossible qu'une division si éclatante ne fît pas tort aux affaires.

Cette proposition affligea le roi, qui connaissant l'habileté d'Épigène dans la guerre, souhaitait qu'il le suivît; mais prévenu et gagné par les ministres des finances, par ses gardes et par ses officiers, qu'Hermias avait mis malicieusement dans son parti, il ne fut pas maître de lui-même, il fallut se conformer aux circonstances et accorder ce qu'on lui demandait. Dès qu'Épigène, selon l'ordre qui lui avait été donné, se fut retiré à Apamée, la crainte saisit les membres du conseil du roi; les troupes au contraire, qui avaient obtenu ce qu'elles souhaitaient, n'eurent plus d'affection que pour celui qui leur avait procuré le paiement de leurs soldes. Il n'y eut que les Cyrrhestes qui se soulevèrent. Ils se retirèrent au nombre d'environ six mille, et donnèrent assez longtemps de l'inquiétude à Antiochus, mais enfin vaincus dans un combat par un de ses généraux, la plupart furent tués, le reste se rendit à discrétion. Hermias ayant ainsi intimidé les amis du prince, et gagné l'armée par le service qu'il lui avait rendu, se mit en marche avec le roi.

Il fit encore une autre perfidie à Épigène par le ministère d'Alexis, garde de la citadelle d'Apamée. Il feignit une lettre envoyée par Molon à Épigène, et ayant suborné un des esclaves de ce dernier par de grandes promesses, il lui persuada de porter cette lettre chez son maître, et de la mêler avec les autres papiers qu'il y trouverait. Alexis se présenta quelques temps après, et demanda à Épigène si l'on n'avait point apporté chez lui une lettre de la part de Molon. Épigène répondit à cette question de manière à faire sentir combien il en était choqué. L'autre entre brusquement, trouve la lettre, et sans autre prétexte tue sur le champ Épigène. On fit accroire au roi que cette mort était juste; mais elle fut suspecte aux courtisans, quoique la crainte leur fît garder le silence.

Antiochus arriva près de l'Euphrate, et ayant pris les troupes qui l'y attendaient, il partit pour Antioche dans la Mygdonie, où il entra au commencement de l'hiver et y resta pendant quarante jours en attendant que le grand froid fût passé. Au bout de ce temps il alla à Liba et y tint conseil pour savoir comment et d'où l'on tirerait les provisions de l'armée, et quelle route on tiendrait pour aller dans la Babylonie, où était alors Molon. Hermias fut d'avis qu'on marchât le long du Tigre, l'armée couverte d'un côté par le Tigre, et de l'autre par le Lyque et le Capre. Zeuxis ayant encore la mort d'Épigène présente à la pensée, craignait de dire son sentiment; cependant comme l'avis qu'avait ouvert Hermias était visiblement pernicieux, il hasarda de conseiller qu'il fallait passer le Tigre, alléguant que la route le long de ce fleuve était difficile; qu'après avoir fait assez de chemin, après avoir marché pendant six jours dans le désert, on ne pourrait éviter de passer par le fossé royal; que les ennemis s'en étant emparés les premiers, il serait impossible de passer outre; qu'on ne pourrait sans un danger évident de périr, retourner sur ses pas par le désert, parce que l'armée n'y aurait pas de quoi subsister; qu'au contraire, si l'on passait le Tigre, les Apolloniates rentreraient infailliblement dans leur devoir; qu'ils ne s'en étaient écartés, pour obéir à Molon, que par crainte et par nécessité; que ce pays étant gras et fertile, l'armée y trouverait des vivres en abondance; que surtout on fermerait à Molon tous les chemins pour retourner dans la Médie; qu'on lui couperait tous les vivres; que par conséquent on le forcerait d'en venir à une bataille, qu'il ne pourrait refuser, sans que ses troupes se jetassent aussitôt dans le parti du roi.

Ce sentiment ayant prévalu, on divisa l'armée en trois corps vers trois endroits du fleuve, et on fit passer les troupes et le bagage. Ensuite on se dirigea vers Dure. Un officier de Molon assiégeait cette ville. Il ne fallut que se montrer pour lui faire lever le siège. On marcha ensuite sans discontinuer, et après huit jours de marche on franchit le mont Orique, et on arriva à Apollonie. Molon, averti de l'arrivée du roi, ne crut pas devoir s'en fier à la fidélité des peuples de la Susiane et de la Babylonie, dont il avait fait la conquête de-puis si peu de temps, et avec tant de rapidité : craignant d'ailleurs qu'on ne lui coupât les chemins de la Médie, et comptant sur le nombre de ses frondeurs appelés Cyrtiens, il prit le parti de jeter un pont sur le Tigre pour faire passer son armée, et d'aller se loger, s'il était possible, sur les montagnes de l'Apolloniatide avant Antiochus. Il marcha sans relâche et avec rapidité; mais à peine touchait-il aux postes qu'il s'était destinés, que les troupes légères du roi, qui était parti d'Apollonie avec son armée, rencontrèrent les siens sur certaines hauteurs. D'abord ils escarmouchèrent et s'éprouvèrent les uns les autres ; mais à l'approche des deux armées ils se retirèrent chacun vers leur parti, et les armées campèrent à quarante stades l'une de l'autre.

La nuit venue, Molon ayant réfléchi qu'il était difficile et dangereux de faire combattre de front et pendant le jour des révoltés contre leur roi, résolut d'attaquer de nuit Antiochus. Il prit pour cela l'élite de toute son armée, reconnut différens postes pour en trouver un élevé d'où il pût fondre sur l'ennemi ; mais sur l'avis qu'il reçut que dix de ses soldats étaient allés trouver Antiochus, il changea de dessein, retourna sur ses pas, rentra dans son camp vers le point du jour, et y mit le désordre et la confusion. Peu s'en fallut que tous ceux qui y reposaient n'en sortissent, tant la frayeur était grande. Molon fit tout ce qu'il put pour apaiser le tumulte. Dès que le jour parut, le roi, qui était prêt à combattre, fait sortir ses troupes des retranchemens et les range en bataille, la cavalerie armée de lances sur l'aile droite sous le commandement d'Ardye, officier d'une valeur éprouvée dans les combats, près de la cavalerie les Crétois alliés, ensuite les Gaulois Tectosages, puis les mercenaires grecs, enfin la phalange. A l'aile gauche il mit la cavalerie qu'on appelle les Hétères ou compagnons du roi. Dix éléphans qu'il avait furent placés à la première ligne, à quelque distance de l'armée; les troupes auxiliaires, tant d'infanterie que de cavalerie, furent partagées sur les deux ailes, et eurent ordre d'envelopper les ennemis dès que le combat serait engagé.

Hermias et Zeuxis commandaient la gauche, et le roi se chargea du commandement de la droite. Il courut ensuite de rang en rang pour encourager les soldats à bien faire leur devoir.

Molon sortit aussi de ses retranchemens, et rangea son armée, quoiqu'avec beaucoup de peine, à cause du désordre de la nuit précédente. Il partagea sa cavalerie sur les deux ailes, comme avaient fait les ennemis, et mit au centre les rondachers, les Gaulois, en un mot tout ce qu'il avait de soldats pesamment armés. Il répandit sur le front des deux ailes les archers, les frondeurs, toutes les troupes légères,, et les chariots armés de faux furent mis un peu devant la première ligne. Néolas son frère eut le commandement de la gauche, et il prit pour lui celui de la droite.

Après cela les deux armées s'approchèrent. L'aile droite de Molon fut fidèle, et se défendit courageusement contre Zeuxis. Mais la gauche ne parut pas plus tôt sous les yeux du roi, qu'elle se rangea sous ses enseignes. Autant Molon fut consterné de cet événement, autant le roi en prit de nouvelles forces. Molon enveloppé de tous les côtés, et se représentant les supplices qu'on lui ferait souffrir s'il tombait vif entre les mains du roi, se donna lui-même la mort. Tous ceux qui avaient pris part à sa révolte se retirèrent chez eux, et prévinrent leur punition par une mort volontaire. Néolas, échappé du combat, s'enfuit dans la Perside chez Alexandre frère de Molon, y tua sa mère et les enfans de Molon, persuada à Alexandre de se faire mourir, et se plongea lui-même un poignard dans le sein. Le roi ayant pillé le camp des rebelles, donna ordre d'attacher le corps de Molon à un gibet, dans l'endroit le plus apparent de la Médie. Les exécuteurs de cet ordre emportèrent aussitôt le corps dans la Calonitide, et l'attachèrent à un gibet sur le penchant du mont Zagre. Antiochus fit ensuite une longue et sévère réprimande aux troupes qui avaient suivi le rebelle, leur tendit cependant la main en signe de pardon, et leur choisit des chefs pour les conduire dans la Médie et mettre ordre aux affaires du pays. Il vint lui-même à Séleucie, et rétablit le bon ordre dans le gouvernement des environs avec beaucoup de douceur et de prudence. Pour Hermias, toujours cruel suivant la coutume, il imposa à la ville de Séleucie une amende de mille talens, envoya en exil les magistrats appelés Aiganes, et fit mourir dans différens supplices un grand nombre d'habitans. Le roi cependant rétablit la tranquillité dans cette ville, soit en faisant entendre raison à Hermias, soit en prenant lui-même le soin des affaires, et diminua l'amende de moitié. Diogène fut fait gouverneur de la Médie, Apollodore de la Susiane. Tychon, premier secrétaire et commandant d'armée, fut envoyé dans les lieux voisins de la mer Rouge. Ainsi finit la révolte de Molon; ainsi fut calmé le soulèvement qui avait eu lieu au sujet des hautes provinces.

CHAPITRE XIII.

Antiochus marche contre Artabarzane, qui se soumet. — Juste punition des vues ambitieuses d'Hermias. — Achéus se tourne contre Antiochus. — Conseil de guerre au sujet de l'expédition contre Ptolémée. — Escalade de Séleucie.

Antiochus, fier d'un si heureux succès, pensa ensuite à se faire craindre des princes barbares limitrophes de ses provinces, et qui y commandaient, afin qu'ils n'eussent pas dans la suite la hardiesse de fournir des vivres aux rebelles, ou de prendre les armes en leur faveur. Résolu de leur faire la guerre, il voulut commencer par Artabarzane, qui lui paraissait le plus à craindre et le plus entreprenant, et qui avait sous sa domination les Atropatiens et les autres nations voisines. Cette guerre n'était point du tout du goût d'Hermias. Il y avait trop à risquer dans ces hautes provinces, il en revenait toujours à son premier dessein de prendre les armes contre Ptolémée. Cependant quand il sut qu'il était né un fils au roi, la pensée lui vint qu'il pourrait bien arriver quelque malheur à Antiochus dans ce pays, et qu'il pourrait se présenter des occasions de lui faire perdre la vie. Il consentit donc au dessein du roi, persuadé que s'il pouvait une fois se défaire du père, il serait immanquablement gouverneur du fils, et par là maître du royaume.

La chose résolue, on franchit le Zagre et on se jette sur le pays d'Artabarzane : ce pays touche à la Médie, et n'en est séparé que par des montagnes. Quelques parties du Pont le dominent, du côté du Phase, et il s'étend jusqu'à la mer d'Hyrcanie. Les hommes y sont pour la plupart forts et courageux ; on y lève surtout d'excellente cavalerie. Toutes les autres munitions de guerre s'y trouvent aussi en abondance : ce royaume s'était conservé depuis les Perses, mais il avait été négligé du temps d'Alexandre. Artabarzane, qui était alors fort vieux, fut épouvanté; il pensa qu'il fallait céder à la force des circonstances, et fit la paix aux conditions qu'il plut à Antiochus de lui imposer.

Depuis ce temps-là Apollophanes, médecin du roi, et qui en était fort aimé, voyant à quel excès était parvenue l'insolence et la fierté d'Hermias, commença à craindre pour le roi, et beaucoup plus encore pour lui-même. Il saisit l'occasion de parler au roi, et l'exhorta à se tenir sur ses gardes, à se défier d'Hermias, et à prévenir les malheurs qui étaient arrivés à son frère ; il lui dit qu'il touchait presque à son dernier jour, qu'il devait se mettre sur ses gardes et songer à son salut et à celui de ses amis. Antiochus lui avoua qu'il haïssait et redoutait Hermias, et le remercia de ce qu'il avait eu le courage de s'ouvrir à lui sur cette affaire. Apollophanes jugeant par cette réponse qu'il était entré dans les sentimens du roi, en devint plus hardi. Le prince ne l'eut pas plus tôt prié de ne se pas contenter de l'avoir averti, mais d'agir efficacement pour se tirer lui et ses amis du danger où ils étaient, qu'il parut disposé à tout entreprendre. Après être convenus ensemble de la manière dont on s'y prendrait, le roi feignit d'avoir des pesanteurs de tête, on éloigna les officiers et la garde ordinaire pour quelques jours; ses amis seuls furent introduits, et on eut le moyen d'entretenir en particulier ceux à qui l'on jugeait à propos de faire part du secret. Quand on eut trouvé des bras pour exécuter le projet, et la haine qu'on avait pour Hermias rendait la chose aisée, on se disposa à le faire. Les médecins répandirent le bruit que le lendemain il fallait que le roi sortît dès le point du jour, et allât respirer l'air frais du matin. Hermias et tous les amis du roi qui étaient du complot vinrent à l'heure marquée. Les autres ne s'y trouvèrent pas, ils ne s'attendaient point que le roi dût sortir à une heure si inaccoutumée. On part du camp, et lorsqu'on est à un certain endroit désert, le roi s'étant un peu écarté du chemin comme pour satisfaire à quelque besoin, on poignarde Hermias, peine beaucoup au dessous de la punition que ses crimes méritaient. Le roi, délivré de crainte et d'embarras, décampa et prit la route de sa capitale. En quelque endroit qu'il passât, tout retentissait des éloges que l'on faisait de ses entreprises et de ses exploits; mais surtout de ce qu'il s'était défait d'Hermais. A Apamée sa femme fut aussi tuée par les femmes, et ses enfans par les enfans.

Après que le roi eût fait prendre les quartiers d'hiver à ses troupes, il dépêcha vers Achéus, pour lui faire des reproches d'avoir osé mettre le diadème sur sa tête et se faire appeler roi ; et en second lieu pour l'avertir qu'on savait la liaison qu'il avait avec Ptolémée, et les excès où cette liaison l'avait fait tomber. En effet, dans le temps qu'Antiochus marchait contre Artabarzane, cet Achéus s'était flatté, ou que le roi périrait dans cette expédition, ou que quand même il en reviendrait, il aurait le temps de se jeter dans la Syrie avant que ce prince y arrivât et qu'avec le secours des Cyrrhestes, qui avaient quitté le parti du roi, il serait bientôt le maître du royaume. Dans ce dessein il partit de la Lydie à la tête de toute son armée. Arrivé à Laodicée, en Phrygie, il ceignit sa tête du diadème, et prit pour la première fois le nom de roi. Il écrivit aussi aux villes en cette qualité, poussé à cela principalement par certain banni nommé Spiris qu'il avait auprès de lui. Il avança toujours, et il était déjà près de Lycaonie, lorsque ses troupes voyant avec chagrin qu'on les menait contre leur roi naturel, se soulevèrent. Achéus se garda bien de persister dans son dessein après ce changement des esprits. Au contraire pour persuader à ses troupes que ses vues n'étaient pas d'abord d'envahir la Syrie, il prit une autre route, ravagea la Pisidie, et quand il eut regagné l'amitié et la confiance de son armée par le butin qu'il lui fit faire dans cette province, il s'en retourna chez lui. Le roi avait été informé de toutes ces perfidies, et c'était la raison des menaces qu'il faisait continuellement à Achéus, et que nous avons rapportées.

Antiochus ne laissa pas pour cela de donner tous ses soins à se disposer à la guerre contre Ptolémée. Ayant assemblé ses troupes à Apamée au commencement du printemps, il consulta ses amis sur la manière dont on s'y prendrait pour entrer dans la Cœlesyrie. Après qu'on se fût fort étendu sur la situation des lieux, sur les préparatifs, sur le secours que pourrait donner une armée navale, Apollophanes, le même dont nous parlions tout à l'heure, et qui était de Séleucie, réfuta tout ce que l'on avait proposé et dit, qu'il n'était point raisonnable d'avoir tant de désir de conquérir la Cœlesyrie, tandis qu'on souffrait que Ptolémée possédât Séleucie, la capitale du royaume, le temple pour ainsi dire des Dieux pénates de toute la monarchie; qu'il était honteux de laisser sous la puissance des rois d'Égypte une ville dont on pourrait tirer de très-grands avantages dans les conjonctures présentes; que tant qu'elle resterait aux ennemis, elle serait un obstacle invincible à tous les desseins qu'on avait; qu'en quelque endroit qu'on voulût porter la guerre, cette ville était à craindre; que l'on ne devait pas moins songer à bien munir les places du royaume, qu'à faire des préparatifs contre les ennemis; qu'en prenant Séleucie, cette ville était si heureusement située, que non seulement elle mettrait le royaume à couvert de toute insulte, mais qu'elle serait d'un grand secours par mer et par terre, pour faire réussir les projets qu'on avait formés. Tout le conseil demeura d'accord de ce qu'avait dit Apollophanes, il fut résolu que l'on commencerait par le siége de Séleucie, où, depuis que Ptolémée Évergète, irrité contre Séleucus, l'avait prise pour venger la mort de Bérénice, il y avait eu jusqu'alors une garnison égyptienne. Antiochus donna ordre à Diognète amiral d'y amener une flotte, et partant d'Apamée il vint camper à environ cinq stades de la ville, proche du Cirque; il envoya aussi Théodote Hémiolien dans la Cœlesyrie avec un corps de troupes pour s'emparer des défilés, et veiller sur ses intérêts.

Voyons maintenant la situation de Séleucie, et la disposition des lieux d'alentour. Cette ville est située sur la mer entre la Cilicie et la Phénicie. Tout proche s'élève une montagne d'une hauteur extraordinaire, et qu'on appelle le Coryphée. Là, du côté d'occident, se brisent les flots de la mer qui sépare Cypre de la Phénicie, et à l'orient cette montagne domine toutes les terres d'Antioche et de Séleucie. La ville est au midi de la montagne, dont elle est séparée par une vallée profonde, et où l'on ne peut descendre qu'avec peine. Elle touche à la mer et en est presque toute environnée, la plupart des bords sont des précipices et des rochers affreux. Entre la mer et la ville sont les marchés et le faubourg, qui est enfermé de fortes murailles : tout le tour de la ville est aussi bien muré, et l'intérieur de la ville est orné de temples et de maisons magnifiques. On ne peut y entrer du côté de la mer que par un escalier fait exprès. Non loin de la ville est l'embouchure de l'Oronte, qui, prenant sa source vers le Liban et l'Anti-Liban traverse la plaine d'Amique, passe à Antioche, dont il emporte toutes les immondices, et vient se jeter dans la mer de Syrie près de Séleucie.

Le roi commença par offrir aux principaux de la ville de l'argent et de grandes récompenses pour l'avenir, s'ils voulaient de bon gré lui en ouvrir les portes. Mais ses offres ne furent point écoutées. Les officiers subalternes ayant été plus traitables, Antiochus disposa son armée comme pour attaquer la ville du côté de la mer par une flotte, et du côté de la terre par les troupes du camp. Il partagea son armée en trois corps, et après les avoir animés à bien faire, leur avoir promis de grandes récompenses et des couronnes, tant aux officiers qu'aux simples soldats qui se signaleraient, il posta Zeuxis du côté de la porte qui conduit à Antioche; Hermogène près du temple de Castor et Pollux; Ardye et Diognète furent chargés de l'attaque du port et du faubourg, parce que la convention faite entre les officiers subalternes et Antiochus portait qu'on ferait entrer ce prince dans la ville, dès qu'il aurait emporté le faubourg. Le signal donné, on attaqua de tous les côtés vigoureusement; mais la plus vive attaque fut du côté d'Ardye et de Diognète, parce qu'aux autres côtés il fallait gravir et combattre en même temps pour aller à l'escalade; au lieu que du côté du port et du faubourg on pouvait sans risque porter, dresser et appliquer des échelles. Les troupes de mer escaladèrent donc le port avec vigueur, et Ardye le faubourg. Comme le péril était égal de toutes parts, et que les assiégés ne purent venir au secours d'aucun endroit, le faubourg fut bientôt emporté. Ceux qu'Antiochus avait mis dans ses intérêts courent aussitôt à Léontius qui commandait dans la ville, et le pressent d'envoyer un parlementaire au roi, et de faire la paix avec lui avant qu'il prenne la ville d'assaut. Léontius, qui ne savait pas que ceux-ci eussent été corrompus, épouvanté de la frayeur où il les voyait, envoya au roi, pour tirer de lui des assurances qu'il ne serait fait de mal à aucun de ceux qui étaient dans la ville. Le roi promit pleine sûreté aux personnes libres, et il y en avait environ six mille. Quand il fut entré dans la ville, non seulement il ne fit aucun mal aux hommes libres, mais il rappela tous les exilés, permit à la ville de se gouverner selon ses lois, et rendit à chacun ses biens. Il mit aussi garnison dans le port et dans la citadelle.

CHAPITRE XIV.

Conquêtes d'Antiochus dans la Cœlesyrie. — Expédient dont se servent deux ministres de Ptolémée pour arrêter ses progrès. — Trêve entre les deux rois.

Pendant que le roi mettait ordre à tout dans Séleucie, vinrent des lettres de la part de Théodote, qui le pressait de venir dans la Cœlesyrie. Le roi ne savait quel parti prendre sur ces nouvelles. Nous avons déjà vu que ce Théodote était Étolien de nation, et qu'après avoir rendu des services à Ptolémée, non seulement on ne lui avait témoigné aucune reconnaissance, mais que sa vie même avait été en danger. Au tems qu'Antiochus faisait la guerre contre Molon, ce Théodote ne voyant plus rien à espérer de Ptolémée, et se défiant de la cour,

après avoir pris Ptolémaïde par lui-même et Tyr par Panétole, il engagea Antiochus à faire la conquête de la Cœlesyrie. Antiochus remit donc à un autre temps la vengeance qu'il voulait tirer d'Achéus, et abandonnant tout autre dessein, reprit avec son armée la route qu'il avait quittée. Il traversa la plaine de Marsyes, et campa près des défilés de Gerre, sur le lac qui est entre les défilés et la ville. Ayant appris que Nicolas, un des généraux de Ptolémée, assiégeait Théodote à Ptolémaïde, il laissa les soldats pesamment armés, donna ordre aux officiers d'assiéger Broque, château situé sur l'entrée du lac, et suivi des troupes légères il alla pour faire lever le siège de Ptolémaïde. Nicolas n'attendit pas que le roi fût arrivé. Il se retira et envoya Lagoras et Dorymène, l'un Crétois et l'autre Étolien, pour s'emparer des défilés de Béryte. Le roi les en chassa et y mit son camp. Là vint le rejoindre le reste de ses troupes, avec lesquelles, après les avoir exhortées à le seconder avec courage dans ses desseins, il se mit en marche, et entra hardiment dans la belle carrière qui semblait s'ouvrir devant lui. Théodote, Panétole et leurs amis vinrent au devant de lui. Il les reçut avec toutes sortes de bontés, et entra dans Tyr et dans Ptolémaïde. Il y prit tout ce qu'il y avait de munitions, entre autres quarante vaisseaux, dont vingt étaient pontés et bien équipés de tout, ils avaient au moins chacun quatre rangs de rames; les autres étaient à trois, à deux et à un seul rang. Tous ces vaisseaux furent donnés à l'amiral Diognète.

Antiochus ayant appris là que Ptolémée s'était retiré à Memphis, et que toutes ses troupes étaient réunies à Péluse, que les écluses du Nil étaient ouvertes, et qu'on avait comblé tous les puits qui contenaient de l'eau douce, abandonna le dessein qu'il avait d'aller à Péluse. Il se contenta d'aller de ville en ville et de prendre les unes par la force, les autres par la douceur. Celles qui étaient peu fortifiées se rendirent de bon gré, de peur d'être maltraitées; mais il ne put se soumettre celles qui se croyaient bien munies et bien situées, sans être arrêté long-temps devant leurs murs, et sans en faire le siège en forme.

Après une trahison si manifeste, Ptolémée aurait dû mettre ordre au plus tôt à ses affaires; mais la pensée ne lui en vint seulement pas, tant sa lâcheté lui faisait négliger tout ce qui regarde la guerre. Il fallut qu'Agathoclès et Sosibe, qui possédaient alors le souverain pouvoir, tinssent conseil ensemble pour voir ce que l'on pourrait faire dans la conjoncture présente. Le résultat fut que pendant qu'on se disposerait à la guerre, on enverrait des ambassadeurs à Antiochus pour l'arrêter, en le confirmant en apparence dans l'opinion qu'il avait de Ptolémée, que ce prince n'aurait pas le courage de prendre les armes contre lui, qu'il aurait plutôt recours à la voie des conférences, ou qu'il le ferait prier par des amis de sortir de la Cœlesyrie. Nommés tous deux pour mettre ce dessein à exécution, ils envoyèrent des ambassadeurs à Antiochus. Ils en envoyèrent aussi aux Rhodiens, aux Byzantins, aux Cizicéniens et aux Étoliens pour traiter de la paix. Pendant que ces différentes ambassades vont et viennent, les deux rois eurent tout le temps de faire leurs préparatifs de guerre. Pendant cet intervalle Agathoclès et Sosibe restaient à Memphis, et y conféraient avec les ambassadeurs. Ils faisaient le même accueil à ceux qui y venaient de la part d'Antiochus. Cependant ils appelaient et faisaient assembler à Alexandrie tous les étrangers qui étaient entretenus dans les villes du dehors du royaume. On envoyait pour en lever d'autres, et on amassait des vivres tant pour les troupes que l'on avait déjà, que pour celles qui arrivaient de nouveau. Ils descendaient tour à tour de Memphis à Alexandrie, pour disposer tout de telle sorte que rien ne manquât. Pour le choix des armes et des hommes, ils en donnèrent le soin à Échécrate de Thessalie, à Phoxidas de Mélite, à Euryloque de Magnésie, à Socrate de Béotie, et à Cnopias d'Alore. Ce fut un grand bonheur pour eux d'avoir des officiers qui ayant déjà servi sous Démétrius et Antigonus, avaient quelque connaissance de la vraie manière de faire la guerre. Aussi mirent-ils toute leur application à bien exercer les soldats.

D'abord ils les divisèrent par nation et par âge. Ils leur firent quitter leurs anciennes armes, et leur en donnèrent de nouvelles selon qu'elles convenaient à chacun. On licencia les légions, et l'on abandonna la forme du recensement observée auparavant dans la paie des soldats; pour le présent on les divisa en centuries. De fréquens exercices familiarisèrent les soldats non seulement avec les commandemens militaires, mais encore avec le maniement particulier de chaque arme. Il se faisait des revues générales, où on les avertissait de leurs devoirs. Andromaque d'Aspende et Polycrate d'Argos leur furent d'une grande utilité pour cette réforme de la discipline militaire. Ils étaient venus tout récemment de Grèce, tous deux pleins de cette hardiesse et de cette industrie si naturelles aux Grecs, tous deux aussi distingués par leur patrie que par leurs richesses, quoique Polycrate l'emportât sur l'autre par l'ancienneté de sa famille, et par la gloire que Mnasiade son père s'était acquise dans les jeux olympiques. A force d'animer les soldats et en particulier et en public, ils leur inspirèrent du courage et de la valeur.

Tous les hommes que je viens de nommer eurent des charges, chacun selon son mérite particulier. Euryloque eut sous lui les trois mille hommes de la garde; Socrate deux mille hommes d'infanterie armés de rondaches; Phoxidas l'Achéen, Ptolémée fils de Thraséas et Andromaque exerçaient la phalange et les Grecs soudoyés. Les deux derniers commandèrent la phalange, qui était de vingt-cinq mille hommes, et Phoxidas les Grecs au nombre de huit mille. Les sept cents chevaux qui forment l'escorte du roi, la cavalerie d'Afrique et celle qui avait été levée dans le pays, tout cela faisant environ trois mille chevaux, fut mis sous le commandement de Polycrate. Échécrate, qui avait merveilleusement exercé la cavalerie de Grèce et toute la cavalerie mercenaire qui montaient ensemble à deux mille chevaux, fut d'un grand secours dans la bataille. Personne n'apporta plus de soin à dresser les troupes qui lui furent confiées que Cnopias. Il avait environ trois mille Crétois, entre lesquels il y avait mille Néocrètes, dont il donna le commandement à Philon de Cnosse. On avait armé trois mille Africains à la manière des Macédoniens, et Ammonius les commandait. La phalange égyptienne consistant en vingt mille hommes, était conduite par Sosibe. Il y avait outre cela un corps de quatre mille Thraces et Gaulois, levé depuis peu tant parmi ceux qui demeuraient dans le pays, que parmi ceux qui vinrent d'ailleurs se présenter, et c'était Denis de Thrace qui était à leur tête. Telle était l'armée de Ptolémée et les différentes nations qui la composaient.

Cependant Antiochus pressait le siége de Dure, et tous ses efforts n'obtenaient aucun résultat. Outre que la ville par sa situation était très-forte, Nicolas ne cessait d'y jeter du secours. Enfin les approches de l'hiver le déterminèrent à se rendre aux sollications des ambassadeurs de Ptolémée; il consentit à une trêve de quatre mois, et promit que pour le reste on le trouverait toujours fort raisonnable. Cela était bien éloigné de sa pensée; mais il se lassait d'être si long-temps éloigné de son royaume, et d'ailleurs il avait de bonnes raisons de prendre ses quartiers d'hiver à Séleucie. Car il n'y avait plus lieu de douter qu'Achéus lui tendît des pièges, et s'entendît avec Ptolémée.

CHAPITRE XV.

Combats sur terre et sur mer entre les deux rois. — Antiochus vainqueur entre dans plusieurs places.

La trêve conclue, Antiochus envoya des ambassadeurs au roi d'Égypte, avec ordre de lui rapporter au plus tôt les dispositions de ce prince, et de le venir trouver à Séleucie. Puis ayant mis des garnisons dans les différens postes, et confié le soin des affaires à Théodote, il reprit la route de Séleucie, où il ne fut pas plus tôt arrivé qu'il distribua ses troupes en quartiers d'hiver. Du reste il ne prit pas grand soin d'exercer son armée, persuadé qu'étant déjà maître d'une partie de la Cœlesyrie et de la Phénicie, il ferait aisément et sans combat la conquête du reste. Il se flattait d'ailleurs que la chose se déciderait de gré à gré et par des conférences, et que Ptolémée n'oserait pas en venir à une bataille. Les ambassadeurs de part et d'autre étaient entrés dans le même sentiment, ceux d'Antiochus par le bon accueil que Sosibe leur avait fait à Memphis, et ceux de Ptolémée, parce que Sosibe avait empêché qu'ils ne vissent les préparatifs qui se faisaient à Alexandrie.

Selon le rapport des ambassadeurs d'Antiochus, Sosibe était préparé à tout événement, et dans les conférences qu'avait Antiochus avec les ambassadeurs d'Égypte, il s'étudiait à leur faire voir qu'il n'était pas moins supérieur par la justice de sa cause que par ses armes. En effet quand ces ambassadeurs furent arrivés à Séleucie, et qu'on en vint à discuter ce qui regardait la paix en particulier, selon l'ordre qu'ils en avaient reçu de Sosibe, le roi dit qu'on avait tort de lui faire un crime de s'être emparé d'une partie de la Cœlésyrie, qu'il l'avait seulement revendiquée comme un bien qui lui appartenait; qu'Antigonus-le-Borgne avait le premier conquis cette province, que Séleucus l'avait eue sous sa domination, que c'était là les titres authentiques sur lesquels il était fondé à se la faire rendre par Ptolémée, qui n'y avait aucun droit; qu'à la vérité ce prince avait eu la guerre avec Antigonus, mais pour aider Séleucus à s'y établir, et non pas pour y dominer lui-même. Il appuyait principalement sur la concession qui lui avait été faite de ce pays par les rois Cassander, Lysimaque et Séleucus, lorsqu'après avoir défait Antigonus, ils décidèrent unanimement dans un conseil que toute la Syrie appartenait à Séleucus.

Les ambassadeurs de Ptolémée soutinrent tout au contraire que c'était une injustice manifeste que la trahison de Théodote et l'irruption d'Antiochus, et prétendirent que Ptolémée fils de Lagus s'était joint à Séleucus pour aider celui-ci à se rendre maître de toute l'Asie; mais que c'était à condition que la Cœlésyrie et la Phénicie seraient à Ptolémée. On disputa long-temps sur ces points de part et d'autre dans les conférences, et l'on ne concluait rien; parce que, les affaires se traitant par amis communs, il n'y avait personne qui pût modérer la chaleur avec laquelle un parti tâchait de faire tourner les choses à son avantage au préjudice de l'autre. Ce qui leur causait le plus d'embarras, c'était l'affaire d'Achéus. Ptolémée aurait bien voulu le comprendre dans le traité; mais Antiochus ne pouvait souffrir qu'on en fît mention; il regardait comme une chose indigne que Ptolémée se rendît le protecteur d'un rebelle et osât seulement en parler.

Pendant cette contestation, où chacun se défendit du mieux qu'il put sans rien décider, le printemps arriva et Antiochus assembla ses troupes, menaçant d'attaquer par mer et par terre et de subjuguer le reste de la Cœlesyrie. Ptolémée de son côté fit Nicolas généralissime de ses armées, amassa des vivres en abondance proche de Gaza, et mit en mouvement deux armées, une sur terre et une sur mer. Nicolas plein de confiance se met à la tête de la première, soutenu par l'amiral Périgène, à qui Ptolémée avait donné le commandement de la seconde. Cette dernière était composée de trente vaisseaux pontés et de plus de quatre cents vaisseaux de charge. Le général, Étolien de naissance, était un homme expérimenté et courageux, qui ne cédait en rien aux autres officiers de Ptolémée. Une partie de ses troupes s'empara des détroits de Platane, pendant que l'autre, où il était en personne, se jeta dans la ville de Porphyréon pour fermer par là, avec le secours de l'armée navale, l'entrée du pays à Antiochus.

Celui-ci vint d'abord à Marathe, où les Aradiens le vinrent trouver pour lui offrir leur alliance. Non seulement il accepta leurs offres, mais apaisa encore une contestation qui divisait depuis quelque temps les Aradiens insulaires de ceux qui habitaient la terre-ferme. De là entrant dans la Syrie par le promontoire appelé Théoprosopon, il prit Botrys, brûla Trière et Calame, et vint à Béryte. Il envoya de là Nicarque et Théodote en avant, pour occuper les défilés qui sont proche du Lyque. Ensuite il alla camper proche la rivière de Damure, suivi de près par mer de son armée navale que commandait en chef l'amiral Diognète. Ayant pris là Théodote, Nicarque et ses troupes légères, il marcha vers les défilés où Nicolas s'était déjà logé, et après avoir reconnu la situation des lieux, il se retira dans son camp. Dès le lendemain, laissant au camp les soldats pesamment armés sous le commandement de Nicarque, il marche avec le reste de son armée vers l'ennemi qui, campé dans un terrain fort resserré, sur la côte, entre le pied du mont Liban et la mer, et environné d'une hauteur rude et escarpée qui ne laisse le long de la mer qu'un passage étroit et difficile, avait encore mis bonne garde à certains postes et en avait fortifié d'autres, croyant qu'il lui serait aisé d'empêcher qu'Antiochus ne pénétrât jusqu'à lui.

Ce prince partagea son armée en trois corps. Il en donna un à Théodote, avec ordre de charger et de forcer les ennemis au pied du mont Liban; Ménédème avec le second avait ordre exprès de tenter le passage par le milieu de la hauteur; le troisième fut posté sur le bord de la mer; Dioclès, gouverneur de la Parapotamie, à la tête. Le roi avec sa garde se plaça au milieu, pour être à portée de voir ce qui se passerait, et d'envoyer du secours où il serait nécessaire. Diognète et Périgène se disposèrent de leur côté à un combat naval. Ils s'approchèrent de la terre le plus qu'il leur fut possible, et tâchèrent de faire en sorte que leurs armées ne fissent ensemble qu'un même front. Le signal donné, on attaque de tous les côtés en même temps. Sur mer comme les forces étaient égales, on combattit avec égal avantage. Par terre la forte situation des postes que Nicolas occupait, lui donna d'abord quelque supériorité. Mais quand Théodote eut rompu les ennemis qui étaient le long du Liban, et que d'en haut il fut ensuite tombé sur eux, toute l'armée de Nicolas s'enfuit en déroute. Deux mille furent tués en fuyant, on n'en fit pas moins de prisonniers, le reste se retira à Sidon. Périgène, qui commençait à espérer un heureux succès du combat naval, ne vit pas plus tôt la défaite de l'armée de terre, qu'il prit l'épouvante et se retira aussi au même endroit.

Antiochus vint camper devant Sidon; mais il y avait tant de munitions dans cette ville, la garnison jointe aux fuyards y était si forte, que n'osant tenter le siége, il prit le chemin de Philotérie, et envoya ordre à Diognète amiral de venir à Tyr. Philotérie est sur le lac où se jette le Jourdain, d'où sortant il traverse la plaine dans laquelle est située Scythople. On lui ouvrit de bon gré les portes de ces deux places, et cette nouvelle conquête lui donna de grandes espérances pour la suite. Car comme tout le pays dépend de ces deux villes, il trouvait là aisément les vivres et toutes les autres munitions nécessaires. Ayant mis garnison dans ces deux places, il passa les montagnes et arriva à Atabryon, ville située sur une hauteur de plus de quinze stades. Pour entrer dans cette place il usa d'un stratagème. Il mit des troupes en embuscade, engagea une escarmouche avec les habitans; puis les ayant attirés loin de la ville en faisant semblant de fuir, il fit volte-face tout d'un coup; ceux qui étaient en embuscade donnèrent en même temps. Beaucoup des habitans restèrent sur la place, Antiochus poursuivit les autres, et entra avec eux dans la ville sans résistance.

Vers le même temps Céréas, un des gouverneurs de Ptolémée, vint s'offrir à Antiochus, qui par les honneurs qu'il lui fit attira dans son parti beaucoup d'autres officiers ennemis, du nombre desquels fut Hippoloque le Thessalien avec quatre cents chevaux qu'il commandait. Antiochus, après avoir mis garnison dans Atabryon, se mit en marche, et prit en passant Pella, Came et Gèphre. Tous ces succès soulevèrent l'Arabie en sa faveur. On s'exhortait les uns les autres à se rendre à lui. Le roi en conçut de nouvelles espérances. Il prit là des provisions, et poursuivit sa route. De là il passa dans la Galatide, s'empara d'Abila et prit tous ceux qui sous le commandement de Nicias, ami et parent de Ménéas, étaient venus pour secourir cette place. Gadare restait à prendre. La ville passait dans le pays pour une des plus fortes. Il campe devant, fait ses approches, la ville est épouvantée et se rend. De là il reçoit avis qu'une troupe d'ennemis rassemblés dans Rabbatamane, ville de l'Arabie, ravageait le pays des Arabes qui avaient pris son parti, il part aussitôt et se campe sur les hauteurs où cette ville est située. Ayant fait le tour de la colline, et remarqué qu'on ne pouvait y monter que par deux endroits, il fait par là approcher ses machines. Nicarque en conduisait une partie, et Théodote l'autre,

pendant que le roi observait avec une égale vigilance quel serait le zèle de ces deux capitaines pour son service. Comme il y avait entre eux une noble et continuelle émulation à qui abattrait le premier le côté du mur qu'il attaquait, tout d'un coup, lorsqu'on s'y attendait le moins, l'un et l'autre côté tombèrent. Après quoi, et de nuit et de jour se livrèrent des assauts continuels. On n'avançait cependant en rien, quelques efforts que l'on fît, à cause du grand nombre d'hommes qui s'étaient retirés dans la place. Enfin un des prisonniers montra le passage souterrain par où l'on descendait de la ville pour chercher de l'eau. On le boucha de bois, de pierres et d'autres choses semblables, de sorte que les habitans manquant d'eau furent contraints de se rendre.

Le roi ayant laissé dans la ville Nicarque avec une bonne garnison, envoya cinq mille hommes de pied sous la conduite d'Hippoloque et de Céréas, les deux qui avaient quitté Ptolémée, dans les lieux voisins de Samarie, pour veiller aux affaires de cette province, et défendre de toute insulte les peuples qui s'étaient soumis. Il décampa ensuite, et alla à Ptolémaïde prendre ses quartiers d'hiver.

CHAPITRE XVI.

Siége de Pednélisse par les Selgiens. — Selge attaquée à son tour. — Trahison de Logbasis. — Vengeance qu'en tirent les Selgiens. — Conquêtes d'Attalus.

Le même été, les Pednélissiens assiégés et pressés par les Selgiens, envoyèrent des députés vers Achéus pour implorer son secours, et en ayant eu une réponse favorable, ils soutenaient constamment le siége dans l'espérance d'en être secourus. Achéus leur envoya Garsyéris avec six mille fantassins et cinq cents chevaux. Les Selgiens furent avertis de ce renfort, et aussitôt ils s'emparèrent des détroits qui sont près de Climace. Ils postèrent là la plus grande partie de leurs troupes, mirent bonne garde à l'entrée de Saporda, et rompirent tous les chemins par où l'on pouvait en approcher. Garsyéris s'étant jeté dans Miliade, et ayant campé devant Crétople, vit bien que tant que les ennemis occuperaient les passages, il ne serait pas possible d'avancer. Pour les en déloger, voici le stratagème dont il usa : il retourna sur ses pas, comme s'il eût désespéré de pouvoir porter du secours aux assiégés, depuis que les passages avaient été pris par les Selgiens. Ceux-ci croyant que la retraite se faisait de bonne foi, se retirèrent, les uns dans leur camp et les autres dans la ville, parce que le temps de la moisson pressait. Mais Garsyéris revint aussitôt sur ses pas, et marchant à grandes journées, vint se poster sur les hauteurs, qu'il trouva sans défense, et y mit du monde. Puis laissant Phayle pour commander, il marcha sur Perge avec ce qui lui restait de troupes, il envoya de là dans les autres endroits de la Pisidie et de la Pamphylie pour représenter combien l'on avait à craindre des Selgiens, engager les peuples de ces provinces à faire alliance avec Achéus, et les presser de venir au secours des Pednélissiens.

Cependant les Selgiens se fiant sur la connaissance qu'ils avaient du pays, crurent qu'en faisant marcher un corps de troupes contre Phayle, ils lui donneraient l'épouvante et le chasseraient de ses postes. Mais loin de réussir, ils perdirent beaucoup de monde. Ils se tournèrent donc du côté du siège, et le pressèrent plus qu'ils n'avaient fait jusqu'alors. Les Étenniens, peuple de la Pisidie, qui habite les montagnes au dessus de Sida, envoyèrent à Phayle huit mille soldats pesamment armés, et les Aspendiens quatre mille. Ceux de Sida ne prirent point de part à ce secours, soit pour gagner l'amitié d'Antiochus, ou plutôt à cause de la haine qu'ils portaient aux Aspendiens. Avec ces nouvelles forces jointes à son armée, Garsyéris approcha de Pednélisse, et s'imagina que les Selgiens, pour lever le siège, attendraient à peine qu'il parût. Comme cependant ils l'attendirent de pied ferme, il s'arrêta à une distance raisonnable de la ville et s'y retrancha. Pour secourir néanmoins les Pednélissiens autant qu'il lui serait possible, sachant qu'ils manquaient de vivres, il voulut faire entrer pendant la nuit dans la ville deux mille hommes chargés chacun d'une certaine mesure de blé. Les Selgiens furent avertis qu'ils étaient en marche, ils vont au devant, taillent en pièces la plus grande partie de ce détachement, et emportent tout le blé.

Fiers de ce succès, ils entreprirent non seulement de continuer le siège de Pednélisse, mais encore d'assiéger Garsyéris lui-même. Car dans la guerre ce peuple est toujours hardi jusqu'à la témérité. Laissant donc dans leurs retranchemens une garde suffisante, ils approchent du camp ennemi par plusieurs endroits, et l'attaquent avec vigueur. Garsyéris pressé de tous côtés, et voyant ses retranchemens renversés en plus d'un endroit, commençait à craindre une défaite entière. Il envoya sa cavalerie dans certain poste qui n'était point gardé. Les Selgiens crurent que c'était la crainte d'être forcés qui les faisait retirer, et ne pensèrent point du tout à les arrêter. Mais la cavalerie de Garsyéris ayant tourné par leurs derrières et chargé brusquement, l'infanterie encouragée, quoiqu'elle eût déjà été renversée, revint à la charge. Les Selgiens enveloppés prennent la fuite. En même temps les Pednélissiens fondent sur ceux qui avaient été laissés au camp, et les en délogent. Les vaincus s'écartèrent de côté et d'autre. Il en resta au moins dix mille sur la place. De ceux qui se sauvèrent, les alliés se retirèrent chez eux, et les Selgiens s'enfuirent par les montagnes dans leur patrie.

Garsyéris, qui désirait de passer les défilés, et d'approcher de Selge avant que les fuyards revenus de leur frayeur pussent l'arrêter et délibérer sur ce qu'ils auraient à faire, se mit sur le champ à leur poursuite, et arriva à Selge avec son armée. Les Selgiens ne pouvant plus espérer de secours de leurs alliés après la dernière défaite, et effrayés de l'échec qu'ils avaient reçu, commencèrent à craindre pour eux-mêmes et pour leur patrie. Ils convoquèrent une assemblée où il fut résolu de députer un de leurs citoyens à Garsyéris. Ils choisirent pour cela Logbasis. Cet homme avait été longtemps ami de cet Antiochus qui était mort en Thrace, et avait élevé, comme sa propre fille et avec une tendresse extrême, Laodice qui lui avait été confiée, et qui fut depuis femme d'Achéus. Tout cela fit croire qu'on ne pouvait, dans la conjecture présente, faire un choix plus heureux. Logbasis entra en conférence avec Garsyéris: mais loin de rendre service à sa patrie comme on attendait de lui, il exhorta ce général à avertir au plutôt Achéus, que Logbasis se chargeait de lui livrer Selge. On ne pouvait faire à Garsyéris une proposition qui lui fût plus agréable. Il envoya sur le champ à Achéus pour lui apprendre ce qui se passait, et le faire venir. On fit une trêve avec les Selgiens, on recula la conclusion du traité; toujours quelque difficulté se présentait en attendant Achéus, et pour donner à Logbasis le loisir de conférer avec lui, et de prendre des mesures pour l'exécution de son dessein.

Pendant qu'on allait et venait pour cela, les soldats passaient librement du camp à la ville pour y prendre des vivres. On a éprouvé cent et cent fois combien cette liberté était funeste, cependant on n'y met point ordre. En vérité c'est mal à propos que l'homme passe pour le plus rusé de tous les animaux, il n'y en a point de plus facile à surprendre. Car combien de camps, combien de garnisons, combien de grandes villes se sont perdues par cette liberté? Ce malheur est arrivé à une infinité de gens, les faits sont certains, et malgré cela nous sommes toujours neufs sur ces sortes de surprises. La raison en est qu'on ne s'applique pas à connaître les malheurs où sont tombés, faute de certaines précautions, ceux qui nous ont précédés. On se donne beaucoup de peine, on fait de grandes dépenses pour amasser des vivres et de l'argent, pour élever des murailles, pour avoir des armes, et l'on néglige la connaissance de l'histoire, la plus aisée de toutes à acquérir, et qui fournit le plus de ressources dans les occasions fâcheuses; et cela, pendant qu'on pourrait dans un honnête repos et avec beaucoup de plaisir se remplir l'esprit de ces connaissances par la lecture de ce qui s'est passé avant nous.

Achéus arriva au temps marqué, et les Selgiens, après avoir conféré avec lui, s'attendaient à l'accommodement du monde le plus avantageux. Pendant ce temps-là Logbasis rassembla des soldats d'Achéus dans sa maison, ne laissant pas toujours de conseiller aux Selgiens de tenir des conseils sur l'affaire présente, de ne point laisser échapper l'occasion et de conclure enfin un traité. On s'assembla en effet, et comme si la chose devait se terminer, on fit venir à l'assemblée jusqu'aux sentinelles. Alors Logbasis donna le signal aux ennemis, fit prendre les armes aux soldats qu'il avait chez lui, en prit lui-même et en donna à ses enfans. Achéus s'approche de la ville avec la moitié de l'armée, et Garsyéris avec le reste s'avance vers un temple de Jupiter, qui commande la ville, et en est comme la citadelle. Un pâtre s'aperçoit par hasard de la trahison, et en avertit l'assemblée. Aussitôt les soldats courent, les uns à Cestédion, c'est le nom du temple; les autres aux corps-de-garde, et le peuple en fureur à la maison de Logbasis, où la trahison ayant été découverte, une partie monte sur le toit, les autres forcent les portes du vestibule, et massacrent Logbasis, ses enfans et tous les autres qui étaient dans la maison. Ensuite on annonça la liberté aux esclaves, et l'on partagea les forces pour aller à la défense des postes avantageux. Garsyéris tâcha d'approcher de Cestédion, dès qu'il vit que les assiégés s'en étaient emparés; et Achéus de rompre les portes de la ville; mais les Selgiens firent une sortie qui lui coûta sept cents hommes, et obligea le reste à abandonner l'entreprise, en sorte que lui et Garsyéris prirent le parti de rentrer dans leurs retranchemens.

Les Selgiens alors craignant qu'il ne s'élevât parmi eux quelque sédition, craignant aussi de nouvelles attaques de la part de l'ennemi, envoyèrent à Achéus les plus anciens de la ville avec les insignes ordinaires de la paix, et un traité qui portait : « Qu'ils donneraient sur le » champ quatre cents talens, qu'ils rendraient » aux Pédnélissiens les prisonniers, et qu'à » quelque temps de là ils paieraient trois cents » autres talens. » C'est ainsi que les Selgiens sauvèrent leur patrie du péril où la trahison de Logbasis l'avait jetée. Ce courage était digne de leur liberté, et de l'alliance qu'ils avaient avec les Lacédémoniens. Pour Achéus, après avoir pris Milyade et rangé sous sa domination la plus grande partie de la Pamphylie, il alla à Sardes, fit une guerre continuelle à Attalus, menaça Prusias, et se rendit formidable à tout le pays d'en deçà du mont Taurus.

Dans le temps qu'Achéus était occupé au siége de Selge, Attalus parcourait avec un corps de Gaulois Tectosages les villes d'Élide et toutes les autres villes voisines qui par crainte s'étaient auparavant rendues à Achée. La plupart se donnèrent à lui de bonne grâce, et regardèrent même comme un bienfait qu'il voulût bien les prendre sous sa protection. Peu attendirent qu'on les réduisit par la force. Celles qui le reçurent de bon gré, furent Cumes, Smyrne, Phocée; Égée et Temnos craignirent qu'il ne marchât contre elles, et firent comme les autres. Les Téyens et les Colophoniens lui envoyèrent aussi des ambassadeurs, et se rendirent à lui eux et leurs villes. Il les reçut aux mêmes conditions qu'auparavant, et prit des otages. Il ne traita personne avec plus de douceur que les ambassadeurs des Smyrnéens, en reconnaissance de la fidélité qu'ils lui avaient gardée. Ensuite il continua d'avancer, et ayant passé le Lyque, il entra dans la Mysie; Carse épouvantée lui ouvrit ses portes. Didyme ne tint pas non plus contre la crainte qu'eut la garnison d'être assiégée. Ce fut Thémistocles qui lui livra ces deux places. Il en avait reçu le gouvernement d'Achée. De là il entra dans la plaine d'Apie, et y porta le ravage, passa le mont appelé Pélicauta, et campa sur le Mégiste. Pendant qu'il y était, arriva une éclipse de lune, et les Gaulois qui depuis long-temps se lassaient d'une route si pénible, parce que leurs femmes et leurs enfans les suivent à la guerre dans des chars, prirent cette éclipse pour un augure qui ne leur permettaient pas d'aller plus loin. Attalus n'en tirait aucun service, mais leurs campemens séparés, leur désobéissance et leur orgueil ne laissèrent pas de le jeter dans un très-grand embarras. D'un côté il craignait que se joignant à Achée, ils ne se jetassent sur les terres de sa domination; et de l'autre il ne voulait pas se perdre de réputation, en faisant égorger des soldats qui par affection pour lui l'avaient suivi jusqu'en Asie. Il se servit donc du prétexte qu'ils lui donnaient, et leur promit de les ramener où il les avait pris, de leur donner un terrain commode pour s'y établir, et que toutes les fois dans la suite qu'ils lui demanderaient des choses qu'il serait juste de leur accorder, ils le trouveraient toujours disposé à les obliger. Il les fit conduire en effet à l'Hellespont, fit beaucoup d'amitiés aux Lampascéniens, aux Alexandrins et aux Iliens, qui lui avaient été fidèles, puis avec son armée il se retira à Bergame.

CHAPITRE XVII.

Énumération des troupes d'Antiochus et de Ptolémée. — Entreprise de Théodote. — Bataille de Raphie.

Au printemps suivant, Antiochus et Ptolémée ayant fait tous leurs préparatifs n'attendaient plus qu'une bataille pour décider de la guerre. Celui-ci partit d'Alexandrie avec quarante mille hommes d'infanterie, cinq mille chevaux et soixante-dix éléphans. Antiochus, sur l'avis que son ennemi approchait, assembla aussitôt son armée, où il y avait cinq mille hommes armés à la légère, tant Daiens que Carmaniens et Ciliciens, que commandait Byttaque de Macédoine; vingt mille hommes choisis de tout le royaume et armés à la macédonienne que conduisait Théodote, cet Étolien qui avait trahi Ptolémée, la plupart de ceux-là avaient des boucliers d'argent; une phalange de vingt mille hommes commandés par Nicarque et Théodote Hémiolien; deux mille archers et frondeurs Agrianiens et Perses; mille Thraces ayant à leur tête Ménédème d'Alabande : cinq mille Mèdes, Cissiens, Cadduciens et Carmaniens sous la conduite d'Aspasien le Mède; dix mille hommes d'Arabie et de quelques pays voisins, qui avaient Sapdiphile pour chef; cinq mille mercenaires grecs conduits par Hippoloque de Thessalie; quinze cents Crétois sous Euryloque; mille Néocrétois sous le commandement de Zelès de Gortynie; cinq cents archers de Lydie et mille Cardaces, conduits par Lysimaque le Gaulois. La cavalerie consistait en six mille chevaux, dont Antipater, neveu du roi, commandait les deux tiers, et Thémison le reste : de sorte que toute cette armée était composée de soixante-onze mille hommes d'infanterie, de six mille chevaux et de cent deux éléphans.

Ptolémée alla d'abord à Péluse, où il campa en attendant ceux qui le suivaient, et pour distribuer des vivres à son armée. De là passant le mont Casius, et ce qu'on appelle les Abîmes, par un pays sec et sans eau, il vint à Gaza, où son armée s'étant reposée, il continua sa route avec la même lenteur qu'il l'avait commencée. Après cinq jours de marche, il arriva à cinquante stades de Raphie, et y campa. Cette ville est après Rhinocorure, et la première que l'on rencontre en allant d'Égypte dans la Cœlesyrie.

En même temps Antiochus ayant passé Raphie, vint de nuit camper à dix stades des ennemis. Il ne resta pas long-temps dans cet éloignement : quelques jours après voulant se loger dans les meilleurs postes, et inspirer en même temps de la confiance à ses troupes, il approcha plus de Ptolémée, en sorte que les deux camps n'étaient éloignés l'un de l'autre que de cinq stades. Il y eut alors bien des combats entre les fourrageurs et ceux qui allaient à l'eau ; il y eut aussi entre les deux camps des escarmouches de cavalerie et d'infanterie.

Ce fut aussi alors que Théodote, qui ayant long-temps vécu avec Ptolémée connaissait sa manière de vivre, conçut un dessein qui était bien d'un Étolien, mais qui demandait pourtant de la hardiesse et du courage. Il entre lui troisième au point du jour dans le camp des ennemis. Comme il était nuit, on ne le reconnut point au visage, et il n'était pas plus reconnaissable par l'habit, parce qu'il y en avait de toutes manières dans le camp. Il alla droit à la tente du roi, qu'il avait auparavant remarquée pendant les escarmouches qui s'étaient faites tout auprès. Les premiers qu'il rencontra ne prirent pas garde à lui. Il entre dans la tente cherche, dans tous les coins, et manque le roi, qui reposait dans une tente différente de celle où pour l'ordinaire il mangeait et donnait audience. Deux autres officiers, et André, le médecin du roi, y dormaient : il les poignarda tous trois et s'en revint impunément au camp, quoiqu'un peu inquiété au sortir des retranchemens ennemis. S'il n'avait fallu que de la hardiesse, il eût réussi ; mais il manqua de prudence en n'examinant pas assez où Ptolémée avait coutume de reposer.

Les deux rois, après avoir été cinq jours en présence, résolurent d'en venir à une bataille décisive. Ptolémée mit le premier son armée en mouvement, et aussitôt Antiochus y mit la sienne. Les phalanges de part et d'autre et l'élite des troupes armées à la manière des Macédoniens, furent rangées vis-à-vis l'une de l'autre. Du côté de Ptolémée, Polycrates, avec le corps de cavalerie qu'il commandait, formait l'aile gauche, et entre lui et la phalange était la cavalerie de Crète : suivaient de suite la garde du roi, l'infanterie à rondaches sous le commandement de Socrates, et les Africains armés à la macédonienne. A l'aile droite Échécrates, à la tête de son corps de cavalerie, à sa gauche les Gaulois et les Thraces ; puis les mercenaires grecs, Phoxidas à leur tête, auxquels était jointe la phalange égyptienne. Des éléphans quarante furent mis à l'aile gauche, où Ptolémée devait commander, et trente-trois à l'aile droite devant la cavalerie étrangère.

Du côté d'Antiochus, soixante éléphans couvraient l'aile droite, où ils devaient combattre contre Ptolémée, ils étaient conduits par Philippe, frère de lait du roi. Derrière eux deux mille chevaux sous la conduite d'Antipater, et deux mille autres rangés en crochet ; proche la cavalerie, les Crétois au front ; puis les mercenaires grecs ; entre eux et les troupes armées à la macédonienne cinq mille Macédoniens commandés par Battacus. A l'aile gauche deux mille chevaux que commandait Thémison, puis de suite les archers Cardaces et Lydiens, les troupes légères de Ménédème au nombre de trois mille ; les Cissiens, Mèdes et Carmaniens ; les Arabes et leurs voisins, qui touchaient à la phalange. Cette aile gauche était couverte du reste des éléphans, que conduisait un nommé Mysique, page du roi.

Les armées ainsi rangées en bataille, les deux rois accompagnés de leurs favoris et des chefs allèrent de corps en corps sur le front de la ligne pour encourager les troupes ; ils s'attachèrent surtout l'un et l'autre à leur phalange, dont ils espéraient le plus. Ptolémée était accompagné d'Arsinoé sa sœur, d'Andromaque et de Sosibe; Antiochus de Théodote et de Nicarque. C'étaient de part et d'autre les chefs des phalanges. Les harangues de part et d'autre roulaient sur les mêmes motifs. Comme les deux princes n'étaient sur le trône que depuis peu, et qu'ils n'avaient rien fait encore de fort mémorable, ils se servirent, pour animer les phalanges, de la gloire de leurs ancêtres, et des grandes actions qui la leur avaient acquise. Ils leur firent voir surtout, aux officiers en particulier et à toutes les troupes en général, les grandes espérances que l'on fondait sur leur valeur. Prières, exhortations, on employa tout pour les engager à bien faire leur devoir.

Après que les deux rois eurent ainsi exhorté leurs soldats, ou par eux-mêmes ou par des interprètes, Ptolémée revint à son aile gauche avec sa sœur, et Antiochus suivi de sa cavalerie à son aile droite: sur-le-champ on sonne la charge, et les éléphans commencent l'action. Quelques-uns de ceux de Ptolémée vinrent fondre avec impétuosité sur ceux d'Antiochus. On se battit, des tours, avec beaucoup de chaleur, les soldats combattant de près et se perçant les uns les autres de leurs piques. Mais ce qui fut le plus surprenant, ce fut de voir les éléphans mêmes fondre de front les uns sur les autres, et se battre avec fureur. Car telle est la manière de combattre de ces animaux. Ils se prennent par les dents, et sans changer de place ils se poussent l'un l'autre de toutes leurs forces, jusqu'à ce que l'un des deux plus fort détourne la trompe de son antagoniste; et dès qu'il lui a fait prêter le flanc, il le perce à coups de dents, comme les taureaux se percent avec les cornes. La plupart des éléphans de Ptolémée craignirent le combat, ce qui est assez ordinaire aux éléphans d'Afrique. Ils ne peuvent soutenir ni l'odeur ni le cri de ceux des Indes, ou plutôt je crois que c'est la grandeur et la force de ceux-ci qui les épouvantent et leur font prendre la fuite avant même qu'on les en approche. C'est ce qui arriva dans cette occasion. Ces animaux ayant lâché pied, enfoncèrent les rangs qui se rencontrèrent devant eux. La garde de Ptolémée en fut renversée. Antiochus tourna en même temps au dessus des éléphans, et chargea la cavalerie que commandait Polycrates. Les mercenaires grecs, qui étaient en deçà des éléphans auprès de la phalange, donnent sur les rondachers de Ptolémée, et les enfoncent d'autant plus aisément qu'ils avaient déjà été désunis et rompus par leurs éléphans. Ainsi toute l'aile gauche de Ptolémée fut défaite, et prit la fuite.

Echécrates à l'aile droite attendit d'abord quel serait le sort de la gauche. Mais quand il vit le nuage de poussière qui allait envelopper ses troupes, et que les éléphans n'avaient pas le courage d'approcher des ennemis, il envoya dire à Phoxidas, qui commandait les mercenaires grecs, de charger ceux qu'il avait en front; il fit en même temps défiler par l'extrémité de l'aile son corps de cavalerie avec celle qui était rangée derrière les éléphans, et ayant évité par ce moyen les éléphans de l'aile gauche d'Antiochus, il tomba sur la cavalerie des ennemis, et attaquant les uns en queue et les autres en flanc, il la renversa toute en peu de temps. Phoxidas eut le même succès. Car fondant sur les Arabes et les Mèdes, il les contraignit de prendre la fuite. Antiochus vainquit donc par sa droite, et fut vaincu à sa gauche. Il ne restait plus d'intactes que les phalanges, qui au milieu de la plaine, privées de leurs ailes, ne savaient que craindre ni qu'espérer.

Pendant qu'Antiochus triomphait à son aile droite, Ptolémée qui avait fait retraite derrière sa phalange, s'avança au milieu, et se présentant aux deux armées jeta celle des ennemis dans l'épouvante, et fit naître au contraire dans tous les cœurs de la sienne de nouvelles forces et une nouvelle ardeur de combattre. Andromaque et Sosibe marchent piques baissées contre l'ennemi. L'élite des Syriens soutint le choc pendant quelque temps; mais le corps que Nicarque conduisait lâcha pied d'abord. Pendant ce combat, Antiochus, jeune alors et sans expérience, et jugeant des avantages du reste de son armée par ceux de l'aile qu'il commandait, s'occupait à poursuivre les fuyards. Enfin un des vétérans qui le suivaient l'arrêta en lui montrant la poussière qui était portée de la phalange vers son camp. Il accourt avec ses gens d'armes au champ de bataille; mais tous ses gens ayant pris la fuite, il se retira à Raphie; sa consolation fut qu'il était victorieux autant qu'il avait dépendu de lui, et qu'il n'avait été vaincu que par la lâcheté et la poltronnerie des siens.

Après que la phalange eut décidé de la bataille, et que la cavalerie de l'aile droite jointe aux mercenaires fut de retour de la poursuite des fuyards, dont grand nombre avait été tué, Ptolémée se retira dans son camp, et y passa la nuit. Le lendemain il fit enlever et enterrer ses morts et dépouiller ceux des ennemis. Il décampa ensuite et marcha vers Raphie. Le premier dessein d'Antiochus après la défaite de ses troupes, était de ramasser tous ceux qui fuyaient en corps, et de mettre le camp hors de cette ville; mais comme la plupart de ses gens s'y étaient retirés, il fut obligé, malgré lui, de s'y retirer lui-même. Il en sortit donc de grand matin avec les débris de son armée, et prit le chemin de Gaza, où il campa. De là il envoya demander ses morts à Ptolémée, et leur fit rendre les derniers devoirs. Il perdit dans cette bataille à peu près dix mille hommes d'infanterie et plus de trois cents chevaux, quatre mille prisonniers et cinq éléphans, dont trois moururent sur le champ de bataille et deux de leurs blessures. La perte de Ptolémée fut de quinze cents fantassins et de sept cents chevaux. Seize de ses éléphans restèrent sur la place, la plupart des autres furent pris. Ainsi finit la bataille de Raphie donnée entre ces deux rois au sujet de la Cœlosyrie.

CHAPITRE XVIII.

Trève entre les deux rois. — Largesses des puissances en faveur des Rhodiens.

Antiochus après avoir fait enterrer ses morts, prit la route de son royaume. Pour Ptolémée, il entra dans Raphie, et prit d'emblée toutes les autres villes. C'était à qui reprendrait son parti, et augmenterait sa domination. C'est assez l'ordinaire des hommes dans ces sortes de révolutions de s'accommoder au temps; mais il n'y a pas de peuples qui soient plus naturellement portés à cette politique que ceux de la basse Syrie. Je crois aussi que ce fut alors un effet de l'affection qu'avaient auparavant ces peuples pour les rois d'Égypte; car de tout temps ils ont eu pour cette maison une très-grande vénération. Aussi firent-ils à Ptolémée des honneurs infinis; couronnes, sacrifices, autels, rien ne fût négligé.

Aussitôt qu'Antiochus fut arrivé à la ville qui porte son nom, il envoya Antipater son neveu, et Théodote, Hémiolien, à Ptolémée pour traiter de la paix. Depuis la perte de la bataille il ne croyait pas devoir compter sur la fidélité des peuples, et d'ailleurs il craignait qu'Achéus ne profitât de cette occasion contre lui. Rien de tout cela ne vint dans l'esprit de Ptolémée. Charmé des avantages qu'il venait de remporter et de sa conquête de la Cœlesyrie, entraîné de plus par l'habitude qu'il s'était faite d'une vie molle et voluptueuse, loin de renoncer au repos, il n'avait que trop d'inclination pour s'y livrer. Il fit d'abord quelques menaces et quelques plaintes aux ambassadeurs de la manière dont Antiochus l'avait traité: mais il consentit à une trêve d'un an, et envoya Sosibe à Antioche pour y faire ratifier le traité. Après avoir ensuite passé trois mois dans différens endroits de la Syrie et de la Phénicie, s'y être assuré des villes, et y avoir établi Andromaque pour gouverneur, il reprit avec sa sœur et ses favoris le chemin d'Alexandrie, où chacun, connaissant le genre de vie qu'avait mené ce prince jusqu'alors, fut fort surpris de la manière dont il avait terminé cette guerre. Le traité conclu avec Sosibe, Antiochus revint à son premier projet, et se disposa à la guerre contre Achéus.

Vers le même temps un tremblement de terre ayant renversé le colosse des Rhodiens, les murs de la ville, du moins pour la plus grande partie, et la plupart des arsenaux, ce peuple mit à profit cet accident avec tant d'adresse et de prudence, que bien loin d'en avoir souffert, cela ne servit qu'à augmenter et à embellir leur ville. On voit par là combien la vigilance et la prudence l'emportent parmi les hommes sur la négligence et la mauvaise conduite. Avec ces deux défauts les événemens même heureux sont funestes. A-t-on les deux vertus opposées, on tire parti des malheurs même. Les Rhodiens dépeignant avec des couleurs très-sombres l'accident qui leur était arrivé, et soit dans les instructions qu'ils donnaient à leurs ambassadeurs, soit dans les conversations particulières, faisant toujours leurs plaintes avec beaucoup de noblesse et de zèle pour leur république, ils touchèrent tellement les villes et principalement les rois en leur faveur, que non seulement on leur fit de grands présens, mais qu'on leur avait encore obligation quand ils les recevaient.

Hiéron et Gélon leur donnèrent soixante-quinze talens d'argent, en partie comptant, en partie payables peu après, pour l'huile des athlètes, des cassolettes d'argent avec leurs bases, des vases à mettre de l'eau, dix talens pour les frais des sacrifices, dix autres pour faire venir de nouveaux citoyens; en sorte que la somme entière montait à près de cent talens. Outre cela ils exemptèrent d'impôts ceux qui naviguaient à Rhodes, et leur envoyèrent cinquante catapultes de trois coudées. Enfin après avoir tant donné, comme s'ils eussent été encore redevables aux Rhodiens, ils firent élever deux statues dans leur place publique, dont l'une représentait le peuple de Rhodes, et l'autre le peuple de Syracuse qui lui mettait une couronne sur la tête.

Ptolémée leur fournit aussi trois cents talens d'argent, un million de mesures de blé, du bois pour bâtir dix vaisseaux à cinq rangs de rames, et dix à trois rangs, quatre mille poutres proportionnées du bois d'où découle la résine, mille talens de monnaie d'airain, trois mille livres pesant d'étoupe, trois mille voiles et trois mille mâts, trois mille talens pour relever le colosse, cent architectes, trois cent cinquante manœuvres et quatorze talens par an pour leur nourriture, douze mille mesures de blé pour les jeux et les sacrifices, et vingt mille pour la subsistance de dix vaisseaux à trois rangs. La plupart de ces choses furent données sur-le-champ, ainsi que le tiers de tout l'argent.

Antiochus, de son côté, leur fit présent de dix mille poutres depuis seize coudées jusqu'à huit, pour faire des coins; sept mille de sept coudées, trois mille talens de fer, mille talens de résine, mille mesures de poix liquide, et il leur promit outre cela cent talens d'argent. Chryséis, sa femme, donna cent mille mesures de blé, et trois mille talens de plomb.

Séleucus, père d'Antiochus, ne se contenta pas de ne point lever d'impôts sur ceux qui naviguaient à Rhodes, ni de leur donner dix vaisseaux à cinq rangs de rames avec tout leur équipage et deux cent mille mesures de blé, il leur donna encore dix mille coudées de bois et mille talens de résine et de crin.

Ils reçurent à peu près les mêmes libéralités de Prusias, de Mithridate, de toutes les puissances qui étaient alors dans l'Asie, de Lysanias, d'Olympique, de Limnée. Il serait difficile d'énumérer les villes qu'ils engagèrent à les secourir. Quand on considère le temps où la ville de Rhodes a commencé à être habitée, on est surpris de ses progrès, des richesses des citoyens, des richesses de la ville en général; mais si on fait réflexion sur sa situation heureuse, sur l'abondance des biens que les étrangers y apportent, sur la réunion de toutes les commodités qu'on y rencontre, loin de s'étonner, on trouve que cette ville est encore moins puissante qu'elle ne devrait être.

Au reste si je suis entré dans de si grands détails, c'est premièrement pour faire connaitre quel fut le zèle des Rhodiens pour relever leur république, zèle qu'on ne peut ni trop louer ni trop imiter; c'est en second lieu pour opposer les libéralités des rois précédens à l'esprit mesquin de ceux d'aujourd'hui, dont les villes et les nations reçoivent si peu. Peut-être que ces rois, après de si grands exemples de générosité, auront honte de faire tant valoir quatre ou cinq talens qu'ils auront donnés, et d'exiger des Grecs, pour un si maigre présent, autant de reconnaissance et d'honneur qu'on en accordait à leurs prédécesseurs. Peut-être aussi que les villes, ayant devant les yeux les dons immenses qu'on leur faisait autrefois, ne s'aviliront pas jusqu'à rendre, pour des libéralités si méprisables, des honneurs qui ne sont dus qu'aux plus grandes, et qu'en n'accordant à chacun que ce qu'il mérite, elles feront voir que les Grecs supérieurs aux autres nations, savent donner à chaque chose son juste prix. Reprenons maintenant la guerre des alliés où nous l'avons quittée.

CHAPITRE XIX.

Les Achéens se disposent à la guerre. — Division de Mégalopolis. — Les Éléens battus par Lycus, propréteur des Achéens. — Divers événemens de la guerre des alliés.

Quand l'été fut venu, Agélas étant préteur des Étoliens, et Aratus des Achéens, Lycurgue revint d'Étolie à Lacédémone, rappelé par les Éphores, après qu'ils eurent reconnu la fausseté du crime pour lequel il avait été exilé. Pendant que celui-ci prenait des mesures avec Pyrrhias, préteur des Éléens, pour faire une irruption dans la Messénie, Aratus ayant fait réflexion qu'il n'y avait plus de troupes mercenaires chez les Achéens, et que les villes ne s'embarrassaient plus d'en lever, depuis qu'Épérate, son prédécesseur dans la préture, avait si fort dérangé les affaires par sa lâcheté et sa mauvaise conduite, il tâcha de relever leur courage, et en ayant obtenu un décret, il se disposa sérieusement à la guerre. Le décret portait qu'on entretiendrait huit mille fantassins de troupes mercenaires et cinq cents chevaux, qu'on lèverait dans l'Achaïe trois mille hommes d'infanterie et trois cents chevaux; que de ce nombre seraient cinq cents fantassins de Mégalopolis armés de boucliers d'airain et cinquante chevaux, et autant d'Argiens. Il était outre cela ordonné qu'on ferait marcher trois vaisseaux vers Acté et le golfe d'Argos, et trois vers Patras, Dyme et vers ce détroit.

Pendant qu'Aratus faisait ainsi ses préparatifs, Lycurgue et Pyrrhias étant convenus ensemble de se mettre en même temps en campagne, avancèrent vers la Messénie. Aratus en eut avis, et à la tête des mercenaires et de quelques troupes d'élite il vint à Mégalopolis pour secourir les Messéniens. Lycurgue parti de Sparte prit par trahison Calamas, château appartenant aux Messéniens, et continua ensuite sa route pour se joindre aux Étoliens.

D'un autre côté Pyrrhias, venant d'Élide avec un fort petit corps de troupes, fut arrêté à l'entrée de la Messénie par les Cyparissiens; de sorte que Lycurgue ne pouvant le rejoindre, ni entreprendre, avec son peu de forces, quelque chose par lui-même, se contenta de faire quelque temps du ravage dans le pays pour subvenir aux besoins de ses troupes, et reprit le chemin de Sparte sans avoir rien fait.

Après ce mauvais succès des ennemis, Aratus en homme sage et précautionné sur l'avenir, persuada à Taurion et aux Messéniens de fournir chacun cinq cents hommes de pied et cinquante chevaux pour garder la Messénie, les Mégalopolitains, les Tégéates et les Argiens, tous peuples qui, limitrophes de la Laconie, souffrent les premiers des guerres qu'ont les Lacédémoniens avec les autres peuples du Péloponèse. Il se chargea lui-même de garder avec des troupes d'Achaïe et des mercenaires toutes les parties de cette province qui regardent Élée et l'Étolie. Il travailla ensuite à réconcilier entre eux les Mégalopolitains, qui chassés depuis peu de leur patrie et ruinés entièrement par Cléomène, quoiqu'ils eussent un besoin pressant de plusieurs choses, ne s'étaient cependant approvisionnés de rien. Toujours même esprit, mêmes dispositions, mais rien pour satisfaire aux dépenses tant publiques que particulières. De là les contestations, les disputes, les emportemens qui les aigrissaient les uns contre les autres, comme il arrive d'ordinaire dans les républiques et entre les particuliers, lorsqu'on se voit dans l'impuissance de mettre à exécution ce que l'on avait projeté.

Deux choses les divisaient; premièrement le rétablissement des murs de la ville, les uns disant qu'il la fallait rétrécir et en régler le circuit sur les moyens que l'on avait pour le faire et sur les forces que l'on aurait pour le garder en cas d'attaque, ajoutant que la ville n'avait été renversée que parce qu'étant trop grande on n'avait point assez de monde pour la défendre; outre cela qu'on devait obliger les plus riches citoyens de donner le tiers de leurs fonds pour grossir le nombre des habitans. Les autres au contraire ne pouvaient souffrir ni qu'on donnât moins d'étendue à la ville, ni qu'on abandonnât la troisième partie des biens pour la peupler. L'autre sujet de division, et le principal, étaient les lois que Prytanis, péripathéticien distingué, qu'Antigonus leur avait envoyé pour législateur, leur avait données. Aratus prit tout le soin possible de calmer les esprits, et en vint à bout. La paix se fit, et l'on en grava les articles sur une colonne que l'on mit près de l'autel de Vesta à Omarion. Il partit ensuite de Mégalopolis, vint à l'assemblée des Achéens, et donna le commandement des étrangers à Lycus de Pharès, propréteur dans le territoire qui avait été assigné à sa patrie.

Les Éléens, irrités contre Pyrrhias, se choisirent encore un préteur chez les Étoliens et firent venir Euripidas. Celui-ci observa le temps de l'assemblée des Achéens, et s'étant mis en campagne à la tête de soixante chevaux et de deux mille fantassins, il passa par le pays des Pharéens, le pilla jusque près d'Égée; et après y avoir fait tout le butin qu'il souhaitait, se retira à Léontium. Lycus en étant averti, courut au secours. Il joignit les ennemis, les attaqua brusquement, en laissa quatre cents sur la place, et fit deux cents prisonniers, dont les plus éminens étaient Physsias, Antanor, Cléarque, Androloque, Évanoridas, Aristogiton, Nicasippe et Aspasios. Les armes et tout le butin restèrent au vainqueur. Vers le même temps l'amiral des Achéens ayant fait voile vers Molycrie, en revint avec cent esclaves. Il repartit et alla à Chalcée. Il livra là un combat, d'où il ramena deux vaisseaux longs et tout leur équipage. Il prit encore un petit bâtiment tout équipé près de Rhie en Étolie. Toutes ces prises par mer et par terre jetèrent chez les Achéens beaucoup d'argent et de provisions; cela fit espérer aux troupes que leur solde serait payée, et aux villes qu'elles ne seraient point chargées d'impôts.

Sur ces entrefaites, Scerdilaïdas ayant à se plaindre de Philippe, sur ce que ce prince ne lui payait pas toute la somme dont ils étaient convenus par un traité fait entre eux, envoya quinze vaisseaux pour emporter par artifice ce qui lui était dû. Ces vaisseaux abordèrent à Leucade, et en conséquence du traité précédent, ils y furent reçus comme amis. Ils n'y firent en effet ni ne purent même y faire aucun acte d'hostilité; mais on connut leur mauvais dessein, lorsqu'Agathunc et Cassandre Corinthiens, étant aussi venus comme amis à Leucade sur quatre vaisseaux de Taurion, ils les attaquèrent contre la foi des traités, prirent ces deux capitaines et leurs vaisseaux, et les firent conduire à Scerdilaïdas. De Leucade ayant fait voile à Malée, ils pillèrent les marchands et les forcèrent de prendre terre, profitant du temps que la moisson approchait, et de la négligence avec laquelle Taurion gardait ces deux villes.

Aratus, avec un corps de troupes choisies, était en embuscade pour enlever la moisson des Argiens; et Euripidas, de son côté, à la tête de ses Étoliens, se mit en campagne dans le dessein de piller les terres des Tritéens. Lycus et Démodocus, commandans de la cavalerie achéenne, sur l'avis qu'on leur donna que les Étoliens étaient sortis de l'Élide, assemblèrent aussitôt les Dyméens, les Patréens et les Pharéens, et y ayant joint les mercenaires, ils se jetèrent dans Élée. Arrivés à Phyxion, ils envoyèrent les soldats armés à la légère et la cavalerie pour ravager le pays, et mirent en embuscade autour de Phyxion les soldats pesamment armés. Les Éléens sortirent en grand nombre pour arrêter les pillards. Ceux-ci se retirent, ils sont poursuivis. Alors Lycus sortant de son embuscade, fond sur tout ce qu'il rencontre. Les Éléens furent d'abord renversés; deux cents des leurs restèrent sur la place, quatre-vingts furent faits prisonniers, et les Achéens emportèrent impunément leur butin. Outre ces avantages, l'amiral des Achéens ayant fait de fréquentes descentes sur les terres de Calydonie et de Naupacte, y ravagea tout et tailla deux fois en pièces les troupes qu'on lui opposa. Il prit aussi Cléonicus de Naupacte. Mais comme il était lié aux Achéens à titre d'hospitalité, loin de le vendre, on le renvoya quelque temps après sans rançon.

Ce fut aussi vers ce temps-là qu'Agélas, préteur des Étoliens, ayant rassemblé un corps de troupes considérable ravagea les terres des Acarnaniens, et parcourut en pillant tout l'Épire. Il renvoya ensuite les Étoliens dans leurs villes. Les Acarnaniens à leur tour se jetèrent sur les terres de Strate; mais je ne sais quelle terreur panique les ayant saisis, ils se retirèrent honteusement, quoique sans perte, parce que les Stratéens craignant que cette retraite ne cachât quelque embuscade, n'osèrent pas les poursuivre.

Il faut ici rapporter la trahison feinte qui se fit à Phanote. Alexandre, qui avait reçu de Philippe le gouvernement de la Phocide, dressa par le ministère de Jason, son lieutenant dans Phanote, un piège aux Étoliens. Celui-ci envoya vers Agélas leur préteur pour lui promettre qu'on lui livrerait, s'il voulait, la citadelle de Phanote. On fit les sermens ordinaires, et l'on convint des conditions. Agélas au jour marqué vient à la tête de ses Étoliens pendant la nuit; il envoie cent hommes d'élite à la citadelle, et cache le reste de ses troupes à quelque distance de la ville. Alexandre fait mettre dans la ville des soldats sous les armes, et Jason introduit les cent Étoliens dans la citadelle, comme il l'avait promis par serment. A peine y furent-ils entrés, qu'Alexandre s'y jeta aussitôt, et les cent Étoliens mirent bas les armes. Le jour venu, Agélas averti de ce qui s'était passé, reprit le chemin de son pays, pris dans un piège à peu près semblable à tant d'autres qu'il avait tendus lui-même.

CHAPITRE XX.

Philippe dispose l'escalade devant Mélitée, et la manque.—Siège de Thèbes.—Discours de Démétrius de Pharos pour porter le roi de Macédoine à quelque entreprise plus considérable.— On se dispose à la paix.

Le roi Philippe prit dans ce temps-là Bylazore. C'est la plus grande ville de Péonie, et la plus avantageusement située pour faire des incursions de Dardanie dans la Macédoine, de sorte que s'en étant rendu maître il n'avait presque plus rien à craindre de la part des Dardaniens. C'était là l'entrée de la Macédoine; et depuis que Philippe s'en était emparé, il n'était plus aisé aux Dardaniens de mettre le pied dans son royaume. Après y avoir mis garnison, il envoya Chrysogone lever des troupes dans la haute Macédoine, et prenant ce qu'il y en avait dans la Bottie et dans l'Amphaxitide, il vint à Édèse; d'où ayant joint à son armée le corps de troupes qu'avait amassé Chrysogone, il se mit en marche et parut au sixième jour devant Larisse. Il en partit de nuit sans se reposer, et arriva au point du jour à Mélitée, aux murs de laquelle il fit d'abord dresser les échelles. Les Mélitéens furent si effrayés d'un assaut si subit et si imprévu qu'il lui eût été aisé de prendre la ville; mais les échelles étaient trop courtes, et il manqua son coup.

Ce sont là de ces fautes où des chefs ne peuvent tomber sans s'attirer de justes reproches. On blâme avec raison la témérité de certaines gens, qui sans avoir pris leurs précautions, sans avoir mesuré les murailles, sans avoir reconnu les rochers ou les autres endroits par où ils veulent faire leurs approches, se présentent étourdiment devant une ville. Mais ceux-là sont-ils plus excusables, qui, après avoir pris toutes les mesures nécessaires, donnent aux premiers venus le soin des échelles et de tous les autres instrumens de cette espèce? Il ne faut pas tant prendre garde à la facilité qu'il y a de les faire, qu'à l'importance dont ils sont dans certaines conjonctures. En ces sortes d'affaires rien n'est impunément négligé; la peine suit toujours la faute. Si l'entreprise s'exécute, on expose ses plus braves gens à un danger inévitable; et si on se retire, on s'expose au mépris, peine plus grande que la mort même. S'il fallait justifier cela par des exemples, j'en trouverais sans nombre. De ceux qui n'ont pas réussi dans des entreprises de cette nature, il y en a beaucoup plus qui y ont perdu la vie, ou du moins qui ont été dans un péril évident de la perdre que de ceux qui se sont retirés sans perte. Encore faut-il convenir qu'on n'a plus pour ceux-ci que de la défiance et de la haine. Leur faute est comme un avertissement public de se tenir sur ses gardes. Je dis public, parce que non seulement ceux qui sont témoins de la chose, mais aussi ceux qui l'apprennent d'ailleurs, en sont avertis d'être toujours en garde et de prendre des précautions. C'est donc à ceux qui sont à la tête des affaires de ne point entreprendre de pareils desseins sans avoir auparavant bien pensé aux moyens de les mettre à exécution. A l'égard de la mesure des échelles et de la fabrique des autres instrumens de guerre, il y a pour cela une méthode aisée et certaine. Nous en parlerons dans une autre occasion, où nous tacherons de montrer de quelle manière on doit faire l'escalade pour qu'elle ait un heureux succès. Mais à présent reprenons le fil de notre histoire.

Le projet de Philippe ayant échoué, ce prince alla camper sur le bord de l'Énipée, où il fit venir de Larisse et des autres villes toutes les munitions qu'il y avait amassées pendant l'hiver pour faire le siége de Thèbes dans la Phétiotide, lequel siége était tout le but de son expédition. Cette ville est située assez près de la mer à trois cents stades de Larisse, commandant d'un côté la Magnésie, et de l'autre la Thessalie, mais surtout le côté de la Magnésie qu'habitent les Démétriens, et celui de la Thessalie où sont les terres de Pharsale et de Phérée. Pendant que cette ville était sous la puissance des Étoliens, ils firent par leurs courses continuelles de grands ravages sur les terres de Démétriade, de Pharsale, et même de Larisse. Ils poussèrent plusieurs fois leurs courses jusqu'à la plaine d'Amyrique. C'est pour cela que Philippe regardait la conquête de cette ville comme une chose importante, et qu'il y donnait tous ses soins. Ayant donc fait provision de cent cinquante catapultes et de vingt-cinq machines à lancer des pierres, il approcha de Thèbes, et ayant partagé son armée en trois corps, il la logea dans les postes les plus rapprochés de la ville. Une partie campait auprès de Scopie, la seconde aux environs d'Héliostropic, et la troisième sur le mont Hœmus, qui commande la ville. Tout l'espace qui s'étendait entre ces trois corps de troupes, il le fit fortifier d'un fossé, d'une double palissade, et de tours de bois à cent pas l'une de l'autre, où il mit une garnison suffisante.

Ayant ensuite rassemblé toutes ses munitions, il fit approcher ses machines de la citadelle. Pendant les trois premiers jours les assiégés se défendirent avec tant de valeur, que les ouvrages n'avancèrent point du tout. Mais les escarmouches continuelles et les traits que les assiégeans tiraient sans nombre ayant fait périr une partie de la garnison et mis le reste hors de combat, l'ardeur des assiégés se ralentit. Aussitôt Philippe dirige les mineurs contre le château, qui était si avantageusement situé, que les Macédoniens, malgré leur constance et un travail continuel, arrivèrent à peine au bout de neuf jours à la muraille. On travailla tour à tour, sans cesser, ni de jour ni de nuit. Au troisième jour il y eut deux cents pas de mur percés et soutenus par des pièces de bois. Mais ces pièces n'étant pas assez fortes pour soutenir un si grand poids, les murs tombèrent avant que les Macédoniens missent le feu au bois qui les soutenait. On travailla ensuite à aplanir la brèche pour monter à l'assaut. On allait y monter, mais la frayeur saisit les assiégés, et ils rendirent la ville. Par cette conquête Philippe mettant en sûreté la Magnésie et la Thessalie, enleva aux Étoliens un grand butin, et fit connaître à ses troupes que s'il avait manqué Palée, c'était par la faute de Léontius, qu'il avait eu par conséquent raison de punir de mort. Entré dans Thèbes, il mit à l'encan tous les habitans, peupla la ville de Macédoniens, et lui donna le nom de Philippopolis.

Il reçut encore là des ambassadeurs de Chio, de Rhodes, de Byzance et de la part de Ptolémée au sujet de la paix, et il leur répondit, comme il avait déjà fait auparavant, qu'il voulait bien qu'elle se fît, et qu'ils n'avaient qu'à savoir des Étoliens s'ils étaient dans les mêmes dispositions. Dans le fond cependant il ne se souciait pas beaucoup de la paix, et il aimait beaucoup mieux poursuivre ses projets. Aussi ayant eu avis que Scerdilaïdas piratait autour de Malée, qu'il traitait les marchands comme s'ils étaient des ennemis, et que quelques-uns de ses propres vaisseaux avaient été attaqués à Leucade contre la foi des traités, il équipa une flotte de douze vaisseaux pontés, de huit qui ne l'étaient pas, et de trente à deux rangs de rames, et mit à la voile sur l'Euripe. Son dessein était bien de surprendre les Illyriens, mais il en voulait principalement aux Étoliens. Il ne savait pas encore ce qui s'était passé en Italie, où les Romains avaient été défaits par Annibal dans la Toscane dans le temps qu'il était devant Thèbes ; le bruit de cette victoire n'avait point encore passé jusque dans la Grèce.

Philippe n'ayant pu atteindre les vaisseaux de Scerdilaïdas, prit terre à Cenchrée. De là les vaisseaux pontés cinglèrent par son ordre vers Malée pour se rendre à Égée et à Patras, et il fit transporter le reste par la pointe du Péloponnèse à Léchée, où ils devaient tous demeurer à l'ancre. Il partit ensuite avec ses favoris pour se trouver aux jeux Néméens à Argos. Pendant qu'il y assistait à un des combats, arrive de Macédoine un courrier qui lui donne avis que les Romains avaient perdu une grande bataille, et qu'Annibal était maître du plat pays. Le roi ne montra cette lettre qu'à Démétrius de Pharos, et lui défendit d'en parler. Celui-ci saisit cette occasion pour lui représenter qu'il devait au plus tôt laisser la guerre d'Étolie pour attaquer les Illyriens et passer ensuite en Italie ; que la Grèce déjà soumise en tout, lui obéirait également dans la suite ; que les Achéens étaient entrés d'eux-mêmes et de plein gré dans ses intérêts ; que les Étoliens effrayés de la guerre présente ne manqueraient pas de les imiter ; que s'il voulait se rendre maître de l'univers, noble ambition qui ne convenait mieux à personne qu'à lui, il fallait commencer par passer en Italie, et la conquérir ; qu'après la défaite des Romains, le temps était venu d'exécuter un si beau projet, et qu'il n'y avait plus à hésiter. Un roi jeune, heureux dans ses exploits, hardi, entreprenant, et outre cela né d'une maison qui, je ne sais comment, s'était toujours flattée de parvenir un jour à l'empire universel, ne pouvait être qu'enchanté d'un pareil discours.

Quoiqu'il n'eût alors montré sa lettre qu'à Démétrius, dans la suite il assembla ses amis et demanda leur avis sur la paix qu'on lui conseillait de faire avec les Étoliens. Comme Aratus n'était pas fâché que la paix se fît pendant qu'on était supérieur dans la guerre, le roi, sans attendre les ambassadeurs, avec qui l'on devait convenir en commun des articles ; envoya chez les Étoliens, Cléonicus de Naupacte, qui, depuis qu'il avait été pris, attendait encore le synode des Achéens ; puis prenant à Corinthe des vaisseaux et une armée de terre, il alla à Egée. Pour ne point paraître trop empressé de finir la guerre, il s'approcha de Lasion, prit une tour bâtie sur les ruines de cette ville, et fit mine d'en vouloir à Élée. Après avoir envoyé deux ou trois fois Cléonicus, comme les Étoliens demandaient des conférences, il y consentit. Il ne pensa plus depuis à cette guerre ; mais il écrivit aux villes alliées d'envoyer leurs plénipotentiaires pour délibérer en commun sur la paix. Il partit ensuite avec une armée, et alla camper à Panorme, qui est un port du Péloponèse vis-à-vis Naupacte, et attendit là les plénipotentiaires des alliés. Pendant qu'ils s'assemblaient, il passa à Zacynthe pour mettre ordre aux affaires de cette île, et revint aussitôt à Panorme. Les plénipotentiaires assemblés, il envoya Aratus et Taurion à Naupacte avec quelques autres. Ils y trouvèrent un grand nombre d'Étoliens, qui souhaitaient avec tant d'ardeur que la paix se fît, qu'on n'eut pas besoin de longues conférences. Ils revinrent à Panorme pour informer Philippe de l'état des choses. Les Étoliens envoyèrent avec eux des ambassadeurs au roi pour le prier de venir chez eux à la tête de ses troupes, afin que les conférences se tinssent de plus près, et que l'on pût terminer plus commodément les affaires. Le roi cédant à leurs instances, fit voile vers Naupacte, et campa à environ vingt stades de la ville. Il enferma son camp et ses vaisseaux d'un bon retranchement, et attendit là le tems de l'entrevue.

CHAPITRE XXI.

La paix se conclut entre les alliés. Harangue d'Agélaus pour les exhorter à demeurer unis.

Les Étoliens étaient venus à Naupacte sans armes ; et éloignés du camp de Philippe de deux stades ils envoyaient de leur part des négociateurs. Le roi leur fit proposer par les ambassadeurs des alliés pour premier article : que de part et d'autre on garderait ce que l'on avait. Les Étoliens y consentirent. Pour le reste, il y eut quantité de députations, qui ne valent pas la peine pour la plupart que nous nous y arrétions. Mais je ne puis laisser ignorer le discours que tint Agélaüs de Naupacte devant le roi et les ambassadeurs des alliés dans la première conférence. Il dit donc qu'il serait à souhaiter que les Grecs n'eussent jamais de guerre les uns contre les autres; que ce serait un grand bienfait des Dieux, si n'ayant que les mêmes sentimens, ils se tenaient tous, pour ainsi dire, par la main, et joignaient toutes leurs forces ensemble pour se mettre à couvert eux et leurs villes des insultes des Barbares; si cela ne se pouvait pas absolument, que du moins dans les conjonctures présentes ils s'unissent ensemble et veillassent à la conservation de la Grèce; qu'il n'y avait, pour sentir la nécessité de cette union, qu'à jeter les yeux sur les armées formidables qui étaient sur pied, et sur l'importance de la guerre qui se faisait actuellement; qu'il était évident à quiconque se connaissait médiocrement en politique, que jamais les vainqueurs soit Carthaginois ou Romains, ne se borneraient à l'empire de l'Italie et de la Sicile, mais qu'ils pousseraient leurs projets au-delà des justes bornes; que tous les Grecs en général devaient être attentifs au péril dont ils étaient menacés, et surtout Philippe; que ce prince n'aurait rien à craindre, si au lieu de travailler à la ruine des Grecs et de faciliter leur défaite à leurs ennemis, comme il avait fait jusqu'alors, il prenait à cœur leurs intérêts comme les siens propres, et veillait à la défense de toute la Grèce, comme si c'était son propre royaume; que par cette conduite il se gagnerait l'affection des Grecs, qui de leur côté le suivraient inviolablement dans toutes ses entreprises, et déconcerteraient, par leur fidélité pour lui, tous les projets que les étrangers pourraient former contre son royaume; que s'il avait envie d'entreprendre quelque chose, il n'avait qu'à se tourner du côté de l'occident et à considérer la guerre qui se faisait dans l'Italie; que pourvu qu'il se tînt prudemment à la découverte des événemens pour saisir la première occasion, tout semblait lui frayer le chemin à l'empire universel; que s'il avait quelque chose à démêler avec les Grecs, ou quelque guerre à leur faire, il remît ces différends à un autre temps; que surtout il prît garde de se conserver toujours la liberté de faire la paix, ou d'avoir avec eux la guerre quand il voudrait; que s'il souffrait que la nuée qui s'élevait du côté de l'occident vînt fondre sur la Grèce, il craignait fort qu'il ne fût plus en pouvoir ni de prendre les armes, ni de traiter de paix, ni de terminer en aucune façon les puériles contestations qu'ils avaient maintenant, et qu'ils ne fussent réduits à demander aux Dieux, comme une grande grâce, la liberté de décider leurs affaires à leur gré et de la manière qu'ils le jugeraient à propos.

Il n'y eut personne à qui ce discours ne fît souhaiter la paix avec ardeur. Philippe en fut d'autant plus touché, qu'on ne lui proposait que ce qu'il souhaitait déjà, et ce à quoi Démétrius l'avait auparavant disposé. On convint des articles, on ratifia le traité, et l'on se retira de part et d'autre chacun dans son pays. Cette paix de Philippe et des Achéens avec les Étoliens, la bataille perdue par les Romains dans la Toscane, et la guerre d'Antiochus pour la Cœlosyrie, tous ces événemens arrivèrent dans la troisième année de la cent quarantième olympiade. Ce fut aussi pour la première fois, et dans cette dernière assemblée, qu'on vit les affaires de Grèce mêlées avec celles d'Italie et d'Afrique. Dans la suite, soit qu'on entreprît la guerre, soit qu'on fît la paix, ni Philippe ni les autres puissances de la Grèce ne se réglèrent plus sur l'état de leur pays, tous tournèrent les yeux vers l'Italie. Les peuples de l'Asie et les insulaires firent bientôt après la même chose. Ceux qui depuis ce temps-là ont eu sujet de ne pas bien vivre avec Philippe ou avec Attalus, n'ont plus fait attention ni à Antiochus ni à Ptolémée; ils ne se sont plus tournés vers le midi ou l'orient, ils n'ont eu les yeux attachés que sur l'occident. Tantôt c'était aux Carthaginois, tantôt aux Romains qu'on envoyait des ambassadeurs. Il en venait aussi à Philippe de la part des Romains, qui connaissant la hardiesse de ce prince, craignaient qu'il ne fît augmenter l'embarras où ils se trouvaient.

Nous voilà donc arrivés au temps où les affaires des Grecs sont jointes avec celles d'Italie et d'Afrique. Nous avons vu quand, comment et pourquoi cela s'est fait. C'est ce que je m'étais engagé dès le commencement à faire voir. Ainsi, quand nous aurons conduit l'histoire grecque jusqu'au temps où les Romains ont perdu la bataille de Cannes, et où nous avons laissé les affaires d'Italie, nous finirons ce cinquième livre.

La guerre finie, les Achéens choisirent Timoxène pour préteur, reprirent leurs lois, leurs usages, leurs fonctions ordinaires. Il en fut de même des autres villes du Péloponnèse. Chacun rentra dans ses biens, on cultiva la terre, on rétablit les sacrifices et les fêtes publiques, et en un mot tout ce qui regardait le culte des Dieux : devoirs qui, par les guerres continuelles qu'on avait eu à soutenir, avaient été pour la plupart oubliés. Entre tous les peuples du monde, à peine en trouvait-on quelqu'un qui eût plus de penchant et d'inclination que ceux du Péloponnèse pour une vie douce et tranquille ; cependant l'on peut dire qu'ils en ont moins joui qu'aucun, du moins depuis longtemps. Ce vers d'Euripide les peint assez bien :

Toujours dans les travaux et toujours dans la guerre.

Nés pour commander et passionnés pour leur liberté, ils ont toujours les armes à la main pour se disputer le premier pas. Les Athéniens au contraire furent à peine délivrés de la crainte des Macédoniens, qu'ils voulurent jouir des fruits d'une solide liberté. Conduis et gouvernés par Euryclidas et par Micyon, ils ne prirent aucune part aux affaires des autres Grecs ; ils suivirent aveuglément les inclinations de ces deux magistrats. Quelques honneurs qu'on demandât qu'ils rendissent à tous les rois et principalement à Ptolémée, ils les rendirent. Il n'est point de sorte de réglemens et d'éloges qu'ils n'aient souffert qu'on ne fît pour eux. Ils passèrent beaucoup au-delà des bornes de la bienséance, sans ceux qui étaient à leur tête eussent la prudence et le courage de les arrêter.

Peu de temps après, Ptolémée fut obligé de faire la guerre à ses propres sujets. On doit convenir qu'à considérer le temps où il conçut le projet de faire marcher les Égyptiens contre Antiochus, il était à propos qu'il le conçut ; mais à considérer l'avenir, c'était une chose pernicieuse. Ce peuple enflé des avantages qu'il avait remportés à Raphie, ne daigna plus écouter les ordres qu'on lui donnait ; il se crut assez de forces pour soutenir une révolte ; il ne chercha plus qu'un chef et un prétexte pour se mettre en liberté, et il se révolta en effet bientôt après.

Pour Antiochus, ayant fait pendant l'hiver de grands préparatifs, il passa au commencement de l'été le mont Taurus, et après avoir conclu une alliance avec Attalus, il se mit en marche contre Achée.

Comme les Étoliens avaient été malheureux dans la dernière guerre, ils furent d'abord bien aises d'avoir fait la paix avec les Achéens, et ce fut pour cela qu'ils élurent pour préteur Agélaüs de Naupacte, parce qu'il semblait avoir le plus contribué à cette paix. Mais ils ne furent pas long-temps à se dégoûter et à se plaindre de leur préteur, qui en faisant la paix, non avec quelque peuple particulier, mais avec toute la Grèce, leur avait retranché toutes les occasions de faire du butin sur leurs voisins. Mais Agélaüs soutenant avec constance ces plaintes injustes, les retint malgré eux dans le devoir.

Après la paix Philippe s'en retourna par mer en Macédoine. Il y trouva Scerdilaïdas, qui, sous le même prétexte qu'à Leucade, avait pris depuis peu Pissé dans la Pelagonie, gagné par des promesses les villes de Dassarétide et les Phébatides, Antipatrie, Chrysondion et Gétunte, et fait des courses dans la plus grande partie des terres de Macédoine qui confinent à ces villes. Philippe se mit en campagne pour reprendre les places qui s'étaient séparées de son parti, et pour défaire Scerdilaïdas. Rien à son avis n'était plus nécessaire pour l'heureux succès de ses entreprises, et entre autres pour l'expédition qu'il méditait en Italie, que de mettre ordre aux affaires d'Illyrie. Démétrius le portait si vivement à cette expédition, qu'il en était uniquement occupé, et que la nuit, s'il avait des songes, c'était sur cette guerre. Il ne faut pas croire que ce fut par amitié pour Philippe que Démétrius le poussait à marcher contre les Romains ; l'amitié n'y entrait que pour la moindre partie ; c'était par haine pour cette république, et parce qu'il n'y avait pas pour lui d'autre moyen de rentrer dans l'île de Pharos. Philippe reprit donc les villes dont nous avons parlé ; dans la Dassarétide, Créonion et Gertunte ; le long du lac de Lichnide, Enchelas, Céraces, Sation, Clos; Bantie dans dans le pays des Calicoéniens, et celui des Pysantins, Orgise; après quoi il mit son armée en quartier d'hiver. Ce fut ce même hiver qu'Annibal passa autour du Géronium, après avoir ravagé les plus beaux pays de l'Italie, et après que les Romains eurent élus pour consuls A. Terentius et Luc. Émilius.

Pendant le quartier d'hiver, Philippe fit réflexion qu'il avait besoin de vaisseaux et de matelots pour ses desseins. Ce n'est pas qu'il espérât vaincre les Romains par mer, mais parce que par mer il transporterait plus aisément les soldats, arriverait beaucoup plus tôt où il s'était proposé, et tomberait sur les Romains lorsqu'il s'y attendraient le moins. Rien ne lui parut plus propre pour cela que les vaisseaux d'Illyrie, et il fut, je pense, le premier roi de Macédoine qui en fit construire jusqu'à cent. Après les avoir fait équiper, il assembla ses troupes au commencement de l'été, exerça quelque temps les Macédoniens à ramer, se mit en mer, vers le temps à peu près qu'Antiochus passait le mont Taurus. Ayant fait voile par l'Euripe et tourné vers Méléc, il vint mouiller autour de Céphalénie et de Leucade, et demeura là pour y observer la flotte des Romains. Sur l'avis qu'il reçut ensuite qu'il y avait à Lilybée des vaisseaux à l'ancre, il s'avança hardiment du côté d'Apollonie. Quand il fut dans le pays qu'arrose l'Aoüs, une terreur panique, semblable à celle qui prend quelquefois aux armées de terre, s'empare de ses troupes. Quelques vaisseaux qui étaient à la queue ayant pris terre dans l'île de Sason, à l'entrée de la mer Ionienne, vinrent de nuit dire à Philippe que plusieurs vaisseaux venant du détroit avaient abordé avec eux au même port, et leur avaient donné avis qu'ils avaient laissé à Rhège des vaisseaux romains qui allaient à Apollonie pour porter du secours à Scerdilaïdas. Philippe crut que toute une flotte allait fondre sur lui. La frayeur le saisit ; il fit lever les ancres et reprendre la route par où il était venu. On marcha une nuit et un jour, sans ordre, et sans s'arrêter, et à la seconde journée on aborda à Céphalénie, où le roi fit courir le bruit qu'il n'était revenu que pour régler quelques affaires dans le Péloponnèse.

Sa crainte était très-mal fondée. Il est vrai que Scerdilaïdas ayant appris pendant l'hiver que Philippe faisait construire quantité de vaisseaux, en attendant qu'il arrivât par mer, avait dépêché vers les Romains pour les en avertir et pour demander du secours, et que les Romains lui avaient envoyé dix vaisseaux de la flotte qui était à Lilybée, et qui étaient les mêmes qu'on avait vus à Rhège. Mais si Philippe n'eût pas pris inconsidérément la fuite, c'était là la plus belle occasion du monde pour se rendre maître de l'Illyrie. Les Romains étaient alors si occupés d'Annibal et de la bataille de Cannes, qu'il aurait été facile de prendre les dix vaisseaux. Mais il se laissa épouvanter, et se retira honteusement en Macédoine.

Vers ce même temps Prusias fit un exploit mémorable. Les Gaulois qu'Attalus avait tirés d'Europe pour faire la guerre à Achéus, sur la réputation qu'ils avaient de braves et de vaillans soldats, ces Gaulois, dis-je, ayant quitté ce roi pour les raisons que nous avons rapportées, et ayant fait des ravages horribles dans les villes de l'Hellespont et assiégé les Iliens, les Alexandrins les défirent courageusement dans la Troade. Thémistas à la tête de quatre mille hommes leur fit lever le siège d'Ilium ; leur coupa les vivres, renversa tous leurs projets, et les chassa enfin de toute la Troade. Les Gaulois se jetèrent dans Arisbe, ville de l'Abydène, et se disposèrent à entrer de force dans les villes du pays ; Prusias vint à eux et leur livra bataille. Tout ce qu'il y avait de soldats fut taillé en pièces, les enfans et les femmes furent égorgés dans le camp, et les équipages furent abandonnés aux vainqueurs. Par là il délivra d'une grande crainte les villes de l'Hellespont, et apprit aux Barbares de l'Europe à ne point hasarder si facilement de passer en Asie. En Grèce et en Asie tel était l'état des affaires. En Italie après la bataille de Cannes la plupart des peuples se jetaient dans le parti d'Annibal, comme nous avons dit dans le livre précédent. Finissons ici celui-ci, puisqu'il ne nous reste plus rien à dire des événemens arrivés dans la cent quarantième olympiade. Dans le livre suivant après avoir rappelé en peu de mots ce que nous avons raconté dans celui-ci, nous parlerons de la forme de la république romaine, selon ce que nous avons promis autrefois.

LIVRE SIXIÈME.*

ARGUMENT.

Polybe suspend ici sa narration, pour s'appliquer à exposer la forme de la République romaine. Aussitôt après il montre à ses lecteurs quel puissant auxiliaire cette forme de gouvernement a été pour les Romains non seulement lorsqu'ils ont voulu redevenir les maîtres de l'Italie et de la Sicile, et plus tard soumettre l'Espagne et la Gaule à leur domination, mais encore lorsqu'après avoir triomphé des Carthaginois ils songèrent enfin à l'empire du monde entier.

FRAGMENT I.

Je suis persuadé que Rome a été fondée la seconde année de la septième olympiade [1].

Le mont Palatin doit son nom à un jeune homme nommé Palante qui y fut tué [2].

[1] Polybe cité par Denis d'Halicarnasse. 64.
[2] Denis d'Halicarnasse. 32.

Chez les Romains, l'usage du vin est interdit aux femmes. Mais il leur est permis de boire du vin cuit.

Ce vin se fait avec du raisin cuit et est semblable pour le goût au vin léger d'Agosthène ou de Crète. Lorsque la soif les presse c'est donc avec cette boisson qu'elles l'apaisent. Mais si l'une d'elles a bu du vin, elle ne peut

* A commencer de ce sixième livre on ne possède plus que par fragmens le reste de la grande histoire de Polybe ; j'ai suivi, en réunissant ces divers fragmens, l'ordre adopté par le savant Schweighauser dans son excellente édition grecque et latine, et j'ai ajouté à la fin de chaque livre des fragmens retrouvés depuis par l'abbé Mai dans des palimpsestes : ces derniers fragmens qui n'ont jamais été traduits jusqu'ici, sont indiqués par ce signe ( )

céler ce fait; d'abord parce que la femme n'a pas à sa disposition le cellier où l'on met le vin; ensuite parce qu'il faut qu'elle baise sur la bouche ses parens et ceux de son mari, jusqu'aux fils de ses cousins, et cela tous les jours, et aussitôt qu'elle les aperçoit. Aussi ne sachant pas qui doit lui parler, ou qui elle doit rencontrer, elle se tient sur ses gardes. En effet, si elle avait le moins du monde goûté à du vin, il n'y aurait pas besoin d'autre indice pour faire découvrir son délit.

—

Ancus Martius fonda encore Ostie, ville fortifiée sur le Tibre [2].

—

Lucius, fils de Démarate le Corinthien partit pour Rome, fondant de grandes espérances tant sur lui-même que sur ses richesses, et persuadé que les occasions ne lui manqueraient pas de montrer qu'il n'était inférieur à aucun citoyen de la République. Il était même marié à une femme qui à d'autres qualités joignait encore une âme propre à le seconder dans des projets qui demandent de la prudence et de l'adresse. Aussitôt donc qu'il fut arrivé à Rome, et qu'on lui eut accordé le droit de cité, il se mit à montrer la plus grande déférence pour les ordres du roi; et bientôt, en partie par sa libéralité, en partie par l'adresse de son esprit, et surtout par les arts dans lesquels il avait été instruit dès son enfance, il sut se placer si bien dans l'esprit du roi qu'il obtint de lui un haut degré de confiance et de déférence. Enfin par la suite il fut admis dans l'intimité du roi Ancus Martius au point d'habiter dans son palais et d'administrer les affaires de l'état avec lui. Dans cette administration, comme il veillait aux intérêts de tous en général, tandis qu'en même temps il aidait en particulier de son crédit et de ses travaux ceux qui lui demandaient quelque chose, et qu'il usait dans l'occasion de ses propres richesses avec ma-

gnificence, d'un côté il s'attirait l'attachement de beaucoup de citoyens par ses bienfaits, et de l'autre il s'était acquis la bienveillance de tous, en se faisant à leurs yeux une réputation de vertu; c'est par ces moyens qu'il parvint jusqu'à s'élever au trône [1].

FRAGMENT II.

Combien il y a de sortes de gouvernemens, et comment elles se forment. — Origine de la monarchie.

Quand on n'a à traiter que des républiques de la Grèce, de l'accroissement des unes ou de la ruine totale des autres, on n'a nulle peine à raconter ce qui s'y est passé, et à prédire ce qui dans la suite y arrivera; car quoi de plus aisé que de rapporter ce que l'on sait, ou de conjecturer par ce qui s'est fait autrefois, sur ce qui doit se faire à l'avenir? Il n'en est pas de même de la République romaine. Son état présent est difficile à développer à cause de la variété qui se remarque dans son gouvernement; et l'on ne peut que difficilement prévoir ce qu'elle deviendra, parce que l'on ne connaît point assez comment elle se conduisait autrefois, soit dans les affaires générales, soit dans les affaires particulières. C'est pourquoi, sans une étude et une application très-sérieuses, on ne découvrira jamais clairement et complètement les avantages qui distinguent cette république de toutes les autres.

La plupart de ceux qui ont traité avec méthode des différentes formes de gouvernement, en ont distingué trois, savoir la royauté, l'aristocratie et la démocratie : on ne voit pas si par là ils ont voulu nous faire entendre qu'il n'y en avait point d'autres, ou que c'étaient là les trois meilleures; mais quoi qu'il en soit, j'ose dire qu'ils se sont trompés sur l'un et l'autre point. Ce ne sont point les meilleures, puisque non seulement la raison, mais encore l'expérience nous apprennent que la forme de gouvernement la plus parfaite est celle qui est composée des trois qu'ils citent. Telle fut, par exemple, celle que Lycurgue établit le

---

[1] Athénée L. D. p. 440.
[2] Étienne de Byzance au mot Ostie.

[1] Fragmens de Valois.

premier à Lacédémone. Ce ne sont pas non plus les seules qu'il y ait, car les gouvernemens monarchiques et tyranniques sont fort différens de la royauté, quoiqu'ils semblent avoir quelque ressemblance avec elle, ce dont profitent les monarques et les tyrans, pour colorer autant qu'il leur est possible et leurs actes et leur nom du titre de royauté. Il y a eu aussi plusieurs états gouvernés par un petit nombre de citoyens choisis. Au premier abord on aurait cru que c'étaient des états aristocratiques, cependant ces deux sortes de gouvernemens ne se ressemblent presque en aucune manière. On doit porter le même jugement de la démocratie.

Pour se convaincre de la vérité de ce que j'avance, il ne faut que remarquer que toute monarchie n'est pas royauté, mais celle-là seulement à laquelle les sujets se soumettent de bon gré, et où tout se fait plutôt par raison que par crainte et violence. Toute oligarchie ne mérite pas non plus le nom d'aristocratie. Il n'y a que celle où l'on choisit les plus justes et les plus prudens pour être à la tête des affaires. En vain aussi donnerait-on le nom de démocratie à un état où la populace serait maîtresse de faire tout ce qui lui plairait. Un état où l'on est depuis long-temps dans l'usage de révérer les Dieux, d'être soumis à ceux dont on tient le jour, de respecter les vieillards, et d'obéir aux lois, et dans lequel l'opinion de la majorité est toujours victorieuse : voilà ce qu'on peut à juste titre appeler le gouvernement du peuple.

On doit donc distinguer six sortes de gouvernemens, les trois dont tout le monde parle et dont nous venons de parler, et trois qui ont du rapport avec les premiers, savoir le gouvernement d'un seul, celui de peu de citoyens, et celui de la multitude. Le gouvernement d'un seul ou la monarchie s'établit sans art et par le pur mouvement de la nature : de la monarchie naît la royauté, lorsqu'on y ajoute l'art et qu'on en corrige les défauts ; et quand elle vient à enfanter la tyrannie, dont elle approche beaucoup, sur les ruines de l'une et de l'autre s'élève l'aristocratie, qui se change comme naturellement en oligarchie ; et de la démocratie, lorsque le peuple devient insolent et qu'il méprise les lois, naît le gouvernement de la multitude.

On reconnaîtra clairement la vérité de tout ce que je viens d'avancer, si l'on considère les principes naturels, la naissance et les changemens de chaque sorte de ces gouvernemens. Les commencemens d'un état sont surtout utiles à connaître. Sans cette connaissance il est impossible de voir clair dans ses progrès, dans sa plus grande force, dans les changemens qui lui arriveront, et de deviner quand et comment il finira, et en quelle forme il se changera. C'est aussi de cette manière que je veux entreprendre l'examen de la République romaine, parce que son premier établissement et ses progrès sont conformes aux lois de la nature.

On dira peut-être que l'on trouve la transformation des états traitée avec exactitude dans Platon et quelques autres philosophes. Mais comme Platon s'étend fort longuement sur ce sujet, et que peu de gens sont capables de l'entendre, je crois que je ne ferai pas mal d'en extraire ici ce qui peut convenir à une histoire et être à la portée de tout le monde. En cas qu'une explication générale laisse quelque chose à désirer, le détail où nous entrerons ensuite lèvera les doutes qu'on aurait pu former.

Quel est donc le commencement des sociétés civiles, et d'où dirons-nous qu'elles tirent leur origine ? Quand un déluge, une maladie pestilentielle, une famine ou d'autres calamités semblables emportent la plus grande partie des hommes, comme il est déjà arrivé, et comme il arrivera sans doute encore, la ruine des hommes entraîne avec elle celle des usages, des coutumes et des arts. De ceux qui ont échappé à ce naufrage général, comme d'une semence, s'élèvent de nouveaux hommes, qui faibles naturellement et incapables de se soutenir par eux-mêmes, se réunissent et s'assemblent les uns avec les autres, comme font les autres animaux. Alors c'est une nécessité que celui qui en forces corporelles et en hardiesse surpasse ses semblables, soit à leur tête et les conduise en maître. Et l'on doit reconnaître en cela l'ouvrage de la nature, puisque parmi les autres animaux, qui certainement ne suivent que ses lois, nous voyons que les plus forts dominent sur les autres, comme par exemple les taureaux, les sangliers, les coqs et les autres animaux du même caractère qui remplissent vraiment ces fonctions de chefs. Telle est, selon toutes les apparences, la disposition des hommes dans ces commencemens. Ils s'attroupent ensemble et se mettent sous la conduite des plus forts et des plus courageux ; et voilà ce qu'on peut appeler monarchie, lorsque celui qui commande ne mesure son autorité que par ses forces. Quand par la succession des temps une éducation commune et un fréquent commerce ont formé des nœuds plus étroits, alors commence à naître la royauté : l'idée de l'honnête et du juste se forme dans l'esprit aussi bien que celle des vices qui leur sont opposés.

Tels sont donc les commencemens d'où sont sorties les républiques et les sociétés humaines. Du penchant naturel qu'ont l'homme et la femme l'un pour l'autre, naissent des enfans. Lorsque ceux-ci sont parvenus à un certain âge, si, sans reconnaissance pour ceux qui les ont élevés, ils ne les secourent point, mais qu'au contraire ils prennent plaisir à les décrier ou à leur faire tort, il est clair que ceux qui seront témoins de ces mauvais traitemens, après l'avoir été des soins, des inquiétudes et des peines que les parens ont prises pour l'éducation de ces enfans, seront indignés de leur ingratitude. Faisant alors usage de leur esprit et de leur raison qui les distinguent des autres animaux, ils ne demeureront pas indifférens ; ils feront des réflexions sur un traitement si indigne, et en seront d'autant plus choqués, que prévoyant l'avenir ils craindront le même sort pour eux-mêmes. Qu'un homme secouru par un autre et tiré d'un péril pressant, au lieu de lui rendre la pareille dans l'occasion, entreprenne de lui faire tort, il est constant que ceux qui seront informés de ce mauvais procédé en seront piqués, qu'ils entreront dans le ressentiment de la personne lésée, et qu'ils se croiront exposés à souffrir un jour la même infortune. De là naît dans l'esprit une certaine connaissance du devoir. On en approfondit la force et la nécessité, et c'est en cela que consiste le commencement et la fin de la justice.

Pourquoi au contraire donne-t-on tant d'applaudissemens à celui qui se jette le premier dans les périls et défend ses semblables contre le choc et la fureur des plus forts animaux? Pourquoi encore n'a-t-on que du mépris pour un homme lâche qui craint de s'exposer pour le salut de ceux qu'il devrait secourir? Cela ne peut venir que de la réflexion qu'on fait alors sur la générosité et la lâcheté de la conduite de chacun, et sur la différence qu'il y a entre ces deux choses. On commence alors à penser que la première est digne qu'on la recherche et qu'on la pratique, à cause de l'utilité qui en revient, et que la seconde mérite toute notre aversion. Lorsque celui qui est à la tête des autres et qui les surpasse en forces passe pour favoriser toujours les hommes généreux dont nous venons de parler, et qu'il s'est acquis la réputation d'homme juste et équitable, alors on cesse de redouter sa violence ; on se rend et on se soumet à lui par raison ; on maintient son autorité quelque vieux qu'il devienne ; on se joint et on conspire ensemble pour le défendre contre tous ceux qui attaquent sa puissance ; et c'est ainsi que la raison ayant pris le dessus sur la férocité et sur la force, cet homme, de monarque devient roi, insensiblement et sans qu'on s'en aperçoive. C'est là parmi les hommes la première notion de l'honnête et du juste, et des vices contraires à ces deux vertus. C'est là l'origine et le commencement de la vraie royauté. On n'en laisse pas seulement jouir ces hommes respectables, on la conserve encore à leurs descendans, parce qu'on se persuade que tenant la naissance et l'éducation de ces grands hommes, ils en auront aussi l'esprit et les mœurs. Mais dès que le peuple n'est plus content de ces descendans, il se choisit alors des magistrats et des rois, et ne règle plus son choix sur la force et le courage ; mais connaissant par expérience combien les avantages de l'esprit l'emportent sur ceux du corps, il donne ses suffrages à celui qui lui paraît avoir le plus de sagesse et de raison.

Dans les premiers temps, ceux que le peuple s'était choisis pour rois, passaient tout le temps de leur vie dans cette suprême dignité, s'occupant à fortifier des postes avantageux, à les enfermer de murailles, et à étendre leurs frontières, tant pour la sûreté de l'état que pour faire vivre leurs sujets dans une plus grande abondance. Comme ils ne cherchaient point à se distinguer par leurs habits ni par leur table, et qu'au contraire leur manière de vivre était en tout la même que celle de leurs sujets, ils faisaient les délices de leur peuple, et personne ne leur portait envie. Mais ceux qui vinrent ensuite ne se contentèrent pas d'être en sûreté, et d'avoir plus même qu'il ne fallait pour satisfaire aux besoins de la nature; l'abondance où ils se trouvèrent ne fit qu'enflammer leurs passions, ils s'imaginèrent qu'un roi devait être plus richement vêtu et plus pompeusement servi que ses sujets; que dans ses amours, quelque illégitimes qu'ils fussent, personne n'avait droit de le contredire. De ces désordres, les uns offensèrent et excitèrent l'envie, les autres rendirent les rois odieux et soulevèrent contre eux leur peuple, et la royauté se changea en tyrannie. Alors on se mit en devoir de la détruire, en détruisant les rois eux-mêmes; et ce dessein, ce ne fut pas de vils aventuriers, mais les plus illustres, les plus braves et les plus hardis des sujets qui l'exécutèrent, parce que ce sont ceux-là qui peuvent le moins supporter les hauteurs et l'insolence des princes. Le peuple que la conduite des rois avait irrité, ne se vit pas plus tôt des chefs qu'il leur prêta main forte. Ainsi périrent la royauté et la monarchie.

FRAGMENT III.

<small>Origine et chûte de l'aristocratie. — Changement de l'oligarchie en démocratie, et de la démocratie en monarchie. — Éloge du gouvernement de Sparte établi par Lycurgue.</small>

La ruine de ces deux sortes de gouvernemens donna naissance à l'aristocratie. Le peuple, sensible aux bienfaits de ceux qui l'avaient délivré des monarques, mit ces généreux citoyens à sa tête et se soumit à leur direction. Ceux-ci touchés de l'honneur qu'on leur avait fait, s'appliquèrent d'abord en toutes choses à se rendre utiles à la république, et donnèrent tous leurs soins et toute leur attention à faire en sorte que le peuple en général et les particuliers eussent à se louer de leur gouvernement. Mais dans la suite leurs enfans ayant succédé à cette même puissance, gens aussi peu accoutumés au travail qu'ignorans sur l'égalité et la liberté, qui sont le fondement d'une république, et élevés dès leur naissance dans les honneurs et les dignités de leurs pères, ils s'adonnèrent, les uns à amasser des richesses et de l'argent par des voies injustes, les autres aux plaisirs de la table, et d'autres encore aux débauches et aux amours les plus infâmes. Par cette conduite ils réveillèrent dans l'esprit du peuple les sentimens qu'il avait eus à l'égard des tyrans, et le portèrent à se défaire d'eux de la même manière.

Ainsi l'aristocratie fut changée en oligarchie. Car, quelque citoyen voyant l'envie et la haine dont tout le peuple était animé contre les chefs, et ayant eu la hardiesse de faire ou de dire quelque chose contre eux, il trouva tous ses concitoyens dans la disposition de se soulever et de lui prêter la main. On tua les uns, on chassa les autres. Alors, comme on craignait encore les injustices des premiers rois, on se garda bien de rétablir la royauté. On ne voulut pas non plus confier le gouvernement à un certain nombre de citoyens, la mémoire des désordres de leur administration était trop récente. Il ne restait donc plus au peuple d'autre espérance que dans lui-même; il se tourna de ce côté-là, et, se chargeant seul du gouvernement et du soin des affaires, il changea l'oligarchie en démocratie.

Tant qu'il resta quelqu'un de ceux qui avaient souffert des gouvernemens précédens, on se trouva bien du gouvernement populaire, on ne voyait rien au dessus de l'égalité et de la liberté dont on y jouissait. Cela se maintint assez bien pendant quelque temps, mais au bout d'une certaine succession d'hommes, on commença à se lasser de ces deux grands avantages; l'usage et l'habitude en firent perdre le goût et l'estime. Les grandes richesses firent naître dans quelques-uns l'envie de dominer. Possédés de cette passion, et ne pouvant parvenir à leur but ni par eux-mêmes, ni par leurs vertus, ils employèrent leurs biens à suborner et à corrompre le peuple par toutes sortes de voies. Celui-ci, gagné par les largesses sur lesquelles il vivait, prêta la main à leur ambition, et dès lors périt le gouvernement populaire : rien ne se fit plus que par la force et par la violence ; car, quand le peuple est une fois accoutumé à vivre sans qu'il lui en coûte aucun travail, et à satisfaire ses besoins avec le bien d'autrui, s'il trouve un chef entreprenant, audacieux, et que la misère exclut des charges, alors il se porte aux derniers excès : il s'ameute ; ce ne sont plus que meurtres, qu'exils, que partage des terres, jusqu'à ce qu'enfin un nouveau maître, un monarque, usurpe le pouvoir et dompte ces fureurs.

Telles sont les révolutions des états, tel est l'ordre suivant lequel la nature change la forme des républiques. Avec ces connaissances, si l'on peut se tromper sur le temps en prédisant ce qu'un état deviendra, on ne se trompera guères en jugeant à quel degré d'accroissement ou de décadence il est parvenu, et en quelle forme de gouvernement il se changera, pourvu qu'on porte ce jugement sans passion et sans préjugés. En suivant cette méthode, il est aisé de connaître la naissance, les progrès, la splendeur, et le changement futur de la République romaine ; car il n'y en a point qui se soit plus établie et plus augmentée selon les lois de la nature, et qui doive plus, selon les mêmes lois, prendre une autre forme, comme je le ferai voir dans la suite. Mais auparavant il faut dire un mot des lois de Lycurgue, cela ne nous écartera pas de notre but.

Ce grand législateur, qui avait compris que tous ces changemens, dont nous avons parlé, étaient naturellement inévitables, s'était persuadé que toute forme de gouvernement qui était simple et ne subsistait que par elle-même était de peu de durée, et tombait bientôt dans le défaut que la nature semble y avoir attaché. En effet, comme la rouille naît avec le fer, et les vers avec le bois, de sorte que quand bien même aucun agent étranger n'attaquerait ces substances, elles ne laisseraient pas que de se détruire, parce qu'elles portent en elles-mêmes le principe de leur destruction ; de même chaque forme particulière de gouvernement a naturellement en elle certain défaut qui devient la cause de sa ruine. La monarchie se perd par la royauté, l'aristocratie par l'oligarchie, la démocratie par la violence ; et ce que nous avons dit fait voir qu'il n'est pas possible qu'avec le temps ces sortes de gouvernemens ne dégénèrent. Lycurgue, pour éviter cet inconvénient, n'en a pris aucun seul et en particulier, mais il a recueilli et rassemblé ce que chacun avait de meilleur pour en former un tout, de peur que l'un ne l'emportant sur l'autre ne tombât dans le défaut qui lui est inhérent. Dans sa république, la force de l'un tient toujours la force de l'autre en respect : aucun d'eux n'emporte la balance ; ils se tiennent tous mutuellement dans l'équilibre ; c'est comme un vaisseau que les vents poussent de tous côtés. La crainte du peuple, qui avait sa part dans le gouvernement, empêchait les rois d'abuser de leur pouvoir ; d'un autre côté, le peuple était retenu dans le respect dû aux rois par la crainte du sénat, qui, composé de citoyens choisis, ne devait pas manquer de se ranger du côté de la justice ; de là il arrivait que le parti le plus faible, mais qui avait le bon droit pour lui, devenait le plus fort, par le poids que lui donnait le sénat. C'est à la faveur d'un gouvernement ainsi coordonné que les Lacédémoniens ont conservé plus long-temps leur liberté qu'aucun autre peuple dont nous ayons connaissance ; et c'est en prévoyant la cause et l'époque de certains événemens que Lycurgue a établi cette république.

A l'égard des Romains, ils sont arrivés au même but, sans cependant y avoir été conduits par choix et par raison. Ce n'est qu'après une infinité de combats et de troubles qu'ayant appris à leurs dépens la forme de gouvernement qui leur était la plus avantageuse, ils établirent enfin une république semblable à celle de Lycurgue, et la plus parfaite que nous connaissions.

Pour porter des historiens un jugement droit et raisonnable, il ne faut point en juger sur ce qu'ils ont omis, mais sur ce qu'ils ont écrit. Si dans ce qu'ils rapportent il se rencontre quelque chose de faux, il faut croire que ce n'est que par ignorance qu'ils ont omis certaines choses; si au contraire tout est vrai, on doit conclure en leur faveur que leur silence sur certains faits ne vient point de leur ignorance, mais qu'ils ont eu de bonnes raisons pour le garder.

FRAGMENT IV.

République romaine. — Prérogatives des différens ordres qui la composaient.

Les trois sortes de gouvernemens dont j'ai parlé composaient la République romaine, et toutes trois étaient tellement balancées l'une par l'autre, que personne, même parmi les Romains, ne pouvait assurer, sans crainte de se tromper, si le gouvernement y était aristocratique, démocratique, ou monarchique. En jetant les yeux sur le pouvoir des consuls, on eût cru qu'il était monarchique et royal : à voir celui du sénat, on l'eût pris pour une aristocratie, et celui qui aurait considéré la part qu'avait le peuple dans les affaires, aurait jugé d'abord que c'était un état démocratique. Or voici, à peu de choses près, en quoi consistent les droits des consuls, du sénat et du peuple.

Tant que les consuls restent dans la ville, ils sont maîtres des affaires publiques. Tous les autres magistrats, à l'exception des tribuns, leur sont soumis et leur obéissent. Ils conduisent les ambassadeurs dans le sénat. Dans les délibérations ce sont eux qui font les rapports sur les objets de délibérations importantes. Le droit de faire les sénatus-consultes leur appartient. Ce sont eux qui sont chargés des affaires publiques qui doivent se faire par le peuple et sont investis du droit de convoquer les assemblées, d'y présenter les projets, et de faire les lois d'après la pluralité des suffrages. Sur tout ce qui regarde la guerre ils ont une autorité presque souveraine, comme d'exiger des alliés les secours qu'ils jugent nécessaires; de créer des tribuns militaires; de faire des armées; de lever des troupes; en campagne, de punir qui bon leur semble, et de tirer du trésor public tout ce qu'ils jugent à propos. Le questeur les suit partout et exécute sans délai tous leurs ordres. A considérer cette puissance du consulat, ne dirait-on pas que le gouvernement des Romains était monarchique et royal? Au reste qu'il arrive dans quelque temps d'ici quelque changement, dans ce que je viens de dire ou dans ce que je dirai dans la suite, ce que j'avance n'en sera pas moins vrai.

Les droits du sénat sont premièrement d'être maître des deniers publics. Rien n'entre dans le trésor, rien n'en sort que par ses ordres. Sans un sénatus-consulte les questeurs n'en peuvent rien tirer, même pour les besoins particuliers de la République; il n'y a que les dépenses à faire pour les consuls qui soient exceptées. Les sommes considérables que les censeurs sont obligés tous les cinq ans d'employer aux réparations des édifices publics, c'est le sénat qui lui permet de les prendre. De plus les trahisons, les conspirations, les empoisonnemens, les assassinats, en un mot tous les crimes qui se commettent dans l'Italie et qui méritent une punition publique, c'est au sénat à informer : il lui appartient encore de juger des différends qui s'élèvent entre les particuliers ou les villes d'Italie, de les réprimander lorsqu'ils manquent à leur devoir, de les protéger et de les défendre quand ils ont besoin de secours. C'est lui qui envoie les ambassadeurs hors d'Italie, ou pour réconcilier les puissances entre elles, ou pour faire des remontrances, ou pour ordonner, ou pour entreprendre, ou pour déclarer la guerre. Il donne audience aux ambassadeurs qui viennent à Rome, délibère sur leurs instructions et donne la réponse convenable. Rien de tout cela n'appartient au peuple, de sorte qu'en l'absence du consul, il semble que le gouvernement soit purement aristocratique. Bien des Grecs, bien des rois mêmes en sont persuadés, parce que tout ce qu'ils négocient d'affaires avec Rome est confirmé par le sénat.

Après cela on sera sans doute en peine de savoir quelle part il reste au peuple dans ce gouvernement; puisque d'un côté le sénat a à sa disposition les revenus de la République, et que les dépenses ne se font que par son ordre; et de l'autre que pour la guerre, les consuls ont un pouvoir absolu ou d'en faire les préparatifs à Rome, ou de diriger les opérations de la campagne comme il leur plaît. Cependant le peuple a sa part, et une part très-considérable dans le gouvernement; car il est seul arbitre des récompenses et des peines, et c'est de là que dépend la solidité de tous les établissemens humains quels qu'ils soient. Si par ignorance ou par mauvaise intention on manque de placer les unes et les autres à propos, les bons seront traités comme les méchans, les méchans comme les bons, et l'on ne verra que désordre et que confusion.

Le peuple a aussi sa juridiction et son tribunal; il condamne à l'amende, quand l'injustice commise demande cette punition, et cela regarde surtout les hommes haut-placés en dignités. Il a seul le droit de condamner à mort; sur quoi je ne puis omettre une chose très-mémorable qui se trouve chez ce peuple. C'est que l'usage permet à l'homme sur lequel pèse une accusation capitale, pendant qu'on procède à son jugement, de sortir ouvertement de la ville et de se condamner lui-même, tant qu'il reste encore une tribu qui n'ait pas porté son jugement : et alors il peut en sûreté se retirer à Naples, à Préneste, à Thibur et dans toutes les villes alliées des Romains. Le peuple donne aussi les dignités à ceux qui les méritent, et c'est là la plus belle récompense qu'on puisse dans un gouvernement, accorder à la vertu. C'est lui qui adopte et rejette les lois selon qu'il lui plaît; et ce qui est le plus important, on le consulte sur la paix ou sur la guerre. Qu'il s'agisse de faire une alliance, de terminer une guerre, de conclure un traité, c'est à lui de ratifier tous ces projets, ou de les rejeter. Sur ces droits ne serait-on pas bien fondé à dire que le peuple possède la plus grande part dans le gouvernement, et que ce gouvernement est démocratique?

On vient de voir comment les trois formes de gouvernement ont chacune leur part dans la République romaine : voyons maintenant de quelle manière elles peuvent s'opposer l'une à l'autre, ou se secourir mutuellement.

Quand un citoyen revêtu de la dignité consulaire sort de la ville à la tête d'une armée, quoiqu'il semble avoir une puissance absolue, il a cependant besoin du peuple et du sénat; il ne peut rien faire seul et sans leur coopération. Son armée, sans l'ordre du sénat, ne peut avoir ni vivres, ni habits, ni solde; en sorte que les chefs forment en vain des projets, ils ne réussiront jamais, si le sénat n'entre pas dans leurs vues ou s'il s'y oppose. Ce consul est-il en campagne? le sénat est maître d'interrompre ses entreprises. C'est lui qui, l'année du consulat écoulée, envoie à l'armée un autre chef, ou ordonne à celui qui la commande d'y demeurer. C'est à lui de relever l'éclat et la gloire des hauts faits ou de les rabaisser. Ce qu'on appelle chez les Romains le triomphe, cérémonie pompeuse, où l'on met sous les yeux du peuple les victoires remportées par les généraux, les consuls ne peuvent l'obtenir, si le collège des sénateurs n'y consent et ne fournit l'argent nécessaire. D'un autre côté, comme le peuple a le pouvoir de finir la guerre, quelque éloignés de Rome qu'ils soient, il faut nécessairement qu'ils reviennent dans leur patrie; car c'est au peuple, comme j'ai déjà dit, qu'il appartient de ratifier ou de casser les traités. Mais ce qui est le plus important, ces consuls, après avoir déposé leur autorité, sont obligés de rendre compte au peuple de l'usage qu'ils en ont fait, ce qui les tient toujours dans le respect à l'égard du sénat et du peuple.

Pour revenir sur le sénat, quelque grande que soit l'autorité de ce collège, il est néanmoins obligé de prendre l'avis du peuple dans les affaires qui concernent l'administration de la République. Dans les punitions qui se doivent infliger à ceux qui dans le gouvernement des affaires publiques ont commis des crimes dignes de mort, il ne peut rien statuer que le peuple ne l'ait auparavant confirmé. Il en est de même des choses qui concernent le sénat lui-même; car si quelqu'un propose une loi qui tende à retrancher quelque chose de la puissance dont le sénat est en possession, ou à détruire sa prééminence et sa dignité, ou à lui ôter de ses biens, le peuple est en droit de la recevoir ou de la rejeter. De plus, qu'un seul tribun s'oppose aux résolutions du sénat, celui-ci ne peut passer outre; il ne peut pas même s'assembler, si un de ces magistrats s'y oppose. Or le devoir de ces magistrats est de ne rien faire que ce qui plaît au peuple, et de consulter en tout sa volonté. Tout ce système retient l'autorité des sénateurs dans de justes bornes, et les oblige à avoir des égards pour le peuple.

De son côté le peuple est dans la dépendance du sénat, et soit dans les affaires particulières, soit dans les affaires publiques, il faut qu'il prenne son avis. Il y a dans toute l'Italie grand nombre d'ouvrages publics dont les censeurs sont chargés: érection de nouveaux édifices, réparation des anciens, levée d'impôts sur les rivières, les ports, les jardins, les mines, les terres, en un mot tout ce qui est renfermé dans l'étendue de la domination des Romains, tous ces ouvrages, c'est le peuple qui les fait, en sorte qu'il n'y a presque personne qui n'y participe en quelque chose. Les uns les prennent à ferme des censeurs, les autres s'associent avec les fermiers; ceux-ci sont caution, ceux-là engagent pour les autres leurs biens au public, et le petit peuple travaille. Or, tous ces travaux sont sous les ordres et la direction du sénat. Il prolonge les termes; il fait des remises quand il est arrivé quelque accident; il casse les baux si l'on ne peut les exécuter; enfin il se rencontre mille circonstances où le sénat peut ou nuire beaucoup, ou rendre de grands services à ceux qui sont chargés des travaux publics, puisque c'est à lui que tous ces ouvrages se rapportent. Son principal privilége est qu'on choisit dans son sein les juges de la plupart des différends tant particuliers que publics, pour peu qu'il soient importans. Ainsi chacun recherche sa protection et se donne bien garde de désobéir à ses ordres, dans la crainte que dans la suite il n'ait besoin de son secours. On obéit avec la même soumission aux ordres des consuls, parce que tous en général et chacun en particulier doivent en campagne tomber sous leur puissance.

Chaque corps de l'état peut donc ainsi nuire ou être utile à l'autre, et de là il arrive qu'agissant tous de concert ils sont inébranlables; et c'est ce qui donne à la République romaine un avantage infini sur toutes les autres. Qu'une guerre étrangère la menace et la presse jusqu'à obliger les trois corps de l'état à concourir ensemble à son salut et à s'aider mutuellement, cette union lui donne tant de force, qu'aucune mesure utile n'est négligée. Tous les citoyens alors mettent leurs pensées en commun. Rien qui ne se fasse à temps et à point nommé, parce que tous en général et chacun en particulier font leur efforts pour exécuter ce qui a été résolu. C'est pour cela que cette république est invincible, et qu'elle vient à bout de tout ce qu'elle entreprend. Mais quand les Romains délivrés des guerres étrangères et jouissant tranquillement de leur fortune prospère et de l'heureuse abondance que leurs conquêtes leur ont procurée, abusent de leur bonheur et en deviennent insolens, comme il arrive d'ordinaire, c'est alors qu'on voit cette république tirer de sa constitution même le remède à ses maux. Car, aussitôt qu'une partie s'élevant orgueilleusement au dessus des autres veut s'arroger plus de pouvoir et d'autorité qu'elle n'en doit avoir, comme elle ne peut suffire à elle-même, et que toutes peuvent réciproquement s'opposer aux volontés les unes des autres, il faut qu'elle se contienne dans les bornes prescrites et demeure dans l'égalité, retenue qu'elle est d'un côté par la résistance des autres parties, et de l'autre par la crainte qu'elle a toujours qu'on ne vienne l'attaquer. Ainsi tout dans cette république se conserve toujours dans le même état.

FRAGMENT V.

Système militaire des Romains, levée des troupes, légions, armes des différens corps qui la composaient.

Après l'élection des consuls, on choisit des tribuns militaires. On en tire quatorze des citoyens qui ont servi cinq ans, et dix de ceux qui ont fait dix campagnes: car il n'y a pas de citoyens qui jusqu'à l'âge de quarante-six ans ne soit obligé de porter les armes, ou dix ans dans la cavalerie, ou seize dans l'infanterie. On n'en excepte que ceux dont le bien ne passe pas quatre cents dragmes, ceux-ci on les réserve pour la marine. Cependant quand la nécessité le demande, les citoyens qui servent dans l'infanterie sont retenus sous les drapeaux pendant vingt ans. Personne ne peut être élevé à aucun degré de magistrature, qu'il n'ait été dix ans au service.

Quand on doit faire une levée de soldats, ce qui se fait tous les ans, les consuls avertissent auparavant le peuple du jour où doivent s'assembler tous les Romains en âge de porter les armes. Le jour venu et tous ces citoyens se trouvant à l'assemblée dans le Capitole, les plus jeunes des tribuns militaires, dans l'ordre qui est indiqué à chacun, soit par le peuple, soit par le général, les partagent en quatre sections, parce que l'armée chez les Romains est composée de quatre légions. Les quatre premiers tribuns nommés sont pour la première légion, les trois suivans pour la seconde, quatre autres pour la troisième, les trois derniers pour la quatrième. Des plus anciens, les deux premiers entrent dans la première légion, les trois suivans dans la seconde, les deux qui viennent après, dans la troisième, et les trois derniers dans la quatrième.

Cette division faite, et les tribuns placés de sorte que les légions aient chacune un pareil nombre de chefs, ceux-ci assis séparément tirent les tribus au sort l'une après l'autre, et appellent à eux celle qui leur est échue, et ensuite ils y choisissent quatre hommes égaux, autant qu'il est possible en taille, en âge, et en force. Quand ceux-ci se sont approchés, les tribuns de la première légion font leur choix les premiers; ceux de la seconde ensuite, et ainsi des autres. Après ces quatre citoyens il s'en approche quatre autres, et alors les tribuns de la seconde légion font leur choix les premiers; ceux de la troisième après; et ainsi de suite, de sorte que les tribuns de la première légion choisissent les derniers. Quatre autres citoyens s'approchent encore, et alors le choix appartient d'abord aux tribuns de la troisième légion et ainsi de suite, de sorte qu'il arrive en dernier aux tribuns de la seconde.

Ce même ordre s'observe jusqu'à la fin; d'où il résulte que chaque légion est composée d'hommes de même âge et de même force. Quand on a levé le nombre nécessaire, et qui quelquefois se monte à 4200, et quelquefois, quand le danger est plus pressant à 5,000, on lève de la cavalerie. Autrefois on ne pensait aux cavaliers qu'après avoir levé l'infanterie, et pour 4000 hommes d'infanterie on prenait 200 cavaliers; mais à présent on commence par eux, et le censeur les choisit selon le revenu qu'ils ont; à chaque légion on en joint 300. La levée ainsi faite, les tribuns assemblent chacun leurs légions, et choisissant un des plus braves ils lui font jurer qu'il obéira aux ordres des chefs, et qu'il fera son possible pour les exécuter. Tous les autres passant à leur tour devant le tribun font le même serment.

En même temps les consuls envoient des députés vers les villes d'Italie d'où ils veulent tirer du secours, pour faire savoir aux magistrats le nombre des troupes dont ils ont besoin, et le jour et le lieu du rendez-vous. Ces villes font une levée de la même manière qu'à Rome, même choix, même serment; on donne un chef et un questeur à ces troupes, et on les fait marcher.

Les tribuns de Rome, après le serment, indiquent aux légions le jour et le lieu où elles doivent se trouver sans armes, puis ils les congédient. Quand elles se sont assemblées au jour marqué, des plus jeunes et des moins riches on fait les vélites; ceux qui les suivent en âge font les hastaires; les plus forts et les plus vigoureux composent les princes, et on prend les plus anciens pour en faire les triaires. Ainsi chez les Romains chaque légion est composée de quatre sortes de soldats, qui ont toutes différent nom, différent âge, et différentes armes. Dans chaque légion il y a six cents triaires, douze cents princes, autant de hastaires, le reste est tout de vélites. Si la légion est de plus de quatre mille hommes, on la divise à proportion, en sorte néanmoins que le nombre des triaires ne change jamais.

Les vélites sont armés d'une épée, d'un javelot et d'une parme, espèce de bouclier fort et assez grand pour mettre un homme à couvert, car il est de figure ronde et il a trois pieds de diamètre. Ils ont aussi sur la tête un casque sans crinière, qui cependant est quelquefois couvert de la peau d'un loup ou de quelqu'autre animal, tant pour les protéger que pour les distinguer, et faire reconnaître à leurs chefs ceux qui se sont signalés dans les combats. Leur javelot est une espèce de dard, dont le bois a ordinairement deux coudées de long, et un doigt de grosseur. La pointe est longue d'une grande palme, et si effilée qu'au premier coup elle se fausse de sorte que les ennemis ne peuvent la renvoyer; c'est ce qui la distingue des autres traits.

Les hastaires plus avancés en âge ont ordre de porter l'armure complète, c'est-à-dire un bouclier convexe, large de deux pieds et demi et long de quatre pieds, le plus long est environ de quatre pieds et une palme. Il est fait de deux planches collées l'une sur l'autre avec de la gélatine de taureau et couvertes en dehors, premièrement d'un linge, et par-dessus d'un cuir de veau. Les bords de ce bouclier en haut et en bas sont garnis de fer pour recevoir les coups de taille, et pour empêcher qu'il ne se pourrisse contre terre. La partie convexe est encore couverte d'une plaque de fer, pour parer les coups violens comme ceux des pierres, des sarisses et de tout autre trait envoyé avec une grande force. L'épée est une autre arme des hastaires, qui la portent sur la cuisse droite et l'appellent l'Ibérique. Elle frappe d'estoc et de taille, parce que la lame en est forte. Ils portent outre cela deux javelots, un casque d'airain et des bottines. De ces javelots, les uns sont gros, les autres minces : les plus forts sont ou ronds ou carrés; les ronds ont quatre doigts de diamètre, et les carrés ont le diamètre d'un de leurs côtés; les minces ressemblent assez aux traits que les hastaires sont encore obligés de porter. La hampe de tous ces javelots tant gros que minces, est longue à peu près de trois coudées; le fer en forme de hameçon qui y est attaché, est de la même longueur que la hampe. Il avance jusqu'au milieu du bois et y est si bien cloué, qu'il ne peut s'en détacher sans se rompre, quoiqu'au bas et à l'endroit où il est joint avec le bois, il ait un doigt et demi d'épaisseur. Sur leur casque ils portent encore un panache rouge ou noir formé de trois plumes droites, et hautes d'une coudée, ce qui joint à leurs autres armes les fait paraître une fois plus hauts et leur donne un air grand et formidable. Les moindres soldats portent outre cela sur la poitrine une lame d'airain qui a douze doigts de tous les côtés, et qu'ils appellent le pectoral; c'est ainsi qu'ils complètent leur armure. Mais ceux qui sont riches de plus de dix mille dragmes, au lieu de ce plastron, portent une cotte de mailles. Les princes et les triaires sont armés de la même manière, excepté qu'au lieu de javelots ils ont des demi-javelots.

Dans ces trois dernières classes de soldats on en choisit dix des plus prudens et des plus braves pour en faire des capitaines; les plus jeunes n'ont point de part à ce choix. Après ces dix on en choisit dix autres, et ces vingt sont appelés capitaines d'ordonnance. Le premier élu a voix délibérative dans le conseil. Il y a encore vingt autres chefs pour conduire l'arrière-garde, et ce sont les vingt premiers qui les choisissent. Chaque corps, à l'exception des vélites, est partagé en dix troupes, et chaque troupe a quatre officiers, deux à la tête et deux à la queue. Les vélites sont répandus en nombre égal dans les trois autres ordres. On appelle ces troupes compagnie, cohorte ou enseigne; et les chefs centurions ou capitaines. Ceux-ci choisissent chacun dans leur compagnie, pour enseignes, deux hommes qui l'emportent sur leurs camarades en vigueur corporelle et en force d'âme. La raison pour laquelle on met deux capitaines dans chaque compagnie, c'est qu'on ne sait ce que fera un capitaine, ni ce qui pourra lui arriver ; et comme en guerre les excuses n'ont aucune valeur, on ne veut pas qu'une compagnie puisse dire qu'elle n'avait point de chef. De ces deux capitaines, le premier élu, quand ils se trouvent tous deux présens, marche à la droite de la compagnie, et le dernier à la gauche : lorsque l'un des deux est absent, celui qui reste la conduit tout entière. Dans le choix de ces chefs on ne cherche pas tant qu'ils soient audacieux et entreprenans qu'habiles dans l'art de commander, persévérans et de bon conseil. On ne demande pas non plus qu'ils soient prompts à en venir aux mains et à commencer le combat, mais qu'ils résistent constamment lorsqu'on les presse, et qu'ils meurent plutôt que d'abandonner leur poste.

La cavalerie se divise de la même manière en dix compagnies ; de chacune d'elles on tire trois capitaines qui choisissent trois autres officiers pour commander l'arrière-garde. Le premier capitaine commande la compagnie, les deux autres tiennent lieu de décurions, et tous sont appelés de ce nom. En l'absence du premier le second prend le commandement.

Les armes de la cavalerie sont à présent les mêmes que celles des Grecs ; mais anciennement ils n'avaient point de cuirasses, ils combattaient avec leurs simples vêtemens ; cela leur donnait beaucoup de facilité pour descendre promptement de cheval et y remonter de même. Comme ils étaient dénués d'armes défensives, ils couraient de grands risques dans la mêlée. D'ailleurs, leurs lances leur étaient fort inutiles pour deux raisons : la première, parce qu'étant minces et branlantes, elles ne pouvaient être lancées juste, et qu'avant de frapper l'ennemi la plupart se brisaient par la seule agitation des chevaux. La seconde raison, c'est que ces lances n'étant point ferrées par le bout d'en bas, quand elles s'étaient rompues par le premier coup, le reste ne pouvait plus leur servir de rien. Leur bouclier était fait de cuir de bœuf, et assez semblable à ces gâteaux ovales dont on se sert dans les sacrifices. Cette sorte de bouclier n'était d'aucune défense, dans aucun cas il n'était assez ferme pour résister, et il l'était encore beaucoup moins lorsque les pluies l'avaient amolli et gâté. C'est pourquoi leur armure leur ayant bientôt déplu, ils la changèrent contre celle des Grecs. En effet, les lances de ceux-ci se tenant raides et fermes portent le premier coup juste et violent, et servent également par l'extrémité inférieure, qui est ferrée. De même leurs boucliers sont toujours durs et fermes, soit pour se défendre ou pour attaquer. Aussi les Romains préférèrent bientôt ces armes aux leurs, car c'est de tous les peuples celui qui abandonne le plus facilement ses coutumes pour en prendre de meilleures.

Après que les tribuns militaires ont partagé les troupes et donné pour les armes les ordres nécessaires, ils congédient l'assemblée. Le jour venu où les troupes ont juré de s'assembler dans le lieu marqué par les consuls, rien ne peut les en dispenser, rien ne les relève de leur serment que les auspices et les difficultés absolument insurmontables. Chaque consul marque séparément un rendez-vous aux troupes qui lui sont destinées, et c'est ordinairement la moitié des alliés et deux légions romaines. Quand tous ces soldats alliés et romains sont assemblés, douze officiers choisis par les consuls et qu'on appelle préfets, sont chargés d'en régler la distribution et d'en former l'armée. D'abord entre les alliés on fait choix des mieux faits et des plus braves pour la cavalerie et l'infanterie qui doivent former la garde des consuls. Ceux-là s'appellent les extraordinaires. Pour cela on tire des alliés autant d'infanterie qu'il y en a dans les légions romaines, mais deux fois autant de cavalerie, et on prend le tiers de celle-ci pour les extraordinaires, et la cinquième partie de l'infanterie. Les préfets partagent le reste en deux parties, dont l'une s'appelle l'aile droite, et l'autre l'aile gauche. Tout cela étant réglé, les tribuns font camper les Romains et les alliés. Comme ce campement se fait en tout temps et en tout lieu de la même manière, il est bon de donner ici une idée de la disposition des armées romaines, soit dans les marches, soit dans les batailles rangées. Ce serait être bien indifférent sur les choses les plus curieuses, que de ne pas vouloir se donner la peine d'apprendre une méthode si digne d'être connue.

FRAGMENT VI.

Castramétation des Romains.

Voici donc de quelle manière campaient les Romains : Le lieu choisi pour y asseoir le camp, on dresse la tente du général dans l'endroit d'où il pourra le plus facilement voir tout ce qui se passe et envoyer ses ordres. On plante un drapeau où la tente doit être mise, et autour l'on mesure un espace carré, en sorte que les quatre côtés soient éloignés du drapeau de cent pieds, et que le terrain que le consul occupe soit de quatre arpens. On loge les légions romaines à l'un des côtés le plus commode pour aller chercher de l'eau et des fourrages. Pour la disposition des légions, nous disions tout à l'heure qu'il y avait dans chacune six tribuns et deux légions pour chaque consul ; ils ont donc l'un et l'autre chacun douze tribuns, qui sont tous logés sur une ligne droite, parallèle au côté que l'on a choisi, et distante de ce côté de cinquante pieds. C'est dans cet espace que sont les chevaux, les bêtes de charge et tout l'équipage des tribuns. Leurs tentes sont tournées de façon qu'elles ont derrière elles le prétoire, et devant tout le reste du camp. C'est pourquoi nous appellerons désormais le front, cette ligne qui regarde le camp ; les tentes des tribuns, également distantes les unes des autres, remplissent en travers autant de terrain que les légions. On mesure ensuite un autre espace de cent pieds, le long des tentes des tribuns, et ayant tiré une ligne qui, parallèle à ces tentes, ferme la largeur de ce terrain, on commence à loger les légions.

Pour cela on coupe perpendiculairement la ligne par le milieu ; du point où elle est coupée on tire une ligne droite, et à vingt-cinq pieds de chaque côté de cette ligne on loge la cavalerie des deux légions vis-à-vis l'une de l'autre, et séparées par un espace de cinquante pieds. Les tentes, soit de la cavalerie ou de l'infanterie, sont disposées de la même manière, car les compagnies et les cohortes occupent un espace carré, et sont tournées vers les rues : la longueur de cet espace est de cent pieds le long de la rue, et pour la largeur on fait en sorte ordinairement qu'elle soit égale à la longueur, excepté au logement des alliés. Quand les légions sont plus nombreuses, on augmente à proportion la longueur et la largeur du terrain. La cavalerie ainsi logée vers le milieu des tentes des tribuns, on pratique une sorte de rue qui commence à la ligne dont nous avons parlé, et à la place qui est devant les tentes des tribuns. Tout le camp est ainsi coupé en rues, parce que des deux côtés les cohortes sont rangées en longueur.

Derrière la cavalerie sont logés les triaires, une compagnie derrière une cohorte, l'une et l'autre dans la même forme. Ils se touchent par le terrain, mais les triaires tournent le dos à la cavalerie, et chaque compagnie n'a de largeur que la moitié de sa longueur, parce que pour l'ordinaire ils sont moitié moins nombreux que les autres corps. Malgré cette inégalité de nombre, comme on diminue de la largeur, ils ne laissent pas d'occuper en longueur un espace égal aux autres.

A cinquante pieds des triaires, vis-à-vis, on place les princes sur le bord de l'intervalle, ce qui fait une seconde rue, qui commence aussi bien que celle de la cavalerie à la ligne droite ou à l'espace de cent pieds qui sépare les tribuns, et finit au côté que nous avons appelé le front du camp.

Au dos des princes on met les hastaires, qui tournés à l'opposite se touchent par le terrain ; et comme chaque partie d'une légion est composée de dix compagnies, il arrive de là que toutes les rues sont également longues, et qu'elles aboutissent toutes au côté qui est le front du camp, vers lequel sont aussi tournées les dernières compagnies.

Les hastaires logés, à cinquante pieds d'eux et vis-à-vis campe la cavalerie des alliés, commençant à la même ligne et s'étendant jusqu'au même côté que les hastaires. Or les alliés, après qu'on en a retranché les extraodinaires, sont en infanterie égaux en nombre aux légions romaines ; mais en cavalerie ils sont le double plus nombreux, et on en ôte un tiers pour en faire la cavalerie extraordinaire. On leur donne donc en largeur du terrain à proportion de leur nombre, mais en longueur ils n'occupent pas plus d'espace que les légions romaines. Les quatre rues faites, derrière cette cavalerie se place l'infanterie des alliés, en donnant à leur terrain une largeur proportionnée, et se tournant du côté du retranchement, de sorte qu'elle a vue sur deux côtés du camp.

A la tête de chaque commpagne sont d'un

côté et d'un autre les tentes des centurions. Dans la disposition tant de la cavalerie que de l'infanterie, on observe qu'entre la cinquième et la sixième cohorte, il y ait une séparation de cinquante pieds, laquelle fait une nouvelle rue qui traversant le camp est parallèle aux tentes des tribuns. Cette rue s'appelle la Quintaine, parce qu'elle se trouve au dessous de cinq cohortes. L'espace qui reste derrière les tentes des tribuns et aux deux côtés de la tente du consul, on en prend une partie pour le marché, et l'autre pour le questeur et les munitions.

A droite et à gauche, derrière la dernière tente des tribuns, près des côtés du camp et en droite ligne, est le logement de la cavalerie extraordinaire et des autres cavaliers volontaires. Toute cette cavalerie a vue, une partie sur la place du questeur, et l'autre sur le marché. Elle ne campe pas seulement auprès des consuls, souvent elle les accompagne dans les marchés, en un mot elle est habituellement à portée du consul et du questeur, pour exécuter ce qu'ils jugent à propos. Derrière ces cavaliers se loge l'infanterie extraordinaire et la volontaire. Ils ont vue sur le retranchement, et font pour le consul et le questeur le même service que la cavalerie dont nous venons de parler.

Devant ces dernières troupes on laisse un espace de cent pieds, parallèle aux tentes des tribuns, et qui s'étendant sur les places du marché et du trésor traverse toute l'étendue du camp. Au dessous de cet espace est logée la cavalerie extraordinaire des alliés, ayant vue sur le marché, le prétoire et le trésor. Un chemin ou une rue large de cinquante pieds, partage en deux le terrain de la cavalerie extraordinaire, descendant à angle droit depuis le côté qui ferme le derrière du camp jusqu'à l'espace dont nous parlions tout à l'heure, et au terrain qu'occupe le prétoire. Enfin derrière la cavalerie extraordinaire des alliés, campe leur infanterie extraordinaire, tournée du côté du retranchement et des derrières du camp. Ce qui reste d'espace vide des deux côtés, est destiné aux étrangers et aux alliés qui viennent au camp pour quelque occasion que ce soit. Toutes choses ainsi rangées, on voit que le camp forme une figure carrée, et que tant par le partage des terres que par la disposition du reste, il ressemble beaucoup à une ville.

Du retranchement aux tentes il y a deux cents pieds de distance, et ce vide leur est d'un très-grand usage soit pour l'entrée, soit pour la sortie des légions; car chaque corps s'avance dans cet espace par la rue qu'il a devant lui, et les troupes ne marchant point par le même chemin ne courent pas risque de se renverser et de se fouler aux pieds. De plus on met là les bestiaux et tout ce qui se prend sur l'ennemi, et on y monte la garde pendant la nuit. Un autre avantage considérable, c'est que dans les attaques de nuit il n'y a ni feu ni trait qui puisse être jeté jusqu'à eux, ou si cela arrive ce n'est que très rarement; et encore, qu'en peuvent-ils souffrir, étant à une si grande distance et à couvert sous leurs tentes?

Après le détail que nous avons donné du nombre des fantassins et des chevaux dans chaque légion, soit qu'elles soient de quatre ou de cinq mille hommes; de la hauteur, longueur et largeur des cohortes, de l'intervalle qu'on laisse pour les rues et pour les places, il est aisé de concevoir l'étendue du terrain qu'occupe une armée romaine, et par conséquent toute la circonférence du camp.

Si dès l'entrée de la campagne il s'assemble un plus grand nombre d'alliés qu'à l'ordinaire, ou que pour quelque raison il en vienne de nouveaux pendant son cours, outre le terrain que nous avions marqué, on fait un logement à ceux-ci dans le voisinage du prétoire, dût-on pour cela, s'il était nécessaire, ne se servir que d'une place pour le marché et le trésor. A l'égard de ceux qui ont joint d'abord l'armée romaine, des deux côtés du camp on leur fait une rue pour les loger à la suite des légions.

S'il arrive que quatre légions et deux consuls se rencontrent au dedans du même retranchement, pour comprendre la manière dont ils sont campés, il ne faut que s'imaginer deux armées tournées l'une vers l'autre, et jointes par les côtés où les extraordinaires de l'une et de l'autre armée sont placés, c'est-à-dire par la queue du camp : et alors le camp fait un carré long, qui occupe un terrain double du premier, et qui a une fois et demie plus de tour. Telle est la manière de se camper des consuls lorsqu'ils se joignent ensemble : mais quand ils campent séparément, toute la différence qu'il y a, c'est que le marché, le trésor et les tentes des consuls se mettent entre les deux camps.

CHAPITRE VII.

Fonctions des soldats romains dans leur camp.

Le camp ainsi disposé, les tribuns assemblés reçoivent le serment de tout ce qu'il y a d'hommes dans chaque légion tant libres qu'esclaves. Tous jurent l'un après l'autre, et le serment qu'ils font consiste à promettre qu'ils ne voleront rien dans le camp, et que ce qu'ils trouveront ils le porteront aux tribuns. Ensuite on commande deux cohortes tant des princes que des hastaires de chaque légion, pour garder le quartier des tribuns ; car comme pendant le jour les Romains passent la plupart du temps dans cette place, on a soin d'y faire jeter de l'eau et de la tenir propre. Des cohortes qui restent (car nous avons vu que dans chaque légion il y avait six tribuns et vingt cohortes de princes et de hastaires), chaque tribun en tire trois au sort pour son usage particulier. Ces trois cohortes sont obligées, chacune à son tour, de dresser sa tente, d'aplanir le terrain d'alentour, et de clore, s'il en est besoin, ses équipages de haies pour plus grande sûreté. Elles font aussi la garde autour de lui. Cette garde est de quatre soldats, deux devant la tente et deux derrière près des chevaux. Comme chaque tribun a trois cohortes, et que chacune d'elles est de plus de cent hommes, sans compter les triaires et les vélites qui ne servent point, ce service n'est pas pénible, puisqu'il ne revient à chaque compagnie que de quatre en quatre jours. Cette garde est non seulement chargée de faire toutes les fonctions auxquelles il plaît aux tribuns de l'employer, elle est destinée aussi à relever sa dignité et son autorité.

Pour les triaires, exempts du service des tribuns, ils font la garde auprès des chevaux, quatre par cohorte chaque jour pour la compagnie qui est immédiatement derrière eux. Leur fonction est de veiller sur bien des choses, mais particulièrement sur les chevaux, de peur qu'ils ne s'embarrassent dans leurs liens, ou que détachés et mêlés parmi les autres chevaux, ils ne causent du trouble et du mouvement dans le camp. De toutes les cohortes d'infanterie il y en a toujours une qui à son tour garde la tente du consul, tant pour la sûreté de sa personne, que pour l'ornement de sa dignité.

Le fossé et le retranchement, c'est aux alliés à les faire aux deux côtés où ils sont logés : les deux autres côtés sont pour les Romains, un pour chaque légion. Chaque côté se distribue par parties selon le nombre des cohortes, et à chacune il y a un centurion qui préside à tout l'ouvrage ; et quand tout le côté est fini, ce sont deux tribuns qui l'examinent et l'approuvent. Les tribuns sont encore chargés du soin de tout le reste du camp, où ils commandent deux tour à tour pendant deux des six mois que dure la campagne. Ceux à qui ce commandement échoit par le sort, président à tout ce qui se fait dans le camp. Cette charge parmi les alliés est exercée par les préfets.

Dès le point du jour les cavaliers et les centurions se rendent aux tentes des tribuns, et ceux-ci à celle du consul, dont ils apprennent ce qui doit se faire, et ils en font part aux cavaliers et aux centurions, qui le communiquent aux soldats quand l'occasion s'en présente.

Le mot d'ordre de la nuit se donne de cette manière. Parmi les cohortes de la cavalerie et de l'infanterie, qui ont leurs logemens au dernier rang, on choisit un soldat que l'on exempte de toutes les gardes. Tous les jours au coucher du soleil ce soldat se rend à la tente du tribun, y prend le mot d'ordre qui est une petite planche, où l'on a écrit quelque mot, et s'en retourne à sa cohorte. Ensuite prenant quelques témoins il met la planche et le mot d'ordre entre les mains du chef de la cohorte suivante.

Celui-ci le donne à celui qui le suit ; et ainsi des autres, jusqu'à ce que le mot d'ordre passe aux cohortes qui sont les plus voisines des tribuns, auxquels il faut que ce signal soit reporté avant la fin du jour ; et c'est par ce moyen qu'ils savent que le mot d'ordre a été donné à toutes les cohortes, et que c'est par elles qu'il leur est venu. S'il en manque quelqu'un, sur le champ il examine le fait, et voit par l'inscription quelle cohorte n'a point apporté le signal, et celui qui en est cause est aussitôt puni selon qu'il le mérite.

Pour les gardes de la nuit, il y a une cohorte entière pour le général et le prétoire. Les tribuns et les chevaux sont gardés par les soldats que l'on tire pour cela de chaque cohorte, selon ce que nous avons dit plus haut. La garde de chaque cohorte se prend de la cohorte même. Les autres gardes se distribuent au gré du général. Pour l'ordinaire on en donne trois au questeur et trois à chacun des deux lieutenans. Les côtés extérieurs sont confiés au soin des vélites, qui pendant le jour montent la garde tout le long du retranchement ; car tel est leur service ; et de plus il y en a dix pour chaque porte du camp.

Des quatre qui sont tirés de chaque cohorte pour la garde, celui qui la doit monter le premier est conduit sur le soir par un officier subalterne au tribun, qui leur donne à tous une petite pièce de bois marquée de quelque caractère, après quoi ils s'en vont chacun à son poste.

C'est la cavalerie qui fait les rondes. Dans chaque légion le capitaine de la première compagnie avertit le matin un de ses officiers subalternes de donner ordre à quatre cavaliers de sa compagnie de faire la ronde avant le dîner. Sur le soir il doit encore avertir le capitaine de la seconde compagnie de faire la ronde le jour suivant. Celui-ci averti donne le même avis pour le troisième jour, et les autres de suite font la même chose. Là-dessus l'officier subalterne de la première compagnie en prend quatre cavaliers, qui tirent au sort la garde. Ensuite ils se rendent à la tente du tribun, de qui ils apprennent par écrit quel corps et combien de gardes ils doivent visiter. Après quoi ces quatre cavaliers montent la garde à la première compagnie des triaires, dont le capitaine est chargé de sonner de la trompette à chaque heure que la garde doit être montée. Le signal donné, le cavalier à qui la première garde est échue, en fait la ronde, accompagné de quelques amis dont il se sert pour témoins ; et il visite non seulement les gardes postées au retranchement et aux portes, mais encore toutes celles qui sont à chaque cohorte et à chaque compagnie. S'il trouve la garde de la première veille sur pied et alerte, il reçoit d'elle la petite pièce de bois ; s'il la rencontre endormie ou si quelqu'un y manque, il prend à témoin ceux qui sont près de lui et se retire. Toutes les autres rondes se font de la même manière. A chaque veille on sonne de la trompette, afin que ceux qui doivent faire la ronde et ceux qui font la garde soient avertis en même temps ; et c'est pendant le jour une des fonctions des capitaines de la première cohorte des triaires de chaque légion.

FRAGMENT VIII.

Peines et récompenses.

Ceux qui ont fait la ronde portent dès le point du jour au tribun la petite pièce de bois. S'il n'en manque aucune, on n'a rien à se reprocher ; et ils se retirent. Si l'on en rapporte moins qu'il n'y a de gardes, on examine sur ce qui est écrit dessus quelle garde ne s'est point trouvée à son poste. Quand on la connaît on appelle le capitaine. Celui-ci fait venir ceux qui avaient été commandés pour la garde. On les confronte avec la ronde. Si la garde est en faute, la ronde aussitôt produit les témoins qu'elle a pris ; car elle est obligée à cela, faute de quoi elle porte seule toute la faute. On assemble ensuite le conseil de guerre. Le tribun juge, et le coupable est bâtonné.

Or la bâtonnade se donne ainsi : le tribun prenant un bâton ne fait qu'en toucher le criminel, et aussitôt après tous les légionnaires fondent sur lui à coups de bâtons et de pierres, en sorte que le plus souvent il perd la vie dans ce supplice. Si quelqu'un en échappe, il n'est pas pour cela sauvé. En vain il retournerait dans sa patrie, ce retour lui est interdit, et personne de ses parens ou amis n'oserait lui ouvrir sa maison. Il ne reste plus aucune ressource quand on est une fois tombé dans ce malheur. L'officier subalterne et le commandant d'une compagnie sont punis du même genre de supplice, s'ils manquent d'avertir à propos, celui-là la ronde, celui-ci le chef de la turme suivante. Une punition si sévère fait que la discipline à l'égard des gardes nocturnes est toujours exactement observée.

Les soldats reçoivent les ordres des tribuns, et ceux-ci des consuls. Le tribun a un pouvoir absolu lorsqu'il y a des amendes à imposer, ou des gages à prendre, ou des punitions à infliger.

La bâtonnade est encore le supplice de ceux qui volent dans le camp, qui rendent quelque faux témoignage, qui dans leur jeunesse abusent de leur corps et se prêtent à quelque infamie, qui ont été repris trois fois de la même faute. Tels sont les crimes punissables. Il en est d'autres qui sont pour les soldats une note de lâcheté et d'infamie : comme par exemple si par intérêt on se vante aux tribuns d'un exploit que l'on n'a pas fait, si par crainte on abandonne son poste ou on jette ses armes pendant le combat. Aussi voit-on des soldats qui, dans la crainte d'être punis ou déshonorés bravent tous les périls, et qui attaqués par un nombre beaucoup supérieur demeurent inébranlables à leur poste. D'autres, après avoir perdu par hasard leur bouclier ou leur épée, ou quelque autre arme dans le combat, se jettent au milieu des ennemis, ou pour recouvrer ce qu'ils ont perdu, ou pour éviter par la mort la honte attachée à la lâcheté et les reproches de leurs compagnies.

S'il arrive que plusieurs soient en même temps coupables des mêmes fautes, et que des cohortes entières aient été chassées de leurs postes, alors au lieu de les bâtonner ou de les faire mourir, ils se servent d'un moyen qui n'est pas moins avantageux que terrible. Le tribun assemble la légion; il se fait présenter les coupables, et après une sévère réprimande, il les fait tirer au sort, et en sépare cinq, huit, vingt, plus ou moins, selon le nombre de ceux qui par crainte ont commis quelque lâcheté; chaque dixième d'entre eux est destiné au supplice, et ceux sur qui le sort tombe sont bâtonnés sans rémission. Le reste est condamné à ne recevoir que de l'orge au lieu de blé, et à camper hors du retranchement, au risque d'être attaqués par les ennemis. Or comme le danger et la crainte de mourir sont égales pour tous à cause de l'incertitude du sort, et que la peine honteuse de ne vivre que d'orge s'étend également à tous ces lâches, on trouve dans cette discipline et un préservatif contre les fautes à venir, et un remède pour les fautes passées.

Ils ont encore un excellent moyen pour inspirer du courage à la jeunesse. Après un combat, si quelques soldats se sont distingués, le consul assemble la légion, fait approcher de lui ceux qui se sont signalés par quelque action courageuse, donne d'abord de grandes louanges à cet exploit particulier, en y joignant tout ce qui s'est passé de mémorable dans leur vie, et ensuite il distribue de grandes récompenses. Il fait présent d'une lance à celui qui a blessé l'ennemi; à celui qui l'a tué et dépouillé, si c'est un fantassin, on lui donne une coupe; si c'est un cavalier, il reçoit un harnais, quoiqu'autrefois on ne donnât qu'une lance. Ceci pourtant ne doit pas s'entendre d'un soldat qui aurait tué ou dépouillé un ennemi dans une bataille rangée ou dans l'attaque d'une place; mais de celui qui dans une escarmouche ou en quelque occasion où il n'y a aucune nécessité de combattre en particulier, court de plein gré et par pure valeur insulter l'ennemi.

Dans la prise d'une ville, ceux qui les premiers montent sur la muraille, reçoivent une couronne d'or. Il y a aussi des récompenses pour ceux qui défendent ou sauvent des citoyens ou des alliés. Ce sont ceux qui ont été délivrés qui couronnent eux-mêmes leur libérateur; s'ils refusent de le faire, le tribun les y contraint. Ils doivent outre cela, pendant toute leur vie, le même respect pour lui que pour leur père, et il faut qu'ils lui rendent tous les devoirs qu'ils rendraient à ceux qui leur ont donné la vie.

Ce n'est pas seulement à ceux qui sont en

campagne et qui servent actuellement que ces récompenses inspirent du courage et de l'émulation, c'est encore à ceux qui sont restés chez eux ; car sans parler de la gloire qui accompagne à l'armée ces présens, et de la réputation qu'ils donnent dans la patrie, ceux qui les ont reçus ont droit, au retour de la campagne, de se présenter dans les jeux et dans les fêtes, vêtus d'un habit qu'il n'est permis de porter qu'à ceux dont les consuls ont honoré la valeur. Ils suspendent encore aux endroits les plus apparens de leur maison les dépouilles qu'ils ont remportées sur les ennemis, pour être des monumens et des témoignages de leur courage. Tel est le soin et l'équité avec lesquels on dispense les peines et les honneurs militaires. Doit-on être surpris après cela que les guerres que les Romains entreprennent aient un heureux succès ?

La solde du fantassin est de deux oboles par jour. Les capitaines ont le double, la cavalerie une drachme. La ration de pain pour l'infanterie est de la moitié au plus d'un médimne attique de blé ; celle du cavalier de sept médimnes d'orge par mois et deux de blé. L'infanterie des alliés reçoit la même ration que celle des Romains ; leur cavalerie, un médimne et un tiers de blé et sept d'orge. Cette distribution se fait aux alliés gratuitement; mais à l'égard des Romains, on leur retient sur la solde une certaine somme marquée pour les vivres, les habits ou les armes qu'on doit leur donner.

Pour lever le camp, voici la manière dont ils s'y prennent : le premier signal donné, on détend les tentes et on plie bagage, en commençant néanmoins par celles du consul et des tribuns ; car il n'est pas permis de dresser et de détendre des tentes avant que celles-ci aient été dressées ou détendues. Au second signal on met les bagages sur les bêtes de charge, et au troisième signal les premiers marchent et tout le camp s'ébranle.

L'avant-garde est le plus souvent composée des extraordinaires; après eux, l'aile droite des alliés, qui est suivie du bagage des uns et des autres. Marche ensuite une des légions romaines, ayant derrière elle son bagage.

L'autre légion vient après, suivie de son bagage et de celui des alliés qui marchent derrière elle, car en marche c'est l'aile gauche des alliés qui ferme l'arrière-garde. La cavalerie marche tantôt à l'arrière-garde de son corps, tantôt à côté des bêtes de charge, pour les contenir et les mettre à couvert d'insultes. Quand il y a lieu de craindre pour l'arrière-garde, on se contente de faire passer de la tête à la queue les extraordinaires des alliés, sans rien changer dans le reste. Les légions et les ailes changent de rang alternativement, marchant un jour à la tête, le jour suivant à la queue, afin que tous profitent également de l'eau et des vivres qui se rencontrent sur la route. Si l'on craint d'être attaqué et que l'on marche en pays découvert, on se sert d'une autre disposition. Les hastaires, les princes et les triaires sont rangés les uns derrière les autres à égale distance, en forme de triple phalange, les hastaires ayant devant eux leurs équipages, et derrière ceux des princes, qui sont suivis des équipages des triaires, de sorte que les équipages et les différens corps de troupes sont mêlés alternativement. La marche ainsi disposée, si l'ennemi se présente, soit à gauche, soit à droite, on fait tourner les corps du côté par où l'ennemi paraît, les équipages restant derrière. De cette manière, en un moment et par un seul mouvement toute l'armée est rangée en bataille, à moins que les hastaires n'aient une évolution à faire, car alors les équipages et les troupes qui les suivent ont derrière les corps rangés en bataille un lieu sûr contre tout danger.

Quand le temps de camper approche, un tribun et quelques centurions prennent les devans. Après avoir examiné l'endroit où le camp doit être assis, ils commencent d'abord par choisir un terrain pour la tente du consul, et l'aspect ou le côté de ce terrain où l'on devra loger les légions. Cela fait, on mesure l'étendue de terrain que doit occuper le prétoire; ensuite on tire la ligne sur laquelle se dresseront les tentes des tribuns, au côté opposé, une autre ligne pour le logement des légions, et enfin l'on prend les dimensions de l'autre côté du prétoire. On peut voir plus haut le détail que nous avons donné de toutes ces dispositions. Comme toutes les distances sont marquées et connues par un long usage, toutes ces mesures sont prises en fort peu de temps; après quoi, on plante le premier drapeau à l'endroit où sera logé le consul, le second au côté que l'on a choisi, le troisième au milieu de la ligne sur laquelle seront les tribuns, le quatrième au logement des légions. Ces drapeaux sont de couleur de pourpre, celui du consul est blanc. Aux autres endroits on fiche de simples piques, ou des drapeaux d'autre couleur. Les rues se forment ensuite, et l'on plante des piques dans chacune; en sorte que quand les légions en marche approchent et commencent à découvrir le camp, elles en connaissent d'abord toutes les parties, le drapeau du consul leur servant à distinguer tout le reste; et comme d'ailleurs chacun occupe toujours la même place dans le camp, chacun sait aussi dans quelle rue et en quel endroit de cette rue il doit loger, à peu près comme si un corps de troupes entrait dans une ville où il aurait pris naissance. Car de même qu'alors, tous connaissant en général et en détail en quel endroit de la ville est leur demeure, aussitôt qu'ils auraient franchi les portes, iraient sans se tromper l'un d'un côté, l'autre d'un autre, chacun chez soi, la même chose arrive dans le camp des Romains. C'est cette facilité qu'ils recherchent, surtout dans les campemens; en quoi ils ont pris une voie tout opposée à celle des Grecs; car, chez ceux-ci, quand il s'agit de camper, le lieu le plus fort par sa situation est toujours celui qu'ils choisissent, tant pour s'épargner la peine de creuser un fossé autour du camp, que parce qu'ils se persuadent que des fortifications faites par la nature sont beaucoup plus sûres que celles de l'art. De là vient la nécessité où ils sont de donner à leur camp, selon la nature des lieux, toutes sortes de formes, et d'en varier les différentes parties; ce qui cause une sorte de confusion qui ne permet pas au soldat de savoir au juste ni son quartier, ni celui de son corps, au lieu que les Romains comptent pour rien la peine de creuser le fossé et les autres travaux, en comparaison de la facilité et de l'avantage qui se trouve à camper toujours de la même façon. Voilà ce que nous avions à dire des légions, et surtout de leur manière de camper.

FRAGMENT IX.

Des républiques de la Grèce, celles de Crète et de Lacédémone.

Presque tous les historiens nous ont parlé avec éloge des républiques de Lacédémone, de Crète, de Mantinée et de Carthage. Celles d'Athènes et de Thèbes ont eu aussi leurs panégyristes. Pour moi je n'ai rien à dire des quatre premières, et à l'égard des deux autres elles ont fait si peu de progrès, elles se sont si peu maintenues dans l'état florissant où elles se sont vues quelquefois, et elles ont si fort négligé de faire les changemens que la prudence demandait, qu'elles ne méritent pas qu'on s'y arrête beaucoup. Si quelquefois leurs affaires paraissaient être dans un état prospère, c'était un éclat passager qui ne donnait que de vaines espérances pour l'avenir et tout d'un coup un événement fâcheux les remettait dans leur état primitif. Les Thébains ne se sont fait quelque réputation parmi les Grecs en attaquant les Lacédémoniens, que parce que ceux-ci avaient eu l'imprudence de s'attirer la haine de leurs alliés, et qu'ils avaient à leur tête un ou deux citoyens qui savaient la faute que les Lacédémoniens avaient faite. Une preuve évidente que ce n'est point à la constitution de leur gouvernement mais au mérite de ceux qui gouvernaient, qu'ils étaient redevables de leurs succès, c'est que cette république ne s'est étendue et n'a fleuri qu'autant qu'Épaminondas et Pélopidas ont vécu, et qu'elle est pour ainsi dire morte avec ces deux grands hommes.

Il faut penser à peu près la même chose de la république d'Athènes. Heureuse de temps en temps, mais parvenue au comble de la gloire du temps de Thémistocle, elle tomba bientôt de ce haut degré de prospérité. Le partage et la diversité des sentimens en fut la cause; car il en a toujours été des Athéniens comme d'un vaisseau où personne ne commande. Ici quand les matelots, ou menacés de l'ennemi, ou agités par la tempête, s'accordent tous et obéissent de concert aux ordres du pilote, tout ce qui s'y doit faire se fait avec la plus grande exactitude; mais lorsque commençant à se rassurer, ils refusent d'obéir, ne s'accordent pas sur ce que l'on doit faire, et se soulèvent les uns contre les autres, que les uns veulent continuer la route, les autres aborder en quelque endroit, que ceux-ci déploient les voiles, et ceux-là ordonnent qu'elles soient ferlées, cette division séditieuse donne un spectacle horrible aux vaisseaux voisins, et expose celui dont elle trouble la manœuvre à un péril évident. Aussi en voit-on qui après avoir traversé de vastes mers et essuyé les tempêtes les plus affreuses, viennent faire naufrage au port et échouer contre la terre. C'est une image fidèle de la république d'Athènes. Après avoir échappé quelquefois aux secousses les plus terribles par la bonne conduite du peuple et de ceux qui le gouvernaient, on l'a vue dans le calme même se briser imprudemment contre les écueils les plus visibles. Laissons donc là ces deux républiques, où la multitude dispose de tout au gré de ses passions. Dans la première tout se fait avec précipitation et avec aigreur; dans l'autre on donne trop à la force et à la violence.

Passons à celle de Crète, et examinons un peu ce qu'en assurent les plus habiles historiens de l'antiquité, Éphore, Xénophon, Callisthène et Platon. Ils disent premièrement qu'elle est semblable à celle de Lacédémone, et en second lieu qu'elle mérite des louanges. Il me semble qu'ils se sont trompés sur l'un et l'autre point : on en pourra juger par ce que je vais dire. Je commence par la différence que je trouve entre ces deux républiques. Trois choses caractérisent en particulier celle de Lacédémone, la première est l'égalité des biens en fonds de terre, dont il n'est permis à personne de posséder plus qu'un autre, et qui doivent être également distribués entre tous les citoyens. La seconde est le mépris que l'on y fait des richesses, mépris qui bannit la jalousie, née ordinairement de l'inégalité des richesses que possèdent les citoyens. Enfin chez les Lacédémoniens les enfans des rois succèdent à la dignité de leurs pères, et ceux qu'on appelle gérontes et par les avis desquels tout se règle et s'exécute, conservent cette autorité jusqu'à la mort. Chez les Crétois rien de semblable. Il leur est permis par la loi d'acquérir des fonds de terre tant qu'il leur plait, sans qu'aucunes bornes leur soient prescrites. Parmi eux, les richesses sont en si grande estime, que non seulement il est nécessaire d'en amasser, mais encore que rien ne fait plus d'honneur. En un mot le honteux amour du gain et des richesses s'est tellement établi parmi eux, que cette île est le seul pays au monde où le gain, de quelque nature qu'il soit, passe pour honnête et pour légitime. Enfin la magistrature chez eux est annuelle, et s'exerce comme dans le gouvernement populaire. Ces deux républiques sont donc entièrement opposées l'une à l'autre, et je ne conçois pas comment ces historiens ont pu dire qu'elles se ressemblaient. Je leur passe de n'avoir pas aperçu ces différences; mais après avoir montré fort au long que Lycurgue est le seul législateur qui ait bien connu d'où dépendaient la force et la durée d'un gouvernement; que toute république ne se soutenant que par la valeur dans la guerre et l'union parmi les citoyens, Lycurgue en bannissant de la sienne le désir des richesses en a banni aussi la discorde et la dissension; et que c'était pour cela que le gouvernement de Lacédémone l'emportait sur tous les autres de la Grèce : voyant au contraire que chez les Crétois la passion des richesses y produit, je ne dis pas seulement des divisions particulières, mais encore des séditions générales, des meurtres, et des guerres civiles, comment, malgré une différence si considérable, ont-ils osé dire que ces deux gouvernemens étaient semblables? Cependant Éphore traitant de ces deux républiques en parle en mêmes termes, à l'exception des noms propres, auxquels, si l'on oublie de faire attention, on ne sait plus de laquelle des deux on doit l'entendre.

Après avoir prouvé le peu de rapport qu'ont ensemble ces deux gouvernemens, faisons voir maintenant que celui de Crète n'est digne ni d'être loué ni d'être imité. Il me paraît que toute république est fondée sur deux principes, les lois et les mœurs, et que de là dépend l'estime où le mépris que l'on fait de ses forces et de sa constitution. Or les lois et les mœurs que l'on doit préférer, sont celles qui rendent la vie des particuliers innocente et irréprochable, habituent tout un état à l'humanité et à la justice : au lieu que l'on doit rejeter celles qui produisent des effets tout contraires. Ainsi de même qu'on assure hardiment qu'un état et les membres qui le composent sont justes, lorsqu'on y voit des lois et des mœurs justes ; de même quand on voit régner l'avarice parmi les particuliers, et l'état se porter à des actions injustes, on est bien fondé à dire que les lois y sont mauvaises, que les mœurs des particuliers y sont déréglées, que tout l'état est méprisable. Jugeons maintenant des Crétois par ces principes. Si vous les considérez en particulier, il est très-peu d'hommes qui soient plus fourbes et plus trompeurs : si vous regardez l'état, il n'en est point où l'on conçoive des desseins plus injustes. C'est donc avec raison qu'après avoir nié que ce gouvernement fût semblable à celui de Lacédémone, nous le rejetons comme n'étant ni à choisir ni à imiter.

Il ne serait pas juste non plus de proposer ici la république de Platon, quoique certains philosophes la vantent beaucoup ; car comme dans les combats des artisans ou des athlètes on n'admet pas ceux qui n'y sont pas reçus et qui ne s'y sont pas préparés ; de même la république de Platon doit être exclue d'une dispute sur la préférence, jusqu'à ce qu'elle ait été mise en action quelque part. La comparer, telle qu'elle a été jusqu'à présent, avec les républiques de Lacédémone, de Rome et de Carthage, ce serait comparer une statue humaine avec des hommes vivans et animés : de quelque beauté que l'on supposât cette statue douée, la comparaison qu'on en ferait avec des êtres animés ne pourrait toujours paraître que défectueuse et très-peu convenable. Laissons donc cette république, et voyons celle de Lacédémone.

Quand je considère les lois que Lycurgue a établies pour maintenir l'union et la concorde parmi les citoyens, et pour mettre la Laconie à couvert de toute insulte, et faire que les peuples jouissent d'une liberté solide, elles me paraissent si justes et si sages, que je me sens porté à croire qu'elles viennent plutôt d'un Dieu que d'un homme. Par l'égalité de biens, par la frugalité et la simplicité dans la manière de vivre, il accoutumait les Lacédémoniens à la tempérance, et éloignait de l'état tout sujet de discorde. En les exerçant aux travaux et aux choses qui répugnent le plus à la nature, il les rendait vaillans et intrépides, et quand ces vertus se trouvent réunies dans un seul homme ou dans un état, il est difficile que l'honneur se porte au mal et que l'état soit envahi par les ennemis du dehors. On peut donc dire que Lycurgue, en faisant de la tempérance et de la valeur comme la base de sa république, a mis toute la Laconie en situation de ne rien craindre du dehors, et a procuré à ces peuples une liberté durable. Mais il me semble que ce sage législateur s'est oublié sur un point, qui était d'empêcher qu'on ne travaillât à étendre les bornes de l'état, qu'on n'ambitionnât l'empire sur ses voisins, qu'on ne se rendît le maître et l'arbitre des affaires. On ne voit rien sur cet article ni dans les lois qui concernent les différentes parties de la république, ni dans celles qui regardent l'état en général. Cependant ce n'était point assez que les particuliers fussent sobres, modérés et contens de la portion de biens qui leur était donnée ; il fallait encore mettre tout l'état dans la nécessité de suivre cet esprit, ou le lui inspirer. Or c'est ce que Lycurgue n'a point fait. Il a exterminé l'envie et la jalousie d'entre les particuliers, il les a instruits de tout ce qu'ils devaient savoir sur les lois de l'état ; mais il a permis qu'ils fussent très-jaloux des autres Grecs, qu'ils aimassent à les dominer, qu'ils tâchassent de s'enrichir à leurs dépens ; car qui ne sait que les Lacédémoniens furent presque les premiers entre les Grecs, qui avides des terres de leurs voisins portèrent la guerre chez les Messéniens pour tirer de l'argent des prisonniers qu'ils faisaient ? Qui ne sait que ce furent eux qui s'obstinèrent au siège de Messène, au point qu'ils firent serment de ne le point lever que la ville ne fût prise? Il est encore notoire que par désir de dominer sur les Grecs, ils eurent la faiblesse de se soumettre aux ordres de gens qu'ils avaient vaincus ; car après avoir combattu pour la liberté commune de la Grèce, et avoir défait les Perses qui voulaient l'envahir, après les avoir forcés de retourner dans leur pays, ils leur livrèrent, par le traité de paix fait par Antalcidas, les villes mêmes pour lesquelles ils avaient pris les armes, dans la vue de tirer d'eux l'argent dont ils avaient besoin pour se soumettre les Grecs. Ce fut alors qu'ils sentirent en quoi leur gouvernement était défectueux ; car tant qu'ils bornèrent leur ambition aux terres de leurs voisins et à la conquête du Péloponnèse, il leur fut aisé d'avoir de la Laconie même autant de vivres et de munitions qu'ils en avaient besoin, ayant peu de chemin à faire pour retourner chez eux et pour en faire transporter des provisions ; mais dès qu'ils voulurent équiper des flottes et porter la guerre avec leur infanterie hors du Péloponnèse, alors ils s'aperçurent que ni leur monnaie de fer, ni l'échange annuel des fruits qui avait été établi par Lycurgue, ne pouvait leur suffire, et que sans une monnaie commune et des richesses étrangères, ils ne pouvaient rien entreprendre. Ce fut ce qui les obligea à mendier le secours des Perses, à lever des impôts sus les Péloponnésiens, et à mettre à contribution tous les Grecs ; persuadés que s'ils s'en tenaient aux lois de Lycurgue, ils ne viendraient jamais à bout de subjuguer les Grecs, et ne manqueraient pas d'échouer dans toutes leurs entreprises. Mais pourquoi, dira-t-on, cette digression ? Pour faire voir que le gouvernement institué par Lycurgue se suffisait à lui-même, tant qu'il ne s'agissait que de la conservation de l'état et de la défense de la liberté ; car il faut convenir avec ceux qui louent et approuvent ce gouvernement, qu'il n'y en a point et qu'il n'y en a jamais eu qui lui soit préférable. Mais on doit aussi tomber d'accord que, si l'on ambitionne de s'agrandir, de se faire respecter, de commander à un peuple nombreux, d'avoir sous sa domination un plus grand nombre de sujets, et d'attirer sur soi tous les regards, on doit, dis-je, avouer que ce gouvernement est imparfait, et que celui des Romains l'emporte de beaucoup pour la force et la facilité d'étendre ses conquêtes. Ce qui s'est passé jusqu'à présent dans l'un et l'autre, prouve évidemment ce que j'avance. Les Lacédémoniens, pour avoir tenté de s'assurer la domination des Grecs, ont couru risque de perdre leur propre liberté : les Romains au contraire, aidés par la facilité qu'ils avaient, après la conquête de l'Italie, de se fournir de toutes sortes de munitions, se sont soumis en peu de temps tout l'univers.

FRAGMNET X.

République de Carthage. — Comparaison qu'en fait l'auteur avec celle des Romains.

Pour le gouvernement de Carthage, il me parait que par rapport à certains points essentiels il avait été assez bien établi ; car il y avait des rois, le sénat y avait le même pouvoir que si le gouvernement eût été aristocratique, et le peuple était le maître de certaines choses qui le regardaient. En général cette république ressemblait assez à celle des Romains et des Lacédémoniens. Cependant elle était inférieure à celle de Rome du temps de la guerre d'Annibal ; car tous les corps, tous les gouvernemens et toutes les entreprises sont assujeti à une même loi de la nature. d'abord ces choses croissent et s'augmentent, puis elles parviennent à leur état de perfection enfin elles tombent et dépérissent. De ces degrés, le second est celui où elles ont le plus de force et de vigueur, et dont on doit tirer la différence qui se remarque alors entre les deux gouvernemens. Comme celui de Carthage était, avant celui de Rome, parvenu à son état parfait, il en était aussi tombé à proportion ; au lieu que celui de Rome était alors dans toute sa force et dans l'état le plus florissant. Chez les Carthaginois c'était le peuple qui dominait alors dans les délibérations ; chez les Romains c'était le sénat. Là on prenait les avis de la multitude ; ici on consultait les plus habiles citoyens, et c'était d'après leurs conseils que se faisaient les grandes entreprises. Ce fut par ces sages mesures que, quoiqu'ils eussent été défaits en bataille rangée, ils eurent enfin le dessus sur les Carthaginois.

Si nous voulons maintenant comparer ces deux gouvernemens sous certains points de vue particuliers, nous trouverons d'abord que par rapport à la guerre, les Carthaginois sont plus habiles dans les combats de mer que les Romains. C'est une science qui chez eux depuis long-temps passe des pères aux enfans, et nul autre peuple n'en fait un plus grand usage. Mais les Romains les surpassent de beaucoup dans la guerre d'infanterie, parce qu'ils s'y appliquent autant que les Carthaginois s'y appliquent peu. La cavalerie même est l'objet de peu d'attention à Carthage. La raison en est que l'on ne s'y sert que de troupes étrangères et mercenaires, et qu'au contraire les Romains tirent les leurs de leur propre pays et de Rome même : et en cela le gouvernement romain a un grand avantage sur celui des Carthaginois; car tandis que celui-ci remet sa liberté entre les mains de troupes vénales, l'autre la défend par lui-même et avec le secours de ses alliés. Cet avantage est suivi d'un autre ; c'est qu'après avoir été vaincus d'abord, ils recouvrent bientôt de nouvelles forces, au lieu que les Carthaginois ont beaucoup plus de peine à se relever. Ajoutons que les Romains, combattant pour leur patrie et pour leurs enfans, ne se relâchent jamais de leur première ardeur, et demeurent fermes dans la résolution de combattre, jusqu'à ce que leurs ennemis soient abbattus. Quoiqu'ils n'aient pas été à beaucoup près si forts et si habiles sur mer, cela ne les empêchait pas de sortir avec succès d'une bataille générale; la valeur des troupes suppléait à tout ce qui leur manquait d'ailleurs; car quoique la science et l'usage de la marine soient d'une grande utilité dans un combat naval, rien cependant ne mène plus sûrement à la victoire que la résolution et la bravoure des soldats. Or les peuples d'Italie sont plus vigoureux et plus braves que les Carthaginois et les Africains, outre qu'ils ont chez eux certains usages qui inspirent à leur jeunesse une extrême ardeur de se signaler dans la guerre. Nous n'en rapporterons qu'un pour faire voir que dans ce gouvernement on a eu un soin particulier de porter les hommes à braver tous les périls pour se rendre recommandables dans leur patrie.

Quand il meurt à Rome quelque personnage de haut rang, on le porte avec pompe à la tribune aux harangues sur le forum ; là, dressé sur les pieds, rarement couché, il est exposé à la vue de tout le peuple. Ensuite son fils, s'il en a laissé un d'un certain âge et qui soit à Rome, ou en l'absence du fils, un proche parent, loue en présence de tout le peuple les vertus du mort et rapporte ses principales actions. Cet éloge rappelant à la mémoire et remettant comme sous les yeux tout ce qu'il a fait, excite non seulement dans ceux qui ont eu part à ses actions, mais encore dans les étrangers, un sentiment de douleur et de compassion si vif, que le deuil paraît plutôt être public que particulier à certaine famille. On l'ensevelit ensuite et on lui rend les derniers devoirs; on fait une statue qui représente son visage au naturel tant pour les traits que pour les couleurs, et on la place dans l'endroit le plus apparent de la maison et sous un espèce de petit temple de bois. Les jours de fêtes on découvre ces statues, et on les orne avec soin. Quand quelque autre de la même famille meurt, on les porte aux funérailles ; et pour les rendre semblables, même pour la taille, à ceux qu'elles représentent, on ajoute au buste le reste du corps. On le revêt aussi d'habits. Si le mort a été consul ou préteur, on pare la statue d'une prétexte; s'il a été censeur, d'une robe de pourpre; s'il a eu l'honneur du triomphe ou fait quelques autres actions d'éclat, d'une étoffe d'or. On les porte sur des chars, précédés de faisceaux, de haches et des autres marques des dignités dont ils ont été revêtus pendant leur vie. Quand on est arrivé à la tribune aux harangues, tous se placent sur des sièges d'ivoire, ce qui forme le spectacle du monde le plus enivrant pour un jeune homme qui aurait quelque passion pour la gloire et pour la vertu. Car quel est l'homme qui voyant les honneurs qu'on rend à la vertu de ces grands hommes vivans encore et respirans en quelque sorte dans leurs statues, ne se sentira pas enflammé de désir de les imiter ? Se peut-il rien voir de plus beau et de plus touchant ? Au reste après que l'orateur a épuisé tout ce qu'il a à dire à la louange du mort, il fait aussi l'éloge des autres dont il voit les statues, en commençant par le plus ancien. Par là se renouvelle toujours la réputation des citoyens vertueux; la gloire de ceux qui se sont distingués devient immortelle; les services rendus à la patrie viennent à la connaissance du peuple et passent à la postérité; et ce qui est le plus important, la jeunesse est excitée à ne rien craindre, quand il s'agit du bien commun, dans la vue d'acquérir la gloire accordée à la vertu. Aussi l'on a vu des Romains combattre seuls dans les affaires générales; d'autres se sont jetés dans un péril de mort inévitable, quelques-uns, en temps de guerre, pour sauver un de leurs concitoyens, quelques autres pendant la paix, pour le salut de la république. On en a encore vu, qui dans les premières charges ayant plus à cœur le bien de la patrie que les liaisons du sang même et de la nature, ont contre la coutume et les lois naturelles condamné à mort leurs propres enfans.

Entre une infinité d'exemples de cette passion des Romains pour la gloire, je n'en rapporterai qu'un pour servir d'autorité à ce que je viens de dire. Horace, surnommé le Borgne (Coclès) combattant contre deux ennemis à l'entrée du pont qui donne accès dans Rome en traversant le Tibre, et en apercevant un grand nombre d'autres qui venaient à leur secours, dans la crainte où il était que la garde du pont étant forcée les ennemis n'entrassent dans la ville, se tourne vers ceux qui étaient derrière lui et leur crie de se retirer au plus vite, et de couper le pont. Tant qu'ils travaillèrent, Horace, malgré les blessures dont il était tout couvert, soutint l'effort des ennemis, plus frappés encore de sa constance et de son intrépidité que de ses forces et de sa résistance. Le pont rompu et la ville n'ayant plus rien à craindre, il se jeta tout armé dans le fleuve, et préféra aux jours qu'il lui restait à vivre une mort volontaire, pour délivrer sa patrie et acquérir la gloire dont cette mort devait être suivie. Tant est grande l'ardeur et l'émulation que les coutumes des Romains inspirent à la jeunesse pour les belles actions.

Les moyens dont les Romains se servent pour augmenter leurs biens, sont encore beaucoup plus légitimes que chez les Carthaginois. Chez ceux-ci, de quelque manière que l'on s'enrichisse, on n'en est jamais blâmé : chez ceux-là, rien n'est plus honteux que de se laisser corrompre par les présens, et d'amasser du bien par de mauvaises voies. Autant ils font cas des richesses légitimement acquises, autant ils ont en horreur celles qu'on se procure par des moyens injustes. Parmi les Carthaginois les dignités s'achètent à force de largesses et de présens; parmi les Romains c'est un crime capital. Ainsi comme les récompenses proposées à la vertu sont différentes chez l'un et l'autre peuple, il n'est pas surprenant que les voies pour y parvenir soient différentes.

Mais ce qui a le plus contribué aux progrès de la République romaine, c'est l'opinion que l'on y a sur les Dieux; et la trop grande dévotion qui est blâmée chez les autres peuples, est à mon sens tout ce qui soutient Rome. La religion s'est acquise une si grande autorité sur les esprits, et elle influe de telle sorte dans les affaires tant particulières que publiques, que cela passe tout ce qu'on peut imaginer. Bien des gens en pourraient être surpris. Pour moi je ne doute pas que les premiers qui l'ont introduite n'aient eu en vue la multitude; car s'il était possible qu'un état ne fût composé que de gens sages, peut-être cette institution n'eût-elle pas été nécessaire; mais comme le peuple n'a nulle constance, qu'il est plein de passions déréglées, qu'il s'emporte sans raison et jusqu'à la violence, il a fallu le retenir par la crainte de choses qu'il ne voyait pas et par tout cet attirail de fictions effrayantes. C'est donc avec grande raison que les anciens ont répandu parmi le peuple qu'il y avait des Dieux, qu'il y avait des supplices à craindre dans les enfers, et l'on a grand tort dans notre siècle de rejeter ces sentimens; car sans parler des autres suites de l'irréligion, chez les Grecs, par exemple, confiez un talent à ceux qui ont le maniement des deniers publics : en vain vous prenez dix cautions, autant de promesses et deux fois plus de témoins, vous ne pouvez les obliger à vous rendre votre dépôt. Au contraire les Romains, qui dans la magistrature et les légations disposent de grandes sommes d'argent, n'ont besoin que de la religion du serment pour garder une inviolable fidélité. Parmi les autres peuples un homme qui n'ose toucher aux deniers publics est un homme rare, au lieu que chez les Romains il est rare de trouver un homme coupable de ce crime.

Mais tout périt, tout est sujet au changement. Il n'est pas besoin de le prouver, l'enchaînement nécessaire des causes naturelles en est une preuve incontestable. Or toute espèce de gouvernement périt de deux manières, dont l'une vient du dehors, l'autre du dedans. On ne peut sûrement juger quelle sera la première, mais l'autre est certaine et déterminée.

Nous avons déjà dit quelles étaient la première et la seconde sorte de gouvernement, et comment elles se changeaient l'une en l'autre : en sorte que sur cette matière, qui pourrait joindre les commencemens avec la fin, on pourrait aussi prédire ce qui arrivera dans la suite. Au moins, selon moi, rien n'est plus clair; car lorsqu'une république, après s'être heureusement délivrée de plusieurs grands périls, est parvenue à ce degré de force et de puissance où rien ne lui est disputé, le peuple ne peut jouir long-temps de ce bonheur; le luxe et les plaisirs corrompent les mœurs, une ambition démesurée s'empare des esprits, on recherche avec trop d'avidité les dignités et la conduite des affaires. Ces désordres faisant tous les jours de nouveaux progrès, la passion de commander et l'espèce d'infamie que l'on attachera à l'obéissance commenceront la ruine de la république, l'arrogance et le luxe l'avanceront, et le peuple l'achèvera, lorsque l'avarice des uns se trouvera contraire à ses intérêts, et que l'ambition des autres lui aura donné une trop haute idée de son pouvoir; car alors, emporté par la colère et n'écoutant plus que ses opinions, le peuple secouera le joug de la soumission; il ne voudra plus que les chefs partagent également avec lui l'autorité; il se l'attribuera tout entière ou en usurpera la plus grande partie. Après quoi le gouvernement prendra bien le beau nom de république, c'est-à-dire d'état libre et populaire; mais ce ne sera en effet que la domination d'une populace aveugle, ce qui est le plus grand de tous les maux.

Jusqu'ici nous avons fait voir quelle est la constitution de la République romaine, à quoi elle est redevable de ses progrès, l'état florissant où elle est, en quoi elle surpasse les autres, et en quoi elle leur est inférieure, c'en est assez sur cette matière. Mais avant que de finir, il faut que semblable à un artiste habile qui donne par quelque chef-d'œuvre des preuves de son adresse, je tire de cette partie de l'histoire qui touche aux temps que nous avons quittés, et que je raconte en peu de mots, un fait qui mette en évidence tout ce que j'ai avancé de la force et de la vigueur qu'avait alors cette république.

Annibal, après la défaite des Romains à Cannes, ayant fait prisonniers huit mille hommes qui avaient été laissés à la garde du retranchement, leur permit d'envoyer quelques-uns d'entre eux à Rome pour y négocier leur rachat et leur retour. Dix des plus considérables ayant été choisis, ce général les fit partir, après leur avoir fait prêter serment qu'ils viendraient le rejoindre. Un de la troupe fut à peine sorti du retranchement, qu'ayant dit qu'il avait oublié quelque chose, il retourna, prit ce qu'il avait laissé et repartit aussitôt, croyant par ce premier retour avoir gardé sa foi et satisfait à son serment. Arrivés dans Rome, ils prièrent le sénat de ne point refuser à des prisonniers la consolation de revoir leur patrie, et qu'il les condamnât à payer chacun trois dragmes, pourvu qu'il leur permît de rentrer dans leur famille; qu'Annibal ne demandait rien davantage pour leur rachat, qu'ils ne s'étaient pas rendus indignes de cette grâce; qu'ils n'avaient pas craint de combattre; qu'on ne pouvait rien leur reprocher qui pût imprimer de la honte au front de Rome, et que laissés pour la garde du camp, c'était par pur malheur qu'après la défaite de tout le reste de l'armée ils étaient tombés au pouvoir des ennemis. Les Romains avaient fait alors de très-grandes pertes; ils ne se voyaient presque plus aucun allié; jamais leur patrie n'avait été menacée d'un plus grand péril; cependant après avoir entendu les députés, toujours attentifs à ce qu'il leur convenait de faire, ils tinrent bon contre leur mauvaise fortune, et rien ne leur échappa de ce que l'intérêt présent de la République paraissait demander; car voyant que le dessein d'Annibal dans cette députation n'était que de se procurer de l'argent, et d'éteindre dans ses ennemis l'ardeur de combattre, en leur montrant que quoique vaincus ils ne devaient pas désespérer de leur salut; ils furent si éloignés d'accorder ce qu'on leur demandait, qu'ils ne se laissèrent ébranler ni par la compassion qu'ils portaient à leurs concitoyens, ni par la conviction des services qu'ils tireraient de ces prisonniers. Ils trompèrent les intentions et les espérances d'Annibal, en refusant de racheter ces soldats, et firent une loi qui obligeait ceux qui leur restaient à vaincre ou à mourir, puisqu'il n'y avait pour les vaincus d'autre espérance de salut des mains de l'ennemi que la mort. Cette résolution prise, ils renvoyèrent les neuf députés, qui de bon gré consentaient à cause de leur serment à retourner vers Annibal, et ayant fait garroter celui qui avait prétendu éluder son serment, ils le firent conduire aux ennemis; de sorte que ce héros n'eut pas tant de joie d'avoir vaincu les Romains[1], qu'il ne fut comme effrayé de la constance et de la grandeur d'âme qui éclataient dans leurs délibérations.

———

Il est nécessaire que ceux qui s'appliquent à avoir une bonne éducation, apprennent et exercent les autres vertus dès l'enfance et surtout la bravoure [1].

———

Celui qui avance des choses non seulement fausses, mais encore impossibles, celui-là commet une faute qui n'admet aucune excuse [2].

———

Il a agi en homme sage et prudent celui

[1] Fragmens de Valois.
[2] Manuscrit. Urbin.

qui sait, suivant Hésiode, combien la moitié est plus que le tout [1].

———

Apprendre à ne pas mentir aux Dieux, c'est là la base du culte de la vérité à l'égard des hommes [2].

———

Il existe aussi un lieu appelé Rhuncus, aux environs de Stratum en Étolie; comme Polybe le dit dans le sixième livre de son histoire [3].

———

Olcium, ville d'Étrurie [4].

FRAGMENT XI.

[I]. Je n'ignore pas[5] que quelques personnes auront peine à s'expliquer pourquoi, interrompant la suite et le fil de ma narration, j'ai réservé pour ce moment de rendre compte du système politique dont j'ai parlé; mais je crois avoir déclaré en plus d'un endroit que je me suis, dès le principe, imposé une nécessité qui entre comme partie intégrante dans mon plan général; et c'est ce que j'ai fait connaître surtout au commencement et dans l'exposition de mon histoire, où j'ai dit que l'avantage le plus grand et le plus précieux que mon entreprise pût offrir aux lecteurs de mon ouvrage, serait de leur apprendre par quels moyens et par quelle forme de gouvernement les Romains ayant soumis, en moins de cinquante ans, presque toutes les parties du monde connu, les firent tomber sous leur seule domination, événement dont les siècles passés ne présentent pas d'exemple. Ce parti arrêté, je n'ai pas trouvé d'occasion plus favorable que celle-ci pour fixer l'attention et provoquer l'examen sur ce que je vais dire de la constitution romaine. En effet, quand on porte un jugement sur les vertus et sur les vices des particuliers, si l'on veut les apprécier avec vérité et certitude, il faut prendre pour point d'observation, non pas cette partie de leur existence qui s'é-

[1] Manuscrit Urbin.
[2] Même manuscrit.
[3] Athénée, livre III, (p. 95).
[4] Étienne de Byzance.
[5] Ici commencent les additions d'après les découvertes de l'abbé Mai. Elles paraissent pour la première fois en français.

coule au sein d'une molle prospérité, mais celle qui a été agitée par des alternatives de succès et de revers; car on ne peut dire qu'un homme a donné la preuve d'un caractère fort et accompli, que lorsqu'il a pu supporter avec magnanimité et constance les révolutions complètes de la fortune. C'est de la même manière qu'il faut considérer une constitution. Aussi, voyant qu'on ne saurait subir un changement, ni plus rapide, ni plus grand, que celui qui de nos jours s'est opéré dans la fortune des Romains, j'ai réservé pour ce moment les détails et les preuves de ce que j'ai avancé. On pourra juger de la grandeur de la révolution par les faits suivans (suivent les détails sur la stratégie donnés plus haut).

FRAGMENT XII.

II. *Réunion de l'agréable et de l'utile.* — Le propre d'une âme avide d'instruction est de se plaire dans l'observation des causes, et de chercher dans chaque circonstance à faire le meilleur choix. Or, il faut, en toutes choses, voir là le plus puissant élément de succès, et, dans le cas contraire, de renversement et de destruction pour un état. Il arrive, en effet, que c'est de ce principe que découlent, comme d'une source, non seulement tous nos desseins, toutes nos entreprises, mais encore leur accomplissement.

Dans la plupart des choses humaines, ceux qui ont acquis par eux-mêmes sont portés à la conservation, tandis que ceux qui ont reçu une fortune toute faite, sont enclins à la dissiper [1].

FRAGMENT XIII.

[III]. Trente ans s'étaient écoulés depuis le passage de Xerxès en Grèce, époque à partir de laquelle nous avons pris soin de bien distinguer d'abord chaque événement en particulier.....[2] Le gouvernement de Rome était arrivé au plus haut degré de la beauté et de la perfection à l'époque d'Annibal, dont je suis parti pour faire cette digression. Aussi, après avoir traité de sa composition, je vais à présent montrer ce qu'il était dans le temps où les Romains, vaincus à Cannes, avaient vu leur empire entièrement renversé. Toutefois je n'ignore pas qu'aux yeux des hommes nés sous cette constitution même, je paraîtrai n'avoir donné qu'une exposition insuffisante, parce que j'aurai omis quelques détails. Possédant sur cette question des connaissances complètes et une expérience consommée qu'ils doivent à l'avantage d'avoir été, dès leur enfance, nourris dans les mœurs et les institutions de leur pays, ils auront moins d'estime pour ce que j'aurai dit que de penchant à rechercher ce que j'aurai omis de dire : ils ne supposeront pas que ce soit à dessein que l'écrivain ait négligé des discussions d'un faible intérêt, mais ils l'accuseront d'avoir, par ignorance, passé sous silence les causes et la liaison des faits; ils ne donneront pas leur approbation aux considérations qu'il aura présentées, les regardant eux comme médiocres et superflues; mais ils s'appliqueront à relever ses omissions, comme essentielles, critique qui leur sera inspirée par le désir de paraître en savoir plus que l'auteur. Un bon juge, cependant, doit apprécier un écrivain, non pas d'après ce qu'il a omis, mais d'après ce qu'il a dit. Le censeur découvre-t-il quelque erreur dans les faits rapportés, il doit savoir que les omissions sont le résultat de l'ignorance; mais tout ce qui est dit se trouve-t-il vrai, qu'il accorde au moins que ce qui a été passé sous silence, l'a été avec discernement et non par ignorance [1]. » Mais en voilà assez pour ceux qui mettent plus de prévention que de justice dans les critiques qu'ils font des historiens.

Polybe, après avoir jeté un coup d'œil sur l'état de Rome à une époque plus reculée, s'était, par les lignes que nous venons de traduire, ménagé une transition pour arriver à l'exposé de la situation où se trouvaient les Romains au temps de la guerre d'Annibal.

---

[1] Ce fragment a été publié par Schweighaeuser, t. II, p. 582, à la fin du livre 4. D'après la place qu'il occupe dans son manuscrit, M. Mai juge qu'il appartient au chapitre VI de ce livre.

[2] Il est fort probable qu'il existe en cet endroit une lacune considérable dans le manuscrit. On peut présumer que les trente années dont il s'agit ici, sont celles qui se sont écoulées depuis l'expédition de Xerxès, qui se rapporte à l'an 274 de Rome, jusqu'à la création des décemvirs, qui eut lieu en 304. Il paraît que

[1] Le texte correspondant aux lignes renfermées ici entre guillemets, a déjà été publié par Schweighaeuser, chap. XI du livre VI, t II, p. 478, ainsi que le remarque M. Mai. Nous avons traduit de nouveau ce passage parce qu'il se lie étroitement au fragment inconnu jusqu'ici.

LIVRE SEPTIÈME.

FRAGMENT I.

Polybe, dans le septième livre de son histoire, écrit : que les habitans de Capoue dans la Campanie amassèrent tant de richesses à cause de la bonté de leur territoire, qu'ils se livrèrent à la volupté et au luxe le plus somptueux, au point de surpasser tout ce que l'on avait rapporté des Crotoniates et des Sybarites devenus si célèbres par ce vice. Ne pouvant, dit-il, supporter le poids de leur opulence, ils appelèrent Annibal : aussi furent-ils dans la suite accablés par les Romains des maux les plus pesans et les plus atroces. Les Pétélénins, au contraire, fidèles observateurs de la foi jurée aux Romains, lorsqu'Annibal vint les assiéger, lui résistèrent avec tant de courage et de constance, qu'après s'être nourris de tous les cuirs qui étaient renfermés dans la citadelle, et avoir même consommé toutes les écorces et tous les rejetons un peu tendres des arbres que contenaient leurs murs, après onze mois de siége, ne recevant de secours de personne, ils en furent enfin réduits à se rendre aux Carthaginois, avec le consentement des Romains qui accordaient les plus grands éloges à leur fidélité [1].

FRAGMENT II.

Hiéronime de Syracuse, en partie par sa propre imprudence, en partie par de mauvais conseils, rompt le traité qu'Hiéron son aïeul avait fait avec les Romains, et fait alliance avec les Carthaginois [2].

Après la conjuration qui s'était formée contre la vie d'Hiéronime, roi de Syracuse, et après la mort de Thrason, Zoïppe et Andranadore persuadèrent à ce prince d'envoyer sans délai des ambassadeurs à Annibal. On jeta les yeux pour cette mission sur Polycrète de Cyrène et Philodème d'Argos, et on les fit partir pour l'Italie avec ordre de traiter d'alliance avec les Carthaginois. Le roi envoya en même temps ses frères à Alexandrie. Annibal reçut gracieusement les ambassadeurs, leur vanta fort les avantages que le jeune roi tirerait de l'alliance qu'il projetait, et les renvoya avec des ambassadeurs de sa part, qui étaient Annibal de Carthage, alors commandant des galères, Hippocrate et Épicide son frère puîné, tous deux Syracusains. Ces deux frères portaient les armes depuis long-temps sous Annibal; ils étaient même établis à Carthage, parce que leur aïeul ayant été accusé d'avoir attenté à la vie d'Agatharque, le plus jeune des fils d'Agathoclès, avait été obligé de fuir hors de sa patrie. Ces deux ambassadeurs arrivent à Syracuse, et Annibal de Carthage fait part au roi des ordres que lui avait donnés le général des Carthaginois. Hiéronime, qui était déjà disposé à se lier avec ce peuple, dit à Annibal qu'il fallait au plus tôt qu'il partît pour Carthage, et il promit d'y envoyer avec lui des ambassadeurs pour traiter de sa part avec les Carthaginois.

On apprend à Lilybée la nouvelle de cette alliance. Le préteur qui y était de la part des Romains, députe aussitôt au roi de Syracuse pour l'engager à renouveler les traités que ses ancêtres avaient faits avec Rome. Le prince ne goûtait point cette ambassade : « Je plains fort » le sort des Romains, répondit-il; il est fâcheux » qu'un méchant peuple soit taillé en pièces » en Italie par les Carthaginois. » Les ambassadeurs étonnés d'une réponse si peu sensée, lui demandèrent sur la foi de qui il parlait de la sorte : « C'est, dit-il, sur la foi des Cartha- » ginois que vous voyez; c'est eux qu'il faut ac- » cuser de mensonge, si ce que je viens de vous

---

[1] Athénée, livre XII; C. vi, p. 528.
[2] Anciens fragmens.

» dire est faux. » Les ambassadeurs répliquèrent que ce n'était pas la coutume des Romains d'ajouter foi au rapport de leurs ennemis; qu'au reste ils lui conseillaient de ne pas enfreindre les anciens traités, et que non seulement la justice, mais encore son propre intérêt lui commandaient de les observer fidèlement. « Je délibé-
» rerai sur ce sujet, reprit le roi, et je vous fe-
» rai savoir ma dernière résolution. Mais dites-
» moi, je vous prie, pourquoi avant la mort de
» mon aïeul vous êtes revenus à Syracuse, après
» que vous en étiez partis avec cinquante
» vaisseaux, et que vous étiez même arrivés
» au promontoire de Pachynum. » En effet les Romains, quelque temps avant cette ambassade, ayant entendu dire qu'Hiéron était mort, étaient revenus à Syracuse, dans la crainte que le peu de respect qu'on aurait pour un roi enfant ne donnât lieu à quelque révolution, et informés ensuite qu'Hiéron vivait, ils avaient repris la route de Lilybée. Les ambassadeurs avouèrent le fait, et dirent qu'en revenant à Syracuse ils n'avaient eu d'autre dessein que de secourir sa jeunesse et de lui conserver son royaume. « Eh bien, répliqua le roi, souffrez donc, Ro-
» mains, que, pour me conserver le royaume,
» je change de route et que je me rejette du cô-
» té des Carthaginois. » A ces mots, les ambassadeurs ne doutant plus qu'il n'eût arrêté ses projets, prirent congé de lui sans rien répondre, retournèrent à Lilybée, et apprirent au préteur tout ce qu'ils avaient entendu. Depuis ce temps-là les Romains épièrent les démarches de ce prince, et s'en méfièrent comme d'un ennemi déclaré.

Hiéronime ayant choisi pour ses ambassadeurs auprès des Carthaginois Agatharque, Onégisène et Hipposthène, les fit partir avec Annibal de Carthage, et leur ordonna de conclure avec la république un traité qui portait : « Que les Carthaginois lui fourniraient
» des troupes de terre et de mer, et qu'après
» avoir, avec leur secours, chassé les Romains
» de la Sicile, il partagerait avec eux l'île
» de telle sorte, que l'Himère, qui la traverse
» presque par le milieu, servirait de bornes
» entre les provinces des Carthaginois et les
» siennes. » Les ambassadeurs proposèrent ces conditions, auxquelles les Carthaginois souscrivirent volontiers, et le traité fut conclu.

Hippocrate faisait assidûment sa cour à ce jeune prince, et nourrissait son esprit de mensonges et de flatteries. Il lui racontait de quelle manière Annibal était passé en Italie, les batailles et les combats qu'il y avait livrés. Il lui faisait entendre qu'il n'appartenait à personne plus qu'à lui de régner sur toute la Sicile, premièrement parce qu'il était fils de Néréis, fille de Pyrrhus, que les Siciliens, par choix et par inclination, avaient mis à leur tête et comme leur roi; en second lieu, parce qu'Hiéron son aïeul y avait régné seul. Il sut enfin charmer tellement ce jeune roi, que nul autre que lui n'en était écouté. Le caractère du prince, naturellement léger et inconstant, avait beaucoup de part à ce défaut, mais on le doit surtout imputer à ce flatteur, qui donnait pour aliment à sa vanité les espérances les plus ambitieuses. Agatharque négociait encore à Carthage le traité, lorsque Hiéronime envoya de nouveaux ambassadeurs pour y dire qu'il prétendait régner seul sur toute la Sicile; qu'il lui paraissait juste que les Carthaginois lui aidassent à reconquérir tous les droits qu'il avait sur cette île; mais qu'en récompense il promettait aux Carthaginois de les aider dans l'exécution des projets qu'ils avaient formés sur l'Italie. On sentit bien à Carthage qu'il n'y avait aucun fond à faire sur ce prince; mais comme, pour plusieurs raisons, il était important à la république d'avoir la Sicile dans son parti, on lui accorda tout ce qu'il voulut; et comme il y avait déjà des vaisseaux équipés et des troupes levées, on ne s'occupa plus que du soin de transporter au plus tôt une armée dans la Sicile.

Sur cette nouvelle, les Romains envoyèrent de nouveau des ambassadeurs au roi de Sicile pour l'avertir de ne pas se départir des traités que ses pères avaient faits avec la République romaine. Le roi assembla son conseil. Les habitans du pays craignant les fureurs du prince, gardèrent le silence. Mais Aristomaque de Corinthe, Damippe de Lacédémone et Autone le Thessalien furent de l'avis qu'il eût dû rester dans l'alliance des Romains. Il n'y eut que Andranodore qui dit que l'occasion était trop belle pour la laisser échapper, et que c'était dans cette conjoncture seule qu'il pouvait établir sa domination dans la Sicile. On consulta ensuite Hippocrate, qui répondit simplement qu'il était de l'avis d'Andranodore. Là se termina la délibération, et ainsi fut prise la résolution de déclarer la guerre aux Romains. Le roi ne voulut cependant pas rompre les traités sans donner au moins des prétextes apparens de son changement ; mais il en allégua de tels, que les Romains, loin de s'en contenter, devaient en être vraiment offensés. Il dit qu'il observerait ces traités, pourvu qu'on lui rendît premièrement l'or qu'on avait reçu d'Hiéron son aïeul ; secondement le blé et tous les autres présens qu'Hiéron leur avait donnés depuis le commencement de l'alliance, et que l'on reconnût que toutes les terres et les villes qui sont en deçà de l'Himère appartiennent aux Syracusains. On congédia là-dessus les ambassadeurs romains, et l'assemblée se sépara. Hiéronime ensuite fit ses préparatifs de guerre, leva des troupes, et fit provision de toutes les autres munitions nécessaires.

FRAGMENT III.

Situation de la ville de Léonte en Sicile.

Léonte, à regarder sa position en général, est tournée vers le septentrion. Elle est traversée, dans son milieu, par un vallon, dans lequel se trouvent les palais où s'assemblent les magistrats et où la justice se rend ; c'est là aussi que se tient le marché. Les deux côtés de ce vallon sont formés par deux montagnes escarpées, dont la cime, qui présente une surface aplanie, est couverte de maisons et de temples. Il y a deux portes, dont l'une, à l'extrémité du vallon qui regarde le midi, conduit à Syracuse ; l'autre, à l'autre extrémité du coté du septentrion, mène aux champs qu'on appelle Léontins, et à ces campagnes si célèbres par leur fertilité. Au pied de l'une de ces montagnes qui est à l'occident, coule le Lisse, sur le bord et comme sous le rocher duquel on a bâti une longue chaîne de maisons situées toutes à égale distance du fleuve : entre ces maisons et le fleuve s'étend la place dont nous avons parlé.

FRAGMENT IV.

Jugement de Polybe sur Hiéronime, son aïeul Hiéron, et son père Gélon.

Quelques historiens qui ont écrit la mort d'Hiéronime, ont, pour exciter l'étonnement, employé une profusion de descriptions verbeuses, soit qu'ils rapportent les prodiges qui ont précédé et annoncé sa tyrannie ainsi que les maux des Syracusains, soit qu'ils fassent un détail exagéré, à la manière des poètes tragiques, de la cruauté de son caractère, de ses actions impies, et enfin des événemens inaccoutumés et atroces qui se sont passés à sa mort ; au point que l'on croirait que ni les Phalaris ni les Apollodore, ni aucun des tyrans qui ont existé ne l'ont surpassé en cruauté. Et cependant ce prince était encore enfant lorsqu'il monta sur le trône, et il ne régna pas plus de treize mois, au bout desquels il mourut. Or, dans cet espace de temps il a certainement pu arriver que l'un ou l'autre ait été livré à la torture, que quelques-uns de ses propres amis ou du reste des Syracusains aient été mis à mort ; mais quant à cette cruauté particulière à Hiéronime, quant à cette impiété inouïe qu'on lui attribue, elles sont peu croyables. Il faut, il est vrai, reconnaître complètement qu'il était d'un caractère léger et injuste ; mais cependant on ne peut le comparer à aucun des tyrans que j'ai cités précédemment. Les auteurs qui écrivent des histoires particulières, n'ayant à traiter que des sujets courts et resserrés dans d'étroites limites, sont, je le crois, forcés, par la disette de faits qui les accable, d'exagérer des choses de peu d'importance, et de faire de longs récits d'autres faits qui ne méritaient pas même d'être mentionnés. D'autres historiens tombent aussi dans le même défaut par manque de jugement. Combien, avec plus de justesse et d'éloquence, n'aurait-on pas pu écrire plutôt sur Hiéron et Gélon, en passant sous silence Hiéronime, de ces réflexions que l'on ajoute comme complément au récit historique pour remplir les livres. Ce sujet aurait été bien plus agréable et plus utile aux hommes avides de lire et de s'instruire.

En effet, Hiéron parvint d'abord à régner sur les Syracusains et leurs alliés par son propre mérite; car la fortune ne lui avait donné ni la richesse, ni un nom illustre, ni aucun autre bien. En outre, son plus grand titre à notre admiration, c'est qu'il devint roi des Syracusains par la force seule de son génie, sans mettre à mort aucun citoyen, sans en envoyer aucun en exil et sans faire de tort à personne.

Une chose non moins admirable, c'est que non seulement il acquit ainsi le trône, mais que ce fut encore par les mêmes moyens qu'il le conserva. Pendant cinquante-quatre ans que dura son règne, il procura à sa patrie une paix constante, et à lui une existence exempte de toute crainte de conspirations, et parvint même à échapper à l'envie qui s'attache ordinairement à tout ce qui est grand et noble. Souvent il voulut abdiquer le pouvoir, mais il en fut toujours empêché par tous les citoyens en masse. Comme il se montrait très-libéral envers les Grecs, et très-avide de s'acquérir de la gloire chez eux, il obtint ainsi pour lui une grande célébrité et pour les Syracusains un grand sentiment de bienveillance de la part de tous. Enfin vivant au milieu de toutes les délices que procure l'abondance de tous les biens et des richesses immenses, il prolongea cependant son existence au-delà de quatre-vingt dix ans, et conserva tous ses sens et tous ses membres sains et valides; ce qui, à mon avis, est la preuve la plus certaine de tempérance.

Quant à Gélon, pendant tout le cours de sa vie, qui fut de plus de cinquante ans, il se proposa comme le but le plus noble qu'il pût atteindre, d'imiter son père, et de ne pas faire plus de cas des richesses, de la majesté royale, ni d'aucun autre bien que de la tendresse et de la confiance que l'on doit aux auteurs de ses jours.

FRAGMENT V.

Traité de paix conclu entre Annibal, général des Carthaginois, et Xénophanès, ambassadeur de Philippe, roi de Macédoine.

Traité qu'Annibal, général, Magon, Myrcal, Barmocal, tous les sénateurs de Carthage,[1] tous les Carthaginois qui servaient sous lui, ont fait avec Xénophanès l'Athénien, fils de Cléomaque, lequel nous a été envoyé en qualité d'ambassadeur par le roi Philippe, fils de Démétrius, tant en son nom qu'au nom des Macédoniens et des alliés.

En présence de Jupiter, de Junon et d'Apollon; en présence de la déesse des Carthaginois, d'Hercule et d'Iolaüs; en présence de Mars, de Triton et de Neptune; en présence de tous les dieux protecteurs de notre expédition, du soleil, de la lune et de la terre; en présence des fleuves, des prés et des eaux; en présence de tous les dieux que Carthage reconnaît pour ses maîtres; en présence de tous les dieux qui sont honorés dans la Macédoine et dans tout le reste de la Grèce; en présence de tous les dieux qui président à la guerre et qui sont présens à ce traité, Annibal général, et avec lui tous les sénateurs de Carthage et tous ses soldats ont dit:

« Afin que désormais nous vivions ensemble comme amis et comme frères, soit fait sous votre bon plaisir et le nôtre ce traité de paix et d'alliance, à condition que le roi Philippe, les Macédoniens et tout ce qu'ils ont d'alliés parmi les autres Grecs conserveront et défendront les Carthaginois, Annibal leur général, les soldats qu'il commande, les gouverneurs des provinces dépendantes de Carthage, Utique et toutes les villes et nations qui lui sont soumises, les soldats, les alliés et toutes les villes et nations qui nous sont unies dans l'Italie, la Gaule, la Ligurie, et quiconque dans cette province fera alliance avec nous. D'un autre côté les troupes de Carthage, Utique, toutes les villes qui sont soumises à Carthage, les alliés, les soldats, toutes les villes et nations d'Italie, de la Gaule et de la Ligurie, et les autres alliés que nous avons et que nous pourrons avoir dans ces provinces d'Italie, s'engagent à conserver et à défendre le roi Philippe, les Macédoniens et tous leurs alliés d'entre les autres Grecs. Il est donc convenu que nous ne chercherons point à nous surprendre les uns les autres, et que nous ne nous tendrons pas de piéges; que, sans délai, sans fraude ni embûches, nous, Macédoniens, etc., nous nous décla-

---
[1] Anciens fragmens. Toutes les fois que nous n'indiquerons pas la source d'un fragment, c'est qu'il fait partie de ceux qui avaient été anciennement recueillis et publiés.

rerons les ennemis des ennemis des Carthaginois, excepté des rois, des villes et des ports avec lesquels nous sommes liés par des rtaités de paix et d'alliance ; que nous Carthaginois, etc., nous serons ennemis de ceux qui feront la guerre au roi Philippe, excepté des rois, des villes et des nations qui nous seront unis par des traités ; que vous participerez, vous, Macédoniens, à la guerre que nous faisons contre les Romains, jusqu'à ce qu'il plaise aux Dieux de donner à nos armes un heureux succès ; que vous nous fournirez ce qui nous sera nécessaire, et que vous serez fidèles à ce dont nous serons convenus. Si les Dieux nous refusent leur protection contre les Romains et leur alliés, et que nous traitions de paix avec eux, nous stipulerons de telle sorte, que vous soyez compris dans le traité, et à des conditions telles qu'il ne leur sera pas permis de vous déclarer la guerre, qu'ils ne seront maîtres ni des Corcyréens, ni des Apolloniates, ni des Épidamniens, ni de Phare, ni de Dimalle, ni des Parthins, ni de l'Atintanie ; et qu'ils rendront à Démétrius de Pharos ses parens qu'ils retiennent dans leurs états. Si les Romains vous déclarent la guerre ou à nous, selon le besoin nous nous secourrons les uns les autres, et nous ferons la même chose si quelque autre nous fait la guerre, excepté à l'égard des rois, des villes et des nations dont nous serons amis et alliés. Si nous jugeons à propos de retrancher ou d'ajouter quelque clause à ce traité, nous ne le ferons que du consentement des deux parties. »

FRAGMENT VI.
Philippe à Messène.

Après que la démocratie eut triomphé chez les Messéniens, et que les hommes les plus illustres eurent été envoyés en exil, tandis que ceux à qui l'on avait distribué leurs biens par la voie du sort étaient à la tête des affaires dans la ville, les anciens citoyens qui étaient restés à Messène supportèrent avec peine de voir ces hommes jouir des mêmes droits qu'eux-mêmes [1].

[1] Suidas in Τσηγορίαι.

FRAGMENT VII.

Gorgus le Messénien n'était inférieur à aucun de ses concitoyens, par ses richesses et l'éclat de sa naissance. Pour ce qui est de son mérite comme athlète, dans sa jeunesse il avait été le plus célèbre de tous ceux qui se disputaient la couronne dans les jeux gymnastiques. En effet, et par la noblesse de ses formes, et par sa conduite pendant toute sa vie, et par le nombre des couronnes qu'il avait remportées, il ne le cédait à aucun homme de son âge. Bien plus, lorsqu'après s'être retiré des combats du gymnase, il s'appliqua au gouvernement de la république et à l'administration des affaires de sa patrie, il ne retira pas une moindre gloire de ses travaux que de sa vie passée. En effet il se montra bien éloigné de cette ignorance et de cette rusticité qui caractérisent presque toujours les athlètes, mais il acquit encore dans la république la réputation d'un homme très-habile et très-prudent dans le gouvernement des affaires.

FRAGMENT VIII.

Démétrius de Pharos persuade à Philippe, roi de Macédoine, de s'emparer d'Ithome, forteresse de Messène. — Sentiment contraire d'Aratus.

Tout fait, considéré dans le moment opportun, peut être sainement approuvé ou blâmé ; l'occasion est-elle passée, ce même fait, jugé d'après d'autres circonstances, peut souvent paraître non seulement inadmissible, mais encore insoutenable.

Philippe, roi de Macédoine, qui voulait s'emparer de la citadelle des Messéniens, ayant dit aux principaux de la ville qu'il désirait visiter leur citadelle, et y faire un sacrifice à Jupiter, y monta avec sa suite. Après les sacrifices, suivant l'usage, les entrailles des victimes lui ayant été présentées pour qu'il les examinât, il les prit dans la main, et s'inclinant un peu, il demanda à Aratus en les lui montrant ce qu'il en pensait : si elles ordonnaient de lever le siège de devant la citadelle,

[1] Fragmens de Valois.

ou de le continuer. Alors Démétrius saisissant cette occasion: « Si vous ajoutez foi, dit-il, aux rêveries des devins, il faut partir d'ici sur le champ; mais si vous agissez en roi qui entend ses intérêts, vous vous rendrez maître de cette citadelle, de peur que la laissant aujourd'hui, vous n'attendiez en vain un autre temps pour vous la soumettre; car ce ne sera qu'en tenant ainsi ses deux cornes que vous aurez le bœuf en votre puissance. » Il entendait par les deux cornes, Ithome et l'Acrocorinthe, et par le bœuf, le Péloponnèse. « Et vous, Aratus, dit Philippe en se tournant vers lui, me donnez-vous le même conseil? » Celui-ci, après avoir réfléchi un moment, répondit qu'il n'avait qu'à la prendre, si l'on pouvait le faire sans violer la foi qu'il avait donnée aux Messéniens; mais que si en la prenant il devait perdre toutes les citadelles et le secours même qu'il avait reçus d'Antigonus, et par le moyen duquel il conservait tous ses alliés (il lui insinuait par là de quelle importance il était d'être fidèle à sa parole) il prit garde qu'il ne fût plus avantageux de laisser aux Messéniens, en éloignant ses troupes, une preuve de sa bonne foi, qui lui attacherait non seulement cette ville, mais encore tous ses autres alliés. Si Philippe eût suivi son inclination, il n'aurait pas craint d'aller contre la foi des traités. Il est aisé d'en juger par ce qu'il fit ensuite. Mais comme peu de temps auparavant un jeune soldat lui avait aigrement reproché le danger auquel il allait exposer son armée, il ne put résister à la franchise, à l'autorité, aux instances avec lesquelles Aratus le priait de faire attention à son avis. Il abandonna son premier dessein, et prenant la main d'Aratus: « Eh bien, dit-il, reprenons donc le chemin par où nous sommes venus! »

FRAGMENT IX.

Philippe, roi de Macédoine.

Interrompons pour un moment le fil de notre narration pour dire un mot sur Philippe; car c'est ici l'époque du changement fatal qui se fit dans sa conduite et dans sa manière de gouverner. On ne peut proposer un exemple plus illustre à ceux qui étant à la tête des affaires cherchent à s'instruire par la lecture de l'histoire. Né maître d'un royaume puissant et avec les plus belles inclinations, il est connu des Grecs par ses bonnes qualités et ses défauts, et l'on connaît également les succès qu'il a mérités par les unes et les malheurs qu'il s'est attirés par les autres. Il monta fort jeune sur le trône. Cependant jamais roi ne fut plus aimé qu'il l'était dans la Thessalie, dans la Macédoine, dans tous les pays soumis à sa domination. En veut-on une preuve incontestable? Pendant qu'il fit la guerre contre les Étoliens et les Lacédémoniens, il était presque toujours hors de la Macédoine. Malgré cela, ni les peuples que je viens de nommer, ni les barbares voisins de son royaume, n'osèrent y mettre le pied. Que dirai-je de la tendresse et de l'empressement qu'ont eus à le servir Alexandre, Chrysogone et tous ses autres amis? Par combien de bienfaits ne s'attacha-t-il pas en peu de temps, par les liens de la plus vive reconnaissance, les peuples du Péloponnèse, de la Béotie, de l'Épire et de l'Acarnanie? Si j'ose le dire, il était l'amour et les délices de la Grèce par son caractère officieux et bienfaisant. Une marque éclatante du crédit que donne aux princes la réputation de probité et de fidélité, c'est que les Crétois le choisirent unanimement pour chef et maître de leur île; et ce qui peut-être ne s'est jamais vu, tout cela s'est fait sans armes et sans combats. Mais depuis la conduite qu'il tint avec les Messéniens, tout changea de face; la haine qu'on eut pour lui égala l'amitié qu'on avait eue. Il devait en effet s'y attendre. Prenant des dispositions toutes contraires aux premières et agissant en conséquence, il était naturel qu'il perdît la réputation qu'il s'était faite, et que ses affaires n'eussent plus le même succès qu'avant son changement. C'est ce qui lui arriva en effet, comme on verra dans la suite de cette histoire.

FRAGMENT X.

Aratus.

Quand Philippe se fut ouvertement déclaré contre les Romains, et qu'il eut entièrement changé de conduite à l'égard de ses alliés, Aratus lui proposa mille motifs, mille raisons pour le détourner de cette entreprise. Il y réussit, mais ce ne fut pas sans peine. Ici je prie mes lecteurs, afin qu'il ne leur reste de doute sur rien, de se rappeler une promesse que nous avons faite dans le cinquième livre de cette histoire. En racontant la guerre d'Étolie, nous avons dit que si Philippe avait renversé les portiques et détruit les autres ornemens de la ville de Therme; on ne devait pas tant lui imputer ces excès, dont sa jeunesse n'était point capable, qu'aux amis qui le suivaient; et que comme ces excès étaient incompatibles avec le caractère doux et modéré d'Aratus, il ne fallait en accuser que Démétrius de Pharos. Ce que j'avançais alors je promis de le prouver dans la suite. Or on a vu dans ce que nous avons rapporté des Messéniens, qu'Aratus était éloigné d'une journée et que Démétrius était auprès du roi lorsque ce prince commença à goûter, pour ainsi dire, du sang humain, à manquer de foi à ses alliés, à dégénérer en tyran. Mais ce qui fait le plus sentir la différence qu'il y avait entre ces deux conseillers, c'est l'avis qu'ils donnèrent l'un et l'autre au prince au sujet de la citadelle de Messène. En suivant celui d'Aratus, Philippe n'y toucha point, et par là consola en quelque sorte les Messéniens du carnage qu'il avait fait dans la ville ; et pour avoir écouté contre les Étoliens celui de Démétrius, il se laissa emporter à une violence qui ne lui était pas naturelle ; il se fit détester des Dieux et des hommes : des Dieux en profanant leurs temples ; des hommes, en excédant les lois de la guerre. L'île de Crète nous fournit encore une nouvelle preuve de la sagesse d'Aratus. Tant qu'il fut consulté sur les affaires de cette île, Philippe sans faire ni tort ni peine à personne, vit les Crétois recevoir ses ordres avec soumission, et mit tous les Grecs dans ses intérêts par la douceur de son gouvernement : au lieu que pour s'être livré à Démétrius, il porta chez eux toutes les horreurs de la guerre, se fit des ennemis de tous ses alliés, et détruisit la confiance qu'avaient en lui tous les autres peuples de la Grèce. Tant il est important pour un jeune roi de bien choisir ceux dont il doit recevoir des conseils. De là dépend ou le bonheur ou la ruine de ses états. C'est cependant à quoi la plupart des princes ne daignent pas seulement penser.

FRAGMENT XI.

Antiochus prend la ville de Sardes par l'adresse de Lagoras de Crète.

Autour de Sardes, nuit et jour et sans relâche avaient lieu des escarmouches et des combats perpétuels. On mettait en œuvre de part et d'autre toutes les ruses de guerre imaginables pour surprendre son ennemi et l'accabler. Décrire tous les détails de cette affaire, cela serait non seulement inutile, mais encore ennuyeux. Il y avait déjà deux ans que ce siége durait, lorsque Lagoras de Crète, homme de guerre expérimenté, y mit fin de cette manière. Il avait réfléchi que les places les plus fortes sont souvent celles que l'on prend avec plus de facilité, par la négligence des habitans, qui se reposant de leur sûreté sur les fortifications naturelles ou artificielles de leur ville, ne se mettent pas en peine de la garder. Il savait encore que les places se prennent quelquefois par les endroits les plus forts, et que les assiégés croient que l'ennemi n'entreprendra pas d'attaquer. D'après ces réflexions, quoiqu'il vît bien que Sardes avait toujours passé pour une forteresse assez forte pour désespérer quiconque aurait tenté de la prendre d'assaut, et dont la famine seule pouvait faire ouvrir les portes, ces difficultés ne firent qu'augmenter son application à imaginer tous les moyens possibles d'y entrer. S'étant aperçu que la partie du mur qui joignait la citadelle à la ville n'était point gardée, il forma le projet de la surprendre par cet endroit, et conçut l'espérance de réussir. La preuve qu'il avait que ce côté n'était point gardé, la voici : Ce mur est bâti sur un rocher extrêmement haut et escarpé, au pied duquel est comme un abîme où l'on jetait de la ville les corps morts des chevaux et des bêtes de charge. Là s'assemblaient tous les jours grand nombre de vautours et d'autres oiseaux carnassiers, qui après s'être rassasiés ne manquaient pas d'aller se reposer sur le rocher et sur la muraille. De là Lagoras conclut qu'il était possible que cet endroit fût la plupart du temps négligé et sans garde. D'après cette pensée, la nuit il descendait sur les lieux et examinait avec soin comment il pourrait approcher et où il devrait poser les échelles; et ayant trouvé contre un des rochers un endroit propre à l'exécution de ses projets, il fit aussitôt part au roi de son dessein et de sa découverte. Celui-ci fut charmé de l'espérance qu'on lui donnait. Il exhorta Lagoras à pousser jusqu'au bout son entreprise, lui promettant que de son côté il ferait tout ce qui serait possible. Lagoras pria le roi de lui donner pour compagnons l'Étolien Théodote et Denis, capitaine de ses gardes, l'un et l'autre lui paraissant avoir toute la force et toute la valeur que son projet demandait. Les ayant obtenus, tous trois tiennent conseil, et agissant de concert n'attendaient plus qu'une nuit à la fin de laquelle il n'y eût point de lune. Lorsqu'ils l'eurent trouvée, la veille du jour où ils devaient exécuter leur dessein, vers le soir, ils choisirent quinze hommes des plus forts et des plus braves de l'armée, pour porter les échelles, escalader et courir le même péril qu'eux. Ils en prirent trente autres pour les mettre en embuscade à quelque distance; et ceux-ci, lorsque les premiers après l'escalade seraient arrivés à une porte qui était proche, devaient venir à cette porte et aider les autres à la briser. Deux mille hommes devaient les suivre, et avaient ordre de se jeter dans la ville et de s'emparer de l'esplanade qui environne le théâtre et qui commande la ville et la citadelle. Et de peur que la vue de ce choix d'hommes ne vînt à faire soupçonner quelque chose de cette entreprise, il fit courir le bruit que les Étoliens devaient par certain fossé se jeter dans la ville, et que c'était sur cet avis que l'on avait formé ce détachement pour leur couper le passage.

Tout étant prêt pour l'exécution, dès que la lune se fut cachée, Lagoras et ses gens s'approchent doucement des rochers avec leurs échelles, et se cachent sous une pointe qui s'avançait sur le fossé. Le jour venu et la garde s'étant retirée de cet endroit, pendant que le roi envoyait selon la coutume des troupes en différens postes, et qu'il en assemblait et rangeait d'autres en bataille dans l'Hippodrome, les Crétois travaillaient sans que l'on eût le moindre soupçon de leur entreprise. Mais quand on eût appliqué deux échelles, par lesquelles Denis et Lagoras commençaient à monter, il y eut un grand tumulte et un grand mouvement dans le camp; car quoiqu'on ne vît l'escalade ni de la ville ni de la citadelle, à cause de la pointe qui s'avançait en dehors du rocher, on voyait entièrement du camp cette action hardie et extraordinaire; les uns en étaient étonnés comme d'un prodige; les autres qui en prévoyaient les suites, en attendaient avec une joie mêlée de crainte l'événement et le succès. Le roi fut informé de ce bruit, et pour détourner de l'entreprise de Lagoras l'attention tant des assiégés que de ses propres troupes, il fit marcher l'armée vers une porte opposée à celle qui devait être attaquée, et qui s'appelait la porte de Perse. Achéus qui commandait dans la citadelle vit cette marche, et surpris d'un mouvement si peu ordinaire aux ennemis, il ne savait ni en deviner le motif, ni enfin quel parti prendre. Il envoya cependant quelques troupes à cette porte pour arrêter les ennemis; mais comme la descente était étroite et escarpée, ce secours arriva trop tard. Aribase qui commandait dans la ville, et qui ne se doutait de rien, marcha de son côté vers la porte que menaçait Antiochus, et faisant garnir le rempart à une partie de sa garnison, faisant sortir l'autre de la ville par cette porte, il les exhorta à arrêter les ennemis et à en venir aux mains avec eux. Pendant tous ces mouvemens, Lagoras, Théodote, Denis et leur troupe ayant escaladé le rocher, viennent à la porte qui en était proche, renversent tous ceux qu'ils rencontrent, et brisent la porte. Aussitôt les trente autres sortent de leur embuscade; les uns se précipitent dans la ville, les autres vont briser les portes les plus proches. La porte abattue, les deux mille entrent dans la ville et s'emparent de l'esplanade du théâtre. Les assiégés accourent de la muraille et de la porte de Perse pour avertir leurs compagnons de combattre. La porte s'ouvre pour leur retraite; quelques troupes du roi les suivent et passent avec eux. Pendant qu'ils s'en rendent maîtres, d'autres les brisent; d'autres se jettent dans la ville. Aribase et les assiégés s'opposent à leur passage; mais après une courte résistance ils se retirèrent dans la citadelle. Après quoi, Théodote et Lagoras se tinrent toujours autour du théâtre, observant habilement tout ce qui se passait; pendant que le reste de l'armée se répandait de tous côtés dans la ville et la soumettait au roi. Enfin les uns égorgeant ceux qu'ils rencontraient, les autres mettant le feu aux maisons, d'autres encore ne songeant qu'à piller et à faire un grand butin, toute la ville fut saccagée et ruinée. C'est ainsi qu' Antiochus devint maître de Sardes.

FRAGMENT XII.

Polybe, dans son livre sept, appelle les Massyliens Massyles [1].

—

Les peuples qui habitent Oricon sont situés dans la mer Adriatique, à la droite du navigateur qui y entre [2].

LIVRE HUITIÈME.

FRAGMENT I.

En quels cas il est pardonnable ou non de se fier à certaines personnes. — [Archidamus, roi de Lacédémone, Pélopidas de Thèbes, Cnéus Cornélius, sont blâmables de l'avoir fait. — Achéus fut aussi surpris, mais on ne peut lui en faire un crime.

Ce serait une chose trop hasardeuse que de décider en général si l'on doit blâmer ceux qui se sont fiés à certaines personnes, ou si l'on doit leur pardonner de l'avoir fait: la raison en est qu'il arrive souvent qu'après avoir pris toutes les précautions raisonnables, on ne laisse pas d'être trompé; car il y a des hommes contre la mauvaise foi desquels toutes les lois du monde ne mettraient pas à couvert. Cela ne doit cependant pas nous empêcher d'assurer qu'il est des temps et des circonstances où l'on doit blâmer les chefs qui se fient à certains hommes, et d'autres où la justice demande qu'on leur pardonne. Éclaircissons ce fait par des exemples.

Archidamus, roi des Lacédémoniens, s'était retiré de Sparte, parce que l'ambition de Cléomène lui était suspecte; mais peu de temps après s'étant laissé persuader, il revint et se remit entre les mains de son rival. Il en fut puni par la perte de sa dignité et de la vie, sans qu'aucune raison puisse justifier sa crédulité aux yeux des siècles futurs; car les choses étant au même état qu'elles étaient quand il se retira, et l'ambition de Cléomène n'ayant fait que s'accroître, était-il probable qu'il pût éviter de périr en se fiant à des gens à la fureur desquels il n'était échappé que par une espèce de miracle?

Pélopidas de Thèbes connaissant la scélératesse du tyran Alexandre, et persuadé de cette maxime, que tout tyran regarde comme ses plus grands ennemis ceux qui prennent la défense de la liberté publique, engagea Épaminondas à prendre les armes pour défendre non seulement la république de Thèbes, mais encore toutes les autres de la Grèce. Malgré cela, et quoiqu'il fût venu en Thessalie pour abattre et détruire la tyrannie d'Alexandre, ayant eu la faiblesse d'accepter deux fois les fonctions d'ambassadeur auprès de ce tyran, il tomba en sa puissance, nuisit par là beaucoup aux intérêts des Thébains, et, pour s'être fié témérairement à ceux-là même dont il devait le plus

(1) Étienne de Byzance.
(2) Idem.

se défier, il détruisit d'un coup toute la gloire qu'ils s'était précédemment acquise par ses belles actions. Le consul Cnéius Cornelius fit la même faute pendant la guerre de Sicile. On pourrait citer quantité d'exemples semblables, qui font voir combien sont blâmables ceux qui sans discernement s'abandonnent à la bonne foi de leurs ennemis.

On ne doit pas en user de même à l'égard de ceux qui prennent toutes les précautions qu'il est raisonnablement permis de prendre; car ne s'en fier absolument à personne, c'est ne vouloir jamais terminer les affaires. On n'est donc pas coupable lorsqu'on se risque après s'être assuré tous les gages de sûreté que comporte la circonstance. Or les meilleures assurances contre la mauvaise foi sont les sermens, les enfans, les femmes prises en otage, mais surtout les antécédens de ceux avec qui l'on traite. Quand malgré tout cela on tombe dans quelque piège, ce n'est plus ceux qui sont trompés, mais ceux qui trompent que l'on doit blâmer. Aussi la chose la plus importante est d'enchaîner la bonne foi de celui avec qui l'on traite par des liens qu'il ne puisse pas rompre. Mais comme il est rare d'en trouver de cette nature, la dernière ressource est de chercher de telles sûretés. Si nous sommes surpris, au moins on ne pourra pas nous en imputer la faute. Nous avons quantité d'exemples de cette sage conduite dans l'antiquité. Mais il y en a un illustre dans les temps dont nous faisons l'histoire, c'est celui d'Achéus, qui ayant pris, pour se mettre parfaitement à l'abri de la perfidie, toutes les sûretés qu'il est possible à un homme de prendre, tomba cependant au pouvoir des ennemis : mais loin qu'on lui en fît un crime, on eut compassion de son malheur, au lieu qu'on n'a eu que de la haine et de l'horreur pour ceux qui l'avaient trompé.

FRAGMENT II.

Grandes actions des Romains et des Carthaginois, constance opiniâtre de ces deux peuples dans leurs entreprises. — Utilité d'une histoire générale.

Je ne crois m'éloigner ni de mon sujet, ni du but que je me suis proposé au commencement de cet ouvrage, en arrêtant ici mes lecteurs pour leur faire considérer la grandeur des actions des deux républiques de Rome et de Carthage, et la constance opiniâtre avec laquelle elles poursuivaient leurs entreprises; car n'est-il pas surprenant que toutes deux ayant deux guerres importantes à soutenir, l'une en Italie, l'autre en Espagne, que ne pouvant fonder toutes deux que des espérances fort incertaines sur l'avenir, que courant toutes deux le même risque, elles ne se soient pas bornées à ces deux luttes, mais se soient encore disputé la Sardaigne et la Sicile, et que non seulement elles aient embrassé et fait réussir en espérance tant d'entreprises ; mais encore aient fourni des vivres et des munitions pour les mettre à exécution? On sera plus frappé encore, si l'on examine les choses en détail. Les Romains avaient en Italie deux armées complètes, commandées chacune par un consul; ils en avaient encore deux en Espagne; une sur terre que commandait Cnéius Cornelius, l'autre sur mer qui avait pour général Publ. Scipion. Il en était de même des Carthaginois. Les Romains avaient en outre une flotte à l'ancre sur les côtes de la Grèce pour suivre Philippe et observer ses desseins; flotte qui fut commandée successivement par Marcus Valerius et Publius Sulpicius. Appius commandait de plus cent galères à cinq rangs de rames, et Marcus Claudius avec une armée de terre menaçait la Sicile; et Amilcar faisait la même chose du côté des Carthaginois.

Après tous ces faits je ne pense pas que l'on puisse douter de la vérité de ce que j'ai avancé au commencement de cet ouvrage: qu'il n'est pas possible par la lecture des histoires particulières de voir l'ordre et l'économie qui règnent dans l'enchaînement des faits ; car comment, en ne lisant que les histoires de Sicile et d'Espagne, connaîtra-t-on quels moyens la fortune a employés, ou de quelle sorte de gouvernement elle s'est servi pour faire de nos jours ce qui ne s'était jamais fait, et ce qui peut passer pour un prodige, pour soumettre enfin à un seul empire et à une seule puissance toutes les parties connues de l'univers ? On peut bien apprendre par des histoires particulières comment les Romains ont pris Syracuse;

comment ils ont soumis l'Espagne à leur domination. Mais sans une histoire générale il est difficile de comprendre comment ils ont soumis toute la terre, quels obstacles particuliers ils ont rencontrés dans le vaste dessein de conquérir le monde entier, et quels sont les événemens et les circonstances qui ont secondé leurs efforts. On ne peut donc non plus sans cette histoire générale bien concevoir la grandeur des actions, ni les forces d'un gouvernement; car que les Romains se soient mis en marche pour subjuger l'Espagne ou la Sicile, qu'ils aient fait la guerre sur terre et sur mer, ces entreprises, à ne les regarder qu'en elles-mêmes, ne sont pas fort extraordinaires ; mais quand on considère que toutes ces entreprises et beaucoup d'autres s'exécutaient en même temps par la même puissance et le même gouvernement, et qu'on joint à cela les malheurs et les guerres dont l'Italie même était en même temps accablée, c'est alors que les faits se développent à l'esprit, et que l'on y voit tout ce qui mérite notre admiration. C'est ainsi qu'on les connaît comme ils doivent être connus. Cela soit dit contre ceux qui s'imaginent que la lecture des histoires particulières suffit pour nous donner la connaissance d'une histoire générale et universelle.

FRAGMENT III.

Siége de Syracuse.

Les Romains assiégeant Syracuse pressaient les travaux avec soin ; c'était Appius qui les dirigeait. A partir de cette partie de la ville que l'on appelle le portique Scythique et où le parapet du rempart s'avance au dessus de la mer même, il le fit entourer d'une circonvallation par son infanterie. Ayant mis en œuvre les béliers, les traits, et toutes les autres machines de guerre à l'usage des assiégeans, il espérait, à cause de la multitude de ses travailleurs, parvenir en cinq jours à prendre l'ennemi tout-à-fait au dépourvu : c'est qu'il ne songeait pas en effet à l'énergie et à l'adresse d'Archimède, et qu'il ne réfléchissait pas que souvent le génie d'un seul homme est plus puissant que les bras les plus innombrables. Mais c'est ce que les Romains apprirent à leurs dépens; car la ville étant d'ailleurs très-forte puisque ses remparts étaient bâtis sur des lieux très-élevés et s'avançant en saillie ; au point d'être inaccessibles même lorsqu'ils n'étaient pas défendues, si ce n'est en quelques endroits seulement, Archimède de plus avait rassemblé dans les murs de Syracuse une telle quantité de moyens de défense, tant contre les attaques par terre que contre les attaques par mer, que les assiégés non seulement n'avaient pas besoin de beaucoup de temps pour se préparer à soutenir le siège, mais pouvaient encore faire promptement face à toutes les tentatives des Romains. Appius ayant donc tout préparé pour le siège, se disposait à appliquer les béliers et les échelles aux murailles, du côté d'Hexapyle à l'orient.

FRAGMENT IV.

Marcus Marcellus attaque avec une armée navale l'Achradine de Syracuse. — Description de la sambuque. — Inventions d'Archimède pour empêcher l'effet des machines de Marcellus et d'Appius.

Lorsque Marcus Marcellus attaqua l'Achradine de Syracuse, sa flotte était composée de soixante galères à cinq rangs de rames, qui étaient remplies d'hommes armés d'arcs, de frondes et de javelots pour balayer les murailles. Il avait encore huit galères à cinq rangs de rames, d'un côté desquelles on avait ôté les bancs, aux unes à droite, aux autres à gauche, et que l'on avait jointes ensemble deux à deux par les côtés où il n'y avait pas de bancs. C'étaient ces galères qui, poussées par les rameurs du côté opposé à la ville, approchaient des murailles les machines appelées sambuques, et dont il faut expliquer la construction. C'est une échelle de la largeur de quatre pieds, qui étant dressée est aussi haute que les murailles. Les deux côtés de cette échelle sont garnis de balustrades et de courroies de cuir qui règnent jusqu'à son sommet. On la couche en long sur les côtés des deux galères jointes ensemble, de sorte qu'elle passe de beaucoup les éperons; et au haut des mâts de ces galères on attache des poulies et des cordes. Quand on doit se servir de cette machine, on attache les cordes à l'extrémité de la sambuque, et des hommes l'élèvent de dessus la poupe par le moyen des poulies : d'autres sur la proue aident aussi à l'élever avec des leviers. Ensuite lorsque les galères ont été poussées à terre par les rameurs des deux côtés extérieurs, on applique ces machines à la muraille. Au haut de l'échelle est un petit plancher bordé de claies de trois côtés, sur lequel quatre hommes repoussent en combattant ceux qui des murailles empêchent qu'on n'applique la sambuque. Quand elle est appliquée, et qu'ils sont arrivés sur la muraille, ils jettent bas les claies, et à droite et à gauche ils se répandent dans les créneaux des murs ou dans les tours. Le reste des troupes les suivent sans crainte que la machine leur manque, parce qu'elle est fortement attachée avec des cordes aux deux galères. Or ce n'est pas sans raison que cette machine a été appelée sambuque; on lui a donné ce nom, parce que l'échelle étant dressée, elle forme avec le vaisseau un ensemble qui a l'air d'une sambuque.

Tout étant préparé, les Romains se disposaient à attaquer les tours; mais Archimède avait aussi de son côté construit des machines propres à lancer des traits à quelque distance que ce fût. Les ennemis étaient encore loin de la ville qu'avec des balistes et des catapultes plus grandes et plus fortement bandées, il les perçait de tant de traits qu'ils ne savaient comment les éviter. Quand les traits passaient au-delà, il en avait de plus petites proportionnées à la distance, ce qui jetait une si grande confusion parmi les Romains, qu'ils ne pouvaient rien entreprendre; de sorte que Marcellus ne sachant quel parti prendre, fut obligé de faire avancer sans bruit ses galères pendant la nuit. Mais quand elles furent vers la terre à la portée du trait, Archimède inventa un autre stratagème contre ceux qui combattaient de dessus leurs vaisseaux. Il fit percer à hauteur d'homme et dans la muraille des trous nombreux et de la largeur de la main. Derrière ces meurtrières il avait posté des archers et des albalêtriers qui, tirant sans cesse sur la flotte, rendaient inutiles tous les efforts des soldats romains. De cette manière, soit que les ennemis fussent éloignés ou qu'ils fussent près, non seulement il empêchait tous leurs projets de réussir, mais encore il en tuait un grand nombre. Et quand on commençait à dresser des sambuques, et des machines disposées au dedans des murailles, et que l'on n'apercevait pas la plupart du temps, s'élevaient alors sur les forts et étendaient leurs becs bien loin en dehors des remparts. Les unes portaient des pierres qui ne pesaient pas moins de six cents livres, les autres des masses de plomb d'une égale pesanteur. Quand les sambuques s'approchaient, alors on tournait avec un câble les becs de ces machines où il était nécessaire, et, par le moyen d'une poulie que l'on lâchait, on faisait tomber sur la sambuque une pierre, qui ne brisait pas seulement cette machine, mais encore le vaisseau, et jetait ceux qui s'y trouvaient dans un extrême péril.

Il y avait encore d'autres machines qui lançaient sur les ennemis qui s'avançaient, couverts par des claies, afin de se garantir contre les traits lancés des murailles, des pierres d'une grosseur suffisante pour faire quitter la proue des navires à ceux qui y combattaient.

Outre cela, il faisait tomber une main de fer attachée à une chaîne, avec laquelle celui qui dirigeait le bec de la machine comme le gouvernail d'un navire, ayant saisi la proue d'un vaisseau, abaissait l'autre bout du côté de la ville. Quand, soulevant la proue dans les airs il avait dressé le vaisseau sur la poupe, alors liant le bras du levier pour le rendre immobile, il lâchait la chaîne par le moyen d'un moulinet ou d'une poulie. Il arrivait nécessairement alors que les vaisseaux ou bien tombaient sur le côté, ou bien étaient entièrement culbutés; et, la plupart du temps, la proue retombant de très-haut dans la mer, ils étaient submergés, au grand effroi de ceux qu'ils portaient. Marcellus était dans un très-grand embarras : tous ses projets étaient renversés par les inventions d'Archimède; il faisait des pertes considérables, les assiégés se riaient de tous ses efforts. Cependant il ne laissait pas que de plaisanter sur les inventions du géomètre. « Cet homme, disait-il, se sert de nos vaisseaux comme de cruches pour puiser de l'eau; et il chasse ignomineusement nos sambuques à coups de bâton, comme indignes de sa compagnie. » Tel fut le succès du siège par mer.

Appius ayant souffert les mêmes difficultés, s'était aussi désisté de son entreprise. Quoique son armée fût encore loin de la ville, elle était accablée des pierres et des traits que lançaient les balistes et les catapultes, tant était prodigieuse la quantité de traits qui en partaient et la force avec laquelle ils étaient lancés. C'étaient des machines dignes du prince qui en faisait les frais, et d'Archimède, qui les construisait et les faisait agir. Et lorsque les ennemis s'approchaient de la ville, repoussés par les traits qui leur étaient lancés à travers les meurtrières dont nous avons parlé, ils faisaient des efforts superflus. Si, couverts de leurs boucliers ils tentaient de monter à l'assaut, ils étaient écrasés par les pierres et les poutres qu'on leur faisait tomber sur la tête, sans parler des pertes que leur causaient ces mains de fer dont nous avons fait mention plus haut, et qui, enlevant les hommes avec leurs armes, les brisaient en les laissant retomber contre terre.

Ce consul s'étant retiré dans son camp avec Marcellus, et ayant assemblé son conseil, on y résolut de tenter toutes sortes de moyens pour surprendre Syracuse, à l'exception d'un siège en forme, et cette résolution fut exécutée; car pendant huit mois qu'ils restèrent devant la ville, il n'y eut sorte de stratagème que l'on n'inventât, ni d'actions de valeur que l'on ne fît, à l'assaut près, que l'on n'osa jamais tenter. Tant un seul homme a de force lorsqu'il sait employer son génie à la réussite d'une entreprise. Otez de Syracuse un seul vieillard, et les Romains, avec de si grandes forces sur terre et sur mer, s'en rendront immanquablement maîtres. Mais sa seule présence fait que l'on n'ose pas même l'attaquer, au moins de la manière qu'Archimède pouvait empêcher. L'unique ressource que les Romains crurent qu'il leur restait, fut de réduire par la faim le peuple nombreux qui était dans la ville. Pour cela, avec l'armée navale, on intercepta tous les vivres qui pouvaient leur venir par mer, et l'autre armée coupa tous les convois qui leur venaient par terre. Et pour ne point perdre entièrement le temps qu'ils devaient rester devant Syracuse, mais l'employer ailleurs à quelque chose d'avantageux, les consuls partagèrent leurs armées. Appius, avec les deux tiers, continua le siège de la ville; et Marcellus, avec l'autre tiers, alla porter le ravage dans les terres de ceux des Carthaginois qui avaient embrassé la cause des Siciliens.

FRAGMENT V.
Théopompe.

Philippe arrivé dans la Messénie saccagea tout le pays, et y fit de cruels ravages. La colère le transportait et ne lui permettait pas de réfléchir sur cette violence. Se peut-il qu'il espérât que les peuples infortunés, qu'il frappait sans cesse, recevraient ses coups sans se plaindre et sans le haïr? Au reste si dans ce livre et dans le précédent j'ai rapporté naïvement ce que je savais des mauvaises actions de Philippe, ce qui m'y a engagé, c'est, outre les raisons que j'ai déjà dites, le silence que gardent quelques historiens sur les affaires des Messéniens, et la faiblesse des autres, qui par inclination pour ce prince, ou par crainte de lui déplaire, non seulement ne blâment pas ses méfaits, mais lui en font un mérite. Ce défaut se remarque dans les historiens des autres princes comme dans ceux du roi de Macédoine. Aussi sont-ils bien moins historiens que panégyristes.

Dans l'histoire d'un monarque, on ne doit jamais ni blâmer ni louer contre la vérité. Il faut faire attention à ne pas démentir dans un endroit ce qu'on a dit dans un autre, et prendre garde surtout que ses inclinations y soient peintes au naturel. Il est vrai que ce conseil, qu'il est aisé de donner, est très-difficile à mettre en pratique; car dans combien de circonstances ne se trouve-t-on pas, où il n'est pas possible de dire ou d'écrire tout ce que l'on pense? Je pardonne donc à quelques-uns de n'avoir pas suivi, en écrivant, les règles que le bon sens prescrit, et que je viens d'exposer; mais on ne peut pardonner à Théopompe (35) de les avoir violées si grossièrement.

A l'entendre, il n'a entrepris l'histoire de Philippe fils d'Amyntas, que parce que l'Europe n'a jamais produit d'homme comparable à ce prince. Cependant dès la première page et dans la suite de son ouvrage il nous le représente comme un homme passionné à l'excès pour les femmes, et qui par là s'est exposé à perdre sa propre maison. Il nous le peint injuste et perfide à l'égard de ses amis et de ses alliés, asservissant les villes par ruse et par violence, adonné au vin jusqu'à paraître ivre en plein jour. Que l'on jette les yeux sur le commencement du neuvième et du quarantième de ses livres, on sera frappé des emportemens de cet écrivain. Voici entre autres choses ce qu'il a eu la hardiesse de dire, je me sers de ses propres termes :

« Si chez les Grecs ou chez les Barbares il
» se trouvait de ces insignes débauchés qui ont
» perdu toute pudeur, ces hommes-là s'assem-
» blaient en Macédoine autour de Philippe, et
» c'étaient là ses favoris. L'honneur, la sa-
» gesse, la probité n'entraient pas dans son
» cœur. Pour être bien reçu chez lui, y être
» considéré et élevé aux plus grandes charges,
» il fallait être prodigue, ivrogne, joueur. Et
» il n'encourageait pas seulement ses amis dans
» ces criminelles inclinations, il les piquait
» encore d'émulation à qui se signalerait da-
» vantage dans tout autre désordre. En effet,
» par quelle sorte de honte et d'infamie leur
» âme n'était-elle point souillée ? Quel senti-
» ment de vertu et d'honneur pouvait entrer
» dans leur cœur ? Les uns affectaient une toi-
» lette efféminée, les autres se livraient avec
» des hommes faits aux plus sales débauches.
» On en voyait qui menaient partout avec eux
» deux ou trois enfans, tristes victimes de
» leur détestable volupté, et qui se prêtaient à
» d'autres pour le même usage. A voir cette
» cour plongée dans la mollesse et dans les plus
» honteux plaisirs, on pouvait dire que Phi-
» lippe y avait non des favoris, mais des mi-
» gnons, et plutôt des femmes prostituées que
» des soldats. Car quoique les courtisans, dont
» il était environné, fussent naturellement
» cruels et sanguinaires, leur manière de vi-
» vre était telle qu'on ne peut rien s'imaginer
» de plus mou et de plus dissolu. Pour abréger,
» car j'ai trop de choses à dire pour m'arrêter
» long-temps sur chaque sujet, ceux qu'on ap-
» pelait amis et favoris de Philippe, étaient
» pires que les centaures, les lestrigons, et les
» animaux les plus féroces. »

Ces exagérations sont-elles supportables? Quel fiel ! Quelle langue empoisonnée ! Théopompe est coupable ici sur bien des chefs. Premièrement il n'est pas d'accord avec lui-même. En second lieu rien de plus calomnieux que ce qu'il avance contre Philippe et contre ses amis; enfin il calomnie en termes indignes d'un écrivain qui a quelque pudeur. Quand il aurait eu à peindre Sardanapale et sa cour, à peine eût-il osé employer les mêmes couleurs; ce Sardanapale, dis-je, ce roi si décrié pour sa vie molle et luxurieuse, et sur le tombeau duquel on lit cette épitaphe : « J'emporte avec » moi tous les plaisirs, que les excès de l'amour » et de la table ont pu me donner. » Mais à l'égard de Philippe et de ses amis, il s'en faut qu'on puisse rien leur reprocher de lâche ou de déshonorant; et tout écrivain qui entreprendrait leur éloge, ne pourrait rien dire de leur courage, de leur fermeté et de leurs autres vertus, qui ne fût beaucoup au dessous de ce qu'ils méritent. C'est par leurs travaux et par leur intrépidité qu'ils ont reculé les bornes du royaume de Macédoine. Sans parler de ce qu'ils ont fait sous Philippe, combien après sa mort n'ont-ils pas signalé leur courage dans les combats où ils se sont trouvés avec Alexandre! Ce prince a eu la principale part dans ces exploits, j'y consens; ce n'est pas à dire pour cela que ses amis ne lui aient été d'un grand secours. Combien de fois ont-ils défait leurs ennemis? Quelles fatigues n'ont-ils pas supportées? A quels dangers ne se sont-ils pas exposés? Quand dans la suite, possesseurs de grands états, ils ont eu tous les moyens de satisfaire leurs passions, jamais ils ne s'y sont livrés jusqu'à altérer leur santé ou faire quelque chose contre la justice ou contre la bienséance. On leur a toujours vu, soit du temps de Philippe, soit du temps d'Alexandre, la même noblesse de sentimens, la même grandeur d'âme, la même prudence et le même courage. Je ne les nomme pas, leurs noms sont assez connus.

Après la mort d'Alexandre, ils se disputèrent les uns aux autres les plus grandes parties de l'univers, et il nous ont transmis eux-mêmes par un grand nombre de monumens historiques la gloire qu'ils se sont acquise pendant ces guerres. Timée s'est emporté contre Agathocles, tyran de Sicile, beaucoup au-delà des bornes d'une juste modération : cependant on ne peut pas dire que ce soit sans raison. Il avait à parler d'un ennemi, d'un homme méchant, d'un tyran. Mais rien ne justifie Théopompe. Il se propose d'écrire l'histoire d'un prince que la nature semblait avoir formé pour la vertu, et il n'est point d'accusations honteuses et infâmes dont il ne le charge et le poursuive. Il faut donc, ou que l'éloge qu'il fait de Philippe au commencement de son histoire soit faux et bassement flatteur, ou que dans la suite de son ouvrage il ait perdu l'esprit, s'il s'est imaginé qu'en blâmant quelquefois son héros sans mesure et sans raison, il rendrait plus croyables les louanges qu'il devait lui donner en d'autres endroits.

Je doute que l'on approuve davantage le plan général de cet historien. Il entreprend d'écrire l'histoire de la Grèce, en la prenant où Thucydide l'a laissée; et quand on s'attend à lui voir décrire la bataille de Leuctres et les plus brillantes actions des Grecs, il laisse là la Grèce et se jette sur les exploits de Philippe. Or il aurait été, ce me semble, bien plus raisonnable d'insérer l'histoire de Philippe dans celle de la Grèce, que d'envelopper l'histoire de la Grèce dans celle de Philippe. Quelque ébloui que l'on fût de la dignité, et peut-être de la puissance royale, on ne saurait pas mauvais gré à un historien, qui en parlant d'un roi ferait mention des affaires de la Grèce; mais jamais historien sensé, après avoir commencé par l'histoire de la Grèce et l'avoir un peu avancée, ne l'interrompra pour écrire celle d'un roi. Mais quelle raison a forcé Théopompe à ne pas s'embarrasser de ces sortes d'écarts? C'est que d'un côté il n'y avait que de la gloire, et que de l'autre il trouvait son intérêt. Après tout, si on lui demandait pourquoi il a changé de dessein, peut-être aurait-il

des raisons à alléguer pour sa défense. Mais je ne pense pas qu'il pût dire pour quelle raison il a si cruellement diffamé la cour de Philippe. Il conviendrait probablement qu'en cela il a manqué au devoir d'historien, et à la vérité.

FRAGMENT VI.

Philippe fait empoisonner Aratus. — Modération de celui-ci, et honneurs qu'on lui rendit après sa mort.

Quoique les Messéniens se fussent déclarés ennemis de Philippe, ce prince n'en put tirer une vengeance qui soit digne d'être rapportée, bien qu'il ait entrepris de ravager leurs terres. Mais on ne peut rien voir de plus infâme que la manière avec laquelle il a traité ceux qui lui étaient le plus étroitement attachés. Il fit empoisonner Aratus, parce que ce vieillard vénérable n'avait point approuvé sa conduite à Messène, et pour commettre ce crime il eut recours au ministère de Taurion, qui sous ses ordres gouvernait le Péloponnèse. Cette infamie n'éclata point d'abord; car le poison n'était pas de la nature de ceux qui tuent sur le champ, mais de ceux qui conduisent lentement à la mort. Voici comment on découvrit ce crime. Aratus qui n'avait confié son secret à personne, ne put le cacher à un domestique fidèle et affectionné qui l'avait secouru avec beaucoup de soin et de zèle pendant sa maladie. Un jour que Céphalon (c'était le nom de ce domestique) avait aperçu contre la muraille un crachat mêlé de sang, et l'avait fait remarquer à son maître : «telle est, dit Aratus, la récompense de l'amitié que j'ai eue «pour Philippe.» Tel est le grand, l'admirable effet de la modération, que celui qui est victime d'une action criminelle, en a plus de honte que celui même qui en est auteur! Et c'est ce que fit alors Aratus, qui après avoir partagé avec Philippe les périls et la gloire de tant d'exploits, en fut si mal récompensé. Ainsi mourut Aratus, que les Achéens, par reconnaissance pour les bienfaits infinis qu'ils en avaient reçus, avaient mis à leur tête, et à qui ils avaient confié le timon de leur république. Ils lui rendirent après sa mort les honneurs qu'ils lui devaient; car on lui décerna des sacrifices et les honneurs que méritent les héros; on fit en un mot tout ce qu'il fallait pour consacrer sa mémoire à l'immortalité. De sorte que s'il reste quelque sentiment aux morts, il n'y a pas lieu de douter qu'Aratus n'ait vu avec plaisir la manière dont les Achéens reconnaissaient les tourmens et les fatigues qu'il avait supportés pour eux.

FRAGMENT VII.

Prise de Lisse et de la citadelle par Philippe.

Il y avait long-temps que Philippe convoitait Lisse et sa citadelle, et qu'il pensait sérieusement à s'en rendre maître. Il partit enfin à la tête d'une armée, et après avoir marché deux jours et traversé les défilés, il campa le long de l'Ardaxane assez près de la ville. Mais comme l'art et la nature avaient concouru à fortifier l'enceinte de cette place, tant du côté de la mer que du côté de la terre, et que la citadelle, qui n'était pas loin de la ville, paraissait être d'une hauteur et d'une force à ne craindre aucun assaut, il perdit toute espérance d'emporter celle-ci, et se borna à n'attaquer que la ville. Entre Lisse et le pied de la montagne où est la citadelle, est un espace tout-à-fait propre à livrer une attaque. Là Philippe résolut de faire une attaque simulée et de saisir le moment favorable pour mettre à exécution un stratagème qu'il imagina. Il donna aux Macédoniens un jour entier pour se reposer, et après les avoir exhortés à se conduire avec courage, il cacha avant le jour la plus grande et la meilleure partie de ses troupes légères dans des vallons boisés qui étaient du côté des terres, au dessus de l'espace dont nous avons parlé; et le jour suivant il mena ses soldats pesamment armés avec le reste de ses troupes légères de l'autre côté de la ville en cotoyant la mer. Puis ayant fait le tour de la ville, et étant revenu à l'endroit dont nous parlé, alors on ne douta point qu'il ne fît attaquer la ville par là.

Sur l'avis qu'on avait eu de l'arrivée de Philippe, il s'était assemblé de toute l'Illyrie un grand nombre de troupes dans Lisse. Dans la citadelle, que l'on croyait assez forte d'elle-même, on n'avait mis qu'une garnison médiocre. Dès que les Macédoniens approchèrent, les assiégés comptant sur leur nombre et leurs fortifications, sortirent en foule de la ville. Le roi avait posté ses soldats pesamment armés dans des lieux plats et unis, et avait donné ordre à ses troupes légères d'avancer vers les hauteurs et d'en venir courageusement aux mains avec les ennemis. Le combat fut quelque temps douteux. Mais ensuite les troupes de Philippe ne pouvant tenir contre les difficultés du terrain et le nombre des ennemis, cédèrent et se replièrent sur l'infanterie pesamment armée. Alors les assiégeans, comme pour les insulter, marchent en avant, descendent dans la plaine, et livrent combat aux soldats pesamment armés. La garnison de la citadelle s'aperçut que Philippe faisait marcher lentement en arrière ses cohortes les unes après les autres, et croyant que Philippe battait entièrement en retraite, elle quitta imprudemment son poste, persuadée que sans elle sa situation même le défendait assez. Ces troupes sortent peu à peu de la citadelle, et par différens défilés descendent avec impétuosité dans la plaine, où après la fuite des ennemis elles espéraient faire quelque butin. Alors celles du côté de Philippe qui étaient cachées dans des fonds boisés, sortent de leur embuscade et fondent sur la garnison. Les soldats pesamment armés reviennent à la charge; l'épouvante et la confusion se répandent parmi les ennemis. La garnison de Lisse prend la fuite en désordre et se réfugie dans la ville; mais celle de la citadelle fut coupée par l'embuscade. D'où il arriva ce que l'on attendait le moins, que Philippe prit la citadelle sans aucun danger. Pour la ville, elle fut attaquée si vivement par les Macédoniens qu'elle ne put tenir que jusqu'au lendemain. Philippe devenu le maître de Lisse et de sa citadelle d'une manière si extraordinaire, le devint en même temps de tous les lieux voisins. Entre autres la plupart des villes d'Illyrie lui ouvrirent d'elles-mêmes leurs portes. Après la prise de ces deux forteresses, on vit bien qu'il n'y en avait plus où l'on pût être à couvert contre ce prince, et que l'on ne pouvait lui résister impunément.

FRAGMENT VIII.

Achéus assiégé dans la citadelle de Sardes, est livré à ses ennemis par la trahison de Bolis, et condamné à une mort honteuse par Antiochus.

Bolis était Crétois de naissance, considéré pendant long-temps à la cour des Ptolémées et honoré du commandement. Il avait la réputation d'un homme adroit et d'une grande hardiesse à tout entreprendre, et passait pour n'être inférieur à personne dans l'art de la guerre. Sosibe se l'étant gagné par des entretiens fréquens et s'en étant fait un ami, lui dit qu'il ne pouvait, dans les circonstances présentes, faire un plaisir plus sensible au roi que de trouver un moyen de sauver Achéus. Bolis après l'avoir entendu, lui répondit qu'il y penserait, et se retira. Après y avoir bien songé, il alla au bout de deux ou trois jours trouver Sosibe, et lui dit qu'il se chargeait de l'affaire, qu'il avait demeuré quelque temps dans Sardes, qu'il avait une grande connaissance des lieux, et que Cambyle qui y commandait les Crétois au service d'Antiochus était non seulement son concitoyen, mais encore son parent et son ami. Or Cambyle était chargé de la garde d'un des forts qui sont derrière la citadelle; car comme on n'y peut établir aucunes fortifications, il n'avait pour défense que la troupe de Cambyle. Sosibe fut ravi de cette particularité, et demeura persuadé que, ou bien il était absolument impossible de tirer Achéus du péril où il était, ou que si cela était possible, nul autre plus que Bolis n'était capable de le faire. Cette chaleur avec laquelle Bolis se chargeait de cette entreprise, fit espérer un prompt succès. Sosibe de son côté lui promettait que l'argent ne lui manquerait pas pour l'exécution, et lui en promettait beaucoup plus quand l'affaire serait terminée, sans compter les récompenses qu'il devait attendre de la reconnaissance du roi et d'Achéus, récompenses qu'il exagéra le plus qu'il put pour exalter le courage et les espérances de Bolis.

Celui-ci prit la chose si fort à cœur, que s'étant muni de bonnes lettres de créance, il se mit sans délai sur mer. Il alla d'abord à Rhodes trouver Nicomaque, qui avait pour Achéus une tendresse de père, et qui avait autant de confiance en lui que s'il eût été son propre fils. De Rhodes il alla à Éphèse, où il s'aboucha avec Mélancome; car c'était de ces deux hommes qu'Achéus s'était prudemment servi pour communiquer avec Ptolémée. Après leur avoir fait part de ses projets, et les ayant trouvés prêts à le seconder de tout leur pouvoir, il envoya un de ses gens, nommé Arien, à Cambyle, avec ordre de lui dire que Bolis était venu d'Alexandrie pour lever quelques troupes étrangères; mais qu'il avait à conférer avec lui sur quelques affaires importantes, et qu'il lui marquât le temps et le lieu où ils pourraient conférer sans témoins. Cambyle n'eut pas plus tôt entendu ces instructions qu'il se rendit à tout ce que l'on demandait de lui, et renvoya le messager, qui dit à son maître le jour et le lieu où ils devaient tous deux se rendre pendant la nuit.

Bolis en homme fourbe et artificieux, selon le génie de sa nation, avait établi tout son plan dans sa tête, et l'avait considéré sous toutes les faces; arrivé au rendez-vous, il donne une lettre à Cambyle, et sur cette lettre ils tiennent un conseil vraiment digne de deux Crétois. On n'y délibéra point sur les mesures qu'il fallait prendre pour tirer Achéus du danger où il était; on n'y parla point de la foi qui se devait garder aux hommes qui lui avaient confié cette mission; ils ne songèrent qu'à leur sureté propre et à ce qui pourrait leur apporter le plus de profit. Il ne fallut pas beaucoup de temps à ces deux hommes perfides pour convenir, premièrement que les dix talens reçus de Sosibe seraient partagés en commun, et en second lieu qu'après avoir reçu d'Antiochus de l'argent et des espérances dignes d'un si grand service, ils lui déclareraient toute l'affaire, et lui promettraient que pourvu qu'il voulût les seconder, ils lui livreraient Achéus.

Cambyle prit sur lui ce qu'il y avait à faire auprès d'Antiochus, et Bolis donna sa parole que dans quelques jours il enverrait Arien à Achéus avec des lettres de Nicomaque et de Mélancome; mais il laissa à l'autre le soin de faire en sorte qu'Arien pût entrer dans la citadelle et en sortir en toute sûreté. Ils étaient encore convenus que si Achéus tombait dans le piége et répondait à Nicomaque et à Mélancome, Bolis se chargerait de l'exécution et viendrait se joindre à Cambyle. Les emplois ainsi partagés, ils se séparèrent, et chacun de son côté fit ce dont on était convenu.

Cambyle à la première occasion s'ouvrit au roi sur le projet. Une nouvelle si extraordinaire produisit dans Antiochus des mouvemens différens. Tantôt ne se possédant pas de joie, il promettait tout ce qu'on lui demandait. Tantôt n'osant y ajouter foi, il se faisait répéter et les projets et les moyens de l'exécuter. Puis revenant à croire ce que Cambyle lui disait et se persuadant que c'était une protection visible des Dieux, il priait et pressait avec instance Cambyle d'achever ce qu'il avait commencé.

Bolis agissait avec le même empressement auprès de Nicomaque et de Mélancome, qui ne doutant pas qu'il n'agît avec bonne foi, donnèrent à Arien sans hésiter des lettres écrites en certains caractères dont ils étaient convenus de se servir, et l'envoyèrent à Achéus. Ces lettres l'exhortaient à s'en fier entièrement à Bolis et à Cambyle, mais elles étaient écrites de manière que, quand elles eussent été interceptées, on n'aurait pu déchiffrer rien de ce qu'elles contenaient.

Arien ayant été introduit par Cambyle dans la citadelle, remit les lettres à Achéus; et comme dès le commencement il avait été initié à tous les projets, il lui rendait exactement compte du plan que l'on avait conçu. Interrogé sur différentes particularités qui regardaient ou Sosibe, ou Bolis, ou Nicomaque, ou Mélancome, ou Cambyle, il répondait juste à toutes les questions. Et il répondait avec autant d'aplomb et de fermeté, que s'il se fût agi de lui-même, parce que la conjuration que tramaient entre eux Cambyle et Bolis lui était inconnue. Ces réponses d'Arien jointes aux lettres de Nicomaque et de Mélancome, ne permirent pas à Achéus de révoquer en doute ce qu'assurait Arien. Il le renvoya avec des lettres pour ceux qui lui avaient écrit.

Après plusieurs voyages semblables, enfin Achéus ne trouva rien de mieux à faire que de s'en fier entièrement à Nicomaque, d'autant plus qu'il ne lui restait aucune autre espérance de sortir du péril où il était. Il manda qu'il était prêt à se mettre entre les mains de Bolis et d'Arien, et qu'on n'avait qu'à les envoyer. Son dessein était d'abord de se tirer du danger qui le menaçait, et ensuite de prendre la route de la Syrie; car il se persuadait que paraissant tout d'un coup chez les Syriens après une délivrance si extraordinaire et pendant qu'Antiochus était encore devant Sardes, sa présence ne manquerait pas de causer parmi eux de grands mouvemens, et de faire beaucoup de plaisir aux peuples d'Antioche, de la Cœlosyrie et de Phénice. L'esprit rempli de ces grands projets, il attendait Bolis avec impatience. Mélancome ayant reçu ces lettres, fait de nouvelles instances auprès de Bolis, se flatte de nouvelles espérances et l'envoie. Celui-ci avait fait auparavant partir Arien pour avertir Cambyle de la nuit qu'il avait choisie pour aller le joindre au lieu marqué: ils passèrent ensemble un jour entier à délibérer sur les mesures qu'ils avaient à prendre, et la nuit suivante ils entrèrent dans le camp. Le résultat de la délibération fut que, si Achéus sortait de la citadelle ou seul ou accompagné d'un second avec Boris et Arien, il serait aisé de s'en saisir, mais que la chose ne serait pas facile, si sa suite était plus nombreuse, surtout avec le dessein qu'ils avaient de l'amener vivant à Antiochus, pour faire plus de plaisir à ce prince; et par cette raison il fallait qu'Arien en amenant Achéus de la citadelle, marchât devant lui, comme connaissant mieux qu'un autre ce chemin qu'il avait fait souvent, et que Bolis marchât derrière, afin que quand on serait arrivé à l'endroit où par les soins de Cambyle tous ceux qui étaient d'intelligence dans cette affaire, se trouveraient prêts, il s'emparât de la personne d'Achéus, de peur où que pendant le tumulte et dans l'obscurité il ne parvînt à s'enfuir dans des lieux couverts, ou que dans le désespoir il ne se précipitât du haut de quelque rocher, et ne fît ainsi manquer le dessein qu'ils avaient de le mener vivant à Antiochus.

Tout étant ainsi disposé, Bolis retourna trouver Cambyle, qui dans la même nuit le conduisit à Antiochus, et le laissa seul avec lui. Le roi lui fit mille caresses, lui confirma les promesses qu'il lui avait déjà faites, et les exhorta vivement l'un et l'autre à se hâter autant que possible. Les deux perfides retournent au camp, et avant le jour Bolis part avec Arien pour aller à la citadelle, où ils entrèrent avant que le jour parût.

Achéus reçut Bolis avec beaucoup de marques d'amitié, et lui demanda de nombreux détails sur tout ce qui regardait l'affaire qui les amenait, et jugeant sur son air et sa conversation qu'il était homme à faire bien espérer de ce qu'il entreprendrait, il se livrait à la joie que lui donnait l'espoir d'une délivrance prochaine; mais cette joie n'était pas telle qu'elle ne fût quelquefois troublée par l'inquiétude où le jetait la vue des graves conséquences que sa sortie de la citadelle pouvait avoir. Dans cette incertitude, comme il avait joint à une grande pénétration une longue expérience, il ne jugea pas à propos de s'abandonner entièrement à la bonne foi de Bolis. C'est pourquoi il lui dit que, dans le moment, il ne lui était pas possible de le suivre, mais qu'il enverrait avec lui trois ou quatre amis à Mélancome, et que sur leur rapport il se tiendrait prêt à sortir. Achéus par là prenait toutes les précautions qu'il pouvait prendre, mais il ne songeait pas qu'il avait affaire à un Crétois; car Bolis s'était préparé à tout ce qu'on lui pourrait objecter sur cette entreprise.

La nuit venue, pendant laquelle Achéus avait dit qu'il enverrait trois ou quatre de ses amis, il fit aller Arien et Bolis à la porte de la citadelle, et leur donna ordre d'y attendre ceux qui devaient partir avec eux. Pendant ce temps-là il révéla enfin à sa femme ce qu'il avait entrepris. Laodice fut si effrayée d'une nouvelle si extraordinaire, qu'elle en pensa mourir. Achéus l'ayant encouragée et ayant flatté sa douleur par l'espérance d'un meilleur sort, il prit quatre de ses amis à qui il fit revêtir des habits grossiers, il en prit un lui-même des plus simples, et dans cet état tous cinq se mirent en chemin. Il avait donné ordre à un de ses amis de répondre seul à tout ce qu'Arien dirait, de s'informer de lui seul de ce qu'il y aurait à faire, et de dire que les autres étaient des Barbares. Quand ils eurent joint Arien, celui-ci marcha devant comme sachant le chemin; Bolis suivit selon qu'on était convenu, non sans inquiétude sur le succès de sa trahison; car quoiqu'il fût Crétois, et par conséquent toujours sur ses gardes contre tout le monde, il ne pouvait dans l'obscurité ni reconnaître Achéus, ni savoir même s'il était dans la troupe. Mais comme la descente était difficile et escarpée, qu'il y avait même des pas glissans et dangereux, l'attention que l'on eut, tantôt à soutenir, tantôt à attendre Achéus, donna moyen à Bolis de le distinguer: ce qu'il aurait eu peine à faire sans ces attentions qu'on avait coutume d'avoir pour lui, et dont on ne pensa point alors à s'abstenir.

Quand on fut arrivé au lieu désigné par Cambyle, Bolis donna le signal par un coup de sifflet. Alors ceux qui étaient en embuscade saisissent les quatre amis; mais Bolis se jette lui-même sur Achéus, qui avait les bras cachés sous ses habits, et le serre par le milieu du corps, de peur qu'il ne lui prît idée de se percer d'un poignard qu'il avait apporté. Le malheureux Achéus se trouve en un moment environné de tous côtés; ses ennemis se rendent maîtres de lui et le conduisent sur le champ à Antiochus.

Ce prince attendait rêveur et inquiet l'issue de l'entreprise. Il avait congédié ses convives, et restait seul et privé de sommeil dans sa tente avec deux ou trois de ses gardes. Quand la troupe de Cambyle fut entrée, et qu'elle eut assis contre terre Achéus lié et garrotté, ce spectacle lui interdit tellement la parole, qu'il fut long-temps sans pouvoir proférer un mot. Il fut si sensiblement touché de ce spectacle qu'il ne put retenir ses larmes. Peut-être se représentait-il alors combien il est difficile de se mettre à l'abri des coups imprévus de la fortune. Cet Achéus qui était fils d'Andromaque, frère de Laodice, femme de Séleucus, qui avait épousé Laodice fille du roi Mithridate, qui avait régné sur tout le pays d'en deçà du mont Taurus, que ses troupes et celles de ses ennemis croyaient en sûreté dans la place la plus forte de l'univers, cet Achéus était là assis contre terre, au pouvoir de ses ennemis les plus acharnés, sans que personne connût alors cette trahison, excepté ceux qui en étaient les auteurs. Le lendemain au point du jour quand les courtisans se furent assemblés suivant l'usage dans la tente du roi, et qu'ils aperçurent Achéus, sa vue produisit sur eux le même effet que sur le roi ; à peine osèrent-ils en croire leurs propres yeux. On délibéra ensuite pour savoir quels supplices on ferait souffrir à cet infortuné prince. Il fut conclu qu'après avoir été d'abord mutilé, il aurait la tête tranchée et cousue dans une peau d'âne, et que le reste de son corps serait pendu à un gibet. Cette exécution causa une si grande surprise et une si grande consternation dans l'armée, que Laodice qui savait seule que son mari était sorti de la citadelle, conjectura son sort en voyant du haut des remparts la confusion et le trouble qui régnaient parmi les soldats. Un héraut étant venu ensuite apprendre à Laodice le sort de son mari, et lui commander de ne se plus mêler des affaires et de sortir de la citadelle, la garnison ne répondit d'abord que par des larmes et des gémissemens inexprimables, non tant à cause de l'amour qu'ils avaient pour Achéus, que parce qu'ils ne s'attendaient à rien moins qu'à un événement si extraordinaire. Après les pleurs, ce fut un embarras extrême de savoir quel parti on prendrait. Antiochus, après la mort d'Achéus, pressa la citadelle sans relâche, persuadé que quelque occasion se présenterait d'y entrer, et que ce serait surtout la garnison qui la lui ferait naître. C'est ce qui ne manqua pas d'arriver. Une sédition s'étant élevée parmi les soldats, il se forma deux partis, l'un pour Ariobaze, l'autre pour Laodice. Et comme ils se défiaient l'un de l'autre, ils ne furent pas long-temps sans se rendre à Antiochus eux et la citadelle. Ainsi périt Achéus, qui après avoir vainement pris toutes les précautions que la raison réclame pour se défendre contre la perfidie, laisse deux grandes leçons à la postérité ; la première, qu'il ne faut ajouter foi facilement à personne ; l'autre que l'on ne doit point s'enorgueillir de la prospérité, mais bien se persuader qu'étant hommes nous devons nous attendre à tout ce qui peut arriver aux hommes.

FRAGMENT IX.

Cavarus, gouverneur des Gaulois dans la Thrace.

Cavarus, gouverneur des Gaulois qui habitaient la Thrace, pensait noblement et avait des sentimens dignes d'un roi. Il fit en sorte que les marchandises pussent naviguer sur le Pont-Euxin sans courir de dangers, et fut d'un grand secours aux Byzantins pendant les guerres qu'ils eurent à soutenir contre les Thraces et les Bithyniens [1].

FRAGMENT X.

Polybe dans le huitième livre de son histoire rapporte que Cavarus le Gaulois, qui était du reste un homme vertueux, fut perverti par Sostrate de Calcédoine, son conseiller [2].

FRAGMENT XI.

Antiochus étant venu camper devant Armosate (ville située entre l'Euphrate et le Tigre dans le territoire appelé la Belle-Plaine) et se préparant à en faire le siége, Xerxès gouverneur de cette place ayant bien compris les préparatifs du roi, eut d'abord le dessein de fuir. Quelque temps après craignant que, la capitale prise, il ne fût dépouillé de tous ses états, il changea de sentiment et envoya demander une conférence à Antiochus. Les courtisans du roi étaient d'avis qu'il se saisit de ce jeune prince qui se présentait de lui-même, et qu'il donnât le royaume à Mithridate son neveu. Mais le roi de Syrie, loin de suivre ces conseils violens, reçut le jeune roi, fit la paix avec lui, et lui fit remise de la plus grande

---

[1] Fragmens de Valois.
[2] Athénée liv. VI, ch. XIII.

partie des tributs que son père lui devait. Il se contenta de trois cents talens, de mille chevaux et de mille mulets avec leurs harnais. Il mit ordre aux affaires du royaume, et donna en mariage à Xerxès Antiochis sa fille. Un procédé si noble et si généreux lui fit beaucoup d'honneur et lui gagna les cœurs de tous les peuples de cette contrée[1].

FRAGMENT XII.
Annibal prend la ville de Tarente par trahison.

Les Tarentins n'étaient d'abord sortis de la ville que comme pour faire quelque expédition. S'étant une nuit approchés du camp des Carthaginois, quelques-uns restèrent cachés dans un bois qui était sur le chemin; mais Philémène et Nicon allèrent jusqu'aux portes du camp. Saisis par les gardes, ils furent conduits à Annibal sans dire ni d'où ils étaient, ni qui ils étaient, mais annonçant seulement qu'ils voulaient parler au général. Quand ils lui eurent été présentés, ils lui dirent qu'ils seraient bien aises de l'entretenir sans témoins. Annibal ne demandant pas mieux ils commencèrent par une longue apologie de leur conduite et de celle de leur patrie, et finirent en chargeant les Romains de quantité d'accusations différentes, pour faire entendre à Annibal que ce n'était pas sans raisons qu'ils avaient pris le parti de les abandonner. Ce général, après les avoir loués de leur résolution et leur avoir témoigné beaucoup d'amitié, les renvoya en leur ordonnant de revenir au plus tôt lui parler une seconde fois de cette affaire. Et pour avoir le temps de penser mûrement à ce que ces jeunes gens lui avaient proposé, et faire croire aux Tarentins que ceux-ci étaient en effet sortis de la ville pour butiner, il leur dit que quand ils seraient à une distance raisonnable du camp, ils n'avaient qu'à pousser devant eux les bestiaux qui paissaient et les hommes qui les gardaient, qu'ils ne craignissent pas d'être poursuivis, qu'il veillerait à leur sûreté.

Nicon suivit exactement les ordres qu'il avait reçus, et Annibal était charmé de voir que l'occasion se fût enfin présentée de se rendre maître de Tarente. Philémène poussait

[1] Fragmens de Valois.

encore l'affaire avec plus de chaleur, excité à cela tant par la sûreté avec laquelle il pouvait parler à Annibal et par l'accueil que lui faisait ce général, que parce que la quantité de butin qu'il faisait entrer dans la ville le mettait hors de tout soupçon. En effet, il amenait assez de bestiaux et pour les sacrifices, et pour nourrir ses concitoyens; non seulement on le croyait de bonne foi, mais encore il excitait beaucoup de gens à l'imiter.

Étant sortis pour la seconde fois, et ayant agi tout-à-fait de la même manière, ils donnèrent des assurances à Annibal et en reçurent de lui. Les conditions du traité furent: qu'il mettrait les Tarentins en liberté; qu'il n'exigerait d'eux aucun tribut; qu'il ne leur imposerait aucune loi, et que quand il serait entré dans la ville, le pillage des maisons qu'y avaient les Romains, appartiendrait aux Carthaginois. Ils convinrent aussi avec Annibal d'un signal, pour être promptement reconnus par la garde de son camp quand ils y viendraient de la ville. Par ce moyen ils avaient toute liberté de venir trouver Annibal aussi souvent qu'ils le voulaient, tantôt sous le prétexte de butiner, et tantôt pour aller à la chasse.

Après avoir pris ses mesures pour l'avenir, pendant que la plupart des conjurés épiaient l'occasion d'exécuter leur projet, on envoyait Philémène à la chasse. Car comme il avait une forte passion pour cet exercice, on s'imaginait qu'il n'y en avait point qu'il eût plus à cœur. C'est pour cela qu'il fut chargé de se concilier, en faisant des présens du produit de sa chasse, premièrement l'amitié de Caius Livius qui commandait dans la ville, et ensuite celle des gardes de la porte appelée Téménide. Philémène s'étant acquis cette confiance, faisait entrer sans cesse du gibier dans la ville, soit celui qu'il avait pris lui-même à la chasse, soit celui qui lui avait été préparé par Annibal. Il en donnait une partie au commandant. Il faisait part de l'autre aux gardes de la porte, afin qu'ils fussent toujours prêts à lui ouvrir le guichet; car il entrait et sortait la plupart du temps pendant la nuit, en apparence par la crainte des ennemis, mais en effet parce que ses projets le réclamaient ainsi.

Philémène ayant ainsi accoutumé les gardes à lui ouvrir le guichet sans délai, toutes les fois qu'approchant de la muraille pendant la nuit il donnerait un coup de sifflet pour les avertir, les autres conjurés, qui avaient appris que Livius commandant pour les Romains dans la ville, devait donner certain jour un festin à de nombreux convives dans le musée près du forum, choisirent ce jour avec Annibal pour l'exécution de leur dessein. Avant ce temps-là ce général avait déjà feint une indisposition, afin que les Romains ne fussent pas surpris de le voir rester si long-temps dans le même endroit ; mais alors il s'était fait passer pour beaucoup plus gravement malade, et se tenait éloigné de Tarente de trois jours de marche.

Le temps de l'exécution étant venu, il choisit, tant cavaliers que fantassins, dix mille hommes des plus agiles et des plus braves, et leur ordonna de prendre des vivres pour quatre jours, et au point du jour il se mit en marche, donnant ordre à quatre-vingts cavaliers numides de marcher devant l'armée à environ trente stades, et de s'écarter à droite et à gauche du chemin, de peur que l'armée ne fût aperçue, et afin de prendre ceux qui se rencontreraient sur la route, ou de crainte que ceux qui échapperaient ne portassent à la ville la nouvelle que la cavalerie numide parcourait le pays. Quand cette cavalerie eut avancé environ cent-vingt stades, Annibal fit reposer ses soldats sur le bord d'une rivière, où l'on ne pouvait les découvrir, et là ayant assemblé les chefs, sans leur expliquer ouvertement son dessein, il se contenta, pour les porter à se signaler dans cette occasion, de les assurer que jamais leur valeur n'aurait été mieux récompensée. Il leur recommanda ensuite de faire garder exactement à chacun son rang dans la marche, de punir sévèrement ceux qui le quitteraient, de faire attention aux ordres qui leur seraient donnés, et de ne faire exactement que ce qui leur serait commandé.

Ensuite ayant renvoyé ces officiers chacun à son poste, le soir venu, il fait avancer son avant-garde, dans le dessein d'être au pied des murs vers minuit. Philémène servait de guide, portant avec lui un sanglier pour se faire ouvrir la porte. Livius, comme les conjurés l'avaient prévu, était ce jour-là avec ses amis dans le musée, et il était au milieu du festin, lorsque le soir on vint l'avertir que les Numides fourrageaient dans la campagne. Ne pensant pas qu'il y eût autre chose, le soupçonnant même beaucoup moins à cause de cette nouvelle, il fit appeler quelques centurions, et leur commanda de prendre au point du jour la moitié de la cavalerie pour arrêter ces courses.

Dès que la nuit fut venue, Nicon, Tragisque et les autres conjurés s'étant rassemblés dans la ville, épiaient le moment où Livius reviendrait chez lui. Il ne tarda point à sortir, parce que le repas s'était fait de jour. Alors pendant que quelques conjurés se tenaient à l'écart, quelques autres vont au devant de Livius, et plaisantent entre eux comme pour imiter des gens qui sortaient de table. Quand ils furent proche de Livius, que le vin avait beaucoup égayé, on rit, on dit force bons mots de part et d'autre, et rebroussant chemin on conduit ainsi le commandant jusqu'à son logis, où n'ayant rien de fâcheux ou de triste dans l'esprit, et ne respirant au contraire que la joie et la mollesse, il succomba d'abord à ce sommeil profond où fait tomber le vin que l'on prend pendant le jour. Ce fut alors que Nicon et Tragisque allèrent rejoindre leurs compagnons, et que se divisant en trois bandes, ils se portèrent aux avenues les plus commodes du forum, afin que rien de ce qui se passerait au dehors ou dans la ville ne leur fût caché. Il y en eut aussi qui se mirent auprès du commandant, persuadés que s'il naissait quelque soupçon de ce qui menaçait Livius, ce serait à lui qu'on en apporterait les premières nouvelles ; et que ce qui se ferait pour détourner le danger, se ferait d'abord par lui. Enfin quand les convives se furent retirés, que le tumulte eut cessé, et que toute la ville fut endormie, au milieu de la nuit, toutes choses semblant réussir aux conjurés, ils se réunirent pour l'exécution de leur complot.

Ils étaient convenus avec les Carthaginois, qu'Annibal s'approcherait de la ville du côté des terres qui regarde l'orient, en prenant le chemin de la porte Téménide; qu'il allumerait un feu sur le tombeau appelé par quelques-uns d'Hyacinthe, et par quelques autres d'Apollon Hyacinthe; que Tragisque voyant ce feu en allumerait un autre au dedans de la ville; et qu'ensuite Annibal ayant éteint son feu s'avancerait lentement et sans bruit vers la porte.

Cet arrangement pris, nos conjurés traversent la partie habitée de la ville, et viennent aux tombeaux; car le côté oriental de la ville est tout couvert de ces sortes de monumens, parce que, pour obéir à un ancien oracle qui leur avait prédit que plus ils seraient d'habitans plus ils seraient heureux, entendant cet oracle des morts comme des vivans, ils enterrent tous leurs morts au dedans de la ville. Arrivés au tombeau de Pythionique, ils attendirent qu'Annibal allumât son feu, qui ne fut pas plus tôt allumé, que Nicon et Tragisque pleins de confiance firent aussi le leur; et quand celui d'Annibal fut éteint, ils courent avec impétuosité à la porte pour en égorger la garde, avant que les Carthaginois qui devaient marcher lentement y arrivassent. L'expédition réussit; on surprend la garde, et pendant qu'une partie des conjurés la tue, l'autre brise la porte. Annibal arrive à propos, ayant si prudemment disposé la marche qu'on n'en eut dans la ville aucune connaissance.

Cette entrée s'étant faite sûrement et sans bruit selon le projet, Annibal croit déjà la chose fort avancée et traverse hardiment la grande rue qui conduit au marché. Il avait laissé sa cavalerie, au nombre de deux mille chevaux, hors de la porte, pour servir au besoin, en cas qu'il parût quelques ennemis au dehors, ou qu'il arrivât quelque accident imprévu, comme c'est assez l'ordinaire dans ces sortes d'entreprises. Quand il fut aux environs du forum, il fit faire halte à ses troupes, en attendant qu'il eût des nouvelles de Philémène, dont il était fort inquiet; car après avoir décidé d'entrer par la porte Téménide, il avait envoyé Philémène avec son sanglier et mille Africains à la porte voisine, afin qu'usant non d'un seul moyen, mais de plusieurs, selon qu'on était convenu, on eût aussi plus d'espérance de réussir.

Or Philémène s'étant approché de la muraille suivant son habitude et ayant donné un coup de sifflet, un garde descendit pour lui ouvrir le guichet. Pour le presser, Philémène lui dit de dehors qu'il se hâtât d'ouvrir, parce qu'ils étaient fort chargés, et qu'ils apportaient un sanglier. A ces mots ce garde espérant qu'il lui reviendrait quelque chose de cette chasse, parce qu'il avait toujours eu sa part des précédentes, ouvrit avec beaucoup d'empressement. Philémène qui était aux deux premiers bras du brancart, entra le premier avec un autre, en habit de pâtre, qu'il fit passer pour un paysan. Deux autres le suivent portant les deux autres bras de la civière. Entrés tous quatre, ils commencent par poignarder le garde qui leur avait ouvert le guichet, et qui s'occupait imprudemment à regarder et à manier le sanglier. Ensuite ils font entrer par le guichet les trente premiers Africains, dont les uns brisent la porte, les autres tuent le reste des gardes. On donne après cela le signal; les autres Africains entrent et sont conduits au forum selon ce qui avait été publié.

Annibal, en les voyant, ravi de ce que tout lui réussissait à souhait, pensa à faire réussir le reste. Il partagea les deux mille Gaulois qu'il avait, en trois corps, et mit à la tête de chacun deux des conjurés. Il y joignit deux de ses capitaines, avec ordre de se saisir des avenues les plus commodes du forum. Aux conjurés, il leur ordonna de ne faire aucun mal arx citoyens qu'ils rencontreraient, et de leur crier de loin qu'ils ne sortissent point de chez eux, et qu'ils n'avaient rien à craindre. Mais les officiers des Gaulois et des Carthaginois eurent ordre de faire main-basse sur tout ce qui se présenterait de Romains; toutes choses qui furent d'abord exécutées.

Quand on sut dans la ville que les ennemis y étaient entrés, tout fut rempli de clameurs et de confusion. Livius en fut averti; mais sentant que le vin ne lui permettait pas d'agir, il sortit de sa maison avec ses domestiques, et se faisant ouvrir le guichet de la porte qui conduit au port, il entra dans un des vaisseaux qui étaient à l'ancre, et se rendit avec ses gens dans la citadelle. Après cela Philémène, qui avait disposé des trompettes romaines et des gens qui s'étaient accoutumés à en jouer, fit sonner de cet instrument de dessus le théâtre ; aussitôt les Romains courent en armes à la citadelle, et entrent par là dans les vues des Carthaginois ; car se répandant sans ordre dans les places, les uns tombèrent entre les mains des Carthaginois, les autres entre celles des Gaulois, qui en firent un carnage horrible.

Pendant ce temps-là les Tarentins, ne pouvant savoir au vrai ce qui se passait, restraient tranquilles chez eux. Comme ils n'entendaient que des trompettes romaines, et que dans la ville il ne se faisait ni désordre ni pillage, ils crurent que ce mouvement ne venait que des Romains. Mais quand le jour fut venu, et qu'ils virent leurs troupes tuées sur la place, et des Gaulois qui les dépouillaient, alors ils soupçonnèrent qu'il fallait que les Carthaginois fussent entrés.

Annibal ayant rangé ses troupes en bataille sur la place publique, après que les Romains se furent retirés dans la citadelle où ils tenaient garnison, et que le jour fut plus avancé, fit publier par un héraut que les Tarentins eussent à s'assembler sans armes dans le forum. Aussitôt les conjurés coururent de côté et d'autre dans la ville, criant liberté, et exhortant les habitants à ne rien craindre sous la protection des Carthaginois. Ceux des citoyens qui étaient attachés aux Romains, entendant ces cris, allèrent les joindre dans la citadelle, mais le reste aima mieux obéir à l'ordre d'Annibal. Ce général leur parla avec beaucoup de douceur, et il ne dit rien qui ne fût reçu avec applaudissemens, tant on était surpris d'une délivrance si extraordinaire. Il congédia ensuite l'assemblée, enjoignant à chacun, à son retour dans sa maison, d'écrire sur-le-champ sur la porte, TARENTIN, et défendant sous peine de la vie d'écrire le même mot sur la porte d'aucun Romain. Puis distribuant dans différens quartiers ceux de ses soldats qu'il croyait les plus propres à ces sortes de coups de main, il les envoya piller les maisons des Romains, qu'ils connaîtraient en ne voyant rien d'écrit sur les portes, et retint les autres en ordre de bataille pour secourir les premiers en cas d'alarme. Les Carthaginois firent dans ce pillage un butin prodigieux, et qui répondait pour le moins aux espérances qu'ils en avaient conçues.

Ils passèrent cette nuit sous les armes ; mais le lendemain Annibal ayant tenu conseil avec les Tarentins, résolut d'élever une muraille entre la citadelle et la ville, afin que les citoyens n'eussent plus rien à appréhender de la part des Romains qui occupaient la citadelle. D'abord il commença par conduire un retranchement parallèle à la muraille et au fossé de cette forteresse ; mais se doutant bien d'un côté que les ennemis ne le souffriraient pas, et qu'au moins dans cette occasion ils mettraient en œuvre toutes leurs forces, et jugeant de l'autre que rien n'était plus nécessaire dans la conjoncture présente que de donner de la terreur aux Romains et d'inspirer de la confiance aux citoyens de Tarente, il fit choix des meilleures troupes pour repousser tout ce qui s'opposerait à cet ouvrage. Les Romains se présentèrent en effet dès que l'on eut commencé à jeter le retranchement. Annibal vint et ne fit d'abord qu'une légère escarmouche, seulement pour les engager au combat. Quand il y en eut un certain nombre en-deçà du fossé, Annibal donne le signal à ses troupes ; on fond sur les ennemis ; il se livre un grand combat, autant du moins que cela pouvait être dans un terrain serré et enfermé de murailles. Enfin les Romains furent défaits ; une partie passée au fil de l'épée, l'autre repoussée jusqu'au fossé, où elle périt. Annibal ensuite n'ayant plus rien qui l'inquiétât et tout lui réussissant selon ses désirs, continua son retranchement. Par là il tenait ses ennemis renfermés et les forçait de rester dans leurs murailles, de crainte non seulement d'être pris eux-mêmes, mais encore d'être chassés de leur citadelle ; et il donnait tant de courage et de confiance aux troupes de la ville, qu'avec elles seules, sans le secours des Carthaginois, il se croyait en état de tenir tête aux Romains. Un peu en deçà du retranchement du côté de la ville, il conduisit ensuite un fossé parallèle au retranchement et à la muraille de la citadelle, et le long du bord qui regardait la ville il fit élever un rempart sur lequel il mit un nouveau retranchement qui n'était guères moins sûr qu'une muraille. A quelque distance de ce rempart, en approchant toujours de la ville, il fit encore élever une muraille, en la conduisant depuis l'endroit appelé Soteira jusqu'à la rue Bathée. En sorte que sans le secours d'hommes les Tarentins par ces fortifications étaient à couvert de toute insulte et de toute surprise. Tous ces ouvrages achevés, laissant des troupes suffisantes tant à pied qu'à cheval pour garder la ville, il alla camper sur le bord de la rivière à cinq stades de Tarente. Cette rivière appelée par les uns Galèse, est appelée aussi par d'autres Eurotas, du nom du fleuve qui passe près de Lacédémone. Il y a plusieurs autres choses à Tarente et dans les environs auxquelles on donne le même nom qu'à Lacédémone, tant parce que ces peuples ne sont qu'une colonie des Lacédémoniens, que parce qu'ils conservent une étroite liaison avec cette république.

Quand la muraille fut entièrement achevée, ce qui arriva bientôt, à cause du zèle avec lequel les Tarentins y travaillaient, et du secours que leur donnaient les Carthaginois, Annibal forma le dessein de prendre aussi la citadelle. Il avait déjà fait tous ses préparatifs pour le siège, lorsqu'un secours venu de Métaponte par mer dans la citadelle, enflamma de telle sorte le courage des Romains, que faisant pendant la nuit une sortie, ils démolirent tous les travaux et renversèrent toutes les machines. Après cet échec, Annibal perdit toute espérance de prendre d'assaut cette forteresse ; mais comme il ne restait plus rien à faire à la muraille, ayant assemblé les Tarentins, il leur dit que dans les circonstances présentes ce qu'ils avaient de plus important à faire, était de se rendre maîtres de la mer : que l'entrée du port étant dominée par la citadelle, ils ne pouvaient ni employer de vaisseaux ni sortir du port ; au lieu que les Romains recevaient par mer toutes leurs munitions que tant que les ennemis auraient cette facilité, il n'était pas possible d'assurer la liberté de la ville. Il montra ensuite aux Tarentins comment les Romains privés des se-

cours qui leur venaient par mer seraient bientôt obligés de rendre les armes et d'abandonner la citadelle. Les Tarentins tombèrent assez d'accord que ce qu'il disait était juste, mais ils ne concevaient pas comment la chose pouvait s'exécuter, à moins qu'il ne parût une flotte de la part des Carthaginois ; ce qui étant alors impossible, ils ne pouvaient deviner ce que voulait dire Annibal. Mais quand ce général eut dit qu'ils n'avaient pas besoin des Carthaginois pour tenir la mer, ils furent bien plus surpris encore, et purent beaucoup moins entrer dans sa pensée.

Ce général avait remarqué que la place qui était entre la muraille que l'on venait de bâtir et la citadelle, et le long de laquelle on pouvait aller du port à la mer extérieure, était très-commode pour transporter des vaisseaux du port au côté méridional de la ville. A peine eut-il fait cette ouverture aux Tarentins, que non seulement ils applaudirent à son dessein, mais encore qu'admirant ce grand homme ils reconnurent que rien n'était au dessus de sa pénétration et de son courage. C'est pourquoi ayant fait faire des chariots, le projet fut presque aussitôt mis à exécution qu'enfanté, tant on trouva d'ardeur dans le grand nombre des citoyens qui voulurent avoir part à cet ouvrage. Les Tarentins ayant donc traîné des vaisseaux dans la mer extérieure, et ayant par ce moyen coupé aux Romains tout secours étranger, poussèrent sans danger le siège de la citadelle ; et Annibal, après avoir laissé à Tarente assez de troupes pour la garder, se mit en marche avec son armée, arriva le troisième jour à son premier camp, et passa là tranquillement le reste de l'hiver.

FRAGMENT XIII.

Faisant partie de l'histoire du siége de Syracuse.

Mais ayant appris par un transfuge que les Syracusains célébraient une fête publique, et que tout en ménageant leurs vivres à cause de la disette où ils étaient réduits, ils faisaient cependant d'amples libations de vin, il résolut d'attaquer la ville [1].

[1] Suidas in Amis.

FRAGMENT XIV.

Après la prise d'Épipolis, le courage et l'audace vinrent aux Romains [1].

FRAGMENT XV.

C'est ainsi que la plupart des hommes peuvent le moins se résoudre à une chose pourtant bien facile, le silence [2].

FRAGMENT XVI.

[I] Les Tarentins fatigués de l'excès de leur bonheur appelèrent Pyrrhus roi d'Épire. Il est en effet dans la nature que tous les hommes qui jouissent de la liberté jointe à un long exercice d'un pouvoir illimité, conçoivent du dégoût pour leur situation présente, et recherchent un maître; mais quand ils l'ont trouvé ils le prennent bientôt en haine, parce qu'ils s'aperçoivent que le changement n'a fait qu'empirer leur situation. C'est ce qui arriva aux Tarentins. L'avenir paraît toujours meileur que le présent [1].

FRAGMENT XVII.

Ancara, ville d'Italie. Les habitans s'appellent *Ancarites,* selon Polybe, livre VIII [2].

FRAGMENT XVIII.

Les Dassarites (ou plutôt Dassarètes) peuple d'Illyrie. Polybe, livre VIII [3].

FRAGMENT XIX.

Hyscana, ville d'Illyrie. Polybe, liv. VIII [4].

LIVRE NEUVIÈME.

FRAGMENT I.

De toutes les manières d'écrire l'histoire, la plus utile est celle de raconter les faits.

Tels sont les faits les plus éclatans qui sont arrivés dans l'olympiade que nous avons marquée, et dans cet espace de quatre ans que nous disons devoir être pris pour une olympiade. Ces faits seront le sujet et la matière des deux livres suivans.

Je sens bien que ma manière d'écrire l'histoire a quelque chose de désagréable, et que l'uniformité que l'on y trouve fait qu'elle ne sera du goût que d'une seule espèce de lecteurs. Tous les autres historiens, au moins la plupart, en traitant toutes les parties de l'histoire, engagent un plus grand nombre de personnes à lire leurs ouvrages. Tel, par exemple, qui ne cherche dans la lecture qu'un amusement lit avec plaisir la généalogie des Dieux et des héros. Le savant, qui veut approfondir, se plaît à considérer les établissemens des colonies, les fondations des villes, les liaisons des peuples entre eux, comme Éphore les a décrites, et le politique s'attache aux actions des peuples, des villes et des gouvernemens. Or comme nous nous sommes bornés au récit de cette dernière classe de faits, et que nous en avons fait tout le sujet de notre ouvrage, il ne peut être du goût que des lecteurs érudits; la plupart des autres n'y trouveront aucun attrait. Nous avons dit ailleurs pourquoi, négligeant les autres parties de l'histoire, nous nous étions bornés aux faits; mais il ne sera pas mauvais de le répéter de peur qu'on ne l'ait oublié. Comme on trouve dans beaucoup d'écrivains qui nous ont précédés ces vieilles généalogies, ces histoires de colonies antiques, ces liaisons des

) Suidas in 'Επιπολαίς.
⁴ Manuscrit Urbin.

1 Fragmens retrouvés par l'abbé Mai.
² Étienne de Bysance
3   Idem,
⁴   Idem,

peuples entre eux, ces fondations des villes, un historien qui traite ce sujet-là, s'expose à deux inconvéniens considérables ; car il faut ou qu'il se fasse honneur du travail d'autrui, ce qui est une vanité honteuse, ou, s'il ne veut pas s'attribuer ce qui ne lui appartient pas, qu'il travaille en vain, puisque de son aveu il ne s'occupe à écrire que des choses que ceux qui l'ont précédé ont éclaircies et transmises à la postérité. C'est pour cette raison et beaucoup d'autres que je n'ai pas jugé à propos d'entrer dans ces détails. J'ai préféré les faits pour deux raisons : la première, parce que comme les faits sont toujours nouveaux, la narration est toujours nouvelle ; car pour raconter ce qui s'est fait dans un temps, on n'a que faire de rapporter ce qui s'est passé auparavant dans un autre. L'autre raison, c'est parce que cette manière d'écrire l'histoire n'a pas seulement toujours été, mais est surtout de nos jours la plus utile de toutes. En effet, nous sommes dans un siècle où les sciences et les arts ont fait de si grands progrès, que ceux qui les aiment, en quelque circonstance qu'ils se trouvent, peuvent en tirer des règles de conduite. C'est pourquoi songeant moins au plaisir qu'à l'utilité des lecteurs, nous n'avons rien voulu mettre dans notre histoire que des faits. Si j'ai bien ou mal fait j'en laisse le jugement à ceux qui la liront avec attention.

FRAGMENT II.

Siége de Capoue par les Romains après la bataille de Cannes. — Annibal s'efforce en vain de le faire lever, et s'avance vers Rome. — Comparaison d'Épaminondas avec Annibal, et des Lacédémoniens avec les Romains.

Annibal ayant enveloppé le retranchement d'Appius, fit d'abord faire des escarmouches et harceler les Romains pour les attirer au combat. Appius ne donnant pas dans ce piège, son camp eut à soutenir une espèce de siége, la cavalerie ennemie fondant par compagnies sur ses retranchemens, et y lançant à grands cris une grêle de traits, en même temps que l'infanterie s'élançait aussi par bataillons et cherchait à renverser les palissades. Mais rien de tout cela ne fut capable d'ébranler les Romains, ni de leur faire abandonner leur entreprise. Les troupes légères repoussèrent ceux qui approchaient du retranchement, et les soldats pesamment armés garantis des traits par leurs armures, gardèrent tranquillement leurs rangs sous leurs enseignes.

Le général carthaginois désolé de ne pouvoir ni entrer dans la ville, ni en faire lever le siége, tint conseil sur ce qu'il y avait à faire. Pour moi je ne suis pas surpris que ce siége ait donné de l'embarras à Annibal, il en donne même à ceux qui en lisent l'histoire ; car n'est-il pas étonnant que les Romains, qui avaient été tant de fois défaits par les Carthaginois au point de n'oser plus les affronter en bataille rangée, ne cèdent point et ne quittent pas la plaine ? Comment se peut-il faire que ces troupes qui autrefois suivaient le pied des montagnes, et se tenaient toujours sur les flancs de l'ennemi, s'exposent maintenant en plaine et attaquent la place de l'Italie la plus illustre et la plus forte, quoiqu'elles soient entourées de ces ennemis, qu'elles craignaient auparavant de regarder en face ? Enfin comment a-t-il pu arriver que les Carthaginois, après tant de victoires, aient été par la suite accablés d'autant de maux que les vaincus ?

La raison de la conduite des uns et des autres n'est pas ce me semble difficile à découvrir. Comme les Romains s'étaient aperçus qu'Annibal devait toutes ses victoires à sa cavalerie ; quand ils avaient été battus, ils faisaient harceler ce général par les légions, qu'ils ne conduisaient que par le pied des montagnes, parce que là elles n'avaient rien à souffrir de la cavalerie des Carthaginois. Les uns et les autres devaient aussi se conduire au siége de Capoue comme ils ont fait. Les Romains n'avaient garde de sortir du camp pour combattre la cavalerie ennemie : s'ils restèrent dans leur camp, ce fut pour être à l'abri de cette cavalerie formidable à laquelle ils ne pouvaient résister dans les batailles. D'un autre côté, quoique les Carthaginois n'eussent pas, sans leur cavalerie, la hardiesse d'attaquer le retranchement et le fossé des Romains, dont l'infanterie ne cédait point à la leur, ils eurent néanmoins de grandes raisons pour ne pas rester long-temps avec elle dans le même camp; car premièrement les Romains, pour les en chasser, avaient porté le ravage dans les environs. De plus il n'était pas possible de faire apporter de loin du foin ou des orges pour un si grand nombre de chevaux et de bêtes de charge; et outre cela, ils étaient dans une frayeur continuelle qu'il ne vînt de nouvelles troupes au secours des Romains, et que ces troupes campant encore auprès d'eux d'un autre côté ne leur coupassent entièrement les vivres. Annibal jugeant sur ces raisons qu'il tenterait vainement de faire lever le siége par force, eut recours à un autre expédient, qui était de couvrir sa marche, et de se montrer subitement dans le voisinage de Rome, dans la pensée que jetant ainsi l'épouvante parmi les habitans, il ferait peut-être une tentative utile sur la ville, ou que du moins par cette feinte il obligerait Appius, ou de se retirer de devant Capoue pour accourir au secours de sa patrie, ou de partager son armée, auquel cas il lui serait aisé de battre et ceux qui viendraient au secours, et ceux qui seraient restés au siége. Dans son dessein il pensa à faire tenir sûrement une lettre aux assiégés, pour les avertir de ce qu'il projetait; car il craignait fort que sa retraite ne leur fît croire qu'il n'y avait plus pour eux d'espérance, et ne les portât à quitter son parti et à se rendre aux Romains. Pour cela ayant persuadé à un Africain de se jeter parmi les Romains comme déserteur, et de passer de leur camp dans la ville, le jour d'après qu'il eût levé le camp; il le fit partir avec une lettre qui leur apprenait son dessein, et la raison pour laquelle il s'éloignait, afin qu'ils ne perdissent pas courage.

Quand les nouvelles de ce qui se passait à Capoue vinrent à Rome, et qu'on apprit qu'Annibal campait auprès des Romains et les assiégeait, ce fut une surprise et une terreur extrême; chacun croyait toucher au jour où cette grande guerre allait se décider. En général comme en particulier, on ne fut occupé que du soin d'envoyer du secours et des munitions.

Les assiégés ayant connu par la lettre d'Annibal quel était son dessein, et trouvant à propos de tenter encore cette voie, continuèrent à soutenir le siége. Au bout de cinq jours Annibal fait prendre du repos à ses soldats, et laissant les feux allumés, marche avec si peu de bruit, que personne des ennemis ne savait qu'il fût parti. Il traverse le pays des Samnites à grandes journées et sans s'arrêter, faisant toujours reconnaître et prendre par son avant-garde toutes les places qui se rencontraient sur la route. On était encore à Rome dans les premières inquiétudes sur Capoue et sur ce qui s'y faisait, lorsqu'Annibal, ayant passé l'Ano sans être aperçu, approche de Rome et campe à quarante stades au plus de cette ville. Cette nouvelle jeta Rome dans un trouble et une confusion d'autant plus grands, qu'Annibal ne s'était jamais tant approché, et qu'on ne s'attendait à rien moins. Ce qui augmenta la frayeur fut la pensée qui vint d'abord à l'esprit, qu'il ne pouvait se faire que les ennemis se fussent tant avancés, si auparavant ils n'eussent défait les légions qui étaient à Capoue. Aussitôt les hommes montent sur les murailles, et se hâtent de s'emparer hors de la ville des postes avantageux. Les femmes courent aux temples, font des vœux aux Dieux, balaient de leurs cheveux le pavé des autels; car telle est leur coutume lorsque la patrie est menacée de quelque grand péril.

Annibal avait déjà fortifié son camp, et devait le lendemain donner le premier assaut à la ville; mais il arriva par hasard une chose singulière qui fut le salut de Rome. Il y avait déjà quelque temps que Cnéius Fulvius et P. Sulpicius avaient levé une légion, et c'était ce jour-là même que les soldats s'étaient obligés par serment à venir à Rome en armes, et actuellement ils en levaient encore une autre dont ils éprouvaient les soldats. De sorte que par le plus grand bonheur du monde il se rencontra ce jour-là à Rome une grande quantité de troupes. Les consuls se mirent à leur tête, et allèrent camper hors de la ville. Cela refroidit beaucoup la résolution d'Annibal, qui avait quelque espérance d'emporter la ville d'emblée. Mais quand il vit les ennemis rangés devant lui en bataille, et qu'un prisonnier l'eût informé des précautions que les Romains avaient prises, il ne pensa plus à prendre Rome. Il voltigea seulement de côté et d'autre ; il ravagea le pays et réduisit en cendres les édifices. Il fit dans les commencemens un butin prodigieux ; cela ne doit pas surprendre, il était venu pour butiner, dans un pays où personne ne croyait que l'ennemi dût jamais venir.

Cependant les consuls ayant eu assez de résolution pour camper à dix stades des Carthaginois, Annibal qui se voyait un grand butin, et qui d'ailleurs ne pouvait plus espérer d'entrer de force dans Rome, décampa un matin et se mit en marche. La plus forte raison qu'il en eût, c'est la supputation qu'il avait faite des jours après lesquels il espérait qu'Appius, informé du péril où était Rome, ou lèverait le siège pour venir au secours de cette ville, ou ne laissant que quelques troupes au siège, viendrait avec la plus grande partie de son armée : deux partis, dont l'un ou l'autre devait être favorable aux Carthaginois.

Au passage de la rivière, Publius lui donna bien de l'embarras ; car ayant fait rompre les ponts, il l'obligea à la passer à gué, et donna vigoureusement sur ses troupes. Il ne put cependant pas engager une grande action, à cause de la nombreuse cavalerie qu'avait Annibal, et de la facilité qu'ont les Numides à combattre dans toutes sortes de terrains. Mais du moins les Romains emportèrent une bonne partie du butin, et firent trois cents prisonniers. Ils se retirèrent ensuite dans leur camp. Après cela, pensant que c'était par crainte qu'Annibal faisait retraite, ils se mirent à le suivre par le pied des montagnes.

D'abord ce général, ne perdant point de vue son premier projet, marchait à grandes journées. Mais après cinq jours de marche, sur l'avis qu'il reçut qu'Appius n'avait pas quitté le siège, il fit faire halte, pour donner aux traînards le temps de rejoindre, et pendant la nuit il se jette sur le camp des Romains, en tue un grand nombre et chasse le reste hors du camp. Le jour venu, voyant que les Romains s'étaient retirés sur une hauteur très-forte, il ne crut pas pouvoir venir à bout de les en chasser. Mais prenant sa marche par la Daunie et traversant le pays des Bruttiens, il s'avança si près de Rhégio, sans avoir été découvert, que peu s'en fallut qu'il ne se rendît maître de la ville. Il prit au moins tous ceux qui se trouvèrent dans la campagne, et entre autres un grand nombre de citoyens de Rhégio.

Peut-on voir ici sans étonnement avec quel courage et quelle émulation les Romains et les Carthaginois se faisaient la guerre ? On lit un fait à peu près semblables dans l'histoire d'Épaminondas, et que tout le monde admire. Ce général des Thébains étant arrivé avec ses alliés à Tégée, et voyant les Lacédémoniens assemblés dans Mantinée avec leurs alliés, comme pour leur livrer bataille, donna ordre à ses troupes de prendre leur repas de bonne heure, et s'ébranla au commencement de la nuit, comme s'il eût eu dessein de s'emparer des postes avantageux et d'offrir le combat. Toute l'armée le croyait ainsi, lorsqu'il fit marcher droit à Lacédémone, et avec une si prodigieuse diligence, qu'il y était arrivé à la troisième heure de la nuit. N'y trouvant personne qui défendît la ville, il entra d'emblée jusqu'au forum, et se rendit maître de toute la partie de la ville qui est le long de la rivière. Par hasard un déserteur arrive cette nuit-là même à Mantinée, et apprend au roi Agésilas ce qui se passait. On court à Lacédémone, et on y arrive dans le temps même que la ville était emportée. Épaminondas déchu de son espérance fait prendre le repas à ses troupes sur le bord de l'Eurotas, leur donne quelque repos et retourne par le même chemin, jugeant que les Lacédémoniens étaient tous accourus pour secourir leur patrie, et qu'ils avaient laissé Mantinée sans secours. Cela n'avait pas manqué. C'est pourquoi il encourage les Thébains, il marche en grande diligence toute la nuit, et parait au milieu du jour devant Mantinée, où il n'y avait personne pour lui en défendre l'entrée. Mais les Athéniens voulant partager cette guerre contre les Thébains, se présentèrent comme alliés des Lacédémoniens : l'avant garde des Thébains touchait déjà au temple de Neptune, qui n'est qu'à sept stades de la ville, lorsqu'on vit paraître les Athéniens sur la montagne qui commande Mantinée, comme s'ils fussent venus exprès. Ce ne fut qu'alors que ceux qui étaient restés dans la ville, à la vue de ce secours, osèrent enfin monter sur la muraille et empêcher les Thébains d'en approcher. Ainsi les historiens ont raison de se plaindre du malheur qui a traversé ses exploits, et de dire qu'Épaminondas a fait tout ce qu'un grand capitaine devait faire pour vaincre ses ennemis, mais qu'il a été lui-même vaincu par la fortune.

Il est arrivé quelque chose de pareil à Annibal. Car quand on voit que ce général tâche d'abord de faire lever le siége en affaiblissant les Romains par de petits combats; que ce moyen ne réussissant pas, il va attaquer Rome même; que le hasard faisant encore manquer ce projet, il fait retourner une partie de son armée et reste lui comme en sentinelle pour être prêt au premier mouvement que feront les assiégeans; qu'enfin il n'abandonne pas son entreprise sans battre les Romains et sans s'être presque rendu maître de Rhégio, qui n'admirera dans tout cela la conduite de ce grand général.

Mais les Romains se conduisirent beaucoup mieux dans cette affaire que les Lacédémoniens dans la leur. Ceux-ci en désordre à la première nouvelle, pour sauver Lacédémone, abandonnent autant qu'il était en eux Mantinée en proie à leurs ennemis. Ceux-là au contraire gardent leur patrie, sans lever le siége, sans être ébranlés dans leur première résolution, sans cesser de presser les assiégés.

Au reste on ne doit pas prendre ceci pour un éloge des Romains et des Carthaginois. Je leur ai déjà rendu plus d'une fois la justice qu'ils méritent. Je n'ai eu en vue que ceux qui chez ces deux peuples sont à la tête des affaires, et qui dans la suite doivent être employés pour le bien de leur république, afin que se rappelant et se remettant sous les yeux ce que je viens de dire, ils s'étudient à imiter ces grands modèles. Qu'ils se persuadent que quoique certaines actions paraissent hardies et dangereuses, cette hardiesse cependant n'expose à aucun risque, et ne mérite que des louanges et des applaudissemens, et que soit qu'on réussisse ou que l'on ne réussisse pas, on s'aquiert une gloire immortelle, pourvu que ce que l'on fait soit fait avec jugement et avec prudence.

FRAGMENT III.

Syracuse ne doit pas sa beauté à des ornemens apportés du dehors, mais à la vertu de ses habitans [1].

FRAGMENT IV.

Si les Romains ont eu raison, et s'il était de leur intérêt de transporter dans leur patrie les richesses et les ornemens des villes conquises.

Les Romains résolurent donc de transporter dans leur patrie les ornemens dont nous avons parlé, et de n'en rien laisser dans les villes qu'ils avaient soumises à leur domination. Savoir maintenant s'ils ont eu raison, et s'il était de leur intérêt d'en agir ainsi, ce serait le sujet d'une longue discussion. Il y a plus de raison de croire qu'ils ont eu et qu'ils ont encore tort de le faire aujourd'hui. Si c'était en dépouillant ainsi les villes qu'ils eussent commencé à illustrer leur patrie, il est clair qu'ils auraient bien fait d'y transporter ce qui en avait augmenté la puissance et la gloire. Mais si c'est par une manière de vie très-simple et par un éloignement infini du luxe et de la magnificence qu'ils se sont soumis les peuples chez qui il se trouvait le plus de ces ornemens et les plus beaux, il faut reconnaître qu'ils ont fait une grande faute de les enlever; car quitter les mœurs auxquelles on doit ses victoires pour prendre celles des vaincus, et se charger en les prenant de l'envie qui accompagne toujours ces brillans dehors d'une grande fortune, ce qui est la chose du monde que les puissances doivent craindre le plus, c'est assurément une conduite qui ne se peut excuser. Loin de faire des vœux pour la prospérité de gens qui ont envahi des richesses étrangères auxquelles on porte envie, on a compassion de ceux qui en ont été d'abord dépouillés; et quand le bonheur prend de nouveaux accroissemens, qu'il attire à lui tout ce que les autres possédaient, et qu'il étale ces richesses aux yeux de ceux

[1] Manusc. Urb.

qui en ont été privés, de là au lieu d'un mal il en arrive deux ; car ce n'est plus des maux d'autrui que ces spectateurs ont compassion, c'est d'eux-mêmes, lorsqu'ils se rappellent leurs propres malheurs. Et alors non seulement l'envie, mais encore la colère les transporte contre ceux que la fortune a élevés sur leurs ruines ; car l'on ne peut guère se souvenir de ses anciennes calamités sans en haïr les auteurs. Si les Romains n'eussent amassé dans leurs conquêtes que de l'or et de l'argent, ils ne seraient pas à blâmer. Pour parvenir à l'empire universel, il fallait nécessairement ôter ces ressources aux peuples que l'on voulait vaincre et se les approprier. Mais pour toutes les autres richesses il leur serait plus glorieux de les laisser où elles étaient, avec l'envie qu'elles attirent, et de mettre la gloire de leur patrie non dans l'abondance et la beauté des tableaux et des statues, mais dans la gravité des mœurs et la noblesse des sentiments. Au reste je souhaite que les conquérans à venir apprennent par ces réflexions à ne pas dépouiller les villes qu'ils se soumettent, et à ne pas faire des malheurs des autres peuples l'ornement de leur patrie.

FRAGMENT V.

Les chefs des Carthaginois, après avoir triomphé de leurs ennemis ne purent triompher d'eux-mêmes. Pendant qu'on les croyait en guerre avec les Romains, ils se faisaient la guerre les uns aux autres. Carthage était désolée par des séditions causées par l'ambition et l'avarice innées aux Carthaginois. Asdrubal, fils de Giscon, abusa de sa puissance au point d'exiger une forte somme d'argent d'Indibilis, le plus fidèle allié qu'eussent les Carthaginois, qui plus tôt que de manquer à l'attachement qu'il avait pour eux s'était laissé chasser de son royaume, et qu'ils avaient rétabli sur le trône par reconnaissance. Ce prince, comptant que la république en cette occasion aurait égard à son ancien attachement pour elle, ne se mit pas en peine d'exécuter l'ordre d'Asdrubal ; mais celui-ci, pour se venger, inventa une calomnie atroce contre lui et le força à donner ses filles en ôtages.

FRAGMENT VI.

Connaissances nécessaires à un général d'armée.

Tout ce qui concerne la guerre ne doit s'entreprendre qu'après beaucoup de réflexions. On peut y réussir dans tous ses projets, lorsqu'on s'y conduit avec prudence. Il y a deux sortes d'actions militaires. Les unes se font à découvert et par la force, les autres par ruse et selon l'occasion. Celles-ci sont en beaucoup plus grand nombre que les autres. Il ne faut que lire l'histoire pour s'en convaincre. De celles qui se sont faites par occasion, on en trouve beaucoup plus qui ont été manquées, que de celles qui ont eu un heureux succès. Il est aisé d'en juger par les événemens. On conviendra encore que la plupart des fautes arrivent par l'ignorance ou la négligence des chefs. Voyons de quelle manière on doit se conduire dans les opérations militaires.

Ce qui se fait à la guerre sans but et sans dessein, ne mérite pas le nom d'opérations. Ce sont plutôt des accidens et des hasards, choses dont nous ne parlerons point, parce qu'elles ne sont fondées sur aucune raison solide. Il ne s'agit ici que des actions entreprises avec dessein.

Toute opération demande un temps fixe et déterminé pour la commencer, un certain espace de temps pour l'exécuter, un lieu, du secret, des signaux marqués, des personnes par qui et avec qui elle se fasse, et une manière de la faire. Quiconque aura bien rencontré dans toutes ces choses, ne manquera pas de réussir, mais l'omission d'une seule est capable de faire échouer tout le projet. Car tel est le sort des entreprises ; une bagatelle, un rien peut les faire manquer, et toutes les mesures ensemble suffisent à peine pour leur donner un heureux succès. C'est ce qui doit engager les chefs à ne rien négliger dans ces sortes d'occasions.

La première et la principale de toutes les précautions, c'est le secret. Que jamais ni la joie de quelque bon succès inespéré, ni la crainte, ni la familiarité, ni l'affection, ne vous porte à vous ouvrir de votre dessein à des gens qui n'y doivent point avoir part; que ceux-là seuls en soient instruits, sans lesquels il n'est pas possible de l'exécuter. Encore ne faut-il pas le leur communiquer d'abord, mais à mesure que le besoin de chaque chose vous y obligera. Or l'art du secret ne consiste pas seulement à se taire, il consiste beaucoup plus à cacher ses dispositions intérieures. Car il est arrivé à bien des gens qu'en gardant le silence ils ont laissé lire tantôt sur leur visage, tantôt dans leurs actions, tout ce qu'ils avaient de secret dans le cœur. Il faut connaître en second lieu les routes de jour et de nuit, et les moyens de les faire tant par terre que par mer. Un troisième, et le principal, c'est de connaître les variations du temps par la dispositions du ciel, et de savoir les faire servir à ses desseins. Le plan de l'exécution est encore à considérer. C'est souvent ce plan qui rend possible ce qui paraissait ne l'être pas, et qui fait voir l'impossibilité des choses que l'on croyait faisables. Enfin on doit faire beaucoup d'attention aux signaux, aux signes donnés par un jet des dés ou simples ou doubles, aux personnes par lesquelles et avec lesquelles le projet doit être exécuté.

De toutes ces choses, les unes s'apprennent par l'usage et l'expérience, les autres par l'histoire et les enquêtes, et d'autres peuvent être réduites en doctrines et apprises avec méthode. Le meilleur serait donc de bien savoir par soi-même les chemins et l'endroit où l'on doit aller, la situation des lieux, ceux par qui et avec qui l'entreprise doit être exécutée. Si cela ne se peut, il faut du moins s'informer exactement de toutes ces choses, ne point s'en fier au premier venu, et prendre des gages de fidélité de ceux que l'on a choisis pour guides. Mais ces sortes de connaissances, les chefs peuvent les acquérir ou par l'usage, ou par leur propre expérience, ou par l'histoire. Il en est d'autres, où l'on a besoin d'étude et d'observations, comme par exemple celles qui se tirent de l'astronomie et de la géométrie. Ce n'est pas qu'il importe beaucoup de posséder en entier l'objet de ces deux sciences, mais il est très-important d'en savoir faire quelque usage. Rien n'est plus utile pour connaître ces différences de temps dont nous avons parlé. Ce qu'elles apprennent de plus nécessaire c'est la durée des jours et des nuits. Si cette durée était toujours la même, on n'aurait peut-être pas besoin du secours de ces sciences, elle serait connue également de tous. Mais comme il n'y a pas seulement de différence entre le jour et la nuit, et qu'il y en a encore entre un jour et un autre jour, entre une nuit et une autre nuit, il faut nécessairement savoir comment ils croissent ou diminuent. Sans la connaissance de ces changemens, quel moyen de prendre de justes mesures pour une marche de nuit ou de jour? Comment arriver à temps où l'on se propose d'aller? On arrivera ou trop tôt ou trop tard. Le premier dans ces seules occasions est beaucoup plus dangereux que l'autre; car celui qui vient trop tard en est quitte pour ne rien faire; comme il connaît de loin sa faute, il se retire sans rien craindre; mais quand on arrive trop tôt et que l'on a été aperçu, outre que l'on manque son entreprise, on court risque d'être entièrement défait. De l'occasion dépendent toutes les actions humaines, mais surtout celles de la guerre. Et pour être à portée de la saisir, il est du devoir d'un général de connaître le solstice d'été et celui d'hiver, les équinoxes et les différens degrés d'accroissement et de diminution que reçoivent les jours et les nuits entre les deux points équinoxiaux. C'est le seul moyen de prendre une mesure de temps proportionnée au chemin que l'on a à faire, ou par terre ou par mer. Il est encore nécessaire de connaître les différentes parties du jour et de la nuit, afin de savoir à quelle heure on doit se lever, à quelle heure on doit marcher; car sans avoir bien commencé, il n'est pas possible de finir heureusement.

Les heures du jour se connaissent par l'ombre, par le chemin que fait le soleil, par différens espaces de ce chemin que l'on marque sur la terre. Celles de la nuit ne sont pas aisées à connaître, à moins que par l'inspection du ciel on ne sache juger de la disposition des douze signes. Ce qui est très-facile pour ceux qui ont étudié la science des phénomènes célestes. En effet, bien que les nuits soient inégales, il n'y en a cependant point où il ne paraisse six des signes du zodiaque sur l'horizon, et par conséquent il faut qu'aux mêmes parties de la nuit il paraisse des parties égales des douze signes. Quand donc on sait quelle partie du zodiaque le soleil occupe pendant le jour, on n'a, lorsqu'il est couché, qu'à couper le cercle en deux parties égales, et alors autant le zodiaque sera élevé sur l'horizon, autant il se sera passé de la nuit. Le nombre et la grandeur des signes étant connus, on connaîtra en même temps les différens temps de la nuit. Pendant les nuits où le temps est couvert, il faut faire attention à la lune. Cet astre est si grand, qu'en quelque endroit du ciel qu'il soit, on en aperçoit la lumière. Quelquefois c'est du temps et du lieu de son lever, d'autres fois c'est du temps et du lieu de son coucher que l'on doit conjecturer les différentes heures de la nuit; toutes choses qui supposent que l'on connaît parfaitement toutes les différences qui arrivent au lever de la lune. Au reste cette étude est facile. Elle ne demande pas plus de temps que n'en met la lune pour achever son cours; et comme il ne faut que des yeux pour examiner son cours, tout le monde en est également capable. C'est donc avec raison qu'Homère nous représente Ulysse, ce grand capitaine, conjecturant par les astres non seulement ce qui concerne la navigation, mais encore ce qui se doit faire sur terre; car on peut prévoir exactement par ce moyen les événemens les plus extraordinaires et les plus capables de jeter souvent dans de très-grands embarras, comme les inondations, les débordemens de fleuves, les gelées extrêmes, les chutes de neige, les nuées sombres et épaisses, et autres accidens semblables. Si nous manquons de prévoir les choses mêmes qui peuvent être prévues, ne serons-nous pas coupables des mauvais succès de la plupart de nos entreprises? C'est pourquoi rien de ce que nous venons de remarquer ne doit être négligé, de peur de tomber dans les fautes où tant d'autres sont tombés. Citons-en quelques-unes pour servir d'exemples.

Aratus, général des Achéens, ayant formé le dessein de prendre par surprise la ville de Cynèthe, convint avec ceux des citoyens qui étaient d'intelligence avec lui, qu'un certain jour il viendrait pendant la nuit près du fleuve Cynèthe qui descend de la ville, et resterait là pendant quelque temps avec son armée; qu'au dedans de la ville les conjurés prendraient leur temps vers le milieu du jour pour faire sortir sans bruit un des leurs en manteau. Celui-ci devait avertir Aratus d'approcher plus près et de se poster sur un certain tombeau qui lui avait été désigné en face de la ville. Les autres devaient se jeter en même temps sur les chefs, qui étaient pour l'ordinaire de garde à la porte, et qui alors faisaient leur méridienne; après quoi Aratus sortirait promptement de son embuscade et viendrait à la porte. Toutes ces mesures prises, dès qu'il fut temps, Aratus vient, se cache le long du fleuve et attend le signal. Pendant ce temps-là un Cynéthéen, qui avait de ces moutons qui paissent autour des villes, ayant quelque chose à dire à son berger, sortit de la porte en manteau vers la cinquième heure du jour, et monta sur le tombeau pour chercher des yeux son berger. Aratus croyant que c'était le signal, court vite à la porte. Mais la garde la ferma promptement, parce qu'il ne s'était encore rien fait dans la ville. Par là les Achéens non seulement manquèrent leur entreprise, mais encore furent cause de la perte de ceux qui agissaient de concert avec eux; car ayant été convaincus de trahison ils furent sur le champ mis à mort. Telle fut la cause de ce malheur, sinon qu'Aratus étant encore jeune et ne sachant ce que c'était que des doubles signaux, se contenta d'un simple signal. Tant il faut peu de chose dans les expéditions militaires pour les faire échouer ou réussir!

Cléomène, roi de Lacédémone, s'était de même proposé de surprendre Mégalopolis. Il était convenu avec quelques gardes de la muraille d'approcher pendant la nuit d'un endroit qu'on appelle la Caverne, et il avait choisi pour cela la troisième veille, temps auquel ces soldats devaient monter la garde. Mais n'ayant pas fait attention qu'au lever des Pléiades les nuits sont fort courtes, il ne partit de Lacédémone que vers le coucher du soleil. Il eut donc beau se presser, il était grand jour quand il arriva. Il ne laissa pas que de faire des efforts pour entrer ; mais il paya cher sa témérité et son imprudence, car il fut repoussé honteusement avec perte d'un grand nombre des siens, et courut risque de tout perdre ; au lieu que s'il eût bien pris son temps, les conjurés s'étant rendus maîtres des portes, il serait certainement entré dans la ville.

Nous avons déjà vu ce qui était arrivé à Philippe devant Mélitée. Ce prince malgré les intelligences qu'il avait dans cette ville, manqua son coup par deux fautes qu'il fit ; la première d'avoir apporté des échelles plus courtes qu'il ne fallait, la seconde de ne point s'être présenté à temps. Au lieu de venir au milieu de la nuit, pendant que tout devait être enseveli dans un profond sommeil, comme il était convenu, il part de Larisse avant le temps qu'il devait se mettre en marche, et arrive dans le pays des Mélitéens ; et comme il ne pouvait rester là de peur qu'on n'apprît dans la ville qu'il y était, ni se retirer sans être aperçu, il fallut malgré sa volonté, qu'il allât toujours en avant. Il arriva dans la ville, mais tout le monde y était alors éveillé. Ses échelles n'étant point proportionnées à la hauteur des murailles, l'escalade ne servit de rien. Il ne put pas non plus entrer par la porte, parce que ce n'était pas le temps d'agir pour ceux qui au dedans s'entendaient avec lui. D'un autre côté les habitans irrités fondirent sur lui, et taillèrent en pièces une bonne partie de ses troupes. Il se retira enfin avec la honte de n'avoir rien fait, en apprenant par là aux Mélitéens, comme aux autres peuples, à se défier de lui et à se tenir sur leurs gardes.

Nicias, général des Athéniens, avait fort bien pris son temps pendant la nuit pour faire revenir son armée saine et sauve de devant Syracuse, et s'était retiré dans un lieu sûr d'où il ne pouvait être découvert par les ennemis. Mais la lune s'étant alors éclipsée, une vaine superstition lui fit craindre que cela ne fût le présage de quelque malheur. Il suspendit sa marche. La nuit suivante il voulut la continuer, mais les ennemis l'ayant aperçu vinrent fondre sur lui, et l'armée et les chefs furent obligés de se rendre aux Syracusains. Cependant s'il eût seulement consulté des gens éclairés sur cette éclipse, il n'en fallait pas davantage, je ne dis pas pour ne point laisser échapper le temps de poursuivre sa marche, mais pour faire servir même cet événement à son dessein, à cause de l'ignorance des ennemis ; car l'ignorance de ceux avec qui l'on a affaire est pour les hommes habiles le chemin qui conduit le plus sûrement aux heureux succès. C'est là ce qui rend la connaissance de l'astronomie indispensable aux hommes de guerre.

A l'égard de la mesure des échelles, on doit s'y prendre de cette manière. Si quelqu'un de ceux avec qui l'on a intelligence donne la hauteur des murailles, on voit d'abord la proportion que doivent avoir les échelles. Car par exemple si la muraille a dix pieds de hauteur, il en faudra au moins douze aux échelles. Pour proportionner la distance où le pied des échelles doit être de la muraille, avec le nombre de ceux qui doivent y monter, il faut prendre la moitié de la largeur des échelles. A plus de distance, elles se casseront sous le nombre de ceux qui feront l'escalade, et si on les pose plus droites, on n'y pourra monter sans s'exposer au danger de tomber. Si la muraille est inaccessible et qu'on ne puisse la mesurer, on prendra de loin la hauteur de quelque chose que ce soit qui sera élevé perpendiculairement sur un terrain plat. La manière de le faire est aisée pour peu qu'on se soit appliqué aux mathématiques. Preuve évidente que pour réussir dans les expéditions militaires, il est utile de savoir la géométrie, non pas parfaitement ; mais du moins autant qu'il faut pour juger des rapports et des proportions.

Ce n'est pas seulement pour les échelles que la géométrie est nécessaire, elle l'est encore pour changer selon les occurrences la figure du camp. Par ce moyen on pourra, en prenant quelque figure que ce soit, garder la même proportion entre le camp et ce qui doit être contenu ; ou en gardant la même figure augmenter ou diminuer l'aire du camp, en égard toujours à ceux qui y entrent ou qui en sortent, comme nous avons fait voir dans nos commentaires sur la tactique.

Et je ne crois pas qu'on me sache mauvais gré de demander dans un général quelque connaissance de l'astronomie et de la géométrie. Ajouter des connaissances inutiles au genre de vie que nous professons, uniquement pour en faire parade et pour parler, c'est une curiosité que je ne saurais approuver; mais je ne puis non plus goûter que dans les choses nécessaires on s'en tienne à l'usage et à la pratique, et je conseille fort de remonter plus haut. Il est en effet absurde que, tandis que ceux qui veulent devenir habiles dans l'art de la danse et des instrumens, non seulement s'appliquent à l'étude du rhythme et de la musique, mais cherchent encore à s'initier aux jeux de la palistre, sachant bien que tous les arts sont autant de moyens qui les fortifient dans leur art principal ; les hommes au contraire qui aspirent au commandement des armées supportent avec peine qu'il leur faille étudier d'autres sciences, regardées par eux comme des hors-d'œuvre. De telle sorte que ceux qui étudient les sciences non libérales y donneraient plus de soin et d'attention que les hommes auxquels sont confiées des affaires si nobles et si importantes. Aucun homme de cœur n'osera sans doute faire un tel aveu, mais ce que j'ai dit doit suffire.

La plupart des hommes jugeant de la grandeur d'une ville ou d'un camp par sa circonférence, regardent comme une chose incroyable que, quoique Mégalopolis ait de tour cinquante stades, et que Lacédémone n'en ait que quarante-huit, cette dernière ville soit cependant une fois plus grande que l'autre. Si pour augmenter la difficulté on leur dit qu'il peut se faire qu'une ville ou un camp de quarante stades de tour soit une fois plus grand qu'un autre de cent stades, c'est pour eux un paradoxe. La cause de cela est que l'on ne se souvient plus de ce que l'on a appris de géométrie pendant sa jeunesse. Ce qui m'a engagé à parler de ces difficultés, c'est que non seulement le peuple grossier, mais encore des magistrats et des généraux d'armée, se demandent comment il se peut faire que Lacédémone, avec une enceinte de murailles plus petite, puisse être cependant plus étendue que Mégalopolis. On en voit aussi quelquefois qui mesurent par la circonférence d'un camp le nombre des troupes qu'il peut contenir. Il y en a qui sont dans une autre erreur. Ils prétendent que les villes d'un terrain rompu et inégal ont plus de maisons que celles qui sont bâties sur un terrain plat et uni. Il n'en est pourtant pas ainsi, car les maisons n'y sont point bâties à raison de l'inégalité du terrain, mais à raison de la superficie plate où elles sont dressées en ligne perpendiculaire, et sur laquelle les collines elles-mêmes sont élevées. Une telle vérité est si évidente qu'elle est sensible même à des enfans. Imaginons-nous un nombre de maisons bâties de telle sorte sur le penchant d'une colline, qu'elles soient toutes d'une égale hauteur, il est certain que tous les toits feront une superficie égale et parallèle à celle du terrain plat sur lequel est la colline et le fondement de ces maisons. Soit dit en passant en faveur de ceux qui quoique inexpérimentés et ignorans sur cette matière, veulent cependant commander les armées et avoir la conduite des affaires publiques.

FRAGMENT VII.

Annibal.

Si l'on demande qui était l'auteur et comme l'âme de toutes les affaires qui se passaient alors à Rome et à Carthage, c'était Annibal. Il faisait tout en Italie par lui-même, et en Espagne par Asdrubal son frère aîné, et par Magon le second. Ce furent ces deux capitaines qui défirent en Ibérie les généraux romains. C'est sous ses ordres qu'agirent dans la Sicile, d'abord Hyppocrate, et après lui l'Africain Mytton. C'est lui qui souleva l'Illyrie et la Grèce, et qui fit avec Philippe un traité d'alliance pour effrayer les Romains et distraire leurs forces. Tant l'esprit d'un grand homme est capable d'embrasser avec puissance tout ce qu'il entreprend et d'exécuter avec talent une résolution prise !

Mais puisque l'état des affaires nous a conduits à parler du caractère d'Annibal, il ne me semble pas hors de propos d'examiner les traits caractéristiques de cet homme sur qui il y a tant d'avis différens. Les uns le regardent comme cruel au-delà de toute mesure, les autres l'accusent d'avarice. Ce qu'il y a de vrai, c'est que la vérité est difficile à reconnaître sur lui comme sur tous ceux qui ont été à la tête des affaires publiques. Les uns pretendent apprécier les hommes par le succès ou par les événemens, les uns faisant éclater leur caractère dans la puissance et au moment de la domination, les autres ne se voilant que dans l'infortune. Cette maxime ne me paraît pas exactement vraie. Il me semble au contraire que les conseils des amis et mille autres circonstances dans lesquelles l'homme se rencontre, l'obligent à dire et à faire beaucoup de choses contre son penchant naturel. Pour nous en convaincre, rappelons ce qui s'est fait avant nous.

Agathocles, tyran de Sicile, a passé pour le plus cruel des hommes pendant qu'il commençait à établir sa domination : quand il la crut suffisamment affermie il gouverna ses sujets avec tant de douceur et de bonté, que de ce côté-là personne ne s'est fait une plus belle réputation. Cléomène de Sparte d'excellent roi devint un tyran inhumain ; simple particulier dans la suite, ce fut le plus agréable et le plus poli des hommes. Il n'est cependant pas vraisemblable qu'un homme soit naturellement si contraire à lui-même. Il ne faut donc pas chercher ailleurs que dans le changement des affaires, la cause des contradictions qui se remarquent souvent dans le caractère des grands. D'où je conclus qu'au lieu de tirer des situations où l'homme se trouve quelque secours pour le connaître, ces situations ne servent souvent qu'à nous le cacher et à nous en dérober la connaissance.

Ce ne sont pas seulement les chefs, les potentats, les rois, qui, par le conseil de leurs amis, agissent contre leurs inclinations naturelles, les états mêmes sont sujets à ces sortes de changemens. Sous le gouvernement d'Aristide et de Périclès, presque rien ne s'ordonne à Athènes qui ne soit sage et modéré ; sous Cléon et Charès quelle différence ! A Lacédémone, pendant que cette république tenait le premier rang dans la Grèce, tout ce qui se faisait par le roi Cléombrote, se faisait par le conseil des alliés ; et on vit tout le contraire sous Agésilas. Tant le génie des états change avec les chefs ! Rien de plus injuste que Philippe, quand il suit l'avis de Taurion et de Démétrius ; rien de plus pacifique et de plus doux, quand il se conduit d'après ceux d'Aratus et de Chrysogone.

Il est arrivé quelque chose de semblable à Annibal. Il s'est trouvé dans une infinité de circonstances différentes, et la plupart extraordinaires. Autant d'amis qui le suivaient, autant d'esprits différens ; de sorte que ses exploits d'Italie servent peu à nous le faire connaître. Les conjonctures épineuses dans lesquelles il s'est rencontré, il est facile de s'en instruire ; on les verra dans le cours de cette histoire. Pour les conseils qu'il recevait de ses amis, il est bon d'en dire quelque chose. Un seul entre autres fera juger du caractère de ces conseillers.

Lorsqu'Annibal résolut de passer d'Espagne en Italie avec une armée, il se présenta une difficulté qui parut d'abord insurmontable. Pendant une si longue route, à travers un nombre infini de barbares grossiers et féroces, où prendre des vivres et les autres munitions nécessaires ? Cette difficulté se propose plusieurs fois dans le conseil du général. Enfin Annibal, surnommé Monomaque, dit qu'il ne voyait qu'une seule voie pour entrer en Italie. Le général lui ordonne de s'expliquer ; c'est, reprit Monomaque, d'apprendre aux troupes et de les accoutumer à se nourrir de chair humaine. On convint assez que cet expédient levait tous les obstacles ; mais jamais Annibal ne put gagner sur lui ni sur ses autres officiers d'en faire l'essai. C'est ce Monomaque, dit-on, qui est auteur de ce qui s'est fait de cruel en Italie, et dont on charge Annibal. Les circonstances n'en sont pas moins la cause que les conseils.

Il me paraît toutefois avoir été fort avare, et avoir eu parmi ses confidens un certain Magon, préfet chez les Bruttiens, fort avare aussi. Je sais cela des Carthaginois mêmes, et les indigènes d'un pays ne connaissent pas seulement, comme dit le proverbe, les vices qui règnent dans leur contrée, mais les habitudes de leurs concitoyens. Je le sais encore plus exactement de Massinissa, qui me citait plusieurs exemples de l'avarice non seulement des Carthaginois en général, mais encore de celle d'Annibal et de ce Magon en particulier. Il me disait que ces deux hommes avaient commandé ensemble dès le premier temps où ils avaient été capables de porter les armes ; qu'en Espagne et en Italie ils avaient pris plusieurs places, les unes d'assaut, les autres par composition ; mais que jamais ils ne s'étaient trouvés ensemble dans la même action ; que les ennemis n'auraient pas tant pris de soin de les séparer qu'ils en prenaient eux-mêmes, pour ne pas être ensemble à la prise d'une ville, de peur qu'il ne s'élevât quelques dissensions entre eux lorsqu'il faudrait partager la proie et le gain, attendu que leur avidité était égale comme l'était leur rang.

Que les conseils des amis, et encore plus les conjonctures aient souvent changé Annibal, on l'a déjà vu dans ce que nous avons dit, et on le verra encore dans ce qui nous reste à dire. Dès que les Romains se furent rendus maîtres de Capoue, les autres villes comme en suspens ne cherchèrent plus que l'occasion et des prétextes pour se rendre aux Romains. On conçoit bien quelle dut être alors l'inquiétude d'Annibal. Se poster dans un lieu sûr en pays ennemi, et de là garder des villes fort éloignées les unes des autres, pendant qu'il est lui-même environné des légions romaines, cela n'était pas possible. D'un autre côté s'il eût partagé ses forces, ne pouvant ni rien faire avec ce qu'il s'en serait réservé, ni porter du secours à ce qu'il en aurait détaché, il courait un péril évident de tomber en la puissance de ses ennemis. Il était donc obligé d'abandonner entièrement certaines villes, et d'en évacuer d'autres, de peur que les habitans changeant de maîtres n'entraînassent ses soldats dans la même défection. Or en cette occasion les traités furent de toute nécessité violés, obligé qu'il était de transporter les citoyens d'une ville dans une autre, et de permettre le pillage de leurs biens. Une telle conduite blessa beaucoup d'intérêts, aussi les uns l'accusèrent-ils d'impiété, les autres de cruauté, parce qu'en effet les soldats sortant d'une ville et entrant dans une autre exerçaient des violences et enlevaient tout ce qui leur tombait sous la main. Ils avaient d'autant moins de compassion pour les habitans, qu'ils les regardaient comme devant bientôt se ranger sous la domination des Romains. En considérant donc ce qu'ont pu lui suggérer les conseils de ses amis et ce qu'ont pu nécessiter les temps et les circonstances, il est difficile de démêler au milieu de toutes ces circonstances extérieures quel était en effet le vrai caractère d'Annibal. Tout ce qu'on peut dire, c'est que chez les Carthaginois il passait pour avare et chez les Romains pour cruel [1].

FRAGMENT VIII.

Description de la ville d'Agrigente en Sicile.

Agrigente n'a pas seulement sur la plupart des autres villes les avantages dont j'ai parlé, elle les surpasse encore en force et en beauté. Bâtie à dix-huit stades de la mer, elle peut s'approvisionner de tout par eau avec commodité. La nature et l'art se sont réunis pour la mettre à couvert d'insulte de quelque côté que ce soit ; car ses murailles sont élevées sur un rocher que sa situation naturelle et l'industrie humaine ont rendu fort escarpé. Des fleuves l'environnent tout autour ; du côté du midi, celui qui porte le même nom que la ville; et du côté de l'occident et de l'Afrique, celui qu'on appelle Hypsas. La citadelle est à l'orient d'été, et défendue tout alentour par un abîme inaccessible. On ne peut entrer dans cette forteresse que par un seul endroit du côté de la ville. Sur la cime du rocher sont deux temples, l'un de Minerve et l'autre de Jupiter Atabyrien comme à Rhodes. Et il était raisonnable qu'étant une colonie de Rhodiens, elle donnât à ce dieu le même nom que ces insulaires. On y voit encore d'autres ornemens, et entre autres des temples et des portiques d'une grande beauté. Le temple de

[1] Fragmens de Valois.

Jupiter Olympien n'est pas à la vérité si orné et si enrichi que ceux de la Grèce ; mais pour le dessein et la grandeur il ne le cède à aucun d'eux.

FRAGMENT IX.

Agathirna ville de Sicile, d'après Polybe [1].

FRAGMENT X.

Marius (Valérius Lævinus) leur ayant donné toute garantie de salut leur persuada de passer en Italie à la condition de se mettre à la solde des Rhégiens et de ravager le pays de Bruttium avec le droit de s'approprier tout ce qu'ils pourraient saisir sur les terres de l'ennemi [2].

FRAGMENT XI.

Harangue de Chlénéas, Étolien, contre les rois de Macédoine.

« Je suis persuadé, Lacédémoniens, qu'il n'y » a personne qui ne reconnaisse que, si les » Grecs ont perdu leur liberté, ce sont les rois » de Macédoine qui en sont la cause. Il est aisé » de vous le faire voir. Entre ce corps de Grecs » qui habitait autrefois la Thrace, et qui était » composé de colonies envoyées d'Athènes et de » Chalcide, Olynthe était la ville qui avait le » plus d'éclat et de puissance. Philippe l'ayant » subjuguée, et ayant intimidé les autres par » cet exemple, se rendit maître non seulement » des villes de Thrace, mais encore des Thessa-» liens. A quelque temps de là, après avoir » vaincu les Athéniens en bataille rangée, il » usa modérément de sa victoire, non pour » leur faire du bien, il en était fort éloigné, » mais afin que le bien qu'il leur faisait enga-» geât les autres peuples à se soumettre volon-» tairement à sa domination. Votre propre état » était parvenu à un tel degré de puissance, » qu'il devait avec le temps devenir le soutien et » l'arbitre des autres républiques de la Grèce. » Tout prétexte fut suffisant pour lui déclarer la » guerre. Il y vint avec une armée, porta le » ravage dans le pays, renversa tous les édifices,

[1] Étienne de Byzance.
[2] Suidas in ἰφ'ὅ

» partagea le territoire, distribua les villes, » donna celle-ci aux Argiens, celle-là aux Tégéa-» tes et aux Mégalopolitains, une autre aux » Messéniens, ne se souciant pas, pourvu qu'il » vous fît tort, que ce fût contre les règles de la » justice qu'il fît plaisir aux autres. Alexandre » son successeur croyant que tant que subsiste-» rait Thèbes, il resterait à la Grèce quelque » espérance de se relever, la renversa, vous » savez tous de quelle manière. Il n'est pas be-» soin que je m'étende sur la conduite qu'ont » gardée à l'égard des Grecs ceux qui lui ont » succédé. Est-il quelqu'un, si peu instruit qu'il » soit dans les affaires, qui n'ait entendu parler » de l'indignité avec laquelle Antipater traita les » Athéniens et les autres peuples après la vic-» toire qu'il remporta sur les Grecs à Lamia? Il » poussa l'insolence et l'injustice jusqu'au point » d'établir exprès des gens pour rechercher les » exilés, et de les envoyer dans les villes contre » ceux qui avaient montré quelque opposition à » ses desseins, ou qui avaient fait la moindre of-» fense à la maison royale de Macédoine; les uns » furent enlevés des temples avec violence, les » autres furent arrachés des autels, et mouru-» rent dans les supplices. Ceux qui lui échappè-» rent par la fuite furent bannis de toute la » Grèce; car il ne leur restait plus de ressource » que chez les Étoliens. Qui ne sait les maux que » les Grecs ont soufferts de la part de Cassandre, » de Démétrius et d'Antigonus Gonatas? La » mémoire en est encore toute récente. De leur » temps on vit mettre des garnisons dans les » villes, le gouvernement confié à des tyrans ; » nulle ville ne fut exempte du nom odieux de » servitude. Mais détournons les yeux de ces » persécutions, et revenons aux dernières ac-» tions d'Antigonus, de peur que quelques-uns » de vous n'en pénétrant pas la finesse, ne s'ima-» ginent que l'on en doit savoir gré aux Macé-» doniens. Ce serait être trop simple que de croi-» re que ce fut pour sauver les Achéens qu'An-» tigonus prit les armes contre vous, ou qu'il » eût en vue de mettre les Lacédémoniens en » liberté lorsqu'ils souffraient si impatiemment » la tyrannie de Cléomène. La crainte et la ja-» lousie ont été les seuls motifs qui l'ont fait » agir, la crainte que sa puissance ne fût pas en

» sûreté si vous établissiez la vôtre dans le Péloponnèse, et la jalousie que lui donnaient les grandes qualités de Cléomène et l'éclat avec lequel la fortune vous favorisait. Il vint donc non pour apporter du secours aux habitans du Péloponnèse, mais pour ruiner vos espérances et abaisser votre pouvoir. Ainsi vous ne devez pas tant aimer les Macédoniens parce que maîtres de votre ville ils ne l'ont pas mise au pillage, que vous devez les haïr et les regarder comme ennemis, parce qu'ils vous ont déjà plusieurs fois empêché de dominer sur la Grèce, lorsque vous étiez le plus en état de le faire. Je ne vous rappellerai pas les crimes de Philippe. Les sacriléges qu'il commit dans les temples de Thermes ont un exemple assez sensible de son impiété, et la perfidie avec laquelle il viola le traité fait avec les Messéniens fait voir ce que l'on devait attendre de sa cruauté; car il n'y eut entre les Grecs que les Étoliens qui osassent prendre contre Antipater la défense de ceux qui étaient injustement opprimés; eux seuls résistèrent à Brennus et à la multitude de Barbares qui sous sa conduite faisaient irruption dans la Grèce; eux seuls prirent les armes pour vous remettre sur les Grecs en possession de la suprématie qu'avaient eue vos ancêtres. Mais en voilà assez sur ce sujet. Revenons à notre délibération. Il est en quelque sorte nécessaire de prendre des conclusions et des décisions comme si vous deviez faire la guerre. Mais ne croyez pourtant pas que vous ayez une guerre à faire. Loin que les Achéens, après les pertes qu'ils ont faites, soient en état d'infester notre pays, je crois qu'ils auront assez de grâces à rendre aux Dieux, s'ils peuvent conserver le leur propre, lorsqu'ils se verront attaqués tout à la fois par les Éléens et les Messéniens vos alliés, et par nous autres Étoliens. D'ailleurs Philippe rabattra bien de sa fierté, lorsque attaqué par terre par les Étoliens il le sera encore du côté de la mer par les Romains et le roi Attalus. De ce qui s'est déjà fait il est aisé de conjecturer ce qui se fera dans la suite; car si n'ayant pour adversaires que les Étoliens, il n'a pu les réduire, pourra-t-il suffire contre tant d'ennemis joints ensemble? Toutes ces raisons doivent vous persuader que quand vous ne seriez encore liés par aucun traité, et que vous entameriez pour la première fois cette affaire, il vous serait plus avantageux de vous joindre à nous qu'aux Macédoniens. Mais quand même vous auriez déjà pris votre parti, n'en ai-je pas assez dit pour vous en faire prendre un autre? Car si vous aviez conclu votre alliance avec les Étoliens, avant que d'avoir reçu des bienfaits d'Antigonus, peut-être y aurait-il à délibérer si de nouveaux engagemens ne devraient pas l'emporter sur les anciens? Mais ce n'est qu'après avoir reçu d'Antigonus cette liberté et ce secours qu'il ne cesse de vanter et de vous reprocher, qu'assemblant votre conseil et examinant auquel des deux peuples vous vous joindriez, aux Étoliens ou aux Macédoniens, vous avez préféré les premiers, que vous leur avez donné des ôtages, que vous en avez reçu, et que vous êtes entrés dans la dernière guerre que nous avions à soutenir contre les Macédoniens. Quel doute peut-il donc encore vous rester? Toutes les liaisons que vous aviez avec Antigonus et Philippe sont maintenant détruites. Il faut donc que vous montriez que depuis ce temps-là vous avez souffert quelque injustice de la part des Étoliens, ou qu'il vous est venu quelque bienfait de la part des Macédoniens. Ni l'une ni l'autre chose n'étant arrivée, violerez-vous les traités et les sermens, gages les plus certains d'une constante fidélité, pour vous déclarer en faveur d'un peuple, dont vous avez justement rejeté l'alliance, lors même qu'il vous était libre de l'accepter. »

Ainsi parla Chlénéas. Chacun regardait cette harangue comme difficile à réfuter, lorsque Lyciscus, ambassadeur des Acarnaniens, se présenta. Il se tut d'abord, voyant qu'on s'entretenait dans l'assemblée de ce qui venait d'être proposé, mais dès qu'on eut fait silence il commença en ces termes :

« Je viens ici, Lacédémoniens, pour défendre les intérêts des Acarnaniens, mais ayant part aux mêmes espérances que les Macédoniens, nous croyons que cette ambassade leur est commune avec nous. Comme en guerre la grandeur et l'étendue

» de leur puissance fait que notre sûreté est
» établie sur leur courage et sur leur valeur,
» de même, quand il s'agit de délibérer,
» nous ne séparons pas nos intérêts de leurs
» droits. Ne soyez donc pas surpris si la plus
» grande partie de mon discours roule sur
» Philippe et sur les Macédoniens. Chlèneas, à
» la fin du sien a formulé tous vos droits en
» ce peu de paroles : *Si*, dit-il, *depuis que*
» *vous avez fait alliance avec les Étoliens,*
» *ils vous ont fait quelque tort ou quelque*
» *dommage, ou si vous avez reçu quelque*
» *bienfait de la part des Macédoniens, il*
» *est juste que vous mettiez l'affaire en déli-*
» *bération comme si rien ne s'était passé.*
» *Mais s'il n'est rien arrivé de semblable,*
» *et que malgré cela, en alléguant sur Anti-*
» *gonus des faits que vous avez d'abord ap-*
» *prouvés, nous nous flattions de vous faire*
» *rompre des sermens et des traités, nous*
» *sommes les plus insensés des hommes.* Oui,
» si rien de ce qu'à dit Chlèneas n'est arrivé,
» et que les affaires des Grecs soient encore
» dans le même état qu'elles étaient lorsque
» vous fîtes alliance avec les Étoliens, j'avoue
» qu'il n'y a personne de plus insensé que
» moi, et qu'il ne faut avoir nul égard à ce
» que je dois dire. Mais si ces affaires ont
» tourné tout autrement, comme j'espère le
» démontrer dans la suite de ce discours, je
» suis persuadé que je passerai à vos yeux
» pour connaître autant vos intérêts que
» Chlèneas semble les ignorer. Tel est le but
» de mon ambassade, telles sont mes instruc-
» tions : de vous rendre sensible et évident
» que, dans les circonstances où se trouve
» aujourd'hui la Grèce, il est convenable et
» de votre intérêt de prendre, s'il est possi-
» ble, un parti qui vous convienne en parta-
» geant avec nous les mêmes espérances, ou,
» si cela ne se peut faire, en gardant au
» moins pour le présent une parfaite neutra-
» lité. Mais parce qu'on a osé vous préve-
» nir contre la maison de Macédoine, je crois
» devoir vous dire d'abord deux mots pour
» désabuser ceux qui ont ajouté foi aux accu-
» sations portées contre elle. Chlèneas assure
» que Philippe, fils d'Amyntas, par la prise

» d'Olynthe, s'est soumis toute la Thessalie,
» et moi je soutiens que non seulement les
» Thessaliens, mais encore tous les autres
» Grecs sont redevables à Philippe de leur
» salut ; car, lorsqu'Onomarque et Philo-
» mèle, après la prise de Delphes, se furent
» cruellement enrichis des dépouilles de ce
» temple fameux, qui ne sait que leur puis-
» sance s'était élevée à un tel degré de gran-
» deur qu'aucun des Grecs n'osait les regar-
» der en face ? Non contens des sacrilèges
» commis contre la divinité, ils étaient près
« d'envahir toute la Grèce. Alors Philippe, af-
» frontant de lui-même les périls, défit les
» tyrans, mit en sûreté le temple, et les
» Grecs lui furent redevables de leur liberté.
» Tout ce qu'il a fait ensuite en rendra un
» témoignage authentique à la postérité ; car
» si en le choisissant pour chef sur mer et sur
» terre on lui a fait un honneur qu'on n'a-
» vait jamais fait à personne, ce n'est pas
» pour avoir opprimé les Thessaliens, comme
» on a la hardiesse de l'avancer, mais pour
» reconnaître les services qu'il avait rendus
» à la Grèce. Il est venu, dit-on, avec une
» armée dans la Laconie. Mais vous savez
» tous qu'il n'y est pas venu de lui-même.
» Quoiqu'appelé plusieurs fois par ses amis
» et ses alliés du Péloponnèse, à peine put-il
» s'y résoudre. Et quand il y fut venu, com-
» ment s'y conduisit-il ? Écoutez Chlèneas.
» Quoiqu'il pût profiter du ressentiment et
» des passions des états voisins, pour ravager
» les campagnes et abaisser la puissance de cet
» état, et que ce traitement dût plaire beau-
» coup à ceux qui avaient invoqué sa puis-
» sance, jamais il ne consentit à cette vio-
» lence. Au contraire, après avoir tourné les
» vues de tous les peuples vers le bien com-
» mun, par la terreur de ses armes, il les
» obligea à terminer leurs différends par la
» conciliation. Encore ne se constitua-t-il pas
» juge des contestations ; mais il voulut que
» tous les Grecs ensemble en décidassent. En
» vérité cette action n'est-elle pas bien digne
» qu'on lui en fasse un crime ? Vous repro-
» chez amèrement à Alexandre d'avoir puni
» les Thébains de leur révolte, et vous ne dites

» rien de la manière dont il a vengé les Grecs » des insultes des Perses, des maux extrêmes » dont il vous a tous délivrés, après avoir » réduit les Barbares en servitude et leur avoir » enlevé ces richesses avec lesquelles ils corrom- » paient les Grecs, tantôt les Athéniens et leurs » ancêtres, tantôt les Thébains, les soulevant » les uns contre les autres et jugeant des » coups : désordre affreux auquel Alexandre » a mis fin en soumettant l'Asie à la Grèce. » Comment osez-vous parler de ses succes- » seurs? Il est vrai que, selon les diverses con- » jonctures, comme ils ont fait du bien aux uns, » ils ont souvent causé beaucoup de maux aux » autres. Mais ces maux, il vous convient » moins qu'à personne de vous en souvenir, » à vous, dis-je, dont personne ne se loue, » et dont bien des gens se plaignent. Qui a » poussé Antigonus à perdre la république » des Achéens? Qui est-ce qui a traité avec » Alexandre d'Épire pour subjuguer et par- » tager l'Acarnanie, si ce n'est vous? Qui, » si ce n'est vous, a donné le commandement » des troupes à ces gens audacieux qui ont eu » la témérité de porter leurs mains sur les » lieux les plus sacrés? Témoins Timée, qui » à Ténare a pillé le temple de Neptune et à » Lysse celui de Diane ; Pharyce et Polycrite, » dont l'un a dépouillé le temple de Junon à » Argos, et l'autre n'a pas plus respecté celui » de Neptune à Mantinée ; témoins encore » Lattabe et Nicostrate qui, aussi perfides » que les Scythes et les Gaulois, ont, au mi- » lieu de la paix, insulté l'assemblée des Béo- » tiens. Jamais les successeurs d'Alexandre » n'en ont tant fait. Et, après tant d'horreurs » que vous ne pouvez justifier, vous osez en- » core vous vanter d'avoir soutenu l'effort » des Barbares à l'invasion de Delphes, et » dire que les Grecs doivent vous être recon- » naissans! Mais si l'on doit vous savoir gré » de ce seul service, que ne devons-nous pas » aux Macédoniens, qui emploient la plus » grande partie de leur vie à défendre la » Grèce contre les Barbares? Car qui ne voit » qu'elle serait dans un très-grand péril, si » nous n'avions à opposer à nos ennemis » et les Macédoniens et la passion pour la » gloire dont leurs rois sont animés? En » voulez-vous une preuve convaincante? Dès » que les Gaulois, après la défaite de Ptolé- » mée, surnommé le Foudre, ne craignirent » plus les Macédoniens, ils ne s'inquiétèrent » plus des autres Grecs, et se jetèrent, Bren- » nus à leur tête, au milieu de la Grèce, » malheur qui serait arrivé bien des fois, si » les Macédoniens n'eussent été placés à l'en- » trée de la Grèce. Je pourrais m'étendre da- » vantage sur leurs anciens exploits, mais je » crois en avoir dit assez.

» On accuse Philippe d'impiété, et on lui » reproche la destruction d'un temple : et on » garde le silence sur les sacrilèges que com- » mirent les Étoliens dans les temples et dans » les bois sacrés de Dios et de Dodone ; c'est » cependant par où l'on devait commencer. » Mais loin de cela, les maux que vous avez » soufferts, vous les rapportez d'abord en les » faisant beaucoup plus grands qu'ils n'ont » été en effet, et ceux dont vous êtes les pre- » miers auteurs, vous n'en faites nulle men- » tion. Pourquoi cela ? Parce que vous savez » que l'on est porté naturellement à attribuer » les injustices et les pertes que l'on a souf- » fertes, à ceux qui ont attaqué les premiers. » A l'égard d'Antigonus, je n'ai dessein d'en » parler qu'autant qu'il le faut pour ne point » paraître mépriser ce qu'il a fait, ni regarder » comme rien le service important qu'il vous » a rendu. Je ne crois pas qu'il se trouve un » plus grand bienfait dans l'histoire. Il me » paraît tel qu'on ne pouvait rien y ajouter. « Faisons-le voir. Ce prince fait la guerre » contre vous, il vous défait en bataille ran- » gée, et devient par là maître du pays et de » la ville. Il pouvait alors user des droits de » conquête. Cependant il fut si fort éloigné » de le faire, quoique ce fût contre vos inté- » rêts, qu'entre autres bienfaits, ayant chassé » le tyran et aboli ses lois, il vous rétablit » dans la forme de gouvernement que vous » aviez reçue de vos pères ; en reconnaissance » de quoi, vous l'avez déclaré votre bienfai- » teur et votre libérateur. Que fallait-il donc » que vous fissiez ? Je vous dirai, Lacédémo- » niens, ce qu'il m'en semble, et vous ne m'en

» voudrez point de mal ; car ce ne sera pas
» pour vous rien reprocher mal à propos,
» mais parce que la conjoncture présente
» m'oblige à vous faire sentir ce que le bien
» commun demande de vous. Que vous dirai-
» je donc ? Que dans la dernière guerre ce
» n'était pas avec les Étoliens, mais avec les
» Macédoniens que vous deviez vous joindre,
» et qu'aujourd'hui que vous en êtes sollici-
» tés, vous devez plutôt vous joindre à Phi-
» lippe qu'aux Étoliens. Cela ne se peut,
» direz-vous, sans violer la foi des traités.
» Mais lequel des deux est le plus criminel,
» ou de rompre un traité fait en particulier
» entre vous et les Étoliens, ou d'en rompre
» un autre fait en présence de tous les Grecs,
» gravé sur une colonne et mis au nombre des
» monumens sacrés ? Comment craignez-vous
» de mépriser un peuple à qui vous n'avez
» aucune obligation, pendant que vous n'a-
» vez nul égard pour Philippe et les Macédo-
» niens, de qui vous tenez la liberté même
» que vous avez à présent, de délibérer sur
» cette affaire ? Croyez-vous qu'il soit néces-
» saire de garder fidélité à ses amis, et qu'on
» ne soit pas dans la même obligation à l'é-
» gard de ceux à qui l'on doit ce que l'on est ?
» Certes, ce n'est pas une action si pieuse
» d'être fidèles à des conventions écrites, que
» c'en est une impie de prendre les armes
» contre ceux qui nous ont sauvés. C'est né-
» anmoins ce que les Étoliens demandent que
» vous fassiez. Mais je consens que tout ce
» que j'ai dit jusqu'ici passe chez certains
» esprits trop prévenus pour étranger au su-
» jet qui nous assemble. Je reviens donc à ce
» qui en fait le principal chef, savoir que, si
» les affaires sont à présent dans le même état
» que quand vous fîtes alliance avec les Éto-
» liens, vous devez demeurer fidèles à cette
» alliance, car c'est ce que nous avons proposé
» d'abord. Mais si l'état de la Grèce n'est
» plus le même, il est juste que vous délibé-
» riez sur ce à quoi nous vous exhortons,
» comme si vous n'aviez antérieurement con-
» tracté aucun engagement. Or je voudrais bien
» savoir, Cléonice et vous Chlénéas, quels
» étaient vos alliés, lorsque vous poussiez les

» Lacédémoniens à se joindre à vous ? N'é-
» taient-ce pas alors tous les Grecs ? Mais à
» présent à qui êtes-vous joints ? Dans quelle
» alliance cherchez-vous à engager les Lacédé-
» moniens, si ce n'est dans celle des Barbares ?
» Il vous sied vraiment bien de dire que vos
» affaires sont aujourd'hui dans le même état
» qu'elles étaient autrefois, et qu'il n'y a point
» de changement. Alors vous disputiez le pre-
» mier rang et l'honneur de commander, avec
» les Achéens et les Macédoniens, peuples du
» même pays, et Philippe roi de ces derniers ;
» et dans la guerre que les Grecs ont mainte-
» nant à soutenir, il s'agit de se délivrer de la
» servitude dont ils sont menacés par des étran-
» gers, que vous n'avez appelés, il est vrai,
» que contre Philippe, mais que vous n'avez
» pas prévus devoir venir et contre vous-mê-
» mes et contre toute la Grèce. En temps de
» guerre lorsqu'en certaines occasions, pour
» mettre une ville à couvert d'insulte, on y
» jette une garnison plus forte que ses propres
» troupes, on fait à la fois deux choses, on
» se délivre de la crainte des ennemis et on se
» soumet au pouvoir de ses amis. C'est ce qui
» est arrivé aux Étoliens. Ils n'avaient en vue
» que de se mettre au dessus de Philippe et
» d'humilier les Macédoniens, mais sans y
» penser ils ont attiré d'Occident une nuée
» de barbares, qui peut-être à présent ne cou-
» vrira d'abord que la Macédoine, mais qui
» dans la suite s'étendra sur toute la Grèce, et
» lui causera de grands maux.

» C'est à tous les Grecs à prévoir la tempête
» qui les menace, mais c'est principalement à
» vous, Lacédémoniens. Car quelles croyez-
» vous que furent les vues de vos pères, lors-
» qu'ils jetèrent dans un puits où ils le couvri-
» rent de terre l'ambassadeur que Xerxès leur
» avait envoyé pour leur demander l'eau et la
» terre, et qu'ils le renvoyèrent ensuite dire à
» son maître qu'il avait obtenu des Lacédémo-
» niens ce qu'il avait eu ordre de leur deman-
» der ? Pourquoi pensez-vous que Léonidas
» courait de lui-même à une mort certaine et
» inévitable ? N'est-ce pas pour faire voir que
» ce n'était pas seulement pour sa liberté qu'il
» s'exposait, mais pour celle de tous les autres

» Grecs ? Il serait beau que les descendans de
» ces grands hommes se joignissent à des bar-
» bares pour faire avec eux la guerre aux Épi-
» rotes, aux Achéens, aux Acarnaniens, aux
» Béotiens, aux Thessaliens, en un mot, aux
» Étoliens près, à presque tous les Grecs. Je
» reconnais là les Étoliens. Ce qu'il y a de plus
» honteux leur paraît légitime, pourvu qu'ils
» assouvissent l'ardeur qu'ils ont de s'enrichir.
» Mais ce n'est pas là votre caractère, Lacédé-
» moniens. Que ne feront-ils pas après leur
» jonction avec les Romains, eux qui ayant
» obtenu des secours de la part des Illyriens
» ont osé contre toutes les lois de la justice se
» saisir par force de Pylos du côté de la mer,
» assiéger par terre Clitorion, et faire passer les
» Cynéthéens sous le joug, et qui, après un
» traité fait d'abord avec Antigonus pour per-
» dre les Achéens et les Acarnaniens, en font
» maintenant un avec les Romains contre tou-
» te la Grèce. Après cela qui ne s'attendrait
» pas à une irruption de la part des Romains ?
» Qui n'aurait en horreur l'imprudence des
» Étoliens qui ont l'audace de conclure de pa-
» reils traités ? Déjà ils ont enlevé Oéniade et
» Nœsos aux Acarnaniens ; avant cela ils étaient
» entrés par violence dans Anticyre, et con-
» jointement avec les Romains en avaient ré-
» duit les citoyens en servitude : les Romains
» emmenant avec eux les femmes et les enfans
» pour leur faire souffrir tous les maux aux-
» quels on est exposé sous une domination
» étrangère, et les Étoliens partageant entre
» eux les terres de ce peuple malheureux. Ne
» convient-il pas bien d'entrer dans une telle
» alliance ? Mais cela conviendrait-il surtout
» aux Lacédémoniens, qui avaient fait un dé-
» cret portant que s'ils étaient vainqueurs, ils
» décimeraient les Thébains pour les immoler
» aux Dieux, parce que ce peuple, au temps
» de l'invasion des Perses, avait, seul d'entre
» les Grecs, résolu de demeurer neutre, quoi-
» que ce fût par nécessité qu'ils eussent pris
» cette résolution. Je finis, Lacédémoniens,
» en vous recommandant comme une chose
» digne de vous, de vous rappeler l'exemple
» de vos ancêtres, d'être toujours sur vos
» gardes contre l'invasion des Romains, d'avoir
» pour suspectes les pernicieuses intentions
» des Étoliens, de ne pas oublier surtout ce
» qu'Antigonus a fait en votre faveur, de haïr
» toujours les méchans, de fuir toute société
» avec les Étoliens, et de vous joindre à l'Achaïe
» et à la Macédoine. Si quelqu'un de ceux qui
» ont parmi vous le plus de crédit et d'autorité,
» n'est pas de ce dernier avis, au moins tenez-
» vous en repos et ne vous rendez pas com-
» plices des injustices des Étoliens.... »

FRAGMENT XII.

En effet telle est la coutume que les Athéniens aiment toujours à observer[1].

FRAGMENT XIII.

En effet la bonne volonté d'un ami, si elle
se montre à propos et ordinairement d'un grand
secours ; mais si, au contraire, elle hésite et
arrive trop tard, son assistance est sans aucun
résultat. Si ce n'était donc pas seulement par
des paroles, mais encore par des actions qu'ils
désiraient conserver l'amitié que l'on a liée
avec eux[2]......

FRAGMENT XIV.

Les Acarnaniens, ayant eu connaissance de
l'expédition des Étoliens contre eux, poussés
en partie par le désespoir, en partie par la fureur et la haine qui les transportaient contre
l'ennemi, prirent une résolution désespérée.
Ils décidèrent que dans le cas où ils seraient
vaincus, tout homme qui échappant au péril,
aurait survécu à la défaite, ne serait reçu par
personne dans la ville et serait privé de l'usage
du feu. Ajoutant à ce décret des imprécations,
ils conjurèrent tous les peuples et surtout les
Épirotes de ne recevoir sur leur territoire aucun de ceux qui se seraient enfuis du combat[3].

FRAGMENT XV.

Siége d'Égine.

Philippe, lorsqu'il eut résolu d'attaquer
Égine par les deux tours, fit placer devant

---

[1] Manucs Urb.
[2] Fragmens anciens.
[3] Suidas in 'Απαλ.7.

chacune une tortue et un bélier. D'un bélier à l'autre vis-à-vis l'entre-deux des tours, on conduisit une galerie parallèle à la muraille. A voir cet ouvrage on l'eût pris lui-même pour une muraille; car les claies qu'on avait élevées sur les tortues formaient, par la manière dont elles étaient disposées, un édifice tout semblable à une tour; et sur la galerie qui joignait les deux tours, on avait dressé d'autres claies où l'on avait pratiqué des créneaux. Au pied des tours étaient des travailleurs, qui avec des terres aplanissaient les inégalités du chemin : là étaient aussi ceux qui faisaient mouvoir le bélier. Au second étage, outre les catapultes, on avait porté de grands vaisseaux contenant de l'eau, et les autres munitions nécessaires pour arrêter tout incendie. Enfin dans le troisième, qui était d'égale hauteur avec les toits de la ville, était un grand nombre de soldats pour repousser ceux des assiégés qui auraient voulu s'opposer à l'effort du bélier. Depuis la galerie, qui était entre les deux tours, jusqu'au mur qui joignait celles de la ville, on creusa deux tranchées, où l'on dressa trois batteries de balistes, dont une jetait des pierres du poids d'un talent, et les deux autres des pierres de trente mines. Et pour mettre à l'abri des traits des assiégés tant ceux qui venaient de l'armée aux travaux, que ceux qui retournaient des travaux à l'armée, on conduisit des tranchées blindées depuis le camp jusqu'aux tortues. En peu de jours tous ces ouvrages furent entièrement terminés, parce que le pays en fournissait abondamment les matériaux. Car Égine est située sur le golfe de Malée, vers le midi, vis-à-vis les Throniens, et la terre y est très-fertile; aussi rien ne manqua à Philippe pour l'exécution de son projet. Ayant donc disposé des ouvrages comme nous l'avons dit plus haut, il commença les opérations du siège en creusant des mines et faisant en même temps battre les murailles par ses machines.

FRAGMENT XVI.

Publius Sulpicius Galba était alors général des Romains, et Dorimaque chef des Étoliens. Tandis que Philippe assiégeait Égine après s'être mis en sûreté, tant contre les tentatives de la ville que contre les attaques extérieures, en protégeant son camp du côté de la campagne par un mur et un fossé, arrivent à Égine, Publius avec une flotte, Dorimaque avec un détachement composé d'infanterie et de cavalerie, et ils attaquent le camp de Philippe qui les repousse. Celui-ci poussant après ce succès le siège avec encore plus de vigueur, les Éginètes réduits au désespoir se rendirent à lui. En effet Dorimaque ne pouvait réduire par la famine Philippe à qui toute espèce d'approvisionnemens arrivaient par mer [1].

FRAGMENT XVII.

Source de l'Euphrate et pays que ce fleuve parcourt.

L'Euphrate a sa source dans l'Arménie. Il traverse la Syrie et tout le pays qui s'étend depuis cette contrée jusqu'à Babylone. On croirait qu'il se décharge dans la mer Rouge; mais il ne s'y décharge pas. Différens ruisseaux qui parcourent les terres l'épuisent avant qu'il se jette dans la mer. C'est un fleuve tout différent de la plupart des autres. Ceux-ci s'augmentent à mesure qu'ils parcourent plus de pays, se grossissent en hiver, et baissent beaucoup au fort de l'été. L'Euphrate au contraire est très-haut à l'approche de la canicule, et il n'est nulle part plus grand que dans la Syrie. Plus il avance, plus il diminue. La raison en est que ses accroissemens ne viennent pas des pluies d'hiver, mais de la fonte des neiges; et il diminue, parce qu'on le détourne et qu'on le partage pour ainsi dire par ruisseaux pour lui faire arroser les terres. C'est ce qui rend si long le transport des armées par l'Euphrate, parce que les vaisseaux sont fort chargés et le fleuve très-bas; de sorte que la force de ses eaux n'est presque d'aucun secours pour la navigation.

FRAGMENT XVIII.

Dans la disette de grains où se voyaient les Romains, les armées ayant pillé tout ce

[1] Héron, Art de soutenir et de repousser les sièges.

qu'il y en avait dans l'Italie jusqu'aux portes de Rome, ils eurent recours à Ptolémée et lui envoyèrent des ambassadeurs pour le prier de leur en fournir ; car il n'y avait pas de secours à espérer, même des provinces hors de l'Italie. Tout l'univers, à l'exception de l'Égypte, était en armes et couvert de soldats. La famine était si complète à Rome que le médimne de Sicile valait quinze dragmes. Malgré une si pressante extrémité les Romains ne laissèrent pas de continuer toujours la guerre avec la même vigueur [1].

FRAGMENT XIX.

Polybe, dans le neuvième livre de son histoire, parle d'un fleuve nommé Cyathus et qui coule dans les environs d'Arsinoé, ville d'Étolie [2].

FRAGMENT XX.

Arsinoé, ville de Lybie. Ses habitans se nomment Arsinoètes; Polybe dans son neuvième livre appelle aussi Arsinoé une ville d'Étolie [3].

FRAGMENT XXI.

Atella, ville du pays des Opics en Italie, entre Capoue et Naples. Ses habitans s'appellent Atellans, ainsi que le dit Polybe dans son neuvième livre : les Atellans se livrèrent [4].

FRAGMENT XXII.

Phorunna, ville de Thrace, Polybe, livre IX. Ses habitans s'appellent Phorunnéens [5].

FRAGMENT XXIII.

[I] Lors de la prise d'Égine par les Romains, tous ceux des Éginètes qui avaient été vendus à l'encan se trouvant rassemblés sur les vaisseaux, demandèrent au général la permission d'envoyer vers les villes avec lesquelles ils avaient des liens de parenté, pour en obtenir leur rançon. Publius leur répondit d'abord durement, que c'était quand ils étaient encore libres qu'ils auraient dû faire partir des députés pour traiter de leur salut avec leurs vainqueurs, et non actuellement qu'ils étaient réduits en servitude, eux surtout qui peu auparavant n'avaient pas même daigné répondre à ses ambassadeurs. A présent qu'ils étaient tombés en son pouvoir, comment ne pas trouver trop naïve la demande qu'ils faisaient d'adresser une députation à leurs parens. Après ces paroles, il repoussa les supplians. Mais le lendemain, ayant convoqué tous les prisonniers, il dit que les Éginètes sans doute ne méritaient par eux-mêmes aucune pitié, mais que cependant il leur accordait, à la considération des autres Grecs, la facilité d'envoyer des députés pour se procurer leur rançon, puisque telle était la coutume [1].

FRAGMENT XXIV.

[II] Telle était la situation des Romains et des Carthaginois, et quand le flux et le reflux des événemens, poussé par la fortune, venait fondre sur eux tour à tour, il est clair que suivant l'expression du poète : *la joie et la douleur parcouraient en même temps l'âme des deux parties* [2].

FRAGMENT XXV.

[III] Ce que j'ai dit souvent est vrai; il n'est pas possible d'embrasser et de contempler en esprit le spectacle si beau des événemens, je parle de l'économie et de l'ensemble, si l'on recourt aux auteurs qui n'ont présenté les faits que par parties détachées et isolément [3].

FRAGMENT XXVI.

[IV] Nous disons qu'une olympiade est une période renfermant un espace de quatre ans [4].

---

[1] Extrait des légations.
[2] Athénée, liv. X, chap 6.
[3] Étienne de Bysance.
[4] Idem.
[5] Idem.

[1] Fragmens retrouvés par M. A. Mai.
[2] Idem.
[3] Idem.
[4] Idem.

FRAGMENT XXVII.

[V] Quand des hommes ne marchent point avec bienveillance et dévoûment, il n'est point probable qu'ils se montrent dans l'action auxiliaires sincères et sûrs [1].

LIVRE DIXIÈME.

FRAGMENT PREMIER.

Situation avantageuse de Tarente.

Quoique la côte d'Italie qui regarde la mer de Sicile et qui s'avance vers la Grèce soit longue, depuis le détroit et Rhégio jusqu'à Tarente, de plus de deux mille stades, elle n'a cependant d'autre port que celui de Tarente. Elle est occupée par beaucoup de peuples barbares, et les Grecs y possèdent des villes célèbres. Les Bruttiens, les Lucaniens, une partie des Samnites, les peuples de la Calabre et plusieurs autres habitent ce côté de l'Italie; et les Grecs y possèdent Rhégio, Caulon, Locre, Crotone, Métaponte et Thyre. De sorte que tous ceux qui de Sicile ou de Grèce viennent à quelques-unes de ces villes, sont obligés d'aborder au port de Tarente, et de décharger là toutes les marchandises qu'ils apportent pour tous les peuples de cette côte. On peut juger combien cette ville est avantageusement située, par la fortune qu'ont faite les Crotoniates, qui n'ayant que quelques mouillages d'été, où peu de vaisseaux abordent, ont néanmoins amassé de grandes richesses. Or la seule situation de cette ville a été cause de ce bonheur, situation cependant qui n'a rien de comparable à celle de Tarente. Elle est aussi heureusement placée par rapport aux hâvres de la mer Adriatique. Mais elle tirait de là beaucoup plus d'avantages autrefois; car comme Brindes n'était pas alors bâtie, tout ce qui venait des endroits qui sur la côte opposée sont entre le cap d'Iapige et Siponte, passait par Tarente pour entrer dans l'Italie, et on se servait de cette ville comme d'un marché pour faire les échanges et tout autre commerce. C'est pour cela que Fabius, qui faisait grand cas de ce passage, ne s'appliquait à rien tant qu'à le bien garder.

FRAGMENT II.

Scipion envoyé en Espagne.

Avant de retracer, comme je vais le faire, l'histoire des exploits de Publius Scipion en Espagne, et généralement tout ce qu'il a fait pendant sa vie, il me semble nécessaire de faire connaître d'abord le caractère et le génie de ce grand citoyen. Comme il s'est montré supérieur à presque tous les hommes célèbres de l'antiquité, tout le monde tient à savoir ce qu'était ce héros, son caractère, ses habitudes, et comment il est parvenu à l'accomplissement de tant de grandes choses. Mais les écrivains qui jusqu'ici ont parlé de lui ont toujours été en dehors de la vérité et n'ont su tirer leurs lecteurs de l'ignorance que pour les jeter dans l'erreur. La série de ma narration suffira pour convaincre de la vérité de cette assertion tous ceux qui aiment à connaître et qui savent estimer les grandes et nobles actions [2].

Tous sans exception nous le dépeignent comme un de ces favoris de la fortune, qui réussissent dans toutes leurs entreprises, quoique la plupart du temps le hasard y ait plus de part que la prudence. Selon eux, il y a dans cette espèce de héros quelque chose de plus surprenant et de plus divin, pour ainsi dire, que dans ceux qui suivent la raison pour guide en toutes choses. La distinction que l'on doit mettre entre le louable et l'heureux leur est inconnue. Cependant celui-ci est commun

---

[1] Fragmens retrouvés par A. Mai.
[2] Fragmens de Valois.

même parmi le vulgaire; l'autre ne convient qu'aux hommes judicieux et réfléchis. Ce sont ces derniers qu'il faut regarder comme divins au suprême degré, et comme chéris des dieux.

Il me paraît que Scipion et Lycurgue, ce célèbre législateur des Lacédémoniens, se ressemblent tout-à-fait et pour le caractère et pour la conduite; car ne croyons pas que ce fut en consultant superstitieusement en toutes choses une prêtresse d'Apollon que Lycurgue établit le gouvernement de Lacédémone; ni que Scipion se soit fondé sur des songes et sur des augures pour reculer les bornes de l'empire romain; mais tous les deux voyant que la plupart des hommes n'approuvent pas aisément les projets extraordinaires, et qu'ils craignent de s'exposer aux grands dangers, à moins qu'ils ne croient avoir lieu d'espérer l'assistance des dieux, l'un ne proposait jamais rien qu'il ne s'autorisât d'un oracle de la Pythie, et par là il rendait ses propres pensées plus respectables et plus dignes de foi; et l'autre par la même adresse faisant passer tous ses desseins pour inspirés des dieux, donnait à ceux qu'il commandait plus de confiance et d'ardeur à entreprendre ce qu'il projetait de plus difficile.

Que la raison et la prudence aient conduit tous les pas de Scipion, et que ses entreprises n'aient été heureuses que parce qu'elles devaient l'être, c'est ce qui deviendra évident par tout ce que nous avons à dire de ce grand homme. On convient d'abord qu'il était bienfaisant et magnanime. Pour la pénétration d'esprit, la sobriété et l'application aux affaires, il n'y a que ceux qui ont vécu avec lui et qui l'ont parfaitement connu, qui lui accordent ces vertus. Caïus Lœlius était de ce nombre. C'est lui qui m'en a donné cette idée, qui m'a paru d'autant plus juste, qu'ayant été depuis la plus tendre jeunesse jusqu'à la mort de Scipion, témoin continuel de toutes ses actions et de toutes ses paroles, il ne me disait rien qui ne répondît exactement aux actions de ce consul.

La première occasion, m'a-t-il dit, où il se distingua, fut le combat de cavalerie que son père livra à Annibal sur les bords du Pô. Il n'avait alors que dix-sept ans, et c'était sa première campagne. On lui avait donné pour sa garde une compagnie de cavaliers d'une valeur éprouvée. Dans ce combat, apercevant son père enveloppé par les ennemis avec deux ou trois cavaliers et dangereusement blessé, d'abord il exhorta sa compagnie à courir à son secours. Celle-ci ayant peur, et hésitant à avancer, lui-même s'élance avec fureur sur les ennemis. Ses soldats sont obligés malgré eux de le soutenir; les ennemis se dispersent épouvantés, et le père sauvé contre toute espérance reconnaît à haute voix devant toute l'armée qu'il doit la vie à son fils.

Cette action lui ayant mérité la réputation d'un homme sur l'intrépidité duquel on pouvait compter, dans la suite il n'y eut pas de périls où il ne se jetât, toutes les fois que la patrie lui remit le soin de sa défense et de ses intérêts. Cette conduite n'est pas, ce semble, d'un capitaine qui se repose de tout sur la fortune; elle suppose dans lui toutes les qualités nécessaires pour commander.

Une autre action brillante suivit de près la première. Son frère aîné Lucius Scipion briguait l'édilité. C'est chez les Romains la dignité la plus honorable à laquelle les jeunes gens puissent aspirer, et l'usage réclame que les deux citoyens à qui l'on donne cette charge soient patriciens. Il y en avait alors un grand nombre qui la briguaient. D'abord Publius n'osa pas demander cette magistrature pour son frère. Mais quand le temps des comices approcha, réfléchissant d'un côté que le peuple ne penchait pas en faveur de Lucius, et de l'autre qu'il en était lui-même fort aimé, il pensa que le seul moyen de procurer l'édilité à son frère était de la demander tous deux ensemble. Pour faire entrer sa mère dans ce sentiment, car il ne s'agissait de gagner que la mère, parce que le père était alors parti pour aller commander en Espagne, il s'avisa de cet expédient. Pendant qu'elle allait dévotement de temple en temple, qu'elle faisait aux Dieux des sacrifices pour son aîné, qu'en un mot elle était dans une grande inquiétude sur l'effet de ses prières, il lui dit que déjà deux fois le même songe lui était arrivé, qu'il lui semblait que, faits édiles son frère et lui, ils étaient revenus tous deux de la place au logis, qu'elle était venue au devant d'eux jusqu'à la porte, et qu'elle les avait tendrement embrassés. Un cœur de mère ne put être insensible à ces paroles : « Puissé-je, s'écria-t-elle, » puissé-je voir un si beau jour! — Voudriez- » vous, ma mère, que nous fissions une ten- » tative, » lui dit Scipion. Elle y consentit, ne s'imaginant pas qu'il fût assez hardi pour cela et prenant ce qu'il avait dit pour une plaisanterie de jeune homme. Cependant Scipion donna ordre qu'on lui fît une robe blanche, telle qu'ont coutume de la porter ceux qui briguent des charges; et un matin que sa mère, encore au lit, ne pensait plus à ce qui s'était passé, il se revêt pour la première fois de cette robe, et se présente en cet état sur la place. Le peuple qui dès auparavant le considérait et lui voulait du bien, fut agréablement surpris d'une démarche si extraordinaire. Il s'avance au lieu marqué pour les candidats; il se met à côté de son frère, et aussitôt tous les suffrages se réunissent non seulement en sa faveur, mais encore en faveur de son frère à sa considération. Ils retournent au logis. La mère est avertie du fait; transportée de joie elle vient à la porte recevoir ses deux fils, et vole entre leurs bras pour les presser sur son cœur.

Après cet événement tous ceux qui avaient ouï parler des songes de Scipion, crurent d'abord que jour et nuit il avait des entretiens avec les Dieux. Cependant les songes n'y étaient entrés pour rien. Naturellement bienfaisant, magnifique en ses largesses, affable et caressant, par ces qualités il s'était concilié la faveur du peuple. Il sut aussi saisir avec un heureux à-propos l'occasion qui lui était offerte par sa mère et par ses concitoyens, et parvint ainsi non seulement à se faire nommer édile, mais encore à passer pour avoir été dans la candidature de cette dignité inspiré par les Dieux. Quand, par un défaut de jugement, ou par manque d'expérience, ou par négligence on ne peut ni savoir saisir les occasions favorables ni pénétrer les causes et les différentes phases des événemens, on ne manque pas d'attribuer aux Dieux et à la fortune, des actions qui ne sont dues qu'à la sagacité que donnent la réflexion et la prévoyance. C'est de quoi il était bon d'avertir mes lecteurs, de peur que trompés par la fausse idée que l'on s'est faite de Scipion, ils ne fissent pas assez d'attention à ce qu'il y avait en lui de plus beau et de plus admirable, son adresse et son application infatigables aux affaires, vertus qui dans la suite seront mises encore dans un plus grand jour.

Pour revenir aux affaires d'Ibérie, ayant fait assembler les troupes il leur dit : « Qu'il ne fallait pas s'épouvanter du dernier échec que l'on avait reçu; que ce n'était point par la valeur des Carthaginois que les Romains avaient été vaincus, mais par la trahison des Celtibériens, sur la foi desquels les chefs s'étaient trop légèrement séparés les uns des autres; que les ennemis se trouvaient aujourd'hui dans les mêmes circonstances; qu'ils s'étaient partagés pour différentes expéditions; que les traitemens indignes qu'ils faisaient à leurs alliés les leur avaient tous aliénés et leur en avaient fait autant d'ennemis; qu'une partie de ceux-ci avaient déjà traité avec lui par députés; que le reste, non pas à la vérité par amitié, mais pour tirer vengeance des insultes des Carthaginois, viendrait avec joie, à la première lueur d'espérance et dès qu'on verrait les Romains au-delà de l'Èbre; que les chefs des ennemis n'étant pas d'accord entre eux, ne voudraient pas se joindre pour le venir combattre, et que combattant séparément ils plieraient au premier choc; que toutes ces raisons devaient les animer à passer le fleuve avec confiance, et qu'ils se reposassent du reste sur les autres chefs et sur lui-même.

Après ce discours, ayant laissé à Marcus Silanus, qui commandait avec lui, cinq mille hommes d'infanterie et cinq cents chevaux pour secourir les alliés d'en deçà du fleuve, il passa de l'autre côté avec le reste de l'armée sans rien découvrir à personne de son dessein, étant dans la résolution de ne rien faire de ce qu'il avait dit aux soldats. Or ce dessein était d'emporter d'emblée Carthage-la-Neuve.

Premier trait, mais en même temps trait des mieux dessinés du tableau que nous traçions tout à l'heure de Scipion! Il n'a encore que vingt-sept ans, et les affaires dont il se charge sont des affaires dont les échecs précédens ne laissaient espérer aucun succès. Engagé à les soutenir, il quitte les routes frayées et connues de tout le monde, et s'en ouvre de nouvelles que ni ses ennemis, ni ceux qui le suivent ne peuvent deviner. Et ces nouvelles routes, il ne les prend jamais qu'après de mûres réflexions.

Informé avant de partir de Rome que son père n'avait été vaincu que par la trahison des Celtibériens et parce que l'armée romaine avait été partagée, il commença dès lors à ne plus craindre les Carthaginois, comme la plupart des Romains le faisaient, et à s'animer par l'espérance d'un meilleur sort. Ayant appris ensuite que les alliés d'en-deçà de l'Èbre n'avaient pas changé à l'égard des Romains, que les chefs des Carthaginois ne s'accordaient pas entre eux, et traitaient durement ceux qui leur étaient soumis, il ne craignit plus rien pour le succès de cette guerre. Et cette confiance n'était pas fondée sur la faveur de la fortune, c'était le fruit de ses réflexions. A peine est-il arrivé en Ibérie, qu'il met tout en mouvement, qu'il fait des questions à tout le monde sur l'état dans lequel étaient les affaires des ennemis. On lui dit que de leurs troupes ils avaient fait trois corps d'armée; que Magon à la tête d'un de ces corps était au-delà des colonnes d'Hercule, chez les Coniens; qu'Asdrubal fils de Giscon campait avec l'autre dans la Lusitanie près de l'embouchure du Tage, et que l'autre Asdrubal avec le troisième assiégeait quelque ville des Carpétaniens; qu'enfin il n'y avait aucun d'eux qui ne fût au moins à dix journées de Carthage-la-Neuve.

Là-dessus il jugea d'abord qu'il n'était pas nécessaire de livrer une bataille rangée; car en prenant ce parti il faudrait ou combattre tous les ennemis rassemblés, et alors ce serait tout hazarder, tant à cause des pertes précédentes, que parce qu'il avait beaucoup moins de troupes que les ennemis; ou n'en attaquer qu'un détachement, auquel cas il craignait que celui-ci mis en fuite et les autres venant à son secours, il ne fût enveloppé et ne tombât dans les mêmes malheurs que Caïus son oncle et Publius son père. Il se tourna donc d'un autre côté.

Sachant déjà que Carthage-la-Neuve fournissait de grands secours aux ennemis, et qu'elle était un très-grand obstacle au succès de la guerre présente, il se fit instruire pendant les quartiers d'hiver, par des prisonniers, de tout ce qui concernait cette ville. Il apprit que c'était presque la seule ville d'Ibérie qui eût un port propre à recevoir une flotte et une armée navale; qu'elle était située de manière à ce que les Carthaginois pouvaient commodément y venir d'Afrique, et faire le trajet de mer qui les en sépare; qu'on y gardait une grande quantité d'argent; que tous les équipages des armées s'y trouvaient, ainsi que les ôtages de toute l'Ibérie; et ce qui était le plus important, qu'on n'y avait levé que mille hommes pour garder seulement la citadelle, parce qu'il ne venait dans l'esprit à personne, que les Carthaginois étant maîtres de presque toute l'Ibérie, quelqu'un osât songer à mettre le siège devant cette ville; qu'il y avait à la vérité d'autres habitans dans la ville que les Carthaginois, même en grand nombre, mais artisans pour la plupart, ouvriers, gens de mer, tous très-ignorans sur la science de la guerre, et qui ne serviraient qu'à avancer la prise de la ville, si tout d'un coup il se présentait.

Il n'ignorait non plus ni la situation de la ville, ni les munitions qu'elle renfermait, ni la disposition de l'étang dont elle est environnée. Quelques pêcheurs l'avaient informé qu'en général cet étang était marécageux, guéable en beaucoup d'endroits, et que fort souvent vers le soir la marée se retirait. Tout cela lui fit conclure que, s'il venait à bout de son dessein, il désolerait autant les ennemis qu'il avancerait ses propres affaires; que si cela manquait, il lui serait aisé, tenant la mer, de se retirer sain et sauf, pourvu seulement qu'il mît son camp en sûreté, chose qui n'était pas difficile, vu l'éloignement où étaient les troupes des ennemis. Ainsi abandonnant tout autre dessein, il ne pensa plus pendant ses quartiers d'hiver qu'à faire les préparatifs de ce siége, et ce qui est à remarquer dans un homme de son âge, il ne s'ouvrit sur cette entreprise à personne qu'à C. Lœlius, jusqu'à ce qu'il crût qu'il était à propos de le faire connaître à toute l'armée.

Les historiens tombent d'accord que ce fut d'après ces réflexions que Scipion dressa le plan de la campagne; et cependant quand ils en ont fait le récit, sans apporter de raison plausible, bien plus, contre le témoignage de ceux qui ont vécu avec ce général, ils rapportent, je ne sais comment, le succès de cette campagne, non à la prudence de celui qui l'a conduite, mais aux Dieux et à la fortune. Cela est encore formellement contraire à la lettre que Publius écrivit à Philippe, et dans laquelle il dit nettement que tout ce qu'il a fait en général dans l'Espagne, et en particulier le siége de Carthage-la-Neuve, il l'a fait d'après les réflexions que nous avons rapportées. Revenons à notre récit.

Après avoir donné ordre en secret à C. Lœlius, qui devait commander la flotte, et à qui seul il avait fait part de son dessein, de cingler vers Carthage-la-Neuve, il se mit à la tête des troupes de terre, et s'avança à grandes journées. Son armée était de vingt-cinq mille hommes de pied et de deux mille cinq cents chevaux. Après sept jours de marche il parut devant la ville, et campa du côté qui regardait le septentrion. Derrière son camp il fit creuser un fossé et élever un double retranchement d'une mer à l'autre. Du côté de la ville il ne fit aucune fortification, la seule situation du poste le mettant à couvert de toute insulte.

Comme nous avons à rapporter le siége et la prise de cette ville, il faut en faire connaître la situation ainsi que celle de ses ennemis. Carthage-la-Neuve est située vers le milieu de la côte d'Espagne dans un golfe tourné du côté du vent d'Afrique. Ce golfe a environ vingt stades de profondeur et dix de largeur à son entrée. Il forme une espèce de port, parce qu'à l'entrée s'élève une île qui des deux côtés ne laisse qu'un passage étroit pour y aborder.

Les flots de la mer viennent se briser contre cette île, ce qui donne à tout le golfe une parfaite tranquillité, excepté lorsque les vents d'Afrique soufflant des deux côtés agitent la mer. Ce port est fermé à tous les autres vents par le continent qui l'environne. Du fond du golfe s'élève une montagne en forme de péninsule sur laquelle est la ville, qui du côté de l'orient et du midi est défendue par la mer, et du côté de l'occident par un étang qui s'étend aussi au septentrion; en sorte que depuis l'étang jusqu'à la mer il ne reste qu'un espace de deux stades, qui joint la ville au continent. La ville vers le milieu est basse et enfoncée. Au midi on y arrive de la mer par une plaine, le reste est environné de collines; deux sont hautes et escarpées, et trois autres d'une pente beaucoup plus douce, mais caverneuses et de difficile accès. La plus grande de ces trois est à l'orient, et l'on voit dessus le temple d'Esculape. Celle qui lui est opposée à l'occident a une situation semblable. Sur celle-ci se voit un superbe palais, qu'Asdrubal, dit-on, possédé de la passion de régner, a fait bâtir. Les autres collines couvrent la ville du côté du septentrion; celle des trois qui est à l'orient, s'appelle la colline de Vulcain; l'autre qui en est proche, porte le nom d'Alète, celui qui pour avoir trouvé les mines d'argent a mérité les honneurs divins; la troisième se nomme la colline de Saturne. Pour la commodité des artisans qui travaillent sur les vaisseaux, on a établi une communication de l'étang à la mer, et sur la langue de terre qui sépare la mer de cet étang, on a bâti un pont pour les bêtes de charge et les chariots qui apportent de la campagne les choses nécessaires à la vie. Par cette situation des lieux la tête du camp des Romains était en sûreté, défendue qu'elle était par l'étang et par la mer qui était à l'autre côté. Scipion ne s'était pas non plus fortifié vis-à-vis l'espace qui est entre l'un et l'autre et qui joint la ville au continent, quoique cet espace répondît au milieu de son camp; soit que par là il eût dessein d'épouvanter les assiégés, soit que disposé à attaquer il voulût que rien ne l'arrêtât en sortant de son camp ou en s'y retirant. L'enceinte de la ville n'était autrefois que de vingt stades, quoique plusieurs auteurs lui en aient donné quarante. Mais cela n'est point exact, j'en parle avec connaissance de cause; car je n'ai pas seulement entendu parler de cette ville, je l'ai vue de mes propres yeux. Aujourd'hui l'enceinte est encore plus petite.

La flotte étant arrivée à propos, Scipion assembla son armée. Dans la harangue qu'il lui fit, il ne se servit pour l'encourager que des raisons qui lui avaient persuadé à lui-même d'entreprendre le siège, et que nous avons rapportées. Après avoir montré que l'entreprise était possible, et avoir fait voir en peu de mots combien cette affaire, si elle réussissait, serait préjudiciable aux ennemis et avantageuse aux Romains, il promit des couronnes d'or à ceux qui les premiers monteraient sur la muraille, et les présens accoutumés à quiconque se signalerait dans cette occasion. Enfin il ajouta que ce dessein lui avait été inspiré par Neptune, que ce dieu, lui ayant apparu pendant son sommeil, lui avait promis qu'au temps de l'attaque il le secourerait infailliblement, et avec tant de force, que toute l'armée reconnaîtrait les effets de sa présence. La justesse et la solidité des raisons qu'il apporta, les couronnes qu'il promit, et par dessus tout cela l'assistance de Neptune, inspirèrent aux soldats une ardeur plus vive.

Le lendemain, ayant distribué à la flotte des traits de toute espèce, il donna ordre à Loelius qui la commandait, de serrer de près la ville du côté de la mer. Par terre il détacha deux mille de ses plus braves soldats, leur donna des gens pour porter les échelles, et commença l'attaque à la troisième heure du jour. Magon qui commandait dans la ville, ayant partagé sa garnison, laissa cinq cents hommes dans la citadelle, et avec les cinq cents autres alla camper sur la colline qui est à l'orient. Deux mille habitans, à qui il distribua les armes qui se trouvèrent dans la ville, furent postés à la porte qui conduit à cet endroit qui joint la mer au continent, et qui par conséquent conduisait aussi au camp des Romains; et le reste des habitans eut ordre de se porter rapidement aux parties des murailles vers lesquelles des attaques seraient dirigées.

Dès que Scipion eut fait donner par les trompettes le signal de l'assaut, Magon fit marcher les deux mille hommes qui gardaient la porte, persuadé que cette sortie effraierait les ennemis et renverserait leur dessein. Ces troupes fondent avec impétuosité sur ceux des Romains qui étaient rangés en bataille au bout de l'isthme. Il se livre un combat acharné. On s'anime de part et d'autre à bien faire. De l'armée et de la ville on accourt pour secourir les siens; mais le secours n'était point égal; les Carthaginois ne pouvant sortir que par une porte et ayant un chemin de deux stades à faire, au lieu que les Romains étaient à portée et venaient de plusieurs côtés. Ce qui rendait le combat inégal, c'est que Scipion avait rangé ses troupes en bataille près de son camp, afin que ce spectacle frappât de loin les assiégés convaincus par là que ceux qui gardaient la porte et qui étaient comme l'élite des habitans étant une fois défaits, tout serait en confusion dans la ville, et que personne n'aurait plus la hardiesse de sortir de la porte. Comme de part et d'autre ce n'étaient que des troupes choisies qui combattaient, la victoire fut quelque temps à se déclarer. Enfin les Carthaginois obligés de succomber pour ainsi dire sous le poids des soldats légionnaires qui venaient du camp, furent repoussés. Grand nombre perdirent la vie sur le champ de bataille et en se retirant; mais la plus grande partie fut écrasée en entrant dans la porte, ce qui jeta les habitans dans une si grande consternation, que les murailles furent abandonnées. Peu s'en fallut que les Romains n'entrassent dans la ville avec les fuyards mais du moins cette déroute leur donna moyen d'appliquer sans crainte leurs échelles.

Scipion se trouva dans la mêlée, mais il pourvut autant qu'il put à la sûreté de sa personne. Trois soldats l'acompagnaient partout, et le couvrant de leurs boucliers contre les traits qui venaient de la muraille, le préservaient de tout danger. Ainsi tantôt voltigeant sur les côtés, tantôt montant sur les lieux plus élevés, il contribua beaucoup à l'heureux succès de ce combat; car de cette manière il voyait tout ce qui se passait et était vu de tout le monde, ce qui animait le courage des combattans. Cela fut aussi cause de ce que dans le combat rien de ce qui se devait faire ne fut négligé. Dès que l'occasion se présentait d'exécuter quelque chose, il était toujours prêt à la saisir.

Ceux qui les premiers montèrent aux échelles, n'eurent pas tant à souffrir de la part des assiégés que de la hauteur des murailles. Les ennemis s'aperçurent de l'embarras où elle les jetait, et leur résistance en devint plus vigoureuse. En effet comme ces échelles étaient très-hautes, grand nombre y montaient à la fois et les brisaient par la pesanteur du fardeau. Si quelques-unes résistaient, les premiers qui y montaient jusqu'au bout étaient éblouis par la profondeur du précipice, et pour peu qu'ils fussent repoussés, se précipitaient du haut en bas. Si on jetait par les créneaux des poutres ou quelque autre chose semblable, tous ensemble étaient renversés et brisés contre terre. Malgré ces difficultés, les Romains ne laissèrent pas de pousser l'assaut avec la même ardeur et le même courage. Les premiers culbutés, les suivans prenaient leur place, jusqu'à ce que le jour commençant à tomber, et les soldats n'en pouvant plus de fatigue, le général fit enfin sonner la retraite.

Pendant que les assiégés triomphaient et croyaient avoir détourné le danger, Scipion en attendant que la mer se retirât, disposa cinq cents hommes avec des échelles sur le bord de l'étang. Il poste à l'endroit où le combat s'était livré des troupes fraîches, il les exhorte à bien faire leur devoir, et leur donne un plus grand nombre d'échelles qu'auparavant pour attaquer la muraille d'un bout à l'autre. Le signal se donne, on applique les échelles, on escalade la muraille dans toute sa longueur. Grand trouble, grande confusion parmi les Carthaginois. Ils s'imaginaient n'avoir plus rien à craindre, et tout-à-coup un nouvel assaut les rejette dans le même péril. D'un autre côté les traits leur manquaient, et le nombre des morts abattait leur courage. Leur embarras était extrême; cependant ils se défendirent du mieux qu'ils purent.

Au moment où les Romains poussaient l'assaut avec le plus de vigueur, la marée commença à descendre, et les eaux à baisser sur les bords; mais par l'embouchure elles se jetaient avec rapidité dans la mer qui y était jointe, en sorte que ceux qui ne connaissaient pas les localités ne pouvaient assez s'étonner de cet effet naturel. Alors Scipion, qui avait eu soin de tenir des guides tout prêts, commanda aux troupes qu'il avait postées de ce côté-là, d'entrer dans l'étang et de ne rien craindre; car un de ses grands talens était d'enflammer le courage de ceux qu'il exhortait, et de les faire entrer dans toutes ses vues. Les soldats obéirent et se jetèrent à l'envi dans l'étang. Ce fut alors que toute l'armée crut que quelque divinité conduisait ce siége, et qu'on se rappella tout ce que Scipion dans sa harangue avait promis du secours de Neptune; et ce souvenir enflamma tellement le courage des soldats, que faisant la tortue ils fondirent jusqu'à la porte, et tâchèrent de la briser à coups de haches. Ceux qui s'étaient approchés de la muraille en traversant l'étang, voyant les créneaux abandonnés, non seulement ne trouvèrent aucun obstacle à appliquer leurs échelles, mais encore s'emparèrent du haut de la muraille sans combattre : les assiégés en effet s'étaient répandus dans les autres endroits, et surtout vers le bout de l'isthme et vers la porte qui y conduisait, et personne ne s'attendait que les ennemis attaqueraient la muraille du côté de l'étang; outre que les cris confus que jetait la populace effrayée ne leur permettaient ni d'entendre ni de rien voir de ce qu'il y avait à faire.

Les Romains ne se furent pas plus tôt rendus maîtres de la muraille, qu'ils la parcoururent en précipitant tous les ennemis qu'ils rencontraient, leur armure leur donnant pour cela beaucoup d'avantage. Arrivés à la porte, les uns descendirent et brisèrent les gonds, les autres qui étaient au dehors entrèrent dans la ville. Ceux qui escaladaient du côté du bout de l'isthme, ayant repoussé les assiégés, s'emparèrent des créneaux. C'est ainsi que la ville fut prise. La colline du côté de l'orient fut emportée par ceux qui étaient entrés par la porte, après en avoir chassé les Carthaginois qui la gardaient.

Quand Scipion crut qu'il était entré assez de soldats dans la ville, il en détacha la plus grande partie contre les habitans, comme les Romains ont coutume de faire lorsqu'ils prennent une ville d'assaut, avec ordre de tuer tous ceux qu'ils rencontreraient, de ne faire quartier à personne, et de ne point penser à piller que le signal n'en fût donné. Je pense qu'ils ne se portent à ces excès que pour inspirer la terreur du nom romain, et que c'est pour cela que souvent, dans les prises de villes, non seulement ils passent les hommes au fil de l'épée, mais encore coupent en deux les chiens et mettent en pièces les autres animaux : coutume qu'ils observèrent surtout ici, à cause du grand nombre d'animaux qu'ils avaient pris. Scipion ensuite à la tête de mille soldats s'avança vers la citadelle. A son arrivée, Magon voulut d'abord se mettre sur la défensive. Mais réfléchissant que la ville était entièrement au pouvoir des Romains, il envoya demander la vie à Scipion et lui remit la citadelle; après quoi le signal du pillage fut donné, et on cessa le massacre. La nuit venue, ceux qui avaient ordre de rester dans le camp, y restèrent. Le général et ses mille soldats prirent leur logement dans la citadelle. Le reste reçut des tribuns l'ordre de sortir des maisons et de rassembler par monceaux sur la place tout le butin qu'ils avaient fait et de passer la nuit auprès. Les troupes légères furent amenées du camp et postées sur la colline qui regarde l'orient. C'est ainsi que les Romains se rendirent maîtres de Carthage-la-Neuve.

Le lendemain, tout le butin que l'on avait fait tant sur la garnison que sur les citoyens et les artisans ayant été rassemblé sur la place publique, les tribuns le distribuèrent à leurs légions, selon l'usage établi chez les Romains. Or telle est la manière d'agir de ce peuple, lorsqu'ils prennent une ville d'assaut. Chaque jour on tire tantôt des légions en général, tantôt des cohortes en particulier, un certain nombre de soldats, selon que la ville est grande ou petite, mais jamais plus de la moitié. Les autres demeurent à leur poste, soit hors de la ville, soit au dedans, selon qu'il est besoin. Comme leur armée pour l'ordinaire est composée de deux légions romaines et d'autant d'alliés, quelquefois même de quatre légions, quoique rarement, toutes ces troupes se dispersent pour butiner, et on porte ensuite ce que l'on a pris chacun à sa légion. Le butin vendu à l'encan, ces tribuns en partagent le prix en parties égales, qui se donnent non seulement à ceux qui sont aux différens postes, mais encore à ceux qui ont été laissés à la garde du camp, aux malades et aux autres qui ont été détachés pour quelque mission que ce soit. Et de peur qu'il ne se commette quelque infidélité dans cette distribution du butin, on fait jurer aux soldats, avant qu'ils se mettent en campagne et le premier jour qu'ils sont assemblés, qu'ils ne mettront rien à part pour eux, et qu'ils apporteront fidèlement tout ce qu'ils auront pris, comme nous l'avons dit plus au long quand nous avons traité du gouvernement.

Au reste, par cet usage de partager l'armée et d'en employer une moitié au pillage et de laisser l'autre à la garde des postes, les Romains se sont mis en garde contre les mauvais effets de la passion d'acquérir ; car l'espérance d'avoir part au butin ne pouvant être frustrée à l'égard de personne, et étant aussi certaine pour ceux qui restent aux postes que pour ceux qui font le pillage, la discipline est toujours exactement gardée; au lieu que parmi les autres nations, faute d'observer cette méthode, il arrive souvent de grands désordres. Pour l'ordinaire, ce qui donne de la fermeté dans les peines de la vie et fait mépriser les dangers, c'est l'espérance du gain. Il n'est donc pas possible que, quand l'occasion de gagner quelques biens se présente, ceux qui restent dans le camp ou qui gardent quelque poste, ne soient très-fâchés de la perdre, quand on a pour maxime, comme la plupart des peuples, que tout ce qui se prend appartient à celui qui a pris; car alors un roi ou un général a beau ordonner avec soin que tout le butin que l'on fait soit apporté à une même masse, on ne manque pas de s'approprier tout ce que l'on a pu mettre de côté. Et comme le plus grand nombre court à ce but, quand on ne peut réprimer cette ardeur, il y a beaucoup à craindre pour l'état. On a vu plus d'une fois des capitaines, qui après avoir conduit leurs desseins avec beaucoup de succès, quelquefois prêts à tomber sur le camp des ennemis, quelquefois même après avoir pris des villes, non seulement ont manqué leurs entreprises, mais encore ont été malheureusement défaits, sans autre raison que celle que je viens de rapporter. Les généraux ne peuvent donc trop faire attention à ce que toutes les troupes, autant qu'il se pourra, aient la confiance que le butin, lorsqu'il y en aura, leur sera également distribué.

Pendant que les tribuns faisaient la distribution des dépouilles, le consul ayant assemblé les prisonniers, qui étaient au nombre de près de dix mille, ordonna qu'on en fît deux classes, une des citoyens, de leurs femmes et de leurs enfans, et l'autre des artisans. Après avoir exhorté les premiers à s'attacher aux Romains, et à ne jamais perdre le souvenir de la grâce qu'il allait leur accorder, il les renvoya chacun chez eux. Ils se prosternèrent devant lui et se retirèrent en versant des larmes, que leur faisait répandre la joie d'une délivrance aussi inespérée. Pour les artisans, il leur dit qu'ils étaient maintenant esclaves du peuple romain, mais que s'ils s'attachaient à ce peuple et lui rendaient, chacun selon sa profession, les services qu'ils devaient, ils pouvaient compter qu'on les mettrait en liberté, dès que la guerre contre les Carthaginois serait heureusement terminée. Ils étaient au nombre de deux mille, qui eurent ordre d'aller donner leurs noms au questeur, et on les partagea en compagnies de trente hommes, à chacune desquelles on préposa un Romain pour les surveiller.

Parmi le reste des prisonniers, Scipion choisit ceux qui avaient la plus belle apparence et le plus de vigueur, pour en grossir le nombre de ses rameurs, qui par ce moyen s'accrut de moitié. Il en fournit aussi les galères qu'il avait prises, de façon qu'il en eut presque le double de ce qu'il avait auparavant ; car il prit dix-huit galères, et il en avait trente-cinq. Il fit à ses rameurs la même promesse qu'aux artisans, c'est-à-dire, qu'après qu'il aurait vaincu les Carthaginois, il leur donnerait la liberté, s'ils servaient les Romains avec zèle et affection. Cette conduite à l'égard des prisonniers lui gagna, ainsi qu'à la République, l'amitié et la confiance des citoyens, et par l'espérance de la liberté qu'il fit concevoir aux artisans, il leur inspira une si grande ardeur pour son service, que, par sa manière d'agir douce et affable, il augmenta de moitié ses forces de mer.

Il sépara du reste des captifs Magon et ceux des Carthaginois qui avaient été faits prisonniers avec lui, parmi lesquels deux faisaient partie du conseil des anciens et quinze du sénat. Il les confia à garder à C. Lœlius, lui enjoignant d'avoir pour eux tous les égards dus à leur dignité. Puis s'étant fait amener tous les otages qui étaient au nombre de plus de trois cents, il commença par flatter et caresser les enfans les uns après les autres, leur promettant, pour les consoler, que dans peu ils reverraient leurs parens. Il exhorta les autres à ne pas se laisser abattre par la douleur et à mander chacun dans leur ville à leurs amis, qu'ils étaient sains et saufs, que rien ne leur manquait, et que les Romains étaient prêts à les renvoyer chacun dans leur patrie, pourvu que leurs compatriotes voulussent bien embrasser leur parti et faire alliance avec eux. Après cela ayant choisi entre les dépouilles celles qui convenaient le plus à son dessein, il en fit des présens à chacun selon son sexe et son âge. Il donna aux petites filles des pendans d'oreilles et des bracelets, et aux jeunes garçons des poignards et des épées.

Sur ces entrefaites la femme de Mandonius, frère d'Indibilis roi des Ilergètes, vint se jeter aux pieds de Scipion, pour le conjurer les larmes aux yeux de faire traiter les matrones faites prisonnières avec plus d'égards et de bienséance que n'avaient fait les Carthaginois. Scipion fut touché de voir à ses genoux cette dame vénérable déjà avancée en âge, et qui portait la grandeur et la majesté empreintes sur son visage, et il lui demanda ce qu'elle réclamait pour ses concitoyennes. Comme elle ne répondait pas, il fit appeler ceux qui avaient été chargés du soin des femmes. Ceux-ci lui dirent que les Carthaginois ne les avaient laissé manquer de rien. Cependant la femme de Mandonius embrassant toujours ses genoux, et ne cessant de lui répéter la même chose, Scipion embarrassé et soupçonnant que le rapport qu'on lui avait fait était faux, et qu'apparemment les prisonnières n'avaient pas été traitées avec tous les égards dus à leur sexe, il les consola et leur assura qu'il nommerait pour avoir soin d'elles, d'autres personnes qui leur fourniraient abondamment toutes les choses nécessaires à leur nourriture et à leur toilette. « Vous ne comprenez pas bien ma pensée, » reprit la suppliante après un moment de si- » lence, si vous croyez que nous nous jetons à » vos pieds pour si peu de chose. » Alors Scipion comprit ce qu'elle voulait dire, et voyant la jeunesse des filles d'Indibilis et de plusieurs dames illustres, il ne put s'empêcher de répandre des larmes. Le mot seul de cette dame suffit pour lui faire concevoir tout ce que ces prisonnières avaient à souffrir. Il lui fit connaître qu'il avait compris sa pensée; puis lui prenant la main, il la consola, elle et toutes les autres, et leur promit qu'il veillerait autant sur elles que si elles étaient ses sœurs ou ses enfans, et qu'il les confierait à des hommes de la part desquels elles n'auraient rien à craindre.

Scipion mit ensuite entre les mains des questeurs tout l'argent qui avait été pris sur les Carthaginois, et qui se montait à plus de six cents talens, qui joints aux quatre cents talens qu'il avait apportés de Rome, lui donnaient plus de mille talens pour fournir aux frais de la guerre.

Ce fut en cette occasion que quelques jeunes soldats romains, bien instruits du faible de leur général, lui amenèrent une jeune fille d'une rare beauté, et le prièrent d'agréer le présent qu'ils lui en faisaient. Scipion frappé des charmes de cette jeune fille : « Si j'étais » simple particulier, leur dit-il, vous ne me » pourriez faire un présent plus agréable; mais » dans le rang où je suis élevé rien n'est moins » capable de me tenter; » faisant entendre par là que dans certains momens de loisir les jeunes gens peuvent trouver auprès des femmes des distractions et des plaisirs, mais que lorsqu'un homme chargé d'affaires importantes se livrait à ces plaisirs ils abattaient la vigueur de son corps et de son esprit. Il remercia cependant ces soldats, et ayant fait venir le père de la jeune fille, il la lui remit entre les mains, et l'exhorta à la marier avec tel de ses concitoyens qu'il jugerait à propos. Cette modération et cette continence firent beaucoup d'honneur à Scipion.

Toutes choses étant ainsi réglées, il confia à la garde des tribuns le reste des prisonniers. Ensuite il fit monter à C. Lœlius une galère à cinq rangs, lui joignit quelques Carthaginois et les plus distingués d'entre ceux qui avaient été pris, et les envoya à Rome pour y apprendre la nouvelle conquête qu'il venait de faire, persuadé que comme on n'y espérait rien du côté de l'Espagne, on n'aurait pas plus tôt appris les avantages qu'il avait remportés, que l'on reprendrait courage et qu'on penserait plus sérieusement que jamais à pousser cette guerre. Pour lui il resta quelque temps dans Carthage-la-Neuve pour y exercer son armée navale, et montrer aux tribuns de quelle manière ils devaient exercer celle de terre.

Le premier jour, il commanda aux légions de courir en armes l'espace de quatre mille pas; le second de fourbir, de nettoyer et d'examiner leurs armes devant leurs tentes; le troisième de se reposer et de se divertir; le quatrième de combattre avec des épées de bois couvertes de cuir, et au bout desquelles il y avait un bouton, et de lancer des javelots garnis aussi d'un bouton à la pointe; le cinquième de recommencer la course qu'ils avaient faite le premier jour. Il eut surtout grand soin d'avoir des ouvriers, afin qu'on ne manquât d'aucunes armes, soit pour les exercices, soit pour les batailles. C'est pour cela qu'il donna aussi à chaque corps un intendant chargé de veiller à ce que les soldats ne manquassent de rien. Il ne laissait pas de les visiter lui-même pendant le jour, et de leur fournir tout ce qui leur était nécessaire. En voyant hors des murs les légions s'exercer à la guerre, l'armée navale éprouver la vitesse des vaisseaux et son expérience dans l'art de la navigation; dans l'intérieur de la ville, les ouvriers occupés d'un côté à aiguiser les armes, tandis que de l'autre on entendait résonner le marteau du charpentier et du forgeron, il n'y avait personne qui ne pût appliquer à Carthage-la-Neuve le mot de Xénophon : que cette ville était un véritable atelier où l'on forgeait la guerre.

Quand il crut avoir suffisamment exercé ses troupes, et mis la ville à couvert de toute insulte par les postes qu'il y avait établis et les fortifications qu'il y avait faites, il se mit en route avec ses deux armées, et marcha vers Tarragone, ayant avec lui les otages qu'il avait reçus.

A l'égard de la cavalerie, les mouvemens qu'il croyait les plus utiles en tout temps et auxquels il fallait qu'elle s'exerçât, étaient de faire tourner le cheval à gauche, puis à droite, ensuite de le faire reculer. Pour les manœuvres d'escadrons, il les instruisait à faire face en arrière par escadrons en une seule conversion, et à revenir ensuite à leur première position, ou à faire des mouvemens circulaires par deux conversions, et enfin aux mouvemens circulaires par trois conversions, à se porter en avant au trot des ailes ou du centre, un ou deux pelotons ensemble, à revenir à leur poste sans se désunir et sans perdre leurs rangs, à se ranger à l'une et à l'autre aile. Il exerçait aussi ses troupes à se ranger en bataille, soit en intervertissant l'ordre des rangs, soit en les faisant placer les uns derrière les autres. Il ne pensait pas devoir les exercer à l'ordre oblique de bataille, parce qu'il pensait que ce mouvement différait peu de celui de l'armée en marche. Il exerçait encore ses soldats à avancer sur l'ennemi et à faire retraite de manière que même en courant on ne quittât pas ses rangs, et que le même intervalle se trouvât toujours entre les escadrons; car rien n'est plus inutile et plus dangereux que de faire charger une cavalerie qui a rompu ses rangs.

Après avoir ainsi instruit et les soldats et les officiers, il parcourut les villes pour y examiner, premièrement si le peuple se conformait bien à ses ordres, et en second lieu si ceux qui y commandaient étaient capables de les bien transmettre et de les bien faire comprendre; car il avait cette opinion, que rien n'était plus nécessaire à l'heureux succès des entreprises que l'habileté des officiers subalternes.

Après avoir ainsi disposé toutes choses, il fit sortir des villes sa cavalerie, et l'assembla dans un lieu où lui-même lui montrait tous les mouvemens qu'elle devait faire, et faisait lui-même tous les exercices des armes. Pour cela il ne se tenait pas toujours à la tête, comme nos capitaines font aujourd'hui, s'imaginant que la première place est la seule qui leur convienne. Ce n'est pas savoir son métier et c'est exposer le service que d'être vu de tout le monde et de ne voir personne. Il ne s'agit pas de faire voir que l'on a de l'autorité sur des soldats, il faut montrer qu'on s'entend à les conduire, et se trouver par conséquent tantôt à la tête, tantôt à la queue, tantôt au centre. C'est ce que faisait Scipion, voltigeant d'escadrons en escadrons, les inspectant tous par lui-même, donnant des explications plus détaillées et plus claires à ceux qui semblaient hésiter, corrigeant dès le principe tout ce qui n'avait pas été bien fait et trouvant en effet très-rarement à corriger, tant il avait mis de soin et de clarté à donner ses instructions à chacun. Un mot de Démétrius de Phalère fait bien sentir toute la bonté de cette méthode. « Il en est, disait-il, d'une armée comme d'un édifice. De même que l'édifice est bon lorsqu'on a donné tous ses soins à ce que chaque partie soit bien conçue en détail, bien exécutée à la place qui lui convient et bien enchaînée à toutes les autres parties, de même dans une armée la vigueur de l'ensemble se compose de la vigueur et de l'instruction de chaque compagnie et de chaque soldat en particulier. »

FRAGMENT III.

Plaintes des Étoliens contre les Romains [1].

« Dans la manière dont on se conduit avec nous, disent-ils, on suit fidèlement la méthode adoptée pour la disposition d'un combat.

[1] Fragmens anciens.

Veut-on en effet livrer une bataille, on place ordinairement en tête ce qu'il y a de plus léger et de plus brave dans les troupes, pour résister aux plus grands dangers et périr souvent les premiers; tandis qu'on réserve à la phalange et aux troupes pesamment armées la décision finale du combat et l'honneur de la victoire. Il en est de même ici, on expose aux premiers dangers les Étoliens et les peuples du Péloponnèse qui font cause commune avec eux. Les Romains sont la phalange de réserve destinée à porter secours. Si par un revers de fortune les Étoliens viennent à être défaits, les Romains opéreront leur retraite sans avoir couru aucun danger. Si les Étoliens remportent la victoire, ce qu'à Dieu ne plaise! les Romains ne manqueront pas de les soumettre à leur domination, eux et tous les autres peuples de la Grèce. »

———

Toute société démocratique a besoin d'avoir des alliés, car la multitude peut souvent être entraînée à des actes insensés qui pourraient exposer un état sans défense [1].

FRAGMENT IV.

Philopœmen.

Euryléon [2], préteur des Achéens, était un homme sans courage et sans connaissance de la guerre. Mais puisque nous sommes arrivés au temps où Philopœmen va paraître en scène, il est à propos que nous fassions pour lui ce que nous avons fait pour les autres grands citoyens, et que nous fassions connaître quel était son caractère, et à quelle école il avait été instruit, car je ne puis souffrir ces historiens qui nous entretiennent long-temps de l'origine des villes, nous disent par qui et comment elles ont été bâties, où elles sont situées, nous expliquent avec soin leur construction et leurs révolutions diverses et qui négligent de nous parler des grands hommes auxquels a été confiée l'administration de la république et de nous raconter par quels travaux, par quelles études, ils sont arrivés à ce point d'éminence. Cependant combien tirerait-on plus d'utilité de l'un que de l'autre? Il n'y a dans la description d'un édifice rien pour notre émulation, rien pour notre instruction morale; mais en apprenant les inclinations d'un grand homme bien né, nous sommes portés à nous le proposer pour modèle et à marcher sur ses traces. C'est pour cela que si dans un volume particulier je n'avais pas traité de Philopœmen et si je n'avais raconté ce qu'il a été, quels furent ses maîtres et par quelles études il se forma dans sa jeunesse, je me croirais obligé d'entrer ici dans ces détails; mais comme dans trois livres que j'ai consacrés à sa mémoire, en dehors de l'histoire présente, j'ai rapporté l'éducation qu'il avait reçue et ses actions les plus mémorables, il est à propos que j'omette dans cette histoire générale tout ce qui est relatif à ses premières années et que je m'étende au contraire avec de nouvaux détails sur tout ce qu'il a fait dans son âge mûr et que je n'avais touché qu'en passant dans mon précédent ouvrage. Ainsi chacun des deux ouvrages sera maintenu dans les règles de l'art. Dans le premier on ne pouvait demander de moi qu'un tableau louangeur et orné de ses actions; c'était moins une histoire qu'un éloge que je m'étais proposé. Mais celui-ci est une histoire où le blâme et la louange ont également place, et où par conséquent les faits doivent être vrais, appuyés de preuves et accompagnés de réflexions. Entrons donc en matière.

Philopœmen naquit de parens illustres; il tirait son origine des familles les plus distinguées. Il eut pour premier maître Cléandre, noble Mantinéen, qui avait droit d'hospitalité chez son père, et qui était alors banni de sa patrie. Adolescent il se fit disciple d'Ecdème et de Démophane, qui nés l'un et l'autre à Mégalopolis, s'étaient exilés de leur patrie par haine pour les tyrans, et s'étaient retirés chez le philosophe Arcésilas. Pendant leur fuite, ayant tramé une conspiration contre Aristodème, ils remirent leur pays en liberté, et furent d'un grand secours à Aratus pour délivrer les Sicyoniens de leur tyran Nicoclès. Appelés ensuite par les Cyrénéens, ils gouvernèrent ce peuple avec beaucoup de sagesse et le main-

---
[1] Manusc. Urb.
[2] Fragmens de Valois.

tinrent en liberté. Formé par ces deux Mégalopolitains, Philopœmen se distingua dès sa jeunesse parmi ses égaux, soit à la chasse, soit dans la guerre, par son ardeur infatigable dans l'une et dans l'autre, et par son courage. Il était aussi sobre dans sa nourriture que modeste dans ses vêtemens. Il avait appris de ses maîtres qu'un homme négligent dans ce qui le regarde personellement, est incapable de bien gouverner les affaires d'un état, et que celui qui dépense pour vivre au delà de ses propres revenus, vivra bientôt aux dépens du public. Créé par les Achéens commandant de la cavalerie, il la trouva dans un complet état de démoralisation, sans discipline et sans courage. Il sut si bien l'exercer et la piquer d'émulation, qu'il la rendit non seulement meilleure qu'elle n'était auparavant, mais encore de beaucoup supérieure à celle de ses ennemis. La plupart de ceux qui entrent dans cette charge sans connaissance des mouvemens de la cavalerie, ne hasardent point de donner des ordres. D'autres ambitionnent la préture, ménagent tout le monde et se concilient d'avance ses suffrages. Pour cela ils ne reprennent et ne punissent rien avec cette juste sévérité dont l'absence expose un état à sa ruine. Ils dissimulent les fautes, et pour faire une petite grâce ils font un tort infini à ceux qui leur ont confié le commandement. Il en est enfin d'autres qui sont courageux, habiles, désintéressés et sans ambition, mais qui par une rigidité outrée et importune font plus de tort aux troupes que ceux qui n'en ont aucune.

FRAGMENT V.

Philippe roi de Macédoine [1].

Ce prince, après avoir célébré les jeux Néméens, retourna à Argos, où quittant le diadème et la pourpre, il voulut vivre d'égal à égal avec tout le monde, et affecta des manières tout-à-fait douces et populaires. Mais plus il se rapprocha du peuple par ses habits, plus la puissance qu'il exerça fut grande et souveraine. Ce n'était plus les femmes veuves ou mariées qu'il tâchait de corrompre. Celle qui lui plaisait, il lui envoyait ordre de le venir trouver. Celles qui n'obéissaient pas sur le champ, il allait envahir leur demeure avec une troupe d'hommes ivres et leur faisait violence. Sous divers prétextes déraisonnables, il faisait venir chez lui les enfans des unes, les maris des autres, et les intimidait par ses menaces. Il n'y eut point de désordres où il ne se plongeât, point d'injustices qu'il ne commit. Ces excès irritèrent beaucoup les Achéens, et surtout les plus modérés d'entre eux. Mais menacés de guerres de tous côtés, il fallait, malgré eux, qu'ils supportassent patiemment les déportemens affreux de ce prince.

FRAGMENT VI.

Le même [1].

Jamais roi n'a eu de plus grands talens pour règner que Philippe, jamais roi n'a déshonoré le trône par de plus gands défauts. Les talens, je crois qu'il les avait reçus de la nature, et que les défauts lui sont venus à mesure qu'il croissait en âge, de même qu'il arrive aux chevaux en vieillissant. Nous n'avons parlé ni des uns ni des autres en commençant son histoire, comme font les autres historiens. Nous réservons nos réflexions pour les joindre aux faits quand ils se présentent. Cette méthode dont nous usons à l'égard des rois et de tous les personnages marquans, nous paraît plus convenable à l'histoire et plus utile à ceux qui la lisent.

FRAGMENT VI.

Forces de la Médie plus grandes que celles de toutes les autres dynasties de l'Asie. — Richesses surprenantes du palais du roi des Mèdes à Ebacane. — Expédition d'Antiochus contre Arsacès, un des premiers fondateurs de l'empire des Parthes [2].

La Médie est le plus puissant royaume de l'Asie, soit que l'on considère l'étendue du pays, soit qu'on la regarde par le nombre et la force des hommes, ou même des chevaux qu'on y trouve. C'est elle qui fournit toute l'Asie de ces sortes d'animaux, et ses pâturages sont si bons, que les autres rois y mettent

---

[1] Fragmens de Valois.

[1] Fragmens anciens.
[2] Idem.

leurs haras. Elle est environnée de tous les côtés de villes grecques. C'est une précaution que prit Alexandre pour la mettre à couvert des insultes des Barbares qui en sont proche. Il n'y a qu'Ecbatane qui ne soit pas de ce nombre. Cette ville est bâtie au nord de la Médie, et commande aux pays qui sont le long des Palus-Méotides et du Pont-Euxin. Elle était dès le commencement la capitale du royaume. Les richesses et la magnificence des édifices dépassent de beaucoup tout ce que l'on voit dans les autres villes. Située dans un pays de montagnes sur le penchant du mont Oros, elle n'est point fermée de murailles, mais on y a construit une citadelle d'une force surprenante, et sous laquelle est le palais du roi. Je ne sais si je dois parler en détail de ce qui se voyait dans cette ville, ou le passer entièrement sous silence. C'est un sujet sur lequel pourraient beaucoup s'étendre ces sortes d'historiens qui aiment à débiter du merveilleux, à exagérer chaque chose, et à faire des digressions. Mais quand on croit ne devoir parler des choses qui passent l'ordinaire qu'avec beaucoup de retenue, on est fort embarrassé. Je dirai cependant que ce palais a sept stades de tour, et que la grandeur et la beauté des bâtimens particuliers donne une grande idée de la puissance de ceux qui les ont élevés les premiers; car quoique tout ce qu'il y avait en bois fût de cèdre et de cyprès, on n'y avait rien laissé à nu. Les poutres, les lambris et les colonnes qui soutenaient les portiques et les péristyles étaient revêtus les uns de lames d'argent, les autres de lames d'or. Toutes les tuiles étaient d'argent. La plupart de ces richesses furent enlevées par les Macédoniens du temps d'Alexandre, Antigone et Séleucus-Nicanor pillèrent le reste. Cependant lorsqu'Antiochus entra dans ce royaume, le temple d'Éna était encore environné de colonnes dorées, et on trouva dedans une grande quantité de tuiles d'argent, quelques briques d'or, et beaucoup de briques d'argent. On fit de tout cela de la monnaie au coin d'Antiochus, qui se monta à la somme de quatre mille talens.

Arsacès s'attendait bien qu'Antiochus viendrait jusqu'au temple, mais il ne pouvait s'imaginer que ce prince aurait la hardiesse de traverser avec une si grande armée un pays désert tel que celui qui est proche, et où surtout on ne trouve d'eau nulle part. En effet sur la surface de la terre on n'en voit point du tout; il est vrai qu'il y a sous terre des ruisseaux et des puits, mais il faut connaître le pays pour les découvrir. Sur cette nature du sol les habitans du pays débitent une chose qui est vraie, c'est que les Perses, lorsqu'ils se rendirent maîtres de l'Asie, donnèrent à ceux qui feraient venir de l'eau dans les lieux où il n'y en aurait point eu auparavant l'usufruit de ces lieux-là même jusqu'à la cinquième génération inclusivement, et que les habitans, animés par cette promesse, n'avaient épargné ni travaux ni dépenses pour conduire sous terre des eaux depuis le mont Taurus, d'où s'échappe un grand nombre de cours d'eau, jusque dans ces déserts; de sorte que, même à présent, ceux qui se servent de ces eaux ne savent pas où prennent leur source les ruisseaux souterrains qui les leur fournissent. Lorsqu'Arsacès vit qu'Antiochus traversait le désert malgré les difficultés qu'il croyait devoir l'arrêter, sur le champ il marcha pour combler les puits. Le roi en fut averti, et fit partir aussitôt Nicomède avec mille chevaux. Mais Arsacès s'était déjà retiré. On ne trouva que quelque peu de cavalerie qui bouchait les ouvertures par lesquelles on descendait aux ruisseaux, et qui prit la fuite dès qu'elle s'aperçut qu'on venait à elle.

Nicomède ayant rejoint l'armée, Antiochus, après avoir traversé le désert, vint à Hécatompyle, ville située au milieu du pays des Parthes, et à laquelle on a donné ce nom, parce qu'elle a des issues pour aller dans tous les lieux qui sont alentour. Là il fit faire halte à ses troupes, et ayant réfléchi que si Arsacès se sentait en état de le combattre, il ne quitterait pas son pays et ne chercherait pas un endroit plus avantageux pour cela que la plaine d'Hécatompyle, et qu'en se retirant il donnait assez à connaître qu'il n'avait nulle envie de combattre, il prit le parti de passer dans l'Hircanie. Arrivé à Ragas, il apprit des habitans que le chemin qu'il avait à faire pour parvenir au sommet du mont Labute, d'où l'on descend dans l'Hircanie, était extrêmement difficile, et qu'il était tout bordé d'une grande multitude de barbares. Sur ces avis il partagea ses soldats armés à la légère en différentes troupes, il partagea aussi leurs chefs et désigna à chacun la route qu'il devait tenir. Il fit la même chose à l'égard des pionniers, qui devaient suivre partout les troupes légères, et disposer de telle sorte chaque endroit où ils arriveraient, que les troupes pesamment armées et les bêtes de charge pussent y passer.

Il donna donc le commandement de l'avant-garde à Diogène. Elle était composée d'archers, de frondeurs et de montagnards, qui habiles à lancer des traits et des pierres sont d'une très-grande utilité dans les détroits, parce que sans garder aucun rang ils se battent d'homme à homme dès que l'occasion se présente, et que tout lieu leur est propre. Il leur joignit deux mille Crétois armés de leurs boucliers, sous la conduite de Polixénide le rhodien. L'arrière-garde que composaient les soldats pesamment armés était commandée par Nicomède et Nicolas, le premier de l'île de Cos et l'autre d'Étolie.

On n'eut pas fait quelque chemin en avant que l'on s'aperçut que les endroits où l'on devait aller, étaient beaucoup plus difficiles qu'on ne s'attendait. La montée avait trois cents stades de longueur. Il fallait faire une bonne partie de cette route par un chemin creusé par la chute des torrens, et rempli d'arbres et de pierres qui étaient tombées d'elles-mêmes du haut des rochers escarpés qui le bordaient; les barbares avaient encore rendu ce chemin plus difficile par les abattis d'arbres qu'ils y avaient faits, et par la quantité de pierres qu'ils y avaient jetées : ajoutez que s'il eût fallu nécessairement que toute l'armée d'Antiochus traversât ce chemin, ils avaient tellement pris leurs mesures que ce prince eût été obligé d'abandonner son entreprise. Mais ils n'avaient pas pris garde à tout. Il était vrai que la phalange et les bagages ne pouvaient passer que par là, et que les montagnes voisines leur étaient inaccessibles; mais les troupes légères pouvaient gravir les rochers mêmes. Aussi Diogène, ayant pris pour monter un autre chemin que la ravine, n'eut pas plus tôt fondu sur le premier poste des ennemis, que tout changea de face. À peine en fut-on venu aux mains que Diogène saisit l'occasion de gagner le dessus, et en marchant par des routes détournées, de se poster plus haut que les ennemis, qu'il fit alors accabler de traits et de pierres lancées à la main. Ce qui incommoda le plus ces barbares furent les pierres jetées de loin avec les frondes. Les premiers chassés et leur poste emporté, les pionniers à mesure que l'on avance nettoient et aplanissent les chemins, ce qui était bientôt fait, parce qu'on y employait un grand nombre d'ouvriers. Aussitôt les frondeurs, les archers et ceux qui lançaient des javelots courent de côté et d'autre sur le haut, s'assemblent et s'emparent des meilleurs postes, pendant que les soldats pesamment armés montent en bon ordre par la ravine. Les barbares effrayés se retirent et se ramassent sur le sommet de la montagne, et Antiochus sort enfin du détroit sans coup férir, avec lenteur cependant et beaucoup de peine, car il ne parvint qu'au bout de huit jours au sommet. Les barbares s'y étant assemblés dans l'espérance d'empêcher que leurs ennemis n'en approchassent, il se livra là un combat fort opiniâtre, où les barbares furent repoussés, parce que bien qu'ils combattissent serrés de front et avec beaucoup de valeur contre la phalange, dès qu'ils virent que les troupes légères étaient arrivées par un long circuit pendant la nuit, et qu'elles s'étaient postées derrière eux sur des endroits qui les dominaient, la frayeur les saisit et ils prirent la fuite. Antiochus ne voulut pas qu'on les poursuivît et fit sonner la retraite, dans le dessein de descendre serré et en bon ordre dans l'Hircanie. Ayant donc réglé sa marche comme il souhaitait, il arrive à Tambrace, ville qui, quoique sans murailles, est cependant considérable tant par le palais du roi que par l'étendue de son enceinte. Il campa en cet endroit : mais comme la plupart des barbares après le combat, aussi bien que les peuples du voisinage, s'étaient retirés à Syringe, ville peu éloignée de Tambrace, et qui pour sa force et ses autres avantages est comme la capitale de l'Hircanie, il forma le dessein de la réduire en sa puissance. Il fait donc avancer là son armée, il campe tout autour et commence le siége. La plupart de ses moyens d'attaque consistaient en tortues pour mettre à couvert les travailleurs. Car la ville était entourée de trois fossés, larges chacun de trente coudées et profonds de quinze, sur les deux bords desquels il y avait double rempart et au-delà une forte muraille. C'étaient là des combats continuels; à peine pouvait-on suffire de part et d'autre à transporter les morts et les blessés : car on ne combattait pas seulement sur terre, mais encore dessous dans les mines qu'on y avoit creusées. Cependant à force de monde et de valeur de la part d'Antiochus, les fossés furent bientôt comblés, et la muraille ne tarda pas à crouler sur les mines qu'on avait faites dessous. Alors les barbares ne voyant plus de ressource, tuèrent tous les Grecs qui étaient dans la ville, et après avoir pillé tout ce qu'il y avait de meubles précieux, en sortirent pendant la nuit. Antiochus mit à leur poursuite Hyperbasis avec les mercenaires étrangers. Ils ne l'eurent pas plus tôt aperçu, qu'ils jetèrent leurs bagages et revinrent dans la ville ; mais les soldats pesamment armés montant par la brèche, ils perdirent toute espérance et se rendirent.

FRAGMENT VII.

Achriane, ville d'Hircanie. Polybe, livre [1].

—

Calliope, ville du pays des Parthes. Polybe livre X [2].

FRAGMENT VIII.

Claud. Marcellus et Crispinus consuls tués faute de connaissance de la guerre. Un général ordinairement ne doit pas se trouver aux combats particuliers. — Éloge d'Annibal [3].

M. Claudius Marcellus et T. Quintius Crispinus voulant reconnaître par eux-mêmes le penchant de la montagne qui regardait le camp des ennemis, après avoir donné ordre à ceux qui étaient dans le camp d'y demeurer, prirent avec eux deux compagnies de cavalerie, des vélites et environ trente licteurs, et s'avancèrent sur les lieux pour les bien examiner. Par hasard quelques Numides accoutumés à tendre des embûches aux éclaireurs, et en général à tous ceux qui sortent les premiers du retranchement, s'étaient cachés au pied de la montagne. Ils furent avertis par un homme, qui était à la découverte, que quelques troupes romaines étaient montées sur le haut de la montagne. Aussitôt ils sortent de leur embuscade, et marchant par des sentiers détournés ils surprennent les consuls, et leur ferment le passage qui conduisait à leur camp. On en vient aux mains, Marcellus est d'abord jeté sur le carreau avec quelques autres, le reste tout couvert de blessures fut obligé de prendre la fuite par des lieux escarpés, les uns d'un côté, les autres d'un autre. Le fils de Marcellus y fut aussi blessé, il ne se tira de ce danger qu'avec peine, et ce fut une espèce de miracle qu'il en échappât. Les Romains de leur camp voyaient ce qui se passait sur la montagne, mais ils ne purent aller au secours des consuls. Les soldats poussèrent des cris, furent épouvantés, on brida les chevaux, on prit les armes, mais pendant ce temps-là l'action se termina. Marcellus se montra en cette occasion plus simple et plus imprudent qu'habile capitaine, et c'est ce qui lui attira cette fin si déplorable.

Je ne puis m'empêcher de rapporter souvent de ces sortes de fautes ; car entre celles que je vois commettre aux généraux, celle-ci est une des plus ordinaires. Cependant c'est celle de toutes où paraît le plus l'ignorance d'un général; car que peut-on attendre d'un chef qui ne sait pas qu'un homme qui commande une armée, ne doit pas prendre part à des engagemens partiels qui ne décident pas des affaires capitales ? A quoi est bon un général qui ignore que quand même les conjonctures demanderaient qu'il entreprît quelque action particulière, il faut qu'il périsse beaucoup de ceux qu'il conduit, avant qu'il s'expose lui-même au dernier péril? S'il y a

---
[1] Étienne de Byzance.
[2] Idem.
[3] Fragmens anciens.

péril à affronter, c'est l'affaire d'un Carien, comme dit le vieux proverbe, et non d'un général; car dire : je n'avais pas pensé à cela, ou qui eût pu prévoir qu'il y en arriverait ainsi, c'est à mon avis la marque la plus évidente qu'un général puisse donner de son peu d'expérience et de son incapacité.

Annibal sous bien des rapports me paraît un grand capitaine; mais en quoi je trouve qu'il a excellé, c'est que pendant tant d'années qu'il a fait la guerre, et pendant lesquelles il a éprouvé tant et de si différens effets de la fortune, il a eu l'adresse de tromper bien souvent le général ennemi dans des actions particulières, sans que jamais ses ennemis aient pu le tromper lui-même, malgré le grand nombre de batailles, et de combats considérables qu'il a livrés : tant étaient grandes les précautions qu'il prenait pour la sûreté de sa personne, et l'on ne peut en cela que louer sa prudence. Toute une armée périrait, que tant que le général subsiste et peut agir, la fortune lui fait naître quantité d'occasions de réparer ses pertes. Mais lui mort, l'armée n'est plus que comme un vaisseau qui a perdu son pilote. Quand elle serait assez heureuse pour remporter la victoire et abattre l'ennemi, ce bonheur ne lui servirait de rien, parce que toutes ses espérances sont fondées sur les chefs. Ceci soit dit pour ces généraux qui, ou par vanité, ou par une légèreté puérile, ou par ignorance, ou par mépris pour les ennemis, tombent dans de pareilles fautes, car il est sûr que les suites funestes de la mort d'un général qui s'est mal à propos exposé, n'arrivent que par quelqu'un de ces défauts.

FRAGMENT IX.

Comment Scipion pendant un quartier d'hiver gagna les Espagnols au peuple romain. — Édecon, Indibilis et Mandonius rois dans l'Espagne. — Il faut plus d'habileté et de prudence pour bien user de la victoire que pour vaincre. — Réflexions de Polybe sur ce sujet. — De quelle manière Asdrubal, frère d'Annibal, après avoir été vaincu par Scipion, sorti d'Espagne. — Générosité de Scipion en refusant le royaume d'Espagne que lui déféraient les peuples de cette contrée.

En Espagne Scipion ayant pris des quartiers d'hiver à Tarragone, comme nous avons dit plus haut, commença par gagner au peuple romain l'amitié des Espagnols en leur rendant les ôtages qu'il en avait reçus. Édecon, un des rois du pays, lui fut en cette occasion d'un grand secours. Ce prince, après la prise de Carthage-la-Neuve, voyant sa femme et ses enfans au pouvoir de Scipion, et se doutant bien que les Espagnols ne tarderaient pas à se ranger dans le parti des Romains, forma le dessein d'être un des principaux auteurs de ce changement, porté à cela par l'espérance de recouvrer sa famille, et de se faire un mérite auprès du consul d'avoir pris de bon gré les intérêts des Romains sans attendre que la nécessité l'y contraignît. Le succès répondit à ses espérances. Dès que les armées eurent été distribuées dans leurs quartiers, il vint à Tarragone accompagné de quelques-uns de ses amis. Il parle à Scipion et lui dit qu'il rendait grâce aux Dieux de ce qu'il était le premier des grands du pays qui fût venu se rendre à lui, que les autres à la vérité tendaient les mains aux Romains, mais que malgré cela ils envoyaient souvent des ambassadeurs aux Carthaginois et entretenaient des correspondances avec eux; que lui au contraire, non seulement venait lui-même se rendre, mais amenait encore ses parens et ses amis; que si le consul voulait bien le reconnaître pour ami et pour allié, il en tirerait de grands services, et à présent et dans la suite; qu'à présent les Espagnols ne le verraient pas plus tôt entrer dans l'amitié du peuple romain et obtenir ce qu'il demandait, qu'ils imiteraient sur-le-champ son exemple, par le désir qu'ils avaient de recouvrer leurs parens et de se joindre au parti des Romains; et que dans la suite ces mêmes Espagnols gagnés par l'honneur et l'amitié qu'on leur avait faite, seraient toujours prêts à prendre les armes pour l'aider dans tout ce qui lui restait à exécuter; qu'il le priait de lui remettre sa femme et ses enfans, de le compter au nombre de ses amis, et en cette qualité de lui permettre de retourner dans son pays, jusqu'à ce que l'occasion se présentât de montrer combien ses amis et lui avaient à cœur et ses intérêts et ceux des Romains.

Ce discours fini, Scipion qui depuis long-temps était disposé à ce que lui conseillait Édecon, et qui roulait dans son esprit les mêmes pensées, rendit à ce prince sa femme et ses enfans, lia amitié avec lui, eut avec lui des conversations familières, se l'attacha par différens bons procédés à son égard et ayant fait concevoir de grandes espérances à tous les amis qu'il avait amenés, il les renvoya dans leur pays. Le bruit de cet événement s'étant bientôt répandu, tous les Espagnols d'en deçà de l'Èbre, qui auparavant ne voulaient pas de bien aux Romains, se jetèrent dans leur parti d'un consentement unanime, comme Scipion l'avait projeté. Après le départ d'Édecon, le consul ne voyant rien à craindre du côté de la mer, congédia son armée navale, il en retint cependant les plus propres au service pour en augmenter ses troupes de terre, et les distribua dans les compagnies.

Dans ce temps-là Indibilis et Mandonius, deux des plus grands personnages d'Espagne, quoiqu'en apparence très-attachés aux Carthaginois, couvaient cependant depuis long-temps le dessein de les abandonner, et ne cherchaient que l'occasion, aigris de ce qu'Asdrubal, sous prétexte de s'assurer de leur fidélité, leur avait demandé en otage de grosses sommes d'argent, leurs femmes et leurs filles, comme nous l'avons déjà rapporté. L'occasion leur paraissant alors favorable, ils font sortir leurs troupes du camp des Carthaginois, et se retirent de nuit dans des endroits fortifiés, où leurs ennemis ne pouvaient pas les insulter. Cette désertion fut suivie de celle d'un grand nombre d'autres Espagnols, qui déjà rebutés de la hauteur et de la fierté des Carthaginois, n'attendaient que ce moment pour faire voir quelles étaient leurs dispositions.

Ce n'est pas le seul exemple que nous ayons de pareilles désertions. Nous l'avons déjà dit plusieurs fois, il est beau de conduire une guerre de façon qu'on remporte une pleine victoire sur les ennemis ; mais il faut encore plus d'habileté et de prudence pour bien user de la victoire. Beaucoup de généraux savent vaincre, peu savent bien user de la victoire. Les Carthaginois ne surent que vaincre. Après avoir défait les armées Romaines et tué les deux consuls Publius et Caïus Scipion, se flattant qu'on ne pouvait plus leur disputer l'Espagne, ils n'eurent plus aucun ménagement pour les peuples de cette contrée. Que leur en arriva-t-il ? Au lieu d'amis et d'alliés ils s'en firent des ennemis. C'est un malheur qu'ils ne pouvaient éviter, pensant, comme ils faisaient, qu'on gagne les empires d'une autre façon qu'on ne les garde. Ils devaient savoir que la meilleure manière de les garder est de suivre constamment les maximes qui ont servi à les conquérir. Or il est évident, et on peut le prouver par une infinité d'exemples, que le vrai moyen de se rendre maître d'un peuple c'est de lui faire du bien et de lui en faire espérer davantage. Mais si après l'avoir conquis, on le maltraite et on le gouverne despotiquement, on ne doit pas être surpris que ce changement de maximes, dans ceux qui gouvernent, entraîne après lui le changement de ceux qu'on avait soumis.

Dans des conjonctures si fâcheuses, Asdrubal avait l'esprit extrêmement agité et inquiet sur les suites funestes dont il était menacé. D'un côté la désertion d'Indibilis le chagrinait, et de l'autre la mauvaise intelligence qui régnait parmi les principaux officiers, et la disposition où ils étaient de ne le plus suivre. Il tremblait surtout que Scipion alors ne se présentât. Enfin jugeant que bientôt ce consul se mettrait en marche, et se voyant abandonné des Espagnols, qui tous à l'envi étaient allés se joindre aux Romains, il crut ne pouvoir rien faire de mieux que de rassembler toutes ses forces et de livrer bataille aux ennemis. Sa raison était que si le bonheur voulait qu'il fût vainqueur, il pourrait tranquillement délibérer sur ce qu'il aurait à faire dans la suite, et que s'il était vaincu il se retirerait dans les Gaules avec ceux qui se seraient sauvés de la mêlée, et qu'emmenant de là une troupe de barbares il passerait en Italie pour secourir Annibal son frère et partager ses espérances. Pendant qu'Asdrubal méditait ce projet, C. Lœlius arriva de Rome, et instruisit Scipion des volontés du sénat. Aussitôt le consul fit sortir ses troupes de leurs quartiers et rencontra sur sa route les Espagnols, qui venaient à lui avec beaucoup de joie et d'empressement.

Indibilis entre autres, qui lui avait déjà auparavant envoyé de ses nouvelles, le voyant approcher, sortit du camp et le vint joindre avec ses amis. Dans l'entretien qu'il eut avec Scipion, il lui parla de l'union qu'il avait eue avec les Carthaginois, des services qu'il leur avait rendus, de la fidélité qu'il leur avait gardée, des injustices qu'ils lui avaient faites, des mauvais traitemens qu'il en avait reçus, et le pria d'être juge entre les Carthaginois et lui : que si c'était à tort qu'il se plaignait d'eux, cela devait faire conclure à Scipion qu'il ne serait pas plus fidèle aux Romains; que si au contraire il ne les avait quittés que parce qu'il y avait été comme forcé par la manière outrageante dont ils l'avaient traité, il devait espérer qu'après avoir embrassé le parti des Romains, il aurait pour eux un attachement inviolable. Il dit encore quantité de choses sur ce sujet; après quoi Scipion prenant la parole répondit qu'il ne doutait nullement de sa sincérité ; qu'il ne voulait d'autre preuve du mauvais procédé des Carthaginois à l'égard des autres Espagnols que l'insolence dont ils s'étaient rendus coupables envers sa femme et ses filles qu'ils avaient prises en ôtage : au lieu que lui, qui ne les avait pas à ce titre, mais comme prisonnières et esclaves, les avait gardées avec autant de soin qu'il aurait fait lui-même, lui qui était leur père. Indibilis témoigna qu'il en était persuadé, se prosterna devant lui et lui donna le nom de roi. Tous ceux qui étaient présens applaudirent à ce mot, mais Scipion se rejeta et se contenta de leur dire qu'ils ne craignissent rien, et qu'ils recevraient de la part des Romains toutes les marques d'amitié qu'ils pourraient souhaiter ; et sur-le-champ il remit entre leurs mains leurs femmes et leurs filles. Le lendemain on fit un traité, dans lequel on convint qu'ils marcheraient sous les ordres des officiers romains, et qu'ils obéiraient à tous leurs ordres. Ensuite ils retournèrent au camp des Carthaginois, où ayant pris ce qu'ils avaient de troupes, ils revinrent vers Scipion, joignirent leurs tentes aux siennes, et marchèrent avec lui contre Asdrubal.

Ce général des Carthaginois campait alors dans la plaine de Castulon vers la ville de Bécule, assez près des mines d'argent qui sont là. Averti de l'approche des Romains, il s'alla poster dans un endroit où, couvert par ses derrières d'une bonne rivière, il avait devant lui une plaine, qui enfermée tout autour d'une colline, avait assez de profondeur pour y être à couvert, et assez d'étendue pour y ranger une armée en bataille. Asdrubal ne quitta pas cette position, se contentant de mettre sur la colline des postes avancés. D'abord en approchant, Scipion ne souhaitait rien tant que de combattre ; mais la situation avantageuse du poste des ennemis l'embarrassait. Il suspendit l'attaque pendant deux jours, après lesquels craignant que Magon et Asdrubal fils de Giscon ne vinssent l'envelopper de tous côtés, il résolut de tenter la fortune et d'éprouver un peu l'ennemi. Ayant donc averti son armée de se tenir prête, il retient ses légions dans les retranchemens, il envoie les vélites et quelques compagnies d'infanterie d'élite pour harceler les postes établis sur la colline. Cet ordre s'exécute avec vigueur. Le général des Carthaginois attendait d'abord l'événement sans se mouvoir; mais voyant ses troupes serrées de près il s'ébranle, et pleinde confiance dans l'avantage de son poste, il range son armée en bataille sur le haut de la colline.

En même temps Scipion détache toutes ses troupes à la légère pour soutenir ceux qui avaient commencé l'attaque, puis partage ses troupes en deux corps égaux. Il en donne un à Lœlius, avec ordre de tourner la colline qui était à la droite des ennemis, puis il prend l'autre, fait le tour de la colline et vient fondre sur leur gauche. Ce fut alors qu'Asdrubal fit sortir véritablement du camp toutes ses troupes, car jusqu'alors il se fiait tant sur la force de sa position, qu'il ne croyait pas que jamais les Romains osassent l'attaquer. Mais il s'y prit trop tard pour ranger son armée. Les Romains profitent de cette faute, prennent en flanc les ailes avant qu'elles eussent occupé leurs postes, et non seulement montent sans péril sur la colline, mais avançant pendant que les ennemis étaient encore en mouvement pour se ranger, tombent sur le flanc de ceux qui étaient en marche, massacrent les uns et mettent les autres en fuite au moment où ils se rangeaient en bataille. Quand Asdrubal vit ses troupes plier et prendre la fuite, il suivit le plan qu'il avait formé d'abord. Il ne voulut pas tenir jusqu'à l'extrémité; il prit tout ce qu'il avait d'argent et d'éléphans, et ralliant les fuyards, il se retira vers le Tage pour de là passer les Pyrénées et descendre chez les Gaulois qui habitent dans ces contrées.

Scipion ne crut pas qu'il fût à propos de le poursuivre, de crainte que les autres généraux ne vinssent le surprendre, il abandonna seulement le camp des ennemis au pillage. Le lendemain ayant fait rassembler tous les prisonniers assemblés au nombre de dix mille fantassins et de deux mille cavaliers, il réfléchit à ce qu'il devait en faire. Tout ce qu'il y avait d'Espagnols, qui dans cette occasion avaient pris les armes pour les Carthaginois, vinrent se rendre aux Romains, et dans les entretiens qu'ils eurent avec eux, ils donnaient à Scipion le titre de roi. Édecon avait été le premier à le lui donner en le saluant, et Indibilis avait suivi son exemple. Scipion d'abord n'y avait pas fait attention. Mais après la bataille tout le monde le saluant sous ce titre, il y pensa sérieusement. C'est pourquoi ayant fait assembler les Espagnols, il leur dit qu'il voulait bien passer chez eux pour un homme d'un cœur vraiment royal et être tel en effet; mais qu'il ne voulait pas que personne l'appelât roi, et qu'il leur ordonnait de ne le traiter que de général.

Qui n'admirera pas ici la grandeur d'âme de ce consul? Il est encore fort jeune, et la fortune le favorise tellement, que tous ceux à la tête desquels il se trouve se portent d'eux-mêmes à le traiter de roi; cependant il ne perd pas de vue ce qu'il est, et rejette loin le titre flatteur dont on veut l'honorer. Mais cette grandeur d'âme surprendra bien davantage, si l'on jette les yeux sur les derniers temps de sa vie; car après les exploits qu'il avait faits en Espagne, après avoir dompté les Carthaginois, réduit sous la puissance de sa patrie la plus grande et la plus belle partie de l'Afrique depuis les autels de Philène jusqu'aux colonnes d'Hercule; après avoir conquis l'Asie, vaincu les rois des Assyriens, assujéti aux Romains la plus grande et la plus considérable partie de l'univers, combien d'occasions de se faire roi la fortune ne lui a-t-elle pas données? On peut dire qu'il n'avait qu'à choisir le pays qui lui plaisait le plus. Une fortune si rapide et si constante qui était capable d'inspirer un orgueil excessif je ne dis pas seulement à un homme, mais à une divinité, s'il est permis de s'exprimer ainsi, ne tenta point Scipion. Il était si fort au dessus des autres hommes par sa grandeur d'âme, qu'il n'eut que du mépris pour la souveraineté, bien cependant au-delà de laquelle on n'ose rien demander aux Dieux. Il préféra sa patrie et la fidélité qu'il lui devait à une puissance si éclatante et si heureuse.

Pour revenir à mon sujet, Scipion ayant séparé les Espagnols du reste des prisonniers, les envoya tous sans rançon dans leur pays. Il fit présent à Indibilis de trois cents chevaux qu'il lui ordonna de choisir, le reste il le donna à ceux qui n'en avaient point. Il passa ensuite dans le camp des Carthaginois, à cause des avantages de sa situation, et y resta pour y attendre les autres généraux des Carthaginois; et après avoir envoyé quelques troupes sur les Pyrénées pour y observer les démarches d'Asdrubal, l'été étant sur sa fin, il se retira à Tarragone, et y fit prendre à ses troupes leurs quartiers d'hiver.

FRAGMENT X.

Expédition de Philippe contre Attalus. — Digression sur les signaux[1].

Les Étoliens fondant de grandes espérances sur l'arrivée des Romains et du roi Attalus qui arrivait à leur secours, jetaient l'épouvante parmi tous les Grecs et leur faisaient la

[1] Fragmens anciens.

guerre par terre, pendant que P. Sulpicius et Attalus la faisaient par mer. C'est ce qui porta les Achéens à venir prier Philippe de les secourir, parce qu'ils ne craignaient pas seulement les Étoliens, mais encore Machanidas, qui commandait une armée sur les frontières des Argiens. Les Béotiens menacés par la flotte des ennemis lui demandèrent aussi un chef et des troupes. Ceux qui implorèrent son secours avec le plus d'instances furent les Eubéens ; les Acarnaniens firent les mêmes prières ; il vint encore des ambassadeurs de la part des Épirotes. Le bruit courait aussi que Scerdilaïdas et Pleuratus mettaient des troupes en campagne, et que les Thraces limitrophes de la Macédoine, et surtout les Mèdes, avaient dessein de se jeter dans ce royaume, pour peu que Philippe s'en éloignât. De plus les Étoliens s'étaient emparés du défilé des Thermopyles, l'avaient fortifié de fossés et d'un retranchement, et y avaient mis une forte garde, se flattant par là de fermer le passage à Philippe, et de l'empêcher de porter du secours à ses alliés d'en deçà de Pyles.

Des conjonctures si difficiles et si propres à mettre à l'épreuve les forces de l'esprit et du corps des grands capitaines, piqueront, je crois, la curiosité des lecteurs. Car comme on ne connaît jamais mieux la vigueur et la force des animaux que l'on poursuit à la chasse, que lorsqu'ils sont pressés de tous côtés, la même chose arrive à l'égard des chefs : Philippe nous va en donner un bel exemple. Il congédia ces ambassades, en leur promettant à toutes qu'il ferait tout son possible pour les contenter : il donna tous ses soins à la guerre, et ne pensa plus qu'à voir en quel endroit et contre qui il fallait d'abord marcher.

Peu après étant informé qu'Attalus était passé en Europe, qu'il avait abordé à l'île de Peparèthe, et qu'il était maître de la campagne, il envoya des troupes pour garder la ville. Il fit partir Poliphante avec un nombre suffisant de soldats pour défendre les Phocéens et les terres de la Béotie. Menippe alla par son ordre à Chalcis et dans le reste de l'Eubée avec mille soldats pesamment armés et cinq cents Agrianiens. Lui-même s'avança vers Scotuse, où il avait donné rendez-vous aux Macédoniens. Ayant appris là qu'Attalus avait mouillé l'ancre à Nicée, et que les chefs des Étoliens s'étaient assemblés à Héraclée pour conférer ensemble sur les affaires présentes, il partit de Scotuse dans le dessein de répandre parmi eux la confusion et la terreur. Mais ils étaient partis quand il arriva. Ainsi après avoir porté le ravage dans le pays et pris ce qu'il put de vivres parmi les peuples qui habitent autour du golfe des Éniens, il retourna à Scotuse et y fit camper son armée. Il en repartit quelque temps après, suivi seulement de ses troupes légères et d'une troupe de cavalerie de sa garde, et alla descendre à Démétriade, où il resta pour observer ce que les ennemis tenteraient. Et pour être mieux instruit de tout ce qui se passerait, il envoya ordre à Peparèthe dans la Phocide et dans l'Eubée de l'avertir de tout par des fanaux allumés sur le Tisée, montagne située dans la Thessalie, et d'où ces peuples peuvent très-commodément informer de ce qui se fait chez eux. Comme cette manière de donner des signaux, quoique d'un grand usage dans la guerre, n'a pas été jusqu'à présent traitée avec exactitude, il est bon que nous nous y arrêtions un peu pour en donner une connaissance plus parfaite.

C'est une chose reconnue de tout le monde, que l'occasion et l'à-propos qui ont une si grande part dans toutes les entreprises, en ont une très-grande dans celles qui regardent la guerre. Or de toutes les inventions que l'on a faites pour jouir de l'assistance de ces deux auxiliaires, aucune n'est plus utile que les signaux par le feu. Que les choses viennent de se passer, ou qu'elles se passent actuellement, on peut par ce moyen en instruire à trois ou quatre journées de là, et quelquefois même à une plus grande distance, de sorte qu'on est surpris de recevoir le secours dont on avait besoin. Autrefois cette manière d'avertir était trop simple, et perdait par là beaucoup de son utilité. Car, pour en faire usage, il fallait être convenu de certains signaux ; et comme il y a une infinité de différentes affaires, la plupart ne pouvaient se connaître par des fanaux. Il était aisé par exemple d'avertir ceux avec qui l'on était convenu, qu'il était arrivé une armée à Orée, à Peparèthe ou à Chalcis ; mais des évènemens qui arrivent sans qu'on s'y attende, et qui demandent qu'on tienne conseil sur-le-champ et qu'on y apporte du remède, comme une révolte, une trahison, un meurtre ou autre chose semblable, ces sortes d'évènemens, dis-je, ne pouvaient s'annoncer par le moyen des fanaux. Car il n'est pas possible de convenir d'un signal pour des événemens qu'il n'est pas possible de prévoir.

Énée, cet auteur dont nous avons un ouvrage de tactique, s'est efforcé de remédier à cet inconvénient, mais il s'en faut beaucoup qu'il ne l'ait fait avec tout le succès qu'on aurait souhaité. On en va juger. Ceux, dit-il, qui veulent s'informer mutuellement par des fanaux de ce qui se passe, n'ont qu'à prendre des vases de terre également larges, profonds et percés en quelques endroits; ce sera assez qu'ils aient trois coudées de hauteur et une de largeur : qu'ils prennent ensuite des morceaux de liége un peu plus petits que l'ouverture des vaisseaux, qu'ils fichent au milieu de ce liége un bâton distingué de trois doigts par quelque enveloppe fort apparente, et qu'ils écrivent sur chacune de ces enveloppes les choses qui arrivent le plus ordinairement pendant une guerre. Sur l'une par exemple, il est entré de la cavalerie; sur l'autre, il est arrivé de l'infanterie pesamment armée; sur une troisième, de l'infanterie légère; sur la suivante, de l'infanterie et de la cavalerie. Sur une autre encore, des vaisseaux; ensuite, des vivres, et de même sur toutes les autres enveloppes, tous les autres événemens qu'ils pourront prévoir à juste titre devoir arriver eu égard à la guerre qu'on aura à soutenir : que de part et d'autre on attache à ces vaisseaux des petits tuyaux d'une exacte égalité, en sorte qu'il ne s'écoule ni plus ni moins d'eau des uns que des autres, qu'on remplisse les vases d'eau, qu'on pose dessus les morceaux de liége avec leurs bâtons, et qu'ensuite on ouvre les tuyaux. Cela fait, il est clair que les vases étant égaux, le liége descendra et les bâtons s'enfonceront dans les vases à proportion que ceux-ci se videront : qu'après avoir fait cet essai avec une égale promptitude et de concert, on porte les vaisseaux aux endroits où l'on doit donner et observer les signaux et qu'on y mette le liége, et à mesure qu'il arrivera quelqu'une de ces choses qui auront été écrites sur les bâtons, qu'on lève un fanal et qu'on le tienne élevé jusqu'à ce que de l'autre côté on en lève un autre ; qu'alors on baisse le fanal et qu'on ouvre les tuyaux : quand l'enveloppe ou la chose dont on veut avertir est écrite sera descendue au niveau des vases, qu'on lève le flambeau, et que de l'autre côté sur le champ on bouche les tuyaux et qu'on regarde ce qui est écrit sur la partie du bâton qui touche à l'ouverture du vaisseau; alors, si tout a été exécuté de part et d'autre avec la même promptitude, de part et d'autre on lira la même chose.

Mais cette méthode, quoiqu'un peu différente de celle qui employait, avec les fanaux, des signes dont on était convenu, ne paraît pas encore suffisante. Car on ne peut pas prévoir toutes les choses qui peuvent arriver, et quand on pourrait les prévoir il serait impossible de les marquer toutes sur un bâton. D'ailleurs quand il arrivera quelque chose à laquelle on ne s'attendait pas, comment en avertir selon cette méthode ? Ajoutons que ce qui est écrit sur le bâton n'est point du tout précis et déterminé. On n'y voit pas combien il est entré de cavalerie ou d'infanterie, ni en quel endroit du pays sont ces troupes, ni combien de vaisseaux ou combien de vivres sont arrivés. Car pour marquer ces sortes de particularités sur le bâton, il aurait fallu les prévoir avant qu'elles arrivassent, et cela n'est pas possible. Cependant ces particularités c'est ce qu'il importe le plus de savoir ; car le moyen d'envoyer du secours, si l'on ne sait ni combien on aura d'ennemis à combattre, ni où ils sont ! Comment avoir confiance en ses forces ou s'en défier, en un mot comment prendre son parti, sans savoir combien de vaisseaux ou combien de vivres il est venu de la part des alliés !

La dernière méthode a pour auteurs Cléoxène et Démoclite, mais nous l'avons perfectionnée. Elle est certaine et soumise à des règles fixes et par son moyen on peut avertir de tout ce qui passe. Elle demande seulement beaucoup de vigilance et d'attention, la voici. Que l'on prenne toutes les lettres de l'alphabet et qu'on en fasse cinq classes en mettant cinq lettres dans chacune. Il y en aura une qui n'aura que quatre lettres, mais cela est sans aucune conséquence pour le but que l'on se propose. Que ceux qui seront désignés pour donner et recevoir les signaux écrivent sur cinq tablettes ces cinq classes des lettres, et conviennent ensuite entre eux que celui qui devra donner le signal, lèvera d'abord deux fanaux à la fois, et qu'il les tiendra levés jusqu'à ce que de l'autre côté on en ait aussi levé deux, afin que de part et d'autre on soit averti que l'on est prêt. Que les fanaux baissés, celui qui donnera le signal élèvera des fanaux par sa gauche pour faire connaître quelle tablette il doit regarder; en sorte que si c'est la première il n'en élève qu'un, si c'est la seconde il en élève deux, et ainsi du reste, et qu'il fera de même par sa droite pour marquer à celui qui reçoit le signal quelle lettre d'une tablette il faudra qu'il observe et qu'il écrive. Après ces conventions chacun s'étant mis à son poste, il faudra que les deux hommes chargés de donner les signaux aient chacun une lunette garnie de deux tuyaux, afin que celui qui les donne voie par l'un la droite, et par l'autre la gauche de celui qui doit lui répondre. Près de cette lunette, ces tablettes dont nous venons de parler doivent être fichées droites en terre, et qu'à droite et à gauche on élève une palissade de dix pieds de largeur et environ de la hauteur d'un homme, afin que les fanaux élevés au dessus donnent par leur lumière un signal indubitable, et qu'en les baissant elles se trouvent tout-à-fait cachées; tout cet apprêt disposé avec soin de part et d'autre, supposé par exemple qu'on veuille annoncer que quelques auxiliaires, au nombre d'environ cent hommes, sont passés dans les rangs de l'ennemi, on choisira d'abord les mots qui expriment cela avec le moins de lettres qu'il sera possible, comme cent Krétois ont déserté, ce qui exprime la même chose avec moitié moins de lettres. On écrira donc cela sur une petite tablette, et ensuite on l'annoncera de cette manière. La première lettre est un K qui est dans la seconde série des lettres de l'alphabet et sur la seconde tablette : on élèvera donc à gauche deux fanaux pour marquer à celui qui reçoit le signal que c'est la seconde tablette qu'il doit examiner, et à droite cinq qui lui feront connaître que c'est un K, la cinquième lettre de la seconde série qu'il doit écrire sur une petite tablette; ensuite quatre à gauche pour désigner la lettre R qui est dans la quatrième série, puis deux à droite pour l'avertir que cette lettre est la seconde de cette quatrième série. Celui qui observe les signaux devra donc écrire un R sur sa tablette. Par cette méthode il n'arrive rien qu'on ne puisse annoncer d'une manière fixe et déterminée. Si l'on y emploie plusieurs fanaux, c'est parce que chaque lettre demande d'être indiquée deux fois : mais d'un autre côté, si l'on y apporte les précautions nécessaires, on en sera satisfait. L'une et l'autre méthode ont cela de commun, qu'il faut s'y être exercé avant que de s'en servir, afin que l'occasion se présentant on soit en état, sans faire de faute, de s'instruire réciproquement de ce qu'il importe de savoir.

Au reste on sait que les choses que l'on voit pour la première fois, sont fort différentes d'elles-mêmes, lorsqu'on y est accoutumé. Ce qui paraissait d'abord non seulement fort difficile, mais même impossible, devient par le temps et par l'habitude le plus aisé du monde à pratiquer. Mille exemples font foi de ce que j'avance, mais le plus convaincant de tous est la lecture. Supposons un homme qui n'ait jamais su lire, quoiqu'il ait d'ailleurs une intelligence assez développée : qu'on ordonne à un enfant qui a l'usage de la lecture de lire quelque chose; certainement cet homme ne pourra pas se persuader que cet enfant qui lit arrête ses yeux premièrement sur la forme des lettres, secondement sur leur valeur, troisièmement sur la liaison que les unes ont avec les autres, toutes opérations de l'esprit qui chacune demande un certain temps. C'est pourquoi quand il verra cet enfant lire sans s'arrêter et tout d'une haleine six ou sept lignes de suite, il aura toutes les peines du monde à ne pas croire que cet enfant a lu, avant de voir ce qu'on lui a fait lire. Mais si la lecture est accompagnée de gestes, si la ponctuation et les esprits doux et rude y sont marqués, jamais on ne le persuadera que l'enfant ne s'est pas préparé. Cela nous apprend que les difficultés qui se présentent d'abord ne doivent pas nous détourner de ce qui est utile. Par l'habitude il n'y a rien de beau ni d'honnête que l'homme ne puisse atteindre ; il faut l'acquérir, mais surtout lorsqu'il s'agit de choses d'où dépendent notre conservation et notre salut. J'ai fait ici cette réflexion à l'occasion de ce que j'ai dit plus haut, que les sciences dans notre siècle avaient été portées à un si haut degré de perfection, qu'il n'y en avait presque point dont on ne pût instruire avec règle et avec méthode ; ce qui fait une des plus belles parties d'une histoire bien composée.

FRAGMENT XI.

Comment les Aspasiaques nomades passent par terre dans l'Hircanie [1].

Les Aspasiaques nomades habitent entre l'Oxus et le Tanaïs, deux fleuves, dont le premier se décharge dans la mer d'Hircanie, et l'autre dans les Palus-Méotides, tous deux assez grands pour être navigables. Il est étonnant de voir que les nomades traversent l'Oxus, et entrent à pied ferme avec leurs chevaux dans l'Hircanie. Cela se peut faire, dit-on, de deux manières, dont l'une est vraisemblable, l'autre tient du prodige, quoique absolument elle ne soit pas impossible. Celle-ci est fondée sur ce que l'Oxus prend sa source au mont Caucase. Grossi ensuite par les eaux qu'il reçoit dans la Bactriane, il roule impétueusement ses flots bourbeux dans la plaine. De là il passe dans un désert par dessus des rochers escarpés, dont la hauteur jointe avec l'abondance des eaux du fleuve fait que ces eaux se précipitent avec tant de force, qu'elles tombent à plus d'un stade du rocher. On dit que c'est le long de ce rocher, et pour ainsi dire sous le fleuve même que les Aspasiaques passent à cheval pour entrer par terre dans l'Hircanie. L'autre manière a plus de vraisemblance. Car on assure qu'à l'endroit où tombe le fleuve sont de vastes espaces de terrain plat qu'il creuse par la violence de sa chute ; que là après avoir formé un précipice assez profond il disparaît pour reparaître ensuite, après avoir parcouru sous terre un faible espace, et que les barbares qui ont une grande connaissance du pays, entrent par cette espèce de pont naturel que forme ainsi l'Oxus dans l'Hircanie avec leurs chevaux.

FRAGMENT XII.

Victoire d'Antiochus sur Euthydème, qui s'était révolté.

Antiochus averti qu'Euthydème était campé près de l'Aapurie, et que dix mille hommes de cavalerie sur le bord de l'Arius en défendaient le passage, prit le parti de faire lever le siège, de passer le fleuve et de marcher droit aux ennemis. Après deux jours de marche assez modérée, au troisième ayant après le souper donné ordre à la phalange de lever le camp dès le point du jour, il prend sa cavalerie, ses troupes légères et dix mille pavoiseurs, et se dirige la nuit à marche forcée vers le fleuve, sur l'avis qu'il avait eu que la cavalerie ennemie qui en gardait le bord pendant le jour, se retirait la nuit dans une ville qui en était éloignée au moins de vingt stades. N'ayant à traverser qu'un pays plat et fort avantageux pour la cavalerie, quand le jour commença à paraître, il avait déjà fait passer l'Arius à la plus grande partie de ses troupes. La cavalerie bactrienne informée de la chose par ses espions, court au fleuve et fond sur les ennemis qu'elle rencontre sur sa route. Antiochus se voyant dans la nécessité de soutenir le premier choc de cette cavalerie, encourage les deux mille hommes qui avaient coutume de combattre autour de lui, ordonne aux autres de se ranger par compagnies et par escadrons, et de prendre chacun le poste où ils avaient coutume de se mettre, et allant au devant des Bactriens avec ses deux mille hommes d'élite, il en vient aux mains avec les premiers qui se présentent. Il se distingua plus qu'aucun des siens pendant ce combat. De part et

[1] Fragmens anciens.

d'autre on perdit beaucoup de monde, mais le premier corps de troupes des Bactriens fut enfoncé. Le second et le troisième étant venu à la charge, les troupes du roi furent pressées, et le désordre commençait à se mettre dans leurs rangs. Mais Panetole, ordonnant au reste de la cavalerie de charger, tira le roi et ses soldats du danger où ils étaient, et contraignit les Bactriens qui combattaient tumultueusement et sans garder leurs rangs à prendre la fuite. Panetole mit alors à leur poursuite et les serra de si près qu'ils ne s'arrêtèrent que lorsqu'ils eurent joint Euthydème, et qu'après avoir perdu beaucoup de monde. La cavalerie du roi ayant fait un grand carnage des ennemis et un grand nombre de prisonniers, sonna la retraite et campa ce jour-là même sur le bord du fleuve. Antiochus dans ce combat eut un cheval tué sous lui. Il reçut lui-même à la bouche une blessure qui lui fit perdre quelques-unes de ses dents. De toutes les actions où il s'est trouvé, aucune ne lui a fait une plus grande réputation de valeur que celle-ci. Pour Euthydème, il fut si effrayé de cette bataille, qu'il s'enfuit à Zariaspe, ville de la Bactriane, avec toute son armée.

LIVRE ONZIÈME.

FRAGMENT I.

Mais l'arrivée d'Asdrubal en Italie fut bien plus prompte et bien plus rapide.

FRAGMENT II.

Victoire des Romains sur Asdrubal, frère d'Annibal. — Ce grand homme meurt glorieusement dans le combat. — Sage réflexion de l'historien sur cet événement. — Butin que font les Romains après la bataille.

Asdrubal ne trouvant rien dans tout cela qui le satisfît, et voyant d'ailleurs qu'il n'y avait pas de temps à perdre, puisque les ennemis rangés en bataille s'avançaient déjà vers lui, fut obligé de mettre en bataille ses Espagnols et ce qu'il avait de Gaulois. Il mit à leur tête ses dix éléphans, rangea son armée suivant un ordre de bataille plus profond qu'étendu, la renferma tout entière dans un petit terrain, se mit lui-même au centre derrière les éléphans, et attaqua la gauche des Romains, bien résolu de vaincre ou de mourir dans cette occasion. M. Livius s'avança fièrement et se battit avec vigueur. Claudius qui commandait la droite ne pouvait ni approcher ni déborder les ennemis, à cause de la difficulté des chemins, difficulté qui avait porté Asdrubal à commencer le combat par l'attaque de la gauche. Dans la perplexité que lui causait cette inaction, il prend conseil de l'événement même, se met à la tête de ses troupes, tourne par derrière le champ de bataille, passe au-delà de la gauche de l'armée romaine, et charge en flanc ceux des Carthaginois qui combattaient de dessus les éléphans. Jusque là le combat avait été fort douteux. On combattait de part et d'autre avec beaucoup de courage, parce qu'il ne restait plus de ressource au parti qui aurait été vaincu. Les éléphans faisaient autant de mal à un parti qu'à l'autre. Car resserrés au milieu des deux armées et percés de traits, ils mettaient également le désordre dans les rangs des Romains et dans ceux des Espagnols. Mais quand Claudius fut tombé sur les ennemis par leurs derrières, il se fit un grand changement. Les Espagnols furent alors chargés de front et en queue, et taillés en pièces pour la plupart. Six éléphans furent tués avec ceux qui les conduisaient, et les quatre autres, qui avait rompu les rangs, furent pris ensuite seuls et sans les Indiens leurs conducteurs. Asdrubal lui-même, qui s'était déjà signalé dans plusieurs occasions, se signala encore dans celle-ci, et y perdit la vie glorieusement. Arrêtons-nous un moment à considérer ce grand homme, c'est une justice que nous lui devons.

Nous avons remarqué plus haut qu'il était frère d'Annibal, et que celui-ci partant pour l'Italie lui avait laissé le soin des affaires d'Espagne. Nous avons vu aussi combien de combats il eut à soutenir contre les Romains; dans combien d'embarras l'ont jeté les chefs qu'on envoyait de temps en temps de Carthage en Espagne; combien il s'est toujours montré digne fils de Barcas, et avec quelle force d'esprit il a toujours soutenu le poids de ses malheurs et de ses défaites. Nous ne parlerons ici que des divers combats où il s'est trouvé, et c'est à cet égard qu'il est digne surtout qu'on le considère et qu'on s'étudie à l'imiter.

La plupart des généraux et des rois, lorsqu'il s'agit de donner une bataille générale, n'aiment à se représenter que la gloire et l'utilité de la victoire; ils ne pensent qu'à la manière dont ils en useront avec chacun, en cas que les choses réussissent selon leurs souhaits: jamais ils ne se mettent devant les yeux les suites malheureuses d'une défaite, jamais ils ne s'occupent de la conduite qu'ils devront garder dans les revers de fortune; et cela parce que l'un se présente de soi-même à l'esprit, et que l'autre demande beaucoup de prévoyance. Cependant cette négligence à faire des réflexions sur les malheurs qui peuvent arriver, a souvent été cause de ce que des chefs, malgré le courage et la valeur des soldats, ont été honteusement vaincus, ont perdu la gloire qu'ils avaient acquise par d'autres exploits, et ont passé le reste de leurs jours dans la honte et dans l'ignominie. Il est aisé de se convaincre qu'il y a un grand nombre de généraux qui sont tombés dans cette faute, et que c'est au soin de l'éviter que l'on reconnaît surtout combien un homme est différent d'un autre.

Le temps passé nous en fournit une infinité d'exemples.

Asdrubal a tenu tout une autre conduite. Tant qu'il a pu d'après de bonnes raisons espérer faire quelque chose qui fût digne de ses premiers exploits, il n'a songé à rien de plus dans les combats qu'à sa propre conservation. Mais depuis que la fortune lui eut ôté toute espérance pour l'avenir, et qu'elle l'eut comme renfermé dans le dernier moment, sans rien négliger de ce qui pouvait contribuer à la victoire, soit dans la disposition de son armée, soit dans le combat même, il ne laissa pas que de prévoir comment, en cas qu'il fût défait, il céderait à la nécessité présente, sans rien souffrir qui pût déshonorer ses premières actions. Bel exemple pour ceux qui sont chargés de la conduite d'une guerre. Ils doivent apprendre de là deux choses: la première à ne pas tromper, en s'exposant témérairement, les espérances de ceux qui ont mis en eux leur confiance; et la seconde, à ne point joindre l'infamie aux malheurs par un trop grand amour pour la vie.

Les Romains après cette victoire pillèrent le camp des ennemis. Quantité de Gaulois y étaient couchés sur la paille et y dormaient plongés dans l'ivresse, ils les égorgèrent comme des victimes. Ils assemblèrent aussi tous les prisonniers, et il en revint au trésor public plus de trois cents talens. On compte qu'il resta sur le champ de bataille au moins dix mille hommes tant Carthaginois que Gaulois, et deux mille seulement de la part des Romains. Quelques-uns des principaux Carthaginois furent faits prisonniers, tout le reste fut passé au fil de l'épée.

Cette nouvelle venue à Rome, on souhaitait tant qu'elle fût vraie, que d'abord on ne pouvait la croire. Mais quand plusieurs courriers eurent appris non seulement la victoire, mais encore le détail de l'action, toute la ville fut transportée de joie, chacun s'empressa à orner les lieux sacrés, les temples furent remplis de gâteaux et de victimes pour les sacrifices. En un mot on reprit tant de confiance, que l'on crut qu'Annibal, qu'on redoutait si fort auparavant, n'était plus en Italie.

FRAGMENT III.

Philippe s'étant avancé vers le marais de Trichonide, lorsqu'il fut arrivé à Therme, ville qui renferme un temple d'Apollon, mit de nouveau au pillage toutes celles des offrandes sacrées qu'il avait respectées dans sa première invasion. Dans cette circonstance il se laissa dominer comme la dernière fois par la violence de son caractère. En effet se laisser emporter par la haine que l'on a conçue contre les hommes, jusqu'à devenir sacrilége envers les Dieux, c'est la preuve la plus certaine du comble de la démence [1].

FRAGMENT IV.

Ellopium, ville d'Étolie. Polybe livre XI [2].

FRAGMENT V.

Phytæum, ville d'Étolie, Polybe livre XI [3].

FRAGMENT VI.

Harangue faite aux Étoliens sur leur guerre avec Philippe.

«Il me semble, Étoliens, que Ptolémée et les villes de Rhode, de Bysance, de Chio et de Mitylène, ont assez fait voir combien ils avaient à cœur de n'être plus en guerre avec vous. Ce n'est ni pour la première ni pour la seconde fois que nous venons vous parler de cette paix. Depuis que vous avez entrepris la guerre, nous n'avons laissé échapper aucune occasion de vous démontrer combien il était important de la finir, portés à cela tant par la ruine prochaine dont vous êtes menacés, vous et les Macédoniens, que par les maux que nous prévoyons devoir tomber sur votre patrie et sur toute la Grèce. Quand on a mis le feu à quelque matière combustible, on n'est plus maître d'en arrêter les funestes effets, l'embrasement s'étend selon que le vent active l'ardeur du feu et que la matière jette de flammes, souvent même celui qui l'a causé est le premier à en éprouver la violence. Il en est de même de la guerre. Une fois allumée, elle commence par consumer ceux qui en sont les auteurs, de là elle se répand et réduit en cendres tout ce qu'elle rencontre, portée de proche en proche et prenant toujours de nouvelles forces par la sottise des peuples. Figurez-vous donc, Étoliens, que tous les insulaires et tout ce qu'il y a de Grecs dans l'Asie sont ici présens, et vous conjurent de finir la guerre, le mal a passé jusqu'à eux, revenez à vous-mêmes, et suivez avec docilité les conseils que l'on vous donne.

«En effet si la guerre que vous faites ne vous était que préjudiciable, comme la plupart des guerres ont coutume de l'être, et que d'ailleurs elle vous fût glorieuse ou par le motif qui vous a poussés à l'entreprendre, ou par l'honneur qui devrait vous en revenir, on pourrait peut-être vous la pardonner en faveur d'une si louable disposition; mais si c'est la plus honteuse de toutes les guerres, si elle ne peut que vous couvrir de confusion, si elle n'est capable que de vous attirer le blâme et la censure de tous les hommes, ne mérite-t-elle pas que vous y fassiez de sérieuses réflexions? Je vous dirai franchement ce que je pense, et si vous pensez sagement, vous ne me saurez pas mauvais gré de cette liberté. Un reproche fait à propos, et qui vous tire d'un péril évident vous est infiniment plus avantageux qu'un discours flatteur, qui serait suivi de votre ruine entière et de celle de tout le reste des Grecs. Souffrez donc que je vous mette devant les yeux l'erreur où vous êtes.

» Vous dites que vous ne prenez les armes contre Philippe que pour empêcher que les Grecs ne tombent sous sa domination; mais cette entreprise ne tend qu'à perdre la Grèce et à la réduire en servitude. Les conditions du traité que vous avez fait avec les Romains ne permettent pas d'en douter, conditions qui n'étaient d'abord qu'écrites, mais dont on voit aujourd'hui l'exécution. Dès le temps même qu'elles n'étaient qu'écrites elles vous couvraient déjà de honte; aujourd'hui qu'elles s'accomplissent, elles mettent au plus grand jour votre infamie. D'ailleurs, Philippe n'est ici qu'un vain nom et un pur prétexte; car

---

[1] Fragmens de Valois.
[2] Étienne de Bysance.
[3] Idem.

dans cette guerre il ne court aucun risque. Vos conventions ne portent préjudice qu'à ses alliés, aux peuples de la plupart du Péloponnèse, de la Béotie, de l'Eubée, de la Phocide, aux Locriens, aux Thessaliens et aux Épirotes, puisqu'elles portent : « Que les » hommes et les bagages pris appartiendront » aux Romains, et que les villes et les terres » seront pour vous. » Après la prise d'une ville vous ne pourriez souffrir qu'on outrageât des citoyens libres ; vous auriez horreur de brûler des places que vous auriez conquises ; une telle cruauté ne vous paraîtrait digne que des barbares, et cependant vous faites un traité qui abandonne aux barbares toute la Grèce, et la livre en proie aux outrages les plus honteux. D'abord on ne soupçonnait pas qu'il dût avoir des suites si funestes ; mais ce qui vient d'arriver aux Orites et aux infortunés Éginètes met la chose en évidence. La fortune semble avoir pris plaisir à exposer en plein théâtre votre imprudence. Tel a été le commencement de votre guerre, tel jusqu'à présent en a été l'événement. Que devons-nous attendre de la fin, si tout vous réussit selon vos souhaits, sinon qu'elle sera l'époque malheureuse des maux extrêmes dont toute la Grèce sera accablée? Car quand les Romains auront une fois mis fin à leur guerre d'Italie, ce qui ne peut pas tarder long-temps, Annibal étant déjà resserré dans un coin du Brutium, il est hors de doute qu'ils ne manqueront pas de venir avec toutes leurs forces se jeter sur la Grèce, en apparence pour vous apporter du secours, mais au fond pour en grossir le nombre de leurs conquêtes. Si, après s'en être rendus les maîtres, ils nous traitent favorablement, ils remporteront tout l'honneur et toute la reconnaissance du bienfait ; si au contraire ils usent contre nous du droit de la guerre à la rigueur, ils s'enrichiront des dépouilles de ceux qu'ils auront tués et réduiront les autres à leur obéissance. Vous prendrez alors les Dieux à témoins, et ni dieu ne voudra, ni homme ne pourra vous secourir.

« Voilà, Étoliens, ce que vous deviez prévoir dès le commencement, rien n'était plus digne de vous; mais puisqu'il y a plusieurs choses dans l'avenir où il n'est pas possible de pénétrer, au moins aujourd'hui que vous voyez les maux que vous causez, prenez de plus sages mesures pour éviter ceux qui suivront. Pour nous, nous n'avons rien oublié de ce que de vrais amis devaient dire ou faire au sujet des conjonctures présentes, et nous vous avons dit librement ce que nous pensions de l'avenir. Il ne nous reste plus qu'à vous exhorter et à vous prier de ne pas vous envier et à vous-mêmes ainsi qu'à toute la Grèce la liberté et la vie. »

Comme on s'aperçut que cet ambassadeur avait fait quelque impression sur l'esprit de plusieurs citoyens, on fit entrer les députés de Philippe, qui, sans plus de paroles, se contentèrent de dire qu'ils n'avaient reçu que deux ordres de leur maître: le premier, d'accepter tout d'un coup la paix de la part des Étoliens en cas qu'ils la proposassent, ou, s'ils refusaient de le faire, de se retirer après avoir pris à témoins les Dieux et les ambassadeurs de la Grèce là présens, que ce n'était pas à Philippe, mais aux Étoliens qu'il faudrait imputer les malheurs que cette guerre attirerait à toute la Grèce.

FRAGMENT VII.

Il y a trois moyens par lesquels se rendent dignes du titre de général les hommes qui parviennent à le remplir par leur raison et leur jugement; le premier, c'est la lecture de l'histoire et le savoir que l'on en retire ; le second ce sont les préceptes des hommes habiles dans l'art du commandement ; le troisième, c'est l'habitude et l'expérience que l'on acquiert soi-même. Les chefs des Achéens étaient d'une profonde ignorance de toutes ces connaissances [1].

La plupart des soldats, à cause du faste et de l'intempérance des autres, s'étaient livrés à une sorte d'émulation. Ils affectaient la plus grande recherche dans le choix de leurs fréquentations et de leurs vêtemens, et

[1] Suidas, in Στρατηγία.

le plus souvent apportaient dans le soin de leur personne et dans leur toilette un luxe au dessus de leur fortune ; quant à leurs armes, ils ne s'en inquiétaient pas le moins du monde[1].

FRAGMENT VIII.

La plupart des hommes ne se proposent pas pour modèles les actions sérieuses des grands personnages ; mais, imitant leurs enfantillages, ils exposent ainsi à leur désavantage leur légèreté aux yeux de tout le monde[2].

FRAGMENT IX.

Sentimens de Philopœmen sur l'entretien des armes. — Bataille de Mantinée.

C'était une maxime de Philopœmen, que l'éclat et le brillant des armes contribuaient beaucoup à épouvanter les ennemis, et que l'on tirait des armes d'autant plus de service qu'elles étaient mieux travaillées ; qu'il serait surtout avantageux que l'on transportât aux armes le soin qu'on avait de ses vêtemens, et que l'on eût pour les vêtemens l'incurie que l'on avait auparavant pour les armes ; que par là on épargnerait de grands frais aux particuliers, et qu'on serait plus à même de fournir aux besoins de l'état. Il voulait qu'un homme prêt à marcher pour quelque expédition ou à suivre l'armée, prît garde que ses bottines serrassent bien ses jambes et fussent plus brillantes que le reste de sa chaussure, et que quand il prenait le bouclier, la cuirasse et le casque, il fît attention que ces armes fussent plus propres et plus riches que son manteau et sa tunique, parce qu'en voyant une armée où les choses qui servent à la pompe et à l'ostentation sont plus recherchées que celles qui servent à la guerre, on pouvait juger sûrement qu'à la première bataille qui se donnerait elle serait défaite. Pour tout dire en un mot, il souhaitait que l'on fût persuadé que l'affectation de la toilette n'est digne que d'une femme, et d'une femme encore qui n'est pas fort sage, au lieu que le travail et la beauté des armes marquent dans un bon citoyen le zèle et la passion qu'il a de travailler avec gloire à son propre salut et à celui de sa patrie.

Il n'y avait personne de ses auditeurs qui n'applaudit à ce discours et n'en admirât la sagesse, de sorte que l'on n'était pas plus tôt sorti du conseil, que l'on montrait au doigt ceux que l'on voyait mis avec trop de recherche, et qu'on en chassait quelques-uns de la place publique. Mais c'était surtout dans les expéditions et quand on se mettait en campagne que l'on s'étudiait à observer ces judicieuses maximes : tant une exhortation, faite à propos par un homme respectable, a de force, non seulement pour détourner les hommes du mal, mais encore pour les porter au bien, surtout quand sa vie répond à ses paroles, car alors il est presque impossible de ne point se rendre à ses conseils. C'était là le caractère de Philopœmen, simple dans ses habits, frugal dans ses repas, nul soin de ce qui regardait son corps, dans les conversations parlant peu et de manière à ne pouvoir être repris. Pendant tout le cours de sa vie, il s'appliqua par dessus toutes choses au culte de la vérité. Aussi ses moindres paroles étaient toujours écoutées avec respect, et on n'hésitait point à y ajouter foi. Il n'avait pas besoin de beaucoup de paroles pour persuader, sa conduite étant un modèle de tout ce que l'on devait faire. Peu de mots joints à l'autorité qu'il s'était acquise et à la solidité de ses conseils, suffisaient pour réfuter les longs discours que faisaient souvent ceux qui lui étaient opposés dans le gouvernement, quelque vraisemblables qu'ils fussent.

L'assemblée congédiée, tous retournèrent dans leurs villes, pleins d'admiration pour tout ce qu'ils avaient entendu dire à Philopœmen, et persuadés que tant qu'il serait à la tête des affaires, il n'arriverait aucun malheur à la république. Il partit aussitôt lui-même pour visiter les villes et mettre ordre à tout. Il assembla le peuple, lui marqua ce qu'il était à propos qu'il fît, et leva des troupes. Après avoir passé près de huit mois aux préparatifs de la guerre, il assembla une armée à Mantinée, pour y défendre contre Machanidas la liberté de tout le Péloponnèse.

[1] Suidas, Ζηλῶν.
[2] Manuscr. Urb.

Ce tyran de Sparthe; plein de confiance en ses forces, ne fut plus ému de ce soulèvement des Achéens que s'il l'eût souhaité. Dès qu'il eut appris qu'ils étaient à Mantinée, il prononça à Tégée aux Lacédémoniens un discours tel que la conjoncture présente le réclamait; et le lendemain à la pointe du jour il se mit à la tête de l'aile droite de la phalange, les mercenaires de l'un et de l'autre côté étaient rangés sur la même ligne, venaient ensuite des chariots chargés de catapultes et de traits. En même temps Philopœmen fit sortir de la ville son armée partagée en trois corps. Les Illyriens, les cuirassiers, les étrangers et les troupes légères sortirent par la porte qui conduit au temple de Neptune; la phalange par une autre qui regarde l'occident, et la cavalerie de la ville par une troisième qui en est proche. Les troupes légères s'emparèrent d'une colline assez grande qui est devant la ville, et qui commande le chemin appelé Xenis et le temple de Neptune. Il leur joignit les cuirassiers du côté du midi, et auprès d'eux les Illyriens. Derrière ces troupes la phalange sur une ligne droite, et avec un intervalle entre chaque cohorte, était postée le long du fossé qui va au temple de Neptune à travers la plaine de Mantinée, et qui joint les montagnes qui la séparent du pays des Élisphaliens. L'aile droite était composée de la cavalerie des Achéens qu'Aristenète commandait, et la gauche de tout ce qu'il y avait de mercenaires qui étaient disposés en plusieurs rangs sans intervalle. Ce fut à la tête de ceux-ci que se mit Philopœmen.

L'heure du combat étant proche et les ennemis en présence, Philopœmen parcourant les intervalles de la phalange, encouragea ses soldats en peu de paroles énergiques, et propres à lui faire comprendre toute l'importance du combat qu'ils allaient livrer. La plupart même ne furent pas entendus. Car ses soldats l'aimaient tant et avaient tant de confiance en lui, qu'ils s'enthousiasmèrent d'eux-mêmes que leur courage s'exalta et qu'eux-mêmes avec une espèce de transport animèrent leur général et le pressaient de les mener à la charge, et de compter sur eux. Tout ce qu'il tâchait de leur faire entendre était que le temps était venu où leurs ennemis allaient être réduits à une honteuse servitude, et eux rendus à une liberté glorieuse et à jamais mémorable.

Machanidas paraissait d'abord vouloir attaquer l'aile droite avec sa phalange disposée en long. Mais quand il fut plus proche, dans une distance cependant convenable à son dessein, il tourne tout à coup à droite, et déployant son armée il donne à sa droite un front égal à la gauche des Achéens, et poste devant elle les catapultes à quelque distance les unes des autres. Philopœmen vit bien que son but n'était autre que de lancer des pierres sur les cohortes de la phalange, et d'y jeter le désordre. C'est pourquoi il ne lui en donna pas le temps, mais fit commencer vigoureusement le combat par les Tarentins vers le temple de Neptune, pays plat et comme fait exprès pour la cavalerie. D'après ce but de l'action, Machanidas fut obligé de faire la même chose et de faire charger ses Tarentins. Le premier choc fut violent, les troupes légères étant venues des deux armées peu après pour les soutenir, en un moment on vit tous les mercenaires engagés de part et d'autre. Et comme dans cette mêlée on se battait d'homme à homme, le combat fut fort long-temps douteux. On ne pouvait pas même parmi le reste des troupes distinguer de quel côté volait la poussière, parce que les combattans couraient de part et d'autre, et avaient quitté les postes qu'ils tenaient au commencement. Cependant les mercenaires qui combattaient pour le tyran eurent l'avantage, leur nombre et l'adresse à manier leurs armes qu'une grande habitude leur avait acquise, l'emporta.

Il n'est pas difficile de voir la raison pour laquelle il en arriva ainsi dans cette circonstance, mais encore il en arrive presque toujours ainsi. Car autant les citoyens d'une république libre sont dans un combat supérieurs aux sujets d'un tyran, autant les mercenaires qui sont à la solde des tyrans sont au dessus de ceux qui se mettent au service des républiques. C'est que les soldats républicains combattent pour faire triompher la liberté, et les sujets d'un tyran pour faire triompher la servitude, et que les mercenaires à la solde d'une république ne sont animés que par l'espérance du salaire dont on est convenu ; au lieu que les autres, s'ils manquent à leur devoir, courent risque de n'être plus employés ; car un peuple libre, après la défaite des ennemis de sa liberté, ne se sert point de mercenaires pour la conserver ; un tyran au contraire a d'autant plus besoin d'eux qu'il aspire à plus de conquêtes. Plus il y a de gens qui souffrent de ses injustices, plus il a d'embûches à craindre. En un mot la sûreté des tyrans est toute entière fondée sur le zèle et les forces des soldats étrangers qu'ils ont à leur service. C'est là la raison pour laquelle les mercenaires de Machanidas montrèrent tant de valeur en cette occasion. Leur choc fut si violent que les Illyriens et les cuirassiers qui soutenaient les mercenaires de Philopœmen ne purent y résister. Ils furent entièrement rompus et s'enfuirent en toute hâte à Mantinée, quoique cette ville fût à sept stades du champ de bataille.

Ce fut alors que l'on vit avec évidence une vérité dont quelques hommes font difficulté de convenir, c'est que la plupart des événemens militaires ne sont heureux ou malheureux qu'en proportion de l'habileté ou de l'ignorance des chefs. C'est être habile, je le veux, que de faire en sorte, après avoir bien commencé une action, que la fin ne démente pas le commencement ; mais la gloire est bien plus grande, lorsqu'après avoir eu le désavantage au premier choc, loin d'en être ébranlé et de perdre la tête, on réfléchit sur les fautes que les succès font commettre à son ennemi, et qu'on les sait faire tourner à son avantage. Il est assez ordinaire de voir des troupes à qui tout semble être entièrement favorable au commencement d'un combat, tourner le dos peu de temps après et être vaincues ; et d'autres au contraire qui, après des commencemens très-désavantageux, savent, par leurs manœuvres, changer la face des choses et remporter la victoire, lorsqu'on s'y attend le moins. Philopœmen et Machanidas nous fournissent un exemple des plus frappans de cette inconstance de la fortune.

Après la déroute des mercenaires et la défaite de l'aile gauche de Philopœmen, Machanidas, au lieu de suivre son premier dessein, de déborder de ce côté-là et de charger en flanc et de front les Achéens, se laisse aller à une ardeur de jeune homme, et se mêlant à ses mercenaires, se met à poursuivre sans ordre les fuyards, comme si après avoir plié, la crainte seule n'eût point été capable de les faire courir jusqu'aux portes de la ville. Au contraire le général des Achéens, après avoir fait d'abord son possible pour arrêter les siens, en appelant les officiers chacun par leur nom et en les encourageant à tenir ferme, voyant que l'épouvante était trop grande ne s'épouvanta pas pour cela lui-même ; il ne prit pas la fuite et ne perdit pas espérance. Loin de là, il se mit à la tête d'une aile de sa phalange, et dès que l'ennemi qui s'était mis à la poursuite des fuyards eut laissé le champ de bataille libre, il tourne sur sa gauche avec les premières cohortes, et courant en bon ordre vient, se saisir du poste que Machanidas avait abandonné. Par là, outre qu'il coupait le chemin au retour de ceux qui poursuivaient, il débordait l'aile des ennemis de beaucoup. En cet état il exhorta sa phalange à ne rien craindre, et à demeurer ferme jusqu'à ce que l'ordre lui vînt de charger. Il m'ordonna aussi de rallier tout ce qui était resté d'Illyriens, de cuirassiers et de mercenaires, et avec ces troupes de me poster derrière l'aile de la phalange pour arrêter l'ennemi au retour de la poursuite.

Alors les Lacédémoniens fiers de leurs premiers succès avancent vers les Achéens, sans ordre et piques baissées. Quand ils furent sur le bord du fossé, soit qu'étant si proche des ennemis il ne fût plus temps de changer de résolution, soit qu'un fossé dont la descente était aisée, sans eau pendant l'été et sans aucune haie, ne leur parût que méprisable, ils se jetèrent dedans sans hésiter. A ce moment fatal aux Lacédémoniens, et auquel Philopœmen s'attendait depuis long-temps, on sonne la charge et on fond sur eux avec des cris épouvantables. Les Lacédémoniens, qui en descendant dans le fossé avaient rompu leurs rangs, ne virent pas plus tôt les ennemis au dessus d'eux, qu'ils prirent la fuite ; mais il en resta un grand nombre dans le fossé, tués en partie par les Achéens, en partie par leurs camarades mêmes.

On ferait mal d'attribuer cet événement au hasard ou à l'occasion ; l'habileté du général en a tout l'honneur ; car dès le commencement Philopœmen s'était couvert du fossé, non pour éviter le combat, comme quelques-uns se l'imaginaient, mais parce qu'en homme judicieux et en grand capitaine il avait pensé en lui-même que, si Machanidas faisait franchir le fossé à son armée sans l'avoir auparavant reconnu, il arriverait à sa légion ce qui lui est effectivement arrivé ; ou que, si, arrêté par le fossé, il changeait de sentiment et rompait par crainte son ordre de bataille, il serait regardé comme le plus inhabile des hommes, d'avoir, sans rien faire de mémorable, abandonné la victoire à son ennemi, et de n'avoir remporté d'une action que la honte d'une entière défaite. C'est une faute dans laquelle bien d'autres sont déjà tombés, qui après s'être rangés en bataille, ne se croyant pas assez forts pour en venir aux mains, soit à cause de l'avantage du poste qu'occupaient les ennemis, soit à cause de leur nombre, ou pour d'autres raisons, ont rompu leur ordre, dans l'espérance ou de vaincre à la faveur de leur arrière-garde, ou du moins de s'éloigner des ennemis sans danger. Il n'y a pas de faute plus grossière et plus honteuse pour un général.

Pour Philopœmen, tout ce qu'il avait prévu arriva ; les Lacédémoniens s'enfuirent en déroute. Voyant ensuite sa phalange victorieuse et tout lui réussir à souhait, il pensa au point décisif, c'est-à-dire à empêcher que le tyran ne lui échappât. Sachant donc qu'il était, lui et ses mercenaires, sur le bord du fossé et du côté de la ville où il s'était imprudemment engagé en poursuivant les fuyards, et qu'on lui coupait le chemin de son premier poste, il attendit qu'il revînt. Machanidas en revenant s'aperçut que son armée fuyait, et sentant alors la faute qu'il avait faite et que tout était perdu, il commanda à ce qu'il avait de troupes de serrer leurs rangs, et tenta de passer dans cet ordre au travers des Achéens, qui étaient répandus çà et là en poursuivant. Quelques-uns de ses gens le suivirent d'abord, dans l'espérance que cet expédient les tirerait d'affaire. Mais quand en approchant ils virent les Achéens qui gardaient le pont qui était sur le fossé, alors perdant courage ils se dispersèrent, et chacun chercha à se sauver du mieux qu'il pourrait.

Machanidas lui-même ne voyant pas de ressource par le passage du pont, court le long du fossé pour trouver quelque passage. Philopœmen le reconnaît à son manteau de pourpre et aux harnais de son cheval ; il quitte aussitôt Anaxidame, après lui avoir donné ordre de ne pas bouger de son poste et de ne faire quartier à aucun mercenaire, puisque c'était par leur moyen que Sparte étendait sa tyrannie, et prenant avec lui Polyène et Simias, deux de ses amis, il passe de l'autre côté du fossé pour arrêter au passage le tyran et deux hommes qui le suivaient, un nommé Anaxidame et un des soldats mercenaires. Machanidas ayant enfin rencontré un endroit où le fossé était aisé à franchir, pique son cheval et saute le fossé. Mais dans ce moment-là même Philopœmen lui lance sa javeline, puis l'achève avec la hampe. Anaxidame fut aussi tué par les deux amis de Philopœmen ; le troisième, pendant qu'on tuait les deux autres, désespérant de passer, prit la fuite. Simias dépouilla les deux morts, enleva les armes et la tête du tyran, et courut la montrer à ceux qui poursuivaient, afin qu'en la voyant ils ne pussent plus douter de son sort, et poursuivissent avec plus d'ardeur les fuyards jusqu'à Tégée. Ce spectacle fit tout l'effet que l'on s'était proposé, car ils entrèrent d'emblée dans cette ville, et dès le lendemain, maîtres de la campagne, ils campèrent sur le bord de l'Eurotas. Ainsi ce peuple, qui depuis longtemps n'avait pu chasser les ennemis de son pays, se vit alors en état de ravager sans crainte toute la Laconie. Cette bataille ne coûta pas beaucoup de monde aux Achéens, mais les Lacédémoniens n'y perdirent pas moins de quatre mille hommes, sans compter les prisonniers qui étaient encore en plus grand nombre. Le bagage et les armes tombèrent aussi entre les mains des Achéens.

FRAGMENT XI.

Éloge d'Annibal. [1]

On ne peut considérer le nombre d'années qu'Annibal a commandé, les batailles générales et les petits combats où il s'est trouvé, les siéges qu'il a faits, la révolte des villes qu'il avait conquises, les conjonctures fâcheuses où il s'est rencontré, la grandeur et l'importance de la guerre qu'il a faite aux Romains dans le sein même de l'Italie pendant seize ans, sans jamais donner relâche à ses troupes, que l'on ne soit transporté d'admiration. Quelle habileté dans l'art de conduire les armées! quel courage! quel usage et quelle expérience dans la guerre! Comme un sage gouverneur, il a su tellement soumettre et contenir ses gens dans le devoir, que jamais ils ne se révoltèrent contre lui, et que jamais il ne s'éleva entre eux aucune sédition. Quoique son armée ne fût composée que de soldats de divers pays, Libyens, Ibériens, Péguriens, Gaulois, Carthaginois, Italiens, Grecs, qui n'avaient de commun entre eux ni lois, ni coutumes, ni langage, cependant il vint à bout par son habileté de réunir toutes ces différentes nations, de les soumettre au commandement d'un seul chef, et de les faire entrer dans les mêmes vues que lui. On en serait peut-être moins surpris, si la fortune, toujours constante à son égard, ne lui eût jamais fait éprouver aucun revers; mais non: si souvent il a eu le vent en poupe, quelquefois aussi il a eu des tempêtes à essuyer. Quelle idée tout cela ne doit-il pas donner de l'habileté d'Annibal dans le métier de la guerre! On peut assurer sans rien risquer, que si ce grand homme n'était venu chez les Romains qu'après avoir essayé ses forces dans les autres parties du monde, il n'aurait pas manqué un seul de ses projets; mais parce qu'il commença par où il devait finir, comme les Romains furent le premier objet de ses exploits, ils furent aussi l'écueil où ils échouèrent.

[1] Fragmens anciens.

FRAGMENT XII.

Défaite d'Asdrubal, fils de Giscon, par Pub. Scipion [1].

Asdrubal ayant rassemblé ses troupes de toutes les villes où elles avaient pris leurs quartiers d'hiver, se mit en marche et alla camper assez près d'une ville appelée Ilipe, au pied d'une montagne, où il se fortifia d'un retranchement, et où il avait devant lui une plaine très-propre à livrer bataille. Il avait soixante-dix-mille hommes de pied, quatre mille chevaux et trente-deux éléphans. Aussitôt Scipion envoya Junius Syllanus à Colichas pour en recevoir les troupes qu'il lui avait destinées, et qui consistaient en trois mille hommes d'infanterie et cinq cents chevaux. Il prit le reste des alliés, et commença à marcher contre l'ennemi. Il rencontra auprès de Castulon et de Bœcyle les troupes que Syllanus lui amenait de la part de Colichas. Mais une chose lui donnait beaucoup d'inquiétude. D'un côté les troupes romaines, sans alliés, n'étaient pas assez fortes pour livrer une bataille décisive, et de l'autre il ne lui paraissait pas prudent de hasarder, sur la foi des alliés, une action de cette importance. Après quelque délibération, il prit le parti de faire manœuvrer les Ibériens de telle sorte que l'ennemi crût qu'il s'en servirait, et cependant de n'engager que ses propres légions. Il se met ensuite en marche avec quarante-cinq mille hommes de pied et trois mille chevaux. Quand il fut près des Carthaginois et en présence de leur armée, il campa sur des hauteurs qui étaient vis à vis des ennemis. Magon croyant que c'était justement là le moment favorable de charger les Romains pendant qu'ils dressaient leur camp, prit avec lui la plus grande partie de sa cavalerie; Massinissa se mit à la tête des Numides, et ils fondirent ensemble sur le camp, comme assurés qu'ils prendraient Scipion au dépourvu. Mais il avait prévu de loin cet événement, et avait mis en embuscade derrière une hauteur un nombre de cavalerie égal à celui des Carthaginois. Cette

[1] Fragmens anciens.

cavalerie se montrant tout d'un coup et lorsqu'on ne s'y attendait pas, étonna si fort les ennemis, que plusieurs en fuyant tombèrent de leurs chevaux; les autres à la vérité se battirent avec vigueur, mais l'adresse des Romains à sauter en bas de leurs chevaux leur faisait perdre courage. Ils ne résistèrent que fort peu de temps, et tournèrent le dos, laissant beaucoup de morts sur le champ de bataille. D'abord ils se retiraient en assez bon ordre, mais chargés en queue par les Romains, ils rompirent bientôt leurs rangs et s'enfuirent en déroute jusqu'à leur camp. Ce succès augmenta l'ardeur que les Romains avaient de combattre, et ralentit beaucoup celle des Carthaginois. Cependant les armées restèrent pendant quelques jours en ordre de bataille dans la plaine, sans rien faire autre chose que s'éprouver les uns les autres par des escarmouches et des combats de troupes légères.

Scipion s'avisa alors de deux stratagèmes. Comme il se retirait d'ordinaire et rentrait dans son camp plus tard qu'Asdrubal, il avait observé que ce général mettait ses Africains au centre, et les éléphans sur les ailes. D'après cela, le jour qu'il s'était proposé de combattre étant venu, au lieu de ranger, comme il avait coutume de le faire, les Romains au centre et les Ibériens aux ailes, il fit tout le contraire et donna à ses troupes par ce nouvel ordre un grand avantage sur celles des ennemis.

Dès le grand matin, il envoya ordre aux tribuns et aux soldats de prendre leur repas, de se mettre sous les armes et de sortir du camp. Chacun ayant obéi avec joie, se doutant bien de ce qui allait se passer, il fit marcher en avant la cavalerie et les troupes légères, avec ordre d'approcher du camp des ennemis, et d'escarmoucher hardiment, et marcha ensuite lui-même à la tête de l'infanterie. Il ne fut pas plus tôt au milieu de la plaine, que contre l'ordre où il avait coutume de se ranger, il mit les Ibériens au centre et les Romains sur les ailes. La cavalerie arriva au camp des Carthaginois, et l'armée était déjà en bataille à la vue de leur camp, qu'ils avaient à peine eu le temps de prendre leurs armes; de sorte qu'Asdrubal fut contraint d'envoyer à la hâte et à jeun sa cavalerie et ses troupes légères contre la cavalerie romaine, et de ranger dans l'ordre accoutumé son infanterie dans la plaine assez près du pied de la montagne.

Pendant l'escarmouche, [les Romains demeurèrent quelque temps simples spectateurs; mais comme le jour s'avançait, et que le combat des troupes légères ne décidait rien de part ni d'autre, parce qu'à mesure qu'ils étaient pressés, ils se retiraient vers leurs gens qui en détachaient d'autres pour prendre leur place, enfin Scipion fit passer les siens par les intervalles des cohortes, et les distribua sur chacune des ailes, derrière ceux qui étaient en ordre de bataille, les troupes légères et la cavalerie en avant, puis il marcha de front vers les ennemis. Quand il en fut environ à un stade, il commanda aux Ibériens d'avancer toujours dans le même ordre, à l'infanterie et à la cavalerie de l'aile droite de tourner à droite, et à celle de la gauche de tourner à gauche. Il prit ensuite lui-même à l'aile droite les trois premières compagnies de cavalerie et les trois premiers pelotons d'infanterie, c'est-à-dire une cohorte. Lucius Marcius et M. Junius en prirent autant à l'aile gauche, et, les vélites marchant à la tête selon la coutume, ils opérèrent un mouvement de conversion, Scipion à gauche et les autres à droite, et tombèrent en colonne sur les ennemis, le reste des autres ailes suivant de près et toujours selon le même mouvement. Pendant que les ailes approchaient ainsi, les Ibériens au front marchaient lentement et restaient derrière à une certaine distance. De cette manière, Scipion exécuta son projet, qui était de combattre par ses deux ailes avec les troupes romaines contre les colonnes qui étaient aux ailes des ennemis. Les mouvemens qui se firent ensuite, et par le moyen desquels ceux qui suivaient se joignaient sur une ligne droite à ceux qui étaient devant], semblaient opposés les uns aux autres, soit qu'on en jugeât en général d'aile à aile, soit quel'on considérât en particulier l'infanterie par rapport à la cavalerie ; car à l'aile droite la cavalerie se joignant par la droite aux troupes légères, s'efforçait de déborder les ennemis ; et, l'infanterie au contraire se joignait par la gauche ; au lieu qu'à l'aile gauche l'infanterie se joignait par la droite, et la cavalerie avec les troupes légères par la gauche. De sorte que par cette évolution la cavalerie et les troupes légères changèrent d'aile, et que la droite devint la gauche.

Ce mouvement n'était pourtant pas ce qui occupait le plus Scipion ; il se mettait bien plus en peine de déborder l'ennemi ; et c'était avec raison, car ce n'est point assez de savoir les mouvemens qui doivent se faire, il en faut faire usage lorsque l'occasion s'en présente. Dans cette mêlée, les éléphans, percés de dards par la cavalerie et par les vélites, et inquiétés de tous côtés, souffrirent beaucoup et ne firent pas moins de mal aux Carthaginois qu'aux Romains ; car, courant çà et là sans ordre, ils écrasaient tous ceux qui venaient à leur rencontre. Pour les ailes des Carthaginois, elles furent enfoncées sans pouvoir tirer aucun secours du centre où étaient les Africains, l'élite de leur armée; car la crainte que les Ibériens ne vinssent les attaquer les empêchait de quitter leur poste pour secourir les ailes, et ils ne pouvaient non plus rien faire dans leur poste, parce que les Ibériens n'étaient pas assez près pour engager l'action avec eux.

Les ailes, sur lesquelles roulait toute la bataille, se battirent pendant quelque temps avec courage ; mais la chaleur étant devenue fort grande, les Ibériens, qui avaient été obligés de sortir du camp sans avoir pris de nourriture, étaient d'une faiblesse à ne pouvoir soutenir leurs armes, tandis que les Romains, pleins de force et de vigueur, avaient encore cet avantage sur eux, que par la prudence de leur général, ce qu'il y avait de plus fort dans leur armée n'avait eu affaire qu'à ce qu'il y avait de plus faible dans celle des ennemis. Asdrubal se voyant pressé battit d'abord en retraite, mais peu après toute son armée s'enfuit et courut au pied de la montagne. De là, comme les Romains la poursuivaient à ou-

trance, elle s'enfuit en désordre jusque dans ses retranchemens, d'où même elle aurait été bientôt chassée, si quelque dieu ne fût venu à son secours. Mais un orage s'étant élevé, il tomba une pluie si abondante et si continuelle, que les Romains regagnèrent leur camp avec peine.

FRAGMENT XIII.

Ilurgia, ville d'Espagne. Polybe, livre XI [1].

FRAGMENT XIV.

Un grand nombre de Romains, pendant qu'ils étaient occupés à chercher l'argent et l'or fondus, qui avaient coulé, furent consumés par les flammes [2].

FRAGMENT XV.

Scipion réprime une sédition qui s'était élevée parmi ses soldats [3].

Quoique Scipion se fût acquis une grande expérience des affaires, cependant il se trouva dans un très-grand embarras, quand il se vit abandonné, par une désertion, d'une partie de son armée. Et l'on ne doit point en être surpris ; car de même que parmi les souffrances du corps, il est aisé de se précautionner contre celles qui lui viennent du dehors, comme le chaud, le froid, la lassitude ou les blessures, et d'y remédier quand elles sont arrivées ; tandis qu'au contraire celles qui s'engendrent dans le corps même, telles que sont les ulcères et les maladies, ne peuvent aisément ni se prévoir ni se guérir lorsqu'on en est une fois attaqué ; il en est de même d'une république et d'une armée. Pour peu que l'on veille à leur conservation, il est facile de se mettre en garde contre les mauvais desseins de dehors, ou de les secourir quand on les attaque. Mais il est difficile d'apporter remède aux maux qui se produisent dans leur propre sein, comme aux factions, aux séditions, aux émeutes populaires. Il faut pour cela une habileté, une adresse extraordinaires.

---

1 Étienne de Bysance.
2 Suidas in Τέτηκα.
3 Fragmens anciens.

Il est néanmoins une règle qui me paraît très-propre à maintenir les armées, les républiques et les sociétés dans l'ordre, c'est de ne pas laisser les hommes dans un repos et une oisiveté trop longs, surtout lorsqu'ils sont dans la prospérité et qu'ils jouissent avec abondance de toutes les commodités de la vie.

Pour arrêter les suites que cette sédition pouvait avoir, Scipion, qui à une extrême vigilance joignait beaucoup d'adresse et d'activité, s'avisa de cet expédient. Il fut d'avis que l'on promît aux soldats qu'on leur paierait leur solde, et afin qu'ils ne doutassent point de la sincérité de cette promesse, qu'on levât avec éclat et en diligence les taxes qui avaient été pour cet effet imposées aux villes, voulant par là leur faire croire que ces levées ne se faisaient que pour les payer. Il voulut encore que les sept tribuns qu'il avait déjà envoyés aux soldats révoltés y retournassent pour les exhorter à rentrer dans leur devoir et à venir à lui pour recevoir leur solde en corps, s'ils le jugeaient à propos, ou chacun en particulier. Cet avis ayant été adopté, il ajouta que le temps et les conjonctures apprendraient ce qui restait à faire. Toutes les mesures ainsi prises, on donna tous les soins possibles à amasser de l'argent. Dès que les tribuns eurent exécuté l'ordre qu'ils avaient reçu et que Scipion en eut été averti, il assembla son conseil pour délibérer sur le parti qu'il y avait à prendre. Tous convinrent qu'il fallait fixer le jour où chacun devait se trouver auprès du général, et quand tout le monde serait arrivé, qu'on accorderait une amnistie à la multitude, mais que les mutins seraient punis avec sévérité. Ces mutins étaient au nombre de trente-cinq.

Le jour venu et les séditieux approchant de la ville, tant pour obtenir le pardon de leur faute, que pour recevoir leur solde, Scipion donna secrètement l'ordre aux sept tribuns d'aller au devant d'eux, de prendre chacun cinq des auteurs de la sédition, de leur faire beaucoup d'amitiés, de les inviter à loger avec eux, ou si cela ne se pouvait pas, du moins à prendre avec eux leurs repas. Trois jours auparavant, il avait ordonné aux troupes qu'il avait avec lui, de faire provision de vivres pour plusieurs jours, parce qu'il devait marcher avec Syllanus contre Indibilis, qui avait quitté le parti des Romains. Cette nouvelle rendit encore les séditieux plus fiers et plus hardis; ils se flattèrent qu'ils disposeraient presque de tout à leur gré avec un général qui n'aurait pas d'autres soldats qu'eux.

Quand ils furent assez près de la ville, Scipion fit dire aux troupes qui y étaient renfermées de partir avec leurs bagages le lendemain dès qu'il serait jour; et aux tribuns et aux préfets, quand ils seraient sortis de la ville, d'envoyer en avant les bagages, mais de faire faire halte aux soldats à la porte, de se partager ensuite à chaque porte, et de veiller à ce qu'aucun des séditieux ne sortît de la ville. Les tribuns qui avaient ordre d'aller au devant d'eux ne manquèrent pas d'obéir. Ils allèrent les joindre dès qu'ils arrivèrent, et leur firent beaucoup de caresses. Il leur avait été ordonné de s'en saisir d'abord, et après le repas de les lier et garder, sans permettre à personne de sortir de l'endroit où ils auraient mangé, excepté à celui qui devait porter au général la nouvelle de ce qui se serait passé. Tout cela ayant été exécuté, le lendemain au point du jour, Scipion voyant ces séditieux rassemblés dans la place publique, convoqua l'assemblée. Sur le champ tous accoururent selon la coutume, dans l'attente de voir leur général et d'entendre ce qu'il avait à leur dire sur les affaires présentes. Alors Scipion envoya ordre aux tribuns qui étaient aux portes d'amener les soldats en armes et d'envelopper l'assemblée. Il s'avança ensuite, et au premier coup-d'œil que tous jetèrent sur lui, ils furent extrêmement surpris de le voir dans une parfaite santé, lui qu'ils croyaient encore pouvoir à peine se soutenir.

Il commença par leur dire qu'il ne pouvait comprendre quels mécontentemens ou quelles espérances les avaient portés à se révolter: que les révoltes contre la patrie et contre les chefs ne venaient ordinairement que de trois causes: ou de ce que l'on avait lieu de se plaindre des officiers, ou de ce que l'on n'était pas content de la situation présente des affaires, ou de ce que l'on aspirait à quelque chose de plus grand et de plus illustre que ce que l'on avait.

« Or dites-moi donc laquelle de ces trois » causes vous a poussés à la révolte? M'auriez-» vous su mauvais gré de ce que votre solde » ne vous a pas été payée? Mais la faute ne » doit pas m'en être imputée, car tant que la » chose a été en mon pouvoir, l'argent qui » vous était dû ne vous a jamais manqué. » Si c'est Rome qui est cause de ce que vous » n'avez pas reçu ce que l'on vous doit depuis » long-temps, fallait-il pour cela vous décla-» rer contre votre patrie, qui jusqu'à présent » a fourni à tous vos besoins et dans laquelle » vous avez été élevés? Ne valait-il pas mieux » me faire vos plaintes et prier vos amis de » vous secourir et de vous soulager dans vos » peines? Quand, pour pareil sujet, des soldats, » qui font du service un métier mercenaire, » quittent ceux à la solde desquels ils servent, » ils ne sont pas si criminels; mais que des » gens qui ne font la guerre que pour eux-» mêmes, pour leurs femmes et pour leurs » enfans, tombent dans cette infidélité, c'est » un crime impardonnable. C'est comme si » un fils se plaignant que son père l'a trompé » dans un compte qu'ils avaient à régler en-» semble, s'en allait en armes arracher la vie » à celui dont il a reçu la sienne. Direz-vous » que je vous ai commandé des travaux plus » pénibles qu'aux autres, que je vous ai ex-» posés à plus de dangers et que je leur ai fait » plus de part qu'à vous du butin et des autres » profits de la guerre? Mais vous n'oseriez » m'accuser d'avoir fait cette distinction et » cette différence, ou quand vous seriez assez » hardis pour cela, vous ne pourriez le per-» suader à personne. Quel sujet vous ai-je » donc donné de vous éloigner de moi? je » voudrais le savoir, car il me semble que » vous n'avez rien à dire, rien même à pen-» ser contre la conduite que j'ai tenue à votre » égard.

» Vous ne pouvez pas non plus vous rejeter » sur la situation des affaires présentes. Ont-» elles jamais été en meilleur état? Jamais » Rome a-t-elle remporté de plus grands avan-» tages sur ses ennemis? Jamais le soldat a-t-il » eu de plus grandes espérances? Quelque es-» prit défiant dira peut-être qu'il y a pour vous » plus à gagner et plus à espérer chez les en-» nemis. Et quels sont ces ennemis? Indibilis » et Mandonius? Quoi, ne savez-vous pas » qu'ils ne sont venus de notre côté qu'après » avoir violé la foi qu'ils devaient aux Cartha-» ginois, et qu'ils ne sont retournés chez les » Carthaginois qu'après avoir foulé aux pieds » la fidélité qu'ils nous avaient jurée? Après » cela des hommes recommandables par de si » belles actions ne méritent-ils pas bien qu'on » ajoute foi à leurs promesses, et qu'on prenne » les armes en leur faveur contre sa propre » patrie? Vous n'espériez pas non plus appa-» remment que combattant sous leurs ensei-» gnes vous vous rendriez maîtres de l'Espa-» gne. Ni en joignant vos forces avec celles » d'Indibilis, ni par vous-mêmes, vous n'étiez » assez forts pour vous opposer à nos conquê-» tes. Quelles ont donc été vos vues? Ne pour-» rais-je pas les savoir de vous-mêmes? Est-ce » l'expérience, la valeur, l'habileté de ces » grands capitaines, que vous vous êtes choi-» sis, qui ont gagné votre confiance? Sont-ce » les faisceaux et les haches qu'ils font mar-» cher devant eux qui vous ont imposé? » Mais j'aurais honte de m'arrêter là-dessus » davantage. Ce n'est rien de tout cela, Ro-» mains, vous n'avez rien de juste à reprocher, » ni à votre patrie ni à votre général. Je n'ai, » pour justifier votre faute et auprès de Rome » et auprès de moi, aucune autre raison à allé-» guer, sinon que la multitude est aisée à trom-» per, et qu'il est facile de la pousser où l'on » veut. Elle est susceptible des mêmes agita-» tions que la mer. Et de même que celle-ci, » quoique calme, tranquille et stable par elle-» même, se conforme et ressemble en quelque » sorte aux vents qui la bouleversent et la » tourmentent, quand elle est agitée par quel-» que tempête; de même la multitude est telle » qu'il plaît de la rendre à ceux qui la condui-» sent et aux conseils desquels elle se livre et » s'abandonne. C'est pour cela que tous les

» officiers de l'armée et moi nous voulons bien
» vous pardonner votre révolte, et que nous
» vous promettons solennellement d'en bannir
» à jamais le souvenir. Mais il n'y a pas de par-
» don à espérer pour ceux qui vous l'ont inspi-
» rée; nous serons inexorables, et l'attentat
» qu'ils ont commis contre leur patrie et contre
» nous sera puni selon sa gravité. »

A peine Scipion eut-il fini de parler, que les troupes qui environnaient l'assemblée frappèrent de leurs épées contre leurs boucliers, selon l'ordre qui leur en avait été donné. Aussitôt on amena liés et dépouillés les auteurs de la sédition. La multitude fut si effrayée et des soldats qui l'enveloppaient, et du triste spectacle qu'elle avait devant les yeux, que pendant qu'on déchirait de verges les uns, et que l'on massacrait les autres à coups de haches, personne ne changea de visage et n'osa proférer la moindre parole, et que tous demeurèrent comme immobiles d'étonnement et de crainte. On traîna ces criminels à travers l'assemblée, et ensuite le général et les autres officiers engagèrent leur parole aux autres que jamais on ne leur rappellerait leur faute. Ceux-ci jurèrent aussi l'un après l'autre aux tribuns qu'ils seraient soumis aux ordres de leurs chefs, et que jamais ils ne trameraient aucun complot contre Rome. C'est ainsi que Scipion réprima par sa prudence une sédition qui aurait pu causer de grands maux, et qu'il rétablit son armée dans les dispositions où elle était avant que ce soulèvement arrivât.

FRAGMENT XVI.

Indibilis est défait en bataille rangée [1].

Scipion ayant rassemblé son armée dans la ville même de Carthage-la-Neuve, convoqua une assemblée de ses soldats et leur tint un discours sur la hardiesse et la perfidie d'Indibilis. Il s'étendit fort sur ce sujet, et les raisons dont il se servit animèrent puissamment la multitude à tirer vengeance de l'infidélité de ce prince. Il rappela ensuite les combats que les Romains avaient livrés aux Ibériens et aux Carthaginois réunis, tandis que c'étaient les Carthaginois qui commandaient; qu'après avoir toujours été vainqueurs dans ces combats, il serait honteux de douter que, combattant contre les Ibériens commandés par Indibilis, ils ne remportassent la victoire; que par cette raison il ne voulait se servir du secours d'aucun Ibérien, et que les Romains feraient seuls cette expédition, afin que toute la terre connût que ce n'était point par le secours des Ibériens qu'ils avaient chassé d'Ibérie les Carthaginois, mais que leur valeur seule et leur courage avaient défait leurs troupes et celles des Celtibériens. « Soyons seulement
» d'accord entre nous, ajouta-t-il, et si jamais
» nous avons entrepris quelque guerre avec
» confiance, marchons de même à celle-ci. Ne
» vous inquiétez pas du succès, je m'en charge
» avec l'aide des dieux immortels. » A ces mots les troupes conçurent tant d'ardeur et d'assurance qu'à les voir on eût cru qu'elles étaient en présence des ennemis, et qu'elles étaient près d'en venir aux mains.

Le lendemain de cette assemblée, Scipion se mit en marche. Au bout de dix jours il arriva à l'Èbre, et quatre jours après il l'avait passé. Il campa d'abord à la vue des ennemis, dans une vallée qui était entre eux et lui. Le jour d'après ayant donné ordre à C. Lœlius de tenir sa cavalerie toute prête, et à quelques tribuns de disposer au combat les vélites, il fit jeter dans cette vallée quelques bestiaux qui étaient à la suite de son armée. Les Ibériens ne furent pas plus tôt tombés sur cette proie, que l'on détacha quelques vélites contre eux. L'action s'engage; on envoie de part et d'autre du monde pour soutenir le combat; il se livre dans la vallée une vive escarmouche d'infanterie. Lœlius avec sa cavalerie saisit cette occasion de fondre sur ceux qui escarmouchaient, leur coupe le chemin du pied de la montagne, et renverse la plupart de ceux qui étaient répandus dans le vallon. Cet avantage irrite les barbares, qui pour ne point paraître effrayés et entièrement vaincus, font marcher toute leur armée dès le point du jour et la mettent en bataille. Scipion aspirait après ce moment; mais voyant les Ibériens descendre imprudemment dans la vallée, et ranger

[1] Fragmens anciens.

dans la plaine et cavalerie et infanterie, il différa quelque temps d'aller à eux, pour leur donner le temps de ranger en bataille le plus d'infanterie qu'ils pourraient. Ce n'est pas qu'il ne se fiât pas à sa cavalerie, mais il comptait beaucoup plus sur son infanterie, qui dans les batailles rangées et de pied ferme était fort supérieure à celle des Ibériens, sans parler des armes et du courage qui la mettaient encore fort au dessus de l'ennemi. Quand il y eut autant de gens de pied qu'il le souhaitait, il se mit lui-même en bataille contre ceux qui étaient postés au pied de la montagne, et fit marcher quatre cohortes serrées contre ceux qui étaient descendus dans la vallée. En même temps Lœlius avança avec sa cavalerie par les collines, qui du camp s'étendaient jusque dans le vallon, tomba sur la cavalerie ennemie par ses derrières, et l'arrêta à combattre avec lui. Par-là l'infanterie, qui n'était descendue dans la vallée que sur l'espérance qu'elle avait d'être soutenue par la cavalerie, étant privée de son secours, est pressée et réduite aux extrémités. La cavalerie n'était pas dans une position plus prospère. Prise dans un défilé et ne sachant comment se retourner elle tue plus de ses gens que les Romains n'en tuent; elle était d'autant plus à l'étroit, que son infanterie l'incommodait en flanc, l'infanterie romaine en tête et la cavalerie par derrière. Dans ce combat presque tout ce qui était descendu dans la vallée fut passé au fil de l'épée, et ceux qui étaient au pied de la montagne furent mis en déroute; c'étaient les troupes légères qui formaient un tiers de toute l'armée. Indibilis se sauva avec eux, et se mit à couvert dans un lieu fortifié. Les affaires d'Ibérie terminées, Scipion revint à Tarragone, pour aller de là dans sa patrie recevoir l'honneur du triomphe qu'il avait mérité, pour y arriver au temps de l'élection des consuls. Après avoir donné ordre à tout ce qu'il y avait à faire en Ibérie, il s'embarqua pour Rome avec Caius et d'autres amis, laissant le commandement de l'armée à Marcus Junius.

FRAGMENT XVII.

Antiochus rétablit Euthydème dans sa première dignité. — Expéditions d'Antiochus dans les hautes provinces de l'Asie.

Euthydème, né à Magnésie, tâchait de se justifier auprès de l'ambassadeur d'Antiochus, en lui remontrant que ce prince avait tort de vouloir le chasser de son royaume; que loin d'avoir quitté son parti, il ne s'était rendu maître de la Bactriane qu'en faisant mourir les descendans de ceux qui lui avaient manqué de fidélité. Après avoir parlé long-temps sur ce sujet, il pria Téléas de se rendre médiateur entre Antiochus et lui, et de faire en sorte, par ses remontrances et ses prières, que ce prince ne lui vît pas avec peine le nom et la dignité de roi. Il ajoutait que, s'il ne se rendait pas, il n'y aurait de sûreté ni pour l'un ni pour l'autre; qu'un grand nombre de Numides étaient prêts à fondre sur le pays, ce qui les menaçait l'un et l'autre d'un péril égal, car ces sauvages une fois entrés infecteraient tous les habitans de leur barbarie.

Téléas alla ensuite porter ces paroles à Antiochus, qui cherchant depuis long-temps à terminer la guerre, accepta volontiers les propositions de paix que Téléas apportait de la part d'Euthydème. Après plusieurs autres voyages de cet ambassadeur, Euthydème envoya Démétrius son fils pour ratifier le traité. Antiochus le reçut bien, et jugeant sur sa beauté, sur ses discours et sur l'air de majesté qui régnait dans toute sa personne qu'il était digne d'être roi, il lui promit une de ses filles en mariage, et accorda à son père le nom de roi. Les autres articles du traité furent mis par écrit, et on confirma l'alliance par sermens.

Cette affaire conclue, Antiochus ayant fait distribuer des vivres à son armée et pris les éléphans d'Euthydème, se mit en marche. Après avoir traversé le Caucase, il entra chez les Indiens, et lia de nouveau amitié avec le roi Sophagasène. Il y reçut encore des éléphans, de sorte qu'il en eut en tout cent cinquante. Il partit de là, après avoir fait une nouvelle provision de vivres, et y laissa Androstène de Cyzique pour avoir soin d'emporter l'argent que ce roi était convenu de lui donner. Quand il eut traversé l'Arachosie, il passa la rivière d'Érymanthe, et entra par la Drangiane dans la Carmanie, où comme l'hiver approchait il mit ses troupes en quartiers. Telle fut l'expédition d'Antiochus dans les hautes provinces, expédition par laquelle il soumit à son pouvoir non seulement les satrapes de ces contrées, mais encore les villes maritimes et les puissances qui étaient en deçà du mont Taurus, mit son royaume à couvert de toute incursion, et tint en respect par son courage tous les peuples qu'il s'était soumis. Enfin il fit voir par-là et aux peuples de l'Asie et à ceux de l'Europe qu'il était véritablement digne de régner.

FRAGMENT XVIII.

[I] On cherchera peut-être pourquoi je n'ai pas, comme mes devanciers, mis des sommaires à ce livre, mais j'ai employé des expositions qui présentent les faits par olympiades. Ce n'est pas cependant que je juge inutile la méthode des sommaires ; ils attirent l'attention des lecteurs; ils le provoquent et l'excitent à prendre connaissance du livre, de plus ils facilitent les recherches. Mais ayant remarqué que le genre des sommaires est négligé et se perd de jour en jour, j'ai eu recours au procédé dont j'use aujourd'hui. L'exposition, en effet, non seulement atteint le même but que le sommaire, mais encore elle vaut mieux à certains égards; et, de plus, liée étroitement au corps de l'histoire, elle occupe une place qui l'expose à moins de dangers. Telle est la raison pour laquelle j'ai jugé plus convenable d'adapter cette partie à l'ensemble de ma composition, à l'exception des cinq premiers livres, où j'ai mis des sommaires, parce que le genre des expositions n'y convenait pas trop [2].

FRAGMENT XIX.

[II] Il dit que les discours qui venaient d'être prononcés étaient spécieux, mais que la vérité n'a pas ce caractère, bien au contraire [1].

FRAGMENT XX.

[III] Quelle utilité le lecteur peut-il retirer des récits qu'on lui fait de guerres, de combats, de villes assiégées et prises avec leurs habitans réduits en servitude, si on ne lui révèle pas en même temps les causes qui, dans chaque circonstance, ont déterminé les succès des uns et les revers des autres? L'issue des faits et des actions n'inspire à l'auditeur qu'un intérêt frivole ; tandis que l'examen judicieux des pensées qui ont présidé aux entreprises est fructueux pour l'homme désireux de s'instruire ; mais surtout l'exposé détaillé de la manière dont chaque affaire a été conduite peut servir de direction au lecteur attentif [2].

FRAGMENT XXI.

[IV] Tout le monde célébrant le bonheur de Publius Scipion après l'expulsion des Carthaginois de l'Espagne, et l'engageant à prendre du repos et du bon temps, puisqu'il avait terminé la guerre. « Je félicite, dit-il, ceux qui
» conçoivent de pareilles espérances : pour
» moi, c'est à présent surtout que je m'occupe
» de la tournure que va prendre la guerre
» contre Carthage. Jusqu'ici, en effet, ce sont
» les Carthaginois qui ont fait la guerre aux
» Romains, mais aujourd'hui la fortune donne
» aux Romains l'occasion favorable de la
» déclarer à Carthage [3].

FRAGMENT XXII.

[V] Dans un entretien qu'il eut avec Syphax, Publius Scipion, qui, sous ce rapport, était si heureusement doué, déploya tant d'aménité et d'adresse, qu'Asdrubal dit quelques jours après à Syphax : « Publius me paraît plus redoutable encore dans la conversation que sous les armes [4]. »

[1] Angelo Mai, fragmens palimpsestes.
[2] — [3] — [4] Idem.

LIVRE DOUZIÈME.

FRAGMENT I.

Hippou, ville de Lybie. Polybe, livre XII.

FRAGMENT II.

Tabraca, ville de Lybie. Polybe, livre XII. Ses habitans s'appellent Tabraciens.

FRAGMENT III.

Singa, comme le dit Polybe dans son livre XII. Ses habitans s'appellent Singéens.

FRAGMENT IV.

Polyhistor dans le livre III de son traité sur l'Afrique cite comme Démosthènes une ville d'Afrique appelée Chalcée, mais Polybe le réfute en disant dans son douzième livre : Il commet une erreur au sujet de Chalcée ; en effet ce n'est pas une ville, mais un établissement où l'on travaille l'airain.

FRAGMENT V.

Polybe dans son douzième livre dit qu'il existe dans les environs de Syrtes une contrée nommée Byssatide, qui a deux mille stades de circonférence et une figure circulaire [1].

FRAGMENT VI.

Polybe de Mégalopolis, témoin oculaire, rapporte dans son douzième livre les mêmes particularités que Nérodate sur la plante d'Afrique appelée lotus ; voici ce qu'il en dit : Le lotus est un arbre peu élevé, mais tortueux et épineux. Ses feuilles sont vertes, semblables à celles de la ronce, mais un peu plus larges, d'une teinte un peu plus foncée. Son fruit, lorsqu'il commence à se former, est semblable pour la couleur et la grosseur aux baies blanches du myrthe lorsqu'elles sont mûres. En mûrissant il prend une couleur écarlate et devient pour la grosseur presque semblable aux olives rondes ; il a un noyau extrêmement petit. On cueille ce fruit lorsqu'il est parvenu à sa maturité, et après l'avoir broyé dans une espèce de bierre de froment, on le fait coaguler dans des vases pour servir à la nourriture des esclaves, ou bien, après en avoir ôté le noyau, on le garde pour servir aussi de nourriture aux hommes libres. C'est un mets à peu près semblable pour le goût aux figues sauvages et aux dattes, mais d'une odeur plus désagréable. En le broyant et le faisant infuser dans de l'eau, on en fait aussi un vin d'un goût agréable et suave, semblable à celui du bon hydromel. On le boit aussi pur et sans eau. Mais cette sorte de boisson ne peut pas se conserver au delà de dix jours ; aussi les habitans du pays la préparent à mesure qu'ils la consomment. Ils font encore avec ce fruit du vinaigre [1].

FRAGMENT VII.

Réfutation de ce que dit Timée sur l'Afrique et sur l'île de Corse [2].

L'Afrique est un pays dont on ne peut trop admirer la fertilité. Mais Timée a parlé de cette belle partie du monde en homme qui n'en avait aucune connaissance, sans lumières, sans jugement, et uniquement sur la foi d'anciennes traditions qui ne méritent aucune

---

[1] Ces cinq fragmens sont des citations d'Athénée et d'Étienne le Bysance.

[1] Athénée. Deipnos. liv. XIV, chap. 18.
[2] Fragmens anciens.

croyance : comme par exemple que ce pays est composé entièrement de terres sablonneuses et sèches, qui ne produisent aucun fruit. Ce que l'on en dit par rapport aux animaux, est tout aussi mal fondé. Il y a dans l'Afrique des chevaux, des bœufs, des moutons, des chèvres en si grande quantité, que je ne sais si l'on en pourrait trouver autant dans tout le reste de l'univers. Et c'est pour cela que, comme la plupart des peuples de ce grand pays ignorent complétement la culture de la terre, ils ne vivent que de la chair des animaux et qu'avec les animaux. Qui ne sait qu'on y voit des éléphans, des lions, des léopards en grand nombre et d'une force prodigieuse, des bufles très-beaux, et des autruches d'une grandeur prodigieuse ; tous animaux dont on ne trouve aucun dans l'Europe? Timée cependant garde sur tout cela un profond silence, et semble n'avoir pris à tâche que de nous débiter des fables.

Il n'est pas plus fidèle sur l'île de Corse. D'après ce qu'il en dit dans son second livre, on dirait que tout est sauvage dans cette île, chèvres, moutons, bœufs, cerfs, lièvres, loups et encore d'autres animaux. Les habitans, selon lui, n'ont aucune autre industrie que d'aller à la chasse de ces animaux. Il est cependant certain qu'il n'y a dans l'île de Corse aucun de ces animaux qui soit sauvage, mais que cette île contient seulement des renards, des lapins et des moutons. Le lapin vu de loin ressemble à un lièvre ; mais quand on le prend, on s'aperçoit qu'il n'a du lièvre ni la figure ni le goût. Il naît pour l'ordinaire sous terre. La raison pour laquelle tous les animaux paraissent là être sauvages, c'est que comme l'île est couverte d'arbres, et qu'elle est pleine de rochers et de précipices, les pâtres ne peuvent pas suivre leurs bestiaux dans les pâturages. Quand ils trouvent quelque lieu propre à les faire paître, ils sonnent d'une trompe, et chaque troupeau accourt au son de celle de son pâtre, sans jamais prendre l'une pour l'autre. Quand on descend dans l'île, et que voyant des chèvres ou des bœufs paître seuls, on veut les prendre, ces animaux qui ne sont pas accoutumés à se laisser approcher, prennent d'abord la fuite. Si le pâtre sonne alors de sa trompe, ils accourent à toutes jambes à lui. Là-dessus les étrangers les croient sauvages, et Timée, faute d'examen, s'y est trompé comme les autres.

Au reste ce n'est pas une chose fort surprenante que de voir ces animaux dociles au son d'une trompe. En Italie ceux qui nourrissent des porcs ne le font pas dans des pâturages séparés. Ils ne suivent pas leurs troupeaux comme on fait dans la Grèce. Ils marchent devant, et de temps en temps sonnent d'un cornet. Les porcs suivent et courent au son de cet instrument, et chaque troupeau a tellement l'habitude de distinguer le son du cornet de celui à qui il appartient, que cela paraît incroyable à ceux à qui on en parle pour la première fois. Comme on fait en Italie un grand usage des porcs, on en élève une grande quantité, (moindre cependant que dans l'ancienne Italie, chez les Étrusques et les Gaulois;) de sorte qu'il n'est pas rare de voir une truie à elle seule nourrir un troupeau de mille porcs et même davantage. On les conduit hors des étables, les mâles séparés des femelles ou distingués selon leur âge. Mais plusieurs troupeaux se trouvant assemblés dans le même lieu, comme il n'est pas possible de les garder en particulier, et qu'ils se confondent ensemble ou dès leur sortie des étables, ou dans les pâturages, ou en revenant d'où ils sont partis, pour les distinguer sans peine, les porchers ont inventé le cornet, au son duquel ils se séparent d'eux-mêmes de quelque côté que se tournent ceux qui les conduisent, et les suivent avec tant de vitesse qu'il n'y a point de force ni de violence qui puisse les arrêter. En Grèce, lorsque les troupeaux cherchant leur pâture se sont mêlés les uns avec les autres, celui qui en a un plus nombreux, au premier moment favorable, en enveloppe celui de son voisin et l'emmène avec le sien, ou quelque voleur en embuscade le détourne, et s'en saisit sans que le porcher s'en aperçoive, parce qu'il en est fort éloigné, et que son bétail s'écarte trop par l'ardeur de manger le gland quand il commence à tomber des chênes. Mais c'en est assez sur ce sujet.

FRAGMENT VIII.

Particularités sur les Locriens.

J'ai fait plusieurs voyages chez les Locriens, et je leur ai même rendu des services considérables. C'est par mon aide qu'ils obtinrent d'être exemptés de marcher en Espagne avec les Romains. Pendant la guerre de Dalmatie, par un traité fait avec les Romains, ils devaient leur envoyer des secours par mer, j'obtins encore qu'ils fussent dispensés d'en envoyer. Aussi m'ont-ils su beaucoup de gré de leur avoir épargné les peines, les dangers et les dépenses que ces deux expéditions leur auraient coûté, et il n'y a point d'honneurs et d'amitiés qu'ils ne m'aient faits pour m'en témoigner leur reconnaissance. Je devrais donc être beaucoup plus porté à parler honorablement de ce peuple qu'à en dire des choses désavantageuses. Mais malgré tout cela je ne puis dissimuler que ce que dit Aristote de cette colonie me paraît plus véritable que ce que Timée en raconte. Les Locriens eux-mêmes reconnaissent que ce qu'ils en ont appris de leurs ancêtres est conforme à ce qu'Aristote, et non pas à ce que Timée en rapporte.

Ils le prouvent premièrement parce que tout ce qu'il y a chez eux de noble et d'illustre par la naissance, vient des femmes et non pas des hommes. Par exemple, on passe chez eux pour noble, lorsqu'on tire son origine des cent familles. Or le titre de noblesse avait été accordé à ces cent familles par les Locriens avant qu'ils vinssent s'établir en Italie, et ce sont celles dont un oracle avait ordonné de tirer au sort les cent filles que l'on devait envoyer tous les ans à Troie. Quelques-unes de ces filles se trouvèrent dans la colonie, et ceux qui en descendent sont encore regardés comme nobles, et on les appelle les enfans des cent familles.

Autre preuve : il y a chez eux une fille à qui le ministère auquel elle est employée fait donner le nom de Phialéphore. La raison qu'ils donnent de cette coutume, la voici. Dans le temps qu'ils chassèrent les Siciliens de l'endroit d'Italie qu'ils occupent aujourd'hui, ces peuples avaient à la tête de leurs sacrifices un de leurs plus nobles et de leurs plus illustres citoyens. Les Locriens qui n'avaient reçu de leurs pères aucune loi sur les sacrifices, prirent des Siciliens cette coutume, comme la plupart des autres de la même nation, et l'ont depuis toujours gardée, avec ce changement néanmoins, qu'au lieu d'un jeune homme, c'est une jeune fille qui est Phialéphore, parce que chez eux la noblesse vient des femmes.

Ils ajoutent qu'ils n'ont aucune alliance avec les Locriens de Grèce, et qu'ils n'ont pas ouï dire qu'ils en aient jamais eu ; au lieu qu'ils savent par tradition qu'ils en avaient avec les Siciliens. Ils disent même la manière dont on s'y prit pour traiter avec ce peuple, qui est : qu'en arrivant dans le pays, les Siciliens épouvantés n'ayant pu se défendre de les recevoir, les Locriens leur jurèrent qu'ils vivraient de bonne amitié avec eux, et que le pays serait commun aux deux nations « tant » qu'ils marcheraient sur cette terre et qu'ils » porteraient des têtes sur les épaules : » mais qu'avant de faire ce serment ils avaient mis de la terre sous la semelle de leurs souliers et sur leurs épaules des têtes d'ail qui ne paraissaient point et qu'ayant ensuite secoué la terre de leurs souliers et les têtes d'ail de dessus leurs épaules, ils avaient à la première occasion qu'ils avaient cru favorable, chassé les Siciliens de cette contrée.

FRAGMENT IX.

Timée le Tauroménitain dit dans le neuvième livre de son *histoire* (nom que Polybe donne ironiquement dans son douzième livre à l'ouvrage de cet écrivain). »Ce n'était pas au» trefois chez les Grecs un usage héréditaire que » de se faire servir par des esclaves achetés;» et il écrit aussi« On blâmait hautement Aristote, » et l'on disait qu'il avait été entièrement in» duit en erreur dans son traité sur les coutu» mes des Locriens. En effet, par les lois de » ce peuple, il n'est pas même permis d'avoir » des esclaves [1]. »

[1] Athénée Deipnos, liv. VI, chap. 18 et 20.

FRAGMENT X.

Deux sortes de faussetés à distinguer dans une histoire.

Timée dit que comme une règle ne laisse pas d'être règle et de mériter ce nom, quoiqu'elle soit ou trop courte ou trop étroite, pourvu qu'elle soit droite ; et qu'au contraire on doit l'appeler de tout autre nom lorsqu'elle manque de cette propriété qui lui est essentielle; il en est de même de l'histoire. Que le style n'en soit pas tel qu'il devrait être : que la disposition en soit défectueuse: qu'elle pèche en quelque autre des parties qui lui sont propres: si l'on s'y est appliqu, à rapporter la vérité, tous ces défauts n'empêchent pas que le nom d'histoire ne lui soit donné à juste titre; mais elle est indigne de ce nom lorsque la vérité ne s'y trouve pas. Pour moi, je suis persuadé que la vérité est ce qu'un historien doit principalement avoir en vue. J'ai dit même quelque part dans cet ouvrage qu'une histoire sans vérité était comme un animal sans yeux, parfaitement inutile. Mais je crois en même temps que l'on doit distinguer deux sortes de faussetés, l'une qui vient de l'ignorance de la vérité, l'autre qui se dit de propos délibéré ; que celle-ci est la chose du monde la plus odieuse et la plus haïssable, mais qu'il faut excuser ceux qui ne s'écartent de la vérité que parce qu'elle ne leur était pas connue.

FRAGMENT XI.

Timée.

L'histoire de Timée est pleine de faussetés semblables. Cet écrivain paraît cependant ne pas être tombé dans ce défaut par ignorance des faits, mais il semble plutôt avoir été aveuglé par l'esprit de parti; car toutes les fois qu'il s'agit de louer ou de blâmer quelqu'un, il oublie aussitôt ce qu'il se doit à lui-même et enfreint toutes les lois de la bienséance. Au reste en voilà assez pour justifier Aristote. On a vu pourquoi et sur quels fondemens il a parlé des Locriens de la manière que nous avons dite. Mais ceci nous donne occasion de porter notre jugement sur Timée et sur toute son histoire, et en même temps de parler du devoir d'un historien. Je crois avoir montré que Timée et Aristote n'ont été guidés que par des conjectures, et que le sentiment de celui-ci est plus vraisemblable que celui de l'autre. Or pour être suivi, il suffit qu'il soit tel, car là-dessus on ne peut rien découvrir d'incontestablement vrai.

Mais accordons à Timée qu'il a le plus approché de la vérité. Cela lui donnait-il le droit de décrier, de déchirer, de condamner à mort, pour ainsi dire, ceux qui avaient été moins heureux que lui? Non assurément. Ce n'est qu'à l'égard des historiens qui de dessein prémédité débitent des choses fausses qu'on doit être rigoureux et implacable : mais ceux qui ne tombent dans ce défaut que parce qu'ils sont mal informés doivent être plus ménagés. On relève avec bienveillance leurs fautes et on les leur pardonne. Sur ce principe, ou il faut prouver que ce qu'Aristote a dit des Locriens, il l'a dit ou pour plaire à quelqu'un, ou pour en tirer quelque gratification, ou parce qu'il avait quelque démêlé avec eux : ou si l'on n'ose avancer rien de tout cela contre Aristote, on doit convenir que les traits piquans que Timée a lancés contre lui marquent un homme peu attentif à ses devoirs. Car voici le portrait qu'il en fait.

Aristote, si l'on en croit Timée, était un homme hardi, étourdi, téméraire, qui, par une calomnie imprudente, a osé dire des Locriens qu'ils étaient une colonie composée d'esclaves fugitifs et de gens corrompus, et qui avance cette fausseté avec tant d'assurance, qu'il semblerait, à l'entendre, que c'est un général d'armée, et que c'est lui qui, à la tête de ses troupes, a défait depuis peu les Perses en bataille rangée aux portes de la Cilicie. On sait cependant, continue Timée, que c'est un sophiste ignorant, haïssable, qui, sur ses vieux jours, d'apothicaire accrédité s'est avisé de s'ériger en historien, qui pique toutes les tables, gourmand, entendu en cuisine, prêt à tout faire pour un bon morceau. A quel tribunal souffrirait-on qu'un homme de la lie du peuple vomît ces injures contre sa patrie? Ces excès ne paraîtraient-ils pas insupportables? Un historien qui connaît ses devoirs, non seulement ne salit pas ses manuscrits de ces sortes de grossièretés, il n'ose pas même les penser.

Mais examinons un peu de près le sentiment de Timée, et comparons les raisons sur lesquelles il se fonde avec celles d'Aristote; par-là nous serons en état de juger lequel des deux mérite la censure. Il assure que, sans s'arrêter à des vraisemblances, il a été lui-même en Grèce consulter les Locriens sur l'origne de leur colonie; que d'abord ils lui ont montré des actes authentiques qui subsistent encore, et commencent ainsi : « Comme il convient aux » pères à l'égard de leurs enfans, etc »; qu'il avait vu ensuite des décrets publics qui établissaient les lois que les Locriens devaient observer les uns à l'égard des autres; qu'ayant appris ce qu'Aristote avait écrit de leur colonie, ils avaient été étonnés de la témérité de cet écrivain; que de Grèce il avait passé chez les Locriens d'Italie; qu'il y avait trouvé des lois et des coutumes qui ne se sentaient point du tout de l'esprit d'esclavage, mais qui étaient dignes d'hommes libres; qu'on y trouvait des peines infligées aux fugitifs et aux gens de mauvaise vie, ce qui ne se verrait point s'ils avaient à se reprocher la même origine. Telles sont les raisons de Timée.

Mais demandons à cet historien quels sont les Locriens qu'il a interrogés et qui l'ont informé de toutes ces particularités? Si en Grèce, comme en Italie, il n'y avait qu'une seule nation de Locriens, peut-être n'aurions-nous pas lieu de douter de sa bonne foi, au moins il nous serait aisé de nous éclaircir. Mais il y a deux nations de Locriens. Chez lesquels s'est-il transporté? Quelles villes de l'autre nation a-t-il consultées? Chez qui a-t-il trouvé ces actes qu'il fait tant valoir, car il ne nous dit rien sur tous ces points. On sait cependant que la gloire qu'il dispute aux autres historiens, c'est celle de l'exactitude dans l'ordre des événemens, et dans l'indication des pièces dont il s'est servi. Comment donc s'est-il oublié jusqu'à ne nous nommer ni la ville où il a découvert ces actes, ni le lieu où ils ont été écrits, ni les magistrats qui les lui ont communiqués, ni ceux à qui il en a parlé? S'il eût pris ces précautions, tous les doutes se dissiperaient, et, en cas qu'il en restât, on s'assurerait aisément de la vérité. Soyons persuadés que s'il ne les a pas prises, c'est qu'il craignait qu'on ne le démentît. Sans cela il n'aurait pas manqué de nous étaler toutes ces preuves. On va s'en convaincre.

Il cite nommément Échécrate; il dit que c'est avec lui qu'il s'est entretenu sur les Locriens d'Italie; et pour montrer que cet Échécrate n'était pas un homme de néant, il a soin de nous dire que son père avait été ambassadeur de Denys le Tyran. Un historien capable de ces sortes de détails oublierait-il un acte public, un monument authentique? Un historien qui compare les éphores des premiers temps avec les rois de Lacédémone; qui range selon l'ordre des temps les archontes d'Athènes, les prêtresses de Junon à Argos, et ceux qui ont vaincu aux jeux Olympiques, et relève jusqu'à une erreur de trois mois dans les monumens de ces villes; qui déterre les pièces les plus cachées; qui le premier a trouvé dans les lieux les plus secrets des temples les monumens de l'hospitalité publique un tel historien, dis-je, est inexcusable, soit qu'il ignore les circonstances que nous demandons, soit que les sachant il avance des choses fausses. Dur et inexorable à l'égard d'autrui, il mérite qu'on le traite avec la même rigueur.

Après avoir menti sur les Locriens de Grèce, passant à ceux d'Italie, il accuse Aristote et Théophraste d'avoir faussement représenté les lois et les autres usages établis chez les deux nations. Quoique cela doive m'écarter de mon sujet, je prévois que je serai obligé de dire et de prouver ce que je sais sur ces deux colonies. Si je m'y suis arrêté trop long-temps dans cet endroit, c'est pour éviter de faire des digressions trop fréquentes [1].

FRAGMENT XII.

Le même.

Timée rapporte que Démocharès s'était prostitué de façon qu'il ne lui aurait pas été permis d'allumer de sa bouche le feu sacré,

[1] Fragmens de Valois.

et que dans ses écrits l'on trouvait plus d'obscénités que dans ceux de Botrys, de Philénis et des autres auteurs les plus lascifs. Il est étonnant qu'un homme bien élevé se permette des termes qu'on aurait honte de se permettre dans des lieux de prostitution. Timée a senti toute l'horreur de ces calomnies, et de peur de passer pour en être l'inventeur, il prend à témoin un poète comique dont il ne dit pas le nom. Pour moi, je suis persuadé que Démocharès n'est pas coupable de ces ordures. Ce qui l'en justifie, c'est qu'il est né d'une famille illustre et qu'il a reçu une très-belle éducation; il était neveu de Démosthène. Une autre raison, c'est que les Athéniens lui ont donné le commandement de leurs troupes, et l'ont élevé encore à d'autres dignités. Il n'est nullement vraisemblable qu'ils eussent fait tant d'honneur à un homme plongé dans de pareilles infamies. Timée ne prend pas garde qu'il déshonore moins Démocharès que les Athéniens, qui ont aimé cet historien maltraité par lui si cruellement, jusqu'au point de lui confier la défense de leur république et de leur propre vie. Aussi Démocharès n'est-il pas coupable de ce que Timée lui reproche.

Il est vrai qu'Archédique, poète comique, a répandu contre lui les sottises que Timée a eu soin de recueillir. Mais il n'est pas le seul. Les amis d'Antipater se sont aussi déchaînés contre lui. Mais pourquoi? C'est parce qu'il avait dit librement plusieurs choses qui pouvaient chagriner ce prince, ses héritiers et ses amis. Ceux qui dans le gouvernement ne s'accordaient pas avec lui, ont aussi pris plaisir à le décrier. Démétrius de Phalère était de ce nombre. Mais comment Démocharès en avait-il parlé dans son livre? Il dit que cet homme, à la tête des affaires, se glorifiait de son gouvernement aux mêmes titres qu'aurait pu avoir un banquier ou un artisan; qu'il se vantait d'avoir gouverné de manière que toutes les commodités de la vie se trouvaient en abondance et à vil prix; qu'une tortue artificielle marchait devant lui les jours de cérémonie en jetant de la salive; que des jeunes gens chantaient sur le théâtre: qu'Athènes cédant aux Grecs tout autre avantage, se réservait à elle seule la gloire d'être soumise à Cassander, et que cet écrivain avait l'impudence d'entendre ces prétendues louanges sans rougir. Malgré cette satyre, ni Démétrius, ni aucun autre n'a dit de Démocharès ce qu'en a osé dire Timée. Le témoignage de la patrie est plus croyable que celui de ce fougueux historien. En faut-il davantage pour assurer que Démocharès est innocent des turpitudes dont on l'accuse? Mais quand il serait vrai que cet écrivain a eu le malheur de tomber dans ces sortes de fautes, quelle occasion, quelle affaire mettait Timée dans la nécessité de les relever dans son histoire?

Quand des personnes sensées veulent tirer vengeance de leurs ennemis, la première chose qu'ils examinent n'est pas ce que leurs ennemis méritent qu'on leur fasse, mais ce qu'il leur convient à eux-mêmes de faire. On doit tenir la même conduite lorsqu'on a du mal à dire de quelqu'un. Il faut d'abord prendre garde, non à ce que nos ennemis sont dignes d'entendre, mais à ce qu'il nous sied de leur dire; car quand on ne suit alors que les mouvemens de la colère ou de la haine, les excès sont inévitables.

C'est la raison pour laquelle nous ferons bien de ne pas ajouter foi aux choses que Timée rapporte contre Démocharès. Il n'est en cette occasion ni excusable ni croyable. Son caractère médisant s'y fait trop sentir, et le jette trop visiblement au-delà des bornes de la bienséance. Je ne m'en fie pas plus à cet historien sur le chapitre d'Agathocles: je veux que ce tyran ait porté l'impiété jusqu'à son comble, mais Timée devait-il pour cela dire à la fin de son histoire qu'Agathocles, dès sa plus tendre jeunesse, se prostituait au premier venu et s'abandonnait aux plus honteux débauchés; que c'était un geai, une buse qui se livrait à quelque infamie que l'on demandât de lui, et que quand il mourut, sa femme s'écriait en fondant en larmes : Que ne vous ai-je pas?... Que ne m'avez-vous pas?... Qui ne sent point ici cette passion de médire dont nous parlions tout à l'heure; ou plutôt qui ne sera surpris de l'excès où cette passion a jeté cet historien? Car les faits qu'il raconte lui-même d'Agathocles font connaître que la nature en avait fait un grand homme. Pour quitter la roue, la fumée et l'argile auxquels il était destiné par sa naissance, aller à l'âge de dix-huit ans à Syracuse, subjuguer la Sicile, menacer les Carthaginois d'une ruine entière, vieillir dans la puissance souveraine qu'il s'était acquise et mourir roi, ne fallait-il pas qu'il fût né un grand homme et qu'il eût des talens extraordinaires pour les grandes entreprises? Timée devait donc raconter, non seulement ce qui pouvait déshonorer et décrier Agathocles dans la postérité, mais encore ce qui était propre à lui faire honneur. C'est là ce qu'on attend de l'histoire. Mais Timée aveuglé par l'humeur noire et mordante qui le domine, prend un plaisir malin à montrer les défauts et à les exagérer, au lieu qu'il ne fait nulle mention des beaux endroits, cependant il devait savoir qu'un historien pèche autant à cacher ce qui s'est fait, qu'à dire ce qui ne s'est point fait. Pour moi laissant de côté les excès dans lesquels sa mauvaise humeur l'a emporté, je n'ai fait usage que de ce qui m'a paru être de mon sujet [1].

FRAGMENT XII.

Lois de Zaleucus.

Deux jeunes gens avaient ensemble un procès au sujet d'un esclave. L'un d'eux l'avait gardé long-temps chez lui; l'autre, deux jours avant le procès, était venu dans une campagne l'enlever en l'absence du maître et l'avait emmené de force dans sa maison. Le maître averti de la chose court à cette maison, se saisit de l'esclave, le conduit devant les magistrats, et dit qu'il en devait être le maître en donnant une caution, puisque la loi de Zaleucus portait que la chose contestée demeurerait en la possession de celui à qui on l'avait prise, jusqu'à ce que le procès fût terminé. L'autre soutient par la même loi que l'esclave devait lui rester, puisqu'il en était possesseur au temps que l'on était venu le prendre, et que cet esclave avait été pris chez lui pour être conduit devant les juges.

[1] Fragmens de Valois, puis anciens fragmens.

Ceux-ci ne sachant que décider mènent l'esclave au cosmopole et lui racontent le fait. Ce premier magistrat expliqua la loi en disant que quand Zaleucus avait statué que « la chose » contestée demeurerait en la possession de » celui à qui on l'avait prise, » il avait entendu cela du dernier possesseur et d'une possession qui pendant un certain temps n'aurait pas été contestée; mais que si quelqu'un ayant emporté de force une chose chez lui, le premier maître intentait action pour la ravoir, cette action était juste. Le jeune homme fut choqué de ce jugement, et nia que ce fût l'esprit du législateur. Alors le cosmopole demanda s'il y avait quelqu'un dans la compagnie qui voulût disputer sur l'intention de la loi selon la formule prescrite par Zaleucus. Cette formule était que les deux disputans parlassent la corde au cou, en présence de mille personnes, à cette condition, que celui des deux qui détournerait à un mauvais sens l'intention du législateur, serait étranglé devant toute l'assemblée. Le jeune homme répondit que la condition n'était pas égale, que le cosmopole ayant près de quatre-vingt-dix ans n'avait plus que deux ou trois ans à vivre, au lieu que lui selon toutes les apparences avait encore à vivre beaucoup plus qu'il n'avait vécu. Ce bon mot tourna l'affaire en plaisanterie, et les juges décidèrent suivant l'avis du cosmopole.

FRAGMENT XIII.

Contradictions dans lesquelles est tombé Callisthènes en racontant une des batailles d'Alexandre contre Darius.

Pour ne pas vouloir déroger à l'autorité d'hommes si célèbres, disons en passant quelques mots de la bataille donnée en Cilicie entre Alexandre et Darius, bataille célèbre qui n'est pas fort éloignée du temps dont nous parlons, et à laquelle, ce qui est le principal, Callisthènes se trouvait. Cet historien raconte qu'Alexandre avait déjà passé les détroits et ce que l'on appelle dans la Cilicie les Pyles, et que Darius ayant pris sa route par les Pyles Amaniques, était entré avec son armée dans la Cilicie, lorsque ce prince, averti par les habitans du pays qu'Alexandre tournait vers la Syrie, se mit à le suivre; qu'arrivé près des détroits, il campa sur le Pyrame; que le poste qu'il occupait n'avait pas depuis la mer jusqu'au pied de la montagne plus de quatorze stades; que le fleuve venant des montagnes entre des côtes escarpées, traversait obliquement cet espace et allait de là par une plaine se décharger dans la mer, coulant entre des hauteurs fort raides et inaccessibles.

Après cette description, il dit qu'Alexandre étant revenu sur ses pas pour aller au devant de ses ennemis, Darius et ses officiers avaient rangé leur phalange en bataille dans le camp même qu'il avait pris d'abord; qu'il s'était couvert du Pinare qui coulait proche du camp; qu'il avait rangé sa cavalerie sur le bord de la mer; auprès d'elle, le long du fleuve, les étrangers soudoyés, et les peltastes tout au pied des montagnes.

Mais comment ces troupes pouvaient-elles être postées devant la phalange, le fleuve passant auprès du camp? Cela n'est pas concevable. Elles étaient trop nombreuses pour cela; car au rapport même de Callisthènes il y avait trente mille chevaux et autant d'étrangers soudoyés. Or il est aisé de savoir combien ce nombre de troupes devait occuper d'espace. La cavalerie se range pour l'ordinaire sur huit de hauteur et c'est la meilleure méthode. Entre les turmes il faut laisser sur le front une distance raisonnable pour la commodité des différens mouvemens. Ainsi un stade ne peut contenir que huit cents chevaux; dix stades, huit mille; quatre stades, trois mille deux cents; de sorte que dans quatorze stades il ne peut tenir que onze mille deux cents chevaux. De plus, pour loger sur ce terrain trente mille chevaux, il faudrait en faire trois corps les uns sur les autres sans intervalle. Et cela posé, où étaient donc les étrangers soudoyés? Derrière la cavalerie peut-être? mais Callisthènes ne dit point cela, puisque selon lui au contraire les mercenaires eurent affaire aux Macédoniens; d'où l'on doit nécessairement conclure que la moitié du terrain du côté de la mer était occupé par la cavalerie, et l'autre moitié du côté des montagnes par les étrangers soudoyés. On peut encore juger par là sur quelle hauteur était rangée la cavalerie et combien le fleuve était éloigné du camp.

Il dit ensuite que les Macédoniens s'étant avancés, Darius qui était au centre de son armée, appela à lui les étrangers d'une des ailes. Cela ne paraît pas encore trop aisé à comprendre; car il fallait que la cavalerie et les mercenaires fussent réunis ensemble au milieu de ce terrain. Or Darius se trouvant là parmi les mercenaires, comment et pourquoi les appelait-il? Il ajoute que la cavalerie de l'aile droite fondit sur Alexandre, et que celui-ci soutint avec vigueur; qu'il vint aussi contre elle et que le combat fut vif et opiniâtre. Mais cet historien a oublié qu'entre Darius et Alexandre il y avait un fleuve, et un fleuve tel qu'il le décrit un moment auparavant.

Il n'est pas plus judicieux sur ce qui regarde Alexandre. Selon lui ce prince passa en Asie avec quarante mille hommes de pied, et quatre mille cinq cents chevaux, et pendant qu'il se disposait à entrer dans la Cilicie, il lui vint de Macédoine un renfort de cinq mille hommes d'infanterie et de huit cents de cavalerie. Otons de ce nombre trois mille fantassins et trois cents chevaux pour différens usages, c'est le plus qu'on puisse détacher de l'armée pour cela, il lui restait donc quarante-deux mille hommes de pied. Alexandre avec cette armée ayant passé les détroits, apprit que Darius était dans la Cilicie et qu'il n'était éloigné de lui que de cent stades. Aussitôt il rebrousse chemin et repasse les détroits, la phalange faisant l'avant-garde, la cavalerie, le corps de bataille et les équipages l'arrière-garde. Aussitôt qu'il fut dans la plaine il forma la phalange et la mit sur trente-deux de profondeur, après avoir marché quelque temps sur seize; et quand il fut près des ennemis, sur huit.

Or tout ce récit est encore plus absurde que le précédent; car en marchant sur dix-huit de hauteur avec les intervalles ordinaires de six pieds entre chaque rang, un stade tient seize cents hommes, par conséquent dix stades en tiendront seize mille et vingt stades trente-deux mille. De là on voit que lorsqu'Alexandre mit son armée sur seize de hauteur, il fallait que le terrain fût de vingt stades ; et cependant il lui restait encore à poster toute sa cavalerie et dix mille fantassins.

Il ajoute que quand Alexandre fut à quarante stades des ennemis, il mena contre eux son armée de front. On aurait peine à imaginer une plus grande absurdité ; car où trouver, surtout dans la Cilicie, une plaine de vingt stades de largeur et longue de quarante stades ? Or il n'en faut pas moins pour faire marcher de front une phalange armée de sarrisses. Et d'ailleurs à combien d'embarras cette sorte d'ordonnance n'est-elle pas sujette ? Je ne veux pour le prouver que le témoignage même de Callisthène, qui dit que les torrens qui se précipitent des montagnes creusent tant d'abîmes dans la plaine, que la plupart des Perses y périrent en fuyant.

En vain dirait-il qu'Alexandre voulait par là faire face aux ennemis en quelque endroit qu'ils parussent ; car rien n'est moins en état de faire face qu'une phalange dont le front est désuni et rompu. Il était beaucoup plus aisé de se ranger en ordre de marche que de présenter de front et sur une seule ligne droite une armée éparse et divisée, et de la mettre aux mains dans un terrain couvert de baies et plein de ravins. Il devait donc plutôt former deux ou quatre phalanges, à la queue les unes des autres. On aurait pu leur trouver des passages, et il n'aurait pas fallu grand temps pour les ranger en bataille : et d'ailleurs, qui empêche qu'on ne se fasse informer par des avant-coureurs de l'arrivée des ennemis longtemps avant qu'ils soient en présence ? Il fait encore ici une autre faute, car il mène l'armée de front dans une plaine et ne fait pas marcher devant la cavalerie. Elle marche sur une même ligne avec les gens de pied.

Mais voici la plus grande de toutes les absurdités. Quand, dit-il, Alexandre fut près des ennemis, il se rangea sur huit de hauteur. Il fallait donc de toute nécessité que la phalange eût quarante stades de longueur. Que l'on serre, si l'on veut, les rangs de telle sorte qu'ils se touchent les uns les autres, il faudra toujours que le terrain qu'elle occupe soit long de vingt stades. Et cependant il dit qu'il n'en avait pas quatorze, et outre cela qu'une partie était proche de la mer, l'autre partie sur l'aile droite, et qu'entre la bataille et les montagnes on avait laissé un espace raisonnable pour n'être pas sous le corps qui était posté au pied de la montagne. Il est vrai que pour couvrir l'armée contre ce corps, il lui en oppose un autre en forme de tenaille. Mais aussi nous lui laissons pour cela dix mille hommes de pied, ce qui est plus qu'il ne demande. Il suit de tout ce que nous venons de dire que, selon cet historien, la phalange avait tout au plus onze stades de longueur, et par une conséquence nécessaire qu'on avait logé dans cet espace trente-deux mille hommes sur trente de hauteur. Cependant à l'heure du combat la phalange était sur huit de hauteur au rapport de Callisthènes. Comment excuser des contradictions si manifestes ? l'impossibilité des faits qu'il rapporte saute d'abord aux yeux. Après avoir marqué l'intervalle qu'il y avait entre chaque homme, déterminé la grandeur du terrain, compté le nombre des troupes, il ne pouvait mentir sans se rendre inexcusable.

Je serais trop long si je voulais montrer toutes les absurdités dans lesquelles il est tombé. J'en toucherai seulement quelques-unes. Il dit qu'Alexandre, en mettant son armée en bataille, prit garde qu'il pût combattre avec le corps que commandait Darius, et, de même, que Darius voulait se battre contre Alexandre, mais qu'ensuite il changea de sentiment, et il ne dit ni comment l'un et l'autre pouvaient connaître en quel quartier de leur armée ils étaient, ni où Darius se retira après avoir changé de résolution. De plus comment la phalange en bataille est-elle montée sur le bord d'un fleuve qui presque partout est escarpé et couvert de buissons ? il n'est pas permis de mettre une si grande ignorance sur le compte d'Alexandre que l'on reconnaît avoir dès son enfance appris et exercé le métier des armes. On ne doit donc s'en prendre qu'à l'historien, qui était si neuf dans les choses de la guerre qu'il ne savait pas distinguer ce qui se pouvait de ce qui ne se pouvait pas. Mais laissons là enfin Éphore et Callisthènes.

FRAGMENT XIV.

Il défend Éphore et Callisthènes contre Timée.

Cet auteur déclame souvent contre Éphore[1]. Il est cependant lui-même coupable de deux fautes. Il reproche avec aigreur des défauts qu'il n'a pas su lui-même éviter, et il se sert de telles expressions, il inspire à ses lecteurs de telles idées, qu'on ne peut s'empêcher de lui croire l'esprit absolument renversé. Si Alexandre a eu raison de faire mourir Callisthènes dans les supplices, quels supplices ne mérite pas Timée! car assurément la divinité doit être plus irritée contre lui que contre Callisthènes. Celui-ci refusa constamment de mettre au rang des dieux cet Alexandre au dessus duquel tout le monde convient que la nature humaine n'a jamais rien produit : au lieu que Timée place au dessus des plus grands dieux un Timoléon, un homme qui, pour tout voyage militaire, a été de Corinthe à Syracuse. Grand espace à parcourir en comparaison de l'univers! Timée se sera sans doute mis en tête que si Timoléon, après s'être distingué dans un petit coin du monde, comme la Sicile, allait de pair dans son histoire avec les héros les plus fameux, lui-même, pour avoir écrit ce qui s'était passé en Italie et en Sicile, serait comparé à ces écrivains qui ont embrassé l'histoire du monde entier. Voilà Aristote, Théophraste, Callisthènes, Éphore et Démocharès assez vengés, ce me semble, des insultes que Timée leur a faites. Ce que j'ai dit de cet historien suffit aussi pour détromper ceux qui l'ont pris pour un écrivain droit et sans passion.

FRAGMENT XV.

La légèreté de Timée ressort de ses propres écrits.

On a quelque peine à démêler le caractère de cet historien[2]. A l'en croire l'on connaît celui des poètes et des autres écrivains à certaines expressions qu'ils répètent souvent. Sur un mot, par exemple, qui signifie distribuer des viandes et qui se rencontre souvent dans Homère, il conjecture que ce poète aimait la table. Aristote parle souvent d'assaisonnemens, en voilà assez pour lui persuader qu'Aristote était friand, défaut qu'il attribue aussi à Denis, sur ce que ce tyran aimait que ses lits fussent propres, et qu'il recherchait avec soin des tapis de toutes sortes et les plus précieux. Sur ce principe il faut que Timée ait été d'un esprit chagrin et difficile à contenter. Quand il s'agit de blâmer autrui, il le fait avec gravité et avec force. Produit-il ses propres pensées, ce ne sont que des rêveries, des prodiges, des contes de vieille, des superstitions dont une femme serait à peine susceptible. Au reste, que l'ignorance et le défaut de jugement aveuglent quelquefois certains écrivains, jusqu'à les transporter loin du sujet qu'ils ont à traiter et les empêcher en quelque sorte de voir ce qu'ils voient, c'est de quoi l'on a pu se convaincre par ce que nous avons dit être arrivé à Timée.

FRAGMENT XVI.

Sur le taureau de Phalaris.

Jusqu'à Timée on avait cru que Phalaris avait fait faire dans Agrigente un taureau d'airain; qu'il y faisait entrer ceux dont il voulait se défaire; qu'ensuite on allumait dessous un grand feu; que l'airain échauffé brûlait et consumait ceux qui étaient enfermés dans cette fournaise, et que l'animal était construit de façon que quand la violence du supplice arrachait des cris à ces malheureux, on croyait entendre des mugissemens de taureau. Il passait encore pour constant, jusqu'à cet historien, que pendant que les Carthaginois étaient maîtres de la Sicile ce taureau avait été transporté d'Agrigente à Carthage et qu'on voyait encore l'ouverture par laquelle ce tyran faisait entrer ceux de ses sujets qui lui étaient suspects. Il n'y a d'ailleurs nulle raison de dire qu'un pareil taureau a été fabriqué à Carthage. Malgré cette tradition si bien établie, Timée nie le fait, et soutient que les poètes et les historiens qui l'assurent se sont trompés; que jamais ce taureau n'a été porté d'Agrigente à

---

[1] Fragmens de Valois.
[2] Id.

Carthage, et que jamais même il n'a été dans Agrigente. Les termes me manquent pour qualifier cette hardiesse. Cela mériterait toutes les invectives dont Timée se sert contre ceux qu'il attaque. Mais on voit assez, par ce que nous avons rapporté plus haut, que la chicane, l'impudence et le mensonge se trouvaient chez lui au souverain degré, et on verra dans la suite qu'il est outre cela parfaitement ignorant. Entre autres preuves, que j'en ai dans son vingt-unième livre, sur la fin, il fait dire à Timoléon : « Toute la terre est divisée en trois parties » dont l'une s'appelle l'Asie, l'autre l'Afrique, » et la troisième l'Europe. » On serait étonné d'entendre parler ainsi cet imbécile qu'on nomme Margitès; qui donc parmi les historiens est assez ignorant... [1]

Il est très-facile de reprendre les autres et très-difficile de se préserver soi-même d'erreur [2].

FRAGMENT XVII.

[I] (*Polybe*, après avoir en beaucoup d'endroits critiqué Timée [3], ajoute :) Qui pourrait excuser de semblables fautes, surtout chez Timée qui s'attache à guérir chez les autres les envies qui leur viennent aux doigts.[4] C'est ainsi, par exemple, qu'il reproche à Théopompe d'avoir dit que Denys était repassé de Sicile à Corinthe sur un vaisseau rond, tandis qu'il avait fait la traversée sur un vaisseau long [1], qu'il accuse encore Éphore de mensonge pour avoir dit que Denys l'ancien s'était emparé du pouvoir à l'âge de vingt-trois ans, qu'il en avait régné quarante-deux, et qu'il était mort à soixante-trois ans. En effet, une pareille faute doit, sans contredit, être imputée non pas à l'historien, mais à son copiste; car il aurait fallu sans doute qu'Éphore surpassât en ineptie Corébus [2] et Margitès [3] pour ne pas avoir pu calculer que quarante deux ans ajoutés à vingt-trois font soixante-cinq ans. Si une pareille supposition n'est nullement admissible à l'égard d'Éphore, il devient manifeste qu'une erreur aussi palpable appartient au copiste; alors qui pourrait approuver dans Timée cette prétention ambitieuse et ce penchant au blâme?

FRAGMENT XVIII.

[II]. Timée dans l'histoire de Pyrrhus [4] dit encore que les Romains, en commémoration de la chute d'Ilion, un jour déterminé, tuent à coups de javelots un cheval de guerre devant la ville, dans un lieu appelé le Champ [5], parce qu'un cheval nommé Durius avait été cause [6] de la prise de Troie. Rien de plus puéril que cette

---

[1] Fragmens de Valois.
[2] Manuscrit Urbin.
[3] Ce fragment et les suivans tirés des palimpsestes confirment complètement, dit M. Mai, l'opinion du célèbre philologue Reiske, qui pensait que le douzième livre de Polybe était consacré tout entier à la critique de quelques historiens et particulièrement de Timée.
[4] Ce proverbe grec correspond à celui des latins *reduviam curare*; il se disait de ceux qui négligeaient le principal pour s'occuper de l'accessoire. Un malade attaqué d'une affection hépatique, dit Plutarque, consultait un médecin sur les envies qu'il avait aux doigts. Guérissons d'abord votre foie, dit le médecin, nous nous occuperons ensuite de vos envies. Si cette anecdote ne donne point la véritable origine du proverbe, du moins elle en explique le sens. Cicéron peut servir aussi à le fixer quand il dit dans son plaidoyer pour Roscius d'Amérie, §. 44 : « Intel-» ligo me ante tempus, judices, hæc scrutari et propemodum » errare, qui, cùm capiti Sexti Roscii mederi debeam, reduviam » curem.

[1] Chez les anciens les vaisseaux longs étaient les vaisseaux de guerre, et les vaisseaux ronds, les vaisseaux de charge ou de transport.
[2] Le texte grec porte Coryhos. Nous avons adopté la correction de M. Mai qui lit Κόρoιβος Corœbus. Stultior Corœbo , plus fou ou plus sot que Corébus, est un proverbe dont Érasme, dans ses Adages, attribue l'origine à Corébus, prince de Mygdonie, qui vint porter du secours à Priam, dans l'espoir d'épouser Cassandre sa fiancée, et qui ne put jamais consentir à la quitter, quoiqu'elle lui prédît qu'elle serait cause de sa perte.
[3] Autre expression proverbiale. Polybe, plus haut, à la fin du fragment XV de ce même livre, cite encore à propos de Timée ce Margitès comme un modèle de sottise et d'ineptie. On sait que Margitès était le héros d'un poème comique ou satirique faussement attribué à Homère. Voy. Schœll , Hist de la littérature gr., liv. I, p. 149.
[4] Polybe, plus haut liv. III, cite aussi l'histoire de Pyrrhus par Timée.
[5] C'était le Champ de Mars, appelé absolument Campus aussi par les Latins.
[6] Un cheval de bois, suivant la version de M. Mai, qui nous a paru trop s'éloigner du texte. Observons du reste, avec le même savant, qu'au rapport de Plutarque, dans ses Questions romaines, l'opinion de Timée était partagée aussi par quelques auteurs de l'antiquité. Suivant le témoignage de Festus, au mot Octobe r c'était à Mars que les Romains immolaient un cheval.

explication, d'après laquelle il faudrait nécessairement que tous les barbares descendissent des Troyens; car tous ou presque tous les barbares,[1] au moment de commencer la guerre, ou lorsqu'ils vont livrer quelque combat décisif, ont coutume d'immoler un cheval, qui, par la manière dont il tombe, leur fait présager l'avenir.

FRAGMENT XIX.

[III]. Dans cette partie de sa justification Timée me paraît faire preuve, non seulement d'impéritie, mais, qui plus est, de toute la gaucherie d'une instruction tardive[2], lui qui, parce que les Romains immolent des chevaux, va tout de suite s'imaginer que, s'ils ont cette coutume, c'est qu'un cheval a causé la prise de Troie. Du reste, il devient par là manifeste qu'il a dû mal s'acquitter de l'histoire de Lybie, de Sardaigne, et surtout de celle d'Italie; outre que, en général, il a totalement négligé l'examen critique des faits, partie de la plus haute importance. En effet, comme les événemens s'accomplissent en même temps dans beaucoup de lieux différens, et qu'il est impossible que le même homme se trouve présent au même instant dans plusieurs lieux à la fois, de même qu'il ne peut être témoin oculaire de tous les faits qui se passent dans le monde et dans chaque localité, il ne reste à l'historien d'autre moyen que de recueillir le plus possible d'informations, de ne s'en rapporter qu'aux témoignages les plus dignes de foi, et de se montrer juge éclairé des récits qu'on lui fait.

[IV] Sous ce rapport, quoique Timée s'enveloppe des apparences les plus imposantes, il me paraît cependant s'être beaucoup écarté de la vérité. En effet, il s'en faut tellement qu'il fasse, à l'aide du témoignage des autres, une recherche exacte de la vérité, qu'il ne rapporte même rien de juste et de sensé sur les faits dont il a été témoin et sur les lieux qu'il a visités. Nous en donnerons une preuve évidente, si nous démontrons son ignorance dans ce qu'il avance sur les faits relatifs à la Sicile. Assurément nous n'aurons pas besoin de longs discours pour établir son infidélité à d'autres égards, si nous le trouvons dans l'ignorance et l'erreur sur les plus célèbres des lieux même où il est né et où il a été nourri. Or, il dit que la fontaine Aréthuse, qui se trouve à Syracuse, prend sa source au Péloponnèse, dans les eaux du fleuve Alphée, qui, après avoir parcouru l'Arcadie et le territoire d'Olympie, s'enfonce sous terre l'espace de quatre mille stades, roule sous la mer de Sicile, et reparaît à Syracuse; ce qui est prouvé par ce fait, que des torrens de pluie étant tombés une fois à l'époque de la célébration des jeux olympiques, et le fleuve débordé ayant inondé l'enceinte sacrée, la fontaine Aréthuse rejeta une grande quantité de fiente des bœufs immolés dans la solennité, ainsi qu'une fiole d'or que l'on reconnut pour avoir appartenu à la fête, et que l'on recueillit.[1]

FRAGMENT XX.

[V] Qui raisonnerait d'après ces faits se rangerait plutôt de l'avis d'Aristote que de celui de Timée[4]; et certes l'opinion qui suit immédiatement celle que nous venons de rapporter est d'une absurdité complète. Il y a, en effet, de la simplicité à s'imaginer qu'il est

---

[1] Sur cette coutume des peuples barbares, invoquée par Polybe, on peut voir Hérodote, liv. I, IV, § 61;62;liv. VII, § 113.

[2] Nous avons été obligé de recourir à cette périphrase pour rendre le seul mot ὀψιμαθία qu'emploie Polybe. M. Mai le traduit par *rudetatem* qui n'en donne qu'une idée incomplète. Théophraste a consacré son XXVIIe caractère à la peinture du ridicule que les Grecs appelaient *opsimathie*. Ce mot, dit le célèbre Coray, signifie, non pas tant *l'instruction tardive, que le ridicule* qui résulte de cette instruction. C'est jusqu'à un certain point le caractère du *bourgeois gentilhomme*. On peut voir la définition qu'en donne Aulu-Gelle dans ses *Nuits attiq.*, liv. XI, chap. VII.

[1] L'opinion, ou plutôt la fable suivante sur la source de la fontaine Aréthuse, ainsi que l'observe M. Mai, se trouve dans presque tous les auteurs de l'antiquité, dans Strabon, Virgile, Sénèque, Pline. Strabon, livre VI, ch. 2, etc. cite Pindare et Timée, et s'attache, comme Polybe, à réfuter cette tradition fabuleuse.

[4] Il s'agit ici de l'opinion d'Aristote sur l'origine des Locriens. Polybe la préfère à celle de Timée, comme on l'a déjà vu. Aristote pensait que les Locriens étaient une colonie d'esclaves fugitifs et de gens sans aveu; Timée, au contraire, soutenait que les Locriens d'Italie devaient leur origine à des hommes célèbres partis de la Locride en Grèce.

contraire à la raison, comme Timée essaie de le démontrer, que les esclaves des Lacédémoniens [1], dont ils avaient été les compagnons d'armes, aient reporté l'affection qu'ils avaient pour leurs maîtres sur les amis de ceux-ci; car ceux qui ont été esclaves, lorsque, contre leur attente, la fortune les a favorisés, et que le temps en est venu, cherchent à s'attribuer et à rétablir des rapports, non seulement de bienveillance, mais encore d'hospitalité et de parenté avec leurs maîtres; parce que, tenant moins à leurs liens naturels qu'aux moyens d'effacer le souvenir de leur abjection et de leur obscurité première, ils veulent passer plutôt pour les descendans que pour les affranchis de leurs maîtres.

[VI.] Il est très vraisemblable que c'est ce qui arriva aux Locriens. Bien des gens, en effet, après avoir quitté leur pays, n'ayant plus à craindre les témoins de leur première condition, et se voyant secondés aussi par le temps, ne se sont pas montrés assez dépourvus de sens pour observer des pratiques qui n'auraient pas manqué de rappeler leur abaissement originaire; mais ils ne négligeaient rien au contraire pour en effacer la trace. Aussi voilà pourquoi les Locriens ont sagement donné à leur ville un nom emprunté aux femmes; ils se sont forgé une filiation par les femmes, et ils renouvelaient des amitiés et des alliances qui remontaient par les femmes jusqu'à leurs aïeux. Si les Athéniens ont ravagé leur territoire, on ne peut voir là une preuve qu'Aristote en ait imposé : car d'après ce que nous venons de dire, comme il est probable que ceux des Locriens qui, ayant fait voile de la Locride, abordèrent en Italie, s'attribuèrent, eussent-ils été dix fois esclaves, des relations d'amitié avec les Lacédémoniens; on peut établir avec la même probabilité que les Athéniens dans leur inimitié pour les Locriens pesèrent moins le fait même qu'ils imputaient à ceux-ci, que l'intention de ses auteurs [1]. Mais comment [2] les Lacédémoniens eux-mêmes renvoyèrent-ils dans leur patrie les jeunes gens pour réparer les pertes de la population [3], tandis qu'ils n'auraient pas permis aux Locriens [4] d'en faire autant? Il existe sur ces deux questions une grande différence entre la vraisemblance et la vérité. Les Lacédémoniens, en effet, ne devaient point empêcher les Locriens de faire ce qu'ils faisaient eux-mêmes, cela eût été absurde; et d'un autre côté, quand ils les eussent engagés à les imiter, les Locriens n'y auraient point consenti. La raison en est que les mœurs et les institutions de Lacédémone permettent à trois ou quatre hommes, et même à plus, quand ils sont frères, d'avoir une seule femme, dont les enfans leur appartiennent en commun, de même que chez ce peuple il est beau et ordinaire qu'un homme qui a un nombre suffisant d'enfans, cède sa femme à un de ses amis [5]. Voilà pourquoi les Locriens, qui ne s'étaient pas engagés comme les Lacédémoniens, par des imprécations et des sermens, à ne point retourner dans leurs foyers avant d'avoir enlevé Messène de vive force, purent aisément s'abstenir d'opérer leur retour en masse : mais comme ils revenaient chez eux par de faibles et rares détachemens, ils donnèrent aux femmes le temps d'avoir commerce avec les esclaves ou avec des hommes déjà mariés, ce qui arriva surtout aux jeunes filles, et telle fut la cause de l'émigration [6].

---

[1] D'après une note de M. Aug. Mai sur le fragment suivant, ces esclaves des Lacédémoniens auraient été les Locriens qui les accompagnèrent dans la guerre de Messénie, ainsi que nous le verrons plus bas. Il nous paraîtrait plus simple de faire subir au texte un léger changement, et au lieu de τοῖς οἰκέταις τῶν Λακεδαιμονίων, de lire τοῖς οἰκέταις τῶν Λακεδαιμονίοις συμμαχεσάντων, ce qui nous donnerait ce sens : les esclaves de ceux qui avaient été les auxiliaires des Lacédémoniens. Alors il s'agirait des descendans des esclaves Locriens dont Polybe parle à la fin du fragment suivant.

[1] Polybe veut dire qu'Aristote, qui avait examiné à fond la question historique, n'avait point, par un sentiment de haine, altéré la vérité, en disant que les Locriens descendaient d'une colonie d'esclaves, tandis que ses compatriotes, quand ils commirent des actes d'hostilités contre les Locriens, n'avaient vu en eux que les amis des Lacédémoniens, ennemis d'Athènes, sans rechercher les véritables motifs qui portaient les Locriens à rechercher l'amitié et l'alliance des Lacédémoniens.

[2] Nous avons ainsi coupé le texte et nous avons pris la phrase interrogativement. Ce passage tel que l'a publié M. Mai, nous a paru presque inintelligible.

[3] Pendant la guerre de Messénie.

[4] Qui servaient avec eux comme auxiliaires.

[5] Voy. Plutarque, vie de Lycurgue, chap. XV.

[6] Suivant M. Mai (qui renvoie à ses extraits palimpsestes de Diodore de Sicile, liv. VII, fr 12) il s'agirait ici de la colonie lacédémonienne des Parthéniens, qui, sous la conduite de Phalante, fonda Tarente, dans le territoire de Naples. Il nous a semblé,

FRAGMENT XXI.

[VII]. Timée dit que la plus grande faute qu'on puisse commettre en histoire est le mensonge, et qu'il permet aux historiens, qu'il a convaincus d'imposture, de chercher pour leurs ouvrages tout autre titre, plutôt que de les appeler histoires.

Nous sommes d'accord sur ce point; mais je pense toutefois qu'il existe une grande différence entre l'infidélité commise par ignorance, et l'infidélité volontaire : l'une, digne de pardon, doit être relevée avec indulgence; l'autre, au contraire, ne doit attendre qu'une censure aussi juste qu'inexorable. C'est sous le dernier rapport surtout qu'on pourrait trouver Timée attaquable. Or, on peut dès à présent reconnaître que tel est son caractère [1].

FRAGMENT XXII.

[VIII.] A ceux qui enfreignent leurs conventions nous appliquons le proverbe : Locriens dans les traités. Or, quand on a fait quelques recherches, on sait que les historiens sont, comme les autres hommes, unanimes sur la relation suivante. Lors de l'invasion des Héraclides, les Locriens étaient convenus avec les Péloponnésiens d'élever des fanaux en signe de guerre, s'il arrivait que les Héraclides opérassent leur passage non par l'isthme de Corinthe, mais en doublant le cap Rhion [2]; de cette manière les Péloponnésiens, instruits d'avance, pourraient se tenir en garde contre leur attaque. Les Locriens n'en firent rien; mais bien au contraire, quand les Héraclides se présentèrent ils élevèrent des fanaux en signe d'amitié, en sorte que les Héraclides effectuèrent leur passage en sûreté, et que les Péloponnésiens, trahis par les Locriens, ayant négligé de prendre des informations, laissèrent leurs ennemis pénétrer au sein de leurs foyers.

FRAGMENT XXIII.

[IX.].... accuser [1] et trouver dans les mémoires des visions de gens qui rêvent et des apparitions de génies. Ceux qui se permettent bon nombre de pareilles sornettes, devraient se contenter d'échapper au blâme, sans faire des sorties contre les autres, ce qui arrive à Timée. Il dit, en effet, que Callisthènes lui-même, en écrivant de semblables choses, n'avait été qu'un flatteur, et que s'écartant bien loin de la philosophie, il avait prêté attention aux corbeaux et à des femmes en délire [2]; qu'il avait donc reçu d'Alexandre un juste châtiment, pour avoir, autant qu'il était en lui, porté atteinte à sa gloire et à sa fortune. Mais Timée loue Démosthènes ainsi que les orateurs qui florissaient de son temps, et dit qu'ils se sont montrés dignes de la Grèce parce qu'ils ont refusé d'accorder à Alexandre les honneurs divins, tandis que le philosophe Callisthènes qui avait décerné à un mortel l'égide et le tonnerre avait reçu de la divinité la juste punition de sa lâcheté.

FRAGMENT XXIV.

[X.] Polybe de Mégalopolis dit de Timée: Une seule goutte, dit le proverbe, suffit pour

---

au contraire, que le contexte et la liaison des idées indiquaient assez clairement que Polybe a voulu parler ici des Locriens, nés, pendant les guerres de Messénie, de liaisons adultères et surtout du commerce des femmes libres avec les esclaves, et qui allèrent fonder la colonie de Locres, en Italie, suivant Aristote, dont Polybe adopte et défend l'opinion contre celle de Timée qui donnait aux Locriens une origine toute différente.

[1] M. Mai soupçonne qu'il existe ici une lacune dans son manuscrit.

[2] *Navibus*, sur des vaisseaux, traduit M. Mai, d'après son texte κατὰ τὸ ῥίον, qui, outre qu'il ne convient point au dialecte de Polybe, ne paraît point susceptible de ce sens. Nous avons donc cru devoir adopter la correction de M. Lucht, ῥίον *Rhium*. Ce savant s'appuie d'une tradition conservée par le scholiaste de Thucydide, sur le livre I, chap. 12, et d'après laquelle un oracle aurait ordonné aux Héraclides d'opérer leur retour par le golfe de Crisa. Toutefois, nous dirons que cette restitution nous paraît beaucoup trop s'éloigner du texte, dont on se rapprocherait davantage en lisant κατὰ τὰς ἠϊόνας par les côtes.

[1] Comme il est facile de le voir, il existe ici dans le manuscrit du Vatican une lacune considérable, qui jette sur le reste du fragment une grande obscurité, qu'accroît beaucoup encore la corruption du texte. Celui de M. Mai est tellement altéré, qu'il a eu peine à le comprendre lui-même, si nous en jugeons d'après son interprétation, qui s'en écarte sensiblement. Nous avons donc suivi en partie l'éditeur allemand.

[2] Il s'agit ici des prédictions par le vol des corbeaux et par l'enthousiasme des prophétesses ou pythonisses.

faire juger de toute la liqueur contenue dans le plus grand vase ; on peut se former de même une opinion sur la question qui nous occupe. Si, en effet, on a découvert dans une histoire un ou deux mensonges faits à dessein, il devient évident que rien de ce que rapporte l'auteur d'un pareil livre ne peut plus inspirer ni sécurité ni confiance. Tâchons de le persuader aux partisans de Timée pour faire cesser leur engouement. Nous parlerons surtout de sa prédilection pour les harangues, les allocutions, et principalement les discours d'ambassadeurs, en un mot pour toutes les compositions de ce genre, qui sont comme les points capitaux des faits, et embrassent l'histoire entière. Or, est-il un lecteur qui ne comprenne que Timée a inséré intentionnellement dans ses mémoires des discours de pure invention ? car il ne rapporte ni ce qui a été dit, ni comme on l'a réellement dit, mais, se proposant de montrer comment il fallait parler, il donne tous les discours, il énumère toutes les circonstances des faits comme on se le permettrait dans un exercice déclamatoire sur un sujet donné, pour faire parade de son talent, mais non dans une relation où l'on reproduirait le langage de l'orateur sans blesser la vérité.

[XI]. Le devoir particulier de l'historien est d'abord de connaître les discours tels qu'ils ont été réellement tenus, ensuite, de rechercher la cause qui a fait réussir ou échouer l'action ou le discours : car si ce genre d'éloquence suffit dans sa simplicité pour inspirer l'intérêt, il n'est par lui-même d'aucune utilité réelle ; mais, si l'on y ajoute l'exposé de la cause, on rend fructueuse la lecture de l'histoire. En effet, les circonstances analogues, appliquées à notre situation propre et particulière, nous fournissent des moyens et des données pour prévoir l'avenir ; et tantôt en évitant, tantôt en imitant les exemples du passé, nous apportons plus d'assurance dans nos entreprises. Mais Timée passant sous silence les discours prononcés, sans rendre compte des causes, et les remplaçant par des argumentations controuvées et de verbeuses digressions, dépouille l'histoire de son vérita-

ble caractère. Voilà l'occupation principale de cet écrivain, et personne de nous n'ignore que ses ouvrages sont remplis de morceaux de ce genre.

[XII]. Mais on demandera peut-être pourquoi si Timée est tel que nous le représentons, il jouit auprès de certaines personnes de tant de faveur et de confiance. La cause en est qu'on le juge, non d'après ses productions et ses assertions particulières, mais d'après les critiques qu'il fait des ouvrages d'autrui, genre pour lequel il me paraît avoir une ardeur et une aptitude singulières. Pareille chose arrive au physicien Straton[1]. Quand il entreprend d'analyser et de réfuter les opinions des autres, il est admirable ; mais tire-t-il quelque chose de son fonds, expose-t-il ses propres idées, il est, au jugement des connaisseurs, bien plus médiocre et plus incapable que les auteurs, objets de ses censures. Il en est tout-à-fait, je crois, de notre historien comme de nous tous dans le courant de la vie, où il nous est aisé de blâmer autrui, mais difficile de nous montrer irréprochables[2], et en général on voit, il faut le dire, les gens les plus ardens à censurer les autres commettre le plus de fautes dans leur conduite personnelle.

[XIII]. Timée, indépendamment de ce que nous venons de dire, présente encore une autre singularité. Pour avoir résidé près de cinquante ans à Athènes et s'être plongé dans l'étude des mémoires relatifs aux temps anciens, il s'est imaginé qu'il était doué des plus heureuses dispositions pour écrire l'histoire. Il s'est abusé, du moins à mon avis. Car, comme l'histoire et la médecine ont entr'elles un certain rapport qui consiste en ce que l'un et l'autre se divisent en trois parties complétement distinctes, il arrive que ceux qui se livrent à l'étude de ces deux sciences y apportent des dispositions assez semblables. La médecine,

---

[1] Ce Straton le physicien fut disciple de Théophraste et lui succéda dans son école, la troisième année de la CXXXIIIe olympiade. Il fut le précepteur de Ptolémée Philadelphe. Philosophe célèbre, il encourut l'accusation d'impiété. Diogène de Laërce, qui a écrit sa vie, nous apprend que Straton avait composé beaucoup d'ouvrages.

[2] Cette maxime se trouve aussi fragment XVI de ce livre.

par exemple, se divise en trois parties : la première est la médecine rationnelle [1], la seconde la médecine diététique [2], et la troisième la médecine chirurgique et pharmaceutique [3]. En général, la forfanterie et l'imposture sont le propre de cet art; mais le rationalisme, qui a pris naissance principalement à Alexandrie, chez ceux qu'on y appelle les Hérophiliens et les Callimachiens [4], exploite cette partie de la médecine : il a su, par ses dehors fastueux et l'éclat de ses promesses, produire une telle illusion, que tous les autres médecins paraissent ne rien entendre à la science. Mais venant à l'application, leur met-on un malade entre les mains, on les trouve aussi dépourvus de connaissances pratiques, que celui qui n'aurait jamais lu un traité de médecine. Séduits par leur langage, quelques malades, qui n'avaient aucun mal sérieux s'étant confiés à eux, ont vu leurs jours mis en péril; car ces médecins-là ressemblent réellement aux pilotes qui gouvernent leurs vaisseaux avec un livre [5]. Cependant, lorsque parcourant les villes en grand apparat, ils ont rassemblé la multitude au pied de leurs tréteaux [6], ils jettent dans le dernier embarras ceux qui se donnent à juger par leurs œuvres, et ils les livrent au mépris de l'auditoire, avantage qu'un langage persuasif n'obtient que trop souvent sur la pratique et l'expérience. La troisième partie de l'art de guérir, qui présente le caractère de chacune des deux autres méthodes [1], non seulement est peu cultivée, mais souvent encore, grâce au défaut du jugement du vulgaire, est éclipsée par le charlatanisme et l'audace.

[XIV]. Il en est de même de l'histoire pratique, qui se divise en trois parties, l'une qui s'occupe de recherches dans les mémoires du temps et en tire des matériaux; l'autre qui se livre à l'observation des villes et des lieux, des fleuves et des ports, en général des particularités et des distances que présentent la terre et la mer; enfin, la troisième qui a pour objet les actions politiques. De même que pour la médecine, beaucoup, déterminés par l'opinion préexistante, se livrent à cette dernière partie de l'histoire, et la plupart, pour l'écrire, n'ont d'autre titre que leur dextérité, leur audace et leur fourberie : assez semblables aux marchands d'orviétan, ils ne visent qu'à se faire un nom, qu'à capter la faveur et à saisir l'occasion pour se procurer de quoi vivre : espèce d'hommes qui ne méritent pas que je m'en occupe davantage.

[XV.] Quelques-uns au contraire, qui paraissent consacrer avec intelligence toutes leurs études à la composition d'une histoire, semblables aux habiles médecins, aussitôt qu'après avoir extrait des livres tous leurs matériaux, ils se croient en état de commencer leur œuvre. . . . .

. . . .

Il est utile de rapporter les vicissitudes qu'a subies la destinée de ces hommes et les événemens des temps passés; car la connaissance du passé nous rend plus attentifs sur les choses de l'avenir, toutes les fois que l'on peut compter sur la véracité de l'histoire. Mais quiconque croirait, comme Timée, qu'il lui suffirait de cette seule faculté pour être en état d'écrire habilement l'histoire, commettrait une insigne erreur. Ce serait comme si après avoir vu

---

[1] Ou spéculative.

[2] C'est-à-dire qui s'occupe du régime; c'est ce qu'on appelle aujourd'hui l'hygiène.

[3] La chirurgie et la matière médicale. La pharmaceutique a chez nous maintenant un sens beaucoup plus restreint, et se borne aux préparations officinales. Celse, qui, dans sa préface, a reproduit en partie cette division de la médecine grecque, explique la médecine *chirurgique* par *quæ manu mederetur*, et la médecine *pharmaceutique* par *quæ medicamentis mederetur*.

[4] C'est-à-dire sectateurs d'Hérophile et de Callimaque, chefs de l'école rationaliste ou dogmatique, opposée à l'école empirique, qui eut pour chefs Sérapion.

[5] Ce passage semble présenter un sens proverbial.

[6] Suivant le texte et la version latine de M. Mai, il faudrait traduire : *lorsqu'ils se sont, à cause de leur nom acquis* une grande réputation; mais la valeur propre et grammaticale des mots grecs ne pourrait pas les rendre susceptibles de ce sens. Nous avons donc adopté la correction de M. Lucht, ἐπὶ ἑὸς μάτος au lieu de ἀπ' ὀνόματος; mais nous avons cru devoir changer aussi τοῖς λύγοις en τοῖς πολλοῖς. Peut-être cette dernière correction suffirait-elle; alors le sens serait, « quand ils ont rassemblé la foule attirée par leur nom. » Xénophon, ainsi que l'observe M. Lucht, nous apprend dans ses Entretiens de Socrate IV, 2. 5, que les médecins de l'antiquité parlaient en public pour obtenir l'autorisation d'exercer leur art.

[1] C'est-à-dire la médecine rationnelle et la médecine empirique.

des tableaux anciens, on se croyait peintre et peintre habile.

[XVI.] Tout cela sera évident d'après ce qui me reste à dire et particulièrement d'après ce qui est arrivé à Éphore dans quelques passages de son histoire. Cet historien me paraît en effet avoir eu quelque connaissance des combats de mer, mais aucune des combats de terre. Aussi toutes les fois qu'on entendra Éphore parler des combats de mer livrés près de Chypre et de Cnide et des entreprises des généraux du roi de Perse tant contre Évagoras à Salamine que contre les Lacédémoniens, on aura toute raison d'admirer l'éloquence et l'habileté de l'historien, et on pourra tirer de son récit des renseignemens utiles pour des cas semblables. Mais quand il se met à raconter la bataille des Thébains et des Lacédémoniens à Leuctres, ou celle de Mantinée dans laquelle Épaminondas [1] perdit la vie, si on considère les diverses parties de sa narration, et que l'on veuille suivre les diverses évolutions et les mouvemens militaires qu'il décrit dans la chaleur du combat, rien ne paraîtra plus ridicule et plus inhabile, n'eût-on soi-même rien vu de semblable. Ce n'est pas tant la bataille de Leuctres qui prouve l'ignorance de l'historien (car elle fut simple et on n'y suivit qu'un seul genre d'opérations militaires), que celle de Mantinée qui fut si variée et manifesta un véritable talent de commandement. Mais tout cela disparaît dans cet historien qui n'y comprend rien. Ce que je dis paraîtra évident à ceux qui se seront bien rendu compte de l'aspect des lieux et qui voudront s'y représenter l'exécution des mouvemens décrits par Éphore.

Il en est arrivé tout autant à Théopompe et à Timée. Je dirai quelques mots de ce dernier. On voit assez aisément pourquoi tous ont agi ainsi et ce que chacun a voulu. Tous du reste se conduisent comme Éphore.

[1] Éphore avait écrit une histoire universelle qui comprenait 750 ans depuis le retour des Héraclides jusqu'à la 20e année du règne de Philippe, fils d'Amyntas.

FRAGMENT XXV.

[XVII.] Il est impossible de bien écrire sur les affaires militaires si on n'a soi-même aucune connaissance de l'art de la guerre; de même qu'il est impossible de bien discuter les affaires politiques, si on ne les a pas étudiées et pratiquées. D'où il résulte que comme il ne peut sortir en ce genre rien d'habile et de parfaitement vrai de la plume d'un homme qui s'est contenté de la lecture des livres, le livre qui sortira de lui sera sans aucun fruit pour ses lecteurs. Et si on ôte de l'histoire l'utilité qu'elle peut nous offrir, elle ne sera plus qu'une composition misérable et indigne d'un homme intelligent. J'ajouterai encore que si on veut écrire en particulier sur les villes et les pays, on s'exposera à la même sorte d'erreurs, si on n'est pas parfaitement versé dans la géographie; car on omet beaucoup de choses dignes d'être rapportées et on en rapporte qu'il conviendrait mieux de ne pas mentionner, c'est ce qui est arrivé à Timée qui n'avait pas voyagé.

FRAGMENT XXVI.

[XVIII.] Timée dit dans son trente-quatrième livre « Pendant cinquante ans j'ai été » l'hôte d'Athènes, et j'ai étudié avec soin » tous les usages de la guerre. » Comme il n'a jamais visité aucun des pays qu'il décrit, il s'ensuit que, toutes les fois que dans son ouvrage il a quelque notion géographique à donner, il tombe dans l'ignorance ou le mensonge. Si quelquefois il rencontre le vrai, il en est à peu près de cette heureuse rencontre comme d'un peintre qui pour représenter des animaux sauvages les copierait sur des animaux domestiques. Il s'y trouverait bien en effet les formes extérieures, mais où serait cette vigueur indépendante qui caractérise l'animal sauvage, où serait cette vie réelle qui est le principal objet de la peinture?

[XIX.] C'est ce qui est arrivé à Timée, de même qu'à tous ceux qui se sont trop fiés aux connaissances puisées dans les livres. Toutes leurs narrations manquent de cette sève, de cette vie réelle qui ne saurait se rencontrer que dans les historiens qui ont eu eux-mêmes le maniement des affaires ; on ne peut réellement qu'alors éveiller dans les lecteurs des mouvemens utiles et durables. Aussi nos ancêtres voulaient-ils trouver cette qualité évidente d'action personnelle dans tous les commentaires. Ils voulaient que celui qui écrivait sur la vie politique eût mené en effet une vie politique et y eût montré de l'habileté ; ils voulaient que celui qui écrivait sur la guerre eût fait la guerre et en eût éprouvé les dangers : ils voulaient enfin que celui qui écrivait sur la vie domestique sût par lui-même ce qu'est le mariage et l'éducation des enfans. Aussi chaque composition littéraire convenait-elle à chaque genre de vie. Et on ne peut trouver cette utilité que dans ceux qui écrivent sur ce qu'ils ont fait et s'adonnent à cette histoire pratique. On me dira sans doute qu'il est bien difficile d'avoir ces connaissances pratiques de tous les arts et sciences ; il faut du moins s'approprier celles qui sont les principales et d'un usage plus commun.

[X] Que cela n'est pas tout à fait impossible, il suffit pour le prouver de l'exemple d'Homère dans lequel brille une connaissance étendue et variée de toutes ces choses. D'où l'on peut déduire que l'étude des livres est la troisième des qualités de l'historien, quoiqu'elle ne tienne pas le troisième rang dans notre auteur. La vérité de ce que je dis sera aisément comprise si on s'arrête aux discours, aux exhortations et aux harangues des ambassadeurs, employées par Timée. Un petit nombre de lecteurs aiment en lui ses longues harangues ; le plus grand nombre des lecteurs toutefois les préférerait courtes ; et quelques uns même préféreraient qu'il n'y en eût pas du tout. Notre siècle veut une chose, le siècle passé en voulait une autre. Les Étoliens accueillent ceux-ci, les Péloponnésiens ceux-là, et les Athéniens les autres. Quelquefois, selon les temps, les Athéniens ont affectionné tantôt les uns et tantôt les autres. Multiplier à tout propos de tels discours, comme le fait Timée, qui se montre toujours si verbeux dans ce qu'il écrit, c'est une occupation tout à fait misérable et digne de l'école. Un tel système a fait souvent beaucoup de tort aux historiens et appelé sur eux le dégoût des lecteurs. Mais choisir à propos son temps pour de tels discours et leur donner le ton et la mesure qui convient, c'est là un mérite réel.

[XXI.] Comme l'emploi des discours est une chose tout à fait vague et incertaine, on ne saurait en déterminer précisément ni le nombre ni la forme. Il faut des études, de l'habileté, de l'expérience littéraire, pour qu'ils servent à l'historien, au lieu de lui nuire dans l'esprit des lecteurs. Il est bien difficile d'enseigner à s'en servir à propos ; et on ne saurait jamais s'en servir sans connaître parfaitement les mœurs et les coutumes. Quant à ce qui touche à l'occasion présente, j'expliquerai ma pensée. Si les historiens, toutes les fois que l'occasion s'en offre, nous transmettaient des délibérations et des conseils véritables, s'ils reproduisaient des discours qui en effet ont été tenus, s'ils nous développaient ensuite les causes pour lesquelles tel ou tel orateur a obtenu tel ou tel résultat, alors certes il y aurait à retirer de là une connaissance utile des affaires, et il n'y aurait plus qu'à voir à quoi de tels discours s'appliqueraient à d'autres affaires ou en différeraient. Mais il est fort difficile de remonter aux causes des événemens, tandis qu'il est très facile de faire ostentation de son éloquence. Peu d'hommes d'ailleurs sont en état de dire ce qui convient et en peu de mots, et d'en étudier avec fruit les règles, tandis que rien n'est plus facile que de dire à tout propos beaucoup de sottises.

FRAGMENT XXVII.

[XXI.] Pour achever de prouver la vérité de mon jugement sur Timée et de ce que j'ai dit de son ignorance et de sa propension à dire le faux de plein gré, je citerai quelques-uns de ses écrits les plus incontestés. Nous savons que de tous les hommes qui ont dominé en Sicile les plus habiles furent Hermocrate, Timoléon, et Pyrrhus d'Épire. Il faut donc bien se garder de prêter à de tels hommes des discours puérils et dignes d'un écolier. Timée nous raconte dans son vingt-unième livre qu'au temps où Eurymédon s'étant transporté en Sicile y excitait les villes à déclarer la guerre aux Syracusains, les citoyens de Géla, accablés par l'infortune avaient envoyé des députés aux Camariniens pour en obtenir une trêve; que ceux-ci ayant consenti avec empressement à leur demande, les deux peuples avaient envoyé d'accord des ambassadeurs à leurs alliés et leur avaient demandé de vouloir bien envoyer à Géla des citoyens choisis et fidèles, afin de stipuler avec lui des conditions qui amenassent la paix et leur fussent réciproquement avantageuses. Lorsque ces députés se furent présentés dans le sénat et que l'affaire eut été mise en délibération, Timée fait parler ainsi Hermocrate.

[XXIII.] Hermocrate commence par louer les citoyens de Géla et les Camariniens d'abord d'avoir fait trêve entre eux, en second lieu de lui avoir donné occasion de parler, en troisième lieu d'avoir pris leurs précautions pour que. . . . . parce qu'ils savaient très-bien la différence qu'il y a entre la guerre et la paix. Là-dessus il nous débite deux ou trois lieux communs politiques. « Il vous reste, dit-il, à bien connaître combien la guerre diffère de la paix. » Déjà il leur avait annoncé qu'ils savaient *très-bien* la différence qu'il y a entre la paix et la guerre. . . . .
. . . Il remercie les citoyens de Géla de ne pas prendre la parole devant le sénat qui est fort bien informé de tout. . . . Je dis donc que Timée n'est pas seulement dénué de tout caractère politique, mais qu'il est complétement étranger aux connaissances littéraires qu'on puise dans toutes les écoles. Tout le monde sait en effet que ce qu'il faut surtout communiquer au lecteur ce sont les choses inconnues ou mal sues. Quant aux choses que tout le monde sait, il est véritablement aussi vain que puéril de bâtir là-dessus des harangues prolixes; Timée au contraire ne manque pas de tomber dans ce défaut. Il y consacre son discours en entier et ne vous fait pas grâce d'un seul mot, et les arguments dont

il se sert sont de telle nature que personne, je pense, ne supposera jamais que ce sont là ceux dont Hermocrate a fait usage, lui qui a porté un si puissant secours aux Lacédémoniens à la bataille navale d'Ægos-Potamos, et a fait prisonnières en Sicile les troupes athéniennes et leurs généraux. Mais un enfant ne parlerait pas ainsi [1].

FRAGMENT XXVIII.

On doit d'abord faire remarquer à l'assemblée que pendant la guerre c'est le bruit des trompettes qui éveille le matin, et dans la paix, le chant des coqs. Ensuite qu'Hercule en instituant les jeux olympiques a montré quelle était en cela son intention; qu'en faisant la guerre il n'avait fait de mal à personne que par nécessité et par ordre, et que volontairement il n'avait jamais porté à personne aucun préjudice : en troisième lieu, que Jupiter dans Homère ne peut souffrir le dieu Mars. « De tous les Dieux, lui dit-il, qui habitent le haut Olympe vous êtes celui que je hais le plus, parce que vous ne respirez que querelles, que guerres et que batailles. » Que dans le même poëte, le plus sage des héros dit que « qui aime la guerre et se plaît dans ses désordres, n'a ni famille, ni amour de la justice, ni foyer. » Qu'Euripide s'accorde en cela avec Homère, puisqu'il s'écrie : « O paix, mère des richesses, la plus aimable des divinités, que je vous désire avec ardeur! Que vous tardez à venir! Que je crains que la vieillesse ne me surprenne avant que je puisse voir ce temps heureux où tout retentira de nos chansons, et où, couronnés de fleurs, nous célébrerons des festins! » Il faut encore comparer la guerre à la maladie et la paix à la santé. Pendant la paix ceux qui sont malades se rétablissent, pendant

---

[1] Ici vient dans le manuscrit publié par M. Mai le discours attribué par Timée à Hermocrate et dont Polybe se moque. Reiske s'est trompé en pensant que ce discours était de Polybe. Gronove s'est également trompé en disant que c'était là un discours de lieux communs généraux pour obtenir la paix ou la guerre. Schweighauser lui-même n'a pas reconnu que ce discours était de Timée. Nous faisons suivre ce fragment par une analyse de ce discours qui forme le chap. IX de l'édition de Schweighauser.

la guerre ceux qui sont sains périssent. Dans la paix les vieillards sont ensevelis par les jeunes gens, dans la guerre les jeunes gens le sont par les vieillards. Mais le principal motif que l'on apporte, c'est que dans la guerre on n'est pas en sûreté dans ses propres murailles, au lieu que dans la paix les extrémités même du pays jouissent d'une sécurité parfaite.

. . . .

Je serais fort embarrassé de dire quelles puérilités de plus[1] on pourrait insérer dans une amplification d'école, ou dans une leçon où on voudrait offrir une argumentation tirée des personnes présentes. Les discours que Timée attribue à Hermocrate paraissent en effet avoir servi à un autre usage que celui auquel ils semblent destinés.

[XXIV] Dans le même vingt-unième livre Timoléon engage les siens à livrer bataille aux Carthaginois, et lorsqu'ils sont près d'en venir aux mains, il les engage à ne pas considérer le nombre de leurs adversaires, mais bien leur faiblesse. « Car quoique l'Afrique soit partout peuplée d'un grand nombre d'hommes, cependant, toutes les fois qu'on veut indiquer proverbialement un lieu désert, on dit : une solitude plus qu'africaine ; et ce n'est pas à la solitude des lieux, mais au petit nombre d'habitans vraiment doués d'un caractère viril que s'applique cette locution. En un mot, ajoute-t-il, qui craindrait des hommes qui oubliant que ce que la nature leur a donné en propre au dessus des autres animaux, ce sont les mains, les cachent toute leur vie, oisives sous leur tunique[2], et qui, ce qui est bien plus fort encore, portent sous leur tunique des liens pour ne pas paraître épouvantés en présence des ennemis. »

FRAGMENT XXIX.

[XXV.] Gélon ayant promis de secourir les Grecs avec vingt mille hommes d'infanterie et deux cents vaisseaux, pourvu qu'on lui donnât le commandement en chef par terre et par mer on rapporte que le sénat des Grecs qui siégeait, alors à Corinthe, guidé par la plus sage politique, répondit à ses envoyés : Qu'il prescrivait à Gélon de venir comme auxiliaire avec ses troupes, et que c'était aux événemens à conférer le commandement en chef à celui qui serait le plus en aide aux temps. Ils voulaient montrer par là qu'ils ne tournaient pas toutes leurs espérances du côté de Syracuse, mais en eux-mêmes, et qu'ils exhortaient tous ceux qui avaient bon vouloir pour eux à se présenter à cette lutte du courage et à mériter la couronne de la vertu. Mais Timée multiplie et alonge tellement ses harangues sur chacun des points en particulier ; il met tant d'ardeur à élever la Sicile au dessus de toute la Grèce en splendeur et en puissance ; à faire ressortir tout ce qui s'y est fait comme plus beau et plus grand que tout ce qui s'est passé dans le reste du monde ; il élève tellement la sagesse des Siciliens au dessus de toute autre sagesse ; il fait enfin des Syracusains des gens si émineus et si merveilleusement propres à toutes les grandes affaires, qu'en vérité, il ne reste après lui aucune hyperbole à ajouter par des écoliers qui voudraient s'exercer au style admiratif par des amplifications déclamatoires et remplies de lieux communs, en se proposant des sujets sans base, comme, par exemple, les louanges de Thersite, la critique de Pénélope, ou toute autre niaiserie semblable.

[XXVI.] Il résulte d'un tel abus du style qu'en présentant les hommes et les choses avec un si grand excès de bouffissure dans sa narration, les historiens s'exposent à attirer la raillerie sur ce qu'ils prétendent mettre au grand jour et donner pour modèle. Il en est d'eux comme de ces académiciens qui courent après l'éloquence et affectent de changer à chaque instant de terrain, et de se replier sur tous les sens. En voulant embarrasser leurs adversaires au milieu d'un dédale de choses tantôt évidentes, tantôt obscures, ils prodiguent en si grand nombre des fables admirables, ils se perdent dans une telle série d'argumens, qu'ils vous amènent véritablement à douter si ceux qui sont à

---

[1] Avec ces dernières lignes reprennent les fragmens nouveaux des palimpsestes.

[2] Dans les peintures homériques du manuscrit de la bibliothèque Ambrosienne, publiées par Mai, et dans celles du Térence et du Virgile du Vatican, les hommes sont représentés avec leurs mains sous leur tunique.

thènes ne sentiraient pas l'odeur des œufs qui se cuisent à Éphèse, et si vous êtes bien réellement dans l'académie, conversant avec eux sur tout cela, ou plutôt assis tranquillement chez vous à parler de toute autre chose. Par là les académiciens non seulement s'écartent de leur but, mais ils créent dans le tempérament de la jeunesse une véritable maladie; c'est qu'au lieu de s'appliquer à l'étude de la morale, de la politique et de l'éloquence qui sont les seules études dignes d'un homme raisonnable, ils perdent leur vie dans une ostentation ridicule et vaine de verbosité.

[XXVII.] Il en est arrivé tout autant dans l'histoire à Timée et à ses imitateurs. Comme il raconte en effet des choses merveilleuses et soutient obstinément son dire, il excite souvent une vaine admiration, et se concilie ses lecteurs par un faux semblant de vérité. Il défie même souvent les doutes et semble vouloir persuader par la force de ses argumens ; et c'est surtout son habitude lorsqu'il décrit les colonies et les villes bâties et alliées. Dans ce genre de descriptions il se montre à la fois si minutieux dans ses propres recherches et si ardent dans la critique des autres qu'on serait tenté de croire que tous les autres écrivains ont dormi au lieu d'ouvrir les yeux, et qu'ils n'ont été que d'apathiques habitans de l'univers, tandis que lui seul aurait été un scrutateur infatigable, un juge habile, un historien intelligent. S'il y a quelques bonnes choses dans ce qu'il dit, je dois déclarer pourtant que le mensonge y abonde.

[XXVIII] Il résulte de cette assurance de Timée que souvent ceux de ses lecteurs qui ont le plus étudié les premiers commentaires dans lesquels sont décrites les choses dont je viens de parler, et qui après avoir préparé leur esprit à embrasser la grandeur universelle de ces promesses y ont ajouté foi, supportent avec peine une contradiction, et que quand on vient leur démontrer que Timée a erré précisément là où il reproche amèrement aux autres d'avoir erré, ainsi que j'ai démontré qu'il était faux dans ses assertions et dans leurs conséquences au sujet des Locriens, ils ne permettent pas qu'on les arrache à leur bonne opinion de lui et se mettent en hostilités avec vous. Enfin, pour le dire en peu de mots, ceux qui ont médité avec trop d'attention les commentaires de Timée en retirent le fruit qu'habitués à ses harangues et à ses discours, ils en sortent argumentateurs puériles et scolastiques.

FRAGMENT XXX.

[XXIX] Nous possédons outre les commentaires de Timée une partie de son histoire générale qui est également souillée du même fatras, et dont j'ai passé quelques morceaux en revue.

Je dirai maintenant à quoi j'attribue le défaut de Timée ; cela pourra paraître peu vraisemblable à quelques-uns, mais ce n'en est pas moins la véritable source de ses erreurs. Tout en faisant parade d'une grande ardeur de recherches et d'une sorte de vaste pratique et de génie, et quoique, pour le dire en un mot, il feigne d'avoir employé les efforts les plus consciencieux dans la rédaction de son histoire, il n'en est pas moins dans certaines parties le plus inhabile et le plus négligent des hommes auxquels on veut bien accorder le nom d'historiens. Je confirmerai ce que je dis par les faits suivans [1].

Des deux organes que la nature nous a donnés pour nous informer et nous instruire à fond des choses, l'ouïe et la vue, celui-ci quoique incomparablement plus certain selon Héraclite (car les yeux sont des témoins tout autrement exacts que les oreilles,) n'est cependant pas la voie dont Timée s'est servi pour parvenir à la connaissance des faits dont il parle. Il a pris la plus douce quoiqu'elle fût la moins sûre. Il n'a rien examiné par ses yeux, il n'a employé que ses oreilles. Bien plus, car des deux manières dont l'ouïe sert à nous instruire des choses, savoir la lecture des livres et nos

[1] Ici vient un morceau qui faisait partie des anciens fragmens et que je rétablis à sa place.

propres recherches, il n'a fait aucun usage de la dernière : nous l'avons prouvé plus haut. Si l'on veut savoir pourquoi il s'en est tenu à la lecture, c'est que par ce moyen on ne court aucun risque, et qu'on n'a rien à souffrir en apprenant. Il n'est besoin pour cela que de se loger dans une ville où il y ait grand nombre de livres, ou d'avoir auprès de soi une bibliothèque bien fournie. Avec ce secours on peut, à l'aise dans un cabinet, sans rien perdre de son repos et de sa tranquillité, s'instruire de ce que l'on cherche, comparer ensemble les écrivains passés et observer leurs fautes. Mais pour faire des recherches exactes il en coûte des travaux et de la dépense. Aussi c'est ce qui perfectionne l'histoire et qui lui donne son prix. On le voit par le témoignage de ceux qui se sont exercés dans ce genre d'écrire ; Ephore dit que s'il était possible que ceux qui écrivent des faits en fussent témoins oculaires, ce serait la meilleure manière de les connaître. Et Théopompe, que celui-là est d'autant plus habile dans les choses de la guerre, qu'il s'est trouvé à un plus grand nombre de combats, comme le plus éloquent orateur est celui qui a plaidé le plus de causes. Il en est de même de la médecine et de l'art de conduire des vaisseaux. Homère nous apprend la vérité avec encore plus de force et d'énergie, lorsque voulant nous montrer en la personne d'Ulysse quelles doivent être les qualités d'un homme propre aux grandes affaires ! « Muse, dit-il, « faites-moi l'éloge de cet homme subtil et »rusé qui a couru tant de pays, qui a vu tant de » villes et connu les mœurs de tant de nations, » qui a essuyé sur mer tant de travaux et de » peines, qui s'est trouvé dans tant de guerres » et a tant de fois été exposé à la violence des » flots. » C'est un écrivain de ce genre-là que la dignité de l'histoire demanderait. Comme Platon dit que les hommes seraient heureux si les philosophes étaient rois, ou si les rois étaient philosophes, je dirais volontiers moi qu'il ne manquerait rien à l'histoire, si les personnes employées dans les grandes affaires l'écrivaient eux-mêmes, non par manière d'acquit, comme on fait aujourd'hui, mais avec le soin qu'on prendrait si l'on était persuadé que de tous les devoirs de la vie le plus nécessaire et le plus noble serait de s'y appliquer, sans que jamais rien pût en détourner ; ou si ceux qui se mêlent de l'écrire regardaient l'usage et l'expérience des affaires comme une préparation nécessaire à un historien. Jusque-là on doit s'attendre à voir bien des fautes dans les histoires. Or Timée ne s'est nullement mis en peine d'acquérir cette préparation. Il n'est jamais sorti du lieu où il demeurait. Affaires, guerre, politique, voyages, recherches, il semblait avoir voulu renoncer à tout. Malgré cela il est en réputation de bon historien. Je ne conçois pas ce qui lui a mérité cet honneur[1].

[XXX] Que ce soit là la nature de Timée il est facile d'en avoir son propre aveu. En effet dans le prologue de son livre IV il dit que quelques personnes pensent qu'il faut une plus grande puissance d'intelligence, un plus grand travail et de plus grands efforts pour le genre démonstratif que pour le genre historique ; que cette opinion avait été par je ne sais qui émise devant Éphore, et que celui-ci ne pouvant la réfuter s'efforça d'établir une comparaison entre les deux genre en mêlant les discours à la narration historique. [1]

[XXXI] Il dit là une absurdité, et calomnie un historien, car Éphore, dans son Histoire universelle, est véritablement admirable par son élocution, par le choix des faits et par la distribution des sujets ; il est toujours ingénieux dans ses digressions et dans les maximes qu'il tire de ses propres réflexions ; et pour compléter mon opinion sur lui, toutes les fois qu'en dehors de son sujet principal il orne quelque discours d'un peu de pompe, je ne sais comment il arrive qu'on trouve toujours plaisir à comparer les talens de l'historien et de l'auteur. Cependant Timée, pour ne pas paraître avoir calomnié Éphore ni les autres, blâme constamment et entièrement tout ce qu'ont fait de bien tous les autres historiens et il s'imagine qu'en portant tout au pis, sa

---

[1] L'ancien fragment se termine ici ; à la suite reprend le manuscrit retrouvé par M. Mai.

malice restera inconnue à tout lecteur vivant.

[XXXII] Cependant avide d'augmenter la gloire due à l'historien, il commence par dire qu'il y a autant de distance entre le style historique et le style oratoire, qu'il y en a entre de véritables édifices et les fragmens de lieux et de maisons figurés sur la scène; il affirme même que c'est une chose bien plus difficile d'amasser seulement les matériaux nécessaires à la confection d'une histoire que de mettre à fin les compositions oratoires. Il ajoute que lui-même a fait de si grandes dépenses et s'est livré à de si grands travaux pour réunir les commentaires [de quelques auteurs, et obtenir des renseignemens sur les Liguriens, les Gaulois, et j'ajouterai même les Ibères, qu'il ne pense pas que personne puisse ajouter foi à ce qu'il pourrait en dire. Un de ces historiens aimerait à lui demander s'il croit qu'il y a plus de travail et de dépenses à encourir à rester assis paisiblement dans une ville en achetant des livres et en cherchant des renseignemens sur les usages des Liguriens et des Gaulois, qu'à aller visiter de sa personne un grand nombre de peuples et à voir tout chez eux de ses propres yeux[1]? Combien n'est-il pas important d'entendre le récit des combats de terre et de mer, et des sièges, de la bouche de ceux qui y ont assisté et d'avoir soi-même l'expérience de ces terribles événemens et de tous les travaux militaires? Je ne crois pas qu'il y ait autant de différence entre des édifices réels et leur représentation figurée, entre l'histoire et le genre oratoire, qu'il y en a dans toute composition entre celui qui raconte sans une connaissance personnelle et une expérience éclairée et celui qui écrit sur tradition et par oui-dire.

Les hommes inhabiles s'imaginent que rien n'est plus facile aux écrivains historiques, que de recueillir des commentaires et d'apprendre de ceux qui les savent bien, la masse des faits et ils en prennent sur eux le fardeau. Mais les inhabiles se trompent aussi à cet égard; car comment pourraient-ils interroger convenablement sur les combats de terre et de mer et sur les sièges? comment celui qui ne sait rien de toutes ces choses pourrait-il comprendre le détail de ce qu'on lui exposerait. La manière d'interroger est souvent d'un puissant secours pour le narrateur; il suffit d'une insinuation pour conduire à travers tous les faits l'homme qui a assisté à ces faits. L'interrogateur inhabile ne sait pas questionner sur les faits dont furent témoins des gens qui ne sont pas de sa génération, et ne sait pas même comprendre les événemens arrivés de son temps; car, quoiqu'il y soit présent de corps, il est en effet absent d'intelligence.

LIVRE TREIZIÈME.

FRAGMENT Ier.

Des guerres continuelles et un luxe désordonné avaient jeté les Étoliens dans de si grandes dépenses, que sans que l'on s'en aperçût, sans qu'ils s'en aperçussent eux-mêmes, ils se trouvèrent enfin accablés de dettes. Dans cet état, ne voyant de ressource que dans le changement du gouvernement, ils mi-

[1] Polybe veut ici parler de lui-même.

[1] Polybe fut mandé de la Grèce par des lettres du consul Manilius pour assister à la troisième guerre punique. Lui-même annonce dans ses fragmens qu'il a donné de bouche des conseils sur cette expédition. Arrien, dans sa tactique, raconte que Polybe accompagna Scipion l'Africain le jeune dans beaucoup de ses campagnes. Il assista aussi à la prise de Carthage (Appien et Diodore) et à la destruction de Corinthe (Plutarque, vie de Philopœmen, et Polybe lui-même dans Strabon, VIII, vi).

rent à leur tête Dorimaque et Scopas, deux hommes factieux, et dont tous les biens étaient engagés à leurs créanciers. Élevés à cette dignité, ces deux hommes prescrivirent des lois à leur patrie [1].

FRAGMENT II.

[I] Alexandre l'Étolien [2] résistait aux législateurs Dorimaque et Scopas, leur démontrant par de nombreux argumens que partout où existait le germe de ce genre de lois, on ne pouvait l'étouffer sans de grands malheurs pour ceux chez lesquels il existait. Il demandait donc qu'ils s'occupassent non seulement de les soulager pour le présent du fardeau des dettes, mais encore d'étendre cette mesure à l'avenir; car, disait-il, il est absurde de donner sa vie en temps de guerre pour la défense de ses enfans, et de n'avoir, en temps de paix, aucune sorte d'égards pour l'avenir.

FRAGMENT III.

[II] Scopas, législateur des Étoliens [3] ayant été dépouillé de la dignité en vertu de laquelle il avait écrit ces lois, porta ses vœux sur Alexandrie, espérant y obtenir des biens qui soulageraient sa misère et satisferaient son avidité. Il ignorait sans doute que, de même qu'un hydropique [4] n'éprouve à sa soif de soulagement d'aucune boisson avant que le médecin ait guéri sa maladie, ainsi la soif de posséder ne saurait être rassasiée à moins qu'on n'extirpe par quelque moyen le vice de l'âme qui le produit. L'homme dont je parle est un exemple remarquable de cette vérité. Il arrive à Alexandrie; on le fait général des troupes; on lui confie les principales affaires; le roi lui donne chaque jour dix mines pour sa table, tandis que les officiers subalternes n'en recevaient qu'une : tout cela lui paraissait encore trop peu. Sa première avidité ne fut pas rassasiée; il la porta à de tels excès que, devenu odieux à ceux mêmes qui l'avaient enrichi, il perdit et ses richesses et la vie.

FRAGMENT IV.

Franchise et droiture des Achéens dans les affaires publiques. — Telle était aussi autrefois la manière de Romains.

Quoique la fraude et la tromperie dans le maniement des affaires publiques ne soient pas dignes d'un roi, on a cependant vu des hommes qui ne se faisaient nul scrupule de s'en servir. Il y en a même qui, à force de les voir en usage, ont été jusqu'à soutenir qu'elles étaient nécessaires. Les Achéens étaient fort éloignés de cette pensée; loin de tromper leurs amis pour augmenter leur puissance, ils ne voulaient pas même que la tromperie eût la moindre part aux victoires qu'ils remportaient sur leurs ennemis. La victoire selon eux n'avait rien d'éclatant ni de solide, si l'on ne combattait ouvertement et si l'on ne devait ses succès à son courage. Ils s'étaient fait une loi de ne jamais cacher les traits dont ils devaient se servir, ni d'en lancer de loin, se persuadant que le seul combat légitime est celui qui se fait de près et de pied ferme. C'est pour cela qu'en guerre non seulement ils s'avertissaient les uns les autres du combat qu'ils avaient résolu de donner, mais encore du lieu où il se donnerait; et aujourd'hui on ne fait aucun cas d'un général qui ne cache pas ses desseins. On voit encore chez les Romains quelques légères traces de cette ancienne manière de faire la guerre; car ils la déclaraient à leurs ennemis; ils se servaient rarement d'embuscades, et se battaient de près et de main à main. Maintenant les choses sont bien changées. Il y a parmi les chefs une espèce d'émulation à se tromper les uns les autres, soit dans les affaires civiles, soit dans les militaires, et ce sont les excès où l'on tombe sur ce sujet qui m'ont fait faire ces réflexions.

FRAGMENT V.

Portrait d'Héraclide.

Philippe, comme pour donner à Héraclide un sujet de s'exercer, lui ordonna de cher-

---

[1] Fragmens de Valois.
[2] Fragment tiré des palimpsestes par Mai.
[3] Cette phrase se trouve dans l'édition de Schweighauser comme tirée du manuscrit Urb.
[4] Cette phrase se trouve dans les fragmens anciens.

cher comment il pourrait nuire à la flotte des Rhodiens et la faire périr, et en même temps il envoya en Crète des ambassadeurs pour irriter les Crétois contre ce peuple et les porter à lui déclarer la guerre. Héraclide, homme naturellement malfaisant, reçoit cet ordre avec joie. Il pense aux moyens de l'exécuter, met à la voile et arrive à Rhodes. Il était originaire de Tarente, né de parens du plus petit peuple, et qui gagnaient leur vie du travail de leurs mains. Il avait apporté en naissant toutes les dispositions imaginables pour devenir un grand scélérat. Dès sa plus tendre jeunesse il se livra à la plus infâme prostitution; beaucoup d'esprit au reste et une grande mémoire. Terrible à ceux qui lui étaient inférieurs et osant tout contre eux, bas et rampant à l'égard de ceux qui étaient au dessus de lui. Accusé autrefois d'avoir voulu livrer Tarente aux Romains, il avait été envoyé en exil, non pas qu'il eût aucune autorité dans sa patrie, mais parce qu'étant architecte, sous prétexte de réparer quelque brèche aux murailles de la ville, il avait trouvé le moyen de s'emparer des clés de la porte d'où l'on passait dans les terres. Il se retira chez les Romains, et de là il écrivit à Tarente et à Annibal. Mais quand il se vit découvert, craignant les suites de sa trahison, il se réfugia chez Philippe, dont il gagna tellement la confiance, et auprès de qui il se mit en si grand crédit, qu'il fut presque la cause de la ruine entière d'un si puissant royaume.

FRAGMENT VI.

Mais les Prytacéens qui déjà tenaient Philippe comme suspect à cause de la perfidie avec laquelle il s'était conduit avec les Crétois, soupçonnèrent aussi que c'était pour machiner quelque perfidie qu'Héraclide leur avait été envoyé par lui [1].

—

Celui-ci étant entré rappela toutes les raisons qui avaient déterminé Philippe à prendre la fuite [2].

. . . . Leur disant : que Philippe préférait tout souffrir plutôt que de révéler en cela ses desseins aux Rhodiens. Ce discours fit tomber tous les soupçons qu'on avait sur Héraclide [1].

FRAGMENT VII.
Force de la vérité.

Je suis persuadé que la plus grande déesse qu'il y ait parmi les hommes, celle qui a le plus de force et de pouvoir, c'est la vérité [2]. On a beau de tous côtés s'élever contre elle, en vain toutes les probabilités semblent favoriser le mensonge, elle s'insinue et entre par elle-même, je ne sais comment, dans l'âme. Quelquefois elle fait éclater d'abord sa puissance; il arrive aussi quelquefois qu'elle demeure long-temps obscurcie et comme étouffée sous les ténèbres; mais enfin elle reprend le dessus par ses propres forces et triomphe glorieusement de son ennemi.

FRAGMENT VIII.

Damoclès était un ministre habile et fort versé dans les affaires. Il fut envoyé avec Pythéon pour observer les conseils des Romains.

FRAGMENT IX.
Cruauté inouïe de Nabis, tyran de Lacédémone.

Depuis la défaite des Lacédémoniens par Machanidas, Nabis tyran de ce peuple dominait depuis trois ans dans Sparte, sans oser rien entreprendre de considérable. Il ne s'occupait qu'à jeter les fondemens solides d'une longue et insupportable tyrannie. Pour cela il s'attacha à perdre tout ce qui était resté dans cette république. Il en chassa les hommes les plus distingués en richesses et en naissance, et il abandonna leurs biens et leurs femmes aux principaux de son parti et aux étrangers qui étaient à sa solde, tous assassins, et capables de toutes sortes de violences pour enlever le bien d'autrui. Cette espèce de gens, que leur scélératesse avait fait chasser de leur patrie, s'assemblaient de tous les coins du monde auprès du tyran, qui vivait au milieu d'eux comme leur

---

[1] Suidas in Πρυτάνεις.
[2] Idem. in Ἀπειλή.

[1] Suidas in Ἀναδίξασθαι et Ἀπειλος.
[2] Anciens fragmens.

protecteur et leur roi, en faisant d'eux ses satellites et sa garde, et fondant sur eux une réputation d'impiété et une puissance qui fût inébranlable. Il ne se contenta point de reléguer les citoyens, il fit en sorte que, même hors de leur patrie, ils ne trouvassent aucun lieu sûr, aucune retraite assurée. Les uns étaient massacrés dans les chemins par ses émissaires; il ne rappelait les autres d'exil que pour les faire mourir. Enfin dans les villes où quelques-uns d'eux demeuraient, il faisait louer des maisons voisines des leurs par des personnes non suspectes, et y envoyait des Crétois, qui, par les ouvertures qu'ils faisaient aux murs et par les fenêtres, les perçaient de traits, soit qu'ils fussent debout ou couchés; il n'y avait ni lieu ni temps où les pauvres Lacédémoniens fussent en sûreté, et la plupart d'entre eux périrent misérablement.

Outre cela il inventa une machine, si on peut l'appeler de ce nom, qui représentait une femme revêtue d'habits magnifiques, et qui ressemblait tout-à-fait à la sienne. Toutes les fois qu'il faisait venir quelqu'un pour en tirer de l'argent, d'abord il lui parlait avec beaucoup de douceur et d'honnêteté du péril dont le pays et Sparte en particulier étaient menacés par les Ochéens, du nombre des étrangers qu'il était obligé d'entretenir pour la sûreté de l'état, des dépenses qu'il faisait pour le culte des Dieux et pour le bien commun. Si on se laissait toucher par ces discours, il n'allait pas plus loin, c'était tout ce qu'il se proposait. Mais quand quelqu'un refusait de se rendre et se défendait de donner, il disait : « Peut-être n'ai-je pas le talent de vous » persuader, mais je pense qu'Apéga vous » persuadera. » Apéga était le nom de sa femme. A peine avait-il fini ces paroles que la machine paraissait. Nabis la prenant par la main la levait de sa chaise, puis passait à son homme, l'embrassait, le serrait entre ses bras et l'amenait bientôt contre la poitrine de la statue, dont les bras, les mains et le sein étaient hérissés de gros clous cachés sous les habits ; lui appuyant ensuite les mains sur le dos de la femme, et l'attirant par je ne sais quels ressorts il le serrait contre le sein de la prétendue Apéga, et l'obligeait par ce supplice de dire tout ce qu'il voulait. Il fit périr de cette manière une grande quantité de ceux dont il n'avait pu extorquer autrement ce qu'il demandait.

Toutes ses autres actions [1] répondirent à celles que nous venons de rapporter et il ne se démentit jamais. Il avait sa part dans les pirateries qu'exerçaient les Crétois. Dans tout le Péloponnèse il répandait des scélérats dont les uns pillaient les temples, les autres volaient sur les grandes routes, d'autres assassinaient, et après avoir partagé le butin avec eux, il leur donnait dans Sparte un lieu de refuge pour les mettre en sûreté. Vers ce temps-là quelques Béotiens étant venus à Lacédémone, gagnèrent tellement l'amitié d'un des écuyers de ce tyran qu'ils l'engagèrent à faire voyage avec eux. Il prit en effet un beau cheval blanc, le plus beau qu'il y eût dans les écuries de son maître. A peine furent-ils arrivés à Mégalopolis que des satellites envoyés par le tyran se jettent sur eux, emmènent le cheval et l'écuyer et insultent ceux qu'il accompagnait. D'abord les Béotiens demandent qu'on les conduise au magistrat; sur le refus qu'on leur en fait, un d'entre eux se met à crier : au secours ! au secours ! Les habitants s'assemblent et se mettent en devoir de mener les voyageurs aux magistrats; ce tribunal effraya les satellites de Nabis qui lâchèrent leur proie et se retirèrent; le tyran qui cherchait depuis long-temps quelque prétexte de courir sus aux peuples voisins, saisit celui-ci. Il se mit en campagne et poursuivit les bestiaux de Proagoras et de quelques autres, et ce fut là le commencement de la guerre.

FRAGMENT X.

Affaire d'Antiochus en Arabie.

Chatténia, troisième division du pays des Gerréens, Polybe, livre XIII. Le sol de Chatténia est un sol stérile, mais il est cependant couvert de bourgs et de tours à cause de l'opulence des Gerréens qui l'habitent. Elle est sur la mer Érythréenne. [2]

---

[1] Fragment de Valois.
[2] Étienne de Byzance au mot Χαττηνία.

Laba est comme Saba une ville du pays de Chatténia, car Chatténia est une province des Gerréens [1].

Les Gerréens prièrent le roi de ne pas détruire les avantages qui leur avaient été concédés par les Dieux; c'était, disaient-ils, la jouissance éternelle de la paix et de la liberté. Après s'être fait expliquer leur lettre par des interprètes, il leur répondit qu'il consentait à leur demande [2].

Il ordonna aussi d'épargner le pays des Chatténiens [3].

Lorsque le roi Antiochus eut confirmé la liberté des Gerréens, ceux-ci lui donnèrent cent talens d'argent, mille d'encens et deux cents de l'aromate appelé stacte; car on trouvait de tous les aromates sur la mer Érythréenne. Le roi s'embarqua ensuite pour se rendre à l'île de Tulé d'où il retourna par mer à Séleucie [4].

FRAGMENT VIII.

Géographies.

Badiza est une ville des Bruttiens. (Polybe, livre XIII.)

Lampetia est une ville des Bruttiens. (Polybe, livre XIII.)

Mélétussa est une ville d'Illyrie de laquelle parle Polybe dans son livre XIII.

Ilattia est une ville de Crète. (Polybe, livre XIII.)

Sibyrtus est une ville de Crète. (Polybe, livre XIII.)

Adram est une ville de Thrace que Polybe dans son livre XIII nomme Adrène.

Champ de Mars, c'est un champ inculte de la Thrace, où les arbres ne croissent que faibles et rabougris, ainsi que le dit Polybe dans son livre XIII.

Les Digériens sont un peuple de la Thrace. (Polybe, livre XIII.)

Cibyle est une ville de Thrace non loin du pays des Astes. (Polybe, livre XIII.)

LIVRE QUATORZIÈME.

FRAGMENT Ier.

Polybe dit en parlant de lui et de l'exposition de son sujet tel qu'il le présente dans le sommaire de ses livres :

Peut-être l'exposé de ce qui a été fait [6] sous toutes les olympiades excite-t-il mieux la curiosité, tant par le nombre des faits que par leur importance. Après avoir vu sous une seule série l'ensemble des faits qui se sont passés sur toute la terre, les lecteurs s'occuperont moins des faits écoulés dans l'intervalle d'une seule olympiade. Les guerres faites en Italie et en Afrique ont été mises à fin de notre temps. Et qui donc en les lisant ne serait pas impatient d'en saisir la catastrophe et la fin? C'est un

---

[1] Étienne de Bysance au mot Λάβαο.
[2] Suidas in Αξιούσι.
[3] Étienne de Bysance au mot Γαττηνία.
[4] Suidas au mot Ζαραχίη.
[5] Ces fragmens sont tirés d'Étienne de Bysance.
[6] Fragment des palimpsestes d'Aug. Mai.

penchant naturel aux lecteurs de connaître l'issue de tout. C'est le temps qui révèle et fait connaître les conseils des rois; et tout ce qui se préparait alors apparaît aujourd'hui manifeste aux plus indifférens. Désireux comme je le suis de raconter chaque chose selon son importance, j'ai remis en un seul livre les événemens qui se sont passés durant vingt-deux ans, ainsi que je l'avais déja dit[1].

FRAGMENT II.

Stratagème de Scipion pour ruiner les armées d'Asdrubal et de Syphax roi des Numides, sans combattre.

Pendant que les consuls[2] donnaient tous leurs soins à ces affaires, Scipion, qui était en quartier d'hiver dans l'Afrique, ayant appris que les Carthaginois préparaient une flotte, pensa aussi à s'en préparer une, sans néanmoins renoncer au dessein qu'il avait de mettre le siège devant Utique. Espérant aussi toujours attirer Syphax à son parti, il profita du voisinage des armées pour lui envoyer continuellement des députés, persuadé qu'il viendrait enfin à bout de le détacher de l'alliance des Carthaginois. Deux raisons le portaient à se flatter que ce prince n'aurait pas long-temps la même passion pour la jeune fille qui lui avait fait embrasser leurs intérêts : la légèreté naturelle avec laquelle les Numides passent de la possession au dégoût, et leur facilité à violer la foi qu'ils ont jurée aux Dieux et aux hommes. Il se repaissait de cette pensée et roulait dans son esprit de grandes espérances de l'avenir, lorsque, craignant d'en venir à un combat avec des ennemis qui lui étaient de beaucoup supérieurs, il s'avisa pour s'en défaire d'un autre expédient.

Quelques-uns de ceux qu'il avait députés à Syphax lui avaient rapporté que les Carthaginois dans leurs quartiers se logeaient sous des huttes faites uniquement de bois et de branchages; que celles des Numides, qui s'étaient enrôlés d'abord, n'étaient que de joncs; que celles des autres, que les villes avaient fournies depuis, n'étaient que de feuillage; et que les unes étaient dedans et les autres hors du fossé et du retranchement. Mettre le feu à ces huttes était une affaire à laquelle les ennemis ne s'attendaient pas et d'un avantage infini; Scipion ne pensa plus qu'à l'entreprendre. Jusque là il avait toujours rejeté les propositions qu'on lui apportait de la part de Syphax, qui étaient : qu'il fallait que les Carthaginois sortissent de l'Italie et les Romains de l'Afrique, gardant les uns et les autres ce qu'ils avaient entre ces deux états avant la guerre. Mais alors il laissa entrevoir à ce prince que ce qu'il proposait n'était pas impossible. Syphax charmé de cette nouvelle ne prit plus garde de si près à ceux qui allaient et venaient; ce qui fit que Scipion envoyait dans son camp et plus souvent et plus de monde à la fois, et que même pendant quelques jours on resta dans le camp les uns des autres sans défiance et sans précaution. Ce fut alors que Scipion fit partir avec ses députés quelques personnes intelligentes et des officiers déguisés en esclaves pour observer les entrées et les issues des deux camps; car il y en avait deux, celui d'Asdrubal où l'on comptait trente mille hommes de pied et trois mille chevaux, et celui des Numides, où il y avait dix mille chevaux et cinquante mille hommes d'infanterie. Celui-ci n'était qu'à dix stades de l'autre, et il était plus aisé à forcer et à brûler, les huttes des Numides n'étant faites, comme nous avons dit, que de roseaux et de feuillages, sans terre et sans bois.

A l'entrée du printemps, toutes les mesures étant prises pour exécuter le projet de brûler le camp des ennemis, Scipion fit mettre des vaisseaux en mer et dresser dessus des machines comme pour assiéger Utique par mer. Il détacha deux mille hommes de pied pour s'emparer d'une hauteur qui commandait la

---

[1] C'est-à-dire les 22 années du règne de Ptolémée-Philopator. Ce livre est mutilé dans les manuscrits. Afin de raconter plus convenablement les événemens graves d'Italie et d'Afrique, Polybe a écrit en peu de mots dans ce livre les événemens sans importance de l'Égypte sous Ptolémée-Philopator. Nous ne savons pas s'il a parlé de son projet dans les premiers livres; il n'en est nullement question dans ceux qui nous restent. Polybe a renfermé dans ce livre plusieurs années de l'histoire d'Égypte; mais on n'en peut dire exactement le nombre. Il n'est pas exact de dire que Ptolémée-Philopator ait régné vingt-deux ans. Suivant St. Martin (Nouvelles recherches sur l'époque de la mort d'Alexandre) il régna de l'année, 222 à 205; et le livre XIV ne comprenait pas même toutes ces années.

[2] Fragmens anciens.

ville et la fortifier par un bon fossé conduit tout autour. Par là il donnait à croire aux ennemis qu'il en voulait à Utique; mais son véritable dessein était de mettre là un corps qui pendant le temps de l'expédition, empêchât qu'après le départ de l'armée, la garnison d'Utique n'entreprît d'attaquer le camp qui n'en était pas loin, et d'assiéger ceux qu'il y aurait laissés pour le garder.

Pendant ces préparatifs, il députait à Syphax pour savoir de lui s'il était toujours dans les mêmes sentimens, si les Carthaginois consentaient à la paix, s'ils ne demanderaient pas de nouvelles délibérations sur ce point, et il avait donné ordre aux députés de ne pas revenir qu'ils ne lui apportassent réponse sur chacun de ces articles. Cette défense de retourner sans réponse, cette inquiétude sur la disposition où étaient les Carthaginois, persuadèrent au Numide que Scipion songeait sérieusement à conclure la paix. Dans cette pensée il envoie avertir Asdrubal de ce qui se passait et l'exhorter à finir la guerre; vivant pendant ce temps-là sans souci et ne s'embarrassant pas que les Numides qui venaient de nouveau se logeassent hors du camp, Scipion affectait la même tranquillité, mais au fond il ne perdait pas de vue son projet.

Syphax averti, de la part des Carthaginois, qu'il n'avait qu'à traiter avec les Romains, transporté de joie en donne avis aux députés, qui sur le champ portèrent cette nouvelle à Scipion. Ce général lui renvoya dire aussitôt que pour lui il ne demandait pas mieux que de faire la paix, mais que son conseil était d'avis qu'il fallait continuer la guerre. C'était de peur que s'il faisait quelque acte d'hostilité pendant que l'on traitait de paix, il ne parût aller contre la bonne foi, au lieu qu'après cette déclaration il croyait être à couvert de tout reproche, quelque chose qu'on entreprît contre les ennemis.

Ce changement fit beaucoup de peine à Syphax qui avait déjà conçu de grandes espérances de la paix. Il alla s'aboucher avec Asdrubal et lui annonça ce qu'il venait d'apprendre de la part des Romains. Dans l'inquiétude où cette nouvelle les jeta, ils tinrent conseil entre eux sur les mesures qu'ils avaient à prendre; mais ils ne pensèrent à rien moins qu'au péril dont ils étaient menacés, et ne songèrent point du tout aux précautions qui étaient nécessaires pour l'éviter. Toutes leurs vues se bornèrent à tâcher d'attirer les Romains en rase campagne pour les combattre, ce qu'ils souhaitaient avec une extrême passion.

Jusqu'alors, d'après les préparatifs que faisait Scipion et d'après les ordres qu'il donnait, on avait cru qu'il voulait surprendre Utique; mais enfin il s'ouvrit sur son dessein à un certain nombre de tribuns choisis, et les avertit, vers le milieu du jour, de souper à l'heure ordinaire, et après que toutes les trompettes ensemble auraient sonné, selon la coutume, de faire sortir l'armée du camp. C'est l'usage chez les Romains, que toutes les trompettes sonnent vers l'heure du souper près de la tente du général, parce que c'est le temps où toutes les gardes se distribuent. Ensuite ayant assemblé tous ceux qu'il avait envoyés reconnaître les deux camps des ennemis, il examina et compara ensemble tout ce qu'ils lui disaient des routes et des entrées de ces camps, consultant surtout Massinissa, à qui les lieux étaient fort connus. Quand tout fut disposé, et qu'il eut laissé pour la garde du camp un nombre suffisant de bonnes troupes, il se met en marche avec le reste de l'armée sur la fin de la première veille et arrive aux ennemis, qui étaient à soixante stades de son camp, vers la fin de la troisième. A quelque distance de l'ennemi, il fit deux corps de son armée. Il en donna la moitié et tous les Numides à Lœlius et à Massinissa, avec ordre d'attaquer le camp de Syphax, les exhortant à signaler leur courage dans cette occasion et à ne rien faire qu'avec prudence, car ils savaient bien qu'en fait d'expéditions nocturnes, il fallait trouver dans son intelligence et sa valeur les ressources que les ténèbres ne permettent pas de trouver par les yeux; puis il s'avança avec le reste des troupes vers le camp d'Asdrubal, au petit pas cependant, parce qu'il était résolu de ne pas fondre dessus avant que du côté de Lœlius on eût mis le feu à celui des Numides.

Lœlius partage ses troupes en deux corps et leur fait mettre en même temps le feu aux huttes; il n'y fut pas plus tôt, que les premières furent d'abord embrasées et que le mal devint irrémédiable, tant parce qu'elles se touchaient les unes les autres, qu'à cause de la quantité de matière qui brûlait. Tandis que Lœlius, comme en réserve, attendait le temps de porter du secours, Massinissa postait ses gens dans tous les endroits par où il savait que les Numides devaient passer pour se sauver de l'incendie. Aucun des Numides, pas même Syphax, ne soupçonnant d'où venait ce grand feu, on crut qu'il avait pris au camp par quelque hasard. Sans penser à autre chose, les uns endormis se réveillent, les autres se lèvent de table où ils s'étaient enivrés et sautent hors de leurs huttes; ceux-ci se foulent aux pieds les uns les autres aux portes du camp, ceux-là sont atteints par le feu et dévorés par les flammes, et ceux qui s'en échappent sont massacrés par les Romains, sans savoir ni ce qu'ils souffraient ni ce qu'ils faisaient.

A la vue de ce feu, dont la flamme s'élevait à une hauteur prodigieuse, les Carthaginois crurent que cet embrasement s'était fait par hasard; il y en eut quelques-uns qui coururent d'abord au secours; mais tout le reste sortant sans armes du camp, regardait de devant le retranchement l'incendie avec une surprise extrême. Alors tout réussissant à Scipion selon ses désirs, il tombe sur ceux qui étaient sortis, passe les uns au fil de l'épée, poursuit les autres et met en même temps le feu à leurs huttes. En un moment voilà dans le camp des Carthaginois le même embrasement et le même carnage que dans celui des Numides. Asdrubal ne songea point à éteindre le feu; il vit bien alors que l'incendie du camp de Numides n'était pas venu du hasard comme il l'avait cru, mais de la ruse et de la hardiesse des Romains; il ne pensa qu'à se sauver, malgré le peu d'espoir qu'il avait dans la fuite; car le feu avait bientôt pris et s'était répandu partout; d'ailleurs les issues du camp étaient remplies de chevaux, de bêtes de charge et d'hommes, en partie demi-morts et consumés par le feu, en partie saisis d'étonnement et de frayeur. Le désordre, la confusion étaient si grands, que quelque courage qu'on se sentît alors, on ne pouvait espérer de se dérober à travers tant d'obstacles. Les autres chefs étaient dans le même embarras. Cependant Asdrubal et Syphax trouvèrent moyen de s'échapper avec quelques cavaliers; mais une quantité innombrable d'hommes, de chevaux, de bêtes de charge furent misérablement réduits en cendres, et quelques autres, non seulement sans armes, mais même sans habits, en cherchant à se dérober au feu, furent égorgés par les Romains. Ce n'était dans les deux camps que des hurlemens pitoyables, que bruit confus, que saisissement, qu'un fracas extraordinaire, et avec cela un feu horrible et une flamme épouvantable. Une seule de ces choses était capable d'effrayer; à plus forte raison tant d'accidens réunis ensemble. Tout ce qu'on a vu jusqu'à présent d'événemens surprenans n'approche pas de celui-ci; nous ne connaissons rien qui puisse nous en donner l'image. C'est aussi le plus beau et le plus hardi de tous les exploits de Scipion, quoique sa vie n'ait été qu'une suite de nombreux et beaux exploits.

FRAGMENT III.

Scipion retourne au camp après la victoire. — Les Carthaginois réparent leurs forces, et Scipion remporte une seconde victoire. — Il s'empare de Tunis.

Le jour venu, malgré la défaite des ennemis, dont les uns étaient morts et les autres en fuite, Scipion ne laissa pas d'exhorter les tribuns à en poursuivre les restes. Asdrubal se fiant dans la forte situation de la ville où il s'était retiré, l'attendit d'abord de pied ferme, même après avoir reçu la nouvelle de son approche; mais voyant les habitans se soulever, il craignit de tomber entre les mains de ce général, et s'enfuit avec ceux qui s'étaient sauvés avec lui de l'incendie et qui étaient au nombre de cinq cents maîtres et de deux mille fantassins. Aussitôt le soulèvement cessa et la ville se rendit aux Romains. Scipion lui pardonna, mais deux autres villes voisines furent livrées au pillage. Après quoi il reprit la route de son premier camp.

Cet événement déconcerta les Carthaginois,

et renversa tous leurs projets. Après avoir espéré d'assiéger les Romains en bloquant par terre et par mer la hauteur voisine d'Utique, sur laquelle ils avaient établi leurs quartiers, et avoir déjà fait pour cela tous leurs préparatifs, ils se voient, par un accident imprévu, obligés d'abandonner honteusement le plat pays, et de craindre pour eux-mêmes et pour leur patrie une ruine totale. On peut juger quelle devait être leur frayeur et leur consternation. Comme cependant les affaires demandaient que l'on pensât sérieusement à l'avenir, le sénat s'assembla pour en délibérer. Les sentimens furent partagés. Les uns furent d'avis qu'on rappelât Annibal d'Italie, comme ne leur restant plus d'espérance qu'en lui et en son armée; les autres qu'il fallait demander à Scipion une trêve pendant laquelle on traiterait de la paix. Il y en eut, et leur sentiment l'emporta, qui dirent qu'il n'y avait aucune raison de désespérer, qu'on n'avait qu'à lever de nouvelles troupes, députer à Syphax, qui s'était retiré à Abbe dans le voisinage, et rassembler tout ce que l'on pourrait de ceux qui avaient échappé à l'incendie. On fit donc partir Asdrubal pour faire des levées, et l'on députa à Syphax, pour le prier de ne pas se désister de son premier projet, et lui dire qu'incessamment Asdrubal le rejoindrait avec son armée.

Scipion pensait toujours à faire le siège d'Utique; mais dès qu'il apprit que Syphax demeurait dans le parti des Carthaginois, et que ceux-ci assemblaient de nouveau une armée, il se mit en marche et alla camper devant cette ville. Il fit en même temps distribuer le butin aux soldats, et leur envoya des marchands pour l'acheter. C'était pour lui un profit considérable, car le dernier avantage faisait espérer aux soldats qu'ils seraient indubitablement les maîtres de l'Afrique; ils ne faisaient point de cas du butin qu'ils venaient de gagner, et le donnaient presque pour rien aux marchands.

Syphax et ses amis voulaient d'abord continuer leur route et se retirer chez eux; mais ayant rencontré autour d'Abbe plus de quatre mille Celtibériens que les Carthaginois avaient levés, ce secours releva un peu leur courage, et ils n'allèrent pas plus loin. Syphax était encore arrêté par sa femme, qui, étant fille d'Asdrubal, le suppliait avec instance de continuer à suivre le parti des Carthaginois et de ne pas les abandonner dans ces conjonctures. Il se laissa gagner et se rendit à ce qu'on demandait de lui. D'un autre côté les Carthaginois fondaient de grandes espérances sur les Celtibériens. Au lieu de quatre mille, on disait qu'il en arrivait dix mille, tous soldats invincibles et par leur courage et par l'excellence de leurs armes. A cette nouvelle que l'on répandait de toutes parts, les Carthaginois reprirent courage et se disposèrent plus que jamais à se remettre en campagne. Au bout de trente jours ils s'assemblèrent dans ce qu'on appelle les Grandes-Plaines, et campèrent là avec les Numides et les Celtibériens, ce qui faisait une armée d'environ trente mille hommes.

Scipion n'en fut pas plus tôt averti qu'il pensa à marcher contre eux. Il donne ses ordres aux troupes qui par mer et par terre assiégeaient Utique, et part avec tout ce qu'il avait de soldats légèrement armés. Après cinq jours de marche, il arrive aux Grandes-Plaines, et dès le premier jour il campe sur une hauteur à trente stades des ennemis. Le jour suivant il descend dans la plaine, et fait avancer sa cavalerie jusqu'à sept stades devant lui. On resta là deux jours à s'essayer les uns les autres par des escarmouches. Au quatrième, de part et d'autre on se mit en bataille. Du côté de Scipion, les hastaires d'abord selon la coutume, ensuite les princes, et derrière eux les triaires, la cavalerie italienne à l'aile droite, les Numides et Massinissa à l'aile gauche. De l'autre côté, les Celtibériens au centre, opposés aux Romains, les Numides sur l'aile gauche et les Carthaginois sur la droite. Dès la première charge la cavalerie italienne renversa les Numides, et Massinissa les Carthaginois. On ne devait pas attendre plus de résistance de la part de gens découragés et abattus par tant de défaites. Mais les Celtibériens combattirent avec beaucoup de valeur et comme ne pouvant se sauver que par la victoire; car ne connaissant pas le pays, ils ne pouvaient espérer de trouver leur salut dans la fuite ; et la perfidie qui leur avait fait prendre les armes contre les Romains, quoique pendant la guerre d'Espagne on n'eût commis contre eux aucun acte d'hostilité, leur ôtait toute espérance d'en obtenir quartier. Cependant les ailes rompues, ils furent bientôt enveloppés par les princes et les triaires. On en fit un carnage horrible, dont il n'y en eut que fort peu qui échappèrent. Ils ne laissèrent pas d'être fort utiles aux Carthaginois, car non seulement ils se battirent avec courage, mais ils favorisèrent encore beaucoup leur retraite. Si les Romains ne les eussent pas eus en tête et qu'ils eussent d'abord poursuivi les ennemis, à peine en serait-il resté un seul. Le combat qu'il fallut leur livrer fut cause que Syphax avec sa cavalerie se retira sans risque chez lui, et Asdrubal à Carthage avec ce qui s'était sauvé de la bataille.

Le général des Romains après avoir mis ordre aux dépouilles et aux prisonniers, assembla son conseil, pour décider ce qu'il y avait à faire dans la suite. Il y fut résolu que pendant que Scipion et une partie de l'armée parcoureraient les villes pour se les soumettre, Lœlius et Massinissa avec les Numides et une partie des légions romaines poursuivraient Syphax, pour ne pas lui donner le temps de penser à ses affaires et de réparer ses pertes. Le conseil fini, on se sépara, et on exécuta d'abord ce dont on était convenu. Il y eut des villes qui n'attendirent pas qu'on les forçât pour se rendre, tant la crainte des armes de Scipion avait abattu leur courage ; les autres furent prises d'emblée. Tout le pays était prêt à se soulever contre les Carthaginois, accablé qu'il était des longues guerres qui s'étaient faites en Espagne, et des impôts qu'il avait fallu payer pour les soutenir.

A Carthage quoique l'incendie des deux camps eût beaucoup ébranlé les esprits, la confusion devint bien plus grande par la perte de la bataille. Ce second coup les consterna et leur fit perdre toute espérance. Cependant il se trouva de généreux sénateurs qui furent d'avis qu'on allât par mer attaquer les Romains qui étaient devant Utique, qu'on tâchât de leur faire lever le siége et qu'on leur présentât un combat naval pendant qu'ils ne s'attendaient à rien moins et qu'ils n'avaient rien de prêt pour le soutenir. Ils voulaient de plus qu'on dépêchât à Annibal, et que sans délai on tentât encore cette dernière voie de faire tête aux Romains ; espérant que, selon toutes les apparences, ces deux moyens auraient un heureux succès. D'autres cependant soutinrent qu'ils n'étaient pas praticables dans les conjonctures présentes ; qu'il valait mieux fortifier Carthage et se tenir prêt à en soutenir le siége ; qu'il se présenterait assez d'occasions de se tirer d'embarras pourvu qu'on fût bien d'accord ; que cependant on devait délibérer sur les moyens de faire la paix, sur les conditions que l'on voudrait accepter, et sur la manière dont on pourrait se délivrer des maux dont on était accablé. Après une longue discussion on approuva l'un et l'autre sentiment, de sorte qu'aussitôt après le conseil ceux qui devaient partir pour l'Italie se mirent en mer ; l'amiral monta sur ses vaisseaux ; les uns travaillèrent aux fortifications de la ville, et les autres tinrent de fréquens conseils sur ce que chacun avait à faire.

Comme l'armée romaine ne trouvait rien qui lui résistât, et que tout au contraire pliait sous la terreur de ses armes, elle regorgeait de butin. C'est pourquoi Scipion jugea à propos d'en faire porter la plus grande partie dans son premier camp, d'aller avec les troupes légères s'emparer d'une forteresse qui était au dessus de Tunis et de camper à la vue des Carthaginois, dans la pensée que cela jetterait l'épouvante parmi eux. Ceux-ci ayant placé en peu de jours sur leurs vaisseaux l'équipage et les vivres nécessaires, se disposaient à mettre à la voile pour exécuter leur projet, lorsque Scipion arriva à Tunis. Ceux qui gardaient cette place craignirent d'en être attaqués et prirent la fuite. Tunis est environ à cent-vingt stades de Carthage, d'où on le voit presque de quelque endroit de la ville qu'on le regarde. Nous avons déjà dit que c'était un poste que la nature et l'art avaient rendu imprenable. Les Romains étaient à peine campés, que les Carthaginois levèrent l'ancre et vinrent par mer à

Utique. Scipion en fut frappé. Dans la crainte que son armée navale qui ne s'attendait pas à cette entreprise et qui ne s'y était pas préparée, ne souffrît quelque échec, il quitte aussitôt Tunis et se hâte de porter du secours de ce côté. Il y trouve des vaisseaux de guerre, propres, il est vrai, à éloigner ou à approcher des machines, en un mot à faire un siége, mais nullement en état de combattre, au lieu que les ennemis avaient travaillé tout l'hiver à y préparer leur flotte. Désespérant donc de pouvoir résister à l'ennemi dans une bataille, il prit le parti d'environner ces bâtimens de trois ou quatre rangs de vaisseaux de charge, et ensuite [1].....

FRAGMENT IV.

Ptolémée Philopator.

Polybe dit (livre quatorze) que Philon avait été lié avec Agathocle fils d'Osmandie, compagnon du roi Philopator [2].

Polybe dit (livre quatorze) que Ptolémée Philopator avait fait élever dans Alexandrie à son amie de festin, Cleino, un grand nombre de statues qui la représentaient vêtue d'une simple tunique et tenant une coupe à la main. Ses plus beaux palais ne portaient-ils pas le nom de Myrtis, de Mnésis et de Pothéine, bien que Mnésis et Pothéine fussent des joueuses de flûte, et Myrtis une courtisane tirée des maisons publiques? Ptolémée Philopator ne vivait-il pas en effet sous les lois et comme sous le sceptre de la courtisane Agathoclée qui mit le désordre dans tout le pays.

On sera peut-être étonné que dans un même endroit, nous rassemblions sur l'Égypte beaucoup de faits éloignés les uns des autres. J'avoue que ce n'est pas ma méthode ordinaire; j'ai coutume de marquer sous chaque année les événemens qui y sont arrivés. Mais j'ai eu des raisons pour m'écarter en cette occasion de mon premier plan. Les voici : Ptolémée Philopator, après avoir terminé la guerre qu'il avait entreprise pour la Cœlesyrie, passa, de la conduite sage et rangée qui jusqu'alors l'avait fait admirer, à la vie voluptueuse et déréglée que nous venons de voir[1]....... Enfin le mauvais état de ses affaires le jeta dans la guerre dont nous parlerons tout-à-l'heure et dans laquelle, si on en excepte les cruautés et les injustices réciproques, il ne s'est passé ni sur terre ni sur mer rien qui soit digne de mémoire. C'est ce qui m'a fait croire que sans ranger sous chaque année de petits faits qui ne méritent nulle attention, il valait mieux et pour ma propre commodité, et pour l'intérêt des lecteurs, que j'assemblasse comme en un corps tout ce qui pouvait faire connaître le caractère et les inclinations de Ptolémée.

LIVRE QUINZIÈME.

FRAGMENT Ier.

Perfidie des Carthaginois à l'égard des ambassadeurs que Scipion leur avait envoyés. — Retour d'Annibal en Afrique. — Bataille de Zama.

Scipion touché de l'enlèvement de son convoi et de l'abondance où étaient les ennemis, beaucoup plus touché encore de l'infidélité des Carthaginois qui, contre la religion des sermens et la foi des traités, recommençaient de nouveau la guerre, leur députa L. Emilius, L. Bœbius et L. Fabius, pour leur porter ses plaintes et leur apprendre en même temps la

---

[1] Tite-Live dans son XXXe livre donne la suite de cet événement.

[2] Athénée Banquet, livre VI, chap. xiii.

[1] Ici manquaient dans ce livre 48 feuilles où l'historien parlait de Ptolémée et d'Arsinoé.

[1] Athénée Banquet, livre XIII, chap. v.

nouvelle qu'on lui avait mandée de Rome, que le peuple romain avait ratifié le traité. Les ambassadeurs furent d'abord conduits devant le sénat, et de là devant l'assemblée du peuple. Là et ici ils parlèrent sur les affaires présentes avec beaucoup de force et de liberté. Ils commencèrent par représenter aux Carthaginois ce qu'avaient fait à Tunis les ambassadeurs envoyés de leur part; qu'en entrant dans le conseil ils ne s'étaient pas contentés d'offrir des libations et d'adorer la Terre, selon l'usage observé chez les autres nations; qu'ils s'étaient encore prosternés servilement contre terre et avait baisé les pieds à toute l'assemblée; que s'étant levés ensuite ils avaient avoué le tort qu'ils avaient eu de violer les traités faits ci-devant entre les Romains et les Carthaginois; que c'était une perfidie pour laquelle ils se reconnaissaient dignes de toute la vengeance qu'il plairait aux Romains d'en tirer; que cependant ils priaient, au nom de la Fortune, qu'au lieu de les traiter à la rigueur, on fît de leur infidélité, en la leur pardonnant, un exemple à jamais mémorable de la clémence et de la générosité des Romains. Ils ajoutèrent que Scipion et son conseil, à qui tout cela était encore présent, ne pouvaient comprendre comment les Carthaginois avaient oublié ce qui s'était dit alors, et avaient osé violer les sermens et la trêve dont on était convenu; qu'on était presque certain que c'était le retour d'Annibal qui leur avait inspiré cette hardiesse, mais que rien n'était moins sensé; qu'il y avait déjà plus d'un an qu'Annibal sorti d'Italie s'était retiré auprès de Lacinium; qu'enfermé là et presqu'assiégé il n'avait pu qu'à peine s'esquiver pour repasser en Afrique; que quand même il serait revenu victorieux et donnerait bataille aux Romains, après les deux qu'ils avaient perdues ils devraient se défier des succès qu'ils se promettaient de l'avenir; et qu'en se flattant de vaincre, il fallait aussi penser que l'on pourrait bien être encore vaincu. En ce cas quels dieux auraient-ils à invoquer? que diraient-ils pour toucher de compassion leurs vainqueurs? Après tant de fourberie et d'impudence il ne leur resterait plus rien à espérer ni des dieux ni des hommes. Ce discours prononcé, les ambassadeurs se retirèrent.

Il y eut peu de Carthaginois qui fussent d'avis de l'exécution du traité. La plupart, tant de ceux qui gouvernaient la république que de ceux qui composaient le conseil, déjà choqués de la dureté des lois qu'on leur avait imposées, souffraient impatiemment les hauteurs et la fierté des ambassadeurs. D'ailleurs on ne pouvait se résoudre à restituer les vaisseaux qui avaient été pris, et à se défaire des munitions dont ces vaisseaux étaient chargés. Mais la principale raison était qu'ayant Annibal à opposer aux Romains, ils ne doutaient presque pas que la victoire ne tournât de leur côté. La multitude fut donc d'opinion de renvoyer les ambassadeurs sans daigner leur répondre; mais comme ceux qui étaient à la tête des affaires voulaient, de quelque manière que ce fût, renouveler la guerre, ils tinrent conseil ensemble, et le résultat fut de dire qu'il fallait avoir soin que les ambassadeurs retournassent en sûreté dans leur camp. Ils firent équiper en effet deux galères pour les escorter; mais en même temps ils envoyèrent à Asdrubal qui commandait la flotte des Carthaginois dans le voisinage d'Utique, pour l'avertir de tenir des vaisseaux prêts non loin du camp des Romains, afin que quand les galères d'escorte auraient quitté les ambassadeurs, il tombât sur le vaisseau qui les conduisait et le coulât à fond. Ils les renvoyèrent ensuite, donnant ordre à ceux qui montaient les galères, aussitôt qu'ils auraient passé l'embouchure de Bagrada, d'où l'on pouvait voir le camp des ennemis, de les laisser là et de revenir à Carthage. L'escorte, suivant cet ordre, ne fut pas plus tôt arrivée à l'endroit marqué, qu'elle prit poliment congé des Romains, les embrassa et reprit la route de Carthage. Les ambassadeurs, sans rien soupçonner de ce départ précipité, eurent seulement quelque peine qu'on les eût quittés sitôt, dans la pensée que c'était par mépris qu'on l'avait fait. Dès que l'escorte se fut séparée, les Carthaginois sortent de leur embuscade et viennent les attaquer avec trois galères. Ils ne pouvaient de l'éperon frapper leur vaisseau, parce qu'il coulait au dessous, ni venir à l'abordage, parce qu'on les repoussait avec vigueur; mais voltigeant tout autour ils tuèrent et blessèrent beaucoup de gens de l'équipage, jusqu'à ce qu'enfin les Romains voyant quelques-unes de leurs troupes qui fourrageaient sur la côte, accourir à leurs secours, poussèrent leur vaisseau à terre. La plupart de ceux qui le montaient périrent en cette occasion, mais par un bonheur tout extraordinaire les ambassadeurs en sortirent sains et saufs.

Voilà la guerre allumée avec plus de chaleur et de haine que jamais. D'un côté les Romains se voyant trompés mirent tout en usage pour se venger de cette perfidie, et de l'autre les Carthaginois, qui se sentaient coupables, se résolurent à souffrir tout plutôt que de tomber en la puissance des Romains. Dans cette disposition de part et d'autre, il était évident que l'affaire ne se déciderait que par une bataille, de sorte que non seulement l'Italie et l'Afrique, mais encore l'Espagne, la Sicile et la Sardaigne, étaient en suspens et attendaient cet événement avec inquiétude. Comme Annibal manquait de cavalerie, il députa à Tychée, Numide ami et allié de Syphax et qui avait la meilleure cavalerie d'Afrique, pour l'engager à venir à son secours et à saisir l'occasion qui s'offrait de se maintenir dans ses États, ce qu'il ne pouvait faire qu'autant que les Carthaginois auraient le dessus, car sans cela il courrait risque de sa propre vie, ayant en tête un prince aussi ambitieux que Massinissa. Tychée se rendit à ces raisons, et vint joindre Annibal avec deux mille chevaux.

Scipion ayant pourvu à la sûreté de sa flotte et laissé Bœbius pour la commander, se mit en marche pour se rendre maître des villes, et il n'attendit plus qu'elles se rendissent d'elles-mêmes. Il y entra par force, fit passer tous les habitans sous le joug, et fit éclater tout le ressentiment dont il était animé contre la perfidie des Carthaginois. Il dépêcha aussi courrier sur courrier à Massinissa, pour lui apprendre de quelle manière ils avaient rompu la trêve, et pour le presser de lever une armée la plus nombreuse qu'il pourrait, et de le venir joindre en diligence; car ce prince, comme nous l'avons déjà dit, aussitôt après la publication de la trêve, était parti avec ses propres troupes, dix compagnies tant de cavalerie que d'infanterie romaine et des ambassadeurs de la part de Scipion, non seulement pour recouvrer le royaume de ses pères, mais encore pour l'agrandir, avec le secours des Romains, de celui de Syphax ; ce qu'il exécuta en effet.

Cependant les ambassadeurs revenant de Rome abordèrent au camp de l'armée navale. Sur le champ Bœbius envoya ceux de Rome à Scipion, et retint auprès de lui ceux de Carthage, qui tristes et chagrins, depuis qu'ils avaient appris l'insulte faite aux ambassadeurs des Romains, croyaient toucher à leur dernier moment. Ils ne doutaient pas qu'on ne se vengeât sur eux d'une si noire perfidie. Scipion ayant appris que le sénat et le peuple romain avaient approuvé le traité qu'il avait conclu avec les Carthaginois, et qu'on était prêt à exécuter tout ce qu'il avait demandé, envoya ordre à Bœbius de renvoyer les ambassadeurs des Carthaginois chez eux avec toute sorte d'honnêtetés. Cet ordre était, à mon avis, très-sage et très-prudent. Sachant que sa patrie avait un respect inviolable pour les ambassadeurs, toutes réflexions faites, il jugea qu'il ne devait pas tant faire attention à ce que méritaient les Carthaginois, qu'à ce qu'il convenait aux Romains de leur faire. C'est dans cette pensée que modérant sa colère et le désir de se venger, il ne pensa qu'à suivre les grands exemples qu'il avait reçus de ses ancêtres, et à surpasser en vertu les Carthaginois et Annibal même, en opposant sa généreuse probité à leur mauvaise foi.

Les Carthaginois ne purent voir plus longtemps leurs villes saccagées ; ils envoyèrent à Annibal pour le prier de ne plus différer son arrivée, de s'approcher des ennemis, et de mettre fin aux affaires par une bataille. Ce général répondit : qu'à Carthage on devait avoir autre chose à penser; que c'était à lui à prendre son temps, soit pour se reposer soit pour agir. Cependant quelques jours après il décampa d'Adrumète et vint camper à Zama, ville à cinq journées de Carthage du côté du couchant, d'où il envoya trois espions pour reconnaître le camp des Romains. Ces espions furent pris et amenés à Scipion, qui loin de les punir, comme on a coutume de le faire, leur donna un tribun avec ordre de leur montrer sans finesse tout le camp; et après qu'on le leur eût montré, il leur demanda si le tribun avait bien obéi à ses ordres. Il leur fournit encore des vivres et une escorte pour retourner à leurs gens, et leur recommanda de ne rien cacher à Annibal de tout ce qui leur était arrivé. Annibal fut touché de la grandeur d'âme et de la hardiesse de Scipion, et cela lui fit naître l'envie d'avoir une conférence avec lui. Il lui envoya un héraut, pour lui dire qu'il serait bien aise de s'entretenir avec lui sur les affaires présentes. Scipion répondit qu'il le voulait bien, et qu'il lui ferait dire le lieu et le temps où ils pourraient se voir. Le lendemain Massinissa arriva, amenant avec lui six mille hommes de pied et six mille chevaux. Scipion le reçut gracieusement, et le félicita de s'être soumis tout le royaume de Syphax; puis se mettant en marche, il alla camper vers Nadagare, dans un poste qui, outre les autres avantages, n'était éloigné de l'eau que d'un jet de trait. De là il envoya dire au général des Carthaginois qu'il était prêt à l'écouter.

Annibal à cette nouvelle leva le camp, et, s'approchant jusqu'à environ trente stades des Romains, campa sur une hauteur qui lui paraissait fort avantageuse, à cela près qu'elle était trop éloignée de l'eau, ce qui faisait beaucoup souffrir ses troupes. Le jour d'après, les deux généraux sortent chacun de leur camp avec quelques cavaliers, qu'ils firent ensuite retirer. Ils s'approchent l'un de l'autre, n'ayant avec eux que chacun un truchement. Annibal salue le premier, et commence ainsi : « Je » voudrais de tout mon cœur que les Romains » et les Carthaginois n'eussent jamais pensé à » étendre leurs conquêtes, ceux-là au-delà de » l'Italie, ceux-ci au-delà de l'Afrique, et qu'ils » se fussent renfermés les uns et les autres » dans ces deux beaux empires que la nature » semblait avoir elle-même séparés. Mais nous » avons d'abord pris les armes pour la Sicile; » nous nous ensuite disputé la domi-» nation de l'Espagne; enfin, aveuglés par la » fortune, nous avons été jusqu'à nous faire la » guerre chacun pour sauver notre propre pa-» trie, et c'est encore là que nous en sommes » aujourd'hui. Apaisons enfin la colère des » dieux, si cela peut se faire; bannissons enfin » de nos cœurs cette jalousie opiniâtre qui nous » a jusqu'à présent armés les uns contre les » autres. Pour moi, instruit par l'expérience » combien la fortune est inconstante, combien » il faut peu de chose pour tomber dans sa dis-» grâce ou mériter ses faveurs, comme elle se » joue des hommes, je suis très-disposé à la » paix. Mais je crains fort, Scipion, que vous » ne soyez pas dans les mêmes sentimens. » Vous êtes dans la fleur de votre âge; tout » vous a réussi selon vos souhaits en Espagne » et en Afrique; rien jusqu'à présent n'a tra-» versé le cours de vos prospérités; quelques » fortes raisons dont je me serve pour vous » porter à la paix, vous ne vous laisserez pas » persuader. Cependant, considérez, je vous » prie, combien l'on doit peu compter sur la » fortune. Vous n'avez pas besoin pour cela de » chercher des exemples dans l'antiquité, je-» tez les yeux sur moi. Je suis cet Annibal qui, » après la bataille de Cannes, maître de presque » toute l'Italie, marchai quelque temps après » sur Rome même, et qui, campé à quarante » stades de cette ville, délibérais déjà sur ce que » je ferais de vous et de votre patrie. Et au-» jourd'hui, de retour en Afrique, me voilà » obligé de traiter avec un Romain de mon » salut et de celui des Carthaginois. Que cet » exemple vous apprenne à ne pas vous enor-» gueillir, à penser que vous êtes homme, et » par conséquent à choisir toujours le plus » grand des biens et le plus petit des maux. » Quel est l'homme sensé qui voulût s'exposer » au péril qui vous menace? Quand vous rem-» porteriez la victoire, vous n'ajouteriez pas » beaucoup à votre gloire ni à celle de votre » patrie; au lieu que si vous êtes vaincu, vous » perdez par vous-même tout ce que vous avez » jusqu'à présent acquis de gloire et d'hon-» neur. Mais à quoi tend ce discours? A vous » faire convenir de ces articles : que la Sicile, » la Sardaigne et l'Espagne, qui ont fait ci-» devant le sujet de nos guerres, demeureront

» aux Romains; que jamais les Carthaginois
» ne prendront les armes contre eux pour ces
» royaumes, et que tout ce qu'il y a d'autres
» îles entre l'Italie et l'Afrique appartiendra
» aussi aux Romains. Il me semble que ces
» conditions, en mettant les Carthaginois en
» sûreté pour l'avenir, vous sont en même
» temps très-glorieuses à vous en particulier,
» et à toute votre république. » Ainsi parla Annibal.

Scipion répondit : que ce n'étaient pas les Romains, mais les Carthaginois, qui avaient été la cause de la guerre de Sicile et de celle d'Espagne, qu'Annibal lui-même le savait bien, et que les dieux en avaient pensé ainsi, puisqu'ils avaient favorisé non les Carthaginois, qui avaient entrepris une guerre injuste, mais les Romains, qui n'avaient fait que se défendre : que cependant, ces succès ne lui faisaient pas perdre de vue l'inconstance de la fortune et l'incertitude des choses humaines. « Mais, ajouta-t-il, si, avant que les Romains » passassent en Afrique, vous fussiez sorti de » l'Italie et eussiez proposé ces conditions, je » ne crois pas qu'on eût refusé de les écouter. » Aujourd'hui, que vous êtes revenu d'Italie » malgré vous, et que nous sommes en Afri- » que les maîtres de la campagne, les affaires » ne sont plus sur le même pied. Bien plus, » quoique vos citoyens fussent vaincus, nous » avons bien voulu à leur prière faire une es- » pèce de traité avec eux. Nos articles ont été » mis par écrit, lesquels, outre ceux que vous » proposez, étaient : que les Carthaginois nous » rendraient nos prisonniers sans rançon, qu'ils » nous livreraient leurs vaisseaux pontés, » qu'ils nous paieraient cinq mille talens, et » qu'ils fourniraient sur tout cela des ôtages. » Telles sont les conditions dont nous étions » convenus. Nous avons envoyé à Rome les » uns et les autres pour les faire ratifier par le » sénat et par le peuple, témoignant que nous » les approuvions, et les Carthaginois deman- » dant avec instance qu'elles leur fussent ac- » cordées. Et après que le sénat et le peuple » romain ont donné leur consentement, les » Carthaginois manquent à leur parole et nous » trompent. Que faire après cela? Mettez-vous
» en ma place, et répondez. Faut-il les déchar-
» ger de ce qu'il y a d'abord de plus rigoureux
» dans le traité? Certes, l'expédient serait
» merveilleux pour leur apprendre à tromper
» dans la suite ceux qui les auraient obligés.
» S'ils obtiennent ce qu'ils demandent, direz-
» vous, ils n'oublieront jamais un si grand
» bienfait. Mais ce qu'ils nous ont demandé en
» supplians, ils l'ont obtenu, et cependant, sur
» la faible espérance que votre retour leur a
» fait concevoir, ils nous ont d'abord traités
» en ennemis. En un mot, si aux conditions
» qui vous ont été imposées on en ajoutait
» quelque autre encore plus rigoureuse, en
» ce cas on pourrait porter une seconde fois
» notre traité devant le peuple romain; mais
» puisqu'au contraire vous retranchez de cel-
» les dont on était tombé d'accord, il n'y a plus
» de rapport à lui en faire. A quoi tend aussi
» ce discours? A vous faire entendre qu'il
» faut que vous vous rendiez, vous et votre
» patrie, à discrétion, ou qu'une bataille dé-
» cide en votre faveur. » Ces discours finis, sans rien conclure pour la paix, les deux généraux se séparèrent.

Le lendemain, dès le point du jour, on fit sortir les armées de leurs camps, et on se disposa à combattre, les Carthaginois pour leur propre salut et la conservation de l'Afrique, les Romains pour s'assurer l'empire de l'univers. Qui, en lisant avec réflexion ce que je vais raconter, ne se sentira pénétré de compassion? Jamais nations plus belliqueuses, jamais chefs plus habiles et plus exercés dans le métier de la guerre n'étaient venus aux mains les uns contre les autres; jamais la fortune n'avait proposé de plus grands prix aux combattans; car il ne s'agissait ni de l'Afrique ni de l'Europe, le vainqueur devait devenir maître de toutes les parties du monde connu, comme il le devint en effet peu après. Voici de quelle manière Scipion rangea ses troupes en bataille. Il mit à la première ligne les hastaires, laissant des intervalles entre les cohortes; à la seconde les princes, postant leurs cohortes non vis à vis les espaces de la première ligne, comme c'est la coutume chez les Romains, mais les unes derrière les autres, avec des intervalles entre elles, à cause du grand nombre d'éléphans qui étaient dans l'armée ennemie. Les triaires formaient la réserve. Sur l'aile gauche était C. Lœlius avec la cavalerie d'Italie, et sur la droite Massinissa avec ses Numides. Il jeta dans les espaces de la première ligne des vélites et leur donna ordre de commencer le combat, de manière pourtant que s'ils étaient poussés ou ne pouvaient soutenir le choc des éléphans, ils se retirassent, ceux du moins qui courraient le mieux, derrière toute l'armée par les intervalles directs, et ceux qui se verraient enveloppés, par les espaces de traverse à droite et à gauche.

Il courut ensuite dans tous les rangs pour animer en peu de mots ses troupes à bien faire leur devoir dans l'occasion présente : « Qu'ils » se souvinssent de leurs premiers exploits et » qu'ils soutinssent leur gloire et celle de leur » patrie; qu'ils fissent attention que, s'ils rem» portaient la victoire, ils ne seraient pas seu» lement les maîtres de l'Afrique, mais qu'ils » assureraient à leur patrie l'empire de tout » le reste de l'univers ; que s'ils étaient vain» cus, ceux qui mourraient sur le champ de » bataille auraient la gloire d'avoir répandu » leur sang pour la patrie, gloire préférable à » tous les honneurs de la sépulture, au lieu » que ceux qui tourneraient le dos passeraient » le reste de leurs jours dans l'infamie et dans » la misère ; qu'en effet il n'y avait pas d'en» droit dans l'Afrique qui pût leur donner » une retraite sûre; qu'ils ne pourraient se » dérober à la poursuite des Carthaginois, et » que tombant entre leurs mains, il était » aisé de prévoir quelle serait leur destinée. » A Dieu ne plaise, dit-il, que ce malheur » vous arrive! Une domination universelle ou » une mort glorieuse sont les prix que la for» tune nous propose; ne serions-nous pas » les plus lâches et les plus insensés des hom» mes, si par un honteux amour de la vie, » laissant là les plus grands biens, nous étions » capables de choisir les plus grands maux ? » En marchant aux ennemis, n'ayez dans » l'esprit que la victoire ou la mort, sans vous » arrêter à l'espérance de survivre au combat. » Venez aux mains dans cette disposition, et » la victoire est à nous. » C'est ainsi que Scipion exhorta ses troupes.

L'ordre d'Annibal était : devant toute l'armée plus de quatre-vingts éléphans, ensuite les étrangers soudoyés, au nombre de douze mille, Liguriens, Gaulois, Baléares, Maures ; derrière cette ligne les Africains et les Carthaginois, et à la troisième ligne, qu'il éloigna de la seconde de plus d'un stade, les troupes qui étaient venues d'Italie avec lui. Il mit sur l'aile gauche la cavalerie des alliés numides, et sur la droite celle des Carthaginois, ordonnant aux officiers d'encourager chacun ses propres soldats, en les exhortant à compter sur la victoire, puisqu'ils avaient avec eux Annibal et l'armée qu'il avait amenée d'Italie ; mais surtout de bien peindre aux Carthaginois les maux qui fondraient sur leurs femmes et sur leurs enfans s'ils perdaient la bataille. Pendant que les officiers exécutent cet ordre, Annibal voltigeant sur toute la troisième ligne, criait à ses soldats : « Souvenez-vous, » camarades, qu'il y a dix-sept ans que nous » servons ensemble; souvenez-vous de ce grand » nombre de batailles que vous avez pendant » ce temps-là livrées aux Romains. Victorieux » dans toutes, vous n'avez pas laissé seule» ment aux Romains la moindre espérance de » pouvoir jamais vous vaincre. Ayez toujours » devant les yeux la bataille de la Trébie con» tre le père de celui qui commande aujour» d'hui l'armée que nous allons combattre, et » celles de Thrasymène contre Flaminius, et » de Cannes contre Paul-Émile, sans comp» ter les petits combats et les avantages sans » nombre que vous avez remportés. Quelle » comparaison entre la bataille d'aujourd'hui » et ces trois grandes batailles, soit qu'on re» garde le nombre ou la valeur des troupes ? » Jetez les yeux sur l'armée des ennemis. » Non seulement ils sont en plus petit nom» bre, à peine font-ils une petite partie de » ceux que nous avions alors contre nous, mais » pour la valeur, ils ne méritent pas d'entrer » en comparaison. Les premiers avaient été » jusqu'alors invincibles, et avaient toutes » leurs forces à nous opposer : ceux-ci ne sont » ou que les enfans de ceux que nous avons

» vaincus en Italie et qui ont plusieurs fois pris la fuite devant nous. Prenez donc garde de ne pas perdre ici la gloire que vous et moi nous avons acquise, mais combattez en gens de cœur pour vous assurer à jamais la réputation que vous vous êtes faite, d'hommes invincibles. » Telle fut à peu près la harangue d'Annibal.

Tout étant prêt pour le combat, et les cavaliers numides ayant long-temps escarmouché les uns contre les autres, Annibal donna ordre de mener les éléphans aux ennemis. Le son des trompettes effraya tellement quelques-uns de ces animaux, que s'étant mis à reculer ils jetèrent le désordre dans les Numides auxiliaires des Carthaginois, désordre dont Massinissa profita pour renverser leur aile gauche. Le reste des éléphans s'avança entre les deux armées dans la plaine, et fondit sur les vélites des Romains. Ils souffrirent là beaucoup et firent beaucoup souffrir, mais enfin épouvantés ils se retirèrent, en partie par les espaces que Scipion avait prudemment ménagés pour qu'ils ne nuisissent pas à son ordonnance, en partie le long de l'aile droite, d'où la cavalerie à coups de traits les chassa jusque hors du champ de bataille. Lœlius prit le temps de ce tumulte pour courir sur la cavalerie carthaginoise qui tourna le dos et s'enfuit à toute bride. Lœlius la poursuivit avec ardeur, pendant que Massinissa faisait la même chose de son côté.

Pendant ce temps-là l'infanterie de part et d'autre s'avançait à pas lents et en bonne tenue, à l'exception de celle qu'Annibal avait amenée d'Italie, laquelle demeura dans le poste qui lui avait été d'abord donné. Quand on fut proche, les Romains criant selon leur coutume et frappant de leurs épées sur leurs boucliers se jettent sur les ennemis. Du côté des Carthaginois, les étrangers soudoyés composés de différentes nations, jettent des cris confus tout différens les uns des autres. Comme on ne pouvait se servir ni de javelines ni même d'épées, et que l'on combattait main à main, les étrangers eurent d'abord quelque avantage sur les Romains par leur agilité et leur hardiesse. Cependant ceux-ci l'emportant par leur ordre et la nature de leurs armes,

gagnent du terrain, encouragés par la seconde ligne qui les suivait, au lieu que les étrangers n'étant ni suivis ni secourus des Carthaginois perdent courage, lâchent pied, et se croyant abandonnés tombent en se retirant sur ceux qui étaient derrière eux et les tuent. Ceux-ci se trouvent contraints de défendre courageusement leur vie, de sorte que les Carthaginois attaqués par les étrangers se virent contre leur attente deux ennemis à combattre, les Romains et leurs propres troupes, et dans cette confusion il y en eut un assez bon nombre qui perdirent la vie : ce qui jeta aussi le désordre parmi les hastaires.

Alors les officiers des princes opposèrent leurs troupes pour les arrêter et les rallier, d'où il arriva que la plupart des étrangers et des Carthaginois périrent en cet endroit, taillés en pièces en partie par eux-mêmes, en partie par les hastaires. Annibal ne voulut pas souffrir que les fuyards se mêlassent parmi ceux qui restaient. Loin de là, il ordonna au premier rang de leur présenter la pique, ce qui les obligea de se retirer le long des ailes dans la plaine. L'espace entre les deux armées étant alors tout couvert de sang, de morts et de blessés, Scipion se trouva dans un assez grand embarras; car comment faire marcher ses troupes en bon ordre par dessus cet amas confus d'armes et de cadavres encore sanglans et entassés les uns sur les autres ? Cependant Scipion ordonne qu'on porte les blessés derrière l'armée; il fait sonner la retraite pour les hastaires qui poursuivaient, les place vis à vis du centre des ennemis en attendant une nouvelle charge, fait serrer les rangs aux princes et aux triaires sur l'une et sur l'autre aile, et leur ordonne d'avancer à travers les morts. Quand ils furent sur le même front que les hastaires, l'infanterie de part et d'autre s'ébranla et chargea avec beaucoup de courage et de vigueur. Comme des deux côtés le nombre, la résolution, les armes étaient égales, et que l'opiniâtreté était si grande que l'on mourait sur la place où l'on combattait, on fut long-temps sans pouvoir juger qui avait l'avantage, lorsque Massinissa et Lœlius revenant de la poursuite rejoignirent le corps de bataille le plus à propos du monde, et tombant sur les derrières d'Annibal passèrent au fil de l'épée la plus grande partie de ses phalanges, sans que très-peu pussent se dérober par la fuite à une cavalerie qui les poursuivait sans obstacle en plaine. Les Romains perdirent dans cette bataille plus de quinze cents hommes, mais il demeura sur la place plus de vingt mille Carthaginois, et on ne fit guère moins de prisonniers. Ainsi finit cette grande action, qui rendit les Romains les maîtres du monde.

Après la bataille, Scipion poursuivit ce qui s'était échappé de Carthaginois, pilla leur camp et se retira ensuite dans le sien. Quant à Annibal, il se retira sans perdre de temps avec quelques cavaliers et se sauva à Adrumète. On peut dire qu'il fit dans cette occasion tout ce qu'il était possible de faire, et tout ce qu'on devait attendre d'un brave homme et d'un grand capitaine. Premièrement il entra en conférence pour tâcher de finir la guerre par lui-même. Ce n'était pas déshonorer ses premiers exploits, c'était se défier de la fortune et se mettre en garde contre l'incertitude et la bizarrerie des armes. Dans le combat il se conduisit de façon, qu'ayant à se servir des mêmes armes que les Romains il ne pouvait mieux s'y prendre. L'ordonnance des Romains est très-difficile à rompre ; chez eux l'armée en général et chaque corps en particulier combat de quelque côté que l'ennemi se présente, parce que leur ordre de bataille est tel, que les cohortes les plus proches du péril se tournent toujours toutes ensemble du côté qu'il convient. D'ailleurs leur armure leur donne beaucoup d'assurance et de hardiesse ; la grandeur de leurs boucliers et la force de leurs épées font acheter bien cher la victoire. Cependant Annibal employa tout ce qui se pouvait humainement trouver de moyens pour vaincre tous ces obstacles. Il avait amassé grand nombre d'éléphans, et les avait mis à la tête pour troubler et rompre l'ordonnance des Romains. En postant à la première ligne les étrangers soudoyés, et après eux les Carthaginois, il avait en vue de lasser d'abord les ennemis et d'émousser leurs épées à force de tuer : de plus mettant les Carthaginois entre deux lignes, il forçait chacun, suivant la maxime d'Homère, à se montrer brave malgré lui. Les plus braves et les plus fermes avaient été rangés à une certaine distance, afin que voyant de loin l'événement et ayant toutes leurs forces, quand le bon moment serait venu, ils tombassent avec valeur sur les ennemis. Si ce héros, jusqu'alors invincible, après avoir fait pour vaincre tout ce qui se pouvait faire, n'a pas laissé d'être vaincu, on ne doit pas le lui reprocher. La fortune quelquefois s'oppose aux desseins des grands hommes, et d'ailleurs il est assez ordinaire, ainsi que le dit le proverbe, « qu'un habile homme soit vaincu par un plus habile. »

FRAGMENT II.

Traité de paix conclu entre les Romains et les Carthaginois.

Quand les malheureux, pour exciter la compassion, font plus qu'on n'a coutume de faire, s'ils agissent sincèrement et de bonne foi, on ne peut ni les voir ni les entendre sans être attendri. Mais si l'on s'aperçoit que la douleur n'est que feinte et qu'on n'en affecte les apparences que pour tromper, alors, loin d'être touché de compassion, on est indigné contre l'imposteur. C'est ce qui arriva aux ambassadeurs des Carthaginois. La réponse que leur fit Scipion ne fut pas longue. Il leur dit qu'après l'aveu qu'ils venaient de faire que le siège de Sagonte avait été une entreprise contraire aux traités, et comme depuis peu ils avaient encore violé les sermens et les articles de paix dont on était convenu, leur république ne devait pas s'attendre qu'on eût pour elle aucun égard, et que par elle-même elle ne méritait que d'être traitée avec la dernière rigueur : que cependant les Romains en useraient avec leur générosité ordinaire, tant pour eux-mêmes, que pour ne point paraître insensibles aux malheurs de la condition humaine : que si les Carthaginois voulaient se rendre justice, ils conviendraient eux-mêmes qu'ils n'étaient dignes d'aucune faveur ; que quelque peine qu'on leur fît souffrir, quelque chose qu'on les obligeât de faire, quelque exaction dont on les chargeât, ils ne devaient pas s'en plaindre comme d'un traitement rigoureux ; qu'au contraire il devait leur paraître étrange, et ce serait pour eux une espèce de prodige, qu'après avoir par la perfidie irrité la fortune jusqu'au point d'être livrés à leurs ennemis, on eût encore quelque indulgence et quelque bonté pour eux. Après ce petit discours, il leur donna les articles qui contenaient et les grâces qu'il voulait leur faire, et les conditions qu'il exigeait d'eux. Les voici en substance.

« Qu'ils garderaient dans l'Afrique les pla-
» ces qu'ils avaient avant la dernière guerre
» qu'ils avaient faite aux Romains : qu'ils au-
» raient encore les terres, les esclaves, et
» tous les autres biens dont ils étaient aupa-
» ravant en possession : qu'à compter de ce
» jour il ne serait fait contre eux aucun acte
» d'hostilité; qu'ils vivraient selon leurs lois et
» leurs coutumes, et qu'on ne leur donnerait
» point de garnisons. » Tels étaient les articles de douceur ; ceux de rigueur portaient :

» Que les Carthaginois restitueraient aux
» Romains tout ce qu'ils avaient injustement
» pris sur ceux-ci pendant les trèves ; qu'ils
» leur remettraient tous les prisonniers de
» guerre et les fuyards qu'ils avaient pris en
» quelque temps que ce fût; qu'ils leur aban-
» donneraient tous leurs longs vaisseaux, à
» l'exception de dix galères; qu'ils leur livre-
» raient tous leurs éléphans; qu'ils ne feraient
» aucune guerre ni au dehors ni au dedans de
» l'Afrique sans l'ordre du peuple Romain ;
» qu'ils rendraient à Massinissa les maisons,
» terres, villes et autres biens qui avaient ap-
» partenu à lui ou à ses ancêtres dans toute
» l'étendue de pays qu'on leur désignerait;
» qu'ils fourniraient de vivres l'armée Ro-
» maine pendant trois mois; qu'ils paieraient
» sa solde jusqu'à ce que l'on eût reçu réponse
» des Romains sur les articles qui leur avaient
» été envoyés; qu'ils donneraient dix mille
» talens d'argent en cinquante ans, en payant
» chaque année deux cents talens d'Eubée ;
» que pour assurance de leur fidélité ils don-
» neraient cent ôtages que le consul choisirait
» parmi leurs jeunes gens, depuis quatorze ans
» jusqu'à trente.

La lecture de ces articles achevée, les ambassadeurs partirent au plus tôt pour Carthage, et en firent part au sénat. Pendant qu'ils parlaient, un des sénateurs, qui n'en était pas satisfait, ayant commencé à se déclarer, Annibal, dit-on, s'avança, saisit le personnage et le jeta hors de son siége. Comme toute la compagnie paraissait indignée d'une action si contraire au respect dû à un sénateur, Annibal se lève et dit qu'il était excusable s'il commettait quelque faute contre les usages; que l'on savait qu'il était sorti de sa patrie dès l'âge de neuf ans, et qu'il n'y était revenu qu'après plus de trente six ans d'absence; que l'on ne prît pas garde s'il péchait contre la coutume, mais bien s'il prenait, comme il le devait, les intérêts de la patrie; que c'était pour les avoir eus à cœur qu'il était tombé dans la faute qu'on lui reprochait; qu'il lui paraissait surprenant et tout-à-fait extraordinaire, qu'un Carthaginois instruit de ce que l'État en général et chacun en particulier avait entrepris contre les Romains, ne rendît pas grâces à la Fortune de ce qu'étant tombé en leur puissance il en était traité si favorablement : que si quelques jours avant la bataille on eût demandé aux Carthaginois quels maux la république aurait à souffrir en cas que les Romains remportassent la victoire, ils n'auraient pu les exprimer, tant ils leur auraient paru grands et formidables : qu'il demandait en grâce que l'on ne délibérât pas sur ces articles, qu'on les reçût avec joie, que l'on fît des sacrifices aux Dieux, et qu'on les priât tous de faire en sorte que le peuple Romain ratifiât le traité. On trouva cet avis très-sensé et tout-à-fait convenable aux intérêts de l'état; on résolut de faire la paix aux conditions proposées, et sur le champ le sénat fit partir des ambassadeurs pour la conclure.

FRAGMENT III.

Procédé injuste de Philippe et d'Antiochus contre le fils de Ptolémée.

Chose étonnante ! Pendant que Ptolémée vivait et qu'il pouvait se passer du secours de Philippe et d'Antiochus, ces deux princes étaient toujours prêts à le secourir: à peine est-il mort, laissant après lui un jeune enfant à qui les lois de la nature les obligeaient de conserver le royaume, qu'ils s'animent l'un l'autre à partager cette succession et à se défaire du légitime héritier. Encore si, comme les tyrans, ils avaient mis leur honneur à couvert par quelque prétexte au moins léger : mais ils se conduisirent en cela d'une manière si féroce et si brutale, qu'on leur appliqua ce que l'on dit ordinairement des poissons, qu'entre ces animaux, quoique de même espèce, les plus petits servent de nourriture aux plus gros. Peut-on jeter les yeux sur le traité que firent ensemble ces deux rois, que l'on ne voie clairement leur impiété, leur inhumanité, leur ambition et leur avarice excessive? Que si quelqu'un sait mauvais gré à la Fortune de se jouer ainsi des pauvres mortels, qu'il prenne à son égard des sentimens plus modérés : elle eut soin de punir ces deux rois comme ils le méritaient, et en fit un exemple qui servira dans les siècles à venir à contenir dans le devoir ceux qui voudraient les imiter. Pendant qu'ils ne cherchaient qu'à se tromper l'un l'autre et qu'ils déchiraient par morceaux le royaume du jeune roi, la Fortune, suscitant contre eux les Romains, fit retomber justement sur eux et tourna contre eux-mêmes toutes les fraudes qu'ils méditaient contre les autres. Vaincus l'un et l'autre, non seulement ils ne purent plus convoiter le bien d'autrui, mais ils furent encore obligés de payer tribut aux Romains et de se soumettre aux ordres qu'ils en recevaient. Pour en finir, en très-peu de temps elle releva le royaume de Ptolémée, renversa ceux de Philippe et d'Antiochus, et fit sentir à leurs successeurs des maux presque aussi grands que ceux dont ces deux princes avaient accablé leur jeune pupille.

FRAGMENT IV.

Molpagoras.

C'était chez les Cianiens [1] un homme également fait pour parler et pour agir. Naturellement ambitieux, pour s'insinuer dans l'esprit de la multitude, il lui dénonça les gens les plus riches; il en fit mourir quelques-uns; il en bannit d'autres, mit leurs biens à l'enchère, les distribua au peuple, et parvint par ces sortes de moyens à se faire bientôt une puissance et une autorité royales.

FRAGMENT V.

Mauvaise foi de Philippe à l'égard des Cianiens.

Si les Cianiens sont tombés dans de si grandes calamités, [1] ils ne doivent pas s'en prendre à la Fortune. Ils n'ont pas même à se reprocher de se les être attirées par quelque injustice à l'égard de leur voisins. Leur imprudence et leur mauvaise politique en sont seules la cause. Pour envahir les biens les uns des autres, quand on n'élève aux premières dignités que ce que l'on a de plus mauvais citoyens, et que l'on respecte leurs décisions jusqu'à maltraiter ceux qui s'y opposent, c'est se précipiter soi-même et de plein gré dans les plus grands maux. C'est cependant une faute que l'on voit tous les jours commettre, sans qu'on ouvre les yeux sur une conduite si irrégulière, sans se mettre tant soit peu sur ses gardes, sans entrer dans la moindre défiance.

[I] Je ne sais comment [2] il se fait que dans les grandes et fréquentes calamités publiques on voit toujours les hommes empressés à s'y précipiter. Ils ne peuvent en cela mettre un frein à leur volonté ou du moins se défier d'eux-mêmes comme le font les animaux. Toutes les fois en effet qu'un animal a été la victime d'une nourriture trompeuse ou de filets tendus contre lui, toutes les fois même qu'il a vu un autre animal tomber dans un piège, il se tient sur ses gardes et il est bien difficile de l'entraîner dans des dangers de la même nature; il se méfie jusque des lieux mêmes. Les hommes au contraire ont beau apprendre que des villes ont été renversées de fond en comble, ils ont beau en voir d'autres en ruines aujourd'hui, toutes les fois qu'on leur met sous les yeux, dans un discours flatteur et caressant, la perspective d'un intérêt mutuel, ils tombent inconsidérément dans le piège; et ils savent bien

---

[1] Fragmens de Valois.

[1] Ancien fragment.
[2] Fragment de Mai plus complet que les anciens.

cependant, qu'il n'est aucun de ceux qui ont dévoré ces mets trompeurs qui en soit sorti sain et sauf, et que les formes politiques qu'on leur conseille ont été la ruine de tous.

Lorsque Philippe[1] se fut rendu maître de la ville des Cianiens, sa joie fut extrême. Il croyait avoir fait la plus belle et la plus mémorable de toutes les actions, ayant secouru Prusias son gendre, épouvanté ceux qui avaient quitté son parti, et acquis légitimement une grande quantité d'esclaves et d'argent. Bien des raisons devaient le détromper; mais il ne les voyait pas, quoiqu'elles sautassent aux yeux. Premièrement il venait au secours d'un gendre, qui loin d'avoir été maltraité, avait usé de mauvaise foi. En second lieu, en faisant injustement souffrir à une ville grecque les maux les plus horribles, il confirmait les peuples dans l'opinion qu'ils avaient de la cruauté avec laquelle il traitait ses alliés, et il ne fallait que ces deux choses pour le faire passer pour un homme sans respect pour les Dieux. D'ailleurs c'était faire une insulte atroce aux ambassadeurs de ces villes. Ils étaient venus pour délivrer les Cianiens des maux dont ils étaient menacés; ils n'y étaient venus que parce que lui-même les y avait exhortés et pressés même avec instance, et ils ne sont pas plus tôt arrivés qu'il les rend spectateurs des choses qu'ils craignaient le plus. Ajoutez à cela qu'il indisposa tellement les Rhodiens contre lui qu'ils ne purent plus en entendre parler. Et le hasard aida beaucoup à leur inspirer cette haine; car pendant que son ambassadeur tâchait dans le théâtre de justifier sa conduite, et leur vantait la générosité de Philippe, qui maître en quelque sorte de leur ville les avait laissés jouir de leur liberté, tant pour détruire les calomnies que ses ennemis avaient répandues, que pour donner aux Rhodiens des preuves du bien qu'il leur voulait, je ne sais quel homme, arrivant de la flotte dans le Prytanée, annonça la prise de la ville des Cianiens, et les cruautés que Philippe y avait exercées. Cette nouvelle annoncée au milieu du discours de l'ambassadeur, par le premier magistrat des Rhodiens,

surprit si étrangement l'assemblée, qu'on ne pouvait se persuader que Philippe eût été capable d'une si étrange perfidie. Cependant ce prince, après s'être plus trompé lui-même qu'il n'avait trompé les Cianiens, s'aveugla de telle sorte qu'au lieu de rougir et de mourir de honte de ce qu'il avait fait, il s'en glorifiait comme de la plus belle action de sa vie. Aussi depuis ce jour-là les Rhodiens le regardèrent-ils comme leur ennemi, et firent des préparatifs pour s'en venger. Cette même action lui attira aussi la haine des Étoliens. Il s'était depuis peu remis en paix avec eux, et leur tendait les mains; peu de temps auparavant il avait fait alliance avec les Étoliens, les habitans de Lysimachie, les Chalcédoniens et les Cianiens. Malgré cela, il commença par éloigner sans aucun prétexte les Lysimachiens de l'alliance qu'ils avaient avec les Étoliens; il fit ensuite passer sous le joug les Chalcédoniens, et après eux les Cianiens, quoique celui qui commandait dans la ville et qui gouvernait tout, y fût mis de la part des Étoliens. A l'égard de Prusias, il eut beaucoup de joie de voir son entreprise heureusement terminée; mais voyant qu'un autre en emportait tout l'avantage, et qu'il n'avait pour sa part qu'une ville dont il ne restait plus que le terrain, il en fut sensiblement touché. Mais le mal était sans remède.

FRAGMENT VI.
Mauvaise foi du même envers les Thasiens.

Ce prince après avoir fait sur la route mille injustices contre la foi des traités, prit terre chez les Thasiens et réduisit en servitude leur capitale, quoiqu'elle eût fait alliance avec lui[1].

...... Les Thasiens disaient à Métrodore général de Philippe,[2] qu'ils livreraient leurs villes à condition d'être exempts de garnison et de tributs; qu'ils ne seraient pas des hôtes forcés, et pourraient continuer à vivre sous leurs propres lois...... Métrodore leur répondit que le roi leur concédait l'immunité de toute garnison, de tout tribut, de toute hos-

---
[1] Ici reprennent les anciens Fragmens.

[1] Fragmens de Valois.
[2] Suidas.

pitalité forcée, et l'autorisation de vivre sous leurs propres lois. Ces promesses ayant été acceptées aux grands applaudissemens de tous, ils introduisirent Philippe dans leur ville.

FRAGMENT VII.

[II] Presque tous les rois, toutes les fois qu'ils veulent s'élever à l'empire (1) prennent grand soin de faire retentir avec ostentation le nom de liberté aux oreilles des hommes, et prodiguent les titres caressans d'amis et d'alliés à ceux qui partagent et favorisent leurs espérances. Mais ils ne se sont pas plus tôt emparés du gouvernement qu'ils commencent à traiter non plus en amis, mais en serviteurs, ceux qui se sont confiés à leur foi. Ils abjurent promptement tous les sentimens honnêtes; et ils sont souvent loin de tirer de leur hypocrisie le fruit qu'ils en espéraient; car l'homme qui avait affecté l'autorité souveraine et avait embrassé le monde entier dans ses espérances, et s'était élevé au plus haut point de prospérité dans la gestion des affaires, devient bien sot et souvent bien furieux, en se voyant réduit à avouer avec justice, au milieu de ses sujets, petits et grands, l'inconstance et l'infirmité de sa fortune.

FRAGMENT VIII.

[III] Après avoir raconté tout ce qui s'est fait à la fois dans le monde, année par année, il devient nécessaire de terminer en racontant ce qui, d'après la disposition de mon plan, a dû se trouver au commencement du livre ; ainsi le veut le cours de la narration qui exige quelquefois que l'exorde d'une affaire en soit comme la péroraison.

FRAGMENT IX.

[IV.] Agathocles tua Dinon, fils de Dinon, et de la plus injuste des choses voulut, comme dit le proverbe, en faire la plus juste ; car au moment où il reçut les lettres qui lui annonçaient l'assassinat d'Arsinoé, il était en son pouvoir de le divulguer et de conserver le royaume, mais s'étant lié ensuite avec Philamnon, il devint la cause de tout le mal qui se fit. Mais après l'assassinat ses dispositions n'ayant pas changé, et déplorant devant plusieurs personnes ce qui s'était fait, en se repentant d'avoir manqué l'occasion, il fut dénoncé à Agathocles et bientôt après perdit la vie par un juste supplice.[1]

FRAGMENT X.

Sosibe.

Il paraît[2] que ce prétendu tuteur de Ptolémée était un esprit rusé, accoutumé depuis longtemps aux souplesses et aux artifices des cours, et méchant. Le premier qu'il fit mourir fut Lysimaque fils de Ptolémée et d'Arsinoé fille de Lysimaque; le second fut Maya, fils de Ptolémée et de Bérénice fille de Maya. Il se défit par la même voie de Bérénice, mère de Ptolémée Philopator, du Lacédémonien Cléomène et d'Arsinoé fille de Bérénice.

FRAGMENT XI.

Agathoclés.

Autre[3] ministre de Ptolémée,[4] qui après avoir éloigné de la cour tout ce qu'il y avait de personnages plus illustres, et avoir apaisé la colère des troupes par le paiement de leur solde, revint d'abord à sa première façon de vivre. Les charges qui étaient restées vacantes par l'éloignement de ceux qui les occupaient, il les donna à des gens employés auparavant aux plus vils offices et qui n'avaient ni probité ni honneur. Il passait la plus grande partie du jour et de la nuit à se

---

[1] Fragment nouveau de l'abbé Mai, d'après les palimpsestes.

[1] Justin, qui donne à Arsinoé le faux nom d'Eurydice, raconte le destin d'Arsinoé dans son xxxe livre C. 1. Ptolémée, séduit par les charmes d'Agathocles, sœur d'Agathocles, son favori, fit assassiner la reine Arsinoé, son épouse. Nous savions, par ce qui avait déjà été publié du livre xv de Polybe, que Philamnon avait été le meurtrier ; ce fragment, jusqu'ici inédit, nous apprend que Dinon avait été son complice et fut tué ensuite par Agathocles. On trouve à la suite, d'après les anciens fragmens, le récit du supplice de toute la famille d'Agathocles.

[2] Fragmens de Valois.

[3] Fragmens de Valois.

[4] Ptolémée Épiphanes, fils de Philopator, était âgé de cinq ans, et Agathocles avait usurpé sa tutelle.

noyer dans le vin et dans les autres débauches qui marchent à la suite de l'ivrognerie. Femmes, filles, fiancées, vierges étaient déshonorées sans pudeur, et tous ces crimes se commettaient avec un air d'autorité qui le rendait insupportable. Toute l'Égypte gémissait sous la tyrannie de ce monstre. Il ne se présentait cependant nul expédient, nul secours pour l'en délivrer et le joug s'appesantissait toujours de plus en plus. L'insolence, l'orgueil, la mollesse du ministre, n'avaient plus de bornes. Il était en horreur parmi le peuple. On se rappela les malheurs où ses pareils avaient autrefois entraîné le royaume. Mais comme il ne se trouvait pas un homme sous la conduite duquel on pût se venger d'Agathocles et d'Agathoclée sa femme, il fallut bien se tenir en repos. On n'avait plus d'espérance qu'en Tlépolème, et cette espérance tranquillisait.

FRAGMENT XII.

Fin tragique d'Agathocles et de toute sa famille.

Agathocles ayant fait appeler les principaux d'entre les Macédoniens, entra dans leur assemblée avec le roi et Agathoclée. D'abord il feignit de ne pouvoir parler, il avait le visage baigné de larmes. A force de s'essuyer avec son manteau, il arrêta enfin ses pleurs; puis prenant l'enfant entre ses bras : « Recevez, dit-il, Macédoniens, cet enfant, que Ptolémée son père en mourant a laissé entre les mains de ma sœur, mais qu'il a confié à votre fidélité. La tendresse que ma sœur a pour lui ne peut lui être que d'un très-faible secours, il n'a d'espérance qu'en vous, tous ses intérêts sont entre vos mains. Il y a long-temps que ceux qui connaissent à fond Tlépolème, s'aperçoivent qu'il cherche à s'élever plus qu'il ne convient à un homme de sa sorte. Mais maintenant il a marqué le jour et l'heure où il doit prendre le diadème. Ne m'en croyez pas, croyez ceux qui savent la vérité et qui viennent actuellement de l'endroit où tout est préparé pour cela. » En même temps il fit approcher Critolaüs, qui dit qu'il avait vu l'autel dressé et les victimes que la multitude disposait pour cette cérémonie. Les Macédoniens entendirent ces paroles, non seulement sans être touchés de compassion, mais encore sans faire attention à ce qui se disait. Ils l'écoutaient d'un air moqueur, se parlant à l'oreille, et se moquant de telle façon, qu'Agathocles ne savait pas lui-même comment il était sorti de cette assemblée. Il fut reçu de la même manière par les autres corps de l'état.

Pendant qu'il se donnait tous ces mouvemens, il arrivait des armées des hautes provinces quantité de gens qui animaient, les uns leurs parens, les autres leurs amis, à se tirer de l'état misérable où ils étaient, et à ne pas souffrir que de si indignes personnes les outrageassent impunément. Mais ce qui excita davantage la populace à se venger de ceux qui étaient à la tête des affaires, fut que Tlépolème avait en son pouvoir tout ce qui arrivait de provisions et de vivres à Alexandrie, et qu'elle voyait dans quelle extrémité elle allait tomber, si elle le laissait plus long-temps le maître.

Agathocles fit en même temps une action qui contribua beaucoup à irriter la colère et du peuple et de Tlépolème. Il arracha Danaé sa belle-mère du temple de Cérès, la traîna le visage découvert tout au travers de la ville, et la jeta dans une prison; il voulait par-là faire connaître à tout le monde le différend qu'il avait avec Tlépolème, et il y réussit. La populace, animée par cette action, fit éclater toute la haine qu'elle avait dans le cœur contre les magistrats. Les uns affichaient pendant la nuit leurs sentimens dans tous les quartiers de la ville, les autres pendant le jour s'assemblaient par bandes, et s'ameutaient les uns les autres. Agathocles mécontent de ce soulèvement et n'en concevant pas pour lui de grandes espérances, tantôt pensait à prendre la fuite et puis changeait de sentiment, parce qu'il avait eu l'imprudence de ne rien disposer pour l'exécution, et tantôt formait avec d'autres une conspiration pour aller sur le champ égorger une partie de ses ennemis, se saisir de l'autre, et ensuite usurper la tyrannie.

Sur ces entrefaites, le bruit court que

Méragène, un de ses gardes, découvrait toutes choses à Tlépolème et s'entendait avec lui, à cause de la liaison qu'il avait avec Adée gouverneur de Bybaste. D'abord Agathocles donne ordre à Nicostrate son secrétaire de s'assurer de Méragène, de l'interroger avec soin, et de le menacer même de la torture la plus rigoureuse. Nicostrate obéit sur le champ. Il mène l'espion dans l'appartement du palais le plus enfoncé; là il interroge Méragène sur ce dont il s'agissait; celui-ci n'avouant rien, on le dépouille. Pendant que les uns disposent les instrumens nécessaires à la torture, et que les autres, les verges à la main, lui ôtent ses habits, un exprès vient trouver Nicostrate, lui souffle je ne sais quoi à l'oreille et aussitôt se retire. Nicostrate le suit sans rien dire, mais se frappant continuellement la cuisse. Il arriva ici à Méragène une chose fort singulière. On avait déjà presque levé les verges pour le battre, on préparait les instrumens de la torture sous ses yeux, et quand Nicostrate se fut retiré, les satellites restèrent là devant lui immobiles, se regardant l'un l'autre et attendant le retour de ce secrétaire. Comme il restait quelque temps à revenir, ils s'en allèrent tous, et laissèrent là Méragène, qui nu comme il était traversa heureusement le palais et entra dans une tente des Macédoniens qui se rencontra auprès. Ils étaient assemblés pour dîner. Il leur conte ce qui lui était arrivé et la façon surprenante dont il s'était sauvé. On ne pouvait d'abord le croire, mais comme on le voyait encore tout nu, on ne peut s'en défendre. Méragène délivré de ce danger prie avec larmes les Macédoniens de prendre non seulement sa défense, mais encore celle du roi, et la leur propre; ajoutant qu'il était évident qu'ils allaient tous périr s'ils ne saisissaient le moment où la haine de la multitude contre Agathocles était dans sa force, et où tout le monde était près de se soulever contre lui : que ce moment était venu, et qu'il ne s'agissait plus que d'avoir quelqu'un qui entamât la chose. Les Macédoniens s'échauffent à ce discours et se laissent persuader. Ils passent ensuite dans les tentes des autres soldats, qui se touchent les unes les autres et sont toutes tournées du même côté de la ville.

Comme depuis long-temps on ne demandait qu'à se révolter, et qu'il ne fallait plus que quelqu'un pour pousser les autres et se mettre à leur tête, ce fut un feu qui éclata dans le moment où il commença à prendre. Il n'y avait pas encore quatre heures que l'on parlait de se soulever, lorsque tous les ordres de citoyens, militaires et civils, se trouvèrent réunis dans le même sentiment. Un accident vint alors tout à propos pour favoriser l'entreprise. On remit une lettre à Agathocles, et on lui amena des espions. La lettre était de Tlépolème, qui mandait qu'il joindrait incessamment l'armée, et les espions annonçaient qu'il en était déjà proche. Cette nouvelle le mit tellement hors de lui-même, que toute affaire, tout conseil cessant, il s'en alla prendre son repas à l'heure ordinaire, et se divertit comme il avait coutume de faire.

Mais Œnanthe pénétrée de douleur alla dans le Thesmophore, ou temple de Cérès et de Proserpine, lequel était ouvert pour quelque sacrifice qui se faisait tous les ans à pareil jour. D'abord elle tomba sur ses genoux, et adressa aux déesses les prières les plus pressantes. Elle s'assit ensuite au pied de l'autel, et resta là tranquille. Quantité de femmes voyaient avec plaisir la tristesse et l'affliction où elle était, et demeuraient en silence. Mais les parentes de Polycrate et quelques autres des plus illustres, ne sachant pas les raisons de sa douleur, s'approchèrent d'elle et tâchèrent de la consoler. Alors Œnanthe jetant un grand cri : « Ne m'approchez pas, dit-elle, bêtes farouches » que vous êtes; je vous connais bien, vous nous » êtes contraires, vous priez les Déesses de nous » envoyer les plus grands maux. Mais j'espère » qu'elles permettront que vous mangiez vos » propres enfans. » Ensuite elle ordonna à ses femmes de chasser les autres qui étaient venues, et de frapper celles qui refuseraient de se retirer. A ces mots les femmes s'en allèrent levant les mains au ciel, et le priant de faire retomber sur Œnanthe les maux dont elle menaçait les autres.

Quoique la résolution de changer le gouvernement eût été déjà prise par les hommes, leur haine cependant redoubla, lorsqu'ils virent chacun leur femme dans une si grande colère. A peine le jour fut-il tombé, que l'on ne vit dans la ville que tumulte, que flambeaux, que gens qui couraient de côté et d'autre. Ceux-ci s'assemblaient en criant dans le Stade, ceux-là s'animaient les uns les autres, il y en avait qui, pour n'être pas exposés aux suites de ce soulèvement, se cachaient dans des maisons ou des lieux où l'on ne pouvait soupçonner qu'ils fussent. Déjà tout le terrain d'autour du palais, le Stade, la place étaient couverts de toute sorte de gens, et de ceux surtout qui fréquentent le théâtre de Bacchus, lorsqu'on alla informer Agathocles de ce qui se passait. Il n'y avait pas long-temps qu'il était sorti de table. Il s'éveille, encore plein du vin qu'il avait bu; il prend toute sa famille, excepté Philon, vient au roi, lui dit quelques paroles sur sa mauvaise fortune, le prend par la main et monte dans une galerie qui est entre le Méandre et la Palestre, et qui conduit à l'entrée du théâtre. Il fait bien assurer les deux premières portes, et passe jusqu'au-delà de la troisième avec deux ou trois gardes, le roi et sa famille. Ces portes étaient à jour, et elles se fermaient à deux leviers.

Il s'était alors assemblé de toute la ville une populace infinie; non-seulement les rues et les places en étaient couvertes, mais encore les escaliers et les toits. Il s'élevait un bruit confus de voix de femmes et d'enfans mêlées avec celles des hommes; car à Alexandrie comme à Chalcédoine, c'est la coutume, que dans ces sortes de troubles les enfans ne fassent pas moins de bruit que les hommes. Qand le jour fut venu, quelque grande que fût la confusion des voix, on entendait cependant surtout que c'était le roi que l'on demandait. D'abord les Macédoniens sortant de leurs tentes, s'emparent de l'endroit du palais où se tenaient les conseils. Peu après, ayant appris où était le roi, ils y allèrent et enfoncèrent les deux premières portes de la première galerie. A la seconde ils demandèrent le roi à grand cris. Agathocles comprit alors le danger qu'il courait; il pria les gardes d'aller trouver les Macédoniens, et de leur dire de sa part qu'il quittait le gouvernement, qu'il renonçait à sa puissance et aux honneurs qu'il possédait, qu'il se défaisait même de tous les biens et revenus qu'il avait, qu'il ne demandait que la vie et le faible secours nécessaire pour la soutenir, que rentrant ainsi dans son premier état il ne pourrait faire de peine à personne, quand même il le voudrait.

Il n'y eut aucun des gardes qui voulût se charger de cette commission, hors un certain Aristomène, qui quelque temps après eut la principale part dans le gouvernement. Cet homme était Acarnanien. Avancé en âge et devenu maître des affaires, il se fit une grande réputation par la sage et prudente conduite qu'il tint à l'égard du roi et du royaume: aussi habile en cela qu'il l'avait été à flatter Agathocles, pendant que celui-ci était dans sa plus grande prospérité. Il fut le premier qui l'ayant invité à dîner chez lui le distingua des autres conviés jusqu'à lui mettre une couronne d'or sur la tête, ce que la coutume ne permet d'accorder qu'aux rois. Il osa aussi le premier porter son portrait sur une bague. Une fille lui étant née, il lui donna le nom d'Agathoclée. En voilà assez pour le faire connaître.

Aristomène ayant donc reçu cet ordre, sort par une petite porte et vient aux Macédoniens. A peine eut-il dit quelques paroles et expliqué les intentions d'Agathocles, qu'ils voulurent lui passer leurs épées au travers du corps. Mais défendu par quelques hommes qui demandaient que l'on fît main basse sur la multitude, il retourna vers Agathocles, avec ordre de lui dire qu'il amenât le roi, ou qu'il prît garde de ne pas sortir lui-même. Dès qu'il fut parti les Macédoniens avancèrent à la seconde porte et l'enfoncèrent. Agathocles jugeant par là et par la réponse qu'on lui avait apportée, de la colère où ils étaient, leur tendit les mains en suppliant. Agathoclée de son côté se découvrit le sein dont elle disait qu'elle avait nourri le roi. Tous deux les conjuraient, par tout ce qu'ils pouvaient dire de plus touchant, de leur accorder au moins la vie. Leurs larmes et leurs gémissemens ne servant de rien, ils envoyèrent enfin le jeune roi avec les gardes. Les Macédoniens le prennent, le mettent sur un cheval et le conduisent au Stade. Dès qu'il parut, toute la place retentit de cris de joie et d'applaudissemens. On arrêta le cheval, on en descendit le roi, et on le conduisit jusqu'à l'endroit d'où les rois ont coutume de se faire voir.

Parmi la multitude, on était partagé entre la joie et la douleur. On était très-content que le roi eût été amené, mais on était en même temps chagrin que l'on n'eût pas pris ceux qui étaient la cause de tous les troubles, et qu'ils ne reçussent pas un châtiment proportionné à leurs crimes. C'est pourquoi on ne cessait de crier et de commander que l'on se saisit de ces scélérats, et que l'on en fît un exemple. Le jour ayant paru et la populace ne sachant sur qui faire éclater son ressentiment, un des gardes nommé Sosibe s'avisa d'un expédient fort heureux pour tirer le roi d'embarras et pour apaiser le tumulte. Voyant que la colère du peuple ne se calmait point, et le chagrin qu'avait le jeune prince d'être environné de gens qu'il ne connaissait pas, et d'entendre le bruit que cette multitude faisait à ses oreilles, il demanda au roi s'il n'abandonnait pas au peuple ceux qui en avaient mal agi à son égard et à celui de sa mère. Le roi dit qu'il le voulait bien. Sosibe donna ordre à quelques gardes de publier quelles étaient les intentions du roi, et enleva en même temps ce jeune prince pour le conduire dans sa maison qui était proche, et lui servir à manger

La volonté du roi ayant été hautement déclarée, on n'entendit partout que cris de joie et qu'applaudissemens. Alors Agathocles et sa sœur se séparèrent et se retirèrent chacun chez soi. Quelques soldats, les uns de leur propre mouvement, les autres poussés par la populace, se mirent en devoir de les chercher. Le massacre suivit bientôt, mais ce ne fut que par un pur hasard. Un homme de la maison d'Agathocles et un de ses flatteurs nommé Philon, entrant plein de vin dans le Stade et voyant la disposition de la populace contre son maître, dit à ceux qui étaient autour de lui, qu'à présent comme auparavant ils ne verraient pas plutôt Agathocles qu'ils changeraient de sentiment. A ces mots, les uns le chargent d'injures, les autres le poussent avec violence; comme il fait effort pour se défendre, on lui déchire son manteau, on le perce à coups de lance, on le traine avec ignominie encore tout palpitant. Dès que l'on eut commencé à goûter le sang, on attendit avec impatience que les autres fussent amenés. Agathocles parut peu de temps après, chargé de chaînes. A peine fut-il entré dans la foule, que quelques uns coururent à lui et le percèrent d'abord. C'était lui rendre un service d'ami, car par là on le déroba à la triste catastrophe qui devait terminer sa vie. On amena avec lui Nicon, Agathoclée nue avec ses sœurs, et ensuite tous ses parens. On arracha aussi OEnanthe du Thesmophore; on la mit nue sur un cheval et on la fit venir dans le Stade. Toutes ces personnes furent livrées à la populace, dont les uns les mordirent, les autres leur passèrent l'épée au travers du corps, et d'autres encore leur arrachèrent les yeux, et à mesure qu'ils tombaient de cheval, on leur arracha les membres, jusqu'à ce qu'ils fussent tous déchirés par morceaux; car c'est le vice naturel des Égyptiens, leur colère est toujours accompagnée de cruauté. Dans le même temps, quelques jeunes filles qui avaient été élevées avec Arsinoé, ayant appris que Philammon, qui avait commission de tuer la reine, était arrivé depuis trois jours de Cyrène, entrèrent par force dans la maison de cet officier, et à coups de pierres et de bâtons le mirent à mort; elles étranglèrent son fils, qui était encore dans l'âge le plus tendre, et ayant trainé sa femme toute nue sur la place, elles la massacrèrent.

Telle fut la fin tragique d'Agathocles, de sa sœur et de toute sa famille. Je sais les efforts d'esprit qu'ont fait ceux qui ont écrit avant moi cet événement pour jeter du merveilleux dans leur récit, et pour frapper d'étonnement leurs lecteurs. Ils y ont joint des réflexions plus longues que ne méritaient les choses qui leur donnaient lieu d'en faire, ceux-ci rapportant cet événement à la Fortune pour montrer combien elle est peu stable, et combien il est difficile d'être toujours en garde contre sa bizarrerie, ceux-là tâchant de donner quelque air de vraisemblance à des faits qui leur ont paru extraordinaires. Pour moi je n'ai pas jugé à propos de prendre la même peine au sujet d'Agathocles. Je ne vois dans cet homme là ni courage ni vertu qui le distinguât dans les armes. Sa conduite, dans le maniement des affaires, serait un mauvais modèle, et pour ce qu'on appelle esprit de cour et l'art de tromper finement, on n'en remarquait pas dans lui le moindre trait, bien différent de Sosibe et de plusieurs autres qui le possédaient au souverain degré, et qui pour cela s'étaient rendus pour ainsi dire les maîtres des rois qui successivement leur avaient confié le soin de leurs affaires. Aussi tout le monde fut-il surpris de son élévation, dont il ne fut redevable qu'à l'impuissance de régner où se trouvait Ptolémée Philopator. Après la mort de ce prince, quoiqu'il lui fût facile de se conserver dans son poste, il le perdit avec la vie et en très-peu de temps par sa lâcheté et son peu de vigueur.

On ne doit donc pas dans une histoire s'étendre sur des gens de cette espèce, comme on ferait pour un Agathocles, pour un Denis, ces deux tyrans de Sicile, et pour quelques autres qui se sont rendus célèbres par leurs grands exploits. Quoique Denis tirât son origine de la lie du peuple, et qu'Agathocles, potier par état, eût quitté jeune la roue, l'argile et la fumée, comme parle agréablement Timée, pour venir à Syracuse, tous deux, chacun en son temps, parvinrent à la dignité de tyrans de cette ville, qui en grandeur et en richesses n'avait pas alors son égale. Devenus ensuite rois de toute la Sicile, ils conquirent encore quelques parties de l'Italie. Agathocles poussa plus loin ses conquêtes, il entra dans l'Afrique, et mourut enfin comblé d'honneurs et de prospérité. Scipion avait une si haute idée de ces deux tyrans, qu'interrogé quels hommes il croyait s'être le plus distingués par la science du gouvernement et par une hardiesse prudente et judicieuse, il répondit que c'étaient les deux Siciliens Agathocles et Denis. C'est sur des personnages de ce mérite qu'il faut arrêter ses lecteurs, leur faire envisager les vicissitudes de la fortune, et les porter à faire sur ces événemens des réflexions salutaires. Mais pour cet autre Agathocles dont nous parlions plus haut, ce serait lui faire trop d'honneur. C'est la raison pour laquelle je me suis étudié à raconter simplement la manière tragique dont il avait fini sa carrière. Une autre raison a été que l'unique avantage que l'on puisse procurer par le récit des événemens terribles, c'est d'en donner la connaissance. Une description trop longue, un tableau trop étudié de ces tristes objets, non seulement est inutile, mais fait encore quelque peine aux spectateurs. Quand on veut instruire ou par les yeux ou par les oreilles, deux choses sont à considérer; le plaisir et l'utilité, et ces deux choses doivent être surtout le but de l'historien. Or un détail trop étendu de ces sortes de faits n'est ni agréable ni utile. Il n'est point utile, car il n'y a personne qui voulût imiter ce qui arrive contre la raison. Il n'est pas non plus agréable, car quel plaisir y a-t-il à voir des choses qui répugnent à la nature et aux notions ordinaires? On a d'abord quelque envie de les voir ou de les entendre pour s'assurer qu'elles sont possibles. Mais on s'en tient là, et on n'aime point à s'y arrêter long-temps. Que ce que l'on raconte soit donc propre ou à produire quelque utilité, ou à faire quelque plaisir. Toute description exagérée et qui s'écarte de ce but, peut avoir lieu dans une tragédie, mais elle ne convient point du tout à l'histoire. Je ne pardonne ces exagérations qu'à des historiens qui n'ont jamais étudié la nature, et qui ne sachant rien de ce qui s'est passé dans le reste de l'univers, s'imaginent que les événemens dont ils sont témoins ou qui leur ont été racontés, surpassent tout ce qui est arrivé de plus extraordinaire et de plus admirable dans les siècles passés. C'est pour cela que, sans y penser, ils décrivent avec beaucoup d'emphase des faits qui ont déjà été décrits par d'autres, et qui n'apportent à leurs lecteurs ni utilité ni plaisir.

FRAGMENT XIII.

Antiochus.

Dans les premières années de son règne [1], ce prince passait pour être capable de former et d'exécuter de grands desseins. Plus avancé en âge, il devint méconnaissable, et trompa l'attente qu'on en avait conçue.

LIVRE SEIZIÈME.

FRAGMENT I.

Philippe à Pergame.

Quand ce prince fut arrivé à Pergame [2], s'imaginant qu'Attalus ne pouvait plus lui échapper, il n'y eut pas de cruautés qu'il n'exerçât. Il se livra à toute sa fureur, et la fit éclater plus encore contre les dieux que contre les hommes. Irrité de ce que la garnison de Pergame, aidée par la situation des postes qu'elle gardait, sortait des petits combats toujours victorieuse, et de ce qu'il ne pouvait rien piller dans la campagne par le bon ordre qu'Attalus y avait mis, il déchargea toute sa colère sur les statues et sur les temples des dieux, et par là se fit, selon moi, plus de tort et de déshonneur à lui-même qu'au roi de Pergame; car non seulement il mit le feu au temple et renversa les autels, mais il fit encore briser les pierres, de peur qu'elles ne servissent à relever ces édifices. Après avoir détruit le Nicephorium, coupé le bois sacré, arraché l'enceinte, et ruiné jusqu'aux fondemens plusieurs autres temples d'une grande beauté, il alla d'abord à Thyatire, de là dans la plaine appelée Thèbes, où il espérait faire un butin immense, et d'où, sans pouvoir rien en emporter, il passa à Hiéra-Come. De cet endroit il députa à Zeuxis pour le prier de lui envoyer des vivres et les autres secours dont il était convenu dans le traité d'alliance qu'ils avaient fait ensemble. Ce satrape fit semblant d'exécuter les articles du traité; mais dans le fond il ne voulait rien moins qu'augmenter les forces et la puissance du roi de Macédoine.

FRAGMENT II.

Bataille navale entre Philippe roi de Macédoine, et Attalus.

Philippe n'était pas tranquille [1] sur l'avenir. Le siége qu'il faisait n'avançait pas autant qu'il l'aurait souhaité, et les ennemis avaient à l'ancre un grand nombre de vaisseaux pontés. Comme les conjonctures ne lui permettaient pas de choisir entre deux partis, il prit celui de lever l'ancre et de disparaître. Les ennemis qui s'attendaient à lui voir pousser ses mines plus loin, furent fort surpris d'un départ si précipité. Mais Philippe avait ses raisons pour ne pas différer. Ses vues étaient de gagner le devant sur les ennemis, et de passer sûrement à Samos en longeant la côte. Mais toute sa diligence ne lui servit de rien. Dès qu'Attalus et Théophilisque aperçurent qu'il s'ébranlait, ils résolurent de le suivre et de le combattre. Leur flotte ne marchait pas fort serrée, parce que comptant que Philippe suivrait son premier projet, ils n'avaient pas pris soin de la tenir en état. Cependant à force de rames ils l'atteignirent, et attaquèrent, Attalus son aile droite, et Théophilisque sa gauche. Philippe pressé de tous côtés donne à sa droite le signal du combat, commande de faire face aux ennemis et de combattre avec courage, puis avec quelques esquifs il se retire dans de petites îles qui sont au milieu du

[1] Fragmens de Valois. — [2] Idem.

[1] Fragmens anciens.

détroit, et attend là le succès de la bataille. Sa flotte était composée de cinquante-trois vaisseaux pontés, de quelques autres découverts et de cent cinquante bâtimens légers avec des fustes. Il était resté à Samos des vaisseaux qu'il n'avait pu équiper. Celle des ennemis était de soixante-cinq vaisseaux pontés, en comptant ceux que les Byzantins leur avaient fournis, de neuf galiotes et de trois trirèmes.

L'action commença par le vaisseau que montait Attalus, et aussitôt, sans autre signal, tous les autres, qui étaient proche, chargèrent. Attalus tomba sur une octirème, l'ouvrit par l'impétuosité du choc et la coula à fond, quelque résistance que fissent les troupes qui de dessus le pont la défendaient. La décemrème de Philippe, laquelle était l'amirale, tomba en la puissance des ennemis par un accident très singulier. Elle choqua si violemment une petite galiote qui s'en approchait, et enfonça si avant son éperon sous le banc des rames supérieures, appelées thranites, que ce petit bâtiment y demeura attaché, sans que le pilote pût arrêter le cours impétueux de son vaisseau. Sur ces entrefaites arrivent deux quinquérèmes, qui percent les deux côtés de ce grand bâtiment que le petit, qui y était comme suspendu, empêchait de se tourner et d'agir, et le coulent à fond avec tous ceux qui le montaient, au nombre desquels était Démocrate, général de l'armée.

D'un autre côté Dionysidore et Dinocrate son frère, les deux premiers officiers de la flotte d'Attalus, couraient un grand péril, combattant le premier sur un septirème, et l'autre sur un octirème. Dinocrate ayant le corps de sa galère considérablement ouvert au dessus de l'eau, en avait percé un des ennemis au dessous, et y tenait tellement qu'il ne pouvait s'en détacher, quelque effort qu'il fît pour reculer. Dans cet état il avait d'autant plus à craindre, que les Macédoniens l'attaquaient avec plus d'acharnement. Attalus vint fort à propos à son secours. Il fondit sur la galère ennemie et la sépara de celle de Dinocrate, qui par ce moyen fut délivré; tout l'équipage du vaisseau macédonien fut égorgé, et le vaisseau même resta en la puissance des vainqueurs. A l'égard de Dyonisidore, comme il se portait avec force contre un autre vaisseau pour le percer de l'éperon, il manqua son coup; de là tombant parmi les ennemis il vit les bancs des rameurs du côté droit de sa galère enlevés, et les tours abattues. Les Macédoniens l'enveloppèrent de tous les côtés avec de grands cris; le vaisseau et l'équipage furent submergés. Heureusement il se sauva lui-même en se jetant avec deux autres à la nage pour gagner une galiote qu'on amenait à son secours.

Dans le reste de la flotte on se battait à forces égales; car si d'un côté Philippe avait plus de vaisseaux légers, de l'autre Attalus était plus fort en vaisseaux couverts. A la droite des Macédoniens on combattait de manière que, quoique la chose ne fût pas décidée, il était aisé de juger que la victoire se déclarerait en faveur d'Attalus. Je disais tout à l'heure que les Rhodiens, presque au sortir du port, avaient été jetés loin des ennemis; mais comme leur chiourme était meilleure, ils eurent bientôt atteint l'arrière-garde des Macédoniens. Là ils commencèrent par se jeter dans les vaisseaux qui se retiraient, et à briser tous leurs bancs. Les Macédoniens viennent au secours. L'escadre rhodienne se joint à Théophilisque, et l'une et l'autre tournent la proue vers la flotte de Philippe; le combat s'échauffe au son des trompettes; on s'anime les uns les autres par de grands cris de guerre. Si les Macédoniens n'eussent pas mêlé de petits bâtimens parmi les vaisseaux pontés, la bataille eût été bientôt terminée. Mais ces petits bâtimens incommodaient les Rhodiens en bien des manières; car dès que les flottes se furent ébranlées, selon l'ordre de bataille qu'on avait pris d'abord, tous les vaisseaux combattirent pêle-mêle : de sorte qu'on ne pouvait ni couler entre les rangs, ni se tourner, ni mettre à profit ses avantages, ces esquifs tombant tantôt sur les rameurs dont ils arrêtaient la manœuvre, tantôt sur la proue des galères et embarrassaient également les pilotes et la chiourme. Quand on combattait de front et la proue tournée vers l'ennemi, ce n'était pas sans dessein. Alors les coups que l'on recevait n'ouvraient le vaisseau qu'au dessus de l'eau ; au lieu que ceux que l'on portait faisaient ouverture au dessous et perdaient sans ressource les vaisseaux ainsi frappés. Mais les Rhodiens n'usèrent que rarement de ce stratagème. Il y avait trop à risquer, par la valeur avec laquelle les Macédoniens se défendaient de dessus leurs ponts. On évitait au contraire avec grand soin de les approcher. On gagnait plus à briser les bancs des rameurs en se coulant entre les galères, et en voltigeant de côté et d'autre. Par cette manœuvre, tantôt on fondait sur les ennemis par la proue, tantôt, pendant qu'ils se tournaient, on les accablait de blessures, ou l'on fracassait quelque pièce utile au service du vaisseau. Cette manière de combattre fit perdre aux Macédoniens un très grand nombre de leurs galères.

Dans cette occasion il arriva à trois quinquérèmes des Rhodiens une aventure remarquable. Théophilisque montait la première, qui était la capitane ; Philostrate était sur la seconde, la troisième portait Nicostrate, et était commandée par Autolyque. Celle-ci était allée donner de son éperon dans une autre des ennemis, laquelle coulant à fond avec l'équipage, entraînait avec elle celle qui l'avait ouverte et qui y avait laissé son éperon. Autolyque, sur cette galère qui se remplissait d'eau par la proue, ne laissa pas d'abord de charger courageusement les ennemis qui l'environnaient : mais couvert de blessures il tomba enfin dans la mer, où il fut bientôt suivi de ses gens, qui comme lui s'étaient défendus avec valeur jusqu'à la fin. Dans ce moment Théophilisque arrive pour le secourir. Il ne lui est pas possible de sauver la galère, qui était déjà pleine d'eau ; mais il en ouvre deux des ennemis et en chasse ceux qui les défendaient. Sur le champ le voilà environné d'esquifs et de gros vaisseaux ennemis. Malgré cela et quoiqu'il eût perdu la plupart de ses gens dans ce choc, quoiqu'il eût reçu trois blessures, il charge avec tant de vigueur qu'il sauve son vaisseau, aidé par Philostrate, qui étoit venu fort à propos à son secours. De là il va joindre le reste de la flotte, entre de nouveau dans l'action, se met aux prises avec les Macédoniens ; sans force et sans vigueur, à la vérité, parce qu'il perdait tout son sang par ses blessures, mais avec plus de courage, plus de présence d'esprit, et par conséquent plus de gloire que dans tout le reste du combat. Au reste il se donna dans cette journée deux batailles navales à quelque distance l'une de l'autre ; car l'aile droite de Philippe, qui n'avait pas quitté la côte qu'elle avait rasée d'abord, n'était pas loin de l'Asie ; et la gauche, qui s'était tournée pour secourir l'arrière-garde, était aux mains avec les Rhodiens assez près de Chio.

Attalus vainqueur à son aile droite s'approchait des petites îles où Philippe, à l'ancre, attendait quel serait le succès de la bataille. Chemin faisant il aperçoit une de ses quinquérèmes, qui, mise hors de combat, avait été ouverte, et que les Macédoniens tâchaient de submerger. Il court pour la tirer de ce danger avec deux quatrirèmes. Le vaisseau ennemi abandonne sa proie et se retire vers la terre. Attalus le suit vivement pour s'en rendre maître. Philippe, qui le voit éloigné du reste de sa flotte, prend quatre quinquérèmes, trois galiotes et ce qu'il y avait d'esquifs auprès de lui ; il se poste entre Attalus et ses vaisseaux pour lui couper le retour, et l'oblige à se jeter sur la côte, tout tremblant encore du danger auquel il avait échappé. Attalus se retira dans Erythrée avec ce qu'il avait de troupes, et laissa Philippe se saisir des vaisseaux qui l'accompagnaient et de tout le bagage royal qu'ils portaient. Ce n'était pas sans dessein que le roi de Pergame avait étalé tout ce qu'il avait de riche et de magnifique sur le tillac de son vaisseau, et les Macédoniens donnèrent dans le piège qu'il leur tendait par cet étalage ; car les premiers qui le joignirent voyant une grande quantité de vases précieux, un habit de pourpre et les autres meubles dont ceux-là sont ordinairement accompagnés, cessèrent de poursuivre, se mirent à piller, et laissèrent Attalus se retirer tranquillement à Erythrée.

Philippe, quoique vaincu, fit beaucoup valoir ce petit avantage. Il se mit en haute mer, rassembla ses vaisseaux, et releva le courage de ses troupes en les flattant qu'elles avaient remporté la victoire. Quelque-uns en effet furent portés à le croire en voyant ce prince traîner après lui le vaisseau même d'Attalus. A la vue de ce vaisseau Dionysidore conjectura ce qui était arrivé au roi son maître. Il leva un signal, rappela autour de lui ses galères, et se retira sans courir aucun risque dans les ports de l'Asie. En même temps ceux des Macédoniens qui étaient aux mains avec les Rhodiens, et qui en étaient maltraités, se retirèrent du combat les uns après les autres, sous prétexte d'aller au plus vite au secours de leurs vaisseaux. Pour les Rhodiens, après avoir lié à leurs galères une partie de celles qu'ils avaient prises, et coulé à fond les autres, ils s'en allèrent à Chio.

Du côté de Philippe il périt dans le combat contre Attalus une galère à dix, une à neuf, une à sept, et une à six rangs de rame, dix autres vaisseaux pontés, et quarante vaisseaux légers, à quoi il faut ajouter deux quatrirèmes et sept petits bâtimens qui furent pris. La perte d'Attalus fut d'une galiote et de deux quinquérèmes qui furent coulées à fond, et du vaisseau même qu'il montait. A l'égard des Rhodiens, ils perdirent deux quinquérèmes et deux trirèmes, qui furent mises hors de combat. On ne fit aucune prise sur eux, et on ne leur tua que soixante hommes, et au roi de Pergame que soixante et dix. Les morts, dans l'armée de Philippe, s'élevèrent au nombre de trois mille Macédoniens et de six mille alliés : et on fit prisonniers, tant de Macédoniens que d'alliés, deux mille hommes et sept cents Égyptiens.

Ainsi finit la bataille navale donnée à la hauteur de Chio ; Philippe s'en attribua toute la gloire, et cela sur ces deux raisons : la première qu'ayant poussé Attalus sur le rivage, il s'était rendu maître du vaisseau de ce prince : la seconde qu'ayant jeté l'ancre près du promontoire d'Argenne, il s'était arrêté parmi les débris mêmes de ses ennemis. Le lendemain il soutint par sa manière d'agir ce qu'il avait prétendu la veille. Il rassembla les restes des vaisseaux brisés, et fit donner la sépulture à ce que l'on avait pu reconnaître des siens parmi les morts. Tout cela ne se faisait que pour persuader au peuple qu'il était victorieux, car on ne doit pas croire qu'il en fût persuadé lui-même. Il fut aisé de s'en apercevoir, lorsque, pendant le tems même qu'il jouait le personnage de vainqueur, les Rhodiens et Dionysidore vinrent avec leur flotte se présenter en bataille devant lui. Il ne se montra point et souffrit, sans s'ébranler, que ses ennemis reprissent la route de Chio.

Jamais ce prince, ni sur terre ni sur mer, n'avait perdu une si grande quantité de monde en un seul jour. Il en était pénétré de douleur, et il avait bien rabattu de sa première vivacité. Cependant au dehors il faisait tout ce qu'il pouvait pour cacher sa honte et son chagrin. Mais comment aurait-il pu cacher sa défaite ? Outre ce qui s'était passé pendant l'action, l'état de son armée après cette bataille faisait horreur. Tout le trajet de mer, où le combat s'était donné, était teint de sang et couvert de corps morts, d'armes et de débris de vaisseaux, et les jours suivans on voyait de toutes ces choses un mélange affreux sur les rivages voisins. Ce n'était pas Philippe seul qui en était frappé, tous les Macédoniens en étaient dans une confusion extrême. Théophilisque, le lendemain de cette bataille, en écrivit le succès à sa patrie, mit en sa place à la tête des troupes Cléonée, et mourut ce même jour de ses blessures. Il s'était extrêmement signalé dans cette action, et il ne peut être trop loué d'avoir engagé Attalus et les Rhodiens à l'entreprendre. Sans lui, Philippe était tellement redouté, que tous les autres auraient laissé échapper cette occasion de le défaire. Ce fut lui qui commença la guerre, qui obligea sa patrie de prendre les armes contre les Macédoniens, et qui força le roi de Pergame à agir vigoureusement, sans différer et sans perdre le temps en préparatifs. Après sa mort, les Rhodiens, par reconnaissance, lui décernèrent des honneurs si grands, qu'ils étaient capables d'inspirer, non seulement à ceux qui vivaient alors, mais encore aux siècles à venir, une vive ardeur de se rendre utiles à leur patrie.

FRAGMENT III.

[Raison pour laquelle plusieurs abandonnent leurs entreprises.

Si l'on cherche pourquoi l'on quitte un dessein dans lequel on semblait être entré avec beaucoup de vivacité, il est aisé de répondre qu'il n'y a point d'autre cause de ce changement que la nature même des choses qu'on voulait entreprendre. En regardant de loin l'objet de nos désirs nous ne nous apercevons pas que ce que nous souhaitons est au dessus de nos forces. L'utilité que nous espérons en tirer nous cache la difficulté de l'acquérir. La passion d'y parvenir nous aveugle et nous trouble l'esprit. Mais quand il s'agit de l'exécution, on est arrêté par les obstacles invincibles qui se présentent, on ne sait plus quelles mesures on doit prendre, on s'embarrasse dans ses idées, et on abandonne l'entreprise.

FRAGMENT IV.

Stratagème de Philippe pour s'emparer de Prinasse.

Philippe, après quelques attaques, voyant que la petite ville qu'il assiégeait était fortifiée de façon à rendre tous ses efforts inutiles, prit le parti de lever le siège, et se contenta de ruiner les châteaux et les villages qui étaient aux environs. De là il vint camper devant Prinasse, où après avoir promptement disposé les claies et fait tous les préparatifs ordinaires d'un siège, il commença par faire creuser des mines. Comme le travail n'avançait point, parce que le terrain était pierreux, il eut recours à ce stratagème. Il donna ordre de faire grand bruit sous terre pendant le jour, pour donner à penser qu'on creusait des mines, et d'apporter de la terre pendant la nuit aux endroits où l'on faisait semblant de creuser. On amassa là tant de terre, qu'enfin les assiégés en furent effrayés. Ils se soutinrent cependant avec assez de courage les premiers jours. Mais dès que Philippe leur eut fait dire qu'il y avait deux arpens de leurs murailles sapés, et qu'il leur eut laissé le choix ou de sortir sains et saufs de la place, ou de périr tous avec leur ville quand les bois debout auraient été consumés, ils crurent ce qu'on leur avait dit de sa part, et lui ouvrirent leurs portes.

FRAGMENT V.

Choses à remarquer dans la ville d'Iasse.

Iasse, en Asie, est une ville située dans le golfe, qui est terminé d'un côté par cet endroit de la Milésie où est le temple de Neptune, et de l'autre par la ville de Myndes. Ce golfe s'appelle communément Bargyliétique, nom qu'il reçoit des villes qui sont à son extrémité. Les habitans d'Iasse se vantent d'avoir double origine, la première des Argiens, et l'autre des Milésiens. La raison qu'ils donnent de cette dernière, c'est qu'après la perte de citoyens que leurs ancêtres avaient faite dans la guerre de Carie, ils avaient attiré chez eux le fils de Nelée, qui avait amené une colonie à Milet. La grandeur de cette ville est de dix stades. On débite chez les Bargyliètes, bien plus, on y croit, que jamais il ne tombe ni neige ni pluie sur la statue de Diane Cyndiade, quoiqu'elle soit en lieu découvert. On accorde à Vesta le même privilége chez les Iasséens. Il est aussi des historiens chez lesquels on trouve cette prétendue merveille. Pour moi je ne sais pourquoi je ne puis m'empêcher de bannir de mon histoire ces sortes de particularités. Il me semble que c'est une faiblesse puérile que d'ajouter foi à des choses qui non seulement sont hors de toute vraisemblance, mais ne sont pas même possibles. Il faut ne pas avoir le sens commun pour dire par exemple que certains corps exposés au soleil ne font pas d'ombre. Théopompe a cependant la simplicité d'assurer que ceux qui, en Arcadie, entrent dans le temple de Jupiter n'en font pas. Ce que nous rapportions plus haut n'est pas moins incroyable. Quand certains prodiges ou certains faits extraordinaires peuvent contribuer à conserver parmi le peuple le respect et l'obéissance qu'il doit à la divinité, je ne trouve pas mauvais que les historiens nous en entretiennent; mais encore faut-il qu'ils se contiennent dans de justes bornes. J'avoue qu'il n'est pas toujours aisé de fixer les bornes dans lesquelles on doit se renfermer, mais enfin ce n'est pas une chose impossible. Pour dire ce que j'en pense, il est jusqu'à certain degré excusable d'ignorer le vrai ou de croire le faux; mais quand l'ignorance ou la crédulité vont jusqu'à l'excès, cela est intolérable.

FRAGMENT VI.
Nabis.

On a vu plus haut quelle était la manière de gouverner de ce tyran de Lacédémone [1]; comment après avoir chassé les citoyens il affranchit les esclaves, et leur fit épouser les femmes et les filles de leur maîtres. On a vu encore que tous ceux qui par leurs crimes avaient été chassés de leur patrie, trouvaient dans sa puissance comme un asile sacré, et qu'il avait fait de Sparte comme un repaire de scélérats : nous allons montrer maintenant comment dans ce temps-là même, quoiqu'allié des Messéniens, des Éléens et des Étoliens, et engagé par sermens et par traités à les secourir lorsqu'ils seraient attaqués, sans égard pour des engagemens si solennels, il osa commettre contre Messène la plus noire des perfidies.

FRAGMENT VII.
Zénon et Antisthène, historiens rhodiens.

Comme quelques historiens particuliers [2] ont écrit avant moi les évenemens qui sont arrivés dans ce temps-ci chez les Messéniens et les autres alliés, je suis bien aise de dire ici ce que j'en pense. Je ne les passerai pas tous en revue, je ne m'arrêterai qu'aux plus célèbres et aux plus distingués. Zénon et Antisthène, tous deux Rhodiens, sont de ce nombre, et méritent notre attention pour plus d'une raison; car ils sont auteurs contemporains, ils ont gouverné la république, et quand ils ont écrit, ce n'a point été par des vues d'intérêt, mais par honneur et par d'autres motifs dignes du rang qu'ils tenaient. Ce qui m'oblige à m'expliquer sur leur compte, c'est que je traite les mêmes choses qu'ils ont traitées. Si je ne prévenais pas le lecteur, ébloui de la célébrité de la république rhodienne et de la réputation où elle est de se distinguer particulièrement dans les affaires de mer, il serait porté, lorsque mon récit ne s'accorderait pas avec le leur, à ajouter foi à leur rapport plutôt qu'au mien. Voyons donc si l'on doit s'y fier.

L'un et l'autre assurent que la bataille navale donnée près de l'île de Ladé a été plus vive et plus meurtrière que celle qui s'est donnée à la hauteur de Chio. Ils disent encore que le détail de l'action, son succès, en un mot la victoire est toute à l'honneur des Rhodiens. Qu'il soit permis aux historiens d'avoir quelque penchant à faire honneur à leur patrie, j'y consens; mais je ne voudrais pas qu'il abusassent de cette permission, jusqu'à nous débiter des choses contraires à ce qui s'est réellement passé. Il leur échappe déjà bien des fautes que l'humanité peut à peine éviter. Si en faveur de notre patrie, ou par tendresse pour nos amis, ou par reconnaissance, nous nous laissons aller à raconter de dessein prémédité des événemens faux et imaginaires, en quoi nous distinguera-t-on de ces historiens mercenaires qui livrent leur plume au plus offrant? L'intérêt qu'on sait que ceux-ci ont à mentir, fait mépriser leurs ouvrages : les nôtres seront-ils plus estimés, si l'on s'aperçoit que l'inclination ou la haine nous les a dictés? C'est un défaut contre lequel un lecteur ne peut trop se tenir en garde, et que les historiens eux-mêmes doivent éviter avec soin. Zénon et Antisthène y sont tombés. En voici la preuve.

Ils conviennent l'un et l'autre, en faisant le détail du combat, que deux quinquérèmes des Rhodiens furent prises avec leur équipage par les ennemis; qu'un autre vaisseau ouvert et près de couler à fond, pour se sauver, avait levé la voile et gagné le large; que plusieurs qui en étaient proche s'étaient mis aussi en haute mer, et que l'amiral se voyant presque abandonné avait suivi le même exemple : qu'alors tous ces vaisseaux jetés par une tempête dans la Myndie, avaient abordé le lendemain à l'île de Cos en traversant les ennemis; que ceux-ci avaient attaché les quinquérèmes rhodiennes à leurs vaisseaux, et que débarquant

---
[1] Fragmens de Valois.
[2] Fragmens de Valois.

à Ladé ils s'étaient logés dans le camp des Rhodiens : enfin que les Milésiens effrayés de cet événement, avaient couronné non seulement Philippe, mais encore Héraclide. Après toutes ces marques d'une défaite entière, comment peuvent-ils nous assurer que les Rhodiens ont remporté la victoire ? Ils le font cependant, et cela malgré une lettre écrite au conseil et aux Prytanes par l'amiral même après le combat, et qui se conserve encore dans le Prytanée, lettre entièrement conforme au récit que nous avons fait de la journée de Ladé, et qui détruit tout ce que Zénon et Antisthène en ont rapporté.

Ces deux historiens racontent ensuite l'insulte faite aux Messéniens contre la foi des traités. Là Zénon dit que Nabis, au sortir de Lacédémone, traversa l'Eurotas ; que suivant le ruisseau nommé Hoplités, il était venu par le Sentier-Étroit à Polasion, et de là à Sélasie ; d'où prenant sa route par Phares et par les Thalames, il était arrivé au Pamise. Que dirons-nous de cette route ? Elle est tout-à-fait semblable à celle d'un homme qui, pour aller de Corinthe à Argos, traverserait l'isthme, irait aux rochers Scironiens, et de là, suivant le Contopore et passant par les terres de Mycènes, entrerait dans Argos ; car tous ces lieux ne sont pas seulement un peu éloignés les uns des autres, ils sont dans une situation absolument opposée. L'isthme et les rochers Scironiens sont à l'orient de Corinthe, au lieu que Contopore et Mycènes approchent beaucoup du couchant d'hiver, de sorte qu'il n'est pas possible de venir de Corinthe à Argos par ce chemin. La même impossibilité se rencontre dans la route que Zénon fait suivre à Nabis ; car l'Eurotas et Sélasie sont, à l'égard de Lacédémone, à l'orient d'été, et les Thalames, Phares et le Pamise au couchant d'hiver. Il ne faut donc, pour aller par les Thalames en Messénie, ni passer à Sélasie, ni même traverser l'Eurotas.

Ce que dit encore Zénon, que Nabis sortit de Messène par la porte de Tégée, est une méprise grossière ; car l'on passe par Mégalopolis pour aller de Messène à Tégée ; il ne peut donc y avoir à Messène une porte que l'on appelle de Tégée. Ce qui a trompé Zénon, c'est qu'à Messène il y a une porte qui se nomme Tégéatide et par laquelle Nabis sortit de la ville pour retourner dans la Laconie. C'est ce nom de Tégéatide qui a fait croire à cet historien que Tégée était voisine de Messène, quoique pour passer de cette ville dans la Tégéatide on ait à traverser toute la Laconie et le territoire de Mégalopolis.

Voici encore une autre erreur de Zénon. Il dit que l'Alphée se cachant presqu'au sortir de sa source, parcourt sous terre un long espace de chemin et ne commence à reparaître qu'auprès de Lycoa dans l'Arcadie. Il est cependant certain que ce fleuve, qui se cache sous terre près de sa source, reparaît au bout de dix stades et traverse toute la campagne de Mégalopolis ; que petit d'abord, mais prenant en chemin de nouvelles forces, il arrose majestueusement deux cents stades de cette campagne et qu'ensuite augmenté du Lysius il est à Lycoa très-profond et très-rapide. . . .

. . . .

Cependant ces fautes paraissent en quelque sorte excusables et je les pardonne volontiers à ces historiens. Les unes, ils ne les ont faites que pour ne point avoir assez connu les pays dont ils avaient à parler ; et ils n'ont déguisé la défaite de Ladé que par amour pour la gloire de leur patrie. Mais il reste un reproche à faire à Zénon dont il aurait peine à se laver, c'est de s'être beaucoup moins étudié à la recherche et à l'arrangement des faits, qu'à l'élégance et à la beauté du style. Il se vante même souvent de s'être distingué en ce genre, et plusieurs autres historiens célèbres se font valoir comme lui de ce côté-là. Pour moi je crois que l'on doit s'appliquer à donner à l'histoire tous les ornemens qui lui conviennent ; elle devient par là beaucoup plus utile et plus intéressante ; mais jamais homme sensé ne fera de cela son principal et ne se le proposera pour premier objet. Il est en effet d'autres parties de l'histoire qui méritent beaucoup plus nos soins et où il est beaucoup plus glorieux d'exceller. Au moins un écrivain éclairé dans les affaires en pensera ainsi. J'explique ma pensée par un exemple.

Zénon décrivant le siége de Gaza et la bataille donnée par Antiochus à Scopas dans la Cœlesyrie près de Pavion, a pris tant de soins pour orner sa narration, qu'un rhéteur travaillant sur la même matière afin d'étaler toute son éloquence demeurerait au dessous de l'historien. En récompense il s'est tellement négligé sur les faits, que sur ce point il ne se peut rien voir de plus superficiel et de plus ignorant que Zénon. Voici la manière dont il décrit l'ordre de bataille de Scopas, en commençant par la première ligne. La phalange, dit-il, était avec quelque peu de cavalerie sur l'aile droite au pied de la montagne, et l'aile gauche avec toute la cavalerie qui la soutenait, était dans la plaine. Antiochus au point du jour, continue-t-il, fit partir son fils aîné avec un détachement pour occuper le premier les hauteurs qui commandaient les ennemis; et avec le reste de l'armée, dès que le jour eut paru, il traversa le fleuve, rangea ses troupes dans la plaine, mit sa phalange sur une seule ligne et l'opposa au corps de bataille des ennemis. Il distribua sa cavalerie partie sur l'aile gauche, partie sur la droite de la phalange. Ici étaient postés les cavaliers cuirassés qui étaient conduits par le plus jeune des enfans d'Antiochus. Les éléphans placés devant la phalange à certaine distance avaient à leur tête Antipates de Tarente. On avait jeté dans les intervalles laissés entre les éléphans, quantité d'archers et de frondeurs. Le roi entouré de sa cavalerie favorite et de ses gardes prit son poste derrière les éléphans.

L'armée ainsi rangée, c'est toujours d'après Zénon que je parle, Antiochus le jeune, que nous venons de voir dans la plaine opposé à l'aile gauche des ennemis avec les cavaliers cuirassés, fondit du haut de la montagne sur la cavalerie que commandait Ptolémée fils d'Ærope et que les Étoliens avaient mise dans la plaine sur l'aile gauche, il la culbuta et poursuivit les fuyards. Zénon met ensuite les deux phalanges aux mains, et dit que le combat fut opiniâtre. Mais comment ne voit-il pas que ces deux phalanges ne peuvent se joindre, avant que les éléphans, les archers, les frondeurs, les chevaux qui sont entre elles, aient vidé le terrain?

Il ajoute que, quand la phalange macédonienne ouverte par les Étoliens eut été mise hors de combat, les éléphans recevant les fuyards et tombant sur les ennemis, y causèrent un grand désordre. Mais les phalanges une fois mêlées, les éléphans pouvaient-ils distinguer entre ceux qui pliaient, qui était de l'armée d'Antiochus, quels étaient ceux qui appartenaient à celle de Scopas?

Il dit encore que la cavalerie étolienne, peu accoutumée à voir des éléphans, en avait été épouvantée pendant le combat. Cela ne se peut pas; car Zénon nous dit lui-même que la cavalerie de l'aile droite n'eut rien à souffrir, et que celle de l'aile gauche avait été mise en fuite par le plus jeune des fils d'Antiochus. Quelle est donc cette cavalerie qui vis à vis de la phalange aurait été effrayée par les éléphans.

Mais le roi lui-même qu'est-il devenu? Je ne le vois nulle part. De quel usage a-t-il été dans l'action? Quel service a rendu ce beau corps de cavalerie et d'infanterie qu'il avait assemblé autour de sa personne? Et l'aîné des Antiochus qui avec un détachement était allé s'emparer des hauteurs, qu'a-t-il fait? Il ne retourne pas même au camp après le combat. Il n'avait garde d'y retourner. Zénon fait marcher à la suite du roi deux de ses fils, et il n'y en a qu'un qui l'ait accompagné.

Comment se peut-il encore faire que Scopas soit sorti le premier et le dernier du combat? Si nous en croyons notre historien, ce général n'eut pas plus tôt vu la cavalerie conduite par le jeune Antiochus fondre, au retour de la poursuite des fuyards, sur les derrières de sa phalange, que désespérant de vaincre, il fit retraite. Cependant il nous dit dans un autre endroit que Scopas voyant la phalange enveloppée par les éléphans et par la cavalerie, crut la bataille perdue et se retira. Quel tort ne doivent pas faire à des historiens des fautes si palpables, des contradictions si manifestes!

Concluons donc qu'il faut faire tous ses efforts pour exceller dans toutes les parties de l'histoire; cette ambition est digne d'un honnête homme ; mais que si cela ne se peut pas, l'on doit s'appliquer principalement aux parties les plus importantes et les plus nécessaires. Je donne cet avis, parce que je vois que dans les autres arts et dans les sciences comme dans l'histoire, on néglige le vrai et l'utile, et qu'on ne recherche que le brillant et ce qui flatte l'imagination. On loue ces sortes de productions, on les admire ; ce sont pourtant celles qui coûtent le moins et qui font le moins d'honneur. J'en atteste les peintres.

Au reste à l'égard des fautes de géographie que nous venons de relever, comme elles sautaient aux yeux, j'en ai écrit à Zénon même ; car il n'est pas d'un galant homme de tirer avantage des fautes d'autrui, pour se faire de la réputation à ses dépens. C'est cependant un procédé assez ordinaire. Mais loin d'en agir ainsi, je crois qu'en vue de l'utilité publique nous devons, autant qu'il est possible, non seulement travailler nos ouvrages avec soin, mais encore aider les autres à rectifier les leurs. Par malheur cet historien reçut ma lettre trop tard. L'histoire était déjà répandue dans le public. Il n'était plus possible d'y rien changer : il en fut au désespoir, mais du reste il prit en très-bonne part les avis que j'avais pris la liberté de lui donner. Je prie ceux qui dans la suite me liront de tenir la même conduite à mon égard. S'ils s'aperçoivent que j'aie quelque part menti à dessein ou dissimulé la vérité en la connaissant, qu'ils me condamnent sans miséricorde ; mais si je n'ai manqué que faute d'avoir été instruit de certaines choses, je leur demande grâce. Dans un ouvrage si vaste et qui embrasse tant de choses, il n'est pas aisé d'être également exact en tout.

FRAGMENT VIII.

Tlépolème.

Tlépolème était encore jeune lorsqu'en Égypte il fut honoré du ministère. Il avait porté les armes toute sa vie, et avait fait grande figure dans les armées. Il était naturellement hautain et avide de gloire. Pour les affaires, il avait beaucoup de bonnes et beaucoup de mauvaises qualités. Brave et vigoureux, il savait commander une armée, bien conduire une expédition, manier les esprits des soldats, et les amener où il voulait. Mais personne n'était moins propre aux affaires qui demandent de l'étude et de l'attention, personne n'entendait moins les finances. Aussi sa fortune fut-elle de peu de durée. Le royaume se sentit bientôt de sa prodigalité. Il ne se vit pas plus tôt maître des coffres du roi, qu'il passa la plus grande partie des jours à jouer à la paume et à disputer avec de jeunes gens à qui brillerait davantage dans les exercices militaires. Il leur donnait ensuite de grands repas. C'étaient là ses occupations et ses compagnies ordinaires. Quand il faisait tant que de donner quelque audience sur les affaires de l'état, c'était alors qu'il répandait à pleines mains et qu'il dissipait l'argent de son maître. Il en donnait avec profusion aux députés de la Grèce, aux artisans de Bacchus, et surtout aux officiers de l'armée et aux soldats. Il ne savait ce que c'était que de refuser. Il payait grassement les louanges, de quelque part qu'elles lui vinssent. Par là il s'exposa à des dépenses beaucoup plus considérables ; car on ne le loua pas seulement pour les bienfaits qu'on avait reçus, sans qu'on s'y attendît, mais encore pour ceux qu'on espérait recevoir dans la suite. C'était de tous côtés à qui le louerait davantage. On n'entendait partout que les éloges de Tlépolème. Dans tous les repas on buvait à sa santé. La ville était pleine d'inscriptions à son honneur ; toutes les rues retentissaient de chansons, où l'on élevait son mérite jusqu'au ciel. Ce débordement de louanges lui enfla le cœur, et ne fit qu'irriter en lui la passion d'être loué, et pour la satisfaire il devint encore plus libéral à l'égard des étrangers et des soldats. A la cour ces prodigalités lui firent des ennemis ; on l'y blâmait hautement ; sa vanité y devint insupportable, et Sosibe y était infiniment plus estimé. En effet ce Sosibe se conduisait auprès du prince avec une sagesse qui paraissait au dessus de son âge, et avec les étrangers, c'étaient toujours des manières dignes des deux emplois qui lui avaient été confiés, ceux de garde de l'anneau royal et de premier officier des gardes du corps.

Vers ce temps-là Ptolémée, fils de Sosibe, revint de Macédoine à Alexandrie. Avant qu'il partît de cette ville, déjà vain par lui-même et par les richesses que son père lui avait acquises, il le devint encore plus à la cour de Philippe. Il affecta les airs et prit la façon de s'habiller de la jeunesse qu'il y fréquenta. Il eut la simplicité de s'imaginer que la vertu des Macédoniens consistait à se vêtir et à se chausser d'une certaine manière, et se crut véritablement homme pour avoir fait ce voyage et avoir vécu avec les Macédoniens. A son retour, il regarda les Alexandrins avec le dernier mépris; ce n'était selon lui que de vils esclaves et des hommes stupides. Il n'eut pas plus d'estime pour Tlépolème; il le décria partout. Les courtisans indignés de voir les affaires si mal gouvernées, se joignirent à lui. Ils ne purent souffrir plus long-temps que Tlépolème disposât des finances, non en ministre, mais en héritier. Le nombre de ses amis diminuait de jour en jour. On observait toutes ses démarches, on prenait en mauvaise part toutes ses actions, et on répandait contre lui des discours pleins de fiel et d'aigreur. Il fut averti de tout ce qui se passait contre lui, et d'abord il prit le parti de n'y pas faire attention. Mais quand il sut qu'en son absence, dans un conseil public, on avait osé se plaindre de son gouvernement, irrité alors il convoqua une assemblée à son tour, où il dit qu'on l'avait calomnié en secret, et qu'il voulait, lui, former contre ses calomniateurs une accusation en présence de tout le monde.

Quand Tlépolème eut fini sa harangue, il voulut que Sosibe lui remît l'anneau royal, et depuis ce moment il disposa de toutes les affaires de l'état comme il lui plut.

FRAGMENT IX.

Retour de Scipion à Rome et son triomphe. — Mort de Syphax.

Ce fut environ vers ce temps-là [1] que Scipion quitta l'Afrique pour revenir à Rome. Un consul qui s'était illustré par tant de grands exploits, ne pouvait manquer d'y être attendu avec une extrême impatience. Son entrée fut pompeuse, et il reçut du peuple toutes les marques d'estime et d'affection imaginables. Il les méritait, et on ne faisait en cela que lui rendre justice. La joie fut extrême lorsqu'on revit un homme qui non seulement avait chassé Annibal d'Italie et détourné de dessus la patrie la tempête qui la menaçait, deux avantages qu'on n'avait pas jusqu'alors osé même espérer, mais qui avait encore rétabli la tranquillité publique et dompté les ennemis qui l'avaient troublée. Quand il entra triomphant dans la ville, ce fut alors surtout que l'appareil et les ornemens du triomphe rappelant à la mémoire des citoyens les dangers dont ils avaient été délivrés, ils éclatèrent en actions de grâces, et ils firent paraître combien ils aimaient l'auteur d'un pareil changement. Syphax, roi des Masésyliens, suivait le char de son vainqueur avec les autres prisonniers, et mourut quelque temps après dans la prison. Pendant plusieurs jours ce ne fut à Rome que jeux et que spectacles, aux frais desquels Scipion fournissait avec une magnificence digne de lui.

FRAGMENT X.

Philippe prend ses quartiers d'hiver en Asie.

Au commencement de l'hiver [1] où Publius Sulpicius avait été fait consul à Rome, Philippe séjournant chez les Bargyliens, fut fort alarmé de voir qu'Attalus et les Rhodiens, loin de congédier leurs armées navales, remplissaient leurs vaisseaux de troupes et se précautionnaient contre lui avec plus de soin et de vigilance que jamais. L'avenir lui donnait plus d'une inquiétude. En sortant de chez les Bargyliens, il prévoyait le péril qu'il aurait à courir sur la mer. D'un autre côté, il craignait qu'en passant l'hiver dans l'Asie, il ne fût pas à portée de défendre la Macédoine, que les Étoliens et les Romains menaçaient; car il n'ignorait pas les députations qu'on avait faites à Rome contre lui, depuis que les affaires d'Afrique étaient terminées. Dans cet embarras, il n'eut pas d'autre parti à prendre

[1] Anciens fragmens.

[1] Fragmens de Valois.

que de rester chez les Bargyliens. Il y vécut comme un loup affamé, pillant les uns, arrachant aux autres par force, et flattant quelques-uns, contre son naturel, pour avoir de quoi nourrir son armée, qui souffrait. Il lui donnait tantôt de la viande, tantôt des figues, tantôt du pain en petite quantité, provisions qu'il tirait ou de Zeuxis, ou des Milésiens, ou des Alabandiens, ou des Magnésiens. Flatteur jusqu'à la bassesse à l'égard de ceux qui lui accordaient quelque secours, il se plaignait hautement de ceux qui lui en refusaient et cherchait à s'en venger. Par le moyen de Philoclès il fit des intrigues chez les Milésiens, mais son imprudence les fit échouer. Sous prétexte qu'il avait une armée à nourrir, il fit du ravage dans la campagne d'Alabande. Chez les Magnésiens, ne pouvant avoir du bled, il prit des figues, et par reconnaissance il leur donna un petit pays.

FRAGMENT XI.

Attalus, après une bataille navale donnée à Philippe, vient à Athènes et persuade aux Athéniens de se liguer avec lui contre ce prince. — Honneurs qu'il reçoit dans cette ville.

Les Athéniens dépêchèrent au roi Attalus des ambassadeurs [1], tant pour le remercier de ce qu'il avait fait en leur faveur, que pour le prier de venir à Athènes et délibérer avec eux sur le parti qu'on prendrait dans les circonstances présentes. Quelques jours après, ce prince, sur la nouvelle qu'il avait reçue que des ambassadeurs romains étaient abordés au Pyrée, crut qu'il était nécessaire de s'aboucher avec eux et partit sans délai pour se rendre à Athènes. Au bruit de son arrivée les Athéniens réglèrent comment on irait au devant de lui, et avec quelle pompe et quel appareil on le recevrait. Entré dans le Pyrée il passa tout le premier jour avec les ambassadeurs romains, et fut très-satisfait de les entendre parler de l'ancienne alliance qu'ils avaient faite avec lui, et de la disposition où il les vit de faire la guerre à Philippe. Le lendemain avec les ambassadeurs romains et les magistrats il monta dans la ville suivi d'un cortège très-nombreux; car non seulement les magistrats et les prêtres, mais encore tous les citoyens avec leurs femmes et leurs enfans, étaient venus au devant de lui. Dès que cette multitude l'eut joint, on ne peut exprimer les marques de bienveillance et d'amitié qu'elle donna aux Romains, et plus encore à Attalus. Il entra dans le Dipyle ayant les prêtres à sa droite et les prêtresses à sa gauche, ensuite tous les temples lui furent ouverts; à tous les autels on avait disposé des victimes, et l'on demandait qu'il les immolât. Enfin les honneurs qu'on lui décerna furent tels que personne de ceux qui auparavant leur avaient été utiles, n'en avaient reçu de pareils; car outre tous ceux dont nous venons de parler, ils donnèrent son nom à une de leurs tribus, et le comptèrent parmi ceux de leurs premiers ancêtres dont les tribus portent le nom. On convoqua ensuite une assemblée où il fut appelé. Il s'excusa d'y aller, sur ce qu'il n'était pas de la bienséance qu'il entrât dans cette assemblée et qu'il fît en face le détail des services qu'il avait rendus. On le pria donc de donner par écrit ce qu'il jugeait à propos que l'on fît dans les conjonctures présentes. Il y consentit, et écrivit une lettre que les magistrats portèrent au peuple. Cette lettre roulait sur trois chefs. On y voyait d'abord un détail des bienfaits que les Athéniens avaient reçus du roi, ensuite le récit de ce qu'il avait fait contre Philippe; en dernier lieu il exhortait les Athéniens à déclarer la guerre à ce prince, et à faire serment d'entrer dans toute la haine dont les Rhodiens, les Romains et lui étaient animés contre cet ennemi. Il finissait en les avertissant que si, laissant échapper cette occasion, ils se joignaient à quelque traité de paix fait par d'autres, ils agiraient contre les vrais intérêts de leur patrie. Après la lecture de cette lettre, la multitude gagnée par les raisons qu'elle venait d'entendre, et plus encore par l'amitié qu'elle avait pour Attalus, était déjà toute disposée à émettre son décret pour la guerre, lorsque les Rhodiens entrèrent dans l'assemblée. Ils parlèrent longtemps sur le même sujet, et quand ils eurent fini, les Athéniens statuèrent que l'on prendrait les armes contre Philippe. On décerna aussi de grands honneurs aux Rhodiens. On

[1] Fragmens des Ambassades.

accorda à ce peuple la couronne dont on récompense la vertu. On lui fit part des mêmes droits dont jouissaient les citoyens d'Athènes, et cela pour reconnaître le plaisir que les Rhodiens avaient fait aux Athéniens, en leur rendant leurs vaisseaux et leurs soldats qu'ils avaient faits prisonniers. Après quoi les ambassadeurs rhodiens montèrent sur leurs vaisseaux, et voguèrent vers Chio pour passer de là dans les autres îles.

FRAGMENT XII.

Ordres que les Romains envoyèrent à Philippe en faveur des Grecs et d'Attalus.

Pendant que les ambassadeurs romains [1] étaient à Athènes, Nicanor, un des généraux de Philippe, portait le ravage dans l'Attique et avait pénétré jusqu'à l'Académie. Les ambassadeurs romains, après lui avoir auparavant dépêché des hérauts, furent le trouver eux-mêmes, et lui dirent d'avertir le roi son maître que les Romains l'exhortaient à ne faire injure à aucun des Grecs et à rendre compte devant des juges équitables de la conduite injuste qu'il avait tenue à l'égard d'Attalus : qu'en agissant de la sorte il aurait les Romains pour amis, et pour ennemis s'il ne suivait pas leur conseil. Après avoir reçu ces ordres, Nicanor se retira. Les ambassadeurs tinrent sur Philippe les mêmes discours aux Épirotes sur la côte de Phénicie, dans l'Acarnanie à Amynandre, aux Étoliens à Naupacte, aux Achéens à Égium, et ils s'en allèrent vers Ptolomée et Antiochus pour pacifier les différends que ces deux princes avaient ensemble.

FRAGMENT XIII.

Philippe rétablit ses affaires, et fait heureusement la guerre contre Attalus et les Rhodiens.

Il est assez ordinaire de voir des gens capables de commencer bien une affaire et de la suivre avec la même ardeur jusqu'à un certain point; mais on voit peu de personnes qui sachent la conduire jusqu'à la fin, et regagner par la force de l'esprit ce que la fortune, en traversant leur dessein, leur aurait fait perdre

[1] Fragmens des Ambassades.

de vivacité. Autant que l'on peut justement blâmer Attalus et les Rhodiens de leur nonchalance, autant on doit louer Philippe pour la noblesse de ses projets, l'élévation de son esprit, et la constance dans ses résolutions. Je crois devoir avertir que je ne prétends pas que cet éloge s'étende à toute la vie de ce prince. Il n'est ici question que de la fermeté qu'il eut dans les conjonctures présentes. Cet avis était nécessaire; sans cela on me reprocherait peut-être de ne pas m'accorder avec moi-même, parce qu'après avoir loué plus haut Attalus et les Rhodiens et blâmé Philippe, je tiens ici un langage contraire. C'est pour prévenir ce reproche, que j'ai dit dès le commencement de cet ouvrage, qu'il était nécessaire de louer quelquefois et de censurer les mêmes personnes, parce que souvent, selon les circonstances où l'on se trouve, on prend un bon ou un mauvais parti, et qu'indépendamment même des circonstances, l'homme se porte de lui-même quelquefois à ce qui lui est préjudiciable. Philippe nous fournit un exemple de ces états différens que l'on remarque dans les hommes. Chagrin de ses pertes passées, il ne suivait que les mouvemens de sa colère. Cependant il se conduisit dans l'occasion présente avec une présence d'esprit qui dépasse les forces ordinaires de la nature. Aussi après avoir déclaré de nouveau la guerre à Attalus et aux Rhodiens, il vint heureusement à bout de son entreprise. Ce qui m'a donné lieu de faire cette petite digression, c'est que j'ai vu des gens qui comme de mauvais coureurs s'arrêtaient au milieu de la carrière et abandonnaient des affaires déjà avancées, et d'autres qui pour ne s'être point rebutés ont glorieusement exécuté leurs desseins.

FRAGMENT XIV.

Philippe voulait enlever aux Romains l'occasion d'agir, et des ports où ils pussent débarquer. . . . . s'il eût pris le parti de passer de nouveau en Asie, il y eût trouvé le port d'Abydos où il eût pu débarquer et par où il eût pu entrer en Asie.

FRAGMENT XV.

Description d'Abydos et de Sestos. — Siége de cette première ville par Philippe.

La situation d'Abydos et de Sestos, les commodités que l'on trouve dans ces deux villes sont si connues même par le vulgaire, qu'il me paraît fort inutile d'en faire ici une longue description. Cependant il sera bon, pour une plus grande intelligence de ce que je vais rapporter, qu'en peu de mots j'en rappelle à mes lecteurs le souvenir, et je parlerai de ces deux places, de manière qu'en comparant ensemble ce que j'en dirai, on les connaîtra mieux que si l'on était sur les lieux. Comme de l'Océan ou de la mer Atlantique il n'est pas possible d'entrer dans notre mer sans traverser le détroit des colonnes d'Hercule, de même on ne peut aller de notre mer dans la Propontide et le Pont, qu'on ne passe entre Abydos et Sestos. Et ce n'est pas sans raison que la fortune, en formant ces deux détroits, a voulu que celui des colonnes d'Hercule fût de soixante stades, et que celui de l'Hellespont ne fût que de deux; c'est, à ce que je puis conjecturer, parce que la mer extérieure est beaucoup plus grande que la nôtre. Au reste le détroit d'Abydos est plus avantageusement situé que l'autre ; car il est habité de l'un et de l'autre côté, et il sert comme de porte pour la communication des deux peuples. Les gens de pied peuvent parfois passer d'un continent à l'autre sur un pont; on y va aussi par mer, et ce passage est très-fréquenté; au lieu que l'on fait très-peu d'usage du détroit des colonnes d'Hercule, premièrement parce que peu de gens sont en commerce avec les peuples qui habitent les extrémités de l'Afrique et de l'Europe, et en second lieu parce que la mer extérieure est inconnue. Abydos est environnée des deux côtés par deux promontoires d'Europe, et il y a un port où les vaisseaux sont à l'abri de toutes sortes de vents, et hors du port il est impossible de jeter l'ancre proche de la ville, tant est grande la rapidité et la violence du cours de l'eau dans le détroit.

Philippe assiégeait cette ville par mer et par terre; par mer en hérissant de pieux le port, et par terre en conduisant autour de la ville des retranchemens. Quoique les préparatifs du siége fussent grands, que l'appareil en fût terrible, et que de part et d'autre on n'omît rien de ce qui se pratique ordinairement, soit pour attaquer ou pour se défendre, ce n'est point par là que ce siége est digne d'admiration. Mais si l'on considère le courage et la constance inébranlables avec laquelle les Abydéniens l'ont soutenu, il n'y en a point dont l'histoire mérite plus d'être transmise à la postérité. D'abord pleins de confiance en leurs forces, ils repoussèrent vivement les premières attaques du roi de Macédoine. Du côté de la mer, les machines ne pouvaient approcher qu'elles ne fussent aussitôt démontées par les balistes, ou consumées par le feu. Les vaisseaux mêmes qui les portaient étaient en péril, et les assiégeans avaient toutes les peines du monde à les sauver. Du côté de la terre les Abydéniens se défendirent aussi quelque temps avec beaucoup de valeur, et ils ne désespéraient pas même de rebuter les ennemis. Mais voyant la muraille extérieure sapée, et que les Macédoniens poussaient leurs mines sous la muraille intérieure qu'on avait élevée pour tenir la place de l'autre, ils envoyèrent Iphiade et Pantanocte pour traiter avec Philippe de la reddition de leur ville, à ces conditions : que les troupes qui leur avaient été envoyées par les Rhodiens et par Attalus retourneraient à leurs maîtres sous sa sauve-garde, et que les personnes libres se retireraient où elles voudraient, et avec les habits qu'elles avaient sur le corps. Philippe leur ayant répondu que les Abydéniens n'avaient qu'un de ces deux partis à prendre, ou de se rendre à discrétion, ou de continuer à se défendre vaillamment, les ambasadeurs se retirèrent. Sur leur rapport, les assiégés au désespoir s'assemblèrent et délibérèrent sur ce qu'ils avaient à faire. Il fut résolu premièrement qu'on donnerait la liberté aux esclaves pour les animer à la défense de la ville ; en second lieu qu'on renfermerait toutes les femmes dans le temple de Diane, et tous les enfans avec leurs nourrices dans le gymnase; ensuite que l'on rassemblerait sur la place tout ce qu'il y avait dans la ville d'or et d'argent, et tout ce qu'on avait d'autres effets précieux dans la quadrirème des Rhodiens et dans la trirème des Cysicéniens. Cet avis ayant passé tout d'une voix, on tint encore une autre assemblée où l'on choisit cinquante des plus vieux et des plus graves citoyens, assez vigoureux cependant pour exécuter ce qui serait résolu, et on leur fit prêter serment en présence de tous les habitants, que dès qu'ils verraient l'ennemi maître de la muraille intérieure, ils égorgeraient les femmes et les enfans, mettraient le feu aux deux galères chargées des effets, et jetteraient dans la mer tout l'or et tout l'argent ramassé. Ensuite ayant appelé leurs prêtres ils jurèrent tous de vaincre, ou de mourir les armes à la main; et après avoir immolé des victimes, ils obligèrent les prêtres et les prêtresses à prononcer, des autels, mille exécrations contre ceux qui manqueraient à leur serment. Cela fait on cessa de contreminer, et on prit la résolution, dès que la muraille serait tombée, de se porter sur la brèche et d'y combattre jusqu'à la mort.

Après cela ne peut-on pas dire que le désespoir des Phocéens et la fermeté des Acarnaniens sont au dessous du courage que les Abydéniens témoignèrent en cette occasion? Il est vrai que les Phocéens portèrent le même décret contre leurs familles, mais leurs affaires n'étaient pas si désespérées, puisqu'ils devaient combattre en bataille rangée contre les Thessaliens. Les Acarnaniens avaient aussi la même ressource, lorsqu'apprenant que les Étoliens venaient les attaquer, ils firent un décret semblable à celui des Phocéens. Mais les Abydéniens étaient enveloppés de tous les côtés et ne voyaient nul jour à se sauver, lorsqu'ils résolurent de mourir plutôt avec leurs femmes et leurs enfans, que de consentir à voir leurs femmes et leurs enfans tomber entre les mains de leurs ennemis. La fortune fut moins équitable à l'égard de ce peuple qu'elle ne l'avait été à l'égard des deux autres. Elle eut compassion de la mort de ceux-ci, rétablit leurs affaires, et par une victoire complète les délivra de leurs ennemis lorsqu'ils attendaient le moins une si grande faveur; mais elle ne traita pas si favorablement les Abydéniens, car ils perdirent la vie, leur ville fut prise, et les enfans avec leurs mères furent la proie des Macédoniens. Voici comment la chose arriva : Après la chute de la muraille intérieure, les assiégés sur la brèche, fidèles à leur serment, combattaient avec tant de courage, que quoique à tout moment Philippe eût soutenu jusqu'à la fin du jour par des troupes fraîches celles qui étaient montées à l'assaut, lorsque la nuit sépara les combattans, il ne savait encore qu'espérer du succès de son siége. Les premiers Abydéniens qui se présentèrent sur la brèche en passant sur les corps morts ne se battaient pas seulement avec fureur, ne se servaient pas seulement de leurs épées et de leurs javelines, mais quand leurs armes avaient été rompues, ou qu'elles leur avaient été arrachées des mains, ils se jetaient à corps perdu sur les Macédoniens, renversaient les uns, brisaient les sarisses des autres, et avec les morceaux leur frappaient le visage et tout ce qu'ils trouvaient de leur corps à découvert, et les faisaient entrer en fureur. Quand la nuit mit fin au carnage, la brèche était toute couverte d'Abydéniens morts, et ce qui était échappé pouvait à peine se soutenir, accablés qu'ils étaient de lassitude et de blessures. Les choses étaient en cette situation, lorsque Glaucide et Théognète se départirent lâchement de la belle résolution qu'ils avaient prise avec les autres citoyens. Esclaves de leurs propres intérêts, ils convinrent ensemble que, pour recouvrer leurs femmes et leurs enfans, ils enverraient à Philippe, dès le point du jour, les prêtres et les prêtresses revêtues de leurs habits de cérémonie, pour les lui demander et lui livrer la ville.

Attalus alors, sur la nouvelle du siége d'Abydos, était venu par la mer Égée à Ténédos, et les ambassadeurs romains ayant appris à Rhodes la même chose, et voulant notifier à Philippe les intentions de leur république, lui avaient député M. Emilius, le plus jeune d'entre eux, qui arriva à Abydos dans le temps même de la trahison. Emilius dit à Philippe qu'il avait ordre de la part du sénat de l'exhorter à ne faire la guerre à aucun peuple de la Grèce, à n'envahir rien de ce qui appartenait à Ptolémée, et de soumettre à une décision juste et régulière les prétentions qu'il avait contre Attalus et les Rhodiens; que s'il se rendait à ces remontrances, il vivrait en paix, et que s'il refusait de s'y soumettre, il aurait la guerre avec les Romains. Philippe voulut faire voir que les troubles avaient commencé par les Rhodiens. Mais Emilius l'interrompant : « Que vous » ont fait les Athéniens, lui dit-il? qu'avez- » vous à vous plaindre des Cianiens et des » Abydéniens ? Qui de ces peuples vous a le » premier attaqué ? » Le roi embarrassé de ces questions, s'en tira en disant à l'ambassadeur qu'il lui pardonnait pour trois raisons la hauteur et l'orgueil avec lesquels il lui avait parlé ; la première, parce qu'il était jeune et sans expérience ; la seconde, parce qu'il était le plus beau des jeunes gens de son âge; et la troisième, parce qu'il portait un nom romain. « Au reste, ajouta-t-il, je souhaite que votre » république garde fidèlement les traités qu'elle » a faits avec moi, et que jamais elle ne prenne » les armes contre les Macédoniens. Si elle » agit autrement, nous prendrons les Dieux à » témoins de son infidélité, et nous nous défen- » drons en braves gens. » Après cette entrevue ils se séparèrent. Ensuite Philippe entra dans la ville, et se saisit, sans aucun obstacle, de toutes les richesses que les Abydéniens avaient rassemblées dans un même lieu. Mais quelle fut sa surprise, lorsqu'il vit les uns étouffer, les autres poignarder, ceux-ci étrangler, ceux-là jeter dans des puits, d'autres encore précipiter du haut des toits leurs femmes et leurs enfans ! Ce triste spectacle le pénétra de douleur, et il fit publier qu'il accordait trois jours à ceux qui voulaient se pendre et se donner la mort. Mais les Abydéniens avaient disposé de leur sort. Ils auraient cru dégénérer de ceux qui avaient généreusement combattu jusqu'à la mort pour leur patrie, et ne voulurent pas survivre à ces illustres citoyens. Tous dans chaque famille se tuèrent les uns les autres, et il n'échappa de cette meurtrière expédition que ceux à qui les mains furent liées, ou que l'on empêcha de quelque autre manière de se défaire d'eux-mêmes.

FRAGMENT XVI.

Ambassades des Achéens et des Romains aux Rhodiens.

Après la prise d'Abydos[1], il vint de la part des Achéens des ambassadeurs à Rhodes pour y exhorter le peuple à faire la paix avec Philippe. Il en arriva en même temps d'autres de Rome pour l'en détourner. Le peuple, ayant entendu les derniers, jugea qu'il fallait se tenir attaché aux Romains, et rechercher leur amitié.

FRAGMENT XVII.

Expédition de Philopœmen contre Nabis, tyran de Lacédémone.

Philopœmen se disposant à marcher contre Nabis, commença par examiner la distance qu'il y avait entre les villes de l'Achaïe, et quelles étaient celles où l'on pouvait aller par le même chemin. Ensuite il écrivit une lettre à chaque ville, et donna ordre qu'elles fussent portées aux plus éloignées, les distribuant de façon que chacune ne recevait pas seulement chaque jour celle qui lui était adressée, mais celles qui étaient écrites à toutes les autres villes qui se rencontraient sur la même route. La première s'adressait au gouverneur, et portait : « Aussitôt la présente reçue, vous » assemblerez sur la place tout ce que vous » avez d'hommes propres à la guerre ; vous » leur donnerez des vivres pour cinq jours, de » l'argent et des armes, et vous les conduirez » à la ville voisine. Quand vous y serez arrivé, » rendez au gouverneur la lettre que je vous » envoie pour lui, et suivez exactement ce » qui y est marqué. » Cette seconde lettre était conçue en mêmes termes que la première, il n'y avait de différent que le nom de la ville où l'on devait marcher. La même chose s'observant pour toutes les villes, il tira de là deux avantages ; c'est que personne ne savait pour quelle expédition ces troupes étaient en marche, et que les troupes elles-mêmes ne connaissaient leur route que dans la première ville où on les conduisait. On se réunissait les uns aux autres, sans savoir de quoi il s'agissait,

1 Extrait des Ambassades.

et cependant l'on marchait toujours en avant. Et comme les villes les plus éloignées de Tégée n'en étaient pas à égale distance, les lettres ne furent pas données à toutes en même temps, mais à proportion de leur éloignement. D'où il arriva que, sans que les Tégéates ni ceux qui arrivaient chez eux sussent ce qui se tramait, tous les Achéens en armes entrèrent de tous les endroits dans Tégée. Philopœmen avait imaginé cet expédient pour dérober son dessein à la connaissance des espions du tyran de Sparte, et des gens avides de nouvelles qu'il apostait de tous côtés. Le jour que tous les Achéens devaient arriver à Tégée, il donna ordre aux troupes choisies de passer la nuit autour de Sellasie, et dès que le jour paraîtrait, de se jeter sur la Laconie; en cas que celles qui étaient à la solde des Lacédémoniens les incommodassent, de se retirer à Scotite, et pour le reste d'obéir en tout à Didascondas de Crète, à qui il avait fait connaître ses intentions et développé tout son projet. Cet ordre exécuté, il commanda aux Achéens de souper de bonne heure. Il partit ensuite de Tégée, et forçant sa marche, il arriva au point du jour aux environs de Scotite, et y campa. Cette ville est entre Tégée et Lacédémone. Le lendemain la garnison de Pellène, qui était composée de soldats mercenaires, ne fut pas plus tôt avertie que les Achéens faisaient des courses dans le pays, qu'elle sortit pour les arrêter, comme elle avait coutume de faire, et pour les combattre. Les Achéens battent en retraite, selon l'ordre qu'ils en avaient reçu. La garnison les poursuit vivement; elle vient où les ennemis étaient en embuscade; les Achéens paraissent et en taillent en pièces une partie; le reste fut fait prisonnier.

FRAGMENT XVIII.

Affaires de Syrie et de Palestine.

Philippe voyant que la crainte empêcherait les Achéens d'entreprendre la guerre contre les Romains, s'étudia à chercher tous les prétextes possibles pour augmenter du moins leur inimitié [1].

———

Scopas, général des troupes de Ptolémée

[1] Suidas in Εὐλαβὴς.

ayant dirigé toutes ses forces vers le haut pays, subjugua les Juifs pendant l'hiver [1].

———

Comme le siège traînait en longueur, Scopas était fort maltraité dans toutes les conversations et blâmé par tous les jeunes gens [2].

———

Scopas ayant été défait par Antiochus, ce dernier reçut la soumission de Batanée, de Samarie, d'Abila et de Gadara; et peu de temps après il reçut également la soumission des Juifs qui habitent autour du temple appelé par eux Jérusalem. Comme nous avons beaucoup à dire sur ce fait, principalement à cause de la célébrité de ce temple, nous en renverrons le récit à un autre temps [3].

FRAGMENT XIX.

Les Gazéens.

Après avoir raconté la prise de Gaza par Antiochus, Polybe ajoute : Je ne puis me dispenser de rendre ici aux Gazéens la justice qu'ils méritent. Braves et courageux dans la guerre autant qu'aucun autre peuple de la Cœlesyrie, par leur fidélité pour leurs alliés et par leur constance ils surpassent de beaucoup tous les autres. Leur fermeté est inébranlable. A la quatrième irruption que firent les Mèdes dans le pays, la terreur que cette puissance redoutable répandit fut si grande, que de tous côtés on se livrait sans résistance. Les Gazéens seuls osèrent s'opposer à ce torrent, et soutinrent un siège. Alexandre paraît dans ce royaume, toutes les villes lui ouvrent les portes; Tyr elle-même est réduite en servitude; et on n'espère plus de salut en nul endroit qu'en se soumettant au conquérant; c'est une impétuosité et une violence à laquelle personne n'ose résister; Gaza seule plus hardie ne se rend qu'après avoir tout essayé pour se défendre. Telle on la voit encore dans le temps où nous parlons. Elle n'omet rien de ce qui est en son

[1] Joseph, Histoire ancienne des Juifs, XIII, III.
[2] Suidas au mot Σκόπας.
[3] Joseph, Histoire ancienne des Juifs, XIII, III.

pouvoir pour conserver à Ptolémée la fidélité qu'elle lui a jurée. Nous louons dans notre ouvrage les particuliers qui se sont distingués par leurs vertus et par leurs actions : pourquoi ne louerions-nous pas de même les villes entières, lorsqu'animées par l'exemple de leurs ancêtres, ou de leur propre mouvement, elles se signalent par quelque exploit mémorable.

FRAGMENT XX.

Géographie [1].

Les Insubres, nation étolique. (Polybe, livre XVI.)

———

Mantoue, ville des Romains (Polybe, livre XVI.)

———

Babrantium, lieu près de Chio. (Polybe, livre XVI.)

———

Sitta, ville de Palestine. (Polybe, livre XIV.)

———

Hella, endroit de l'Asie qui servait de marché au roi Attale. (Polybe, livre XVI.)

———

Candasa, château fort de Carie. (Polybe, livre XIV.)

———

Carthéa, une des quatre villes de l'île de Chio. Les habitans s'appellent Carthensiens. (Polybe, livre XVI.)

FRAGMENT XXI.

[I] Après la bataille navale [1] livrée auprès de Ladé,[2] les Rhodiens s'étant retirés et Attale s'abstenant de continuer la guerre dans leur alliance, il fut évident que Philippe pouvait naviguer jusqu'à Alexandrie.[3] Philippe était donc frappé de démence pour agir ainsi qu'il fit? Qui pouvait l'empêcher de suivre cette direction? Rien certes que la marche habituelle des choses. Beaucoup d'hommes en effet désirent avec ardeur l'impossible; exaltés par l'immensité de leurs espérances, leurs désirs ne leur paraissent pas plus tôt réalisables que....

———

LIVRE DIX-SEPTIÈME.

FRAGMENT PREMIER.

Le sénat romain déclare la guerre à Philippe, roi de Macédoine.

Le jour venu pour la conférence, Philippe montant une fuste accompagnée de cinq vaisseaux légers, arriva de Démétriade dans le golfe de Malée. Il avait avec lui deux de ses secrétaires, Apollodore et Démosthènes, l'un et l'autre Macédoniens; de la Béotie, Brachylles; de l'Achaïe, Cycliadas, qui pour les raisons que nous avons dites avait été exilé du Péloponnèse. Titus Flaminius se trouva aussi au même endroit avec Amynandre, roi des Athamaniens. On y voyait encore de la part d'Attalus, Dionysodore. Les ambassadeurs des différens peuples étaient : pour les Achéens, Aristenète et Xénophon; pour les Rhodiens, Acesimbrote leur amiral; pour les Étoliens, leur capitaine-général Phéneas, et plusieurs autres membres du conseil de ce peuple. Quand on fut près de Nicée, Flaminius se

[1] Ces fragmens sont tirés d'Étienne de Byzance.

[1] Fragment tiré des Palimpsestes par Mai. Ce fragment peut être rapproché du fragment III de ce livre.
[2] Pendant la CXLIV⁰ Olimpiade, Philippe y défit les Rhodiens et Attale de Pergame.
[3] Pour s'emparer, pendant la minorité d'Épiphane, du gouvernement du royaume revendiqué par Philippe en concurrence avec Antiochus.

mit sur le bord de la mer. Philippe approcha aussi de la terre, mais il n'y descendit pas et se tint à l'ancre. L'ambassadeur romain lui ordonna de descendre; du haut de sa proue il répondit qu'il n'en ferait rien. On lui demanda qui il craignait. « Personne, répliqua-t-il, » sinon les dieux immortels; mais je me défie » de la plupart de vous tous, et principale- » ment des Étoliens. » Flaminius surpris lui dit que le danger était égal pour tous. « Cela » n'est pas tout à fait ainsi, reprit Philippe; » Phénéas mort, les Étoliens ne manqueront » pas d'autres capitaines : mais si le même » accident m'arrivait, il n'y a personne en » Macédoine pour prendre ma place. » Ce début ne parut pas de bon augure. Flaminius ne laissa pas de lui demander qu'il s'expliquât sur l'affaire présente, et il n'eut d'autre réponse du roi, sinon que ce n'était point à lui de commencer, mais au Romain; que cependant il serait bien aise de savoir ce qu'il aurait à faire pour obtenir la grâce de vivre en paix. « Ce que l'on veut que vous fassiez, » répondit Flaminius, est simple et clair. Je » vous ordonne de retirer vos troupes de toute » la Grèce, de rendre à chacun les transfuges » et les prisonniers que vous retenez, de livrer » aux Romains toutes les places d'Illyrie que » vous avez envahies depuis la paix faite en » Épire, et de rendre à Ptolémée toutes les » villes dont vous vous êtes emparé depuis » la mort de Ptolémée Philopator. » Puis se tournant vers les autres ambassadeurs, il leur dit de déclarer les ordres qu'ils avaient reçus de ceux qui les avaient envoyés. Dionysodore parla le premier, et demanda que Philippe rendît à Attalus les vaisseaux et les prisonniers qu'il avait pris à la bataille de Chio, et qu'il réparât en entier le temple de Vénus et le Nicéphore qu'il avait renversés. Après lui, Acésimbrote, amiral des Rhodiens, voulut que Philippe restituât aux Rhodiens la Pérée qu'il leur avait enlevée; de faire sortir d'Iasse, de Bargyle et d'Euromée les garnisons qu'il avait mises dans ces trois villes; qu'il rétablît les Périnthiens dans la forme de gouvernement qui leur était commune avec les Bysantins, et enfin qu'il se retirât de Sestos, d'Abydos et de tous les ports de l'Asie. Les Achéens parlèrent ensuite, et demandèrent Corinthe et Argos. Après eux Phénéas dit qu'il fallait que Philippe sortît de toute la Grèce, comme les Romains l'avaient demandé; et qu'il rendît aux Étoliens saines et entières les villes qui auparavant vivaient sous les mêmes lois qu'eux.

Alexandre surnommé l'Isien prit ensuite la parole. C'était un homme en réputation d'éloquence et d'habileté dans les affaires. « Le roi » de Macédoine ne fait, dit-il, ni la paix avec » droiture, ni la guerre avec honneur. Dans » les conférences et les négociations il n'est » occupé qu'à tendre des pièges, à épier vos » endroits faibles, à vous saisir par là comme » ferait un ennemi. S'il est question de guerre, » rien de plus injuste et de plus lâche que sa » manière de combattre. Il ne se présente pas » de front aux ennemis; il leur tourne le dos, » et en fuyant réduit en cendres ou met au » pillage les villes qui sont sur sa route; et par » cet odieux procédé, vaincu il enlève aux » vainqueurs le prix et la récompense de » leurs victoires. Quelle différence entre cette » conduite et celle de ses prédécesseurs! C'é- » tait toujours à découvert et en bataille rangée » qu'ils combattaient; rarement on les voyait » détruire et renverser les villes. Je n'en » veux pas d'autre preuve que la guerre » qu'Alexandre fit à Darius dans l'Asie, et » celle que ses successeurs eurent contre An- » tigonus pour l'empire de l'Asie qu'il leur » avait laissé. Jusqu'à Pyrrhus, on remarque » toujours dans la maison de Macédoine la » même générosité, les mêmes maximes. C'est » toujours en pleine campagne qu'ils se bat- » tent; ils n'omettent rien pour vaincre par » les armes; mais ils épargnent les villes, afin » que les victorieux y règnent et y aient des » sujets dont ils soient honorés. Au fond c'est » être insensé et furieux que de ruiner ce » pourquoi l'on fait la guerre, et de ne la » point faire. Telle est cependant la manière » d'agir de ce roi. Quoiqu'allié et ami des » Thessaliens, lorsqu'il sortit des détroits de » l'Épire, il leur a détruit plus de villes » que n'en ont jamais détruit tous ceux contre » qui ils ont été en guerre. » Après quelques autres reproches semblables, il finit en demandant à Philippe pourquoi il avait chassé de Lysimachie, ville alliée des Étoliens, le préteur qui y était de la part de ce peuple, et y avait mis garnison? Comment étant ami des Étoliens il avait eu l'audace de réduire en servitude les Cianiens qui se gouvernaient selon les mêmes lois? Quelle raison il avait de retenir Échine, Thèbes, Phties, Pharsale et Larisse?

Après ce discours, Philippe s'approcha de la terre, et se tenant debout sur son vaisseau : « On ne devait attendre d'un Étolien, dit-il en » parlant d'Alexandre, qu'une déclamation de » théâtre; car qui ne sait que personne de soi- » même ne se porte à faire tort à ses propres » alliés; mais que les chefs se rencontrent » quelquefois dans des conjonctures où ils » sont fâchés d'agir contre leurs inclinations! » Il parlait encore, lorsque Phénéas, qui avait la vue très-faible, l'interrompit durement, en lui disant qu'il extravaguait et qu'il devait ou vaincre en combattant, ou recevoir la loi des vainqueurs. « Un aveugle même voit clair » dans cette vérité, » reprit vivement Philippe, qui était naturellement railleur, et qui jusque dans cette occasion, où il n'avait pas sujet de rire, se laissa aller à son penchant. Ensuite se tournant vers Alexandre : « Vous me deman- » dez, dit-il, pourquoi je me suis emparé de » Lysimachie : c'est de peur que les Thraces » ne s'en rendissent les maîtres et ne la ren- » versassent, malheur qui ne lui serait point » arrivé, si cette guerre ne m'eût obligé d'en » rappeler les troupes que j'y avais mises, non » pour y avoir garnison, comme vous le dites, » mais pour la mettre à couvert d'invasion. Je » n'ai pas fait non plus la guerre aux Cia- » niens; mais allant au secours de Prusias, » qui était en guerre avec eux, je lui ai aidé à » les défaire. Mais c'est vous, Étoliens, qui » êtes la cause de leur ruine. Nous vous avons » demandé plusieurs fois, les autres peuples de » la Grèce et moi, par nos ambassadeurs, que » vous abrogeassiez la loi qui vous permet de » prendre des dépouilles sur les dépouilles mê- » mes. Et vous nous avez répondu que vous ôte- » riez plutôt l'Étolie de l'Étolie, que de révoquer » cette loi. » Flaminius fut fort étonné d'entendre ce langage, et pour le lui faire concevoir, le roi dit : que parmi les Étoliens il était permis de piller le pays non seulement de ceux avec qui ils sont en guerre, mais encore des peuples qui se font la guerre les uns aux autres, quoique ces peuples soient leurs amis et leurs alliés. « Il leur est, ajouta- » t-il, permis, quoiqu'il n'y ait pas là-dessus de » décret public, de porter les armes pour les » uns et pour les autres, et de butiner sur les » terres des uns et des autres. Chez eux tous » les droits de l'amitié et de la haine sont con- » fondus. Qu'il naisse un différend chez leurs » voisins, on est sûr de les avoir pour ennemis. » Ne leur sied-il pas bien après cela de me re- » procher qu'étant ami des Étoliens et allié de » Prusias, j'aie fait quelque tort aux Cianiens » en secourant un de mes alliés? Mais ce qui » me choque à l'excès, c'est que ces orgueil- » leux vont de pas égal avec les Romains; ils » ordonnent, comme eux, que les Macédo- » niens vident la Grèce. Je pardonne aux » Romains ce ton impérieux : mais que les » Étoliens le prennent, cela n'est pas suppor- » table. Mais dites-moi, je vous prie, qu'en- » tendez-vous par la Grèce dont vous voulez » que je sorte? dans quelles bornes la renfer- » mez-vous? car la plupart des Étoliens ne sont » pas Grecs. Le pays des Agraiens, celui des » Apodotes, celui des Amphiloques, ne sont » pas dans la Grèce, m'abandonnez-vous ces » peuples? » Flaminius ne put ici s'empêcher de rire. Mais finissons, continua Philippe, sur l'article des Étoliens. « A l'égard des Rho- » diens et d'Attalus, à un tribunal équitable » ils seraient plutôt condamnés à nous rendre » les vaisseaux qu'ils nous ont pris, que nous » à leur remettre ceux que nous leur avons » enlevés. Nous n'avons pas été les premiers à » attaquer Attalus et les Rhodiens; la guerre a » commencé par eux, tout le monde en con- » vient. Cependant puisque vous le voulez, » Alexandre, je consens à rendre aux Rho- » diens la Pérée, et à Attalus les vaisseaux et » les prisonniers qui se trouveront. Pour le » Nicéphore et le temple de Vénus, je ne suis » pas maintenant en état de les rétablir; mais » j'y enverrai des plantes et des jardiniers, qui

» en cultiveront le terrain, et y planteront plus » d'arbres qu'il n'en a été coupé. » Cette plaisanterie réjouit encore Flaminius, et le fit éclater de rire. Des Étoliens le roi passa ensuite aux Achéens. Il détailla d'abord les bienfaits qu'ils avaient reçus d'Antigonus, et ceux qu'ils avaient reçus de lui-même. Il vint ensuite aux honneurs qui avaient été décernés par les Achéens aux rois des Macédoniens; enfin il lut le décret qu'ils avaient fait, d'abandonner ces princes et de se ranger au parti des Romains; et à cette occasion il s'étendit beaucoup sur leur perfidie et leur ingratitude. « Cependant, dit-il, je veux bien leur rendre » Argos. Pour Corinthe, j'en délibérerai avec » Flaminius. »

Après cela adressant la parole à ce Romain, il lui demanda de quels lieux ou de quelles villes de la Grèce le sénat voulait qu'il se retirât, de celles qu'il avait conquises, ou de celles qui lui avaient été laissées par ses pères. Flaminius ne répondant pas, Aristenète se disposait à parler encore pour les Achéens et Phénéas pour les Étoliens; mais la nuit approchant, on fut obligé de terminer la conférence. Philippe demanda qu'on lui donnât par écrit tous les articles sur lesquels on devait faire la paix; il dit que seul il n'avait point là de qui prendre conseil, et qu'il examinerait chez lui ce qu'il aurait à faire sur ce qui lui était ordonné. Flaminius écoutait avec plaisir les plaisanteries de ce prince, et ne voulant pas qu'il fût dit de lui qu'il n'avait eu rien à lui répondre, railla Philippe à son tour : « Com» ment voudriez-vous n'être pas seul, lui dit» il, après avoir fait mourir tout ce que vous » aviez d'amis capables de vous donner les » meilleurs conseils. » A ce mot le roi fit un sourire forcé et ne répliqua point. On lui donna par écrit toutes les conditions auxquelles on voulait faire la paix avec lui, et qui étaient toutes conformes à ce qui s'était dit dans la conférence; on se sépara ensuite, après être convenu que le lendemain on se rassemblerait au même endroit.

Flaminius y vint en effet; tous les autres s'y trouvèrent, hors Philippe, qui sur le soir, lorsqu'on ne l'attendait presque plus, arriva suivi de ceux qui l'accompagnaient le jour précédent. Il dit, pour s'excuser, que les conditions qu'on exigeait de lui étaient si embarrassantes, qu'il ne lui avait pas fallu moins que toute la journée pour en délibérer. Les autres crurent que la vraie raison était, qu'il n'avait point point voulu que les Achéens et les Étoliens, qu'il avait vus la veille disposés à disputer avec lui, eussent le temps de faire leurs plaintes. Il les confirma lui-même dans cette pensée, lorsque, s'approchant, il pria le consul de lui permettre d'avoir avec lui une conférence particulière, de peur que les ambassadeurs de ces deux peuples n'employassent le temps en paroles inutiles, et afin que l'on terminât enfin les contestations. Comme il demandait ce tête à tête avec beaucoup d'empressement, Flaminius consulta ceux qui étaient présens sur ce qu'il devait faire. On lui conseilla d'accorder au roi cet entretien et d'écouter ses propositions. Il prend donc avec lui Appius Claudius, alors tribun, dit aux autres de s'éloigner un peu de la mer et de rester là, et à Philippe de descendre à terre. Le roi descendit avec Apollodore et Démosthène, joignit Flaminius et conféra long-temps avec lui. Ce qui se dit là de part et d'autre, il serait difficile d'en instruire les lecteurs. Mais quand Flaminius eut rejoint les autres ambassadeurs, il leur dit que Philippe rendrait Pharsale et Larisse aux Étoliens, mais non pas Thèbes; aux Rhodiens la Pérée, mais qu'il garderait Iasse et Bargyle; aux Achéens Corinthe et Argos; aux Romains la côte d'Illyrie et tous les prisonniers qu'il avait faits sur eux, et au roi de Pergame ses vaisseaux et tout ce qu'il avait de prisonniers. Tous rejetèrent une paix faite à ces conditions, et dirent qu'il fallait que Philippe commençât par exécuter ce que toute l'assemblée avait ordonné, c'est-à-dire qu'il se retirât de toute la Grèce; que sans cela tout ce qu'il accorderait à chacun en particulier ne serait point écouté, et n'aurait aucun effet. Le roi voyant que la dispute s'échauffait, et craignant d'entendre les accusations qu'on lui préparait, pria le consul d'indiquer une troisième conférence pour le lendemain, car il se faisait tard, et il persuaderait à l'assemblée d'accepter ses propositions, ou se laisserait persuader de se rendre aux conditions qu'on lui imposerait. Flaminius y consentit; on convint de se réunir sur le rivage à Thronie, et on se sépara.

Le jour suivant, tous se trouvèrent de bonne heure au lieu marqué. Philippe, après un petit discours, pria tous les ambassadeurs, et surtout le consul, de ne pas interrompre la négociation, puisque la plupart penchaient à la paix, et qu'ils tâchassent de s'accorder par eux-mêmes sur les sujets de contestation; que si cela ne se pouvait pas, qu'il dépêcherait des ambassadeurs au sénat, et qu'il en obtiendrait ce qu'il souhaitait, ou qu'il en passerait par tout ce qui lui serait commandé. L'assemblée fut partagée sur cette proposition. Les uns furent d'avis que l'on reprît les armes et qu'on n'eût aucun égard aux prières du roi. Flaminius dit qu'il savait que Philippe ne ferait rien de ce qu'on exigeait de lui; qu'il n'y avait même nulle apparence qu'il en fît rien; mais qu'après tout la faveur qu'il souhaitait ne faisant aucun tort aux affaires, on devait la lui accorder : que d'ailleurs on ne pouvait rien statuer sur les articles proposés sans l'autorité du sénat; que la saison y était propice et donnait tout le temps nécessaire pour sonder ses intentions; que les armées pendant l'hiver ne pouvaient entrer en campagne; qu'ainsi en employant cette saison à informer le sénat de l'état présent des affaires, loin d'en reculer le succès, on l'avancerait beaucoup. Comme Flaminius, par ce discours, faisait voir que son intention était qu'on instruisît le sénat de ce qui se passait, tous les suffrages se réunirent bientôt à son opinion, et on conclut qu'il serait permis à Philippe d'envoyer à Rome des ambassadeurs. On convint aussi qu'il en irait de la part de tous les autres intéressés, pour défendre leurs droits devant le sénat, et y porter leurs plaintes contre le roi de Macédoine.

Flaminius ayant tiré des conférences tout l'avantage qu'il avait projeté d'abord d'en tirer, travailla sur le champ à faire en sorte que les suites en fussent également heureuses. Il eut grand soin de prendre toutes ses sûretés; il n'accorda rien à Philippe dont il pût profiter. Il voulut que pendant les deux mois de trêve qu'il lui donnait, il envoyât son ambassade à Rome, et il lui ordonna de retirer incessamment ses garnisons de la Phocide et de la Locride. Ses soins s'étendirent aussi sur ses alliés. Il eut une extrême attention qu'il ne leur fût fait aucun tort par les Macédoniens, pendant le temps de la trêve. Après avoir indiqué par écrit à Philippe les conditions de la trêve, il exécuta par lui-même ce qui lui restait à faire. Il fit partir pour Rome Amynandre, prince qu'il connaissait d'un esprit flexible et d'un caractère à vouloir aisément tout ce que ses amis de Rome voudraient, quelque chose qu'on lui demandât; il comptait d'ailleurs que son nom de roi ajouterait beaucoup de poids à l'ambassade et ferait une grande impression sur le sénat. Il députa ensuite Quintus Fabius son neveu, et Quintus Fulvius, et avec eux Appius Claudius surnommé Néron. De la part des Étoliens partirent pour Rome Alexandre l'Isien, Damocryte de Calydoine, Dicéarque Thrichonien, Polémarque d'Arsinoé, Lamius d'Ambracie, et Nicomaque l'Acarnanien. Ceux qui s'étaient enfuis de Thurium et qui s'étaient réfugiés dans Ambracie, députèrent Théodote de Phérée, qui avait été banni de la Thessalie sa patrie et qui demeurait à Strate. L'ambassadeur des Achéens fut Xénophon d'Égée; celui d'Attalus, Alexandre tout seul; et celui des Athéniens, Céphisodore.

Toutes ces ambassades arrivèrent à Rome avant que le sénat se fût déterminé sur le choix des magistrats de l'année. On y délibérait encore si l'on en ferait partir un contre le roi de Macédoine. Comme les amis de Flaminius étaient persuadés que les deux consuls ne sortiraient pas d'Italie, à cause de la crainte où l'on était des Gaulois, ils entrèrent tous dans le sénat avec les ambassadeurs, et y déclamèrent amèrement contre Philippe. On répéta là beaucoup de choses qui lui avaient auparavant été dites à lui-même; mais ce que l'on tâcha d'imprimer profondément dans l'esprit des sénateurs, c'est que jamais il n'y aurait de liberté chez les Grecs, tant que Philippe aurait Chalcis, Corinthe et Démétriade sous sa domination : ce roi disant lui-même, ce qui était très-vrai, que ces trois places étaient les entraves de la Grèce ; que tant qu'il aurait garnison dans Corinthe, le Péloponèse serait toujours dans l'oppression ; que si on le laissait dans Chalcis et dans le reste de l'Eubée, les Locriens, les Béotiens et les Phocéens n'auraient rien à espérer ; qu'enfin c'en était fait aussi de la liberté des Thessaliens et des Magnètes, si l'on souffrait que Philippe et ses Macédoniens restassent dans Démétriade ; que quand ce roi offrait de sortir des autres endroits, ce n'était que dans le dessein d'éluder pour le présent leurs poursuites ; que maître des pays dont on avait parlé, il remettrait les Grecs sous le joug le plus aisément du monde et le jour qu'il lui plairait ; qu'il ne leur restait donc plus qu'à prier le sénat, ou de réduire Philippe à sortir des places qu'on lui avait marquées, ou de laisser les choses dans l'état où elles étaient, et de continuer la guerre contre ce prince avec vigueur, résolution que le sénat devait d'autant moins hésiter à prendre, que le plus fort de cette guerre était terminé, puisque les Macédoniens avaient déjà perdu deux batailles sur mer, et que sur terre toutes leurs munitions étaient consommées. Ils conclurent en suppliant le sénat de ne pas permettre que les Grecs eussent espéré en vain rentrer dans leur ancienne liberté, et de ne pas se priver lui-même, s'ils y rentraient, du glorieux titre de libérateur, qu'il devait attendre de leur reconnaissance. Après eux, les ambassadeurs de Philippe semblaient disposés à faire une longue harangue, mais on leur ferma d'abord la bouche. Interrogés s'ils se retireraient de Chalcis, de Corinthe et de Démétriade, ils répondirent qu'il n'avaient point reçu d'ordre à ce sujet, et les reproches qu'on leur en fit leur imposèrent silence.

Le sénat envoya dans les Gaules les deux consuls, comme nous disions tout à l'heure, et il fut réglé que l'on continuerait la guerre contre Philippe, et que Flaminius serait chargé des affaires de la Grèce. Ces nouvelles portées chez les Grecs, firent que tout ensuite réussit au gré de Flaminius. On peut dire que la fortune ne contribuait que fort peu à son bonheur. Il n'en était redevable qu'à la prudence avec laquelle il conduisait toutes ses entreprises ; habile et intelligent autant que jamais Romain l'ait été, et gouvernant les affaires de sa république et les siennes propres avec tant d'adresse et de dextérité, qu'il n'avait pas son égal. Alors cependant il était encore très-jeune, car il n'avait pas plus de trente ans. Il est le premier qui ait passé avec une armée dans la Grèce.

FRAGMENT II.

Qui l'on doit appeler traître.

Entre les opinions humaines dont la fausseté m'a souvent frappé [1], celle où l'on est au sujet des traîtres me paraît la plus étonnante. Puisque l'occasion se présente ici d'en parler, il faut que j'éclaircisse cette matière, malgré la difficulté que je sens d'expliquer clairement et de décider quels sont ceux que l'on peut à juste titre appeler du nom de traîtres.

Ce ne sont pas certainement ceux qui, pendant que tout est tranquille dans un état, conseillent, pour assurer cette tranquillité, de faire alliance avec quelques rois ou quelques autres puissances. Il serait injuste encore de traiter ainsi ceux qui dans certaines conjonctures font ensorte que leur patrie renonce à certains alliés pour passer à d'autres. C'est à ces sortes de gens qu'on a dû souvent les plus grands avantages, les biens les plus précieux. Sans en aller chercher fort loin des exemples, le temps dont nous parlons nous en offre de convaincans. La nation achéenne était perdue sans ressource, si Aristénète, en la détachant de Philippe, ne lui eût fait faire alliance avec la république romaine. Par là, non seulement il mit sa patrie hors d'atteinte, mais il lui procura encore des accroissemens considérables. Aussi fut-il alors regardé non comme un traître, mais comme le bienfaiteur et le libérateur de son pays. Ainsi doivent être considérés tous ceux qui dans certaines circonstances se sont conduits de la même manière. De là l'on peut voir que Démosthène, quelque estimable qu'il soit par beaucoup d'endroits, a très-grand tort de déclamer avec

[1] Fragmens de Valois.

tant d'aigreur contre les Grecs les plus illustres et de leur donner indifféremment le nom de traîtres, parce qu'ils se sont unis d'intérêts avec Philippe. C'est cependant le nom injurieux qu'il donne dans l'Arcadie à Cercidas, à Hiéronyme et à Eucampidas; aux Messéniens Néon et Thrasyloque, fils de Philiades; aux Argiens Myrtis, Télédame et Mnasias; aux Thessaliens Daoque et Cinéas; aux Béotiens Théogiton et Timolaüs, et à plusieurs autres qu'il choisit dans chaque ville et qu'il désigne par leur nom, quoique tous ces accusés, et entre autres les Arcadiens et les Messéniens, aient de fortes raisons pour justifier leur conduite. Car ces derniers, en attirant Philippe dans le Péloponèse et en diminuant par là la puissance des Lacédémoniens, ont fait deux grands biens. Premièrement ils ont tiré d'oppression tous les peuples de cette contrée, et leur ont fait goûter quelque espèce de liberté. En second lieu, recouvrant le pays et les villes que les Lacédémoniens, fiers de leur prospérité, avaient enlevés aux Messéniens, aux Mégalopolitains, aux Tégéates et aux Argiens, ils ont sans contredit fort augmenté les forces et la puissance de leur patrie. Leur convenait-il, après avoir reçu de Philippe de si bons offices, de prendre les armes contre ce prince et contre les Macédoniens? S'ils eussent demandé à Philippe des garnisons; si contre les lois ils eussent blessé la liberté commune; s'ils n'eussent agi que pour s'acquérir du crédit et de la puissance, en ce cas l'injurieux nom de traître leur serait donné avec justice. Mais si, sans aller contre les lois du pays, ils n'ont pensé différemment des autres que parce qu'ils ont jugé que les intérêts d'Athènes n'étaient pas ceux de l'Arcadie et de Messène, ils ne devaient pas pour cela passer pour traîtres dans l'esprit de Démosthène. Cet orateur s'est mécompté grossièrement, s'il s'est mis en tête de mesurer tout à l'avantage de sa patrie et en prétendant que tous les Grecs devaient prendre des Athéniens la règle de leur conduite. Ce qui arriva pendant ce temps-là aux Grecs fait assez connaître qu'Eucampidas et Hiéronyme, Cercidas et les fils de Philiades voyaient bien plus clair dans l'avenir que Démosthène; car les Athéniens, en se raidissant contre Philippe sur les conseils de l'orateur, furent taillés en pièces à la bataille de Chéronée, bataille qui les aurait réduits aux dernières extrémités, si le généreux vainqueur ne les eût épargnés; au lieu que la sage politique des Grecs que nous venons de nommer mit l'Arcadie et la Messénie en général à couvert des insultes des Lacédémoniens, et procura aux villes particulières de ces Grecs un grand nombre d'avantages considérables.

On voit par là qu'il n'est pas aisé de marquer précisément qui doit être appelé traître. Je crois cependant qu'on pourrait nommer ainsi sans se tromper ces gens qui, dans des conjonctures délicates, soit pour se mettre en sûreté, soit pour leur propre utilité, soit par dépit contre ceux qui gouvernent sur un autre plan et sur d'autres lumières que les leurs, livreraient l'état aux ennemis, ou ceux encore qui, pour avoir des garnisons et exécuter avec des secours étrangers des entreprises qui leur seraient particulières, soumettraient leur patrie à une puissance plus forte qu'elle. Toutes ces sortes de brouillons peuvent être mis sans crainte au nombre des traîtres, souillure funeste qui ne produit rien de bon et de solide à ceux qui en sont noircis, mais qui au contraire a toujours pour eux des suites très-fâcheuses.

Je ne conçois pas, pour revenir à ce que nous disions au commencement, quelle vue l'on peut avoir, ni sur quoi on peut se fonder pour prendre ce malheureux parti; car de tous ceux qui ont trahi une armée ou une garnison, nul n'a jamais été caché. Si les traîtres ont été inconnus pendant le cours de la trahison, la suite des temps les a fait connaître. Mais quand ils demeureraient inconnus, ils n'en seraient pas pour cela plus heureux. Pour l'ordinaire ceux mêmes qui ont profité de la perfidie les en punissent. Les généraux d'armée, les puissances se servent des traîtres, parce qu'ils leur sont utiles. En ont-ils tiré l'usage qu'ils voulaient, ils n'ont pour eux d'autres égards, comme dit Démosthène, que ceux que méritent des traîtres. Ils se persuadent avec raison que quiconque trahit sa patrie et ses amis, ne leur demeurera pas sincèrement attaché et violera bientôt la foi qu'il leur a promise. Je veux encore qu'il échappe à ceux en faveur de qui il a commis le crime; mais lui sera-t-il bien facile d'échapper à ceux contre qui le crime a été fait? Posons encore qu'il évite les piéges des uns et des autres; mais la réputation qu'il s'est faite dans l'esprit des autres hommes, ne le quitte pas et l'accompagne pendant toute sa vie. Elle lui inspire, et la nuit et le jour, mille sujets de crainte, ou frivoles ou justes. Elle suggère à ceux qui lui veulent du mal mille moyens de se venger. Elle lui met perpétuellement son forfait devant les yeux, même pendant le sommeil, et l'en occupe si entièrement, que ses songes mêmes ne lui représentent que les peines et les supplices dont il s'est rendu digne. Il ne voit au dedans de lui-même que la haine et l'aversion que tout le monde a pour lui. Cette situation est ce qu'il y a au monde de plus déplorable; cependant quand on a eu besoin de traîtres, on n'en a presque jamais manqué.

FRAGMENT III.

Attalus.

Depuis que ce prince avait racheté de ses propres deniers aux Sicyoniens[1] un certain champ consacré à Apollon, ils avaient conçu pour lui une estime si particulière, qu'ils lui avaient fait dresser auprès d'Apollon, dans la place, un colosse haut de dix coudées. Un nouveau bienfait augmenta leur reconnaissance. Après avoir reçu de lui dix talens et dix mille médimnes de froment, il y eut un décret du conseil pour lui élever une statue d'or, et célébrer tous les ans une fête en son honneur. Le décret exécuté, Attalus partit pour Cenchrée.

FRAGMENT IV.

Nabis.

Comme ce tyran n'avait en personne plus de confiance qu'en Timocrate de Pellène[1], et qu'il s'en était déjà servi dans des affaires de très-grande importance, il le laissa à Argos et reprit la route de Lacédémone. Quelques jours après il y envoya sa femme, avec ordre de lui ramasser de l'argent. Cette femme arrivée à Argos, y exerça plus de violences et de cruautés que son mari. Elle fit venir d'abord quelques femmes les unes après les autres, ensuite quelques autres ensemble d'une même famille, et elle ne cessa de les insulter et de les tourmenter, jusqu'à ce qu'elles lui eussent livré non seulement leur argent, mais encore leurs habits les plus précieux.

LIVRE DIXHUITIÈME.

FRAGMENT PREMIER.

Réflexions de l'historien sur les pieux des Romains. — Deux batailles entre Philippe et Flaminius. — Observations sur la phalange macédonienne [2].

Flaminius ne pouvait découvrir au juste où les ennemis étaient campés; mais comme il savait qu'ils étaient arrivés dans la Thessalie, il donna ordre aux troupes de couper des pieux pour s'en servir au besoin. Cet usage, qui chez les Romains est aisé à pratiquer, passa chez les Grecs pour impraticable. A peine dans les marches peuvent-ils soutenir leurs corps, pendant que les Romains, malgré le bouclier qu'ils portent suspendu à leurs épaules, et les javelots qu'ils tiennent à la main, se chargent encore de pieux, et ces pieux sont fort différens de ceux des Grecs.

[1] Fragmens anciens.
[2] Fragmens de Valois.

[1] Fragmens de Valois.

Chez ceux-ci les meilleurs sont ceux qui ont beaucoup de fortes branches tout autour du tronc. Les Romains au contraire n'en laissent que deux ou trois, tout au plus quatre, et seulement d'un côté. De cette manière, un homme peut en porter deux ou trois liés en faisceau, et l'on en tire beaucoup plus de service. Ceux des Grecs sont très-aisés à arracher. Si le pieu planté est seul, comme les branches en sont fortes et en grand nombre, deux ou trois soldats l'enlèveront fort facilement, et voilà une porte ouverte à l'ennemi; sans compter que tous les pieux voisins seront ébranlés, parce que les branches en sont trop courtes pour être entrelacées les unes dans les autres. Il n'en est pas ainsi chez les Romains. Les branches sont tellement mêlées et insérées les unes entre les autres, qu'à peine peut-on distinguer le pied d'où elles sortent. Il n'est pas non plus possible de glisser la main entre ces branches pour arracher le pieu, parce que serrées et tortillées ensemble, elles ne laissent aucune ouverture, et que d'ailleurs les bouts en sont soigneusement aiguisés. Quand même on pourrait les prendre, il ne serait pas facile d'en arracher le pied, et cela pour deux raisons : la première, parce qu'il entre si avant dans la terre, qu'il en devient inébranlable ; et la seconde, parce que par les branches ils sont tellement liés les uns avec les autres, qu'on ne peut en enlever un qu'on n'en enlève plusieurs. En vain deux ou trois hommes réuniraient leurs efforts pour l'arracher. Que si cependant, à force de l'agiter et de le secouer, on vient à bout de le tirer de sa place, l'ouverture qu'il laisse est presque imperceptible. Trois avantages résultent donc de ces sortes de pieux : on les trouve en quelque endroit que l'on soit, ils sont faciles à porter, et c'est pour le camp une barrière sûre et qui ne peut être rompue aisément. A mon sens, il n'est pas de pratique militaire chez les Romains qui mérite plus qu'on l'imite et qu'on l'adopte.

Quand le général romain se fut ainsi précautionné, il se mit en marche à la tête de toutes ses troupes. Il alla d'abord à petites journées, et lorsqu'il fut à cinquante stades de Phérée, il posa là son camp. Le lendemain au point du jour, il envoya à la découverte pour savoir où étaient les ennemis et ce qu'ils faisaient. Philippe de son côté, ayant appris que les ennemis étaient campés autour de Thèbes, partit de Larisse avec toute son armée et prit la route de Phérée. A trente stades de cette ville, il campa et donna ordre aux troupes de prendre leur repos. Avant le jour, il envoya son avant-garde occuper les hauteurs qui sont autour de Phérée, et dès que le jour parut, il fit sortir l'armée de ses retranchemens. Peu s'en fallut que ceux qu'on avait détachés de part et d'autre ne se rencontrassent sur les hauteurs et n'en vinssent aux mains. A travers l'obscurité ils s'aperçurent les uns les autres, s'arrêtèrent à une certaine distance, et dépêchèrent aux généraux pour savoir quel parti ils prendraient. Ces généraux jugèrent à propos de ne pas sortir de leur camp, et de rappeler ceux qu'ils avaient envoyés devant. Le jour d'après ils firent un détachement de trois cents chevaux et d'autant de vélites pour aller aux nouvelles. Flaminius se servit pour cela de deux turmes d'Étoliens, parce qu'ils connaissaient bien le pays. Les deux détachemens se rencontrèrent sur le chemin de Phérée à Larisse, et il se donna là un combat fort vif. Eupolème, Étolien, s'y distingua par sa valeur ; il engagea les Italiens dans l'action, et les Macédoniens furent battus. Après une longue escarmouche, chacun se retira dans son camp.

Le lendemain, les deux généraux ne s'accommodant pas d'un terrain aussi couvert d'arbres, de haies et de jardinages que celui de Phérée, levèrent le camp. Philippe tourna vers Scotuse pour s'y fournir de toutes les munitions nécessaires et choisir ensuite un terrain plus convenable. Mais Flaminius soupçonnant que c'était là son dessein, se mit en marche en même temps que lui, et fit grande diligence pour ravager tout ce qu'il y avait de maisons dans la campagne de Scotuse. Une chaîne de montagnes, qui sur la route se trouvait entre les deux armées, fit que ni les Romains ne purent savoir quel chemin tenaient les Macédoniens, ni ceux-ci celui des Romains. Après avoir marché tout le jour, le général romain campa dans un lieu qu'on appelle Érétrie de Phérée, et Philippe près la rivière d'Ancheste, sans que l'un des deux connût où était le camp de l'autre. On se remit en marche le jour suivant. Philippe campa à Mélambie dans le territoire de Scotuse; et Flaminius à Thétidie autour de Pharsale, l'un et l'autre ignorant encore où campait son adversaire. Une grosse pluie accompagnée de tonnerre effroyable était tombée ce jour-là, et le lendemain matin le temps fut si couvert et si sombre qu'à peine voyait-on à deux pas du lieu où l'on était. Cela n'empêcha pas que Philippe, qui avait son projet en tête, ne décampât: mais incommodé dans sa marche par l'obscurité du temps, après avoir fait quelque peu de chemin, il se retrancha, et détacha un corps de troupes avec ordre de s'emparer du sommet des hauteurs qui séparaient son camp de celui des Romains. Flaminius campé à Thétidie n'était pas moins en peine de découvrir où il trouverait les Macédoniens. Il fit partir dix turmes de cavalerie et environ mille soldats armés à la légère, leur ordonnant de reconnaître avec soin les endroits où ils passeraient et de piller la campagne. Ce détachement tomba, sans y penser, sur celui des Macédoniens qui était en embuscade, n'ayant pu l'apercevoir à travers l'obscurité. D'abord on fut de part et d'autre un peu surpris de cette rencontre; ensuite on se tâta les uns les autres. Des deux côtés on envoya apprendre aux généraux ce qui se passait. Les Romains mal menés dépêchèrent à leur camp pour demander du secours. Flaminius exhorta fort Archedame et Eupolème, l'un et l'autre Étoliens, à y courir. Il les fit accompagner de deux tribuns avec cinq cents chevaux et deux mille hommes de pied qui, joints à ceux qui escarmouchaient, firent bientôt changer de face au combat. Les premiers se voyant secourus se battirent avec beaucoup plus de courage et de confiance. De la part des Macédoniens on ne manquait pas non plus de valeur; mais accablés sous le poids de leurs armes, ils se sauvèrent par la fuite sur les hauteurs, et de là envoyèrent au roi pour en obtenir du secours.

Philippe qui, pour les raisons qu'on a vues plus haut, ne s'attendait à rien moins qu'à une bataille générale, avait détaché pour aller au fourrage la plus grande partie de son monde. Instruit du danger que couraient ses premières troupes, et l'obscurité commençant à se dissiper, il fit partir Héraclide, qui commandait la cavalerie thessalienne; Léon, sous les ordres duquel était celle de Macédoine, et Athénagore qui avait sous lui tous les soldats mercenaires, à l'exception des Thraces. Ce renfort ajouté au premier détachement, les Macédoniens reprirent de nouvelles forces, retournèrent à la charge, et à leur tour chassèrent les Romains des hauteurs. La victoire même eût été complète, sans la résistance qu'ils rencontrèrent dans la cavalerie étolienne, qui combattit avec un courage et une hardiesse étonnante. C'est aussi ce qu'il y a de meilleur chez les Grecs que cette cavalerie, surtout dans les rencontres et les combats particuliers. Mais l'infanterie étolienne n'est pas estimée. Ses armes et l'ordre dans lequel on la range ne sont nullement propres à une bataille générale. Pour revenir à cette cavalerie, elle soutint de telle façon le choc et l'impétuosité des Macédoniens, qu'elle empêcha que les Romains ne fussent poussés jusque dans le vallon. A quelque distance de l'ennemi ils prirent un peu haleine et retournèrent ensuite au combat. Flaminius s'apercevant non seulement que les soldats armés à la légère et la cavalerie pliaient, mais encore que cet échec épouvantait toute l'armée, sortit du camp à la tête de toutes ses troupes et les rangea en bataille près des hauteurs. Dans ce temps-là même, de l'embuscade des Macédoniens il venait à Philippe messager sur messager qui criaient: « Prince, les ennemis sont en fuite, ne laissez » pas échapper cette occasion; les Barbares ne » peuvent nous résister, c'est pour vous au» jourd'hui le jour et le moment de vaincre. » Quoique le terrain ne plût pas à Philippe, il ne pouvait cependant pas se refuser à ces cris redoublés. Les hauteurs dont il est question s'appellent Cynoscéphales ou têtes de chien

Elles sont rudes, rompues en différens endroits et considérablement élevées. Philippe voyait bien que cette disposition n'était nullement avantageuse, et c'est pour cela qu'il avait beaucoup de répugnance à donner là une bataille. Mais, animé par la confiance que témoignaient ceux qui étaient venus lui apporter les premières nouvelles du combat, il ordonna enfin à l'armée de sortir de ses retranchemens.

Flaminius fit la même chose de son côté. Il mit son armée en ordre de bataille, assigna aux escarmoucheurs leur poste, et parcourant les lignes fit une harangue à ses soldats, courte à la vérité, mais persuasive et à la portée de ses auditeurs. « Compagnons, ne sont» ce pas là ces Macédoniens, leur dit-il en les » leur montrant, qui s'étaient emparés des » hautes montagnes d'Éordée où vous avez » monté en gravissant, Sulpicius à votre tê» te, que vous avez chassés de ce poste, et » dont vous avez taillé en pièces un très» grand nombre? Ne sont-ce pas là ces Macé» doniens qui s'étaient postés dans ces dé» troits de l'Épire où l'on désespérait de pou» voir vous conduire, que votre valeur a mis » en fuite et qui jetant honteusement leurs ar» mes ne cessèrent de fuir devant vous que » lorsqu'ils se virent dans la Macédoine ? » Craindrez-vous maintenant ces mêmes Ma» cédoniens, lorsque vous avez à les combat» tre à forces égales? Le souvenir du passé » vous ferait-il peur? Ne doit-il pas au con» traire vous inspirer plus de confiance ? Ro» mains, animez-vous les uns les autres, et » marchez à l'ennemi avec votre valeur ordi» naire. Je compte, avec l'aide des Dieux, que » cette bataille vous sera aussi glorieuse que » vous l'ont été les précédentes. » Cela dit, il commande à l'aile droite de ne pas sortir de son poste, place les éléphans devant cette aile, et marchant d'un pas fier et assuré, mène lui-même l'aile gauche aux ennemis. Les escarmoucheurs se voyant appuyés des légions, retournent à la charge et en viennent aux mains.

Quand Philippe eut, devant son camp, rangé en bataille la plus grande partie de son armée, il se fit suivre des rondachers et de l'aile droite de sa phalange, se hâta d'arriver sur les montagnes, et donna ordre à Nicanor, surnommé l'Éléphant, de marcher incessamment après lui avec le reste de l'armée. Les premières troupes arrivées au sommet, il tourne à gauche, fait son ordonnance de bataille et s'empare des hauteurs, qui de ce côté-là étaient abandonnées, parce que dans le premier combat les Macédoniens avaient repoussé les Romains jusque sur l'autre côté des montagnes. Le roi était encore occupé à l'ordonnance de sa droite, lorsque arrivèrent à lui en désordre ses soldats soudoyés à qui les Romains avaient fait tourner le dos. Car, comme je le disais tout à l'heure, quand les soldats armés à la légère se virent soutenus des légionnaires qui combattaient avec eux, reprenant alors de nouvelles forces, ils retournèrent à l'ennemi avec fureur et firent un très-grand carnage. Philippe, qui d'abord en arrivant assez près du camp des Romains, voyait aux mains ses soldats armés à la légère, prenait beaucoup de plaisir à ce spectacle; mais quand il les vit plier et dans un besoin extrême d'être secourus, il fallut les soutenir et entrer dans une action générale, quoique la plus grande partie de sa phalange fût encore en marche pour venir sur les hauteurs où il était. Il reçoit cependant les combattans repoussés, il les rassemble tous, tant infanterie que cavalerie, à son aile droite, et donne ordre aux rondachers et à la phalange de doubler leurs files et de serrer leurs rangs sur la droite. Cela fait, comme les Romains étaient proche, il commande à la phalange de marcher à eux piques baissées, et aux soldats armés à la légère de les déborder. Flaminius avait aussi en même temps reçu dans cet intervalle ceux qui avaient commencé le combat, et il chargeait les Macédoniens.

Pendant le choc, qui fut des plus violens, où jeta de part et d'autre des cris épouvantables; ceux qui étaient hors du combat joignaient les leurs à ceux des combattans; jamais spectacle ne fut plus affreux et plus effrayant. L'aile droite de Philippe avait visiblement tout l'avantage. Le poste élevé d'où elle combattait, le poids de son ordonnance, l'excellence de ses armes, tout cela lui donnait une grande supériorité. A l'égard du reste de l'armée macédonienne, une partie à la suite des combattans se tenait à quelque distance de l'ennemi, et l'aile gauche, qui ne faisait que d'arriver, se montrait sur les hauteurs. Déjà les Romains avaient peine à soutenir le choc de la phalange, déjà une partie de l'aile gauche avait été taillée en pièces et l'autre prenait la fuite. Flaminius, pour remédier à ce désordre, courut au plus vite à l'aile droite, qui seule pouvait être de quelque ressource. Là il voit qu'entre les ennemis, les uns se joignaient aux combattans, les autres descendaient des montagnes, et quelques autres se tenaient sur le sommet; sur le champ il place les éléphans à la tête de sa ligne et marche à l'ennemi. Les Macédoniens alors, sans chef qui leur donnât le signal, et ne pouvant se ranger en phalange, tant à cause de la disposition du terrain qui ne leur était pas propre, que parce que, suivant ceux qui combattaient, ils étaient plutôt en ordre de marche qu'en ordre de bataille, lâchèrent le pied, rompus d'ailleurs par les éléphans, et prirent la fuite à l'approche des Romains, dont la plupart se mirent à leur poursuite et ne firent quartier à aucun.

En cette occasion un tribun qui n'avait pas avec lui plus de vingt compagnies, fit un mouvement qui contribua beaucoup à la victoire. Voyant que Philippe fort éloigné du reste de l'armée pressait vivement l'aile gauche des Romains, il quitte la droite où il était, et qui certainement victorieuse n'avait nul besoin de son secours, marche vers les combattans, arrive sur leur derrière et les charge de toutes ses forces. Or tel est l'ordre en phalange, qu'on ne peut ni se tourner en arrière, ni combattre d'homme à homme. Le tribun enfonce donc, toujours en tuant à mesure qu'il avançait, et les Macédoniens ne pouvant eux-mêmes se défendre, jettent leurs armes et prennent la fuite. Le désordre fut d'autant plus grand, que ceux des Romains qui avaient plié s'étant ralliés, étaient venus en même temps attaquer en front la phalange.

Philippe, qui d'abord jugeant du reste de la bataille par l'avantage qu'il remportait de son côté, comptait sur une pleine victoire, lorsqu'il vit ses soldats jeter leurs armes et les Romains fondre sur eux sur les derrières, s'éloigna un peu du champ de bataille avec quelques maîtres et quelques fantassins, et de là il considéra en quel état se trouvaient toutes choses. Et quand il s'aperçut que les Romains, qui poursuivaient son aile gauche, touchaient presqu'au sommet des montagnes, il rassembla ce qu'il put de Thraces et de Macédoniens et chercha son salut dans la fuite. Flaminius se met à la queue des fuyards. Il rencontre sur les hauteurs et sur l'aile gauche des Macédoniens quelques troupes qui y étaient tout récemment arrivées; il s'avance pour les combattre; mais il s'arrêta quand il vit qu'elles tenaient la pique levée; c'est l'usage parmi les Macédoniens quand ils se rendent ou qu'ils passent du côté des ennemis. S'étant informé de la vérité du fait, il retint les siens et se fit un devoir d'épargner des gens que la peur lui livrait. Malgré cela, quelques-uns des premiers rangs tombant d'en haut sur eux, en tuèrent une grande partie, et il n'y en eut qu'un petit nombre qui par la fuite put leur échapper.

Après le combat, où de tous les côtés la victoire s'était déclarée en faveur des Romains, Philippe se retira à Tempé. Le premier jour de sa retraite il arriva au lieu qu'on appelle la tour d'Alexandre, et le lendemain à Gonnes, dans le voisinage de Tempé, où il s'arrêta pour y attendre ceux qui s'étaient sauvés de la défaite. Les Romains poursuivirent ces fuyards pendant quelque temps. Ensuite les uns dépouillèrent les morts, les autres rassemblèrent les prisonniers, la plupart se jetèrent sur le camp des ennemis et le pillèrent. Les Étoliens y étaient arrivés avant les Romains, qui croyant être frustrés d'un butin qui leur appartenait, s'en plaignirent hautement au général : « Vous nous commandez, » lui dirent-ils, de nous exposer aux dangers, » mais le butin vous l'accordez à d'autres. » Ils retournèrent cependant au camp et y passèrent la nuit. Le lendemain, après avoir ramassé les prisonniers et le reste des dépouilles, on prit le chemin de Larisse. La perte des Romains dans cette bataille fut d'environ sept cents hommes. Les Macédoniens y perdirent treize mille hommes, dont huit mille restèrent sur le champ de bataille, et cinq mille furent faits prisonniers. Ainsi se termina la journée de Cynoscéphales.

Dans mon sixième livre j'ai promis de saisir la première occasion qui se présenterait de comparer ensemble les armes des Macédoniens et celles des Romains, l'ordre de bataille des uns et des autres, et de marquer en quoi l'un est supérieur ou inférieur à l'autre; l'action que je viens de raconter m'offre cette occasion; il faut que je tienne ma parole.

Autrefois l'ordonnance des Macédoniens surpassait celle des Asiatiques et des Grecs. C'est un fait que les victoires qu'elle a produites ne nous permettent pas de révoquer en doute; et il n'était pas d'ordonnance en Afrique ni en Europe qui ne le cédât à celle des Romains. Aujourd'hui que ces différens ordres de bataille se sont souvent trouvés opposés les uns aux autres, il est bon de rechercher en quoi ils diffèrent et pourquoi l'avantage est du côté des Romains. Apparemment que quand on sera bien instruit sur cette matière, on ne s'avisera plus de rapporter le succès des événemens à la fortune, et qu'on ne louera pas les vainqueurs sans connaissance de cause, comme ont coutume de faire les personnes non éclairées; mais qu'on s'accoutumera enfin à les louer par principes et par raison.

Je ne crois pas devoir avertir qu'il ne faut pas juger de ces deux manières de se ranger par les combats qu'Annibal a livrés aux Romains, et par les victoires qu'il a gagnées sur eux. Ce n'est ni par la façon de s'armer, ni par celle de se ranger qu'Annibal a vaincu, c'est par ses ruses et par sa dextérité. Nous l'avons fait voir clairement dans le récit que nous avons donné de ces combats. Si l'on en veut d'autres preuves, qu'on jette les yeux sur le succès de la guerre. Dès que les troupes romaines eurent à leur tête un général d'égale force, elles furent aussitôt victorieuses.

Qu'on en croie Annibal lui-même, qui, aussitôt après la première bataille, abandonna l'armure carthaginoise et qui ayant fait prendre à ses troupes celle des Romains, n'a jamais discontinué de s'en servir. Pyrrhus fit encore plus, car il ne se contenta pas de prendre les armes, il employa les troupes mêmes d'Italie. Dans les combats qu'il donna aux Romains, il rangeait alternativement une de leurs compagnies et une cohorte en forme de phalange. Encore ce mélange ne lui servit-il de rien pour vaincre; tous les avantages qu'il a remportés ont toujours été très-équivoques. Il était nécessaire que je prévinsse ainsi mes lecteurs, afin qu'il ne se présentât rien à leur esprit qui parût peu conforme à ce que je dois dire dans la suite. Je viens donc à la comparaison des deux différens ordres de bataille.

C'est une chose constante et qui peut se justifier par mille endroits, que tant que la phalange se maintient dans son état propre et naturel, rien ne peut lui résister de front ni soutenir la violence de son choc. Dans cette ordonnance, on donne au soldat en armes trois pieds de terrain. La sarisse était longue de seize coudées. Depuis elle a été raccourcie de deux pour la rendre plus commode, et après ce retranchement il reste, depuis l'endroit où le soldat la tient jusqu'au bout qui passe derrière lui et qui sert comme de contre-poids à l'autre bout, quatre coudées; et par conséquent si la sarisse est poussée des deux mains contre l'ennemi, elle s'étend à dix coudées devant le soldat qui la pousse. Ainsi, quand la phalange est dans son état propre, et que le soldat qui est à côté ou par derrière, joint son voisin autant qu'il le doit, les sarisses du second, troisième et quatrième rang s'avancent au-delà du premier plus que celles du cinquième qui n'ont au-delà de ce premier rang que deux coudées. Ce serrement de la phalange est décrit ainsi dans Homère :

<small>Les boucliers joignent les boucliers, les casques touchent les casques, le soldat appuie le soldat,
Et l'on voit flotter au dessus des casques les brillans panaches dont ils sont ornés,
Tant les soldats se sont serrés les uns contre les autres.</small>

Cette peinture est aussi belle qu'élégante; et de là il s'ensuit qu'avant le premier rang il y en a cinq de sarisses, plus courtes les unes que les autres de deux coudées, à mesure qu'elles s'éloignent du premier rang au cinquième. Or, comme la phalange est rangée sur seize de profondeur, on peut aisément se figurer quel est le choc, le poids et la force de cette ordonnance. Il est vrai cependant qu'au-delà du cinquième rang les sarisses ne sont d'aucun usage pour le combat. Aussi ne les allonge-t-on pas en avant, mais on les appuie sur les épaules du rang précédent la pointe en haut, afin que pressées elles rompent l'impétuosité des traits, qui passent au-delà des premiers rangs et pourraient tomber sur ceux qui les suivent. Ces rangs postérieurs et reculés ont cependant leur utilité. Car, en marchant à l'ennemi, ils poussent et pressent ceux qui les précèdent, et ôtent à ceux qui sont devant eux tout moyen de retourner en arrière. On a vu la disposition tant du corps entier que des parties de la phalange. Voyons maintenant ce qui est propre à l'armure et à l'ordonnance des Romains, pour en faire la comparaison avec celle des Macédoniens.

Le soldat romain n'occupe non plus que trois pieds de terrain; mais comme pour se couvrir de leurs boucliers et frapper d'estoc et de taille, ils sont dans la nécessité de se donner quelque mouvement, il faut qu'entre chaque légionnaire, soit à côté ou par derrière, il reste au moins trois pieds d'intervalle, si l'on veut qu'ils se remuent commodément. Chaque soldat romain combattant contre une phalange a donc deux hommes et dix sarisses à forcer. Or, quand on en vient aux mains, il ne les peut forcer ni en coupant, ni en rompant, et les rangs qui le suivent ne lui sont pour cela d'aucun secours. La violence du choc lui serait également inutile et son épée ne ferait nul effet. J'ai donc eu raison de dire que la phalange, tant qu'elle se conserve dans son état propre et naturel, est invincible de front, et que nulle autre ordonnance n'en peut soutenir l'effort. D'où vient donc que les Romains sont victorieux? Pourquoi la phalange est-elle vaincue? C'est que dans la guerre le temps et le lieu des combats se varient en une infinité de manières, et que la phalange n'est propre que dans un temps et d'une seule façon. Quand il s'agit d'une action décisive, si l'ennemi est forcé d'avoir affaire à la phalange dans un temps et dans un terrain qui lui soient convenables, nous l'avons déjà dit, il y a toute sorte d'apparence que partout l'avantage sera du côté de la phalange. Mais si l'on peut éviter l'un et l'autre, comme il est aisé de le faire, qu'y a-t-il de si redoutable dans cette ordonnance? Que pour tirer parti d'une phalange, il soit nécessaire de lui trouver un terrain plat, découvert, uni, sans fossés, sans fondrières, sans gorges, sans éminences, sans rivières; c'est une chose avouée de tout le monde. D'un autre côté l'on ne disconvient pas qu'il est impossible ou du moins très-rare de rencontrer un terrain de vingt stades ou plus, qui n'offre quelqu'un de ces obstacles. Quel usage ferez-vous de votre phalange, si votre ennemi, au lieu de venir à vous dans ce terrain favorable, se répand dans le pays, ravage les villes et fait du dégât dans les terres de vos alliés? Ce corps restant dans le poste qui lui est avantageux, non seulement ne sera d'aucun secours à vos amis, mais il ne pourra se conserver lui-même. L'ennemi maître de la campagne, sans trouver personne qui lui résiste, lui enlèvera ses convois de quelque endroit qu'ils lui viennent. S'il quitte son poste pour entreprendre quelque chose, ses forces lui manquent et il devient le jouet des ennemis. Accordons encore qu'on ira l'attaquer sur son terrain; mais si l'ennemi ne présente pas à la phalange toute son armée en même temps, et qu'au moment du combat il l'évite en se retirant, qu'arrivera-t-il de votre ordonnance?

Il est facile d'en juger par la manœuvre que font aujourd'hui les Romains, car nous ne nous fondons pas ici sur de simples raisonnemens, mais sur des faits qui sont encore tout récens. Les Romains n'emploient pas toutes leurs troupes pour faire un front égal à celui de la phalange, mais il en mettent une partie en réserve et n'opposent que l'autre aux ennemis. Alors soit que la phalange rompe la ligne qu'elle a en tête, ou qu'elle soit elle-même enfoncée, elle sort de la disposition qui lui est propre. Qu'elle poursuive des fuyards ou qu'elle fuie devant ceux qui la pressent, elle perd toute sa force, car, dans l'un ou l'autre cas, il se fait des intervalles que la réserve saisit pour attaquer, non de front, mais en flanc et par les derrières. En général, puisqu'il est facile d'éviter le moment et toutes les autres circonstances qui donnent l'avantage à la phalange, et qu'il ne lui est pas possible d'éviter toutes celles qui lui sont contraires, n'en est-ce pas assez pour nous faire concevoir combien cette ordonnance est au dessous de celle des Romains?

Ajoutons que ceux qui rangent une armée en phalange se trouvent dans le cas de marcher par toutes sortes d'endroits, de camper, de s'emparer des postes avantageux, d'assiéger, d'être assiégés, de tomber sur la marche des ennemis lorsqu'ils ne s'y attendent pas, car tous ces accidens font partie d'une guerre; souvent la victoire en dépend, quelquefois du moins ils y contribuent beaucoup. Or dans toutes ces occasions il est difficile d'employer la phalange, ou on l'emploierait inutilement, parce qu'elle ne peut alors combattre ni par cohortes ni d'homme à homme; au lieu que l'ordonnance romaine, dans ces rencontres mêmes, ne souffre aucun embarras. Tout lieu, tout temps lui conviennent; l'ennemi ne la surprend jamais, de quelque côté qu'il se présente. Le soldat romain est toujours prêt à combattre, soit avec l'armée entière, soit avec quelqu'une de ses parties, soit par compagnies, soit d'homme à homme. Avec un ordre de bataille dont toutes les parties agissent avec tant de facilité, doit-on être surpris que les Romains, pour l'ordinaire, viennent plus aisément à bout de leurs entreprises que ceux qui combattent dans un autre ordre? Au reste, je me suis cru obligé de traiter au long cette matière, parce qu'aujourd'hui la plupart des Grecs s'imaginent que c'est une espèce de prodige que les Macédoniens aient été défaits, et que d'autres sont encore à savoir comment et pourquoi l'ordonnance romaine est supérieure à la phalange.

Pour reprendre la suite du combat, Philippe y ayant été vaincu malgré tous ses efforts, rallia le plus grand nombre qu'il put de ceux qui en avaient échappé, et prit la route de Tempé pour aller de là dans la Macédoine. Dès le premier gîte, attentif, jusque dans le plus grand revers, à ce que le devoir demandait de lui, il envoya un de ses gardes à Larisse avec ordre d'y brûler tous les papiers qui le regardaient: attention vraiment digne d'un roi; car il savait que si les Romains eussent pu mettre la main sur ces papiers, ils y auraient trouvé mille prétextes de l'inquiéter, lui et ses amis. Il n'est pas le seul à qui il soit arrivé d'oublier dans la prospérité, qu'on est homme, et dans les plus grandes disgrâces de ne point être ébranlé et de ne perdre jamais de vue ses devoirs. Mais Philippe s'est fait remarquer plus que personne dans ces deux états, comme nous ferons voir dans la suite. Car comme après l'avoir représenté plein d'ardeur et de vivacité pour les belles actions au commencement de son règne, nous avons montré quand, comment et pourquoi il s'était opéré un changement dans ces belles actions, nous ne manquerons pas non plus de raconter comment il s'est reconnu, et avec quelle prudence, profitant pour son instruction des malheurs qu'il s'était attirés, il s'est conduit dans toutes les affaires qui lui sont arrivées depuis. Pour Flaminius, ayant mis ordre aux prisonniers et au butin, il se retira à Larisse.

FRAGMENT II.

Les Romains et les Étoliens commencent à se brouiller ensemble après la bataille de Cynoscéphales. — Conférence entre Flaminius et tous les alliés pour délibérer si l'on ferait la paix avec Philippe. — Autre conférence entre les alliés et Philippe, où la paix fut conclue. — Indignation des Étoliens à ce sujet [1].

L'avidité avec laquelle les Étoliens se jetaient sur le butin était insupportable à Flaminius, qui d'ailleurs ne voulait pas que, Philippe chassé du trône, les Étoliens commandassent aux Grecs. Il ne pouvait sans impatience les voir se louer sans cesse, s'attribuer tout l'honneur de la victoire et remplir toute la Grèce du bruit de leurs exploits. C'est pour cela que dans les entretiens qu'il avait avec eux il les traitait avec hauteur, ne leur communiquait rien des affaires publiques, et ré-

---

[1] Ambassades, VI. — Fragmens de Valois.

glait tout par lui-même et par ses amis. Les Romains et les Étoliens étaient ainsi indisposés les uns contre les autres, lorsqu'à quelques jours de là vinrent, de la part de Philippe, trois ambassadeurs, savoir Démosthène, Cycliadas et Limnée. Après une assez longue conversation qu'il eut avec eux en présence des tribuns, il se fit une trêve de quinze jours, pendant laquelle il conçut le dessein d'aller trouver Philippe et de s'entretenir avec lui sur leurs affaires présentes. La douceur et les égards que Flaminus eut pour le roi de Macédoine dans cette occasion augmentèrent extrêmement les soupçons qu'on avait déjà formés contre ce général; car la contagion des présens gâtaient toute la Grèce; on y avait pour maxime que personne ne faisait rien pour rien, et comme cette maxime était surtout en crédit chez les Étoliens, ils ne pouvaient se persuader que Flaminius fût devenu ami de Philippe, sans que ce prince eût par des présens acheté son amitié. Ne sachant quelle était à cet égard la coutume des Romains, ils en jugeaient par eux-mêmes, et prétendaient que le roi de Macédoine, pour se tirer de l'embarras où il se trouvait, avait offert quelque grosse somme d'argent, et que Flaminius s'en était laissé éblouir.

Quant à moi si j'avais à prononcer sur les Romains une opinion en général et sur les temps passés, je n'hésiterais pas à affirmer que tous étaient incapables de se prêter à aucune action de ce genre, du moins qu'ils se sont montrés tels tant qu'ils sont restés fidèles aux mœurs et aux habitudes de leurs ancêtres, c'est-à-dire avant leurs guerres d'outre-mer. Pour le temps présent, je n'oserais pas sans doute donner indistinctement cet éloge à la totalité des citoyens, mais je ne crains pas de déclarer en ce qui concerne plusieurs, que l'on doit mettre la plus grande confiance dans leur intégrité. Et pour que je ne paraisse pas donner mes éloges à des qualités qui n'existent pas, je ne citerai ici que deux exemples connus de tout le monde; Lucius Emilius, le même qui vainquit Persée, s'était emparé du royaume de Macédoine. Outre une immense quantité de meubles magnifiques et autres richesses, il trouva dans les trésors plus de six mille talens en argent et en or; mais non seulement il n'a rien désiré de ces trésors, il ne voulut pas même les regarder, et en confia l'administration à d'autres. Et cependant, bien loin d'être dans l'opulence, il était lui-même dans un état réel de pauvreté. Etant venu en effet à mourir peu de temps après cette guerre, Publius Scipion et Quintus Maximus, ses fils, ayant voulu rendre à sa femme les vingt-cinq talens de sa dot, furent tellement embarrassés dans leurs finances qu'ils ne purent s'acquitter qu'en vendant les meubles, les esclaves et quelques-uns des domaines. Pour être incroyable, le fait n'en est pas moins vrai. Quoique des inimitiés mutuelles ou des querelles de parti fassent que, sur beaucoup de questions, les Romains soutiennent des opinions diverses, cependant ce que j'ai dit sera avoué par tous, et il n'y a qu'à interroger pour s'en convaincre, le premier Romain venu, à quelque famille ou à quelque parti qu'il appartienne. Cette même famille offre un second exemple du même désintéressement. Lorsque Publius Scipion, fils d'Emilius, et petit-fils adoptif de Publius Scipion, surnommé l'Ancien, s'empara de Carthage, ville regardée comme la plus opulente de l'univers, il se fit une loi de ne rien acheter de ce qui s'y trouvait et de ne s'en rien attribuer, sous quelque prétexte que ce fût; et cependant Publius n'était pas riche; mais en vrai Romain, il avait été habitué à se contenter de peu. Non seulement il s'abstint complètement de toucher au butin de Carthage, mais il ne permit pas qu'on mêlât ou ajoutât à ses propriétés aucune des richesses de l'Afrique. Tout homme qui voudra interroger quelque Romain que ce soit, aura la même déclaration sur cette gloire sans tache et sans soupçon. Mais nous parlerons de cela dans un moment plus opportun.

Flaminius étant convenu avec Philippe qu'à certain jour ils se joindraient à l'entrée du Tempé, il écrivit aussitôt aux alliés pour leur apprendre le jour et le lieu de la conférence, et quelques jours après il partit pour s'y rendre.

Les alliés réunis et le conseil assemblé, il ordonna que chacun dît à quelles conditions il fallait faire la paix avec Philippe. Amynandre, roi des Athamaniens, dit son sentiment en peu de mots. Il se contenta de demander que l'on fît attention à ce qui le regardait ; qu'il était à craindre qu'après que les Romains seraient sortis de la Grèce, Philippe n'épuisât sur lui toute sa colère, et que les Macédoniens avaient d'autant plus de facilité à envahir son royaume, qu'il était faible et voisin de la Macédoine.

Alexandre, Étolien, prit ensuite la parole, et dit que l'on ne pouvait que louer Flaminius d'avoir convoqué les alliés et de prendre leurs avis sur la paix ; mais que s'il pensait qu'en faisant la paix avec Philippe il procurerait ou la paix aux Romains, ou aux Grecs une liberté durable, il se méprenait étrangement, et que jamais il ne parviendrait ni à l'un ni à l'autre ; mais que s'il voulait ne pas laisser les projets de sa patrie imparfaits et tenir les promesses que lui-même avait faites aux Grecs, il n'y avait qu'une manière de finir la guerre avec les Macédoniens, qui était d'expulser Philippe de son royaume ; que la chose était maintenant très-aisée, pourvu qu'il profitât de l'occasion qui se présentait. Il appuya de plusieurs autres raisons et s'assit.

Flaminius parla ensuite, et apostrophant Alexandre : « Vous ne connaissez rien, lui
» dit-il, aux vues des Romains, ni à mes des-
» seins, ni aux intérêts des Grecs. Ce n'est pas
» l'usage des Romains, quand ils ont fait la
» guerre à une puissance, de la détruire en-
» tièrement. Annibal et les Carthaginois sont
» une preuve convaincante de ce que j'avance.
» Quoique les Romains, après avoir été ré-
» duits par ce peuple aux dernières extrémités,
» se soient mis ensuite en état de se venger
» comme il leur plairait, on ne voit cepen-
» dant pas qu'ils aient jamais exercé contre
» lui la moindre inhumanité. Mon dessein n'a
» jamais été non plus de faire à Philippe une
» guerre irréconciliable. J'ai été au contraire
» toujours disposé à lui accorder la paix, dès
» qu'il se soumettrait aux conditions qui lui
» seraient imposées. D'où vient donc, Éto-
» liens, que vous trouvant dans un conseil
» qui n'a été assemblé que pour mettre fin à
» la guerre, vous témoigniez tant d'éloigne-
» ment pour la paix ? Est-ce parce que nous
» sommes victorieux ? Mais ce motif ne serait
» pas raisonnable. Dans le combat un homme
» de courage doit tomber sur l'ennemi avec
» force et avec vigueur, et s'il est vaincu mar-
» quer dans sa défaite de la constance et de la
» grandeur d'âme ; mais le devoir du vain-
» queur est de faire paraître de la modération,
» de la douceur et de l'humanité. Enfin pour
» en venir aux intérêts des Grecs, il est de
» grande importance pour eux que le royaume
» de Macédoine soit moins puissant qu'au-
» trefois ; mais il leur importe également qu'il
» ne soit pas tout-à-fait détruit ; c'est pour
» eux une barrière contre les Thraces et les
» Galates et sans laquelle ces peuples, comme
» ils l'ont déjà fait souvent, ne manqueraient
» pas de fondre sur la Grèce. » Flaminius conclut en disant que son avis et celui du conseil était, si Philippe promettait d'observer fidèlement tout ce qui lui avait été auparavant ordonné par les alliés, de lui accorder la paix, après qu'on aurait sur cela consulté le sénat, et que les Étoliens pouvaient là-dessus prendre telle résolution qu'ils jugeraient à propos.

Phénéas, Étolien, s'étant ensuite avisé de dire que l'on s'était en vain donné jusqu'à présent tant de mouvement contre le roi de Macédoine, et que délivré du péril présent il ne tarderait pas à former d'autres projets et à donner occasion à une nouvelle guerre ; Flaminius, du haut de son siège et d'un ton de colère : « Cessez, lui dit-il, Phénéas, de nous
» fatiguer les oreilles de vos impertinences. Je
» cimenterai la paix de telle sorte que, quand
» Philippe le voudrait, il ne pourra rien en-
» treprendre contre les Grecs. » Ici le conseil se sépara. Le lendemain Philippe arriva au lieu de la conférence, et trois jours après le conseil s'étant rassemblé, il y entra, et parla avec tant de sagesse et de prudence, qu'il adoucit tous les esprits. Il dit qu'il acceptait et exécuterait tout ce que les Romains et les alliés lui ordonnaient, et que pour le reste il s'en remettait entièrement à la discrétion du

sénat. A ces mots il se fit un grand silence dans le conseil. Il n'y eut que l'Étolien Phénéas qui demanda au roi pourquoi donc il ne leur rendait pas Larisse, Pharsale, Thèbes, et Échine? « Prenez-les, répondit Philippe, j'y » consens. — Non pas toutes, reprit le consul, » Thèbes seulement; car étant allé à Thèbes » à la tête de mes troupes, j'en ai exhorté les » habitans à se rendre aux Romains, et » comme ils ont refusé de le faire, le droit de » la guerre m'en rend le maître, et c'est à moi » d'en disposer à mon gré. » Phénéas indigné de cette réponse, dit que les villes qui avant la guerre étaient de leur dépendance et vivaient sous leurs lois, devaient leur revenir par deux raisons : la première, parce qu'ils avaient pris les armes avec les Romains; et la seconde, parce que tel était le traité d'alliance fait d'abord entre les Romains et les Étoliens, que dans le partage des choses prises pendant la guerre, les meubles seraient pour les premiers et les villes pour les derniers. Le consul lui répondit qu'il était dans l'erreur sur l'un et sur l'autre point; que le traité d'alliance n'avait plus lieu depuis que les Étoliens, abandonnant les Romains, avaient fait leur paix avec Philippe; que si cependant il voulait que le traité subsistât, il n'y était pas marqué que les Étoliens auraient les villes qui d'elles-mêmes et de plein gré se seraient mises sous la protection des Romains, comme avaient fait toutes celles de la Thessalie ; mais celles-là seulement dont on aurait fait le siége. Cette réplique du consul plut à toute l'assemblée: les seuls Étoliens n'en furent pas contens, et de là vinrent dans la suite de très-grands maux. C'est cette dispute, cette étincelle qui alluma peu de temps après la guerre que les Romains firent aux Étoliens et à Antiochus.

Au reste ce qui engageait Flaminius à presser la conclusion de la paix, c'est que la nouvelle lui était venue qu'Antiochus avec une armée partait de Syrie pour faire une irruption dans l'Europe. Il craignait que Philippe ne saisît cette occasion pour défendre les villes qu'il avait envahies, et ne traînât la guerre en longueur. Un autre motif encore , c'est que si un autre consul venait prendre sa place, on ne manquerait pas de lui attribuer tout l'honneur de cette guerre. C'est pourquoi il accorda au roi ce qu'il demandait, quatre mois de trêve, reçut de lui quatre cents talens, prit pour ôtages Démétrius son fils, et quelques autres de ses amis, et lui permit d'envoyer à Rome et d'y abandonner tout à la disposition du sénat. On se sépara ensuite, après s'être donné réciproquement les assurances nécessaires, que si la paix ne se faisait pas, Flaminius rendrait à Philippe les talens et les ôtages. Après cela tous les intéressés dépêchèrent des ambassadeurs à Rome , les uns pour solliciter la paix, les autres pour y mettre obstacle.

FRAGMENT III.

Quoique souvent trompés par les mêmes artifices et par les mêmes personnes [1], nous n'en devenons pas cependant plus circonspects et plus prudens. Il est telle finesse que nous avons vu plusieurs fois employer sans qu'il nous vienne en pensée de nous en défier. Que certaines gens y soient pris, cela n'est pas fort étonnant, mais que ceux-là mêmes s'y laissent surprendre qui sont, si j'ose m'exprimer ainsi, une source féconde en subtilités frauduleuses de cette espèce, cela est à peine concevable, c'est qu'on n'a pas assez présente à l'esprit cette maxime d'Épicharme.

A la sévérité joignez la défiance,
Ce sont les nerfs de la prudence.

. . . .

Médion est une ville voisine de l'Étolie [2].

FRAGMENT IV.

Mort et éloge d'Attale [5].

Après avoir raconté la mort du roi Attale, il est juste, puisque nous en avons usé ainsi à l'égard des autres, que nous fassions connaître ce qui l'a rendu recommandable. Il monta sur le trône de Pergame sans autre secours

---

[1] Ancien fragment.
[2] Étienne de Byzance qui cite le livre XVIII de Polybe.
[5] Fragmens de Valois.

extérieur que ses richesses. C'est à la vérité un moyen puissant pour parvenir à tout ce que l'on souhaite, quand on sait l'employer prudemment et avec magnificence ; mais, faute de ces deux vertus, à combien de gens n'ont-elles pas été funestes ! L'envie en est inséparable : on leur tend sans cesse des pièges ; souvent elles amènent la perte du corps et de l'esprit, et l'on voit peu d'hommes qui, par leur moyen, évitent ces sortes de malheurs. On ne peut donc trop admirer Attale de ne s'en être servi que pour acquérir la souveraineté, dignité la plus grande et la plus belle qui se puisse désirer. Pour en paraître digne, il commença par se faire un grand nombre d'amis à l'aide de ses bienfaits et par se signaler dans la guerre. Les Galates étaient alors dans l'Asie la nation la plus formidable et la plus belliqueuse. Il les défit en bataille rangée, et après sa victoire il se fit déclarer roi. De soixante-douze ans qu'il vécut, il en régna quarante, toujours modeste et grave avec la reine sa femme et les princes ses enfans, toujours d'une fidélité inviolable à l'égard de tous ses alliés. Il mourut dans le cours d'une de ses plus belles entreprises, en travaillant pour la liberté des Grecs. En mourant, il laissa quatre fils qui avaient atteint l'adolescence, et qui trouvèrent le royaume si bien établi, que leurs enfans mêmes en jouirent paisiblement et sans trouble.

FRAGMENT V.

La paix avec Philippe est ratifiée à Rome. — Création de dix commissaires pour régler les affaires de la Grèce. — Les Achéens demandent en vain à faire alliance avec les Romains.

Claudius Marcellus ayant été fait consul, arrivèrent à Rome, de la part de Philippe, de Flaminius et des alliés des ambassadeurs [1] au sujet de la paix qu'on se proposait de faire avec le roi de Macédoine. Il se tint dans le sénat de longs discours sur cette paix, mais enfin il se déclara pour les conditions auxquelles Philippe s'était engagé. L'affaire rapportée au peuple, Marcellus qui souhaitait avec passion d'aller commander les armées

[1] Ambassades, VII.

dans la Grèce, y mit opposition, et fit tous ses efforts pour que le traité fût rompu ; mais il ne put empêcher que le peuple n'approuvât le projet de Flaminius, et ne ratifiât les conditions. Le sénat nomma ensuite dix des plus illustres citoyens pour aller en Grèce, en régler les affaires avec Flaminius et assurer la liberté aux Grecs. Damoxène d'Égée, ambassadeur des Achéens, se présenta en même temps dans le sénat pour le prier de recevoir les Achéens parmi les alliés du peuple romain. Mais on trouva de la difficulté à leur accorder cette grâce, parce que les Éléens étaient en différend avec eux pour la Triphylie, les Messéniens déjà alliés des Romains pour Asine et Pylos, et les Étoliens pour Érée. On renvoya cette affaire aux dix commissaires ; il ne se passa rien autre chose alors dans le sénat.

FRAGMENT VI.

Les Béotiens commencent à se détacher des Romains. Brachylles, général des Béotiens, est tué par les partisans des Romains [1].

En Grèce, après la bataille de Cynoscéphales, pendant que Flaminius était en quartier d'hiver à Élatée, les Béotiens députèrent au consul, pour lui demander le retour des soldats de leur nation qui avaient servi dans l'armée de Philippe. Flaminius qui se précautionnait contre Antiochus, se fit un plaisir, pour gagner leur amitié, de renvoyer leurs soldats, entre lesquels était un nommé Brachylles. Mais à peine les eurent-ils reçus, qu'ils firent de ce Brachylles leur général. Ils témoignèrent aussi faire un cas particulier des autres amis de la maison de Macédoine, et ne les élevaient pas moins aux dignités qu'auparavant. Bien plus, ils poussèrent l'ingratitude jusqu'à envoyer des ambassadeurs à Philippe, pour le remercier de leur avoir rendu leurs soldats. Ce procédé choqua Zeuxippe, Pisistrate et tous les amis du peuple romain, qui, prévoyant l'avenir, craignirent pour leur famille et pour eux-mêmes. En effet, les Romains une fois sortis de la Grèce, quelle sûreté devait-il y avoir pour eux dans la Béotie,

[1] Ambassades, VIII.

pendant que Philippe serait à portée de soutenir et d'appuyer leurs ennemis? Ils députèrent donc de concert à Flaminius. Les députés entretinrent long-temps le consul sur la haine dont la populace était animée contre eux, et sur l'ingratitude de la nation. Ils allèrent jusqu'à lui dire que, si pour effrayer les autres on ne faisait mourir Brachylles, les amis du peuple romain ne pourraient vivre en sûreté dans la Béotie, dès que les armées en seraient sorties. Flaminius dit qu'il ne prendrait point de part à ce dessein; mais qu'au reste il ne leur défendait pas de l'exécuter; et qu'ils communiquassent cette affaire à Alexamène, général des Étoliens. Zeuxippe obéit, et parla à ce général, qui acquiesçant au projet, donna ordre à trois Étoliens et à trois Italiens de tuer Brachylles.......

Il n'est aucun témoignage plus redoutable, plus grave que celui qui réside en nous-mêmes, la conscience [1].

FRAGMENT VII.

Sénatus-consulte sur la paix faite avec Philippe.— Les Étoliens seuls en sont mécontens, et le déchirent. — Un héraut dans les jeux isthmiques publie le sénatus-consulte décrété pour la liberté des Grecs. — Réponse de Flaminius et des dix commissaires aux ambassadeurs d'Antiochus, de Philippe et des Étoliens [2].

Vers ce temps-là vinrent de Rome les dix commissaires qui devaient régler les affaires de la Grèce. Ils apportèrent avec eux le sénatus-consulte sur la paix avec Philippe. En voici les articles : « Tous les Grecs, tant ceux d'A-
» sie que ceux d'Europe, seront libres et se
» gouverneront selon leurs lois. Philippe li-
» vrera aux Romains tous les Grecs qui sont
» en sa puissance, et toutes les villes où il
» tient garnison, et cela avant la fête des jeux
» isthmiques; il retirera les garnisons d'Euro-
» me, de Pédase, de Bargyle, de Jessé,
» d'Abydos, de Thasos, de Myrine, de Périn-
» the, et laissera ces villes jouir de la liberté.
» Sur la délivrance des Cianiens, Titus écrira
» au roi Prusias quelles sont les intentions du
» sénat. Philippe rendra aux Romains les pri-
» sonniers et les transfuges dans le même temps,
» et outre cela les vaisseaux pontés, à l'ex-
» ception de cinq felouques et de la galère à
» seize bancs de rameurs. Il donnera mille ta-
» lens, moitié incessamment et l'autre moitié
» dans dix ans, cinquante chaque année en
» forme de tribut. »

Quand ce sénatus-consulte se fut répandu parmi les Grecs, la confiance qu'il leur inspira et la joie qu'il leur donna ne se peuvent exprimer. Les seuls Étoliens, mécontens de n'avoir point obtenu ce qu'ils avaient espéré, affectaient de le décrier, disant qu'il ne contenait que des paroles et rien davantage. Pour indisposer les esprits contre ce décret, ils fondaient leur médisance sur certaines probabilités qu'ils tiraient de la manière même dont il était conçu. Ils disaient qu'au sujet des villes où Philippe avait garnison, le sénatus-consulte ordonnait deux choses : la première, qu'il retirât ces garnisons et livrât les villes aux Romains; l'autre, qu'en retirant les garnisons, il mit les villes en liberté; que celles qui reprenaient leur liberté étaient nommées par leur nom, et que c'étaient celles de l'Asie; et que celles qui étaient données aux Romains, étaient celles de l'Europe; savoir : Orée, Érétrie, Chalcis, Démétriade, Corinthe. D'où il était aisé de voir que les Romains ne faisaient maintenant qu'occuper la place de Philippe, que la Grèce n'était pas délivrée de ses chaînes, et que tout au plus elle avait changé de maître. Voilà ce que les Étoliens disaient et répétaient sans cesse.

Flaminius et les dix commmissaires d'Élatée, s'en allèrent à Anticyre et de là à Corinthe, où ils tinrent de fréquens conseils sur l'état présent des affaires. Pour empêcher les mauvais effets des bruits que les Étoliens répandaient dans toute la Grèce, et dont quelques hommes étaient frappés, le consul se crut obligé de mettre cette affaire en délibération. Il n'y eut pas de raisons qu'il n'employât pour faire voir aux commissaires que s'ils voulaient chez les Grecs immortaliser le nom romain et les persuader qu'en venant chez eux, ce n'était pas le propre intérêt, mais la liberté de la Grèce qu'on s'était proposée, il fallait sortir de tous les lieux et mettre en liberté toutes

[1] Manusc. Urb.
[2] Ambassades, IX.

les villes où Philippe avait garnison. Cela ne laissait pas que d'avoir ses difficultés, car ce qui regardait les autres villes avait déjà été agité à Rome par les dix commissaires, et ils avaient sur ce point reçu des ordres exprès du sénat; mais à l'égard de Chalcis, de Corinthe et de Démétriade, comme on avait des précautions à prendre contre Antiochus, on leur avait donné pouvoir de disposer de ces trois villes selon qu'ils le jugeraient à propos, eu égard aux conjectures où ils se verraient; car l'on ne doutait point qu'Antiochus ne se disposât depuis long-temps à fondre sur l'Europe. Enfin Flaminius gagna sur le conseil que Corinthe serait mise en liberté et entre les mains des Achéens; mais on retint l'Acrocorinthe, Démétriade et Chalcis.

On était alors au temps où les jeux isthmiques devaient se célébrer, et l'attente de ce qui allait arriver y avait amené de presque toutes les parties de l'univers des personnes de la plus grande considération. Le traité de paix futur était là le sujet de toutes les conversations, et l'on en parlait différemment. Les uns disaient qu'il n'y avait nulle apparence que les Romains se retirassent de tous les lieux et de toutes les places qu'ils avaient conquises : les autres, qu'ils sortiraient des places les plus célèbres, mais qu'ils garderaient celles qui, avec moins de nom, leur procureraient les mêmes avantages. Ils croyaient même les connaître, ces places, et les désignaient dans les conversations. Tout le monde était dans cette incertitude, lorsque, la multitude étant assemblée dans le stade pour le spectacle de la proclamation de la paix, un héraut s'avance, fait faire silence par une trompette, et publie à haute voix : « Le sénat romain et Titus Quintius con-
» sul, après avoir vaincu Philippe et les Macédo-
» niens, mettent en liberté, sans garnison, sans
» tribut, et laissent vivre sous leurs propres lois
» les Corinthiens, les Phocéens, les Locriens,
» les Eubéens, les Achéens Phtiotes, les Ma-
» gnètes, les Thessaliens et les Perrhébiens. »

Le héraut n'eût pas plus tôt prononcé [les premières paroles, qu'il s'éleva un si grand bruit dans le peuple, que quelques-uns n'entendirent pas la suite, et que d'autres voulurent l'entendre une seconde fois. La plupart n'en croyaient pas leurs propres oreilles; la chose leur paraissait si extraordinaire, qu'il leur semblait ne l'avoir entendue que comme en songe. Quelqu'un plus impatient cria qu'on fit revenir le héraut, que la trompette imposât silence et qu'on répétât le sénatus-consulte. Ce n'était pas tant, à mon avis, pour entendre que pour voir celui qui annonçait une nouvelle si difficile à croire. Le héraut reparaît, la trompette sonne, la nouvelle se republie, les applaudissemens recommencent, et avec tant d'éclat, qu'il serait difficile aujourd'hui de donner une juste idée de cet événement. Quand le bruit eut cessé, les athlètes entrèrent dans la lice, mais on n'y fit aucune attention. Les uns s'entretenaient avec leurs voisins de ce qui venait de se passer, les autres en étaient profondément occupés et semblaient être hors d'eux-mêmes. Après le spectacle, la foule transportée de joie s'approcha du consul pour le remercier. La presse était telle qu'il pensa en être étouffé. On voulait voir son visage, saluer le libérateur, et toucher sa main. On lui jetait des couronnes et des guirlandes; enfin, peu s'en fallut qu'il ne fût écrasé. Mais quelque éclatantes que fussent ces marques de reconnaissance, on peut dire hardiment qu'elles étaient encore beaucoup au-dessous du bienfait. Qu'il est beau de voir les Romains concevoir le dessein de venir, à leurs frais, et à travers mille périls dans la Grèce pour la tirer de servitude! Qu'il est grand d'y conduire des forces capables d'exécuter une si grande entreprise! Mais ce qu'il y a de plus prodigieux, c'est que la fortune n'y ait pas apporté le moindre obstacle, et qu'elle ait tout favorisé jusqu'à cet heureux moment, où, à la seule voix d'un héraut, tous les Grecs, tant ceux d'Asie que ceux d'Europe, se sont vus libres, sans garnisons, sans tribut et sous leurs propres lois.

La fête passée, les députés donnèrent audience aux ambassadeurs d'Antiochus, et ordonnèrent que ce prince n'entreprît rien sur les villes d'Asie qui étaient libres, qu'il se retirât de toutes celles qu'il avait envahies sur

Ptolémée et sur Philippe. Ils lui défendirent de passer en Europe avec une armée, puisque les Grecs n'avaient plus de guerre à soutenir contre personne, et qu'ils jouissaient d'une entière liberté. Ils finirent en promettant qu'il irait quelqu'un de leur part vers Antiochus. Hégésianax et Lysias se retirèrent avec ces ordres. On fit appeler ensuite les ambassadeurs des nations et des villes, et on leur déclara les résolutions du conseil. On remit en liberté les Macédoniens appelés Orestes, parce que, pendant la guerre, ils s'étaient joints aux Romains. La même grâce fut accordée aux Perrhébiens, aux Dolopes et aux Magnètes. Outre la liberté, les Thessaliens obtinrent que les Achéens Phtiotes fussent unis à leur territoire; on en excepta néanmoins Thèbes, Pharsale et Leucade, trois villes que les Étoliens réclamèrent en vertu du premier traité. Mais le conseil différa de les leur abandonner, et les renvoya pour cela au sénat. Il permit seulement que les Phocéens et les Locriens fissent, comme avant la guerre, un même état avec les Étoliens. On rendit aux Achéens Corinthe, Triphylie et Hérée. Les députés voulaient donner Orée et Érétrie à Eumène; mais Flaminius ne fut pas de cet avis. C'est pourquoi, peu de temps après, le sénat accorda aussi la liberté à ces villes, et celle de Caryste eut le même privilège. On donna à Pleurate Lychnis et Parthine, deux villes d'Illyrie, à la vérité, mais qui étaient sous la domination de Philippe. Enfin on laissa le roi Amynandre maître de tous les forts qu'il avait pris pendant la guerre sur le roi de Macédoine.

Les choses ainsi réglées, les députés partirent chacun pour les villes qu'il devait mettre en liberté. Publius Lentulus alla à Bargylie; Lucius Stertinius à Héphestie, à Thasos et aux villes de Thrace; Publius Villius et Lucius Terentius chez Antiochus; et Cnéus Cornélius chez Philippe, qu'il rencontra à Tempé. Là il lui fit part des ordres qu'il avait pour lui, et lui conseilla d'envoyer des ambassadeurs à Rome, de peur qu'on ne le soupçonnât de différer à dessein et d'attendre qu'Antiochus fût arrivé. Le roi ayant promis d'en envoyer au plus tôt, Cornélius vint à l'assemblée des Grecs, qui se tenait aux Thermopyles. Il y fit un long discours pour exhorter les Étoliens à demeurer fermes dans le parti qu'ils avaient pris, et à ne se départir jamais du traité d'alliance qu'ils avaient fait avec les Romains. Il y écouta aussi leurs plaintes. Les uns se plaignaient, quoique avec modération et politesse, de ce qu'on n'avait donné à leur nation aucune part dans l'heureux succès de la guerre, et de ce que les Romains n'avaient pas à son égard observé le traité. Les autres lui reprochaient en face que sans les Étoliens jamais les Romains n'auraient mis le pied dans la Thrace, ni par conséquent vaincu Philippe. Mais Cornélius ne jugea pas à propos de répondre sur tous ces chefs; il se contenta de renvoyer les mécontens au sénat, leur promettant qu'il leur serait rendu justice. Son conseil fut suivi. Ainsi finit la guerre contre Philippe.

FRAGMENT VIII.

Le roi Antiochus désirait vivement s'emparer d'Ephèse [1], à cause de la situation favorable de cette ville, placée comme une citadelle pour attaquer par terre et par mer l'Ionie et les villes de l'Hellespont, et en face de l'Europe comme un boulevard propre à protéger contre elle les états d'Asie...... Tout réussissait à Antiochus selon ses désirs [2], et déjà il était entré dans la Thrace, lorsque Cornélius prit port à Selymbrie. Il était envoyé de la part du sénat pour négocier la paix entre Antiochus et Ptolémée.

FRAGMENT XI.

Conférence, à Lysimachie, entre le roi Antiochus et les ambassadeurs romains [3].

Publius Lentulus arriva de Bargyle et Lucius Terentius avec Publius Villius arrivèrent de Thase, accompagnés de dix autres et ayant fait voir à Antiochus leur arrivée, en peu de jours ils se rassemblèrent tous à Lysimachie, où Hégésianax et Lysias envoyés par le roi à Flaminius se rencontrèrent en même temps. Dans les

---

[1] Tiré de Suidas.
[2] Ambassade X.
[3] Fragmens anciens.

entretiens particuliers qu'eut le roi avec les ambassadeurs, tout cela se passa en civilités qui paraissaient sincères. Mais quand, tout le monde assemblé, il fut question d'affaires, les choses changèrent de face. Lucius Cornélius demanda qu'Antiochus cédât à Ptolémée toutes les villes de l'Asie qu'il avait usurpées sur ce prince, et qu'il se retirât de toutes celles qui avaient appartenu à Philippe, prenant les dieux et les hommes à témoins de la justice de ses demandes. « Car quoi de plus ridicule, disait-il, que de voir Antiochus se rendre maître des fruits et des récompenses d'une guerre que les Romains avaient eue avec Philippe. » Il l'exhortait de plus à ne plus toucher aux villes qui jouissaient de leur liberté. Il ajoutait qu'il était fort surpris qu'Antiochus fût passé en Europe avec deux armées si nombreuses de terre et de mer ; et qu'à penser juste sur cette expédition on n'en pouvait imaginer un autre motif que celui d'attaquer les Romains.

Le roi répondit à ce discours : qu'il ne concevait pas comment on lui faisait une querelle sur les villes de l'Asie qu'il possédait ; qu'il convenait moins aux Romains qu'à personne de le chicaner là-dessus ; qu'il les priait de ne pas plus se mêler des affaires de l'Asie qu'il se mêlait lui-même de celles de l'Asie ; qu'il était passé en Europe pour reconquérir la Chersonèse et les villes de la Thrace ; que personne n'avait plus droit que lui de régner sur ces pays ; qu'ils avaient été d'abord soumis à Lysimachus ; que ce prince, dans une guerre, avait été vaincu par Séleucus ; que son royaume, par conséquent, appartenait par le droit de la guerre au victorieux ; que dans la suite des temps ses pères occupés d'autres affaires avaient laissé Ptolémée et Philippe s'approprier successivement ces conquêtes ; que lui maintenant ne les acquérait pas en abusant du mauvais état où se trouvait Philippe, mais les revendiquait en se servant des moyens que les conjonctures présentes lui offraient ; qu'en rétablissant les Lysimachiens dans leur ville, dont ils avaient été indignement chassés par les Thraces, et en peuplant cette colonie, il ne faisait nulle injustice aux Romains ; qu'en cela il n'avait point eu en vue de prendre les armes contre eux, mais seulement de faire de cette place une capitale pour Séleucus, son fils ; que les villes de l'Asie qui étaient gouvernées selon leurs lois, ne devaient pas tenir leur liberté des Romains, mais de sa pure libéralité ; qu'à l'égard de Ptolémée et des démêlés qu'ils avaient ensemble, il en passerait par tout ce qui plairait à ce prince, et que son dessein était non seulement de lier amitié avec lui, mais encore d'entrer dans son alliance.

Lucius ayant été d'avis qu'il fallait appeler les Lampsacéniens et les Smyrnéens et demander leur sentiment, on les appela. Parménion et Pythodore entrèrent de la part des premiers, et Cœranus de la part des autres. Comme ils parlaient avec beaucoup de liberté, le roi, chagrin de paraître devant les Romains rendre compte de ses actions à des gens qui lui disputaient quelque chose, interrompit Parménion en disant que ce n'était pas les Romains mais les Rhodiens qu'il voulait pour les juges de leurs différens. Là-dessus l'assemblée se sépara sans que l'on fût convenu de rien.

Au cas où ils seraient réduits à l'extrémité[1], ils étaient déterminés à avoir recours aux Romains et à se donner à cette république eux et leur ville.

FRAGMENT IX.

Mort de Scopas ?.

On voit peu de personnes qui ne souhaitent se distinguer par des actions de courage, mais il en est peu qui aient la hardiesse de les entreprendre. Scopas, pour échapper à sa disgrâce par un coup de vigueur, a eu plus de secours que Cléomène, qui, surpris et prévenu, n'avait pour toute ressource que ses propres domestiques et ses amis. Cependant celui-ci se défendit jusqu'à la dernière extrémité, et aima mieux mourir glorieusement que vivre déshonoré. Scopas, au contraire, quoiqu'il eût un nombreux corps de troupes à sa disposition, et que, sous un roi enfant, l'occasion ne lui manquât point, se laissa préve-

---
[1] M. Urb. et Suidas au mot τρίχειν.
[2] Anciens fragments.

nir à force de différer et de délibérer. Sur l'avis qu'Aristomène avait reçu, qu'il avait assemblé chez lui ses amis et qu'il les consultait sur le parti qu'il aurait à prendre, il envoya quelques gardes pour l'avertir de la part du roi qu'on l'attendait dans le conseil. A ce seul mot, Scopas fut si déconcerté, qu'il n'osa ni rien exécuter de ce qu'il méditait, ni obéir à son prince. C'était être insensé au dernier point. Aristomène, averti de sa sottise, fait environner la maison de soldats et d'éléphans, et envoie Ptolémée, fils d'Eumène, avec quelques soldats pour lui retirer les ordres du roi, et en cas de refus l'amener de force au conseil. Ptolémée entre et dit à Scopas que le roi le demandait. Celui-ci ne fait pas attention à ce qu'on lui dit; il attache ses regards sur Ptolémée, comme lui faisant des menaces, et admirant sa hardiesse. Ptolémée s'approche et le saisit par le manteau. Scopas crie au secours. Mais les soldats étant entrés, et quelqu'un ayant dit que la maison était environnée, il céda à sa mauvaise fortune, et suivit avec ses amis ceux qui le conduisaient au conseil. Là le roi commença l'accusation en peu de mots, Polycrate arrivé depuis peu de Cypre la continua, et après lui Aristomène. Nous avons déjà rapporté tous les chefs de cette accusation. Il n'y fut alors rien ajouté que les assemblées d'amis qu'il faisait dans sa maison, et le refus qu'il venait de faire d'obéir aux ordres du roi. Il fut sur le champ condamné, non seulement par le conseil, mais encore par ceux des ambassadeurs qui y assistaient. Car Aristomène, qui devait l'accuser, avait eu soin d'y mener plusieurs des plus illustres Grecs, et les ambassadeurs qui de la part des Étoliens étaient venus pour négocier une paix. Dorymaque, fils de Nicostrate, était de ce nombre. Quand les accusateurs eurent cessé de parler, Scopas tâcha d'alléguer quelque chose pour sa défense; mais les faits dont il avait été chargé étaient en si grand nombre qu'on ne daigna pas l'écouter. On le jeta dans une prison avec ses amis. La nuit venue, Aristomène fit mourir par le poison Scopas, ses parens et tous ses amis. Dicéarque fut fouetté de verges, et finit sa vie dans les tourmens, punition digne de ses crimes et que toute la Grèce demandait. Ce Dicéarque était cet homme que Philippe, voulant contre la foi des traités opprimer les îles Cyclades, fit amiral de toute la flotte et chef de toute l'entreprise. Envoyé pour une expédition aussi évidemment impie que celle-là, il ne se contenta pas de commettre un si grand crime, il porta l'insolence jusqu'à vouloir effrayer les dieux et les hommes. Arrivé dans le port, il érigea deux autels, dont il consacra l'un à l'impiété et l'autre à l'injustice, fit des sacrifices l'un sur l'autre, et adora ces deux monstres comme si c'eût été des divinités. Aussi les dieux et les hommes lui firent-ils porter la peine qu'il méritait; car il était juste qu'un homme qui pendant sa vie s'était fait une règle de violer toutes les lois de la nature, ne finît pas sa vie par une mort naturelle. Parmi les autres Étoliens, ceux qui voulurent retourner dans leur patrie, le roi les y renvoya et leur permit d'emporter avec eux tout ce qu'ils avaient.

Pour revenir à Scopas, de son vivant on ne s'entretenait d'autre chose que de son infatigable avidité pour les richesses, et en effet il n'y avait personne qu'il ne surpassât de ce côté-là: mais on en parla bien davantage après sa mort, quand on sut la quantité d'or et de meubles précieux qui s'était trouvée dans sa maison. Il se faisait aider dans son brigandage par des gens qu'il connaissait livrés à toutes sortes de débauches, et avec leur secours il n'était dans le royaume ni muraille ni barrière qu'il ne forçât pour s'enrichir.

Quand les affaires des Étoliens furent réglées, les courtisans se disposèrent à célébrer la fête des Anacleteries pour le roi. Ce prince n'avait cependant pas encore atteint l'âge où cette fête a coutume de se faire. Mais on crut que lorsqu'il aurait été proclamé roi, le gouvernement prendrait une meilleure forme, et que de là ensuite les affaires iraient toujours de mieux en mieux. Il se fit pour cela de grands préparatifs, et la fête se célébra avec une pompe et une magnificence dignes d'un si beau royaume. Polycrates passa dans le temps pour avoir été dans cette occasion d'un grand secours aux courtisans. Ce Polycrates, quoique jeune, du temps que le père du roi vivait, s'était fait une si belle réputation par sa probité et par ses actions, que dans la cour il n'avait pas son égal. Il avait le même crédit sous le fils. Il se l'était acquis par la fidélité avec laquelle il avait gouverné l'île de Cypre. Envoyé dans des temps délicats et difficiles pour la régir et en recevoir tous les revenus, non seulement il la conserva au roi mineur, mais il y amassa des richesses considérables qu'il apporta au prince, après avoir laissé le gouvernement de l'île à Ptolémée de Mégalopolis. Il fut reçu à la cour avec de grands applaudissemens, et se rendit fort puissant dans la suite. Mais plus avancé en âge il s'abandonna aux plus affreux désordres. Ptolémée, fils d'Agésandre, déshonora sa vieillesse de la même manière, à en croire du moins la renommée. Quand l'occasion s'en présentera, nous ne manquerons pas de faire connaître les actions honteuses que ces sortes de gens, pendant qu'ils étaient en crédit et dans l'opulence, n'ont pas eu honte de commettre.

LIVRE DIX-NEUVIÈME.

FRAGMENT UNIQUE.

Polybe dit[1] que les murailles de toutes les villes situées en-deçà du fleuve Bétis, furent toutes renversées en un seul jour par l'ordre de Caton. Ces villes étaient en fort grand nombre et remplies d'hommes habitués à la guerre

LIVRE VINGTIÈME.

FRAGMENT PREMIER.

Antiochus tient conseil avec les Étoliens[2].

Ils choisirent trente personnes parmi les Apoclètes pour tenir conseil avec le roi...... Le roi ayant convoqué les Apoclètes tint conseil avec eux sur les affaires présentes.

FRAGMENT II.

Réponse des Béotiens aux Ambassadeurs d'Antiochus[3].

Antiochus avait envoyé des ambassadeurs aux Béotiens. Ceux-ci lui répondirent : « Quand » le roi viendra vers nous en personne, alors » nous verrons ce que nous aurons à répondre. »

FRAGMENT III.

Ambassades des Épirotes et des Éléens auprès d'Antiochus[1].

Pendant qu'Antiochus séjournait à Chalcis vers le commencement de l'hiver il lui vint de ambassadeurs de la part des Épirotes et de Éléens, Charops pour les premiers, et Callis trate pour les autres. Charops le supplia de n pas engager les Épirotes à avoir les premier

[1] Plutarque, Vie de Caton l'ancien.
[2] Suidas au mot Ἀπόκλητοι.
[3] Ambassade XI.

[1] Ambassade XII.

la guerre avec les Romains, et de faire attention que leur État était le premier qu'ils rencontreraient en venant d'Italie dans la Grèce; que si, commandant dans l'Épire, il était en état de les défendre, tous les ports et toutes les villes lui seraient ouverts; que s'il se voyait dans l'impuissance de les secourir, il voulût bien leur pardonner le refus qu'ils faisaient de le recevoir, et n'imputer ce refus qu'à la crainte qu'ils avaient d'être accablés par les Romains. Pour Callistrate, il pria le roi d'envoyer aux Éléens du secours contre les Achéens, qui avaient pris la résolution de leur déclarer la guerre, et de la part desquels ils craignaient une irruption. Le roi répondit à Charops qu'il députerait chez les Épirotes pour délibérer avec eux sur ce qu'il convenait de faire, et il envoya aux Éléens mille hommes de pied, à la tête desquels il mit Euphane, Crétois.

FRAGMENT IV.

Les Béotiens

Les affaires de ce peuple dépérissaient depuis long-temps, et l'ancienne gloire de leur gouvernement s'était presque évanouie. Au temps de la bataille de Leuctres leur réputation et leur puissance avaient fait de grands progrès, mais dans la suite, sous la préture d'Amœocrite, l'une et l'autre s'affaiblirent; et enfin prenant tout autre route que celle qu'ils avaient auparavant suivie, ils perdirent toute la gloire qu'ils s'étaient acquise. Voici comment la chose arriva. Les Achéens, par une alliance faite avec eux, les avaient engagés à prendre les armes contre les Étoliens. Ceux-ci fondent avec une armée sur la Béotie. Les Béotiens s'assemblent en corps d'armée, et sans attendre les Achéens qui devaient venir à leur secours, en viennent aux mains avec leurs ennemis. Défaits, ils se laissèrent tellement abattre, que depuis ce temps-là ils n'osèrent plus rien entreprendre pour recouvrer leur première splendeur, ni se joindre par décret public aux autres Grecs dans quelque expédition qu'on leur proposât. Ils ne pensèrent plus qu'à boire et à manger, et ils firent l'un et l'autre avec tant d'excès, qu'ils devinrent sans courage et sans force. Il est bon de marquer ici par quels degrés ce changement se fit.

Après leur défaite, ayant abandonné les Achéens, ils se joignirent à l'état des Étoliens, dont il se séparèrent peu de temps après, lorsqu'ils les virent marcher contre Démétrius père de Philippe. Ce prince ne fut pas plus tôt entré dans la Béotie, que, sans se donner le moindre mouvement pour le repousser, ils se livrèrent aux Macédoniens. Comme il restait encore parmi eux quelque faible étincelle de l'ancienne vertu, quelques-uns portèrent ce joug avec impatience. On s'éleva vivement contre Ascondas et Néon, l'un aïeul et l'autre père de Brachylles, lesquels étaient les plus ardens pour le parti des Macédoniens. Cependant la faction d'Ascondas l'emporta; on va voir comment.

Antigonus, après la mort de Démétrius, ayant été fait tuteur de Philippe, venait par mer à l'extrémité de la Béotie pour je ne sais quelles affaires. A la hauteur de Larymna, une tempête affreuse le surprit et jeta ses vaisseaux sur la côte, où ils restèrent à sec. Le bruit se répand aussitôt qu'Antigonus devait faire une descente dans la Béotie. Sur cette nouvelle, Néon prend toute la cavalerie, dont il était capitaine général, et la conduit de tous côtés pour empêcher l'irruption. Il arrive où était Antigonus, fort inquiet et fort embarrassé. Il était facile d'incommoder là les Macédoniens; mais Néon, contre leur propre attente, les épargna. Les Béotiens lui en surent bon gré, mais les Thébains le trouvèrent très-mauvais. Quand, à la faveur du flot, les vaisseaux d'Antigonus purent continuer leur route, il commença par remercier Néon de ne l'avoir pas attaqué dans l'état où il était, et passa ensuite en Asie. Il conserva le souvenir de ce bienfait. Après avoir dans la suite vaincu Cléomène et s'être rendu maître de Lacédémone, il fit Brachylles gouverneur de cette ville. Ce ne fut pas la seule faveur que reçut cette famille. Tantôt Antigonus, tantôt Philippe lui fournissaient de l'argent, et l'appuyaient de leur protection. Avec ce secours

---

[1] Fragmens de Valois.

bientôt elle se mit au dessus de tous les Thébains qui lui étaient contraires, et les obligea tous, à l'exception d'un très petit nombre, à se ranger du côté de la Macédoine. Telle est l'origine et du crédit que la famille de Néon avait chez les Macédoniens, et des libéralités qu'elle en recevait.

Pour revenir à la Béotie, tout y était dans un si grand désordre, que pendant près de vingt-cinq ans les tribunaux demeurèrent fermés, les contrats suspendus, les procès indécis. Les magistrats occupés, tantôt à ordonner des garnisons, tantôt à marcher à quelque expédition, ne trouvaient pas le moment d'écouter les différends des particuliers. Les coffres publics étaient spoliés par quelques chefs qui prenaient de quoi distribuer aux citoyens pauvres, pour s'attirer leurs suffrages et en obtenir les premières dignités; et le peuple penchait d'autant plus en leur faveur, qu'à l'abri de ces magistrats il espérait éviter les peines dues à ses crimes, n'avoir rien à craindre de ses créanciers, et tirer quelque argent du trésor public. Celui qui contribuait le plus à cette corruption était un certain Opheltas. Tous les jours il formait quelque nouveau projet, qui paraissait utile pour le présent, mais dont les suites devaient être funestes à l'État. Il s'introduisit encore une coutume pernicieuse. Les pères qui mouraient sans enfans ne laissèrent pas leurs biens à leur famille, comme il s'observait autrefois; ils les léguèrent à leurs compagnons de table pour être dépensés en commun. Ceux mêmes qui avaient des enfans consacraient la plus grande partie de leur succession à l'établissement de ces sortes de confréries. Il était beaucoup de Béotiens qui avaient en un mois plus de repas à prendre que le mois n'avait de jours. Les Mégariens se lassèrent enfin d'un gouvernement si pitoyable, et se réunirent à celui des Achéens qu'ils avaient quitté; car dès le temps d'Antigonus Gonatas, ils ne formaient qu'un état avec les Achéens. Ils ne s'en étaient même séparés, pour s'unir aux Béotiens, que de leur consentement, et parce que Cléomène occupant l'Isthme, ils ne pouvaient avoir nul commerce avec eux. Les Béotiens furent extrêmement blessés de cette désertion; ils se crurent méprisés et coururent aux armes. Pleins de mépris pour les Mégariens, ils s'approchèrent de la capitale, sans penser que les Achéens viendraient au secours. Déjà ils faisaient leurs approches, lorsque saisis d'une terreur panique, fondée sur le bruit qui courut que Philopœmen arrivait avec ses troupes, ils laissèrent leurs échelles contre les murailles et se retirèrent en désordre dans leur pays. Quelque dérangé que fût le gouvernement des Béotiens, ils ne souffrirent cependant pas beaucoup des guerres de Philippe et d'Antiochus. Mais ils eurent beaucoup à souffrir dans la suite. La fortune sembla vouloir se dédommager, et elle les traita cruellement, comme nous verrons plus bas..........
....

FRAGMENT V.

Les Béotiens donnèrent pour prétexte au changement de leur affection pour les Romains le meurtre de Brachylles et le départ de Flaminius, à la tête de son armée, pour marcher contre Coronée, à la suite des meurtres fréquens commis sur les routes contre des citoyens romains. Mais la véritable raison de ce changement, ainsi qu'il résulte de ce que nous avons dit, était qu'ils avaient été corrompus. Et en effet, lorsque le roi Antiochus se fut approché de Thèbes, les magistrats béotiens allèrent au devant de lui hors de leur ville, eurent un entretien familier avec lui et le firent entrer dans leur ville.

FRAGMENT VI.

Antiochus se marie dans Chalcis.

Antiochus, surnommé le grand, ainsi que le raconte Polybe dans son livre XX [2], étant parti pour Chalcis en Eubée, y contracta un mariage, à l'âge de cinquante ans, au moment où il avait deux pesantes affaires sur les bras : la délivrance de la Grèce, comme il le déclarait lui-même, et la guerre avec les Romains.

[1] Fragmens de Valois.
[2] Athénée, L. X., c. 10.

Épris d'amour pour une jeune fille de Chalcis, au milieu même de la guerre, il ne songea plus qu'aux apprêts de son mariage et passait tout son temps dans les plaisirs et dans l'ivresse des festins. Cette jeune vierge était fille de Cléoptolème, un des plus illustres citoyens de Chalcis, et elle était de la beauté la plus remarquable. Il passa tout l'hiver à Chalcis, uniquement occupé de la célébration de son mariage, et laissa de côté tout soin des grandes affaires. Il donna à cette jeune fille le nom d'Eubé. Lorsqu'il eut été vaincu dans la guerre, il se réfugia à Éphèse avec sa nouvelle épouse.

FRAGMENT VII.

Après la prise d'Héraclée par les Romains, les Étoliens envoient plusieurs fois à Rome des ambassadeurs, et sont obligés de se rendre à la foi des Romains. Trompés par le mot de foi, et instruits ensuite de la force de ce mot, ils en sont effrayés et rompent le traité. — Retour de Nicandre envoyé par les Étoliens à Antiochus, et sa conférence avec Philippe[1].

Phénéas, préteur des Étoliens, voyant, après la prise d'Héraclée, le danger qui menaçait l'Étolie, et se représentant les maux qui devaient fondre sur les autres villes, se hâta de députer à Manius pour demander une trêve et la paix. Ses ambassadeurs furent Archédamus, Pantaléon et Chalèse, qui abordèrent le consul, bien disposés à lui faire un long discours. Mais Manius ne leur en donna pas le loisir; il les interrompit sous prétexte qu'il était trop occupé de la distribution des dépouilles d'Héraclée. Il leur accorda une trêve de dix jours, et leur dit qu'il ferait partir avec eux Lucius, à qui ils n'auraient qu'à déclarer leurs intentions. Lucius arrive avec eux à Hypate, les conférences se tiennent; les Étoliens, pour justifier leur mécontentement, rappellent les services qu'ils avaient rendus aux Romains. Mais Lucius les interrompant, leur dit: que cette sorte d'apologie n'était plus de saison; qu'ils avaient rompu avec les Romains; qu'ils s'étaient attiré eux-mêmes la haine qu'on avait pour eux; que leurs services passés leur étaient maintenant inutiles, qu'il ne leur restait qu'un moyen de se remettre bien avec les Romains, qui était de recourir aux prières et

[1] Ambassade XIII.

de supplier le consul d'oublier et de pardonner les excès où ils étaient tombés. Les Étoliens, après avoir long-temps délibéré sur cette affaire, résolurent enfin de laisser le tout à la discrétion de Manius et de s'abandonner à la foi des Romains, sans savoir à quoi ils s'engageaient, et ne prétendant par-là que se rendre Lucius plus favorable. En quoi ils s'abusaient grossièrement; car chez les Romains s'abandonner à la foi, c'est se soumettre absolument au vainqueur.

Le décret ratifié, ils envoyèrent Phénéas avec Lucius pour faire connaître au consul ce qui avait été résolu. Présenté à Manius, après avoir dit quelque chose pour la défense des Étoliens, il conclut en disant qu'il avait été réglé chez eux qu'ils s'abandonneraient à la foi des Romains. « Cela est-il ainsi? » reprit le consul. Quand ils l'en eurent assuré : « Hé bien, continua le consul, il faudra donc qu'il ne passe » en Asie aucun Étolien, soit comme particu- » lier, soit comme homme public; en second » lieu que vous me livriez Dicéarque et Mé- » nestrate, Épirote (qu'on disait être entré » dans Naupacte avec des troupes), et avec » eux Amynandre et ceux des Athamaniens » qui l'ont suivi dans sa révolte contre les » Romains. » Phénéas ne lui permit pas d'aller plus loin. « Ce que vous me demandez, lui » dit-il, n'est ni juste ni selon l'usage des » Grecs. » Ici Manius haussant le ton, moins par colère, que pour faire sentir aux députés à quoi les Étoliens étaient réduits et leur inspirer une extrême terreur : « Il vous sied bien » vraiment, petits Grecs, répondit-il, de m'al- » léguer vos usages, et de m'avertir de ce » qu'il me convient de faire, après vous être » abandonnés à ma foi. Savez-vous qu'il dé- » pend de moi de vous charger de chaînes? » Et sur le champ il en fit apporter, ainsi qu'un collier de fer qu'il ordonna qu'on leur mît au col. Phénéas et les autres députés furent si effrayés, que leurs genoux ployaient, et qu'ils étaient tout hors d'eux-mêmes. Lucius et quelques autres tribuns qui étaient présens, prièrent Manius d'avoir des égards pour le caractère d'ambassadeur dont ces Grecs étaient revêtus, et de ne pas les traiter en rigueur.

Le consul se radoucit et laissa parler Phénéas, qui dit : que les magistrats des Étoliens feraient tout ce qui leur était ordonné; mais que les ordres devaient être portés au peuple, si l'on voulait qu'ils fussent exécutés, et qu'il demandait pour cela une nouvelle trêve de dix jours. Cela lui fut accordé, et on se sépara.

Les ambassadeurs, de retour à Hypate, rapportèrent aux magistrats tout ce qui leur était arrivé et tout ce qui leur avait été dit. Ce fut alors que les Étoliens sentirent à quoi ils étaient exposés, faute d'avoir connu ce qu'ils faisaient en s'abandonnant à la foi des Romains. Aussitôt on écrivit aux villes, on convoqua la nation pour délibérer sur les ordres qu'on leur donnait. Mais le bruit des mauvais traitemens qu'avaient reçus les ambassadeurs, avait prévenu les lettres, et toute la multitude en avait été indignée au point que personne ne voulut se trouver à l'assemblée, et qu'il fut par conséquent impossible de délibérer. Une autre chose encore ralentit les négociations. Dans ce temps-là Nicandre arriva d'Asie à Phalère dans le golfe de Malée d'où il était parti, et dès qu'il eut fait connaître au peuple la bonne volonté qu'Antiochus avait pour lui et les promesses dont il était chargé de la part de ce prince, c'en fut assez; on ne pensa plus à la paix, et on laissa tranquillement passer les dix jours de trêve sans rien conclure pour finir la guerre.

Il arriva à ce Nicandre, en revenant, une aventure singulière ; je ne puis la passer sous silence. Il y avait douze jours qu'il avait fait voile d'Éphèse lorsqu'il entra dans le port de Phalara. Sur la route ayant découvert que les Romains étaient à Héraclée et que les Macédoniens, quoique hors de Lamia, campaient cependant assez près de cette ville, il fut assez heureux pour porter, sans être aperçu, tout ce qu'il avait d'argent dans Lamie. La nuit venue, il voulut passer entre les deux champs pour gagner Hypate, mais il tomba dans le quartier d'une élite de Macédoniens qui le saisirent et le menèrent à Philippe, qui était alors à table. Il semblait ne pouvoir éviter un de ces maux, ou d'essuyer toute la colère du roi de Macédoine, ou d'être livré aux Romains. On annonce Nicandre à Philippe, qui commande qu'on ait soin de lui et qu'on ne le laisse manquer de rien. Au sortir du repas il rejoint Nicandre, et après s'être plaint que les Étoliens eussent été assez insensés pour donner entrée dans la Grèce aux Romains et ensuite à Antiochus, il l'exhorta à avertir les magistrats, au moins dans les circonstances présentes, d'oublier le passé, de rechercher son amitié, et de faire en sorte qu'eux et les Macédoniens ne travaillassent pas à se détruire réciproquement les uns les autres. A l'égard de Nicandre, il lui recommanda de n'oublier jamais la bonté qu'il avait pour lui; il le renvoya avec bonne garde, et ordonna à ceux qui le conduisaient de ne le pas quitter qu'il ne fût entré dans Hypate. Cela fut ponctuellement exécuté. Nicandre revint sain et sauf dans sa patrie, non sans être extrêmement surpris du bonheur extraordinaire qu'il avait eu dans cette occasion. Depuis ce temps-là il garda toujours une forte inclination pour la maison de Macédoine. Sa reconnaissance lui coûta cher du temps de Persée; car comme il ne s'opposait qu'à contre-cœur aux entreprises de ce prince, il fut soupçonné et accusé d'avoir avec lui des intelligences. Il fut appelé à Rome pour y rendre compte de sa conduite, et il y mourut.

FRAGMENT VIII[1].

Corax est une montagne entre Callipoli et Naupacte. Aprantia est une ville de Thessalie.

FRAGMENT IX.

Ambassade des Lacédémoniens auprès du sénat romain [2].

Les ambassadeurs envoyés à Rome par les Lacédémoniens arrivèrent alors, sans y avoir rien obtenu de ce qu'ils espéraient. Il s'agissait des ôtages et de leurs bourgs. Sur le dernier point, le sénat répondit qu'il donnerait ses ordres aux députés qui devaient aller dans la Laconie, et à l'égard des ôtages, qu'il voulait examiner encore cette affaire. Il fut encore ques-

---

[1] Étienne de Byzance.
[2] Ambassade XIV.

tion des bannis; sur quoi la réponse du sénat fut : qu'il était fort surpris que les Achéens ne les rétablissent point dans leur patrie, puisque Sparte avait été remise en liberté.

FRAGMENT X.

Le sénat romain reconnaît les services que Philippe avait rendus à la république pendant la guerre contre Antiochus[1].

Les ambassadeurs de Philippe étant entrés dans le sénat, firent valoir tant qu'ils purent le zèle et la vivacité avec laquelle leur maître avait défendu contre Antiochus les intérêts de la république, et ils n'eurent pas fini, que le sénat, par reconnaissance, permit à Démétrius, qui était à Rome en ôtage, de retourner chez le roi son père; il promit encore que Philippe serait déchargé du tribut qu'on avait exigé de lui, si dans la guerre présente il demeurait constamment fidèle aux Romains. On donna aussi la liberté de se retirer aux ôtages des Lacédémoniens; on ne retint qu'Arménas, fils de Nabis; mais quelque temps après il fut attaqué d'une maladie qui l'emporta.

LIVRE VINGT-UNIÈME.

FRAGMENT I.

Fêtes chez les Romains après une victoire. — Réponse du sénat aux ambassadeurs étoliens[2].

A Rome, dès qu'on eut appris la victoire qui avait été remportée sur mer, on ordonna au peuple une fête de neuf jours, c'est-à-dire qu'il y eut ordre de ne pas travailler et d'offrir aux dieux des sacrifices en reconnaissance de l'heureux succès qu'ils avaient accordé aux armes des Romains. Ensuite on écouta les ambassadeurs des Étoliens et ceux de Manius. Après les avoir entendus, le sénat proposa aux Étoliens cette alternative, ou qu'ils remissent sans restriction tout ce qui les concernait en la disposition des Romains, ou qu'ils payassent sans délai mille talens, et qu'ils eussent les mêmes amis et les mêmes ennemis qu'avaient les Romains. Les Étoliens prièrent qu'il leur fût expliqué quelles choses ou voulait qu'ils remissent en la disposition des Romains; mais le sénat ne voulut point entendre à cette distinction, et on resta en guerre avec eux.

[1] Ambassade XV.
[2] Ambassade XVI.

FRAGMENT II.

Ambassade des Athéniens auprès des Romains pour les Étoliens. — Embarras où les propositions des Romains jettent les Étoliens[1].

Pendant que le consul Manius faisait le siége d'Amphise, les Athéniens informés de l'extrémité où se trouvait cette place, et que Publius Scipion venait d'y arriver, députèrent Echedème au camp des assiégeans, avec ordre de saluer de leur part les deux Scipions, Lucius et Publius, et de les engager, si cela se pouvait, à ne plus faire la guerre aux Étoliens. Publius prévoyant que cet ambassadeur lui serait utile dans la suite, le reçut avec beaucoup de politesse et de bonté. Son dessein était de conduire les affaires des Étoliens à un accommodement, ou s'ils refusaient d'y entrer, de ne point s'arrêter là et de passer en Asie; car il sentait bien que pour terminer cette guerre et venir glorieusement à bout de cette expédition, le seul moyen était, non de subjuguer les Étoliens, mais de vaincre Antiochus et de se rendre maître de l'Asie. Il écouta donc volontiers ce que lui dit l'ambassadeur sur la paix, et il lui ordonna d'aller

[1] Ambassade XVII.

sonder les Étoliens sur le même sujet. Échedème part, arrive à Hypate et confère avec les magistrats d'Étolie. On l'entend avec plaisir parler de paix, et l'on nomme des ambassadeurs avec lesquels il revient trouver Publius, qui était campé à huit stades d'Amphise. Après un long détail qu'ils lui firent des services que les Romains avaient tirés des Étoliens, Publius à son tour, leur parlant avec beaucoup de douceur et d'amitié, raconta ce qu'il avait fait en Espagne et en Afrique, et de quelle manière il s'était conduit à l'égard de ceux qui l'avaient fait maître de leur sort, et enfin il leur déclara qu'il fallait qu'ils se soumissent aussi et qu'ils s'abandonnassent aux Romains. D'abord ces ambassadeurs espéraient que la paix allait se conclure; mais quand ils se furent informés des conditions, et qu'on leur eut dit qu'ils n'obtiendraient la paix qu'en s'en remettant sans restriction à tout ce qu'il plairait aux Romains, ou qu'en payant sans délai mille talens, et qu'en aimant ou haïssant ceux que Rome aimait ou haïssait, ils furent indignés d'entendre un langage si peu conforme au premier qu'on leur avait tenu. Ils dirent cependant qu'ils communiqueraient ces ordres aux Étoliens, et prirent congé. Echedème reparle aux magistrats étoliens; on remet l'affaire en délibération. Comme la première des conditions était impraticable, et que la somme immense que l'on demandait était au-delà de leur pouvoir, et que la seconde les effrayait, parce qu'après s'y être autrefois soumis ils avaient pensé être jetés dans les fers, inquiets et embarrassés sur le parti qu'ils avaient à prendre, ils renvoyèrent les ambassadeurs pour prier ou qu'on diminuât la somme, afin qu'on pût l'acquitter, ou que les magistrats et les femmes ne fussent pas comptés parmi ceux que les Romains avaient en leur disposition. Avec ces instructions ils reviennent à Publius; mais Lucius leur dit qu'il n'avait pouvoir de traiter de paix avec eux qu'aux conditions qu'il leur avait marquées. Ils retournent à Hypate; Echedème les accompagne; nouvelle délibération. Il leur conseille, puisque la paix ne pouvait actuellement se faire, de demander une trêve pour respirer un peu de l'accablement où ils étaient, et d'envoyer des ambassadeurs au sénat, ajoutant que, peut-être, il serait plus indulgent à leur égard, ou s'il les ménageait aussi peu, qu'ils épieraient l'occasion que le temps leur présenterait de se délivrer des maux qu'ils souffraient; que leur état ne pouvait devenir pire qu'il était, mais que, pour bien des raisons, il avait lieu d'espérer qu'il deviendrait meilleur. On trouva cet avis très-judicieux, et l'on députa encore à Lucius pour en obtenir six mois de trêve, pendant lesquels on enverrait une ambassade au sénat. Publius, qui brûlait depuis long-temps d'aller en Asie, persuada bientôt à son frère de leur accorder cette grâce. Les conventions rédigées par écrit, Manius lève le siége, remet toutes ses troupes à Lucius, et prend avec les tribuns la route de Rome.

FRAGMENT III.

Les Phocéens, fatigués d'être si long-temps les hôtes des Romains restés chez eux avec leurs navires, et supportant impatiemment les tributs qu'on leur imposait, se divisent en différens partis [1].

FRAGMENT IV.

Ambassade des Phocéens auprès d'Antiochus [2].

Séleucus campait sur les frontières de la Phocide, lorsque les magistrats de cette contrée, craignant que la disette où l'on était ne soulevât la multitude et que les partisans d'Antiochus ne lui inspirassent leurs sentimens, envoyèrent à ce prince des ambassadeurs, pour le prier de ne pas approcher de Phocée, parce que leur résolution était de rester tranquilles, et d'attendre quel serait le succès de la guerre, qu'alors ils se soumettraient à tout ce qui leur serait ordonné. Entre ces ambassadeurs, Aristarque, Cassandre et Rhodon étaient portés pour Séleucus; Hégias et Gélias penchaient pour Antiochus. Le roi reçut les trois premiers poliment et leur fit beaucoup de

---

[1] Suidas au mot Ἐπίτασμ.
[2] Ambassade XVIII.

caresses, et n'eut que très-peu d'égards pour les autres. Informé des dispositions du peuple et de la famine qu'il souffrait, sans entendre les ambassadeurs, sans leur donner aucune réponse, il se mit en marche et s'avança vers la ville.

FRAGMENT V.

Pausistrate commandant de la flotte rhodienne.

Pausistrate, commandant de la flotte des Rhodiens, se servit d'une machine propre à lancer du feu[1]. Des deux côtés de la proue, à l'intérieur du bâtiment, sur la partie supérieure, deux ancres étaient placées l'une près de l'autre et fixées par des coins, de manière que leurs extrémités s'avançaient assez loin sur la mer ; de la tête de ces coins pendait, à l'aide d'une chaîne de fer, un vase portant une grande quantité de feu ; de telle sorte qu'à chaque fois qu'approchait, soit vis-à-vis, soit sur les côtés, un vaisseau ennemi, on secouait sur lui ce feu qui ne pouvait endommager le bâtiment sur lequel il était placé, attendu que par l'inclinaison de la machine il s'en trouvait fort éloigné.

FRAGMENT VI.

Pamphilidas[2].

Pamphilidas, commandant de la flotte rhodienne, paraissait plus propre que son collègue Pausistrate à saisir toutes les circonstances favorables pour l'action. Il avait naturellement l'esprit pénétrant et profond, et s'il était moins hardi à entreprendre, il était plus constant dans ses entreprises. Cependant comme la plupart des hommes jugent des choses non par principe et par raison, mais par les événemens, parce que Pausistrate faisait paraître plus d'activité et de hardiesse, les Rhodiens l'avaient préféré ; mais l'accident qui leur arriva leur fit bientôt changer de sentiment.

[1] Suidas au mot Πυρφόρος.
[2] Anciens fragmens.

FRAGMENT VII.

Lettres du consul Lucius[1].

Séleucus et Eumènes reçurent à Samos des lettres de la part de Lucius, consul, et de Publius Scipion, par lesquelles on leur apprenait que la trêve demandée par les Étoliens leur avait été accordée, et que l'armée romaine marchait vers l'Hellespont. Les Étoliens mandèrent les mêmes nouvelles à Antiochus et à Séleucus.

FRAGMENT VIII.

Traité d'alliance entre Eumène et les Achéens[2].

Dans la Grèce, Eumène ayant député aux Achéens pour les engager à s'unir avec lui, il se fit une assemblée dans l'Achaïe, où l'on conclut et ratifia cette alliance, et les Achéens fournirent au roi mille hommes de pied et cent chevaux, et ils désignèrent pour chef Diophanes de Mégalopolis.

FRAGMENT IX.

Diophanes.

Diophanes le mégalopolitain[3] avait porté les armes sous Philopœmen pendant toute la longue guerre qu'avait faite Nabis, tyran de Lacédémone, dans le voisinage de Mégalopolis, et il s'était rendu fort habile dans le métier de la guerre. Il avait outre cela la mine haute et avantageuse, le corps robuste et redoutable, et ce que l'on estime principalement dans un homme de guerre, il était brave et entendait avec perfection le maniement des armes.

FRAGMENT X.

Eumène assiégé dans Pergame détourne les Romains d'accepter la paix proposée par Antiochus[4].

Antiochus s'étant répandu dans la campagne de Pergame, y apprit qu'Eumène arrivait. Dans la crainte que toutes les troupes de

[1] Ambassade XIX.
[2] Ambassade XX.
[3] Anciens fragmens.
[4] Ambassade XXI.

terre et de mer ne fondissent sur lui, pour éviter cet inconvénient, il résolut de proposer la paix aux Romains, à Eumène et aux Rhodiens. Il leva donc le camp et s'en alla à Élée. Vis à vis la place s'élevait une hauteur ; il y posta son infanterie. La cavalerie, au nombre de plus de six mille chevaux, il la fit camper dans la plaine sous les murailles de la ville. Il prit son quartier entre l'une et l'autre, et de là il députa à Lucius, qui était dans la place, pour traiter de la paix. Aussitôt le général romain assemble Eumène et les Rhodiens et demande leur avis. Eudème et Pamphilidas n'étaient point éloignés de la paix ; mais Eumène dit qu'il n'était ni décent ni possible de la faire actuellement. « Car, dit-il, » où est la décence de faire des conventions » quand on est enfermé de murailles ? Cela » n'est pas non plus possible, puisque le con- » sul n'est pas ici, et que sans son autorité nos » conventions seraient sans force et ne pour- » raient subsister. Et d'ailleurs, quand du côté » d'Antiochus il y aurait quelque apparence » de paix, il ne nous serait pas permis, avant » que le peuple et le sénat romain eussent ratifié » notre traité, de nous retirer avec nos trou- » pes tant de mer que de terre. Il ne nous » reste donc qu'une chose à faire, qui est, en » attendant leur décision, de nous mettre » dans ce pays-ci en quartiers d'hiver, de ne » rien entreprendre les uns sur les autres, et » de consumer les vivres et munitions que » nous trouverons chez nos alliés. En cas » qu'il ne plaise pas au sénat de finir la guerre, » nous la recommencerons tout de nouveau, » et avec l'aide des dieux nous sommes en » état de la terminer. » Ainsi parla Eumène, et sur cet avis, Lucius fit réponse aux ambassadeurs d'Antiochus, qu'avant l'arrivée du proconsul la paix ne pouvait se faire. Antiochus n'eut pas reçu cette réponse, qu'aussitôt il porta le dégât dans la campagne d'Élée, et laissant Séleucus dans le pays, s'avança jusque dans la plaine de Thèbes, plaine fertile et abondante en toutes sortes de biens, et ses troupes s'y gorgèrent de butin.

FRAGMENT XI.

Antiochus et les Romains attirent Prusias dans leur alliance[1].

Après l'expédition que nous venons de raconter, Antiochus, arrivé à Sardes, députait coup sur coup à Prusias pour l'exhorter à faire alliance avec lui. Jusqu'alors Prusias, qui craignait que les Romains ne passassent en Asie et n'en soumissent toutes les puissances à leur domination, avait assez de penchant à s'unir avec Antiochus ; mais une lettre qu'il reçut des deux Scipion, Lucius et Publius, fixa ses incertitudes et lui ouvrit les yeux sur les suites de ce qu'Antiochus entreprenait contre les Romains. Car Publius s'était servi des raisons les plus fortes et les plus capables de le persuader et de le tirer de l'erreur où il était. Pour lui montrer que ni lui ni la république n'avaient en vue de le dépouiller de ce qui lui appartenait, il lui faisait voir que les Romains, loin de chasser du trône les rois qui l'occupaient légitimement, avaient eux-mêmes fait des rois et augmenté beaucoup la puissance de quelques autres ; témoin dans l'Espagne, Indibilis et Colchas ; dans l'Afrique, Massinissa ; et dans l'Illyrie, Pleurate, qui tous, de petits dynastes devenus rois par le secours des Romains, étaient maintenant reconnus pour tels. Qu'il jetât encore les yeux sur Philippe et Nabis ; quoique les Romains eussent vaincu le premier et l'eussent obligé à donner des otages et à payer un tribut, après avoir reçu quelques marques très-légères de son amitié, ils lui avaient rendu son fils et les autres jeunes seigneurs qui étaient à Rome en otage avec lui, l'avaient déchargé du tribut qui lui avait été imposé, et avaient ajouté à son royaume plusieurs villes qui avaient été prises pendant la guerre ; qu'à l'égard de Nabis, bien qu'ils fussent en droit de le perdre entièrement, ils l'avaient cependant épargné, quoique ce fût un tyran, et s'étaient contentés d'en tirer les assurances ordinaires ; qu'il cessât donc de craindre pour son royaume ; qu'il prît avec confiance les intérêts des Romains, et que jamais il n'aurait lieu de se repentir de les avoir pris. Cette lettre fit

---
[1] Ambassade XXII.

une telle impression sur l'esprit de Prusias, qu'aussitôt qu'il eut parlé aux ambassadeurs qui lui étaient venus de la part de C. Livius, il renonça à toutes les espérances dont le roi de Syrie, pour le gagner, l'avait jusqu'alors flatté. Antiochus, ne voyant plus de ressource de ce côté-là, prit la route d'Éphèse, et jugeant que le seul moyen qui lui restait, pour arrêter les Romains et empêcher la guerre en Asie, était de se rendre puissant et redoutable sur mer, il résolut de décider les affaires par un combat naval.

FRAGMENT XII.

Après le passage des Romains en Asie, Antiochus épouvanté envoie des ambassadeurs pour demander la paix. Instructions qu'il leur donne pour le conseil et pour Publius Scipion en particulier [1].

Antiochus, après sa défaite sur mer, s'arrêtait autour de Sardes et délibérait lentement sur ce qu'il devait entreprendre, lorsque la nouvelle lui vint que les Romains étaient passés en Asie. Alors consterné et ne voyant plus rien à espérer, il députa Héraclide de Byzance aux deux Scipion pour demander la paix, à la condition qu'il se retirerait de Lampsaque, de Smyrne et d'Alexandrie, les trois villes qui avaient donné occasion à la guerre ; qu'il sortirait aussi de celles d'Éolie et d'Ionie, qui dans l'affaire présente s'étaient jointes aux Romains; qu'il les dédommagerait de la moitié des frais qu'ils avaient faits pour cette guerre. Telles étaient les instructions d'Héraclide pour le conseil, il en avait d'autres pour Publius que nous rapporterons bientôt. Cet ambassadeur arrive à l'Hellespont et y trouve les ennemis campés à l'endroit même où ils avaient assis leur camp après avoir traversé le détroit. D'abord cela lui fit plaisir, car il se flattait que c'était une disposition favorable pour la paix, que les ennemis n'eussent encore rien tenté dans l'Asie. Mais quand il apprit que Publius était resté au-delà de la mer, il fut déconcerté, parce qu'il comptait que ce Romain lui serait d'un grand secours dans cette négociation. La raison pour laquelle Publius était demeuré dans le premier camp, c'est qu'il était Salien, c'est-à-dire, comme nous l'avons expliqué dans notre traité du gouvernement, membre d'un des trois colléges qui à Rome ont le soin des principaux sacrifices qui s'offrent aux dieux, et qui en quelque endroit qu'ils se trouvent, quand la fête arrive, sont obligés d'y rester pendant trente jours. Or comme l'armée devait traverser dans ce temps-là même, Publius ne l'avait pas suivie et était resté en Europe. C'est aussi pour cette même raison que l'armée s'arrêtait près de l'Hellespont en attendant que Publius l'eût jointe. Il arriva peu de jours après, et Héraclide fut appelé au conseil, où, après avoir fait connaître les conditions auxquelles Antiochus se soumettait pour avoir la paix, il exhorta les Romains à ne pas oublier qu'ils étaient hommes, à se défier de la fortune, à ne pas ambitionner une puissance sans bornes, et à la contenir du moins dans l'étendue de l'Europe. Il ajoute que leur domination, quoique renfermée dans cette partie du monde, ne laisserait pas que de paraître incroyable, puisque jamais personne ne s'en était acquis une pareille; que si peu satisfaits du nombre de villes que leur abandonnait Antiochus, ils voulaient encore lui retrancher quelque chose de ce qu'il possédait en Asie, ils déclarassent ce qu'ils souhaitaient, que le roi était prêt à faire pour la paix tout ce qu'on lui prescrirait de possible.

Quand il eut fini, l'avis du conseil fut que le général romain répondrait à l'ambassadeur : qu'on demandait d'Antiochus qu'il indemnisât non seulement de la moitié mais de tous les frais de la guerre, puisque c'était lui-même, et non les Romains, qui avait pris le premier les armes ; et qu'en laissant en liberté les villes d'Éolie et d'Ionie, il se retirât encore de tout le pays qui était en-deçà du mont Taurus. Héraclide n'eut aucun égard pour des propositions qui excédaient si fort les ordres dont il était chargé, et ne se présenta plus au conseil ; mais il faisait assidûment la cour à Publius. Un jour entre autres qu'il pouvait lui parler confidentiellement, il lui dit que si par son moyen la paix pouvait s'obtenir, premièrement son fils, qui dès le commencement de

---

[1] Ambassade XXIII.

la guerre avait été fait prisonnier, lui serait rendu sans rançon ; en second lieu, il n'avait qu'à dire quelle somme d'argent il souhaitait, qu'Antiochus était prêt à la lui donner, quelle elle fût ; et qu'enfin ce prince partagerait avec lui les revenus de son royaume. De toutes ces offres, Publius n'accepta que celle qui regardait son fils, et dit qu'il serait obligé à Antiochus si sur ce point il tenait parole ; mais qu'à l'égard des autres, aussi bien celles qu'il avait faites dans le conseil que celles qu'il venait de lui faire en particulier, il entendait tout à fait mal ses intérêts ; que peut-être les propositions d'Antiochus eussent été écoutées, s'il les eût envoyées pendant qu'il était à Lysimachie et maître de l'entrée de la Chersonèse ; ou encore si, après avoir quitté ces deux postes, il eût paru à la tête d'une armée sur les bords de l'Hellespont pour empêcher que les Romains ne passassent dans l'Asie. « Mais à » présent, dit-il, que nos troupes y sont campées, » sans qu'il s'y soit opposé ; à présent que nous » avons mis un frein à son ambition et que nous » sommes ses maîtres, il ne lui est pas permis de » traiter avec nous à des conditions égales, et il « est juste que ses propositions soient rejetées. » Il ajouta qu'il eût à prendre de plus sages mesures, et qu'il fît sérieusement attention à l'extrémité où il était réduit ; que pour lui témoigner combien il était reconnaissant de l'offre qu'il lui avait faite de lui rendre son fils, il l'exhortait à céder sur tout ce que les Romains exigeraient de lui, et à ne les attaquer en nulle manière. Héraclide s'en retourna vers Antiochus, qui ayant entendu la réponse des Romains, ne pensa plus à la paix. S'il devait être pris les armes à la main il n'avait rien à craindre de plus triste que ce qu'on lui ordonnait ; il donna donc tous ses soins à se préparer à une nouvelle bataille.

FRAGMENT XIII.

Paix entre Antiochus et les Romains, et à quelles conditions[1].

Les Romains ayant gagné la victoire contre Antiochus et pris Sardes avec quelques citadelles, Musée, en qualité de héraut, vint les trouver de la part de ce prince. Reçu gracieusement par Publius, il dit que le roi son maître voulait leur envoyer des ambassadeurs pour traiter avec eux, et qu'il venait pour lui demander un sauf-conduit, qu'on lui accorda. Quelques jours après, ces ambassadeurs arrivèrent, c'était Zeuxis, autrefois satrape de la Lydie, et Antipater, son neveu. Le premier, avec qui ils tâchèrent d'abord de s'aboucher, était Eumène ; ils craignaient que les anciens démêlés qu'il avait eus avec Antiochus ne le portassent à indisposer le conseil contre eux. Mais contre leur attente ils le trouvèrent doux et modéré ; ainsi ils ne pensèrent plus qu'à la conférence. Appelés au conseil, entre autres choses sur lesquelles ils s'étendirent beaucoup, ils exhortèrent les Romains à profiter de leurs avantages avec sagesse et avec modération ; ils dirent que ces vertus n'existaient pas dans Antiochus, mais qu'elles devaient être précieuses aux Romains que la fortune avait faits les maîtres de l'univers. Ensuite ils demandèrent ce qu'il fallait que ce prince fît pour la paix et pour être ami des Romains. Après quelque délibération, Publius, par ordre du conseil, répondit que les Romains victorieux n'imposeraient pas des lois plus dures qu'avant la victoire ; qu'ainsi les conditions seraient les mêmes qui leur avaient été marquées, lorsqu'avant le combat ils étaient venus sur le bord de l'Hellespont. Savoir : qu'Antiochus se retirerait de l'Europe, et, dans l'Asie, de tout le pays qui est en-deçà du mont Taurus ; qu'il donnerait aux Romains quinze mille talens euboïques pour les frais qu'ils avaient faits dans cette guerre, cinq cents actuellement, deux mille cinq cents lorsque le peuple romain aurait ratifié le traité, et le reste en douze mille talens chaque année ; qu'il paierait à Eumène les quatre cents talens qu'il lui devait et ce qui restait de vivres, ainsi que portait le traité fait avec son père ; qu'il délivrerait aux Romains Annibal de Carthage, Théas Étolien, Mnasiloque d'Acarnanie, Philon et Eubulide de Chalcis, et que pour assurances il donnerait à présent vingt ôtages dont on lui marquerait le nom par écrit. Telle fut la ré-

[1] Ambassade XXIV.

ponse que fit Publius Scipion au nom du conseil; et les conditions furent acceptées par Zeuxis et par Antipater. On résolut ensuite unanimement de députer à Rome pour engager le peuple et le sénat à confirmer le traité, et l'on se sépara. Les troupes furent distribuées en quartiers d'hiver, et quelques jours après les otages étant arrivés à Éphèse, Eumène, les deux Scipion, les Rhodiens, les Smyrniens, presque tous les peuples d'en-deçà du mont Taurus; se disposèrent à envoyer incessamment leurs ambassadeurs à Rome.

FRAGMENT XIV.

[I.] Les Lacédémoniens[1] mettent en délibération lequel de leurs concitoyens ils enverront à Philopœmen pour concerter avec lui sur les affaires[2], et quoique la plupart du temps ces sortes de légations gracieuses soient fort ambitionnées, et qu'on paie même pour les obtenir, parce qu'on y trouve une occasion de se faire des amis et des alliés, on ne pouvait toutefois trouver personne qui voulût se charger de porter la nouvelle de cette grâce des Lacédémoniens. Forcés enfin par la pénurie d'hommes, ils désignèrent par les suffrages Timolaüs, qui était lié par d'anciennes obligations avec Philopœmen, Soter et sa famille. Timolaüs vint à cet effet deux fois à Mégalopolis, et n'osa cependant communiquer à Philopœmen le sujet de sa mission, jusqu'à ce qu'enfin, se faisant pour ainsi dire violence à lui-même, il y retourna une troisième fois, et lui fit en confidence communication de ce don. Philopœmen l'ayant écouté avec meilleure grâce qu'il ne l'espérait, Timolaüs en fut si joyeux, qu'il s'imagina être parvenu au but de ses vœux; mais Philopœmen lui déclara qu'il se rendrait peu de jours après à Lacédémone, et qu'il voulait remercier en personne les principaux citoyens de la faveur qui lui était faite. Il partit en effet, fut introduit dans le sénat, et leur dit que bien qu'il eût éprouvé depuis long-temps la bienveillance des Lacédémoniens à son égard, il ne pouvait manquer de la reconnaître d'une manière plus manifeste encore en voyant la couronne qui lui était offerte et les honneurs insignes qu'on voulait lui rendre; que cependant un sentiment de pudeur l'empêchait de recevoir de leurs mains un tel présent; que ce n'était point à ses amis qu'il fallait offrir de tels honneurs et des couronnes, car, s'ils les acceptaient, ils ne pourraient jamais échapper à l'envie qui en résulte contre eux dans tous les esprits, mais bien à des ennemis. Ainsi, les amis restés libres de leur âme et de leur langage pouvaient obtenir quelque crédit auprès des Achéens, toutes les fois qu'ils demanderaient qu'on aidât Sparte de quelques secours, tandis que les ennemis, après avoir dévoré cette nourriture, seraient forcés ou de marcher d'accord avec les Lacédémoniens, ou du moins de garder leur silence et de ne pas leur nuire.

FRAGMENT XV[1].

[II.] Il est loin d'être indifférent et il est au contraire fort intéressant de savoir si on connaît les choses par ouï-dire ou pour les avoir vues. Il est utile à chacun d'arriver à la connaissance certaine des choses auxquelles il a concouru.

L'honnête et l'utile marchent rarement d'accord, et il est bien peu d'hommes qui puissent concilier ces deux avantages et les faire aller de front. Il est en effet évident que l'honnêteté est souvent contraire à l'utilité présente, et réciproquement que l'utilité est parfois contraire à l'honnêteté. Néanmoins, dans cette circonstance, Philopœmen qui cherchait à les réunir, parvint à l'objet de ses vœux. Il était en effet honorable de faire rentrer à Sparte les prisonniers exilés, et il était utile aux Lacédémoniens que cette ville avec humilité. . . . . sage et orné de toutes les vertus militaires. . . . . pour traiter l'affaire d'Ariarathe[2] . . . . revenu

---

[1] Ces derniers fragmens, jusqu'à la fin du livre XXI, sont extraits des palimpsestes de Mai.
[2] Cette narration jusqu'ici inédite de Polybe fait découvrir un plagiat de Plutarque, qui, dans sa vie de Philopœmen, rapporte les mêmes choses comme de lui et sans y changer un mot.

[1] Fragment des Palimpsestes resté fort imparfait.
[2] Ariarathe, roi de Cappadoce, avait envoyé une ambassade à Rome pour obtenir l'autorisation de se lier avec Antiochus.

de Thrace. . . . . . . obtenir du roi. . .
. . . . qui était doué d'une grande âme. . ,
. . . . il valait mieux pour eux que les traités fussent violés par les autres que s'ils donnaient les premiers l'exemple du parjure. Il valait mieux recevoir un dommage que d'en infliger un aux autres.

FRAGMENT XIV.

. . . . III. Philippe avait reçu beaucoup d'offenses des Athéniens, et néanmoins, après avoir remporté la victoire à Chéronée, il ne voulut pas abuser de cette occasion pour causer du mal à ses ennemis, et au contraire ordonna qu'on ensevelît les Athéniens restés sur le champ de bataille, et renvoya les captifs dans leurs foyers, sans exiger de rançon et en leur faisant même don des vêtemens qui leur étaient nécessaires. Ceux-ci, imitant bien peu sa bénignité, semblent se disputer au contraire à qui montrera plus de courroux et infligera plus de supplices à ceux auxquels ils font la guerre pour le même sujet.

Mais Ptolémée ordonna qu'on fît attacher ces hommes nus à des chars, qu'on les fît traîner ainsi, et qu'on les fît périr après de telles souffrances [1].

LIVRE VINGT-DEUXIÈME.

FRAGMENT PREMIER.

<small>Demandes d'Eumène et des ambassadeurs, dans le sénat.— Réponses qu'ils en reçoivent[1].</small>

Eumène, les ambassadeurs d'Antiochus, ceux des Rhodiens et de tous les autres peuples arrivèrent à Rome sur la fin du printemps. Car presque toutes les nations de l'Asie, aussitôt après la bataille, y avaient député, parce qu'il n'y en avait pas une seule dont le sort ne dépendît du sénat. Ils furent tous reçus avec beaucoup de politesse, mais on traita Eumène avec grande distinction. On alla au devant de lui et on lui fit des présens magnifiques. Après lui les Rhodiens reçurent les plus grands honneurs. Le jour de l'audience venu, Eumène fut le premier introduit dans le sénat, et on lui dit de déclarer avec pleine liberté ce qu'il souhaitait. Le roi répondit que s'il avait quelque grâce à attendre d'un ami, il prendrait conseil des Romains, de peur qu'il ne lui arrivât ou de souhaiter quelque chose contre la justice, ou de demander au-delà de ce qu'il conviendrait ; mais maintenant que c'était aux Romains qu'il avait à demander, il croyait n'avoir rien de mieux à faire que de remettre ses intérêts et ceux de ses frères entre leurs mains. A ces mots un sénateur se lève et lui dit de ne rien craindre et de s'expliquer hardiment sur ce qu'il voulait, parce que l'intention du sénat était de lui accorder tout ce dont il pourrait disposer. Mais Eumène, quelque instance qu'on lui fît, refusa toujours de parler et se retira. Le sénat, après avoir délibéré sur ce qu'il était à propos de faire, fut d'avis qu'on rappelât Eumène et qu'on le pressât encore d'expliquer librement pourquoi il était venu, puisqu'il savait mieux que personne ce qui lui convenait, et qu'il était au fait des affaires de l'Asie. Le roi rentra donc de nouveau dans le sénat, et quelqu'un de cette compagnie lui ayant dit ce qui venait d'y être résolu, il ne put se dispenser de dire ce qu'il pensait sur la situation présente des affaires.

!Ambassades XXV.

[1] La clémence de Philippe Amyntas après la bataille de Chéronés est attestée par les historiens.

« Sur ce qui me regarde en particulier, dit-il, je persiste, pères conscrits, dans la résolution que j'ai prise de vous laisser pleine liberté d'en décider comme il vous plaira. Mais une chose m'inquiète à l'égard des Rhodiens, et je ne puis vous la dissimuler. Ils viennent ici avec non moins de zèle et d'ardeur pour les intérêts de leur patrie que j'en ai pour ceux de mon royaume; mais le discours qu'ils vous préparent donne des choses une idée bien différente de ce qu'elles sont en effet. Il vous est aisé de vous en convaincre vous-mêmes; car ils commenceront par vous dire qu'ils ne sont venus à Rome ni pour vous rien demander, ni dans le dessein de vous porter le moindre préjudice, mais seulement pour obtenir de vous la liberté des Grecs qui sont établis dans l'Asie. Ils ajouteront que ce bienfait, quelque agréable qu'il doive leur être, sera encore plus digne de vous et de la générosité que vous avez déjà eue pour les autres Grecs. Voilà de beaux dehors, de belles apparences, mais dans le fond rien n'est moins conforme à la vérité; car si ces villes sont mises en liberté, comme ils vous en sollicitent, leur puissance en sera infiniment augmentée, et la mienne en quelque sorte anéantie. Dès qu'il sera public dans nos contrées que vous voulez que les villes soient libres, ce nom seul de liberté, cet avantage d'être gouverné par ses propres lois soustraira de ma domination non seulement les peuples qui seront mis en liberté, mais encore ceux qui auparavant m'étaient soumis; car tel est le train que prendra cette affaire : on croira leur devoir sa liberté, on fera profession d'être leurs alliés, et par reconnaissance pour un si grand bienfait on se croira obligé d'obéir à tous les ordres qu'ils enverront. Je vous prie donc, pères conscrits, de vous observer soigneusement sur ce point, de peur que, sans y penser, vous n'ajoutiez trop à la puissance de quelques-uns, et que vous ne retranchiez imprudemment de celle de vos amis; que vous ne fassiez du bien à ceux qui ont pris les armes contre vous, et que vous ne paraissiez négliger ou mépriser ceux qui toujours vous ont été constamment attachés. En toute autre occasion je céderai sans disputer à quiconque voudra l'emporter sur moi; mais en amitié et en affection pour vous, autant que je le pourrai, jamais je ne céderai à personne. Mon père, s'il vivait, vous parlerait dans les mêmes sentimens. Il fut le premier, entre les Asiatiques et les Grecs, qui rechercha votre amitié et votre alliance; jusqu'au dernier moment de sa vie il s'est conservé dans l'une et dans l'autre. Et ce n'était pas une simple disposition du cœur. Vous n'avez pas fait de guerre dans la Grèce où il ne soit entré. Pas un de vos alliés ne vous a plus fourni de troupes de terre et de mer, plus de vivres, plus de munitions; pas un ne s'est exposé à de plus grands dangers. Enfin sa vie même il la perdit pour vous, puisqu'il mourut pendant qu'il tâchait d'attirer les Béotiens dans son parti. Héritier de son royaume, j'ai aussi succédé à ses sentimens pour les Romains. Je ne puis vous aimer plus que lui, il n'est pas possible de le surpasser en ce point; mais j'ai fait pour vous plus qu'il n'a fait, parce que les conjonctures ont mis ma constance à de plus grandes épreuves. Quoique Antiochus m'eût pressé de prendre sa fille en mariage, m'eût promis de me faire part de tout ce qui lui appartenait, qu'il me livrât sur le champ toutes les villes qui avaient été démembrées de mon royaume et qu'il me promit de tout entreprendre dans la suite pour moi si je me joignais avec lui contre vous, cependant j'ai été si éloigné de rien accepter de tout ce qu'il m'offrait, que je lui ai fait la guerre avec vous; que je vous ai amené par terre et par mer plus de troupes qu'aucun de vos autres alliés; que je vous ai secouru de plus de munitions, et dans les temps où vous en aviez le plus grand besoin; que sans hésiter je me suis jeté avec vos généraux dans les plus grands périls, et qu'enfin, par amitié pour votre peuple, je me suis vu enfermé et assiégé dans ma capitale, au risque de perdre ma couronne et la vie. Plusieurs

» d'entre vous, pères conscrits, ont été té-
» moins oculaires de ces faits, et il n'est per-
» sonne dans cette compagnie qui les ignore. Il
» est donc juste que vous preniez mes intérêts
» avec autant de chaleur que j'ai pris les vô-
» tres. Eh! ne serait-il pas étrange que Massi-
» nissa, qui avait été votre ennemi, et qui
» s'était sauvé dans votre camp avec quelques
» cavaliers, pour vous avoir été fidèle pen-
» dant une guerre contre les Carthaginois,
» ait été fait roi de la plus grande partie de
» l'Afrique; que Pleurate, qui n'a jamais
» rien fait pour vous, ait été pour une raison
» semblable rendu le plus puissant de tous les
» princes d'Illyrie; et que vous n'ayez au-
» cun égard pour moi, après les grands et
» mémorables exploits que nous avons faits
» mon père et moi pour vous secourir? Quel
» est enfin le but de ce discours, et que sou-
» haité-je de vous? Je vous le dirai franche-
» ment, puisque vous le voulez ainsi. Si vous
» avez dessein de retenir quelques-unes des
» places de l'Asie qui sont en-deçà du mont
» Taurus, et qui ci-devant obéissaient à An-
» tiochus, rien ne me fera plus de plaisir que
» de vous y voir; vous ayant pour voisins et
» surtout participant à votre puissance je ré-
» gnerai tranquillement et je croirai mon
» royaume à couvert de toute insulte. Mais si
» vous ne voulez rien garder dans l'Asie, il
» me semble qu'il n'y a personne à qui vous
» puissiez plus justement céder qu'à moi les
» pays qui ont été conquis pendant la guerre.
» N'est-il pas plus beau, me direz-vous,
» de mettre en liberté des villes qui sont en
» servitude? Oui sans doute, si elles n'ont
» point eu l'audace de se joindre avec Antio-
» chus contre vous. Mais puisque vous avez
» cette faute à leur reprocher, il y a plus de
» gloire à rendre à ses vrais amis bienfait
» pour bienfait, qu'à favoriser ses ennemis. »
Eumène ayant ainsi parlé se retira, laissant
le sénat fort touché de son discours et très
disposé à ne rien négliger pour le satisfaire.

Après le roi de Pergame, on voulait entendre les Rhodiens; mais quelqu'un de ces
ambassadeurs étant absent, on appela les
myrnéens, qui justifièrent par un grand
nombre de faits l'attachement qu'ils avaient
eu pour les Romains pendant la dernière
guerre, et la vivacité avec laquelle ils étaient
accourus à leur secours. Mais comme il est
constant que, de tous les Grecs, qui vivent dans
l'Asie sous leurs propres lois, il n'est aucun
peuple qui ait marqué plus d'ardeur et de fidélité pour les Romains, il serait inutile
de rapporter ici en détail tout ce qu'ils dirent
dans le sénat.

Les Rhodiens entrèrent après eux et commencèrent par les services qu'ils avaient rendus aux Romains. Ils ne furent pas longs sur
cet article, ils vinrent bientôt à ce qui touchait leur patrie. « Il est bien triste pour nous,
» dirent-ils, que la nature même des affaires
» ne nous permette pas de penser dans cette
» occasion comme un prince, avec qui d'ail-
» leurs nous sommes très-unis. Nous sommes
» dans cette persuasion que les Romains ne
» peuvent rien faire de plus honorable pour
» notre patrie, de plus glorieux pour eux-
» mêmes que de délivrer de la servitude tous
» les Grecs de l'Asie, et de les faire jouir de
» la liberté, de ce bien que tous les mortels
» chérissent comme le plus grand de tous les
» biens. Mais c'est de quoi Eumène et ses frè-
» res ne veulent pas convenir. La monarchie
» ne souffre point l'égalité entre les hommes;
» elle prétend que tous, ou du moins la plu-
» part, lui soient soumis et lui obéissent.
» Malgré cela, nous ne doutons cependant pas
» que vous ne nous accordiez cette grâce
» non que nous nous flattions d'avoir plus de
» crédit sur vous qu'Eumène; mais parce
» qu'il est évident que nos demandes sont plus
» justes que les siennes et plus conformes aux
» intérêts de tous les alliés. A la vérité si
» vous ne pouviez autrement témoigner votre
» reconnaissance à Eumène qu'en lui livran
» les villes qui sont en possession de ne sui
» vre que leurs lois, il y aurait plus à hésiter
» car alors vous vous trouveriez dans la fâ
» cheuse nécessité ou de n'avoir nul égard
» pour un prince véritablement ami, ou de
» manquer à ce que la justice et le devoir
» exigent de vous, et d'obscurcir par là, d'effa
» cer entièrement la gloire que vous vous êtes

» acquise par vos exploits. Mais puisqu'il vous » est aisé de satisfaire en même temps à l'un » et à l'autre, qu'y a-t-il à délibérer? Nous » sommes ici comme à une table richement » servie, d'où chacun peut tirer de quoi se » rassasier et beaucoup même au-delà. Vous » pouvez disposer en faveur de qui il vous » plaira de la Lycaonie, de la Phrygie, près de » l'Hellespont, de la Pisidie, de la Chersonèse » et des pays qui touchent à l'Europe; pays dont » un seul ajouté au royaume d'Eumène lui » donnera dix fois plus d'étendue qu'il n'en a » maintenant. Que si vous les lui accordez » tous, ou du moins la plupart, il n'y aura pas » de royaume plus grand et plus puissant que » le sien. Il vous est donc permis, Romains, » de gratifier magnifiquement vos amis, sans » que pour cela vous négligiez les intérêts de » votre gloire, et que manquiez à ce qui » donne le plus d'éclat à vos entreprises; car » le but que vous vous y proposez n'est pas » celui que se proposent les autres conqué- » rans. Ceux-ci ne se mettent en campagne » que pour subjuguer et envahir les villes, les » munitions, les vaisseaux; mais vous, après » avoir soumis l'univers entier à votre domi- » nation, vous vous êtes mis en état de vous » passer de toutes ces choses. De quoi donc » avez-vous maintenant besoin? Que devez- » vous maintenant rechercher avec plus d'em- » pressement et de soin? Les louanges et la » gloire, deux choses qu'on acquiert difficile- » ment, et qu'il est encore plus difficile de » conserver. En voulez-vous être convaincus? » Vous avez fait la guerre à Philippe, vous » vous êtes exposés à toutes sortes de dangers, » uniquement pour mettre les Grecs en liberté, » c'est l'unique fruit que vous vous êtes pro- » posé de tirer de cette expédition. Cela seul » cependant vous a fait plus de plaisir que les » peines terribles par lesquelles vous vous » êtes vengés des Carthaginois. Nous n'en » sommes nullement surpris. L'argent que » vous en avez exigé est un bien commun à » tous les hommes; mais l'honneur, les louan- » ges, la gloire ne conviennent qu'aux dieux et » aux hommes qui approchent le plus de la di- » vinité. Le plus beau de vos exploits, c'est

» d'avoir mis les Grecs en liberté; si vous fai- » tes la même grâce aux Grecs de l'Asie, votre » gloire est à son comble, elle est parvenue au » plus haut degré qu'elle puisse atteindre; » mais si vous y manquez à couronner la pre- » mière action par la dernière, vous perdrez » beaucoup de la gloire que la première vous » avait acquise. Pour nous, Romains, qui som- » mes entrés dans vos vues, et qui pour les » faire réussir avons partagé avec vous les » plus grands périls, nous gardons toujours à » votre égard les mêmes sentimens, et c'est par » cette raison que nous n'avons pas craint de » vous dire ce qui nous a paru vous être plus » convenable et plus avantageux. Notre pro- » pre intérêt ne nous touche pas, nous n'avons » rien à cœur que ce qu'il vous convient de » faire. » Ainsi parlèrent les ambassadeurs des Rhodiens, et la solidité jointe à la modestie de leur discours leur attira les applaudissemens de tout le conseil.

Antipater et Zeuxis, ambassadeurs d'Antiochus, entrèrent ensuite, et se bornèrent à demander, à supplier que la paix faite en Asie par les deux Scipions fût confirmée. Ce qui fut exécuté sur le champ par le sénat. Quelques jours après, le peuple ayant ratifié le traité, on fit à Antipater les sermens qu'on a coutume de faire dans ces occasions. On appela ensuite les autres ambassadeurs qui étaient venus d'Asie. L'audience qu'ils eurent ne fut pas longue. On leur fit à tous la même réponse, qui était que l'on nommerait dix députés pour aller sur les lieux connaître des différens que les villes avaient entre elles. On les nomma en effet, et on leur donna pouvoir de régler à leur gré les affaires particulières. Pour les générales, le sénat ordonna que tous les peuples qui étaient en-çà du mont Taurus et qui obéissaient à Antiochus, reconnaîtraient désormais Eumène pour leur roi, à l'exception de la Lycie, et de la Carie jusqu'au Méandre, qui seraient données aux Rhodiens; que celles des villes grecques qui auparavant payaient tribut à Attalus, le paieraient dorénavant à Eumène, et que toutes celles qui ne le payaient qu'à Antiochus en seraient exemptes. Telles furent les dispositions dont furent chargés les dix députés qui furent envoyés dans l'Asie au consul Cnœus.

Les affaires ainsi réglées, les Rhodiens vinrent au sénat pour traiter de la ville de Soles, qui est dans la Cilicie, faisant entendre qu'il était de leur devoir de veiller à ses intérêts, que les habitans étaient comme eux une colonie des Argiens, que pour cette raison ils se considéraient comme frères, et conservaient entre eux une union vraiment fraternelle, et qu'il était juste qu'à la faveur des Rhodiens ils obtinssent aussi leur liberté. Le sénat, sur cette demande, fit appeler les ambassadeurs d'Antiochus, et voulut que ce prince sortît de la Cilicie. Antipater et Zeuxis ayant refusé de se rendre à cette condition, qui était contre le traité, le sénat leur proposa de laisser en liberté la ville de Soles; mais comme les ambassadeurs résistaient encore il les renvoya, et fit rentrer les Rhodiens, à qui il dit ce que les ambassadeurs d'Antiochus opposaient à leur demande. Il ajouta que si absolument ils voulaient que Soles fût libre, il passerait par dessus tout pour qu'ils eussent cette satisfaction. Mais ils furent si charmés de cet empressement du sénat à les obliger, qu'ils dirent qu'ils s'en tenaient à ce qu'il leur avait accordé, et Soles resta dans son premier état. Les dix députés et les autres ambassadeurs étaient près de partir, lorsque Publius et Lucius Scipion abordèrent à Brindes dans l'Italie. Ces deux vainqueurs d'Antiochus entrèrent quelques jours après dans Rome, et eurent les honneurs du triomphe.

FRAGMENT II.

Amynandre, rétabli dans son royaume, envoie des ambassadeurs aux Scipions à Éphèse. — Les Étoliens se rendent maîtres de l'Amphilochie, de l'Aperantie et de la Dolopie. — Ils tâchent, après la défaite d'Antiochus, d'apaiser la colère des Romains[1].

Amynandre, roi des Athamaniens, se croyant alors tranquille possesseur de son royaume, envoya des ambassadeurs à Rome et aux deux Scipions, qui étaient encore autour d'Éphèse. Ces ambassadeurs avaient ordre premièrement de l'excuser sur ce que c'était par les Étoliens qu'il avait recouvré ses états; en second lieu de porter ses plaintes contre Philippe, et enfin de prier qu'on le reçût au nombre des alliés.

Les Étoliens crurent alors avoir trouvé l'occasion favorable pour rentrer dans l'Amphilochie et dans l'Apérantie. Ils se proposent d'en aller faire le siège; Nicandre, leur général, assemble une grande armée et se jette dans l'Amphilochie, d'où, ne trouvant nulle résistance, il passe dans l'Apérantie, dont les peuples, comme ceux de l'autre province, se rendirent d'eux-mêmes et de bon gré. De là il entra dans la Dolopie, où l'on sembla d'abord vouloir se défendre et demeurer attaché à Philippe; mais quand on eut fait réflexion à ce qui était arrivé aux Athamaniens et à la fuite de Philippe, on changea bien vite de sentiment et on se joignit aux Étoliens. Après des succès si heureux, Nicandre retourna dans l'Étolie bien content d'avoir par ses conquêtes mis sa patrie en état de ne rien craindre du dehors, au moins il se l'imaginait ainsi. Mais pendant que les Étoliens se glorifiaient aussi de cette expédition, la nouvelle vint qu'il s'était donné une bataille en Asie, et qu'Antiochus y avait été entièrement défait. L'alarme aussitôt se répand partout. En même temps Damotèle arrive de Rome, et annonce qu'ils ont encore la guerre avec les Romains, et que Marcus Fulvius, consul, vient à eux avec une armée. Leur inquiétude s'augmente; ils ne savent comment ils pourront détourner la tempête qui les menace. Ils prennent enfin la résolution de députer aux Rhodiens et aux Athéniens pour les prier d'envoyer à Rome des ambassadeurs qui, apaisant la colère des Romains, soulagent un peu les maux dont l'Étolie allait être accablée. Ils en dépêchèrent aussi de leur part, et ils choisirent pour cela Alexandre, surnommé l'Isien, Phéneas, Charops, Alype d'Ambracie et Lycope.

FRAGMENT III.

Les Romains assiègent Ambracie. — Avarice d'un des trois ambassadeurs étoliens[1].

Le consul s'entretint avec les ambassa-

[1] Ambassades XXVI.
[1] Ambassades XXVII.

deurs qui l'étaient venus trouver de la part des Épirotes sur l'expédition dont il était chargé contre les Étoliens, et demanda leur avis. Comme alors les Ambraciens suivaient les lois des Étoliens, les ambassadeurs lui conseillèrent de faire le siège d'Ambracie. Ils alléguaient pour raison que, si les Étoliens voulaient accepter une bataille, la campagne d'Ambracie était très-propre à une action, et que s'ils craignaient de s'y engager, il lui serait aisé d'assiéger la ville : que le pays lui fournirait abondamment tout ce qui lui serait nécessaire, tant pour la subsistance de ses troupes que pour les approches; que l'Arachthus qui coule le long des murailles de la ville lui serait d'un grand secours, tant pour mettre son camp dans l'abondance de toutes choses, que pour couvrir ses ouvrages.

M. Fulvius, ayant trouvé que le parti qu'on lui conseillait de prendre était en effet le meilleur, leva le camp et conduisit par l'Épire son armée devant Ambracie. Quand il y fut arrivé, les Étoliens n'osant se présenter devant lui, il fit le tour de la ville, en reconnut toutes les fortifications, et en pressa vivement l'attaque.

Avant qu'il partît, les ambassadeurs étoliens qui avaient été envoyés à Rome, ayant été découverts dans la Céphallénie par Sibyrte, fils de Pétrée, furent conduits à Charandre. D'abord les Épirotes étaient d'avis de les transférer à Buchetus, et de les garder là avec soin. Mais quelques jours après ils leur proposèrent de se racheter, parce qu'alors ils étaient en guerre avec les Étoliens. Alexandre, un de ces ambassadeurs, était l'homme le plus opulent de la Grèce; les deux autres étaient riches aussi, mais ils n'approchaient pas du premier. On leur demanda d'abord à chacun cinq talens. Les deux derniers, loin de rejeter cette proposition, l'acceptaient de tout leur cœur, regardant leur salut et leur liberté comme le bien le plus précieux qu'ils eussent au monde; mais Alexandre dit qu'il ne voulait pas acheter si cher sa liberté et que cinq talens étaient une somme exorbitante. Pendant les nuits il ne fermait pas l'œil; il les passait à gémir et à pleurer sur la perte dont il était menacé. Cependant les Épirotes faisaient des réflexions sur l'avenir. Ils craignirent que les Romains, avertis de la détention d'ambassadeurs qui leur étaient envoyés, ne leur écrivissent pour les prier ou plutôt pour leur ordonner de les relâcher. Cette crainte les rendit plus traitables, et ils se contentèrent de demander à chacun trois talens. Les deux moins riches consentent à les payer, et ayant donné caution retournent dans leur pays. Mais Alexandre dit qu'il ne donnerait qu'un talent, et que c'était encore beaucoup. Il refusa de se sauver à ce prix, et demeura dans la prison. Je crois que ce vieillard, qui était riche de plus de deux cents talens, aurait mieux aimé perdre la vie que d'en débourser trois. Tels sont les excès où la fureur d'accumuler porte ceux qu'elle possède. Et cependant il fut si heureux dans son avarice, que, dans la suite il fut applaudi et loué du refus déraisonnable qu'il avait fait; car peu de jours après les lettres qu'on craignait de la part des Romains arrivèrent à Charandre, et il fut le seul qui recouvra sa liberté sans rançon. Les Étoliens, informés de son aventure, choisirent une seconde fois Damotèle pour leur ambassadeur à Rome, qui, ayant appris à Leucade que M. Fulvius allait par l'Épire à Ambracie, désespéra du succès de son ambassade et retourna dans l'Étolie.

FRAGMENT IV.

Les Étoliens, étant assiégés par le consul romain Marcus Fulvius [1], résistèrent vivement aux attaques des ouvrages et des béliers qu'il avait fait avancer. Le consul, après avoir fortifié son camp, fit construire contre Pyrrhée, dans la plaine, trois ouvrages avancés à quelque intervalle l'un de l'autre; mais dirigés sur la même ligne. Un quatrième fut construit du côté d'Esculapium, un cinquième contre la citadelle. Tous ces travaux étant conduits partout avec une grande vigueur et se rapprochant de la ville, ceux qui étaient renfermés dedans n'entrevoyaient qu'avec terreur les terribles dangers qui les menaçaient. Déjà les béliers frappaient puis-

[1] Heron. Sur la manière de repousser les sièges, p. 524.

samment les murailles; déjà les machines armées de faux les nettoyaient. Les habitans mettaient tout en usage pour résister. A l'aide de leurs propres machines ils lançaient contre les béliers des masses de plomb, des fragmens de rochers, des poutres de chêne. A l'aide d'anneaux de fer ils tiraient à eux sur les parties inférieures de la muraille les faux des ennemis de manière à briser l'appareil qui les portait et à s'emparer d'elles. Ils faisaient aussi de fréquentes sorties et battues, en attaquant pendant la nuit les sentinelles qui protégeaient les travaux; tantôt, en s'élançant avec audace pendant le jour contre les divers postes, ils retardaient les opérations du siége. . . . . .
. . . .

Un jour que Nicandre était occupé hors de la ville et avait envoyé cinq cents cavaliers dans la ville, ceux-ci se firent jour avec audace à travers un retranchement des ennemis et pénétrèrent dans la ville. Il leur avait prescrit de faire à un jour fixé une irruption sur l'ennemi. Lui-même leur avait promis qu'il les attaquerait au même instant du côté opposé et partagerait ainsi leur péril. Ceux-ci sortirent en effet avec vigueur de la ville et combattirent avec courage; mais Nicandre n'ayant pas paru au moment fixé, soit par crainte du danger, soit par quelque occupation nécessaire qui l'empêcha de réaliser son premier projet, leur effort fut sans résultat.
. . . On a vu toutefois beaucoup de villes, même après la destruction de leurs murailles, résister encore à l'ennemi, ainsi que l'a fait Ambracie. A force de frapper sans interruption les murailles à coups répétés de bélier, les Romains parvenaient chaque jour à en démolir une partie. Ils ne purent cependant pénétrer par la brèche, parce que les citoyens construisirent en dedans une nouvelle muraille, et que les Étoliens qui restaient combattaient avec courage au milieu des ruines. Désespérant donc de prendre la ville à force ouverte, ils se mirent à creuser des mines. Mais cet artifice ne leur réussit pas davantage, car ceux qui étaient dans la ville et qui montraient une grande habileté dans toutes les dispositions militaires, comme la suite de ce ré-

cit le prouvera, avaient compris leur intention et cherchaient à la neutraliser. Les Romains ayant donc bien fortifié celui de leurs trois ouvrages avancés qui était au milieu, et l'ayant mis à l'abri de toute attaque, construisent parallèlement au mur un portique de deux cents pieds de longueur. Abrités derrière cette muraille nuit et jour, ils continuaient sans interruption, et en se relayant, le travail des mines, et en dispersant la terre qui sortait de la mine ils trompèrent pendant plusieurs jours les assiégés. Mais dès que le monceau des terres retirées se fut élevé à une plus grande hauteur et devint visible aux assaillans, les chefs des assiégés se mettent aussitôt avec ardeur à l'ouvrage et creusent une contre mine intérieure parallèle au mur et au portique construit devant les tours. Aussitôt que cette mine eut été amenée à la profondeur convenable, sur l'autre côté de la mine près du mur, ils placèrent une suite continue d'instrumens et de vases d'airain d'une construction fort délicate. A l'aide de ces instrumens on pouvait distinguer le bruit que faisaient les ennemis et la direction des travaux. Ainsi dirigés, ils traversèrent leur mine par une autre qui pénétrait jusqu'au dessous du mur dans la direction présumée de l'ennemi. Cette mine fut promptement achevée, car les excavations des Romains s'étendaient déjà au delà du mur qu'on avait été obligé de soutenir sur des étais des deux côtés de la mine. Ils se rencontrèrent donc et commencèrent à combattre avec leurs sarisses. Mais on n'arrivait à rien de bien important, parce qu'il était facile de se protéger à l'aide du bouclier. Un des assiégés suggéra enfin à ses concitoyens l'idée de placer en cet endroit un tonneau qui fût de la largeur de l'excavation, d'enlever le fond de ce tonneau, qu'on traverserait par une barre de fer de la même longueur forée à différens endroits, de l'emplir ensuite d'une plume fort légère, et de placer enfin du feu sous l'ouverture du tonneau, de le creuser, d'introduire des sarisses dans les trous de la barre de fer pour tenir l'ennemi en respect, en dirigeant l'ouverture du côté des ennemis, et ensuite animant le feu d'une ardeur plus vive, de le faire pénétrer par les trous pratiqués dans la barre de fer, jusqu'à ce qu'il atteignit la plume. On se conforma à ce qui avait été prescrit, et il en sortit, à cause de la moiteur de la plume, une fumée âcre et violente qui pénétra dans toute la partie de la mine occupée par les ennemis. Il en résulta que les Romains, ne pouvant ni arrêter la fumée, ni la supporter, furent obligés d'abandonner la mine.

FRAGMENT V.

Ambracie après un assez long siége se rend au consul. — Paix entre les Étoliens et les Romains. — Articles du traité[1].

Il était venu au camp des Romains des ambassadeurs de la part des Athéniens et des Rhodiens, pour porter M. Fulvius à faire la paix avec les Étoliens. Amynandre, roi des Athamaniens, avait aussi demandé un sauf-conduit au consul pour y venir. Au temps de sa fuite il avait séjourné long-temps dans Ambracie, il en aimait les habitans et il avait fort à cœur de les délivrer de l'extrémité où ils se trouvaient. Peu de jours après il vint encore des ambassadeurs d'Acarnanie qui amenaient Damotèle avec eux. Car le consul, ayant été averti de l'accident qui était arrivé aux ambassadeurs Étoliens, avait écrit aux Tyriens de les lui amener. Toutes ces ambassades rassemblées, on travailla vivement à la paix. Amynandre ne cessait d'y exhorter les Ambraciens, disant qu'elle n'était pas éloignée, pourvu qu'ils voulussent suivre de meilleurs conseils. Souvent il s'approchait du pied des murailles, et de là s'entretenait avec les assiégés. Ensuite comme ils jugèrent à propos qu'il entrât dans la ville, il en demanda la permission au consul, qui la lui accorda : il entra donc et délibéra avec les Ambraciens sur l'affaire présente.

D'un autre côté les ambassadeurs d'Athènes et de Rhodes, dans les fréquentes conversations qu'ils avaient avec le consul, tâchaient par toutes sortes de voies de l'apaiser et de l'adoucir en faveur des Ambraciens. Quelqu'un alors suggéra à Damotèle et à Phénéas de voir et de cultiver C. Valérius, fils de ce Marcus Lœvinus, qui le premier avait fait un traité d'alliance avec les Étoliens, et frère de mère de Marcus Fulvius, jeune officier plein d'esprit et de vivacité, qui avait auprès du consul beaucoup d'accès et de crédit. Damotèle ne manqua pas de lui recommander cette affaire, et Valérius, la regardant comme la sienne propre et se faisant un devoir de protéger les Étoliens, s'employa avec tout le zèle imaginable pour les remettre bien avec les Romains. Il se donna pour cela tant de mouvement, qu'il en vint heureusement à bout. Les Ambraciens cédèrent aux exhortations d'Amynandre, se rendirent à discrétion et ouvrirent au consul les portes de la ville ; à condition cependant, car ils ne se départirent point de la foi qu'ils devaient à leurs alliés, à condition, dis-je, que les Étoliens sortiraient bagues sauves pour se retirer dans leur patrie. Le traité de paix fut dressé du consentement du consul, et il portait en substance : Que les Étoliens paieraient actuellement deux cents talens Euboïques, et trois cents en six ans en paiemens égaux, cinquante chaque année ; que de là en six mois, ils rendraient sans rançon tous les prisonniers et tous les transfuges qu'ils avaient pris sur les Romains ; qu'ils n'auraient aucune ville soumise à leurs lois et à leur gouvernement ; qu'ils n'y en soumettraient aucune de celles qui avaient été prises par les Romains depuis que Titus Quintius était passé dans la Grèce, ou qui avaient fait alliance avec les Romains, et que les Céphalléniens ne seraient pas compris dans le présent traité. Ce n'était là que la première ébauche de ce traité, qui ne pouvait être ratifié avant que les Étoliens y eussent donné leur consentement, et que le rapport en eût été fait au sénat. Les ambassadeurs d'Athènes et de Rhodes restèrent à Ambracie en attendant le retour de Damotèle, qui était allé annoncer aux Étoliens de quoi on était convenu. Ils y consentirent d'autant plus volontiers, qu'ils ne s'attendaient pas à être si fort ménagés. Le retranchement des villes qui vivaient auparavant avec eux sous les mêmes

[1] Ambassades XXVIII.

fois leur fit d'abord quelque peine; mais enfin ils y donnèrent encore les mains.

Ambracie rendue, le consul renvoya les Étoliens, comme il avait été réglé; mais il en fit transporter tous les ornemens, les statues et les tableaux, qui étaient en grand nombre, parce que Ambracie avait été la capitale et le lieu de la résidence de Pyrrhus. On fit aussi présent à Fulvius d'une couronne de la valeur de cent cinquante talens. Il pénétra ensuite dans les terres de l'Étolie, où il fut surpris de ne rencontrer aucun Étolien qui lui vînt au devant. Arrivé à Argos d'Amphilochie, ville distante d'Ambaicie de cent soixante stades, il y campa et apprit là de Damotèle que les Étoliens avaient confirmé le traité. Après quoi les ambassadeurs étoliens retournèrent chez eux, et Fulvius revint à Ambracie, où il ne fut pas plus tôt arrivé qu'il en partit pour aller dans la Céphallénie.

En Étolie on choisit pour ambassadeurs Phénéas et Nicandre, qui devaient aller à Rome pour y faire ratifier le traité de paix par le peuple, sans l'approbation duquel rien ne pouvait se conclure. Ces ambassadeurs, ayant pris avec eux ceux d'Athènes et de Rhodes, mirent à la voile. Le consul de son côté y envoya aussi pour le même sujet Caïus Valérius et quelques autres de ses amis. En arrivant à Rome, ces ambassadeurs y trouvèrent tout le peuple soulevé par Philippe contre les Étoliens. Ce prince, croyant qu'ils lui avaient fait une injustice en se rendant maîtres de l'Athamanie et de la Dolopie, avait envoyé prier les amis qu'il avait à Rome d'entrer dans son ressentiment et de ne pas consentir à la paix. Ils surent tellement prévenir les esprits, que le sénat d'abord ne daigna qu'à peine prêter l'oreille à ce que disaient les ambassadeurs étoliens. Mais à la prière des Rhodiens et des Athéniens on revint en leur faveur et on les écouta avec attention. Damis, un des ambassadeurs d'Athènes, mérita les applaudissemens de toute l'assemblée, qui dans son discours admira entre autres choses une comparaison dont il se servit et qui convenait tout à fait à la conjoncture présente. Il dit que c'était avec raison que le sénat était irrité contre les Étoliens; qu'ils avaient été comblés de bienfaits par les Romains, sans que jamais ils en eussent témoigné la moindre reconnaissance; qu'au contraire, en allumant la guerre contre Antiochus, ils avaient jeté l'empire romain dans un péril imminent; mais que le sénat avait tort d'imputer ces fautes à la nation; que dans les états la multitude était en quelque chose semblable à la mer; que celle-ci de sa nature était toujours paisible et tranquille, toujours telle, qu'on peut en approcher et voyager dessus sans crainte et sans danger; mais que quand des vents impétueux fondent sur ses eaux, et la tirent en les agitant hors de son état naturel, rien alors n'est plus terrible ni plus formidable; que la même chose était arrivée dans l'Étolie; que tant que les Étoliens n'avaient suivi que leurs propres lumières, les Romains n'avaient trouvé nulle part dans la Grèce plus d'attachement, plus de fermeté, plus de secours; mais que quand Thoas et Dicéarque furent venus d'Asie, que Ménestas et Damocrite furent venus d'Europe, qu'ils eurent soulevé la multitude et qu'ils eurent changé sa disposition naturelle jusqu'à l'engager à tout dire et à tout faire, alors aveuglée par leurs mauvais conseils et voulant nuire aux Romains, elle s'était elle-même précipitée dans un abîme de malheurs; que c'était contre ces boute-feu que la colère du sénat devait éclater et non contre la nation étolienne, qui était plutôt digne de sa compassion; qu'en la délivrant par la paix du péril où elle était, on pouvait compter que revenant à elle-même elle serait si sensible à ce nouveau bienfait, que les Romains la verraient comme autrefois la plus fidèle et la plus affectionnée de toutes les nations de la Grèce. Ce discours réconcilia les Étoliens avec le sénat, qui approuva le traité de paix et le fit ratifier par le peuple. En voici tous les articles.

« Les Étoliens auront un respect sincère et
» sans réserve pour l'empire et la domination
» romaine. Ils ne donneront passage par leur
» pays ni par leurs villes à aucunes troupes
» qui marcheraient contre les Romains, ou
» contre leurs alliés, ou contre leurs amis, et
» ne leur fourniront aucun secours par auto-

» rité du conseil public. Les amis et les en-
» nemis du peuple romain seront les leurs, et
» ils feront la guerre à quiconque les Romains
» la feront. Ils rendront tous les transfuges
» et les prisonniers des Romains et de leurs
» alliés, à l'exception de ceux qui pris pen-
» dant la guerre auraient été pris une se-
» conde fois après être retournés dans leur
» patrie ; à l'exception encore de ceux qui
» étaient ennemis des Romains, pendant que
» les Étoliens étaient du nombre de leurs al-
» liés. Ces prisonniers et ces transfuges se-
» ront remis aux magistrats de Corcyre dans
» l'espace de cent jours, en comptant depuis
» la ratification du traité. Si quelques-uns ne
» se trouvent pas pendant ce terme, quand
» ils paraîtront, ils seront rendus sans fraude,
» et il ne leur sera plus permis de retourner
» dans l'Étolie. Les Étoliens donneront inces-
» samment en argent aussi bon que celui de
» l'Attique, au proconsul qui est en Grèce,
» deux cents talens euboïques. La troisième
» partie de cet argent, ils pourront, s'ils veu-
» lent, la payer en or, pourvu que pour dix
» mines d'argent ils en donnent une d'or. Du
» jour du traité en six ans, ils paieront cha-
» que année cinquante talens, qu'ils enverront à
» Rome. Ils livreront, dans le terme de six ans,
» au consul quarante ôtages, dont aucun ne
» sera ni au dessous de neuf, ni au dessus de
» quarante ans, tous au choix des Romains.
» Il n'y en aura aucun, ni préteur, ni général
» de la cavalerie, ni scribe public, ni qui ait
» été auparavant en ôtage à Rome. Ils auront
» soin que ces ôtages soient transportés à
» Rome. Si quelqu'un de ces ôtages vient à
» mourir, ils le remplaceront par un autre.
» La Céphallénie ne sera pas comprise dans
» le présent traité. Dans les terres, les villes
» et sur les hommes, qui étaient sous la puis-
» sance des Étoliens du temps des consuls Ti-
» tus, Quintius et Cn. Domitius et depuis, ou
» qui ont été de nos alliés, les Étoliens n'y
» auront aucun droit. La ville et le territoire
» des Éniades appartiendront aux Acarna-
» niens. » Les sermens faits sur ces articles, la
paix fut arrêtée. Ainsi furent réglées les affaires
des Étoliens, et en général de tous les Grecs.

FRAGMENT VI.

En quel temps le consul Manlius fit la guerre aux Galates[1].

Cette guerre se termina en Asie pendant qu'on traitait à Rome de la paix avec Antiochus, que tous les ambassadeurs qui étaient venus d'Asie travaillaient à la faire conclure, et que dans la Grèce la guerre était allumée contre les Étoliens.

FRAGMENT VII.

Moagètes, tyran de Cibyre, ne se résout qu'à peine à préférer son salut à son argent.

Moagètes, tyran de Cibyre[2], était un homme cruel et faux. Il mérite bien que je parle de lui non pas en passant, mais avec soin et diligence, et que je rappelle à ce sujet tout ce qui tient à mon histoire. A l'approche du consul[3] qui pour le sonder avait déjà envoyé en avant C. Helvius, le tyran de Cibyre députa vers cet Helvius pour le prier d'empêcher qu'on ne pillât ses terres, parce qu'il était ami du peuple romain, et qu'il était prêt à faire tout ce qu'on lui ordonnerait. Il avait en même temps donné ordre qu'on lui offrît une couronne de la valeur de quinze talens. Helvius, après avoir promis que l'on ne toucherait point à ses terres, lui commanda de dépêcher une ambassade au consul qui approchait, et qu'il aurait incessamment sur les bras. Moagètes fit partir en effet des ambassadeurs, auxquels il joignit son frère. Sur la route ils rencontrèrent le consul qui, leur parlant d'un ton ferme et menaçant, leur dit qu'il n'y avait pas de puissance dans l'Asie qui fût plus ennemie des Romains que Moagètes; qu'il avait contribué autant qu'il avait pu au renversement de l'empire romain ; que loin d'en mériter l'amitié, il n'était digne que de sa colère et de son indignation. Les ambassadeurs, épouvantés, laissant tous les ordres dont ils étaient chargés, se bornèrent à le prier de conférer avec Moagètes, et ayant obtenu cette grâce, ils revinrent à Cibyre. Le lendemain, le tyran sortit de la ville accom-

[1] Ambassades XXIX.
[2] Fragment de Valois.
[3] Ambassades XXX.

pagné de ses amis, vêtu simplement, sans cortége, dans un état à faire compassion. Il commença par gémir sur sa pauvreté et sur la misère des villes de son petit état, qui consistait en trois villes, Cibyre, Sylée et Alinde, et pria le consul de se contenter de quinze talens. Cnœus Manlius, étonné de l'impudence de ce tyran, lui dit que s'il ne se faisait pas un plaisir d'en donner cinq cents, non seulement il ravagerait ses terres, mais encore assiégerait Cibyre et la mettrait au pillage. Ces menaces effrayèrent Moagètes, qui pria qu'on n'en vint pas à l'exécution, et qui fit si bien, en ajoutant toujours quelque chose à ses premières offres, qu'il acquit l'amitié du peuple romain, et qu'il ne lui en coûta pour l'acquérir que cent talens et dix mille mesures de froment.

FRAGMENT VIII.

Exploits de Manlius dans la Pamphylie et la Carie pendant la guerre des Gallo-Grecs[1].

Après que Cn. Manlius eut traversé le Colabate, il lui vint des ambassadeurs de la ville appelée Isionda, pour le prier de les secourir contre les Telmessiens, qui avec les Philoméniens avaient ravagé leurs campagnes, pillé leur ville, et assiégeaient actuellement la citadelle, où tous les habitants s'étaient réfugiés avec leurs femmes et leurs enfans. Manlius leur promit obligeamment qu'il irait à leur secours; et prévoyant tous les avantages que cette affaire lui produirait, il prit sa route vers la Pamphylie, et fit alliance avec les Telmessiens et les Aspendiens moyennant cinquante talens qu'il en exigea. Il reçut là des ambassadeurs de la part d'autres villes, à qui il inspira les mêmes sentimens qu'il avait déjà inspirés ailleurs; et après avoir fait lever le siége d'Isionda, il revint dans la Pamphylie.

FRAGMENT IX.

Suites de l'expédition contre les Gallo-Grecs[2].

La ville de Cyrmase prise avec un butin

[1] Ambassades XXXI.
[2] Ambassades XXXII.

considérable, comme Manlius côtoyait un marais, il rencontra des ambassadeurs que lui envoyaient les habitans de Lysinoé, pour se rendre à discrétion. De là il se jeta sur les terres des Salagussiens, y fit un grand butin, et attendit ce à quoi la ville se déterminerait. On lui députa pour demander à quelles conditions il voudrait accorder la paix. Il exigea une couronne de la valeur de cinquante talens, deux mille médimnes d'orge et deux mille de froment. On lui donna ce qu'il voulait, et la paix fut conclue.

FRAGMENT X.

Éposognat, roi dans la Gallo-Grèce, exhorte en vain les autres rois du même pays à se soumettre aux Romains[1].

Manlius envoya des ambassadeurs à Éposognat pour l'engager à députer aux autres rois de la Gallo-Grèce, et il en reçut peu après de la part d'Éposognat, qui le prièrent de ne pas se hâter de décamper et de ne point attaquer les Gaulois Tolistoboges; qu'il irait lui-même trouver leurs rois, qu'il tâcherait de les porter à la paix, et qu'il leur persuaderait d'accepter les conditions qu'on leur proposerait pour peu qu'elles leur parussent supportables..... Cnœus Manlius, consul romain, s'étant avancé jusqu'au Sangaris, qu'il ne pouvait traverser à gué à cause de la profondeur de ses eaux, y fit jeter un pont. Au moment où il était campé sur la rive du fleuve, se présentèrent à lui des Gaulois, envoyés de Pessinunte par Attis et Battacus, prêtres de la mère des dieux. Ces envoyés, qui portaient suspendus à leur cou des emblèmes et des figures, lui dirent que la Grande Déesse présageait aux Romains la victoire et la puissance. Manlius les accueillit avec bienveillance. Mais pendant que Manlius était auprès de la petite ville de Gorde, Éposognat lui envoya dire qu'il avait vu les rois des Gaulois, qui, loin de consentir à aucun accommodement, avaient assemblé sur le mont Olympe leurs femmes et leurs enfans, y avaient transporté tous leurs effets, et étaient prêts à se défendre.

[1] Ambassades XXXIII.
[2] Suidas au om Γαλλος·
Ambassades (XXXIII.

FRAGMENT XI.

Ortiagon, roi de Galatie [1], avait résolu de s'emparer de la domination sur tous les Galates de l'Asie. La nature et l'habitude lui étaient d'un puissant succès pour parvenir au but de ses efforts. Il se distinguait par sa libéralité et sa grandeur d'âme, et montrait autant d'urbanité que d'habileté dans les conseils et les conversations ; et ce qui est surtout d'une grande importance chez les peuples de race gauloise, c'était un homme très brave et très intrépide dans les combats.

FRAGMENT XII.

Chiomare, femme gauloise.

Dans la guerre où les Romains [2], sous la conduite de Manlius, vainquirent les Galates [3], Chiomare, femme d'Ortiagon, fut prise avec plusieurs autres Gauloises. Le centurion auquel elle était tombée en partage, homme avare et débauché, abusa d'elle indignement ; mais ensuite, vaincu par son avarice, sur l'offre qu'on lui fit d'une grosse somme d'argent s'il voulait lui rendre la liberté, il y consentit et la conduisit lui-même au bord d'un fleuve qui séparait le camp romain de celui des ennemis. Les Galates qui apportaient le prix de sa rançon passèrent le fleuve et comptèrent l'argent au centurion, qui leur remit Chiomare entre les mains. Elle fit signe à l'un d'eux de frapper le centurion qui lui disait adieu en l'embrassant. Le Galate la comprit et abattit la tête du centurion. Chiomare la prit, l'enveloppa dans sa robe, et lorsqu'elle fut auprès de son mari, elle la jeta toute sanglante à ses pieds. Son mari étonné lui dit : » Ma » femme, il est si beau de garder sa foi. — » Oui, répliqua-t-elle, mais il est plus beau » encore de n'avoir laissé vivre qu'un seul » des hommes qui ont joui de moi. » Polybe dit avoir eu plusieurs entretiens avec cette femme à Sardes, et avoir admiré sa grandeur d'âme et sa prudence.

FRAGMENT XIII.

Piége que les Gaulois Tectosages tendirent à Manlius sous prétexte d'une conférence. [1]

Après la défaite des Gaulois, dans le temps que Manlius, campé auprès d'Ancyre, se disposait à pénétrer plus avant, il lui arriva des ambassadeurs de la part des Tectosages pour le prier, sans retirer ses troupes d'où elles étaient, de s'avancer lui-même le lendemain entre les deux camps, où leurs rois se rencontreraient en même temps pour traiter de la paix. Le consul y consentit, et se rendit au lieu marqué avec cinq cents chevaux : mais les rois ayant manqué au rendez-vous, il retourna dans son camp. Les ambassadeurs Tectosages revinrent, et après avoir, sous différens prétextes, excusé leurs princes, ils prièrent encore le consul de venir au lieu indiqué, où il trouverait les principaux du pays qui conféreraient avec lui sur la manière de finir la guerre. Manlius promit de faire ce qu'ils demandaient ; mais il ne sortit pas du camp, et en sa place il fit aller Attalus au lieu de la conférence avec quelques tribuns et trois cents chevaux. Quelques Tectosages des plus distingués vinrent en effet, comme on était convenu ; on parla d'affaires ; mais ils dirent qu'ils n'avaient pas pouvoir de rien conclure, et que leurs rois viendraient incessamment pour convenir des articles, si Manlius voulait se trouver au même endroit avec eux. Attalus promit que le consul s'y trouverait, et l'on se sépara. Tous ces délais étaient affectés. Le but était de gagner du temps pour transporter au-delà du Halys leurs familles et leurs effets, mais surtout de prendre prisonnier le consul, si cela se pouvait, ou du moins de l'égorger. Dans cette vue ils vinrent le lendemain au lieu marqué, à la tête d'environ mille chevaux, et attendirent que les Romains y arrivassent. Le consul, sur le rapport d'Attalus, persuadé que les rois viendraient, sortit du camp comme la première fois avec cinq

---

[1] Fragment de Valois.
[2] Plutarque, actions courageuses des femmes.
[3] Cette guerre de Manlius contre les Galates suivit de près la seconde guerre-punique et concourut avec celle de Macédoine. Manlius qui l'avait conduite triompha l'an 189 avant J. C.

[1] Ambassades XXXIV.

cents cavaliers. Il faut remarquer que quelques jours auparavant les fourrageurs de l'armée romaine avaient été dans un endroit où le détachement de cavalerie qui suivait le consul à la conférence servait à les soutenir. Or, le jour même de la conférence, les tribuns ordonnèrent aux fourrageurs, qui sortaient en grand nombre, d'aller où il était, et leur joignirent un autre pareil détachement. Ce qui se fit alors sans dessein fut d'un grand usage quelques heures après.

FRAGMENT XIV.

Affaires de Grèce et du Péloponnèse.

Fulvius, employant les ressources de la trahison, s'empara pendant la nuit d'une partie de la citadelle et y introduisit les Romains [1].
. . . . , ...
Philopémen, préteur des Achéens, ayant à reprocher un crime aux Lacédémoniens, ramena les exilés dans leur ville et fit mettre à mort, ainsi que le rapporte Polybe, quatre-vingts Spartiates [2].

FRAGMENT XV.

Ambassades de toutes les nations de l'Asie vers Manlius. — Traité de paix entre Antiochus et les Romains [3].

Pendant que Cn. Manlius était en quartier d'hiver à Éphèse, et la dernière année de la présente olympiade, les villes grecques de l'Asie et plusieurs autres envoyèrent des ambassadeurs à ce consul pour le féliciter de la victoire qu'il avait remportée sur les Gaulois, et lui apporter des couronnes. La joie de tous les peuples qui sont en deçà du mont Taurus n'était pas tant fondée sur ce que, Antiochus vaincu, ils étaient délivrés les uns des impôts dont ils étaient chargés, les autres des garnisons qu'ils avaient chez eux, tous de la nécessité d'obéir aux ordres de ce prince, que sur ce qu'ils n'avaient plus rien à craindre des barbares, et qu'ils ne souffriraient plus de leur part les insultes et les injustices qu'ils avaient coutume d'en souffrir. Antiochus, les Gaulois et Ariarathe, roi de Cappadoce, députèrent aussi au consul pour savoir à quelles conditions la paix leur serait accordée. Ariarathe s'était joint à Antiochus, et il s'était trouvé à la bataille que les Romains venaient de gagner. Il craignait d'en être puni, et dans l'inquiétude où il était, il envoyait députés sur députés pour apprendre ce qu'on voulait qu'il donnât ou qu'il fît pour obtenir le pardon de sa faute. Toutes les ambassades des villes furent reçues avec bonté; le consul les loua fort et les renvoya. Ensuite il répondit aux autres. Il dit aux Gaulois qu'il attendait pour faire la paix avec eux qu'Eumène fût arrivé; à ceux d'Ariarathe, qu'ils eussent à payer six cents talens; à Musée, ambassadeur d'Antiochus, que son maître, avant que de parler de paix, vînt avec son armée sur les frontières de la Pamphylie, qu'il y apportât deux mille cinq cents talens et le blé qui se devait distribuer aux soldats, selon le traité fait auparavant avec Lucius Scipion. Et dès que la belle saison lui permit d'entrer en campagne, ayant expié son armée par des sacrifices, il partit avec Attalus, et en huit jours de marche il arriva à Apamée. Il n'y séjourna que trois jours. Le troisième il leva le camp, et marchant à grandes journées il campa trois jours après dans l'endroit où il avait marqué aux ambassadeurs d'Antiochus de le venir joindre. Musée s'y rencontra en effet, et pria Manlius d'y rester jusqu'à ce que les chariots et les bêtes de charge, qui apportaient le blé et l'argent, fussent arrivées. Elles entrèrent dans le camp au bout de trois jours. Le blé fut distribué aux troupes, et les talens, par l'ordre du proconsul, furent conduits par un tribun à Apamée. Après quoi, sur l'avis que Manlius reçut que le commandant de la garnison de Perga n'avait pas évacué la place, et que lui-même y demeurait encore, il s'en approcha avec son armée. Il en était déjà proche, lorsque le commandant vint à sa rencontre, pour le supplier de ne lui savoir pas mauvais gré d'être resté dans Perga, disant que son devoir avait demandé qu'il n'abandonnât point cette place; qu'y ayant été mis par Antiochus, il avait voulu la conserver jusqu'à ce qu'il sût de celui qui la lui avait confiée ce

---

[1] Suidas au mot Πραξικοπήσας.
[2] Plutarque, vie de Philopémen.
[3] Ambassades XXXV.

qu'il avait à faire ; que jusqu'à présent personne ne lui avait encore déclaré ses intentions; qu'il lui accordât trente-neuf jours pour s'informer et apprendre du roi ce qu'il fallait qu'il fît. Manlius eut d'autant moins de peine à consentir à ce délai, qu'en toutes choses il trouvait Antiochus très-fidèle à sa parole. Quelques jours après Perga fut remise en liberté.

Au commencement de l'été les dix commissaires et Eumène débarquèrent à Éphèse; ils s'y reposèrent deux jours et allèrent ensuite à Apamée. Manlius, en étant averti, envoya Lucius son frère avec quatre mille hommes chez les Oroandiens pour les porter ou les forcer à payer les taxes qui leur avaient été imposées. Il se mit ensuite en marche et se hâta de joindre le roi Eumène. Arrivé à Apamée, il tint conseil avec ce prince et les dix commissaires sur la paix dont il s'agissait. On la conclut enfin, et voici quels furent les articles du traité.

« L'amitié subsistera toujours entre Antio-
» chus et les Romains aux conditions sui-
» vantes :

» Le roi Antiochus ne permettra le passage
» sur ses terres ni sur celles de ses sujets à au-
» cune armée ennemie du peuple romain, et
» ne lui fournira aucun secours; et récipro-
» quement ni Rome ni ses alliés ne souffriront
» qu'aucune armée passe sur leurs terres pour
» faire la guerre à Antiochus ou à ses sujets.

» Antiochus ne portera point la guerre dans
» les îles, et il renoncera à ses prétentions en
» Europe.

» Il retirera ses troupes de toutes les villes,
» bourgades et châteaux qui sont en deçà
» du mont Taurus jusqu'au fleuve Halys,
» et de la plaine jusqu'aux hauteurs qui sont
» vers la Lycaonie.

» Les troupes syriennes en évacuant les
» places n'en transporteront point leurs ar-
» mes, et si elles en ont transporté, elles les
» restitueront.

» Antiochus ne recevra dans ses états ni
» soldats du roi Eumène, ni qui que ce soit.

» Si quelques habitans des villes que les Ro-
» mains séparent du royaume d'Antiochus se
» rencontrent dans son armée, il les ren-
» verra à Apamée.

» Il sera permis à ceux du royaume d'An-
» tiochus qui se trouveront soit chez les Ro-
» mains, soit chez les alliés, ou de s'en retirer
» ou d'y rester.

» Antiochus et ses sujets rendront aux Ro-
» mains et à leurs alliés les esclaves, les prison-
» niers, les fugitifs qu'ils auront pris sur eux.

» Le roi de Syrie, s'il est en son pouvoir, re-
» mettra entre les mains du proconsul le Car-
» thaginois Annibal fils d'Amilcar, l'Acar-
» nanien Mnésilochus, l'Étolien Thoas, Eu-
» bulis et Philon, tous deux Chalcidiens, et
» quiconque aura eu quelque magistrature
» dans l'Étolie.

» Il livrera tous les éléphans qu'il a dans
» Apamée, et il ne lui sera plus permis d'en
» avoir aucun.

» Il mettra les Romains en possession de
» toutes ses galères armées en guerre avec
» leur équipage, et ne pourra mettre en mer
» que dix vaisseaux, dont la chiourme ne sera
» que de trente rames, les eût-ils mis pour
» une guerre qu'il commençait.

» Il bornera sa navigation au promontoire
» de Calycadne, si ce n'est lorsqu'il faudra
» conduire de l'argent, des ambassadeurs ou
» des ôtages.

» Il ne lui sera pas permis de lever des trou-
» pes mercenaires dans le pays romain, ni
» d'en recevoir même de volontaires.

» Les maisons qui dans la Syrie apparte-
» naient aux Rhodiens ou à leurs alliés de-
» meureront en leur puissance, comme avant
» que la guerre leur fût déclarée.

» S'il leur est dû de l'argent, ils seront en
» droit de l'exiger, et on leur rendra ce qu'ils
» prouveront leur avoir été enlevé.

» Les biens des Rhodiens seront exempts de
» toute charge et de tout impôt, comme ils
» étaient avant la guerre.

» Si Antiochus a donné à d'autres les villes
» qu'il doit livrer aux Romains, il en retirera
» les garnisons, et il ne recevra point celles
» qui après la paix voudraient rentrer sous
» son obéissance.

» Il paiera aux Romains durant douze ans,
» par chaque année, mille talens en argent le
» plus pur, tel que celui d'Athènes, chaque

» talent pesant quatre vingts livres, poids ro-
» main, et cinq cent quarante mille boisseaux
» de froment.

» Il délivrera au roi Eumène, dans l'espace
» de cinq ans, trois cent cinquante-neuf talens
» en paiemens égaux, pour le blé qui lui est
» dû cent vingt-sept talens, ce qu'on laisse à
» l'estimation d'Antiochus, et douze cent
» huit dragmes, somme qu'il a accordée à
» Eumène et dont ce roi se contente.

» Il remettra aux Romains vingt ôtages et
» les changera de trois ans en trois ans, les-
» quels ôtages ne seront que depuis l'âge de
» dix-huit jusqu'à quarante-cinq ans.

» S'il manque quelque chose à la somme
» qu'il paiera tous les ans, il y satisfera l'an-
» née suivante.

» Si quelques villes ou quelques-unes des
» nations à qui l'on défend par le présent
» traité de faire la guerre à Antiochus, s'avise
» de la lui faire, il aura droit de se défen-
» dre, sans avoir cependant le droit de pren-
» dre aucune de ces villes ou de les compter
» parmi ses alliés.

» Les démêlés qui arriveront, on les ter-
» minera en justice réglée.

» Si l'on jugeait de part et d'autre devoir
» ajouter quelques articles à ceux-ci, ou en
» retrancher quelques-uns, on le pourra faire
» d'un consentement mutuel. »

Les sermens prêtés à l'ordinaire, le pro-consul fit partir pour la Syrie Lucius Minucius Thermus et Lucius son frère, qui avaient apporté l'argent des Oroandiens, et leur donna ordre de prendre le serment d'Antiochus pour assurer les articles de la paix. Il envoya ensuite des courriers à Quintus Fabius, et lui ordonna de revenir dans le port de Patare et d'y brûler tous les vaiseaux du roi de Syrie.

FRAGMENT XVI.

Les dix commissaires règlent les affaires de l'Asie [1].

Le général romain et les dix commissaires ayant écouté à Apamée les différens qu'avaient entre eux les particuliers, les uns pour des terres, les autres pour de l'argent ou pour quelque autre sujet, renvoyèrent les plaideurs à certaines villes qu'ils acceptèrent, et où leurs procès devaient être terminés. Ils s'appliquèrent ensuite à arranger les affaires générales. Toutes les villes libres qui, autrefois tributaires d'Antiochus, avaient été fidèles au peuple romain dans la dernière guerre, furent exemptées de tout tribut. Celles qui en payaient à Attalus furent chargées de les payer à Eumène; et toutes celles qui avaient quitté les Romains pour se joindre à Antiochus, on leur ordonna de donner à Eumène ce qu'elles donnaient au roi de Syrie. On accorda une franchise entière aux Colophoniens qui étaient établis dans Notium, aussi bien qu'aux Cyméens et aux Mylassiens. La ville de Clazomène, outre l'immunité, obtint la souveraineté sur l'île Drimuse. Les Milésiens n'avaient pu garder pendant la guerre le champ sacré; on les y rétablit. Chio, Smyrne et Érythrée, qui s'étaient distinguées par leur attachement au parti romain, reçurent les terres que chacun souhaitait et croyait lui convenir. Les Phocéens rentrèrent en possession de leur premier gouvernement et de leur ancien domaine.

On vint ensuite aux Rhodiens. La Lycie et la Carie jusqu'au Méandre, à l'exception de Telmesse, leur furent attribuées. A l'égard d'Eumène et de ses frères, on ne se contenta pas de ce que l'on avait réglé en leur faveur dans le traité de paix; on leur donna encore Lysimachie avec la Chersonèse en Europe, et les terres avec les châteaux qui y confinent et qui obéissent à Antiochus; et en Asie, les deux Phrygies, la petite proche de l'Hellespont et la grande, la Mysie qu'ils avaient déjà conquise, la Lycaonie et la Lydie, les villes de Mylias, de Trallis, d'Éphèse, de Telmesse. Le roi de Pergame eut quelques contestations avec les ambassadeurs d'Antiochus, prétendant que la Pamphylie est en-deçà du mont Taurus. Le procès fut renvoyé au sénat. Toutes les affaires, ou du moins la plupart et les plus nécessaires, étant ainsi réglées, le proconsul prit la route de l'Helles-

---

[1] Ambassades XXXVI.

pont, et chemin faisant confirma tout ce qui avait été fait avec les Gaulois.

FRAGMENT XVII.[1]

[I] Ce fut à cette époque que prirent naissance les causes qui amenèrent la ruine de la maison des rois de Macédoine. Je sais bien que quelques-uns de ceux qui ont écrit sur la guerre des Romains avec Persée lui donnent une autre origine. La première origine de cette guerre serait, suivant eux, l'expulsion du roi Alezupor de son royaume pour avoir voulu, après la mort de Philippe, s'emparer des mines d'or et d'argent du mont Pangée, tentative qui avait déterminé Persée à lui faire la guerre et à le dépouiller ensuite de tous ses états. La seconde cause serait l'invasion de la Dolopie à la suite de cette affaire, et l'arrivée de Persée à Delphes. La troisième, les embuches dressées, à Delphes, au roi Eumène et le meurtre des députés béotiens. Ces divers événemens auraient, à les en croire, allumé la guerre entre Persée et les Romains.

[II] Il me semble du plus grand intérêt, non pas seulement pour les historiens, mais aussi pour tous ceux qui lisent avec réflexion, de connaître les véritables causes d'événemens d'où sont sorties tant d'infortunes. Et cependant beaucoup d'écrivains font une confusion étrange, sans doute par ignorance, entre ce que je pourrai appeler l'avant-scène des événemens, et leur cause, de même qu'entre l'avant-scène de la guerre et le principe de cette guerre. Les faits me forcent à m'appesantir sur ce point; et en effet, des événemens rapportés ci-dessus, les premiers sont l'avant-scène, tandis que le véritable principe de la guerre avec Persée et de l'anéantissement du royaume de Macédoine ne remonte qu'aux derniers faits, je veux dire aux embuches dressées au roi Eumène, au meurtre des députés et à tous les autres crimes de la guerre commis à la même époque. Quant à la cause de tous ces événemens, elle est réellement nulle; ce qui sera prouvé par la suite de mon récit; car de même que nous avons affirmé que Philippe, fils d'Amyntas, avait préparé la guerre contre Persée, et qu'ensuite Alexandre n'avait fait que mettre à exécution les projets de son père, de même aujourd'hui nous dirons que Philippe, fils de Démétrius, avait conçu le projet de faire cette dernière guerre contre les Romains, et avait préparé tous ses moyens d'attaque, et qu'après sa mort Persée avait mis les mains à l'œuvre. Si cela est vrai, ce que je démontrerai, les préparatifs ne peuvent avoir devancé la mort de celui qui avait conçu le projet d'intenter la guerre, supposition absurde dans laquelle tombent les autres écrivains en donnant comme cause de la guerre des événemens plus anciens que la mort de Philippe.

[1] Tiré des palimpsestes par Mai.

LIVRE VINGT-TROISIÈME.

FRAGMENT PREMIER.

Les Achéens se brouillent avec les Romains. — Ambassades mutuelles de Ptolémée aux Achéens, et des Achéens à Ptolémée[1].

Les Lacédémoniens, irrités du meurtre qui s'était fait à Compasium de plusieurs de leurs citoyens et croyant que par cette action Philopémen avait bravé la puissance et insulté la majesté de la république romaine, envoyèrent à Rome des ambassadeurs pour se plaindre de ce préteur et de son gouvernement. Marcus Lé-

[1] Ambassades XXVII.

pidus, qui était alors consul et qui fut depuis grand prêtre, écrivit par ces ambassadeurs aux Achéens et leur fit des plaintes sur la conduite qu'ils avaient tenue à l'égard des Lacédémoniens; Philopémen avait en même temps député à Rome Nicodème d'Élée. Ce fut aussi dans ce temps-là que l'Athénien Demétrius vint en Achaïe de la part de Ptolémée pour renouveler l'alliance que ce prince avait autrefois faite avec les Achéens. Ceux-ci se firent un grand plaisir de la renouveler et députèrent au roi Lycortas, mon père, Théodoridas et Rothisèle, tous deux Sicyoniens, pour faire serment entre ses mains et recevoir le sien. C'est ici que vient se placer un événement qui paraîtra peut-être étranger à mon sujet, mais qui cependant est digne d'être raconté. L'alliance renouvelée, Philopémen ayant reçu un ambassadeur de Ptolémée et l'ayant fait manger à sa table, la conversation tomba sur ce prince. Dans l'éloge qu'en fit l'ambassadeur, il s'étendit beaucoup sur la dextérité et la hardiesse qu'il faisait paraître à la chasse, sur l'adresse avec laquelle il maniait un cheval, sur la vigueur et la force avec lesquelles il se servait de ses armes; et pour faire voir combien ce qu'il disait était vrai, il dit que ce roi, de dessus son cheval, avait, en chassant, tué un taureau d'un seul coup de javelot.

FRAGMENT II.

Les Béotiens indisposent peu à peu contre eux les Romains et les Achéens.

Depuis la paix faite avec Antiochus, les esprits inquiets perdirent toute espérance d'innover et de brouiller, et le gouvernement béotien changea de face. Mais comme depuis vingt-six ans il ne s'était pas rendu de jugement, il se répandit dans les villes qu'il fallait que les procès des particuliers fussent enfin décidés. Comme il y a plus de personnes peu avantagées des biens de la fortune que de gens riches, il y eut beaucoup de contestations sur ce point; mais il arriva par hasard un événement qui favorisa beaucoup ceux qui tenaient pour le meilleur parti.

¹ Ambassades XXXVIII.

Depuis long-temps Titus Flaminius tâchait de faire rentrer Zeuxippe dans la Béotie, par reconnaissance pour les services qu'il en avait tirés pendant les guerres d'Antiochus et de Philippe. Il obtint alors du sénat qu'il écrirait aux Béotiens pour leur ordonner de rappeler chez eux Zeuxippe et ceux qui avec lui étaient exilés de leur patrie. Mais ces lettres ne gagnèrent rien sur les Béotiens; ils craignirent que ces exilés, à leur retour, ne les détachassent des Macédoniens; et pour confirmer l'arrêt rendu contre Zeuxippe et ses adhérens, et auquel ils avaient déjà souscrit, on convoqua une assemblée, où l'on remit sur le tapis tous les chefs d'accusation qu'on avait auparavant contre Zeuxippe. On l'accusa d'abord de sacrilége, prétendant qu'il avait enlevé des lames de la table de Jupiter, laquelle était d'argent; l'autre crime était d'avoir tué Brachylles; après quoi ils députèrent Callicrite à Rome pour dire qu'il ne leur était pas permis de déroger à ce qui avait été une fois établi selon leurs lois. Zeuxippe étant arrivé en même temps à Rome pour y soutenir son droit, le sénat écrivit aux Étoliens et aux Achéens la résistance que faisaient les Béotiens à ses ordres, et leur commanda de mener Zeuxippe dans sa patrie. Les Achéens ne jugeant pas à propos d'employer pour cela des troupes, envoyèrent aux Béotiens des députés qui les exhortèrent à obéir aux ordres du sénat, et à reculer le jugement des affaires qu'ils avaient entre eux, comme ils reculaient la décision des procès qu'avaient intentés contre eux les Achéens, qui depuis long-temps plaidaient contre les Béotiens pour certains contrats. On promit d'abord aux députés qu'on suivrait leur avis, mais on oublia bientôt ses promesses. Hippias était alors préteur dans la Béotie. Quand Alcétas lui eut succédé, Philopémen accorda à quiconque la lui demanda la permission de reprendre sur les Béotiens tout ce qui lui avait été enlevé par eux, ce qui ne fut pas un léger sujet de guerre entre ces deux peuples. Sur-le-champ on prit à Mirrique et à Simon une partie de leurs troupeaux. Il y eut combat entre ceux qui prétendaient que cette proie leur appartenait, et ce fut le commencement non d'un procès de citoyen à citoyen, mais d'une haine qui n'aurait pas manqué de dégénérer en une guerre sanglante entre les deux nations, si le sénat eût persisté à vouloir que Zeuxippe fût rétabli dans sa patrie. Mais par bonheur il n'insista pas davantage. Et les Mégariens pacifièrent les différens en priant Philopœmen de révoquer la permission qu'il avait donnée à ceux de sa contrée qui avaient contracté avec les Béotiens.

FRAGMENT III.

Dispute entre les Lyciens et les Rhodiens[1].

Voici quel en fut le sujet. Pendant que les dix commissaires mettaient ordre aux affaires de l'Asie, Théétète et Philophron vinrent de la part des Rhodiens demander qu'en récompense de leur attachement au parti des Romains et de l'empressement avec lequel ils les avaient servis dans la guerre contre Antiochus, on leur donnât la souveraineté sur la Lycie et sur la Carie. En même temps Hipparque et Satyre priaient qu'en considération de la liaison que les Iliens, au nom desquels ils parlaient, avaient avec les Lyciens, on voulût bien pardonner à ces derniers les fautes où ils étaient tombés. Les commissaires, ayant entendu les deux parties, pour contenter, autant qu'il leur était possible, l'un et l'autre peuple, ne statuèrent rien de trop rigoureux contre les Iliens, et firent présent de la Lycie aux Rhodiens. De là naquit entre les Lyciens et les Rhodiens une guerre fâcheuse. D'un côté les Iliens, parcourant les villes de Lycie, publiaient que c'était eux qui avaient adouci les Romains en leur faveur, et à qui elles étaient redevables de leur liberté. De l'autre, Théétète et Philophron répandaient chez les Rhodiens que la Lycie et la Carie jusqu'au Méandre leur avaient été attribuées par les Romains. Les Lyciens donc, se croyant libres, députent à Rhodes pour proposer une alliance entre les deux peuples; les Rhodiens au contraire, se croyant maîtres, envoient quelques-uns de leurs citoyens pour régler les affaires des deux provinces qui leur avaient été données. Quoique de part et d'autre on pensât fort différemment, tout le monde cependant n'était pas encore instruit du véritable état des choses. Mais quand les Lyciens eurent fait à Rhodes leur demande dans le conseil, et que Pothion, un des prytanes ou sénateurs des Rhodiens, eut recueilli les voix et fait sentir aux Lyciens combien ce qu'ils proposaient était absurde, ce fut alors qu'éclata la différence des sentimens; car les Lyciens protestèrent que, quelque chose qu'il arrivât, jamais ils ne se soumettraient et n'obéiraient aux Rhodiens.

FRAGMENT IV.

Diverses ambassades relatives en partie aux différens entre Philippe et Eumène de Thrace et les Thessaliens, et en partie aux affaires des Lacédémoniens et des Achéens.
Sommaire des chapitres consacrés par Polybe à ces divers sujets[1].

Dans la CXLVIII^e olympiade des ambassadeurs arrivèrent à Rome de la part de Philippe et des peuples limitrophes de la Macédoine. — Décrets du sénat relatifs à ces ambassades.

Des débats s'étaient élevés entre Philippe d'un côté, et les Thessaliens et Perrhébiens de l'autre sur les villes retenues par Philippe en Thessalie et en Perrhébie depuis Antiochus. Une discussion s'engagea entre les deux parties en présence de Quintus Cécilius à Tempé en Thessalie. Jugement rendu par Cécilius.

Un autre débat s'élève au sujet des villes de Thrace avec les ambassadeurs d'Eumène et les exilés de Maronée. La conférence à ce sujet se tient à Thessalonique. Jugement rendu par Cécilius et les autres ambassadeurs romains.

Des ambassadeurs envoyés par le roi Ptolémée par Eumène et par Séleucus arrivent en Péloponèse. Décrets des Achéens sur l'alliance avec Ptolémée et sur les présens qui leur sont offerts par les rois ci-dessus désignés. Arrivée de Quintus Cécilius en Péloponèse. Il blâme ce qui a été fait à Lacédémone.

Comment Arée et Alcibiade, qui se trouvaient du nombre de ceux chassés de Lacédémone, se chargent d'aller en ambassade à

---

[1] Ambassade XXXIX.

[1] Extraits par Schweighaeuser du manuscrit de Bavière et du manuscrit des Ursins.

Rome pour y accuser Philopœmen et les Achéens.

Carnage fait à Maronée par le roi Philippe. Arrivée des ambassadeurs romains; leurs instructions. Causes de la guerre des Romains contre Persée.

Dans la CXLVIII° olympiade les ambassadeurs romains arrivent à Clitora en Arcadie. Ils y convoquent les Achéens. Discours des orateurs des divers partis sur les affaires de Lacédémone. Décrets des Achéens. Leur contenu.

FRAGMENT V.

Ambassades de différentes nations à Rome contre Philippe. — Ambassade des Romains vers le même prince [1].

Le roi Eumène envoya vers ce temps-là des ambassadeurs à Rome pour y faire connaître les violentes exactions que Philippe faisait sur les villes de Thrace. Les Maronites exilés y allèrent aussi porter leurs plaintes contre ce prince, et l'accusèrent d'avoir été cause de leur exil. Les Athamaniens, les Perrhébiens, les Thessaliens y députèrent pour demander les villes que Philippe leur avait enlevées pendant la guerre d'Antiochus. Enfin le roi lui-même fit aussi partir des ambassadeurs pour le défendre contre les accusations dont on devait le charger. Après de longues contestations qu'eurent entre eux tous ces députés, le sénat ordonna qu'il serait envoyé des ambassadeurs en Macédoine pour examiner tout ce qui concernait Philippe, et servir comme de sauvegarde à tous ceux qui voudraient faire des plaintes contre ce prince. On choisit pour cette ambassade Quintus Cécilius, Marcus Bébius et Tibérius Sempronius.

FRAGMENT VI.

Conseil tenu chez les Achéens pour différentes affaires, et pour répondre à des ambassadeurs envoyés de plusieurs endroits. — Deux factions parmi les Achéens, lesquelles avaient pour chefs, l'une Aristène et Diophane, l'autre Philopœmen et Lycortas [2].

Venons maintenant aux affaires du Péloponèse. Nous avons déjà dit que, sous le gouvernement de Philopœmen, les Achéens avaient envoyé à Rome des ambassadeurs au sujet de Lacédémone et au roi Ptolémée pour renouveler l'alliance faite autrefois avec lui. Aristène ayant été choisi pour préteur après Philopœmen, on reçut à Mégalopolis, où se tenait alors le conseil des Achéens, des ambassadeurs de la part d'Eumène, qui promettait à la république six-vingt talens, dont l'intérêt serait destiné à l'entretien de ceux qui composaient le conseil public. Il en vint d'autres encore de Séleucus qui, au nom de leur maître, offrirent dix vaisseaux armés en guerre, et qui demandèrent que l'ancienne alliance faite avec ce prince fût renouvelée. Le conseil assemblé, le premier qui y entra fut Nicodème d'Élée, qui fit le rapport de ce qu'il avait dit dans le sénat romain sur l'affaire de Lacédémone et de ce qui lui avait été répondu. On jugea par les réponses qu'à la vérité le sénat n'était content ni de la destruction du gouvernement de Sparte, ni du démolissement des murs de cette ville, ni du meurtre fait à Compasium, mais qu'il n'annulait rien de ce qui avait été statué. Et comme il ne se rencontra personne qui parlât pour ou contre les réponses du sénat, il n'en fut plus fait mention. On donna ensuite audience aux ambassadeurs d'Eumène qui, après avoir renouvelé l'alliance faite autrefois avec Attalus, père du roi, et proposé les offres que faisait Eumène de six-vingt talens, vantèrent fort la bienveillance et l'amitié qu'avait leur maître pour les Achéens. Quand ils eurent fini, le Sicyonien Apollonius se leva et dit que le présent que le roi de Pergame offrait, à le regarder en lui-même, était digne des Achéens; mais que si l'on faisait attention au but qu'Eumène se proposait et à l'utilité qu'il se promettait de tirer de sa libéralité, la république ne pouvait accepter ce présent sans se couvrir d'infamie et sans commettre le plus énorme des crimes; que ce dernier inconvénient était hors de doute, puisque la loi défendant à tout particulier, soit du peuple, soit d'entre les magistrats, de rien recevoir d'un roi sous quelque prétexte que ce soit, la transgression serait beaucoup plus criminelle si la république en corps acceptait les offres d'Eumène; qu'à l'égard de l'infamie, elle était sensible et

[1] Ambassade XL.
[2] Ambassade XLI.

sautait aux yeux : car quoi de plus honteux pour un conseil que de recevoir d'un roi chaque année de quoi se nourrir, et de ne s'assembler, pour délibérer sur les affaires publiques, qu'après s'être pour ainsi dire enivrés à sa table; que cela nuirait aussi beaucoup aux affaires de la patrie; qu'après Eumène Prusias ne manquerait pas aussi de faire des largesses, et Séleucus après Prusias ; que les intérêts des rois étant d'une autre nature que ceux des républiques, et dans celles-ci les délibérations les plus importantes roulant presque toujours sur des contestations qu'on avait avec les rois, il arriverait nécessairement de deux choses l'une, ou que les Achéens feraient l'avantage de ces princes au préjudice de la nation, ou qu'ils se rendraient coupables d'une noire ingratitude envers leurs bienfaiteurs. Il finit en exhortant les Achéens non seulement à refuser le présent qu'on leur offrait, mais encore à détester Eumène pour s'être avisé de cet expédient pour les corrompre.

Après Apollonius, l'Éginète Cassandre prit la parole, et fit convenir les Achéens que ses compatriotes n'étaient tombés dans le malheureux état où ils se voyaient, que parce qu'ils vivaient sous leurs lois. Nous avons vu en effet que Publius Sulpicius étant venu à Égine en avait vendu tous les habitans, et que les Étoliens, en vertu d'un traité fait entre eux et les Romains, devenus maîtres de cette ville, l'avaient livrée à Attalus pour la somme de trente talens ; d'où Cassandre concluait qu'Eumène, au lieu d'acheter à prix d'argent l'amitié des Achéens, avait, en leur rendant Égine, un moyen sûr de se gagner tous les cœurs de la nation ; il conjura ensuite les Achéens de ne pas se laisser toucher par les offres d'Eumène ; que s'ils avaient la faiblesse de les accepter, les Éginètes perdaient toute espérance d'être jamais remis en liberté. Ces deux discours firent une si forte impression sur la multitude, que personne n'osa prendre la défense du roi de Pergame. Tous rejetèrent avec de grands cris sa proposition, quelque éblouissante que fût la somme d'argent qu'il offrait.

On appela ensuite Lycortas et les autres ambassadeurs qui avaient été envoyés à Ptolémée, et l'on fit la lecture du décret fait par ce prince pour le renouvellement de l'alliance. Lycortas, après avoir dit qu'il avait prêté serment au roi au nom des Achéens et reçu les siens, ajouta qu'il apportait de la part de Ptolémée à la république six mille boucliers d'airain pour armer les Deltastes, et deux cents talens d'airain monnayé, et il finit par un court éloge de la bienveillance et de l'amitié que ce prince avait pour la nation achéenne ; après quoi le préteur Aristène, se levant, demanda à l'ambassadeur de Ptolémée et à ceux qui avaient été envoyés à ce roi par les Achéens, quelle alliance il venait renouveler. Personne n'ayant rien à répondre à cette question, on s'informait les uns des autres ; tout le conseil fut fort embarrassé. La difficulté venait de ce qu'il s'était fait entre les Achéens et Ptolémée plusieurs traités d'alliance qui étaient très-différens les uns des autres, selon les conjonctures où ils avaient été faits, et que l'ambassadeur de Ptolémée, en renouvelant l'alliance, n'avait parlé de renouvellement qu'en général et sans aucune distinction. Les ambassadeurs achéens étaient tombés dans la même faute en prêtant et recevant les sermens accoutumés, comme si jamais il n'y eût eu qu'un traité d'alliance. C'est pourquoi le préteur ayant étalé tous les traités et fait voir en détail les différences importantes qu'il y avait entre eux, la multitude voulut savoir lequel de tous on était venu renouveler. Comme ni Philopœmen, pendant la préture duquel le renouvellement s'était fait, ni Lycortas qui avait été pour cela envoyé à Alexandrie, ne purent rendre raison de leur conduite, ils furent convaincus d'avoir procédé dans cette affaire avec trop peu de prudence et de maturité ; au lieu que leur faute fit concevoir une grande idée du mérite d'Aristène, on le regarda comme le seul homme qui sût parler avec connaissance de cause. Il empêcha que le décret ne fût ratifié, et remit la décision à un autre temps.

Après cela on donna audience aux ambassadeurs de Séleucus. On renouvela l'alliance qu'on avait avec lui, mais on ne crut pas devoir accepter pour lors les vaisseaux dont il faisait présent. L'assemblée ensuite se sépara, et chacun se retira dans la ville d'où il était venu. Un autre jour qu'il se célébrait une grande fête, Quintus Cécilius, au retour de Macédoine, où il était allé comme ambassadeur auprès de Philippe, vint dans l'Achaïe. Aristène assembla aussitôt tous les principaux membres de la république dans Argos, et Quintus Cécilius, étant entré dans le conseil, dit que les Achéens devaient d'autant moins user de rigueur avec les Lacédémoniens, que la conduite qu'on avait tenue à leur égard passait les bornes d'une juste modération, et que l'on ferait bien de réformer tout ce qui s'était imprudemment fait contre eux dans cette occasion, à quoi il exhorta les Achéens de tout son pouvoir.

Il parut bien alors que ce qui avait été statué contre les Lacédémoniens n'était pas du goût d'Aristène, et qu'il s'entendait avec Cécilius; son silence le trahit, il ne répliqua pas un seul mot. Diophanes de Mégalopolis, homme plus guerrier que politique, se leva ensuite. Ce ne fut pas pour défendre ou excuser le procédé des Achéens; il n'ouvrit pas la bouche sur ce point; mais pour se venger de Philopœmen, qu'il n'aimait pas, en intentant une autre accusation contre les Achéens. Il dit qu'on avait injustement agi non seulement avec Lacédémone, mais encore avec Messène. Ce reproche était fondé sur ce que les Messéniens n'étaient d'accord entre eux ni sur le décret qu'avait fait Titus Quintius pour le rappel des exilés, ni sur la manière dont Philopœmen l'avait mis à exécution. Cécilius, se voyant des partisans parmi les Achéens mêmes, trouva encore plus mauvais que tout le conseil ne se soumît pas à son sentiment.

Alors Philopœmen, Lycortas et Archon prirent hautement la défense de la république; ils firent voir que tout ce qui avait été fait au sujet de Sparte avait été sagement fait et même à l'avantage des Lacédémoniens, et que l'on n'y pouvait rien changer sans violer tous les droits humains et le respect que l'on devait aux dieux. Le conseil, touché de leur discours, ordonna qu'il ne serait rien changé à ce qui avait été réglé, et que l'on donnerait cette réponse à l'ambassadeur romain. Quand on la porta à Cécilius, il demanda que l'on convoquât les comices du pays. Les magistrats répondirent qu'il fallait pour cela qu'il produisît une lettre du sénat de Rome, par laquelle on priât les Achéens de s'assembler. Comme il n'en avait point, on lui dit nettement qu'on ne s'assemblerait pas; ce qui le mit en si grande colère qu'il partit d'Achaïe sans vouloir entendre ce que les magistrats avaient à lui dire. On crut que ce député, et avant lui Marcus Fulvius, n'auraient pas parlé avec tant de liberté, s'ils n'eussent été sûrs qu'Aristène et Diophane étaient pour eux. Aussi furent-ils accusés d'avoir attiré ces Romains dans le pays par haine pour Philopœmen, et passèrent-ils pour suspects dans l'esprit de la multitude. Tel était l'état des affaires dans le Péloponèse.

FRAGMENT VII.

Différentes ambassades vers les Romains. — Ambassades des Romains auprès de Philippe et des Grecs [1].

Cécilius, de retour à Rome, fit au sénat le rapport de tout ce qui lui était arrivé dans la Grèce. On fit ensuite entrer les ambassadeurs de Macédoine et du Péloponèse. Ceux de Philippe et d'Eumène furent introduits les premiers; après eux les exilés d'Énum et de Maronée qui répétèrent ce qui avait été dit ci-devant à Cécilius à Thessalonique. Le sénat, après les avoir entendus, jugea qu'il fallait envoyer de nouveaux ambassadeurs à Philippe, pour examiner sur les lieux s'il s'était retiré, selon qu'il l'avait promis à Cécilius, des villes de la Perrhébie, et pour lui ordonner d'évacuer Énum et Maronée, et de sortir en un mot de tous les châteaux, terres et villes qu'il occupait sur la côte maritime de la Thrace. On écouta ensuite Apollonidas, ambassadeur que les Achéens avaient envoyé pour les justifier de n'avoir point donné de réponse à Cécilius, et pour informer le sénat de tout ce qui avait été fait au sujet de Lacédémone,

[1] Ambassade XLII.

qui de son côté avait député à Rome Arée et Alcibiade, tous deux de ces anciens exilés que Philopœmen et les Achéens avaient rétablis dans leur patrie. Ces deux ingrats, malgré un bienfait si précieux et si récent, se chargèrent de l'odieuse commission d'accuser ceux qui les avaient sauvés contre toute espérance, et qui leur avaient procuré le bonheur de revoir leurs foyers. Rien n'irrita plus les Achéens que cette ingratitude. Apollonidas prouva qu'il n'était pas possible de régler mieux les affaires de Lacédémone que Philopœmen et les Achéens ne les avaient réglées. De leur côté Arée et Alcibiade tâchèrent de faire voir au contraire que les habitans ayant été chassés par force de Lacédémone, toutes les forces de la ville étaient épuisées ; que réduite à un très-petit nombre de citoyens, et ses murs abattus, on n'y pouvait plus vivre en sûreté ; qu'elle avait perdu son ancienne liberté ; qu'elle n'était pas seulement soumise aux décrets publics des Achéens, mais qu'elle était encore forcé d'obéir à leurs préteurs. Le sénat, ayant comparé et pesé les raisons de part et d'autre, nomma pour ambassadeur Appius Claudius, et lui donna des instructions sur ce démêlé comme pour les autres affaires de la Grèce. Apollonidas excusa encore les Achéens sur le crime qu'on leur faisait de n'avoir pas convoqué les comices pour Cécilius. Il dit qu'en cela ils n'étaient pas condamnables ; que c'était une loi chez eux de n'assembler le conseil que lorsqu'il était question d'alliance ou de guerre, à moins qu'on ne produisit des lettres de la part du sénat ; que les magistrats avaient donc eu raison de délibérer si l'on assemblerait le conseil de la nation, et qu'ils n'avaient point eu tort de n'en rien faire, puisque Cécilius n'apportait point de lettre du sénat romain, et qu'il refusait de donner des ordres par écrit. Cécilius ne laissa pas cette apologie sans réplique ; il s'éleva contre Philopœmen, contre Lycortas, contre les Achéens en général, et contre la rigueur dont ils avaient usé envers les Lacédémoniens. La réponse du sénat aux ambassadeurs achéens fut qu'il serait envoyé des députés sur les lieux pour examiner les choses de plus près, et il leur recommanda d'avoir pour ces députés tous les égards qu'il avait lui-même pour ceux qui venaient à Rome de la part des Achéens.

FRAGMENT VIII.

Cruauté de Philippe à l'égard des Maronites. — Il envoie son fils Démétrius à Rome [1].

Quand Philippe eut appris de ses ambassadeurs, qui lui avaient été renvoyés de Rome, qu'il fallait absolument qu'il vidât les villes de la Thrace, irrité jusqu'à la fureur de voir de tous les côtés sa domination resserrée, il déchargea sa rage sur les habitans de Maronée. Par son ordre, Onomaste, qui avait le gouvernement de la Thrace, l'étant venu trouver, ils concertèrent ensemble la cruelle vengeance qu'il avait projetée. Cassandre avait vécu long-temps dans cette ville, et y était fort connu. C'était assez la maxime de Philippe d'envoyer ses courtisans dans les villes pour accoutumer les habitans à les y voir. Ce Cassandre fut l'homme dont se servit Onomaste pour exécuter la barbare ordonnance du prince. Il fit entrer de nuit un corps de Thraces dans la ville, qui firent main basse sur les citoyens et en massacrèrent un grand nombre. Philippe, ainsi vengé de ceux qui n'étaient pas de sa faction, attendait tranquillement l'arrivée des commissaires, persuadé que personne n'aurait la hardiesse de se déclarer son accusateur. Quelque temps après arrive Appius, qui bientôt informé du traitement fait aux Maronites, en fait de vifs reproches au roi de Macédoine, qui soutint qu'il n'avait point de part à ce massacre, et qui le rejeta sur une émotion populaire. Les uns, dit-il, inclinant pour Eumène, les autres pour moi, la querelle s'échauffa, et ils s'égorgèrent les uns les autres. Il porta la confiance jusqu'à ordonner qu'on amenât devant lui quiconque voudrait l'accuser. Mais qui aurait osé le faire ? La punition aurait suivi de près, et le secours qu'on aurait pu attendre des Romains était trop éloigné. Il est inutile, lui dit Appius, que vous vous excusiez, je sais ce qui s'est

[1] Ambassade XLIV.

passé et qui en est l'auteur. Ce mot jeta Philippe dans de grandes inquiétudes. On ne poussa cependant pas la chose plus loin dans cette première entrevue. Mais le lendemain Appius lui commanda d'envoyer sans délai Onomaste et Cassandre à Rome, pour être interrogés par le sénat sur le fait en question. A cet ordre Philippe changea de couleur, chancela, hésita long-temps à répondre. Enfin il dit qu'il enverrait Cassandre, auteur du massacre, à ce que les commissaires croyaient; mais il s'obstina à retenir auprès de lui Onomaste, qui, disait-il, était si peu à Maronée dans le temps de cette sanglante tragédie, qu'il n'était pas même dans le voisinage. Dans le fond, c'est qu'il craignait qu'un homme qui avait sa confiance, et à qui il n'avait rien caché, ne trahît devant le sénat tous ses secrets. Pour Cassandre, dès que les commissaires furent sortis de la Macédoine, il le fit embarquer; mais il envoya des gens à sa suite qui l'empoisonnèrent en Épire.

Après le départ des commissaires, qui s'en allèrent bien convaincus que Philippe avait ordonné le massacre de Maronée, et qu'il était près de rompre avec les Romains, le roi de Macédoine faisant réflexion, seul et avec ses amis Apelles et Philoclès, que sa haine contre les Romains et le désir de se venger commençait à éclater, aurait bien voulu prendre incessamment les armes et leur faire ouvertement la guerre : mais comme ses préparatifs n'étaient pas encore faits, il imagina un expédient pour gagner du temps. Il prit le dessein d'envoyer à Rome son fils Démétrius, qui, ayant été long-temps en otage dans cette ville et s'y étant acquis de l'estime, lui parut très en état ou de le défendre contre les accusations qu'on pourrait intenter contre lui devant le sénat, ou de l'excuser sur les fautes qu'il aurait en effet commises. Il disposa donc tout ce qui était nécessaire pour cette ambassade, et avertit les amis dont il voulait que le prince son fils fût accompagné. Il promit en en même temps aux Byzantins de les secourir, non qu'il prît beaucoup d'intérêt à leur défense, mais parce qu'allant à leur secours, il jetterait la terreur parmi les petits souverains de Thrace qui règnent auprès de la Propontide et les empêcherait de mettre obstacle au dessein qu'il avait de faire la guerre aux Romains.

FRAGMENT IX.

Les commissaires romains arrivent en Crète et mettent ordre aux affaires de cette île [1].

Dans l'île de Crète, pendant que Cydates, fils d'Anticalces, faisait à Gortyne la fonction de premier magistrat, les Gortyniens, tâchant par toutes sortes de voies de diminuer la puissance des Cnossiens et de resserrer leur domaine, avaient donné Lycastion aux Ranciens et Diatonion aux Lyctiens. Sur ces entrefaites arrivèrent en Crète avec Appius les commissaires qui avaient été envoyés de Rome pour pacifier les différens qu'avaient entre eux les habitans de cette île. Après quelque discussion, les Crétois s'étant laissé persuader de prendre les commissaires pour arbitres, ceux-ci rétablirent les Cnossiens dans la possession de leur ancien territoire, et ordonnèrent aux Cydoniates de reprendre les otages qu'ils avaient donnés et laissés à Charmion, et de sortir de Phalasarne sans rien enlever de ce qui appartenait aux habitans. Ils leur laissèrent aussi la liberté de faire partie du conseil public ou de n'y pas entrer, selon qu'ils trouveraient l'un plus avantageux que l'autre, pourvu qu'au reste ils se continssent dans les bornes de leur domaine. Ils accordèrent aussi la même permission aux Phalasarniens qui avaient été bannis de la ville pour avoir tué Menoctius, un des plus illustres de leurs citoyens.

FRAGMENT X.

Ptolémée roi d'Égypte [2].

Quand ce prince eut fait le siège de Licopolis, les principaux de l'Égypte furent effrayés et se rendirent à discrétion. Le roi en usa mal avec eux et s'attira bien des malheurs. On vit arriver quelque chose de semblable lorsque Polycrates eut vaincu les rebelles. Car Athinis, Pausiras, Chésuphe et Irobaste, qui

---

[1] Ambassade XLV.
[2] Fragments de Valois.

étaient restés seuls de tous les seigneurs, cédant au temps, étaient venus à Saïn pour se rendre à Ptolémée. Mais ce prince, sans égard pour les assurances qu'il leur avait données, les fit traîner nus et enchaînés à des chars, et les condamna ensuite à la mort. De là il fut à Naucrate, où ayant reçu un corps de soldats mercenaires qu'Aristonique lui avait levés dans la Grèce, il se mit en mer pour retourner à Alexandrie, sans avoir fait aucun exploit de guerre, quoiqu'il eût alors vingt-cinq ans. Ce fut l'effet des mauvais conseils de Polycrates.

FRAGMENT XI.

Aristonique [1].

C'était un eunuque de Ptolémée, roi d'Égypte, et qui dès l'enfance avait été élevé avec ce prince. Plus avancé en âge, il fit remarquer en lui des sentimens plus nobles et plus élevés qu'on n'a coutume d'en voir dans des gens de cette espèce. Il avait de la nature une inclination dominante pour la guerre, et s'appliquait beaucoup à s'y rendre habile : aimable dans la société, il y portait un talent rare : c'était celui de savoir s'accommoder à toutes sortes d'esprits. Outre ces bonnes qualités, il avait encore celle d'aimer à faire plaisir.

FRAGMENT XII.

Apollonias, femme d'Attalus, roi de Pergame, et mère d'Eumène.

Cette reine mérite par bien des endroits que nous la fassions connaître à la postérité. Elle était de Cyzique. Attalus la prit chez le peuple, et partagea le trône de Pergame avec elle. Jusqu'à la mort elle se maintint dans cette dignité suprême, se rendant chère et aimable au roi son mari, non par des manières enjouées et des caresses frivoles, mais par sa sagesse, sa gravité, sa modestie et sa probité. Mère de quatre princes, elle conserva pour eux, jusqu'au dernier moment de sa vie, une tendresse inaltérable, quoiqu'elle ait vécu long-temps après son mari. Rien n'a fait plus d'honneur à deux d'entre eux que le respect avec lequel ils la reçurent à Cyzique. Ils la placèrent au milieu d'eux, et lui prenant la main chacun de son côté, ils la conduisirent civilement dans les temples et dans les autres endroits de la ville. Tout le peuple regardait ces deux jeunes princes avec admiration. On se rappelait, en les voyant, Cléobis et Biton ; on comparait les deux actions ensemble, en donnant néanmoins l'avantage à celle des deux fils d'Attalus en qui une tendresse égale pour leur mère était relevée par l'éclat que lui donnait leur illustre naissance. Ce charmant spectacle fut vu à Cyzique après la paix faite avec Prusias.

FRAGMENT XIII.

Sur Philopœmen [1].

Philopœmen était en désaccord avec Archon, préteur des Achéens, sur une opinion à prononcer. Peu à peu cependant on le vit acquiescer à toutes les opinions de celui-ci, et profiter adroitement de toutes les occasions pour lui donner les éloges les plus bienveillans. J'étais présent à tout cela et je n'aimais pas qu'on cherchât à faire du mal à quelqu'un par les louanges mêmes qu'on lui donnait. Arrivé à un âge plus mûr, je ne puis approuver davantage une semblable conduite. La disposition d'esprit qui nous porte à la prudence est bien différente de celle qui nous porte à la malfaisance ; elle en diffère autant qu'un homme habile diffère d'un homme méchant. Pour le dire en peu de mots, le premier est ce qu'il y a de meilleur, le second ce qu'il y a de pire au monde. Mais la folie de notre siècle va croissant si rapidement, qu'en vérité je doute que mon opinion trouve beaucoup de partisans et qu'elle n'obtiendra probablement qu'une approbation fort rare et une imitation plus rare encore.

[1] Extrait par Maï des Palimpsestes.

LIVRE VINGT-QUATRIÈME.

FRAGMENT PREMIER.

Plaintes des ambassadeurs de la Grèce contre Philippe. — Réponses que le sénat romain leur donna ainsi qu'à Démétrius, fils du roi de Macédoine [1].

Il ne se vit peut-être jamais tant d'ambassadeurs de Grèce à Rome qu'on en vit dans la cent quarante-neuvième olympiade. Le bruit ne se fut pas plus tôt répandu que Philippe était obligé de porter devant des juges les démêlés qu'il avait avec ses voisins, que les Romains écoutaient les plaintes qu'on avait à faire contre ce prince, et qu'ils prenaient sous leur protection les peuples qui avaient contre lui leurs droits ou leurs intérêts à défendre; ce bruit, dis-je, ne se fut pas plus tôt répandu, que de tous les environs de la Macédoine on ne vit à Rome que des accusateurs contre Philippe, les uns pour eux-mêmes, les autres au nom de leur ville, d'autres encore au nom des nations auxquelles ils s'étaient joints. Il en vint aussi de la part d'Eumène, à la tête desquels était Athénée, frère du roi, pour se plaindre de ce que Philippe n'avait pas évacué les villes de la Thrace, et de ce qu'il avait envoyé du secours à Prusias. Il en était venu encore de Lacédémone, et chaque faction de cette ville y avait ses députés. Pour Philippe, il n'avait auprès du sénat pour défenseur que son fils Démétrius, qu'il avait fait accompagner de Philoclès et d'Appelles, deux amis en qui il avait une confiance entière. Le premier que le sénat fit appeler fut Athénée, dont il reçut une couronne du prix de quinze mille pièces d'or. Aussi fit-il de grands éloges d'Eumène et de ses frères, les exhortant à persister toujours dans les mêmes sentimens. Les consuls introduisirent ensuite Démétrius et tous les accusateurs de Philippe, les uns après les autres. Ils étaient en si grand nombre que trois jours entiers se passèrent à les entendre, et que le sénat ne savait comment satisfaire à tous : car il en était venu de la Thessalie non seulement au nom du royaume en général, mais de la part de chaque ville. Les Perrhébiens, les Athéniens, les Épirotes, les Illyriens y en avaient aussi envoyé. Les uns reprochaient à Philippe d'avoir empiété sur des terres hors de son district, d'autres d'avoir enlevé des hommes et des bestiaux sur le domaine d'autrui, ceux-ci d'avoir empêché que la justice ne fût rendue selon les lois, ceux-là d'avoir corrompu les juges. Enfin il se faisait des plaintes en si grand nombre qu'il n'était pas possible de les retenir toutes, ni de les ranger dans un certain ordre. Le sénat lui-même ne pouvait pas approfondir et éclaircir tant de faits de différente nature, et il dispensa Démétrius de justifier le roi, son père, sur tout. Il aimait ce prince, qui était alors fort jeune, et nullement en état de répondre aux subtilités et aux chicanes dont se servaient les accusateurs. D'ailleurs Démétrius n'avait que des paroles pour défendre son père, et le sénat voulait connaître à fond les dispositions de Philippe. On se contenta donc de demander au jeune prince et à ses deux amis si le roi ne leur avait pas mis entre les mains quelque mémoire. Démétrius répondit qu'il en avait un, et en même temps produisit un petit livre, où on lui ordonna de lire toutes les réponses que Philippe avait faites en général à toutes les plaintes qu'on pourrait porter contre lui. Le roi disait dans ce livre qu'il avait exécuté les ordres des Romains ; que si quelquefois il y avait manqué, l'on ne devait s'en prendre qu'à ses accusa-

[1] Ambassade XLVI.

leurs. Presque sur chaque article il répétait : « Quoique en cela Cécilius et les autres commissaires ne nous aient pas rendu la justice qu'ils nous devaient. » Et encore : « Quoiqu'en nous donnant ces ordres on n'ait eu nul égard à la justice. » Ainsi finissaient presque toutes les réponses de Philippe. C'est pourquoi le sénat, après avoir entendu les accusations, satisfit en général à toutes, en disant, par le ministère du consul, que, sur ce qu'avait dit ou lu Démétrius, il était persuadé que Philippe ne s'était pas écarté et ne s'écarterait pas dans la suite de ce que la justice demandait de lui ; mais qu'on ne lui faisait cette grâce qu'à la considération du prince, son fils ; et, afin qu'il n'en doutât point, qu'on enverrait en Macédoine des ambassadeurs, tant pour examiner s'il se conformait en tout à la volonté du sénat, que pour lui faire connaître que c'était à Démétrius qu'il était redevable de l'indulgence dont on avait usé à son égard : réponse qui devait d'autant plus flatter le jeune prince, qu'elle était assaisonnée des marques les plus tendres et les plus sincères d'estime et d'amitié, et qu'on ne lui demandait, pour tant de déférences, sinon qu'il fût ami du peuple Romain.

Cette affaire conclue, on donna audience aux ambassadeurs d'Eumène, lesquels se plaignirent que Philippe eût envoyé du secours à Prusias, et de ce qu'il n'avait point évacué les villes de la Thrace. Philoclès, qui avait été ambassadeur de la part de Philippe auprès de Prusias, et qui était venu à Rome pour ces deux affaires par l'ordre du roi de la Macédoine, voulut dire quelque chose pour l'excuser ; mais le sénat, après l'avoir écouté quelque temps, répondit que si les députés, en arrivant dans la Macédoine, ne trouvaient pas ses ordres exécutés et toutes les villes de Thrace remises au roi de Pergame, il aurait raison de cette désobéissance, et ne souffrirait pas qu'on l'amusât plus long-temps par des promesses frivoles. Il paraît de là que si l'indignation des Romains n'éclata point alors contre Philippe, ils ne furent arrêtés que par la présence du prince son fils. Mais si cette ambassade lui fut avantageuse d'un côté, de l'autre elle ne contribua pas peu à la ruine entière de la maison de Macédoine. La grâce que le jeune Démétrius avait obtenue du sénat lui enfla le cœur. Persée, son frère, et Philippe conçurent une jalousie furieuse de la préférence qu'on avait donnée sur eux au jeune prince. Leurs soupçons furent considérablement augmentés par la conversation secrète qu'eut avec Démétrius je ne sais quel inconnu, qui lui fit entendre que bientôt les Romains le mettraient sur le trône de Macédoine, et qui en même temps écrivit à Philippe qu'il était important pour lui d'envoyer une seconde fois à Rome son fils et ses amis. Ces deux incidens vinrent fort à propos à Persée pour engager Philippe à consentir à la mort de Démétrius. Nous verrons dans la suite de quelle manière l'arrêt en fut exécuté.

Les ambassadeurs des Lacédémoniens entrèrent après ceux d'Eumène. Quelques-uns demandèrent que leurs bannis fussent remis en liberté, et qu'on leur rendît tous les biens qu'on leur avait ôtés au temps de leur exil. Mais Arée et Alcibiade dirent que c'était assez qu'on leur en rendît la valeur d'un talent, et qu'il fallait en partager le reste entre les citoyens qui étaient les plus utiles à l'état. Un autre député, c'étoit Sérippe, demanda que la république fût rétablie dans la forme de gouvernement qu'elle avait lorsqu'elle était du corps des Achéens. Chason prit la défense de ceux qui avaient été condamnés à mort ou bannis par les Achéens. Il sollicita le retour des exilés, et demanda que la république fût remise dans son premier état. Chacun d'eux avait à l'égard des Achéens des vues particulières, et parlait selon ces vues. Le sénat ne pouvant éclaircir tous ces différens choisit trois citoyens qui avaient déjà été députés dans le Péloponèse pour les mêmes affaires, et qui étaient Titus Quintius et Cécilius. On plaida long-temps devant eux toutes ces causes, et l'on convint que les bannis retourneraient dans leur patrie, que ceux qui avaient été condamnés à mort l'avaient été injustement, et que Lacédémone continuerait d'être du corps des Achéens. Restait à décider si l'on rendrait aux bannis tous leurs biens, ou si l'on réduirait ces biens à la valeur d'un talent ;

mais c'est sur quoi l'on ne s'accorda point. Au reste, afin qu'on ne revînt pas à disputer sur tous les points, on mit par écrit ce dont on était convenu, et les commissaires ordonnèrent que les parties signassent l'acte qui en avait été dressé. Les Achéens ne l'avaient pas signé. Titus, pour les y engager, fit appeler Xénarque, qui était venu de leur part tant pour renouveler l'alliance de ce peuple avec les Romains, que pour soutenir la cause des Achéens contre les ambassadeurs de Lacédémone. Sans l'avoir averti de quoi il s'agissait, il lui demanda brusquement s'il approuvait ce qui avait été décidé. Xénarque embarrassé ne savait pas trop ce qu'il devait répondre. Le retour des exilés et la réhabilitation des morts ne lui plaisaient pas trop. Ces deux articles étaient formellement contraires à un décret de sa nation, décret gravé sur une colonne. D'un autre côté, il goûtait fort ce qui avait été conclu, que la ville de Sparte serait du conseil des Achéens. Dans cette incertitude, moitié faute de savoir à quoi s'en tenir, moitié par crainte, il signa l'acte. Après quoi le sénat envoya Quintus Marcius en Macédoine et dans le Péloponèse pour y faire exécuter ses ordres.

FRAGMENT II.
Dinocrates [1].

Ce Messénien était né courtisan et soldat, et en faisant l'un et l'autre métier il s'y était perfectionné. A ne juger de lui que par les apparences, on l'aurait cru propre aux affaires d'état; mais on se serait trompé; il n'avait de la grande science de gouverner qu'une superficie très-méprisable. A la guerre il se distinguait par son activité et sa hardiesse, et sortait glorieusement d'un combat singulier. Dans la conversation il était vif et intéressant; et dans la société, complaisant, civil et sensible à l'amitié. Mais quand il s'agissait des affaires d'état, où il fallait faire des réflexions, prévoir l'avenir, se précautionner et persuader la multitude, c'était l'homme du monde le plus inepte. Quoiqu'il vît sa patrie dans de grands maux dont il était la première cause, il ne remua pas pour l'en délivrer. Sans penser aux suites qu'ils pouvaient avoir, il suivit toujours le même train de vie, et ne discontinua pas de donner tout le jour à l'amour, au vin et à la musique. Un mot de Titus l'obligea de se distraire un peu de ses plaisirs, pour faire attention à l'état où était sa patrie. Un jour ce Romain l'ayant aperçu dans un repas dansant en robe traînante, ne lui en fit pas sur-le-champ des reproches; mais le lendemain Dinocrates l'étant venu trouver pour lui demander quelque chose en faveur du pays : « Je ferai tout mon possible, lui répondit Titus; mais je m'étonne qu'après avoir suscité » aux Grecs des affaires si fâcheuses, vous » puissiez danser dans des festins. » Ce mot le fit un peu rentrer en lui-même et lui apprit que le gouvernement ne convenait ni à sa façon de vivre, ni à son caractère. Au reste, il était venu alors avec Titus dans la Grèce, persuadé qu'incessamment les affaires des Messéniens allaient être réglées à son gré.

FRAGMENT III.

Philopœmen rompt les mesures que Titus et ses ennemis avaient prises contre lui [1].

Dinocrates de Messène arrivant à Rome fut extrêmement content d'y voir que le sénat avait jeté les yeux sur Titus pour l'envoyer auprès de Prusias et de Séleucus. Il comptait que ce Romain, auprès de qui il avait un libre accès pendant la guerre de Lacédémone, et qui l'aimait autant qu'il aimait peu Philopœmen, règlerait, en passant par la Grèce, les affaires de Messène selon les vues qu'il voudrait et qu'il aurait soin de lui inspirer. Il lui faisait donc assidûment sa cour, et fondait sur lui toutes ses espérances. Il arrive dans la Grèce avec Titus, bien sûr, à ce qu'il s'imaginait, que sur les intérêts de sa patrie le Romain ne suivrait d'autres lumières que les siennes. Philopœmen les attendit sans s'inquiéter, parce qu'il savait, à n'en pouvoir douter, que Titus, sur les affaires de la Grèce, n'avait aucun ordre de la part du sénat. Quand ils eurent pris terre à Naupacte, Titus écrivit au préteur et aux autres membres du

[1] Fragmens de Valois.

[1] Ambassade XLVII.

conseil des Achéens de s'assembler. On lui fit réponse qu'on attendait, pour convoquer la multitude, qu'il mandât quelle affaire il avait à communiquer; que c'était une condition sans laquelle les lois ne permettaient pas d'assembler le conseil pour lui. Par là Philopœmen fit tomber toutes les espérances de Dinocrates et des anciens bannis, et rendit inutile l'arrivée de Titus, qui n'osa supposer des ordres qu'il n'avait pas reçus.

FRAGMENT IV.

Philippe sort des villes grecques de la Thrace. — Expédition de ce prince contre les barbares [1].

Dès que Quintus Marcius fut arrivé dans la Macédoine, Philippe, à la vérité, sortit de toutes les villes de Thrace où des Grecs s'étaient établis et en retira les garnisons; mais ce ne fut pas sans regret et sans chagrin qu'il se vit obligé de se dépouiller ainsi lui-même. Il eut dans tout le reste la même soumission pour les ordres des Romains. Il lui importait de cacher la haine qu'il avait pour eux, et de gagner du temps pour se disposer à la guerre qu'il se proposait de leur déclarer. Ce fut dans cette vue qu'il marcha contre les Barbares, traversa la Thrace et se jeta sur le pays des Odrysiens, des Bessiens et des Denthelètes. Il entra d'emblée dans Philippopolis. Les habitans, à son approche, s'étaient enfuis sur les montagnes. Il fit ensuite des courses dans le plat pays, ravagea les uns, recevant les autres à composition. Il mit enfin garnison dans la ville et revint dans son royaume. Cette garnison fut chassée quelque temps après par les Odrysiens, qui ne gardèrent pas la foi qu'ils avaient promise à ce prince.

FRAGMENT V.

Commencement des malheurs de Démétrius, fils de Philippe [2].

Démétrius, de retour en Macédoine, fit connaître la réponse que le sénat lui avait faite. Quand les Macédoniens y virent que c'était en considération de ce prince qu'ils avaient été si favorablement traités, qu'on lui était redevable de la grâce qu'on avait reçue,

[1] Ambassade XLVIII.
[2] Ambassade L.

et que dans la suite il n'y aurait rien que les Romains ne fissent pour l'obliger, ils le regardèrent comme le libérateur de la patrie. Car la manière dont Philippe se conduisait avec les Romains leur faisait craindre que ceux-ci ne vinssent bientôt fondre avec une armée sur la Macédoine. Philippe et Persée furent choqués des honneurs que Démétrius recevait; ils ne pouvaient digérer que les Romains voulussent qu'on n'eût obligation de leurs faveurs qu'à ce jeune prince. Le père cependant eut assez de force pour cacher dans lui-même et dissimuler son chagrin. Mais Persée fit éclater ses ressentimens. C'était un prince qui non seulement était beaucoup moins aimé des Romains que son frère, mais lui était infiniment inférieur soit par le caractère, soit par les talens; ce qui lui faisait appréhender que, quoique aîné, il ne fût exclus de la succession à la couronne. Pour prévenir ce malheur, il commença par corrompre et se gagner les amis de Démétrius [1].

FRAGMENT VI.

Philippe [2].

Il arriva dans ce temps-là un évènement qui fut, pour ce prince et pour tout le royaume de Macédoine, le commencement d'une horrible calamité et qui mérite bien d'être remarqué. La fortune, comme pour tirer vengeance de tous les crimes et de toutes les impiétés dont Philippe avait souillé sa vie, déchaîna contre lui des furies qui, ne le quittant ni le jour, ni la nuit, le tourmentèrent jusqu'au dernier moment de sa vie. Preuve éclatante qu'il est un œil de la justice auquel l'homme ne peut se soustraire et qu'il est impie de mépriser. La première pensée que ces furies vengeresses lui inspirèrent fut que, devant déclarer la guerre aux Romains, il chassât des grandes villes, et en particulier des villes maritimes, tous ceux qui les habitaient avec leurs femmes et leurs enfans, de les transférer dans la province qui, appelée autrefois Péonie, porte aujourd'hui le nom d'Émathie, et de peupler ces villes de

[1] Voyez la fin tragique de ce prince dans le onzième livre de Tite-Live.
[2] Fragmens de Valois.

Thraces et de Barbares qui, pendant son expédition contre les Romains, lui seraient plus fidèles et plus attachés. Cette transmigration causa un deuil et un tumulte prodigieux dans toute la Macédoine, une irruption d'ennemis n'y aurait pas apporté plus de désordre et de confusion. On ne cacha plus la haine contre le prince. On éclata en imprécations contre lui.

Cet ordre inhumain fut à peine exécuté, qu'il lui vint dans l'esprit de ne rien laisser qui fût suspect et dont il pût avoir à craindre. Il écrivit aux gouverneurs des villes de rechercher les enfans, tant de l'un que de l'autre sexe, des Macédoniens qu'il avait fait mourir, et de les enfermer dans des prisons. Quoique cet ordre regardât particulièrement Admète, Pyrrhique et Samus, et les autres qui étaient morts avec eux, il s'étendait cependant à tous les autres à qui Philippe avait fait perdre la vie. On dit que, pour justifier cette cruauté, il citait ce vers :

Sot qui, tuant le père, épargne les enfans.

Le sort de ces enfans, qui la plupart venaient de pères illustres et puissans, fit un grand éclat dans le royaume, et il n'y avait personne qui n'en fût vivement touché.

La fortune donna dans le même temps une troisième scène où les propres enfans de Philippe vengèrent les autres de l'inhumanité qu'il avait exercée contre eux. Persée et Démétrius étaient mal ensemble et cherchaient réciproquement à se perdre. Le père fut averti de leur division et de leur haine mutuelle; et l'inquiétude mortelle où il était de savoir lequel des deux serait assez hardi pour tuer l'autre, et duquel des deux il avait à redouter pour lui le même malheur dans sa vieillesse, le tourmentait nuit et jour. Quand on pense à l'état violent où l'esprit de ce prince était perpétuellement, on ne peut s'empêcher de croire que quelques dieux irrités punissaient dans sa vieillesse les crimes qu'il avait commis dans un autre âge. C'est ce que l'on verra encore plus clairement par ce que nous dirons dans la suite.

FRAGMENT VII.

Philopœmen et Lycortas, préteurs des Achéens [1].

Le premier n'était, en vertus, inférieur à aucun des héros de l'antiquité; mais du côté de la fortune il n'était pas si favorisé. Lycortas, qui lui succéda, n'était en rien moins estimable que lui.

Philopœmen, pendant quarante ans dans un état populaire et susceptible de vicissitudes infinies, n'entreprit rien dont il ne s'acquittât avec honneur; et quoiqu'il n'accordât rien à la faveur et qu'il allât toujours sans respect humain au bien de la république, il eut cependant l'art de se soustraire aux traits de l'envie. En cela je ne sais si l'on trouverait son semblable.

FRAGMENT VIII.

Annibal [2].

C'est une chose singulière, que ce général des Carthaginois ait été dix-sept ans en guerre, à la tête d'une armée composée de nations, de pays et de langage différens, qu'il conduisait à des expéditions étonnantes et dont on pouvait à peine espérer quelque succès, sans que jamais aucun de ses soldats se soit avisé de le trahir.

FRAGMENT IX.

Publius Scipion [3].

Après avoir brillé dans les premières charges de la république, ce Romain se vit assigné à comparaître devant le peuple, pour répondre à une accusation que je ne sais quel plébéien avait intentée contre lui, selon la coutume des Romains. Il comparut en effet, et l'accusateur lui reprocha beaucoup de choses qui devaient le piquer; mais il s'était tellement gagné et l'amitié du peuple et la confiance du sénat, qu'après avoir dit simplement qu'il ne convenait pas au peuple romain d'écouter un accusateur de Publius Cornélius Scipion, à qui les accusateurs mêmes devaient la liberté qu'ils avaient de parler, l'assemblée se dissipa et laissa l'accusateur tout seul.

[1] Fragmens de Valois.
[2] Fragmens de Valois.
[3] Fragmens de Valois.

FRAGMENT X.

Différentes réponses du sénat à différens ambassadeurs [1].

La seconde année de la présente olympiade, il vint à Rome des ambassadeurs de la part d'Eumène, de Pharnace, des Achéens, des Lacédémoniens exilés et de ceux qui étaient dans la ville. Les Rhodiens y en avaient aussi envoyé pour se plaindre du meurtre qui s'était fait dans Sinope. Le sénat répondit aux ambassadeurs de Sinope, d'Eumène et de Pharnace, qu'il députerait pour être informé au juste de l'état des affaires des Sinopéens et des démêlés que les deux rois avaient ensemble.

A l'égard des autres, comme Q. Marcius était tout récemment arrivé de Grèce, de Macédoine et du Péloponèse, et qu'il avait donné sur ces pays-là tous les éclaircissemens qu'on pouvait souhaiter, le sénat ne jugeait pas qu'il fût nécessaire d'en écouter les ambassadeurs. On fit appeler cependant ceux du Péloponèse et de la Macédoine, et on les laissa parler. Mais dans la réponse qu'on leur fit et dans les jugemens que l'on porta, on eut moins égard à leurs remontrances qu'au rapport qu'avait fait Marcius; qu'à la vérité Philippe avait obéi aux ordres du sénat, mais qu'il ne s'y était soumis qu'avec une extrême répugnance, et qu'à la première occasion qui lui paraîtrait favorable, il ne manquerait pas de se déclarer contre les Romains. Sur ce rapport le sénat loua Philippe de ce qu'il avait fait; mais il le loua de telle sorte, qu'il l'avertissait en même temps de se donner de garde de rien entreprendre contre la république romaine.

Touchant le Péloponèse, Q. Marcius avait rapporté que les Achéens ne voulaient renvoyer aucune affaire au sénat, et que c'était une ligue fière et orgueilleuse qui prétendait tout décider par elle-même; que si les pères ne les écoutaient que de certaine façon et témoignaient tant soit peu n'être pas contens de leurs procédés, les Lacédémoniens feraient certainement la paix avec Messène, et qu'alors les Achéens viendraient en supplians implorer le secours des Romains. Sur quoi le sénat fit réponse à Sérippe, ambassadeur de Lacédémone, qu'il avait fait jusque alors pour les Lacédémoniens tout ce qui lui avait été possible; mais que pour le présent il ne croyait pas que le différent qu'ils avaient avec les Messéniens le regardât. Le sénat répondit ainsi pour laisser les Lacédémoniens en suspens. Quand ensuite les Achéens demandèrent qu'en vertu du traité d'alliance on leur donnât, si l'on pouvait, du secours contre les Messéniens, ou que, si cela ne se pouvait pas, on prît du moins des mesures pour empêcher qu'il n'allât d'Italie à Messène ni armes ni vivres, on ne leur accorda ni l'un ni l'autre. Loin de là, le sénat répondit que quand les Lacédémoniens, ou les Corinthiens, ou les Argiens se détacheraient de la ligue des Achéens, ceux-ci ne devraient pas être surpris que les pères ne s'intéressassent pas à cette séparation. C'était comme publier à son de trompe qu'ils permettaient à qui que ce fût de se séparer de la ligue des Achéens. On retint après cela les ambassadeurs à Rome jusqu'à ce qu'on eût appris quel avait été le succès de l'expédition des Achéens contre ceux de Messène. Voilà ce qui se faisait alors en Italie.

FRAGMENT XI.

Députation à Rome de la part des Lacédémoniens exilés [1].

Les exilés de Lacédémone firent à Rome une députation, dans laquelle se trouvaient Arcésilas et Agésipolis, qui dans son enfance avait été roi de Sparte. Ces députés furent pris par des pirates qui les tuèrent. On leur en substitua d'autres qui arrivèrent sains et saufs à Rome.

FRAGMENT XII.

Lycortas après avoir soumis les Messéniens venge la mort de Philopœmen [2].

Après que Lycortas, préteur des Achéens, eut jeté la terreur parmi les Messéniens, ceux-ci, au lieu de se plaindre comme autrefois de la rigueur du gouvernement, osaient à peine, quoique secourus par les ennemis, ouvrir la bouche et dire qu'il fallait députer pour traiter de la paix. Dinocrates lui-même,

[1] Ambassade XLIX.
[2] Ambassade LII.

[1] Ambassade LI.

environné de tous les côtés, prit le parti de céder au temps et de se retirer chez lui. Alors les Messéniens, dociles aux avis de leurs anciens, et surtout des ambassadeurs de Béotie, Épénète et Apollodore, qui heureusement se trouvaient alors à Messène pour négocier la paix, les Messéniens, dis-je, députèrent pour finir la guerre et demander pardon de leurs fautes passées. Lycortas assembla les autres magistrats ; et, après avoir entendu les députés, il leur dit que l'unique moyen qu'avaient les Messéniens pour obtenir la paix, était de livrer les auteurs de la rébellion et de la mort de Philopémen, de remettre tous leurs intérêts à la disposition des Achéens, et de recevoir garnison dans leur citadelle. La réponse du préteur divulguée, ceux d'entre le peuple qui depuis long-temps voulaient du mal aux auteurs de la guerre étaient très-disposés à s'en saisir et à les livrer. D'autres, qui croyaient n'avoir rien à craindre de la part des Achéens, consentaient aussi volontiers qu'on abandonnât tout à leur discrétion. Et il fallait bien que les uns et les autres acceptassent les conditions, puisqu'il ne leur restait aucune autre ressource. La citadelle fut donc aussitôt ouverte au préteur, qui y mit des rondachers. Il entra ensuite dans la ville suivie d'un corps de troupes choisies. Il convoqua la multitude, lui fit une harangue convenable aux conjonctures présentes, et lui promit que jamais il ne manquerait à la foi qu'il lui avait donnée. Pour les affaires générales, il les renvoya toutes au Conseil des Achéens, qui devait fort à propos s'assembler à Mégalopolis. Il fit encore justice de tous ceux qui étaient convaincus de quelque crime, et condamna à mort ceux qui avaient trempé dans la mort de Philopœmen.

FRAGMENT XIII.
Philippe[1].

Jamais roi ne fut plus infidèle et plus ingrat qu'était ce prince, lorsque sa puissance vint à s'accroître et qu'il fut le maître chez les Grecs. Jamais roi ne fut plus modeste et plus raisonnable que lui, lorsqu'il cessa d'avoir le vent de la fortune en poupe. Quand ses affaires furent entièrement dérangées, tranquille sur tout ce qui pourrait lui arriver, il traita toutes sortes de moyens pour rétablir son royaume dans son premier état.

FRAGMENT XIV.
Sur Philippe[1].

[I] Voilà donc la vengeance que tirèrent de Philippe ses propres amis jusqu'au jour où il quitta la vie ; exemple qui doit faire confesser à tous qu'il est un œil clairvoyant, celui de la justice, dont aucun mortel ne doit se jouer.

Philippe, roi de Macédoine, après avoir fait périr un grand nombre de Macédoniens, fit mourir aussi leurs fils, se fondant, dit-on, sur ce vers qu'il récita :

Fou qui pardonne au fils dont il tua le père.

Son âme aveuglée et furieuse poursuivait dans les enfans la haine enflammée qu'il avait portée aux parens.

FRAGMENT XV.
De la discorde des frères Démétrius et Persée.

[II] La fortune faisait à cette époque monter pour ainsi dire sur un théâtre et comparaître devant tous les aventures de ces deux frères, non pas seulement comme de simples tragédies, des fables ou des histoires, mais pour que chacun y vît clairement que tous les frères entre lesquels s'enflammèrent et s'envenimèrent des querelles ou des haines se perdirent, non pas eux seuls, mais leurs enfans, et détruisirent de fond en comble leurs états : tandis que ceux qui même avec mesure conservèrent les uns pour les autres une affection indulgente furent les sauveurs des états dont j'ai parlé[3], et vécurent avec gloire, cités et loués dans tout l'univers.

Combien de fois, en vous parlant des rois de Lacédémone, ne vous ai-je pas dit qu'ils con-

---

[1] Fragmens de Valois.

[1] Tiré des Palimpsestes de Mai. Ces deux passages se retrouvent dans le fragment VI de ce même livre.
[2] Tirés des Palimpsestes.
[3] Il faut remarquer que ce morceau paraît être un discours direct, qu'on peut attribuer à Philippe parlant à ses fils. Tite-Live d'ailleurs l'a imité fidèlement XL, 8, sans citer l'auteur grec qu'il mettait à contribution.

servèrent à leur patrie l'empire de la Grèce tant qu'ils voulurent gouverner ensemble sous la tutelle vigilante et paternelle des Éphores. Mais qu'une fois qu'ils aspirèrent chacun pour soi à la monarchie et qu'ils troublèrent l'état, ils accablèrent Sparte des plus rudes malheurs. Pour vous donner enfin un exemple plus frappant et plus rapproché, voyez Attale et Eumène, qui ont su d'un si faible empire faire un état si florissant qu'il ne le cède à aucun autre; comment y sont-ils parvenus, sinon par la concorde, la bonne intelligence, l'harmonie qui régna dans toutes leurs actions. Vous savez tout cela, et pourtant loin de le graver dans votre esprit, vous semblez avoir compris tout le contraire dans vos relations mutuelles.

FRAGMENT XVI.

Que Philopémen, général des Achéens, pris par les Mésséniens, fut empoisonné [1].

[III] Ce fut un homme que personne avant lui ne surpassa en mérite. La fortune le vainquit, bien qu'elle ait semblé dans le cours de sa vie s'associer à lui et le seconder. Mais j'en réfère au proverbe : un homme puissant est heureux, il est deux fois heureux quand il n'est pas puissant. Aussi faut-il envier le sort, non pas des gens qui furent toujours heureux, car, pourquoi calomnier la fortune, mais de ceux qui dans leur carrière se rendirent favorable cette déesse malgré ses caprices, et n'éprouvèrent que des disgrâces supportables.

FRAGMENT XVII.

[IV] Dans le sénat, Popilius demandait une somme destinée à des besoins urgens; le questeur allègue une loi qui lui interdisait d'ouvrir le trésor ce jour-là; « donnez-moi les clés, dit Papilius, j'ouvrirai moi-même et j'en prends la responsabilité. » Quelque temps après, on lui demanda compte, encore au sénat, de l'argent qu'il avait reçu d'Antiochus avant la trève, pour la solde de l'armée; « j'ai ce compte, dit-il, mais je ne le veux confier à personne. » Comme l'autre le pressait, et exigeait une solution, Popilius jugea à propos d'envoyer son frère. Le registre apporté, Popilius l'ouvre en présence de tout le monde et fait chercher au questionneur le compte demandé; puis s'adressant aux autres : « Comment se fait-il qu'on demande l'emploi de ces 3,000 talens, et qu'on ne s'informe pas où vont les 15,000 que vous recevez d'Antiochus? Pourquoi ne demandez-vous pas aussi comment vous êtes devenus maîtres de l'Asie et de la Libye et de l'Espagne. » Tous restèrent stupéfaits, et imposèrent silence au chercheur de comptes. Disons cela en passant pour rappeler le souvenir des vertus d'autrefois et allumer pour l'avenir l'émulation des belles actions.

LIVRE VINGT-CINQUIÈME.

FRAGMENT PREMIER.

Lycortas rétablit les Mésséniens dans leur premier état. — Dissimulation des Romains à l'égard des Achéens. — Sparte est attribuée à la ligue d'Achaïe. — Ambassade à Rome de la part des citoyens et des exilés de Lacédémone [1].

Les Mésséniens, qui, par leur imprudence, étaient tombés dans l'état le plus déplorable, furent par la générosité de Lycortas et des Achéens réunis à la ligue dont ils s'étaient séparés. Cette ligue acquit encore alors Abie, Thurie et Phare, qui, pendant la guerre de Messène, s'étaient détachées des Mésséniens, et avaient élevé chacune une colonne particulière. Quand on apprit à Rome que les Achéens avaient heureusement terminé la guerre con-

[1] Tiré des Palimpsestes.
[2] Ambassade LIII.

[1] Tiré des Palimpsestes.

tre les Messéniens, on n'y tint plus aux ambassadeurs le même langage qu'on leur avait tenu avant le succès. Le sénat leur dit qu'il avait pris garde que personne ne portât d'Italie à Messène ni armes ni vivres : réponse qui fit évidemment connaître qu'il était fort éloigné de négliger ou de mépriser les affaires de dehors, et qu'au contraire il trouvait mauvais qu'on ne le consultât point sur toutes choses, et qu'on ne suivît pas en tout ses avis.

Les ambassadeurs lacédémoniens étant enfin arrivés de Rome dirent que le sénat leur avait répondu. Sur la nouvelle qui s'en répandit, Lycortas assembla le peuple à Sicyone, et y mit en délibération si l'on recevrait Sparte dans la ligue des Achéens. Pour porter la multitude à l'y recevoir, il représenta que les Romains, à la disposition desquels on avait ci-devant abandonné cette ville, ne voulaient plus en être chargés; qu'ils avaient déclaré aux ambassadeurs que cette affaire ne les regardait pas; que ceux qui dans Sparte étaient à la tête des affaires souhaitaient entrer dans la ligue, qu'il trouvait à l'admettre deux avantages considérables : le premier, qu'ils s'associeraient un peuple qui leur avait accordé une fidélité inviolable; l'autre, que les Achéens n'auraient plus parmi eux et dans leur conseil ses anciens bannis, dont ils avaient éprouvé l'ingratitude et l'impiété, qu'on les chasserait hors de la ville pour y recevoir d'autres citoyens qui, amis du gouvernement, auraient une reconnaissance proportionnée au bienfait qui leur aurait été accordé. Tels furent les raisons et les motifs dont Lycortas se servit pour engager sa nation à joindre Sparte à la ligue des Achéens. Diophane et quelques autres prirent la défense des exilés. « N'est-ce pas assez,
» disaient-ils, qu'ils soient interdits et chassés
» de leur patrie? Voulez-vous encore aggra-
» ver leurs infortunes en faveur d'un petit
» nombre de personnes, et prêter votre puis-
» sance à ceux qui, contre tout droit et rai-
» son, les ont éloignés de leurs foyers? »
Malgré cette opposition, le conseil décida que Sparte serait reçue dans la ligue, et en effet elle y fut reçue, et l'on en grava le décret sur la colonne. A l'égard des anciens bannis, on ne fit grâce qu'à ceux d'entre eux qu'on ne pouvait convaincre d'avoir rien entrepris contre la nation des Achéens.

Cette affaire finie, les Achéens députèrent à Rome Bippe d'Argos pour informer le sénat de ce qu'ils avaient fait. Les Lacédémoniens y envoyèrent Charon et les exilés Clétis pour défendre leur cause contre les ambassadeurs des Achéens. Il en fut aussi de la part d'Eumène, d'Ariarathe et de Pharnace. Les ambassadeurs de ces trois princes eurent audience les premiers. Il n'était pas besoin que les pères les écoutassent long-temps. Ils étaient déjà informés de la modération d'Eumène, de l'avarice et de l'orgueil de Pharnace par Quintus Marcius et les autres commissaires qu'ils avaient députés pour connaître de la guerre qui était entre ces deux princes. Ils répondirent qu'ils enverraient de nouveaux commissaires pour examiner encore plus exactement de quoi il s'agissait entre les deux rois. On appela ensuite les exilés de Lacédémone avec ceux que les habitans avaient députés. Après avoir entendu les uns et les autres, on ne dit rien aux ambassadeurs de la ville qui marquât que l'on fût mécontent de ce qui s'était passé. Pour les exilés, on leur promit qu'on écrirait aux Achéens de leur permettre de retourner dans leur patrie. Quelques jours après Bippe, député de la part des Achéens, fut introduit dans le sénat, et y rapporta de quelle manière les Messéniens avaient été rétablis dans leur premier état, et non seulement on ne désapprouva rien de ce qu'il avait dit, mais on lui fit encore beaucoup d'honneurs et d'amitiés.

FRAGMENT II.

<small>Rétablissement des bannis de Lacédémone refusé [1].</small>

Les exilés de Lacédémone ne furent pas plus tôt revenus de Rome dans le Péloponèse, qu'ils remirent aux Achéens les lettres qu'ils avaient reçues pour eux de la part du sénat, et par lesquelles on leur mandait de rétablir les exilés dans leur patrie. On leur répondit qu'on attendrait à délibérer sur ces lettres que les ambassadeurs achéens fussent

---
[1] Ambassade LIV.

de retour de Rome. Après quoi l'on grava sur une colonne le traité qui avait été conclu avec les Messéniens, et on leur accorda l'immunité pour trois ans; de sorte que le dégât qui s'était fait dans leur pays ne leur fut pas plus préjudiciable qu'aux Achéens. Peu après Bippe arriva de Rome, et rapporta que quand le sénat avait écrit en faveur des exilés, c'était moins parce-qu'il avait leur rétablissement à cœur, que pour se délivrer de leurs importunités. Sur cette assurance, les Achéens jugèrent qu'il ne fallait rien changer à ce qui avait été réglé.

FRAGMENT III.

Les Romains tâchent en vain de porter Pharnace à vivre en paix avec Eumène et Ariarathe [1].

Dans l'Asie, Pharnace, sans se mettre en peine de ce que les Romains décideraient, fit partir Léocrite à la tête de dix mille hommes pour piller la Galatie, et au commencement du printemps il assembla ses troupes comme pour se jeter dans la Cappadoce. Eumène, indigné de voir les traités les plus solennels si indignement violés, amassa aussi ses troupes. Toutes étaient prêtes à partir, lorsque Attalus arriva de Rome. Après quelques conférences sur l'affaire présente, ils marchèrent ensemble contre Léocrite, qu'ils ne trouvèrent point dans la Galatie, et s'avancèrent vers Pharnace. Dans la route ils rencontrèrent des députés qui, de la part de Carsignat et de Gésotore, lesquels avaient auparavant pris le parti de Pharnace, demandaient qu'on ne leur fît point de tort, et promettaient de faire tout ce qui leur serait ordonné; mais les deux rois, irrités de l'infidélité de ces princes, ne voulurent pas les écouter. De Calpite, en cinq jours, ils arrivèrent au fleuve Halys, et six jours après à Amise. Là le roi de Cappadoce joignit son armée aux leurs, et tous trois ensemble firent le dégât dans le plat pays. Ils y étaient campés lorsque les ambassadeurs, qui avaient été envoyés de Rome pour la paix, arrivèrent. La nouvelle en étant venue à Eumène, il pria Attalus d'aller au devant d'eux;

et, pour leur faire voir qu'il était par lui-même en état de résister à Pharnace, et même de le mettre à la raison, il augmenta le nombre de ses troupes, et les fournit de tout ce qui pouvait leur être nécessaire.

Quand les ambassadeurs furent arrivés, ils exhortèrent Eumène et Ariarathe de ne pas prolonger plus long-temps la guerre. Les deux princes témoignèrent qu'ils étaient prêts à mettre bas les armes; mais ils prièrent les députés d'assembler un conseil où Pharnace se trouvât avec eux, afin qu'ils pussent le convaincre en face de sa perfidie et de sa cruauté; que s'il n'était pas possible de l'y faire venir, au moins ils examinassent en juges droits et équitables les plaintes qu'il y avait contre ce prince. Les ambassadeurs ne purent se refuser à des demandes si justes et si raisonnables; mais ils représentèrent aux deux rois qu'il fallait auparavant qu'ils retirassent leurs armées du pays, qu'on les avait envoyés pour terminer la guerre, et que des actes d'hostilité s'accorderaient mal avec des conférences sur la paix. Eumène y consentit, et dès le lendemain il décampa pour se retirer dans la Galatie. Les ambassadeurs sur-le-champ vont trouver Pharnace, et tâchent de le persuader que, de tous les moyens d'accommoder les affaires, le plus sûr était d'avoir une conférence avec Eumène. Cet expédient ne plaît point à Pharnace; il le rejette absolument, et donne à penser par ce refus qu'il se reconnaît coupable et qu'il se défie des raisons qu'il apporterait pour se justifier. Comme cependant les ambassadeurs étaient résolus de finir la guerre par quelque voie que ce fût, ils ne le quittèrent pas qu'il n'eût consenti à envoyer des ambassadeurs sur la côte de la mer pour conclure la paix aux conditions qu'ils lui prescriraient. Ils se retirèrent ensuite, et rejoignirent Eumène avec les plénipotentiaires de Pharnace. Du côté des Romains et du roi de Bergame, il n'y eut rien qu'on n'accordât; mais de la part des ambassadeurs de Pharnace on ne vit que chicane, que résistance. A peine était-on convenu de quelque chose avec eux, qu'ils en demandaient une autre ou changeaient de sentiment. Les députés romains voyant

[1] Ambassade LV.

qu'ils travaillaient en vain et que Pharnace n'accepterait aucune condition, sortirent de Pergame sans avoir rien fait. Ceux de Pharnace retournèrent de même chez eux : la guerre continua de se faire, et Eumène recommença à s'y préparer. Les Rhodiens alors l'ayant prié de se transporter à Rhodes, il y fut à grandes journées pour prendre la conduite de la guerre contre les Lyciens.

FRAGMENT IV.

Eumène envoie ses frères à Rome. — Promesses qu'ils en reçoivent de la part du sénat [1].

Le traité conclu entre Pharnace, Attalus et les autres, chacun reconduisit ses troupes dans ses états. Eumène alors était à Pergame, où il se rétablissait d'une grande maladie qu'il avait eue. Il apprit avec beaucoup de plaisir la nouvelle, que lui apportait Attalus, de la conclusion du traité, et il se proposa d'envoyer tous ses frères à Rome. Deux motifs l'y portaient. Par-là il espérait mettre fin à la guerre qu'il avait avec Pharnace, et il était bien aise de faire connaître ses frères aux amis qu'il avait dans Rome et dans le sénat. Ils se disposent donc au voyage, ils arrivent. Ils étaient déjà connus dans cette ville à une infinité de personnes qui avaient porté les armes avec eux dans l'Asie. On leur fit un accueil magnifique. Le sénat surtout n'épargna rien pour les bien recevoir. Il les logea et les traita splendidement. On leur fit de grands présens, on leur accorda l'audience la plus favorable. Introduits dans le sénat, ils rappelèrent dans un long discours les effets de l'étroite liaison que leur maison avait depuis long-temps avec les Romains; ils portèrent leurs plaintes contre Pharnace, et demandèrent avec instance qu'il fût puni comme il méritait. La réponse du sénat fut gracieuse. On leur promit qu'on enverrait sur les lieux des ambassadeurs qui tenteraient toutes sortes de voies pour finir la guerre.

[1] Ambassade LVI.

FRAGMENT V.

Pourquoi les Achéens choisirent pour ambassadeur vers Ptolémée Lycortas, Polybe son fils et le jeune Aratus [1].

Ptolémée Epiphane, voulant faire alliance avec les Achéens, leur envoya un ambassadeur avec promesse de leur donner six galères à cinquante rames armées en guerre. Le présent parut digne de reconnaissance, et l'on accepta les offres du prince. En effet cela valait à peu près dix talens. Pour remercier Ptolémée des armes et de l'argent qu'il avait déjà auparavant envoyés, et pour recevoir les galères, les Achéens choisirent dans leur conseil Lycortas, Polybe et le jeune Aratus. Lycortas fut choisi par la raison qu'étant préteur dans le temps qu'on avait renouvelé l'alliance avec Ptolémée, il avait pris avec chaleur les intérêts de ce prince. On lui associa Polybe, quoiqu'il n'eût point encore atteint l'âge prescrit par les lois, parce que c'était son père qui avait été député pour renouveler l'alliance avec le roi d'Egypte et apporter dans l'Achaïe les armes et l'argent que ce prince avait donnés à la ligue des Achéens. Enfin l'on joignit Aratus aux deux autres, parce que ses ancêtres avaient été fort aimés des Ptolémées. Cette ambassade ne sortit cependant pas de l'Achaïe, parce que lorsqu'elle se disposait à partir, Ptolémée mourut.

FRAGMENT VI.

Chœron [2].

Ce Lacédémonien, l'année précédente, avait été député à Rome. Quoique jeune, de basse naissance et mal élevé, il ne laissait pas que d'avoir de l'habileté pour les affaires. Par les mouvemens qu'il excita parmi le peuple, et par une entreprise que tout autre que lui n'aurait osé tenter, il se fit en peu de temps de la réputation. D'abord il distribua légèrement et en parties inégales aux plus vils citoyens les terres que les tyrans avaient accordées aux sœurs, aux femmes, aux mères et aux enfans de ceux qui avaient été bannis. Ensuite, sans égard pour les lois, sans décret public,

[1] Ambassade LVII.
[2] Fragmens de Valois.

sans l'autorité du magistrat, il usa des richesses de l'état comme si elles lui eussent appartenu, et dissipa en folles dépenses les revenus de la république. Quelques citoyens indignés de cette conduite demandèrent avec des instances réitérées que, suivant les lois, on établît des questeurs pour garder le trésor public, ce qui fut exécuté. Mais Chœron, que sa conscience inquiétait, prit des mesures pour se mettre à l'abri des perquisitions de ces nouveaux officiers. Un d'entre eux, nommé Apollonides, était le plus capable de pénétrer dans toutes ses malversations. Il aposta quelques assassins qui le massacrèrent lorsqu'il revenait du bain. Cette nouvelle portée chez les Achéens souleva toute la multitude contre l'auteur du meurtre. Le préteur partit aussitôt pour Lacédémone; là il se saisit de Chœron, lui ordonna de répondre sur le crime dont il était accusé, et après l'avoir condamné, il le fit jeter dans un cachot. Il exhorta ensuite les autres questeurs à rechercher avec soin les deniers publics, et à faire en sorte que les terres enlevées aux parens des bannis leur fussent exactement rendues.

FRAGMENT VII.

Philopœmen et Aristène [1].

Entre ces deux préteurs des Achéens on remarquait une grande différence, soit du côté du caractère, soit dans la manière de gouverner. Le premier était né pour la guerre. Le corps et l'esprit semblaient être faits pour cela. L'autre était propre à délibérer et à haranguer dans des conseils. On reconnut surtout en quoi l'un différait de l'autre, lorsque la république romaine étendit sa puissance et son autorité dans la Grèce, c'est-à-dire au temps des guerres de Philippe et d'Antiochus. Alors la politique d'Aristène consistait à faire sans délai tout ce qu'il croyait être de l'intérêt des Romains, quelquefois même avant qu'il en reçût ordre de leur part. Il tâchait cependant de couvrir son attachement pour eux de quelque apparence de zèle pour les lois, et quand il arrivait qu'on lui demandât quelque chose qui leur était ouvertement contraire, il se défendait de l'accorder. Philopœmen agissait d'une autre façon. Si ce que les Romains exigeaient de l'Achaïe était conforme aux lois et aux traités d'alliance faits avec eux, sur-le-champ et sans chicane il exécutait leurs ordres. Mais quand leurs prétentions passaient au-delà de ces bornes, il ne pouvait se résoudre à s'y soumettre de lui-même. Il voulait que d'abord on leur fît connaître les raisons qu'on avait de ne pas s'y rendre, ensuite qu'on en vînt aux prières et qu'on les suppliât de se renfermer dans les traités; s'ils demeuraient inflexibles, qu'on prît alors les dieux à témoin de l'infraction et que l'on obéît.

FRAGMENT VIII.

Qu'il n'est pas bon de détruire les récoltes de l'ennemi.

[I] Jamais je ne serai de l'avis de ceux qui se laissent aller à la colère au point de détruire non seulement les récoltes, mais les arbres et les maisons, en un mot de désoler les lieux; c'est d'ailleurs une grande faute selon moi. Car, autant vous croyez épouvanter l'ennemi en saccageant son pays et en prenant ses richesses, non seulement présentes, mais futures, richesses nécessaires à son existence, autant vous le rendez féroce en perpétuant chez lui le sentiment de la colère quand vous l'avez une fois blessé.

C'est là en Crète la source de grands événemens, si l'on peut dire qu'il y ait source d'évènemens en Crète; car grace à l'assiduité des discordes et à l'excès de leurs cruautés réciproques, ce qui est la source d'un événement en est aussi la fin, ce qui paraîtrait ici extraordinaire et incroyable n'est là que naturel et conséquent.

[II] Voici les raisonnemens dont se servit Aristène devant les Achéens au sujet de leur différend [2]. Vous ne pouvez prétendre à garder l'amitié des Romains en vous servant du héraut et de la lance; mais si nous sommes

---
[1] Tiré des Palimpsestes.
[2] De lui et de Philopœmen.

assez forts pour marcher contre eux...... Philopœmen a osé dire..... Pourquoi donc, désirant l'impossible, laisserions-nous échapper ce que nous pouvons avoir? Il y a deux buts à toute politique, le beau et l'utile; si cette possession du beau se peut réaliser, les habiles administrateurs doivent y tendre, sinon il faut s'en tenir à la part de l'utile, mais lâcher l'un et l'autre est le comble de l'impéritie. C'est pourtant ce que font les Achéens quand ils reconnaissent les ordres qu'on leur donne et qu'ils les exécutent mollement et avec tiédeur. C'est pourquoi il faut, ou montrer que nous pouvons ne pas obéir, ou ne pas tenir un pareil langage et obéir en effet de bonne grace. Mais Philopœmen répondit qu'il n'était pas assez ignorant pour ne pouvoir mesurer la différence du gouvernement de Rome et de celui des Achéens, non plus que la supériorité de celui-là; mais, dit-il, toute puissance supérieure étant lourde aux plus faibles, que faut-il faire? nous unir de toutes nos forces à des maîtres, et ne pas manifester d'opposition, pour subir aussitôt les ordres les plus durs, ou bien, nous roidir tant que nous pourrons et retarder notre esclavage?... S'ils ordonnent des choses injustes, forts de tout cela, nous reprendrons courage et nous repousserons ce qu'il y aura d'amer dans leur domination, tout en faisant le plus grand cas des Romains, comme vous le dites, Aristène, jusqu'à l'observation des traités, jusqu'aux sermens et la fidélité envers les alliés. Mais si, reconnaissant tout pour de la justice, nous nous empressons comme des prisonniers de guerre d'accomplir leurs volontés, en quoi différera la nation achéenne des Siciliens et des Tyrrhéniens, gens qui furent toujours, et au su de tous, des esclaves? Aussi, dit-il, il faut ou convenir que la justice des Romains n'est rien, ou, si nous n'osons pas le dire, user de notre justice à nous; mais il ne faut pas se livrer quand on a les causes les plus grandes et les plus belles de lutter. Il viendra je le sais un temps pour les Grecs où il faudra obéir à des ordres, mais cherchons s'il faut l'accélérer ce temps ou le retarder. Je pense qu'il faut le retarder; c'est en cela, ajouta-t-il, que les idées d'Aristène diffèrent des miennes, car il veut accomplir le plus tôt possible des événemens dont il entrevoit la nécessité; il s'y emploie, il y met toutes ses forces, moi je mets toutes les miennes à m'opposer et à reculer les événemens. On voit d'après ces renseignemens que la politique de l'un était belle, celle de l'autre sage, toutes deux sûres; car alors de grandes choses s'apprêtaient pour Rome et la Grèce, sans parler de Philippe et d'Antiochus. Cependant Aristène et Philopœmen maintenaient l'intégrité du sol achéen contre les Romains; le bruit courut néanmoins qu'Aristène était mieux prévenu en leur faveur que Philopœmen.

LIVRE VINGT-SIXIÈME.

FRAGMENT I.

Sentimens généraux de Lycortas dans l'assemblée des Achéens. — Députation au sénat de la part de cette nation. — Callicrates, un des ambassadeurs, trahit sa république et tous les Grecs[1].

Hyperbate, préteur des Achéens, ayant mis en délibération dans le conseil si l'on aurait égard aux lettres que le sénat avait écrites au sujet du rétablissement de ceux qui avaient été bannis de Lacédémone, le sentiment de Lycortas fut que sur cela l'on devait s'en tenir à ce qui avait été réglé. « Quand les Romains, « dit-il, écoutent favorablement les plaintes des

[1] Ambassade LVIII.

» malheureux qui ne leur demandent rien que
» de juste et de raisonnable, ils ne font en cela
» que ce qu'il leur convient de faire ; mais
» lorsqu'on leur représente qu'entre les graces
» qu'on veut obtenir, les unes passent leur
» pouvoir, les autres feraient déshonneur et
» un tort considérable à leurs alliés, ce n'est
» pas leur coutume de s'opiniâtrer et de forcer
» ces alliés à leur obéir. C'est aujourd'hui le
» cas où nous sommes. Faisons connaître aux
» Romains que nous ne pouvons exécuter leurs
» ordres sans violer nos sermens, sans aller
» contre les lois sur lesquelles notre ligue est
» établie, ils se relâcheront sans doute et con-
» viendront que c'est avec juste raison que
» nous nous défendons de nous soumettre à ce
» qu'ils nous ordonnent. » Hyperbate et Callicrate furent d'un avis contraire. Selon eux
il fallait obéir, et il n'y avait ni loi, ni serment, ni traité qu'on ne dût sacrifier à la volonté des Romains. Dans ce partage de sentimens, il fut résolu qu'on députerait au sénat
pour l'informer de ce que Lycortas avait exposé dans le conseil. Les ambassadeurs furent
Callicrate Léontésien, Lysiade de Mégalopolis et Aratus de Sicyone, et on leur donna des
instructions conformes à ce qui avait été délibéré.

Quand ces ambassadeurs furent arrivés à
Rome, Callicrate introduit dans le sénat fit
tout le contraire de ce qui lui avait été ordonné. Non seulement il eut l'audace de blâmer ceux qui ne pensaient pas comme lui ;
mais il se donna encore la liberté d'avertir le
sénat de ce qu'il devait faire. « Si les Grecs
» ne vous obéissent pas, pères conscrits, dit-il,
» si l'on n'a égard chez eux ni aux lettres ni
» aux ordres que vous leur envoyez, c'est à
» vous seuls que vous devez vous en prendre.
» Dans toutes les républiques il y a maintenant
» deux partis, dont l'un soutient qu'on doit se
» soumettre à ce que vous ordonnez, et que
» les lois, les traités, tout en un mot doit plier
» sous votre bon plaisir ; l'autre prétend que
» les lois, les sermens, les traités doivent l'em-
» porter sur votre volonté, et ne cesse d'exhor-
» ter le peuple à s'y tenir inviolablement atta-
» ché. De ces deux partis le dernier est le plus
» du goût des Achéens, et a le plus de pou-
» voir parmi la multitude. Qu'arrive-t-il de là ?
» Que ceux qui se rangent de votre côté sont
» en horreur chez le peuple, et que ceux qui
» vous résistent sont honorés et applaudis.
» Au lieu que si le sénat se déclarait tant soit
» peu pour ceux qui prennent à cœur ses inté-
» rêts, bientôt tous les chefs des républiques
» seraient pour les Romains, et le peuple inti-
» midé ne tarderait pas à suivre leur exemple.
» Mais si vous regardez cela comme une chose
» de peu d'importance, attendez-vous à voir
» tous ces chefs se tourner contre vous. La
» raison, je vous l'ai dite, c'est que ce parti a
» pour lui la multitude, et qu'il y est incom-
» parablement plus considéré que l'autre.
» Aussi voyons-nous des gens qui, n'ayant
» pour tout mérite qu'une opposition invinci-
» ble à vos ordres et un prétendu zèle pour la
» défense et la conservation des lois de leur
» patrie, sont parvenus aux plus éminentes
» dignités de leur république. Continuez,
» pères conscrits, vous ne pouvez mieux vous
» y prendre, si vous ne vous embarrassez pas
» beaucoup que les Grecs vous soient soumis.
» Mais si vous voulez qu'ils exécutent vos or-
» dres et qu'ils reçoivent vos lettres avec res-
» pect, songez-y sérieusement. Sans cela je
» puis assurer que vous les trouverez toujours
» rebelles. Jugez de leur résistance future par
» celle qu'ils viennent de faire. Pendant la
» guerre de Messène, quelles mesures Q. Mar-
» cius n'avait-il pas prises pour empêcher
» que sans l'aveu des Romains ils n'ordonnas-
» sent rien contre les Messéniens ? On les a
» vus malgré cela décerner la guerre de leur
» propre autorité, mettre leur pays au pillage,
» envoyer en exil quelques-uns de leurs plus
» illustres citoyens, et en faire mourir dans
» les plus honteux supplices d'autres qui s'é-
» taient rendus à leur discrétion, sans qu'ils
» fussent coupable d'autre crime que d'avoir
» pris les Romains pour juges du différend
» qu'ils avaient avec les Achéens. Depuis com-
» bien de temps leur avez-vous écrit de rappe-
» ler les exilés de Lacédémone ? Cependant
» loin de les rappeler, ils ont fait graver sur
» une colonne une résolution toute contraire,

» et se sont engagés par serment à ne jamais
» les rétablir. Apprenez de ces exemples
» quelles précautions vous avez à prendre pour
» l'avenir. » Après ce discours Callicratès se
retira. Les exilés entrèrent après lui, expliquèrent leur affaire en peu de mots et de façon à émouvoir la compassion de leurs auditeurs, et prirent congé.

Un discours aussi favorable aux intérêts de
la république que l'était celui de Callicrate
ne pouvait qu'être agréable au sénat. Il s'y
trouva des sénateurs qui dirent qu'il fallait
augmenter le crédit et le pouvoir de ceux qui
prenaient en main la défense de l'autorité romaine, et abaisser ceux qui osaient ne pas s'y
soumettre. Ce fut alors qu'on prit à Rome,
pour la première fois, le funeste parti d'humilier et de décréditer ceux qui, chacun dans
sa patrie, pensaient le mieux, et de combler
de biens et d'honneurs ceux qui justement ou
sans raison tenaient pour la puissance romaine ; parti qui peu de temps après multiplia les flatteurs et diminua beaucoup le nombre des vrais amis de la république. Au reste,
le sénat ne se contenta pas, pour rétablir les
exilés, d'écrire aux Achéens ; il écrivit encore aux Étoliens, aux Épirotes, aux Athéniens, aux Béotiens, aux Acarnaniens,
comme voulant soulever tous les peuples contre les Achéens ; et dans la réponse qu'il fit
aux députés, sans dire un seul mot des autres,
il ne parla que de Callicrate, auquel il serait
à souhaiter, dit-il, que tous les magistrats
dans chaque ville ressemblassent. Avec cette
réponse ce député revint triomphant dans la
Grèce, sans considérer qu'il était la cause des
malheurs qui allaient fondre sur toute la
Grèce, et en particulier sur l'Achaïe. Car
jusqu'à lui on voyait du moins une certaine
égalité entre les Achéens et les Romains.
Ceux-ci souffraient que les autres allassent en
quelque sorte de pair avec eux, parce qu'ils
avaient éprouvé leur fidélité dans des temps
très difficiles, je veux dire pendant leurs
guerres contre Philippe et Antiochus. Cette
petite ligue commençait à se distinguer ; dans
les temps dont nous parlons, elle avait déjà
fait de grands progrès, lorsque la trahison de
Callicrate vint troubler les espérances qu'on
avait conçues de ce bel établissement. Je dis
trahison, car tel est le caractère des Romains ;
nobles dans leurs sentimens et portés naturellement aux belles actions, ils sont touchés des
plaintes des malheureux et sont charmés de
soulager ceux qui ont recours à leur protection. Mais si quelqu'un, de la fidélité duquel
ils sont sûrs, les avertit des inconvéniens où
ils tomberaient en accordant certaines graces,
ils reviennent bientôt à eux et réforment autant qu'ils peuvent ce qu'ils ont fait. Callicrates, allant à Rome, n'était chargé que
de soutenir les droits des Achéens ; puisque les Romains ne faisaient aucunes plaintes
sur ce qui s'était passé à l'égard des Messéniens, il ne devait pas parler de cette affaire.
Il revient ensuite dans l'Achaïe, répandant
partout la terreur des Romains, racontant
partout, pour effrayer, toutes les circonstances de son ambassade, et faisant peur au
peuple, qui, ne sachant pas ce qu'il avait dit
dans le sénat et les présens par lesquels il s'était laissé corrompre, le créa d'abord préteur.
Il n'eut pas plus tôt cette dignité, qu'il rétablit
dans leur patrie les exilés de Lacédémone et
de Messène.

FRAGMENT II.

Polybe dit dans son livre XXVIe que Tibérius
Gracchus avait détruit trois cents villes de la
Celtibérie. Pasidopus justifia plaisamment
Tibérius de ce fait, en disant qu'il avait donné
à de petits forts le nom de villes pour orner
son triomphe. Et peut-être a-t-il raison sur ce
fait, car les généraux ne sont pas moins enclins que leurs historiens à cette sorte de mensonges qui prennent de belles phrases pour de
belles actions.

FRAGMENT III.

Persée.

Après avoir renouvelé son alliance avec les
Romains[2], Persée s'appliqua d'abord à se gagner la faveur des Grecs. Pour y parvenir, i

---
[1] Strabon, l. III.
[2] Fragmens de Valois.

fit placarder à Délos, à Delphes et dans le temple de Minerve étonnienne, des édits par lesquels il rappelait en Macédoine tous ceux qui en étaient sortis ou pour se dérober aux poursuites de leurs créanciers, ou pour sentences judiciaires, ou pour crimes d'état. Par ces édits il défendait de plus qu'on les inquiétât sur la route; et il leur permit non seulement de rentrer dans les biens dont ils avaient été dépouillés, mais encore de se faire payer des revenus que ces biens avaient produits depuis qu'ils étaient en exil. Il remit aux Macédoniens tout ce qu'ils devaient au trésor royal, et mit en liberté tous les prisonniers d'état. Cette douceur et cette générosité firent concevoir aux Grecs de grandes espérances favorables à ce prince, qui d'ailleurs soutenait son rang avec beaucoup de dignité. Il était bien de sa personne et d'une vigueur propre à supporter toutes sortes de travaux. Son air et tous les traits de son visage répondaient à sa jeunesse; et cependant on n'apercevait chez lui nul vestige de cette passion démesurée pour les femmes, à laquelle Philippe, son père, s'était livré. Tel fut Persée dans le commencement de son règne.

FRAGMENT IV.

Eumène et Ariarathe font la paix avec Pharnace. — Articles du traité [1].

Une occasion si brusque et si terrible disposa Pharnace et le rendit plus souple à accepter ce que l'on jugerait à propos de lui ordonner. Il envoya des ambassadeurs à Eumène et à Ariarathe, qui lui en députèrent aussi de leur côté; et après plusieurs ambassades réciproques, le traité fut enfin conclu en ces termes : « Paix perpétuelle entre Eumène, Prusias, Ariarathe, Pharnace et » Mithridate. Jamais Pharnace ne mettra le » pied dans la Galatie. Tous les traités qu'a » faits Pharnace avec les Gaulois demeureront nuls. Il sortira encore de la Paphlagonie, et y rétablira tous les habitans qu'il » en a chassés. Il y remettra les armes et tous » les autres effets qu'il en a emportés. Il rendra à Ariarathe les pays qui lui ont été » pris, tous les effets qui y étaient et les otages qu'il a reçus. Il rendra aussi Téje, ville » près du Pont. » Eumène donna quelque temps après cette ville à Prusias, à qui ce présent fit grand plaisir. Suit dans le traité : « Il » renverra tous les prisonniers et les transfuges » sans rançon ; outre cela, de l'argent et des » richesses qu'il a emportés à Morzias et à » Ariarathe, il donnera neuf cents talens à » ces deux rois, trois cents à Eumène pour » le dédommager des frais de la guerre, et » trois cents à Mithridate, gouverneur de l'Arménie, pour avoir pris les armes contre » Ariarathe, et cela contre le traité qu'il avait » fait avec Eumène. » Dans ce traité furent compris, entre les puissances de l'Asie, Artaxias qui régnait sur la plus grande partie de l'Arménie et Acusiloque; entre celles d'Europe, Gatale, prince sarmate; et entre les états libres, les Héracléotes, les Mésembriens, les Chersonésites et les Cysicéniens. On marque encore dans le traité en quel nombre et de quelle condition devaient être les otages que Pharnace donnerait, et dès qu'ils furent arrivés, les armées se retirèrent. Ainsi se termina la guerre qu'Eumène et Ariarathe avaient avec Pharnace.

FRAGMENT V.

Ambassade des Lyciens à Rome contre les Rhodiens.— Les Rhodiens amènent à Persée Laodice sa femme.

Quand les consuls Tibérius et Claudius furent partis pour leur expédition contre les Istriens et les Agriens, le sénat sur la fin de l'été donna audience aux ambassadeurs, qui n'étaient venus à Rome de la part des Lyciens qu'après la victoire remportée sur ce peuple, quoiqu'ils fussent sortis de leur pays assez long-temps auparavant. Car dès avant que la guerre fût déclarée, les Xanthiens avaient envoyé Nicostrate dans l'Achaïe et à Rome. Arrivé dans cette ville, il fit une description si touchante des maux que la cruauté des Rhodiens faisait souffrir aux Lyciens, que le sénat, pénétré de compassion, députa des ambassadeurs à Rhodes, pour déclarer que par

[1] Ambassade LIX.

[1] Ambassade LX.

les mémoires faits par les dix commissaires envoyés en Asie pour régler les affaires d'Antiochus, on voyait clairement que quand les Lyciens avaient été attribués aux Rhodiens, ce n'était pas un présent qu'on leur faisait, mais des amis et des alliés qu'on leur donnait. Cette décision ne plut pas aux Rhodiens. Ils crurent que les Romains ayant appris les dépenses énormes qu'ils avaient faites pour construire la flotte sur laquelle ils avaient conduit la reine Laodice à Persée, voulaient, en les commettant avec les Lyciens, achever d'épuiser leurs épargnes et leurs trésors. En effet, peu de temps auparavant les Rhodiens avaient équipé tout ce qu'ils avaient de vaisseaux pour faire à la reine la flotte la plus brillante et la plus magnifique. Persée en avait fourni les matériaux, et jusqu'aux soldats et aux matelots qui lui avaient amené Laodice, tous reçurent de lui un ruban d'or.

FRAGMENT VI.

Indignation des Rhodiens contre le décret fait par le sénat de Rome en faveur des Lyciens [1].

Les ambassadeurs Romains, en arrivant à Rhodes, publièrent l'arrêt que le sénat avait donné. Cet arrêt excita parmi les citoyens de grands mouvemens. On y fut indigné que les Romains dissent que les Lyciens avaient été donnés à la république rhodienne, non comme présent, mais comme amis et alliés. Ils croyaient avoir déjà donné assez bon ordre aux affaires de la Lycie, il était triste pour eux de se voir menacés de nouveaux embarras. Car les Lyciens, sur le bruit de l'arrivée des ambassadeurs et de l'arrêt qu'ils avaient apporté, recommençaient à se soulever, et paraissaient disposés à revendiquer leur liberté à quelque prix que ce fût. De leur côté les Rhodiens se persuadèrent qu'il fallait que les Romains eussent été trompés par les Lyciens, et députèrent Lycophron à Rome pour donner au sénat les éclaircissemens dont il semblait avoir manqué. Tel était à Rhodes l'état des affaires, et l'on y avait lieu de craindre que dans peu les Lyciens ne se révoltassent.

[1] Ambassade LXI.

FRAGMENT VII.

Les Dardaniens députent à Rome pour demander du secours contre les Bastarnes et Persée [1].

Lycophron arrive à Rome et y plaide la cause des Rhodiens; mais le sénat diffère de lui répondre. En même temps que lui étaient venus des ambassadeurs de la part des Dardaniens pour informer le sénat que leur province était inondée d'une multitude de Bastarnes, peuple d'une grandeur gigantesque et d'une valeur extraordinaire, avec lequel, comme avec les Gaulois, Persée avait fait un traité d'alliance; qu'on y craignait encore plus ce prince que les Bastarnes, et qu'ils avaient été envoyés pour implorer le secours de la république contre tant d'ennemis. Des députés de Thessalie attestaient la vérité des plaintes des Dardaniens et demandaient aussi du secours pour eux-mêmes. Sur l'exposé de ces ambassadeurs, le sénat députa sur les lieux Aulus Posthumius suivi de quelques jeunes gens pour examiner si le rapport qu'on lui faisait était fondé.

FRAGMENT VIII.

Affaires de Syrie. — Commencement du règne d'Antiochus Épiphane.

Polybe dans le XXVIe livre de son histoire [2] donne à ce prince le surnom d'Épimane au lieu de celui d'Epiphane, à cause de tout ce qu'il a fait. Il rapporte sur lui les faits suivants: de temps à autre, à l'insu de ses ministres, on le voyait se promener çà et là dans les rues de la ville, accompagné d'une ou deux personnes. Il aimait surtout à visiter les boutiques des sculpteurs et fondeurs en or et en argent, et conversait familièrement avec les ouvriers sur leur art. Il recherchait particulièrement la conversation des hommes du peuple, entamait des discussions avec le premier venu, et buvait avec les étrangers de la plus basse classe. Apprenait-il que des jeunes gens donnaient un festin dans quelque lieu, sans prévenir personne de son arrivée, il s'y rendait accompagné de joueurs de flûtes et de

[1] Ambassade LXII.
[2] Athénée, l. V à livre X.

symphonistes, folâtrait et s'abandonnait aux excès de la table, à tel point que parfois les convives, effrayés de sa présence inattendue, se levaient de table et s'enfuyaient; souvent, dépouillant le manteau royal, il se promenait dans le Forum vêtu de la toge, comme un candidat devant les comices, donnant là main à ceux-ci, embrassant ceux-là, et sollicitant leurs suffrages pour se faire élire édile ou tribun du peuple. Avait-il obtenu la magistrature qu'il briguait, assis sur une chaise curule d'ivoire, à la mode romaine, il prenait connaissance des actions judiciaires, des causes commerciales, des contrats en litige, et prononçait ses arrêts avec l'attention la plus scrupuleuse. Au spectacle d'une telle conduite, les hommes modérés savaient quelle opinion concevoir sur lui. Les uns le regardaient comme un homme simple et facile, d'autres au contraire comme un insensé. Il se conduisit avec la même bizarrerie dans les dons qu'il conférait. Aux uns il donnait des dés, à ceux-ci de l'or; il arrivait quelquefois que ceux qui le rencontraient par hasard et ne l'avaient jamais vu recevaient les présens les plus inespérés. Il surpassait tous ses prédécesseurs dans les sacrifices et offrandes faites en son nom aux dieux dans les différentes villes, témoin le temple de Jupiter Olympien à Athènes; témoins les statues placées autour de l'autel à Délos. Il se rendait habituellement aux bains publics et au moment du plus grand concours de la multitude; et dans ce cas il faisait porter devant lui des vases remplis des parfums les plus précieux. Un jour quelqu'un à cette occasion lui disant : « Vous êtes bien heureux vous autres » rois qui pouvez vous servir de parfums si » agréables à l'odorat; » il ne lui répondit rien, mais le lendemain, étant entré à l'endroit où cet homme se baignait, il ordonna qu'on lui versât sur la tête un très grand vase des parfums les plus précieux qu'on appelle stacté ou myrrhe liquide. A cette vue tous les baigneurs accourent en foule pour se laver dans les restes de ce précieux parfum. Le roi lui-même suivit, mais son pied glissa sur les traces visqueuses qu'avait laissées le parfum; il tomba au grand amusement de tout le monde.

LIVRE VINGT-SEPTIÈME.

FRAGMENT I.

Les Béotiens se séparent imprudemment les uns des autres [1].

Pendant que les commissaires romains étaient à Chalcis, Lasys et Callias vinrent les y joindre de la part des Thespiens et livrèrent leur patrie aux Romains. Isménias y vint aussi de la part de Néon, préteur des Béotiens, et dit que par l'ordre du conseil commun de la nation il remettait à la discrétion des commissaires toutes les villes de Béotie. Rien n'était plus opposé aux vues de Q. Marcius, qui aurait souhaité que cela se fût fait par chaque ville en particulier. C'est pourquoi, loin de faire un obligeant accueil à Isménias comme il avait fait à Lasys, aux députés de Chéronée, de Lébadie et aux autres, il ne lui marqua que du mépris, et les ordres qu'il lui donna, c'était moins des ordres que des insultes; la moquerie alla si loin, que si Isménias ne se fût réfugié sous le tribunal des commissaires, il eût été assommé de pierres par quelques-uns des exilés qui avaient conspiré contre sa vie.

A Thèbes, dans le même temps, il se forma une sédition. Pendant que les citoyens voulaient livrer la ville aux Romains, ceux de Corone et d'Haliarte, s'y étant assemblés, prétendirent dominer le conseil et soutinrent

[1] Ambassade LXIII.

qu'il fallait demeurer dans l'alliance du roi de Macédoine. Jusque là les deux partis étaient à peu près égaux. Mais Olympique, un des premiers de Corone, s'étant tourné du côté des Romains, il entraîna avec lui les autres, il se fit un changement universel dans l'esprit de la multitude. D'abord on obligea Dicétas d'aller faire des excuses aux commissaires pour l'alliance qu'on avait contractée avec Persée. Ensuite on courut chez Néon et chez Hippias, on les chassa de leurs maisons, on leur ordonna de rendre compte de leur gouvernement, car c'était eux qui avaient négocié l'alliance; on assembla le conseil, on choisit des députés pour les envoyer aux commissaires; ordre fut donné aux magistrats de faire alliance avec les Romains; enfin l'on abandonna la ville aux Romains et l'on rétablit les exilés.

En même temps à Chalcis les exilés envoyèrent Pompidas aux commissaires pour leur dénoncer Isménias, Néon et Dicétas. Comme leur faute était manifeste, et que les Romains favorisaient les bannis, Hippias et ceux de son parti se trouvèrent en très mauvaise situation. La multitude était tellement irritée contre eux, qu'ils coururent risque de la vie, et ils l'auraient perdue, si les Romains n'eussent fait quelque attention à la leur conserver, et n'eussent arrêté la violence et l'impétuosité de la populace. Les affaires changèrent de face, dès que les députés thébains furent arrivés et qu'ils eurent montré ce qui avait été réglé chez eux à l'avantage des Romains. Et il ne leur fallut pas beaucoup de temps pour faire le voyage de Thèbes à Chalcis, parce que ces deux villes ne sont pas fort éloignées l'une de l'autre.

Au reste, les commissaires reçurent agréablement les Thébains; ils firent un grand éloge de leur ville et leur conseillèrent de rappeler les exilés. Ils ordonnèrent ensuite à tous les députés d'envoyer à Rome des ambassadeurs qui livrassent chacun leur ville en particulier à la discrétion des Romains. Après avoir ainsi divisé, comme ils se l'étaient proposé, le corps des Béotiens et donné de l'aversion au peuple pour la maison royale de Macédoine, ils firent venir Servius d'Argos,

et le laissant à Chalcis, ils passèrent dans le Péloponèse. Néon, quelques jours après, se retira en Macédoine. Pour Isménias et Dicétas ils furent jetés dans un cachot, où peu de temps après ils se donnèrent eux-mêmes la mort.

C'est ainsi que les Béotiens, pour avoir pris sans raison et par une légèreté impardonnable le parti de Persée, après avoir formé pendant long-temps une république qui en différentes occasions s'était heureusement délivrée des plus grands périls, se virent dispersés et gouvernés par autant de conseils qu'il y avait de villes dans la province. Pour revenir aux commissaires, quand Aulus et Marcius furent arrivés à Argos, ils traitèrent avec les magistrats des Achéens, et prièrent Archon, leur préteur, d'envoyer à Chalcis mille soldats pour garder la ville jusqu'à ce que les Romains y eussent conduit des troupes. Archon leur ayant accordé ce secours, ils furent joindre Publius, et se mirent ensuite sur mer pour retourner à Rome.

FRAGMENT II.

Sage politique d'Hégésiloque, prytane des Rhodiens, pour conserver à sa nation l'amitié du peuple romain [1].

Tibérius et Posthumius, parcourant les îles et les villes de l'Asie, séjournèrent long-temps dans Rhodes, quoique leur présence y fût alors peu nécessaire, car Hégésiloque, homme d'une grande distinction, qui était prytane, et qui dans la suite fut envoyé à Rome en qualité d'ambassadeur, Hégésiloque, dis-je, n'eut pas plus tôt découvert que les Romains devaient déclarer la guerre à Persée, qu'il exhorta ses concitoyens non seulement de se joindre à eux, mais encore de radouber quarante vaisseaux, afin que si les Romains en avaient besoin, ils ne perdissent pas de temps à les attendre, mais qu'ils les trouvassent tout prêts. Il les montra tels en effet aux deux commissaires romains, qui sortirent très satisfaits de la ville. Ils louèrent extrêmement son zèle et son attachement pour la république romaine, et revinrent ensuite à Rome.

[1] Ambassade LXIV.

FRAGMENT III.

Persée envoie des ambassadeurs chez les Rhodiens pour sonder leurs intentions [1].

Persée, après avoir quitté les commissaires romains, renferma dans une lettre toutes les raisons sur lesquelles son droit était appuyé et tout ce qui s'était dit de part et d'autre dans la conférence. Il avait pris cet expédient, tant parce qu'il s'imaginait que ses raisons l'emporteraient sur celles des commissaires, que parcequ'il voulait sonder par-là quelles étaient à son égard les dispositions de chaque peuple. Il ne se servit que de courriers pour envoyer sa lettre dans les autres endroits, mais il distingua Rhodes, et y député Anténor et Philippe, qui d'abord donnèrent la lettre du roi aux magistrats. Quelques jours après ils entrèrent dans le conseil. Là ils exhortèrent les Rhodiens à demeurer en repos, et à attendre en simples spectateurs quel parti prendraient les Romains. « S'ils entreprennent, dirent-ils,
» d'attaquer Persée et les Macédonins malgré
» les traités qui ont été faits avec eux,
» vous serez, Rhodiens, les médiateurs entre
» les deux peuples ; tout le monde est intéressé
» à les voir vivre en paix, mais il ne sied à per-
» sonne plus qu'à vous de travailler à les réu-
» nir. Défenseurs non seulement de votre li-
» berté, mais encore de celle de tout le reste
» de la Grèce, plus vous avez de zèle et d'ardeur
» pour la conservation d'un si grand bien, plus
» vous devez vous mettre en garde contre qui-
» conque aurait ou pourrait vous inspirer des
» sentimens contraires. » Ils dirent plusieurs choses semblables, qui furent écoutées avec plaisir. Mais ils parlaient à des esprits prévenus en faveur des Romains, et dans lesquels l'autorité du meilleur parti avait pris le dessus. On fit beaucoup de civilités et de politesses aux ambassadeurs ; mais la réponse fut qu'on priait Persée de ne rien demander aux Rhodiens qui pût les faire passer pour contraires aux intérêts de Rome. Anténor ne prit pas cela pour une réponse, mais content d'ailleurs des amitiés qu'il avait reçues des Rhodiens, il reprit la route de Macédoine.

FRAGMENT IV.

Ambassades réciproques de Persée chez les Béotiens, et des Béotiens chez Persée [1].

Persée, informé que quelques villes de Béotie lui étaient encore attachées, leur envoya Antigone fils d'Alexandre en qualité d'ambassadeur. Antigone arriva dans la Béotie et passa devant plusieurs villes sans y entrer, parce qu'il n'avait nul prétexte pour les engager à faire alliance avec son maître. Il entra dans Coronée, dans Thèbes, dans Haliarte, et en exhorta les citoyens à se ranger au parti des Macédoniens. Ils se rendirent à ses prières, et résolurent de dépêcher des ambassadeurs en Macédoine. Antigone retourne à Persé, et lui apprend l'heureux succès de ses négociations. Peu de temps après arrivent les ambassadeurs de Béotie, et ils prient le roi d'envoyer du secours aux villes qui s'étaient mises de son côté, parce que les Thébains, irrités de ce que ces villes ne se joignaient pas comme eux aux Romains, les menaçaient, et commençaient même à les inquiéter. Le roi leur répondit que pour le présent la trêve faite avec les Romains ne lui permettait pas de donner du secours, qu'il leur conseillait de se défendre contre les Thébains du mieux qu'il leur serait possible, et de vivre en paix avec les Romains.

FRAGMENT V.

Faction à Rhodes contre les Romains [2].

Caius Lucrétius écrivit de Céphallénie, où sa flotte était à l'ancre, une lettre aux Rhodiens pour leur demander des vaisseaux, et fit porter de sa lettre un certain Socrates, qui gagnait sa vie à frotter d'huile les lutteurs. Stratocles était alors prytane du dernier semestre. Il assembla le conseil, et mit en délibération ce qu'on devait faire sur cette lettre. Agathagète, Rodophon, Astymèdes et plusieurs autres furent d'avis d'envoyer des vaisseaux sans délai et de se joindre aux Romains dès le commencement de la guerre ; mais Dinon et Polyarate, chagrins de ce qui s'était déjà fait en

[1] Ambassade LXV.
[1] Ambassade LXVI.
[2] Ambassade LXVII.

faveur des Romains, se servirent des soupçons qu'on avait contre Eumène pour empêcher qu'on n'eût égard à ce que Lucrétius demandait. Ce prince était suspect, et l'on était brouillé avec lui, depuis que, pendant la guerre contre Pharnace, il s'était posté sur l'Hellespont pour arrêter les vaisseaux qui passaient dans le Pont-Euxin, et que les Rhodiens s'y étaient opposé. Cette querelle s'était aigrie quelque temps auparavant à l'occasion de certains châteaux et de la Perée, pays situé à l'extrémité du continent opposé à l'île de Rhodes, et où les troupes d'Eumène faisaient continuellement des courses. Ces mécontentemens étaient cause que tout ce que l'on disait contre ce prince était écouté volontiers. Les factieux saisirent ce prétexte pour faire mépriser la lettre de Lucrétius. Ils dirent qu'elle ne venait pas de ce Romain, mais d'Eumène, qui voulait de quelque manière que ce fût les engager dans une guerre, et les jeter dans des dépenses et des fatigues inutiles. Le porteur même de la lettre leur aidait à soutenir ce qu'ils avançaient : que les Romains, loin de se servir de gens d'une condition si basse pour envoyer leurs ordres, choisissaient pour cela les personnes les plus distinguées. Ce n'est pas qu'ils ne sussent fort bien que la lettre avait été véritablement écrite par Lucrétius ; mais ils voulaient ralentir l'ardeur de la multitude, retarder le secours qu'on devait donner aux Romains, et faire naître par là quelques occasions de brouillerie avec eux. Car ils n'avaient d'autres vues que d'aliéner des Romains l'esprit des peuples et de les gagner à Persée, dont ils étaient fauteurs ; l'un, savoir Polycrate, parce qu'ayant fait des dépenses pour contenter son faste et son ostentation, il n'avait plus rien qui ne fût au pouvoir de ses créanciers ; et Dinon, parce qu'avare et sans pudeur, il s'était toujours étudié à augmenter ses biens par les largesses des grands et des rois. Stratocles s'éleva vivement contre ces factieux ; il dit beaucoup de choses contre Persée ; il fit au contraire un grand éloge des Romains ; enfin il obtint du peuple un décret qui ordonnait d'envoyer les vaisseaux. Sur-le-champ on équipa six galères, dont on envoya

cinq à Chalcis, sous la conduite de Timagoras, et la sixième à Ténédos. Une autre Timagoras qui la commandait rencontra à Ténédos Diophane, à qui Persée avait donné ordre d'aller vers Antiochus. Il ne put pas s'en rendre maître, mais il prit le vaisseau. Lucrétius reçut avec politesse tous les alliés qui lui étaient arrivés par mer ; mais il les remercia de leurs services, parce que, dit-il, les affaires ne demandaient pas de secours maritime.

FRAGMENT VI.

Le sénat ordonne que les ambassadeurs de Persée sortent de Rome et de l'Italie [1].

Les commissaires Romains, étant revenus d'Asie, firent au sénat leur rapport sur ce qu'ils avaient vu à Rhodes et dans les autres villes. Ensuite on fit entrer les ambassadeurs de Persée. Solon et Hippas firent tous leurs efforts pour justifier leur maître sur tout, et pour appaiser la colère du sénat. Ils le défendirent principalement sur l'attentat qu'on l'accusait d'avoir commis sur la personne d'Eumène. Quand ils eurent fini, le sénat qui depuis long-temps avait résolu la guerre, leur ordonna, et à tous les Macédoniens qui étaient à Rome, de sortir incessamment de la ville et de l'Italie dans trente jours. On appela ensuite les consuls, et on leur recommanda de ne pas perdre de temps et de donner tous leurs soins à cette guerre.

FRAGMENT VII.

Persée, quoique victorieux, demande la paix et ne peut l'obtenir [2].

Après la victoire remportée par les Macédoniens, Persée assembla son conseil. Il s'y trouva quelques-uns de ses amis qui lui dirent qu'il ferait bien de députer au consul, de lui demander la paix, et pour l'obtenir de lui offrir, quoique victorieux, les mêmes tributs et les mêmes places que Philippe vaincu avait promis de céder. « Car, dirent-ils, s'il accorde la paix, premièrement vous vous faites un très grand honneur en finissant la guerre après une victoire, et en second lieu

---

[1] Ambassade LXVIII.
[2] Ambassade LXIX.

» les Romains, après avoir éprouvé la valeur
» de vos troupes, ne seront plus si hardis à
» donner des lois dures ou injustes aux Macé-
» doniens ; que si, piqués de leur défaite, ils
» s'opiniâtrent à s'en venger, autant qu'ils
» auront à craindre la juste colère des dieux,
» autant vous aurez lieu d'espérer que les
» dieux et les hommes favoriseront votre mo-
» dération. » Cet avis ayant été approuvé de
la plupart des membres du conseil et du roi
même, on choisit sur-le-champ pour ambassadeurs Pantauchus et Medon de Boerée. Ils
arrivent chez Licinius, on tient conseil, les
ambassadeurs déclarent les ordres dont ils
étaient chargés, on les fait retirer, on délibère. Le sentiment unanime fut qu'il fallait
répondre le plus fièrement qu'il se pourrait.
Car telle est la coutume qu'observent les Romains et qu'ils ont reçue de leurs ancêtres;
dans la mauvaise fortune ils affectent de paraître hauts et fiers, et dans la bonne doux et
modestes. Cette politique est belle, on n'en
peut douter, mais je ne sais si dans certaines
conjonctures il est bien possible de la garder.
Quoi qu'il en soit, voici la réponse qu'on
donna aux ambassadeurs. « Point de paix
» pour Persée, s'il ne laisse au pouvoir du sé-
» nat de disposer de sa personne et de son
» royaume comme il lui plaira. » Cette réponse portée au roi et à ses amis, on fut
frappé d'un orgueil si insupportable. Le
conseil en fut choqué au point qu'on dit au roi
que, quoi qu'il arrivât, il ne devait plus envoyer personne aux Romains. Persée ne fut
pas de leur avis. Non seulement il y envoya
plusieurs fois, mais il offrit un tribut plus
considérable encore que celui dont Philippe
avait été chargé. Toutes ses instances ne servirent qu'à lui faire reprocher par ses amis,
que victorieux il se rabaissait autant que s'il
eût été vaincu. N'ayant donc plus de paix à
attendre, il revint à son premier camp de
Sycurium.

FRAGMENT VIII.

Cotys, roi de Thrace[1].

Outre une mine avantageuse et une force

[1] Fragmens de Valois.

infatigable pour la guerre, on remarquait
dans ce roi un caractère d'esprit fort différent
de celui des Thraces. Il était sobre, doux et
d'une prudence peu commune.

FRAGMENT IX.

Convention des Rhodiens avec Persée pour la rançon des prisonniers[1].

Quand la guerre de Persée contre les Romains fut finie, Anténor vint de sa part à
Rhodes pour traiter de la rançon des prisonniers qui étaient sur mer avec Diophane. Le
sénat rhodien fut partagé sur le parti que l'on
devait prendre. Philophron et Théétète ne
voulaient nulle liaison, nul traité avec le roi
de Macédoine ; Dinon et Polycrate étaient
d'un autre sentiment. Enfin les avis se réunirent, et l'on convint avec Persée pour la rançon de ces prisonniers.

FRAGMENT X.

Ptolémée gouverneur de Chypre[2].

Cet Égyptien était fort au dessus des autres
hommes de son pays, il était judicieux et entendu dans les affaires. Lorsqu'on lui confia
le gouvernement de l'île de Chypre, le roi
était encore jeune. Il mit tous ses soins à ramasser de l'argent, et n'en donnait rien à personne, quelques instances que lui fissent les
économes royaux. Sa fermeté sur ce point allait si loin, qu'on l'accusait ouvertement de
s'approprier les revenus de l'île. Mais quand
Ptolémée fut en âge de gouverner par lui-
même et que le gouverneur lui eut envoyé
l'argent qu'il avait ramassé et qui montait à
une assez grosse somme, alors et le roi et
toute la cour donnèrent de grandes louanges
à sa fidélité et à son épargne.

FRAGMENT XI.

Céphale[3].

Céphale arriva ainsi d'Épire. Déjà auparavant affectionné à la famille du roi de Ma-

[1] Ambassade LXX.
[2] Fragmens de Valois.
[3] Fragmens de Valois.

cédoine, il fut alors comme forcé de prendre parti pour Persée. Voici pourquoi. Charope, Épirote, homme d'honneur et de probité, ami des Romains, et qui, pendant que Philippe occupait les détroits de l'Épire, avait été cause que ce prince avait été chassé de ce royaume et que Titus s'en était rendu maître, ainsi que de la Macédoine; Charope, dis-je, avait un fils nommé Machatas qui en eut un qu'il nomma Charope. Machatas étant venu à mourir laissa son fils fort jeune. Charope son aïeul prit soin de son éducation, et l'envoya à Rome avec un équipage sortable pour y être instruit dans la langue latine et dans les belles lettres. Le jeune Charope se fit beaucoup d'amis dans cette ville, et après quelque séjour il revint dans sa patrie. Son aïeul alors était mort. Naturellement haut, orgueilleux et plein de mauvaises inclinations, il se mit à contredire et à décrier les personnes du premier rang. D'abord on n'y fit nulle attention, et Antinoüs, plus âgé et plus en considération que lui, n'en gouvernait pas moins à son gré. La guerre déclarée contre Persée, Charope indisposa les Romains contre Antinoüs, et pour cela leur exagéra l'ancienne liaison qu'avait cet Étolien avec la maison royale de Macédoine. Tantôt il observait ses démarches, tantôt il interprétait en mauvaise part ses paroles ou ses actions; il retranchait de quelques-unes, il ajoutait à d'autres, et vint enfin à bout par ces artifices de faire croire tout ce qu'il inventait contre ceux qu'il voulait perdre. Céphale n'en fut pas ébranlé. C'était un homme d'une sagesse et d'une prudence singulières. Il persista dans le meilleur parti. Il pria d'abord les dieux de ne pas permette que les affaires se décidassent par les armes. Quand la guerre eut été déclarée, il fut d'avis qu'on n'accordât aux Romains que ce à quoi l'on s'était obligé par le traité d'alliance, et qu'on ne se déshonorât point jusqu'à se soumettre lâchement à tout ce qu'il leur plairait d'ordonner. Cette fermeté déplut à Charope, et il se déchaîna contre Céphale. On ne pouvait rien faire où il ne soupçonnât du mal, dès que ce qui se faisait n'était pas favorable aux Romains. Dans les commencemens Antinoüs et Céphale, n'ayant point à se reprocher d'avoir rien proposé de contraire à la république romaine, crurent devoir mépriser les calomnies qui se répandaient contre eux. Mais quand après le combat de cavalerie ils virent que sans raison l'on conduisait à Rome les Étoliens, Hippoloque, Nicandre et Loquague et qu'on ajoutait foi aux calomnies que publiait Lycisque, qui dans l'Étolie suivait la même route que Charope; alors prévoyant l'avenir ils prirent des mesures pour se mettre à couvert de ce calomniateur, et resolurent de tout tenter pour éviter d'être mis dans les fers et d'être menés à Rome sans avoir été entendus. Pour cela ils furent obligés, quoique ce fût contre leur intention, d'embrasser le parti de Persée.

FRAGMENT XII.

Théodote et Philostrate[1].

On ne peut excuser l'action détestable de ces deux traîtres. Sur la nouvelle que le consul romain Aulus Hostilius devait incessamment arriver à son camp dans la Thessalie, ils se persuadèrent qu'en le livrant à Persée ils rendraient à ce prince un service qu'il ne manquerait pas de payer de toute sa confiance, et mettraient pour le présent un très-grand obstacle à l'entreprise des Romains. Ils écrivirent donc à Persée de se mettre en marche au plus tôt. Ce prince s'y mit en effet, mais il fut arrêté sur sa route par les Molosses, qui s'étaient emparés du pont qui est sur le Loüs, et il fallut les combattre. Le consul, arrivé à Phanote, logea chez Nestor Cropius. Là il était aisé à ses ennemis de le prendre, et sa perte était inévitable, si la fortune ne l'eût favorisé. Son hôte, ayant pressenti comme par inspiration le malheur dont Hostilius était menacé, l'obligea de sortir de la ville pendant la nuit et de passer dans une ville voisine. Il le fit, et quittant la route d'Épire, il se mit en mer, cingla vers Anticyre, et de là il marcha vers la Thessalie.

[1] Fragmens de Valois.

FRAGMENT XIII.

Pharnace et Attalus [1].

Le premier de ces deux princes était le plus injuste roi qu'on eût vu avant lui.

L'autre était en quartier d'hiver à Élatéa, lorsqu'instruit du chagrin mortel que les Péloponésiens avaient fait à Eumènes son frère en lui retranchant par un décret public les honneurs qu'ils lui avaient autrefois décernés, il résolut, sans communiquer son dessein à personne, de députer chez les Achéens, pour demander qu'on relevât les statues qui avaient été érigées à Eumènes et qu'on rétablît les inscriptions faites en son honneur. Deux motifs l'engagèrent à prendre cette résolution ; premièrement la persuasion où il était qu'il ne pouvait faire un plus grand plaisir à Eumènes, en second lieu l'honneur que lui faisait dans la Grèce cette preuve manifeste et de sa grandeur d'ame et de son affection pour son frère.

FRAGMENT XIV.

Les Crétois [2].

Voici une perfidie criante de ces insulaires. C'est un crime qui leur est assez ordinaire, mais dans cette occasion, ils ont paru se surpasser eux-mêmes. Ils étaient amis des Apolloniates. Bien plus, ils vivaient sous les mêmes lois, composaient ensemble un même état, jouissaient en commun de tout ce qui s'appelle droits parmi les hommes, et le traité qui les contenait, gravé sur l'airain, se voyait auprès de la statue de Jupiter Idéen. Toutes ces barrières ne furent pas assez fortes pour mettre les Apolloniates à couvert de leurs violences. Ils s'emparèrent d'Apollonie ; ils en massacrèrent les habitans, mirent leurs biens au pillage, et partagèrent entre eux les femmes, les enfans et tout le pays.

FRAGMENT XV.

Ambassade à Rome de la part d'Antiochus [3].

Ce prince, ne pouvant plus douter que le roi d'Égypte ne se disposât à porter la guerre dans la Cœlésyrie, députa Méléagre à Rome, avec ordre de dire et de prouver au sénat par les traités faits avec Ptolémée, que ce roi l'attaquait contre tout droit et raison.

Dans toute cette expédition le roi Antiochus se montra fort courageux et vraiment digne du nom de roi, si on en excepte les ruses dont il fit usage à l'égard de Pelus [1].

FRAGMENT XVI.

[I] Quand la nouvelle [2] du combat de cavalerie se fut répandue dans la Grèce après la victoire des Macédoniens, alors, comme un feu dès long-temps caché, éclatèrent les dispositions de tous envers Persée. Voici, ce me semble, quelles étaient ces dispositions ; on eût dit à peu près ce qui arrive aux jeux publics. Là en effet, quand, en face d'un athlète illustre et cru invincible, se présente un antagoniste humble et bien inférieur, la foule partage aussitôt sa bienveillance, elle crie courage au faible, et lui aide pour ainsi dire de ses efforts. Mais s'il a touché l'autre au visage, s'il lui a fait un semblant de blessure, sur-le-champ les avis se trouvent partagés ; on raille l'athlète frappé, non par aversion ou par mépris, mais par une sympathie subite et inattendue, par l'effet de cette bienveillance naturelle qu'on a pour le moins fort. Que quelqu'un leur en fasse un reproche à propos, ils changent vite, et se repentent de leur ignorance. C'est ce que fit, dit-on, Clitomaque. C'était un athlète sans égal et dont la gloire s'était répandue par tout l'univers ; le roi Ptolémée [3], jaloux de flétrir cette réputation, fit préparer avec un soin particulier le pugile Aristonicus, dont la vigueur lui parut suffisante à cet effet. Celui-ci arrive aux jeux olympiques et présente le combat à Clitomaque. Beaucoup de gens regardaient favorablement Aristonicus et trouvaient beau qu'on osât lutter contre un Clitomaque. Le combat s'engage, Aristonicus saisit le temps et blesse son adversaire ; un tonnerre d'applaudissemens s'élève, chacun manifeste son ap-

---

[1] Fragmens de Valois.
[2] Fragmens de Valois.
[3] Ambassade LXXI.

1 Fragmens de Valois.
2 Tiré des Palimpsestes de Ma
3 Épiphane.

probation et sa faveur pour Aristonicus; c'est alors que Clitomaque, dit-on, s'étant un peu écarté, et ayant repris haleine se tourna vers l'assemblée, et demanda « Que voulez-vous faire, en
» encourageant Aristonicus, en vous déclarant
» ses champions autant que vous le pouvez ? Ne
» me trouvez-vous pas un athlète accomplissant
» les devoirs de sa profession ? ou plutôt ignorez-
» vous qu'en ce moment Clitomaque combat
» pour la gloire de la Grèce et Aristonicus pour
» celle du roi Ptolémée? Lequel préférez-vous,
» qu'un Égyptien remporte la couronne olym-
» pique sur des Grecs, ou plutôt qu'un Thébain,
» un Béotien soit proclamé vainqueur au pugi-
» lat sur des Égyptiens? » Après ces paroles de Clitomaque, il s'opéra dans les esprits une telle métamorphose qu'Aristonicus fut vaincu plutôt par le changement de l'assemblée que par le bras de Clitomaque.

Voilà donc à peu près ce qui avait lieu parmi les peuples à l'égard de Persée. Si on leur eût demandé sérieusement s'ils voulaient abandonner à un seul homme un pouvoir si étendu et lui laisser l'emploi d'une monarchie indépendante, nul doute qu'ils n'eussent changé d'avis, et ne se fussent jetés dans des désirs contraires; si en peu de mots on leur eût rappelé tous les malheurs causés à la Grèce par la maison de Macédoine, tous les avantages apportés par les Romains, je pense qu'ils seraient retournés vite en arrière; du reste au premier mouvement, au premier élan, l'opinion générale avait manifesté une singulière faveur pour l'adversaire imprévu qui s'élevait contre les Romains. Ne faudrait-il pas faire là quelques réflexions utiles, pour que personne, par ignorance de la nature, ne soit tenté de reprocher aux Grecs leur disposition présente comme une ingratitude.

Il faut qu'en toute chose les hommes mesurent leurs actions à l'opportunité; car l'occasion est une chose bien puissante; dans la guerre surtout, elle donne à tout sa valeur: la négliger est une faute grave.

C'est que beaucoup d'hommes aspirent à ce qui est beau; que peu osent se mettre à l'œuvre, et que de ceux qui s'y mettent, un petit nombre fait mener au but proposé l'entreprise bien complète dans ses détails.

LIVRE VINGT-HUITIÈME.

FRAGMENT I.

Antiochus et Ptolémée envoient des Ambassadeurs au sénat romain [1].

La guerre pour la Cœlésyrie était à peine commencée, que les deux rois dépêchèrent à Rome des ambassadeurs. Ceux d'Antiochus furent Méléagre, Sosiphanes et Héraclides; ceux de Ptolémée, Timothée et Damon. Il faut remarquer qu'Antiochus était maître de la Cœlésyrie et de Phénicie, depuis qu'Antiochus, son père, avait défait près de Panium les généraux de Ptolémée. Ces pays lui étant échus par le droit de la guerre, il les croyait très justement acquis et les regardait comme lui appartenant en propre. Ptolémée, de son côté, les revendiquait, prétendant que, le premier, Antiochus les avait injustement envahis pendant la minorité de son père. Les ambassadeurs d'Antiochus avaient donc ordre de faire voir au sénat que Ptolémée n'avait pu, sans une injustice criante, porter le premier la guerre dans la Cœlésyrie, et ceux de Ptolémée de renouveler avec les Romains les anciens traités d'alliance, de ménager une paix avec Persée, et surtout d'observer ce que diraient à Rome ceux d'An-

[1] Ambassade LXXII.

tiochus. Ils n'osèrent cependant parler de paix. Marcus Émilius leur avait conseillé de ne pas s'ingérer dans cette affaire; mais ils renouvelèrent les traités d'alliance, et ayant reçu des réponses conformes à ce qu'ils avaient souhaité, ils retournèrent à Alexandrie. Quant aux ambassadeurs d'Antiochus, la réponse qu'on leur donna fut que le sénat permettrait à Quintus Marcius d'écrire à Ptolémée selon qu'il jugerait que sa probité et les intérêts du peuple romain le demandaient.

FRAGMENT II.

Ambassade des Rhodiens à Rome pour renouveler l'alliance et obtenir la permission de transporter des blés[1].

Sur la fin de l'été, Hégésiloque, Nicagoras et Nicandre vinrent à Rome de la part des Rhodiens pour renouveler l'alliance et demander la permission de transporter des blés. Ils avaient ordre encore de justifier Rhodes sur les mauvais bruits qu'on avait répandus contre cette île; car personne n'ignorait qu'il y avait dans Rhodes une division intestine, qu'Agathagète, Philophron et Rodophon tenaient pour les Romains, et Dinon avec Polyarate pour Persée et les Macédoniens. De là les disputes fréquentes et les partages de sentimens dans les délibérations, d'où les gens malintentionnés contre la ville prenaient occasion de la décrier. Le sénat, quoique bien instruit, fit semblant de n'avoir rien appris de cette division. Il permit aux Rhodiens de transporter chez eux cent mille médimnes de blé de la Sicile, et se conduisit de même avec tous les autres Grecs qui étaient venus à Rome, et qui étaient affectionnés aux Romains.

FRAGMENT III.

Les Achéens assemblent leur conseil pour Caïus Popillius. — On lui accorde la même prérogative à Therme dans l'Étolie. — Division dans ce dernier conseil. — Délibération des Achéens sur l'ambassade des Romains. — Archon est fait préteur, et Polybe général de la cavalerie. — Attalus demande aux Achéens que les statues autrefois érigées à son frère Eumène soient relevées[2].

Pendant qu'Aulus Hostilius était en quartier d'hiver dans la Thessalie, il envoya pour ambassadeurs dans toutes les villes de la Grèce Caïus Popillius et Cnéius Octavius. Ils entrèrent d'abord dans Thèbes, dont ils louèrent fort les citoyens, et les exhortèrent à demeurer fermes dans l'amitié du peuple romain. Parcourant ensuite les villes du Péloponèse, ils vantèrent partout la douceur et la modération du sénat, et pour en donner une grande idée, ils ne cessaient de faire valoir le dernier sénatus-consulte fait en faveur des Grecs. On voyait par leurs discours que dans chaque ville ils connaissaient parfaitement et ceux qui ne prenaient pas le parti des Romains avec assez de chaleur, et ceux qui y étaient sincèrement attachés. On s'apercevait même qu'une simple tiédeur à embrasser leurs intérêts les choquait autant que si l'on y eût été tout-à-fait contraire : de façon qu'on ne savait pas trop quelles mesures l'on devait prendre pour ne pas se faire d'affaires avec eux. Dans le conseil qui se tint pour eux à Égium, on s'attendait, au moins le bruit en avait couru, qu'ils accuseraient et convaincraient Lycortas, Archon et Polybe d'être opposés aux desseins des Romains, et que si pour le moment ces Achéens ne se brouillaient pas, ce n'était pas qu'ils fussent naturellement paisibles, mais parce qu'ils attendaient quelque incident qui leur en donnât l'occasion. Ils n'en firent cependant rien, faute de prétexte raisonnable. Ils se contentèrent d'exhorter civilement les Achéens à rester fidèles à la république, et passèrent ensuite en Étolie.

A Therme, on convoqua une nouvelle assemblée, où ils firent un long discours qui ne fut qu'une honnête et douce exhortation. Leur but dans cette assemblée était d'y demander des otages aux Étoliens. Dès qu'ils furent arrivés, Proandre se leva, fit un détail de quelques services qu'il avait rendus aux Romains, et s'emporta contre ceux qui l'avaient desservi auprès d'eux. Quoique Popillius n'ignorât pas que cet homme était contraire aux Romains, il ne laissa pas que de le louer et d'applaudir à tout ce qu'il avait dit. Lycisque prit ensuite la parole. Dans l'accusation qu'il intenta, à la vérité il ne nomma personne, mais en il fit soupçonner plusieurs. Il dit que les Romains

---

[1] Ambassade LXXIII.
[2] Ambassade LXXIV.

avaient sagement fait d'emmener à Rome les principaux Étoliens (c'est d'Eupolème et de Nicandre qu'il voulait parler); mais qu'il restait encore dans l'Étolie des gens qui entraient dans leurs desseins, qui agissaient de concert avec eux, et contre lesquels il fallait prendre les mêmes précautions, à moins qu'ils ne donnassent leurs enfans pour otages. Comme cette accusation tombait à plomb sur Archidame et Pantaléon, celui-ci, après avoir en peu de mots reproché à Lycisque sa basse et honteuse adulation, se tourna vers Thoas, qu'il soupçonnait avec d'autant plus de raison d'être auteur des calomnies dont on le chargeait, qu'au dehors il ne paraissait pas qu'ils fussent mal ensemble. Il lui rappela ce qui s'était passé dans le temps de la guerre d'Antiochus; il le fit souvenir que si livré aux Romains il avait recouvré sa liberté, c'était lui Pantaléon et Nicandre qui lui avaient procuré ce bonheur, lorsqu'il s'y attendait le moins; enfin il donna tant d'horreur au peuple pour l'ingratitude de ce personnage, que, non seulement il ne pouvait dire deux mots sans être interrompu, mais qu'on lui lançait une grêle de pierres. Popillius fit quelques plaintes de cette violence; mais sans parler davantage des otages, il se mit à la mer lui et son collègue pour entrer dans l'Acarnanie, et laissa l'Étolie pleine de troubles, de soupçons réciproques et de séditions.

Leur passage dans l'Acarnanie fit penser aux Grecs que la chose méritait toute leur attention. Il se fit une assemblée de ceux qui étaient d'accord sur le gouvernement, et qui étaient Arcésilas, Ariston de Mégalopolis, Stratius de Trittée, Xénon de Patare, Apollonidas de Sicyone. Dans ce conseil, Lycortas persista dans son premier sentiment, qu'il fallait garder entre Persée et les Romains une parfaite neutralité; qu'il n'était point avantageux aux Grecs de donner du secours à l'une ou à l'autre puissance, parce que celle qui serait victorieuse deviendrait trop formidable; et qu'il serait dangereux d'agir contre l'une ou l'autre, parce que sur les affaires de l'état on avait déjà osé s'opposer a plusieurs Romains de la première distinction. Apollonidas et Straton convinrent qu'il n'était pas à propos de se déclarer contre les Romains; mais ils furent d'avis que s'il se rencontrait quelqu'un qui, sous prétexte de l'intérêt public, voulût contre les lois faire sa cour aux Romains en se déclarant pour eux, il fallait l'en empêcher et lui résister en face. L'avis d'Archon fut que l'on devait se conduire selon les conjonctures, ne pas donner lieu à la calomnie d'irriter l'une ou l'autre puissance contre la république, et éviter les malheurs où était tombé Nicandre, pour n'avoir point assez connu le pouvoir des Romains. Ce fut aussi le sentiment de Polyène, d'Arcésilas, d'Ariston et de Xénon. C'est pourquoi l'on convint de donner la préture à Archon, et de faire Polybe capitaine général de la cavalerie.

Sur ces entrefaites, Attalus, ayant quelque chose à obtenir de la ligue achéenne, fit sonder le nouveau préteur, qui, résolu à favoriser les Romains et leurs alliés promit à ce prince d'appuyer ses demandes de tout son pouvoir. Au premier conseil qui se tint, on introduisit dans l'assemblée les ambassadeurs d'Attalus, qui demandèrent qu'en considération du prince qui les avait envoyés l'on rendît à Eumène son frère les honneurs que la république lui avait autrefois décernés. La multitude incertaine ne savait à quoi se déterminer. Plusieurs s'opposèrent à cette restitution, et pour plusieurs raisons. Ceux qui les avaient supprimés voulaient qu'on ne changeât rien à ce qu'ils avaient fait. D'autres poussés par des mécontentemens personnels, étaient bien aises de saisir cette occasion pour se venger d'Eumène. Quelques-uns, par jalousie contre les partisans d'Attalus, faisaient tous leurs efforts pour empêcher que ce prince n'obtînt ce qu'il demandait. Comme l'affaire était de nature à ne pouvoir être décidée sans que le préteur se déclarât, Archon se leva et prit le parti des ambassadeurs. Mais il n'osa parler beaucoup en leur faveur. La charge qu'il occupait l'avait entraîné dans de grandes dépenses; il craignit qu'on ne le soupçonnât de favoriser Eumène dans l'espérance de s'en attirer quelque gratification. Dans l'incertitude où était le conseil, Polybe prit la parole, et pour faire plaisir à la multitude, il s'étendit beaucoup pour montrer que le décret fait autrefois par les Achéens pour priver Eumène des honneurs qui lui avaient été accordés, ne portait pas qu'on les lui ôtât tous, mais seulement ceux où il y avait de l'excès, et ceux qui étaient contre les lois ; que de purs démêlés personnels avaient porté Sosigène, et Diopithes Rhodiens, qui alors présidaient aux jugemens, à dépouiller le roi de tous les honneurs qui lui avaient été décernés; qu'en cela ils n'avaient pas seulement passé les bornes de leur pouvoir, mais blessé encore la bienséance et la justice ; que si les Achéens avaient retranché les honneurs à Eumène, ce n'était pas qu'ils lui voulussent du mal, mais parce qu'il en demandait plus que ses bienfaits ne lui en avaient mérité ; que comme ses juges, sans égard à ce qui convenait aux Achéens, n'avaient pensé qu'à satisfaire leurs ressentimens particuliers, les Achéens, ne devant rien avoir plus à cœur que leur devoir, étaient obligés de modérer les excès de ces magistrats, et de réparer l'injure faite à Eumène, sachant surtout qu'Attalus ne serait pas moins sensible à cette faveur que le roi son frère. Toute l'assemblée applaudit à ce discours, et il fut ordonné par un décret que l'on rétablirait Eumène dans tous ses honneurs, à moins qu'il n'y en eût de déshonorant pour la république ou contre les lois. C'est ainsi qu'Eumène, par la médiation d'Attalus, recouvra dans le Péloponèse les honneurs qu'il y avait perdus.

FRAGMENT IV.

Division dans le conseil des Acarnaniens [1].

Dans ce conseil qui se tenait à Thurium, Æschrion, Glaucus, Chremès, tous trois amis des Romains, demandaient à Popilius qu'il mît des garnisons dans toutes les villes d'Acarnanie, parce que dans ces villes il se trouvait des gens qui favorisaient le parti de Persée et des Macédoniens. Diogène s'opposait fortement à ce sentiment. Il dit que les Romains ne mettaient de garnisons que chez leurs ennemis et chez les peuples qu'ils avaient vaincus, et que les Acarnaniens n'étant à leur égard coupables d'aucune faute, il n'était pas juste qu'on mît des garnisons dans leurs villes. Alors Chremès et Glaucus, pour affermir leur pouvoir, tâchèrent de détruire auprès du Romain le crédit de leurs adversaires. Leur but était, en attirant des garnisons, d'exercer impunément leur avarice et de vexer les peuples pour s'enrichir. Mais Popillius se rendit aux remontrances de Diogène. Il vit trop d'opposition du côté du peuple pour les garnisons, qui d'ailleurs, dans la disposition où l'on était d'être soumis aux ordres du sénat étaient très-inutiles. Il loua fort les Acarnaniens de leur bonne volonté, et partit pour Larisse, où il devait joindre le proconsul.

FRAGMENT V.

Persée envoie une ambassade à Gentius [1].

Les ambassadeurs que Persée envoya au roi Gentius, furent Pleurate, qui était exilé et qu'il avait recueilli, et Adée de Béroé. Ils avaient ordre de faire connaître au roi d'Illyrie ce que celui de Macédoine avait fait depuis qu'il était en guerre avec les Romains, les Dardaniens, les Épirotes et les Illyriens, et de l'engager à faire alliance avec lui et avec les Macédoniens. Ces ambassadeurs traversent le désert d'Illyrie, canton que les Macédoniens avaient ravagé pour fermer aux Dardaniens toute entrée dans l'Illyrie, franchissent le mont de Scorde, et après une route si difficile et si fatigante, ils arrivent enfin à la ville de ce nom. Là ayant appris que Gentius était à Lisse, ils lui donnent avis qu'ils vont le trouver. Le prince envoie au devant d'eux, ils le joignent et lui font part des ordres dont ils étaient chargés. Gentius ne parut pas fort opposé à l'alliance qu'on lui proposait; mais pour ne pas accorder d'abord ce qu'on lui demandait, il prétexta qu'il n'avait ni préparatifs de guerre ni argent, et qu'il n'était point par conséquent en état d'entrer en guerre contre les Romains. Avec cette réponse les ambassadeurs reviennent à Persée, qui était alors à Stubère, où il avait vendu son butin, et où il faisait reposer ses troupes. Après avoir entendu là ce que Gentius avait répondu, il

---

[1] Ambassade LXXV.

[1] Ambassade LXXVI.

dépêcha une seconde fois à ce prince Adée, Glaucias un de ses gardes, et un Illyrien, et les chargea des mêmes ordres, faisant semblant de n'avoir pas assez compris de quoi Gentius manquait, et à quoi il tenait qu'il ne prît le parti des Macédoniens. Il décampa ensuite et prit la route d'Ancyre.

FRAGMENT VI.

Nouvelle ambassade de la part de Persée vers Gentius, aussi inutile que les deux premières [1].

Les derniers ambassadeurs revinrent au roi de Macédoine sans avoir rien fait de plus que les premiers, et sans apporter d'autre réponse. Gentius s'en tint à celle qu'il avait déjà donnée. Il voulait bien se joindre à Persée, mais il dit que sans argent il ne pouvait le faire. C'était justement ce que Persée ne comprenait pas, ou ne voulait pas comprendre. Aussi, en envoyant Hippias pour traiter des conditions de l'alliance, ne dit-il pas un mot de l'argent que Gentius demandait, ce qui aurait été le seul moyen de se rendre ce roi favorable. Je ne sais en vérité comment qualifier ce qui précipite les hommes dans des fautes si grossières. Est-ce absence d'esprit? Est-ce une fatalité qui les entraîne à leur perte? Pour moi, je penche à croire qu'il ne faut pas chercher ailleurs que dans cette fatalité la raison pourquoi l'on voit des hommes qui, pleins d'une noble ardeur pour les grands exploits et disposés à les entreprendre, même au risque de leur vie, négligent ou refusent d'employer le principal moyen d'y réussir, quoique ce moyen leur soit connu, et qu'ils soient en pouvoir de le mettre en œuvre. Si Persée eût voulu donner, je ne dis pas des sommes considérables, comme il le pouvait, mais une médiocre quantité d'argent aux villes, aux rois, aux chefs des républiques, pour fournir aux frais de la guerre, tous les Grecs et tous les rois, au moins la plupart, se seraient déclarés en sa faveur. C'est une vérité qu'on ne peut contester pour peu qu'on ait de sens commun pour juger des choses. Il n'en a point donné, c'est un bonheur. Vainqueur, sa puissance serait devenue formidable: vaincu, il aurait enveloppé un grand nombre de peuples dans son malheur. Il a pris une route contraire, et par là peu de Grecs se sont ressentis de sa mauvaise fortune.

FRAGMENT VII.

Décret des Achéens pour secourir les Romains contre Persée. — Polybe est choisi pour aller vers le consul en qualité d'ambassadeur. — Ambassade vers Attalus; autre ambassade des Achéens vers Ptolémée. — Conférence de Polybe avec le consul. — Expédient de Polybe pour épargner à sa patrie de grandes dépenses [2].

Sur le bruit que Persée entrerait bientôt dans la Thessalie, et que la guerre avec les Romains allait se décider, Archon, voulant par des faits justifier sa patrie des soupçons et des mauvais bruits qu'on avait répandus contre elle, conseilla aux Achéens de faire un décret par lequel il serait ordonné qu'on mènerait une armée dans la Thessalie, et qu'on partagerait avec les Romains tous les périls de la guerre. Le décret ratifié, on donna ordre à Archon de lever des troupes et de faire tous les préparatifs nécessaires. On résolut ensuite d'envoyer au consul des ambassadeurs pour l'informer de la résolution que la république avait prise, et savoir de lui où et quand il jugeait à propos que l'armée achéenne joignît la sienne. Polybe fut choisi pour cette ambassade avec quelques autres; mais l'on recommanda expressément à Polybe, en cas que le consul acceptât le secours de la république, de renvoyer au plus tôt les ambassadeurs, pour en avertir, de peur que le secours n'arrivât trop tard. Il eut ordre aussi de prendre garde que dans toutes les villes où l'armée devait passer, il y eût des vivres et des fourrages tout prêts, et que le soldat n'y manquât de rien. Avec ces ordres, les ambassadeurs se mirent en marche. On dépêcha aussi alors Télocrite et Attalus pour lui porter le décret qui rendait à Eumène son frère tous les honneurs qu'on lui avait ôtés. La nouvelle s'étant en même temps répandue dans l'Achaïe que la fête qui a coutume de se faire pour les rois mineurs, quand ils sont parvenus à l'âge de régner, avait été célébrée pour Ptolémée, le

[1] Ambassade LXXVII.

[2] Ambassade LXXVIII.

magistrats jugèrent que la république devait prendre part à cette joie, et députèrent Alcithe et Pasidas pour aller renouveler avec ce prince l'amitié qu'il y avait avant lui entre les Achéens et les rois d'Égypte.

Polybe, trouvant les Romains hors de la Thessalie, et campés dans la Perrhébie entre Azore et Doliché, crut qu'alors il y avait trop de risque à les joindre; mais il eut part à tous les dangers qu'ils coururent pour entrer dans la Macédoine. Quand l'armée romaine fut arrivée aux environs d'Héraclée, comme alors le consul semblait avoir heureusement terminé ce qu'il y avait de plus difficile dans son entreprise, il prit ce moment pour présenter à Marcius le décret des Achéens, et pour l'assurer de la résolution où ils étaient de venir avec toutes leurs forces partager avec lui tous les travaux et tous les périls de cette guerre. Il ajouta que les Achéens avaient reçu avec une parfaite soumission tous les ordres qui leur avaient été signifiés de vive voix ou par écrit par les Romains depuis le commencement de la guerre. Marcius, après avoir remercié gracieusement les Achéens de leur bonne volonté, leur dit qu'ils pouvaient s'épargner la peine et la dépense où cette guerre les engagerait; qu'il les dispensait de l'une et de l'autre; et que dans l'état où il voyait les affaires, il n'avait nul besoin du secours des alliés. Après ce discours, les collègues de Polybe retournèrent dans l'Achaïe. Il resta seul dans l'armée romaine, jusqu'à ce que le consul, ayant appris qu'Appius, surnommé Centon, avait demandé aux Achéens de lui envoyer cinq mille hommes en Épire, le renvoya dans son pays en l'exhortant de ne pas souffrir que sa république donnât ces troupes, et s'engageât dans des frais qui étaient tout-à-fait inutiles, puisque Appius n'avait nulle raison d'exiger ce secours. Il est difficile de découvrir le vrai motif qui portait Marcius à parler de la sorte. Voulait-il ménager les Achéens, ou laisser Appius hors d'état de rien entreprendre? Quoi qu'il en soit, quand Polybe rentra dans le Péloponèse, les lettres d'Appius y avaient déjà été portées. Peu de temps après, le conseil assemblé à Sicyone pour délibérer sur cette affaire jeta Polybe dans un grand embarras. Ne point exécuter l'ordre qu'il avait reçu de Marcius, c'eût été une faute inexcusable; d'un autre côté il était dangereux de refuser des troupes dont les Achéens n'avaient pas besoin. Pour se tirer d'une conjoncture si délicate, il eut recours à un décret du sénat romain, qui défendait qu'on eût égard aux lettres des généraux, à moins qu'elles ne fussent accompagnées d'un sénatus-consulte qu'Appius n'avait pas joint aux siennes. Il dit donc qu'avant de rien envoyer à Appius, il fallait informer le consul de sa demande, et attendre ce qu'il en déciderait. Par là il épargna aux Achéens une dépense qui serait montée à plus de six-vingts talens, et donna beau champ à ceux qui auraient voulu le décrier auprès d'Appius.

FRAGMENT VIII [1].

La ville d'Héraclée fut prise d'une manière tout-à-fait inusitée. Cette ville avait d'un côté un mur fort bas. Les Romains choisirent trois compagnies pour attaquer la muraille de ce côté. Les soldats de la première compagnie, ayant placé leurs boucliers sur leur tête, formèrent une espèce de tortue, qui offrait l'apparence d'un toit contre la pluie, ensuite les deux autres compagnies . . . .

La tortue militaire arrangée en faîte [2] ressemble beaucoup à un toit de maison. C'est une tactique habituelle aux Romains, comme le sont les jeux du cirque.

FRAGMENT IX.

Ambassade des Cydoniates, qui étaient dans Crète, vers Eumène [3].

Dans l'île de Crète, les Cydoniates craignaient d'autant plus que les Gortiniens ne s'emparassent de leur ville, que peu auparavant Nothocrate avait tenté cette entreprise, et que peu s'en était fallu qu'il n'eût emporté la place. Dans cette crainte ils envoyèrent des ambassadeurs à Eumène, pour

[1] Suidas au mot Σημαια.
[2] Suidas au mot Κεραμυτις.
[3] Ambassade LXXIX.

demander du secours en vertu du traité d'alliance qu'ils avaient fait avec lui. Ce prince fit partir sur-le-champ trois cents hommes, à la tête desquels il mit Léon, à qui, dès qu'il fut arrivé, les Cydoniates remirent les clés de la place, qui fut abandonnée à sa discrétion.

FRAGMENT X.

Deux ambassades des Rhodiens, l'une à Rome, l'autre au consul dans la Macédoine. — Marcius trompe les Rhodiens. — Imprudence et légèreté de ces insulaires [1].

A Rhodes les factions s'animaient toujours de plus en plus les unes contre les autres. Quand on y apprit que le sénat avait défendu par un décret qu'on eût égard aux ordres des généraux, à moins qu'un sénatus-consulte n'y fût joint, cette prudence du sénat fut extrêmement applaudie, au moins par plusieurs. Philaphron entre autres et Théétète saisirent cette occasion de poursuivre leur projet, et dirent qu'il fallait dépêcher des ambassadeurs au sénat, au consul Q. Marcius, et à C. Marcius Figulus amiral de la flotte romaine : car tout le monde savait que quelques-uns des premiers magistrats de Rome devaient incessamment arriver dans la Grèce. Le sentiment de ces deux conseillers prévalut et fut ratifié, quoique avec quelque contradiction. On envoya donc à Rome au commencement de l'été, Hégésiloque et Nicagoras ; au consul et à l'amiral, Agésipolis, Ariston et Pancrates. Ces ambassadeurs avaient ordre de renouveler l'alliance avec les Romains et de défendre Rhodes contre les faussetés et les calomnies dont quelques mauvais citoyens l'avaient noircie. Hégésiloque en particulier devait encore demander qu'il fût permis aux Rhodiens de transporter des blés. On a vu, lorsque nous avons parlé des affaires d'Italie, les discours qu'ils tinrent au sénat, les réponses qu'ils en reçurent, et combien ils s'en retournèrent contens de l'accueil qu'on leur avait fait. A propos de ceci, il est bon que j'avertisse, comme je l'ai déjà fait, que souvent je suis obligé de rapporter les discours que font les ambassadeurs et les réponses qu'ils reçoivent, avant de parler de leur nomination et de leur envoi. Cette anticipation est inévitable dans le plan que je me suis formé de ranger sous chaque année tous les événemens qui sont arrivés chez différentes nations.

Pour revenir à nos ambassadeurs, Agésipolis trouva Q. Marcius campé proche d'Héraclée dans la Macédoine, et lui fit part des ordres dont sa république l'avait chargé. Le consul, après l'avoir entendu, lui dit qu'il n'ajoutait pas foi aux mauvais bruits que les ennemis de Rhodes avaient publiés. Il exhorta les Rhodiens à ne pas souffrir chez eux quiconque aurait la hardiesse d'ouvrir la bouche contre les Romains. Enfin ils reçurent de ce consul toutes les marques d'amitié qu'ils en pouvaient attendre. Marcius fit plus encore, il écrivit à Rome la conférence qu'il avait eue avec les ambassadeurs Rhodiens. Agésipolis fut charmé de l'audience favorable qu'on lui avait donnée. Le consul s'en aperçut, et le tirant à part lui dit qu'il était étonné que les Rhodiens ne se donnassent aucun mouvement pour ménager un accommodement entre les deux rois qui étaient en guerre pour la Célésyrie ; qu'une négociation de cette nature leur convenait tout-à-fait et leur ferait beaucoup d'honneur. Il n'est pas aisé de deviner au juste quel était le motif qui portait le consul à parler de la sorte Craignait-il que la guerre pour la Célésyrie étant ouvertement déclarée, Antiochus ne devînt maître d'Alexandrie, et ne fît de la peine aux Romains occupés contre Persée, qui ne semblait pas devoir être sitôt défait ? Voyait-il au contraire que la guerre contre Persée devant se terminer bientôt à l'avantage des Romains, depuis que les légions étaient entrées dans la Macédoine, il était à propos d'engager les Rhodiens à se faire médiateurs entre les deux princes, et de les exposer par là à commettre une faute, qui donnerait aux Romains un prétexte plausible de disposer du sort de cette république comme il leur plairait ? Je crois que c'est à ce dernier motif qu'il faut s'en tenir : on n'a pour s'en convaincre qu'à se rappeler ce qui arriva peu de temps après chez les Rhodiens.

Du camp du consul, Agésipolis fut trouver C. Marcius Figulus, de l'accueil duquel il eut encore beaucoup plus lieu d'être flatté que de

---

[1] Ambassade LXXX.

celui que lui avait fait Q. Marcius. De là il s'en retourna à Rhodes. Quand il y eut apporté l'espèce d'émulation qu'il avait remarquée entre les deux généraux romains à qui lui ferait plus de politesses, à qui marquerait dans ses réponses plus d'amitié et d'affection pour la république Rhodienne, on prit une grande idée de l'état présent des affaires, on en conçut de bonnes espérances, mais chacun par des vues différentes. Les plus sages, ceux qui entendaient le mieux les intérêts de leur patrie, apprirent avec une extrême joie qu'elle était aimée des Romains; mais les brouillons, les gens mal intentionnés interprétèrent tout autrement ces grands témoignages d'amitié. Ils les prirent pour une marque certaine que les Romains craignaient, et que les affaires ne prenaient pas le train qu'ils souhaitaient. Ce fut bien pis quand Agésipolis eut dit à quelques-uns de ses amis qu'en particulier il avait reçu ordre de porter le conseil à ménager un accommodement entre Antiochus et Ptolémée. Dinon ne douta plus alors que les Romains ne fussent extrêmement pressés et ne désespérassent du succès de la guerre. Sur-le-champ on envoya des ambassadeurs à Alexandrie pour finir la guerre qui était entre les deux rois.

FRAGMENT XI.

Comment se conduisit Antiochus après la conquête de l'Égypte. — Différentes ambassades qu'il y trouva 1.

Après qu'Antiochus se fut rendu maître de l'Égypte, Coman et Cinéas, se consultant avec le roi, jugèrent qu'il était à propos de composer des officiers les plus distingués un conseil qui règlerait toutes les affaires du pays nouvellement conquis. La première chose que résolut ce conseil fut que tous les ambassadeurs qui de Grèce étaient venus en Égypte iraient trouver Antiochus pour traiter de la paix. Or, de la part des Achéens il y avait deux ambassades, une pour renouveler l'alliance, Alcithe, Xénophon et Pasiadas avaient été choisis pour celle-là; l'autre avait pour objet les combats des athlètes. Démarate y avait été envoyé par les Athéniens pour faire un présent à Ptolémée,

1 Ambassade LXXXI.

Callias au sujet des fêtes de Minerve, et Cloodate pour les mystères. De Milet étaient venus Eudème et Icézius, de Clazomène Apollonidas et Apollonius. Antiochus lui-même y avait envoyé Tlépolème et un rhéteur nommé Ptolémée, qui tous deux remontant le fleuve allèrent au devant du vainqueur.

FRAGMENT XII.

Conférence des ambassadeurs de la Grèce avec Antiochus après la conquête de l'Égypte. — Raisons sur lesquelles les rois de Syrie appuient leurs prétentions sur la Célésyrie 1.

Antiochus reçut avec bonté les ambassadeurs qui lui avaient été envoyés pour négocier une paix. Il commença par les inviter à un grand repas, ensuite il leur donna audience et leur permit de s'expliquer sur les affaires dont ils étaient chargés. Ceux des Achéens parlèrent les premiers; après eux Démarate qui était venu de la part des Athéniens; et ensuite le Milésien Eudème. Comme ils avaient tous été députés dans les mêmes conjonctures et pour les mêmes affaires ils dirent tous à peu près les mêmes choses. Tous rejetèrent ce qui était arrivé à Eulée sur les parens et la jeunesse de Ptolémée, et tachèrent en se disculpant ainsi d'apaiser la colère d'Antiochus. Ce prince non seulement convint de tout ce qu'ils disaient mais leur aida même à faire leur apologie. Puis passant aux raisons qui justifiaient que la Célésyrie avait de tout temps appartenu aux rois de Syrie, il fit voir qu'Antigonus, premier fondateur du royaume de Syrie, avait été maître de cette contrée : il leur montra les actes authentiques par lesquels les rois de Macédoine, après la mort d'Antigonus, avaient cédé ce pays à Séleucus. Il appuya ensuite beaucoup sur la dernière conquête qu'en avait faite Antiochus son père. Enfin il soutint que rien n'était plus faux que ce qu'avançaient les Alexandrins; savoir, que par traité conclu entre le dernier Ptolémée et son père Antiochus, Ptolémée, en épousant Cléopâtre, mère du Ptolémée régnant, devait avoir la Célésyrie. Après s'être ainsi persuadé lui-même et avoir persuadé ceux qui l'écoutaient que son droit était bien fondé, il se mit en mer pour aller à Nau-

1 Ambassade LXXXII.

crates. Il y fit beaucoup de caresses aux habitans et donna une pièce d'or à chacun des Grecs qui y demeuraient. De là, il prit la route d'Alexandrie où il dit aux ambassadeurs que pour leur répondre il attendrait qu'Aristides et Théris qu'il avait envoyé vers Ptolémée fussent de retour, parce qu'il était bien aise que les ambassadeurs de Grèce fussent témoins de tout ce qu'il ferait.

FRAGMENT XIII.

Antiochus envoie des ambassadeurs et de l'argent à Rome. [1]

Ce prince, après avoir levé le siége d'Alexandrie, dépêcha à Rome Méléagre, Sosiphane et Héraclide, promettant de leur donner cent cinquante talens, dont cinquante seraient employés pour acheter une couronne aux Romains, et le reste distribué à quelques villes de Grèce.

FRAGMENT XIV.

Conférence des ambassadeurs rhodiens avec Antiochus, en Égypte [2].

Il arriva vers le même temps à Alexandrie, de la part des Rhodiens, une ambassade, dont le chef était Pration. Ces ambassadeurs, qui venaient pour porter les deux rois à la paix, allèrent peu après trouver Antiochus dans son camp. Pration avait préparé un long discours sur l'attachement qu'avait sa patrie pour les deux royaumes, sur la liaison que les deux rois avaient l'un pour l'autre, et qui devait les engager à vivre ensemble en bonne intelligence, et sur les avantages que tous les deux tireraient de la paix. Mais Antiochus l'interrompant lui dit qu'il n'y avait pas besoin de tant de paroles, qu'il reconnaissait que le royaume appartenait de droit à l'aîné des Ptolémée, et que depuis long-temps il avait fait la paix avec l'autre, et qu'ils étaient amis. Ce qui est si vrai, ajouta-t-il, que si les habitans veulent le rappeler de son exil, je ne m'y oppose pas; et en effet il ne s'y opposa point.

[1] Ambassade LXXXIII.
[2] Ambassade LXXXIV.

FRAGMENT XV [1].

[I] Persée déçu de toutes ses espérances par l'entrée des Romains en Macédoine, s'en prend à Hippias; mais il est plus facile, ce me semble, d'adresser des reproches à quelqu'un, et d'apercevoir les fautes d'autrui, que de faire soi-même ses affaires, chose vraiment difficile. Ce qui se trouva arriver à Persée.

Polybe fut envoyé comme ambassadeur de la part des Achéens vers Appius; il revint ensuite dans le Péloponèse, après que les lettres eurent été remises et que les Achéens se furent rassemblés à Sicyone. Il se trouva alors dans une situation vraiment critique, par le rapport du décret, au sujet des soldats auxiliaires demandés par Appius Centon.

L'eunuque Eulœus persuade à Ptolémée d'emporter ses trésors, d'abandonner sa couronne à ses ennemis, et de s'enfuir à Samothrace. A qui un pareil conseil ne ferait-il pas avouer que le fléau le plus terrible des hommes, ce sont les perfides amis? Mais qu'une fois hors du danger et séparé de ses ennemis par de pareilles limites [2], il n'ait plus tenté aucun effort malgré sa favorable position et la grandeur de ses forces; que bien au contraire, il ait tout-à-coup, de lui-même et sans résistance, abandonné le plus riche et le plus puissant des empires, n'est-ce pas la preuve insigne d'une âme de femme, énervée, corrompue? Si Ptolémée la tient de la nature, c'est la nature qu'il fallait en accuser, au lieu de rejeter la faute sur un autre homme. Mais puisqu'en beaucoup de circonstances son caractère s'est révélé; qu'il a paru ferme et généreux au milieu du péril, il est juste qu'on rejette sur un vil eunuque et sur son commerce corrupteur l'accusation de cette faiblesse déshonorante, et de cette fuite à Samothrace.

[II] Il parle de ceux qui n'ont qu'une seule occupation, soit dans les réunions, soit dans les promenades : c'est de suivre, étant bien tranquilles à Rome, la guerre de Macédoine, tantôt blâmant les actes des généraux, tantôt

[1] Tiré des Palimpsestes de Maï.
[2] La Samothrace était un lieu de refuge inviolable.

énumérant leurs négligences, critiques dont il ne résulte aucun profit pour les affaires publiques, mais souvent et presque toujours du dommage. Souvent les généraux sont gênés et attaqués par ces bavardages inopportuns, car toute calomnie ayant quelque trait acéré et pénétrant, après que la foule s'est laissé prendre aux clameurs réitérées, l'ennemi lui-même conçoit du mépris pour ceux que l'on critique.

LIVRE VINGT-NEUVIÈME.

FRAGMENT I.

Ambassade des Romains dans l'Égypte [1].

Le sénat romain, informé qu'Antiochus était maître de l'Égypte et le serait bientôt d'Alexandrie, ne crut pas qu'il lui fût indifférent de permettre à ce prince d'étendre sa domination. C'est pourquoi il envoya sur les lieux C. Popilius, tant pour porter à la paix ces deux princes ennemis, que pour savoir au juste en quel état étaient les affaires.

FRAGMENT II.

Préparatifs de Persée contre les Romains. — Différentes ambassades de ce prince vers Gentius, Eumène, Antiochus et les Rhodiens [2].

Avant l'hiver, Hippias arriva d'Illyrie, où il était allé pour engager Gentius à faire alliance avec le roi de Macédoine, et dit à Persée que ce roi était tout disposé à se déclarer contre les Romains, pourvu qu'on lui donnât trois cents talens et des assurances convenables. Sur ce rapport Persée, qui jugeait que cette alliance lui était nécessaire, envoya Pantauchus, un de ses plus intimes amis, en Illyrie, avec ordre de promettre l'argent demandé, de donner et de recevoir les sermens accoutumés, d'offrir tels otages qu'il lui plairait, de recevoir de Gentius ceux qui seraient désignés dans le traité, et de convenir avec ce prince du temps et de la manière que les trois cents talens lui seraient portés. Pantauchus partit sur-le-champ et joignit Gentius à Météon, chez les Labéates. Il ne lui fallut pas beaucoup de temps pour déterminer ce jeune prince à prendre le parti de Persée. Le traité écrit et les sermens prêtés, Gentius envoya les otages que Pantauchus avait indiqués, et avec eux Olympion pour recevoir de Persée les sermens et les otages. D'autres députés furent chargés du soin de lui apporter l'argent qui lui avait été promis.

Pantauchus fit plus que tout cela. Il persuada encore à Gentius de joindre à ses députés d'autres ambassadeurs qui, avec ceux que Persée devait envoyer, iraient à Rhodes pour porter cette république à faire alliance avec eux. Il lui fit entendre que si les Rhodiens y consentaient, jamais les Romains ne pourraient tenir contre ces trois puissances jointes ensemble. Gentius donna encore les mains à cette proposition, et ayant choisi pour cette ambassade Parménion et Morcus, il leur ordonna de partir pour Rhodes dès qu'ils auraient reçu les sermens et les otages, et qu'on serait convenu du transport des trois cents talens. Pantauchus laissa cette nombreuse ambassade prendre le chemin de Macédoine, et resta auprès du roi d'Illyrie pour l'avertir et le presser de faire sans délai les préparatifs de guerre et de se tenir prêt à gagner les villes, les postes, les alliés avant les ennemis. Il le pria surtout de se préparer à une guerre sur mer, que les Romains, de ce côté-là, étaient absolument sans défense, et que sur la côte

---

[1] Ambassade XC.
[2] Ambassade LXXXV.

d'Épire, comme sur celle d'Illyrie, il ferait sans peine, par lui-même ou par ses généraux, tout ce qu'il voudrait. Gentius, aussi docile sur cet article que sur les autres, se disposa en effet à l'une et à l'autre guerre.

Sur la nouvelle que les ambassadeurs et les ôtages du roi d'Illyrie arrivaient dans la Macédoine, Persée sortit de son camp, qui était sur l'Énipée, avec toute sa cavalerie, et fut au devant d'eux jusqu'à Dium; et dès qu'il les eut joints, il prêta les sermens devant toutes les troupes qui l'avaient suivi, voulant que ses Macédoniens ne pussent ignorer l'alliance que Gentius faisait avec eux, alliance qu'il comptait devoir augmenter leur courage et leur confiance. Il reçut ensuite les ôtages, et donna les siens à Olympion. Les principaux étaient Limnée, fils de Polémocrates, et Balauchus, fils de Pantauchus. Les ambassadeurs qui étaient venus pour prendre les trois cents talens, il les fit aller à Pella comme pour y recevoir cette somme. Il envoya ceux qui devaient aller à Rhodes chez Métrodore, à Thessalonique, leur recommandant de se tenir prêts à s'embarquer. Ils y allèrent en effet, et persuadèrent aux Rhodiens d'entrer de leur part dans la guerre contre les Romains.

Persée ne se borna point à ces deux puissances. Il dépêcha encore vers Eumène, Cryphon qu'il y avait déjà auparavant envoyé, et Télemnaste de Crète, vers Antiochus. Ce dernier ambassadeur avait ordre d'exhorter le roi de Syrie à ne pas laisser échapper l'occasion; qu'il ne s'imaginât pas que les Romains n'eussent en vue que la Macédoine; qu'il subirait lui-même bientôt les lois de ces durs et impérieux maîtres, s'il ne secourait Persée, ou en procurant la paix, ce qui serait le plus à souhaiter; ou, si cela ne se pouvait pas, en lui aidant à soutenir la guerre.

FRAGMENT III.

Deux ambassades des Rhodiens, l'une à Rome pour finir la guerre contre Persée, l'autre en Crète pour faire alliance avec les Candiots [1].

Le conseil assemblé à Rhodes, on délibéra sur le parti que l'on devait prendre dans les

[1] Ambassade LXXXVI.

circonstances présentes; on proposa d'envoyer des ambassadeurs pour négocier une paix entre Rome et Persée, et ce sentiment prévalut. Mais on vit clairement dans cette délibération que les Rhodiens n'agissaient pas tous de concert et dans le même esprit. Nous avons dit d'où vient dans les républiques ce partage de sentimens, lorsque nous avons parlé de l'usage de haranguer le peuple : dans cette occasion, le nombre des partisans de Persée fut beaucoup plus grand que celui des amateurs de la patrie et des lois. Les Prytanes choisirent donc d'abord les ambassadeurs qui devaient ménager une paix. Agésipolis et Cléombrote furent dépêchés à Rome; quatre autres furent chargés de la même négociation auprès du consul et de Persée, savoir Damon, Nicostrate, Agésiloque et Téléphe. Une autre faute suivit la précédente, combla la mesure et rendit les Rhodiens inexcusables. Ils envoyèrent aussitôt après une autre ambassade en Crète, pour renouveler l'alliance qu'ils avaient avec les peuples de cette île, et pour les exhorter à faire une sérieuse attention au péril dont la Grèce était menacée, à s'unir avec les Rhodiens, et à avoir avec eux les mêmes amis et les mêmes ennemis. Ces derniers ambassadeurs avaient ordre de donner les mêmes avis aux villes particulières.

FRAGMENT IV.

Ce qui se passa à Rhodes après que les ambassadeurs de Gentius y furent arrivés [1].

Parménion et Marcus, ambassadeurs du roi d'Illyrie, et Métrodore, ambassadeur de celui de Macédoine, ne furent pas plus tôt arrivés à Rhodes que l'on assembla le conseil. Le trouble et la confusion y furent extrêmes. Tandis que Dinon soutenait hautement les intérêts de Persée, Théétète était épouvanté de ce qui venait d'arriver. Le retour des vaisseaux, le grand nombre de gens de cheval qui avaient été tués, l'union de Gentius avec Persée, tout cela l'effrayait. Le succès de l'assemblée fut tel qu'on devait l'attendre d'une délibération si tumultueuse. On y résolut de répondre civilement aux ambassadeurs que le décret avait été fait pour terminer la guerre entre les deux puis-

[1] Ambassade LXXXVII.

sances ennemies, et qu'au reste on les exhortait à entrer de bonne grace dans l'accommodement qui serait proposé. Après quoi l'on régala magnifiquement les ambassadeurs d'Illyrie.

FRAGMENT V.

Gentius, dit Polybe, dans son livre XXIX[1], était un roi d'Illyrie qui, par suite de la violence de son caractère, commit beaucoup de crimes pendant sa vie. Il passait le jour et la nuit à s'enivrer. Après avoir tué son frère Pleurate, fiancé à la fille de Ménunius, il épousa lui-même cette jeune fille. Il se montra toujours cruel envers ses sujets. . .

. . . .

Les Romains combattaient courageusement, protégés par leur parma (espèce de petit bouclier) et par leur bouclier ligurien[2].

FRAGMENT VI.

De Paul-Émile[3].

Entre ceux qui composaient son conseil, Scipion Nasica, gendre de Scipion l'Africain, et qui eut ensuite tant d'autorité dans le sénat, s'offrit le premier à y conduire des troupes pour tourner l'ennemi. Fabius Maximus, l'aîné des fils de Paul-Emile, qui était encore dans sa jeunesse, se présenta le second et fit paraître la même ardeur. Paul-Émile, ravi de leur bonne volonté, leur donna un corps de troupes moins nombreux que ne le croit Polybe, mais tel que le dit Scipion lui-même en écrivant à un roi pour lui rendre compte de cette expédition. . . . . .

. . . .

. . . Persée[4], qui voyait Paul-Émile tranquille dans son camp, était loin de s'attendre à ce qui le menaçait, lorsqu'un transfuge crétois, quittant la route et s'éloignant des troupes, vint lui apprendre le détour que prenaient les Romains pour venir l'envelopper. Cette nouvelle l'effraya, mais elle ne lui fit pas remuer son camp : seulement il envoya, sous la conduite de Milon, dix mille mercenaires et deux mille Macédoniens, avec ordre d'aller le plus promptement possible s'emparer des hauteurs. Polybe dit que les Romains tombèrent sur cette troupe pendant qu'elle était endormie ; mais Nasica raconte qu'il eut à soutenir sur le haut de la montagne un combat rude et périlleux ; qu'il fut lui-même attaqué par un soldat thrace d'entre les mercenaires qu'il tua d'un coup de sa javeline dans la poitrine ; que les ennemis ayant été mis en déroute, et Milon s'étant honteusement sauvé sans armes et en simple tunique, il les avait poursuivis sans aucun danger et avait fait descendre son armée dans la plaine.

. . . .

En voyant une éclipse de lune[1] sous Persée, le peuple en tira la conséquence que cette éclipse présageait la mort du roi. Cette opinion augmenta le courage des Romains et diminua celui des Macédoniens. Tant est vrai le proverbe qu'à la guerre les choses les plus importantes dépendent souvent des plus frivoles.

FRAGMENT VII.

De Persée.

Lucius Æmilius, avant d'avoir vu la phalange manœuvrer sous Persée, avoua ensuite à Rome qu'il ne connaissait rien de plus terrible et de plus formidable que la phalange macédonienne, bien qu'il eût vu et livré lui-même beaucoup de combats[2].

. . . .

Persée avait pris la résolution de vaincre ou de mourir[3] ; mais dans cette circonstance il ne sut pas conserver sa fermeté d'ame et succomba à la crainte, comme les connaisseurs en chevaux. . . . . A l'approche du danger, Persée perdit courage à l'exemple des athlètes faibles et lâches ; car, au moment où le danger exigeait le plus de courage, et où le combat devait décider de tout, dompté par la crainte, il était vaincu d'avance.

---

[1] Athénée, L. X, c. 11.
[2] Suidas au mot Παρμη.
[3] Plutarque, Vie de Paul-Émile, XV.
[4] Plutarque, Vie de Paul-Émile, XVI.

[1] Suidas, Πολλα κενα.
[2] Suidas au mot Φαλαγξ et au mot Αυτομολησιτο.
[3] Suidas au mot Απεδειλιας et à Καχεκτουντες.

. . . .
Pour le roi de Macédoine[1], il vit à peine l'action engagée, que, suivant le récit de Polybe, n'étant pas maître de sa frayeur, il se sauva à toute bride dans l'île de Pydne, sous prétexte d'y sacrifier à Hercule. Mais ce Dieu ne reçoit pas les sacrifices des cœurs lâches ; il n'exauce pas les vœux coupables qu'ils lui adressent.

FRAGMENT VIII.

Accueil que reçoivent à Rome les ambassadeurs de Rhodes [2].

Après la défaite et la fuite de Persée, le sénat fit appeler les ambassadeurs qui étaient venus de Rhodes pour négocier une paix entre ce prince et les Romains ; comme s'il eût plu à la fortune de produire sur un grand théâtre la sottise des Rhodiens, si cependant l'on doit attribuer aux Rhodiens ce qui ne convient proprement qu'à quelques particuliers qui avaient alors le plus de crédit dans la république. Agésipolis introduit dit qu'il était venu pour terminer la guerre ; que, les Rhodiens l'avaient envoyé parce que cette guerre traînant en longueur, ils s'étaient persuadé que les grands frais qu'il fallait faire pour la soutenir incommodaient également les Grecs et les Romains ; que cette guerre étant finie comme les Rhodiens le souhaitaient, il venait pour en féliciter le sénat et prendre part à la joie que cet heureux évènement lui donnait. Il ne dit rien davantage et se retira. Le sénat, ravi de trouver cette occasion de punir les Rhodiens d'une manière qui pût servir d'exemple, fit courir dans le public sa réponse, qui contenait en substance que ce n'était ni pour les Grecs, ni pour eux-mêmes, mais uniquement en faveur de Persée qu'ils avaient envoyé cette ambassade ; que si en cela ils eussent eu en vue de rendre service aux Grecs, il eût été bien plus à propos de l'envoyer lorsque Persée, campé dans la Thessalie pendant près de deux ans, ravageait les plaines et les villes de Grèce, au lieu que, dépê-

chant à Rome pour finir la guerre, après que les légions romaines étaient entrées dans la Macédoine, avaient enveloppé Persée de toutes parts, et l'avaient réduit à ne pouvoir leur échapper, il était évident que le but de l'ambassade n'était pas de faire la paix, mais de délivrer Persée, autant qu'il serait possible, du péril où il s'était jeté, et de le rétablir dans son premier état ; qu'ainsi les ambassadeurs ne devaient attendre ni présens, ni réponse favorable. C'est ainsi que le sénat reçut les ambassadeurs de Rhodes.

FRAGMENT IX.

Les rois d'Égypte demandent aux Achéens des troupes auxiliaires, et en particulier Lycortas et Polybe. — Délibération des Achéens à ce sujet [1].

Dans le Péloponèse, l'hiver n'était pas encore passé, qu'il y arriva une ambassade solennelle de la part des deux Ptolémées pour demander quelque secours aux Achéens. Il y eut sur cela une délibération où chacun soutint son sentiment avec beaucoup de chaleur. Callicrates, Diophane et Hyperbatone ne voulaient pas qu'on accordât le secours demandé. Archon, Lycortas et Polybe étaient d'un avis contraire, et l'appuyaient sur l'alliance qu'on avait faite avec les deux rois ; car le plus jeune des Ptolémées avait été déclaré roi depuis peu, et l'aîné, revenu de Memphis, régnait avec son frère. Tous deux ayant besoin de troupes avaient dépêché aux Achéens Eumène et Dionysodore pour en obtenir mille fantassins que Lycortas conduirait, et deux cents chevaux dont Polybe aurait le commandement. Outre cela ils avaient écrit au sicyonien Théodoridas de lever mille soldats mercenaires. Ces trois Achéens étaient connus particulièrement des deux rois ; nous avons dit plus haut ce qui leur avait procuré cet honneur.

Ces ambassadeurs étant donc arrivés à Corinthe, où se tenait l'assemblée des Achéens, après avoir rappelé l'étroite liaison qu'il y avait entre l'Égypte et la ligue, et mis sous les yeux les conjonctures fâcheuses où se

[1] Plutarque, Paul-Émile, XX.
[2] Ambassade LXXXVIII.

[1] Ambassade LXXXIX.

trouvaient les deux rois, ils demandèrent qu'on allât à leur secours. La multitude était très disposée à leur envoyer non seulement une partie de ses forces, mais même tout ce qu'elle en avait s'il en était besoin ; mais Callicrates s'y opposa, et dit que si en général il était de l'intérêt des Achéens de ne pas se mêler des affaires étrangères, il l'était surtout dans les circonstances présentes, où il importait de ne pas diviser leurs forces, et d'être en état de servir les Romains, qu'on croyait devoir donner au premier jour une bataille générale à Persée, puisque Marcius avait ses quartiers dans la Macédoine.

Là-dessus on hésitait, de peur de manquer l'occasion de servir les Romains. Alors Lycortas et Polybe, prenant la parole, dirent entre autres choses que l'année précédente Polybe étant allé trouver Marcius pour lui offrir le secours que la ligue des Achéens lui avait décerné, ce consul, en le remerciant, lui avait dit qu'une fois entré dans la Macédoine il n'avait plus besoin des forces des alliés ; qu'on ne devait donc pas se servir de ce prétexte pour abandonner les rois d'Égypte ; que dans les conjonctures où ces princes se trouvaient, il fallait saisir l'occasion de leur être utile ; qu'on ne pouvait sans ingratitude oublier les bienfaits qu'on en avait reçus, et qu'en manquant à ce devoir, on violerait les traités et les sermens sur lesquels l'alliance était fondée. Déjà la multitude penchait à accorder le secours, lorsque Callicrates congédia les magistrats, sous prétexte que les lois ne permettaient pas de délibérer sur une affaire de cette nature dans une telle assemblée.

Quelque temps après, le sénat s'étant assemblé à Sicyone, non seulement tous les membres du conseil s'y rendirent, mais encore tous ceux qui étaient âgés de plus de trente ans. Entre ceux qui reparlèrent de la même affaire, Polybe y ayant répété que les Romains n'avaient nul besoin de secours, qu'il devait en être cru, puisqu'il le savait du consul même, qu'il avait vu l'année précédente dans la Macédoine, il ajouta que quand même il serait nécessaire de secourir les Romains, cela ne devait pas empêcher que la république

ne prêtât la main aux Ptolémées, puisque ces princes ne demandaient que mille fantassins et deux cents chevaux ; qu'une si petite diversion ne diminuerait pas beaucoup ses forces, puisqu'elle était en état de mettre sur pied, sans s'incommoder, trente ou quarante mille hommes. Ce discours toucha la multitude, et il n'y eut personne qui ne se sentît porté à envoyer du secours aux rois d'Égypte. Le lendemain, qui était le jour que le conseil devait faire son décret, Lycortas proposa celui-ci : qu'il fallait envoyer du secours ; mais Callicrates proposa au contraire qu'il fallait envoyer des ambassadeurs à Antiochus pour le porter à faire la paix avec les Ptolémées. Nouvelle délibération, nouvelle dispute, mais où Lycortas eut une grande supériorité. Il compara ensemble les deux royaumes, et en fit voir la différence : qu'à la vérité, Antiochus avait donné à la Grèce des preuves de sa grandeur d'âme et de sa générosité, mais que dans les siècles passés on ne trouvait presque aucun vestige de liaison entre la Syrie et les Grecs ; au lieu qu'autrefois ils avaient reçu tant de bienfaits de l'Égypte, que personne n'en avait été plus favorisé. Lycortas appuya sur cette différence avec tant de force et de dignité, qu'on la sentit tout entière, et que l'on conçut une grande idée des rois d'Égypte. En effet, autant qu'il était difficile de compter le nombre des bons offices que les rois d'Alexandrie avaient rendus, autant il était impossible de découvrir quel avantage était jamais venu aux Achéens de la part du royaume de Syrie.

FRAGMENT X.

Fourberie de Callicrates pour empêcher que les Achéens n'envoyassent du secours aux Ptolémées [1].

Andronidas et Callicrates, voyant que, malgré les instances qu'ils faisaient depuis quelque temps, ils ne pouvaient persuader à personne qu'il fallût travailler à mettre la paix entre les rois d'Égypte et celui de Syrie, s'avisèrent de ce stratagème : ils introduisirent sur le théâtre un courrier qui, de la part de Quintus Marcius, apportait une lettre, par la-

[1] Ambassade XCI.

quelle ce consul exhortait les Achéens à s'entremettre pour finir la guerre qui était entre les Ptolémées et Antiochus, et à se conformer en cela aux intentions des Romains, qui avaient envoyé Némésius vers eux pour le même sujet. Or, cela n'était qu'un vain prétexte ; car Titus, ayant essayé de pacifier ces princes, était retourné à Rome sans avoir rien fait. Polybe alors, n'osant contredire la lettre qu'il croyait de Marcius, renonça au gouvernement des affaires publiques, et les Ptolémées ne reçurent pas les secours qu'ils demandaient. Il fut donc fait un décret par lequel il était ordonné qu'on députerait vers les rois pour les mettre d'accord, et l'on choisit pour cette ambassade Archon d'Égire avec Arcésilas et Ariston, tous deux de Mégalopolis. Les ambassadeurs de Ptolémée, frustrés du secours qu'ils espéraient, donnèrent aux magistrats une lettre de la part de leurs maîtres, par laquelle ces princes demandaient Lycortas et Polybe, pour les employer dans la guerre qu'ils avaient à soutenir.

FRAGMENT XI.

Popillius va en qualité d'ambassadeur trouver Antiochus en Égypte. De là il passe dans l'île de Chypre. — Ce qu'il y fait [1].

Antiochus marchait vers Ptolémée pour s'emparer de Péluse, lorsque, rencontrant Popillius, capitaine romain, il le salua de loin et lui tendit la main. Alors Popillius avait dans la sienne des tablettes où était écrit le décret du sénat. Il les présenta au roi et lui ordonna de les lire avant toutes choses, ne voulant, comme je crois, lui donner aucune marque d'amitié avant de savoir à qui il avait affaire, à un ami ou à un ennemi. Le roi, après avoir lu ce décret, dit qu'il en ferait part à ses amis, et qu'ensemble ils délibéreraient sur les mesures qu'il y aurait à prendre. A ce mot, Popillius fit une chose qui paraît étrangement dure et impérieuse. Avec une baguette qu'il portait il fit un cercle autour d'Antiochus, et lui défendit d'en sortir qu'il n'eût donné sa réponse. Le roi fut étonné de cet orgueil, il demeura quelque temps comme interdit, et répondit enfin qu'il exécuterait les ordres des Romains. Ce fut alors que Popillius lui prit la main et le salua. Ce décret lui ordonnait de finir incessamment la guerre qu'il faisait à Ptolémée. Pour y obéir, au bout d'un certain nombre de jours qu'on lui avait marqué, il conduisit ses troupes à Agrie. Ce ne fut pas sans se plaindre et sans gémir intérieurement de se voir réduit à cette extrémité ; mais il fallait céder au temps. Pour Popillius, après avoir mis ordre aux affaires d'Alexandrie, exhorté les rois à vivre en bonne intelligence, et leur avoir donné ordre d'envoyer Polycrate à Rome, il se mit en mer pour aller en Chypre et en faire retirer les troupes qui y étaient. Il y trouva les généraux de Ptolémée, qui avaient été défaits, et les affaires de l'île fort dérangées. Il campa dans le voisinage, et resta là jusqu'à ce que les troupes fussent parties pour la Syrie. C'est de cette manière que les Romains sauvèrent le royaume de Ptolémée, royaume si ébranlé et qui touchait presque au moment de sa ruine. On voit par ce trait le caprice de la fortune. Elle disposa tellement en souveraine des affaires de Persée et des Macédoniens, que pour rétablir celles d'Alexandrie et de toute l'Égypte, elle se servit de la décadence de ce malheureux prince. Car je doute qu'Antiochus se fût soumis aux ordres des Romains, si Persée n'eût été défait et que sa défaite n'eût pas été connue.

FRAGMENT XII [1].

[I] Quant aux choses dont je doute, que dirai-je? Écrire hardiment et avec exactitude quelques faits accomplis mystérieusement par les rois entre eux, il y a, je crois, faute et danger ; mais taire complétement ce qui m'a paru devoir se faire dans cette guerre, et qui a donné lieu aux malheurs qui suivirent, c'est une preuve pour moi de paresse et de timidité. Cependant je me résous à n'écrire que sommairement ce qui est conjecture, et les apparences, les probabilités qui m'y ont conduit ; j'interrogerai pour cela les temps et plus que toute

[1] Ambassade XCII.

[1] Tiré des Palimpsestes de Mai.

autre chose les faits en eux-mêmes et en détail.

[II] Il est dit que le Crétois Cydas de l'armée d'Eumène et favori de ce capitaine rencontra une première fois Chimarus loin des officiers de Persée près de la ville d'Amphipolis, et qu'une autre fois, à Démétriade, il communiqua d'abord avec Ménécrate puis avec Antimaque, et que deux fois Hérophon fut envoyé comme ambassadeur par Persée à Eumène. A Rome on avait conçu des soupçons sur le roi Eumène, et au contraire on avait favorisé Attale. Car on lui permit de venir de Brindes à Rome et d'y chercher de l'argent : on l'avait renvoyé avec de bonnes paroles quoiqu'il n'eût vraiment pas aidé à la république dans la guerre contre Persée ni auparavant. Tandis qu'Eumène qui leur avait été d'un grand secours et contre Antiochus et contre Persée, non seulement ne put descendre à Rome mais fut forcé au cœur de l'hiver de sortir à jour fixe de l'Italie. Qu'il y ait eu rapprochement entre Persée et Eumène, rapprochement qui motive la haine des Romains pour ce dernier, c'est ce que prouvera ce qui précède. Il nous reste à examiner de quelle nature il fut et jusqu'où il alla.

Il est aisé de comprendre qu'Eumène n'aurait pas voulu voir Persée vainqueur, et maître de tout. Outre leurs divisions domestiques et leurs griefs particuliers, cette homogénéité de puissance devait alimenter sans cesse entre eux la méfiance, la jalousie et la plus complète opposition. Il ne restait plus qu'à se tromper et à se tendre mutuellement des pièges : ce qu'ils firent. Eumène, voyant Persée dans la détresse, et attaqué de tous côtés, décidé à tout accepter pour se débarrasser de la guerre, mais renvoyé d'année en année à d'autres généraux, voyant les Romains très-gênés aussi par leur peu de succès dans cette guerre jusqu'au consulat de Paul-Émile et par l'instabilité des affaires d'Étolie, Eumène, dis-je, entrevit qu'il était possible que les Romains consentissent à terminer la guerre, ou à faire une trêve, et il se crut un médiateur, un conciliateur très-capable dans cette affaire.

[III.] C'est d'après cette idée qu'il fit sonder Persée par le Crétois Cyda, la première année. Il demandait combien valait cette espérance? Cela peut être, selon moi, l'origine de leur accommodement. Entre deux hommes dont l'un était si rusé, l'autre si avare, le combat dut être risible. Eumène mettait en avant toutes les espérances possibles, et fournissait un appât abondant, voulant séduire Persée à force de promesses ; Persée courait bien vers l'appât, mais il ne se contentait pas de promesses, au point de laisser aller quelque chose de ce qu'il tenait.

[IV] Voici de quelle nature étaient ces conventions. Eumène demandait pour se tenir en repos et ne pas aider aux Romains pendant quatre ans ni sur terre ni sur mer cinq cents talens, et pour finir la guerre quinze cents. Il promettait de donner des otages et des garanties. Au sujet des otages, Persée demandait qui il enverrait, et quand, et comment on les garderait chez les Cnossiens. Quant à l'argent, je veux dire aux cinq cents talens : « N'était-il pas honteux, disait-il, pour celui qui les donnerait, moins encore que pour celui qui les recevrait, de ne paraître se tenir en paix qu'à prix d'or? » pour les quinze cents talens, il devait les envoyer par ses gens à Polémocrate de Samos, chez lequel on les tiendrait en dépôt. Or, il était maître de Samos. Eumène qui brûlait, comme les médecins charlatans, de tenir des arrhes plutôt que d'attendre un paiement, se désista de ses desseins, désespérant de vaincre par ses ruses les subterfuges de Persée. De cette façon, après une belle et sainte lutte [1] d'avarice, ils se séparèrent à avantage égal, comme deux vaillans athlètes. De tout cet argent une partie fut dissipée à ce moment même par les mains des amis de Persée. Cela nous prouve que l'avarice est un artisan de maux de toute espèce.

[V] J'ajouterai de mon chef à cette pensée que l'avarice aveugle aussi les hommes. Qui ne comprend en effet la folie des deux rois? d'Eumène qui espère malgré la haine de Persée s'en faire écouter, s'en faire croire et s'approprier des trésors si considérables sans pouvoir donner à Persée aucune garantie solide dans le cas où il n'aurait pas tenu ses engagemens. Comment espérait-il aussi tromper la vigilance des Romains en recevant tant d'or? S'il l'eût fait pour le présent, comptait-il le faire toujours? Il eût fallu payer ces richesses d'une guerre avec Rome, dans laquelle, une fois déclaré ennemi de la république, il eût perdu et l'argent soustrait, et son royaume, et peut-être la vie. Si, en effet, pour n'avoir pas agi, mais pour avoir seulement voulu agir, il a couru les plus grands dangers, que lui fût-il arrivé raisonnablement, son entreprise étant menée à fin?

[VI] Passons à Persée maintenant. N'est-il pas étrange qu'il ait cru trouver un parti plus sage et plus avantageux que celui de livrer ses richesses à Eumène, et de lui abandonner l'appât? Car, si Eumène eût tenu sa parole et assoupi la guerre, l'emploi de cet argent était bon. Si Persée se fût vu trompé dans cet espoir, il jetait son ennemi dans la haine des Romains. N'était-il pas le maître de révéler toute cette intrigue? Qu'il fût heureux ou malheureux dans la guerre, il le pouvait. Il regardait Eumène comme la cause de tous ses maux; la meilleure vengeance à en tirer était de le rendre ennemi de Rome. Quelle est donc la cause de cette déraison manifeste? l'avarice. Peut-on le nier? L'un, pour avoir ce qu'il n'a pas, néglige tout et se charge de tout; l'autre, pour éviter sa ruine, n'a pas le courage de faire un sacrifice.

Après cela, Persée dans l'affaire des Galates et celle de Gentius. . . . .

LIVRE TRENTIÈME.

FRAGMENT PREMIER.

Attalus, frère d'Eumène, court risque de perdre le royaume de Pergame. — Stratius, son médecin, le sauve de ce péril. — Des ambassadeurs rhodiens apaisent les Romains en faveur de leur île. — Astymède blâmé pour avoir justifié les Rhodiens aux dépens des autres Grecs. — Différens événemens arrivés aux Rhodiens dans le même temps [1].

Les ravages que les Gaulois avaient faits dans le royaume de Pergame mettaient Attalus, frère d'Eumène, dans la nécessité d'aller à Rome; mais quand ce motif lui eût manqué, il avait un prétexte fort raisonnable pour faire ce voyage. Il fallait féliciter le sénat sur la dernière victoire, et recueillir les applaudissemens qu'il méritait pour avoir pris part à la guerre contre Persée, et en avoir partagé avec les Romains tous les dangers. Il fut en effet reçu à Rome avec toutes les marques d'honneur et d'amitié que devait attendre un prince qu'on avait connu dans l'armée en Macédoine, et qui passait pour être ami de la république. On fit même plus qu'il n'attendait, on alla au devant de lui, et il entra dans la ville suivi d'un cortège très-nombreux. Tous ces honneurs, dont il ne pénétrait pas la véritable raison, enflèrent ses espérances. Peu s'en fallut qu'il n'oubliât ses vrais intérêts, et qu'il ne fît à tout le royaume de Pergame un tort irréparable. La plupart des Romains n'avaient plus ni estime ni affection pour Eumène. Sur les conférences qu'il avait eues avec Persée, ils s'étaient persuadé que ce Pergaménien n'était pas de bonne foi dans leur parti, et qu'il n'épiait que l'occasion de se déclarer contre eux. Pleins de ces préventions, quelques Romains des plus distingués dans les entretiens particuliers qu'ils avaient avec Attalus, lui conseillaient de ne pas faire mention du sujet pour lequel son frère l'avait envoyé, et de ne parler que de ce qui le regardait lui-même; ils lui faisaient entendre que le sénat, à qui Eumène était odieux, vou-

[1] Ambassade XCIII.

lait lui former un royaume, et l'établir dans un état qui lui serait propre. Ces mauvais conseils piquèrent l'ambition du jeune prince, il prenait plaisir à ces sortes de discours; la chose alla si loin qu'il promit à quelques-uns des principaux de Rome que dans le sénat il demanderait qu'on lui donnât une partie du royaume de son frère.

Il était prêt à commettre cette faute, lorsque arriva auprès de lui le médecin Stratius, qu'Eumène, qui avait quelque soupçon de l'avenir, avait envoyé à Rome avec ordre d'employer tous les moyens possibles pour empêcher qu'Attalus n'écoutât ceux qui le porteraient à partager le royaume. Ce médecin, homme prudent, habile à persuader, et en qui Eumène avait beaucoup de confiance, prit Attalus en particulier, et lui dit tout ce qui pouvait le détourner d'un dessein si pernicieux. Il en vint à bout, mais ce ne fut pas sans peine. Il lui représenta qu'il était autant roi que son frère; qu'ils avaient tous les deux un pouvoir et une autorité égales; qu'il n'y avait entr'eux deux d'autre différence, sinon qu'il n'avait ni le diadème ni le titre de roi, mais que son droit à la succession du royaume était incontestable, et que le temps de succéder n'était pas éloigné; que la faible santé d'Eumène le menaçait sans cesse d'une mort prochaine, et que ce prince n'ayant pas d'enfans mâles, (car on ne connaissait point encore alors le fils naturel qu'il avait et qui régna dans la suite), il ne pourrait, quand il en aurait le dessein, laisser le royaume à d'autres qu'à celui de ses frères qui le suivait immédiatement. Stratius ajouta que ce qui le touchait principalement était le péril où Attalus exposait le royaume de Pergame.» Vous » aurez, vous et votre frère, lui disait-il, de » grandes grâces à rendre aux dieux immortels, » si, d'accord ensemble et agissant de concert, » vous pouvez chasser de vos états les Gaulois » qui menacent de les envahir; que serait-ce » donc si la discorde vous séparait l'un de l'au- » tre? Il est clair que cette division renversera » totalement le royaume, qu'elle vous fera per- » dre la puissance dont vous y jouissez mainte- » nant, qu'elle ruinera toutes les espérances que » vous avez pour l'avenir, qu'elle dépouillera » vos frères du royaume et de tout le pouvoir » qu'ils y exercent à présent. »

Ces raisons et autres semblables firent impression sur Attalus; il renonça aux ambitieux projets qu'il avait formés. Entré dans le sénat, sans parler contre son frère et sans demander qu'on partageât le royaume de Pergame, il se contenta de féliciter le sénat sur la victoire remportée dans la Macédoine; il fit modestement valoir le zèle et l'affection avec laquelle il avait servi dans la guerre contre Persée; il pria qu'on envoyât des ambassadeurs, pour réprimer l'insolence des Galates et les réduire à leur premier état, et finit par prier qu'on lui donnât l'investiture d'Ænum et de Maronée.

Le sénat, s'imaginant qu'Attalus reviendrait en particulier l'entretenir des mêmes choses, promit d'avance qu'il dépêcherait des ambassadeurs, et fit au prince les présens accoutumés. Il lui promit encore de le mettre en possession des deux villes qu'il avait demandées; mais quand on sut qu'il était parti de Rome, le sénat, piqué de voir qu'il n'avait rien fait de ce qu'on attendait de lui, et ne pouvant s'en venger d'une autre manière, révoqua la promesse qu'il lui avait faite, et avant que le prince fût hors d'Italie, déclara Ænum et Maronée villes libres et indépendantes. On envoya cependant vers les Galates une ambassade, à la tête de laquelle était Publius Licinius. De quels ordres les ambassadeurs furent chargés, c'est ce qu'il n'est pas aisé de dire, quoiqu'il ne soit pas difficile de le conjecturer par les événemens qui arrivèrent ensuite.

On vit encore à Rome, dans ce temps-là même, deux députations de la part de la république rhodienne. Philocrates était chef de la première; à la tête de la seconde étaient Philophron et Astymède. La réponse que le sénat, après la défaite de Persée, avait faite à Agésipolis, produisit ces deux ambassades, dont le but était de calmer les Romains, qui, selon cette réponse, paraissaient extrêmement irrités contre les Rhodiens. Astymède et Philophron, dans toutes les audiences qu'on leur donnait, soit publiques, soit particulières, ne voyaient que des sujets d'épouvante. L'indisposition où ils sentaient qu'étaient les Romains à l'égard de Rhodes les consternait. Mais ce fut bien pis lorsqu'un préteur, du haut de la tribune aux harangues, excita le peuple à déclarer la guerre aux Rhodiens. Le péril dont ils virent leur patrie menacée les saisit de frayeur. Ils se revêtirent d'habits lugubres. Ils n'implorèrent pas seulement la protection de leurs amis, ils demandaient en supplians et avec larmes qu'on ne décrétât rien de trop rigoureux contre leur république. Cette grande alarme fut de peu de durée. Au bout de quelques jours, conduits dans l'assemblée du peuple par le tribun Antonius, qui auparavant avait fait descendre de la tribune le préteur qui soulevait le peuple contre les Rhodiens, ils y justifièrent l'un après l'autre leurs compatriotes. Leurs discours entrecoupés de sanglots touchèrent de compassion. Ils gagnèrent du moins qu'on ne déclarerait pas la guerre à Rhodes. Mais le sénat leur fit de sanglans reproches sur différens chefs dont on les accusait. On leur donna clairement à entendre que sans la considération qu'on avait pour quelques amis de la république, et surtout pour eux, on savait fort bien de quelle manière on aurait pu la traiter.

Dans cette occasion Astymède fit une apologie de sa patrie. Il était fort content de cette pièce, mais elle ne plut ni aux Grecs, qui pour lors étaient à Rome comme voyageurs, ni à ceux qui y demeuraient. Il la répandit ensuite dans le public, et le public n'y trouva ni sens commun ni équité. Cette apologie était fondée, moins sur des raisons tirées de la conduite de sa patrie, que sur les fautes où les autres Grecs étaient tombés. Comparant ensemble ce que les Grecs avaient fait seuls ou avaient aidé à faire pour les Romains, il atténuait autant qu'il lui était possible les services des autres peuples de la Grèce, et exagérait outre mesure ceux que les Rhodiens avaient rendus. Quand il s'agissait de fautes, c'était tout le contraire. Pendant qu'il chargeait les autres avec emportement, il adoucissait et faisait presque disparaître tout ce qui se pouvait reprocher aux habitans de Rhodes. S'il mettait en parallèle les fautes de ceux-ci et des autres, c'était afin que celles des Rhodiens parussent petites, peu considérables, dignes de pardon, et celles des autres grandes et impardonnables : d'où il concluait que les Romains ayant pardonné les dernières, ils ne pouvaient se défendre de pardonner celles de la république rhodienne. Or le tour de cette apologie ne convient point du tout à un homme employé au maniement des affaires. On ne fait nul cas de ces hommes lâches, qui, joints avec d'autres pour quelques pratiques secrètes, se laissent intimider par des menaces, ou ébranler par les tourmens, jusqu'au point de déclarer leurs complices ; mais on loue et on estime les hommes fermes, qui au milieu même des plus grands supplices, refusent constamment d'entraîner dans leur malheur quelqu'un de ceux avec qui ils étaient unis. Que doit-on donc penser d'un homme qui, sur la crainte d'un malheur incertain, révèle à une puissance les fautes d'autrui, et renouvelle le souvenir de choses que le temps avait fait oublier? Au reste Philocrates, aussitôt après la réponse du sénat, partit de Rome pour la porter à Rhodes, et Astymède n'en sortit point ; il y resta pour y observer tout ce qui s'y pourrait dire ou faire contre sa patrie.

La réponse du sénat ayant dissipé à Rhodes la crainte qu'on y avait que les Romains ne prissent les armes contre la république, fit paraître légers tous les autres maux qu'on y souffrait, quelque grands qu'ils fussent. Cela est assez ordinaire, l'attente de grands maux amortit toujours le sentiment de ceux qui le sont moins. Sur-le-champ on décerna aux Romains une couronne de la valeur de dix mille pièces d'or, et l'on choisit pour la présenter l'amiral Théodote, qui partit au commencement de l'été. On lui adjoignit une autre députation, dont le chef était Rhodophon, pour tenter en toute manière de faire alliance avec les Romains. Les Rhodiens ne voulurent pas faire mention de cette alliance dans le décret, de peur que si cela ne plaisait pas aux Romains, ils ne se repentissent de l'avoir ordonné. Ils laissèrent à l'amiral le soin de faire cette tentative, parce que les lois lui donnent le pouvoir de conclure ces sortes de traités.

Il est bon de remarquer en passant que la politique des Rhodiens jusque là avait été de ne point faire alliance avec les Romains, quoique depuis près de cent quarante ans ils eussent eu part aux plus brillantes expéditions de cette république. La raison de cette conduite mérite d'être rapportée. Comme ils étaient bien aises que toutes les puissances pussent aspirer à leur alliance, ils ne voulaient pas partager leurs forces ni enchaîner leur liberté par des sermens et des traités. Restant libres et maîtres d'eux-mêmes, ils étaient en état de mettre à profit tout ce qui se présenterait d'avantageux. Mais dans la circonstance présente ils crurent devoir changer leur allure. Ils firent tous leurs efforts pour obtenir le glorieux titre d'alliés des Romains, non qu'il briguassent des alliances ou qu'ils craignissent d'autre puissance que la puissance romaine, mais pour dissiper, par ce changement de conduite, tous les soupçons fâcheux qu'on avait conçus contre leur république.

Au reste cette ambassade, à la tête de laquelle était Théœtète, avait à peine mis à la voile que les Cauniens se détachèrent de Rhodes, et que les Mylassiens s'emparèrent des villes des Euromiens. Vers le même temps il vint de Rome un sénatus-consulte, qui déclarait libres et indépendans les Cariens et les Lyciens, peuples que le sénat, après la guerre d'Antiochus, avait attribués aux Rhodiens. Il ne leur coûta pas beaucoup pour réduire les Cauniens et les Euromiens. Ils en furent quittes pour envoyer contre eux Lycus avec des troupes qui les eurent bientôt rangés à leur devoir, quoiqu'ils fussent secourus des Cybarates. On passa ensuite chez les Euromiens, et on défit en bataille rangée les Mylassiens et les Alabandiens qui étaient venus en corps d'armée à Orthosie. Mais le décret romain en faveur des Cariens et des Lyciens leur causa beaucoup d'inquiétudes. Cela leur fit craindre que la couronne envoyée à Rome ne leur produisît aucun fruit, et qu'ils n'eussent espéré vainement l'honneur qu'ils ambitionnaient, de devenir alliés des Romains.

FRAGMENT II.

Antiochus [1].

Les indignes stratagèmes dont ce prince se servit à Péluse ternissent extrêmement sa mémoire. Hors cela l'on ne peut nier qu'il n'ait été vigilant, actif et digne du titre auguste de roi.

FRAGMENT III.

Dinon et Polyarate [2].

Il faut commencer par instruire le lecteur de la politique de ces deux Grecs; car dans les tristes conjonctures où l'on se trouvait alors, il se fit de grands changemens, non seulement chez les Rhodiens mais encore dans presque tous les autres états. Or, il est bon d'examiner et de connaître quelles furent dans ce temps-là les dispositions de ceux qui gouvernaient, et lesquels d'entre eux semblèrent prendre le parti le plus raisonnable ou s'en écartèrent. Nos descendans ayant ce tableau devant les yeux y apprendront ce qu'ils doivent faire ou éviter, lorsqu'ils se rencontreront dans des circonstances pareilles. Rien n'est plus important pour empêcher que, manquant à leur devoir sur la fin de leurs jours, ils ne perdent toute la gloire que leur vie passée leur aurait acquise.

Du temps de la guerre contre Persée, il y eut trois sortes de personnes que les Romains soupçonnèrent de ne leur être pas favorables. Les premiers furent ceux qui, voyant à regret tout l'univers prêt à subir la loi d'une seule puissance, ne donnaient de secours ni ne s'opposaient aux Romains, mais abandonnaient les événemens à la fortune et en attendaient tranquillement le succès. La seconde classe fut de ceux qui voyaient avec plaisir la Macédoine aux mains avec la république romaine et qui souhaitaient que Persée sortît victorieux de cette guerre, mais ne pouvaient inspirer leurs sentimens et leurs inclinations aux peuples qu'ils conduisaient. La troisième enfin fut de ceux qui avaient engagé et entraîné les états qu'ils gouvernaient dans le parti de Persée. Considérons maintenant comment tous ces politiques se conduisirent.

---

[1] Fragmens de Valois.
[2] Fragmens de Valois.

Antinoüs, Théodore, Céphale et la fraction qui leur était contraire firent embrasser aux Molosses les intérêts de Persée. Le danger ne les étonna pas, ils virent sans frayeur leur dernier moment s'approcher, tous sans s'ébranler persistèrent dans leurs premiers sentimens et moururent avec honneur. On ne peut que les louer de ne s'être pas manqués à eux-mêmes et de n'avoir pas souffert que leur dernier jour obscurcît l'éclat de la réputation qu'ils s'étaient faite pendant le reste de leur vie.

La tranquillité où l'on resta dans l'Achaïe, chez les Thessaliens et chez les Perrhébiens, fut suspecte. Plusieurs y furent soupçonnés de pencher en faveur du roi de Macédoine et de ne chercher que l'occasion de se déclarer pour ce prince. Cependant jamais ils n'avaient laissé échapper publiquement un seul mot, jamais on n'avait surpris ni lettre ni messager de leur part qui pût donner lieu à ce soupçon, jamais ils ne donnèrent prise sur eux. Aussi furent-ils toujours prêts à rendre compte de leur conduite et à justifier leur innocence. Avant que de périr ils tentèrent tous les moyens de se sauver. Car il n'y a pas moins de lâcheté, lorsqu'on n'a rien à se reprocher, à sortir à regret de la vie par la crainte d'une faction contraire ou d'une puissance supérieure, qu'à y rester avec déshonneur.

Dans l'île de Rhodes, dans celle de Cos et dans plusieurs autres villes, quelques-uns, affectionnés pour Persée, avaient la hardiesse de parler ouvertement pour les Macédoniens et contre les Romains, et de solliciter leur nation à se joindre à Persée, mais ils ne pouvaient les amener à ce sentiment. Les plus distingués d'entr'eux étaient, dans l'île de Cos, Hippocrite et Diomédon son frère, et dans celle de Rhodes Dinon et Polyarate. Mais qui pourrait ne pas blâmer le procédé de ces magistrats? Toute leur nation savait ce qu'ils avaient fait, ce qu'ils avaient dit; elle avait vu les lettres, tant celles écrites à Persée que celles qu'ils avaient reçues de ce prince et qui avaient été interceptées; elle connaissait les messagers envoyés de part et d'autre, et qui avaient été arrêtés. Malgré des moyens de conviction si puissans, ils ne purent gagner sur eux de céder à la fortune et de quitter la vie : ils s'opiniâtrèrent à soutenir qu'ils n'étaient pas coupables. Que leur a produit cette obstination à conserver leur vie contre toute apparence? Toute la gloire qu'ils s'étaient acquise par le courage et la constance qu'on leur croyait s'est évanouie, et ils sont tombés dans un mépris qui n'a pas même laissé lieu à la compassion. Convaincus en face par ceux-mêmes qu'ils avaient employés, ils passèrent non seulement pour malheureux, mais encore pour d'impudens menteurs. Thoas, un de ceux qu'ils avaient envoyés en Macédoine, agité par sa conscience, se retira à Cnide après la défaite de Persée. Mis en prison par les Cnidiens, il fut réclamé par les Rhodiens et amené à Rhodes. Là, dans la question qu'on lui donna, il avoua tout ce que portaient les lettres de ces magistrats à Persée, et de Persée à ces magistrats. Il est surprenant que Dinon malgré cela ait aimé à vivre jusqu'à souffrir cette infamie.

Polyarate porta encore plus loin l'insolence et la lâcheté. Popilius avait mandé à Ptolémée de le faire partir pour Rome. Par respect pour la patrie et par déférence pour Polyarate qui demandait d'aller à Rhodes, le roi d'Égypte aima mieux l'y envoyer qu'à Rome. On lui donna un vaisseau et il partit sous la garde d'un homme de la cour nommé Démétrius, et en même temps le roi écrivit aux Rhodiens pour leur donner avis du départ de l'accusé. Polyarate, abordé à Phasélis, sur je ne sais quelle pensée qu'il roulait dans son esprit, se couvrit la tête de verveine, et courut se réfugier dans le temple de la ville. Si on lui eût demandé alors quel était son dessein, je suis bien sûr qu'il ne l'aurait pas pu dire; car s'il voulait retourner dans sa patrie, à quoi bon se cacher? Sa garde n'était-elle pas chargée de l'y conduire? Et si elle avait eu ordre de le mener à Rome, il aurait fallu bon gré mal gré qu'il y allât. Que lui restait-il de plus à chercher? Il n'y avait plus d'autre lieu où il pût être en sûreté. De Phasélis on envoya à Rhodes pour avertir qu'on vînt prendre Polyarate, pour le transporter dans l'île. Les Rhodiens firent partir un vaisseau découvert, mais ils eurent la prudence de défendre au pilote de recevoir Polyarate sur son bord, parce que les Alexandrins avaient ordre de le rendre dans l'île. Le bâtiment rhodien arrive à Phasélis. Épicharès, le capitaine, refuse de prendre Polyarate, Démétrius le presse de monter sur son vaisseau. Il en est encore pressé par les Phasélites, qui craignaient que son séjour ne leur attirât quelque disgrâce de la part des Romains. Dans cette extrémité il entre effrayé dans le vaisseau de Démétrius. Mais sur la route il trouva moyen de se sauver, et s'enfuit à Caune, et implora le secours des habitans. Mais malheureusement ils étaient unis avec les Rhodiens, et ils les chassèrent de la ville. De là il envoya prier les Cibyrates de lui donner une retraite, et de lui faire venir quelqu'un qui le conduisît chez eux. Il espérait d'autant plus en obtenir cette grâce, que les enfans de Pancrates, tyran de cette ville, avaient été nourris chez lui. Il l'obtint en effet, mais arrivé dans cette ville, il la jeta dans un grand embarras, et tomba lui-même dans un plus grand que celui où il s'était trouvé à Phasélis; car les Cibyrates n'osèrent le loger, de peur que les Romains ne leur en fissent un crime, et ils ne purent le conduire à Rome, parce qu'étant tout-à-fait au milieu des terres, ils n'avaient nul usage de la navigation. Ils furent donc obligés de députer à Rhodes et au consul dans la Macédoine, pour les prier de les défaire de ce malheureux fugitif. Paul Émile écrivit aux Cibyrates de garder à vue Polyarate, et de le mener à Rhodes, et aux Rhodiens de le conduire vif à Rome par mer. Les uns et les autres exécutèrent l'ordre qu'ils avaient reçu et Polyarate fut transporté à Rome, théâtre où parut dans tout son jour son imprudence et sa lâcheté, et sur lequel il fut exposé par Ptolémée, les Phasélites, les Cibyrates et les Rhodiens. Son peu de force d'esprit méritait bien cette punition.

Je me suis un peu étendu sur Dinon et sur Polyarate, non pour insulter à leur malheur, cela serait déraisonnable, mais pour porter ceux qui dans la suite se trouveront dans des conjonctures semblables à prendre de plus sages mesures.

FRAGMENT IV.

Députations de la Grèce aux dix commissaires envoyés en Macédoine après la défaite de Persée. — Conduite de ces commissaires chez les Grecs [1].

Persée vaincu et cette grande affaire heureusement terminée, il vint en Macédoine des ambassadeurs de toutes parts pour féliciter les généraux romains sur l'heureux succès de leur expédition, et l'on juge bien que ceux qui dans chaque état furent choisis pour cette fonction et pour d'autres affaires, furent ceux qui dans le temps de la guerre avaient paru servir les Romains avec plus de chaleur et être plus de leur goût. Ce fut donc, dans l'Achaïe, Callicrates, Aristodame, Agésias, Philippe; dans la Béotie, Mnasippe; dans l'Acarnanie, Chrémès; dans l'Épire, Charops et Nicias; dans l'Étolie, Lycisque et Tisippe, qui, tous tendant au même but, réglèrent d'autant plus aisément les affaires selon qu'ils jugèrent à propos, qu'ils ne trouvèrent personne qui traversât leurs desseins; car tous ceux qui leur étaient opposés avaient cédé au temps et renoncé entièrement au gouvernement de la république. Les dix commissaires firent donc savoir par les généraux, aux villes et aux conseils des peuples, qui ils voulaient qu'on envoyât à Rome, et ce furent ceux que les ambassadeurs avaient indiqués, dont ils avaient donné les noms et qui étaient de leur faction, hors un très-petit nombre de gens dont le mérite était connu. On fit plus d'honneur aux Achéens; on leur députa deux des commissaires, C. Claudius et Cn. Domitius. Deux motifs avaient fait prendre ce parti. Le premier, parce que l'on craignait que les Achéens n'obéissent point à de simples lettres, et ne punissent Callicrates des mauvais services qu'il avait rendus à tous les Grecs; l'autre, parce que dans les lettres qui avaient été écrites par les Achéens à Persée et qu'on avait prises, on n'avait rien découvert de certain et de convaincant contre aucun de cette nation. Cependant quelque temps après le consul ne laissa pas que d'écrire et d'envoyer des députés chez les Achéens en conséquence de ce que lui avaient appris Callicrates et Lycisque,

[1] Ambassade XCIV.

quoiqu'il n'approuvât pas, comme on le reconnut dans la suite, les dénonciations que ces deux traîtres lui avaient faites.

FRAGMENT V.

Députation à Rome de la part des rois d'Égypte. — Ménalcidas renvoyé à la prière de Popilius [1].

Les deux Ptolémées n'eurent pas été plus tôt délivrés de la guerre d'Antiochus, qu'ils députèrent à Rome Numénius, un de leurs amis, pour remercier les Romains du bienfait signalé qu'ils en avaient reçu dans cette occasion. Ils remirent aussi en liberté le Lacédémonien Ménalcidas, qui pour s'enrichir avait abusé de l'extrémité où il les voyait. Ce fut C. Popilius qui obtint cette grâce des deux rois.

FRAGMENT VI.

Pourquoi le sénat rendit la liberté au fils du roi Cotys [2].

Ce roi des Odrysiens avait envoyé des ambassadeurs à Rome tant pour demander son fils, que pour rendre compte de l'alliance qu'il avait faite avec Persée. Ces ambassadeurs furent écoutés favorablement. Les Romains, après la victoire remportée sur le roi de Macédoine, ayant heureusement terminé tout ce qu'ils s'étaient proposé, ne crurent pas qu'il fût de grande importance pour eux de regarder Cotys comme leur ennemi. Son fils, donné en otage à Persée, avait été pris avec les enfans de cet infortuné prince, ils le lui rendirent, pour donner des marques de leur clémence et de leur générosité, et témoigner le respect qu'ils avaient pour le prince qui leur demandait cette grâce.

FRAGMENT VII.

De Lucius Anicius.

Lucius Anicius [3], le même qui vainquit les Illyriens, et conduisit en triomphe Genthius leur roi et ses enfans, apprêta fort à rire, selon ce que raconte Polybe dans son livre XXX,

[1] Ambassade XCV.
[2] Ambassade XCVI.
[3] Athénée, L. XIV, c. 1.

dans les jeux qu'il donna à l'occasion de son triomphe. Il avait fait venir de Grèce de très habiles ouvriers et avait fait construire dans le cirque un très-vaste théâtre. Il y fit paraître d'abord tous les joueurs de flûte, Théodore le Béotien, Théopompe, Hérénippe et Lysimaque, qui étaient alors ce qu'il y avait de plus célèbre en ce genre dans toute la Grèce, et il leur donna ordre de s'avancer sur l'avant-scène avec le chœur et de jouer tous à la fois. Ceux-ci ayant commencé par une mesure d'un mouvement très-vif et très-mélodieux, Anicius leur envoya dire que ce chant ne lui convenait pas, et qu'ils eussent à lutter. Les joueurs de flûte à ce mot restèrent dans une fort grande indécision sur le sens que voulait lui donner Anicius; mais à ce moment arriva un licteur de la part d'Anicius, qui leur signifia d'avoir à se tourner les uns vis à vis des autres et à engager une espèce de lutte. Dès qu'ils eurent bien compris ce qu'Anicius voulait, y trouvant eux-mêmes un moyen de s'abandonner à la licence, ils mirent tout dans la plus grande confusion, et jouant de la flûte de la manière la plus discordante et la plus folle, ils se tournèrent contre les chœurs qui les séparaient et contre ceux des joueurs de flûte qui leur étaient opposés. Les chœurs de leur côté, faisant le plus grand bruit et parcourant tout le théâtre, se précipitèrent sur ceux qui leur étaient opposés et se retiraient comme pour prendre la fuite. A ce moment je ne sais quel homme du chœur, retroussant son habit porta ses mains sur un joueur de flûte comme pour le provoquer au pugilat, et il y fut excité par les bruyans applaudissemens et les cris des spectateurs. Au moment où tous ces gens se battaient entre eux, voilà que tout-à-coup deux sauteurs s'avancent dans l'orchestre avec la symphonie. En même temps quatre pugilistes se présentent avec leurs propres joueurs de flûtes ou de trompettes. Comme tous ces gens se mêlaient à qui mieux mieux, on ne peut dire en effet quel fut le spectacle. Quant aux tragédies, ajoute Polybe, si j'entreprenais d'en parler, je craindrais bien de paraître à quelques personnes faire une plaisanterie.

FRAGMENT VIII.

Les Étoliens et les Épirotes [1].

Les Étoliens étaient accoutumés à vivre de vol et de brigandage. Tant qu'il leur fut permis de piller les Grecs, ils ne vécurent qu'à leurs dépens; toute terre leur fut ennemie. Quand les Romains furent les maîtres, ne pouvant chercher de secours hors de leur pays, ils tournèrent leur fureur contre eux-mêmes. Dans une guerre civile qui s'éleva parmi eux, il n'y eut pas de violences et de cruautés qu'ils n'exerçassent. Après s'être égorgés les uns les autres, peu de temps auparavant, proche d'Arsinoé, rien ne pouvait plus les arrêter. Leur rage était parvenue à un tel excès, qu'il n'y avait ni chef ni conseil qui pût la réprimer. On ne voyait dans toute l'Étolie que confusion, qu'injustices, que meurtres. Rien ne s'y faisait d'après les lumières du bon sens et de la raison : une mer agitée par une grande tempête n'est pas plus violemment troublée que ne l'était alors la république des Étoliens.

L'Épire n'était pas plus tranquille. Parmi la multitude on voyait le plus de modération; mais, en récompense, le chef était un monstre d'impiété et d'injustice. Je ne crois pas qu'il y ait eu jamais et que jamais il doive naître un homme plus cruel que Charops.

FRAGMENT IX.

Après avoir admiré les fortifications de Sycione et les richesses de la ville des Argiens, Paul Émile se rendit à Épidaura [2].

Désirant de voir Olympie, il partit pour ce lieu [3].

Paul Émile entra dans le temple qui était à Olympie; et, à la vue de la statue de Jupiter, il fut frappé d'étonnement et dit qu'il lui semblait que Phidias seul avait rendu le Jupiter d'Homère; et que quoiqu'il s'attendit à voir de belles choses à Olympie, ce qu'il avait vu était supérieur à tout ce qu'il avait attendu [4].

[1] Fragmens de Valois.
[2] Suidas au mot Βάρις.
[3] Suidas au mot Μετέωρος.
[4] Suidas au mot Φειδίας.

Polybe a écrit que Paul Émile, après avoir vaincu Persée et les Macédoniens, avait renversé soixante-dix villes de l'Épire, la plupart dans le pays des Molosses, et qu'il avait emmené cent cinquante mille hommes réduits par lui en servitude [1].

FRAGMENT X.

Bassesse d'âme de Prusias, roi de Bithynie. — Expédient dont le sénat se servit pour humilier Eumène [2].

Prusias étant venu à Rome pour faire au sénat et aux troupes des complimens de conjouissance sur l'heureux succès de la guerre contre Persée, y déshonora la majesté royale par ses basses flatteries. On en jugera par les faits suivans. D'abord il alla au devant des députés que le sénat avait envoyés pour le recevoir, et il y alla la tête rasée et avec le bonnet, l'habit et la chaussure des affranchis; puis saluant les députés : « Vous voyez, leur dit-il, » un de vos affranchis prêt à faire tout ce qu'il » vous plaira, et à me conformer entièrement » à tout ce qui se pratique chez vous. » Je ne sais si l'on pourrait s'exprimer d'une manière plus lâche et plus rampante. A son entrée dans le sénat, il se tint contre la porte, vis à vis des sénateurs assis, les mains abattues, il se prosterna et baisa le seuil; ensuite s'adressant à l'assemblée : « Je vous salue, dieux sauveurs, » s'écria-t-il. Peut-on porter plus loin la lâcheté et la flatterie? Est-ce un homme qui parle ainsi? La postérité aura peine à le croire. La conférence répondit à ce prélude, j'aurais honte de la rapporter. Des abaissemens si profonds ne pouvaient être suivis que d'une réponse toute gracieuse.

A peine Prusias l'eut-il reçue, qu'on apprit qu'Eumène était sur le point d'entrer dans Rome. Cette nouvelle ne donna pas peu d'embarras aux sénateurs. Ils étaient prévenus contre ce prince, et quoique résolus à ne pas changer à son égard, ils auraient été fâchés que leurs dispositions eussent été connues. Car, après l'avoir mis au rang des plus fidèles amis du peuple romain, s'ils l'eussent admis à se justifier, et qu'ils lui eussent répondu

[1] Strabon, L. VII, p. 322.
[2] Ambassade XCVII.

conformément aux ressentimens qu'ils avaient contre lui, c'eût été comme annoncer à haute voix qu'ils avaient manqué de prudence, lorsqu'ils avaient tant estimé un homme de ce caractère; que si, pour sauver leur réputation, ils lui eussent fait un bon accueil, ils auraient eu à se reprocher d'avoir trahi leurs sentimens et les intérêts de la patrie. De quelque côté qu'ils se jetassent, les inconvéniens étaient inévitables. Pour se tirer de cette affaire le moins mal qu'ils pourraient, ils s'avisèrent d'un expédient. Sous le prétexte qu'il en coûtait trop à la république pour recevoir les rois qui venaient à Rome, ils firent un sénatus-consulte par lequel ils défendaient en général à tous les rois d'entrer dans cette ville. Peu après, sur la nouvelle qu'Eumène avait débarqué au port de Brindes, on fit partir un questeur pour signifier au roi de Pergame l'ordre de s'arrêter pour lui demander ce qu'il avait à traiter au sénat, et, en cas qu'il n'eût rien à y traiter, pour lui ordonner de sortir d'Italie sans délai. Eumène, ayant entendu le questeur, comprit quelle était la disposition des Romains à son égard, et ne répondit autre chose, sinon qu'il n'avait nul besoin à Rome. Telle fut la ruse dont le sénat se servit pour empêcher qu'Eumène ne vînt le trouver.

Cet affront attira au roi de Pergame une autre affaire très-fâcheuse, et dont les Romains, qui s'étaient proposés de la lui faire, pour l'humilier de toutes manières, tirèrent de grands avantages. Il était alors menacé d'une irruption de la part des Gallo-Grecs. Or, après l'injure qu'il venait de recevoir, il était hors de doute que ses alliés n'auraient pas le courage de le secourir, et que les Gallo-Grecs, au contraire, deviendraient plus hardis à l'attaquer. Voilà ce qui se passa au commencement de l'hiver. Ensuite le sénat écouta tous les autres ambassadeurs (car il n'y eut ni ville, ni prince, ni roi qui ne députât à Rome pour prendre part au plaisir qu'y causait la défaite de Persée), et tous reçurent des réponses pleines de politesse et d'affection. Les Rhodiens n'eurent pas lieu d'être si satisfaits. On les congédia sans leur avoir rien dit de positif sur ce qu'ils avaient à craindre ou à espérer pour l'avenir. A l'égard des Athéniens, le sénat était très-irrité contre eux.

FRAGMENT XI.

Injustice des Athéniens à l'égard des Haliartes [1].

Il était venu d'Athènes des ambassadeurs à Rome pour prier que les Haliartes fussent rétablis dans leur premier état. N'étant point écoutés sur cet article, ils passèrent à un autre, et demandèrent qu'on les mît en possession de Délos, de Lemnos et du pays des Haliartes; car leurs instructions portaient qu'ils feraient leurs efforts, ou pour obtenir le rétablissement de ce peuple, ou pour engager le sénat à en donner la domination aux Athéniens. Comme ils s'étaient déjà rendus maîtres des deux îles, on ne peut les blâmer d'en avoir sollicité la possession : mais qu'ils aient encore voulu que les Haliartes leur fussent attribués, c'est ce que l'on aura peine à leur pardonner. Qu'on n'ait point aidé une des plus anciennes villes de la Béotie à se relever et à sortir de l'état malheureux où elle était réduite, c'est un grand mal; mais c'en est encore un plus grand de l'effacer de la mémoire des hommes et de lui ôter toute espérance de se rétablir jamais. Il ne convenait à aucun peuple de la Grèce de se permettre un procédé si injuste, mais cela convenait moins encore aux Athéniens qu'à tout autre peuple. Ni loi, ni coutume, ne leur permettaient de faire de leur patrie la patrie de tous les Grecs, et d'envahir les villes qui ne leur appartenaient pas. Cependant le sénat leur accorda Délos et Lemnos.

FRAGMENT XII.

Les Rhodiens évacuent Caune et Stratonicée [2].

Théætète, introduit dans le sénat, le pria de trouver bon que les Rhodiens fissent alliance avec la république romaine. Mais pendant qu'on remettait de jour en jour à lui répondre, ce vieillard, âgé de plus de quatre-vingts ans, paya le tribut à la nature. Sur ces en-

---
[1] Ambassade XCVIII.
[2] Ambassade XCIX.

trefaites arrivèrent à Rome les bannis de Caune et de Stratonicée; ils firent leurs plaintes devant le sénat, et en obtinrent un arrêt qui ordonnait aux Rhodiens de retirer les garnisons de ces deux villes. Sur-le-champ Philophron et Astymède prirent le chemin de leur patrie, dans la crainte que les Rhodiens, refusant de se soumettre à cet ordre, n'attirassent sur eux quelque nouveau malheur.

FRAGMENT XIII.

Haine des Péloponésiens contre Callicrates [1].

Dans le Péloponèse, quand les ambassadeurs, à leur retour de Rome, eurent rapporté ce que le sénat leur avait répondu, il n'y eut à la vérité ni sédition ni tumulte; mais on n'y put cacher la colère et la haine dont on était animé contre Callicrates.

Le fait suivant prouvera bien [2] quelle haine on avait contre Callicrates et Andronide et les autres personnages de cette faction. Lors de la célébration à Sicyone d'une fête célèbre qu'on appelait les Antigonies, les femmes même de la plus mauvaise réputation avaient l'habitude de se rendre aux mêmes bains publics qui étaient fréquentés par les hommes les plus brillans; mais qu'Andronide ou Callicrates se rendissent dans ces bains, aucun de ceux qui arrivaient ensuite ne voulait entrer dans les bains qu'on n'eût vidé complétement l'eau qui leur avait servi, et n'eût lavé soigneusement et épuré le tout : comme si chacun eût cru se souiller en se baignant dans les mêmes eaux qu'eux. On ne saurait dire à quels sifflemens et ricanemens s'exposaient tous ceux qui osaient les louer en public. Les enfans eux-mêmes, en revenant des écoles, ne redoutaient pas de leur donner le nom de traîtres, toutes les fois qu'ils les rencontraient, tant s'étaient glissées dans les cœurs de grandes souffrances et une vive haine.

[1] Ambassade CIII.
[2] Fragment de Valois.

FRAGMENT XIV.

[I] D'autres vous parlent de la guerre de Syrie [1]. La cause en est, comme nous l'avons dit, que ces écrivains, avec un sujet maigre et monotone, veulent se donner des airs d'historiens, non en rapportant des faits, mais en entassant des volumes : c'est une chimère qu'ils se forment. Force leur est de grandir les petites choses, d'arranger et d'alonger ce qui se pouvait dire en deux mots, d'embellir des futilités et d'en faire des événemens, de raconter, d'énoncer pompeusement des escarmouches et des rencontres où furent tués dix fantassins, quelquefois moins, où l'on perdit moins encore de cavaliers. Quant aux sièges, aux descriptions topographiques et aux récits de ce genre, on ne saurait dire combien ils s'y évertuent à cause de la disette de faits. Notre manière d'écrire est tout-à-fait opposée à celle-là. Aussi ne faut-il pas nous accuser de divaguer quand nous passons sous silence des choses jugées dignes d'une longue explication, quand souvent nous les disons sans détail, mais il faut bien croire que nous donnons à chaque chose son importance véritable. Quand ces écrivains dont nous parlions racontent, par exemple, la prise de Phaloria, de Coronée et d'Haliarte, ils sont forcés d'y joindre toutes les ruses, tous les coups de main, toutes les dispositions; il faut parler aussi du siége de Tarente, de Corinthe, de Sardes, de Gaza, de Syracuse et surtout de Carthage. A cela se joint autre chose encore, et ou ne plaît pas à tout le monde, si on donne avarement le récit nu et simple de l'événement. Que cela nous serve donc de profession de foi pour les affaires militaires et politiques, comme pour chaque partie de l'histoire; nous mériterons toujours de l'indulgence, soit que nous racontions les faits eux-mêmes, soit que nous les disposions ou que nous les énoncions, soit que nous commettions des erreurs dans les noms de montagnes, de fleuves, de lieux en général. La grandeur de notre œuvre nous absout toujours, excepté quand nous nous avancerons nous-mêmes, et

[1] Tiré par Mai des Palimpsestes.

que, pour sacrifier aux grâces, nous serons pris en mensonge; alors nous nous condamnons volontiers, comme nous l'avons déjà souvent répété au lecteur. . . . .
. . La plupart des projets paraissent à la parole faciles et exécutables; mis en pratique, comme la fausse monnaie jetée au creuset, ils n'offrent plus de rapport avec le commencement de l'entreprise.

FRAGMENT XV.

[II] Paul Émile, reprenant l'idiome latin, s'adresse aux gens de l'assemblée, et leur montre, d'après l'exemple de Persée, qu'il ne faut pas s'enorgueillir outre mesure dans la prospérité, ni traiter les hommes avec arrogance ou tyrannie, ni se fier jamais à la fortune présente; mais au contraire, ajoutait Paul Émile : « Plus vous réussirez en parti-
» culier ou dans la vie publique, plus je vous
» engage à songer à l'adversité; car on a de la
» peine à maintenir son égalité d'âme dans l'eni-
» vrement de la bonne fortune. Mais l'homme
» sensé diffère en ceci de l'homme sans raison,
» que celui-ci ne s'instruit que par ses propres
» revers, celui-là par ceux des autres. »

Il leur remit souvent en mémoire ces mots de Démétrius de Phalère. Ce prince, en parlant de la fortune, et voulant prouver aux hommes combien elle est instable, se reporta au temps d'Alexandre, quand ce conquérant brisa la monarchie des Perses, et il dit : « Ne
» prenons pas un espace infini, non plus que
» des générations nombreuses; contentons-nous
» de ces cinquante ans qui nous ont précédés ;
» nous y trouverons toute l'histoire des rigueurs
» de la fortune. Dites-moi si, il y a cinquante ans,
» un dieu eût prédit aux Perses et à leurs rois,
» aux Macédoniens et à leurs rois ce qui arriva
» plus tard, dites-moi si quelqu'un eût pu croire
» que dans cet intervalle le nom des Perses se-
» rait effacé de la terre, eux qui gouvernaient
» la terre, et que les Macédoniens seraient maî-
» tres du monde, eux dont personne ne savait
» le nom! Ainsi donc cette fortune perfide qui
» préside à notre existence, cette fortune qui se
» plaît à contrarier tous nos plans, et qui fait
» éclater sa puissance dans les choses les plus
» extraordinaires, édifia, ce me semble, l'empire
» des Macédoniens sur les ruines des Perses, et
» leur prodigua tous les biens de ceux-ci,
» jusqu'à ce qu'elle en eût autrement décidé à
» leur égard. C'est ce qui arrive à Persée. »

Cet oracle que rendit Démétrius d'une bouche presque inspirée et divine, quand je remonte au temps qui a vu succomber l'empire macédonien, je le trouve si important, si peu hors du sujet, que, témoin oculaire des faits, je ne croirais pas dire la vérité, si je ne rappelais ces paroles de Démétrius; car il y a en elles, ce me semble, quelque chose de sur-humain. Il avait annoncé l'avenir sans se tromper à près de cent-cinquante ans de distance.

FRAGMENT XVI [1].

[III] Le roi Eumène, après la fin du différend des Romains et de Persée, se trouva dans une étrange position ; car les choses humaines semblent tourner dans un cercle habituel. La fortune qui élève les hommes par caprice les renverse avec réflexion. Après les avoir aidés de toute sa force, elle change et brise sous ses pieds tout ce qu'elle avait construit. N'est-ce pas là ce qui advint à Eumène? Quand il crut son pouvoir bien affermi, bien sûr, et qu'il pensa ne rien avoir à redouter, à cause de l'entière destruction du royaume de Persée, en Macédoine, c'est alors qu'il se trouva dans la position la plus critique, lors de l'invasion inopinée des Galates d'Asie.

[1] Tiré des Palimpsestes par Mai.

LIVRE TRENTE-UNIÈME.

FRAGMENT PREMIER [1].

Guerre des Cnossiens et des Gortynéens contre les Rhauciens.— Ambassade des Rhodiens à Rome pour demander une alliance qui leur est refusée.

Les Cnossiens et les Gortynéens s'étaient joints ensemble pour faire la guerre aux Rhauciens, et ils avaient juré qu'ils ne quitteraient pas les armes qu'ils n'eussent emporté leur capitale. Sur cette nouvelle les Rhodiens, après avoir exécuté les ordres du sénat romain, voyant que sa colère ne s'apaisait point, envoyèrent à Rome une députation, à la tête de laquelle était Aristote, qu'ils avaient chargé de tenter tout pour obtenir une alliance. Ces ambassadeurs arrivèrent pendant le fort de l'été. Entrés dans le sénat, ils firent un long discours, où, après avoir dit que les Rhodiens avaient évacué Caune et Stratonicée, selon ce qui leur avait été ordonné, ils tâchèrent par plusieurs raisons de gagner sur le sénat qu'il permettrait aux Rhodiens de faire alliance avec la république romaine. Mais dans la réponse qu'on leur fit, sans parler d'amitié, on leur dit simplement qu'il ne convenait pas pour le présent que l'on fît alliance avec eux.

FRAGMENT II.

Députation des Gallo-Grecs à Rome [2].

Le sénat leur accorda de vivre suivant leurs lois et leurs coutumes, pourvu qu'ils se renfermassent dans les bornes du pays qu'ils occupaient et qu'ils n'en sortissent point en armes.

FRAGMENT III.

Fêtes magnifiques données par Antiochus [1].

Antiochus, ayant appris les grandes actions[1] que Paul Émile avait faites en Macédoine, voulut surpasser ce général romain par un excès de libéralité. Il envoya donc dans un grand nombre de villes des députés et des théores pour annoncer les combats gymnastiques qu'il se disposait à donner à Daphné. Aussi les Grecs ne manquèrent pas de se rendre en foule et avec le plus grand empressement vers lui; il ouvrit donc cette fête par ce pompeux cortége. Cinq mille jeunes gens d'élite armés à la romaine et couverts de cottes de mailles marchaient en tête. Immédiatement après eux suivaient cinq mille Mysiens et trois mille Ciliciens armés en troupe légère, la tête ceinte d'une couronne d'or. Trois mille Thraces et cinq mille Galates marchaient derrière eux, précédant vingt mille Macédoniens et cinq mille fantassins armés de boucliers d'airain; sans compter une troupe d'argyaspides[2] suivis de deux cent quarante paires de gladiateurs, après lesquels s'avançaient mille cavaliers montés sur des chevaux de Nise et trois mille sur des chevaux du pays. La plus grande partie de ces chevaux avaient des harnais tout couverts d'or, et les cavaliers des couronnes d'or : l'argent brillait sur les harnais des autres. La troupe de cavalerie appelée les *compagnons*, en nombre de mille et dont les chevaux étaient harnachés en or, précédait à leur suite le corps des *amis*, dont le

---

[1] Ambassade C.
[2] Ambassade CII.

[1] Athénée, l. V, c. xv, trad. de Lefebvre de Villebreuse.
[2] Armés de boucliers d'argent.

nombre était égal et les harnais d'une pareille richesse. Cette marche était soutenue par mille hommes d'élite que suivait le corps appelé la cohorte, composé d'environ mille hommes, qui faisaient la troupe la plus forte de la cavalerie. Enfin les Cataphractes au nombre de quinze cents cavaliers, armés de toutes pièces, couverts, comme leurs chevaux, d'une manière analogue, au reste de la troupe, s'avançaient les derniers.

Tous ces différens corps avaient des surtouts de pourpre; plusieurs en avaient même de brochés en or, où l'on voyait des figures d'animaux. On vit aussi s'avancer cent chars à six chevaux, quarante à quatre, un char attelé de quatre éléphans et un autre où il y en avait deux; trente-six éléphans marchaient en suite séparément les uns après les autres. Il serait bien difficile de donner ici les autres détails de ce cortége particulier. Il faut donc se contenter de les rapporter successivement. Huit cents jeunes gens environ accompagnaient la marche avec des couronnes d'or, menant mille bœufs gras. Il y avait à peu près trois cents tables consacrées à ces cérémonies et huit cents dents d'éléphans.

Quant au nombre des statues, il est impossible de le dire au juste; car on y porta en pompe celles de tous les dieux et génies reconnus pour tels chez les hommes, sans excepter celles des héros. Les unes étaient dorées, les autres revêtues de robes de drap d'or; on les avait richement accompagnées de tous les attributs qui leur étaient particuliers à chacune selon les traditions vulgaires conservées dans l'histoire.

Elles étaient suivies des statues de la Nuit, du Jour, de la Terre, du Ciel, de l'Aurore et du Midi. On peut conjecturer de ce qui suit quelle était la quantité des vases d'or et d'argent. Denys, l'un des amis d'Antiochus et son secrétaire pour les lettres, avait fait venir à ce cortége mille enfans portant chacun un vase d'argent, qui ne pesait pas moins de mille drachmes. Six cents autres enfans que le roi avait réunis marchaient à leur suite, portant aussi des vases d'or. Deux cents femmes, ayant chacune un pot de parfum, en faisaient des aspersions le long de la marche. Après elles s'avançaient en pompe quatre-vingts femmes assises sur des brancards à pieds d'or, et cinq cents autres femmes sur des brancards à pieds d'argent, toutes richement parées. Voilà ce qu'il y avait de plus brillant dans ce pompeux cortége.

Il y eut des combats gymnastiques, des combats de gladiateurs, des parties de chasse pendant les trente jours qu'il fit durer ces fêtes. Tous ceux qui combattaient au gymnase s'oignirent les cinq premiers jours de parfums de safran qu'on tirait de cuvettes d'or. On eut donc pour se frotter, durant les quinze premiers jours, d'abord des parfums de safran pour les cinq premiers, puis des parfums de cinname pour les cinq suivans, et des parfums de nard pour les cinq derniers de la quinzaine. On apporta de même pour les quinze jours suivans, savoir, pour les cinq premiers jours du parfum de fénu grec; de marjolaine pour les cinq suivans, et d'iris pour les cinq derniers; chacun de ces parfums avait une odeur différente.

On dressa tantôt mille triclins [1], tantôt quinze cents, avec le plus grand appareil, pour les repas de la fête. C'était le roi qui ordonnait et réglait tout lui-même; monté sur un méchant cheval, il courait par tout le cortége, faisant avancer les uns, arrêter les autres. Il se tenait à l'entrée pendant les repas, faisant entrer ceux-ci, plaçant ceux-là sur les lits. Il était lui-même devant les serviteurs qui apportaient les mets; mais passant tantôt d'un côté, tantôt de l'autre, il s'asseyait à côté des convives, ou il s'étendait sur l'un ou l'autre lit. Quelquefois laissant le morceau, ou la bouchée, ou le gobelet qu'il tenait, il se levait d'un saut, passait ailleurs, et parcourait toutes les tables, recevant debout les santés qu'on lui portait : il allait folâtrer d'un autre côté avec les uns ou les autres, et même avec les baladins.

On le voyait aussi vers la fin du repas et lorsque nombre de personnes s'étaient retirées, se laisser introduire, couvert, par les bouffons qui le mettaient à terre, lui roi,

---

[1] Lits à trois personnes.

comme un de leur troupe. Si l'on faisait entrer les musiciens, aussitôt il dansait, sautait, faisait son rôle avec les bouffons, au point de faire rougir et partir tous ceux qui en étaient témoins.

Toutes ces choses furent exécutées avec les fonds qu'il s'était procurés en Égypte, soustrayant tout ce qu'il put, et trompant, contre toutes les lois de l'honneur, le roi Ptolémée Philométor pendant sa minorité. Ses amis contribuèrent à ces dépenses; mais les dépouilles des temples qu'il avait pillés lui en avaient procuré la plus grande partie[1].

FRAGMENT IV.

Accueil que reçoit Tibérius à la cour d'Antiochus[2].

La guerre terminée, Tibérius alla en qualité d'ambassadeur chez Antiochus pour observer quelles étaient ses dispositions. Antiochus le reçut avec tant de politesse et d'amitié, que non seulement cet ambassadeur ne conçut aucun soupçon contre lui, et ne s'aperçut pas qu'il eût sur le cœur ce qui s'était passé à Alexandrie, mais qu'il blâma tous ceux qui faisaient contre ce prince de ces sortes de rapports. En effet, outre les honnêtetés qu'Antiochus fit à Tibérius, il sortit de son palais pour l'y loger; peu s'en fallut qu'il ne lui cédât aussi son diadème. Malgré cela, il est certain qu'il était très-éloigné de le faire, et qu'il était au contraire très-résolu à se venger des Romains.

FRAGMENT V.

Eumène est accusé à Rome par les ambassadeurs de Prusias. — Astymède va une seconde fois à Rome et obtient enfin l'alliance[3].

Parmi les ambassadeurs qui étaient venus à Rome de divers endroits, les plus considérables étaient Astymède pour la république rhodienne; Euréas, Anaxidame et Satyre pour les Achéens; Python pour Prusias. A l'audience qui leur fut donnée dans le sénat, Python se plaignit qu'Eumène s'était emparé de plusieurs places, qu'il faisait des courses sur la Galatie, qu'il n'obéissait point aux ordres qu'il avait reçus du sénat, que toutes ses faveurs étaient pour ceux qui favorisaient son parti, et qu'il affectait d'abaisser par toutes sortes de moyens ceux qui, tenant pour les Romains, voulaient que l'état fût gouverné selon les volontés du sénat. D'autres ambassadeurs venus de la part des villes d'Asie l'accusaient encore d'avoir fait alliance avec Antiochus. Le sénat écouta ces députés sans rejeter leurs accusations et sans faire connaître ce qu'il en pensait, dissimulant la défiance où il était sur le compte des deux rois; ce qui n'empêchait pas qu'il n'aidât aux Gallo-Grecs à recouvrer leur liberté.

On fit entrer ensuite les ambassadeurs de Rhodes. Astymède en cette occasion se conduisit avec plus de prudence et de sagesse que dans l'ambassade précédente. Sans accuser les autres, il se réduisit, comme ceux qui sont châtiés, à prier que le supplice ne fût pas plus grand. Il dit que sa patrie avait été punie au-delà de ce que sa faute méritait, et fit le détail des châtimens qu'elle avait soufferts; il dit : que dépouillée de la Lycie et de la Carie, deux provinces contre lesquelles elle avait été obligée de soutenir trois guerres qui lui avaient coûté des sommes immenses, elle avait perdu les revenus que ces deux pays lui produisaient. « Cependant, ajouta-t-il, nous souffrons ces
» deux pertes sans nous plaindre. Nous te-
» nions de vous ces deux provinces; vous étiez
» les maîtres de nous les ôter, dès que nous
» vous étions devenus suspects. Mais Caune
» et Stratonicée n'étaient point un présent de
» votre libéralité. La première, nous l'avions
» achetée deux cents talens des généraux de
» Ptolémée; la seconde nous avait été donnée
» par Antiochus et Séleucus; nous tirions de
» ces deux villes six-vingt talens chaque année.
» Vous avez ordonné à nos troupes de les éva-
» cuer; vous avez été obéis. Par là vous nous
» avez traités plus rigoureusement pour une
» légère imprudence, que les Macédoniens vos
» ennemis de tous les temps. Que dirai-je de

---

[1] Le même Athénée donne, l. X, c. 10, un extrait de ce même morceau, en disant qu'il s'appuie sur le trente-unième livre de Polybe. Ce sont les mêmes expressions que dans la première narration, qui est seulement plus étendue et plus détaillée.
[2] Ambassade CI.
[3] Ambassade CIV.

» l'exemption des péages que vous avez accordée à l'île de Délos, et du tort que vous nous avez fait en nous ôtant la liberté de disposer de ce droit et de tous les autres revenus publics? Autrefois nous tirions de ces péages un million de drachmes, et à peine en tirons-nous aujourd'hui cent cinquante mille. Votre colère, Romains, comme un feu dévorant, a séché les sources d'où notre île tirait ses plus grandes richesses. Peut-être auriez-vous raison de ne vous pas laisser fléchir, si tous les Rhodiens étaient coupables et vous étaient contraires. Mais vous savez que ceux qui nous ont détournés de prendre les armes sont en très-petit nombre, et que ce petit nombre même en a été sévèrement puni. Pourquoi donc garder une haine implacable contre des innocens, vous surtout qui, à l'égard de tous les autres peuples, passez pour être les plus modérés et les plus généreux des hommes? Rhodes, après la perte de ses revenus et de sa liberté, deux choses pour la conservation desquelles elle a essuyé tant de travaux et de peines, vous supplie aujourd'hui, Romains, de lui rendre vos bonnes grâces. La vengeance que vous en avez tirée égale au moins sa faute; mettez enfin des bornes à votre courroux. Faites connaître à toute la terre qu'adoucis en faveur des Rhodiens vous avez repris les sentimens d'amitié que vous aviez autrefois pour eux. C'est uniquement de quoi Rhodes a maintenant besoin. Nous ne demandons ni armes ni troupes. Votre protection nous tiendra lieu de tout. » Ainsi parla l'ambassadeur rhodien, et on trouva que son discours convenait tout-à-fait à l'état présent de sa république. Tibérius, qui était tout récemment revenu d'Asie, lui aida beaucoup à obtenir l'alliance qu'il demandait. Il déclara que les Rhodiens avaient ponctuellement obéi aux ordres du sénat, et qu'ils avaient condamné à mort les partisans de Persée. Ce témoignage demeura sans réplique, et l'on accorda aux Rhodiens l'alliance avec la république romaine.

FRAGMENT VI.

Réponse des Romains au sujet des Grecs qui, dans leur patrie, avaient favorisé le parti de Persée [1].

Sur la réponse que les députés d'Achaïe avaient portée dans le Péloponèse de la part du sénat, que les pères étaient surpris que les Achéens les priassent d'examiner l'affaire de ceux qui avaient été nommément dénoncés comme fauteurs de Persée, après qu'ils en avaient jugé eux-mêmes, Euréas était revenu à Rome pour protester encore devant les sénateurs que jamais ces Achéens n'avaient été entendus dans le pays, et que jamais leur affaire n'y avait été jugée. Euréas donc entre dans le sénat avec les autres ambassadeurs qui l'accompagnaient; il déclare les ordres qu'il avait reçus, et prie qu'on prenne enfin connoissance de l'accusation et qu'on ne laisse pas périr des accusés, sans avoir prononcé sur le crime dont on les chargeait; il dit qu'il était à souhaiter que le sénat examinât l'affaire par lui-même, et fît connaître les coupables; mais que si ses grandes occupations ne lui laissaient pas ce loisir, il n'avait qu'à envoyer la chose aux Achéens, qui en feraient justice de manière à faire sentir combien ils avaient d'aversion pour les méchans. Ce discours fini, le sénat fut assez embarrassé pour savoir comment il y répondrait. De quelque côté qu'il se tournât, il donnait prise à la censure, d'une part il ne croyait pas qu'il lui convînt de juger; de l'autre, renvoyer les exilés sans avoir porté de jugement, c'était perdre sans ressource les amis qu'il avait dans l'Achaïe. C'est pourquoi en partie par nécessité, en partie pour ôter aux Grecs toute espérance de recouvrer leurs exilés et les rendre par là plus soumis à ses ordres, il écrivit dans l'Achaïe à Callicrates, et dans les autres états aux partisans des Romains: qu'il ne lui paraissait pas qu'il fût de leur intérêt ou de celui de leur pays, que les exilés retournassent dans leur patrie. Cette réponse consterna non seulement les exilés, mais encore tous les peuples de la Grèce. Ce fut un deuil universel; on se persuada qu'il n'y avait plus rien à espérer pour les Achéens accusés, et que leur bannis-

---

[1] Ambassade CV.

sement était sans retour. En ce même temps-là Tibérius revint d'Asie, sans avoir pu rien découvrir ni rapporter de plus au sénat sur Antiochus et Eumène que ce qu'il savait avant que d'y aller, tant les marques amitié qu'il avait des deux rois l'avaient attaché à leurs intérêts. Quand la réponse du sénat eut été portée dans l'Achaïe, autant la multitude en fut effrayée, autant Charops, Callicrates et ceux de leur parti en furent transportés de joie.

FRAGMENT VII.

Attalus et Athénée justifient Eumène leur frère auprès du sénat 1.

Tibérius, employant tantôt la force et tantôt la ruse, réduisit enfin les Cammaniens sous la puissance des Romains.

A Rome, plusieurs ambassadeurs y étant arrivés, le sénat donna audience à Attalus et à Athénée, qu'Eumène y avait envoyés pour le défendre contre Prusias, qui non seulement le décriait lui et Attalus, mais avait encore excité les Gaulois, les Selgiens et d'autres peuples de l'Asie à le calomnier. L'apologie que firent ses deux frères parut réfuter solidement toutes les plaintes qu'on avait portées contre le roi de Pergame, et l'on en fut si satisfait qu'on les renvoya en Asie comblés d'honneurs et de présens. Cependant ils n'effacèrent pas entièrement les préjugés que l'on avait contre Eumène et Antiochus. Le sénat fit partir C. Sulpicius et Manius Sergius avec ordre d'examiner la conduite des Grecs, d'apaiser quelques contestations qu'avaient ensemble les Lacédémoniens et les Mégalopolitains pour je ne sais quelle terre, et surtout pour observer curieusement si Antiochus et Eumène ne formaient point ensemble quelque intrigue contre les Romains.

FRAGMENT VIII.

Imprudence de Sulpicius Gallus.

Entre autres choses imprudentes reprochées à ce Sulpicius Gallus et desquelles j'ai fait mention, lorsqu'il fut arrivé en Asie, il rendit dans les villes les plus célèbres des édits par lesquels il ordonnait que quiconque voudrait accuser le roi Eumène se transportât à un jour déterminé près de Sardes. Lui-même, étant venu plus tard à Sardes, fit placer un fauteuil dans le gymnase, et pendant deux jours il prêta l'oreille aux accusateurs. Il admettait avec empressement toute espèce d'accusations et d'injures contre le roi, et traînait en longueur l'accusation et les affaires. C'était un homme fort vain qui comptait tirer une grande gloire de sa dissension avec Eumène.

FRAGMENT IX.

Antiochus 1.

Antiochus, avide de grossir ses trésors, se proposa d'aller piller le temple de Diane dans l'Élymaïde. Il y alla en effet, mais les barbares qui habitaient le pays s'opposèrent avec tant de zèle et de force à son propre sacrilège qu'il fut obligé d'y renoncer. Il se retira ensuite à Tabas, dans la Perse, où il fut atteint d'une frénésie qui l'emporta. Quelques historiens disent que ce fut une punition divine, parce que la divinité fit paraître quelques marques extérieures de son indignation contre ce prince.

FRAGMENT X.

Démétrius en ôtage à Rome demande en vain d'être renvoyé en Syrie. — Pourquoi le sénat aimait mieux que le fils d'Antiochus régnât que Démétrius. — Députation de Rome dans le Levant 2.

Démétrius, fils de Séleucus, retenu en ôtage depuis long-temps à Rome, semblait y être injustement retenu. Il y avait été envoyé par Séleucus, son père, pour être garant de sa fidélité; mais depuis qu'Antiochus avait succédé au royaume de Syrie, il ne paraissait pas juste que Démétrius y tînt la place des enfans de ce prince. Jusqu'au temps où nous sommes il avait souffert sans impatience cette espèce d'esclavage. Enfant comme il était, il fallait bien qu'il restât dans cet état. Mais à la mort d'Antiochus, se voyant à la fleur de l'âge, il pria le sénat de le renvoyer

---

[1] Ambassade CVI.
[2] Fragment de Valois.

[1] Fragmens de Valois.
[2] Ambassade CVII.

dans le royaume de Syrie qui lui appartenait beaucoup plus qu'aux enfans d'Antiochus. Il appuya son droit de plusieurs raisons, et répéta souvent pour prévenir l'assemblée en sa faveur : « Pères conscrits, Rome est ma patrie; » j'ai eu le bonheur de croître sous vos yeux. » Tous les enfans des sénateurs sont devenus » mes frères, et tous les sénateurs sont pour » moi autant de pères. Je suis venu enfant à » Rome, mais aujourd'hui je compte vingt-» trois ans. » On fut touché du discours de ce jeune prince; cependant à la pluralité des suffrages il fut résolu que l'on retiendrait Démétrius, et qu'on maintiendrait sur le trône de Syrie Antiochus Eupator. On craignit apparemment qu'un roi à cet âge ne devînt formidable à la république, et l'on crut qu'il était plus utile pour elle de laisser le sceptre entre les mains du prince enfant à qui Antiochus Épiphanes l'avait laissé. La suite fit bien voir que telles avaient été les vues du sénat; car sur-le-champ il choisit Cn. Octavius, Sp. Lucrétius et Luc. Aurélius, pour aller mettre ordre aux affaires de la Syrie et gouverner le royaume à son gré, comptant bien que sous un roi mineur il se trouverait d'autant moins d'obstacles à surmonter, que les principaux du royaume étaient charmés que Démétrius ne fût pas à leur tête, comme ils le craignaient. Les députés à leur départ reçurent ordre premièrement de mettre le feu à tous les vaisseaux pontés; en second lieu de couper les jarrets aux éléphans; en un mot d'affaiblir de toutes les manières les forces du royaume. On leur recommanda encore de visiter la Macédoine, pour y assoupir quelques troubles qu'y avait excités le gouvernement démocratique auquel les Macédoniens n'étaient pas accoutumés; afin de veiller sur la Galatie et sur le royaume d'Ariarathe. Quelque temps après il leur vint une lettre du sénat, par laquelle il leur était ordonné de régler, s'il était possible, les différens des deux rois d'Égypte.

FRAGMENT XI.

Marcus Junius est député vers Ariarathe [1].

On envoya différentes fois des ambassadeurs de Rome en Cappadoce. Le premier qui y alla fut Marcus Junius. Il avait ordre d'examiner les contestations qu'avaient les Gallo-Grecs avec le roi; car les Trocmiens, un de ces peuples, de dépit de n'avoir pu rien envahir dans la Cappadoce, où l'on avait fortifié la ville qu'ils attaquaient, avaient député à Rome pour y indisposer les esprits contre Ariarathe. Ce prince reçut Junius avec tant de politesse et se justifia si bien que cet ambassadeur sortit du royaume plein d'estime et de considération pour lui. Octavius et Lucrétius arrivèrent peu après. Ils parlèrent encore au roi de ses différends avec les Gallo-Grecs. Ariarathe, après leur avoir expliqué en peu de mots sur quoi roulaient ces différends, leur dit qu'au reste il s'en rapportait très-volontiers à leurs lumières. On s'entretint ensuite long-temps sur l'état présent de la Syrie. Ariarathe, instruit qu'Octavius allait dans ce royaume, lui fit voir combien tout y était chancelant et incertain, il lui nomma les amis qu'il avait dans cette contrée : il s'offrit de l'y accompagner avec une armée, et d'y rester avec lui pour le mettre à couvert de toute insulte pendant tout le temps qu'il y séjournerait. Ces offres obligeantes firent beaucoup de plaisir à Octavius : il les écouta avec reconnaissance; mais il dit que pour le présent il n'avait pas besoin d'être accompagné; que, pour l'avenir, s'il jugeait que quelque secours lui fût nécessaire, il n'hésiterait point à lui en demander, persuadé qu'il méritait d'être mis au nombre des vrais amis du peuple romain.

FRAGMENT XII.

Le roi de Cappadoce renouvelle avec Rome l'ancienne alliance [1].

Ariarathe n'eut pas plus tôt succédé au royaume de son père, qu'il fit partir des députés pour renouveler l'alliance que la Cappadoce avait avec la république, et pour prier le sénat de le compter parmi ses amis, disant qu'il méritait cette grâce par le tendre attachement qu'il avait pour le peuple romain en général et pour chaque Romain en particulier. Le sénat n'eut pas de peine à se laisser persuader. L'amitié et l'alliance furent renouvelées. On

[1] Ambassade CVIII.

[1] Ambassade CIX.

applaudit fort aux dispositions où le roi était, et les ambassadeurs furent contens de l'accueil qu'on leur fit. Le retour de Tibérius contribua beaucoup à rendre le sénat favorable à Ariarathe. Envoyé pour observer la conduite des princes de l'Asie, il fit un rapport très-avantageux de celle d'Ariarathe le père et de tout le royaume de Cappadoce. On ne douta pas que ce rapport ne fût conforme à la vérité. De là les amitiés que l'on fit aux députés, et les louanges que l'on donna à l'affection du roi pour les Romains.

FRAGMENT XIII.

Ariarathe offre des sacrifices aux dieux pour avoir obtenu l'amitié des Romains. — Il députe à Lysias pour le prier de lui envoyer les os de sa mère et de sa sœur [1].

Au retour de ses ambassadeurs, le roi de Cappadoce, jugeant sur leur rapport qu'il était bien affermi sur son trône, puisque les Romains le rangeaient parmi leurs amis, fit des sacrifices en reconnaissance de cet heureux évènement, et donna un grand festin à ses principaux officiers. Il députa ensuite à Lysias pour le prier de lui envoyer d'Antioche les os de sa mère et de sa sœur. Quelque envie qu'il eût de se venger de l'impiété de ce personnage, il ne jugea cependant pas à propos, dans cette occasion, de lui en faire des reproches, de peur que, irrité, il ne refusât la grâce qu'on lui demandait. Lysias la lui ayant accordée, les os furent apportés à Ariarathe, qui les reçut avec grand appareil et les fit mettre près du tombeau de son père.

FRAGMENT XIV.

Ambassade des Rhodiens à Rome [2].

Les Rhodiens n'ayant plus à craindre du péril dont ils avaient été menacés, députèrent à Rome Cléagoras et Lygdamis, pour prier le sénat de leur accorder la ville de Calyndas, et de permettre à ceux qui avaient des terres dans la Lycie et dans la Carie d'y reprendre les mêmes droits qu'ils avaient auparavant. Outre cela ils firent un décret par lequel il était ordonné qu'on dresserait en l'honneur du peuple romain un colosse de trente coudées de haut, et que ce colosse serait mis dans le temple de Minerve.

FRAGMENT XV.

Les Calyndiens livrent leur ville aux Rhodiens [1].

Calyndas s'était détachée des Cauniens, et ceux-ci l'assiégeaient. Elle appela les Cnidiens à son secours. Ils vinrent et arrêtèrent pendant quelque temps les assiégeans; mais les habitans de Calyndas, craignant pour l'avenir, députèrent à Rhodes, et promirent de se livrer eux et leur ville,, si l'on voulait les secourir. Les Rhodiens viennent par terre et par mer, font lever le siège et prennent possession de la ville. Le sénat romain leur permit de jouir tranquillement de leur nouvelle conquête.

FRAGMENT XVI.

Ptolémée vient à Rome pour demander à être rétabli dans le royaume de Chypre. — Réflexion de l'historien sur la politique des Romains [2].

Quand les Ptolémées eurent fait entre eux le partage du royaume, le plus jeune des deux rois, mécontent de la portion qui lui était échue, en porta ses plaintes au sénat. Il demanda que le traité de partage fût cassé, et qu'on le remît en possession de l'île de Chypre; il alléguait pour raison qu'il avait été forcé par la nécessité des temps à consentir aux propositions de son frère, et que quand on lui accorderait Chypre, sa part n'égalerait pas encore à beaucoup près celle de son aîné. Canuléius et Quintus, envoyés de Rome pour pacifier les différens des deux frères, s'élevèrent contre cette prétention. Ils rendirent témoignage à la vérité que soutenait Ménithylle, député à Rome par l'aîné, que le plus jeune leur était redevable non seulement de la Cyrénaïque, sur laquelle il avait été établi roi, mais encore de la vie; que, détesté du peuple, il s'était cru trop heureux de régner sur cette région; que le traité avait été ratifié en présence des autels, et que de part et d'autre on avait juré de se

---

[1] Ambassade CXII.
[2] Ambassade CX.

[1] Ambassade CXI.
[2] Ambassade CXIII.

tenir parole. Ptolémée contesta tous ces faits, et le sénat voyant qu'en effet le partage n'était point égal, profita habilement de la querelle des deux frères pour diminuer les forces du royaume d'Égypte en les divisant, et accorda au plus jeune ce qu'il demandait; car telle est la politique ordinaire des Romains : ils mettent à profit les fautes d'autrui pour étendre et affermir leur domination, et se conduisent à l'égard de ceux qui commettent ces fautes, de façon que, quoiqu'ils n'agissent que pour leur intérêt, on leur a encore obligation. Comme donc la grande puissance de l'Égypte leur faisait craindre qu'elle ne devînt trop formidable, si elle tombait entre les mains d'un souverain qui en sût faire usage, ils firent partir avec Ptolémée deux députés, Titus Torquatus et Cnëus Mérula, pour mettre ce prince en possession de l'île, et établir une paix durable entre les deux frères rivaux.

FRAGMENT XVII.

Démétrius Soter s'évade de Rome et retourne en Syrie pour y régner [1].

A peine eut-on appris à Rome l'assassinat commis sur la personne d'Octavius, qu'il y arriva des ambassadeurs envoyés par Lysias de la part d'Antiochus, pour faire voir que les amis du prince n'avaient aucune part à la mort du député. Le sénat renvoya ces ambassadeurs sans leur répondre et sans rien dire de ce qu'il pensait de ce meurtre. Démétrius, frappé de cette nouvelle, fit sur-le-champ appeler Polybe, et incertain lui-même de ce qu'il devait faire en cette occasion, lui demanda s'il était à propos qu'il eût encore une fois recours au sénat pour avoir la permission de retourner en Syrie. « Gardez-vous bien, lui répondit Polybe, de heurter contre une pierre qui vous a déjà fait faire un faux pas. N'espérez rien que de vous-même. Que ne fait-on pas pour régner? vous avez dans les conjonctures présentes toutes les facilités possibles de reprendre la couronne qui vous appartient. » Le prince comprit ce que cela voulait dire, et ne répliqua point. Peu de temps après il fit part à un de ses officiers, nommé Apollonius, du conseil qui lui avait été donné. Celui-ci, jeune encore et sans finesse, lui conseilla au contraire de faire encore une tentative auprès du sénat. « Je suis persuadé, lui dit-il, qu'après vous avoir injustement dépouillé du royaume de Syrie, il n'aura point encore l'injustice de vous retenir plus long-temps en otage. Il est trop absurde que vous restiez en Italie pour garant du jeune Antiochus. » Démétrius s'arrête à ce conseil, entre dans le sénat, et demande que, puisqu'on avait mis Antiochus sur le trône de Syrie, au moins on ne l'obligeât pas, lui, de rester en otage pour ce prince. Il eut beau accumuler raisons sur raisons, le sénat s'en tint à son premier plan, et l'on ne peut l'en blâmer. Quand il avait assuré le royaume au jeune Antiochus, ce n'est pas que Démétrius n'eût solidement prouvé que ce royaume était à lui de droit, mais parce qu'il était de son avantage qu'Antiochus le possédât. Les mêmes raisons subsistaient lorsque Démétrius se présenta la seconde fois. Il était donc raisonnable que le sénat ne changeât rien à ses premières dispositions.

Au reste cette démarche, quelque vaine qu'elle fût, servit à faire sentir à Démétrius combien l'avis de Polybe était sensé, et il se repentit de la faute qu'il avait faite. La noble fierté qui lui était naturelle et son courage le portèrent à la réparer. Il s'aboucha avec Diodore, qui depuis peu était revenu de Syrie, et le consulta sur ce qu'il avait à faire. Ce Diodore avait été son gouverneur, homme habile dans le maniement des affaires et qui avait observé avec soin l'état du royaume. Il lui fit voir que depuis le meurtre d'Octavius tout y était en confusion; que le peuple se défiait de Lysias et Lysias du peuple; que le sénat romain n'imputait qu'aux créatures du roi la mort de son député; que le temps ne pouvait lui être plus favorable; qu'il n'avait qu'à se remontrer à la Syrie; que tous les peuples se réuniraient pour lui mettre le sceptre entre les mains, n'y parût-il accompagné que d'un page; qu'après l'attentat dont on croyait Ly-

[1] Ambassade CXIV.

sias coupable, il n'y avait nul apparence que le sénat osât le protéger; que tout dépendait du secret et de sortir de manière que personne n'eût connaissance de son dessein.

Démétrius goûte ce conseil, fait venir Polybe, lui communique son projet, le prie d'y prêter la main et de lui chercher des expédiens pour s'évader. Polybe alors avait à Rome un intime ami, nommé Ménylle, natif d'Alabandes, qui avait été député par l'aîné des deux Ptolémées pour être son agent auprès du sénat contre le plus jeune. Il en parla au prince comme de l'homme du monde qu'il connaissait le plus propre à le tirer d'embarras. En effet Ménylle se chargea d'abord de disposer tout pour le départ. Un bâtiment Carthaginois était à l'ancre au port d'Ostie, et devait dans peu mettre à la voile pour porter à Tyr les prémices des fruits de Carthage. On choisissait pour cela les meilleurs vaisseaux. L'ambassadeur de Ptolémée y demanda place pour lui, comme s'il voulait retourner en Égypte, et convint du prix pour son passage, et cela ouvertement et en présence de tout le monde : de sorte qu'il fit transporter toutes les provisions qu'il voulut, et traita avec les matelots, sans que personne le soupçonnât. Quand tout fut prêt pour l'embarquement, et qu'il ne restait plus à Démétrius qu'à se disposer lui-même, ce prince fit partir Diodore son gouverneur, afin qu'il le précédât dans la Syrie et qu'il observât quelles étaient les dispositions des peuples à son égard. Il découvrit ensuite son dessein à Méléagre et à Menestée, frères d'Apollonius, qui avait été élevé à Rome avec lui, et à qui d'abord il avait fait part de ce qu'il projetait. Ces trois Syriens étaient fils d'un Apollonius qui avait eu beaucoup de crédit sous Séleucus, et qui, après que le sceptre fut passé entre les mains d'Antiochus, s'était retiré à Milet. Ils furent les seuls à qui Démétrius s'ouvrit sur sa fuite, quoiqu'il eût un très-grand nombre de domestiques.

Le jour marqué pour le départ étant proche, le jeune prince invita ses amis à un grand souper dans une maison d'emprunt; il ne pouvait les recevoir chez lui, et c'était sa coutume de régaler tous les soirs tous ceux qui s'étaient attachés à sa personne. Ceux qui étaient du secret étaient convenus qu'aussitôt après le souper ils partiraient pour Ostie, n'ayant chacun qu'un seul valet avec eux ; car ils avaient envoyé les autres à Anagnia, comme devant eux-mêmes s'y trouver le lendemain. Polybe alors était malade et obligé de garder le lit ; mais averti de tout ce qui se passait par Ménylle, et craignant que le jeune prince, qui naturellement aimait les plaisirs de la table, ne s'y livrât avec trop peu de précaution, il lui écrivit un billet qu'il cacheta et envoya sur le soir, avec ordre au porteur de demander le maître d'hôtel du prince, de lui mettre le billet entre les mains, sans lui dire qui il était ni de quelle part il venait, et de le prier de le faire lire incessamment à Démétrius. Cela fut ponctuellement exécuté. Démétrius ouvre le billet et lit : « Pendant que l'on diffère, la mort vient » nous surprendre. On gagne plus à oser quel- » que chose. Osez donc, essayez, agissez, sans » vous inquiéter du succès. Hasardez tout plutôt que de vous manquer à vous-même. » Soyez sobre, ne vous fiez à personne; ce sont » les nerfs de la prudence. » Après avoir lu ce billet, Démétrius comprit de qui il venait, et à quelle intention il avait été écrit. Sur-le-champ il feignit un mal de cœur, et retourna en son logis. Ses amis l'y suivirent. Il donna ordre à ceux de sa maison, qui ne devaient pas être du voyage, de partir sur l'heure avec des filets et sa meute pour Anagnia et de le venir joindre à Circée, où il avait coutume de chasser, et où il avait eu occasion de faire connaissance avec Polybe. Il découvrit ensuite son dessein à Nicanor et à ceux de sa suite, et les exhorta à entrer dans son entreprise. Ils y consentirent avec joie, et suivant ses ordres retournèrent chez eux, et ordonnèrent à leurs domestiques de prendre au point du jour le chemin d'Anagnia, et de se rendre au rendez-vous de chasse à Circée, où ils devaient se trouver eux-mêmes le lendemain avec Démétrius. Ces ordres donnés, ils partirent dès la nuit même pour se rendre à Ostie.

Durant cet intervalle, Ménylle, qui était

parti devant, avait déclaré au capitaine du vaisseau carthaginois qu'il avait reçu du roi son maître de nouveaux ordres qui le retiendraient encore quelque temps à Rome, et qui l'obligeaient d'envoyer à Ptolémée quelques jeunes hommes d'une fidélité éprouvée pour l'informer de ce que son frère faisait à Rome; qu'il ne partirait donc pas, lui, mais que vers le milieu de la nuit ces jeunes gens viendraient s'embarquer. Ce changement ne fit nulle peine au capitaine. Il lui était fort indifférent de recevoir tel ou tel sur son bord, dès que le paiement qu'il recevait était égal. En effet le prince et sa troupe, au nombre de seize personnes, en comptant les pages et les valets, arrivèrent à Ostie sur les trois heures du matin. Ménylle conversa quelque temps avec eux, leur montra les provisions qu'il avait faites, les recommanda vivement au capitaine, et ils s'embarquèrent. Au point du jour le pilote leva l'ancre; tout se fit à l'ordinaire dans le vaisseau, sans qu'il pensât avoir sur son bord d'autres personnes que quelques officiers que Ménylle envoyait à Ptolémée. Le lendemain à Rome on ne s'avisa point de s'informer où était Démétrius, ni ceux qui en étaient sortis avec lui. On les croyait à Circée, où se trouvèrent aussi ceux qui y avaient été envoyés, pensant les y rencontrer. On n'apprit la fuite du prince que par un page, qui fouetté à Anagnia courut à Circée pour s'en plaindre à son maître, et qui ne l'y trouvant pas, ni sur le chemin de Circée à Rome, le dit dans cette ville aux amis du prince et à ceux qui étaient restés dans sa maison. On ne commença à soupçonner qu'il s'était évadé que quatre jours après son départ. Au cinquième les sénateurs s'assemblèrent pour délibérer sur cette affaire, mais alors le vaisseau qui portait le prince avait six jours d'avance, et il avait doublé le détroit de Sicile. Il était trop éloigné et il voguait trop heureusement pour que l'on pût espérer de l'atteindre; et quand on aurait voulu le poursuivre, on n'était pas maître d'arrêter Démétrius. Ainsi quelques jours après l'on prit le parti de députer Tibérius Gracchus, Lucius Lentulus, et Servilius Glaucias, avec ordre d'examiner de près l'état de la Grèce, de passer de là en Asie pour y observer Démétrius, y étudier les dispositions des autres princes, et accommoder les différends qu'ils avaient avec les Gallo-Grecs. Tibérius eut ordre de veiller en personne sur toutes ces affaires.

FRAGMENT XVIII.

Caton [1], ainsi que le rapporte Polybe dans le XXIe livre de son histoire, se plaignait avec indignation que quelques personnes eussent introduit dans Rome un genre de corruption venu de l'étranger, à tel point qu'un bel adolescent se vendait plus cher qu'un champ fertile.

FRAGMENT XIX.

Le plus jeune des Ptolémées tâche de se soumettre l'île de Chypre et la Cyrénaïque [2].

Ce prince, arrivé dans la Grèce avec les députés romains, y leva un grand nombre de soldats mercenaires, et avec eux un certain Macédonien nommé Damasippe, qui, après avoir fait égorger tous les membres du conseil public de Phacon, avait été obligé de sortir de la Macédoine avec sa femme et ses enfans. De là Ptolémée fut dans la Pérée, petit canton sur la côte de Rhodes et vis-à-vis de celle-ile. De la Pérée, où il avait été bien reçu, il se proposa de passer en Chypre. Mais Torquatus et ses collègues, le voyant rassembler beaucoup de troupes étrangères, le firent souvenir que le sénat avait ordonné qu'on le reconduisit sans guerre dans son royaume, et lui persuadèrent de congédier ses troupes dès qu'il serait arrivé à Sida, de quitter le dessein d'entrer dans l'île de Chypre, et de faire en sorte qu'ils pussent se joindre sur les frontières de la Cyrénaïque: que les députés romains iraient à Alexandrie; qu'ils engageraient son aîné à consentir à ce que l'on souhaitait de lui; qu'ils reviendraient le joindre sur ces frontières, et qu'ils amèneraient son frère avec eux. Ptolémée, sur la foi de ces promesses, abandonna le dessein de conquérir l'île de Chypre, licencia ses

[1] Athénée, l. VI, c. 21.
[2] Ambassade CXV.

troupes étrangères, vint en Crète avec Damasippe et C. Mérula, un des députés; de Crète, avec quelques mille hommes qu'il y avait levés, il alla à Libyna, d'où il alla mouiller au port d'Apis.

Torquatus et Titus, arrivés à Alexandrie, firent tous leurs efforts pour porter l'aîné des Ptolémées à faire la paix avec son frère, et à lui accorder l'île de Chypre. Mais tandis que ce prince, tantôt en promettant quelque chose, tantôt en refusant d'en écouter d'autres, tâche de gagner du temps, le plus jeune campé à Libyna avec ses Chypriotes selon qu'il en était convenu, s'impatiente de n'apprendre aucune nouvelle. Il envoie Mérula à Alexandrie dans la pensée que deux députés auraient plus de pouvoir qu'un seul sur l'esprit de son frère. En vain il attend son retour; le temps se passe, quarante jours s'écoulent, sans qu'il apprenne rien de nouveau : son inquiétude est extrême. En effet son aîné, à force de caresses, avait mis les députés dans ses intérêts et les retenait chez lui, quelque répugnance qu'ils eussent à y rester.

Pendant ces délais, Ptolémée le jeune apprend que les Cyrénéens se révoltent contre lui, que les autres villes entrent dans la même conspiration, et que l'Égyptien Ptolémée, qu'il avait fait gouverneur du royaume, lorsqu'il en était sorti pour aller à Rome, avait part à cette rébellion. Il apprend encore peu de temps après que les Cyrénéens sont en armes. Sur ces nouvelles, de peur qu'en voulant subjuguer l'île de Chypre il ne perde Cyrène, laissant là tout le reste, il prend la route de cette ville. Arrivé au lieu qu'on appelle la Grande Descente, il trouve que les Libyniens joints aux Cyrénéens s'étaient emparés des détroits. Cet événement l'inquiète, il partage sa petite armée en deux corps. Il en met un sur des vaisseaux avec ordre de doubler les détroits et de tomber brusquement sur les ennemis. Il se met à la tête de l'autre, les attaque de front et tâche de gagner le haut de la montagne. Les Libyniens, épouvantés de cette double attaque, abandonnent leur poste. Ptolémée se rend maître du sommet et d'un château fortifié de quatre tours qui y était,

et où il trouva une très grande abondance d'eau. De là traversant un désert il arriva en sept jours de marche à Cyrène, suivi des Mocuriniens qui s'étaient joints à ses troupes. Les Cyrénéens l'attendaient de pied ferme, campés et formant une armée de huit mille fantassins et de cinq cents chevaux. L'esprit de Ptolémée ne leur était pas inconnu; ils savaient ce qui s'était passé à Alexandrie, ils prévoyaient que ce prince les gouvernerait moins en roi qu'en tyran. Loin de se soumettre de bon gré à sa domination, ils résolurent de sacrifier tout à la défense de leur liberté. Ils osèrent en effet s'approcher de lui; la bataille se donna et Ptolémée fut défait.

FRAGMENT XX.

Députation à Rome de la part du plus jeune des Ptolémées [1].

Mérula revient enfin d'Alexandrie, et déclare à Ptolémée que son frère avait rejeté toutes les propositions qu'on lui avait faites, et qu'il voulait qu'on s'en tint aux articles dont on était convenu, et qu'on avait réciproquement acceptés. Sur ce rapport, le roi fit partir pour Rome Coman et Ptolémée, son frère, avec Mérula, et leur donna ordre de porter des plaintes au sénat contre l'injustice que lui faisait le roi d'Égypte, et le peu d'égards qu'il avait pour le peuple romain. Ces députés, dans leur route, renvoyèrent aussi Titus, qui n'avait pu non plus rien gagner. Telle était la situation des affaires à Alexandrie et dans la Cyrénaïque.

FRAGMENT XXI [2].

[I] Au mépris des traités qu'il avait faits, des paroles qu'il avait données, Antiochus porta la guerre chez Ptolémée, ne prouvant que trop bien la vérité de ce mot de Simonide[3], « Il est difficile d'être homme de bien. » Avoir du penchant au bien, et s'en donner jusqu'à un certain point les dehors, c'est chose aisée; mais y tendre de toutes les forces de sa vo-

---

[1] Ambassade CXVI.
[2] Tiré des Palimpsestes.
[3] Mot de Pittacus.

lonté et avec persévérance sans rien mettre au dessus de la justice et de l'honneur, voilà qui est moins facile à exécuter. . . . .

. . Dans un complot, ce n'est pas celui qui dénonce ses complices par crainte ou découragement que nous regardons comme un homme de bien, mais celui qui supporte les conséquences et la punition de la révélation sans en être cause. Quant à celui qui, sous l'influence d'une peur secrète, place sous les yeux du maître les fautes des autres, et qui rétablit pour ainsi dire des faits que le temps eût enveloppés de ses voiles, comment un tel homme aimerait-il des historiens ! . . . .

. . Toujours les malheurs qui surpassent notre attente nous font oublier de moindres malheurs. . . . .

. . Ne voit-on pas aussi l'incertitude et l'inconstance de la fortune dans les circonstances où un homme qui croit édifier pour soi n'édifie que pour ses ennemis; comme Persée qui élève des colonnes[1] et n'a pas le temps de les achever; Lucius Émilius les termine et y place ses statues. . . . .

[1] Dans le temple de Delphes pour y mettre ses statues.

. . Il convient au même génie d'ordonner savamment un combat et un festin; d'être le vainqueur du banquet, et de se montrer tacticien habile devant l'ennemi. . . . .

. . Ce fut bien, selon le proverbe, prendre le loup par les oreilles que de prendre Lemnos et Délos[1]. Les différends des Athéniens avec Délos leur donnèrent bien du tourment, et quant à Haliarte, ils en tirèrent plus d'ennui que d'avantage. . . . .

. . Les habitans de Péra[2] sont semblables à des esclaves tirés inopinément des fers, qui, pleins de confiance pour le présent, s'agitent sans relâche et ne croiraient pas comprendre pourquoi on les a délivrés, s'ils ne faisaient quelque chose d'extraordinaire et d'opposé à ce que font les autres. . . . .

. . Plus les Romains paraissaient acharnés après Eumène, plus les Grecs redoublaient envers lui d'égards, par suite de ce sentiment naturel aux hommes qui les porte à favoriser celui qu'on opprime.

[1] Il parle des Athéniens qui demandèrent aux Romains Délos, Lemnos et Haliarte.
[2] Pays sur le continent opposé à Rhodes.

LIVRE TRENTE-DEUXIÈME.

FRAGMENT I.

Le sénat prend le parti du plus jeune des Ptolémées et rompt avec l'aîné[1].

Avec les ambassadeurs du plus jeune de ces deux princes arrivèrent à Rome ceux de l'aîné, dont le chef était Ményile d'Alabandes. Dans le sénat ils firent de longs discours, et se reprochèrent en face les uns aux autres des choses très-odieuses. Après les avoir entendus, le sénat, sur le témoignage de Titus et de Mérula, qui favorisaient vivement le roi de la Cyrénaïque, fit un décret qui portait :

[1] Ambassade CXVII.

que Ményile avec ses adjoints sortiraient de Rome dans l'espace de cinq jours, que le peuple romain renonçait à toute alliance avec le roi d'Égypte, et qu'on députerait à son frère pour lui apprendre ce qui avait été arrêté en sa faveur. Publius Apustius et C. Lentulus furent choisis pour cette ambassade, et sur-le-champ ils partirent pour Cyrène. Ptolémée n'eut pas plus tôt appris que le sénat s'était déclaré pour lui, que, fier d'une si grande protection, il se mit à lever des troupes pour se soumettre l'île de Chypre, dont la conquête l'occupait tout entier.

FRAGMENT II.

Démêlés de Massinissa avec les Carthaginois, toujours décidés par les Romains en faveur de ce prince, quoiqu'il n'eût pas toujours raison [1].

En Afrique, Massinissa, déjà quelque temps avant l'époque dont nous parlons, avait été violemment tenté de s'emparer du territoire qui est autour de la petite Syrte et qu'on appelle Emporia. Les villes y étaient en grand nombre, le pays beau, les revenus qu'on en tirait très-considérables. Il prit enfin le parti d'envahir ce riche domaine sur les Carthaginois. Maître du plat pays, il n'eut pas de peine à conquérir la campagne. Jamais les Carthaginois ne se sont fort entendus à la guerre sur terre, et d'ailleurs la longue paix dont ils avaient joui jusqu'alors avait extrêmement affaibli leur courage. Mais il n'eut pas tant de facilité à subjuguer les villes. Les Carthaginois les défendirent si bien, qu'il ne put y entrer. Pendant toutes ces hostilités, les Carthaginois envoyaient à Rome pour se plaindre du roi de Numidie, et le roi y députait aussi, de sa part, pour se justifier contre les Carthaginois. Mais quelque droit qu'eussent les députés de ce peuple, les juges étaient toujours pour Massinissa, non que la justice fût du côté de ce prince, mais parce qu'il était de l'intérêt du sénat de décider en sa faveur. Le prétexte de ces hostilités était que le roi de Numidie ayant demandé passage aux Carthaginois par le territoire voisin de la petite Syrte, pour poursuivre un rebelle nommé Aphterate, les Carthaginois le lui avaient refusé, sous prétexte qu'il n'avait aucun droit sur cette contrée. Mais ce refus leur coûta cher. Ils furent tellement pressés que, non seulement ils perdirent la campagne et les villes, mais qu'on les obligea de payer cinq cents talens pour les fruits qu'ils en avaient perçus depuis le commencement de la contestation.

FRAGMENT III.

Prusias, Eumène et Ariarathe députent à Rome [2].

Le premier de ces rois envoya des ambassadeurs à Rome avec des Gallo-Grecs pour porter des plaintes au sénat contre Eumène. Celui-ci fit faire le même voyage à son frère Attale pour répondre aux accusations de Prusias. Ariarathe y députa aussi, et ses ambassadeurs, en présentant une couronne de la valeur de dix mille pièces d'or, devaient faire connaître au sénat de quelle manière il avait reçu Tibérius, et le prier qu'on lui déclarât ce que l'on souhaitait de lui, et qu'il était prêt à exécuter tout ce qu'on jugerait à propos de lui ordonner.

FRAGMENT IV.

Accueil que fait Démétrius aux ambassadeurs romains. Il députe lui-même à Rome et y fait conduire les meurtriers d'Octavius [1].

Dès que Ménopart fut arrivé à Antioche et qu'il eut fait à Démétrius de l'entretien qu'il avait eu avec Tibérius et les autres commissaires dans la Cappadoce, ce prince crut n'avoir rien de plus important à faire que de gagner leur amitié autant qu'il lui serait possible. Tournant donc de ce côté-là toutes ses pensées, il leur envoya des ambassadeurs, d'abord dans la Pamphylie, ensuite à Rhodes, où on leur fit de sa part tant de promesses qu'enfin il obtint d'eux qu'ils le déclareraient roi. Tibérius contribua beaucoup à lui faire avoir le royaume de Syrie. Il lui voulait du bien, et il s'employa dans cette occasion avec tout le zèle qu'on pouvait attendre d'un ami. Le prince, après un bienfait si signalé, fit partir sans délai pour Rome des ambassadeurs qui, outre une couronne, livrèrent au sénat celui qui avait tué Octavius et le grammairien Isocrate.

FRAGMENT V.

Ambassadeurs d'Ariarathe et d'Attale bien reçus à Rome [2].

Les ambassadeurs d'Ariarathe, introduits dans le sénat, offrirent une couronne de la valeur de dix mille pièces d'or, firent valoir comme ils devaient l'extrême attachement qu'avait le roi leur maître pour la république romaine, et en prirent à témoin Tibérius qui attesta tout ce qu'ils avaient avancé. Sur ce témoignage, le sénat reçut la couronne

---

[1] Ambassade CXVIII.
[2] Ambassade CXIX.

[1] Ambassade CXX.
[2] Ambassade CXXI.

avec beaucoup de reconnaissance, fit présent au prince, à son tour, de ce que les Romains estiment par dessus toutes choses, du bâton et de la chaise d'ivoire, et renvoya les ambassadeurs avant l'hiver.

Après eux Attale arriva. Les consuls alors avaient pris possession de leur dignité. Les Gallo-Grecs que Prusias avait envoyés, et plusieurs autres députés d'Asie, étalèrent les griefs qu'ils avaient contre Attale ; et quand ils eurent fini, le sénat, non content de décharger ce prince de toutes les accusations qu'on avait intentées contre lui, le combla d'honneurs et de dignités : car, autant qu'il avait d'aversion pour Eumène, autant il aimait Attale et se faisait un plaisir d'en relever la gloire.

FRAGMENT VI.

Les ambassadeurs de Démétrius arrivent à Rome. — Hardiesse étrange de Leptines, meurtrier d'Octavius. — Épouvante d'Isocrate [1].

Ménocharès et les autres députés de Démétrius arrivèrent à Rome, apportant avec eux une couronne de dix mille pièces d'or, et suivis du meurtrier d'Octavius. Le sénat délibéra long-temps sur les mesures qu'il avait à prendre en cette occasion. Les ambassadeurs furent enfin introduits ; on reçut gracieusement leur couronne. Mais pour Leptines, l'assassin de Caïus, et Isocrate, on leur interdit l'entrée du sénat. Cet Isocrate était un de ces grammairiens qui publiquement déclament des pièces de leur métier, grand parleur, vain jusqu'à la fatuité, et odieux aux Grecs mêmes. Car jamais il ne se trouvait en concours avec Alcée, que ce poète ingénieux ne lui lançât quelques bons mots et ne le tournât en ridicule. Ce grammairien, étant venu en Syrie, commença par se mettre les Syriens à dos par le mépris qu'il en faisait. Puis, se croyant trop resserré dans les bornes de sa profession, il s'avisa de parler des affaires d'état, et de débiter partout qu'Octavius avait été tué à juste titre, que les autres députés avaient mérité le même sort, qu'il ne devait pas en rester un seul pour porter la nouvelle de leur mort aux Romains, qu'un tel événement aurait humilié leur orgueil et les aurait obligés de tempérer l'insolente autorité qu'ils usurpaient. Voilà ce qui lui attira son malheur. On remarque sur ces deux criminels une chose qui mérite en effet d'être transmise à la postérité. Malgré l'assassinat qu'il avait commis, Leptines ne discontinua pas de se promener tête levée dans Laodicée et de dire tout haut qu'il avait très-bien fait de poignarder Octavius ; il ne craignait pas même d'assurer que cette belle action ne s'était faite que par l'inspiration des dieux. Bien plus, quand Démétrius fut en possession du royaume, il alla le trouver et lui dit de ne pas s'inquiéter du meurtre du député ; qu'il ne décernât pour cela rien de rigoureux contre les Laodicéens ; que lui-même il irait à Rome et prouverait au sénat que c'était par l'ordre des dieux qu'il avait égorgé Octavius ; et il parut en effet si disposé à y aller, qu'on l'y conduisit sans le lier et sans le garder. Au contraire Isocrate n'eut pas été plus tôt dénoncé, que son esprit fut troublé. Dès qu'il se vit une chaine au cou, il ne prit plus de nourriture que très-rarement, il n'eut plus nul soin de son corps. Quand il entra dans Rome, ce fut un spectacle qui fit horreur. Aussi faut-il convenir que l'homme, soit par rapport au corps, soit par rapport à l'ame, est le plus horrible de tous les animaux, quand il se livre au désespoir. Sa figure faisait peur à voir ; à la saleté de son corps, à ses ongles et à ses cheveux, qui n'avaient été nettoyés ni coupés depuis plus d'un an, on l'aurait pris pour une bête féroce ; ses regards ne faisaient que confirmer dans cette idée. En un mot, on ne pouvait le regarder sans se sentir beaucoup plus d'aversion pour lui que pour tout autre animal. Leptines joua beaucoup mieux son personnage : il persista dans ses premiers sentimens, toujours prêt à soutenir sa cause devant le sénat, faisant gloire de son action en quelque compagnie qu'il se trouvât, et prétendant que jamais les Romains ne l'en puniraient. Il prédit vrai. Le sénat, si je ne me trompe, crut que, dans l'esprit de la multitude, c'était avoir puni le crime que d'avoir le criminel entre les mains et d'être en pouvoir de le punir quand on le jugerait à

[1] Ambassade CXXII.

propos. C'est pour cela apparemment qu'il ne voulut ni entendre ces deux Syriens, ni prendre alors connaissance de cette affaire. Il se contenta de répondre aux ambassadeurs de Démétrius : que le roi leur maître serait ami des Romains tant qu'il leur serait aussi soumis qu'il l'était pendant qu'il demeurait à Rome.

FRAGMENT VII.

Députation des Achéens à Rome au sujet de Polybe et de Stratius [1].

Il était aussi venu des ambassadeurs de la part des Achéens, pour demander le retour de ceux de cette nation qui avaient été accusés, et surtout de Polybe et de Stratius. Car la plupart des autres, et presque tous les principaux d'entre eux, étaient morts pendant leur exil. Ces ambassadeurs étaient Xénon et Téléclès. Ils n'étaient chargés que de demander cette grâce en supplians, de peur qu'en prenant la défense des exilés ils ne parussent tant soit peu opposés aux volontés du sénat. On leur donna audience; dans leur harangue il ne leur échappa rien qui ne fût très mesuré. Malgré cela, les pairs demeurèrent inflexibles, et prononcèrent qu'ils s'en tenaient à ce qui avait été réglé.

FRAGMENT VIII.

Famille des Scipions [2].

La vertu de Paul Émile, vainqueur de Persée, éclata surtout après sa mort. Tel qu'on croyait être son désintéressement pendant qu'il vivait, tel on trouva qu'il était quand il eut expiré, et c'est principalement à cette marque que la vertu se reconnaît. Ce Romain qui avait porté d'Espagne dans les coffres de la république plus d'argent qu'aucun autre de son temps, qui s'était rendu maître des trésors immenses de la Macédoine, et qui pouvait en disposer comme il lui aurait plu; ce Romain, dis-je, pensa si peu à s'enrichir lui-même, comme nous l'avons déjà dit, qu'après sa mort on ne trouva pas dans sa maison de quoi faire à sa femme la dot qu'elle avait apportée en mariage, et qu'il fallut vendre des terres pour achever la somme. On loue, on admire ce détachement des richesses dans quelques-uns de nos Grecs; mais on doit convenir que celui de Paul Émile en efface entièrement la gloire : car si ne pas recevoir de l'argent et le laisser à celui qui le présente, comme Aristide et Épaminondas l'ont fait, est une chose digne d'admiration, combien est-il plus admirable, quand on a tout un royaume en sa puissance et qu'on est libre d'en user à son gré, de ne rien souhaiter de ce qu'on y trouve! En cas que le fait que je viens de rapporter paraisse incroyable, je prie le lecteur d'observer ici, et partout où je dirai des Romains quelque chose d'extraordinaire, que je sais à n'en pouvoir douter que les Romains, attirés par la curiosité de voir les plus illustres événemens de leur histoire, ne manqueront pas de lire mon ouvrage, qu'ils sont parfaitement instruits des faits que je raconte et qui les regardent, et que je n'aurais ni pardon ni grâce à attendre d'eux, si j'avais l'imprudence de débiter des choses fausses sur leur compte. Or personne ne s'expose volontiers au péril de n'être pas cru et d'être méprisé.

Mais puisque la suite des faits nous a conduits au temps où nous devons parler de cette illustre famille, il faut que je m'acquitte de la promesse que j'ai faite dans mon premier livre, de dire dans l'occasion pourquoi et comment Scipion s'était fait à Rome une réputation au dessus de son âge, et comment sa liaison avec moi s'était accrue à un point, que non seulement la renommée s'en était répandue dans l'Italie et dans la Grèce, mais encore chez les nations les plus éloignées.

J'ai déjà dit que notre commerce avait commencé par les entretiens que nous avions ensemble sur les livres qu'il me prêtait. Cette union avait déjà fait quelque progrès, lorsque, au temps où les Grecs évoqués à Rome devaient être dispersés dans différentes villes, les deux fils de Paul Émile, Fabius et Publius Scipion, demandèrent avec instance au préteur que je demeurasse auprès d'eux. Pen-

---

[1] Fin de l'ambassade CXXII.
[2] Fragmens de Valois.

dant que j'y étais, une aventure assez singulière servit beaucoup à serrer les liens de notre amitié. Un jour que Fabius allait au Forum et que nous nous promenions Scipion et moi d'un autre côté, ce jeune Romain, d'une manière douce et tendre et rougissant tant soit peu, se plaignit de ce que, mangeant avec lui et son frère, j'adressais toujours la parole à Fabius et jamais à lui. « Je sens bien, » me dit-il, que cette indifférence vient de la » pensée où vous êtes, comme tous nos ci» toyens, que je suis un jeune homme inap» pliqué et qui n'ai rien du goût qui règne » aujourd'hui dans Rome, parce qu'on ne » voit pas que je m'attache aux exercices du » Forum, et que je m'applique aux talens » de la parole. Mais comment le ferais-je? On » me dit perpétuellement que ce n'est point » un orateur que l'on attend de la maison des » Scipions, mais un général d'armée. Je vous » avoue que votre indifférence pour moi me » touche et m'afflige sensiblement. » Surpris d'un discours que je n'attendais pas d'un jeune homme de dix-huit ans : « Au nom des dieux, » lui dis-je, Scipion, ne dites pas, ne pen» sez pas que si j'adresse ordinairement la » parole à votre frère, ce soit faute d'estime » pour vous. C'est uniquement parce qu'il » est votre aîné que depuis le commence» ment des conversations jusqu'à la fin je ne » fais attention qu'à lui, et parce que je sais » que vous pensez de même l'un et l'autre. » Au reste je ne puis trop admirer que vous » reconnaissiez que l'indolence ne sied pas » à un Scipion. Cela fait voir que vos sen» timens sont fort au dessus de ceux du vul» gaire. De mon côté je m'offre de tout mon » cœur à votre service. Si vous me croyez » propre à vous porter à une vie digne du » grand nom que vous avez, vous pouvez dis» poser de moi. Par rapport aux sciences » pour lesquelles je vous vois du goût et de » l'ardeur, vous trouverez des secours suffi» sans dans ce grand nombre de savans qui » viennent tous les jours de Grèce à Rome : » mais pour le métier de la guerre, que vous » regrettez de ne pas savoir, j'ose me flatter » que je puis plus que personne vous être de » quelque utilité. » Alors Scipion, me prenant les mains, et les serrant dans les siennes : » Oh, dit-il, quand verrai-je cet heureux jour, » où libre de tout engagement, et vivant avec » moi, vous voudrez bien vous appliquer à » me former l'esprit et le cœur ! C'est alors » que je me croirai digne de mes ancêtres. » Charmé et attendri de voir dans un jeune homme de si nobles sentimens, je ne craignis plus rien pour lui sinon que le haut rang que tenait sa famille dans Rome et les grandes richesses qu'elle possédait ne gâtassent un si beau naturel. Au reste depuis ce temps-là il ne put plus me quitter; son plus grand plaisir fut d'être avec moi; et les différentes affaires où nous nous sommes trouvés ensemble ne faisant que serrer de plus en plus les nœuds de notre amitié, il me respectait comme son propre père, et je le chérissais comme mon propre enfant.

Ce que Scipion souhaita d'abord et rechercha avec le plus d'ardeur, fut de se faire la réputation d'homme sage et rangé dans ses mœurs, et de surpasser de ce côté-là tous les Romains de son âge. Autant cette ambition était noble, autant il était difficile à Rome d'y persévérer. La plupart y vivaient dans un dérangement étrange. L'amour des deux sexes y emportait la jeunesse aux excès les plus honteux. On y était livré aux festins, aux spectacles, au luxe, tous désordres qu'on n'avait que trop avidement pris chez les Grecs pendant la guerre contre Persée. La débauche fut portée si loin par les jeunes gens, que plusieurs d'entre eux donnaient jusqu'à un talent pour un jeune garçon. On ne doit pas être surpris que la corruption fût alors à son comble. La Macédoine subjuguée, on crut pouvoir vivre dans une sécurité parfaite, et jouir tranquillement de l'empire de l'univers. Qu'on ajoute à ce repos l'abondance extraordinaire dans laquelle les particuliers et la république se trouvèrent, quand les dépouilles de la Macédoine eurent été apportées à Rome, on cessera d'être étonné de la corruption qui y régnait alors.

Scipion sut se préserver de cette contagion. Toujours en garde contre ses passions, toujours égal à lui-même, jamais il ne se démentit. Aussi au bout de cinq ans fut-il regardé dans toute la ville comme un modèle de retenue et de sagesse. De là il passa à la générosité, au noble désintéressement, au bel usage des richesses, vertus pour l'acquisition desquelles l'éducation qu'il avait reçue de Paul Émile son père, jointe à ses dispositions naturelles, lui donnait une merveilleuse facilité. La fortune lui aida aussi à les acquérir par les occasions qu'elle lui présenta de les pratiquer.

La première fut la mort d'Émilie, sa mère par adoption, sœur de Paul Émile son père, et femme de son aïeul par adoption, je veux dire de Scipion, surnommé le Grand. Cette dame, qui avait partagé la fortune d'un mari si opulent, avait laissé en mourant à Publius tout l'appareil pompeux avec lequel elle avait coutume de paraître en public, tous les bijoux qui composent la parure des personnes de son rang, une grande quantité de vases d'or et d'argent destinés pour les sacrifices, un train magnifique, des chars, des équipages, un nombre considérable d'esclaves de l'un et de l'autre sexe, le tout proportionné à l'opulence de la maison où elle était entrée. Elle ne fut pas plus tôt morte, que Scipion abandonna toute cette riche succession à sa mère Papiria, qui, ayant été répudiée il y avait déjà quelque temps par Paul Émile, n'avait pas de quoi soutenir la splendeur de sa naissance, et ne paraissait plus dans les assemblées ni les cérémonies publiques. Quand, dans un sacrifice solennel qui se fit alors, on la vit reparaître avec le même éclat qu'avait paru Émilie, une si magnifique libéralité fit beaucoup d'honneur à Scipion parmi les dames romaines : elles levèrent les mains au ciel, elles lui souhaitèrent toutes sortes de biens. Cette générosité en effet mériterait dans tout pays d'être admirée, mais elle le méritait surtout dans Rome, où on ne se dépouille pas volontiers de son bien. Ce fut par là que Scipion commença à s'acquérir la réputation d'homme généreux et libéral. Et l'on juge bien que cette réputation fut grande, puisque les femmes, qui naturellement ne savent ni se taire ni se modérer dans ce qui leur plaît, se mêlaient d'être elles-mêmes ses panégyristes.

Scipion ne se fit pas moins admirer dans une autre occasion. En conséquence de la succession qui lui était échue par la mort de sa grand'mère, il était obligé de payer aux deux filles de Scipion, son grand-père adoptif, la moitié de leur dot, qui avait été réglée par leur père et qui montait à cinquante talens. Émilie avait de son vivant payé l'autre moitié aux maris de ses deux filles. Scipion, selon les lois romaines, pouvait satisfaire à cette dette en trois termes différens, un an pour chaque terme, après avoir livré les meubles pendant les dix premiers mois. Mais dans ces dix mois il fit remettre entre les mains du banquier la somme entière. Ce terme passé, Tibérius Gracchus et Scipion Nasica, qui avaient épousé ces deux sœurs, vont chez le banquier et lui demandent s'il n'a pas reçu ordre de Scipion de leur donner de l'argent. On leur répond qu'on est prêt à leur en donner et on leur compte à chacun vingt-cinq talens. Ils disent au banquier qu'il se trompe, et que cette somme ne doit pas être payée toute à la fois, mais en trois termes. Le banquier répond que tels étaient les ordres qu'il avait reçus. Ils ne peuvent le croire et vont trouver Scipion pour le tirer de l'erreur où il était, à ce qu'ils croyaient ; et ils n'avaient pas tort de le croire, car à Rome non seulement on ne paie pas cinquante talens avant les trois ans écoulés, mais on n'en paie pas seulement un avant le jour marqué. On y est trop attentif à ne pas se dessaisir de son argent, et trop avide du projet qu'on espère en tirer en le gardant. Ils s'informent donc de Scipion quel ordre il avait donné au banquier. « De vous remettre toute » la somme qui vous est due, » répondit-il. — « Mais il ne faut pas pour cela, répliquèrent-» ils, vous incommoder. Selon les lois, vous » pouvez encore long-temps vous servir de » votre argent. » — « Je n'ignore pas, leur dit » Scipion, la disposition des lois : on en peut » suivre la rigueur avec des étrangers ; mais » avec des proches et des amis on doit en user

» avec plus de simplicité et de noblesse. » Agréez que la somme entière vous soit » payée. » Ils s'en retournèrent pleins d'admiration pour la générosité de leur parent, et se reprochant à eux-mêmes la bassesse de leurs sentimens dans les questions d'intérêt, quoiqu'ils fussent les premiers de la ville et les plus estimés.

Deux ans après il fit un autre acte de générosité, qui est bien digne d'être rapporté. Paul Émile mort, toute sa succession passa à Fabius et à Publius son frère : car, quoique cet illustre Romain eût eu plusieurs autres enfans, les uns avaient été adoptés dans d'autres maisons, et la mort avait emporté les autres. Comme Fabius n'était pas aussi riche que Scipion, celui-ci lui laissa toute la part qui lui était échue des biens de leur père, laquelle montait à plus de soixante talens, afin de corriger ainsi l'inégalité de biens qui se trouvait entre les deux frères.

A cette libéralité, qui fit à Rome un très grand éclat, il en joignit une autre encore plus éclatante. Fabius ayant dessein de donner un spectacle de gladiateurs après la mort de son père, pour honorer sa mémoire, et ne pouvant pas soutenir cette dépense, qui va jusqu'à trente talens pour le moins, quand on veut que ce spectacle soit magnifique, Scipion en donna quinze pour supporter du moins la moitié de cette dépense.

Le bruit de cette action se répandait dans Rome lorsque Papiria mourut. Il était alors libre à Scipion de reprendre tout ce qu'il lui avait donné de la succession d'Émilie; mais loin d'en user ainsi, non seulement il fit présent à ses sœurs de tout ce que sa mère avait reçu de lui, mais il leur abandonna encore tout le bien qu'elle avait laissé, quoique selon les lois romaines elles n'y eussent aucun droit. Quand, dans les cérémonies publiques, on vit ses sœurs suivies du cortège et parées de tous les bijoux d'Émilie, les applaudissemens se renouvelèrent; on éleva jusqu'aux nues cette nouvelle preuve que Scipion donnait de sa grandeur d'âme et de sa tendre amitié pour sa famille. Telles furent les libéralités dont Scipion, dès sa première jeunesse, acheta la réputation de cœur généreux et désintéressé. Quoiqu'elles lui aient coûté au moins soixante talens de son propre fond, on peut dire que ses largesses tiraient un nouveau prix de l'âge où il les faisait, et encore plus des circonstances du temps où il les plaçait, et des manières gracieuses et obligeantes dont il savait les assaisonner.

Pour la réputation de tempérance et de modération, tant s'en faut qu'elle lui ait rien coûté à acquérir, qu'il y a beaucoup gagné; car en renonçant à certains plaisirs, il s'est fait une santé forte qu'il a conservée pendant toute sa vie, et qui par des plaisirs honnêtes et solides a amplement compensé ceux dont il s'était abstenu.

Il ne lui restait plus à se signaler que par la force et le courage, qualités qu'on estime par dessus toutes les autres dans presque tout gouvernement, mais surtout à Rome. Il ne s'agissait que de s'y exercer beaucoup. La fortune lui en fournit une belle occasion. La grande passion des rois de Macédoine était la chasse, et ils avaient coutume d'assembler dans de grands parcs des bêtes pour cet exercice. Pendant tout le temps de la guerre ces parcs étaient gardés avec soin, et Persée n'y chassait pas, occupé d'ailleurs pendant quatre ans à quelque chose de bien plus nécessaire. Ainsi les bêtes s'y étaient multipliées sans nombre. Quand la guerre eut été terminée, Paul Émile, persuadé qu'il ne pouvait procurer à ses enfans un plus utile et plus noble divertissement que la chasse, donna à Scipion les officiers qui servaient Persée à cet usage, et pleine liberté de chasser tant qu'il lui plairait. Le jeune Romain, se regardant presque comme roi, ne s'occupa de rien autre chose pendant tout le temps que les légions restèrent dans la Macédoine après la bataille. Il profita d'autant plus de la liberté qui lui avait été donnée, qu'il était dans la vigueur de l'âge et porté naturellement à cet exercice. Semblable à un lévrier généreux, son ardeur pour la chasse était infatigable. De retour à Rome, il trouva dans moi une passion pour la chasse qui ne fit qu'augmenter la sienne; de sorte que tandis que les autres jeunes Romains passaient le temps à plaider, à saluer des juges, à fréquenter le Forum, et qu'ils tâchaient de se rendre recommandables par ces sortes d'endroits, Scipion, occupé de la chasse, et y faisant quelque exploit brillant et mémorable, acquérait une gloire supérieure de beaucoup à la leur. Celle que donne le barreau ne vient guère sans faire tort à quelque citoyen. Les procès ne se décident pas autrement. La gloire qu'ambitionnait Scipion ne nuisait à personne. Il disputait le premier rang non par des discours, mais par des actions. Il est vrai aussi qu'en peu de temps il surpassa en réputation tous les Romains de son âge. Personne avant lui ne fut plus estimé, quoique pour l'être il eût pris une route différente de celle qui chez les Romains était la plus ordinaire.

Au reste, si je me suis un peu étendu sur les premières années de Scipion, je l'ai fait, premièrement parce que j'ai cru que ce détail serait agréable aux gens avancés en âge et utile à la jeunesse; et en second lieu, parce qu'ayant à raconter de lui des choses qui pourront paraître incroyables, il était bon que je disposasse mes lecteurs à les croire. Peut-être que, sans cette précaution, ignorant les raisons de certains faits qui lui sont propres, ils en feraient honneur à la fortune et au hasard, à qui cependant l'on ne peut en attribuer qu'un très-petit nombre. Mais finissons enfin cette digression et reprenons le fil de notre histoire.

FRAGMENT IX.

Députation des Athéniens et des Achéens à Rome, au sujet des habitans de Délos qui s'étaient transportés dans l'Achaïe 1.

Théaridas et Stéphanus avaient été envoyés à Rome par les Athéniens et les Achéens pour l'affaire des peuples de l'île de Délos. Voici ce que c'était que cette affaire. Après que Délos eut été donnée aux Athéniens, les Romains ordonnèrent aux habitans de sortir de leur île et de transporter tous leurs biens dans l'Achaïe. Ils obéirent, et furent comptés parmi ceux qui faisaient partie du conseil public, et qui en recevaient les lois. En cet état, quand ils

1 Ambassade CXXIII.

avaient quelque démêlé avec les Athéniens, ils prétendaient ne devoir être jugés que selon les lois de la confédération établie entre les Athéniens et les Achéens. Les Athéniens, au contraire, soutenant que les Déliens n'avaient pas ce privilège, ceux-ci demandèrent aux Achéens d'être délivrés de la servitude où les Athéniens les réduisaient. On députa à Rome pour avoir la décision de ce différend, et le sénat répondit qu'il fallait observer ce que les Achéens avaient légitimement établi touchant les Déliens.

FRAGMENT X.

Les Éssiens et les Daorsiens députent à Rome contre les Dalmates 1.

Déjà il était venu plusieurs fois à Rome des ambassadeurs de la part des Essiens pour se plaindre que les Dalmates infestaient leur pays et les villes de leur district, savoir Épétion et Tragurion. Les Daorsiens faisant contre les Dalmates les mêmes plaintes, le sénat députa C. Fannius dans l'Illyrie pour observer ce qui s'y passait, et surtout comment les Dalmates s'y gouvernaient. Tant que Pleurate vécut, ce peuple lui fut très-soumis. Mais Genthius son successeur fut à peine monté sur le trône, qu'ils se révoltèrent, firent la guerre à leurs voisins, et tâchèrent de les conquérir. Quelques-uns même leur payèrent tribut, et ce tribut consistait en bestiaux et en blé. Tel était le sujet de la députation de Fannius.

FRAGMENT XI.

Fannius est mal reçu par les Dalmates. — Cause et prétexte de la guerre que Rome fit à ce peuple 2.

Au retour d'Illyrie, C. Fannius déclara que les Dalmates n'étaient nullement disposés à réparer les torts qu'on les accusait d'avoir faits, que loin de faire satisfaction à ceux qui se plaignaient de leurs procédés, ils n'avaient pas même voulu l'écouter, et qu'ils ne lui avaient dit autre chose, sinon qu'ils n'avaient rien à démêler avec les Romains; que leur audace avait encore été plus loin, qu'ils lui

1 Ambassade CXXIV.
2 Ambassade CXXV.

avaient refusé et le logement et les vivres nécessaires; qu'ils lui avaient enlevé les chevaux qu'une autre ville lui avait fournis; qu'il aurait même couru risque de perdre la vie par les mains de ces Barbares, si cédant au temps il ne se fût retiré de leur pays sans éclat et sans bruit. Sur ce rapport, le sénat, indigné de la fierté et de la férocité des Dalmates, crut que le temps était venu de leur déclarer la guerre; plusieurs raisons l'y engageaient. Depuis que les Romains avaient chassé d'Illyrie Démétrius de Pharos, on avait entièrement négligé la partie de ce royaume qui regarde la mer Adriatique. D'ailleurs depuis la décision des affaires de Macédoine douze ans s'étaient écoulés, pendant lesquels les Italiens avaient joui d'une paix profonde, et l'on craignait qu'un repos plus long ne les amollît et n'affaiblît leur courage. On voulut comme renouveler leur ancienne ardeur pour les armes, en les leur faisant prendre contre l'Illyrie. Ajoutons qu'on voulait jeter l'épouvante parmi les Illyriens, et les rendre dociles aux ordres qui dans la suite leur seraient envoyés. Telles furent les vraies causes de la guerre contre les Dalmates. On publiait cependant hors de l'Italie qu'on ne le faisait que pour venger l'insulte qui avait été faite à Fannius. Mais cette insulte n'en était que le prétexte.

FRAGMENT XII.

Ariarathe vient à Rome et y perd sa cause contre les ambassadeurs de Démétrius et d'Holophernes [1].

Ariarathe arriva à Rome avant la fin de l'été, et alors Sextus Julius et son collègue dans le consulat étaient entrés en charge. Dans les conférences qu'il eut avec eux, il donna la plus triste idée qu'il put du malheur dans lequel il était tombé. Mais il trouva là Miltiades que Démétrius avait député, et qui était également préparé et à réfuter ses accusations, et à l'accuser lui-même. Holophernes avait aussi envoyé Timothée et Diogènes, qui avaient une couronne à présenter de sa part, avec ordre de renouveler son alliance avec les Romains, de le justifier contre les plaintes d'Ariarathe, et d'en faire contre ce prince. Dans les conférences particulières, Diogènes et Miltiades brillaient plus et faisaient plus d'impression que le roi de Cappadoce. On ne doit pas en être surpris. Ils étaient plusieurs contre un seul ; l'éclat qui les environnait éblouissait les yeux, et on ne les détournait qu'avec peine sur un roi triste et malheureux. Aussi quand il s'agit de plaider chacun sa cause, les ambassadeurs eurent-ils un grand avantage sur le prince. Sans aucun égard pour la vérité, il leur fut permis de dire tout ce qu'il leur plut; et tout ce qu'ils disaient demeurait sans réplique, parce qu'il n'y avait personne qui prît la défense de l'accusé. Le mensonge l'emporta sans peine sur la vérité, et ils obtinrent tout ce qu'ils voulurent.

FRAGMENT XIII.

Charops [1].

Après la mort de Lycisque, le feu de la guerre civile s'éteignit dans l'Étolie, et la province jouit d'une tranquillité parfaite. La Béotie commença aussi à respirer après la guerre de Mnasippe de Coroné, et celle de Chrématas fut aussi très avantageuse à l'Acarnanie. La Grèce se trouva comme purifiée par la mort de ces hommes pestilentiels. Le bonheur voulut aussi que l'épirote Charops mourût cette année même à Brindes; mais la cruauté et les injustices que ce traître avait exercées après la défaite de Persée firent que sa mort ne mit pas fin aux troubles qu'il avait excités dans l'Épire après la guerre contre Persée. Car après que Lucius Anicius eut condamné à être conduits à Rome tout ce qu'il y avait de plus illustres Grecs soupçonnés, même légèrement, d'avoir penché pour Persée, cet Épirote, ayant plein pouvoir de faire tout ce qui lui plaisait, s'emporta à tous les excès imaginables, agissant tantôt par lui-même, tantôt par le ministère de ses amis. Quoiqu'il fût jeune encore et environné de scélérats, qui ne s'étaient assemblés autour de lui que pour s'enrichir des dépouilles d'autrui, on croyait cependant sa conduite fondée sur quelque raison et autorisée par les Romains; et ce qui le faisait croire,

---

[1] Ambassade CXXVI.

[1] Fragmens de Valois.

c'est le nombre d'amis qu'il s'était faits autrefois à Rome, et la liaison qu'il avait avec le vieillard Myrton, son fils Nicanor, et plusieurs autres hommes graves, amis des Romains, et qui, jusque là irréprochables, s'étaient prêtés je ne sais comment à ses injustices. Appuyé de ces suffrages, après avoir fait mourir beaucoup de personnes, les unes en plein marché, les autres dans leurs maisons, quelques-unes dans la campagne et sur les grands chemins, et avoir pris leurs biens, il s'avisa d'un autre stratagème. Il proscrivit tous les exilés tant hommes que femmes qui étaient riches, et la terreur ainsi répandue, il tira des hommes et fit tirer des femmes par Philotides, sa mère, tout l'argent qu'il put. Car cette Philotides, du côté de la douceur et de la compassion, n'avait rien des personnes de son sexe. Ces malheureux n'en furent pas quittes pour la perte de leur argent; on ne laissa pas malgré cela de les dénoncer au peuple, et de faire leur procès, et l'on trouva des juges qui, par faiblesse ou par surprise, les condamnèrent non au bannissement, mais à la mort, comme coupables de n'avoir point été pour les Romains. Ils avaient tous pris la fuite, pour sauver leur vie, lorsque Charops, bien fourni d'argent et accompagné de Myrton, partit pour se rendre à Rome et y faire ratifier par le sénat ses injustes procédés. Mais les Romains donnèrent alors une belle preuve de leur équité et un spectacle bien agréable à tous les Grecs qui étaient alors à Rome, et surtout à ceux d'entre eux qui avaient été évoqués dans la ville. Car Marcus Émilius Lépidus, grand prêtre et prince du sénat, et Paul Émile, le vainqueur de Persée, homme puissant et d'un grand crédit, informés de ce que Charops avait fait dans l'Épire, lui défendirent de mettre le pied dans leurs maisons. Cette défense, devenue bientôt publique, fit un extrême plaisir à tout ce qu'il y avait alors de Grecs dans Rome. Ils furent charmés de voir la haine que les Romains témoignaient pour les méchans. Quelque temps après, Charops entra dans le sénat, mais on ne lui donna pas place parmi les personnes distinguées, et on ne lui rendit pas de réponse. On dit simplement qu'on donnerait des ordres aux députés qu'on enverrait sur les lieux. Malgré une réception si disgracieuse, Charops, au sortir du sénat, ne laissa pas d'écrire dans son pays que les Romains avaient approuvé tout ce qu'il avait fait.

FRAGMENT XIV.

Eumène 1.

Ce prince avait le corps faible et délicat, l'âme grande et pleine des plus nobles sentimens. Il ne cédait en rien aux rois de son temps; du côté des belles inclinations il les surpassait tous. Le royaume de Pergame, quand il le reçut de son père, se réduisait à un très petit nombre de villes qui méritaient à peine ce nom; il le rendit si puissant, que ceux qui l'étaient le plus lui étaient tout au plus égaux. Il ne dut rien ni au hasard ni à la fortune; tout lui vint de sa prudence, de son assiduité au travail, de son activité. Avide d'une belle réputation, il fit plus de bien à la Grèce et enrichit plus de particuliers qu'aucun des princes de son siècle. Pour achever son portrait, il sut si bien tenir en respect ses trois frères, quoique tous fussent dans un âge à entreprendre par eux-mêmes, qu'ils lui furent toujours soumis et lui aidèrent à défendre le royaume. Un second exemple de cette autorité sur des frères serait peut-être difficile à trouver.

FRAGMENT XV.

Attale, frère d'Eumène 2.

La première preuve que donna ce prince de sa grandeur d'âme et de sa générosité fut de rétablir Ariarathe sur le trône de ses pères.

FRAGMENT XVI.

Phénice, ville d'Épire, député à Rome 3.

Aux ambassadeurs que Phénice et les exilés avaient envoyés à Rome le sénat répondit, après les avoir entendus, qu'il donnerait ses ordres aux députés qui devaient aller en Illyrie avec C. Marcius.

---

1 Fragmens de Valois.
2 Fragmens de Valois.
3 Ambassade CXXVII.

FRAGMENT XVII.

Prusias [1].

Attale vaincu, ce prince entra dans Pergame, et après avoir immolé des victimes dans le temple d'Esculape, il retourna dans son camp. Le lendemain, ayant amené ses troupes au Nicephorium, il renversa tous les temples et en dépouilla les statues et les images des dieux. Celle d'Esculape même, qui passait pour le chef-d'œuvre de Philomaque, et à qui la veille il avait offert des sacrifices, apparemment pour se rendre ce dieu propice et favorable, il la prit sur ses épaules et l'emporta chez lui. En parlant de Philippe, j'ai déjà traité de fureur et de rage ces sortes d'hostilités. Ne faut-il pas en effet être furieux et insensé pour adorer une statue et plier les genoux, comme une femme, devant des autels, et ensuite faire insulte à la divinité même en profanant ce qui sert à son culte. C'est cependant ce qu'a fait Prusias. Au reste, en quittant Pergame, au siège de laquelle il ne se signala que par un fol emportement contre les dieux et contre les hommes, il conduisit ses troupes à Cléo, dont il tenta vainement le siège. Après quelques approches, voyant que Sosander, qui avait été élevé avec le roi et qui était entré dans cette ville avec un renfort de troupes, rendait tous ses efforts inutiles, il s'en alla à Thyatire ; mais rencontrant, sur la côte qu'il longeait, le temple de Diane dans l'Hiera-Comè, il en pilla tous les ornemens ; il maltraita beaucoup plus celui d'Apollon, près de Temnos. Il le réduisit en cendres. De là cet ennemi des hommes et des dieux prit la route de Bithynie ; mais il ne rentra pas dans son royaume sans avoir porté la peine de ses crimes. Les dieux se vengèrent. Il perdit en chemin la plus grande partie de son infanterie par la disette et la dyssenterie.

FRAGMENT XVIII.

Athénée vient à Rome pour accuser Prusias [2].

Attale, défait par Prusias, envoya Athénée son frère à Rome avec Publius Lentulus, pour faire connaître au sénat ce qui lui était arrivé. Andronique, à la vérité, lui avait déjà fait le récit de la première irruption du roi de Bithynie. Mais le sénat, loin d'y ajouter foi, soupçonnait Attale d'avoir voulu attaquer Prusias, d'épier les occasions de lui faire la guerre, et de ne répandre de mauvais bruits contre ce prince que pour lui chercher querelle et le porter à prendre les armes le premier. D'un autre côté, quoique Nicomède et Antiphyle, députés de Prusias, attestassent que tout ce que l'on débitait contre leur maître était faux, le sénat n'en voulait rien croire. Enfin, après d'exactes recherches, comme il ne pouvait être informé au juste de ce qui s'était passé, il députa Lucius Apuléius et C. Pétronius sur les lieux pour examiner quelle était la situation des affaires dans les royaumes de Bithynie et de Pergame.

FRAGMENT XIX [1].

[I] Artaxias voulait faire mourir Ara...th..; mais, d'après le conseil d'Ariarathes il n'en fit rien, et redoubla au contraire d'amitié envers lui. Un généreux caractère a donc bien de la puissance, l'avis et les conseils d'un homme de bien sont donc bien efficaces puisqu'ils sauvent non seulement des amis, mais des ennemis acharnés, et les tournent vers de bonnes œuvres. . . . .

La beauté est la meilleure lettre de recommandation. . . . .

Il y a chez les jeunes gens un tel dévergondage, une telle manie de plaisirs blâmables, qu'on en voit acheter un talent un esclave qu'ils aiment, et d'autres payer trois cents drachmes un plat de sardines. C'est à ce sujet que Marcus[2] disait au peuple qu'on voyait un état pencher vers sa ruine quand un bel enfant se vendait plus qu'un champ de terre, et des poissons confits plus qu'un attelage de bœufs. . .

[II] Les Rhodiens, dont les institutions avaient d'ailleurs de la vitalité, me paraissent être bien déchus dans ces derniers temps. Ils avaient reçu d'Eumène vingt-huit myriades de blé, comme prêt usuraire dont l'intérêt devait servir

---

[1] Fragmens de Valois.
[2] Ambassade CXXIII.

[1] Tiré des Palimpsestes par Mai.
[2] P. Caton.

der les maîtres et les précepteurs de leurs fils. Que dans la gêne un particulier accepte un pareil secours de ses amis pour ne pas négliger par misère l'éducation de ses enfans, on le conçoit; mais quel est le riche qui ne consentirait à tout, plutôt de mendier près de ses amis le salaire d'un maître pour son fils? Plus on a de raisons d'économiser en particulier, plus on doit publiquement faire ce qu'il convient et conserver le décorum. — Cela s'applique surtout aux Rhodiens, à cause de leur prospérité et de leur représentation.

FRAGMENT XX.

Sur la mort de Lyciscus l'Étolien, homme terrible et indomptable.

[II] Lui mort[1], les Étoliens furent d'accord et vécurent en paix. Le caractère de l'homme a une telle influence, que dans les camps ou dans les villes, dans les discussions civiles ou les soulèvemens étrangers, dans tout le monde enfin, la bonté ou la méchanceté d'un seul homme opère le bien ou le mal.

Ce Liciscus, qui était si pervers, mourut si glorieusement que l'on accusa la fortune avec raison de prodiguer sans distinction à l'homme vertueux et au coupable la récompense d'un beau trépas.

[1] Fragmens des Palimpsestes.

LIVRE TRENTE-TROISIÈME.

FRAGMENT I.

Députation des Romains vers Prusias en faveur d'Attale. — Délibération du sénat sur les Achéens relégués en Italie [1].

Sur la fin de l'hiver, le sénat, sur le rapport que Publius Lentulus lui avait fait, à son retour, de ce qu'il avait vu chez Prusias, fit appeler Athénée, frère d'Attalus, et, sans perdre le temps en longues discussions, le fit partir avec trois députés, C. Claudius Centon, Lucius Hortensius et C. Arunculéius, qui tous trois eurent ordre d'empêcher que Prusias ne fît la guerre à Attale. Il arriva en même temps à Rome des ambassadeurs de la part des Achéens, Xénon d'Égium et Télècles de Tégée, pour demander qu'on renvoyât enfin dans leur pays les Grecs accusés d'avoir été partisans de Persée, et dispersés pour cette faute dans l'Italie. Le sénat s'assemble à ce sujet, l'affaire se propose et peu s'en fallut qu'on ne les remît en liberté. Le préteur Aulus Posthumius fut cause que la chose ne réussit pas. Les avis étaient partagés. Les uns voulaient qu'on les renvoyât, les autres qu'on les retînt, et un troisième parti qu'on leur accordât la liberté, mais non pas pour le présent. De ces trois opinions Posthumius n'en fit que deux, et demandant leur avis : « Que ceux, » dit-il, qui sont pour le renvoi des exilés passent ici, et que ceux qui sont d'un autre sentiment passent là. » Or ceux qui étaient d'avis qu'on différât encore à les renvoyer se joignirent à ceux qui voulaient qu'on les retînt; par là ce parti devint beaucoup plus nombreux que l'autre, et les exilés restèrent dans le même état.

FRAGMENT II.

Ambassade des Achéens à Rome [1].

Quand au retour des députés on apprit dans l'Achaïe qu'il ne s'en était presque rien fallu que tous les exilés ne revinssent dans leur patrie, on conçut de grandes espérances qu'enfin cette grâce leur serait accordée. C'est pourquoi ils envoyèrent à Rome Télècles de Méga-

[1] Ambassade CXXIX.

[1] Ambassade CXXX.

lopolis et Anaxidamas pour faire de nouvelles instances.

FRAGMENT III.

.... De lui offrir cinquante talens s'il venait à Chypre, et de lui mettre sous les yeux en son nom l'espoir d'autres émolumens et honneurs s'il se rangeait en cela de son côté[1].

FRAGMENT IV.

Archias[2].

Ce malheureux traître avait formé le projet de livrer l'île de Chypre à Démétrius. La mine ayant été éventée, il fut conduit devant les juges, et, pour éviter le supplice qui lui était destiné, il se pendit au cordon d'une tapisserie. Ainsi les hommes vains se flattent toujours de vaines espérances. Celui-ci, espérant recevoir cinq cents talens de sa trahison, perdit avec la vie tous les biens qu'il possédait déjà.

FRAGMENT V.

Les Marseillais demandent du secours aux Romains[3].

Les Marseillais avaient déjà été autrefois inquiétés par les Liguriens. Mais au temps dont nous parlons, réduits aux dernières extrémités et voyant deux de leurs villes, Antipolis et Nicée, assiégées, ils dépêchèrent à Rome des ambassadeurs, tant pour informer le sénat de ce qu'ils souffraient, que pour prier qu'on leur envoyât du secours. Ces députés entrèrent dans le sénat, déclarèrent les ordres dont ils étaient chargés, et il fut résolu qu'on députerait sur les lieux pour être éclairci de ce qui s'était passé, et pour essayer de ranger par des négociations les Barbares à leur devoir.

FRAGMENT VI.

Le plus jeune des deux Ptolémée vient à Rome et obtient des secours[4].

Dans le temps que le sénat envoya Opimius contre les Oxybiens, on vit arriver à Rome le plus jeune des Ptolémée qui, introduit dans le sénat, se plaignit amèrement de son frère et rejeta sur lui le cruel projet qu'on avait formé de l'assassiner. Les cicatrices des plaies qu'il montra, jointes au discours touchant qu'il fit, émurent l'assemblée d'une compassion si vive qu'en vain Néolaïdas et Andromachus s'efforcèrent de justifier leur maître; non seulement on refusa de les écouter, mais on leur donna ordre de sortir sans délai de Rome. On choisit ensuite cinq députés, du nombre desquels étaient Merula et Luc. Thermus. Ils eurent ordre de prendre chacun une galère et de conduire Ptolémée en Chypre, et l'on écrivit aux alliés de Grèce et d'Asie qu'on leur permettait d'aider Ptolémée à rentrer dans son royaume.

FRAGMENT VII.

Dix commissaires sont envoyés en Asie pour réprimer la témérité de Prusias[1].

A leur retour de Pergame, Hortensius et Arunculéius font savoir au sénat que Prusias se moque de ses ordres; que, contre la foi des traités, il les avait enfermés dans Pergame, eux et Attale; en un mot, qu'il n'était pas de mauvais traitement qu'il ne leur eût fait. Les Pères, indignés de cet étrange procédé, députèrent dix commissaires, dont les principaux étaient Lucius Anicius, C. Fannius et Quintus Fabius Maximus, avec ordre de finir cette guerre et d'obliger Prusias de donner satisfaction à Attale pour les dommages qu'il lui avait causés.

FRAGMENT VIII.

Guerre des Romains en faveur des Marseillais contre les Oxybiens et les Décéates[2].

Sur les plaintes que les Marseillais avaient portées à Rome contre les Liguriens, le sénat députa sur-le-champ Flaminius, Popilius Lænas et L. Puppius, qui, partant avec les ambassadeurs de Marseille, vinrent par mer dans le territoire des Oxybiens, dans le dessein

---

[1] Suidas au mot Προτείνειν.
[2] Fragmens de Valois.
[3] Ambassade CXXXI.
[4] Ambassade CXXXII.

[1] Ambassade CXXXIII.
[2] Ambassade CXXXIV.

de débarquer devant Égitna. Les Liguriens, sur la nouvelle qu'ils reçurent que ces commissaires étaient venus pour leur commander de lever le siège de cette ville, s'opposèrent à la descente de ceux qui étaient encore dans le port. Mais on n'arriva pas à temps pour empêcher Flaminius de descendre; il était débarqué et ses ballots étaient déjà sur la rive. D'abord ils lui ordonnent de sortir de leur pays: il méprise ces ordres; on pille ses bagages: ses domestiques les veulent défendre; on les repousse et on les insulte; Flaminius lui-même vient au secours; on le couvre de blessures et on jette à terre deux de ses gens, on poursuit les autres jusqu'à leur vaisseau, et Flaminius, remonté sur son bord, est obligé, pour sauver sa vie, de couper les câbles des ancres. On le transporta à Marseille, où rien ne fut négligé pour le guérir.

Le sénat, informé de ces tristes événemens, fait partir au plus vite, avec une armée, le consul Quintus Opimius, pour se venger des Oxybiens et des Décéates. Les troupes se rendirent à Placentia; de là, le long de l'Apennin, le consul vint dans le pays des Oxybiens et campa sur les rives de l'Apron, où il attendit les ennemis, dont il avait ouï dire qu'ils s'assemblaient, bien résolus à combattre. Il conduisit de là son armée devant Égitna, où le droit des gens avait été violé d'une manière si criante dans sa personne et dans celle de ses collègues. Il prit la ville d'assaut, en réduisit les habitans à l'esclavage, et envoya liés et garrottés à Rome les principaux auteurs de l'insulte qui leur avait été faite. Après cet exploit, il alla au-devant des Oxybiens qui, désespérant de fléchir le courroux des Romains, venaient, par un excès de témérité, les attaquer, au nombre d'environ quatre mille hommes, avant que les Décéates les eussent joints. Opimius, capitaine habile et expérimenté, fut frappé de leur hardiesse; mais voyant qu'elle n'était fondée sur aucun principe, il s'attendit bien que de pareils ennemis ne feraient pas longue résistance. Il sort donc de son camp, il range ses troupes, les anime à bien faire et marche aux Oxybiens au petit pas. Le choc fut si vif qu'en un moment ils furent défaits.

Plusieurs restèrent sur le champ de bataille; les autres prirent la fuite et se dissipèrent.

Les Décéates en corps d'armée se présentèrent pour secourir les Oxybiens; mais il était trop tard. Ils rallièrent cependant les fuyards, et avec ce renfort ils vinrent attaquer les Romains. Ils combattirent avec beaucoup de courage et de vivacité. Enfin ils cédèrent, se rendirent aux Romains et leur livrèrent la ville capitale de leur pays. Le vainqueur distribua aux Marseillais toutes les terres qu'il venait de conquérir. Il voulut que les Liguriens envoyassent à Marseille des ôtages qu'on échangerait à certaine époque. Il désarma les ennemis, et fit prendre à ses soldats des quartiers d'hiver dans leurs villes. Ainsi commença et finit, en peu de temps, la guerre contre les Oxybiens et les Décéates.

FRAGMENT IX.

Aristocrates, préteur de Rhodes [1].

A juger de ce Rhodien par son air noble et sa taille avantageuse, on ne pouvait s'empêcher de le respecter et de le craindre; il n'en fallut pas davantage aux Rhodiens pour lui donner le commandement de leurs armées. Mais ils se repentirent dans la suite de ne l'avoir pas bien étudié. L'occasion se présenta d'agir; à l'épreuve de ce creuset, il ne parut plus le même. Il démentit par ses actions le jugement qu'on en avait trop légèrement porté.

FRAGMENT. X.

Les Romains rompent avec Prusias et se disposent à lui faire la guerre [2].

En Asie, l'hiver n'était pas encore passé qu'Attale se trouva un très-grand nombre de troupes. Ariarathe et Mithridate, en vertu de leur alliance avec le roi de Pergame, lui avaient envoyé de la cavalerie et de l'infanterie sous le commandement de Démétrius, fils d'Ariarathe. Tout se disposait pour la campagne, lorsqu'on apprit que les commissaires romains étaient arrivés à Quades. Attale les

[1] Fragmens de Valois.
[2] Ambassade CXXXV.

y joignit, et après quelques conférences sur l'affaire présente, ils partirent pour la Bithynie. Là ils déclarent à Prusias les ordres dont ils étaient chargés pour lui de la part du sénat. Ce prince veut bien se soumettre à quelques-uns, et refuse d'obéir à la plupart des autres. Les commissaires, choqués de cette résistance, renoncent à son amitié et à son alliance, et reprennent sur-le-champ la route de Pergame. Prusias se repent de sa faute, les suit pendant quelque temps, tâche de les toucher; ses efforts sont inutiles, il retourne chez lui et ne sait plus quel parti prendre. De retour chez Attale, les envoyés de Rome lui conseillèrent de se tenir avec son armée sur les frontières de son royaume sans faire le premier aucun acte d'hostilité, et de mettre à couvert de toute insulte les villes et les bourgs de sa domination. Ils se partagèrent ensuite; les uns retournèrent à Rome pour y informer le sénat de la rébellion de Prusias, les autres se répandirent dans l'Ionie, quelques-uns prirent leur route vers l'Hellespont et les villes voisines de Bysance; et dans tous ces endroits ils ne travaillèrent, car c'était l'unique but qu'ils s'étaient proposé, qu'à détourner les peuples de l'alliance de Prusias et à rassembler des forces en faveur d'Attale.

FRAGMENT XI.

Paix entre Prusias et Attale 1.

Attale, avec le secours de tant d'alliés, se vit bientôt une flotte nombreuse. Rhodes lui fournit cinq galères à trois rangs, qui avaient été envoyées pour la guerre de Crète; Cysique lui en donna vingt; lui-même il en avait équipé vingt-sept; de sorte qu'avec celles que d'autres alliés encore lui envoyèrent il composa une flotte de quatre-vingts galères, dont il donna le commandement à Athénée, son frère. Ce prince, cinglant vers l'Hellespont, faisait de continuelles descentes sur la côte de la Bithynie et y mettait tout au pillage. Heureusement pour Prusias, le sénat, sur le rapport des députés qu'il lui avait envoyés, en nomma promptement trois autres, Appius Claudius, Lucius

1 Ambassade CXXXVI.

Oppius et Aulus Posthumius, qui, arrivés en Asie, finirent la guerre en obligeant les deux rois à souscrire à ce traité : Que Prusias donnerait, pour le présent, vingt galères pontées à Attale; qu'il lui paierait cinq cents talens dans l'espace de vingt ans; que l'un et l'autre se renfermeraient dans les bornes de leur état, telles qu'elles étaient avant la guerre; que Prusias, en réparation des dommages qu'il avait causés dans les terres de Méthymne, d'Égium, de Cumes et d'Héraclée, restituerait à ces villes cent talens. Ces conditions acceptées, Attale ramena ses troupes, tant de terre que de mer, dans son royaume. Ainsi fut conduite la guerre que les différends d'Attale et de Prusias avaient allumée.

FRAGMENT XII.

Députation des Achéens en faveur de leurs exilés 1.

Il arriva encore dans ce même temps à Rome une nouvelle députation des Achéens en faveur de ceux de leur nation qui avaient été évoqués en Italie. Les députés demandèrent grâce au sénat pour ces infortunés; mais les Pères jugèrent qu'il fallait s'en tenir à ce qui avait été décidé.

FRAGMENT XIII.

Polybe raconte, dans son livre XXXIII que Démétrius, roi de Syrie, était un fort grand buveur et qu'il était ivre presque toute la journée 2.

FRAGMENT XIV.

Héraclide arrive à Rome avec les enfans d'Antiochus. — Ambassade des Rhodiens au sujet de leur guerre contre les Crétois 3.

Pendant l'été, Héraclide vint à Rome et amena avec lui Laodice et Alexandre, enfans d'Antiochus. Durant le séjour qu'il f dans cette ville, il n'y eut point d'artifice dont il ne se servit pour obtenir du sénat c qu'il en souhaitait. Le Rhodien Astymède, député et amiral de sa république, parut e même temps dans le sénat, et parla de

1 Ambassade CXXXVII.
2 Athénée, l. V, c. 11.
3 Ambassade CXXXVIII.

guerre que les Rhodiens avaient avec les Crétois. Les Pères, après l'avoir entendu avec beaucoup d'attention, députèrent Quintus sur les lieux et le chargèrent de terminer cette guerre.

FRAGMENT XV.

Les Crétois et les Rhodiens députent aux Achéens. — Éloge d'Antiphates de Crète [1].

Le conseil des Achéens assemblé à Corinthe, il y vint deux ambassades : l'une de la part des Crétois, dont le chef était le Gortynien Antiphates, fils de Telemnastes ; l'autre de la part des Rhodiens, à la tête de laquelle était Théophanes. Ces ambassadeurs demandèrent du secours pour leur patrie ; mais dans le conseil la plupart penchaient plus en faveur des Rhodiens. La célébrité de cette république, la forme de son gouvernement, le caractère de ses citoyens réunissaient presque tous les suffrages. Antiphates en fut averti, et voulut rentrer dans l'assemblée. Il y rentra en effet avec la permission du préteur ; il y parla avec plus de poids et de dignité qu'on ne devait s'y attendre d'un Crétois. Aussi ce jeune homme n'avait-il rien des défauts de son pays. La liberté avec laquelle il plaida la cause de sa patrie plut par elle-même aux Achéens ; mais ce qui l'aida à gagner ses auditeurs, c'est que pendant la guerre de Nabis, Telemnastes, son père, était venu au secours des Achéens avec cinq cents Crétois. Malgré cela, on allait accorder aux Rhodiens les forces qu'ils demandaient, lorsque Callicrates dit que, sans l'aveu des Romains, il ne fallait ni faire la guerre à personne, ni donner de secours contre personne. Il ne fallut que ce mot pour empêcher qu'on ne prît quelque résolution.

FRAGMENT XVI.

Attale, fils d'Eumène, et Démétrius, fils de Démétrius Soter, viennent à Rome. — Héraclide obtient du sénat que les enfans d'Antiochus retournent en Syrie [2].

Entre les ambassadeurs qui étaient venus à Rome de différens endroits, Attale, fils d'Eumène, fut le premier à qui le sénat donna audience. Quoique fort jeune encore, il avait fait ce voyage pour se faire connaître au sénat, et demander la continuation de son amitié et du droit d'hospitalité que son père avait toujours si constamment conservé avec le peuple romain. Il reçut du sénat et des amis du roi son père toutes les marques d'amitié qu'il devait attendre. On lui accorda tout ce qu'il souhaitait ; on lui fit tous les honneurs qui convenaient à son âge, et quelques jours après il repartit pour ses états. Dans toutes les villes de Grèce où il passa, il fut reçu avec de grandes démonstrations de joie.

Démétrius était arrivé en même temps à Rome. Comme ce n'était qu'un enfant, l'appareil de sa réception fut médiocre et il ne fit pas long séjour. Quand il fut parti, Hiéroclès, qui depuis long-temps était dans la ville, conduisit avec lui dans le sénat Laodice et Alexandre. D'abord le jeune prince pria les Pères Conscrits en peu de mots de se rappeler combien Antiochus leur était cher, et l'alliance qu'ils avaient avec lui ; de le mettre en possession du trône que son père avait occupé, ou du moins de lui accorder la liberté de retourner en Syrie et de ne pas empêcher qu'on ne l'aidât à recouvrer le royaume de ses pères. Héraclide prenant ensuite la parole, fit un grand éloge d'Antiochus, s'éleva vivement contre Démétrius et conclut en disant que l'on devait accorder au jeune prince et à Laodice, sa sœur, la liberté de retourner dans leur patrie ; que rien n'était plus juste, puisqu'ils étaient enfans naturels d'Antiochus. Tout ce qu'il y avait de gens sensés parmi les sénateurs furent choqués de ce discours. On regarda cela comme une de ces fictions que les poëtes produisent sur la scène, et on n'eut que de l'horreur pour l'auteur de cette intrigue. Le plus grand nombre cependant, fasciné par l'artificieux Héraclide, conclut à dresser un décret en ces termes : « Alexandre et Laodice, » enfans d'Antiochus, qui a été notre ami et » notre allié, ont demandé dans le sénat qu'il » leur fût permis de retourner dans leur patrie

[1] Ambassade CXXXIX.
[2] Ambassade CXL.

» et d'implorer le secours de leurs amis, pour » remonter sur le trône de leur père, et le » sénat leur permet l'un et l'autre. » Ces permissions obtenues, Héraclide leva sur-le-champ des troupes étrangères et attira dans son parti tout ce qu'il put de personnages illustres. De Rome il alla à Éphèse, et là il fit les préparatifs de la guerre qu'il méditait.

FRAGMENT XVII[1].

[I] Beaucoup d'hommes, par avarice ou par ambition, sont précipités du haut de leur fortune, comme Holopherne, roi de Cappadoce, qui finit par se perdre et tomber du trône. Mais abrégeant la restauration d'Ariarathe à l'empire, nous continuerons l'histoire dans l'ordre que nous nous sommes imposé pour tout notre ouvrage. Maintenant, en effet, enjambant sur les affaires de la Grèce, nous avons entrepris celles d'Asie en Cappadoce, parce qu'on ne peut raisonnablement séparer le départ d'Ariarathe pour l'Italie, de son retour au trône; après cela nous donnerons une esquisse des affaires grecques, à l'époque où arriva l'étrange événement au sujet de la ville d'Orope. Nous en parcourrons quelques points, nous en laisserons d'autres, resserrant ainsi toute l'aventure, de peur que l'obscurité qui enveloppe une partie de ces faits ne rende notre narration diffuse et ténébreuse. Car si le tout paraît à peine digne de l'attention d'un lecteur, comment une partie, tronquée comme elle l'est, satisferait-elle des gens peu curieux de s'instruire?

[II] La plupart du temps, dans les succès,

[1] Tiré des Palimpsestes.

on trouve des partisans; mais que dans les revers on devienne à charge à ses amis, c'est ce qui arriva à Holopherne quand il fut ruiné; c'est aussi l'histoire de Théotime et de bien d'autres.

[III] Les Rhodiens indisposés par ces événemens se jetèrent dans le tourbillon et en vinrent à l'état de ces gens qu'une longue maladie a découragés. Ces gens, en effet, quand ils ont pris mille espèces de remèdes, consulté tous les médecins, et que rien ne les a rétablis, fatigués de ce retard, commencent à désespérer; ils se fient aux oracles, aux devins; quelques-uns essaient des charlatans et des magiciens. Ainsi firent les Rhodiens. Tout ayant trompé leur attente, ils se virent forcés d'en croire à des paroles, de donner du corps à des espérances, à des ombres; et ce malheur parut mérité. Car lorsqu'on n'a pas agi d'après un calcul sage, et qu'on s'est laissé aller à la nécessité, il est juste qu'on aboutisse à des événemens hors de toute prévision. Ainsi donc, placés dans cette position, les Rhodiens reprirent pour chef le chef qu'ils avaient improuvé d'abord et firent mille autres inconséquences.

[IV] Quand une fois on s'est senti du penchant à aimer ou à haïr fortement quelqu'un, le moindre prétexte suffit à décider ce penchant et à l'établir.

Mais je m'arrête pour ne pas divaguer sans le savoir et ne pas faire comme celui qui trait une chèvre et qui tend un crible au dessous; car tout en visant à l'exactitude et à la précision, je crois que je tomberais dans la fable manifeste; aussi dis-je qu'il me faut m'arrêter, si je ne veux écrire des songes et si l'on ne veut lire les songes d'un homme éveillé.

LIVRE TRENTE-QUATRIÈME.

FRAGMENT I.

Quelques écrivains, comme Éphore et Polybe, ont fait entrer dans l'histoire générale des peuples la description de leurs pays respectifs [1].

FRAGMENT II.

Polybe, après avoir fait de grands éloges d'Éphore et avoir dit qu'Eudoxe raconte fort bien l'histoire grecque, mais qu'Euphore nous fait mieux connaître les fondations des cités, les familles, les transmigrations, les chefs d'établissement, ajoute : « Moi j'exposerai l'état actuel des choses, quant à la position des lieux et leurs distances; car voilà ce qui appartient le plus proprement à la chorographie [2]. »

FRAGMENT III.

Quelques personnes me demanderont peut-être [3] pourquoi je n'ai pas parlé, et avec beaucoup de détails, du détroit placé vers les Colonnes d'Hercule, de la mer extérieure [4] et de sa nature, des îles Britanniques et de la confection de l'étain, des mines d'or et d'argent qui se trouvent en Ibérie, dont plusieurs auteurs ont raconté tant de choses et même tant de faits contradictoires. Je répondrai que j'ai passé toutes ces choses sous silence, non pas parce que je les jugeais peu dignes de l'histoire, mais d'abord parce que je ne voulais pas interrompre ma narration pour faire un ensemble de chacune de ces choses en particulier, et détourner ainsi de l'attention qu'on doit porter à la série des faits l'esprit de ceux qui aiment des renseignemens de ce genre, et qu'ensuite j'avais décidé d'en faire mention non pas ça et là et en passant, mais bien d'expliquer dans le temps et le lieu choisis par moi à cet effet tout ce qu'il m'avait été possible de trouver de vrai.

FRAGMENT IV.

N'attacher à rien de vrai un merveilleux de son invention, ce n'est pas là un artifice d'Homère. Il savait trop que le moyen de se rendre croyable est de mêler au mensonge un peu de vérité : c'est une observation que fait Polybe en traitant des voyages d'Ulysse [1].

FRAGMENT V.

Polybe interprète fort bien ce qui concerne ces voyages; selon lui, « Æole enseignait aux navigateurs la façon de se conduire au passage du détroit [2] où les côtes sont tortueuses, où les flux et reflux rendent la navigation difficile. De là Æole fut surnommé le dispensateur, le roi des vents. Ainsi Danaüs, pour avoir indiqué des sources dans l'Argolide, et Atrée pour avoir découvert le mouvement rétrograde du soleil, de devins et d'auspices qu'ils étaient, devinrent des rois. Ainsi les prêtres des Égyptiens, les Chaldéens, les mages, à cause de leurs lumières supérieures, passèrent chez nos ancêtres pour des princes ou des grands ; ainsi dans chaque dieu trouvons-nous l'inventeur de quelqu'une des choses les plus utiles. »

Cela posé, Polybe ne veut pas qu'on prenne pour de purs mythes ce que le poète raconte, soit en particulier d'Æole, soit en général des voyages d'Ulysse. Dans le récit de ces courses ainsi que dans le récit de la guerre de Troie, il aura mêlé quelques mythes ; mais en total, à l'égard de la Sicile, le poète s'accorde avec

---
[1] Strabon, l. VIII, ch. 1.
[2] Strabon, l. V, p. 465.
[3] Tiré du livre III, chap. 57 de Polybe lui-même.
[4] L'Océan.

[1] Strabon, l. I, p. 20.
[2] De Sicile.

tous ceux des autres écrivains qui rapportent les traditions locales concernant cette île et l'Italie. Polybe ne loue donc point le mot d'Ératosthène : On trouvera le théâtre des voyages d'Ulysse quand on aura trouvé le corroyeur de l'outre des vents. » — « Même, ajoute Polybe, tout ce qu'Homère dit de Scylla :

> Vers ce roc elle attaque, en son avide rage,
> Les dauphins et les chiens et les monstres plus grands
> Qu'amène le hasard...

est conforme à ce qui se passe au Scyllæon et à ce qui se voit à la pêche des galiotes. En effet, les thons qui nagent en troupe le long de l'Italie, repoussés de la Sicile et entraînés dans le détroit, y rencontrent les poissons les plus forts, tels que les dauphins, les chiens et les autres cétacés ; et c'est, dit-on, de cette proie que s'engraissent les espadons et les chiens du genre galiote. En cet endroit, comme sur les bords du Nil et des autres fleuves sujets à des crues, il arrive la même chose qu'à un incendie de forêt, où une foule d'animaux, pour échapper soit à la flamme, soit à l'eau, devient la proie du plus fort. » Polybe conte ensuite comment se pêchent les galiotes près du Scyllæon. « Un observateur commun dirige tous les pêcheurs stationnés deux à deux sur différentes barques dirèmes ; l'un rame, l'autre se tient à la proue, armé d'une lance. L'observateur annonce l'apparition du galiote. Ce poisson en nageant s'élève d'un tiers de son épaisseur au-dessus du niveau de la mer, et dès que la barque est à portée, le pêcheur armé lui enfonce sa lance dans le corps, d'où il ne la retire qu'en y laissant le harpon de fer dont elle est garnie à son extrémité. Ce harpon, agencé de manière à se détacher aisément de la lance, tient d'ailleurs à une longue corde qu'on laisse filer tant que l'animal blessé fait des bonds et des efforts pour échapper. Quand il est fatigué, au moyen de la corde on l'amène à terre, ou même, s'il n'est pas de la plus grande taille, dans la barque. Encore que la lance tombe dans la mer, elle ne se perd point. Comme elle est en partie de chêne et de sapin, le chêne plonge par son poids, mais le sapin tend à ressortir ; ainsi on le retrouve facilement. Quelquefois le rameur est blessé même au travers de la barque, tant est longue l'épée de ces galiotes, et tant cette pêche, vu la force de l'animal, ressemble pour le danger à la chasse du sanglier.

» On peut donc juger qu'Homère fait errer Ulysse autour de la Sicile, puisque le poète attribue à Scylla une pêche qui se pratique particulièrement au Scyllæon. Au sujet de Charybde il rappelle ce qui se passa au détroit ; car dans les vers :

> Trois fois le jour vient, etc.,

trois mis au lieu de deux est une erreur de l'observateur ou du copiste. Tout ce qu'on voit à Messine s'accorde également avec ce qu'Homère dit des lotophages. Si quelque chose diffère, on doit l'attribuer au temps, au défaut de notions ; on doit l'attribuer surtout aux licences de la poésie, qui se compose d'historique, de dispositif et de mythique. Les poètes se proposent pour but : dans l'historique, d'exprimer la vérité, comme quand, au livre du dénombrement (2e livre), Homère rappelle les traits caractéristiques de chaque lieu, et qualifie les cités de puissance, de frontière, de féconde en colombes, de maritime ; dans le dispositif, d'animer, comme quand il décrit les combats ; dans le mythique, de plaire et d'étonner. Tout inventer, c'est renoncer à paraître croyable, et ce n'est pas en ce genre qu'Homère a composé, car tous regardent sa poésie comme vraiment philosophique. Nul n'en juge comme Ératosthène, qui ne veut pas que dans aucun poème on cherche ni la saine raison ni l'histoire..... Lorsque Ulysse nous dit :

> De là, durant neuf jours,
> Des vents pernicieux, malgré moi m'emportèrent,

probablement nous devons entendre qu'il erra dans une espèce de mer assez peu étendue (car des vents pernicieux ne font pas cheminer droit), et non qu'il fut entraîné jusque sur l'Océan, comme si des vents constamment favorables eussent pu l'y porter. En effet, ajoute Polybe (après avoir compté 22,500 stades de distance des Malées aux Colonnes), supposons que le trajet eût été fait d'une vitesse également soutenue pendant neuf jours, c'eût été pour chaque jour 2,500 stades. Or, a-t-on jamais ouï dire que les 4,000 stades qui se comptent d'Alexandrie jusqu'à Rhodes ou la Lycie aient été faits en deux jours? Quant à ceux qui demandent comment Ulysse, ayant abordé trois fois en Sicile, n'aurait pas une seule fois traversé le détroit, on leur répondra que bien des siècles encore après lui on évitait soigneusement ce passage. »

Ainsi parle Polybe, et en général il dit bien. Toutefois, lorsqu'il prétend qu'Ulysse n'a point pénétré jusque sur l'Océan, et que pour le prouver il combine exactement les journées de navigation avec les distances, il est inconséquent à l'excès. En effet Polybe tout à la fois cite le poète,

Des vents pernicieux malgré moi m'emportèrent ;

et il ne le cite pas ; car Homère a dit également :

Mais du fleuve Océan bientôt suivant le cours,
Le vaisseau...

Comme aussi :

Dans l'île d'Ogygée, au milieu de la mer,

où selon lui habitait la fille d'Atlas ; à quoi on peut ajouter ce qu'il fait dire par les Phocéens :

Reculés dans le sein de la mer ondoyante,
Nous vivons séparés du reste des humains.

Tous passages dans lesquels évidemment il s'agit de la mer Atlantique, et que Polybe omet pour détruire le sens des expressions les plus claires ; mais quand il soutient qu'Ulysse erra autour de la Sicile et de l'Italie, il a raison [1].

FRAGMENT VI.

Polybe, dans sa description des diverses contrées de l'Europe [2], annonce qu'il ne parlera point des anciens géographes, mais qu'il examinera les opinions de ceux qui les ont critiqués, comme, par exemple, celles de Dycéarque et d'Ératosthène, le dernier des auteurs qui jusqu'alors eussent travaillé sur la géographie ; comme encore celle de ce Pythéas par qui tant de monde s'en est laissé imposer. En effet c'est Pythéas qui prétend avoir parcouru toutes les parties accessibles de la Bretagne et qui dit que la circonférence de cette île a plus de 40,000 stades [1]. C'est Pythéas qui nous parle de Thulé et de ces régions où il ne subsiste plus de terre proprement dite, ni mer ni air, mais où l'on trouve seulement une espèce de concrétion de ces élémens, semblable au poumon marin, « matière, nous dit-il, qui enveloppant de tous côtés la terre, la mer, toutes les parties de l'univers, en est comme le lien commun, et au travers de laquelle on ne saurait naviguer ni marcher ; » à quoi il ajoute que, quant à la matière pareille à la substance du poumon marin, il peut attester qu'elle existe, parce qu'il l'a vue, mais que le reste il le rapporte sur la foi d'autrui. Tels sont les récits de ce voyageur qui de plus assure qu'à son retour de ces contrées il parcourut toutes les côtes de l'Europe sur l'Océan, depuis Gadès jusqu'au Tanaïs.

« Mais, nous dit Polybe, un particulier, et un particulier peu riche, comme Pythéas, a-t-il donc pu faire des voyages de si long cours, tant par terre que par mer ? Comment Ératosthène, doutant s'il devait en général ajouter foi aux relations de ce navigateur, les adopte-t-il en particulier à l'égard de la Bretagne, de Gadès et de l'Ibérie ? Autant et mieux vaudrait s'en rapporter à Évhémère de Messine. Au moins celui-ci ne prétend-il avoir été par mer que dans une seule contrée inconnue, dans la Panchaïe ; l'autre se donne pour avoir visité toute l'Europe septentrionale jusqu'aux bornes du monde. Hermès lui-même se vantât-il d'en avoir fait autant, on ne le croirait pas. Toutefois Ératosthène, qui traite Évhémère de bergéen [2], veut croire aux récits de Pythéas, et cela quand Dycéarque lui-même n'y croit pas. »

L'idée d'ajouter foi à Pythéas, quand Dycéarque lui-même n'y croit pas, est bizarre. On

---

[1] Strabon, l. I, p. 29.
[1] Strabon, l. II, ch. III, trad. de La Porte du Theil, cor.

[1] Suivant M. Josselin, les côtes d'Angleterre, en en suivant toutes les sinuosités, ont en effet 42,000 stades de circuit.

[2] Antiphane de Bergée s'était fait connaître par ses mensonges, et son nom était devenu synonyme d'imposteur.

dirait qu'Ératosthène eut dû se régler sur celui que si souvent Polybe est le premier à critiquer. Au reste, nous avons déjà dit qu'Ératosthène parlait peu pertinemment des parties occidentale et septentrionale de l'Europe. On doit le lui pardonner ainsi qu'à Dycéarque ; ni l'un ni l'autre ne connaissaient les régions par eux-mêmes ; mais quelle excuse reste-t-il à Posidonius ainsi qu'à Polybe [1], et surtout à ce dernier qui traite de ouï-dire populaires, ce qu'Ératosthène et Dycéarque rapportent concernant les distances respectives des lieux dans certaines contrées, tandis que lui-même, non seulement sur bien d'autres points, mais encore sur ceux à l'égard desquels il reprend l'un et l'autre, n'est pas exempt d'erreur ?

Dycéarque compte 10,000 stades du Péloponèse aux Colonnes d'Hercule et plus de 10,000 stades du Péloponèse au fond du golfe Adriatique. Des 10,000 stades qui, selon lui, doivent se trouver entre le Péloponèse et les colonnes d'Hercule, il en assigne 3,000 à la partie qui s'étend depuis le Péloponèse jusqu'au détroit de Sicile ; restent 7,000 pour le trajet depuis ce détroit jusqu'aux Colonnes.

« Je n'examine point, dit Polybe, si la distance du Péloponèse au détroit de Sicile est effectivement de 3,000 stades ; mais quant aux 7,000 autres stades, ils ne sauraient former la mesure exacte du trajet depuis le détroit de Sicile jusqu'aux Colonnes, soit en longeant la côte, soit en traversant la mer ; et je le prouve. La côte forme une espèce d'angle obtus dont les côtés aboutissent, l'un au détroit de Sicile, l'autre aux Colonnes, et dont le sommet est à Narbonne. Nous pouvons donc supposer un triangle ayant pour base une ligne droite tirée au travers de la mer, et pour côtés ceux qui forment l'angle dont il vient d'être parlé. Celui de ces côtés qui tend du détroit de Sicile à Narbonne a plus de 11,200 stades, l'autre n'en a guère moins de 8,000. On convient d'ailleurs que le plus long trajet d'Europe en Lybie, au travers de la mer Tyrrhénienne, n'est pas de plus de 3,000 stades, et qu'au travers de la mer de Sardaigne il est encore moins long. Mais posons qu'au travers de la mer de Sardaigne ce trajet soit aussi de 3,000 stades ; puis, en sus de ces données, prenons comme mesure d'une perpendiculaire abaissée du sommet de l'angle obtus du triangle sur sa base, les 2,000 stades de profondeur que le golfe Galatique peut avoir à Narbonne ; dès lors il suffira des notions géométriques d'un enfant pour reconnaître que la longueur totale de la côte, depuis le détroit de Sicile jusqu'aux Colonnes d'Hercule, ne surpasse que d'environ 500 stades la ligne droite tirée au travers de la mer. Ajoutez à cette ligne les 3,000 stades qui forment la distance du Péloponèse au détroit de Sicile, vous aurez en total, pour la ligne droite du Péloponèse aux Colonnes, plus du double de stades que Dycéarque n'en assigne ; et dans son système, vous devrez en compter encore davantage pour le trajet du Péloponèse au fond du golfe Adriatique. »

Oui sans doute, répondra-t-on à Polybe, sur ce dernier point, l'erreur de Dycéarque devient évidente par la preuve que vous-même en donnez lorsque vous comptez du Péloponèse à Leucade 700 stades, de Leucade à Corcyre 700, de Corcyre aux monts Cérauniens 700, des monts Cérauniens, en suivant à droite la côte d'Illyrie, jusqu'à l'Iapygie, 6,150 ; mais quant à la distance depuis le détroit de Sicile jusqu'aux Colonnes d'Hercule, on trouvera également faux et le calcul par lequel Dycéarque ne le fait que de 7,000 stades et celui dont vous pouvez avoir démontré la justesse : car l'opinion la plus généralement reçue est que cette distance, prise directement au travers de la mer, doit être de 12,000 stades : calcul qui s'accorde avec la longueur que l'on donne à la terre habitée. Cette longueur est supposée au plus de 70,000 stades, dont environ 30,000 se prennent pour la portion qui s'étend vers l'ouest, depuis le golfe d'Issus jusqu'à l'extrémité la plus occidentale de l'Ibérie, et se compte ainsi : du golfe d'Issus à Rhodes 5,000 stades ; de Rhodes au cap Salmonéon, qui forme l'extrémité orientale de la Crète, 1,000 ; pour la longueur de la Crète

---

[1] Posidonius et Polybe avaient beaucoup voyagé dans les parties occidentales de l'Europe, principalement en Espagne.

jusqu'au Criu-Métopon plus de 2,000 ; de là au cap Pachynum en Sicile 4,500 ; du cap Pachynum au détroit de Sicile plus de 1,000 ; du détroit de Sicile aux Colonnes d'Hercule 13,000 ; enfin des Colonnes à l'extrémité du promontoire sacré de l'Ibérie, environ 3,000.[1]

De plus, la mesure de la perpendiculaire dont parle Polybe n'est point juste, si toutefois il est vrai que le parallèle de Narbonne est à peu près celui de Marseille[2], et que Marseille, comme Hipparque lui-même en est persuadé, se trouve sous le parallèle de Bysance[3]. En effet la ligne tirée directement au travers de la mer suit le parallèle de Rhodes et du détroit des Colonnes : or, entre Rhodes et Bysance, censées se trouver toutes deux sous le même méridien[4], on compte environ 5,000 stades : ainsi la perpendiculaire dont il s'agit devrait en avoir autant. Mais comme on prétend aussi que le plus grand trajet d'Europe en Lybie (Afrique) au travers de la Méditerranée, à partir du golfe Galatique, est de 5,000 stades, il doit y avoir ici de l'erreur ; ou bien il faudrait donc que dans cette partie les côtes de la Lybie avançassent beaucoup vers le nord et atteignissent le parallèle des Colonnes d'Hercule.

Polybe s'égare encore lorsqu'il suppose que cette même perpendiculaire doit passer près de l'île de Sardaigne ; elle passe bien plus à l'ouest, laissant entre elle et l'île toute la mer de Sardaigne, même presque toute la mer de Ligurie.

On peut dire aussi que la longueur assignée par Polybe aux côtes est exagérée[1], mais sur ce dernier article son erreur est moins forte que sur les deux autres.

Polybe s'attache à rectifier les erreurs d'Ératosthène et tantôt le reprend avec justice, tantôt se trompe plus que lui.

Par exemple Ératosthène compte d'Ithaque à Corcyre 300 stades; et Polybe plus de 900[2] D'Épidamne à Thessalonique[3], Ératosthène marque seulement 900 stades, et Polybe dit qu'il y en a plus de 2,000 : sur les deux points Polybe a raison.

Mais Polybe se trompe plus qu'Ératosthène lorsque, voyant que celui-ci avait compté 7,000 stades de Marseille au détroit des Colonnes et 6,000 depuis les Pyrénées jusqu'à ce même détroit, il veut qu'à partir des Pyrénées la distance jusqu'aux Colonnes n'ait guère moins de 8,000 stades, et qu'à prendre de Marseille elle soit de plus de 9,000[4]. Ératosthène à cet égard est plus près de la vérité. En effet l'on convient aujourd'hui que, sauf les détours de la route, la longueur totale de l'Ibérie prise des Pyrénées à la côte occidentale n'est pas de plus de 6,000 stades. Polybe donne au Tage, depuis sa source jusqu'à son embouchure, un cours de 8,000 stades, non pas en y comprenant les sinuosités auxquelles un géographe n'a jamais égard, mais en ligne droite, et cela bien que de la source du Tage aux Pyrénées il y ait encore plus de 1,000 stades[5].

[1] A ce calcul, les savans éditeurs français du Strabon ajoutent la récapitulation suivante de ces renseignemens comparés avec les connaissances modernes, en comptant les distances, comme on a coutume de le faire, d'Occident en Orient.

Désignation des lieux.	dist. partie. selon Strab.	distances selon les modernes.	erreurs de Strabon.
Du Cap Sacré de l'Ibérie au détroit des Colonnes.	3.000 st.	1,793	207
Du détroit des Colonnes au détroit de Sicile.	12,000	12,147	147
Du détroit de Sicile au cap Pachynum de la même île.	1,000	320	1,520
Du cap Pachynum au cap Criu-Métopon de l'île de Crète.	4,500	4,517	17
Du Criu-Metopon au cap Salmonium de la même île.	2,000	1,684	316
Du cap Salmonium à Rhodes.	1,000	810	190
De Rhodes à Issus, dans le golfe du même nom.	5,000	4,665	335
	28,500		

[2] Les latitudes de Narbonne et de Marseille ne diffèrent en effet que de 6° 51'' (Gosselin).
[3] Les latitudes de Marseille et de Bysance ou Constantinople diffèrent au contraire de 2° 16' 21'' (Gosselin).
[4] Les méridiens de Rhodes et de Bysance diffèrent entre eux de 1° 0' 4'' (Gosselin).
[5] Le fond du golfe Galatique ou Celtique est pris ici à Narbonne. Sa distance droit au sud jusqu'au cap Beringuet, sur les côtes d'Afrique, est de plus de 4,800 stades de 700.

[1] Cette longueur, prise le long de toutes les côtes, est assez juste. Elle ne paraît excessive dans Polybe que parce qu'il l'employait en ligne droite (Gosselin).
[2] Les 900 stades de Polybe sont assez justes, depuis Ithaque jusqu'à l'île de Corcyre, en stades de IIII 1/9 (Gosselin).
[3] D'Epidamne, aujourd'hui Durazzo, jusqu'à Thessalonique, maintenant Salonique, nos cartes mettent 2,100 stades de 700 à l'ouverture du compas (Gosselin).
[4] Ces mesures sont prises, le long des côtes, en stades de 700. De Marseille aux Colonnes il y en a 9,500, et du cap de Creus aux Colonnes 7,580. Ainsi, Polybe a mieux connu ces distances qu'Eratosthène, quoi qu'en dise Strabon (Gosselin).
[5] Des sources du Tage à son embouchure il y a, en ligne droite, environ 7,000 stades de IIII 1/9, et des sources de ce fleuve aux Pyrénées 2,500 stades pareilles (Gosselin).

C'est sans doute avec fondement que Polybe accuse Ératosthène de connaître peu l'Ibérie, et de se contredire quelquefois lui-même au sujet de ce pays : véritablement, comme Polybe le remarque, après avoir annoncé en un endroit de son ouvrage que les parties de cette contrée sises sur la mer extérieure, jusqu'à Gadès, doivent être habitées par les Galates[1], ce qu'il paraît bien établir en affirmant que ceux-ci occupent toute l'Europe occidentale jusqu'à Gadès, Ératosthène oublie ensuite ce point dans sa description de l'Ibérie et n'y fait aucune mention des Galates.

Mais quand Polybe veut prouver que la longueur de l'Europe n'égale point celle de la Lybie (l'Afrique) et de l'Asie réunies, la comparaison qu'il établit entre ces trois parties de la terre habitée n'est pas juste. « La direction du détroit des Colonnes, nous dit-il, répond au couchant équinoxial, et celle du Tanaïs part du levant d'été. L'Europe comparée à la Lybie et à l'Asie prises ensemble a donc de moins qu'elles, en longueur, tout l'intervalle qui sépare le levant d'été du levant équinoxial, puisque cette portion du demi-cercle septentrional se trouve occupée par l'Asie. »

FRAGMENT VII.

Plusieurs parties de l'Europe forment comme autant de grands promontoires[2] qui s'avancent beaucoup dans la mer. Polybe distingue ces promontoires mieux qu'Ératosthène, mais point encore assez bien. Ératosthène n'en compte que trois, dont l'un, aboutissant vers les Colonnes d'Hercule, renferme l'Ibérie ; l'autre, se prolongeant vers le détroit de Sicile, contient l'Italie ; le troisième, terminé par le cap des Malées embrasse tous les pays situés entre la mer Adriatique et le Pont-Euxin et le Tanaïs. A l'égard des deux premiers promontoires, Polybe ne diffère point d'Ératosthène, mais selon lui le troisième, dont le cap Sunium forme l'extrémité autant que le cap des Malées, ne comprend que l'Illyrie, la Grèce entière et une portion de la Thrace. D'après cela il en compte un quatrième qui, contenant avec la Chersonèse de Thrace les pays voisins du détroit situé entre les villes de Sestos et d'Abydos, est occupé par les Thraces ; puis un cinquième qui aboutit vers le bosphore Cimmérien, à l'embouchure du Palus-Méotide.

FRAGMENT VIII.

Polybe de Mégalopolis, en parlant dans son livre XXXIV des pays d'Ibérie et de Lusitanie[1], dit que dans les profondeurs de la mer il y a des chênes à glands dont se nourrissent et s'engraissent les thons. Ce ne serait donc pas s'éloigner beaucoup de la vérité que de dire que les thons sont des espèces de porcs de mer et que, semblables aux cochons de terre, ils se nourrissent et s'engraissent à l'aide de glands.

FRAGMENT IX.

Polybe prétend que la mer pousse ces glands jusque sur les côtes du Latium, à moins, ajoute-t-il qu'il n'en croisse de semblables en Sardaigne et dans les pays voisins de cette île [2].

FRAGMENT X.

Polybe, en décrivant dans son livre XXXIV la félicité de la Lusitanie, pays de l'Ibérie que les Romains appellent Hispania (Espagne), raconte que dans ce pays telle est l'excellence de la température, que la race humaine et les autres animaux y sont très-prolifiques, et que les fruits n'y meurent jamais. Les roses, les lis, les asperges et autres fruits semblables n'y manquent que pendant trois mois de l'année. La nourriture qu'on y tire de la mer est aussi plus abondante, meilleure et plus belle que dans notre mer. On achète pour un drachme un boisseau d'orge. Un boisseau de froment se vend pour neuf oboles d'Alexandrie ; l'amphore de

---

[1] Il est ici question des Galates ou Celtes, qui habitaient les parties occidentales de l'Espagne, et particulièrement de ceux des environs du cap Sacré (cap St-Vincent), au-dessus de Cadix, entre l'ancienne Anas, la Guadiana d'aujourd'hui, et le Tage. Il paraît que le nom de Celtes a été commun dans la haute antiquité à presque toutes les nations occidentales de l'Europe.

[2] Strabon, p. 108.

[1] Athénée, l. VII, t. 4.
[2] Strabon, p. 148.
[3] Athénée, l. VIII, au commencement.

vin, pour un drachme; un chevreau de moyenne grosseur, pour trois ou quatre oboles; un lièvre autant; un agneau, trois ou quatre oboles; un porc gras pesant cent livres, cinq drachmes; une brebis, deux drachmes; un figuier, trois oboles; un veau, cinq drachmes; un bœuf propre au joug, dix. La chair des animaux n'a presque aucune valeur, on la distribue gratuitement, ou on l'échange contre d'autres marchandises.

FRAGMENT XI[1].

Du fleuve Bétis[2] la contrée a pris le nom de Bétique, comme elle a pris celui de Turditanie de ses habitans qui s'appellent Turditans ou Turdules. Ces deux noms, suivant quelques-uns, ne désignent qu'un même peuple, mais d'autres pensent qu'ils désignent deux peuples différens. Polybe est de ce dernier sentiment, puisqu'il dit que les Turdules sont au nord des Turditans.

. . . .

A l'avantage d'un pays fertile[3], la Turditanie joint celui des mœurs douces et civilisées de ses habitans, ce qui, suivant Polybe, doit s'entendre aussi des Celtiques, non seulement à cause du voisinage de ces peuples, mais encore parce qu'ils sont unis aux Turditans par les liens du sang. Ils sont cependant moins civilisés que ces derniers, parce qu'ils vivent dispersés dans des villages.

FRAGMENT XII.

Dicéarque, Ératosthène, Polybe et la plupart des écrivains grecs placent les Colonnes près du détroit[4].

FRAGMENT XIII.

Polybe raconte[5] que dans le temple d'Hercule, bâti dans l'île de Gadès, il y a une source d'eau potable dans laquelle on descend par un petit nombre de degrés; que cette source éprouve des accroissemens et des décroissemens régulièrement opposés au flux et reflux de la mer, de manière que lorsque celle-ci est basse, la source est pleine d'eau, et qu'elle tarit quand la mer est haute. Il donne pour cause de ce phénomène l'air qui s'échappe de l'intérieur de la terre. Lorsque la haute marée vient à couvrir la surface de cette dernière, l'air, ne pouvant plus s'exhaler par ses soupiraux naturels, retourne dans l'intérieur, bouche les conduits de la source et la fait tarir; mais dès que la mer se retire, reprenant sa route ordinaire, il laisse les conduits libres, et les eaux jaillissent en abondance.

FRAGMENT XIV.

Polybe, en parlant des mines d'argent[1] qui existent près de Carthage-la-Neuve, dit qu'elles sont à 20 stades de la ville; qu'elles sont si vastes, qu'elles embrassent un terrain de 400 stades de circonférence; qu'elles occupent habituellement 40,000 ouvriers, dont le travail rapporte au peuple romain 25,000 drachmes par jour[2]. Je n'entre pas dans le détail de toutes les opérations d'exploitation, ce qui serait trop long; je me borne à ce que Polybe rapporte de la manière dont on traite le minerai d'argent que les fleuves et les torrens entraînent. Après l'avoir trouvé et tamisé dans des sacs sur l'eau, ce qui reste on le sépare de l'eau, on le broie de nouveau, et après l'avoir tamisé de la même manière, on le broie et on le ressasse encore, ce qui se répète jusqu'à cinq fois; après quoi on fait fondre la matière pulvérisée que le feu débarrasse du plomb qu'elle contient, et l'argent reste pur. Ces mines d'argent existent encore aujourd'hui; mais là et ailleurs elles n'appartiennent plus à l'état; ce sont des particuliers qui en ont pris possession. Celles d'or au con-

---

[1] Strabon, l. III, p. 129.
[2] Plus anciennement on l'appela Tartessus. Les naturels du pays lui donnèrent aussi, suivant Étienne de Byzance, le nom de Percès, et suivant Tite-Live, celui de Cirtius. Ces deux derniers noms ne sont vraisemblablement que le même nom, altéré par les copistes. Aujourd'hui on le nomme *Guad-al-Kibir*, ce qui, en arabe, signifie grand fleuve.
[3] Strabon, l. III, p. 151.
[4] Strabon, l. III, p. 170.
[5] Strabon, l. III, p. 172.

[1] Strabon, l. III, p. 147.
[2] Ce qui ferait plus de 9,000,000 de livres de notre monnaie par an, et plus de 82,000,000 dans l'espace de dix ans. La fameuse mine de Kremnitz, en Hongrie, a fourni, en or et en argent, de 1749 à 1759, la valeur de 84,000,000 de livres.

traire appartiennent pour la plus grande partie à l'état.

FRAGMENT XV.

Selon Polybe[1], le Bétis[2] et l'Anas[3] ont leurs sources dans la Celtibérie, quoique éloignés l'un de l'autre par un espace de 900 stades[4].

FRAGMENT XVI.

Polybe[5], dans la description qu'il fait des peuples vaccéens et celtibères et de leur pays, met au nombre des autres villes Segesama et Interc aia.

FRAGMENT XVII.

Polybe[6] décrit de semblables édifices, remarquables par leur structure et l'éclat de leurs ornemens, en parlant d'un certain roi d'Ibérie qu'il montre comme ambitieux de rivaliser avec le luxe de la Phénicie. Seulement au milieu de la maison se trouvaient des vases d'or et d'argent toujours remplis de vin d'orge[7].

FRAGMENT XVIII.

Polybe, dans son livre XXXIV[8], rapporte que depuis les Pyrénées jusqu'à Narbonne, on trouve des plaines dans lesquelles coulent l'Ilebernis et le Roscinus, près des villes de ce nom habitées par les Celtes. Dans ces plaines, on trouve habituellement des poissons auxquels les habitans donnent le nom de fossiles. Le sol y est très-léger et couvert d'un gazon très-fin. Si l'on creuse à deux ou trois coudées au-dessous de cette terre, on trouve une couche de sable, et au-dessous de cette dernière couche on rencontre des sources qui proviennent de fleuves errant ainsi dans les parties souterraines. Les poissons pénètrent avec cette eau partout où elle se répand pour chercher leur nourriture; ils aiment en effet beaucoup les racines du gazon. Ainsi toute cette plaine est remplie de poissons souterrains, que les hommes déterrent et prennent.

FRAGMENT XIX.

Quant aux bouches du Rhône[1], Polybe prétend qu'il n'en a que deux, et il blâme Timée de lui en avoir donné cinq.

FRAGMENT XX.

La Loire[2] se décharge entre les Pictones et les Namnètes[3]. Autrefois il y avait sur ce fleuve une place de commerce, nommée Corbilon[4]; Polybe en parle à l'occasion des fables qu'avait débitées Pythéas au sujet de l'île de Bretagne. « Les Marseillais, dit-il, dans un entretien qu'ils eurent avec Scipion[5], ayant été questionnés sur cette île, aucun d'eux n'eut rien à dire de remarquable. Il en fut de même des habitans de Narbonne et de Corbilon; ils n'en étaient pas plus instruits que ces derniers, quoique ces deux villes fussent les plus considérables de ce canton. Pythéas seul osa débiter beaucoup de mensonges sur l'île de Bretagne.

FRAGMENT XXI.

Polybe raconte[6], qu'il naît dans les Alpes un animal d'une forme singulière. Il ressemble à un cerf, si ce n'est que par le cou et le poil il tient du sanglier; il porte sous le menton une caroncule de la forme d'un cône, velue à son extrémité, longue à peu près d'un empan et aussi grosse que la queue d'un cheval[7].

---

1 Strabon, l. III, p. 148.
2 Guad-al-Kibir.
3 Guadi-ana.
4 900 stades de 700 valent de 25 à 26 lieues; c'est assez exactement la distance depuis les sources du Guad-al-Kibir, près de Cazorla, jusqu'aux lagunes voisines de la Villa-Parta. Ces lagunes, qui portent le nom de *Ojo-de-Guadiana*, ont toujours passé pour être les sources de ce fleuve, quoiqu'il reçoive de rivières qui viennent de plus loin (Gosselin).
5 Strabon, l. III, p. 162.
6 Athénée, l. I, c. 44.
7 Cervoise ou bière.
8 Athénée, l. VIII, c. 2.

1 Strabon, l. IV, p. 183.
2 Strabon, l. IV, p. 190.
3 Poitiers a été la capitale des *Pictones* ou *Pictavi*, et Nantes la capitale des *Namnetes*.
4 On croit assez communément que Corbilon répondait à un lieu nommé actuellement Couëron, sur le bord septentrional de la Loire, à 2 lieues à l'ouest de Nantes. Couëron a un petit port où on carène des vaisseaux (Gosselin).
5 Scipion Emilianus.
6 L. IV, p. 207.
7 C'est l'élan (cervus alcos). Cet animal n'existe plus en France ni dans les Alpes. Le mâle porte cette caroncule ou loupe charnue dont parle Polybe, et qui est un des caractères qui le distinguent du cerf, auquel d'ailleurs il ressemble beaucoup.

LIVRE XXXIV. — FRAGMENT XXV.

FRAGMENT XXII[1].

Polybe rapporte que, de son temps, on trouva chez les Taurisci-Norici [2] aux environs d'Aquilée, des mines d'or si riches qu'en creusant la terre de deux pieds seulement on rencontrait l'or et que les fouilles ordinaires n'allaient pas au-delà de quinze pieds ; qu'une partie était de l'or natif, en grains de la grosseur d'une fève ou d'un lupin, qui, au feu, ne diminuait que d'un huitième ; et que le reste quoique ayant besoin d'être plus épuré, donnait encore un produit considérable. Il ajoute que des Italiens [3] s'étant associés aux Barbares pour exploiter ces mines, dans l'espace de deux mois le prix de l'or baissa d'un tiers dans toute l'Italie, et que les Taurisci, s'en étant aperçus, chassèrent leurs collaborateurs étrangers et vendirent seuls ce métal.

FRAGMENT XXIII.

Polybe, en parlant de l'étendue et de la hauteur des Alpes, [4] compare avec celles-ci les montagnes les plus considérables de la Grèce, telles que le Taygète, le Lycée, le Parnasse, l'Olympe, le Pélion, l'Ossa, et celles de Thrace, l'Hémus, le Rodope et le Dunax ; et il ajoute qu'un homme sans bagage pourrait aisément parvenir au bout de chacune de ces montagnes en un seul jour à peu près, ou en faire le tour dans le même espace de temps : on sait que deux jours ne suffisent pas pour monter au haut des Alpes. Quant à leur étendue le long des plaines, il dit qu'elle va jusqu'à 2,200 stades [5] et ne nomme que quatre passages de ces montagnes : l'un par la Ligurie, près de la mer Tyrrhénienne [1]; un autre qui est celui par lequel Annibal passa, et qui traverse le pays des Taurini [2]; un troisième qui passe par le pays des Salassi [3] et un quatrième par celui des Rhœti [4]; tous quatre sont, dit-il, pleins de précipices.

Il rapporte enfin qu'il y a dans ces montagnes plusieurs lacs dont on compte trois forts grands : ce sont le lac Benacus, [5] qui a 800 stades de longueur sur 50 de largeur, et duquel sort le fleuve Mincius [6]; le lac Verbanus [7], long de 400 stades et moins large que le précédent : il donne naissance au fleuve Ticinus [8]; le troisième est le lac Larius [9], long de près de 300 stades sur 30 de largeur : il donne naissance à l'Adda, fleuve considérable. Tous ces fleuves vont se jeter dans le Pô.

FRAGMENT XXIV.

Polybe [10] dit qu'il naît à Capoue un vin excellent de l'anadendron et qu'on ne saurait rien lui comparer.

FRAGMENT XXV.

Suivant Polybe [11], du cap. Iapygien [12] jusqu'au détroit de Sicile, on compte par terre, en suivant la côte, au moins 3,000 stades, et toute la côte est baignée par la mer de Sicile ; mais par mer il y a 500 stades de moins.

---

1 Strabon, l. IV, p. 208.
2 Sous cette double dénomination, Polybe comprenait les peuples du Frioul, de la Carniole, de la Carinthie, de la Styrie et d'une partie de la Hongrie. Ces contrées renferment des mines d'or, d'argent, de mercure, de cuivre, de fer, etc., que l'on exploite encore avec avantage (Gosselin).
3 Ces Italiens entrèrent aussi en Espagne et y entreprirent également l'exploitation des mines.
3 Strabon, l. IV, p. 209.
4 Le Taygète est une chaîne de montagnes de la Laconie, près de Sparte ; le Lycée est en Arcadie, le Parnasse en Phocide, l'Olympe, le Pélion et l'Ossa dans la Thessalie, l'Hémus ou Hémus, et le Rodope ou Rhodope sont aussi dans la Thrace, le Dunax doit y être aussi ; c'est, je pense, le Donuca que Tite-Live (l. X, c 54) dit être une montagne très-élevée de la Thrace (Gosselin).
5 Polybe, ainsi que Strabon, étendait les Alpes depuis les environs de Marseille jusque au-delà du golfe Adriatique : et cette longueur doublerait les 2,000 stades dont il est question ici. Il me paraît évident, d'après les expressions mêmes de Polybe (l. II, c. 14), que cet auteur n'a entendu donner que la longueur des plaines situées au pied des montagnes qui bordent l'Italie au nord. Et en effet, la distance, en ligne droite, depuis le pied des Alpes, pris aux environs de Rivoli ou de Pignerol, jusque vers Rovigo, où commencent les marais formés aux embouchures de l'Adige et du Pô, est de 65 lieues, qui valent 2,200 stades de 700 au degré (Gosselin).

1 C'est la route appelée la Corniche, d'Antibes à Gènes, par Nice, Monaco, Oniglia, Albenga, Savonne.
2 Par Briançon et le mont Genèvre.
3 Par le val d'Aost.
4 De Milan è Bregnez, par le lac de Côme et Coire. C'est la route du Splügen.
5 Lac de Garda.
6 Le Mincio.
7 Lac Majeur.
8 Le Tésin.
9 Lac de Como.
10 Athénée, l. I ch. 24.
11 Strabon, l. V, p. 211.
12 Cap de Leuca.

FRAGMENT XXVI.

On dit que la plus grande longueur de la Tyrrhénie, devant se prendre sur la côte, depuis Luna [1] jusqu'à Ostia, est de 2,500 stades, et que la plus grande largeur, qui se prend depuis la mer jusqu'aux montagnes, est de moitié moindre. On compte de Luna jusqu'à Pise plus de 400 stades, de Pise à Volaterra 290, de Volaterra jusqu'à Poplonium 270, de Poplonium jusqu'auprès de Cossa [2] 800, et selon quelques auteurs seulement 600, ce qui donne pour la distance de Luna jusqu'à Cossa 1760 ou au moins 1560 stades. Mais, suivant Polybe, cette distance n'est pas en totalité de 1460 stades [3].

FRAGMENT XXVII.

L'île d'Æthalia [4] a un port appelé Argoüs [5] nom déduit, à ce que l'on prétend, de celui du navire Argo.... Polybe, dans son livre XXXIV [6], dit que l'île d'Æthalia s'appelait Lemnos.

FRAGMENT XXVIII.

Depuis Sinuesse [7] jusqu'à Misenum la côte forme un golfe assez vaste, après lequel il s'en présente un autre bien plus grand que l'on nomme le Cratère, fermé par deux caps, le Misenum et l'Athénœum [8]. C'est le long du rivage de ces golfes qu'est située la Campanie. Ce pays de plaines, le plus heureux que l'on connaisse, est totalement environné tant par des collines très fertiles que par les montagnes des Samnites et des Osci. Antiochus [9] prétend que la Campanie fut jadis habitée par les Oscici qui, selon lui, s'appelaient aussi Amones. Polybe paraît distinguer ces deux peuples, car il dit que les Oscici et les Amones habitaient la contrée voisine du Cratère.

FRAGMENT XXIX.

Polybe dit [1] que les distances, à partir de l'Iapygie, ont été mesurées en milles; que de l'Iapygie jusqu'à la ville de Sila on trouve 562 milles, et que de Sila jusqu'à la ville d'Acylina il y a 178 milles.

FRAGMENT XXX.

Polybe compte [2] au plus 2,300 stades depuis le détroit de Sicile jusqu'au cap Lacinium, et 700 stades de Lacinium, lieu consacré à Junon, jadis très riche et rempli d'une multitude d'offrandes, au cap Iapygien. Ce dernier intervalle forme ce qu'on appelle l'ouverture du golfe de Tarente.

FRAGMENT XXXI.

Polybe nous dit [3] : « Des trois escaliers d'Hiera l'un est en partie détruit; mais il en subsiste deux dont le plus vaste présente un orifice rond de cinq stades de tour ; cet orifice se rétrécit en forme d'entonnoir jusqu'au point où il n'a plus que cinquante pieds de diamètre, et où il se trouve élevé d'un stade au dessus du niveau de la mer, qui s'aperçoit au fond du Cratère quand l'air est serein. »

Si ces rapports sont croyables, peut-être faut-il aussi ne pas rejeter les traditions mythiques concernant Empédocle. « Chaque fois, ajoute Polybe, que c'est le vent du sud qui doit souffler, il se forme autour de l'île un nuage ténébreux qui empêche d'apercevoir la Sicile; mais quand c'est le vent du nord, on voit s'élever du Cratère, dont il vient d'être parlé, des flammes claires, et le bruit qui en sort est plus violent. L'effet du vent d'ouest tient une sorte de milieu entre les effets respectifs de ces deux vents. Les autres cratères sont semblables à celui-ci pour la forme, mais leurs exhalaisons ne sont pas aussi fortes. Se-

---

1 Près de l'embouchure de la Magra.
2 Dans le golfe d'Orbitello.
3 La différence des mesures de Strabon d'avec celles de Polybe vient de ce que la côte est très sinueuse entre Poplonium et Cossa, et que les distances de cette partie de la navigation étaient données par Polybe de cap en cap, et par Strabon le long des côtes (Gosselin).
4 L'île d'Elbe.
5 Porto Ferraio.
6 Strabon, l. V, p. 224.
7 Strabon, l. V, c. X.
8 Punta di Miseno et Punta della Campanella.
9 Ancien historien.

1 Strabon, l. VI, p. 285.
2 Strabon, l. XI, p. 261.
3 Strabon, l. VI, p. 276.

lon l'intensité du bruit comme suivant l'endroit d'où commencent à sortir les exhalaisons, les flammes et la fumée, on peut prédire quel vent soufflera dans trois jours; quelquefois même, d'après le calme total des vents à Lipara, les habitans du lieu ont prédit, et toujours sans se tromper, des tremblemens de terre.

FRAGMENT XXXII.

Près du Pont-Euxin[1] on trouve le mont Hœmus[2], qui est la plus haute des montagnes de ce pays. Il divise la Thrace presque en deux parties égales. Polybe se trompe lorsqu'il avance que du sommet de l'Hœmus on aperçoit les deux mers[3]; car, outre que la distance de cette montagne à la mer Adriatique est considérable, il y a dans l'intervalle trop d'obstacles pour que la vue puisse se porter jusqu'à cette mer.

FRAGMENT XXXIII.

Les premières[4] parties de la côte du golfe Ionien sont les environs d'Épidamne[5] et d'Apollonie[6]. De cette dernière ville on va en Macédoine par la voie Egnatia, dirigée vers l'est, et mesurée par des pierres milliaires jusqu'à Cypsèle et au fleuve Hébrus[7], ce qui comprend un espace de 535 milles[8]. Si, comme on fait ordinairement, on évalue le mille à 8 stades, on aura la somme de 4,280 stades; mais si l'on suit le calcul de Polybe, qui ajoute deux pléthres, c'est-à-dire un tiers de stade à chaque mille, on doit ajouter à la somme que nous venons de nommer 178 stades, ce qui fait le tiers de 535 milles. Ceux qui partent d'Épidamne et ceux qui partent d'Apollonie, après avoir parcouru une égale distance de chemin, se rencontrent au même point de la voie.

Toute cette voie porte le nom d'Egnatia; mais sa première partie porte encore celui de chemin de Candavie. Candavie est le nom d'une montagne d'Illyrie, où mène ce chemin, entre la ville de Lychindus[1] et un lieu nommé Pylon qui sépare l'Illyrie de la Macédoine. De là il passe près de Barenus, et va par Heraclée, par les Lyncestre et par les Eordi, à la ville d'Édesse, à celle de Pella et jusqu'à Thessalonique. Toute cette distance est, selon Polybe, de 267 milles[2].

FRAGMENT XXXIV.

Le circuit[3] du Peloponèse, sans suivre les contours des golfes, est de 4,000 stades, selon Polybe.

FRAGMENT XXXV.

Ce n'est pas[4] sans raison qu'Artémidore relève l'erreur de Polybe qui compte environ 10,000 stades depuis le cap Malée jusqu'à l'Ister[5] au nord. Artémidore assure qu'il n'y en a que 6,500. La cause de cette erreur est que Polybe ne parle point du plus court chemin, mais de celui qu'un général d'armée aura par hasard suivi.

FRAGMENT XXXVI.

Quant aux lieux[6] qui suivent en ligne droite le fleuve d'Euphrate et la ville de Tomisa, fort de la Sophène, jusqu'à l'Inde, les distances qu'Artémidore en donne sont conformes à celles d'Ératosthène. Polybe dit aussi que, pour ces lieux, il faut s'en rapporter de préférence à Ératosthène. Il commence par Samosata de la Comagène, située près du passage et du Zeugma[7] de l'Euphrate, et compte, depuis la frontière de la Cappadoce, près de Tomisa, jusqu'à cette ville, 450 stades.

[1] Strabon, l. VIII, p. 515.
[2] Le Balkan.
[3] Polybe parlait d'après l'opinion générale. Son contemporain Philippe II, roi de Macédoine, monta lui-même sur le sommet du mont Hœmus pour vérifier cette opinion, et il descendit sans la démentir, de peur qu'on ne se moquât de son voyage.
[4] Strabon, l. VIII, p. 322.
[5] Aujourd'hui Durazzo.
[6] Aujourd'hui Polina.
[7] Mariza.
[8] 142 lieues 2/3 de 20 au degré.

[1] Achrida.
[2] 267 milles romain valent 71 lieues 1/2.
[3] Strabon l. VIII, p. 335.
[4] Strabon, l. VIII, p. 389.
[5] Danube.
[6] Strabon, l. XIV, p. 663.
[7] Pont.

FRAGMENT XXXVII.

Polybe[1], qui visita la ville d'Alexandrie sous les rois, déplore amèrement la situation où il la trouva depuis. « Elle avait, dit-il, trois espèces d'habitans : 1° les Égyptiens ou natifs du pays, intelligens et soumis aux lois; 2° les mercenaires, très nombreux et indisciplinés : c'était en effet un ancien usage d'entretenir des troupes étrangères; mais la nullité des princes leur avait appris à commander plutôt qu'à obéir; 3° les Alexandriens qui, par la même raison, n'étaient pas faciles à gouverner; ils valaient cependant mieux que les mercenaires, parce que, bien que formés d'une population mêlée, ils étaient Grecs d'origine, et, comme tels, gardaient quelque chose, du caractère propre de la nation grecque. Au reste cette classe d'habitans fut presque anéantie, principalement par Évergète Physcon, sous le règne duquel Polybe vint à Alexandrie. Ce prince, irrité de leurs révoltes, les livra plusieurs fois à la fureur des soldats et les fit massacrer. D'après l'état de cette ville, ajoute le même auteur, il ne reste plus qu'à dire avec Homère :

Parcourir l'Égypte, route longue et pénible [1].

[1] Strabon, l. XIV, p. 797.

[1] Homère, Odyssée, l. V, 481.

LIVRE TRENTE-CINQUIÈME.

FRAGMENT I.

La guerre de feu [1].

Le nom de guerre de feu a été donné à celle que les Romains firent contre les Celtibériens. La manière dont fut conduite cette guerre et la série continuelle des combats qui s'y livrèrent sont vraiment dignes d'admiration. Les guerres germaniques et asiatiques sont habituellement terminées en une seule bataille, rarement en deux; et les batailles elles-mêmes se décident la plupart du temps par le premier choc et par l'attaque de toutes les troupes. Il en fut tout autrement dans la guerre dont nous parlons. C'était ordinairement la nuit qui mettait fin aux combats, attendu que les deux partis résistaient avec courage, et quelque fatigués qu'ils fussent, ils refusaient de donner aucun repos à leurs forces physiques, et qu'ensuite, comme ayant regret d'avoir quitté un instant le combat, ils revenaient avec une vigueur nouvelle et recommençaient le combat. L'hiver put à peine faire cesser toute guerre et arrêter tout combat partiel. Si jamais guerre mérita le nom de guerre de feu, ce fut certes celle-là.

FRAGMENT II.

Les Belles et les Tithes, alliés du peuple Romain, députent à Rome. — Les Arévaques, ses ennemis, y députent aussi. — Guerre contre ces derniers. — Courage de Scipion Æmilianus [1].

Après la trêve faite avec Marcus Claudius, les Celtibériens envoyèrent des ambassadeurs à Rome, et se tinrent tranquilles en attendant la réponse. Marcellus profita aussi de cet intervalle pour marcher contre les Lusitaniens. Il prit d'assaut Nergobrix, leur capitale, et passa l'hiver à Cordoue. Les députés des Belles et des Tithes, comme amis du peuple romain, furent reçus dans Rome; pour les Arévaques, dont on était mécontent, on leur

[1] Suidas au mot Πύρινος πόλεμος.

[1] Ambassade CXLI.

ordonna de séjourner sous des tentes au-delà du Tibre, jusqu'à ce que leur affaire eût été discutée. Le temps venu d'avoir audience du sénat, le consul les y conduisit séparément. Tout Barbares qu'ils étaient, ils firent un exposé très-net et très-sensé des différentes factions de leur contrée. Ils firent voir que si l'on ne punissait pas ceux qui avaient pris les armes contre les Romains comme ils méritaient d'être punis, ils ne manqueraient pas, dès que l'armée consulaire serait sortie du pays, de fondre sur les amis des Romains et de les traiter comme des traîtres à leur patrie; que si leur première faute demeurait impunie, bientôt ils brouilleraient de nouveau, et qu'après avoir résisté à la puissance romaine, il leur serait aisé d'entraîner dans leur parti toute l'Espagne. Sur ces raisons, ils demandèrent, ou qu'il y eût toujours une armée en Espagne, et qu'un consul fût envoyé chaque année pour protéger les alliés et les venger des insultes des Arévaques, ou qu'avant d'en retirer les légions, on tirât de la rébellion des Arévaques une vengeance si éclatante, qu'elle inspirât de la terreur à quiconque serait tenté de suivre leur exemple.

Les Belles et les Tithes s'étant retirés, on introduisit les Arévaques. Quoique dans leurs paroles ils affectassent quelque espèce d'humiliation, il ne fut pas difficile d'apercevoir qu'ils ne se croyaient pas vaincus, et que le fond de leur cœur ne répondait pas à leurs discours. Ils rejetèrent les échecs qu'ils avaient reçus sur l'inconstance de la fortune; ils dirent que les victoires qu'on avait remportées sur eux avaient long-temps été disputées; ils osèrent même insinuer qu'ils avaient eu de l'avantage dans les combats qu'ils avaient livrés aux Romains; que cependant, si on leur imposait quelque peine, ils s'y soumettraient volontiers, pourvu qu'après avoir par là expié leur faute, on les rétablît sur le pied de l'ancienne confédération que Tibérius Gracchus avait établie en Espagne.

Les Arévaques congédiés, on écouta les députés de Marcellus, sur le rapport desquels le sénat, ayant aperçu qu'ils penchaient à finir la guerre, et que le consul lui-même était plus favorable aux ennemis qu'aux alliés, répondit aux ambassadeurs des uns et des autres que Marcellus en Espagne leur ferait connaître les intentions du sénat. Dans la persuasion où il était que le conseil qu'avaient donné les Belles et les Tithes était avantageux à la république, que l'orgueil des Arévaques devait être réprimé, et que Marcellus n'osait par timidité continuer la guerre, il donna aux députés qu'il envoyait en Espagne un ordre secret de la continuer à outrance contre les Arévaques et d'une manière digne du nom romain. Comme on n'avait pris cette résolution que parce qu'on ne comptait pas beaucoup sur le courage de Marcellus, il pensa aussitôt après à donner un autre chef à l'armée d'Espagne, et qui devait être l'un des deux consuls, Aulus Posthumius Albinus et L. Licinius Lucullus, qui alors étaient entrés en exercice. On s'appliqua ensuite à faire de grands préparatifs. De là on attendait la décision des affaires de l'Espagne. Les ennemis subjugués, on se flattait que tous les peuples de ce continent recevraient la loi de la république dominante; au lieu que si l'on se relâchait, la fierté des Arévaques se communiquerait par contagion à toute la contrée.

Malgré le zèle et l'ardeur du sénat en cette occasion, quand il s'agit de lever des troupes, on vit une chose dont on eut lieu d'être extrêmement surpris. On avait appris à Rome par Quintus Fulvius et par les soldats qui avaient servi sous lui en Espagne l'année précédente, qu'ils avaient été obligés d'avoir presque toujours les armes à la main, qu'ils avaient eu des combats sans nombre à livrer et à soutenir, qu'une infinité de Romains y avaient péri, que le courage des Celtibériens était invincible, que Marcellus tremblait qu'on ne lui ordonnât de leur faire plus long-temps la guerre. Ces nouvelles jetèrent la jeunesse dans une si grande consternation, qu'à entendre parler les plus vieux Romains, on n'en avait jamais vu une semblable. Enfin l'aversion pour le voyage d'Espagne crut à un tel point, qu'au lieu qu'autrefois l'on trouvait plus de tribuns qu'on n'en demandait, il ne s'en présenta pas un seul pour cet emploi. Les anciens officiers, quoique désignés par les consuls pour marcher avec le général, refusèrent de le suivre. Ce qu'il y eut de plus déplorable, c'est que la jeunesse romaine, quoique citée, ne voulut pas se faire inscrire et, pour éviter l'enrôlement, se servit de prétextes qu'il était honteux d'expliquer, qu'on ne pouvait avec honneur approfondir, et dont la multitude ne permettait pas qu'on fît le châtiment.

Le sénat et les consuls attendaient avec inquiétude où aboutirait enfin l'imprudence de cette jeunesse, car c'est ainsi qu'on qualifiait alors sa résistance, lorsque Publius Cornelius Africanus, jeune encore, mais qui avait conseillé la guerre, saisit ce moment, où il voyait le sénat embarrassé, pour joindre à sa réputation de sagesse et de probité celle de bravoure et de courage qui lui manquait. Il se leva, et dit qu'il irait sans peine payer de ses services en Espagne, soit qu'on voulût qu'il y allât comme tribun ou comme lieutenant général ; qu'il était invité à aller en Macédoine pour une fonction où il aurait eu moins de risques à courir (et en effet les Macédoniens l'avaient demandé nommément pour pacifier quelques troubles qui s'étaient élevés dans le royaume) ; mais qu'il ne pouvait quitter la république dans des conjonctures si pressantes et qui appelaient en Espagne tous ceux qui avaient quelque amour pour la belle gloire. Ce discours surprit. On fut étonné que pendant que tant d'autres n'osaient se présenter, un jeune patricien offrît si généreusement ses services. On courut sur-le-champ l'embrasser ; le lendemain les applaudissemens redoublèrent ; car ceux qui auparavant avaient eu peur d'être enrôlés, craignant que la comparaison qu'on ne manquerait pas de faire du courage de Scipion avec leur lâcheté ne les perdît d'honneur, s'empressèrent ou à briguer les emplois militaires, ou à se faire inscrire sur la liste des enrôlemens. Scipion balança d'abord pour savoir s'il était à propos d'attaquer et de commencer avec les Barbares un combat singulier [1]. . . . .

. . . .
Le cheval de Scipion avait reçu une blessure très-grave, mais sans avoir été démonté. Scipion eut donc le temps de se dégager et de sauter à terre [2].

FRAGMENT III.

Mot de Caton sur les Achéens [3].

L'affaire des bannis d'Achaïe [4] était fort agitée dans le sénat, les uns voulaient les renvoyer dans leur patrie, les autres s'y opposaient. Caton, que Scipion, à la prière de Polybe, avait voulu interroger en faveur de ces bannis, se lève et prend la parole : « Il semble, dit-il, que nous n'ayons rien à faire, à nous voir disputer ici une journée entière pour savoir si quelques Grecs décrépits seront enterrés par nos fossoyeurs ou par ceux de leur pays. » Le sénat ayant décrété leur renvoi, Polybe, peu de jours après, demanda la permission de rentrer dans le sénat pour y solliciter le rétablissement des bannis dans les dignités dont ils jouissaient en Achaïe avant leur exil. Et d'abord il voulut sonder Caton pour savoir quel serait son sentiment. « Il me semble, Polybe, lui dit Caton en riant, qu'échappé comme Ulysse de l'antre de Cyclope, vous voulez y rentrer pour prendre votre chapeau et votre ceinture que vous y avez oubliées. »

[1] Suidas au mot Ἐπιποτ.
[2] Suidas au mot Ἀπισφαλμίσαρ.
[3] Plutarque dans Caton l'Ancien, § XIII.
[4] Collect. du Panthéon, trad. de Ricard.

LIVRE TRENTE-SIXIÈME.

FRAGMENT I.

Commencement de la troisième guerre punique. — Les Carthaginois sont enfin forcés de se livrer aux Romains en forme de dédition. — Ce qu'on entend par ce mot. — Lois qui leur furent ensuite imposées [1].

Les Carthaginois délibéraient depuis long-temps sur la satisfaction que Rome leur demandait. Se livrer dessous leurs murailles aux Romains, c'était une offre qu'il leur était venu en pensée de faire, mais Utique les avait prévenus. Cependant il ne leur restait pas d'autres ressources pour les fléchir. Et en cela même ils faisaient ce que vaincus n'avaient jamais fait, lors même qu'ils avaient été réduits aux plus dures extrémités, et qu'ils avaient vu les ennemis au pied de leurs murailles. Mais, encore un coup, ils ne pouvaient rien espérer de cette soumission; Utique s'était livrée, et sa reddition affaiblissait le mérite d'une démarche pareille; il fallut pourtant s'y résoudre. Après tout, le mal était moins grand que si l'on eût été obligé de soutenir la guerre. C'est pourquoi, après beaucoup de conférences secrètes sur le parti qu'on avait à prendre, on députa Giscon, Strutane, Amilcar, Misdes, Gillicas et Magon, avec plein pouvoir de transiger avec les Romains comme ils jugeraient à propos. En arrivant à Rome, les députés apprirent que la guerre était déclarée, et que l'armée était partie. Ils n'eurent donc pas à délibérer, et se remirent, eux et tout ce qui leur appartenait, entre les mains des Romains. Nous avons déjà expliqué ce qu'on entendait par s'abandonner à la discrétion de quelqu'un ou se rendre en forme de *dédition*, mais il n'est pas mauvais que nous en rafraîchissions la mémoire. Se rendre, s'abandonner à la discrétion des Romains, c'était les rendre maîtres absolus du pays, des villes, des habitans, des rivières, des ports, des temples, des tombeaux, en un mot de tout.

Après cette reddition, les députés introduits dans le sénat, le consul déclara les volontés de cette assemblée, et dit que parce qu'enfin ils avaient pris le bon parti, le sénat leur accordait la liberté, l'usage de leurs lois, toutes leurs terres et tous les autres biens que possédaient soit les particuliers, soit la république. Jusqu'ici les députés n'avaient rien entendu qui ne leur fît plaisir. N'ayant à attendre que des maux, ils trouvaient ceux-ci supportables, puisqu'au moins on leur accordait les biens les plus nécessaires et les plus précieux. Mais quand le consul eut ajouté que c'était à condition que dans l'espace de trente jours ils enverraient en otage à Lilybée trois cents des jeunes gens les plus qualifiés de la ville, et qu'ils feraient ce que leur ordonneraient les consuls, ce dernier mot les jeta dans une étrange inquiétude : car que devaient-ils ordonner, ces consuls? Ils sortirent sans répliquer et partirent pour Carthage, où ils rendirent compte de leur députation. On fut assez content de tous les articles du traité, mais le silence gardé sur les villes dont il n'était pas fait mention dans le dénombrement de ce que Rome voulait bien accorder inquiéta extrêmement les Carthaginois.

Durant cette émotion, Magon, surnommé Brétius, rassura les esprits : « De deux temps » qui vous ont été donnés, dit-il aux séna-» teurs, pour délibérer sur vos intérêts et sur » ceux de la patrie, le premier est passé. Ce » n'est pas aujourd'hui que vous devez vous » inquiéter de ce que les consuls vous ordon-

[1] Ambassade CXLII.

» neront, ni pourquoi le sénat romain n'a fait
» nulle mention des villes; c'était lorsque
» vous vous êtes livrés aux Romains. Mais
» après cette démarche toute délibération est
» superflue. Il ne vous reste plus qu'à obéir,
» quelque ordre qu'il vous vienne de leur
» part, à moins qu'ils ne portent leurs préten-
» tions à des excès intolérables. S'ils en vien-
» nent là, il sera temps alors de décider s'il vaut
» mieux souffrir tous les maux de la guerre
» que de nous soumettre. » Dans l'incertitude
où l'on était de ce que l'on devait craindre,
l'ennemi, déjà en chemin, fixa les irrésolu-
tions. Le sénat ordonna qu'on enverrait les
trois cents ôtages à Lilybée. On les choisit
aussitôt parmi la jeunesse carthaginoise, et
on les conduisit au port. On ne peut exprimer avec quelle douleur leurs parens et leurs
amis les y suivirent. On n'entendait que gémissemens et que lamentations, les larmes
coulaient de tous les yeux, et les mères éplo-
rées augmentaient infiniment ce deuil universel par toutes les marques qu'elles donnaient de la tristesse la plus accablante.

Quand ces ôtages furent débarqués à Lilybée, on les mit entre les mains de Q. Fabius
Maximus, qui alors était préteur en Sicile,
et il les fit passer à Rome, où ils furent tous
enfermés dans un même lieu. Durant tous ces
mouvemens, les armées consulaires abordèrent à Utique. Cette nouvelle, portée à Carthage, y jeta l'épouvante. On craignait tous
les maux, parce qu'on ne savait auxquels on
devait s'attendre. Des députés se rendirent
au camp des Romains pour recevoir les ordres
des consuls, et pour déclarer qu'on était prêt
à obéir en tout. Il se tint un conseil où le
consul, après avoir loué leur bonne disposition et leur obéissance, leur ordonna de lui
livrer sans fraude et sans délai généralement
toutes leurs armes. Les députés y consentirent; mais ils le prièrent de faire réflexion à
quel état ils seraient réduits, s'ils se dessaisis-
saient de leurs armes, et que les Romains les
emportassent avec eux. Il fallut les livrer.

Il est certain que cette ville était fort riche,
car ils livrèrent aux Romains plus de deux cent
mille de ces armes et deux mille catapultes.

FRAGMENT II.

Fureur des Carthaginois en apprenant la réponse des Romains [1].

Ils ne pouvaient se former aucune idée du sort qui les menaçait; mais à la contenance de leurs députés, ils augurèrent tous les maux et commencèrent à éclater en plaintes et en lamentations. . . . .

Après ces clameurs jetées par tous, il se fit tout-à-coup le plus profond silence, comme dans l'attente d'un grand événement qui étonne. Mais la nouvelle s'étant bientôt répan-due, la stupeur cessa d'être silencieuse; les uns se jetaient sur les députés avec fureur comme s'ils eussent été la cause de leurs maux; les autres, saisissant les Italiens qui se trouvaient dans leur ville, déchargeaient sur eux toute leur rage; d'autres se précipitaient aux portes de la ville.

FRAGMENT III.

Phameas voyant les vedettes, bien qu'il ne fût pas d'un caractère timide, n'osait pas ce-pendant se livrer à Scipion; mais s'appro-chant des gardes avancées de l'ennemi et lui opposant une élévation comme défense, il se maintint assez long-temps en cet endroit [2].

Les manipules des Romains s'étaient réfu-giés sur la colline, et lorsque tous eurent fait connaître leur avis, Scipion dit : « Puisqu'il
» s'agit de délibérer avant d'avoir commencé,
» je suis d'avis qu'il faut que vous veilliez
» bien plus à ne recevoir aucun dommage
» vous-mêmes qu'à faire du mal à l'ennemi [3]. »

Personne ne doit être étonné de nous voir raconter avec plus de soin tout ce qui con-cerne Scipion, et rappeler une à une toutes ses paroles [4]. . . . .

Lorsque Marcus Porcius Caton eut appris les grandes choses faites par Scipion, on rap-porte qu'il dit que Scipion seul était sage, et que les autres étaient comme des ombres près de lui.

[1] Suidas aux mots Απλᾶς, σπευδρμενος, Αλογία
[2] Suidas aux mots Αψυχος et Φαμέας.
[3] Suidas au mot Σημαία.
[4] Suidas au mot Διαβολη.

LIVRE TRENTE-SEPTIÈME.

FRAGMENT I.

Musée est un endroit de la Macédoine près l'Olympe, ainsi que le rapporte Polybe dans son livre XXXVII [1].

FRAGMENT II.

Les Priéniens [2].

Il arriva à cette époque un malheur étrange aux Priéniens. Pendant qu'Holophernes était maître de la Cappadoce, il avait mis en dépôt à Priène la somme de quatre cents talens. Dans la suite, quand Ariarathe fut rétabli dans ce royaume, il demanda cet argent. Les Priéniens se défendirent de le lui donner par une raison qui me paraît très-juste, c'est que tant qu'Holophernes serait en vie, il ne leur était pas permis de remettre un dépôt à d'autres qu'à celui qui le leur avait confié. En effet, Ariarathe ne fut pas loué de bien des gens pour avoir exigé un bien de cette nature et qui ne lui appartenait pas. S'il se fût cependant contenté de le demander, et d'essayer si sur sa demande on le lui accorderait, cela serait peut-être excusable; au moins il eût pu dire que cet argent appartenait au royaume; mais il fit mal assurément de s'irriter contre la ville qui en était dépositaire et de l'exiger avec violence. Voilà néanmoins jusqu'à quel excès il se laissa emporter : il envoya piller le territoire de Priène, et Attale, pour quelque démêlé qu'il avait eu avec cette ville, non seulement lui donna ce mauvais conseil, mais encore l'aida à l'exécuter. On égorgea pêle-mêle hommes et bestiaux jusqu'aux portes de la ville. Les Priéniens, hors d'état de se défendre, députèrent d'abord à Rhodes et ensuite à Rome; rien ne put fléchir Ariarathe. Ainsi Priène, loin de tirer d'une si grande somme l'avantage qu'elle espérait, après l'avoir rendue à Holophernes, se vit encore exposée à tous les coups qu'il plut à l'injuste vengeance d'Ariarathe de lui porter..... Ne peut-on pas dire après cela que ce prince poussa la fureur plus loin qu'Antiphanes de Bergée, et qu'en cela nos derniers neveux ne verront personne qui l'égale?

FRAGMENT III.

Prusias [1].

Ce roi de Bithynie, du côté du corps, n'avait rien qui prévînt en sa faveur; il n'était pas plus avantagé du côté de l'esprit. Ce n'était par la taille qu'une moitié d'homme, et qu'une femme par le cœur et le courage. Non seulement il était timide, mais mou, incapable de travail, en un mot, d'un corps et d'un esprit efféminés, défauts qu'on n'aime nulle part dans les rois, mais qu'on aime moins encore qu'ailleurs chez les Bithyniens. Les belles-lettres, la philosophie et toutes les autres sciences qui s'y rattachaient lui étaient parfaitement inconnues; enfin il n'avait nulle idée du beau ni de l'honnête. Nuit et jour il vivait en vrai Sardanapale. Aussi ses sujets, à la première lueur d'espérance, se portèrent-ils avec impétuosité à prendre parti contre lui et à le punir de la manière dont il les avait gouvernés.

FRAGMENT IV.

Massinissa, roi des Numides [2].

C'était le prince de notre siècle le plus accompli et le plus heureux. Il régna plus de soixante ans et ne mourut qu'à quatre-vingt-

---

[1] Étienne de Byzance.
[2] Fragmens de Valois.

[1] Fragmens de Valois.
[2] Fragmens de Valois.

dix, ayant conservé jusqu'au dernier moment une santé parfaite, et un corps si robuste que quand il fallait qu'il se tînt debout, il s'y tenait tout le jour sans changer de place; qu'une fois assis, il ne se levait pas avant la nuit, et que s'il fallait rester jour et nuit à cheval il n'en était pas incommodé. Une preuve manifeste de sa force, c'est que mourant nonagénaire, il laissa un fils qui n'avait que quatre ans, qui s'appelait Stembale, et qui fut adopté par Micipsa. Il avait encore quatre autres fils qui furent toujours si étroitement unis avec lui et entre eux, que jamais dissension domestique ne troubla le repos de son royaume. Ce que l'on admire particulièrement de ce roi, c'est qu'il fut le premier qui fit voir que la Numidie, qui avant lui ne produisait rien et passait pour ne pouvoir rien produire, était aussi propre à fournir de toutes sortes de fruits qu'aucune autre contrée. On ne peut exprimer dans combien de terres il fit planter des arbres qui lui rapportaient des fruits de toute espèce. Rien n'est donc plus juste que de louer ce prince et de faire honneur à sa mémoire. Scipion arriva à Cirta trois jours après la mort de ce roi, et mit ordre aux affaires de la succession.

FRAGMENT V.

Polybe raconte[1] que Massinissa mourut à l'âge de quatre-vingt-dix ans, laissant un fils âgé de quatre ans, né de lui. Peu de temps avant sa mort, après le combat dans lequel il avait vaincu les Carthaginois, on le vit le lendemain à la porte de sa tente mangeant un pain noir. Quelqu'un lui ayant demandé pourquoi il en agissait ainsi, il répondit que par là il voulait. . . . .

FRAGMENT VI.

[I] Peut-être nous demandera-t-on pourquoi[2] nous n'avons pas mis dans notre histoire les discours des hommes d'état, riche matière et chose importante que n'ont pas négligée les autres historiens qui distribuent avec soin dans leurs ouvrages les discours qui y peuvent entrer. J'ai prouvé dans plusieurs endroits de mon histoire, que je ne dédaigne pas ce genre, puisque j'ai rapporté des discours d'hommes politiques, des harangues de généraux : mais qu'en thèse générale je préfère cette manière, ce n'est pas ce que je veux établir. Sans doute il n'est pas de matière plus riche, plus brillante, de sujet plus facile à trouver, ni qui soit plus familier ; mais c'est que je ne crois pas qu'il convienne aux hommes politiques de faire en tout temps de pompeuses dissertations, bien nouvelles, mais plutôt d'approprier leurs paroles aux circonstances; de même qu'il n'est pas convenable aux historiens de pâlir sur des phrases qu'ils ont entendues et recueillies, ni d'étaler leurs moyens littéraires, mais bien de découvrir tout ce qui a été dit véritablement, de s'efforcer de le reproduire, et cela en choisissant encore ce qu'il y a de plus opportun et de plus important.

FRAGMENT VII.

[II] Cela se trouvant bien arrêté dans l'esprit de tous[1], ils cherchèrent une circonstance favorable et de bons prétextes pour les gens du dehors. C'est surtout ce que firent les Romains, hommes de sens. Car quelque trêve, comme sous Démétrius, quand elle paraît juste, rend les victoires plus efficaces, les conquêtes plus sûres ; mais honteuse et lâche, elle organise les forces de l'ennemi. C'est pour cela que, songeant aux dispositions des étrangers, ils ne s'abstiennent que peu de temps de la guerre. . . . .

FRAGMENT VIII.

[III] Bien des bruits coururent sur les Carthaginois[2] quand les Romains leur firent la guerre, et sur le faux Philippe, et sur les Grecs en général, mais d'abord sur les Carthaginois et ensuite le faux Philippe. Les affaires de Carthage subirent bien des variations. Les uns disaient, pour justifier leur penchant pour les Romains, que ceux-ci n'avaient que d'excellentes idées au sujet du gouvernement. D'ailleurs éteindre enfin la terreur si souvent suspendue

---

[1] Plutarque dans le traité : *Si l'homme le plus âgé doit s'emparer de la république.*
[2] Tiré des Palimpsestes.

[1] Tiré des Palimpsestes.
[2] Tiré des Palimpsestes.

sur leurs têtes, détruire une ville qui avait combattu souvent pour l'empire du monde et qui pouvait combattre encore avec le temps, c'était le moyen d'assurer la supériorité à sa patrie. C'était l'opinion des hommes sensés et qui voyaient de loin.

Quelques-uns répondaient en disant que telle n'avait pas été leur intention en acquérant l'empire, mais qu'ils tournaient insensiblement vers le système envahisseur d'Athènes et de Lacédémone, marchant lentement il est vrai, mais de manière à mener à fin leur entreprise. N'avaient-ils pas fait la guerre d'abord, tant qu'il y eut des ennemis à vaincre, pour imposer leur volonté, leurs conditions, faire exécuter leurs ordres ? Voilà le prélude, qui plus tard fut suivi de la ruine de Persée et de l'usurpation du royaume de Macédoine. On finissait maintenant par la conquête de Carthage. Personne n'ayant été épargné par eux, n'était-ce pas la preuve qu'ils avaient un plan sévère et inflexible, et qu'ils étaient décidés à tout souffrir, à tout entreprendre pour l'exécuter.

D'autres disaient que Rome était une nation purement guerrière et en possession d'une vertu qui devait lui concilier le respect de tous, c'est-à-dire qu'elle faisait la guerre simplement, et non par embûches ou par surprises ténébreuses, dédaignant tout ce qui était ruse ou tromperie et ne s'alliant qu'à des gens qui comme eux aimaient à voir le danger en face ; tandis que chez les Carthaginois tout se faisait par fourberie et stratagèmes, et qu'ils savaient se manifester ou se cacher à loisir jusqu'à ce qu'ils eussent tout à fait perdu l'espoir d'être secourus de leurs alliés. Que cela était plutôt le propre d'une tendance à la monarchie que la politique romaine ; que pour mieux dire c'était une perfidie et une véritable ruine. A ces griefs on répondait encore que si les Carthaginois avant de faire le traité avaient agi comme on le dit, tantôt prenant des retards, tantôt se préparant, ils étaient vraiment coupables des torts imputés ; que si après s'être livrés au bon plaisir des Romains....... (Ici lacune dans le texte)... chose voisine de l'impiété........ Qu'on appelait impiété l'insulte faite aux dieux, aux parents et aux morts, mais mauvaise foi le manque d'observation aux traités, aux conventions..... [1] Ce dont les Romains n'étaient pas coupables puisqu'ils n'avaient ni manqué de respect aux dieux, aux parents ou aux morts, ni violé les traités et les paroles données ; que bien au contraire ils imputaient ce crime aux Carthaginois, sans avoir eux-mêmes transgressé les lois, les droits, les exigences de la conscience. Qu'après avoir dicté des conditions acceptées de bonne grâce, ils se voyaient réduits par la mauvaise foi à imposer à l'ennemi de si dures nécessités. Voilà ce qui se disait des Carthaginois et des Romains.

Quant au faux Philippe, ce qu'on en disait d'abord n'était pas même admissible. Il restait en Macédoine un Philippe aîné, qui méprisait Romains et Macédoniens, tout cela sans avoir de moyens raisonnables d'action ; car on savait que le vrai Philippe, à l'âge de 18 ans, était mort à Albe en Italie deux ans après Persée ; et trois ou quatre mois après, à la nouvelle qu'il avait battu les Macédoniens près du Strymon, à Odomantique, les uns saisirent ce bruit, le plus grand nombre n'y crurent pas ; et quand peu après on répéta qu'il avait vaincu les Macédoniens, outre la bataille du Strymon, qu'il occupait toute la Macédoine ; que les Thessaliens eurent envoyé lettres et ambassadeurs aux Achéens, leur demandant secours et alliance contre ce danger nouveau, on cria au prodige : car on ne trouvait ni vraisemblance ni vérité dans ces bruits. Voilà quelles étaient ces dispositions.

FRAGMENT IX [2].

[IV] Des lettres arrivèrent aux Achéens dans le Péloponèse, de la part de Manilius qui leur conseillait d'envoyer en hâte à Lilybée Polybe le Mégalopolitain, dont on avait grand besoin pour les affaires publiques, et les Achéens jugèrent à propos de l'envoyer conformément aux instances du consul. Nous, après avoir trouvé qu'il leur convenait d'obéir en toute chose aux Romains, nous mîmes

[1] Ici des lacunes dans le texte.
[2] Tiré des Palimpsestes.

toute affaire de côté, et nous embarquâmes au bord de l'Été. Arrivé à Corcyre, et y ayant pris de nouvelles lettres des consuls où ceux-ci annonçaient que les Carthaginois avaient déjà livré des ôtages et étaient disposés à l'obéissance, nous jugeâmes la guerre terminée; nous vîmes qu'on n'avait plus besoin de nous et nous revînmes dans le Péloponèse.

Il ne faut pas s'étonner si je me place quelquefois en nom dans mon histoire, quelquefois généralement, comme en ceci : « Après que j'eus dit cela... » ou bien : « Quand nous eûmes résolu ceci..... » car, mêlé à toutes les histoires que je raconte, il est bon que je varie mes expressions afin de ne pas fatiguer en répétant sans cesse le même nom et les mêmes choses. Il arriverait qu'au lieu de reconnaître combien est pénible notre position quand il faut que nous parlions sans cesse de nous, on penserait que nous mettons à profit les circonstances et non pas que nous cherchons à éviter autant qu'il est en nous ce qu'il y a de désagréable dans ces répétitions, puisque souvent elles nous sont imposées par les faits et qu'il est impossible de raconter autrement. Mais il en est pour nous comme pour les œuvres qui appartiennent en propre à leur auteur, personne (du moins que je sache) jusqu'à ce moment n'a hérité de notre nom.

FRAGMENT X [1].

[V] Les statues de Callicrates ayant été renversées et celles de Lycortas rétablies, quand il revint au pouvoir, cette mutation força tout le monde à dire qu'il ne faut jamais, aux jours de la prospérité, nuire à personne, sachant que le propre de la fortune est de faire choir du haut de leurs vues ambitieuses les hommes ambitieux. . . . .

La race humaine elle-même est ardente aux nouveautés et aux changemens.

FRAGMENT XI.

[VI] Les Romains envoyèrent des ambassadeurs [2] pour reprocher à Nicomède son expédition, et pour empêcher Attale de faire la guerre à Prusias. On élut à Rome Marcus Licinius, homme goutteux et pris par les pieds; avec lui, Aulus Mancinus, qui, après avoir reçu une tuile sur la tête, s'était trouvé dans un état si désespéré qu'on s'étonnait de sa guérison, et Lucius Malléolus, le plus insensible peut-être des Romains. Mais comme cette expédition demandait de la promptitude et de l'audace, les ambassadeurs élus ne parurent pas remplir les conditions. C'est pour cela, dit-on, que Marcus Porcius Caton déclara en plein sénat que nécessairement Prusias serait tué et que Nicomède vieillirait tranquillement sur son trône; car pouvait-on espérer quelque succès d'une ambassade dont les membres manquaient de pieds, de tête et de cœur?

FRAGMENT XII [1].

[VII] Pour moi, dit Polybe (au sujet de ceux qui mettent en cause la fortune et le destin dans les choses publiques et particulières), je veux faire connaître mon avis autant que le permettra le genre de mon travail. Dans les choses auxquelles il est difficile ou impossible, à nous autres faibles hommes, de trouver une cause, on peut, si l'on est embarrassé, recourir à un dieu ou à la fortune, comme pour des pluies continues ou des sécheresses qui détruisent les biens de la terre, pour des maladies pestilentielles et contagieuses, ou autres phénomènes dont la cause n'est pas aisée à découvrir. Alors, dans notre détresse, nous prions, nous sacrifions, nous demandons aux dieux ce qu'il faut dire ou faire pour obtenir un peu de relâche à nos maux. Mais toutes les fois qu'il est aisé d'assigner une cause à un événement, je ne vois pas l'utilité de faire ainsi intervenir les dieux.

Je parle ici de ce qui dans ces derniers temps arriva à la Grèce, où, par ignorance et disette d'hommes, les villes furent dépeuplées et affamées, bien que nous n'eussions eu ni guerres de longue durée ni contagions. Si quelqu'un à cette occasion eût conseillé d'envoyer demander aux dieux ce qu'il fallait dire

---

[1] Tiré des Palimpsestes.
[2] Tiré des Palimpsestes.

[1] Ce passage et le précédent, quoique séparés dans Lablé Mas, doivent évidemment être fondus en un seul.

ou faire pour améliorer notre position et repeupler nos villes, n'eût-il pas semblé étrange de faire une demande semblable quand nous avions en nous et la cause du mal et le moyen de le réparer. Car les hommes s'étant jetés dans la paresse, la lâcheté, les débauches, ne voulant plus se marier, ni élever les enfans nés hors du mariage, mais n'en gardant qu'un ou deux tout ou plus pour les laisser riches et fortunés, n'était-ce pas là le principe du mal ? Que de ces deux enfans la guerre ou la maladie en enlevât un, il est clair que la maison devenait déserte et que, semblables aux ruches d'abeilles, les villes ainsi dépourvues n'ont plus de force. Il n'est donc pas besoin de demander aux dieux le moyen de sortir d'une telle détresse ; car le premier venu vous dirait alors : Pourquoi, vous surtout qui avez des lois à cet égard, n'élevez-vous pas vos enfans. Là dessus un devin, un prodige ne sert à rien : c'est la raison qu'il faut consulter. Mais quant aux choses dont la cause est insaisissable et invisible, on en peut raconter une qui arriva aux Macédoniens. Ceux-ci avaient reçu des Romains, de grands bienfaits..... D'abord, en matière publique délivrés de leurs magistratures... en particulier... de la cruauté... de la ruine... et des entreprises du faux Philippe... Les Macédoniens donc, d'abord avec Démétrius, puis avec Persée, combattirent les Romains et furent vaincus; et avec un homme sans moyens, pour le trône duquel ils combattaient, ils furent vainqueurs. Qui ne serait embarrassé à dire d'où vient cela ? la cause en est impénétrable. C'est là qu'on peut accuser la destinée et la colère des dieux irrités contre la Macédoine. Évidemment cela peut se dire....

LIVRE TRENTE-HUITIÈME.

FRAGMENT I.

Origine de la haine des Romains contre les Achéens. [1]

A leur retour du Péloponèse, Aurélius et ses collègues rapportèrent ce qui leur était arrivé. Représentant non comme une émotion soudaine, mais comme un complot prémédité, le péril où ils avaient été exposés, ils peignirent avec les couleurs les plus noires la prétendue insulte que les Achéens leur avaient faite. A les entendre, on ne pouvait tirer de ce forfait une vengeance trop éclatante. Le sénat en parut en effet très-indigné, et députa sur-le-champ Julius dans l'Achaïe ; mais il était chargé de se plaindre modérément, et d'exhorter plutôt les Achéens à ne pas prêter l'oreille à de mauvais conseils, de peur que par imprudence ils n'encourussent la disgrâce des Romains, malheur qu'ils pouvaient éviter en punissant eux-mêmes ceux qui les y avaient exposés. Ces ordres font voir évidemment que le dessein du sénat n'était nullement de détruire la Ligue des Achéens, mais seulement de châtier l'orgueilleuse aversion que cette Ligue avait pour les Romains. Quelques uns se sont imaginé que les Romains auraient pris un ton beaucoup plus impérieux si leur guerre contre Carthage eût été terminée ; mais c'est une pensée sans fondement. Ils aimaient depuis long-temps la nation achéenne, et il n'y en avait point en Grèce en qui ils eussent plus de confiance. En la menaçant d'une guerre, ils n'avaient d'autre vue que d'humilier son orgueil qui les choquait ; mais de prendre les armes contre elle et de rompre avec elle sans retour, c'est à quoi jamais ils n'avaient pensé.

[1] Ambassade CXLIII.

FRAGMENT II.

Sextus, député romain, arrive dans l'Achaïe. — Les Achéens s'obstinent à amener leur propre ruine [1].

Sextus Julius et ses collègues, allant de Rome dans le Péloponèse, trouvèrent en chemin un député de la faction nommé Théaridas, que les séditieux envoyaient à Rome pour y rendre compte de leurs procédés contre Aurelius, et lui conseillèrent de reprendre la route de son pays, où il entendrait les ordres qu'ils avaient à signifier aux Achéens de la part du sénat. Arrivés à Égie, où la diète de la nation avait été convoquée, ils parlèrent avec beaucoup de modération et de douceur. Dans leur discours ils n'insérèrent pas un mot du mauvais traitement fait au député, ou ils l'excusèrent mieux que les Achéens eux-mêmes n'auraient fait. Ils se bornèrent à exhorter le conseil à ne pas augmenter une première faute, à ne pas irriter davantage les Romains, et à laisser Lacédémone en paix. Des remontrances si modérées furent extrêmement agréables à tout ce qu'il y avait de gens sensés. Ils rappelèrent leur conduite passée, et se souvinrent de la rigueur que Rome avait exercée contre les états qui avaient osé se mesurer avec elle. Le grand nombre n'ayant rien à répliquer aux raisons de Julius, se tint tranquille, mais dans le fond il se couvait un feu de mécontentement et de rébellion que le discours des députés n'éteignit pas. Ce feu était allumé par le souffle de Diæus et de Critolaüs, et de ceux de leur faction, tous choisis dans chaque ville entre ce qu'il y avait de gens les plus scélérats, les plus impies et les plus pernicieux. Pour le conseil de la nation, non seulement il reçut mal les témoignages d'amitié que les députés Romains lui donnaient, mais il fut assez insensé pour se mettre en tête qu'ils n'avaient parlé avec tant de douceur que parce que leur république, déjà occupée de deux grandes guerres en Afrique et en Espagne, craignait que les Achéens ne se soulevassent encore contre elle, et que le temps était venu de secouer son joug. Cependant on prit avec les ambassadeurs des manières assez polies, on leur dit qu'on enverrait Théaridas à Rome ; qu'ils n'avaient qu'à se rendre à Tégée, qu'à traiter là avec les Lacédémoniens et les disposer à la paix. Par cette fourberie, on amusa le malheureux peuple que l'on gouvernait, et on l'associa au téméraire projet qu'on méditait depuis longtemps d'exécuter. C'est ce que l'on devait attendre de l'inhabileté et de la dépravation des chefs, qui achevèrent de perdre la nation de la manière que nous allons dire.

Les députés romains allèrent en effet à Tégée, et amenèrent les Lacédémoniens à s'accommoder avec les Achéens et à suspendre toute hostilité, jusqu'à ce que des commissaires vinssent de Rome pour pacifier tous leurs différends. Mais la cabale de Critolaüs fit en sorte que personne, excepté ce préteur, ne se rendît au congrès. Il y arriva lorsqu'on ne l'attendait presque plus. On conféra avec les Lacédémoniens, mais Critolaüs ne voulut se relâcher sur rien. Il dit qu'il ne lui était pas permis de rien décider sans l'aveu de la nation, et qu'il rapporterait l'affaire dans la diète générale, qui ne pourrait être convoquée que dans six mois. Cette supercherie choqua vivement Julius, qui, après avoir congédié les Lacédémoniens, partit pour Rome, où il dépeignit Critolaüs comme un homme extravagant et furieux. Les députés ne furent pas plus tôt sortis du Péloponèse, que Critolaüs courut de ville en ville, et cela pendant tout l'hiver, et convoqua des assemblées, comme pour faire connaître ce qui avait été dit aux Lacédémoniens dans les conférences tenues à Tégée, mais dans le fond pour invectiver contre les Romains, et pour donner un tour odieux à tout ce qu'ils disaient, afin d'inspirer contre eux la haine et l'aversion dont il était animé lui-même, et il n'y réussit que trop. Il défendit de plus aux juges de poursuivre aucun Achéen et de l'emprisonner pour dettes jusqu'à la conclusion de l'affaire commencée entre la diète et Lacédémone. Par là, il persuada tout ce qu'il voulut, et disposa la multitude à recevoir avec soumission tous les ordres qu'il jugerait à propos de lui donner. Incapable de faire des réflexions sur l'avenir, elle se laissa

---

[1] Ambassade CXLIV.

prendre aux amorces du premier avantage qu'il lui proposa.

Métellus ayant appris en Macédoine les troubles dont le Péloponèse était agité, il y députa C. Papirius, le jeune Scipion l'Africain, Aulus Gabinius et C. Fannius, qui, arrivés par hasard à Corinthe dans le temps que le conseil y était assemblé, parlèrent au moins avec autant de modération que Julius avait parlé. Ils n'épargnèrent rien pour empêcher que les Achéens ne s'exposassent à perdre entièrement l'amitié des Romains, soit par leurs querelles avec les Lacédémoniens, soit par leur aversion pour Rome. Malgré cela, la populace ne put se contenir : on se moqua des députés; on les chassa ignominieusement de l'assemblée; il s'assembla un nombre innombrable d'ouvriers et d'artisans autour d'eux pour les insulter. Toutes les villes d'Achaïe étaient alors comme en délire, mais Corinthe l'emportait de ce côté-là sur toute autre. Très-peu de gens y goûtèrent le discours des ambassadeurs. Une espèce de fureur transportait cette assemblée tumultueuse au-delà de toutes bornes.

Le préteur voyant avec complaisance que tout réussissait à son gré, harangua la multitude. Les magistrats furent le principal objet de ses invectives. Il railla amèrement les amis que Rome avait parmi les Achéens. Les ambassadeurs ne furent pas plus ménagés. Il dit qu'il ne serait pas fâché d'avoir les Romains pour amis, mais qu'il ne les souffrirait pas pour maîtres; que pour peu que les Achéens eussent du courage, ils ne manqueraient pas d'alliés; et que les maîtres ne leur manqueraient pas, s'ils n'avaient pas assez de cœur pour défendre leur liberté. Par ces raisons et d'autres semblables, l'artificieux préteur soulevait le peuple. Il ajouta que ce n'était pas sans avoir pris de bonnes mesures qu'il avait entrepris de faire tête aux Romains; qu'il avait des rois dans son parti, et que des républiques étaient prêtes aussi à le prendre. Ces derniers mots effrayèrent de sages vieillards qui se trouvaient à l'assemblée. Ils environnèrent le préteur, et voulurent lui imposer silence. Critolaüs appela sa garde, et menaça ces sénateurs respectables des plus mauvais traitemens s'ils osaient approcher et toucher seulement sa robe. Ensuite il dit qu'après être long-temps retenu, il ne pouvait plus s'empêcher de déclarer qu'il ne fallait pas tant craindre ni les Lacédémoniens ni les Romains que ceux qui parmi les Achéens mêmes agissaient en faveur des uns et des autres; qu'on connaissait des gens qui les favorisaient plus que leur propre patrie; qu'Evagoras d'Egie et Stratogius de Trittée rapportaient aux ambassadeurs Romains tout ce qui se passait dans les conseils de la nation. Stratogius donna le démenti au préteur : « Il est vrai, dit-il, que
» j'ai vu ces ambassadeurs, et je suis résolu
» de les voir encore, parce qu'ils sont nos
» amis et nos alliés. Du reste, j'atteste les
» dieux que je ne leur ai point découvert les
» secrets de nos assemblées. » Quelques-uns l'en crurent sur sa parole, mais la multitude aima mieux en croire son préteur, qui par ces sortes de calomnies vint à bout de faire déclarer la guerre aux Lacédémoniens, et dans leur personne aux Romains. Ce décret fut suivi d'un autre qui n'était pas moins injuste, savoir : que quiconque dans cette expédition s'emparerait de quelque terre ou place, en demeurerait le maître. Depuis ce temps-là, monarque dans son pays, ou peu s'en faut, il ne pensa plus qu'à brouiller et à soulever les Achéens contre les Romains, je ne dis pas seulement sans raison, mais par les voies les plus irrégulières et les plus injustes. Lorsque la guerre fut déclarée, les ambassadeurs se séparèrent. Papirius alla d'abord à Athènes, et revint ensuite à Lacédémone pour observer de loin les démarches de l'ennemi. Un autre partit pour Naupacte, et deux restèrent à Athènes jusqu'à ce que Métellus y fût arrivé. Tel était l'état des affaires dans le Péloponèse.

FRAGMENT III.

[I] Quant à la Grèce[1], si souvent abattue en général et par morceaux, à quelle époque mieux qu'à la nôtre conviendrait ce nom et cette pensée de malheur. . . . .
. . Au récit de ces infortunes, tout le monde

[1] Tiré des Palimpsestes.

plaindra les Grecs. On les plaindra encore plus en apprenant la vérité dans ses détails..... Les plus grands désastres tombèrent, dit-on, sur les Carthaginois..... mais on trouvera que ceux des Grecs non-seulement les égalent, mais les surpassent. Les uns, comme dernière ressource, ont laissé une justification d'eux-mêmes à leurs descendans; les autres n'ont pas laissé un mot à ceux qui eussent voulu les secourir dans leurs revers. Les Carthaginois, une fois frappés au cœur, disparurent et se perdirent à jamais sans espoir de ressusciter; les Grecs, ajoutant à leur propre agonie, ont laissé à leurs enfans un héritage de larmes, à tel point que si nous trouvons plus à plaindre ceux qui survivent pour être malheureux que ceux qui sont morts au moment du malheur, nous comprendrons par cette raison que la fortune des Grecs est plus digne de pitié que celle de Carthage, à moins qu'on ne veuille confondre ce qui est beau et ce qui est utile, en comparant les deux histoires. Ce qui prouve donc que nous avons senti bien juste, c'est que personne, en interrogeant ses souvenirs, ne peut dire que les Grecs aient éprouvé de plus cruels malheurs que ceux que nous rapportons.

[II] La destinée frappa les Grecs d'une terreur épouvantable à l'arrivée de Xerxès en Europe. Tous coururent les plus grands dangers; fort peu se perdirent complètement, surtout les Athéniens; car, prévoyant sagement l'avenir, ils quittèrent leur patrie avec leurs femmes et leurs enfans. Cette circonstance leur fut peut-être fatale en ce que les Barbares, maîtres de la ville, saccagèrent Athènes; mais, les Athéniens n'en tirèrent, au lieu de honte et d'opprobre, que gloire et honneur auprès des hommes, parce que, sacrifiant courageusement leurs propres intérêts, ils avaient préféré combattre pour toute la Grèce. Aussi ce choix glorieux leur acquit non seulement une patrie et un territoire, mais l'empire de la Grèce, qu'ils disputèrent quelque temps après à Lacédémone. Plus tard, battus par les Spartiates, ils eurent la douleur de voir raser leurs murailles; mais ce ne fut pas une gloire pour Lacédémone, parce que cette ville usa tyranniquement de sa victoire..... chose honteuse........ malheurs non......... les Mantinéens forcés de quitter leur patrie et, la vie sauve, d'habiter par bourgades............

FRAGMENT IV.

[III] Alexandre de Phère, qui fut heureux un temps bien court, c'est-à-dire en sûreté, chose peu ordinaire quand on a des ennemis au dehors........ On voit souvent la fortune changer par la force de plusieurs volontés opposées, et ceux qui étaient puissants subjugués par un retour inespéré du sort vers ceux qui étaient malheureux. Les Chalcidiens, les Corinthiens, et plusieurs autres villes, à cause de leur belle position, avaient garnison macédonienne. Tous ceux qui servaient furent mis en liberté; les oppresseurs..... furent traités en ennemis..... Enfin..... en dernier lieu on contestait dans la ville, les uns au sujet de commandement et d'affaires publiques, d'autres au sujet de monarchie et de rois. Aussi avec le malheur eurent-ils la honte, comme n'ayant succombé que grâce à leur folie. Dans ce dernier temps, Béotiens, Péloponésiens, Phocéens tombèrent ensemble dans l'infortune, avec plusieurs de ceux qui habitent le golfe..... non-seulement tous ensemble mais en détail,..... malheur déshonorant..... à cause......... car moi....... sur....... arrivés par leur démence (.

FRAGMENT V.

[IV] En pareille matière[3], il ne faut donc pas s'étonner si, franchissant les limites ordinaires de l'histoire, nous jetons plus précisément et plus passionnément nos pensées. On va nous reprocher sans doute que nous avons écrit méchamment à plaisir, nous à qui il convenait plus qu'à tout autre de couvrir les fautes des Grecs. Je ne crois pas que des gens de sens puissent appeler ami celui qui redoute et craint la franchise dans les paroles, non plus qu'on ne peut appeler bon citoyen celui qui viole la vérité par crainte de déplaire à ses contemporains.

[1] Tiré des Palimpsestes.
[2] Tout ce morceau est illisible dans les textes.
[3] Tiré des Palimpsestes.

Il faut d'ailleurs que l'historien montre qu'il ne met rien au dessus de la vérité. Plus il s'est écoulé de temps entre les faits qu'il raconte et le moment où il parle, plus ces faits ont été divulgués, plus il faut que l'écrivain s'obstine à la recherche du vrai et que le lecteur comprenne ses efforts et son travail. Dans les temps de dissensions, il convenait à des Grecs de secourir des Grecs de toute manière, soit en les aidant, soit en les défendant, soit en détournant la colère de puissans ; or, c'est ce que j'ai fait en ces circonstances. Mais, quant aux événemens, aux faits réels, je les laisse tels qu'ils sont restés empreints dans mon souvenir, sans y mêler de passion personnelle, non pas pour charmer l'oreille de mes lecteurs, mais pour redresser leurs idées et empêcher qu'ils ne se trompent trop souvent. Il me semble en avoir assez dit sur cette matière.

LIVRE TRENTE-NEUVIÈME.

FRAGMENT PREMIER.

Asdrubal général des Carthaginois [1].

Il y avait dans ce chef des Carthaginois aussi peu de ces qualités qui forment un bon général, qu'il y avait de vanité à lui à s'en flatter et à se vanter d'en avoir. Voici entre plusieurs autres exemples un trait de sa vanité. Quand il vint au rendez-vous qu'il avait assigné à Gulussa, roi de Numidie, il y parut couvert d'un manteau de pourpre et suivi de douze gardes bien armés. A vingt pas du lieu convenu, il laissa ses gardes et, du bord du fossé qui était devant lui, il fit signe au roi de venir le trouver, signe qu'il devait plutôt attendre que donner. Au contraire Gulussa vint sans escorte, vêtu simplement et sans armes. Quand il fut près d'Asdrubal, il lui demanda pourquoi il s'était muni d'une cuirasse et qui il craignait. « Je crains les Romains, reprit » Asdrubal.—S'il est vrai que vous appréhen- » diez si fort, répartit Gulussa, pourquoi sans » nécessité vous enfermiez-vous dans une ville » assiégée ? Mais enfin que souhaitez-vous de » moi ?—Je vous prie, dit Asdrubal, d'être no- » tre intercesseur auprès du général romain. » Qu'il épargne Carthage et qu'il la laisse sub- » sister : sur tout le reste il nous trouvera sou- » mis. » Gulussa se moqua de cette commission. « Quoi, dit-il au gouverneur de Carthage, dans » l'état où vous êtes, enveloppé de toutes » parts, n'ayant presque plus de ressources » ni d'espérance, vous n'avez point d'autre » proposition à faire que celle qu'on a rejetée » à Utique, avant le siége ?—Les affaires, » reprit Asdrubal, ne sont pas si désespérées » que vous pensez. Nos alliés arment au de- » hors pour nous (il ne savait pas encore » ce qui s'était passé dans la Mauritanie), nos » troupes sont encore en état de défense, et » nous avons les dieux pour nous ; ils sont » trop justes pour nous abandonner : ils sa- » vent l'injustice qu'on nous fait, ils nous don- » neront les moyens de nous en venger. Faites » donc entendre au consul que les dieux tien- » nent en main la foudre, et que la fortune a » ses revers. Enfin, pour tout dire en un » mot, nous sommes résolus de ne survivre » point à Carthage, et nous périrons tous » plutôt que de nous rendre. » Ici finit l'entrevue ; on se sépara et l'on promit de revenir au même rendez-vous trois jours après.

Revenu au camp, Gulussa rendit compte à Scipion de l'entretien. Le consul en riant : « Cet homme n'a-t-il pas bonne grâce, dit-il, » après avoir cruellement massacré nos cap- » tifs, de compter sur la protection des dieux :

[1] Fragmens de Valois.

» la belle manière de se les rendre propices, » que de violer toutes les lois divines et humaines! » Le roi fit ensuite remarquer à Scipion qu'il était de son intérêt de finir au plus tôt la guerre; que, sans parler des cas imprévus, l'élection de nouveaux consuls approchait, et qu'il était à craindre qu'au commencement de l'hiver un autre ne vînt lui ravir, sans l'avoir mérité, tout l'honneur de son expédition. Émilianus fit réflexion sur cet avis de Gulussa, et lui dit d'annoncer au gouverneur, de sa part, qu'il lui accordait à lui, à sa femme, à ses enfans et à dix familles parentes ou amies la liberté et la vie, et qu'il lui permettait d'emporter de Carthage dix talens de son bien, et d'emmener six de ses domestiques à son choix. Gulussa, avec des offres qui devaient, ce semble, être si agréables à Asdrubal, se rendit au jour marqué au lieu de la conférence. Le gouverneur y vint de son côté, mais en vrai roi de théâtre. A son habillement de pourpre, à sa démarche lente et grave, on aurait dit qu'il jouait un premier rôle dans une tragédie. Naturellement Asdrubal était gros et replet, mais ce jour là l'enflure de son ventre et l'enluminure de son teint marquaient qu'il avait fort ajouté à la nature. On l'aurait pris pour un homme qui vit dans un marché comme les bœufs qu'on engraisse, plutôt que pour le gouverneur d'une ville dont les maux étaient inexprimables. Après qu'il eut appris de Gulussa les offres du consul : « Je prends les dieux et la » fortune à témoins, s'écria-t-il en se frap- » pant la cuisse à grands coups redoublés, » que le soleil ne verra jamais Carthage dé- » truite et Asdrubal vivant. Un homme de » cœur n'est nulle part plus noblement enseveli que sous les cendres de sa patrie. » Résolution généreuse, magnifiques paroles et qu'on ne peut pas ne point admirer; mais quand il s'agit de les mettre en exécution, on voit avec étonnement que ce fanfaron est le plus faible et le plus lâche des hommes. Car premièrement, tandis que les citoyens mouraient de faim, il se régalait avec ses amis, leur servait des repas somptueux, et se faisait un embonpoint qui ne servait qu'à faire remarquer davantage la disette et la misère où étaient les autres. Car le nombre tant de ceux que la faim dévorait que de ceux qui désertaient pour l'éviter était innombrable. Il raillait les uns, insultait aux autres, et à force de sang répandu il intimida tellement la multitude, qu'il se maintint dans une puissance aussi absolue que le serait celle d'un tyran dans une ville prospère et dans une patrie infortunée. Tout cela me persuade que j'ai eu raison de dire qu'il serait difficile de trouver des gens qui se ressemblassent plus que ceux qui alors dans la Grèce et à Carthage étaient à la tête des affaires. La comparaison que nous ferons dans la suite de ces chefs rendra cette vérité plus sensible... Ce superbe Asdrubal oublia sa forfanterie précédente, tomba aux pieds du général[1]... Asdrubal l'ayant abordé, en fut bien accueilli, et reçut ensuite l'ordre de se rendre en pays étranger [2].

FRAGMENT II.

On rapporte que Scipion[3], voyant Carthage totalement renversée et anéantie, répandit des larmes abondantes et déplora tout haut les malheurs de son ennemi. En réfléchissant profondément en lui-même que le sort des villes, des peuples, des empires, n'était pas moins sujet aux revers de fortune que celui des simples particuliers, et se rappelant, à côté de Carthage, l'antique Ilion, ville autrefois si florissante, et l'empire des Assyriens et celui des Mèdes, puis celui des Perses, le plus vaste de tous, et cet empire de Macédoine qui si récemment encore avait jeté tant d'éclat; soit que le cours de ses idées lui rappelât à l'esprit les vers d'un grand poète, soit que sa langue devançât le cours même de ses idées, il prononça, dit-on, à haute voix ces vers d'Homère :

Déjà le jour approche où doit tomber le grand Ilion,
Le jour où Priam et le peuple si guerrier de Priam vont tomber.

Interrogé à ce moment par Polybe qui était très familier avec lui, car il avait été son pré-

---
[1] Suidas au mot Σιμιλίς.
[2] Suidas au mot φιλανθρωπ.
[3] Arrien. Guerres Puniques, c. 131.

cepteur, sur le sens qu'il donnait à ces paroles, il avoua ingénuement qu'il avait pensé à sa chère patrie pour l'avenir de laquelle il avait ressenti des craintes en songeant à l'inconstance des choses humaines. Polybe, qui avait entendu ces mots de sa propre bouche, nous les a rapportés dans son histoire.

FRAGMENT III[1].

[I] Je sais qu'on me blâmera dans mon œuvre pour avoir raconté les faits avec trop peu de suite. On dira, par exemple, qu'après avoir décrit la prise de Carthage, je laisse là mon lecteur, et le transporte tout à coup au milieu des affaires de Macédoine, de Syrie ou autres; que les gens de science aiment ce qui a de la suite et cherchent toujours la proposition principale, et qu'il faut que la convenance et l'utilité se rencontrent dans un ouvrage. Ce n'est pas mon avis; j'en ai un tout opposé; j'en prends à témoin la nature elle-même qui n'a rien de continu dans aucune de ses œuvres, mais qui change sans cesse et qui ne reproduit les mêmes choses qu'en les produisant avec une grande variété. On pourrait citer pour exemple, d'abord l'ouïe qui dans les concerts et les déclamations ne conserve pas la même impression, si on peut le dire, mais qui s'émeut plus volontiers aux variations, aux interruptions, aux éclats, aux renforcemens. Il en est de même du goût : les plus délicieux des mets deviennent insipides; il ne peut en supporter la monotonie; il veut changer; il aime le nouveau; il préférera un aliment vil à un mets recherché, pourvu qu'il varie. Et quant à la vue n'en est-il pas encore de même? L'œil s'épuise à une seule et même contemplation; la variété, la bigarrure des choses visibles le récrée. Cela s'applique aussi bien à l'âme : les changemens, les nouveautés sont comme des repos pour l'homme actif.

[II.] Les plus illustres des anciens écrivains me paraissent s'être ainsi délassés, les uns par des digressions fabuleuses et des récits, les autres par des faits sérieux; ils faisaient, pour ainsi dire, des voyages en Grèce, mais en même temps des excursions au dehors. Après avoir décrit la Thessalie et les actions d'Alexandre de Phère, ils passent aux invasions des Lacédémoniens dans le Péloponèse, puis à celles des Athéniens, puis ensuite aux affaires de Macédoine et d'Illyrie. Ils parlent ensuite d'Iphicrate en Égypte, des hauts faits de Cléarque dans le royaume de Pont. Sans doute, d'après cet arrangement, on dira qu'ils manquent d'ordre, et que j'en ai, moi; car s'ils traitent cette question : « comment Bardylles, roi d'Illyrie, et Chersobleptes de Thrace s'emparèrent du pouvoir, » ils n'ajoutent pas ce qui y fait suite; ils ne recourent pas à ce qui accompagne cet événement; mais comme dans un poème ils reviennent toujours à leur sujet : nous, au contraire, nous éclairons les lieux les plus célèbres de l'univers, et ce qu'il renferme de faits mémorables, nous traçant une seule et large route à travers notre histoire dans un ordre annoncé, examinant chaque année par année dans ce qu'elle comporte d'événemens, et nous laissons aux amateurs de science le soin de remonter aux expositions du sujet, de rechercher les faits laissés en chemin, pourvu que nous ne laissions rien d'imparfait pour ceux qui nous ont suivis pas à pas. Assez donc sur ce chapitre.

FRAGMENT IV.

[III.] Asdrubal, général des Carthaginois, ayant embrassé en suppliant les genoux de Scipion, celui-ci se tournant vers les assistans : « Voyez, dit-il, combien la fortune sait frapper de ses exemples les hommes imprévoyans. Cet homme-ci est Asdrubal qui, naguère entouré d'amis et de secours puissans quand je lui proposais des conditions humaines et honorables, répondait que la plus belle sépulture était l'incendie de la patrie; le voici maintenant qui baise mon manteau de général pour obtenir la vie, et qui met en moi tout son espoir. » A qui ce spectacle ne fait-il pas dire qu'un homme ne devrait jamais rien dire ni rien faire qui sorte de sa condition. Quelques transfuges l'avaient suivi jusqu'à la tente de Scipion; Scipion les fit chasser, mais ils couvraient Asdrubal d'injures; ils le rail-

[1] Tiré des Palimpsestes.

laient sur le serment sacré qu'il leur avait fait de ne pas les abandonner ; d'autres l'appelaient lâche et âme basse... Le tout était accompagné de sarcasmes et d'insultes sanglantes.

[IV.] A ce moment une femme voyant Asdrubal assis près du général, sortit des rangs des transfuges. Sa parure était celle d'une femme libre et honnête; elle portait dans les pans de sa robe, le long de ses cuisses, deux enfans suspendus à ses vêtemens. Elle commença par appeler Asdrubal par son nom, et celui-ci ne répondant pas et restant courbé vers la terre, elle se mit à rendre graces aux dieux et au général de ce que..... Non..... mais par la mort..... plus beau..... que jamais un autre ne donnerait de plus beaux préceptes....[1] Car dans les plus brillans succès au milieu de la ruine de ses ennemis songer à ses propres intérêts sans oublier les revers possibles, en un mot se rappeler au sein du bonheur combien ce bonheur est fugitif; c'est le propre d'un homme grand, parfait et digne de mémoire............................
...Les ennemis s'accordèrent avec nous sur ce point. Mais comme dit le proverbe, le vide engendre le vide, et le reste n'est pas moins évident à dire.

[1] Lacunes dans le manuscrit.

FRAGMENT V[1].

Sur Diœus.

[V.] Il voulait pour son retour dans sa patrie faire ce que ferait un homme sans expérience de la natation, lequel voulant se jeter à la mer, sans réflexion, s'y jetterait, et une fois dans l'eau s'inquiéterait des moyens de gagner la terre. Ce Diœus, préteur des Achéens, ne pouvait-il donc cesser ses impiétés et ses impudentes injustices ?......................
...Diœus ayant perdu les affaires des Achéens, on avait fait ce proverbe : Si nous ne sommes perdus, bientôt nous sommes perdus..... De même : Si les méchans ne périssent, la Grèce périra.

FRAGMENT VI[2].

[VI.] La bienveillance qu'on avait pour Philopœmen empêcha qu'on ne détruisit dans certaines villes les statues de ce général. C'est pourquoi je pense que tout grand service fait naître la reconnaissance dans le cœur de ceux qui en ont profité............................
...On peut dire cette parole vulgaire : Ce n'est pas à la porte, c'est dans la rue qu'on est trompé.

[1] Tiré des Palimpsestes.
[2] Tiré des Palimpsestes.

LIVRE QUARANTIÈME.

FRAGMENT PREMIER.

Pythéas [1].

Pythéas était frère d'Acatès et fils de Cléomène. Ses mœurs d'abord furent assez déréglées, mais il se flatta qu'on pardonnerait aisément ce vice à sa jeunesse. Chargé des soins du gouvernement, il ne changea point; on remarqua toujours en lui la même hardiesse et la même avidité de s'enrichir. Ces vices s'accrurent beaucoup par la faveur d'Eumène et de Philetère.

FRAGMENT II.

Diœus [1].

Après la mort de Critolaüs, préteur des Achéens, la loi portant que le préteur mort serait remplacé par son prédécesseur, jusqu'à

[1] Fragmens de Valois.
[1] Fragmens de Valois.

ce que la diète de la nation en choisit un autre, Diœus reprit le gouvernement des affaires de la ligue achéenne. Revêtu de cette dignité, après avoir envoyé du secours à Mégare, il alla à Argos, et de là il écrivit à toutes les villes de l'état de mettre en liberté ceux de leurs esclaves qui étaient en âge de porter les armes, d'en former un corps de douze mille hommes, de les armer et de les envoyer à Corinthe. Il fit en cette occasion la faute qui lui était assez ordinaire. Cette charge fut imposée sans prudence et sans égalité. De plus quand dans une maison il n'y avait pas assez d'esclaves pour faire le nombre qu'elle était obligée de fournir, il fallait qu'elle y suppléât par des esclaves étrangers. Il fit plus encore : comme l'état avait été trop affaibli par les guerres soutenues contre les Lacédémoniens, pour porter ce nouveau fardeau, il força les personnes riches de l'un et de l'autre sexe de promettre qu'elles s'en chargeraient en particulier. Enfin il ordonna que toute la jeunesse s'assemblât en armes à Corinthe. Ces ordres remplirent les villes de troubles; le soulèvement fut universel; on fut partout pénétré de douleur. Les uns félicitaient ceux qui étaient morts dans les guerres précédentes, les autres portaient compassion à ceux qui partaient; on les conduisait avec larmes, comme si l'on eût eu quelque pressentiment de ce qui leur devait arriver. Le sort des esclaves, qu'on enlevait, arrachait les larmes des yeux. Les uns venaient d'être affranchis, les autres attendaient la même grâce, les riches citoyens étaient obligés, malgré eux, de contribuer à cette guerre de tout ce qu'ils avaient de biens. On arrachait aux femmes leurs parures et celles de leurs enfans, pour les faire servir à leur ruine.

Ce qui était le plus triste, c'est que la peine que causaient ces ordres différens qui se succédaient les uns aux autres, détournait l'attention des affaires générales, et empêchait les Achéens de prévoir le péril évident où on les jetait, eux, leur femmes et leurs enfans. Tous, comme emportés par un torrent impétueux, cédaient à l'imprudence et à la fureur de leur chef. Les Éléens et les Messéniens restaient chez eux, et attendaient

en tremblant la flotte des Romains; et en effet rien n'eût pu les sauver, si la nuée qui devait crever sur eux eût suivi la route qu'elle avait prise d'abord. Les habitans de Patras et les peuples du ressort de cette ville, avaient été peu auparavant battus dans la Phocide, et leur sort fut le plus à plaindre. Rien de plus déplorable n'était arrivé dans le Péloponèse. Les uns se donnèrent la mort, les autres effrayés de ce qui se passait dans les villes s'en retirèrent et prirent la fuite sans savoir où ils allaient. On en voyait qui se livraient les uns les autres aux Romains comme coupables de leur avoir été contraires. D'autres allaient d'eux-mêmes et sans qu'on les y obligeât dénoncer leurs compatriotes. Quelques-uns en posture de supplians avouaient, sans qu'on les interrogeât, qu'ils avaient violé les traités, et demandaient par quelle peine ils pourraient expier leur crime. On ne voyait partout que des furieux qui se jetaient dans des puits ou qui se précipitaient du haut des rochers. En un mot l'état de la Grèce était alors tel, que ses ennemis mêmes en auraient été touchés de compassion. Avant ce dernier malheur, les Grecs en avaient déjà éprouvé d'autres, ils avaient été même entièrement abattus, soit par des dissensions intestines, soit par la perfidie des rois; mais dans ce temps-ci ils ne purent s'en prendre qu'à l'imprudence de leurs chefs et à leur propre imbécillité. Pour les Thébains, ils sortirent tous de leur ville et la laissèrent déserte. Pythéas se retira dans le Péloponèse avec sa femme et ses enfans, errant de côté et d'autre sans savoir où se fixer.

FRAGMENT III.

Le même 1.

Pendant que Diœus, après avoir été fait préteur, était à Corinthe, Andronidas vint l'y trouver de la part de Q. Cæcilius Métellus, et en fut mal reçu. Comme le préteur avait déjà eu soin de le décrier comme un homme qui s'entendait avec les Romains et agissait pour eux, il le livra lui et sa suite à

1 Fragmens de Valois.

la multitude, qui leur fit mille outrages et les chargea de chaînes. Le Thessalien Philon vint aussi faire des offres avantageuses aux Achéens. Quelques-uns du pays, et entre autres Strattius, alors fort âgé, l'écoutèrent avec plaisir. Le bon vieillard embrassant Diœus, le pria d'accepter les offres qu'on lui faisait. Mais le conseil les rejeta, sous prétexte que Philon s'était chargé de cette commission, non en vue du salut commun de la patrie, mais pour son propre intérêt. Ce fut là le résultat de ce conseil. Aussi ne fit-on rien comme il fallait. Car si la manière dont on s'était conduit ne permettait pas que l'on espérât quelque grâce de la part des Romains; au moins devait-on s'exposer généreusement à tout pour sauver l'état. Voilà ce qu'on attendait de gens qui se donnaient pour chefs de la Grèce. Mais c'est une résolution qu'ils ne pensèrent pas même à prendre. Et comment une telle pensée leur serait-elle venue à l'esprit? Les premiers de ce conseil étaient Diœus et Damocrite, qui l'un et l'autre venaient d'être rappelés d'exil, à la faveur des troubles qui régnaient. Ils avaient pour assesseurs Alcamènes, Théodectes et Archicrates, tous gens dont nous avons peint plus haut le caractère, le génie et les mœurs. Il ne pouvait partir d'un conseil ainsi composé que les résolutions dont il était capable. On fit mettre en prison Andronidas, Lagius et le sous-préteur Sosicrates. On imputa à ce dernier d'avoir consenti, pendant qu'il présidait au conseil, qu'on députât vers Cæcilius, et d'avoir été l'auteur et la cause de tous les maux qu'on avait à souffrir. Le lendemain des juges assemblés le condamnèrent à mort, et sur-le-champ on le chargea de fers; on lui fit subir des tourmens tels qu'il expira dans les supplices, sans qu'il lui échappât un mot de ce qu'on espérait. Lagius, Andronidas et Archippe furent relâchés, une partie parce que la multitude s'aperçut de l'injustice qu'on avait faite à Sosicrates, et encore parce que Andronidas et Archippe avaient fait présent à Diœus, le premier d'un talent et l'autre de quarante mines. Car ce préteur était sur ce point d'une impudence et d'une effronterie si grande, qu'au milieu d'un spectacle il aurait reçu des présens. Philinus de Corinthe avait été traité quelque temps auparavant de la même manière que Sosicrates. Diœus l'accusa d'avoir envoyé à Chalcis, et d'avoir pris le parti des Romains. Il le fit prendre lui et ses enfans, les fit tourmenter les uns sous les yeux des autres, et les supplices ne finirent que par la mort du père et de ses enfans. On me demandera sans doute comment il s'est pu faire qu'une confusion si universelle et un gouvernement plus dérangé qu'on n'en voit chez des Barbares, n'aient pas détruit de fond en comble toute la Grèce. Pour moi, je m'imagine que la fortune, toujours ingénieuse et adroite, prit plaisir à s'opposer aux folies et aux extravagances des chefs. Quoique repoussée de toutes parts, elle voulut de quelque manière que ce fût sauver les Achéens; et pour cela elle se servit du seul expédient qui lui restait: elle fit en sorte que les Grecs fussent aisément vaincus et qu'ils ne tinssent pas long-temps contre les Romains. Par ce moyen elle empêcha que la colère de ceux-ci ne s'emportât trop loin, que les légions ne fussent appelées d'Afrique, et que les chefs des Grecs n'exerçassent quelque cruauté sur les peuples; ce qu'ils n'auraient pas manqué de faire, avec le caractère qu'ils avaient, s'ils eussent remporté quelque avantage. On n'en doutera nullement pour peu qu'on fasse réflexion sur ce que nous avons dit d'eux. Au reste le mot qui courut en ce temps-là, confirme notre conjecture: «Si nous » n'eussions été perdus promptement,» disait-on partout, « nous n'aurions pu nous sauver.»

FRAGMENT IV.

Aulus Postbumius Albinus 1.

Ce Romain tirait son origine d'une des plus illustres familles de Rome. Il était naturellement grand parleur et vain au suprême degré. Curieux dès son enfance de l'érudition et de la langue grecque, il se livra à cette étude avec une ardeur si démesurée qu'il inspira du dégoût et de l'aversion pour elle aux plus anciens et aux plus distingués des Romains. Il composa

1 Fragmens de Valois.

même un poème et écrivit une histoire dans cette langue. Dès le début de celle-ci, il demande grâce à ses lecteurs s'ils trouvent quelques fautes de langage, n'étant pas étonnant qu'un Romain ne possède pas la langue grecque dans la plus grande perfection. On débite là-dessus un bon mot de Marcus Procius Caton. « Pourquoi, disait-il, s'excuser ? Si le conseil des Amphictyons lui avait ordonné d'entreprendre cette histoire, l'excuse serait peut-être recevable. Mais après l'avoir entreprise volontairement et sans nécessité, rien n'est plus ridicule que de prier qu'on lui pardonne les fautes qu'on pourra y rencontrer. » Caton avait raison. Un athlète, après avoir donné son nom pour les combats gymniques, serait-il bien venu à dire dans le stade et au moment d'entrer dans la lice : « Messieurs, je vous demande pardon si je ne puis supporter ni la fatigue ni les plaies. » Un tel athlète ne serait-il pas sifflé et puni sur-le-champ ? C'est ainsi que devraient être traités les historiens, pour leur apprendre à ne pas former de projets au dessus de leurs forces. Posthumius prit encore des Grecs tout ce qui était de plus mauvais dans leurs mœurs. Toute sa vie il aima le plaisir et détesta le travail. La conjoncture présente nous en fournit une preuve. A la bataille qui se donna dans la Phocide, pour ne pas se trouver dans la mêlée, il prétexta je ne sais quelle incommodité et se retira dans Thèbes. Cependant, après le combat, il fut le premier à mander la victoire au sénat, et lui fit un ample détail de ce qui s'y était passé, comme s'il y eût eu part.

FRAGMENT VI.

Mépris des arts montré par les Romains dans la destruction de Corinthe.

Polybe en déplorant dans sa narration les événemens qui se sont passés lors de la destruction de Corinthe, rappelle entre autres choses ce mépris tout militaire manifesté par les Romains pour tous les ouvrages d'art et pour les monumens publics. Présent à cette prise, il dit avoir vu lui-même des tableaux jetés dans la poussière et des soldats couchés dessus et jouant aux dés, et mentionne particulièrement parmi ces tableaux un Bacchus peint par Aristide[1], tableau qui, à ce qu'on prétend, avait donné lieu à ce proverbe : « Ce n'est rien en comparaison du Bacchus[2], et de l'Hercule en proie au venin sorti de la robe que Déjanire lui avait envoyée. Je n'ai point vu ce dernier, mais j'ai vu le Bacchus placé dans le temple de Cérès, à Rome, ouvrage d'une rare beauté, qui a péri depuis peu dans l'incendie de ce temple.

FRAGMENT VI.

Toutes les villes[3], par des décrets publics, érigèrent des statues à Philopœmen, et lui rendirent les plus grands honneurs; mais dans la suite, pendant les temps si malheureux de la Grèce où Corinthe fut détruite, un Romain entreprit de faire abattre toutes ses statues et de le poursuivre lui-même en justice, comme s'il eût été vivant. Il l'accusait d'avoir été l'ennemi des Romains et de s'être montré mal intentionné pour eux. Polybe répondit au plaidoyer de l'accusateur[4], et quoiqu'il fût vrai que Philopœmen s'était fortement opposé à Titus Flaminius et à Manius, ni le consul Mummius ni ses lieutenans ne voulurent souffrir qu'on détruisît les monumens élevés à la gloire d'un guerrier si célèbre.

FRAGMENT VII.

Justification de Philopœmen par Polybe[5].

Conformément à ce que j'ai dit d'abord de

---

[1] Strabon, l. VIII, p. 381.

1 C'est Aristide de Thèbes, contemporain d'Alexandre-le-Grand. Son tableau de Bacchus fut payé si cher par le roi Attale dans la vente publique de butin de Corinthe que Mummius, malgré son ignorance, éveillé par l'énormité du prix, retira le tableau, malgré les protestations d'Attale, et l'envoya à Rome.

2 Suivant d'autres ce fut le Bacchus que Parrhasius avait fait pour les Corinthiens qui donna lieu à ce proverbe. Mais l'opinion la plus générale est qu'il tire son origine d'une révolution opérée dans le théâtre d'Athènes. Les spectateurs accoutumés à assister à la représentation des pièces comiques, jouées dans un lieu consacré au joyeux Bacchus, et par des auteurs qu'on ne désignait que par le nom d'artistes de Bacchus, la première fois qu'ils y virent représenter une tragédie, s'écrièrent : « Cela n'a rien de commun avec Bacchus. » Cette exclamation donna lieu à un proverbe qu'on appliquait à ceux qui agissaient ou qui parlaient hors de propos.

3 Plutarque, Vie de Philopœmen, § XXXIII.

4 Cette accusation eut lieu 37 ans après la mort de Philopœmen, la 3e année de la CXLVIIIe olympiade, 146 ans avant l'ère vulgaire.

5 Fragmens de Valois.

ce préteur, je fis de sa conduite une assez longue apologie. Je dis qu'à la vérité Philopœmen avait souvent refusé de se rendre d'abord aux ordres des Romains, mais qu'il ne s'en était jamais défendu que pour éclaircir ce qui était en contestation, et que jamais il ne s'en était défendu sans raison ; que l'on ne pouvait douter de son attachement pour les Romains, après les preuves qu'il en avait données pendant leurs guerres contre Philippe et Antiochus ; que quelque puissant qu'il fût, tant par lui-même que par les forces de sa ligue, jamais il ne s'était départi de l'alliance faite avec les Romains ; qu'enfin il avait donné les mains au décret par lequel les Achéens, avant que les Romains passassent dans la Grèce, s'étaient engagés à déclarer pour eux la guerre à Antiochus, quoique alors presque tous les peuples de la Grèce fussent peu favorables à Rome. Ce discours fit impression sur les dix députés, et confondit l'accusateur. Ils décidèrent qu'on ne toucherait point aux statues de Philopœmen en quelques villes qu'elles se trouvassent. Profitant de la bonne volonté de Mummius, je lui demandai encore les statues d'Aratus, d'Achée et de Philopœmen, et elles me furent accordées, quoiqu'elles eussent déjà été transportées du Péleponèse dans l'Acarnanie. Les Achéens furent si charmés du zèle que j'avais témoigné en cette occasion pour l'honneur des grands hommes de ma patrie qu'ils m'érigèrent à moi-même une statue de marbre.

FRAGMENT VIII.

Polybe 1.

Après avoir mis ordre aux affaires de l'Achaïe, les dix députés ordonnèrent au questeur qui devait vendre les biens de Diœus d'en laisser prendre à Polybe tout ce qu'il y trouverait à sa bienséance, sans rien exiger de lui et sans en rien recevoir. Mais non seulement il ne voulut rien accepter, il exhorta encore ses amis à ne rien souhaiter de ce qui serait vendu par le questeur ; car cet officier parcourait les villes de Grèce et y mettait à l'encan les biens de ceux qui étaient entrés dans les

1 Fragmens de Valois.

desseins de Diœus et de tous les autres qui, condamnés par les députés, n'avaient ni père et mère, ni enfans. Quelques-uns des amis de Polybe ne suivirent pas son avis, mais tous ceux qui le suivirent furent extrêmement loués. Au bout de dix mois, les députés se mettant en mer au commencement du printemps pour retourner en Italie, donnèrent ordre à Polybe de parcourir toutes les villes qui venaient d'être conquises, et d'accommoder leur différens, jusqu'à ce que l'on s'y fût accoutumé au gouvernement qu'on y avait établi, et aux nouvelles lois qui y avaient été données. Polybe s'aquitta de cette commission avec tant de dextérité que la nouvelle forme de gouvernement fut acceptée, et que, ni en général ni en particulier, il ne s'éleva dans l'Achaïe aucune contestation. Aussi l'estime qu'on avait toujours pour cet historien s'augmenta beaucoup dans les derniers temps, à l'occasion de ce que nous venons de raconter. On le combla d'honneurs dans toutes les villes, et pendant sa vie et après sa mort. Cette reconnaissance lui était bien due, car sans le code des lois qu'il composa, pour pacifier les différends, tout eût été plein de trouble et de confusion. Il faut convenir aussi que c'est là le plus bel endroit de la vie de Polybe.

FRAGMENT IX.

Mummius 1.

Les députés sortis de l'Achaïe, ce proconsuls, après avoir relevé dans l'Isthme le temple qui y avait été détruit, et avoir décoré ceux d'Olympie et de Delphes, visita les villes de Grèce, honoré et reçu partout comme il méritait de l'être. On ne se lassait pas d'admirer sa modération, son désintéressement, sa douceur, et l'on admirait d'autant plus ces vertus que la Grèce, maître comme il en était, lui fournissait plus de facilité à s'enrichir. S quelquefois il s'est écarté de sa modératio ordinaire, comme quand il fit massacrer l cavalerie de Chalcis, je crois qu'on doit moin lui imputer cette faute qu'aux amis qui le sui vaient.

1 Fragmens de Valois.

FRAGMENT X.

Ptolémée, roi de Syrie [1].

Ce prince mourut d'une blessure qu'il reçut dans un combat. Selon quelques uns, c'était un roi digne de grands éloges ; selon d'autres, il n'était digne d'aucun. Il est vrai cependant qu'il était doux et humain autant que jamais roi l'ait été. En voici des preuves. Jamais il ne fit mourir aucun de ses amis, quelque accusation qu'on intentât contre eux. Je ne sache pas non plus que personne à Alexandrie ait été tué par son ordre. Presque chassé du royaume par son frère, quoiqu'il lui fût aisé de se venger à Alexandrie, il lui pardonna sa faute. Il le traita avec la même douceur après son entreprise sur l'île de Chypre. Quoiqu'il fût entre ses mains à Lapithe, loin de le punir comme ennemi, il ajouta des gratifications à celles qu'il était convenu de lui faire, et promit de lui donner sa fille en mariage. D'un autre côté, les heureux succès lui amollirent le courage. La mollesse et la volupté, vices ordinaires aux Égyptiens, s'emparèrent de son cœur, et l'entraînèrent dans de grands malheurs.

FRAGMENT XI.

Épilogue de Polybe [2].

[I] Voilà ce que nous avons écrit sur les affaires de Rome fouillées avec soin ; ce sont comme les fondations d'un édifice politique à élever. Nous avons accompli cette tâche par reconnaissance et amitié pour le peuple romain, et nous supplions tous les dieux qu'ils nous accordent de passer le reste de nos jours à Rome, voyant croître et grandir cette fortune, objet de l'envie des hommes, voyant se développer cette république de la manière la plus désirable et la plus propre à la rendre heureuse et florissante. Ce vœu s'exauce tous les jours.

[II] Pour moi, arrivé au terme de mes travaux, je veux, me rappelant les principes exposés dans l'exorde de mon histoire, récapituler toute cette œuvre en adaptant le commencement à la fin, et chacune des parties aux autres parties. Nous avons dit d'abord que nous prendrions les choses où Timée les avait laissées. Parcourant rapidement les affaires d'Italie, de Sicile et de Lybie, seuls lieux dont Timée ait fait l'histoire, quand nous en sommes venus au tems où Annibal guida les forces de Carthage, où Philippe recueillit en Macédoine l'héritage de Démétrius, où Cléomène le Spartiate s'enfuit de la Grèce, où Antiochus montait sur le trône de Syrie, Ptolémée Philopator sur le trône d'Égypte, nous avons annoncé qu'à partir de la 139e olympiade nous rapporterions les événemens en général, citant par olympiades, subdivisant par années, et comparant tous les faits entre eux jusqu'à la prise de Carthage et la bataille des Romains et des Achéens près de l'isthme ; enfin jusqu'au bouleversement qui en fut le résultat en Grèce. Nous avons annoncé que ce serait une œuvre belle et utile à ceux qui aiment la science, et il était important de connaître comment et grâce à quel mode de gouvernement tous les états de la terre, vaincus, étaient tombés au pouvoir des Romains, ce qui n'a jamais eu d'exemple. Toutes choses ainsi terminées, il me reste à éclaircir les temps qu'embrasse l'histoire que j'ai entreprise, et à compléter les livres de mon ouvrage......

[1] Fragmens de Valois.
[2] Tiré des Palimpsestes.

FIN DU QUARANTIÈME ET DERNIER LIVRE DE L'HISTOIRE GÉNÉRALE DE LA RÉPUBLIQUE ROMAINE DE POLYBE.

HISTOIRE ROMAINE
D'HÉRODIEN.

LIVRE PREMIER.

Ceux qui donnent au public l'histoire des siècles reculés, n'ayant la plupart d'autre vue que de passer pour des écrivains polis, et ne pensant qu'à se faire un nom et à se tirer de la foule, négligent souvent la vérité et l'exactitude pour donner tous leurs soins à l'arrangement des mots et au choix des expressions; c'est qu'ils comptent se faire honneur de la beauté de leur style sans avoir à craindre qu'on les recherche trop sur la fidélité de leur histoire. D'autres, par des motifs et des dispositions opposés, de haine ou de flatterie pour des princes, pour des villes ou pour de simples particuliers, relèvent avec art et beaucoup au dessus de la vérité des actions d'elles-mêmes peu considérables et peu éclatantes.

Pour les choses que je vais écrire, je m'en suis instruit par moi-même : ce ne sont point des faits inconnus et qui se soient passés sans témoins; la mémoire en est encore toute récente, et je les ai recueillis avec l'exactitude la plus scrupuleuse. J'espère que la postérité lira avec plaisir cette histoire, et qu'on n'en trouvera point qui, dans un si petit espace de temps, renferme une si grande variété d'événemens remarquables. L'empire, en soixante années, ayant changé de maître jusqu'à douze fois, il n'est pas surprenant que des révolutions si fréquentes fournissent à un historien beaucoup de faits et d'aventures extraordinaires. En effet, si l'on considère tout ce qui s'est passé depuis qu'Auguste changea la forme du gouvernement jusqu'au temps de Marc Aurèle, on ne verra pendant deux cents ans ni l'empire passer par tant de mains, ni des guerres civiles et étrangères, dont les événemens aient été si mêlés et la fortune si différente; on n'y verra point tant de soulèvemens de peuples, tant de places assiégées, tant de pestes et de tremblemens de terre; enfin on n'y verra point des princes dont la vie et la conduite aient été aussi bizarres et aussi étranges que celle des empereurs dont je vais écrire ici l'histoire. Les uns ont régné très long-temps; le règne des autres a été très court, et quelques-uns ont perdu la vie le jour même qu'ils avaient été revêtus de la pourpre. Ceux qui parvinrent à l'empire dans un âge avancé, profitant d'une longue expérience, devinrent de parfaits modèles de sagesse et de politique; d'autres étant montés sur le trône dans une trop grande jeunesse, négligèrent les affaires et se permirent plusieurs choses qui, jusqu'à eux n'avaient point eu d'exemple : c'est ce que je vais rapporter en détail et en suivant l'ordre des temps et des empereurs.

Marc-Aurèle eut deux fils, Commode et Vérissimus: ce dernier mourut étant encore enfant; pour se consoler de sa perte, son père donna tous ses soins à l'éducation de celui qui lui restait. Il fit venir de toutes les provinces de l'empire les personnes les plus célèbres par leur doctrine, et les mit auprès de lui en qualité de gouverneurs et de précepteurs. Pour ses filles, lorsqu'elles furent en âge, il les maria aux plus vertueux d'entre les sénateurs, sans avoir égard ni à la noblesse du sang, ni aux grandes richesses, persuadé que les bonnes mœurs et la probité sont les seuls biens qui nous sont propres, et qu'on ne peut nous enlever. Toutes les vertus lui furent également recommandables; il estimait fort les anciens, les possédait parfaitement, et ne cédait en cela à pas un Romain, ni même à aucun Grec, comme on le peut voir encore par ce qui nous reste de ses écrits et de ses paroles remarquables. C'était un prince modéré, affable, d'un abord facile; il présentait sa main à tous ceux qui s'approchaient de lui pour le saluer, et il ne voulait pas que ses gardes écartassent personne. De tous les princes qui ont pris la qualité de philosophe, lui seul l'a méritée. Il ne la faisait pas consister seulement à connaître tous les sentimens des sectes différentes, et à savoir discourir de toutes choses, mais plutôt dans une pratique exacte et sévère de la vertu. Les sujets se font un honneur d'imiter leur prince; aussi ne vit-on jamais tant de philosophes que sous son règne. Plusieurs personnes habiles ont écrit sa vie; ils ont dépeint ses vertus politiques et militaires, sa prudence et sa valeur; nous avons les guerres qu'il a faites contre les peuples du nord et de l'orient. Je ne commencerai donc mon histoire qu'à sa mort, et je ne rapporterai que ce qui est arrivé de mon temps, ce que j'ai appris, ce ce que j'ai vu, et plusieurs choses même auxquelles j'ai eu part pendant que j'ai été employé par le prince ou par l'état, et que j'ai exercé différentes charges.

Marc-Aurèle tomba malade en Pannonie. Ce prince, alors fort vieux, était encore plus cassé par ses longs travaux et par ses soins et les peines du gouvernement que par son grand âge. Sitôt qu'il sentit sa fin approcher, il ne s'occupa plus que de son fils; il n'avait que quinze ou seize ans, et l'empereur craignait qu'abandonné à lui-même dans une si grande jeunesse, il n'oubliât bientôt les bonnes instructions qu'on lui avait données, pour se livrer aux excès et à la débauche; car les jeunes gens se portent naturellement aux plaisirs, et la meilleure éducation ne tient guère contre un tel penchant. L'histoire, qu'il savait parfaitement, lui fournissait des exemples qui redoublaient ses craintes. Il trouvait qu'entre les princes qui étaient montés sur le trône, Denis-le-Tyran avait poussé l'intempérance jusqu'à promettre de grosses sommes à ceux qui sauraient inventer des raffinemens dans les voluptés; que les successeurs d'Alexandre avaient, par leurs violences et leur cruauté, obscurci la gloire de celui dont ils avaient partagé l'empire; que Ptolémée, par un mépris déclaré des lois et des coutumes reçues presque chez toutes les nations, avait osé épouser sa propre sœur; qu'Antigonus affectait ridiculement d'imiter Bacchus en toutes choses; qu'il portait, au lieu de diadème, une couronne de lierre, et, au lieu de sceptre, un de ces bâtons dont on se sert dans les cérémonies de Bacchus. Les exemples domestiques, et moins éloignés, faisaient encore plus d'impression sur son esprit. Il se représentait les horreurs du règne de Néron, qui avait mis le comble à tous ses crimes par la mort de sa mère; qui paraissait dans le cirque, montait sur le théâtre, et se donnait en spectacle à un peuple dont il devenait la risée. Enfin il pensait souvent aux cruautés, encore plus récentes, de l'empereur Domitien. Mais ce n'était pas là l'unique chose qui lui donnât de l'inquiétude : les peuples de la Germanie étaient de dangereux voisins; il ne les avait pas entièrement domptés; il en avait vaincu une partie; il avait traité avec les autres, et le reste s'était réfugié dans les forêts; sa présence les retenait et les empêchait de rien entreprendre. Il craignait donc que la jeunesse de son fils ne relevât leur courage, et qu'ils ne reprissent les armes; car il savait d'ailleurs que les barbares aiment la nouveauté, et qu'il faut peu de chose pour les mettre en mouvement.

Dans l'agitation et le trouble où le laissaient toutes ces réflexions, il fit appeler ses parens et ses amis; et lorsqu'ils furent assemblés il mit son fils au milieu d'eux, se leva un peu sur son lit, et leur parla en ces termes : « Je ne suis nullement surpris que l'état où » vous me voyez vous touche et vous atten- » drisse ; les hommes ont une compassion na- » turelle pour leurs semblables, et les mal- » heurs dont nous sommes les témoins nous » frappent plus vivement. Mais j'attends » de vous quelque chose de plus que ces sen- » timens ordinaires qu'inspire la nature ; mon » cœur me répond du vôtre, et mes disposi- » tions à votre égard m'en promettent de » pareilles de votre part. C'est à vous mainte- » nant à justifier mon choix, à me faire voir » que j'avais bien placé mon estime et mon » affection, et à me prouver par des marques » certaines que vous n'avez point perdu le » souvenir de mes bienfaits. Vous voyez de- » vant vous mon fils ; c'est à vos soins que je » suis redevable de son éducation : il sort à » peine de l'enfance ; dans la première cha- » leur de la jeunesse, comme sur une mer » orageuse, il a besoin de gouverneur et de » pilote, de peur que sans expérience et sans » guide il ne s'égare et n'aille donner contre » les écueils. Tenez-lui tous lieu de père ; » qu'en me perdant, il me retrouve en chacun » de vous ; ne le quittez point, donnez-lui » sans cesse de bons avis et de salutaires in- » structions. Les plus grandes richesses ne » peuvent fournir aux plaisirs et aux débau- » ches d'un prince voluptueux. S'il est haï » de ses sujets, sa vie n'est guère en sûreté, » et sa garde est pour lui un faible rempart. » Nous voyons que les princes qui ont régné » long-temps, et qui ont été à couvert des » conjurations et des révoltes, ont plus pensé » à se faire aimer qu'à se faire craindre. Ceux » qui se portent d'eux-mêmes à l'obéissance, » sont dans leur conduite et dans toutes leurs » démarches au dessus des soupçons ; sans » être esclaves, ils sont bons sujets ; et s'ils » refusent quelquefois d'obéir, c'est qu'on » leur commande avec trop de dureté, et » qu'on joint à l'autorité le mépris ou l'ou- » trage : car il est bien difficile d'user avec » modération d'une puissance qu'on possède » sans partage et qui n'a point de bornes.

» Donnez souvent à mon fils de semblables » instructions, répétez-lui celles qu'il vient » d'entendre ; par là vous formerez pour vous » et pour tout l'empire un prince digne du » trône : vous me marquerez votre reconnais- » sance, vous honorerez ma mémoire, et c'est » l'unique moyen de la rendre immortelle. » En achevant ces paroles, il lui prit une si grande faiblesse que, ne pouvant continuer, il se laissa retomber sur son lit. Tous ceux qui étaient présens furent si pénétrés de ce discours qu'ils ne purent retenir leurs larmes. Marc-Aurèle languit encore un jour, et mourut regretté de tous ses sujets, laissant à la postérité, dans l'histoire de sa vie, le modèle de toutes les vertus. Le peuple et les soldats furent également affligés de sa mort, et personne dans l'empire ne l'apprit sans le pleurer. Tous, d'une commune voix, lui donnaient les qualités de père de la patrie, de prince habile, de vaillant capitaine, d'empereur plein de prudence et de modération ; et ils ne disaient en cela que la vérité.

Lorsqu'on eut achevé les cérémonies des obsèques, et que les premiers jours du deuil furent passés, les amis de l'empereur défunt crurent qu'il était temps de faire voir Commode aux soldats, afin qu'il les haranguât et leur fît les largesses que les princes ont coutume de faire à leur avénement à l'empire. On les avertit de se trouver tous dans la place ; l'empereur s'y rendit, et après avoir fait les sacrifices ordinaires, il monta sur un tribunal qu'on avait dressé exprès, autour duquel se rangèrent les principaux amis de son père, et il parla en ces termes : « Je suis très-persuadé » que vous partagez avec moi ma douleur, » et que vous n'êtes guère moins affligés que » je ne le suis d'une perte qui nous est com- » mune. Tant que mon père a vécu, je ne me » suis en rien élevé au dessus de vous ; pour » lui, il nous aimait tous également, et m'ap- » pelait plus volontiers son compagnon de » guerre que son fils. Il disait que cette der- » nière qualité marque seulement le rapport » que met entre nous la naissance, et que la

» première en marque un autre, qui ne vient
» que du courage et de la vertu. Souvent,
» lorsque j'étais encore au berceau, il me
» mettait entre vos bras, comme pour s'en
» remettre à vos soins et à votre zèle de mon
» éducation. J'espère que vous aurez tous
» pour moi beaucoup d'attachement. Les
» vieillards me le doivent comme à leur élève,
» et les jeunes gens, comme à leur compagnon
» dans les exercices militaires; car mon père
» nous aimait tous comme ses propres enfans,
» et nous formait avec la même application.
» La fortune, après lui, m'a appelé à l'em-
» pire; j'y ai un droit naturel, et il ne m'a
» point fallu l'acheter, comme ont fait plu-
» sieurs de mes prédécesseurs. Je suis né dans
» le palais et près du trône, j'ai été revêtu de
» la pourpre en sortant du sein maternel, et
» le jour qui me donna la vie m'assura l'em-
» pire. Il est donc bien juste, si vous faites
» toutes ces réflexions, que vous aimiez un
» prince qui n'est redevable de son élévation
» ni à de secrettes cabales, ni aux dissensions
» publiques. Mon père, déjà monté dans le
» ciel, a pris sa place au nombre des dieux,
» et il nous a remis le soin des choses d'ici bas.
» Il ne tient qu'à vous d'achever ce qu'il
» avait commencé, d'assurer et d'étendre ses
» conquêtes. Vous pouvez terminer heureu-
» sement cette guerre, et par là vous travail-
» lerez à votre propre gloire autant qu'à celle
» de mon père. Ne doutez pas qu'il n'entende
» tout ce que nous disons, et qu'il ne voie
» toutes nos actions; quel bonheur pour nous
» de faire notre devoir sous les yeux d'un si
» grand témoin ! Toutes les victoires que vous
» avez remportées jusqu'ici, on a pu en attri-
» buer la gloire au général, à sa bonne con-
» duite, à sa grande expérience; mais tout ce
» que vous ferez maintenant sous un jeune
» prince, vous sera propre: vous en aurez
» tout l'honneur, et vous ferez paraître en
» même temps votre fidélité et votre courage.
» Vos victoires donneront à ma jeunesse du
» poids et de l'autorité; les Barbares réprimés
» dans le commencement du nouveau règne,
» et instruits par leurs pertes passées, n'ose-
» ront plus rien entreprendre. » Commode
joignit à ce discours de grandes largesses, et
se retira dans son palais.

Pendant quelque temps, il ne fit rien que
par le conseil des amis de son père; ils ne le
quittaient point; ils le tenaient appliqué aux
affaires, et ne lui laissaient prendre de relâche qu'autant qu'en pouvait demander le
soin de sa santé. Dans la suite, il se glissa
dans sa familiarité quelques officiers de la
cour, qui n'oublièrent rien pour corrompre
ses mœurs. C'était de ces flatteurs, parasites
de profession, qui mettent tout leur bonheur
dans la débauche et dans les plus infâmes
voluptés. Ils le faisaient souvenir des délices
de Rome, des musiques, des spectacles, et
de l'abondance de toutes les choses qui peuvent servir au luxe et aux plaisirs. Ils opposaient aux campagnes fertiles de l'Italie la
fertilité des bords du Danube, qui sont toujours couverts de glace, où le soleil ne se
montre presque jamais, et où les saisons sont
toutes également désagréables. « Jusques à
» quand, seigneur, lui disaient-ils, boirez-
» vous de l'eau à demi-glacée, pendant que
» d'autres jouiront de ces bains chauds, de ces
» ruisseaux agréables, et de cet air tempéré qu'on
» ne trouve qu'en Italie ? » Par de tels discours
et de si vives images, ils enflammaient les
passions de ce jeune prince, et le portaient à
la volupté. Lors donc qu'on y pensait le moins,
il fit appeler ses amis, et leur déclara qu'il
souhaitait revoir sa patrie. Il n'osait leur
découvrir les véritables causes d'un départ si
précipité. Il leur allégua pour prétexte qu'il
appréhendait que pendant son absence quelqu'un des plus riches patriciens ne s'emparât du palais impérial, et que de là, comme
d'une place forte, il n'envahît l'empire; qu'il
serait facile à l'usurpateur de lever des
troupes, et que de l'élite du peuple romain
on pourrait former un corps d'armée considérable. Ses amis reçurent ce discours avec
un air triste, sombre, les yeux baissés, et
dans un morne silence ; mais Pompéianus,
l'un d'entre eux, et le plus distingué par son
alliance avec le prince, dont il avait épousé
la sœur aînée, prenant la parole, lui dit :
« Je ne suis pas surpris, seigneur, que vous

» souhaitiez revoir votre patrie, nous » n'en avons pas moins d'envie que vous ; » mais les grandes affaires qui nous retien- » nent ici, l'emportent sur cette passion na- » turelle. Vous pourrez dans la suite goûter » à loisir les douceurs de Rome (quoiqu'en » effet Rome soit partout où se trouve l'em- » pereur); mais il y a maintenant autant » de danger que de honte à ne point ache- » ver la guerre. Par-là vous enflerez le cou- » rage des ennemis : ils n'attribueront pas » votre départ au désir de retourner dans » votre capitale, mais il le regarderont comme » un effet de votre crainte et comme une » véritable fuite. Qu'il vous serait plus » glorieux de dompter tous les Barbares, de » porter les limites de l'empire jusqu'à l'O- » céan, et de rentrer dans Rome en triom- » phe, traînant à votre suite les rois et les » chefs des peuples que vous auriez vaincus ! » C'est par de tels exploits que vos prédéces- » seurs, que les anciens Romains se sont fait » un nom immortel. Vous n'avez d'ailleurs » aucun sujet de craindre qu'on profite de » votre absence pour vous nuire ; les prin- » cipaux du sénat sont ici auprès de vous ; » l'armée que vous commandez met autant en » sûreté votre autorité que votre personne. » Tous les trésors de l'empire sont entre vos » mains ; enfin, la mémoire de votre père » vous répond de la fidélité et de l'attache- » ment de tous ceux qui sont en place, et » qui ont quelque crédit. » Ces remontrances retinrent pour quelque temps le jeune prince : il n'avait rien de raisonnable à y opposer, et il était confus d'avoir laissé voir ses disposi- tions. Il renvoya donc ses amis, et leur dit qu'il penserait plus à loisir à cette affaire. Cependant les officiers de sa maison l'assié- geaient et le pressaient si vivement, qu'il ré- solut enfin de partir sans consulter davantage les amis de son père.

Il écrivit à Rome qu'on se préparât à le re- cevoir, nomma des officiers pour commander les troupes qu'il laissait sur les bords du Da- nube, et après avoir donné en secret tous ses ordres il déclara sa résolution. Ses généraux dans peu de temps ou domptèrent les Barba- res par la force des armes, ou traitèrent avec eux, et les gagnèrent sans peine en leur of- frant de grandes sommes. Ces peuples aiment fort l'argent ; et comme ils méprisent les dan- gers, ils vivent de courses et de brigandages, ou vendent chèrement la paix à ceux qui veu- lent se mettre à couvert de leurs insultes. Commode qui les connaissait, et qui avait des richesses immenses, voulant à quelque prix que ce fût se délivrer de l'embarras d'une guerre éloignée, leur accorda tout ce qu'ils demandaient. Sitôt que le bruit de son départ se fut répandu, cette nouvelle mit tout le camp en mouvement ; tout le monde voulait être du voyage, et quitter le pays ennemi pour aller jouir des délices de l'Italie. Lorsque les courriers furent arrivés à Rome, et qu'ils y eurent annoncé son retour, le peuple en eut une joie incroyable ; ils se promettaient de la présence du prince de grands avan- tages, et ne doutaient point qu'il ne tînt en tout de son père. Cependant il s'avançait à grandes journées, avec une ardeur et un em- pressement de jeune homme ; on lui faisait des réceptions magnifiques dans toutes les villes de sa route, et il trouvait les chemins bordés d'une multitude de peuple infinie, qui accou- rait de tous côtés pour le voir. Lorsqu'il approcha de Rome, le sénat et le peuple s'empressant à l'envi, et tâchant de se pré- venir, sortirent de la ville portant des bran- ches de laurier et des couronnes de fleurs, et allèrent fort loin au devant de lui, pour voir des premiers leur empereur, que sa jeu- nesse rendait aussi aimable que la noblesse de son extraction le rendait illustre. Ils avaient pour lui une singulière affection, parce qu'il avait été élevé au milieu d'eux, qu'il était d'une maison fort ancienne, et comptait plu- sieurs empereurs entre ses aïeux : car l'im- pératrice Faustine, sa mère, était fille d'Anto- nin le pieux, petite-fille d'Adrien, et arrière- petite-fille de Trajan. Tels étaient les ancêtres de Commode ; qui joignait à une fort grande jeunesse une beauté qui n'était pas moindre : il avait la taille bien prise ; son air n'avait rien d'efféminé ; son regard était doux et vif tout ensemble, ses cheveux frisés et fort blonds ;

lorsqu'il marchait au soleil, ils jetaient un éclat si éblouissant, qu'il semblait qu'on les eût poudrés avec de la poudre d'or. Quelques-uns disaient que ces rayons naturels étaient une marque ou un heureux présage de sa divinité. Les Romains, charmés de voir un prince si accompli, le reçurent avec toute sorte d'acclamations et de cris de joie, et semèrent de festons de fleurs les chemins par où il devait passer.

Lorsqu'il fut arrivé, il alla d'abord offrir ses vœux dans tous les temples, et remercia ensuite le sénat et les soldats prétoriens de leur fidélité. Les premières années de son règne, il eut tous les égards possibles pour les amis de son père, et ne fit rien sans les consulter. Mais lorsqu'il voulut gouverner seul, et qu'il ne prit plus leurs avis, il donna le commandement des cohortes prétoriennes à un officier d'Italie nommé Pérennis, qui savait parfaitement la guerre, mais qui d'ailleurs n'avait aucune bonne qualité. Cet homme, abusant de la jeunesse du prince, le livrait à toutes sortes de débauches, et l'éloignait des affaires, pour se rendre maître du gouvernement. Il avait une avarice insatiable, et comptant pour rien toutes les richesses qu'il possédait, il ne pensait qu'à en amasser de nouvelles. Il osa le premier imputer des crimes à ceux qui avaient été attachés à Marc-Aurèle; il donnait sans cesse au prince des impressions désavantageuses contre tous ceux qui étaient riches ou de qualité; il les faisait condamner, obtenait la confiscation de leurs biens, et par cette voie il devint le plus riche particulier de son temps. Cependant Commode n'était pas entièrement changé; le souvenir de son père, et la considération qu'il avait pour ses amis, le retenaient encore; mais un malheureux hasard et la malignité de la fortune achevèrent de le corrompre.

Lucilla, l'aînée de ses sœurs, avait épousé en premières noces Lucius Vérus que Marc-Aurèle avait associé à l'empire, et à qui il avait donné sa fille pour se l'attacher plus étroitement par cette alliance. Après la mort de Lucius Vérus, son père la maria à Pompéianus, sans lui ôter les marques et les honneurs d'impératrice; Commode les lui conserva aussi : au théâtre, elle était assise sur un trône; et dans les rues, on portait le feu devant elle. Mais lorsque Commode eut épousé Crispine, il fallut lui céder le pas. Lucilla en fut piquée, et ne put se résoudre à marcher même après la femme de l'empereur. Elle savait que Pompéianus, son mari, avait une fidélité et un attachement inviolables pour Commode; ainsi elle ne lui communiqua rien de ses pernicieux desseins; mais elle s'adressa à un jeune patricien fort riche nommé Quadratus, avec qui on la soupçonnait d'être en commerce de galanterie. Elle le sonda peu à peu; et commençant par se plaindre qu'on lui eût ôté son rang, elle l'engagea insensiblement dans une entreprise aussi fatale au sénat qu'elle le fut à lui-même. Il fit entrer dans sa conjuration quelques-uns des sénateurs les plus distingués, et entre autres Quintianus, jeune homme hardi et entreprenant, qui lui promit de porter toujours un poignard sous sa robe, et d'épier tous les momens et toutes les occasions pour tuer l'empereur. Quadratus se chargea de faire réussir tout le reste, et d'apaiser par ses largesses le peuple et les soldats. Quintianus se cacha donc dans le passage qui conduit à l'amphithéâtre, lieu fort obscur et propre à un tel dessein; et lorsque Commode vint à passer, il se jeta sur lui le poignard à la main, en criant : « Voici ce que t'envoie le sénat. » Ces paroles avertirent l'empereur d'éviter le coup qu'on lui portait : l'assassin se découvrit lui-même; les gardes l'arrêtèrent, et il fut puni sur-le-champ de sa témérité et de son imprudence. Ce fut là l'origine et la cause principale de la haine qu'eut depuis Commode pour le sénat. Ces paroles de Quintianus firent de profondes impressions dans son esprit; cette plaie ne se referma jamais, et il regarda depuis tous les sénateurs comme ses communs ennemis. Pérennis ne manqua pas de profiter d'une si belle occasion, et lui persuada sans peine de se défaire de toutes les personnes puissantes dont l'élévation lui faisait ombrage. Il fit des informations exactes de cette conjuration; la sœur de l'empereur et tous les complices furent condamnés à perdre la tête. On punit avec eux du dernier supplice plusieurs personnes contre qui on n'avait que de fort légers soupçons.

Par tous ces moyens Pérennis se délivra de ceux que Commode ménageait encore, et qui avaient pour lui une tendre affection et une fidélité inviolable. Lors donc qu'il se vit chargé seul du salut du prince, que sa vie fut entre ses mains, et que son crédit et sa puissance n'eurent plus de bornes, il porta ses vues plus loin, et pensa à s'emparer de l'empire. Il fit donner à son fils, qui était encore fort jeune, le commandement des armées d'Illyrie ; et il amassait des sommes immenses, pour corrompre par ses largesses les gardes prétoriennes. Son fils, de son côté, levait des troupes en secret, afin d'être en état de le seconder et de le soutenir, lorsqu'il aurait tué l'empereur. Cette conjuration se découvrit d'une manière fort étrange. Les Romains célèbrent des jeux en l'honneur de Jupiter Capitolin, avec un grand concours de peuple : l'empereur, avec les prêtres qui font des fonctions, préside aux jeux et distribue les prix. Commode étant donc venu pour entendre les plus excellens acteurs, était assis sur son trône ; l'amphithéâtre était rempli ; chacun y était placé selon son rang et sa qualité. Comme on allait commencer, une espèce de philosophe qui était à demi nu, et qui avait un bâton à la main et une besace à son côté, courut tout d'un coup au milieu du théâtre, et faisant signe au peuple de l'écouter : « Il n'est pas temps, seigneur, s'é-
» cria-t-il, de s'occuper de jeux, de fêtes et de
» spectacles ; l'épée de Pérennis pend déjà
» sur votre tête ; il amasse ici contre vous de
» l'argent et fait lever des troupes, pendant
» que son fils tâche de corrompre les armées
» d'Illyrie : ce n'est point un orage qui se
» prépare, il est tout formé ; si vous ne le pré-
» venez, c'est fait de vous. » Cet homme se porta à une action si hardie, ou par un mouvement secret qui avait quelque chose de divin, ou pour acquérir de la gloire, et se tirer de l'obscurité dans laquelle il avait vécu jusqu'alors, ou dans l'espérance de recevoir du prince quelque récompense considérable. Commode, à ce discours, demeura interdit ; tout le monde se doutait bien que ces choses pouvaient être véritables, quoiqu'on fît semblant de n'en rien croire ; mais Pérennis, sans s'étonner, fit arrêter ce malheureux, et le condamna au feu, comme un insensé et un imposteur. Les courtisans qui voulaient paraître s'intéresser pour le salut de l'empereur, et qui haïssaient d'ailleurs Pérennis, que sa fierté et ses hauteurs rendaient insupportable, ne manquèrent pas cette occasion, et n'oublièrent rien pour le mettre mal dans l'esprit du prince.

La fin de Commode n'était pas encore venue, la conjuration devait être découverte, et l'attentat de Pérennis et de son fils ne devait pas demeurer impuni ; car, peu de temps après, quelques soldats de l'armée d'Illyrie s'étant échappés sans que le fils de Pérennis en sût rien, apportèrent à Rome des pièces de monnaie que ce jeune homme avait eu l'audace de faire frapper à son coin. Ils trouvèrent moyen de parler à l'empereur, quoique Pérennis fût capitaine de ses gardes ; ils lui montrèrent ces pièces d'argent, et lui découvrirent le détail de la conjuration. Commode leur donna de grandes récompenses, et sans perdre de temps envoya la nuit suivante couper la tête à Pérennis. Il dépêcha vers le fils ceux mêmes qui avaient exécuté le père. Ils arrivèrent en Illyrie avant qu'on y eût rien appris de ce qui s'était passé, et lui remirent des lettres de l'empereur, qui, après plusieurs démonstrations d'amitié, lui faisait entendre qu'il ne le rappelait à la cour que pour l'élever à une plus grande fortune, et pour le mettre en position de concevoir de plus hautes espérances. Le jeune Pérennis ne se douta point du piège qu'on lui tendait. Il croyait son père encore en vie, et les courriers l'assuraient qu'il les avait chargés de vive voix de presser son départ, et qu'il n'eût pas manqué de lui écrire, s'il n'avait cru que sa lettre serait entièrement inutile après les ordres du prince. Il se laissa donc persuader ; et quoiqu'il n'abandonnât qu'à regret ses projets, il se résolut cependant à partir, se tenant fort du crédit et de la puissance de son père. Il fut tué en chemin, sur les confins de l'Italie, par ceux qui en avaient reçu l'ordre de l'empereur,

Commode créa ensuite deux préfets des gardes prétoriennes, dans la pensée qu'il y avait trop de danger à mettre une charge si importante sur une seule tête, et qu'il valait mieux affaiblir cette puissance en la partageant. Mais ces précautions ne le mirent guère en sûreté. Il se vit peu de temps après exposé à de nouvelles embuches. Un soldat nommé Maternus, coupable de plusieurs crimes, ayant déserté, persuada à quelques-uns de ses compagnons, qui ne valaient pas mieux que lui, de suivre son exemple, et assembla en fort peu de temps un assez grand nombre de bandits. D'abord il courait la campagne et pillait les villages; mais quand il eut amassé de grandes sommes d'argent, l'espérance de faire fortune attirant tous les jours à sa suite beaucoup d'autres scélérats, il forma un corps qui avait plus l'air d'une armée réglée que d'une troupe de brigands. Ils s'attaquèrent alors aux plus grandes villes. Ils forçaient les prisons, délivraient tous les criminels, leur offraient un asile, et les engageaient, autant pour leur sûreté que par reconnaissance, à prendre parti avec eux. Ils coururent de la sorte les Gaules et l'Espagne; ils entraient les armes à la main dans les villes les plus riches et les plus peuplées, y mettaient le feu, et se retiraient chargés de butin. Commode ayant été informé de tous ces désordres, écrivit aux gouverneurs des provinces des lettres pleines de menaces; il leur reprochait leur lâcheté et leur négligence, et leur ordonnait de faire au plus tôt marcher des troupes contre ces brigands. Mais sitôt qu'ils surent les ordres qu'on avait donnés contre eux, ils cessèrent de piller et de courir le pays, se séparèrent en plusieurs petites bandes, et gagnèrent en toute diligence l'Italie par des chemins détournés. Cependant Maternus n'avait plus de vues médiocres, et ne pensait à rien moins qu'à l'empire. Tout lui avait réussi jusqu'alors au-delà de ses espérances; il voyait bien qu'il s'était engagé trop avant pour reculer, et qu'il fallait pousser sa fortune jusqu'où elle pourrait aller, ou finir avec éclat et en homme de cœur. Ses forces n'étaient pas assez grandes pour les opposer à celles de Commode, et pour lui faire une guerre ouverte; il savait d'ailleurs que ce prince était aimé du peuple et des soldats prétoriens. Il crut donc qu'il valait mieux avoir recours à l'artifice, et se servir de quelque stratagème. Voici ce qu'il imagina.

Au commencement du printemps, les Romains célèbrent en l'honneur de la mère des dieux une fête, dans laquelle on porte en cérémonie devant son image tout ce que l'empereur et les particuliers ont de plus précieux pour la matière et pour la délicatesse de l'art. Alors on a une liberté entière de faire toutes les folies et toutes les extravagances qui viennent dans l'esprit. On se déguise chacun à sa fantaisie; il n'est dignité si considérable, personnage si sérieux, dont on ne puisse prendre l'air et les habillemens. Maternus trouva ce jour très-propre pour l'exécution de son projet; il crut qu'il pourrait aisément se déguiser avec ses gens en soldat de la garde de l'empereur, se mettre à sa suite comme étant de la cérémonie, et le tuer lorsqu'on y penserait le moins. Mais il fut trahi par quelques-uns de ceux qui avaient son secret, et qui étaient entrés avec lui dans la ville. Ils ne purent se résoudre à avoir pour empereur celui qu'ils avaient bien voulu suivre comme un chef de brigands. Cette pensée leur inspira une secrète jalousie, et ils allèrent découvrir tout ce qu'il avait concerté. On arrêta Maternus avant la fête, et il eut la tête tranchée avec ses compagnons. Commode fit à la déesse des sacrifices en action de grâces, et parut dans la cérémonie avec un air fort gai et fort tranquille. Le peuple, de son côté, redoubla d'allégresse et de joie pour faire sa cour à l'empereur.

Je crois qu'il ne sera pas inutile de rapporter ici l'origine de cette fête, et de rechercher dans l'histoire pourquoi les Romains honorent si particulièrement la mère des dieux. Cette digression pourra faire quelque plaisir aux Grecs, qui la plupart ne sont pas instruits des antiquités romaines. La statue de la déesse vient du ciel, si l'on veut croire ce que l'on en dit. On n'en connaît point l'ouvrier, et on est persuadé qu'aucun homme n'y a mis la main. On raconte qu'elle tomba en Phrygie dans la ville de Pessinunte, qui a tiré son nom de cet événement. Je trouve néanmoins dans quelques auteurs que ce fut dans cet endroit qu'Ilus et Tantale en vinrent aux mains, et qu'après un combat fort long et fort opiniâtre, il demeura de part et d'autre beaucoup de morts sur le champ de bataille, qui depuis cette journée fut appelé Pessinunte. Ce fut aussi dans cette occasion que Ganimède disparut, pendant que son frère Ilus, et Tantale son ravisseur, se l'arrachaient l'un à l'autre ; et c'est sur cette histoire qu'on a inventé la fable de son enlèvement par Jupiter. C'est dans ce même lieu encore qu'autrefois les Phrygiens célébraient des mystères semblables à ceux des Bacchantes sur le bord du fleuve Gallus, d'où les prêtres de la déesse qu'on y honorait, et tous ceux qui sont eunuques comme eux, ont été appelés Galli. Lorsque les Romains eurent jeté les fondemens de cette grandeur à laquelle ils sont depuis parvenus, ils apprirent par un oracle que leur empire se soutiendrait, et irait toujours en augmentant, s'ils faisaient venir à Rome la déesse de Pessinunte. On députa aussitôt vers les Phrygiens; on fit valoir le degré d'alliance qui était entre eux et les Romains, qui, par Énée, tiraient d'eux leur origine, et l'on obtint sans peine ce qu'on demandait. On mit la déesse sur un vaisseau, qui, étant arrivé à l'embouchure du Tibre, fut arrêté soudain par une force invisible et insurmontable. Tous les efforts que l'on put faire, et les secours qu'on employa pour le mettre en mouvement, furent inutiles. On désespérait d'en venir à bout, lorsqu'une vestale, qu'on accusait d'avoir violé la virginité dont elle faisait profession, et qu'on allait condamner, demanda en grâce qu'on s'en rapportât au jugement de la mère des dieux. On le lui accorde ; elle détache sa ceinture, la lie à la proue, et prie la déesse de permettre, pour confondre ses accusateurs, que le vaisseau se laissât tirer sans peine, et suivît comme de lui même, ce qui ne manqua pas d'arriver, au grand étonnement de tout le peuple, qui reconnut par ce prodige et la puissance de cette nouvelle divinité et l'innocence de la vestale. Mais c'est assez parler de la déesse de Pessinunte; je n'en ai peut-être que trop dit.

Commode, après tant de conjurations dans lesquelles il s'était vu si près de perdre la vie, se tenait plus sur ses gardes, et se montrait rarement au peuple ; il demeurait ordinairement dans ses jardins hors de la ville, ou dans ses maisons de campagne ; il ne donnait plus d'audiences et ne s'occupait plus des affaires de l'état. Dans le même temps, toute l'Italie fut affligée d'une peste très violente ; mais le mal fut beaucoup plus grand à Rome à cause du nombre infini des habitans et des étrangers qui y abordent de toutes parts. Commode, par l'avis de ses médecins, se retira à Laurente. C'est un lieu très frais, entouré de plusieurs bois de lauriers, d'où il a pris son nom. Ils disaient que la fraîcheur, l'ombrage agréable et l'odeur des lauriers étaient un fort bon préservatif contre le mauvais air. A Rome, on se remplissait les narines et les oreilles des senteurs les plus fortes et l'on brûlait sans cesse des parfums. Les médecins prétendaient que ces odeurs occupant les passages empêchaient le mauvais air de pénétrer, ou que leur force neutralisait la sienne et arrêtait son effet. Cependant ces remèdes furent assez inutiles ; le mal croissait tous les jours, et cette peste emporta une effroyable multitude d'hommes et d'animaux. Elle n'eut pas plutôt cessé, que la famine prit sa place. Voici quelle en fut la cause.

Cléandre, Phrygien de nation et esclave d'origine, avait été acheté par les officiers de l'empereur. Sa fortune, qui avait commencé avec le règne de Commode, alla si vite sous ce prince, et il s'insinua si avant dans son esprit, qu'il devint son chambellan, capitaine de ses gardes et général de ses armées. Mais cet indigne favori ne se contenta pas d'avoir réuni en sa personne les premières charges de l'empire : les plaisirs irritèrent ses passions, et ses grandes richesses exaltèrent ses espérances. Il amassa beaucoup d'argent et fit de grands magasins de blé qui mirent la cherté dans Rome. Il se persuadait qu'il n'y avait point de moyen plus sûr pour gagner le peuple et les soldats, que de leur faire de grandes largesses dans le temps où ils en auraient le plus de besoin, et qu'ils lui tiendraient plus de compte d'une libéralité si bien placée. Il avait déjà fait bâtir à ses dépens des bains publics et une académie. Il prétendait par-là s'attirer l'affection du peuple; mais il réussissait fort mal: cette avidité insatiable qu'il ne pouvait cacher le rendait odieux à tout le monde, et l'on s'en prenait à lui de toutes les calamités présentes. D'abord le peuple s'amassa par troupes au théâtre et lui dit des injures : mais il n'en demeura pas là. Un jour que l'empereur était dans ses jardins hors de Rome, les citoyens y allèrent en foule et crièrent tous ensemble qu'on eût à leur livrer Cléandre pour le faire mourir. Pendant ce tumulte, Commode se livrait à la débauche dans les lieux les plus reculés de son palais, et ne savait rien de ce qui se passait. Cléandre empêchait qu'on ne l'en avertît; et lorsque le peuple s'y attendait le moins, il fit sortir sur lui les cavaliers de la garde de l'empereur. Des gens à pied et sans armes ne pouvaient tenir contre des hommes armés et à cheval il fallut donc prendre la fuite et se retirer vers la ville. Cependant les soldats les poursuivaient et en tuaient plusieurs; quelques-uns furent écrasés sous les pieds des chevaux et d'autres étouffés dans la presse. Les cavaliers les poussèrent ainsi jusqu'aux portes de Rome sans trouver de résistance; mais lorsque ceux qui étaient dans la ville eurent appris ce désordre, ils pensèrent à venger leurs concitoyens. Ils ferment aussitôt les portes de leurs maisons, montent sur les toits et jettent d'en haut une grêle de pierres et de tuiles. Le peuple eut alors son tour, et, sans faire tête aux soldats, il combattait d'un lieu sûr et les contraignit à la fin à prendre la fuite. Mais pendant qu'ils se retiraient, les chevaux rencontrant sous leurs pieds les pierres dont les rues étaient pleines, faisaient à tous momens de faux pas et jetaient par terre ceux qui les montaient. Les soldats qui étaient de garde dans la ville, et qui haïssaient les cavaliers, se joignirent au peuple, et il se fit de part et d'autre un grand carnage.

La guerre civile étant ainsi allumée au milieu de Rome, on n'osait toutefois en avertir l'empereur, tant on redoutait la puissance et le ressentiment de Cléandre. Mais enfin Phadilla, l'aînée[1] des sœurs de Commode depuis la mort de Lucilla et à qui sa qualité donnait à toute heure un libre accès auprès de lui, y courut au plus tôt. Elle avait les cheveux épars; tout son extérieur triste et défiguré marquait son alarme et son épouvante. En entrant elle se jeta par terre, et déchirant ses habits, elle s'écria : « » Vous êtes ici en repos, seigneur; vous ignorez » ce qui se passe et à quel danger vous êtes exposé. Vous venez de perdre une partie de votre » peuple et de vos soldats, et nous-mêmes, » votre propre sang, nous ne sommes pas en » sûreté. Vos domestiques nous font éprouver » des maux que les Barbares ne nous ont jamais fait craindre, et ceux que vous avez le » plus comblés de bienfaits sont vos plus grands » ennemis. Cléandre vient d'armer contre » vous le peuple et les soldats; animés, les » uns par la haine qu'ils lui portent et les autres par l'affection qu'ils ont pour lui, ils se » font une cruelle guerre, et le sang des citoyens coule dans les places de Rome. Mais » les malheurs des deux partis retomberont sur » nous, si vous ne sacrifiez au plus tôt ce vil » esclave qui a déjà causé la mort de tant de » personnes, et qui nous fera périr après elles. » Quelques-uns de ceux qui étaient présens, devenus hardis par ce discours de la sœur du prince, la secondèrent, et firent concevoir à Commode le danger où il était. Il en fut épouvanté et crut qu'on menaçait déjà sa tête. Il fit donc appeler Cléandre. D'abord qu'il parut on le saisit, on lui trancha la tête, et on la porta dans les rues au bout d'une lance, spectacle sans doute bien agréable pour un peuple maltraité! Ce remède arrêta le mal sur-le-champ; on mit bas les armes de part et d'autre : les soldats, voyant que celui pour qui ils combattaient n'était plus, appréhendaient les suites de cette affaire; ils reconnurent qu'on les avait trompés, et que Cléandre n'avait reçu aucun ordre du prince. D'autre part, le peuple était satisfait et se croyait assez vengé par la mort de celui qui était l'auteur et la première cause de tout le désordre. Il tourna ce qui lui restait de rage contre les deux fils et contre les amis de ce favori. Ils furent tous massacrés : on traîna leurs corps par les rues, et après leur avoir fait toutes les indignités dont s'avise une populace en fureur, on les jeta dans les égouts. Telle fut la fin malheureuse de Cléandre. Il semble que la fortune ait affecté de faire voir en un seul homme tous ses caprices, et qu'il ne lui faut qu'un tour de roue pour élever ceux qui lui servent de jouet de la plus basse condition aux plus grandes places, et pour les faire retomber avec d'autant plus de rapidité qu'elle les avait portés plus haut.

Commode n'était pas encore bien revenu de sa peur; il appréhendait que le peuple n'entreprît quelque chose contre sa personne. Il se rendit toutefois à l'avis de ses amis, et rentra dans Rome, où il fut reçu avec de grandes acclamations. Cependant les différens périls auxquels il s'était vu exposé le rendirent défiant à l'excès. Tout le monde lui devint suspect; ses jours étaient tous marqués par quelque nouvelle proscription. D'abord qu'on était accusé, on était coupable; il suffisait d'avoir quelque mérite pour n'être point admis dans sa familiarité. Aussi ne lui restait-il aucune bonne inclination : il s'était livré à toutes sortes de débauches; elles l'occupaient tour-à-tour; le jour et la nuit n'y pouvaient suffire. Pour peu qu'on eût de probité, ou quelque teinture des belles-lettres, on était éloigné de sa cour, comme personne inutile ou dangereuse, pendant que les bouffons et les farceurs les plus infâmes y étaient fort bien reçus. Il passait tout son temps à conduire des chariots et à tirer sur des bêtes farouches. Les courtisans prenaient de là occasion de louer sa force et son adresse, et par leurs flatteries entretenaient sa passion pour des exercices dont ils auraient dû plutôt le détacher.

Il parut en même temps des prodiges dans le ciel : ou vit des comètes et des étoiles en plein midi. Les animaux eurent des petits d'une espèce différente, ou d'une figure extraordinaire et bizarre, ou bien avec des membres mal placés et peu proportionnés. Mais il arriva un accident plus fâcheux, qui de soi-même très considérable, le devint encore plus par le trouble qu'il jeta dans les esprits. Le feu prit au temple de la Paix, sans qu'on pût en découvrir la cause. Le ciel était serein, et on n'avait point entendu tonner; on avait seulement senti quelques légères secousses de tremblement de terre, et peut-être qu'alors il était sorti des feux souterrains qui s'étaient répandus dans le temple, ou que le tonnerre y était tombé pendant la nuit. C'était un des plus beaux et des plus somptueux édifices de Rome; il était orné et enrichi d'offrandes d'or et d'argent que la piété de nos ancêtres y avait consacrées. Comme ce lieu était fort sûr, chacun y mettait en dépôt tout ce qu'il avait de plus précieux; ainsi en une seule nuit le feu ruina un grand nombre de familles, et presque tout le monde, avec le malheur public, eut à pleurer ses pertes particulières. La flamme, après avoir réduit en cendres ce superbe bâtiment, gagna plus loin et brûla plusieurs autres temples. Celui de Vesta ne fut point exempt de ce malheur, et l'on vit à découvert, pour la première fois, le palladium qu'Énée apporta de Troie en Italie, et que les Romains tiennent caché avec tant de religion; car, pour sauver cette ancienne statue, les vestales la portèrent sur leurs épaules par la rue Sacrée dans le palais de l'empereur. Les plus beaux quartiers de la ville furent entièrement brûlés, et le feu dura plusieurs jours avec la même violence, jusqu'à ce qu'il survint des pluies qui arrêtèrent son impétuosité. Ainsi l'on crut qu'il n'y avait rien de naturel dans cet accident; tout le monde disait que les dieux qui avaient fait commencer l'incendie avaient pu seuls en arrêter le cours; d'autres ajoutaient que la ruine du temple de la Paix était un présage infaillible de quelque guerre dont l'empire était menacé : ce pronostic ne se trouva que trop vrai, comme on le verra dans la suite de cette histoire.

Ces accidens funestes qui se suivirent de si près aigrirent l'esprit du peuple contre Commode. Il rejetait sur lui la cause de tous ses malheurs; il disait hautement que les dieux vengeaient la mort de tant d'illustres personnages injustement condamnés, et que ses crimes attiraient sur Rome le courroux du ciel. Car on n'ignorait pas ses déportemens; il ne se mettait guère en peine de les cacher, et il n'eut pas honte de faire paraître au grand jour ses excès et ses infamies. Son extravagance alla si loin, qu'il prit fantaisie de changer de nom; et au lieu de Commode, fils de Marc-Aurèle, il se faisait appeler Hercule, fils de Jupiter. Il quittait souvent l'habit à la romaine et la pourpre impériale, et se montrait en public avec une peau de lion et une massue à la main. Il portait par dessous une veste brochée d'or; et c'était une chose ridicule et bizarre de le voir faire parade en même temps de l'afféterie des femmes et de la force des héros. Il changea aussi les noms des mois, et leur en donna de nouveaux qui la plupart avaient rapport aux actions et aux combats d'Hercule. Entre les statues qui étaient placées dans tous les quartiers de la ville, il en fit mettre une devant le sénat, où il était représenté avec un arc à la main; il voulait que ses images mêmes inspirassent de la terreur, et que leur marbre eût un air menaçant. Mais dès qu'il fut mort on ôta cette statue, et on mit à sa place celle de la Liberté. Après tant d'extravagances, il ne garda plus de mesure. Il fit publier des jeux où il devait paraître en personne et se donner en spectacle dans le cirque, où on le verrait tuer lui seul toutes les bêtes qu'on lâcherait dans l'amphithéâtre, et combattre ensuite contre les gladiateurs les plus vigoureux. D'abord que cette nouvelle se fut répandue, il vint de toute l'Italie et des pays voisins une multitude de personnes pour voir des choses si nouvelles et si surprenantes. On ne parlait que de son adresse merveilleuse. Il s'était fait exercer à tirer des flèches par des Parthes très habiles, et à lancer le javelot par des Maures non moins expérimentés; mais il surpassait tous ses maîtres.

Lorsque le jour des jeux fut arrivé, l'amphithéâtre fut bientôt rempli d'un nombre infini de spectateurs. On avait élevé à l'entour une galerie, de laquelle Commode tirait sur les bêtes sans s'exposer, faisant ainsi voir son adresse plutôt que son courage. Il tua d'abord des cerfs, des daims et autres bêtes à cornes; il courait après eux de sa galerie, et prévenait par la vitesse de ses flèches la rapidité de leur course. Il se servit ensuite de dards contre les lions et les autres bêtes farouches; il ne tira jamais deux fois sur le même animal, et toutes les blessures qu'il leur faisait étaient mortelles; car, pendant qu'elles couraient avec le plus de vitesse, il portait son coup juste au front ou dans le cœur. On lui amena des Indes, de l'Ethiopie, du midi et du septentrion les animaux les plus rares et les plus extraordinaires, et il nous fit voir pour la première fois en nature ce que nous n'avions vu jusqu'alors que dans des tableaux. Mais on admirait encore plus son adresse que la figure étrange de ces bêtes féroces. Un jour, ayant pris des flèches dont le fer était en croissant, il fit lâcher des autruches de Mauritanie. Ces oiseaux, sans quitter la terre, se servent de leurs ailes recourbées comme de voiles, et courent avec une rapidité surprenante. Cependant il les tirait si juste, qu'il leur coupait le cou à toutes; et dans cet état l'impétuosité de leur course les soutenait encore, et les emportait à quelques pas plus loin. Un autre fois un léopard s'étant lancé soudainement sur un homme qui était descendu dans le cirque, allait le dévorer, si Commode d'une main sûre n'eût tué cette bête furieuse, sans blesser le malheureux qui était déjà sous ses dents. Un autre jour on fit sortir de leurs loges cent lions qu'il tua tous les uns après les autres avec pareil nombre de javelots. Ils demeurèrent long-temps étendus sur le sable, et on put les compter à loisir. Jusque-là il n'y avait rien que de supportable; et quoique toutes ses actions ne fussent guère dignes de la majesté d'un empereur, elles avaient d'ailleurs un air de force et d'adresse qui ne déplaisait pas au peuple. Mais lorsqu'on le vit paraître tout nu dans l'amphithéâtre, et entrer en lice avec des gladiateurs, ce fut pour le peuple même un triste spectacle. On ne put sans horreur et sans indignation voir un empereur dont le père et les ancêtres avaient remporté tant de fois l'honneur du triomphe, au lieu de s'armer à la romaine et de porter la guerre chez les Barbares, déshonorer la pourpre et la majesté de l'empire, et paraître aux yeux de tout le monde dans le rôle infâme d'un gladiateur. Au reste, dans ces combats il était toujours le victorieux; on n'en venait pas jusqu'aux blessures; chacun à l'envi se faisait honneur de lui céder, et reconnaissait le prince sous cette figure empruntée. Il quitta le nom d'Hercule, et prit celui d'un fameux gladiateur qui était mort depuis peu. A la folie il voulut joindre l'impiété; ayant fait ôter la tête de cette grande statue du Soleil, de tout temps si révérée par les Romains, il fit mettre la sienne à sa place; et sur le piédestal, au lieu des qualités qu'il tenait de son père et que lui donnait sa dignité, il mit pour inscription : *Commode victorieux de mille gladiateurs.*

Il était temps enfin que ces extravagances cessassent et que l'empire fût délivré de ce tyran. Le premier jour de l'année, les Romains célèbrent une fête en l'honneur de Janus, le plus ancien de leurs dieux. Ils disent que ce fut lui qui reçut dans sa maison Saturne, lorsque, détrôné par Jupiter son fils, il vint sur la terre, et que de là son pays fut appelé [1] Latium, parce que ce dieu s'y était tenu caché. C'est pour cela encore que les saturnales sont immédiatement suivies de la fête de Janus, qu'ils représentent avec un double visage, pour faire entendre que par lui commence et finit l'année. Le jour de cette solennité, les Romains se rendent des visites mutuelles et se font des présens, ou en argent, ou en bijoux. C'est ce même jour que les consuls désignés entrent en charge et prennent les marques de leur dignité. Commode se mit donc en tête de sortir ce jour-là en cérémonie, non de son palais selon la coutume, mais du lieu des exercices, et de quitter la robe impériale pour se montrer au peuple armé de pied en cap et précédé de tous les gladiateurs. Il communiqua son dessein à Marcia : c'était de toutes ses concubines celle qu'il aimait et considérait le plus, et elle avait tous les honneurs des impératrices, à la réserve du feu qu'on ne portait pas devant elle. Cette femme, surprise d'une pensée si bizarre, se jeta à ses pieds, et les arrosant de ses larmes, elle le conjura de se souvenir de ce qu'il était, et de ne pas exposer son honneur et sa vie en livrant sa personne à des misérables sans nom et sans aveu. Mais après beaucoup d'instances redoublées, n'ayant pu rien gagner sur lui, elle fut obligée de se retirer. Il fit ensuite appeler Lætus, chef des cohortes prétoriennes, et Électus, son chambellan, et les chargea de lui faire meubler un appartement dans la maison des gladiateurs. Ces officiers employèrent à leur tour les remontrances et les prières pour le faire revenir de cette manie.

Commode, choqué de ce que personne n'entrait dans ses pensées, les renvoya et s'en alla dans sa chambre vers midi, comme pour y dormir à son ordinaire. Il prit une cédule faite d'une petite peau de tilleul fort mince, repliée en deux et roulée des deux côtés. Il écrivit dessus les noms de tous ceux qu'il voulait faire tuer la nuit suivante. A la tête étaient Marcia, Lætus et Électus ; suivait après une grande liste des sénateurs les plus distingués. Il voulait se défaire de ce qui restait des anciens amis de son père : leur présence le gênait, il appréhendait leur censure, et il était bien aise de n'avoir plus pour témoins de ses indignités des personnages si graves et si sérieux. Il avait mis sur la même cédule plusieurs personnes riches dont il voulait confisquer les biens pour en faire des largesses aux gladiateurs et aux soldats; à ceux-ci afin qu'ils gardassent sa personne avec plus de vigilance et de fidélité, et à ceux-là afin qu'ils contribuassent avec plus d'ardeur à ses plaisirs. Il laissa cette cédule sous le chevet de son lit, ne s'imaginant pas que personne dût entrer dans sa chambre. Il avait à sa cour un de ces petits enfans qui servent aux plaisirs des Romains voluptueux, qu'on tient à demi-nus, et dont on relève la beauté par l'éclat des pierreries. Il aimait celui-ci éperdûment, et le faisait appeler Philocommode [1], afin que son nom même exprimât la passion qu'il avait pour lui. Cet enfant étant entré dans la chambre pendant qu'il était au bain, cherchant de quoi jouer, trouva le billet dont nous avons parlé, et l'emporta avec

[1] De *lateo*, qui signifie se cacher.

[1] C'est-à-dire mignon de Commode.

lui. Marcia le rencontra heureusement; elle l'embrassa, le baisa, et après l'avoir caressé, lui ôta ce billet, appréhendant que ce ne fût quelque papier d'importance. Elle reconnut d'abord la main de l'empereur, ce qui augmenta sa curiosité; mais lorsqu'elle eut lu l'arrêt de sa mort, et les noms de Lætus, d'Électus et de tant d'autres personnes de qualité, elle dit en jetant un profond soupir : « Courage, Commode! ne te démens point. » Voilà le prix de ma tendresse et de la longue » patience avec laquelle j'ai supporté tes bru- » talités et tes débauches! Mais il ne sera pas » dit qu'un homme toujours enseveli dans le » vin préviendra une femme sobre et qui a » toute sa raison. » Elle fit aussitôt appeler Electus : sa charge de chambellan lui donnait souvent occasion de le voir en particulier, et on les soupçonnait même d'avoir ensemble un commerce secret. « Voyez, lui dit-elle en lui » présentant le billet, quelle nuit et quelle fête » on nous prépare. » Il en fut étrangement surpris. C'était un Égyptien, homme violent, emporté et capable de tout. Après l'avoir lu, il le cacheta et l'envoya, par une personne de confiance, à Lætus, qui vint les trouver aussitôt, comme pour prendre avec lui des mesures sur les ordres que leur avait donnés l'empereur.

Ils conclurent d'abord qu'il fallait prévenir Commode, s'ils ne voulaient périr eux-mêmes; qu'il n'y avait point de temps à perdre, que tous les momens étaient précieux. Ils crurent que la voie du poison serait la plus sûre et la plus facile; Marcia se chargea de l'exécution. Lorsqu'il se mettait à table, elle lui versait toujours le premier coup à boire, afin que de la main d'une maîtresse le vin lui parût meilleur. Quand il fut donc revenu du bain, elle lui présenta une coupe empoisonnée. Ses exercices l'avaient fort altéré, et il l'avala sans qu'on fît l'essai, n'ayant pas lieu de se défier d'une personne qui lui en avait servi tant de fois. Sa tête s'appesantit à l'heure même; il crut que c'était un assoupissement causé par la fatigue de la chasse, et s'alla mettre sur son lit. Marcia et Électus firent dire en même temps que le prince avait besoin de repos, et qu'on se retirât. Ce n'était pas la première fois que pareille chose lui était arrivée : comme il était toujours dans la débauche, qu'il se baignait souvent et mangeait à toutes les heures du jour, il n'avait point de temps réglé pour le sommeil. Les voluptés le possédaient les unes après les autres, et dans quelque temps, à quelque heure que ce fût, souvent presque malgré lui, il s'abandonnait à des excès dont il était devenu l'esclave. Après qu'il eut un peu dormi, et que le poison eut commencé à agir sur l'estomac et sur les entrailles, il s'éveilla avec un tournoiement de tête qui fut suivi d'un grand vomissement; soit que le vin et les viandes dont il s'était rempli repoussassent le poison, ou que, suivant la coutume des princes, il eût pris quelque préservatif avant de se mettre à table. Cet incident épouvanta les complices; ils ne doutaient point qu'il ne les fît mourir sur-le-champ, s'il en réchappait, et, pour parer ce coup, ils persuadèrent à force de promesses à un esclave appelé Narcisse d'entrer dans sa chambre et de l'achever. Cet homme, hardi et vigoureux, trouva l'empereur affaibli par les efforts du vomissement, et lui serra si fort le cou qu'il l'étrangla. Ainsi finit Commode, après treize ans de règne; prince qui, par la grandeur de sa naissance ne cédait à aucun de ses prédécesseurs, comme en beauté et en bonne mine il surpassait tous les hommes de son temps, et, pour dire quelque chose qui ressente un peu le courage et la force, l'homme le plus adroit de son siècle à tirer de l'arc; qualités qui auraient pu lui mériter quelque estime, si elles n'eussent pas été obscurcies par tant de vices et d'inclinations indignes d'un empereur.

LIVRE SECOND.

Les conjurés s'étant défaits de Commode de la manière que nous venons de rapporter dans le livre précédent, pensèrent d'abord à tenir cette affaire secrète, et, pour tromper les gardes de l'empereur, enveloppèrent son corps dans une méchante couverture, et le firent emporter, comme un paquet de vieilles hardes, par deux esclaves affidés. Ils passèrent au milieu des soldats : les uns, pris de vin, étaient ensevelis dans le sommeil ; les autres, à moitié endormis, tenaient nonchalamment leurs hallebardes, et se mettaient peu en peine de visiter ce qui sortait de la garderobe du prince, croyant que cela était sans conséquence. Les esclaves étant ainsi sortis du palais, mirent le corps sur un chariot et l'envoyèrent à Aristée. Marcia, Lætus et Électus, après avoir long-temps délibéré, conclurent qu'il fallait faire courir le bruit que Commode était mort d'apoplexie ; que ses débauches fréquentes et excessives donneraient à cette nouvelle toute la vraisemblance nécessaire ; mais qu'ils devaient avant toutes choses penser à leur sûreté, et faire en sorte que le nouvel empereur leur fût redevable de son élection ; qu'il fallait choisir un homme âgé, d'une modération et d'une prudence reconnues, qui fît respirer le peuple accablé sous la tyrannie du règne précédent. Après avoir jeté la vue sur plusieurs personnes, ils s'arrêtèrent à Pertinax. Il était originaire d'une province de l'Italie ; la paix et la guerre avaient également fait paraître ses grandes qualités ; il avait triomphé plusieurs fois du Nord et de l'Orient ; c'était, de tous les anciens amis de Marc-Aurèle, celui pour qui ce sage prince avait le plus d'estime et de considération, et le seul qu'eût épargné Commode, peut-être parce que le mérite d'un si grand personnage avait retenu jusqu'alors ses ennemis, ou plutôt parce que sa grande pauvreté l'avait mis à couvert des poursuites des accusateurs et des soupçons du tyran ; car, entre ses autres vertus, ce qui lui faisait le plus d'honneur, c'était, qu'ayant passé par les plus grands emplois et les plus grandes dignités, il en était sorti aussi pauvre qu'il y était entré.

Lætus et Électus avec quelques-uns de leurs amis allèrent à sa maison vers minuit, et éveillèrent son portier qui, leur ayant ouvert et ayant aperçu des soldats avec Lætus leur commandant, courut tout effrayé en avertir son maître. Il dit qu'on les fît entrer ; qu'il voyait bien que son heure était venue ; que ce coup n'avait rien qui le surprît. Quoiqu'il ne doutât point que ces officiers ne vinssent pour le tuer, il les vit toutefois paraître sans changer de visage, et se tenant sur son lit avec un air assuré : « Je m'attendais, dit-il, tou-
» tes les nuits à un pareil sort. Je restais seul
» des amis de Marc-Aurèle, et je ne compre-
» nais pas pourquoi son fils différait si long-
» temps de me réunir à eux. Exécutez vos
» ordres, et délivrez-moi pour toujours d'une
» incertitude plus cruelle que la mort même.
» — N'ayez point, dit Lætus, des pensées si
» injustes sur nous, et concevez des espéran-
» ces qui répondent au mérite de vos grandes
» actions. Nous sommes bien éloignés d'avoir
» aucun dessein contre votre personne ; nous
» venons au contraire implorer votre secours,
» et nous remettre à vos soins de la liberté du
» peuple et du salut de l'empire. Le tyran est
» mort, ses crimes ne sont pas demeurés im-
» punis ; nous l'avons prévenu, et nous avons
» sauvé notre vie en lui ôtant la sienne. Il
» faut que vous preniez sa place ; votre auto-
» rité, votre prudence, votre modération,
» votre âge même, tout vous en rend digne. Le

» peuple a pour vous beaucoup d'affection,
» d'estime et de respect ; nous sommes per-
» suadés qu'il nous avouera de notre choix,
» et qu'il trouvera son avantage où nous cher-
» chons notre sûreté. — Pourquoi, reprit
» Pertinax, insulter un vieillard et vouloir
» éprouver sa constance ? n'est-ce pas assez de
» me faire mourir, sans joindre la moquerie
» à la cruauté ? — Puisqu'il n'y a pas moyen
» de vous désabuser, dit Électus, lisez ce
» billet : vous connaissez la main de Com-
» mode ; vous allez voir à quel péril nous
» avons été exposés, et vous serez con-
» vaincu que nous ne vous disons rien que
» de très-sincère et de très-véritable. » Pertinax, après cette lecture, revint enfin de sa
méprise ; il considéra que Lætus et Électus
avaient toujours été de ses amis, et le détail
qu'ils lui firent de la conjuration ayant achevé
de le remettre, il s'abandonna à eux.

On fut d'avis d'aller d'abord trouver les
soldats pour sonder leurs dispositions. Lætus,
leur chef, à qui cette qualité donnait beaucoup de crédit parmi eux, se faisait fort de
les gagner. Ils marchèrent tous ensemble vers
le camp, la nuit étant fort avancée, et la fête
des calendes de janvier prête à commencer.
Ils répandirent en même temps dans la ville
quelques-uns de leurs amis, qui publièrent
partout que Commode était mort, et que Pertinax, choisi pour lui succéder, allait se faire
reconnaître. A ce bruit, tout le peuple ne se
possédant pas de joie, se mit à courir par les
rues : chacun s'empressait de faire part de
cette bonne nouvelle à ses amis, à ses voisins,
et surtout aux personnes riches et de qualité,
qui étaient les plus exposées à la cruauté et à
l'avarice de Commode. On criait partout que
ce tyran était mort ; les uns l'appelaient le
gladiateur, et d'autres lui donnaient des
noms et des épithètes plus infâmes. On laissait paraître sans crainte ce qu'on n'avait tenu
renfermé qu'avec beaucoup de peine, et l'on
se dédommageait avec plaisir d'un silence forcé.
On courait aux temples rendre aux dieux des
actions de grâces. Mais la plus grande partie
du peuple alla du côté du camp ; les citoyens
appréhendaient que les cohortes prétoriennes
ne se portassent pas volontiers à reconnaître
Pertinax, et ils se doutaient bien qu'un prince
sage et modéré ne serait pas de leur goût : la tyrannie les accommodait mieux ; c'était un temps
très-propre et très-sûr pour exercer impunément
leurs violences. Dans cette appréhension, le
peuple se rendit en foule au camp pour soutenir Pertinax. Lætus et Électus le firent alors
paraître, et le premier harangua ainsi ses soldats : « Une apoplexie vient de vous enlever
» Commode ; il ne s'en faut prendre de sa
» mort qu'à lui-même ; il s'est moqué des
» avis que nous lui donnions tous les jours,
» et n'a rien diminué de ses excès : vous n'i-
» gnoriez pas ses débauches ; le vin et les vian-
» des l'ont à la fin suffoqué. Tous les hommes
» sont condamnés à mourir : ils ne meurent
» pas tous de la même manière ; ils vont par
» différentes voies au même terme, et celle-
» ci était marquée dans le destin pour l'em-
» pereur. En sa place, nous venons avec tout
» le peuple vous présenter un homme d'un
» âge vénérable, d'une probité reconnue et
» d'une expérience consommée dans la guerre.
» Vos vétérans, qui ont servi sous lui, peu-
» vent vous en rendre compte ; et vous avez
» vous-mêmes admiré ses vertus pendant le
» long temps qu'il a exercé la charge de gou-
» verneur de Rome. La fortune vous offre
» moins un prince qu'un père ; son élection
» ne sera pas agréable à vous seuls : ce sera
» aussi une heureuse nouvelle pour les sol-
» dats qui gardent les bords du Rhin et du
» Danube et les autres frontières de l'empire ;
» car ils n'ont pas oublié ses plus beaux
» exploits. Nous n'en serons plus désormais
» réduits à acheter des Barbares une paix hon-
» teuse ; ils se souviennent encore de ses vic-
» toires, son nom seul les fera trembler. »
Le peuple impatient attendit à peine que Lætus eût achevé, et proclama tout d'une voix
Pertinax empereur, l'appela père de la patrie,
et y joignit beaucoup d'autres acclamations.
Les soldats n'étaient pas si ardens, mais ils
ne furent pas tout-à-fait les maîtres ; ils étaient
en petit nombre et sans armes, à cause de la
fête ; le peuple les environnait de tous côtés.
Il fallut donc céder à la multitude ; ils joigni-

rent leurs voix à la sienne, et prêtèrent le serment de fidélité. On fit les sacrifices accoutumés, et ils reconduisirent tous ensemble, sur la fin de la nuit, le nouvel empereur au palais.

Il n'était pas encore bien revenu de son étonnement, et quoiqu'il eût beaucoup de fermeté, il sentit quelque trouble s'élever dans son esprit. Ce n'était point pour sa vie qu'il appréhendait, il avait soutenu sans pâlir de bien plus grands périls : mais il ne savait encore que penser d'un changement si subit ; il craignait la jalousie de quelques nobles sénateurs, et s'imaginait qu'ils ne souffriraient jamais que l'empire passât des mains de Commode dans les siennes. Son prédécesseur était d'une maison fort illustre; pour lui, il avait à la vérité toutes les qualités qui forment les grands princes, tout le monde lui rendait cette justice, mais sa naissance ne répondait pas à son mérite, et il voyait au-dessus de lui beaucoup de patriciens. Dès que le jour parut, il se rendit au sénat. Il ne voulut point qu'on portât devant lui le feu ni les marques de sa dignité jusqu'à ce que cette compagnie eût confirmé son élection. Mais sitôt qu'il se montra, ils le saluèrent avec de grandes acclamations, l'appelant Auguste et empereur. Il refusa d'abord ces honneurs, comme trop exposés à l'envie et beaucoup au-dessus de sa naissance : il s'excusa aussi sur sa vieillesse, et ajouta qu'ils avaient parmi eux plusieurs patriciens qui rempliraient mieux que lui cette place. Il prit en même temps Glabrion par la main, et voulut le faire asseoir sur la chaire des empereurs. C'était de tous les sénateurs celui dont la noblesse était la plus ancienne; il en faisait remonter l'origine jusqu'à Énée ; il était de plus consul pour la seconde fois. « Puisque je suis, dit ce patricien, celui que
» vous croyez le plus digne de cet honneur,
» je suis le premier à vous le céder, et je me
» joins à tout le sénat pour vous prier d'accep-
» ter l'empire. » Ils le pressèrent tous de la même manière. Enfin, après s'être fait longtemps prier, il se rendit ; et ayant pris séance, il les harangua en ces termes :

« Le choix que vous avez fait de moi pré-
» férablement à tant de patriciens, et l'ardeur
» avec laquelle vous m'avez porté sur le trône,
» n'ont point un air de flatterie, et ce sont au-
» tant de preuves certaines de votre affection.
» Ces marques d'estime pourraient donner à
» d'autres plus d'assurance ; ils accepteraient
» sans inquiétude les offres que vous venez de
» me faire ; ils auraient quelque raison de
» bien augurer d'un règne dont les commen-
» cemens sont si heureux, et pourraient se
» promettre de trouver dans vos dispositions
» de grandes facilités pour le gouvernement.
» Mais plus toutes ces choses sont grandes,
» plus elles me sont avantageuses, plus je
» ressens l'honneur que vous me faites, plus
» aussi je conçois les obligations qu'il m'im-
» pose, et combien il me sera difficile d'y ré-
» pondre dignement. Lorsqu'une personne
» puissante paie de petits services par des
» bienfaits considérables, souvent on lui tient
» un grand compte d'une chose qui lui a peu
» coûté ; et souvent aussi, lorsqu'une autre,
» après avoir reçu de grands services, n'en rend
» que de médiocres, on attribue à son peu de
» reconnaissance et de sensibilité ce qui ne
» vient que de l'impuissance où elle est d'en
» rendre de plus grands. Je me trouve dans
» cet embarras ; je sens bien qu'il ne me sera
» pas aisé de remplir l'idée que vous avez de
» moi, et de me rendre digne de tant d'hon-
» neurs ; car la gloire du trône n'est point
» dans son élévation, mais dans le mérite de
» celui qui en sait soutenir et rehausser l'éclat.
» L'horreur qu'on a des maux passés fait
» concevoir plus facilement de bonnes espé-
» rances pour l'avenir ; on se persuade aisé-
» ment ce que l'on souhaite. On n'oublie
» guère les injures ; l'esprit aigri par ses mal-
» heurs en conserve long-temps le souvenir ;
» mais on jouit des biens sans réflexion, et
» quand on ne les possède plus, on en perd
» bientôt la mémoire. La douleur fait dans
» l'âme de plus vives impressions que le plai-
» sir, et nous sentons beaucoup plus le mal-
» heur de la servitude que le bonheur de la
» liberté. Lorsqu'on nous laisse jouir en repos
» de nos biens, nous regardons cet avantage
» comme un droit naturel dont nous ne de-

» vous avoir obligation à personne; mais si
» on nous enlève ce que nous possédons, cette
» injustice nous révolte d'autant plus que le
» bienfait opposé nous touchait peu. S'il ar-
» rive quelque changement avantageux à la
» république, personne ne le met sur son
» compte; car on ne s'intéresse point au bien
» général de l'état, quoiqu'on en profite. Si
» au contraire on fait la moindre perte en
» particulier, on ne la croit jamais assez com-
» pensée par la tranquillité et le bonheur de
» tous les citoyens. Ceux qui, sous la tyrannie,
» s'accommodaient de ces largesses faites avec
» tant de profusion et si peu de discernement,
» lorsque sous un nouveau règne ils voient
» des fonds plus petits distribués avec plus de
» justice et de prudence, traitent cette sage
» dispensation d'avarice sordide, sans faire
» réflexion que les tyrans ne sont prodigues
» que du bien de leurs peuples, et qu'ils n'en-
» richissent les uns que des dépouilles des au-
» tres. Mais les princes qui ne font point de
» largesses mal à propos, et qui ne récompen-
» sent que le mérite, ne grossissent point leur
» épargne aux dépens des malheureux, et bien
» loin de fournir aux plaisirs et aux débauches
» de leurs favoris, leur frugalité sert elle-même
» d'exemple à toute leur cour. J'espère que
» toutes ces réflexions vous feront sentir le poids
» que j'ai à soutenir, que vous m'aiderez de vos
» conseils, et que vous partagerez mes soins.
» Nous ne sommes plus sous une injuste mo-
» narchie; il faut faire revivre la république
» et que le sénat rentre dans ses droits. Voilà
» mes intentions : vous pouvez en faire part
» au peuple : je ne doute point que vous n'en
» conceviez de bonnes espérances. » Ce discours de Pertinax fut reçu des sénateurs avec
beaucoup d'acclamations et de louanges; ce
rayon de liberté releva un peu leur esprit
abattu sous une longue servitude. Ils lui firent de grands remercîmens, et, après lui
avoir rendu toute sorte d'honneurs, l'accompagnèrent au Capitole, et dans tous les temples,
où il offrit des sacrifices pour la prospérité de
son règne.

Quand on eut appris le détail de ce qu'il
avait dit dans le sénat, et qu'on eut vu les lettres qu'il écrivit au peuple, on en eut une joie
incroyable ; on se promit toute sorte de bonheur sous un prince d'un si grand mérite et
d'une modération si peu ordinaire. Il commença par faire défense aux soldats prétoriens
d'insulter et de maltraiter les bourgeois, et
tâcha de rétablir partout l'ordre que la licence
du règne passé avait banni. Il était d'un abord
aisé et engageant, et donnait audience aux
moindres citoyens avec beaucoup de bonté.
Il se proposait dans toutes ses actions Marc-
Aurèle pour exemple; c'était pour les vieillards une grande joie de retrouver en lui ce
bon prince: les autres, qui avaient gémi long-
temps sous la tyrannie, goûtaient d'autant
plus la douceur d'un règne paisible, qu'ils ne
l'avaient jamais éprouvée, et ils étaient pleins
de reconnaissance et d'attachement pour celui
à qui ils en étaient redevables. Lorsqu'on eut
appris dans les provinces tout ce qu'il avait
fait à Rome, les peuples, les soldats et les alliés du peuple romain l'élevèrent jusqu'aux
cieux et le comblèrent de louanges. D'un
autre côté, les Barbares qui avaient secoué le
joug, ou qui pensaient à se révolter, changèrent de résolution; son nom était redoutable parmi eux ; ils se sentaient encore de
leurs pertes et de ses victoires; ils savaient
d'ailleurs qu'il était d'une équité et d'une fidélité inviolables, qu'il ne faisait jamais le premier des actes d'hostilité, et qu'il était également éloigné de la cruauté et d'une fausse et
lâche condescendance. Tous ces motifs les engagèrent à se soumettre à lui volontairement.
On vit venir en même temps de tous côtés
des ambassades à Rome pour féliciter l'empereur sur son élection, et le peuple sur le bonheur qu'il avait de vivre sous un si grand
prince. Tout le monde, en particulier et en
général, était donc satisfait du nouveau gouvernement; mais ce qui faisait la félicité publique ne pouvait accommoder les soldats des
gardes prétoriennes. Les rapines et les violences leur étaient interdites; on les avait assujétis à une discipline plus exacte; ils prétendaient qu'on les méprisait; que, sous prétexte
de les ranger à leur devoir, on ne cherchait
qu'à les mortifier et à leur ôter leur liberté.

Ils voyaient bien qu'ils trouveraient mieux leur compte dans le trouble d'une domination tyrannique que dans la tranquillité présente. Ils devinrent peu à peu moins soumis, leurs officiers n'en venaient à bout qu'avec beaucoup de peine; mais les choses allèrent bientôt plus loin. Les dieux ne laissèrent que deux mois à l'empire un prince qui pendant ce peu de temps lui avait déjà fait de grands biens, et qui lui donnait de plus grandes espérances. La fortune jalouse ne lui permit pas d'exécuter les admirables projets qu'il avait formés pour le bonheur de ses peuples.

D'abord, comme il y avait dans l'Italie et dans les provinces beaucoup de terres incultes, il fit une déclaration par laquelle il en abandonnait la propriété à tous ceux qui voudraient les faire valoir, sans qu'on pût jamais les troubler dans leur possession, quand même elles feraient partie des revenus de l'empire: il les exempta de plus de tout subside les dix premières années. Il ne voulait point que dans les registres publics on mît sous son nom les terres du domaine; il disait qu'elles n'appartenaient point au prince en particulier, mais au peuple et à tout l'état. Il retrancha tous les impôts que l'avarice des tyrans avait inventés, et qu'ils avaient mis sur les passages des rivières, sur les ports et sur les grands chemins. Par ces sages réglemens, il commençait à faire revivre l'ancienne liberté; mais il n'en devait pas demeurer là, et l'on avait lieu de tout espérer de ces heureux commencemens. Il avait chassé de la ville tous les délateurs, et ordonné qu'on les poursuivrait, quelque part qu'ils fussent, pour leur faire leur procès, afin que dans la suite on ne fût plus exposé à la calomnie, ni inquiété par des accusations sans fondement. Il fit paraître tant de modestie, qu'il ne voulut jamais souffrir que son fils, qui avait déjà dix ou douze ans, vînt loger dans le palais; il le fit demeurer dans la maison paternelle; il allait, comme auparavant, au collége avec ses compagnons, sans aucune distinction et sans suite; il n'était exempt d'aucun des exercices ordinaires, et on ne reconnaissait par aucune marque de faste et d'ostentation qu'il fût le fils de l'empereur.

Cette modestie et l'ordre qui régnait partout étaient insupportables aux soldats; ils regrettaient le règne de Commode, sous lequel ils exerçaient impunément toute sorte de violences et de brigandages. Au milieu de leurs débauches, ils prirent la résolution de se défaire de Pertinax, et de se donner un empereur à leur fantaisie, qui ne mît aucun frein à leur licence. Leur dessein fut aussitôt exécuté que conçu; en plein midi, lorsqu'on y pensait le moins, et que chacun était retiré chez soi pendant la grande chaleur, ils coururent au palais comme des furieux, l'épée nue et la pique baissée. Les officiers de l'empereur, épouvantés d'une émeute si soudaine, se trouvant en petit nombre et sans armes, prirent la fuite. Quelques-uns, plus fidèles et moins timides, allèrent avertir Pertinax, et lui conseillèrent de se sauver et de se jeter entre les bras du peuple. Ce parti, quoique le plus sûr, lui parut peu honnête et trop indigne de son rang, de son caractère et de la réputation qu'il s'était faite: il ne pensa donc ni à fuir, ni à se cacher; mais allant au devant du péril, il s'avança pour parler aux soldats Il espérait de réprimer par sa présence cette fougue insensée. Il parut hors de sa chambre, et leur demanda quelle raison ou plutôt quelle fureur les animait. Il garda sa gravité ordinaire, ne perdit rien de sa majesté, et sans pâlir, sans trembler, sans prendre un ton de suppliant, il leur dit: « Quel est votre dessein,
» et que prétendez-vous faire? Tuer un vieil-
» lard qui n'a que trop vécu, et qui a acquis
» assez de gloire pour n'avoir pas de regret
» de la vie? aussi bien faudra-t-il toujours en
» venir à ce terme, et je n'en suis pas fort
» éloigné. Mais que vous, qui êtes commis à la
» garde du prince, qui êtes chargés de sa con-
» servation et de sa vie, qui en répondez à
» tout l'empire; que vous, qui êtes armés
» pour sa défense, vous deveniez ses assassins;
» que vous trempiez vos mains dans le sang,
» non d'un simple citoyen, mais de votre em-
» pereur, c'est un attentat qui peut avoir pour
» vous d'aussi dangereuses suites qu'il est en
» lui-même horrible et inouï! Je ne sache
» point que vous ayez aucun sujet de vous

» porter à ces extrémités. Si c'est la mort de
» Commode qui vous chagrine, prenez-vous-
» en à la nature, qui ne dispense personne de
» ce tribut; si vous prétendez qu'il a été em-
» poisonné, il est toujours sûr que je suis très-
» innocent de ce crime; vous savez que je n'ai
» pas été plus instruit que vous de toute cette
» affaire, et que les soupçons qu'on a pu for-
» mer ne sont jamais tombés sur moi. Au
» reste, vous ne perdez rien à sa mort; on
» ne prétend point vous retrancher aucune
» des choses que l'équité et la bienséance per-
» mettent qu'on vous laisse, et on vous ac-
» cordera tout ce que vous demanderez sans
» vouloir l'emporter de force et aux dépens
» des citoyens. » Ce discours en avait déjà
ébranlé un grand nombre, et quelques-uns
s'étaient retirés, frappés par cet air de majesté
que sa vieillesse augmentait; mais quelques
autres, plus furieux, le tuèrent comme il ache-
vait de parler.

D'abord qu'ils eurent consommé leur crime,
ils en appréhendèrent les suites. Ils ne doutaient point que le peuple ne fût fort affligé
de cette perte; et pour prévenir sa vengeance,
ils s'enfuirent au plus tôt dans leur camp, en
fermèrent les portes, et se mirent en garde
sur le rempart et sur les tours. Ainsi finit
Pertinax, que ses vertus et ses grandes actions rendaient digne d'une meilleure destinée. Le peuple, à la nouvelle de sa mort, fut
étrangement troublé; il courait dans les
rues comme des furieux; il allait de tous
côtés cherchant les meurtriers, quoiqu'il ne
pût ni les trouver ni se venger. Les sénateurs étaient encore dans une plus grande
consternation; ils perdaient un père, ils appréhendaient de retomber sous un tyran, et
voyaient bien que c'était le dessein des soldats. Après deux jours de tumulte, les simples
citoyens, pensant chacun à sa sûreté particulière, se tinrent en repos dans leurs maisons;
mais les personnes de qualité et de distinction
se retirèrent dans leurs terres les plus éloignées de Rome, pour n'être point exposées aux
dangers qu'une révolution traîne après elle.
Les soldats voyant que le peuple s'était calmé
et qu'il ne pensait plus à venger la mort de
Pertinax, ne laissèrent pas de se tenir toujours enfermés dans leur camp; mais ils firent
monter sur les murs ceux qui pouvaient se
faire entendre de plus loin, et leur firent
crier que l'empire était à vendre au plus offrant, qu'ils en mettraient en possession celui
qui aurait de plus grandes sommes à leur
donner, et le conduiraient avec sûre garde à
son palais. Cette proposition ne tenta point ce
qu'il y avait dans le sénat de graves personnages et de riches patriciens, triste et petit reste
échappé à la tyrannie et à l'avarice de Commode.

On vint avertir Julien de la déclaration des
soldats, pendant qu'il soupait et faisait la débauche à son ordinaire. Il avait été consul, et
passait pour avoir des richesses immenses. Sa
femme, sa fille et tous ses parasites lui conseillèrent de se lever au plus tôt de table et de
courir au camp pour savoir la vérité de cette
affaire. Ils l'accompagnèrent, et l'exhortaient
pendant le chemin à ne pas manquer cette
occasion qui s'offrait d'elle-même; que l'empire étant à vendre, personne ne pouvait le
lui disputer. Quand il fut au pied du mur, il
dit aux soldats qu'il avait dans sa maison des
coffres plein d'or et d'argent qu'il était prêt à
répandre. En même temps un autre consulaire
nommé Sulpicien, qui était gouverneur de la
ville et beau-père de Pertinax, vint aussi faire
ses offres; mais cette alliance le rendit suspect
aux soldats: ils appréhendèrent qu'il ne leur
dressât quelque piège, et ne cherchât les
moyens de venger la mort de son gendre. Ils
tendirent donc une échelle à Julien pour le
passer dans le camp, car ils ne voulurent point
ouvrir les portes qu'ils n'eussent fait leurs
conditions. Il promit d'abord de rétablir la
mémoire de Commode, de lui faire décerner
les honneurs que le sénat lui avait ôtés, et de
relever ses statues; en second lieu, de leur
rendre la première licence dont ils jouissaient
sous son règne, et enfin de leur donner plus
d'argent qu'ils n'oseraient en demander et
n'en pourraient prétendre. Charmés de ces
promesses, ils le proclamèrent aussitôt empereur avec le surnom de Commode, dont ils

remirent les images à leurs enseignes. Après avoir fait dans le camp les sacrifices accoutumés, il en sortit avec une plus forte escorte qu'à l'ordinaire, et il avait sans doute sujet d'appréhender quelque émeute. Les soldats marchaient en ordre de bataille, afin de pouvoir tenir ferme si on les attaquait; ils avaient au milieu d'eux leur nouvel empereur; ils portaient leurs piques hautes et se couvraient de leurs boucliers, dans l'appréhension qu'on ne jetât sur eux des pierres de dessus les toits. Mais le peuple ne fit aucun mouvement; il se contenta de charger Julien d'injures, au lieu des acclamations ordinaires, et de lui reprocher avec mépris d'avoir acheté l'empire qu'il n'avait pu mériter.

Cet attentat, qui réussit aux soldats mieux qu'ils ne l'avaient espéré, les gâta entièrement; et cette cupidité insatiable qui les domine encore prit de là naissance. La mort de Pertinax étant demeurée impunie, et l'empire ayant été mis à l'encan à la vue de tout le monde, sans que personne osât lui sauver cette infamie, les soldats, devenus insolens par la lâcheté des Romains, furent plus licencieux que jamais. Ils commencèrent à mépriser des princes qui étaient leur ouvrage; ils ne reconnurent plus une autorité si avilie, et n'épargnèrent pas le sang quand il fut question d'assouvir leur convoitise. Au reste, le nouvel empereur passait tout son temps dans les plaisirs; négligeait entièrement les affaires, et s'abandonnait à la mollesse et à un honteux repos. Il avait de plus trompé les gardes prétoriennes, étant hors d'état de leur payer les grandes sommes qu'il leur avait promises; car il n'était pas si riche qu'on le pensait et qu'il l'avait voulu faire croire. D'ailleurs, Commode avait épuisé l'épargne par ses débauches et ses folles dépenses. Les soldats étaient donc piqués de ce qu'on s'était moqué d'eux; et le peuple, profitant de leur aigreur, faisait paraître ouvertement le mépris qu'il avait pour Julien, jusqu'à lui reprocher, lorsqu'il passait, ses infâmes raffinemens d'impudicité. Ils ne l'épargnaient pas même dans le cirque et aux spectacles; ils demandaient tout haut Niger pour qu'il vînt au plus tôt venger l'honneur de l'empire et les délivrer des indignités qu'ils souffraient.

Ce Niger avait été consul, et était alors gouverneur de Syrie, province des plus considérables, et dont la Phénicie et tout le pays qui s'étend jusqu'à l'Euphrate dépendaient. Il était d'un âge avancé, et avait exercé avec honneur les premières charges de l'état. Il passait pour un homme modéré, et l'on disait qu'il tenait assez de Pertinax : c'était ce qui lui attirait l'affection du peuple. On n'entendait que son nom dans les assemblées. Pendant qu'on insultait Julien, et qu'on lui disait des injures en sa présence, tous les vœux allaient vers Niger. Ils lui donnaient toutes les qualités attachées à la souveraine puissance, et les places publiques retentissaient d'acclamations en son honneur. Il en fut informé, et conçut que ces avances lui seraient très-favorables. Il voyait que les cohortes prétoriennes ne soutenaient plus Julien, et que le peuple le jugeait indigne du trône où il était monté par des voies si honteuses. Il fut donc tenté de prendre une place qu'on lui offrait. Il faisait venir chez lui les uns après les autres des officiers-généraux, des tribuns, et même quelques soldats; il leur communiquait les nouvelles qu'il recevait de Rome, afin qu'elles se répandissent plus vite dans toutes les armées et dans les provinces. Il espérait attirer par ce moyen dans son parti tout l'Orient, lorsqu'on saurait qu'il ne se portait point de lui-même, et par une ambition téméraire, à envahir l'empire, mais qu'il ne faisait que céder aux empressemens du peuple romain. Ces nouvelles firent l'effet qu'il s'en était promis; on se rendait de tous côtés auprès de lui, et tout le monde le conjurait de prendre en main le gouvernement. Les Syriens sont naturellement légers et amateurs de la nouveauté; ils avaient de plus une affection particulière pour Niger, qui gouvernait sa province avec beaucoup de douceur, et leur donnait souvent des jeux, des spectacles et autres semblables divertissemens dont ces peuples ne se lassent jamais. Ceux d'Antioche, surtout, passent presque toute l'année en fêtes et en réjouissances dans leur ville, qui est fort riche et fort peuplée.

Le gouverneur entretenait cette passion, et, pour les gagner, fournissait à leurs plaisirs.

Quand il vit les choses si avancées, il crut qu'il était temps de se déclarer; il fit assembler les soldats dans la place d'Antioche; le peuple s'y étant aussi trouvé, il monta sur un tribunal et les harangua en ces termes : « J'ose » m'assurer que vous connaissez déjà ma mo- » dération, et l'éloignement naturel que j'ai » pour toutes les entreprises hasardeuses. Ce » ne sont ni des vues particulières, ni des es- » pérances frivoles qui me font faire cette » démarche mais je me rends aux prières et » aux pressantes sollicitations du peuple ro- » main qui me conjure de lui tendre une » main salutaire, et de sauver l'honneur de » l'empire si indignement prostitué. Dans une » occasion moins favorable et moins juste, » mon dessein passerait pour une témérité et » pour un attentat; mais dans la conjoncture » présente, où les vœux du peuple m'appel- » lent et me convient, ce serait une lâcheté » et une espèce de trahison de ne les pas » écouter. Je vous ai donc assemblés pour » prendre vos avis, je veux me servir de vos » conseils dans un affaire si délicate; si elle me » réussit, je partagerai avec vous mon bon- » heur. Il ne s'agit point ici d'une médiocre » fortune, et nos espérances sont aussi gran- » des qu'elles sont réelles. C'est Rome même, » le centre de l'empire qui nous appelle, et le » trône chancelant et mal occupé nous attend » pour le remplir. Les dispositions favorables » du peuple, le peu de résistance de la part » de notre compétiteur, tout nous répond du » succès. Ceux qui viennent d'Italie assurent » que les soldats mêmes qui ont vendu l'em- » pire à Julien ne le soutiennent plus, et qu'il » ne peut compter sur eux depuis qu'il leur a » manqué de parole. Voilà où en sont les » choses; c'est à vous maintenant à me dé- » clarer vos sentimens. »

D'abord qu'il eut achevé, les soldats et le peuple le proclamèrent empereur, le couvrirent d'une robe de pourpre; et après avoir préparé à la hâte les autres ornemens impériaux, ils firent porter le feu devant lui, le conduisirent en cérémonie dans tous les temples d'Antioche, et le ramenèrent dans sa maison, autour de laquelle on mit toutes les marques qui font reconnaître les palais des princes. Lorsqu'on eut appris ce qui s'était passé à Antioche, toutes les provinces de l'Orient s'empressèrent à l'envi de lui venir rendre hommage, et l'on voyait arriver de toutes les villes des députés, comme vers un prince déjà reconnu. Les satrapes mêmes qui habitent au-delà de l'Euphrate et du Tigre l'envoyèrent féliciter et lui offrirent du secours. Il fit à leurs ambassadeurs de grands présens, et les chargea de remercier leurs maîtres des offres qu'ils lui faisaient, disant qu'il n'avait point besoin de troupes, et prétendant se mettre en possession de l'empire sans répandre du sang. Ces premiers succès le jetèrent dans une nonchalance pernicieuse; il croyait déjà son trône affermi; il ne pensait qu'à se divertir, et s'amusait à donner des fêtes au peuple d'Antioche, au lieu d'aller d'abord à Rome, ce qui était de la dernière conséquence. Il n'écrivit pas même aux armées d'Illyrie qu'il aurait dû aller joindre, et qu'il lui était important de gagner. Il s'imaginait qu'elles suivraient le parti de Rome et de l'Orient, et gâtait ainsi ses affaires par un excès de confiance. Cependant le bruit de ce qui s'était passé vint jusqu'à ces armées, et passa dans toutes celles qui campent sur les bords du Rhin et du Danube.

Les armées de Pannonie avaient pour général Sévère, Africain de nation, homme entreprenant et expérimenté, d'un naturel violent, d'une vie dure et laborieuse, infatigable dans les travaux, ardent à former des desseins, et aussi prompt à les exécuter. Lorsqu'il eut appris que l'empire, sans maître légitime, était exposé en proie à tous ceux qui osaient y prétendre, la faiblesse de Julien et la négligence de Niger, qui les rendaient tous deux également méprisables, le firent penser à s'emparer d'une place si mal occupée et encore plus mal défendue. Son ambition était flattée par des songes, des oracles et autres présages dont on ne reconnaît la vérité qu'après l'événement. Il les a rapportés la plupart dans sa vie : ainsi je ne parlerai que du dernier, qui fut le principal, et sur lequel il compta le plus. Le jour qu'on eut la nouvelle que Pertinax avait été élevé à l'empire, Sévère ayant offert les sacrifices ordinaires et prêté le serment de fidélité, se retira sur le soir dans sa maison, et s'étant endormi, il vit en songe un cheval haut et vigoureux, richement enharnaché, et qui passait dans la rue Sacrée ; mais lorsqu'il fut à l'entrée du marché où s'assemblait le peuple dans les temps de la république, il jeta par terre l'empereur, et, présentant sa croupe à Sévère qui était à côté du prince, le porta sans broncher jusqu'au milieu de la place, où tout le peuple le regardait avec respect et étonnement. On voit encore dans ce même endroit un relief de bronze sur lequel ce songe est représenté.

Sévère, encouragé par ces présages, se persuadant que les dieux l'appelaient à l'empire, résolut de sonder les soldats. Il s'entretenait chez lui avec les chefs des légions, les tribuns et les autres officiers principaux, de l'état présent des affaires. Il disait que l'empire était à l'abandon, et qu'il ne se trouvait personne qui eût ni assez de courage ni assez de prudence pour le gouverner. Il s'emportait contre les soldats prétoriens qui avaient violé leur serment de fidélité et trempé leurs mains dans le sang de leur prince, sans qu'on eût osé venger la mort d'un si grand personnage. Ces discours faisaient plaisir aux soldats d'Illyrie qui avaient servi sous Pertinax du temps de Marc-Aurèle, et qui avaient tant de fois partagé avec lui l'honneur de ses triomphes. Pendant tout le temps qu'il les avait commandés, on n'avait pas moins admiré sa douceur envers les soldats que sa valeur et son intrépidité dans les batailles. Ils avaient sa mémoire en vénération, et étaient pleins de ressentiment contre ceux qui leur avaient enlevé un si bon prince. Sévère, profitant de ces dispositions, les conduisait à ses fins, et paraissait indifférent pour toute autre chose que pour venger un sang si cher aux soldats. Ils le croyaient bonnement ; car autant qu'ils ont la taille avantageuse, et qu'ils portent au combat d'ardeur et d'intrépidité, autant ont-ils l'esprit épais et peu propre à démêler les véritables sentimens de ceux qui ont quelque dissimulation. Étant donc pleinement convaincus que Sévère ne pensait à rien moins qu'à sa propre élévation, ils se donnèrent à lui et le proclamèrent empereur. Lorsqu'il se fut assuré des armées d'Illyrie, il députa vers les nations voisines et vers tous les princes du nord qui sont soumis aux Romains, et les attira dans son parti à force de promesses. Personne ne savait mieux que lui l'art de dissimuler : il ne découvrait jamais ce qu'il pensait, disait souvent tout le contraire, et ne se faisait point un scrupule de violer ses sermens, lorsqu'il y trouvait son avantage. Il écrivit aux gouverneurs des provinces, et à ceux qui commandaient les troupes, des lettres insinuantes et artificieuses qui les gagnèrent facilement ; il prit le surnom de Pertinax qui n'était pas moins agréable au peuple qu'aux armées, et s'étant, par ces justes mesures, aplani le chemin à l'empire, il fit assembler ses soldats et leur parla de cette sorte :

« L'horreur que vous avez eue de l'attentat
» des cohortes prétoriennes est une preuve
» de votre fidélité pour vos princes et de votre
» religion pour les dieux, au nom desquels
» vous avez prêté le serment. Je ne m'étais
» jamais attendu à me voir à la place où vous
» m'avez mis ; mon attachement pour mes légitimes souverains m'avait empêché d'y prétendre, et je ne souhaite maintenant que de
» seconder votre ardeur et de servir votre
» vengeance. Il ne faut pas laisser plus long-
» temps dans l'opprobre l'empire, dont l'éclat
» avait été si bien soutenu jusqu'à présent par
» ceux qui en ont eu l'administration. Car, si
» Commode n'a pas marché sur les traces de
» ses prédécesseurs, sa jeunesse l'excusait en
» quelque sorte ; la mémoire de son père couvrait ses défauts, et son illustre naissance
» les rendait plus supportables. On avait pour
» lui plus de compassion que de haine ; nous
» rejetions ses fautes sur ses flatteurs et sur
» les ministres infâmes de ses voluptés. La
» souveraine puissance passa ensuite à ce vieillard vénérable dont la valeur et la modération seront toujours présentes à notre esprit. Les soldats prétoriens ne purent souffrir

» tant de vertus et osèrent porter sur lui leurs
» mains sacriléges. Ils ont vendu à vil prix ce
» vaste empire qui s'étend sur la terre et sur la
» mer, mais ils ont été mal payés de leur per-
» fidie; celui avec qui ils avaient si honteuse-
» ment traité leur a manqué de parole, et ils
» l'ont abandonné au mépris et aux insultes
» du peuple. Quand ils lui seraient encore
» fidèles, ils n'en seraient guère plus en sû-
» reté. Ce ne sont que des soldats de parade et
» de cérémonie; leur nombre et leur courage ne
» méritent pas d'être comparés au vôtre. Vous
» êtes accoutumés à voir l'ennemi; vous sou-
» tenez les plus longues marches; vous souf-
» frez avec la même patience le froid et le
» chaud; vous passez tous les jours sur des
» fleuves couverts de glace qu'il vous faut
» rompre pour trouver à boire; les exercices
» de la chasse contribuent même à entretenir
» votre valeur; enfin il ne vous manque rien
» de ce qui fait les bonnes troupes et rend les
» armées invincibles : car, autant la mol-
» lesse affaiblit le soldat, autant le travail le
» rend vigoureux. Les cohortes prétoriennes,
» nourries dans le luxe et dans les délices de
» Rome, bien loin d'en venir aux mains avec
» vous, ne pourront pas même soutenir votre
» présence et ces cris que vous jetez à l'ap-
» proche de l'ennemi. Si quelqu'un croit les
» forces de Syrie plus redoutables, il en sera
» bientôt désabusé, en considérant que Niger
» n'ose s'avancer vers Rome ni faire aucun
» mouvement. Il se trouve bien dans une ville
» voluptueuse, et, s'abandonnant au plaisir, il
» jouit par provision des honneurs d'une au-
» torité mal affermie. Les Syriens, et surtout
» ceux d'Antioche, accoutumés à la raillerie et
» à se divertir aux dépens des simples, affec-
» tent pour lui de grands empressemens; les
» autres provinces, ne voyant personne capa-
» ble de gouverner, reconnaissent, en atten-
» dant mieux, le premier venu; mais lorsqu'ils
» apprendront que les armées d'Illyrie, d'un
» commun accord, ont choisi un empereur,
» et qu'ils m'entendront nommer (car je ne
» leur suis pas inconnu depuis que j'ai com-
» mandé avec quelque honneur les troupes de
» ces quartiers), ils n'auront à me reprocher,
» comme aux deux autres, ni lâcheté ni né
» gligence, et n'étant ni si grands, ni si aguer-
» ris, ni si expérimentés que vous, ils n'ose-
» ront éprouver vos forces et votre valeur.
» Allons d'abord à Rome : maîtres du siége et
» du centre de l'empire, rien ne pourra nous
» arrêter. Les oracles des dieux et la terreur
» de vos armes me répondent du succès. »

Ce discours de Sévère fut suivi des acclamations des soldats qui l'appelaient Auguste et Pertinax, lui faisaient mille protestations de fidélité et de zèle, et l'assuraient qu'ils étaient prêts à le suivre. Sans perdre de temps, il leur commanda de s'armer le plus à la légère qu'ils pourraient, et après leur avoir fait distribuer des vivres, il se mit en chemin. Il s'avançait avec une vitesse incroyable, soutenant sans peine la fatigue des plus longues marches, ne s'arrêtant nulle part, et ne donnant de repos à ses troupes qu'autant qu'il leur en fallait pour reprendre de nouvelles forces. Il partageait avec elles tous les travaux, n'avait pas une meilleure tente, mangeait du même pain, et ne se distinguait en rien du simple soldat. Il augmentait par ces manières l'affection qu'ils lui portaient; il les piquait d'honneur, était le premier à tout; de sorte qu'ils auraient eu honte de ne pas suivre avec ardeur un tel exemple. Ayant traversé la Pannonie en peu de jours, il arriva sur les confins de l'Italie. Il avait prévenu la renommée, et on le vit paraître qu'on ne savait pas encore qu'il fût en chemin. Les villes d'Italie furent fort épouvantées à la vue d'une armée si nombreuse. On n'entendait plus dans ce pays le bruit des armes, et ses habitans passaient leur vie dans une profonde paix à cultiver leurs terres. Pendant les temps de la république, lorsque le sénat nommait les généraux d'armées, tous les peuples de l'Italie allaient à la guerre; et ce sont eux qui, portant leurs armes victorieuses chez les Grecs et chez les Barbares, poussèrent leurs conquêtes jusque dans les pays les plus reculés et se rendirent les maîtres du monde. Mais Auguste, ayant changé la forme du gouvernement, ôta les armes à ces peuples. et, les laissant languir dans le repos, il prit à sa solde des étrangers qu'il fit camper sur les frontières, pour tenir en bride les Barbares. D'autre part, la largeur des fleuves, leur profondeur, la hauteur des montagnes, les vastes solitudes qui bornaient l'empire, lui servaient de retranchemens. Quand on vit donc l'armée de Sévère répandue dans les campagnes, ce spectacle si nouveau jeta l'alarme partout; et bien loin de lui fermer les portes, on venait au devant de lui avec des branches de laurier. Il ne s'arrêtait que pour faire des sacrifices et pour haranguer les peuples, ne pensant qu'à gagner Rome en diligence.

Julien ayant appris ces nouvelles, ne savait quelles mesures prendre; il n'ignorait pas le nombre et la force des troupes d'Illyrie; il ne pouvait se fier, ni au peuple qui le haïssait, ni aux soldats qu'il avait trompés. Il amassa tout son argent, celui de ses amis, dépouilla les temples, et essaya de faire revenir les prétoriens par ses largesses. Mais eux, sans lui en tenir compte, prétendaient que ce n'était point une gratification, et qu'on ne leur avait payé que ce qu'on leur devait. Ses amis lui conseillèrent d'aller au devant de l'ennemi et de s'emparer du passage des Alpes. Elles forment ensemble comme un mur fort élevé qui sert de rempart à l'Italie; la nature, outre les autres avantages qu'elle a donnés à cette heureuse contrée, a voulu la mettre à couvert du côté du nord par cette longue chaîne de montagnes qui joignent les deux mers, celle du septentrion et celle du midi. Julien, au lieu d'occuper ce poste si avantageux, n'osa pas seulement sortir de Rome. Il se prépara à soutenir le siége, et envoya prier les soldats de se mettre en défense, de reprendre leurs exercices et de faire des retranchemens. Il fit dresser au combat des éléphans qui ne lui servaient que pour la pompe, s'imaginant que la figure extraordinaire et monstrueuse de ces animaux étonnerait les soldats d'Illyrie et ferait peur à leurs chevaux. Dans toute la ville on forgeait des armes et les autres choses nécessaires pour défendre une place; mais pendant qu'on faisait avec assez de négligence ces préparatifs, on apprit que Sévère approchait. Il avait envoyé devant lui plusieurs de ses soldats, qui, s'étant partagés, entrèrent la nuit par différens chemins dans la ville avec des habits de paysans, sous lesquels ils avaient caché leurs armes. L'ennemi était donc au milieu de Rome avant que Julien eût pris aucune résolution.

Le peuple de son côté, étrangement troublé, commençait à se déclarer pour le plus fort; il blâmait la lâcheté de Julien et les retardemens de Niger, mais il ne pouvait assez admirer l'activité et la promptitude avec laquelle Sévère les avait prévenus l'un et l'autre. Julien lui fit proposer un accommodement, et lui offrit de l'associer à l'empire. Il avait communiqué ce dessein au sénat, qui, voyant ses affaires abandonnées, et qu'il en désespérait lui-même, se tournait déjà tout entier du côté de son compétiteur. Mais, deux ou trois jours après, ayant su qu'il était fort près, les sénateurs se déclarèrent ouvertement. Les consuls convoquèrent le sénat: car l'administration de la république leur est dévolue lorsque l'empire est vacant ou disputé. Pendant qu'ils délibéraient, Julien, demeuré seul dans son palais, se lamentait et demandait en grâce qu'on lui laissât la vie, déclarant qu'il était prêt à se dépouiller lui-même et à céder à Sévère la souveraine puissance. Le sénat le voyant si épouvanté, et ayant été averti que ses gardes l'avaient abandonné, décréta sa mort, et déclara Sévère seul et légitime empereur. Il lui envoya une députation de sénateurs qui étaient en charge, ou qui avaient le plus d'autorité, pour lui conférer en son nom tous les titres et les honneurs de l'empire. On envoya en même temps un tribun pour tuer Julien. Il trouva ce lâche et infortuné vieillard qui déplorait le malheur qu'il s'était attiré lui-même en achetant cette place dangereuse. Personne ne se mit en devoir de le défendre, et l'officier exécuta ses ordres.

Sévère, ayant appris la mort de Julien et les délibérations du sénat, flatté de ce succès, voulut, avant d'entrer dans Rome, se rendre maître par adresse des cohortes prétoriennes. Pour venir à bout d'une entreprise si difficile, il écrivit en secret aux tribuns et aux centurions qu'ils devaient attendre de lui de grandes récompenses s'ils pouvaient engager les soldats à exécuter de point en point ce qu'il leur commanderait. Il envoya en même temps une déclaration qui leur ordonnait de laisser leurs armes dans le camp, et de venir au-devant de lui avec l'habit qu'ils prenaient les jours de fêtes pour accompagner le prince dans les sacrifices; il déclarait qu'ils n'avaient rien à craindre de son ressentiment, et qu'il voulait les rétablir dans leur fonction ordinaire, après qu'ils lui auraient prêté le serment de fidélité. Les soldats rassurés par leurs capitaines, et se fiant à la parole de Sévère, quittèrent leurs armes, et vinrent le trouver avec des branches de laurier et en habit de cérémonie. Lorsqu'ils furent arrivés, et qu'on eut averti l'empereur, il les fit approcher comme pour les haranguer et leur faire des largesses. Pendant qu'ils le saluaient avec de grandes acclamations, et qu'ils avaient les yeux attachés sur lui, les soldats d'Illyrie les investirent de toutes parts, sans en tuer ni en blesser aucun; ils se tinrent seulement fort serrés, et tournant contre eux la pointe de leurs piques, les empêchèrent de s'enfuir et de se défendre. Sévère les voyant enfermés comme dans un filet, prit un air et un ton menaçans, et leur dit : « Vous voyez maintenant que nous sommes les plus forts, » et que vous nous êtes autant inférieurs en » adresse et en prudence qu'en nombre et » en courage. Nous vous avons pris sans » peine et sans aucun risque; vous êtes en » ma puissance, comme des victimes prêtes à » être égorgées. Si l'on voulait vous punir » comme vous le méritez, on ne trouverait » point de supplice qui répondît à l'énormité » de votre crime. Vous avez porté vos mains » sacriléges sur un saint vieillard, sur votre » prince, dont la vie vous était confiée et » que vous deviez défendre aux dépens de la » vôtre. Vous avez indignement vendu comme » un bien qui vous appartenait, ou comme » l'héritage d'un particulier, cet empire » qui n'avait été jusqu'à présent que le prix » d'une vertu éminente, ou le partage d'une » naissance illustre; et vous avez abandonné » lâchement celui que vous aviez mis sur le » trône. S'il fallait vous châtier à la rigueur, » mille morts ne pourraient expier tant de » forfaits; rendez-vous donc justice, et vous » reconnaîtrez ma clémence. Je ne répandrai » point votre sang, mes mains seront plus » retenues que les vôtres. Mais ce serait une » profanation et une injustice, qu'après que » vous avez violé votre serment, manqué à » la fidélité que vous deviez à votre prince, » et trempé vos mains dans le sang d'une » personne si sacrée, on vous confiât encore » la tête et le salut des empereurs. Vous aurez » la vie sauve, c'est tout ce qu'il m'est permis » de faire pour vous. J'ordonne à mes soldats » de vous ôter, tout-à-l'heure, les habits et les » autres marques militaires que vous portez, » et à vous-même de vous éloigner de Rome; » je vous défends d'en approcher de plus près » que de cent stades, et vous déclare avec » serment que s'il se trouve quelqu'un d'assez » hardi pour manquer à cet ordre, il lui en » coûtera la vie. » Les soldats d'Illyrie leur ôtèrent aussitôt ces petits coutelas garnis d'or et d'argent qu'ils portaient dans les cérémonies, avec leur ceinturon et les autres marques de la milice. Ces misérables, confus d'avoir été si honteusement surpris, souffrirent tout sans se défendre; car enfin, que leur eût servi, en petit nombre et sans armes, de résister à toute une armée? Ils se contentaient de plaindre leur malheur; et quoiqu'ils s'en trouvassent quittes à bon marché, ils ne pouvaient se consoler d'avoir donné si follement dans le piège. Sévère prit encore une autre précaution : dans la crainte que ces malheureux, après avoir été cassés et dépouillés, ne retournassent au camp outrés de dépit et ne reprissent leurs armes, il envoya en avant, par des chemins détournés, les plus braves de ses soldats, afin qu'ils s'en emparassent et en défendissent l'entrée. Ainsi furent punis les meurtriers de Pertinax.

Sévère s'avança ensuite à la tête de son armée jusqu'aux portes de Rome. Cet appareil redoubla la crainte du peuple déjà étonné de tant de bonheur et de résolution. Les citoyens sortirent avec le sénat, tenant à leurs mains des branches de laurier, et vinrent au-devant de ce prince, le premier et peut-être le seul qui, sans répandre de sang et sans courir de hasard, ait conçu et exécuté une entreprise si délicate. On admirait ses grandes qualités, mais surtout cette patience à l'épreuve des plus grands travaux, cette fermeté d'esprit, cette activité, cette heureuse hardiesse qui formaient et animaient ses desseins. Les sénateurs vinrent le complimenter à la porte de la ville, et le conduisirent à son palais, après qu'il eut visité les temples des dieux, dans lesquels il offrit les sacrifices accoutumés. Le lendemain il vint au sénat, et y parla d'une manière très-obligeante, flattant les sénateurs de bonnes espérances et leur faisant à tous des caresses en général et en particulier. Il les assurait qu'il n'était venu que pour venger la mort de Pertinax; qu'il fallait penser à rétablir l'ancienne forme du gouvernement, qu'il y contribuerait de tout son pouvoir; qu'on ne confisquerait plus injustement les biens des accusés; qu'il ne souffrirait en aucune manière les délateurs; qu'enfin il tâcherait de suivre, en toutes choses, l'exemple de Marc-Aurèle, et ne se contenterait pas de porter le nom de Pertinax sans imiter ses vertus. Ces discours charmaient la plupart des sénateurs qui prenaient à la lettre toutes ces belles paroles. Mais les plus anciens, qui connaissaient l'empereur de longue main, avertissaient les autres de ne s'y fier que de la bonne sorte; que c'était un esprit souple, adroit, impénétrable, dont toutes les paroles et toutes les démarches étaient étudiées; qu'il se repliait en mille manières selon ses différentes vues, et qu'il avait toujours fort avancé ses affaires par une profonde dissimulation. La suite fit voir que ce portrait était véritable.

Sévère, pendant le peu de séjour qu'il fit à Rome, après avoir distribué au peuple beaucoup de blé et fait à ses soldats de grandes largesses, ne s'occupa plus que de l'expédition d'Asie. Il voulait surprendre Niger, qui, sans prévoir l'orage dont il était menacé, s'abandonnait dans Antioche au repos et aux plaisirs. Il enrôla toute la jeunesse des environs de Rome, manda aux troupes qu'il avait laissées dans l'Illyrie de le venir joindre en Thrace, et arma une puissante flotte composée de toutes les galères qui se trouvèrent dans les ports de l'Italie. Il fit en fort peu de temps ces grands préparatifs, qu'il crut nécessaires pour les opposer aux forces de l'Orient qui tenait pour Niger. Après avoir pris ces mesures en habile général, il fit voir d'un autre côté qu'il n'était pas moins bon politique. Il ne s'était point encore assuré de l'armée d'Angleterre, qui était fort nombreuse et très-aguerrie. Elle avait pour général Albin, d'une famille patricienne, qui avait été élevé dans le luxe et dans les délices. Sa qualité et sa mollesse étaient autant d'aiguillons puissans qui pouvaient exciter son ambition. Sévère appréhendait que ses richesses, les forces et le nombre des troupes qu'il avait en sa disposition, ne le tentassent; qu'il ne profitât de son absence, et que pendant qu'il serait dans le fond de l'Orient, il ne vînt se rendre maître de Rome, dont il serait bien moins éloigné que lui. Afin donc de l'amuser, et de se mettre en sûreté de ce côté-là, il leurra de vains titres et d'honneurs chimériques cet homme qui n'était pas d'ailleurs trop fin, et qui le crut sans peine, sur la foi de ses protestations et de ses sermens: il le déclara césar et l'associa à l'empire, pour contenter, par ce partage simulé, son ambition qui se laissait prendre aux apparences. Il lui écrivit des lettres pleines de démonstrations d'amitié; il l'exhortait à le soulager d'un fardeau sous lequel il succombait, disant que l'empire avait besoin d'un homme de sa qualité, et qui fût dans la fleur de l'âge; que pour lui, il était déjà vieux; que les douleurs de la goutte l'empêchaient souvent d'agir, et que ses enfans étaient encore trop jeunes pour prendre sa place. Albin, ne se doutant point de l'artifice, accepta ces offres avec joie, ravi de se voir parvenu où il prétendait, sans avoir répandu de sang ni couru de risque. Sévère, pour le convaincre entièrement qu'il agissait de bonne foi, lui fit donner les mêmes titres par le sénat, fit battre de la monnaie à son coin, lui fit dresser des statues, et accompagna ces honneurs de tout ce qui pouvait servir à le mieux tromper.

S'étant ainsi assuré d'Albin, et ne laissant rien derrière lui qui pût le traverser, il marcha contre Niger à la tête d'une puissante armée. Les auteurs qui ont écrit sa vie nous ont donné un journal exact de sa marche; ils ont rapporté en détail tout ce qu'il fit dans chaque ville, les prodiges par lesquels les dieux se déclarèrent pour lui, les pays qu'il parcourut, les batailles qu'il gagna, et jusqu'au nombre des morts et des blessés. Non seulement les historiens, les poètes mêmes se sont fort étendus sur cette matière. Mais comme je ne me renferme pas dans la vie de Sévère, et que j'ai dessein de faire l'histoire de tout ce qui s'est passé pendant soixante ans sous différens princes que j'ai tous vus sur le trône, je ne rapporterai ici que les choses les plus importantes, et sans rien ajouter à la vérité, ni donner dans l'exagération et la flatterie, comme ont fait ceux qui ont écrit sous le règne de Sévère, je tâcherai de ne passer sous silence aucun fait mémorable, ni aucune des circonstances qui pourraient intéresser le lecteur.

LIVRE TROISIÈME.

Nous avons rapporté dans le livre précédent la mort de Pertinax, celle de Julien, l'arrivée de Sévère à Rome, et ses préparatifs contre Niger. Ce dernier ayant appris toutes ces nouvelles lorsqu'il s'y attendait le moins, et voyant deux puissantes armées de terre et de mer prêtes à lui tomber sur les bras, écrivit à la hâte aux gouverneurs des provinces de faire avancer des troupes sur les frontières et d'armer sur les ports. Il envoya en même temps demander du secours aux rois des Arméniens, des Parthes et des Atréniens. Celui d'Arménie lui fit réponse qu'il se contenterait de demeurer neutre, et de se défendre si Sévère passait jusque sur ses terres. Celui des Parthes lui manda qu'il donnerait ordre à ses satrapes de lever des troupes: car ils n'entretiennent point d'armées sur pied pendant la paix. Barsemius, qui régnait alors chez les Atréniens, lui envoya un secours d'archers. Il composa le reste de son armée des troupes qui étaient en Syrie et de la jeunesse du pays, surtout de ceux d'Antioche qui, par légèreté et par affection pour Niger, prenaient avec plus d'ardeur que de prudence le mauvais parti. Il fit élever un mur et creuser des retranchemens dans les détroits du mont Taurus, qui est entre la Cappadoce et la Cilicie, se persuadant que cette montagne presque inaccessible serait un rempart assuré pour tout l'Orient qu'elle sépare du Nord. Il envoya aussi une garnison dans Bysance, ville des plus grandes de la Thrace, et aussi opulente que peuplée. Comme elle est située dans le détroit de la Propontide, le commerce, la pêche et les droits qu'elle prend sur les vaisseaux marchands y apportent beaucoup de richesses. Elle ne retire guère moins des terres fertiles qui l'environnent, mettant ainsi à contribution l'un et l'autre élément. Niger crut avec raison cette place d'importance, surtout pour se rendre maître du détroit de la Thrace et du passage par mer d'Europe en Asie. Elle était environnée d'un mur très haut, bâti de grandes pierres de taille, si bien jointes qu'on n'en pouvait apercevoir les liaisons. Les restes, qu'on en voit encore, ne font pas moins admirer l'adresse des ouvriers que les efforts de ceux qui ruinèrent un tel édifice. Niger, s'étant emparé d'une ville si bien fortifiée et des passages du mont Taurus, se croyait à couvert de toutes parts.

Cependant Sévère s'avançait à grandes journées, et ayant appris qu'on avait jeté une forte garnison dans Bysance, il tourna du côté de Cysique. Æmilianus, gouverneur d'Asie, que Niger avait fait général de ses armées, vint au devant de lui avec toutes les forces du parti. Après plusieurs combats fort opiniâtres, la victoire demeura à Sévère dans une dernière bataille. Les vaincus, restés en petit nombre, se dissipèrent, et portèrent partout la nouvelle de leur défaite. Plusieurs ont prétendu que Niger avait reçu, dès l'abord, cet échec par la trahison d'Æmilianus, dont on rapporte deux motifs différens. Les uns disent qu'il ne put sans jalousie voir Niger, qui lui avait succédé dans le gouvernement de Syrie, devenu son maître et son prince; d'autres l'attribuent à l'amour paternel et aux sollicitations de ses enfans, qui lui écrivirent de ne les point perdre en servant trop bien son parti, car Sévère, qui les avait trouvés à Rome, les retenait prisonniers. Commode avait coutume de garder en ôtage auprès de sa personne les enfans des gouverneurs des provinces et des généraux d'armées. Ceux de Sévère étaient à Rome lorsqu'il fut proclamé empereur en Illyrie, du vivant de Julien; il eut d'abord la prévoyance de les mettre en lieu de sûreté, envoyant en diligence quelques-uns de ses amis, qui les firent sortir de la ville avant qu'on y eût appris son élection. Mais quand il se vit maître de la capitale de l'empire, il ne manqua pas de se servir contre les autres de l'artifice dont il avait su se garantir. Il fit arrêter les enfans de tous les gouverneurs de l'Orient, dans le dessein de les obliger à trahir leur parti pour sauver de si précieux dépôts, ou du moins pour qu'il fût en son pouvoir de se venger de leur opiniâtreté sur ce qu'ils avaient de plus cher.

Après la bataille de Cysique, les vaincus se répandirent de tous côtés dans les montagnes d'Arménie, dans l'Asie et dans la Galatie, où gagnèrent en diligence les détroits du mont Taurus. L'armée victorieuse passa dans la Bithynie qui confine au territoire de Cysique. Lorsqu'on eut appris dans ces quartiers la victoire de Sévère, toutes les villes du pays se partagèrent entre les deux compétiteurs, non par aucun attachement ou aucune aversion qu'elles eussent pour l'un ou pour l'autre, mais seulement par cette émulation, cette jalousie et cette haine fatale qui règnent toujours entre les voisins. C'est l'ancien défaut des villes grecques qui, se mesurant d'un œil jaloux, et voulant abattre celles dont l'élévation leur faisait ombrage, ruinèrent, par leurs divisions, les forces de la Grèce, qui, affaiblie par tant de guerres intestines, devint la proie de la Macédoine, et passa ensuite sous le joug des Romains. Une si funeste expérience n'a pu éclairer ces peuples; la même manie dure encore dans les villes qui ont conservé quelque chose de leur ancienne splendeur. Après la défaite de Niger, ceux de Nicomédie députèrent vers Sévère, et lui offrirent de se rendre à lui et de recevoir garnison. Ceux de Nicée, d'autre part, par haine contre leurs voisins, embrassèrent avec ardeur le parti des vaincus, retirèrent chez eux les soldats restés de la journée de Cysique et ceux que Niger avait envoyés pour garder la Bithynie. On vit donc sortir de ces deux villes comme deux nouvelles armées qui en vinrent aux mains avec beaucoup de chaleur; mais Sévère eut encore l'avantage, et les fuyards gagnèrent au plus tôt les détroits de la Cilicie, où ils se tinrent en défense.

Niger ayant laissé à ce poste autant de troupes qu'il en fallait pour le garder, s'en alla à Antioche pour amasser de l'argent et remettre sur pied une nouvelle armée. Cependant Sévère, ayant passé par la Bithynie et la Galatie dans la Cappadoce, tâchait de s'ouvrir, avec ses troupes, le passage du mont Taurus; mais ce n'était pas une petite entreprise : le chemin était étroit, inégal, escarpé, bordé d'un côté par la montagne, et de l'autre par des précipices affreux dans lesquels roulent des torrens à travers les rochers. Il était de plus coupé par des retranchemens qui le rendaient inaccessible; et ceux qui le défendaient, combattant de dessus le mur avec avantage et de pied ferme, résistaient facilement au grand nombre des assiégeans qu'ils accablaient de pierres. Pendant que ceci se passait en Cappadoce, la ville de Laodicée en Syrie, et celle de Tyr en Phénicie, ayant appris que Niger avait perdu la bataille de Cysique, abattirent ses statues et se déclarèrent pour Sévère, purement par opposition aux villes d'Antioche et de Bérithe, leurs anciennes émules, qui avaient embrassé avec ardeur le parti contraire. Niger, qui était d'ailleurs d'un naturel assez modéré, fut outré à un tel point de cet affront, qu'il fit marcher contre elles des soldats maures à qui il en abandonna le pillage, avec ordre de faire tout passer au fil de l'épée. Ces gens féroces et intrépides, qui ne respiraient que le sang et le carnage, surprirent ces malheureuses villes, et s'y étant jetés comme des furieux, mirent tout à feu et à sang.

Pendant que Niger assouvissait ainsi sa vengeance et levait de nouvelles troupes, celles de Sévère étaient toujours arrêtées au pied du mont Taurus, et rebutées de tant d'efforts inutiles, elles commençaient à se relâcher. Les ennemis, au contraire, se croyaient en sûreté dans un poste si avantageux. Les choses en étaient là, lorsqu'il survint pendant la nuit une pluie violente avec beaucoup de neige (car le froid est très-grand dans la Cappadoce, et particulièrement sur le mont Taurus); cette pluie et cette neige formèrent un torrent impétueux, qui, ne trouvant point d'issue, devint encore plus violent par les obstacles qu'il rencontrait. Enfin la nature l'emporta sur l'art : le mur ne put résister longtemps à la force de l'eau qui en battait le pied; elle s'insinua d'abord dans les joints des pierres ; et comme elles n'étaient pas bien cimentées, parce qu'on avait fait cet ouvrage à la hâte, les fondemens furent bientôt ébranlés, et le torrent se fit au travers de ses ruines un passage libre. Ceux qui gardaient les retranchemens, épouvantés de cette chute et appréhendant d'être enveloppés par les ennemis, s'ils attendaient que les eaux fussent écoulées, prirent aussitôt la fuite. Les soldats de Sévère, encouragés par cet événement qui paraissait avoir quelque chose de divin, comme si les dieux les eussent conduits par la main contre leurs ennemis, passèrent sans peine et sans opposition le mont Taurus, et se répandirent dans les plaines de la Cilicie.

Niger, ayant appris ces fâcheuses nouvelles, marchait à grandes journées avec une armée fort nombreuse, mais peu aguerrie et peu endurcie aux travaux et aux fatigues de la guerre. Il avait avec lui presque toute la jeunesse d'Antioche, qui suivait son parti et sa fortune, pleine d'ardeur et de zèle, mais de beaucoup inférieure aux troupes d'Illyrie en valeur et en expérience. Les deux armées se rencontrèrent sur le bord du golfe d'Isse, dans une grande plaine, bordée d'un côté par la mer, et de l'autre par une colline qui s'élève en forme d'amphithéâtre, de sorte qu'il semble que la nature ait pris plaisir à former en cet endroit une espèce de cirque. On dit que Darius perdit contre Alexandre la dernière bataille qui décida de son sort, et où il fut fait prisonnier, dans cette même plaine, qui fut toujours si fatale à l'Orient et favorable aux armes du Nord. On voit encore sur la colline une ville appelée Alexandrie, qui est comme un trophée et un monument de cette victoire, et dans laquelle on montre une statue d'Alexandre qui lui donna son nom. Les deux armées y étant arrivées le même jour, firent les mêmes mouvemens; elles se rangèrent en bataille sur le soir, et après avoir passé de part et d'autre toute la nuit dans l'inquiétude et l'alarme ordinaires à la veille d'une grande journée, au lever du soleil elles en vinrent aux mains avec une ardeur égale, animées par la présence et les discours de leurs généraux convaincus que cette bataille déciderait de la querelle, et que la fortune, prête à donner un maître à l'univers, couronnerait le victorieux. Le combat fut si long, si opiniâtre, et le carnage si grand, que les rivières de la plaine coulèrent quelque temps vers la mer plus grosses de sang que de leurs eaux. Mais enfin l'armée de Sévère eut l'avantage. Ils poussèrent les ennemis si chaudement, qu'ils obligèrent ceux qui échappaient à leurs coups de s'abandonner à la merci des flots. Ils poursuivirent les autres jusque sur la colline, et tuèrent, avec les fuyards, un grand nombre de ceux qui étaient venus des lieux circonvoisins pour voir la bataille, et qui se croyaient en sûreté sur cette élévation.

Niger, monté avantageusement, gagna en diligence Antioche avec quelques-uns de ses plus fidèles amis. Mais la consternation générale, le petit nombre de ceux qui s'étaient sauvés, les cris lamentables des femmes qui pleuraient leurs maris, leurs frères et leurs enfans, tout cet affreux spectacle l'abattit entièrement et le fit désespérer de sa fortune. Il sortit de la ville, et se cacha dans une maison des faubourgs, où il fut trouvé par des cavaliers de l'armée ennemie qu'on avait mis à ses trousses, et qui lui coupèrent la tête : ainsi périt Niger. S'il ne s'était point attiré ce malheur par sa négligence et ses retardemens, il aurait été plus digne de compassion, car on avait toujours remarqué en lui des qualités assez estimables, et son élévation n'avait point gâté son bon naturel. Après sa mort, Sévère fit mourir non seulement ceux qui s'étaient jetés dans son parti par quelque engagement particulier, mais ceux encore qui avaient été emportés par la nécessité et les conjonctures. Il pardonna seulement aux soldats qui s'étaient enfuis au-delà du Tigre, et qui ne revinrent qu'après qu'il leur eut accordé une amnistie générale. Il en était passé un grand nombre chez les Barbares ; et c'est depuis ce temps-là que ces peuples apprirent à combattre de pied ferme comme les Romains. Auparavant ils ne portaient ni casque ni cuirasse, mais seulement de petits habits légers et flottans. Ils ne savaient manier ni la pique, ni l'épée, et toute leur habileté consistait à tirer des flèches en s'enfuyant à toute bride, sans tourner le visage. Mais plusieurs de ces soldats restés de la défaite de Niger, s'étant établis parmi eux, leur apprirent non seulement à se servir des armes à la romaine, mais aussi à en forger.

Sévère, après avoir réduit tout l'Orient sous son obéissance, n'ayant plus d'ennemis domestiques, aurait bien voulu porter la guerre chez les rois des Parthes et des Atréniens qui avaient envoyé du secours à Niger; mais il jugea qu'il n'était pas encore temps, qu'il fallait auparavant se rendre seul maître de l'empire et en assurer la succession à ses enfans. Ce n'était pas assez de s'être défait de Niger; il fallait aussi se débarrasser d'Albin qui était encore de trop, et qui pouvait apporter beaucoup d'opposition à ses projets. Il avait déjà appris qu'il se prévalait de la qualité de César et affectait fort l'indépendance ; qu'il recevait même souvent des lettres des sénateurs les plus qualifiés, qui l'exhortaient à venir s'emparer de Rome, pendant que Sévère était occupé dans des pays éloignés ; car les patriciens auraient beaucoup mieux aimé avoir pour empereur Albin, qui était d'une famille illustre et d'un naturel fort doux. Sévère, instruit de toutes choses, ne voulut pas cependant se déclarer sitôt, et prendre les armes contre un homme qui ne lui en avait donné aucun prétexte plausible. Il voulut tenter auparavant de s'en défaire sans bruit et par quelque artifice.

Il fit venir ceux de ses courriers à qui il se fiait le plus, leur donna des lettres pour Albin, et les chargea, après qu'ils les lui auraient rendues en public, d'ajouter qu'ils avaient quelque chose à lui dire en particulier ; que lorsqu'il aurait fait retirer tout le monde et qu'il serait sans gardes et sans défense, ils profitassent de ce moment pour le tuer. Il leur donna aussi du poison, afin qu'ils s'en servissent s'ils pouvaient corrompre quelqu'un de ceux qui lui préparaient à manger ou qui lui servaient à boire. Mais ce n'était pas une chose aisée : les amis d'Albin l'avertissaient sans cesse de se défier d'un esprit si couvert et si habile à cacher les piéges qu'il dressait. La manière dont il venait de traiter les lieutenans de Niger avait fait connaître mieux que jamais son naturel. Après les avoir engagés par le moyen de leurs enfans qu'il retenait prisonniers, à trahir leur parti, et s'en être si bien servi pour avancer ses affaires, il fit mourir les uns et les autres lorsqu'il n'en eut plus besoin. Jamais action ne marqua un caractère plus fourbe et une plus noire politique. Albin se tenait donc fort sur ses gardes : avant de faire entrer dans sa chambre ceux qui venaient de la part de Sévère, on leur ôtait leur épée, et on les fouillait partout. Quand les courriers, après lui avoir rendu les dépêches, demandèrent à lui parler en secret, il se douta de leur dessein ; et les ayant fait appliquer à la question, où l'on tira d'eux une confession entière, il les fit punir sur le champ comme ils le méritaient, et ne traita plus Sévère qu'en ennemi déclaré.

Dès qu'il eut appris que son projet n'avait pas réussi, Sévère leva le masque et fit à ses soldats ce discours en forme de manifeste : « Je ne crois pas que personne m'accuse en » cette occasion ni de légèreté d'esprit ni de » trop de facilité à former des soupçons contre » un homme que je comptais au nombre de mes » amis. Tout ce que j'ai fait pour lui me justifie » assez. Je l'ai associé à l'empire dont vous m'a- » viez fait seul et légitime possesseur ; partage » sur lequel les frères mêmes ne sauraient s'ac- » corder. Mais il a fort mal reconnu un si grand » bienfait ; il prend les armes contre moi, sans » se mettre en peine ni de votre valeur ni de la » sainteté inviolable des sermens. En n'écou- » tant que sa convoitise, il hasarde cette partie » de la souveraine puissance qu'il avait acquise » sans aucun risque, et qu'il possédait tran- » quillement, dans l'espérance frivole de se » rendre maître du tout, sans crainte pour les » dieux et sans ménagement pour vous, à qui il » en a coûté tant de travaux et tant de sang pour » lui conserver l'empire. Car votre gloire et vo- » tre valeur n'ont pas été moins avantageuses à » l'un qu'à l'autre, et il en eût joui plus long- » temps que moi, s'il ne s'en était pas rendu in- » digne par sa trahison. S'il y a de l'injustice à » offenser quelqu'un le premier, il y aurait en- » core plus de lâcheté à ne pas se venger des in- » jures qu'on reçoit des autres. Dans la guerre » de Niger, c'était plus la nécessité qu'aucun » sujet de plainte qui nous armait contre lui. » Je n'avais point à lui reprocher qu'il eût » voulu m'enlever l'empire dont j'étais paisible » possesseur. Personne n'en était encore le maî- » tre, il était comme à l'abandon, et nous dispu- » tions de part et d'autre ce grand prix avec une » pareille ardeur. Mais Albin foulant aux pieds » ce qu'il y a de plus sacré parmi les hommes, » après que j'ai fait pour lui tout ce que je pou- » vais faire pour un fils, méprise une amitié si » utile et se déclare hautement mon ennemi. » Autant qu'il a reçu de ma main d'honneur et » de gloire pendant qu'il m'a été fidèle, autant » je ferai éclater aux yeux de toute la terre sa » perfidie et sa lâcheté. Son armée, qui n'a de » forces que ce qu'il en faut pour tenir une île » en devoir, ne pourra résister à votre nombre » et à votre valeur. Si les troupes d'Illyrie ont » suffi pour dompter tout l'Orient, après » plusieurs sanglans combats où elles ont tou- » jours été victorieuses, maintenant que pres- » que toutes les forces de l'empire sont réunies, » quelle peine aurez-vous à vaincre une poi- » gnée de gens qui ont pour général je ne dis pas » seulement un lâche, mais un efféminé ? Car y » a-t-il quelqu'un qui ne sache ses déportemens, » et que son armée, sans discipline, s'aban- » donne comme les animaux les plus immondes » à toutes sortes de dissolutions ? Marchons donc » contre lui, pleins d'allégresse et d'assurance ; » espérons tout du secours des dieux vengeurs » des parjures, et pensons à soutenir l'hon- » neur des trophées que vous avez érigés tant » de fois et dont il a fait si peu de compte. »

Ce discours fut suivi des acclamations des soldats qui déclarèrent Albin ennemi de l'état, et assurèrent l'empereur qu'ils étaient prêts à le suivre partout. Ces dispositions de l'armée fortifièrent les espérances et redoublèrent l'ardeur de Sévère. Ainsi, après avoir fait de grandes largesses à ses troupes, il se mit en chemin, ayant auparavant détaché un corps d'armée pour assiéger Byzance, où s'étaient jetés les restes du parti de Niger. Elle fut prise dans la suite par famine ; on la déman- tela, on abattit les bains, les théâtres et tous les autres édifices publics. Cette malheureuse ville, devenue un méchant bourg, perdit en- core la liberté. On en donna le domaine aux Périnthiens, comme celui d'Antioche à ceux de Laodicée. Sévère eut aussi soin de laisser de grandes sommes pour rebâtir les villes que les troupes des Niger avaient ruinées. Il s'a- vançait cependant avec une vitesse incroyable, ne s'arrêtait pas même les jours de fêtes, passait la tête nue sur les plus hautes monta- gnes, en plein hiver et pendant que la neige tombait avec le plus de force, soutenant par un si grand exemple l'ardeur et la patience de ses soldats qui résistaient aux plus grandes fatigues, moins par crainte et par devoir que par émulation. Il avait envoyé devant l'élite de ses troupes se saisir des passages des Alpes, pour fermer à l'ennemi le chemin de l'Italie.

Quand Albin, qui jusqu'alors n'avait pensé qu'à se divertir, apprit que Sévère allait lui tomber sur les bras, étonné d'une si prodigieuse diligence, il passa avec son armée de l'Angleterre dans les Gaules. Il écrivit aux gouverneurs de toutes les provinces voisines de lui envoyer de l'argent et des vivres. Les uns furent assez malheureux pour lui obéir; il leur en coûta la tête lorsque la guerre fut terminée. Ceux qui méprisèrent ses ordres se trouvèrent bien d'une conduite plus heureuse que prudente; l'événement décida du bon et du mauvais parti. L'armée de Sévère étant arrivée dans les Gaules, après plusieurs escarmouches, on en vint enfin à un combat général auprès de Lyon, ville fort grande et fort peuplée, dans laquelle Albin se retira pendant la bataille. La fortune fut long-temps partagée et la victoire en balance; car les Anglais ne sont guère moins courageux et moins portés au carnage que les peuples d'Illyrie : ainsi, entre deux nations si belliqueuses, le combat devait être fort opiniâtre. Les historiens qui ont écrit sans flatterie rapportent que l'aile de l'armée d'Albin opposée à celle que commandait Sévère eut long-temps l'avantage, que ce dernier prit même la fuite, et qu'étant tombé de cheval il changea d'habit pour n'être pas reconnu. Mais les Anglais, croyant déjà la victoire de leur côté, et poursuivant les fuyards en désordre, virent tomber tout d'un coup sur eux Lætus, lieutenant de Sévère, avec des troupes toutes fraîches. On l'accusa d'avoir différé exprès d'en venir aux mains, pour savoir auparavant de quel côté pencherait la victoire; et l'on prétend qu'il ménageait les troupes dont il était le chef pour s'en servir dans l'occasion à son avantage. Il est sûr qu'il ne s'avança que lorsqu'on lui vint dire que l'empereur avait été tué. Sévère confirma dans la suite ces soupçons; car, lorsqu'il se vit paisible possesseur de l'empire, il donna de grandes récompenses à tous ses autres lieutenans, mais il se ressouvint de la trahison de Lætus et le condamna à la mort. Les soldats de Sévère voyant donc arriver Lætus à leur secours, se rallièrent; l'empereur reprit sa cotte d'armes et parut au milieu des siens. Les soldats d'Albin, qui ne gardaient plus leurs rangs, ne purent soutenir long-temps le choc de ces nouveaux ennemis qu'ils n'attendaient pas. ils furent bientôt rompus et prirent enfin la fuite. L'armée victorieuse les mena battant jusqu'à la ville et en fit un grand carnage.

Les historiens du temps ne s'accordent point sur le nombre de ceux qui moururent ou qui furent blessés de part et d'autre dans cette journée. La ville de Lyon fut pillée et brûlée; Albin y fut pris et on lui trancha la tête. Ainsi, en très-peu de temps, les mêmes troupes élevèrent des trophées dans l'Orient et dans l'Occident, et portèrent la gloire de Sévère plus loin que celle d'aucun de ses prédécesseurs; car, soit que l'on considère le nombre et les forces des armées, la longueur et la vitesse des marches, les mouvemens de tant de nations puissantes, soit que l'on compte les batailles et les victoires, rien n'est comparable aux exploits de cet empereur. Il est vrai que les guerres civiles de César contre Pompée, d'Auguste contre les enfans de ce dernier et contre Antoine, et, avant eux, celles de Sylla contre Marius, furent très-sanglantes, et que toutes les actions de ces grands hommes, soit dans les guerres civiles, soit dans les guerres étrangères, sont fort mémorables; mais qu'un seul homme soit venu à bout de trois compétiteurs, se soit rendu maître par adresse des cohortes prétoriennes, se soit défait de celui qui occupait le siège de l'empire, ait vaincu en Orient celui que les vœux du peuple romain avaient désigné empereur, et un autre en Occident qui avait le nom et la puissance de César; tant de grandes actions sont propres à Sévère, et l'on n'en trouve point un second exemple. Ainsi périt Albin après avoir joui peu de temps d'un honneur funeste. Sévère fit aussitôt paraître son ressentiment contre les amis que ce patricien avait à Rome. Il y envoya sa tête, avec ordre de la mettre au milieu de la place sur un poteau, et dans les lettres qu'il écrivit au peuple pour lui apprendre sa victoire, il ajouta qu'il avait fait exposer en public la tête de cet ennemi de l'empire, afin que ce spectacle apprît par avance à ses partisans ce qu'il leur préparait.

Après avoir établi en Angleterre deux gouverneurs, et réglé les affaires des Gaules, il fit mourir tous ceux qui avaient suivi le parti d'Albin, soit par inclination, soit par nécessité. Il marcha ensuite vers Rome avec toute son armée, pour imprimer dans les esprits plus de terreur. Le peuple le reçut avec les acclamations et les cérémonies ordinaires. Les sénateurs vinrent au devant de lui, saisis la plupart d'une fort grande crainte ; ils savaient qu'il ne pardonnait point à ses ennemis, qu'il était d'un naturel sanguinaire, que les crimes ne lui coûtaient rien, qu'il profitait des moindres occasions et des plus légers prétextes pour se venger, et qu'ainsi il ne les épargnerait point dans une conjoncture où il ne manquait pas de raisons apparentes. Après avoir été rendre aux dieux des actions de grâces, il gratifia le peuple d'une distribution de blé, pour honorer sa victoire. Il fit de grandes largesses aux soldats, leur accorda de nouveaux privilèges, augmenta le blé qu'on leur donnait, leur permit de porter au doigt un anneau, et d'avoir leurs femmes avec eux, choses qui n'étaient bonnes qu'à relâcher la discipline et à les empêcher d'être toujours prêts dans l'occasion à marcher et à combattre. Il ruina ainsi le premier cet ordre qui rendait les soldats plus vigoureux, qui leur apprenait à se contenter de peu et à obéir à leurs officiers sans peine et sans murmure. Il entretint leur avarice, et cette délicatesse qui les a fait entièrement dégénérer.

Lorsqu'il vint au sénat, il s'emporta fort contre les amis d'Albin ; il produisit contre quelques-uns des lettres qu'il avait trouvées dans les papiers de son compétiteur ; il reprochait aux autres de lui avoir fait des présens. Il accusait ceux qui avaient commandé en Orient d'avoir pris ses intérêts ; d'autres étaient criminels pour l'avoir seulement connu. Sous ces différens prétextes, il se défit de toutes les personnes du sénat les plus considérables, et de ceux qui, dans les provinces, étaient distingués par leur naissance et par leur richesses, pensant moins à assouvir sa vengeance qu'à satisfaire son avarice, qui passait celle de tous ses prédécesseurs ; car, autant il s'est rendu recommandable par cette vie dure, à l'épreuve des plus grands travaux, et par son habileté dans la guerre, qui l'ont égalé en ce genre aux plus grands hommes, autant se rendit-il odieux par cette avarice monstrueuse qui lui faisait répandre tous les jours le sang innocent. Aussi ne put-il jamais venir à bout de se faire aimer, quoiqu'il affectât de paraître populaire. Il n'épargnait rien pour donner aux Romains des spectacles magnifiques, où il proposait des prix pour les meilleurs acteurs et pour les athlètes victorieux, et où l'on tuait quelquefois jusqu'à cent bêtes farouches qu'il envoyait chercher dans les régions les plus reculées. Nous vîmes célébrer de son temps des jeux de différentes espèces sur tous les théâtres, des supplications et des veilles à peu près semblables aux mystères de Cérès. On appelle ces jeux séculaires parce qu'on ne les célèbre qu'une fois dans chaque siècle. On publie alors dans Rome et dans toute l'Italie qu'on vienne voir une fête qu'on n'a jamais vue et qu'on ne reverra jamais, pour faire entendre que la vie des hommes est trop courte pour remplir tout l'espace qui sépare des solennités si éloignées.

Sévère ayant associé ses enfans à l'empire, pensa aussitôt après à s'acquérir une gloire plus entière et moins odieuse que celle qui lui revenait d'une victoire souillée du sang romain, et pour laquelle il n'eût osé accepter l'honneur du triomphe. Il voulut aller chez les Barbares élever des trophées plus glorieux, et marcha contre Barsemius, roi des Atréniens, qui avait envoyé du secours à Niger. Comme il était près d'entrer en Arménie, le roi du pays lui envoya des présens et des ôtages, le priant de lui accorder son amitié, et de faire alliance avec lui. Sévère, ravi de n'être point arrêté en chemin, s'avança vers le pays des Atréniens. A son passage, Augarus, le roi des Osroéniens, vint le trouver, lui donna ses enfans en ôtage, et lui envoya un secours d'archers. Après avoir passé par la Mésopotamie et le pays des Adiabéniens, il courut toute l'Arabie-Heureuse. C'est de cette contrée que viennent les herbes odoriférantes et les autres parfums dont nous faisons tant d'usage. Il emporta de force les meilleures places, ravagea tout le pays, et de là, passant sur les terres des Atréniens, il assiégea d'abord Atres, la capitale. Cette ville, située sur le haut d'une montagne, est entourée d'un mur très élevé, et elle était défendue par une grosse garnison. L'armée romaine l'attaqua avec beaucoup de vigueur ; ses machines furent fort bien servies, et on ne négligea rien de tout ce que l'art de la guerre a inventé de moyens pour forcer une place. Mais la résistance des assiégés n'était pas moins vigoureuse ; ils jetaient sans cesse de dessus le rempart des pierres et des traits ; ils emplissaient des pots de terre de petits insectes et autres bêtes venimeuses, qui, s'attaquant aux yeux des ennemis, et s'insinuant dans le défaut de leurs cuirasses, les tourmentaient étrangement. De plus, les chaleurs excessives du pays avaient mis dans l'armée romaine des maladies qui emportèrent plus de soldats qu'il n'y en eut de tués devant la place.

Toutes ces choses jointes ensemble les découragèrent entièrement. Sévère voyant qu'il n'avançait point et qu'il avait toujours du dessous, pour ne pas perdre tout en s'opiniâtrant davantage, leva le siége, quoique son armée fût inconsolable de ce revers. Comme la victoire les avait suivis partout, ils se croyaient vaincus en cette occasion, pour n'avoir pas su vaincre. Mais la fortune, qui n'avait jamais abandonné Sévère, ne lui manqua pas encore en cette rencontre. Il ne perdit pas entièrement cette campagne, et se dédommagea de cet échec mieux qu'il ne pouvait l'espérer. La flotte sur laquelle il avait embarqué son armée fut jetée sur les côtes des Parthes, assez près de Ctésiphonte, la capitale du pays. Artabane, leur roi, vivait dans une profonde paix, et n'avait aucun ombrage de l'expédition de Sévère contre les Atréniens. L'armée romaine, conduite par la fortune sur ces bords, y prit terre, courut le pays, brûla les villages, enleva les troupeaux, et s'avança peu à peu jusqu'à Ctésiphonte, où le roi faisait sa résidence ordinaire. Les Romains, prenant les Barbares au dépourvu, après une faible résistance, entrèrent dans la ville, la saccagèrent, firent les femmes et les enfans prisonniers, pillèrent les meubles de la couronne et les trésors du roi, qui s'était sauvé avec peu de suite. Ainsi Sévère fut redevable de cette victoire au seul hasard. Cependant, enflé de ce succès inespéré, il écrivit au sénat et au peuple des lettres dans lesquelles il faisait valoir ces exploits ; il les fit même représenter sur de grands tableaux qu'il exposa en public ; le sénat, de son côté, lui décerna tous les honneurs imaginables, et lui donna les noms des peuples qu'il avait vaincus.

Ayant de la sorte terminé la guerre en Orient, il prit le chemin de l'Italie avec ses deux fils, qui étaient déjà dans l'adolescence. Il régla en chemin toutes les affaires des provinces, fit la revue des armées de Mœsie et de Pannonie, et entra dans Rome en triomphe ; avec les acclamations et la pompe ordinaires. Il offrit des sacrifices en actions de grâces ; donna au peuple des jeux et des spectacles, avec une fort grosse distribution de blé. Il passa ensuite plusieurs années à Rome, s'appliquant aux affaires de l'état, donnant très-souvent des audiences publiques, et prenant surtout un grand soin de l'éducation de ses enfans. Ces jeunes princes se laissaient corrompre par les délices de Rome, donnaient avec excès dans les spectacles, et se piquaient, au delà de ce qui convenait à leur naissance, de bien danser et de conduire des chariots. La haine violente qu'ils se portaient croissait avec eux ; elle avait paru dès leur enfance dans leurs petits divertissemens, comme dans les combats de cailles, de coqs et autres oiseaux, où ils prenaient toujours un parti différent, ainsi qu'ils firent depuis aux jeux du cirque et aux spectacles du théâtre. Tout ce qui plaisait à l'un déplaisait sûrement à l'autre ; la cour était partagée entre eux ; ils étaient assiégés de flatteurs qui entretenaient et augmentaient cette aversion naturelle. Sévère, qui s'en aperçut, et qui prévit les suites dangereuses de l'éloignement qu'ils avaient l'un pour l'autre, fit tout son possible pour les rapprocher et pour les faire changer de conduite. Il maria à la fille de Plautien, chef des cohortes prétoriennes, son fils aîné, qui s'appelait Bassien avant que son père fût monté sur le trône, et qu'il fit depuis appeler Antonin, en mémoire d'Antonin-le-Pieux.

Ce Plautien avait passé sa jeunesse dans une fortune très-obscure, et avait même été banni pour différens crimes, et entre autres pour avoir été mêlé dans une sédition. Il était du pays de Sévère, et même un peu son parent, selon quelques historiens ; mais les autres prétendent qu'il ne fut redevable de sa fortune qu'à sa beauté et à la passion infâme de l'empereur. Quoi qu'il en soit, en très-peu de temps il parvint au plus haut degré de la faveur, et s'enrichit des dépouilles de ceux que Sévère faisait mourir tous les jours. Un particulier ne pouvait être ni plus riche ni plus puissant; mais il abusait de son autorité et exerçait tant de violences, qu'il n'était pas moins redoutable que les plus cruels tyrans. Tel était celui dont l'empereur choisit la fille pour son fils; mais Antonin, très-mal satisfait de cette alliance, ne l'avait acceptée que par force. Il ne pouvait souffrir ni son beau-père ni sa femme : il ne logeait pas même avec elle, et lui disait souvent, dans ses emportemens, que dès qu'il serait le maître, il la ferait mourir avec son père. Elle avait averti Plautien de l'aversion et des menaces de son mari. Il en fut outré; et voyant que Sévère était déjà vieux et sujet à de grandes maladies, appréhendant de tomber entre les mains de ce jeune prince violent et emporté, il résolut de prévenir par quelque coup hardi l'effet de ses menaces. Ce n'était pas la crainte seule qui l'engageait dans cette entreprise; l'ambition y avait beaucoup de part. Il se voyait des richesses immenses, il avait à sa disposition les soldats prétoriens ; la faveur du prince le rendait puissant dans toutes les provinces, et les ornemens qui le distinguaient lorsqu'il paraissait en public attiraient sur lui tous les regards et nourrissaient son orgueil. Il avait le rang de ceux qui avaient été consuls en second, portait le laticlave avec un sabre à son côté, et plusieurs autres marques de distinction que l'empereur n'avait accordées qu'à lui seul. Il marchait dans les rues avec un air plein d'arrogance; personne n'osait l'aborder. Il était précédé d'esclaves qui criaient aux passans de se ranger, et de ne pas regarder en face. Ces manières ne plaisaient point à Sévère; son amitié pour lui allait tous les jours en diminuant; il lui retrancha une partie de cette puissance dont il commençait à se défier, et lui conseilla de rabattre de ses hauteurs. Plautien en fut choqué et pensa tout de bon à envahir l'empire.

Il avait sous lui un tribun nommé Saturnin, qui lui faisait sa cour plus que personne, enchérissant sur les flatteries et les bassesses par lesquelles tout le monde s'efforçait de se mettre bien auprès du favori. Plautien crut pouvoir compter sur sa fidélité et sur son secret, et qu'il serait très-propre pour l'exécution de son dessein. L'ayant donc fait venir sur le soir, il lui dit : « Voici l'occasion de » faire voir jusqu'où va pour moi votre » zèle ; et c'est aussi le moment où je pourrai » reconnaître vos services comme vous le » méritez et comme je le souhaite. Vous avez » à choisir, où d'être aujourd'hui à ma place, » revêtu de tous les honneurs dont je jouis » maintenant, ou de mourir tout-à-l'heure si » vous refusez de m'obéir. Ne vous laissez pas » étonner, ni par la difficulté ni par les noms » de prince et d'empereur. Vous êtes de garde » cette nuit, vous pourrez facilement entrer » dans la chambre de Sévère et d'Antonin; » il vous sera aisé, dans l'obscurité et dans le » silence, d'exécuter mes ordres. Ne perdez » point de temps, allez au palais, demandez » à parler de ma part aux empereurs d'une » affaire pressée et de conséquence; faites » voir votre hardiesse, et n'appréhendez point » un vieillard et un enfant. Si vous partagez » avec moi le risque de cette entreprise, vous » en serez bien payé par la part que vous au- » rez à ma fortune. » Ce tribun était de Syrie, et avait naturellement une fort grande présence d'esprit, comme tous ceux de sa nation. Ainsi, quoiqu'il fût d'abord étrangement sur-

pris de la proposition de Plautien, il se remit bientôt, et considérant que c'était un homme emporté qui ne se ferait pas une affaire de le tuer sur-le-champ, il feignit d'entrer sans peine dans son dessein, et s'étant jeté à ses pieds comme pour lui rendre hommage, il lui promit d'exécuter ce qu'il lui proposait, pourvu qu'il lui en donnât un ordre par écrit. C'est la coutume des empereurs, lorsqu'ils font mourir quelqu'un, sans lui faire son procès dans les formes, de donner à celui qu'ils chargent de l'exécution un billet qui puisse le mettre à couvert de toutes poursuites. Plautien se laissa si fort aveugler par sa passion, qu'il donna au tribun l'écrit qu'il lui demandait, le chargeant en même temps de le faire avertir dès qu'il aurait tué les deux empereurs, afin qu'il l'allât joindre avant qu'on eût appris d'où partait le coup. Le tribun lui promit tout ce qu'il voulut; mais voyant combien c'était une chose hasardeuse et difficile que de tuer seul deux princes qui couchaient dans des appartemens séparés, il ne pensa qu'à sauver sa tête en découvrant un secret dont il était dangereux d'être dépositaire. Il alla droit à la chambre de Sévère, et dit aux gardes qu'il avait à lui parler sur une affaire de la dernière conséquence, et qui regardait sa vie. En entrant il se jeta aux pieds de l'empereur, et lui dit: « Si j'exé-
» cutais, seigneur, les desseins de celui qui
» m'a envoyé, je serais aujourd'hui votre
» meurtrier et votre bourreau : mais j'ai des
» pensées bien différentes, et je ne songe qu'à
» vous sauver la vie. Plautien voulant s'ouvrir
» un chemin à l'empire, vient de me charger
» de vous assassiner avec votre fils; pour vous
» assurer de la vérité de ce que je vous dis,
» en voici l'ordre par écrit. J'ai fait semblant
» d'entrer dans son dessein, de peur qu'à mon
» refus il ne se servît de quelque autre main
» pour ce parricide; mais je n'ai pas voulu
» qu'un si grand crime demeurât un seul
» moment caché. »
Le tribun accompagna son discours de beaucoup de larmes. Cependant l'empereur ne savait encore qu'en croire : la passion qu'il avait eue pour Plautien n'était pas éteinte. Il s'imagina que c'était un artifice d'Antonin, qui, haïssant à mort son beau-père, avait inventé cette calomnie pour le perdre. Il envoya quérir ce jeune prince, et lui fit de grands reproches de ce qu'il se portait à ces extrémités contre un homme qui était son ami et son allié. Antonin lui jura qu'il ne savait rien de toute cette affaire; mais voyant l'écrit que tenait le tribun, il l'exhorta à soutenir hardiment son accusation. Cet officier, appréhendant que l'affection de Sévère pour son favori ne l'emportât sur son témoignage, et ne doutant point qu'il ne lui en coûtât la vie si la conjuration n'était pleinement découverte, ajouta : « Puisque ce billet ne vous paraît pas un in-
» dice suffisant, permettez-moi, seigneur,
» d'envoyer seulement dire à Plautien *qu'il*
» *est servi* : il ne manquera pas d'accourir au
» plus tôt, croyant trouver le palais sans maître;
» vous reconnaîtrez alors aisément la vérité
» de ce que j'avance. Il est bon qu'on n'en-
» tende point de bruit, afin que le silence
» aide à le tromper. » Après avoir dit ces paroles, il sortit de la chambre, et chargea une personne sûre d'aller dire à Plautien que les deux empereurs étaient sans vie; qu'il se rendît au palais avant que la chose éclatât; qu'après s'être mis en possession du siège de l'empire, il se ferait obéir de gré ou de force.

Plautien, ne se doutant pas du piège qu'on lui dressait, prit une cuirasse par-dessous sa robe, et courut au palais accompagné de quelques personnes qui s'étaient trouvées présentes, et qui s'imaginèrent que les empereurs l'envoyaient quérir pour quelque affaire pressée. Le tribun vint au devant de lui, et pour mieux couvrir son jeu, le salua empereur et le prit par la main pour le conduire dans la chambre où il lui faisait accroire qu'étaient les corps morts des deux princes. Sévère avait fait ranger, aux deux côtés de la porte, des gardes pour l'arrêter. Il fut bien surpris, lorsqu'il entra, de les trouver tous deux debout et pleins de vie. Étonné de la grandeur du péril où il se voyait, il eut recours aux prières et aux larmes, protestant qu'il n'y avait rien de véritable dans tout ce qu'on alléguait contre lui ; que c'était une pure calomnie dont on voulait le noircir. Cependant Sévère lui reprochait tous les honneurs et les bienfaits dont il l'avait comblé; et lui, de son côté, rappelait toutes les occasions où il avait donné à l'empereur des preuves éclatantes de son zèle et de sa fidélité. Sévère se laissait attendrir, et le croyait presque sur la foi de ses protestations, lorsque Antonin apercevant par la fente de sa robe la cuirasse qui était dessous, s'écria: « Je voudrais bien savoir ce que tu » répondras à ces deux choses: Pourquoi » viens-tu sur le soir trouver les empereurs » sans en avoir d'ordre? Mais surtout, que » veut dire cette cuirasse? prit-on jamais des » armes pour se mettre à table?» Après ces paroles, Antonin ordonna au tribun et aux soldats de tuer ce misérable, qui n'était que trop convaincu. Ils lui obéirent, et jetèrent son corps par les fenêtres pour l'exposer aux insultes de la populace. Ainsi furent punies la convoitise insatiable et l'ambition désordonnée de Plautien.

Sévère, pour se mettre à couvert contre une puissance aussi redoutable que celle du préfet des cohortes prétoriennes, partagea cette charge en deux, comme elle l'avait déjà été sous le règne de Commode, et passa depuis presque tout le reste de ses jours dans ses jardins hors de Rome, et dans ses maisons de plaisance sur les côtes de la Campanie. Il s'y occupait à rendre justice, entrant volontiers dans le détail des affaires; mais il donnait ses plus grands soins à l'éducation de ses enfans. Il voyait avec chagrin qu'ils se plaisaient aux jeux et aux spectacles beaucoup plus que leur naissance ne semblait le permettre. Les partis opposés qu'ils prenaient dans ces divertissemens, leurs goûts toujours contraires, étaient comme le prélude de leur animosité; ces émulations de jeunes gens fomentaient les principes de haine et de division qu'ils portaient dans leur cœur. Antonin surtout, depuis la mort de Plautien, était devenu insupportable; la crainte seule de son père l'empêchait d'en venir aux dernières violences contre sa femme, dont il tâchait de se défaire par toutes sortes de voies secrètes. Mais Sévère, pour la mettre en sûreté, l'envoya en Sicile avec son frère, et leur assigna des pensions considérables. C'est ainsi qu'en usa Auguste envers les enfans d'Antoine, lorsqu'il se fût déclaré contre lui. Sévère s'appliquait sur toutes choses à rapprocher les esprits opposés de ses deux fils. Il leur faisait remarquer dans les anciennes histoires et dans les tragédies grecques que le malheur et l'entière ruine des familles royales n'avaient eu le plus souvent d'autre cause que la discorde qui avait armé les frères les uns contre les autres. Il leur disait que ses coffres étaient pleins d'or et d'argent, qu'il avait rempli les temples de ses trésors; qu'avec tant de richesses ils n'avaient rien à craindre que d'eux-mêmes; qu'il leur serait assez aisé de gagner l'affection des soldats par de grandes largesses; que les cohortes prétoriennes étaient quatre fois plus nombreuses qu'auparavant; que de si grandes forces les mettraient en sûreté contre les entreprises du dehors; qu'on ne pourrait jamais leur opposer, avec tant de richesses, de si bonnes troupes et en si grand nombre; mais que tous ces secours leur deviendraient inutiles par leurs divisions; que ce serait en vain qu'il les aurait délivrés des guerres étrangères, si par une guerre domestique ils travaillaient eux-mêmes à se détruire. Par de telles remontrances, auxquelles il joignait tantôt des prières, tantôt des menaces, il tâchait de les ramener et de leur faire sacrifier leur aversion naturelle à leurs intérêts: mais ses discours étaient inutiles; le mal augmentait tous les jours; ils n'étaient point traitables sur cet article. Les courtisans qui les assiégeaient les éloignaient de plus en plus l'un de l'autre. Ces flatteurs non seulement servaient leurs passions et étaient de leurs plus infâmes débauches, mais inventaient encore tous les jours de nouveaux moyens pour faire plaisir au prince auquel ils s'étaient attachés, en choquant son frère. L'empereur en surprit dans ce manége quelques-uns, à qui il en coûta la vie.

Pendant que Sévère était ainsi tout occupé et chagrin de la mauvaise conduite de ses enfans, il reçut des lettres du gouverneur d'Angleterre, qui lui mandait que les Barbares avaient pris les armes, qu'ils couraient et ra-

ravageaient le pays; qu'il lui fallait du secours pour arrêter leur progrès, et que la présence du prince y serait assez nécessaire. L'empereur ne fut point fâché de ces nouvelles. Il aimait la gloire avec excès. Après avoir triomphé de l'Orient, il était bien aise qu'il se présentât une occasion d'ériger des trophées jusque dans l'Angleterre. Il souhaitait, d'autre part, emmener hors de Rome les princes ses fils, et les tirer des débauches de cette capitale pour les accoutumer à la vie dure et aux exercices de la guerre. Il résolut donc d'aller en personne faire encore cette campagne, quoiqu'il fût très âgé et fort tourmenté de la goutte; mais il avait encore autant de courage et de fermeté que les jeunes gens les plus vigoureux. Il se mit en litière, fit autant de diligence que lorsqu'il jouissait d'une santé parfaite, et passa en Angleterre avant qu'on y eût rien appris de sa marche. Il fit venir de tous côtés des troupes dont il composa une armée formidable. Les Barbares, étonnés de la présence de l'empereur, auquel ils ne s'attendaient pas à avoir affaire, et se sentant hors d'état de tenir contre de si grandes forces, lui envoyèrent des députés pour lui demander la paix et pour s'excuser sur les hostilités qui avaient été commises. Mais Sévère, qui ne voulait pas retourner à Rome comme il était venu, et qui avait une forte passion de mériter par une victoire le nom de Britannique, après avoir amusé quelque temps leurs députés, les renvoya sans rien conclure, et fit cependant les préparatifs nécessaires. Il eut soin surtout de faire construire des radeaux, afin que ses soldats pussent combattre de pied ferme dans les marais qui se forment des inondations de l'Océan, et que les Barbares passent facilement ou à la nage ou à gué. Ils vont presque tout nus et se font des colliers et des ceintures de fer qui leur servent de parure, comme l'or en sert aux peuples d'Orient. Ils se barbouillent le corps de figures d'animaux différentes, et c'est pour les laisser voir qu'ils ne mettent point d'habits. Ces peuples sont fort belliqueux et ne respirent que le carnage. Ils ont pour toute armure une petite rondache avec une lance et une épée; ils ne connaissent point la cuirasse qui ne servirait qu'à les embarrasser lorsqu'ils traversent les marais. Sévère, instruit de la nature du pays, fit faire tous les travaux qui pouvaient faciliter le passage aux Romains et incommoder les ennemis. Quand il crut les choses en état, il laissa son second fils dans la partie de l'île soumise aux Romains, pour y rendre la justice et connaître de toutes les affaires qui n'auraient point de rapport à la guerre; il lui donna pour conseil les plus anciens de ses amis, et prit avec lui son fils aîné. Lorsque l'armée romaine eut passé les fleuves et les retranchemens qui servaient de frontières aux deux nations, il se donna plusieurs petits combats dans lesquels les Barbares eurent toujours du désavantage; mais lorsqu'ils étaient en déroute, ils trouvaient une retraite assurée dans leur marais et dans leurs bois dont les détours n'étaient connus que des naturels du pays, ce qui traînait la guerre en longueur.

Cependant Sévère, déjà fort âgé, tomba dans une grande maladie qui le mit hors d'état de commander son armée en personne. Il fut obligé de s'en remettre à son fils Antonin, qui, se souciant fort peu de presser les Barbares, ne pensait qu'à gagner les soldats, et tâchait par ses sacrifices de décrier son frère dans leur esprit et de l'exclure de la part qu'il avait à l'empire. Son père traînait trop à son gré; il tâcha d'engager quelqu'un de ses médecins ou de ses officiers à l'en défaire promptement; mais il ne trouva point de ministre pour un si grand crime. Sévère mourut enfin plutôt de mélancolie que du mal dont il était attaqué. Jamais empereur ne porta si haut la gloire de ses armes, soit dans les guerres civiles, soit dans les guerres étrangères. Il mourut après dix-huit ans de règne, laissant à ses deux enfans des richesses immenses et des forces auxquelles on ne pouvait rien opposer. Dès qu'Antonin se vit le maître, il remplit de meurtres la maison de son père; il fit tuer les médecins qu'il n'avait pu corrompre, ses gouverneurs et ceux de son frère qui avaient travaillé à les mettre bien ensemble, et n'épargna aucun de ceux qui avaient été en quelque considération auprès de Sévère. Mais prenant en particulier les officiers de l'armée, il tâcha de les engager, à force de promesses et de présens, à faire déclarer les soldats en sa faveur, à l'exclusion de son frère contre lequel il dressait toutes sortes de machines : mais aucune ne réussit. L'armée, se souvenant que l'empereur leur père les avait élevés tous deux pour le trône sans préférence, leur rendit à l'un et à l'autre sans distinction ses services et ses hommages. Antonin n'ayant donc rien avancé de ce côté-là, traita avec les Barbares, leur accorda la paix, prit des ôtages, et, quittant le pays ennemi, vint en diligence trouver sa mère et son frère. Lorsqu'il les eut joints, l'impératrice, avec les anciens amis et les conseillers de Sévère, fit de nouvelles tentatives pour réconcilier ses enfans. Antonin voyant que personne n'entrait dans ses desseins, prit le parti de dissimuler; et après s'être long-temps défendu, se laissa aller par grimace à une réconciliation feinte et plâtrée. Les deux frères, étant convenus de partager également la souveraine puissance, firent passer leur armée victorieuse dans les Gaules, et partirent pour Rome, où ils portaient les cendres de leur père, qu'ils avaient mises dans une urne d'albâtre, avec des parfums précieux, pour leur dresser un monument auprès de celles des empereurs ses prédécesseurs.

LIVRE QUATRIÈME.

Nous avons écrit dans le livre précédent l'histoire de Sévère pendant dix-huit ans de règne. Ses deux enfans, partis pour Rome avec leur mère, continuèrent, même dans le voyage, à laisser voir leur éloignement et leurs soupçons. Ils logeaient séparément et ne mangeaient jamais ensemble, appréhendant de part et d'autre d'être prévenus, et se tenant fort sur leurs gardes contre le poison. Ils faisaient une grande diligence, dans la pensée qu'ils seraient plus en sûreté à Rome, lorsque ayant partagé entre eux la vaste étendue du palais, ils vivraient sans aucune communication. A leur arrivée, le sénat et le peuple vinrent au devant d'eux avec des branches de laurier. Ils firent leur entrée dans cet ordre : les deux empereurs marchaient les premiers, vêtus de robes de pourpre; ils étaient suivis des consuls qui portaient l'urne dans laquelle étaient renfermées les cendres de Sévère; on saluait d'abord les deux princes, et on faisait ensuite une profonde inclination devant cette urne. Ils la portèrent de la sorte en cérémonie dans le temple, où l'on voit le tombeau de Marc-Aurèle avec ceux de ses prédécesseurs. Après avoir fait les sacrifices accoutumés, ils se retirèrent dans le palais, et commencèrent par faire condamner toutes les portes de communication. Ils avaient chacun leurs gardes à part, et ne se voyaient jamais que pour quelques momens, lorsqu'il fallait se montrer en public. Ils rendirent cependant ensemble à leur père les derniers honneurs.

C'est la coutume chez les Romains de mettre solennellement au nombre des dieux les empereurs qui laissent leurs fils sur le trône. Cette cérémonie s'appelle apothéose. C'est une espèce de fête où il entre du deuil et de la tristesse. On brûle à l'ordinaire le corps avec beaucoup de pompe; mais on met dans le vestibule du palais, sur un lit d'ivoire couvert d'étoffe d'or, une image de cire qui représente parfaitement le défunt, avec un air pâle, comme s'il était encore malade. Pendant le jour, au côté droit du lit est rangé le sénat avec des robes de deuil, et au côté gauche sont les femmes et les filles de qualité avec de grandes robes blanches toutes simples, sans colliers ni bracelets. On garde le même ordre sept jours de suite, pendant lesquels les médecins s'approchent du lit de temps en temps pour considérer le malade, et trouvent toujours qu'il baisse, jusqu'à ce qu'enfin ils prononcent qu'il est mort. Alors les chevaliers romains les plus distingués, avec les plus jeunes sénateurs, portent sur leurs épaules le lit de parade dans le vieux marché, où les magistrats ont coutume de se démettre de leurs charges. On dresse à l'entour deux espèces d'amphithéâtres, sur lesquels se placent d'un côté de jeunes garçons, et de l'autre de jeunes filles des meilleures maisons de Rome, pour chanter des hymnes et des airs lugubres en l'honneur du mort. Quand ils ont achevé, on porte le lit hors de la ville dans le Champ-de-Mars.

On élève au milieu de la place une charpente carrée en forme de pavillon; le dedans est rempli de matières combustibles, et le dehors revêtu de draps d'or, de compartimens d'ivoire et de belles peintures. Au dessus de cet édifice on en élève un second, tout semblable pour la forme et pour la décoration, mais plus petit, et dont les portes sont ouvertes. Au dessus de celui-ci il y en a un troisième et un quatrième encore plus petits, et ainsi plusieurs autres qui vont toujours en diminuant. Cet ouvrage ressemble assez aux tours qu'on voit sur les ports de mer, et qu'on appelle phares, dans lesquelles on met des fanaux pour guider les navires qui abordent la nuit. Dans la seconde séparation, on place le lit de parade, autour duquel on entasse toutes sortes de parfums, de senteurs, de fruits, d'herbes odoriférantes: car il n'y a point de province, point de ville, point de personne de distinction qui ne se fasse un plaisir et un honneur d'envoyer à son prince ces dernières marques de ses hommages. Quand le lieu où repose le corps en est tout rempli, on fait à l'entour une cavalcade. Les chevaliers, en cérémonie, font avec mesure plusieurs tours et retours; ils sont suivis de plusieurs chariots dont les conducteurs ont des robes de pourpre, et sur lesquels sont les images des empereurs dont le règne a été heureux et des généraux d'armée de grande réputation. Lorsque toute cette pompe est passée, le nouvel empereur, tenant à la main une torche, va mettre le feu au bûcher: les aromates et les autres matières combustibles prennent en un moment. Alors on lâche du faîte de cet édifice un aigle qui, au milieu de la flamme et de la fumée, s'envolant dans les airs, va, à ce que croit le peuple, porter au ciel l'âme de l'empereur. Depuis ce jour, il a son culte et ses autels comme les autres dieux.

Les deux jeunes princes ayant de la sorte consacré la mémoire de leur père, se séparèrent. Leur haine allait toujours en augmentant; ils ne pensaient mutuellement qu'à se perdre. Chacun de son côté tâchait sourdement et à force de promesses de détacher de son frère et de mettre dans ses intérêts les personnes d'autorité. La plus grande partie se tournaient du côté de Géta. Il faisait paraître assez de modération; sa conversation était agréable et engageante; il avait de belles inclinations, se plaisait à la lutte, et à tous les exercices qui peuvent former un jeune prince; il aimait les belles-lettres, attirait à sa cour et traitait avec distinction les personnes savantes. Cet air de douceur et de bonté qu'il avait avec ceux qui l'approchaient lui faisait une bonne réputation et lui gagnait presque tous les courtisans. Antonin, au contraire, portait partout un air rude et farouche; il se faisait un honneur de mépriser tous les exercices auxquels se plaisait son frère; il ne parlait que d'armées et de campemens et se donnait pour un grand homme de guerre. Il suivait sans se contraindre ses fougues et ses emportemens; et s'il avait quelques personnes à sa cour, c'était plutôt la crainte que l'affection et ses menaces encore plus que ses promesses qui les empêchaient de se détacher de lui.

L'impératrice Julie ayant fait mille tentatives inutiles pour rapprocher ces deux frères, qui jusque dans les plus petites choses et les moins intéressantes laissaient voir leur forte opposition, ils crurent que le seul moyen qui leur restait pour se mettre en sûreté l'un et l'autre, c'était de se séparer pour jamais, afin

de n'être plus exposés dans Rome à des soupçons et à des embûches réciproques. Ayant donc assemblé les amis de l'empereur leur père, ils ouvrirent cet avis en présence de leur mère, et proposèrent qu'Antonin restât maître de l'Europe, et que Géta eût pour lui toutes les provinces d'Asie. Que la nature elle-même avait fait ce partage, en divisant ces deux continens par le détroit de la Propontide. Qu'Antonin aurait toujours une armée campée auprès de Bysance, et Géta une autre auprès de Chalcédoine, pour défendre de part et d'autre leurs frontières. Que les sénateurs qui étaient de quelque ville d'Europe demeureraient à Rome avec Antonin, et que ceux qui étaient des provinces d'Asie y passeraient avec Géta, qui comptait établir le siége de son empire à Antioche ou à Alexandrie, villes qui ne le cèdent guère à Rome en grandeur. Que la Mauritanie, la Numidie et la partie de la Libye qui y confine seraient de l'empire d'Antonin; et que le reste des provinces d'Afrique en allant vers l'Orient appartiendraient à Géta. Pendant qu'ils réglaient ainsi toutes choses, les assistans demeuraient les yeux baissés dans un morne silence; mais Julie, leur mère, prenant la parole : « Vous
» trouvez, dit-elle, mes enfans, les moyens
» de partager entre vous toute la terre, en
» faisant servir la Propontide de bornes à vos
» états. Mais ce n'est pas encore tout, il vous
» faut aussi partager votre mère; comment
» ferai-je, malheureuse que je suis, pour me
» diviser entre vous deux? Commencez par
» me tuer, cruels, coupez mon corps par
» morceaux, donnez chacun dans votre em-
» pire la sépulture à cette moitié qui vous en
» restera; c'est le seul moyen de me faire
» entrer dans ce partage funeste que vous mé-
» ditez. » L'impératrice entrecoupa ces paroles de soupirs et de sanglots, et serrant ses deux enfans entre ses bras, elle les exhortait à étouffer leurs ressentimens.

Ce spectacle tira des larmes de toute l'assemblée, qui se rompit sans approuver le projet qu'on avait proposé. Mais les deux empereurs n'en furent pas depuis mieux ensemble; leur esprit s'aigrissait tous les jours de plus en plus. S'il fallait élire des magistrats ou des généraux d'armée, chacun prétendait avoir ces postes pour ses amis. Lorsqu'ils donnaient audience, ils étaient toujours d'un avis opposé. La justice en souffrait ordinairement; car ils pensaient plutôt à l'emporter l'un sur l'autre, qu'à consulter le bon droit et l'équité. Ils étaient toujours occupés à se dresser des embûches. L'un et l'autre avaient tenté la fidélité des officiers de son frère; mais comme ils prenaient tous les deux de grandes précautions, Antonin, lassé de ces longueurs inutiles, n'écouta plus que la passion violente qu'il avait de se voir seul sur le trône. Il résolut de tout hasarder, et de se servir du fer à défaut du poison : l'artifice et les piéges secrets n'ayant pu réussir, il se porta à une violence ouverte et à un coup de désespoir. Étant entré brusquement dans la chambre de Géta, qui ne se tenait pas en garde contre sa fureur, il lui porta un coup de poignard dont il mourut à l'heure même entre les bras de sa mère; et sortant aussitôt, il se mit à crier dans le palais d'un air effaré qu'il venait de courir le plus grand danger auquel il eût été exposé de sa vie, et qu'il avait eu bien de la peine à se sauver : il se jeta au milieu de ses gardes, et se fit conduire au camp, assurant qu'il ne pouvait demeurer dans le palais sans un péril manifeste. On le croyait sur sa parole, et l'on suivait ses pas pour apprendre le sujet de sa frayeur. Le peuple étonné ne savait que penser, voyant l'empereur sur le soir courir dans la ville avec tant de précipitation. Lorsqu'il eut gagné le camp, il entra dans la petite chapelle où sont enfermées les images et les enseignes de l'armée; et se prosternant, il remercia les dieux de lui avoir sauvé la vie. Les soldats, qui étaient la plupart couchés, ou au bain, accoururent à ce bruit fort épouvantés. Il se montra à eux; mais, sans leur dire la chose nettement, il leur cria qu'il venait d'échapper à un grand danger et qu'il n'était qu'avec peine sorti des piéges de son plus mortel ennemi; qu'enfin après s'être long-temps défendu, il était demeuré victorieux, et que la fortune le laissait seul maître de l'empire. Par ces paroles enveloppées, il voulait se faire entendre sans trop s'expliquer. Il promit de donner à chaque soldat deux mille cinq cents dragmes attiques, et d'augmenter de moitié la mesure de blé qu'on leur distribuait. Il ajouta même qu'ils pouvaient se payer par leurs mains, et tirer cet argent de ses trésors et des temples des dieux ; répandant ainsi en un seul jour tout ce que Sévère, en dix-huit ans, avait amassé aux dépens de tant de malheureux. Cependant les officiers de Géta s'étant répandus dans la ville, avaient éclairci tout le monde de la vérité de cette affaire. Mais les soldats gagnés par de si grandes largesses, quoiqu'ils comprissent assez comment la chose s'était passée, déclarèrent Antonin seul et légitime empereur, et son frère traité avec justice comme un ennemi.

Antonin passa le reste de la nuit dans le petit oratoire dont nous avons parlé, et se tenant fort de l'affection des cohortes prétoriennes, il alla le lendemain au sénat, escorté de tous les soldats, mieux armés qu'ils ne le sont ordinairement lorsqu'ils accompagnent l'empereur. Après avoir fait les sacrifices accoutumés, il parla de cette sorte : « Je n'ignore pas combien il est odieux d'être » accusé de la mort de ses proches, et que » le nom seul de parricide prévient tous » les esprits et inspire à tout le monde » de l'horreur. Je sais encore qu'on s'in- » téresse naturellement aux malheureux. Le » bonheur de ceux qui l'emportent sur leurs » ennemis fait naître en nous une secrète » jalousie. Le bon droit se trouve toujours » du côté du vaincu, et l'on ne manque » pas de donner le tort à celui qui a l'avan- » tage. Mais si quelqu'un, sans consulter » les sentiments qu'inspire la compassion en » faveur du plus faible, examine les choses » de plus près, en pèse les circonstances et » les motifs, il trouvera qu'il est aussi rai- » sonnable que nécessaire de faire retomber » sur la tête de son ennemi le danger dont » il nous menace, et qu'il y a aussi peu de » gloire que de bonheur à avoir le dessous

» dans ces occasions, comme il est également » salutaire et glorieux de prévenir le coup » qu'on nous porte. Vous pourrez, par le » moyen de la question, vous assurer de » toutes les embûches que Géta m'a dressées, » et combien de fois il a préparé contre moi » du poison. J'ai fait arrêter ses esclaves et » ses officiers, afin que vous puissiez, en les » faisant mettre à la torture, reconnaître la » vérité de ce que j'avance. Je l'ai déjà fait » donner à quelques-uns dont vous allez en- » tendre les dépositions. Il ne s'est pas contenté » de ces menées secrètes; tout nouvellement, » pendant que j'étais dans l'appartement de ma » mère, il est venu m'attaquer avec quelques » hommes armés. Mais il ne m'a pu surpren- » dre : j'ai sauvé ma vie en me vengeant d'un » ennemi déclaré; car depuis long-temps il avait » dépouillé à mon égard tous les sentimens de » la nature. S'armer contre ceux qui en veu- » lent à votre vie, c'est une action non seule- » ment permise, mais autorisée par plusieurs » exemples. Romulus, notre fondateur, a été » plus loin : il en coûta la vie à son frère pour » une simple raillerie. Et sans m'arrêter à » Néron et à Domitien, qui se défirent de » Germanicus et de Titus, leurs frères ; Marc- » Aurèle, qui faisait tant le philosophe et » l'homme modéré, pour une légère injure, » ne sacrifia-t-il pas à son ressentiment Lucius » Vérus, son gendre? Qu'ai-je fait de plus » odieux? Menacé du poison, voyant le poi- » gnard déjà levé sur moi, je l'ai détourné » contre mon ennemi. Vous devez donc ren- » dre grâces aux dieux, qui, ne vous laissant » qu'un de vos empereurs, vous mettent en » état de vivre désormais plus tranquillement » sans avoir à partager entre deux émules vos » sentimens et vos esprits, n'ayant plus les » yeux attachés que sur un seul, et n'attendant » que de lui votre fortune. Jupiter, seul sou- » verain parmi les dieux, n'a voulu donner à » la terre qu'un seul maître. » Antonin prononça ce discours avec beaucoup de force et de véhémence, regardant d'un œil farouche et plein de rage les amis de Géta, qu'il laissa tout tremblans et à demi morts.

Dès qu'il se fut retiré dans son palais,

il envoya tuer les domestiques de son frère, ses officiers, ses amis, et tous ceux qui lui appartenaient, sans épargner l'âge le plus tendre. On mettait les corps morts sur des charrettes par ignominie, et on les portait hors de la ville, où on les brûlait pêle-mêle par monceaux. Il ne pardonna à aucun de ceux qui tenaient à Géta par quelque endroit, de si loin que ce pût être. Les athlètes, les conducteurs de chariots, les comédiens, enfin tout ce qui avait servi à ses plaisirs périt avec lui. Les sénateurs les plus qualifiés et les plus riches furent accusés d'avoir été dans sa confidence, la plupart sur de fort légères conjectures, plusieurs sans aucun fondement. Mais on cherchait des prétextes et non pas des raisons pour s'en défaire. Sa cruauté alla plus loin. Il fit mourir une sœur de Commode déjà fort âgée, pour laquelle les autres empereurs avaient eu beaucoup de considération en mémoire de son père Marc-Aurèle. Tout son crime était d'avoir, à la mort de Géta, mêlé ses larmes avec celles de l'impératrice Julie. Il fit mourir la fille de Plautien, qu'il avait épousée du vivant de Sévère, et qui était alors reléguée en Sicile. Un de ses cousins qui portait le nom de Sévère, le fils de Pertinax et celui de Lucilla, sœur de Commode, eurent le même sort. Il voulait couper jusqu'à la racine de tout ce qui restait des maisons impériales, et ce qu'il y avait dans le sénat de rejetons des anciennes familles patriciennes. Les gouverneurs des provinces et les intendans furent la plupart du nombre des proscrits. Tous ceux qui lui déplaisaient avaient été amis de Géta. Les nuits n'étaient pas assez longues pour tant de meurtres. Il porta l'inhumanité jusqu'à faire enterrer toutes vives des vestales qu'il fit accuser faussement d'avoir violé leur vœu de chasteté. Mais pour comble d'horreur, ce qui n'eut jamais d'exemple, c'est qu'assistant un jour aux jeux du cirque, le peuple s'étant moqué d'un conducteur de chariot qui plaisait à l'empereur, il prit cet affront pour lui, et commanda à ses gardes de se jeter dans la foule, et de tuer ceux à qui étaient échappées ces railleries. Les soldats ayant une fois la bride sur le cou, voyant qu'il leur était permis d'exercer toutes sortes de violences, ne pouvant d'ailleurs discerner les coupables dans une si grande multitude, où chacun rejetait la faute sur son voisin, tuaient tous ceux qui leur tombaient sous les mains; ou, s'ils les laissaient aller, ce n'était qu'après les avoir mis presque tout nus, trop heureux encore de racheter leur vie à ce prix.

Antonin, après tant de cruautés, tourmenté par les remords de sa conscience, et ne pouvant plus se souffrir à Rome, en partit plutôt pour fuir des lieux qui lui retraçaient sans cesse l'image de ses crimes, que pour aller, comme il le disait, visiter les provinces et faire la revue de ses armées. Il alla d'abord vers les frontières du nord sur les bords du Danube, où il passait son temps à conduire des chariots et à combattre de près contre des bêtes féroces. Il ne rendait la justice que fort rarement, et sans se donner le temps d'écouter les parties, il prononçait presque toujours au hasard. Il s'appliquait à gagner l'affection des Barbares par toutes sortes de moyens. Il en prit un grand nombre à sa solde, et choisit les plus vigoureux et les mieux faits pour les mettre parmi ses gardes. Souvent il quittait l'habit à la romaine, et paraissait en public avec une espèce de cotte de mailles couverte de bandes d'argent, et un tour de cheveux blonds coupés comme ceux de ces Barbares. Ces manières leur plaisaient fort, et ne choquaient pas les soldats romains qui étaient d'ailleurs fort contens d'Antonin, parce qu'il leur faisait souvent des largesses, et affectait avec eux un air de familiarité qui les charmait. Il ne se distinguait en rien du simple soldat; s'il fallait creuser un fossé, dresser un pont, élever une chaussée ou faire quelque autre ouvrage, il était le premier à tout. On servait sur sa table les viandes les plus communes dans des plats de terre ou de bois. Souvent, sans autre façon, prenant autant de blé qu'il en faut pour faire du pain à un seul homme, il se donnait lui-même la peine de le moudre et de le pétrir, et le faisait cuire sur les charbons. Il méprisait toutes les choses délicates et somptueuses; ce qui était bon pour le dernier des soldats était bon pour lui. Il était ravi lorsqu'ils l'appelaient leur compagnon; il marchait presque toujours à pied avec eux, se chargeait lui-même de ses armes, et prenait quelquefois sur ses épaules l'une des enseignes de l'armée qui sont fort longues, et auxquelles sont attachées plusieurs grandes médailles d'or qui les rendent encore plus pesantes; de sorte que c'est tout ce que peuvent faire les plus robustes que de les porter. Les soldats ne pouvaient se lasser d'admirer la force de son corps; et c'était pour eux une espèce de prodige, qu'un homme d'une si petite taille pût fournir à tant de travaux.

Lorsqu'il fut passé du Danube dans la Thrace qui confine à la Macédoine, ce fut tout d'un coup un nouvel Alexandre. Il s'intéressait avec ardeur à la gloire de ce conquérant; il lui fit dresser des statues dans toutes les villes, et en remplit les places de Rome, les temples, et le capitole même. Nous en vîmes quelques-unes fort bizarres, qui sur un seul corps avaient deux têtes, dont l'une représentait le roi de Macédoine, et l'autre l'empereur romain. Il prit l'habit des Macédoniens, leur coiffure et leurs sandales. Il forma de l'élite de ses troupes un corps qu'il appela la phalange macédonienne, et obligea en même temps les officiers de son armée à prendre les noms qu'avaient portés les capitaines d'Alexandre. Il composa de la jeunesse de Sparte une seconde phalange, qu'on appelait lacédémonienne, ou pitanate. Après avoir donné ses ordres dans toutes les villes de ces quartiers, il alla à Pergame pour essayer des remèdes d'Esculape, et passa une nuit dans son temple, selon la coutume. Il alla ensuite voir les ruines de l'ancienne Troie, et vint au tombeau d'Achille. Il le couvrit de couronnes et de fleurs; et, oubliant Alexandre, ne pensa plus qu'à imiter le héros d'Homère. Mais il lui manquait un Patrocle dont il pût pleurer la mort; il en trouva un fort à propos. Festus l'un de ses affranchis, pour lequel il avait beaucoup d'affection, et qui tenait l'agenda du prince, mourut pendant qu'il était à Troie; quelques historiens ont même prétendu qu'il le fit empoisonner exprès. Le nouvel Achille fit porter le mort sur un bûcher autour duquel il immola toutes sortes de victimes; il y mit ensuite le feu, et faisant des libations, il invoqua les vents à l'exemple de cet ancien héros. Mais lorsqu'il vint à chercher des cheveux pour jeter dans la flamme, il se fit moquer de tout le monde, car il en avait si peu, qu'il eut bien de la peine à en amasser assez pour qu'il ne manquât rien à la cérémonie. Entre les autres grands capitaines, il estimait particulièrement Sylla et Annibal à qui il fit dresser plusieurs statues.

De l'Asie il passa dans la Bithynie; et, visitant en chemin toutes les villes de cette province, il vint à Antioche où il fut reçu magnifiquement. Il y demeura peu de jours, parce qu'il voulait aller au plus tôt à Alexandrie, témoignant une envie extraordinaire de voir une ville bâtie par Alexandre, et de consulter le dieu du pays, qu'on y honore avec beaucoup de religion. Il ne laissait voir que ces deux motifs, et ne paraissait occupé que de la mémoire de son héros et du culte de Sérapis. Il donna ordre de préparer des hécatombes, et toutes les choses nécessaires pour des purifications. Le peuple d'Alexandrie, naturellement léger, et qui se laisse emporter au moindre vent, ayant appris ces nouvelles, fut transporté de joie, et ne pouvait assez admirer l'honneur que lui faisait Antonin, et l'inclination qu'il avait pour sa ville. On lui fit une entrée plus magnifique qu'aucune de celles qu'on avait faites jusqu'alors aux plus grands princes. Il y eut des concerts de toutes sortes d'instrumens, avec des illuminations; l'odeur des parfums les plus exquis remplissait toutes les rues, qui étaient jonchées de fleurs dans les endroits où l'empereur devait passer. Il entra dans la ville suivi de toute son armée qui l'accompagna au temple de Sérapis, où il offrit un grand nombre de victimes et brûla beaucoup de parfums. Il visita ensuite le tombeau d'Alexandre, sur lequel il laissa son ceinturon, sa cotte d'armes, ses bagues, ses diamans et tout ce qu'il avait de plus précieux. Le peuple voyait avec un plaisir infini toutes ces marques d'honneur qu'il donnait à leur ville, et passait les jours et les nuits dans de continuelles réjouissances. Mais ces malheureux ignoraient le ressentiment du prince et ce qu'il leur préparait. Il n'avait affecté ces beaux dehors que pour les perdre plus sûrement : voici ce qui l'avait animé contre eux.

On lui mandait, lorsqu'il était à Rome, pendant la vie et depuis la mort de son frère, qu'ils faisaient souvent sur lui des railleries. Ils sont naturellement moqueurs, attrapent merveilleusement le ridicule des gens; leur langue n'épargne pas même les puissances; et souvent, lorsqu'ils ne pensent qu'à rire, ils piquent très-vivement ceux sur qui tombent leurs bons mots et qui prennent les choses plus sérieusement : car rien n'offense plus que la vérité; et c'est outrer une personne que de la blesser par certains endroits sur lesquels elle se sent faible. C'est ce qui arriva au peuple d'Alexandrie. Ils parlaient avec trop de liberté sur la mort de Géta ; ils donnaient à Julie, mère de ces deux princes, le nom de Jocaste, et se moquaient d'Antonin qui, avec sa petite taille, s'avisait d'imiter Achille et Alexandre, les premiers des héros. Toutes ces plaisanteries poussèrent à bout l'empereur qui était fort emporté de son naturel. Il avait gardé jusqu'alors son ressentiment, et sa vengeance était près d'éclater. Cependant il leur faisait toujours bonne mine, et se mêlait dans leurs divertissemens; mais lorsque les réjouissances publiques eurent attiré de tous les lieux circonvoisins une grande multitude de peuple, il fit publier un édit qui portait que toute la jeunesse de la ville eût à se rendre dans la place, qu'il voulait, en l'honneur d'Alexandre, créer une troisième phalange qui portât son nom; qu'ils se rangeraient tous sur plusieurs lignes dans une distance égale, afin qu'il pût les considérer chacun en particulier, examiner leur âge, leur taille et leur dispositions pour les exercices militaires. Il donnèrent aisément dans le piège, n'ayant point lieu de se défier de ses promesses. Ils se trouvèrent au rendez-vous avec leurs proches qui les félicitaient sur l'honneur qu'ils allaient recevoir. L'empereur passant dans les rangs, les regardait les uns après les autres, disant à chacun quelque chose d'obligeant. Pendant qu'il faisait cette revue, son armée les investissait. Lorsqu'il les vit entourés de toutes parts, et pris comme dans un filet, il se retira. Aussitôt, le signal donné, les soldats se jetèrent sur cette troupe désarmée, et tuèrent tous ceux qui se trouvèrent sous leurs mains. Pendant que les uns étaient occupés à cette horrible boucherie, les autres creusaient de grandes fosses dans lesquelles ils jetaient par monceaux les corps qu'ils couvraient d'un peu de terre. On y traînait des malheureux qui respiraient encore; il y en eut d'enterrés tout vivans. Quelques-uns même des soldats eurent ce terrible sort; car les blessés qui avaient un reste de vigueur, s'attachant fortement à ceux qu'ils pouvaient saisir, les entraînaient avec eux, et ils étaient aussitôt accablés par les autres corps qu'on y jetait continuellement. On fit de la sorte, en un moment, de cette place un grand cimetière. Le carnage fut si grand, que le sang rougit les eaux du Nil jusqu'à son embouchure. Après une si terrible exécution, Antonin revint à Antioche.

Peu de temps après, il lui prit envie de se faire donner le nom de Parthique, en faisant accroire au sénat qu'il avait dompté tous les Barbares de l'Orient. On était depuis longtems en paix avec ces peuples ; mais ce n'était pas la foi des traités qui l'embarrassait, il ne pensait qu'à les surprendre. Voici ce qu'il imagina. Il envoya des ambassadeurs au roi Artabane, avec de très-riches présens, pour lui demander sa fille en mariage. Il lui marquait dans ses lettres qu'étant empereur et fils d'empereur, il ne voulait point épouser la fille d'un particulier ; que l'héritière d'un si grand roi lui convenait beaucoup mieux. Que l'empire des Parthes et celui des Romains étaient les deux plus puissans de l'univers; que lorsqu'ils seraient réunis, rien ne pourrait leur résister. Que les peuples qui composaient les deux états n'auraient point de peine à se soumettre au même joug, pourvu qu'on leur donnât des gouverneurs de leur nation et qu'on leur permît de vivre selon leurs anciennes coutumes. Qu'il n'y avait point de meilleures troupes que l'infanterie romaine et la cavalerie des Parthes, ceux-ci étant aussi habiles à tirer de l'arc que les autres à manier la pique et l'épée; que ces forces, jointes ensemble, suffiraient pour faire de l'univers un seul empire. Il ajoutait encore que les plantes odoriférantes qui croissaient chez les Parthes, leurs parfums et leurs étoffes précieuses d'une part, et de l'autre les métaux et ces ouvrages où les Romains font voir tant d'art et de délicatesse, deviendraient communs aux deux nations; et qu'au lieu de la petite quantité que les marchands faisaient passer secrètement et avec risque, ils en auraient alors en abondance et sans peine. Le roi des Parthes rejeta d'abord ces propositions, persuadé que la fille d'un roi que les Romains appelaient barbare ne convenait point à leur empereur; que ce serait une union trop bizarre que celle de deux personnes qui parlaient une langue différente et qui avaient des coutumes et des manières si opposées. Qu'il y avait à Rome beaucoup de patriciens dont l'empereur pourrait devenir le gendre sans se mésallier, et qu'il pourrait aussi trouver à sa fille, parmi les Arsacides, un parti qui ne serait pas indigne d'elle. Qu'il ne fallait pas unir des maisons qui ne s'estimaient pas assez mutuellement pour se tenir honorées de cette alliance. Voilà à peu près la réponse qu'Artabane fit à l'empereur. Mais celui-ci faisant de nouvelles instances et des protestations solennelles qu'il ne souhaitait rien tant que de conclure ce mariage, pressa tellement le roi des Parthes qu'il se rendit à la fin, et commença à l'appeler son gendre.

Cette nouvelle s'étant répandue chez les Barbares, ils préparèrent toutes choses pour bien recevoir l'empereur, se réjouissant déjà d'une alliance qui allait être pour les deux nations comme le sceau d'une paix solide et éternelle. Antonin ayant passé le Tigre, s'avançait dans le pays des Parthes comme sur ses propres terres; il ne trouvait sur son chemin que des victimes égorgées et les autels couverts de fleurs et de parfums. Il affectait de paraître fort sensible à toutes ces marques d'honneur. Lorsqu'il fut près de la capitale, Artabane vint au devant de lui dans une plaine hors de la ville. Il était accompagné d'une grande troupe de Barbares qui avaient des couronnes de fleurs avec des habits rayés et enrichis d'or, et qui dansaient au son des flûtes, des hautbois et des timbales. Ils aiment avec passion ces sortes de divertissemens qui suivent ordinairement leurs festins. Lorsque les deux princes se furent abordés, les Parthes mirent pied à terre. Ils se pressaient les uns les autres pour voir l'époux de leur princesse. Et s'étant ensuite assemblés par troupes, sans aucun ordre, ils se mirent à boire après avoir fait des libations, selon leur coutume. Alors Antonin fit charger les Barbares, qui, épouvantés d'un coup si peu attendu, prirent la fuite sans faire aucune résistance. Le roi Artabane, ayant été enlevé par ses gardes, eut à peine le temps de se sauver à cheval avec peu de suite. Le reste ne put échapper aux Romains; leurs chevaux, qui leur étaient alors si nécessaires, leur manquaient. Comme ils n'ont guère que de la cavalerie, ils ne sont pas accoutumés à marcher à pied, et leurs robes longues et amples les embarrassaient fort en cette occasion. Ils avaient quitté leurs arcs et leurs carquois, ne s'imaginant pas qu'à des noces ils leur seraient nécessaires. Ainsi l'armée romaine les ayant tués presque tous et fait le reste prisonniers, se retira chargée de butin. Antonin fit mettre le feu à plusieurs bourgades, dont il abandonna le pillage à ses soldats. Sa fourberie lui ayant si bien réussi contre des gens aussi incapables de se garantir d'une trahison que de la commettre, et ses troupes étant lasses de tuer et de saccager, il repassa le Tigre et écrivit au sénat et au peuple romain qu'il avait subjugué tout l'Orient et réduit sous son obéissance tous les royaumes de ces vastes contrées. Le sénat n'ignorait pas ce qui en était; ignore-t-on jamais rien de ce qui regarde les princes? Cependant, par crainte et par flatterie, on lui décerna tous les honneurs qu'on accorde aux victoires les plus complètes. Depuis cette belle expédition il se tint en Mésopotamie, où il passait son temps à la chasse et à conduire des chariots.

Son armée était commandée par deux lieutenans-généraux, Audence et Macrin. Le premier déjà sur l'âge, était bon officier, bon soldat, mais peu versé dans le manége des affaires; l'autre avait fréquenté le barreau, et savait parfaitement le droit romain. L'empereur faisait souvent sur ce dernier de sanglantes railleries, lui reprochait de manquer de cœur, et d'être plus propre pour la robe que pour l'épée. Il trouvait fort mauvais que sa table fût servie avec quelque délicatesse, qu'il ne s'accommodât pas de viandes communes, et de cette vie dure dont Antonin se faisait un mérite auprès des soldats; et surtout de ce qu'il s'habillait dans le camp comme il aurait pu faire à Rome. Il le traitait de lâche, d'efféminé, et le menaçait quelquefois de le faire mourir s'il ne changeait de conduite. Ces menaces et ces reproches faisaient dans le cœur de Macrin de profondes blessures, qui se rouvrirent par l'occasion que je vais rapporter, où l'on verra que les princes ne peuvent fuir leur destinée, et que leur vie dépend quelquefois des moindres caprices du hasard.

Antonin avait une curiosité excessive, qui passait des choses naturelles à celles dont les dieux se sont réservé la connaissance : les soupçons dont il était continuellement travaillé augmentaient cette disposition. Il consultait tous les oracles, avait beaucoup de foi aux devins, aux aruspices et aux astrologues; il en faisait une recherche exacte, et connaissait par nom et par surnom tous ces affronteurs publics qui promettent toujours plus qu'ils ne peuvent tenir. Mais appréhendant que ceux qui étaient auprès de lui, ou par flatterie, ou par crainte, ne lui cachassent la vérité, il écrivit à Maternianus, son agent à Rome, qui était le plus avant dans sa confidence, et le seul dépositaire de tous ses secrets, de consulter les plus habiles devins, et d'employer la nécromancie pour découvrir combien il avait de temps à vivre, et s'il n'y avait point de conspiration formée contre lui. Maternianus, usant de la liberté que le prince lui donnait, écrivit à Antonin, pour résultat de ses consultations, que Macrin en voulait à sa vie, et qu'il se hâtât de le prévenir : soit que les devins lui eussent véritablement fait cette réponse, ou qu'il l'eût supposée pour perdre cet officier. Il mit sa lettre avec plusieurs autres dans un même paquet. Le courrier arriva comme le roi montait sur son chariot pour aller faire ses exercices ordinaires. Il ne voulut point remettre sa partie,

et chargea Macrin, à qui quelques-unes des lettres de ce paquet étaient adressées, de lire aussi les autres et de lui en faire le rapport s'il y avait quelque chose de conséquence, ou bien d'y répondre lui-même, et de donner les ordres nécessaires selon le devoir de sa charge.

Macrin se mit aussitôt à lire ces lettres; mais lorsqu'il vint à celle où il était fait mention de lui, et qu'il eut vu le conseil que Maternianus donnait à l'empereur, il en prévit la conséquence, et ne douta point qu'après un tel rapport, avec un prétexte si apparent, Antonin, qui était d'un naturel sanguinaire, et qui l'avait menacé tant de fois de le faire mourir, ne passât des menaces aux effets. Il supprima donc cette lettre, et fit, à son ordinaire, des extraits de toutes les autres. Mais appréhendant que Maternianus n'écrivît une seconde fois, il pensa à garantir sa tête par quelque coup hardi. Il y avait parmi les gardes du corps de l'empereur un centurion nommé Martial, dont il avait fait depuis peu de jours exécuter le frère sur une simple accusation, sans qu'il eût été convaincu en justice. Il avait aussi maltraité de paroles cet officier, et lui reprochait souvent de dégénérer de la vertu romaine et d'être un digne ami de Macrin. Ce dernier sachant qu'il était outré des reproches piquans de l'empereur et de la mort de son frère, l'envoya quérir. Comme il lui avait fait beaucoup de bien, et qu'il avait souvent éprouvé sa fidélité, il n'eut point de peine à s'ouvrir à lui, et lui demanda sans détour s'il voulait se charger de tuer l'empereur. Le centurion ne fut point étonné d'une proposition à laquelle son ressentiment l'avait déjà préparé : les promesses de Macrin achevèrent de le déterminer; il s'engagea sans peine à le servir et à se venger. L'occasion s'en présenta peu de temps après.

L'empereur étant à Carres, ville de Mésopotamie, voulut aller visiter le temple de la Lune que les habitans du pays honorent particulièrement. Comme ce temple était assez éloigné de la ville, il ne prit avec lui qu'un petit nombre de cavaliers, dans le dessein de revenir dès qu'il aurait achevé son sacrifice. Au milieu du chemin il se sentit pressé de quelque besoin, et faisant retirer ses gens, il alla avec un seul de ses serviteurs dans un lieu écarté. Toute sa suite se tenait éloignée ; mais Martial, comme si l'empereur l'eût appelé ou lui eût fait quelque signe, courut à lui, et profitant d'un moment qu'il épiait tous les jours, il lui porta entre les deux épaules un coup de poignard dont il mourut sur la place. L'assassin, remontant à cheval, s'enfuit à toute bride; mais les cavaliers germains, pour qui l'empereur avait une affection particulière, et qui étaient de sa garde, se trouvant les plus avancés, s'aperçurent du coup, et s'étant mis à ses trousses, le percèrent de traits. Toute l'armée accourut en même temps, et Macrin des premiers se jetant sur le corps du prince, cacha avec tant d'artifice sa joie sous une douleur apparente, que tout le monde y fut trompé. Les soldats furent très affligés de la mort de l'empereur, en qui ils perdaient plutôt un compagnon qu'un général ; mais ils ne formèrent aucun soupçon contre Macrin ; et, se persuadant que Martial s'était porté à cet attentat de lui-même, et par le seul désir de se venger, ils n'approfondirent point cette affaire et se retirèrent sans bruit dans leur camp. Macrin ayant fait brûler le corps d'Antonin, mit ses cendres dans une urne, et l'envoya à l'impératrice, sa mère, qui était alors à Antioche. Cette princesse ayant perdu si malheureusement ses deux enfans, se donna la mort, soit qu'elle se fût abandonnée à son désespoir, ou qu'elle en eût reçu des ordres secrets. Antonin ne régna seul que six années.

Les soldats, incertains et irrésolus, passèrent deux jours sans chef, à délibérer sur le choix qu'ils avaient à faire. Cependant il n'y avait pas de temps à perdre. On recevait tous les jours des nouvelles qui confirmaient qu'Artabane venait en diligence pour tirer raison de la perfidie de l'armée romaine, et pour venger les mânes de ceux qui, pendant la paix, au milieu des solennités d'une alliance, avaient été cruellement égorgés. Les soldats voulurent d'abord placer sur le trône Audence, qui s'était fait à la guerre beaucoup de réputation, et qui avait toutes les qualités d'un bon général. Cet officier s'étant excusé sur sa vieillesse, ils offrirent la même place à Macrin ; les tribuns le pressèrent fort de l'accepter, et après sa mort on les soupçonna d'être entrés dans sa conjuration, comme nous le rapporterons dans la suite. Quoiqu'il ne comptât pas beaucoup sur l'affection et l'attachement des soldats, cependant la nécessité des affaires, qui porta ceux-ci à lui offrir l'empire, le détermina à l'accepter. Artabane approchait avec des troupes nombreuses, très fortes en cavalerie et en archers, parmi lesquels il avait mêlé des hommes armés de toutes pièces, qui combattaient avec de longues piques de dessus leurs chameaux. Macrin, après son élection, fit ce discours aux soldats :

« Il est fort naturel de pleurer la mort d'un
» prince, ou pour mieux dire d'un compa-
» gnon tel que celui que vous venez de per-
» dre ; mais il est aussi de la prudence de ne
» pas se laisser accabler par la douleur. Sa
» mémoire, qui vous sera toujours chère,
» sera aussi très-illustre dans la postérité ;
» ses grandes actions, son affection pour
» vous, la part qu'il prenait dans tous vos
» travaux, lui mériteront une gloire immor-
» telle. Mais après avoir donné quelques jours
» à notre douleur, il est temps de penser au
» péril qui nous menace. Nous avons sur les
» bras le roi des Parthes, avec toutes les for-
» ces de l'Orient : il s'est armé pour une juste
» querelle ; nous l'avons attaqué les premiers,
» en lui portant la guerre dans le sein même
» de la paix. L'honneur et le salut de l'em-
» pire sont entre vos mains, il n'a de ressource
» qu'en votre valeur. Il ne s'agit plus de dé-
» fendre ses frontières ou d'étendre ses bornes.
» Nous hasardons tout aujourd'hui, nos for-
» tunes et nos vies, contre un grand roi et
» une puissance armée qui vient nous rede-
» mander le sang de ses enfans et de ses frè-
» res, et qui nous traite de perfides et de par-
» jures. Opposons à cette multitude l'ordre et
» la discipline des armées romaines. Les Bar-
» bares, pour ne savoir pas se ranger en ba-
» taille, perdent le plus souvent l'avantage
» de leur grand nombre, qui ne sert qu'à

» mettre entre eux de la confusion ; au lieu
» que parmi nous, les rangs exactement gar-
» dés, des mouvemens uniformes et faits à
» propos, l'expérience des anciens corps,
» nous font ordinairement triompher des plus
» nombreuses armées. Allez donc au combat
» avec l'assurance ordinaire aux soldats ro-
» mains. Il est de votre honneur de faire
» croire à l'empire et au monde entier, par
» une seconde victoire, que vous ne fûtes re-
» devables de la première qu'à votre seule va-
» leur, et non à aucun indigne stratagème ;
» et qu'au lieu de violer le droit des gens,
» vous ne fîtes qu'user de celui des vain-
» queurs. »

Les soldats, animés par ce discours, se mirent au plus tôt sous les armes. Dès que le jour parut, on découvrit Artabane avec toutes ses troupes. Après que les Parthes eurent adoré le soleil, selon leur coutume, ils commencèrent le combat à coups de traits. Les Romains avaient mêlé dans leurs rangs des fantassins armés à la légère, et jeté sur les ailes les soldats maures avec la cavalerie. Ils se tenaient fort serrés, et soutenaient vigoureusement le choc des Barbares, qui, voltigeant de tous côtés, faisaient pleuvoir sur eux une effroyable grêle de flèches, et les incommodaient fort avec ces longues piques dont se servaient ceux qui étaient montés sur des chameaux ; mais quand on combattait de près, l'épée à la main, les Romains étaient toujours les plus forts. Lorsqu'ils se sentaient pressés trop vivement par la cavalerie, ils faisaient semblant de prendre la fuite, et jetaient sur leur chemin, en se retirant, des espèces de herses et d'autres ferremens dont la pointe était tournée en haut, qui, s'enfonçant dans le sable, blessaient les chevaux, et surtout les chameaux qui ont la corne du pied fort tendre, de telle sorte qu'ils s'abattaient aussitôt sous ceux qui les montaient. Or il faut savoir que toute la force des Parthes est dans leurs chevaux, et qu'il n'est rien de plus aisé que de les prendre lorsqu'ils sont obligés de mettre pied à terre. Leurs grandes robes traînantes les empêchent alors également de s'enfuir et de se défendre. On combattit avec la même opiniâtreté deux jours de suite, sans que personne eût l'avantage, quoique chacun de son côté se l'attribuât. Le troisième jour, les Barbares tâchèrent d'envelopper les Romains ; mais ceux-ci, pour l'empêcher, élargissaient le front de leur bataille à mesure que les autres s'étendaient sur les ailes. Il y avait eu un si grand carnage les jours précédens, que toute la plaine était couverte de corps morts entassés par monceaux, qui ôtaient souvent aux combattans la vue des ennemis, ce qui fit prendre aux deux armées le parti de se retirer dans leur camp avant la fin du jour.

Macrin, surpris que les Parthes, dont une première résistance éteint ordinairement le feu et épuise toute l'ardeur, s'opiniâtrassent si long-temps et se préparassent à recommencer le combat, dès qu'ils auraient enseveli leurs morts, se douta qu'Artabane ne revenait si souvent à la charge que parce qu'il croyait avoir en tête Antonin. Pour le désabuser, il lui envoya des ambassadeurs avec des lettres dans lesquelles il lui marquait que les dieux vengeurs des parjures avaient puni l'attentat commis contre sa personne, et que celui à qui il en voulait n'était plus ; que les Romains l'avaient élu empereur ; qu'il n'avait jamais approuvé la perfidie d'Antonin ; qu'il était prêt à lui rendre les prisonniers et à le dédommager de tout le ravage que l'armée romaine avait fait sur ses terres ; qu'il ne demandait pas mieux que de l'avoir pour ami, et qu'il signerait à l'heure même un traité de paix s'il voulait l'accepter. Artabane, éclairci par ces lettres et par le rapport des envoyés, content des satisfactions qu'on lui offrait, accepta les propositions de Macrin, et s'en retourna dans son royaume avec toutes ses troupes. L'empereur, de son côté, quittant la Mésopotamie, vint à Antioche.

LIVRE CINQUIÈME.

On a vu dans le livre précédent l'histoire du règne d'Antonin, sa mort et les commencemens de son successeur. Macrin écrivit d'Antioche au sénat et au peuple romain des lettres conçues en ces termes : « Comme vous n'ignorez pas la conduite que j'ai tenue jusqu'à mon élévation à l'empire, que vous connaissez le penchant naturel que j'ai pour la douceur, dont je vous ai donné plusieurs marques dans l'exercice d'une charge qui approche fort de la souveraine puissance (puisque l'empereur même et sa vie dépendent en quelque manière du préfet des cohortes prétoriennes), je crois qu'il serait inutile de m'étendre fort au long pour vous prouver une chose dont vous êtes déjà convaincus. J'ai toujours condamné les excès d'Antonin. Les remontrances que je me suis hasardé quelquefois à lui faire, pour sauver la vie à ceux qu'il faisait mourir sans raison et sans fondement, ont pensé me coûter la mienne. Aussi me disait-il souvent des paroles piquantes, me reprochant ma modération, et traitant de lâcheté et de mollesse ce qui s'éloignait de la férocité de ses mœurs. Pour lui plaire, il fallait le flatter, entretenir et exciter son humeur sanguinaire. Les délateurs qui servaient sa cruauté étaient le plus avant dans sa faveur; mais dans une cour si corrompue je n'ai point changé de caractère, et j'ai toujours préféré la vertu à la fortune. Après sa mort, nous avons terminé heureusement une guerre importante qu'il avait injustement commencée, ayant hasardé, par une vanité ridicule, la gloire et le salut de l'empire. Nous avons fait paraître autant de valeur dans le combat que de prudence dans un traité par lequel, d'un ennemi redoutable, nous nous sommes fait un ami sincère, délivrant en même temps l'empire de l'alarme que lui donnait une armée formidable répandue dans nos campagnes. Sous mon règne, vous jouirez d'une heureuse tranquillité ; vous ne verrez point répandre le sang innocent, et vous retrouverez sous un empereur les temps de la république. Je ne crois pas que personne s'imagine que la fortune se soit méprise lorsqu'elle a mis un simple chevalier sur le trône. Il est vrai qu'elle se prodigue souvent aux plus indignes ; mais la gloire qui revient des qualités personnelles ne dépend point de ses caprices. La naissance, les richesses et tous les honneurs qui font le sujet de l'admiration des hommes ne font point le mérite de ceux qui en sont revêtus ; on leur porte envie sans les en estimer davantage. Mais la douceur et la modération sont des vertus qu'il est également heureux et honorable de posséder. A quoi sert la noblesse si le mérite ne la soutient ? Vous êtes-vous mieux trouvés de Commode et d'Antonin, parce que ce dernier était fils d'empereur, et que l'autre en comptait plusieurs entre ses aïeux? Au contraire, ceux qui viennent à l'empire par succession croient être en droit d'en user à leur fantaisie et sans aucun égard comme de leur héritage. Mais ceux que vous tirez d'une condition privée vous ont une obligation dont ils ne sauraient jamais s'acquitter, et qu'ils tâchent toute leur vie de reconnaître. Les princes qui sont de familles patriciennes donnent ordinairement dans l'orgueil, et regardent avec mépris leurs sujets comme infiniment au dessous d'eux; mais ceux qui d'une fortune médiocre se sont par différens degrés élevés jusqu'au trône, s'y maintiennent par leur modération. Ils ménagent avec retenue ce fruit de leurs travaux, et ils ont toujours beaucoup de considération pour les personnes de qualité, auxquelles ils étaient accoutumés de marquer du respect. Je suis résolu à ne rien faire sans votre participation, à vous admettre dans tous mes conseils et à vous rendre cette ancienne liberté que vous avez perdue sous les plus nobles empereurs, et dont vous avez recommencé à jouir sous Marc-Aurèle et sous Pertinax, tous deux parvenus à l'empire par votre choix, et non par le droit de la naissance. Il vaut mieux donner à sa race des commencemens illustres que de ternir par ses vices l'éclat de sa maison. »

Cette lettre fut reçue du sénat avec de grandes acclamations, et l'on accorda sur l'heure à Macrin tous les titres et qualités qu'on donne aux empereurs. Ce n'était pas tant toutefois son élévation que la mort d'Antonin qui causait la joie publique. Les personnes de qualité surtout, du moment de la mort de ce prince, croyaient voir éloignée de dessus leur tête l'épée qui était prête à y tomber. On fit prendre tous les délateurs de profession, et les esclaves qui avaient accusé leurs maîtres. Rome et presque tout l'empire se virent, par leur mort ou par leur fuite, purgés de cette peste. S'il en restait quelques-uns, ils se tenaient cachés, et ne troublaient point la tranquillité publique et ce rayon de liberté qui se montra aux Romains pendant l'année du règne de Macrin. La plus grande faute que fit ce prince, et celle qui causa sa perte, ce fut de retenir ses troupes en corps d'armée, et de ne pas les renvoyer dans leurs quartiers d'hiver. Il aurait dû aussi se rendre au plus tôt à Rome, où les vœux du peuple Romain l'appelaient tous les jours. Mais au lieu de faire une démarche si essentielle, il demeurait tranquillement à Antioche, prenant grand soin de sa barbe, marchant avec une gravité étudiée, faisant attendre long-temps ceux à qui il donnait quelque réponse, et leur parlant si bas, que le plus souvent on n'entendait rien de ce qu'il disait. Par ces manières, il affectait d'imiter Marc-Aurèle; mais il n'imitait que ses défauts. Il s'abandonnait aux plaisirs, passait tout son temps à des spectacles de farceurs et de baladins, au lieu de le donner aux affaires de l'état. Il portait des agrafes d'or et un ceinturon tout couvert d'argent et de pierres précieuses. Ce luxe et cette afféterie ne plaisaient point aux soldats romains, qui ne croient ces vains ornemens propres qu'aux femmes. Ces objets, qu'ils avaient tous les jours devant les yeux, les choquaient de plus en plus. Ils ne pouvaient souffrir une telle mollesse dans un général d'armée, surtout lorsqu'ils lui opposaient la vie dure et laborieuse et les vertus militaires d'Antonin. Ils murmuraient encore de ce que, la paix étant faite, on les tenait toujours sous des tentes, éloignés de leur pays, manquant souvent des choses les plus nécessaires, pendant que Macrin ne se refusait aucun plaisir et se plongeait dans toutes sortes de voluptés. Après avoir long-temps murmuré, ils s'échappèrent tout-à-fait jusqu'à lui dire des injures en public, et commencèrent à épier tous les momens pour se défaire d'un homme dont ils ne pouvaient s'accommoder.

La fortune, lasse au bout d'une année de voir Macrin abuser de ses faveurs et s'abandonner à une indigne oisiveté, donna aux soldats une occasion de le perdre, qui était d'elle-même peu considérable. Julie, femme de Sévère et mère d'Antonin, avait une sœur appelée Mæsa, qui était de la ville d'Émèse en Phénicie. Elle avait passé presque toute sa vie à la cour sous les règnes de Sévère et d'Antonin. Macrin ayant été élevé à l'empire, la renvoya dans son pays, sans lui rien ôter de ses biens qui étaient fort considérables, car elle avait bien profité de son alliance avec le prince, et du temps qu'elle avait été auprès de lui, pour en amasser. Elle avait deux filles Soëme et Mammée. La première avait un fils nommé Bassien, et la seconde un autre nommé Alexien. Mæsa, leur aïeule, donnait tous ses soins à leur éducation. Bassien avait alors environ quatorze ans, et son cousin dix. Ils étaient prêtres du soleil que les Phéniciens honorent particulièrement, et qu'ils appellent dans leur langue Héliogabale. Ces peuples lui ont bâti un temple superbe où l'argent, l'or et les pierres précieuses brillent de toutes parts. Il n'est pas seulement orné par les gens du pays, mais les satrapes et les rois voisins y envoient à l'envi de riches offrandes. On ne voit point dans ce temple, comme chez les Grecs et chez les Romains, une statue qui représente le dieu qu'on y adore; il y a seulement une grande pierre toute noire, de la figure d'un cône, qu'ils disent être tombée du ciel. Lorsqu'on la regarde de près, on y aperçoit quelques inégalités, avec des traits mal formés; ils prétendent que c'est l'image du soleil. Bassien exerçait la charge de pontife, revêtu d'une robe qui lui descendait jusqu'aux talons, avec de grandes manches à la mode de ces Barbares. Il avait une chaussure qui lui prenait depuis les pieds jusqu'à la ceinture, avec un habit de dessus couvert de bandes de pourpre et brodé d'or, et sur la tête une couronne enrichie de pierres précieuses. Il surpassait en beauté tous ceux de son âge; sa bonne mine, soutenue d'un air de jeunesse et relevée par sa parure, le rendait assez semblable à ces beaux portraits que nous avons de Bacchus. On se faisait un plaisir de l'aller voir lorsqu'il exerçait ses fonctions, et que, selon la coutume des Phéniciens, il dansait au son de la flûte, suivi d'une troupe de jeunes gens et de femmes du pays. Sa beauté lui attirait tous les regards; mais les soldats romains surtout s'attachaient à le considérer, parce qu'il était du sang de leurs empereurs. La plus grande partie de l'armée campait alors auprès d'Émèse, pour garder les frontières de la Phénicie; on ne la fit revenir de cette province que quelque temps après, comme nous le verrons dans la suite.

Les soldats, qui allaient de temps en temps à la ville et au temple en dévotion, y voyaient le jeune Bassien avec une admiration toujours nouvelle. Quelques-uns d'entre eux étaient bannis de Rome, où ils avaient été connus de Mæsa. Cette femme, lorsqu'ils admiraient la beauté de son petit-fils, les assurait qu'il était véritablement fils d'Antonin, quoiqu'il passât pour être d'un autre. Soit que ce fût la vérité, ou que ce fût un conte fait à plaisir, elle leur disait que pendant qu'elle demeurait à Rome dans le palais, ce prince avait eu commerce avec ses filles, qui étaient alors fort belles et dans la fleur de l'âge. Ces gens redirent la même chose à leurs compagnons, et ce bruit se répandit bientôt, par leur moyen, dans tout le camp. On ajoutait que Mæsa avait des monceaux d'or et d'argent qu'elle était prête à distribuer aux soldats, s'ils rendaient à son petit-fils l'héritage dont il avait été frustré. Ils lui promirent de la recevoir dans le camp avec toute sa famille, et de déclarer Bassien empereur et fils d'Antonin. Cette femme surmontant par l'ambition la crainte ordinaire à son sexe, se résolut à tout hasarder; plutôt que de traîner plus long-temps dans l'obscurité d'une condition privée. Elle sortit la nuit de la ville avec ses filles et ses petits-fils, escortée par les soldats qui avaient été chassés de Rome. Dès qu'elle approcha du mur, on lui ouvrit les portes, et l'armée proclama tout d'une voix son petit-fils empereur sous le nom d'Antonin. S'étant ainsi déclarés, ils firent de grandes provisions de vivres, retirèrent des villages voisins leurs femmes et leurs enfans, avec tout leur petit bien, et se préparèrent à soutenir le siége.

Lorsqu'on eut porté ces nouvelles à Antioche, et que le bruit se fut répandu dans les autres armées qu'on avait reconnu un fils d'Antonin, et que la sœur de l'impératrice Julie faisait aux soldats de grandes largesses, les esprits se trouvant disposés à croire tout ce qu'on disait et tout ce qui n'était pas impossible, admiraient avec étonnement cette aventure. La haine qu'ils portaient à Macrin, un reste d'affection pour son prédécesseur, mais par dessus tout l'argent qu'on leur promettait, leur faisaient prêter l'oreille aux nouveautés; de sorte qu'il y en avait tous les jours plusieurs qui se rendaient auprès du nouvel Antonin. Macrin, sans s'étonner de ces mouvemens, affectant un air tranquille et plein d'assurance, ne daigna pas marcher en personne contre les rebelles, et se contenta d'envoyer un de ses lieutenans avec des troupes qu'il crut suffisantes pour les ranger bientôt à leur devoir. Julien (c'était le nom du général) s'étant avancé à la vue du camp pour l'assiéger, les soldats qui s'y tenaient enfermés, montant sur les tours et sur les parapets, faisaient voir de loin à leurs compagnons le petit prince, qu'ils appelaient, avec de grandes acclamations, fils d'Antonin. Ils montraient en même temps des sacs d'argent, comme un hameçon très-puissant pour les attirer dans leur parti. Aussi les soldats de Julien se laissèrent-ils persuader sans peine que le fils de Soême l'était d'Antonin ; l'envie qu'ils avaient de le croire faisait même qu'ils lui trouvaient tous les traits de son prétendu père, quoiqu'ils pussent à peine le voir dans l'éloignement où ils étaient. Ils commencèrent par couper la tête à leur général, et l'envoyèrent à Macrin, puis passèrent dans le camp de ceux qu'ils étaient venus assiéger, qui, par ce renfort, joint au grand nombre des transfuges qui arrivaient tous les jours, se virent en état, non seulement de se défendre dans leurs murailles, mais même de tenir la campagne.

Macrin ayant appris ces fâcheuses nouvelles, marcha à la tête de son armée pour forcer les rebelles dans leur camp; mais ils ne l'y attendirent pas, et vinrent au devant de lui pleins d'assurance. La bataille se donna sur les confins de la Syrie et de la Phénicie. Les gens d'Antonin combattaient avec chaleur, animés par le désespoir, et convaincus qu'il n'y avait point de pardon pour eux s'ils avaient le dessous. Ceux de Macrin, au contraire, le servaient sans ardeur ; plusieurs même le trahirent et passèrent dans l'armée ennemie. Ce prince appréhenda de se voir bientôt abandonné de tous ses soldats et d'être fait prisonnier. Pour s'épargner les indignités et les insultes qu'il aurait eu à essuyer, il se retira sur le soir de la mêlée, et quittant sa cotte d'armes et toutes les autres marques qui le distinguaient, prenant un habit de voyageur, se couvrant le visage, ayant aussi coupé sa barbe qui l'aurait fait reconnaître, il s'enfuit avec quelques centurions qui lui étaient attachés, et marcha jour et nuit pour prévenir le bruit de sa défaite. Les centurions poussaient les chevaux de son chariot à toute bride, comme s'ils fussent allés en poste pour des affaires d'importance dont l'empereur les avait chargés. Cependant la bataille durait toujours : les soldats prétoriens tenaient seuls pour Macrin contre tous les autres qui étaient passés du côté d'Antonin. Comme ce sont des hommes vigoureux et aguerris, ils demeuraient fermes et soutenaient le combat sans plier. Mais dans la fuite, ne voyant plus Macrin, ni les enseignes qu'on porte devant l'empereur; ne sachant s'il avait été tué, ou s'il avait pris la fuite, ils se trouvèrent fort embarrassés sur le parti qu'ils avaient à prendre. Il n'y avait pas d'apparence de combattre plus long-temps pour un homme qui avait disparu : mettre bas les armes, c'était s'avouer vaincus et se rendre comme à discrétion. Antonin ayant su des prisonniers que Macrin avait pris la fuite, leur envoya dire par un héraut, que c'était à eux une folie de s'exposer davantage pour un lâche qui les avait abandonnés; qu'il leur promettait avec serment une amnistie générale, et qu'il était prêt à les recevoir pour ses gardes. Les prétoriens, sur sa parole, se rendirent auprès de lui. Il envoya aussitôt en toute diligence après Macrin qui était déjà fort loin. Ses gens l'ayant trouvé à Chalcédoine, dans une méchante maison du faubourg, avec une grosse fièvre que lui avait donnée la fatigue du chemin, lui tranchèrent la tête. On dit qu'il voulait se sauver à Rome, comptant sur l'affection du peuple; et que s'étant embarqué, il eut dans le détroit de la Thrace auprès de Bysance un vent contraire qui le repoussa sur les côtes d'Asie, pour le livrer à la mort qui l'attendait : tant il s'en fallut peu qu'il n'échappât à ceux qui le poursuivaient! Ainsi périt misérablement ce prince pour n'avoir pas été à Rome dès le commencement de son règne, sans attendre à la dernière extrémité. Si la fortune lui manqua, il avait manqué à la fortune. Sa mort fut suivie de celle de son fils Diaduménien qu'il avait créé césar.

Lorsque Antonin eut été reconnu par tous

les soldats, et qu'il fut paisible possesseur de l'empire, comme il était encore trop jeune, et qu'en lui la culture de l'esprit n'avait pas suppléé à l'expérience pour le mettre en état de prendre en main le gouvernement, Mæsa régla avec ses amis les affaires d'Orient, et il partit aussitôt après pour Rome, voulant satisfaire la passion violente qu'avait son aïeule de se revoir dans ce palais qu'elle avait habité si long-temps. Le sénat et le peuple romain ayant appris ce qui s'était passé en Orient, en furent fort affligés; mais ils conçurent qu'il était de la prudence de céder au temps, et de confirmer le choix des soldats; et rappelant dans leur esprit la nonchalance et la mollesse de Macrin, ils reconnaissaient qu'on ne s'en pouvait prendre qu'à lui seul de sa perte et de cette révolution. Antonin étant passé de la Syrie à Nicomédie, y fut retenu tout l'hiver, parce que la saison n'était pas propre pour s'embarquer. Il reprit aussitôt son premier train de vie, passant son temps à danser au son des flûtes et des timbales, pour imiter les mystères et le culte du dieu dont il avait desservi le temple. Il portait des habits trop somptueux, couverts d'or et de pourpre, avec des bracelets, un collier et une couronne en manière de tiare, enrichie de perles et de pierres précieuses. Son habillement tenait de celui des prêtres de Phénicie, et empruntait quelque chose du luxe de la Macédoine; il méprisait celui des Romains et des Grecs qui n'était que de laine, et ne faisait cas que des étoffes de soie. Ces manières déplaisaient fort à Mæsa; elle le conjurait de s'accoutumer à porter la robe à la romaine, de peur que, se montrant devant le sénat et le peuple sous la forme d'un Barbare, il ne choquât, par cette nouveauté et par ce luxe, les yeux de tous les Romains, qui renvoient aux femmes ces vains ornemens. Mais il ne faisait nul compte des avis de son aïeule; il se conduisait à sa fantaisie, et n'admettait dans sa familiarité que des jeunes gens de son âge, et des flatteurs de profession qui applaudissaient à tout ce qu'il faisait, au lieu de le redresser.

Il voulut accoutumer par avance le peuple et le sénat à la bizarre figure de son habillement. Pour éprouver s'il serait si difficile sur ce point, il se fit peindre de sa hauteur marchant en cérémonie, et faisant la fonction de prêtre du dieu Héliogabale, dont l'image était représentée dans ce même tableau. Il l'envoya à Rome, avec ordre de le mettre dans le sénat au dessus de l'autel de la Victoire, afin que chaque sénateur, en entrant, brûlât de l'encens et fît des libations de vin en son honneur. Il obligea aussi les magistrats romains de nommer Héliogabale avant tous les autres dieux, dans l'invocation que l'on a coutume de faire dans les sacrifices publics. Ainsi, lorsqu'il vint à Rome, ce ne fut point une nouveauté et une chose étrange de voir en réalité ce qu'on avait déjà vu en peinture. Après son entrée, il fit au peuple, pour son avénement à l'empire, une distribution de blé qu'il accompagna de jeux et de spectacles et d'autres semblables divertissemens. Il bâtit ensuite à son dieu un temple magnifique, où l'on égorgeait tous les jours un nombre prodigieux de taureaux et de moutons. Il y brûlait aussi toutes sortes de parfums, et faisait des libations si abondantes, que les ruisseaux du vin le plus exquis coulaient de toutes parts, avec le sang des victimes. Il dansait après autour des autels, au son des instrumens, avec des femmes de son pays qui frappaient des cymbales ou de petits tambours; et cela en présence du sénat et des chevaliers, qui étaient rangés sur une espèce d'amphithéâtre. Les entrailles des victimes et les parfums étaient portés dans des bassins d'or par les généraux d'armée, et par les premiers officiers de l'empire, qui avaient des robes traînantes à grandes manches, à la manière des Phéniciens, avec une bande de pourpre au milieu, et des chaussures de lin, comme en portent en Phénicie ceux qui se mêlent de prédire l'avenir. Antonin prétendait faire un grand honneur à ceux qu'il voulait bien admettre dans ces sortes de cérémonies. Mais quoiqu'il ne parût occupé que de sacrifices et de fêtes, il ne laissa pas de faire mourir plusieurs personnes des plus considérables et des plus riches de l'empire, parce qu'elles n'approuvaient pas sa conduite et qu'elles en faisaient quelquefois des railleries.

Ayant épousé une fille des meilleures maisons de Rome, il la répudia peu de temps après, et lui ôta les honneurs d'impératrice. Feignant ensuite d'être passionnément amoureux d'une vestale, il l'enleva par force; comme s'il eût voulu, par cette violence, donner une marque de son courage, et faire voir du moins une fois qu'il était homme. Il l'épousa publiquement, sans se mettre en peine des coutumes et des lois romaines qui l'obligeaient à garder une virginité perpétuelle. Pour consoler le sénat et pour s'excuser d'un si grand sacrilége, il lui écrivit « que ce n'était qu'une faute de faiblesse dont tous les hommes étaient capables; qu'il n'avait pu résister à la passion violente qu'il avait pour cette vierge; qu'au reste, une prêtresse convenait assez à un prêtre, et que leur mariage n'en serait que plus saint et plus auguste. Mais il se dégoûta bientôt de cette nouvelle femme, et l'ayant répudiée, il en épousa une troisième qui était parente de Commode. Non seulement il se jouait de la sainteté du mariage entre les hommes, il voulut aussi donner une femme à son dieu. Pour cet effet, il fit apporter dans sa chambre la statue de Pallas, que les Romains révèrent et tiennent cachée avec tant de religion, et qu'on n'avait changée de place, depuis qu'on l'avait apportée de Troie, qu'une seule fois, lorsque le feu prit à son temple. Mais s'étant ravisé, et disant qu'une déesse si guerrière n'était pas le fait d'un Dieu aussi pacifique que le sien, il fit apporter à Rome l'image de la déesse Uranie, que les Carthaginois et tous les peuples voisins honorent avec une dévotion singulière; ils croient qu'elle fut placée dans leur ville par Didon, lorsqu'elle commença à la bâtir. Les peuples d'Afrique l'appellent Uranie, et les Phéniciens Astroarché; mais ils tombent d'accord entre eux que c'est la Lune. Antonin, prétendant qu'il n'y avait point de parti plus sortable pour le Soleil que la Lune, fit venir d'Afrique la statue de cette déesse, avec l'or et tout ce qu'il y avait de précieux dans son temple pour lui servir de dot. Lorsqu'elle fut arrivée, il célébra leurs noces, et voulut qu'à Rome et par toute l'Italie on passât plusieurs jours dans des réjouissances publiques pour honorer le mariage de ces divinités.

Il fit bâtir, dans un des faubourgs, un temple très-vaste et très-somptueux, dans lequel il menait son dieu en cérémonie, au commencement de l'été. Là, pour divertir le peuple, il lui donnait toutes sortes de jeux, de spectacles et de festins qui se succédaient la nuit et le jour. Il faisait mettre l'image d'Héliogabale sur un char couvert de plaques d'or et de pierres précieuses, traîné par six grands chevaux blancs richement caparaçonnés. Nul mortel n'était jamais monté sur ce char; mais on se tenait autour, comme si le dieu l'eût conduit lui-même. Antonin marchait à reculons par respect, tenant la bride des chevaux; mais de peur qu'il ne tombât, on marquait la trace qu'il devait suivre avec du sable doré, et ses gardes se tenaient à ses côtés pour le soutenir en cas d'accident. Le peuple courait alentour avec des flambeaux, semant le chemin de festons et de fleurs. On portait aussi dans cette pompe les statues des autres dieux, les offrandes qu'on leur avait consacrées, les marques de la dignité impériale et les plus riches meubles de l'empire. La cavalerie et les cohortes prétoriennes fermaient la marche. Après avoir placé le dieu dans son temple et fait tous les sacrifices dont nous avons parlé, Antonin montait sur de hautes tours qu'il avait fait bâtir exprès, d'où il jetait au peuple des vases d'or et d'argent, des habits et des étoffes de toutes sortes de couleurs; il leur faisait aussi distribuer des animaux privés et sauvages, excepté des porcs, dont l'usage est interdit aux Phéniciens. Ces libéralités coûtèrent la vie à plusieurs personnes: tout le monde voulant en avoir sa part, et se pressant pour attraper quelque chose, les uns furent écrasés dans la foule et quelques autres percés par des soldats. Ce prince ne gardant aucun ménagement, et ne se mettant point en peine de ce qu'on pouvait penser de lui, non seulement dansait et conduisait des chariots aux yeux de tout le monde, mais se peignait les yeux et se fardait le visage, gâtant sa beauté naturelle par des couleurs empruntées.

Mæsa voyait avec beaucoup de chagrin cette mauvaise conduite; elle appréhendait que les soldats ne s'en lassassent à la fin, et craignait de se voir, par la mort d'Antonin, éloignée une seconde fois de la cour. Pour prévenir ce coup, elle persuada facilement à ce jeune prince, qui était sans lumières et sans vues, de déclarer César et d'adopter son cousin germain, fils de Mammée. Elle lui dit, pour lui faire goûter cette proposition, qu'il était bon qu'il pût s'occuper sans distraction du culte de son dieu; que pendant qu'il serait appliqué tout entier aux choses du ciel, il pouvait se remettre des affaires d'ici-bas à un second, qui, prenant sur lui les soins du gouvernement, ne lui en laisserait que les plaisirs; qu'il était naturel de le choisir dans sa famille et de faire cet honneur à son cousin. On avait donné à cet enfant le nom d'Alexandre, au lieu de celui d'Alexien, en mémoire de l'estime qu'Antonin, son prétendu père, avait eue pour ce roi de Macédoine, d'ailleurs si renommé. Les deux filles de Mæsa, sans se mettre en peine de leur honneur, se vantaient partout d'avoir eu chacune un fils d'Antonin, et leur mère appuyait cette fausseté pour assurer à ses petits-fils l'affection des soldats. Alexandre fut donc créé César et nommé consul avec Antonin, qui vint au sénat pour y faire confirmer son adoption. On en passa par où il voulut, et, sans s'arrêter au ridicule de cette déclaration, on le reconnut, à quatorze ans, père d'un enfant qui en avait près de douze.

Il tâcha de faire prendre toutes ses manières à son cousin. Il voulait qu'il fût de ses danses et qu'il fît les fonctions de prêtre du dieu Héliogabale, comme son collègue dans le sacerdoce. Mais sa mère Mammée lui inspirait de l'éloignement pour toutes ces actions indignes d'un empereur. Elle le fit instruire en secret par différens maîtres dans toutes les sciences estimées chez les Romains et chez les Grecs; elle l'envoyait aux académies, où il apprenait tous les exercices qui donnent au corps de la souplesse et de la vigueur. Antonin le trouvait fort mauvais, et ne fut pas long-temps à se repentir de l'avoir associé à l'empire. Il éloigna de la cour tous ses maîtres, fit mourir les principaux, et bannit les autres, sous le prétexte ridicule qu'ils lui gâtaient son fils, parce qu'au lieu de le porter à la danse et de le former sur son goût, ils lui inspiraient des sentimens plus nobles et plus relevés. Il en vint à cet excès de donner aux comédiens et aux plus infâmes bateleurs les premières charges de l'empire. Il fit préfet des cohortes prétoriennes un fameux danseur qui n'avait jamais exercé que ce métier. Il tira du théâtre un chef pour la jeunesse romaine, un autre pour le sénat, et un troisième pour l'ordre des chevaliers. Il confiait les emplois les plus importans à des conducteurs de chariot, et les intendances des meilleures provinces étaient pour ses esclaves ou ses affranchis les plus corrompus.

Ce qu'il y avait dans l'empire de plus considérable étant si indignement prostitué, tous les esprits étaient pleins d'indignation contre Antonin. Les soldats surtout ne pouvaient souffrir qu'il eût de sa beauté plus de soin qu'on n'en peut permettre à une honnête femme, qu'il portât un collier et des bracelets d'or, et qu'avec une parure et un air si efféminés, il n'eût pas de honte de danser devant tout le peuple. La haine qui les animait contre lui leur donnait plus d'inclination pour Alexandre. Ils se consolaient par les espérances qu'ils concevaient de la bonne éducation de ce jeune prince, et faisaient la garde auprès de sa personne avec beaucoup de soin, pour le mettre à couvert des embûches de l'empereur. Sa mère Mammée ne lui laissait goûter d'aucun des mets que lui envoyait son cousin. Il avait ses officiers de table à part, qu'elle lui avait elle-même choisis et sur la fidélité desquels elle se reposait. Elle lui donnait aussi quelquefois de l'argent en secret pour le distribuer aux soldats, persuadée que c'est le plus sûr moyen de gagner et de se conserver leur affection.

Antonin ayant été averti, cherchait par toutes sortes de voies à se défaire du fils et de la mère. Mais leur aïeule détournait tous les coups. Cette femme, d'un esprit très pénétrant, n'était pas neuve dans les intrigues de la cour, auxquelles elle avait eu tant de part avec sa sœur Julie, sous le règne de Sévère; ainsi rien ne lui échappait des desseins d'Antonin qui n'était pas d'ailleurs fort adroit, et qui, marchant sans détour, laissait voir tout ce qu'il avait dans l'âme. Rebuté à la fin de ce qu'on éventait ses menées secrètes, il résolut de faire un éclat et d'ôter à Alexandre la qualité de César. Il le retenait enfermé dans le palais, pour accoutumer le peuple à ne lui plus rendre les honneurs qu'il recevait lorsqu'il paraissait en public. Les soldats trouvaient fort mauvais qu'on les privât de sa vue, et se doutaient bien du dessein de l'empereur. Mais lorsqu'il eut fait courir le bruit qu'Alexandre était à l'extrémité, pour voir quelle impression cette nouvelle ferait sur les esprits, leur inquiétude redoubla; ils prirent la chose avec tant de chaleur que, s'étant enfermés dans leur camp, ils firent dire à Antonin qu'ils ne se rendraient point auprès de sa personne pour faire la garde qu'ils n'eussent vu le prince son cousin. L'empereur fort épouvanté le leur mena au plus tôt sur un char magnifique. Ils vinrent les recevoir, et les conduisirent dans la chapelle du camp, saluant Alexandre avec des cris de joie, sans presque regarder Antonin. Il en fut outré, et ayant remarqué avec soin ceux qui avaient paru les plus ardens, il voulut les faire arrêter le lendemain matin et les traiter en chefs de sédition. Les soldats ne crurent pas devoir abandonner leurs compagnons à son ressentiment; comme ils le haïssaient fort, et qu'ils cherchaient depuis long-temps l'occasion de se défaire d'un prince si indigne du trône, ils crurent l'avoir enfin trouvée, et le tuèrent sur-le-champ avec l'impératrice Soème qui se trouva présente. Ses officiers et les autres ministres de ses infamies qui l'avaient accompagné furent aussi massacrés. On exposa aux insultes du peuple les corps d'Antonin et de sa mère, et après leur avoir fait toutes les indignités imaginables, on les jeta dans les cloaques, d'où ils furent portés dans le Tibre. Ainsi mourut Antonin, après six ans de règne. Les soldats ayant proclamé Alexandre empereur, conduisirent au palais ce jeune prince qui était encore sous la tutelle de sa mère et de son aïeule.

LIVRE SIXIÈME.

Comme Alexandre n'était pas en âge de gouverner, il n'avait que les honneurs de l'empire, et toute l'autorité était entre les mains de Mæsa et de Mammée qui ne s'en servaient que pour le bien de l'état et pour réformer les abus et les désordres du règne précédent. Elles commencèrent par choisir entre les sénateurs seize personnes d'une grande expérience et d'une vertu éprouvée, pour composer le conseil de leur fils. On ne faisait rien sans leur participation et l'on suivait en toutes choses leurs avis. Cette forme de gouvernement, qui tenait du républicain, plaisait fort au sénat, au peuple, et même aux soldats qui sortaient d'une domination tyrannique. On replaça dans leurs temples les statues des dieux, qu'Antonin en avait ôtées; on dépouilla de leurs charges et de leurs emplois ses créatures qui n'avaient mérité ces postes que par leurs crimes ou par leurs infamies, et on les réduisit à la bassesse de leur première condition. On ne donnait plus les charges de la magistrature qu'à des personnes consommées dans les affaires et dans la science des lois romaines; et l'on ne confiait le commandement des armées qu'à ceux qui avaient servi long-temps et qui s'étaient signalés dans les guerres précédentes. Après quelques années d'un gouvernement si sage et si modéré, Mæsa mourut dans une extrême vieillesse. On lui fit des funérailles d'impératrice, qui furent suivies de son apothéose, selon la coutume des Romains. Mammée, restée seule auprès de son fils, suivit le même projet, et tâcha d'être toujours maîtresse de son esprit. Elle craignait que dans une si grande jeunesse, n'ayant personne au dessous de lui à ménager, il n'abusât de la souveraine puissance et ne suivît l'exemple de son cousin. Ainsi elle fermait toutes les avenues aux débauchés, aux flatteurs et à tous ceux dont la conduite était décriée, de peur qu'ils ne lui fissent perdre tout le fruit d'une bonne éducation, qu'ils n'enflammassent ses passions naissantes et ne le portassent aux plus infâmes voluptés. Elle lui conseillait, sur toutes choses, de s'appliquer à rendre la justice, et de passer la plus grande partie du jour à donner audience, afin que cette assiduité et les soins du gouvernement l'occupassent tout entier, et ne lui laissassent point de temps pour la débauche.

Ce jeune prince était d'un naturel fort doux et fort modéré, comme il parut dans toute la suite de sa vie : car en quatorze années il ne répandit pas une goutte de sang innocent; ce qu'on ne peut pas dire des princes qui ont succédé à Marc-Aurèle, et qui se trouve si vrai de celui-ci, qu'on ne nommera pas un seul homme qui, pendant un si long règne, ait été condamné sans qu'on lui ait fait auparavant son procès dans toutes les formes. Quelquefois même il ne pouvait se résoudre à condamner à mort des gens qui étaient coupables de fort grands crimes. Il faisait souvent à sa mère des reproches de son avarice, et trouvait fort mauvais que sous prétexte de lui amasser de l'argent, pour lui servir de ressource dans les occasions, elle ne pensât qu'à accumuler des trésors, employant toutes sortes d'artifices pour s'emparer du bien des particuliers. Quoiqu'il n'eût point de part à toutes ces injustices, et qu'il les désapprouvât le premier, ce fut toutefois une tache pour son règne. Elle lui avait fait épouser une fille de maison patricienne, avec laquelle il vivait très-bien et qu'il aimait fort; mais, sans y avoir égard, elle la chassa honteusement du palais, ne pouvant souffrir qu'elle eût la qualité et qu'elle partageât avec elle les honneurs d'impératrice. Elle se laissa tellement emporter à sa jalousie et lui fit de si indignes traitemens, que le père de cette malheureuse princesse, ne pouvant soutenir plus long-temps les insultes et les outrages que l'on faisait à sa fille, s'alla jeter au milieu des soldats dans le camp, où, rendant justice à l'empereur dont il avait tout sujet d'être content, il se plaignit amèrement des violences de Mammée. Cette femme, plus irritée que jamais, le fit mourir, et relégua sa fille en Afrique. Alexandre ne trempait point dans tous ces crimes, et ne donnait, de sa part, aucun sujet de se plaindre du gouvernement : mais la seule chose qu'on ait eu à lui reprocher, c'est d'avoir laissé prendre à cette princesse impérieuse trop d'autorité sur lui, et d'avoir souffert, par un excès de ménagement, des choses qu'il condamnait sans avoir la force de s'y opposer.

Après treize ans d'un heureux règne pendant lequel l'empire avait joui d'une profonde paix, on apprit soudainement, par les lettres des gouverneurs de Syrie et de Mésopotamie, qu'Artaxercès, roi des Perses, ayant subjugué les Parthes et ôté la vie et la couronne à Artabane qu'on appelait le grand roi, et qui portait deux diadèmes pour marquer l'étendue de sa domination, avait aussi dompté et fait tributaires les autres Barbares ses voisins; qu'il n'en demeurerait pas là; mais qu'ayant déjà passé le Tigre, il courait la Mésopotamie et menaçait la Syrie : qu'il prétendait avoir des droits incontestables sur toutes les provinces d'Asie qui sont séparées de l'Europe par la mer Égée et par la Propontide; que tout ce pays, jusqu'à l'Ionie et la Carie, avait toujours été gouverné par des satrapes de la nation, depuis Cyrus qui transporta l'empire des Mèdes aux Perses, jusqu'à Darius qui fut vaincu par Alexandre; et qu'ainsi il ne ferait pas d'injustice aux Romains en rentrant dans l'ancien héritage de ses ancêtres. Des nouvelles si peu attendues étonnèrent étrangement Alexandre, qui avait été élevé loin du bruit des armes, dans les délices de Rome et de la paix. Ayant délibéré avec son conseil, on fut d'avis qu'il écrivît d'abord au roi Artaxercès, pour lui persuader d'abandonner une entreprise si injuste et si hasardeuse. Il lui représenta dans ses lettres qu'il ferait mieux de se tenir dans son royaume content de ce qu'il possédait, au lieu de s'embarquer, sur des espérances frivoles, dans une guerre dont le succès serait incertain; qu'il ne devait pas compter sur ses victoires précédentes, où il n'avait eu affaire qu'à des Barbares, qui n'étaient pas mieux instruits que lui dans l'art de la guerre; qu'il n'en serait pas de même des armées romaines, qui étaient accoutumées à vaincre, comme les Perses l'avaient éprouvé plusieurs fois à leurs dépens, témoin les victoires d'Auguste, de Trajan, de L. Vérus et de Sévère.

Alexandre croyait par de telles raisons étonner le roi barbare, et lui faire abandonner ses projets: mais il ne daigna pas seulement lui faire réponse; et persuadé qu'il fallait dans la conjoncture présente des actions et non des paroles, il poussa les hostilités avec plus de vigueur, ravagea toute la Mésopotamie, et vint attaquer jusque dans leur camp les armées qui gardaient les frontières. Ce prince naturellement présomptueux et enflé de ses premières conquêtes, s'imaginait que rien ne pourrait tenir contre lui; et ce n'était pas sans quelque apparence de raison qu'il formait de si vastes desseins. Il avait osé le premier porter la guerre chez les Parthes; les Perses, par sa valeur, venaient de recouvrer l'empire et la gloire dont ils étaient déchus. Depuis Darius, qui fut dépossédé par Alexandre, les Macédoniens successeurs de ce conquérant avaient partagé entre eux les provinces de l'Asie, qui étaient devenues autant de royaumes. Mais dans la suite, la puissance de la Macédoine se trouvant affaiblie par les guerres que leurs descendans se firent pendant plusieurs siècles, Arsace, Parthe de nation, fit le premier soulever ceux de son pays, qui l'élurent pour roi avec les autres peuples leurs voisins. La couronne demeura dans sa maison jusqu'à Artabane, à qui Artaxercès ôta l'empire qu'il transféra chez les Perses, après en avoir, par ses conquêtes, étendu les limites et relevé la splendeur; de sorte qu'il se croyait désormais en état d'entreprendre sur les Romains.

Alexandre ayant appris par de secondes lettres que ce roi, sans avoir égard à ses remontrances, continuait ses hostilités, et faisait tous les jours de nouveaux progrès, se rendit aux pressantes sollicitations des gouverneurs d'Asie et se résolut enfin, quoique avec beaucoup de peine, à marcher en personne contre le Barbare. On fit aussitôt dans l'Italie et dans les autres provinces de l'empire de nouvelles levées, où l'on enrôlait tous ceux qui étaient en âge de porter les armes, pour opposer de puissantes forces à la multitude prodigieuse des ennemis. Alexandre, avant son départ, ayant fait assembler les soldats prétoriens dans le camp, leur parla en ces termes: « Je voudrais bien n'avoir
» aujourd'hui à prononcer devant vous
» qu'une de ces harangues d'apparat qui
» vous donnaient du plaisir et m'attiraient
» vos applaudissemens. Mais j'appréhende
» qu'après plusieurs années d'une profonde
» paix, les mauvaises nouvelles que nous
» avons reçues n'alarment un peu trop des
» esprits accoutumés à n'avoir rien à craindre.
» Cependant, s'il est permis aux grands cœurs
» de souhaiter que la fortune leur soit favora-
» ble, ils doivent aussi attendre ses retours,
» et soutenir ses revers sans faiblesse. Si les
» plaisirs de la paix ont leurs charmes, la
» gloire que l'on va chercher au milieu des
» hasards n'en manque pas. Celui qui attaque
» le premier a toujours son injustice à se re-
» procher; mais quand on ne fait que se dé-
» fendre et repousser les injures, la bonté de
» notre cause nous inspire une secrète assu-
» rance que le succès ne dément guère. Ar-
» taxercès, qui n'était qu'un simple particulier
» parmi les Perses, après avoir tué Artabane,
» son maître, et transféré l'empire des Parthes

» à ceux de sa nation, ose plus encore ; et mé-
» prisant la gloire du nom romain et la ter-
» reur de vos armes, il court et ravage nos
» frontières. J'ai tâché d'abord, par mes let-
» tres, de le faire revenir de cette manie et
» de cette fureur insatiable de s'agrandir.
» Mais sa présomption et sa vanité ridicules lui
» ferment l'oreille à toutes mes raisons. Ne
» différons pas davantage à réprimer une
» telle insolence. Que les plus anciens d'entre
» vous raniment leur valeur par le souvenir
» des victoires qu'ils ont remportées contre
» ces Barbares, sous Sévère et sous mon père
» Antonin, et que les plus jeunes profitent
» d'une si belle occasion pour acquérir de la
» gloire. Faites enfin connaître à tout le
» monde que, si pendant la paix vous savez
» vivre avec retenue et sans désordre, vous
» n'en avez pas moins, dans les combats, d'ar-
» deur et de courage. Pour les Barbares, ils
» pressent vivement ceux qui plient et qui
» fuient devant eux ; mais pour peu qu'on
» leur fasse tête et qu'on soutienne leur premier
» choc, on en vient à bout facilement. Ils ne sa-
» vent ce que c'est que de combattre de pied
» ferme, et n'osent pas se promettre de rem-
» porter dans une bataille rangée une victoire
» complète ; mais ils font la guerre comme
» des voleurs, et n'en retirent point d'autre
» fruit que ce qui leur reste de leurs brigan-
» dages. L'ordre au contraire que nous gar-
» dons dans le combat, et la discipline de
» nos armées, nous ont appris depuis long-
» temps à les vaincre. »

Les soldats répondirent au discours de l'empereur par des acclamations, lui témoignant qu'ils étaient tout prêts à le suivre. Pour les encourager davantage, il leur fit de grandes largesses, et alla ensuite au sénat, où il ne fit que répéter à peu près les mêmes choses qu'il avait dites aux soldats. Lorsque le jour marqué pour son départ fut arrivé, il offrit les sacrifices ordinaires, afin d'obtenir des dieux un heureux retour, et sortit de Rome accompagné du sénat et du peuple. Il ne pouvait retenir ses larmes, et tournait de temps en temps les yeux du côté de la ville. Les Romains, en le voyant partir, ne pouvaient aussi s'empêcher de pleurer ; car ils aimaient tendrement ce prince qui avait été élevé au milieu d'eux, et qui les gouvernait depuis tant d'années avec beaucoup de douceur. Il fit dans sa marche beaucoup de diligence ; et ayant visité en chemin les armées d'Illyrie, dont il tira des troupes pour grossir la sienne, il se rendit à Antioche, où il demeura quelque temps à donner ses ordres et à faire tous les préparatifs nécessaires pour une campagne de cette importance. Mais avant que de passer outre, il voulut tenter une seconde fois la voie de la négociation, et envoya des ambassadeurs au roi de Perse pour lui offrir la paix et l'alliance du peuple romain. Il espérait que, de si près, ses remontrances auraient plus de force, et que sa présence intimiderait et rendrait plus traitable le Barbare. Cependant Artaxercès congédia ses ambassadeurs sans leur donner de réponse : mais ayant choisi quatre cents Perses d'une taille et d'une mine avantageuses, il les lui envoya montés sur de superbes chevaux, avec des habits magnifiques et de fort belles armes, s'imaginant que des hommes de cette taille, avec un tel équipage, causeraient de l'admiration et de l'étonnement aux Romains. Ils étaient chargés de déclarer à l'empereur, de la part du grand roi, qu'il eût à lui céder toute la Syrie, avec les provinces d'Asie jusqu'à l'Ionie et la Carie, c'est-à-dire tout le pays que la mer Egée et le Pont-Euxin séparent de l'Europe ; que c'étaient les anciennes limites de l'empire des Perses. Alexandre, choqué de cette hauteur, fit arrêter les quatre cents envoyés, et leur ayant fait quitter cet équipage d'ostentation, les relégua en Phrygie, où il leur fit donner des terres afin qu'ils s'y établissent, se contentant de punir par cet exil leur bravade ; car c'aurait été un attentat trop criant et une indigne lâcheté que de faire mourir des gens qu'on n'avait point pris les armes à la main et qui n'avaient fait qu'exécuter les ordres de leur maître.

Peu de temps après, Alexandre se disposant à passer le Tigre et l'Euphrate, quelques soldats qu'on avait fait venir d'Égypte désertèrent. Il y eut aussi en Syrie quelques mouvemens et quelques séditions qui furent bientôt étouffés par la mort des rebelles. L'empereur, avant de se mettre en campagne, ayant eu soin de laisser des troupes dans tous les postes d'où l'on pouvait plus facilement observer les ennemis et empêcher leurs irruptions, se voyant à la tête d'une armée aussi forte et aussi nombreuse que celle des Perses, la divisa, par le conseil de ses capitaines, en trois corps. Le premier eut ordre de prendre du côté du nord, et d'entrer dans le pays des Mèdes, par l'Arménie qui était alors alliée des Romains. Il fit entrer le second dans la Mésopotamie, par cet endroit de la frontière où le Tigre et l'Euphrate se jettent dans des marais fort bourbeux et confondent ensemble leurs eaux. Avec le troisième corps, qui était le plus nombreux et l'élite de toute l'armée, il devait aller au devant du roi des Perses pour lui donner bataille. Sa pensée était de déconcerter l'ennemi par ces attaques opposées, et de le prendre au dépourvu : car les Barbares n'ont point de garnisons dans leurs places, et n'entretiennent point pendant la paix des soldats qui se trouvent tout formés pour la guerre; mais au premier ordre du prince, ceux qui sont en état de porter les armes se rendent auprès de lui, suivis quelquefois de leurs femmes : quand la guerre est terminée, chacun s'en retourne aussitôt chez soi, sans attendre son congé, et le butin qu'ils emportent avec eux leur tient lieu de solde et de récompense. Leurs arcs et leurs chevaux ne leur servent pas seulement pour le combat, comme chez les Romains; mais dès leur première jeunesse ils apprennent à en faire usage, ayant toujours le carquois sur le dos, et passant à la chasse tout le temps qu'ils ne sont pas à la guerre.

Alexandre avait pris d'assez bonnes mesures; mais la fortune les rompit, bien qu'elle semblât au commencement vouloir le seconder. L'armée qui avait eu ordre de prendre son chemin par l'Arménie, ayant passé avec beaucoup de peine les hautes montagnes de cette province, quoique la douceur de la saison diminuât de beaucoup la fatigue du chemin, entra dans la Médie, courut la campagne, brûlant et saccageant les villages. Le roi de Perse en ayant eu avis, détacha des troupes pour les lui opposer; mais l'assiette du pays donnait aux Romains un grand avantage. Comme leur armée n'était composée que d'infanterie, ils se tiraient sans peine des chemins étroits et raboteux : au lieu que les Barbares étaient fort embarrassés de leurs chevaux dans ces lieux inégaux et escarpés. Les Romains ne furent pas si heureux d'un autre côté. Artaxerxès ayant appris qu'ils s'étaient jetés dans le pays des Parthes du côté de l'orient, appréhenda qu'après avoir ravagé cette contrée ils ne passassent jusque dans la Perse. Ayant donc laissé en Médie des troupes suffisantes pour empêcher le progrès des ennemis, il s'avança au plus tôt du côté de l'orient avec le reste de son armée. Celle des Romains n'ayant trouvé personne à sa rencontre, marchait sans ordre, comptant qu'Alexandre, avec le troisième corps, était déjà dans le pays ennemi, où il donnerait assez d'affaires aux Barbares qui seraient obligés de lui faire tête. Sur cette fausse assurance, ils ne se tenaient nullement sur leurs gardes et s'écartaient à droite et à gauche pour piller, croyant que cela était sans conséquence, pourvu qu'ils se rendissent à temps au rendez-vous général. Mais Alexandre leur manqua de parole, soit dans l'appréhension de hasarder sa vie en défendant l'empire, soit qu'il écoutât trop sa mère, qui, par une crainte de femme et par une tendresse excessive, le retenait et amortissait toute son ardeur. Elle lui faisait entendre qu'il ne devait pas exposer sa personne en combattant à la tête de son armée, mais qu'il fallait dans l'action en laisser le risque à ses capitaines. C'est ce qui causa la perte entière des troupes qui étaient déjà fort avant dans le pays des Parthes. Le roi Artaxercès étant venu avec toutes ses forces à leur rencontre, lorsqu'ils s'y attendaient le moins, et les ayant investis de tous côtés, ils furent aussitôt accablés d'une grêle effroyable de dards et de flèches. Surpris d'une attaque si imprévue, et ne pouvant en si petit nombre résister à la multitude des Barbares, ils ne pensèrent qu'à sortir la vie sauve et sans combattre d'un si mauvais pas.

Ils serrèrent leurs rangs, et joignant leurs boucliers en forme de tortue, ils essuyèrent la décharge des ennemis : mais elle continua pendant plusieurs heures avec tant de violence qu'ils furent enfin rompus et demeurèrent presque tous sur la place. Cette perte fut pour les Romains une des plus considérables qu'ils eussent jamais faites, les troupes qui périrent dans cette journée ne cédant à celles qui avaient eu autrefois le même malheur ni en courage ni en expérience. Le roi de Perse, enflé d'un si grand succès et d'une victoire qui lui avait si peu coûté, se crut désormais au dessus de toutes les entreprises.

Ces mauvaises nouvelles redoublèrent l'inquiétude de l'empereur, qui était alors malade, soit de chagrin, soit à cause de l'air du pays auquel il n'était pas accoutumé. Mais les soldats y furent encore plus sensibles et en rejetèrent sur lui toute la faute, l'accusant d'avoir par sa lâcheté et par sa négligence, et pour ne s'être pas trouvé au rendez-vous général, livré aux ennemis les meilleures troupes de l'empire. Cependant les chaleurs excessives qui avaient causé son incommodité l'augmentaient tous les jours; il y avait même beaucoup de maladies dans son camp, surtout parmi les soldats d'Illyrie, dont le pays est froid et pluvieux, et qui, dans un climat si chaud où il fallait manger fort peu, ne purent prendre sur eux de retrancher quelque chose de leur nourriture ordinaire. L'empereur étant donc résolu de retourner à Antioche, fit revenir de la Médic les troupes qui se trouvèrent fort diminuées, le froid en ayant fait périr un grand nombre dans les montagnes. Les maladies lui avaient aussi enlevé beaucoup de monde dans l'armée qu'il commandait; de sorte que cette campagne fut également funeste aux Romains et honteuse pour Alexandre, qui n'y manqua pas moins de résolution que de bonheur. Sitôt qu'au sortir des chaleurs excessives de la Mésopotamie, il fut arrivé à Antioche où l'air est frais et tempéré, il recouvra une santé parfaite. Il fit aux soldats des largesses pour les consoler des malheurs de la guerre et pour gagner leur affection; car il savait que c'est un remède très-puissant pour effacer de l'esprit les fâcheuses impressions qu'on y a pu faire. Il leva ensuite de nouvelles troupes dans le dessein de rentrer sur les terres des Perses, s'ils ne se tenaient chez eux en repos. Mais on eut avis peu de temps après qu'Artaxercès avait licencié tous ses soldats, et qu'ils s'étaient déjà séparés pour s'en retourner dans leurs maisons.

Quoique les Perses eussent eu en apparence l'avantage et l'honneur de la victoire, cependant les fréquens combats qu'ils avaient eu à soutenir dans la Médie et la bataille qui se donna dans le pays des Parthes avaient fort diminué leur nombre. Il y en avait eu dans toutes ces occasions beaucoup de tués et de blessés, les Romains leur ayant toujours vendu chèrement la victoire; de sorte qu'ils n'eurent le dessous que parce qu'ils se trouvèrent en plus petit nombre, et le Barbare n'eut l'avantage que parce qu'après une égale perte des deux côtés, il lui restait toujours plus de soldats qu'aux Romains. Mais ce qui fait voir combien cette campagne avait coûté aux Perses, c'est que de trois ou quatre ans ils ne furent en état de mettre une armée sur pied. Alexandre, ravi de se voir délivré des soins et des dangers de la guerre, s'abandonna dans Antioche aux plaisirs de cette ville voluptueuse, persuadé que les Perses ne reprendraient point les armes, ou que du moins ils ne le feraient de très long-temps. Ce n'est pas chose facile, quand on les a une fois congédiés, que de les rassembler; ils n'ont point de troupes entretenues, et lorsque leurs troupes sont ensemble, ce n'est pas tant une véritable armée qu'une multitude sans ordre et sans discipline, qui n'a de vivres et de provisions que ce que chacun en apporte pour sa subsistance, outre qu'ils ne quittent qu'avec beaucoup de peine leurs foyers, leurs femmes et leurs enfans.

Alexandre n'appréhendant plus rien de la part des Perses, eut bientôt une plus grande alarme du côté de l'Illyrie. Les gouverneurs lui mandèrent que les Germains ayant passé le Rhin et le Danube, s'étaient répandus sur les terres de l'empire et ravageaient le pays, sans que les armées qui campaient sur les frontières pussent s'y opposer; que, par-là, l'Italie se trouvait fort découverte; que dans un si pressant danger on avait besoin de sa présence et de toutes les forces qui étaient en Orient. Ces nouvelles troublèrent étrangement Alexandre et affligèrent encore plus les soldats d'Illyrie, qui se voyaient de toutes parts maltraités par la fortune; vaincus d'un côté par les Perses, tandis que de l'autre les Germains brûlaient leurs maisons et égorgeaient leurs femmes et leurs enfans. Ils se prenaient de tous leurs malheurs à Alexandre, qui avait perdu par sa négligence ou par sa lâcheté les affaires d'Orient et qui ne faisait paraître guère plus de courage et d'activité pour donner ordre à celles du Nord. Cependant le péril était d'autant plus grand qu'il menaçait l'Italie : c'était ce qui donnait fort à penser à l'empereur. La guerre de Perse n'était rien auprès de celle-ci. Les peuples d'Orient, séparés de l'Italie par une vaste étendue de terres et de mers, savent à peine les noms de ces contrées; mais la Germanie y touche presque du côté de l'Illyrie. Un tel danger ne souffrait point de retardement : il fallut donc qu'Alexandre se déterminât enfin à marcher à la tête de son armée. Après avoir laissé sur les frontières d'Orient des troupes pour les garder et fait faire de nouveaux retranchemens aux camps et à toutes les places fortes, dans lesquelles il laissa de bonnes garnisons, il se mit en chemin; et ayant fait de fort grandes journées, il arriva en peu de jours sur les bords du Rhin. Il commença par faire dresser un pont de bateaux pour en faciliter le passage à ses troupes. Le Rhin et le Danube sont les deux plus grands fleuves du Nord : l'un coule dans la Germanie et l'autre dans la Pannonie. Pendant l'été, leur largeur et leur profondeur les rendent navigables; mais en hiver ils se gèlent si fort, qu'on passe dessus à cheval comme sur la terre ferme. Non seulement ils portent les hommes et les chevaux, l'eau en est même quelquefois prise jusqu'au fond. Lorsqu'on veut en avoir, il faut porter une cognée ou une hache, et quand on l'a cassée, on n'a que faire de vase pour l'emporter, on la tient dans sa main comme une pierre. Alexandre avait dans son armée un grand nombre de soldats maures et d'archers qu'on lui avait levés dans le pays des Osroéniens, ou qu'il avait attirés du pays des Parthes en leur offrant de l'argent pour les faire déserter. Il comptait fort sur ces sortes de troupes, qui dans le combat incommodent beaucoup les Germains, les Maures lançant de fort loin le javelot et faisant avec une agilité surprenante des mouvemens opposés, et les gens de trait ne manquant guère leur coup, lorsqu'ils tirent contre ces Barbares qui combattent la tête nue et donnent, à cause de leur grosseur et de leur grande taille, beaucoup plus de prise aux flèches, qui ne portent presque jamais à faux; mais lorsqu'on venait à combattre de pied ferme, l'avantage était ordinairement partagé. Les choses en étant à ce point, Alexandre ne laissa pas de leur envoyer des ambassadeurs pour leur offrir la paix avec de grandes sommes, et toutes les autres choses dont ils pourraient avait besoin. C'était le vrai moyen d'obtenir ce qu'il demandait, et ce n'était pas la première fois que les Barbares de la Germanie avaient vendu la paix aux Romains. Ainsi Alexandre aima mieux faire avec eux un honteux traité que de s'exposer aux hasards de la guerre. Les soldats souffraient fort impatiemment qu'on les tint si long-temps sous les armes, sans leur donner aucune occasion de se signaler, et que l'empereur ne pensât qu'à se divertir et à conduire des chariots, au lieu de réprimer l'insolence des Barbares.

Il y avait dans l'armée un officier nommé Maximin, qui était de cette partie la plus reculée de la Thrace qui confine avec les Scythes. Il avait été dans sa jeunesse un simple pâtre; mais la grandeur et la force de son corps le firent recevoir dans la cavalerie, où, ayant passé en peu de temps par tous les degrés de la milice, il se vit enfin élevé jusqu'au gouvernement des provinces et au commandement des armées. Alexandre, connaissant son habileté dans l'art militaire, l'avait fait chef de toute la jeunesse et des nouveaux corps pour les dresser aux exercices de la guerre. Il s'acquittait fort bien de cet emploi, les instruisant encore plus par son exemple que par ses leçons, et leur donnant une grande émulation qui les portait à l'imiter plutôt comme leur modèle que comme leur maître. Il gagnait aussi leur affection par ses largesses et par toutes sortes de manières engageantes. Les nouvelles troupes, qui faisaient le plus grand nombre, surtout dans l'armée de Pannonie, charmées de la valeur de Maximin, parlaient avec mépris d'Alexandre qui était encore sous la tutelle de sa mère, ne voyait que par ses yeux et ne se conduisait que par ses avis. Ils s'entretenaient entre eux des pertes qu'ils avaient faites en Orient par sa faute, et de la tache qu'il venait d'imprimer au nom romain en recevant la loi des Barbares. Comme les soldats sont naturellement volages et amateurs de la nouveauté, et qu'ils étaient d'ailleurs lassés d'un si long règne, où les largesses étaient devenues plus rares à mesure que l'autorité s'était affermie, convaincus qu'un prince qu'ils auraient eux-mêmes élevé sur le trône dans le temps qu'il s'y attendait le moins leur ferait de plus grandes libéralités et les ménagerait davantage, ils résolurent de se défaire d'Alexandre, et de mettre en sa place Maximin qu'ils aimaient comme leur compagnon, et dont la valeur et l'expérience leur seraient d'une fort grande ressource dans la présente guerre. Un jour donc qu'il vint à son ordinaire pour leur faire faire l'exercice (soit qu'il ignorât leur dessein ou qu'il eût lui-même tout conduit), ils le couvrirent d'une robe de pourpre et le proclamèrent empereur. Il se défendit d'abord, et voulut ôter cette robe; mais voyant qu'ils tiraient leurs épées et qu'ils le menaçaient de le tuer s'il ne se rendait à leur volonté, il ne se fit pas prier davantage, et rappelant en sa mémoire tout ce qu'on lui avait prédit de sa grandeur future, il se rassura sur le danger et le risque d'une telle entreprise. Il protesta, par forme, contre la violence des soldats, et leur dit que s'ils voulaient soutenir cette première démarche, il fallait prévenir Alexandre, et surprendre les soldats prétoriens, afin de les obliger de gré ou de force à consentir à son élection et à passer de leur côté. Il ajouta plusieurs autres choses pour les animer, leur promit de doubler leur paie, de leur faire de grandes distributions de blé et d'argent, et accorda en même temps à tous ceux qui pouvaient être coupables de quelque crime une amnistie générale. Il se mit ensuite à leur tête, et les conduisit au quartier d'Alexandre qui n'était pas loin. Ce prince ayant appris ces terribles nouvelles, sortit de sa tente tout tremblant et hors de lui-même, déplorant son malheur, reprochant à Maximin sa perfidie et son ingratitude, et faisant une longue énumération des bienfaits dont il l'avait comblé; accusant d'autre part de sacrilège et de fureur la nouvelle milice, qui violait, sans aucune raison, le serment de fidélité qu'elle lui avait prêté. Il promettait à ses soldats de leur accorder tout ce qu'ils lui demanderaient, et de réformer tout ce qui pouvait leur déplaire dans le gouvernement. Ses gardes l'assurèrent cette première fois, avec de grandes acclamations, qu'ils le défendraient aux dépens de leur propre vie. Le lendemain matin, quelqu'un lui étant venu dire que Maximin approchait, que l'on voyait déjà une grande poussière et qu'on entendait un bruit de voix confuses, il se montra une seconde fois aux soldats, et les conjura de s'armer pour la défense d'un prince qu'ils avaient eux-mêmes élevé, et qui pendant quatorze ans de règne ne leur avait donné aucun sujet de plainte. Ses paroles les ayant émus de compassion, il leur dit de prendre leurs armes et de se ranger en bataille. Mais, quoiqu'ils lui eussent d'abord tout promis, il y en eut cependant un grand nombre qui se retirèrent les uns après les autres. Quelques uns demandaient la tête du préfet des cohortes prétoriennes et des autres favoris d'Alexandre, prétendant qu'ils étaient la première cause de ce soulèvement. D'autres en accusaient sa mère, qui, par son avarice et son avidité insatiables, avait rendu son fils odieux aux soldats, au lieu de lui conserver leur affection par des largesses. Quoiqu'ils se donnassent la liberté de tenir ces propos séditieux, ils demeurèrent toutefois dans le devoir jusqu'à ce que Maximin vînt à paraître. Leurs compagnons leur ayant alors conseillé d'abandonner une femme avare et un enfant qui était encore en tutelle, pour suivre un homme prudent et plein de valeur, qui avait passé toute sa vie avec eux sous les armes, ils se rendirent à leurs remontrances et vinrent trouver Maximin qu'ils proclamèrent tous ensemble empereur. Alexandre, tremblant de peur et à demi mort, put à peine gagner sa tente, où se jetant entre les bras de sa mère, et lui reprochant qu'elle était, elle seule, cause de sa mort, il attendit en cet état le coup du bourreau. Maximin envoya un tribun et quelques centurions pour leur trancher la tête à l'un et à l'autre, avec ordre de faire main-basse sur ceux qui se mettraient en devoir de les défendre. Ses favoris périrent presque tous avec lui, et ceux qui se cachèrent alors ne purent échapper long-temps aux recherches de Maximin qui ne pardonna à aucun d'eux. Ainsi mourut Alexandre, après quatorze ans de règne, pendant lesquels il gouverna avec beaucoup de modération et sans répandre de sang. Il était naturellement doux et bienfaisant; il avait en horreur les meurtres et les cruautés, n'aimait point à se servir des voies de fait et suivait en tout celles de la justice. Jamais règne n'eût été ni plus heureux ni plus regretté, si l'avarice sordide de sa mère n'en eût terni l'éclat.

LIVRE SEPTIÈME.

On a vu dans le livre précédent quelles furent les maximes et la conduite d'Alexandre. Après sa mort, Maximin changea tout d'un coup la face des choses : la crainte et la cruauté succédèrent à l'amour et à la douceur, et l'on passa du gouvernement le plus modéré qui fut jamais, sous la plus cruelle des tyrannies. Il sentait bien que ce n'était pas sans indignation et sans envie qu'on l'avait vu monter de la plus basse des conditions à la première place du monde. Il était d'un pays barbare, et ses mœurs ne démentaient point son origine ; il n'avait rien perdu parmi les Romains de ce naturel violent et sanguinaire qui lui était commun avec ceux de sa nation. Il ne pensait qu'à affermir son autorité par le sang et par des crimes, comme pour se mettre, par sa cruauté, au dessus de mépris du sénat et de tout l'empire, qui opposait à sa grandeur présente le souvenir de sa naissance obscure. C'était une chose connue de tout le monde, qu'après avoir, pendant sa jeunesse, gardé les troupeaux dans les montagnes de la Thrace, s'étant ensuite enrôlé dans une méchante compagnie de ces quartiers, la fortune l'avait conduit par la main jusque sur le trône. Il commença par écarter les créatures d'Alexandre et les sénateurs qui composaient son conseil, renvoyant les uns à Rome et ôtant aux autres leurs charges, sous prétexte de malversation; tout cela pour éloigner ceux dont la naissance illustre semblait lui reprocher la bassesse de la sienne, et afin que n'ayant plus personne auprès de lui à ménager et qui lui fît ombrage, il pût exercer sa tyrannie en sûreté et sans contrainte. Il chassa du palais tous les officiers qui avaient été si long-temps au service d'Alexandre, et en fit mourir plusieurs, dont tout le crime était de regretter un si bon maître, et d'avoir donné à leurs larmes un trop libre cours. Mais ce qui acheva d'irriter son esprit si porté de lui-même à la cruauté, ce fut une conjuration dans laquelle on disait que tout le sénat et plusieurs centurions étaient entrés.

Il apprit qu'un consulaire d'une maison patricienne, appelé Magnus, faisait contre lui de sourdes menées, et qu'il avait déjà gagné un bon nombre de soldats. Voici, disait-on, ce qu'ils avaient concerté. Maximin, résolu de porter la guerre dans la Germanie, avait fait construire un pont sur le Rhin. Comme il était redevable de son élévation à sa bonne mine et à son expérience dans la guerre, il voulait au plus tôt, par quelque grand exploit, soutenir sa réputation, répondre à l'attente de ceux qui l'avaient mis sur le trône, et justifier, par de prompts succès, qu'on avait eu raison d'attribuer à la lâcheté et à la négligence d'Alexandre le peu de progrès qu'on avait fait jusqu'alors contre les Barbares. Il passait les jours entiers à faire faire l'exercice à ses troupes, les animant par son exemple, ayant toujours la cuirasse sur le dos et se trouvant le premier à tout. On prétend donc que Magnus avait corrompu quelques uns de ses meilleurs soldats, et surtout ceux qui gardaient le pont dont nous avons parlé; qu'ils devaient le rompre dès que Maximin serait passé de l'autre côté du Rhin, afin de le laisser seul exposé à tous les coups des Barbares, sans qu'il pût leur échapper, le fleuve étant si large et si profond qu'il lui serait impossible de le repasser à la nage. Voilà ce qu'on dit alors de cette affaire. S'il y en avait quelque chose de vrai, ou si c'était une pure calomnie de l'invention de Maximin même, c'est ce qu'on n'a jamais éclairci. Il ne fit aucune information juridique, et condamna à mort tous ceux contre qui il avait le moindre soupçon, sans leur faire faire leur procès ni vouloir entendre leur défense.

Quelque temps après, les soldats osroéniens se révoltèrent, sans en avoir d'autre raison que le ressentiment qu'ils gardaient toujours de la mort d'Alexandre. Ayant donc rencontré par hasard un consulaire nommé Quartinus, des amis de ce prince, à qui, pour cette raison, Maximin avait fait quitter le service, il le prirent pour leur chef, malgré toute sa résistance, lui mirent une robe de pourpre, firent porter le feu devant lui, et le proclamèrent empereur, le forçant d'accepter un honneur funeste dont le faux éclat ne tentait point son ambition. Quelques jours après, il fut tué dans sa tente par un de ses compagnons et de ses anciens amis nommé Macédo, qui avait été non-seulement complice, mais même l'auteur de la révolte des Osroéniens qu'il commandait depuis long-temps. Il ne paraît point qu'il y eût eu entr'eux aucune brouillerie; sa trahison fut d'autant plus horrible qu'il avait été le premier à le presser d'accepter l'empire. Il porta sa tête à Maximin, croyant, avec un tel présent, se faire un grand mérite auprès de lui. Ce prince fut bien aise de se voir délivré d'un compétiteur; mais, au lieu de récompenser le traître qui s'était imaginé qu'on ne pourrait jamais assez payer un service de cette importance, il le fit mourir, détestant sa perfidie dont il conçut une juste horreur; car il n'ignorait pas que ce misérable avait été la première cause du désordre, et qu'il avait engagé son ami dans cette mauvaise affaire. C'est ainsi que le penchant que Maximin avait à la cruauté augmentait de jour en jour par les occasions qu'il avait de l'exercer. Tout répondait en lui à son naturel: son air était terrible et menaçant; il était si grand et si robuste, qu'il n'y avait, ni chez les Barbares, ni parmi les gladiateurs, aucun homme qu'on pût lui comparer.

Après avoir fait tous les préparatifs dont nous avons parlé, il passa le Rhin sans trouver de résistance, et entra dans la Germanie avec une puissante armée, dans laquelle presque toutes les forces de l'empire étaient réunies. Outre plusieurs régimens étrangers, tant de Maures armés de javelots que d'archers osroéniens et arméniens, dont les premiers étaient sujets de l'empire et les autres ses alliés, il avait aussi à sa solde un grand nombre de Parthes qui avaient quitté leur pays, attirés par l'argent que l'on promettait aux transfuges, ou qui, ayant été faits prisonniers de guerre, avaient pris parti avec leurs compagnons. Alexandre s'était servi le premier de ces sortes de troupes. Maximin les avait de beaucoup augmentées, et elles s'étaient formées sous ce prince aux exercices de la guerre. Les gens de trait et de javelot sont de grand usage contre les Germains, sur lesquels ils tombent avec impétuosité, se retirant avec la même vitesse et ne s'engageant jamais dans la mêlée. L'armée romaine s'avança sur les frontières des Barbares vers le temps de la moisson, et personne ne se présentant pour la combattre, elle se mit à courir la campagne, pillant et brûlant les villages, où le feu prenait fort aisément; car les maisons ne sont bâties que de gros pieux joints ensemble, que les vastes forêts fournissent aux habitans du pays, qui n'emploient guère la pierre ni la brique. L'armée de Maximin s'était déjà répandue sur les terres des Germains et faisait partout un très-grand dégât, brûlait les blés, enlevait les troupeaux, sans rencontrer aucun ennemi. Les Barbares s'étaient retirés dans leurs bois et dans leurs marais pour dresser des embûches aux Romains, et pour combattre avec plus d'avantage dans ces lieux couverts où il était difficile de les forcer, les flèches et les javelots n'étant guère d'usage au travers de ces épaisses forêts, et les marais étant si profonds que ceux qui ne connaissent point le pays courent risque de s'y noyer, au lieu que les Germains, qui y passent tous les jours à gué, savent les endroits qui sont ou sûrs ou dangereux. Ce fut là qu'on attaqua les ennemis, et que Maximin se signala merveilleusement. Un jour que les Barbares s'étaient sauvés dans un grand marais, et que les Romains s'étaient arrêtés tout court et n'osaient les y poursuivre, il s'y lança le premier, et quoique son cheval eût de l'eau jusqu'au ventre, et qu'il fût pressé de tous côtés par les ennemis, il ne recula point, et tua tous ceux qui lui firent tête. Cette hardiesse piqua de honte ses soldats, qui s'engagèrent aussitôt dans le combat pour seconder leur général et partager avec lui le danger où il s'était exposé pour eux. Il se fit alors un si grand carnage que le marais devint rouge de sang et fut comblé de corps morts. Les Romains perdirent assez de monde, mais ils furent redevables à la valeur de Maximin d'une victoire si complète qu'il n'échappa presque pas un seul Barbare. L'empereur écrivit au sénat et au peuple le détail de cette journée, avec toutes les circonstances qui lui étaient si glorieuses; et pour en conserver la mémoire, il fit placer devant la porte du sénat un grand tableau où elles étaient représentées. Mais après sa mort on l'en ôta, comme tous les autres monumens qu'on a érigés dans Rome en son honneur. Il se donna encore dans la Germanie plusieurs sanglans combats où il fit paraître autant de valeur et d'intrépidité, s'engageant au plus fort de la mêlée et tuant un grand nombre d'ennemis de sa propre main. Après tant de glorieux exploits, il ramena en Pannonie l'armée romaine avec tout le butin et les prisonniers qu'il avait faits pendant cette campagne. Il passa l'hiver à Sirmium, capitale de la province, à faire des préparatifs pour l'été suivant, ne menaçant de rien moins les Barbares que de pousser ses conquêtes jusqu'à l'Océan; et à juger de l'avenir par le passé, on a tout lieu de croire que ses menaces n'eussent pas été vaines si la mort ne l'eût prévenu.

Telles étaient les vertus militaires de Maximin, qui lui auraient donné place parmi les plus grands hommes si sa cruauté ne l'avait pas mis au nombre des tyrans, et s'il ne s'était pas rendu encore plus odieux à ses sujets que redoutable à ses ennemis. Que servait à l'empire qu'il se couvrît dans les combats du sang des Barbares, pendant qu'à Rome et dans les provinces il faisait couler celui des citoyens, et que son armée regorgeât de butin, s'il dépouillait en même temps ses peuples de leurs héritages? Non-seulement les délateurs avaient toute sorte de liberté, mais il les soutenait, appuyait leurs fourberies et leur présentait des amorces. Personne n'était en sûreté; les enfans répondaient pour leurs pères; on allait fouiller jusque dans les règnes précédens, et l'on déterrait tous les jours de prétendus crimes dont personne n'avait jamais entendu parler. Être accusé, c'était être coupable : on commençait, avant d'écouter un homme, par confisquer tous ses biens, de sorte qu'on voyait des gens réduits à la mendicité, qui la veille avaient de grandes richesses. C'est ainsi que Maximin assouvissait son avarice, donnant pour toute raison de cette tyrannie la nécessité de faire des largesses aux soldats. Il prêtait l'oreille aux calomnies, sans avoir égard ni à l'âge ni au rang de ceux qu'on lui déférait; souvent, sur les plus légers soupçons, il faisait arrêter des consulaires gouverneurs de provinces ou généraux d'armées qui avaient reçu l'honneur du triomphe; il les faisait traîner seuls sur des chariots, d'Orient en Occident, ou du Midi en Pannonie, où il faisait alors sa résidence, et après les traitemens les plus indignes et la confiscation entière de leurs biens, il les envoyait en exil ou même les condamnait à la mort.

Tant que ses coups ne tombèrent que sur quelques particuliers, ou qu'ils ne s'adressèrent qu'à des personnes de qualité, le peuple et les provinces ne s'en mirent pas fort en peine : les malheurs des grands et des riches n'intéressent guère la multitude; souvent même, par une basse jalousie, elle se fait un bonheur de leur chute et en ressent une maligne joie. Mais, sous Maximin, le peuple eut bientôt à pleurer ses propres maux. Ce tyran, après avoir ruiné les plus illustres maisons de l'empire sans pouvoir contenter son avarice, qui trouvèrent ces fonds trop petits, s'empara des deniers publics que l'on gardait dans chaque ville, ou pour acheter des blés, ou pour faire des distributions au peuple, ou pour les frais des spectacles et des autres divertissemens. Il fit aussi fondre tout l'or et l'argent qui se trouvèrent dans les temples des dieux, leurs statues, celles des héros, enfin tout ce qu'il y avait de beaux ouvrages dont on pouvait faire de la monnaie. Ce fut pour toutes les villes de l'empire la chose du monde la plus affligeante que de se voir, au milieu de la paix, abandonnées au pillage comme si elles avaient été prises d'assaut. Dans quelques-unes, il y eut des gens assez hardis pour s'opposer aux violences des ministres de Maximin, tout prêts à mourir plutôt aux pieds des autels que de laisser enlever à leurs yeux ce que la piété de leurs ancêtres y avait consacré. Les esprits étaient donc fort échauffés, et c'était comme le prélude d'un orage tout prêt à se former. Les soldats mêmes étaient rebutés d'avoir à essuyer tous les jours les reproches amers de leurs parens et de leurs compatriotes, qui s'en prenaient à eux et à leur avarice insatiable de tout ce qu'ils souffraient. Ces justes sujets de plainte avaient jeté partout des semences de révolte; mais personne n'osait se déclarer ni hasarder les premières démarches. On se contentait de gémir en secret, d'implorer le secours des dieux et de les intéresser dans leur propre querelle. Enfin une occasion d'elle-même très-légère et sans conséquence mit tout en mouvement. Tel est le sort de la tyrannie; elle ne porte presque sur rien : si la moindre chose vient à manquer, tout s'écroule. La troisième année du règne de Maximin, les peuples de l'Afrique levèrent les premiers l'étendart de la révolte et allumèrent un feu qui se répandit bientôt dans tout l'empire. Voici quelle en fut la cause.

Il y avait à Carthage un intendant qui traitait la province avec beaucoup de dureté et de violence, condamnant tous les jours, sans aucun sujet, des particuliers à de fort grosses amendes, pour répondre aux intentions de Maximin, qui ne mettait dans ces postes que des gens de son caractère. Ceux qui avaient alors le maniement des finances, s'il leur restait quelque probité, ce qui était fort rare, la perdaient bientôt, et, convaincus qu'il n'était pas sûr d'être homme de bien sous un prince si injuste et si avare, prenaient le parti de faire comme les autres. L'intendant d'Afrique ayant donc un jour condamné à une amende très-considérable des jeunes gens de la première qualité du pays, les pressait fort pour le paiement et voulait les obliger à vendre leurs biens. Ils furent outrés d'une telle injustice; mais ils cachèrent leur ressentiment, et lui demandèrent un délai de trois jours. Pendant ce temps-là, ils rassemblèrent tous ceux qui avaient reçu de lui quelque mauvais traitement ou qui y étaient exposés, et firent venir la nuit, de leurs terres, les jeunes paysans, qui se rendirent à leurs ordres dans la ville avec des bâtons, des cognées et autres sortes d'armes qu'ils avaient trouvées sous leurs mains. Ils faisaient ensemble une fort grosse troupe; car l'Afrique, et surtout la campagne, est extrêmement peuplée. Le matin, leurs maîtres les firent joindre avec leurs esclaves, et les avertirent de tenir leurs armes cachées jusqu'à ce qu'ils vissent les soldats ou le peuple faire quelque mouvement pour les arrêter et pour venger l'action qu'ils avaient méditée. Ils s'avancèrent donc avec des poignards sous leurs robes, comme pour payer à l'intendant la somme à laquelle il les avait condamnés, et le tuèrent en l'abordant, sans lui donner le temps de se reconnaître. Ses gardes se mirent aussitôt en devoir de punir les meurtriers ; mais les paysans défendirent leurs maîtres si vigoureusement, qu'ils écartèrent en peu de temps tout le monde.

Ces jeunes gens voyant que tout leur avait jusqu'alors si bien réussi, crurent qu'après un tel éclat il ne fallait pas demeurer en chemin ; qu'ils ne pouvaient se tirer d'une si mauvaise affaire qu'en s'y engageant davantage, ni se mettre à couvert que par quelque action encore plus hardie ; qu'il fallait faire soulever la province et engager le gouverneur dans leur parti. Ils savaient que la haine qu'on portait à Maximin nourrissait depuis long-temps dans les esprits des dispositions à la révolte, et que la crainte seule les empêchait de se produire. Ils allèrent donc, en plein midi, suivis d'une grande foule de peuple, à la maison du gouverneur nommé Gordien, à qui cette province était échue après son consulat, à l'âge de quatre-vingts ans. Il avait eu auparavant plusieurs autres gouvernemens, et avait été employé dans les plus grandes affaires de l'état ; ce qui leur faisait croire qu'il accepterait avec joie l'empire comme la seule place qui pût désormais flatter son ambition, et que le sénat et le peuple romain reconnaîtraient volontiers pour leur prince un homme que sa naissance et les postes éminens qu'il avait occupés approchaient si fort du trône. Il arriva, par hasard, que ce jour-là Gordien, pour se délasser des fatigues de sa charge, était demeuré chez lui sans donner audience. Ces jeunes gens ayant renversé les gardes du proconsul, entrèrent l'épée à la main, et le trouvèrent couché sur un lit de repos, autour duquel s'étant rangés, ils lui mirent une robe de pourpre et le saluèrent empereur. Gordien, fort surpris de se voir en cet état, et croyant que ce n'était qu'une feinte et qu'on en voulait à sa vie, se jeta de dessus son lit à leurs pieds, les priant d'épargner un homme cassé de vieillesse, qui ne leur avait jamais fait aucun mal, et de garder à leur prince légitime la foi qu'ils lui avaient jurée. Il demeura quelque temps dans cette posture sans être éclairci, tremblant de peur à la vue de leurs épées qu'ils tenaient toutes nues. Mais enfin le plus qualifié d'entre eux, qui avait le plus de facilité à s'énoncer, se fit prêter silence, et tenant son épée toujours levée, lui dit : « De
» deux dangers, l'un présent et certain, l'au-
» tre éloigné et douteux, il vous en faut choisir
» un aujourd'hui : ou de vous livrer avec nous
» à la fortune pour conserver votre vie, ou de
» mourir tout-à-l'heure de notre propre main.
» Si vous prenez le premier parti, vous ne
» manquerez pas de grands motifs pour vous
» y soutenir ; vous délivrerez l'empire d'un
» prince universellement haï et d'une horri-
» ble tyrannie. Cette dernière action couron-
» nera toutes vos vertus ; le sénat et le peuple
» romain vous en auront une éternelle obli-
» gation et votre nom vivra toujours parmi
» eux. Mais si vous ne voulez pas vous mettre
» à notre tête, nous allons venger ce refus par
» votre mort, et, s'il le faut, nous nous immo-
» lerons après vous. L'action que nous avons
» osé faire ne nous laisse aucune espérance de
» pardon. Le ministre de la tyrannie vient
» d'être puni par nos mains de toutes ses vio-
» lences, son sang les a expiées. Si vous avez
» le courage de partager avec nous le danger,
» de proconsul nous vous ferons empereur.
» Notre attentat changeant de nom nous sera
» glorieux ; votre puissance garantira notre
» tête et nous mettra à couvert de toutes pour-
» suites. »

Pendant ce discours dont on entendit à peine la fin, toute la populace était accourue à la porte de la maison, et l'on proclama d'une commune voix Gordien empereur. Il fit d'abord quelque difficulté, s'excusant sur sa vieillesse ; mais comme il avait beaucoup d'ambition, il se rendit sans se faire trop prier, hasardant volontiers le peu de jours qui lui restaient, dans la pensée que, de quelque manière que les choses pussent tourner, il lui serait toujours glorieux de mourir empereur.

Il se fit aussitôt dans toutes les villes d'Afrique un soulèvement général. On abattit les statues de Maximin, et l'on mit à la place celles de Gordien, à qui on donna le surnom d'Africain; car c'est ainsi que les Romains appellent les peuples de Lybie. Gordien ayant demeuré encore quelques jours à Thisdre où toutes ces choses s'étaient passées, se rendit à Carthage avec une nombreuse suite, afin de paraître avec plus d'éclat et de majesté dans une ville fort grande et fort peuplée, qui, ne cédant qu'à Rome seule, dispute le second rang à Alexandrie. On imita le mieux que l'on put le faste et la pompe qui relèvent la personne des empereurs. On portait devant lui le feu et les autres marques de la dignité impériale; ses faisceaux étaient entourés de laurier, ce qui distingue ceux du prince de ceux des magistrats. Les soldats qui se trouvèrent dans ces quartiers, joints aux jeunes gens de la ville les mieux faits, tenaient la place des cohortes prétoriennes. Par cette image empruntée, Carthage se vit, pour quelques jours, presque égalée à la capitale du monde.

Gordien écrivit à Rome aux magistrats et aux sénateurs les plus distingués, qui étaient tous ses parens ou amis. A ces lettres il en joignit d'autres adressées au sénat et au peuple, dans lesquelles, après leur avoir appris que toute l'Afrique s'était déclarée pour lui, il faisait un grand détail des cruautés de Maximin qui lui avaient attiré avec justice une haine aussi forte que générale. Il leur promettait de prendre une conduite tout opposée, de bannir les délateurs, d'écouter une seconde fois dans leur défense ceux qui avaient été condamnés injustement, et de rappeler d'exil ceux que Maximin y avait envoyés; enfin, il faisait espérer aux soldats et au peuple de plus grandes largesses qu'ils n'en avaient reçu d'aucun de ses prédécesseurs. Il eut en même temps la prévoyance de faire tuer dans Rome même le préfet des gardes prétoriennes nommé Vitalien, homme violent et cruel, qui, étant entièrement dévoué à Maximin, n'aurait pas manqué de le traverser et d'empêcher le soulèvement du peuple.

Pour cet effet, il envoya, avec quelques gens de guerre, le questeur de sa province, jeune homme hardi et vigoureux, prêt à tout hasarder pour son service, et lui donna des lettres avec un double cachet, comme sont toutes celles par lesquelles les gouverneurs donnent avis à l'empereur des affaires secrètes et importantes. Ils avaient ordre d'entrer dans Rome de grand matin, et d'aller trouver Vitalien avant qu'il eût commencé à donner audience, et lorsqu'il serait encore dans le petit cabinet où il avait coutume d'examiner les papiers qui regardaient la personne de l'empereur; de lui dire qu'ils venaient lui remettre des lettres pour Maximin qui contenaient des secrets de la dernière importance, et qu'ils étaient chargés d'y ajouter de vive voix plusieurs autres choses non moins essentielles; que lorsqu'il ne penserait qu'à les écouter, ils profitassent de ce moment, et le tuassent avec les poignards qu'ils porteraient sous leurs robes. Tout ceci fut exécuté de point en point: les gens de Gordien étant entrés dans Rome avant le jour, trouvèrent Vitalien presque seul, et le tuèrent pendant qu'il examinait le cachet des lettres qu'ils lui avaient présentées. Ils sortirent aussitôt le poignard à la main, et personne ne se mit en devoir de les arrêter: on croyait que le tout s'était fait par l'ordre de Maximin même; car ce n'était pas la première fois qu'il avait ainsi traité ceux qu'on croyait le mieux dans son esprit. Les meurtriers allèrent par la rue Sacrée dans la place, où ils rendirent au peuple les lettres de Gordien. Ils portèrent ensuite aux consuls et à quelques particuliers celles qu'ils avaient pour eux, et firent en même temps courir le bruit que Maximin avait été tué.

La populace est partout légère et donne ordinairement dans la nouveauté; mais celle de Rome l'emporte sur celle de toutes les autres villes. Cette grande multitude d'habitans, confondue avec des étrangers de toutes les nations, s'agite plus aisément et ne se calme qu'avec beaucoup de peine. Ainsi, au premier bruit de la mort de Maximin, pleins d'une joie et d'une fureur insensées, ils abattirent ses statues et les traînèrent dans la boue avec les inscriptions et les autres monumens qu'on lui avait élevés dans les places publiques. Leur haine véhémente, que la crainte avait jusqu'alors retenue, venant à se déborder et ne trouvant plus d'obstacle, se répandit avec plus d'impétuosité. Le sénat s'étant assemblé le même jour, déclara Gordien empereur avec son fils, et abrogea tous les honneurs qu'on avait décernés à Maximin, quoique la nouvelle de sa mort n'eût point été confirmée. Mais le présent les rassurait contre l'avenir, et ce premier succès les rendait moins timides et moins prévoyans. Les délateurs de profession prirent aussitôt la fuite, ou furent tués par ceux qu'ils avaient accusés. Les intendans de Maximin et les autres ministres de ses violences furent traînés par la populace dans les égouts. Mais, sous prétexte d'exterminer tous les fauteurs de la tyrannie, on allait assassiner son créancier, sa partie et ceux avec qui on avait le moindre démêlé; on pillait leurs maisons, et sous le nom spécieux de la liberté, on renouvelait, au milieu de la paix, les crimes et les horreurs des guerres civiles. Les choses allèrent si loin, que le préfet de la ville, nommé Sabin, qui avait été consul, voulant empêcher le désordre, fut tué d'un coup de bâton sur la tête. Telle était la licence du peuple. Pour le sénat, voyant qu'après une démarche si éclatante il n'était plus temps de reculer, et qu'il avait tout à craindre du ressentiment de Maximin, il ne pensa plus qu'au moyen de mettre les provinces dans son parti. On députa les sénateurs et les chevaliers les plus qualifiés, et on leur donna des lettres pour les gouverneurs, dans lesquelles, après avoir exposé les intentions du peuple et du sénat, on les exhortait à les seconder et à servir leur patrie en persuadant à ceux de leurs provinces d'obéir aux Romains, à qui la souveraine puissance avait de tout temps appartenu, et que leurs ancêtres avaient reconnus pour maîtres lorsqu'ils étaient devenus sujets de l'empire. La plupart des gouverneurs reçurent avec honneur ces députés, et firent soulever sans peine les peuples qui se trouvaient déjà disposés à la révolte par la haine qu'on portait à Maximin. Ils tuèrent tous les officiers et les magistrats qui lui étaient attachés, et ce fut par là qu'ils commencèrent à se déclarer. Quelques gouverneurs, mais en petit nombre, firent mourir les députés du sénat, ou les envoyèrent, avec sûre garde, à Maximin qui leur fit souffrir les plus cruels supplices. Voilà quels étaient à Rome l'état des choses et la disposition des esprits.

Ces nouvelles jetèrent Maximin dans une humeur noire et chagrine, quoiqu'il affectât de n'y paraître pas sensible et qu'il traitât cette affaire de bagatelle. Ses soldats n'ignoraient rien de ce qui s'était passé; l'heureux succès qu'avaient eu les commencemens de la révolte tenait tous les esprits en mouvement et en attente; mais on n'osait s'ouvrir à personne, il fallait faire tout seul ses réflexions, et feindre d'ignorer ce que l'on savait le mieux, tant on redoutait Maximin et son esprit pénétrant, qui, non-seulement par les paroles, mais par les gestes seuls et par l'air du visage, jugeait du fond des cœurs et découvrait les pensées les plus secrètes. Il demeura deux jours enfermé avec ses amis à délibérer sur les remèdes qu'on pourrait apporter à un mal si imprévu, et le troisième il fit assembler ses troupes dans une plaine hors de la ville, et leur lut le discours suivant que ses amis lui avaient composé : « Je sais
» que vous ne vous attendez pas aux nou-
» velles que je viens vous apprendre; mais
» je suis persuadé qu'elles exciteront plutôt
» vos risées qu'elles ne vous donneront de l'é-
» tonnement. Savez-vous qui sont ceux qui
» prennent les armes contre nous et qui
» osent s'attaquer à votre valeur? Ce ne sont
» ni les Germains, leurs pertes les ont rendus sages; ni les Sarmates, ils nous font au
» contraire tous les jours des propositions de
» paix. Les Perses, qui ravageaient autrefois
» la Mésopotamie, se croient fort heureux
» maintenant qu'on les laisse chez eux en repos. La terreur de vos armes et ma valeur,
» qu'ils ont assez éprouvée pendant que j'ai
» commandé sur leurs frontières, leur ont
» appris à se contenter de ce qu'ils possèdent.
» Mais, pour ne vous pas tenir davantage en
» suspens et pour vous dire tout d'un coup
» la chose du monde la plus étrange, les Car-

» thaginois, par un trait indigne de folie, se
» sont fait un roi de théâtre d'un vieillard
» décrépit qui commence à perdre le sens, et
» qui n'a peut-être accepté que malgré lui cette
» ombre de royauté. Je voudrais leur deman-
» der où ils prendront des troupes. Ils ne
» trouveront dans leur province que des lic-
» teurs à la suite du proconsul. De quelles ar-
» mes se serviront-ils, eux qui ne savent
» manier que de petites lances qui ne sont
» bonnes qu'à la chasse? Enfin, où ont-ils
» fait leur apprentissage pour la guerre? A
» moins que les jeux, les danses et l'art des
» bons mots ne leur tiennent lieu d'exercices
» militaires. Les nouvelles qui sont venues
» d'Italie ne sont pas plus fâcheuses. Il est
» vrai qu'on a tué Vitalien, mais c'a été par
» surprise et par trahison. Vous connaissez
» trop le peuple de Rome pour ne le pas mé-
» priser. Ils se laissent emporter à tout vent,
» sont toujours les plus forts quand il n'est
» question que de faire beaucoup de bruit ;
» mais s'ils voient seulement deux ou trois
» épées nues, c'est à qui fuira le plus vite ;
» ils se jettent les uns sur les autres, chacun
» pense à se sauver sans se mettre en peine
» de soutenir la querelle commune. Pour les
» sénateurs, il n'est pas surprenant que notre
» vie sobre et réglée leur paraisse trop sau-
» vage. La valeur et les autres vertus mili-
» taires passent dans leur esprit pour dureté
» de naturel et férocité; ils s'accommodent
» mieux de la mollesse et de la débauche, c'est
» ce qu'ils appellent douceur et modération.
» Ils se trouvent fort mal de l'éloignement
» que j'ai de toutes sortes d'excès, et me pré-
» fèrent un homme qui leur ressemble et dont
» les infamies ne vous sont pas inconnues.
» C'est contre de telles gens que vous aurez
» à combattre ; telle est la guerre dont on
» nous menace, qui, dans le fond, ne sera
» rien moins qu'une guerre véritable. Vous êtes
» tous persuadés comme moi, je n'en doute
» point, que dès que nous paraîtrons à
» l'entrée de l'Italie, les uns viendront avec
» des branches d'olivier, en signe de paix, se
» jeter à nos pieds, et nous présenter leurs
» enfans pour nous émouvoir à la compassion,

» et que les autres, aussi lâches et aussi épou-
» vantés, ne chercheront leur salut que dans
» la fuite. Ce sera alors que, maître de leurs
» biens, je vous enrichirai de leurs dépouilles.»
Maximin entrecoupa ce discours d'injures
contre le sénat et contre le peuple, avec un
air furieux et menaçant, comme s'il se fût
mis en colère contre quelqu'un qu'il eût eu
devant les yeux. Il dit à ses soldats de se tenir prêts à partir ; et leur ayant fait de grandes largesses, il marcha deux jours après vers
l'Italie à la tête d'une puissante armée dans
laquelle presque toutes les forces de l'empire
se trouvaient réunies, sans compter les nouvelles troupes de Germains qu'il avait levées
depuis qu'il s'était rendu maître du pays de
ces barbares, ou qu'il avait fait alliance avec
eux. Il faisait suivre aussi toutes les machines de guerre qu'on avait construites pour la
campagne suivante, ce qui retardait sa marche à cause de la difficulté des charrois, outre
qu'il était obligé de s'arrêter en chemin pour
faire toutes les provisions nécessaires ; car,
cette guerre lui étant tombée soudainement
sur les bras, il fallut que chacun de son côté
amassât à la hâte de quoi subsister pendant la
marche. Mais comme la diligence était décisive dans cette occasion, il fit prendre le devant aux troupes de Pannonie sur lesquelles
il comptait le plus, et qui, ayant été les premières à le proclamer empereur, étaient réso-
lues de s'exposer aux plus grands dangers
pour lui conserver ce qu'elles lui avaient procuré.

Cependant les affaires de Carthage tournèrent beaucoup mieux que Maximin n'eût osé
l'espérer. Un sénateur nommé Capellien
était gouverneur de cette partie de la Mauritanie qu'on appelle Numidie, et commandait
un corps d'armée assez considérable, qu'on
entretenait sur cette frontière pour empêcher
les courses des Barbares voisins. Gordien, qui
s'était brouillé avec lui à l'occasion d'un procès, ne fut pas plus tôt élevé à l'empire, qu'il
lui envoya un successeur, avec ordre de sortir de la province. Ce gouverneur, outré de
cet affront, et affectionné d'ailleurs à Maximin qui l'avait mis en place, ayant persuadé

à ses soldats de lui demeurer fidèles, marcha vers Carthage avec des troupes nombreuses, bien armées, composées de soldats hardis et vigoureux, que les attaques qu'ils avaient à soutenir tous les jours contre les Maures avaient rendus expérimentés et aguerris. Ces nouvelles jetèrent Gordien dans un fort grand trouble; mais les Carthaginois, quoiqu'un peu étonnés, s'imaginant que la victoire dépendait moins de l'ordre et de la discipline que du nombre, sortirent tous de leur ville avec le jeune Gordien à leur tête. Leur armée était beaucoup plus nombreuse que celle de Capellien; mais comme ils passent leur vie au milieu d'une profonde paix, dans les jeux et dans les plaisirs, ils n'avaient aucune expérience. De plus, ils manquaient d'armes, et chacun avait pris à l'aventure ou un poignard, ou une cognée, ou une de ces petites lances dont ils se servent à la chasse, ou même de simples bâtons dont ils avaient brûlé les bouts pour les rendre durs et pointus. Les Numides, au contraire, qui étaient dans l'armée de Capellien, lancent le javelot avec une adresse merveilleuse, et manient si bien leurs chevaux, qu'avec une baguette ils les conduisent aussi facilement et en sont aussi maîtres que s'ils avaient un mors et une bride. De si bonnes troupes n'eurent pas de peine à renverser cette grande multitude de Carthaginois, qui, au premier choc, jetèrent leurs armes et prirent la fuite. Ils se pressèrent si fort les uns les autres, qu'il en mourut plus dans la foule que de la main des ennemis. Le jeune Gordien fut tué avec tous ceux qui étaient autour de lui. Le nombre des morts fut si grand, qu'on ne put retrouver son corps, et qu'il en demeura beaucoup sans sépulture. De tous ceux qui étaient sortis de Carthage, et qui faisaient leurs efforts pour y rentrer, à peine en échappa-t-il au vainqueur quelques-uns qui se répandirent de tous côtés dans cette grande ville, et se cachèrent dans les endroits les plus obscurs et les plus reculés. Le reste fut percé de traits par les Numides ou tué à coups d'épée par l'infanterie. La ville retentissait des cris des femmes et des enfans, qui voyaient égorger devant leurs yeux ce qu'ils avaient au monde de plus cher. Le vieux Gordien, à qui l'âge et les forces n'avaient pas permis de se trouver au combat, ayant su que Capellien était déjà dans la ville, s'enferma dans sa chambre comme pour se reposer, et s'étrangla avec sa ceinture; d'autres ont prétendu qu'il l'avait fait dès que l'ennemi avait été à la vue de Carthage, mais qu'on avait eu soin de tenir sa mort cachée jusqu'après la bataille. Ainsi finit ce consulaire, qui ayant eu pendant toute sa vie assez de bonheur, eut encore celui de mourir revêtu du titre et des marques de la souveraineté. Capellien ne fut pas plus tôt maître de Carthage, qu'il fit mourir toutes les personnes de distinction qui s'y étaient sauvées, et pilla non seulement les maisons des particuliers, mais les temples mêmes et les trésors publics. Passant ensuite dans toutes les autres villes où l'on avait abattu les statues de Maximin, il condamna à la mort les principaux citoyens, bannit ceux du second ordre, fit brûler les villages et en abandonna le pillage à ses troupes, non pas tant pour venger l'empereur des outrages de la province que pour se ménager l'affection des soldats, afin que si Maximin venait à être abattu, il pût se servir d'une armée qui serait tout à sa disposition pour s'élever à l'empire.

Voilà où en étaient les affaires d'Afrique lorsqu'on apprit à Rome la mort du vieux Gordien. Cette nouvelle jeta le peuple et le sénat dans la dernière consternation; ils crurent avoir tout perdu en perdant leur chef, d'autant plus qu'ils n'attendaient aucune grâce de Maximin. Ce prince naturellement cruel et vindicatif, n'ayant jamais eu pour eux que de l'aversion, avait alors un juste sujet de ressentiment depuis qu'ils s'étaient déclarés contre lui avec tant de chaleur. Après avoir longtemps délibéré dans une assemblée publique, on conclut qu'on avait trop fait d'éclat, que les choses ne pouvaient plus se raccommoder; qu'il fallait prendre les armes et soutenir cette première démarche; qu'on élirait deux empereurs qui auraient une égale autorité, de peur que la souveraine puissance ne dégénérât encore en tyrannie si elle résidait dans un seul. Ils ne firent point cette élection dans le lieu où le sénat s'assemblait ordinairement, mais ils allèrent s'enfermer au Capitole dans le temple de Jupiter, qui domine sur toute la ville, afin d'avoir pour témoin et comme pour président le premier des dieux. Ils proposèrent d'abord ceux que leur âge et leur réputation rendaient dignes de cette place : Maxime et Balbin l'emportèrent à la pluralité des voix. Maxime, après avoir eu long-temps le commandement des armées, avait depuis exercé la charge de préfet de Rome d'une manière irréprochable, et s'était fait dans ce poste la réputation d'un homme très-intègre, très-prudent et très-éclairé. Balbin, d'une famille patricienne, avait été deux fois consul, et gouverneur de plusieurs provinces où les peuples s'étaient toujours fort loués de sa conduite : du reste, il avait des manières simples et n'était pas si pénétrant que son collègue. En les proclamant empereurs, on leur décerna par un sénatus-consulte tous les autres honneurs attachés à cette suprême dignité.

Le peuple ayant appris ce qui se passait, soit que les parens et les amis de Gordien, qui avaient d'autres vues, l'eussent fait avertir sous main, ou que le bruit s'en fût déjà répandu dans la ville, vint en foule aux portes du Capitole. La rue qui y mène fut en un moment remplie de toute la multitude, qui s'était armée de pierres et de bâtons pour obliger par force le sénat à casser ce qu'il avait fait. Ils ne voulaient point surtout de Maxime, dont l'exacte sévérité n'accommodait pas la populace; car pendant qu'il était préfet de Rome, il avait tenu en bride ces esprits inquiets et remuans qui, dans une ville, sont ordinairement la première source du désordre. C'était pour cela qu'ils appréhendaient de le voir sur le trône, et qu'ils s'opposaient si fortement à cette élection, menaçant de tuer l'un et l'autre si l'on s'opiniâtrait à les soutenir. Ils demandaient un prince du sang de Gordien, et ne voulaient pas que l'empire sortît de sa maison. Maxime et Balbin, escortés des plus jeunes chevaliers et des soldats qui se trouvèrent dans Rome, tâchaient de s'ouvrir un chemin pour sortir du Capitole; mais la populace était si animée, qu'il fut impossible de la forcer. Enfin, une personne du parti des empereurs s'avisa d'un artifice qui réussit. La fille de Gordien avait un fils qui portait le nom de son aïeul; ils l'envoyèrent quérir par quelques-uns de leurs gens qui le trouvèrent dans la maison de sa mère, où il jouait avec des enfans de son âge, et le portèrent sur leurs épaules à travers la multitude. Quand elle sut que c'était le petit-fils de Gordien, elle le conduisit jusqu'au Capitole avec de grandes acclamations, le couvrant par honneur de fleurs et de feuilles. Le sénat l'ayant nommé César, parce qu'il n'était pas encore en âge de gouverner, apaisa par ce moyen le peuple, qui n'empêcha plus les empereurs de se retirer dans leur palais.

Ce premier trouble fut suivi peu de jours après d'un autre beaucoup plus grand et plus funeste, qui fut causé par la hardiesse inconsidérée de deux sénateurs. Comme on était assemblé dans le sénat, quelques soldats vétérans qui étaient demeurés à Rome, à cause de leur âge et de leur ancienneté dans le service, étant venus pour assister aux délibérations, sans autres armes que leur cuirasse, s'étaient mêlés la plupart, à l'entrée de la salle, avec le peuple; mais deux ou trois plus curieux s'approchèrent jusque par-delà l'autel de la Victoire. Alors un sénateur qui sortait tout nouvellement du consulat, nommé Gallicanus, et un autre qui avait été préteur, appelé Mécœnas, pendant que ces soldats tenaient leurs mains sous leurs habits sans aucun mauvais dessein, les tuèrent avec des poignards qu'ils avaient sous leurs robes : car depuis les derniers troubles, ils portaient tous des armes pour être toujours en garde contre les attaques imprévues. Les corps de ceux qui venaient d'être tués demeurèrent étendus devant l'autel de la Victoire; leurs compagnons fort étonnés, se trouvant sans armes et appréhendant d'être enveloppés par la multitude, prirent au plus tôt la fuite. Gallicanus sortant de l'assemblée, et se jetant au milieu du peuple à qui il montrait son poignard et ses mains sanglantes, l'exhortait à s'armer contre des gens ennemis du sénat et de Rome, et partisans de Maximin. La populace, facile à échauffer, le crut sur parole, et lui répondant par des acclamations, se mit à poursuivre les soldats et en blessa quelques-uns avant qu'ils eussent gagné leur camp, où ils s'enfermèrent. Gallicanus, pour n'avoir pas le démenti de sa témérité, alluma dans Rome une guerre civile qui emporta un grand nombre de citoyens. Il fit enfoncer les portes des magasins publics où l'on gardait des armes, plutôt pour la pompe et pour les cérémonies que pour le combat. Mais, comme il n'y en avait pas assez, on allait dans les maisons et dans les boutiques se saisir de tout ce qui s'y trouvait d'épées, de piques ou de haches; ou bien, à défaut d'armes, on prenait tout ce qu'on rencontrait sous sa main d'instrumens de fer qui en pouvaient tenir lieu.

La fureur ayant de la sorte armé tout le peuple, il sortit avec les gladiateurs et alla investir le camp. Les soldats, profitant d'une longue expérience et de l'avantage de leur poste, les repoussaient à coup de pique et de flèches, et en tuèrent ou blessèrent un grand nombre, de sorte que, rebutés d'une si vigoureuse résistance, ils se retirèrent sur le soir. Mais les soldats, remarquant que le peuple marchait en désordre et ne se tenait point sur ses gardes, dans la pensée qu'ils n'oseraient pas faire une sortie sur une si grande multitude, ouvrirent soudainement leurs portes, et se mettant à leur poursuite, tuèrent presque tous les gladiateurs et beaucoup de Romains qui, en fuyant, se renversaient les uns sur les autres. Ils ne voulurent pas cependant les pousser plus loin, de peur de s'éloigner trop de leur camp. Ce mauvais succès ne fit qu'irriter davantage le sénat et le peuple. On nomma des officiers généraux, et l'on fit des levées de troupes dans l'Italie, dont on arma à la hâte, et le mieux qu'on put, toute la jeunesse. De la plus grande partie de cette nouvelle milice on forma un corps d'armée à la tête duquel Maxime devait marcher contre Maximin. Le reste demeura à Rome pour la défense de la ville. On attaquait tous les jours le camp, mais le peuple y perdait beaucoup de monde. Balbin fit publier une déclaration par laquelle il accordait une amnistie générale, et exhortait l'un et l'autre parti à mettre bas les armes; mais il n'en put rien obtenir. On s'aigrissait de plus en plus; le peuple était piqué de ce qu'une poignée de gens lui tenait tête; et les soldats n'étaient pas moins outrés de voir leurs concitoyens plus acharnés contre eux que ne l'auraient été des Barbares.

Enfin, après plusieurs assauts où les Romains furent toujours repoussés, ils s'avisèrent de couper tous les canaux qui portaient de l'eau au camp, pour venir à bout par la soif de ceux qu'ils désespéraient de vaincre par la force. Dans cette extrémité, les soldats animés par le désespoir sortirent avec fureur sur le peuple, et après un long combat le poussèrent jusque dans la ville. Mais les bourgeois quittant alors leurs armes et montant sur les toits, accablaient les soldats à coups de pierres, de tuiles et de pots cassés. Ceux-ci n'osant s'engager dans des maisons inconnues, mirent le feu aux portes et aux auvens des boutiques. Comme les bâtimens sont fort serrés, et qu'ils ne sont la plupart que de charpente, la flamme gagna en un instant de toutes parts et consuma en un seul jour un quartier de Rome qui valait une des plus grandes villes de l'empire. Plusieurs personnes périrent misérablement dans leurs maisons. On allait piller les autres pendant le désordre, et la populace, se mêlant aux soldats, profitait du malheur public. Cependant Maximin était déjà sur les confins de l'Italie, et après avoir offert des sacrifices sur les autels qui y sont dressés, il commença à marcher en ordre de bataille. On a vu dans ce livre le soulèvement de l'Afrique, la guerre civile allumée à Rome, les préparatifs que fit Maximin contre les rebelles, et son arrivée en Italie. Il faut garder le reste de notre histoire pour le livre suivant.

LIVRE HUITIÈME.

Lorsque Maximin fut arrivé au passage des Alpes, il envoya des coureurs pour reconnaître le pays, et marcha dans cet ordre : son infanterie formait un corps de bataille dont les rangs étaient fort élargis principalement sur les côtés ; le bagage était au milieu, et l'empereur à la tête des cohortes prétoriennes commandait l'arrière-garde. Les cavaliers armés de toutes pièces, les Maures et les archers voltigeaient sur les ailes. Son avant-garde était composée des troupes auxiliaires de la Germanie, qu'il exposait ordinairement au premier choc des ennemis, tant à cause de leur intrépidité naturelle qu'afin que le danger et les plus rudes attaques tombassent plutôt sur ces Barbares que sur les Romains. Après quelques heures de marche, il arriva à la première ville de la frontière d'Italie, que les gens du pays appellent Ema, et qui est située au pied des Alpes. Comme il en approchait, ses coureurs vinrent lui dire que la ville était abandonnée, que les habitans avaient mis le feu aux portes de leurs maisons et de leurs temples, et qu'ils avaient enlevé ou brûlé tout ce qu'il y avait de vivres et de fourrages dans la campagne et dans les lieux voisins. Cette nouvelle fit beaucoup de plaisir à Maximin, qui s'imagina que toutes les autres villes prendraient l'alarme comme celle-ci, et qu'il n'y en aurait aucune qui osât lui fermer ses portes. Les soldats, au contraire, furent fort affligés d'avoir à craindre la famine dès le premier pas qu'ils faisaient en Italie. L'armée ayant passé la nuit dans les maisons de cette ville déserte, s'avança dès le point du jour vers les Alpes. Ces montagnes, qui servent comme de mur et de rempart à l'Italie, s'élèvent jusqu'aux nues, et s'étendent à droite jusqu'à la mer de Toscane, et à gauche jusqu'à celle d'Ionie. Elles sont couvertes d'épaisses forêts, et entrecoupées de précipices affreux sur les bords desquels les anciens peuples du pays ont aplani, avec un travail immense, des sentiers fort étroits. L'armée de Maximin, en les passant, fut dans de continuelles alarmes. Ils ne doutaient point que les ennemis ne se fussent emparés des hauteurs qui dominent sur le chemin, et ils appréhendaient de les avoir en tête à tous les défilés. Et certes, à considérer les circonstances du temps et du lieu, et les avantages qu'on pouvait prendre sur eux dans ces détroits, ils avaient tout à craindre. Mais lorsqu'ils eurent passé les Alpes sans aucune opposition, et qu'ils se furent répandus dans la plaine, leurs esprits revenus de cette peur se trouvèrent remplis d'allégresse et d'assurance. Maximin crut certainement que rien ne tiendrait contre lui, puisque ses ennemis ne s'étaient pas même flattés de trouver une sûre retraite dans ces lieux où ils pouvaient lui dresser si facilement des embuscades.

Cependant, comme il commençait à marcher dans le plat pays, ses coureurs vinrent lui dire que la ville d'Aquilée, l'une des plus considérables de l'Italie, avait fermé ses portes ; que les troupes de Pannonie, à qui il avait fait prendre les devans, y avaient donné plusieurs assauts, mais toujours sans succès ; que les murailles étaient hérissées de piques, et qu'il en tombait sans cesse une grêle si effroyable de flèches et de pierres, que les assiégeans avaient été obligés, à la fin, de se retirer. Maximin fort en colère contre les officiers des troupes de Pannonie, et s'en prenant à eux, comme s'ils eussent manqué de vigueur et de courage, marcha en diligence contre la ville qu'il croyait prendre au premier assaut. Aquilée renferme dans ses murailles un grand nombre d'habitans, tant de naturels du pays que d'étrangers que le commerce y attire de toutes parts. Comme elle est placée entre l'Italie et l'Illyrie, on y voiture par terre et par eau toutes les marchandises de ces deux provinces qu'on embarque sur mer pour envoyer dans les pays éloignés, dont elle tire par la même voie les choses qui manquent aux peuples voisins du côté du nord, à cause du grand froid de leur climat. On y fait surtout un grand commerce du vin qui croît dans le pays, et que l'on transporte dans l'Illyrie et dans les autres provinces dont le terroir ne peut porter de vigne. La multitude des citoyens et des étrangers était alors fort grossie par les paysans des environs et par les habitans des petites villes du voisinage, qui étaient venus chercher leur sûreté dans cette place. Elle avait été long-temps sans aucunes fortifications; car depuis que les Romains avaient si fort reculé les frontières de leur empire, les villes d'Italie n'entendant plus le bruit des armes, et se trouvant couvertes de tant de provinces, n'avaient besoin ni de remparts ni d'autres défenses. Il fallut donc relever les murs, qu'on flanqua de tours. Ce travail étant achevé, ils firent jour et nuit la garde, et soutinrent vigoureusement l'attaque des ennemis. Crispinus et Ménéphile, tous deux consulaires et nommés par le sénat, commandaient dans la place. Ils avaient pris de si bonnes mesures et la ville était si bien fournie de vivres et de munitions qu'elle pouvait sans peine soutenir un siège de plusieurs années. Il y avait aussi de l'eau en abondance; car outre que les puits y sont fort communs, il passe au pied du mur une rivière qui lui ser de fossé.

Maximin appréhendant que cette place ne l'arrêtât trop long-temps, voulut tenter de les gagner par la douceur, et crut qu'il ne ferait pas mal d'envoyer quelqu'un qui s'abouchât avec eux, pour tâcher de les résoudre à lui ouvrir leurs portes. Il avait dans ses troupes un tribun qui était d'Aquilée, et dont la femme et les enfans étaient enfermés dans la ville. Il l'envoya avec quelques autres officiers, dans la pensée qu'étant leur compatriote, il leur ferait goûter facilement ses remontrances. Lorsqu'il fut arrivé au pied du mur, il haussa la voix, et leur dit, que Maximin leur commun maître leur ordonnait de mettre bas les armes; qu'il ne tenait qu'à eux de jouir du bonheur de la paix et de mériter sa bienveillance; qu'ils feraient prudemment de se la procurer par leur soumission, au lieu de s'attirer, par leur opiniâtreté, son indignation et son ressentiment. Qu'il valait bien mieux passer son temps dans des réjouissances et dans des fêtes que sous les armes, et voir plutôt couler le sang des victimes que celui de leurs concitoyens. Qu'ils eussent pitié de leur patrie dont ils allaient eux-mêmes causer la ruine, et qu'ils auraient la douleur de voir raser jusqu'aux fondemens. Qu'il était encore temps de la garantir et de se sauver avec elle; et que l'empereur, convaincu qu'ils ne s'étaient point portés d'eux-mêmes à la révolte, était prêt à leur accorder une amnistie générale. Voilà à peu près ce que les députés dirent à haute voix, pour se faire entendre du peuple qui était accouru en foule sur les murs et sur les tours, et qui les écoutait avec beaucoup d'attention.

Crispinus, qui connaissait l'humeur volage et incertaine de la multitude, appréhendant qu'ils n'acceptassent les propositions qu'on leur faisait, et ne préférassent les douceurs de la paix aux dangers et aux fatigues de la guerre, les conjurait de ne se point relâcher, de demeurer fidèles au sénat et au peuple romain, et de ne point manquer une si belle occasion de mériter à leur ville le nom de boulevard de l'Italie, et d'acquérir pour eux-mêmes celui de défenseurs de la liberté. Qu'ils ne devaient point compter sur les promesses d'un homme à qui les parjures ne coûtaient rien; qu'ils prissent garde de se laisser gagner par cette douceur affectée, et de se livrer sous de fausses assurances à un tyran offensé. Qu'il était beaucoup plus sûr pour eux de tenter la fortune de la guerre; que ce ne serait pas la première fois que de grosses armées auraient été défaites par d'autres beaucoup moins nombreuses, et que le bonheur suppléait souvent à la force. Que des soldats mercenaires qui ne partagent avec leur général que le danger, lui laissant tout le prix de la victoire, ne portent jamais au combat qu'une faible ardeur. Que ceux, au contraire, qui combattent pour leur patrie, non-seulement trouvent dans la bonté de leur cause de justes motifs d'espérance, mais sont encore animés par leurs propres intérêts à bien faire leur devoir dans une guerre dont tout le fruit leur doit revenir. Par ces différentes raisons, s'adressant tantôt à quelques particuliers, et parlant ensuite à tous ceux qui étaient présens, ce consulaire, qui avait d'ailleurs un air vénérable, qui possédait parfaitement l'éloquence romaine, et qui avait gagné tous les cœurs par la douceur de son gouvernement, rassura ceux qui commençaient à s'ébranler, et renvoya les députés de Maximin sans leur rien accorder. On dit que les réponses favorables des aruspices, qu'il avait fait consulter à Rome, l'avaient confirmé dans la résolution où il était de n'entendre à aucun accommodement; car les Romains sont fort superstitieux, et comptent beaucoup sur ces sortes de pronostics. Le dieu du pays leur avait aussi promis la victoire par un oracle; ils l'appellent Bélis, et disent que c'est Apollon même qu'ils honorent sous ce nom. Quelques soldats de Maximin rapportèrent depuis qu'ils l'avaient vu plusieurs fois en l'air, les armes à la main, combattant pour les assiégés. Je ne puis assurer s'ils disaient en cela la vérité, ou si, pour sauver l'honneur d'une puissante armée qui n'avait pu venir à bout d'une troupe de bourgeois, ils inventèrent ce conte, et voulurent faire entendre qu'ils avaient été vaincus plutôt par les dieux que par les hommes. Mais, dans l'étonnement où la résistance d'Aquilée laissa tous les esprits, rien ne paraissait incroyable.

Maximin ayant appris par ses députés qu'on avait rejeté ses propositions, marcha avec plus de diligence, plein de colère et de rage. Mais, lorsqu'il fut arrivé sur le bord d'une rivière qui passe à douze stades de la ville, il la trouva extrêmement grossie par les neiges des montagnes voisines qui s'étaient fondues pendant l'été, et qui l'avaient rendue si large et si profonde qu'il était impossible de la passer à la nage. Ceux d'Aquilée avaient eu la précaution d'abattre le pont de pierre que les empereurs y avaient fait autrefois bâtir, et n'avaient laissé sur la rive aucun bateau; de sorte qu'il se vit arrêté tout court, sans savoir quel parti prendre. Quelques Germains s'imaginant que les fleuves d'Italie n'étaient pas plus rapides que ceux de leur pays, qui coulent fort lentement, et qui par cette raison sont fort sujets à se prendre pendant l'hiver, voulurent faire passer leurs chevaux à la nage, et furent aussitôt emportés par le courant. Maximin ayant fait tirer des lignes de circonvallation, campa deux ou trois jours sur les bords de la rivière, pensant aux moyens d'y construire un pont. Mais, comme on manquait de bois et de bateaux, quelques ouvriers vinrent avertir l'empereur qu'il y avait dans la campagne d'alentour beaucoup de vieilles futailles; que ces vaisseaux creux étant liés ensemble, et couverts de claies qu'on chargerait ensuite de terre, résisteraient facilement à la rapidité de l'eau. On se mit aussitôt à travailler à cet ouvrage, qui fut achevé en peu de temps; et l'armée ayant passé la rivière, fit le dégât sur sa route, brûla les maisons qui étaient abandonnées, et ravagea entièrement toute cette belle campagne qui était couverte d'allées à perte de vue, et où les vignes formaient des berceaux agréables, de sorte que cette plaine paraissait comme ornée de couronnes pour l'appareil d'une fête.

Après avoir coupé ou brûlé tout ce qu'ils trouvèrent aux environs de la ville, ils l'investirent. Comme ils étaient fort las, Maximin ne voulut pas les faire combattre sur le champ; mais il les fit tenir hors de la portée du trait, et leur laissa un jour pour se reposer, pendant lequel il distribua les quartiers. Le lendemain il commença le siége, fit ses approches avec toutes ses machines, et ne négligea rien de tout ce qui pouvait avancer la prise de la place. On donnait presque tous les jours de rudes assauts, mais les assiégés les soutenaient avec beaucoup de vigueur. Ils avaient fermé leurs maisons et leurs temples, et se tenaient sur les remparts et sur les tours avec leurs femmes et leurs enfans; le sexe et l'âge le plus faible voulaient, dans le danger commun, contribuer en quelque chose à la défense de la patrie. Maximin ayant déjà ruiné toutes les maisons des faubourgs, faisait travailler sans relâche à la sape du mur, pour faire au plus tôt une brèche raisonnable; car il souhaitait ardemment de prendre la place d'assaut, afin d'user de tous les droits de la victoire, et de la faire raser après l'avoir saccagée. Il voyait bien que c'était trop hasarder sa réputation, que de marcher vers Rome sans se venger avec éclat d'une ville qui voulait lui fermer l'entrée de l'Italie. Il allait donc de rang en rang, accompagné de son fils qu'il avait nommé César; et tantôt par ses prières, tantôt par de grandes promesses, exhortant ses soldats et les conjurant, il les animait au combat. Mais lorsqu'ils venaient à l'attaque, il tombait du mur une grêle de flèches et de pierres, ou même une pluie de feu, composée de soufre, de poix et de bitume, que les assiégés répandaient sur eux avec de petits barils qui tenaient à de longues perches. Ces matières visqueuses s'attachaient aux parties du corps qui étaient découvertes, coulaient sur les autres par les fentes de la cuirasse, ou bien en échauffaient tellement le fer, que les soldats étaient obligés de la quitter; elles brûlaient l'osier et faisaient retirer le cuir de leurs boucliers, qui par-là leur devenaient inutiles. On voyait ces malheureux tout défigurés, s'aider les uns les autres à ôter leurs armes; ces dépouilles restaient au pied du mur, comme un trophée que l'adresse et l'artifice avaient plutôt élevé que la valeur. Les assiégés lançaient en même temps contre les machines de bois avec lesquelles on battait le mur, des torches de poix ardentes qui avaient des pointes comme des flèches, et qui, s'attachant à la charpente, y mettaient le feu de tous côtés.

Cependant les premiers jours l'avantage avait été presque également balancé de part et d'autre; mais les troupes de Maximin commencèrent à perdre courage, rebutées d'une résistance à laquelle elles ne s'étaient pas attendues, et d'avoir perdu tant de monde devant une place qu'elles comptaient emporter au premier assaut. Les assiégés, au contraire, animés par le bon succès, tiraient de leur assurance de nouvelles forces. La longueur du siége, en leur donnant plus d'expérience, leur donna aussi plus de hardiesse; et ils méprisèrent à la fin ceux qu'ils avaient eu lieu de craindre jusqu'alors. Ils les insultaient du haut de leurs murailles, et lorsque Maximin passait avec son fils, ils lui disaient les injures les plus offensantes.

Ce prince en était piqué au vif; mais comme il ne pouvait s'en venger sur les ennemis, il déchargeait sa colère sur ses officiers, et en faisait mourir tous les jours plusieurs, sous prétexte qu'ils faisaient mal leur devoir dans les postes où il les avait mis. Cette cruauté ne servait qu'à lui attirer la haine des siens, et le mépris des assiégés, qui le craignaient d'autant moins qu'ils avaient des vivres et des munitions pour plusieurs années. Les assiégeans, au contraire, manquaient de tout; ils s'étaient ôté eux-mêmes une grande ressource, en brûlant et coupant les arbres fruitiers et les fourrages des environs. La plupart campaient à découvert, les tentes des autres étaient en fort mauvais état : ils souffraient tous de la faim, et n'y voyaient point de remède, ne pouvant faire venir d'aucun autre endroit les vivres qu'ils ne trouvaient point sur les lieux. Les Romains étaient maîtres de tous les chemins de l'Italie, où l'on avait élevé d'espace en espace des murailles, avec des portes qui étaient gardées par des soldats. Le sénat avait distribué dans tout les ports de mer des consulaires et d'autres personnes d'autorité pour empêcher qu'il n'en sortît aucun vaisseau. Maximin ne pouvait pas même apprendre ce qui se passait à Rome, et les assiégeans se trouvaient à leur tour assiégés, sans pouvoir ni avancer ni reculer.

L'alarme qui était répandue parmi eux leur faisait donner créance à toutes les mauvaises nouvelles, et la peur ajoutait beaucoup à la vérité. On disait que le peuple romain avait fait prendre les armes à toute l'Italie; que l'Illyrie, le Nord et l'Orient avaient conspiré avec eux la perte d'un tyran qui était odieux à tout l'univers. Ces nouvelles augmentaient le trouble où les avait jetés l'extrême disette qu'ils souffraient, jusqu'à n'avoir point d'autre eau à boire que celle du fleuve voisin, qu'il leur fallait puiser au milieu du sang et des corps morts que les assiégés et les assiégeans mêmes étaient obligés d'y jeter tous les jours. Ils se lassèrent à la fin de tant d'incommodités; ils pensèrent à se délivrer de toutes les fatigues d'un siège dont ils ne pouvaient espérer voir la fin, et à se tirer de la fâcheuse nécessité de porter les armes en Italie et de servir un tyran qui était en exécration à toute la terre. Un jour qu'on n'avait point donné d'attaque, que l'empereur se reposait dans sa tente, pendant que chacun était retiré dans son quartier, les soldats qui avaient leur camp sur le mont d'Albe, où ils avaient laissé leurs femmes et leurs enfans, prirent tout d'un coup la résolution de tuer Maximin. Ils allèrent sur le midi à sa tente, et faisant entrer les soldats de sa garde dans leur conjuration, ils ôtèrent d'abord son image de leurs enseignes. Il se présenta pour leur parler; mais ils ne lui en donnèrent pas le temps, et le tuèrent avec son fils et ses autres amis les plus affectionnés. Ils exposèrent leurs corps aux insultes de toute l'armée, et les jetèrent ensuite hors du camp où ils demeurèrent sans sépulture. On coupa les têtes des deux empereurs, et on les envoya à Rome. Ainsi périt Maximin, justement puni de ses crimes et des violences qu'il avait exercées pendant la plus cruelle des tyrannies.

Les soldats qui n'avaient point eu part à la conjuration ne savaient comment prendre cette affaire. Ils ne s'en réjouissaient pas tous également. Les troupes de Thrace et de Pannonie, qui avaient été les premières à proclamer Maximin empereur, en étaient fort affligées; mais comme il n'y avait plus de remède, il leur fallut prendre le parti de la dissimulation, et cacher sous une fausse joie leurs véritables sentimens. Ils quittèrent donc leurs armes comme leurs compagnons, et s'approchèrent avec eux des murs de la ville. Après avoir appris aux assiégés la mort de Maximin, ils les prièrent de recevoir parmi eux des gens qu'ils ne devaient plus regarder comme leurs ennemis. Les deux consulaires qui commandaient dans la place ne voulurent pas y consentir; mais ayant fait apporter sur les murailles les statues de Balbin, de Maxime et du jeune Gordien, les assiégés les saluèrent avec des cris de joie, exhortant les soldats à les imiter, et à reconnaître pour leurs princes légitimes ceux que le sénat et le peuple Romain avaient élus, ajoutant que les deux autres Gordien étaient au nombre des dieux. Ils firent exposer en vente sur les remparts des habits, du vin, des viandes et autres denrées qui se trouvent dans une grande ville; ce qui surprit étrangement les soldats, et leur fit avouer qu'une place aussi bien munie pouvait tenir plusieurs années, et qu'eux, au contraire, dans la disette extrême où ils étaient, ne pouvaient manquer de périr bientôt de misère. L'armée demeura pendant quelques jours sous les murs d'Aquilée, d'où on lui fournissait toutes les choses nécessaires pour sa subsistance. Ainsi, quoique les portes fussent encore fermées et que les soldats tinssent toujours la ville investie, ils ne laissaient pas de jouir de part et d'autre d'une paix véritable sous les apparences de la guerre.

Cependant les cavaliers qui portaient à Rome la tête de Maximin faisaient toute la diligence possible, et répandaient l'allégresse dans les villes où ils passaient. Ils trouvèrent l'empereur Maxime à Ravenne, où il avait donné rendez-vous à toutes les nouvelles troupes qu'on avait levées à Rome et par toute l'Italie. Les villes de la Germanie lui avaient aussi envoyé un corps d'armée assez considérable, en reconnaissance des bons traitemens qu'elles en avaient reçus pendant qu'il commandait sur leurs frontières. Comme il était donc tout prêt à marcher contre Maximin, les cavaliers arrivèrent, et lui montrant la tête du tyran, crièrent victoire. Ils lui apprirent que les troupes qui assiégeaient Aquilée n'étaient plus ennemies des Romains, et qu'elles l'avaient reconnu avec son collègue pour leurs princes légitimes.

Au premier bruit d'une nouvelle si peu attendue, tout le monde courut aux temples pour remercier les dieux d'une victoire d'autant plus heureuse qu'elle n'avait point coûté de sang. Maxime congédia les cavaliers, afin qu'ils allassent au plus tôt faire part de ces heureuses nouvelles au peuple romain. On ne peut exprimer quels furent ses transports lorsqu'on lui montra au bout d'une lance la tête d'un ennemi si redoutable. On vit aussitôt l'encens fumer sur les autels; le sang des victimes coulait dans tous les temples : les enfans mêmes, prenant part à la joie publique, allaient, comme les autres, rendre aux dieux des actions de grâces; personne ne demeurait dans sa maison; les rues étaient pleines de gens qui se félicitaient mutuellement; le cirque était rempli, comme si l'on eût été prêt à représenter quelque spectacle : l'empereur surtout et les sénateurs faisaient éclater leur allégresse; car ils avaient des raisons particulières et personnelles pour se réjouir de cette mort qui avait détourné de dessus leurs têtes le coup qui les menaçait. On envoya des députés dans toutes les provinces, pour leur apprendre, de la part du sénat et du peuple romain, tout ce qui s'était passé.

Cependant Maxime alla de Ravenne à Aquilée, après avoir passé le lac appelé les Sept Mers, parce que le Pô et les étangs voisins qui s'y déchargent vont de là se rendre dans la mer par sept embouchures. D'abord qu'il approcha de la place, on ouvrit les portes qu'on avait tenues jusqu'alors fermées. Les villes d'Italie lui députèrent leurs principaux citoyens. Ils étaient vêtus de robes blanches et couronnés de laurier; on portait devant eux en cérémonie les statues des dieux, avec les couronnes d'or qu'on avait consacrées dans leurs temples; ils faisaient leur compliment à l'empereur en jetant devant lui, selon la coutume, des feuilles et des fleurs. Les soldats de Maximin vinrent aussi lui rendre leurs devoirs; mais ils ne se portaient pas volontiers à faire cette démarche, et ne pouvaient se consoler de ce qu'ayant perdu l'empereur qu'ils s'étaient eux-mêmes choisi, ils se voyaient forcés d'en recevoir de la main du sénat. Maxime passa les deux premiers jours qu'il fut à Aquilée à offrir des sacrifices; et le troisième, ayant assemblé l'armée dans une plaine hors de la ville, il lui parla de cette sorte : « Votre propre expérience
» vous fait voir maintenant combien il était
» de votre intérêt de changer de parti, et
» d'entrer dans celui des Romains. Par-là,
» vous vous êtes délivrés d'une funeste guerre;
» vous avez apaisé la colère des dieux, et vous
» n'êtes plus dans la malheureuse nécessité
» de violer un serment que les Romains regardent comme la chose du monde la plus
» sacrée. Il ne tiendra qu'à vous de jouir
» long-temps de ces avantages, pourvu que
» vous demeuriez fidèles au sénat et à vos empereurs, que leur illustre naissance rend
» dignes de cette place, et qui n'y sont montés
» que par degrés. La souveraine puissance,
» parmi nous, n'appartient en propre à personne; mais de tout temps le peuple romain
» a eu droit d'en disposer, et de donner
» des maîtres à l'univers. Il nous a confié
» l'administration de l'empire; c'est à vous
» à seconder nos travaux. Si vous le faites,
» et que vous ne sortiez point de votre devoir
» et du respect que vous devez à vos princes,
» vous vous procurerez une vie heureuse
» et tranquille. Votre exemple empêchera
» les provinces de remuer; vous pourrez
» demeurer en paix dans vos maisons; vous
» ne serez plus obligés de camper sur les
» frontières du nord et d'essuyer toutes les
» rigueurs de ces affreux climats. Nous nous
» chargeons de mettre à la raison les Barbares. L'empire étant gouverné par deux
» princes, tout en ira mieux; ils fourniront
» sans peine aux affaires étrangères et aux affaires domestiques, et l'un ou l'autre pourra
» se rendre facilement dans les lieux où la
» présence du prince sera nécessaire. Au
» reste, soyez pleinement convaincus que,
» ni les empereurs, ni le peuple romain,
» ni les autres provinces qui avaient pris
» les armes contre le tyran, ne gardent
» contre vous aucun reste d'animosité. Ils
» savent que vous n'avez fait qu'obéir à vos

» maîtres. Il faut donc perdre entièrement » le souvenir du passé, et renouveler une » amitié solide et éternelle. » Maxime finit son discours en leur promettant de grandes sommes d'argent, et peu de jours après il partit pour Rome. Il renvoya les soldats dans leurs garnisons ou dans leur camp, et n'emmena avec lui que les cohortes prétoriennes avec les nouvelles levées et les troupes auxiliaires de la Germanie, qui lui étaient fort affectionnées. Balbin vint au-devant de lui avec le jeune Gordien, et le peuple les reçut comme en triomphe avec de grandes acclamations.

Pendant le peu de temps qu'ils tinrent l'empire, ils satisfirent tout le monde, en général en particulier. On se trouvait très-heureux de vivre sous des princes de maisons patriciennes, dont le mérite relevait la noblesse. Les soldats seuls ne pouvaient goûter les applaudissemens qu'on leur donnait, et qui ne servaient qu'à redoubler leur mécontentement. Des empereurs de la nomination du sénat ne pouvaient leur plaire ; tout, jusqu'à leur illustre naissance, les choquait. Ils trouvaient, de plus, fort mauvais que Maxime eût auprès de lui des soldats levés dans la Germanie. Ils voyaient bien qu'ils les auraient sur les bras au premier mouvement qu'ils oseraient faire. Ils appréhendaient qu'il ne leur arrivât la même chose qu'aux cohortes prétoriennes que Sévère cassa pour venger la mort de Pertinax, et qu'on ne leur substituât ces étrangers qui se trouveraient sur les lieux. Un jour qu'on célébrait les jeux en l'honneur de Jupiter Capitolin, ils prirent le temps que tout le monde était assemblé au cirque pour exécuter ce qu'ils avaient projeté. Ils coururent commes des furieux au palais des empereurs. Ces princes n'étaient déjà plus en bonne intelligence; il était dificile qu'assis sur le même trône ils le partageassent long-temps sans jalousie. Ils croyaient que ce n'était pas régner que de régner avec un autre; aussi chacun de son côté ne pensait qu'à se délivrer de son collègue. Le double consulat de Balbin flattait son ambition; d'autre part, la charge de préfet de Rome que Maxime avait exercée, et la réputation d'une grande expérience qu'il s'était faite, ne lui donnaient pas de moindres espérances. Enfin, étant tous deux de familles patriciennes, ils n'avaient aucun avantage l'un sur l'autre du côté de la noblesse. Ce fut cette mésintelligence qui les perdit. Car Maxime ayant été averti de la révolte des soldats prétoriens, fit appeler les soldats de la Germanie, qui étaient en assez grand nombre, pour les défendre contre les séditieux. Mais Balbin, qui savait qu'ils étaient entièrement dévoués à son collègue, crut que, sous prétexte de les opposer aux cohortes prétoriennes, il voulait s'en servir contre lui-même; dans cette pensée il empêchait qu'on ne les allât quérir. Pendant cette contestation, les soldats ayant forcé les portes du palais et renversé les gardes, se saisirent de ces deux infortunés vieillards, déchirèrent leurs habits, et les traînèrent dans les rues, leur faisant toutes les insultes imaginables, les appelant par mépris les empereurs du sénat, et leur arrachant la barbe et les sourcils. Leur dessein était de les mener dans le camp, et de ne les faire mourir qu'après leur avoir fait souffrir tout ce que la rage peut inventer de plus cruel. Mais ayant appris que les soldats de la Germanie venaient en diligence pour les enlever de leurs mains, ils les tuèrent sur la place; et laissant leurs corps tout défigurés au milieu de la rue, ils prirent entre leurs bras le jeune Gordien, qui n'avait encore que treize ans, et le proclamèrent empereur, moins par affection pour lui que parce qu'il ne se présenta personne qui voulût profiter d'une conjoncture si favorable. Ils crièrent au peuple qu'ils venaient de le défaire des empereurs qu'on l'avait contraint de reconnaître, et qu'ils allaient mettre Gordien dans la place qu'il lui avait destinée. Ils le portèrent ensuite dans leur camp, où ils se renfermèrent. Les soldats de la Germanie ayant su que les empereurs étaient déjà morts, ne pensèrent plus à combattre pour des gens qu'on ne pouvait sauver. Telle fut la fin indigne et injuste de ces vieillards respectables, que leur naissance et leurs vertus rendaient dignes d'un meilleur sort.

FIN DU LIVRE HUITIÈME ET DERNIER DE L'HISTOIRE ROMAINE D'HÉRODIEN.

HISTOIRE ROMAINE

PAR

ZOSIME.

~~~~~~

LIVRE PREMIER.

Polybe de Mégalopolis ayant entrepris d'écrire l'histoire de son temps, a cru devoir remarquer que les Romains, n'ayant pas fait de grandes conquêtes durant les six premiers siècles qui se sont écoulés depuis la fondation de leur ville, et qu'ayant perdu une partie de l'Italie après la descente d'Annibal et la défaite de Cannes, et s'étant vus assiégés dans leur capitale, ils sont montés, en moins de cinquante-trois ans, à un si haut point de puissance, qu'ils ont réduit à leur obéissance l'Italie, l'Afrique et l'Espagne, et que, portant leur ambition plus loin, ils ont traversé le golfe Ionique, assujéti la Grèce et la Macédoine, et pris vivant le roi de cette nation vaincue. De si glorieux exploits ne pouvant être attribués aux forces humaines, il faut reconnaître qu'ils procèdent de l'ordre des destinées, de l'influence des astres ou de la volonté de Dieu, qui seconde la justice de nos entreprises. Cette volonté souveraine est la cause véritable de tout ce qui arrive ici-bas, et ceux qui ont assez de lumières pour suivre ses traces remarquent sans peine qu'elle rend nos affaires florissantes dans les temps où il y a abondance de bons esprits, au lieu que quand il y en a disette, elle les laisse tomber dans le pitoyable état où nous les voyons. Il faut apporter des exemples pour confirmer la vérité de ce que je dis.

Les Grecs n'ont rien fait de considérable, ni entre eux ni contre les étrangers, depuis la prise de Troie jusqu'à la bataille de Marathon. Darius les ayant alors attaqués avec une armée commandée par un grand nombre de chefs, huit mille Athéniens animés d'un courage invincible, et armés à la hâte, marchèrent avec une telle ardeur au devant de leurs ennemis, qu'ils en tuèrent quatre-vingt-dix mille sur place, chassèrent les autres de leur pays, et relevèrent extrêmement par une si mémorable victoire la fortune de la Grèce. Xercès ayant fait de plus terribles préparatifs depuis la mort de Darius, ayant soulevé toute l'Asie contre la Grèce, ayant couvert la mer de ses vaisseaux et la terre de ses armées, et, comme si ces deux élémens n'eussent pas suffi pour les contenir, ayant comblé l'Hellespont et percé le mont Athos, les Grecs, bien que saisis de frayeur, ne laissèrent pas de prendre les armes, et ayant donné deux combats sur mer, l'un à Artemise et l'autre à Salamine, remportèrent deux si célèbres victoires, que Xercès, se tenant trop heureux d'être échappé par la fuite, y perdit la plus grande partie de ses troupes dont le reste fut depuis entièrement défait à Platée; et le fruit de cette défaite fut la délivrance de ceux qui étaient prisonniers en Asie, et la prise de presque toutes les îles. Si depuis ce temps-là les Grecs étaient demeurés unis entre eux, et qu'ils se fussent contentés de l'état de leur fortune, au lieu que les Athéniens et les Lacédémoniens se disputèrent perpétuellement les uns aux autres l'empire de leur nation, ils n'auraient jamais été assujétis à aucune autre puissance. Mais la guerre du Péloponèse ayant épuisé les richesses et consumé les forces de la Grèce, Philippe tira avantage de cette faiblesse, et s'en servit pour accroître par ruse et par adresse l'état dont il avait hérité de ses pères, qui d'ailleurs n'avait rien de comparable à ceux de ses voisins. Ayant gagné par argent l'affection de ses troupes et celle de ses alliés, il se rendit si puissant, de faible qu'il était auparavant, qu'il livra bataille aux Athéniens à Chéronée. Après cette victoire, il fit sentir à tout le monde les effets de sa clémence et de sa douceur, et se prépara à faire la guerre aux Perses. Mais il fut surpris par la mort dans le temps même où il levait des troupes. Alexandre lui ayant succédé, et ayant réglé aussitôt après les affaires de la Grèce, passa en Asie à la tête d'une puissante armée, dans la troisième année de son règne. Ayant défait sans peine les satrapes qui s'opposèrent aux premiers progrès de ses armes, il marcha contre Darius, qui s'était emparé des environs de la ville d'Issus avec une armée innombrable. En étant venu aux mains avec les Perses, et ayant remporté une victoire qui surpasse toute créance, il passa en Phénicie, en Syrie et en Palestine. On peut apprendre de ceux qui ont écrit leur histoire ce qu'il fit à Tyr et à Gaza. Étant allé en Égypte, y ayant fait ses prières à Jupiter Ammon, et y ayant disposé de tout ce qui était nécessaire pour la fondation de la ville d'Alexandrie, il retourna pour terminer la guerre qu'il avait si heureusement commencée contre les Perses. Ayant trouvé les peuples affectionnés à son parti, il passa à travers la Mésopotamie, et ayant appris que Darius avait une armée beaucoup plus nombreuse que la première, il l'attaqua avec le peu de troupes qu'il avait alors, et lui ayant donné bataille proche d'Arbelles, il le mit en fuite, tailla son armée en pièces te ruina la monarchie des Perses.

Darius ayant été tué par Bessus, et Alexandre étant mort à Babylone au retour de son expédition des Indes, la monarchie de Macédoine fut divisée en plusieurs petits gouvernemens et affaiblie par des guerres continuelles. Alors la fortune ayant soumis le reste de l'Europe à la puissance des Romains, ils passèrent en Asie, tournèrent leurs armes contre Antiochus, contre les rois de Pont et contre les princes d'Égypte, et firent chaque année de nouvelles conquêtes, tant que la république fut gouvernée par les consuls, qui travaillaient à l'envi à son agrandissement et à sa gloire. Mais les guerres civiles de Marius et de Sylla, de César et de Pompée, ayant changé le gouvernement, ils déférèrent l'autorité souveraine à Auguste, sans considérer que c'était mettre l'espérance des particuliers et la fortune publique entre les mains d'un seul, qui, soit qu'il eût dessein de bien ou de mal gouverner, ne pouvait pourvoir à tous les besoins des provinces éloignées, ni choisir des gouverneurs qui répondissent toujours à ce qu'on attendait de leur probité et de leur sagesse, ni qui sussent s'accommoder aux inclinations des divers peuples. Ils ne savaient pas même s'il ne passerait point les bornes d'une puissance légitime; s'il n'affecterait point une domination tyrannique; s'il ne troublerait point l'ordre que les lois ont établi dans les fonctions des magistrats; s'il ne vendrait point la justice; s'il ne laisserait point les crimes impunis; s'il ne traiterait point ses sujets comme des esclaves, ainsi que la plupart des empereurs les ont traités; et si l'abus de son pouvoir ne serait pas la source de toutes les misères publiques. En effet, de lâches flatteurs ayant été élevés aux principales charges par des princes de cette sorte, les gens de bien qui n'étaient pas de la même humeur n'ont pu s'en voir privés sans en sentir un extrême déplaisir; ce qui a rempli les villes de confusion et de désordre en donnant les emplois à des esclaves de l'intérêt, en rendant les plus honnêtes gens inutiles, et en amollissant le courage des soldats. Ce qui est arrivé incontinent après qu'Auguste fut parvenu à l'empire ne montre que trop que ce que je dis est véritable; car ce fut alors que les danses des pantomimes dont on n'avait jamais entendu parler furent introduites par Pylade et par Bathylle, aussi bien que plusieurs autres dérèglemens qui produisirent une infinité de malheurs.

Auguste ne laissa pas de gouverner avec quelque sorte de modération, depuis surtout qu'il suivit les conseils d'Athénodore le stoïcien; mais Tibère son successeur exerça les dernières cruautés, et se rendit insupportable, jusqu'à ce qu'enfin il mourût dans une île. Caligula le surpassa en toutes sortes de crimes; mais l'empire fut délivré de sa tyrannie par la générosité de Chéréas. Claude, qui se laissait gouverner par des eunuques, ayant péri misérablement, on vit sur le trône Néron et quelques autres dont je ne veux rien dire, de peur de conserver la mémoire de leurs infâmes déportemens. Vespasien et Titus, son fils, ayant gouverné avec plus de modération, Domitien renchérit sur la cruauté, sur l'avarice et sur les débauches de tous les princes précédens, et ayant ruiné l'état l'espace de quinze ans, il en fut puni par l'affranchi Stéphanus qui le tua. De bons princes étant parvenus depuis à l'empire, savoir: Nerva, Trajan, Adrien, Antonin, Vérus et Lucius, ils réparèrent les fautes de leurs prédécesseurs, et non contens de recouvrer ce que ceux-là avaient perdu, ils firent de nouvelles conquêtes. Commode étant monté sur le trône après la mort de Marc Antonin le philosophe, son père, et y ayant non seulement exercé d'horribles cruautés, mais s'y étant abandonné à des débauches monstrueuses, il fut tué par Marcia sa concubine, qui, dans un corps de femme, avait un courage d'homme. Les soldats de la garde n'ayant pu souffrir la rigueur avec laquelle Pertinax, qui lui avait succédé, les voulait obliger à garder la discipline, ils le tuèrent et mirent l'état sur le penchant de sa ruine, par la violence avec laquelle ils usurpèrent, au préjudice du sénat, le pouvoir d'élire les empereurs. L'autorité souveraine ayant été comme exposée en vente, Didius Julianus, porté par les intrigues ambitieuses de sa femme, l'acheta par un trafic dont il n'y avait point eu d'exemple jusqu'alors, et fut conduit au palais, non par le sénat ni par les compagnies des gardes, mais par une troupe de factieux, qui le mirent à mort avec la même insolence avec laquelle ils l'avaient élevé, de sorte qu'il ne parut que comme l'ombre d'un songe. Le sénat s'étant assemblé pour élire un autre empereur, Sévère fut proclamé; mais Albin et Niger s'étant emparés en même temps de la souveraine puissance, il s'éleva une guerre civile qui divisa les villes, dont les unes soutenaient un parti, et les autres un autre. Cette guerre ayant causé un tumulte extraordinaire en Orient et en Égypte, les habitans de Byzance, qui s'étaient déclarés pour Niger, coururent un extrême hasard. Celui-ci ayant été tué bientôt après, et Albin ayant perdu l'empire avec la vie, Sévère demeura paisible possesseur de la souveraine puissance. Il s'appliqua à l'heure même à la réformation des désordres, et châtia avec beaucoup de sévérité les gens de guerre qui avaient tué Pertinax et vendu l'empire à Didius Julianus. Ayant ensuite établi un bon ordre dans les armées, il fit la guerre aux Perses et emporta par assaut les villes de Ctésiphon et de Babylone. Il ruina après cela l'Arabie, et fit divers autres exploits. Il était terrible aux méchans, et confisquait leurs biens sans rémission lorsqu'ils avaient été convaincus.

Ayant embelli quantité de villes, et se sentant proche de sa fin, il déclara Antonin et Géta, ses fils, ses successeurs, et leur nomma pour tuteur Papinien, homme très-zélé pour le bien de la justice, et qui a mieux entendu et mieux expliqué les lois romaines qu'aucun autre qui l'eût précédé ou qui l'ait suivi. étant préfet du prétoire, il devint odieux à Antonin par la seule raison qu'ayant découvert la haine qu'il portait à Géta, son frère, il l'avait empêché autant qu'il avait pu de lui tendre des pièges. Voulant donc lever cet obstacle, il fit assassiner Papinien par des soldats, et massacra ensuite son frère, quelque effort que leur mère commune fit pour le sauver. Antonin ayant été bientôt puni de ce fratricide par une mort violente, dont on n'a jamais su l'auteur, l'armée proclama à Rome Macrin, préfet du prétoire, et les troupes d'Orient proclamèrent Emisène, jeune homme qui, du côté de sa mère, était parent d'Antonin. Chaque armée ayant entrepris de soutenir son élection, l'une marcha vers Rome pour y mener Antonin, et l'autre partit d'Italie pour l'aller combattre. Le combat s'étant donné en Syrie, proche d'Antioche, Macrin fut défait et mis en fuite, et ayant été pris au détroit qui sépare Byzance de Calcédoine, il y fut tué. Antonin ayant usé insolemment de sa puissance contre ceux qui avaient suivi le parti de Macrin, et s'étant abandonné à la débauche et aux conseils de certains hommes perdus, il fut mis en pièces par les Romains, qui ne pouvaient souffrir de si horribles débordemens. Alexandre, issu de la famille de Sévère, fut élu en sa place. Comme il faisait paraître d'excellentes qualités dans une grande jeunesse, on conçut de bonnes espérances de son gouvernement, quand on vit qu'il avait donné la charge de préfet du prétoire à Flavien et à Chreste, qui avaient tous deux assez d'expérience de la guerre, et beaucoup de capacité pour toutes les autres affaires. Mais Mammée, sa mère, leur ayant donné pour collègue Ulpien, excellent jurisconsulte et grand homme d'état, les soldats, irrités de son élévation, méditèrent de se défaire de lui. Mammée ayant découvert cette trame et en ayant prévenu les auteurs, elle donna la charge de préfet du prétoire à Ulpien seul. Mais étant devenu suspect aux gens de guerre, pour des raisons dont je ne saurais rien dire de certain, parce qu'on en parle diversement, il fut tué dans une sédition, sans que l'empereur pût empêcher sa mort. Les gens de guerre ayant perdu peu à peu l'affection qu'ils avaient eue pour Alexandre, en devinrent moins prompts à exécuter ses ordres; et pour éviter le châtiment que leur négligence méritait, ils se portèrent à la révolte et entreprirent d'élever Antonin sur le trône; mais celui-ci, ne se sentant pas assez fort pour porter le poids de la souveraine puissance, s'échappa et disparut. Un certain Uranie ayant été revêtu de la robe impériale, et mené en cet équipage à Alexandre, la haine publique s'accrut contre l'empereur, qui, se voyant environné de dangers, en devint faible de corps et d'esprit, et contracta la passion de l'avarice, qui lui fit rechercher de l'argent de toutes parts pour le cacher dans le sein de sa mère.

Ses affaires étant en ce mauvais état, les armées de Pannonie et de Mœsie, qui étaient depuis long-temps mal intentionnées pour lui, se soulevèrent ouvertement et proclamèrent Maximin. Ce nouvel empereur assembla à l'heure même ses troupes, à dessein d'aller surprendre Alexandre en Italie, avant qu'il se fût préparé à le recevoir. Celui-ci ayant appris sur les bords du Rhin, où il était, la nouvelle de ce soulèvement, marcha vers Rome, et envoya offrir l'amnistie à Maximin et à ses troupes, pourvu qu'elles renonçassent à la révolte. Mais cette offre ayant été rejetée, il s'abandonna au désespoir, et se livra en quelque sorte lui-même pour être massacré. Mammée, sa mère, ayant paru avec les préfets du prétoire pour apaiser ce désordre, ils furent tués par les séditieux. Maximin ne fut pas sitôt sur le trône que tout le monde se repentit d'avoir ruiné un gouvernement modéré pour établir la tyrannie. En effet, Maximin étant d'une naissance obscure, il n'eut pas sitôt entre les mains la souveraine puissance, que la liberté qu'elle lui donnait fit paraître ses mauvaises inclinations. Il se rendit insupportable, non seulement par les outrages qu'il fit aux personnes de condition, mais par les cruautés qu'il exerça en toutes sortes d'occasions, ne prêtant l'oreille qu'à des calomniateurs qui accusaient les personnes les plus paisibles d'avoir des deniers publics, condamnant à mort des innocens, sans connaissance de cause, par une avarice inouïe, en s'emparant du bien des communautés et des particuliers. Les peuples qui relevaient de l'empire ne pouvant plus supporter la violence de ces brigandages, les Africains proclamèrent Gordien et son fils, du même nom, et envoyèrent à Rome des députés, entre lesquels était Valérien, consulaire, qui fut depuis empereur. Le sénat, ayant approuvé ce qui avait été fait en Afrique, se prépara à déposer le tyran, souleva contre lui les gens de guerre, et représenta au peuple les cruautés qu'il avait exercées, tant contre le public que contre les particuliers. Ces propositions ayant été approuvées d'un consentement général, on proposa vingt sénateurs fort expérimentés dans l'art de la guerre, parmi lesquels on choisit Balbin et Maxime pour commander les troupes. Ils s'assurèrent à l'heure même des avenues de Rome, dans la résolution de les bien défendre. Maximin s'en étant approché, à la tête de quelques troupes de Maures et de Celtes, la garnison d'Aquilée lui ferma les portes de cette ville, et l'obligea d'y mettre le siége. Mais ceux de son parti s'étant accordés avec ceux qui étaient affectionnés au bien public, il ne trouva point d'autre moyen d'éviter le danger qui le menaçait que d'envoyer son fils implorer l'assistance des soldats, et exciter leur compassion par la faiblesse de son âge. Sa présence n'ayant servi qu'à allumer leur colère avec plus de violence, ils massacrèrent le fils, et ensuite le père, dont ils portèrent la tête à Rome, pour marque de leur victoire, et y attendirent en repos l'arrivée des deux nouveaux empereurs.

Ceux-ci ayant péri en chemin par la tempête, le sénat déféra l'autorité souveraine à Gordiens, fils de l'un d'eux. Le peuple commença alors, non seulement à respirer, mais aussi à prendre le divertissement des jeux, et des combats. Mais au milieu de la joie publique, Maxime et Balbin conspirèrent secrètement contre l'empereur, et la conspiration ayant été découverte, les auteurs en furent punis avec plusieurs de leurs complices.

Les Carthaginois ayant perdu bientôt après l'affection qu'ils avaient pour l'empereur, proclamèrent Sabinien. Mais Gordien ayant soulevé les soldats d'Afrique contre lui, ils le lui livrèrent, et rentrèrent dans ses bonnes grâces par cet important service.

Dans le même temps, Gordien épousa la fille de Timisicle, homme célèbre par l'éminence de sa doctrine, et l'ayant fait préfet du prétoire, acquit en quelque sorte par cette alliance ce qui lui manquait de capacité pour bien gouverner l'empire. Sa puissance semblant assez bien établie, les nations d'Orient furent menacées d'une irruption de Perses. Sapor avait succédé à Artaxerce, qui avait ôté l'empire aux Parthes. Car Antiochus possédant la souveraineté de ces pays-là, après la mort d'Alexandre-le-Grand et de ses successeurs, Arsace, Parthe, irrité des affronts que Tiridate, son frère, avait reçus, prit les armes contre le satrape d'Antiochus, et excita les peuples à la ruine de la monarchie des Macédoniens.

Gordien ayant donc ramassé toutes ses forces pour marcher contre les Perses, et ayant remporté d'abord quelque avantage, Timisicle, préfet du prétoire, mourut, et priva l'empereur par sa mort de la confiance que les peuples avaient en sa conduite. Philippe ayant été élevé à cette charge, l'affection que les gens de guerre avaient pour l'empereur diminua peu à peu. Ce Philippe était de la nation des Arabes, qui est une méchante nation et étant parvenu par de mauvais moyens une haute fortune, au lieu de se content de l'éminente dignité qu'il possédait, il aspi à la souveraine puissance. Pour cet effet il gagna par ses caresses l'affection des soldats, qui souhaitaient du changement, et ayant vu des vaisseaux chargés de vivres pour l'armée que l'empereur avait aux environs de Carras, et de Nisibe, il leur commanda d'aller plus loin, afin que les soldats, pressés par la faim, se portassent à la révolte.

Ce conseil lui réussit de la manière qu'il l'avait souhaité; car les soldats s'étant soulevés sous prétexte que Gordien avait dessein de les faire périr par la disette, ils l'entourèrent, le mirent à mort sans respect de sa dignité, et revêtirent Philippe de la robe impériale, selon qu'ils en étaient convenus. Il fit aussitôt la paix avec Sapor, gagna les gens de guerre par des présens, marcha vers Rome, et envoya devant y publier que Gordien était mort de maladie. Quand il y fut arrivé, il flatta les principaux du sénat par d'agréables paroles, donna les premières dignités à ses proches, fit Priscus, son frère, général des armées de Syrie, et Sévérien, son gendre, général de celles de Mœsie et de Macédoine.

Croyant avoir solidement affermi par là les fondemens de sa puissance, il prit les armes contre les Carpes qui faisaient le dégât aux environs du Danube. En étant venu aux mains avec eux, et les ayant contraints de se retirer dans un fort, il y mit le siége ; mais voyant que ceux de leur parti dispersés, de côté et d'autre étaient parvenus à se rénnir, ses assiégés reprenant courage et tombèrent sur l'armée romaine, firent une sortie. Ayant néanmoins été repoussés par les Maures, ils demandèrent la paix, que Philippe leur accorda sans beaucoup de peine. Il arriva de grands désordres dans le même temps. Car les peuples d'Orient ne pouvant souffrir les vexations de Priscus qui les commandait se soulevèrent, et élurent Papien empereur. Les Mœsiens et les Pannoniens déférèrent d'un autre côté le commandement à Marin.

Philippe, épouvanté de ces troubles, supplia le sénat, ou de lui donner des forces pour les apaiser, ou de le déposer, si son gouvernement lui était désagréable. Comme personne ne lui répondait rien, Dèce, qui surpassait les autres par sa naissance, par sa dignité et par son mérite, prit la parole pour lui dire qu'il ne devait pas si fort s'étonner de ces révoltes, parce que n'ayant qu'un faible appui, elles se dissiperaient d'elles-mêmes. Ce que Dèce avait prédit par l'expérience qu'il avait des affaires arriva, Papien et Marin ayant été assez aisément enlevés du monde. Mais leur mort n'apaisa pas les inquiétudes de Philippe, et il ne laissa pas d'appréhender toujours les effets de la haine qu'il savait que les gens de guerre portaient aux gouverneurs qu'il avait établis en ces pays-là. Il pria donc Dèce d'accepter le commandement des troupes de Mœsie et de Pannonie, et comme il s'en excusait sur ce qu'il ne croyait pas que cela fût expédient ni pour l'empereur ni pour lui, il lui persuada, à la façon de Thessalie, selon le proverbe, de l'accepter, et il l'y envoya contre son inclination. Il n'y fut pas sitôt arrivé que les troupes voyant qu'il usait de sévérité envers ceux qui s'étaient éloignés de leur devoir, crurent ne pouvoir rien faire qui leur fût si avantageux que d'éviter le danger du châtiment, et d'élire un empereur, qui ayant toutes les qualités nécessaires pour bien gouverner en temps de guerre et en temps de paix, se déferait aisément de Philippe. Ces troupes ayant donc revêtu Dèce de la robe impériale, l'obligèrent d'accepter l'empire malgré l'appréhension qu'il avait du péril où il se jetait en l'acceptant. Philippe ayant appris la nouvelle de la proclamation de Dèce, assembla ses troupes pour aller le combattre. Bien que l'armée de ce dernier fût inférieure en nombre, elle ne laissa pas de fonder l'espérance de la victoire sur l'estime qu'elle avait de l'habileté et de la vigilance de son chef. Les deux armées, dont l'une avait l'avantage du nombre, et l'autre celui de l'adresse et de la science militaire, en étant venues aux mains, Philippe fut tué avec plusieurs de son parti, et avec son fils qu'il avait déclaré césar ; et ainsi Dèce demeura seul possesseur de l'autorité souveraine.

Comme la négligence de Philippe avait rempli les affaires de confusion, les Scythes en prirent occasion de passer le Tanaïs et de ravager la Thrace. Dèce les ayant vaincus en toutes les rencontres, et leur ayant arraché d'entre les mains le butin qu'ils avaient fait, il tâcha de leur fermer le passage par où ils pouvaient retourner en leurs maisons, et les exterminer de telle sorte qu'ils ne fissent plus jamais d'irruption sur les terres de l'empire. Ayant donc mis Gallus sur le bord du Tanaïs avec des troupes suffisantes pour leur barrer le passage, il alla avec les autres vers l'ennemi. Comme son entreprise était sur le point de réussir, Gallus le trahit, et envoya proposer aux Barbares de lui tendre un piège. Les Barbares ayant accepté la proposition, Gallus demeura sur le bord du Tanaïs, et quant à eux, ils se divisèrent en trois bandes. Ils placèrent la première en un endroit à l'opposite duquel il y avait un étang. Dèce ayant tué une grande partie de cette première bande, la seconde accourut pour la soutenir, mais celle-ci ayant encore été mise en déroute, la troisième parut aux environs de l'étang. Gallus manda à Dèce de le traverser pour l'aller combattre ; mais comme il ne connaissait point le pays, il s'enfonça avec son armée dans le limon, et fut à l'heure même accablé des traits des Barbares, sans que ni lui ni aucun des siens pussent s'échapper. Voilà comment il périt, après avoir fort bien gouverné l'empire.

Gallus ayant usurpé de la sorte l'empire, y ayant associé Volusien, son fils, et peu s'en fallant qu'il ne publiât qu'il avait fait périr Dèce avec son armée dans le piège qu'il lui avait tendu, les affaires des Barbares en reçurent un accroissement considérable. Il ne leur permit pas seulement de s'en retourner avec le butin qu'il avaient enlevé, mais il promit de leur payer une certaine somme par an, et il souffrit qu'ils emmenassent en captivité quantité de personnes de condition qu'ils avaient chargées de fers à la prise de Philippople, ville de Thrace.

Gallus ayant réglé de la sorte ses affaires retourna à Rome fort glorieux de la paix qu'il avait faite avec les Barbares. Au commencement, il ne parlait jamais qu'avec beaucoup d'honneur du règne de Dèce, et il adopta même son fils. Mais, dans la suite du temps, il appréhenda que quelques-uns de ceux qui aimaient les nouveautés ne rappelassent dans leur esprit la mémoire des vertus de son prédécesseur, et n'entreprissent d'élever son fils sur le trône, il lui tendit un piège pour le perdre sans avoir égard ni à l'adoption ni à l'honnêteté publique. Comme Gallus administrait l'empire avec une extrême négligence, les Scythes firent d'abord irruption sur leurs voisins, puis s'étant avancés peu à peu, ils coururent jusqu'à la mer, pillèrent tous les sujets de l'empire, prirent toutes les places qui n'étaient point fermées de murailles, et une partie de celles qui en étaient fermées. La maladie contagieuse étant survenue au milieu de ces courses, elle enleva tout ce que la fureur des armes avait épargné, et fit un plus horrible dégât qu'on n'en avait jamais vu.

Les empereurs n'ayant aucun moyen de s'opposer à ces désordres, et étant obligés d'abandonner la défense de tout ce qui était hors de Rome, les Goths, les Boranes, les Burgondes et les Carpes pillèrent l'Europe, et se rendirent maîtres de tout ce qui y était resté. Les Perses ravagèrent, d'un autre côté, l'Asie, entrèrent dans la Mésopotamie, allèrent jusqu'en Syrie et jusqu'à Antioche, la prirent, ruinèrent tous les ouvrages publics, et toutes les maisons de cette capitale d'Orient, massacrèrent une partie de ses habitans, et emmenèrent les autres en captivité. Il leur eût été aisé de conquérir toute l'Asie, s'ils n'eussent eu trop de joie d'avoir entre les mains un butin inestimable, et trop de passion de le conserver.

Les Scythes, qui possédaient cependant paisiblement ce qu'ils tenaient en Europe, ayant passé en Asie, et ayant fait des courses en Cappadoce, jusqu'à Pessinunte, et jusqu'à Éphèse, Émilien, général des troupes de Pannonie, voyant que leur courage était abattu par la prospérité des Barbares, tâcha de le relever, et de les faire souvenir de l'ancienne vertu romaine; il fondit à l'improviste sur les Barbares qui se trouvait là, en tua un grand nombre, entra dans leur pays, tailla en pièces, à l'aide de la surprise tout ce qu'il rencontra sur son passage, et, contre tout espoir, arracha à la fureur des ennemis les objets de l'empire. Cet exploit le fit proclamer empereur par ses soldats. Ayant ramassé à l'heure même tout ce qu'il avait de gens de guerre, à qui la victoire commençait à enfler le cœur, il marcha vers l'Italie, à dessein d'y combattre Gallus qui n'était pas préparé à le recevoir. Celui-ci, ne sachant rien de ce qui était arrivé en Orient, avait envoyé Valérien au-delà des monts pour lui amener promptement les légions qui étaient dans la Germanie et dans les Gaules. Émilien s'étant rendu en Italie avec une diligence extraordinaire, les troupes de Gallus firent réflexion, tant sur leur petit nombre que sur la lâcheté et l'incapacité de leur prince, le tuèrent lui et son fils, et se remirent à Émilien.

Valérien, étant retourné en Italie avec les troupes qu'il avait amenées d'au-delà des Alpes, avait dessein de donner bataille à Émilien. Mais les soldats de celui-ci l'ayant jugé incapable de soutenir le poids de l'empire se défirent de lui.

Valérien ayant été élevé par un commun suffrage à la souveraine puissance, prit tout le soin qui lui fut possible de mettre un bon ordre aux affaires de l'empire. Les Scythes et les Marcomans ayant fait irruption sur nos terres, la ville de Thessalonique courut un extrême danger. Néanmoins ceux de dedans s'étant vaillamment défendus, ils obligèrent les Barbares à lever le siège. La Grèce se trouva alors dans une horrible confusion. Les Athéniens relevèrent leurs murailles qu'on n'avait pris aucun soin de réparer, depuis que Scylla les avait ruinées. Les habitans du Péloponèse fermèrent l'Isthme, et toutes les provinces veillèrent avec une grande diligence à leur défense commune.

La vue des dangers dont l'empire était menacé de toutes parts porta Valérien à associer Galien, son fils, à la souveraine puissance. Comme il n'y avait point de partie dans son état qui ne fût remplie de troubles, il partit pour aller en Orient s'opposer aux Perses, et ayant laissé à son fils toutes les troupes entretenues en Occident, il l'exhorta à résister de tout son pouvoir aux Barbares qui le viendraient attaquer. Galien ayant remarqué qu'il n'y avait point de nation aussi formidable que celle des Germains, qui faisaient des irruptions continuelles sur les Celtes, qui habitent au bord du Rhin, résolut d'aller lui-même réprimer leur insolence, et donna ordre à d'autres chefs de s'opposer à ceux qui faisaient le dégât en Italie, en Illyrie et en Grèce. S'étant donc mis à garder le Rhin, tantôt il empêcha les Barbares de le passer, et tantôt il les combattit, lorsqu'il ne put leur en empêcher le passage. Mais parce qu'il n'avait qu'un petit nombre de troupes à opposer à une effroyable multitude, il ne trouva point d'autre moyen pour se délivrer de la perplexité où il était que de faire un traité avec le chef d'une de ces nations, qui s'opposa depuis aux irruptions des autres, et les empêcha de passer le Rhin.

Cependant les Boranes, les Goths, les Carpes, les Burgondes, peuplades barbare qui habitent au bord du Danube, couraient perpétuellement l'Italie, et l'Illyrie, et y faisaient le dégât. Les Boranes tâchèrent aussi de traverser en Asie, et y traversèrent en effet par le secours des habitans du Bosphore, qui leur fournirent des vaisseaux, bien que ce fût plutôt par l'appréhension de leurs armes que par aucune inclination pour leur parti. Tant que ces habitans furent gouvernés par des rois qui arrivaient au royaume par droit de succession, ils empêchèrent les Scythes de passer en Asie, par l'affection qu'ils portaient aux Romains, en considération de la commodité du commerce qu'ils entretenaient avec eux, et des présens qu'ils recevaient de la libéralité des empereurs. Mais depuis que la race royale fut éteinte, et que des personnes obscures se furent emparées du gouvernement, la défiance qu'ils avaient de leur faiblesse les obligea de passer les Scythes dans leurs vaisseaux; après quoi ils retournèrent dans leur pays.

Les Scythes, courant et ravageant la campagne, ceux qui habitaient le Pont au bord de la mer, se retirèrent dans les places fortes les plus avancées en terre. Les Barbares attaquèrent d'abord la ville de Pityunte, qui avait de bonnes murailles et un port fort commode. Successien qui commandait les troupes de ce pays-là, les ayant ramassées, repoussa les Barbares qui, appréhendant que les garnisons des autres places ne se joignissent à celle de Pityunte, au bruit de leur défaite, cherchèrent promptement des vaisseaux, et retournèrent chez eux avec une perte considérable. Les habitans du Pont-Euxin espéraient n'être plus incommodés par les courses des Scythes, depuis qu'ils avaient été repoussés par la valeur de Successien. Mais Valérien l'ayant rappelé pour le faire préfet du prétoire, et pour l'employer au rétablissement d'Antioche, les Scythes reparurent encore par l'assistance des habitans du Bosphore, et au lieu de les renvoyer avec leurs vaisseaux, comme ils avaient coutume, ils les retinrent, s'avancèrent vers la ville de Fase, où est le temple de Diane et le palais du roi Æètes, et n'ayant pu prendre ce temple, ils retournèrent à la ville de Pityunte.

Ayant pris la citadelle sans beaucoup de peine, et en ayant chassé la garnison, ils allèrent plus avant. Ils avaient un grand nombre de vaisseaux et faisaient ramer leurs prisonniers. La mer fut fort calme durant tout l'été, et ils eurent la navigation si heureuse, qu'ils abordèrent à Trapezonde, ville fort grande et fort peuplée, où dix mille hommes de guerre étaient entrés depuis peu, outre la garnison ordinaire. Ils en entreprirent le siège, bien qu'ils n'osassent espérer de la forcer, parce qu'elle était entourée d'une double muraille. Mais ayant reconnu que les soldats de la garnison étaient tellement plongés dans la débauche, qu'ils ne faisaient aucun devoir de se défendre, ils dressèrent, durant la nuit, des échelles qu'ils avaient préparées long-temps auparavant, et entrèrent dans la ville. Les soldats de la garnison, épouvantés par une irruption si imprévue, s'enfuirent par une autre porte, et plusieurs furent tués en fuyant. Les Barbares s'étant ainsi rendus maîtres de la ville, trouvèrent des richesses inestimables et une quantité incroyable de prisonniers; car tous les habitans des environs s'y étaient retirés, comme dans la place la plus forte du pays. Ils démolirent ensuite les temples et les plus superbes maisons, en enlevèrent tout ce qu'il y avait de riche et de précieux, ravagèrent la campagne et s'en retournèrent par mer chez eux.

Les Scythes, leurs voisins, jaloux des richesses qu'ils avaient amassées, équipèrent des vaisseaux pour faire de semblables brigandages, et se servirent pour cet effet de quantité de prisonniers et d'autres gens que la pauvreté avait amassés autour d'eux. Ils ne voulurent pas prendre le même chemin que les Boranes, tant parce que la navigation était trop longue et trop incommode de ce côté-là, que parce que le pays était tout ruiné. Ayant donc attendu l'hiver, ils marchèrent avec la plus grande diligence possible, et ayant laissé à droite le Danube, Tomis et Anchiale, ils arrivèrent au lac Phléatin, qui est près de la mer de Byzance, du côté de l'Occident, et y ayant trouvé quantité de pêcheurs, et leur ayant donné leur foi, ils mirent des troupes sur leurs barques pour traverser le détroit qui sépare Byzance de Chalcédoine; et bien que depuis Chalcédoine jusqu'au temple qui est à l'embouchure du Pont il y eût une garnison plus nombreuse et plus puissante que les Barbares, elle ne laissa pas de se dissiper, une partie de ceux qui la composaient ayant voulu aller au devant d'un général qui venait de la part de l'empereur, et l'autre ayant été saisie d'une telle frayeur qu'elle prit lâchement la fuite. Les Barbares traversèrent à l'heure même, prirent Chalcédoine sans résistance, et s'y rendirent maîtres de quantité d'argent, d'armes et de bagages.

Ils marchèrent après cela vers Nicomédie, ville fort célèbre et fort heureuse par l'abondance de ses richesses. Bien qu'au premier bruit de leur arrivée les habitans se fussent retirés avec ce qu'ils avaient de plus précieux, les Barbares ne laissèrent pas d'admirer la quantité prodigieuse des richesses qui y étaient restées, et de rendre de grands honneurs à Chyrsogone, en reconnaissance de ce qu'il leur avait conseillé d'entreprendre cette expédition. Ayant couru ensuite aux environs de Nicée, de Cio, d'Apamée et de Pruse, et y ayant fait les mêmes désordres, ils allèrent vers Cyzique; mais n'ayant pu passer le Rhyndace qui était alors extraordinairement enflé par les pluies, ils retournèrent sur leurs pas, brûlèrent Nicomédie et Nicée, et ayant mis leur butin sur des chariots et sur des vaisseaux, ils s'en retournèrent en leur pays.

Lorsque Valérien reçut la nouvelle du pitoyable état où la Bithynie avait été réduite par les incursions des Barbares, il se défiait de la fidélité des chefs de ses troupes, et n'osait confier à aucun d'eux la charge de s'opposer aux progrès des Barbares. Ayant néanmoins envoyé Félix à la ville de Byzance pour la garder, il marcha vers la Cappadoce et s'en retourna sans avoir rien fait autre chose que d'incommoder les peuples par son passage. La maladie contagieuse s'étant mise parmi les troupes, et en ayant enlevé une partie considérable, Sapor prit les armes en Orient, et réduisit tout sous sa puissance. Valérien se sentant lui-même trop lâche et trop faible pour oser espérer de rétablir les affaires de l'empire, tâcha d'acheter la paix; mais Sapor renvoya les ambassadeurs sans leur avoir rien accordé, et demanda à conférer avec l'empereur. Celui-ci s'y étant accordé par la plus grande de toutes les imprudences, alla comme pour conférer, suivi d'un petit nombre de personnes, et fut à l'heure même entouré et pris, et mourut dans les fers entre les mains des Perses, à la honte de l'empire.

Les affaires d'Orient étant si désastreuses, il ne restait plus alors de commandement légitime parmi les Romains. C'était une horrible confusion, et il n'y avait presque point de partie dans leur état qui ne fût hors de défense. Pour surcroît de malheur, les Scythes s'étaient ligués ensemble, et une partie de leur nation pillait l'Illyrie, pendant que l'autre faisait irruption en Italie, et jusqu'aux portes de Rome.

Galien étant occupé, au-delà des Alpes, à la guerre contre les Germains, le sénat fit des levées, enrôla ceux qui se trouvèrent parmi le peuple capables de porter les armes, et amassa une armée plus nombreuse que celle des Barbares. Ceux-ci ayant osé en venir aux mains se retirèrent des environs de Rome et ravagèrent presque toute l'Italie. Les Scythes ruinèrent d'un autre côté l'Illyrie, et tout l'empire fut comme exposé au pillage. La maladie contagieuse revint d'ailleurs avec plus de fureur que jamais ; et dans le temps même qu'elle désolait les villes, elle semblait rendre supportables les violences que les Barbares avaient exercées, et apporter quelque sorte de consolation à ceux qu'elle faisait mourir.

Galien, épouvanté de tant de malheurs, retourna en Italie pour en chasser les Scythes. Dans le même temps, Cécrops, Maure, Auréole, Antonin, et plusieurs autres s'étant soulevés contre lui, ils furent tous punis de leur révolte, à la réserve d'Auréole, à qui l'exemple du châtiment des autres ne put faire renoncer à la haine qu'il portait à l'empereur.

Posthume, général des troupes entretenues dans les Gaules, ayant entrepris de se soustraire à l'obéissance de l'empereur, et ayant amassé les soldats qui favorisaient sa conspiration, alla à Cologne, ville célèbre assise sur le Rhin, et y mit le siège, protestant de ne le point lever, jusqu'à ce qu'on lui eût livré Salonin, fils de Galien, qui était dedans. La garnison ayant été obligée de le lui livrer avec Silvain, son gouverneur, il les fit mourir tous deux, et se rendit maître des Gaules.

Les Scythes continuant à faire le dégât en Grèce, et ayant pris la ville d'Athènes, Galien s'avança pour aller combattre ceux d'entre eux qui étaient déjà en Thrace. A l'égard des affaires d'Orient qui étaient presque désespérées, il en donna le soin à Odenat Palmyrénien, qui avait toujours été fort estimé par les empereurs aussi bien que ses ancêtres. Aussitôt qu'il eut joint ses troupes à celles qu'il trouva en Orient, il s'opposa de tout son pouvoir à Sapor, reprit plusieurs places, et entre autres Nisibe, ville fort affectionnée au parti ennemi, et la rasa. Il s'avança ensuite par deux fois jusqu'à Ctésiphon, repoussa de telle sorte les Perses, qu'ils se tinrent fort heureux de pouvoir se sauver dans leurs villes et y conserver leurs femmes et leurs enfans, et rétablit le meilleur ordre qu'il lui fut possible dans un pays ruiné.

Comme il était à Émèse, et qu'il célébrait la solennité d'un jour natal, il y fut tué par une conspiration de ses ennemis. Zénobie, sa femme, qui avait un courage d'homme, prit le maniement des affaires, et étant soulagée par son conseil, ne travailla pas avec moins d'application ni de vigilance que son mari au rétablissement du pays.

Pendant que les affaires d'Orient étaient en cet état, et que Galien était occupé à la guerre contre les Scythes, il apprit qu'Aurélien, qui avait eu ordre de demeurer à Milan avec toute la cavalerie pour épier l'armée de Posthume, avait entrepris de troubler l'empire et de s'emparer de la souveraine puissance. Il n'eut pas sitôt appris cette fâcheuse nouvelle, qu'il laissa ses troupes à Marcien, homme fort expérimenté dans la guerre, pour continuer celle qu'il avait commencée contre les Scythes, et qu'il partit pour l'Italie. Pendant que Marcien faisait la guerre avec un succès fort heureux, Galien tomba durant son voyage dans le piège que je vais dire. Héraclien, préfet du prétoire, conspira avec Claude, le plus considérable de l'empire, de se défaire de Galien ; et ayant trouvé un homme de main, capitaine d'une compagnie de Dalmates, ils le chargèrent de l'exécution de leur entreprise. Celui-ci étant debout au souper de l'empereur, lui dit qu'il était arrivé un espion qui avait rapporté qu'Auréole était près de là sous les armes. L'empereur, étonné de cette nouvelle, monta à l'heure même à cheval et commanda aux gens de guerre de le suivre. Le capitaine voyant qu'il n'avait point de gardes autour de lui, le perce et le tue.

Les soldats ayant eu ordre de leurs chefs de se tenir en repos, Claude se mit en possession de l'autorité souveraine qui lui avait déjà été déférée d'un commun accord. Auréole qui avait secoué depuis long-temps le joug de la domination de Galien, se soumit à l'obéissance de Claude; mais il ne fut pas si tôt entre ses mains, que les soldats le tuèrent en haine de sa révolte.

En ce temps-là, les Scythes enflés de l'heureux succès des incursions dont nous avons parlé, se joignirent aux Éruliens, aux Peuces et aux Goths, et s'étant assemblés aux environs du fleuve Tyra, qui se décharge dans le Pont, ils construisirent six mille vaisseaux, et mirent dessus trois cent vingt mille hommes. Ils attaquèrent d'abord la ville de Tomis sans la pouvoir prendre. S'étant approchés de Marcianopole, ville de Mœsie, et en ayant pareillement été repoussés, ils furent portés plus loin par un vent assez favorable. Mais lorsqu'ils furent à l'endroit le plus étroit de la Propontide, leurs vaisseaux, vu le grand nombre, ne pouvant supporter la rapidité de la marée, se heurtèrent avec violence les uns contre les autres, sans que les pilotes pussent manier le gouvernail. Plusieurs coulèrent à fond et périrent; plusieurs autres, tant vides que pleins d'hommes, arrivèrent au bord en pitoyable équipage. Cette disgrâce les obligea de s'éloigner des détroits de la Propontide, et de faire voile vers Cyzique; mais en étant partis sans y avoir rien fait, ils voguèrent le long de l'Hellespont, jusqu'au mont Athos, et ayant radoubé leurs vaisseaux en cet endroit-là, ils assiégèrent les villes de Cassandrée et de Thessalonique. Ils employèrent assez heureusement diverses machines, si bien que peu s'en fallut qu'ils ne prissent ces deux villes. Mais sur le bruit que l'empereur marchait à la tête de ses troupes, ils s'avancèrent au milieu des terres, et firent le dégât près de Dobère et de Pélagonie, où ils perdirent trois mille hommes qui avaient rencontré la cavalerie de Dalmatie. Le reste donna combat aux troupes de l'empereur. Plusieurs furent tués d'abord de côté et d'autre; puis les Romains prirent la fuite. Étant néanmoins retournés à la charge par des chemins presque inaccessibles, ils tuèrent cinquante mille Barbares. Une bande de Scythes ayant cotoyé la Thessalie et la Grèce, y exercèrent quelques brigandages, et en emmenèrent des prisonniers, sans oser former aucun siège, parce ce que les villes étaient entourées de bonnes murailles, et pourvues de tout ce qui était nécessaire à leur défense.

Pendant que les Scythes étaient dispersés de la sorte, et qu'ils perdaient sans cesse un grand nombre de leurs gens, Zénobie eut le courage d'envoyer Zabdas en Égypte, à dessein d'en conquérir le royaume par le moyen d'un Égyptien nommé Timagène. Ayant amassé une armée de Palmyréniens, de Syriens et d'autres Barbares, au nombre de soixante-dix mille, elle l'envoya contre les Égyptiens, qui n'étaient que cinquante mille. Le combat fut rude; mais les Palmyréniens remportèrent la victoire, et laissèrent en Égypte une garnison de cinq mille hommes.

Probus qui avait reçu ordre de l'empereur de purger la mer de pirates, ne sut pas plus tôt que les Palmyréniens s'étaient emparés de l'Égypte, qu'il joignit ce qu'il avait de troupes à celles du pays, qui n'étaient point de la faction des Palmyréniens, et chassa leur garnison. Les Palmyréniens ayant fait de nouvelles levées, et Probus ayant amassé d'autres troupes d'Égypte et d'Afrique, les Palmyréniens furent défaits et chassés. Probus s'étant emparé d'une montagne qui est proche de Babylone, et ayant bouché aux ennemis le chemin de Syrie, Timagène, qui connaissait parfaitement le pays, monta sur la montagne à la tête de deux mille hommes, et ayant surpris les Égyptiens, les défit, et prit Probus, qui se tua lui-même par désespoir.

L'Égypte étant tombée de la sorte sous le

puissance des Palmyréniens, les Scythes qui étaient restés après la bataille donnée entre Claude, proche de Naïsse, se retirèrent avec leurs chariots en Macédoine, où ils perdirent, faute de vivres, un grand nombre d'hommes et de bêtes. La cavalerie Romaine ayant fondu sur eux, et en ayant taillé en pièces une partie considérable, contraignit le reste de se retirer vers le mont Hémus. Les Barbares entourés en cet endroit-là par les Romains y perdirent encore un grand nombre de leurs gens; mais une légère division étant survenue entre la cavalerie et l'infanterie de l'armée Romaine, et l'empereur ayant jugé à propos que la dernière attaquât les Barbares, elle fut défaite; mais la cavalerie étant accourue à son secours, elle remporta un avantage qui rendit la première perte peu sensible. Les Scythes s'étant retirés, les Romains les poursuivirent. Les Barbares cotoyèrent Crète et Rhodes, et s'en retournèrent en leurs pays, sans avoir rien fait de remarquable. Mais ayant tous été frappés de la maladie contagieuse, les uns moururent en Thrace, et les autres en Macédoine. De ceux qui guérirent, il y en eut qui prirent parti parmi les troupes des Romains, et les autres, renonçant à la profession des armes, s'adonnèrent à labourer les terres qui leur avaient été assignées pour leur subsistance.

La même maladie ayant aussi attaqué les Romains, plusieurs de leur armée moururent; et Claude, prince doué de toutes sortes de vertus, mourut lui-même, et fut fort regretté par ses sujets.

Quintile, son frère, fut proclamé en sa place. Mais n'ayant survécu que peu de mois sans avoir rien fait de considérable, Aurélien monta sur le trône de l'empire. Quelques historiens ont écrit qu'aussitôt que la proclamation d'Aurélien fut sue par les amis de Quintile, ils lui conseillèrent de céder la souveraine puissance à un homme qui la méritait mieux que lui; que, suivant leur conseil, il se fit ouvrir la veine, et laissa couler le sang jusqu'à ce qu'il mourut de défaillance.

Dès qu'Aurélien eut affermi les fondemens de la puissance souveraine, il partit de Rome pour aller à Aquilée, et de là il alla en Pannonie pour la garantir des incursions des Scythes, qu'il savait la devoir venir bientôt attaquer. Il envoya avertir les habitans de serrer dans les villes leurs grains et leurs bestiaux, ce qu'il faisait pour accroître la disette où étaient les ennemis. Les Barbares ayant passé la rivière, il y eût combat en Pannonie. Mais la nuit survint, et rendit la victoire douteuse. Les Barbares ayant repassé le fleuve, envoyèrent à la pointe du jour demander la paix.

L'empereur ayant appris que les Allemands et d'autres nations voisines avaient dessein de faire irruption en Italie, le désir qu'il avait de conserver Rome et les lieux des environs, l'obligea à partir de Pannonie, après y avoir laissé quelques troupes pour la défendre. Ayant donné combat aux Barbares proche du Danube, il en tailla en pièces plusieurs mille. Quelques-uns du sénat ayant été convaincus en ce temps-là d'avoir conspiré contre l'empereur, furent punis de mort. Rome fut alors ceinte de murailles, au lieu qu'elle n'en avait point auparavant. L'ouvrage fut commencé sous l'empire d'Aurélien et achevé sous celui de Probus.

On reconnut dans le même temps qu'Épitime, Urbain et Domitien excitaient des troubles, et on les châtia comme ils le méritaient.

Les affaires d'Italie et de Pannonie étant en cet état, il prit envie à l'empereur de mener une armée contre les Palmyréniens qui étaient déjà maîtres de l'Égypte et de l'Orient jusqu'à Ancyre, ville de Galatie, et qui méditaient de s'emparer de la Bythinie, jusqu'à Chalcédoine, si les habitans de ce pays-là n'eussent refusé de se soumettre au moment qu'ils surent qu'Aurélien était parvenu à l'empire. L'empereur s'étant donc avancé avec son armée jusqu'à Ancyre, la réduisit à son obéissance, puis Tyane et toutes les autres jusqu'à Antioche, où était Zénobie avec une puissante armée. Il se prépara courageusement au combat. Mais ayant remarqué que la cavalerie des Palmyréniens était plus avantageusement armée et plus expérimentée que la sienne, il plaça son infanterie au-delà de l'Oronte, et commanda à sa cavalerie de n'en pas venir aux mains avec celle des Palymréniens qui était toute fraîche, mais de faire semblant de fuir et de se retirer, jusqu'à ce qu'ils vissent que les chevaux fussent las, et et qu'ils ne les pussent plus poursuivre, tant à cause de l'excès de la chaleur que de la pesanteur des armes. La cavalerie romaine attendit, suivant cet ordre de l'empereur, que les Palmyréniens fussent las et comme immobiles, et alors, ayant tourné bride, ils les renversèrent; écrasèrent les uns sous les pieds de leurs chevaux, et percèrent les autres avec leurs épées.

Ceux qui purent s'échapper de la défaite étant rentrés à Antioche, Zabdas, général de l'armée de Zénobie, appréhendant que les habitans ne se déclarassent contre lui, au bruit de la victoire des Romains, prit un vieillard qui commençait à grisonner, lui mit un habit semblable à celui qu'Aurélien portait dans les combats, et le promena en cet équipage au milieu de la ville, pour faire croire au peuple qu'il avait pris l'empereur. Ce stratagème lui ayant réussi, il sortit la nuit suivante d'Antioche, avec ce qui lui était resté de troupes et avec Zénobie, et se retira à Émèse. L'empereur avait dessein de se mettre à la tête de son infanterie dès la pointe du jour, et de fondre sur les ennemis, qui étaient déjà en déroute. Mais quand il sut que Zénobie s'était retirée, il entra dans Antioche, où il fut reçu avec joie par les habitans. Ayant appris que plusieurs d'entre eux ne s'étaient enfuis que par l'appréhension d'être mal traités, pour avoir suivi le parti de Zénobie, il fit publier et afficher partout qu'ils pouvaient retourner, et qu'il imputait ce qui s'était passé à la nécessité où ils s'étaient trouvés, et non à leur inclination. Étant donc retournés en foule dans leur ville, ils y furent favorablement accueillis par l'empereur. Dès qu'il y eut donné les ordres qu'il jugea nécessaires, il en partit pour aller à Émèse. Ayant trouvé qu'une bande de Palmyréniens s'étaient emparés d'une hauteur qui est au dessus du bourg de Daphné, dans la croyance que cette assiette boucherait le passage aux Romains, il commanda à ses soldats de serrer leurs rangs, de se couvrir de leurs boucliers, et de monter sur la hauteur en repoussant par leur bon ordre et par la fermeté de leurs bataillons les traits et les pierres qu'on pourrait jeter sur eux. Ils exécutèrent ce commandement avec une ardeur sans pareille. Dès qu'ils furent sur la hauteur ils se trouvèrent égaux aux Palmyréniens; incontinent après ils furent les plus forts et les mirent en fuite, de telle sorte que les uns tombèrent dans des précipices, et les autres furent percés par les épées de leurs ennemis. Cette victoire rendit le passage libre et sûr à l'armée romaine, qui était ravie d'être conduite par l'empereur. Il fut reçu à Apamée, à Larisse et à Arétuse. Quand il vit l'armée des Palmyréniens rangée dans une plaine hors d'Émèse, qu'elle montait à soixante et dix mille combattans, et qu'elle était composée tant de Palmyréniens que de toute sorte d'étrangers qui avaient suivi leur parti, il rangea aussi la sienne, dans laquelle il y avait des Dalmates à cheval, des Mœsiens, des Pannoniens, des Noriciens et des Rètes, troupes entre tenues dans les Gaules. Il y avait aussi des compagnies de l'empereur, parmi lesquelles il n'y avait que des hommes choisis. Il y avait des Maures à cheval, des troupes de Tyane, de Mésopotamie, de Syrie, de Phénicie, de Palestine, qui, outre les armes ordinaires, portaient des bâtons et des massues. Les deux armées en étant venues aux mains, la cavalerie romaine sembla un peu plier, mais c'est en effet qu'elle se détournait de peur d'être enveloppée par celle des Palmyréniens, qui était la plus nombreuse. Ceux-ci ayant rompu leurs rangs pour poursuivre les fuyards, le stratagème des Romains leur réussit mal, car ils se trouvèrent les plus faibles et perdirent un si grand nombre de leur cavalerie, que l'espérance de la victoire n'était plus fondée que sur la valeur des gens de pied. En effet, ayant vu que la cavalerie des Palmyréniens avait rompu ses rangs pour poursuivre les fuyards ils l'attaquèrent dans le désordre où elle était, et en firent un grand carnage, tant avec les armes ordinaires qu'avec les bâtons et les masses des soldats de Palestine, qui ne contribuèrent pas peu au gain de la bataille. Les Palmyréniens ayant pris ouvertement la fuite, les uns furent écrasés par leurs compagnons et les autres tués par les Romains. La campagne fut couverte d'hommes et de chevaux, et ceux qui purent s'échapper se retirèrent dans la ville. Zénobie, sensiblement affligée de la défaite de son armée, tint conseil pour délibérer sur l'état présent de ses affaires. L'avis commun des chefs fut d'abandonner Émèse, dont les habitans s'étaient déclarés pour le parti des Romains, et de se retirer à Palmyre pour y chercher à loisir les moyens de pourvoir à leur sûreté. Cette résolution ne fut pas plus tôt prise qu'exécutée.

Aurélien ayant appris la fuite de Zénobie, entra dans la ville d'Emèse, dont les habitans le reçurent fort volontiers. Il s'empara des richesses que Zénobie n'avait pu emporter, et prit le chemin de Palmyre. Quand il y fut arrivé, il y mit le siége, et tira des peuples d'alentour les provisions nécessaires pour la subsistance de son camp. Les Palmyréniens avaient l'insolence de faire de sanglantes railleries de l'empereur, comme s'il eût attaqué une place imprenable. Un d'eux n'ayant pas même épargné sa personne, un Persan lui dit : Seigneur, si vous voulez, vous verrez incontinent mort, à vos pieds, cet insolent qui vous outrage. L'empereur lui ayant témoigné qu'il en serait bien aise, le Persan fit avancer quelquques soldats devant lui pour le couvrir, et tira avec son arc sur celui qui vomissait des injures, et qui était avancé sur un créneau de la muraille, le perça de part en part et le fit tomber mort en présence de l'empereur et de l'armée.

Les assiégés se défendirent vaillamment dans l'espérance que la disette des vivres obligerait les assiégeans à se retirer. Mais quand ils virent qu'ils continuaient le siége, et quand ils se sentirent eux-mêmes pressés par la faim, ils résolurent de s'enfuir vers l'Euphrate, et d'implorer le secours des Perses. Ayant pris cette résolution, ils mirent Zénobie sur un chameau qui surpassait les chevaux en vitesse, et l'emmenèrent hors de la ville.

L'empereur, fâché qu'elle lui fût échappée, envoya avec sa diligence ordinaire de la cavalerie la poursuivre. Ceux qu'il avait envoyés, l'ayant trouvée qui s'était déjà embarquée sur l'Euphrate, la lui amenèrent. Il eut beaucoup de joie de la voir entre ses mains. Cette joie-là fut néanmoins tempérée par la pensée que la prise d'une femme n'était pas un exploit digne de son ambition, ni qui pût rendre son nom fort célèbre à l'avenir. Après la prise de cette princesse, les habitans se trouvèrent partagés, les uns étant d'avis d'exposer leur vie pour la conservation de leur ville, et de se défendre jusqu'à la dernière extrémité, et les autres en étant venus aux supplications, et ayant demandé pardon du haut de leurs murailles, l'empereur écouta favorablement leurs prières, leur promit de leur pardonner ; après quoi ils lui apportèrent des présens et des victimes qu'il reçut, et les renvoya sans leur avoir fait de mal.

Quand il se vit ainsi maître de la ville, il en prit les richesses et retourna à Émèse, où il fit amener Zénobie devant lui avec ceux qui avaient favorisé sa révolte.

Elle s'excusa sur la faiblesse de son sexe, et rejeta la faute de ce qui s'était passé, sur ceux qui lui avaient donné de mauvais conseils. Elle accusa entre autres Longin, qui a laissé des écrits si utiles à ceux qui aiment les belles lettres. Ayant été convaincu, il fut condamné à la mort, qu'il souffrit avec une fermeté qui consola ceux-mêmes qui déploraient son malheur. Plusieurs autres accusés furent punis de la même sorte.

Je crois devoir rapporter ici ce qui arriva avant la défaite des Palmyréniens, bien que ce soit un récit un peu éloigné du dessein que je me suis proposé en écrivant cette histoire, et que j'ai déclaré dans la préface. Car Polybe ayant montré en combien peu de temps les Romains ont acquis un grand empire, je montrerai en combien peu de temps ils l'ont perdu par leur faute. Mais je ne le montrerai pas si tôt. Les Palmyréniens s'étant rendus maîtres d'une partie considérable de l'empire romain, comme nous l'avons vu, la destruction de leur puissance fut prédite par plusieurs oracles. Il y avait à Séleucie, ville de Cilicie, un temple dédié à Apollon le Sarpédonien, où il rendait des réponses à ceux qui le consultaient. On dit que les habitans étant incommodés par des sauterelles, il leur donna des séleuciades (ce sont des oiseaux du voisinage), qui poursuivirent les sauterelles, et en tuèrent en un moment une quantité incroyable. Les hommes de ce siècle se sont rendus indignes de la continuation d'une faveur si signalée. Les Palmyréniens ayant consulté cet oracle pour savoir s'ils obtiendraient l'empire d'Orient, il leur répondit en ces termes:

Sortez de mon palais, imposteurs odieux,
Et ne revenez plus importuner les dieux.

Quelques-uns l'ayant consulté, touchant le succès de l'expédition d'Aurélien, il répondit:

Que le vol du faucon fait trembler les pigeons.

Voici encore une autre chose qui arriva aux Palmyréniens. Il y a, entre Héliopole et Biblos, un lieu nommé Aphaca, où s'élève un temple dédié à Vénus l'Aphacitide. Proche de ce temple est un lac fait en forme de citerne. Toutes les fois qu'on s'assemble dans ce temple, on voit aux environs, dans l'air, des globes de feu, et ce prodige à été encore observé de nos jours. Ceux qui y vont portent à la déesse des présens en or et en argent, en étoffes de lin, de soie et d'autres matières précieuses, et les mettent sur le lac. Quand ils sont agréables à la déesse, ils vont au fond, et cela arrive aux étoffes les plus légères, au lieu que quand ils lui déplaisent, ils nagent sur l'eau, malgré la pesanteur naturelle des métaux. Les Palmyréniens étant allés en ce temple un jour de fête, un peu avant la ruine de leur nation, et ayant porté sur le lac quantité de présens en or, en argent et en étoffes, ces offrandes allèrent au fond, mais l'année suivante en ayant encore porté de semblables, elles demeurèrent au dessus de l'eau, ce qui était un présage manifeste de ce qui leur devait arriver. Voilà les marques que les Romains reçurent de la bonté des dieux, tant qu'ils observèrent religieusement les cérémonies de leur culte. Lorsque je serai arrivé au temps de la décadence de l'empire,

j'en marquerai la cause, autant qu'il me sera possible, et je produirai les oracles qui la découvrent et qui la font reconnaître. Il est temps de retourner maintenant au lieu d'où je suis parti, de peur de perdre la suite de mon histoire.

Pendant le retour d'Aurélien en Europe où il ramenait Zénobie, le fils de cette princesse, et tous ceux qui avaient eu part à sa révolte, on dit qu'elle mourut, soit de maladie, ou pour n'avoir point voulu prendre de nourriture, et que les autres, excepté son fils, furent noyés dans le détroit de Bysance et de Chalcédoine.

Pendant le même voyage, on reçut la nouvelle que quelques-uns des Palmyréniens qui étaient demeurés dans leur pays, avaient tâché, par le ministère d'Apsée qui, déjà auparavant, avait été l'auteur de leur soulèvement, de persuader à Marcellin, gouverneur de la Mésopotamie, de s'emparer de l'autorité souveraine; et que nonobstant ses refus et ses remises, ils l'avaient si fort importuné qu'il avait été obligé de mander leur entreprise à l'empereur; qu'alors les Palmyréniens avaient revêtu Antiochus de la robe impériale, et demeuraient en armes aux environs de Palmyre. Aurélien partit à l'heure même pour retourner en Orient. Étant entré à Antioche pendant qu'on y célébrait des jeux, et ayant fort étonné le peuple par sa présence qui n'était point attendue, il marcha vers Palmyre. Ayant pris cette ville sans combat, et l'ayant ruinée, il méprisa si fort Antiochus, que de le renvoyer sans daigner le punir Ayant remis sous son obéissance, avec une promptitude incroyable, les habitans d'Alexandrie qui commençaient à se soulever, il rentra à Rome en triomphe, où il fut reçu avec un merveilleux concours du sénat et du peuple. Il bâtit un superbe temple en l'honneur du Soleil, l'enrichit des ornemens qu'il avait apportés de Palmyre, et il y érigea la statue de ce dieu, et celle de Bel. Dans le même temps, il réprima sans peine Tétrique et quelques autres, qui avaient eu l'insolence de se révolter, et les châtia comme ils le méritaient. Il fit faire une nouvelle monnaie, et pour purger le commerce des fausses pièces qui s'y étaient répandues, il obligea le peuple de les rapporter. Après cela il fit l'honneur au peuple de lui faire distribuer du pain, et après avoir donné ordre à toutes choses, il partit de Rome.

Pendant qu'il était à Périnthe qu'on appelle maintenant Héraclée, il y eut une conspiration contre lui. Il y avait à la cour un homme nommé Éros, que l'empereur avait fait son secrétaire. L'ayant un jour menacé de le châtier de quelque faute qu'il avait commise, celui-ci, appréhendant l'effet de cette menace, s'adressa aux gardes qu'il connaissait les plus courageux; et leur ayant montré de fausses lettres de l'empereur, dont il y avait longtemps qu'il savait contrefaire l'écriture, par lesquelles il semblait qu'il eût dessein de les faire périr, il leur conseilla de le prévenir et de se sauver en le tuant. Ils l'épièrent donc comme il sortait de Périnthe avec un trop petit nombre de gardes, fondirent sur lui l'épée à la main et le percèrent de plusieurs coups. L'armée l'enterra au même lieu avec beaucoup de magnificence, en considération des exploits qu'il avait faits, et des périls qu'il avait courus pour l'intérêt de l'empire.

Tacite lui ayant succédé, les Scythes passèrent le Palus-Méotide et firent un dégât considérable jusqu'en Cilicie. Ce prince leur fit la guerre et en tua un grand nombre, tant par lui-même, que par Florien, préfet du prétoire, à qui il donna ses troupes pour revenir en Europe. Dès qu'il y fut de retour, il y fut accablé par une conspiration dont je ferai le récit. Il avait donné le gouvernement de Syrie à Maximin, son parent. Celui-ci excita, par la dureté de son gouvernement, la crainte et la jalousie des principaux du pays. Cette jalousie et cette crainte firent naître la haine dans leur cœur, et les porta à attenter à sa vie. L'entreprise ayant été communiquée à ceux qui avaient tué Aurélien, ils tuèrent aussi Maximin, et, à l'heure même, ayant poursuivi Tacite qui faisait décamper ses troupes, ils le massacrèrent.

Sa mort fut suivie d'une guerre civile, les peuples d'Orient ayant élu Probus empereur, et les Romains ayant proclamé Florien. Probus était maître de la Syrie, de la Phénicie, de la Palestine et de toute l'Égypte, et Florien l'était des pays qui s'étendent depuis la Cilicie jusqu'à l'Italie. Il était reconnu outre cela par les Gaulois, par les Espagnols, par les habitans de la grande Bretagne, par les Africains et par les Maures.

Ces deux prétendans ayant pris les armes, Florien laissa imparfaite la victoire qu'il avait remportée sur les Scythes dans le Bosphore, et bien qu'ils fussent enveloppés de toutes parts, il leur permit de s'en retourner en leur pays, et alla à Tarse. Probus crut devoir user de longueurs, parce que son armée était la plus faible. Mais durant ces remise, les chaleurs excessives auxquelles les troupes de Florien, qui avaient été levées en Europe n'étaient point accoutumées, en firent mourir une grande partie; de sorte que Probus résolut alors de combattre le reste. Les soldats de Florien ayant paru avec un courage au dessus de leurs forces, il y eut de légères escarmouches, qui ne furent suivies d'aucun exploit considérable. Après cela quelques-uns du parti de Probus se saisirent de Florien, lui ôtèrent la robe impériale, et le gardèrent quelque temps. Mais les siens ayant dit que cela se faisait contre l'intention de Probus, ils la lui rendirent, jusqu'à ce que Probus ayant envoyé un ordre exprès, il fut tué par les siens.

Dès que Probus fut possesseur paisible de la puissance absolue, il alla plus loin, et signala le commencement de son règne par une action fort louable, qui fut le châtiment de ceux qui avaient massacré Aurélien et Tacite. Il ne voulut pas néanmoins les faire exécuter publiquement, de peur d'exciter quelque tumulte, mais il les invita à un festin, et quand ils y furent, il se retira dans une galerie, d'où il donna un signal auquel ceux qu'il avait posés en embuscade les massacrèrent, à la réserve d'un d'entre eux qui, ayant été arrêté depuis, fut brûlé vif, comme le principal auteur de tout le mal.

Après cela Saturnin, maure de nation, à qui Probus avait confié le gouvernement de

Syrie, manqua à la fidélité qu'il lui devait, et se révolta contre lui. Mais les troupes d'Orient étouffèrent son entreprise par sa mort.

Une autre sédition s'étant émue en grande Bretagne, Probus l'apaisa par le ministère de Victorin, maure de nation, à la prière duquel il avait donné le gouvernement de cette île à l'auteur du désordre. Ayant donc mandé Victorin, il lui reprocha la faute qu'il avait faite de lui donner un si mauvais conseil, et le chargea de la réparer. Celui-ci étant allé en diligence en Grande-Bretagne se défit par adresse du traître qui aspirait à la souveraine puissance.

Il remporta ensuite la victoire sur les Barbares en deux guerres, dont il fit une par lui-même, et l'autre par un général qu'il nomma. Quelques villes de Germanie au delà du Rhin, ayant été incommodées par les courses des peuples qui habitent sur les bords de ce fleuve, il alla les secourir. La famine s'étant jointe à la guerre, il tomba une pluie prodigieuse, où il y avait des grains de blé mêlés avec les gouttes d'eau. L'étonnement empêcha d'abord les gens de guerre de se servir de ces grains pour apaiser la faim qui les pressait, mais la nécessité plus forte que la crainte les ayant obligés d'en faire du pain, ils s'en nourrirent, et remportèrent la victoire sous les auspices de l'empereur. Il termina fort heureusement d'autres guerres sans beaucoup de peine. Il donna de grands combats aux Logions, nation de Germanie, qui habite au-delà du Rhin, et les ayant vaincus, il prit Semnon, leur chef, vif avec son fils. Il s'accorda ensuite avec eux, et ayant retiré les prisonniers, et le butin qu'ils avaient pris, il mit Semnon et son fils en liberté. Il donna un autre combat contre les Francs et ayant emporté sur eux la victoire par ses capitaines, il en vint lui-même aux mains avec les Bourguignons et les Vandales. Ayant vu que ses troupes étaient diminuées, il résolut de ne combattre qu'une partie des ennemis, en quoi il trouva la fortune favorable à son dessein; car les deux armées étant sur les deux bords du fleuve, les Romains présentèrent le combat aux Barbares. Ceux-ci ayant voulu le passer, furent ou tués ou pris. Ceux qui restèrent ayant demandé composition, elle leur fut accordée, à la charge qu'ils rendraient le butin et les prisonniers. Mais l'empereur, irrité de ce qu'ils n'en avaient rendu qu'une partie, fondit sur eux comme ils se retiraient, en tua un grand nombre, et prit Igille, leur chef. Il envoya en Grande-Bretagne les prisonniers qu'il avait pris en cette guerre, et leur donna des terres de cette île pour les habiter. Il tira d'eux de bons services toutes les fois que les anciens habitans entreprirent de se soulever.

Il ne faut pas oublier ce qui se passa en ce temps-là à l'égard des Isauriens. Lydius, Isaurien de nation, homme accoutumé au brigandage, ayant amassé une troupe de gens semblables à lui, courut et pilla la Pamphylie et la Lycie. Les troupes s'étant assemblées pour prendre ces voleurs, ils se retirèrent dans Cremne, ville de Lycie, assise sur une hauteur, et entourée d'un côté de vallées fort profondes. Le chef de ces voleurs s'étant vu assiégé dans cette place, en abattit les maisons sema du blé pour nourrir ceux de dedans, et en chassa toutes les bouches inutiles. Les Romains les ayant repoussés dans la ville, il les précipita dans les vallées et dans les fondrières. Il fit un canal d'une admirable structure, qui s'étendait sous terre, depuis la ville jusqu'au-delà du camp des assiégeans, par où il fit entrer dans la ville des bestiaux et d'autres vivres pour nourrir ses gens, jusqu'à ce qu'une femme en eut donné avis aux Romains. Lydius n'en perdit pas pour cela courage; mais il diminua le vin à ses gens et leur donna un peu moins de pain. Les provisions lui ayant enfin manqué, nonobstant toutes ces précautions, il se défit de tous ceux qui ne lui étaient pas nécessaires pour la défense de la ville, et ne retint qu'un petit nombre de femmes, qui demeurèrent pour l'usage commun de tous les hommes.

Ayant ainsi résolu d'essuyer toute sorte de dangers, voici ce qui arriva. Il avait auprès de ui un excellent ingénieur qui était si adroit à tirer qu'il ne manquait jamais de frapper celui à qui il visait. Lydius lui ayant commandé un jour de tirer sur un des assiégeans, il le manqua par hasard ou à dessein, en haine de quoi Lydius le fit dépouiller et fustiger, et le menaça de le faire mourir. L'ingénieur indigné de ce mauvais traitement et appréhendant l'avenir, trouva le moyen de s'échapper, et s'étant réfugié au camp des Romains, leur raconta ce qu'il avait fait et ce qu'il avait souffert, et leur montra une embrasure par où Lydius avait coutume de regarder ce qui se passait dans leur camp, et leur promit de tirer sur lui lorsqu'il y regarderait selon sa coutume. Le chef des Romains l'ayant reçu, il plaça sa machine, et mit quelques soldats devant lui, pour le couvrir de peur qu'il ne fût reconnu par les assiégés; et dès que Lydius parut, il lui tira un coup mortel. Lydius, tout blessé qu'il était, exerça d'horribles cruautés contre quelques-uns de ses gens, exhorta les autres à ne se point rendre, et mourut. Ne pouvant plus néanmoins soutenir le siège, ils se rendirent, et telle fut la fin de ce brigandage.

Ptolémaïs, ville de la Thébaïde, s'étant soustraite à l'obéissance de l'empereur, et ayant pris les armes, fut rangée à son devoir par d'excellens chefs, aussi bien que les Blemmiens qui avaient favorisé sa révolte. Probus accorda aux Basternes, Scythes de nation, des terres en Thrace où ils vivent encore aujourd'hui à la façon des Romains.

Quelques Francs étant venus lui demander des terres, une partie d'entre eux ayant trouvé des vaisseaux troublèrent le repos de la Grèce. Ils passèrent jusqu'en Sicile, et ayant attaqué la ville de Syracuse, ils y firent un grand carnage. Ayant même abordé en Afrique, et ayant été repoussés par des troupes envoyés de Carthage, ils furent assez heureux pour se retirer et pour s'en retourner sans avoir souffert aucun dommage. Quatre-vingts gladiateurs ayant tué leurs gardes, coururent par la ville, et étant fortifiés par plusieurs autres, ils pillèrent tout ce qui se présenta devant eux. Mais l'empereur envoya des troupes qui réprimèrent leur insolence. Comme il gouvernait l'empire avec beaucoup d'équité et de justice . . . . (¹).

LIVRE SECOND.

. . . .
(²) parce que la plus longue vie des hommes embrasse l'intervalle de cette solennité. Les Romains appellent Siècle ce que les Grecs appellent Age. Ces jeux servent à apaiser la peste et les autres maladies. Voici quelle fut l'occasion de leur établissement. Valèse, de qui la famille des Valériens est descendue, était célèbre parmi les Sabins. Il avait devant sa maison un bois de haute futaie qui fut frappé de la foudre et réduit en cendres. Comme il faisait réflexion sur ce terrible effet du tonnerre, et qu'il était en peine de savoir quel présage ce pouvait être, ses enfans furent attaqués d'une maladie contre laquelle, le secours de la médecine étant impuissans, il eut recours aux devins. Ceux-ci ayant répondu que la manière dont le feu était tombé était une marque certaine de la colère des dieux, il offrit des sacrifices pour les apaiser. Comme lui et sa femme étaient agités d'une grande crainte, et qu'ils n'attendaient que le moment de la mort de leurs enfans, il se prosterna devant Proserpine et lui promit de lui donner sa vie et celle de sa femme pour conserver celle de ses enfans. Comme il regar-

1 Ici se trouve une lacune dans le texte grec.

dait du côté du bois qui avait été frappé de la foudre, il lui sembla entendre une voix qui lui commandait de mener ses enfans à Tarente, et quand il y serait, d'y faire chauffer de l'eau du Tibre sur le foyer de Pluton et de Proserpine, et de la donner à boire à ses enfans. Cette réponse augmenta son désespoir; car Tarente es à l'extrémité de l'Italie et loin du Tibre. D'ailleurs il prenait pour un fort mauvais présage ce qu'on lui avait commandé de faire chauffer l'eau sur l'autel des dieux souterrains. Les devins ne sachant que lui dire ni que penser, il entendit encore la même voix, et crut devoir obéir aux dieux. Il mit donc ses enfans dans une barque, sans prendre de feu avec lui Comme ses enfans mouraient de chaleur, il se mit à l'endroit du fleuve où son cours était plus doux et plus tranquille. S'étant approché avec eux de la cabane d'un paysan, et apprenant qu'on appelait Tarente le lieu ou il était, il reconnut l'accomplissement de l'oracle, et y étant descendu, il adora les dieux, raconta à son hôte tout ce qui lui était arrivé, fit chauffer de l'eau du Tibre, et la donna à boire à ses enfans qui s'endormirent à l'heure même et s'éveillèrent après en bonne santé. Ils furent avertis en songe par un homme qui leur semblait fort vénérable de sacrifier des victimes noires dans le champ de Mars en l'honneur de Pluton et de Proserpine. Quand ils eurent rapporté leur songe à leur père, il fit creuser dans le même lieu, et en creusant on trouva un autel sur lequel ces mots étaient écrits: à Pluton et à Proserpine. Ayant ainsi reconnu clairement ce qu'il devait faire, il sacrifia des victimes noires sur cet autel et y passa toute la nuit. Voilà de quelle manière cet autel fut trouvé, et ces sacrifices furent établis.

Au commencement de la guerre d'entre Rome et Albe, il parut un homme monstrueux, couvert d'une peau noire qui commanda de sacrifier sous terre des bœufs à Pluton et à Proserpine avant d'en venir aux mains, et à l'heure même il disparut. Les Romains étonnés de ce prodige dressèrent un autel sous terre, y firent des sacrifices, et cachèrent l'autel vingt pieds dans la terre, afin que personne n'en eût connaissance. Valèse l'ayant trouvé, ayant sacrifié dessus et ayant passé la nuit alentour, il fut appelé Manius Valère Tarentin; car, dans la langue des Romains *manes* signifie dieux souterrains, et *v..lere* signifie se bien porter. Il fut aussi appelé Tarentin à cause du sacrifice qu'il avait présenté à Tarente. La maladie contagieuse ayant affligé les Romains long-temps depuis, et la première année après que les rois eurent été chassés de Rome, Publius Valérius Publicola sacrifia sur le même autel un bœuf et une vache noire à Pluton et à Proserpine; et la ville ayant été délivrée de la maladie, il grava sur l'autel cette inscription: Publius Valérius Publicola a consacré le feu du champ de Mars à Pluton et à Proserpine, et a institué des jeux en leur honneur pour la délivrance du peuple romain. Des maladies et des guerres étant survenues, en l'année 352 de la fondation de Rome, le sénat ne trouva point d'autre moyen de s'en délivrer, que de faire consulter les livres des sibylles. Ceux à qui cette fonction appartenait ayant rapporté qu'il fallait faire des sacrifices à Pluton et à Proserpine, on chercha le lieu, et on y sacrifia sous le quatrième consulat de M. Potitus; et la ville ayant été soulagée, on cacha l'autel, comme auparavant, à l'extrémité du champ de Mars. Ces sacrifices ayant été discontinués quelque espace de temps, et diverses calamités étant survenues, Auguste célébra les jeux sous le consulai de L. Censorinus et de C. Sabinus, après qu'Atéius Capito en eut expliqué les cérémonies et que les quindécemvirs, auxquels il appartenait de garder les oracles des Sibylles, en eurent marqué le temps. Ces jeux avaient été célébrés auparavant sous le consulat de L. Censorius et de M. Manlius Puelius. L'empereur Claude les célébra depuis sans observer exactement le nombre des années. Domitien sans s'arrêter à ce que Claude avait fait, compta les années depuis Auguste, et sembla observer la loi avec plus de rigueur. Cent dix ans après, Sévère les rétablit avec Antonin et Géta, ses fils, sous le consulat de Chilon et de Libon. Voici comme il est écrit que ces jeux se doivent célébrer. Les hérauts vont partout inviter à un spectacle qu'on n'a jamais vu et qu'on ne verra plus jamais. Au temps de la moisson, peu de jours avant la célébration des jeux, les quindécemvirs étant assis au lieu le plus élevé du capitole, distribuent au peuple des flambeaux, du soufre et du bitume, matières qui servent aux expiations. Il n'y a que les personnes libres qui y participent, les esclaves en sont exclus. Le peuple étant assemblé dans les lieux que nous avons dit, et dans le temple de Diane, qui est sur le mont Aventin, chacun y porte du blé, de l'orge et des fèves, et y passe la nuit en l'honneur des parques avec toute sorte d'honnêteté et de gravité. Lorsque le temps de la fête est arrivé, laquelle on célèbre durant trois jours et durant autant de nuits, on offre les victimes à Tarente, sur le bord du Tibre. Les dieux auxquels on sacrifie sont : Jupiter, Junon, Apollon, Latone, Diane, les Parques, les Lucines, Cérès, Pluton et Proserpine. A la seconde heure de la première nuit des jeux, l'empereur immole avec les quindécemvirs trois agneaux sur trois autels dressés au bord du fleuve; et, ayant arrosé les autels avec du sang, il brûle les victimes entières. La scène étant préparée comme un théâtre, on allume des flambeaux et des buchers, on chante une hymne nouvellement composée, et on célèbre les jeux. Ceux qui les célèbrent ont pour récompense les prémices des fruits, du blé, de l'orge et des fèves qu'on distribue au peuple, comme je l'ai déjà dit. Le second jour on monte au capitole, et après les sacrifices ordinaires, on vient au théâtre et on y célèbre les jeux en l'honneur d'Apollon et de Diane. Le troisième jour les dames de qualité s'assemblent dans le capitole à l'heure marquée par l'oracle, font leurs prières et chantent des hymnes. Le troisième jour vingt-sept jeunes hommes et autant de jeunes filles, tous dans la fleur du bonheur aussi bien que de la jeunesse, c'est-à-dire qui ont tous leur père et leur mère vivans, chantent des hymnes en grec et en latin dans le temple d'Apollon, par lesquelles les villes et les provinces sont maintenues sous l'obéissance de l'empire. On observait encore quelques autres cérémonies selon l'ordre que l'on en avait reçu des dieux, et tant que l'on les a observées notre état n'a point eu de disgrâce, ni souffert de perte. Pour justifier que ce que je dis est véritable, je n'ai qu'à rapporter l'oracle de la Sibylle, que d'autres ont déjà rapporté avant moi.

> Au bout de cent dix ans dont le cercle renferme
> De l'âge des humains presque le plus long terme,
> Souvenez-vous, Romains, de présenter aux dieux
> Des sacrifices saints qui plaisent à leurs yeux.
> Souvenez vous surtout, plus que d'aucune chose,
> Dans le champ que le Tibre de son eau vive arrose,
> D'élever aux grands dieux de superbes autels,
> Aux grands dieux honorés du titre d'immortels.
> Lorsque dessous les eaux le brillant œil du monde
> Aura comme éclipsé sa lumière féconde,
> Des chèvres, des agneaux offerts dévotement
> Aux parques qui sont nés de l'humide élément.
> Présentez à Lucine un juste sacrifice,
> Qui la rende à vos vœux favorable et propice.
> Immolez un porc noir, avec de chastes mains,
> A la terre, des dieux la mère et des humains ;
> Quand le jour aura pris sa nouvelle naissance,
> Adorez de Jup'n la céleste puissance,
> De Junon, de Phébus et des divinités,
> Dont la blanche victime attire les bontés.
> Que les jeunes garçons et que les jeunes filles,
> Ces tendres rejetons, ces sources des familles,
> Chantent des airs charmans et des concerts divers,
> En l'honneur de ces dieux qui règlent l'univers.
> Mais qu'ils chantent à part, sans qu'on puisse confondre,
> La fille et le garçon qui veulent se repondre ;
> Que nul n'y soit trouvé de ceux à qui le sort
> De leurs parens perdus a fait pleurer la mort.
> Que celle qui jouit d'un heureux hyménée,
> A l'autel de Junon humblement prosternée,
> Attire de ses vœux, par l'ardente ferveur,
> Sur les sexes divers la divine faveur.
> Que chacun à l'autel apporte les prémices,
> Qui du céleste esprit font les saintes délices.
> Ainsi des dieux contens tu gagneras le cœur,
> Et des peuples voisins tu seras le vainqueur.

Si ces saintes cérémonies avaient été religieusement observées ainsi que l'oracle l'ordonnait, l'empire Romain aurait conservé sa puissance sur tout le monde qui nous est connu; mais parce qu'elles ont été négligées, depuis que Dioclétien se fut démis de l'autorité souveraine, il s'est diminué peu à peu, et est tombé sous la domination des Barbares, comme il m'est aisé de le justifier par l'ordre des temps. Il y a cent et un an depuis le consulat de Chilon et de Libon, durant lequel l'empereur Sévère donna les jeux séculiers, jusqu'à ce que Dioclétien fut consul pour la neuvième fois, et Maximien pour la huitième. Ce fut alors que Dioclétien renonça à la puissance souveraine pour se réduire à une condition privée, et que Maximien suivit son exemple. Mais les cent dix ans après lesquels cette solennité devait être renouvelée furent accomplis au troisième consulat de Constantin, et de Licinius. Le peu de soin que ce prince eut de la célébrer est la véritable cause du mauvais état où nos affaires sont réduites.

Dioclétien mourut trois ans après. Constance et Maximien Galère, qui étaient déjà parvenus à l'empire, déclarèrent Sévère et Maximin césars; ce dernier était fils de la sœur de Galère et ils assignèrent l'Italie à Sévère, et l'Orient à Maximin. Nos affaires étaient dans un état florissant, et les victoires que nous avions remportées sur les Barbares les obligeaient à se tenir en repos, lorsque Constantin né de Constance et d'une femme qu'il n'avait point épousée selon les lois, aspirant depuis long-temps à l'empire, et brûlant d'un désir plus violent de le posséder, depuis que Sévère et Maximin avaient été honorés du titre de césars, se résolut d'aller chercher son père au de là des Alpes, et jusques en la Grande-Bretagne, où il était alors. Comme il appréhendait d'être arrêté en chemin, parce que la passion qu'il avait d'usurper la souveraine puissance était déjà toute publique, à chaque poste qu'il faisait, il coupait les jarrets aux chevaux dont il s'était servi, et à tous les autres qui étaient entretenus des deniers publics, et coupait en même temps le chemin à ceux qui le poursuivaient pendant qu'il approchait toujours de son père.

L'empereur Constance étant mort dans le même temps, les compagnies de ses gardes jugèrent qu'aucun de ses fils légitimes ne méritait de posséder l'empire, au lieu que Constantin avait de fort bonnes qualités; et étant d'ailleurs gagnés par des promesses, ils lui donnèrent la qualité de césar. Lorsque son portrait fut exposé à Rome selon la coutume, Maxence, fils de Maximien Herculius, ne put voir sans une extrême douleur que Constantin, qui venait d'une mère de basse condition, montât sur le trône, pendant que lui, qui était fils d'un empereur, serait frustré du droit qu'il avait à la couronne. Il se servit dans cette entreprise des tribuns Marcellien et Marcel, et de Lucien, dont la fonction était de distribuer au peuple des chairs de porc, aux dépens du public; et s'étant encore assuré des compagnies des gardes auxquels il avait fait de grands présens, il se fit proclamer empereur. Leur premier exploit fut le meurtre d'Abellius, qui occupant la charge de préfet de la ville de Rome, avait voulu traverser leur dessein. Au premier bruit de cette proclamation, Maximien Galère envoya Sévère combattre Maxence. Mais celui-ci ayant corrompu par argent les Maures avec lesquels il était parti de Milan, et les autres troupes, et ayant de plus gagné l'affection d'Anullin, préfet du prétoire, il le défit sans peine. Sévère se sauva à Ravenne, ville forte, populeuse, et remplie des provisions nécessaires pour la subsistance d'une armée. Maximien Herculius appréhendant pour Maxence son fils, partit de la Lucanie où il était, et s'approcha de Ravenne. Jugeant bien que cette ville était trop forte et trop bien pourvue de toute sorte de munitions pour obliger Sévère à en sortir malgré lui, il le trompa par les sermens, et le fit aller à Rome. Il tomba dans un piège que Maxence lui avait dressé sur le chemin, près d'un endroit nommé les Trois Tavernes, et ayant été pris, il fut étranglé. Maximien Galère partit un peu après d'Orient pour venger sa mort, mais quand il fut en Italie il conçut de justes soupçons de l'infidélité des gens de guerre, et s'en retourna sans avoir livré de combat.

Maximien Herculius étant fâché de la guerre civile qui troublait le repos de l'empire, alla trouver Dioclétien qui était alors à Chartres, ville des Gaules, et tâcha de lui persuader de reprendre le gouvernement de l'empire qu'il avait conservé par tant de travaux, plutôt que de le laisser ruiner par l'ambition d'une jeunesse emportée. Mais Dioclétien ayant préféré le repos de sa retraite aux inquiétudes du gouvernement, et ayant peut-être prévu par la lumière de sa piété la confusion où l'état était près de tomber, Maximien alla jusqu'à Ravenne, et de là retourna au-delà des Alpes pour conférer avec Constantin. Comme il était défiant et perfide de son naturel, il lui promit de lui donner en mariage Fauste, sa fille, et ayant dessein de le tromper, il lui conseilla de poursuivre Maximien Galère qui se retirait d'Italie, et de tendre un piége à Maxence. L'ayant trouvé assez disposé à suivre son conseil, il eut envie de remonter sur le trône, dans l'espérance de s'y maintenir par la mauvaise intelligence qu'il ferait naître entre Constantin, son gendre, et Maxence, son fils.

Pendant qu'il tramait cette trahison, Maximien Galère entreprit d'élever sur le trône Licine, avec qui il était uni par une ancienne amitié, et de se servir de lui pour faire la guerre à Maxence. Mais étant mort d'une blessure incurable, dans le temps qu'il roulait ce dessein dans son esprit, Licine s'empara de la souveraine puissance. Maximien Herculius voulant remonter sur le trône, comme je viens de le dire, tâcha de débaucher les soldats de Maxence; mais celui-ci ayant conservé leur affection par ses présens et par ses prières, il tendit un piége à Constantin, son gendre, pour le perdre, et Fauste sa fille l'ayant découvert, il mourut à Tarse de regret de manquer ainsi ses entreprises.

Maxence ayant évité ce piége, et croyant sa puissance bien affermie, envoya son portrait en Afrique, et à Carthage. Les gens de guerre qui étaient dans le pays empêchèrent qu'il ne fût proposé en public, à cause de l'affection qu'ils avaient portée à Maximien Galère, et de la vénération qu'ils conservaient pour sa mémoire. Mais ayant jugé en même temps que Maxence ne manquerait pas de se venger de la désobéissance avec laquelle ils avaient contrevenu à ses ordres, ils se retirèrent à Alexandrie, où ayant trouvé des troupes auxquelles ils ne pouvaient résister, ils retournèrent par mer à Carthage.

Maxence, irrité de leur insolence, se résolut de passer en Afrique pour la réprimer. Mais les aruspices ayant fait des sacrifices, et ayant rapporté que les dieux n'étaient pas favorables à cette expédition, il n'osa l'entreprendre; d'ailleurs, il appréhendait qu'Alexandre, qui était lieutenant du préfet du prétoire d'Afrique, ne s'opposât à son passage. Voulant donc s'assurer qu'il ne lui serait point contraire, il envoya lui demander en otage son fils, qui était un jeune homme de fort bonne mine. Alexandre, se doutant qu'il lui demandait son fils, non pour le tenir en otage, mais pour exercer contre lui quelque perfidie, refusa de le donner. Maxence ayant depuis envoyé des gens pour le tuer en trahison, et leur dessein ayant été découvert, les gens de guerre se mutinèrent, et revêtirent Alexandre de la robe impériale, bien qu'il fût Phyrgien de nation, timide et lâche de son naturel, et avancé en âge.

Le feu ayant pris à Rome, soit que ce fût un feu du ciel ou un feu de la terre, car cela est incertain, le temple de la Fortune en fut consumé. Dans la foule de ceux qui étaient accourus pour l'éteindre, un soldat ayant vomi des blasphèmes contre la déesse, et le zèle du peuple ayant puni de mort le soldat, les gens de guerre prirent les armes, et il eût été à craindre qu'ils ne ruinassent la ville, si Maxence n'eût apaisé leur fureur. Il ne cherchait cependant qu'un prétexte de faire la guerre à Constantin, et il lui fut aisé de le trouver en l'accusant d'être cause de la mort de son père. Il eut dessein de prendre le chemin du pays des Rètes, par la considération que ces peuples sont entre la Gaule et l'Illyrie: car il se figurait qu'il se rendrait maître de l'Illyrie, et de la Dalmatie, par l'intelligence qu'il avait avec les officiers et les soldats des troupes de Licinius. Il voulut néanmoins avant toutes choses donner ordre aux affaires d'Afrique. Ayant donc fait des levées, il en donna le commandement à Rufius Volusien, préfet du prétoire, et il envoya encore avec lui Zéna, homme célèbre, tant par l'expérience qu'il avait de la guerre, que par la douceur de son naturel. Les troupes d'Alexandre ayant lâché pied au premier choc, il prit lui même, la fuite et ayant été pris parmi les autres vaincus, il fut étranglé.

Cette guerre ayant été terminée de la sorte, les dénonciateurs eurent une liberté effrénée d'accuser toutes les personnes les plus remarquables, ou par l'éminence de leur naissance, ou par la grandeur de leurs richesses, d'avoir favorisé le parti d'Alexandre. On ne faisait point de grâces aux accusés, et on ôtait le bien à ceux à qui on n'ôtait point la vie. On triompha à Rome des maux de Carthage.

Maxence, qui en était l'auteur, fit de l'Italie le théâtre de ses cruautés et de ses débauches.

Il y avait long-temps que Constantin se défiait de lui, mais il se prépara alors à le combattre. Il fit des levées en tous les pays qu'il avait réduits à son obéissance : en Germanie, en Gaule, en Grande-Bretagne, et amassa jusqu'à quatre-vingt mille hommes de pied, et jusqu'à huit mille chevaux. Il passa en Italie par les Alpes, sans exercer aucun acte d'hostilité contre les villes qui se rendaient d'elles-mêmes, et ruina celles qui osèrent lui résister.

Maxence avait une armée beaucoup plus nombreuse. Rome et l'Italie lui avaient fourni quatre-vingt mille hommes; Carthage, et l'Afrique, quarante mille. La Sicile en avait aussi fourni un nombre considérable, si bien qu'il avait sous ses enseignes cent soixante-dix mille hommes d'infanterie, et dix-huit mille de cavalerie.

Ayant chacun une armée si considérable, Maxence fit construire un pont sur le Tibre, lequel au lieu de toucher d'un bord à l'autre, était comme divisé en deux parties par le milieu; et ces deux parties étaient jointes ensemble par des chevilles de fer, qu'on ôtait toutes les fois qu'on les voulait séparer. Maxence commanda aux ouvriers d'ôter les chevilles, lorsque l'armée de Constantin voudrait marcher sur le pont.

Constantin s'avança jusqu'à Rome, et se plaça dans une campagne fort vaste, et fort propre à ranger la cavalerie. Maxence demeura dans la ville où il offrit des sacrifices, fit consulter les entrailles des victimes, et lire les livres des Sybilles. Ayant trouvé qu'il était prédit que celui qui travaillait à la ruine de l'empire périrait d'une mort funeste, il expliqua de lui même cette prédiction, comme s'il eut dû repousser ceux qui venaient attaquer Rome. Mais la vérité parut par l'événement; car Maxence ayant fait sortir son armée hors de Rome, et ayant passé le pont qu'il avait fait construire, une multitude incroyable de chauves-souris vola sur les murailles. Constantin commanda à l'heure même à ses gens de prendre leurs rangs, et dès que les deux armées furent en présence, il donna le signal à la cavalerie de commencer l'attaque. Elle fondit avec une telle vigueur sur celle de Maxence qu'elle la mit en déroute. Son infanterie combattit aussi en bon ordre aussitôt qu'il en eut donné le signal. Le combat fut fort rude; les troupes d'Italie et de Rome pourtant s'y portèrent sans ardeur, par le désir qu'elles avaient d'être délivrées de la domination tyrannique de Maxence. Les autres firent assez bien leur devoir, et il en mourut une quantité incroyable, qui furent écrasés par les chevaux, ou percés par l'infanterie. Tant que la cavalerie de Maxence combattit, il lui resta quelque espérance, mais dès qu'elle eut plié, il prit la fuite comme les autres, par le pont, vers la ville; et le pont s'étant rompu, il tomba au fond du Tibre.

Lorsque la nouvelle de cette victoire fut apportée à Rome, personne n'osa en témoigner sa joie, de peur qu'elle ne se trouvât fausse; Mais quand on vit la tête de Maxence au haut d'une lance, chacun la fit éclater ouvertement.

Constantin, après un si heureux succès de ses armes, fit mourir quelques-uns des amis de Maxence, réforma les compagnies des gardes prétoriennes ruina le camp où ils avaient accoutumé de se retirer, et ayant donné ordre aux affaires de Rome, s'en alla dans les Gaules. Ayant mandé Licinius à Milan, il lui donna Constance, sa sœur, en mariage, laquelle il lui avait promise auparavant, pour l'engager à se déclarer pour son parti contre Maxence. Après quoi il continua son voyage des Gaules.

La guerre civile s'étant échauffée entre Licinius et Maximin, et les deux partis ayant donné bataille en Illyrie, Licinius sembla d'abord avoir du désavantage; mais ayant repris courage, il poursuivit Maximin, qui étant allé en Orient pour passer ensuite en Égypte à dessein d'y lever des troupes, mourut à Tarse.

La souveraine puissance étant ainsi tombée entre les mains de Constantin et de Licinius, la mauvaise intelligence se mit bientôt entre eux, non par la faute de Licinius, mais par la perfidie de Constantin qui, selon sa coutume, n'observait pas les traités de bonne foi, et qui voulait usurper des nations qui relevaient de Licinius. En étant venus à une rupture ouverte, ils amassèrent tous deux leurs troupes, et se préparèrent au combat. Licinius assembla les siennes à Cibalis, qui est une ville de Pannonie, assise sur une hauteur. On y entre par un chemin fort étroit, à côté duquel est un lac fort profond, et une montagne au dessus de laquelle est une hauteur où la ville est assise; au dessous s'étend une vaste plaine, où Licinius rangea son armée en long, afin que les aîles en fussent plus fortes. Constantin rangea la sienne sur la montagne, et mit la cavalerie, à la tête, pour soutenir le choc des ennemis, que l'infanterie n'aurait peut-être pu soutenir, à cause du désavantage de l'assiette. A l'heure même il fit lever les étendards et commença l'attaque. Elle fut une des plus furieuses qui ait jamais été. Après que les deux armées eurent lancé quantité de traits, elles commencèrent à combattre avec les javelots, depuis le matin jusqu'au soir, et l'aile que Constantin commandait demeura victorieuse. Les troupes de Licinius déjà en désordre, lorsqu'elles virent leur chef monté à cheval à dessein de prendre la fuite, se débandèrent, sans s'arrêter un moment pour manger; et ayant seulement emporté autant de vivres qu'il leur en fallait pour passer la nuit suivante, elles se retirèrent avec lui à Sirmium, ville de Pannonie, où une petite rivière se décharge dans le Danube. Licinius ayant rompu le pont de cette rivière, alla plus loin, à dessein de faire de nouvelles levées en Thrace. Constantin s'empara de Cibalis et de Sirmium, et se rendit maître de tout ce que Licinius avait abandonné en laissant le champ de bataille, et envoya cinq mille hommes le poursuivre; mais parce qu'ils ne savaient quel chemin il avait pris, ils ne le purent joindre. Constantin ayant refait le pont que Licinius avait abattu, le suivit avec son armée, entra dans la Thrace et arriva à une plaine où il était campé. Il commanda à ses soldats de se tenir prêts pour combattre le jour suivant. Ce jour-là étant arrivé, Licinius ayant découvert l'armée de Constantin, rangea la sienne en bataille, avec Valens qu'il avait déclaré césar depuis qu'il avait fui de Cibalis. Les deux armées tirèrent d'abord quantité de traits, mais lorsque les carquois furent épuisés, ils se servirent de la lance et du poignard. Comme les deux partis combattaient fort vaillamment, les cinq mille que Constantin avait envoyés poursuivre Licinius survinrent, et descendirent d'une hauteur pour se joindre au reste de leur parti, et pour envelopper les ennemis de toutes parts. L'armée de Licinius s'étant défendue avec une valeur incroyable, et plusieurs ayant été tués de côté et d'autre, les deux partis se séparèrent au signal qui fut donné. Le jour suivant ils firent un accord par lequel Constantin devait avoir l'Illyrie, et tout ce qui est au-delà, et Licinius, la Thrace et l'Orient, et par lequel Valens que Licinius avait déclaré césar devait être privé de sa dignité comme l'auteur de leur division. Cet accord ayant été confirmé par des sermens réciproques, afin qu'il fût plus inviolable, Crispe que Constantin avait eu d'une concubine nommée Minervine, un autre fils nommé Constantin qui lui était né depuis peu de jours à Arles, et un fils de Licinius, âgé de près de vingt mois, furent déclarés césar, et ainsi la seconde guerre fut terminée.

Constantin ayant appris que les Sarmates, qui habitent près la Méotide, avaient traversé le Danube et qu'ils faisaient le dégât sur ses terres, mena ses troupes contre eux. Les Barbares vinrent au devant de lui sous la conduite de Rausimode, leur roi, et attaquèrent une ville, où il y avait assez bonne garnison, et dont les murailles étaient de pierres par le bas et de bois par le haut. Ils s'imaginaient qu'il leur serait aisé de s'en rendre maîtres s'ils pouvaient brûler le haut des murailles, qui était de bois, et pour cet effet ils approchèrent du feu et tirèrent sur ceux qui les défendaient. Ceux-ci de leur côté lancèrent de haut en bas un grand nombre de traits et de pierres, dont ils tuèrent un grand nombre de Barbares. Constantin étant survenu dans le même temps en fit passer plusieurs par le fil de l'épée, en fit encore prisonniers un plus grand nombre et mit le reste en fuite. Rausimode ayant ainsi perdu la plus grande partie de ses gens, remonta sur ses vaisseaux et repassa le Danube, dans la résolution de faire une autre fois du dégât sur les terres de l'empire. Constantin en ayant été averti, les suivit, passa le Danube après eux, les attaqua sur une hauteur couverte d'une épaisse forêt, en tua un grand nombre, et entre autres Rausimode. Les autres lui ayant demandé composition, il les fit prisonniers, et s'en retourna dans son palais.

Les ayant distribués dans les villes de l'empire, il alla à Thessalonique, où il fit faire un port au lieu qu'il n'y en avait jamais eu, et il se prépara à recommencer la guerre contre Licinius. Il fit équiper deux cents vaisseaux, dont chacun avait trente rames, et plus de deux mille barques propres à porter le bagage. Il leva cent vingt mille hommes d'infanterie et dix mille de cavalerie.

Licinius ayant appris ce grand appareil envoya commander à divers peuples de lui équiper des vaisseaux et de lui lever des troupes. Les Égyptiens lui fournirent à l'heure même quatre-vingts galères, les Phéniciens pareil nombre, les Ioniens et les Doriens soixante, les habitans de Chypre trente, les Cariens vingt, les Bithyniens trente, les Africains cinquante. Il avait près de cent cinquante mille hommes d'infanterie et quinze mille de cavalerie, qui avaient été levés en Phrygie et en Cappadoce. La flotte de Constantin était au Pirée, et celle de Licinius à l'Hellespont. Les deux armées de terre étaient campées l'une à Andrinople et l'autre à Thessalonique. Constantin ayant fait sortir sa flotte hors du Pirée conduisit son armée de terre le long de l'Èbre, qui arrose Andrinople du côté gauche. Licinius ayant rangé la sienne depuis la montagne qui commande la ville jusqu'à deux cents stades au dessous de l'endroit où le Ténare se joint à l'Èbre, les deux armées furent durant plusieurs jours en présence l'une de l'autre, sans rien entreprendre. Constantin, ayant remarqué l'endroit où le fleuve était le plus étroit, commanda à ses troupes de couper des arbres dans la forêt et de les apporter sur le bord avec des cordages, afin que les ennemis crussent qu'il avait dessein de faire un pont. Les ayant ainsi trompés, il monta sur une hauteur couverte de bois, y chassa cinq mille hommes d'infanterie avec quatre-vingts chevaux. Ayant pris après cela douze cavaliers, il passa l'Èbre à un endroit où il était guéable, fondit à l'improviste sur les ennemis et les mit en déroute. Le reste de la cavalerie et toute l'armée étant passée sans résistance, il y eut un si grand carnage que trente-quatre mille hommes demeurèrent morts sur la place. Licinius ayant rallié quelques-uns des siens s'enfuit en Thrace, à dessein de monter sur sa flotte.

Dès que le jour suivant parut, les soldats de Licinius, qui s'étaient enfuis sur les montagnes ou dans les vallées, se rendirent à Constantin; et à l'heure même il poursuivit Licinius et l'assiégea dans Byzance, où il s'était retiré. Il manda aussi sa flotte qui était partie du Pirée et était déjà arrivée en Macédoine, et la fit avancer à l'embouchure de l'Hellespont. Lorsqu'elle fut arrivée, les chefs qui la commandaient résolurent de donner bataille seulement, avec quatre-vingts vaisseaux qui étaient chacun de trente rames, parce que l'endroit était étroit. Abante, général de l'armée navale de Licinius, avait deux cents navires, méprisait le petit nombre de la flotte de Constantin, et se persuadait qu'il lui serait aisé de l'entourer. Le signal ayant été donné, les pilotes de l'armée de Constantin commencèrent l'attaque en bon ordre, au lieu qu'Abante, poussant ses vaisseaux en confusion, les brisa les uns contre les autres et donna le moyen aux ennemis de les faire couler à fond. Plusieurs soldats ayant été noyés, la nuit termina le combat. Les uns se retirèrent à Éléunte, ville de Thrace, les autres au port d'Ajax. Le jour suivant, un vent de septentrion s'étant élevé, Abante sortit du port d'Ajax et se prépara au combat. Les navires à trente rames étant arrivés de l'embouchure de l'Hellespont à la ville d'Éléunte, Abante ne savait s'il devait leur donner combat. Sur le midi, le vent de septentrion s'abaissa, et un vent de Midi s'étant levé poussa une partie de la flotte de Licinius contre le rivage d'Asie, en brisa une autre partie contre les rochers, et en submergea une autre partie, de sorte que cent trente vaisseaux et cinq mille hommes périrent en cette occasion. Licinius s'était servi de ces vaisseaux là pour faire passer une partie de ses troupes de Thrace en Asie, de peur que si elles fussent demeurées à Byzance le siége n'en eût été plus difficile à soutenir. Abante ayant fui en Asie avec quatre vaisseaux, et quantité de provisions étant arrivées par l'Hellespont à la flotte de Constantin, elle s'approcha de Byzance pour favoriser l'armée qui tenait cette ville assiégée par terre. L'infanterie de Licinius n'ayant pu seulement supporter la vue de cette flotte, se retira par mer à la ville d'Éléunte. Constantin pressait cependant le siége de Byzance, et ayant élevé une plate-forme de même hauteur que les murailles, il mit dessus des tours de bois, d'où il était aisé de tirer sur la garnison et de favoriser les efforts de ceux qui amenaient cependant des béliers et d'autres machines au pied des murailles. Licinius, ne sachant comment la défendre, se résolut d'y laisser la plus faible partie de ses troupes et de se sauver à Chalcédoine avec tout ce qu'il avait dans son armée de plus considérable et de plus affectionné à son service. Il se figurait qu'il pourrait alors faire des levées en Asie et donner un nouveau combat. Étant donc arrivé en Chalcédoine, il déclara césar Martinien qui commandait auparavant les troupes destinées à la garde du palais, en qualité de maître des offices, comme les Romains l'appellent, et qui était alors le compagnon de ses travaux et de ses dangers, et l'envoya à Lampsaque avec des troupes pour empêcher que les ennemis ne passassent de Thrace en Hellespont; et pour lui il rangea sur les hauteurs qui sont aux environs des détroits de Chalcédoine ce qu'il avait de gens de guerre.

Constantin ayant un grand nombre de vaisseaux tant marchands que de guerre, et appréhendant que ses vaisseaux marchands ne fussent trop pesans pour aborder au rivage de Bithynie, en fit construire de légers en diligence ; et ayant fait voile vers le Promontoire sacré, qui est à l'embouchure du Pont à deux cents stades de Chalcédoine, il y fit prendre terre à son armée et la rangea en bataille. Licinius avait essuyé trop de dangers pour s'étonner de voir que les ennemis étaient maîtres de la Bithynie. Il manda donc Martinien de Lampsaque ; et ayant relevé le courage de ses soldats par la promesse qu'il leur fit de les commander en personne, il les rangea en bataille, et les mena hors de la ville contre les ennemis qui étaient préparés à les recevoir. Il y eut un rude combat entre Chalcédoine et le sacré Promontoire, dans lequel l'armée de Constantin remporta un si notable avantage que de cent trente mille hommes que Licinius avait sous les armes, à peine en resta-t-il trente mille. Après une victoire si signalée, les habitans de Byzance ouvrirent leurs portes à Constantin, et le reçurent dans leur ville. Ceux de Calcédoine suivirent le même exemple. Licinius se retira à Nicomédie avec ce qui lui restait de cavalerie et un fort petit nombre d'infanterie.

En ce temps-là, Hormisdas perse, issu du sang royal, se réfugia vers Constantin. Comme le roi son père célébrait son jour natal, selon la coutume des Perses, il entra dans le palais, avec une grande quantité de gibier qu'il avait pris à la chasse. Ceux qui avaient été invités à cette solennité ne s'étant point levés, comme ils devaient, pour le saluer, il en entra en si grande colère qu'il les menaça de les châtier du supplice de Marsyas. Plusieurs n'entendirent pas sa menace parce que l'histoire de Marsyas est une histoire étrangère. Mais un Persan qui l'avait apprise en Phrygie, où il avait voyagé, en fit le récit aux autres. Ils la gravèrent si avant dans leur mémoire qu'ils ne manquèrent pas de s'en souvenir lorsque le roi fut mort. Alors donc ils élevèrent son second fils sur le trône, contre la loi du royaume, se saisirent d'Hormisdas, et, l'ayant enchaîné l'enfermèrent dans un fort sur une colline, près de leur ville. Quelque temps après sa femme trouva moyen de le sauver. Elle mit une lime dans le ventre d'un grand poisson, et le lui envoya par un eunuque d'une fidélité éprouvée, en lui mandant qu'il n'ouvrît le poisson en présence de personne, et qu'il se servît de ce qu'il lui trouverait dans le ventre. Elle envoya en même temps aux soldats qui gardaient son mari des chameaux chargés de vin et d'autres provisions. Pendant que ces soldats faisaient bonne chère, Horsmidas ouvrit le poisson, prit la lime qui était dedans, en lima les fers qu'il avait aux pieds, passa sous l'habit de l'eunuque à travers les gardes, et se réfugia chez le roi d'Arménie, son intime ami ; il alla ensuite trouver l'empereur, par qui il fut reçu favorablement.

Licinius étant assiégé dans Nicomédie par Constantin, et désespérant de rétablir ses affaires, parce qu'il n'avait plus de troupes, mit sa robe impériale à ses pieds, le pria d'oublier le passé et de lui sauver la vie, comme il avait promis avec serment à sa femme. Constantin livra Martinien à ses gardes pour être mis à mort, et envoya Licinius à Thessalonique pour y vivre en sûreté ; mais Licinius, selon sa coutume, viola bientôt après ses sermens, et fut étranglé.

Lorsque Constantin fut maître absolu de l'autorité souveraine, il ne se mit plus en peine de cacher la malice de son naturel. Il observa les cérémonies de la religion de ses pères plutôt par la nécessité de ses affaires que par aucun sentiment de piété. Il ajouta toujours beaucoup de foi aux devins, parce qu'ils lui avaient prédit les avantages qui lui étaient arrivés. Étant rentré dans Rome avec une extrême insolence, il fit sentir à sa famille les premiers effets de sa cruauté, en se défaisant de Crispe son fils, sous prétexte qu'il entretenait une habitude criminelle avec Fauste, sa belle-mère. Hélène, mère de Constantin, ayant témoigné beaucoup de douleur de ce meurtre, il la consola par un autre mal plus grand que le premier. Car ayant fait chauffer excessivement le bain où Fauste se baignait, il ne l'en retira point qu'elle ne fût morte. Sa conscience fut sans doute fort tourmentée par le remords de ces crimes si bien qu'il demanda aux pontifes le moyen de les expier. Ceux-ci lui ayant répondu qu'il n'y avait point de moyen d'expier des meurtres et des parjures si atroces, un Égyptien, qui d'Espagne était allé à Rome, et avait trouvé accès auprès des dames de la cour l'assura qu'il n'y avait point de crime qui ne pût être expié par les sacremens de la religion chrétienne. Constantin reçut cette assurance avec joie, embrassa cette nouvelle impiété, renonça à la religion de ses pères, et tint pour suspectes les prédictions des devins. Ce qui le porta à défendre ces prédictions, ce fut l'appréhension que l'on n'en fît de favorables à quelques autres contre lui, comme on lui en avait fait contre les autres. Le jour d'une fête solennelle, où l'armée devait monter au Capitole, étant arrivé, il défendit avec des termes piquans qu'on observât cette cérémonie, selon la coutume, et, par ce mépris injurieux de la religion, il s'attira la haine du sénat et du peuple.

Comme il ne pouvait plus supporter les plaintes qui éclataient contre lui de toutes parts, il résolut de chercher une ville qui égalât la majesté de Rome, et où il pût établir le siège de son empire. Ayant trouvé un lieu fort propre à ce dessein, entre la Troade et l'ancienne Ilion, il y jeta des fondemens, et y éleva une partie de muraille qu'on voit encore aujourd'hui lorsqu'on fait voile vers l'Hellespont ; mais s'étant dégoûté de cette entreprise, il la laissa imparfaite, et ayant admiré l'avantage de l'assiette de Byzance, il prit la résolution de l'agrandir de telle sorte, qu'elle pût avoir la gloire d'être la capitale de l'univers. Elle est assise sur une hauteur et comprend une partie de l'isthme que font le Céras et la Propontide. Il y avait autrefois un eporte, à l'endroit où finissent les galeries que l'empereur Sévère fit bâtir à Byzance, lorsqu'il ne fut plus irrité contre les habitans, pour avoir accueilli favorablement Niger, son ennemi. Il y a un mur qui descend le long de la colline du côté d'Occident, jusqu'au temple de Vénus et jusqu'à la mer qui est vis-à-vis de Chrysopole. Il y en a un autre qui descend de la même sorte, du côté de Septentrion, jusqu'au port, et jusqu'à l'endroit de la mer où est l'embouchure par où l'on entre dans le Pont-Euxin. Cet espace de terre qui s'étend jusqu'au Pont est étroit, mais il est long de près de trois cents stades. Voilà quelle était l'étendue de l'ancienne ville. Constantin ayant bâti un grand marché en rond, à l'endroit où était autrefois la porte, et ayant fait des galeries tout autour, il fit bâtir de marbre de Prœconèse deux voûtes à l'opposite l'une de l'autre, par lesquelles on peut entrer dans les galeries de Sévère et sortir de l'ancienne ville. Voulant accroître la ville, il fit faire une nouvelle muraille plus longue de quinze stades que l'ancienne, et qui égalant la grandeur de l'isthme, s'étendait depuis une mer jusqu'à l'autre. Il y bâtit aussi un palais qui ne cédait guère en magnificence à celui de Rome. Il embellit encore l'Hippodrome, dont le temple de Castor et de Pollux faisait la principale partie. On voit encore les statues de ces deux dieux dans les galeries de l'Hippodrome. Il éleva pareillement en un endroit de l'Hippodrome le trépied sur lequel est la statue d'Apollon. Comme il y avait une fort grande place renfermée entre quatre galeries, à l'extrémité d'une de ces galeries, à laquelle on monte par plusieurs degrés, il fit bâtir deux temples et mit dans l'un des deux la statue de la mère des Dieux, que les compagnons de la navigation de Jason avaient autrefois mise sur la montagne de Dindyme, qui commande la ville de Cyzique. On dit qu'il gâta cette statue par le mépris qu'il faisait des choses saintes, en ôtant les deux lions qui étaient aux deux côtés, et en changeant la posture des mains; car au lieu qu'elle tenait autrefois les deux lions, elle est en posture de suppliante et elle regarde la ville. Il mit dans l'autre temple la statue de la fortune de Rome. Il bâtit aussi des maisons pour loger des sénateurs qui l'avaient suivi dans cette nouvelle ville. Il n'entreprit plus de guerre depuis ce temps-là; car les Haïphales, qui sont Scythes de nation, ayant fait irruption avec cinq cents chevaux, non seulement il ne marcha point contre eux, mais bien qu'il leur eût vu faire le dégât jusque sur le bord du fossé de la ville, il se contenta de se sauver en fuyant.

Ne faisant plus de guerre, comme je viens de le dire, et ne menant qu'une vie plongée dans le plaisir, il assigna au peuple de Constantinople des grains dont il jouit encore aujourd'hui. Il employa les finances à des bâtimens inutiles, et il en acheva quelques-uns en si peu de temps, et en si grande hâte, qu'ils tombèrent bientôt après. Il changea la fonction des principales charges. Il n'y avait autrefois que deux préfets du prétoire qui exerçaient cette charge en commun, et qui avaient sous leurs soins et sous leur puissance non seulement les troupes du palais, mais celles de la ville et des provinces frontières, car le préfet du prétoire étant le premier officier de l'empire, il avait soin des provisions, et des vivres nécessaires pour la subsistance des soldats, et punissait les désordres qu'on commettait contre la discipline militaire. Mais Constantin renversant tout ce qu'il y avait de plus sagement établi, divisa cette charge en quatre, et fit quatre préfets du prétoire. Il assigna au premier toute l'Égypte, la Pentapole de Libye, l'Orient jusqu'à la Mésopotamie, la Cilicie, la Cappadoce, l'Arménie, la côte maritime, depuis la Pamphylie jusqu'à Trébizonde, les forts qui sont aux environs du Hase, la Thrace, la Mœsie, jusqu'au mont Hœmus et jusqu'à Rhodope, et à la ville de Dobère, l'île de Chypre et les Cyclades, excepté Lemnos, Imbros, et Lesbos. Il assigna au second la Macédoine, la Thessalie, la Grèce, et les îles d'alentour, Crète, les deux Épires, l'Illyrie, le pays des Daces et des Triballes, jusqu'à Valérie en Pannonie, et la Mœsie supérieure. Il assigna au troisième toute l'Italie, la Sicile, les îles d'alentour, la Sardaigne, la Corsique, et l'Afrique, depuis les Syrtes jusqu'à Cyrène. Il donna au quatrième la Gaule Transalpine, l'Espagne et l'île de la Grande-Bretagne.

Il ne se contenta pas d'avoir divisé de la sorte cette charge, il trouva d'autres moyens de l'affaiblir et de la ruiner. Au lieu qu'en toutes les provinces de l'empire les gens de guerre étaient commandés par des centeniers, par des tribuns et par des capitaines, qui tenaient la place des préteurs, ce prince établit des maîtres de la milice, dont l'un avait sous lui l'infanterie, et l'autre la cavalerie, avec pouvoir de réprimer les désordres et de châtier les coupables, et par là diminua encore la fonction du préfet du prétoire. Ce changement fut très-préjudiciable à l'empire, en temps de paix et en temps de guerre : car tant que les préfets du prétoire levèrent les impositions publiques par le ministère des officiers inférieurs et qu'ils les employèrent au paiement et à l'entretien des armées, et que d'ailleurs ils eurent le pouvoir de réprimer les désordres, les gens de guerre faisant réflexion que celui qui leur fournissait des vivres était le même qui avait droit de les punir, demeuraient dans le devoir, de peur d'être punis et d'être privés de leur paie. Mais depuis que le soin des vivres a été confié à l'un et l'ordre de la discipline militaire à l'autre, ils disposent de tout selon leur caprice, et appliquent à leur profit particulier le fond destiné au paiement des troupes.

Constantin ouvrit aussi la porte aux Barbares pour venir faire le dégât sur les terres de l'empire. Car Dioclétien ayant, par une sage prévoyance, mis des garnisons dans toutes les places frontières, comme je l'ai déjà dit, les Barbares ne pouvaient faire irruption d'aucun côté, sans trouver des troupes qui les arrêtaient. Constantin, au contraire, retira les garnisons des frontières, et les mit en des villes qui n'en avaient aucun besoin. Ainsi il exposa les unes à la violence des étrangers, et désola les autres en leur donnant des gens de guerre qui ne servaient qu'à les piller, et amollit le courage des gens de guerre en leur donnant sujet de s'abandonner à la débauche. Enfin, pour dire tout en un mot, il fut cause de la ruine de l'empire. Ayant déclaré dès auparavant Constantin son fils empereur, il éleva à la même dignité ses deux autres fils, Constance, et Constant, et agrandit si fort la ville, que les empereurs ses successeurs y ayant établi le siége de leur empire, il s'y fit un si grand concours de peuple, soit pour les armées, pour le commerce, ou pour d'autres affaires, qu'il a fallu en accroître l'enceinte, et bâtir une quantité si prodigieuse de maisons que les habitans s'y pressent, et s'y incommodent les uns les autres. La terre ne suffisant plus pour les contenir, on a été obligé d'anticiper sur la mer et d'y faire une nouvelle ville sur pilotis.

Je me suis souvent étonné que cette ville soit montée à un si haut point de prospérité et de grandeur, qu'aucune autre ne lui peut être comparée, sans qu'il y en ait eu présage ni prédiction à nos ancêtres. Ayant lu quantité d'histoires et d'oracles dans cette pensée, je suis enfin tombé sur des vers de la sibylle Érythrée, ou de celle qui s'appelait Phaëllo et était d'Épire; car on dit que celle-ci ayant été inspirée comme les autres, a rendu aussi des oracles; et que Nicomède, fils de Prusias, les ayant expliqués à son avantage, il déclara la guerre à son père par le conseil d'Attalus. Voici les vers de l'oracle:

Écoute, roi de Thrace, comme un des plus grands rois,
Tu contraindras la ville à respecter tes lois.
Après l'avoir soumise à ton obéissance,
Du terrible lion tu croîtras la puissance.
Tout le pays vaincu sans effort et sans bruit
De ta prompte valeur sera le juste fruit.
Mais, par un changement des tristes destinées,
Ton bonheur ne sera que de fort peu d'années;
Tu verras après toi ton trône renversé,
Tes ennemis vainqueurs et ton sceptre brisé.
En vain contre du loup la cruelle colère
Armeras-tu des chiens la rage meurtrière.
Par un ordre du ciel qu'il te faut respecter
L'orgueil des Bithyniens il saura bien dompter.
Alors les habitans de l'ancienne Byzance
Auront entre les mains le sceptre et la puissance.
L'Hellespont, trop heureux de vivre sous leurs lois,
Dans un profond silence écoutera leur voix.
Le loup assujéti, malgré toute sa rage,
Sera saisi de peur et craindra leur courage.
Mes voisins savent trop combien j'ai de pouvoir
Et le redoutent tous autant que mon savoir.
Aussi ne veux-je pas que les races futures
Ignorent des secrets ni rien des aventures
Dont de mon cher père l'incroyable bonté
A reconnu mon zèle et ma fidélité;
La Thrace devenue en malheurs trop féconde,
Les fera déborder sur la terre et sur l'onde.

Cet oracle marque, bien qu'obscurément, que les peuples de Bithynie doivent être accablés de malheurs qui procèderont du poids insupportable des impositions publiques, et que la puissance de ce monde tombera entre les mains des habitans de la ville de Byzance. Que si cet oracle n'est pas encore accompli, bien qu'il y ait déjà long-temps qu'il est prononcé, que personne ne s'imagine pour cela qu'il doive être expliqué d'une autre sorte. Car quelque long que le temps paraisse, il est fort court à l'égard de Dieu qui est éternel. Voilà la pensée que j'ai eue touchant cet oracle. Si quelqu'un prétend qu'il le faille entendre en un autre sens, je n'empêche point qu'il n'ait la liberté de ses sentimens.

Constantin employait les revenus publics en présens qu'il faisait mal à propos à des personnes indignes et inutiles à l'empire. Il surchargeait ceux qui tâchaient de subvenir même au-delà de leurs forces aux nécessités de l'état, et enrichissait des hommes incapables de servir. Il prenait la prodigalité pour une magnificence. Il imposa un tribut en or et en argent à tous ceux qui négocient en quelque lieu de la terre que ce puisse être, à ceux qui font le trafic le plus bas et le plus méprisable dans les villes, et il ne voulut pas même que les femmes débauchées, dont la misère est égale à l'infamie, fussent exemptes de cette charge. Lorsque la quatrième année en laquelle on devait payer ce tribut approchait on n'entendait par toutes les villes que des gémissemens et des plaintes. Ceux qui ne pouvaient payer, à cause de leur extrême pauvreté, étaient tourmentés par les plus cruels supplices. Les mères étaient contraintes de vendre leurs fils et les pères de prostituer leurs filles, pour trouver de l'or et de l'argent à ces impitoyables exacteurs. Comme il ne voulait pas qu'aucun de ceux qui sont dans une fortune éclatante manquât de sujet de tristesse. il les éleva tour à tour à la charge de préteur sous prétexte de les honorer, mais en effet à dessein de tirer d'eux de grandes sommes d'argent. Lorsque ceux qui élisaient à cette charge arrivaient dans les villes, les principaux citoyens s'en retiraient de peur d'être revêtus d'une dignité qui serait la ruine de leur famille. Il avait un état des biens de toutes les personnes de qualité pour leur imposer un tribut qu'il appela Follis. Ces impositions ont dépeuplé la plupart des villes, car, ayant été levées sous le règne des empereurs suivans, elles ont tellement épuisé les principales familles, qu'elles ont été obligées d'abandonner leurs maisons.

Constantin ayant ruiné l'empire, par tous ces moyens que j'ai touchés, mourut de maladie. Ses trois fils lui succédèrent. Il ne les avait pas eus de Fauste, fille de Maximien Herculius, mais d'une autre qu'il fit mourir. Ils recherchèrent d'abord leur plaisir, avec plus de passion qu'ils n'eurent de soin de procurer l'utilité publique. Ils partagèrent entre eux l'empire. Constantin, qui était l'aîné, prit avec Constant, qui était le plus jeune, tous les pays au-delà des Alpes, l'Italie, l'Illyrie, tout ce qui est autour du Pont-Euxin et tout ce qui est en Afrique et dépendant de Carthage. Constance eut en partage l'Asie, l'Orient et l'Égypte. Dalmatius, Constance et Anaballien furent en quelque sorte associés à l'empire. Le premier ayant été déclaré césar par Constantin et les deux autres honorés de la robe de pourpre enrichie d'une frange d'or et du titre de nobilissime, en considération de la parenté par laquelle ils étaient unis aux empereurs.

L'empire ayant été partagé de la sorte, Constance s'appliqua d'abord à faire voir qu'il n'était point surpassé en impiété par son père, et le premier exploit par lequel il signala sa valeur, fut de répandre le sang de ses proches. Il fit tuer par ses soldats Constance, son oncle. Il tendit le même piége à Dalmatius César, et fit périr avec lui Optat, que Constantin avait honoré de la dignité de patrice. Ce prince avait institué cette dignité, et ordonné que celui qui en serait pourvu précèderait les préfets du prétoire. Albanius, préfet du prétoire, fut tué dans le même temps, et souffrit la peine qu'il méritait pour avoir causé la mort du philosophe Sopater par la jalousie de l'estime et de l'affection que l'empereur Constantin avait pour lui. Constance, pour n'épargner personne de sa famille, exerça la même cruauté contre Anaballien, et suborna les soldats pour crier qu'il ne fallait souffrir que les enfans de Constantin sur le trône.

Constantin et Constant ayant eu contestation touchant quelque portion d'Afrique et d'Italie, ce dernier dissimula trois ans sa haine, pour opprimer son frère lorsqu'il s'en défierait le moins. Quand il sut qu'il était dans une province affectionnée à son service, il envoya des soldats, sous prétexte de secourir son autre frère dans la guerre qu'il avait contre les Perses, mais en effet pour se défaire de Constantin. Ces soldats s'en défirent comme Constant le leur avait commandé; et depuis qu'il eut commis ce fratricide, il usa de toute sorte de cruautés contre ses sujets. Il acheta des étrangers fort bien faits et les retint comme en ôtage, leur donnant une licence effrénée de maltraiter les peuples, et ceux de sa cour s'étant montrés irrités de ces abus, ils épièrent le temps qu'il prenait le divertissement de la chasse, et conspirèrent contre lui, sous la conduite de Marcellin, intendant des finances, et de Magnence, chef des Joviens et des Herculiens, noms de deux légions. Marcellin célébrant la fête de la naissance de son fils, invita Magnence et plusieurs autres à un grand festin. Le festin ayant été continué jusqu'à minuit, Magnence se leva de table sous prétexte de quelque nécessité et parut un peu après devant les conviés, revêtu de la robe impériale. Ils le proclamèrent à l'heure même empereur, et les habitans de la ville d'Autun, où se faisait ce festin, confirmèrent cette proclamation par leur suffrage. Le bruit s'en étant répandu plus loin, les paysans s'assemblèrent à la campagne; et les cavaliers arrivés depuis peu de l'Illyrie pour servir comme de recrue aux légions des Gaules, se joignirent à ceux qui s'étaient assemblés pour cette proclamation, et tous les commandans ayant délibéré ensemble et reconnu que Magnence était déjà salué en qualité d'empereur, ils l'appelèrent tout d'une voix Auguste. Constant en ayant eu avis voulut se réfugier à la ville d'Hélène, proche des Pyrénées. Mais il y fut arrêté par Gaïson qui avait été envoyé pour cet effet, et tué sans que personne se mît en devoir de le secourir.

Magnence étant ainsi parvenu à l'empire, et ayant réduit à son obéissance les nations qui sont au delà des Alpes et l'Italie même, Vétranion, général des troupes de Pannonie, résolut d'usurper aussi bien que Magnence l'autorité souveraine, et ayant été proclamé empereur par ses troupes, il demeura à Mursa, ville de Pannonie. Les Perses coururent et pillèrent en ce temps-là l'Orient et la Mésopotamie. Constance étant inférieur en forces à ces Barbares, résolut de poursuivre Magnence et Vétranion. Pendant qu'il se préparait à l'exécution de ce dessein et que Magnence était dans les Gaules, Népotien, neveu de Constance et fils d'Eutropie, sa sœur, amassa une troupe de brigans et s'approcha de Rome avec la robe impériale. Mais Anicius, préfet du prétoire, ayant assemblé le peuple et étant sorti de la ville, il y eut un combat fort rude; et parce que les habitans ne savaient pas garder leurs rangs, Anicius fit fermer les portes de la ville, de peur qu'elle ne fût exposée au pillage en recevant les ennemis avec les fuyards. Les soldats de Népotien fondirent sur les Romains et les firent tous passer au fil de l'épée. Magnence ayant envoyé bientôt après une armée contre Népotien, sous la conduite de Marcellin, maître des offices, il le tua. Constance, étant parti d'Orient pour faire la guerre à Magnence, crut devoir se réconcilier avec Vétranion pour n'avoir pas deux rebelles à combattre en même temps. Magnence fit aussi son possible pour gagner l'amitié de Vétranion, et pour l'engager à prendre les armes contre Constance. L'un et l'autre lui ayant envoyé des ambassadeurs pour ce sujet, il se déclara pour Constance. Les ambassadeurs de Magnence étant retournés sans avoir rien obtenu, Constance demanda la jonction des troupes et une assemblée pour résoudre de quelle manière on ferait la guerre à Magnence. Vétranion s'étant ainsi laissé surprendre par Constance, ils montèrent tous deux sur un lieu un peu élevé, qu'on leur avait préparé en forme de trône; Constance, usant du droit que sa naissance lui donnait de parler le premier, représenta aux gens de guerre, avec les termes les plus avantageux qu'il put trouver, les libéralités que l'empereur son père avait exercées envers eux, la sainteté des sermens par lesquels ils s'étaient obligés à demeurer inviolablement attachés aux intérêts de ses enfans, et les conjura de ne pas permettre que Magnence, qui avait trempé ses mains dans le sang d'un des fils de Constantin, sous lequel ils avaient servi, et de la libéralité duquel ils avaient reçu tant de récompenses, s'échappât impunément. Les gens de guerre qui avaient déjà été gagnés par argent ayant entendu ce discours, s'écrièrent qu'il fallait se défaire des faux empereurs. Dès l'heure même ils ôtèrent la robe impériale à Vétranion, et le réduisirent à une condition privée. Constance empêcha de lui faire aucun mauvais traitement, et lui assigna des revenus honnêtes pour vivre en Bithynie. Après y avoir vécu quelque temps sans affaires et sans soins, il y mourut.

Constance ayant si heureusement conduit sa trame contre Vétranion, tourna ses armes contre Magnence. Il déclara césar Gallus, son cousin-germain, frère de Julien qui parvint depuis à l'empire, et lui donna en mariage Constance, sa sœur, soit pour se servir de lui contre les Perses, ou, comme l'événement ne l'a que trop fait reconnaître, pour trouver plus aisément occasion de se défaire de lui. Car il ne restait plus qu'eux deux des descendans de Constantin, depuis qu'il avait tué tous les autres, comme nous l'avons vu. Ayant donc déclaré Gallus césar, et ayant chargé Lucilien de faire la guerre aux Perses, il marcha contre Magnence, tant avec ses troupes qu'avec celles de Vétranion. Magnence crut devoir faire de grands préparatifs pour combattre un si redoutable ennemi. Il déclara césar Décence son parent, à qui il avait donné le gouvernement des nations qui sont au-delà des Alpes. Les deux armées étant entrées en Pannonie, et s'étant approchées l'une de l'autre aux environs de la ville de Mursa, Magnence posa une embuscade aux détroits et aux défilés, qui sont près d'Adrane et envoya dire aux chefs de l'armée de Constance, que quand il serait arrivé à Sicia il y donnerait bataille, parce qu'il y avait une campagne fort propre à ranger une armée. Constance fort réjoui de cette nouvelle, parce qu'il avait une cavalerie plus nombreuse que ses ennemis la fit avancer vers Sicia. Alors ceux qui étaient en embuscade, les ayant chargés à l'improviste, les accablèrent de pierres, et les empêchèrent d'avancer.

Magnence, enflé de ce succès, crut devoir continuer la guerre avec ardeur, et s'étant avancé jusqu'à une plaine près de Potèce, ville arrosée par le Drave, qui se décharge dans le Danube, il marcha vers la Pannonie, à dessein de donner bataille aux environs de Sirmium. On dit que sa mère lui ayant conseillé de ne point aller en Illyrie, il méprisa son conseil, bien qu'il eût souvent reconnu par le passé qu'elle avait une grande connaissance de l'avenir, et que ses prédictions étaient souvent véritables. Comme il délibérait s'il ferait un pont sur le Save, ou s'il le passerait sur des vaisseaux, Constance lui envoya Philippe, homme de qualité, et d'une rare prudence, sous prétexte de traiter de paix avec lui, mais en effet pour reconnaître l'état de son armée et le dessein de sa marche. Celui-ci rencontra en chemin Marcellin, qui était en plus grande considération auprès de Magnence qu'aucun autre, et ils allèrent ensemble le trouver.

Magnence ayant assemblé son armée et permis à Philippe de proposer ce qui lui plairait, il dit aux soldats qu'étant sujets de l'empire, ils ne devaient pas employer leurs forces à sa ruine, surtout en un temps où il était gouverné par un fils de Constantin, sous les enseignes duquel ils avaient remporté de si glorieuses victoires sur les Barbares. Adressant ensuite la parole à Magnence, il lui remontra qu'il devait conserver la mémoire des bienfaits qu'il avait reçus de Constantin et de ses enfans, et lui proposa enfin d'abandonner l'Italie et de se contenter de commander dans les pays qui sont au-delà des Alpes.

Ce discours fit une si forte impression sur l'esprit des soldats, que Magnence, qui en appréhendait les suites, obtint à peine audience. Ayant dit qu'il accepterait volontiers la paix, il remit l'assemblée au jour suivant, auquel il promit d'expliquer plus au long ses sentimens, après avoir eu le temps de délibérer. L'assemblée ayant été rompue de la sorte, Marcellin emmena Philippe chez lui. Magnence faisant réflexion sur cette affaire, douta s'il devait renvoyer Philippe sans lui rien accorder, ou le retenir contre le droit des ambassadeurs. Il fit ensuite un festin aux gens de commandement, durant lequel il déclara ses intentions. Ayant assemblé son armée le jour suivant, il leur fit un récit plein d'exagération des violences avec lesquelles Constance les avait traités, de la nécessité où ils s'étaient trouvés de délivrer l'état de cette bête furieuse, et de la violence qu'ils lui avaient faite quand ils l'avaient revêtu de la souveraine puissance.

Les gens de guerre ayant été animés par ce discours, prirent les armes et se préparèrent à passer le Save. La garnison de la ville de Sicia, qui est assise sur le bord de ce fleuve, en ayant eu avis par ses espions, tira sur quelques-uns qui étaient passés les premiers et qui voulaient prendre terre, et en repoussa d'autres qui passaient par le pont, de sorte que plusieurs furent tués et que plusieurs furent poussés dans l'eau, tant par leurs compagnons que par leurs ennemis. Le carnage ayant été furieux; les fuyards étant tombés du haut du pont, et les vainqueurs ayant poursuivi vivement leur avantage, Magnence se trouva dans un extrême péril, d'où il se sauva par ce stratagème. Il enfonça sa lance en terre et fit signe de la main aux ennemis qu'il avait quelque chose à dire touchant la paix. Quand il vit qu'on l'écoutait, il dit que ce n'était pas contre l'intention de l'empereur qu'il avait voulu traverser le Save. Philippe lui dit qu'il fallait qu'il abandonnât l'Italie et le Norique, et qu'il allât en Illyrie, où il pourrait traiter de la paix. Constance ayant entendu quelque chose de cette conférence, rappela ses gens et leur défendit de poursuivre davantage les fuyards, et permit à Magnence de mener son armée dans la plaine qui est entre le Norique, la Pannonie, la Mœsie et la Dacie, ce qu'il faisait à dessein d'éviter les détroits et d'avoir une campagne où il pût étendre sa cavalerie et donner bataille. Ce dessein lui réussit de la même manière qu'il l'avait conçu. Il crut qu'il n'y avait point de lieu aussi propre que Cibalis, où Constantin avait remporté une si mémorable victoire sur Licinius. J'ai décrit ci-dessus l'assiette de cette ville. Il mit dedans une partie de son armée, et ayant élevé un rempart entre la colline sur laquelle la ville est assise et la plaine qui s'étend jusqu'à la rivière, il entoura d'un fossé et d'un rempart tout ce qui n'était pas entouré de cette rivière, et il y fit un pont de bateaux, qu'il assemblait et désassemblait quand il lui plaisait. Ayant campé son armée dans cet endroit-là, il plaça sa tente au milieu du camp, et cette tente égalait une ville en grandeur et en beauté. Il y fit un festin où tous les gens de commandement assistèrent, excepté Latin et Halasse, deux des plus considérables, qui étaient en peine de Philippe que Magnence retenait auprès de lui.

Pendant qu'ils cherchaient les moyens de le retirer, Titien, sénateur de Rome, vint faire des discours pleins d'insolence de la part de Magnence, déchirant la mémoire de Constantin, attribuant à la faiblesse du gouvernement les maux de l'empire, et proposant que Constance se démît de l'autorité souveraine, et se contentât de vivre en particulier. Constance, n'ayant répondu que par des prières qu'il fit à la justice divine de venger la mort de Constant, et par des protestations de continuer la guerre, Titien eut la liberté de s'en retourner, bien que Philippe fût toujours entre les mains de Magnence. Celui-ci ayant assemblé son armée, prit par assaut la ville de Sicia, et la ruina de fond en comble. Il fit ensuite le dégât aux environs du Save, y amassa force butin, et marcha vers la ville de Sirmium, dans l'espérance de l'emporter sans combattre. Mais en ayant été repoussé par la garnison et par les habitans, il se retira vers Mursa. Les habitans lui en ayant fermé les portes et ayant tiré sur lui, il ne savait comment faire pour les attaquer, parce qu'il n'avait point de machines propres à saper les murailles. Constance accourut à la tête de ses troupes pour le secourir, et passa le long de Cibalis et à travers les terres que le Drave arrose.

Magnence s'étant approché de Mursa, mit le feu aux portes; mais les habitans l'ayant éteint, et Constance étant allé pour secourir les assiégés, il s'avisa de ce stratagème: Il y avait vis-à-vis de la ville un cirque destiné depuis long-temps aux combats, et entouré de tous côtés par une forêt. Il cacha dedans quatre bandes de Gaulois, avec ordre d'en sortir à l'improviste lorsqu'il aurait commencé le combat contre Constance, et de tailler ses gens en pièces. Mais les habitans ayant découvert cette embuscade, Constance envoya deux capitaines, Scolidoas et Manade, avec des soldats pesamment armés, choisis dans toutes ses troupes, qui, s'étant emparés des portes du cirque et les ayant ouvertes, et étant montés au haut des degrés, tirèrent sur les Gaulois. Ceux-ci ayant mis leurs boucliers sur leurs têtes, et ayant tâché de rompre les portes, furent accablés de traits, de sorte qu'il n'en échappa aucun. Ce stratagème ayant si mal réussi à Magnence, les deux armées en vinrent aux mains dans la plaine qui est hors de la ville, et la mêlée ayant été plus furieuse qu'aucune autre qu'il y eût eu dans cette guerre, plusieurs furent tués de côté et d'autre.

Constance, considérant que quand il remporterait la victoire elle ne pourrait être heureuse pour lui, puisqu'elle ne serait acquise que par le sang des Romains, résolut de terminer la guerre par quelque accommodement. Pendant qu'il roulait ces pensées dans son esprit, le combat continuait avec plus d'ardeur que jamais, et la nuit déjà fort avancée ne l'avait pu terminer. Les chefs du parti de Magnence combattaient comme les soldats et les animaient par leur exemple à ne point faire de quartier. L'armée de Constance rappelant dans son esprit le souvenir de l'ancienne vertu romaine, fit de merveilleux exploits, et il n'y eut personne qui ne combattît jusqu'à l'extrémité avec toutes sortes d'armes, au milieu des ténèbres, et qui ne se tînt heureux de mourir dans une si belle occasion. Plusieurs signalèrent leur valeur par leur mort, et entre autres Arcadius, chef des Abulques, et Ménélaüs, capitaine des archers à cheval, tirés d'Arménie.

Je ne crois pas devoir omettre ce qu'on raconte de ce Ménélaüs. On dit qu'il tirait trois traits du même coup avec le même arc, et qu'il frappait trois personnes. Il tua de la sorte un grand nombre de soldats du parti de Magnence, et peu s'en fallut qu'il ne le mît en déroute. Il fut tué par Romule, chef de l'armée ennemie. Romule fut tué lui même d'un coup qu'il reçut de Ménélaüs. Mais tout blessé qu'il était, il ne cessa point de combattre, jusqu'à ce qu'il eût tué celui de qui il avait reçu le coup mortel.

Le parti de Constance ayant remporté l'avantage, et celui de Magnence ayant pris la fuite, il y eut un grand carnage d'hommes, de chevaux et d'autres bêtes.

Magnence voyant toutes ses espérances dissipées, et appréhendant d'être livré à Constance, résolut de se retirer en Italie pour y faire des levées, et pour continuer la guerre. Mais ayant appris que les habitans de Rome étaient affectionnés au parti de Constance, soit parce qu'ils avaient reçu la nouvelle de sa victoire, ou parce qu'ils avaient aversion de son ennemi, il eut la pensée de passer les Alpes, et de se réfugier chez les nations qui habitent au-delà. Mais ayant encore su que les peuples qui habitent aux bords du Rhin avaient été gagnés par Constance, que les Gaulois gardaient les avenues de leur pays, que les Espagnols et les Maures avaient été prévenus contre lui, il préféra une mort volontaire à une fuite honteuse, et se tua de sa propre main, de peur de périr par les armes de ses ennemis.

Telle fut la fin de Magnence. Il régna trois ans et demi. Il était né parmi les Barbares, et avait été élevé parmi les Lètes, peuples des Gaules, où il avait appris la langue latine. Il fut insolent dans la prospérité et lâche dans l'adversité. Il avait tant d'adresse pour cacher ses mauvaises qualités, qu'il paraissait homme de bien à ceux qui ne le connaissaient pas. J'ai cru devoir tracer ce crayon de son naturel pour faire voir qu'il n'a jamais rien fait qu'à mauvaise intention, et pour détromper ceux qui se persuadent que sa manière de gouverner a été fort avantageuse au bien de l'empire.

Décence, que Magnence avait appelé à son secours, ayant appris dans le chemin d'Italie ce qui lui était arrivé, et ayant rencontré des troupes du parti ennemi, désespéra de se sauver et s'étrangla lui-même.

Constance étant demeuré seul maître de la puissance absolue ne put garder dans sa prospérité aucune modération. Les calomniateurs se fortifièrent extrêmement sous son règne, ainsi que les autres pestes publiques qui tendent continuellement des pièges à ceux à qui la fortune semble favorable, pour les dépouiller de leur bien et pour s'en enrichir. Ces calomniateurs s'étant joints à quelques eunuques de la cour firent accroire à Constance que Gallus, son cousin, ne se contentant pas de la dignité de césar dont il l'avait honoré, aspirait à la souveraine puissance, et lui persuadèrent de se défaire de lui. Les auteurs de cette détestable intrigue furent Dynamius et Picence, hommes obscurs qui prétendaient acquérir de l'éclat par ce moyen. Lampadius, préfet du prétoire, qui aspirait à accroître sans cesse son crédit, eut part à cette conjuration. Constance ayant prêté l'oreille à cette fausse accusation, manda Gallus qui ne savait rien de ce qu'on tramait contre sa vie, et quand il fut venu le trouver il le priva de sa dignité de césar, et le livra à l'exécuteur pour le tuer, couronnant ainsi par ce meurtre la cruauté avec laquelle il avait fait massacrer plusieurs autres de ses proches.

LIVRE TROISIÈME.

Constance, s'étant souillé de la sorte du sang de Gallus, passa de Pannonie en Italie. Or voyant que toutes les terres de l'empire étaient inondées par les Barbares, qu'il y avait déjà quarante villes autour du Rhin qui avaient été enlevées par les Français, par les Allemands, et par les Saxons dépouillées de leurs richesses et privées de leurs habitans, que la Pannonie et la Mœsie supérieure étaient ravagées par les Quades et par les Sarmates, que l'Orient était incessamment pillé par les Perses, bien qu'un peu auparavant il eût été exempt de leurs incursions lorsqu'ils appréhendaient d'être repoussés par Gallus. Ayant, dis-je, fait de sérieuses réflexions sur tous ces maux dont l'état était attaqué, il ne se sentit pas capable d'y apporter seul le remède. Il n'osa pourtant associer personne à l'empire, soit par l'ambition qu'il avait de posséder seul la souveraine puissance, ou par la défiance où il était de ne rencontrer personne qui lui fût fidèle. Dans la perplexité où il se trouvait, et dans le danger dont l'empire était environné, Eusébie, sa femme, de qui l'érudition et la prudence étaient au dessus de son sexe lui conseilla de donner le commandement des nations transalpines, avec le titre de césar, à Julien; frère de Gallus, et petit-fils de Constance, qui avait été déclaré césar par Dioclétien. Et parce qu'elle savait que l'empereur son mari tenait tous ses parens pour suspects, elle lui dit, pour le persuader : » Julien est d'un naturel fort simple; il a
» passé toute sa vie dans l'étude, et n'a point
» d'exrience des affaires. Ainsi il nous est plus
» propre qu'un autre. Car s'il est heureux dans
» ses entreprises, le succès en sera attribué à
» votre conduite; et s'il succombe dans une occa-
» sion périlleuse, il n'y aura plus personne de la
» famille impériale qui puisse vous faire ombra-
» ge ni aspirer à la couronne. » Constance s'étant rendu à ces raisons rappela Julien d'Athènes où il vivait parmi les philosophes, et où il surpassait tous ces maîtres en science. Dès qu'il fut arrivé en Italie, Constance le déclara césar, lui donna Hélène, sa sœur, en mariage, et l'envoya au-delà des Alpes. Mais parce qu'il était fort soupçonneux de son naturel, et qu'il ne pouvait s'assurer de la fidélité de Julien, il envoya avec lui Marcelle et Saluste, comme pour partager l'autorité du gouvernement.

Quant à lui, il alla en Pannonie et en Mœsie; et ayant réprimé les courses des Quades, et des Sarmates, il alla en Orient pour s'opposer aux entreprises des Perses.

Julien ayant passé les Alpes, et étant arrivé dans les Gaules, Eusébie continua de conseiller à Constance de lui laisser le gouvernement entier de ces pays-là, bien que les Barbares fissent toujours le dégât partout avec la même insolence. Plusieurs historiens et plusieurs poètes ont publié ce qu'il a fait jusqu'à la fin de sa vie, bien qu'aucun n'ait égalé par ses paroles la grandeur des exploits de ce prince. Il l'a représenté lui-même dans ses discours et dans ses lettres, par lesquelles on le peut mieux apprendre que par aucun récit que d'autres en puissent faire. Néanmoins, pour ne pas interrompre le cours de notre histoire, je le remarquerai ici en peu de paroles suivant l'ordre des temps, et je m'arrêterai principalement sur ce qu'il semble que ceux qui m'ont précédé ont touché trop légèrement.

Constance, en partant pour aller combattre les Perses, donna un plein pouvoir à Julien de faire tout ce qu'il jugerait plus avantageux pour le bien des peuples qu'il avait confiés à sa conduite. Ayant donc trouvé que les troupes des Gaules étaient presque toutes ruinées, que les Barbares passaient le Rhin impunément, et qu'ils faisaient des courses presque jusqu'aux portes des villes maritimes, il fit la revue du peu qu'il y avait de gens de guerre dans le pays ; et ayant reconnu qu'ils tremblaient au seul nom de Barbares, et que les trois cent soixante soldats que Constance lui avait donnés ne s'avaient rien autre chose que faire des prières et des vœux, comme il dit lui-même, il enrôla ceux qu'il put trouver, et reçut quelques volontaires. Ayant trouvé de vieilles armes dans une ville, il les fit refaire, et les distribua aux soldats. Après cela, les espions ayant rapporté qu'une multitude incroyable de Barbares avaient passé le Rhin, près de la ville de Strasbourg, qui est assise sur le bord de ce fleuve, il s'avança à l'heure même vers eux, à la tête de l'armée qu'il venait d'assembler à la hâte, et en étant venu aux mains avec eux, il remporta un avantage incroyable, en ayant tué soixante mille sur la place, et en ayant noyé un égal nombre dans le Rhin. On trouvera que cette victoire ne le cède en rien à celle qu'Alexandre remporta autrefois sur Darius, si on veut prendre la peine de les comparer l'une à l'autre. Je n'ai garde d'omettre une action qu'il fit ensuite. Il avait une aile composée de six cents cavaliers sur la valeur et sur l'expérience desquels il fondait principalement ses espérances. Lorsque le combat fut engagé, tous les autres Romains ayant signalé leur courage, il n'y eut que ceux-ci qui lâchèrent pied, et qui, quelque devoir que Julien fît pour les ramener et pour les exhorter à partager la gloire de la victoire avec leurs compagnons, ne voulurent jamais retourner à la charge. Julien étant donc irrité de ce qu'autant qu'il était en eux, ils avaient livré ceux de leur pays et de leur parti aux Barbares, au lieu de les punir du châtiment établi par les lois, en inventa un autre, qui fut de les habiller en femmes, et de les faire passer en cet équipage au milieu de l'armée, jugeant que cette peine serait plus insupportable que la mort à des hommes qui faisaient profession des armes. Lui et eux tirèrent un notable avantage de ce châtiment : car pour effacer cette tache dont l'infamie était toujours présente à leur esprit, ils se signalèrent sur tous les autres dans le second combat qui fut donné contre les Germains.

Julien ayant ramassé à loisir toutes ses troupes se prépara à combattre la nation entière des Germains. Ces Barbares ayant rangé en bataille une multitude effroyable contre lui, il passa le premier le Rhin, dans la pensée qu'il lui était plus avantageux de combattre sur les terres des ennemis que sur celles de l'empire. Outre que par le même moyen il empêchait que les villes de son obéissance ne fussent incommodées par leur passage ; le combat ayant été fort rude, et une multitude innombrable de Barbares ayant été taillée en pièces, Julien poursuivit les fuyards jusqu'à la forêt Hercinienne, faisant toujours un grand carnage. Il prit Vadomaire, fils du chef des ennemis, et ramena son armée qui chantait des chansons de joie sur sa victoire, et louait l'art et la conduite de son chef. Il envoya Vadomaire à l'empereur Constance, à la bonne fortune duquel il attribua l'heureux succès de cette bataille. Quand les Barbares se virent environnés du dernier péril, ils appréhendèrent que Julien forçât les lieux où ils s'étaient retranchés, qu'il fît passer leurs femmes et leurs enfans par le tranchant de l'épée, et qu'il exterminât leur nation. Dans cette appréhension, ils envoyèrent des ambassadeurs, pour lui demander la paix, et pour l'assurer qu'ils n'exerceraient plus aucun acte d'hostilité contre l'empire. Julien leur fit réponse qu'il ne traiterait point de paix qu'ils ne lui eussent rendu les prisonniers qu'ils avaient pris dans les villes qu'ils avaient autrefois réduites à leur obéissance. Ils demeurèrent d'accord de rendre tous ceux qui étaient encore en vie. Mais l'empereur appréhendant qu'il n'en restât quelqu'un entre leurs mains sans qu'il le sût, s'avisa de cette ruse pour les avoir tous sans réserve. Il envoya quérir pour cet effet les habitans de chaque ville et de chaque bourg qui par la fuite avaient autrefois évité la servitude, et leur demanda les noms de ceux qui avaient été pris par les Barbares. Chacun lui ayant dit ceux qu'il connaissait pour lui être parens, amis ou voisins, il les fit écrire par les secrétaires. Il passa ensuite le Rhin, sans rien déclarer de son dessein aux ambassadeurs, et leur commanda de lui amener les prisonniers qu'ils avaient. Les ambassadeurs ayant obéi, et lui ayant déclaré après leur retour qu'ils amenaient tous les prisonniers, Julien monta sur un trône élevé, et ayant derrière lui ses secrétaires, il commanda qu'on fît entrer les prisonniers. Les secrétaires ayant pris leurs noms à mesure qu'ils entraient, et ayant trouvé qu'ils étaient en beaucoup plus petit nombre que ceux qui étaient inscrits sur la liste, le dirent à Julien. Il menaça les ambassadeurs de continuer la guerre, puisqu'ils ne rendaient pas de bonne foi les prisonniers, et il leur nomma à haute voix ceux qui manquaient de chaque village et de chaque bourg. Alors ces Barbares s'imaginant que Julien était inspiré de Dieu, pour savoir des choses si secrètes et si cachées, firent serment à la façon de leur pays de rendre tous les prisonniers qu'ils pourraient trouver. Ce qui ayant été exécuté, et Julien ayant reçu tous ceux qui vraisemblablement avaient été rassemblés des villes que les Barbares avaient prises, il se trouva dans une grande inquiétude, parce qu'il voyait que ces villes étaient entièrement ruinées, la terre inculte, et les prisonniers qu'on lui avait rendus réduits à une extrême disette. Il ne savait comment subvenir a tous ces besoins, parce que les places d'alentour n'ayant point été exemptes des incursions des ennemis, ne pouvaient lui fournir aucunes provisions. Dans cette perplexité, il usa de cet expédient. Le Rhin se décharge dans la mer Atlantique, à l'extrémité de la Germanie, où est établi certain peuple des Gaules. Son embouchure est à neuf cents stades de la Grande-Bretagne. Julien ayant fait couper des arbres dans les forêts qui sont aux environs de ce fleuve, en fit construire huit cents vaisseaux plus grands que des barques, et les envoya dans la Grande-Bretagne pour en apporter du blé, et en plusieurs voyages on en apporta une assez grande quantité pour nourrir les villes de son obéissance et pour ensemencer les terres. Il fit toutes ces choses avant d'avoir atteint l'âge de vingt-cinq ans. Comme il avait gagné l'affection des gens de guerre par sa frugalité, par sa valeur, par une générosité qui le mettait au-dessus de l'intérêt, et par d'autres vertus qui l'élevaient au-dessus des plus grands hommes de son siècle, Constance en conçut de la jalousie, et s'imaginant que sa réputation et l'heureux succès de ses armes procédaient de la conduite de Saluste, qu'il lui avait donné pour l'aider de ses conseils, il rappela cet officier, sous prétexte de l'employer aux affaires pressantes de l'Orient. Julien, qui ne manquait jamais d'obéir aux ordres de Constance, le renvoya ; mais depuis son départ les armées ne laissèrent pas de croître en nombre, en expérience et en valeur, et les villes continuèrent à jouir toujours de plus en plus de la paix, du repos et de l'abondance de tous les biens que la paix produit. Les Barbares de ces pays-là désespéraient de continuer leurs brigandages et appréhendaient d'être entièrement exterminés, lorsque les Saxons, les plus belliqueux de tous, envoyèrent, sur les terres que tenaient les Romains, les Quades, qui font partie de leur nation. Mais les Francs, qui habitaient sur leurs frontières, leur ayant bouché le passage, de peur de donner sujet aux Romains de retourner sur leurs terres, ils passèrent sur le Rhin, le long du pays des Francs, et firent irruption sur nos terres. Ils abordèrent à Batavie, île du Rhin, et la plus grande qu'il y ait dans aucun fleuve, et ils en chassèrent les Saliens, qui descendent des Francs, et qui s'y étaient établis, depuis qu'ils avaient été poussés hors de leur pays par les Saxons. Cette île avait relevé auparavant de l'empire. Julien ayant appris cette entreprise, attaqua les Quades, et fit jurer auparavant à son armée de combattre vaillamment contre eux et d'épargner les Saliens, sans les empêcher de se retirer sur les terres de l'empire. Ces peuples se sentant fort obligés de la bonté de Julien, entrèrent avec leur roi sur les terres des Romains, et les autres s'approchèrent et se rendirent à discrétion. Julien voyant que les Barbares n'avaient plus la hardiesse de faire une guerre ouverte, mais qu'ils ne laissaient pas de commettre de grands désordres par leurs courses et par leurs brigandages, usa de cette ruse pour les réprimer. Il y avait parmi les Barbares un homme d'une taille extraordinaire, et d'un courage égal à sa taille, qui avait accoutumé de courir et de piller avec eux. Cet homme ayant quitté sa nation pour s'établir chez les Gaulois, sujets des Romains, demeurait à Trèves, la plus grande ville qui soit au-delà des Alpes. Ayant vu, avant que Julien eût reçu le pouvoir de commander en ces pays là, que les Barbares couraient et pillaient les terres qui sont au-delà du Rhin, il avait eu envie de réprimer leur insolence; mais comme il n'était point autorisé, il se cachait au commencement dans les bois, et lorsque les Barbares étaient accablés de vin et de sommeil, il coupait la tête au plus grand nombre qu'il pouvait, et les apportait dans la ville. Les Barbares étaient étonnés de voir diminuer leurs troupes, sans savoir d'où venait cette diminution. D'autres voleurs s'étant joints à Charjetton, car c'est ainsi qu'il s'appelait, et sa troupe s'étant fort grossie, il déclara son secret, qui n'était su auparavant que de fort peu de personnes. Julien ayant considéré combien il lui était difficile d'empêcher les brigandages que les Barbares exerçaient durant la nuit, parce qu'ils se dispersaient de côté et d'autre, et que dès la pointe du jour ils se cachaient dans les bois pour y manger ce qu'ils avaient amassé, se trouva obligé d'employer, contre eux cette troupe de voleurs, aussi bien qu'une milice réglée. Ayant donc reçu Charjetton et sa suite, et ayant joint à eux quelques Saliens, il les envoya réprimer durant la nuit les brigandages des Quades, et il posa des soldats en embuscade durant le jour, pour tuer ceux qui se seraient échappés des mains de Charjetton. On continua long-temps de la sorte; alors les Quades voyant leur multitude réduite à un petit nombre, et n'ayant plus aucun moyen de se maintenir, se rendirent avec leur roi. Bien que Julien eût entre ses mains quantité de prisonniers, et principalement le fils de ce roi que Charjetton avait pris ; il ne laissa pas de leur demander en ôtage quelques personnes des plus illustres de leur nation et le fils du roi. Ce prince affligé et réduit à la déplorable nécessité de supplier son ennemi, lui ayant juré avec larmes qu'il avait été assez malheureux pour le perdre, aussi bien que plusieurs de ses sujets, alors Julien, touché de sa douleur, le lui montra plein de santé et de vigueur, le retint en ôtage, reçut avec lui des premiers de la nation, et leur accorda la paix, à la charge qu'ils n'exerceraient plus aucun acte d'hostilité contre les Romains.

Julien ayant terminé de la sorte toutes ces affaires, enrôla les Saliens, une partie des Quades et quelques-uns des habitans de Batavie ; et il y a encore aujourd'hui des légions qui portent leurs noms.

L'empereur Constance était cependant occupé en Orient contre les Perses. Les provinces de delà les Alpes jouissaient d'une heureuse tranquillité, par la sage conduite de Julien. L'Italie et l'Illyrie étaient en sûreté par l'appréhension où étaient les Barbares qui habitent vers le Danube que Julien ne traversât la Gaule, et ne passât ce fleuve pour les attaquer.

Les choses étant dans cet état, les Perses, qui étaient alors commandés par Sapor, firent le dégât dans la Mésopotamie, mirent tout à feu et à sang aux environs de Nisibe, et entreprirent le siége de cette ville. Mais quelque danger qu'elle eût couru d'être prise, elle en fut délivrée par l'adresse de Lucilien, son gouverneur, et par le bonheur qui seconda son adresse. Il est inutile que j'en fasse le récit, puisque Julien en a rapporté les circonstances particulières dans un ouvrage que personne ne saurait lire sans admirer l'éloquence de ce prince.

Lorsque l'Orient semblait jouir d'une paix profonde, et que la réputation de Julien était si bien établie que toutes les bouches publiaient ses louanges, Constance en conçut de la jalousie; et, ne pouvant supporter l'éclat de la gloire qu'il avait acquise dans les Gaules et en Espagne, chercha un prétexte honnête de diminuer ses troupes en peu de temps et sans bruit, et de le dépouiller ensuite de sa dignité. Il lui manda donc qu'il lui envoyât deux de ses légions, feignant d'avoir besoin de leur service. Julien qui ne savait rien de l'intention de l'empereur, et qui d'ailleurs ne lui voulait donner aucun sujet de se mettre en colère, obéit à son ordre avec une entière soumission, et ne laissa pas pourtant d'accroître de jour en jour son armée, et d'imprimer une telle terreur de son nom, que les Barbares qui habitaient à l'extrémité des frontières ne songeaient à rien moins qu'à prendre les armes. Constance demanda bientôt après d'autres troupes à Julien, et les ayant obtenues, il lui commanda encore de lui envoyer quatre compagnies. Julien n'eut pas sitôt reçu ce dernier ordre, qu'il commanda aux soldats de se tenir prêts pour partir. Il était alors à Paris, petite ville de Germanie. Comme les soldats soupaient un soir aux environs du palais, et qu'ils s'attendaient à partir le jour suivant, sans se défier de ce qu'on tramait contre Julien, quelques officiers qui avaient découvert cette intrigue qu'on conduisait depuis long-temps, répandirent secrètement des billets sans nom qui portaient: que Julien, qui les avait rendus victorieux par son adresse, et qui avait combattu en soldat, était en danger d'être dépouillé de toutes ses forces, s'ils ne s'opposaient au départ des troupes qui avaient été mandées. Quelques soldats ayant lu ces billets, et les ayant montrés à leurs compagnons, ils entrèrent tous en colère, et s'étant levés de table en désordre, ils coururent au palais, ayant encore le verre en main, en rompirent les portes, enlevèrent Julien, l'élevèrent sur un bouclier, le proclamèrent empereur, et lui mirent par force la couronne sur la tête. Julien était très-fâché de ce qui était arrivé. Mais la connaissance qu'il avait de l'infidélité de Constance, qui ne gardait ni parole, ni foi, ni serment, l'empêchait de se fier à lui. Il voulut pourtant sonder sa disposition, et lui envoya des ambassadeurs, qui lui protestèrent de sa part que c'était contre son avis et contre son intention qu'on l'avait proclamé, et qu'il était prêt à se démettre de la couronne, s'il le désirait, et de se contenter de la dignité de césar. Mais Constance entra dans un extrême colère, et monta en même temps à un si haut point d'insolence, qu'il dit aux ambassadeurs que si Julien voulait conserver sa vie, il fallait qu'il renonçât à la dignité de césar aussi bien qu'à la couronne, et que, redevenant particulier, il se soumît à sa puissance; qu'en s'y soumettant, il ne souffrirait rien de fâcheux, ni d'approchant de ce qu'il avait mérité. Julien ayant appris ce discours de Constance, fit voir l'opinion qu'il avait des dieux, en déclarant publiquement qu'il aimait mieux mettre sa vie entre leurs mains qu'entre celles de l'empereur. Celui-ci fit éclater ouvertement sa haine, et se prépara à la guerre civile. Parmi tout ce qui était arrivé, rien ne fâchait tant Julien que l'appréhension d'être accusé d'ingratitude envers un prince qui l'avait honoré de la dignité de césar. Pendant qu'il roulait ces pensées dans son esprit, et qu'il avait peine d'entreprendre une guerre civile, les dieux lui révélèrent en songe ce qui devait arriver, en lui faisant voir à Vienne, où il était alors, le soleil qui lui montrait les autres astres, et qui lui disait ces vers:

<small>Quand Jupiter sera dessous le verseur d'eau,
Et que sous la Vierge sera le vieux Saturne,
Que chacun reconnaît d'une humeur taciturne,
Tout aussitôt Constance entrera au tombeau.</small>

Se fiant à ce songe, il continua à prendre soin, selon sa coutume, des affaires publiques;

et parce que l'hiver durait encore, il s'appliqua principalement à pourvoir aux nécessités des Gaules, afin de se pouvoir donner tout entier à la poursuite des entreprises où il serait engagé.

Il se prépara de bonne heure à prévenir Constance qui était encore en Orient, et l'été étant déjà commencé, il mit ordre aux affaires des Gaules, obligeant les uns par la terreur de ses armes à demeurer en repos, et persuadant aux autres par l'expérience du passé de préférer volontairement la paix à la guerre. Ayant établi toute sorte d'officiers dans les villes et sur les frontières, il passa les Alpes avec son armée. Étant allé dans le pays des Rhètes où est la source du Danube, qui, ayant arrosé la Bavière et la Pannonie, coule par la Dace, par la Thrace, par la Mœsie, par la Scythie, et se décharge dans le Pont-Euxin, il fit faire des vaisseaux sur lesquels il descendit avec trois mille hommes le long du Danube, et commanda à vingt mille d'aller par terre à Sirmium. Allant continuellement à la voile et à la rame, et ayant les vents étésiens favorables, il arriva en douze jours à cette ville. Le bruit de l'arrivée de l'empereur s'étant répandu, chacun croyait que c'était Constance; mais quand on sut que c'était Julien, on fut fort surpris de la diligence de sa marche. Lorsque l'armée qui le suivait par terre fut arrivée, il écrivit au sénat de Rome et aux troupes d'Italie pour leur déclarer son avénement à la couronne, et pour leur commander de veiller à la conservation des places.

Les deux consuls de cette année-là, Taurus et Florentius, s'étant enfuis à la première nouvelle qu'ils avaient reçue que Julien avait passé les Alpes et était arrivé en Panonie, il commanda de les nommer dans les actes publics les consuls fugitifs. Il faisait de grandes caresses aux habitans des villes par où il passait, et leur donnait de grandes espérances d'un heureux gouvernement. Il écrivit aux Athéniens, aux Lacédémoniens et aux Corinthiens pour les informer des motifs de son voyage. Il reçut à Sirmium des députés de toute la Grèce, auxquels ayant fait des réponses fort obligeantes, il joignit à l'armée qu'il avait amenée des Gaules de nouvelles troupes amassées à Sirmium, en Pannonie et en Mœsie, et continua sa marche. Quand il fut arrivé à Naisse, il consulta les devins pour savoir ce qu'il devait faire. Les devins lui ayant dit qu'il devait s'arrêter quelque temps, il défèra à leur réponse, et observa le temps qui lui avait été prédit en songe; et lorsque ce temps-là fut arrivé, une troupe de cavaliers lui rapporta que Constance était mort, et que l'armée l'avait proclamé empereur. Acceptant avec reconnaissance cette faveur signalée du ciel, il s'avança vers Constantinople, où il fut reçu aux acclamations du peuple qui l'appelait le citoyen et le nourrisson de cette ville, et qui se promettait une heureuse abondance de toutes sortes de biens sous son règne.

Il prit un soin égal de la ville et de l'armée. Il honora la ville d'un sénat semblable à celui de Rome, et il l'embellit d'un port qui met ses vaisseaux en sûreté contre les dangers qui sont à craindre du côté du nord. Il fit bâtir une galerie en forme de sigma, qui touche par un bout au port, et une bibliothèque dans le palais, où il mit quantité de livres. Il se prépara après cela à la guerre contre les Perses. Après avoir passé dix mois à Constantinople, il nomma Hormisdas et Victor généraux des troupes, leur donna des officiers et des soldats, et partit pour Antioche. Il n'est pas besoin de décrire le bon ordre avec lequel ses troupes marchèrent. Des soldats qui avaient l'honneur de servir sous un aussi grand prince que Julien n'avaient garde de manquer d'observer une exacte discipline. Le peuple le reçut avec joie, mais comme ce peuple aimait passionnément les spectacles, et qu'il avait plus d'inclination pour ces divertissemens que pour aucune occupation sérieuse, il ne put s'accommoder à l'humeur sévère d'un empereur qui montrait beaucoup d'éloignement pour les théâtres, et qui ne donnait que peu d'instans de sa journée aux jeux, quand il lui arrivait d'y assister. Ils ne purent s'empêcher d'en témoigner leur ressentiment par des paroles qui lui déplurent extrêmement. Mais au lieu d'en châtier l'insolence, il se contenta de s'en railler par un discours fort délicat qu'il composa contre eux, et qui, les ayant rendus également odieux et ridicules à toute la terre, leur donna sujet de se repentir de leur faute. Ayant soulagé la ville, et lui ayant accordé un grand nombre de décurions qui devaient occuper cette charge, par droit d'hérédité, même pour les enfans de leurs filles, privilège dont jouissent bien peu de villes municipales, il se prépara à marcher contre les Perses. Ayant assemblé son armée sur la fin de l'hiver, il l'envoya devant lui, et partit d'Antioche sans avoir pu offrir de sacrifice. Bien que je n'ignore pas comment cela arriva, j'aime mieux le passer sous silence. Il arriva en cinq jours à Sérapole, où il avait commandé que les vaisseaux, tant de guerre que marchands, se rendissent de Samosate et des autres lieux qui sont aux environs de l'Euphrate. Il en donna le commandement à Hiérius, et ayant passé trois jours seulement à Sérapole, il alla à Batnas, ville de l'Osdroène. Les Édésènes allèrent le trouver en cet endroit, lui présentèrent une couronne, et le supplièrent de leur faire l'honneur d'entrer dans leur ville. Il y entra, et y donna les ordres nécessaires, et en partit pour aller à Carrhas. Comme il délibérait sur le chemin qu'il devait prendre, s'il irait par le Tigre et par Nisibe, ou par l'Euphrate et par Circésium, qui est un fort assis sur les frontières d'Assyrie, à l'endroit où l'Aboras se mêle avec l'Euphrate, on rapporta que les Perses faisaient le dégât sur les terres des Romains. L'armée fut un peu troublée de cette nouvelle. Mais l'empereur ayant reconnu que ce n'était qu'une troupe de gens qui couraient à la façon des voleurs, et qui se retiraient aussitôt avec leur butin, il se résolut de laisser quelques troupes pour garder les bords du Tigre, de peur que, pendant qu'il marcherait avec toute l'armée par l'autre chemin, les Perses ne ravageassent Nisibe et le pays d'alentour. Il y laissa donc dix-huit mille hommes pesamment armés, sous la conduite de Sébastien et de Procope, et s'embarqua sur l'Euphrate avec le reste de l'armée qu'il divisa en deux, afin que, de quelque côté que les ennemis parussent, il fût aisé de réprimer leurs courses.

Ayant ainsi disposé de toutes choses à Carrhas, ville assise sur la frontière de l'Assyrie et de l'empire, il voulut considérer son armée d'un chauteur. L'infanterie et la cavalerie montaient en tout à soixante-cinq mille hommes.

Étant en suite partie de Carrhas, et ayant passé tous les forts qui sont delà jusqu'à Callinique, il alla à celui de Circésium, dont nous avons parlé. Il passa le fleuve Aboras, et monta sur l'Euphrate, suivi des gens de guerre qui avaient porté des vivres avec eux; ceux qui en avaient l'ordre montèrent sur les vaisseaux; car déjà la flotte s'était jointe à lui: elle était composée de six cents vaisseaux de bois et de cinq cents de cuir. Il y avait outre cela cinquante navires de guerre, et quelques autres bâtimens destinés ou à faire des ponts, ou à porter des munitions, ou à porter des machines. Lucien et Constance furent honorés du commandement de l'armée navale. L'empereur ayant harangué son armée, fit distribuer à chaque soldat cent trente pièces d'argent; il donna le commandement de l'infanterie à Victor, et celui de la cavalerie à Hormisdas et à Arinthée. Nous avons déjà dit que cet Hormisdas était fils du roi de Perse, qui, par un effet de la violence de son frère, avait été privé du royaume qui lui appartenait légitimement. Il s'était réfugié vers l'empereur Constantin, à qui il avait donné des assurances de sa fidélité, et de qui il avait reçu en récompense des dignités et des honneurs. Il commandait en cette occasion l'aile gauche, composée de la cavalerie, qui marchait le long du fleuve. L'infanterie était à l'aile droite. L'arrière-garde était soixante-dix stades après, le bagage et les goujats étaient au milieu. L'empereur ayant disposé son armée en cet ordre, envoya quinze cents hommes devant, pour découvrir s'il ne paraîtrait point d'ennemis qui voulussent donner bataille ou dresser des embuscades. Ayant fait soixante stades, il arriva à un lieu nommé Zautha, et de là à Dura, où il restait des vestiges et des ruines d'une ancienne ville, et où l'on voyait encore le tombeau de l'empereur Gordien. Les soldats ayant aperçu en cet endroit-là une troupe de cerfs, tirèrent dessus, et en tuèrent quantité qu'ils mangèrent. Ayant fait quatre logemens, il arriva au bourg de Phatbusas. Il y avait vis-à-vis une île, au milieu d'un fleuve, dans laquelle il y avait un fort rempli d'habitans. Il y envoya Lucillien avec mille hommes qui y mirent le siége. Tant que la nuit dura les assiégeans ne furent point aperçus; mais dès que le jour parut, un habitant étant sorti pour puiser de l'eau, et ayant reconnu les Romains, alla dire à ses compagnons qu'il y avait des troupes à leur porte, et par cette nouvelle, il leur donna une vive alarme. Comme ils étaient tous au haut de leurs murailles, l'empereur traversa dans l'île avec des machines, et leur dit que s'ils se voulaient rendre, ils se délivreraient d'une ruine certaine. Quand ils se furent rendus, il envoya les hommes, les femmes et les enfans avec escorte sur les terres de l'empire, et il donna à leur chef, nommé Pusée, une charge de tribun; et ayant éprouvé sa fidélité, il l'honora de son affection.

En continuant son voyage, il arriva à une autre île du même fleuve, où il y avait un fort; s'en étant approché, il reconnut qu'il était imprenable. Il ne laissa pas d'exhorter les habitans à se rendre : ils lui promirent de le faire, et il passa le long de plusieurs châteaux, se contentant de semblables promesses, parce qu'il ne se voulait pas arrêter, et qu'il se hâtait d'arriver au lieu où était le théâtre principal de la guerre. En peu de jours il arriva à la ville de Dacire, qui est à la droite de ceux qui naviguent sur l'Euphrate. Les soldats l'ayant trouvée vide, y pillèrent une grande quantité de blé et d'autre butin, tuèrent des femmes qui y étaient restées, et la ruinèrent de telle sorte qu'il n'y demeura aucun vestige de bâtiment. Sur un des bords où marchait l'armée, il y avait une source de laquelle sortait du bitume. L'empereur alla après cela à Sitha, puis à Mégie, et enfin à Zaragardie, où il y a un trône de pierre que ceux du pays appellent le trône de Trajan. Les soldats ayant pillé et brûlé cette ville sans résistance, employèrent le reste de ce jour-là et tout le jour suivant à se reposer. L'empereur étonné, de ce qu'après avoir fait tant de chemin sur les terres des ennemis, il n'en paraissait point qui sortissent des embuscades, ni qui tinssent la campagne, envoya Hormisdas qui connaissait parfaitement le pays avec quelques troupes pour découvrir la campagne. Il courut un extrême danger, dont il ne fut préservé que par un bonheur extraordinaire. Le suréna (c'est le nom d'une dignité parmi les Perses) s'était mis en embuscade, et attendait Hormisdas en un endroit par où il devait repasser, sans se défier de rien. Mais un canal, qui se trouva par hasard rempli par l'Euphrate, empêcha ses gens de passer. Ils aperçurent le jour suivant l'embuscade, l'attaquèrent, en tuèrent une partie, mirent l'autre en fuite et rejoignirent l'armée. Étant allés plus avant, ils arrivèrent à un canal de l'Euphrate, qui s'étend jusqu'à l'Assyrie et jusqu'au pays qui est le long du Tigre. Les soldats ayant trouvé à l'entrée de ce canal un limon épais et gluant sur lequel les chevaux ne se pouvaient tenir, et ne pouvant d'ailleurs passer à cause de la pesanteur de leurs armes, se trouvèrent dans une fâcheuse perplexité. La vue des ennemis qui étaient sur l'autre bord avec des traits, des pierres et des frondes, tout prêts à en empêcher le passage, augmentait le danger; personne ne pouvant trouver de moyen de sortir d'un si mauvais pas, l'empereur qui surpassait tous les autres en esprit et en expérience, manda aux quinze cents hommes que Lucillien commandait qu'ils allassent attaquer les ennemis par derrière, afin de les attirer d'un autre côté, et de donner la facilité à l'armée de traverser le canal sans obstacle. Il choisit Victor pour aller porter cet ordre. Celui-ci étant parti durant la nuit avec de bonnes troupes, et ayant fait autant de chemin qu'il était nécessaire pour n'être pas découvert par les ennemis durant le jour, passa le canal, et chercha Lucillien. Quand il fut fort éloigné des Perses, il fit sonner la trompette pour appeler ceux de son parti. Les quinze cents hommes que Lucillien commandait étant heureusement arrivés à l'heure même, ils se joignirent, et fondirent ensemble par derrière à l'improviste sur les ennemis, en tuèrent un grand nombre et mirent le reste en fuite. Le stratagème de l'empereur lui ayant réussi de cette sorte, il mit sa cavalerie et son infanterie sur des vaisseaux qu'il trouva dans le canal, et le traversa avec aussi peu de peine que de danger. Étant de là arrivé en la ville de Bersabore, il en admira l'assiette et la grandeur. Elle était ceinte d'une muraille; la citadelle, qui était au milieu, était aussi ceinte d'une autre muraille faite en forme de segment de cercle. Il y avait un chemin fort difficile par où l'on allait de la seconde muraille de la ville à la citadelle. Il y avait aussi une sortie oblique du côté de l'occident et du midi. Le côté du septentrion était fortifié par un canal fait exprès, qui fournissait de l'eau aux habitans. Du côté de l'orient, il y avait un fossé et un rempart. Le long du fossé on avait élevé de hautes tours qui étaient de brique et de plâtre, depuis le milieu jusqu'au haut. L'empereur ayant résolu d'assiéger cette ville, commanda à ses gens de commencer l'attaque; à quoi s'étant portés avec une ardeur sans pareille, les habitans demandèrent composition, priant tantôt qu'on leur envoyât Hormisdas pour en arrêter les articles, et tantôt le chargeant d'injures et le détestant, comme un perfide et un traître. L'empereur, justement irrité de cette insolence, commanda de presser vivement le siège; ce que chacun ayant fait de tout son pouvoir, les habitans, qui se voyaient en trop petit nombre pour défendre la vaste étendue de leurs murailles, se retirèrent dans la citadelle. Les assiégeans étant entrés à l'heure même dans la ville, en abattirent les murailles et en brûlèrent les maisons. Ils élevèrent ensuite leurs machines sur les ruines et s'en servirent pour lancer des traits et des pierres contre la citadelle. Les assiégés en ayant aussi jeté une quantité incroyable, plusieurs furent tués de côté et d'autre. Alors l'empereur inventa une nouvelle machine, soit par la seule vivacité de son esprit, et par l'idée qu'il prit de l'assiette et de la disposition du lieu, soit par son expérience. Il éleva de longues pièces de bois qu'il attacha ensemble avec des liens de fer, et en fit une tour carrée, d'une hauteur égale à celle des murailles, et mit au haut des soldats avec des traits et des machines pour tirer sur la citadelle. Les Perses se défendirent quelque temps. Mais enfin ils promirent de se rendre, pourvu que l'empereur eût pour agréable de leur accorder des conditions honorables. Il leur permit de sortir avec leurs habits et quelque argent. Ils sortirent au nombre de cinq mille, outre ceux qui s'étaient sauvés sur des vaisseaux par le canal. Momosire, leur gouverneur, sortit avec eux. Les soldats trouvèrent dans la citadelle une quantité incroyable de blé, d'armes, de machines et d'autres meubles. La plus grande partie du blé fut mise sur les vaisseaux, l'autre fut partagée entre les soldats, les armes furent aussi partagées entre eux, à la réserve de celles qui n'étaient qu'à l'usage des Perses; celles-ci furent en partie brûlées et en partie jetées dans la rivière. Ce ne fut pas une petite gloire aux Romains d'avoir pris en deux jours une ville si considérable, et la plus grande de l'Assyrie après Ctésiphon. L'empereur en loua aussi ses soldats, et leur fit distribuer à chacun cent pièces d'argent. Le suréna étant sorti avec quelques troupes d'une ville d'Assyrie, fondit à l'improviste sur les éclaireurs de l'armée romaine, tua un des trois tribuns, mit le reste en déroute, et prit une des enseignes faite en forme de dragon, telles que sont pour l'ordinaire celles que les Romains portent dans les armées.

L'empereur indigné de cette petite disgrâce fondit sur les troupes du suréna, les mit en déroute, reprit l'enseigne; et étant allé droit à la ville où le suréna avait attaqué ses éclaireurs, la prit et y mit le feu. Il dégrada le chef des éclaireurs qui avait laissé prendre l'enseigne, et qui avait préféré sa vie à la gloire du nom romain, et le regarda toujours depuis avec mépris, aussi bien que ceux qui avaient eu part à la honte de sa fuite. Étant ensuite descendu le long d'un fleuve, il arriva à un fort qui est proche de la ville de Fissénie: elle était entourée d'un fossé fort profond, où les Perses avaient fait couler l'eau d'un fleuve nommé le fleuve Royal. Ayant passé au-delà de cette ville, comme au-delà d'une place où il n'y avait point d'ennemis à appréhender, ils marchèrent par un marais qui avait été fait exprès: car les Perses avaient creusé un canal où ils avaient fait couler la rivière, de sorte qu'ils croyaient en avoir rendu le passage impossible à une armée. Mais l'empereur l'ayant traversé le premier, ses gens eurent honte de ne le pas suivre et le traversèrent après lui, bien qu'ils eussent de l'eau jusqu'aux genoux. Le soleil s'étant couché, l'armée passa la nuit en cet endroit-là. L'empereur ayant commandé ensuite à des soldats et à des charpentiers de le suivre, fit couper des arbres et bâtir des ponts pour mettre sur les canaux, fit combler les creux, élargir les chemins étroits, et fit passer assez commodément son armée jusqu'à la ville de Bithra, où il y avait un palais et des maisons qui suffirent à le loger avec tous les gens de guerre. Étant parti de là, il continua à prendre la même peine, et rendit par son travail la marche plus aisée et le passage plus supportable. Il les fit tous passer jusqu'à un bois de palmiers, où il y avait des vignes dont le sarment se liait avec les palmes. Ayant passé la nuit en cet endroit-là, il partit le matin du jour suivant pour aller plus loin. Peu s'en fallut que voulant approcher d'un fort, il n'y reçût un coup mortel : car un Persan en étant sorti l'épée à la main, était près d'en frapper l'empereur à la tête. Mais ayant prévu le coup, il se couvrit de son bouclier. Les Romains se jetèrent en foule sur ce Persan, et le tuèrent sur la place avec tous les siens. Julien irrité de son insolence, visita le fort, et considéra l'endroit par où il était plus aisé de le prendre. Le suréna se préparait cependant à attaquer les soldats qui étaient dans le bois de palmiers, et se promettait d'enlever leur équipage, et d'obliger l'empereur à abandonner le siège du fort; mais il ne fit ni l'un ni l'autre. L'empereur tenait la prise de ce fort pour très-importante, parce que les habitans de Bésuchis, ville fort peuplée, et des autres places d'alentour s'y étaient réfugiés, à la réserve de ceux qui s'étaient retirés à Ctésiphon et dans les forts, et par cette raison, il pressait vivement le siège. Les troupes qu'il avait envoyées battre la campagne se défendirent vaillamment contre ceux qui les voulurent attaquer, en tuèrent une partie, mirent le reste en déroute, et rendirent, par ce moyen, à l'empereur le siège plus sûr et plus commode. Elles n'épargnèrent pas même ceux qui s'étaient retirés dans les bois, et les y ayant poursuivis, elles assommèrent les uns et prirent les autres. Les assiégés jetaient incessamment une quantité prodigieuse de traits; et lorsque les pierres leur manquèrent, ils dardèrent des mottes embrasées avec du bitume, et les jetant de haut en bas sur les Romains dont les rangs étaient fort serrés, il les endommagèrent notablement. Bien que ceux-ci combattissent dans un lieu désavantageux, ils ne laissèrent pas de donner d'illustres preuves de leur expérience et de leur valeur. Ils lancèrent des traits et des pierres avec leurs machines, et une seule de ces pierres blessait souvent plusieurs personnes. Le fort était assis sur une hauteur, entouré d'une double muraille, revêtu de seize grandes tours, fortifié d'un fossé fort profond, d'où les assiégés tiraient de l'eau. L'empereur commanda de combler le fossé et d'élever une batterie à une hauteur égale à celle des tours. Il fit de plus une mine sous les murailles. Comme les assiégés tiraient incessamment sur ceux qui élevaient la batterie, l'empereur se chargea de les combattre d'un côté à force ouverte, et d'un autre il donna charge à Névitas et à Gadalaiphon de faire une mine, et d'avancer les travaux; et il commanda à Victor de prendre avec lui des soldats pesamment armés pour découvrir la campagne jusqu'à la ville de Ctésiphon, pour s'opposer avec les gens qu'il avait sous sa conduite à ceux qui voudraient traverser le siège, et pour aplanir le chemin de Ctésiphon qui est de quatre-vingt-dix stades, et pour y faire des ponts où l'armée pût passer commodément. L'empereur ayant donné ses ordres, battit une des portes avec un bélier, et la rompit. Ayant remarqué que ceux qui travaillaient aux mines ne s'y portaient que lâchement, il les en ôta avec infamie et mit d'autres en leur place. Comme il battait une autre porte, on lui vint dire que ceux qui travaillaient à la mine l'avaient presque achevée. Ils étaient partagés en trois bandes, dont la première était des mattiaires, la seconde des lacciuaires et la troisième des victorieux. Il leur commanda de s'arrêter un moment et fit battre la porte, afin d'attirer les assiégés de ce côté-là, et de leur ôter la connaissance de la mine. Les Perses étant accourus pour défendre la porte et pour rompre le bélier, les mineurs achevèrent leurs travaux, et firent un trou dans une maison où une femme pétrissait de la farine. Supérantius, qui y entra le premier tua cette femme comme elle était près de crier et d'appeler à son secours. Magnus y entra le second; Jovien, tribun des notaires, le troisième, et plusieurs autres après eux. L'entrée ayant été agrandie, toute l'armée y entra, surprit les Perses qui chantaient des chansons en l'honneur de leur roi et à la honte de l'empereur, et qui publiaient qu'il prendrait plutôt le palais de Jupiter que leur place. Les Romains fondirent brusquement sur tout ce qui se présenta devant eux, jetèrent les uns du haut des murailles et percèrent les autres, sans épargner les femmes ni les enfans, si ce n'est qu'ils en firent un petit nombre prisonniers. Anabdate, qui commandait la garnison, fut mené à l'empereur avec quatre-vingts autres les mains liées. Le fort ayant été réduit de la sorte, et la plupart des habitans ayant été passé au fil de l'épée, les soldats pillèrent les richesses et les meubles, brûlèrent les maisons et les ruinèrent, si bien qu'il n'en resta aucun vestige. L'empereur étant allé ensuite à quelques forts peu considérables, arriva à un parc nommé la chasse du roi. Il était planté de beaux arbres, et rempli de toutes sortes de bêtes auxquelles on apportait des vivres. L'empereur ayant fait percer la muraille en plusieurs endroits, quantité de bêtes en sortirent et furent tuées par les soldats. Ayant vu assez proche de là un palais qui avait été bâti par les Romains, il défendit d'y toucher par respect. L'armée ayant passé ensuite le long de quelques forts, se trouva proche de la ville de Sabatha, distante de trente stades de Zochase, qu'on nomme aujourd'hui Séleucie. Ceux qu'on avait envoyés devant battre la campagne prirent cette ville de force. Le jour suivant l'empereur en visita les dehors, et y vit les corps de quelques personnes qui avaient été exécutées à mort. Ceux du pays lui dirent que c'étaient les parens d'un homme qui avait été accusé d'avoir livré une ville de Perse à l'empereur Carus. Anabdate fut mis en jugement en cet endroit pour avoir trompé l'armée romaine, bien qu'il eût promis de la conduire contre les Perses, et pour avoir traité Hormisdas de traître, en présence de plusieurs personnes; et après qu'il eut été convaincu, il fut puni du dernier supplice. L'armée étant allée plus avant, Arinthée visita des marais, où il trouva quantité de gens qu'il emmena prisonniers. Les Perses attaquèrent en cet endroit les coureurs de l'armée romaine; mais ayant été repoussés, ils se retirèrent dans la ville voisine. D'autres Perses attaquèrent, sur le bord d'un fleuve, les goujats qui gardaient les bêtes de charge, en tuèrent une partie, et prirent le reste. Ce fut la première disgrâce que les Romains sentirent en cette guerre, et par laquelle ils laissèrent abattre leur courage.

L'armée ayant décampé arriva à un grand canal que ceux du pays disaient avoir été creusé autrefois par l'empereur Trajan, dans le temps qu'il faisait la guerre aux Perses, et par où le fleuve Narmalaiche se décharge dans le Tigre. L'empereur le fit nettoyer, pour aller au Tigre ou pour construire des ponts dessus, quand il serait nécessaire. Il parut en même temps sur l'autre bord du fleuve une armée nombreuse de Perses, tant de cavalerie que d'infanterie, pour en disputer le passage à ceux qui voudraient l'entreprendre. La vue des ennemis augmenta l'envie que l'empereur avait de passer, et fut cause qu'il commanda en colère aux chefs de monter sur les vaisseaux. Mais quand ils considérèrent que l'autre bord était fort élevé, et que d'ailleurs il était fortifié par une haie qui avait été faite autrefois pour clore les jardins du roi, et qui servait alors comme d'une muraille, ils avouèrent qu'ils avaient peur que les ennemis ne jetassent sur eux, de haut en bas, des traits et des matières enflammées. L'empereur ayant commandé absolument de passer, deux vaisseaux chargés de troupes passèrent, et furent à l'heure même consumés par les feux des Perses. L'armée étant alors plus épouvantée qu'auparavant, l'empereur couvrit sa faute par le stratagème de s'écrier en disant : « Ils sont maîtres

» du bord. Le feu qui paraît est le signal que je
» leur ai commandé de nous donner de leur
» victoire. » Les soldats, trompés par ce stratagème, montèrent à l'heure sur les vaisseaux, quelques-uns même passèrent à gué, se battirent vaillamment, gagnèrent le bord, reprirent leurs deux vaisseaux à demi brûlés, et sauvèrent quelques-uns de ceux qui étaient dedans. Les deux armées en étant ensuite venues aux mains le combat dura depuis le milieu de la nuit jusqu'au milieu du jour suivant. Mais enfin les Perses prirent la fuite, et les soldats ne firent qu'imiter leurs chefs. Pigraxe était le premier en naissance et en dignité, après le roi; et les autres étaient Anarée et le suréna même. Les Romains et les Goths poursuivirent vivement les fuyards, en tuèrent un grand nombre, enlevèrent une quantité incroyable d'or et d'argent, d'habits, d'équipages, d'ornemens, de meubles précieux. Deux mille cinq cents Perses demeurèrent morts sur la place, et soixante-quinze Romains au plus. La blessure de Victor, chef de l'armée romaine, tempéra un peu la joie de la victoire. Le lendemain, l'empereur fit passer le Tigre à son armée, et trois jours après il le passa avec les compagnies de ses gardes. Quand il fut arrivé à un endroit que les Perses nomment Abuzatha, il y passa cinq jours. Méditant sur le moyen de continuer son voyage, il trouva à propos de s'éloigner des bords du fleuve, et d'entrer plus avant dans les terres, où il n'aurait plus besoin de vaisseaux. Ayant communiqué cet avis-là à son armée, il commanda de brûler les vaisseaux, à la réserve de dix-huit à la façon des Romains, et de quatre à la façon des Perses, qui furent mis sur des chariots pour servir dans l'occasion. Étant arrivés à Noorda, ils y trouvèrent quelques Perses, dont ils tuèrent les uns et prirent les autres. Ils firent un pont sur le fleuve Durus, pour le passer. Ils virent des Perses qui avaient brûlé toutes les herbes afin que les chevaux des Romains ne trouvassent pas de quoi paître, et qui s'étaient divisés en plusieurs bandes pour les attendre et puis s'étaient joints pour accourir au bord du fleuve. Les éclaireurs en étant les premiers venus aux mains avec un parti de Perses, un nommé Macamée se jeta presque au milieu d'eux et en tua quatre. Mais plusieurs étant accourus à l'heure même sur lui, ils le massacrèrent. Maurus, son frère, arracha son corps d'entre leurs mains, perça celui qui lui avait porté le premier coup, et ne cessa de frapper jusqu'à ce qu'il eût remporté son frère au camp des Romains, où il donna encore quelque signe de vie. L'armée alla après cela à la ville de Barophtas, où elle trouva que les Barbares avaient brûlé les vivres. Un parti de Perses et de Sarrasins parut et disparut au même instant. Puis s'étant assemblés en plus grand nombre, ils donnèrent à juger par leur contenance qu'ils avaient dessein de tirer sur les chevaux des Romains. L'empereur mit sa cuirasse et courut le premier contre eux; mais au lieu de l'attendre, ils se retirèrent en des lieux dont ils savaient tous les détours. S'étant avancé dans le pays, il arriva au bourg de Symbra assis entre la ville de Nisbara et celle de Nischanabe. Ces deux villes sont séparées par le Tigre. Il y avait autrefois un pont qui était très-utile au commerce du pays; il fut depuis brûlé par les Perses, de peur que les Romains ne s'en servissent pour attaquer les habitans de l'une ou de l'autre de ces deux places. Les éclaireurs de l'armée romaine ayant trouvé un parti de Perses en embuscade, les mirent en fuite. Les soldats prirent en cet endroit les provisions qui leur étaient nécessaires, et gâtèrent celles qu'ils ne purent emporter. Les Perses ayant rencontré l'arrière-garde de l'armée romaine entre Danabe et Synca, en taillèrent une partie en pièces, mais ils furent après mis en désordre et contraints de se retirer avec perte. Un des premiers satrapes, nommé Dace, mourut en cette rencontre. Il avait autrefois été envoyé en ambassade vers l'empereur Constance pour faire avec lui un traité de paix. Les Perses ayant aperçu les Romains qui s'approchaient de la ville d'Accète, mirent le feu aux fruits qui étaient sur la terre; mais les Romains accoururent pour l'éteindre, et se servirent de ce qu'ils purent conserver. Quand ils furent arrivés au bourg de Maronsa, les Perses attaquèrent l'arrière-garde, tuèrent quelques sol-

dats, et Brettanion, capitaine d'une compagnie, qui mourut en combattant vaillamment. Ils prirent aussi quelques vaisseaux qui étaient demeurés derrière. Les Romains ayant passé le long de quelques bourgs, arrivèrent à Tummara, où ils se repentirent d'avoir brûlé leurs navires, parce que les chevaux et les autres bêtes de charge ne suffisaient pas pour porter le bagage, durant un si long voyage dans un pays ennemi. D'ailleurs les Perses avaient enlevé toutes les vivres et les avaient enfermées dans les forts. Bien que les Romains fussent dans la disette de toutes choses, ils ne laissèrent pas de remporter l'avantage sur des partis qui parurent dans la campagne. Le jour suivant les Perses assemblés en plus grand nombre fondirent sur l'arrière-garde des Romains; mais bien qu'ils fussent étonnés d'une attaque si imprévue, néanmoins l'empereur les anima de telle sorte qu'ils se défendirent vigoureusement. Le combat s'étant engagé, l'empereur parcourut les rangs, et s'étant jeté au plus fort de la mêlée, il y reçut un coup d'épée, et fut emporté sur un bouclier dans sa tente, où il expira vers minuit, après avoir réduit à son obéissance presque tout l'empire des Perses. Avant que le bruit de sa mort fût répandu, les Romains tuèrent près de cinquante satrapes et une quantité presque incroyable de soldats. Mais quand il le fut, plusieurs allèrent dans la tente pour voir son corps, et les autres poursuivirent leur victoire. Quelques Perses étant sortis d'un fort, attaquèrent les troupes qu'Hormisdas commandait. Le combat s'étant échauffé, Anatole, chef des troupes du palais ou maître des offices, comme les Romains l'appellent, y fut tué. Saluste, préfet du prétoire, tomba de son cheval et eût été accablé par les ennemis, si un de ses domestiques ne fût descendu de cheval, et ne lui eût donné le loisir de se retirer, avec deux des compagnies qui suivent d'ordinaire l'empereur, et qu'on appelle les compagnies des scutaires. Dans cette déroute, soixante soldats, qui ne pouvaient oublier la grandeur du nom romain, s'exposèrent généreusement au danger et se rendirent maîtres du fort, d'où les Perses étaient sortis. Ils y soutinrent le siège durant trois jours et s'en échappèrent heureusement.

Alors tous les principaux chefs assemblèrent l'armée, pour décider entre les mains de qui l'on remettrait le souverain pouvoir ; parce qu'un chef suprême était nécessaire pour préserver des périls dont on était environné dans un pays ennemi. Jovien, fils de Varronien, tribun des domestiques fut élu. Voilà un récit fidèle de tout ce qui arriva jusqu'à la mort de Julien.

Jovien ayant pris la robe impériale et le diadème, partit pour s'en retourner. Lorsqu'il fut proche du fort de Suma, les Perses fondirent, avec leurs chevaux et avec quelques éléphans, sur l'aile droite de son armée où étaient les joviens et les herculiens, qui sont des compagnies établies autrefois par Dioclétien et par Maximien, dont l'un avait pris le surnom de Jupiter, et l'autre celui d'Hercule, et les incommodèrent notablement. N'ayant pu soutenir les efforts des éléphans, ils prirent la fuite. Les Perses les poursuivirent jusqu'à un endroit un peu raide où étaient nos goujats qui, n'ayant pas voulu demeurer inutiles, tirèrent de haut en bas, et blessèrent des éléphans qui effarouchèrent les chevaux en fuyant et en criant, de sorte que plusieurs de ces éléphans furent tués par les soldats, et que plusieurs soldats demeurèrent sur la place en combattant. Julien, Maximilien et Macrobe moururent en faisant leur devoir. Ceux qui visitaient les corps des morts trouvèrent celui d'Anatolius, auquel ils rendirent le devoir de la sépulture de la manière que le temps le pouvait permettre, pressés qu'ils étaient par les ennemis. Ils marchèrent quatre jours, durant lesquels ils furent continuellement incommodés par les Perses qui les harcelaient quand ils les voyaient marcher, et qui s'enfuyaient quand ils les voyaient se retourner pour venir sur eux à la charge. Lorsqu'ils furent dans un pays plus étendu que celui où ils avaient passé auparavant, ils se résolurent de traverser le Tigre. Pour cet effet ils lièrent plusieurs outres ensemble, et les soldats passèrent dessus les premiers, et après eux les capitaines et les autres chefs. Ce passage ne les mit pas en sûreté : car outre la disette dont ils étaient pressés, les Perses accouraient encore sur eux de toutes parts. Mais bien que leurs affaires fussent en si mauvais état, on ne laissait pas de traiter de paix, le suréna et quelques autres ayant été députés pour cet effet. L'empereur Jovien nomma Saluste, préfet du prétoire, et Arintée, pour conférer. Ils demeurèrent d'accord d'une trêve de trente ans; que les Romains rendraient le pays des Rabdicènes, des Carduènes, des Réhménes et des Zalènes, quinze forts avec les terres, les habitans, les troupeaux et les meubles. Il fut aussi accordé qu'ils rendraient Nisibe, sans les habitans qu'ils tranféreraient où il leur plairait, et qu'ils abandonneraient la plus grande partie de l'Arménie. Le traité ayant été conclu à ces conditions, les Romains eurent la liberté de retourner en leur pays, à la charge de ne faire aucun désordre sur les terres par où ils passeraient.

Je suis obligé dans cet endroit de mon histoire de remonter dans le passé pour examiner si les Romains ont jamais renoncé de la sorte à leurs conquêtes, et s'ils ont jamais livré aux étrangers les pays qu'ils avaient une fois soumis à leur puissance. Lucullus ayant vaincu et chassé Tigrane, et Mithridate ayant assujéti l'Arménie, Nisibe, et les forts d'alentour, Pompée en assura la possession aux Romains par d'illustres exploits et par une glorieuse paix. Les Perses s'étant soulevés depuis, Crassus fut choisi par le sénat pour aller réprimer leur insolence. Mais ayant été pris par les ennemis, et étant mort entre leurs mains, il laissa une tache honteuse au nom romain. Antoine, qui avait été chargé de continuer cette guerre, s'étant laissé enivrer de l'amour de Cléopâtre, s'y porta fort lâchement. Néanmoins ces disgrâces ne firent rien perdre aux Romains de ce qu'ils avaient conquis dans ces pays-là. Après que la république eut été changée en monarchie, Auguste fit servir le Tigre et l'Euphrate comme de bornes à l'empire. Gordien ayant fait long-temps depuis la guerre aux Perses fut tué dans un pays ennemi, et bien que Philippe son successeur fit une paix désavantageuse, il n'abandonna rien toutefois de ce qui avait appartenu aux Romains. Les Perses ayant couru bientôt après lui l'Orient avec la même rapidité que le feu, ayant enlevé la fameuse ville d'Antioche, et s'étant répandus jusqu'en Cilicie, Valérien eut le malheur de tomber vif entre leurs mains dans le temps même qu'il prétendait arrêter leurs progrès; mais sa disgrâce ne leur donna pas la hardiesse de retenir les provinces qu'ils avaient désolées. Il n'y a eu que la mort de Julien qui ait été capable de produire un si dangereux effet. Les empereurs suivans, bien loin de reprendre ce qu'on avait perdu alors, ont laissé perdre peu à peu plusieurs nations, dont les unes ont recouvré leur liberté, les autres ont subi volontairement le joug des Barbares, et les autres n'ont trouvé leur sûreté que dans une affreuse solitude où leur pays a été réduit, comme nous aurons occasion de le remarquer dans la suite de cette histoire.

Jovien ayant donc fait ce traité de paix avec les Perses, s'en retourna à la tête de son armée, et perdit quantité de ses gens dans des lieux secs et stériles. Il envoya le tribun Maurice à Nisibe pour en amener des vivres. Il en envoya d'autres en Italie pour y porter la nouvelle de la mort de Julien, et de la manière dont il avait été élu. Lorsque après de grandes fatigues il fut arrivé près de Nisibe, il ne voulut pas y entrer parce qu'il l'avait cédée aux Perses, mais il se campa dans la campagne au dehors, où les habitans lui présentèrent une couronne, et le supplièrent de ne pas les abandonner, et de ne pas les obliger à suivre les mœurs des Barbares, après avoir vécu si long-temps sous la conduite des lois romaines. Ils lui représentèrent qu'il serait honteux d'abandonner leur ville que Constance avait autrefois secourue et conservée, bien qu'il eût auparavant perdu trois batailles. L'empereur leur ayant répondu que le traité ne lui permettait pas de la retenir, Sabin, premier des décurions, lui dit qu'il ne serait obligé de faire aucune dépense pour subvenir aux frais de la guerre, ni d'implorer les secours des étrangers, qu'ils l'entreprendraient eux-mêmes, et que, quand ils auraient remporté la victoire, ils demeureraient soumis à son obéissance comme auparavant. L'empereur ayant réparti qu'il ne pouvait rien faire de contraire à ses promesses, ils continuèrent de le supplier de ne point priver l'empire d'un si puissant boulevard. L'empereur s'était retiré en colère, et les Perses s'étant mis en devoir de s'emparer des pays et des forts qui leur devaient demeurer par le traité, et même de Nisibe, la plupart des habitans de ce pays et des châteaux qui y sont assis cédèrent à la nécessité. Ceux de Nisibe ayant pourtant obtenu un délai, se retirèrent presque tous à Amide. On n'entendait que pleurs et que gémissemens dans le pays, qui, par la perte de Nisibe, se voyait exposé aux incursions des Barbares. Les Carrhènes conçurent une telle douleur à la nouvelle de la mort de Julien, qu'ils lapidèrent celui qui la leur avait apportée, et l'ensevelirent sous un tas de pierres. Il n'est presque pas concevable que la mort d'un prince ait pu apporter un si grand changement dans un état.

Jovien marchait avec une extrême diligence, parce qu'il ne voyait que des sujets de tristesse dans toutes les villes par où il passait, et qu'il n'y trouvait rien d'agréable. Il arriva à Antioche avec les compagnies de ses gardes. L'armée accompagnait le corps de Julien, qui fut enterré dans un faubourg de Tarse, ville de Cilicie. On grava cette épitaphe sur son tombeau.

> En revenant du Tigre il rencontra la mort,
> Ce Julien si fameux, digne d'un plus beau sort.
> On reconnut en lui la sagesse des princes,
> La valeur des soldats, la terreur des provinces.

Jovien s'appliqua aux affaires publiques, et envoya Lucillien, son beau-père, Procope et Valentinien, qui parvint depuis à l'empire, à l'armée, qui était en Pannonie, pour lui porter la nouvelle de la mort de Julien et de sa proclamation. Mais les Barbares qui étaient en garnison à Sirmium tuèrent Lucillien, en haine de ce qu'il leur avait apporté une si triste nouvelle, sans considérer l'honneur qu'il avait d'appartenir à l'empereur. Ils laissèrent aller Procope par respect de la parenté dont il avait été uni avec Julien. Valentinien s'échappa.

Comme Jovien sortait d'Antioche, et qu'il marchait vers Constantinople, il fut surpris par une maladie dont il mourut à Dadastane en Bithynie, après avoir régné huit mois, sans avoir pu rien faire de considérable à l'avantage de l'empire.

L'armée ayant délibéré sur le choix d'un empereur, il y eut diverses propositions faites par les soldats et par les gens de commandement. La pluralité des suffrages allait à élire Saluste préfet du prétoire. Mais celui-ci s'étant excusé sur son âge qui le rendait incapable de pourvoir aux besoins pressans de l'état, ils voulurent proclamer son fils. Il les en empêcha aussi à cause de sa trop grande jeunesse, et les priva par son refus du meilleur sujet qu'ils eussent jamais pu choisir. Ils donnèrent donc leurs suffrages à Valentinien, natif de Cibalis, ville de Pannonie, homme assez expérimenté dans la guerre et fort ignorant dans les lettres. Ils le mandèrent, parce qu'il était absent. Il arriva bientôt après, joignit l'armée dans Nicée en Bithynie, y prit possession de l'empire et marcha vers Constantinople.

LIVRE QUATRIÈME.

J'ai représenté dans le livre précédent tout ce qui est arrivé jusqu'à la mort de Jovien, après laquelle Valentinien fut choisi pour gouverner l'empire. Ce dernier étant tombé malade en chemin, et sa maladie ayant augmenté la disposition qu'il avait à la colère et à la cruauté, il s'imagina faussement que les amis de Julien l'avaient empoisonné. Quelques personnes de qualité furent accusées, et les accusations furent examinées avec beaucoup de prudence et beaucoup d'adresse par Saluste, qui était encore alors préfet du prétoire. Sa maladie lui ayant donné un peu de relâche, il partit de Nicée pour se rendre à Constantinople. Quand il y fut arrivé, les plus intimes de ses amis et les principaux officiers de l'armée le supplièrent d'avoir la bonté d'associer quelqu'un à l'empire, de peur que s'il survenait quelque changement inopiné, ils ne tombassent en des malheurs semblables à ceux qu'ils avaient éprouvés après la mort de Julien. I leur accorda leur prière, et après une mûre délibération, il choisit Valens, son frère, dans la croyance qu'il lui serait plus fidèle qu'aucun autre, et l'associa à l'empire. Lorsqu'ils furent arrivés tous deux à Constantinople, quelques-uns, qui cherchaient l'occasion de perdre les amis de Julien, ne cessèrent de publier qu'ils tramaient une conspiration, et de pousser le peuple à les accuser du même crime. Ces faux bruits augmentèrent la haine que les empereurs avaient déjà conçue contre les amis de Julien, et les portèrent à les mettre en justice sans aucune apparence de raison. Valentinien était dans une extrême colère contre le philosophe Maxime, en haine de ce que, sous le règne de Julien, il l'avait accusé d'avoir blessé l'honneur des dieux en faveur de la religion chrétienne. Mais le soin qu'ils furent obligés de prendre alors des villes et des armées les détourna du dessein de se venger. Ils s'appliquèrent principalement à choisir des officiers auxquels ils pussent confier le gouvernement des provinces et la garde du palais. Presque tous les gouverneurs et les officiers qui avaient été établis par Julien furent déposés, et entre autres Saluste, préfet du prétoire. Il n'y eut qu'Arinthée et Victor qui furent assez heureux pour être conservés dans leurs charges. Les principales dignités furent obtenues par ceux qui les recherchèrent avec plus d'empressement et avec plus d'ambition que les autres. On observa néanmoins la justice en ce qu'on punit sur le champ tous ceux contre lesquels on trouva qu'il y avait des plaintes raisonnables.

Après cela Valentinien jugea à propos de partager l'empire avec son frère, et lui ayant assigné l'Orient, l'Égypte, la Bithynie, et la Thrace, il prit pour lui l'Illyrie, l'Italie, les pays qui sont au-delà des Alpes, l'Espagne, la Grande-Bretagne, l'Afrique. Ce partage ayant été fait de la sorte, Valentinien s'appliqua sérieusement à bien gouverner, à établir de bons magistrats, à lever exactement les impositions publiques, et à les employer aux nécessités des gens de guerre. Voulant faire des lois, il commença par défendre de sacrifier durant la nuit, prétendant arrêter par là le cours des impiétés qui se commettaient. Mais Prétextat, proconsul de Grèce, homme recommandable par toutes sortes de vertus, déclara hautement que si cette loi avait lieu, elle rendrait la vie insupportable à tous les païens. C'est pourquoi l'empereur s'en désista, et permit de célébrer les saints mystères selon l'ancienne coutume.

Les Barbares qui habitent au-delà du Rhin, et qui s'étaient tenus trop heureux de vivre en repos sous le règne de Julien, par l'appréhension qu'ils avaient de sa puissance, se soulevèrent aussitôt qu'ils surent sa mort, et prirent les armes. Comme Valentinien avait quelque expérience de la guerre, il ne manqua pas de préparer à l'heure même sa cavalerie, son infanterie et ses troupes armées à la légère, et de veiller à la défense des places qui sont sur le Rhin. Mais Valens ayant été élevé tout d'un coup sur le trône, après avoir toujours mené une vie éloignée du bruit, et se sentant trop faible pour soutenir le poids de l'empire, ne savait comment se démêler des affaires. Les Perses enflés du traité avantageux qu'ils avaient fait avec Jovien, et par lequel ils étaient demeurés maîtres de Nisibe, firent des courses qui l'obligèrent de quitter Constantinople. Dans le temps qu'il en partait, Procope se souleva. Julien lui avait confié, comme à son parent, la conduite d'une partie de ses troupes, et lui avait commandé de marcher avec Sébastien par l'Adiabène, et de le venir joindre par un autre chemin que celui qu'il avait pris, afin de fondre conjointement sur l'ennemi. Il lui avait aussi accordé la robe impériale par un motif fort secret. La face des affaires ayant été changée par l'ordre du ciel, et Jovien ayant été élevé sur le trône, Procope lui vint rapporter cette robe impériale, lui découvrit le motif par lequel elle lui avait été donnée, et le supplia de lui permettre de vivre en repos, sans se mêler d'autre chose que de cultiver ses terres et de gouverner sa famille. Ayant obtenu cette permission, il se retira avec sa femme et ses enfans à Césarée, ville de Cappadoce, où il possédait de grands biens. Quand Valentinien et Valens eurent été proclamés empereur, ils envoyèrent des gens de guerre pour s'assurer de lui, comme d'un homme qui leur était suspect depuis long-temps. Il se mit entre leurs mains pour aller où il leur plairait, et leur demanda seulement la grâce de pouvoir parler à sa femme, et de dire adieu à ses enfans. Quand ils la lui eurent accordée, il leur fit apprêter un festin, et lorsqu'ils furent pleins de vin, il s'enfuit vers le Pont-Euxin, où il monta sur un vaisseau, et se sauva dans la Chersonèse Taurique. Il demeura là quelque temps ; mais après avoir reconnu que les habitans étaient des perfides, il appréhenda qu'ils ne le livrassent à ses ennemis. Il se mit donc avec sa famille sur un vaisseau marchand, et arriva de nuit à Constantinople, et logea chez un de ses anciens amis, considéra l'état où était la ville depuis le départ de l'empereur, et résolut d'usurper la souveraine puissance. Quand il eut pris cette résolution, voici le moyen qu'il trouva de l'exécuter. Il y avait un eunuque nommé Eugène, qui ayant été chassé depuis peu de la cour, était mal intentionné envers les empereurs. Procope ayant contracté liaison avec lui, et ayant reconnu qu'il avait du bien, lui déclara son dessein. Eugène promit de le seconder et de fournir pour cela de l'argent quand il serait nécessaire. La première chose qu'ils firent, fut de corrompre par argent deux compagnies qui étaient en garnison dans la ville. Ils donnèrent outre cela des armes à des esclaves, et amassèrent sans grande peine force peuple, plusieurs s'offrant d'eux-mêmes, et ayant fait entrer leurs troupes dans la ville durant la nuit, ils surprirent fort tout le monde, chacun étant étonné, en sortant de sa maison, de voir Procope devenu tout d'un coup empereur, comme ceux qui le deviennent sur les théâtres. La surprise avait rendu la confusion si étrange, que personne n'était capable de prendre aucun conseil. Procope crut que, pour faire réussir son entreprise, il fallait qu'elle demeurât encore quelque temps cachée. C'est pourquoi s'étant saisi de Césaire, gouverneur de la ville, et de Nébridius, préfet du prétoire, il les garda séparément, de peur qu'ils ne communiquassent ensemble, et les obligea d'écrire aux provinces ce qu'il voulut. Après cela, il se rendit au palais dans un magnifique équipage, monta sur le trône, remplit tout le monde de promesses et d'esperance. Comme il n'y avait pas long-temps que les troupes avaient été partagées entre les deux empereurs, et qu'elles marchaient encore pour se rendre aux quartiers qui leur avaient été assignés, il tâcha de les attirer par argent à son parti, ce qui ne lui fut point difficile. Ayant donc formé un corps d'armée, il le donna à Marcel, avec ordre d'aller attaquer Sérénien et la cavalerie qu'il commandait. Cette cavalerie s'étant retirée à Cyzique, Marcel l'y assiégea par mer et par terre, et réduisit la ville, prit Sérénien en Lydie, où il s'était enfui, et le fit mourir. Après un si heureux commencement, Procope se vit bientôt fortifié d'un si grand nombre de gens de guerre, tant Romains qu'étrangers, qui se rangeaient à l'envi sous ses enseignes, qu'il fut en état de combattre les deux empereurs. D'ailleurs, l'avantage qu'il avait d'être parent de Julien, et la réputation qu'il avait autrefois aquise dans ses armées, fortifièrent extrêmement son parti. De plus il députa des personnes fort considérables au prince qui commande les Scythes au-delà du Danube, de qui il reçut un secours de dix mille hommes, outre force étrangers qui s'offrirent d'eux-mêmes à lui. Comme il ne jugeait pas à propos d'attaquer en même temps les deux empereurs, il se contenta de combattre le plus proche, se réservant de prendre ensuite une autre résolution. Valens apprit en Galatie ce soulèvement et en fut aussi épouvanté qu'on le puisse être. Mais Arbition l'ayant un peu rassuré, il assembla ses troupes, et manda à Valentinien, son frère, l'entreprise de Procope. Mais celui-ci se mit d'autant moins en peine de l'assister qu'il le méprisait pour n'avoir pu conserver la portion de l'empire qu'il lui avait confiée. Valens donna donc la conduite de cette guerre à Arbition. Celui-ci voyant que les deux armées étaient comme prêtes à en venir aux mains, eut l'adresse de débaucher quantité de soldats de Procope et de découvrir ses desseins par leur moyen. Les deux armées s'étant rencontrées vers Thyatire, peu s'en fallut que celle de Procope ne remportât la victoire, et ne lui assurât la possession de l'autorité souveraine, Hormisdas, Perse, fils d'Hormisdas, ayant eu quelque avantage. Mais Gomaire, qui commandait une autre partie des troupes de Procope, et qui favorisait secrètement le parti de Valens, le proclama empereur et obligea les soldats à se déclarer pour lui. Ce prince, après la victoire, étant allé à Sardes, et de-là en Phrygie, et ayant trouvé Procope dans la ville de Nacolie, et Haplon, capitaine du parti de Procope, l'ayant trahi, il remporta la victoire, prit son ennemi, et peu après Marcel, et les fit tous deux mourir. Ayant trouvé chez Marcel une robe impériale que Procope lui avait donnée, il fit une recherche exacte de ceux qui avaient appuyé le parti de l'usurpateur de l'autorité souveraine, et de ceux qui en ayant eu connaissance ne l'avaient point découvert. Il les traita tous avec la dernière rigueur sans aucune formalité de justice, sacrifiant à sa colère les innocens aussi bien que les coupables, et les punissant en haine de l'amitié ou de l'alliance dont ils avaient été unis avec son ennemi. Pendant que la portion de l'empire que Valens possédait était dans cet état Valentinien courait un extrême péril au-delà des Alpes. Les Germains ne furent pas sitôt délivrés par la mort de Julien de la crainte de sa puissance, que se souvenant des mauvais traitemens qu'ils avaient soufferts pendant qu'il était césar, ils reprirent leur fierté ordinaire,

et recommencèrent à ravager les terres de l'empire. Valentinien s'étant présenté pour réprimer leur insolence, il y eut un combat fort rude qui fut terminé par la fuite des Romains. L'empereur demeura ferme au milieu du danger, et supporta constamment cette disgrâce. Ayant depuis recherché les auteurs de cette déroute, il trouva que les Bataves en étaient coupables; et ayant assemblé l'armée comme pour leur faire des propositions avantageuses au bien de l'état, il prononça un discours fort grave, par lequel il couvrit d'une confusion éternelle ceux qui avaient les premiers lâché le pied, et à la fin il commanda aux Bataves de mettre bas les armes, pour être vendus comme des esclaves à ceux qui voudraient en acheter. A cette parole toute l'armée se prosterna contre terre, le suppliant de leur épargner cette infamie, et lui promettant que les Bataves se porteraient avec tant de cœur en la première rencontre, qu'il les reconnaîtrait dignes de la grandeur du nom romain. Valentinien leur ayant commandé d'exécuter leur promesse, ils se levèrent, prirent leurs armes, sortirent hors du camp, firent passer au fil de l'épée un si grand nombre de Barbares, que fort peu s'en retournèrent en leurs pays. Telle fut la fin de la guerre de Germanie.

Valens s'étant défait d'un grand nombre de personnes depuis la mort de Procope, et ayant confisqué le bien d'un autre nombre encore plus grand, fut détourné par une irruption soudaine des Scythes de continuer l'entreprise qu'il avait commencée contre les Perses. Ayant envoyé contre eux des troupes assez nombreuses, non-seulement il arrêta leurs progrès, mais aussi il les obligea de rendre les armes, et les ayant dispersés dans les villes qu'il avait sur le Danube, il les y fit garder sans leur faire mettre les fers. C'étaient ceux-là même que le prince des Scythes avait envoyés au secours de Procope. Les ayant fait redemander à Valens par ses ambassadeurs, et lui ayant fait remontrer qu'il n'avait pu les refuser à celui qui était alors en possession de la souveraine puissance, ce prince ne fit point d'autre réponse, sinon qu'il ne les avait jamais demandés, qu'ils n'étaient pas venus pour son service, et qu'ils avaient été pris en combattant contre lui.

Ce différent fut cause de la guerre contre les Scythes. Valens sachant qu'ils avaient dessein de faire irruption sur ces terres, et qu'ils s'assemblaient en diligence pour cet effet, commanda dans Marcianopole, ville célèbre de Thrace où il était, de ranger son armée sur le bord du Danube, et eut soin qu'il ne lui manquât rien, et qu'elle fit continuellement exercice. Il donna à Auxone la charge de préfet du prétoire que Salluste, qui en avait été pourvu une seconde fois, ne pouvait plus exercer à cause de son grand âge. Quelque pressante que fût la nécessité de cette guerre, Auxone leva les impositions avec une parfaite équité, sans permettre que personne souffrît la moindre injustice. Il fit conduire quantité de provisions par le Pont-Euxin jusqu'aux embouchures du Danube, et de là dans les villes, pour les distribuer aux gens de guerre lorsqu'ils en auraient besoin.

Au commencement du printemps, l'empereur partit de Marcianopole, et ayant passé le Danube à la tête de son armée, il attaqua les Barbares. Au lieu de combattre de pied ferme, ils se cachèrent dans les forêts et dans les marais, d'où ils firent des irruptions. L'empereur ayant amassé tous les goujats et tous ceux qui gardaient le bagage, leur promit une somme d'argent pour la tête de chaque Scythe qu'ils auraient tué. A l'heure même ils entrèrent tous dans les bois et dans les marais par l'espérance du gain, et ayant tué un grand nombre de Barbares, ils en apportèrent les têtes, et en reçurent le prix. Ceux qui restèrent demandèrent la paix ; et elle leur fut accordée à des conditions honorables à l'empire, et sous la promesse qu'ils ne passeraient plus le Danube, et que les Romains retiendraient tout ce qui leur avait autrefois appartenu. La paix ayant été conclue de la sorte, l'empereur revint à Constantinople, où il donna à Modeste la charge de préfet du prétoire vacante par la mort d'Auxone, et se prépara à la guerre contre les Perses.

Valentinien ayant heureusement terminé dans le même temps la guerre contre les Germains, crut devoir pourvoir à la sûreté des Gaules. Ayant donc assemblé un grand nombre de jeunes gens, tant parmi les étrangers qui habitent sur le bord du Rhin que parmi les paysans ses sujets, il les enrôla, et leur fit si bien apprendre les manœuvres, que l'appréhension de leur valeur retint de telle sorte les Barbares, qu'en neuf ans ils ne firent aucune irruption sur nos terres. Dans le même temps, un certain Valentinien, qui avait été relégué dans la Grande-Bretagne pour quelques crimes, aspira à la tyrannie, et fut privé de ses prétentions et de la vie. Valentinien fut attaqué d'une maladie dont peu s'en fallut qu'il ne mourût. Quand il fut guéri, il associa à l'empire, à la prière de grands de sa cour, Gratien, son fils, jeune homme sans expérience.

Pendant que les affaires étaient en cet état dans l'Occident, Valens se préparait toujours à la guerre contre les Perses. Mais comme il n'avançait que lentement, il eut le loisir de pourvoir aux besoins de plusieurs villes qui lui envoyèrent leurs députés, et de leur accorder les demandes qu'il trouva justes. Il passa l'hiver à Antioche, alla à Hiérapole au commencement du printemps, et retourna l'hiver suivant à Antioche, où il trouva des affaires toutes nouvelles. Il y avait parmi ses secrétaires un jeune homme nommé Théodore, issu d'une famille fort noble, assez bien élevé, mais qui dans la chaleur de sa jeunesse prêtait trop indiscrètement l'oreille aux discours de certains flatteurs. Ces gens-là lui ayant persuadé qu'ils avaient connaissance de l'avenir, il leur demanda qui règnerait après Valens. Ces imposteurs ayant consulté leur trépied, et y ayant vu un Θ, un E, un O et un Δ, l'assurèrent que ces lettres marquaient son nom, et qu'il parviendrait à l'empire. Étant donc flatté de ces folles espérances, et consultant perpétuellement des devins, il fut déféré à l'empereur et puni comme il le méritait. Cette affaire fut suivie d'une autre. Fortunatien, intendant des finances, condamna à la question un de ses officiers accusé de magie. Celui-ci ayant découvert quelques-uns de ses complices, parmi lesquels il y avait des justiciables de Modeste, préfet du prétoire, ce magistrat prit connaissance de l'affaire, et instruisit généralement contre tous les accusés. L'empereur en entra dans une si furieuse colère, qu'il conçut d'injustes soupçons contre ceux qui faisaient profession des sciences et des belles-lettres, et contre les premiers de sa cour, comme s'ils eussent conspiré contre lui. On n'entendait partout que des gémissemens et des plaintes. Les prisons étaient remplies de personnes innocentes. Il y avait plus de monde qui fuyait la persécution, qu'il n'en restait dans les villes. Les soldats qui conduisaient les prisonniers avouaient qu'ils étaient en trop petit nombre pour les garder. Les dénonciateurs n'étaient point punis des accusations calomnieuses, et après avoir été convaincus d'avoir voulu opprimer l'innocence, ils avaient la liberté de se retirer. Les accusés étaient condamnés sans preuve à perdre la vie ou les biens, et à laisser leurs femmes et leurs enfans dans la dernière misère. Enfin on ne travaillait qu'à remplir l'épargne par toute sorte de crimes. Entre les philosophes célèbres, Maxime fut le premier mis à mort. Hilaire de Phrygie le fut ensuite, pour avoir expliqué trop clairement un oracle. Puis Simonide, Patrice de Lydie, et Andronique de Carie, qui étaient tous trois fort habiles, et qui ne furent condamnés que par l'envie qu'on portait à leur mérite et à leur vertu. La confusion était si générale et si horrible, que les dénonciateurs entraient dans les maisons à la tête d'une troupe de gens perdus, et mettaient ceux qu'il leur plaisait entre les mains des exécuteurs, pour les faire mourir sans connaissance de cause. Festus, que l'empereur avait envoyé en Asie en qualité de proconsul, et à qui il n'avait donné cet emploi qu'en considération de sa cruauté, afin qu'il n'épargnât aucun homme remarquable par son savoir, mit, pour ainsi dire, le comble à la misère publique. Ce détestable consul réussit selon son intention. Car ce furieux magistrat ayant fait une exacte recherche des savans, les fit mourir sans aucune formalité de justice, à la réserve de ceux qui, pour sauver leur vie, abandonnèrent leurs maisons. Voilà un fidèle récit des malheurs que l'indiscrétion de Théodore attira sur les villes.

Valentinien ayant fait la guerre en Germanie avec quelque succès, en devint plus fâcheux à ses sujets, les surchargeant d'impôts ; qu'il levait avec une dureté inouïe, sous prétexte que l'épargne était épuisée par les dépenses qu'il avait fallu faire pour entretenir les gens de guerre. Sa cruauté s'accrut de telle sorte, à mesure que s'accrut la haine publique qu'il avait excitée par ces violences, que bien loin de vouloir prendre connaissance des injustices que les magistrats faisaient par avarice, il avait une maligne jalousie contre ceux qui s'acquittaient de leurs charges avec une intégrité exemplaire. Enfin il parut tout autre qu'il n'avait été au commencement de son règne.

Les Africains ne pouvant plus souffrir les exactions que Romain, maître de la milice, faisait en leur pays, revêtirent Firmus de la robe impériale, et le proclamèrent empereur. Dès que Valentinien en eut appris la nouvelle, il fit passer en Afrique les troupes de Pannonie et de Mœsie. Elles ne furent pas si tôt parties, que les Sarmates et les Quades qui étaient irrités depuis long-temps contre Célestius, de ce qu'ayant trompé leur prince par de faux sermens, il l'avait tué en sortant de table, coururent et pillèrent les bords du Danube. La Pannonie fut ainsi comme exposée en proie, et autant incommodée par les soldats qui la devaient garder, que par les étrangers. La Mœsie fut conservée par la valeur de Théodose, par laquelle il parvint depuis à l'empire, comme nous le verrons dans la suite. Valentinien ne pouvant souffrir l'insolence des Sarmates et des Quades, partit des Gaules, et alla en Illyrie, à dessein de leur faire la guerre. Il donna le commandement de son armée à Mérobaude, qui semblait surpasser tous les autres en expérience. Les Quades lui ayant envoyé une ambassade fort insolente, il en conçut une si furieuse colère, que le sang lui étant sorti par la bouche en abondance, et lui ayant ôté la parole, il mourut, en la douzième année de son règne, et le neuvième mois de son entrée en Illyrie. Après sa mort, le tonnerre tomba à Sirmium et y brûla le palais et le marché, ce qui fut pris par les habiles interprètes de ces sortes de désartres pour un malheureux présage. Il y eut dans le même temps des tremblemens de terre qui ébranlèrent l'île de Crète, le Péloponnèse, la Grèce, et qui renversèrent quantité de villes, excepté Athènes et le pays attique, qui furent préservés par la raison que je vais dire. Le pontife Nestorius fut averti en songe de rendre des honneurs publics à Achille, et que ce culte serait le salut de la ville. Ayant communiqué ce songe aux magistrats, ils s'en moquèrent comme de la vision d'un vieillard, de qui le grand âge avait affaibli l'esprit. Nestorius ayant songé seul au moyen de suivre l'avis qu'il avait reçu, et ayant obéi à l'inspiration des dieux, façonna une image d'Achille de petite dimension et la mit sous la statue de Minerve placée dans l'appartement des vierges. Toutes les fois donc qu'il sacrifia à cette déesse, il sacrifia aussi à ce héros, par la protection duquel la ville d'Athènes et le pays attique furent préservés des tremblemens de terre. La vérité de ce récit est confirmée par l'hymne que le philosophe Syrianus a composée en l'honneur d'Achille. J'ai bien voulu faire cette digression, dans la pensée qu'elle n'était pas éloignée de mon sujet.

Après la mort de Valentinien, Mérobaude et Équitius, chefs de l'armée, considérant que Valens et Gratien étaient fort éloignés, l'un étant en Orient, et l'autre à l'extrémité des Gaules, où il avait été laissé par son père, et appréhendant que les Barbares qui habitent au-delà du Danube ne fissent des irruptions en l'absence des légitimes souverains, amenèrent au camp Valentinien le jeune, que l'empereur avait eu de sa seconde femme, auparavant veuve de Magnence, le revêtirent de la robe impériale et le conduisirent au palais, bien qu'il n'eût que cinq ans. Ils partagèrent l'empire entre Gratien et le jeune Valentinien, qui d'eux-mêmes n'étaient encore capables d'aucunes affaires, et donnèrent au premier les Gaules, l'Espagne et la Grande-Bretagne, et à l'autre l'Italie, l'Illyrie et l'Afrique.

Valens était entouré de guerres de toutes parts. Les Isauriens, qu'on appelle tantôt Pisides, tantôt Solymes, tantôt Ciliciens montagnards, et dont nous parlerons plus amplement en son lieu, incommodaient extrêmement les villes de Lycie et de Pamphilie, et bien qu'ils ne pussent forcer les murailles, ils en ravageaient le territoire et les dépendances. L'empereur qui était encore alors à Antioche, ayant envoyé des troupes capables, à son avis, de les repousser, ils se retirèrent en diligence sur les montagnes les plus escarpées, sans que nos soldats eussent ni le courage de les poursuivre, ni aucun moyen de soulager les villes qu'ils avaient pillées.

Dans le même temps, une nation qui avait été inconnue jusqu'alors parut tout d'un coup, et attaqua les Scythes qui habitent au-delà du Danube. On les appelait Huns, soit qu'il faille les nommer Scythes Basilides, ou bien que ce soient ceux qu'Hérodote dit habiter le long du Danube, et être camus et peu vaillans; soit qu'ils aient passé d'Asie en Europe, car j'ai trouvé écrit dans quelques histoires que le Bosphore Cimmérien ayant été comme changé en terre par la quantité du limon que le Tanaïs traîne après lui, il leur donna un passage. Enfin, de quelque sorte que la chose soit arrivée, il est constant qu'ils partirent avec leurs chevaux, leurs femmes, leurs enfans et leur équipage, et qu'ils attaquèrent les Scythes qui habitent au-delà du Danube. Ils ne savaient point combattre de pied ferme; car comment l'auraient-ils su, puisqu'à peine savaient-ils marcher, et qu'ils étaient tellement accoutumés à passer les jours et les nuits sur leurs chevaux, qu'ils y demeuraient durant leur sommeil. Faisant donc, tantôt des incursions et tantôt des retraites, et tirant incessamment, ils tuèrent une si prodigieuse quantité de Scythes, que ceux qui restèrent furent obligés de leur abandonner leurs maisons et de s'enfuir au bord du Danube, en tendant les mains et en suppliant l'empereur de les recevoir au nombre de ses alliés. Les gouverneurs des places ayant différé de leur faire réponse, jusqu'à ce qu'ils eussent appris son intention, il manda de les recevoir, après qu'on les aurait désarmés. Les officiers, au lieu de suivre cet ordre, ne firent rien autre chose que de choisir les plus belles femmes, et les enfans les mieux faits pour s'en servir dans leurs débauches, ou des hommes propres à les servir dans leurs maisons ou à labourer la terre. Les autres, ayant passé secrètement la rivière avec leurs armes, oublièrent à l'heure même leurs prières et leurs promesses, et se mirent à courir la Thrace, la Pannonie, la Macédoine et la Thessalie.

L'empereur Valens était occupé contre les Perses, lorsqu'il reçut cette fâcheuse nouvelle. Il partit incontinent d'Antioche pour se rendre à Constantinople, et pour aller de là en Thrace combattre ces Scythes fugitifs et infidèles. Comme l'armée commençait à marcher, elle rencontra un prodige : c'était un corps immobile couché le long du chemin, qui paraissait brisé de coups, depuis la tête jusqu'aux pieds, mais qui avait les yeux ouverts, et qui regardait ceux qui s'approchaient de lui. Plusieurs lui ayant demandé qui il était, et qui l'avait traité de la sorte, il ne répondit rien, ce qui leur ayant semblé fort étrange, ils le montrèrent à l'empereur qui lui fit les mêmes demandes, sans pouvoir tirer de réponse. On ne pouvait croire, ni qu'il eût un reste de vie, parce qu'il était sans mouvement, ni qu'il fût mort, parce qu'il avait l'usage des yeux. Enfin il disparut tout d'un coup, et laissa les assistans dans l'étonnement. Ceux qui savent ce que ces prodiges signifient, s'imaginèrent que c'était une image de l'état pitoyable où l'empire allait être réduit, jusqu'à ce qu'il pérît par la méchante administration des princes. On ne reconnaîtra que trop que cette conjecture était véritable, quand on prendra la peine d'examiner attentivement ce qui arriva depuis.

Valens, voyant que les Scythes ravageaient toute la Thrace, résolut d'envoyer d'abord contre eux la meilleure cavalerie qu'il avait amenée d'Orient. Leur ayant donc donné le mot du guet, il les fit partir par bandes séparées. Ceux-ci ayant trouvé des Scythes dispersés de côté et d'autre, en tuèrent plusieurs, dont ils apportaient chaque jour les têtes à Constantinople. Les Scythes ayant reconnu qu'il leur était difficile de surmonter la vitesse des chevaux des Sarrasins, et de parer les coups de lances, eurent recours au stratagème de se cacher dans les endroits creux, pour ne les attaquer que quand ils seraient trois contre un. Mais les Sarrasins se servirent si heureusement de la vitesse et de l'adresse de leurs chevaux, pour se retirer lorsqu'ils se trouvèrent les plus faibles en nombre, et pour aller à la charge lorsqu'ils en eurent l'occasion, que les Scythes, désespérant de se défendre, aimèrent presque mieux repasser le Danube, et se rendre aux Huns que de périr par les armes des Sarrasins. Leur retraite des environs de Constantinople donna moyen à l'empereur de faire avancer son armée. Pendant qu'il songeait aux moyens de continuer la guerre contre une si formidable multitude de Barbares, et que d'ailleurs il ne savait comment s'opposer à l'injustice des officiers, n'osant les déposer en un temps si plein de troubles, et n'en ayant point de meilleurs à mettre en leur place, Sébastien ennuyé de voir que les empereurs d'Occident n'étaient capables dans leur jeunesse d'aucune bonne résolution, et qu'ils se laissaient conduire par des eunuques, quitta l'Occident, et vint à Constantinople. Valens qui connaissait son mérite, tant en la guerre qu'en toute sorte d'autres affaires, le fit général de ses troupes. Sébastien considérant la vie licencieuse des officiers, et la lâcheté des soldats, qui n'étaient propres qu'à fuir, et à trembler comme des femmes, demanda la permission d'en choisir deux mille, dans la croyance qu'il lui serait plus aisé de remettre ce petit nombre dans la discipline, que de gouverner une multitude mal réglée. L'ayant obtenu de l'empereur, il choisit, non ceux qui avaient été levés dans la crainte, et qui étaient accoutumés à la fuite, mais des jeunes gens nouvellement enrôlés qui faisaient espérer par leur bonne mine et par leur ardeur, qu'ils exécuteraient courageusement tout ce qu'on leur voudrait commander. Il en fit ensuite une exacte revue, et s'efforça de réparer par l'exercice le défaut de leur nature. Il était libéral de louanges et de récompenses envers ceux qui obéissaient à ses ordres, et se montrait sévère et inexorable envers ceux qui les méprisaient. Ayant ainsi formé ses soldats, il les mit à couvert dans les villes, et tendit incessamment des pièges aux

Barbares qui ravageaient la campagne, en trouvant tantôt quelques-uns chargés de butin, il les tuait et le leur arrachait d'entre les mains; tantôt en surprenant d'autres dans le bain, ou pleins de vin, il les faisait passer au fil de l'épée. Ayant ainsi diminué le nombre des Barbares par son adresse, et contraint les autres, par la terreur de ses armes, de s'abstenir de piller, il s'attira la jalousie qui produisit la haine, et celle-ci excita des calomnies par lesquelles ceux qui avaient été privés de leurs charges le noircirent auprès de l'empereur, et aigrirent contre lui les eunuques de sa cour. Dans le temps que l'empereur avait commencé de prêter l'oreille à ces faux rapports, Sébastien lui manda qu'il demeurât où il était, sans avancer outre, parce qu'il était très-difficile de faire une guerre ouverte à une si prodigieuse multitude, et qu'il était plus à propos de temporiser, et de les harceler par des attaques imprévues, jusqu'à ce qu'ils se rendissent faute de vivres, ou qu'ils abandonnassent nos terres, et qu'ils se soumissent aux Huns, plutôt que de mourir de faim. Le parti contraire à celui de Sébastien ayant conseillé à l'empereur de donner une bataille générale, et lui ayant promis une victoire signalée, le mauvais avis l'emporta par un effet du pouvoir de la fortune qui travaillait à la ruine de l'empire, et Valens ayant fait avancer ses troupes en désordre, les Barbares s'avancèrent hardiment et les défirent. Valens s'enfuit avec peu de gens dans un bourg qui n'était point fermé de murailles. Les Barbares entourèrent de toutes parts cette retraite de bois à laquelle ils mirent le feu, et brûlèrent ainsi l'empereur avec ceux de sa suite et tous les habitans, sans que personne pût arriver jusqu'à lui pour le secourir. Dans cet état désastreux des affaires, Victor, général de la cavalerie Romaine, se sauva en Macédoine et Thessalie, puis en Mœsie et en Pannonie, où il apprit à Gratien la mort de Valens, et la perte de son armée.

Gratien ne fut pas fort fâché de la mort de Valens, son oncle, parce qu'il y avait long-temps qu'ils étaient en mauvaise intelligence, et qu'ils se défiaient l'un de l'autre. Ne se sentant pas capable de gouverner seul pendant que les Scythes étaient maîtres de la Thrace, que d'autres Barbares ravageaient la Mœsie et la Pannonie, et que les peuples qui habitent sur les bords du Rhin incommodaient incessamment les villes de la Gaule, il associa à la souveraine puissance Théodose, homme assez expérimenté dans la guerre, natif de Cauca, ville de Gallice en Espagne, et lui ayant confié les affaires de Thrace et d'Orient, il s'en alla dans les Gaules pour y établir le meilleur ordre qu'il lui serait possible.

Théodose reçut à Thessalonique quantité de personnes qui y abordèrent des divers endroits pour les affaires publiques ou pour leurs nécessités particulières, et après les avoir expédiées il les renvoya. Des troupes nombreuses de Scythes, de Goths, de Taifales, et d'autres nations ayant traversé le Danube et pillé les territoires de quelques villes de l'empire, pour chercher du soulagement à la famine dont elles étaient pressées, depuis qu'elles avaient été chassées de leur pays par les Huns, il se prépara de tout son pouvoir à la guerre.

Comme la Thrace était occupée par les nations dont je viens de parler, et que les garnisons des places de la province n'osaient, je ne dirai pas tenir la campagne, mais se montrer seulement au haut des murailles, Modarès, issu du sang des rois des Scythes, qui s'était rendu depuis long-temps aux Romains, et qui leur avait donné de si grandes preuves de sa fidélité qu'il était parvenu à la charge de maître de la milice, monta, sans que les Barbares s'en aperçussent, sur une hauteur plate et longue qui commandait la plaine qui s'étendait au dessous. Ayant appris de ses espions que les ennemis consumaient les vivres qu'ils avaient pris à la campagne et dans les places non fortifiées, et qu'ils étaient pleins de vin, il commanda à ses soldats de prendre leurs boucliers et leurs épées, sans se charger d'autres armes plus pesantes. Ce qui ayant été fait, ils fondirent sur les Barbares, et en peu d'heures ils en tuèrent un grand nombre, les uns sans qu'ils le sentissent, les autres dans le moment même qu'ils commençaient à se sentir, en revenant de leur assoupissement. Lorsqu'ils eurent tué tous les hommes, ils les dépouillèrent. Ils prirent après cela les femmes et les enfans, avec quatre mille chariots, sans un nombre innombrable de valets qui suivaient à pied, et qui montaient quelquefois dessus pour se délasser. L'armée s'étant si heureusement servie de cette occasion qui avait été présentée par le hasard, la Thrace fut délivrée du péril qui la menaçait, et rétablie dans une agréable tranquillité, par la perte inopinée des nations qui avaient troublé son repos. Il s'en fallut peu que d'un autre côté l'Orient ne fût entièrement ruiné. Les Huns s'étant emparés, de la manière que nous l'avons dit, des terres qui sont au-delà du Danube, les Scythes ne pouvant résister à une si terrible inondation, supplièrent Valens, qui régnait alors, de les recevoir en Thrace comme ses alliés et ses sujets, et lui promirent de lui obéir en tout ce qu'il aurait pour agréable de leur commander. Valens gagné par ces promesses les reçut, et s'imaginant qu'il aurait un gage assuré de leur fidélité en la personne de leurs enfans, il les envoya en Orient sous la conduite de Julius, sur l'adresse duquel il se reposa du soin de les garder et de les instruire. Julius les dispersa en plusieurs villes, de peur que s'ils demeuraient dans le même lieu ils ne fussent capables de faire quelque entreprise contre le bien de l'état. Ces jeunes étrangers étant devenus grands, apprirent les mauvais traitemens que leurs compatriotes avaient reçus en Thrace, et se mandèrent secrètement les uns aux autres la résolution qu'ils avaient prise de se venger. Julius appréhendant qu'ils n'exécutassent leur dessein, et ne sachant que faire pour le détourner, ne jugea pas à propos d'en donner avis à Théodose, tant parce qu'il était alors en Macédoine, que parce qu'il était nouvellement parvenu à l'empire, et que ce n'était pas de lui mais de Valens qu'il avait reçu l'ordre de veiller sur la conduite de cette jeunesse étrangère. Il en écrivit donc au sénat de Constantinople, et le sénat lui ayant laissé la liberté d'en disposer de la manière qu'il croirait la plus avantageuse au bien de l'état, voici ce qu'il fit pour détourner le danger dont les villes étaient menacées. Il assembla les principaux chefs, prit leur serment, et leur découvrit son dessein. Il fit à l'heure même publier par toutes les villes que l'empereur voulait attacher les Barbares à son service, et leur donner de l'argent et des terres, et qu'à cet effet ils se rendissent à certain jour dans les Métropoles. Les Barbares s'adoucirent un peu à cette nouvelle, et trompés par l'espérance ils perdirent l'envie qu'ils avaient de se soulever, et se rendirent en foule aux lieux qui leur avaient été marqués. Les soldats s'emparèrent des maisons qui répondaient aux places publiques, et jetèrent, du haut des toits, des traits et des pierres sur ces étrangers, à mesure qu'ils entrèrent, jusqu'à ce qu'ils les eussent tous tués, et jusqu'à ce que par leur mort ils eussent délivré les villes de la crainte de leur révolte. Voilà le stratagème dont Julius et les autres commandans usèrent pour mettre fin aux pertes et aux disgrâces de l'Orient et de la Thrace.

L'empereur Théodose était cependant à Thessalonique, où il donnait un libre accès à ceux qui voulaient s'approcher de lui. Mais comme il recherchait ses plaisirs avec trop de passion, dès le commencement de son règne il renversa l'ordre qui avait été établi parmi les officiers, et multiplia leurs charges. Au lieu qu'il n'y avait auparavant qu'un général de la cavalerie et un de l'infanterie, il en fit cinq, surchargea le public des fonds de leur paie, et exposa les soldats en proie à l'avarice et à la violence de leurs commandans. Chacun de ses officiers croyant posséder le commandement sur toute l'armée, cherchait à faire des gains injustes. L'empereur Théodose ne multiplia pas seulement les grandes charges, mais il multiplia aussi au moins de la moitié les charges inférieures, comme celles des tribuns, tellement que les soldats ne touchaient plus rien de ce qui leur appartenait des deniers publics. Voilà ce qui regarde sa négligence et son avarice. Il introduisit le luxe de la table, et rechercha une si prodigieuse diversité de mets, que pour les apprêter il fallut avoir une infinité de nouveaux officiers, dont on ne saurait rapporter les noms sans entreprendre un long ouvrage. Il n'est pas besoin de parler de la multitude incroyable des eunuques qui le servaient, et dont les mieux faits avaient pris un si grand empire sur son esprit, qu'ils le tournaient comme il leur plaisait, et qu'ils choisissaient les gouverneurs des provinces, puisque nous verrons dans la suite que ce désordre fut une des principales causes de la ruine de l'état. Après avoir épuisé les finances par des libéralités indiscrètes envers des personnes qui ne les méritaient pas, il fut obligé d'exposer les charges en vente, et de les donner à ceux qui avaient le plus d'argent, au lieu de ne les donner qu'à ceux qui avaient le plus de réputation ou de probité. On voyait les marques des dignités entre les mains des banquiers, des partisans et d'autres personnes infâmes. Cette mauvaise administration réduisit en peu de temps les bonnes troupes à un petit nombre, et les villes à une extrême pauvreté. Les magistrats opprimaient par des calomnies ceux qui n'avaient pas de quoi contenter leur avarice, et publiaient hautement qu'il fallait qu'ils se remboursassent du prix de leurs charges. Les particuliers ne pouvaient avoir recours qu'à Dieu qu'ils priaient de les délivrer de leur misère et de l'injustice des officiers; car ils avaient encore alors la liberté d'entrer dans les temples, et d'y faire l'exercice public de la religion de leurs pères.

L'empereur Théodose, voyant que les armées étaient fort diminuées, permit aux Barbares qui habitent au-delà du Danube de le venir trouver, et leur promit de les enrôler parmi ses troupes. Ils vinrent en grand nombre à dessein d'attaquer les Romains, s'ils se trouvaient les plus forts, et de les assujétir à leur puissance. L'empereur considérant qu'ils surpassaient ses soldats en nombre, et qu'il serait malaisé de leur résister, s'ils entreprenaient de violer les conditions sous lesquelles ils avaient été reçus, résolut d'en envoyer une partie en Égypte, et de rappeler d'Égypte une partie des garnisons, dont ils rempliraient la place. Cet échange ayant été fait de la sorte, les troupes rappelées d'Égypte ne firent aucun désordre, et payèrent tout ce qu'elles prirent, au lieu que les Barbares ne payèrent rien, et enlevèrent les vivres dans les marchés avec la dernière insolence. Les uns et les autres se rencontrèrent à Philadelphie, ville de Lydie, où les Égyptiens qui étaient en moindre nombre que les Barbares observaient exactement l'ordre qui leur avait été donné par leurs chefs, et où les Barbares prétendaient avoir droit d'en user d'une autre manière. Un marchand ayant demandé le prix de sa marchandise, un Barbare, au lieu de la payer, lui donna un coup d'épée; le marchand ayant crié au secours, celui qui se présenta pour le secourir fut blessé aussi bien que lui. Les Égyptiens, touchés de pitié prièrent les Barbares de s'abstenir de ces violences qui convenaient mal à des personnes qui témoignaient vouloir vivre selon les lois romaines.

Mais au lieu de déférer à leurs prières, ils firent main basse sur eux, et alors les Égyptiens n'étant plus maîtres de leur colère, fondirent sur ces Barbares, en tuèrent plus de deux cents, dont quelques-uns tombèrent dans un égout. Les Égyptiens leur ayant fait connaître par cet exploit que s'ils n'étaient plus modérés il se trouverait assez de gens qui réprimeraient leur insolence, ils se séparèrent et continuèrent leur chemin. Les Barbares étaient commandés par Hormisdas, fils de cet Hormisdas qui avait fait la guerre sous Julien contre les Perses.

Quand les Égyptiens furent arrivés en Macédoine, et qu'ils se furent joints aux troupes du pays, on n'apporta point d'ordre pour les distinguer, et on n'eut aucun égard à l'état qui avait été dressé de l'armée. On permettait aux soldats de retourner en leur pays, et d'en envoyer d'autres en leur place, puis de revenir. Les Barbares ayant appris par l'intelligence qu'ils entretenaient avec les transfuges la confusion qui régnait parmi les troupes romaines, crurent qu'ils n'auraient jamais d'occasion aussi avantageuse que celle-là de les attaquer. Ayant donc traversé la rivière sans peine, et s'étant avancés jusqu'en Macédoine, à la faveur des transfuges qui travaillaient à leur rendre le passage libre, ils aperçurent durant l'obscurité de la nuit l'empereur qui marchait contre eux à la tête de son armée, et ils le reconnurent par la quantité des feux qui étaient allumés dans son camp, et en furent assurés par le témoignage des transfuges qui les en avertirent. Ils coururent droit vers la tente de l'empereur, à la lueur du feu. Les transfuges s'étant joints à eux, il n'y eut presque que les Romains qui combattirent; mais comme ils étaient fort inférieurs en nombre, ils donnèrent moyen à l'empereur de se retirer, et moururent en combattant vaillamment, après avoir tué plusieurs des ennemis. Si les Barbares eussent bien usé de leur victoire, et qu'ils eussent vigoureusement poursuivi les fuyards, ils les auraient pris. Mais s'étant contentés d'avoir vaincu, et de s'être rendus maîtres de la Macédoine et de la Thessalie, ils ne firent aucun mauvais traitement aux villes, dans l'espérance de les charger d'impositions. L'empereur n'eut pas si tôt appris leur retour en leur pays, qu'il mit des garnisons dans toutes les places, et qu'il revint à Constantinople, d'où il écrivit à Gratien, pour l'informer de tout ce qui était arrivé, et pour lui représenter la nécessité qu'il y avait d'apporter de prompts remèdes aux pressans maux de l'empire.

Quant à lui, il envoya lever les impôts dans la Macédoine et dans la Thessalie, avec la même rigueur que s'il ne fût arrivé aucune disgrâce aux villes de ces deux provinces. La dureté des partisans enlevait tout ce qui avait été laissé par la compassion des étrangers. On employa non seulement tout l'argent, mais les ornemens des femmes, les habits, et jusqu'aux chemises pour payer les impôts. Il n'y avait ni ville ni campagne qui ne retentît des gémissemens et des cris des misérables qui imploraient le secours des Barbares contre la cruauté de leurs citoyens.

Pendant que la Thessalie et la Macédoine étaient dans ce déplorable état, l'empereur Théodose rentrait en triomphe à Constantinople, sans être touché des misères publiques, et sans prendre d'autre soin que de faire en sorte que l'excès du luxe répondît à la grandeur de la ville.

L'empereur Gratien, fort surpris de ce que Théodose lui avait mandé, envoya une armée assez nombreuse, sous la conduite de Baudon et d'Arbogaste, chefs francs, fort affectionnés aux Romains, fort dégagés d'intérêts, et fort recommandables par leur prudence et par leur valeur. Ils ne furent pas si tôt arrivés en Macédoine et en Thessalie, que les Scythes qui y faisaient le dégât, ayant reconnu leur adresse et leur vigueur, se retirèrent dans la Thrace qu'ils avaient ravagée auparavant. Mais ne sachant plus de quel côté se tourner, ils eurent recours à leur premier artifice, et surprirent encore l'empereur Théodose par les mêmes ruses qu'ils avaient déjà employées pour le tromper. Ils lui envoyèrent des transfuges qui lui promirent de demeurer fort fidèles dans son alliance et fort soumis à ses ordres. Lorsqu'il eut prêté l'oreille à leurs promesses, et qu'il les eut reçus sans que l'expérience du passé le rendit capable de reconnaître ce qui lui était le plus avantageux, plusieurs autres accoururent en foule de la même sorte, et ainsi la stupidité du prince remit les affaires de l'empire sous la tyrannie des étrangers. Cette stupidité était entretenue par une longue habitude de luxe et de débauche. En effet, tout ce qui peut le plus corrompre les mœurs était en si grand crédit dans la cour de ce prince, qu'il passait pour le comble de la félicité, au jugement de ceux qui flattaient ses inclinations et qui imitaient sa conduite. La corruption du siècle fut si étrange, qu'il se trouva des personnes qui envièrent l'extravagance des bouffons, des danseurs et des musiciens. On faisait cependant la guerre aux temples, dans les villes et à la campagne. Il y avait du danger à croire qu'il y a des dieux et à lever les yeux au ciel pour les adorer.

Pendant que Théodose gouvernait de la sorte, Gratien envoya Vitalien en Illyrie pour y commander les troupes. C'était un homme qui n'était nullement capable de rétablir les affaires. Peu après deux bandes de Germains, qui habitent au-delà du Rhin, dont l'une était commandée par Fritigerne, et l'autre par Allothe et par Safrace, incommodèrent si fort les Gaules, que l'empereur Gratien, pour être délivré de leurs violences, leur permit de s'emparer de la Pannonie et de la Mœsie supérieure. Ces peuples étant donc montés sur le Danube, à dessein de passer par la Pannonie, d'aller en Épire et de subjuguer la Grèce, crurent devoir amasser quantité de provisions et attaquer Atanaric, prince des Scythes, pour ne laisser derrière eux aucun ennemi. L'ayant donc attaqué, ils le chassèrent sans peine du lieu qu'il occupait. Quand il eut été chassé de la sorte, il se réfugia vers Théodose qui venait d'être guéri d'une maladie dangereuse; celui-ci vint au devant de lui hors de Constantinople pour le recevoir, et lui fit après sa mort, qui survint incontinent, des funérailles si superbes, que les Scythes, étonnés d'une magnificence si extraordinaire, s'en retournèrent en leur pays sans exercer aucun acte d'hostilité contre les Romains, et que ceux qui étaient venus avec Atanaric gardèrent long-temps les bords du Danube pour empêcher les incursions des autres peuples. Théodose eut dans le même temps d'autres succès assez heureux. Il remporta quelques avantages sur les Scyres et sur les Carpodaces qui s'étaient joints à quelques Huns, et les contraignit de repasser le Danube; de sorte que les soldats commencèrent à reprendre un peu de cœur et les paysans à cultiver leurs terres en repos. Promotus, qui commandait l'infanterie de Thrace, étant allé au devant d'Œdothée qui avait amassé une multitude prodigieuse d'habitans des bords du Danube et d'autres peuples plus éloignés, les défit de telle sorte, que plusieurs furent noyés dans le fleuve, et qu'il fut impossible de compter ceux qui moururent dans la plaine.

L'état de la Thrace étant tel que je viens de le représenter, Gratien fut accueilli de fâcheux accidens. Ayant suivi les conseils de ceux qui ont accoutumé de corrompre les mœurs des princes, il reçut les Alains et d'autres étrangers, les mit parmi ses troupes, leur fit des présens, et les considéra si fort, que ses soldats en conçurent de la jalousie et de la haine, et commencèrent à se soulever, et principalement ceux qui étaient en grande Bretagne, qui de leur naturel étaient plus portés à la colère et à la révolte que les autres. Maxime, espagnol de nation, qui, ayant autrefois servi en Angleterre avec Théodose, avait dépit de le voir sur le trône, et d'être demeuré dans sa première condition, accrut la haine des gens de guerre contre lui, se fit proclamer empereur, et ayant couvert l'Océan de vaisseaux s'approcha de l'embouchure du Rhin. Les soldats entretenus le long de ce fleuve dans la Germanie et dans les provinces voisines ayant approuvé sa proclamation, Gratien se présenta pour le combattre. Les deux armées firent des escarmouches durant cinq jours : mais Gratien ayant vu que la cavalerie des Maures, et les autres à leur exemple, prenaient le parti de Maxime, s'enfuit avec trois cents cavaliers vers les Alpes et de là vers la Rétie, le Noric, la Pannonie, et la Mœsie supérieure. Maxime l'envoya poursuivre par Andragathe, natif des environs du Pont-Euxin, qu'il tenait pour son ami. Celui-ci l'ayant rencontré comme il était près de passer un pont à Sigidun, le prit, le tua, et assura par sa mort l'empire à Maxime.

Je ne dois pas omettre de faire ici un récit qui a beaucoup de rapport avec mon sujet. Les pontifes tiennent le premier rang parmi les prêtres de Rome. Le mot de pontife signifie la même chose que faiseur de pont. Voici l'occasion qui le mit en usage. Lorsqu'il n'y avait point de temples et que les hommes ne savaient encore rien du culte des images, on commença à en faire en Thessalie, et on les mit sur le pont du Pénée, et depuis cela les prêtres ont été appelés pontifes. Les Romains ont tiré ce nom-là des Grecs, et pour son excellence, ils l'ont donné à leurs princes. Numa en fut honoré le premier et les autres rois depuis lui. Ensuite Auguste, et ceux qui lui ont succédé à l'empire. En prenant possession de la souveraine puissance, ils la prenaient aussi de la souveraine sacrificature. Constantin même, bien qu'il eût renoncé à la véritable piété pour faire profession de la religion des chrétiens, et depuis lui Valentinien et Valens reçurent cet honneur avec joie. Mais Gratien l'ayant refusé, et ayant rendu la robe aux pontifes, le premier d'entre eux dit : Puisque Gratien ne veut pas être pontife, Maxime le sera bientôt. Voilà quelle fut la fin du règne de Gratien.

Maxime croyant avoir solidement établi les fondemens de sa puissance envoya une ambassade à Théodose, non pour s'excuser de la manière dont il avait agi envers Gratien, mais pour lui faire des propositions qui ne lui devaient pas être fort agréables. Il choisit pour cet emploi le premier officier de sa chambre, qui n'était pas un eunuque (Maxime n'ayant garde de confier cette charge à des personnes si méprisables), mais un homme grave, qui avait été élevé avec lui dès leur jeunesse. Il lui demanda son amitié, et d'être reconnu en Orient pour empereur, offrant de faire avec lui une ligue contre tous les ennemis de l'empire, sinon il lui déclarait la guerre. Théodose cacha dans le fond de son cœur le dessein de faire la guerre à Maxime, et ne laissa pas de consentir qu'il fût reconnu pour empereur, et que sa statue fût mise auprès de la sienne. Lors même qu'il envoya en Égypte Cynégius, préfet du prétoire, avec ordre de fermer les temples et de défendre tous les exercices de la religion, il lui commanda d'élever la statue de Maxime dans Alexandrie, et de le proclamer empereur devant tout le peuple. Cinégius exécuta fidèlement les ordres qu'il avait reçus, ferma les temples d'Alexandrie, de l'Égypte, et de l'Orient, défendit les sacrifices et tout le culte de la religion de nos pères. Nous verrons dans la suite ce qui arriva depuis à l'empire.

Il parut en ce temps-là des Scythes appelés Grothinges, qui avaient été inconnus jusque alors. Ces peuples s'étant assemblés en grand nombre, et ne manquant ni d'armes ni de courage, s'avancèrent jusqu'au bord du Danube, et demandèrent qu'on leur permît de le traverser. Promotus, qui commandait les troupes de ce pays-là, les rangea sur le bord, pour en défendre le passage. Non content de cela, il choisit des personnes fidèles qui savaient la langue de ces barbares, pour aller offrir de leur livrer le général de l'armée romaine, moyennant une grande récompense. Les Barbares ayant répondu qu'il n'était pas en leur pouvoir de donner ce qu'ils demandaient; ceux que Promotus avaient envoyés, pour trouver plus de créance, et pour ne se pas rendre suspects, persistèrent quelque temps dans leurs demandes, puis s'étant un peu relâchés, ils convinrent enfin du prix de la trahison, dont partie leur fut payée sur-le-champ, et le reste leur fut promis après la victoire. Lorsque le temps de l'exécution fut pris, ils avertirent le général de l'armée romaine que les Barbares devaient passer le fleuve la nuit suivante. Ayant donc mis en effet leurs meilleures troupes sur quantité de petits vaisseaux, ils commandèrent aux plus avancés de passer les premiers et d'attaquer les Romains pendant qu'ils étaient encore accablés de sommeil. Ils donnèrent ordre à d'autres qui étaient au second rang, de passer ensuite pour soutenir les premiers, et enfin à ceux qui étaient moins capables de servir, de venir prendre part à la victoire, bien qu'ils n'en eussent point eu au péril du combat. Promotus ayant appris le dessein des ennemis de la bouche de ceux qu'il avait envoyés vers eux sous prétexte de le trahir, rangea ses vaisseaux de telle sorte que les proues étaient opposés aux proues. Il mit trois vaisseaux de front, et étendit si fort sa flotte en long, qu'elle occupait vingt stades du bord, et boucha par ce moyen le passage à ceux qui étaient vis-à-vis de lui, et étant allé au devant des autres, il les coula à fond. Comme la lune ne rendait aucune lumière, et que les Barbares ne savaient rien de la disposition de la flotte romaine, ils montèrent sur leurs bateaux sans faire de bruit. A l'heure même, ceux qui les avaient trahis ayant averti Promotus, et le signal ayant été donné, on fit avancer les grands navires, qui faisaient couler à fond tous ces bateaux, sans qu'aucun des soldats qui tombaient dans l'eau se pût sauver, à cause de la pesanteur de ses armes. Les bateaux qui évitèrent les Romains qui voguaient, rencontrèrent ceux qui étaient rangés le long du rivage, et en furent chargés de traits, sans qu'il y eût de moyen de les forcer. Le carnage fut plus grand en ce combat qu'en aucun autre dont on ait jamais entendu parler. On vit le fleuve tout rempli de corps morts et d'armes qui peuvent nager sur l'eau. Ceux qui purent gagner le bord à la nage, y périrent par le fer.

La fleur de l'armée des Barbares ayant été enlevée, les soldats se chargèrent du butin et prirent quantité d'enfans, de femmes et de meubles. Promotus ayant su que l'empereur Théodose était proche, souhaita de l'avoir pour témoin de sa victoire. Théodose ayant admiré la multitude des prisonniers et du butin, mit les prisonniers en liberté et leur fit des présens, à dessein d'attirer par cette libéralité les étrangers à son parti, et de se servir d'eux dans la guerre qu'il méditait contre Maxime. Promotus demeura en Thrace, veilla à la garde de ses places, et se prépara secrètement à la guerre dont je viens de parler.

Je ne dois pas omettre un évènement assez semblable qui arriva dans le même temps. Il y a dans la Scythie, province de Thrace, une ville appelée Tomis, dont Gérontius, homme fort considérable par la force extraordinaire de son corps et par ses talens remarquables dans la guerre, commandait la garnison. Il y avait, hors de la ville, de jeunes étrangers, qui avaient été choisis entre d'autres par l'empereur pour leur adresse et pour leur bonne mine, et qui ne reconnurent ses bienfaits que par le mépris qu'ils firent du gouverneur et des soldats. Gérontius ayant reconnu qu'ils tramaient le dessein d'attaquer la ville, communiqua aux soldats de sa garnison la résolution qu'il avait prise de faire une sortie pour réprimer leur insolence. Mais ayant trouvé que bien loin d'oser attaquer les Barbares, ils tremblaient en leur présence, il sortit seul avec un petit nombre de ses gardes. Les Barbares se moquant de la témérité avec laquelle il s'exposait à un péril si évident, envoyèrent contre lui les plus vaillans qu'il y eût parmi eux. Il attaqua le premier qui se présenta devant lui, jeta la main sur son bouclier, combattit vaillamment jusqu'à ce qu'un de ses gardes abattit l'épaule du Barbare, et le fit tomber de son cheval. Gérontius en attaqua d'autres à l'heure même, et les étonna par sa hardiesse. Les soldats de la garnison qui avaient été d'abord comme interdits par la crainte, ayant vu du haut des murailles la valeur de leur gouverneur reprirent courage, et, se souvenant de la vertu romaine, fondirent sur les Barbares et en tuèrent un grand nombre. Ceux qui purent fuir se réfugièrent dans une maison à laquelle les chrétiens rendent un grand honneur, et qu'ils prennent pour un asile. Gérontius espérait recevoir la récompense qui était due à la valeur par laquelle il avait délivré la Scythie de la crainte des Barbares. Mais Théodose irrité de la défaite de ces gens qu'il avait comblés de bienfaits, quoiqu'ils eussent ravagé l'empire, commanda d'arrêter Gérontius, et lui fit un crime de sa valeur et de sa victoire. Gérontius lui représenta pour sa justification les brigandages et les cruautés que ces étrangers avaient exercées; mais l'empereur, bien loin de se rendre à ses raisons, repartit qu'il ne s'était défait d'eux que par le désir de profiter des présens qu'il leur avait faits. Gérontius ayant prouvé qu'au lieu de profiter de ces présens, il avait porté à l'épargne les colliers, les carcans d'or, et les autres ornemens dont l'empereur les avait gratifiés, tout ce qu'il put faire fut d'abandonner son bien aux eunuques de la cour, et d'éviter par ce moyen le péril dont il était menacé. Il ne reçut point d'autre récompense de l'affection qu'il avait témoignée au bien de l'état. La corruption de l'esprit et des mœurs étant aussi grande sous le règne de Théodose que je l'ai décrite, les bonnes choses y étant généralement méprisées, le luxe et les débauches y étant montés à un excès tout-à-fait insupportable, les habitans d'Antioche, capitale de Syrie, ne pouvant plus souffrir les impositions qui croissaient de jour en jour, se soulevèrent, abattirent les statues de l'empereur, de l'impératrice, avec des railleries dignes des mauvais traitemens qu'ils ressentaient, mais peut-être trop piquantes et trop satiriques. L'empereur ayant donné des marques de sa colère, les décurions de la ville jugèrent à propos d'envoyer des députés pour l'apaiser et pour lui faire des excuses de l'emportement du peuple. Ils choisirent pour cet effet Libanius, dont les ouvrages publient assez le mérite, et Hilaire, recommandable par l'éminence de sa science. Ce célèbre orateur fit un excellent discours sur le sujet de la sédition en présence de l'empereur et du sénat, et parla avec tant d'éloquence, que non seulement il obtint la grâce des coupables, mais qu'il reçut ordre de ce prince de faire un autre discours sur la générosité avec laquelle il oubliait cette injure. Hilaire reçut de son côté les éloges qui étaient dus à son mérite, et fut honoré de la charge de gouverneur de la Palestine.

Les affaires étant en cet état en Orient, en Thrace et en Illyrie, Maxime non content de commander aux peuples qui avaient obéi à Gratien, méditait de priver le jeune Valentinien de tout ou au moins d'une partie de ce qu'il possédait. Il se préparait pour cet effet à passer les Alpes, et à aller en Italie. Mais parce que les chemins sont forts étroits, et qu'après avoir monté des montagnes presque inaccessibles, on trouve des lacs où il est périlleux de mener des troupes, il ne se hâtait pas de faire une entreprise si difficile.

. Valentinien lui ayant fait proposer la paix, et lui ayant envoyé d'Aquilée, où il était, Domnin, Syrien de nation, le plus fidèle de ses sujets, le plus puissant et le plus expérimenté de la cour, Maxime lui fit tant d'honneurs, et le combla de tant de présens, qu'il lui persuada que Valentinien n'avait point de meilleur ami que lui. Il acheva de le tromper en lui donnant une partie de ses troupes pour repousser les Barbares qui menaçaient la Pannonie.

Damnin étant parti fort satisfait des présens et du renfort qu'il avait reçus, rendit, sans y penser, le passage des Alpes plus aisé à Maxime; car celui-ci l'ayant suivi avec toute son armée, et ayant envoyé devant des gens pour empêcher qu'il ne sût qu'il marchait sur ses pas, il s'avança en diligence par les montagnes et par les lacs, entra en Italie, et mena son armée à Aquilée.

Valentinien ayant été surpris de la sorte, ses amis appréhendèrent qu'il ne tombât entre les mains de son ennemi, et qu'il ne perdit la vie, et ils le firent monter sur un vaisseau, avec Justine, sa mère, qui depuis la mort de Magnence, son premier mari, avait été mariée à l'empereur Valentinien, à cause de l'excellence de sa beauté. Elle avait avec elle Galla, sa fille.

Étant abordés à Thessalonique, après une longue et ennuyeuse navigation, ils envoyèrent supplier Théodose de venger au moins alors, bien que trop tard, les injures faites à la famille de Valentinien. Théodose surpris de cette nouvelle se réveilla un peu du sommeil de ses débauches, et ayant tenu conseil, résolut d'aller avec quelques uns du sénat à Thessalonique. Quand il y fut, il y tint un autre conseil plus grand que le premier, où la résolution fut prise de toutes les voix de poursuivre Maxime, et où il fut jugé qu'il était indigne de vivre depuis qu'il avait fait mourir Gratien pour usurper sa couronne, et depuis que, continuant ses crimes, dont il trouvait le succès heureux, il avait privé Valentinien, son frère, de ses états. Théodose ne put approuver cet avis, tant à cause de la lâcheté de son naturel, que de la mollesse à laquelle il s'était accoutumé, et pour justifier l'éloignement qu'il avait de la guerre, il usa du prétexte de représenter que la civile ne manque jamais d'avoir des suites funestes, et que de quelque côté qu'elle frappe, elle ne porte point de coups qui ne soient mortels. Il ajouta qu'il fallait envoyer une ambassade à Maxime, que s'il voulait rendre ce qu'il avait usurpé, et entretenir la paix, Valentinien partagerait avec lui l'empire comme auparavant, sinon qu'on prendrait les armes contre l'usurpateur. Aucun du sénat n'osa réfuter cette proposition, qui semblait avantageuse au bien de l'état. Mais Justine, qui était habile dans les affaires, et qui ne manquait pas d'adresse pour trouver des expédiens, sachant que Théodose était fort amoureux de son naturel, mit devant lui Galla, sa fille, qui était une personne d'une excellente beauté, et s'étant jetée à ses genoux, et les ayant embrassés, le supplia de ne pas laisser impunie la mort de Gratien, qui lui avait mis la couronne sur la tête, ni de l'abandonner dans le désespoir où elle était. En faisant cette prière, elle lui montra sa fille qui fondait en larmes, et qui déplorait son malheur. Théodose fut touché par ses discours, et témoigna par ses regards qu'il était touché de la beauté de Galla. Il remit l'affaire à un autre temps, et leur dit qu'elles eussent bonne espérance. Sa passion pour Galla étant accrue, il la demanda en mariage à Justine, sa femme Placille étant morte auparavant. Elle ne promit de la lui donner qu'à la charge qu'il entreprendrait la guerre contre Maxime pour venger la mort de Gratien, et pour rétablir Valentinien sur le trône. Ayant donc épousé Galla, il se prépara sérieusement à la guerre, à laquelle il était incessamment poussé par sa femme, et augmenta la paie des soldats pour exciter leur courage. Il se corrigea si fort de la trop grande inclination qu'il avait eue pour l'oisiveté et pour le plaisir, que pourvoyant non seulement au présent mais encore à l'avenir, il donna ordre à tout ce qu'on devait faire après son départ, et en son absence. Cynégius, préfet du prétoire, étant mort en retournant d'Égypte, il songea à remplir sa place, et après y avoir fait une mûre réflexion, il choisit Tatien qui avait autrefois été honoré de plusieurs autres charges par l'empereur Valence. Lui ayant donc envoyé les marques de cette dignité, il donna encore le gouvernement de la ville à Proclus, son fils. Il acquit sans doute beaucoup de réputation en choisissant des hommes si capables de se bien acquitter de ces emplois pendant qu'il serait occupé à la guerre. Il donna le commandement de la cavalerie à Promotus, et celui de l'infanterie à Timasius. Comme il était près de partir, et qu'il semblait avoir donné tous les ordres qu'on pouvait désirer pour faire réussir son entreprise, il apprit que les Barbares qui étaient mêlés parmi les troupes romaines avaient été sollicités par des présens de la part de Maxime, et qu'ils tramaient une trahison. Leur dessein ayant été découvert de la sorte, ils s'enfuirent vers les lacs et les forêts de la Macédoine, et se cachèrent aux endroits les plus épais des bois. Ils furent cherchés si exactement, qu'ayant été trouvés, il furent taillés en pièces. L'empereur, délivré de l'inquiétude qu'ils lui avaient donnée, marcha à la tête de ses troupes contre Maxime avec une vigueur incroyable. Il mit Justine sur un vaisseau avec son fils et sa fille, et les envoya à Rome dans la croyance qu'ils y seraient d'autant plus favorablement reçus, que Maxime y était fort odieux. Il avait dessein de traverser la haute Pannonie, et d'aller par le pas des Alpes surprendre son ennemi à Aquilée. Maxime ayant eu avis que la mère de Valentinien traversait, avec ses enfans, le golfe Ionique, envoya Andragathius les poursuivre avec des vaisseaux légers, mais il manqua son coup étant arrivé trop tard. Il courut ensuite ces mers-là avec quantité de navires dans la croyance que Théodose se préparait à un combat naval. Mais il était cependant en Pannonie, et ayant pris le pas de l'Apennin, il arriva à l'improviste à Aquilée, en força les portes, et y surprit Maxime qui distribuait de l'argent à son armée. Quand on l'eut dépouillé de la robe impériale, on l'amena devant Théodose, qui, lui ayant reproché ses crimes en peu de paroles, le livra à l'exécuteur. Telle fut la fin de la vie et de la tyrannie de Maxime, qui s'était vainement imaginé que la ruse dont il avait usé contre Valentinien le mettrait dans une possession paisible de l'autorité souveraine en Occident. Théodose ayant appris qu'il avait laissé Victor, son fils, au-delà des Alpes avec le titre de césar, envoya Arbogaste, qui ruina à l'heure même la puissance de ce jeune prince, et le fit mourir. Andragathe ayant appris sa mort au golfe Ionique où il était, et prévoyant les malheurs qui lui arriveraient, s'il tombait dans les mains de ses ennemis, aima mieux se jeter dans la mer que de les attendre.

Théodose rendit à Valentinien tout ce que son père avait possédé dans l'empire, en quoi il parut avoir toute la reconnaissance qu'il devait pour son bienfaiteur. Il enrôla parmi ses troupes tout ce qu'il y avait de bons soldats qui avaient servi sous Maxime, et permit à Valentinien de gouverner l'Italie et les Gaules comme il le jugerait à propos. Justine, sa mère, le soulageait autant qu'elle pouvait, et suppléait par sa prudence au défaut de son âge.

Lorsque Théodose retourna à Thessalonique, il trouva la Macédoine pleine de troubles. Les Barbares qui s'étaient cachés dans les forêts et dans les marais, de peur de tomber entre les mains des Romains, prirent l'occasion de la guerre civile pour faire irruption en

Macédoine et en Thessalie. Mais au bruit de la victoire et du retour de l'empereur, ils retournèrent se cacher dans leurs forêts d'où ils sortaient fort souvent pour courir et pour piller, de sorte que l'empereur s'imaginait que c'étaient des fantômes plutôt que des hommes. Il ne découvrit à personne l'inquiétude que ces courses lui donnaient. Mais ayant pris avec lui cinq cavaliers, qui menaient chacun trois ou quatre chevaux en main pour en changer quand il lui plairait, il alla à la campagne sans être connu, et quand il avait besoin de vivres il en prenait chez les paysans. Étant un jour descendu dans la maison d'une vieille, il lui demanda à boire. Cette vieille l'ayant reçu fort civilement, et lui ayant présenté du vin et le peu qu'elle avait, il demanda à coucher chez elle. Comme il était couché il aperçut un homme dans un coin, qui ne disait mot, et qui semblait avoir dessein de se cacher, de quoi s'étant étonné, il appela la vieille et lui demanda qui il était. Elle lui répondit qu'elle n'en savait rien, qu'elle savait seulement que depuis qu'on avait reçu la nouvelle de l'arrivée de l'empereur Théodose avec son armée, cet homme avait toujours logé chez elle, et l'avait payée chaque jour, qu'il était sorti tous les matins et était allé où il lui avait plu, et qu'étant revenu les soirs il avait soupé, et s'était couché comme il le voyait. L'empereur n'ayant pas cru devoir négliger ce discours sans en approfondir la vérité, se saisit de l'homme et lui demande qui il était. Comme il ne voulait rien répondre, on le fit fustiger, et la douleur des coups ne pouvant tirer aucune parole de sa bouche, l'empereur commanda aux cavaliers de le piquer avec la pointe de leurs épées, et de lui déclarer qu'il était Théodose. Alors il déclara qu'il était l'espion des Barbares, qui étaient cachés dans les marais, et qu'il les avertissait des lieux et des personnes qu'ils devaient attaquer. Théodose lui fit à l'heure même couper la tête, et ayant joint son armée qui était proche, il la mena à l'endroit où il savait qu'étaient les ennemis, et ayant fondu sur eux, il les tua presque tous; les uns après les avoir tirés hors du marais, et les autres dans l'eau même.

Timase admirant la vigueur infatigable de l'empereur, le supplia de permettre de manger un peu aux soldats, qui n'avaient pas mangé de tout le jour, et qui ne pouvaient plus résister au travail. L'empereur lui ayant accordé sa demande, la trompette sonna la retraite, et les soldats cessèrent de poursuivre et de combattre.

Lorsqu'ils eurent bien mangé et qu'ils furent autant accablés de vin que de travail, ils s'endormirent d'un profond sommeil; de quoi ceux qui s'étaient échappés d'entre les Barbares ayant eu avis, ils prirent les armes, fondirent sur eux, les percèrent de leurs lances, de leurs épées et de tout ce qui peut donner la mort. L'empereur aurait été tué lui-même, si quelques-uns, qui n'avaient pas encore dîné, n'étaient accourus à sa tente, pour l'avertir de ce qui se passait. Théodose et ses gens, étonnés de cette nouvelle, crurent devoir pourvoir à leur salut par la fuite. Comme ils fuyaient, Promotus, que l'empereur avait mandé, vint au devant d'eux, et leur dit qu'ils missent l'empereur en sûreté, et qu'il aurait soin de châtier l'insolence des Barbares. Au même instant il fondit sur eux pendant qu'ils tuaient les Romains endormis, et en tailla un si grand nombre en pièces, qu'il en resta fort peu pour s'aller cacher dans les marais. Voilà ce qui arriva à Théodose, en retournant de la guerre, contre Maxime. Bien que la victoire qu'il avait remportée lui donnât de la joie et de l'orgueil, les insultes qu'il avait souffertes des Barbares, dans les forêts et dans les marais, lui donnaient du chagrin et du dégoût; de sorte qu'il résolut de mettre bas les armes, et de se décharger sur Promotus du soin de la guerre. Il reprit après cela sa manière de vivre ordinaire, et se plongea, comme auparavant, dans les voluptés et dans les plaisirs, passant les jours entiers tantôt à faire de magnifiques festins, tantôt à voir les jeux et les combats dans l'amphithéâtre et dans le cirque.

J'avoue que je me suis souvent étonné de l'inégalité de son humeur, et de la violence avec laquelle il se portait en divers temps à des choses tout opposées. Étant lâche de son naturel, il se plongeait dans l'oisiveté, s'il n'en était empêché, ou par la rencontre de quelque fâcheux accident, ou par l'appréhension du danger. Quand il survenait une nécessité pressante qui menaçait l'état de troubles, il se réveillait de son assoupissement, et renonçant aux plaisirs il supportait les fatigues en homme de cœur. Dès que le péril était passé, il retournait à son inclination, et reprenait ses divertissemens accoutumés.

Rufin, Gaulois de nation, maître des offices, était l'officier le plus considérable de son règne. Aussi lui confiait-il tout, sans se charger d'aucun soin. Timasius et Promotus ressentaient un dépit inconcevable de ne tenir que le second rang, après avoir essuyé tant de hasards pour le salut de l'empereur. Rufin, enflé de sa fortune, lâcha un jour, dans un conseil public, une parole insolente contre Promotus, qui ne la pouvant souffrir lui donna un soufflet. Rufin alla se plaindre, en montrant son visage à l'empereur, qui entra dans une si furieuse colère, qu'il dit que si les ennemis de Rufin ne se réconciliaient avec lui, ils reconnaîtraient qu'il était empereur. Rufin reconnaissant que l'excès de son ambition et de la trop grande élévation de sa fortune le rendaient odieux à tout le monde, conseilla à Théodose d'éloigner Promotus de la cour, et de l'occuper à faire faire les exercices aux gens de guerre. Cette résolution ayant été prise, Rufin mit des étrangers en embuscade, pour l'assassiner quand il irait en Thrace. Ainsi mourut misérablement ce grand homme, qui avait toujours été au dessus de l'intérêt, qui avait fidèlement servi le prince, et qui n'était coupable que d'avoir bien voulu servir sous un gouvernement si impie et si infâme. Il n'y eut point d'honnêtes gens à qui une action si cruelle ne donnât de l'indignation; et cependant Rufin en fut récompensé du consulat, comme si c'eût été une action fort louable. On suscita des affaires très injustes à Tatien et à Proculus son fils, bien qu'ils n'eussent jamais offensé Rufin en aucune chose, si ce n'est en s'acquittant de leurs charges, l'un de celle de préfet du prétoire, et l'autre de celle de gouverneur de la ville, avec une parfaite intégrité. Pour venir plus aisément à bout des détestables desseins qu'on avait formés contre eux, on ôta à Tatien sa charge qu'on donna à Rufin, et on intenta une accusation contre lui. Non seulement Rufin présidait à ce jugement, mais encore il en avait toute l'autorité, bien qu'il y eût en apparence d'autres juges avec lui. Proculus s'étant enfui pour éviter ce piége, Rufin appréhendant qu'il ne lui fît des affaires fâcheuses par son adresse, trompa le père par des caresses et par des sermens, et porta l'empereur à dissiper ses justes soupçons par de vaines espérances, et à l'obliger à rappeler son fils. Il ne fut pas si tôt de retour qu'il fut enfermé dans une étroite prison. Tatien fut renvoyé en son pays. On tint plusieurs séances pour examiner le procès de Proculus ; et enfin, ainsi que Rufin et les autres juges étaient convenus ensemble, il fut condamné à perdre la vie dans le faubourg de Sicé. L'empereur ayant eu avis de l'arrêt, envoya la grâce au condamné; mais celui qui la portait tarda si fort par le commandement de Rufin, qu'il n'arriva qu'après l'exécution.

On apprit dans le même temps la mort de l'empereur Valentinien, de laquelle je marquerai les circonstances. Arbogaste, Franc de nation, à qui Gratien avait donné la lieutenance de Baudon, prit après sa mort sa charge de la milice, sans le consentement de l'empereur. L'estime qu'il avait acquise dans l'esprit des gens de guerre par sa valeur, par ses talens, et par le mépris qu'il faisait de la fortune, le mit dans un grand crédit. Il avait pris la liberté de s'opposer aux volontés de l'empereur, et d'empêcher ce qui lui semblait contraire à l'ordre et à la justice. Valentinien à qui cette liberté ne plaisait pas, avait de fréquentes contestations avec lui : mais toujours inutilement, parce qu'Arbogaste était assuré de l'affection des gens de guerre. Enfin Valentinien ne pouvant plus souffrir l'assujétissement où il était à son égard, le voyant s'approcher un jour du trône où il était assis, après l'avoir regardé d'un œil de courroux, lui présenta un ordre qui le privait de sa dignité. Celui-ci l'ayant lu, dit : « Vous ne m'avez point donné »ma charge et vous ne me la pourrez ôter. » Cela dit, il déchira l'ordre, en jeta les morceaux et sortit. Ils n'entretinrent plus depuis ce temps-là de défiance secrète comme auparavant : mais ils en vinrent à une inimitié déclarée.

Valentinien écrivait souvent à Théodose pour l'informer des entreprises d'Arbogaste, et pour le supplier de lui donner du secours, protestant qu'à moins de cela il serait contraint de l'aller trouver. Arbogaste ayant long-temps songé à ce qu'il devait faire, prit la résolution que je vais dire. Il y avait un homme nommé Eugène, qui avait été élevé à la cour, et qui était d'un si grand mérite dans les lettres, qu'il enseignait l'éloquence. Rihomer qui avait une estime singulière de sa politesse et de son talent, se recommanda à Arbogaste, et le supplia de l'honorer de sa protection, l'assurant qu'il trouverait en sa personne un serviteur fort affectionné et fort utile. Rihomer étant depuis allé trouver Théodose, et s'étant établi en Orient, Arbogaste et Eugène contractèrent une étroite familiarité par de fréquentes conversations; Arbogaste n'avait point de secret pour lui, ni d'affaires qu'il ne lui communiquât. Jugeant donc alors que l'éminence de sa doctrine, la pureté de ses mœurs, et ses autres excellentes qualités, le rendaient digne de la souveraine puissance, il lui découvrit le dessein qu'il avait de la lui mettre entre les mains. Eugène ayant refusé ses offres avec quelque émotion, Arbogaste usa de tant de caresses pour l'apaiser, et de tant de raisons pour le porter à accepter un présent si précieux que la fortune lui voulait faire, qu'il obtint enfin son consentement. Quand il l'eut, il crut qu'avant d'entreprendre de l'élever sur le trône, il devait se défaire de Valentinien. Étant donc allé à Vienne dans les Gaules, il le trouve qui se divertissait avec des gens de guerre, le long des murailles, se jette sur lui, le blesse, et le tue.

Personne n'ayant osé se plaindre d'une exécution si hardie, par le respect qu'on avait pour la dignité et pour le mérite d'Arbogaste, et par la vénération que les gens de guerre avaient pour l'inclination généreuse qui l'avait toujours mis si fort au dessus de l'intérêt, il proclama Eugène empereur, et assura que ses vertus donnaient lieu d'attendre de lui un heureux gouvernement.

Quand Théodose eut reçu cette nouvelle, Galla, sa femme, remplit le palais de gémissemens et de plaintes. Il en eut lui-même beaucoup de regret et d'inquiétude, considérant qu'il avait perdu un collègue qui était jeune et son allié, au lieu qu'il trouvait d'autres hommes qui d'un côté ne l'aimaient point, et qui de l'autre étaient invincibles, tant à cause de la hardiesse et de la valeur d'Arbogaste, que de l'érudition et de la vertu d'Eugène. Après avoir roulé long-temps ces pensées-là dans son esprit, il résolut d'exposer au sort des armes la fortune de l'empire, et se prépara sérieusement à la guerre. Il avait dessein de donner le commandement de la cavalerie à Rihomer, dont il avait éprouvé la valeur en plusieurs occasions : mais Rihomer étant mort dans le temps même, il fut obligé d'en choisir un autre. Pendant qu'il délibérait sur le choix, il lui vint une ambassade de la part d'Eugène, pour savoir s'il voulait approuver ou désapprouver sa proclamation. L'ambassadeur était Rufin, natif d'Athènes, qui n'apporta aucune lettre d'Arbogaste, ni ne fit aucune mention de lui. Comme l'empereur méditait sur la réponse qu'il avait à faire, voici ce qui lui survint. Dès qu'il parvint à l'empire, il fit amitié et alliance avec des étrangers, et l'entretint depuis par des présens. Il rendit toujours des honneurs particuliers aux chefs de chaque canton de ces nations, et leur fit souvent des festins. Un jour qu'ils étaient à table il s'émut contestation entre eux, les uns prétendant qu'il était expédient de mépriser les sermens par lesquels ils avaient juré l'alliance des Romains; et les autres soutenant au contraire qu'ils étaient obligés de les observer. C'était Priulfe qui voulait violer la foi, et qui exhortait les autres à la violer, et c'était Fraustius qui la voulait garder. Ils eurent long-temps cette contestation ensemble, sans qu'elle éclatât. Mais un jour qu'ils étaient à table chez l'empereur, et qu'ils étaient échauffés par le vin, ils découvrirent leurs sentimens sur ce sujet, et entrèrent en grande colère les uns contre les autres. L'empereur ayant rompu l'assemblée, ils se transportèrent si fort hors d'eux-mêmes en sortant du palais, que Fraustius ne se possédant plus, tira son épée, et tua Priulfe. Les soldats de celui-ci, s'étant voulu mettre en devoir de venger sa mort, les gardes de l'empereur se mirent entre eux, et les empêchèrent. L'empereur ne se mit pas fort en peine de ce différend, et les laissa battre, sans se soucier de les séparer.

Il trompa les ambassadeurs par des présens et par des paroles qui, en apparence, étaient pleines de modération; mais aussitôt qu'ils furent partis, il se prépara à la guerre. Or, étant persuadé, comme d'une vérité constante, qu'il n'y a rien de si important que de choisir de bons officiers, il donna le commandement de l'armée à Timasius, et après lui à Stilicon, mari de Serena, fille du frère de l'empereur Théodose; celui des confédérés à Gaïna et à Saulus, qui avaient encore pour collègue Bacurius, natif d'Arménie, homme d'une grande probité et qui ne manquait point de talens dans l'art de la guerre.

Après avoir choisi ces officiers, comme il se préparait à partir, il perdit l'impératrice; sa femme, qui mourut au milieu des douleurs de l'enfantement. Il prit un jour pour la pleurer, selon la loi qui est marquée par Homère, marcha à la tête de son armée, et laissa en sa place Arcadius, son fils, qu'il avait déjà déclaré empereur. Mais parce qu'il était encore jeune et qu'il ne pouvait pas avoir une prudence consommée, il lui donna Rufin, préfet du prétoire, pour exercer sous son nom tout ce qui dépend de l'autorité souveraine. Il emmena avec lui son plus jeune fils, passa à travers divers pays, et s'étant emparé du pas des Alpes, contre sa propre espérance, jeta par sa présence la frayeur dans le cœur d'Eugène. Il crut devoir faire commencer le combat aux étrangers, et pour cet effet il commanda à Gaïna de mener ses troupes. Il en commanda d'autres ensuite, avec les troupes étrangères qu'il conduisait. Eugène ayant aussi fait avancer son armée, il arriva au commencement du combat une si grande éclipse de soleil, que pendant très long-temps on pensa que le jour avait fait place à la nuit. Le carnage fut si furieux durant cette obscurité que la plupart des confédérés furent taillés en pièce avec Bacurius, qui était toujours à leur tête pour les animer. Quelques-uns se sauvèrent par la fuite.

Lorsque la nuit eut séparé les deux partis, Eugène, fort réjoui de sa victoire, distribua des récompenses à ceux qui s'étaient signalés dans le combat, et commanda de manger, comme si, après un tel échec, la guerre eût été entièrement terminée. Dès que l'aurore parut, Théodose ayant appris que les ennemis mangeaient encore, fondit sur eux avec tout ce qu'il avait de troupes, et les tua presque tous sans qu'ils le sentissent. Il avança jusqu'à l'endroit où était Eugène, tua plusieurs de ceux qui se mirent en défense, et prit les autres et Eugène lui-même. On lui coupa la tête; on la mit au haut d'une lance, et on la porta par l'armée, pour faire connaître à ceux qui soutenaient encore son parti que puisque l'usurpateur était mort, ils se devaient soumettre à leur prince légitime. Ceux qui s'étaient sauvés du combat accoururent vers Théodose, le proclamèrent empereur, demandèrent leur grâce et l'obtinrent.

Arbogaste étant trop fier pour vouloir tenir la vie de la bonté de Théodose, s'enfuit sur les montagnes, où ayant appris qu'on le cherchait, il s'appuya sur son épée et se tua, pour ne pas tomber entre les mains de ses ennemis.

Les armes de Théodose ayant eu un succès si favorable, il alla à Rome, où il déclara Honorius, son fils, empereur, et Stilicon général des troupes de ce pays-là, et tuteur du jeune prince.

Ayant ensuite assemblé le sénat, qui demeurait ferme dans la religion de ses pères, et qui ne s'était jamais joint à ceux qui méprisent les Dieux, il fit un discours pour les exhorter à renoncer à leur vieille erreur, comme il l'appelait, et à embrasser la foi chrétienne, par laquelle les hommes sont lavés de toutes leurs taches et délivrés de tous leurs crimes. Personne ne s'étant rendu à ses persuasions, et personne n'ayant voulu préférer un nouvel établissement à un culte qui était aussi ancien que la ville, et qui l'avait rendue florissante l'espace de mille deux cents ans, pour en prendre un autre dont on ne savait quel serait le fruit, il dit que le public était chargé des frais des sacrifices, qu'il ne voulait plus faire une dépense dont il n'approuvait pas le sujet, et que les fonds qu'elle consommait lui étaient nécessaires pour subvenir aux besoins des gens de guerre. Le sénat repartit que les sacrifices ne pouvaient être faits de la manière qu'ils le devaient, à moins que la dépense n'en fût faite par le public. Mais nonobstant ses remontrances, ils furent abolis et toutes les traditions anciennes négligées, ce qui fut cause de la décadence de l'empire, de l'invasion des Barbares, de la désolation des provinces, de ce changement si déplorable de la face de l'empire, qu'on ne peut seulement plus reconnaître le lieu où étaient autrefois les villes les plus célèbres. Le récit que nous ferons du détail des affaires découvrira plus clairement la vérité de ce que j'avance.

Théodose ayant donné à Honorius, son fils, l'Italie, l'Espagne, les Gaules, l'Afrique, partit pour retourner à Constantinople, et mourut en chemin de maladie; son corps fut embaumé et mis à Constantinople dans le tombeau des princes ses prédécesseurs.

LIVRE CINQUIÈME.

Arcadius et Honorius demeurèrent, par la mort de Théodose, seuls possesseurs de la souveraine puissance ; mais ils n'en retinrent que le nom, et en laissèrent tout l'effet en Orient à Rufin, en Occident à Stilicon, qui terminaient les différends des particuliers par une autorité si absolue, que quiconque était assez riche pour acheter leur suffrage, ou assez heureux pour s'insinuer dans leurs bonnes graces, ne manquait jamais de gagner sa cause. Les grandes terres dont on croit que la possession rend les hommes heureux, tombaient dans leurs familles, soit qu'on les leur abandonnât pour avoir leur protection, et pour se garantir d'une accusation calomnieuse, ou qu'on les leur vendit pour acheter une charge, ou pour entrer dans quelqu'un de ces partis qui ne tendent qu'à la ruine des villes. Toutes les richesses de l'empire venaient s'entasser dans leurs maisons, et celles qui avaient été les plus riches tombaient dans une honteuse pauvreté, par un renversement de tout ordre et par la corruption des mœurs. Les empereurs ne s'apercevaient point de ces désordres, et ils tenaient les moindres paroles de ces deux officiers comme une loi non écrite.

Rufin ayant amassé des biens immenses, fut capable d'une si étrange extravagance que d'aspirer à l'empire en donnant sa fille en mariage à l'empereur. Il lui en fit parler par quelques officiers, dans la pensée que l'affaire était fort secrète, bien qu'elle fût déjà répandue parmi le peuple. L'excès de son orgueil, qui avait excité contre lui la haine publique, avait aussi donné quelque soupçon de cette prétention ambitieuse. Il se porta à une entreprise fort hardie, comme s'il eût eu dessein d'effacer des défauts médiocres par des crimes extraordinaires. Florence qui, sous le règne de Julien, avait été préfet du prétoire au-delà des Alpes, eut un fils nommé Lucien, qui se mit en grand crédit auprès de Rufin, en lui donnant des terres considérables. Il obtint, à sa recommandation, de l'empereur Arcadius la charge de comte d'Orient, qui est au dessus de toutes les autres. Il l'exerça avec une grande réputation de modération et d'équité, préférant toujours les lois et la justice à la qualité des personnes et à toute autre considération. Eucherius, oncle de l'empereur, lui ayant fait une demande déraisonnable, il la lui refusa; l'autre irrité de ce refus le noircit de faux crimes auprès de l'empereur; celui-ci en rejeta la faute sur Rufin, qui lui avait fait donner une charge trop considérable. Rufin, sous prétexte de cette plainte de l'empereur, alla à Antioche, et y étant entré durant la nuit, se saisit de Lucien, et l'obligea à rendre raison de sa conduite, bien qu'il ne fût accusé de personne, et le fit battre avec des balles de plomb. Quand il fut mort il commanda de l'emporter dans une litière hors de la ville, voulant par là faire croire que puisqu'il avait encore quelque reste de bien, il était encore en état de recevoir quelque grace. La cruauté de cette exécution donna de l'indignation aux habitans; mais pour les apaiser, il fit bâtir une galerie qui est l'édifice le plus magnifique qu'il y ait à Antioche. Étant de retour à Constantinople, il travailla avec plus d'empressement que jamais pour conclure l'alliance qu'il souhaitait et pour donner sa fille à l'empereur. Mais la fortune fit naître contre son espérance un obstacle à sa prétention. Promotus avait laissé deux fils qui, durant la vie de Théodose, avaient été élevés avec ses enfans. L'un des deux avait chez lui une jeune personne d'une excellente beauté, qu'Eutrope, eunuque de l'empereur Arcadius, lui conseilla d'épouser. Ce prince ayant prêté l'oreille à son conseil, il lui montra le portrait de cette personne, et augmenta tellement la passion de l'empereur, qu'il résolut de l'épouser sans que Rufin sût rien de cette intrigue, et bien qu'au contraire il s'imaginât lui faire épouser sa fille, et devenir par cette alliance son associé à l'empire. L'eunuque voyant cela, et s'imaginant que le mariage arrangé par lui était une affaire conclue, ordonna au peuple de commencer les danses, et de se couronner de fleurs, selon ce qui se pratique au mariage des princes. Il tira du palais un manteau convenable à la majesté du trône avec tous les autres ornemens de toilette, et les donna à porter aux serviteurs de l'empereur. Il traversa la ville avec ces présens, précédé par la foule. Le peuple ayant vu qu'on les portait à cette jeune fille qui demeurait chez le fils de Promotus, il reconnut par là celle qui était destinée à l'empereur. Rufin déchu de son espérance chercha les moyens de ruiner Eutrope. Voilà l'état où étaient les affaires dans l'étendue de l'empire d'Arcadius.

Stilicon qui gouvernait l'empire en Occident, donna en mariage à l'empereur Honorius une fille qu'il avait eue de Sérène, fille d'Honorius, frère de Théodose. Ayant affermi son pouvoir par cette alliance, il se rendit maître absolu de presque toutes les troupes. Théodose étant mort après la défaite d'Eugène, Stilicon retint dans l'armée dont il était maître tout ce qu'il y avait d'hommes vaillans et aguerris, et renvoya en Orient toutes les personnes inutiles et de rebut.

S'étant fortifié de la sorte, et ayant de la jalousie contre Rufin de ce qu'il affectait en Orient une autorité égale à la sienne, il avait desssein d'aller trouver Arcadius pour disposer de toutes choses avec un pouvoir absolu dans l'étendue de son empire, selon l'intention de Théodose qui l'avait chargé en mourant (comme il disait) de prendre un soin égal des deux princes ses enfans. Rufin usa de toute l'adresse imaginable pour détourner ce voyage de Stilicon, et pour affaiblir les troupes d'Arcadius. Ayant pris cette détestable résolution, il trouva des hommes plus propres qu'il n'aurait jamais pu souhaiter pour la faire réussir. S'étant donc servi de leur ministère, il causa de grands maux à l'empire. Voici comment la chose arriva. Il y avait un Grec fort savant nommé Musonius, qui avait trois enfans, dont l'un s'appelait Musonius comme lui, l'autre Antiochus, et le dernier Axiochus. Musonius et Axiochus s'efforçaient d'imiter la vertu et l'érudition de leur père. Antiochus avait des inclinations tout-à-fait opposées, et ne se portait qu'au mal. Rufin ayant trouvé que c'était un instrument fort propre pour faire ce qu'il désirait, le déclara proconsul de Grèce, à dessein de rendre plus aisée aux étrangers la ruine de cette province. Il donna aussi la garde des Thermopyles, à Gérontius, comme à un homme qui devait seconder tous les mauvais desseins qu'il avait contre l'empire. Dans le temps qu'il faisait ces détestables projets, il reconnut qu'Alaric méditait de se soulever, en haine de ce qu'au lieu de lui donner le commandement des troupes romaines, on ne lui confiait que les étrangères, qu'il avait autrefois reçues de Théodose, lorsqu'il renversa la tyrannie d'Eugène. Il lui fit dire fort secrètement qu'il allât plus loin avec ses gens et avec d'autres qu'il pourrait ramasser, et qu'il ne trouverait point de résistance. Sur cet avis Alaric partit de Thrace, alla en Macédoine et en Thessalie, pillant et enlevant tout ce qu'il trouvait. Lorsqu'il fut proche des Thermopyles, il envoya avertir de son arrivée Gérontius, qui les gardait, et le proconsul Antiochus. Gérontius s'étant retiré, et ayant laissé le passage libre aux Barbares, ils ruinèrent les villes et la campagne, tuèrent les hommes et emmenèrent les femmes et les enfans avec une quantité inestimable de butin. La Béotie et les autres provinces par où ces Barbares passèrent conservent encore aujourd'hui les tristes marques de leur fureur. Il n'y eut que la ville de Thèbes qui fut conservée, en partie par la bonté de ses murailles, en partie parce qu'Alaric, impatient de prendre Athènes, ne voulait pas s'arrêter à un autre siège. Il se hâta donc d'aller à Athènes dans l'espérance de la prendre, tant parce que ceux dedans ne suffisaient pas pour garder la grande étendue de ses murailles, que parce qu'il était déjà maître du Pirée, et qu'il y avait peu de provisions dans la ville. Voilà l'espérance dont Alaric se flattait. Mais cette ville si ancienne devait être conservée, par la providence des dieux, au milieu d'un si terrible danger. La manière dont elle fut protégée est trop miraculeuse, et trop capable d'inspirer des sentimens de piété, pour être passée sous silence. Lorsque Alaric se fut approché des murailles, à la tête de son armée, il vit Minerve qui en faisait le tour, armée de la même manière qu'elle parait dans ses images, et Achille au haut des murailles, tel qu'il a été décrit par Homère, lorsque emporté de colère il marchait contre les Troyens, pour venger la mort de Patrocle. Alaric, épouvanté de ce spectacle, perdit l'envie d'attaquer les habitans, et leur offrit la paix. Les sermens ayant été faits de côté et d'autre, il entra dans la ville avec un petit nombre des siens. Il y fut reçu très civilement, se rendit aux bains, et s'assit à table avec les citoyens les plus distingués, et après avoir été comblé de présens il partit de la ville et ensuite de l'Attique sans avoir commis aucun dégât. Voilà comment cette ville, qui, sous le règne de Valens avait été préservée du tremblement de terre qui avait ébranlé tout le reste de la Grèce, fut délivrée d'un autre danger. Alaric n'ayant fait aucun ravage dans le pays attique par la frayeur qui lui restait de la vision qu'il avait eue, entra sur le territoire de Mégare, et ayant emporté d'abord cette ville, il marcha vers le Péloponèse sans rencontrer personne qui s'opposât au cours de ses victoires. Gérontius lui ayant permis de passer l'Isthme, il lui fut aisé de prendre des villes qui n'étaient point fermées de murailles. Corinthe fut prise la première, et ensuite les petites villes qui sont alentour. Argos le fut après, et tout ce qui est entre Argos et Lacédémone. Cette ville autrefois si célèbre suivit alors la fortune de la Grèce, sans pouvoir être défendue par les armes de ses habitans, et elle fut trahie par ses commandans, qui n'avaient point d'autre passion que de se rendre les ministres des volontés les plus injustes et des débauches les plus criminelles de ceux qui gouvernaient l'état. Lorsque Rufin reçut la nouvelle de la désolation de la Grèce, il en conçut une plus forte passion de parvenir à l'empire, dans la pensée qu'au milieu des troubles il trouverait moins d'obstacles à sa prétention.

Stilicon au contraire ayant mis des troupes sur des vaisseaux, s'efforça de secourir l'Achaïe. Étant abordé au Péloponèse, il contraignit les Barbares de se retirer à Pholoé. Il les aurait aisément défaits, dans la disette de vivres où ils étaient, si en s'abandonnant au luxe et à la débauche, et si en se plaisant en la compagnie des bateleurs et des femmes perdues, il n'eût permis aux soldats d'enlever tout ce qui avait été laissé par les ennemis, et n'eût donné loisir à ces derniers de sortir du Péloponèse, et d'aller en Épire, avec le butin qu'ils avaient amassé. Stilicon retourna en Italie, sans avoir rien fait de bien, et après avoir plus fait de mal aux endroits par où il passa que n'en avaient fait les Barbares.

Dès qu'il fut de retour en Italie, il médita de faire périr Rufin par le moyen que je vais dire. Il proposa à l'empereur Honorius d'envoyer quelques troupes à Arcadius, son frère, pour défendre ceux d'entre ses sujets qui étaient incommodés par les incursions des étrangers. Stilicon ayant eu la permission d'en disposer comme il le jugerait à propos, choisit les soldats qu'il voulait envoyer, et en donna le commandement à Gaïna, à qui il déclara ce qu'il tramait contre Rufin. Lorsque ces troupes furent près de Constantinople, Gaïna alla au devant pour avertir Arcadius de leur arrivée, et du sujet de leur marche, qui n'était autre que d'apporter du soulagement aux maux de l'empire. Arcadius ayant témoigné de la joie de ce secours, Gaïna le supplia d'avoir la bonté de venir au devant, assurant que c'était un honneur que les empereurs avaient coutume de faire aux troupes. Arcadius lui ayant accordé sa prière, alla au devant de l'armée, en fut salué, et lui rendit les marques de son affection. Gaïna ayant donné le signal à ses gens, ils se jetèrent sur Rufin, et le percèrent de leurs épées, celui-ci lui coupa une main, celui-là l'autre, un troisième lui coupa la tête, chantant des chansons de réjouissance comme on en chante après la victoire. Ils lui insultèrent avec tant d'outrage après sa mort, que de porter sa main par toute la ville, et de demander qu'on lui donnât un peu d'argent, chose dont il n'avait jamais pu se rassasier. Voilà le juste châtiment qu'il reçut des violences qu'il avait exercées contre les particuliers, et des malheurs qu'il avait attirés à l'état. Il ne se faisait plus rien à la cour que par l'ordre d'Eutrope, qui avait eu part à toute l'intrigue que Stilicon avait tramée contre Rufin. Il retint une partie de ses biens, et abandonna le reste à d'autres qui semblaient y avoir quelque droit. Il permit à la femme et à la fille de Rufin, qui s'étaient réfugiées dans une église de chrétiens de peur d'être massacrées comme lui, de se retirer en la ville de Jérusalem, qui a été autrefois habitée par les Juifs, et qui a été rebâtie par les Chrétiens, depuis le règne de Constantin. Elles y passèrent le reste de leur vie.

Eutrope ayant dessein de se défaire de tout ce qu'il y avait de personnes considérables, pour être seul en crédit auprès de l'empereur, tendit un piége à Timasius, qui depuis le règne de Valens avait toujours été maître de la milice, et s'était rendu fort célèbre en plusieurs guerres. Voici comment il s'y conduisit. Bargus, vendeur de saucisses à Laodicée, ville de Syrie, sa patrie, ayant été surpris dans une mauvaise action, s'enfuit à Sardes, où il se fit bientôt connaître pour ce qu'il était. Timasius étant allé à Sardes, et ayant vu que ce Bargus était plaisant, et propre à gagner par ses flatteries les bonnes graces de tous ceux dont il approchait, le reçut dans sa familiarité, et lui donna le commandement d'une cohorte. Il le mena un peu après à Constantinople, ce qui fut désapprouvé par quelques officiers qui savaient qu'il en avait été autrefois banni pour ses crimes.

Eutrope ayant jugé que ce Bargus serait fort propre pour intenter une fausse accusation contre Timasius, supposa à ce dernier un faux écrit, par lequel il paraissait qu'il avait aspiré à la souveraine puissance. L'empereur présidait, et Eutrope était présent à cause de sa charge de premier officier de la chambre de l'empereur. Chacun ayant témoigné de l'indignation de ce qu'un homme élevé à une si haute dignité que Timasius était accusé par un vendeur de saucisses, l'empereur se démit de l'affaire, et en donna la commission à Saturnin et à Procope. Le premier était un homme fort avancé en âge, qui avait passé par toutes les charges, un peu flatteur de son naturel, et qui dans toutes les causes avait coutume de favoriser ceux qui étaient en crédit auprès du prince. Le second avait été beau-père de l'empereur Valens. C'était un homme fier et intraitable, qui disait quelquefois trop librement la vérité, et qui en cette rencontre représenta vivement à Saturnin qu'on n'aurait pas dû recevoir l'accusation d'un homme aussi méprisable que Bargius, contre un magistrat aussi considérable que Timasius, ni souffrir qu'un bienfaiteur fût opprimé par la calomnie de son obligé. Mais cette liberté n'empêcha pas que l'avis de Saturnin ne fût suivi avec un applaudissement général, ni que Timasius ne fût relégué à Oasis, et n'y fût conduit par des gardes. C'est un lieu fort désagréable, et d'où il est malaisé de se sauver; car le chemin par où l'on y va est un chemin sablonneux, désert et inhabité, et qui ne conserve aucun vestige de ceux qui y passent. Il a pourtant couru un bruit que Timasius avait été sauvé par Syagrius, son fils, et que celui-ci, après avoir fait enlever son père, avait évité de tomber entre les mains de ceux qui le cherchaient. Mais que cela soit véritable, ou ait été inventé par complaisance pour Eutrope, personne n'en a jamais rien su de certain, si ce n'est que ni Timasius ni Syagrius n'ont plus paru depuis. Bargus fut récompensé du commandement d'une cohorte, pour avoir délivré Eutrope des soupçons et des craintes que lui donnait le mérite de Timase. Il fut fort content d'avoir cette charge dont le revenu était considérable, et il se flattait de l'espérance de parvenir un jour à quelque autre plus relevée. Mais il ne songeait pas qu'Eutrope ne pouvait pas attendre qu'il eût plus de reconnaissance pour lui qu'il n'en avait eu pour Timasius. Aussitôt qu'il fut parti pour aller remplir sa charge, on conseilla à sa femme, avec qui il était en mauvaise intelligence, de présenter contre lui des mémoires à l'empereur. La nouvelle de cette accusation étant venue aux oreilles d'Eutrope, il fit arrêter Bargus qui fut convaincu et condamné. Il n'y eut personne qui n'admirât et qui ne bénît l'œil de la justice divine, à la vue duquel aucun crime ne peut échapper.

Eutrope étant comme enivré par l'orgueil que donnent les richesses, et s'imaginant toucher les nues de la tête, entretenait des espions parmi toutes les nations, pour s'informer de tout ce qui s'y passait, et pour s'instruire de l'état des affaires et de la fortune des particuliers. Enfin il n'y avait rien dont il ne tirât du profit. Sa jalousie et son avarice l'excitèrent à la ruine d'Abundantius. C'était un homme natif de Scythie, province de Thrace, qui avait porté les armes dès le règne de Gratien, qui avait obtenu de grandes charges de Théodose, et qui avait été désigné préteur et consul. Eutrope ayant donc résolu sa perte, obtint une lettre de l'empereur pour le reléguer à Sidon, en Phénicie, où il finit ses jours.

Il n'y avait plus personne à Constantinople qui osât regarder Eutrope. Stilicon était maître des affaires en Occident. Eutrope désirant empêcher qu'il ne vînt à Constantinople, conseilla à l'empereur d'assembler le sénat et de le déclarer ennemi de l'empire. Ce qui ayant été fait, il s'unit avec Gildon, comte d'Afrique, et par son moyen ôta l'Afrique à Honorius pour la donner à Arcadius. Stilicon ayant conçu autant de déplaisir que d'inquiétude de cette surprise, se servit d'un avantage que la fortune lui présenta. Gildon avait un frère nommé Masceldèle, auquel il tendait des pièges par une fureur barbare. Celui-ci s'enfuit en Italie, et raconta à Stilicon les mauvais traitemens que son frère lui avait faits. Stilicon lui donna des vaisseaux et des troupes, avec lesquelles ayant attaqué son frère à l'improviste, il remporta un tel avantage que Gildon s'étrangla pour ne pas tomber entre les mains de ses ennemis. Masceldèle remit l'Afrique sous l'obéissance d'Honorius, et retourna victorieux en Italie. Bien que Stilicon eût de la jalousie d'un si glorieux exploit de Masceldèle, il la dissimulait. Passant néanmoins un jour un pont dans un faubourg, ses gardes, au signal qui leur avait été donné, jetèrent Masceldèle dans la rivière, où il fut noyé, et Stilicon n'en fit que rire.

La haine qui était entre Stilicon et Eutrope éclata alors ouvertement, et ils commencèrent aussi à se jouer plus insolemment que jamais de la misère des peuples. Stilicon avait donné Marie, sa fille, en mariage à l'empereur Honorius, et Eutrope exerçait sur l'empereur Arcadius le pouvoir despotique que l'on exerce sur les animaux. S'il y avait un héritage considérable dans l'étendue de l'empire, il fallait qu'un de ces deux ministres en devînt maître. L'or et l'argent coulaient de leurs mains de toutes parts ; et ils y coulaient principalement par le canal des calomniateurs dont ils avaient répandu un grand nombre dans toutes les parties de l'empire. Les plus considérables du sénat ne voyaient qu'avec douleur cet état si déplorable de l'empire. Gaïna en était plus sensiblement touché que nul autre, tant parce qu'il se croyait privé des honneurs qui étaient dus à un chef de son âge, et des présens que son avarice recherchait, que parce qu'il avait de la jalousie de voir que tous les biens fondissent dans la maison d'Eutrope. Il communiqua ses sentimens à Tribigilde, homme intrépide et prêt à affronter les plus terribles dangers. Il commandait en Phrygie non des Romains, mais des étrangers à cheval. Il partit donc de Constantinople sous prétexte d'aller visiter ses troupes, et s'étant mis à leur tête, il fit un horrible dégât, sans épargner hommes, femmes ni enfans. Ayant ramassé une quantité incroyable de goujats et d'autres gens semblables, il fit trembler toute l'Asie. La Lydie était pleine de confusion, chacun s'enfuyant vers la mer avec ses proches pour se réfugier dans les îles. Les côtes d'Asie n'avaient jamais été menacées d'un péril si présent.

L'empereur étant trop stupide pour se mettre en peine d'apporter du soulagement à cette misère publique, en laissa le soin à Eutrope, qui choisit Gaïna et Léon pour leur donner le commandement des troupes. Il envoya ce dernier en Asie pour donner la chasse aux Barbares qui y faisaient le dégât, et il envoya Gaïna par la Thrace et par les détroits de l'Hellespont, pour repousser les ennemis s'il trouvait qu'ils fissent du désordre en ces pays-là. Léon n'avait aucune qualité qui le rendît capable de commander des troupes, et n'avait rien de recommandable que l'amitié dont Eutrope l'honorait. Ces deux généraux ayant été choisis de la sorte, ils menèrent chacun leurs troupes du côté où elles étaient destinées. Gaïna ayant rappelé dans sa mémoire les conditions dont il était convenu avec Trivilgide, et ayant considéré que le temps était venu d'y satisfaire, manda à Tribigilde qu'il menât ses troupes du côté de l'Hellespont. Il est certain que si ce Gaïna avait dissimulé les mauvais desseins qu'il avait conçus contre le bien de l'empire, et qu'il fût parti sans bruit de Constantinople avec les étrangers qu'il commandait, il serait venu à bout de tout ce qu'il avait projeté, se serait rendu maître de l'Asie et de la meilleure partie de l'Orient. Mais parce que la fortune voulait alors maintenir quelques villes sous l'obéissance de l'empire, Gaïna, transporté par la fureur qui est comme naturelle aux Barbares, partit de Constantinople avec presque toutes les forces de l'état. Avant d'arriver à Héraclée, il manda à Tribigilde ce qu'il devait faire. Tribigilde ne voulut pas aller vers l'Hellespont de peur de rencontrer les troupes qui étaient de ce côté-là ; mais il fit le dégât en Phrygie, avança jusqu'en Pisidie, et emporta sans aucune résistance tout ce qu'il trouva. Gaïna n'eut garde de se mettre en peine d'arrêter ces violences, ni de soulager ceux qui les souffraient, parce que quand Tribigilde les commettait, il ne faisait rien que ce dont ils étaient convenus ensemble. Quant à Léon il se tenait aux environs de l'Hellespont, sans oser en venir aux mains avec Tribigilde, et il disait qu'il avait peur que Tribigilde n'envoyât une partie de ses troupes par des chemins détournés pour faire le dégât sur les terres qui sont aux environs de l'Hellespont. Ainsi Tribigilde, ne trouvant point de résistance, prenait toutes les villes qu'il lui plaisait d'attaquer, et tuait les habitans et les soldats. Il n'y avait point alors d'étrangers qui combattissent pour la défense de l'empire ; au contraire, dès que le combat était commencé, ils se joignaient à ceux de leur pays et se déclaraient contre les Romains. Gaïna faisait semblant d'être fâché des disgrâces de l'empire, et d'admirer les stratagèmes de Tribigilde qu'il disait être plus à craindre pour sa prudence que pour ses forces. Il entra en Asie sans y rien faire, se contentant de regarder comme un spectateur oisif ce qui y avait été fait, de rire de la ruine des villes et de la campagne, d'attendre l'arrivée de Tribigilde, de lui envoyer secrètement des troupes pour favoriser ses desseins, sans cependant se déclarer pour son parti. Si, lorsque Tribigilde entra en Phrygie, il eût été droit en Lydie au lieu d'aller en Pisidie, il lui eût été aisé, non-seulement de s'en rendre maître, mais aussi de l'Ionie, de passer ensuite dans les îles, de courir tout l'Orient, et de ravager l'Égypte. Mais ce dessein-là ne lui étant pas venu à l'esprit, il aima mieux mener son armée dans la Pamphilie qui touche d'un côté à la Pisidie. Il y trouva des chemins fort mauvais et presque inaccessibles à la cavalerie. Comme il ne paraissait point d'armée qui s'opposât au progrès de ses armes, un certain Valentin, qui demeurait à Selge, ville de Pamphilie, assise sur une hauteur, qui avait quelque notion des lettres et des armes, ayant amassé une troupe de paysans et de valets, accoutumés à se battre contre les voleurs qui couraient dans leur voisinage, il les plaça sur une hauteur qui commande le passage, d'où ils pouvaient voir sans être vus. Lorsque Tribigilde eut passé avec ses gens les chemins unis de la Pamphilie, et qu'il fut descendu dans les endroits creux, au dessus desquels étaient les gens de Valentin, ceux-ci jetèrent avec leurs frondes des pierres aussi grosses ou même plus grosses que le poing. Tribigilde n'avait aucun moyen de se sauver, car il avait d'un côté un étang et des marais, et de l'autre un passage si étroit qu'à peine suffisait-il pour deux hommes. Les gens du pays appellent ce passage-là un limaçon, parce qu'il est d'une figure ronde et qu'il ressemble en quelque sorte à la coquille dont le limaçon se couvre. Il était gardé par Florentius avec un nombre suffisant de gens de guerre. Les Barbares perdirent beaucoup de monde dans un lieu si étroit, où ils étaient accablés par la multitude et par la grosseur des pierres qu'on jetait incessamment sur eux. Plusieurs ne sachant que faire, poussèrent leurs chevaux dans l'étang et y périrent. Tribigilde monta avec trois cents hommes par le passage étroit, et ayant gagné Florentius, par argent, il se sauva et laissa périr le reste de ses troupes. Mais après avoir évité ce danger il en trouva d'autres qui ne furent pas moins terribles, car les habitans de toutes les villes s'étant armés à la hâte, l'enfermèrent avec les trois cents compagnons de sa fuite, entre le fleuve Mélas et le fleuve Eurymédon, dont l'un coule au dessus de Sida, et l'autre arrose Aspende. Ne sachant plus que faire, il avertit secrètement Gaina de l'état de ses affaires. Celui-ci étant fâché de ce qui était arrivé, et ne s'étant pas encore déclaré pour la révolte, envoya Léon son lieutenant au secours de la Pamphilie, avec ordre de se joindre à Valentin pour s'opposer au passage de Tribigilde. Bien que Léon fût brutal de son naturel et fort adonné à la débauche, il ne laissa pas d'exécuter ses ordres. Gaina, qui appréhendait que si Tribigilde était enveloppé, et qu'il n'eût pas des forces suffisantes pour se défendre, il ne fût accablé, envoya plusieurs bandes d'étrangers qu'il avait avec lui, les unes après les autres, pour harceler l'armée romaine, et pour donner moyen à Tribigilde de s'échapper. Ces troupes étrangères attaquèrent sans cesse l'armée romaine jusqu'à ce qu'elles l'eussent défaite, tué Léon et désolé tout le pays désert. Ainsi les choses réussirent de la manière que Gaina le souhaitait; car Tribigilde s'étant enfui de Pamphilie, fit de plus grands désordres en Phrygie qu'il n'en avait jamais fait auparavant. Quant à Gaina, il releva avec des paroles si avantageuses les exploits de Tribigilde, qu'il fit appréhender à l'empereur, à la cour, et au sénat qu'il ne mît tout à feu et à sang aux environs de l'Hellespont, à moins qu'on ne lui accordât sa demande. Gaina tâchait encore alors de cacher à l'empereur ses sentimens, et de faire réussir ses desseins par le moyen des conditions que l'on accorderait à Tribigilde. Le mépris qu'on faisait de lui ne lui était pas si insupportable que l'élévation prodigieuse d'Eutrope, qui, ayant été fait consul, en avait retenu le titre long-temps, et était parvenu à la dignité de patrice. Ce fut principalement cette jalousie qui le détermina à la révolte. En ayant donc formé le dessein, il résolut de commencer par se défaire d'Eutrope. Pour cet effet, étant encore en Phrygie, il manda à l'empereur qu'il désespérait de résister à Tribigilde, et qu'il ne voyait point d'autre moyen de délivrer l'Asie de ses incursions dont elle était tourmentée que de lui accorder la demande qu'il faisait qu'on lui mît Eutrope entre les mains, comme l'unique auteur de toutes les misères publiques, pour en faire ce qu'il lui plairait. A cette nouvelle, Arcadius mande Eutrope et le prive de sa charge. Eutrope se réfugie dans une église de chrétiens qui jouissait du droit d'asile. Comme Gaïna pressait avec instance la mort d'Eutrope, et qu'il protestait que Tribigilde ne s'apaiserait jamais qu'on ne lui eût donné cette satisfaction, on viola l'asile, en arrachant Eutrope de l'église, et en le reléguant en Chypre où on le fit garder exactement. Comme Gaïna insistait qu'on le fît mourir, ceux qui disposaient des affaires, sous l'autorité de l'empereur, éludèrent, par une subtilité fort grossière, le serment qu'ils lui avaient fait de lui conserver la vie. Car, comme s'ils eussent seulement juré de ne la lui point ôter à Constantinople, ils le firent venir de Chypre à Calcédoine, où il fut exécuté à mort. La fortune n'a jamais agi avec tant d'extravagance qu'envers lui, en l'élevant d'un côté au plus haut comble de grandeur qu'elle ait élevé aucun eunuque, et en l'opprimant de l'autre, sous prétexte de la haine que lui portaient les ennemis de l'empire. Au reste, bien que les entreprises de Gaïna fussent toutes manifestes et toutes publiques, il les croyait fort secrètes et fort cachées. Comme il surpassait Tribigilde en dignité et en puissance, et qu'il était maître de ses sentimens, il fit, sous son nom, un traité avec l'empereur, et après avoir engagé l'un et l'autre par serment, il s'en retourna par la Phrygie et par la Lydie. Tribigilde le suivit, et passa à la tête de ses troupes proche de Sardes, capitale de Lydie, sans oser seulement la regarder. Quand il eut joint Gaïna à Thyatire, il se repentit de n'avoir pas pillé Sardes qu'il aurait pu prendre sans peine. Ainsi il résolut d'y retourner avec Gaïna, et d'attaquer cette ville. Ils seraient venus à bout de cette résolution s'il n'était survenu une pluie extraordinaire qui détrempa la terre et grossit les rivières. Quand ils se furent séparés, Gaïna alla vers la Bithynie, et Tribigilde vers l'Hellespont, chacun exposant en proie à l'avarice des soldats tout ce qui se présentait devant eux. Lorsque l'un fut à Calcédoine, et l'autre vers Lampsaque, Constantinople et l'empire même se trouvèrent réduits à la dernière extrémité. Gaïna demanda que l'empereur le vînt trouver, refusant de conférer avec tout autre qu'avec lui. L'empereur en étant demeuré d'accord, la conférence se fit hors de Calcédoine, dans un lieu bâti en l'honneur de la pieuse Euphémie, martyre, en considération du culte que l'on rend au Christ. Gaïna et Tribigilde étant passés d'Asie en Europe, demandèrent qu'on leur livrât les premiers de l'empire pour les faire mourir, savoir : Aurélien qui était consul en cette année-là, Saturnin qui l'avait été, et Jean, dépositaire de tous les secrets d'Arcadius, et qu'on croyait être père du fils qui était attribué à ce prince. Quelque tyrannique que fût cette demande, il la fallut accorder. Lorsque Gaïna eut ces trois hommes-là entre les mains, il se contenta de leur effleurer la peau avec la pointe de son épée, et de les envoyer en exil. Étant allé en Thrace, suivi de Tribigilde, il donna à l'Asie le loisir de respirer. Quand il fut à Constantinople, il en fit sortir les soldats romains et même les compagnies des gardes, et donna un ordre secret aux étrangers de l'attaquer. Il en partit après cela, sous prétexte de prendre un peu de repos et de se délasser de ses fatigues, et se retira en un lieu distant de quarante stades de la ville, à dessein d'y retourner, lorsque les étrangers auraient commencé l'attaque. Il s'en serait sans doute rendu maître, si l'ardeur extraordinaire dont il était transporté lui eût permis d'attendre une occasion favorable pour l'exécution de son dessein. Mais s'étant trop hâté de s'approcher des murailles, ceux qui les gardaient crièrent au secours. Tous les habitans ayant couru aux armes, avec un tumulte et une confusion aussi étranges que si la ville eût déjà été prise, ils assommèrent les Barbares, et étant montés au haut des murailles, ils tirèrent sur les troupes de Gaïna, et les obligèrent à se retirer.

La ville ayant été préservée de la sorte,

sept mille étrangers qui étaient enfermés dedans se réfugièrent dans une église des chrétiens qui est proche du palais. Mais l'empereur commanda de les y tuer, ne jugeant pas que la sainteté dût servir d'asile à leur attentat. Personne n'osa néanmoins entreprendre de les retirer de ce lieu, de peur que le désespoir ne les portât à une vigoureuse défense. On trouva plus à propos de découvrir l'église, à l'endroit qui répond au dessus de l'autel, et de jeter du feu de haut en bas; ce qui ayant été fait, les Barbares furent brûlés. Ceux qui étaient les plus attachés à la religion chrétienne jugeaient que c'était une grande profanation qu'on avait faite.

Gaina, ayant manqué une entreprise si importante, déclara ouvertement la guerre à l'empire, et fit le dégât en Thrace. Il trouva que les villes étaient fermées de bonnes murailles, et défendues par des garnisons, et par des habitans qui s'étaient aguerris par la nécessité que les incursions continuelles des Barbares leur avaient imposée de manier sans cesse les armes. Il n'y avait plus que de l'herbe à la campagne, les bestiaux, les grains et les fruits ayant été enfermés dans les villes. Ainsi Gaina fut obligé de quitter la Thrace pour aller dans la Chersonèse, et pour retourner en Asie par les détroits de l'Hellespont.

Pendant qu'il était dans cette disposition l'empereur et le sénat choisirent d'un commun accord Fravitus pour commander les troupes qu'on destinait contre lui. Ce Fravitus était étranger de naissance, mais il était Grec d'inclination, et païen de religion et de mœurs. Il avait déjà eu de grands emplois dans les armées, et avait purgé l'Orient, depuis la Cilicie jusqu'à la Palestine, des courses des voleurs. Ayant donc pris le commandement des troupes, il se mit à garder les détroits de l'Hellespont, pour empêcher que les Barbares n'entrassent en Asie. Pendant que Gayna se préparait de son côté à la guerre, Fravitus ne tenait pas ses soldats oisifs, mais il les exerçait de telle sorte qu'ils ne respiraient plus que le combat, et qu'ils se plaignaient de ce que les ennemis tardaient. Il faisait nuit et jour la revue de son armée, et veillait incessamment sur la contenance des ennemis; il prenait aussi soin de sa flotte, ayant plusieurs vaisseaux qu'on appelle libournes, du nom du pays où l'on a commencé à en fabriquer de cette sorte. Ils ne sont pas moins légers que les bâtimens qui ont cinquante rames, bien qu'ils le soient beaucoup moins que ceux qui ont trois rangs de rameurs ; on n'en fait plus de cette fabrique. Polybe n'a pas laissé de décrire la mesure des bâtimens à six rangs de rameurs dont les Romains et les Carthaginois se servaient lorsqu'ils étaient en guerre les uns contre les autres. Au reste Gaina s'étant ouvert de force un passage par la grande muraille dans la Chersonèse, plaça ses troupes le long du rivage de Thrace qui est opposé aux villes de Paros, de Lampsaque et d'Abydos, et aux autres lieux qui, en s'approchant de la mer, la resserrent.

Quant au général de l'armée romaine, quand il eut passé ces places-là de l'Asie avec ses vaisseaux, il épia la contenance des ennemis. Gaina s'ennuyant de demeurer si long-temps en un lieu où il ne trouvait pas les choses nécessaires à sa subsistance, fit couper des bois dans la Chersonèse, et en ayant fait des bateaux, mit dessus les chevaux et les hommes, et laissa couler les bateaux au fil de l'eau, car on ne pouvait les conduire ni avec des rames ni avec un gouvernail, parce qu'ils étaient faits à la hâte sans aucun art. Gaina demeura sur le rivage, se promettant la victoire, et se persuadant que les Romains n'avaient point de forces comparables aux siennes. Notre général ayant découvert ce dessein-là avec sa pénétration ordinaire, fit avancer ses vaisseaux en mer, et dès qu'il vit ces bateaux que les Barbares avaient faits à la hâte qui suivaient le courant, il alla au devant du premier, et l'ayant poussé avec son vaisseau dont la proue était garnie d'airain, et ayant en même temps tiré force traits contre les hommes qui étaient dessus, il le fit couler à fond. Les capitaines des autres vaisseaux, imitant l'exemple du général, tirèrent sur ceux qui leur étaient opposés, et ceux qui ne périrent pas par leurs traits furent emportés par la mer, de sorte qu'il n'y eut presque personne qui pût échapper.

Gaina, affligé de cette perte, décampa de la

Chersonèse, et se retira en Thrace. Fraintus ne le voulut point poursuivre, et se contentant de l'avantage que la fortune lui avait accordé, il rassembla ses troupes. Tout le monde l'en blâma, comme s'il eût eu dessein d'épargner ses compatriotes; mais se fiant au témoignage de sa conscience, et étant animé de la noble fierté que lui donnait sa victoire, il prit la liberté de l'attribuer en présence de l'empereur à la protection des dieux qu'il adorait, sans rougir de faire profession publique de la religion de ses pères, et de déclarer hautement qu'il ne pouvait suivre en ce point l'opinion de la multitude. L'empereur le reçut très-civilement, et le fit consul.

Gaina ayant ainsi perdu une grande partie de ses troupes, se retira avec le reste vers le Danube, et parce que la Thrace était ruinée par les fréquentes irruptions qu'elle avait souffertes, il enleva tout ce qu'il trouva ailleurs. Comme il appréhendait d'être poursuivi par une autre armée, et qu'il se défiait des Romains qui étaient dans la sienne, il les fit massacrer dans le temps qu'ils ne se doutaient de rien, et passa le Danube, à dessein de s'en retourner en son pays. Cependant Uldes, prince des Huns, jugeant qu'il y avait du danger à souffrir qu'un étranger s'établît avec ses troupes au-delà du Danube, et croyant que ce serait rendre un service agréable à l'empereur que de l'empêcher, se prépara à le combattre.

Gaina ne pouvant retourner sur les terres de l'empire, ni éviter la rencontre des Huns, prit les armes pour les recevoir. Il y eut plusieurs combats où Gaina, après avoir perdu une grande partie de ses troupes, fut enfin tué lui-même en se défendant vaillamment. Uldes envoya sa tête à Arcadius, en reçut récompense, et contracta avec lui une alliance très étroite. L'empereur n'ayant pas assez de prudence pour rétablir un bon ordre dans l'état, une troupe d'esclaves fugitifs et de soldats déserteurs qui prirent le nom des Huns commencèrent à courir et à piller la Thrace, jusqu'à ce que Fraintus en ayant taillé en pièces la plus grande partie, procura quelque repos aux habitans [1] . . . .

. . . .
. . . .

Ils prirent terre en Épire, et voulant assurer leur salut que la grandeur de leur crime rendait fort douteux, ils laissèrent échapper ceux qu'ils tenaient entre leurs mains. On dit que quelques-uns se rachetèrent par argent. Mais enfin, s'étant sauvés de la sorte contre leur espérance, ils revinrent à Constantinople, et se présentèrent à l'empereur et au sénat.

Cela contribua beaucoup à accroître la haine que l'impératrice portait depuis long-temps à Jean, évêque des chrétiens, qui déclamait contre elle dans les discours qu'il faisait au peuple. Cette princesse, exerçant un pouvoir absolu, souleva contre lui les autres évêques, et les porta à le déposer, et entre autres Théophile, évêque d'Alexandrie en Égypte, qui s'était le premier déclaré contre l'ancienne religion. Jean ayant été appelé en jugement, et ayant reconnu qu'on ne procédait pas envers lui avec équité, se retira volontairement de Constantinople. Le peuple, que cet homme tournait comme il lui plaisait, remplit la ville de tumulte, et les moines s'emparèrent de la grande église. Ce sont des hommes qui renoncent au mariage, qui remplissent les villes et les campagnes de communautés nombreuses, qui ne portent point les armes et qui ne rendent aucun service à l'état. S'étant toujours multipliés depuis leur premier établissement, ils ont acquis de grandes terres, sous prétexte de nourrir les pauvres, et ont en effet réduit tout le monde à la pauvreté. S'étant donc emparé de l'église, et en ayant gardé l'entrée, le peuple et les gens de guerre demandèrent la permission de réprimer leur insolence, et l'ayant obtenue, ils fondirent sur eux et en tuèrent un si grand nombre que l'église fut remplie de corps morts. Ils poursuivirent ensuite les autres, et n'épargnèrent aucun de ceux qui étaient vêtus de noir, soit qu'ils portassent le deuil, ou qu'ils eussent pris cet habit pour quelque autre raison. Jean étant venu dans la ville, y suscita de grands troubles.

Les dénonciateurs se mirent alors en plus grand crédit que jamais. Ils étaient incessam-

[1] Ici se trouve une lacune dans le texte.

ment à la suite des eunuques de la cour, et dès qu'il était mort un homme riche, ils donnaient avis qu'il n'avait point laissé d'enfans, ni de parens proches; et à l'heure même on faisait paraître des lettres par lesquelles l'empereur se saisissait de sa succession. Les sénateurs enlevaient son bien en présence des enfans et des autres héritiers légitimes, dont les plaintes n'étaient point écoutées. Il n'y avait dans toutes les villes que des sujets de tristesse et de douleur. Le prince n'ayant point d'esprit, et la princesse étant enflée d'un orgueil insupportable, et se laissant conduire par des eunuques et femmes dont rien ne pouvait rassasier l'avidité, les plus gens de bien s'ennuyaient de vivre, et souhaitaient de mourir.

Il survint encore un autre péril plus fâcheux, comme si les maux que je viens de décrire n'eussent pas suffi pour nous accabler.

Jean étant revenu de son exil, et ayant continué à soulever le peuple contre l'impératrice, quand il vit qu'il fallait nécessairement qu'il quittât son siège et la ville, il monta sur un vaisseau. Ceux qui favorisaient son parti prirent résolution de mettre le feu à la ville, pour empêcher qu'on n'élût un autre évêque en sa place. Ils mirent le feu à l'église durant la nuit, et en étant sortis avant le jour, on vit paraître l'embrasement sans savoir d'où il procédait. Il consuma l'église, les maisons voisines, et surtout celles du côté desquelles le vent soufflait. Il gagna aussi le lieu où le sénat avait coutume de s'assembler vis-à-vis du palais, qui était embelli d'une infinité d'ornemens, de statues des meilleurs artistes, et de marbres de diverses couleurs dont on ne tire plus de semblables des carrières. On dit aussi qu'on y voyait les images des muses qui avaient été autrefois sur l'Hélicon, et qui ayant été conservées au temps de Constantin, auquel on faisait la guerre aux choses saintes, avaient été mises dans ce lieu-là. Le dégât que le feu en fit fut un présage de l'ignorance où le peuple allait tomber.

Il arriva dans le même temps un miracle qu'il ne serait pas juste d'oublier. Devant la porte du lieu où je viens de dire que s'assem-blait le sénat, il y avait des images de Jupiter et de Minerve sur des bases de pierre telles que nous les voyons aujourd'hui. On dit qu'une de ces images est celle de Jupiter, de Dodone, et que l'autre est celle de Minerve de Linde. Le feu ayant embrasé ce palais, le plomb de la couverture tomba fondu sur ces images, avec une partie des pierres qui n'avaient pu résister à l'activité du feu. Le peuple croyait que ces images avaient été réduites en cendres, aussi bien que les plus excellens ornemens de ce superbe édifice. Mais quand on eut ôté toutes les ruines, et qu'on eut nettoyé le lieu pour le rebâtir, on trouva les images qui étaient seules demeurées entières au milieu de l'embrasement, ce qui fit concevoir aux plus honnêtes gens et aux plus habiles d'heureuses espérances de la prospérité d'une ville dont les Dieux prenaient si visiblement la protection. Il en arrivera néanmoins ce qu'il leur plaira.

Comme chacun était extraordinairement affligé du malheur de la ville, dont on ne voyait point d'autre sujet que l'ombre d'un âne, selon le proverbe, ceux qui avaient l'honneur d'approcher du prince songeaient aux moyens de rebâtir les maisons qui avaient été brûlées. Mais en même temps ils apprirent que les Isauriens, qui habitent au dessus de la Pamphilie et de la Cilicie, dans les endroits les plus inaccessibles du mont Taurus, s'étaient divisés en plusieurs bandes, et avaient commencé le dégât dans le pays qui est au dessous. Ils n'étaient pas assez forts pour assiéger des villes fermées de murailles; mais ils attaquaient les bourgs et enlevaient ce qui se présentait devant eux. Les ravages que Tribigilde avait faits dans ce pays avec les étrangers le rendaient plus exposé aux courses et aux violences des Isauriens dont je parle.

Arbazace ayant été envoyé pour secourir la Pamphilie autant qu'il lui serait possible, poursuivit ces brigands jusque dans leurs montagnes, prit de leurs bourgs, tua un grand nombre de leurs gens, et les aurait entièrement défaits et procuré une pleine liberté aux villes, s'il n'avait trop aimé son plaisir, et préféré son intérêt particulier au bien commun de l'état. Ayant été mandé pour rendre compte de cette trahison, il s'attendait qu'on lui ferait son procès. Mais il se tira d'affaire en donnant à l'impératrice une partie de ce qu'il avait pris sur les Isauriens, et employa le reste à ses débauches. Ces peuples-là n'avaient jusque ici commis que des brigandages, sans avoir osé en venir à une guerre ouverte.

Quand Alaric se fut retiré du Peloponèse et du pays que le fleuve Archéloüs arrose, il attendit dans l'Épire où habitent les Molosses, les Thesprotes et d'autres peuples, le temps d'exécuter ce dont il était convenu avec Stilicon. Celui-ci, ayant reconnu la haine dont ceux qui gouvernaient l'empire sous le nom d'Arcadius étaient animés contre lui, résolut de mettre l'Illyrie sous la domination d'Honorius par le moyen d'Alaric, et n'était plus en peine que de trouver une occasion favorable pour l'exécution de ce dessein.

Pendant qu'ils étaient dans cette disposition, Rodogaise se prépara à entrer en Italie, à la tête d'une armée composée de quatre cent mille hommes, tant Gaulois que Germains. Toute l'Italie étant étonnée d'un si épouvantable armement, et Rome même tremblant à la vue d'un si extrême péril, Stilicon ramassa les troupes qui étaient dans Pavie, ville de Ligurie, divisées en trente compagnies, outre un renfort qu'il obtint des Alains et des Huns, ses alliés, passa le premier le Danube, fondit sur les ennemis, et les tailla en pièces, à la réserve d'un petit nombre qu'il enrôla parmi ses troupes. Ayant, par un exploit si célèbre, délivré l'Italie du danger dont elle était menacée, il s'en retourna comme en triomphe et couronné par la main de ses soldats. Quand il fut à Ravenne, ville ancienne et métropole de Flaminie, bâtie autrefois par les Thessaliens, et appelée Rhéné, non pour avoir été fondée par Rémus, frère de Romulus, comme Olympiodore de Thèbes le dit après Quadratus, qui l'avait écrit dans l'histoire de l'empereur Marcus, mais parce qu'elle est tout entourée d'eau, il commença à se préparer à passer en Illyrie avec ses troupes pour soustraire avec Alaric cette province à l'obéissance d'Arcadius, et pour la mettre sous celle d'Honorius. Mais il trouva deux obstacles à ce dessein. L'un fut le bruit de la mort d'Alaric, et l'autre une lettre d'Honorius, par laquelle il mandait que Constantin était parti de la Grande-Bretagne, et était entré dans les pays qui sont au-delà des Alpes, où il avait commencé à usurper l'autorité souveraine. Le bruit de la mort d'Alaric demeura douteux jusqu'à ce que quelques personnes arrivèrent qui en confirmèrent la fausseté. Mais la nouvelle de la proclamation de Constantin fut toujours constante. Le voyage d'Illyrie ayant été rompu de la sorte, Stilicon alla à Rome pour y délibérer sur ce qu'il y avait à faire. Sur la fin de l'automne, Bassus et Philippe y furent désignés consuls.

L'empereur Honorius ayant perdu l'impératrice Marie, sa femme, souhaitait d'épouser Thermantie, sa sœur. Stilicon s'opposait à ce mariage, et Sérène le pressait par une raison particulière. Lorsque l'empereur Honorius épousa Marie, Sérène sa mère, voyant qu'elle n'était pas encore en âge de puberté, et voyant que la marier en cet âge-là c'était faire une injure à la nature, ne pouvant d'ailleurs différer la célébration, s'adressa à une femme capable de trouver des expédiens en semblables occasions, et fit en sorte par son moyen que sa fille fût mariée à l'empereur, mais qu'il ne pût ni ne voulût consommer le mariage. Marie étant morte sans être devenue femme, Sérène, qui souhaitait avec passion de conserver son rang et son autorité, sollicitait puissamment ce mariage. Elle en vint à bout : mais Thermantie mourut bientôt après, et mourut fille aussi bien que sa sœur.

Stilicon reçut nouvelle qu'Alaric était parti de l'Épire, et qu'ayant passé les détroits qui séparent la Pannonie de la Vénétie, il s'était campé à Émone, ville assise entre la Haute-Pannonie et la Noricie. Je n'oublierai pas en cet endroit l'histoire de la fondation de cette ville. On dit que lorsque les Argonautes furent poursuivis par Aétès, ils arrivèrent à l'embouchure du Danube, et qu'ayant tâché de monter à force de rames et à la faveur du vent contre le courant de ce fleuve, quand ils furent arrivés à ce lieu-là, ils y bâtirent la ville, pour servir de monument de leur arrivée dans le pays; qu'ayant mis leur vaisseau nommé Argo sur une machine, et que l'ayant tiré jusqu'à la mer l'espace de quatre cents stades, ils abordèrent aux rivages de Thessalie. Voilà ce que le poète Pisandre en a écrit dans le poème des Noces héroïques.

Alaric étant parti d'Émone, et ayant passé le fleuve Acilis et monté l'Apennin, il entra dans la Noricie. Cette montagne sert de frontière à la Pannonie, et n'a qu'un passage fort étroit pour aller dans la Noricie, lequel une poignée d'hommes peuvent aisément garder contre une grande multitude. Alaric l'ayant néanmoins surmonté, envoya de la Noricie des ambassadeurs à Stilicon, pour lui demander de l'argent en récompense, tant de ce qu'il était demeuré dans l'Épire à sa persuasion, que de ce qu'il avait fait le voyage de la Noricie et d'Italie. Stilicon ayant laissé les ambassadeurs à Ravenne, alla à Rome pour conférer avec l'empereur et avec le sénat. Les sénateurs s'étant assemblés dans le palais, on délibéra si l'on ferait la guerre ou non. La pluralité des avis fut de la faire. Stilicon et quelques autres qui ne parlaient que par complaisance pour lui, furent d'avis de faire la paix avec Alaric. Ceux qui étaient d'avis de la guerre demandèrent à Stilicon pourquoi il voulait faire une paix honteuse. Il répondit que c'était parce qu'Alaric était demeuré longtemps dans l'Épire, pour l'intérêt de l'empereur, afin de faire la guerre conjointement avec lui en Orient et de soumettre l'Illyrie à l'obéissance d'Honorius, ce qui aurait été exécuté si la lettre de ce prince ne les eût empêchés d'entreprendre l'expédition. Il montra la lettre d'Honorius pour confirmer ce qu'il disait, et ajouta que Sérène, sous prétexte d'entretenir la bonne intelligence entre les deux empereurs, avait été cause qu'un si louable projet n'avait pu réussir.

Les raisons de Stilicon ayant été approuvées, le sénat fut d'avis de payer à Alaric quatre mille livres d'or pour avoir la paix avec lui, bien que plusieurs opinassent de la sorte par crainte plutôt que par persuasion.

Lampadius, aussi illustre par sa dignité que par sa naissance, dit en sa langue : « Ce n'est pas là une paix, c'est un pacte par lequel on se soumet à la servitude. » Mais dès que l'assemblée se fut levée, il se réfugia dans une église de chrétiens qui était proche, de peur que la liberté dont il avait usé ne lui fût funeste.

Stilicon ayant conclu de la sorte la paix avec Alaric, se prépara à partir pour mettre à exécution les desseins qu'il avait dans l'esprit. L'empereur témoigna vouloir aller à Ravenne, pour voir l'armée et pour la haranguer, bien qu'en cela il suivît moins son inclination que le conseil de Sérène, qui était bien aise qu'il fût en sûreté, au cas qu'Alaric se rendît maître de Rome, et qui veillait avec d'autant plus de soin à la conservation de ce prince, qu'elle était persuadée que la sienne propre en dépendait.

Stilicon, qui n'approuvait point du tout ce voyage, fit ce qu'il put pour le traverser; mais l'empereur s'étant opiniâtré à le faire, Sarus, étranger qui commandait dans Ravenne une compagnie composée de soldats de sa nation, excita par l'ordre de Stilicon un tumulte hors de la ville, non pour troubler les affaires, mais pour détourner l'empereur d'y entrer. Comme l'empereur persistait dans son sentiment, Justinien, célèbre avocat de Rome, et qui avait été fait assesseur par Stilicon, pénétra par la subtilité de son esprit le motif de ce voyage, et jugea que les soldats qui étaient à Pavie, et qui n'aimaient point Stilicon, ne manqueraient pas de le mettre en grand danger, le prince y arrivant, et ne cessa de lui conseiller de faire tout ce qu'il pourrait pour détourner l'empereur de cette entreprise. Mais ayant reconnu que l'empereur ne se rendait point aux raisons de Stilicon, il se retira de peur d'être enveloppé dans sa ruine, à cause de l'amitié dont il était uni avec lui. La nouvelle de la mort de l'empereur Arcadius avait déjà été apportée à Rome ; mais comme elle semblait encore incertaine, elle fut confirmée depuis le départ d'Honorius. Stilicon étant à Ravenne, l'empereur, qui était à Bologne, ville d'Émilie, distante de soixante-dix milles de cette ville, manda Stilicon pour réprimer l'insolence des soldats qui avaient fait une sédition durant le voyage. Stilicon ayant assemblé l'armée, dit non seulement que l'empereur leur commandait de se tenir en repos, mais qu'il voulait qu'ils fussent décimés. Ces menaces les étonnèrent si fort, qu'ils le conjurèrent avec larmes d'implorer pour eux la clémence de l'empereur, ce qu'il leur promit de faire; et il le fit en effet de telle sorte que l'empereur leur pardonna.

Stilicon avait dessein d'aller en Orient pour mettre ordre aux affaires de Théodose, fils d'Arcadius, qui, dans la faiblesse de son âge, avait besoin de la conduite d'un tuteur. L'empereur avait aussi dessein d'y aller pour le même sujet; mais Stilicon, n'en étant point d'avis, l'en détourna sous prétexte d'éviter les frais d'un si long voyage. Il lui représenta aussi qu'il n'y avait point d'apparence qu'il abandonnât Rome et l'Italie dans le temps que Constantin s'arrêtait à Arles, après avoir couru et subjugué toutes les Gaules; que bien que cette affaire-là pût demander toute seule la présence et les soins de l'empereur, l'arrivée d'Alaric le demandait aussi, ce perfide qui ne manquerait jamais d'envahir l'Italie avec les étrangers qu'il commandait, s'il la trouvait dépourvue de troupes; que le meilleur conseil et le plus utile à l'état était d'envoyer Alaric contre l'usurpateur, avec partie des troupes étrangères et avec les troupes romaines commandées par leurs chefs, et que pour lui il irait porter en Orient les ordres de l'empereur. Honorius ayant enfin approuvé cet avis, fit expédier des lettres qu'il écrivait à l'empereur d'Orient et à Alaric, et partit de Bologne. Cette résolution ayant été prise, Stilicon ne se mit en aucun devoir de l'exécuter. Il ne partit point pour l'Orient, il n'envoya pas même à Ravenne une partie des gens de guerre qui étaient à Pavie, de peur qu'ils ne vissent l'empereur en passant, et qu'ils ne l'aigrissent contre lui. Il faut pourtant avouer que ce n'était par aucune mauvaise intention, ni contre le prince, ni contre l'armée, que Stilicon agissait de la sorte.

Olympius, natif des environs du Pont-Euxin, qui avait une charge considérable à la cour, qui cachait un grand fond de méchanceté sous l'apparence de la piété d'un chrétien, et qui, en contrefaisant l'homme de bien, était entré dans la familiarité particulière de l'empereur, lui tint plusieurs discours capables de lui donner de dangereuses impressions contre Stilicon, et de lui faire croire qu'il n'avait tramé ce voyage d'Orient que pour se défaire du jeune Théodose, et pour élever Eucherius, son fils, sur le trône. Voilà ce qu'il lui disait, selon l'occasion, durant le voyage.

Lorsqu'ils furent à Ticinum, Olympius, en allant visiter les soldats malades (car c'était là un des exercices de sa fausse vertu), leur répétait sans cesse les mêmes discours. Quatre jours après que l'empereur fut arrivé à Ticinum il se fit voir aux gens de guerre dans son palais, et les exhorta à le bien servir contre Constantin. Dans le temps auquel on n'avait encore fait aucun bruit contre Stilicon, on vit tout d'un coup Olympius faire signe aux soldats, comme pour leur rappeler dans la mémoire ce qu'il leur avait dit en secret; et à l'heure même, comme s'ils eussent été transportés de fureur, ils massacrèrent Liménius, préfet du prétoire au-delà des Alpes, et Chariobaude, maître de la milice du même pays, qui s'étaient par hasard échappés d'entre les mains du tyran et retirés vers l'empereur. Ils tuèrent ensuite Vincentius et Salvius, dont l'un était maître de la cavalerie, et l'autre commandait les troupes du palais. La sédition s'étant accrue, l'empereur s'étant retiré en son palais, et quelques officiers s'étant sauvés comme ils avaient pu, les soldats se répandirent par toute la ville et tuèrent les officiers qu'ils trouvèrent cachés dans des maisons, et pillèrent les maisons. Le mal étant monté à un si haut point qu'il semblait qu'on n'y pouvait plus apporter aucun remède, l'empereur se montra au milieu de la ville, avec une simple tunique, sans diadème, sans son habillement de guerre, et sans aucun ornement; et à peine put-il réprimer la fureur des soldats. Tous les magistrats qui furent pris après s'être enfuis furent tués, comme Nœmorius, maître des offices, Patronius, comte du trésor, Salvius, questeur, qui ne put éviter la mort en embrassant les genoux de l'empereur. La sédition ayant continué jusqu'à la nuit, Honorius se retira, de peur qu'on n'attentât à sa personne. Longinien, préfet du prétoire d'Italie, ayant été trouvé par les factieux, fut massacré, de même que plusieurs autres dont on ne saurait faire le dénombrement. La nouvelle de cette révolte ayant été portée à Stilicon, qui était alors à Bologne, il assembla ce qu'il avait auprès de lui de chefs des troupes étrangères, et tint conseil avec eux sur ce qu'il y avait à faire. Ils furent d'avis de joindre toutes leurs forces pour châtier l'insolence des troupes romaines au cas qu'elles eussent attenté à la personne de l'empereur, car c'était un fait dont on doutait alors, et pour punir les seuls auteurs de la sédition, au cas que l'empereur fût en vie, et qu'il n'y eût que les magistrats qui eussent été massacrés. Lorsque Stilicon fut assuré que l'empereur n'avait point de mal, il crut se devoir retirer à Ravenne, plutôt que d'aller châtier les gens de guerre, parce que, considérant leur grand nombre, et se défiant d'ailleurs de la disposition d'Honorius envers lui, il était persuadé que ni la justice ni la piété ne permettaient d'armer des étrangers contre des Romains.

Pendant qu'il roulait ces pensées dans son esprit, et qu'il était dans l'irrésolution, les étrangers se pressèrent d'exécuter la résolution qui avait été prise. Mais n'en ayant pu venir à bout, ils demeurèrent en repos jusqu'à ce que l'empereur eût déclaré plus ouvertement son sentiment touchant Stilicon. Sarus, qui surpassait les autres chefs des troupes alliées en force de corps et en dignité, s'étant mis à la tête de ceux qu'il commandait, tua pendant la nuit dans leurs lits les Huns qui gardaient Stilicon, pilla son bagage, se rendit maître de sa tente, et attendit ce qui arriverait. Stilicon ne se tenant pas trop assuré de la fidélité des étrangers qui étaient auprès de lui, parce qu'ils n'étaient pas d'accord entre eux-mêmes, se retira à Ravenne, et défendit de les recevoir dans les villes par où il passa, et où étaient leurs femmes et enfans.

Olympius, qui s'était rendu maître de l'esprit de l'empereur, envoya une lettre de ce prince aux soldats de Ravenne, par laquelle il leur était commandé de se saisir de Stilicon, et de le garder sans lui mettre les fers. Stilicon ayant eu avis de cet ordre, se retira la nuit dans une église de chrétiens. Ses domestiques et les gens qui étaient auprès de lui prirent les armes, et attendirent l'événement de cete affaire. A la pointe du jour, les soldats entrèrent dans l'église, et jurèrent en présence de l'évêque qu'ils n'avaient point ordre de tuer Stilicon, mais seulement de le garder. Quand il fut sorti de l'église, sur la foi de ce serment, et qu'il fut entre les mains des soldats, celui qui avait apporté la première lettre en présenta une seconde, par laquelle il était condamné à la mort, pour les crimes qu'il avait commis contre l'état. Il fut mené à l'heure même au supplice, et Euchérius, son fils, s'enfuit vers Rome. Ses domestiques, ses amis et les étrangers attachés à son service, se mirent en devoir de le sauver; mais il les en empêcha avec menaces, et se laissa tuer. Il fut sans doute le plus modéré de tous ceux qui, de son temps, parvinrent à une grande puissance. Bien qu'il eût épousé la nièce du vieux Théodose, qu'il eût eu la tutelle de ses deux fils, et qu'il eût commandé vingt-trois ans les armées, il ne vendit jamais aucune charge, et ne détourna jamais les fonds destinés au paiement des gens de guerre, pour l'appliquer à son profit particulier. N'ayant qu'un fils, il ne l'éleva pas à une plus haute dignité qu'à celle de tribun des notaires. Or, de peur que les curieux n'ignorent le temps de sa mort, je dirai qu'elle arriva le vingt-troisième jour du mois d'août, sous le consulat de Bassus et de Philippe, sous lequel mourut aussi l'empereur Arcadius.

Après sa mort, Olympius disposa avec un pouvoir absolu de toutes choses. Il prit la charge de maître, et fit conférer les autres par l'empereur à ceux qu'il eut agréable de lui nommer. On fit une recherche exacte des amis et des partisans de Stilicon. On se saisit entre autres de Deutère, un des premiers officiers de la chambre, et de Pierre, tribun des notaires, et on les mit à la question. Mais quand on vit qu'ils ne confessaient rien ni contre Stilicon, ni contre eux-mêmes, Olympius commanda de les frapper de coups de bâton jusqu'à la mort. Plusieurs autres ayant été arrêtés et mis à la question pour apprendre de leur bouche si Stilicon avait aspiré à l'empire, on se désista enfin de cette poursuite quand on vit qu'elle était inutile, et qu'elle ne produisait aucune lumière.

L'empereur Honorius réduisit Thermantic, sa femme, à une condition privée, et la rendit à sa mère, sans qu'elle fût chargée pour cela d'aucun soupçon. Il commanda aussi de chercher Eucher, fils de Stilicon, et de le faire mourir. Mais ceux qui le cherchaient l'ayant trouvé dans une église de Rome, n'osèrent toucher à sa personne par respect pour la sainteté du lieu. Héliocrate, comte des largesses, porta à Rome une lettre de l'empereur, par laquelle il était ordonné que les biens de ceux qui avaient exercé quelque charge au temps de Stilicon seraient confisqués. Et comme si tant de maux n'eussent pas suffi pour contenter la rage du mauvais génie qui tourmentait les hommes durant l'absence ou durant le silence des dieux, il en survint encore un autre. Les soldats qui étaient en garnison dans les villes, ayant appris la mort de Stilicon, se jetèrent en même temps sur les femmes et sur les enfans des étrangers; les massacrèrent, et pillèrent leurs biens. Les parens de ceux qui avaient été tués s'étant assemblés et ayant pris Dieu à témoin de l'impiété et de la perfidie des Romains, se joignirent à Alaric dans le dessein d'attaquer Rome. Bien qu'ils fussent plus de trente mille qui l'excitaient à la guerre, il était toujours disposé à entretenir la paix par respect pour le traité qu'il avait fait du vivant de Stilicon. Il envoya des ambassadeurs à cet effet, et demanda en otage Aëtius et Jason, dont l'un était fils de Jovius, et l'autre de Gaudence. Il offrit de son côté de donner des otages parmi les plus qualifiés de son parti, et de mener son armée de Norique en Pannonie.

L'empereur rejeta ces conditions. Il est certain que pour bien pourvoir à ses affaires il devait faire de deux choses l'une, ou renvoyer la guerre à un autre temps et obtenir une trêve à l'aide d'un peu d'argent, ou, s'il voulait faire la guerre, ramasser toutes ses troupes et fermer les passages. De plus, il devait investir Sarus des fonctions de général, parce que c'était un homme qui, par son expérience et par sa valeur, était capable de jeter la terreur dans le cœur de ses ennemis, et qui, d'ailleurs, avait un assez bon nombre de troupes étrangères pour leur résister. Mais Honorius, en refusant la paix, en méprisant l'amitié de Sarus, en négligeant d'amasser ses troupes, en mettant toute son espérance dans les projets et dans les vœux d'Olympius, attira tous les malheurs dont l'empire fut accablé. Il choisit des généraux qui ne pouvaient exciter que le mépris des ennemis. Il donna le commandement de la cavalerie à Turpillion, celui de l'infanterie à Varanus, et celui des ailes des domestiques à Vigilantius, ce qui fit désespérer à plusieurs du salut de l'Italie, dont ils croyaient voir déjà la ruine de leurs propres yeux.

Alaric, se moquant des préparatifs d'Honorius, commença à attaquer Rome, et de peur de faire une entreprise aussi importante que celle-là sans pourvoir auparavant aux moyens de l'exécuter, il rappela de la haute Pannonie Ataulphe, son beau-frère, avec les Huns et les Goths qu'il commandait. Mais sans attendre qu'il fût arrivé, il courut aux environs d'Aquilée et des autres villes qui sont au-delà du Pô, comme Concordia, Altine, Crémone, et ayant passé ce fleuve en se jouant comme dans une fête et sans rencontrer d'ennemis, il alla à un fort près Boulogne, nommé OEcubaria. Il traversa ensuite l'Émilie, alla à Rimini, ville de la Flaminie, et passa jusques au Picentin, pays situé à l'extrémité du golfe Ionique. Marchant après cela vers Rome, il pilla toutes les villes et tous les châteaux qu'il trouva sur son passage; et si les eunuques Arsace et Térentius n'eussent prévenu son arrivée par la fuite, il les eût pris et eût sauvé Eucher, fils de Stilicon, qu'ils avaient entre les mains.

Mais ayant exécuté les ordres qu'ils avaient reçus de rendre Thermantic à sa mère et de mener Eucher à Rome, pour le faire mourir,

47

et ne pouvant s'en retourner par le chemin par où ils étaient venus, ils montèrent sur mer et se rendirent près de l'empereur, vers les Gaules. Ce prince, croyant que l'intérêt de l'état demandait qu'il les récompensât du service qu'ils lui avaient rendu, donna à Térentius la charge de premier officier de sa chambre, et à Arsace la première dignité au dessous. Ayant condamné à la mort Batanaire, commandant des troupes d'Afrique, beau-frère de Stilicon, il donna sa charge à Héraclien, qui avait tué Stilicon de sa propre main.

Alaric ayant formé le siége de Rome, le sénat soupçonna Séréna d'avoir fait venir les troupes étrangères, et fut d'avis, avec Placidie, sœur utérine de l'empereur, de la faire mettre à mort, dans la croyance qu'Alaric lèverait le siége lorsqu'il ne pourrait plus espérer de prendre la ville par son intelligence. Ce soupçon-là était cependant très-faux, et Séréna n'avait jamais pensé à la trahison qu'on lui imputait. Mais elle devait porter la peine de l'impiété qu'elle avait autrefois commise. Lorsque Théodose l'ancien était allé à Rome après avoir détruit la tyrannie d'Eugène, et qu'il avait exposé le culte des dieux au mépris des hommes, en refusant de faire la dépense des sacrifices, les prêtres et les prêtresses avaient été chassés hors des temples. Alors Séréna, se raillant des choses saintes, était entrée dans le temple de la mère des dieux, et ayant vu qu'elle avait un fort beau collier, l'avait pris et l'avait attaché à son cou. La plus ancienne des vestales, qui était demeurée, ayant eu le courage de lui reprocher en face son impiété, elle se moqua d'elle et la fit chasser par ceux de sa suite. La vestale fit des imprécations en descendant, et souhaita que la peine due à ses sacriléges retombât sur elle, sur son mari et sur ses enfans. Séréna ne fit que rire de ces menaces, et sortit du temple avec le collier. Il lui sembla plusieurs fois depuis, soit en veillant ou en dormant, qu'on la menaçait de mort. Plusieurs autres personnes eurent aussi de semblables visions. Mais enfin la justice divine la poursuivit de telle sorte qu'elle ne put éviter le châtiment, bien qu'elle en fût avertie, et elle fut étranglée par la même partie de son corps qu'elle avait parée du collier de la déesse.

On dit que Stilicon fut puni d'une pareille impiété. Ayant un jour commandé d'arracher des lames d'or qui étaient aux portes du Capitole, ceux qui exécutaient cet ordre y trouvèrent ces paroles écrites : « Elles sont réservées pour un misérable prince. » Ce qui fut accompli, puisqu'il mourut misérablement.

Au reste, la mort de Séréna ne détourna pas Alaric du siége de Rome. Au contraire, quand il eut entouré les murailles et qu'il se fut rendu maître du Tibre et du port, il empêcha l'entrée des vivres. Les Romains attendaient de jour en jour du secours de Ravenne. Mais ce secours n'étant point arrivé, ils furent obligés de ménager leurs vivres et de ne cuire chaque jour que la moitié d'autant de pain qu'ils en cuisaient auparavant, et ensuite de n'en cuire que le tiers. Lorsque les provisions furent consommées, la peste succéda à la famine. Comme on ne pouvait emporter les corps morts hors de la ville, parce que les ennemis en tenaient les portes fermées, il fallut les enterrer dedans, et la puanteur qu'ils exhalaient aurait été capable de faire périr les habitans quand ils ne seraient pas morts de faim. Il est vrai pourtant que Léta, femme de l'empereur Gratien, et Pissamène, sa mère, qui, par la libéralité de Théodose, tiraient pour leur table une grande somme de l'épargne, eurent la bonté de fournir des vivres à plusieurs personnes. Mais lorsque la disette fut si extrême que les habitans étaient presque réduits à se manger les uns les autres, après avoir essayé auparavant de se nourrir de choses qu'on ne peut toucher qu'avec horreur, ils résolurent d'envoyer une ambassade à Alaric pour lui demander la paix à des conditions raisonnables ou pour protester qu'ils étaient prêts plus que jamais à le combattre, et que s'étant accoutumés depuis le siége à manier les armes, ils seraient en état de se faire redouter. On choisit pour cette ambassade Basilius, gouverneur de province, originaire d'Espagne, et Jean, le premier des notaires, qu'on appelle tribuns, ami particulier d'Alaric. On doutait encore alors si c'était lui ou un autre qui assiégeait Rome, et le bruit courait que c'était un autre officier du parti de Stilicon qui l'avait amené devant la ville. Quand ils furent arrivés devant lui, ils eurent honte que les Romains eussent ignoré si long-temps un fait de cette importance, et lui proposèrent le sujet de leur ambassade de la part du sénat.

Alaric ayant écouté leurs discours et surtout leur assertion que le peuple, ayant les armes en main, était prêt à lui livrer bataille, répondit qu'il était plus aisé de couper le foin quand il est épais que quand il est rare, et il se prit à éclater de rire. Quand ils furent entrés en conférence sur la paix, il leur tint des discours pleins d'une arrogance digne d'un Barbare, protestant qu'il ne lèverait point le siège qu'on ne lui eût donné tout l'or et tout l'argent qui étaient dans la ville, et tous les meubles et les esclaves étrangers qu'il y trouverait. Un des ambassadeurs lui ayant demandé ce qu'il laisserait aux habitans s'il leur ôtait toutes ces choses : « Je leur laisserai la vie, » lui répondit-il. Après cette réponse, ils demandèrent permission d'aller conférer avec ceux qui les avaient envoyés, et l'ayant obtenue ils leur rapportèrent ce qui avait été avancé de part et d'autre. Alors les habitans ne doutant plus que ce ne fût Alaric qui les assiégeait, et se voyant destitués de tous les moyens de se conserver, se ressouvinrent du secours que leurs pères avaient autrefois reçu durant les troubles, et dont ils avaient été privés depuis qu'ils avaient renoncé à l'ancienne religion. Sur ces entrefaites Pompeianus, préfet de la ville, rencontra quelques personnes venues de Toscane qui lui dirent que la ville de Neveia s'était délivrée d'un pareil péril par des sacrifices, et qu'ayant attiré du ciel les éclairs et le tonnerre elle avait chassé ses ennemis. Après avoir parlé avec elles il observa les cérémonies prescrites par les livres des pontifes; et parce que la religion contraire avait déjà prévalu, il crut, pour plus grande sûreté, devoir communiquer l'affaire à l'évêque Innocent, avant de rien entreprendre. L'évêque préférant la conservation de la ville à sa propre opinion, leur permit secrètement d'observer leurs cérémonies de la manière qu'ils les entendaient. Ces personnes venues de Toscane ayant déclaré qu'on ne pouvait rien faire qui servît à la délivrance de la ville qu'en offrant des sacrifices selon l'ancienne coutume, le sénat monta au Capitole, et y observa aussi bien que dans les places et dans les marchés les cérémonies accoutumées. Mais personne du peuple n'ayant osé y assister, on renvoya les Toscans, et on chercha les moyens d'apaiser la colère du Barbare. On lui envoya donc une seconde ambassade, où après de longues conférences on convint enfin que la ville paierait cinq mille livres d'or, trente mille d'argent, et qu'elle donnerait quatre mille tuniques de soie, trois mille toisons teintes en écarlate, et trois mille livres de poivre. Mais parce qu'il n'y avait point alors d'argent dans le trésor public, il fallut nécessairement que les sénateurs contribuassent à proportion de leur bien. Palladus fut choisi pour régler cette contribution. Mais soit qu'ils eussent caché une partie de leurs biens, ou que les exactions avides et continues des empereurs les eussent réduits à la pauvreté, il ne put amasser la somme entière. Pour comble de malheur, le mauvais génie qui présidait aux affaires de ce siècle porta ceux qui étaient chargés de lever cette somme à prendre les ornemens des temples et des images des dieux pour la compléter. Ce qui n'était rien autre chose que de jeter dans le déshonneur et dans le mépris les images dont le culte avait rendu Rome florissante pendant tant de siècles. De peur que quelque chose ne manquât à la ruine de l'empire, on fondit aussi quelques images d'or et d'argent, et entre autres celle de la Vertu, ce qui fit juger à ceux qui étaient savans dans les mystères de l'ancienne religion que ce qui restait de vertu et de force parmi les Romains serait bientôt tout-à-fait éteint.

L'argent qu'on avait promis ayant été amassé de la sorte, on envoya dire à l'empereur qu'Alaric, non content de cela, demandait encore en otage les enfans des meilleures familles, moyennant quoi il promettait non seulement d'entretenir la paix avec les Romains, mais aussi de se joindre à eux pour faire la guerre à leurs ennemis.

L'Empereur ayant consenti à ces conditions, on donna l'argent à Alaric qui permit aux habitans de sortir durant trois jours pour acheter des vivres, et pour faire mener des grains du port à la ville. Ainsi ils eurent un peu de loisir de respirer. Les uns vendirent ce qui leur restait pour acheter ce qui leur était nécessaire. Les autres au lieu de vendre pour acheter, eurent par échange ce dont ils avaient besoin. Après cela les Barbares se retirèrent de devant Rome, et se campèrent en Toscane. Il sortit de Rome en divers jours une si prodigieuse quantité d'esclaves qui s'allèrent joindre à eux qu'on ne croit pas qu'il y en eût moins de quarante mille. Quelques Barbares, courant de côté et d'autre, attaquèrent des Romains qui venaient d'acheter des vivres au port. Ce qu'Alaric ayant appris, il eut soin de faire punir les auteurs de cette violence, à laquelle il ne voulait prendre aucune part.

Il semblait qu'on commençât à sentir quelque relâche en ce temps-là, auquel Honorius était consul pour la huitième fois en Occident et Théodose pour la troisième en Orient. Constantin envoya alors des eunuques à Honorius pour s'excuser d'avoir accepté l'empire, en assurant que ce n'était pas de lui-même qu'il s'y était porté, mais qu'il y avait été contraint violemment par les soldats.

L'empereur ayant considéré qu'il ne lui serait pas aisé de faire une nouvelle guerre dans le temps que les étrangers qu'Alaric commandait n'étaient pas fort éloignés, et ayant d'ailleurs fait réflexion que Véronien et Didime ses parens étaient entre les mains de cet usurpateur de l'autorité souveraine, lui accorda sa demande, et lui envoya une robe impériale. Mais c'était en vain qu'il prenait ce soin-là de ses parens, car ils avaient déjà été massacrés.

La paix n'étant pas tout-à-fait conclue avec Alaric parce que l'empereur ne lui avait point donné d'otages, ni satisfait aux autres conditions qui avaient été stipulées, le sénat envoya Cecilianus, Attalus, et Maximianus en ambassade à Ravenne pour se plaindre des mauvais traitemens que les Romains avaient soufferts, et de la perte d'un si grand nombre de leurs citoyens qui étaient morts durant le siège. Mais Olympius intrigua contre eux de telle sorte qu'ils ne purent réussir. Ces ambassadeurs ayant donc été renvoyés sans qu'ils eussent rien obtenu, l'empereur ôta le gouvernement de Rome à Théodore pour le donner à Cécilianus, chargea Attale du soin des finances.

Olympius ne s'appliquait à rien avec tant d'ardeur qu'à rechercher ceux qui avaient favorisé le parti de Stilicon. C'est pour cela qu'il fit arrêter Marcellianus et Salonius, tous deux frères, notaires de l'empereur, et qu'il les mit entre les mains du préfet du prétoire pour les interroger. Mais la violence des tourmens ne tira rien de leur bouche.

Les affaires de Rome étant en aussi mauvais état que jamais, l'empereur trouva à propos de tirer six mille soldats de Dalmatie pour leur confier la garde de Rome. C'étaient les plus vaillans hommes qu'il y eût dans l'armée. Ils étaient commandés par Valens. Celui-ci toujours disposé à affronter les plus terribles dangers, crut indigne de lui de prendre les chemins qui étaient libres, attendait leur passage, et les fit tous tailler en pièces à la réserve de cent ou environ qui se sauvèrent avec lui; car ayant rencontré Attalus qui avait été envoyé par le sénat vers l'empereur, il se joignit à lui, et se sauva.

Quand Attalus fut arrivé à Rome où les maux, bien loin de diminuer, croissaient de jour en jour, il délivra Héliocrate de la charge que l'empereur lui avait donnée par l'avis d'Olympius, de porter à l'épargne les biens des proscrits. Comme c'était un homme modéré, il crut que c'était une impiété d'insulter à des misérables, et il leur permettait de détourner ce qu'ils pouvaient. Il fut mené à Ravenne pour y être puni de sa douceur, et la dureté du siècle l'y eût fait sans doute mettre à mort s'il ne se fût réfugié dans une église de chrétiens.

Maximilianus étant tombé entre les mains des ennemis, Marinianus, son père, le racheta pour trente mille pièces d'or. Car comme l'empereur différait de conclure la paix, et de satisfaire aux conditions, il n'y avait plus de sûreté à sortir de Rome.

Le sénat envoya à l'empereur des ambassadeurs, touchant la paix, parmi lesquels était l'évêque de Rome, et quelques personnes choisies par Alaric pour les garantir des violences des gens de guerre qui étaient sur les chemins. L'empereur, ayant appris durant le voyage de ces ambassadeurs, qu'Ataulphe traversait avec peu de troupes, par l'ordre d'Alaric, l'endroit des Alpes qui sépare la Pannonie de la Vénétie, dépêcha contre eux toute la cavalerie et toute l'infanterie qui était en garnison dans les villes, et Olympius avec trois cents Huns. Ceux-ci ayant rencontré les ennemis[1] . . . . Ils en tuèrent onze cents, et retournèrent à Ravenne sans avoir perdu que dix-sept hommes.

Les eunuques de la cour ayant accusé Olympius devant l'empereur des malheurs qui étaient arrivés à l'empire, le firent priver de sa charge. Comme il appréhendait de recevoir de plus mauvais traitemens, il s'enfuit en Dalmatie. L'empereur envoya Attalus à Rome pour en être gouverneur; et parce qu'il avait peur qu'on ne détournât quelque chose de ce qui appartenait au trésor, il envoya Démétrius pour exercer la charge qu'Attalus avait remplie auparavant. Il fit divers changemens d'officiers, et surtout donna à Généride le commandement de toutes les troupes qui étaient en garnison dans la haute Pannonie, dans les deux Noriques, dans la Rétie et jusqu'aux Alpes.

Bien que ce Généride fût un étranger, il ne laissait pas d'être un modèle accompli de vertu, et d'être tout-à-fait supérieur à l'avarice. Il était demeuré étroitement attaché à la religion de ses pères. Lorsqu'on publia une loi par laquelle il était défendu à ceux qui n'étaient pas chrétiens de porter la ceinture, il mit bas la sienne, et demeura dans sa maison. L'empereur lui ayant depuis commandé de venir au palais en son rang avec les autres officiers, il répondit qu'il y avait une loi qui lui défendait de se tenir au rang des officiers et de porter la ceinture. L'empereur lui ayant répondu que la loi était faite pour les autres, et non pour lui qui s'était exposé à tant de hasards pour le bien de l'état, il persista à refuser un honneur qu'il ne pouvait accepter sans faire injure aux autres, jusqu'à ce que l'empereur, pressé par la honte et par la nécessité, abolit entièrement la loi, et permit d'exercer les charges à ceux qui ne voulaient point changer de religion.

Généride étant entré dans sa charge par une action aussi généreuse que celle-là, fit faire continuellement les exercices aux soldats, et leur fit distribuer leur solde sans permettre qu'on leur en retranchât la moindre partie. Non content de cela il donnait, sur ce qu'il recevait en son particulier du trésor, à ceux qui se signalaient entre les autres. Se conduisant de la sorte, il jeta l'épouvante dans le cœur des ennemis, et procura la sécurité aux peuples qui demeuraient dans l'étendue de son gouvernement.

Les soldats, s'étant révoltés à Ravenne, s'emparèrent du port, et crièrent en désordre qu'ils suppliaient l'empereur de les venir trouver. Mais ce prince s'étant caché par l'appréhension du péril, Jove, préfet du prétoire et patrice, parut en sa place, et faisant semblant d'ignorer d'où procédait la sédition, bien qu'on l'accusât d'en être l'auteur avec Ellebique, général de la cavalerie du palais, il leur demanda pour quel sujet ils se soulevaient de la sorte. Les soldats ayant répondu qu'il fallait qu'on leur livrât les capitaines Turpillion et Vigilantius, Térentius, officier de la chambre, et Arsace, l'empereur, qui appréhendait les suites de la sédition, condamna les deux capitaines au bannissement. Ils furent mis à l'heure même sur un vaisseau, et tués par ceux qui les emmenaient, en exécution d'un ordre secret que Jove avait donné, par la crainte qu'ils ne reconnussent le piége qu'il leur avait tendu, et qu'ils n'aigrissent l'empereur contre lui. Quant à Térentius, il fut relégué en Orient, et Arsace à Milan. L'empereur donna la charge de Térentius à Eusèbe, celle de Turpillion à Valence, et celle de Vigilantius à Ellebique.

La sédition ayant été apaisée de la sorte,

---

[1] Lacune dans le texte.

Jove, préfet du prétoire, qui avait pris en main toute l'autorité, envoya une ambassade à Alaric pour le prier de venir conférer avec lui près de Ravenne touchant la paix. Alaric s'étant rendu à cet effet à Rimini qui n'est qu'à trente milles de Ravenne, Jove s'y rendit en diligence comme son ancien ami. Alaric demanda une somme d'argent chaque année, une certaine quantité de vivres, et la liberté d'habiter la Vénétie, les deux Noriques et la Dalmatie. Jove fit écrire ces conditions en présence d'Alaric, et les envoya à l'empereur avec une lettre qu'il lui écrivit en particulier et par laquelle il lui proposait de créer Alaric maître de l'une et de l'autre milice, afin qu'étant un peu adouci par cette gratification, il se relâchât des conditions qu'il prétendait. L'empereur, ayant lu la lettre de Jove, blâma sa témérité, et lui fit réponse que c'était à lui qui était préfet du prétoire, et qui avait connaissance des revenus de l'empire, de régler la quantité de la pension et des vivres qu'Alaric demandait, mais que quant à lui il n'accorderait point de charge à Alaric ni à aucun de sa nation. Jove ouvrit la lettre et la lut en présence d'Alaric, qui, ne pouvant modérer sa colère, commanda à ses troupes de marcher vers Rome pour venger l'injure faite à sa nation et à sa personne par le refus des charges et des emplois.

Jove, étonné de cette réponse, retourna à Ravenne, et pour s'excuser auprès de l'empereur, il lui fit jurer qu'il ne ferait point la paix avec Alaric, le jura lui-même en touchant la tête d'Honorius, et les autres commandans le jurèrent de la même sorte.

L'empereur manda mille Huns à son secours, leur fit apporter des vivres de Dalmatie, amassa des troupes de toutes parts, et fit observer la marche d'Alaric. Celui-ci, fâché d'être contraint d'attaquer Rome, envoya des évêques à Honorius pour le supplier de ne pas permettre qu'une ville qui avait commandé mille ans à une grande partie de l'univers fût ruinée par les armes des étrangers, et que tant de superbes édifices fussent réduits en cendre : qu'il fît plutôt la paix à des conditions raisonnables, attendu qu'il ne demandait plus ni les dignités, ni les provinces qu'il avait demandées par le passé, mais seulement les deux Noriques assises le long du Danube, d'où à cause des autres Barbares l'on ne tirait pas grand tribut ; que, pour les vivres, il remettait à sa prudence de lui en fournir par an telle quantité qu'il jugerait à propos ; qu'il se désistait de la demande qu'il avait faite d'une pension, et qu'il offrait de conclure une ligue par laquelle il s'obligerait à porter les armes contre tous les ennemis de l'empire.

Tout le monde ayant admiré la modération d'Alaric, Jove et ceux qui avaient le plus de crédit auprès de l'empereur répondirent qu'on ne pouvait accorder ces conditions à cause du serment par lequel on s'était obligé à ne point traiter avec lui ; que si le serment avait été fait au nom de Dieu, on pourrait espérer qu'il pardonnât le parjure, mais qu'ayant été fait par la tête de l'empereur, il n'était pas permis de le violer. Voilà quelle était la précaution de ces gens abandonnés du ciel, qui avaient alors entre les mains l'autorité du gouvernement.

LIVRE SIXIÈME.

Alaric, ayant été outragé de la sorte par le refus des conditions si équitables qu'il proposait, fit marcher ses troupes vers Rome, à dessein d'y mettre le siége et de continuer jusqu'à ce qu'il l'eût réduite sous son obéissance.

Dans le même temps, Jove, ambassadeur de Constantin, qui avait usurpé l'autorité souveraine dans les Gaules, homme recommandable par son érudition et par ses autres qualités, alla trouver Honorius pour lui demander de la part de son maître la confirmation de la paix qui lui avait déjà été accordée, et pour le justifier de la mort de Didime et de Véronien, ses parens, en niant qu'il en eût donné aucun ordre. Cet ambassadeur, ayant vu que l'empereur était un peu ému, lui dit qu'en un temps où il était accablé de tant d'affaires, il serait bien d'accorder les demandes faites par Constantin et obtint la permission de retourner en Gaule, par la promesse qu'il lui fit que Constantin amènerait ses troupes gauloises, espagnoles et britanniques, pour délivrer Rome et l'Italie.

Au reste, comme nous n'avons touché que légèrement les affaires des Gaules, il est à propos de les reprendre de plus haut. Sous le règne d'Arcadius et sous le septième consulat d'Honorius et le second de Théodose, les troupes de la Grande-Bretagne s'étant révoltées, proclamèrent Marcus empereur; mais l'ayant fait mourir bientôt après, elles mirent la robe impériale à Gratien. S'étant lassées de lui quatre mois après, elles le privèrent de l'empire et de la vie, et choisirent Constantin à sa place. Celui-ci, ayant donné le commandement des troupes des Gaules à Justinien et à Névigaste, partit de la Grande-Bretagne, et étant abordé à Boulogne, ville de la Germanie, gagna l'affection de tous les gens de guerre qui étaient dans toute l'étendue du pays jusqu'aux Alpes qui séparent les Gaules de l'Italie; et crut avoir affermi par ce moyen les fondemens de sa puissance. Ce fut alors que Stilicon envoya Sarus avec des troupes contre Constantin, qui défit Justinien l'un de ses lieutenans, et le tua avec la plus grande partie de son armée. Ce Sarus, s'étant chargé d'une quantité incroyable de butin, et ayant appris que Constantin s'était renfermé dans Valence comme dans une ville capable de le défendre, résolut d'y mettre le siége. Névigaste, qui était l'autre lieutenant de Constantin, lui ayant demandé la paix, et l'étant allé trouver, il le reçut comme son ami, lui donna sa foi, mais le fit mourir par une noire perfidie. Constantin donna le commandement de ses troupes à Édobèque, Franc de nation, et à Gérontius, Breton, ce que Sarus, qui redoutait leur valeur et leur expérience, n'eut pas sitôt appris, qu'il leva le siége de Valence après l'avoir continué sept jours. Les généraux de Constantin le poursuivirent, si bien qu'il ne se sauva qu'à peine, et qu'il fut obligé d'abandonner aux Bagaudes tout son butin, pour obtenir d'eux la permission de passer en Italie.

Constantin, ayant ramassé toutes ses forces, résolut de garder les Alpes cotiennes, les Alpes penines et les Alpes maritimes. Ce qui lui fit concevoir ce projet est que, sous le sixième consulat d'Arcadius, et sous le premier de Probus, les Vandales, les Suèves et les Alains ayant surmonté la difficulté de ces passages, avaient fait irruption dans les pays ultramontains, les avaient remplis de meurtres, et avaient jeté la terreur jusque dans la Grande-Bretagne, ce qui avait obligé les gens de guerre d'élire empereur Marcus, puis Gratien, et enfin Constantin. Ce dernier avait livré combat aux Barbares et avait remporté la victoire. Mais pour ne les avoir pas poursuivis à l'heure même, comme cela lui était facile, il leur avait laissé le loisir de ramasser leurs forces. Appréhendant donc qu'ils ne retournassent dans les Gaules, il fit garder les passages, et mit de bonnes garnisons le long du Rhin, où il n'y en avait point eu depuis le règne de Julien.

Quand il eut établi cet ordre dans les Gaules, il envoya Constant, son fils aîné, en Espagne avec le titre de césar, tant pour étendre son empire, que pour ruiner le pouvoir que les parens d'Honorius avaient en ce pays-là. Car il était dans une appréhension continuelle qu'ils ne levassent des troupes en Espagne, et qu'ils ne passassent les Pyrénées, pendant qu'Honorius en enverrait d'autres par les Alpes, et qu'ainsi il ne fût enveloppé de tous côtés et privé de la puissance qu'il avait usurpée.

Constant mena en Espagne Térentius, général des troupes, Apollinaire, préfet du prétoire, et d'autres personnes qu'il avait honorées de diverses charges, et leur commanda de faire la guerre aux parens de l'empereur Théodose qui troublaient le repos du pays. Ceux-ci, ayant fait avancer contre Constant quelques troupes lusitaniennes, et ayant eu du désavantage, amassèrent quantité d'esclaves et de paysans, par le moyen desquels ils mirent leurs ennemis en grand danger. Ayant néanmoins été privés de leurs espérances, ils furent pris et mis en prison par Constant. Théodose et Lagodius, leurs deux frères, en ayant eu avis, l'un se sauva en Italie, et l'autre en Orient. Constant retourna après cela vers Constantin, son père, avec Véronien et Didime, et laissa Gérontius pour garder le passage des Gaules et de l'Espagne, bien que les Espagnols se plaignissent de ce qu'on les privait de cet emploi pour le confier à des étrangers. Au reste, Véronien et Didime ne furent pas sitôt en présence de Constantin, qu'ils furent mis à mort.

Constant fut renvoyé par son père en Espagne, où il mena avec lui Juste, maître de la milice. Gérontius en fut blessé; il gagna les soldats du pays, et souleva les Barbares d'au-delà du Rhin qui étaient entrés dans les Gaules. Constantin ne pouvant leur résister parce que ses principales forces étaient en Espagne, ils obligèrent par leurs incursions les Bretons et quelques peuples des Gaules de se soustraire à l'obéissance de l'empire, et de vivre dans l'indépendance.

Les habitans de la Grande-Bretagne, ayant donc pris les armes, délivrèrent les villes de leur île des courses des étrangers. Les Armoriques et les peuples des Gaules suivant leur exemple chassèrent les magistrats romains, et établirent parmi eux un nouveau gouvernement. Ce soulèvement de la Grande-Bretagne et des Gaules arriva au temps même de l'usurpation de Constantin qui par sa lâcheté avait donné aux Barbares la hardiesse de courir et de piller ces provinces.

Alaric n'ayant pu obtenir la paix aux conditions qu'il avait offertes, et n'ayant point reçu d'otages, attaqua Rome, et menaça de la mettre à feu et à sang si les habitans ne se joignaient à lui pour faire la guerre à Honorius. Comme ils avaient peine à se résoudre, il attaqua le port, et s'en étant rendu maître en peu de jours il y trouva toutes les provisions qu'il menaça de distribuer à ses soldats, à moins qu'on ne lui accordât promptement ce qu'il avait demandé. Le sénat s'étant assemblé, il n'y eut personne qui ne fût d'avis de consentir à ce qu'Alaric désirait, puisqu'il n'y avait point d'autre moyen d'éviter la mort, et qu'il n'entrait plus de vivres dans la ville. Ayant donc reçu les ambassadeurs dans l'enceinte de leurs murailles, et l'ayant mandé en dehors, ils proclamèrent empereur selon son ordre Attalus, préfet du prétoire, et le revêtirent de la robe impériale. Attalus donna à l'heure même la charge de préfet du prétoire à Lampadius, le gouvernement de Rome à Marcianus, et le commandement des troupes à Alaric et à Valens, et d'autres charges à d'autres. Ce Valens était celui qui avait autrefois commandé les troupes en Dalmatie. Il se rendit ensuite au palais entouré de gardes et en y allant n'eut point d'heureux présages. Quand il fut entré dans le sénat, il y tint le jour suivant un discours fort arrogant, se vantant qu'il assujétirait toute la terre à la domination romaine, et faisant encore d'autres promesses plus extravagantes, qui devaient bientôt attirer sur lui la colère et les châtimens du ciel.

Les Romains avaient une joie inconcevable de l'établissement de ces nouveaux magistrats, sur la sage administration desquels ils fondaient leurs espérances. Surtout ils étaient ravis de ce que Tertullius avait été honoré du consulat. Il n'y avait que les Anicius qui possédant d'immenses richesses, semblaient voir leur disgrâce particulière dans la prospérité publique.

Attalus ne suivit pas le bon conseil qu'Alaric lui avait donné d'envoyer des troupes en Afrique et à Carthage pour ôter le commandement à Héraclien qui favorisait le parti d'Honorius, de peur qu'il ne traversât leurs desseins; mais ajoutant foi aux promesses dont les devins le flattaient, de le rendre maître sans peine de Carthage et de l'Afrique, au lieu d'envoyer Drumas qui avec ce qu'il avait de troupes étrangères aurait aisément ôté le commandement à Héraclien, il y envoya Constantin sans lui donner de forces suffisantes.

Les affaires d'Afrique étant encore en quelque sorte en suspens il entreprit la guerre contre l'empereur qui était encore alors à Ravenne, et qui étant saisi de frayeur lui envoya offrir de l'associer à l'empire.

Jove, qu'Attale avait fait préfet du prétoire, fit réponse, que son maître bien loin de partager l'empire avec Honorius, ne lui laisserait pas seulement le nom d'empereur, mais qu'après l'avoir fait mutiler il le reléguerait dans une île. Chacun fut surpris de la fierté de cette réponse, et Honorius songea à se sauver, et prépara pour cet effet force vaisseaux au port de Ravenne.

Sur ces entrefaites six cohortes composées de quatre mille hommes qui étaient attendues avant la mort de Stilicon, arrivèrent d'Orient. Leur présence ayant réveillé Honorius comme d'un profond assoupissement, il leur confia la garde de Ravenne, et résolut d'y demeurer jusqu'à ce qu'il eût reçu des nouvelles certaines de l'état des affaires d'Afrique, à dessein de combattre Attalus et Alaric, au cas qu'Héraclien eût remporté l'avantage, sinon de se retirer en Orient vers Théodose, et d'abandonner l'empire d'Occident.

Honorius ayant pris cette résolution, Jove, qui avait été envoyé vers lui en ambassade, fut soupçonné de s'être laissé corrompre. Il est vrai aussi qu'il déclara en plein sénat qu'il n'irait plus en ambassade, et que puisque ceux qu'on avait envoyés en Afrique contre Héraclien n'y avaient rien fait, et que Constantin y avait été tué, il fallait y envoyer les troupes étrangères. Attalus étant entré en colère fit dire par d'autres ce qu'il fallait faire, et on envoya en Afrique des gens et de l'argent pour rétablir les affaires. Alaric ayant appris cette nouvelle, désespéra du succès des entreprises qu'Attalus faisait avec tant d'imprudence, et résolut de lever le siége de Ravenne, bien qu'il eût envie auparavant de le continuer jusqu'à ce qu'il eût réduit cette ville sous sa puissance. Il fut confirmé dans cette résolution par Jove, qui favorisait le parti d'Honorius depuis que l'entreprise d'Afrique avait mal réussi, et qui ne cessait de lui dire que si Attalus se rendait maître absolu de l'autorité souveraine, il l'exterminerait lui et toute sa famille.

Dans le temps qu'Alaric gardait encore la fidélité qu'il avait promise à Attalus, Valens, général de la cavalerie, fut soupçonné et mis à mort. Alaric parcourut les villes d'Émilie qui refusaient de se soumettre à Attalus, en réduisit plusieurs sans peine, et ayant assiégé Boulogne sans pouvoir la prendre, alla en Ligurie pour obliger les habitans à reconnaître Attalus.

Honorius écrivit aux villes de la Grande-Bretagne pour les exhorter à se bien défendre, et ayant distribué aux gens de guerre l'argent qu'Héraclien lui avait envoyé, demeura en repos au milieu des troubles, et tâcha de gagner par toute sorte de moyens l'affection des soldats. Héraclien garda cependant si exactement tous les ports d'Afrique qu'il ne venait plus au port de la ville de Rome ni blé, ni huile, ni aucune autre provision. Ainsi la famine y fut plus grande que jamais, ceux qui avaient des vivres et des marchandises les cachant pour les vendre plus chèrement lorsque la disette serait augmentée. Le désespoir fut si extrême que plusieurs crurent qu'on serait bientôt réduit à manger de la chair humaine, et que quelques-uns crièrent dans le cirque qu'il y fallait mettre un prix.

Attalus s'étant rendu à Rome pour ce sujet, assembla le sénat, qui fut d'avis presque unanimement d'envoyer des étrangers avec les troupes romaines en Afrique sous la conduite de Drumas, qui avait donné tant de preuves de sa fidélité et de son zèle. Il n'y eut qu'Attalus et un petit nombre d'autres qui ne jugèrent pas à propos d'envoyer des étrangers avec les Romains.

Alaric songea alors à déposséder Attalus, à quoi Jove le poussait par des plaintes et par des accusations continuelles. L'ayant donc mené hors de la ville de Rimini, il lui ôta publiquement la robe impériale et le diadème qu'il envoya à Honorius, et le retint auprès de lui avec Ampellus, son fils, jusqu'à ce qu'il eût obtenu la vie pour eux, en faisant la paix avec Honorius. Placidie, sœur de l'empereur, était auprès de lui comme en otage, et y recevait tous les honneurs dus à sa qualité : voilà quel était alors l'état des affaires d'Italie.

Constantin ayant donné le diadème à Constant, son fils, et l'ayant déclaré empereur tandis qu'il n'était que césar auparavant, ôta à Apollinaire la charge de préfet du prétoire, et la donna à un autre. Alaric étant allé vers Ravenne à dessein d'y conclure la paix avec Honorius, la fortune, qui voulait changer la face de l'empire, y apporta des obstacles. Sarus, qui ne suivait le parti ni d'Honorius ni d'Alaric, étant dans le Picentin avec quelques troupes étrangères, Ataulphe, qui depuis longtemps ne l'aimait pas, marcha de ce côté-là avec toutes ses forces. Sarus, n'osant le combattre parce qu'il n'avait que trois cents hommes, résolut d'aller trouver Honorius, et de le servir dans la guerre qu'il voulait faire à Alaric. . . . .
. . . .
. . . .

(Ici se termine le manuscrit de Zosime.)

FIN DU SIXIÈME ET DERNIER LIVRE DE L'HISTOIRE ROMAINE PAR ZOSIME.

NOTES SUR POLYBE.

Note 1. Prologue, p. 1, col. 1.

En moins de cinquante trois ans. — Les années 220 à 167 avant J.-C. sont les limites de l'histoire générale de Polybe; c'est pendant cette époque que la puissance romaine se développa avec le plus d'éclat.

Note 2, id., id., col. 2.

A la cent quarantième olympiade. — Timée, suivi en cela par Polybe, fut le premier qui, sous Ptolémée Philadelphe, se servit de cette manière de calculer le temps. Jusque-là on avait marqué les événemens par les années des archontes d'Athènes et des rois de Lacédémone. Eratosthènes, sous Ptolémée Évergète, suivit l'exemple donné par Timée. Les ouvrages de ces deux auteurs sont perdus, et Polybe est le plus ancien des historiens grecs parvenus jusqu'à nous dans les ouvrages duquel on trouve cette méthode de calculer les années.

Note 3, id., id.

Aratus le Sicyonien. — Ce général des Achéens, né vers l'an 275 avant J.-C., et mort empoisonné l'an 213, avait composé une histoire de la ligue achéenne. Elle n'est pas parvenue jusqu'à nous.

Note 4, id., p. 4. col. 2.

Où finit l'histoire de Timée. — Timée, né vers l'an 350 avant J.-C., à Tauromène en Sicile, avait écrit une *histoire générale de la Sicile*, une *histoire des guerres de Pyrrhus* et un grand nombre d'ouvrages sur la Rhétorique; mais il n'en a été conservé qu'un très petit nombre de fragmens. Voyez *de hist. græcis.*

Note 5, id., id.

La cent vingt-neuvième olympiade. — La première année de cette olympiade répond à l'année de Rome 490 et à l'année 264 avant J.-C.

Note 6, liv. I, ch. 1, p. 5, col. 1.

Les Gaulois s'emparèrent de Rome. — Polybe est ici en contradiction avec Tite-Live et avec tout ce qui est rapporté au sujet de Camille.

Note 7, id.

Les Gaulois faisant irruption dans la Grèce. — La défaite des Gaulois près de Delphes eut lieu dans la deuxième année de la CXXV⁰ olympiade ou l'année de Rome 476.

Note 8, p. 8, col. 2.

Philénus. — Il était Sicilien et avait écrit une histoire de la première guerre punique, très-favorable aux Carthaginois. Polybe parle de lui dans son livre XIV et dans son livre XV.

Note 9, id.

Fabius. — Quintus Fabius Pictor, sénateur romain qui vivait du temps d'Annibal, et avait écrit sur la première guerre punique une histoire très favorable aux Romains, mais qui n'est pas parvenue jusqu'à nous. Elle existait encore au temps de Pline l'ancien.

Note 10, p. 10, col. 2.

Campèrent à huit stades. — Le stade olympique est de 94 toises 1⁄2.

Note 11, p. 12, col. 1.

La pensée leur en vint pour la première fois. — Longtemps les Romains ne firent usage que de vaisseaux marchands. Voyez trois dissertations de Leroy, sur la marine des anciens, t. XXXVIII des mémoires de l'Académie des Inscriptions et Belles-lettres.

Note 12, p. 35, col. 1.

A vingt-six stades de la ville. — C'est-à-dire à environ une lieue.

Note 13, p. 36, col. 2.

La guerre d'Afrique. — De la Libye.

Note 14, p. 46, col. 1.

Et qu'on lui accordât l'inscription des armes. — Lorsqu'on offrait dans les temples des dieux les boucliers et autres objets pris sur l'ennemi, on avait coutume d'y inscrire le nom de la cité victorieuse. Iphicrate le premier y fit inscrire le nom du général. Un des grands griefs qu'on fit valoir contre Pausanias, général grec, c'est qu'il avait fait inscrire son nom sur le trépied envoyé à Delphes par toute la communauté grecque.

Note 15, p. 53, col. 2.

Les Vénètes s'étant jetés sur les Gaules, les Gaulois s'accommodèrent avec les Romains, leur rendirent leur ville, et coururent au secours de leur patrie. — Ces événemens arrivèrent l'an 364 de la fondation de Rome.

Note 16, id.

Les Gaulois s'avancèrent jusqu'à Albe avec une grande

armée. — Cet événement eut lieu l'an 393 de la fondation de Rome.

Note 17, id.

Les Gaulois étant revenus avec une armée nouvelle. — L'an 404 de la fondation de Rome.

Note 18, id.

Ils se tinrent ainsi en paix pendant environ trente ans. — jusqu'à l'année 455.

Note 19, p. 54, col. 1.

Les Gaulois livrèrent bataille aux Romains dans le pays des Camertins. — L'an 468 de la fondation de Rome, près de Clusium en Étrurie.

Note 20, id.

Ils revinrent encore dix ans après. — Ce fut en 471.

Note 21, id., col. 2.

Ils entraînèrent dans leur parti les Gaulois des Alpes. — En l'an 517.

Note 22, p. 55, id.

Dans cette pensée. — Cette guerre est de 528.

Note 23, id.

Après avoir cédé et rendu la ville non seulement sans y être forcés, mais même avec reconnaissance de la part des Romains. — Ce récit est, comme on voit, opposé à celui de Tite-Live et au retour de Camille.

Note 24, id.

Huit ans après le partage des terres de Picenum. — C'est-à-dire l'an 529.

Note 25, p. 59, id.

Peuple assez peu éloigné de Marseille. — Sans doute Plaisance.

Note 26, p. 64, col. 1.

Ce fut en la cent vingt-quatrième olympiade. — Elle répond à l'année de Rome 470.

Note 27, p. 65, id.

Le premier à qui cette charge échut. — Ce fait eut lieu dans la CXXXI^e olympiade qui répond à l'an 500 de Rome.

Note 28, id.

Délivre sa patrie du tyran qui l'opprimait. — L'an de Rome 500.

Note 29, id.

Il s'en rendit maître. — Dans la CXXXIV^e olympiade ou l'an de Rome 511.

Note 30, id., col. 2.

Se joindre à la république des Achéens. — Dans la CXXXVI^e olympiade ou l'an de Rome 521.

Note 31, id.

Ce fut à cette époque que commença la guerre de Cléomène. — Dans la CXXXIX^e olympiade, ou l'an de Rome 529.

Note 32, id.

Tournent leurs sarisses. — La sarisse était une lance de quatorze pieds de longueur.

Note 33, p. 187, col. 1.

Éphore est le premier et le seul qui l'ait entrepris. — Éphore né à Cumes dans l'Asie-Mineure, vers l'an 363 avant J.-C., étudia sous Isocrate et eut comme lui le courage de prendre le deuil pour la mort de Socrate. Il avait écrit l'histoire des guerres que les Grecs avaient eu à soutenir pendant un espace de 750 ans.

Note 34, p. 257, id.

La Sambuque. — Folard, dans ses commentaires sur l'art de la guerre à propos de Polybe, a fait une longue description de la sambuque ; mais celle donnée ici par Polybe est fort intelligible.

Note 35, p. 258, id.

Théopompe. — Il était né dans l'île de Chio, vers l'an 358 avant J.-C.; ses deux ouvrages les plus célèbres étaient une histoire de la Grèce en douze livres, commençant où Thucydide avait fini et se terminant à la bataille de Cnyde, embrassant ainsi un espace de dix-sept ans ; l'autre, intitulé *Philippiques*, contenait l'histoire du règne de Philippe de Macédoine; en cinquante-huit livres. Il n'en restait plus que cinquante-trois du temps de Photius. Il ne nous est rien parvenu de lui.

Note 36, p. 280, col. 2.

Asdrubal son frère aîné et Magon le second. — Suivant M. Schweighæuser, Annibal était l'aîné, Asdrubal le second, et Magon le troisième des frères.

Note 37, p. 314, id.

Était campé près de la Tapurie. — Suivant Strabon, les Tapuriens habitaient entre l'Hyrcanie et l'Arie, et l'Arie est elle-même placée entre l'Hyrcanie et la Bactriane.

Note 38, id.

Sur les bords de l'Arius. — Fleuve de la province d'Arie.

Note 39, id.

Faire lever le siége. — De la ville de Policrène qu'il assiégeait alors, et qui n'est pas nommée dans le texte.

Note 40, p. 332, id.

J'ai fait plusieurs voyages chez les Locriens. — Il s'agit ici des Locriens surnommés Épizéphyriens, qui habitaient une partie de Bruttium dans la basse Italie. Le savant Heyne a publié (t. II de ses opuscules académiques) un excellent traité sur l'origine, les institutions et les lois des Locriens.

Note 41, p. 332, id.

Ce que dit Aristote de cette colonie. — Aristote avait donné l'histoire des mœurs, des institutions et des usages non seulement de presque toutes les villes de la Grèce, mais aussi des peuples barbares.

Note 42, p. 335, id.

Les éphores des premiers temps. — Il y avait cinq

éphores dont les fonctions étaient annuelles. Le premier de ces éphores donnait le nom à l'année.

Note 43, p. 336, col. 1.

Lois de Zaleucus. — Ce que Polybe raconte ici de deux lois de Zaleucus paraît avoir été tiré par lui d'un autre auteur; mais le négligent abréviateur qui a fait les extraits grecs de Polybe n'a pas laissé subsister le nom de cet auteur.

Note 44, p. 337, id.

Callisthène. — Cet écrivain, né à Olynthe en Thrace, environ 365 ans avant J.-C., était parent d'Aristote qui le plaça près d'Alexandre. Callisthène avait écrit l'histoire ou plutôt le panégyrique d'Alexandre. Cet ouvrage s'est perdu; nous avons sous son nom une prétendue vie d'Alexandre, en vers grecs barbares, qui est restée manuscrite. C'est un roman du moyen-âge.

Note 45, p. 377, col. 1.

Une galerie qui est entre le Méandre et la Palestre. — Cette galerie est appelée dans le texte Σύριγγα : C'était, dit Reiske, un long édifice soutenu par des colonnes, et destiné à servir de passage d'une maison ou d'une rue à une autre, et dans lequel on pouvait se promener quand il pleuvait. Casaubon compare le Syrinx à la galerie du Louvre. Nos *passages* modernes en donnent une idée plus juste.

Note 46, p. 420.

LIVRE XX. — Aucun des livres de Polybe, du XXIe au XXVIe, n'est cité nominativement par les écrivains anciens. Schweighaüser, que j'ai suivi, s'est servi pour cette distribution des indices qu'a pu lui fournir la série chronologique des hommes et des faits.

NOTES DE NAPOLÉON

Sur un morceau d'un ouvrage intitulé *Considérations sur l'Art de la Guerre*, dans lequel on avait comparé sa marche en Italie en 1800 avec celle d'Annibal en 218 av. J. C.

TEXTE DE L'OUVRAGE.

L'analogie de l'expédition des Français avec celle des Carthaginois est frappante. Le consul romain Publius Scipion, après le passage du Rhône par Annibal, s'était retiré derrière les montagnes de la Ligurie, presque dans la même position où se trouva l'armée autrichienne. Le général carthaginois, au lieu de chercher à forcer le passage des Alpes de front, forma le projet admirable de franchir cette formidable barrière de revers sur un point imprévu; il remonta le Rhône, d'abord jusqu'à Lyon, ensuite jusque près de Seyssel : là, il quitte le fleuve, prend à droite au travers des montagnes, il escalade la chaîne des Alpes par le sentier du petit Saint-Bernard, il débouche ensuite, comme firent les Français, dans la vallée d'Aost. Les dangers qu'il courut de la part des montagnards, qui le surprirent dans plusieurs défilés, les peines qu'il se donna pour faire passer ses éléphans et pour se frayer une nouvelle route à la place de l'ancienne, qui s'était ébranlée, peuvent être mis en parallèle avec tout ce qu'il en coûta aux Français de fatigues et de sang pour traîner leurs canons et forcer le fort de Bar: Scipion quitta brusquement les montagnes de la Ligurie, au bruit du passage d'Annibal, comme fit M. de Mélas; mais, plus heureux que le général autrichien, il avait déjà passé le Pô à Plaisance et s'était porté sur le Tésin lorsqu'il rencontra l'armée carthaginoise. Les Autrichiens, au contraire, n'étaient encore arrivés qu'à la hauteur d'Alexandrie lorsque les deux armées modernes se joignirent à Marengo.

La bataille que le général autrichien perdit dans cette situation fut et devait être décisive, tandis que le combat que le consul romain perdit sur le Tésin l'obligea seulement à repasser le Pô sans lui faire perdre ses communications avec Rome, d'où il attendait ses renforts. Un coup d'œil sur la carte suffit pour faire connaître cette différence de situations, et pour montrer en même temps que Napoléon, tout en coupant la ligne d'observations de son adversaire, conservait cependant la sienne, et la possibilité de faire sa retraite, en cas de malheur, par la vallée d'Aost sur les Alpes, et de là sur Genève.

DICTÉE DE NAPOLÉON EN RÉPONSE.

Ces deux opérations n'ont rien de commun; les comparer, c'est n'avoir conçu ni l'une ni l'autre. 1° Scipion ne prit pas position derrière les Alpes maritimes, après le passage du Rhône par les Carthaginois; il envoya ses troupes en Espagne, et de sa personne il joignit à Plaisance l'armée du préteur Manlius. 2° Annibal n'a jamais formé le projet de franchir les Alpes de revers, sur un point imprévu par son ennemi; il a marché droit devant lui, a traversé les Alpes cottiennes, et est descendu sur Turin. Il n'a passé ni à Lyon, ni à Seyssel, ni à Saint-Bernard, ni dans la vallée d'Aost; il ne l'a pas fait, parce que, le texte de Polybe et de Tite-Live est positif, parce qu'il n'a pas dû le faire. 3° Scipion, combattant sur les rives du Tésin et de la Trebbia, avait Rome sur ses derrières ; Mélas, en combattant sur les champs de Marengo, avait la France sur ses derrières ; ces deux opérations n'ont rien de commun ; elles sont donc l'opposé l'une de l'autre. Mais comme depuis des siècles les commentateurs déraisonnent sur l'expédition d'Annibal, entrons dans quelques détails.

TEXTE DE L'OUVRAGE.

Annibal arrivé à environ quatre journées de l'embouchure du Rhône, à peu près à la hauteur de Montélimar [1], rassembla aussitôt des bateaux et des radeaux pour passer ce fleuve. Les Gaulois furent aisément dissipés par un corps de troupes qu'il avait envoyé à une marche au dessus pour surprendre le passage, et toute son armée traversa heureusement. Il détacha aussitôt un parti de 500 chevaux numides pour avoir des nouvelles de l'armée romaine, qui, de son côté, avait envoyé 300 chevaux en reconnaissance. Les deux partis se rencontrent et se chargent : la mêlée fut sanglante et favorable aux Romains. Tel fut le premier engagement entre les deux peuples. Annibal alors son plan de campagne digne de son génie. Au lieu de marcher sur l'armée romaine, qui lui eût aisément échappé après lui avoir fait perdre plusieurs jours, en s'embarquant sur sa flotte [2] ou bien en se renfermant dans Marseille, ville forte et opulente dévouée aux Romains ; au lieu de s'engager dans les défilés des Alpes maritimes ou cottiennes où l'armée romaine serait toujours arrivée avant lui pour lui en disputer le passage, sans doute avec succès, puisque le nombre est inutile dans ces gorges resserrées dont les rochers âpres et difficiles sont inexpugnables, il résolut de remonter le Rhône et d'aller prendre les Alpes de revers par le pays des Allobroges, en évitant de les attaquer de front.

Ce plan admirable lui donnait la facilité de transporter son armée tout-à-coup dans le bassin fertile du Pô, au milieu des Gaulois cisalpins, ses alliés naturels, sans avoir presque d'autres ennemis à combattre que les rigueurs du froid et l'âpreté des lieux. Il fallait tromper l'armée romaine par une marche imprévue, afin de lui dérober le passage des Alpes [3]. Ainsi le général Carthaginois ne s'amuse point à poursuivre les Romains ; il prend une route opposée, remonte le Rhône, et arrive en quatre jours au confluent de la Saône [4].

Publius, instruit du départ des Carthaginois, en homme d'esprit qui connaissait la puissance de l'opinion sur les troupes, feint de les poursuivre et s'avance jusqu'à leur ancien camp, où il arrive trois jours après leur départ. Il retourne ensuite au plus vite à ses vaisseaux, et embarque son armée ?.....

Annibal continue à remonter le fleuve pendant plusieurs jours ; ensuite il quitte le Rhône, et prend à droite dans les montagnes, pour gravir cette chaîne des Alpes, que, depuis le fameux passage, les anciens nommèrent les Alpes pennines, du nom qu'ils donnaient aux Carthaginois, et qui s'appelle maintenant le petit Saint-Bernard... Ce fut donc un trait de génie de la part de ce grand homme de diriger sa marche d'une manière si extraordinaire et si imprévue, que les Romains ne pussent connaître son projet de passage que lorsqu'il ne serait plus temps de s'y opposer [1]......

..... Enfin l'infanterie descendit la dernière, et toute l'armée déboucha dans la vallée d'Aost, et de là dans la plaine, où elle trouva des vivres en abondance... Cependant, Publius Scipion débarqué, comme nous l'avons dit plus haut, sur les côtes de la Ligurie, avec une partie de son armée, attendait Annibal par les Alpes maritimes ou cottiennes, pour lui en disputer le passage.

Quelle dû être sa surprise, lorsqu'il apprit la nouvelle extraordinaire que les Carthaginois débouchaient par le Nord. Il accourut aussitôt avec les troupes qu'il avait amenées, se joint à l'armée prétoriale destinée à contenir les Gaulois qu'il trouve à Plaisance, passe le Pô sur le pont de cette colonie romaine, jette un pont de radeaux sur le Tésin, et y fait passer son armée, tandis qu'Annibal, après avoir quitté la vallée d'Aost, s'avance de son côté vers le fleuve [2].

RÉPONSE DE NAPOLÉON.

L'an 218 avant J.-C., Annibal, après avoir traversé les Pyrénées, séjourna à Collioure ; il traversa le Bas-Languedoc non loin de la mer, et passa le Rhône, non loin de l'embouchure de la Durance, et au dessous de l'embouchure de l'Ardèche. Il passa au dessus de l'embouchure de la Durance, parce qu'il ne voulait point se diriger sur le Var ; il passa au dessous de l'embouchure de l'Ardèche, parce que là commence cette chaîne de montagnes qui domine presque à pic la rive droite du Rhône jusqu'à Lyon, tandis que la vallée sur la rive gauche est large de plusieurs lieues ; elle s'étend jusqu'au pied des Alpes. De l'embouchure du Rhône jusqu'au confluent de l'Ardèche il y a vingt-huit lieues ; il est probable qu'Annibal a passé quatre lieues plus bas, à la hauteur d'Orange, à vingt-quatre lieues ou quatre journées de marche de la mer ; il s'est dirigé d'Orange en droite ligne sur Turin. Le quatrième jour de marche, il s'est trouvé au confluent de deux rivières, celui de l'Isère dans le Rhône au dessus de Valence, ou celui de la Drac dans l'Isère à Grenoble. Ces deux points satisfont également au texte de Polybe et de Tite-Live ; la chaussée d'Espagne en Italie, qui traverse le Rhône au pont Saint-Esprit, les Alpes au Mont-Genèvre, et que Napoléon a fait construire, est la communication la plus courte entre les deux péninsules, elle passe à Grenoble.

Le consul Scipion avait eu pour département l'Espagne, son collègue Sempronius la Sicile ; le sénat, bien loin de s'attendre à l'irruption d'Annibal, avait le projet de porter à la fois la guerre en Afrique et en Espagne.

---

[1] Ce n'est point à Montélimar, car Montélimar est à 42 lieues de l'embouchure du Rhône, c'est-à-dire à 7 marches. (Note de Napoléon.)

[2] Scipion campa sous sa flotte, à l'embouchure du Rhône, à 24 lieues du camp des Carthaginois. Il y était loin de tout atteindre, et Annibal n'a pas dû se détourner de son principal objet pour courir après lui. (Note de Napoléon.)

[3] Dérober à qui ? L'armée de Scipion était en Espagne, celle de Manlius était à Plaisance sur le Pô. (Note de Napoléon.)

[4] Lyon est à 60 lieues d'Orange, c'est-à-dire à dix jours de marche. Annibal n'a pas été à Lyon. (Note de Napoléon.)

[5] Quel esprit y a-t-il à perdre quatre jours en se laissant gagner de temps par son ennemi ? Scipion fit une chose toute simple ; il espéra défendre le passage du Rhône, mais comme il arriva trop tard, il retourna à sa flotte. (Note de Napoléon.)

[1] Les Alpes cottiennes s'étendent depuis le col d'Argentière jusqu'au Mont-Cenis. Comment Scipion pouvait-il y arriver avant Annibal qui, partant d'Orange, avait trois jours de marche sur lui ? Annibal ne tarda pas d'ailleurs à être instruit qu'après être arrivé jusqu'à la Durance, les Romains avaient rétrogradé vers leur flotte. Ils ne pouvaient donc lui donner aucune inquiétude. Cela détruit l'échafaudage du petit Saint-Bernard. Mais c'est pour la première fois sous Auguste, l'an 21 avant J.-C., que les Romains sont entrés dans la vallée d'Aost et fondèrent cette ville. (Note de Napoléon.)

[2] Polybe et Tite-Live disent qu'Annibal arriva sur Turin et non sur Ivice. (Note de Napoléon.)

Les Romains ne communiquaient alors avec l'Espagne que par la mer. La Ligurie, les Alpes et la Gaule leur étaient inconnues et étaient habitées par des peuples leurs ennemis.

Scipion embarqua son armée à Pise, le port de l'Arno; après cinq jours de navigation il mouilla à Marseille; il y apprit à son grand étonnement que déjà Annibal avait passé les Pyrénées et arrivait sur le Rhône : il se porta à l'embouchure de ce fleuve, y débarqua, et cédant aux instances des habitans du Rhône qui l'appelaient à leur secours, il se flatta avec quelque fondement que quelque forte que fût l'armée carthaginoise, il pouvait défendre le passage d'une rivière aussi considérable que le Rhône; il se mit en marche, arriva en trois jours au camp des Carthaginois, mais ils n'y étaient plus depuis trois jours.

Ils étaient en opération, remontant le fleuve; il lui restait le parti, ou de les suivre : il n'eût point tardé à atteindre leur arrière-garde, mais il s'en garda bien; Annibal se fût retourné et l'eût battu : ou de remonter la vallée de la Durance, se porter sur le col d'Argentière, s'y faire joindre par l'armée du préteur Manlius qui était à Plaisance, attendre Annibal et l'attaquer avec ses deux armées réunies au moment où il descendrait dans la plaine.

Ce projet eût sauvé Rome; mais il n'était pas praticable; les Alpes étaient habitées par une race de Barbares de toute antiquité aussi ennemis du peuple romain que les Gaulois de Milan et de Bologne; ceux-ci eussent coupé les communications de l'armée de Scipion, si elle se fût portée derrière les Alpes cottiennes. Il ne lui restait donc qu'un troisième parti à prendre, celui de joindre sa flotte à l'embouchure du Rhône et d'y embarquer son armée. Cela fait, devait-il rétrograder sur Nice, y débarquer, gagner le col de Tende, descendre dans la vallée de la Stura, se porter ainsi au débouché des Alpes cottiennes ? Il fût arrivé trop tard, puisqu'il n'y eût pu arriver au plus tôt que le vingt-sixième jour de son départ d'Orange, et qu'Annibal était à Turin dès le vingt-deuxième jour; mais, d'ailleurs, ce plan n'était pas plus exécutable que celui de marcher par terre d'Orange sur le col d'Argentière en remontant la Durance; car la hauteur des Alpes maritimes, le col de Tende, étaient également habités par des peuples ennemis de Rome. Les Romains entrèrent pour la première fois dans les Gaules, cinquante-cinq ans après Annibal; ils ne franchirent les Alpes que cent quatre ans après lui; ce fut l'an 163 avant J.-C. que le consul Apinius passa le Var pour réprimer les peuples liguriens qui inquiétaient les colonies marseillaises de Nice et d'Antibes.

Les Romains entrèrent alors en Gaule sans traverser les Alpes, l'an 125 avant J.-C., que le consul Flaccus, appelé par les Marseillais, passa une seconde fois le Var; l'an 124, que le consul Sextus fonda la ville d'Aix, premier établissement des Romains en Gaule : jusqu'alors ils n'avaient pas encore passé la chaîne des Alpes ; l'an 122, que le consul Domitius passa les Alpes cottiennes, entra dans le pays des Allobroges, et il était appelé par les peuples d'Autun qui dès-lors avaient formé des liaisons avec Rome. Les Dauphinois et les Auvergnats occupaient un camp près d'Avignon, Domitius les battit; il avait avec lui des éléphans qui effrayèrent beaucoup les Gaulois. Enfin, ce fut l'an 118 avant J.-C. que Marcus fonda Narbonne.

Désespérant de pouvoir mettre obstacle au passage des Alpes, Scipion mit toute sa confiance, pour couvrir Rome, dans les barrières de Sésia, du Tésin et du Pô. Il se rendit de sa personne en Italie, et envoya son armée, sous les ordres de son frère, en Catalogne couper les communications d'Annibal avec l'Espagne. Arrivé à Pise, il se fit joindre par toutes les forces disponibles de la république, et opéra sa jonction à Plaisance avec le préteur Manlius. Là, il était merveilleusement placé pour arrêter les Carthaginois ; s'ils marchaient par la rive droite du Pô, il pourrait prendre la position de la Stradella, où la grande supériorité de l'armée africaine ne leur eût été d'aucune utilité, ou bien les attendre sur les rives de la Trebbia ; s'ils manœuvraient par la rive gauche du Pô, il pourrait les arrêter à la Sésia ou au Tésin, rivières larges et profondes ; et enfin il se trouvait encore à temps de défendre le passage du Pô : il n'avait donc rien de mieux à faire que ce qu'il fit. Cependant Annibal, arrivé au confluent du Rhône et de l'Isère, ou à Grenoble, y mit fin à un différend qui existait entre les deux frères qui s'y disputaient la magistrature suprême, marcha pendant six jours et arriva, dans la première supposition, près de Montmélian au pied du mont Cénis du côté de Suze. Ou bien s'il partit de Grenoble, il employa les six jours à faire les 28 lieues de cette ville à Saint-Jean de Maurienne ; d'où il en aurait mis neuf pour faire les 30 lieues de Saint-Jean de Maurienne à Suze. Vingt-deux jours après avoir quitté son camp du Rhône, il entra en Italie, se porta sur Turin, qui refusa de lui ouvrir ses portes, la prit et la saccagea ; de là il marcha sur Milan, capitale des Cisalpins dits Insubriens, qui étaient ses alliés; il traversa la Doria-Baltéa et la Sesia sans trouver d'ennemis.

Aussitôt que Scipion fut instruit qu'Annibal marchait sur la rive gauche du Pô, il passa le Tésin, pour prendre position sur la Sésia; mais il n'arriva pas à temps, fut battu, et ne put défendre le Pô, que les Carthaginois passèrent au dessus de l'embouchure du Tésin. Les progrès d'Annibal portèrent l'alarme à Rome, le consul Sempronius accourut de Sicile sur la Trebbia, se joignit à l'armée de Scipion, et livra bataille aux Carthaginois. Il fut battu.

La marche d'Annibal depuis Collioure jusqu'à Turin a été toute simple, elle a été celle d'un voyageur : il a pris la route la plus courte ; il n'a été gêné en rien par les Romains, et l'armée de Scipion, qui était en chemin pour l'Espagne, n'est entrée pour rien dans ses calculs. Avant de partir de Carthagène, il était assuré de la coopération des Gaulois cisalpins qui avaient de l'influence sur les habitans des Alpes ; les historiens disent même que les Gaulois de Bologne et de Milan lui envoyèrent des députés pour hâter sa marche, et qu'il les reçut à son camp sur le Rhône. Quant à la difficulté du passage des Alpes, elle a été exagérée; il n'y en avait aucune, les éléphans seuls ont pu lui donner de l'embarras. Dès l'an 600 avant J.-C., c'est-à-dire 400 ans avant Annibal, les Gaulois étaient dans l'usage de passer les Alpes et d'inonder l'Italie. Les Milanais, les Mantouans, les Véronieus, les Bolonais, étaient des colonies gauloises.

NOTES SUR HÉRODIEN.

(CES NOTES SONT DE MONGAULT.)

Note 1, p. 570, col. 1.

En soixante années. — Hérodien dit, à la fin du second livre, qu'il a écrit l'histoire de ce qui s'est passé pendant soixante et dix ans.

Note 2, p. 575, col. 2.

Le jeune Pérennis. — Comme Hérodien ne le nomme en aucun endroit, je me suis servi de cette expression pour éviter l'obscurité, et ne pas répéter trop souvent le fils de Pérennis. Puisque l'occasion s'en présente, je remarquerai en passant qu'Hérodien ne rapporte souvent les noms romains qu'à demi, ce qui peut jeter de l'obscurité dans une histoire, et qui n'aurait pas manqué d'en laisser dans la sienne, si les autres historiens qui ont écrit la vie des mêmes empereurs n'avaient pas été plus exacts sur cet article. Le père de Commode s'appelait Marcus Aurélius Antonius. Hérodien ne l'appelle jamais que Marcus, qui était un nom commun à une infinité de Romains. Mais ce qui est moins pardonnable, les deux Antonins qui sont dans son histoire n'y sont distingués par aucun surnom, ni entre eux, ni des deux autres Antonins, le pieux et le philosophe.

Note 3, p. 581, col. 1.

Les consuls désignés. — Il y a dans le grec, ἀρχαὶ ἐπώνυμοι, *magistratus eponymi*. On appelait ainsi les consuls qui entraient en charge au commencement de janvier, parce qu'on distinguait les années par leurs noms, pour les distinguer des consuls qu'on appelait subrogés, et qui entraient en charge dans d'autres mois.

Note 4, p. 598, col. 2.

On dit que Darius perdit contre Alexandre la dernière bataille qui décida de son sort et où il fut fait prisonnier, dans cette même plaine. — J'aurais bien voulu qu'il eût été possible de donner un autre sens à ce passage, qui est manifestement contraire à tous les historiens. Il semble qu'Hérodien ait confondu la bataille d'Arbelles avec celle dont il parle ici, qui fut la première que perdit Darius en personne. Il est faux, de plus, que Darius ait été fait prisonnier, même à Arbelles. Jamais il ne tomba vif entre les mains d'Alexandre. On sait qu'il périt par la perfidie de Bessus.

Note 5, p. 603, col. 1.

Sur les côtes des Parthes assez près de Ctésiphone. — Ctésiphone était à plus de 200 lieues de la Méditerranée; et les côtes des Parthes étaient sur le golfe de Perse où les flottes romaines n'allèrent jamais.

Note 6, p. 604, id.

Il avait le rang de ceux qui avaient été consuls en second. Le grec porte ἐν τῇ τοῖς δευτέροις ὑπατεύουσιν ἐτέτακτο. Les paroles du texte signifient qu'il avait le rang de ceux qui avaient été consuls à la place de ceux qui l'étaient les premiers mois de l'année, et dont on mettait les noms dans les fastes. Je dis qu'il avait le rang de ces seconds consuls, sans l'avoir été, parce que les sénateurs et les magistrats ne pouvaient alors être préfets des cohortes prétoriennes [1], et qu'ainsi Plautien ne pouvait avoir été consul. Je trouve néanmoins dans les fastes anonymes donnés par le cardinal de Noris qu'il le fut avec Géta l'an de Rome 956. Sévère dispensa apparemment son favori de la règle générale. Quelques années après, Alexandre abolit cet usage, et ne voulut pas que les préfets des gardes prétoriennes fussent exclus de la magistrature [2]. C'étaient deux choses auparavant si incompatibles, que lorsque l'empereur voulait ôter à un préfet sa charge, il lui signifiait sa volonté en lui envoyant le laticlave.

Note 7, p. 604, col. 2.

Le laticlave. — C'était une espèce de surveste qui distinguait les premiers magistrats et les sénateurs, et qu'on appelait *latus clavus*, ou simplement *clavus*, parce qu'elle était semée de gros clous de pourpre.

Note 8, p. 611, col. 2.

Marc-Aurèle qui faisait tant le philosophe et l'homme modéré pour une légère injure, ne sacrifia-t-il pas à son ressentiment L. Verus, son gendre? Cette accusation s'accorde si peu avec la grande idée que tous les historiens nous donnent de Marc-Aurèle, que le lecteur aura sans doute la curiosité de savoir quel en a été le fondement. La différence du caractère de Marc-Aurèle et de L. Verus fut la première cause de leurs brouilleries, qui cependant n'éclatèrent jamais. Ce dernier était autant porté à la débauche et à la mollesse que l'autre en était éloigné. Verus donna à son beau-père plusieurs autres sujets de plainte. On le soupçonna d'avoir fait empoisonner en Syrie un cousin germain de ce prince. On prétend même qu'il eut un commerce incestueux avec l'impératrice Faustine, sa belle-mère. Comme il mourut subitement, plusieurs personnes se persuadèrent qu'il avait été empoisonné, les uns, par Faustine dont il avait révélé l'infamie; les autres par Lucilla, sa femme, qui était jalouse de Fabia, sœur de Vérus, pour laquelle il paraissait avoir quelque chose de plus que de l'amitié,

[1] Jul. Capitol. in Pertin.
[2] Lamprid. in Alexand.

Enfin, quelques-uns content que Marc-Aurèle lui servit à table un morceau qu'il coupa avec un couteau empoisonné d'un seul côté. C'est sur de tels bruits qu'Antonin Caracalla impute ce crime à Marc-Aurèle, pour justifier son parricide.

Note 9, p. 613, col. 1.

Pitanate, de Pitane, ville du Péloponèse, assez près de Lacédémone.

Note 10, p. 613, id.

Qui tenait l'agenda du prince. — Il y a dans le grec τῶν δὲ βασιλείων μνημῶν πρῶτος. La notice de l'empire appelle cet officier *magister memoriæ*. Il était ordinairement à côté du prince, et dressait la feuilles des grâces qu'il accordait de vive voix. Il répondait aux requêtes qu'on présentait à l'empereur [1], et fournissait les mémoires des dépêches [2]. Il tenait encore le registre appelé *laterculum minus*, qui était proprement l'état de la maison du prince, comme *laterculum majus* était celui de l'empire.

Note 11, p. 624, id.

Et faire voir du moins une fois qu'il était homme. — Hérodien fait allusion aux horribles impudicités d'Héliogabale, qui, démentant son sexe, se prostituait d'une manière infâme [3].

[1] Notitia imp.
[2] Lamprid. in Alexand.
[3] Lamprid. Aur. Vict.

NOTES SUR ZOSIME.

Note 1, p. 655, col. 1.

Ceux-ci ayant péri en chemin par la tempête. — Gordien le jeune ne mourut pas dans une tempête, mais dans un combat livré en Afrique, et Gordien le père ayant appris la mort de son fils, s'étrangla. Les savans sont en désaccord entre eux pour déterminer le nombre des Gordiens. Les uns prétendent qu'il y en a eu trois, et d'autres quatre. Voyez *Histoire des quatre Gordiens, prouvée et illustrée par les médailles*, Paris, 1695, in-8°; *Historia trium Gordianorum*, Daventriæ, 1697, par G. Cuper.

Note 2, p. 658, col. 2.

Tanaïs. — Zosime s'est trompé en mettant ici le Tanaïs; c'est le Danube qu'il faut lire. C'est peut-être une faute de copiste. Les Scythes dont il parle sont des Goths qu'il appelle tantôt Scythes et tantôt Goths, Borains ou Vorains, Ourougoundes ou Burgondes, Capres et Protingues.

Note 3, p. 663, col. 2.

Dobère et Pélagonie. — La Pélagonie est une partie de la Macédoine. Thucydide parle déjà de cette ville de Dobère.

Note 4, p. 666, col. 2.

Longin. — Il avait été le maître de Zénobie dans les lettres grecques. Aurélien le fit mettre à mort parce qu'il crut reconnaître l'inspiration de cet homme éloquent dans la lettre hautaine que Zénobie lui écrivit en langue syriaque. Cette lettre est rapportée dans Vopiscus, c. 27.

Note 5, p. 667, col. 2.

On dit qu'elle mourut. — Plusieurs auteurs font vivre Zénobie jusqu'à son arrivée à Rome et la font servir à orner le triomphe d'Aurélien.

Note 6, p. 672, col. 2.

Mais les 110 ans après lesquels cette cérémonie (des jeux séculiers ou séculaires) devait être renouvelée. — Les écrivains anciens varient sur l'intervalle qui séparait les jeux séculaires. Les uns les font revenir tous les 100 ans, les autres tous les 105 ans, d'autres tous les 110 ans. La table suivante des jeux séculaires, tirée de Censorinus, fera voir ce défaut de périodicité.

1. — 295 de Rome M. Valérius et Sp. Virginius étant cc., d'autres disent 245 sous Valérius Publicola.
2. — 408 de Rome. M. Valérius Corvinus (2ᵉ fois) et C. Poetilis, c., d'autres disent 305.
3. — 518 de Rome. P. Cornélius Lentulus et C. Licinius Varron, cc. (Les tables capitoliennes les mettent sous d'autres consuls.)
4. — 628 de Rome. M. Manilius Lepidus et L. Aurélius Victor, cc.; d'autres les mettent en 605, et d'autres en 608.
5. — 737 de Rome. C. Furnius et C. Junius Silanus, cc. Ce sont ceux qui furent célébrés par Auguste et Agrippa, et pour lesquels Horace écrivit son *Carmen sæculare*.
6. — 800 de Rome. Tib. Claudius César IV et L. Vitellius, cc.
7. — 841 de Rome. Domitien XIV et L. Numicius Rufus, cc.
8. — 957 de Rome. Cilon II et Libon étant consuls sous l'empereur Sévère.
9. — 1000 de Rome Philippe père étant consul pour la IIIᵐᵉ fois et son fils pour la seconde.
10. — 1157 Honorius Auguste, consul pour la VIᵐᵉ fois, 200 ans après leur institution par Sévère. Voyez Claudien, Panégyrique du VIᵉ consulat d'Honorius.

Note 7, p. 673.

Constantin né d'une concubine. — Tillemont a cherché à prouver que Constantin était légitime; il n'a pu y réussir. Il paraît seulement que sa mère a été épousée régulièrement quelque temps après sa naissance.

Note 8, p. 679.

Un Égyptien, qui d'Espagne était allé à Rome, assura Constantin (troublé par les remords) qu'il n'y avait pas de crime qui ne pût être expié par les sacremens de la religion chrétienne. — Zosime donne, comme on voit, à la conversion de Constantin une origine différente de celle de ses panégyristes. Il paraît fort probable qu'avant d'adopter définitivement le christianisme, ainsi que Zosime dit qu'il le fit dans cette circonstance, Constantin s'était fait endoctriner à plusieurs reprises, et avait même assisté à quelques cérémonies. C'est de là que vient sans doute l'incertitude sur l'époque de sa conversion.

Note 9, p. 680, col. 2.

Il fit quatre préfets du prétoire. — Auguste avait introduit le premier cette magistrature en créant deux préfets de l'ordre équestre. Commode en porta le nombre à trois. Les empereurs suivans varièrent le nombre suivant les besoins du moment, jusqu'à Constantin, qui le fixa à quatre. Guther (*de Offic. doni Aug.*) et Pancirole (*Comment. ad Notit. imperii*) ont indiqué d'une manière plus exacte que Zosime la répartition des provinces. En voici l'extrait :

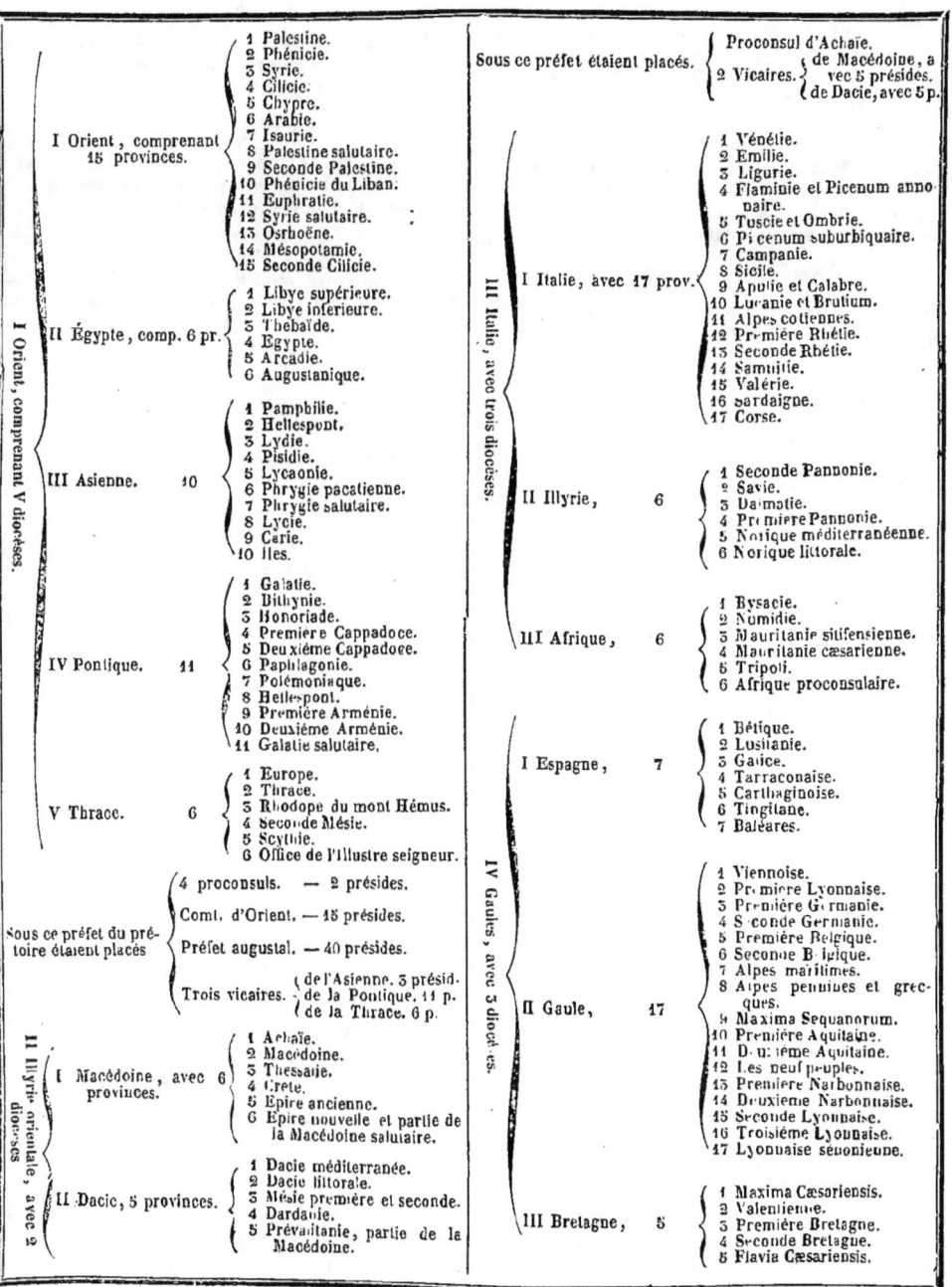

NOTES SUR ZOSIME.

Note 10, p. 705, col. 1.

La paix leur fut accordée. — Valens et Athanaric eurent une conférence sur le Danube. L'orateur Themistius était présent, et dans son dixième discours il a rapporté ce fait en donnant de grands éloges à l'empereur Valens.

Note 11, p. 706, col. 2.

Valentinien ayant fait la guerre en Germanie. — Valentinien conclut la paix avec Macrianus, roi des Allemands, qui avait fait de fréquentes incursions sur les frontières de la Germanie. (Voyez Ammien Marcellin, XXX, 2, et XXIX, 4.)

Note 12, p. 707, col. 2.

Ceux qu'Hérodote dit habiter le long du Danube. — Hérodote parle des chevaux, non pas des Huns, mais des Sigunni, qu'il place au-delà du Danube, et qui ne forment, dit-il, qu'une seule nation.

Note 13, p. 712, col. 2.

Deux bandes de Germains. — Les Goths que Zosime appelle Germains se divisèrent en effet en deux bandes, l'une sous la conduite de Fritigerne, l'autre sous celle d'Alloth et de Saphrace. Après la mort de Valens ils se répandirent de Constantinople aux Alpes juliennes, furent repoussés par Théodose en 379, repassèrent le Danube, et vinrent retrouver les leurs. Théodose étant tombé malade, ils repassèrent le Danube; Fritigerne se jeta sur la Thessalie, l'Épire et l'Achaïe; les autres, avec Alloth et Saphrace, sur la Pannonie. Gratien quitta alors la Gaule, et à l'aide de riches présens procura quelques instans de paix à l'empire.

Note 14, p. 721, col. 2.

Théodose alla à Rome, où il déclara empereur Honorius son fils. — Ce ne fut pas à Rome mais à Milan qu'Honorius fut déclaré empereur.

Note 15, p. 733, col. 1.

Stilicon passe le premier le Danube. — Radagaise se dirigeait du Tésin sur Rome; ce n'est donc pas sur l'Ister (Danube) qu'il fut attaqué, mais sur l'Éridan (Pô).

Note 16, p. 745, col. 2.

Honorius écrivit aux villes de la Grande-Bretagne. — Ce n'est pas Βρεττανίᾳ, mais Βρεττίαις qu'il faut lire dans le texte. Ce sera là une faute du copiste. La Grande-Bretagne était trop éloignée; ce sont les villes du Bruttium, en Italie, qui pouvaient prêter secours.

TABLE

DES MATIÈRES ET DES CHAPITRES.

Dédicace au comte Alexandre de Girardin.   vii | Notice sur Hérodien.   xv
Notice sur Polybe.   ix | Notice sur Zosime.   xvi

HISTOIRE GÉNÉRALE DE LA RÉPUBLIQUE ROMAINE,

Par POLYBE.

Prologue.   Page 1

LIVRE PREMIER.

454 à 483. Chap. i. — Première expédition des Romains hors de l'Italie. — Messine est surprise par les Campaniens, et Rhégio par quatre mille Romains. — Rome punit cette dernière trahison. — Les Campaniens ou Mamertins, battus par Hiéron, préteur de Syracuse, implorent le secours des Romains et l'obtiennent, quoique coupables de la même perfidie que les Rhéginois. — Défaite des Syracusains et des Carthaginois. — Retraite de Hiéron.   5

490 à 492. Chap. ii. — Matière des deux premiers livres qui servent comme de préambule à l'histoire de Polybe. — Jugement que cet historien porte sur Philinus et Fabius.   8

491 à 492. Chap. iii. — M. Octacilius et M. Valerius font alliance avec Hiéron. — Préparatifs des Carthaginois. — Siége d'Agrigente. — Premier combat d'Agrigente. — Second combat et retraite d'Annibal.   9

493 à 496. Chap. iv. — Les Romains se mettent en mer pour la première fois. — Manière dont ils s'y prirent. — Imprudence de Cn. Cornelius et d'Annibal. — Corbeau de C. Duillius. — Bataille de Myle. — Petit exploit et mort d'Amilcar. — Siége de quelques villes de Sicile.   12

498 à 499. Chap. v. — Échec réciproque des Romains et des Carthaginois. — Bataille d'Ecnome. — Ordonnance des Romains et des Carthaginois. — Choc et victoire des Romains.   14

498 à 499. Chap. vi. — Les Romains passent en Afrique, assiégent Aspis, et désolent la campagne. — Régulus reste seul dans l'Afrique, et bat les Carthaginois devant Adis. — Il propose des conditions de paix qui sont rejetées par le sénat de Carthage.   16

499. Chap. vii. — Xantippe arrive à Carthage; son sentiment sur la défaite des Carthaginois. — Bataille de Tunis. — Ordonnance des Carthaginois. — Ordonnance des Romains. — La bataille se donne, et les Romains la perdent. — Réflexions sur cet événement. — Xantippe retourne dans sa patrie. — Nouveaux préparatifs de guerre.   18

499 à 500. Chap. viii. — Victoire navale des Romains, ettempête dont elle fut suivie. — Où les précipite leur génie entreprenant. — Prise de Palerme.   20

TABLE DES MATIÈRES.

500	CHAP. IX. — Autre tempête funeste aux Romains.—	
503	Bataille de Palerme.	21
503 à 504	CHAP. X. — Les Romains lèvent une nouvelle armée navale, et concertent le siége de Lilybée. — Situation de la Sicile.—Siége de Lilybée. — Trahison en faveur des Romains découverte. — Secours conduit par Annibal. — Combat sanglant aux machines.	22
504 à 505	CHAP. XI — Audace étonnante d'un Rhodien, qui est enfin pris par les Romains. — Incendie des ouvrages. — Bataille de Drépane.	25
505 à 507	CHAP. XII. — Junius passe en Sicile. — Nouvelle disgrâce des Romains à Lilybée. — Ils évitent heureusement deux batailles. — Perte entière de leurs vaisseaux. — Junius entre dans Éryce. — Description de cette ville.	28
507 à 512	CHAP. XIII. — Prise d'Érecte par Amilcar. — Différentes tentatives des deux généraux l'un contre l'autre. — Amilcar assiége Éryce. — Nouvelle flotte des Romains, commandée par C. Luctatius.— Bataille d'Éguse.	29
512 à 513	CHAP. XIV. — Traité de paix entre Rome et Carthage. — Réflexions sur cette guerre.—Sort des deux états après la conclusion de la paix.	32
513	CHAP. XV. — Origine de la guerre des étrangers contre les Carthaginois. — Embarras que donne la conduite d'une armée composée de différentes nations.—Insolence des étrangers. — Vains efforts pour les apaiser. — La guerre se déclare.	34
513 à 515	CHAP. XVI.— Extrémité où se trouvent les Carthaginois, et dont ils sont eux-mêmes la cause. — Siéges d'Utique et d'Hippone-Zaryte. — Incapacité du général Hannon. — Amilcar est mis à sa place. — Bel exploit de ce grand capitaine.	36
515	CHAP. XVII. — Parti que prennent Mathos et Spendius. — Naravase quitte les révoltés pour se joindre à Amilcar. — Bataille gagnée par ce général, et son indulgence envers les prisonniers. — Les Carthaginois perdent la Sardaigne.—Fraude et cruauté des chefs des rebelles.— Réflexions sur cet événement.	39
515 à 517	CHAP. XVIII. — Nouvel embarras des Carthaginois. — Siége de Carthage par les étrangers.— Secours que Hiéron fournit à cette ville. — Fidélité des Romains à son égard. — Famine horrible dans le camp des étrangers, qui demandent la paix. — Trompés, ils reprennent les armes, sont défaits et taillés en pièces. — Siége de Tunis où Annibal est pris et pendu. — Bataille décisive. — La Sardaigne cédée aux Romains.	42

LIVRE SECOND.

517 à 524	CHAP. I. — Récapitulation du livre précédent. — Mort d'Amilcar; Asdrubal lui succède dans le commandement des armées.—Siége de Mydionie par les Étoliens. — Combat entre les Étoliens et les Illyriens. — Puissance de la fortune. — Mort d'Agron, roi des Illyriens. — Teuta sa femme lui succède.— Phénice livrée par les Gaulois aux Illyriens, et remise en liberté par les Étoliens et les Achéens. — Imprudence des Epirotes.	45
524 à 525	CHAP. II. — Plaintes portées au sénat romain contre les Illyriens. — Succès de l'ambassade envoyée de sa part à Teuta, leur reine. — Les Illyriens entrent par surprise dans Épidamne, et en sont chassés. — Combat naval auprès de Paxès, et prise de Corcyre par les Illyriens.—Descente des Romains dans l'Illyrie. — Exploits de Fulvius et de Posthumius consuls romains.—Traité de paix entre eux et la reine.	48
525 à 526	CHAP. III. — Construction de Carthage-la-Neuve par Asdrubal. — Traité des Romains avec ce grand capitaine. — Abrégé de l'histoire des Gaulois. — Description de la partie de l'Italie qu'ils occupaient.	50
526	CHAP. IV.—Prise de Rome par les Gaulois. — Différentes entreprises de ce peuple contre les Romains.	53
526 à 529	CHAP. V. — Traité des Romains avec Asdrubal.— Irruption des Gaulois dans l'Italie.— Préparatifs des Romains.	55
529 à 532	CHAP. VI. — Bataille et victoire des Romains contre les Gaulois proche de Télamon.	57
532 à 533	CHAP. VII. — Annibal succède à Asdrubal. — Abrégé de l'histoire des Achéens. — Pourquoi les peuples du Péloponèse prirent le nom des Achéens.— La forme de leur gouvernement rétablie dans la Grande-Grèce.—Ils réconcilient les Lacédémoniens avec les Thébains.	61
470	CHAP. VIII. — Premiers commencemens de la république des Achéens. —Maxime fondamentale de son gouvernement.— Exploits d'Aratus.—Alliance des Étoliens avec Antigonus Gonatas.	64
529	CHAP. IX. — Guerre de Cléomène. — Raisons qu'avait Aratus pour l'entreprendre.—Il pense à se liguer avec Antigonus. — Députation de la part des Mégalopolitains pour ce sujet.	66
529	CHAP. X. — Aratus rend l'Acrocorinthe à Antigonus. — Les Achéens prennent Argos.—Prise de plusieurs villes par Antigonus. — Cléomène surprend Messène.	68
530	CHAP. XI. — Les Mantinéens quittent la ligue des Achéens et sont reconquis par Aratus. — Ils joignent la perfidie à une seconde désertion	

TABLE DES MATIÈRES.

530	et ils en sont punis. — Mort d'Aristomaque, tyran d'Argos.
530	Chap. xii. — Fidélité des Mégalopolitains pour les Achéens, leurs alliés. — Autres méprises de Phylarque. 73
530 à 531	Chap. xiii. — Irruption de Cléomène dans le pays des Argiens. — Détail des forces de Cléomène et d'Antigonus. — Prélude de la bataille. — Disposition des deux armées. 74
531	Chap. xiv. — Bataille de Sélasie entre Cléomène et Antigonus. 76

LIVRE TROISIÈME.

531	Chap. i. — But que Polybe se propose en écrivant l'histoire de son temps. — Distribution des événemens qu'il doit raconter. 78
	Chap. ii. — Quelles furent les vraies causes de la guerre d'Annibal. — Réfutation de l'historien Fabius sur ces causes. 80
	Chap. iii. — Première cause de la seconde guerre punique, la haine d'Amilcar Barcas contre les Romains : seconde cause, la nouvelle exaction des Romains sur les Carthaginois : troisième cause, la conquête de l'Espagne par Amilcar. 82
533 à 534	Chap. xv. — Annibal est nommé général des armées. — Ses conquêtes en Espagne. — Il se brouille avec les Romains sur un mauvais prétexte. — Prise de Sagonte par Annibal. — Victoire remportée par les Romains sur Démétrius. 84
448 à 474	Chap. v. — Guerre des Romains contre les Carthaginois. — Ambassade des Romains à Carthage. — Différens traités faits entre les Romains et les Carthaginois. 87
535	Chap. vi. — Lequel des deux peuples est cause de la seconde guerre punique. — Raisons de part et d'autre. — Utilité de l'histoire. — Avantages d'une histoire générale sur une histoire particulière. 90
535 à 536	Chap. vii. — Guerre déclarée. — Annibal pourvoit à la sûreté de l'Afrique et de l'Espagne. — Précautions qu'il prend avant de se mettre en marche. — Il s'avance vers les Pyrénées. — Digression géographique. 92
	Chap. viii. — Chemin qu'Annibal eut à faire pour passer de Carthage-la-Neuve en Italie. — Les Romains se disposent à porter la guerre en Afrique. — Troubles que leur suscitent les Boïens. — Annibal arrive au Rhône, et le passe. 95
	Chap. ix. — Discours de Magile, roi gaulois, et d'Annibal aux Carthaginois. — Combat entre deux partis envoyés à la découverte. — Passage des éléphans. — Extravagance des historiens sur le passage des Alpes par Annibal. 97
	Chap. x. — Annibal sur sa route remet au trône un petit roi gaulois, et en est récompensé. — Les Allobroges lui tendent des pièges à l'entrée des Alpes. — Il leur échappe, mais avec beaucoup de risque et de perte. 100
	Chap. xi. — Annibal achève de passer les Alpes. — Difficultés qu'il eut à essuyer. — Pourquoi jusqu'ici Polybe a omis certaines choses qui cependant paraissaient essentielles à l'histoire 102
	Chap. xii. — État de l'armée d'Annibal après le passage des Alpes. — Prise de Turin. — Sempronius vient au secours de Scipion. — Annibal dispose ses soldats au combat. 105
	Chap. xiii. — Harangue de Scipion. — Bataille du Tésin. — Trahison des Gaulois à l'égard des Romains. 107
	Chap. xiv. — Scipion passe la Trébie, et perd son arrière-garde. — Les Gaulois prennent le parti
535 à 536	d'Annibal. — Mouvemens que cette défection cause à Rome. — Annibal entre par surprise dans Clastidium. — Combat de cavalerie. — Conseil de guerre entre les deux consuls. — Ruse d'Annibal. 109
	Chap. xv. — Bataille de la Trébie. 111
	Chap. xvi. — Préparatifs des Romains pour réparer leur perte. — Exploits de Corn. Scipion dans l'Espagne. — Adresse d'Annibal pour attirer à son parti les Gaulois. — Passage du marais de Clusium. 113
	Chap. xvii. — Caractère de Flaminius. — Réflexions de Polybe sur l'étude qu'Annibal en fit. — Bataille de Trasimène. 115
	Chap. xviii. — Distinction que fait Annibal entre les prisonniers romains et ceux d'entre leurs alliés. — Grande consternation à Rome. — Défaite de quatre mille cavaliers romains. — Fabius est fait dictateur. 117
	Chap. xix. — Fabius se borne à la défensive; les raisons qu'il y avait pour ne rien hasarder. — Caractère opposé de M. Minucius Rufus, co-maître général de la cavalerie. — Éloge de la Campanie. — Annibal y porte le ravage. 119
	Chap. xx. — Stratagème d'Annibal pour tromper Fabius. — Bataille gagnée en Espagne sur Asdrubal par Cn. Scipion. — Publius, son frère, est envoyé en Espagne. — Les Romains passent l'Èbre pour la première fois. 121
	Trahison d'Abilyx. — Annibal lève son camp, et prend ses quartiers d'hiver autour de Gérunium. — Combat où Minucius a l'avantage. 123
536 à 538	Chap. xxii. — Minucius est fait dictateur comme Fabius, et prend la moitié de l'armée. — Annibal lui dresse un piège, il y tombe, et, confus

TABLE DES MATIÈRES.

436 de sa défaite, il rend ses troupes à Fabius, et se
438 soumet à ses ordres. — Les deux dictateurs cèdent le commandement à L. Emilius, et à Caïus Terentius Varron. 125
538 Chap. XXIII. — Annibal s'empare de la citadelle de Cannes et réduit les Romains à la nécessité de combattre. — Préparatifs pour cette bataille. — Harangues de part et d'autre pour disposer les troupes à une action décisive. 127
Chap. XXIV. — Bataille de Cannes. 130

LIVRE QUATRIÈME.

533 Chap. I. — Récapitulation du livre précédent. — Guerre de Philippe contre les Étoliens et les Lacédémoniens. — Raisons de cette guerre. 134
533 Chap. II. — Discours de
534 Dorimaque pour irriter les Étoliens contre Messène. — Hostilités des Étoliens. — Aratus se charge du commandement. — Portrait de ce préteur. 136
534 Chap. III —Les Messéniens se plaignent des Étoliens et sont écoutés. — Ruse de Scopas et de Dorimaque. — Aratus perd la bataille de Caphyes. 138
Chap. IV. — Chefs d'accusation contre Aratus. — Il se justifie. — Décret du conseil des alliés contre les Étoliens. — Projet ridicule de ce peuple. — Les Illyriens traitent avec lui. — Dorimaque se présente devant Cynèthe, ville d'Arcadie. — État funeste de cette ville. — Trahison de quelques-uns de ses habitants. 140
Chap. V. — Les Étoliens s'emparent de Cynèthe, et y mettent le feu. — Démétrius de Pharos et Taurion se mettent à leur poursuite, mais trop tard. — Faiblesse d'Aratus. — Caractère des Cynéthéens. — Pourquoi ils ressemblent si peu au reste des peuples de l'Ar-

534 cadie. 142
Chap. VI. — Sédition à Lacédémone. — Trois éphores soulèvent la jeunesse contre les Macédoniens. — Sage réponse de Philippe sur ce soulèvement. — les alliés déclarent la guerre aux Étoliens. 145
Chap. VII.—Philippe vient au conseil des Achéens. — Scopas est fait préteur chez les Étoliens. Philippe retourne en Macédoine. — Il attire Scerdilaïdas dans le parti des alliés. 147
Chap. VIII. — Les Acarnaniens entrent dans l'alliance. — Éloge de ce peuple. — Mauvaise foi des Épirotes. — Fautes que font les Messéniens en ne se joignant pas aux autres alliés.—Avis important aux Péloponésiens. 148
Chap. IX. — Députation des Spartiates vers les Étoliens. — Sparte demeure fidèle à Philippe. — Sédition qui s'élève dans cette ville, et pourquoi. — On y crée de nouveaux rois, qui font la guerre aux Achéens. 150
Chap. X. — Description de Byzance. 152
Chap. XI. — L'historien continue de décrire la situation et les avantages de Byzance. — Guerres que les Byzantins ont à soutenir. 155
Chap. XII. — Achée se fait déclarer roi. — Prusias, mécontent des Byzantins, se joint aux Rhodiens pour leur faire la guerre. — Mauvaise fortune des Byzantins. — Fin de la guerre. — État des affaires dans l'île de Crète. — Les Synopéens se défendent contre Mithridate. 156
Chap. XIII. — Les Étoliens tentent de surprendre Égyre, ils manquent leur entreprise. — Euripidas, leur préteur, pour se venger, ravage différentes contrées de la Grèce. — Faute de Philippe. — Irruption de Scopas sur la Macédoine. 160

535 Chap. XIV. — Conquêtes de Philippe dans l'Étolie. — Il passe l'Achéloüs, se rend maître d'Itorie, de Péanion, d'Élée. — Il retourne en Macédoine pour en chasser les ennemis. 162
Chap. XV. — Dorimaque fait préteur des Étoliens, ravage l'Épire.—Marche de Philippe. — Déroute des Éléens au mont Apelaure. 164
536 Chap. XVI. — Escalade de Psophis. — Libéralité de Philippe à l'égard des Éléens. — Nonchalance de ce peuple à se conserver dans son ancien état. — Reddition de Thalamas. 135
Chap. XVII. — Apelles, tuteur de Philippe, tourmente les Achéens. — Éloge de Philippe. — Escalade d'Alphere, ville d'Arcadie. — Conquêtes du roi de Macédoine dans Triphylie. — Les Léprétes chassent de chez eux Phylidéas, général des Étoliens. 168
Chap. XVIII. — Philippe subjugue toute la Tiphylie en six jours — Troubles excités à Lacédémone par Chilon.—Les Lacédémoniens sortent de Mégalopolis. — Artifice d'Apelles contre Aratus, le père et le fils. — L'Élide ravagée par Philippe. 170
Chap. XIX.— Apelles accuse injustement les Aratus, il est démenti. — Inquiétudes de ce personnage. —Ordre établi par Antigonus dans la maison royale. — Philippe se retire à Argos, et y passe l'hiver. 171

LIVRE CINQUIÈME.

Chap. I. — Philippe regagne l'amitié des Aratus, et obtient par leur crédit des secours de la part des Achéens. — Il prend le parti de faire la guerre par mer. — Trois de ses premiers officiers conspirent contre lui. 173
Chap. II. — Siège de Pa-

TABLE DES MATIÈRES.

536 lée. — Irruption de Philippe dans l'Étolie. — Ravages que font les Macédoniens dans cette province. — Therme prise d'emblée. 175

536 CHAP. III. — Excès que commirent les soldats de Philippe dans Therme. — Réflexions de Polybe sur ce triste événement.

CHAP. IV. — Philippe sort de Therme, il est suivi dans sa retraite. — Sacrifices en actions de grâces. — Troubles dans le camp. — Punition de ceux qui en étaient les auteurs. — Légères expéditions des ennemis de Philippe et de ses alliés. 179

CHAP. V. — Le roi de Macédoine désole la Laconie. — Les Messéniens viennent pour l'y joindre, et s'en retournent après un petit échec. — Description de Sparte. 181

CHAP. VI. — Combats gagnés par Philippe près de Lacédémone. — Il passe dans la Phocide. —Nouvelle intrigue des conjurés. 183

CHAP. VII. — Les conjurés sont punis. — Le roi continue la guerre contre les Étoliens. 185

532 CHAP. VIII. — Pourquoi l'historien a distingué les affaires de la Grèce de celles de l'Asie. — Importance de bien commencer un ouvrage. — Vanité rabaissée des auteurs qui promettent beaucoup. — Conduite déplorable de Ptolémée Philopator. — Piége que lui tend Cléomène, roi de Lacédémone. 186

CHAP. IX. — Conjuration contre Bérénice. — Archidame, roi de Sparte, est tué par Cléomène. — Ce prince est saisi lui-même et mis en prison. — Il en sort et se tue. — Théodote, gouverneur de la Cœlosyrie, livre sa province à Antiochus. 188

CHAP. X. — Antiochus succède à Séleucus son père. — Caractère d'Hermias, ministre de ce roi. —

532 Sa jalousie contre Épigène. — Antiochus épouse Laodice, fille de Mithridate. — Révolte de Molon. 190

532 CHAP. XI. — Progrès de la
à révolte de Molon.
533 Xénète, général d'Antiochus, passe le Tigre pour attaquer le rebelle, et il est vaincu. 192

533 CHAP. XII. — Antiochus
à marche contre Molon,
534 mais sans Épigène, dont Hermias se défait enfin. — Le roi passe le Tigre, fait lever le siége de Dure. — Combat près d'Apollonie. 194

CHAP. XIII. — Antiochus marche contre Artabarzane, qui se soumet. — Juste punition des vues ambitieuses d'Hermias. Achéus se tourne contre Antiochus. — Conseil de guerre au sujet de l'expédition contre Ptolémée. — Escalade de Séleucie. 196

535 CHAP. XIV. — Conquêtes d'Antiochus dans la Cœlesyrie. — Expédient dont se servent deux ministres de Ptolémée pour arrêter ses progrès. — Trève entre les deux rois. 199

CHAP. XV. — Combats sur terre et sur mer entre les deux rois. — Antiochus vainqueur entre dans plusieurs places. 201

536 CHAP. XVI. — Siége de Cednélisse par les Selgiens. — Selge attaquée à son tour. — Trahison de Logbasis. — Vengeance qu'en tirent les Selgiens. — Conquêtes d'Attalus. 203

CHAP. XVII. — Énumération des troupes d'Antiochus et de Ptolémée. — Entreprise de Théodote. — Bataille de Raphie. 206

CHAP. XVIII. — Trève entre les deux rois. — Largesses des puissances en faveur des Rhodiens. 209

509 CHAP. XIX. — Les Achéens se disposent à la guerre. — Division de Mégalopolis. — Les Éléens battus par Lycus, propréteur des Achéens. — Divers événemens de la

509 guerre des alliés. 112
538 CHAP. XX. — Philippe dispose l'escalade devant Mélitée, et la manque. Siége de Thèbes. — Discours de Démétrius de Pharos pour porter le roi de Macédoine à quelque entreprise plus considérable. — On se dispose à la paix. 213

CHAP. XXI. — La paix se conclut entre les alliés. — Harangue d'Angélaüs pour les exhorter à demeurer unis. 215

LIVRE SIXIÈME.

ARGUMENT. 219
FRAG. I. id.
FRAG. II. — Combien il y a de sortes de gouvernemens, et comment elles se forment. — Origine de la monarchie. 220
FRAG. III. — Origine et chute de l'aristocratie. — Changement de l'oligarchie en démocratie, et de la démocratie en monarchie. — Éloge du gouvernement de Sparte établi par Lycurgue. 223
FRAG. IV. — République romaine. — Prérogatives des différens ordres qui la composaient. 225
FRAG. V. — Système militaire des Romains, levée des troupes, légions, armes des différens corps qui la composaient. 227
FRAG. VI. — Castramétation des Romains. 239
CHAP. VII. — Fonctions des soldats Romains dans leur camp. 233
FRAG. VIII. — Peines et récompenses. 334
FRAG. IX. — Des républiques de la Grèce, celles de Crète et de Lacédémone. 237
FRAG X. — République de Carthage. — Comparaison qu'en fait l'auteur avec celle des Romains. 240
FRAG. XI. 244
FRAG. XII. 245
FRAG. XIII. id.

LIVRE SEPTIÈME.

539 FRAG. I. 246
FRAG. II. — Hiéronime de Syracuse, eu partie par

TABLE DES MATIÈRES.

539 sa propre imprudence, en partie par de mauvais conseils, rompt le traité qu'Hiéron son aïeul avait fait avec les Romains, et fait alliance avec les Carthaginois. 246
FRAG. III. — Situation de la ville de Léonte en Sicile. 248
FRAG. IV. — Jugement de Polybe sur Hiéronime, son aïeul Hiéron, et son père Gélon. id.
FRAG. V. — Traité de paix conclu entre Annibal, général des Carthaginois, et Xénophanès, ambassadeur de Philippe, roi de Macédoine. 249
FRAG. VI. — Philippe à Messène. 250
FRAG. VII. id.
FRAG. VIII. — Démétrius de Pharos persuade à Philippe, roi de Macédoine, de s'emparer d'Ithome, forteresse de Messène. — Sentiment contraire d'Aratus. id.
FRAG. IX. — Philippe, roi de Macédoine. 251
FRAG. X. — Aratus. id.
FRAG. XI. — Antiochus prend la ville de Sardes par l'adresse de Lagoras de Crète. 252
FRAG. XII. 254

LIVRE HUITIÈME.

540 FRAG. I. — En quels cas il est pardonnable ou non de se fier à certaines personnes. — Archidamus, roi de Lacédémone, Pélopidas de Thèbes, Cnéus Cornélius, sont blâmables de l'avoir fait. — Achéus fut aussi surpris, mais on ne peut lui en faire un crime. id.
FRAG. II. — Grandes actions des Romains et des Carthaginois, constance opiniâtre de ces deux peuples dans leurs entreprises. — Utilité d'une histoire générale. 255
FRAG. III. — Siége de Syracuse. 256
FRAG. IV. — Marcus Marcellus attaque avec une armée navale l'Achradine de Syracuse. — Description de la sambuque. — Invention d'Archimè-

540 de pour empêcher l'effet des machines de Marcellus et d'Appius. 256
FRAG. V. — Théopompe. 258
FRAG. VI. — Philippe fait empoisonner Aratus. — Modération de celui-ci, et honneurs qu'on lui rendit après sa mort. 260
FRAG. VII. — Prise de Lisse et de la citadelle par Philippe. 261
FRAG. VIII. — Achéus, assiégé dans la citadelle de Sardes, est livré à ses ennemis par la trahison de Bolis, et condamné à une mort honteuse par Antiochus. 262
541 FRAG. IX. — Cavarus, gouverneur des Gaulois dans la Thrace. 265
542 FRAG. X. id.
FRAG. XI. id.
FRAG. XII. — Annibal prend la ville de Tarente par trahison. 266
FRAG. XIII. — Faisant partie de l'histoire du siége de Syracuse. 270
FRAG. XIV. 271
FRAG. XV. id.
FRAG. XVI. id.
FRAG. XVII. id.
FRAG. XVIII. id.
FRAG. IX. id.

LIVRE NEUVIÈME.

543 FRAG. I. — De toutes les manières d'écrire l'histoire, la plus utile est celle de raconter les faits. id.
FRAG. II. — Siége de Capoue par les Romains après la bataille de Cannes. — Annibal s'efforce en vain de le faire lever, et s'avance vers Rome. — Comparaison d'Épaminondas avec Annibal, et des Lacédémoniens avec les Romains. 272
FRAG. III. 275
FRAG. IV. — Si les Romains ont eu raison, et s'il était de leur intérêt, de transporter dans leur patrie les richesses et les ornemens des villes conquises. id.
FRAG. V. 276
FRAG. VI. — Connaissances nécessaires à un général d'armée. id.
FRAG. VII. — Annibal. 280
544 FRAG. VIII. — Description

544 de la ville d'Agrigente en Sicile. 285
FRAG. IX. 283
FRAG. X. id.
FRAG. XI. — Harangue de Chlénéas, Étolien, contre les rois de Macédoine. id.
FRAG. XII. 288
FRAG. XIII. id.
FRAG. XIV. id.
FRAG. XV. — Siége d'Égine. id.
FRAG. XVI. 289
FRAG. XVII. — Source de l'Euphrate et pays que ce fleuve parcourt. id.
FRAG. XVIII. id.
FRAG. XIX. 290
FRAG. XX. id.
FRAG. XXI. id.
FRAG. XXII. id.
FRAG. XXIII. id.
FRAG. XXIV. id.
FRAG. XXV. id.
FRAG. XXVI. id.
FRAG. XXVII. 291

LIVRE DIXIÈME.

545 FRAG. I. — Situation avantageuse de Tarente. id.
FRAG. II. — Scipion envoyé en Espagne. id.
FRAG. III. — Plaintes des Étoliens contre les Romains. 301
FRAG. IV. — Philopœmen. 302
FRAG. V. — Philippe, roi de Macédoine. 303
FRAG. VI. — Le même. id.
FRAG. VII. — Forces de la Médie plus grandes que celles de toutes les autres dynasties de l'Asie. — Richesses surprenantes du palais du roi des Mèdes à Ecbatane. — Expédition d'Antiochus contre Arsacès, un des premiers fondateurs de l'empire des Parthes. id.
546 FRAG. VIII. 306
FRAG. IX. — Claudius Marcellus et Crispinus consuls, tués faute de connaissance de la guerre. Un général ordinairement ne doit pas se trouver aux combats particuliers. — Éloge d'Annibal. id.
FRAG. IX. — Comment Scipion pendant un quartier d'hiver gagna les Espagnols au peuple romain. — Édecon, Indibilis et Mandonius rois dans l'Espagne; — Il faut plus

546	d'habileté et de prudence pour bien user de la victoire que pour vaincre.—Réflexions de Polybe sur ce sujet. — De quelle manière Asdrubal frère d'Annibal, après avoir été vaincu par Scipion, sortit d'Espagne.— Générosité de Scipion en refusant le royaume d'Espagne que lui déféraient les peuples de cette contrée.	307
546	FRAG. X. —Expédition de Philippe contre Attalus. —Digression sur les signaux.	310
	FRAG. X. — Comment les Aspasiaques nomades passent par terre dans l'Hircanie.	314
	FRAG. XII.—Victoire d'Antiochus sur Euthydème, qui s'était révolté.	id.

LIVRE ONZIÈME.

547	FRAG. I.	315
	FRAG. II. — Victoire des Romains sur Asdrubal, frère d'Annibal. — Ce grand homme meurt glorieusement dans le combat. — Sage réflexion de l'historien sur cet événement — Butin que font les Romains après la bataille.	id.
	FRAG. III.	317
	FRAG. IV.	id.
	FRAG. V.	id.
	FRAG. VI. —Harangue faite aux Étoliens sur leur guerre avec Philippe.	id
	FRAG. VII.	348
	FRAG. VIII.	349
	FRAG. IX. — Sentiment de Philopœmen sur l'entretien des armes.—Bataille de Mantinée.	id.
548	FRAG. X.	321
	FRAG. XI.—Éloge d'Annibal.	323
	FRAG. XII. —Défaite d'Asdrubal, fils de Giscon, par Pub. Scipion.	id.
	FRAG. XIII.	325
	FRAG. XIV.	id.
	FRAG. XV.—Scipion réprime une sédition qui s'était élevée parmi es soldats.	id.
	FRAG. XVI. — Indibilis défait en bataille rangée.	328
	FRAG. XII. — Antiochus	

548	rétablit Euthydème dans sa première dignité. — Expéditions d'Antiochus dans les hautes provinces de l'Asie.	329
	FRAG. XVIII.	330
	FRAG. XIX.	id.
	FRAG. XX.	id.
	FRAG. XXI.	id.
	FRAG. XXII.	id.

LIVRE DOUZIÈME.

549	FRAG. I.	331
	FRAG. II	id.
	FRAG. III.	id.
	FRAG. IV.	id.
	FRAG. V.	id.
	FRAG. VI.	id.
	FRAG. VII.—Réfutation de ce que dit Timée sur l'Afrique et sur l'île de Corse.	id.
	FRAG. VIII. Particularités sur les Locriens.	333
	FRAG. IX.	id.
	FRAG X.—Deux sortes de faussetés à distinguer dans son histoire.	334
	FRAG. XI.—Timée.	id.
	FRAG. XII.—Le même.	335
	FRAG. XII. — Lois de Zaleucus.	337
	FRAG. XIII. — Contradictions dans lesquelles est tombé Callisthènes en racontant une des batailles d'Alexandre contre Darius.	id.
	FRAG. XIV. — Il défend Éphore et Callisthènes contre Timée.	340
	FRAG. XV. —La légèreté de Timée ressort de ses propres écrits.	id.
	FRAG. XVI. — Sur le taureau de Phalares.	id.
	FRAG. XVII.	id.
	FRAG. XVIII.	341
	FRAG. XIX.	342
	FRAG. XX.	id.
	FRAG. XXI.	342
	FRAG. XXII.	id.
	FRAG. XXIII.	344
	FRAG. XXV.	id.
	FRAG. XXV.	id.
	FRAG. XXVI.	id.
	FRAG. XXVII.	347
	FRAG. XXVIII.	id
	FRAG. XXIX.	348
	FRAG. XXX.	349
	FRAG. XXXI.	350
	FRAG. XXXII.	351

LIVRE TREIZIÈME.

550	FRAG. I.	353

550	FRAG. II.	354
	FRAG. III.	id.
	FRAG. IV. — Franchise et droiture des Achéens dans les affaires publiques. — Telle était aussi autrefois la manière des Romains.	id.
	FRAG. V. — Portrait d'Héraclide.	id.
	FRAG. VI.	355
	FRAG. VII. — Force de la vérité.	id.
	FRAG. VIII.	id.
	FRAG. IX. — Cruauté inouïe de Nabis, tyran de Lacédémone.	id.
	FRAG. X. — Affaire d'Antiochus en Arabie.	356
	FRAG. XI. — Géographie.	

LIVRE QUATORZIÈME.

551	FRAG. I. — Polybe dit en parlant de lui et de l'exposition de son sujet tel qu'il le présente dans le sommaire de ses livres :	357
	FRAG. II. —Stratagème de Scipion pour ruiner les armées d'Asdrubal et de Syphax, roi des Numides, sans combattre.	358
	FRAG. III. — Scipion retourne au camp après la victoire. — Les Carthaginois réparent leurs forces, et Scipion remporte une seconde victoire. — Il s'empare de Tunis.	360
	FRAG. IV. — Ptolémée Philopator.	363

LIVRE QUINZIÈME.

552	FRAG. I. — Perfidie des Carthaginois à l'égard des ambassadeurs que Scipion leur avait envoyés.—Retour d'Annibal en Afrique. — Bataille de Zama.	id.
	FRAG. II. — Traité de paix entre les Romains et les Carthaginois.	370
	FRAG. III. — Procédé injuste de Philippe et d'Antiochus contre le fils de Ptolémée.	371
	FRAG. IV. — Molpagoras.	372
	FRAG. V. — Mauvaise foi de Philippe à l'égard des Cianiens.	id.
	FRAG. VI. — Mauvaise foi du même envers les Thasiens.	373

TABLE DES MATIÈRES.

552 Frag. VII. 374
Frag. VIII. id.
Frag. IX. id.
Frag. X. — Sosibe. id.
Frag. XI. — Agathocles. id.
Frag. XII. — Fin tragique d'Agathocles et de toute sa famille. 375
Frag. XIII. — Antiochus. 380

LIVRE SEIZIÈME.

553 Frag. I. — Philippe à Pergame. id.
Frag. II. — Bataille navale entre Philippe, roi de Macédoine, et Attalus. id.
Frag. III. — Raison pour laquelle plusieurs abandonnent leurs entreprises. 383
Frag. IV. — Stratagème de Philippe pour s'emparer de Prinasse. id.
Frag. V. — Choses à remarquer dans la ville d'Iasse. id.
Frag. VI. — Nabis. 385
Frag. VII. — Zénon et Antisthène, historiens rhodiens. id.
Frag. VIII. — Tlépolème. 388
Frag. IX. — Retour de Scipion à Rome et son triomphe. — Mort de Syphax. 389
Frag. X. — Philippe prend ses quartiers d'hiver en Asie. id.
Frag. XI. — Attalus, après une bataille navale donnée à Philippe, vient à Athènes et persuade aux Athéniens de se liguer avec lui contre le prince. — Honneurs qu'il reçoit dans cette ville. 390
Frag. XII. — Ordres que les Romains envoyèrent à Philippe en faveur des Grecs et d'Attalus. 391
Frag. XIII. — Philippe rétablit ses affaires, et fait heureusement la guerre contre Attalus et les Rhodiens. id.
Frag. XIV. 394
Frag. XV. — Description d'Abydos et de Sestos. — Siège de cette première ville par Philippe. 392
Frag. XVI. — Ambassade des Achéens et des Romains aux Rhodiens. 394
Frag. XVII. — Expédition de Philopœmen contre Nabis, tyran de Lacédé-

553 mone. id.
Frag. XVIII. — Affaires de Syrie et de Palestine. 395
Frag. XIX. — Les Gazéens. id.
Frag. XX. — Géographie. 396
Frag. XXI. id.

LIVRE DIX-SEPTIÈME.

556 Frag. I. — Le sénat romain déclare la guerre à Philippe, roi de Macédoine. id.
Frag. II. — Qui l'on doit appeler traître. 401
Frag. III. — Attalus. 403
Frag. IV. — Nabis. id.

LIVRE DIX-HUITIÈME.

Frag. I. — Réflexions de l'histoire sur les pieux des Romains. — Deux batailles entre Philippe et Flaminius. — Observations sur la phalange macédonienne. id.
Frag. II. — Les Romains et les Étoliens commencent à se brouiller ensemble après la bataille de Cynoscéphales. — Conférence entre Flaminius et tous les alliés pour délibérer si l'on ferait la paix avec Philippe. — Autre conférence entre les alliés et Philippe, où la paix fut conclue. — Indignation des Étoliens à ce sujet. 410
Frag. III. 413
Frag. IV. — Mort et éloge d'Attale. id.
Frag. V. — La paix avec Philippe est ratifiée à Rome. — Création de dix commissaires pour régler les affaires de la Grèce. — Les Achéens demandent en vain à faire alliance avec les Romains. 414
558 Frag. VI. — Les Béotiens commencent à se détacher des Romains. — Brachylies, général des Béotiens, est tué par les partisans des Romains. id.
Frag. VII. — Sénatus-consulte sur la paix faite avec Philippe. — Les Étoliens seuls en sont mécontens, et le déchirent. — Un héraut dans les jeux Isthmiques publie le sénatus-consulte décrété pour la liberté des Grecs. — Réponse

558 de Flaminus et des dix commissaires aux ambassadeurs d'Antiochus, de Philippe et des Étoliens. 415
Frag. VIII. 417
Frag. IX. — Conférence, à Lysimachie, entre le roi Antiochus et les ambassadeurs romains. id.
559 Frag. Mort de Scopas. 418

LIVRE DIX-NEUVIÈME.

560-561 Frag. unique. 420

LIVRE VINGTIÈME.

562 Frag. I. — Antiochus tient conseil avec les Étoliens. 420
Frag. II. — Réponse des Béotiens aux ambassadeurs d'Antiochus. id.
Frag. III. — Ambassades des Épirotes et des Éléens auprès d'Antiochus. id.
Frag. IV. — Les Béotiens. 421
Frag. V. 422
Frag. VI. — Antiochus se marie dans Chalcis. id.
563 Frag. VII. — Après la prise d'Héraclée par les Romains, les Étoliens envoient plusieurs fois à Rome des ambassadeurs et sont obligés de se rendre à la foi des Romains. Trompés par le mot de foi, et instruits ensuite de la force de ce mot, ils en sont effrayés et rompent le traité. — Retour de Nicandre envoyé par les Étoliens à Antiochus, et sa conférence avec Philippe. 423
Frag. VIII. 424
Frag. IX. — Ambassade des Lacédémoniens auprès du sénat romain. id.
Frag. X. — Le sénat romain reconnaît les services que Philippe avait rendus à la république pendant la guerre contre Antiochus. 425

LIVRE VINGT-UNIÈME.

564 Frag. I. — Fêtes chez les Romains après une victoire. — Réponse du sénat aux ambassadeurs étoliens. id.
Frag. II. — Ambassade des Athéniens auprès des Romains pour les Étoliens. — Embarras où les propositions des Romains jettent les Éto-

TABLE DES MATIÈRES.

564 liens. 425
FRAG. III. 426
  FRAG. IV. — Ambassade des Phocéens auprès d'Antiochus. id.
  FRAG. V. — Pausistrate, commandant de la flotte rhodienne. 427
  FRAG. VI. — Pamphilidas. id.
  FRAG. VII. — Lettres du consul Lucius. id.
  FRAG. VIII. — Traité d'alliance entre Eumène et les Achéens. id.
  FRAG. IX. — Diophanes. id.
  FRAG. X. — Eumène assiégé dans Pergame détourne les Romains d'accepter la paix proposée par Antiochus. id.
  FRAG. XI. — Antiochus et les Romains attirent Prusias dans leur alliance. 428
  FRAG. XII. — Après le passage des Romains en Asie, Antiochus épouvanté envoie des ambassadeurs pour demander la paix. Instructions qu'il leur donne pour le conseil et pour Publius Scipion en particulier. 429
  FRAG. XIII. — Paix entre Antiochus et les Romains, et à quelles conditions. 430
  FRAG. XIV. 431
  FRAG. XV. id.
  FRAG. XVI. 432

LIVRE VINGT-DEUXIÈME.

565 FRAG. I. — Demandes d'Eumène et des ambassadeurs, dans le sénat. — Réponses qu'ils en reçoivent. id.
  FRAG. II. — Amynandre, rétabli dans son royaume, envoie des ambassadeurs aux Scipions à Éphèse. — Les Étoliens se rendent maîtres de l'Amphilocie, de l'Apérantie et de la Dolopie. — Ils tâchent, après la défaite d'Antiochus, d'apaiser la colère des Romains. 436
  FRAG. III. — Les Romains assiégent Ambracie. — Avarice d'un des trois ambassadeurs étoliens. id.
  FRAG. IV. 437
  FRAG. V. — Ambracie, après un assez long siège, se

565 rend au consul. — Paix entre les Étoliens et les Romains. — Articles du traité. 439
  FRAG. VI. — En quel temps le consul Manlius fit la guerre aux Galates. 441
  FRAG. VII. — Moagètes, tyran de Cibyre, ne se résout qu'à peine à préférer son salut à son argent. id.
  FRAG. VIII. — Exploits de Manlius dans la Pamphylie pendant la guerre des Gallo-Grecs. 442
  FRAG. IX. — Suites de l'expédition contre les Gallo-Grecs. id.
  FRAG. X. — Éposognat, roi dans la Gallo-Grèce, exhorte en vain les autres rois du même pays à se soumettre aux Romains. id.
  FRAG. XI. 443
  FRAG. XII. — Chiomare, femme gauloise. id.
  FRAG. XIII. — Piége que les Gaulois Tectosages tendirent à Manlius sous prétexte d'une conférence. id.
  FRAG. XIV. — Affaires de Grèce et du Péloponèse. 444
566 FRAG. XV. — Ambassades de toutes les nations de l'Asie vers Manlius. — Traité de paix entre Antiochus et les Romains. id.
  FRAG. XVI. — Les dix commissaires règlent les affaires de l'Asie. 446
  FRAG. XVII. 447

LIVRE VINGT-TROISIÈME.

567 FRAG. I. — Les Achéens se brouillent avec les Romains. — Ambassades mutuelles de Ptolémée aux Achéens, et des Achéens à Ptolémée. id.
  FRAG. II. — Les Béotiens indisposent peu à peu contre eux les Romains et les Achéens. 448
  FRAG. III. — Dispute entre les Lyciens et les Rhodiens. 449
569 FRAG. IV. — Diverses ambassades relatives en partie aux différens entre Philippe et Eumène de Thrace et les Thessaliens, et en partie aux affaires des Lacédémoniens et des Achéens. id.

569 FRAG. V. — Ambassades de différentes nations à Rome contre Philippe. — Ambassade des Romains vers le même prince. 450
  FRAG. VI. — Conseil tenu chez les Achéens pour différentes affaires, et pour répondre à des ambassadeurs envoyés de plusieurs endroits. — Deux factions parmi les Achéens, lesquelles avaient pour chefs, l'une Aristène et Diophane, l'autre Philopœmen et Lycortas. id.
570 FRAG. VII. — Différentes ambassades vers les Romains. — Ambassade des Romains auprès de Philippe et des Grecs. 452
  FRAG. VIII. — Cruauté de Philippe à l'égard des Maronites. — Il envoie son fils Démétrius à Rome. 453
  FRAG. IX. — Les commissaires romains arrivent en Crète et mettent ordre aux affaires de cette île. 454
  FRAG. X. — Ptolémée, roi d'Égypte. id.
  FRAG. XI. — Aristonique. 455
  FRAG. XII. — Apollonias, femme d'Attalus, roi de Pergame, et mère d'Eumène. id.
  FRAG. XIII. — Sur Philopœmen. id.

LIVRE VINGT-QUATRIÈME.

571 FRAG. I. — Plaintes des ambassadeurs de la Grèce contre Philippe. — Réponses que le sénat romain leur donna ainsi qu'à Démétrius, fils du roi de Macédoine. 456
  FRAG. II. — Dinocrates. 458
  FRAG. III. — Philopœmen rompt les mesures que Titus et ses ennemis avaient prises contre lui. id.
  FRAG. IV. — Philippe sort des villes grecques de la Thrace. — Expédition de ce prince contre les barbares. 459
  FRAG. V. — Commencement des malheurs de Démétrius, fils de Philippe. id.
  FRAG. VI. — Philippe. id.
  FRAG. VII. — Philopœmen et Lycortas, préteurs des

571 Achéens. 460
   Frag. viii. — Annibal. id.
   Frag. ix. — Publius Scipion. id.
572 Frag. x. — Différentes réponses du sénat à différens ambassadeurs. 461
   Frag. xi. — Députation à Rome de la part des Lacédémoniens exilés. id.
   Frag. xii. — Lycortas, après avoir soumis les Macédoniens, venge la mort de Philopœmen. id.
   Frag. xiii. — Philippe. 462
   Frag. xiv. — Sur Philippe. id.
   Frag. xv. — De la discorde des frères Démétrius et Persée. id.
   Frag. xvi. — Que Philopœmen, général des Achéens, pris par les Messéniens, fut empoisonné. 463
   Frag. xvii. id.

LIVRE VINGT-CINQUIÈME.

573 Frag. i. — Lycortas rétablit les Messéniens dans leur premier état. — Dissimulation des Romains à l'égard des Achéens. — Sparte est attribuée à la ligue d'Achaïe. — Ambassade à Rome de la part des citoyens et des exilés de Lacédémone. 463
   Frag. ii. — Rétablissement des bannis de Lacédémone refusé. 464
   Frag. iii. — Les Romains tâchent en vain de porter Pharnace à vivre en paix avec Eumène et Ariarathe. 465
574 Frag. iv. — Eumène envoie ses frères à Rome. — Promesses qu'ils en reçoivent de la part du sénat. 466
   Frag. v. — Pourquoi les Achéens choisirent pour ambassadeur vers Ptolémée Lycortas, Polybe son fils et le jeune Aratus. id.
   Frag. vi. — Chœron. id.
   Frag. vii. — Philopœmen et Aristène. 467
   Frag. viii. — Qu'il n'est pas bon de détruire les récoltes de l'ennemi. id

LIVRE VINGT-SIXIÈME.

575 Frag. i. — Sentimens généreux de Lycortas dans l'assemblée des Achéens. — Députation au sénat de la part de cette nation. — Callicrates, un des ambassadeurs, trahit sa république et tous les Grecs. 468
   Frag. ii. 470
   Frag. iii. — Persée. id.
   Frag. iv. — Eumène et Ariarathe font la paix avec Pharnace. — Articles du traité. 471
577 Frag. v. — Ambassade des Lyciens à Rome contre les Rhodiens. — Les Rhodiens amènent à Persée Laodice sa femme. id.
   Frag. vi. — Indignation des Rhodiens contre le décret fait par le sénat de Rome en faveur des Lyciens. 472
578 Frag. vii. — Les Dardaniens députent à Rome pour demander du secours contre les Bastarnes et Persée. id.
579 Frag. viii. — Affaires de Syrie. — Commencement du règne d'Antiochus Épiphane. id.

LIVRE VINGT-SEPTIÈME.

583 Frag. i. — Les Béotiens se séparent imprudemment les uns des autres. 473
   Frag. ii. — Sage politique d'Hégésiloque, prytane des Rhodiens, pour conserver à sa nation l'amitié du peuple romain. 474
   Frag. iii. — Persée envoie des ambassadeurs chez les Rhodiens pour sonder leurs intentions. 475
   Frag. iv. — Ambassades réciproques de Persée chez les Béotiens, et des Béotiens chez Persée. id.
   Frag. v. — Faction à Rhodes contre les Romains. id.
   Frag. vi. — Le sénat ordonne que les ambassadeurs de Persée sortent de Rome et de l'Italie. 476
   Frag. vii. — Persée, quoique victorieux, demande la paix et ne peut l'obtenir. id.
   Frag. viii. — Cotys, roi de Thrace. 477
   Frag. ix. — Convention des Rhodiens avec Persée pour la rançon des prisonniers. 477
   Frag. x. — Ptolémée gouverneur de Chypre. id.
584 Frag. xi. — Céphale. id.
   Frag. xii. — Théodote et Philostrate. 478
   Frag. xiii. — Pharnace et Attalus. 479
   Frag. xiv. — Les Crétois. id.
   Frag. xv. — Ambassade à Rome de la part d'Antiochus. id.
   Frag. xvi. id.

LIVRE VINGT-HUITIÈME.

585 Frag. i. — Antiochus et Ptolémée envoient des ambassadeurs au sénat romain. 480
   Frag. ii. — Ambassade des Rhodiens à Rome pour renouveler l'alliance et obtenir la permission de transporter des blés. 481
   Frag. iii. — Les Achéens assemblent leur conseil pour Caïus Popilius. — On lui accorde la même prérogative à Therme dans l'Étolie. — Division dans ce dernier conseil. — Délibération des Achéens sur l'ambassade des Romains. — Archon est fait préteur, et Polybe général de la cavalerie. — Attalus demande aux Achéens que les statues autrefois érigées à son frère Eumène soient relevées. id.
   Frag. iv. — Division dans le conseil des Acarnaniens. 483
   Frag. v. — Persée envoie une ambassade à Gentius. id.
   Frag. vi. — Nouvelle ambassade de la part de Persée vers Gentius, aussi inutile que les deux premières. 484
   Frag. vii. — Décret des Achéens pour secourir les Romains contre Persée. — Polybe est choisi pour aller vers le consul en qualité d'ambassadeur. — Ambassade vers Attalus; autre ambassade des Achéens vers Ptolémée. — Conférence de Polybe avec le consul. — Expédient de Polybe pour épargner à sa patrie de grandes dépenses. id.

TABLE DES MATIÈRES.

585 FRAG. VIII. 485
FRAG. IX.—Ambassade des Cydoniates, qui étaient dans Crète, vers Eumène. id.
FRAG. X. — Deux ambassades des Rhodiens, l'une à Rome, l'autre au consul dans la Macédoine. — Marcius trompe les Rhodiens. — Imprudence et légèreté de ces insulaires. 486
FRAG. XI. — Comment se conduisit Antiochus après la conquête de l'Égypte. — Différentes ambassades qu'il y trouva. 487
FRAG. XII. — Conférence des ambassadeurs de la Grèce avec Antiochus après la conquête de l'Égypte. — Raisons sur lesquelles les rois de Syrie appuient leurs prétentions sur la Célésyrie. id.
FRAG. XIII. — Antiochus envoie des ambassadeurs et de l'argent à Rome. 488
FRAG. XIV. — Conférence des ambassadeurs rhodiens avec Antiochus, en Égypte. id.
FRAG. XV. id.

LIVRE VINGT-NEUVIÈME.

586 FRAG. I. — Ambassade des Romains dans l'Égypte. 489
FRAG. II. — Préparatifs de Persée contre les Romains. — Différentes ambassades de ce prince vers Gentius, Eumène, Antiochus et les Rhodiens. id.
FRAG. III. — Deux ambassades des Rhodiens, l'une à Rome pour finir la guerre contre Persée, l'autre en Crète pour faire alliance avec les Candiots. 490
FRAG. IV. — Ce qui se passa à Rhodes après que les ambassadeurs de Gentius y furent arrivés. id.
FRAG. V. 491
FRAG. VI. — De Paul Émile. id.
FRAG. VII. — De Persée. id.
FRAG. VIII. — Accueil que reçoivent à Rome les ambassadeurs de Rhodes. 492

586 FRAG. IX. — Les rois d'Égypte demandent aux Achéens des troupes auxiliaires, et en particulier Lycortas et Polybe. — Délibération des Achéens à ce sujet. 492
FRAG. X. — Fourberie de Callicrates pour empêcher que les Achéens n'envoyassent du secours aux Ptolémées. 493
FRAG. XI. — Popilius va en qualité d'ambassadeur trouver Antiochus en Égypte. De là il passe dans l'île de Chypre. — Ce qu'il y fait. 494
FRAG. XII. id.

LIVRE TRENTIÈME.

587 FRAG. I. — Attalus, frère d'Eumène, court risque de perdre le royaume de Pergame. — Stratius, son médecin, le sauve de ce péril. — Des ambassadeurs rhodiens apaisent les Romains en faveur de leur île. — Astymède blâmé pour avoir justifié les Rhodiens aux dépens des autres Grecs. — Différens événemens arrivés aux Rhodiens dans le même temps. 495
FRAG. II. — Antiochus. 499
FRAG. III. — Dinon et Polyarate. id.
FRAG. IV. — Députation de la Grèce aux dix commissaires envoyés en Macédoine après la défaite de Persée. — Conduite de ces commissaires chez les Grecs. 501
FRAG. V. — Députation à Rome de la part des rois d'Égypte. — Ménalcidas renvoyé à la prière de Popilius. 502
FRAG. VI. — Pourquoi le sénat rendit la liberté au fils du roi Cotys. id.
FRAG. VII. — De Lucius Anicius. id.
FRAG. VIII. — Les Étoliens et les Épirotes. 503
FRAG. IX. id.
588 FRAG. X. — Bassesse d'âme de Prusias, roi de Bithynie. — Expédient dont le sénat se servit pour humilier Eumène. id.
FRAG. XI. — Injustice des

Athéniens à l'égard des Haliartes. 504
FRAG. XII. — Les Rhodiens évacuent Caune et Stratonicée. id.
FRAG. XIII. — Haine des Péloponésiens contre Callicrates. 505
FRAG. XIV. id.
FRAG. XV. 506
FRAG. XVI. id.

LIVRE TRENTE-UNIÈME.

589 FRAG. I. — Guerre des Cnossiens et des Gortynéens contre les Rhanciens. — Ambassade des Rhodiens à Rome pour demander une alliance qui leur est refusée. 507
FRAG. II. — Députation des Gallo-Grecs à Rome. id.
FRAG. III. — Fêtes magnifiques données par Antiochus. id.
FRAG. IV. — Accueil que reçoit Tibérius à la cour d'Antiochus. 509
590 FRAG. V. — Eumène est accusé à Rome par les ambassadeurs de Prusias. — Astymède va une seconde fois à Rome et obtient enfin l'alliance. id.
FRAG. VI. — Réponse des Romains au sujet des Grecs qui, dans leur patrie, avaient favorisé le parti de Persée. 510
FRAG. VII. — Attalus et Athénée justifient Eumène leur frère auprès du sénat. 511
FRAG. VIII. — Imprudence de Sulpicius Gallus. id.
FRAG. IX. — Antiochus. id.
FRAG. X. — Démétrius en otage à Rome demande en vain d'être renvoyé en Syrie. — Pourquoi le sénat aimait mieux que le fils d'Antiochus régnât que Démétrius. — Députation de Rome dans le Levant. id.
FRAG. XI. — Marcus Junius est député vers Ariarathe. 512
FRAG. XII. — Le roi de Cappadoce renouvelle avec Rome l'ancienne alliance. id.
591 FRAG. XIII. — Ariarathe offre des sacrifices aux dieux pour avoir obtenu l'amitié des Romains. —

TABLE DES MATIÈRES.

591 Il députe à Lysias pour le prier de lui envoyer les os de sa mère et de sa sœur. 513
FRAG. XIV. — Ambassade des Rhodiens à Rome. id.
FRAG. XV. — Les Calyndiens livrent leur ville aux Rhodiens. id.
FRAG. XVI. — Ptolémée vient à Rome pour demander à être rétabli dans le royaume de Chypre. — Réflexion de l'historien sur la politique des Romains. id.
592 FRAG. XVII. — Démétrius Soter s'évade de Rome et retourne en Syrie pour y régner. 514
FRAG. XVIII. 516
FRAG. XIX. — Le plus jeune des Ptolémées tâche de se soumettre l'île de Chypre et la Cyrénaïque. id.
FRAG. XX. — Députation à Rome de la part du plus jeune des Ptolémées. 517
FRAG. XXI. id.

LIVRE TRENTE-DEUXIÈME.

593 FRAG. I. — Le sénat prend le parti du plus jeune des Ptolémées et rompt avec l'aîné. 518
FRAG. II. — Démêlés de Massinissa avec les Carthaginois, toujours décidés par les Romains en faveur de ce prince, quoiqu'il n'eût pas toujours raison. 519
FRAG. III. — Prusias, Eumène et Ariarathe députent à Rome. id.
FRAG. IV. — Accueil que fait Démétrius aux ambassadeurs romains. Il députe lui-même à Rome et y fait conduire les meurtriers d'Octavius. id.
FRAG. V. — Ambassadeurs d'Ariarathe et d'Attale bien reçus à Rome. id.
FRAG. VI. — Les ambassadeurs de Démétrius arrivent à Rome. — Hardiesse étrange de Leptines, meurtrier d'Octavius. — Épouvante d'Isocrate. 520
FRAG. VII. — Députation des Achéens à Rome au sujet de Polybe et de Stratius. 521

594 FRAG. VIII. — Famille des Scipions. 521
595 FRAG. IX. — Députation des Athéniens et des Achéens à Rome, au sujet des habitans de Délos qui s'étaient transportés dans l'Achaïe. 525
596 FRAG. X. — Les Essiens et les Daorsiens députent à Rome contre les Dalmates. id.
597 FRAG. XI. — Fannius est mal reçu par les Dalmates. — Cause et prétexte de la guerre que Rome fit à ce peuple. id.
FRAG. XII. — Ariarathe vient à Rome et y perd sa cause contre les ambassadeurs de Démétrius d'Holophernes. 526
FRAG. XIII. — Charops. id.
FRAG. XIV. — Eumène. 527
FRAG. XV. — Attale, frère d'Eumène. id.
598 FRAG. XVI. — Phénice, ville d'Épire, député à Rome. id.
FRAG. XVII. — Prusias. 528
FRAG. XVIII. — Athénée vient à Rome pour accuser Prusias. id.
FRAG. XIX. id.
FRAG. XX. — Sur la mort de Lysiscus l'Étolien, homme terrible et indomptable. 529

LIVRE TRENTE-TROISIÈME.

599 FRAG. I. — Députation des Romains vers Prusias en faveur d'Attale. — Délibération du sénat sur les Achéens relégués en Italie. 529
FRAG. II. — Ambassade des Achéens à Rome. id.
FRAG. III. 530
FRAG. IV. — Archias. id.
600 FRAG. V. — Les Marseillais demandent du secours aux Romains. id.
FRAG. VI. — Le plus jeune des deux Ptolémée vient à Rome et obtient des secours. id.
FRAG. VII. — Dix commissaires sont envoyés en Asie pour réprimer la témérité de Prusias. id.
FRAG. VIII. — Guerre des Romains en faveur des Marseillais contre les Oxybiens et les Décéates. id.

600 FRAG. IX. — Aristocrates, préteur de Rhodes. 531
FRAG. X. — Les Romains rompent avec Prusias et se disposent à lui faire la guerre. id.
FRAG. XI. — Paix entre Prusias et Attale. 532
FRAG. XII. — Députation des Achéens en faveur de leurs exilés. id.
FRAG. XIII. id.
FRAG. XIV. — Héraclide arrive à Rome avec les enfans d'Antiochus. — Ambassade des Rhodiens au sujet de leur guerre contre les Crétois. id.
601 FRAG. XV. — Les Crétois et les Rhodiens députent aux Achéens. — Éloge d'Antiphatès de Crète. 533
602 FRAG. XVI. — Attale, fils d'Eumène, et Démétrius, fils de Démétrius Soter, viennent à Rome. — Héraclide obtient du sénat que les enfans d'Antiochus retournent en Syrie. id.
FRAG. XVII. 53

LIVRE TRENTE-QUATRIÈME.

FRAG. I, II, III, IV, V. 535
FRAG. VI. 537
FRAG. VII, VIII, IX, X. 540
FRAG. XI, XII, XIII, XIV. 541
FRAG. XV, XVI, XVII, XVIII, XIX, XX, XXI. 542
FRAG. XXII, XXIII, XXIV, XXV. 543
FRAG. XXVI, XXVII, XXVIII, XXIX, XXX, XXXI. 544
FRAG. XXXII, XXXIII, XXXIV, XXXV, XXXVI. 545
FRAG. XXXVII. 546

LIVRE TRENTE-CINQUIÈME.

603 FRAG. I. — La guerre de feu 546
FRAG. II. — Les Belles et les Tithes, alliés du peuple romain, députent à Rome. — Les Arévaques, ses ennemis, y députent aussi. — Guerre contre ces derniers. — Courage de Scipion Æmilianus. id.
604 FRAG. III. — Mot de Caton sur les Achéens. 548

LIVRE TRENTE-SIXIÈME.

605 FRAG. I. — Commencement de la troisième guerre punique. — Les Carthaginois sont enfin forcés de se livrer aux Romains

TABLE DES MATIÈRES.

605 en forme de dédition.— Ce qu'on entend par ce mot. — Lois qui leur furent ensuite imposées. 549
FRAG. II. — Fureur des Carthaginois en apprenant la réponse des Romains.
FRAG. III. 550

LIVRE TRENTE-SEPTIÈME.

606 FRAG. I. 551
FRAG. II. — Les Priéniens. id.
FRAG. III. — Prusias. id.
FRAG. IV. — Massinissa, roi des Numides. id.
FRAG. V, VI, VII, VIII. 552
FRAG. XIX. 553
FRAG. X, XI, XII. 554

LIVRE TRENTE-HUITIÈME.

607 FRAG. I. — Origine de la

607 haine des Romains contre les Achéens. 555
FRAG. II. — Sextus, député romain, arrive dans l'Achaïe. — Les Achéens s'obstinent à amener leur propre ruine. 556
FRAG. III. 557
FRAG. IV. 558
FRAG. V. id.

LIVRE TRENTE-NEUVIÈME.

608 FRAG. I. — Asdrubal, général des Carthaginois. 559
FRAG. II. 560
FRAG. III. 561
FRAG. IV. id.
FRAG. V. — Sur Dioeus. 562
FRAG. VI. id.

LIVRE QUARANTIÈME.

608 FRAG. I. — Pythéas. 562
FRAG. II. — Diœus. id.
FRAG. III. — Le même. 563
FRAG. IV. — Aulus Posthumius Albinus. 564
FRAG. V. — Mépris des arts montré par les Romains dans la destruction de Corinthe. 565
FRAG. VI. id.
FRAG. VII.—Justification de Philopœmen par Polybe. id.
FRAG. VIII. — Polybe 566
FRAG. IX. Mummius. id.
609 FRAG. X. — Ptolémée, roi de Syrie. 567
FRAG. XI. — Épilogue de Polybe. id.

HISTOIRE ROMAINE D'HÉRODIEN.

LIVRE PREMIER.

Préface. 569
161 Marc-Aurèle. 570
180 Commode 571

LIVRE SECOND.

193 Pertinax. 583
Julien-Didier. 588
Sévère. 593

LIVRE TROISIÈME.

Suite de Sévère. 596

LIVRE QUATRIÈME.

194 Antonin et Géta. 608
211 Antonin et Caracalla. 611
217 Macrin. 617

LIVRE CINQUIÈME.

Antonin et Héliogabale. 623

LIVRE SIXIÈME.

222 Alexandre. 626

LIVRE SEPTIÈME.

235 Maximin. 634

LIVRE HUITIÈME.

237 Maxime et Balbin. 649

HISTOIRE ROMAINE PAR ZOSIME.

LIVRE PREMIER.

Introduction. 653
193 Sévère. 655
211 Antonin et Géta. id.
217 Macrin. id.
222 Alexandre. 656
235 Maximin. id.
237 Les Gordiens. id.
238 Gordien le jeune. 657
244 Philippe. id
249 Décius. 658
251 Gallus. 659
253 Æmilien. id.
Valérien. id.
Valérien et Galien. 660
Galien. 662
268 Claude II. 663
270 Quintilus. 664
Aurélien. id.
275 Tacite. 668

276 Probus et Florien. id.
Probus. id.
(Les règnes de Caius, Caia et Némedius manquent.)

LIVRE SECOND.

284 (Le même), Dioclétien. 670
305 Constance et Valère. 673
306 Valère et Constantin. id.
307 Valère, Constantin, Licinius. 674
311 Constantin et Licinius. id.
325 Constantin. 679
337 Constantin, Constantius et Constans. id.
341 Constantius et Constans. id.
350 à 354 Constantius. 683

LIVRE TROISIÈME.

354 à 361 Suite de Constantius. 687
361 Julien. 692

363 Jovien. 699
364 Valentinien. 701

LIVRE QUATRIÈME.

Valentinien et Valens.
375 Valens.
Valens, Gratien, Valentinien II.
378 Gratien et Valentinien II.
379 Gratien, Valentinien II et Théodose.
383 Valentinien II et Théodose.
392 Théodose.

LIVRE CINQUIÈME.

395 Arcadius et Honorius.
408 Honorius et Théodose.

LIVRE SIXIÈME.

408 Suite d'Honorius et Théodose II.

FIN DE LA TABLE.

www.ingramcontent.com/pod-product-compliance
Lightning Source LLC
Chambersburg PA
CBHW052033290426
44111CB00011B/1494